翁居讀書錄

三

季羡林题

白撞雨 著

石油工業出版社

献给我的双亲、“三巳居”中的妻儿

图书在版编目（CIP）数据

翕居读书录/白撞雨著.
北京：石油工业出版社，2009.11
ISBN 978－7－5021－7105－6

Ⅰ．翕…
Ⅱ．白…
Ⅲ．古籍－图书目录－中国
Ⅳ．Z838

中国版本图书馆CIP数据核字（2009）第056107号

翕居读书录
Xiju Dushu Lu

封面题签：季羡林
封底扇拓：张志鱼
题　　辞：史树青　贾平凹　阮次山
责任编辑：金平阳　马　纪
责任校对：黄京萍
封面设计：飞亚景设计
出版发行：石油工业出版社
(北京安定门外安华里2区1号　100011)
网　址：www. petropub. com. cn
编辑部：（010）64523736　发行部：（010）64523603　64523620
经　　销：全国新华书店
印　　刷：北京盛通印刷股份有限公司

2009年11月第1版　2009年11月第1次印刷
880×1230 毫米　开本：1/16　印张：63
字数：1720千字　印数：1—1000

定　　价：660.00元（全三册）
(如出现印装质量问题，我社发行部负责调换)

翁居讀書錄

目録

【玖】线装铅石印 645

【拾】老刊录烟云 709

【拾贰】长乐郑振铎 825

【拾叁】游记与日记 870

玖　线装铅石印

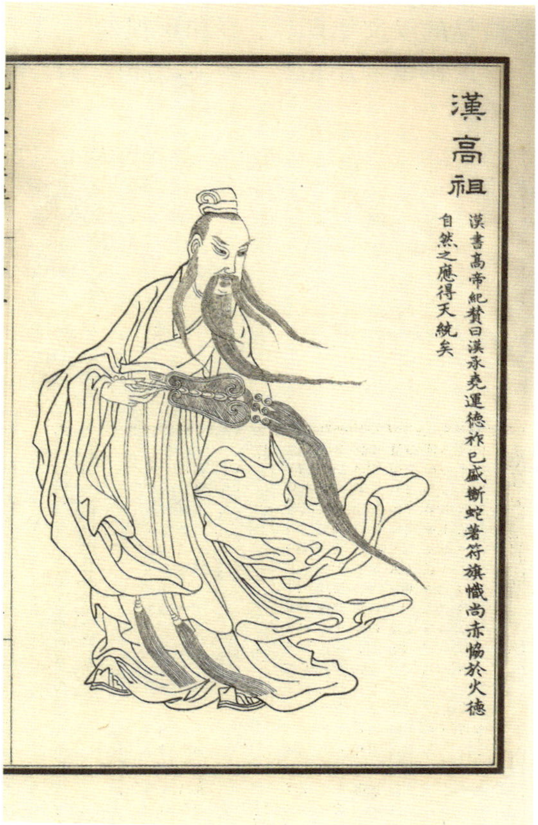

这部分主要收入清末和民国年间铅印和石印的线装本书籍。

晚清在中国印刷、版本史上是一个承前启后的时代，此前中国书籍的主要形式是雕版印刷的线装本，晚清时期现代印刷技术自西方传入中国，出现了石印与影印本。这些书在装帧上多半仍然采用线装形式，随之铅字排印的“洋装本”也大量出现，晚清曾一度出现线装书和平装书并存的短暂现象。最后的发展，自然是线装走向衰微，平装趋向盛行，晚清的线装书基本成了中国版本史上的“最后晚餐”。

石印技术是舶来品，它是由一种特殊的药墨把文字写在特制的纸上，待其微干将它移到石面上，再施油墨印书。这种方法在清末由欧洲传入，由于它省去了繁琐的雕版工艺，很快得到了广泛推广和运用，逐步替代了雕版印刷术。石印书籍大概是到民国20年左右，就基本消失，存在的时间也就数十年。

石印版的书版是石质雕刻而成的，石质的硬度远大于木质，而且不易损坏。石印本多为手写软件字，因此雕刻的文字圆润丰满，印刷的墨色比较清晰，印刷出书的数量也远远大于木板。较为著名的石印书局有扫叶山房、大通书局和锦章书局等。石印本存世量极多，而且石印书籍由于使用油墨，有不少存在“跑油”现象，一般价值比木板要差。

用铅字排印的书籍通常称为“排印本”。清道光二十三年（1843），上海成立了我国最早的铅印出版机构——墨海书馆，清咸丰七年（1857）出版了最早的汉文铅印本《六合丛谈》。此后，不少古籍也采用铅印法。晚清及民国铅印古籍多用线装，与木刻本外观形式相似。

石印与铅印本均是油墨印刷，晚清版的铅石印线装本，虽不入藏家法眼，但伴随着岁月的自然损耗，人为的战争、动乱的破坏，如今也不多见。当然，任何版本的书籍都有精品和稀少的品种，譬如一些用宋元善本、明清版画为底本的石印书籍，如陶湘石印的《牧牛图颂》等“喜永轩丛书”、包含《程式心法三种》的“百川书屋丛书”十六种、《晚笑堂画传》等均为难得的善本，版本和收藏价值都是很高的。一些铅印线装本的诗文私印本，由于印数极少，也是值得收藏和重视的。对于清内府的无论石印还是铅印本，都视为善本对待，也是不为过的。

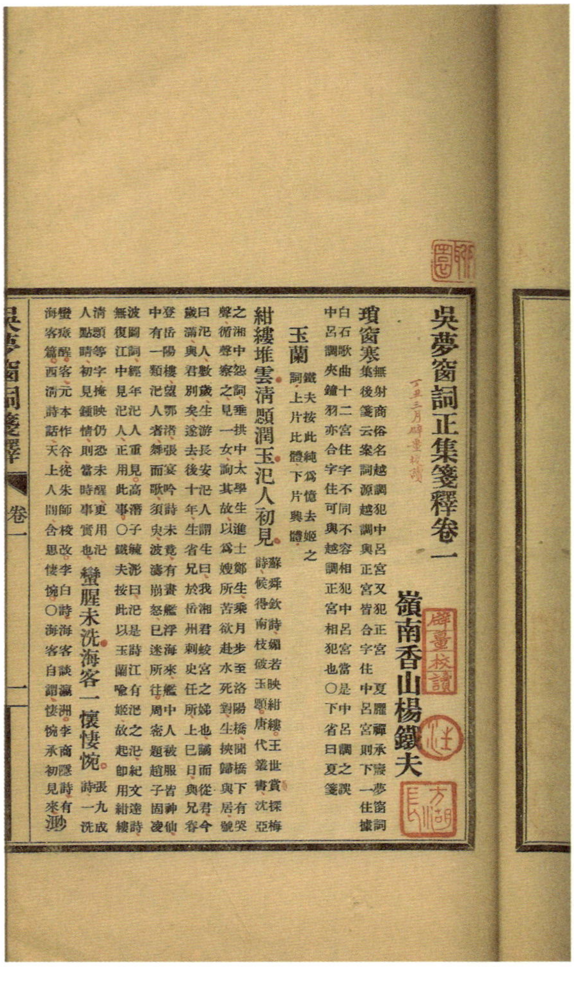
吳夢窗詞正集箋釋卷一
嶺南香山楊鐵夫
瑣窗寒
玉蘭
紺縷堆雲清顋潤玉氾人初見
蠻腥未洗海客一懷悽惋
吳夢窗詞箋釋 卷一 一

“辟涵芬楼以藏之”：《涵芬楼古今文钞》

商务印书馆早期刊行的一些大型书籍，大都配有书箱，带有原箱的古书一直是藏家的所爱。翕居藏有一套带有原箱的《涵芬楼古今文钞》，共一百零一册，内含《涵芬楼古今文钞小传》一册。编者吴曾祺，字翼亭，福建侯官（今福州市）人。早年即有志于汇纂中国古籍，光绪末期，寓居上海怿园，遂就近旁之商务印书馆涵芬楼所藏古今图籍，尽意搜选，汇成此书，故定名为《涵芬楼古今文钞》。书成于清宣统二年（1910），由商务印书馆刊行。《涵芬楼古今文钞小传》为宣统三年刊行。

《涵芬楼古今文钞》亦称《古今文钞》，所选上古至清同治、光绪间各体文章近9000篇，包括部分韵文，但不及诸经、正史。书前有严复序。吴曾祺又撰有《文体刍言》，论列各种文体特点。由于该书篇幅繁富，编者将13大类共析为213个子目，各缀以题解文字。此书发行后，学界以为卷帙太繁，编者曾重加选辑，删去十之七八，成《涵芬楼古今文钞简编》四十一册，由商务印书馆于宣统二年重印出版。

严复在宣统二年正月为之作序，其中讲道：“迩者邑子吴先生，方上下数千年，所网罗旧文仅万首，为之厘体别目，成艺苑巨观，以饷天下之治古文辞，而不必专以为术者，夫先生深于文者也。客欲徵吾言乎？则请以是编之风行而下之。”

涵芬楼是商务印书馆的藏书之所，创设之初，只是为了馆内编译工作提供参考，属于资料室性质。据张元济说，1902年他正式进入商务主持编译所工作后，“每削稿，辄思有所检阅，苦无书。求诸市中，多坊肆所刊，未敢信，乃思访求善本暨所藏有自者”（《涵芬楼烬余书录序》）。当时的商务印书馆编译所聚集了蔡元培、高梦旦、蒋维乔等一批博学而谨严的学者，购置参考书，自然也求善求好。因为购置进来了珍籍善本，需要设专业部门正规管理，所以，商务在1909年“设图书馆，名为‘涵芬楼’”（《商务印书馆百年大事记》）。据说，商务图书馆最初拟定的名字是“涵芳楼”，直到1910年底吴曾祺编辑的《涵芬楼古今文钞》出版，“涵芬楼”之名才算确定，而在此前该书的预约广告上

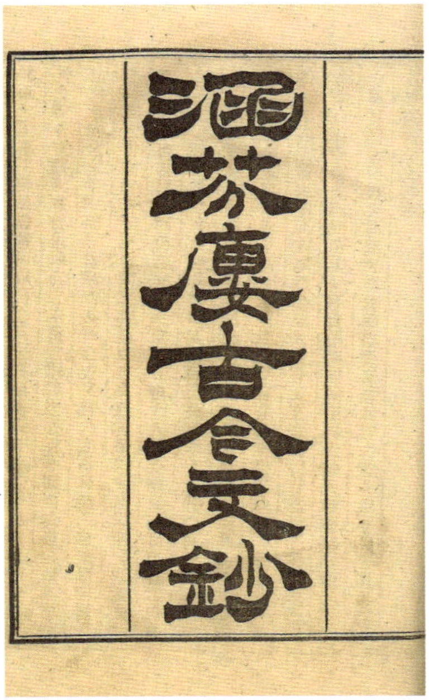

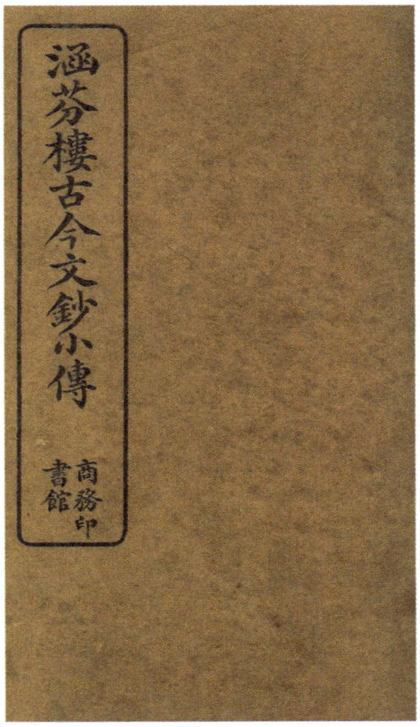

一直是称“涵芳楼古今文钞”的（汪家熔：《商务印书馆史及其它》）。

无论“涵芬”还是“涵芳”，明显都带有中国传统藏书楼的味道。但当时商务其实并没有专门构筑藏书楼，张元济所说的“辟涵芬楼以藏之”，只是在该馆编译所办公楼专设藏书室而已。其后，随着出版事业的日益发达，搜购书籍数量剧增，商务印书馆遂于1924年另筑高达五层的大厦，取名“东方图书馆”，于1925年对外开放，以供众览。其中，“宋元明旧刊和钞校本，名人手稿及其未刊者为善本”，则“另辟专室珍藏，颜曰‘涵芬楼’”。由是，“涵芬楼”便由商务印书馆的图书馆转而成为东方图书馆内的善本室。据说，在1932年“一·二八”事变之前，东方图书馆的藏书数量已经达到51.8万册，超过国立北平图书馆（该馆当时的藏书量为40余万册），居全国第一。1932年1月29日上午，侵攻上海的日本军队用轰炸机向商务印书馆连续投下6枚重达500公斤的炸弹，涵芬楼，连同它所庋藏的善本珍籍，就这样化做了灰烬，成为不可复原的历史。

1916年，茅盾在北京大学预科毕业后就职商务印书馆，虽然不满意这里的工资待遇，却仍决心屈就忍耐，原因之一就是“贪图涵芬楼藏书丰富，中外古今齐全，借此可读点书”。

人们常常称道涵芬楼庋藏的善本珍籍，但它所收藏的新书，其实也有不可替代的价值。其中最值得一说的是教科书，商务印书馆就是以教科书起家的，涵芬楼里不仅藏有商务版的各类教科书，还收罗了当时各家书局、出版社出版的教科书，是收藏晚清以来教科书最齐备的图书馆。此外，涵芬楼收藏的英文、东文（日文）书刊，地图，挂图，画报，照片和明信片也相当可观。

孔网广陵某书局在售《涵芬楼古今文钞》不含《涵芬楼古今文钞小传》，一百册，标价13500元。

“出口成章”：《鞮芬室词甲稿》

（清）何震彝撰《鞮芬室词甲稿》一卷、李家璇撰《樱云阁词》一卷，合为一册。清光绪三十二年（1906）铅印本。封面题为“甲集”。

在江苏扬州东圈门有一座何园，为曾国藩门人何栻于1865年所建，人们一般称之为“壶园”或“瓠园”。何栻的长子何彦昇，1860年生，曾入同文馆学外语，通英、俄诸语，曾出使外国。光绪三十四年二月由青莱胶道迁直隶按察使，清宣统元年（1909）十一月由直隶按察使迁甘肃布政使，宣统二年七月由甘肃布政使迁新疆巡抚。1910年卒于赴任新疆巡抚道中。

何震彝乃何彦昇的长子，字鬯威，号穆忞。1880年生于扬州，在瓠园中长大。12岁能诗。25岁中进士。性聪敏，博闻强记，可操英语、日语等外语，工诗词，尤擅骈文，辞藻华美，出口成章。以内阁中书改捐试用道分发直隶候补道。清末民初，在北京和袁寒云交往颇多，终日舞文弄墨诗文唱和。民国初，任教育部佥事，协修清史稿。何震彝的才华被曾任山西巡抚、民国后任教育部部长的著名藏书家李盛铎看中，以女许之。1910年，敦煌藏经洞被发现后，大量珍贵的文物被西方人所盗，清政府责令时任甘肃布政使的何彦昇将洞中所余唐人写经等，押解送京城归学部保管。当押解经卷车辆运至北京时，李盛铎翁婿二人从中挑出精品卷子近千件。

1916年，何震彝36岁“以微疾”卒于北京。虽短短一生，但著述颇多，存世者有《鞮芬室诗甲稿》、《词苑珠麈》、《一微尘集》、《八十一寒词》和《鞮芬室近诗》。还编译日本人的著作《纳尔逊传》，编辑《谤书》、《咎书》等。

何氏藏书之丰富，在当时亦很有名。徐谦芳的《扬州风土记略》云：“江阴何氏……所藏多精本。”郑振铎提及自己藏书时亦云其中有何氏藏书。据记载，何氏瓠园除园林外，重点是藏书楼及书房悔余庵。何栻辞世后，何彦昇虽在外为官，亦常年置书。何震彝取《乐府诗集》中“鞮芬而狄香”之意和其弟何晋彝分别名其瓠园中的读书室为“鞮芬室”、“狄香宧”。何震彝中进士后，曾将园中藏书带到北京，也将北京所得之书带回扬州。据载，何震彝的北京藏书被日本人购去，其中最精粹者即为敦煌卷子，今藏日本京都藤井氏有邻馆。何震彝殁时何晋彝才16岁，没有了经济来源，家道迅速中落。1920年，由扬州书商卞燕侯介绍，经多次信函往来，何晋彝做主拟将藏书4万余册，悉数售给上海涵芬楼。可惜在日军轰炸上海时，涵芬楼所藏善本古籍几乎全毁，何氏藏书再也不存。

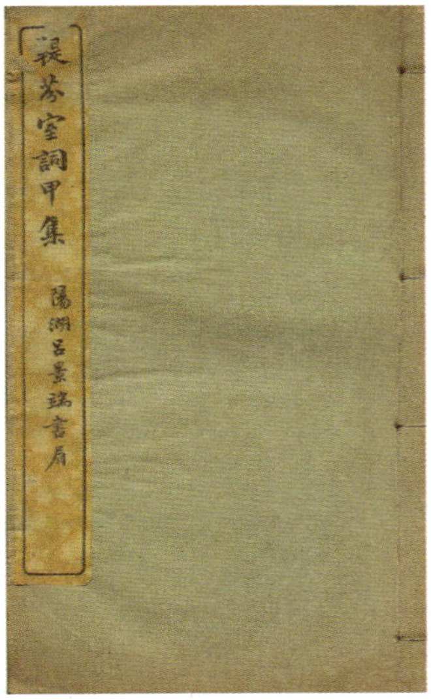

涵芬楼藏书主要由四家藏书构成，何氏藏书即其中之一。据张元济日记记载，何氏藏书有“明版3732本，抄本554本……殿版1099本，普通书34898本，总共40375本”。张元济于1920年5月20日至23日首次来扬州瓠园看书，当时何晋彝的叔叔何月丹尚在，对何晋彝准备出售全部藏书颇为不满，但家中断了经济收入亦是无法改变的境地。经过几个月的磨合，1920年8月，卞姓书商函告张元济云：“何氏旧书月丹不愿过问，但可延律师为证。”张元济和何晋彝通过长时间、多渠道沟通，终于以2万银元成交。

1925年1月，张元济第二次到扬州付款取书，并亲自押运何氏藏书到沪。此事发生5年后，即1930年，扬州吴氏测海楼藏书8020余种出售给富晋书社主人王富晋，以4万银元成交，在扬州乃至全国引起了轩然大波。同样是藏书的出让，何氏之书的处理则显得十分平静，甚至有些神秘。至于何氏藏书中究竟有哪些孤本善本，因无书目存世，不得而知。而就张元济先生所记“明版3732本”，可知其藏书质量之高。（参见87页《半亩园刊本〈悔余庵诗稿〉》一文）

“匡时耆德”：《潜斋尚书六十赐寿图》

（清）李实辑《潜斋尚书六十赐寿图》四卷一册，京师官书局光绪三十三年（1907）铅印本，有图及照片。这是潜斋尚书张百熙60寿辰时的庆礼实录。

慈禧太后绘、张百熙跋《荷花图》

在这个寿典上，慈禧太后赐的是大“福”字匾和“匡时耆德”匾额，光绪皇帝赐的是“平和锡福”匾额。慈禧太后在1897年曾绘大幅工笔荷花图，即请张百熙题的跋。张百熙名重一时，曾被清廷赐赏黄马褂、赐紫禁城和西苑门内骑马等殊荣。

张百熙（1847—1907），字野秋。湖南长沙人，同治年间进士。中日甲午战争期间，曾上书弹劾李鸿章表面作战备，私下却主张谈和的行为。1898年，任内阁学士，主管京师大学堂事务。戊戌变法之后，因为曾举荐康有为而获罪，被革职留任。1901年，上书建议改官制，理财政，变革科举，兴办学堂，设立报馆等措施。清朝有吏、户、礼、兵、刑、工六部，张百熙历任工、礼、刑、吏四部尚书，后来又补任了第一任邮传部尚书。还担任过管学大臣，是北京大学前身京师大学堂的重要创始人之一，“当时多呼百熙为大学之父”。

张百熙于光绪三十三年二月十八日在北京逝世，享年60岁。清廷谕曰：“……兹闻溘逝，悼惜殊深，著赏陀罗经被，派贝勒载洵带领侍卫十名，即时前往奠祭。加恩追赠太子少保，赏银二千两……子江苏试用道张振镛，著以道员即补……其灵柩回籍时，著沿途地方官妥为照料，用示簊念荩臣至意。”逝世后，清廷赐谥号“文达”，因此，又称其为张文达公。林琴南挽联中有一句：“一江湘水动悲风”，反映出当时知识界对张百熙逝世之悲恸。

近代史上有两次让人不能忘记的“下跪”：一次是黄侃为了传刘师培经学，拜刘师培为师，行三跪九叩大礼；一次是张百熙的下跪。1902年清政府下令恢复京师大学堂，任命吏部尚书张百熙为管学大臣，建大学堂要请桐城派大家吴汝纶任总教习。此时吴汝纶年纪已很大，不肯应聘，张百熙当场跪下，吴汝纶不得不答应。

张百熙是中国第一个学校教育制度《壬寅学制》的主持制定者，后又会同张之洞、荣庆制定了《癸卯学制》，中国教育的系统性、现代性自此开始。晚清教育改革，是中国实行科举制度以来最为激烈的一场变革。两个“学制”（章程）的先后制定，反映了中国近代教育改革的艰难历程，同时也奠定了张百熙中国近代教育改革先驱的地位。

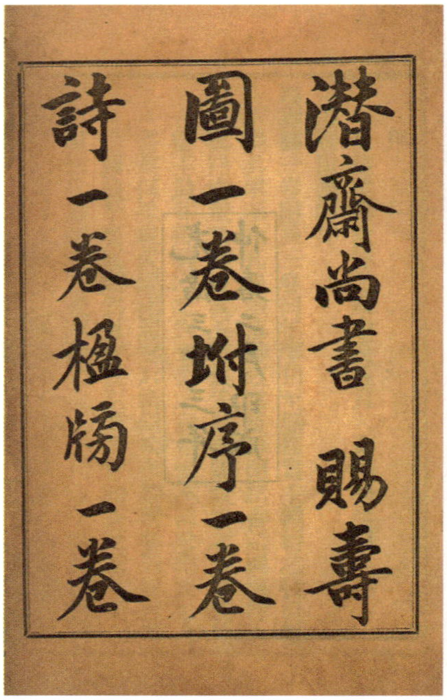

张百熙像

“非博雅淹通兼修慧业者不能”：《廿四家隐语》

（清）刘玉才等撰辑《廿四家隐语》上下二卷二册，宣统三年（1911）据光绪八年（1882）木刻版铅活字排印本。上卷收校经堂、聊复尔尔斋、不知不愠斋谜稿等12家，下卷收聘梅仙馆、啸引山巢、竹韵轩等12家谜稿。

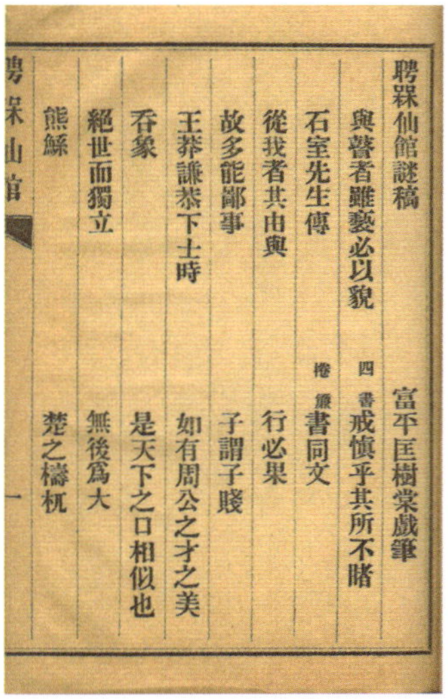
聘梅仙館謎稿　富平匡樹棠戲筆

與聲者雖褻必以貌　四書
戒慎乎其所不睹
石室先生傳　書同文
從我者其由與　行必果
故多能鄙事　子謂子賤
王莽謙恭下士時　如有周公之才之美
吞象　是天下之口相似也
絕世而獨立　無後爲大
熊繇　楚之檮杌

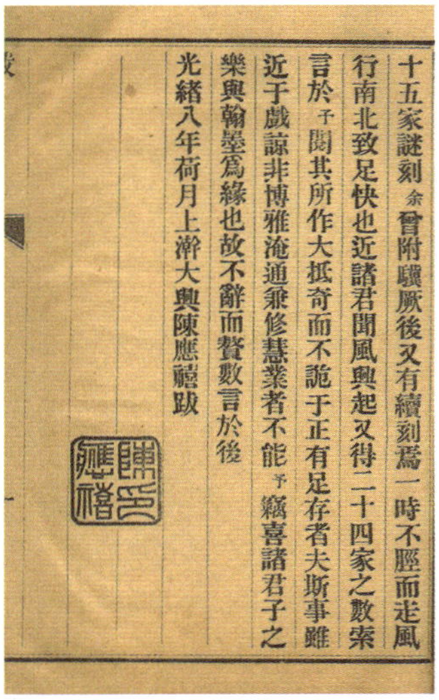
十五家謎刻余曾附驥厥後又有續刻焉一時不脛而走風行南北致足快也近諸君聞風興起又得二十四家之數索言於予閱其所作大抵奇而不詭于正有足存者夫斯事雖近于戲諒非博雅淹通兼修慧業者不能予竊喜諸君子之樂與翰墨爲緣也故不辭而贅數言於後

光緒八年荷月上澣大興陳應禧跋

陳應禧

钱南扬在《谜史》中有这样一段话：“同光之际，京师出灯极盛，当时所谓十五谜家者，名遍海内；其同岑一集，猜谜者奉为圭皋也。”这里说的“同岑一集”是指《十五家妙契同岑集谜选》，简称《同岑集》，是清代一部重要的多家谜选。“岑”是小而高的山，“同岑”就是同在一山的意思。此书由北京琉璃厂西山堂书坊于光绪二年刻印，编纂者即书坊老板，自号为西山主人，真名是李澎，字月潭，直隶（今河北）冀县人，既是商贾，亦精文墨。

《同岑集》一出，兴起了选谜之风。除了翌年刊行《十四家新谜约选》之外，六年之后的光绪八年，又刊行了一本谜选，规模更大，作者有二十四人之多，这本集子就是《廿四家隐语》。该书署名为刘玉才等，好像是因为首集作者为刘玉才之故。但书前有大兴（今属北京）李光耀的序，其中有“近吾乡先辈刘玉才乔梓，偕诸同人有《二十四家隐语》之刻，诿予为之序”之言，刘玉才可能也是编纂者或发起人。李光耀在这个序中还讲道：“窃谓灯谜有数难：曰晦、曰僻、曰纤、曰直、曰俗，免此五弊，始足与言。是刻也，其庶几乎。”虽然是捧场的话，不过观点倒很有道理。

大兴陈应禧为《廿四家隐语》作跋，他讲道：“十五家谜刻（指《同岑集》），余曾附骥（收入了他的《正心书斋谜稿》），阙后又有续刻焉，一时不胫而走，风行南北，致足快也。近诸君闻风兴起，又得二十四家之数，索言于予，阅其所作，大抵奇而不诡，于正有足存者。夫斯事虽近于戏，谅非博雅淹通兼修慧业者不能，予窃喜诸君子之乐，与翰墨为缘也，故不辞而赘言于后。”这个跋文基本说明了《廿四家隐语》的刊刻由来和陈应禧的评价。

有趣的是，这24家作者中，有7个是大兴人。

谜语最早出现于唐宋，又叫“度辞”、

“隐语”。春秋时，晋国范文子（燮）告诉其父范武子，他在朝中猜破秦国使者所出的三条度辞，此事出自《国语·晋语五》。当时，度辞已成为外交活动的一种手段，使者出使他国，就利用度辞来考察他国臣民的知识水平和智慧程度，甚至会以此来决定外交关系。可惜的是范文子所破的秦国使者给出的三则度辞的具体内容，书中并没有记载。否则的话，范文子破的三则度辞，流传至今，肯定会成为谜史上的活化石了。

“深夜诵君诗一卷”：《晚翠轩集》

林旭撰《晚翠轩集》，清光绪二十八年（1902）吴门铅印本，一册。封面有“孝鋆”署名。

《晚翠轩集》为林旭遗著，由其友人李宣龚收入《戊戌六君子遗集》。1936年重刻本增补了13首诗，以其应试文字为外集，影印书简四通并附录诸家题词。其手稿尚有存陈衍处而未刊者，《石遗室诗话》卷二十四即录有集外诗七律一首。《晚翠轩集》后附其妻沈静仪的《崦楼词》、《崦楼诗》。

林旭（1875—1898），字暾谷，号晚翠，福建侯官（今福州市）人。近代诗人。自幼聪颖好学，文章奥雅奇伟，时人读后无不惊叹，于是长老名流皆折节与他结为忘年之交，名震一时。“公车上书”之后，他多次拜谒康有为，甘拜为弟子，曾为康有为的《春秋董氏学》作跋，推扬今文经说。

林旭是闽派主要代表之一，诗学黄庭坚、陈师道，以苦涩奥僻为尚。《约游西山会文学士宅闻和议成愤甚余辈亦罢去》记下了《马关条约》签订消息传来为之罢游之事。《狱中示复生》为绝笔诗，“青蒲饮泣知何补，慷慨难酬国士恩”，抒发了未能挽回时局的遗恨。

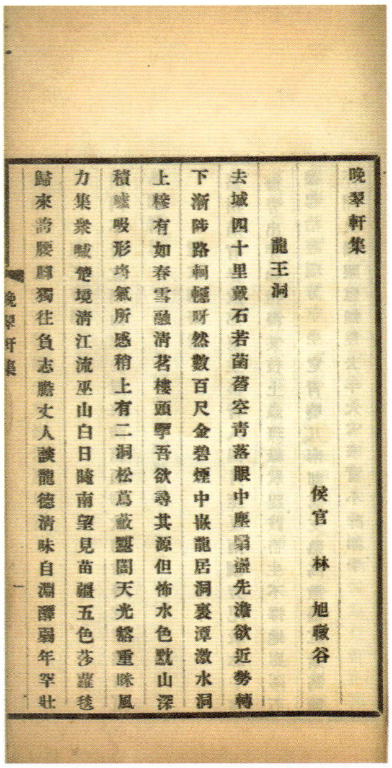
晚翠軒集
侯官 林旭暾谷
龍王洞
去城四十里巖石若菡萏空青落眼中塵隔溢先瀋欲近勢轉
下漸陟路嶇嶇然數百尺金碧煙中嵌龍居洞裏潭激水洞
上稜有如春雪融清茗樓頭啜吾欲尋其源但怖水色黷山深
積蟠吸形夠氣所感稍上有二洞松蔦蔽翳闇天光豁重睐風
力集衆蟣饞境清江流巫山白日隨南望見苗疆五色莎蘿毯
歸來詩腰闘獨往負志瞻丈人談龍德淸味自淵醇弱年罕壯
晚翠軒集 一

林旭之妻沈静仪为沈葆桢第四子沈瑜庆的女儿，沈瑜庆招赘林旭于金陵，时年19岁。到其就义，婚后不过六年，中间尚多暌离相思时日，《晚翠轩集》中有《福州寄内》诗云：“人海投身未作谋，多君送我思何周。江干灯火残宵月，客里园林临别游。携手何当歌有道，寄居聊得顾无忧。入关志气吾能励，望远凭高莫自愁。”寓缠绵惜别于励志澄清之中。稍后复有《寄内》二绝句云：“晓色惊看月满窗，池廊雨歇水淙淙。酒醒作痛何情绪，梦见吴淞十里江。”

林旭就义后，沈静仪有《读晚翠轩诗》云：“人生谁氏免无常，离合悲欢梦一场。何事为荣何事辱，只求到死得留芳。”又云：“西风拂槛雨推窗，别泪离愁溢满腔。深夜诵君诗一卷，教人无语对寒缸。”但沈静仪终究还是走上了以身殉夫之路。

1898年6月11日，光绪皇帝颁布“明定国是”诏书，宣布变法。7月经王锡蕃推荐，光绪帝召见林旭。9月授林旭、谭嗣同、杨锐、刘光第四品卿衔，担任军机处章京，批阅官吏递上的奏折。凡皇帝谕旨，大多出自林旭之手，然后签发全国，前后一共颁布了新政诏书、谕旨达110多道。然而，维新运动遭到顽固派的反对。9月14日和17日，光绪皇帝两次通过林旭密诏康有为，速令出京，急筹良策。康、梁、谭等人把曾跻身于强学会的袁世凯引为“同志”，惟林旭认为不妥。其后袁世凯果然出卖了维新派。9月28日，“戊戌六君子”谭嗣同、康广仁、林旭、杨深秀、杨锐、刘光第被带到北京西门外菜市口的刑场上，林旭泰然处之，责问监斩人：“吾何罪之有？”监斩人避而不答，林旭仰天长啸：“君子死，正义尽！”然后放声大笑，慷慨就义，年仅24岁。

陈寅恪“大好之”的《钱牧斋诗集》

清宣统年间石印精校、虞山钱谦益（号牧斋）撰《钱牧斋诗集》、《钱牧斋文钞》，共四册，国学扶轮社写刻上板，书品完好。

陈寅恪少年时读《钱牧斋诗集》而“大好之”，从此对钱氏乃及钱柳之雅什韵事系于心头。这也是陈寅恪下大工夫写下《柳如是别传》的缘由。陈寅恪在此书“缘起”中自云：“丁丑岁芦沟桥变起，随校南迁昆明，大病几死。稍愈之后，览报纸广告，见有鬻旧书者，驱车往观。鬻书主人出所藏书，实皆劣陋之本，无一可购者。当时主人接待殷勤，殊难酬其意，乃询之曰，此诸书外，尚有他物欲售否？主人踌躇良久，应曰，曩岁旅居常熟白茆港钱氏旧园，拾得园中红豆树所结子一粒，常以自随。今尚在囊中，愿以此豆奉赠。寅恪闻之大喜，遂付重值，藉塞其望……”20年后，陈寅恪笺释钱柳因缘诗，考证河东君之本末，正是藉红豆而“温旧梦，寄遐思”。不过，在作者自叙中尚有疑问：所购红豆一粒，断为钱氏旧园之物，并无可靠根据，惟原主自称而已。然而，长于考释的史学家陈寅恪竟对此深信不疑。

钱谦益诗宗杜甫和李商隐，他在前明时东林阉党斗争宦海中几经沉浮，和李义山经历牛李党争备受压抑相像，同时明季遭受清朝政府侵凌，一致衣冠亡国，同杜甫经历安

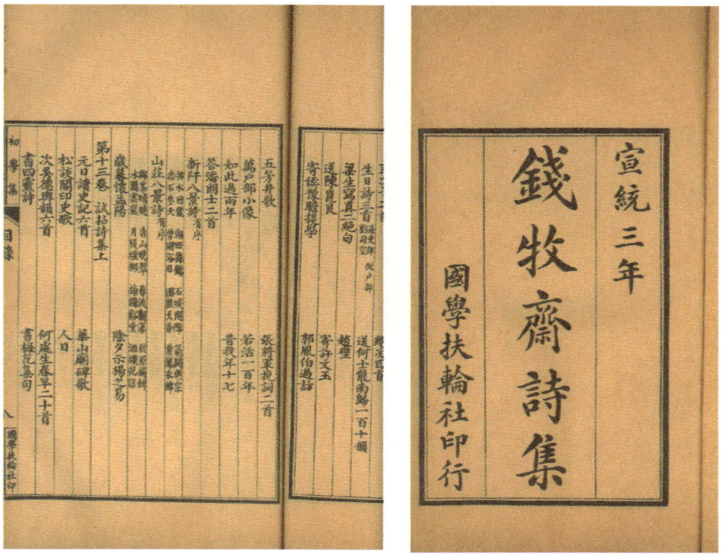

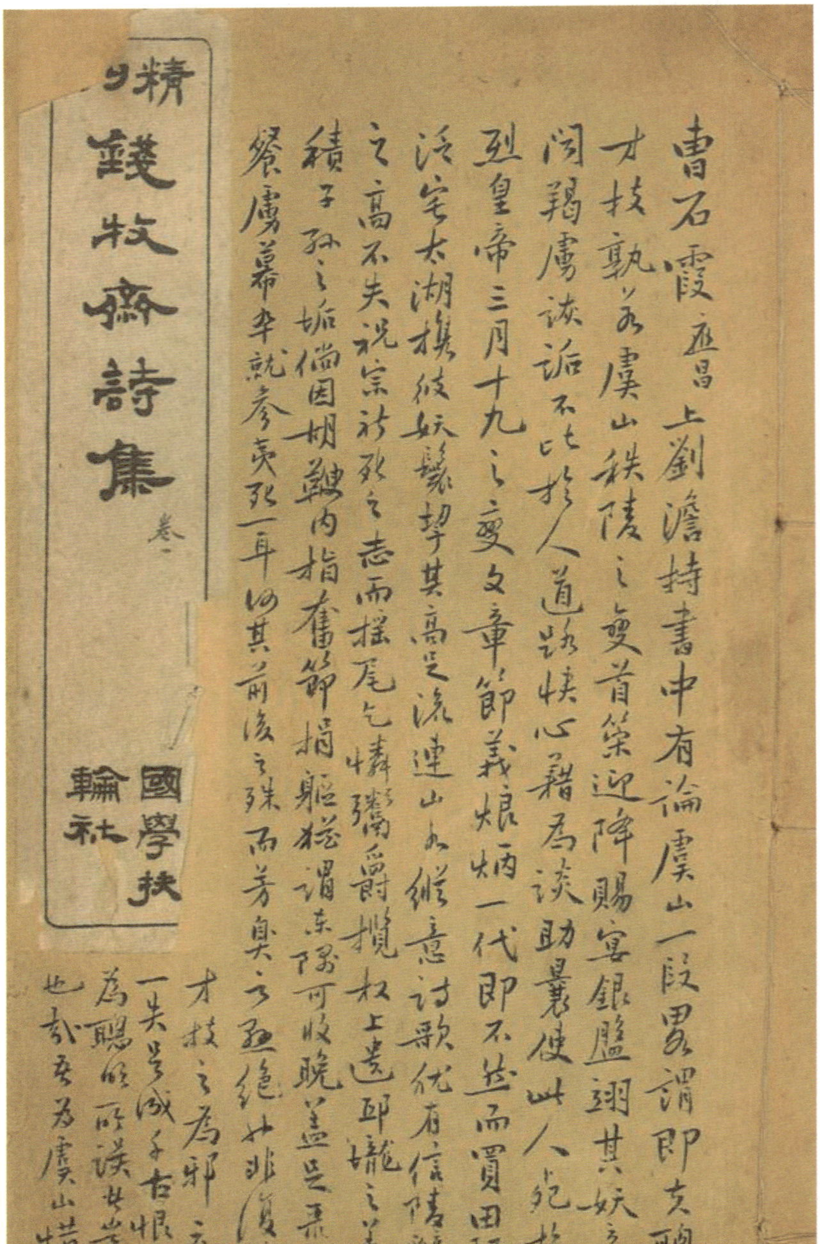

精校錢牧齋詩集 卷一

國學扶輪社

曹石霞應昌上劉澹持書中有論虞山一段畧謂即文聰明才技孰如虞山金陵之變首策迎降賜宴銀盤翊其妖妾冶閱錫虜談詣不止於人道路快心藉爲談助畢使此人死於烈皇帝三月十九之變文章節義炳炳一代即不然而買田陽羡浮家太湖攜彼妖鬟挈其高足流連山水縱意詩歌猶有信陵醇酒之高不失況宗於死之志而搖尾乞憐覊縻爵攬權上遺邪孃之羞下積子孫之垢倘因胡雛內指奮節捐軀猶謂東隅可收晚蓋足稱而偷祭虜幕卒就參夷死一年而其前後之殊而芳臭之互絕非復聰明才技之爲耶云云

一失足成千古恨此之爲聰明所誤也嗟乎也都要爲虞山惜之矣

史之乱胡虏犯阙相似，所以钱谦益同这两人极易引起共鸣。

钱谦益没有真正像李定国、郑成功、张煌言那样以身许国，他降清出任礼部侍郎，失节后很快反悔，回乡后多次冒杀身之祸，并入监狱，联络东南和西南永历朝廷，志再恢复。郑成功北伐南京时他写了《秋兴八首次草堂韵》一组，郑成功失败后写下《后秋兴》，一共十三叠、一百零八首，名之《投笔集》。钱妾河东君柳如是，善诗词曲赋，工琴棋书画。原姓杨后改姓柳。他家的红豆树二十年来突然开花，又恰逢钱谦益八十寿辰。钱谦益高兴写下：“二十年来绽一枝，人间都道生子迟。”

钱柳婚后建绛云楼，有大量古本藏书，他二人互相切磋学问，著书立说。写了《明史稿》二百五十卷，可惜失火烧掉。陈子龙曾写诗羞辱他，云：“黑头早已羞江总，青史何曾需蔡邕。”钱谦益变节降清当然有愧，但后来冒死联络义师，写了大量鼓舞人们反抗清政府光复故国的诗篇，也是不容抹杀的事实。

2008年6月，孔网拍卖《钱牧斋诗集》和《钱牧斋文钞》，成交价为1200元；2009年2月，一套清宣统三年（1911）邃汉斋铅印本《钱牧斋全集》四十册，以3800元成交。

史学会社石印本《校定廿四史》

清光绪壬寅（1902）史学会社石印《校定廿四史》，原装两木箱（上、下），共计3213卷，214册。是书以清乾隆年间武英殿校刻二十四史为底本，版心上方镌“乾隆四年校刊”，32开，白宣纸，所用油墨无浸润、跑油之病，版面清洁，字划清晰。

乾隆初年，武英殿刊行《明史》，加先前各史，总名“二十二史”。后又增加了《旧唐书》，成为“二十三史”。后来，从《永乐大典》中辑出的《旧五代史》也被列入正史，由乾隆钦定，合称“钦定二十四史”。这次刻印，自乾隆四年（1739）至乾隆四十九年方毕，是中国古代正史最完整的一次大规模汇刻，这个武英殿刊本亦称“殿本”、“官本”。

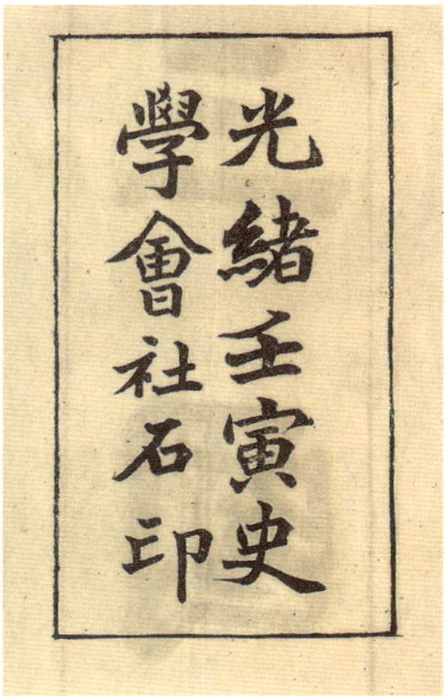

历史上刊印全套“二十四史”，除乾隆年间的武英殿刻本外，还有清朝末年金陵、淮南、浙江、江苏、湖北五个书局刻印的“五局合刻本”（600册，2007年11月上海国拍成交价为33万元），以及1930年至1936年商务印书馆影印的《百衲本二十四史》（820册，2005年11月，上海国拍成交价为15.07万元）等。

《武英殿本二十四史》，是对近代影

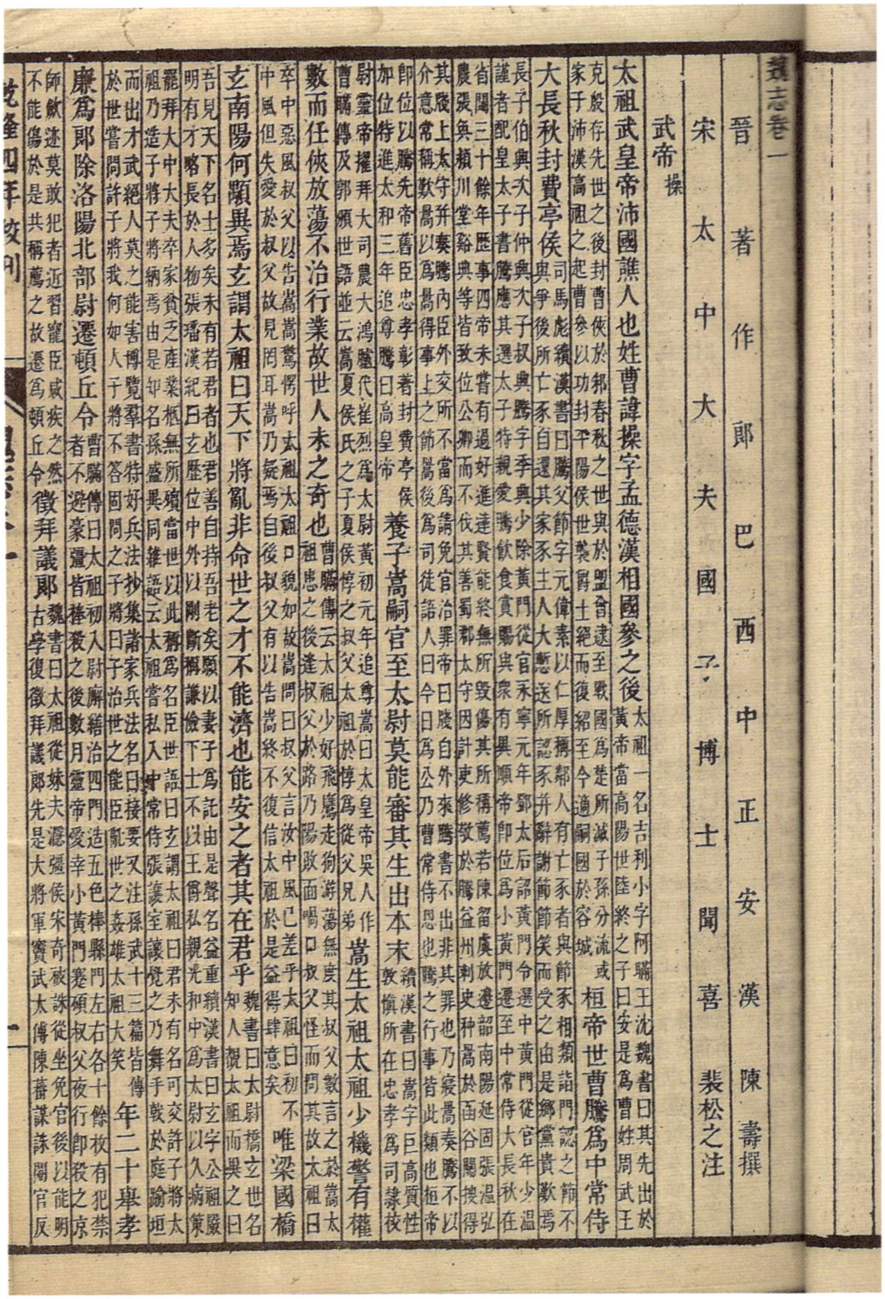

魏志卷一

晉　著作郎　巴西中正安漢　陳壽撰

宋　太中大夫國子博士聞喜　裴松之注

武帝操

太祖武皇帝沛國譙人也姓曹諱操字孟德漢相國參之後

桓帝世曹騰為中常侍

大長秋封費亭侯

養子嵩嗣官至太尉莫能審其生出本末

嵩生太祖太祖少機警有權數而任俠放蕩不治行業故世人未之奇也

惟梁國橋玄南陽何顒異焉玄謂太祖曰天下將亂非命世之才不能濟也能安之者其在君乎

年二十舉孝廉為郎除洛陽北部尉遷頓丘令徵拜議郎

乾隆四年校刊

这么做。同文书局印得较精美，可惜其中《旧五代史》用的并不是真殿本，而是据别的本子仿照殿本的字体款式重新写过付印的，真殿本《旧五代史》版心上方题“乾隆四十九年校刊”，同文书局据别本重写时和其他各史一样都写成了“乾隆四年校刊”。五洲同文书局石印《二十四史》才一律用真殿本，但油墨浸润较重。三是按行剪开原书，重新粘贴，把原书一页半、或两页、三页甚至更多页合并成一大页，摄影缩小后石印。竹简斋石印的大本《二十四史》即用此办法，由于技术差，印本欠清晰，加之剪贴并页时又不认真细心，有错行、脱漏等弊病，故不能取信于人。四是不剪开原书，而把原书四页分上下栏并成一大页，或原书九页分三栏并成一大页，再摄影缩小后石印。史学斋石印《二十四史》用的是这种办法。

响最大、被翻印次数最多的一种。光绪八年（1882），同文书局在上海设立，即用石印机翻印《二十四史》。此后，在清末民初，有许多石印书局如文澜书局、竹简斋、友石山房、竢实斋等，都曾以武英殿本为底本石印《二十四史》。

当时石印《二十四史》有几种办法：一是把原书摄影后按原大石印。二是把原书摄影缩小后石印。同文书局以及五洲同文书局影印的《武英殿本二十四史》就都

翕居所藏史学会社石印本《校定廿四史》，就是把原书摄影缩小后石印。全套书214册，置于两个精雕木橱中皮藏，木橱门上刻有书名，木橱内各书摆放错落有致，浑然一体，既美观得体，又极具实用价值。此版本国家图书馆有藏零种，从用纸、印刷、字号、册数等方面来看，算得上石印《二十四史》中较好的版本。此书的印行者“史学会社”也未见著录，盼明者指教。

由亲家编辑印行的《清芬阁集》

（清）朱采撰《清芬阁集》十二卷八册，上海商务印书馆光绪三十四年（1908）铅印本，其亲家归安赵滨彦署签。

朱采（1833—1901），字亮生，号云亭、冶仙，浙江嘉兴人。清同治三年（1864）优贡生。光绪九年出任山西汾州知府。光绪十四年升任广东雷琼道，曾为李鸿章、张之洞幕僚。光绪二十年甲午战争失败后，愤于时事，称疾归里，著文自娱。光绪三十四年，即在其过世7年之后，由其亲家赵滨彦集其文稿成《清芬阁集》十二卷。书中第四卷、第五卷涉及与中日甲午战争有关事宜。

朱采为人，光明磊落，为官清廉，虽未以科举出人头地，然其文章品行，仍为时人所仰。朱采升任雷琼道，是由清末洋务派代表人物、两广总督张之洞举荐的。张之洞在1883年至1885年法国侵略中国的战争结束后，鉴于琼州地区外侮内患交迫，于光绪十二年十月，向清廷奏报了《密陈琼防人才片》，举荐朱采等人。奏本在谈到雷琼道人选时说：“臣悉心思索，查有山西汾州府朱采，廉劲果毅，勤朴耐劳，器识甚闳，志趣甚远，久在北洋，深通洋务。臣在晋时，深悉其才。”“现在琼事紧要，如蒙天恩破格擢用，畀以事权，必能披榛辟莽，为国家完此粤区，粤防大局亦得犄角无虑，实于边海皆有裨益。”

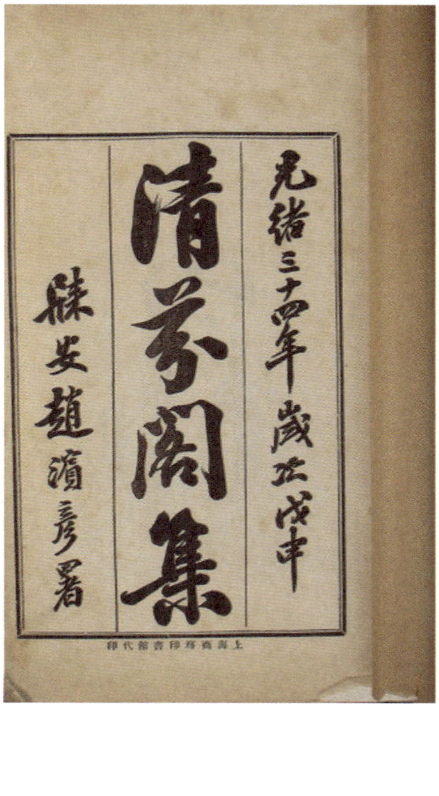
光緒三十四年歲次戊申

清芬閣集

歸安趙濱彥署

上海商務印書館代印

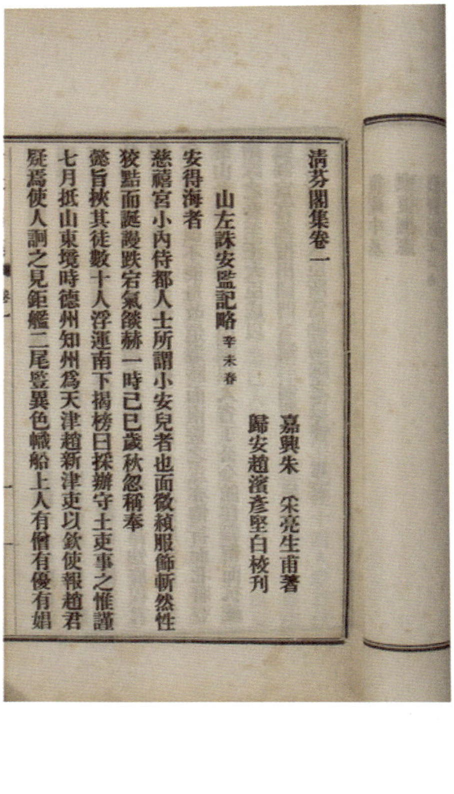
清芬閣集卷一

嘉興朱　采亮生甫著

歸安趙濱彥堅白校刊

山左誅安監記略 辛未春

安得海者

慈禧宮小內侍都人士所謂小安兒者也面微赬服飾靳然性狡黠面誕謾跌宕氣燄赫一時已巳歲秋忽稱奉

懿旨挾其徒數十人浮運南下揭榜曰採辦守土吏事之惟謹七月抵山東境時德州知州為天津趙新津吏以欽使報趙君疑焉使人詗之見鉅艦二尾豎異色幟船上人有僧有優有娼

张之洞举荐朱采纯属知人善任，出于公心，非关私谊，这可从朱采在琼政绩深得民心为证。朱采到琼后，严察吏治、敬贤表忠、办学施教。对查有贪污实据之官吏，立即黜职，一年之中革斥七八员，吏治为之一变。创建“海南第一楼”，祀唐李德裕、宋李纲、赵鼎、胡铨、李光五公于楼上，此楼又名“五公祠”。又重建苏文忠公祠，共费两万余金，筹自公款，不捐绅商，此举为数百年来所未有。还创建了“五公精舍”、“溪北书院”，办学同时，又捐廉育婴。目前，海南正筹划修葺溪北书院，增建朱采纪念亭并雕像。

《清芬阁集》中多慷慨言辞，首篇《山左诛安监记略》所言山东巡抚丁宝桢诛杀宦官安德海一事，读罢大快人心。在1879年《上李中堂书》中提出，琉球被日本所吞，危及台湾和朝鲜，建议李鸿章宜严加防范，坚持和局而以自强为制敌之本。甲午战争发生后，朱采主张围困日本，以游击取胜。

明末桐城女文学家、诗人、画家方维仪亦著有《清芬阁集》，方氏年青寡居，与其嫂共同教养其侄方以智。

“此虫出自外洋吕宋国”：《洋虫神方》

2008年6月19日，在某网站看到槐安居古旧书店开业的消息。该店开在北京德胜门内大街，“长期经营古旧书刊”。有网友留言说：“开旧书店不容易，希望槐安居至少能做十年老店。”的确，眼下这种形势，不管你在哪个城市，哪样的街区，只要能把旧书店开起来，就是一件很不容易的事。如果能够有十年基业，那应算得上是十分了不起的创举。

在北京奥运会倒计时1个月那天的午后，

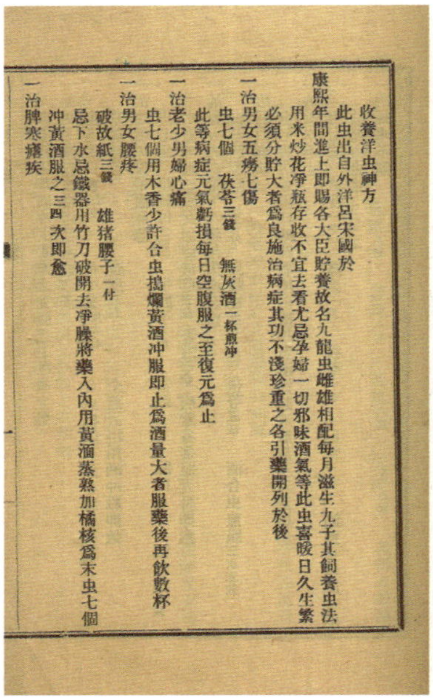
收養洋虫神方
此虫出自外洋呂宋國於
康熙年間進上即賜各大臣貯養故名九龍虫雌雄相配每月滋生九子其飼養虫法
用米炒花淨瓶存收不宜去看尤忌孕婦一切邪味酒氣等此虫喜暖日久生繁
必須分貯大者爲良施治病症其功不淺珍重之各引藥開列於後
一治男女五痨七傷
虫七個　茯苓三錢　無灰酒一杯煎沖
此等病症元氣虧損每日空腹服之至復元爲止
一治老少男婦心痛
虫七個用木香少許合虫搗爛黃酒冲服即止爲酒量大者服藥後再飲數杯
一治男女腰疼
破故紙三錢　雄猪腰子一付
忌下水忌鐵器用竹刀破開去淨膿將藥入內用黃酒蒸熟加橘核爲末虫七個
冲黃酒服之三四次即愈
一治脾寒瘧疾

笔者来到这个小店，门脸不大，招牌也不太显眼。但在刚刚改造好的德内大街上，与庆王府和梅兰芳故居为邻，还是让人感觉到一种文化的味道。在店里觅得一册小书——《洋虫神方》，书前为“收养洋虫神方”，对“洋虫”有一些介绍：“此虫出自外洋吕宋国，于康熙年间进，上即赐各大臣贮养，故名‘九龙虫’。雌雄相配，每月滋生九子，其饲养虫法，用米炒花净瓶存收。不宜去看，尤忌孕妇、一切邪味、酒气等。此虫喜暖，日久生繁，必须分贮。大者为良，施治病症，其功不浅，珍重之，各引药开列于后。”

医界和有些玩家大都知道洋虫可以入药，但治疗何病？如何配方？这方面的记载十分罕见。此册小书开列“神方”72个，涉及内科、外科、妇科、儿科、性科等类；涉及病症有男女五劳七伤、男子淋精夜梦、咳嗽失声带血气急、眼肿、膝痛、便血、长脚鸡眼，等等。因此，这册小书是很难得的医学文献。

洋虫是一种具有神秘色彩的药用昆虫，在清朝时期是贵妃们的宠物。洋虫分布于东南亚各国和我国华南、华东地区，由于其本身富含蛋白质和各种氨基酸等物质，具有较高的营养价值，既可药用，又可食用。洋虫对饲料有偏好，喜欢吃带甜味的食物，大枣是它最爱吃的。饲养洋虫可用花生、莲子、龙眼、红枣、杜仲、红花、槟榔、胡桃肉等。给洋虫不同的食物，其药物作用也不一。譬如用红枣、胡桃肉饲养，用黄酒送服，可治尿频。由于这种昆虫能取食多种粮食、干果、药材等，所以还是一种需要严加提防的害虫。

清人赵学敏所辑《本草纲目拾遗》中有关于洋虫的记载：“洋虫，出外洋，明末年始，传入中国。……此物形如米蚌子，初生蚁，如小蚕，久则变黑，如豆瓣，有雌雄，今人用竹筒置谷花饲之，性极畏寒，天冷须藏之怀袖中，夜则置衾衣间。报蕃衍，有饲以茯苓屑、红花、交桂沫者，则色红而光泽可爱，入药尤良。”此虫传入日本后，在日本皇室贵族等上流阶层广为流传享用，被尊称为“长生不老虫”、“长寿保健虫”。第二次世界大战后，洋虫传入德国。

洋虫还可少量饲养，供作玩赏之用。上图所示为清朝最后一任太医院掌印御医任锡庚的惟一一套传世手稿——《九龙虫志》，手稿里面记载了一味名为九龙虫的奇药。任锡庚认为，九龙虫本身并无疗效，但与其他药混合使用，会使其他药疗效倍增。手稿中列举了一些配伍的禁忌，以及最适宜添加九龙虫的药方。

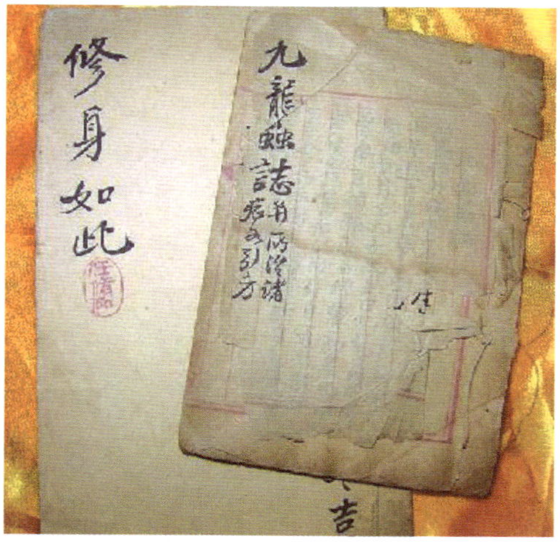

任锡庚手稿

桐城“异士”陈澹然藏《敏求轩述记》

（清）陈世箴辑《敏求轩述记》十六卷四册，民国4年上海扫叶山房石印本。钤“陈澹然藏书”印。

《敏求轩述记》十六卷，属杂俎类，收录清代历史人物的生平事迹。清道光二十八年（1848）初刻本为八册。

此书原藏者陈澹然，清光绪十九年（1893）举人，授资政大夫，民国初年充任大总统府高等顾问，陆军部编修，后任江苏省省长公署顾问、安徽水利局长、安徽通志局总裁、安徽商业学堂总监。曾先后受到李鸿章、袁世凯、段祺瑞、徐世昌等人器重，便都因为他天生一副傲骨，不愿意屈就自己去趋时应世，任职不久，就被罢黜或自己挂冠离职。于是，他一边高歌“遥指舳舻名利客，片帆高挂几时还”，一边一次次地重复着自己的客游生活。

在清末民初的学术界，陈澹然素有“异士”之称。他早年曾师从著名学者安徽桐城方宗诚先生，按理应该恪守桐城派的文理教义，但他却自破桐城家法：做学问竭力主张调和汉宋，写文章则喜欢用一些性灵言语。他还曾公开讥讽桐城文章为“寡妇之文”，对稍早于他的桐城派最后一位大师吴汝纶他也有自己的说道：“吴挚甫（汝纶）依曾国藩成名，造诣如何，我不敢妄议，他自命为桐城正宗，我疑其未必然也。”吴汝纶的文章学术在当时的影响非常大，他与薛福成、黎庶昌、张裕钊并立于曾国藩门下，被誉为“曾门四弟子”，而作为四弟子中惟一的桐城人，他更是受到桐城士子的拥戴。陈澹然的这些言行无疑忤逆了周围读书人的情感，被大家视为“桐城叛逆”。一位在仕与隐之间漂泊了大半辈子，而最终又回归到学问上来的杰出诗人和经史学家，最后在国立安徽大学教授《中国通史》。1930年辞世。

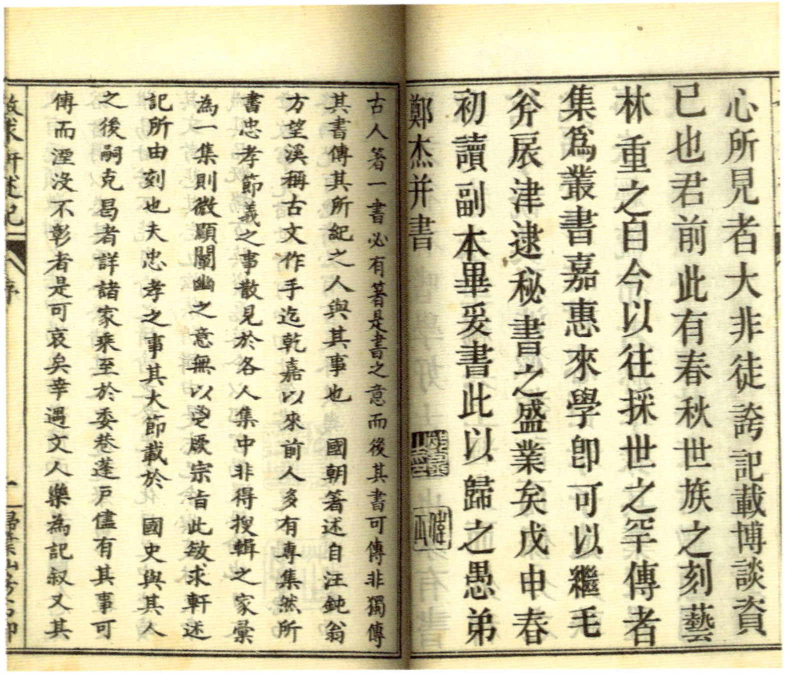
心所見者大非徒誇記載博談資已也君前此有春秋世族之刻藝林重之自今以往採世之罕傳者集爲叢書嘉惠來學即可以繼毛斧扆津逮秘書之盛業矣戊申春初讀副本畢爰書此以歸之愚弟鄭杰并書

古人箸一書必有著是書之意而後其書可傳非獨傳其書傳其所紀之人與其事也 國朝箸述自汪鈍翁方望溪稱古文作手迄乾嘉以來前人多有專集然所書忠孝節義之事散見於各人集中非得搜輯之家彙為一集則微顯闡幽之意無以慰厥宗旨此欽求軒述記所由刻也夫忠孝之事其大節載於 國史與其人之後嗣克昌者詳諸家乘至於委巷蓬戶儘有其事可傳而湮沒不彰者是可哀矣幸遇文人樂為記叙又其

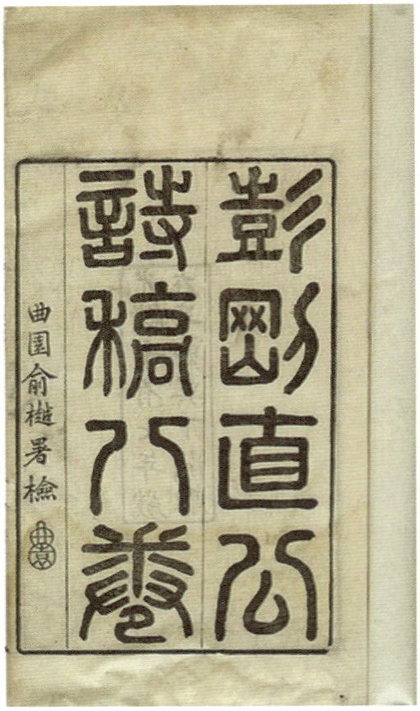

金息侯的《气功新法》

对于书画家、学者的金梁（号息侯），学界和读书人并不陌生（参见671页《对“瓜”情有独钟的〈瓜圃丛刊叙录〉》一文）。但对于一个在80高龄开设气功学院，并印行《气功新法》的金息侯，相信大多数人是了解不多的。

这两本油印线装小册，题名《修正气功新法》，由中国近代“京城四大名医”的萧龙友、施今墨署签。书前一页是金息侯的说明或者说是序言，介绍了他的气功学院的一些情况。“施今墨大夫，见《气功新法》，有所指教，余特加以修正，乃承赐题，至为感幸。施今墨大夫，真不愧今之墨子也，墨子兼爱，博施济众，适合姓名，对于气功，尤力提倡，墨子亦讲气功，导引径有墨子行气法。且墨子救宋，日行三百里，足为气功

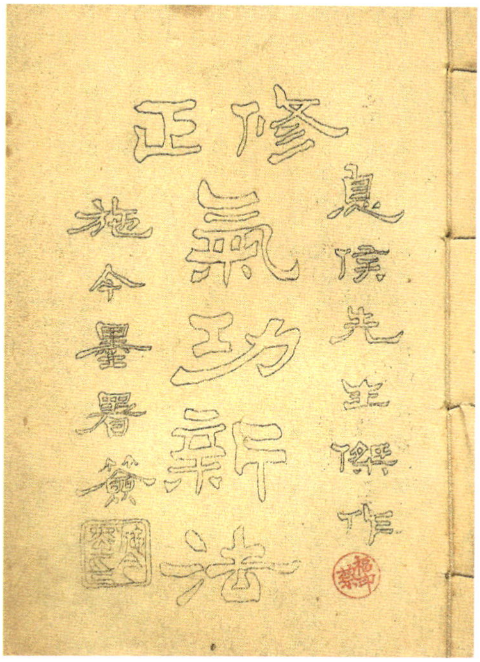

之证。气功治本，卫生保健，实合苏联预防疾病制度。余设气功学院，气功治病，传习气功，来者多青年工作人员，所患皆劳作太过精神衰弱，恨不在五年前早办，皆可免病。曾请卫生部立案筹备，先传百人，分布中外，推行气功。开办未久，颇见成绩，明效大验。今又承施今墨大夫奔走呼助，不啻摩顶放踵，为大众立起沉疴，为社会培复元气。八十老人心力交尽，其感幸又何如耶。”从此可以推算，开设气功学院，油印这两本小书，是在1958年前后。

从书中记载得知，金息侯的“气功学院筹备处”设在北京南长街五十六号。开设四科：本科气功和兼科气功、按摩、针灸、拳术。气功治病，正科一年，速成三月。这套《气功新法》是气功学院的讲义，是“随时写作，随时油印”的，先是分十四章，后又补充了五章，共十九章。有内经气功论、内经气功治病论、内经气功图说、气功学院启事、内经气功与苏联医学、气功速成法、呼吸养生法、养气调息、劳动与气功、五禽戏补说、静坐疗病法、旧八段锦、新八段锦增说，等等。

金息侯讲，这些气功治病新法，“乃取家传遗稿”，“重为编辑”。《金梁：淡出人们视野的满洲学者》一文讲到：金梁的曾孙女关大唐（现名关雅静）回忆，大约1945年她的曾祖母李宜卿去世后，金梁开始练习“八段锦”气功，一天只吃一顿午餐，早晚餐只喝点奶粉甚至不喝。看来，金梁研习和痴迷气功由来已久。

书后是金息侯写的一篇短短的跋文：“《气功治病新法》，已蒙卫生部来函取阅，并由人民、光明、北京各报介转中医研究院。又承萧龙友国医题签，誊稿待正，并拟请筹备气功学院，公开研究，如有赐教，请至南长街五十六号可也。《气功治病新法》并非卖品，有愿阅者，请助工本，分订二册，合计工本六角，外埠另加邮费。气功治病学院筹备期间，暂不计费，有研究者，请先挂号。因研究及治病，皆须排定时日次序，必先一月挂号，始克预排也。”

很难想到，为推广应用气功，印行书籍，开办气功学院，竟是一个八十高龄的老人所为。

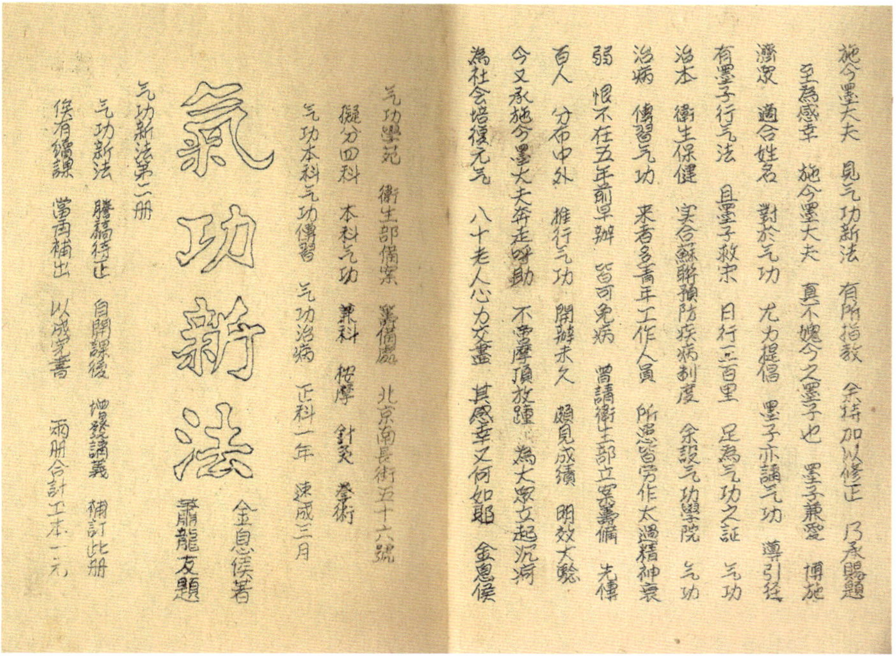
施今墨大夫 見气功新法 有所指教 余特加以修正 乃承賜題
至為感幸 施今墨大夫 真不媿今之墨子也 墨子兼愛 博施
濟衆 適合姓名 對於气功 尤力提倡 墨子亦講气功 導引経
有墨子行气法 且墨子救宋 日行一三百里 足為气功之証 气功
治本 衛生保健 実合蘇聯預防疾病制度 余設气功學院 气功
治病 傳習气功 来者多青年工作人員 所患皆勞作太過精神衰
弱 恨不在五年前早辦 皆可免病 嘗請衛生部立案籌備 先傳
百人 分布中外 推行气功 開辦未久 頗見成績 明效大驗
今又承施今墨大夫奔走呼助 不啻摩頂放踵 為大衆立起沉疴
為社会培復元气 八十老人心力交盡 其感幸又何如耶 金息侯

气功學苑 衛生部備案 籌備處 北京南長街五十六號
擬分四科 本科气功 兼科 按摩 針灸 拳術
气功本科气功傳習 气功治病 正科一年 速成三月
氣功新法
金息侯著
蕭龍友題
气功新法第二册
气功新法 謄稿待正 自開課後 增錄講義 補訂此册
俟有續課 當再補出 以成完書 兩册合計工本一元

古书流通处影元本《马石田文集》

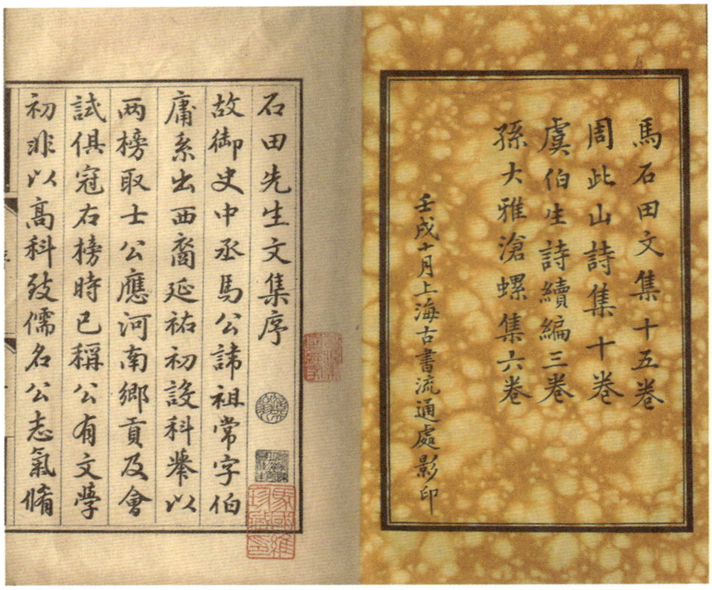

（元）马祖常撰、陈乃乾辑《马石田文集》十五卷八册，上海古书流通处民国11年影印本。书签题“马石田先生集”，版心题“石田先生文集”，本书有序、目录、附录一册。为陈乃乾辑《元四家集》第一种。钤“马国维珍藏印”、“曾在马国维家”印鉴。

上海古书流通处的影印《元四家集》，有四种十六册，函套题“元四大家集”。除《马石田文集》外，还包括（元）周权撰《周此山先生诗集》十卷、（元）虞集撰《虞伯生诗续编》三卷以及（明）孙作撰《孙大雅沧螺集》六卷。

《石田先生文集》十五卷，乃马祖常去世后，苏天爵于元朝至元五年（1339）编辑整理，并呈请朝廷批准，由宪司委员校勘无误，发至扬州儒学刊行。此元刊本大版心，半页10行，行18字，黑口，左右双栏。刻印非常精美，在元刻中为上乘佳椠。前有王守诚序、苏天爵序、陈旅序。卷二、卷三、卷十四、卷十五乃抄配，今存国家图书馆。苏天爵序言里说明了此书的编纂刊刻始末：“公既没，其从弟察院易朔出公诗文若干篇，合天爵所藏共若干卷，请于中台，刊诸扬州郡学。”陈旅的序中说：“淮东宪使赵郡苏伯修甫汇公文稿若干卷，将锓梓以行于世。适旅至广陵，乃使缀一言于篇端。”1986年，中华书局也曾据此本影印发行。

此书藏家马国维，是创办于1919年的香港早年著名中文学校——敦梅学校（Dunmei School）的老师。马国维国学深厚，佻脱不羁，说话从不道学，教授《古文观止》，暮年仍埋头著述《明季粤高僧传》，著述偏冷门，后未出版。

此书辑者陈乃乾（1896—1971），为自学成才的版本目录学名家。于1917年在古书流通处佐理店主陈琰购销古旧书籍，曾编印《知不足斋丛书》、章太炎的《章氏丛书》、《百一庐金石丛书》等大部头丛书。20世纪20年代中期，与金诵清在上海合办中国书店，经营古旧书，重订了《曲苑》等稀见古书。30年代，任开明书店编辑，辑印了《清名家词》、《元人小令集》等，曾参与编辑出版《二十五史》、《二十五史补编》等巨著。陈乃乾私人藏书积至万卷，颇多善本。1956年调北京工作时，曾包用一节火车皮，将藏书全部运京。“文革”中饱受折磨，1971年死于浙东的一个偏僻山村。

东京铁割园幻术社《京都喜乐堂把戏书》

在2009年中央电视台春节晚会上，一个台湾刘姓小伙，表演了几个小魔术，竟使得这种“鬼把戏”一时热了起来。翕居无意中曾觅得蓝印线装本《京都喜乐堂把戏书》一册，无出版日期，但是旧本无疑，日本东京铁割园幻术社制作。此书为江湖卖艺道具变戏法的江湖法术，如今已很难见到这类“秘籍”，因为不管是以前还是现在，变戏法的把戏都是只有师徒相授。因此，“变戏法”类书籍一直都被认为是不传的“宝典”。

这本把戏书的内容有：美人飞水、蛋内生鸡、纸人捧碗、空杯取酒、一蛋变四、茶内生莲花、米碗挂香、钉鸡不死、金钱变药、金钱抱柱、蛋变金雀、花变金鱼、扯纸还原、二龙戏珠、十杯齐飞、移山倒海、五路财神、万米归仓、神仙点戏、大变金钱、孔明摆阵、二仙传道、隔夜神数、铁板奇门、不语神相、万子千孙、平地牵羊、画人张伞、万人变鬼、臭虫搬场、铁变紫铜、使鬼吹火、吹灯不灭、花开五色、美女相思、空中悬伞、鸡蛋升空、线灰悬钱、水上生云、面变五色、空房咳嗽、纸上喷花、纸蝶自飞、纸人走路、家鸡变凤、灯下无头、树叶变鱼、草变蜈蚣、木狗自走、纸人出血、千杯不醉、一杯醉倒、雪中酿酒、沸水立冷、飞豆打蝇、立时种菜、纸锅炒豆、茶现乌云、茶内现龙、钉碗无伤、空房弹琴、夜能见鬼、美人脱衣、白鹤升空、使鬼打门、焚香召鹤、画鸟高飞、纸变鸭蛋、灯现葡萄、茶引春心、酒变五色、叶上开花、指点石碎、钓鱼自来、清水变酒、田鸡教书、蚂蚁摆阵、鸡变鹦鹉、滴水成冰、花带变蛇等300多招神奇江湖法术。

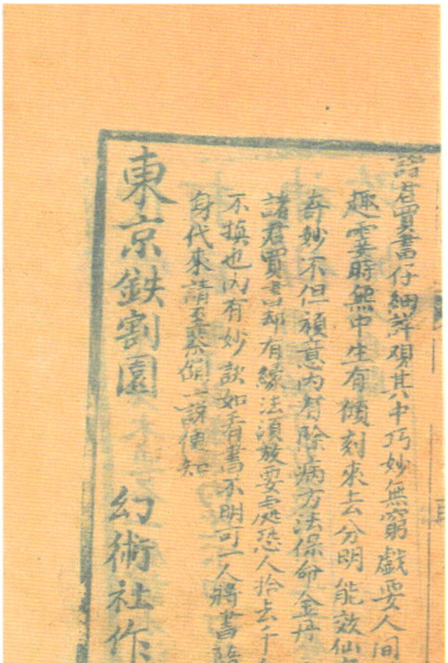

此外，还有耳报金童、六甲神坛、画门取菜、花带变蛇、九龙化骨、立刻催生、四童转桌、一指定风、美人自来、显光图、设坛法、疏词、诸咒等法术。后面还附有江湖诸法秘诀，比如包摇大会、售奇诸法术、吞碗片竹筋法术、清水焚符、滚油治病、去障移星等二十几种。

戏法在我国源远流长，历史悠久。传说在公元前17世纪的夏代，夏桀王宫中就常做“奇伟之戏”为娱乐。到了汉朝，就有了这方面的文字记载和绘画图片，这个时期戏法已达到了很高水平。到了魏晋南北朝时期，戏法更加盛行，曾涌现出不少精彩节目。发展到宋代，戏法在深度上又进步了很多。至清代，有些书籍中，对某些节目就有了较详细的记载，对整个表演形象也有了描绘，如《清稗类钞》记载了李赛儿“擅跑马踏绳之戏，尤善用九连环。盖以熟钢制环似钏，其数九。尝掷一环于空际，约三四丈，复掷一环，迎而拼之，其声铿然，两环相套如连环式，连掷连拼，九环连络，诚绝技也”。可见当时九连环表演已相当精湛。然而，由于一代一代的失传，现在，不要说在马背上表演，就是在舞台上表演的人也为数不多了。

13世纪的欧洲把戏书

“使正气各得其养”：《读正气歌图史集》

白坚辑《读正气歌图史集》一册，民国28年铅印本。出版地、出版者不详，有“正气歌地理今译”插图和北京府学胡同的“文丞相祠”，以及祠堂前传说为文天祥就义处的老榆树照片。

白坚在此书自序中讲：“余年十一二时，读书乡塾，先生教以正气歌。于歌中史事，仅得大略。思欲就各人各事，一一究其详，苦图史不备，先生引以为憾。及渐长大，每诵此歌，终恨有所未尽也。”后来，白坚游学日本，他所遇到的日本师友，大部分都曾经读过此歌，并且日本人在读这首正气歌时，必须是正襟危坐，很严肃、很郑重。有的人在朗读过程中，感觉如身临其境和亲历其事，以至感激涕流不能自已。白坚了解这个情况后，“反而观之吾国学校，教此歌者盖寡焉。余每忆及此，愧与憾俱。今教师范学院诸生以此歌，爰就歌中所引史事，一一寻出，各举其史传之全，附以读史地图。又于其时代，计其距今为几何岁？各分注于其事迹之下。俾读者一览而详其史地。获论世知人之益，油然而生思齐之心，使正气各得其养，沛乎充满天地。则余平生之憾与愧，于此庶几雪乎”。正是在这样一个情况下，白坚把它印成册子出版，供他任教的师范学院的学生阅读。让这些学生们在阅读正气歌时，还能对于文天祥其人、其事有更多的了解。

从这个序言最后，作者署“廿八年岁在己卯西充白坚识于北京东华门外之与石居”的记载，可知白坚为四川西充人，序文中曾讲到他在师范学院任教。至于其他情况，就不得而知了。

2007年3月，日本京都大学《敦煌写本

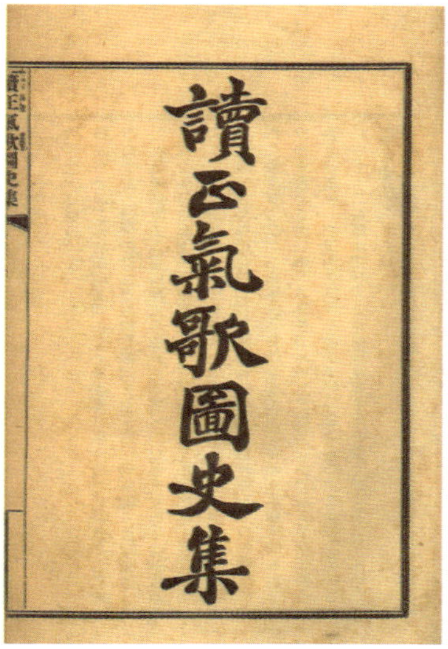

扉页

白坚任职的《雅言》

研究年报》在京都创刊。这期年报里有关玄奘遗骨的一篇论文，里面提到白坚这个人。该文称白坚出生于1883年，字坚甫，四川西充人。曾留学日本早稻田大学政治科，回国后在段祺瑞执政府秘书厅任编译主任，民国27年任临时政府内政部秘书，同时还在一个师范学院兼任国文教习。白坚对金石书画有浓厚兴趣，收藏有大量古石经残石。有《读正气歌图史集》一卷为师范学院的讲稿。曾与同好组织“余园诗社”，著有《读汉魏石经记》、《石居获古录》（民国26年上海图书馆学校出版）。

查翕居所藏北京余园诗社编辑的《雅言》（《雅言》社社长为傅增湘，大赞助依次为汪兆铭、陈公博、周佛海、王揖唐、朱深、铃木美通、齐燮元、余晋龢、苏体仁、周作人、汪时璟、喻熙杰和刘玉书等），白坚和郭则澐、桥川时雄、夏仁虎等10人为此刊的“评议”。

2002年6月，北京翰海拍卖一套《民国汉熹平石经残石拓本》，内收白坚所藏汉熹平石经残石15种，钤“白坚之印”，并有白坚亲笔题签：“西充白坚拓传壬申元旦敬赠南生长乡先生。”

80年前的股东会决议录

翕居藏有一册印行于民国17年的股东会决议录，记载的是山东中兴煤矿公司第十七次股东会的决议内容。

在中国历史上，山东峄县（现属枣庄市）中兴煤矿与抚顺、开滦煤矿被称为中国历史上最早的三大煤矿。所不同的是，抚顺、开滦煤矿为中日、中德合资企业，而中兴煤矿的股东、董事、经理们坚持独立的民族资本办企业的立场，从而使它成为我国历史上最早的民族资本独资经营的大型煤矿公司，圆了清朝末期无数仁人志士“复兴中华”的一个梦。

清光绪六年（1880），北洋大臣、直隶总督李鸿章委派戴华藻由民间集股2万余两白银，开采峄县煤矿。当时为官督商办，初用土法开采，嗣后增加股金，陆续购置机械设备。1895年，山东巡抚李秉衡因事关地方权益，通饬禁止开采，遂即停歇。1897年，德国强迫清政府签订《胶澳租界条约》、《山东煤矿章程》，取得了山东境内铁路修筑权及其沿线30公里内的矿山开采权。中兴矿局所在的枣庄煤田正好位于津浦铁路沿线30公里以内。枣庄的煤炭素以煤质优良著称国内外，德国人窥视已久。中兴公司股东、李鸿章的重要幕僚张莲芬在天津召开股东会议，决定以“既开之矿”为由阻止德国人欲得枣庄煤田，并向清政府呈折，得到慈禧太后准许。1899年，张莲芬与德国驻天津税务德璀琳协议成立了“商办山东峄县华德中兴煤矿股份有限公司”。张莲芬任华总办，德璀琳任洋总办。为限制洋人权力，张莲芬规定：公司的管理皆由华总办主持。1908年，他又以德国人“洋股”一直没能到位为由，经清政府批准，中兴公司注销“华德”字样，取消洋总办，改为纯华资经营的“商办山东峄县中兴煤矿股份有限公司”，实行总理制，推举张莲芬为总理。清宣统二年（1910），南大井及台（儿庄）枣（庄）铁路完成，又招足资本300万两白银。1915年矿井被淹，复在武汉招新股100万元。当时日产烟煤1200吨。1920年北大井建成，1922年改定资本额1000万元。继受军阀内战影响，被迫于1928年8月停工。后向沪上银行借款500万元，于1929年1月复工，产量逐渐恢复，年获巨利。抗日战争爆发后，1938年3月，矿区沦陷，该矿由日本侵略者管理。1939年3月，由日本三井矿山公司协助经营。1943年2月，解除军管改为敌伪合办的中兴煤矿股份有限公司，直到抗日战争胜利。中华人民共和国建立后，人民政府清理该矿资产，改为公私合营。

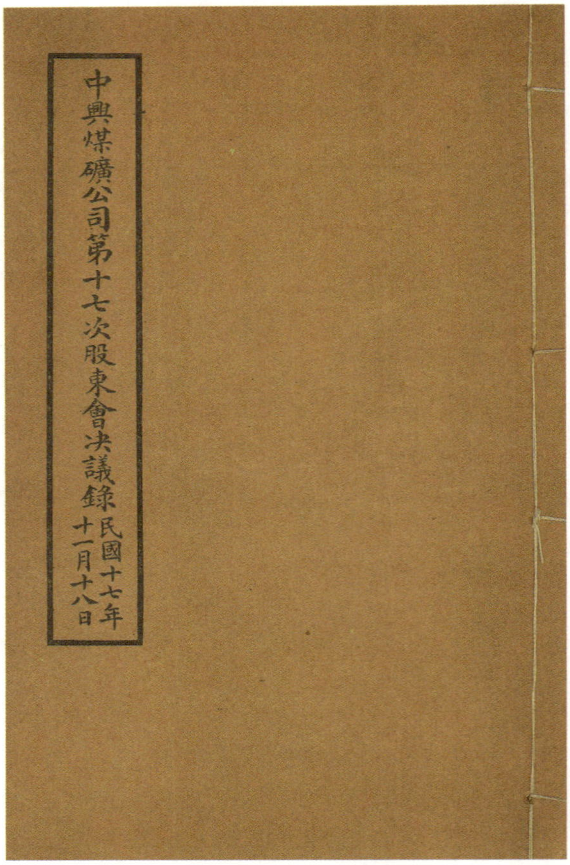

枣庄煤田为一东西长3公里，南北宽约2公里的盆地，所产为烟煤，含灰硫甚低，可炼优质焦炭；而陶庄采炭所之煤，因距火成岩近，已变为无烟煤，因此中兴煤矿烟煤、无烟煤俱产。

较少见的《北山录》

唐代梓州（今在四川绵阳境内）慧义寺沙门神清撰、（北宋）释慧宝注《北山录》十卷四册，附（唐）释德珪撰《北山录注解随函》二卷。民国10年据宋咸宁间刻本影印。

《北山录》又称《北山语录》、《参玄语录》、《北山参玄语录》。收于《大正藏》第52册。因慧义寺位于城北长平山之阳，故称“北山”。该书博综儒、释、道三教玄旨而为著录，故称“参玄”。内容计有天地始、圣人生、法籍兴、讥异说和住持行等16篇。引用法华经等典籍，采佛教教义以调和孔、孟、庄、老、列、荀等各家之说，内容广及儒、释、道三教与诸子百家。其卷六“讥异说”批评禅宗曲解“付法藏因缘传”编造传承世系，遭到禅者的驳斥。

唐宪宗元和年间，韩柳、元白等大家辈出，唐代文学空前繁荣，神清在当时颇有影响，《北山录》内容丰富且颇具特色，是研究中唐文学思想背景的宝贵文献。

本书传本极少，民国初年曾发现两种宋残本。清顺治年间有刻本一种，收入《说郛》第32册。除宋本和此顺治本传世外，仅有民国这一版影印本，乃张元济主持商务印书馆期间，受傅增湘委托所印。关于此书用纸、印刷、预定、发行等事，《张元济傅增湘论书尺牍》一书有多处记载。

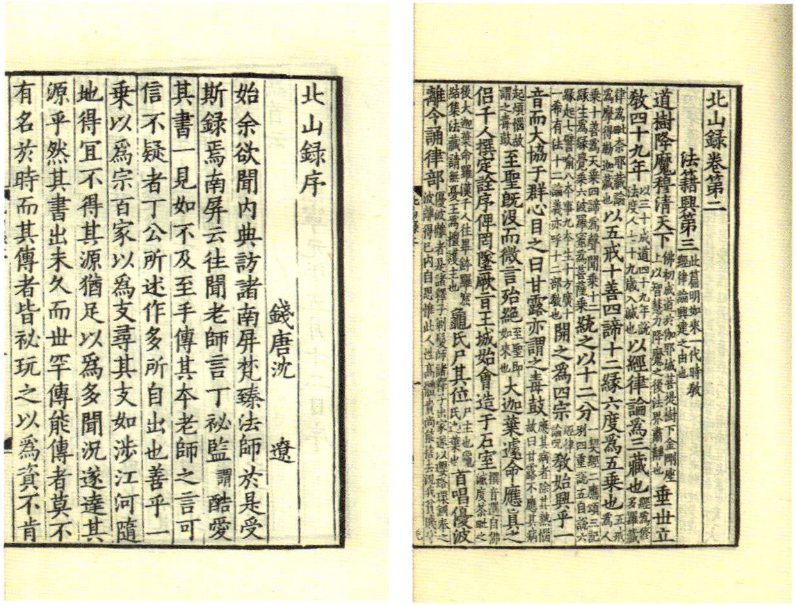
北山録序

錢唐沈　遼

始余欲聞内典訪諸南屏梵臻法師於是受斯録焉南屏云往聞老師言丁祕監謂酷愛其書一見如不及至手傳其本老師之言可信不疑者丁公所述作多所自出也善乎一乘以爲宗百家以爲支尋其支如涉江河隨地得宜不得其源猶足以爲多聞況遂達其源乎然其書出未久而世罕傳能傳者莫不有名於時而其傳者皆祕玩之以爲貴不肯

北山録卷第二

法籍興第三

道樹降魔穆清天下垂世立敎四十九年以經律論爲三藏也以五戒十善四諦十二緣六度爲五乘也統之以十二分開之爲四宗敎始興乎一音而大協于群心目之曰甘露亦謂之毒鼓至聖既沒而微言殆絶大迦葉遽命應真之侶千人撰定詮序俾罔墜厥旨王城始會造于石室鶖氏尸其位首唱優波離令誦律部

《北山录》序及正文

渐西村人的《春闱杂咏》

袁昶撰《春闱杂咏》一卷，外一种石嘉吉的《听雨楼诗》，民国26年上海商务印书馆据“渐西村舍丛刊”本排印，丛书集成初编，钤“得天然乐趣斋藏”印。翕居另有此书小沤巢清光绪间刻本二册。

唐宋时礼部考试进士，在春季举行，称“春闱”。明清时朝廷会试举人也在春季举行，亦称“春闱”。闱，指科举时代的试院，后亦借指考试。

袁昶（1846—1900），字爽秋，号毗邪台山散人，浙江桐庐人。清光绪二年（1876）进士，曾官户部主事、总理各国事务衙门汉章京、江宁布政使、光禄寺卿、太常寺卿等。光绪二十六年七月初，因反对慈禧太后利用义和团围攻教堂和外国使馆，与礼部侍郎许景澄、兵部尚书徐用仪先后被冤杀。当月，八国联军攻占北京，慈禧、光绪仓皇出逃西安。次年平反，清宣统元年（1909）追谥“忠节”。旧时，杭州西湖孤山南麓有座三忠祠，就是为纪念因忠耿护国，反对慈禧太后利用义和团围攻外国使馆被冤杀的这三位浙江籍京官而专门建造的。在安徽芜湖江中书院内，还有袁昶生前由皖人专为其建的“生祠”，以纪念他在芜湖道任上，为官五年给当地百姓惠使的善政。

袁昶不仅为官从政有远见卓识，政绩斐然，在文坛也颇有造就。尤其他为诗更是独树一帜，容晋唐和北宋风格于一炉，与沈增植同为晚清浙江诗派的代表。晚清福建诗派首领陈衍说：“余谓爽秋五言古，实以

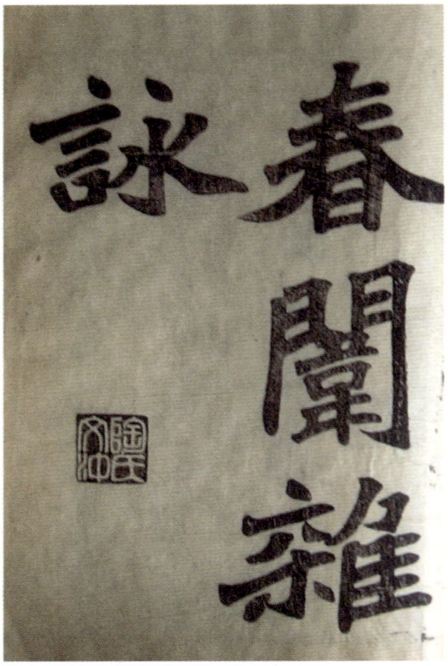

潘陆颜谢骨格，傅以北宋诸贤面目，功力甚深，不愧雅音。”晚清诗坛盟主金天羽说：“渐西（指袁昶）能从山谷溯太白，而得蒙庄之神。凡艺事有独至，必真率互见，乔松石怪，不掩其丑。隐文彰义，标论卓伍，良不可及。”在袁昶的诗作中，对晚清重大历史事件和世界风云多有反映，特别是对清政府腐败，以致无力抗御外来侵略，更是流露出愤慨之意。光绪二十一年，他得知威海失陷，立即写了一首《哀威海卫》诗：“我军左威右镏岛，形胜天然鬼工造。增台巨夯震九地，火弩水雷环百道。堡坞却作偃月形，杀气飞鸟不敢停。如何黑云朝压垒，壮士夕化虫沙井。呜呼内讧梁柱蠹，亿万金钱铸此错。几时鞭石驾鼍梁，义旗东指王师渡。”借此痛斥起内讧导致威海失陷的那些大臣。

袁昶一生著作甚富，已刊行的有《渐西村人初集》十三卷、《安般簃诗续钞》十卷、《春闱杂咏》一卷、《永明楼集》一卷、《于湖小集》六卷，此外还著有农桑、兵匪、舆地、治术、掌故等书。据吴丰培《卫藏通志》“著者考”记载，袁昶还是《卫藏通志》的最早刊行者。光绪二十一年此书始以写本付梓，刊入袁昶所辑《渐西村舍丛书》，后序有云：“按此书系清户部主事桂林龙松岑先生继栋校刻，伊未署名，详见先公文集中。”附记并云：“原本未著姓氏，疑即为和琳所辑云。”吴丰培考证当为松筠所撰。

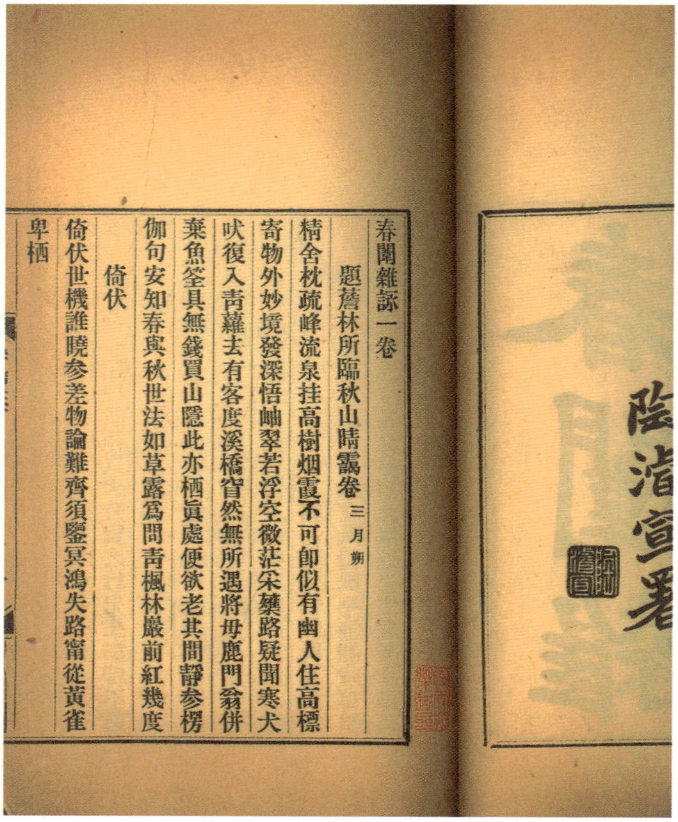
春闈雜詠一卷

題薝林所臨秋山晴靄卷 三月朔

精舍枕疏峰流泉挂高樹烟霞不可即似有幽人住高標寄物外妙境發深悟岫翠若浮空微茫朵蘗路疑聞寒犬吠復入青蘿去有客度溪橋窅然無所遇將毋鹿門翁併棄魚筌具無錢買山隱此亦栖眞處便欲老其間靜参楞伽句安知春與秋世法如草露爲問青楓林巖前紅幾度

倚伏

倚伏世機誰曉参差物論難齊須鑒冥鴻失路甯從黃雀卑栖

厘正唱曲讹误的《度曲须知》

（明）沈宠绥撰《度曲须知》二卷二册，民国24年石印本。

《度曲须知》为古典戏曲音乐论著。作者沈宠绥（？—1645），字君徵，江苏吴江人。明万历年间很有造诣的歌唱家，精于声韵。《度曲须知》与作者另一著作《弦索辨讹》为姊妹篇，都是为厘正歌唱艺术中字音讹误的著作。

昆曲鼻祖、明嘉靖年间的戏曲音乐家魏良辅提出过“南曲不可杂北腔，北曲不可杂南字”的论点，深得沈宠绥的赞同，并以此作为两书立论的依据。南北语音不同，南北曲的演唱各守不同的音韵，北守《中原音韵》，南遵《洪武正韵》。但明代由于南曲盛行，北曲衰微，加上南北曲的交流融汇，唱家不去深究，致使南北字面混淆，错讹颇多。作者为此辨正南北字音，并论述南北曲中读字的格律及演唱的方法技巧。

《弦索辨讹》选录了北曲《西厢记》各套及南传奇中部分北曲套数的唱曲共375首，对其中凡属闭口、撮口、鼻音、开口、穿牙、阴出、阳收的字音，均在曲词旁用符号分别标明，以作演唱准绳。《度曲须知》继《弦索辨讹》之后，为了帮助唱曲者掌握四声音韵的要领，编成了各种口诀。有《四声宜忌总诀》：阴去忌“冒”，阳平忌“拿”，上宜“顿腔”，入宜“顿字”。《出字总诀》如“一东钟，舌居中。二江阳，口开张”之类。《收音总诀》，如“曲度庚青，急转鼻音”，“江阳东钟，缓入鼻中”之类。还有《入声收诀》，说明平上去三声南北大略相同，惟入声南北各异，处理好入声字，对南曲演唱有特别重要的意义。由于作者是歌唱家，具有实践经验，他的见解有实用价值，也具独创性。

《度曲须知》有明崇祯十二年（1639）原刻初印本，清顺治六年（1649）与《弦索辨讹》合印本。1959年收入《中国古典戏曲论著集成》一书。

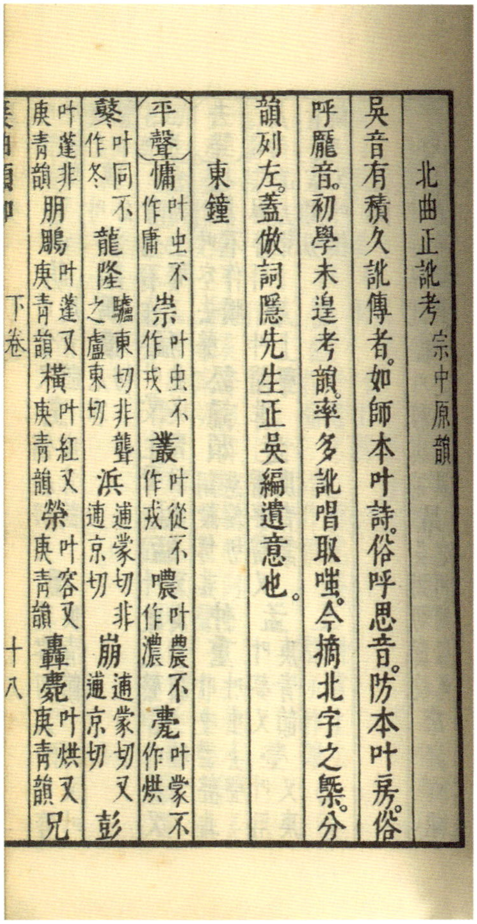
北曲正訛考 宗中原韻
吳音有積久訛傳者。如師本叶詩。俗呼思音。防本叶房。俗呼龎音。初學未遑考韻。率多訛唱取嗤。今摘北字之繫。分韻列左。蓋倣詞隱先生正吳編遺意也。
東鐘
平聲 慵叶虫不作庸 崇叶虫不作戎 叢叶從不作戎 噥叶農不作濃 蘢叶蒙不作烘
鬆叶同不作冬 龍隆驡東切非之盧東切 韸浜逋蒙切非逋京切 崩逋蒙切又逋京切 彭
叶蓬非庚青韻 朋鵬叶蓬又庚青韻 橫叶紅又庚青韻 榮叶容又庚青韻 轟薨叶烘又庚青韻 兄
度曲須知 下卷 十八

“福庐山人”郭曾炘的《亥既集》

“福庐山人”撰《亥既集》一册，民国8年京华印书局铅印本，钤“张明招印”，藏印下毛笔写有“齐白石刻”四字。

“福庐山人”郭曾炘（1855—1928），原名曾炬，字春榆，号匏庵，晚号“福庐山人”，为福建望族，郭柏荫之孙。清光绪六年（1880）进士，任仪制司主事，充军机章京，升员外郎、郎中，太常少卿、光禄寺卿、礼部右侍郎兼户部左、右侍郎。清宣统元年（1909）充实录馆副总裁，修《德宗本纪》。学通中西，与严复论中外学术，质疑辩难，称为挚友。爱士重才，人有一善，必盛誉扬。任《清史稿》总纂，著有《匏庵诗存》、《楼居茶记》、《再愧轩诗草》等。

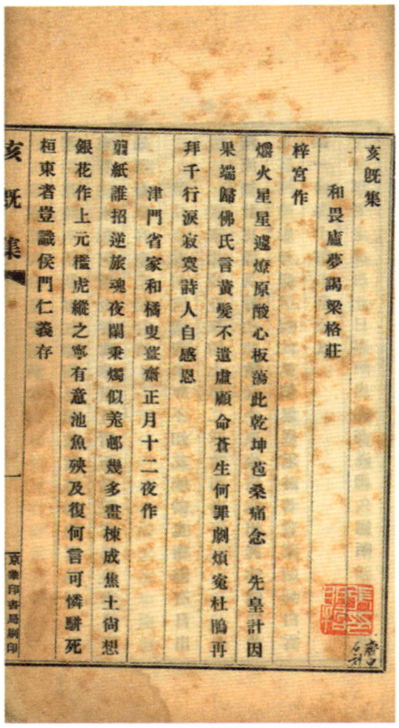
亥既集
和畏廬夢謁梁格莊
梓宮作
爝火星星遽燎原酸心板蕩此乾坤苞桑痛念　先皇計因
果端歸佛氏言黃髮不遺虛顧命蒼生何罪劇煩冤杜鵑再
拜千行淚寂寞詩人自感恩
津門省家和橘叟螢齋正月十二夜作
翦紙誰招逆旅魂夜闌秉燭似羌邨幾多畫棟成焦土尚想
銀花作上元檻虎縱之寧有意池魚殃及復何言可憐駢死
桓東者豈識侯門仁義存
亥既集　一
京華印書局鉛印

内阁中书王存（原名景沂，字义门，一字存子，江苏江都人）有《福庐先生枉寄亥既集读竟赋谢》一诗：“一贫报国愧多财，三字称官列上台。投老昌诗犹课日，吞声每饭自兴哀。病鸱凌凤知何有，腐鼠呼鹓更不回。剩好推枰延橘叟，冷吟销尽掞天才。”

清宣统三年八月十三日（1911年10月4日），清政府“谕旨颁行”了中国历史上的第一首国歌——《巩金瓯》，此为严复作词，郭曾炘修订。谱曲名义上是爱新觉罗·溥侗，实际上曲谱来自康熙时期的皇室音乐，歌词是文言文，内容如下：

巩金瓯，
承天帱，
民物欣凫藻，
喜同胞，
清时幸遭。
真熙皞，
帝国苍穹保，
天高高，
海滔滔。

福庐、灵岩两山皆在福建龙田镇境内。福庐山旧名郭庐山，因有郭氏在此结庐而得名。明代三朝元老叶向高以其地属“三福”（福建省、福州府、福清县），而改其名为“福庐”。山上处处奇岩怪石，错叠峻峭，构成石景72处，古有“钜丽甲于八闽”之称。山石之间有福庐寺，叶向高辞官在家时，曾在寺侧筑“石隐山房”，也自号“福庐山人”。

林纾、郭曾炘1921年合作“山水行楷成扇”，在2005年上海信仁拍卖有限公司春季拍卖会上，成交价为14300元。

郭曾炘与林纾合作扇面

对“瓜”情有独钟的《瓜圃丛刊叙录》

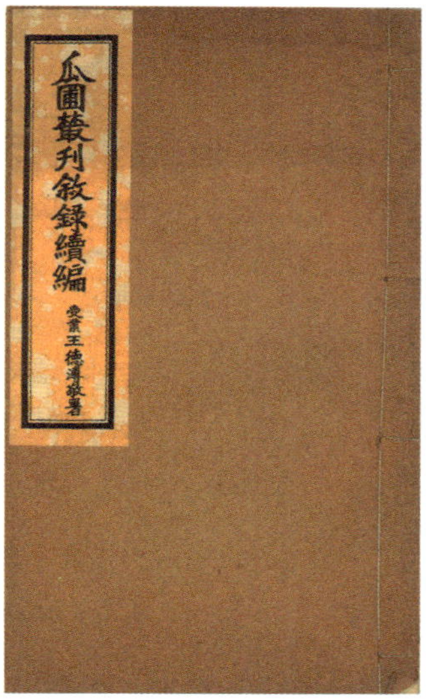

金梁辑《瓜圃丛刊叙录》一册，民国12年铅印本；《瓜圃丛刊叙录续编》二册，民国17年铅印本。

金梁（1878—1962），号息侯，满洲正白旗人，系出瓜尔佳氏。父凤瑞，号桐山，从李鸿章马队，积功至副将军，后调任乍浦满洲大营副将军，职掌驻防军事和旗籍民事。母钱氏，浙江平湖人，系太平天国忠王李秀成麾下将领钱太平之女。

金梁于清光绪四年（1878）生于平湖乍浦，光绪二十七年辛丑科举人，光绪三十年甲辰科进士，授编修。曾任京师大学堂提调、内城警察厅知事、民政部参议。后官奉天旗务处总办、新民府知府。光绪三十四年典守沈阳故宫文物。与余铁珊、金月洲等，就沈阳故宫翔凤阁所藏书画，辑有《盛京故宫书画录》。民国后，曾任奉天全省清丈局局长、政务司长、洮昌道尹。由张作霖保荐，任北洋政府农商部次长。因心存清室，积极参与宗社党复辟活动。被逊帝溥仪召入内廷掌握内务府事务，并赐以少保衔。溥仪被逐出京寓居天津时，亦常有联系。“九·一八”事变后，他寓居天津，曾纠合遗老结成“俦社”团体，发起“拥徐（世昌）迎驾（溥仪）”运动。伪满在长春登场后，金梁曾多次从天津与溥仪暗送消息，并派人前往联系。后定居北京。能文、工诗、善书法，擅篆籀。著有《盛京故宫书画录》、《满州旧档》、《瓜圃述异》、《光宣小记》、《旧朝纪闻》、《清后外传》和《清史补》等书。

金梁与里人金兆蕃等同纂修《清史稿》时，他担任编纂、校刻，于1927年出版。不久，金梁自著《清后外传》出版，明确提出《清史稿·后妃》关于“慈禧进宫”的时间、封号有误，不是“懿贵人”，应是“兰贵人”。到了1959年5月间，金梁在重订《清史补》时，给浙江乍浦挚友、中国同盟会会员吴空如的信中，提及要目中有“西太后”一条，他在“说明”中云：“凡所记述，以时代太近不便明言，其中颇有曲笔、戏笔，此亦史例。”金梁后因年迈多病，染上大头疯，竟至不治，于1962年病逝于北京，享年85岁。

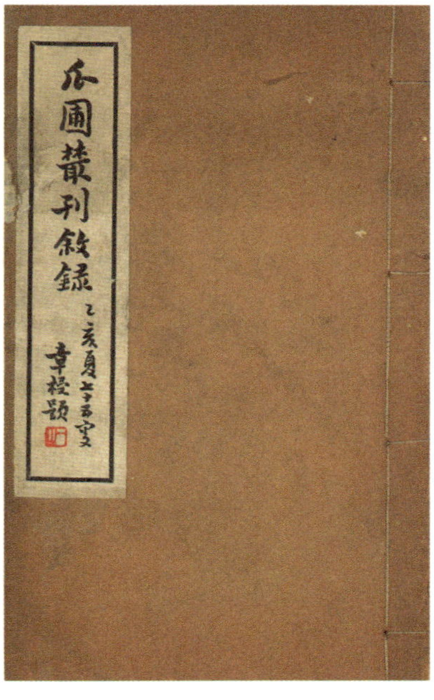

金梁晚年曾自署其号为“瓜圃老人”，然而，据金梁本人《瓜圃丛刊叙录》则称：“家父

所刊丛书，以关于掌故者为多，原拟名《国故零刊》，‘瓜圃’为龙湫故园名。先曾祖父别号瓜亭，著有《瓜亭杂录》。先祖父偶亦自署‘瓜山’。家父曾于盛京东陵辟地种瓜，用故园名，自号‘瓜圃老人’，遂以改题所刊丛书曰《瓜圃丛刊》，皆取义于瓜尔佳也。”可见，金梁以及祖上对瓜尔佳颇具思念之情，对瓜圃情有独钟，均喜以“瓜”字为号。

《瓜圃丛刊叙录》内有《越缦堂书目跋》，谓于李慈铭后人处尝见李氏遗书800余种，注明手校本90余种，手批本100余种，手跋本50余种，手序记本5种，手抄补本5种，校勘记、勘误记各1种。这对书目研究有一定参考价值。

“好事之书”：《鼻烟丛刻》

曾在孔网拍下一套《直介堂丛刻》，这套书是刘声木于民国18年在天津铅印，初编12种、续编6种，包括《续补汇刻书目》、《寰宇访碑校勘记》、《苌楚斋书目》、《直介堂征访书目》和《苌楚斋五笔》等。这套书虽然不是什么名刻善本，但由于印量极少，建国后在古旧书店几乎没有露过头，只是在20世纪40年代的《文奎堂书目》、《来薰阁书目》中有过记载。所以在网上达到近500次点击，有多人相争，加上送拍者把这样一套丛书拆开分几天拍卖，把人熬得实在难受，打算放弃。这时，书主发来信息

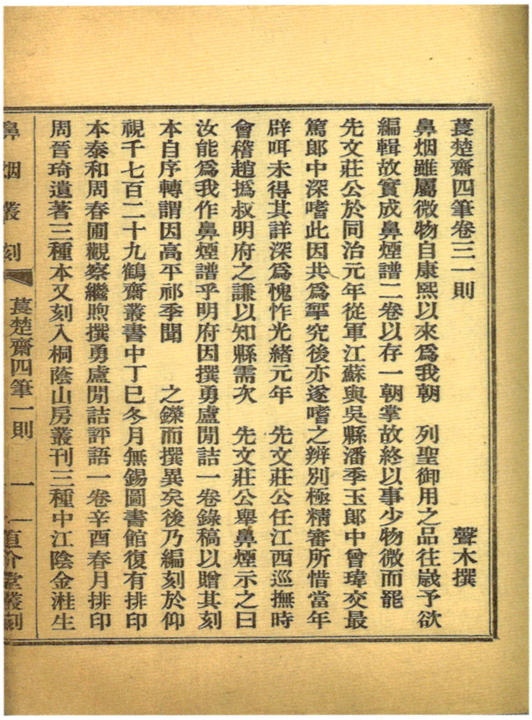
萇楚齋四筆卷三一則　聲木撰
鼻烟雖屬微物自康熙以來爲我朝　列聖御用之品往歲予欲
編輯故實成鼻煙譜二卷以存一朝掌故終以事少物微而罷
先文莊公於同治元年從軍江蘇與吳縣潘季玉郎中曾瑋交最
篤郎中深嗜此因共爲孳究後亦遂嗜之辨別極精審所惜當年
辟咡未得其詳深爲愧怍光緒元年　先文莊公任江西巡撫時
會稽趙撝叔明府之謙以知縣需次　先文莊公舉鼻煙示之曰
汝能爲我作鼻煙譜乎明府因撰勇盧閒詰一卷錄稿以贈其刻
本自序轉謂因高平祁季聞　之鏇而撰異矣後乃編刻於仰
視千七百二十九鶴齋叢書中丁巳冬月無錫圖書館復有排印
本泰和周春圃觀察繼煦撰勇盧閒詰評語一卷辛酉春月排印
周晉琦遺著三種本又刻入桐陰山房叢刊三種中江陰金湝生
鼻烟叢刻　萇楚齋四筆一則　一　直介堂叢刻

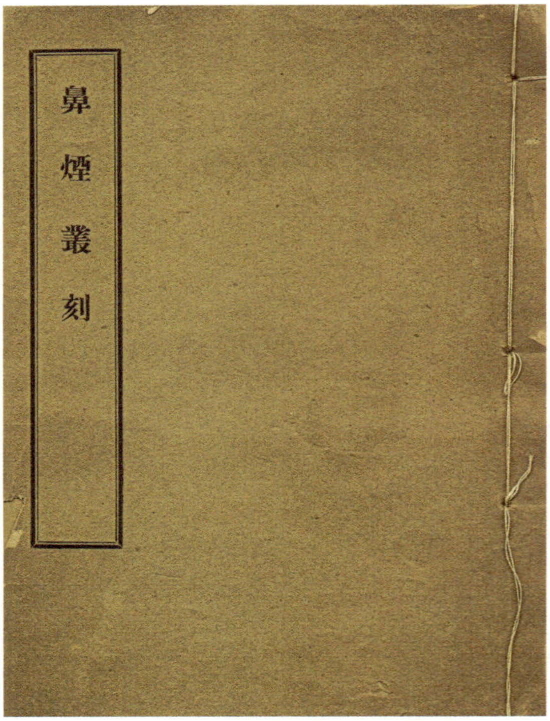

提醒笔者：“《鼻烟丛刻》您可不要丢了，那是单出的一册，此书建国后确实很难见到，不是钱多少的问题了，因为资料太翔实、太难得了。”

刘声木辑录的《鼻烟丛刻》是《苌楚斋四笔》的一个单印附件，在国家图书馆目录里是单独著录的，收入了赵之谦的《勇卢闲诘》、周继煦的《勇卢闲诘评语》、唐赞衮的《勇卢闲诘摘录》、张义澍的《士那补释》四种著作。书里详细介绍了鼻烟、鼻烟壶从西洋传入中国的年代、制法和鼻烟壶在中国发展之经历，从鼻烟壶的胎质、材料、做工、技法的发展和鼻烟壶的辨伪，以及当时经营的店铺销量、各铺经营之优劣都进行了详尽的论述，真算得上关于鼻烟壶的一部“秘籍”。

烟草

黄浚在《花随人圣庵摭忆》中提及，郑文焯曾手批赵之谦的《勇卢闲诘》书眉若干条，“于鼻烟壶之珍秘，颇有阐发”，并摘录数条于书中，然《勇卢闲诘》本书尚存，而郑氏手批之稿本却不复见。

2500年前的希腊史家希罗多德曾记载塞西晏族人尝把树叶投掷于火中，围着火吸烟气而入醉。埃及和美洲玛雅的古代建筑物石刻上也有吸烟管的人像。在16世纪末期，烟草和鼻烟在欧洲的经营几乎全操纵在西班牙人手里。17世纪时鼻烟也普遍从美洲传到欧洲。18世纪上半期，已传遍世界许多国家。据方豪先生所引天主教教会出版的《熙朝定案》记载，康熙皇帝在康熙二十三年十一月初三（1684年12月8日）首次南巡驾到南京，汪儒望和另一会士即曾见驾，贡方物四种，康熙退回他们三种，只收了“西蜡”。西蜡就是Snuff的音译，即是鼻烟。有时也译作“士那”、“士那富”或“士那捕”。

鼻烟在美洲及传入欧洲的初期，本来主要是认为可医病，消遣还是次要用处。后来欧洲人更把鼻烟当成可医百病的万灵药。可见，《红楼梦》中有宝玉拿鼻烟去医晴雯的发烧头疼、鼻塞声重，是完全根据当时西洋的习俗信仰，并非虚构。晴雯“用指甲挑了些嗅入鼻中”，这种用指甲挑嗅，也是当时西洋最常用的嗅鼻烟的方法。鼻烟传到中国后，多改用鼻烟瓶装盛，才常用小匙挑嗅。曹雪芹本人很可能有嗅过鼻烟的经验，所以他描写晴雯：“忽觉鼻中一股酸辣，透入囟门，接连打了五六个嚏喷，眼泪鼻涕登时齐流。”多么贴切生动的描述！早期西洋描写鼻烟效果的文学，往往用鼻烟的口吻说：“我会使全世界发抖。”也很有趣。曹雪芹接下去说：“晴雯笑道：‘了不得，好爽快！拿纸来。’”

烟草虽细末之物，然既为人之生活所必需，则一旦广为传布，便有诗文词赋为之吟咏、著述，这也在情理之中。方溶颐的《二知轩诗钞》录有一首“春明杂忆”诗：“香气氤氲鼻观超，女烟一缕碾兰椒。银晶作壶珊瑚盖，时式剜成水上飘。”便是吟咏京城人的鼻烟之嗜。兰椒，即兰花烟。水晶作壶别加珊瑚之盖，精美至极。嗜烟之人既然多，那么蓄烟之器必要考究，而不限于水晶、珊瑚，而记录鼻烟壶的专门著述，亦相随产生。

收入《直介堂丛刻》中的赵之谦的《勇庐闲诘》，便是这类书的代表，此书还有光绪年间无锡图书馆的活字本。而周继煦为赵书所作《勇庐闲诘评语》，还有《粟香室丛书》本和《桐荫山房丛刻》本，唐赞衮为赵书作《勇庐闲诘摘录》未见别的本子，张义澍撰《士那补释》另有清光绪十八年（1892）金陵（今江苏南京）刻本。

刘声木汇集赵书、周评、张释和唐的摘录，合为《鼻烟丛刻》，作为《直介堂丛刻》附录之一种，“亦可谓好事之人与好事之书矣”（贾敬颜：《趣味考据·烟草之传入》）。

“自摆词谱的曲调”：《和白石自制曲》

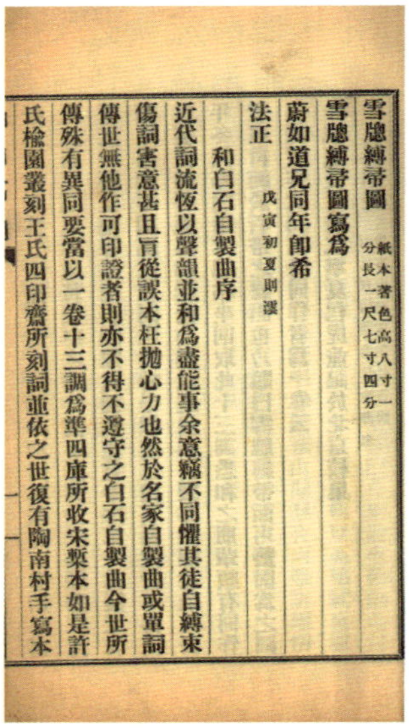

雪牕縛帚圖　紙本著色高八寸一分長一尺七寸四分

雪牕縛帚圖寫爲

蔚如道兄同年即希

法正　戊寅初夏則瀣

和白石自製曲序

近代詞流恆以聲韻並和爲盡能事余意竊不同懼其徒自縛束傷詞害意甚且盲從謬本枉拋心力也然於名家自製曲或單詞傳世無他作可印證者則亦不得不遵守之白石自製曲今世所傳殊有異同要當以一卷十三調爲準四庫所收宋槧本如是許氏榆園叢刻王氏四印齋所刻詞並依之世復有陶南村手寫本

夏仁虎等撰《和白石自制曲》一册，民国27年铅印本。书签题“和姜白石自制曲”，版心题“和白石词”。

书签中姜白石即姜夔（约1155—约1221），南宋文学家、音乐家、书法家。字尧章，人称白石道人。饶州鄱阳（今江西鄱阳县）人。词学中有“自度曲”一种，是通晓音律的词人，自摆歌词、自己谱写新的曲调，叫做自度曲。此语最早见于《汉书·元帝纪赞》：“元帝多材艺，善史书，鼓琴瑟，吹洞箫，自度曲，被歌声。”

宋代不少词人都深通音乐，他们做了词，便自己能够作曲，故词集中常见有“自度曲。”旧本姜白石词集第五卷标目云：“自度曲。”所收都是姜白石自己创作的曲调，第六卷标目为“自制曲”。其实就是“自度曲”，可能是当时编集时偶然没有统一。陆钟辉刻本就已经统一为“自度曲”了。

柳永、周邦彦深于音律，他们的词集中有不少自度曲，但并不都标明。不过，凡是自度曲，至少都应当注明这个曲子的宫调，或者在词序中说明，柳永的《乐章集》按照宫调编辑，姜夔的自度曲都有小序。这个办法对读者有交代，其他词集中没有说明的自度曲，后世读者就无法知道了。

自度曲亦称“自度腔”，吴文英在《西子妆慢注》中讲到：“梦窗自度腔。”张仲举《虞美人词序》云：“题临川叶宋英《千林白雪》，多自度腔。”

姜夔有一首湘月词，自序曰：“予度此曲，即念奴娇同指声也。于双调中吹之。鬲指，亦谓之过腔，见晁无咎集。凡能吹竹者，便能过腔也。”

刘旦宅绘“姜白石自度曲”诗意图

“赢得生平一卷诗”：《将离集》

王兰馨撰《将离集》二卷一册，京城印书局民国23年铅印本。钱玄同题签。

王兰馨为李广田夫人。李广田，1906年生，1935年从北京大学毕业，到山东济南省立第一中学任教，而此时王兰馨在泰安教书。所以，李广田这段时期的散文，有不少是写济南、泰安及其黄河岸边之故园风情的，出版了第一本散文集《画廊集》，不久又出版了《银狐集》和《雀蓑集》。这几本文集的问世，使李广田成为20世纪30年代中国著名的散文作家。也正是在山东这段时间，王兰馨写下了《将离集》。1937年抗日战争爆发，李广田与王兰馨随学校迁至泰安，在泰山脚下开展教学活动，但这段时间不长。

1949年，李广田任清华大学中文系主任、教务长，1951年调云南大学任副校长、校长。李广田在云南大学期间，王兰馨讲授《唐宋词》，据她的学生回忆，李广田讲《唐宋词》时，在书店都买不上一本参考书，因而，王教授印发了不少的美妙“词选”发给学生，至今出版的许多“词选”都很难找到它们。王教授读词读得很动感情，引人入胜。

1968年11月2日或3日，李广田死于昆明城郊名叫“莲花池”的水塘中，当时被认定为“自杀”。王兰馨和他的女儿认为他不是自杀的，而是被谋杀的。她们的理由是两点：第一，李广田的尸体被发现时直立在水池中，头在上，脚在下。如果他自己投水自杀，应该是头先入水在下。因此，他们认为他是被打死后被扔到水塘里的。第二，李广田的后脑勺上，有很重的打击伤痕。但是在李广田死亡的时候，是不允许家属说话的。李广田的家属在“文革”后说出这些，虽然李广田已经在1978年得到平反和恢复名誉，但是也无从追查事情真相了。

有个巧合的传说，吴三桂投奔清兵，是因为李自成进入北京以后，掳走了吴三桂的爱妾、著名美人陈圆圆，于是吴三桂“冲冠一怒为红颜”，引狼入室，造成中国一大动乱。吴三桂后来驻扎在云南昆明，最后也被清兵镇压身亡。据说，吴三桂死后，美人陈圆圆就是在这个“莲花池”中投水自杀的。

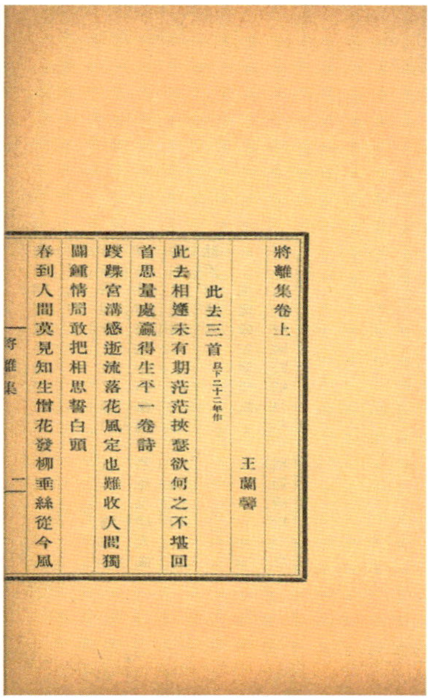
將離集卷上

王蘭馨

此去三首 以下二十二年作

此去相逢未有期茫茫挾瑟欲何之不堪回首思量處贏得生平一卷詩

踐蹀宮溝感逝流落花風定也難收人間獨闢鍾情局敢把相思誓白頭

春到人間莫見知生憎花發柳垂絲從今風

將離集 一

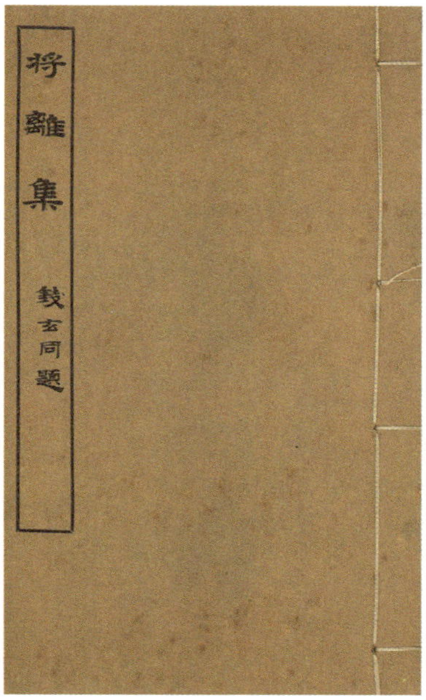

兰花的百科全书：《兰言四种》

杨复明撰《兰言四种》二册，民国13年铅印本。

杨复明，字鹿鸣，号宾叔，江苏江宁人。擅书画、文物鉴定，精古琴，嗜兰。20世纪20年代，任国民政府古物保管所主任。学琴于夏一峰，与杨仲子、徐芝荪、吴恩元相交甚密。杨复明于1919年至1924年春，用3年时间编成《兰言四种》。

该书是杨复明于1919年至1924年春，用三年时间所撰，全书分上下两册，上册中分为“画兰琐言”，评点古今画兰名家的笔墨功力和创作精意，突出画兰贵在一个“写”字；汇集宋代至今画兰技法之大全，可以说是我国惟一的学习画兰的教科书。第二章写“咏兰琐言”，收集古代咏兰诗800余首，汇编成《骚屑》一集，录时人咏兰诗200余首，评古论今，探求古今文人墨客咏兰之情怀，可称集我国咏兰诗词之大成。下册第三章是“艺兰琐言”，叙说数千年里我国历朝历代养兰的经验。记述古代67部兰花专著中养兰的技艺，许多古兰谱已失传，幸好“艺兰琐言”记录了下来。因此，又可以说该书是中国兰栽培技艺之全书。第四章是“评兰琐言”，记录了自孔子赏兰以来2000年里，人们欣赏兰花的历史，历代名人对兰花的评价以及认识兰花、考证兰花的全过程。状写我国各地所产兰花的特征和形态，对各地所产兰花，如江浙兰、兴兰、川兰、滇兰、楚兰、江西兰、建兰和广东兰均一一作了评说。该书是我国古代赏兰、评兰的全书。《兰言四种》堪称我国古代兰艺的百科全书，是每个爱好中国兰花者必读的教科书。

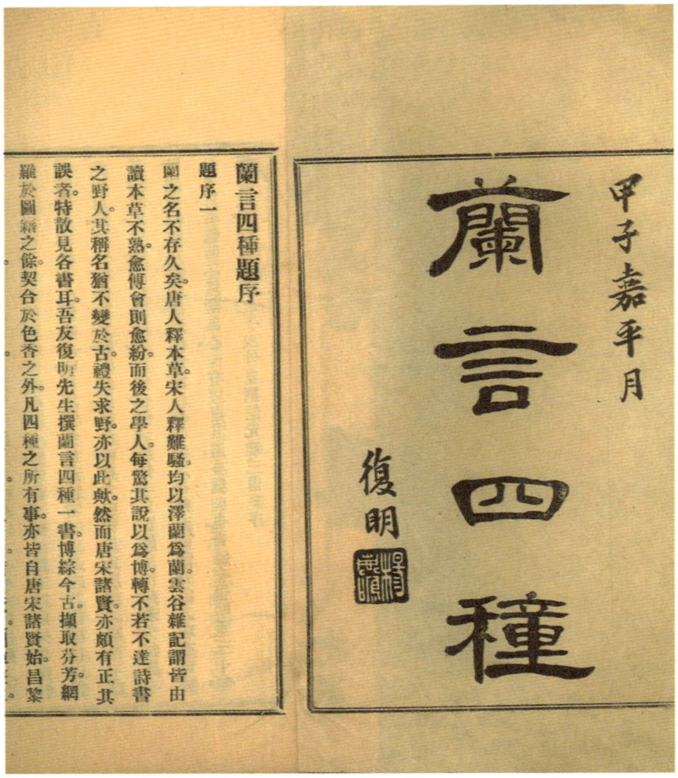

甲子嘉平月

蘭言四種

復明

蘭言四種題序

題序一

蘭之名不存久矣。唐人釋本草。宋人釋離騷。均以澤蘭爲蘭。雲谷雜記謂皆由讀本草不熟。愈傳會則愈紛。而後之學人。每驚其說以爲博。轉不若不達詩書之野人。其稱名猶不變於古。禮失求野。亦以此歟。然而唐宋諸賢。亦頗有正其誤者。特散見各書耳。吾友復明先生撰蘭言四種一書。博綜今古。擷取芬芳。網羅於圖籍之餘。契合於色香之外。凡四種之所有事。亦皆自唐宋諸賢始。昌黎

《兰言四种》广泛地综合了古今的文献，撷取芬芳，除了在图籍中网罗外，还从色香方面契合。凡是《兰言四种》所记载的事，也都是从唐宋各个贤人开始，昌黎、摩诘、东坡、山谷，是他们中最为著名的。

兰在山上，艾蒿遮着它，荆棘丛绕着它，但是香味不加改变，这是兰的气节。

小县令的《兰园诗集》

许丽京撰《兰园诗集》七卷二册，民国10年铅印暨石印本。此书另有清刻本传世。

许丽京，字绮汉，安徽桐城枞阳县人。清嘉庆戊寅（1818）举人，官浙江雒南知县。据光绪七年（1881）《重修安徽通志》记载，许丽京还是一个曾经悬壶济世的名医，曾撰有《医方新编》。

蒲松龄《聊斋志异》中有“胭脂”一篇，是一个“李代桃僵”式的疑案侦破故事。全篇案中有案，情节曲折，结构紧凑，描写生动。结尾判词之作，词采缤纷，是蒲松龄的得意之笔。清人李文瀚于道光二十二年（1842）刊行的《李云生四种曲》中有一种是《胭脂舄》，就是许丽京为之作序。序中讲道：“尝阅山左蒲留仙《聊斋志异》，记谳狱者凡数事，惟施愚山先生提学山左，平反胭脂一狱最为奇确，虽削瓜之圣，何以加兹？夫先生起家京职，未尝一日亲有司之任也，且提学亦无问刑责者也，而乃慎重若此，明决若此。此由慈祥恺恻之念积于中，格物致知之学裕于素，于以体皇帝哀矜庶狱之怀，垂牧令摘伏惩奸之法。使海内恒河沙数善男信女，万万世尸而祝之，顶而戴之，不足以酬其功德也。第以怜才若渴之意称之，浅矣！”

徐世昌编选的《晚晴簃诗汇》（天津退耕堂民国18年刻本）收有许丽京的《金陵口占》、《望西山》、《送别》、《抵家作》、《山路感怀》和《黄河》六首。

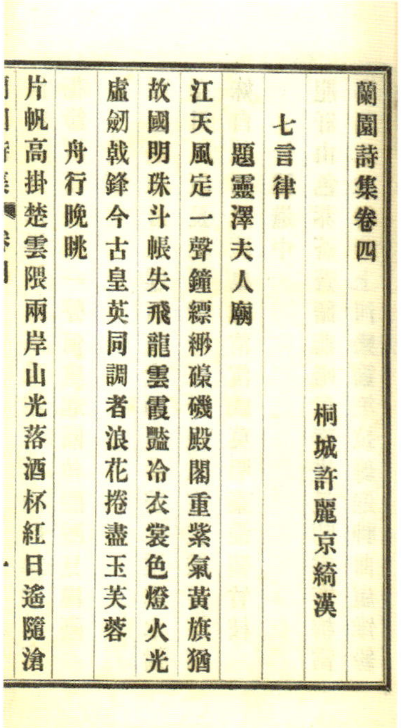
蘭園詩集卷四
桐城許麗京綺漢
七言律
題靈澤夫人廟
江天風定一聲鐘縹緲礫磯殿閣重紫氣黄旗猶
故國明珠斗帳失飛龍雲霞豔冷衣裳色燈火光
盧劒戟鋒今古皇英同調者浪花捲盡玉芙蓉
舟行晚眺
片帆高掛楚雲限兩岸山光落酒杯紅日遥隨滄

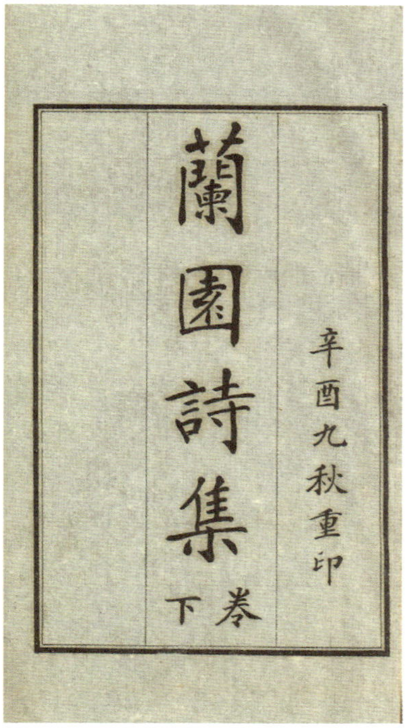

罗振玉所见极初十页本：《番汉合时掌中珠残卷》

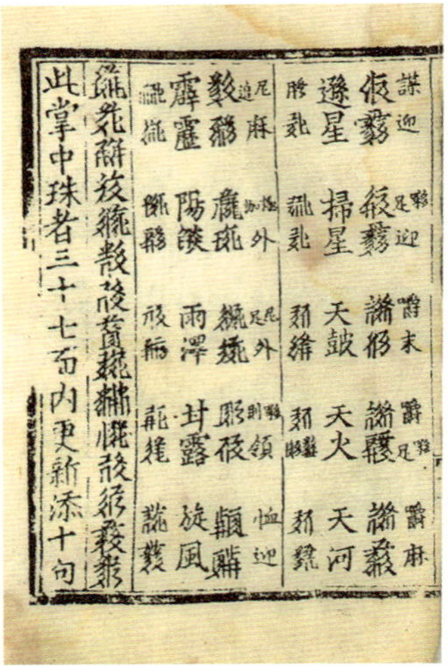

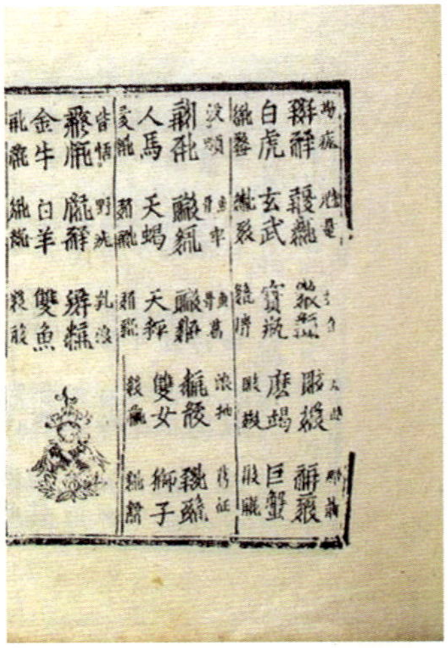

（西夏）骨勒撰《番汉合时掌中珠残卷》（简称《掌中珠》）一册、10页，民国7年上虞罗振玉日本影印本。为翁居所藏《嘉草轩丛书》11种之第22册。半框7.3厘米×10.3厘米，四周双边。

学界认为，《掌中珠》“是中国最早的双语双解四项词典，显露出当时西夏独创性的编辑能力和卓越的学术水平，在中国辞书编辑、出版史上具有重要地位”。（史金波：《西夏社会》，上海人民出版社2007年8月版）

目前惟一一本完整的《掌中珠》并不在国内。俄国人柯兹洛夫在20世纪初到黑水城（西夏城名，位于内蒙古阿拉善盟额济纳旗达来呼布镇以南32公里处）考古时窃走了《掌中珠》，原件藏苏联科学院东方学研究所列宁格勒（今俄罗斯圣彼得堡）分所。1912年，罗振玉在日本会见当时的彼得堡大学教授伊凤阁，得见《掌中珠》一页，深知该书的重大学术价值，次年即向伊凤阁借得《掌中珠》9页，付诸影印（翁居所藏即为此本），由此始在学术界流传，但尚不过全书的四分之一。1922年，伊凤阁到天津，罗氏又借得全书照片，即命其子罗福成校理抄写，1924年由贻安堂经籍铺作为《绝域方言集》第一种刊行于世，这便是后来流通较广的罗抄本。

由于苏联方面一直未将《掌中珠》全部原件发表，后人的研究就不得不以罗抄本为据，学者每以不见全豹为憾。20世纪70年代末，美国学者陆宽田访问苏联，在列宁格勒东方学研究所摄得《掌中珠》全部，归国后进行了初步整理研究，1982年以《合时掌中珠》为名由美国印第安纳大学刊布，书后附有《掌中珠》全部原件影照，陆宽田将其分为A本和B本。至此，湮没约800年的《掌中珠》原件终于重见天日。可以毫不夸张地说，《掌中珠》是一把打开西夏学研究大门的钥匙。

《番汉合时掌中珠残卷》37页本有一序言，在序末记载成书为“乾祐二十一年（1190）”，属西夏后期，距西夏灭亡只有37年。但从此《番汉合时掌中珠残卷》10页本首页（37页本的第7页）“此掌中珠者三十七面内更新添十句”来看，此书并非一次出版，中间是有过修订、增补的。

此残卷正文半页三栏，栏中每一个词语都有四项，中间两项分别为西夏文和相应意义的汉文，左右两项分别为中间西夏文和汉文相应的译音字。如本残卷最后一页（37页本的第17页）第二面第三列的“人”字，中间两字稍大，左为汉字“人”，右为西夏字“人”，汉字“人”的左边有一个西夏字为其注音，西夏字“人”的右面有两个汉字“尼卒”，是其注音。

《嘉草轩丛书》11种之《文选集注》日本藏唐写本残卷十六卷、王念孙《群经字类》稿本二卷、王昶《金石萃编未刊稿》稿本三卷和查容《浣花词》稿本一卷均为罕见秘籍。嘉草即蘘荷，取自《周礼·秋官》之“庶氏掌除毒蛊，以嘉草攻之”。

孔网《嘉草轩丛书》民国石印本一套售价为5500元。

“操志高洁”：《二曲集钞》

商衍瀛（1869—1960），字云亭，号蕴汀，广东番禺（今属广州）人。商衍鎏之兄，清光绪进士，授翰林，工书法。伪满洲国康德乙亥年（1935）商衍瀛自印王心敬辑录的《二曲集钞》，由罗振玉、宝熙署签，白纸铅字排印本。

《二曲集》是清初关中大儒李颙的文集。李颙（1627—1750）是陕西盩厔（今周至）人，字中孚，号二曲。盩的意思是水曲，厔的意思是山曲，盩厔当山水之曲，所以他自署“二曲土室病夫”，人们便称他“二曲先生”，他的文集也因此为名。李顒生于关中，生平提倡讲学，为关中学者推崇，乾隆时期的著名学者、黄宗羲的学生、写过《宋元学案》的全祖望将他与孙奇逢、黄宗羲并称为清初三大儒，是明清之际很有影响的教育家之一。

李颙在近三百年以来，有些淡出人们的视野，逐渐不被人们重视，但在清初却是声名赫赫。康熙西巡时还传旨召见他，可是他孤守明遗民的气节，没有去，康熙还为他题诗、赠匾，匾文是“操志高洁”。

李颙乃关陇自宋代张载之后惟一儒学大师，是一个了不起的、正直的人物。康熙十八年（1679），清廷以博学鸿词征召他，他却以疾病辞而不赴。尔后屡以“隐逸”、“海内真儒”荐举，他都不应，甚至以绝食坚拒。他的这种气节，受到时人的敬佩，顾炎武曾以诗颂扬他“从容怀白刃，决绝却华轫”的品德。李顒固守素操，不与清政府合作，使得他名望日高。他自南行归陕后，建关中书院以讲学，弟子日众。后因征召屡通，乃在家筑一垩室，又名土室，日处其中，“荆扉反锁”，不再与外界交接。为避清廷征召，他写了一篇《谢世文》，表明自己谢绝世事的态度。有人褒奖他，他的回信却把那人教训了一顿，他不是看似谦虚实高傲的做作演戏，而是真实的劝谏，最后写上“直布腹心，千万原谅”。

李顒前期的著作有《帝学宏纲》、《经筵僭拟》、《经世蠡测》、《时务急著》等书，都偏重于经世致用。《帝学宏纲》和《经筵僭拟》二书，似乎有《明夷待访录》的思想倾向，但这些学术著作，他以为难予行世，故亲自焚弃，没有留存下来。后期的著作有《十三经注疏纠缪》、《二十一史纠缪》、《易说象数蠡测》等，但他又以为

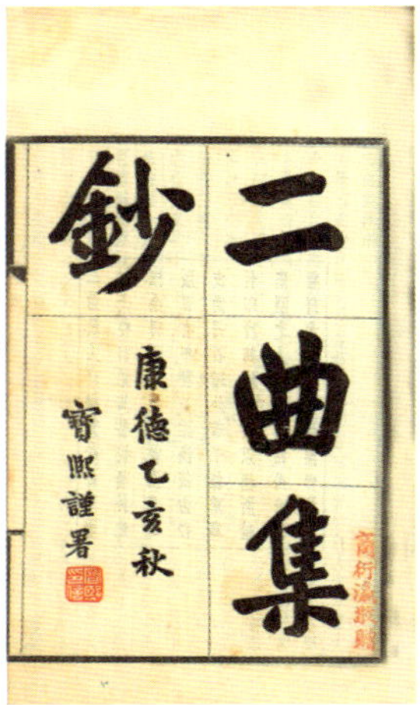

这些书无益于身心修养，只是文字章句训诂考据之学，不以示人，故也没有流传下来。此外，他还写有一部理学史著作《儒鉴》，可惜“中遭离乱，原稿尽成乌有”。因此，也没有流传于世。其流传下来的著作，仅有《二曲集》和《四书反身录》。

《二曲集》又称《关中李二曲先生全集》，由李颙的门人王心敬汇编而成，收有李颙的讲学记录、性理论说、书信、杂著等，共二十六卷。自第一卷至第十五卷为讲学教授语录，或自著，或由弟子记录编辑成文。第十六卷至第二十二卷是杂著。第二十三卷至第二十六卷为追思其父的诗文。内附其母彭氏的传记诗文。《二曲集》书稿于康熙三十二年编成，但在他生前却未能刊行于世，直至清嘉庆十五年（1810）才刊刻。清咸丰五年（1851）又重刻。今有小乡山馆重校刊本，题为《二曲全集》，是比较公认的权威版本。

王心敬（1656—1738），字尔缉，学者称丰川先生。清理学家。他25岁时，负笈拜李颙为师，讲“正心诚意”之学。从师十年，奋然用功。40岁后，便成为远近闻名的理学名儒。宰相朱轼在陕西督学时，曾多次到户县向他请教，总督额伦特、年羹尧先后以隐逸荐，皆辞而不就。蒲城某进士殿试时，大学士鄂尔泰问：“丰川安否？”某茫然不知所对，鄂尔泰笑着说：“天下莫不知丰川，于为其同乡人，顾不知耶？”凡一、二品大员来陕，鄂尔泰一定要他们代问丰川安好。王心敬一生勤于著述，现存的有《易说》、《江汉书院讲义》、《荒政考》、《洗冤录》、《南行述》等。

孔网此书康德五年（1938）平装本售价为1500元，为“进德丛书”之五。

“蜀派中坚”邓镕的《荃察余斋诗存》

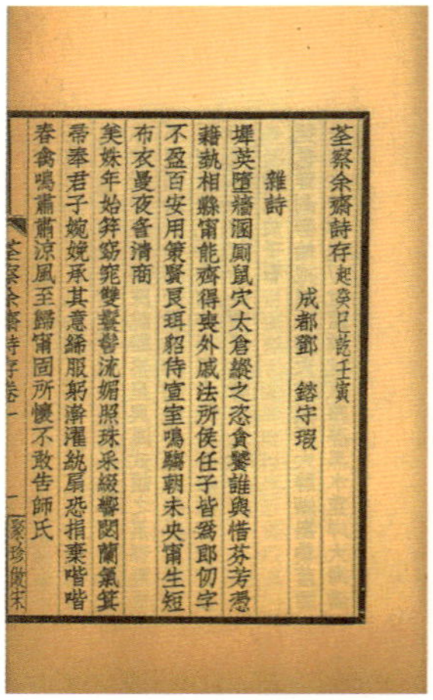
荃察余齋詩存 起癸巳訖壬寅
成都鄧　鎔守瑕
雜詩
墀英墮牆溷廁鼠宍太倉緣之恣貪饕誰與惜芬芳悪
藉執相縣甯能齊得喪外感法所侯任子皆爲郎仞字
不盈百安用策賢良珥貂侍宣室鳴騶朝未央甯生短
布衣曼夜奋清商
美姝年始笄窈窕雙鬟髻流媚照珠采綴響悶蘭氣箕
帚奉君子婉娩承其意絺服躬澣濯紈扇恐捐棄喈喈
春禽鳴肅肅涼風至歸甯固所懷不敢告師氏
荃察余齋詩存卷一　一　聚珍倣宋

邓镕撰《荃察余斋诗存》四卷、《荃察余斋骈体文存》一卷，共二册。民国8年聚珍仿宋印书局铅印本。

1919年7月14日的《湘江评论》创刊号上有毛泽东所撰《大略不是人》一文，文中写到：邓镕在新国会云，“尊孔不必设专官，节者（省）经费”。张元奇云，“内务部祀孔，由茶房录事办理，次长司长不理，要设专官”。内务部的茶房录事，大略不是人。要说是人，怎样连祀孔都不行呢？我想孔老爹的官气到了这么久的年载，量也减少了一点。此文署名“泽东”（载《毛泽东早期文稿》1912年6月—1920年11月）。

毛泽东文中的邓镕即《荃察余斋诗存》的作者。邓镕（1872—1932），字守瑕，四川成都人。清光绪丁酉（1897）科优贡，日本明治大学法科毕业。历任临时参议院议员、政治会议议员、约法会议议员、参议院参议员、参政院参政员等职。邓镕是民国有名的律师，书法家，有“蜀派中坚”之称。邓镕的女儿名邓懿，女婿是周叔弢的公子周一良。翕居还藏有一册波兰小组1955年7月1日送给邓懿的英文版画册。

此书孔网2006年11月拍卖成交价为860元。

“精超绝俗”：《犬羊集》

（日）铃木吉武编、（清）瑞洵撰《犬羊集》一卷、续编一卷，共一册，东京铃木氏餐菊轩日本昭和10年（1935）铅印本。

瑞洵，字景苏，大学士崎善之孙，乌鲁木齐都统恭镗之子。少能文，慷慨尚气，清光绪丙戌（1886）进士。朝考旗人，入词林，旋擢内阁学士，后出任科布多参赞大臣，不久因“赴任骚扰台站”事被劾罢官，自具疏抗辩，愈拂上意，遂废置不复用。国变后，一心向佛，兼以诗词自咏，陈三立称其“精超绝俗”。后归京，家贫甚苦，几断炊烟。开清史馆后，赵尔巽念其贫困，招来协助编纂。在馆之日，独自完成德宗本纪和今上本纪。唯性情忧郁，常寂处一室，不与他人语，纵有会议，亦默坐无一言。因其祖父有过，弟又有过（瑞澄武昌逃跑事），愤世嫉俗如斯。

瑞洵尚撰有《散木居奏稿》二十五卷，由铃木吉武餐菊轩于民国28年出版。至于瑞洵的著作为何在日本出版，则不得而知。

地质大师的小书：《三灵解》

章鸿钊撰《三灵解》一册，附章鸿钊撰《汉族起源近说》一卷，北京法轮印刷局民国8年宣纸排印本，有插图6幅，图中有陈衡恪、陈师曾所题说明或跋记，钱恂题签。钤“杨堃藏书”印。

章鸿钊（1877—1951），字演群（后改为爱存），笔名半粟，出生于浙江湖州荻港村，这是杭嘉湖平原一个具有千年历史的水乡古村落。章鸿钊是著名地质学家、地质教育家、地质科学史专家，中国近代地质学奠

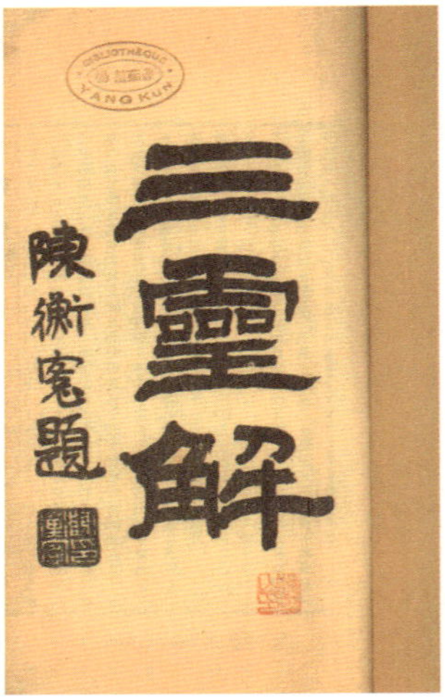

基人之一。参与筹建中国地质学会，并任首届会长，为我国地质界一代宗师。创办了农商部地质研究所（地质讲习班），为我国培育了第一批地质学家，其中许多人成为我国早期地质工作的主力。他从近代地质科学角度研究了中国古籍中有关古生物、矿物、岩石和地质矿产等方面的知识，撰写《三灵解》、《石雅》、《古矿录》、《六六自述》、《宝石说》等32部主要著作，开我国地质科学史研究之先河，具有广泛的影响。

章鸿钊21岁时便辑成《初步综合算草》一册。章鸿钊是国人在大学讲授地质学的第一人。1969年李四光选章鸿钊《石雅》一书给毛泽东主席参阅，英国大英图书馆将章鸿钊《石雅》著作存入档案。为纪念章鸿钊的地质成就，将1957年在大柴旦湖新发现的一种含硼酸镁盐矿物命名为章氏硼镁石（hungchaoite，可译为鸿钊石）。在1951年中国地质学会召开的章鸿钊追悼会上，李四光说："章先生为人正直而有操守，始终不和恶势力妥协；他站在中国人民一边，多次拒绝和日人合作，对于中国地质事业的开创贡献尤大。因此中国地质事业的创始人不是别人而是章先生。"

"三灵"指的是龙、凤凰和麒麟。章鸿钊在《三灵解》中对龙、凤凰和麒麟的名称与来历作了详尽深入的追踪考究，得出华夏民族的祖先是黄帝的论断。有关"龙骨"的考证，与古生物学、考古地质学关系密切。附有"三灵"的古碑拓印图片6张，较为珍贵。章先生认为"中国的龙就是西方文化中的毒龙（Dragon），约在黄帝时期传入中土"。

关于"凤凰"，《山海经》上说"有鸟

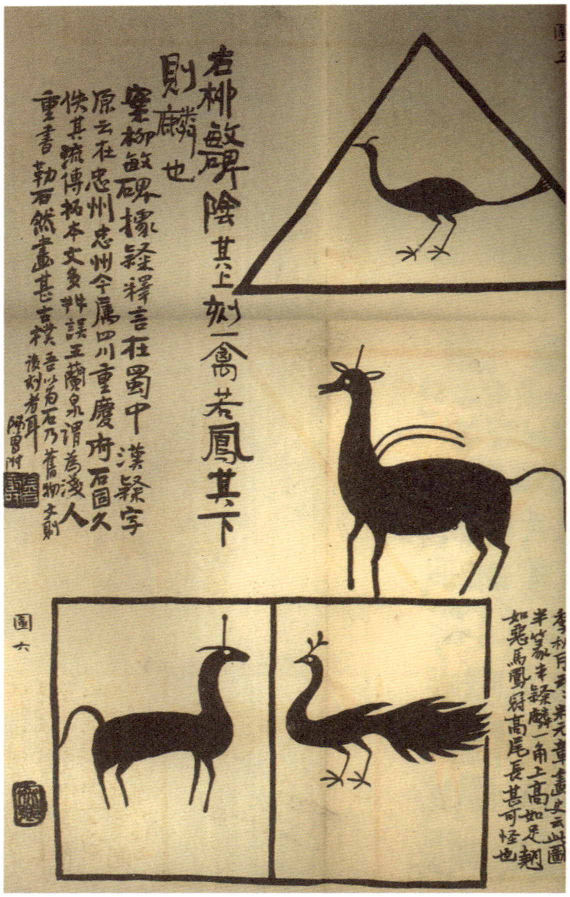

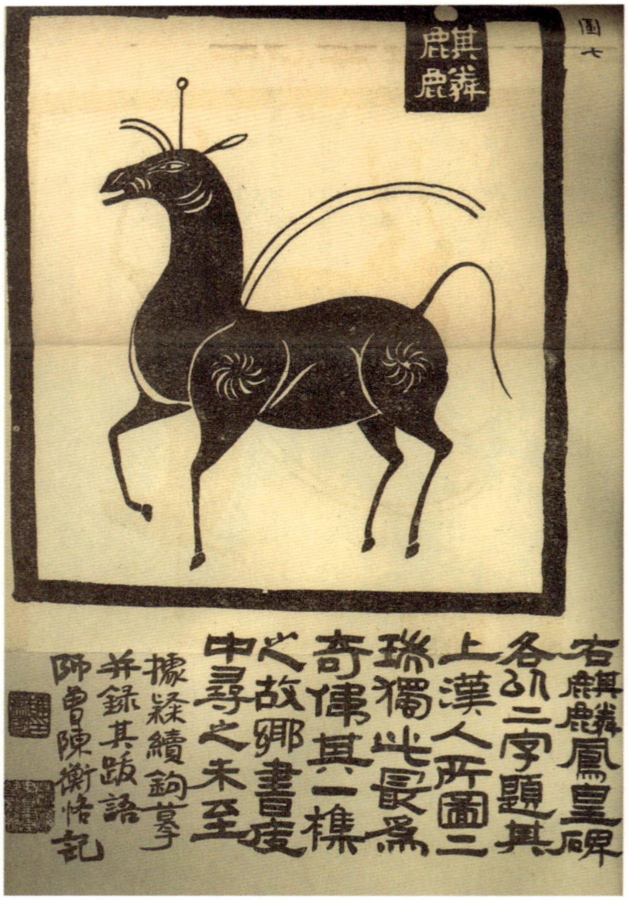

其状如鸡，五采而文，名凤凰”。西方人在翻译《书经》时，将凤凰译作phoenix，有个法国人在译《史记》时，也用了这个词。章鸿钊先生在《三灵解》中也是这样写的。于是，中国的凤凰就与古埃及神话中的腓尼克斯同名了。而且有了它的本事，在火中化为灰烬，然后再获新生。但从现在出土文物来看，凤凰有些像孔雀。山阳麟凤碑中有麟凤之图，图下有文写道：“天有奇鸟，名凤凰。”

此书孔网2007年4月拍卖价为3000元，未成交。

墨巢丛刻《圣遗诗集》

杨钟羲撰《圣遗诗集》甲、乙、丙、丁四卷，民国24年铅印本。书签题“圣遗先生诗”，版心下镌“墨巢丛刻”。

杨钟羲（1865—1940），原名钟广，戊戌政变后改名钟羲，冠姓杨，字子勤，号梓励，又号雪桥、雪樵等。先隶满洲正黄旗，清乾隆年间改为汉军正黄旗，世居辽阳。清光绪十一年（1885）举人，光绪十五年进士，授翰林院庶吉士，散馆授编修。光绪二十三年任国史馆协修和会典馆图画处协修。光绪二十九年任湖北乡试内监试官。后历任襄阳、淮安、江宁知府。辛亥革命后，蛰居上海，以遗民自隐，寄情文史，不问世事，著述甚丰。与表兄盛昱合编《八旗文经》五十六卷，尤以《雪桥诗话全集》四十卷，博大精深，在学术界最负盛名。

杨钟羲一生治学严谨，博览群书，是近代著名学者。谥文敬。

孔网在线拍卖此书，2009年1月成交价为1340元。

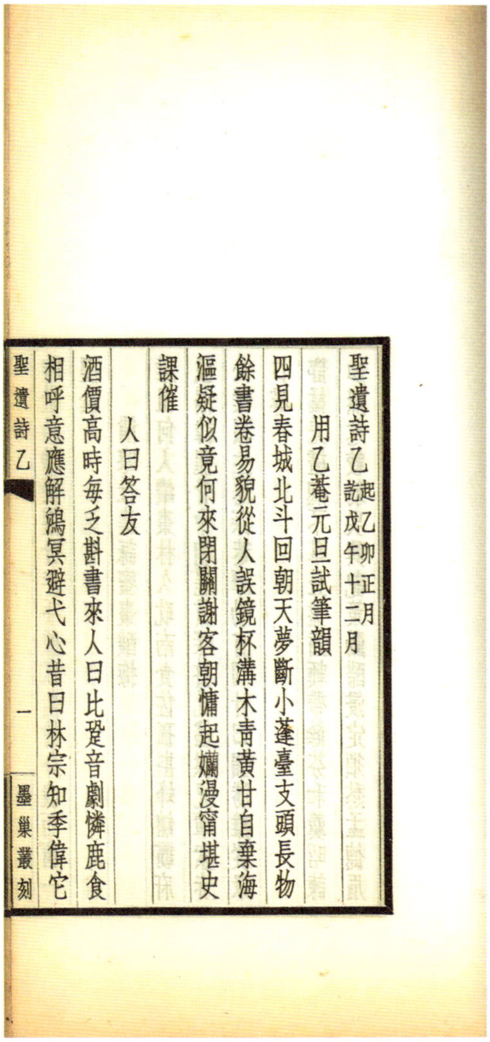
聖遺詩乙 起乙卯正月訖戊午十二月
用乙菴元旦試筆韻
四見春城北斗回朝天夢斷小蓬臺支頭長物餘書卷易貌從人誤鏡杯溝木青黃甘自棄海漚疑似竟何來閉關謝客朝慵起孄漫甯堪史課催
人日答友
酒價高時每乏斟書來人日比登音劇憐鹿食相呼意應解鷦冥避弋心昔日林宗知季偉它
聖遺詩乙 一 墨巢叢刻

《寺认花之》与《竢定堂诗钞》

梁士诒撰《寺认花之》一册，京华印书局民国14年铅印，又名《花之证果》。梁士诒（1869—1933），字翼夫，号燕孙，广东三水人。光绪进士，授翰林院编修。曾任民国北洋政府交通、财政高级官员，国务总理。参与袁世凯胁迫清皇室退位，在我国近代史上有重要作用。被称为“梁财神”、“二总统”。曾大力筹措经费支持袁世凯称帝，袁世凯死后，被列为帝制祸首，受到通缉。《寺认花之》撰于梁士诒任财政善后委员会委员长之际。

田文弨撰《竢定堂诗钞》一卷一册，民国5年石印本，为作者惟一存世诗集。田文弨，字时卿，一字君觃，湖北汉阳人。诸生，候选知县。《清诗汇》收录有其“幽寻”一诗：“幽抱挹山光，峰回僻径藏。人家三五树，湖口去来樯。古寺少行路，乱谿流夕阳。裴回忘近远，空外野烟苍。”

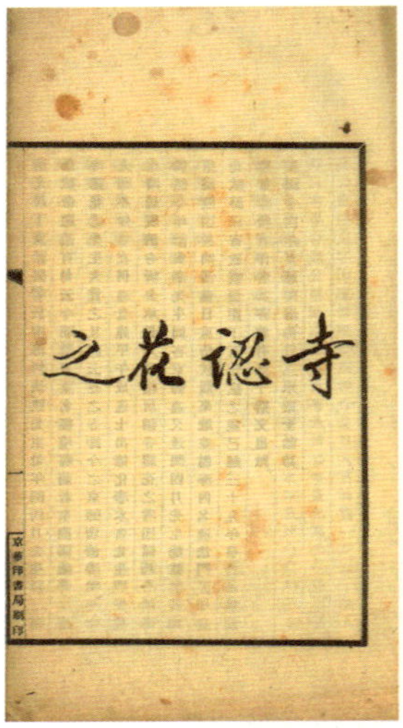

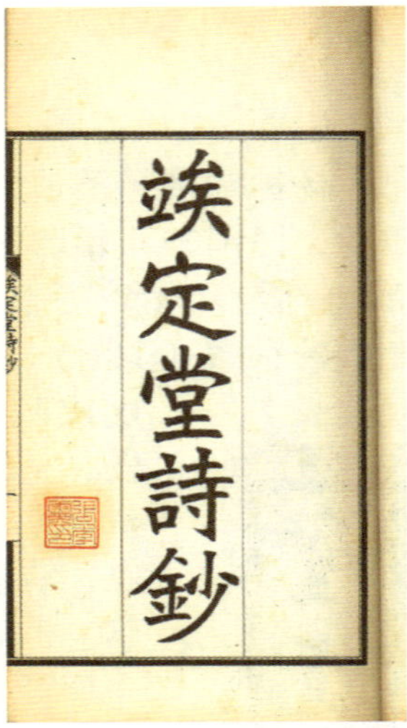

“志在西汉家法，微言大义”：《过庭录》

（清）宋翔凤撰《过庭录》十六卷六册，北平富晋书社民国19年影印本。书名页题“宋氏过庭录”，书签题“宋翔凤过庭录”，据清光绪七年（1881）会稽章寿康刻本影印。此版本流传较少，当时定价大洋7元。钤“莒州张氏珍藏”等印章。

“过庭”出自《论语》，“过庭之训”即父亲之训诫的意思。《过庭录》是宋翔凤晚年所撰，汇集了其平生数十年来的读书札记，辑于清道光二十九年（1849），成书于清咸丰三年（1853）。该书考证经、史子、及诗文30多种600余条，其中不少见解为前人所未发，可供今人加以利用。其内容涉及考辨、校勘、文字、音韵、训诂，其所做的校勘等工作就是现在所称的古籍整理工作。宋翔凤于文字、音韵、训诂、版本、目录、校勘之学上力求阐述一己之见，他在古籍整理方面的成就，说明他是乾嘉学派转变到今文经学学派的中间人物，其所做工作应该予以恰当评价。在常州学派里，宋翔凤是惟一一个还不那么让人讨论的人物。虽然他晚年这部《过庭录》内容庞杂，但也正是这点，让我们看到未经装饰的学者本来面目。

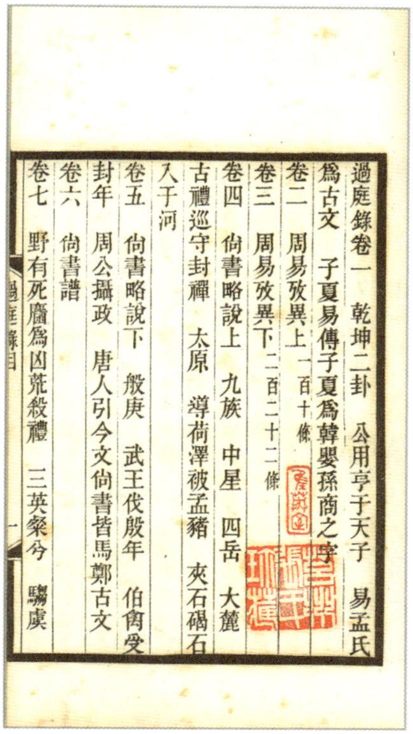
過庭錄卷一　乾坤二卦　公用亨于天子　易孟氏
爲古文　子夏易傳子夏爲韓嬰孫商之字
卷二　周易攷異上　一百十條
卷三　周易攷異下　二百二十二條
卷四　尚書略說上　九族　中星　四岳　大麓
古禮巡守封禪　太原　導菏澤被孟豬　夾石碣石
入于河
卷五　尚書略說下　般庚　武王伐殷年　伯禽受
封年　周公攝政　唐人引今文尚書皆馬鄭古文
卷六　尚書譜
卷七　野有死麕爲凶荒殺禮　三英粲兮　騶虞

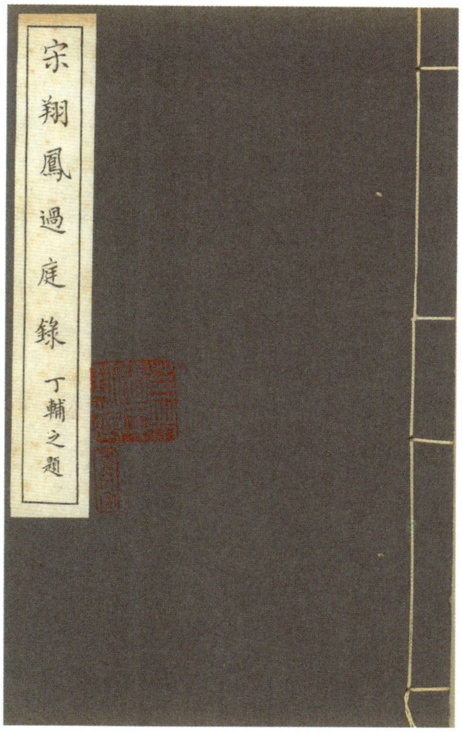

宋翔凤（1779—1860），字虞庭，一字于庭，江苏长洲（今苏州）人。清嘉庆五年（1800）举人，官湖南新宁县知县。清代今文学家，常州学派的著名学者。他“通训诂名物，志在西汉家法，微言大义”。著作有《论语说义》、《过庭录》等近30种。

宋代范公偁、叶石林均有《过庭录》同名著作行世。范公偁的《过庭录》多记北宋士大夫轶闻及其先人事，“名落孙山”成语便出自其书。

此书孔网2007年5月拍卖成交价为700元。

“古代纵横家的奇书”：《素书》

（汉）黄石公撰、（宋）张商英注《素书》一卷一册，中央刻经院民国21年铅印本。为子书兵家类著作。

黄石公是秦朝的一位高人，深通老子和道家学说，大概算得上中国历史上最著名的隐士。他将《素书》和《三略》传给张良。当年，这位黄石公授书张良后，相约13年后在济北相见，不过他说谷城山下有块黄石，那就是他。不早不晚，13年后汉高祖率军路经谷城山下，张良果见山下有一块黄石，于是取回家供了起来。黄石公有点像鬼谷子，他预见秦将亡，汉将兴，想物色一个代理人，替他出山辅佐刘邦打天下，于是精心安排，授书给张良。在刘邦与项羽争霸的过程中，刘邦曾经数度历险，均运用张良的计策化险为夷，在取得天下之后，刘邦发出有名的慨叹：“运筹帷幄之中，决胜千里之外。我不如张良！”岂不知，张良的谋略均来自《素书》。

张良死后，《素书》失传。在500多年后的晋朝，有盗墓者盗掘张良之墓，在其玉枕中发现了《素书》。上有密诫：“不许传于不神不圣之人，若非其人，必受其殃，得其人而不传者，亦受其殃。”此后，《素书》广为流传。

《素书》采用经文写法，语言高度精练，内涵极其丰富，对人事变化和事物发展趋势观察细微，体会深刻，对如何提高自身的修养、为人处世、理家经国、趋吉避凶、成就大业总结出一整套法则和经验。

“台湾”国学大师南怀谨说：“《素书》是中国古代纵横家的奇书，朝夕参研，处世、治事，都会有举重若轻的奇效。”

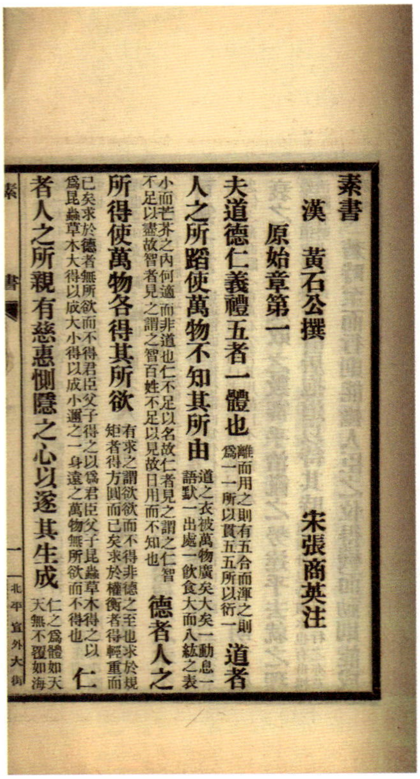
素書
漢　黃石公撰　　宋張商英注
原始章第一
夫道德仁義禮五者一體也 離而用之則有五合而渾之則爲一一所以貫五五所以衍一 道者人之所蹈使萬物不知其所由 道之衣被萬物廣矣大矣一動息一語默一出處一飲食大而八紘之表小而芒芥之內何適而非道也仁不足以名故仁者見之謂之仁智不足以盡故智者見之謂之智百姓不足以見故日用而不知也 德者人之所得使萬物各得其所欲 有求之謂欲欲而不得非德之至也求於規矩者得方圓而已矣求於權衡者得輕重而已矣求於德者無所欲而不得君臣父子得之以爲君臣父子昆蟲草木得之以爲昆蟲草木大得以成大小得以成小邇之一身遠之萬物無所欲而不得也 仁者人之所親有慈惠惻隱之心以遂其生成 仁之爲體如天天無不覆如海
素書　一　北平宣外大街

“与君一醉一陶然”：《乙丑江亭修禊分韵诗存》

谭祖任等撰《乙丑江亭修禊分韵诗存》一册，民国14年铅印本。

民国初年，京城里有“二谭”的口头禅：“戏腔无人不学谭，吃家无口不夸谭。”前一个“谭”，是谭鑫培，后一个“谭”是谭祖任，“谭家菜”的创始人。

谭祖任，字篆青，广东南海人。清末学者，民国著名书画家。他独创的谭家菜，当时在京城闻名遐迩，独占鳌头，被誉为家庭风味的贵府菜。谭氏家族历来讲究膳食，曾重金聘请各地名厨。谭家女主人郭丽凤，擅长家乡粤菜，汲取各家之长，创出独特风味的谭家菜。谭家菜馆原在北京宣武门米市胡同47号，“广东南海会馆”旁一小院内。门前无招牌，就餐者均是经人介绍而来，每天只接待两桌。全部工作人员仅4人。由于质量佳，服务好，客人们交口称赞。当时，曾有“谭家菜，周家酒，吃完不想走”的赞语流传。抗日战争后，郭丽凤去世，菜馆迁到宣武门果子巷19号，由当时帮工彭长海等3人继续经营。1954年改为国营，菜馆迁到北京西单北大街恩成居后院。1958年并入北京饭店对外餐厅，谭家菜继续得到传承。谭家菜有菜肴百余种，著名的有红烧鱼翅、葵花鸭子、草菇蒸鸡、网油山鸡卷等。

“乙丑江亭修禊”之“乙丑”是民国14年。“江亭”乃陶然亭，在北京市西南隅，右安门内东北。清康熙三十四年（1695），工部郎中江藻于辽金古寺慈悲庵内修建敞厅三间，取白居易诗“更待菊黄家酿熟，与君一醉一陶然”句意为亭名，亦称“江亭”。近人曹刁庵有“穿荻小车疑泛艇，出林高阁当登山”一联，被公认为绝唱。

当时北京南城园亭甚少，一些老名士遂常以此为觞咏之地，来饮酒赋诗。民国14年，在北京的老名士樊樊山、郭匏庵、庄思缄、王书衡、赵剑秋、关颖人等，邀客109人，于3月3日在此集会吟咏，这本《乙丑江亭修禊分韵诗存》记载了这一时之盛。

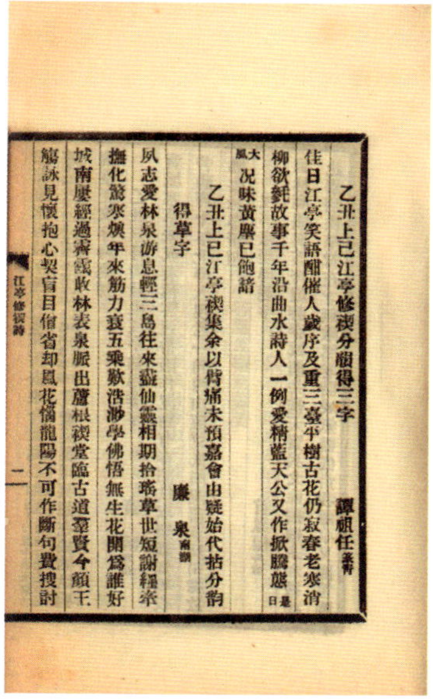
乙丑上巳江亭修禊分韻得三字　譚祖任（篆青）
佳日江亭笑語酣催人歲序及重三臺平樹古花仍寂春老寒消柳欲毿故事千年沿曲水詩人一例愛晴藍天公又作掀騰態（是日大風）況味黃塵已飽諳
乙丑上巳江亭禊集余以臂痛未預嘉會由疑始代拈分韻得草字　康泉
夙志愛林泉游息經三島往來蓬仙靈相期拾瑶草世短謝縲系撫化驚寒燠年來筋力衰五乘歎浩渺學佛悟無生花開爲誰好城南屢經過齋靈收林表泉脈出蘆根禊堂臨古道羣賢今顏干觴詠見懷抱心契盲目俯省却鳳花儻龍陽不可作斷句費搜討
江亭修禊詩　一

乙丑江亭修禊雅士合影

乙丑江亭修禊的作画

“译界之王”的《畏庐文集》

林纾撰《畏庐文集》一册，上海商务印书馆民国2年铅印本，第4版。

林纾（1852—1924），原名群玉、秉辉，字琴南，号畏庐、畏庐居士，别署冷红生，晚称蠡叟、践卓翁、六桥补柳翁、春觉斋主人，福建闽县（今福州市）人。近代著名文学家、翻译家。林纾少孤，自云“四十五以内，匪书不观”。自十三龄至于二十，“杂收断简零篇用自磨治”，校阅古籍不下二千余卷。三十一岁结识李宗言，见其兄弟积书连楹，一一借读且尽。非但经、史、子、集，凡唐宋小说家言也无不搜括。后由博览转为精读。对生平所嗜书，沉酣求索，如味醇酒，枕藉至深。林纾崇尚程朱理学，维护封建礼教，又敢把与封建礼教不相容的《迦茵小传》整部译出。

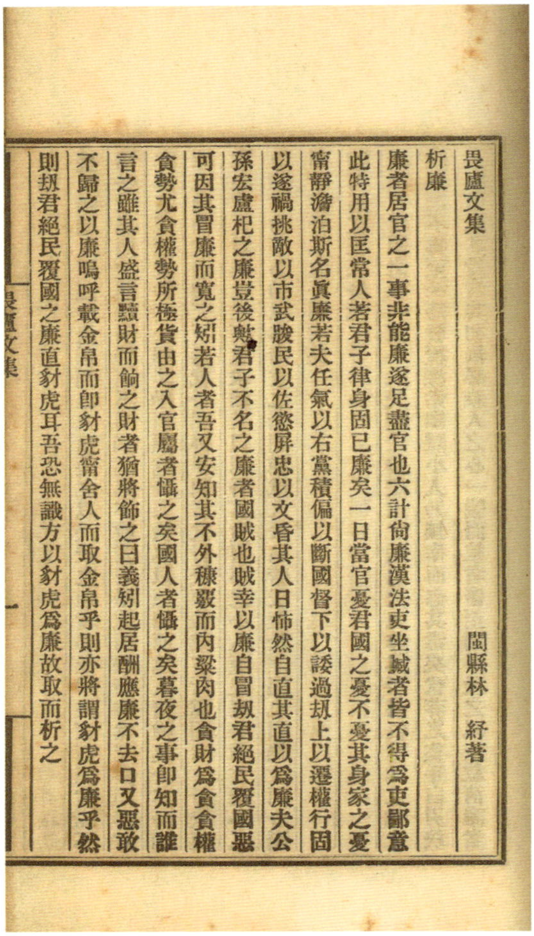
畏盧文集　閩縣林　紓著
析廉
廉者居官之一事非能廉遂足盡官也六計尙廉漢法吏坐贓者皆不得爲吏鄙意此特用以匡常人若君子律身固已廉矣一日當官憂君國之憂不憂其身家之憂甯靜澹泊斯名眞廉若夫任氣以右黨積偏以斷國督下以諉過刼上以遷權行固以遂禍挑敵以市武朘民以佐慾屏忠以文昏其人日怖然自直其直以爲廉夫公孫宏盧杞之廉豈後於君子不名之廉者國賊也賊幸以廉自冒刼君絕民覆國惡可因其冒廉而寬之矧若人者吾又安知其不外穅覈而內粱肉也貪財爲貪貪權貪勢尤貪權勢所極貨由之入官屬者懾之矣國人者懾之矣暮夜之事即知而誰言之雖其人盛言黷財而餉之財者猶將飾之曰義矧起居酬應廉不去口又惡敢不歸之以廉嗚呼載金帛而即豺虎甯舍人而取金帛乎則亦將謂豺虎爲廉乎然則刼君絕民覆國之廉直豺虎耳吾恐無識方以豺虎爲廉故取而析之
畏盧文集　一

他标榜桐城派古文，其古文创作善于叙事抒情，生动感人，为桐城派大师吴汝纶所推重。其诗学唐宋诸家，亦有成就。林纾的文学成就主要在于他的“林译小说”，其译著影响远远超过其诗文和画。他翻译小说始于清光绪二十三年（1897），与精通法文的王寿昌合译法国小仲马的《巴黎茶花女遗事》，2年后在福州由畏庐刊行。这是第一部中国翻译的西洋小说，一时风行全国。严复的《甲辰出都呈同里诸公》诗云：“孤山处士音琅琅，皂袍演说常登堂。可怜一卷茶花女，断尽支那荡子肠。”

接着，林纾受商务印书馆的邀请专译欧美小说，先后共译作品二百余种，广泛介绍了美国、英国、法国、俄国、希腊、德国、日本、比利时、瑞士、挪威、西班牙等国的作品，其中许多是世界文学名著。为中国近代译界所罕见，被人誉为“译界之王”。

林纾的译笔小说一般轻快明爽，颇能保持原文情调，小说人物也能传原著之神。林纾译书速度之快是空前的。他不懂外文，只靠“玩索译本，默印心中”。他与朋友王寿昌、魏易、王庆骥、王庆通等人合作，别人口译，他来笔录。往往口述者未毕其词，他已书写在纸，他是古文家，喜用古文义法讲他所译小说。林译小说在中国近代史上有着积极影响，促进了文化引进和交流，为中国文学的发展提供了借鉴。他的一些成功译作在今天仍然具有生命力。林纾的翻译生涯近30年，后期译笔逐渐退色。

林纾除翻译小说外，还有许多创作成果：文有《畏庐文集》、《续集》、《三集》，诗有《畏庐诗存》、《闽中新乐府》，自著小说有《京华碧血录》、《巾帼阳秋》、《冤海灵光》、《金陵秋》等，笔记有《畏庐漫录》、《畏庐笔记》、《畏庐琐记》等，传奇有《蜀鹃啼》、《合浦珠》、《天妃庙》等。还有古文研究著作。

在上海嘉泰2006年秋拍中，此书民国元年版成交价为1320元。

林纾像

“有点来历的书”：《徐俟斋先生年谱》

罗振玉编《徐俟斋先生年谱》一卷、附录一卷，共一册。民国8年上海聚珍仿宋印书局铅印本。

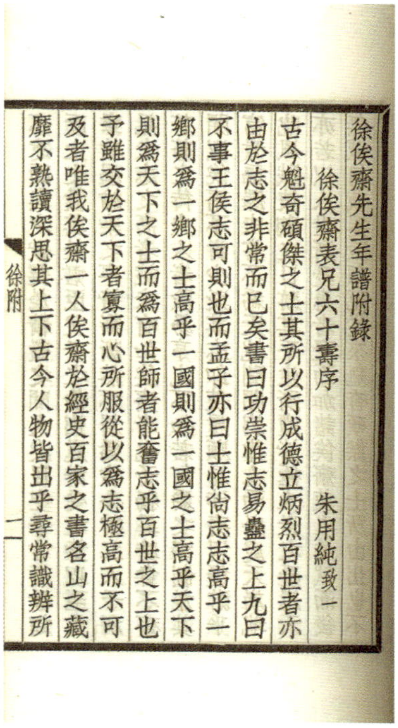

徐俟齋先生年譜附錄
徐俟齋表兄六十壽序　朱用純致一
古今魁奇碩傑之士其所以行成德立炳烈百世者亦由於志之非常而已矣書曰功崇惟志易蠱之上九曰不事王侯志可則也而孟子亦曰士惟尚志志高乎一鄉則爲一鄉之士高乎一國則爲一國之士高乎天下則爲天下之士而爲百世師者能奮志乎百世之上也予雖交於天下者寡而心所服從以爲志極高而不可及者唯我俟齋一人俟齋於經史百家之書名山之藏靡不熟讀深思其上下古今人物皆出乎尋常識辨所
徐附　一

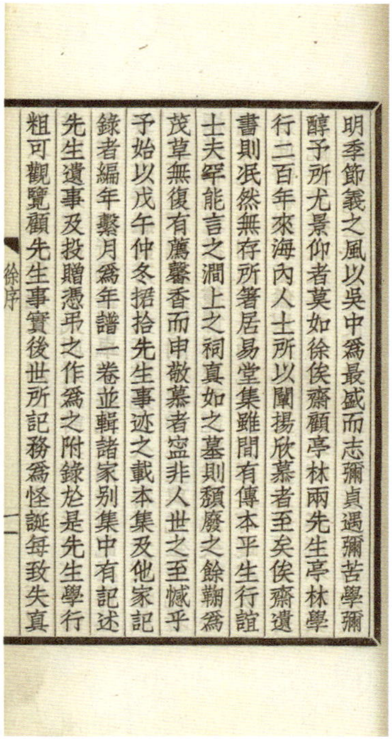

明季節義之風以吳中爲最盛而志彌貞遇彌苦學彌醇予所尤景仰者莫如徐俟齋顧亭林兩先生亭林學行二百年來海內人士所以闡揚欣慕者至矣俟齋遺書則泯然無存所箸居易堂集雖閒有傳本平生行誼士夫罕能言之澗上之祠真如之墓則頹廢之餘鞠爲茂草無復有薦馨香而申敬慕者寍非人世之至憾乎予始以戊午仲冬掇拾先生事迹之載本集及他家記錄者編年繫月爲年譜一卷並輯諸家別集中有記述先生遺事及投贈憑弔之作爲之附錄於是先生學行粗可觀覽顧先生事實後世所記務爲怪誕每致失真
徐序　一

徐枋（1622—1694），明末清初人，字昭法，号俟斋，别号秦余山人，吴县（今江苏苏洲）人。1642年中举，但因听从父亲遗言，没有入仕做官，以书画诗赋闻名吴下。他在南山坞里筑了几间草庐，起了“涧上草堂”这样一个的名字，把家人也搬了过来。徐枋在南山坞一呆就是40年，终身不入闹市。志书说他“布衣草履，安贫守志，闭门著述”，可见徐枋40年过的是非常清贫的日子，却始终不曾放弃做学问。他确实在山坞里做出了学问来，撰写了《二十一史文汇》、《通鉴记事汇聚》等著作，另有《居易堂集》。徐枋逝后，其门生潘耒将其葬于光福香雪海的真如坞，墓碑刻篆文“明孝廉俟斋徐公之墓”。

黄裳在其“老板”一文中详细记录了关于这本年谱的一段趣事：“《徐俟斋先生年谱》，上虞罗振玉辑，仿宋铅印，白纸线装一册。虽然罗遗老是学者，他所印的许多书目前价钱都涨得使人不敢相信了，但这小册子却并不。学者的著作也应该是有点分量的，但这年谱似乎也并不。总之是疏略得很，旧时代的学者在做名人年谱时好像十九都有这种缺点，他们不肯或不能更广泛地搜集有关资料，特别是与谱主同时或稍后的人的文集，于是就只能弄成这个样子。”

黄裳认为，这是一本“有点来历的书”，是他从上海徐家汇的一家旧纸铺里得来的。封面有郑孝胥的墨书题记：“《徐俟斋先生年谱》，己未四月十几日，罗叔蕴嫁女于王国维之子。余过其居长乐里，叔蕴赠此册。”黄裳得此书后，感觉实在是妙不可言，他觉得这“好象是遗老在聚会，或者学者大联欢”。

徐俟斋像拓片

1919年3月，王国维曾校阅《徐俟斋先生年谱》。同年4月，罗振玉携眷归国，与王国维会于上海。大体是当年下半年，此书印行。

罗振玉为什么要为徐枋做年谱呢？这在其序文中说得很明白：“呜呼！时至今日，廉耻之道，扫地尽矣。安得如先生者为之师表，俾顽廉而懦立。故予特撰此谱，以风示当世。世之览者，其亦怦然动其秉彝之好，而奋其观感之心否耶!”从这个序言里可见罗振玉的政治倾向与写作意图：他是想借明之遗老徐枋为清之遗老打气，矛头是直指着代清而起的民国的。所以，这本书其实并非“纯学术”著作。

“圣言贵忠恕”：《张曲江集》

（唐）张九龄撰《张曲江集》十二卷、附录一卷，共六册。上海商务印书馆民国35年影印本。《广东丛书》第一集，版心题“张曲江集”。徐氏南州书楼藏，顺德温汝适批校。收诗218首、文242篇。

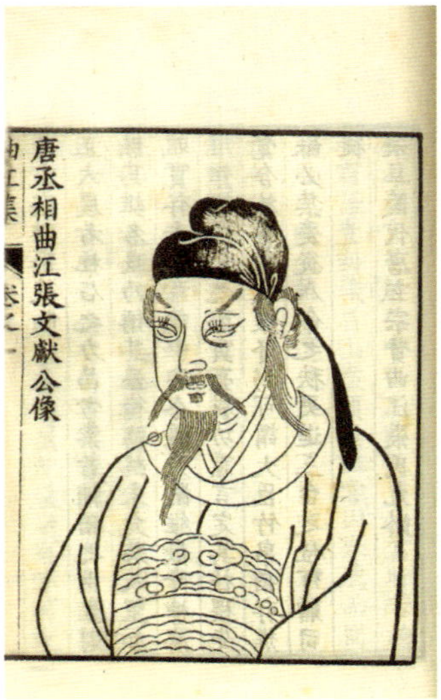

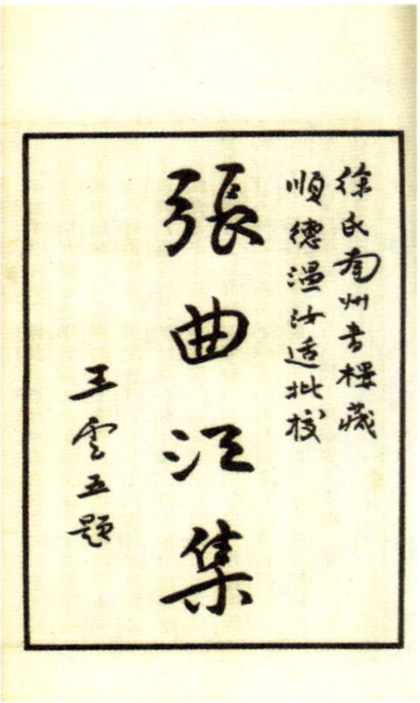

张九龄（678—740），字子寿，唐代诗人，韶州曲江（今广东韶关）人。武后神功年间进士，官秘书省校书郎。唐先天元年（713）应“道侔伊吕科”举，得高第，授左拾遗。累官至中书侍郎同平章事，迁中书令。后受李林甫排挤，罢政事，贬为荆州长史。关于张九龄的卒年，新旧《唐书》记载皆同。张九龄是盛唐前期重要诗人，尤其是他的五言古诗，在唐诗发展中有很高的地位和巨大的影响。著有《张曲江集》二十卷。

刘禹锡曾有《读张曲江集作》："圣言贵忠恕，至道重观身。法在何所恨，色相斯为仁。良时难久恃，阴谪岂无因。寂寞韶阳庙，魂归不见人。"

《广东丛书》为叶恭绰主持的"广东丛书编印委员会"辑印，共计出版三集，由上海商务印书馆于民国35年至民国37年影印暨铅印发行。

黄佛颐撰《广州城坊志》记载："《广东丛书》二集既出版，时印刷工料日昂，币值日贬，售书所得，不能保其值。事将中断，同人因有急印第三集之议，然限于资力，只能印七八册，复须速决，无从容讨论之暇，因思前者屡议多印有关史地典一籍，而英伦所藏太平天国官书十种，久拟编入丛书者，迄未付印，今遂以入第三集。"

此书孔网2004年4月拍价为330元。

近20人编辑的《乾麟先生言行录》

董桥的又一风行之作《故事》（作家出版社2007年2月出版），是其最新作品，讲的都是作者在古董文玩集藏中经历的故事，底子是沉郁的中国历史文化，穿插的是一段段或隐或现或远或近的情感，比起他以往的文字，显得更加深沉、内敛，也更堪品味。

《故事》里有一篇"春申徐家旧闻"，董桥写道：徐先生徐夫人随便拿出几幅名媛小品竟然全是苍茫烟水中数点寒汀的消息，画也深情，字也深情。徐先生是徐承赍，父亲徐小麟开承爷爷的德国买办渊源创立高亭唱片公司。徐夫人是平初霞，上海出版业奇才平襟亚的千金，平鑫涛、琼瑶伉俪的堂妹妹。他们都拜过"湖帆伯伯"和"链霞阿姨"学画，也跟陈巨来学过篆刻，大陆易帜后落户台湾香港，还旅居法国经商多年，近年港沪两边悠悠闲闲过时光。并说，徐家那些老照片也都牵系着说不尽的故事。

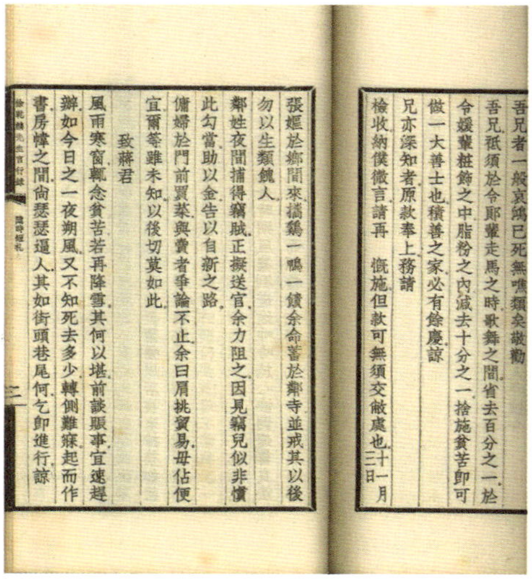

吾兄者一般哀鴻已死無噍類矣敬勸
吾兄祗須於令郎輩走馬之時歌舞之間省去百分之一於
令媛輩妝飾之中脂粉之內減去十分之一捨施貧苦卽可
做一大善士也積善之家必有餘慶諒
兄亦深知者原款奉上務請
檢收納僕微言請再　慨施但款可無須交敝處也
三十一月三日

張媪於鄉間來攜鷄一鴨一饋余命蓄於鄰寺並戒其以後
勿以生類餽人
鄰姓夜間捕得竊賊正擬送官余力阻之因見竊兒似非慣
此勾當助以金告以自新之路
傭婦於門前買菜與賣者爭論不止余曰肩挑貿易毋估便
宜爾等雖未知以後切莫如此
致蔣君
風雨寒窗輒念貧苦若再降雪其何以堪前談賑事宜速趕
辦如今日之一夜朔風又不知死去多少轉側難寐起而作
書房幃之間尚瑟瑟逼人其如街頭巷尾何乞卽進行諒

三

董桥“故事”里徐先生的爷爷是上海闻人徐乾麟，陈定山在其《春申旧闻》里曾写过徐府的慈善事业。

翕居藏有一套两册《乾麟先生言行录》，应该算其八十大寿时的“纪念集”。这个祝寿活动发起人众多，以参加先后为序有名有姓的432人，个个都是响当当的名头，上海滩的大佬杜月笙、虞洽卿、黄金荣都在其中，杜、虞二人还亲为这个《言行录》作序，仅编辑队伍就近20人，还有外国人。真算得上挺强的阵容、挺大的动静。

为徐老先生做寿送字作画的更是一大串，想不到的是这里头还有徐邦达先生的一幅山水。

这种早年私刻的“喜书”刷印比较少，加上日月推移，如今亦是十分难得一见了。

“燃烧线香计时”：《寒山社诗钟选》

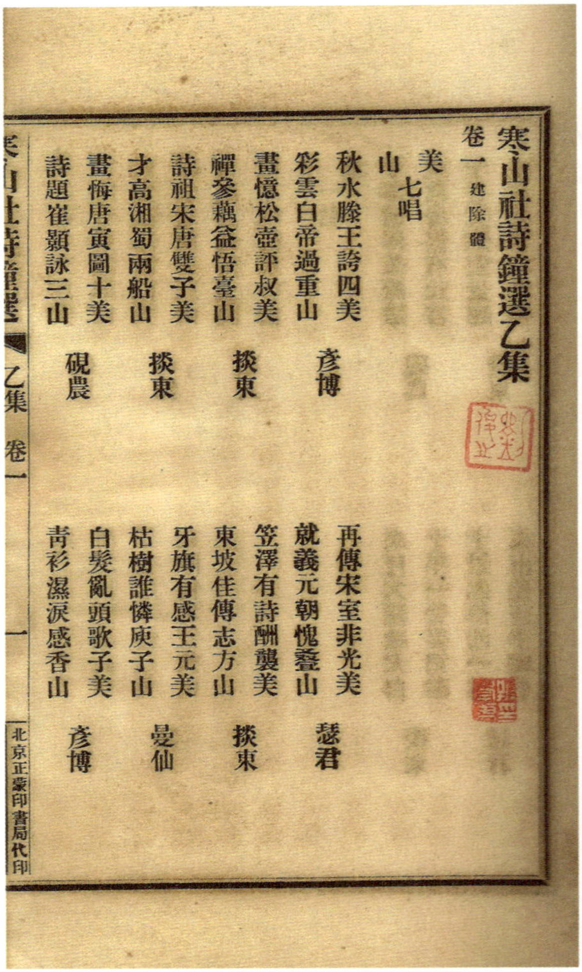
寒山社詩鐘選乙集
卷一 建除體
美 山 七唱
秋水滕王詩四美
彩雲白帝過重山 彥博
畫憶松壺評叔美
禪參藕益悟臺山 揆東
詩祖宋唐雙子美
才高湘蜀兩船山 揆東
畫悔唐寅圖十美
詩題崔顥詠三山 硯農
再傳宋室非光美
就義元朝愧疊山 瑟君
笠澤有詩酬襲美
東坡佳傳志方山 揆東
牙旗有感王元美
枯樹誰憐庾子山 曼仙
白髮亂頭歌子美
青衫濕淚感香山 彥博
寒山社詩鐘選 乙集 卷一 一
北京正蒙印書局代印

寒山诗社编《寒山社诗钟选》甲集五卷二册、乙集十卷上中下三册，易顺鼎题写书名。甲集为民国3年、乙集为民国4年由正蒙印书局铅印。钤“双清堂”白文长方印和“刘厚之”白文篆体方印。刘敦谨，字厚之，清宣统进士馆外班法部郎中，浙江绍兴人，诗钟社社员。国家图书馆乙集仅藏一零册，故著录为“出版地不详”、“出版者不详”，出版时间也含糊表述为“民国间”。

“诗钟”原本是福建塾学中训练学生写对句和对偶诗联的、寓教于乐的教学方法。在清初称为“改诗”，后来写作方法稍有变化，称“作碎”、“折枝”，传入其他各省。从道光年间兴起，林则徐等人戏作于前，张之洞等人推动于后，到清末风行全国，成为一种高雅的文字游戏。清末民初诗钟热遍及全国文化发达地区，边陲则未到。“诗钟”得名是由于限时竞作的方法，燃烧线香计时，在细线上缀一铜钱，香燃线断，钱落盘中，如钟声一响，立即收卷。

北京从民国1年至民国2年间成立了“寒山”、“潇鸣”两个大型诗钟社，各有在册的社员一二百人，都是名流荟萃。如全国知名文士王湘绮等人，曾任溥仪师傅的陈宝琛，翻译《天演论》、《原富》的严复等

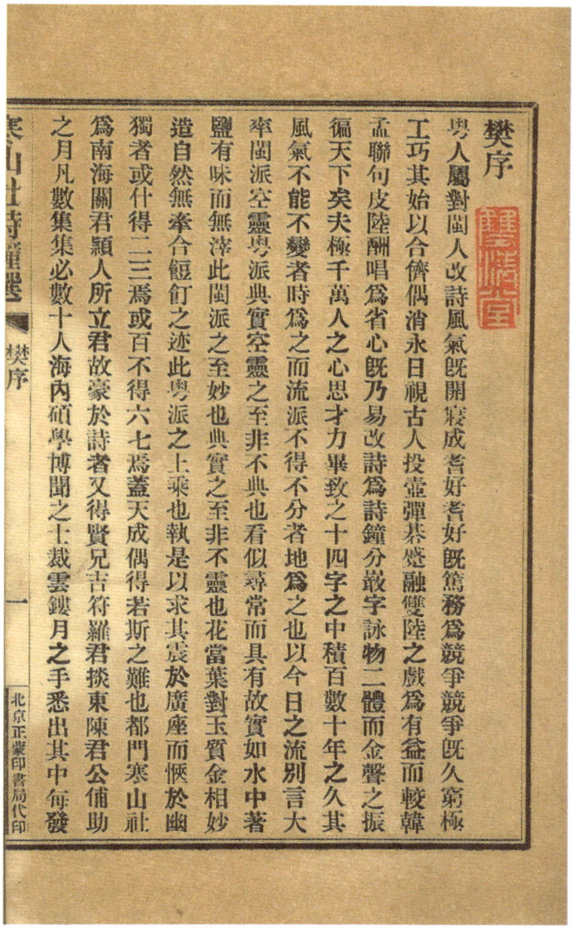
樊序
粤人屬對閩人改詩風氣既開寖成耆好耆好既篤務爲競爭競爭既久窮極
工巧其始以合儕偶消永日覘古人投壺彈碁爕融雙陸之戲爲有益而較韓
孟聯句皮陸酬唱爲省心既乃易改詩爲詩鐘分嵌字詠物二體而金聲之振
徧天下矣夫極千萬人之心思才力畢致之十四字之中積百數十年之久其
風氣不能不變者時爲之而流派不得不分者地爲之也以今日之流別言大
率閩派空靈粤派典實空靈之至非不典也看似尋常而具有故實如水中著
鹽有味而無滓此閩派之至妙也典實之至非不靈也花當葉對玉質金相妙
造自然無牽合餖飣之迹此粤派之上乘也執是以求其震於廣座而愜於幽
獨者或什得二三焉或百不得六七焉蓋天成偶得若斯之難也都門寒山社
爲南海關君穎人所立君故豪於詩者又得賢兄吉符雒君揆東陳君公俌助
之月凡數集集必數十人海內碩學博聞之士裁雲鏤月之手悉出其中每發
寒山社詩鐘選　樊序　一
北京正蒙印書局代印

都是寒山社的社员，维新派的梁启超也名列其中。这种状况是中国文学史上所罕见的。在这同时，文学改革运动也在酝酿之中。到1919年开展了“五四新文化运动”，胡适等人提出“文必废骈，诗必废律”。诗钟虽非首当其冲，却遭“池鱼之殃”，此后迅速衰落下来。抗日战争之后，诗钟活动在北京已经难觅踪影。

北京的“寒山诗钟社”在民国初年时名气很大，汇集了许多有名的诗人，每月数集，撞钟遣涯。社中有位陈士廉（字翼牟，湖南湘乡人）曾经写了一首《诗钟九友歌》，把当时该社主要人物争胜斗奇、吟哦推敲、抱膝构思、呕心沥血的情景，生动地描绘得如在眼前。

该诗全文曰：“龙阳才子钟中仙，摇笔思攫榜花元；忽然攫得喜欲颠，一生夺魁数累千。王郎清纯俗尘捐，粥粥耻与人争先，偶探骊珠众称妍。瘿公选句如选钱，收拾奇零一一穿；命题择字争新鲜，问鼎不得心茫然，嘲甲评乙舞翩跹。曾侯苦思殊可怜，伏案狂吟如秋蝉，呕心镂肾百虑煎。谁其匹当高阆轩，哆口瞠目绕室旋；轩然一笑得佳联，骎骎欲度钟王前。亚子风神翩凤骞，美人秋水隔娟娟；听唱黄河颈屡延，毵毵落第口呼冤。就中强记推郑虔，宵寒面壁如参禅；窅然枯坐耸两肩，抱膝无言口吹烟。吾宗主事腹便便，胪唱清声动九天，精思直透秋毫巅；踞榻仰卧赤两颧，以手画肚肚欲掀。关尹好事勤且贤，主持坛坫称中坚，都集刊行始甲编；赓续不已俟百年，吴江枫冷万人传。”

始四句说的是易顺鼎，字实甫，号哭庵，湖南龙阳人。自少即有才子之称，是清末有名的诗人。无论是才学、名气、年龄，在社中都是首屈一指的人物；即令如此，在强手如云的寒山社中，能攫得状元、榜眼、探花前三名，亦难免喜不自禁。其次是王式通、曾福谦、高步瀛、郑叔进、陈庆佑。最后五句是说关赓麟，他是寒山社的主持人，当时已编就《寒山诗钟集甲编》，故诗中着重赞扬他为社友也为后人，做了一件功德无量的好事。

台湾的诗钟之风尤盛，一因光绪年间诗钟主要倡导人唐景崧从北京翰林院去台任台南道道员、布政使、巡抚，此间他组织僚属和当地诗人在台南道署斐亭吟聚，所得作品四千余联辑为《诗畸》，于光绪十九年（1893）在台湾布政使署印书处出版，推动了诗钟繁荣。二因日本投降以后，特别是1948年以后去台湾的福建人很多。现介绍丘逢甲、连横两人的诗钟之作。

丘逢甲的《笔·鸦片烟》分咏：

千秋斑管仙才少，
一榻昏灯鬼趣多。

丘逢甲此作写于唐景崧组织的斐亭钟聚。诗钟除了嵌字体以外，还有分咏体，要求用七言对偶诗联分别写出毫不相干的两个事物。此作上联用斑竹管引出“笔”，下联描写了烟榻、烟鬼，再用工整的对仗把风马牛不相及的两件事联系在一起。

连横的《长生菜·春宵》分咏：

淡泊辛盘能益寿，
温柔子夜独销魂。

连横（1878—1936）是台湾政坛人物连

战祖父，著有《台湾通史》。诗钟里面“淡泊”、“温柔”都是并列式的合成词，关乎人的性格。“益寿”、“销魂”都是支配式（动宾关系）的合成词，关乎人的生活。

诗钟是趣味性文字，突出的是“谐”的趣味。嵌不相干的字，咏不相干的事物，并且不许明用事物的名字，又用“隐”的技巧。诗钟以其各种独特的体式，突出表现我国文学艺术传统中的几种特色，还体现了中国人文传统中的谐隐主旨。

孔网2009年1月此书甲集存卷三至卷五，乙集存中、下册，售价为1138元。

老族谱四种

钱文选纂《钱氏家乘》十二卷六册，民国14年聚珍仿宋印书局铅印。北洋政府大总统徐世昌、国务总理孙宝琦、翰林院编修南开大学奠基人严修、教育家张謇、国务卿外交总长陆征祥、国务总理江朝宗、国务总理龚心湛、内务总长浙江省长齐耀珊、大理院院长司法总长财政总长董康、交通总长安徽省省长许世英、教育总长范源廉、云南省长唐继尧等为此书作序。

民国8年，钱文选任两浙盐务使期间，以极大的毅力和责任感，苦心收集资料，考证钱氏家族发展历史达六年之久。称先祖吴越“三世五王”百年功绩“可与日月争辉，与山河并寿”。钱文选恐年代久远而湮灭，更至数典而忘祖，为了无愧于子孙后代，决定编纂《钱氏家乘》。

钱氏家乘

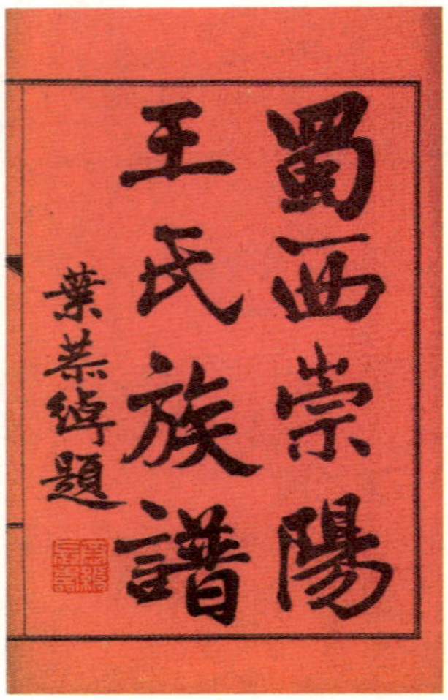

王氏族谱

临榆田氏两世清芬录（1）

《钱氏家乘》记述了自钱氏一世祖武肃王钱镠“提三尺剑，马上得天下”始，直到“纳土归宗”，始终不称帝，“善事中国，保境安民，兴修水利，发展农桑”的事迹。原著分为序言、宸翰、像赞、图考、年表、家训、传记、遗文、艺苑、古迹、轶事、世系、支派、祠产共十四卷，分列六册。民国14年梓板刊行后，分赠全国钱氏各支主祠。民国28年，为满足各地族人所需，又广为收集吴越王宝、龙简、罗隐代草武肃王铁券谢表等，增编《祠产补编》，合七册为一册，印为平装本。

王濬章修《蜀西崇阳王氏族谱》十二卷二册，民国25年山东青岛铅印本，书名据封面、版心、书名页题。王濬章，湖北崇庆人。谱起自明末一世，止于民国九世。载有王氏家传、行状、契约、租字等资料。

田中玉辑《临榆田氏两世清芬录》八卷、首一卷，共六册，民国9年铅印本。河北临榆即今秦皇岛抚宁县。中国书店第三十九期大众收藏书刊资料拍卖会此书成交价为1500元。

（民国）莫寿森、莫德滋修，莫锦南、莫德润纂《莫氏七修族谱》（湖南益阳），木活字印本。现被收藏在中国家谱网站档案馆。

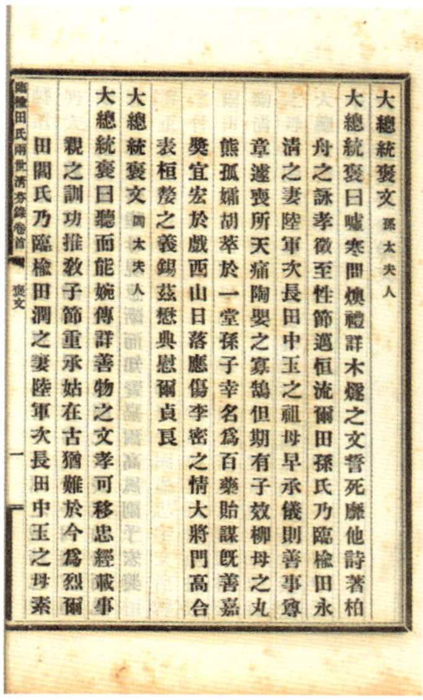

大總統褒文 孫太夫人

大總統褒曰嘘寒問燠禮詳木𤓰之文誓死靡他詩著柏舟之詠孝徵至性節邁恒流爾田孫氏乃臨榆田永清之妻陸軍次長田中玉之祖母早承儀則善事尊章遽喪所天痛陶嬰之寡鵠但期有子效柳母之丸熊孤孀胡萃於一堂孫子幸名爲百藥貽謀既善嘉獎宜宏於戲西山日落應傷李密之情大將門高合表桓嫠之義錫茲懋典慰爾貞良

大總統褒文 閻太夫人

大總統褒曰聽而能婉傳詳善物之文孝可移忠經載事親之訓功推教子節重承姑在古猶難於今爲烈爾田閻氏乃臨榆田澗之妻陸軍次長田中玉之母素

臨榆田氏兩世清芬錄卷首 褒文 一

《临榆田氏两世清芬录》（2）

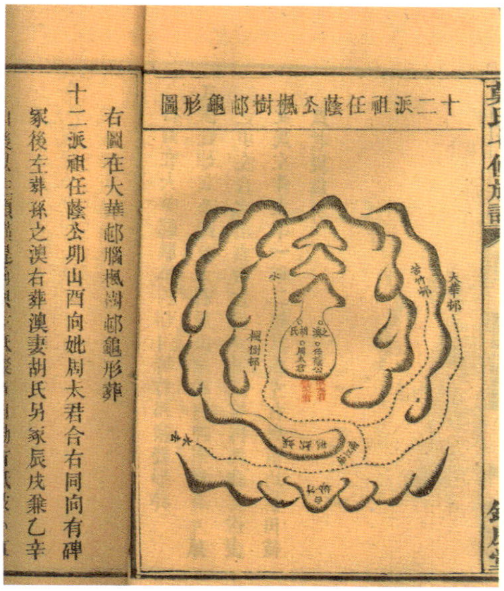

右圖在大華郜腦楓樹郜龜形葬

十二派祖任蔭公卯山酉向妣周太君合右同向有碑

冢後左葬孫之澳右葬澳妻胡氏另冢辰戌兼乙辛

十二派祖任蔭公楓樹郜龜形圖

《莫氏七修族谱》

“每类只录一、二重要之事”：《广德县志稿》

钱文选纂修《广德县志稿》五十九卷、卷首一卷、卷末一卷，共一册，民国37年铅印本。

依常例，志书30年一修，但安徽广德自清光绪七年（1881）胡有诚编修州志以后，50余年未曾续修。考虑“今越50余载，耆老日见凋零，往事亦渐乏知，再越数年，恐垂询无人矣”，民国26年，经钱文选倡议，广德县政府核准，组成了广德县县志重修委员会，钱文选和陈凤章等人为委员会常委。钱文选认为，县志为一县之历史，文化所关，至为重要。遗憾的是，遂已动修志之议，后因日军侵华、广德沦陷而告停。然而，钱文选对家乡修志大计终难忘怀，10年之后，以75岁高龄之年着手修志。钱文选参阅旧志，删繁就简，补充资料，撰写志稿缘起，独立修成《广德县志稿》一册。《广德县大事记》载，民国37年，“是年，县人钱文选纂《广德县志稿》一册成书”。钱文选说《志稿》系供将来修志参考之用，“惟望吾邑父老起而纠正补充之”。钱文选所撰《广德县志稿》，为民国时期广德惟一的志稿，对于今天编修县志裨益良多。

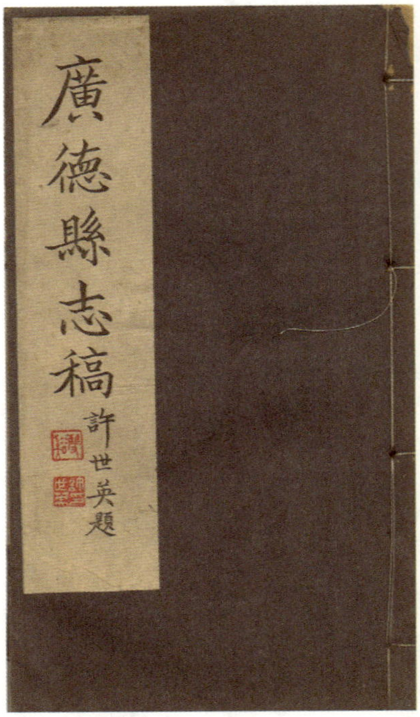

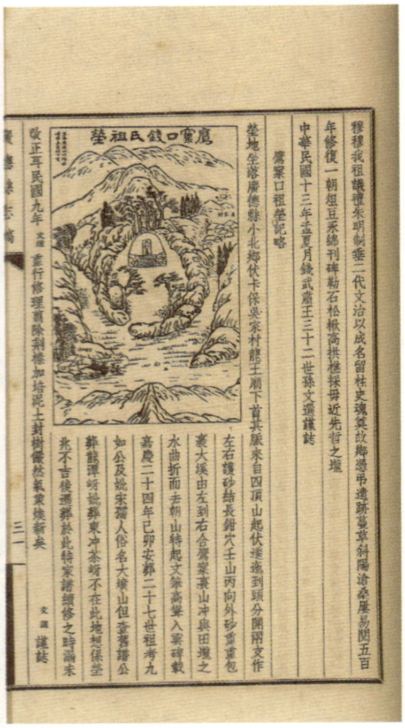

钱文选一生不嗜烟酒，家中除去藏书，别无长物。著述颇丰，有《钱氏家乘》、《钱武肃王功德史》、《诵芬堂文稿》、《环球日记》、《英制纲要》、《游滇记事》、《浙江名胜记要》等30余种，隐居上海时曾自编《士青全集》出版（今存）。此外，民国19年他将张光藻的《北戍草》和《龙江纪事》结集重版并序。1957年3月5日患脑溢血去世。

钱文选在《广德县志稿》开篇就讲道：“志稿门类据光绪六年州守胡有诚所修之志（称“新胡志”，乾隆胡文铨所修称“旧胡志”）编辑，每类只录一、二重要之事，余可参考旧志以省印费而便浏览。”这也是《广德县志稿》有五十九卷、卷首一卷、卷末一卷，而仅仅只有一册的原因。

夏孙桐撰《观所尚斋文存》

夏孙桐撰《观所尚斋文存》七卷、《诗存》二卷、《诗补遗》一卷，共三册，民国28年中华书局铅印本。《观所尚斋文存补遗》一册，1962年自印本。

夏孙桐（1857—1941），字闰枝，又字悔生、悔庵、无悔，晚号闰庵，江苏江阴人。清光绪壬辰（1892）翰林，进士，著名词人。历任湖州、宁波、杭州知府。民国初，入清史馆，负责编撰清嘉庆、道光、咸丰、同治四朝的臣工列传和循吏、艺术两传，共一百卷。还曾协助徐世昌编辑《晚晴簃诗汇》及《清儒学案》。主要著作有《观所尚斋文存》、《悔龛词》等。夏孙桐与著名词人朱祖谋为儿女亲家。朱氏曾说，他从事倚声，还是夏孙桐诱导的结果。《悔龛词》二卷收入《沧海遗音集》，续稿有龙氏忍寒庐刊本。

夏孙桐与缪荃孙同为江阴望族，夏氏与

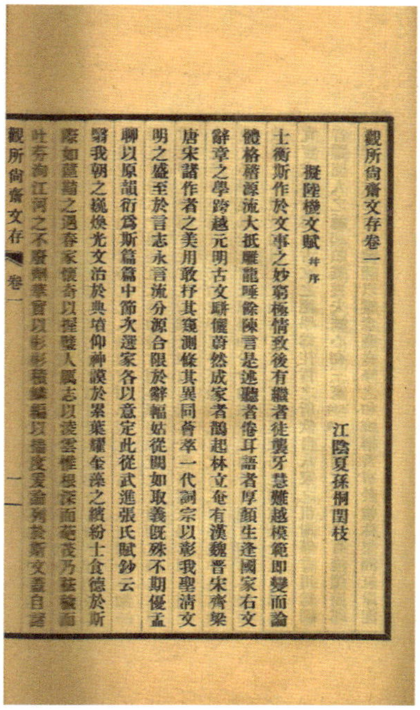
觀所尙齋文存卷一
江陰夏孫桐閏枝
擬陸機文賦 并序
士衡斯作於文事之妙窮極情致後有繼者徒襲牙慧難越模範即變而論
體格辭源流大抵雕龍唾餘陳言是述聽者倦耳語者厚顏生逢國家右文
辭章之學跨越元明古文駢儷蔚然成家者鵲起林立奄有漢魏晉宋齊梁
唐宋諸作者之美用敢抒其竊測條其異同會萃一代詞宗以彰我聖清文
明之盛至於言志永言流分源合限於辭幅姑從闕如取義既殊不期優孟
聊以原韻衍爲斯篇篇中節次選家各以意定此從武進張氏賦鈔云
竊我朝之熙煥光文治於典墳仰神謨於累葉燿奎藻之繽紛士食德於斯
際如蘊醬之遇春家懷奇以握簪人厲志以凌雲惟根深而葩茂乃鼓籥而
吐芬淘江河之不廢[illegible]會以彰彰[illegible]以[illegible]
觀所尙齋文存 卷一 一

缪氏两家渊源甚深，既为同乡又系至亲，且均离乡身居异地。虽仕宦坎坷，蓬山梦远，但两人琴心相识、交契有笃，交往30余年。1919年12月22日，缪荃孙病逝于上海寄庐，享年七十有六。时任北京清史馆总纂的夏孙桐悲痛不已，特书挽联以表哀悼之情。缪荃孙于1885年娶夏孙桐妹夏藕孙为妻，而夏孙桐之子夏纬森又娶缪荃孙之女缪子祁为妻，两代姻亲。

《观所尚斋文存》卷七“两妹事略”记载：“甲申冬，余送三妹嫁至京师，会同邑缪艺风前辈。荃孙丧偶，闻妹（二妹）贤孝，请缔婚。余禀慈命受聘。次年乙酉……始成礼。”

夏孙桐曾于20世纪初，应邀为申浦缪氏家庭祠堂撰书楹联一幅：

族望溯兰陵，纪一代名德清芬，有定海循良、艺风文字；

祠堂光梓里，是千古江山胜地，傍宣尼圣迹、季札遗封。

《观所尚斋文存》卷四“缪荃孙艺风先生行状”载，光绪八年（1882），缪荃孙充国史馆协修，分纂儒林、文苑、循吏、孝友、隐逸五传，时继任总裁徐桐“示以纪人奎易说命编入儒林”，缪荃孙坚持己见，以为纪名不副实，一旦入选势必招世人鄙弃，未从。因忤逆徐桐意志，加之忌者调唆，与之结怨。光绪二十年三月，清廷举行翰林升职的翰詹大考，年届五十、志在仕途的缪荃孙亦应试，然参加奉派复看大考卷的徐桐，借缪荃孙试卷上一错别字大做文章，实施报复，幸得翁同龢挽救，最终列在要罚俸的三等一百二十四名。

夏孙桐书扇面

小安乐书屋校辑《绘图诗义折中》

（清）傅恒等撰、小安乐书屋校辑《绘图诗义折中》二十卷六册，北京自强书局民国8年石印本。题名“御纂诗义折中”，版心题“诗义折中”。《御纂诗义折中》又名《钦定诗义折中》，乾隆二十年（1755）傅恒等奉敕撰。

中国书店海王村在2006年6月曾拍卖一部孙嘉淦等撰、长芦盐运使如山进呈本《御纂诗义折中》二十卷，白纸一函六册。底价为1万～1.5万元，成交价为2.2万元。此书字体精整，内收《国风》九卷、《小雅》六卷、

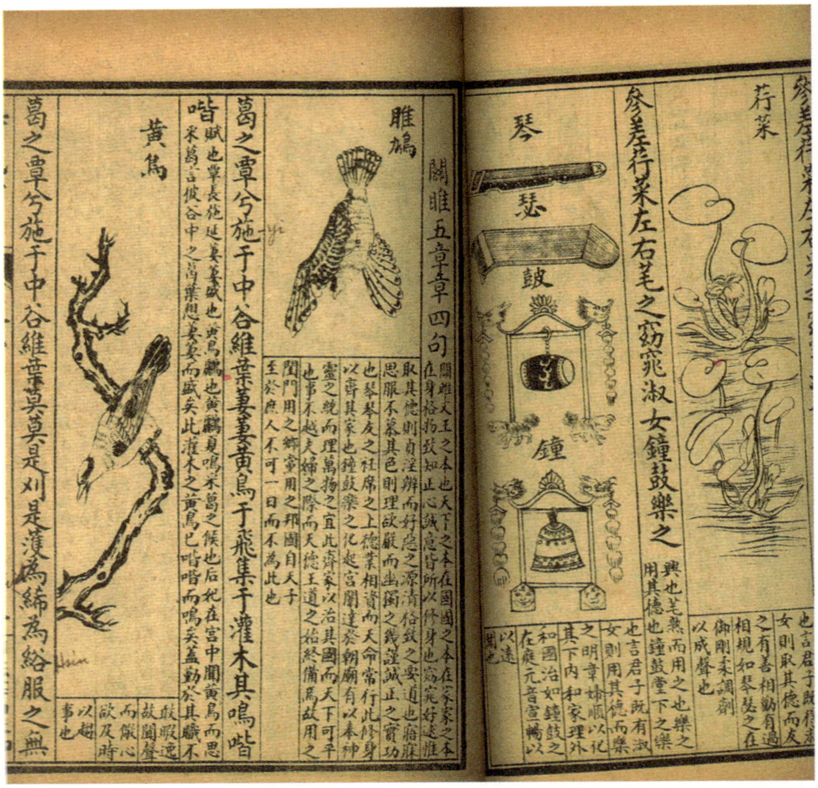

《大雅》三卷、《颂》二卷，并对《诗经》逐篇逐章训解，先说明此章的表现手法，然后用比较浅近的话进行解释，再总的说明全诗古意。一般不引名家姓氏，皆以编撰的话出现，选取众家之说为己言，故名为《折中》。

《御纂诗义折中》清刊本在拍卖会大量出现，但“绘图”本《诗义折中》极为少见。小安乐书屋在清末民初比较活跃，1911年印有《元代散曲选集》，上海扫叶山房据小安乐书屋藏版还曾石印过《词坛妙品》。

傅恒（？—1769），字春和，满洲镶黄旗人，富察氏，乾隆皇帝第一个皇后孝贤皇后之弟。乾隆时历任侍卫、总管内务府大臣、户部尚书等职，授军机大臣加太子太保、保和殿大学士、平叛伊犁统师。在军机处20余年，为乾隆皇帝所倚重。乾隆十三年督师指挥大金川之战，降服莎罗本父子。乾隆十九年力主清军攻伊犁，平息准噶尔部叛乱。曾主持撰写《钦定旗务则例》、《西域图志》、《御批历代通鉴辑览》等书。乾隆三十三年在缅甸战役中染病，次年卒。乾隆皇帝亲临其府奠酒，谥文忠。清嘉庆元年（1796）赠郡王衔。傅恒与其他外戚不同，他没有在京城坐享富贵，而是选择了为国家出力，为皇帝分忧，这也就无怪乎乾隆对其用情至深。纵观大清王朝300年无数满大臣，功绩鲜有出其右者。傅恒的名字无疑在清史中写下了重要的一笔，被誉为“一手托起乾隆盛世”的人。

“从书之印，先后六年”：《合众图书馆丛书》

1939年7月，合众图书馆筹备成立于上海，它的创办人是时任浙江兴业银行上海总行董事长的叶景葵、上海商务印书馆董事长张元济，以及曾任江苏省省长、国民参政会

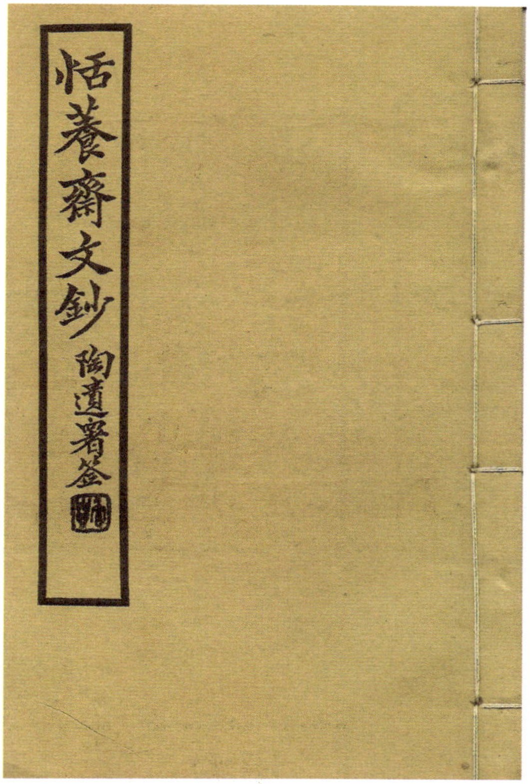

参政员的陈陶遗，顾廷龙为总干事。“合众”是一个私立的国学图书馆，致力搜集中国历史文献材料，不仅限于图书，举凡报刊、书画、信札、古器物、照片、拓片、书版、纸型等，无所不包。1953年6月18日，合众图书馆14年来收集的25万册图书、15000种金石拓片全部捐献给上海市人民政府，捐献后改名为历史文献图书馆。

这套《合众图书馆丛书》，从1941年至1948年，历时间近8年，分初集和二集出版。

初集出版于1941年至1945年，共有14种：

（清）罗以智撰、叶景葵辑《恬养斋文钞》四卷补遗一卷，据馆藏稿本，民国29年2月出版，铅字排印，二册，合众图书馆出资。张元济题写书名，叶景葵题跋。

（清）陈骥德纂、顾廷龙辑《吉云居书画录》二卷补遗一卷，据本馆抄本，民国31年12月出版，一册，张元济题跋，李英年捐资。

（清）潘志万辑《潘氏三松堂书画记》一卷、潘承弼辑补遗一卷，据本馆抄本，民国32年1月出版，一册，潘承弼题跋，李英年捐资。

（清）陈骥德辑《吉云居书画续录》二卷，据本馆抄本，民国32年2月出版，书前有礼髡龛题识，礼髡龛主人捐资。

（清）王乃昭辑《李江州遗墨题跋》一卷，据馆藏手稿本，民国32年3月出版，潘承厚题跋，礼髡龛主人捐资。

（清）叶昌炽辑《朱参军画像题词》一卷，据本馆抄本，民国32年3月出版，潘承弼题跋，礼髡龛主人捐资。

以上后两种合订为一册。

（清）徐坚撰《余冬琐录》二卷，据本馆抄本，民国32年4月出版，一册，顾廷龙题跋，礼髡龛主人捐资。

（清）许兆熊撰《凫舟话柄》一卷，据本馆抄本，民国32年5月出版，顾廷龙题跋，礼髡龛主人捐资。

（清）张鸣珂撰《寒松阁题跋》一卷，据本馆抄本，民国32年5月出版，潘承弼题

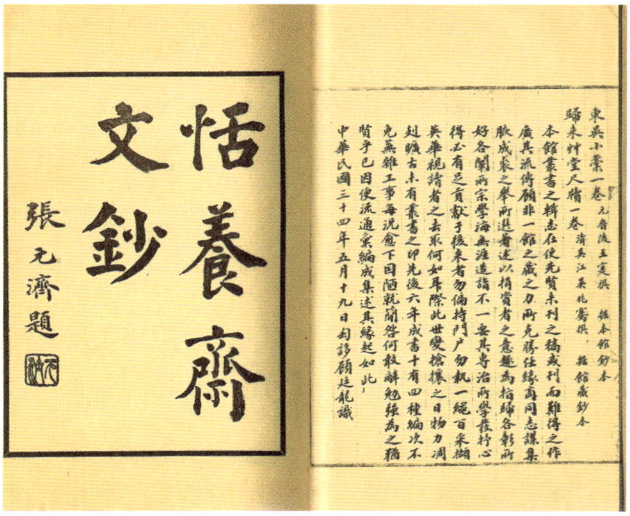

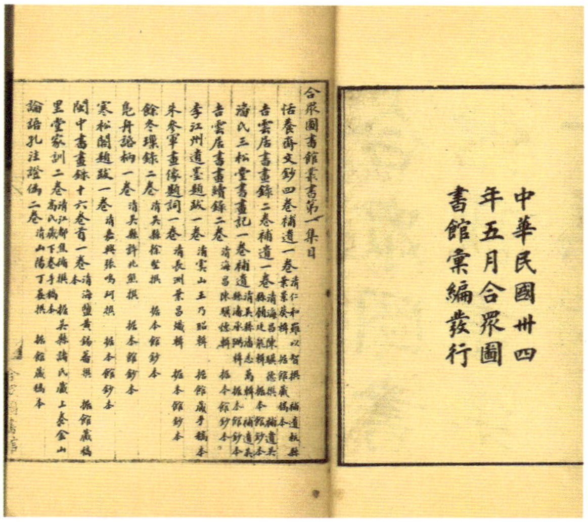

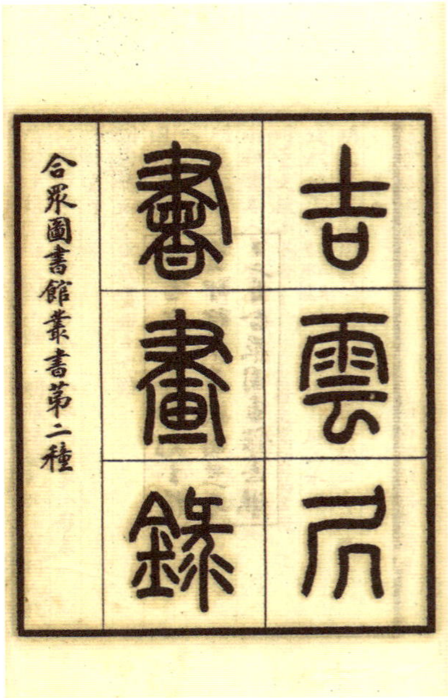

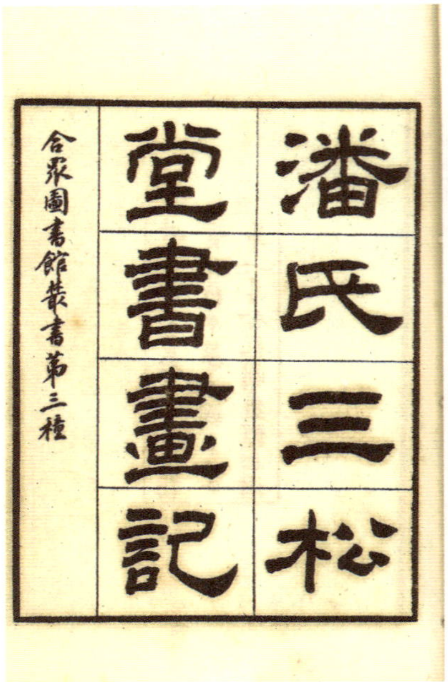

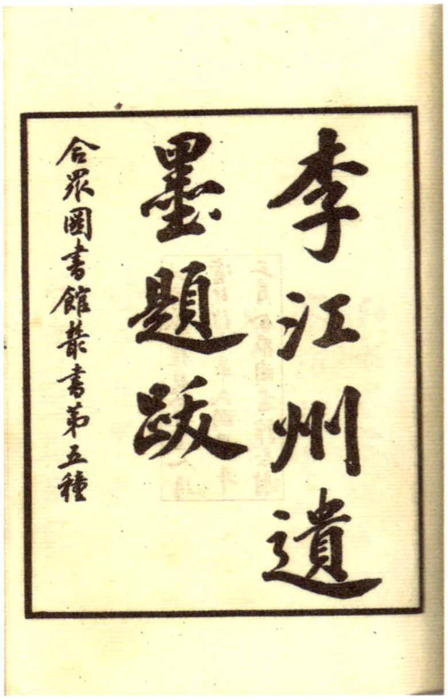

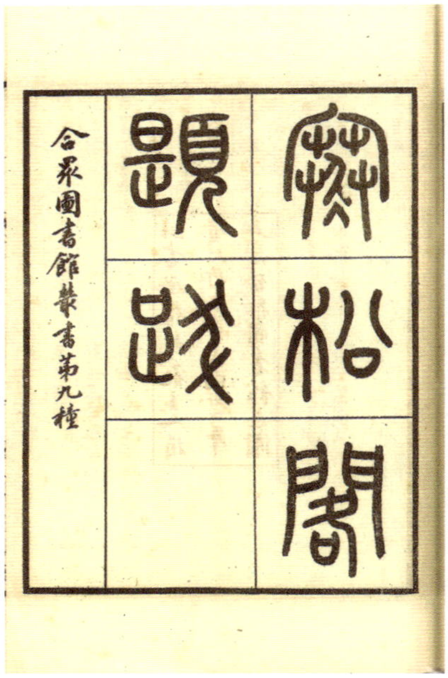

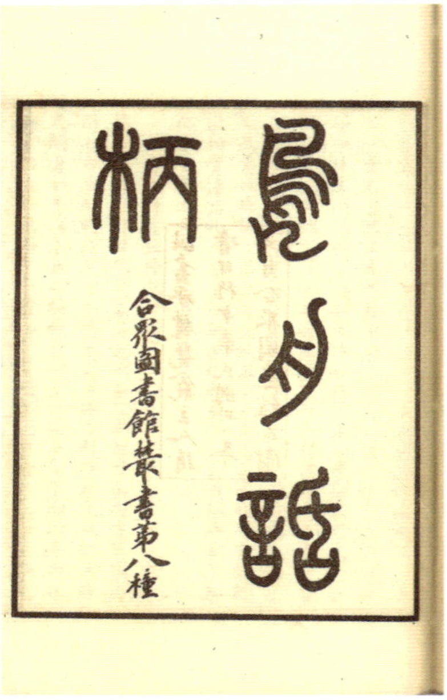

跋，礼髡龛主人捐资。

以上后两种合订为一册。

（清）黄锡蕃撰《闽中书画录》十六卷、首一卷，据馆藏稿本，民国32年6月出版，四册，叶景葵题跋，慈溪李氏拜石轩捐资。

（清）焦循撰《里堂家训》二卷，据吴县诸氏藏上卷、金山高氏藏下卷手稿本，民国32年7月出版，一册，顾廷龙题跋，江都袁鹤松、潘炳臣、冷荣泉以及上海杨季鹿四人捐资。

（清）丁晏撰《论语孔注证伪》二卷，据馆藏稿本，民国34年4月出版，二册，顾廷龙题跋并手书卷下上版，鄞陈文洪捐资。

（元）王寔撰《东吴小稿》一卷，据本馆抄本，民国34年4月出版，顾廷龙题跋并手书上版，鄞陈文洪捐资。

（清）吴兆骞撰《归来草堂尺牍》一卷，据馆藏抄本，民国34年5月出版，顾廷龙题跋并手书上版，鄞陈文洪捐资。

以上后两书合订为一册。

《合众图书馆丛书》二集收书仅一种，为（清）江藩撰《炳烛斋杂著》七卷，据馆藏稿本，民国37年2月出版，顾廷龙卷首题识，上海杨季鹿捐资。内含《舟车闻见录》二卷、续集一卷、三集一卷，《端研记》一卷，《续南方草木状》一卷，《广南禽虫述》附鳞介述、兽述一卷。以上均为未刊之稿。

《合众图书馆丛书》第一集第一种《恬养斋文钞》出版于民国29年2月，但该书书名页前为陈陶遗题写的“合众图书馆丛书第一集”，牌记题为“中华民国卅四年五月合众图书馆汇编发行”。书前是顾廷龙手书上版的“合众图书馆丛书第一集目”及题识。题识写到：“本馆丛书之辑，志在使先贤未刊之稿，或刊而难得之作，广其流传。顾非一馆之藏之力所克胜任，缘商同志谋集腋成裘之举。所选著述以捐资者之意趣为指归，各彰所好，各阐所宗，学海无涯，造诣不一。要其专治所学，发抒心得，必有足贡献于后来者，勿偏持门户，勿执一绳百，采撷英华，视读者之去取，何如耳。际此世变抢攘之日，物力凋剞，旷古未有。丛书之印，先后六年，成书十有四种，编次不免芜杂，工事每况愈下，因陋就简，咎何敢辞，勉强为之，犹贤乎已。因便流通，汇编成集，述其缘起如此。”

叶景葵在《恬养斋文钞》书后的跋文中讲，“景葵近与二三同志创办合众图书馆，搜残编于乱后，系遗献于垂亡，已将敝斋旧藏悉数捐赠，此书亦在其列。今由馆出资排印，即作为馆刊丛书之第一种，其余箧衍稿本当竭绵

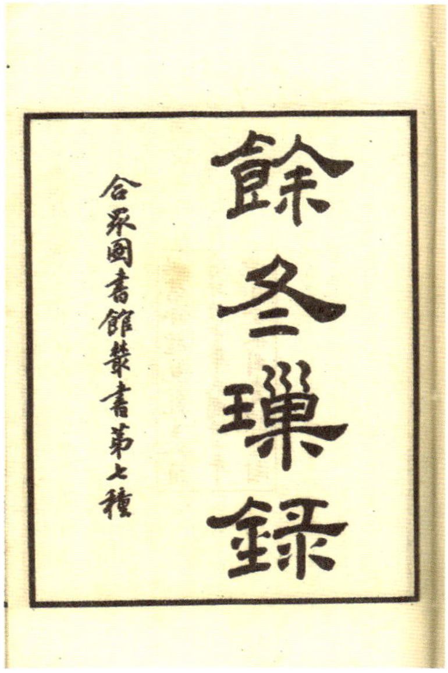

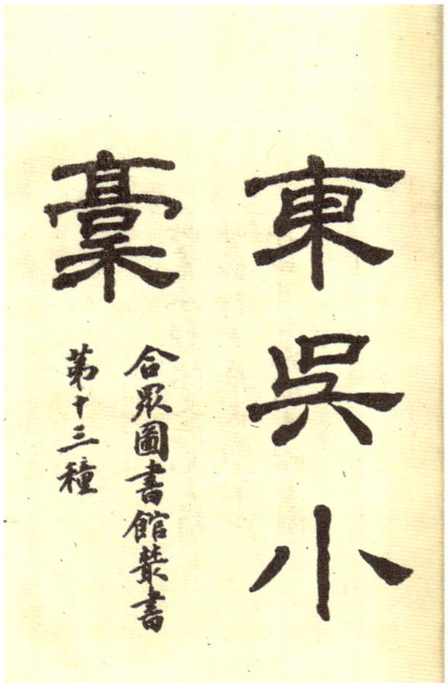

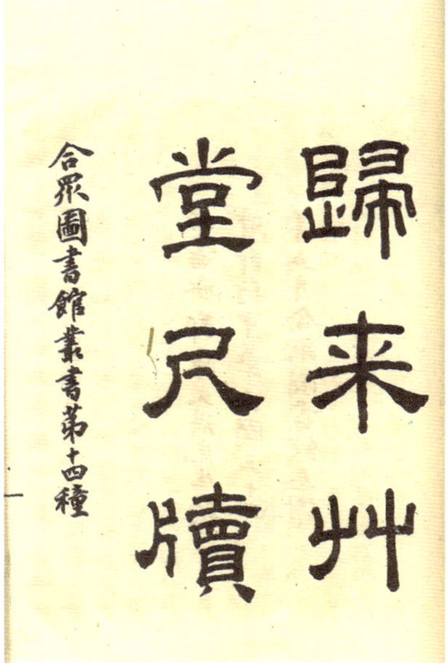

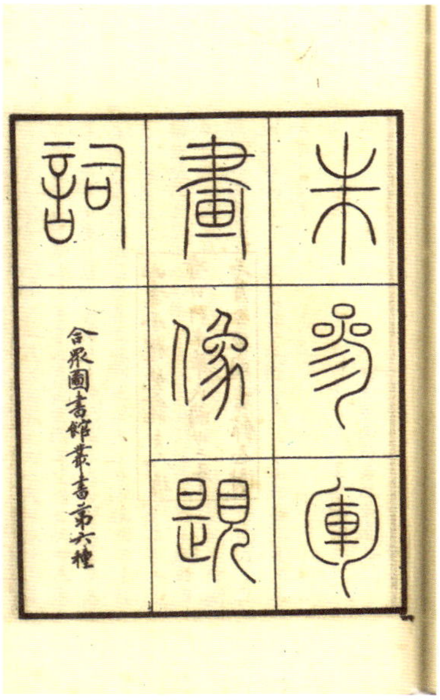

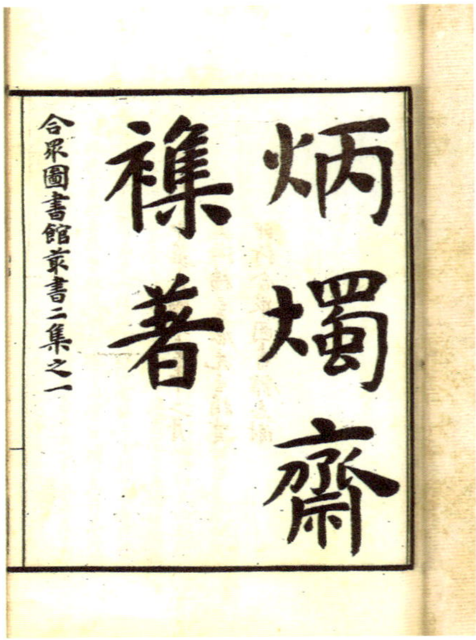

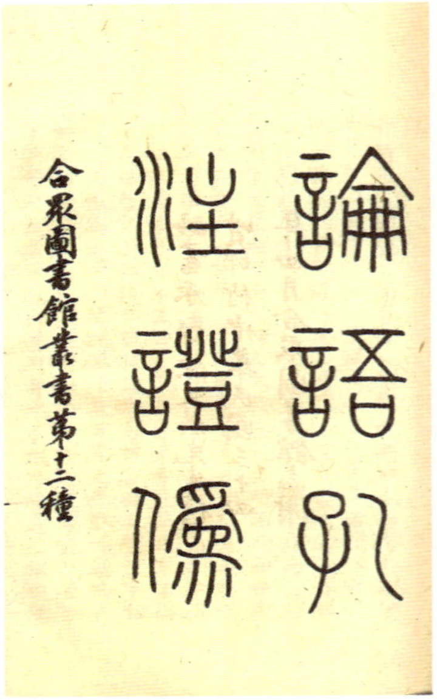

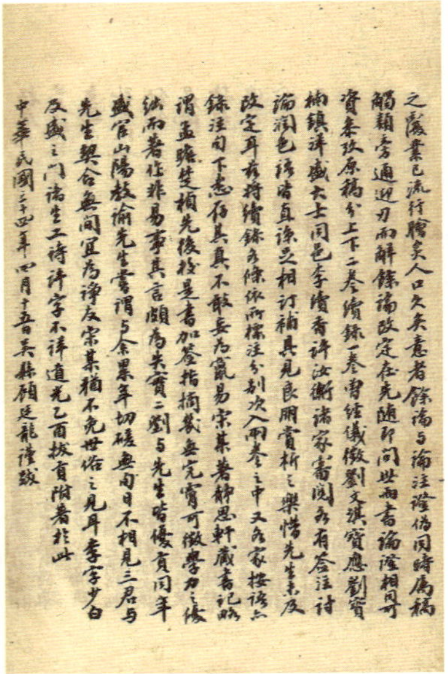

力，陆续刊行，以传布先哲精神于万一”。

这套《合众图书馆丛书》虽然出版年代不远，但因当时印量较少和时局动荡，流传至今的已经很少了，是值得宝爱珍藏的。

妹为兄整理刊印的《槐楼诗钞》

陈懋鼎撰《槐楼诗钞》一册，闽县陈氏民国38年家印，铅印本。

陈懋鼎，字徵宇，闽侯（今福建福州）人，陈宝琛之侄。清光绪十六年（1890）与父陈宝瑨、叔陈宝璐（著名经济学家，北京大学教授陈岱孙乃陈宝璐嫡孙）同榜进士。被称为“父子叔侄兄弟同榜进士”。声名之隆，文运之盛，一时无双。

陈懋鼎历任外务部左参议、弼德院参议、俄文学堂监督、驻英国公使馆二等参赞，驻西班牙公使馆一等参赞、资政院议员。1912年4月，任北京政府外交部参事兼秘书长，1913年去职。1914年7月，任金陵税关监督兼江宁交涉员。同年11月，任济南道尹兼外交部特派山东交涉员。1915年8月，任参政院参政。嗣任国务院秘书、厦门交涉员、外交部顾问。1918年任参议院议员。

中日甲午战争后，日本帝国主义野心勃勃地要把中国纳入它的势力圈里，对中国的政治变化怀有特殊的兴趣。在变法运动进入高潮时，日本军政界不仅利用其驻华公使馆密切监视中国的变法动向，

还不时派出负有“特殊使命”的人到中国活动。在变法维新的末期，下野不久的日本前首相伊藤博文，以“私人游历”的身份，到达北京。当时的宗人府主事陈懋鼎奏请光绪帝“召见日本伊藤博文以显敬贤睦邻之实意”。在伊藤博文到达北京后的第3天，康有为即到日本公使馆访见，请他劝说慈禧支持变法新政。

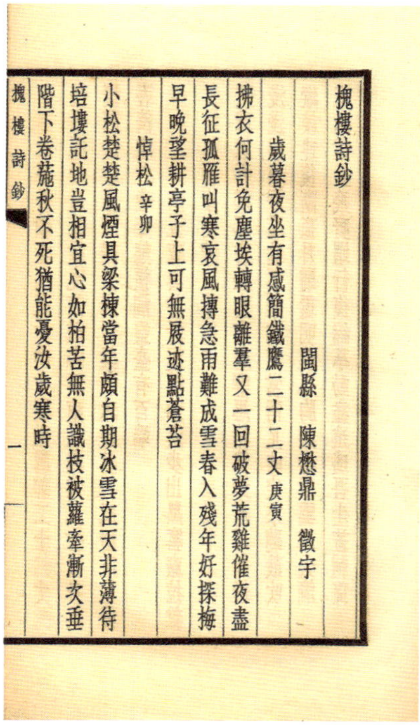
槐樓詩鈔

閩縣　陳懋鼎　徵宇

歲暮夜坐有感簡鐵鷹二十二丈 庚寅

拂衣何計免塵埃轉眼離羣又一回破夢荒雞催夜盡長征孤雁叫寒哀風搏急雨難成雪春入殘年好探梅早晚望耕亭子上可無屐迹點蒼苔

悼松 辛卯

小松楚楚風煙具梁棟當年頗自期冰雪在天非薄待培塿託地豈相宜心如柏苦無人識枝被蘿牽漸亥垂階下卷葹秋不死猶能憂汝歲寒時

槐樓詩鈔　一

《槐楼诗钞》是由陈懋鼎的妹妹陈懋恒整理的。陈懋恒（1901—1969）是我国著名历史学家，谙熟经典史籍、易学，工诗词骈文尤擅文史，通琴棋书画。1928年考入燕京大学历史系。在京期间撰著《明代倭寇考略》、《春秋考异》、《清代地理沿革表》。先后执教于圣约翰大学、东吴大学、上海美专等校。1940年为其兄陈懋鼎续译《枭雄记》、整理《槐楼诗钞》，编写《闽县螺洲太傅陈公年谱》、小说《铁网珊瑚》、《姚长子》及戏剧《乌孙公主》等。1951年应顾颉刚邀请，著《中国上古史演义》。1953年撰《秦楚演义》、《史可法》，点校《明史》等。1955年赴北京协助邓之诚整理《中华二千年史》的明清部分，1962年至1963年参加《辞海》历史地理编写组工作。遗稿尚有《喇嘛教史略》、《春秋演义》、《双峰梦》、《红巾军》、《葛云飞》及诗、词、曲、笔记等。

张其煌撰《独志堂丛稿》

张其煌撰《独志堂丛稿》四种一册，桂林张氏独志堂遗书之一，慈平印刷工场民国21年铅印本。包括《独志堂诗词》一卷、《独志堂文》一卷、《默啬泊虚孤徂斋游记》一卷和《还桂日记》一卷。书后附张心治等编《先府君行述》一卷。

张其煌（1877—1927），字子武，号无竞，广西临桂县苏桥乡（今永福县苏桥乡）人。清光绪三十年（1904）进士，以知县分发湖南，任过湖南永州厘金局局长，零陵、芷江知县，南武军统领，湖南军事厅厅长。此人博学多才，精通术数。

1914年，张其煌被选为约法会议议员，经李经羲推荐，袁世凯拟授张其煌为广东巡按史，约法会议提出封爵。张对此不满，便负气离京，以研究先秦诸子为名，息身于沪。1917年6月，李经羲就任国务总理，张其煌被任命为高等顾问。同年7月1日，张勋复辟，张其煌再次居上海，潜心于《墨子》研究。

此后，张其煌借其在河南省督军署任

秘书长的哥哥张其钜的关系，结识了北洋军阀吴佩孚，并成为拜把兄弟。第一次直奉大战时，张其煌任吴佩孚的秘书长。1923年7月，吴佩孚推荐张其煌回广西，并就任广西省省长。为改变广西财政困难的局面，张其煌竭力整顿税收，补交地价，但财政仍入不敷出。1924年6月，新桂系首领李宗仁攻入南宁，张其煌被迫下台，离开广西到北京。

1924年9月，第二次直奉大战，吴佩孚又邀张其煌相助，任顾问。同年10月，冯玉祥发动北京政变，大败直系。张其煌向吴佩孚建议，放弃津、京，南返湖北。吴佩孚乃率三千残部隐驻黄州，张一直不离左右。1925年10月，孙传芳在江苏起兵反对奉系，通电拥吴，张其煌乘机向直系各督军游说，推戴吴佩孚出山。吴佩孚到武汉，自称受十四省的将领推举，任讨贼联军总司令，以张其煌为秘书长。不久直奉两系言和，相约共同对付冯玉祥的国民军。次年4月，直奉军击败国民军占领北京，北京政府以张其煌屡建功绩，授以陆军上将衔。

1926年10月，北伐军攻下武汉，吴佩孚主力被歼，张其煌随吴佩孚溃退郑州。次年7月2日，张其煌随吴佩孚逃到新野县属灰店，被当地红枪队打死。

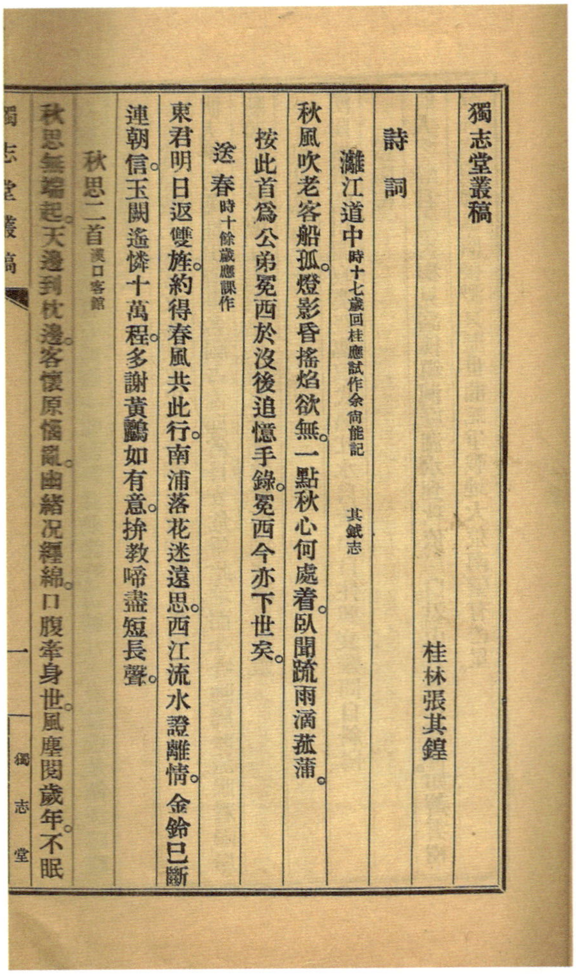
獨志堂叢稿

桂林張其鍠

詩詞

灕江道中 時十七歲回桂應試作余甯能記 其鍼志

秋風吹老客船孤。燈影昏搖焰欲無。一點秋心何處着。臥聞疏雨滴菰蒲。

按此首爲公弟冕西於沒後追憶手錄。冕西今亦下世矣。

送春 時十餘歲應課作

東君明日返雙旌。約得春風共此行。南浦落花迷遠思。西江流水證離情。金鈴已斷連朝信。玉闕遙憐十萬程。多謝黃鸝如有意。拚教啼盡短長聲。

秋思二首 漢口客館

秋思無端起。天邊到枕邊。客懷原惱亂。幽緒況纏綿。口腹牽身世。風塵閱歲年。不眠

獨志堂叢稿 一 獨志堂

张其煌文武双全，颇以诗文闻名，著有《墨经通解》、《默啬泊孤徂游记》、《独志堂别集》、《独志堂支集》和《乙酉集》。张其煌死后，瞿兑之将其诗文编为一集，名《独志堂丛稿》。

影印元明善本丛书十种之《两京遗编》

（明）胡维新辑《两京遗编》十二种、七十三卷、二十二册，上海商务印书馆“影印元明善本丛书十种”之一，民国26年涵芬楼据明万历十年（1582）原一魁刻本影印。收汉陆贾《新语》至荀悦《申鉴》两汉子书十一种。

胡维新，浙江余姚人。从小聪慧异常，中进士后曾经管理过皇家图书，见到了大量珍藏版本。凡是秘本、善本，借抄无虚日，积累了许多的手抄珍本。这一经历为他编辑《两京遗编》起到了一定的作用。初刻于万

历十年的《两京遗编》，为《四库全书》所著录，是后世学者经常征引的一部丛书。胡维新好抄书、校书、藏书、刻书，明隆庆元年（1567），胡任福建巡按的时候，曾与戚继光一起招募福州、泉州两府刻工，花了两年时间刻成了《文苑英华》一千卷，万历年间又刻印过《春秋繁露》十七卷，还编刻了《皇明制书》二十卷等。

涵芬楼辑“影印元明善本丛书十种”，共计三百二十册，1937年至1940年影印。此丛书是在排印本《丛书集成初编》基础上，选取元明佳椠孤本十种，依原貌影印。收录（元）杜思敬辑《济生拔萃》、（明）高鸣凤辑刊《今献汇言》、（明）李栻辑刊《历代小史》、（明）隆庆王文录辑刊《百陵学山》、（明）吴琯校刊《古今逸史》、（明）万历周子义等辑刊《子汇》、（明）万历周履靖辑刊《夷门广牍》、（明）万历沈节甫辑陈于廷刊《纪录汇编》、（明）天启樊维城辑刊《盐邑志林》和（明）万历胡维新辑刊的这部《两京遗编》。

2007年5月，孔网拍卖此本，以2220元成交。

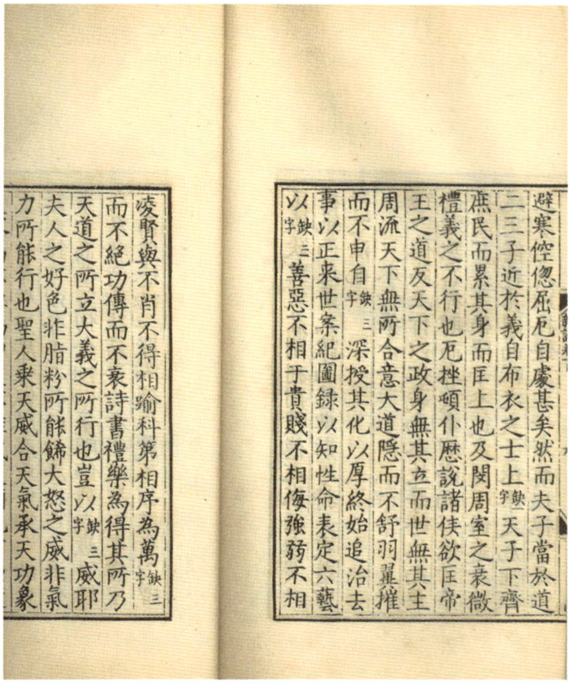

避寒悾傯屈厄自處甚矣然而夫子當於道
二三子近於義自布衣之士上缺字天子下齊
庶民而累其身而臣上也及閔周室之衰微
禮義之不行也厄挫頓仆歷說諸侯欲臣帝
王之道反天下之政身無其立而世無其主
周流天下無所合意大道隱而不舒羽翼摧
而不申自缺三字深授其化以厚終始追治去
事以正來世案紀圖錄以知性命表定六藝
以缺三字善惡不相于貴賤不相侮強弱不相
凌賢與不肖不得相踰科第相序為萬缺三字
而不絕功傳而不衰詩書禮樂為得其所乃
天道之所立大義之所行也豈以缺三字威耶
夫人之好色非脂粉所能飾大怒之威非氣
力所能行也聖人秉天威合天氣承天功象

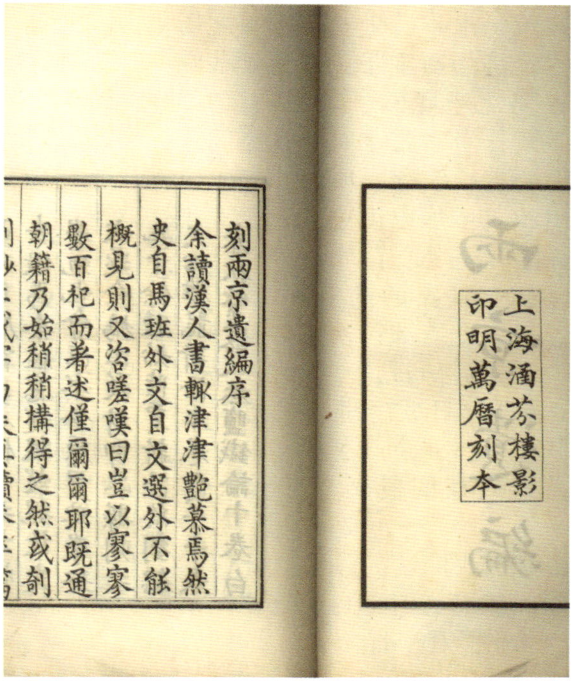

上海涵芬樓影印明萬曆刻本

刻兩京遺編序
余讀漢人書輒津津艷慕焉然
史自馬班外文自文選外不能
概見則又咨嗟嘆曰豈以寥寥
數百祀而著述僅爾爾耶既通
朝籍乃始稍稍搆得之然或剞

北宁铁路车务见习所编印的《铁路组织讲义》

徐继善撰《铁路组织讲义》，铅印本。版心下题“北宁铁路车务见习所讲义，民国二十三年”。封面钤有作者朱文圆印。

该讲义共有4章，分别为“铁路概说”、“铁路组织之定义及其原则”、“国内铁路组织略说”和“国内铁路组织实例”。书前是一篇可以看作序言的“铁路组织”。作者讲道：“铁路之创办，推英吉利为最早，其事业之发达，以美利坚为最盛。溯自肇兴以迄今日，其间百三十余年。举凡有关铁路之组织与管理、经济及行政、技术及设计，与夫运用及功效等等问题，罔比逐渐改良，日新月异。我国赖门户开放，沟通无阻，遂得取长舍短，极力追踪，以是其铁路要事业之发达，与欧美相较，虽云幼稚，而处此七十年来，忧患频仍之中国，得有如斯之成绩，不能不谓差强人意。惟是方今国际竞争，日趋激烈，铁路一端，更无待言。我国一任取法政策，永步后尘。在过去之历史中，借列强之经济均衡主张，得苟延残喘。……夫今日铁路之于我国，治以有效之剂，尚恐不及。”作者主张，对于铁路问题，要振作起来，要着重实际。所以，这本讲义从铁路现行组织入手加以讲述，对于北宁铁路讲述尤为详细，还附录了许多表格。

北宁铁路的前身称为京奉铁路，隶属北洋政府交通部管辖。1928年，奉系军队作战失利，6月4日，张作霖回撤奉天时被炸身亡。6月15日，南京国民政府宣布“统一告成”，并将北京改名为“北平”，从而标志着北洋政权的覆灭，京奉铁路也随即更名“平奉铁路”。1929年4月2日，奉天省及奉天市分别改称辽宁省和沈阳市。4月15日，南京国民政府铁道部再次将该路易名为北宁铁路（北平至辽宁省会）。

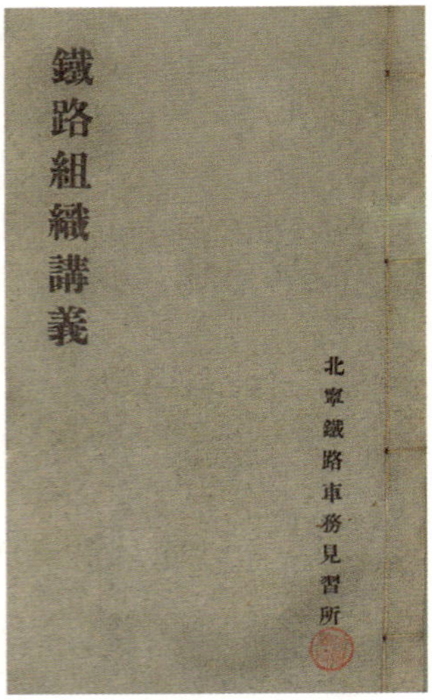

北宁铁路拥有干线890多公里，支线530多公里。“九·一八”事变后，日军控制了北宁铁路的关外一线，部分铁路员工被关东军监管起来，关内外直通列车中断。1932年1月4日，日方操纵成立了奉（天）山（海关）铁路局，并把辽宁总站改名为奉天总站，宣称该段铁路“独立”。1月9日，英国借口损害本国债权利益，向日方提出交涉，几番讨价之后，以获得赔偿了事。而中国决不承认日军的侵占，在历年的《北宁铁路简明行车时刻表》上仍标注着“辽宁总站”的站名，以示路权。

1933年5月31日，《塘沽协定》中规定：“中国军队一律迅速撤退至延庆、昌平、高丽营、顺义、通州、香河、宝坻、林亭口、宁河、芦台所连之线以西、以南地区。”从此，山海关至芦台间的铁路又陷入日军的监视之下。1935年9月29日，日方进而在天津设立了“满铁事务所”，刺探搜集北宁铁路的线路、轨道曲线、建筑界线、桥梁、编组站、给水设备等情报资料，为最终占领全线做准备。“七七”事变后，北宁铁路全线沦陷，蒙受了数不尽的凌辱和战乱之苦。1949年9月21日，中国人民政治协商会议第一届全体会议在北平召开，会议决定将北平市改名为北京市，随后北宁铁路被正式命名为京沈铁路。

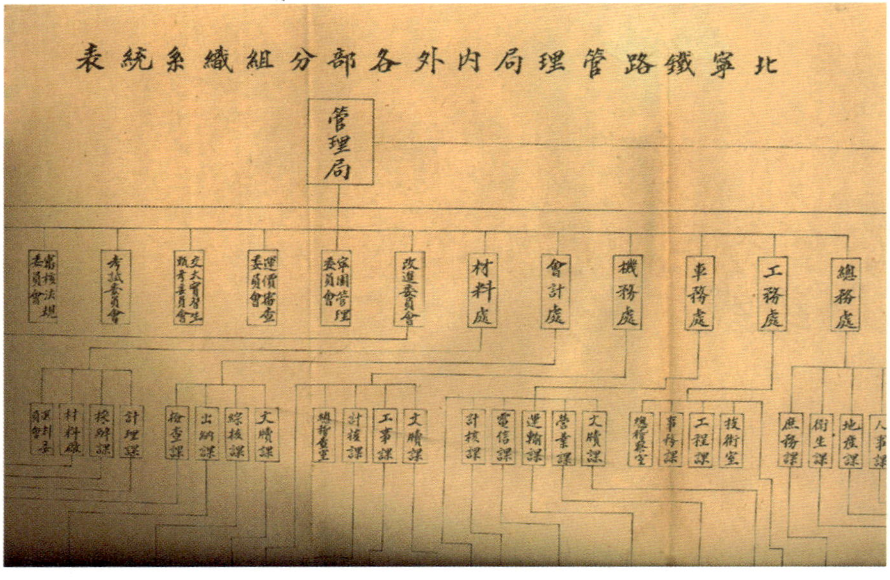

北宁铁路局还编印了许多旅游类书籍，比较著名的有《北平旅游便览》和《天津旅游便览》等。

"物竞天择"：《天演论》

（英）赫胥黎撰、严复译《天演论》二卷，民国5年15版，上海商务印书馆铅印本。

王国维在1904年撰就的《论近年之学术界》中称："近七八年前，侯官严氏所译之赫胥黎《天演论》出，一新世人之耳目……是以后，达尔文、斯宾塞之名腾于众人之口，'物竞天择'之语见于通俗之文。"

1896年10月前后，严复致梁启超信称："拙译《天演论》，仅将原稿寄去。"1897年3月9日，吴汝纶致严复信："吕临城来，得惠书并大著《天演论》，虽刘先主之得荆州，不足为喻，比经手录副本，秘之枕中。"戊戌变法前，《天演论》引起了部分进步知识分子的高度关注。梁启超、康有为、卢靖、吴汝纶、夏曾佑、吕增祥、熊季廉、孙宝瑄及味经书院"诸生"等，皆读过《天演论》早期的稿本或抄本。其后，《天演论》借助出版，开始在社会上广为流传。

《天演论》是中国近代生存竞争思想的重要源头，它的传播对近代中国社会的发展产生了深远的影响。中国好几代知识分子都被《天演论》传播的生存竞争学说动员起来，并注意在实践中自觉寻求西方学理的支撑。可以说，《天演论》及其传播的生存竞争学说影响了几代中国人。《天演论》的版本众多，约20余种，有代表性的为1897年《国闻汇编》刊载《天演论悬疏》。是年，陕西味经售书处出版《天演论》木刻本，为最早的版本。1898年湖北慎始基斋木刻本《天演论》在1898—1905年间传布甚广，影响较大。而印刷版次最多的是商务版《天演论》，影响也最巨。

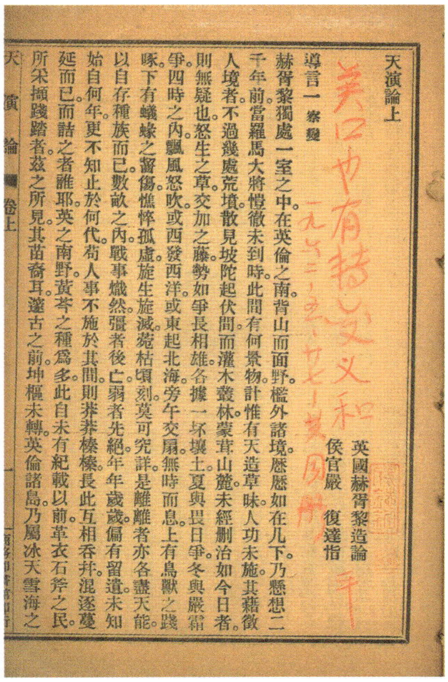
天演論上
英國赫胥黎造論
侯官嚴 復達指
導言一 察變
赫胥黎獨處一室之中。在英倫之南。背山而面野。檻外諸境。歷歷如在几下。乃懸想二
千年前。當羅馬大將愷徹未到時。此間有何景物。計惟有天造草昧。人功未施。其藉徵
人境者。不過幾處荒墳。散見坡陀起伏間。而灌木叢林。蒙茸山麓。未經刪治如今日者。
則無疑也。怒生之草。交加之藤。勢如爭長相雄。各據一抔壤土。夏與畏日爭。冬與嚴霜
爭。四時之內。飄風怒吹。或西發西洋。或東起北海。旁午交扇。無時而息。上有鳥獸之踐
啄。下有蟻蝝之齧傷。憔悴孤虛。旋生旋滅。菀枯頃刻。莫可究詳。是離離者亦各盡天能。
以自存種族而已。數畝之內。戰事熾然。彊者後亡。弱者先絕。年年歲歲。偏有留遺。未知
始自何年。更不知止於何代。苟人事不施於其間。則莽莽榛榛。長此互相吞幷。混逐蔓
延而已。而詰之者誰耶。英之南野。黃芩之種爲多。此自未有紀載以前。革衣石斧之民。
所采擷踐踏者。茲之所見。其苗裔耳。邃古之前。坤樞未轉。英倫諸島。乃屬冰天雪海之
天演論 卷上 一 商務印書館印行

《天演论》的广泛传播引发了巨大的社会反响。胡汉民在《侯官严氏最近政见书》中称："自严氏书出，而物竞天择之理，厘然当于人心，而中国民气为之一变。"《天演论》传播的进化论，解构了中国传统的历史循环论，对"公羊三世"为核心的历史进化论也是有力的冲击。《天演论》风靡全国后，国人纷纷用进化及竞争的目光，为近代社会寻找出

路。诸如1897年孙宝瑄称：“杏孙为余道严又陵天演学宗旨，谓圣人治天下，如园夫治园，天行而物竞，治法出焉。”无论是从方法论，还是就思维方式而言，《天演论》的传播在国人的思想启蒙历程中都扮演了重要角色。

张子筠私印本《竹人诗集》

这是一本仅百页的小诗集，封面是一个拉二胡的黑白像，里面有编者摄于1932年的照片一张，有诗作者肖像插图一张、手稿一件。没有出版年月，没有版权页，翕居认为是私人印本。扉页有小楷毛笔批注：“全部诗五言绝律最佳”，“兹将全诗之叫佳者分列于后”，共列出十七首。并分别评价为“较活”、“较佳”、“一气呵成”、“更好”、“结处更佳”等。

书前是一帆先生在“龙川修志馆”为“竹人”所作小传：“张子筠（1873—1878），原名子纯，以避清穆宗嫌名而改，字兆禧，号竹人，（广东）龙川田心屯人。……念四岁，辛酉科殷寿彭宗师遂取拔贡。明岁赴京谒选授教谕，改直隶州州判，分发四川；屡困于资，未能到任。遨游东西北江羊石间，与当世显者名士游，或为人师，浪迹十年无所得。而亲老家贫，乃航南洋英属新加坡，至于荷属噶罗巴，卒之命途多舛，所如不偶，竟因水土不习，背部发毒而逝！年四十有二，伤哉！”

书的封面是黄惊白（1936年1月在上海创立的“线上画会”发起人之一）设计，并载有写于“泷海车上”的一篇序言。说是序言，其实是一个“读后感”。

该诗集编者张滨源是竹人先生的后人。他在民国21年6月15日所作序言中写道：“先伯祖竹人公之遗诗，凡三百余首，悉赖槎仙伯祖为之抄录珍藏，故得保存至今；槎仙公手抄本，乃集录数十人非一时之作品，而竹人公之诗，掺杂其间，凌乱无次，阅者憾焉。……余思竹人公下世已久，后人欲考其生平出处，德业流风，非赖此诗之存，何由窥其一斑？则公诗之刻，实不容缓。因抽隙亟行编录，以付剞劂，颜曰：《竹人诗集》。凡九类，都二百余首。”

此诗集编辑者、其后人张滨源为中山大学毕业，1938年在大沥社会教育实验区和战时工作队工作。“龙川修志馆”成立于民国20年1月。

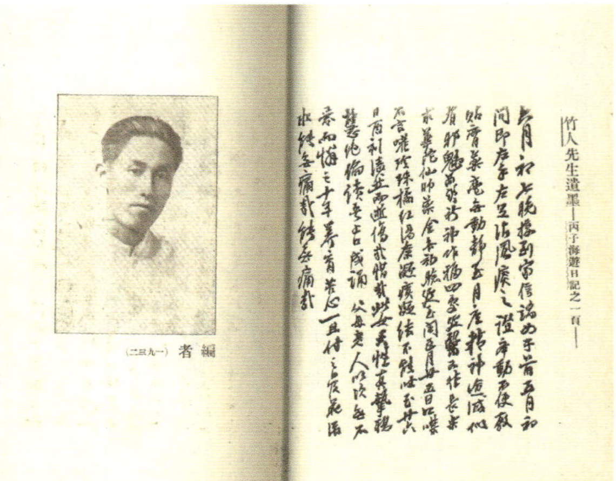

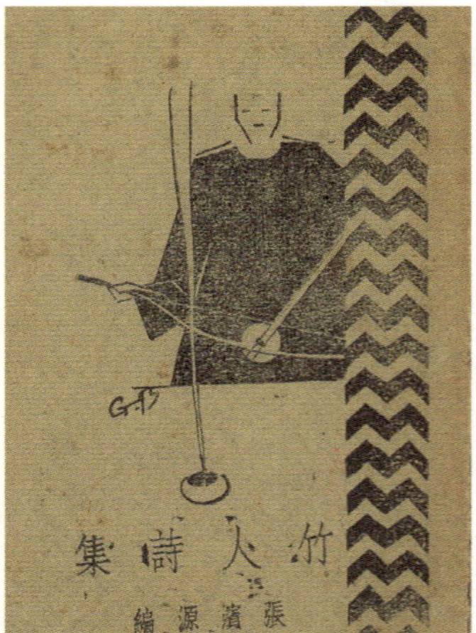

拾 老刊录烟云

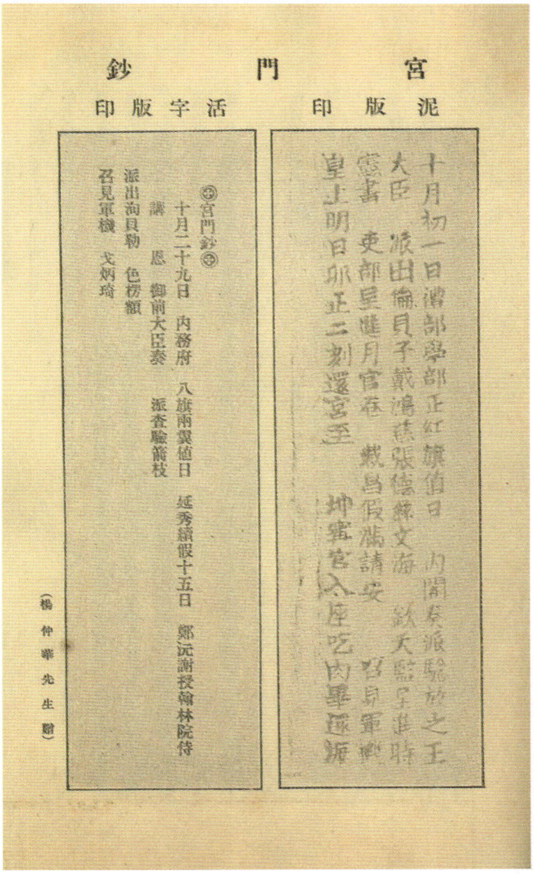

宮門鈔

泥版印

十月初一日禮部學部正紅旗值日 內閣奏派驗放之王
大臣 派出倫貝子戴鴻慈張德彝文海 欽天監呈進時
憲書 吏部呈進月官表 戴昌假滿請安 召見軍機
皇上明日卯正二刻還宮至 坤寧宮入座吃肉畢還海

活字版印

◎宮門鈔◎
十月二十九日 內務府 八旗兩翼值日 延秀續假十五日 鄭沅謝授翰林院侍
講 恩 御前大臣奏 派查驗箭枝
派出洵貝勒 色楞額
召見軍機 戈炳琦

（楊仲華先生贈）

世界上最早的杂志到底是哪一本？一直有两种意见。一些学者认为是1731年英国人爱德华·凯夫出版的《绅士杂志》，不过更多的人则认为第一份杂志的桂冠应该归于1665年法国出版的《学者杂志》。也就是说，杂志的历史仅有三百多年。我国的近代报刊，是在西方列强图谋打开国门的过程中由西方传教士传入的。世界上第一份中文近代刊物是英国传教士米怜在1815年8月15日创办于马六甲的《察世俗每月统记传》。该刊以传教为宗旨，宣讲基督教义和伦理道德。雕版印刷，中国书式装帧。第一次鸦片战争之前，外国人所办的中文读物基本上都是杂志。从1815年到19世纪末，我国报刊种数的80%以上都是外国人创办的。

1833年，伦敦会传教士郭士立在广州创办了《东西洋考每月统记传》，这是中国境内的第一份中文杂志。从19世纪80年代起，出现了中国人自己办的杂志，如1884年汇编的《中西近事汇编》。到维新变法时期，中国杂志出现第一次高潮，一举打破了外人垄断中国报刊的局面。其中影响最大的是1896年在上海创刊的《时务报》。资产阶级革命派创办的最有影响的杂志，当属1905年在东京创刊的《民报》。孙中山曾称该刊是“自有杂志以来，可谓最成功者”，他还在《民报·发刊词》中提出了著名的“三民主义”。1904年，商务印书馆出版《东方杂志》，是建国前中国出版时间最长的大型综合杂志。1922年在上海创办的《向导》周刊是中共中央第一个政治机关刊物。抗日战争时期，解放区的《解放》周刊、《共产党人》、《八路军军政杂志》、《中国青年》、《中国工人》、《晋察冀画报》等杂志较有影响。这段时间还诞生了一些以思想文化见长的著名杂志，如邹韬奋的《生活》周刊和储安平的《观察》。当然，在期刊收藏者眼里，值得一提的还有很多。

现代报纸的直接起源要略早于杂志，一般把1615年创刊的《法兰克福新闻》视为第一张“真正的”报纸。在我国，现代报纸出现很晚，直到19世纪末，中国官办、民办的报纸才逐渐多了起来。据新闻出版部门统计，当代国家和地方出版的报纸和期刊都在万种以上，可以说是浩如烟海。民间集报、集刊的队伍规模不大，这方面的收藏著作近年来有几种出版。

因为报纸和杂志的时效性强，记载了一些重要历史时期的重要新闻。那曾经惊心动魄的一段段历史，早已从时空中消逝，再想寻找那个时代的影子，任何物品都难以系统再现，惟有当年的老报老刊具备这项功能，而且是原汁原味地展现当时面貌。报刊文献成为历史的记录者和见证者，其收藏价值也就在此。

从收藏的类型来看，一些特殊刊号的报纸杂志，如创刊号、复刊号、试刊号、改刊号、终刊号等，成为热门专题。一些年代久远、发行量稀少的老杂志，“文革”时期的报刊，收藏类报刊，具有特殊纪念意义、记载了重大历史时期、重大历史事件等特殊内容的专刊、特刊等，也成为收藏者关注的重点。

如今，报纸杂志数量越来越多，并且为了最大限度地扩大发行量，内容上也越来越多地往休闲、娱乐、时尚和大众化、快餐化方面转变。报纸越来越厚，多的有近百版。杂志越来越大，出刊周期越来越短，用纸越来越高档，装帧越来越豪华，但能给予人的文化品位和收藏趣味，到底有多少？那就不得而知了。

“集友人小说杂文若干种”：《小说霸王》

姚民哀主编《小说霸王》上、下卷两册，民国8年9月出版，上海静香书屋印刷、发行。载有箫引楼主的《一万里山水美人记》、影庐主人的《息影枝谈》、神州旧主的《独树斋见闻随笔》、小隐的《菊部闲谈》、滩迷的《滩簧杂论》、霁庵的《上海大鼓话》和乡下人的《说书闲评》等。

合肥周剑云作跋文说：“姚子民哀，笔健心雄，终日伏案钞录不少辍，殆寻乐趣于故纸堆也者。近集友人小说杂文若干种，集为二册，颜曰《霸王》。有不甘自菲薄者，其喜可知也，其豪可知也。人之见之者，其仰慕之忱，更可知也。此实出版界之奇彩，小说界之新潮也。小说霸王出世，小说家之感想何如？”

姚民哀，名朕，别署乡下人、花萼楼主。江苏常熟人，祖籍安徽桐城。姚民哀出身于书香门第，本是散文大家姚鼐的后代，从他曾祖父那一代移居常熟。当时，他的父亲姚琴生爱好弹词，常常登台表演，擅说《西厢记》。可亲戚中有人认为这是辱没家声，是开口饭，姚琴生一怒之下改从舅家朱姓，叫朱寄庵，其子姚民哀也就多了一个名字，又叫作朱兰庵。姚民哀为民初文坛健将之一，“南社”中坚分子，精擅小品文及短篇小说。早年曾习评弹，以说书为业，1923年在《侦探世界》发表《山东响马传》，自此迈入武侠之林。以描写革命党及秘密帮会组织形态、江湖勾当与反清运动为小说内容的“党会小说”别树一帜。除主编《小说霸王》外，还主编《世界小报》等，主要作品有《四海群龙记》、《党会英雄传》等。特别是他首创的“连环格”写法（即系列作品），不但直接影响到20世纪30年代崛起的“北派五大家”，更远及于50年代以降港、

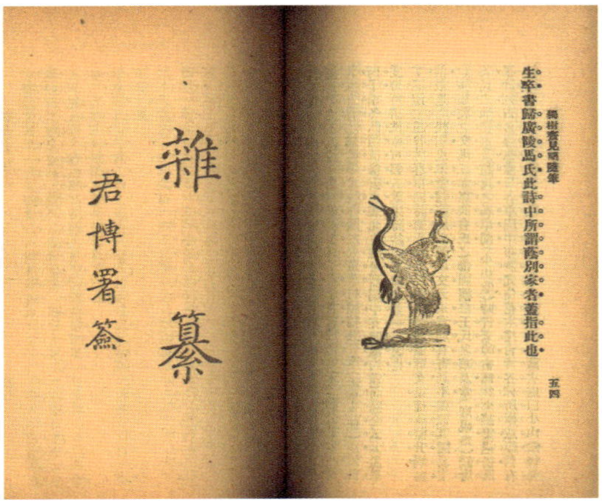

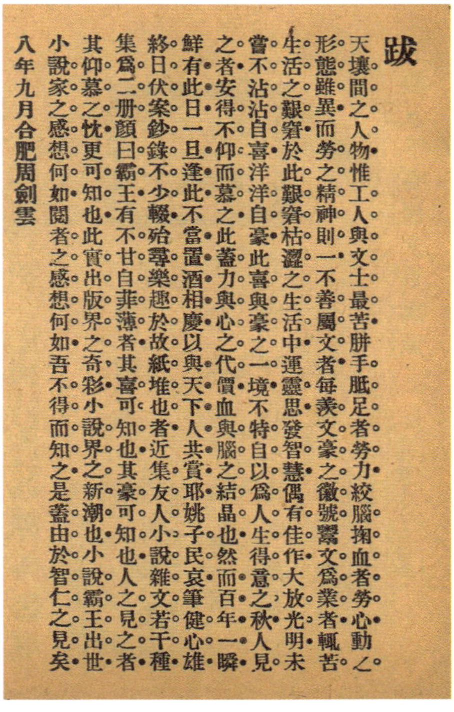

跋

天壤間之人物惟工人與文士最苦胼手胝足者勞力絞腦掏血者勞心動之形態雖異而勞之精神則一不善屬文者每羨文豪之徽號鬻文爲業者輒苦生活之艱窘於此艱窘枯澀之生活中運靈思發智慧偶有佳作大放光明未嘗不沾沾自喜洋洋自豪此喜與豪之一境不特自以爲人生得意之秋人見之者安得不仰而慕之此蓄力與心之代價血與腦之結晶也然而百年一瞬鮮有此日一旦逢此不當置酒相慶以與天下人共賞耶姚子民哀筆健心雄終日伏案鈔錄不少輟殆尋樂趣於故紙堆也者近集友人小說雜文若干種集爲二册顏曰霸王有不甘自菲薄者其喜可知也其豪可知也人之見之者其仰慕之忱更可知也此實出版界之奇彩小說界之新潮也小說霸王出世小說家之感想何如閱者之感想何如吾不得而知之是蓋由於智仁之見矣

八年九月合肥周劍雲

台名家诸作，值得重视。

从1919年12月起，一直到次年的7月止，姚民哀在《申报》上连载题为《仙韶寸知录》的昆剧研究文章，竟然能每天写一篇。同一时期，他还先后为报纸写了《丹桂歌闻》、《歌场闻见录》、《歌坛剩语》、《南部枝言》、《菊部逸闻》等长文。此外，他又要在《晶报》、《游戏世界》、《新声杂志》、《新剧杂志》等刊物上发表戏曲史、戏曲评论类文章，真是忙得不亦乐乎。这还不算，他还在20世纪20年代初先后办了《春声日报》、《新世界报》、《世界小报》等真正的小报，在社会上都颇有影响。

可惜的是，姚民哀最终“误入歧途”。据《常熟掌故·人物轶事》中记载，1937年日军入侵，姚在常熟沦陷后不久投敌变节，1938年被处决。南社叶楚伧悼姚民哀的挽联是：“早识聪明味，难知天地心。”

“诗人节”的纪念：《屈原纪念特刊》

云南大学中文系编《屈原纪念特刊》一册，无出版年月。封面题“选之同志存阅，五四、七、三”，钤“万云圣”印章。另有“冯钟奇”1960年6月12日的签名。农历五月五日，确定为屈原逝世纪念日，这一习俗得到广泛认可流传至今，并成为法定节日。由此，推算此书应为1954年上半年所编印。

书前是转载云南大学副校长李广田发表于1953年17号《文艺报》上的“纪念屈原”一文，正文为鄢朝让“屈原的生平”、铨材的“屈原的作品简介”、云南大学中文系文学史学习小组翻译整理的“涉江”、刘尧民的“屈原死后楚国诗人们纪念他的作品”、张毓吉和杨一鸣合写的“从离骚谈屈原”、杨文凤的“纪念伟大的诗人屈原”、郑谦的“《屈原》与屈原”和韩运德的“解放以来国内外研究屈原的概述”等八篇文章。

在1954年端午节到来之前，云南大学中文系组织了一系列活动，成立了“纪念诗人节筹委会”、举办纪念晚会和屈原生平与作品展览，同时出版了这个纪念特刊。在“后记”里提到，该特刊所有稿件都经过了云南大学中文系主任刘尧民的审阅。

屈原的一曲《离骚》，开创了中国古代浪漫主义的先河，它那上天入地的自由想象、美人香草的比兴手法，成为一代又一代诗人效法的楷模。一句“路漫漫其修远兮，吾将上下而求索”，更是惊天地、泣鬼神，他的伟大人格也为世世代代所传诵。

每年的端午，以各种各样的形式来纪念这位伟大诗人的活动一直不断。1941年5月30日，端午的晚上，在战时陪都重庆，一百多位诗人和诗歌爱好者聚会，庆祝第一个诗人节。大会由老诗人、国民党元老于右任主持，老舍作报告，他说：“我们决定诗人节，是要效法屈原的精神，是要使诗歌成为民族的呼声，是要了解两千年来中国诗艺术已有的成就，作为新诗创作途中的养料，是要向全世界高举起独立自由诗艺术的旗帜，诅咒侵略，讴歌创造，赞扬真理。”接着，郭沫若报告了屈原生平和新近考证的屈氏生卒年月。随后，常任侠朗诵了《离骚》，安娥朗诵了于右任的贺诗。次日，重庆各报都对大会作了较详细的报道，发表了中华全国文艺界抗敌协会署名的《诗人节缘起》。有的报纸还出版了纪念特刊。冯玉祥将军还在《新蜀报》发表了一首贺诗。这个诗人节庆祝活动，对团结新老诗人一致抗敌起了很大作用。

云南大学出版的这期特刊，不仅仅是一种纪念，对于屈原研究也具有一定的意义。

屈原紀念特刊

選之同志存閱

五四·七·二 贈

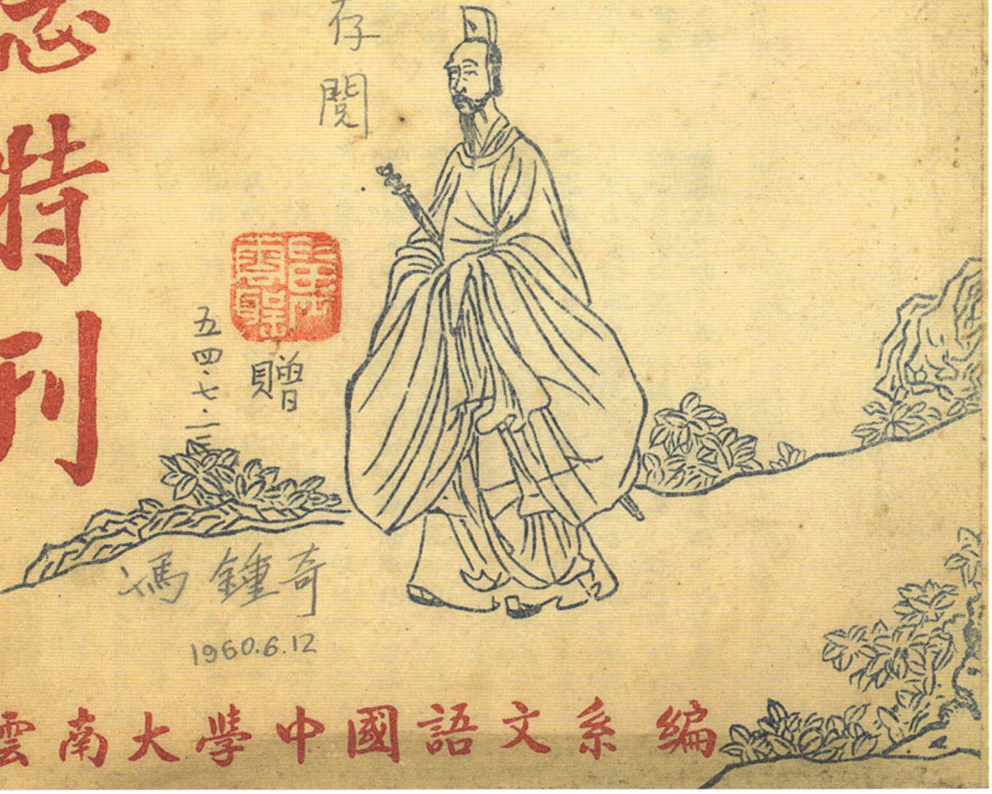

馮鍾奇

1960.6.12

雲南大學中國語文系编

“文化的蜡炬总得点着”：《文史杂志》

商务印书馆重庆分厂《文史杂志》三册：第一卷第十一期（民国31年5月16日），第二卷第四期（民国31年4月15日），第三卷第九期、第十期合刊（民国33年5月）。用土纸印刷，封面用纸也很粗糙。

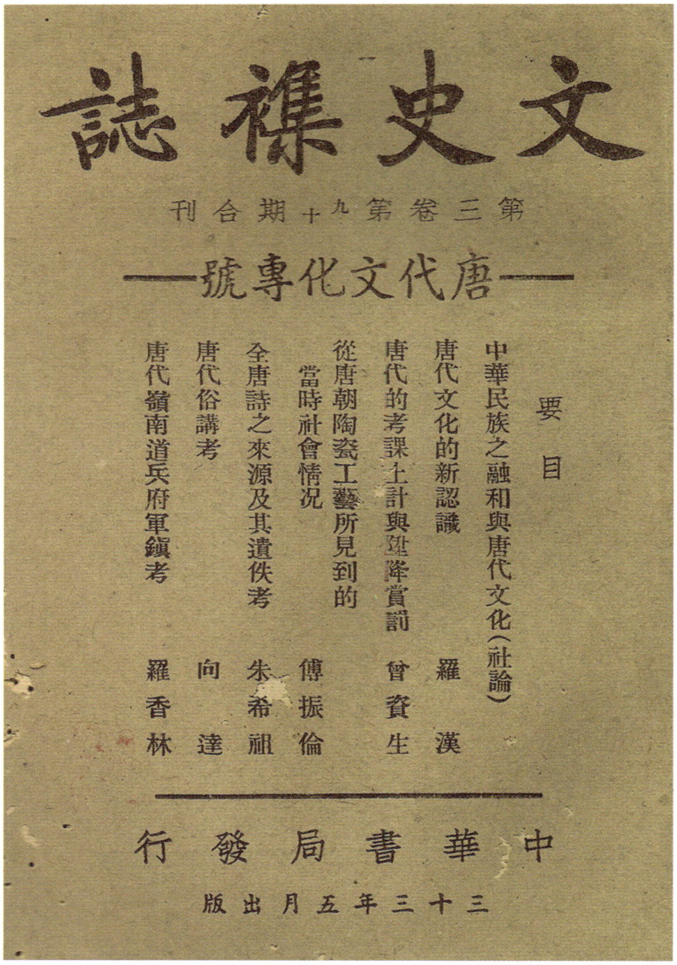

文史襍誌

第三卷第九十期合刊

—唐代文化專號—

要目

中華民族之融和與唐代文化（社論）

唐代文化的新認識 羅 漢

唐代的考課上計與黜陟賞罰 曾資生

從唐朝陶瓷工藝所見到的當時社會情況 傅振倫

全唐詩之來源及其遺佚考 朱希祖

唐代俗講考 向 達

唐代嶺南道兵府軍鎮考 羅香林

中華書局發行

三十三年五月出版

关于《文史杂志》，有两篇文章作过介绍。一篇是方诗铭的“记顾颉刚先生主编的《文史杂志》”（见1985年7月《文史杂志》创刊号）；一篇是朱金顺的“存世不多的《文史杂志》‘戏曲专号’”见2002年6月24日《旧书信息报》第二十五期），前者详细，后者简略。

《文史杂志》创刊于1941年，地点在抗战的大后方重庆。朱金顺文章的记述是：第一期至第八期由卢逮曾主编，从第九期开始由顾颉刚主编，社长是叶楚伧。这份杂志开始由商务印书馆出版，两年后改由中华书局出版，到抗战胜利后的1946年，出满了第六卷后，因资金问题而停刊。1947年9月改由交通书局出版，又坚持了一段时间。方诗铭文章的记述是：《文史杂志》出版的地方主要是四川重庆，最后则是在上海。由半月刊而月刊，再由月刊而以合期形式出现的双月刊。尽管如此，到1945年抗日战争胜利为止，《文史杂志》仍旧出版了五卷，成为当时寿命最长的刊物之一。从1941年创刊到1943年，《文史杂志》是由重庆商务印书馆发行的；1944年到1945年改由重庆中华书局发行，直到抗战胜利为止。其间曾在上海复刊过两次，第一次是交由中国出版公司发行的，仅公开出版六卷一期，第二、第三两期已有清样，却没有发行。第二次复刊是由交通书局发行的，仍从六卷一期开始，但也仅公开出版了三期。《文史杂志》终于完成了它的历史使命。

《文史杂志》文中曾讲到办刊动机：以我们伟大光荣的历史，激励人们的民族自信心和自豪感，激励人们的爱国热情，以及鼓舞人们争取抗日战争胜利的决心。并为刊物提出了三大“使命”，第一“使命”就是“我们要深入，可是我们没有忘记要浅出”。主编顾颉刚在《文史杂志》六卷一期《复刊词》中说：“历史的传统是不能一天中断的，如果中断了就会前后衔接不起来。我们都是服务于文化界的人，自己的生命总有终止的一天，不值得太留恋，但这文化的蜡炬在无论怎样艰苦的环境中总得点着，好让子遗的人们或其子孙来接受这个传统。”

查《中国报刊辞典》，未见关于《文史杂志》的著录，它的存世量很少，欲觅者难求，其原因恐怕与此刊出版发行于抗日战争时期有关。

《文史杂志》出版发行过一些“专号”，如以文艺为单元的“戏曲专号”，以地域为单元的“四川专号”等。

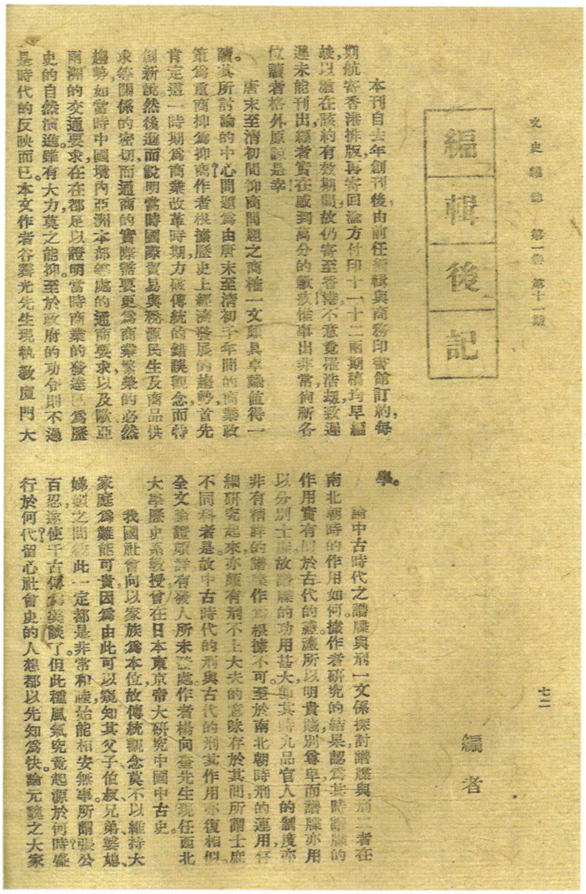
文史雜誌 第一卷 第十一期

編輯後記

本刊自去年創刊後，由前任編輯與商務印書館訂約，每期航寄香港排版，再寄回渝方付印。十一十二兩期稿均早編竣，以滯在該約有數期間，故仍寄至香港，不意竟罹浩劫，致遲遲未能刊出，編者實在感到萬分的歉疚，惟事出非常，尚祈各位讀者格外原諒是幸！

唐末至清初間抑商問題之商榷一文頗具卓識，值得一讀。其所討論的中心問題為由唐末至清初千年間的商業政策為重商抑為抑商？作者根據歷史上經濟發展的趨勢，首先肯定這一時期為商業改革時期，力破傳統的錯誤觀念而特創新說，然後進而說明當時國際貿易與稅源民生及商品供求等關係的密切，而通商的實際需要更為商業繁榮的必然趨勢，如當時中國境內亞洲本部各處的通商要求以及歐亞兩洲的交通要求，在在都足以證明當時商業的發達已為歷史的自然演進，雖有大力莫之能抑，至於政府的功令則不過是時代的反映而已。本文作者谷霽光先生現執教廈門大學。

論中古時代之譜牒與刑一文係探討譜牒與刑二者在南北朝時的作用如何，據作者研究的結果認為其時譜牒的作用實有同於古代的禮，蓋所以明貴賤別尊卑，而譜牒亦用以分別士庶，故譜牒的功用甚大，如其時九品官人的制度亦非有精詳的譜牒作為根據不可。至於南北朝時刑的運用，仔細研究起來亦頗有刑不上大夫的意味存於其間，所謂士庶不同科者是。故中古時代的刑與古代的刑其作用亦復相似。全文論證頗詳，有發人所未發處。作者楊向奎先生現任西北大學歷史系教授，曾在日本東京帝大研究中國中古史。

我國社會向以家族為本位，故傳統觀念莫不以維持大家庭為難能可貴，因為由此可以窺知其父子、伯叔、兄弟、婆媳、姊姒之間總此一定都是非常和睦，始能相安無事。所謂張公百忍，遂使千古傳為美談了。但此種風氣究竟起源於何時？盛行於何代？留心社會史的人想都以先知為快。論元魏之大家

七二

編者

记载敏感时期重大事件的《时事画片》

美国新闻处制《时事画片》，套色印刷，每期20张，单面印刷，以SHXX，或SHP-XX标序列号。钤“北京市私立四存中学图书馆”、“四存中学”、“四存中学校藏书之章”、“四存中学图书馆藏”印。盖有“本埠XX，北京，卅七一月八日”邮戳。每期均有“USIS”的LOGO，署“美国新闻处制”字样。

翕居所藏为四存中学装订本，第5至24册。“时事画片”之名也是该校手写于装订时后加的封面上。第5册刊登有《停战委员莅平》一篇图文报道，称中国共产党代表叶剑英、中国国民党代表郑介民、美国政府代表罗伯森“三人委员”，被派往北平“执行中国国民党政府与中国共产党颁布之停战令”。据叶剑英生平，他是1946年1月赴北平任军调处执行部中共代表，与国民党代表和美国代表一起，调处国共军事冲突和监督双方执行停战协议的。这样来说，《时事画片》的创刊当在1940—1945年之间。

USIS（United States Information Service）为美国新闻处的首字母缩略词。美国政府于1953年成立的美国新闻总署使用的也是USIS。这是一家对外信息宣传的机构，其任务是促进外国国民对美国政策的理解、加深美国国民和外国国民的对话与交流，以此维护发展美国的利益。“美国之音”（VOA）就是由其开展的事业。冷战期间USIS的主要任务是在苏联势力范围内促成亲美舆论。冷战结束后USIS的部分作用结束，1999年与美国国务院新闻处合并。

从翁居所藏的这些《时事画片》所登载的内容来看，的确有很大一部分是介绍美国的政治、经济、文化、医疗、福利、民主、法律、教育等方面的问题，如《美国的中小学生教育》、《美国的图书馆》、《美国公民怎样选举》、《吉普车供农耕》、《美国的公民自由》、《美国最早的合作医院》、《美国的吊桥》、《美国的生产工作》和《美国西部》，等等，真算得上是美国的对外宣传、搞世界统战的专刊。但也有相当数量的关于中国、关于中美交流的报道和漫画。

值得一提的是，该刊关于《日本侵略者终告崩溃》的专题报道，持续了好几期，有大量的有关战贩受审、判刑、服苦役等方面的文字描述和漫画、图片、照片等。在该专题的开始写道：“经过八年之苦战，日本侵略中国之企图终归失败，日驻华派遣军司令冈村宁次向中国呈递降书。”这些资料都具有很珍贵的史料价值。查阅各大图书馆和有关资料，未见任何有关这套《时事画片》的记载。

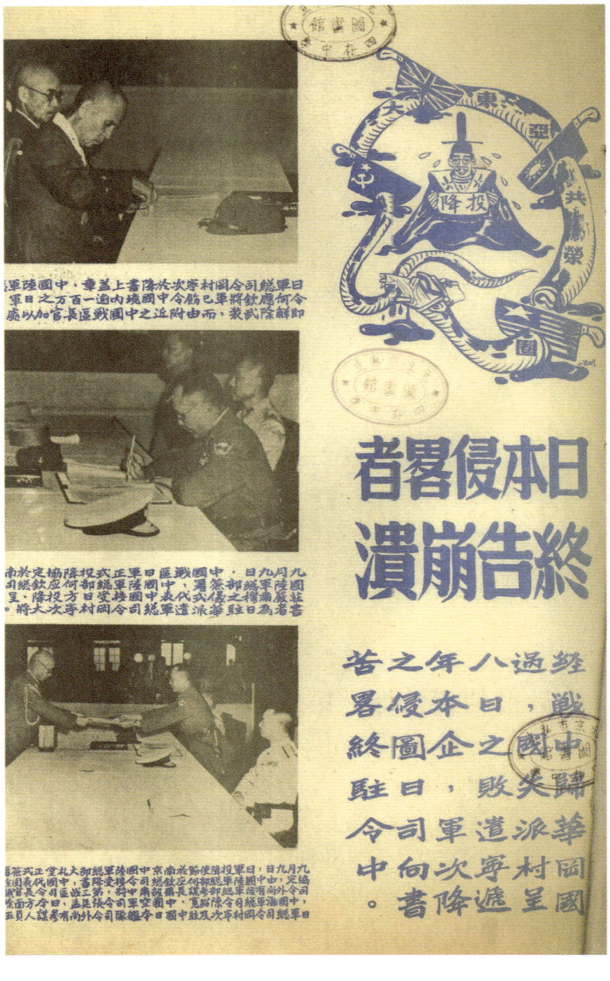

《东方杂志》特刊号：《中国美术号》

《东方杂志》第二十七卷第一至二号，为中国书画特刊之《中国美术号（上、下）》。民国19年1月10日商务印书馆初版。

《东方杂志》于光绪三十年（1904）三月十一日在上海创刊，是商务印书馆继1901年创刊的《外交报》（后与《东方杂志》合并）、1903年创刊的《绣像小说》之后创办的第二种杂志，也是商务印书馆的标志性刊物。历任主编有徐珂、孟森、杜亚泉、钱智修、胡愈之、李圣五、郑允恭和苏继庼等。创刊时为24开本，后改为16开本。最初为月刊，1920年1月以后改为半月刊，1947年7月后又改为月刊。1948年12月停刊。前后历时45年，共出版44卷。《东方杂志》历经清末、辛亥革命、五四运动、抗日战争、解放战争等各个重大历史时期，忠实地记录了我国近现代发展的历史轨迹，成为我国近现代期刊史上影响最大、刊龄最长的综合性杂志。

《东方杂志》是夏瑞芳提议创办的，名称起初定为《东亚杂志》，但当时德国驻上海总领事馆有德文《东亚杂志》，为避免同名，改为《东方杂志》。该刊初期是一种文摘类刊物，杂集各家报刊时事新闻、各类消息，辟有社说、谕旨、内务、军事、外交、教育、实业、小说等15个栏目。力求全面、客观、准确地反映国内外政治、经济、文化、教育、军事等诸方面的最新信息，出版不久就受到人们的广泛关注和欢迎。严复、黄遵宪、张謇等著名人士都曾为该刊撰稿。鲁迅的《祝福》等文学作品、梁启超的《清代学者整理旧学之总成绩》、王国维的《宋元戏曲史》等一些有影响的书稿，也曾在该刊连载。

特刊号的上册有向达"明清之际中国美术所受西洋之影响"、陈之佛的"中国佛教艺术与印度艺术之关系"、蒋锡曾的"中国画之剖析"、丰子恺的"中国的绘画思想"和"东洋画六法的论理的研究"、黄宾虹的"近数十年画者评"等13人的14篇文章。卷首有三色版和黑白插图11幅，页内插图20幅。

下册有黄宾虹的"古印概论"和于右任的"鸳鸯七志斋藏石目录"等17人的18篇文章。特别是沙孟海的两篇长文——"印学概论"与"近三百年的书学"，以系统、宏观的研究成果对当时沉寂已久的书坛有很大的震动。而且，半个多世纪以来一直为人们所津津乐道。下册卷首有三色版和黑白插图19

幅，页内附图24幅。

1925年“五卅”运动时期，《东方杂志》还曾出版过一期号外——《五卅事件临时增刊》，肯定五卅前后游行示威的正义性质，赞颂五卅运动的历史意义，把争取胜利的希望寄托于人民群众的斗争，对运动的开展起了推动作用。1933年1月，《东方杂志》出版了一期“新年特大号”，以《新年的梦想》为题，邀请国内142位著名人士，就梦想中的国家和个人的前景，发表了242篇“感言”，表达了公众对现实的失望和对当政者的不满。（参见822页《列入“中共党部禁止新文艺作品”的〈中外文学家辞典〉》一文）

孔网2008年9月此书两册全售价为1200元。

《萌芽月刊》被禁后更名为《新地月刊》

《萌芽月刊》由鲁迅、冯雪峰编辑，1930年1月1日创刊于上海，光华书局发行。同年3月2日中国左翼作家联盟成立后，从第一卷第三期起，《萌芽月刊》成为“左联”的机关刊物之一，是“左联”时期影响较大的刊物。柔石、魏金枝曾参与编务。1930年5月出到第一卷第五期，被国民党政府禁止。第六期改名为《新地月刊》，仅仅出了1期，又被查禁。

鲁迅据日译本转译的法捷耶夫的《毁灭》（后又据英译本和德译本作了参校），曾以《溃灭》为题发表于《萌芽月刊》第一期至第五期及《新地月刊》第一本。

《新地月刊》实际上就是《萌芽月刊》的第六期，上海文艺出版社1959年11月曾据原书影印，共印2500部。为“中国现代文学史资料丛书乙种本”之一。

《中华画报》之《天津小姐专刊》

民国22年1月13日《中华画报》，为第三卷第244期。国家图书馆著录为：“期刊，天津该社编，1931—1933，各卷期号相连。”画报上写明是“每周刊行三次，每逢星期一、三、五出版”。

该期为《天津小姐专刊》，刊登了“选举榜”。年方17岁的陈湘君获得13730票，为得票最多，当选“天津小姐”，获赠镌刻“璇闺之英，蜚誉三津”的径尺大银盾一座和投票人捐制银杯一具，赠阅《中华画报》和《中华新闻画报》一年。其他入榜的还有77人，得票从2张到932张不等。得票排名第2至10名的，获赠阅两报全年奖励；排名第11至20名的，获赠阅两报一个月的奖励。

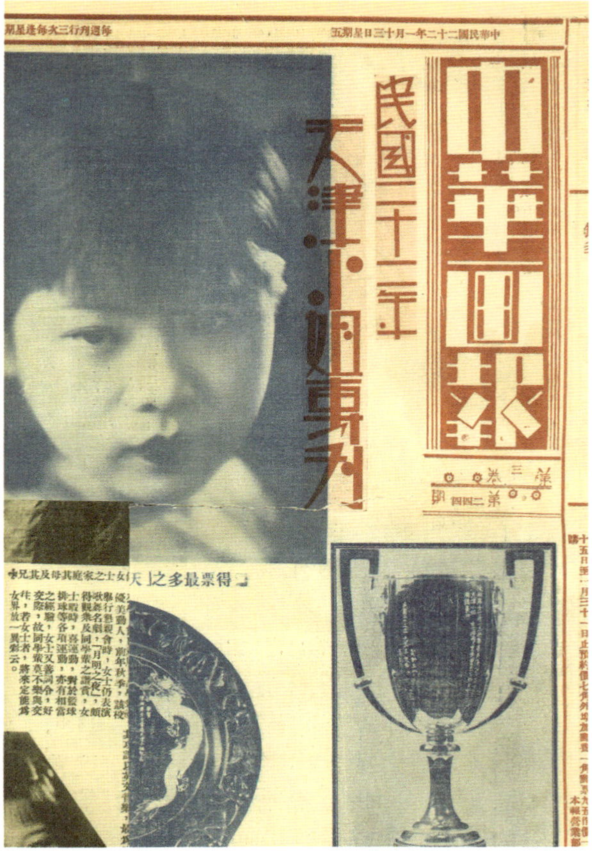

据该报“天津小姐选举露布”介绍，这项活动自民国21年11月1日始，至12月30日止。吴敏华以2162票获得第2名，此人是前陆军总长吴光新之女，其姐姐吴敏若得到272票，名列第10名。

该期报纸一、二两版是陈湘君的专版。刊登了海棠旧主撰写的“天津小姐陈湘君传”、陈湘君的两幅花卉绘画、陈湘君的绘画老师朱康锡的《雄鸡图》（寓意“一鸣惊人”）以及陈湘君的头像、立像和坐像三张照片。三、四版刊登的是第3至7名杨菊痕、孙爱丽、蔡令铨、俞大杰、萧蕊和第14至16名周冠仪、刘文娴、梅颜丽以及第11名夏秀清、第45名李小余的照片。

报缝刊登了一则启事：“本期为天津小姐专刊，因篇幅关系，所有广告，概行暂停一期，随后按期补登，特此声明，并请顾主原谅。”其实，该期还是刊登了“本报订阅价目”、“请购合订本”和刘云若著社会小说《小扬州志》出版预约三则广告。

值得一提的是陈湘君的获奖感言——“我之感想”，在这篇短文里，陈湘君充满了爱国情怀：“湘君不敢以‘天津小姐’名义与天津社会相见，但以市民和国民的资格尽一些市民和国民的责任，是我们应有的觉念。西哲说的好，‘社会和国家的命运，操在女子手中’。中国在现今空前危难时期，人人责任皆较平常重大……因为个人就想到东北被难同胞，反转来再想，天津的前途，是怎样？是否能不为东北之续？我们的前途，又怎样？是否不要继续当俘虏？……由今天起，我们应该忘却我们是女子，一同去为国歼仇……借《中华画报》发专刊的机会，表一表我们的决心和敌忾，假使而引起津市女同胞的共同奋起，这就是我们由选举天津小姐而得的第一步收获了。"

陈湘君祖籍浙江镇海，当选天津小姐时，为天津永兴国剧社重要社员，擅演《贺后骂殿》和《乌龙院》两剧。林放在《买办票友叶庸方》（载2007年9月23日《今晚报》）一文中说，那时，天津居住着不少喜爱京剧的遗老遗少和达官贵人，出现不少对京剧艺术颇有造诣的票友，组成了不少票房。……天津最早的票房，是由盐商富户组织的雅韵国风社。至20世纪30年代形成了由开滦国剧社、天津官绅合组的群贤留韵社，以及宁波商帮为主的永兴国剧社，即叶庸方主办的永兴票房。这三大票房形成鼎足之势。永兴票房的票友，主要是德商禅臣洋行和西门子公司、美商美谷绅洋行中的宁波籍职员。……女票友则有陈湘君、杨维娜、俞媚声等。这些宁波老乡不都会唱京剧，到票房来主要是喝茶、谈天、下棋、打牌。

时光在流转，这些曾经名重一时的佳丽们，如今已很难找到她们的些许记载了。

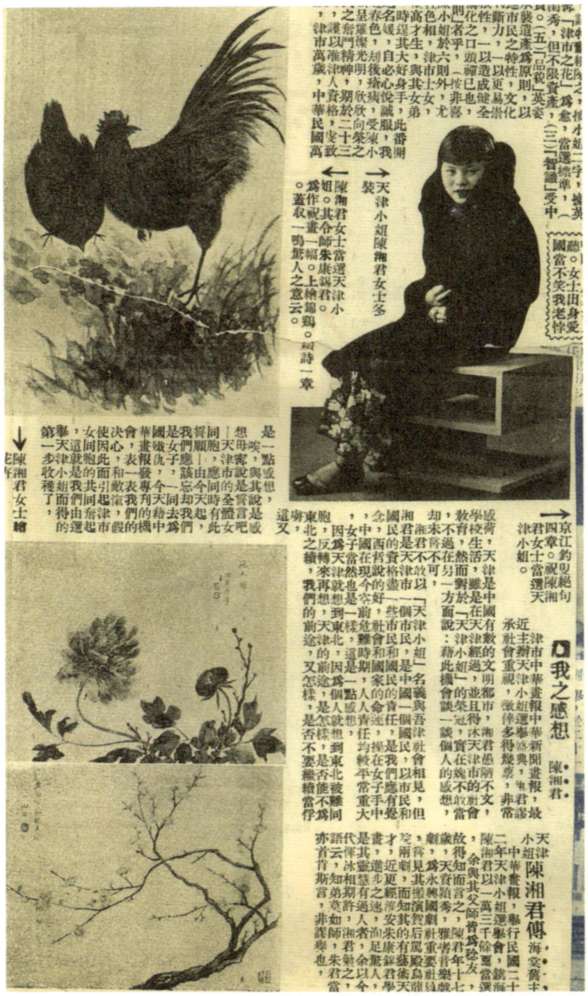
天津小姐陳湘君女士多裝

我之感想

陳湘君傳

每期"行销二万"的《礼拜六》

翕居藏有一些1915年的《礼拜六》周刊，32开本，每册三四十页，售价1角。钤"浩然"收藏印。

《礼拜六》是周刊，受美国《礼拜六晚邮报》周刊的启发，1914年6月6日在上海创刊。《礼拜六》标榜休闲，内容以当时正流行的小说为主，描写才子佳人的言情小说是主打产品。该刊创刊号上对此描述的意趣盎然："惟礼拜六与礼拜日，乃得休暇而读小说……晴曦照窗，花香入坐，一编在手，万虑都忘。劳瘁一周，安闲此日，不亦快哉！"《礼拜六》对言情小说的分类尤其精细，在第1期的杂志上，就有侠情、哀情、怨情，以后还有苦情、写情、艳情、忏情、惨情、爱情、痴情、奇情、幻情、丑情、喜情等。实际上，《礼拜六》是一本比较纯粹

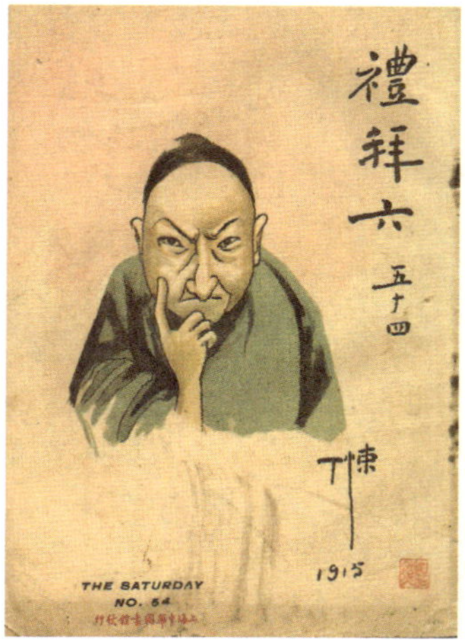

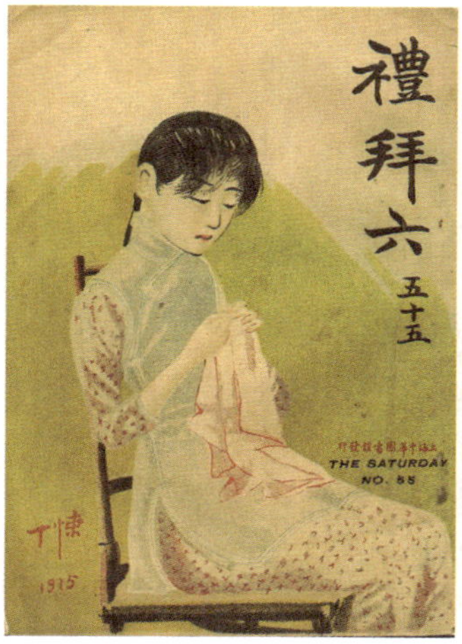

的小说杂志，它所容纳的小说范围也比较宽泛，有长篇，也有短篇，有创作的，也有翻译的，题材方面也包罗万象。

《礼拜六》每星期六出刊，从未脱期，一时备受欢迎，发行量最高时达两万册，而民初一般同类杂志每期只有一两千份。“每逢星期六清早，发行《礼拜六》的中华图书馆门前，就有许多读者在等候；门一开，就争先恐后地涌进去购买。这情况倒象清早争买大饼油条一样。”（小昙：《鸳鸯蝴蝶派和“礼拜六”杂志》）。这份每期“行销二万”的小说周刊，对于当时小说在社会上的流行所起到的推动作用是很大的。

1916年4月，《礼拜六》在出版了第100期后宣布因为欧战影响，时局不靖，邮递常误，纸价昂贵等原因，杂志停刊，这一百期，由王钝根、剑秋编辑。1921年3月又重新复刊，至1923年2月出至第200期后终结，后一百期由周瘦鹃编辑，除了小说之外还刊登一些笔记杂文之类。由于《礼拜六》是当时最畅销、在社会上影响最大的小说杂志，它几乎变成了一种模式和说法，《礼拜六》式的刊物也就是小说杂志，《礼拜六》作家也就是小说家。

翕居所藏的《礼拜六》多为彩色封面，由丁悚绘制。丁悚，字慕琴，浙江嘉善人，现代漫画家丁聪之父。1924年和黄文农、张光宇、叶浅予、王敦庆等发起成立“漫画会”，为中国最早的漫画家社团。其漫画，笔致清秀，代表作有《中国最近之悲观》等。1919年前后，较多为《礼拜六》等杂志绘制封面，当时曾广受欢迎。

13种老杂志

《砭群丛报》清宣统元年（1909）第四期：综合性杂志，初为半月刊，后为不定期刊物。1909年5月在广州创刊。编辑为悲庵，由阜成实业研究所发行。终刊时间不详，今所见的第四期，出版于宣统元年11月上旬。内容分为论说、时事、传记、说部、文苑、谈丛等门类。《砭群丛报》虽非教育杂志，但认为改造教育的根本目的在于改造国民性。

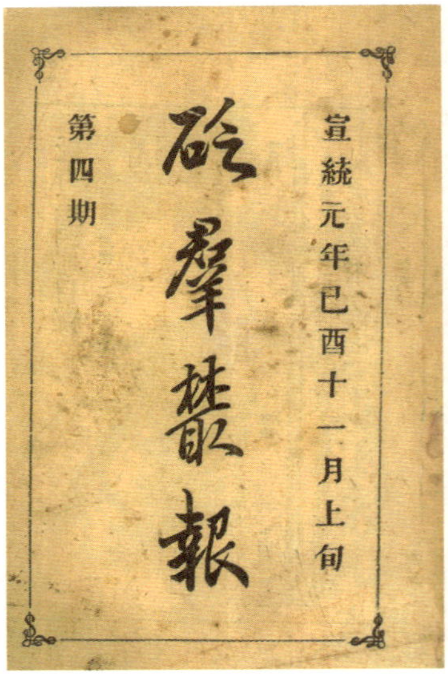

“砭群”，即改造国民性之意。

《子曰》第二辑：黄萍荪1948年5月在上海创办，共出6期，亦文亦史，亦古亦今，文言与语体并重，风格与风趣兼顾。《子曰》自称：“老实说，目下能如我们理想的作者，数之不满五十人，而这五十人之中，有病的，有搁笔已久的，有无暇及此的。”《子曰》第二辑有黄萍荪以“歇翁”之笔名写的“鲁迅与‘浙江党部’之一重公案”。文中提到在鲁迅逝世前一个月黄萍荪曾于内山书店第一次见到鲁迅，是托内山完造通电话告之鲁迅，黄则在书店等候，二人不但见了面，说了一番话，鲁迅还说：“X先生，今天我作小东，就在近边找个馆子再胡拉一阵儿吧，你看，吃中饭的时候了。”在去吃饭的路上，鲁迅还对路边的一群贫苦孩子因为摸了富人的汽车而挨了一手杖而愤愤不平，发了“要人碰不得，最好停到会馆里去”之气话。在酒楼上，靠窗坐下，“鲁迅要了‘一串白干，一碟白鸡’，开始从杭州谈到北平，从北平谈到绍兴，谈到李莼客，也谈到章太炎。”散席之后，黄萍荪请鲁迅写了《李莼客论》，并邀鲁迅“翌岁春间，共作湖上之游”。

《摸索》第一卷第二期毛边本：北京流萤社1928年3月20日出版。王森然主编。王润琴的《在父亲王森然身边的日子》（《炎黄春秋》2004年6期）中记载：“1926年，父亲在北京师范教课期间，受聘为《大公报·艺术周刊》的主编，父亲在为创刊号撰《本刊缘起与宗旨》中写道：‘本刊最要紧的宗旨，是从根本上去整理，切切实实地下一番工夫去研究，把高尚的、优美的提倡起来，使一般人确实知道真善美的意义与价值；一方面把卑劣的、丑恶的消弭下去，不使他们遗毒社会，堕落人心，引导公众的眼光到高尚的道路上去。’在同一个时期，父亲还创办了《摸索》杂志，不久又为《世界日报》主办《骆驼》文艺副刊。通过这些文学和艺术的园地，他不仅仅宣传革命文艺思想，也发现培养了不少爱国青年和文学艺术人才，如最早开创以毛笔写生描写劳动人民生活为内容而擅长画农民和驴的赵望云。”

《铃铛》第五期下卷：天津河北省立第一中学校刊，1932年6月创刊。现在天津三中的校刊也为《铃铛》，编者按中讲到：“天津三中校刊名为《铃铛》，复刊于2000年。当年，

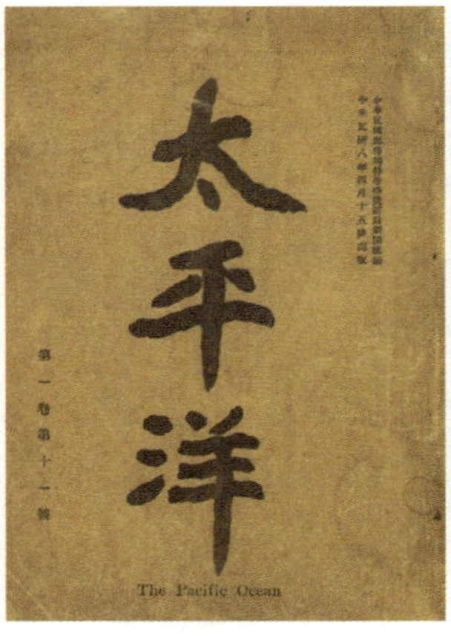

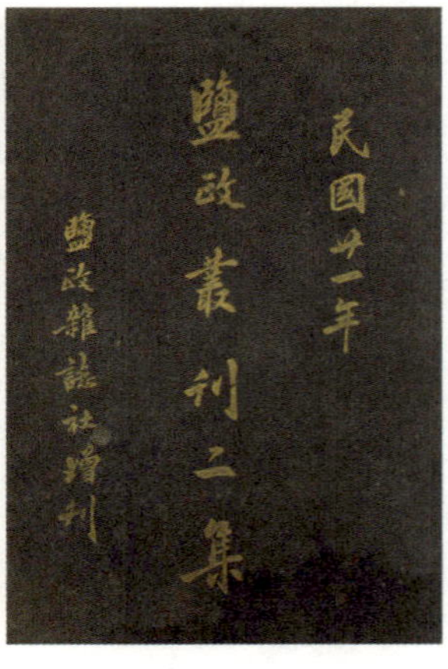

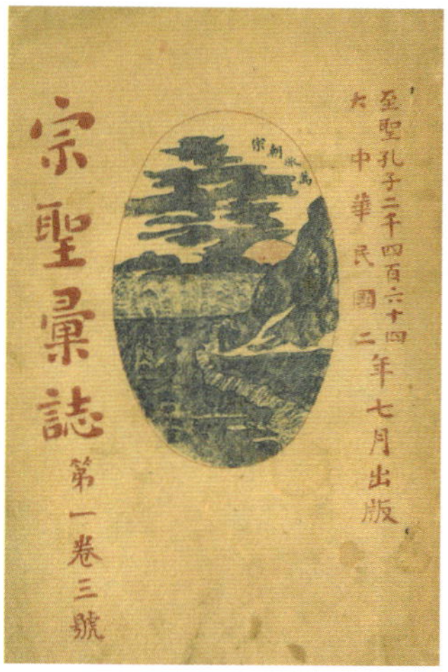

学校花高价从市场上购回三册早期校刊，我们就以此为起点，开始了复刊之路。”

《太平洋》杂志第一卷第十一期：泰东图书局于1917年3月创刊。主编李剑农，1919年11月第二卷第一期起改为双月刊，由商务印书馆发行。1925年6月停刊。《太平洋》由留英学生在上海创办。作为留英学界的一股知识力量，《太平洋》同仁所提供的新思想观念，对于五四新文化运动具有积极推动和引导作用，并与以《新青年》作为运动的指导力量并无二致。但《太平洋》的思想背景有着浓厚的英伦调和主义色彩。

《新民运动》机关志第一号：敌伪组织新民会刊物。“中华民国”新民会主办，协力伪政权鼓吹“新民精神”，对青少年推行奴化教育，组织强化治安亲日反共的罪恶活动。该会是日本侵略者为了奴役中国人民，从而达到“以华治华”长期侵占中国的目的，于1937年12月在华北建立的傀儡组织。该反动组织还出版《新民会报》，刊登新民会章程、规则、会员规定，命令和人员任免命令，颁布该会会议日程，各地方工作摘要等，详细记载华北地区汉奸卖国求荣的各种行径。

《盐政丛刊》二集：景学铃编，南京《盐政》杂志增刊，1932年出版。为论文集，分通论、各论、建议、评论4编，辑入编者及其他十余人的有关论著50余篇。附录国民政府1931年5月公布之盐法及说明书。

《宗圣汇志》第一卷第三号：山西宗圣总会该刊编辑部发行。1913年5月在太原创刊。1915年3月自第二卷第三号起改为《宗圣学报》，除宣传孔教外，增加了有关时事政治的论述以及教育、文史方面的论著和考证。“艺林”栏增加了宣传忠孝节义的内容。并有报纸文章转载，英、日文译作等。陈焕年、章炳麟、吴佩孚等曾为该刊撰稿。终刊时间不详。

《莽原》民国15年第二十四期毛边本：鲁迅编辑，1925年4月24日在北京创刊，开始是周刊，随《京报》发行。《莽原》宗旨主要是想提倡“文明批评”和“社会批评”，但编发的稿子，还是小说居多。《莽原》的刊名“是一个八岁的孩子写的”（鲁迅语），1927年12月《莽原》终刊。

《河婆中学校刊》：广东省揭阳河婆中学1930年由留外学会倡议，华侨筹资兴建而成，现在是揭西县重点中学，广东省一级学校。它位于象山之麓，山环水绕，环境幽雅。建校初期的校长为张海鳌，校训是“进德修业、贯彻始终”。河婆中学曾经培养出蔡舒、张纯真等一批享誉世界的运动健将。

《湖社月刊》：民国20年共5期。北京湖社画会成立于1919年，它的前身是中国画研究会，是我国近代著名的国画家、文艺理论家和教育家金北楼用日本退还的“庚款”，由时任总统的徐世昌亲自批准开办的，即湖社画会前身。湖社画会在创

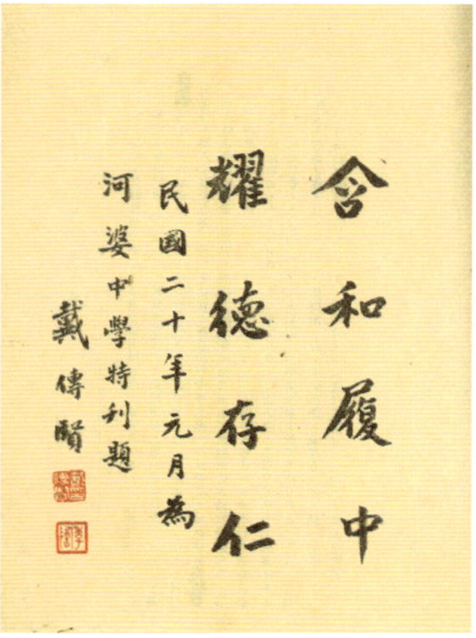

办初期便得到了社会的广泛支持，汇聚了一大批优秀的知名艺术家、教育家，1926年金北楼英年早逝，以周肇祥、齐白石等为首的弟子和学生为继承金北楼的事业，在北京正式成立“湖社画会”，为我国较早的艺术团体，由周肇祥任第二任会长，齐白石担任主要领导，因金北楼旧号藕湖，其弟子均以“湖”字为号。1927年，在周肇祥与齐白石的努力下创办了《湖社月刊》，初为半月刊，后改为月刊，至1936年3月，出刊一百期停刊。该刊以“提倡艺术、阐扬国光”为方向，内容以古今书画为主，旁及金石文器，时贤诗词等，是一本综合性的图文并茂的文化艺术期刊。数十年发行于社会，为宣扬湖社画会的办社理念和精神，推动中国美术发展起到了不可磨灭的作用与贡献，也是湖社画会的发展奠定了齐白石在中国美术界、绘画界的历史地位。1937年以后，抗日战争爆发，湖社画会被迫停办。建国后，以湖社画会为主要成员，成立了“北京中国画院”，叶恭绰任院长，陈半丁任副院长。1957年5月，周恩来总理亲自主持将“北京中国画院”更名为“北京画院”，并提名齐白石任名誉院长，王雪涛任院长。

《观察》杂志：第五卷共7本：《观察》杂志1946年9月1日在上海创刊，周刊，16开本，每期6万字，刊稿以“理性”、“公正”原则为圭臬。创刊至1947年2月8日出满第24期，是为第一卷。1947年3月1日出版第二卷，至1947年8月9日出满第24期，是为第二卷。1947年8月30日出版第三卷，至1948年2月7日出满24期，是为第三卷。1948年2月28日至1948年8月7日出满24期，是为第四卷（第23、24为合刊）。1948年8月28日至1948年12月25日出满第18期遭到国民党查封而停刊。所以，《观察》第五卷只出了18期。《观察》主编储安平是迄今为止极少的几个未获平反的右派之一，中国目前关于储安平和《观察》的研究，以山西谢泳为最显，有《储安平与“观察”》专著（中国社会出版社2005年9月出版）行世。

《中建》（北平版）：第一卷共8期，民国37年出版，中国建设服务社发行。据《吴晗传》（北京出版社1984年8月版）中的

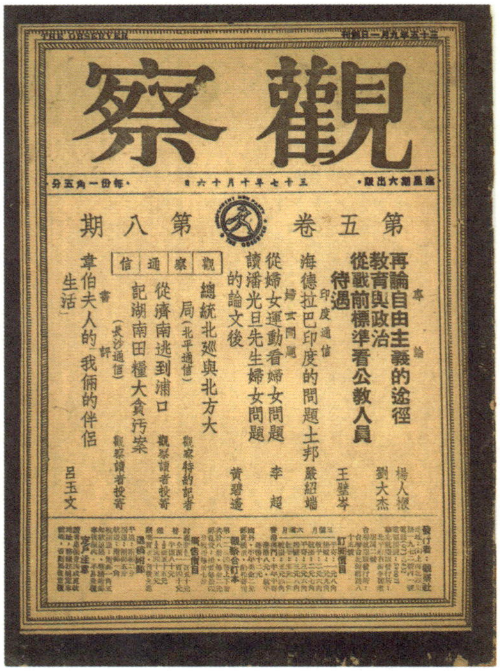

一段史料记载：1948年，“《中建半月刊》的编辑费青让王艮仲到北平来，陪吴晗到上海”。王艮仲当时是上海中国建设出版社的创办人，自任社长。该社出版有《中国建设》月刊和《中建》半月刊，都领有国民党内政部的登记证。当时北平各大学进步教授吴晗、费青、费孝通等经常举行时事座谈，准备出版一个自己的刊物，但无法领到登记证。王艮仲在上海地下党的影响下，把在上海出版的《中建》半月刊停刊，利用这个登记证到北平来创刊了《中建》（北平版）半月刊。建国后，《中建》（北平版）改为《新建设》月刊出版。吴晗一直参与其事，并担任编委会主任。

1949年10月的全份《参考消息》

翕居藏有一册1949年10月1—31日全份《参考消息》合订本，第523期至第553期，每期10页，每期均钤有红色“绝密”印章。报头处有“北京市军管会登记证新字第肆拾柒号”，“供领导同志参考，不得外传”。这一个月的报纸记载了中华人民共和国开国前后的外电评论和反映，以及“匪帮政情”、“各地军情”、“联合国动态”等。其存世量极少，珍贵程度及其文献、史料价值不言而喻。

1931年11月7日，在江西瑞金开幕的中华苏维埃第一次全国代表大会，宣告成立红色中华通讯社（1937年更名为新华通讯社），“一代儒将”郭化若取名的《参考消息》创刊号面世，在革命战争年代和新中国开国头几年，它一直是仅供我党政军领导同志参阅的秘密级内部刊物。在1957年前发行量最高的时候在2000份内，1949年时的发行范围和发行量会更小。

现在想要看《参考消息》，随便找个报摊即可买到。但要见到抗日战争或解放战争时期的《参考消息》，就不那么容易了。前不久，有报道说，在美国哈佛大学燕京图书馆发现其馆藏有1944年6月至1945年的延安版《参考消息》，是著名记者埃德加·斯诺从延

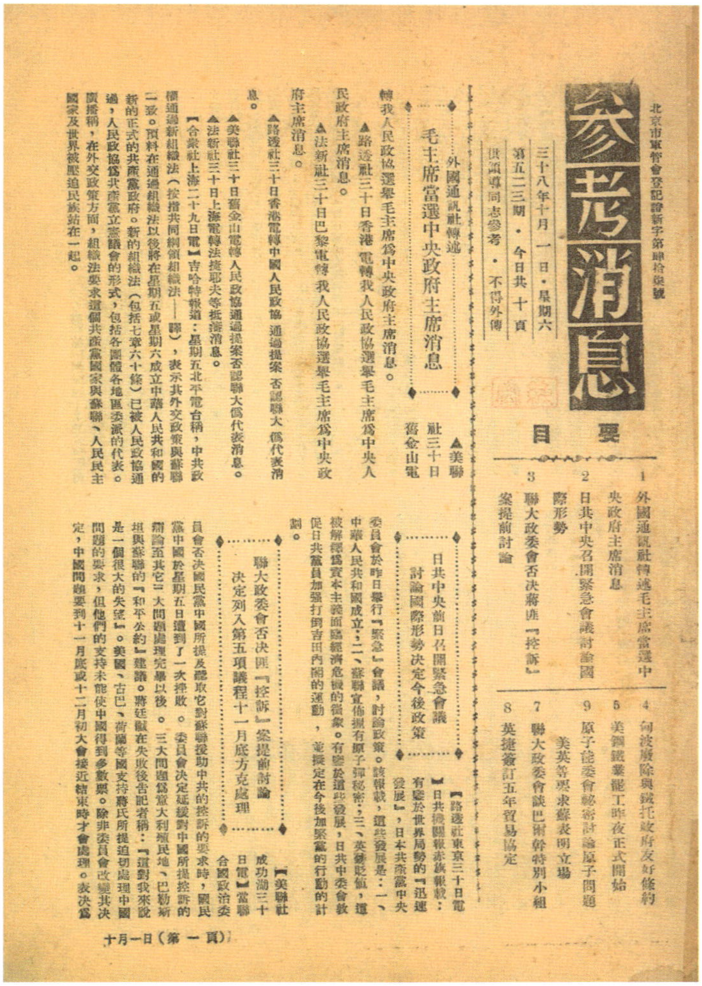
北京市軍管會登記證新字第肆拾柒號

參考消息

三十八年十月一日·星期六
第五二三期·今日共十頁
供領導同志參考·不得外傳

要目

1 外國通訊社轉述毛主席當選中央政府主席消息
2 日共中央召開緊急會議討論國際形勢
3 聯大政委會否決蔣匪『控訴』案提前討論
4 何波廢除與鐵托政府友好條約
5 美鋼鐵業罷工昨夜正式開始
9 原子能委會秘密討論原子問題
美英等要求蘇表明立場
7 聯大政委會設巴爾幹特別小組
8 英捷簽訂五年貿易協定

外國通訊社轉述
毛主席當選中央政府主席消息

▲美聯社三十日舊金山電轉我人民政協選舉毛主席爲中央政府主席消息。

▲路透社三十日香港電轉我人民政協選舉毛主席爲中央人民政府主席消息。

▲法新社三十日巴黎電轉我人民政協選舉毛主席爲中央政府主席消息。

▲路透社三十日香港電轉中國人民政協通過提案否認聯大僞代表消息。

▲美聯社三十日舊金山電轉人民政協通過提案否認聯大僞代表消息。

▲法新社三十日上海電轉法捷耶夫等抵滬消息。

【合衆社上海二十九日電】吉哈特報道：星期五北平電台稱，中共政權通過新組織法（按指共同綱領組織法——譯），表示其外交政策與蘇聯一致。預料在通過組織法以後將在星期五或星期六成立中華人民共和國的新的正式的共產黨政府。新的組織法（包括七章六十條）已被人民政協通過，人民政協爲共產黨立憲議會的形式，包括各團體各地區委派的代表。廣播稱，在外交政策方面，組織法要求這個共產黨國家與蘇聯、人民民主國家及世界被壓迫民族站在一起。

日共中央前日召開緊急會議
討論國際形勢決定今後政策

【路透社東京三十日電】日共機關報赤旗報載：有鑒於世界局勢的『迅速發展』，日本共產黨中央委員會於昨日舉行『緊急』會議，討論政策。該報載，這些發展是：一、中華人民共和國成立；二、蘇聯宣佈擁有原子彈秘密；三、英鎊貶值，這被解釋爲資本主義面臨經濟危機的徵象。有鑒於這些發展，日共中委會敦促日共黨員加强打倒吉田內閣的運動，並擬定在今後加緊黨的行動的計劃。

聯大政委會否決匪『控訴』案提前討論
決定列入第五項議程十一月底方克處理

【美聯社成功湖三十日電】當聯合國政治委員會否決國民黨中國所提及藉取它對蘇聯援助中共的控訴的要求時，國民黨中國於星期五日遭到了一次挫敗。委員會決定延緩對中國所提控訴的辯論至其它三大問題處理完畢以後。三大問題爲意大利殖民地、巴勒斯坦與蘇聯的『和平公約』建議。蔣廷黻在失敗後告記者稱：『這對我來說是一個很大的失望』。美國、古巴、荷蘭等國支持蔣氏所提迫切處理中國問題的要求，但他們的支持未能使中國得到多數票。除非委員會改變其決定，中國問題要到十一月底或十二月初大會接近結束時才會處理。表決爲

十月一日（第一頁）

安回国后，将所带回去的《参考消息》捐给燕京图书馆的。这也是当前能够找到延安版《参考消息》的惟一一家图书馆。

《参考消息》在刚创刊发行时还不是报纸，而是小16开的刊物。从1957年3月1日起，改成报纸型并扩大发行。几十年来，它以不同于公开报纸的独特报道内容和浓厚的参考特色，受到广大读者欢迎，一直是中国拥有众多读者的日报。2005年以每年2869万份的发行量排名世界第八位。目前，平均日发行量在380万份以上，全国日报发行量第一。《参考消息》能有如此影响，首先要归功于毛泽东的积极倡议和他确立的独特办报方针。

1956年11月中共八届二中全会期间，根据毛泽东同志的倡议，中共中央决定把它的订阅范围由“高级的党内外领导干部”扩大到“县委委员以上或相当于他们的党内外干部”，计划将发行份数由原来的两千份增加到30万～40万份。适应发行量大增的形势，《参考消息》也由刊物型改成报纸型出版，即办成《参考消息》报了。

《参考消息》扩大订阅范围后，受到广泛欢迎。但当时还有不少人思想认识不足，有的表示担心，有的明确表示不赞成这样做。1957年初，在一次有北京大学、清华大学和中国人民大学等首都高等院校党政干部参加的座谈会上，发言者除一人外，都对扩大《参考消息》的订阅范围表示担心，主要是怕刊登的反面材料会产生副作用，引起思想混乱。1957年春天，毛泽东亲自出马，接连在三次重要会议上，精辟地阐述了为什么办《参考消息》报的道理、指导思想和方针。毛泽东说：“现在，我们决定扩大发行《参考消息》，从2000份扩大到40万份，使党内党外都能看到。这是共产党替帝国主义出版报纸，连那些骂我们的反动言论也登。为什么要这样做呢？目的就是把毒草，把非马克思主义和反马克思主义的东西，摆在我们同志面前，摆在人民群众和民主人士面前，让他们受到锻炼。不要封锁起来，封锁起来反而危险。这一条我们跟苏联的做法不同。发行《参考消息》以及出版其他反面教材，就是‘种牛痘’，增强干部和群众在政治上的免疫力。”

在《参考消息》改报扩大发行的第二天，即1957年3月2日，毛泽东在最高国务会议上，用了相当可观的篇幅谈办《参考消息》报的问题。他说：“要了解国际情况，了解敌人的情况。《参考消息》过去发两千份，现在准备扩大发行到三十万份，发到县一级，党内外都可以看。那么人们就要说，共产党、人民政府替帝国主义出钱办报纸，替帝国主义无条件地办报纸。我说，这个话也可以这么讲，就是要把他们骂我们的话，他们那里发生了的乱子，登在报上，什么‘不得遗失’，人家遗失了怎么办？那有什么要紧？（与会者笑，周恩来总理插话：‘现在没有了。’）没有了好，不要那么多禁令，就是要我们的人见世面。要懂得外界的事情。至于是不是受他们的宣传影响，受帝国主义的影响而变成他们的人，我看也有可能变一二个。我们中国人多，变那么几个有什么要紧。”

1971年6月，毛主席批准《参考消息》陆续刊登由周总理亲自安排、审定的美国著名记者埃德加·斯诺的系列访华文章。斯诺这7

篇文章中有两篇是报道毛主席的重要谈话。为了使每个基层党支部都能看到这些文章，周总理指示各省可以加印《参考消息》，加印总数可到100万份。由于各地加印数不敷需求，纷纷超额加印，结果加印总数达260万份，从而使《参考消息》报的发行量猛增至600多万份。

有趣的是，翕居所藏1949年10月份的这套《参考消息》，10月1日、10月2日两天，均用的是民国纪年，10月3日以后才使用公元纪年。

极难一见的《宫门钞》

在翕居所收的一批《谕折汇存》和《华制存考》里，翻出了一张《宫门钞》。纸薄而脆，铅字排印。

该期刊登了以下内容：

“八月十四日，海军部、都察院、厢蓝旗值日。施侯由白龙潭回京请安。唐景崇等考试游学毕业生覆命。成安续假五日。都察院递封奏四件。召见内阁协理大臣伦贝子。”

《宫门钞》也算是报纸的一种，由清廷内务府衙门将每日的皇帝《起居注》和要事用极简单的语言印刷在一张小纸条上，随《京报》发给京城官宦之家。因《宫门钞》用纸太小，纸质又极脆，很难保存，故传世极少。史料记载，宣统三年（1911）五月，清政府裁撤军机处，改设内阁，任命庆亲王奕劻为内阁总理大巨，那桐、徐世昌为协理大臣，溥伦为农工商大臣。由此来看，翕居所藏这期《宫门钞》大致应为宣统三年所出，为戈公振先生所说之“详”版。

据张树栋、庞多益、郑如斯等著《中华印刷通史》（印刷工业出版社1999年版）第七章雕刻印刷的应用和发展记载：“《宫门钞》类似于宋朝的《内探》，一般随《京报》送阅，在北京发行。”该章还引用了许瀛鉴博士主编1997年版《中国印刷史论丛史篇》第227页的一段话：“每日下午阁钞既出，有老于刻字者不必书写，随可刻于一种石膏类容易受刀之泥板上，俗称豆干儿版，以火烙之则立坚，墨色黯淡。又一种用活字印的，字体比泥版小，而较整齐。”

其实，这段记载最早出于戈公振《中国报学史》（翕居所藏为商务印书馆民国17年10月再版，第35页），为了弄清楚原文面貌，照录于后：“《京报》每日发行，每册取费十文。若在京师，则另有《宫门钞》送阅，每月取费二百文。每日下午，阁抄既出，有老于刻字者，不必书写，随可刻于一种石膏类之泥板上。此板质柔容易受刀，俗称‘豆腐干儿版’，以火微烙之，则立坚。用煤屑和水印之，故墨色甚黯淡。此中又分详略两种：略者于黄昏时即可送出，详者须夜午，犹今日之晚报也。铅印既行，遂改由北洋、京华两书局印售。且当时南方报纸，

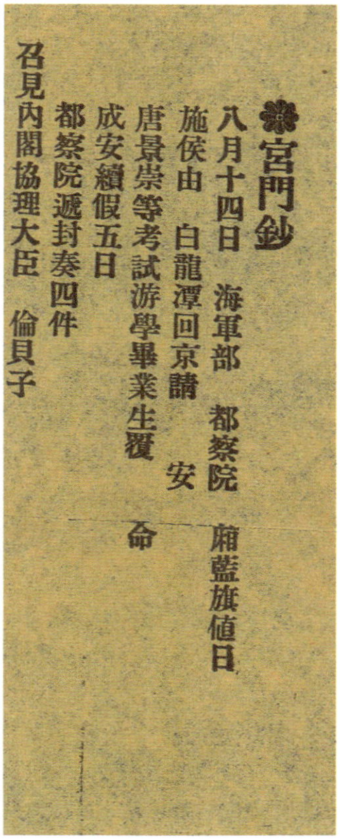

宫門鈔

八月十四日 海軍部 都察院 廂藍旗值日

施侯由 白龍潭回京請 安

唐景崇等考試游學畢業生覆 命

成安續假五日

都察院遞封奏四件

召見內閣協理大臣 倫貝子

翕居藏《宫门钞》书影

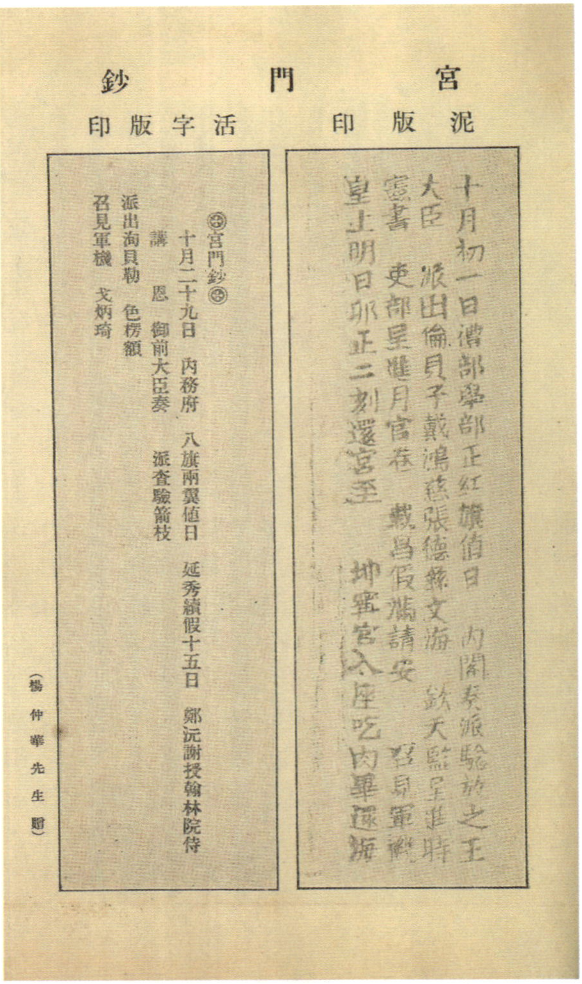
宫門鈔
泥版印
十月初一日禮部學部正紅旗值日 內閣奏派驗放之王
大臣 派出倫貝子戴鴻慈張德彝文海 欽天監呈進時
憲書 吏部呈進月官冊 戴昌假滿請安 召見軍機
皇上明日卯正二刻還宮至 坤寧宮入座吃肉畢還海

活字版印
㊂宮門鈔㊂
十月二十九日 內務府 八旗兩翼值日 延秀續假十五日 鄭沅謝授翰林院侍
講 恩 御前大臣奏 派查驗箭枝
派出洵貝勒 色楞額
召見軍機 戈炳琦

（楊仲華先生贈）

戈公振著《中国报学史》所刊《宫门钞》书影

均以转载《京报》为惟一材料。迨京中报纸发生，所载亦无非《京报》材料。报房所出之《京报》，至是遂日归淘汰矣。”戈公振先生在著作中刊登了杨仲华先生赠送的泥版和活字版印《宫门钞》书影、《京报》书影各一帧。

2006年8月18日《北京日报》报道，国内老报刊藏品类中目前规模最大、品位最高的北京平谷世纪阅报馆藏品珍品展暨《历史的天空——中国老报纸大型收藏展》在厦门展出。这次展览共展出原件460件，《宫门钞》、《辕门钞》、《阁钞》等顶级藏品是第一次面世，并称“这些藏品国家图书馆都告阙如”。

据平谷世纪阅报馆馆长李润波讲，1992年秋，他曾在北京劲松口旧货市场购买了一叠《京报》，其中夹带着一张《宫门钞》。李润波讲，《宫门钞》也算是报的一种，是清廷内务府衙门将每日的皇帝起居和要事用极简单的语言印刷在一小张红纸上，随《京报》发给京城官宦之家。因纸太小，纸质又极脆，很难保存。李润波收到的这份《宫门钞》尺寸为20厘米×6厘米。李润波讲：“这份《宫门钞》不仅为我仅藏，也为集报界所仅见。”（李润波：《旧时王谢堂前燕，飞入寻常百姓家——我与书报刊收藏》，登于2007年3月9日艺超网）

《京报》书影

“凡有政治文牍，无不详慎登载”：《政治官报》

20世纪初，行将覆灭的清王朝苟延残喘，重弹维新变法的老调，宣谕天下“预备立宪”。一时组班底、诏议员、拟宪法、开言路。此时，慈禧准了御史赵炳麟的建议，委派庆亲王奕劻等人筹办《政治官报》，宗旨是：“开通政治之智识，发达国家之思想，以成就立宪国民之资格……是绅民明悉国政，预备立宪之意，凡有政治文牍，无不详慎登载。”翕居藏有清光绪三十三年（1907）创刊初期《政治官报》13期，计有：光绪三十三年九月二十一日第02号、光绪三十三年九月二十二日第03号、光绪三十三年九月二十三日第04号、光绪三十三年九月二十四日第05号、光绪三十三年九月二十五日第06号、光绪三十三年九月二十六日第07号连号六期；光绪三十三年十月初九日第20号、光绪三十三年十月十四日第25号、光绪三十三年十一月初九日第49号、光绪三十三年十二月初九日第79号、光绪三十三年十二月十一日第81号、光绪三十四年正月十七日第109号、光绪三十四年正月十八日第110号不连号零报七期。

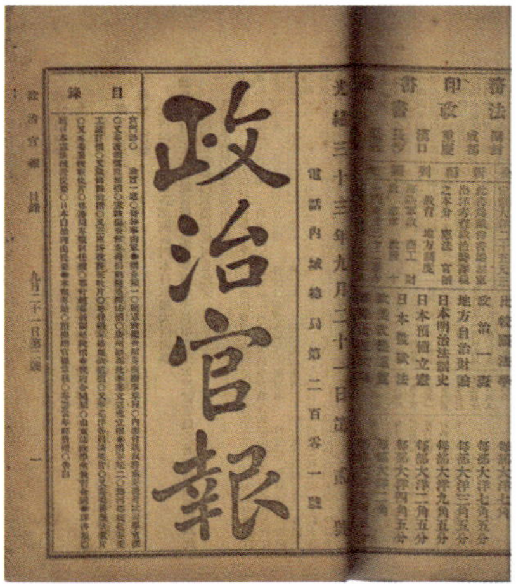

《政治官报》是清政府专载国家文牍的封建官报，被称为“中国近代史上第一家由中央政府创办的官方报纸”和“大清第一报”。它于光绪三十三年九月二十日（1907年10月26日）在北京创刊，由北京考察政治馆主办。主要栏目有：谕旨、批折、宫门钞、电报、奏咨、奏折、咨、札、法制章程、条约、报告、外事、广告杂录等。据说，这报在当时只有六品以上的文官、五品以上的武官方能订阅。

此报为册式、竖排、线装。杂志式日报，小16开，每期24页。封面除有《政治官报》4个大字外，还有日期、期数、社址、电话号码和目录。报局地址是北京东长安牌楼王府井大街，电话号码是内城总局第二百零一号。

该报于清宣统三年（1911）八月停刊，出刊不到4年时间，共发行一千三百七十号。翕居所藏光绪三十三年十月初九日出版的第20号《政治官报》，是一份全部用红色油墨印刷的，现在存世的近现代报刊中（不含号外），全部用红色印刷（不是套红）的，极为少见。

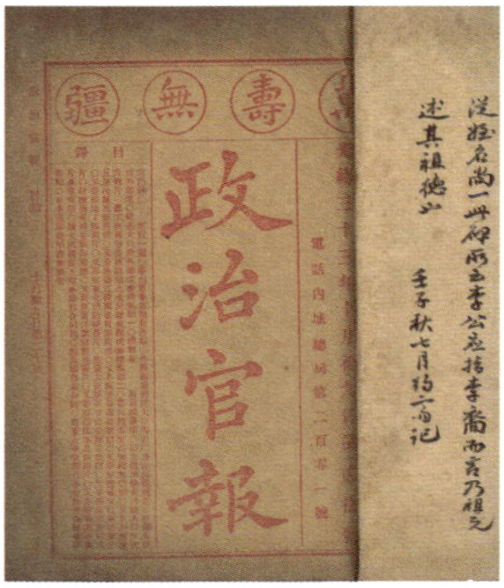

为什么这期《政治官报》要采用全红色印刷？

据《万寿礼仪折》中记载，是为了庆贺慈禧的生日。慈禧太后是清代后期同治和光绪两朝的实际最高统治者。她生于清道光十五年（1835）十月初十，朝廷把她的生日定为“万寿圣节”，每年的十月初十的前三天和后三天，即十月初七至十三日，是应“普天同庆”的。这份初九出的报纸是恭庆“圣节”的第三天的报纸，所以要全红色印刷，还在首页上部印了“万寿无疆”4个大字。有意思的是，在这次“全民恭庆”“万寿圣节”之后一年，也就是光绪三十四年十月二十二日，慈禧太后就命归了西天。

《政治官报》的创立，标志着清末官报活动达于高潮。10年间问世的官报有110多家。官报的内容以官文书为主，占近60%，而新闻比重大体只有10%，其他篇幅为论说、艺文、广告等。在《政治官报》问世的同一天，清政府责令《京报》附出的《阁抄汇编》和《谕折汇存》停刊，此后又由宪政编查馆饬令《京报》不得使用铅印，只准“仍照旧制改用木板”，理由是“官报有独用铅印出版权，他人岂得滥用”。

《政治官报》的出刊，还改变了朝廷官报不登广告的惯例。这时，虽没有专门的广告管理的办法，只是“酌照东西各国官报广告办法管理”。但在《大清律报》中，有与广告相关的律令：“第十四条左列各款，报纸不得揭载”，包括“诋毁宫廷之语”、“淆乱政体之语”、“扰害公安之语”、“败坏风俗之语”。

见证清末政治大动荡的《内阁官报》

清廷内阁印铸局铅字排印本《内阁官报》，宣统三年（1911）八月初一第三十号至八月三十日第五十九号30期，线装合订本一函四册，原装函套。

1906年，清政府宣布“预备立宪”以后，中央考察政治馆于光绪三十三年九月二十日（1907年10月26日）创办《政治官报》，这是清政府第一种较为正式的中央官报，自称“凡有政治文牍，无不详慎登载”。但这还不是发布命令的机关，直到宣统三年六月，清内阁将《政治官报》改为《内阁官报》，隶属“责任内阁”，被授权代表政府发布命令、法律，才成为名副其实的中央政府机关报。办报的条款声明：“《内阁官报》即为代达公文之用，凡逐日寄送各省官署之官报，应于封面盖用印铸局印信，交大清邮政局递寄，准免邮费。邮政局凡接有内阁印铸局印信之官报包封，即为免邮费之凭证。”

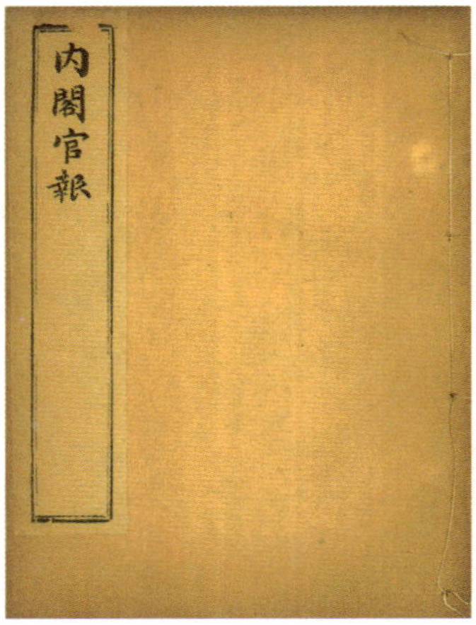

《政治官报》脱胎于清代的《宫门钞》。顾名思义，“宫门钞”就是从宫门里抄出来的消息。出于朝廷内外沟通的需要，内阁每天把该发布的各项谕旨，京内外大员的奏折，官员升迁调动请销假的动态，等等。编成底本，交给东华门外的白报房，他们再雇佣一些贫困的文人用毛笔一一抄写成册，派身强力壮的报夫向订户投递。当时每月的报费是一两二钱银子。订价高，费时费力效率也低，订户也就是几百家。

清宣统三年（1911）五月，由庆亲王奕劻为总理大臣组成的皇族内阁会议决定，在内阁承宣厅下设置制诰、叙官、统计和印铸4个局。同年六月，《政治官报》改名为《内阁官报》后，由印铸局接办，采用从英国进口的铅印设备，从上海商务印书馆聘请技术人员，出版铅字排印报纸。这一变革结束了近千年手抄木印朝廷邸报的历史，开拓了中国报纸的新纪元。

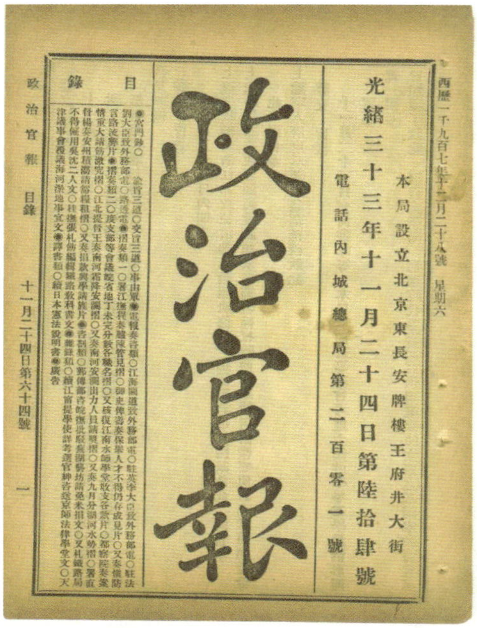
西曆一千九百七年十二月二十八號 星期六

光緒三十三年十一月二十四日第陸拾肆號

本局設立北京東長安牌樓王府井大街 電話內城總局第二百零一號

政治官報

目錄

政治官報 目錄 十一月二十四日第六十四號

有了铅印的报纸，发行还是靠两脚开步走的报夫。说来很有趣，印铸局编辑印刷，把每天出版的《内阁官报》交给设在宣武门外琉璃厂铁老鹳庙胡同里的巨兴、巨恒、巨升、信义、合成、集文6家报房。各报房雇佣报夫，一律穿蓝布长衫，肩上搭着一条蓝布长袋，内装当日邸报，健步如飞，分送各衙门、官员府第、各大商号、钱庄等订户，每月订费两吊钱。报夫善走，多为山东大汉，他们该是中国报纸最早的发行投递人。

1911年武昌起义爆发后，各省纷纷独立，从11月17日起，《内阁官报》每日附出一单张，专载各省督抚逐日上报的“平安电”，其中既有谎报的，也有真实的，但民间报馆则认为全是编造的。宣统皇帝退位、

宣統九年五月十四日星期一第一號

内閣官報

印鑄局發行

北京東長安牌樓王府井大街 電話東局二百零一號

本報價目

张勋复辟后出刊的《内阁官报》第1号

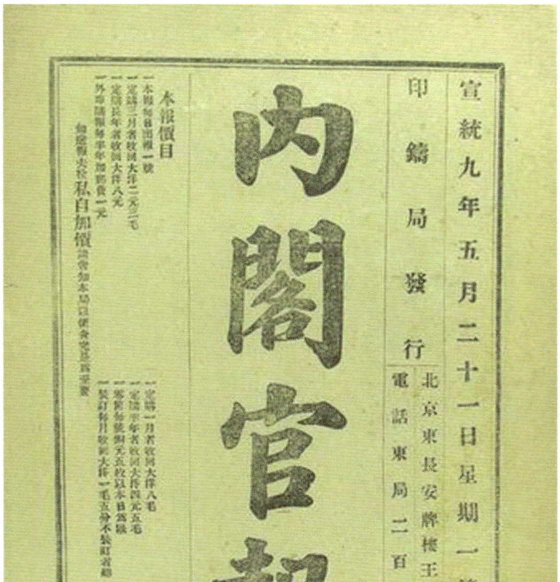
宣統九年五月二十一日星期一第八號

内閣官報

印鑄局發行

北京東長安牌樓王府井大街 電話東局二百零一號

本報價目

张勋复辟发刊的《内阁官报》第8号（终刊）

袁世凯担任临时大总统后，《内阁官报》于1912年2月13日停办，改由《临时公报》发布通告、命令、布告、咨札、批呈等。

有趣的是，到了1917年7月1日，张勋开始复辟。第2天，继续发布光绪九年《内阁官报》第一号。因为复辟仅仅只有短暂的12天，《内阁官报》出了8期，以此来大肆鼓吹他的倒行逆施。7月1日这一天，张勋换上清朝冠服，率三百余文武涌入清宫，拥溥仪“登极”，接受朝拜，连续发布“上谕”，改民国6年为清宣统九年，易五色旗为龙旗，恢复前清官制。中央设议政大臣、内阁，各省督军改称巡抚或总督。张勋自封议政大臣兼直隶总督、北洋大臣，集军政大权于一身，并通电各省，劝告响应。黎元洪被迫逃入日本使馆避难。

这一日的《内阁官报》记载了这一切，此期报纸16开，8篇，16页，后面两页广告。报纸的主要内容是：上谕（为什么要复辟？各省官员的任免等）公电（安抚人心等）。复辟消息传出后，激起全国各阶层人民强烈反对，孙中山在上海发表《讨逆宣言》，段祺瑞乘机组织讨逆军，由天津马厂率师攻入北京。张勋兵败逃入荷兰使馆，溥仪再次退位，复辟前后仅12天，即告失败。这期报纸具有特殊的意义，目前已存世极少。

老名刊《学林》

《学林》月刊，学林社编辑、发行，1940年至1941年间出版，共出版9辑。上海开明书店总经销。第九辑有一到八辑发表文章的总目录。该刊每辑以该辑首篇文章名作题名。

《学林》月刊于1940年11月创刊，郑振铎、何炳松、金兆梓、章锡琛、王伯祥、徐调孚、杜佐周、周予同、王昌寿、王勤堉、徐莲僧等任编辑。

该刊第一辑以吴文祺的“近百年来的中国文艺思潮”为书名，收入傅东华的“书同文考”、张耀翔的“中国心理学的发展史略”、陈克诚的“中国黄土之研究”、胡朴安的

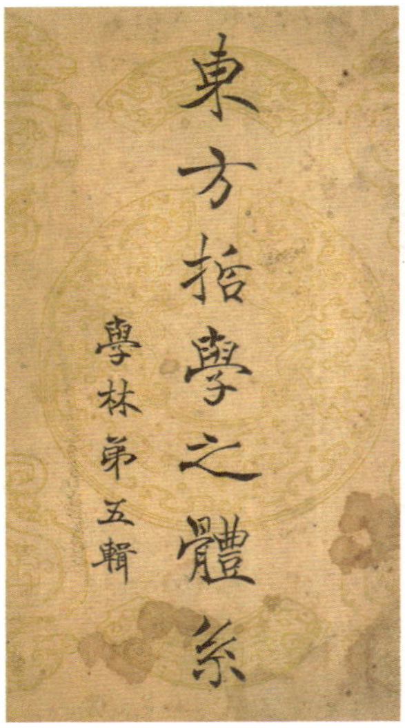

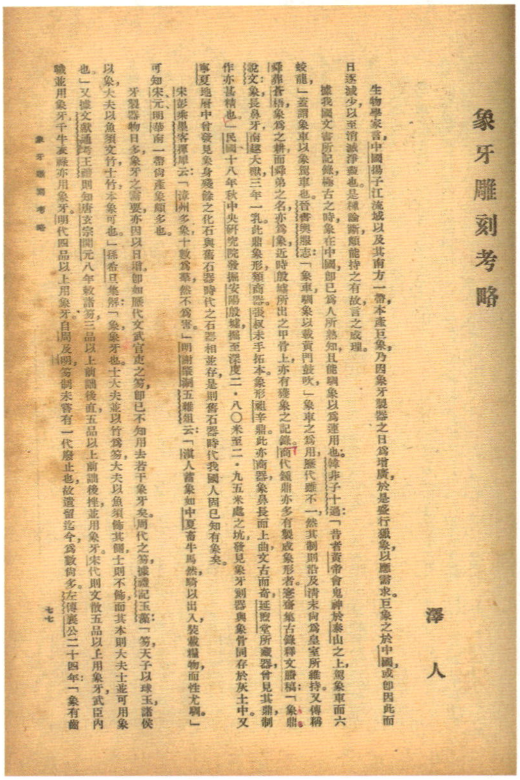

象牙雕刻考略

澤人

生物學家言，中國揚子江流域以及其南方一帶，本產巨象，乃因象牙製器之日爲增廣，於是盛行獵象，以應需求。巨象之於中國，或即因此而日逐減少，以至消滅淨盡也。是種論斷，頗能持之有故，言之成理。

據我國文書所記錄，極古之時，象在中國，即已爲人所熟知，且能馴象以爲運用也。韓非子十過：「昔者黃帝會鬼神於泰山之上，駕象車而六蛟龍，」蓋謂象車以象駕車也。晉書輿服志：「象車，馴象以載黃門鼓吹，」象車之爲用，歷代雖不一，然其制則沿及清末，向爲皇室所維持。又傳稱舜葬蒼梧，象爲之耕，而舜弟之名，亦爲象，近時殷墟所出之甲骨上，亦有獲象之記錄。商代銅鼎亦多有製成象形者。蹇齋集古錄釋文賸稿：「象鼎說文：象，長鼻牙，南越大獸，三年一乳。此鼎象形，類商器。張叔未手拓本象形祖辛鼎。此亦商器，象鼻長而上曲，文古而奇，延煦堂所藏器，曾見其鼎，制作亦甚精也。」民國十八年秋，中央研究院發掘安陽殷墟，掘至深度二·八〇米至二·九五米處之坑，發見象牙剩器與象骨同存於灰土中。又寧夏地層中曾發見象身殘餘之化石與舊石器相並存，是則舊石器時代我國人固已知有象矣。

宋彭乘墨客揮犀云：「漳州多象，十數爲羣，然不爲害。」明謝肇淛五雜俎云：「滇人畜象如中夏畜牛馬然，騎以出入，裝載糧物，而性尤馴。」可知宋、元、明，華南一帶尚產象頗多也。

牙製器物日多，象牙之需要，亦因以日增，即如歷代文武官吏之笏，即已不知用去若干象牙矣。周代之笏，據禮記玉藻：「笏，天子以球玉，諸侯以象，大夫以魚須文竹，士竹，本象可也。」孫希旦集解：「象，象牙也。士大夫並以竹爲笏，大夫以魚須飾其邊，士則不飾，而其本則大夫士並可用象也。」又據文獻通考王禮則知唐玄宗開元八年敕諸笏三品以上前詘後直，五品以上前詘後挫，並用象牙。宋代則文散五品以上用象牙，武臣內職並用象牙，千牛衣綠亦用象牙。明代四品以上用象牙。自周及明，笏制未嘗有一代廢止也，故遺留迄今，爲數尚多。左傳襄公二十四年：「象有齒

象牙雕刻考略　七七

"从文字学上考见之中国古代妇女"和金兆梓的"今文尚书论"等12篇文章。

第二辑是以动物学家秉志用伏枥笔名撰写的"生命与生存"为书名，收入吕思勉的"中国民族精神发展之我见"、汪亚尘的"现代中国艺术教育概观"、马叙伦的"读金器刻词（卷上）"、王勤堉的"近百年来之中国铁路事业"和陈遵妫的"民国以来中国之天文工作"等9篇文章。

第三辑以沈有乾的"教育之实验设计与统计方法"为书名，收入周振甫的"严复思想转变之剖析"、陈礼江的"近百年来中国之民众教育及今后应取之途径"、葛绥成的"中国舆图学之过去和现状"和徐蔚然的"中国美术工艺"等8篇文章。

第四辑以周予同的"五十年来中国之新史学"为书名，收入杨荫深的"唐代的游艺"、黄绍绪的"中国农业技术的改进问题"、陈麟瑞的"卞强生的癖性喜剧的理论与应用"、任铭善的"观堂礼说存商"和钟道赞的"现代中国职业教育之产生与其发展"等9篇文章。

第五辑以蒋维乔的"东方哲学之体系"为书名，收入郭绍虞的"竟陵诗论"、何天行的"夏代诸帝考"、泽人的"象牙雕刻考略"、岱峰的"外西域之古民族"和杜佐周的"近百年来中国新教育之发展"等11篇文章。

第五辑书后有一则启事：兹因纸张及排印工料骤然涨价，自民国30年3月1日起，所有本社已出将出各辑，概照版权页定价加五成发售。此辑加盖一蓝色方章："加二发售。"

第六至九辑内容略。

李劼人创办的《风土什志》

李劼人创办的《风土什志》，1943年8月在成都创刊，出刊至民国38年10月停刊。该刊"收取的范围是世界性的，不过仍以中国的事物为主要研究的对象"，是"学术性，研究性，而又一般性的读物"。

《风土什志》中的"什"字，有人读"为什么"的"什"，其实它与"杂志"的"杂"通假，应读作"杂"。创刊号刊首有"发刊旨趣"："本志的性质为'研究各地人生社会既往与现实的人文地理及地理知识，收集各方风土人情资料，作详确广泛的调查报告，且客观的描述当时社会环境，阐述其衍变等历史与地理的因果关系，作现实问题之参考。'内容方面，屏除空泛的理论，力求真实，趣味；行文尽可能的达到生动化，故事化的原则；既是说我们将以'雅俗共赏'的姿态，贡献于读者之前，从而获得一些宇宙间森罗万象的知识"。

今天的读者已经很难见到《风土什志》的原貌了，创刊号这期的文章，十之八九为实地调查。有吴其昌的"王国维先生生平及其学说"、钟禄元的"东山客族风俗"、邵潭秋的"三游谈"、刘铁华的"中西木刻史略"、陈寄生的"大凉山的边缘"，还有冯玉祥的"爸爸在家"。

自创刊号问世后，《风土什志》获得各方好评，不到两个月，销到了14个省，以至国外。但由于战乱，到民国38年5月，《风土什志》出到第二卷第5期，刊登了一则启事："因为经济变动太大，我们这纯恃营业以为开支的什志，既遭物价的波动，复受金元贬值的影响，面临空前的危难；你想：三

个月来，物价的涨率多么惊人，像我们这样的文化事业，任便你有怎样稳固的基础，总经不起这轩然大波的摧残！所以我们一再衍（延）期，承各方殷殷致问，至觉歉然！而我们的确有说不尽的苦衷的。但我们决心让这期刊继续存在，感谢读者的鼓动，无论多么困难，决心忍苦撑持下去。因此，一定做到：（一）按月出版；（二）精编精印；（三）缩减篇幅；（四）充实内容；还望爱护《风土》的读者和作者多多赐助！附带声明：因嘉乐白色纸已经停造，采购困难，故这期《风土》一部分暂以夹江土纸印刷代替。

虽然社里作出这样的保证，但5个月后，这本杂志终刊于民国38年10月。编辑部先后设在成都东门红石柱正街56号、金沙寺街26号。社长为著名作家李劼人，发行人为以犀利文风著称于成都新闻界、有“小铁锤”之号的樊凤林，主编之一的谢扬青是李劼人的秘书，另一位主编为向宇芳。编辑有萧远煜、裴君牧、沈法汇和雷肇唐等。

李劼人在《风土什志》刊发了不少作品，计有散文“忆东乡县”，人物传记“追念刘士志先生”、“敬怀豫波先生”，长篇文化随笔“旧帐”、“漫谈中国人之衣食住行”、“二千余年来成都大城史的衍变”。这些文章话题不离成都，有时连载数期，成为成都珍贵的乡邦文献。

民国初期进步党的《中华杂志》创刊号

该刊没有注明出版年代和主办者。书前刊登了进步党南洋支分部、四川支部、山西支部、云南支部、浙江支部以及进步党本部哈尔滨交通处、汉口交通处的贺电，刊有“进步党成立会场外摄影”和“进步党议员纪念会摄影”照片两张。有汤化龙撰写的“中华杂志叙”和丁佛言的“发刊词”。该杂志分“论”、“评”、“记”、“令”、“载”五部分，每篇文章的页码都单独排序，没有按流水编排。

“论”之部发表了光升的“论中国之国民性”、丁佛言的“论最近政治上国民心理

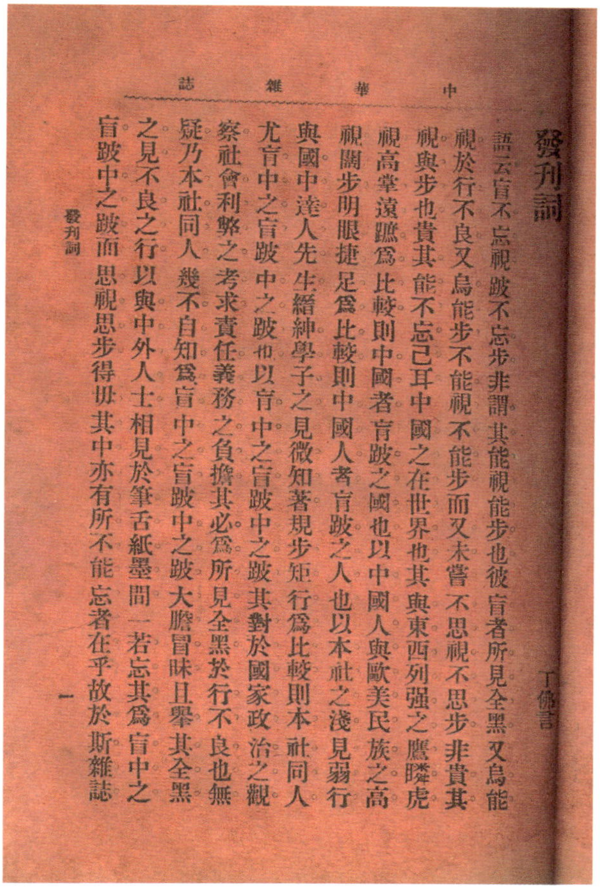
中華雜誌

發刊詞

丁佛言

語云盲不忘視跛不忘步非謂其能視能步也彼盲者所見全黑又烏能視於行不良又烏能步不能視不能步而又未嘗不思視不思步非貴其視與步也貴其能不忘已耳中國之在世界也其與東西列强之鷹瞵虎視高掌遠蹠爲比較則中國者盲跛之國也以中國人與歐美民族之高視闊步明眼捷足爲比較則中國人者盲跛之人也以本社之淺見弱行與國中達人先生縉紳學子之見微知著規步矩行爲比較則本社同人尤盲中之盲跛中之跛也以盲中之盲跛中之跛其對於國家政治之觀察社會利弊之考求責任義務之負擔其必爲所見全黑於行不良也無疑乃本社同人幾不自知爲盲中之盲跛中之跛大膽冒昧且舉其全黑之見不良之行以與中外人士相見於筆舌紙墨間一若忘其爲盲中之盲跛中之跛而思視思步得毋其中亦有所不能忘者在乎故於斯雜誌

發刊詞 一

之变相”、高念畲的“美国一年来之对华投资政策（未完）”、杜维言的“政治上社会之腐败”，共四篇文章，大约占全书一半篇幅。

“评”之部只发表了牟琳的《评汉冶萍借款合同》一篇文章。

“记”之部发表了王乃昌的“中国大事记”和“外国大事记”、孙景风的“民国二年南京乱事始末记”以及冯承钧翻译的“墨国内乱记”。

“令”之部刊登了《公布平政院编制令》29条、《公布民业铁路条例》65条、《公布报纸条例》35条，另有《大总统令》和汪大燮、田文烈、王瑚等13人的人事任免令。

“载”之部刊登了“党务报告”，包括该年3月2日至4月3日的各地来电，及进步党本部邀请王揖唐任中华大学校长的函。还有进步党本部答复该党九江交通处关于《中华杂志》出版事宜的复函，说“杂志一俟出版，自当分寄”。此部分还登载了黄遵楷著“金币制考（未完，一名‘建设金银货币案’）”、冯承钧翻译法国麦尔迈著的“英国政制考（未完）”、胡家鑫翻译的“台湾司法制度大观”。

关于《中华杂志》的创刊出版年代，中央民族大学出版社2000年7月出版的《1833—1949全国中文期刊联合目录（补充本）》著录为：《中华（月刊）》，北京进步党本部该社，〔1〕—12，1914。据此书“编例”解释，“原刊卷期或出版年月无从查考，以推算卷期或年月代替时，推算部分加‘〔 〕’以示区别”。这说明该书著录1914年是推测的。

国家图书馆著录为：《中华杂志》，北京进步党本部该社发行，1914—1915年，丁佛言编辑，萧曜海发行人。

全国图书馆文献缩微中心关于此杂志缩微品的“内容附注”为：第一卷第一期（1914.4.16），第一卷第十二期（1914.12.1）。

从这期《中华杂志》创刊号“中国大事记”一文中有“宁湘铁路借款成立”和“三月十八号约法会议开成立会”两条记载。查《中华民国史事日志（1912—1925）》第一册（郭廷以编著，台北“中央研究院”近代史研究所1979年出版）的记载：“1914年3月，由交通、财政两部与英商中央股份有限公司签订宁湘铁路借款800万英镑的合同。”周永坤著《中国宪法的变迁——历史与未来》（载《江苏社会科学》2000年第3期）有“1914年3月18日召开约法会议，袁提出增修临时约法7项，扩大总统权力”的描述。

通过上述记载，加上该刊还登载了一条“4月3日兰州来电”，大体可以基本确定《中华杂志》创刊时间为1914年4月之后。

该刊主编丁佛言（1878—1931），近代著名社会活动家、书法家、古文字学家。中华民国成立后，丁佛言当选为国会议员。1913年任审查委员会委员、委员长，宪法起草委员会委员长等职。主编《中华杂志》时，撰文针砭时政，反对专制，深得好评，但却为袁世凯所忌恨。

进步党是以旧立宪派为主体的民族资产阶级保守政党，它的前身是统一、共和、民主三党。1913年5月29日在北京举行三党全体在京党员大会，宣布三党合并，改组为进步党，举黎元洪为理事长，梁启超、汤化龙、张謇、伍廷芳、那彦图、孙武、王揖唐、蒲殿俊、王印川9人为理事，冯国璋、蔡锷、汪大燮、熊希龄等23人为名誉理事，林长民为秘书长。

进步党曾试图在拥袁（世凯）的前提下，改良政治，力图将袁世凯引上宪政轨道，曾支持袁世凯镇压二次革命。1914年2月，进步党被袁世凯遗弃。1915年袁氏复辟帝制时，进步党联络国民党及其他反袁爱国人士反对袁世凯复辟帝制，在孙中山为首的中华革命党支持下，结成护国讨袁联合战线，迫使洪宪帝制丑剧收场，此为进步党最重要的历史功绩。1916年8月，国会重新召开，再没有打出进步党的旗号，进步党的历史到此结束。

1913年5月29日，进步党在北京磨盘院举行成立大会时合影

木活字本《北京新闻汇报》

2007年2月，孔网一家书店上了一些《北京新闻汇报》，并介绍："这是清朝报纸，活字本，封面写有《北京新闻汇报》，光绪辛丑年（1901）九月。内容是从光绪辛丑年九月一日到三十日，合订六册，内容每日都在8页16面至13页26面左右，开本22.2厘米×12.5厘米，卖价10000元。"孔网在线拍卖也上过一份，是光绪庚子（1900）十一月二十日的报纸，该期记有大清国大皇帝给大俄国大皇帝的国书、新定筹饷捐例外力章程等事宜，注明开本长21.8厘米、宽12.6厘米，共有6页12面，以260元起拍未成交。

国家图书馆所藏《北京新闻汇报》，为光绪二十六年（1900）十二月一日至三十日六册，光绪二十七年四月至五月四十二册，注明为木活字本，出版项为"北京该报馆"。

翕居所藏共计八册，原装蓝布函套，计有42天的报纸（其中光绪辛丑年五月八至九日两天重复）。具体为：光绪辛丑年五月一至四日一册；五月五至十一日一册；五月十二至十五日一册；五月十六至二十一日一册；五月二十二至二十四日、二十九日、三十日一

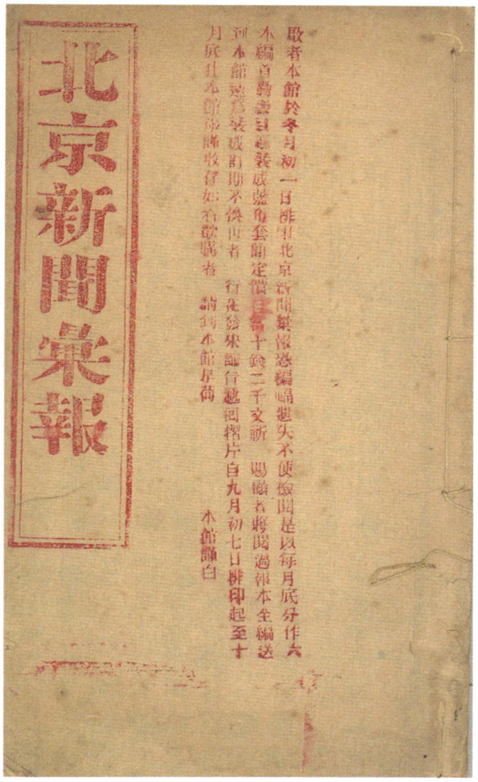
北京新聞彙報

啟者本館於冬月初一日排印北京新聞彙報恐編幅遺失不便檢閱是以每月底分作六本編首勒叙目錄裝成藍布套筒定價目當十錢二千文祈賜顧者將閱過報本全編送到本館速為裝成訂期不悞再者　行在發來諭旨遞回摺片自九月初七日排印起至十月底止本館敬謹收存如有欲購者　請到本館是荷　本館謹白

北京新聞彙報

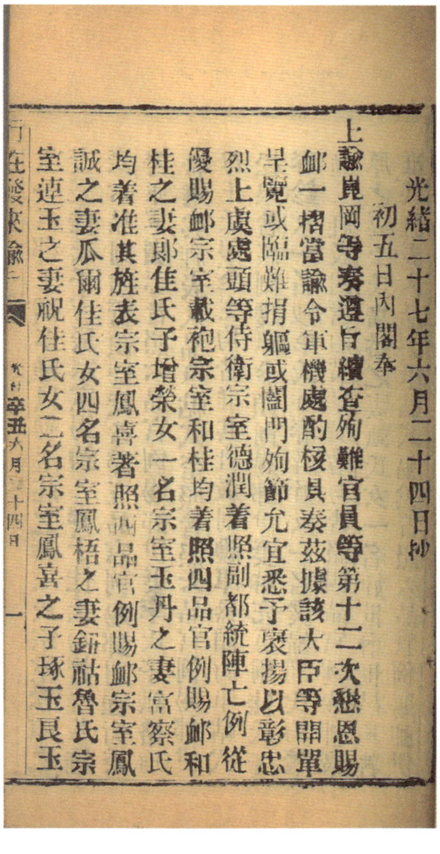
光緒二十七年六月二十四日抄

初五日內閣奉

上諭崑岡等奏遵旨續查殉難官員等第十二次懇恩賜卹一摺當諭令軍機處酌核具奏茲據該大臣等開單呈覽或臨難捐軀或闔門殉節允宜悉予褒揚以彰忠烈上虞處頭等侍衛宗室德潤着照副都統陣亡例從優賜卹宗室載裕宗室和桂均着照四品官例賜卹和桂之妻郎佳氏子增榮女一名宗室玉丹之妻富察氏均着准其旌表宗室鳳喜者照四品官例賜卹宗室鳳誠之妻瓜爾佳氏女四名宗室鳳梧之妻鈕祜魯氏宗室蓮玉之妻覡佳氏女二名宗室鳳喜之子琢玉艮玉

行在發來諭旨　辛丑六月二十四日　一

册（此册多出五月八日、五月九日两天的报纸）；六月十六至二十二日一册；六月二十三至二十九日一册。

五月份报纸封面为黄粉纸，报名为黑色，六月份报纸封面为薄宣纸，报名为红色。六月份报纸有两则“启事”，对于研究此报出版情况有一定作用，照录如下：

启事一：“启者，本馆于冬月初一日排印《北京新闻汇报》，恐编幅遗失，不便检阅，是以每月底分作六本，编首勒叙目录，装成蓝布套筒，定价目当十钱二千文。祈赐顾者将阅过报本全编送到本馆，速为装成，订期不悞。再者，行在发来谕旨，递回折片，自九月初七日排印起，至十月底止。本馆敬谨收存，如有欲购者，请到本馆是荷。本馆谨白。”

启事二：“本馆告白，启者《北京新闻汇报》外省及各埠阅者日多，皆系经人代售，并未设立分局。现闻保阳有假冒本馆字号，在门面张贴北京撷华书局新闻汇报分局等字样，实深骇异，恐不知者误认本馆与共钱财等事用。特广告保阳阅报诸君，幸垂鉴焉。启者，本馆排印《北京新闻汇报》，恐日久编幅遗失，不便检阅，是以每月底分作六本，编首勒叙目录，装成蓝布套筒，定价目每月当十大钱二千文。赐顾者将阅过报本全编送到本馆，速为装成，订期不悞。本馆谨白。”

从这两则告白可知，蓝布函套所装者，为后期将零星报纸合订之本。因此，里面出现重复、遗漏也就难以避免了。

《湘学报类编》之“舆地”

“舆地学”十二篇，《湘学报》之“舆地”栏目汇编，湖南督学使署清光绪二十四年（1898）木活字印刷。版心题“学报舆地”，边框内阴刻数字序号或“未完下期续出”字样。

《湘学新报》是湖南维新派的著名刊物，是湖南最早的期刊。也是中国人最早的自办科学期刊之一。光绪二十三年三月三十一日，在长沙创刊。同年十月十一日第二十一期起改名为《湘学报》。连史纸印刷，每期约30页，近2万字。每册售价100文。仅长沙一地即销行1000多份。

《湘学报》主要介绍西方国家的政治、法律和科学文化知识，宣传变法维新。由倡办新政的湖南学政江标、徐仁铸先后任督办，蔡钟浚为总理，唐才常、易鼐、陈为镒先后为主编，主要撰稿人有杨毓麟、樊锥、李钧鼐、谭嗣同等。《湘学新报》第一期就申明该报以“讲求实学”、开民智为宗旨。“盖学术为政治之本，学术明斯人才出”，故“不谈朝政，不议家常”，不刊“建议变法之文”，“公羊改制之说未免过激，为本报所不取”。该报除报首登载谕旨及有关新学的章奏外，所刊的内容共分史学、时务、舆

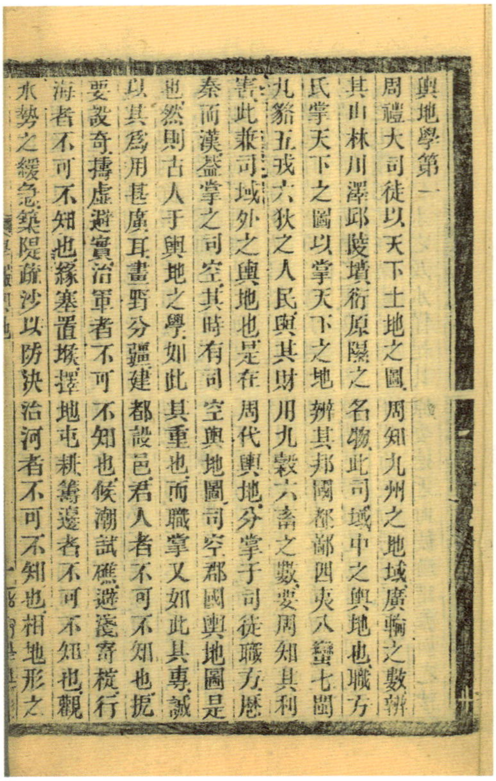

輿地學第一
周禮大司徒以天下土地之圖周知九州之地域廣輪之數辨其山林川澤邱陵墳衍原隰之名物此司域中之輿地也職方氏掌天下之圖以掌天下之地辨其邦國都鄙四夷八蠻七閩九貉五戎六狄之人民與其財用九穀六畜之數要周知其利害此兼司域外之輿地也是在周代輿地分掌于司徒職方歷秦而漢蓋掌之司空其時有司空輿地圖司空郡國輿地圖是也然則古人于輿地之學如此其重也而職掌又如此其專誠以其為用甚廣耳畫野分疆建都設邑君人者不可不知也扼要設奇擣虛避實治軍者不可不知也候潮試礁避淺齊桅行海者不可不知也緣塞置堠擇地屯耕籌邊者不可不知也觀水勢之緩急築隄疏沙以防決治河者不可不知也相地形之

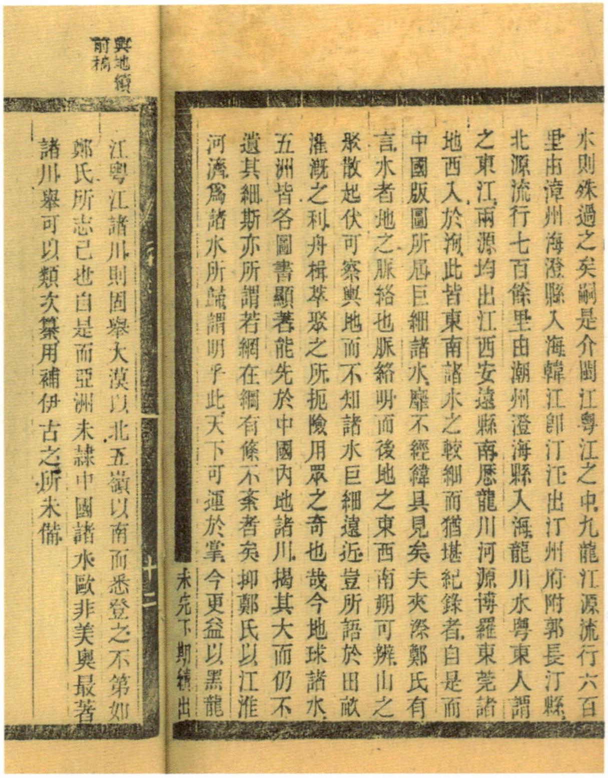

水則殊過之矣嗣是介閩江粵江之中九龍江源流行六百里由漳州海澄縣入海韓江郎汀江出汀州府附郭長汀縣北源流行七百餘里由潮州澄海縣入海龍川水粵東人謂之東江兩源均出江西安遠縣南歷龍川河源博羅東莞諸地西入於海此皆東南諸水之較細而猶堪紀錄者自是而中國版圖所屆巨細諸水靡不經緯具見矣夫夾漈鄭氏有言水者地之脈絡也脈絡明而後地之東西南朔可辨山之聚散起伏可察輿地而不知諸水巨細遠近豈所語於田畝灌溉之利舟楫萃聚之所扼險用眾之奇也哉今地球諸水五洲皆各圖書顯著能先於中國內地諸川揭其大而仍不遺其細斯亦所謂若網在綱有條不紊者矣抑鄭氏以江淮河濟為諸水所歸謂明乎此天下可運於掌今更益以黑龍

未完下期續出

十二

輿地續前稿

江粵江諸川則囿舉大漠以北五嶺以南而悉登之不第如鄭氏所志已也自是而亞洲未隸中國諸水歐非美奧最著諸川舉可以類次纂用補伊古之所未備

地、算学、商学、交涉等，新闻只是附带的内容。该报初期的特点是区域性和学术性，官办色彩较重，承载着与其相称的政治功能，在知识界影响颇大。湖南巡抚陈宝箴曾通饬各州县订购。光绪二十四年六月二十一日停刊，共出四十五册。第一至四十册曾分类汇编为《湘学报类编》，第一至四十五册又曾按原状汇编为《湘学报大全集》。北京大学图书馆藏有第一至四十五册。有学者认为，“戈公振《中国报学史》、张静庐的《中国近代出版史料》初编第78页，均作共二十三期，误”。（方汉奇：《中国近代报刊史》，山西人民出版社1981年6月版）。

唐才常是戊戌变法时期著名的政治活动家、杰出的报人。在武汉组织自立军武装起义，事前暴露，被张之洞逮捕并立即杀害。另外值得一提的是主持《湘学报》舆地部的邹代钧（1854—1908），乃清末地理学家，曾创办中国第一个地理学会——“地图公会”，后改为武昌舆地学会（邹代钧死后，舆地学会改为陆军舆地学会，即湖北军事测量局前身）。与徐松、李光庭、洪钧合称中国近代西域地理四大家。邹代钧精研史地，通测绘学。1885年，经两江总督曾国荃推荐，随太常寺卿刘瑞芬出使英、俄。出使期间，遍购欧美诸国地理、地图书籍，发现中国地图的经纬度与地球上的实际里数不相符合（即“度里相差”）的原因，在于当时中国地图测绘上所用的尺不准确，从而确定以法国的米突尺为标准，制造出在中国专门用于测绘地图的尺——中国舆图尺。从此，统一了中国测绘地图的标准尺寸。1889年回国后，适逢清政府开馆续修《会典》，乃呈《上会典馆书》，建议兼采中西地图测绘法，受到普遍赞赏。这期间帮助湖南巡抚陈宝箴推行新法，主持《湘学报》所属地理舆地部，编绘中外总图分图千余幅。1902年，任《钦定书经图说》纂修兼校对官。

清末创办最早的地方政府官报：《北洋官报》

天津北洋官报局清光绪二十九年（1903）出版《北洋官报》，纸本平装，24厘米×17厘米，有插图和附表。钤“梧轩殷凤翔”、“半痴”等三印，封面写有“佚恬读”。

1901年4月25日，直隶总督兼北洋大臣袁世凯给慈禧太后和光绪皇帝上了一本奏折，提出十条建议，其中一条标题“开民智”，建议“宜通饬各省，一律开设官报局”，目的是启发民智，“庶几风气日辟，耳目日新，既可利益民生……且可抵制各处托名牟利之洋报”。朝廷当即批准。

1901年8月，袁世凯在天津河北狮子林集贤书院旧址内创办了北洋官报局，请翰林院编修、候补道张孝谦任总办。并派人到日本选购最先进的印刷设备，聘请日本精铜版、石版、照相制版及印刷者任技师，又从上海雇活字版印刷工人从事印刷。筹备就绪后，北洋官报局成立。天津称“北洋官报”总局，另在保定城北大街设分局，局内分编撰、翻译、绘画、印刷、文案、收支六股，全局共150多人。

《北洋官报》章程称：“专以宣德通情，启发民智为要义”，“以讲求政治学理，破痼习，谈知识，期于上下通志，渐致富强为宗旨”。1906年1月至12月，每周附

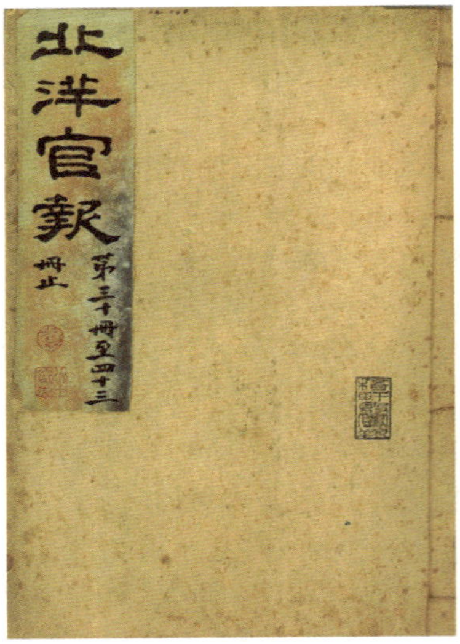

4页《北洋学报》，刊载讨论国内外大事的文章，介绍科学文化知识。另外还附带发行《北洋政学旬报》。

1901年12月25日《北洋官报》创刊，这是一份清末创办最早、最有影响的地方政府官报。《北洋官报》两天一版，免费送给直隶各级政府以及村镇学堂，天津、北京、保定、开封、济南、锦州、汉口、南昌等地则设有《北洋官报》的代销处。《北洋官报》除刊登政府的命令政策外，还介绍本省的政治、军事和教育情况，以及农学、工学、商学、兵学之新式理论和教案等外交事件、外省新闻和各国新闻等。《北洋官报》还首次刊登图片，令报纸更加生动。在《北洋官报》上，还能看到各类公私“告白”，也就是广告。其内容以政府公报为主，但却不一味地迎合政府，也比较系统地介绍外国社会的情况，介绍新思想、新知识，评论中国的不足之处，提出革新措施，成为洋务派的宣传工具。凭借官方传播渠道，起到了“开风气之先”的作用。报纸刊登内容包含圣谕广训直解，上谕，本省政治、学务、兵事，近今时务，农学、工学、商学、兵学，教案、交涉、外省新闻，各国新闻等。设有宫门钞、奏议录要、析法摘要、文牍要录、畿辅近事、外省新闻、各国新闻等栏目。

据记载，从1903年7月24日至1904年2月15日，《北洋官报》为隔日发行，每次寄发平均为2173份，月寄发总量为32600份。自1904年2月16日起，《北洋官报》改为每日出版，每次寄发平均为3091份，月寄发总量为92730份。1903年清政府鉴于《北洋官报》试办成功，决定在全国推广，“依照北洋章程妥酬开办”，因此确立了《北洋官报》在全国的地位。1912年5月，《北洋官报》停办。

《北洋官报》是全国第一份交邮政部门发行的报纸，时间虽然不是很长，但它却是天津邮政历史乃至中国邮政史上第一次受报社委托办理报纸发行业务，开邮政发行报刊业务之先河。时至今天，邮政部门仍然是报刊发行的主渠道。

翕居所藏的这套《北洋官报》为光绪二十九年正月初一至正月十六日的合订本，共计四册。卷首为刊有“宗旨”和“体例”的《学报》广告、“北洋官报总局发售各书价目”、“农学新书出版告白”等。最为重要的是书前刊登的一则“北洋学报汇编”的广告介绍：“本局学报自去年十二月初一起，每十册订成一编，图画一仍原样。现已出至第三编，每编四十余页，定价大洋三角，书印无多，速来购取。”从这则广告介绍，大致可以明白，翕居所藏的这种《北洋官报》线装合订本，是《官报》局在报纸出版后装订的，每编为14期或15期报纸。

孔网2008年10月拍卖此报，光绪三十三年九月初五至初九五期连号，成交价为1640元。

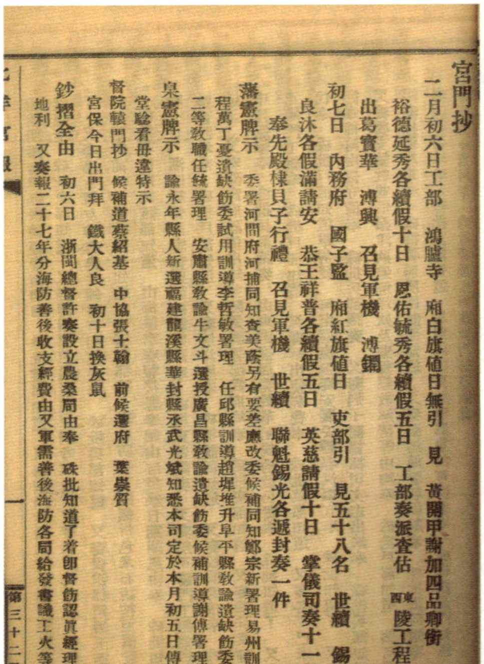
宫門抄
二月初六日工部 鴻臚寺 廂白旗値日無引見 黄開甲謝加四品卿銜 恩
裕德延秀各續假十日 恩佑毓秀各續假五日 工部奏派查估東西陵工程 派
出葛寶華 溥興 召見軍機 溥錩
初七日 內務府 國子監 廂紅旗値日 吏部引見五十八名 世續 錫光
良沐各假滿請安 恭王祥普各續假五日 英慈請假十日 掌儀司奏十一日祭
奉先殿樣貝子行禮 召見軍機 世續 聯魁錫光各遞封奏一件
藩憲牌示 委署河間府河捕同知查美蔭另有要差應改委候補同知鄭宗新署理易州訓導賁
程萬丁憂遺缺飭委試用訓導李哲敏署理 任邱縣訓導趙墀堆升阜平縣教諭遺缺飭委大挑
二等教職任毓署理 安肅縣教諭牛文斗選授廣昌縣教諭遺缺飭委候補訓導謝傳署理
臬憲牌示 諭永年縣人新選福建龍溪縣華封縣丞武光斌知悉本司定於本月初五日傳至當
堂驗看毋違特示
督院轅門抄 候補道蔡紹基 中協張士翰 前候選府 葉崇質
宮保今日出門拜 鐵大人良 初十日換灰鼠
鈔摺全由 初六日 浙閩總督許奏設立農桑局由奉 硃批知道了着即督飭認眞經理以興
地利 又奏報二十七年分海防春後收支經費由又軍需善後海防各局給發書識工火等項又
第三十二冊

三起三落的《店务通讯》

三联书店总管理处编印《店务通讯》第一至十二号，第一号为创刊号，1949年12月1日出刊；第十二号为停刊号，1951年5月30日出刊。

《店务通讯》的出刊经历了三个阶段：

第一次出版是在1938年。当时，邹韬奋创办和领导的生活书店，在抗日战争初期，发展迅速，分支店共有50余家，分布在全国各地，人员也发展到数百人。为了加强领导，沟通情况，统一思想，做好工作，1938年1月22日，生活书店总管理处在汉口出版了书店店员同人刊物、油印的《店务通讯》，第1至90期为周刊，第91期改为半月刊，共出108期，到1941年1月31日在重庆停刊。《店务通讯》的主要内容为店内业务方针、原则、策略，分支店及出版界、文化界动态，经验交流，自学提升的体会。自第20期起，邹韬奋每期写一篇《每周谈话》，与员工谈事业、谈经营、谈职业修养，后结集成册。徐伯昕则不定期撰文介绍经营思路与管理，以及服务创新的举措。

第二次出版是在1948年4月10日。《店务通讯》在香港复刊，出版三期后又停刊。徐伯昕在新一号发表《“店讯”复刊的意义》，指出：“‘店讯’是我们这个小小的民主团体里的言论机关，是有关整个店的业务的机关刊物。它是反映同仁对于业务上的意见的园地，它负有传达各业务会议中所讨论及决定的事情的任务。”它是“同人间相互研讨业务技术和教育新干部”的场所。

第三次出版是在1949年。当年12月1日在北京出刊，由三联书店总管理处编印，铅印。到1951年5月30日出刊12期后停刊。徐伯

店務通訊

第一號

本刊專供本店同志閱讀★一九四九年十二月一日出版

為迎接文化建設的高潮而努力

——代發刊詞

邵公文

生活·讀書·新知三聯書店總管理處編印

昕在“第一号”上发表《店讯应负起指导工作的任务》一文，邵公文撰写《为迎接文化建设的高潮而努力》，代“发刊词”。

《店务通讯》1950年第十号上载有一篇“全国出版会议之后”的社论，是记载出版机构调整的一篇重要文献。1950年9月，第一届全国出版会议召开，根据出版发行要分工，出版要专业化，提出了一系列重要举措，这次会议对于中国此后的出版发展有决定性的影响，按此决议，新建人民出版社、人民文学出版社、高等教育出版社、人民美术出版社、中国

图书发行总公司等专业出版发行机构，三联书店、商务印书馆、中华书局等老出版品牌则纷纷失去独立建制。

这篇社论中提到，三联书店将一分为五，分别组建：联合发行机构，后定名为中国图书发行总公司，1951年1月1日成立，后并入新华书店；社科联合出版机构，后定名为人民出版社，1950年12月成立；文学联合出版机构，后定名为人民文学出版社，1951年3月成立；自然科学出版机构，此前已于1950年7月成立的科学技术出版社，1952年与上海生产与技术社合并，更名为机械工业出版社；《学习》杂志社，后发展为《红旗》、《求是》杂志社。

社论中还说：“但是这一个变动毕竟太大了。本来一家子的，要变成五家子了，以后这五个单位，怎样以‘亲兄弟、明算账’的精神来好好分工合作，这是不简单的一件事。”

此后，三联书店作为人民出版社副牌继续出书，直到1986年1月1日恢复独立建制，定名为“生活·读书·新知三联书店”。同时，1986年8月，在三联书店同仁和上海市市长汪道涵支持下，三联书店上海分店成立，定名为“上海三联书店”，京沪两店为独立实体，又有一定密切联系。

1950年第十二号《店务通讯》上，刊登了“向同志们告别”社论，提出：“本刊已

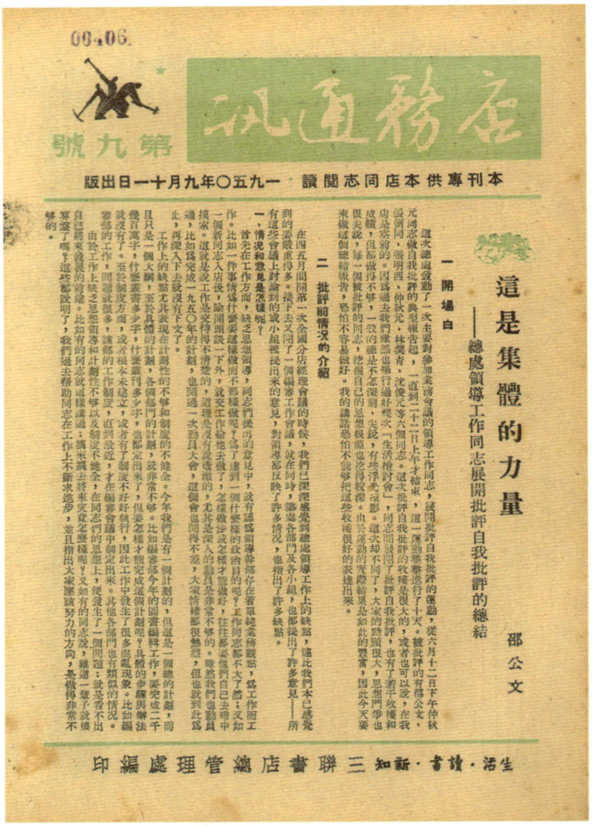
06406
店務通訊
第九號
本刊專供本店同志閱讀 · 一九五〇年九月十一日出版
這是集體的力量
——總處領導工作同志展開批評自我批評的總結
邵公文
一 開場白
二 批評和意見的介紹
生活·讀書·新知三聯書店總管理處編印

经出满一年，由于中国图书发行总公司的成立，本刊的历史任务，也已告一段落。”这期刊物重点刊登了一些总结性文章，至此，三起三落的《店务通讯》，就再也没有迎来第四次复出。

散页装《版画艺术》第一辑

上海人民美术出版社编辑《版画艺术》第一辑，散页14幅。上海人民美术出版社1963年7月第一版第一次印刷，印数650套。《20世纪中国版画大事年表》记载：“1963年7月，上海人民美术出版社编辑的《版画艺术》（第一期、第二期、第三期，陆续出版），为八开精印。”

《版画艺术》第一辑收录晁楣的《桦林深秋》、赵延年的《团结起来到明天》、晓岗的《延安小景》、吴然的《猎》、陈天然的《琅琅读书声》等14幅作品，其中彩色10幅，套色1幅，黑白3幅。

作于1963年7月的“编者的话”中写到：为了便于学术界和版画界了解、考察、研究某一时期的创作趋向，并及时反映我国版画艺术的新成就，从而更进一步推动我国版画艺术的发展，我们以为在一定时间内，收集全国版画界的新创作，选印出版，是有它重大意义的。因此，我们决定以《版画艺术》这个名称，不定期的出版一种中型的版画专辑，根据稿件的情况，每年选印三四辑，把某一阶段的优秀作品，加以精印介绍，以为读者的综观，作者的借镜，使它起到当年鲁迅先生辑印《木刻纪程》的作用。选印的作品将以国内新作特别是反映当前现实斗争生活的新作为主，但是为了参考借鉴，也将酌量介绍古代和国外的优秀版画作品。

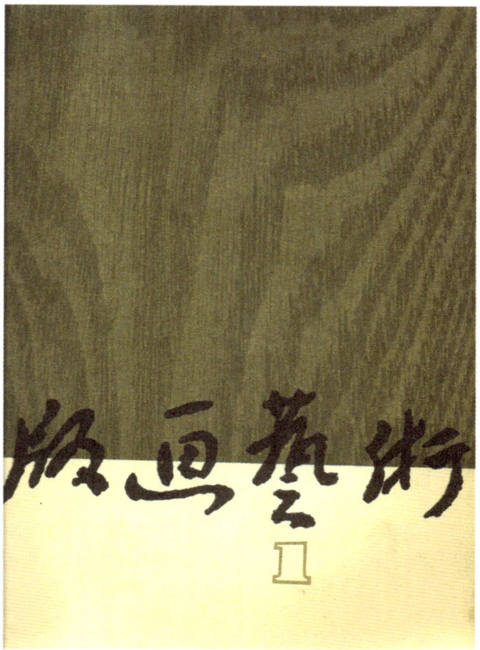

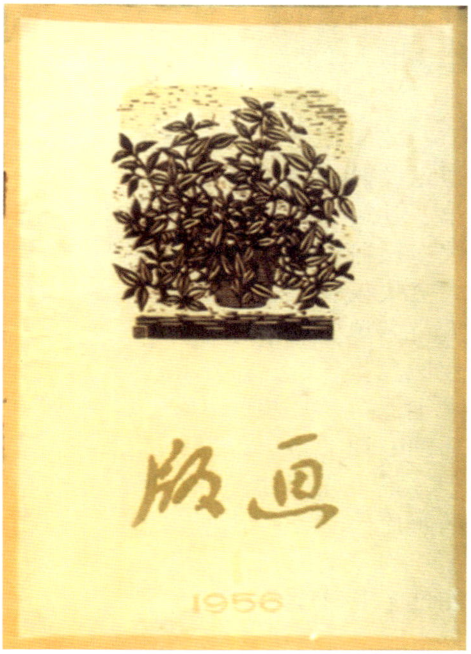

从以上“编者的话”中可以了解，《版画艺术》是不定期出版的版画专辑。虽然社里打算“每年选印三四辑”，但实际上只出版了四辑。第二辑为1964年出版，散页14幅。第三辑也为1964年出版，第四辑为1965年出版。第三、四辑改为期刊式装订成册了。1980年，上海人民美术出版社开始编辑出版《版画艺术》第一期，虽然名仍其旧，但已改为丛刊了。

建国初期，上海人民美术出版社还曾出版《版画》双月刊，由李桦、力群、野夫、赖少其、扬可扬主编。创刊于1956年10月，“创刊号”初版一印6000册、二印2000册，直至1960年的第24期开始，改为季刊。

西北军政委员会编《西北农林》

西北军政委员会农林部编委会编辑《西北农林》杂志，存第一卷第二、第七、第九期，出版时间分别为1950年12月、1951年5月、1951年7月，均为20日出版。国家图书馆著录为“出版地不详”，出版年份为“1950—19??”。

从翕居所藏的这三期杂志版权页及《征稿简约》和《订购简则》可知，该刊为月刊，在西安出版，西北财政部印刷厂印刷，新华书店陕西分店经售。

该刊栏目有“指示”、“农林常识”、“西北农林讲座”、“农事动态”、“各地通讯”、“护林文学”等，每期页码不等。第一卷第二期是“西北区第一届农业技术会议专辑”，收录了大会开幕词、领导讲话、大会决议、大会总结报告、会议日程、参加人员名单、大会标语等，主要篇幅是关于农业情况报告、选种、试验研究、土地利用与水土保持、病虫害、特产、农具、肥料等方面的专业文章。该期还收录了一些照片和图表，第一张照片是“彭德怀主席莅会讲话”的照片。

作家黎焕颐在“忆秦川”（载2003年2月28日《贵州日报》）一文中提到，他在1949年参军后，由其表哥黎以宁介绍，到西北局任该杂志编辑。当时秦川是西北局宣传部的秘书长兼宣传处处长。秦川对黎焕颐说：“你们黎家是我们贵州的世家名门，素以诗文驰名海内，特别是黎庶昌先生。听说你在农业部编《西北农林》这个刊物，算是得其所哉。”

1936年至1947年，国立西北农林专科学校编审委员会曾编印《西北农林》期刊，该校出版股于陕西武功出版。该刊创刊于1936年7月10日，于右任题写刊名，有朱家骅、王世杰、邵力子、杨虎城、吴敬恒等题词。为西北地区高校所办的两种最早的农学学术期刊之一（另一为甘肃学院专修科于1935年11月创办的《农学汇刊》）。内容为通论、专论、调查报告、文艺、规章、附录和气象记录等。该刊创刊号提出：“本校应社会之需求，虽内部设施尚未完备，而欲担负其应尽责任之心，则未敢后人。发行本刊，拟将研究和教学的成果以及中国农业之新方法、新技术推广于民间。”（引自西北农林科技大学新闻网）1947年后，《西北农林》与《西北农报》合并，改为季刊，并以《西北农报》刊名出版（姚远、亢小玉“陕西近代科技期刊史略”，载《西北大学学报》）。

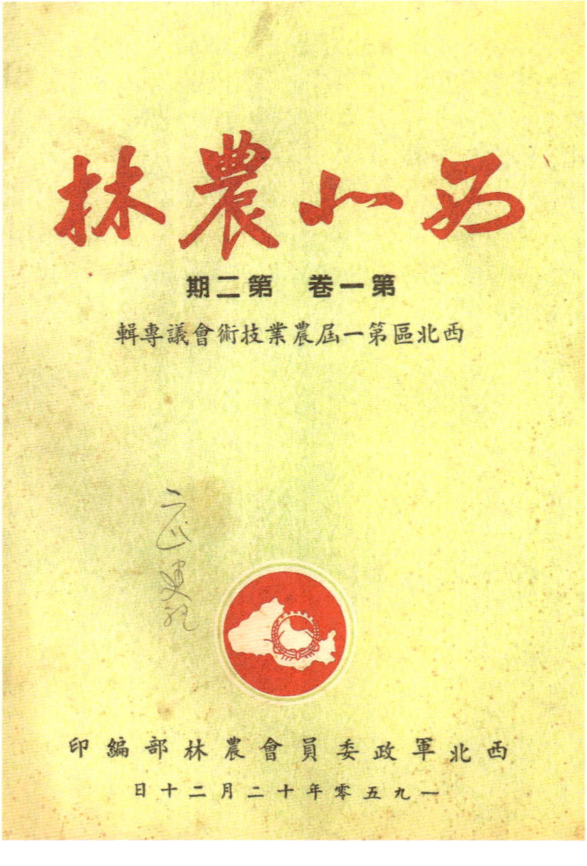

西人在华最早创办的刊物：《中国科学美术杂志》

在民国时期上海传媒中，专业报刊有《远东释疑》，这是一本学术刊物，1867年创刊，英国汉学家伟烈亚力（Alexandre Wylie）主编，季刊，是西人在华最早创办的刊物。该刊1872年易名《中国评论》，改为双月刊，1923年又改名《中国科学美术杂志》，为月刊。内容起初泛论中国历史、地理、宗教、语言、文化等，兼评中国和远东问题，无所不至，后转向科学、艺术。因该刊选稿精审，在上海乃至全国颇具影响。

伟烈亚力是早期来华传教士中致力于中西文化交流的著名人物，对中西文学艺术交流多有建树。他在1858年就创办了《皇家亚细亚文会北中国分会报》，每年一册，专门刊载西人研究中国的文章。这一时期，上海海关、工部局、公董局都发行了自己的机关年报或月报。

《中国科学美术杂志》当时在原上海博物院路（现名虎丘路）办公，这条路名便得自坐落于此的上海博物院，这座博物院的创办者是当时赫赫有名的“英国皇家亚洲文会北华支会”。1933年11月出版的《中国科学美术杂志》上，曾经记载了这么一段轶事：1874年，亚洲文会北华支会的一座两层新楼在上圆明园路5号（今虎丘路20号）落成，同时，一项组建博物院的计划被提到了议事日程上。不久，上海博物院开幕，而原来的上圆明园路随之亦被改称“博物院路”。

因白蚁蛀蚀再加上年久失修，上海博物院所在的亚洲文会老楼于1933年即被拆除重建，今天我们在虎丘路上看到的是一幢砖石结构的六层建筑。当时大楼底层住着负责上海博物院动物标本制作的唐仁官一家和文会图书馆管理员赵紫恒夫妇。二楼是大礼堂，为感谢当年建造新楼时，著名鼠疫防治专家、时任上海港检疫处长伍连德博

THE
CHINA JOURNAL
中國科學美術雜誌
SCIENCE ART LITERATURE
TRAVEL SHOOTING FISHING
PRICE $1.30 MEX.
Vol. XIX
JULY 1933
No. 1

士的慷慨捐助，将其命名为“伍连德堂”。三楼是文会图书馆。四楼为博物院的动植物标本陈列部，五楼是古董及钱币陈列部，六楼是索威比主编的《皇家亚州文会北华支会学报》及《中国科学美术杂志》编辑部。

原定于2006年11月23日举办的《“一千部”西文书籍——从摇篮本到北堂书目》专场拍卖（后因故取消，据说是在会后成交，售与澳门某图书馆）中，有两个标的均为《中国科学美术杂志》，这在其他拍卖会中是不多见的。其0431号拍品是该杂志合订本八册，0441号拍品是该杂志194个单册。

中安太平2007年秋季艺术品拍卖会古籍文献专场1154号拍品为1933—1937年出版的《中国科学美术杂志》六册，包括1933年两期、1934年一期、1936年一期、1937年两期，估价1500～2500元。

邵瑞彭签赠杨树达的《河南图书馆馆刊》

河南省图书馆是我国历史上创建较早的省级公共图书馆之一。清光绪三十四年（1908）六月八日筹备，清宣统元年（1909）二月二十七日开馆，并正式定名为“河南图书馆”。有员工5名，经费白银100两，馆址在开封城内龙亭湖畔二曾祠侧的许公祠，搜罗大梁、明道两个书院图书共计1600种43000余卷。

1933年2月1日，《河南图书馆馆刊》创刊，双月刊，32开本，共发行4期。前3期分别于1933年2月1日、4月1日、6月1日出版，第4期延至1934年12月1日出版。该刊被称为“河南最早的图书馆学方面的刊物”（李建庄：《馆藏四种解放前期刊概要》，载西安地图出版社《21世纪图书馆发展大视野》）。

当时的河南大学教授邵瑞彭（字次公）为其题写了刊名，图书馆员工万葆麟负责编辑工作。1923年，曾任河南图书馆馆长、时任河南省教育厅厅长的齐如真亦曾为此馆刊题词。

《河南图书馆馆刊》出版4期后便告停刊。虽然只有区区4期，但刊内记载了许多重要的史料，如“河南图书馆大门”、“河南图书馆阅览室开放状况”、“民国念二年馆刊第三期本馆同仁摄影纪念”等一批极具价值的图片，以及馆藏明万历马刻蔡中郎、馆藏明嘉靖乔刻蔡中郎集、馆藏明小字黑口本豫章罗先生集、馆藏明嘉靖徐刻唐文粹书影等难得的实物照片。在这几本仅存的刊物中，还刊载有“本馆略历”、“公牍”、“书林消息”和有关图书馆工作的规程、报告等。如民国22年2月1日出版的第一期中所举《河南图书馆征求本省书籍例程》

中的规定：

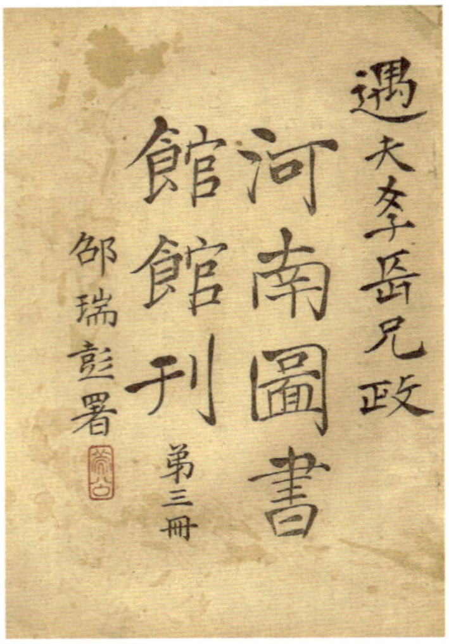

1.自明清至近岁，凡本省先正遗著、稿本副本，或流布未广之刊本，或曾经批校之古书，不论何部何类，一律征求。

2.自汉以来，本省先正遗书之刊本，不论本省人刊外省人刊，一律征求。其在汇刊本之内者，单送全送均可。

3.本省人刊行，或印行书籍，不论单行汇刻，凡未曾见者，一律征求。

4.上列各书应征办法如次：甲、代为保存。乙、收买。丙、录副。丁、代为刊印。

5.上列四项，除甲项外，由本馆与应征人酌量议价，或其他酬报。

6.本例程自公布日施行。

这一例程，在《馆刊》第2、3期封二中连续刊出。每期中还都专门列出为河南图书馆捐赠书刊的单位、书名和册数的“赠书报告”。

《馆刊》还刊载不少文人遗稿、论著与函札，如项城袁抱存的《宋本提要廿九种》、日照许印林的《一切经音义校勘记》和海州许月南的《说切音》等，尚有《穆天子传月日考》、《明吴与闵氏刊书目》、《墨庄荑稗录》、《田篑山评点庚开府集题记》、《尚书序目决疑》与《散曲书目》等版本学、目录学文章。

《馆刊》由当时的开封中华书局发行。开封商务印书馆设有代售处，定价一册六角，半年三册一元六角，全年六册三元，对学术团体则价洋折半。同时，为维系刊物生存，在《馆刊》“广告价目”中列出了详尽的刊例和价格：“每期每面（半页）八元，每半面五元，每四分之一面三元。刊刻花样另议，长期登载者酌定折扣。”

在内忧外患、民不聊生的战乱时期，《馆刊》也仅维系出版4期，即告倒闭。此后的十数年间，再未有类似馆刊形式的刊物出现。此刊除河南、上海、南京、陕西等图书馆有藏外，摊肆拍场均较难见到。

邵瑞彭（1887—1937）于九流之学无所不通，书法直造褚河南，可惜早逝于河南大学教授任上，身后萧条，所积书稿星散。邵瑞彭在第三册《馆刊》封面题“遇夫学岳兄政”，题签中的“遇夫”为杨树达。杨树达（1885—1956）为语言文字学家，字遇夫，号积微，湖南省长沙市人，有“旧学宗主”之称。邵瑞彭赠送杨树达这本《馆刊》的1933年，他在清华大学教书。

民國念二年館刊第三期本館同仁攝影紀念

《学生文艺丛刊》

张廷华、沈溶、凌善清编辑《学生文艺丛刊》第四卷第三至五集。上海大东书局1927年出版发行。封面为另装，手绘兰草和树叶。

刊载的文章有诗词、游记、日记、随笔、序跋、传略、书简和书法作品等。

第五集有“仿陋室铭用原韵”所作的《学生文艺丛刊铭》：

文不在多，精华则名；
艺不在广，新奇则灵。
斯是丛刊，有稿皆馨。
笔润书飞白，墨泼竹垂青。
凌云气潇洒，掷地声东丁。
可以写世真，感神经。
奏云霓之妙曲，美沧桑之幻形。
集锦印瘦庐，裁笺题邮亭。
学生云：“何美不有？”

国家图书馆藏有该刊几期零本，著录为1923年至1937年出刊。

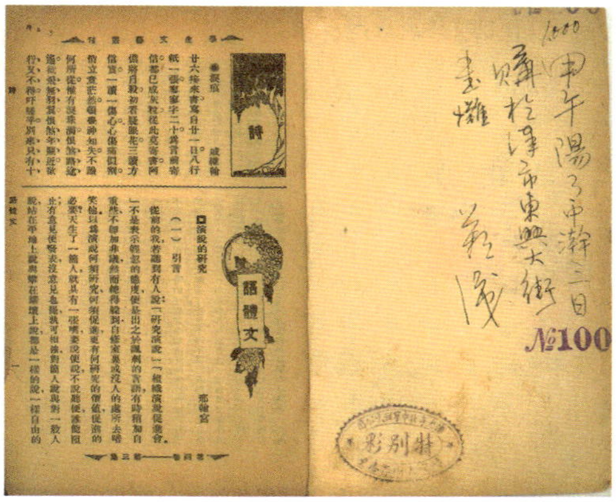

杨曼青的《杂碎录》与《群强报》

翕居所藏杨曼青著《杂碎录》，是在《群强报》连载后的剪报装订本。《群强报》是一种小型日报，1912年5月创刊，由陆哀创办，以戏曲娱乐为主，主要刊登各戏院上演的剧目和演员介绍，内容不注重时事新闻。该报报馆坐落在北京城南的樱桃斜街。

在20世纪20至三四十年代，老北京的城南可是报馆集中的地方。宣武门外大街与南新华街之间，除了有名的《京报》之外，在魏染胡同还有一个《实事白话报》。这里出版的报纸很独特，通篇不用标点符号，每遇句读的地方空一格，排字工和校对员倒省了不少事。在这些报纸里面，《群强报》算面世较早的。现在和过去的小报，差不多都是一张四开纸横用，而《群强报》那时却是竖着用，像现在个别的文摘小报。这份小报根本不讲究什么“版面设计”，文章编排非常简单，往往是一条新闻有一行标题，一段一段的新闻密密麻麻依次排列。

《群强报》所载大部分是低级趣味的文字。当时北京说相声的曾这样形容卖报小贩的吆喝：“快买份儿《群强报》看咧！看这个大姑娘女学生上了新闻啰！”

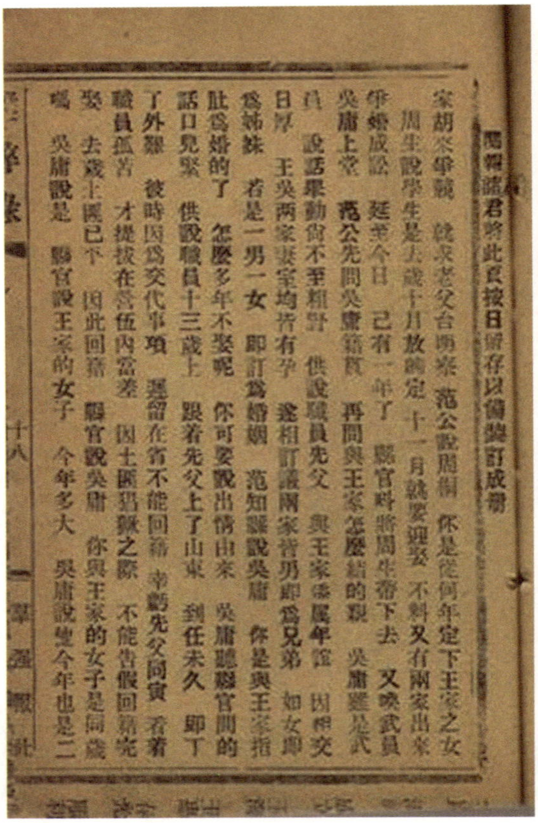
閱報諸君將此頁按日留存以備裝訂成冊
家胡來爭競　錢求老父台明察　范公說周倜　你是從何年定下王家之女
周生說學生是去歲十月放繡定十一月就要迎娶　不料又有兩家出來
爭婚成訟　延至今日　已有一年了　縣官將周生帶下去　又喚武員
吳庸上堂　范公先問吳庸籍貫　再問與王家怎麼結的親　吳庸雖是武
員　說話舉動尚不至粗野　供說職員先父　與王家係屬年誼　因相交
日厚　王吳兩家妻室均皆有孕　遂相訂議兩家皆男即爲兄弟　如女即
爲姊妹　若是一男一女　即訂爲婚姻　范知縣說吳庸　你是與王家指
肚爲婚的了　怎麼多年不娶呢　你可要說出情由來　吳庸聽縣官問的
話口兒緊　供說職員十三歲上　跟着先父上了山東　到任未久　即丁
了外艱　彼時因爲交代事項　遲留在省不能回籍　幸虧先父同寅　看着
職員孤苦　才提拔在營伍內當差　因土匪猖獗之際　不能告假回籍完
娶　去歲土匪已平　因此回籍　縣官說吳庸　你與王家的女子是同歲
嗎　吳庸說是　縣官說王家的女子今年多大　吳庸說她今年也是二

《华盖集》中收有鲁迅给徐炳昶的一封回信，曾讲到过一些小报小刊：“现在的各种小周刊，虽然量少力微，却是小集团或单身的短兵战，在黑暗中，时见匕首的闪光，使同类者知道也还有谁还在袭击古老坚固的堡垒，较之看见浩大而灰色的军容，或者反可以会心一笑。在现在，我倒只希望这类的小刊物增加，只要所向的目标小异大同，将来就自然而然的成了联合战线，效力或者也不见得小。但目下倘有我所未知的新的作家起来，那当然又作别论。通俗的小日报，自然也紧要的；但此事看去似易，做起来却很难。我们只要将《第一小报》与《群强报》之类一比，即知道实与民意相去太远，要收获失败无疑。”

不过，《群强报》也不仅仅是刊登花边新闻，还连载了不少小说。除杨曼青的《杂碎录》外，还有穆儒丐的《梅兰芳》，勋荩臣的《白话聊斋》，蔡友梅的《小额》，王冷佛的《春阿氏》，等等，这些白话小说，连载后大都稍纵即逝，只有很少几部后来印成了单行本。

以今天的眼光看来，《群强报》也登过一些有史料价值的东西，如1923年5月1日的报纸登载了《宣统赴醇邸探病》的消息：“清醇王老侧福晋现在患病，清帝特于三十号上午十一时，携带皇后、淑妃，同乘汽车出宫赴德胜桥醇王府探病。是日，涛贝勒司机、御前大臣泽公及内务府大臣绍英等随护，至晚四时还宫。”民国初年，北京城内要修有轨电车时，1918年9月1日的《群强报》曾有一稿向市民介绍：所说的电车“是庚子（1900）以前永定门到马家堡安过的电车。这种电车，是在当街马路上铺上铁轨，旁边竖上铁柱，柱上安横梁，梁上悬电线，电车在铁轨上行走，借上边电线的电力，要开就开，要住就住，要快就快，要慢就慢”。

北京的风味小吃品种繁多，有名的会仙居炒肝，就是杨曼青20世纪20年代创意发明的。当时杨曼青在民办的《北京新报》馆作记者。他还在《群强报》发表介绍会仙居炒肝的文章，宣扬猪肠猪肝的营养价值，不经意间“炒”火了会仙居。

一次不同寻常的“发现”

七十多年前的北平，河北省的一些学生，举办了一次以“发现”为主题的夏令营活动。

时间：民国19年6月28日至7月7日

地点：北平西山卧佛寺

人物：平、津、保各市及河北省内中等以上学校基督徒学生

事件：河北省基督徒学生团体联合会十九年夏令会

主办：河北省基督徒学生团体联合会

为了举办这样一个活动，组织者印制了一本精美的活动通告，虽然仅有20个页码，但用铜版纸彩印封面，配制了七幅插图。这个小册子讲明了活动的宣言、日程、演讲题目、演讲人、活动顾问、分组会召集人、赴会须知，等等，十二方面的事项。

这个夏令会共安排了十天活动，第一天是报名、缴费（报名费一元、膳费四元）和分组，第二天是由全绍武先生主领的誓志礼拜和音乐交际会。第三天至第九天，安排了多场夕阳会讲学和专题讲学，讲题涉及政治、外交、宗教、升学择业、农村经济、乡村改造、心理生理等方面内容，讲演的学者、教授、专家阵容也很庞大，有陈翰笙先生的《华北的农村经济》、潘光旦先生的《中国青年的择业问题》、许地山先生《各宗教之研究》、周诒春先生的《从应付社会上实际问题所得的经验》、余日章先生的《基督教在华的地位和趋势》、赵紫宸博士的《科学与宗教》、韩玉珊先生的《乡村改造问题》和甘霖格夫人的《心理卫生》，等等，最值得一提的是吴文藻和谢冰心夫妇一起来讲演，题目分别是《各种社会主义之研究》和《男女社交方式的问题》。这些演讲肯定是博大精深的精彩篇章，很可惜现在已无从得见。

各分组讨论召集人，主要是来自燕京大学、清华大学、南开大学、北京大学、女子师范大学河北大学、和汇文神学院等九所大学的老师。分组讨论的顾问都是一些鼎鼎大名的学者和社会名流，有舒舍予（老舍）先生、燕京大学吴雷川校长、英籍培华女子中学包哲洁校长和一些知名牧师等36人。

为什么把这次夏令会的活动定为“发现”？组织者说：“发现”代表寻求的态度和探讨的精神，在这现代的环境中，我们深刻地感觉了有一种不可名状的精神上的压迫，因而在日常生活中生出了烦闷、苦恼、

冲突和失望，一方面感觉宇宙之大而不可捉摸，一方面感觉人生的狭隘而索然寡味。因此，我们把“发现”定为标的，要站在基督徒的立场上，在这种的会合中，借着人与人的认识、问题的讨论、道理上的切磋、思想上的交换，而发现生活的真意义，找到宗教信仰的基础。对于自我与环境、生活与理想，不但要求进一步的认识，更要找到新的途径而展放我们活泼的人生！因此，我们诚恳地说：夏令会曾是正待大家开辟的原野，而不是几个少数人熟耕的园地！

从小册子中的介绍可知，这是河北省基督徒学生团体联合会第三次举办这样的活动。而这次活动，“特别注重在‘讲学’和‘讨论’两个方面……所谓讲学，乃是邀请各大知名的专门学者，给我们作几次的有系统的演讲，以开展我们的思想，作为我们探求的线索！同时，我们也觉得互相讨论，彼此交换心之所得与心之所失的经验的需要，所以我们也特别注重讨论，我们也请了代表各方思想和生活的硕彦之士女们，来作我们的顾问，以作我们讨论的藉助”！

这样一个夏令会，有这么多的学者来“传经布道”，选择了一个佛教的寺庙，来传播基督的教旨，实在是耐人寻味。如今的夏令营可以说多如牛毛，也都有这样那样的主题，但能够注重“讲学”和“讨论”的又有几个呢？

在川北三台出刊的《东北集刊》

国立东北大学东北史地经济研究室编《东北集刊》第一期至第四期，国立东北大学东北史地经济研究室民国30年四川三台石印本。封面题“为公中学惠存，三十五年五月，于三台东大”，赠书人署名被墨笔涂去。

1921年初，张作霖接受时任奉天（今辽宁）省教育厅厅长谢荫昌的建议，决定创办大学教育。1922年12月，奉天省公署委任汪兆璠为东北大学文法科筹备员，并决定把奉天公立文学专门学校校址改为东北大学法科校址。1923年4月，东北大学正式成立。

1931年“九·一八”事变爆发，日军一夜之间占领沈阳，城陷未几，日本南满公学学堂堂长来校，伪致慰问，劝照常上课，称经费由日本供给。全校师生悲愤已极，严词拒绝，被迫走上流亡之路，成为第一所流亡大学。国立东北大学师生先到北平、后迁开封、西安，南下三台，一路求学，一路斗争。

1931年9月26日东北大学大部分师生迁往北平，教授们组织“教授代表会”，推动学校复校事宜，学生也成立了“东大临时学生会”，协助教授们工作。10月18日，学校借北平南兵马司旧税务监督公署为校舍，勉强复课。因条件所限，部分系科停办，同时添加边疆政治系、家政系等实用学科。

1932年，为了粉碎日本帝国主义霸占我国东北合法化的阴谋，艰难办学的张学良校长出资8000现洋资助学生刘长春参加第十届奥运会，此举给日本帝国主义以有力的还击。1932年7月30日，刘长春手执中国国旗阔步走在奥运会开幕式上，这是中国首次派运动员参加奥运会。

1938年3月，东北大学开始迁往四川。5月，在四川三台复课。7月，东北大学工学院并入国立西北工学院，东北大学文学院改为文理学院，增设化学系。这时，在三台的东北大学只剩有文理学院和法学院。文理学院含中文、史地、化学等三个学系；法学院含政治、经济等两个学系。1940年8月，设东北史地经济研究室，金毓黻为主任。史地学系分为历史学系和地理学系。

1941年6月，国立东北大学东北史地经济研究室在三台创办了不定期学术刊物《东北集刊》第一期，由东北大学出版组出版发行。这一时期东大编印的《东北集刊》、《志林》收录了师生数百万字的论文，研究课题从“大学精神”到“儒家政治思想的发展”；从“三台物价”到”东北人口发展的特点”，涉猎之广泛，调查之缜密，论证之严谨，令人叹服。学术研究欣欣向荣，学生活动蓬勃开展。学校通道两旁一直延伸到大门口的壁报都是学生的创作，以宣传抗日，抨击腐朽政治，揭露社会黑暗为主要内容。1942年3月，国民党政府教育部令：改东北史地经济研究室为文科研究所，暂设史地学部，研究生毕业给予硕士学位。东北大学的研究生教育，由此发端。1947年2月，东北大学在沈阳北陵校址开学。1949年3月，北平和平解放后，东北大学的文、法、理、商、教育学院回到长春，与解放区的东北大学合并。东北大学工学院迁回到沈阳。

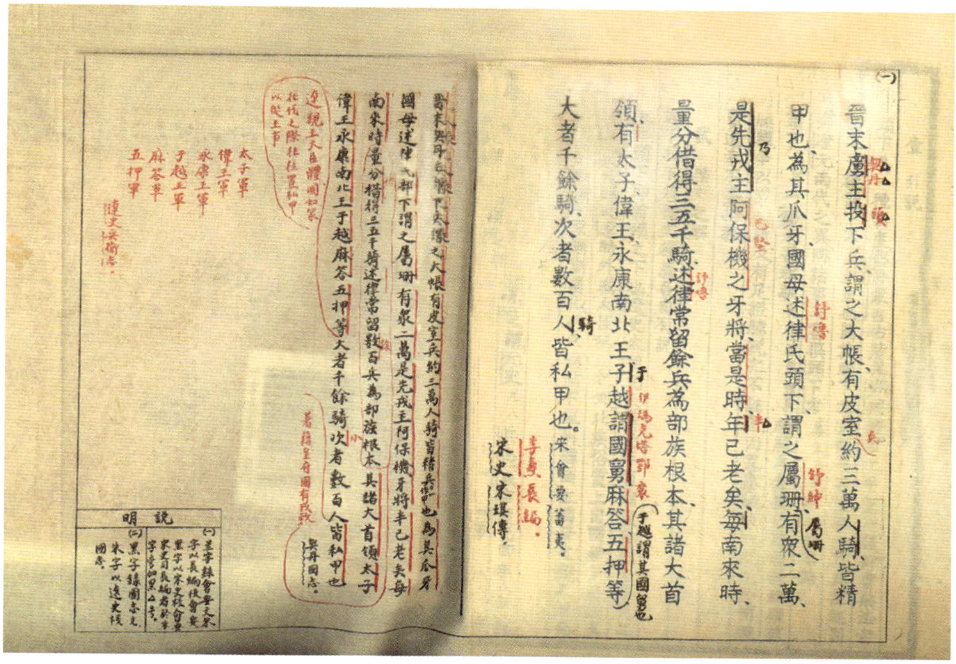
(一)
晉末虜主投下兵謂之大帳有皮室約三萬人騎皆精甲也為其爪牙國母述律氏頭下謂之屬珊有衆二萬是先戎主阿保機之牙將當是時年已老矣每南來時量分借得三五千騎述律常留餘兵為部族根本其諸大首領有太子偉王永康南北王子越諸國舅麻答五押等大者千餘騎次者數百人皆私甲也。宋會要蕃夷
宋史宋琪傳

在三台这座川北小城，东北大学度过了8年时光，在物力财力两感窘迫的岁月里，师生们直面困苦，笑对艰难，追求学术发展，传播进步文化，那段日子因此而熠熠生辉，三台小城，因而平添万千气象。

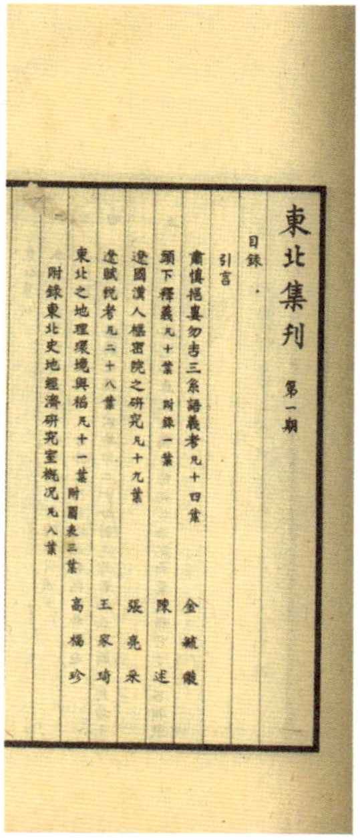
東北集刊 第一期

目錄

引言

肅慎挹婁勿吉三系語義考	凡十四葉	金毓黻
頭下釋義	凡十葉 附錄一葉	陳述
遼國漢人樞密院之研究	凡十九葉	張亮采
遼賦稅考	凡二十八葉	王家琦
東北之地理環境與稻	凡十一葉 附圖表三葉	高橋珍
附錄東北史地經濟研究室概況	凡八葉	

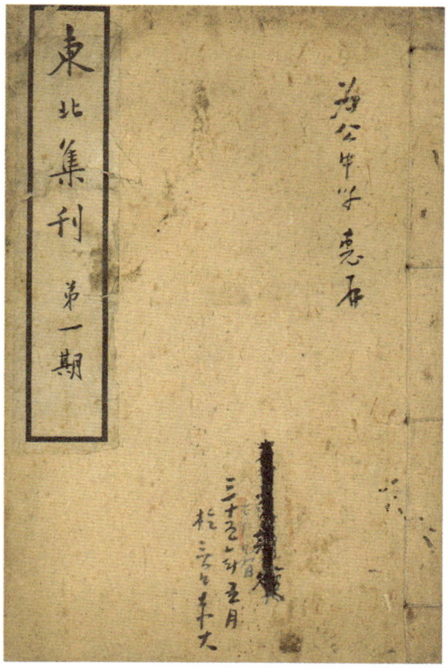

中国共产党的第一个党刊：《共产党》

1920年11月7日，中共上海发起组（即后来称之为上海共产主义小组）创办了最早的党内机关刊物《共产党》月刊。该刊是中国共产党的第一个党刊，16开本，秘密发行全国，最高发行量为5000份，是各地共产主义小组的必读材料之一。到1921年7月7日停刊，共出6期，李达任主编，撰稿人一概不署真名。

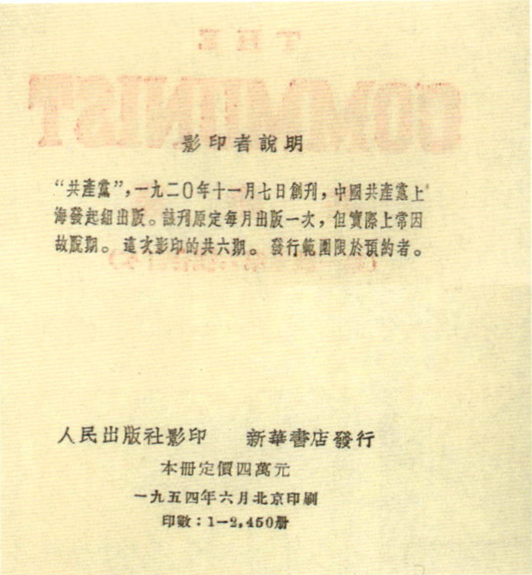

影印者說明

“共產黨”，一九二〇年十一月七日創刊，中國共產黨上海發起組出版。該刊原定每月出版一次，但實際上常因故脫期。這次影印的共六期。發行範圍限於預約者。

人民出版社影印　新華書店發行

本冊定價四萬元

一九五四年六月北京印刷

印數：1—2,450冊

《共产党》月刊在中国第一次竖起“共产党”的大旗，阐明了中国共产党人的基本政治主张，以大量篇幅刊载马克思主义著作和国际共产主义运动的材料，对各地建党工作起了重要的指导作用。

陈独秀为创刊号写“短言”代序：“要想把我们的同胞从奴隶境遇中完全救出，非由生产劳动者全体结合起来，用革命的手段打倒本国外国一切资本阶级，跟着俄国共产党一同试验新的生产方法不可。……我们不可听议会派的欺骗，我们只有用阶级战争的手段，打倒一切资本阶级，从他们手中抢夺来政权，并且用劳动专政底制度，拥护劳动底政权，建设劳动者的国家以至无国家，使资本阶级永远不至发生。”该刊第一次喊出了令人激动的口号：“共产党万岁”、“社会主义万岁”。

翕居藏有一套《共产党》月刊影印合订本，蓝色布面精装，配以红色刊名，1954年6月由人民出版社据1920年原刊影印合订本出版，发行范围限于预约者，根据预约发行2450册。

2001年6月21日出版的《经济日报》，刊有一篇《北京报国寺文化市场发现〈共产党〉月刊影印合订本》的文章。文中讲到：《共产党》月刊共出6期，只有中共中央马恩列斯编译局图书馆存该刊真本1921年第5期，在其他各大图书馆，总共存有《共产党》全套影印本不到30本。在民间，《共产党》月刊则更为罕见，是一套极为珍贵的革命史料。

由于该月刊在当年系秘密印刷和半公开发售，因此常常脱期，从1920年11月7日出版第一期至1921年7月7日第六期后停刊。此刊在印行中，有一次文章被法租界捕房当局没收。任主编的李达将缺页照常印行，在空白处印出大字：“此面被法捕房没收了”，有力地揭露了当局的横行霸道。

拾壹 厚古不薄今

翕居认为，从建国到现在，中国出版业的发展基本上可以分为四个阶段。

第一个阶段是建国后的17年（1949—1965）。1949年以后，新中国的出版事业开始组建。国家首先将社会上存在的私营出版机构改造成国营或公私合营的出版机构。过去一些对社会有贡献有成就的出版社继续保留下来，如商务印书馆、中华书局等，政府给予扶持；曾经在民主革命时期，为革命作出贡献的进步出版社，如生活书店、读书出版社、新知书店在建国前已经联合成立三联书店，建国后扩大业务；对过去一些小的私营出版社则采取合并的办法，使其走上正确的道路。另外，在北京、上海和各省、自治区，建立了一些综合性的和专业性的出版社。

1950年9月，在第一届全国出版工作会议上，作出《关于发展人民出版事业的基本方针的决议》。决议提出："为人民大众的利益服务是人民出版事业的基本方针。"在这个方针的指引下，中国的出版事业发展很快。建国后最初几年，就出版了大量对广大读者有益的书籍。

据统计，1950年全国出书12153种，印数2.75亿册；1956年，出书28773种，印数17.84亿册。6年期间，全国出版的书籍大量增加，1956年是1950年出书种数的236.7%，印数的649%。不仅出书种数、印数大量增加，更重要的是出版了大批有价值的深受广大读者欢迎的读物。

1956年，在"百花齐放，百家争鸣"

方针指导下，出版事业出现繁荣景象，学术著述和文艺创作欣欣向荣。但是，1957年反右派斗争的扩大化，伤害了一批学者、作家和出版工作者，使出版事业的发展受到了挫折。在“大跃进”的浪潮中，曾一度出现片面追求出书数量，而不顾质量的现象。1963年至1965年，随着工农业生产的恢复和发展，出版事业也逐渐复苏，走上正常轨道。建国后17年间，除系统地出版马列主义经典著作外，对于现代中国著名作家鲁迅、郭沫若、茅盾、巴金等人的著作，也开始陆续出版全集。这期间出版的社会科学、自然科学与工程技术的出版物都比较丰富。对西方从古代到现代的重要学者、作家的著作，有计划有步骤地进行介绍，有的还出版了全集。这一时期，图书出版对科学文化在人民大众中的普及和提高，对整个社会的精神文明建设，都起了重要的作用。

第二个阶段是“文革”开始到粉碎“四人帮”的十年（1966—1976）。1966年“文革”开始，出版工作又受到严重打击，书刊出版陷于瘫痪。“文革”十年是出版事业遭受严重挫折的十年。“文革”开始，出版机构首先受到冲击，随后出版机构大部分撤销，人员被遣散或下放劳动，以前出版的图书大部分被否定。结果，图书出版大量下降，由1965年出书20000种，下降到1967年的2725种。“文革”时期出版的图书除马克思、列宁和毛泽东著作外，大多是当时的政治文件、文章汇编和政治性小册子。出版园地变成了荒芜的沙漠。

第三个阶段是粉碎“四人帮”后至20世纪80年代末（1977—1989）。1976年粉碎了“四人帮”，批判了极“左”路线，出版工作得到恢复和发展。在新的活跃气氛下，广大著译者和出版工作者的积极性被调动起来，创作日益繁荣，著译日渐丰富，出版事业出现一派生机勃勃的景象。1978年以后，出版方针进一步明确。图书出版事业必须认真贯彻为人民服务、为社会主义服务的方针，认真执行“百花齐放，百家争鸣”和“洋为中用，古为今用，推陈出新”的方针。10年来，书刊的出版增加很快。1988年出书达65000种，印数达62.87亿册。与1978年出书14987种，印数37.74亿册相比，1988年出书种类增加3倍多，印数增加6成多。10年中，出版社从150家发展到490家，期刊从1500种发展到6000种。这10年是建国以来出版事业最繁荣的时期。

第四个阶段是20世纪90年代至今（略）。

从收藏的角度来看，建国后的这50多年，收藏的亮点还是不少的。有的人以建国初到“文革”开始，专门收集这17年的文艺作品、美术画册，并以精装本为重，称为“十七年书”。有的以“文革”十年为专题，收集这一时期的传单、小报和时代色彩浓烈的画册、书刊，“文革”类物品的收藏一直是近几年市场上的热门品种，称为“文革”专藏。有的专门收集建国后创刊、试刊、停刊、号外类报刊，有的专门收集关于书的书——书话类作品。有的钟情于作者，诸如巴金、茅盾、老舍、郑振铎、唐弢、钱锺书、孙犁、黄裳、钟叔河、王世襄、汪曾祺，等等，不一而足。有的以商务印书馆、三联书店、中华书局、人民美术出版社等的书籍为重点，有选择地收藏、积累。总之，关于建国后出版物的积攒，可谓“仁者见仁，智者见智”，没有什么标准，也没有什么高低贵贱之分，全凭个人的兴趣和爱好。

这部分收入的除建国后出版物外，有三分之一左右为民国年间的书册。

“凡医生皆读苏敬新修本草”：《新修本草》

（唐）苏敬等撰、李勣等修《新修本草》，存卷四、卷五、卷十二至卷十五、卷十七至卷二十共计十卷，共二册。上海古籍出版社1981年影印本，牌记题“据后书钞阁藏日本森氏旧藏影印，板框尺寸悉准原书”。

《新修本草》成书于唐代显庆四年（659），是我国第一部由官方组织人员编纂的药物著作，故又称《唐本草》。此书由苏敬奏请编修，李勣、苏敬、于志宁等23位儒臣、名医参加编撰，因领衔者李勣爵封“英国公”，故又有《英公本草》之称。此书比西方最早的国家药典——《纽伦堡药典》早近900年。

《新修本草》共五十四卷，分为三部分。《正文》即通称《新修本草》二十卷，目录一卷；药图二十五卷，目录一卷；《图经》七卷。该书修成之后，由唐政府颁行全国，以为药用之根据，流传400余年。书中《药图》七卷北宋时就已亡佚无存。《图经》部分也已久佚，但部分内容收载于《蜀本草》佚文及《千金翼方》两书中。《正文》部分原书虽佚，但文字通过历代本草引录收载基本得到保留。

该书正文部分包括序例和850种药，比陶弘景的《本草经集注》新增药物114种，分玉石、草、木、禽兽、虫鱼、果、菜、米、有名无用等九类。介绍药物味、性、良毒、主治、用法、别名、产地等，下以小字略述形态。对古书没有记载的内容加以补充，内容有误的，重加修订，具有较高的学术价值。《药图》是根据各地绘制的生药彩图编集的，《图经》是《药图》的文字说明，介绍了药物形态、产地、采药等，以辨异同。《新修本草》对后世药物学发展有深刻影响。

唐代中外交流频繁，所以此书记载的外来药物比较多，如今天的常用药如龙脑、茴香、胡椒等，都是首见于《新修本草》。编写此书时，朝廷曾“征天下郡县所出药物，并书图之”，撰成药图，绘以彩色，可惜原图已佚。

《新修本草》全书今已无存，日本存有此书正文十卷，为森氏旧藏影写卷子本。上海古籍本即据此影印，书前有罗振玉的题记，详细说明了该书的流传和收藏情况。在一则题记中有“凡医生皆读苏敬新修本草”之句。

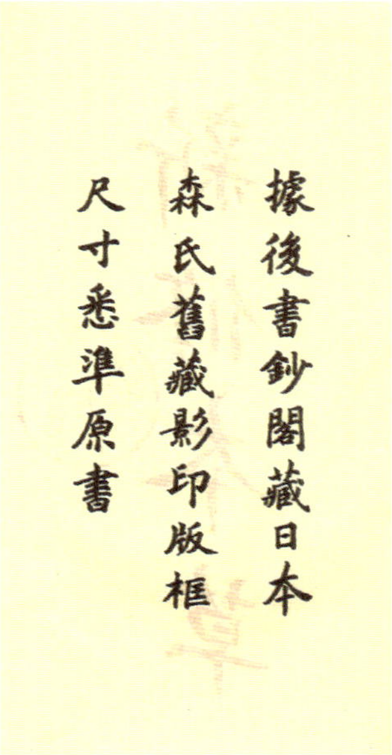
據後書鈔閣藏日本森氏舊藏影印版框尺寸悉準原書

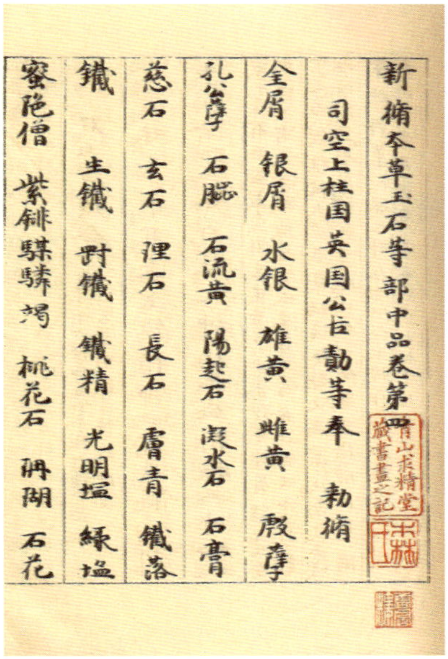
新脩本草玉石等部中品卷第四

司空上柱国英国公臣勣等奉 勅脩

金屑 銀屑 水銀 雄黄 雌黄 殷孽

孔公孽 石腦 石流黄 陽起石 凝水石 石膏

慈石 玄石 理石 長石 膚青 鐵落

鐵 生鐵 鋼鐵 鐵精 光明塩 綠塩

密陀僧 紫鉚騏驎竭 桃花石 硇砂 石花

“梁思成旧稿”：《中国建筑史》

梁思成编《中国建筑史》一册，北京艺文誊写印刷社1954年4月油印本。封面署“梁思成旧稿”。

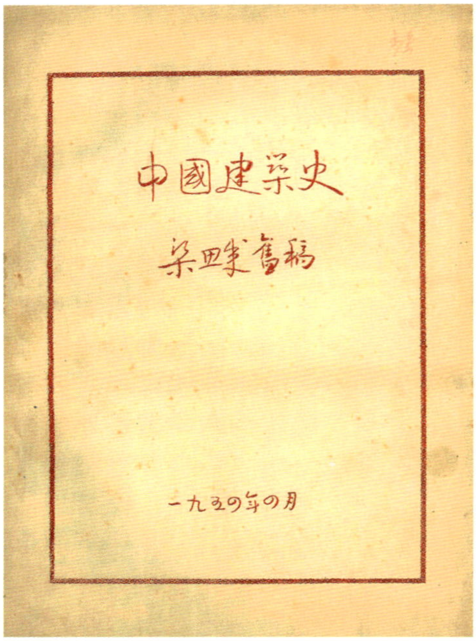

1939年，中央博物院聘请梁思成任中国建筑史料编纂委员会主任。1942年，梁思成开始着手编写这本《中国建筑史》，于1944年完成。由于抗日战争时期财力物力上的极端困难，加上书中需要配发的图片较多，出版的事只能暂时搁置。20世纪50年代初期，高等教育出版社曾因教学工作的迫切需要，征求梁思成的意见准备出版该书，但梁思成考虑到书是1949年前完成的，有必要用历史唯物主义的立场观点，对该书重新审读修改，因此不同意出版。但为了应急起见，同意以油印方式先印发50册，仅供给各高校有关教师教学参考。

梁思成在1954年元月为这册油印本所作“前言”里写到：“一九五三年秋季起，我为清华大学建筑系的教师、研究生和北京市内中央及市级若干建筑设计部门的工作同志们讲中国建筑史，本拟每讲编写讲义，因限于时间，写的赶不上讲的速度，而同志们要求讲义甚切，我只好将这部十年前所写的旧稿拿出来付印，暂时作为补充的参考资料。”

梁思成讲：“这部‘建筑史’是抗日战争期间在四川南溪县李庄时所写。因为错误的立场和历史观点，对于祖国建筑发展的前因后果是理解得不正确。例如：以帝王朝代为中心的史观，将各时期人民辉煌的劳动的创造和智慧的累积，竟说成了封建主和贵族的成就；对于各时期的建筑物及其特征，只是罗列现象，没有发展的观点。元、明、清三个朝代，因限于时期，省略过甚。当时为了节省篇幅而用文言；并且引经据典时，只用原文而不再加解释；给读者增加了不便。有许多建筑，因缺乏文献资料，单凭手法鉴定年代，以致错误。例如五台佛光寺文殊殿，在这稿中认为是北宋所建，最近已发现它脊槫下题字，是金代所建。又如太原晋祠圣母庙正殿是北宋崇宁元年（1102）所建，误作北宋天圣间（1023—1032）所建。山西大同善化寺大殿和普贤阁，也可能将金建误作辽建。这类的错误，将来一定还会发现的。此外缺点还很多，这几个只是其中最突出的而已。”

梁思成写到：“解放后不久，中国科学院编译局曾建议付印，我因它缺点严重，没有同意，现在同意用油印的形式印出，仅是作为一种搜集在一起的‘原始资料’，供给这次听讲的，已经有了一定的马列主义理论基础的同志们把它当作一部‘古人写的古书’，来批判参考之用。原稿本有插图，因限于条件，未能一并印出，也是很大缺憾。”

前言的最后写到：“尽管这部稿子写得很不好，它仍然是一部集体劳动的果实。绝大部分资料都是当时中国营造学社的研究人员和工作同志的实地调查、测绘的成果。在编写的过程中，林徽因、莫宗江、卢绳三位同志都给了我很大的帮助，林徽因同志除了对辽、宋的文献部分负责搜集资料并执笔外，全稿都经过她校阅补充。精美的插图都出自莫宗江同志的妙笔，可惜在这油印本中不能与读者见面，卢绳同志在元、明、清的文献资料搜集和初步整理上费了不少气力。在这次讲课的同时，我仍将努力将讲义编出，希望能写出一部比较正确的中国建筑发展的简史，届时将要恳求同志们毫不吝啬地给予指正和批评。”

梁思成虽是一个建筑史学家，但他首先是一个建筑学家、建筑教育家，这是他与其他建筑史学者的不同之处。他认为建筑史并非史料的堆砌，应首先注意各时期的建筑思想；建筑史所研究的问题，不仅仅是介绍各历史时期建筑风格的特征，还要了解建筑是如何演变？受什么因素制约？发展的规律是什么？等一系列本体问题。只有深刻地了解历史，才能准确地把握整个学科的发展方向。因此他深感1944年完成的这本《中国建筑史》有很大不足，准备重写一本《中国建筑史》。可惜他再也没有时间去完成他一心要重写的建筑史。今天我们能够看到半个世纪前的这个油印本，就越发显得珍贵。

“是吾乡的人才也”：《枝巢九十回忆篇》

夏仁虎口述、夏承栋笔录《枝巢九十回忆篇》一册，香港1963年铅印本。此书是一首五言220韵的长诗。作者以韵文叙述了他一生90年的经历，旁及世变和国家大事，起于清朝同治时期，近迄1963年在北京的生活。布衣书局网友食货曾发帖说“此书先内地油印，后铅印”。

夏仁虎和妻子张玉贞有八子一女，其中第六子夏承楹的妻子便是著名作家林海音。1986年7月，北京古籍出版社重新出版了他的《旧京琐记》。此书对旧时京城的历史、风俗、掌故及宫廷生活等提供了一些难得的史料，非常人所能道。枝巢老人许多著述当年是自费出版的，坊间并不易见。

《九十回忆篇》，线装铅印一册，章士钊题签。1963年春，适枝巢老人九十寿辰，那时他双目失明，作此篇只能口述，由其子承栋笔录。8月，陈一峰先生在香港为其刊印。但老人未能见到，因为他在同年7月便因病去世了。关于此篇的写作缘由和经过，老人在序中说，此篇，只是“叙述生平”，“告语家人”，“中间述及时事，蠡测管窥，难言诗史”。这当然是老人自谦。

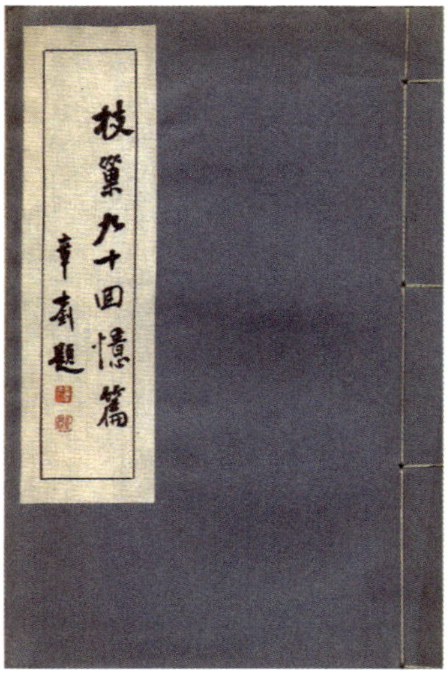

在《九十回忆篇》中，于每节诗的末尾，还详加注释，使得有些诗句就明了许多。像“七岁能属对，深蒙伯你赞”，注中说“幼为健人伯父所爱，教调四声作对偶。一夕举‘犬吠千门月’句令属对，余以‘鸡啼五夜霜’为对，深蒙奖许”。如“文宴复不乏，四园盛俦党，元宵夺锦灯，词社掣斑管”。“四园”，注中指为傅增湘的藏园、郭则沄的蛰园、关颖人的梯园以及张伯驹的似园。对于“元宵夺锦灯”一句，注曰“蛰园于改岁前觅能画者绘纱灯诗，成于元宵（节）前，评定甲乙，前列者可选佳灯”。“词社掣斑管”，注中指“似园词社制名笔以课，词调名刻笔管上，分贻同人”。这样的注释使人免去枯燥，增加了阅读的兴趣，自然其价值不可忽视。

邓云乡在《水流云在书话》中有“枝巢老人及其著述”一文，记述了他19岁初学写旧诗，得到枝巢老人指点的经历。并说枝巢老人是词人，和20世纪80年代初才去世的张伯驹是挚友。张伯驹的《丛碧词》中与老人相关的词有多篇。《丛碧词》初刻仿宋大字，瓷青纸书衣，白棉纸印，每页10行，行18字，极为精美。后署“戊寅上巳日枝巢夏仁虎题”。邓云乡在写《鲁迅与北京风土》、《燕京乡土记》等有关北京风土的著述时，枝巢老人的《旧京琐记》是重要参考书。

董桥曾在文中称枝巢先生“是吾乡的人才也”。曹聚仁的《听涛室人物谭》有“枝巢回忆篇”一文。叶灵凤的《能不忆江南》中有“读枝巢回忆篇”。《枝巢四述》的序言为周作人所作。枝巢先生在文化、学术界的影响可见一斑。

夏仁虎一生笔耕不辍，在《九十回忆篇》中，留下了他创作的记述。这些著述是一笔宝贵的近现代文化史料，值得整理出版。

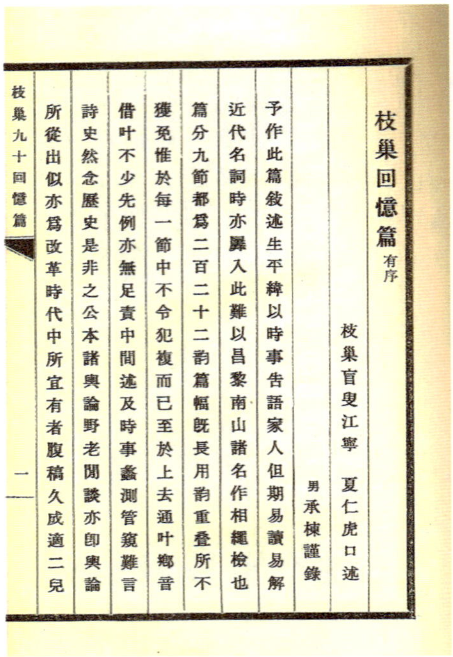
枝巢回憶篇 有序

枝巢盲叟江寧　夏仁虎口述

男承楝謹錄

予作此篇敍述生平緯以時事告語家人但期易讀易解近代名詞時亦羼入此難以昌黎南山諸名作相繩檢也篇分九節都爲二百二十二韵篇幅既長用韵重疊所不獲免惟於每一節中不令犯複而已至於上去通叶鄉音借叶不少先例亦無足責中間述及時事蠡測管窺難言詩史然念歷史是非之公本諸輿論野老閒談亦即輿論所從出似亦爲改革時代中所宜有者腹稿久成適二兒

枝巢九十回憶篇　一

《朱蠖公先生九十寿言集》

朱启钤（号蠖公）是著名的古建筑学家、实业家。北洋政府时代，曾任代理国务总理。新中国成立后，周恩来很关心这位“前总理”。1949年，章士钊作为国民党政府代表之一参加国共和谈。章士钊与周恩来、朱启钤是老朋友，周恩来一见章士钊便问道：“行老先生，你我的老朋友朱先生现在哪里，情形怎样，没去台湾吧？”章士钊将朱启钤在上海寓居的情况告诉了周恩来。周恩来马上让章士钊写信给朱启钤，要他留在大陆。看到周恩

蠖公桥

来的拳拳情意，朱启钤毅然决定全家留在上海。上海解放后，周恩来即派朱启钤的外孙章文晋将朱启钤接到北京定居。

1957年深秋的一个傍晚，周恩来来到北京东四八条朱启钤的住处（章士钊与朱启钤同院），寒暄落座后，周总理说他在北戴河看到一篇碑文，上面有他叔父周嘉琛的名字，问朱启钤知不知道。朱启钤说："民国2年，我任内务部总长，举办县知事训练班时，你叔父是我的门生，当时他正在临榆县知事任内。"周恩来笑着说："那你比我大两辈，我和章文晋同辈了。"

1961年深秋，周恩来总理在全国政协二楼小礼堂为朱启钤先生90岁生日举行了一次小型祝寿宴会，被毛泽东称为"国宝"的章士钊和张学良的弟弟张学铭也应邀出席。翕居所藏这册《朱蠖公先生九十寿言集》，就是这次祝寿活动中朱启钤的友人所写的贺词、贺诗、贺文的汇编。

朱启钤还是北戴河开发建设的开启人。北戴河莲峰山公园有一个观音寺，寺前有一条砖铺行人道和桥，这座桥叫做"蠖公桥"，便是用朱启钤的号命名的。

朱启钤喜好收藏，尤以缂丝收藏为最，据说朱启钤是"中国缂丝收藏第一人"。朱启钤是中国古代建筑学的奠基人。1917年，朱启钤在江南图书馆发现了宋代李诫的《营造法式》手抄本，便委托商务印书馆石印发行，同时又在北京刊行仿宋本。之后，又组织人员对《清钦定工部工程做法》一书进行校注。1930年，朱启钤得到中华教育文化基金董事会的资助，成立了"中国营造学社"，自任社长。设文献组和法式组，朱启钤兼任文献组主任，梁思成担任法式组主任。营造学社是最早研究中国传统建筑式样、设计的学术团体，奠定了中国古代建筑学的基础。1937年，中国营造学社因北平沦陷而停办。其间，先后出版了《中国营造学社汇刊》、《工段营造录》、《元大都宫苑图考》、《营造算例》、《牌楼算例》、《清式营造则例》、《梓人遗制》、《哲匠录》和《同治重修圆明园始末》等著作。朱启钤称"中国营造学社在历史上，在美术上皆有历劫不磨之价值"。

朱启钤著有《蠖园文存》、《芋香录诗》、《哲匠录》、《存素堂丝绣录》、《女红传征略》、《丝绣笔记》、《清内府刻丝书画考》、《清内府刺绣书画考》和《漆书》等。1927年，根据日本传抄本重新刊刻久已失传的《髹饰录》。1991年9月，中国文史出版社出版了《蠖公纪事——朱启钤先生生平纪实》。

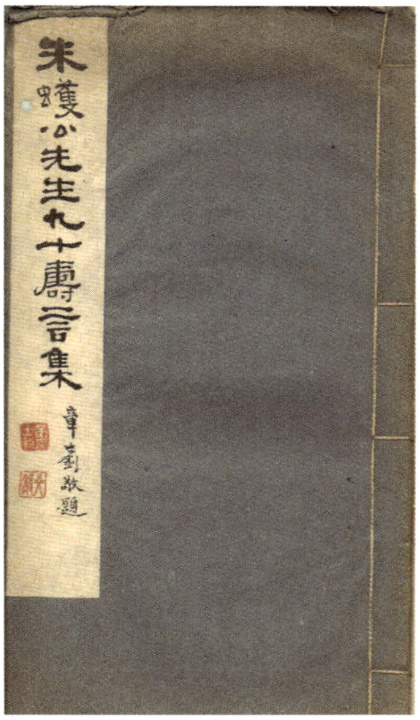

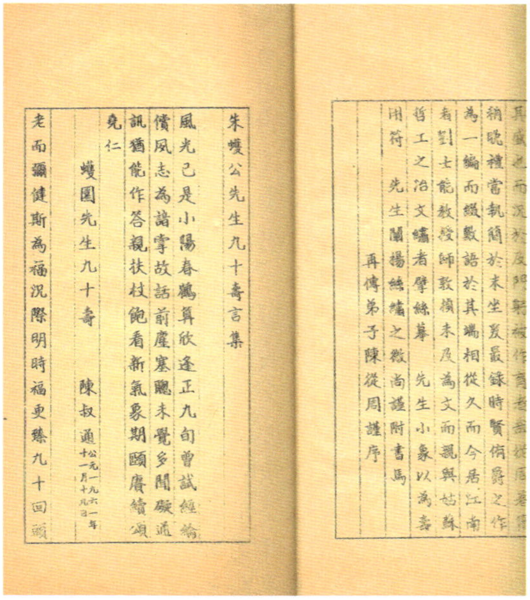

稍曉禮當執簡於末坐爰最錄時賢倘爵之作
為一編而綴數語於其端相從久而今居江南
者劉士能教授師敦楨未及為文而飄與姑蘇
哲工之治文繡者譬絲摹　先生小象以為壽
用符　先生闡揚絲繡之微尚謹附書焉
再傳弟子陳從周謹序

朱蠖公先生九十壽言集

風光已是小陽春鶴算欣逢正九旬曾試經綸
憤夙志為諳掌故話前塵塞翁未覺多聞擬通
訊猶能作答親扶杖飽看新氣象期頤賡續頌
堯仁

蠖園先生九十壽　陳叔通 公元一九六一年十一月十九日

老而彌健斯為福況際明時福更臻九十回顧

“油印本也是一种版本”

在当今传统藏书家的眼里，除去宋元本不说，明清善本才是心中所爱，其他诸如民国版、新文学、旧平装都不会进入他们的法眼。至于版本中的油印本，更是不为藏书界所重。但在2006年3月海王村春季大拍上，一册由阿毛著，1948年华野第十一纵队政治部油印的《油印艺术》，以500元起拍，4000元落槌，改写了人们对油印本的看法，也彰显了油印本的收藏价值。

其实，近一个世纪以来，不少重要的作品或是文献都首先以油印本的形式面世，有不少具有历史价值甚至文物价值。特别是20世纪初至七八十年代，有不少油印本流传于世。但由于蜡纸等油印设备所限，每种油印本印量有限，且油印本也不如其他印刷版本易于保存，能留存下来的并不多。对于苏区、解放区的油印本，用姜德明先生的话讲，“那简直可以革命文物来视之”。在国家图书馆，这些也是作为新善本收藏的。

“文革”时期的油印小报、传单、漫画大量面世，在一定程度上反映了那段特定历史时期的政治社会生活状况，特别是刊载抵制、反对当时错误思潮的言论、文艺作品的油印品，都具有研究和文献价值。民国时期不少知名学者、教授在出书前，往往先以油印本的形式让自己的作品问世。譬如1928年顾颉刚先生在中山大学写成的《中国上古史讲义》，当时先有油印本，后才印刷成书。还有梁思成中国建筑史方面的学术成果，也是先有油印本。此类油印本如今在市场已属凤毛麟角。国内一些重要图书馆藏书书目大多是油印本，此类书有不少后来都没有正式出版，但不失为版本研究的工具书。

在旧书市场上比较有名气的油印本是王世襄做的《刻竹小言》，书是他的四舅金西厓所撰。金西厓为刻竹名家，在民国时就有很大的影响，一生经验，皆化入此书。北京潘家园市场此书10年前大约为60元，现在可能是千金难求了。

1948年，王世襄过沪之时，跟其舅父谈起：“刻竹之书，向无论著，竹人两录（金元钰《竹人录》、褚德彝《续竹人录》）仅叙史传。吾舅答问之词，谈艺之说，多前人所未发。”在外甥的鼓动下，“长夏稍暇，乃拣平时札记，寄付畅安（王世襄的字）”（见《刻竹小言・自序》）。金西厓那时候都快90岁了，但此书出版颇费周折。王世襄在北京朝阳门大街一家刻印社给他刻蜡纸油印了出来，为的是给他舅舅看看。卷首题名出自启功之手，总共装订了100多本，主要是赠送朋友。

油印机在我国已经有100多年的历史了。它最早是爱迪生发明的，后来为日本引进，由崛井治三郎加以改进才得推广应用。日本称油印为“孔版”，不仅用它来出一般的书，甚至出辞书，书店公开发行，是自成一种风格的“孔版”图书。我国最早使用的油印机便是在清末由日本传来的，后来商务印书馆曾制造经销过这种油印机。二十年前，我国各大学的学者教授的讲义和内部刊物，几乎还多是油印的，很多学术著作的出版都是由最初的油印本修订而来，油印本实际就是它最早的一个版本。这对于研究该门著作及其学术思想之轨迹，无疑值得收藏。可是

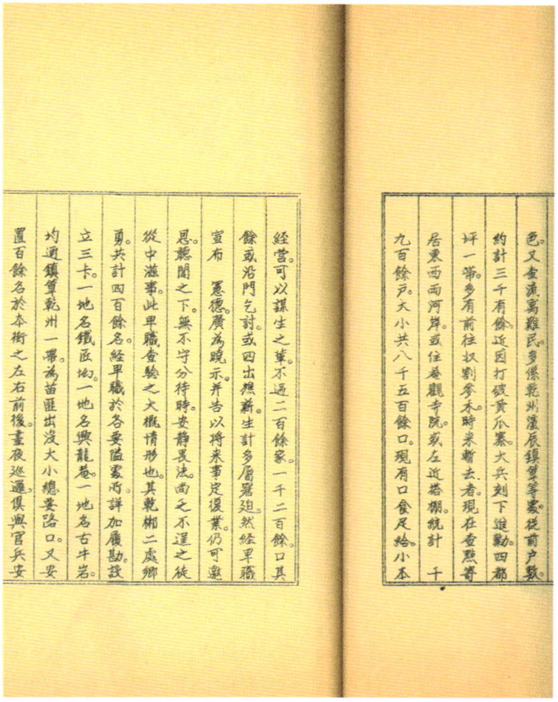

色。又查滇禺難民。多係乾州瀘辰鎮篁等處。從前戶數。
約計三千有餘。近因打破黃瓜寨。大兵剿下。進勦四都
坪一帶。多有前往收割麥禾。時來暫去者。現在查點寄
居東西兩河岸。或住菴觀寺院。或在近搭棚。統計　千
九百餘戶。大小共八千五百餘口。現有口食足給。小本
經营。可以謀生之輩。不過二百餘家。一千二百餘口。其
餘或沿門乞討。或四出樵薪。生計多屬窘廹。然經卑職
宣布　憲德。廣為曉示。并告以將來事定復業。仍可邀
恩。聽聞之下。無不守分待時。安靜畏法。尚乏不逞之徒
從中滋事。此卑職查驗之大概情形也。其乾鄉二處鄉
勇。共計四百餘名。經卑職於各要隘處所。詳加屢勘。設
立三卡。一地名鐵匠坳。一地名興龍菴。一地名古牛岩。
均通鎮篁乾州一帶。為苗匪出沒大小總要路口。又安
置百餘名於本衙之左右前後。晝夜巡邏。俱與官兵安

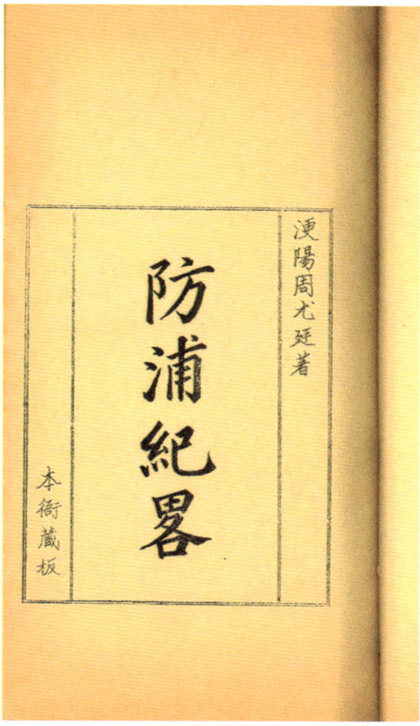

渼陽周尤廷著

防浦紀畧

本衙藏板

这些“初版本”，包括作者本人，并没有予以重视，大多散失了。油印在我国盛行了整整一个世纪，它已渗透于各文化领域。直到近十多年，由于电脑的应用，油印机才完成了它的历史使命，行将消失。但它在这100多年间所起的历史见证作用和文献保存作用是不可低估的。“油印版”图书不应受到轻视，用文史掌故作家郑逸梅老人的话说：“油印本也是一种版本。”

在翕居收藏的油印本里，有些值得一提，例如：戴果园所印赵赤羽的《海沙诗抄》，夏莲居的《渠园外篇》十种，中央民族学院图书馆1957年以清嘉庆二年（1797）刻本为底本油印的《挹江轩防浦纪略》，20世纪70年代的《成语典故人物画谱》，附手绘身段图解的《川剧旦角表演艺术》，1959年印行的陈海瀛《希微室家藏文稿》，凯声誉印社缮印的全国第一届戏曲观摩资料，湖南衡州丁氏（丁鹏翥）1954年油印本《衡望堂丛书初稿》，等等。

过去，不少文人、学者，在当时印刷条件困难，诗文正式出版无望的情况下，油印自己的诗稿文稿分赠友人，这类油印本今天已很稀见，成为人们收集的佳品。

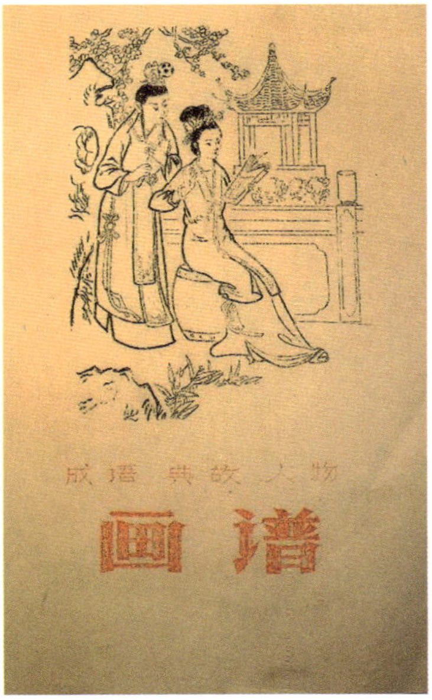

“油印数十部”的《万木草堂遗稿》

康同璧、任启圣编校《万木草堂遗稿》十卷八册、《南海康先生年谱续编》一册。1960年自行油印本。任启圣是康有为晚年办天游学院时的弟子。编者将康有为的遗文按文体分为十类：论辨、序跋、奏议、书牍、传志、杂记、演讲、辞赋、哀祭、诗词。据说，“康同璧所编《遗稿》十卷，当时曾油印数十部分赠康氏亲属及弟子，此稿本在大陆康氏亲属中当尚有保存者”（楼宇烈：《〈万木草堂口说〉整理杂谈》，载于1986年10月出版的《古籍整理与研究》第一期）。

章立凡曾谈到去康同璧家在客厅里看到，“书架上陈放着康老编纂的《南海康先生年谱续编》，是上下两册的油印本。还有一部多卷本的《万木草堂遗稿》，此书编成后交付出版，出版社认为康老的绪言对乃父评价过高，倔强的老人坚持一字不改，僵持数年之久后撤回，仍旧摆回书架。”（章立凡：《乱世逸民——记“文革”中的康同璧母女》）。

康同璧是康有为的次女，字文佩，号华鬘。因她见多识广，才学过人，深得父亲信赖。1901年康有为病卧槟榔屿，年仅十八岁的康同璧闻讯，只身赴南洋探望，并留在父亲身边照料他的生活。之后在印度陪父亲寻访佛迹，探幽历险，几经危难。康同璧亦自称是“第一个到过唐僧西天取经之地的中国女性”。康同璧晚年从事康有为遗著的整理工作，先后撰成《南海康先生年谱续编》和《万木草堂遗稿》等著作，为康有为生平和思想研究提供了重要资料。现在人们对康有为的了解，在很大程度上离不开康同璧的宣传和阐释。不过，在对康有为的评价问题上，她有自己的主见，从不为时流所

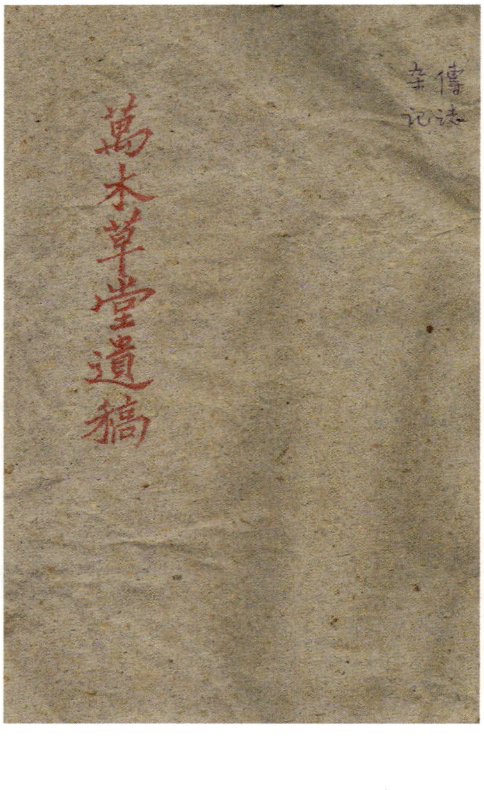

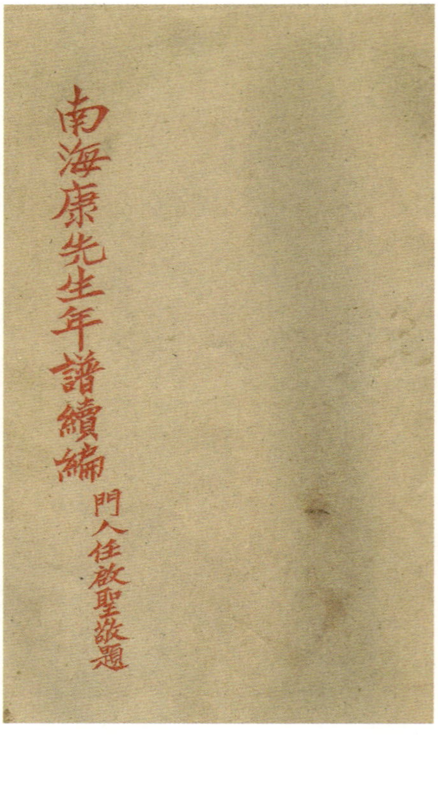

动。她拒绝修改为《万木草堂遗稿》油印本写的绪言，而不得正式出版，以至最后要回书稿。1969年，康同璧病逝于北京，享年八十九岁。

康有为生平著作甚丰，据康有为自编《万木草堂丛书目录》，计有经部16种、史部65种、子部28种、集部19种，共128种。1976年，台北宏业书局出版了由康有为天游学院弟子蒋贵麟编集的《康南海先生遗著汇刊》，二十二巨册。蒋氏在序中说：“兹取万木草堂丛书刻本及康氏家藏未刊遗稿，并编者累年搜集所得之遗篇零文，辑印为《康南海先生遗著汇刊》。”由此可知，此“汇刊”除一部分为新排印外，凡已刊印过的著作，均按原刊本影印，未作校点等整理工作。其后，蒋贵麟搜集到康同璧编集的油印本《万木草堂遗稿》前五卷，以及各种散见遗文若干种，于1978年交由台北成文书局出版了《万木草堂遗稿》五卷一册，《万木草堂遗稿外编》二册。1979年，台北文史哲出版社还出版了蒋贵麟编辑的《康南海先生游记汇编》。

可惜的是，蒋贵麟编辑出版的《万木草堂遗稿》，只刊印了康同璧油印稿的前四类：论辨、序跋、奏议各一卷，书牍分为二卷，共五卷，其余六类五卷则称未见。

关于《万木草堂遗稿》后五卷的情况，康有为外孙女婿李云光在其所著《康有为家书考释》一书“导言”中说：“可惜蒋氏出版《万木草堂遗稿》时，尚未得到全部底本，所排印只是前五卷，还有后五卷不曾见到。笔者有幸访到了后五卷油印本，寄放在弟弟李耀彬住所中，笔者持有它们的目录。”楼宇烈先生认为，“此稿本在大陆康氏亲属中当尚有保存者，应及早整理出版”。

可喜的是，2007年9月，中国人民大学出版社出版了《康有为全集》（国家清史编纂委员会·文献丛刊），精装全十二册。此次出版的全集，经由编者的广泛搜求，汇集了已经发现的康有为已刊和未刊作品近千万字。主编刘波讲：台湾出版的《万木草堂遗稿》仅刊出原油印件的论辩、序跋、奏议、书牍四类，其余传志、杂记、演讲、辞赋、哀祭、诗词六类则未公布，现在也把能找到

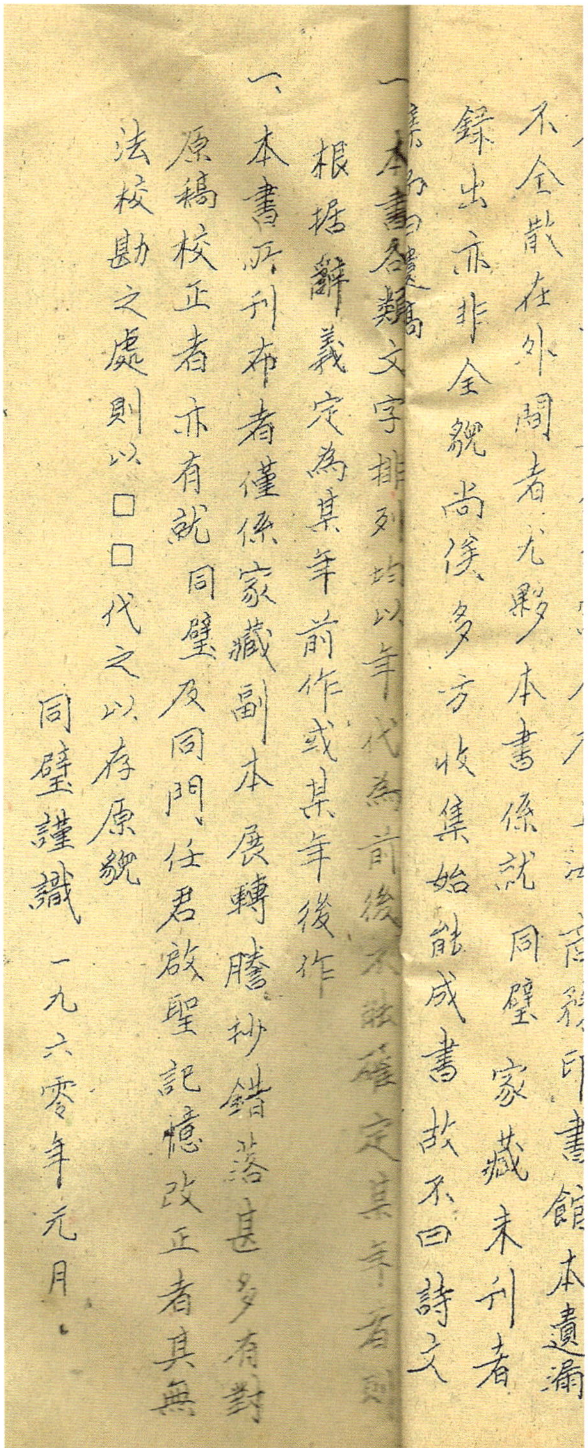
商務印書館本遺漏
不全散在外間者尤夥本書係就同壁家藏未刊者
録出亦非全貌尚俟多方收集始能成書故不曰詩文
一、本書各類文字排列均以年代為前後不能確定某年者則
根據辭義定為某年前作或某年後作
一、本書所刊布者僅係家藏副本展轉謄抄錯落甚多有對
原稿校正者亦有就同壁及同門任君啟聖記憶改正者其無
法校勘之處則以□□代之以存原貌
同璧謹識　一九六零年元月。

的原件整理，悉数刊出。此次《康有为全集》是近百年来最为完备的康氏著述全集，收录了目前所能找到的所有康氏著述。

在2007年中国嘉德四季第11期波士顿专场拍卖会上，《万木草堂丛书》1917年京城刊本四函二十二册，成交价为42560元。

“书本身没有问题，可是不要再印了”：《戴尼提》

2008年春，花城出版社出版了张冠生整理的《知道——沈昌文口述自传》。这本书校对不太精，有一些错字，但对人对事的描述很传神。譬如讲，“陈原的特点是含混，不直接谈问题”，讲求“言外之意”，“引而不发”；讲蒋维乔告诉他，要“破除我执”，“要进还要退，你才能有真正的进步”。

值得一说的是，沈昌文提到他主政三联书店时出版的一本书：“有一次，一些美国人来联系，要出一本书，这本书后来出版了。书名很怪，叫《戴尼提》。翻译出版《戴尼提》的故事是很有意思的。这是一本讲心理治疗的书。……当时，美国人对我们翻译出版这本书很有热情，自己花钱，来了十五六个人，主要是帮助促销。……作者叫哈伯德，已经去世了。可是有很多信奉他的理论和治疗实践的人，有的也可以说是门徒，他们来中国搞促销。……他们在现场挂起了彩色大气球，个子高高的、漂亮的美国姑娘穿着超短裙，签名售书。在那个时候，这种促销活动还是很少见的。”

但是没过多久，有人在《译报》发表文章指责这是在传播宗教。起因是哈伯德的后继者中，有人搞了一个教派，这个教还有教堂，他们用科学的名义讲宗教，要把科学跟宗教混在一起，叫“科学教”。而科学教的“圣经”就是《戴尼提》。沈昌文讲，“后来嘛，中宣部的人跟我谈，说这本书本身没有问题，可是不要再印了”，“至今还有人提到这个故事”。

的确，今天的网上还有不少帖子和博客在谈到这件事。据说，《戴尼提》于1988年10月由三联书店出版发行，两版共印30万册，立即抢购一空。发行时，书中都夹带一张卡片，要读者填报个人情况，并要交20元钱（《戴尼提》当时定价6元）参加“戴尼提技术自学辅导”，有一个“科技咨询公司”发放辅导材料并解答问题。《戴尼提》一书开始有一个“重要说明”：“在读这本书的时候，要有十分把握相信自己没有放过任何一个没有透彻理解的词。……如果在读这本书的时候，内容开始变得费解，或你感到不得要领，那么，在你刚读过的段落中，一定有一个你尚未理解的词。”

“戴尼提”的直译应为“通灵术”，“戴尼提”是音译。1989年上海《译报》文章发表后，《戴尼提》原书提供者立即派两名代表到报社交涉，要求发表文章为《戴尼提》正名。沈昌文讲，“这是那时候的一件大事”。三联书店邮购部秦聚召先生曾送给我一部原版的《戴尼提》和一册蓝印的小书——《关于戴尼提——事实和材料》，后者书前是丹麦新时代国际出版公司的“谨识”，写于1989年11月：

《戴尼提》，这三个中国字的怪异的组合，在中国遭到了怪异的命运。它发行二十余万册，受到许多读者的欢迎。有的中国读者写信说，这是他最感兴趣的书。但是，也有的报刊认为，这是一种“精神鸦片”，是一场“骗局”。我们欢迎中国读者的任何批评意见。但是，由于批评主要是根据国外的材料，作为一家外国出版公司，我们有责任提供更加全面的情况。

收在这里的，是国外的两种截然相反的

材料，一方面是有的报刊的疑问和指责，其后则为我们所知道的事实，并附有一些原始文件。这些事件的法律审理与我们并无直接关系，我们也无意纠缠其中。现在这样做，目的只是向中国读者提供某种辨别是非的资料。任何一个事业都有失误的，何况是一个资本主义社会中的事业。我们希望有公正合理的批评但也不愿接受不合事实的指责。

感谢本书的中国出版者和发行者，他们为这本小资料能够到达需要者的手里，提供了必要的方便。

此书的最后，是新时代国际出版公司高级副总裁莫亚提的一封信，写于1989年10月20日：

亲爱的读者：

我很高兴有此机会给你写信。我希望，你读过这本小册子后，便会对“戴尼提”的品质和我公司在中国的真正目的和计划与我们具有共识！在过去五年中，我有幸多次访问贵国，每次访问都使我们深受启迪和效益。我已结交许多中国朋友，他们的友谊帮助我日益透彻地理解了西方与中国交往是彼此有益的。

我个人相信，任何社会都有权利根据自己人民的利益处理内外事务，正是基于此种观点，我公司才认为，提高读者的水平就是确实在帮助这个社会的成员，而某一群体的成员能否在自己的工作中日趋富有竞争力和专业化，又正是这个群体的成败之关键。

我想说明，我们从未打算将任何西方宗教带入中国。我在这里的工作以及我们总始以往的工作，都是为了向中国读者介绍教育、管理等领域的新型思维技术和其他的成功技术。我们将提供你—读者—认为有助于我们现代化进程的知识。我们计划与中国的朋友一起，出版其它几种自我提高的图书，包括企业管理图书。

诚挚地希望我们的工作得到中国朋友的理解和支持——这是我们合作的重要条件。我希望接到你的来信。请寄北京国际邮局9022信箱。

《戴尼提》一书到底有没有问题，读者自会仁者见仁，智者见智。但《戴尼提》出版后的故事，的确耐人寻味。

郭则沄撰《龙顾山房诗赘集》

郭则沄撰、郭可诜校《龙顾山房诗赘集》四卷、《诗余续》一卷、《补录》一卷，附《临漪馆诗稿》三卷、《词稿》一卷，共一册，1955年铅印本。

郭则沄（1882—1946），字蛰云、养云、养洪，号啸麓，别号龙顾山人。福建闽侯人，为礼部右侍郎郭曾炘长子，俞平伯大姐俞琎之夫。清光绪二十九年（1903）进士，授庶吉士、武英殿协修。光绪三十三年，派赴日本早稻田大学留学。清宣统元年（1909），任浙江金华知府。民国建立后，任北洋政府国务院秘书厅秘书、政事堂参议、铨叙局局长、兼代国务院秘书长、经济调查局副总裁、侨务局总裁。民国11年，第一次直奉战争后去职，在京、津购地建房隐居，著作讲学。民国26年，在北海团城创办古学院，被推为副院长兼教师，访求古籍，研读古文，培养人才，校印古书，暇时撰写小说。北京沦陷后，拒任伪“礼制会顾问”、伪“北京政权秘书长”等职，只在国学书院任研究班词章门导师。民国31年，周作人请郭则沄出任日伪“华北教育总署署长”职务，被他坚决拒绝，并在国学书院《国学丛刊》上发表《致周启明却聘书》，以明心志。逝世后安葬于香山云巢坟园。著述甚丰，有《瀛海采风录》二卷、《十朝诗乘》二十四卷、《清词玉屑》十二卷、《旧德述闻》一册、《竹轩摭录》八卷、《庚子诗鉴》四册、《南屋述闻》一册、《遯圃詹言》十卷、《知寒轩谈荟》多册和《龙顾山房全集》等20余种刊行，还有《洞灵小志》、《洞灵续志》、《洞灵补志》传世。特别是他著的小说《红楼真梦》

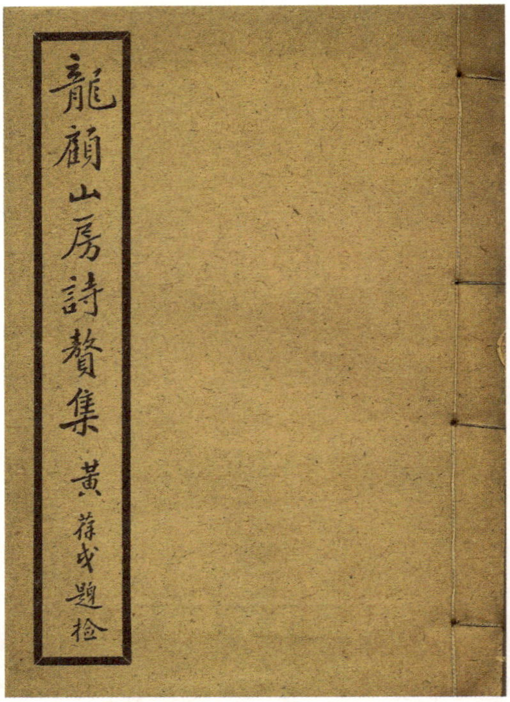

（又名《石头补记》），是《红楼梦》续书中很有影响的著作，20世纪80年代由北京大学出版社印行。

郭则沄刚就任金华知府时尚未完婚，曾到抚院报到向浙江巡抚请假完婚。巡抚问是谁家女公子，则沄回答说是曲园太史的曾孙女。在当时曲园老人俞樾，是名满天下的儒林冠冕，在浙江尤孚人望。其时年已近90岁，所谓曾孙女是曲园之孙、探花俞阶青（陛云）的女儿，亦即俞平伯的胞姐。当俞阶青成探花时，俞曲园曾在里西湖俞楼悬了一副对联：“藏书五万卷、读书五千卷、著书五百卷，容老夫悠悠岁月；初试第一名、会试第二名、殿试第三名，看小孙奋志功

龍顧山房獨薾詞序

昔敬通顯志孝標揭其三同揚雲解嘲子玄矜其四似僕與　蟄雲前輩齊年夙忝桂籍並謁承明躑躅金門棲遲枌署既而弱水回舟東華解纜僕方旅食丁沽君則剖符江表方期奮翼忽遘劫棋幻魚龍於溟渤混雞鶴於人海鞅掌餘閒琴尊間作感哀樂之中年睹興亡於彈指天步愈艱初服並返時或匏廬載酒遯圃尋詩

名。”一时在西泠传为佳话。巡抚听了分外重视，除立即给假50天外，并嘱仁和县传知僚属，为郭府热闹热闹。所以婚庆之日，俞楼边贺客的轿子排了一里多长。

入民国后，郭则沄被北洋政府聘为公府秘书长。当时各部都聘其为顾问，实际上是给他一份干薪，以期有公事时得到秘书长照顾。但郭则沄不肯白领薪金，通常还轮流到各部去上班。虽身居要津，却从来不干招权纳贿的事。这样每月薪金收入达到银元八千，加以夫人善于理家，到致仕时，也成了百万富翁。就不再在仕途中浮沉，也不回福州，就在北京景山后街拐角处买下一块地，盖了一栋洋平房，作寓公。平常只与江瀚、傅增湘、夏敬观、方兆鳌等清末民初的名人学士相往返，作文酒之会。后来，相约每次由一人说一则清末民初的故事，郭则沄执笔录下，写成一部《龙顾山人笔记》，只油印了十余册，没有正式出版。内容多为当时人身经目及的史实，是一部很好的掌故书。

近代名人诗集十种

番禺徐子乐著《徐孤风先生诗词集》，莘园雷基磐编纂，32开仿线装，100页，有叶恭绰等套色题词、题画34帧，并有著者相片一枚。1966年春季香港金强印务公司承印。据《广州市志》记载，徐子乐祖籍广州市白云区，出生于加拿大维多利亚，少年时曾回国学习中文，是加拿大《世界日报》及《大汉公报》主编，还广收学生，广交北美洲诗词界文友，出版有《徐孤风先生诗词集》。

吕集义著《敌忾集》，1962年铅印本。收作者1939年下半年至1945年日本投降时所作诗词130首，其中1937年至1939年两年中的诗稿有几百篇已全部遗失，留存下来的仅仅是其中一部分。吕集义（1909—1979），字方子，广西陆川人。曾任广西通志馆秘书长。1947年赴香港，参与筹建中国国民党革命委员会。建国后，历任政务院参事，广西省交通厅副厅长，广西省政协常委兼副秘书长，广西通志馆副馆长，广西社会主义学院副院长。第三至第五届全国政协委员。著有诗集《敌忾集》、《〈忠王李秀成自述校补本〉说明》，编有《绿珠唱和集》等。

雷基磐编纂《莘园吟草》，1963年出

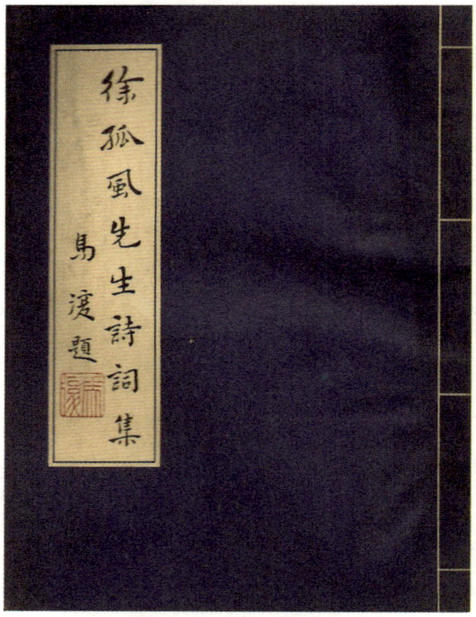

版，有徐子乐、叶恭绰、章士钊、黄天石等人题词、赠诗等。书中收入作者1960年至1963年四年间所作古今体诗500首，词20阕。雷基磐为广东台山人，旅加拿大华侨。加拿大《华侨声日报》主编吴立民在序言中说：“诗骚词曲为吾国士子精神之所寄，在今海外国学荒落之秋，正待吾人力挽狂澜

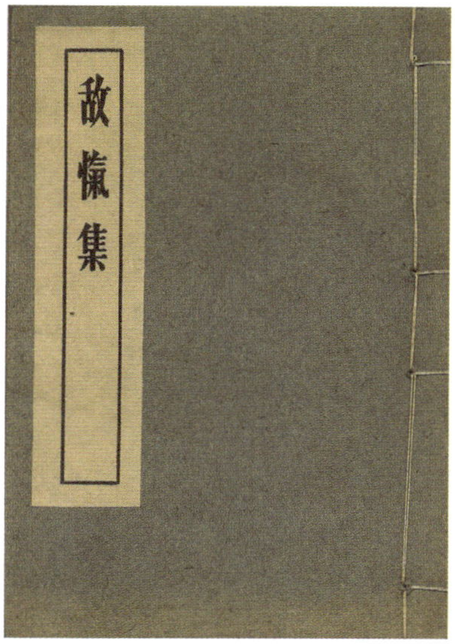

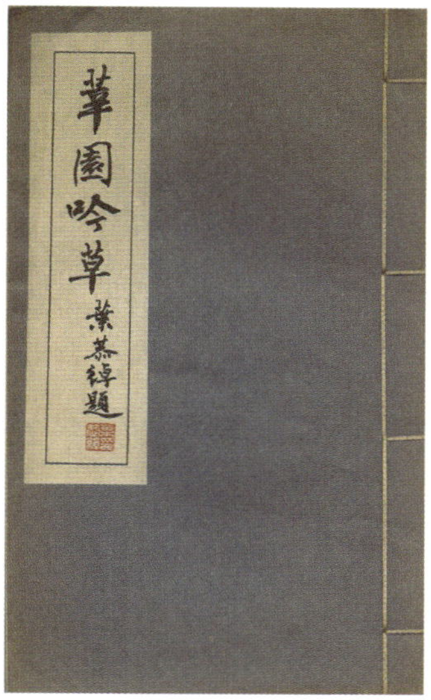

之日，以视雷君之风檐，展书穷研诗词，岂可无言。”雷基磐在序言中很谦虚地看待这些诗词作品，“不主宗派，不泥成法，兴之所至，率而操觚，工拙不计，而寿名山传不朽更不敢希冀。下里巴人之句，难登大雅之堂，只以海内外前辈之勖勉，属付剞劂，以期易于披览，温故知新，故谬然付梓”。

黎吉云著《黛方山庄集》，湘潭黎氏民国26年影印暨铅印本。书名据总目录等题，卷前有传及墓志铭，含诗集、诗余、文录、试帖诗等。黎吉云（1795—1854），字樾乔，湖南湘潭人。清道光十三年（1833）进士，选庶吉士，授翰林院编修，转御史。掌稽查颜料库，杜绝一切弊端。署兵科掌印给事中。以病去职，再起为御史。时鸦片战争起，上疏痛陈时务，语多切直，称于时。太平军兴，奉命巡城，以言事忤王大臣，降五级，遂致仕。工书，与何绍基友善。

黄孝纾撰《劳山集》，其友人1963年在香港影印暨铅印，包括东海劳歌、劳山纪游集和辅唐山房猥稿。主要写劳山风光，多为记游之作。分为词之部、诗之部、文之部三部分，各部之前都有题词，题词者有叶恭绰、瞿宣颖、龙元亮、许宝蘅、夏仁虎、王琴希、朱西溪、吴则虞等人。正文系据作者手稿影印，篇后有黄云眉、张伯驹等人的评语。据书末王则潞跋，本书文十三篇，诗一百三十七首，词一百三十五阕。黄孝纾（1900—1964）字颧士，号匑厂，福建闽县人。历任北京大学、北京师范大学、青岛大学和山东大学文科教授。工诗古文辞，画亦雅逸。董康评述他的诗“萧廖高奇，有千仞揽辉之概”，有“岭南才子”之称，诗、书、画俱佳。黄孝纾是典型的传统文人，治学范围广，学术成就高，毕生过的都是与世无争、读书为乐的半隐居生活，自题书斋为“七十二叠山房”。郑逸梅在《艺林散叶》中有专文谈及《劳山集》。

程潜撰《养复园诗集》，上海中国诗学会民国37年铅印本。程潜（1882—1968），

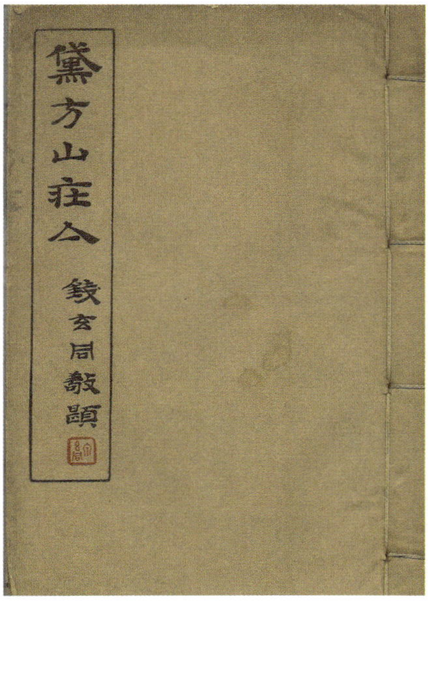

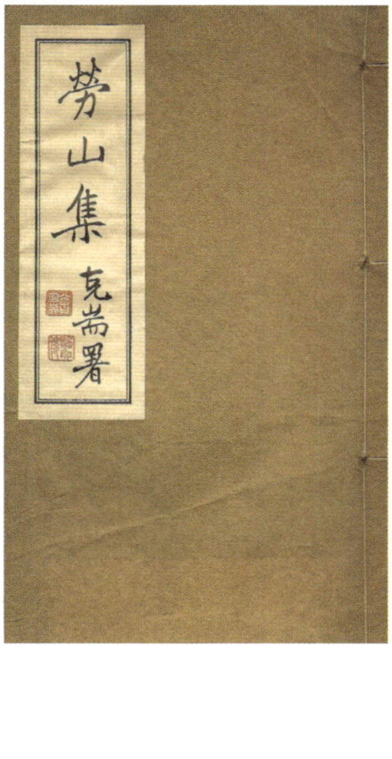

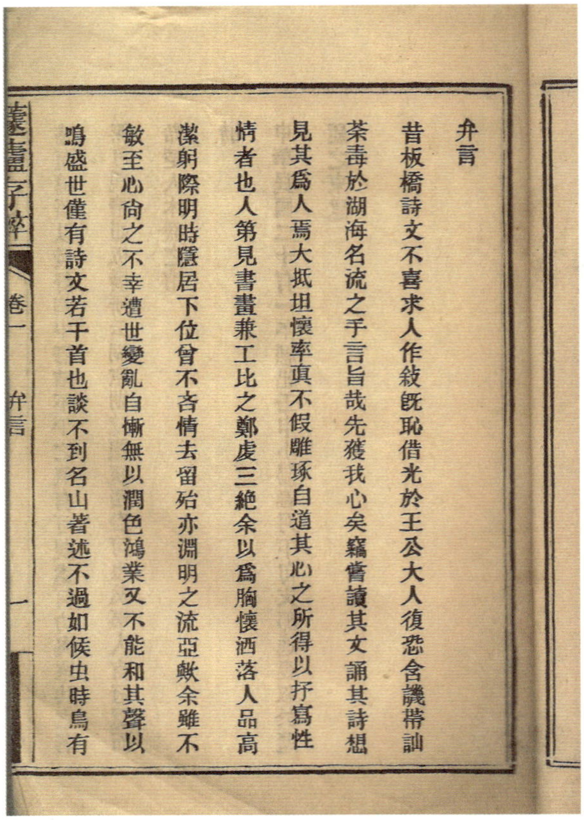
遽廬存粹　卷一　弁言　一

弁言

昔板橋詩文不喜求人作敘既恥借光於王公大人復恐含譏帶訕荼毒於湖海名流之手言旨哉先獲我心矣竊嘗讀其文誦其詩想見其爲人焉大抵坦懷率真不假雕琢自道其心之所得以抒寫性情者也人第見書畫兼工比之鄭虔三絕余以爲胸懷洒落人品高潔躬際明時隱居下位曾不吝情去留殆亦淵明之流亞歟余雖不敏至心向之不幸遭世變亂自慚無以潤色鴻業又不能和其聲以鳴盛世僅有詩文若干首也談不到名山著述不過如候虫時鳥有

字颂云，湖南醴陵人。清末秀才，后弃文习武。曾竞选民国副总统，竞选失败后任长沙绥靖公署主任兼湖南省政府主席。程潜擅书工诗，书宗魏碑，笔力雄浑豪迈，古朴苍劲。诗以五古独步一时，借诗叙史，气魄宏大。有“儒将”的美誉，曾被章士钊等文坛名士誉为一代钟吕之音。赵朴初评价其为：“谁知三军帅，诗亦一代雄！”在1948年参加副总统竞选时，程潜“以文会友”，他的《养复园诗集》曾在国大代表中广为散发。

萍乡李有鋆著《遽庐存粹》四卷二册，民国20年小号木活字摆印本，书名页有“丙子秋梓行，支那逸叟自署”。李有鋆在弁言中讲：“于虽不敏至心尚之，不幸遭世变乱，自惭无以润色鸿业，又不能和其声以鸣世，仅有诗文若干首也。谈不到名山著述，不过如候虫时鸟有感而鸣，借以发舒胸中郁结不平之气。有可观处，何妨与众共之，若无可观，请如板桥所云：糊窗、糊壁、覆瓿、覆盎可也。奚事人言冠冕，而诒楚人沐猴之诮。”李有鋆的资料无查，知其纂修有《昭萍志略》十四卷，民国24年刊本。

潮安黄仲琴著《嵩园诗草》，朱孝臧题写书名，民国18年铅印本。书名页有作者后人黄德奇签名题赠：“先父遗作，谨贻郎如先生。”黄仲琴（1885—1942），又名嵩年，广东潮安人。少年时从漳州理学名儒王宗敬受业，为王门入室弟子之冠。曾任福建龙溪县丞，历任金山中学、岭南大学、中山大学教授，工诗词，尤精考据。存在中山大学图书馆有稽古论文近百篇，著有《嵩园诗草》、《湖边文存》、《木棉庵志》等。杨寿昌在序中说：“嵩园又喜为考证之学，予尝读其金石题跋文字数篇，皆翔实有发明。为学者又为诗人，尤难能可贵。”

杨庄撰《湘潭杨叔姬诗文词录》，湘潭杨氏民国29年铅印本，版心上题“湘潭杨庄诗文词录”，其弟杨敞作跋，其兄杨度的同窗好友夏寿田作序文。杨庄（1878—1940），字少姬，一字叔姬，湖南湘潭人，素有才女之称，名列“湖南四大怪”之中。杨庄少有文才，诗名颇高，上师魏晋，文学范蔚宗，诗学谢灵运，兼好老庄，深研玄理，与寄禅法师（八指头陀）、张登寿俱以诗名，并称“姜畬三异”。嫁王闿运第四子王文育，因贤惠有才，深得公婆欢心。但因心高气傲，常受其夫妒忌而遭殴打。杨度写信给杨庄说：“夫

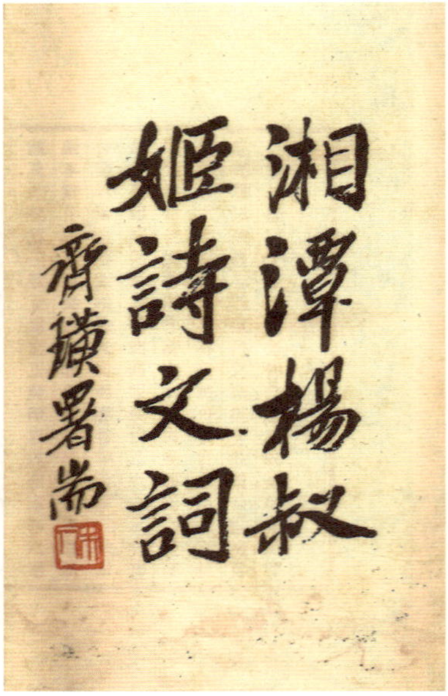

妇之道同于君臣，合则留，不合则去。”杨庄听了哥哥的话，涕泣求去，急得王闿运顿足搔首说：“你不看他（指其子）的面子，须看我的老面，你真不肯做我的媳妇，做我的女儿如何？”杨度有“丑妇常美婿，奇女多庸夫。世人虽自媚，安足配彼姝”之句。杨庄早年随杨度游学日本，回国后置身社会教育，后因病闲居，始治佛学，由净土而密宗，修业至勤，用心弥苦。

陈叔通撰《百梅书屋诗存》，中华书局1959年12月影印本。齐燕铭、马叙伦题签，林志钧、李宣龚、夏敬观作序。林宰平在该书序言中说，“以《春秋》治诗”，“《春秋》可以断狱，叔通之诗则正如老吏之平停是非，判定曲直”。陈叔通在自序中说：“书足以记姓名，余于诗亦然。饱更世变，偷息人间，日月不居，百无聊赖，但就所闻见、所怀想、所游览、所赠答记之而已。乌足以言诗？顾亦有不能已于言者。”陈叔通（1876—1966），浙江仁和（今杭州）人，

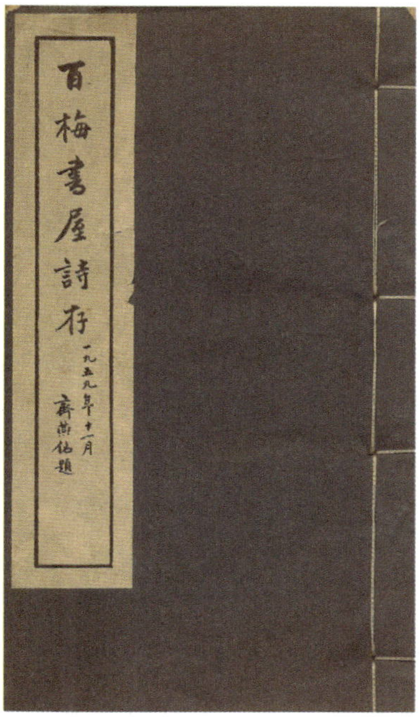

是我国封建王朝最后一科的翰林，一生经历了戊戌政变、辛亥革命、袁氏称帝、军阀混战、日寇入侵、国民党统治等重要历史年代。陈叔通一生诗作很多，《百梅书屋诗存》是其70岁时亲自删定并刊印的。著名诗人陈三立评价他的诗：“格浑气逸，自是作家。荒居得此，不啻空谷足音。”

几种签名本

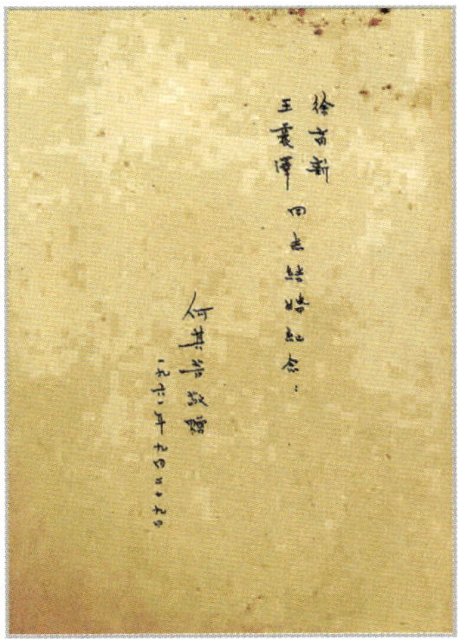

草明著《乘风破浪》，作家出版社1959年出版，精装本。“徐育新、王震泽同志结婚纪念，何其芳敬赠，一九六一年九月二十九日”。受书人徐育新译有（英）J·G·弗雷泽著《金枝》，中国民间文艺出版社1987年出版。何其芳（1912—1977），原名何永芳，四川万县人。现代诗人、散文家、文学研究家。1938年赴延安，任鲁迅艺术学院文学系主任，其间曾随贺龙部队到晋西北和冀中根据地工作。主要作品有：诗集《预

言》、《夜歌》，作品集《刻意集》，散文集《还乡杂记》、《星火集》及续编等。

古文字学家、考古学家高明著《中国古文字学通论》，文物出版社1987年出版。此书论述汉字研究的历史梗概，汉字的起源和发展，汉字的形、音、义。商周时代的甲骨文，商周时代的铜器铭文，战国古文字资料的有关问题，并作了大量考释。作者签名“锡圭同志，请指正。高明，1987.11.30”。受书人裘锡圭为文字学家，在甲骨学、金文、战国文字、简牍、帛书等方面颇有造诣和建树，在历史学、考古学和语言学等方面也很有研究。

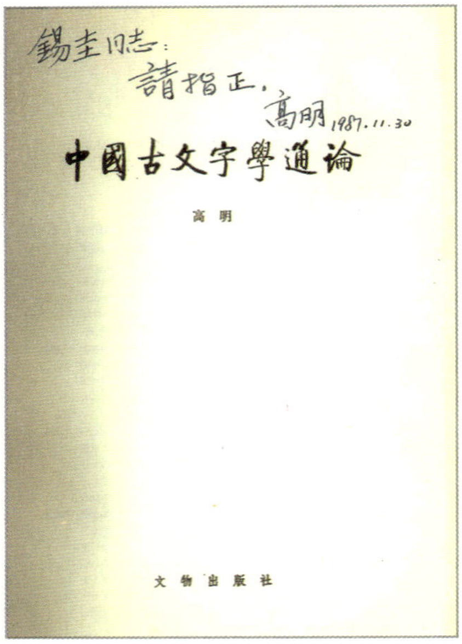

耿宝昌著《明清瓷器鉴定》，中国文物商店总店1983年8月出版。作者送“赵克林同志教正”，钤“耿宝昌”朱文方印。此书系耿宝昌1981年5月在中国文物商店总店举办的南京陶瓷鉴定学习班上的讲稿，后经作者进一步充实而成。编为上、下两集，并增以实物照片和造型、纹饰图案。在书中，作者对自己多年来丰富的实践经验，加以概括总结，并通过对实物的详细比较，明确指出了真器与赝品之间的细微差别。

臧克家诗集《忆向阳》，人民出版社1978年出版，收录了作者回忆咸宁五七干校（向阳湖）生活的50余首诗歌。此书出版后曾遭姚雪垠不留情面的批判。作者签名“昌淦同志正之”。受书人郑昌淦为著名历史学家，中国人民大学历史系教授。

《刘炳森隶书明北京城城墙遗迹维记》，紫禁城出版社1989年12月出版。北京城城墙遗迹公园坐落于西便门立交桥东桥头，复兴门向南一站地的三角地区。作为北京城城墙遗迹，于20世纪80年代重建的这段城墙，始建于明朝初年。西便门和它的近邻，它西南面的广安门（原彰仪门）正是李自成首先攻破的城门。李自成的部队，就是由这两个门蜂拥而入，踏上太和殿的。城

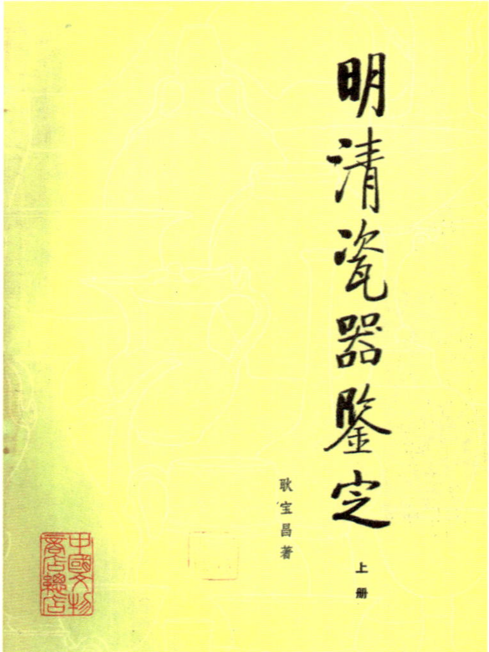

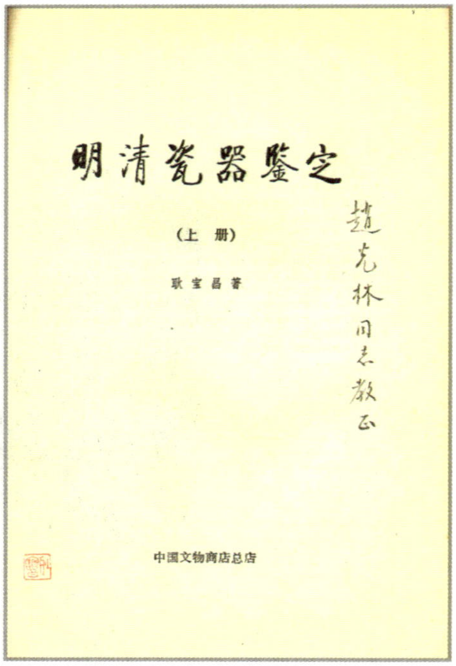

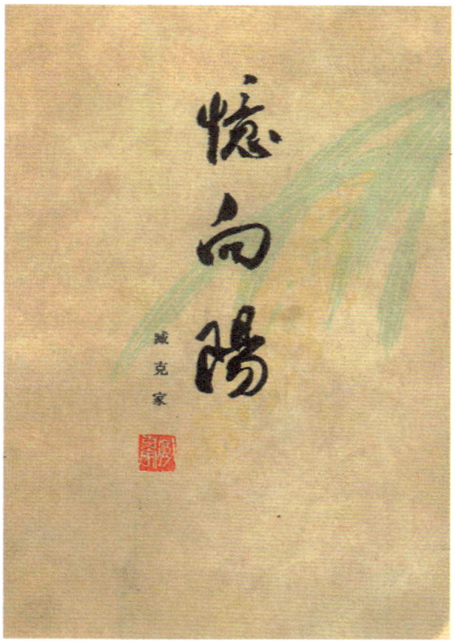

墙上竖立着由地理学大师侯仁之撰文、当代著名书法家刘炳森书丹的《明北京城墙遗迹维修记》碑。此书为刘炳森签名，落款：“两千年初。”

（清）洪饴孙撰《史目表》二卷一册，启秀山房清光绪四年（1878）刻本。易家录在该书扉页有题跋：“阳湖洪孟慈《史目表》，原有自叙无。本辑补文赵收庵、李申耆序识。后来，鄂局重刻之本均无之。此粤中刻写存，因重装补署为志之。三十有八载，寓锻里易家录。”

易家录为明末清初书法家，上海国拍2004年秋季艺术品拍卖会《思敬斋旧藏书画专场》中，张大千和易家录合作于1948年的山水书法成扇，估价25000～35000元，49500元成交。

刘绍棠中篇小说《地火》，黑龙江人民出版社1981年出版。作者签名“王泽震同志存念，一九八二年二月”。受书人王泽震为河北著名的小说编辑，历任《人民文学》、《河北文学》杂志编辑、《长城》文学编辑，编审。2003年春天医治牙疾时突发心脏病逝去。

简又文著《西北军革命奋斗史》，1966年《大华》半月刊抽印本。作者签名送“旭初先生指正”。简又文（1896—1978），历史学家，字永真，号驭繁，广东新会人。曾任山东盐运使、铁道部参事、立法委员。虽长期宦海飘浮，但以研究太平天国著称于

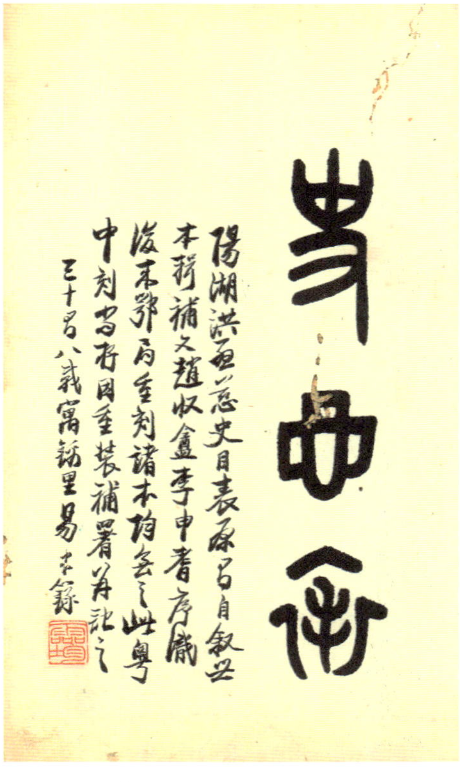

世，他反对用阶级斗争观点研究太平天国，否认太平天国的农民革命性质。对太平天国抱同情态度，认为太平天国是民族革命运动，兼有宗教革命和政治革命的意义，其目标是要改革一切传统的旧制度，并认为这样的大计划不特为中国历史所未见，即在世界历史中亦占重要而光荣之一章。受书人黄旭初（1892—1975）为桂系要人，任广西省主席19年。后为“总统府”国策顾问。

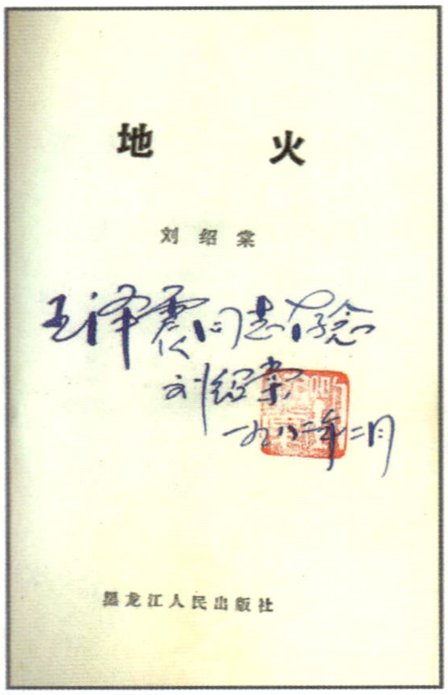

内部刊物《中央级行政财务工作手册》，国务院机关事务管理局1957年1月编印，马文瑞签名自用本。马文瑞（1912—2004），陕西子洲人。1937年入延安抗日军政大学学习。1954年9月任国家劳动部部长、党组书记。1977年6月任国家计划委员会副主任，同年12月任中共中央党校副校长。1979年12月任中共陕西省委第一书记、省人大常委会主任、省军区第一政委。曾任第六届、第七届全国政协副主席。

黄苗子《画坛师友录》，生活·读书·新知三联书店2007年1月出版，作者2007年3月17日签名本，钤“黄苗子”白文方印。

油印本《文物博物馆工作文献资料索引（1949—1960年4月）》，文物博物馆研究所、文物学院文物博物馆干部学习班合编，1960年5月内部印刷。裴文中签名盖章本。裴文中（1904—1982）为著名考古学家，古生物学家，北京人第一个完整头盖骨化石的发现者，中国古人类学的重要创始人。河北滦县人。先后任北京大学、北京师范大学、燕京大学、中法大学教授。1929年12月2日在北京周口店发掘出北京人第一个头盖骨，轰动了中外学术界，成为中国古人类学发展史上重要的里程碑。

中国革命摄影协会编《毛主席是我们心中的红太阳》，摄影集，上海人民出版社1967年出版。收录60多幅珍贵的照片，有林彪、江青、陈伯达等人照片。真实记录了毛泽东在“文革”期间的工作和生活状况。此书扉页题有“忠心献给伟大领袖毛主席，红太阳普照大地光芒万丈！衷心祝伟

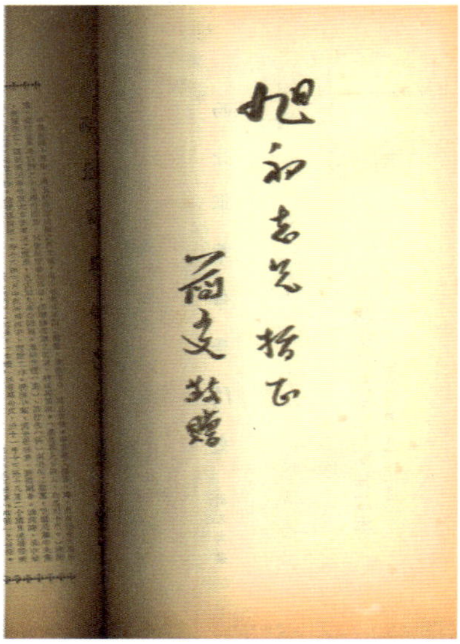

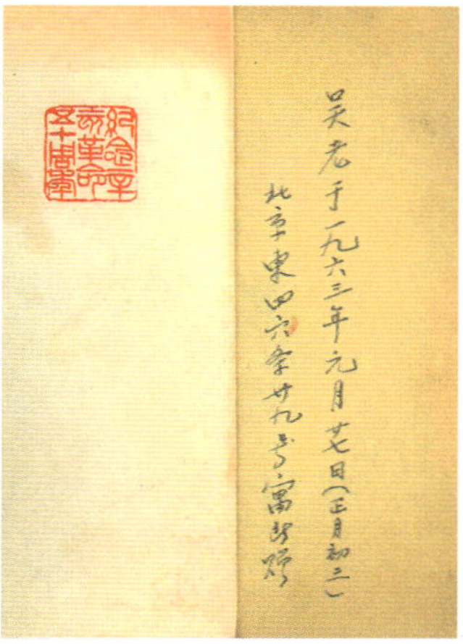

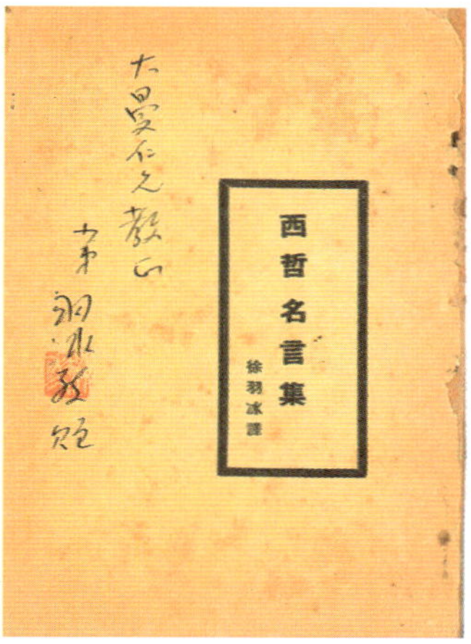

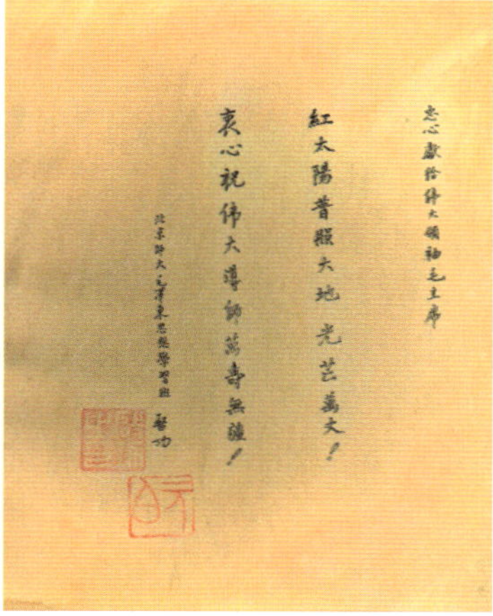

大导师万寿无疆！北京师大毛泽东思想学习班，启功”。钤“启功之印”和“元白”两枚印章。

此摄影册在毛泽东诞辰110周年之际曾闹出十分可笑的笑话。媒体称某先生手中的“绝版毛泽东相册现身于南京”，“因历史原因能够完整保存下来可谓凤毛麟角，极其珍贵”。当时新华网、搜狐网、中新网、网易、华夏收藏网等各大网络纷纷转载。香港文汇报、江南时报、也纷纷以“30万元不卖南京市民收藏珍贵毛泽东相册”进行报道，引起“红色藏界极大轰动”。此册于2007年5月又在孔网出现，18万起拍，更是引起书友一片哗然。

（苏联）罗果夫、李翁诺编《符拉箕米尔·伊里奇·列宁：雕刻·绘画·摄影》，上海时代出版社1949年出版。钤“山阴周氏”白文方章。不知是哪位周氏？

1956年第10期《文物参考资料》，扉页有“玉宽同志，史树青东堂”题赠，钤“史树青”朱文不规则印章。这期杂志有史先生的两篇文章。“玉宽同志”为山东省人民政府文史研究馆馆员王玉宽，工书、画、印，尤精楷书，擅长魏碑，有《王玉宽楷书字帖》出版。

魏广州手书《老子道德经》，浙江富阳古籍印刷厂1989年2月印刷，非卖品。作者签名“持赠□□先生方家留念，戊寅虎年八十七岁魏广州拜上”，钤“魏广州印”白文方章和一枚朱文章。魏广州为北京琉璃厂书人、古籍版本收藏家；受书人为琉璃厂书人，以西文版本书籍鉴定见长。尚返聘从事古籍销售相关业务。

吴玉章著《纪念辛亥革命五十周年：辛亥革命》，人民出版社1961年9月出版。扉页题记：“吴老于一九六三年元月廿七日（正月初三）北京东四六条廿九号寓所赠。”受书人不知为谁？

徐羽冰译《西哲名言集》，《大公报》社1933年出版。封面有“大曼仁兄教正，小

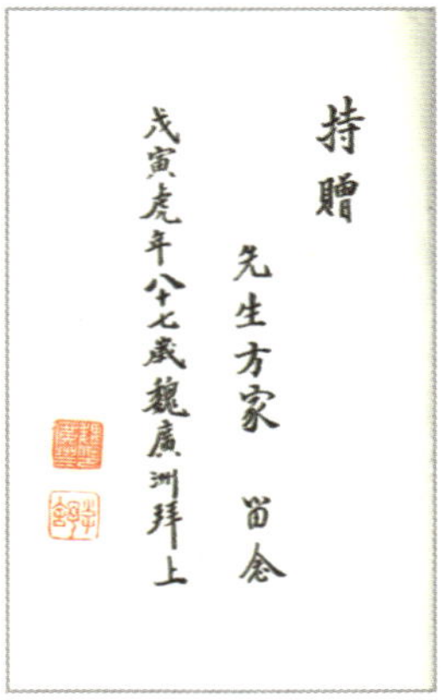

《老子道德经》作者签名

弟羽冰敬赠”，钤“徐羽冰”白文方印。徐羽冰有《中国基本化学工业之现状》、《日本的新满蒙狂》等著作。王芸生在给《日本的新满蒙狂》作序时说：“夫日人之狂蛮，诚为公论所不直，若我之弱昧，亦定为人所同情。外人尝谓中国为易被征服之民族。譬诸扬州十日，以数千满人，杀汉人逾十万。彼时之满人，非有飞机大炮也，其武器固亦刀矛之属耳，而汉人竟披靡却走，伏尸十万。使此十万之众，各拼命御敌，胜负之数，未可知也。唯人人存幸免之心，则结果无一幸免。故图苟安者必不能安，不怕死者乃得不死，此不易之理也。”

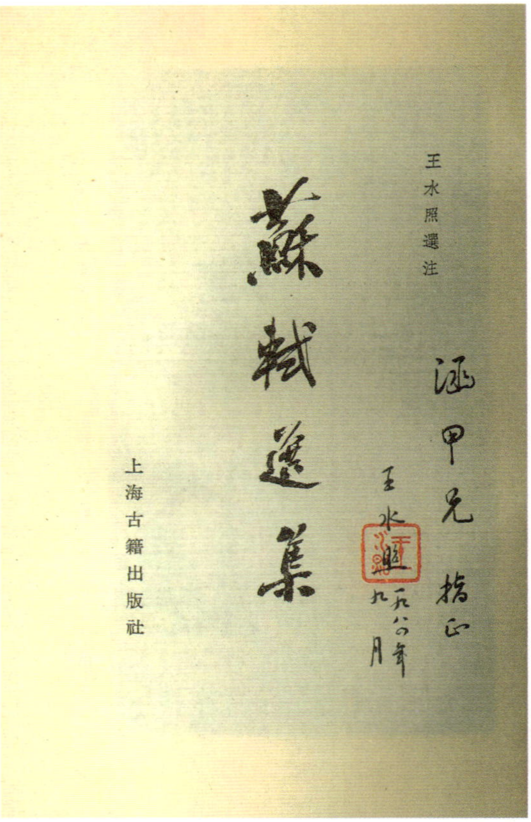

王水照选注《苏轼选集》，“中国古典文学名著选集”之一种，上海古籍出版社1984年出版。扉页有作者题赠：“涵甲兄指正，王水照，一九八〇年九月。”王水照，浙江余姚人，长期从事宋代文学的研究，尤着力于从中国文化和文学史的整体背景上探求宋代文学的时代特征和历史定位。在苏轼研究、宋词研究、宋代散文研究、文人集团研究上有建树。

北京大学讲义《中国通史》，钤“谢兴尧章”朱文方印。谢兴尧，一号五知，别号老长毛、荛公等，四川射洪人。著名藏书家、历史学家。1931年毕业于北京大学史学系，先后任职于北京大学国学门研究所、河南大学等，精于太平天国史研究，亦善搜求史部古书，尤其是稿本。20世纪40年代以《书林逸话》，声名鹊起。曾参与《续修四库全书总目提要（稿本）》的纂修，所写提要皆为史部，而以自己五知书屋所藏稿本为特色。90年代出版《堪隐斋杂著》、《堪隐斋随笔》等书。

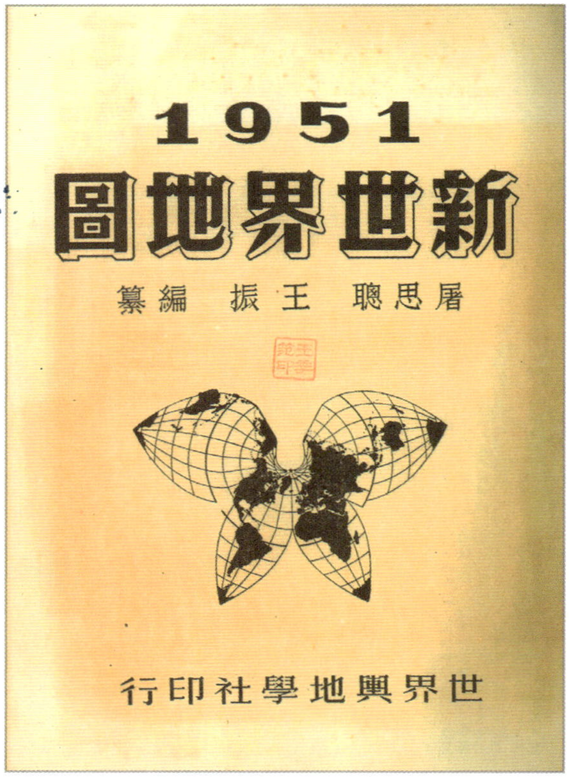

屠思聪、王振编纂，戴秉周等绘《新世界地图》，1951年2月上海世界舆地学社出版。图为彩色，均附说明，地名为中英文对照。钤“王季范印”朱文章。王季范（1884—1972），著名教育家，毛泽东的姨表兄，又是毛泽东在湖南第一师范读书时的老师。对毛泽东不仅经济上解囊相助，学业上认真教诲，还尽力支持其革命活动。1927年马日事变与毛泽东分别，直到1950年才在北京见面。1951年，毛泽东把他接到北京家中小住，向家人和工作人员介绍说：“这是我九哥，没有他，就没我。”全国解放后，王季范曾三次致电毛泽东，提出“用贤才、立法制、崇道德”的治国方略供毛泽东参考。毛泽东回电致谢。1972年7月11日在北京病逝，终年88岁。毛泽东送了花圈，缎带上写着：“九哥千古！”

（俄）屠格涅夫著、徐蔚南译《屠格涅夫散文诗集》，新文化书社民国23年6月6版。封面有邹雅签名，落款是“一九四七、三、十四于邯郸”。邹雅（1916—1974），江苏无锡人。青年时代在上海致力于鲁迅先生倡导的新兴木刻运动。1938年赴延安鲁迅艺术学院学习。后到太行、晋冀鲁豫等敌后抗日根据地从事抗日宣传工作。新中国成立后，曾任人民美术出版社副总编辑、副社长等职。1973年任北京画院副院长。1974年到阳泉煤矿深入生活，不幸失事遇难。邹雅是一位多才多艺的艺术家、编辑家，创作了一大批反映抗日、军民休戚与共的木刻作品。从封面题名落款时间看，此时邹雅应该是在河北从事敌后抗日宣传工作之际。

梁斌著长篇小说《翻身记事》，人民文学出版社1978年出版。扉页题“张钧同志指正，梁斌一九七八年四月于北京”。梁斌（1914—1996），原名梁维周，河北蠡县人，著名作家。建国后曾任河北省文联副主席、中国作家协会河北分会主席。1953年开始创作多卷本长篇小说《红旗谱》，1958年出版第一部，被誉为反映中国农民革命斗争的史诗式作品，出版后被改编为话剧和电影，并译成多国文字。《翻身记事》是反映土改运动的一部长篇小说。受书人张钧（1919—1997），山东寿光人。解放战争时期，任晋冀鲁豫军区第四纵队十三旅三十九团政治委员，二野三十九师政治部主任。建国后，任航天工业部部长，为我国航天工业的开拓者之一。

《范曾吟草》精装本，河南人民出版社1985年8月第1版，1986年8月第2次印刷。范曾、边宝华1986年12月17日签名本。范曾，江苏南通人，1938年出生，1959年考入天津南开大学历史系。两年后转入中央美术学院研究美术史，后又转入中国画系学习。1962年毕业后分配到中国历史博物馆工作，20世纪70年代末到中央工艺美术学院任教。后来他又筹建南开大学东方艺术系，任系主任。曾经过大起大落，去国归国，弯弯曲曲地走到今天。边宝华，1936年出生，1962年毕业

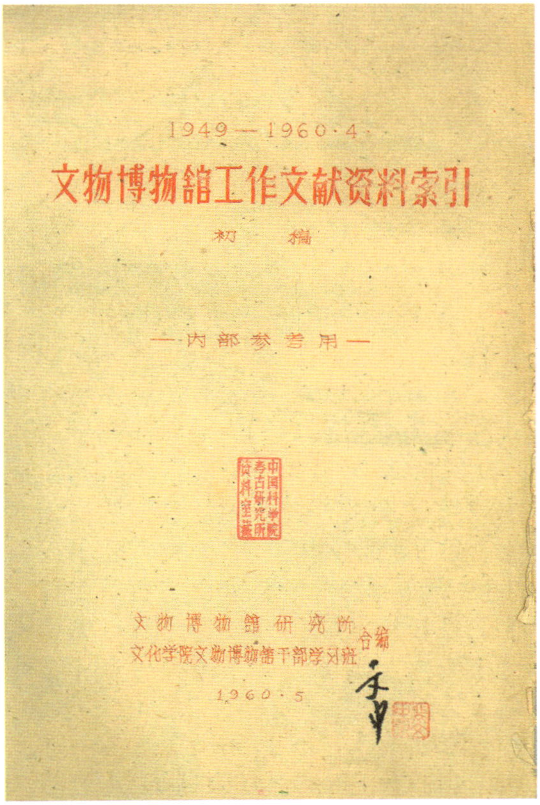

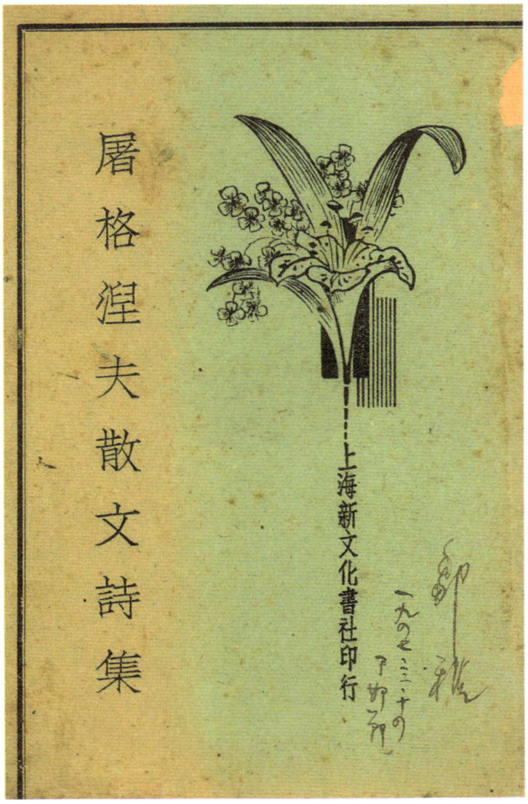

于中央美术学院中国画系，与范曾为同班同学。1962年至1992年在中国历史博物馆美术工作部参加陈列设计、临摹和创作工作。边宝华擅长工笔画，是范曾的第二任妻子。

朝鲜民主主义人民共和国科学院考古学及民俗研究所编《安岳第三号坟发掘报告》，平壤科学院版社1958年出版，朝文。扉页题“安岳冬寿墓发掘报告，一良藏书”。高句丽是起源于我国东北地区的古老少数民族之一，高句丽政权始建于汉建昭二

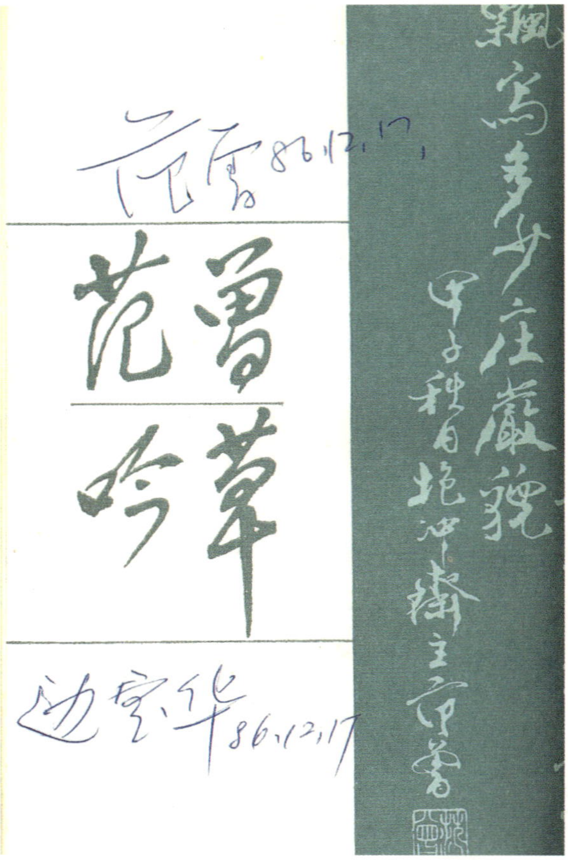

年（公元前37年）。该政权的创始传说，最早见于公元414年的好太王碑。高句丽遗迹分布在我国吉林省和辽宁省的东半部及朝鲜半岛的北半部。20世纪40年代，朝鲜对其境内的高句丽遗迹先后进行了一些发掘。1949年，发掘了有明确纪年和墓主身份的安岳3号冬寿墓。墓中除题记外，还发现了精美的壁画，这些壁画的发现为研究韩国音乐史提供了珍贵的历史资料。在调查、发掘的同时，朝鲜先后出版了一些综合研究著作，此书即为其中之一。

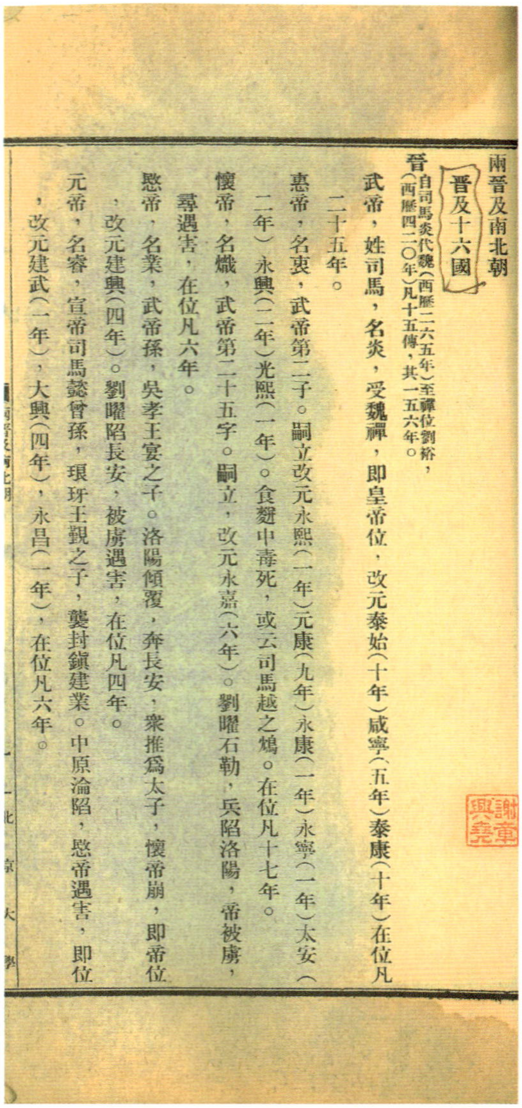

兩晉及南北朝

晉及十六國

晉自司馬炎代魏（西曆二六五年）至禪位劉裕，（西曆四二〇年）凡十五傳，共一五六年。

武帝，姓司馬，名炎，受魏禪，即皇帝位，改元泰始（十年）咸寧（五年）泰康（十年）在位凡二十五年。

惠帝，名衷，武帝第二子。嗣立改元永熙（一年）元康（九年）永康（一年）永寧（一年）太安（二年）永興（二年）光熙（一年）。食麪中毒死，或云司馬越之鴆。在位凡十七年。

懷帝，名熾，武帝第二十五子。嗣立，改元永嘉（六年）。劉曜石勒，兵陷洛陽，帝被虜，尋遇害，在位凡六年。

愍帝，名業，武帝孫，吳孝王宴之子。洛陽傾覆，奔長安，衆推爲太子，懷帝崩，即帝位，改元建興（四年）。劉曜陷長安，被虜遇害，在位凡四年。

元帝，名睿，宣帝司馬懿曾孫，琅玡王覲之子，襲封鎭建業。中原淪陷，愍帝遇害，即位，改元建武（一年），大興（四年），永昌（一年），在位凡六年。

管桦著《将军河》第一部，中国青年出版社1977年出版。扉页题“何洛同志赐教，管桦，一九七八年八月卅日”。管桦（1922—2002），原名鲍化普，河北丰润县人，作家、诗人、画家。知名作品有中篇小说《小英雄雨来》。1970年起动手写作长篇小说《将军河》，经过20多年时间完成，该书以第二次世界大战为背景，描绘华北将军河地区军民团结抗日的史实。受书人何洛为中国人民大学教授、语言文学系主任，著有文艺性传记《李凤莲》，译有日本德永直的《没有太阳的街》，主持编写有《实践与美学》等。

张岱年著《张岱年文集》第一卷，清华大学出版社1989年4月第1版。本卷收入作者

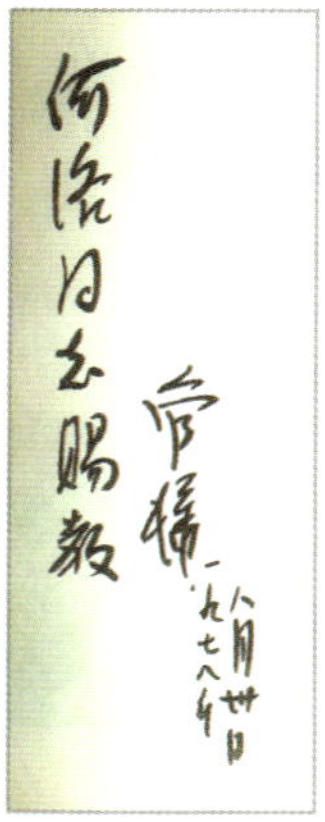

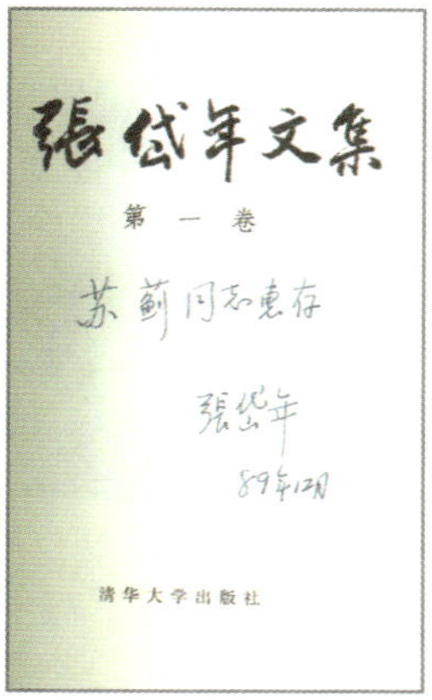

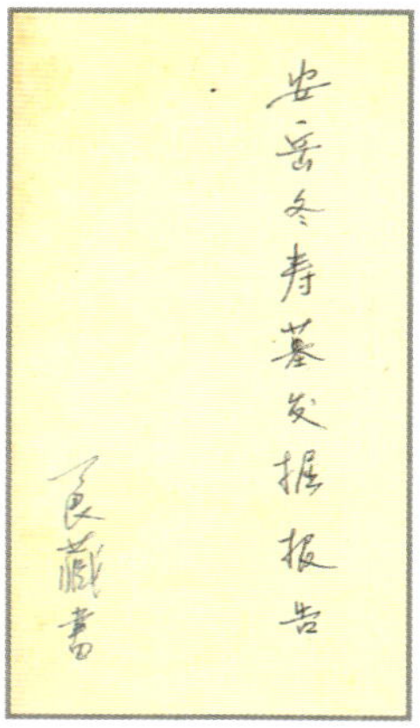

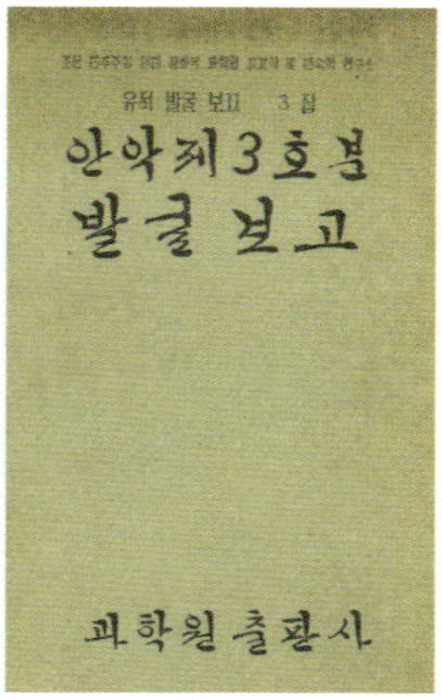

在20世纪30年代的论文41篇，分为哲学、思想、文化总论，中国传统哲学的论述，对中西方哲学文化的论述，以及对叶青、胡适的书译等四编。扉页题“苏蓟同志惠存，张岱年89年12月”。受书人苏蓟曾任中央政法干部学校东北分校教务长、副书记。

民族语言版《高玉宝》，扉页题有“知识是创业财富，拼搏是成功之母，高玉宝二〇〇〇年四月廿五日”。高玉宝仅上过一个月的学，却先后写出了总计200多万字的几部长篇小说。短篇小说《我要读书》和《半夜鸡叫》曾被选入小学语文课本，被周恩来总理称为“战士作家”。主要作品有自传体长篇小说《高玉宝》，在国内有7种民族文字出版发行，在国外有12个国家和地区用15种文字翻译出版。报告文学《家乡处处换新颜》发表于1973年5月，中国5种对外刊物用6种文字向世界发行。

冯牧主编《新时期中篇小说名作丛书》十二种，海峡文艺出版社1986年出版。包括王蒙、邓友梅、从维熙、冯骥才、陆文夫等12位当代作家的代表作，获第一届国家图书奖。1978年12月，十一届三中全会召开，由于以经济建设为中心和思想上拨乱反正的改革

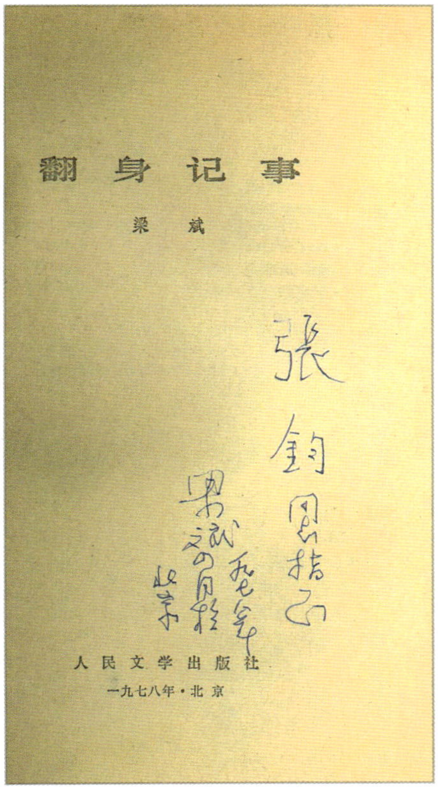

开放，中西文化因开放而大规模撞击，关于“文革”十年的题材成为时尚的文学大潮。中篇小说成为这十年走红的文学体裁，现代主义和后现代主义艺术视角、形式和技法得到引进和实验，《新时期中篇小说名作丛书》便集中展示了这方面的成绩。

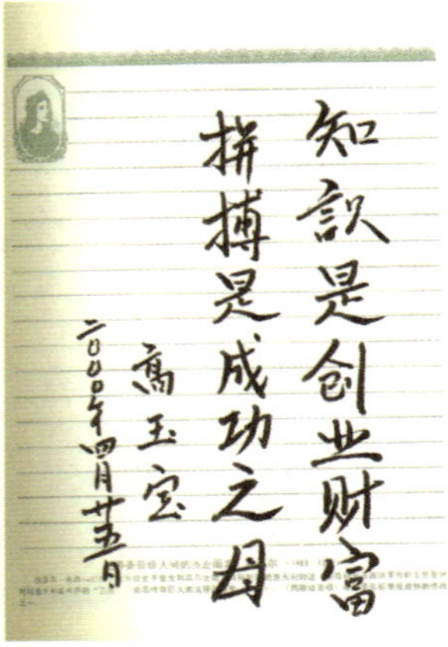

贾平凹的第一本书：《兵娃》

贾平凹著《兵娃》，中国少年儿童出版社1977年第1版第1次印刷。这是一部反映少年儿童生活题材的短篇小说集。

《兵娃》是贾平凹的第一本作品集，小32开本，计53千字，121页。里面收录了《荷花塘》、《小会计》、《小电工》、《兵娃》、《参观之前》和《深山出凤凰》等6个短篇小说，是从他发表在全国各地的40多篇作品中精选出来的。封面是个背上扣着草帽、肩上挑着粪筐担子的红小兵，时代印记比较鲜明。

贾平凹在后记里写道：“1977年，贫下中农把我推荐上了大学，我开始拿起了笔参加战斗。在三年的大学期间，我们按照毛主席的教导，开门办学，到农村的几次实习中，我又回到了小伙伴中间，那些红小兵的可爱形象，时时使我感奋，使我激动。于是，我断断续续写下了这一支支对新一代的赞歌！对‘文化大革命’的赞歌！”

据这本书内容提要介绍，这是一本反映农村中两条道路斗争的短篇小说集，兵娃和杏娃等红小兵，在学习无产阶级专政理论的鼓舞下，坚持原则，和农村中资本主义自发势力以及阶级敌人的破坏捣乱进行了不调和的斗争。有浓郁的生活气息，语言朴实风趣，生动地展现了当前农村中少年一代的新风貌。

据孙见喜的《贾平凹的情感历程》记载：《兵娃》样书一到，贾平凹就到邮局给当时在丹凤县剧团当演员的韩俊芳寄去了一本。韩俊芳收到《兵娃》后一夜未眠，将这些作品一篇一篇地细读。……她在《兵娃》这本书里看到了自己童年生活的影像，聆听到娘那小小拧车的吱吱声；她不明白他是怎么写这书的，为什么字里行间全有自己儿时的生活记忆。她真想写封信问问他呢？她想象，会写书的一定都会猜揣捏算；少年事、旧情物，那么多逝去的梦都在他的笔下活过来，多么奇怪啊！

“封面重印时更换”：《红色的果实》

这册《红色的果实》，是满族作家马加的一部长篇小说，作家出版社1960年5月第1版第1次印刷，作家出版社小说组的样书。王秋绘制封面及书中7幅插图。

马加长期在辽宁农村深入生活，写下大量富有鲜活时代气息和辽宁地域特色的短篇小说、散文和一些杂文，出版了长篇小说《红色的果实》。1955年，中国农村掀起了波澜壮阔的社会主义革命高潮。这部长篇小说，就是反映这一高潮到来之前和到来以后的东北农村生活。书中以双目失明的复员军人曲世青为中心，描写他充满着革命的澎湃热情，突破各种困难，积极组织农业合作社，表现了同右倾机会主义者作斗争及同敌人作斗争的坚强意志。马加在作品中歌颂了广大贫下中农群众的社会主义积极性，生动地烘托出中国北方农村生活的独特色调。

翕居所藏此册样书，在扉页上有作家出版社第一编辑组的两条意见：（一）封面重印时更换，树上加红色的果实和树叶；（二）最后一张插图取消，换成另一张。落款是7月21日。在翕居所藏此书1961年8月北京第2次印刷本中，最后一张插图“她是多么熟悉这一带的风景”，由原来是女主角低头面向一棵没有树叶的树，被换成背后是青山、侧面是一棵结满红色硕大果实、女主角系着围巾仰头微笑的图案。确确实实是喜庆多了。重新更换的封面也确实和第一次印刷有很大不同，不仅树上加了浓浓的绿叶，还添加了密密麻麻的果实，但不是红色的。书名也从第1次印刷时的黑字改为红字，从顶部移到了右下角。有意思的是，2003年11月25日，在中国嘉德秋季拍卖会中国

油画及雕塑专场中，第0113号拍品，是王秋1960年绘制的《红色的果实》封面及四幅插图，纸上水粉，估价为4000～5000元，未成交。

1. 此书作者马加（1910—2004），原名白晓光，辽宁新民人。1931年肄业于东北大学。同年“九·一八”事变后流亡北平，曾主编《文学导报》。1938年到延安。抗战胜利后到黑龙江。曾任黑龙江佳木斯桦川县土改工作团副团长，东北作家协会副主席、主席，辽宁省作家协会主席。2000年，辽宁省人民政府授予他“人民作家”荣誉称号。其主要作品有中篇小说《江山村十日》、《红色的果实》、《在祖国的东方》、《滹沱河流域》、《登基前后》、《开不败的花朵》、《北国风云录》、《血映关山》、《马加文选》和《马加文集》等。

2007年初，马加的儿子白长青来到沈阳市档案馆，将其父亲的部分遗作、手稿、照片等资料捐赠给沈阳市档案馆。沈阳市档案馆为马加建立了人物档案。沈阳市档案馆为马加建立的人物档案一共有10盒，总计76件档案资料。这些档案资料主要包括马加创作的《怀念与期望》、《寄怀张学良将军》、《源远流长》和《遥寄张学良校长》手稿；生涯回忆录《漂泊生涯——我的回忆录》和《马加文集》；马加在东北大学读书时的照片，以及随中国作家代表团访问苏联、德国时的照片等。其中，最为珍贵的是马加生前创作自己的代表作长篇小说《北国风云录》时候用过的一个笔记本，上面记载着马加写作此书的大量素材和构思。

抗美援朝时期的《野菜与营养》

野菜具有纯净、本真的鲜香，充满着绿色生活的气息。野菜的采集和食用在我国可谓是源远流长，从《关雎》“参差荇菜，左右流之”描绘青春女子在灿烂春光中轻快地采集野菜，到《影梅庵忆语》中所忆董小宛善于腌制野菜，使“黄者如蜡”、“绿者如翠”的记载，可以在普普通通的野菜身上体会到人与自然相互关爱的况味。

在北京地坛书市，淘到了一部《野菜与营养》。这是一部极其不平凡的书，有文字和黑白图谱线装胶订本一册，彩色图谱铁钉装一册，布面硬纸板套装，咖啡色布面硬函套。1952年11月由中国人民志愿军后方勤务司令部卫生部出版发行，杨恩孚、杨光圻、于树玉、向良迪编著，共印行2000册。

中国人民志愿军后方勤务司令部卫生部部长吴之理、副部长朱立光在序言中写道：“我们特意请中央卫生研究院营养系主任兼研究员杨恩孚先生率领助理研究员于树玉、杨光圻、向良迪等来到战地的朝鲜，他们结合了志愿军防疫队下乡访问了朝鲜父老。采集、试食和化验了民间最喜吃的七十六种本書圖樣自朝鮮帶回後，經北京新國畫研究會重新精繪付印稿；印刷時又承上海新聞出版印刷工會協助號召製版業及印刷業工人同志發揮高度工作熱情，由於以上各方面的支持，才能夠得到現在本書的成績，謹此誌謝。

中國人民志願軍後方勤務司令部衛生部

野菜的维生素含量。……为了志愿军的战士们以及国内部队的参考，特请于、杨、向等同志将标本绘成图，按原色印出便于识别。除了有总分析表之外，每张原色图谱还附有这种野菜的必要说明及黑白图。”

华东医务生活社社长黄胜白筹划安排了此书的出版，他在为《野菜与营养》的序言里写道：“我们的志愿军！我们最可爱的人，在零下若干度的崇山峻岭中艰苦战斗着，他们为了要克服因蔬菜缺乏而妨害营养的一切困难，曾在沉重打击了敌人余暇，漫山遍野去采野菜做副食品，来改善大家的营养。……这本《野菜与营养》，是我中国自己建立科学体系的第一本书。它是许多科学家爱国主义的表现。所叫它不愧被称为中国有史以来的第一本图谱。同时，我热切地希望着：这一本将是几百图谱的第一本。在共产党和毛主席的英明领导下，依靠着劳动大众解放了的智慧，这个希望是不会落空的，这类图书必定会源源不绝地刊出的。”

关于这本图谱的印成，黄胜白的评价是：“高度艺术集中，超速完成任务。”的确，完成这样一部图文并茂的大书，只用了短短25天。动用了开文照相制版社、综艺照相制版社、大同照相制版厂、华东照相制版厂、吉士照相制版厂、大众制版工业社、新生照相制版社、大新照相制版社、华生照相制版社九家制版厂参与制版，中华书局印刷厂、中国科学公司、艺文铸字印刷厂三家印刷厂参与印刷。真算得上是“兴师动众”。

由于此书出版仓促，所得到的只是朝鲜名称，而且记录不够全面，有几种没有找到适宜的中国名称。此外由于试验条件的限制，只有半数的样品作了核黄素的分析。干燥后的样品在运输途中，一部分受潮腐烂，其他方面的分析结果也不尽全面。但“《野菜与营养》就其政治意义、学术性质和艺术成就讲来，都是中国有史以来的第一部图谱！这是为维护我们最可爱的人——中国人民志愿军——的健康而写。”（见黄胜白为该书所作序言）

1. 刺兒菜

两种版本的《藏书》

（明）李贽《藏书》六十八卷，两函二十五册；《续藏书》一函十二册。1974年中华书局特制大字线装本。

李贽（1527—1602），号卓吾，泉州晋江（今属福建）人。回族。明代思想家。李贽自幼丧母，性格倔强难化，儒释道均不信，自称“见道人则恶，见僧则恶，见道学先生尤恶”。7岁随父读书，20岁离家自谋生活。26岁中举人，此后便不再科考。30岁被选做河南辉县教谕，以后做了二十多年小官，历任南京国子监博士、北京礼部司务、南京刑部员外郎、云南姚安知府。做官时，坚持正义，常和长官意见不合，屡遭困厄。54岁时毅然辞官。他曾自述：“余唯以不受管束之故，受尽磨难。一生坎坷，将大地与墨，难尽写也！”

1590年，李贽的诗文集《焚书》刻印引起道学家惶恐。朝廷下令：“李贽敢倡乱道，惑世诬民，便令厂卫五城严拿治罪。”明万历三十年（1602），李贽已76岁高龄，于重病之中被捕入狱。不久，乘狱卒来剃发时夺刀自刎，奄奄两日，气绝身亡。其主要作品除《焚书》外，还有《续焚书》、《李氏文集》、《藏书》和《续藏书》等。

《藏书》分为《世纪》和《列传》两部分，主要取材于历代正史，系历史人物评传，出版于1599年。在《藏书》两部分中，共记载了从战国到元亡约800多名历史人物。

关于写作《藏书》的背景，李贽曾在《与焦弱侯》中说：“山中寂寞无侣，时时取史册批阅。……自古至今，多少冤屈，谁与辨雪？故读史时真如与千万人作敌对。……今不敢谓此书诸传皆为妥当，但以其是非堪为当前人出气而已。”在《藏书世纪列传总目前论》中，他再申写作动机，他认为，人人都有不同的是非标准，“人之是非，初无定质。人之是非人也，亦无定论。无定论则此是彼非，并育而不相害。无定论则是此非彼，亦并行而不相悖矣”，“以孔子之是非为是非，故未尝有是非耳”。他宣称：“然则今日之是非，谓予李卓吾一人之是非可也；谓为千万世大贤大人之公是非，亦可也；谓予颠倒千万世之是非……亦可也。”千百年来，孔子学说一直是封建道德理论的基石，李贽要不以孔子之是非为是非，这必然在统治阶层引起极大震动，故李贽说：“藏书者何，言此书但可自怡，不可示人，故名曰藏书也。”

尽管李贽的言论中也有许多谬误之处，但从其进步的一面来说，确有“颠倒千万

世之是非”的意味，李贽是前所未有的旧意识的叛逆者。万历三十年即李贽被逮下狱的

当年，以及明天启五年（1625），《藏书》二度由朝廷明令“尽搜烧毁不许留存”。入清后，于乾隆四十二年（1777）再次奏准禁毁，仍列入《禁毁书目》。

“文革”期间，从1973年下半年开始的“评法批儒”和1974年初开始的“批林批孔”运动中，中华书局大量印行《藏书》、《续藏书》牛皮纸函套平装本。1974年，中华书局以其1959年整理本修订印制了供中央领导阅读的特制大字线装本《藏书》两函二十五册、《续藏书》一函十二册，此两种均为翕居前些年在北京外馆斜街觅得。有意思的是，在2004年春天的北京地坛书市曾淘到用平装大字本书页自制的线装本一套，颇堪玩味。

沈曾荫撰《养性轩诗词续钞》

沈曾荫撰《养性轩诗词续钞》一册，1958年油印本。内容为作者自刊诗稿。

作者沈仰放，原名曾荫，室名“养性轩”，安徽石埭（今石台县）人。清末北京实业专门学校毕业。曾任京师大学堂监学、北京大学学监、财政部会计司主事、平汉铁路局事务科长、铁道部专员等。1963年被聘为北京市文史研究馆馆员。1971年3月21日在北京逝世。书的最后是一篇《纪年词》，可大略知作者生平：“七十称觞又五年，生日早梅畔，最爱林泉。吟风弄月，自号龙岩酒中仙。重闹见背，壮岁来燕，沧桑几度更迁。窥华颠。”著有《龙岩诗词合钞》、《养性轩拾零》、《养性轩近稿》、《养性轩晚定稿》、《养性轩烬馀杂稿》、《养性轩诗词续钞》与《养性轩晚晴吟草》等。

沈曾荫于清光绪十一年（1885）十月十七日生，曾与清末名流樊樊山、陈散原、罗瘿公、傅增湘、夏枝巢、章士钊、齐如山、叶恭绰、张伯驹、汤用彤、易顺鼎等诸多声誉昭然的学问宗师在“稊园诗社”诗词酬唱。在张伯驹“春游社琐谈”中有关于他的文章。建国前，沈曾荫居住在青岛，晚年居北京。

《养性轩晚定稿》、《养性轩晚晴吟草》均为1951年北京文岚簃铅印、线装本。值得一提的是，民国35年出版的《养性轩烬馀杂稿》，为作者自刊杂文诗稿，序中提到“石埭仰放沈曾荫识于青岛”。《养性轩诗词续钞》与《养性轩晚晴吟草》皆传世多见，唯独《养性轩烬馀杂稿》比较稀少。

舒解心头郁结的《风吹》

吴研因撰《风吹》诗集一册，中华书局1962年铅印本，附江晓因日记遗稿片段。沈尹默题签。

《风吹》是部旧体诗集，著者是教育家吴研因。1962年11月，由著者自费出版，为的是纪念去世已5周年的夫人江晓因。吴、江二人在共同生活的30多年里，伉俪情深，但江晓因不幸于1957年病逝，著者为了舒解心头的郁结，决定出版这部诗集，还把吟咏二人恋爱结婚时的诗题“风吹”作为该集的命名。书中的诗作，大多是谈情说爱、悼亡伤逝的作品，另有少部分诗篇则是对旧社会黑暗的抨击以及对新中国光明的赞颂，等等。编辑此书前，著者曾把诗篇拿给友人过目，因而书中还收有赵朴初、郭沫若、马叙伦等人的题词。

1961年12月，俞平伯也为诗集写了一段题词：“大著《风吹》诗集，以生平踪迹怀感为经，以家国盛衰变迁为纬，规抚少陵玉溪，诗格近之。如风吹流离蛾眉诸巨篇，自是传作。若追怀淑俪，老而弥笃，辄三致意焉。捧诵低徊，无任钦迟。且承宠命，以删定润饰相属，谊不可辞，亦未敢径任，盖疾徐甘苦，会以寸心，他人所言每难道得真切，一也。全集大家格局，气势浩瀚，所谓黄河之水，千里朝宗，讵可以清溪一曲衡量之耶，二也。异日刊行时，于不甚重要处，或意义未尽安者，固不妨删却，殆亦不甚多。已遵嘱于随读时签注鄙见，均不过辞句末节，尘陋殊未足以益高明耳……”

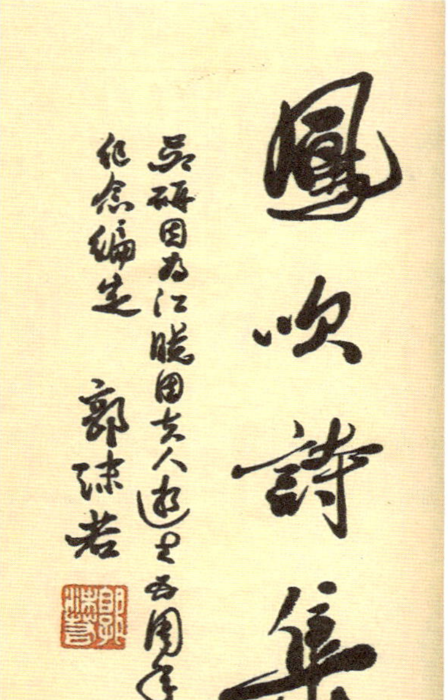

俞平伯的题词，避开了光说好话的俗套，不仅对书中的诗篇作了肯定，还提出了修改意见，借此表达了关于诗歌的观点。俞平伯在题词后还附上了一首诗：

昔谐俪泳鸾萧集，此日凄怀凤吹吟。
愿与苍生共忧乐，何妨一往自情深。
旗亭佳句早流传，歌颂新帮更妙妍。
尘露讵增山海重，敢持芹味致君前。

有趣的是，《俞平伯诗全编》（孙玉蓉编辑，浙江文艺出版社1992年6月出版）和十巨册的《俞平伯全集》（张国岚编辑，花山文艺出版社1997年10月出版）这两部书，都没有收录这首诗作，因而这应算是俞平伯的一首佚诗。

吴研因（1886—1975），江苏江阴人。早年曾在多所中小学任教，还曾任上海中华书局、商务印书馆编辑，他所编《新法教科书》（1920年）、《新学制教科书》（1923年）等课本在当时的学校中广泛使用，并开小学生使用白话文之先河。1924年，因同小自己16岁的江晓因恋爱并结婚，为封建礼教所不容，远赴菲律宾，任菲律宾华侨中学教员兼教导主任，《公理报》总编辑。后回国继续从事教育工作，1935年9月，与叶圣陶、王志瑞等发起编写《小朋友文库》，旨在为小学生提供合适的课外读物。1947年11月，任教育部国民教育司司长。建国后，历任教育部初等教育司司长、中学教育司司长。一生致力研究小学教育及编写教科书，主要著作有《小学国语新读本》、《基本教育》及教育论文多篇。

送给郭化若将军的签名本

郭化若（1904—1996），又名郭俊英，福建省福州市人。1925年入黄埔军校学习，同年加入中国共产党。曾参加北伐战争和红军长征。1927年赴苏联入莫斯科炮兵学校学习。在延安时，毛泽东亲自写信请郭化若当他的军事顾问。他提出的游击战十项法则，即“扰敌、堵敌、截敌、袭敌、诱敌、毒敌、捉敌、侦敌、饿敌、盲敌”，使得毛泽东“敌进我退，敌驻我扰，敌疲我打，敌退我追”的“十六字诀”更加具体化。建国后，历任南京军区副司令员，军事科学院副院长。1955年被授予中将军衔，有“一代儒将”之称。

丁景唐著《学习鲁迅作品的札记》，上海文艺出版社1980年5月第1版第1次印刷，毛边本。这本书1966年春天就已经校完清样，等待付印，因林彪、“四人帮”集团的打击迫害，保存在上海文艺出版社的原稿、书版、清样和作者手里的清样全部被毁。12年后，作者又拿起笔，重新写下这本《札

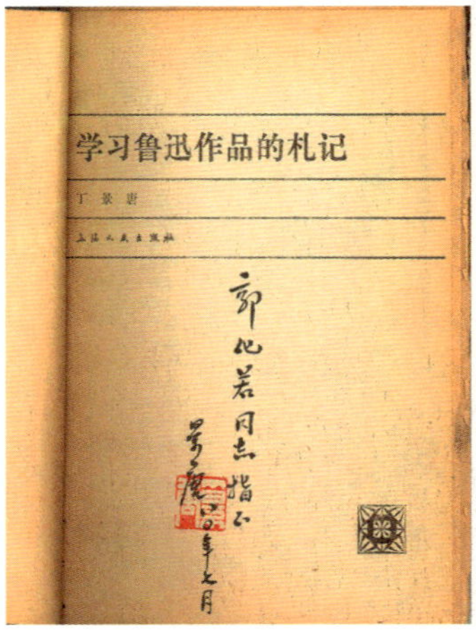

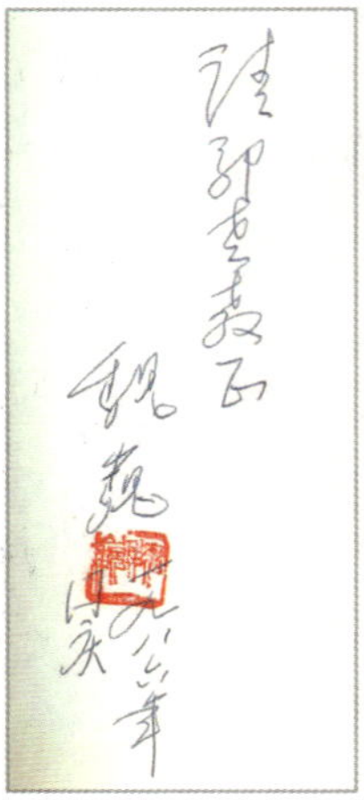

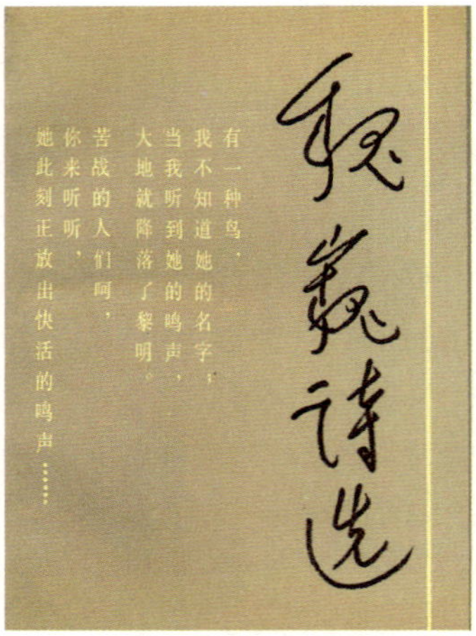

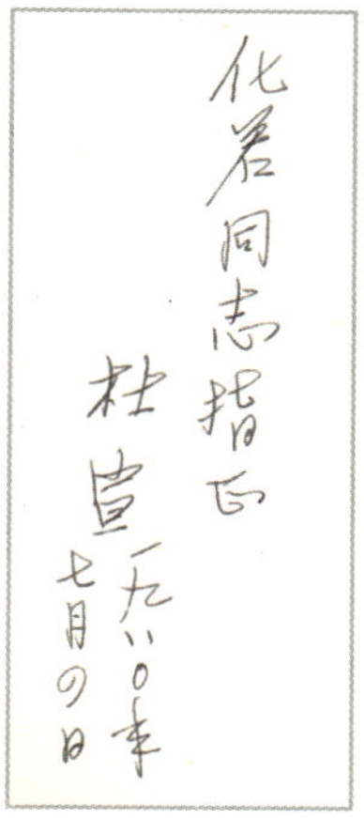

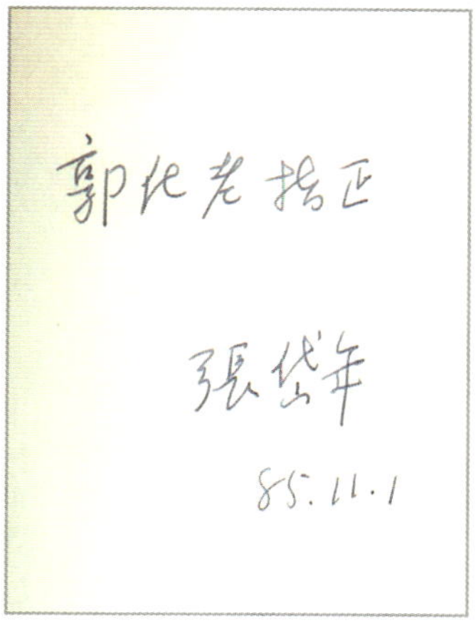

记》，但与印出清样而遭劫难的《札记》已有不同，新编的《札记》共计22题，25篇文章。丁景唐先生是著名文史学家，也是鲁迅、瞿秋白研究的权威学者。茅盾在1980年11月病重时赠给丁景唐的诗中写道：“左翼文台两领导，瞿霜鲁迅各千秋。文章烟海待研证，捷足何人踞上游。”这本书是1980年7月送给“郭化若同志指正”的，署名“景唐”，钤“丁景唐”白文方印。

魏巍著《魏巍诗选》，解放军文艺出版社1985出版。魏巍，原名鸿杰，曾用笔名红杨树。河南郑州人，毕业于延安抗日军政大学。1920年3月6日生于河南省郑州的一个贫苦家庭。著有长篇小说《革命战争》三部曲《地球的红飘带》、《火凤凰》、《东方》，诗集《黎明风景》、《不断集》、《红叶集》、《魏巍诗选》，散文集《谁是最可爱的人》、《壮行集》、《话说毛泽东》、《魏巍杂文选》、《魏巍散文选》等。此书作者于1986年国庆“请郭老教正”，署名并钤“魏巍”阳文方印。

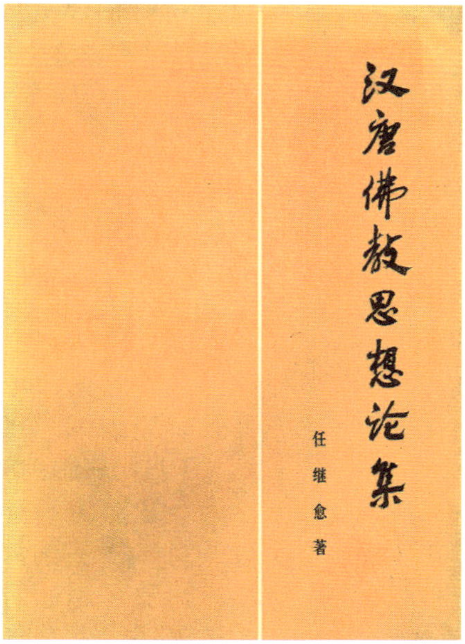

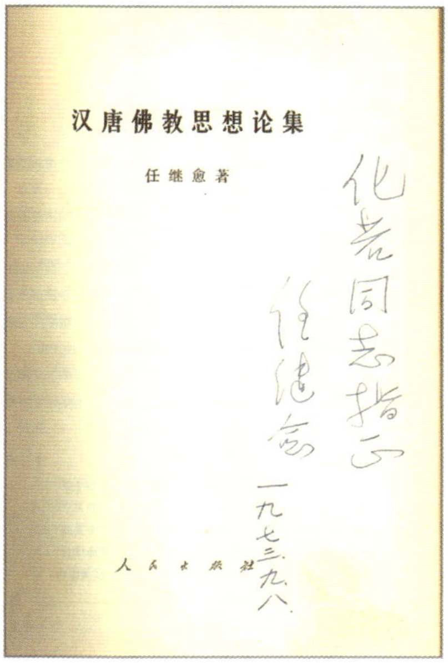

杜宣著六场话剧《彼岸》，四川人民出版社1980年出版。杜宣（1914—2004），原名桂苍凌，江西九江市人。当代剧作家、散文家、诗人。曾任上海市文联副主席、上海戏剧家协会主席。主要作品包括话剧《难忘的岁月》、《无名英雄》、《上海战歌》、《彼岸》、《欧洲纪事》、《世纪的悲剧》、《梦迢迢》、《沧海还珠》等十余部，出版有八卷本《杜宣文集》。此书作者于1980年7月4日请“化若同志指正”，署名“杜宣”。

张岱年著《中国哲学大纲》（副标题为“中国哲学问题史”），精装本，中国社会科学出版社1982年出版。作者1985年11月1日签名请“郭化老指正”。张岱年是北京大学哲学教授，此书于1935年开始撰写，1943年曾作为讲义，1958年正式出版，是一部有代表性的关于中国哲学史的论著。该书与其他中国哲学史著作的最大不同是并不按年代、派别编写，而是按问题编写的。

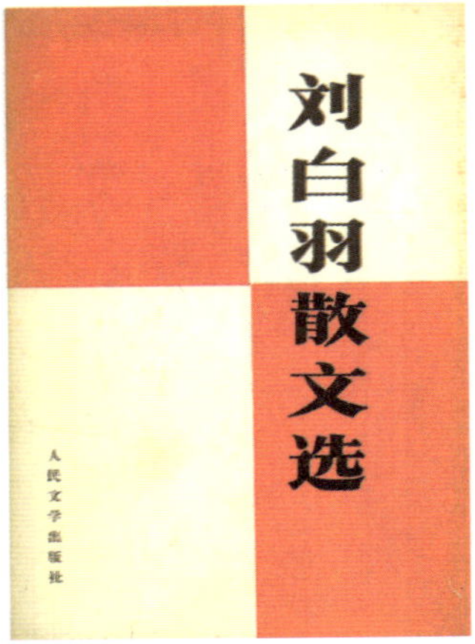

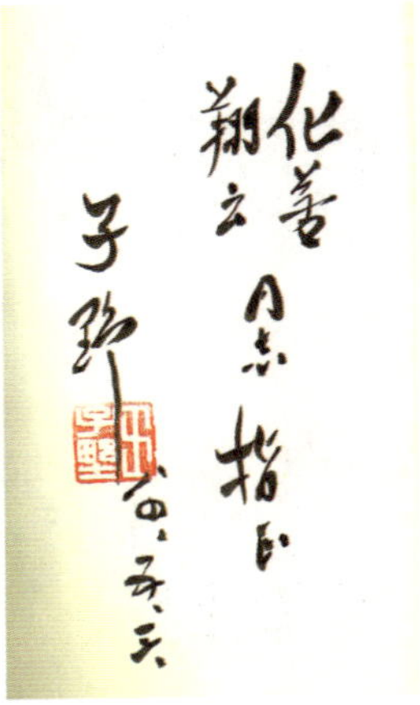

任继愈著《汉唐佛教思想论集》，人民出版社1981年出版。任继愈以研究中国哲学史著称，曾任国家图书馆馆长。他认为儒、释、道是中国传统文化的三大支柱，并深刻而又广泛地影响着我国社会各阶层，这一学术观点在学界得到普遍公认，并认为这是其对中国哲学的最大贡献。在他看来，国家和组织会消亡，而宗教与哲学依然存在。宗教的基础是信仰，哲学的基础是怀疑。宗教不如哲学那么彻底，宗教的寿命比国家长，哲学的寿命比宗教长。这部《汉唐佛教思想论集》曾获得毛泽东的很高评价，称之为“凤毛麟角”。作者1973年9月8日签名请“化若同志指正”。

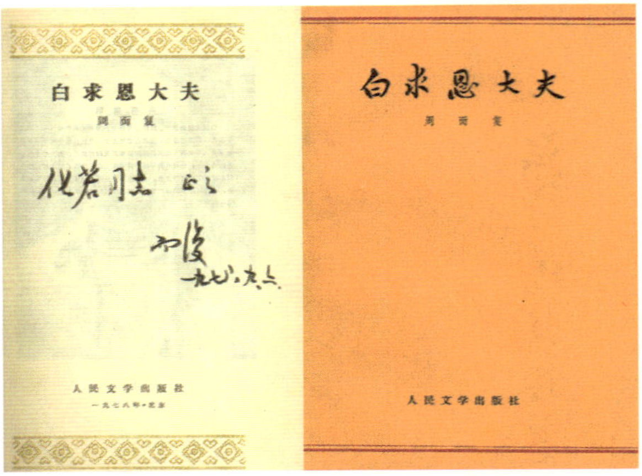

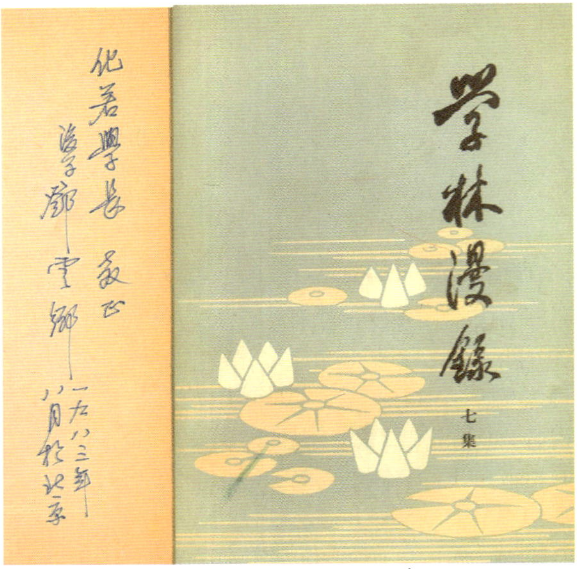

刘白羽著《刘白羽散文选》，精装本，人民文学出版社1984年第2版。刘白羽（1916—2005），北京人。历任中国作家协会副主席、名誉副主席，文化部副部长，解放军总政文化部部长。散文名篇《日出》曾被编入中学教材。他的散文基调多是歌颂光明、歌颂英雄的人民，时代色彩浓郁。作者1979年5月21日签名请“郭化若同志指正”。

王子野著《槐下居丛稿》，三联书店1984年出版。1984年5月16日作者签名送“化若、翔云同志指正”，钤白文名章。王子野（1916—1994），原名程扶铎，安徽绩溪人。出版家、翻译家。曾任人民出版社社长兼总编辑、国家出版局副局长，兼任国务院古籍整理出版规划小组副组长。1938年，王子野在陕北公学高级研究班学习时，毛泽东主席曾为他题写“团结奋斗”几个字。

周而复著《白求恩大夫》，人民文学出版社1953年初版、1978年重印本。扉页题“化若同志正之，而复，一九七八.九.六”。周而复（1914—2004），现代小说家，安徽人，原名周祖式。曾在上海光华大学主修英国文学专业，毕业后赴延安。1939年，周而复被派往晋察冀抗日前线，在那里了解了白求恩的事迹，并进行大量的资料搜集、调查

工作，随后写成通讯报告《诺尔曼·白求恩断片》。发表于1944年11月，后来作者将之扩充为《白求恩大夫》，于1948年连载于《中篇小说》上，一年后由天津的知识出版社出版。建国后，作者再次修订，并于1953年出版。因为《白求恩大夫》和毛泽东的《纪念白求恩》，使广大中国人对这个“国际共产主义战士”的名字家喻户晓。

《学林漫录》第七集，中华书局1983年3月出版。其中载有邓云乡《日记文学丛话》一文。扉页题“化若学长教正，后学邓云乡，一九八三年八月于北京”。邓云乡（1924—1999），学名邓云骧，山西省灵丘人。1947年毕业于北京大学中文系。建国后，在燃料工业部工作。1956年1月在上海电力学院教书，至1993年退休。退休后，以其亲身经历的事件或与他有涉的人，或事缘为诱因，或描绘与时代生活息息相关的经济、文化、民风民俗之变化，或明清以来文人文事钩沉，探究众说纷纭的历史文化现象，潜心著书。著有《燕山乡土记》、《北京的风土》、《红楼风俗谭》、《北京四合院》、《清代八股文》等。

夏征农著《征农诗词三十八首》，作者1980年7月8日签名、钤印请“化若同志惠存”。钤“上海书店影印”朱文章。诗文为徐伯清书，钤“雁荡山人”和“徐伯清”两印。夏征农参加过南昌起义，1933年参加中国左翼作家联盟。历任新四军政治部、统战部、民运部长。解放后曾任中共上海市委书记，中共中央顾问委员会委员，《辞海》主编，中国大百科全书总编委员会副主任等，十六大特邀代表。著有《征农文艺创作集》、《征农文艺散论集》、《征农诗集》等。

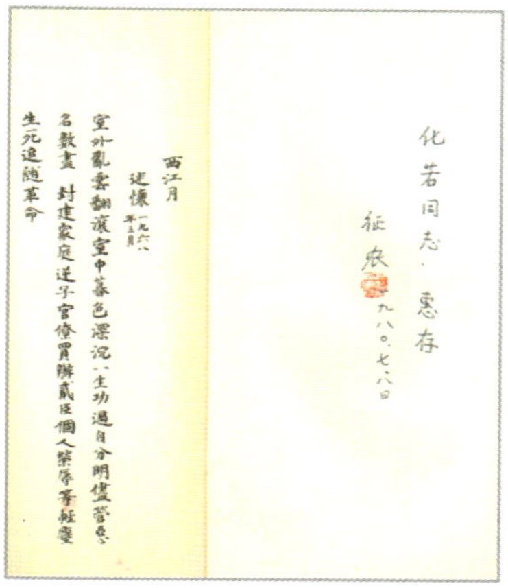

套色油印的“文革”歌曲集

“文革”歌曲集《紧跟毛主席、高歌向前进》，手工钢板蜡纸刻印，套色油印本，带有大量彩色插图。1969年元旦宁夏交通学校毛泽东思想红卫兵委员会编印。

此书前言写道：“在战无不胜的毛泽东思想指引下，七亿中国人民高唱着胜利的战歌，在无产阶级文化大革命即将取得全面胜利的一片大好形势下，迈步跨入了一九六九年。”编印这本《紧跟毛主席、高歌向前进》歌曲集，是作为新年献礼，表达对“伟大导师、伟大领袖、伟大统帅、伟大舵手”毛主席的无限热爱、无限信仰、无限崇拜、

紧跟毛主席 高歌向前进 歌曲集

无限忠诚的无产阶级感情。

全书收入歌曲171首，共有九部分。第一部分只收入《国际歌》、《东方红》和《大海航行靠舵手》三首歌；第二至第九部分分别是毛主席语录诗词歌曲、林副主席题词歌曲、纵情歌唱红太阳、祝毛主席万寿无疆、工农兵赞、井冈山的道路组歌、革命影剧歌曲和革命现代京剧样板戏唱腔。

誊写版印刷始于19世纪末期，这种印刷是在特制的蜡纸上，通过打字机或铁笔制成蜡纸图文版，在蜡纸版上用油墨辊进行印刷。这是建国后存在了相当长、相当普遍的一种印刷方式，比起任何一种印刷制版的方式，包括如今的照相排版，油印都是最快速的。但麻烦的是一张蜡纸最多印到400份左右就会破损。对于一些小批量和无须长期保存的印刷品，这种方式比较实用。

此书刻字漂亮，工整有体，蓝油墨刷印，歌曲名称用字大多为各种各样的美术体，插图近百幅，算得上是精工细制的上等印刷品，堪称蜡纸印刷中的精品。

治疗牛病的兽医书：《抱犊集》

江西省农业厅中兽医实验所校勘《抱犊集》一册，农业出版社据清代稿本于1959年9月胶印。

这部书乍看像是一部诗集或文集，其实是一部治疗牛病的兽医书。20世纪50年代中期，江西省新建县发现一部国内罕见的、有指导作用的医牛经典著作稿本。这本书既吸取了现代及其以前的医牛典籍精华，又进一步发挥了《牛经大全》的主要内容，还体现了清代江南医牛技术的时代风貌和地方特色。书中“兽医药方篇”和“牛病症候篇”共载经验良方165个，组方严谨，实用价值很高。

中兽医历来强调“治未病”、“防病于未然”。因此，不少兽医古籍中载有四季调理药方。《抱犊集》的作者根据阴阳五行学说理论，遵循扶正祛邪原则，采用助阳、滋阴、补血、益气方法，针对风、寒、暑、湿、燥、火六淫，分别春、夏、秋、冬四季，列出4个调理药方。该书既总结了前人的经验，又结合当地实际，不论在理论上还是在实践中，都有较高的价值。

但该书的局限，就是偏重于江南一带的情况。但《抱犊集》中的四季调理方，配合严谨，用药精深，在实践中效果显著，可谓祖国兽医预防学的精华。

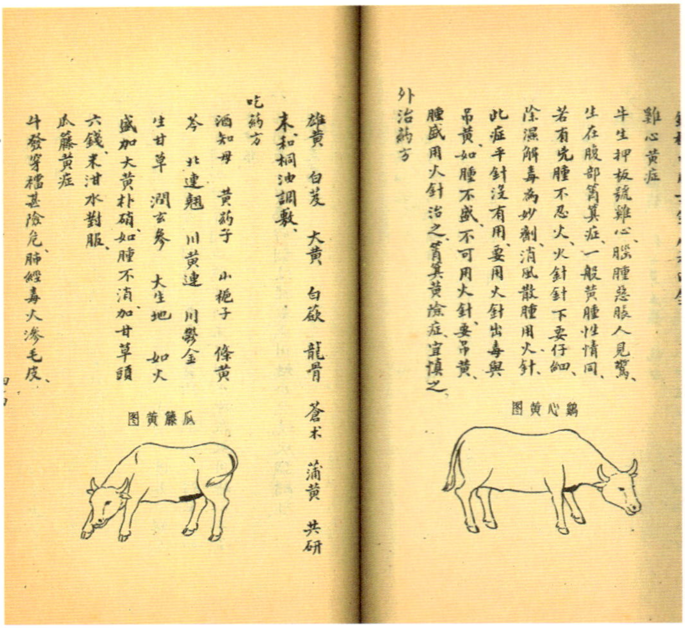

雞心黄症

牛生押板疏雞心、膨腫悬脹人見驚、生在腹部胷箕症、一般黄腫性情同、若有先腫不忍火、火針針下要仔細、除濕解毒為妙劑、消風散腫用火針、此症平針沒有用、要用火針出毒與吊黄、如腫不盛、不可用火針、要吊黄、腫盛用火針治之、胷箕黄險症、宜慎之、

外治藥方

鷄心黄图

雄黄 白芨 大黄 白蘞 龍骨 蒼术 蒲黄 共研末和桐油調敷、

吃藥方

酒知母 黄药子 小梔子 條黄芩 北連翹 川黄連 川鬱金 生甘草 潤玄參 大生地 如火盛加大黄朴硝、如腫不消、加甘草頭六錢、米泔水對服、

瓜藤黄症

牛發穿檔甚險危、肺經毒火滲毛皮、

瓜藤黄图

“除了日记之外只带了《爱山庐诗钞》”

朱经农遗著、朱文长笺注《爱山庐诗钞》一册，台湾商务印书馆1965年9月初版。

朱经农（1887—1951），浙江浦江人。8岁丧父后，随叔父移居湖南。清光绪二十九年（1903）考入常德府中学堂，次年入日本弘文学院、成城学院学习。光绪三十一年加入同盟会。不久因反对日本政府的《取缔中国留学生规则》而回国，与留日同学创办中国公学于上海，为中国公学三干事之一。民国5年赴美国进华盛顿大学学习，民国7年获硕士学位，民国9年转学哥伦比亚大学师范研究院。民国10年，任北京大学教育系教授。民国12年在上海商务印书馆主编中小学教科书，并与陶行知一起主编了我国第一套平民识字课本。民国32年起，历任中央大学教育

长、国民政府教育部政务次长、商务印书馆总经理兼光华大学校长等职。民国37年11月任中国出席联合国文教会议首席代表。

朱文长是朱经农的长子，1934年，他从齐鲁大学毕业后入北京大学研究院攻读历史。当时胡适正在办《独立评论》，他曾多次投稿，颇受胡的赏识。据智效民先生《朱经农：诗名应共宦名清》（《东方文化》2001年第4期）一文记载，朱经农去世后，朱文长本想为父亲编一套全集，但“因教职所限，不能全力以赴”，只好先把《爱山庐诗钞》整理出来。据说这本书最初形成于民国17年到民国18年，当时朱经农在南京教育部任职，他把早年的诗词抄在一个本子上，放在床头柜的抽屉里，不时拿出展读，如有新作，就添进去。这本诗集原来叫《碎锦集》，后来改名，固然有“仁者爱山”之意，但“也是因为我继母的名字叫静山的缘故”。

朱文长在此书序言中说，这些诗能够保存下来并整理出版很不容易。1948年，朱经农作为中国首席代表去黎巴嫩参加联合国文教会议，从此就再也没有回来。出国时，他除了日记之外只带了《爱山庐诗钞》，可见这本书对他多么重要。《爱山庐诗钞》原来是“以恭楷写在红格子毛边纸上”的手抄本，封面封底是双叶黄皮纸，用线装订而成。朱经农去世后，朱文长发现这本书与《碎锦集》已多有不同，它涉及作者生活交往和思想感情等各个方面，是朱氏遗物中非常珍贵的历史资料。

陈子善的《发现的愉悦》（湖北人民出版社“人踪书影文丛”，2004年2月第1版第1次印刷）一书中，有专文写到《爱山庐诗钞》，记得好像有“不易得见”之类的话。

“萼蒂两相依”：《棠棣之花》

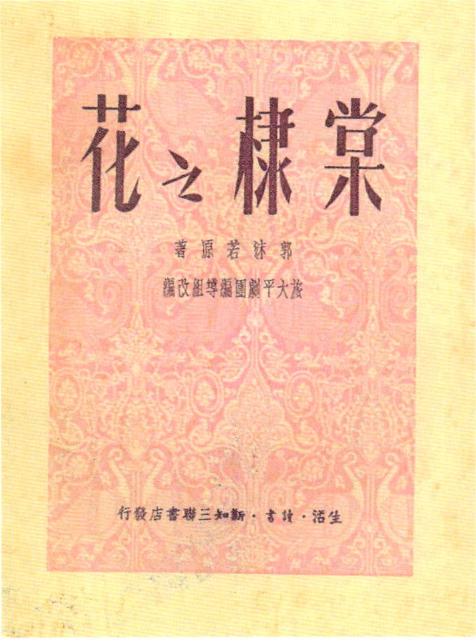

郭沫若原著、旅大平剧团编导组编《棠棣之花》，三联书店1950年6月第1版，晨光印刷厂印刷。书后附《棠棣之花插曲》曲谱。

抗日战争爆发后，郭沫若曾连续创作了六部历史剧文学作品：《棠棣之花》、《屈原》、《虎符》、《高渐离》、《南冠草》和《孔雀胆》。这些作品或借古喻今，或借古讽今，既对中华民族的抗战义举给予了热情洋溢的颂扬，也对破坏抗战的倒行逆施给予了严厉的谴责和批判。

《棠棣之花》取自《诗经 ·小雅·棠棣》的首句，即“棠棣之华，鄂不葳葳。凡今之人 ，莫如兄弟”句。此句中的“华”为“花”的通假字。可意译为“棠棣树之花，萼蒂两相依。如今寻常人，没有兄弟亲”。

《棠棣之花》的内容取材于战国故事，战国时韩国义士聂政受抗秦派大臣严仲子之托，刺杀了亲秦派韩相侠累后，因担心家人蒙祸，“因自皮面决眼，自屠出肠”。官府将其尸体陈放在闹市街头，悬赏征求能识尸体者，但无人可辨。其姐聂荌认为那一定是她的兄弟，因为只有她兄弟才有这样的精神和勇气，为扬弟之义名，毅然前往收尸。酒家女春姑也是一个有志气的女子，她敬佩聂政的英勇，同情聂政的烈性，毅然陪着聂荌同往，双双牺牲在聂政身旁。他们三人为争取和平而牺牲自己的壮烈行为，不仅给暴君污吏以有力的警戒，而且也感动了那些士兵和群众，齐声歌颂着他们的英勇事迹。此剧的悲剧结尾旨在警醒人们在强敌（秦）的威逼面前，同是作为反抗者，应精诚团结，齐力御侮，万不可祸起萧墙，自相残杀。

这个剧作共计23场，在当时的社会环境下有着非常强烈的现实意义，其颂扬正义和团结御暴的主题思想深得广大民众的赞同。再联想到国民党当局在抗战后期的消极抗日、积极反共，并不断搞破坏抗日的诸多投降分裂活动，人们不禁会义愤填膺，同声谴责。

因其强烈的现实意义深深地打动了同仇敌忾的抗战民众，《棠棣之花》在1942年郭沫若五十寿辰之后短短两个月里，应各界要求三度公演。从9月27日至11月16日，连演了四五十场，居然还满足不了人们的需要，剧团不得不在《新华日报》上“敬向连日向隅者道歉”，并“敬告已看过三次者请勿再来”。

为了这个剧作能顺利通过国民党当局的“文化审查”，郭沫若对此类历史剧本的取名可谓灵活而又含蓄。这也是在当时特定的社会环境下，作家们所普遍采用的一种特别的方式。

连环画书影

“都是在延安整风运动以前写的”：《夜歌》

何其芳（1912—1977）著、水星社编辑《夜歌》，上海文化生活出版社1950年1月出版。

这一版的《夜歌》有作者的两篇后记，在“后记一”里，作者讲“这是我的第二个诗集。抗战以来所写的短诗大部分都在这里面了。其所以还有少数未能收入者，因为全部原稿并不在手边，这是根据大后方的朋友们替我保存的作品编起来的。我的第一个诗集即《预言》。那是一九三一年到一九三七年写的。那个集子其实应该另外取个名字，叫做《云》。因为那些诗差不多都是飘在空中的东西，也因为《云》是那里面的最后一篇”。在“后记二”里，何其芳又对出版情况作了说明：“《夜歌》于一九四五年曾在重庆由诗文学社出版过。这次重印，把当时未能收入的几篇全部都编进去了。这些诗，都是在延安整风运动以前写的，关于它们的内容在《后记一》里已略有检讨。”

何其芳的诗作少而精，诗集《预言》和《夜歌》奠定了他在中国诗坛的雕像地位。这两本诗集提供了诗人由梦幻之曲到为时代而歌的心路历程的档案，又以其独特的诗艺开拓丰富了现代诗歌的表现手法，蕴涵着丰厚的审美价值。1938年，诗人来到延安，新鲜生动的生活和自由进步的社会氛围改变着他的思想观念，也使其诗歌呈现出刚劲的风格，完成了这部直白有力、返璞归真的《夜歌》。

《夜歌》的发表，打动了无数青年人的心，鼓舞无数青年人走向火热的生活。因为在这部作品中，作者毫不掩饰地写出了一个同旧我决裂，向新我前进的知识分子的真感情。《夜歌》中的“生活是多么广阔”，最为集中地表现了何其芳这时期的诗歌特色，以一连串选出的新意象，把自己对新生活的热爱和赞美之情，抒写得淋漓尽致。何其芳曾回忆说：“我努力把语言写得朴素一些、单纯一些，使每个词每个句子都尽可能的口语化。”的确，《夜歌》没有按照旋律和音符的规范来写，有点趋向于散文化的形式，也可以说是自由体。运用的更多的是口语化、大众化的语言，使诗歌贴近大众。

“将书名前一行小字涂擦去”：《张献忠屠蜀记》试印本

在中国海王村书市上，偶然得到两套蔡山谐道人原稿、任乃强编注、至诚书局出版的《张献忠屠蜀记》，一套是白纸本，一套是土纸本，每套分上下两册，平装32开，上册224页，下册250页，版权页上有“试印本”字样。该书1950年由作者自费出版、发行。

《张献忠屠蜀记》又名《张献忠实录》，是著名史学家任乃强先生力作。该书为成都市解放后第一本向社会发行的书刊，由作者自办发行。该书送当时军管会文教委员会审查，因文管干部认为书中有影射、攻击农民起义的嫌疑，而未获得印刷批准，但此时书已试印出来，遂被军管会立即查禁。作者不得不在书的上册封面印了一个《任乃强启事》：“杜主委面谕：出版处尚未审查小说，不能给批，但此书可以发行，当曾通知印刷厂涂改封面发售，因制图忙迫，未料理此事，致有已印就之部分流市面。兹特声明：该项呈文实未奉批。希得此书上册者，将书名前一行小字涂擦去，以符事实为荷。”

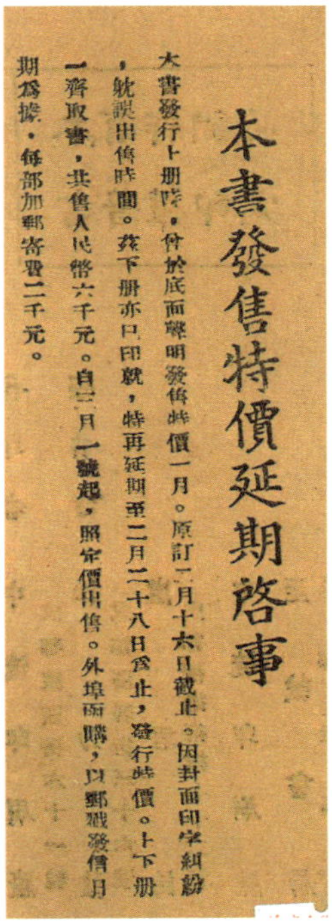
本書發售特價延期啓事

本書發行上冊時，曾於底面聲明發售特價一月。原訂二月十六日截止。因封面印字糾紛，耽誤出售時間。玆下冊亦已印就，特再延期至二月二十八日為止，發行特價。上下冊一齊取書，共售人民幣六千元。自三月一號起，照定價出售。外埠函購，以郵戳發信日期為據。每部加郵寄費二千元。

此书初版试印版印数极少，社会流传甚罕。据成都的“全蜀艺文史书局”赵明先生估计，此书全国不会超过十本，他的一套在孔网标价千元出售。任乃强著作甚多，其《华阳国志校注图补》、《山海经校注图补》为史学界所称道，而这部《张献忠屠蜀记》则是任氏研究张献忠的经典之作。作者在该书的注释中写道：“余更参考正史、野史及方志百余种，详为厘订，务期正确。虽云小说，实为一代信史。”此说未必尽然，但该书的某些描述可以作为一种说法为佐证之用。

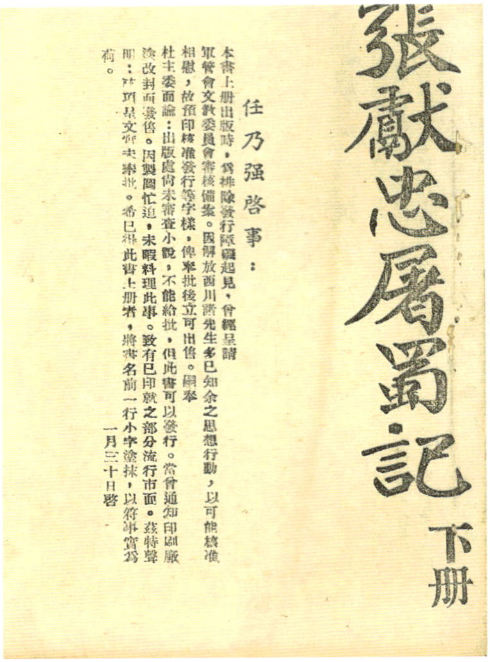

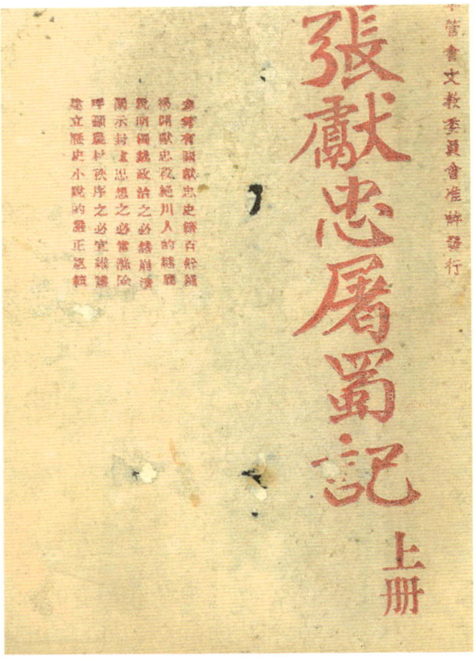

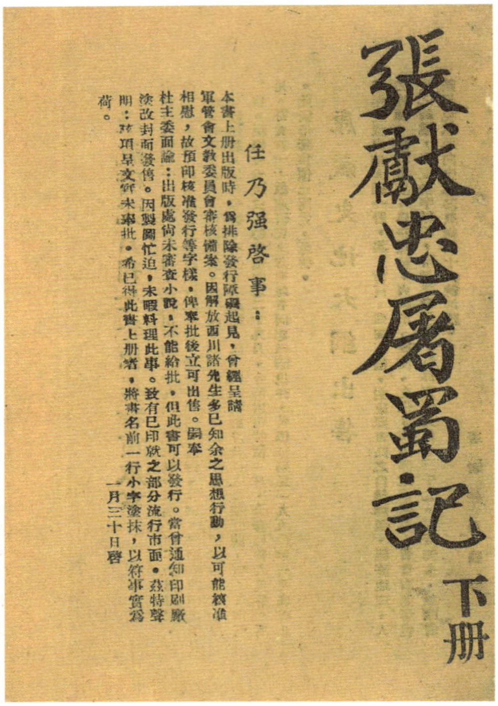

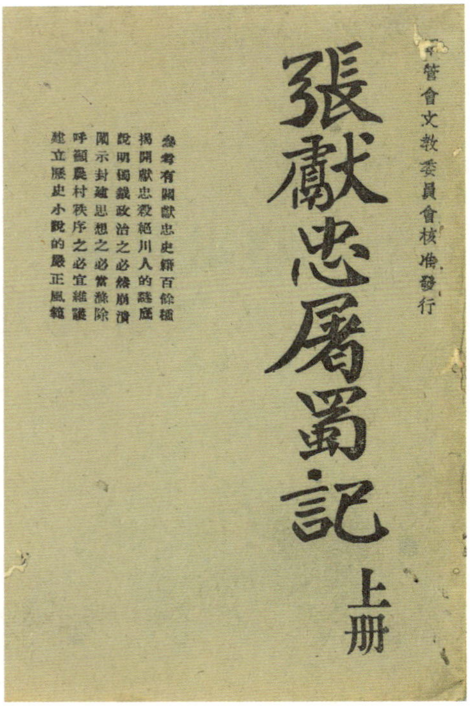

三百多年以来，在四川等地区广泛流传“张献忠屠蜀”与清初“湖广填四川”的说法。自清朝初年迄于全国解放，许多书刊著述都说，明末清初张献忠领导的农民起义军，在四川大肆剿杀，把四川地区的土著人杀光了。同时，一些民间传说也说：“张献忠剿四川，杀得鸡犬不留”，“八大王（即张献忠）血洗四川，在劫者难逃”。关于这个问题，建国前郭沫若曾在他的《少年时代》一文中约略提及，他说：“四川在明末清初的时候遇过一次很大的屠杀，相传为张献忠剿杀四川。四川人爱说：‘张献忠剿四川，杀得鸡犬不留。’这虽然不免有些夸大，但在当时，地主杀起义农民，农民杀反动地主，满人杀汉人，汉人杀满人，相互屠杀的数量一定不小。”当然，史学界对此也有不同看法。

《张献忠屠蜀记》记载：张献忠攻下重

庆，叫一些人“认捐”纳款，而豪绅地主却隐瞒财富，装穷叫“苦”，张献忠命令把为首“叫冤”的豪绅王应熙和石庆等抓来，跪在草坪上。“献忠大怒，命将二人抄家，家口全数拘押追赃，其余认捐之人，分别依认追齐释放。恰在这时，王志贤查报回来，除十一人确系寒微、无力报捐外，余皆为富不仁、悭啬之徒。献忠命将假称贫穷的一齐杀了。围观民众，无不称快。”这一段描述，倒是反映出张献忠起义军在重庆并没有随便杀人，更不是把全城的居民都杀光了；不然，哪里还有“民众”来“围观”呢。

《张献忠屠蜀记》中还有一个起义军攻泸州的檄文：“奉天行道，澄清川岳，大西王张谕：大兵一出，州县立破。所有倡首逆臣、附逆缙绅，自当搜解讯办，以警效尤。其余胁从附乱之人，果能自新，一律免死。至于市居良民，不甘附逆，困陷城中无力自拔者，如有损伤，亦当从优抚恤。仰尔军民人等，各安生业，勿得惊惶自扰。凡我军士，如有借故滋扰，株连良民，及其他淫掠不法情事者，并准受害之家明密指控，各都督营将，务须从严查办，赔偿损害。如有处理不公处，孤必执法以绳，决无姑息。”起义军还明令全川各州县：“但能杀王府、乡绅，封府库以待，则秋毫无犯。”这个檄文，不知作者据自何书，但它确乎是张献忠起义军注意纪律的一个说明和反映。

张献忠起义军在四川近三年，是“屠蜀”还是“屠恶护民”，留给史家去研究吧。

附记：

翁居还藏有一册《蜀难叙略》，是与“张献忠屠蜀”相关的清人笔记。该册为国民20年影知不足斋丛书本，娄东沈荀蔚先生述。沈荀蔚，字豹文，号亦客、怀南。江南太仓人。其生平黯然不彰，明崇祯十一年（1638）生，清康熙五十三年（1714）卒。此册前有内江范文荧先生作《沈华阳传》，有吴梅村、王时敏、钱大可、周亮工等跋于后，此为他本所无。

沈荀蔚父名云祚，字予凌，崇祯庚辰进士，授四川华阳县县令。沈荀蔚5岁时随父任至四川华阳县，适值张献忠农民军入川，张献忠屠蜀，沈公与城共存亡，而作者本人在四川各地躲避战祸长达20多年，到清康熙四年（1665）始归故里。清人笔记，其内容涉及社会生产、经济生活、典章制度、国事要闻、文化生活以及社会风气等多方面，但由于历代多视笔记为小道，将其列于杂家、小说家一类，而未能给以应有的史料地位，然笔记中所记保持较多的真实性，因为作者或闲居自娱，或消愁解闷而做笔记，无心沽名传世，亦非刻意著作，故无所避讳，无所顾忌，无所掩饰，能透露某些真实情况和真实思想，比起官方史书有时更加可信。本书作者将这段真实的生活记录下来，决无他意，既不是哗众取宠，又不是妖言惑众，更不是为了发泄不满，而耸人听闻。应当作为研究明末清初四川历史的第一手材料。

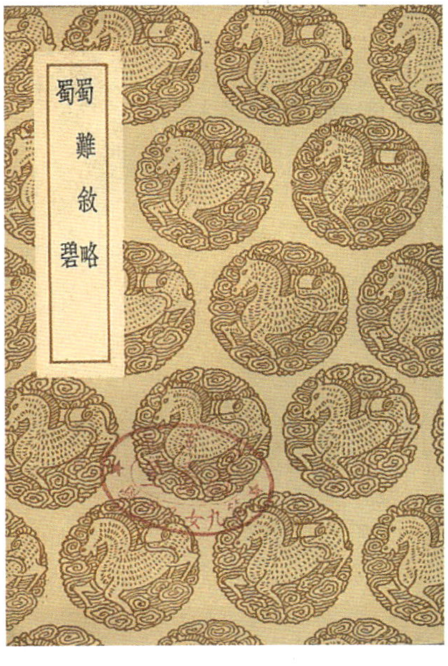

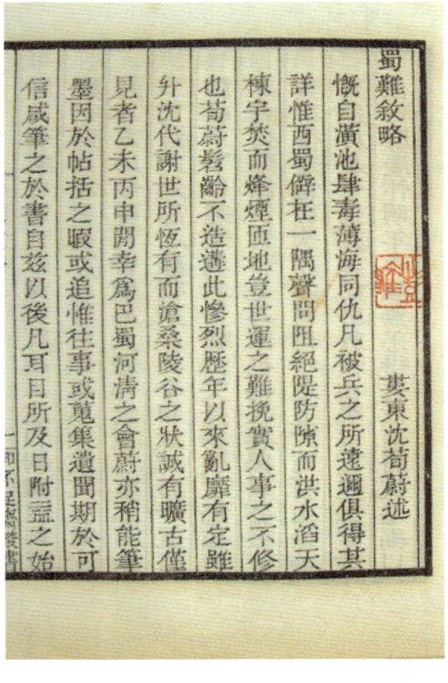
蜀難敘略　婁東沈荀蔚述
慨自潢池肆毒薄海同仇凡被兵之所遠邇俱得其
詳惟西蜀僻在一隅聲問阻絕隄防隙而洪水滔天
棟宇焚而烽煙匝地豈世運之難挽實人事之不修
也荀蔚髫齡不造遘此慘烈歷年以來亂靡有定雖
升沈代謝世所恆有而滄桑陵谷之狀誠有曠古僅
見者乙未丙申閒幸爲巴蜀河清之會蔚亦稍能筆
墨因於帖括之暇或追惟往事或蒐集遺聞期於可
信咸筆之於書自玆以後凡耳目所及日附益之始

一书难求的《泰晤士世界历史地图集》

（英）杰弗里·马勒克拉夫主编《泰晤士世界历史地图集》，1982年4月三联书店第1版第1次印刷，中文版编辑是邓蜀生，制图编辑是杨柏如，版面设计是张嘉瑞，360页，8开，横排精装，当时定价75元。包括执笔者、目录、前言、中文版出版说明（1982年4月）、世界历史大事年表、世界历史的地理背景、世界历史地图1至7篇、致谢（资料来源）、专名汇编、索引及中华人民共和国地图单页1幅。本图集约有600幅地图，分别由80位西方历史学家执笔的127篇文字论述。涉及有关中国边界及西藏、台湾等图示有明显错误。

卷首有12页世界历史大事年表，用对照形式，选列从公元前9000年到公元1975年（个别到1976年），世界各大地区的重大历史事件和文化、科技成就。书后附1600多条专名汇编，对一些重大历史事件和历史人物作了简明介绍。

本书由英国伦敦泰晤士图书公司1978年出版（初版），已出版英、德、意、法、荷、日、希伯来等文版。中文版为第8种文字版本，由毛昭晰、邓蜀生等25位译者翻译，书内夹有一张北京地图出版社编制的中华人民共和国地图。中文版根据泰晤士图书公司1979年英文版翻译，用该公司提供的全套胶片图版印刷。

这是我国翻译出版的第一本大型世界历史地图集，一直以来，此图集可谓一书难求，各大图书网站几乎总能看到求购《泰晤士世界历史地图集》的帖子，有的还讲明“价钱好商量，哪位好心人肯让”。此书市场价格2004年为500元、2006年即达800元，2007年初已达到了1200～1400元，封盒在、品相完美的可达两三千元。

历史地图相对于现代地图而言，在历史研究领域，更是不可一日或缺。某个时期的历史地图必定会为历史研究提供那个时期的空间背景，帮助研究工作者找回已经变化或消失了的自然条件或人文因素。1700多年前，西晋时期地理学家裴秀绘制的《禹贡地域图》，曾是中国最早的一部历史地图集，可惜已经失传。现存最早的中国历史地图集，是北宋时代税安礼编撰的《历代地理指掌图》，后经南宋赵亮夫的增补，始于传说时期的帝喾，迄于两宋，共有图44幅，十分珍贵。在国外，直到20世纪才有大型的历史地图集问世，但普及速度极快。

“木板线装本的最后善本”：《毛主席诗词二十一首》

毛泽东是伟大的无产阶级革命家，但他更是一位诗人，毛泽东诗词享有极高声誉。有外国人曾经说过：“一个诗人赢得了一个新中国。”毛泽东诗词不仅具有很高的艺术性，更充满革命豪情，是他几十年革命实践的产物，他的诗词更是一部记录20世纪中国革命的诗史，影响之深，难与伦比。

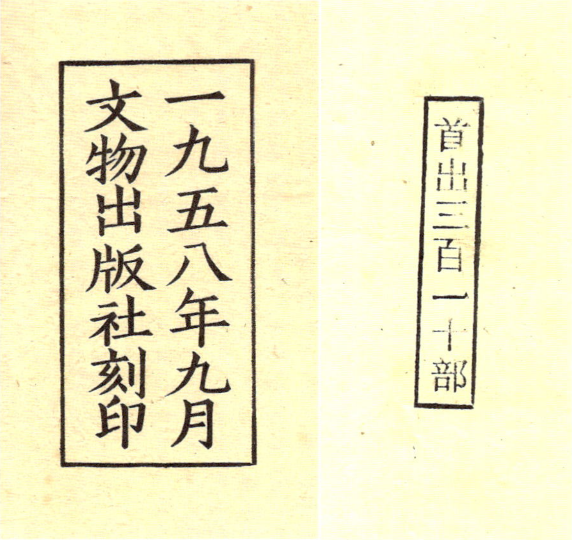

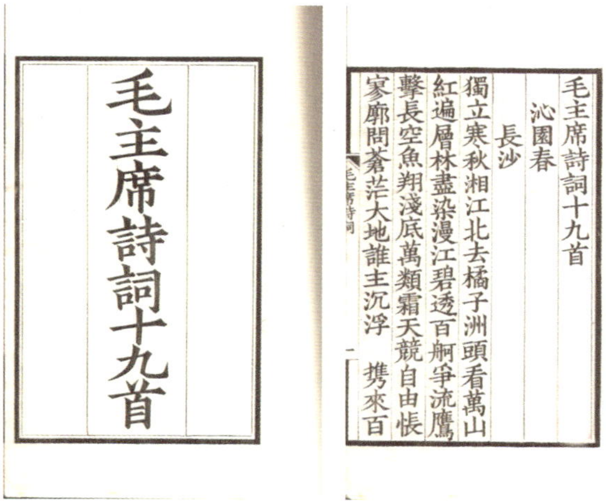

毛泽东诗词最早的木刻版是文物出版社1958年9月出版的《毛主席诗词十九首》

毛泽东诗词的流行、发表和出版已经有50多年的历史了。从国内看，1957年《诗刊》创刊号公开发表了18首毛泽东诗词，当时形成了排队购买《诗刊》的热烈场面，给文学史上平添一段佳话。据老《诗刊》负责人之一徐迟回忆，1957年1月，是他搜集来毛主席诗词8首，然后《诗刊》社给毛主席上书，毛主席回了信，又加上了十首，所以在《诗刊》创刊号上刊登发表的是18首。

出版社正式出版毛主席诗词，始于人民文学出版社。1958年7月，该社出版了木刻线装本《毛主席诗词十九首》。同年9月，文物出版社用摹写宋刻本字体刻印了《毛主席诗词十九首》，字大如钱，定价1.4元。同月，又加刻当时新发表的《七律・送瘟神》二首，出版了刻印线装本《毛主席诗词二十一首》，维持原来定价。文物出版社的这两种本子印工和用墨均称上乘。1963年12月，人民文学出版社收集了毛泽东那一时期新发表的16首诗词，以线装宣纸本、毛边纸本、平装甲种本、平装乙种本等四种形式出版了新版《毛主席诗词三十七首》。这37首诗词中有27首诗词以前发表过，这次出版时又经过作者校订，另外10首诗词没有发表过。1967年，人民文学出版社又增加两首再版。至此，毛泽东诗词公开出版了39首。1986年，人民文学出版社出版《毛泽东诗词选》正副编共50首。1996年，中央文献出版社出版了《毛泽东诗词集》正副编共67首。由此可以看出，自20世纪50年代到90年代，都有影响较大的毛泽东诗词版本出版发行。

全国各地的大小出版社几乎都重新印行过收录37首诗词的《毛主席诗词》。地方出版社也有木刻线装本《毛主席诗词》出版。1959年10月，广州市为庆祝新中国成立10周年，由当时的文人市长朱光以晋碑《爨宝子》体手写上版，由广东人民出版社刻印了《毛主席诗词二十一首》，朱光指示以传统的印刷方法，出了红、蓝、墨三种版本。墨印本有定价1元和书号，红蓝印本没有，可能是内部使用或赠送品。

1977年8月，上海书画社出版《毛主席诗词三十七首》，这一刻本第一次将标点符号刻出，具有鲜明的时代特色，用黄、白两种不同颜色的纸张印刷。定价4.5元。该社在

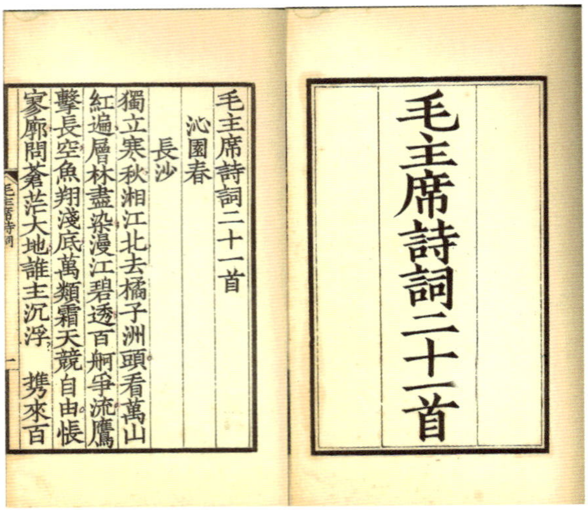

翕居所藏文物出版社1958年9月出版的
加刻《七律·送瘟神》二首的《毛主席诗词二十一首》

20世纪70年代出的雕版书籍还有《共产党宣言》、《稼轩长短句》和《楚辞集注》。

这些刻本，经得住时代的考验，随着历史的发展，越来越引起收藏界和研究者的重视，被称为“木板线装本的最后善本”、“中国一千多年版刻文化史的完美结局”。

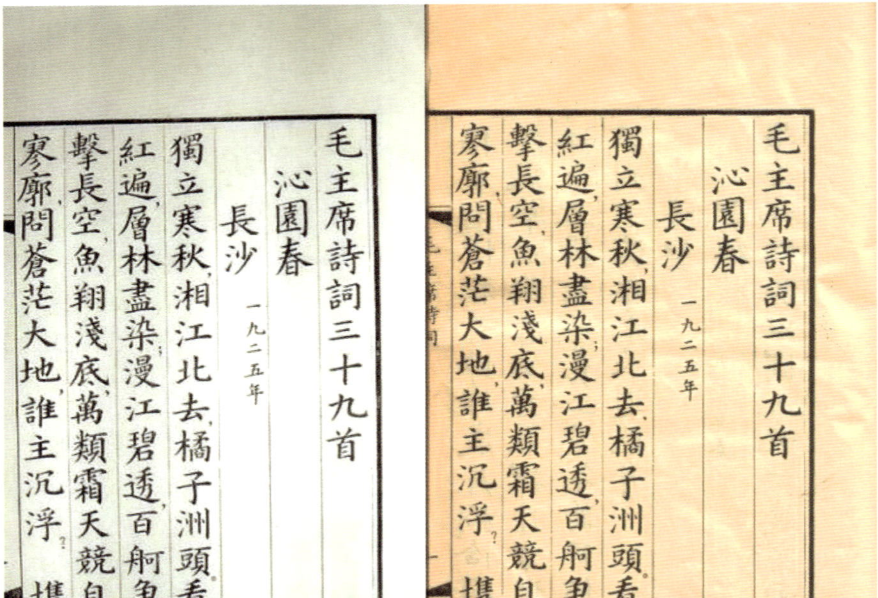

1977年8月，上海书画社出版《毛主席诗词三十九首》，
此刻本第一次将标点符号刻出，用黄、白两种不同颜色的纸张印刷

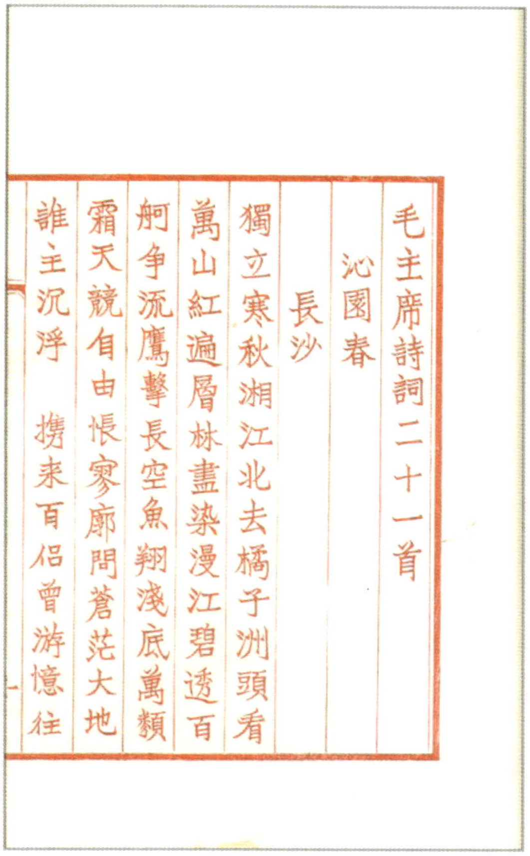

毛主席詩詞二十一首

沁園春

長沙

獨立寒秋湘江北去橘子洲頭看
萬山紅遍層林盡染漫江碧透百
舸争流鷹擊長空魚翔淺底萬類
霜天競自由悵寥廓問蒼茫大地
誰主沉浮　攜来百侶曾游憶往

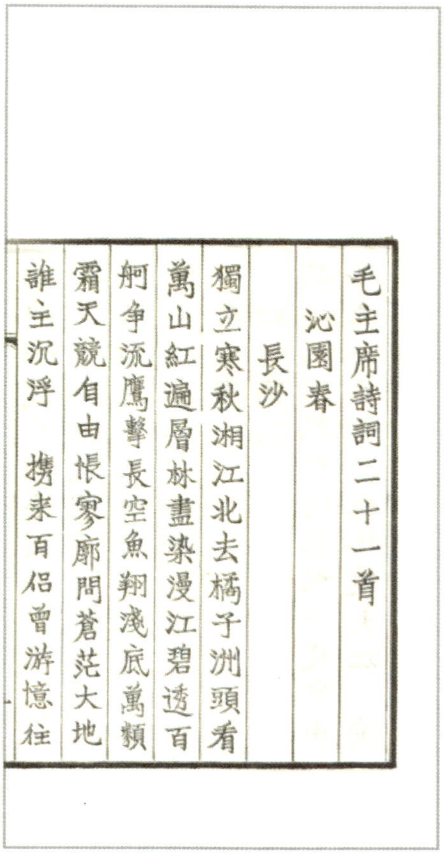

毛主席詩詞二十一首

沁園春

長沙

獨立寒秋湘江北去橘子洲頭看
萬山紅遍層林盡染漫江碧透百
舸争流鷹擊長空魚翔淺底萬類
霜天競自由悵寥廓問蒼茫大地
誰主沉浮　攜来百侶曾游憶往

毛主席詩詞二十一首

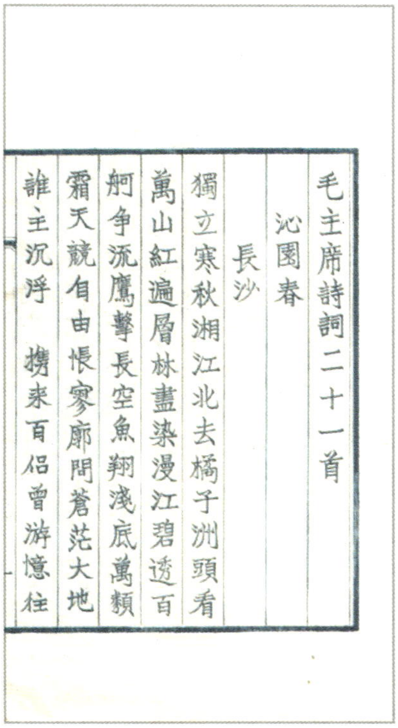

毛主席詩詞二十一首

沁園春

長沙

獨立寒秋湘江北去橘子洲頭看
萬山紅遍層林盡染漫江碧透百
舸争流鷹擊長空魚翔淺底萬類
霜天競自由悵寥廓問蒼茫大地
誰主沉浮　攜来百侶曾游憶往

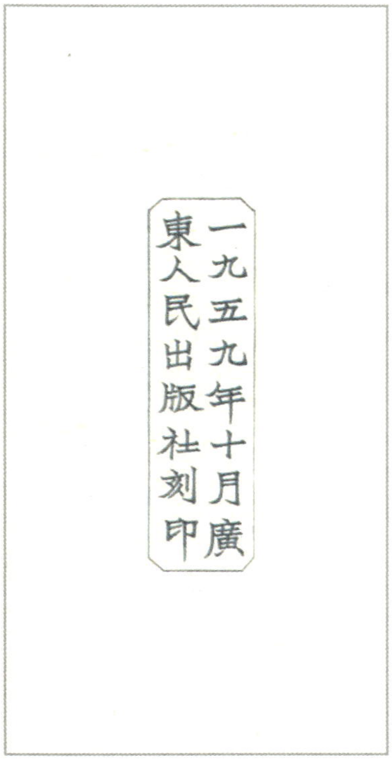

一九五九年十月廣東人民出版社刻印

1959年10月，广东人民出版社刻印本《毛主席诗词二十一首》，
出版了红、蓝、黑三种版本

地图里的“工笔画”

金仲华编、朱育莲绘《第二次大战后世界政治参考地图》，上海世界知识社1947年4月再版。收图61幅，共100页，大16开，繁体字竖排。全书采用的是左文右图相结合的编排方式，每幅地图前，均附有关历史背景与地理形势的详细文字说明。

书内分战后世界形势、五强之部、欧洲之部、中东之部、远东之部、美洲之部等六章，内容基本涉及第二次世界大战后，当时全球的各类政治关系和地区问题，不仅全面，而且有很强的知识性。

值得一提的是，这部地图册，绘制直观生动，从地图的内容、表现手法、美术设计、绘图技艺等方面，都堪称是手工地图中的精品，地图中的所有地形，都是绘图者一笔一画刻绘出来的，被藏界誉为“地图里的工笔画”。

作者金仲华在序言里讲到：“要编一本比较完全而有系统的国际政治地图，一直是我的志愿。在研究国际问题的时候，缺少一个清楚的地理背景，你会把许多事实弄模糊的。同时，一般用的地图书，疆界和地名虽然完全，却不能把国际的情势表现出来，看起来又是索然无味的。我的计划是要把时事和地图联系起来，增加一班人对于世界形势的了解。”

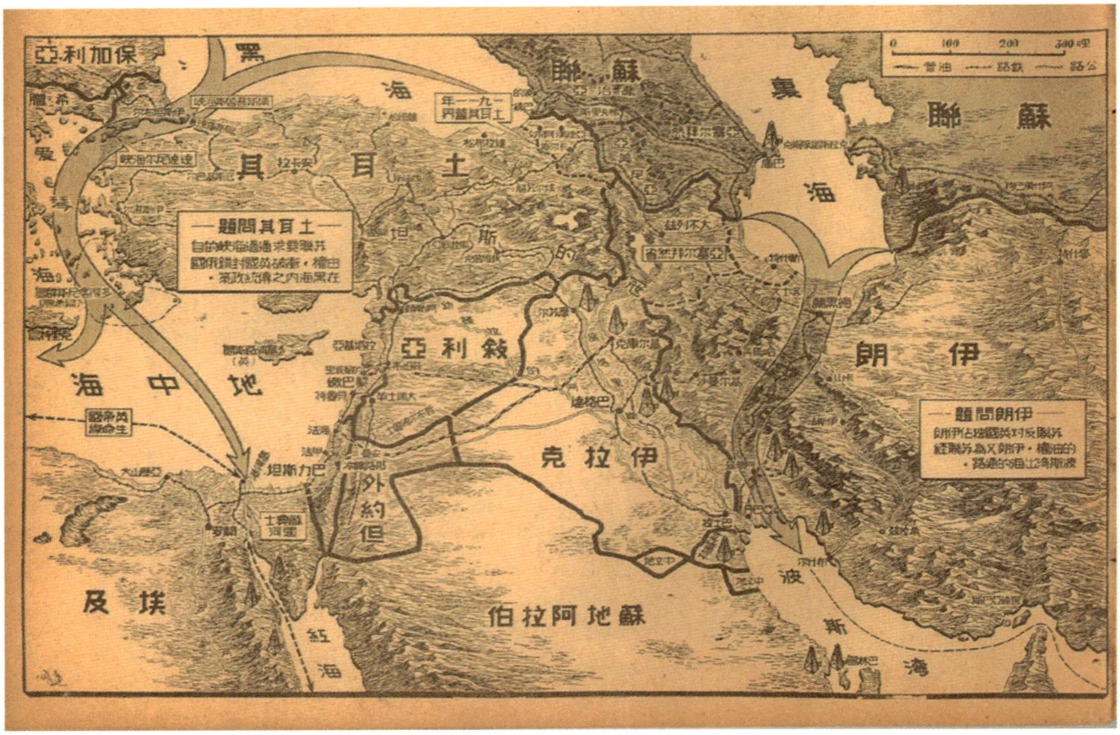

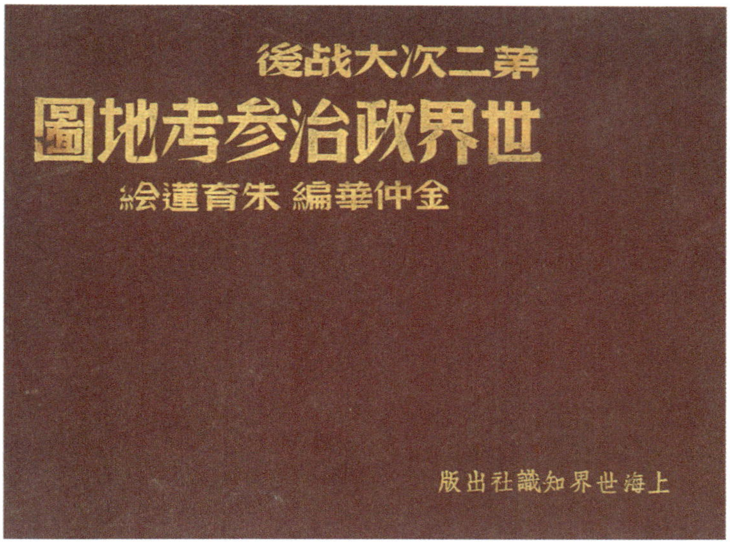

1936年，作者在上海和香港出版过一本《世界政治参考图》，1944年在桂林出版过一部《第二次世界大战参考地图》，用木刻制版，印在土纸上，印刷了两版。这本地图比较起前面这两版来，无论文字还是绘图，都要完善、全面的多。

此图出版至今已整整62年，但在今天看来，其中的不少观点依然值得借鉴和关注。例如第四章《中东之部》的“中东石油战”、“伊朗的石油斗争与民族问题”和“巴力斯坦的民族问题与分治计”等，今天读来，如在眼前。该章所配地图共计九幅，其中的“中东石油战场图”、“伊朗石油区划分图”和“英国建议之巴力斯坦分治图”等都堪称经典之作。

以第43图“中东国际斗争形势图”为例，通过这张图，我们不仅对于中东的地貌有一个非常清楚的了解，而且通过图上所绘制的油井符号，可以看出石油斗争其实是中东国际斗争的根本。箭头所标示的内容，一下子就能让我们理解英国为什么对苏联出海口进行封锁，因为运输航线就是生命线。

在第46图“中东石油战场图”中，可以十分明晰地看到，中东这一富油地带，位于里海、黑海、地中海、红海与波斯湾的中间。伊朗和伊拉克是这一石油战场的两个中心部分。的确，在第二次世界大战结束之后，中东已经两次燃起石油战争的烽烟。第一次是在1946年春天，英美鼓噪着要求苏联从伊朗撤兵，其背后的理由就是为了伊北部亚塞尔拜然省的石油开采权。第二次是1947年初，由于英美侵夺了法国在中东的石油开采权，法国提出抗议，苏联也站在法国一边。这两次事件，不仅显出了中东这一石油战场的重要性，也暴露了几个主要强国在中东政治、经济利益的冲突与交错，但其最终目的就是石油的争夺。今天的中东，和60多年前相比，不依然还是这样一个局面吗？

“生命来做代价”：《二次大战照片精华》

舒宗侨、魏守忠合编《二次大战照片精华》，中英文对照介绍，精装本，224页。上海联合画报社1948年3月初版印行。收图片200多幅，内分战争前奏曲、日本侵略中国、欧洲闪击战、德苏战争、珍珠港事变、北非沙漠战场、德意崩溃、中国为联合国胜利而战、血战太平洋和日本战败等10个专题。卷首有“第二次世界大战简史”一文。书中以真实的历史镜头，生动地再现了自1931年“九·一八”事变，到1945年8月第二次世界大战结束，先后将近14年的全貌。

此书的编印，曾得很多中外机关与作者友人的帮忙。书内图片由中央社、美国海军、美国新闻处、英国新闻处、塔斯通讯社、法国新闻处等机构以及朱荣彬、唐古樵、顾廷鹏等个人提供，扉页画为王寅光绘制，曹末风、宝乐士、威尔逊、沈颂芳等人士协助出版。

编者在作于1948年2月1日的“序”中写道：“这是一部纯粹图画的战争史料，从‘九·一八’到日本投降，记录了这一世纪又一次世界战争的全貌。公理终则战胜强权，尽管强权在某一时期称雄一时。法西斯主义者挑起了战争，而它本身也葬送在这一次战争中，民主力量的团结，争取到了胜利，也指出了人类今后合理的生活方式是什么。”

本书出版在大战结束两年之后，今天的世界局势，已起了严重的变化，旧的法西斯势力毁灭，新的法西斯势力在增长中；千百万民主国家人民牺牲换来的和平，又受到新的威胁。本书之目的，在给予读者对于这一次战争一个清楚明确的印象，请求读者不要以看普通图画或电影杂志的心情来看这些镜头，这里一幅照片的出现，也许已付出成千万人的生命来做代价，它代表着光明与黑暗，正义与暴力的决斗，呈现着历史

所遗留下的必然的路径。这是战争到和平的结晶，在今天动荡和暗淡的世界中刊行，并不是多余，反之，也许我们由此得到警惕。我们已经更深切的知道战争所要付的代价有多大，鲜血汇成巨流，正是人类经验与智慧的泉源，在这泉源之前，我们树立过一块和平基石，这块基石不能再经我们的手将它破坏，维护和平，摈弃战争，是我们这一代不可逃避的责任。

2005年，群言出版社以“历史的镜头，罕见的珍本”为题，改编重印了《二次大战照片精华》中、英、日文本（舒宗侨、魏守忠原编，闻立鼎、陈丹丹改编）。这些年来，关于日本侵华战争的画报、图片集、写真集频频出现于拍卖场，但能够囊括整个第二次世界大战全貌的图册，却是很少见的。这册以“生命来做代价”的《二次大战照片精华》，是具有文物价值的“图画的战争史料”，的确不应以“普通图画或电影杂志”来看待，对里面的每一幅照片，都值得珍视。

《逸经》主编陆丹林著《当代人物志》

陆丹林著《当代人物志》，上海世界书局1947年出版，张大千题写书名。此书为李鸿球主编的“世界集刊”的一种。收录康有为、吴佩孚、林语堂、马君武、许地山、叶恭绰、张大千等各界名人传略15篇。

陆丹林（1896—1972），字自在，号非素，广东三水人。在达立学堂就读，后入广州朱执信任校长的培英学校。为同盟会和南社成员，曾学西医。喜搜罗书画、印章。与画家张大千为知交，藏有大千画100多幅，曾为《张大千画集》撰有长序。主编有《人之初》、《国画月刊》、《蜜蜂画刊》、《道路月刊》等期刊。

1937年初，自第32期起，陆丹林接编《逸经》，在第33期、第34期上以连载形式发表了署名“幽谷”的《红军二万五千里西引记》，还大胆地刊出了全身军服的“毛泽东像”及“二万五千里西引经过路线图（由江西瑞金县始至陕西吴起镇终）”，另刊出图片“红军在江西所发建设公债卷”。这些70多年前事关重大历史事件的历史细节，后来的研究者有责任一一核实，还历史以清晰的面目。

《逸经》杂志，1936年3月在上海创刊，半月刊，简又文任社长，前22期由谢兴尧主编，22期之后由陆丹林主编，1937年8月20日出至36期后停刊。

陆丹林所藏书画文物生前捐给了广东三水图书馆。

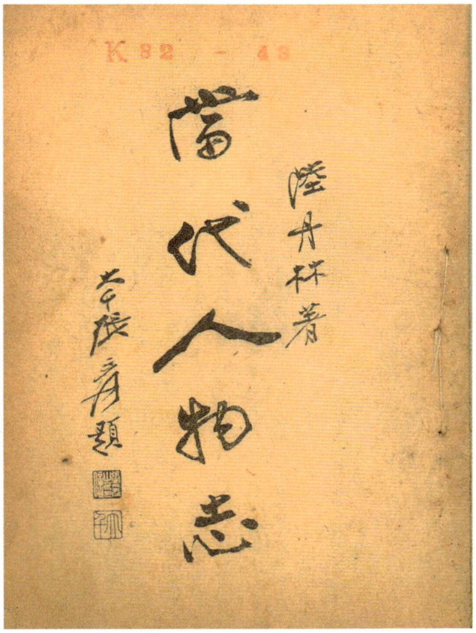

“以读书开心之所得，刊为一集”：《开心集》

秦翰才著《开心集》，上海普通书店民国24年出版，内有肖像、碑拓、书法、古迹插图多幅。收入作者自民国23年以来一年间所写的七篇读书笔记：范文正公、顾亭林先生、读王文成公全书记、读林文忠公政书记、读左文襄公家书及年谱记、读翁文恭公日记记和东坡在西湖。

这七篇文章，大体分为三类：一是关于范文正、顾亭林的两篇，主要是记载主人公的事迹，并且有比较系统的评述，概括整个生平；二是秦翰才读书除文艺类之外，最嗜名贤日记、年谱、家书以及奏议、书牍之类，上自政治学术，下至治家律己，意兴所至，就提笔而记。除叙述主人公生平外，还抒发他自己的一些杂感，王文成、林文忠、左文襄、翁文恭四篇就属于此类；三是“东坡在西湖”一篇，主要写苏东坡的生平和在西湖一地的故事。

至于此书为什么叫《开心集》，秦翰才在自序中讲道：“昔人有言：‘读书所以开心、明目、利于行耳。’余虽常藉读书以开心，惜所读无多，开心有限。今以读书开心之所得，刊为一集，亦冀能供读者之一开其心，且因此而益引起读书之兴趣，使其心大开、目大明，而大有利于行耳。于是此集也，遂以开心名焉。”

秦翰才（1895—1968），历史学家，左宗棠研究专家，是中国收集年谱数量最多的年谱收藏家。郑逸梅在《艺林散叶》中写道：“……秦翰才早有左癖，后有谱癖。所谓左癖者，搜集左宗棠史料。所谓谱癖者，搜集古今名家年谱。”这个评语也概括了秦翰才的学术生涯。

秦翰才对于左宗棠的研究用力最多。1922年，他27岁时读了左宗棠的书信、札记和左氏年谱，触发了他对左宗棠这个晚清历史人物的兴趣。1935年，他读了《左宗棠文集》后，对左宗棠有了进一步的了解，所写心得体会，就是《开心集》中的“读左文襄公家书及年谱记”。

1937年10月，秦翰才因战火离开上海时，只提了2个手提箱，其中一个装的是他历年积累的左宗棠资料。秦翰才利用一切机会收集与左宗棠有关的资料，作实地调查研究和采访，在长沙左宗棠出生地，他造访了左宗棠在司马桥荒芜多年的家园，感叹左宗棠兴衰交替、毁誉参半的一生。有感于极少有人为此晚清名将评述，遂立志为他立传，写出了《左宗棠评传》初稿。在甘肃，参观当年左宗棠为总督时设立的机构、军营，查阅了左宗棠当政时的历史记载，研读刻有左宗棠政绩的碑文，并造访居民。将有关左宗棠的资料整理成为《左文襄公在西北》，1945年由重庆商务印书馆出版。

秦翰才生活节俭，但购买年谱却不惜重金。他与各家古籍书店保持联系，专事收集著名历史人物和家族的年谱。他还自己出资建立了150个接触点，凡是书市上买不到的年谱，他通过接触点，向有关人士或有关家族借阅，然后一丝不苟地逐字逐句抄录下来。他的收藏目标是1000种，后来提高到2000种。到1966年，他所收年谱已达2090种，成为中国最大的年谱收藏家，并获得“千谱楼主”称号。

“方泰为嘉定西南一小市集”：《方泰志》

（清）王初桐纂辑的《方泰志》三卷，民国4年陈乃钧据刻本铅印。《方泰志》木刻本为清嘉庆十二年（1807）刊行。铅印、木刻两种版本国家图书馆、首都图书馆、上海图书馆均无收藏。上海图书馆藏有一册传抄本，上海师范大学图书馆、上海嘉定县博物馆藏有铅印本。看来，《方泰志》的刻本和铅印本都是比较稀见的。

《方泰志》全志设发凡、源委、疆界、街市、寺院、庙宇、水道、桥梁、村落、第宅、园亭、宗祠、坊表、冈墩、厉坛、儒林、文苑、孝友、忠烈、贤达、俊杰、德义、善良、进士、举人、岁贡、例贡、职员、仕宦、吏隐、封赠、仙释、烈女、流寓、艺文、坟墓、石刻、杂缀等39门。卷首载王元勋序，铅印本增陈乃钧的《重印方泰志序》。

在这篇序中，陈乃钧写到：“方泰为嘉定西南一小市集，向无志书，乡先达王竹所先生始创为之，成书三卷，印行于嘉庆十二年。历时既久，复经兵燹，旧刻本散佚殆尽，搜访数年仅获全书。……今年秋，商之同里唐君静涵暨赓侯赋声两侄，命儿子锡畴以听鼓余闲，任校雠之役，排印数百本以广流传。工既竣，为志其缘起如此。中华民国四年冬十月后学陈乃钧谨识。”

方泰镇位于嘉定县西南部，方泰先有方泰寺，后有方泰镇，镇以寺得名。方泰寺建于南北朝梁天监二年（503），至明嘉靖二十八年（1549）毁，历时千年。宋、元以前，寺旁有小村落，称方泰墟。明末时，居民稀少。据《方泰志》记载，清康熙时形成方泰镇。康熙年间，陈浩如“修仁行义”事业渐起，严素章自罗店迁居，两家为镇之首户。方泰镇光明村金家桥有一棵植于唐末的千年古银杏树，被编为上海市古树名木0001号。

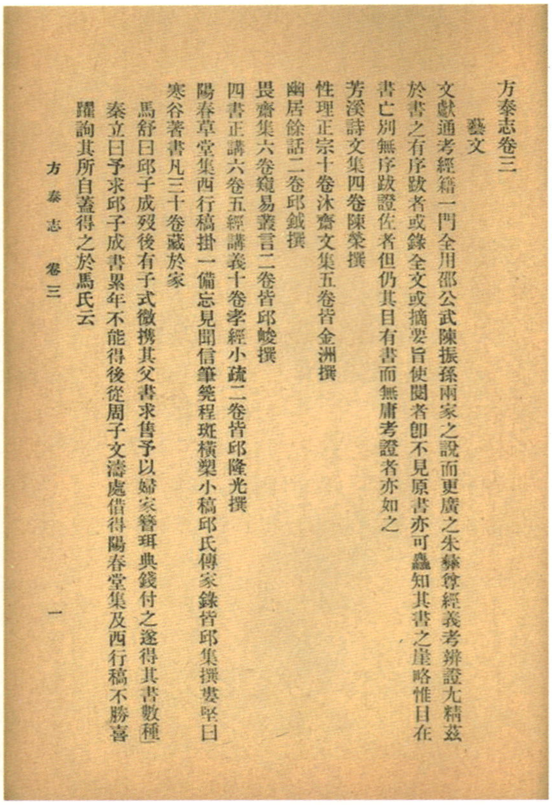

方泰志卷三

藝文

文獻通考經籍一門全用邵公武陳振孫兩家之說而更廣之朱彝尊經義考辨證尤精玆於書之有序跋者或錄全文或摘要旨使閱者卽不見原書亦可蠡知其書之崖略惟目在書亡別無序跋證佐者但仍其目有書而無庸考證者亦如之

芳溪詩文集四卷陳榮撰

性理正宗十卷沐齋文集五卷皆金洲撰

幽居餘話二卷邱鉞撰

畏齋集六卷窺易叢言二卷皆邱峻撰

四書正講六卷五經講義十卷孝經小疏二卷皆邱隆光撰

陽春草堂集西行稿掛一備忘見聞信筆筦程斑橫槊小稿邱氏傳家錄皆邱集撰婁堅曰寒谷著書凡三十卷藏於家

馬舒曰邱子成歿後有子式徵携其父書求售予以婦奩簪珥典錢付之遂得其書數種秦立曰予求邱子成書累年不能得後從周子文濤處借得陽春堂集及西行稿不勝喜躍詢其所自蓋得之於馬氏云

方泰志　卷三　一

王初桐（1730—1821），字于扬，号竹所，今方泰乡人。诸生，赋性恬淡，擅填词。清乾隆四十一年（1776）召试列二等，授四库馆誊录，并议叙齐河县县丞。历署新城、淄川、平阴、寿光知县，宁海州同知。曾于衙署中悬挂对联云：“案牍劳形乃以诗书为案牍；山林适性且将城市作山林。”年70致仕还乡，书斋门有联云：“镇日无来客，经年不入城；平生别无嗜，惟有好著书。”所著书40种，共计632卷，已刊行者180卷。告老后，曾应知县吴桓聘，编纂《嘉定县志》二十四卷，编纂《方泰志》三卷。

《方泰志》的特点是详于人物和艺文。特别是纂者王初桐在《艺文》一目中将本人的35种著作选入，显然有挟私之嫌。说到这一点，就要提到方志的功能。修志是以“资治”、“存史”、“教化”为目的的。作为乡镇志，私人纂修、记述范围小，因此其主要功能还在于“教化”。一般来说，乡镇志的编纂者属于地方上有身份有地位的知识分子，居于社会上层。王初桐家族“卜居于永乐间，以饶裕称者三百余载，大抵豪右而兼风雅”。他们代表了地方社会的非官方统治阶层，在撰修乡镇志的过程中，他们从淳教化的角度出发，会不自觉地按照所属阶层的利益和观念来裁夺人物和事件，以维护其自身的伦理道德并规范社会秩序。这在人物传的编写上反映明显：人物传的书写大多采取“隐恶扬善”的手法，集中于对官宦、乡贤、忠孝节义等人物的记述，并附有少量的仙释、儒林、文苑，至于方伎、技术等多被视为末流而忽略。所以，地方官僚、士绅、忠孝节义之人往往构成为乡镇志人物传的主角，被大书特书。乡镇志中比较普遍地存在溢美乡里、唯亲是举，为父祖辈及族人友人立传的现象。

盛世修志是一个传统。2003年6月，方泰镇专门成立《安亭方泰合志》编纂小组，正式开始编纂工作。经过3年多的努力，以“穷其始末，去伪存真”的精神完成了纂修工作。2007年2月7日，三卷本《安亭方泰合志（1988—2003）》出版首发。20世纪80年代末，《安亭志》、《方泰志》相继出版。

《方泰志》对于研究清朝市镇管理、民间基层社会组织、家族宗族乡族、行帮、工商业等情况有很大的作用。

"性格与环境小说"：《还乡》

（英）哈代（Hardy Thomas）著长篇小说《还乡》，张谷若译，二册。中华教育文化基金董事会编译委员会编辑，上海商务印书馆1936年出版。英文书名为 *The Return of the Native*。

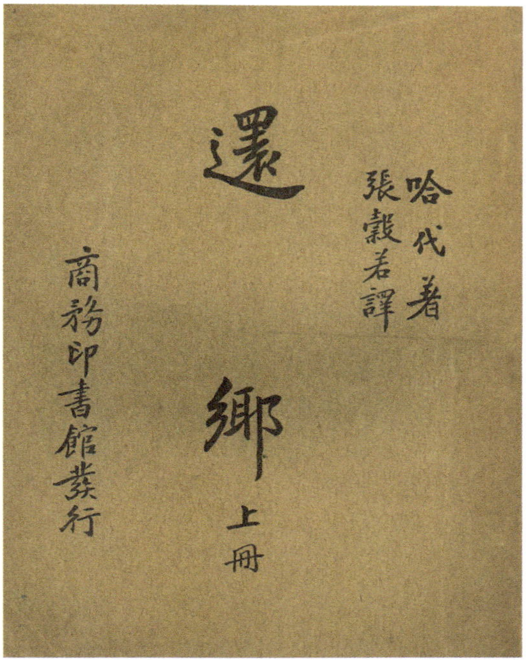

《还乡》是英国著名作家哈代（1840—1928）创作的一部具有代表性的"性格与环境小说"，作品以英国西南部威尔士"一片苍茫万古如斯"的埃格敦荒原为背景，描写了五个青年男女不同的悲剧命运。其中的女主人公游苔莎是当代英国小说里被描写得最成功的几位女主人公之一，而故事发生的地点埃格敦荒原则是风景描写的典范。它是哈代的小说艺术开始走向成熟的重要标志，被认为是哈代最好的一部小说。

哈代是拥有最多读者的维多利亚时代作家之一，是英国19世纪后期批判现实主义小说的重要代表，20世纪大胆探索和开拓的"现代诗歌之父"。他开启了许多20世纪小说主题的先河，"性格与环境小说"是他现实主义创作的最高成就，因他的小说多以英国西南部威尔士广大的农村地区为背景，因而他被誉为英国最杰出的乡土小说家。

《还乡》是哈代的第六部小说，于1876年底动笔。第二年春天，为使小说能以连载形式发表，他对叙述结构进行重新调整。1878年3月，完成全书初稿。这时，《贝尔格莱维亚》杂志从年初开始连载，已刊出3期。史密斯—埃尔德出版社赶在12月《贝尔格莱维亚》最后一期出版了该小说。哈代一生著述甚丰，作品再版时喜欢进行修改。《还乡》有1895年和1912年两个修订版，哈代分别为两个版本写了序言。张谷若先生的译本是根据麦克米兰出版公司1924年的版本（即1895年修订版）。

《还乡》修订版中更改了地名，他意识到作为小说家，自己有责任在小说中保存正在或即将消失的农村古老的生活方式、风俗习惯和自然面貌。在这一思想指导下，哈代对《还乡》进行修订，使本来虚构的地名跟实际的英国地图能够对应起来，从而增强小说的历史感。初版与修订版的差别揭示出哈代思想发展的演变轨迹。

可喜的是，南京译林出版社1999年翻译出版了该书，收入"世界文学名著百部"之中。是王守仁选用《贝尔格莱维亚》杂志1878年第一次连载时使用的手稿本，使我们得以领略初版的风貌。

“人类是随恋爱的进化而进化的”：《近代恋爱名论》

任白涛辑译《近代恋爱名论》一册，上海亚东图书馆1927年版。2005年10月，上海文艺出版社曾据此竖排繁体版影印。

“五四”时期，一些西方著名学者关于恋爱和婚姻问题的著作被翻译出版，任白涛辑译的《近代恋爱名论》即作为“世界婚姻文化丛书之一”出版。其中包括加本特的《恋爱之理想境》、爱伦·凯的《新性道德论》、倍倍尔的《现代结婚生活》和叔本华的《恋爱之哲学的考察》等译文。《新性道德论》中写道：“恋爱在现代必须获得从来被世人轻视的名誉和尊贵，因为人类是随恋爱的进化而进化的；换言之，人类是靠恋爱而向次一个时代传递人类的肉体和精神之力”，“为妻所爱的夫之人格和为夫所爱的妻之人格，与未来的人类之创造和养育上有至大的影响，所以必须溶和到一起”，“由恋爱而得到的幸福，不仅是个人的幸福，乃是社会全体的幸福；因为恋爱的价值，不是个人的，是社会的。所以个人的恋爱标准越高，社会的全体也就越高了”。

任白涛（1890—1952），新闻学家，幼名洪涛，笔名冷公，河南南阳人。父早亡，由伯父教养。辛亥革命后，任上海《民主报》、《神州日报》、《新闻报》驻汴特约通讯员，参与反帝斗争。1916年东渡日本，就读于日本早稻田大学政治经济科，参加日本新闻学会，与周恩来相识。1920年回国，出版《应用新闻学》，创设中国新闻学社，1937年完成《综合新闻学》一书。1939年，经周恩来介绍，到郭沫若主持的国民党军事委员会政治部第三厅任设计委员。皖南事变后，出任《新湖北日报》总编辑。其后任第六战区中校参谋，湖北省政府参议。1948年，为三联书店翻译了《资本论图解》一书。1949年7月，出席了中华全国文学艺术工作者代表大会。1952年，周恩来总理电邀其赴京工作，不幸突患中风，8月31日病逝。

中原野战军的《南征一年》

王辉球等著《南征一年》（一纵分册），中国人民解放军中原野战军政治部1948年出版，铅印，共200页，出版地不详。封面印有“对内刊物”，钤“陵园”二字印章。重庆图书馆藏有一纵、二纵、三纵、四纵、六纵、九纵分册和野直分册7种；国家图书馆藏有一纵、二纵、三纵、六纵、十纵分册和野直分册6种，均著录为“新善本”。

书前是1948年12月10日中原野战军政治部所写的“《南征一年》出版的话”和中原野战军一纵政委王辉球的“我们怎样执行了战略反攻任务”和红、蓝、黑三色套印的“千里跃进挺进江边路线图”。内文分渡河反攻、鲁西南大捷、跃进千里、战斗在大别山上、战胜了千苦万难、经过锻炼的群众、再前进五百里、英雄模范典型和烈士永垂不朽等八章，另有歌曲、快板等三篇补白。

在“《南征一年》出版的话”中，讲明了出版此书的原委：“我们刘邓、陈谢两路大军和陈粟大军一道，在毛主席的战略计划下，于去年七、八、九三个月开始向蒋占区大举进攻，一部并挺进至长江北岸，至今仍屹立于大别江汉桐柏地区，成为我军今后进军江南的江头阵地。在进军的头一年中，克服了艰难险阻，取得了很大胜利。

为总结过去一年进军中的经验教训，以利继续勇敢前进，中原野战军政治部于七月发出‘关于千里跃进征文’的通知，准备出版《南征一年》。通知发出后，由于部队处于频繁行军作战的紧张环境，加上编辑力量限制，除一、二纵队比较完整外，其他各部提供的稿件有些零散片断，有的缺乏主要事情的记述。但为了争取时间把这一编书的工作告一段落，就先将已收到的稿件分册编辑出版，专供内部阅读。并希望尚未来稿的部队抓紧组织稿件，编辑成册送来审查出版。”

该第一分册所记内容丰富、详细，对研究中原野战军的历史具有重要史料价值。

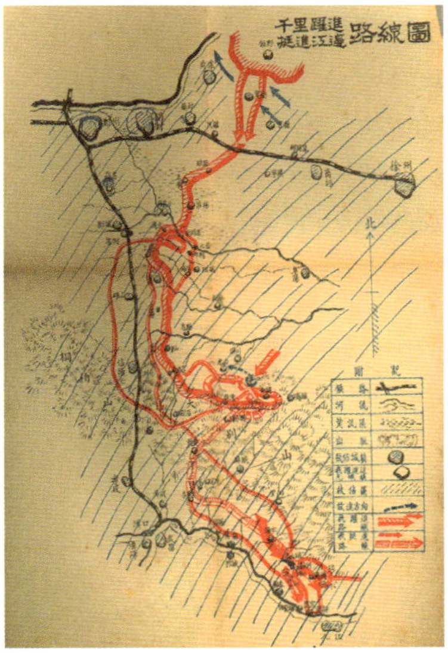

“无白不郑补，无李不开张”：李涵秋的《好青年》

李涵秋著《好青年》二十回六册，上海国华新记书局民国18年第5版。

李涵秋（1874—1923），名应璋，别署沁香阁主、韵香阁主等，江苏江都（今扬州）人。李涵秋是民初“小说三大家”之一，也是扬州“鸳鸯蝴蝶派”作家群的领军人物，先后创作文言小说10部，白话小说23部，共一千余万言，为一时之冠。代表作为《广陵潮》。此外，《好青年》、《近十年目睹之怪现状》等均获好评。同时，他还善书法、绘画、刻印等。

《好青年》从民国9年至民国11年连载于《新闻报·快活林》，连载完就结集出版，共20回。据书前的内容提要来看，这部小说写了“官太太的淫威，淫荡妇的狠毒，老学究的负心，大律师的仗义……自社交公开自由恋爱之说兴，一般青年男女，误解自由，寡廉鲜耻，干出许多荒唐淫秽之行为，堕落人格，徘徊歧途者，不可胜计……书中记述许多青年男女本其一片天真与恶环境奋斗，对于男女间之用情，则高尚纯洁；对于社会上之服务，则任劳任怨”。

其实，《好青年》叙述的还是发生在民国以后杭州的几个家庭的故事：万家的父亲是一个穷教师，已逝，寡母带着患有肺病的女儿文鹃和两个儿子椿、榴过着舍不得吃白米的日子，文鹃随父受过良好的教育，椿、榴正上小学，这个家庭有一点李涵秋家的影子；郑家的父亲是总统府秘书，母亲是赵家姑母，儿子芳瑜曾是万父的学生，正在中等学校读书，他时常帮助万家，爱上文鹃；赵家的父亲是旅长，有一妻一妾，妻林氏生了丑女颉云和傻儿珠官，妾卢氏生娇女柔云，颉云和柔云同在女学校读书，林氏打算把颉云许配给芳瑜。文鹃接受美国医生伯乐尔的治疗与加强锻炼，治好肺病，受美国女子爱娜的资助，和柔云等女青年组织俭德会，倡导妇女自力。颉云病死，文鹃和芳瑜结婚。家庭教育和女子解放是这部小说的中心话题。以三个家庭为中心，来铺展各种社会阴暗面，这也体现了李涵秋小说一贯的叙事策略。

李涵秋开始写小说是1906年，当时报界曾流传一句话，叫“无白不郑补，无李不开张”，意谓报纸的补白没有郑逸梅不行，而副刊则全靠李涵秋，其影响由此可见一斑。曾一度出现市民排队等候报纸发行的场面，由此也可看出李涵秋的小说在当时受欢迎的

單想
思小
襲盤
鬼話
害假
病醫
士用
人参
陳丹旭

程度。这在报刊尚不发达的民初尚属罕见，李涵秋创下的这一纪录，一直到20世纪30年代才被张恨水所打破。李涵秋被人们看作清末民初“社会小说”的开创者，逝后更被时人誉为与林畏庐、包天笑并称的“海内小说三大家”。李涵秋可以说是从阅读模仿走上小说创作道路的。他少年时就喜好听说扬州评话、阅读我国古典小说，后来的阅读范围更为广泛，既有本土传统的文言、白话小说，也有当时发表在报刊上的翻译、创作小说，在有了相当的感性积累之后，李涵秋开始尝试各种内容与形式的小说创作。随着小说创作的逐步成熟，社会写实内容的进一步加强，为了更好地讲述故事，传统章回小说和扬州评话对其小说创作的影响愈发明显，李涵秋的小说写作逐渐成熟，也奠定了他在当时小说界的地位。由于名声日盛，约稿日伙，李涵秋小说的内容与形式也日益定型，报刊催稿与稿费收入成为他小说创作的驱动力，小说创作也就蜕变为一种模式化活动。

李涵秋逝时年仅五十。他临终前对夫人说：“吾生不辰，逢兹乱世，恨不能以十万毛瑟，杀尽天下民贼！仅凭一支秃笔，描写社会罪恶，藉以唤醒人民，改良社会，稍尽匹夫之责耳。”郑逸梅挽李涵秋联曰：“雅契联来黄歇浦，文星殒去广陵潮。”李涵秋是“鸳鸯蝴蝶派”的主将，当时的新文学家对“鸳鸯蝴蝶派”都是嗤之以鼻的。然而胡适在写《五十年来中国之文学》时，尽管也对“鸳鸯蝴蝶派”坚决否定，却唯独对于李涵秋手下留情，将他与吴趼人等作家并列，视为“鸳鸯蝴蝶派”的例外。茅盾在晚年也曾提到：“要了解民国初年的历史，可以去看李涵秋的小说。”

柳亚子编《曼殊全集》

柳亚子编、苏曼殊著《曼殊全集》普及版五册，1933年上海开华书局出版。内容分为小说、译小说、诗、译诗、书札、随笔、序跋、杂文及附录共九部分。每册内附图若干。

苏曼殊（1884—1918），原名戬，后改名玄瑛，字子谷，曼殊为其，广东香山（今中山）人。清末民初诗人、作家、翻译家。其父为中国人，母亲为日本人。曾在日本早稻田大学预科及成城学校等处就读，并漫游亚洲各国。后于广东惠州出家为僧。加入革新派的文学团体南社，并在《民报》、《新青年》等刊物上投稿。苏曼殊能诗擅画，通晓日文、英文、梵文等多种文字，翻译作品有《拜伦诗选》和《悲惨世界》。他创作的小说有《断鸿零雁记》、《绛纱记》、《焚剑记》、《碎簪记》和《非梦记》等，另有《天涯红泪记》未完成。后人将其著作编成《曼殊全集》（共五卷）。

“五四”期间，新文学一派藐视“今日”诗人文人的创作经验，在1912年至1919年间从事写作的一些出色的人物也就不得不集体地承受当时遭贬斥、日后被遗忘的悲哀。然而有一个例外，这就是苏曼殊。在一些文学史著作中，他甚至被视为1912年至1919年间惟一值得重视的代表作家。

苏曼殊是一个奇人，他的身世和性格都足以引诱后人的好奇心。不过，他所生活的时代本来就是一个出“奇人”的时代，特立独行者难以胜数。而苏曼殊的名字与作品之所以至今被较多的人知道，很大程度上是得助于友人的情谊。这主要是陈独秀、柳亚子等人对他作品的发表、搜集、整理、流传与评价所起的作用。当时，人们能从《新青年》上读到的并非属于“新文学”的创作小说，只有苏曼殊的文言作品《碎簪记》，陈独秀还为之写了简短的“后序”，使《碎簪记》这一本不算特殊的作品有了特殊的地位。

1926年暑期起，柳亚子与儿子无忌开始从事苏曼殊研究、搜集作品、考证身世、编写遗集，这一工作“延续有14年，自1926年起，至1940年止，终于编成《曼殊全集》的最初定型本，与后来写定的《曼殊全集》”。“五卷本《曼殊全集》销售了几万部，这是在当时中国书籍发行中创纪录的数量。”

1928年12月，《曼殊全集》五册由上海北新书局陆续出版。1933年又由上海开华书局出版普及本（封面均有“北新刊行”字样）。1940年，辑成《曼殊余集》十二册。其间，柳亚子所撰研究文字多达41篇。《曼殊余集》手稿，现藏于国家图书馆。

在1912年至1919年间有影响的文学作者中，能够享有苏曼殊这样身后幸运的人找不出第二个，而不该被湮没却早已被遗忘的作家作品倒可以数出不少。这里包含着不公平，而历史和文学通常就是由公平和不公平共同构成的。

孔网2008年5月此书普及本五册，售价为1800元。

“六条路合成了一条路”：《六人》

（德）鲁多夫·洛克尔（Rudolf Rocker）著、巴金试译《六人》，上海文化生活出版社民国38年9月初版，“译文丛书”之一。

洛克尔（1873—1958），德国作家，演说家，工团主义运动的领导和精神领袖。本书是根据他第一次世界大战期间在英国某集中营里的几篇讲演稿而写成。作者用文学作品中著名的六个人物来阐述自己的人生态度，这六个人分别是浮士德、唐璜、哈姆雷特、唐·吉诃德、麦达尔都斯、冯·阿夫特尔丁根。

然而当这六个人觉醒了，他们手拉手地走向斯芬克司，这一次，斯芬克司的嘴角露出了微笑，她的面容变得柔和，最后，这巨像倒下了。这里面的含义应该是，人生处世，要既有思想又有行动，要放弃怀疑，最终才能获得成功。这是一种积极的态度，一种试图改变世界的幻想。

沈昌文先生曾谈到此书的翻译出版："巴老译的《六人》重印一次以后，很受欢迎，极想找寻原书，加插图重印乃至重译（巴老原来是从英文转译的）。但是这本德文书终未找到，在巴老捐献给北图的藏书中也未发现，这是我直到退休的一大心事。这辈子，工作上、生活上的憾事极多，如我等志大才疏之辈，大抵只得在退休之后徒呼负负，如是而已。某日无意中与青年学人王瑞智兄说起当年编《六人》的这一憾事，方知王君早已醉心此书，并也正在寻觅原书。未久得告，原文书已找到，并请名翻译家傅惟慈先生译出。我多年没办到的事，今日之才人竟然不花多少时日就一一办成，这也就说明现在出版工作开放改革的成果了。我不想在这里推介《六人》的内容和译笔，因为我不是学问家，这工作要请胜任的人来做。但作为一个普通读者，当年一读此书，即已震撼。我们的社会里，历来太少浮士德、唐璜、唐·吉诃德之类人物，他们虽然看来拙笨，其实社会之进步，端赖此类拙者。洛克尔将这西方的六种典型结合在一起，顿生新意。我感谢巴老为我们书商指点门径。"（沈昌文：《不良老年：走老路得新果》，载2004年5月8日《南方都市报》）

用巴金在1996年说过的话来概括就是："人生的目的和意义究竟是什么？德国革命者洛克尔从世界文学名著中借用了六个人物和六个解答——六条路，来说明他的人生观，来阐明他的改造世界的理想。六人便是他对那个曾经苦恼着无数人的大问题的一个答案。浮士德在书斋中探求人生的秘密，唐璜在纵欲生活中享乐人生；疑惑腐蚀了哈姆雷特的生活力，唐·吉诃德的勇敢行动又缺乏心灵来指引；麦达尔都斯始终只想着自己，反而毁了他自己；冯·阿夫特尔丁根完全牺牲自我，却也不能救助人们。但是最后六个人联合在一块儿了。六条路合成了一条路。新的国土的门打开了。新的人踏着新的土地。新的太阳带着万丈光芒上升。"

作者在小说的开篇就描写了斯芬克司，安排这六个人分别沿着不同的路朝向斯芬克司走近，最终无一例外地倒在了斯芬克司面前的沙滩上。用作者的话讲，这六个人都背负着命运的诅咒，所以他们无法逃脱命运。

沈昌文所说"重印一次"，即三联书店1985年6月出版。2006年8月，上海文艺出版社出版了巴金试译版的插图本。在翕居所藏民国38年初版《译者后记》中，巴金讲此书他花了三年之久，但也只能算作试译，老作家的谦虚可见一斑。

大陆书局版《鲁迅自述传》

鲁迅著《鲁迅自述传》，封面题“鲁迅名著”。民国35年12月长春大陆书局出版。编辑人李复，发行人孙子方。收文8篇：“从百草园到三味书屋”、“父亲的病”、“琐记”、“我的第一个师父”、“藤野先生”、“阿长与山海经”、“呐喊自序”和“我怎么做起小说来”。

国家图书馆无此书著录，但藏有上海良友出版社的《鲁迅自述传》，出版年月不详。野溪先生2005年6月6日在孔夫子旧书网发表的《唐弢收藏之鲁迅著作版本目（下）》中，著录此书为“大陆书局1945年12月出版”，可能年份有误。

其实，鲁迅从未写过一篇名为“鲁迅自述传”的文章，2005年10月京华出版社出版的《鲁迅自述》，按照“朝花夕拾”的往事、求学经历、民元之际、北京的日子、从北京到厦门、在广州、在上海等划分，编为九章，收入鲁迅所著40篇文章。

河南人民出版社2006年6月出版的“学人自述文丛”之《鲁迅自述》，则是对鲁迅的文学活动进行梳理，大体是按照时间顺序撰写的，书后附录“鲁迅年谱”。

鲁迅在1925年曾作《自叙传略》，最初发表在1925年6月15日《语丝》周刊第31期，是应《阿Q正传》俄译者王希礼之请而写的，后收入《集外集》。1930年5月16日，作者在此基础上进行增补修订，而成《鲁迅自传》。

这篇自传仅千字左右，鲁迅简要介绍了自己的生平与成长经过、著述情况。因为是自我介绍性的文字，因此语言比较平实，没有夸饰，即便是回忆自己所经历的生平大事，或是遭遇到的童年挫折、反动政府迫害，也着笔轻淡，力避主观情绪的流露，体现了鲁迅谦逊求实的人格精神。《鲁迅自传》现收入全国普通中学初二《语文》教材。

列入“中央党部禁止新文艺作品”的《中外文学家辞典》

顾凤城编《中外文学家辞典》，上海乐华图书公司1932年出版。

该书从生平、思想、作品及其对时代的影响等方面分别介绍中外古今400余位文学家，收中国文学家270人。书前附鲁迅、巴金、郁达夫、蒋光慈、老舍、茅盾、周作人、俞平伯、闻一多、许地山、陈望道、汪静之、朱湘、沈从文、秋原、台静农等46位中国作家署名的插页3面。目录前附人名索引。顾凤城把他自己的名字也列入了这本辞典里。

20世纪30年代，鲁迅、茅盾、巴金、郭沫若等许多作家被列入查禁书目名单。必须有“中宣会图书杂志审委会审查证”方可发行。据说当初要求设立图书出版审查制度，也是一些文化人自己提出来的，出版社老板考虑到书出版后再查禁，损失太大，不如防患于未然，有些作家是中性的，可是却成了左翼文学附带的受害者，对图书进行查禁时，陈望道的《美术概论》、余慕陶的《世界文学史》和顾凤城的这本《中外文学家辞典》，全都遭遇不白之冤。

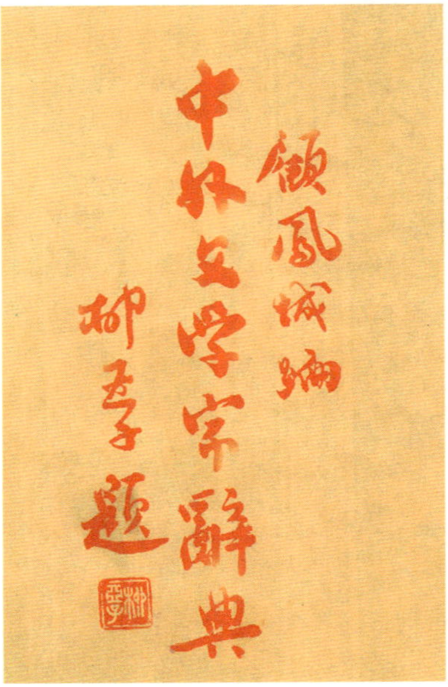

鲁迅在《且介亭杂文二集》后记里，引用了中华民国23年3月14日的《大美晚报》刊登的“中央党部禁止新文艺作品”的一则新闻，并详细开列了“一律自动封存、不再发卖”的“被禁书目”。顾凤城的“被禁书目”达七部之多，除《中外文学家辞典》外，还有《新文艺辞典》、《郭沫若论》、《新兴文学概论》、《文艺创作辞典》、《社会科学问答》和《中学生文艺辞典》等六部。

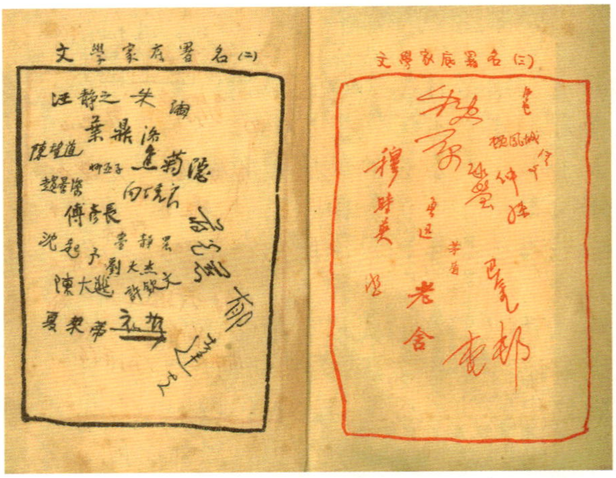

1932年11月1日，创刊近30年、久负盛名的《东方杂志》向全国各界知名人物发出四百多封征稿信，请“于1933年新年大家做一回好梦”，征“梦”活动激起热烈回响，截至12月5日，共收到160多封答案。1933年元旦出版的《东方杂志》（总第30卷第1号）以83页的篇幅一下刊出142人的244个“梦想”，其中包括了柳亚子、徐悲鸿、郑振铎、巴金、茅盾、俞平伯、郁达夫、张申

府、陈翰笙、金仲华、张君劢、邹韬奋、周谷城、宋云彬、李圣五、陶孟和、顾颉刚、章乃器、周作人、杨杏佛、马相伯、林语堂、夏丏尊、叶圣陶等大批文人。暨南大学教授周谷城的梦想是“人人能有机会坐在抽水马桶上大便”。时任光华书局《读书月刊》主编的顾凤城的梦想是“没有阶级，没有种族，自由平等的一个大同社会”。

解读“变化无穷的术语和表达法”：《摩登新闻丛编》

在北京隆福寺觅得一部蓝色布面精装英文版《摩登新闻丛编》，作者是卜郎特（J.J.Brandt），1930年第1版，民国28年4月第2版，上海柳荫印刷公司印刷，发行者魏智，发行所为北京法文图书馆。扉页有钢笔签署的“敬之存，1948年4月于正定”。贴东方图书馆藏书鉴记。

这部书的编辑目的，是易于学生获得学习报纸文体所需的多样、有趣的材料。因为在当时的汉语报纸中，一直使用大量变化无穷的术语和比较时髦的表达法，而这些又是外国人熟悉现代汉语语言所必须掌握的技巧。

这部书共有60课，所有的文章都取自1934年北平、天津和上海的报纸，并且所收报纸文章按照难度渐进的顺序分组。每课后都附有词汇、注释和翻译，以便分析汉语原文。

作者在1935年8月25日作于北平的序言中讲，在注释中，特别注意了文理小品词，因为它在汉语写作文体中占有相当重要的地位，作者特别频繁地就这些小品词的某一个提醒学生注意。只有那些已经掌握这些小品词用法的人才会感觉这种重复有些单调；对掌握欠佳的人来说却是非常好的训练。汉语原文后附的译文尽可能贴近中文，因此，译文很不符合英语的语言习惯。照原文词句本义的翻译会更好地服务于学生们的需要，因为与享受翻译的文学质量相比，他们无疑更愿意能在汉语原文的迷宫中比较容易找到方向。

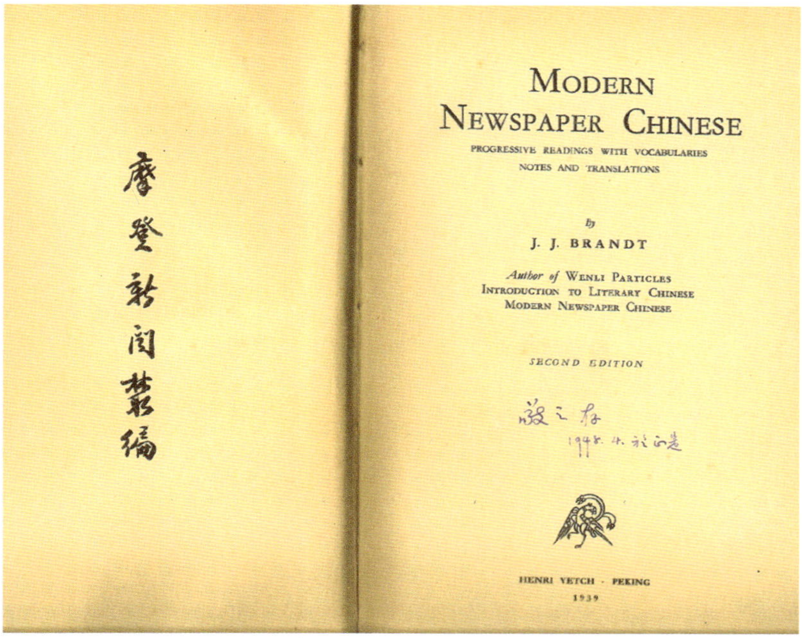

一部本来为外国人学习现代汉语的书籍，却印装如此精美，感觉很难理解。而笔者认为，由于所选文章都是出自当时的报刊，内容涉及平粤直航、中航飞机失事、禁烟、新生活运动、西

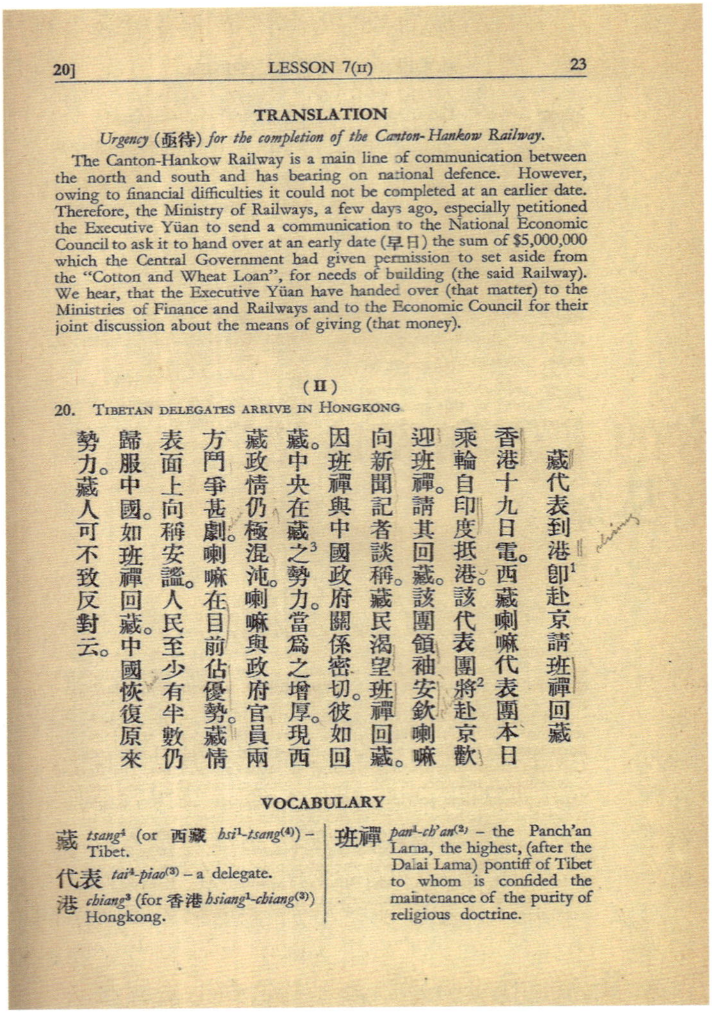

TRANSLATION

Urgency (亟待) *for the completion of the Canton-Hankow Railway.*

The Canton-Hankow Railway is a main line of communication between the north and south and has bearing on national defence. However, owing to financial difficulties it could not be completed at an earlier date. Therefore, the Ministry of Railways, a few days ago, especially petitioned the Executive Yüan to send a communication to the National Economic Council to ask it to hand over at an early date (早日) the sum of $5,000,000 which the Central Government had given permission to set aside from the "Cotton and Wheat Loan", for needs of building (the said Railway). We hear, that the Executive Yüan have handed over (that matter) to the Ministries of Finance and Railways and to the Economic Council for their joint discussion about the means of giving (that money).

(II)

20. Tibetan delegates arrive in Hongkong

藏代表到港卽[1]赴京請班禪回藏

香港十九日電。西藏喇嘛代表團本日乘輪自印度抵港。該代表團將[2]赴京歡迎班禪。請其回藏。該團領袖安欽喇嘛向新聞記者談稱。藏民渴望班禪回藏。因班禪與中國政府關係密切。彼如回藏。中央在藏之[3]勢力。當爲之增厚。現西藏政情仍極混沌。喇嘛與政府官員兩方鬥爭甚劇。喇嘛在目前佔優勢。藏情表面上向稱安謐。人民至少有半數仍歸服中國。如班禪回藏。中國恢復原來勢力。藏人可不致反對云。

VOCABULARY

藏 *tsang*⁴ (or 西藏 *hsi*¹-*tsang*⁽⁴⁾) – Tibet.

代表 *tai*⁴-*piao*⁽³⁾ – a delegate.

港 *chiang*³ (for 香港 *hsiang*¹-*chiang*⁽³⁾) Hongkong.

班禪 *pan*¹-*ch'an*⁽²⁾ – the Panch'an Lama, the highest, (after the Dalai Lama) pontiff of Tibet to whom is confided the maintenance of the purity of religious doctrine.

藏代表赴京迎请班禅回藏、中土条约、国民大会、顺天轮被劫、大学生失业问题等时政新闻，还有查处伪钞、调查户口等社会新闻，以及退保声明、征聘应聘、购地卖地、结婚启事、期刊出版、大学招生等有趣的广告启事，因此这部书的史料价值是很大的。

笔者从扉页钢笔签名“敬之存”、“1948年4月于正定”分析，此人有可能是诗人、剧作家贺敬之。贺敬之1924年生于山东峄县，1940年到延安，入鲁迅艺术学院文学系学习。抗战胜利后，随文艺工作团到华北联合大学文学院工作。华北联合大学是中国人民大学的前身，曾从晋察冀边区的阜平、平山、唐县的农村到张家口，又从张家口到束鹿县的农村、正定县城，先后办学九年多，毕业生达8000余人。因此，该书可能是贺敬之在迁到正定县城时的华北联合大学文学院工作时所购。

此书原藏于东方图书馆，该馆是张元济先生出任商务印书馆编译所所长后，于1926年建立，是一座钢筋水泥五层大厦，占地约3亩半，藏书规模当时为全国之最。据上海市闸北区地方志记载，该馆藏书总数计51.8万册，图表照片5000多册，其中有各种善本书5万余册，不乏海内稀有的精品。可惜1932年毁于日寇战火。（参见274页《“幸免于难”的〈涵芬楼烬余书录〉》一文）

拾贰　长乐郑振铎

郑振铎（1898—1958），笔名西谛（C.T）、郭源新等，祖籍福建长乐首占乡，清光绪二十四年（1898）生于浙江省永嘉县。童年时祖父与父亲相继辞世，生活困苦，依靠母亲作针凿维持生活，勉强读到中学毕业。民国6年夏，郑振铎考上不收学费的北京铁路管理学校。

民国9年夏，他与耿济之一起最早翻译了《国际歌》歌词。“五四”新文化运动促进了郑振铎对文学的爱好，在报刊上开始发表新诗、小说、评论以及翻译文章等，是中国最早的俄国文学翻译、介绍和研究者之一。同年11月，同沈雁冰、叶圣陶、王统照等12人发起成立“文学研究会”，提倡“为人生的现实主义文学”，担任书记干事，负责经营会务。民国10年3月，他从北京铁路管理学校毕业后，到上海火车站当练习生。5月，由沈雁冰介绍到商务印书馆编译所，编辑文学研究会丛书和文学研究会会刊《文学旬刊》（后改为《文学周报》）。同时，创办中国第一个儿童刊物《儿童世界》月刊。与沈雁冰、欧阳予倩等人发起组织民众戏剧社，出版我国新文学运动中第一个戏剧刊物《戏剧》月刊。民国12年，接替沈雁冰担任《小说月报》主编，在此期间，主要从事外国文学的介绍。他撰写了《俄国文学史》、《泰戈尔传》、《文学大纲》等著作，还翻译泰戈尔等外国作家的名作，被外国友人称为“第一个在中国传播泰戈尔著作的作家”。他在《文学旬刊》、《小说月报》等刊物上发表大量的文学评论文章，为推动中国新文化运动的发展起了重要作用。

民国14年6月3日，与叶圣陶、胡愈之等人主编《公理日报》。民国16年4月12日，蒋介石在上海发动反革命政变，大肆屠杀共产党人和革命群众。4月15日领衔与胡愈之等7人写抗议信，为此几遭逮捕。5月21日，被迫出国游历，避居英国。在英国期间，他编译了《近百年古城古墓发掘史》，翻译了《民俗学浅说》。

民国17年，郑振铎回到上海，仍在商务印书馆工作，并被复旦大学聘请为中文系教授。民国20年9月，到北京任燕京大学文学系教授并代理系主任。在此期间，与鲁迅、沈雁冰筹办《文学月刊》，与章靳以合编《文学季刊》，撰写了《插图本中国文学史》、《佝偻集》等著作。他的小说创作，以希腊神话为题材的《取火者的逮捕》表现了压迫与反压迫的斗争，歌颂光明与正义。民国22年12月，他与鲁迅合编的《北平笺谱》，保存了一部分辉煌的笺谱艺术，引起世界文化界极大重视。

民国24年春，任上海暨南大学文学院院长兼中文系主任，同时为上海生活书店主编《世界文库》，协助鲁迅选编和出版瞿秋白遗著《海上述林》、历史小说集《桂公塘》、文学论集《短剑集》等。民国26年，卢沟桥事变后，郑振铎参与组织“上海文化界救亡协会”，与郭沫若、邹韬奋等合编《救亡日报》。还编著出版了《中国俗文学史》、《中国版画史图录》和《困学集》。

民国34年10月，创办《民主》周刊，连续发表政论文章，呼吁停止内战。同年底，他与马叙伦、周建人等发起成立中国民主促进会，任理事。他致力搜集古代陶俑和其他历史文物，编著《中国历史参考图谱》、《域外所藏中国古画集》、《西域画》。与李健吾合编大型文艺刊物《文艺复兴》。

新中国成立后，任文化部文物局局长兼中国科学院考古研究所所长。1952年，他用5个月时间编出了《中国古代木刻画选集》。1954年6月，任文化部副部长；1956年6月，任中国科学院学部委员，中国科学院文物研究所所长。1958年10月17日，郑振铎率中国文化代表团前往阿富汗等国访问，因飞机失事不幸遇难，终年60岁。夫人高君箴遵照他的生前意愿，将他费尽心血收藏的94000余册图书以及手稿、日记捐献给国家。

据不完全统计，由郑振铎主编、参加编辑的有报纸、杂志37种，丛书、丛刊23种，由他发起和参加组织的政治、文学、学术团体近30个，编辑图书14种，创作12种，文学学术论著20种，翻译的作品和论著23种，选编、校点、影印的著作42种，未刊书稿28种。（据福建人民出版社2001年版《长乐市志》整理）

郑振铎捐献的唐三彩马

“发奋陈编，辑为是书”：《域外所藏中国古画集》

郑振铎编、钱鹤龄摄《域外所藏中国古画集之一：西域画》，上、中、下三辑，三函宣纸双裱单页，188页，民国36年9月上海出版公司发行，申记珂罗版印刷社印刷。版权页钤“西谛”椭圆朱文印章。编号限量发行200部之第135部。

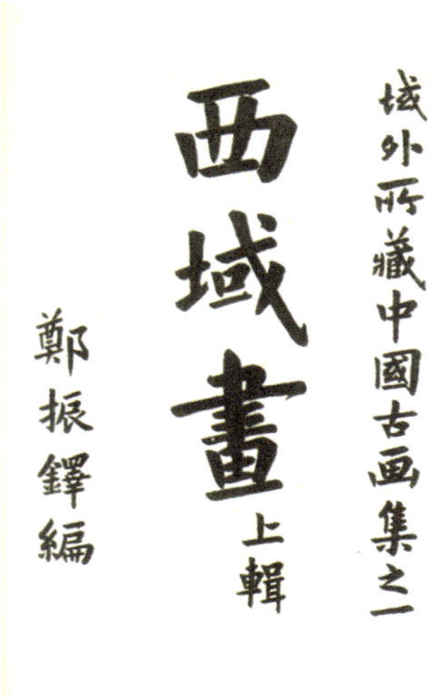

抗日战争胜利后，西谛先生十分关注祖国文物的命运。1946年，他参加了上海区清点接收封存文物委员会，参与点收了陈群、伪上海大学法学院、台湾银行日本人高木等处敌伪藏书。并于1946年1月发表了《敌伪的文物那里去了》的文章。他在文章中高度评价祖国文物“不仅是中国先民们最崇高的成就，也是整个人类的光荣与喜悦所寄托。它的失去，绝对不能以金钱来估值，也绝对不能以金钱来赔偿”。抨击近百年来中国文物被大量掠夺盗运出境的现象，强烈呼吁当局采取措施，集中收回这些散失的文物。面对当时文物外流的现实，西谛先生决定把域外所藏的中国古画搜集起来印刷出版，作为过去祖国文物被掠夺、被盗卖的历史记录。这部《西域画》就是最先出版的三辑，揭露了帝国主义者在我国西陲恣意掠夺我们伟大艺术杰作的真实面目。之后，又用了一年半的时间，出版了《域外所藏中国古画集》二十四辑。他出版这部巨型图集的目的，并不是单纯供人们观赏，而是用来说明祖国文物大量外流，“楚人之弓未为楚得”的痛心事实，以激发国人保护民族文化遗产的爱国热情。

西谛先生在上海亲自督印《域外所藏中国古画集》的印制，可惜印数无多，只有200部，并编号、钤印发行。全书分正、续两集，正集有：一、西域画上、中、下三册；

二、魏晋六朝画一册；三、唐五代画一册；四、宋画一册；五、元画一册；六、明画上、中、下三册；七、明遗民画一册；八、明遗民画续一册。续集第一集宋画，第二集宋元画，第三集元明画，第四集清画。共收中国古代名画1000多幅。

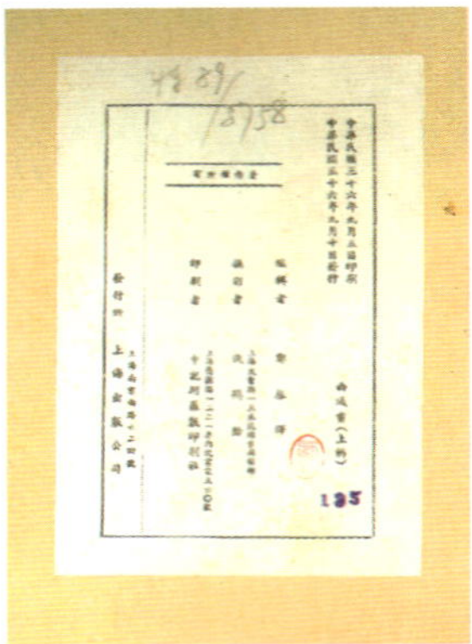

国家文物局编、文物出版社1998年出版的《郑振铎文博文集》收入了郑振铎先生1952年6月16日给周恩来总理的一封信，曾讲到这部图集的出版："我在1947年时，编印了《域外所藏中国古画集》一书，深切地感到，我国古画流落国外者日多，涓涓不息，将成江海。故发奋陈编，辑为是书，以提高人民的警惕心。"

中国书店海王村在2001年4月曾拍卖《西域画》三函，为民国37年版。底价为4000～6000元，成交价为5000元，为编号发行200部之第179号。内有编者亲笔题签："晓铃兄正之，郑振铎，三十六、十一、二十二。"

在上海朵云轩2006年春季艺术品拍卖会古籍善本暨瓷杂专场中，曾拍卖《域外所藏中国古画集》二十四辑，二十四函宣纸双裱单页，估价10万～15万元，未成交。

写满批校的《中国文学研究》

郑振铎编《中国文学研究》上下两册，《小说月报》第十七卷号外。上海商务印书馆民国17年再版。

郑振铎对中国文学研究怀有浓厚的兴趣，他是新文学最早的纯文艺社团"文学研究会"的发起人之一，该会主办《小说月报》杂志。1922年底，《小说月报》的读者润生来信，提出"整理我国文学尤为今日切要急需之图"（1922年12月21日，《小说月报》十四卷2号）。郑振铎答复说："尊见极赞成！我们在前年的时候，就已有刊行《中国文学研究号》的计划，因为此事比较的不容易办，所以就此延搁下去，现在正积极进行，大约在今年明年之间，此特刊必可出版。"（《小说月报》十四卷2号）实际上，这一特刊直到1927年6月，始以第十七卷号外方式，冠《中国文学研究》之名，由商务印书馆出版。这可以说是《小说月报》这样一个新文学杂志参与整理国故规模最大的一次。该书分上、下两册，约80余万字。作者阵容集中了当时的精兵强将，除国学大师梁启超、陈垣外，大部分都是文学新锐，如郑振铎、沈雁冰、郭绍虞、俞平伯、朱湘、刘大白、台静农、陆侃如、许地山、胡梦华、谢无量、钟敬文、唐钺、潘力山、陈延杰、徐家瑞、施章、滕固、吴瞿安、褚东郊、刘经庵、吴文琪、徐傅霖和张友仁等。

该书主要篇目有诗与诗体、从学理上论中国诗、中国文学演进之趋势、三百篇中的私情诗、释四诗名义、赋在中国文学史上的位置、读诗札记、宋玉评传、武松与其妻贾氏、宋玉赋辨伪、中山狼故事之变异、

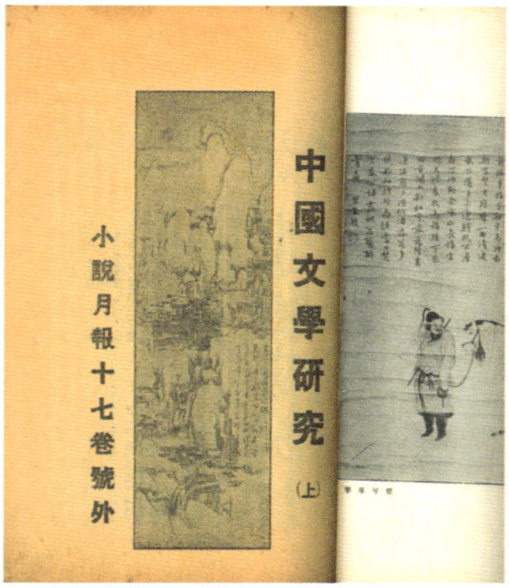

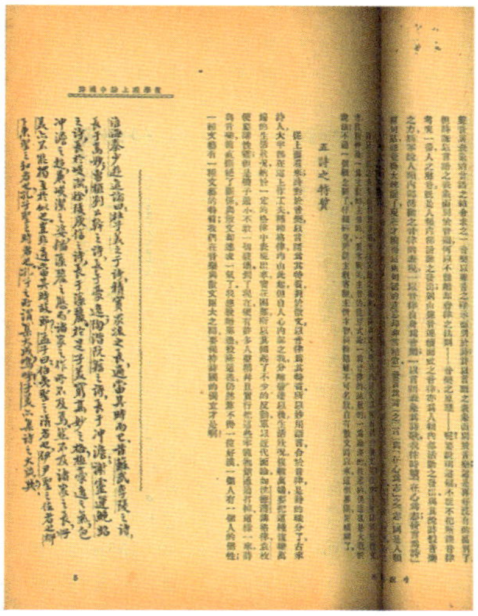

金源的文囿、萧统评传、文学批评家刘彦和评传、文学批评家李笠、徐霞客游记、文学革命家的先驱者——黄静庵先生、佛曲叙录、西谛所藏弹词目录、中国民众文艺一斑、中国蛋民文学一斑、中国文学年表。

郑氏有多篇论文入选，其中《研究中国文学的新途径》一篇认为，中国的文学研究“简直没有上过研究的正轨”，是一李笠翁十种曲、魏晋诗研究、中世人的苦闷与游仙的文学、谢朓年谱、古代的民歌、五绝中的女子、颓废派之文人李白、王维、王昌龄的诗、岑参、宋诗之派别、宋初词人、论北宋慢词、纳兰容若、中国旧诗篇中的声调问题、说中国诗篇中的曲调问题、中国民众问题之一斑——歌谣、中国儿歌的研究、鲁智深的家庭、梵剧体例及其在汉剧上底点点滴滴、元剧略说、救风尘、西厢的批评与考证、吟风阁、西厢记的考证问题、明代之短篇平话、目莲救母行孝戏文研究、蒋士铨、谈二黄戏、中国戏曲的选本、中国小说概论、今古奇观之研究、宣和遗事考证、明清小说论、韵文与骈体文、水浒之研究、歌德与中国文化、十四世纪南俄人之汉文学、

大片荒原地带，如今必须在“归纳”与“进化”两个基本观念的映照下重新垦种，而且主张“最好能把向来最未为人所注意，蔓草最多的地方先开辟起来”。为此，他提出了三条“新途径”，即“文学的外来影响”、“巨著的发见”和“中国文学的整理”。此后，郑振铎还先后办过两个“中国文学研究”的同名专号。

1957年1月，作家出版社出版该书六卷三册。1963年8月香港中国文学研究院出版、香港立生书店发行此书。1981年11月上海书店据商务印书馆1927年版影印《中国文学研究》（上、下）出版。1988年5月，书目文献出版社影印出版该书。

2008年8月，孔网此书初版售价为1600元。

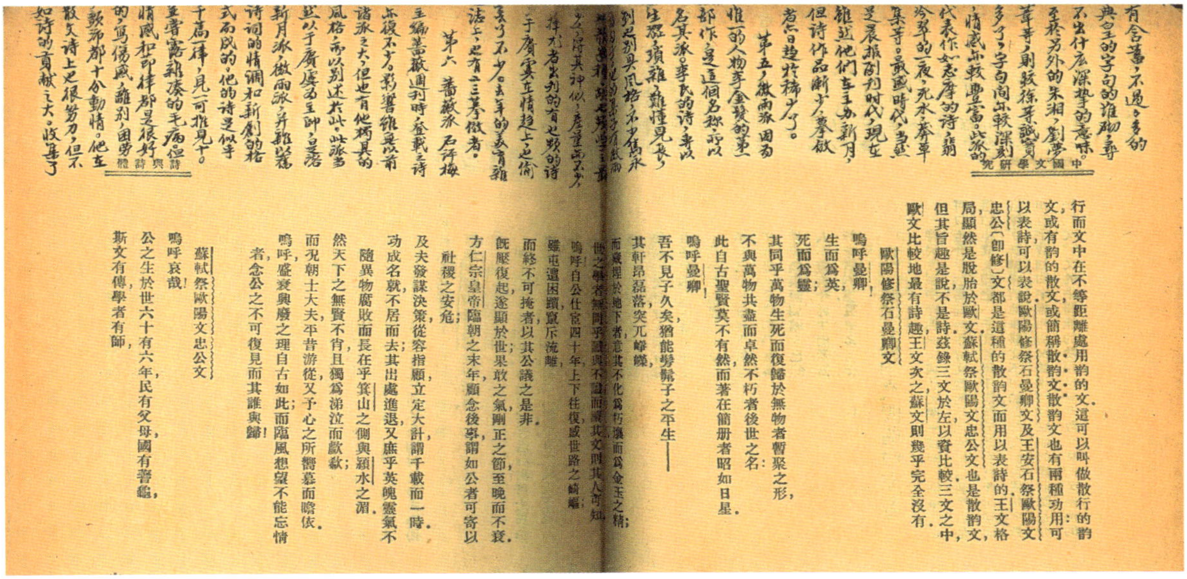
中國文學研究

行而文中在不等距離處用韵的文，這可以叫做散行的韵文，或有韵的散文，或簡稱散韵文。散韵文也有兩種功用：可以表詩，可以表說。歐陽修祭石曼卿文及王安石祭歐陽文忠公（即修）文都是這種的散韵文而用以表詩的。王文格局，顯然是脫胎於歐文。蘇軾祭歐陽文忠公文也是散韵文，但其旨趣是說不是詩。茲錄三文於左，以資比較。三文之中，歐文比較地最有詩趣，王文次之，蘇文則幾乎完全沒有。

歐陽修祭石曼卿文

嗚呼曼卿！
生而爲英，
死而爲靈；
其同乎萬物生死而復歸於無物者暫聚之形，
不與萬物共盡而卓然不朽者後世之名：
此自古聖賢莫不有然而著在簡册者昭如日星。
嗚呼曼卿！
吾不見子久矣，猶能髣髴子之平生——
其軒昂磊落，突兀崢嶸，
而埋藏於地下者意其不化爲朽壤而爲金玉之精；
……
嗚呼自公仕宦四十年，上下往復，感世路之崎嶇；
雖屯邅困躓，竄斥流離，
而終不可掩者，以其公議之是非。
既壓復起，遂顯於世；果敢之氣，剛正之節，至晚而不衰。
方仁宗皇帝臨朝之末年，顧念後事，謂如公者可寄以社稷之安危；
及夫發謀決策，從容指顧，立定大計，謂千載而一時。
功成名就，不居而去；其出處進退，又庶乎英魄靈氣不隨異物腐敗而長在乎箕山之側與潁水之湄。
然天下之無賢不肖，且猶爲涕泣而歔欷；
而況朝士大夫，平昔游從，又予心之所嚮慕而瞻依。
嗚呼，盛衰興廢之理自古如此；而臨風想望不能忘情者，念公之不可復見而其誰與歸！

蘇軾祭歐陽文忠公文

嗚呼哀哉！
公之生於世六十有六年，民有父母，國有蓍龜，
斯文有傳，學者有師，

朴社初版精装《插图本中国文学史》

郑振铎著《插图本中国文学史》，精装本，上、下两册，1248页。扉页题红色书名，署“北平朴社出版部发行，中华民国21年12月初版，本书共五册，计本文四册，年表一册。实价洋陆元五角”。

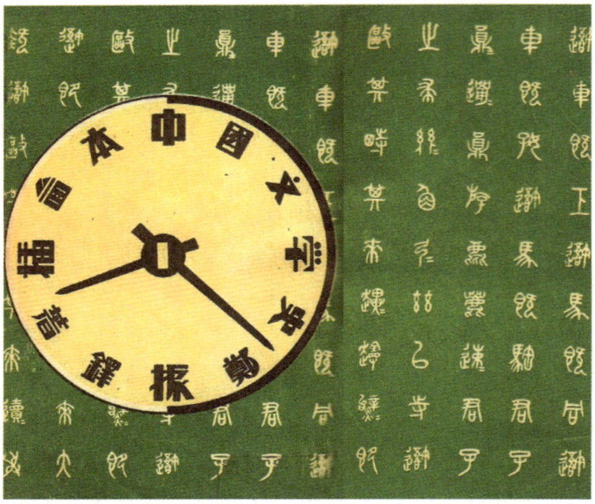

书前为郑振铎的两页“自序”，“中华民国二十一年六月四日”作于北平。然后是六页“例言”，“中华民国二十一年五月二十二日”作于北平。

从本书的“目次”来看，全书包括绪论和上、中、下三卷以及附录“新文坛的鸟瞰”、年表和索引。上卷是“古代文学”，有第1章至12章共12章；中卷为“中世文学”，有第13章至第55章共43章；下卷为“近代文学”，有第56章至第82章共27章。上册有插图68幅，下册有插图56幅。所有插图基本上是两类，即书中内容涉及的文学家像和其著作刻本的书影，以书影为多。

国家图书馆所藏此书著录为：“北平朴社1932年，4册，1248页，25开，分古代文学、中世文学、近代文学三个时期共82章，详细叙述中国古代至清代的文学史。书中还收有100多幅精美的插图。第2册起首页码与第1册末尾编重10页。”

郑振铎曾说：“十余年来，所耗时力，直接间接，殆皆在本书。”《插图本中国文学史》1932年出版后，1932年10月10日，王以中在北平图书馆的《读书月刊》发表推荐文章，肯定它“是中国文化界和史学界上很大的贡献”。1935年，许多学人、作家，如叶圣陶、夏丏尊等都在《人世间》杂志上撰文向读者推荐此书。翕居所藏的本子是精装本两册，国家图书馆藏本为四册，没有注明是平装还是精装本。这套精装本的下册到第六十章“长篇小说的进展”就结束了，最后是“朴社出版经理部出版书目”和“本社开设北平后门内景山东街十七号北京大学第二院对门，经售英美原版书籍，特约代售下列各家书籍”的广告。

翕居所藏该书精装本上下两册总页码和国家图书馆所藏平装四册本一样，都是1248页。虽然精装本扉页有“本书共五册”，其实，该书只出了前四册，后20章就根本没有写完。陈福康先生在上海世纪出版集团出版的“《中国俗文学史》（插图本）导读”中写道：“那部《插图本中国文学史》没有写完，其未完成部分中包括十分重要的关于宝卷、弹词、鼓词、明清民歌及其搜集与拟作等章节。”还写道：“郑振铎自著的《插图本中国文学史》，并注明北平朴社初版，上海商务印书馆再版；但是，实际商务印书馆则未再版，而其再版预告则曾刊于1934年6月1日的《文学》月刊上。”吴晓铃在《郑振铎先生撰著、编译目录初稿》（载《文学研究》1958年第3期）中也明确写道：“《插图本中国文学史》，北京朴社出版部版，1932年12月。四册。全书应为三卷82章，只写成60章。1957年12月作家出版社再版，补写了4章。并且作了一些修订。”

作家出版社再版时的“出版说明”写到：“插图本中国文学史，是郑振铎先生二十多年前的旧著。由于材料丰富，插图精

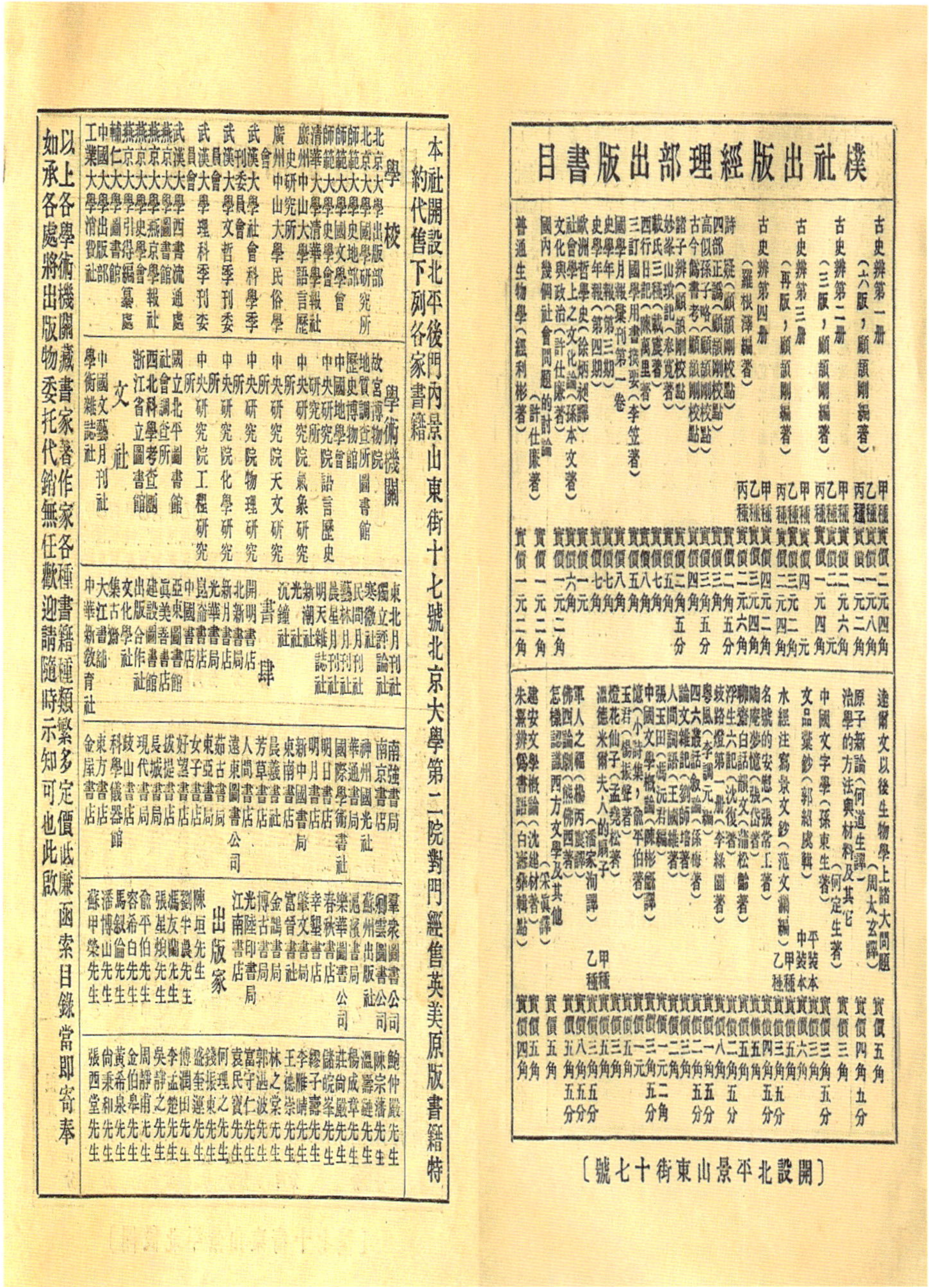
本社開設北平後門內景山東街十七號北京大學第二院對門經售英美原版書籍特約代售下列各家書籍

學校

北京大學出版部　北京大學國學研究所　師範大學史地部　師範大學國文學會　師範大學史學會　清華大學清華學報社　廣州中山大學語言歷史學研究所　廣州中山大學民俗學　武漢大學社會科學季刊委員會　武漢大學文哲季刊委員會　武漢大學理科季刊委員會　燕京大學西書流通處　燕京大學圖書館　燕京大學燕京學報社　燕京大學史學會　燕京大學引得編纂處　輔仁大學圖書館　中國大學出版部　工業大學消費社

學術機關

故宮博物院圖書館　地質調查所　歷史博物館　中國地學會　中央研究院歷史語言研究所　中央研究院氣象研究所　中央研究院天文研究所　中央研究院物理研究所　中央研究院化學研究所　中央研究院工程研究所　國立北平圖書館　社會調查所　西北科學考查團　浙江省立圖書館

文社

中國文藝月刊社　學衡雜誌社

東北月刊社　獨立評論社　寒微社　民間月刊社　藝林月刊社　晨星雜誌社　明天社　新潮社　光社　沉鐘社

書肆

開明書店　北新書局　新月書店　光華書局　景山書社　中國書店　亞東圖書館　真善美書店　建設圖書館　出版合作社　文化學社　集古書店　大江書鋪　中華新教育社

南強書局　南京書店　神州國光社　華通書局　國際學術書社　明日書店　明月書店　新中國書局　東南書店　晨曦書社　芳草書店　人間書店　遠東圖書公司　茹古書局　東亞書局　女子書店　好望書店　拔提書店　長城書局　現代書局　政山書店　科學儀器館　東方書店　金屋書店

出版家

羣衆圖書公司　卿雲圖書公司　蘇州出版社　滬濱書局　樂華圖書公司　春秋書店　幸聲書店　肇文書局　富晉書社　金鵠書局　博古書局　光陸印書局　江南書店

陳垣先生　劉半農先生　馮友蘭先生　張星烺先生　俞平伯先生　容希白先生　馬叙倫先生　潘博山先生　蘇甲榮先生

鮑仲嚴先生　陳宗蕃先生　溫壽鏈先生　楊成章先生　莊尚嚴先生　儲皖峯先生　繆子壽先生　李雁晴先生　王德崇先生　林涵之先生　郭守仁先生　富民寶先生　袁之先生　何理之先生　錢振東先生　盛奎運先生　傅孟田先生　李静純先生　吳静之先生　周伯甫先生　金伯皋先生　黃希泉先生　尚秉和先生　張西堂先生

以上各學術機關藏書家著作家各種書籍種類繁多定價低廉函索目錄當即寄奉如承各處將出版物委托代銷無任歡迎請隨時示知可也此啟

樸社出版經理部出版書目

古史辨第一册（六版，顧頡剛編著）	甲種實價二元四角　乙種實價一元八角　丙種實價一元二角
古史辨第二册（三版，顧頡剛編著）	甲種實價二元六角　乙種實價二元　丙種實價一元四角
古史辨第三册（再版，顧頡剛編著）	甲種實價四元　乙種實價三元二角　丙種實價二元四角
古史辨第四册（羅根澤編著）	甲種實價四元二角　乙種實價三元四角　丙種實價二元六角
詩疑（顧頡剛校點）	實價二角五分
四部正譌（顧頡剛校點）	實價三角
高似孫子略（顧頡剛校點）	實價三角五分
古今僞書考（顧頡剛校點）	實價四角
諸子辨（顧頡剛校點）	實價二角五分
妙峯山琐記（奉寬著）	實價五角
戴氏三種（戴震著）	實價七角
西行日記（陳萬里著）	實價八角
三訂國學用書撰要（李笠著）	實價五角
國學月報彙刊第一卷	實價八角
史學年報（第三期）	實價七角
史學年報（第四期）	實價七角
歐洲哲學史（徐炳昶譯）	實價一元
社會學上之文化論（孫本文著）	實價六角
文化與政治（許仕廉著）	實價一元二角
國內幾個社會問題的討論（許仕廉著）	實價一元二角
普通生物學（經利彬著）	實價一元二角
逵爾文以後生物學上諸大問題（周太玄譯）	實價五角
原子新論（何道生譯）	實價四角五分
治學的方法與材料及其它（何定生著）	實價三角
中國文字學（孫東生著）	實價三角五分
文品彙鈔（郭紹虞輯）	平裝本實價三角　中裝本實價六角
水經注寫景文鈔（范文瀾編）	甲種實價五角　乙種實價三角五分
名號的安慰（張常工著）	實價四角五分
陶庵夢憶（張岱著）	實價五角
聊齋白話韻文（蒲松齡著）	實價五角
浮生六記（沈復著）	實價二角五分
歧路燈第一册（李綠園著）	實價八角
學風（李調元編）	實價一角五分
四六叢話叙論（孫梅著）	實價二角五分
論文雜記（劉師培著）	實價三角
人間詞話（王國維著）	實價二角
張玉田（馮沅君編）	實價一元二角
中國文學概論（陳彬龢譯）	實價三角五分
旋（小詩集，俞平伯著）	實價一元
玉君（楊振聲著）	實價五角
燈花仙子（孟堯松著）	實價三角
溫德米爾夫人的扇子（潘家洵譯）	甲種實價五角　乙種實價三角五分
軍人之福（楊丙辰譯）	實價八角五分
佛西論劇（熊佛西著）	實價五角五分
怎樣認識西方文學及其他（宋眞譯）	實價五角
建安文學概論（沈達材著）	實價五角
朱熹辨僞書語（白壽彝輯點）	實價四角

〔開設北平景山東街十七號〕

美，而且开阔了不少一向缺少研究的方面，如变文、戏文、诸宫调、民歌，等等，大家公认为一部有特点的重要的著作。现经作者于个别字句加以适当修改，又添换了一些图像，并续撰了第六十一章至第六十四章（尚有未完篇章及年表索引等），交由本社重印出版。”从这段说明里，我们可以很清楚地知道了该书的章节情况。

《插图本中国文学史》出版后的翌年2月3日，郑振铎托人给鲁迅送去前三册，9月17日鲁迅收到第4册。1933年2月3日《鲁迅日记》载：“夜蕴如及三弟来，并持交振铎所赠《中国文学史》（一至三）三本，赠以橙子一囊。”2月6日日记有“寄郑振铎信”，这封落款2月5日的信中说：“西谛先生：昨乔峰交到惠赠之《中国文学史》三本，谢谢！”从鲁迅日记记载来看，此书当时也只出了四册。

郑振铎之子郑尔康在1998年为北京出版社重印《插图本中国文学史》写过“结婚的信物”一文：“由北京出版社重印的《插图本中国文学史》近期将和读者见面了。自从1982年，人民文学出版社第五次再版此书以来，它在图书市场已经沉寂了十六年了。……这部书是（20世纪）30年代初，父亲在燕京大学任教期间完成的一部，

是继他的世界文学史巨著《文学大纲》后的又一鸿篇巨制……也许是从小受了‘绣像小说’的影响，父亲总是喜欢给他的著作加上些插图。《文学大纲》以图文并茂赢得了广大读者；而他在本书中，又精选了一百几十幅与中国古代文学有关的十分精美而珍贵的古代木刻画、石刻画、作家造像等作插图，故而，他给这部‘文学史’冠以‘插图本’三个字……从1957年至1982年间，它还是由作家出版社及人民文学出版社，先后再版重印了五次，而且以一部学术著作，总印数达到了近九万部……五八年当父亲最后一次出国前夕，正在整装待发之际，一场来势汹汹的学术思想的批判浪潮正在向他扑面袭来，而《插图本中国文学史》正是这次批判的重点之一。据说除了当时已经开始在《光明日报》等一些报刊发表对他的两部文学史著作的批判文章外，更多的批判文章已都准备好，只待一声令下，便会向他万箭齐发。而由于突发的意外，使他竟由一面‘白旗’顷刻间变成了一位‘革命烈士’，于是原已在各家报刊上准备好的批判他的版面，一夜间都换上了悼念他的文章，这又是一个多么富有戏剧性的结局啊！”

1957年12月作家出版社再版的《插图本中国文学史》，有郑振铎的“自序”，落款是“公元1932年6月4日郑振铎于北平”。值得一提的是，作家出版社的再版自序和朴社初版“自序”相比，有较多的改动。考虑朴社初版本的不易得见，这里把这篇“自序”刊出，供研究者参考：

“我写作这部《中国文学》，并没有多大的野心。既不曾将它成为鼓吹什么的东西，也并不是什么‘一家之言’。老实说，那些式样的大著作，如今还谈不上。因为如今还不曾有过一部比较完备的中国文学史，足以指示读者们以中国文学的整个历史的过程和整个的真实的面目的呢，如何谈得上进一步的什么。中国文学自来无史，有之当自最近二三十年始。然这二三十年间所刊布的不下数十部的中国文学史，几乎没有几部不是肢体残废，或患着贫血症的。易言之，即除了一二部外，所叙述的几乎都有些缺憾。本来，文学史只是叙述些代表的作家与作品，不能必责其‘求全求备’。但假如一部英国文学史而遗落了莎士比亚与狄更司，一部意大利文学史而遗落了但丁与鲍卡契奥，那是可以原谅的小事么？许多中国文学史却正都是患着这个不可原谅的绝大缺憾。唐、五代的许多‘变文’，金、元的几部‘诸宫调’，宋、明的无数的短篇平话，明、清的许多重要的宝卷、弹词，有那一部‘中国文学史’曾经涉笔记载过？不必说是那些新发见的与未被人注意着的文体了，即为元、明文学的主干的戏曲与小说，以及散曲的令套，他们又何尝曾注意及之呢！即偶然叙及之的，也只是以一二章节的篇页，草草了之，反而大张旗鼓的去讲什么河汾诸老，

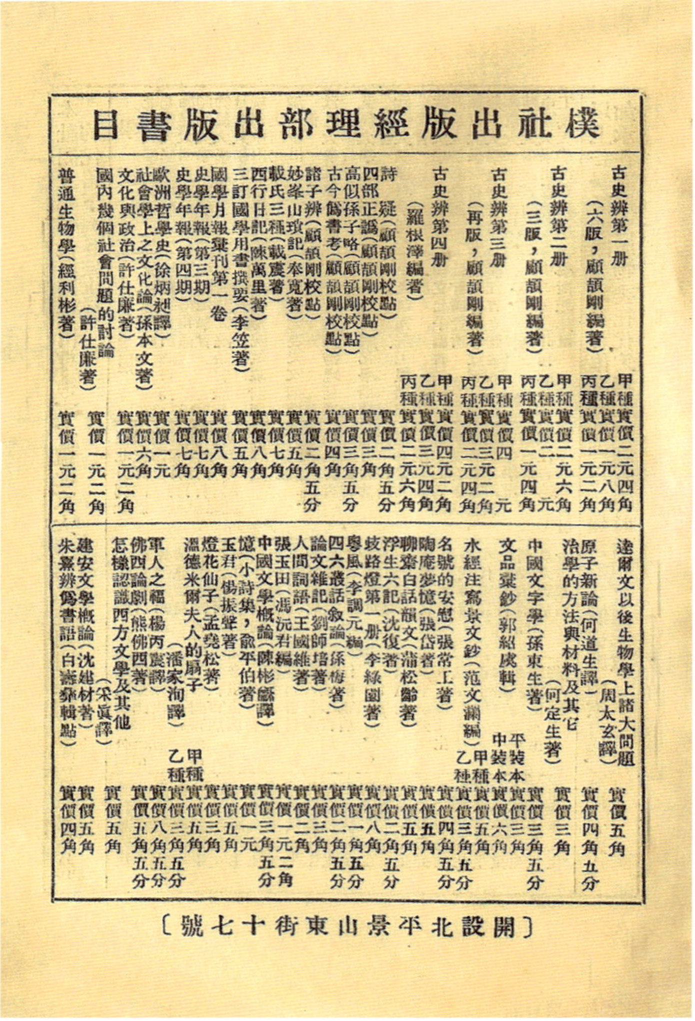
樸社出版經理部出版書目

古史辨第一册（六版，顧頡剛編著） 甲種實價二元四角 乙種實價一元八角 丙種實價一元二角
古史辨第二册（三版，顧頡剛編著） 甲種實價二元六角 乙種實價二元 丙種實價一元四角
古史辨第三册（再版，顧頡剛編著） 甲種實價四元 乙種實價三元二角 丙種實價二元四角
古史辨第四册（羅根澤編著） 甲種實價四元二角 乙種實價三元四角 丙種實價二元六角
詩疑（顧頡剛校點） 實價二角五分
四部正譌（顧頡剛校點） 實價三角
高似孫子略（顧頡剛校點） 實價三角五分
古今偽書考（顧頡剛校點） 實價四角
諸子辨（顧頡剛校點） 實價二角五分
妙峯山瑣記（奉寬著） 實價五角
戴氏三種（戴震著） 實價七角
西行日記（陳萬里著） 實價八角
三訂國學用書撰要（李笠著） 實價五角
國學月報彙刊第一卷 實價八角
史學年報（第三期） 實價七角
史學年報（第四期） 實價七角
歐洲哲學史（徐炳昶譯） 實價一元
社會學上之文化論（孫本文著） 實價六角
文化與政治（許仕廉著） 實價一元二角
國內幾個社會問題的討論（許仕廉著） 實價一元二角
普通生物學（經利彬著） 實價一元二角

達爾文以後生物學上諸大問題（周太玄譯） 實價五角
原子新論（何道生譯） 實價四角五分
治學的方法與材料及其它（何定生著） 實價三角
中國文字學（孫東生著） 實價三角五分
文品彙鈔（郭紹虞輯） 平裝本實價三角 中裝本實價六角
水經注寫景文鈔（范文瀾編） 甲種實價五角 乙種實價三角五分
名號的安慰（張常工著） 實價四角五分
陶庵夢憶（張岱著） 實價五角
聊齋白話韻文（蒲松齡著） 實價五角
浮生六記（沈復著） 實價二角五分
歧路燈第一册（李綠園著） 實價八角
粵風（李調元編） 實價一角五分
四六叢話敘論（孫梅著） 實價二角五分
論文雜記（劉師培著） 實價三角
人間詞話（王國維著） 實價二角
張玉田（馮沅君編） 實價一元二角
中國文學概論（陳彬龢譯） 實價三角五分
憶（小詩集，俞平伯著） 實價一元
玉君（楊振聲著） 實價五角
燈花仙子（孟堯松著） 實價三角
溫德米爾夫人的扇子（潘家洵譯） 甲種實價五角五分 乙種實價三角五分
軍人之福（楊丙辰譯） 實價八角五分
佛西論劇（熊佛西著） 實價五角五分
怎樣認識西方文學及其他（宋眞譯） 實價五角
建安文學概論（沈達材著） 實價五角
朱熹辨偽書語（白壽彝輯點） 實價四角

〔開設北平景山東街十七號〕

晉文公

晉楚間的幾次大戰，爲左傳寫得最生動的文字。晉文公常是其中最重要的人物。

——從明刊本養正圖解（西諦藏）

前后七子，以及什么桐城、阳湖，这是那里说起的谬误观念呢！难道中国文史的园地，使永远被一般喊着‘主上圣明，臣罪当诛’的奴性的士大夫们占领着了么？难道几篇无灵魂的随意写作的诗与散文，不妨涂抹了文学史上的好几十页的白纸，而那许多曾经打动了无量数平民的内心，使之歌、使之泣、使之称心的笑乐的真实的名著，反不得与之争数十百行的篇页么？这是使我发愿要写一部比较的足以表现出中国文学整个真实的面目与进展的历史的重要原因。这愿发了十余年，积稿也已不少。今年方得整理就绪，刊行于世，总算是可以自慰的事。但这部中国文学史也并不会是最完备的一部。真实的伟大的名著，还时时在被发见。将来尽有需要改写与增添的所在。惟对于要进一步而写什么‘一家言’的名著的诸君，这或将是一部在不被摒弃之列的‘爝火’罢。”

此书精装本未见在书店和拍场中出现，平装本四册，孔网2007年11月拍价为1040元。

《文学研究》之《悼念郑振铎先生专辑》

1958年第3期《文学研究》，附刊有《悼念郑振铎先生专辑》。内收郑振铎遗作“古本戏曲丛刊第四集序”、吴晓铃的“郑振铎先生传略”、何其芳的“悼念郑振铎先生”、（苏联）艾德林的“忆郑振铎同志”、王伯祥的“悼念铎兄”、余冠英的“悼念郑振铎先生”、（波兰）亚奈士的“悼念郑振铎教授”及吴晓铃的“郑振铎先生撰著编译目录初稿”等8篇文章，刊有郑振铎先生黑白照片一幅。

这个专辑是1958年第3期《文学研究》的附刊，当时这期杂志已经印好，但传来了郑振铎、蔡树藩等十六位同志遇难的噩耗，郑振铎是《文学研究》的编委，为了表示对他的追悼和哀念，赶编了这个专辑。专辑中的郑振铎遗作“古本戏曲丛刊第四集序”，是他遇难的前夕写的，可以说是成了郑振铎的绝笔。

专辑中有一篇写于1958年11月2日的编后记：“郑振铎先生是从五四运动起就从事文艺活动和民主活动的著名作家。他的活动是多方面的。除了创作、翻译、编辑整理古籍而外，他曾写了不少有关文学的论著。最近全国展开学术思想批判之后，有些年轻的同志对他的某些著作写了批判的文章。本刊这一期也就发表了文学研究所的几位年轻研究人员写的一篇。郑振铎先生是欢迎大家的批评的。他出国的时候，还表示回来后也要为本刊写文章，对自己过去的学术著作进行自我批评。我们希望他写文章的时候，不仅接受人家的正确的批评的意见，有不同意的地方还望他积极答辩。但我们却无法读到他这样的文章了。”可见，当时学术界对于郑振铎的批评已经开始。

何其芳在“悼念郑振铎先生”一文中写道：“接触过郑振铎先生的人都会有这样的感觉，虽然他已快满六十岁了，却那样带有年青人的气息，那样热情，那样精力充沛。他总是高声谈笑。他总是对你很坦率，使你感到对他完全不必有什么戒备。他总是不吝惜用热烈的话来称赞他觉得好的人，称赞他读过的好文章，称赞他新近得到的好书。好象他总是希望把他的快乐和你分享。”

最值得一提的是专辑中吴晓铃“郑振铎先生撰著编译目录初稿”一文，对于郑振铎著述研究颇有价值。该文将郑振铎撰著编译分为八类：一是创作类，包括诗1种，小说3种，散文6种，选集2种；二是著述类，包括中国文学史专著4种，中国文学论文集5种，世界文学专著和论文集5种，文物考古专著3种，版本目录1种；三是校点编选类，包括8种；四是翻译类，包括俄国及苏联文学8种，印度文学5种，德国文学2种，英国文学1种；五是编订类，包括中国古典戏曲9种，中国艺术9种，中国历史图谱1种，藏书目录2种；六是编辑期刊类，包括12种；七是待查类，包括与其夫人高君箴合编的《天鹅》1种；八是未刊类，包括22种。

郑振铎的苏联友人艾德林在“忆郑振铎同志”一文中，很传神地评价了郑振铎：“郑振铎总要讲许多人，许多事，许多书给我们听。他知道的东西多得惊人，他谈到人的时候总是很温厚。……他参观博物馆和研究所，提出无数总是重要和深刻的问题，写了许多信，疲倦的时候就读唐诗。……我常常觉得奇怪，他怎么能连这些事的细节都记得。他记得并不是因为他的记忆力强。不，问题不在于记忆力，问题在于关注，对人的热诚的关注。”

郑振铎是1958年10月17日，率文化代表团出访阿富汗和阿拉伯联合共和国，在从北京飞往莫斯科途中，因乘坐的“图104”飞机失事而遇难的。乘客和乘务员全部牺牲。乘此飞机的有文化代表团团长郑振铎，副团长蔡树藩，团员马适安、阿不都热合满、谭丕谟、刘仲平、林立、姜燕、陈重华、钟兆榕等10人，以及对外贸易部和外交部的出国工作人员肖武、李福奎、孙瑛璞、宁开逸、陈朔、刘崇富等6人。同机遇难的还有到我国访问后回国的外国友人和离华返国的外国专家49人。

文学研究　一九五八年　第三期

悼念郑振鐸先生专輯

古本戏曲丛刊第四集序

郑振鐸遺作

古本戏曲丛刊第四集，收集了元、明二代的杂剧，共三百七十多本，几等于臧晋叔編印的《元曲选》的三倍半以上。其中，以元人杂剧为最多，凡传世的元杂剧，几乎是网罗殆尽。明人杂剧也收了一部分。凡我們所見和所知的明代刊印或传鈔的元人杂剧，除了传本甚多的臧晋叔編印的《元曲选》和罕見或未見传本的李开先編印的《名賢传奇》和董野云編印《元人杂剧选》之外，可以說是已經全部收集在这个集子里了。但这第四集仍然是仅供专家們研究需要的內部参考資料，所以，还是本着“求全求备”的主张，有好些本杂剧，是同时收入了好几个本子的，象乔吉的《玉簫女两世姻緣》，馬致远的《汉元帝孤雁汉宮秋》和白仁甫的《唐明皇秋夜梧桐雨》等，就一見再見地出現于这个集子里。这只是对专家們的研究有些用处，对于一般讀者們是完全沒有意义的。象这样范围狭窄得只是供应专家們研究参考的書籍的印行，在此时有沒有这个必要呢？普及是当前的最主要的任务。但普及工作的本身就在不断地提高。“在普及基础上的提高”，“在提高指导下的普及”是原則性的指示。看不到广大的人民群众的文化科学事业的迅速向“提高”发展，就如同忽視广大的人民群众的文化科学的普及运动浩浩蕩蕩的进軍的絕大的气势一样。广大的人民群众一旦掌握了文化科学之后，便会立即向“提高”发展的。运动不可能在原地踏步不前，而是永远地前进，再前进的。所以，在“普及”的同时，提高并

1

“中国文坛的最高努力”：《世界文库》

郑振铎主编《世界文库》十二册。上海生活书店民国24年至民国25年出版。《世界文库》集期刊和丛书两类读物特点于一身，是系统介绍中外古典文学名著的一部综合性大型文学丛刊，内容分中国古典文学及外国名著翻译两部分。

《世界文库》于1935年5月20日创刊，每月发行一册，长篇作品均连载，连续办了一整年，1936年4月20日所出最后一册即第12册。该刊于第一年印出十二册后，第二年起以《世界文库》的总名改出单行本。1936年7月，郑振铎在第七卷第一期《文学》月刊上发表《〈世界文库〉第二年革新计划》，宣布“改变原先长篇作品分册连载的不便，将丛刊形式改成单行本”，并“增多外国文学部分，每月出版外国部分一卷”。

郑振铎对中国古典小说的整理研究也具有浓厚的兴趣，在《世界文库》中，收入了由他校点的《醒世恒言》、《警世通言》、《金瓶梅词话》、《王右丞集笺注》等。特别是郑振铎校点的《金瓶梅词话》，分刊于《世界文库》第1至12册，以三孝慈藏明崇祯本校勘，并写下了详细的校记。删去秽语注明字数。后因《世界文库》停刊，只刊出33回。梅节的“《金瓶梅词话》校读记”称郑振铎校点本为“郑本”。

翻译作品有徐梵澄早期的重要翻译著作《苏鲁支语录》（尼采著）、付东华译的《吉诃德先生传》（塞万提斯）、梁宗岱翻译的《蒙田散文选》、李健吾翻译的司汤达著作、鲁迅翻译的《死魂灵》、李霁野所译的《简·爱自传》（是中国第一个《简·爱》译本）和黎烈文翻译的《冰岛渔夫》等。

对于严复提出的“信、雅、达”三字理论，郑振铎在《世界文库》“编例”中认为，“直译”的文章只要不是“不通”的中文，仍然是“达”的。假如将原文割裂以迁就译文方面的流行，虽“雅”却不足道矣。所以译文是以“信”为第一要义，但要努力使其不至于看不懂。他的这些翻译论述是十分精当的，在当时也是具有开拓性的。

1929年，郑振铎从巴黎回国后，曾在燕京大学任教。郑振铎在燕京大学因思想进步而遭到司徒雷登及其同伙的忌恨、排挤与攻击，于是愤然辞职。1935年春，举家南迁上海，应新任上海暨南大学校长、原商务印书馆编译所所长何炳松的邀请，于8月正式就任该校文学院院长兼中文系系主任。1935年2月27日晚，郑振铎设便宴邀鲁迅、茅盾等与生活书店有关人员共襄创办《世界文库》的盛举，不久印行的《世界文库》样本中有一份该文库编译委员会名单，共122人，大多是著名作家、翻译家和学者。

郑振铎还宣布了《世界文库》规模宏大的出版计划，预告许多大部头世界文学名著的翻译，如宣称《一千零一夜》等的“将谋全译”，等等。他的初衷拟刊行60到80册，成为第一集，然后续编若干集，但实际总共只编成十二册。《世界文库》收入古代埃及、希伯来、印度、中国、希腊、罗马及现代欧美、日本的第一流文学作品，每册都有一二十幅精美插图。虽因当时条件所限未能全部实现原计划，但仍是20世纪30年代文化出版事业的重要成果。当时上海的大型刊物《文学》发表“最近的两大工程”一文，称《世界文库》为当年“中国文坛的最高努力”，和1935年良友图书公司出版的十卷本《中国新文学大系》，并列为“最近的两大工程”。

1991年4月，河北人民出版社据《世界文库》上海生活书店版出版影印本，计十二册。

2007年10月，孔网拍卖《世界文库》甲种本精装十二册全，民国24年初版本，806次浏览，62次出价，2000元起拍，以5050元成交。

“一份很珍贵的文献”：《西谛书目》

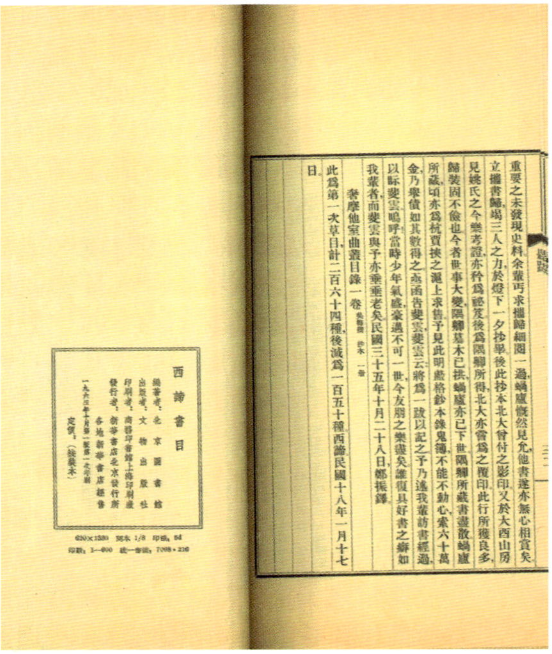

北京图书馆编著《西谛书目》五卷，线装本六册，文物出版社1963年铅印，印数600套。书目五卷、题跋一卷。

董桥在“关于藏书”一文中说，爱书的人，“就说他什么学问都不做，只把自己的藏书编出一部详细的书目，也会是一份珍贵的资料”，“中国文物出版社1963年2月编印的线装本《西谛书目》，倒是图书目录学上一份很珍贵的文献”。可见，董桥对这部《西谛书目》是叹赏有加的。他还说，“大陆印的那套《西谛书目》，一共也只印了六百套”，“这样限定印数的书籍，自然更有价值了”。

1963年初版仅印600部的线装排印本《西谛书目》，是藏书者案头必备的工具书，经过十年浩劫，存世者极为稀少。所以，能够得到此目，一直是淘书者心里的梦，但今天已很难遇到，只是在拍卖会上才会偶尔一见。2001年4月，在中国书店海王村拍卖会上，1964年北京图书馆据西谛藏书原目油印，竹纸线装五册，内有吴晓铃先生长跋和批校，拍卖成交价达3400余元。此书根据郑振铎先生生前所编草目付印，未加改动，既可反映西谛书库藏书原貌，也可与北京图书馆1963年所编分类目录相互参照。2001年4月曾上拍一部线装排印本，成交价为2600元。

北京图书馆出版社曾于2004年10月重印此书目，上下两册精装。郑振铎哲嗣郑尔康2004年9月在上海写的《〈西谛书目〉新版序》冠于书前，采用繁体竖排。郑振铎一生聚书无算，《西谛书目》中著录7740种，且以线装书为主，《西谛题跋》一卷也收入其中。

“也是最后一个定本了”：《楚辞集注》

（战国）屈原撰、（宋）朱鉴集注《楚辞集注》六册，人民文学出版社1953年8月据南宋端平二年（1235）朱氏刻本影印。

1953年是屈原逝世2230周年，世界和平理事会通过决议，确定屈原以诗人身份同波兰天文学家哥白尼、法国文学家拉伯雷、古巴作家和民族运动领袖何塞·马蒂一道，成为世界和平理事会确定当年纪念的世界四大文化名人。为配合纪念活动，文化部立即安排赶印《楚辞集注》这部古籍，郑振铎力主要将这部书印线装本，并配套以珂罗版印制了两册《楚辞图》。

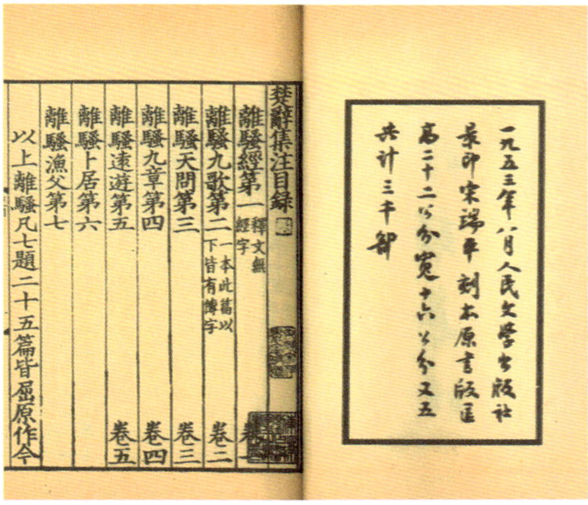

一九五三年八月人民文学出版社
景印宋端平刻本原书版匡
高二十二公分宽十六公分又五
共计三千部

楚辭集注目録
離騷經第一 釋文無經字 卷一
離騷九歌第二 一本此篇以下皆有傳字 卷二
離騷天問第三 卷三
離騷九章第四 卷四
離騷遠遊第五 卷五
離騷卜居第六
離騷漁父第七
以上離騷凡七題二十五篇皆屈原作今

屈原是我国第一位伟大的爱国诗人，他的《离骚》，鲁迅曾经给予高度评价，称之为“逸响伟辞，卓绝一世……其影响后来之文章，乃甚或在三百篇之上”。叶剑英曾经手书吊屈原诗，其中有两句：“行廉志洁泥无滓，一读骚经一肃然。”毛泽东喜爱《楚辞》，更是举世皆知，他曾对外国友人说：“屈原不仅是古代的天才歌手，而且还是一名伟大的爱国者……是一个不朽的形象”。在毛泽东的9万册藏书中，有各种版本的《楚辞》和屈原著作50余种。

1972年，中日关系开始破冰。1972年9月27日晚8时30分至9时30分，毛泽东和周恩来在中南海会见了日本首相田中角荣、外相大平正芳等。会见快结束时，毛泽东指着房间里四处堆积的书籍，说：“我有读不完的书。每天不读书就无法生活。”他指着书橱上六卷本《楚辞集注》说：“这套书是送给田中首相的礼物。”。田中问：“是送给我们大家的，还是送给我的？”毛泽东说：“就是送给你的。”田中很高兴。回日本后，为了让陪同访华者都能一睹此书的尊容，即将《楚辞集注》交读卖新闻社复制，1973年9月16日，外交部转来读卖新闻社社长务台光雄送给毛泽东的《楚辞集注》复制本

毛泽东赠田中角荣《楚辞集注》

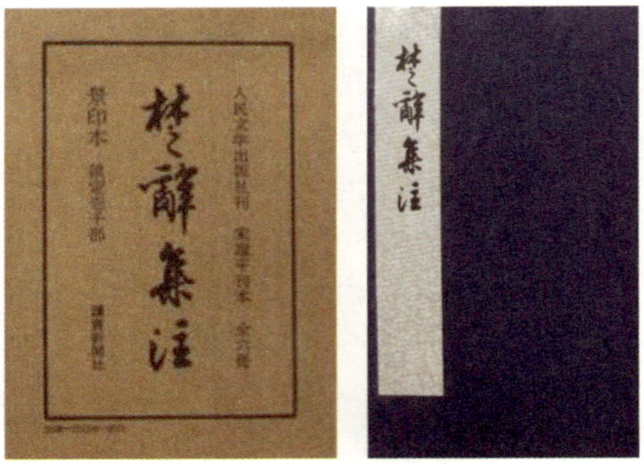

日本读卖新闻社1973年复制本

一部，毛泽东在第六册圈阅过。此书因而闻名天下。

人民文学出版社影印的底本，是端平二年朱鉴刊本，为南宋椠初印本，镌刻精良，装帧古雅。

这部宋本《楚辞集注》，原为山东聊城海源阁藏书楼所藏珍本，后由杨敬夫在天津出售的26种古书之一，又被刘少山先生所得。刘少山为独资民营东莱银行老板，先后在天津租界、青岛、上海法租界驻足。国内军阀混战和抗战期间，刘少山妥善保管了包括《楚辞集注》在内的这批古书。1949年，时任文物局局长的郑振铎与刘少山书信往来联系捐书之事，于1952年将包括《楚辞集注》在内的共26种、427册珍贵图书捐给国家，后保存于北京图书馆。中央文化部特颁发奖状并附善本图书收据一份。

郑振铎为人民文学出版社的这部影印本作跋文一篇附于书后，介绍了版本来源和此书的价值，称“朱熹这部书是今存最早、最完备的刊本，且也是最后一个定本了”。中华书局于1962年又曾重印此书。1998年10月，浙江富阳华宝斋据人民文学出版社1953年印本又重新影印了《楚辞集注》。

人民文学出版社1953年初版本，是影印北京图书馆藏宋端平本《楚辞集注》，版框尺寸悉照原书，共印500部。1972年9月27日晚，毛泽东接见田中角荣时，赠给田中角荣的是第42部。2008年6月，孔网拍卖此版本编号第469部，1306人次浏览，92人次出价，成交价为6250元。2007年6月，孔网有一位书友预展了一次此版本编号第40部，2305人次浏览。

黄永年的《古籍版本学》第232页，在述及“近半个世纪古迹影印的名籍”，“最重要的按原大影印且线装的”，首先提到的就是此人民文学出版社1953年影端平本《楚辞集注》。

翕居所藏为市面较常见的32开小本，尺寸为14厘米×20.5厘米，线装一函十七卷六册。2007年9月，孔网拍卖此小本，701人次浏览，以1010元成交。

纪念“世界文化名人”屈原的《楚辞图》

郑振铎辑《楚辞图》，线装一函，上下两册。中华书局用人民文学出版社1953年版影印出版，人民美术出版社印刷厂印刷，1963年12月新一版，印数为300册，定价为25元。内有李公麟的《九歌图卷》、张渥的《九歌图卷》、文征明的《湘君湘夫人

图》、陈洪绶的《九歌图》、萧云从的《离骚图》、门应兆补绘的《九歌图》，全书119幅，沈尹默题签。

1953年世界和平理事会评出的世界“四大文化名人”中就有屈原。文化部为配合纪念活动，提出要迅速将《楚辞集注》这部古籍赶印出来，出版社商之于郑振铎，郑振铎力主要将这部书印线装本，并提出还应印线装的《楚辞图》。人民文学出版社原拟将《楚辞集注》和《楚辞图》用一般的照相影印，郑振铎以为不妥，力主非用珂罗版印刷不可，并亲自向北京图书馆商调这两书的善本，北京因无印珂罗版设备，他又写介绍信由人民文学出版社到上海去印制，人民文学出版社派文怀沙等人去上海督印监制。两部书所有印制全由上海申记、安定两家珂罗版印刷所精印，线装一函二册，共印500部。又商请沈尹默为两书题写了书名，由此益见其清奇夺目。这两部书于1959年均获得莱比锡书展的金质奖章。

《楚辞》为中国有名可稽的文人诗之最早总集，在中国诗史上有着重要地位。屈原以他奔放的情感、丰富的想象力展现给人们一个绮丽的古代神话与传说的世界。《楚辞》中的故事，曾吸引了许多画家用绘画将它们表现出来。宋代的李公麟、明末清初的陈洪绶分别绘写了《九歌图》；元代的赵孟頫、明代的文征明也都绘写过《湘君湘夫人》。而《楚辞》图之有单刻本则自（清）萧云从《离骚图》始，有《卜居渔父图》1幅、《九歌》9幅、《天问》54幅，共64幅图。清乾隆皇帝在编《四库全书》时，见到萧绘的《离骚图》，觉其不足，便命补绘其余各篇插图。由当时的工部员外郎、《四库全书》绘图分校官门应兆整整用了2年时间，补绘了《离骚图》32幅、《九章》9幅、《远游》5幅、《招魂》13幅、《大招》7幅、《九辩》9幅、《香草》16幅，共91幅图，加上萧氏原本64幅图，共155图，分为三卷，名为《钦定补绘萧云从离骚全图》，收入《四库全书》。这个全图本实际是第一部完整的插图本《楚

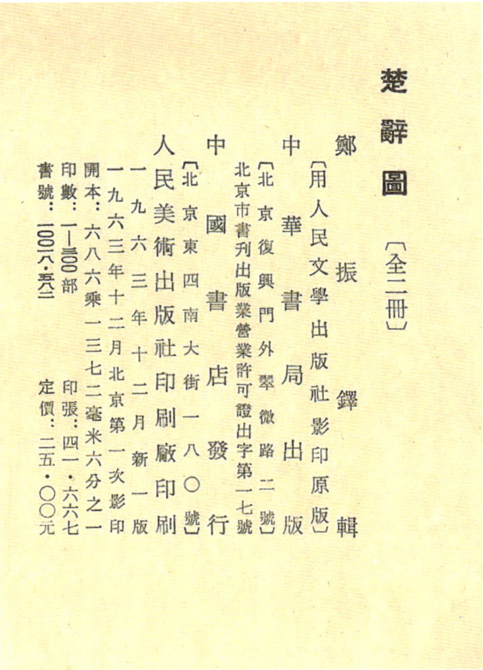

楚辭圖〔全二冊〕

鄭振鐸 輯

〔用人民文學出版社影印原版〕

中華書局出版

〔北京復興門外翠微路二號〕

北京市書刊出版業營業許可證出字第一七號

中國書店發行

〔北京東四南大街一八〇號〕

人民美術出版社印刷廠印刷

一九六三年十二月新一版

一九六三年十二月北京第一次影印

開本：六八六乘一三七二毫米六分之一　印張：四一·六六七

印數：1—300部

書號：10018·3682　定價：二五·〇〇元

明代（約一六〇〇年）彩繪歷代聖賢圖像本

辞》。商务印书馆1935年曾出版过影印本。江苏武进陶氏涉园也曾将全书石印行世。郑振铎辑《楚辞图》中也收入了此书。

在中国书店第44期大众拍卖会中，人民文学出版社1953年本（印数为500册）成交价为3300元；在2008年上海国拍秋拍中，此书1963年人民文学出版社版（印数为1300册），以3300元成交。

刊印最早的明人曲选：《盛世新声》

（明）佚名编选《盛世新声》，一函四册，1956年6月文学古籍刊行社据北京图书馆藏明正德十二年（1517）刊本影印，印数为500册。

此书为明代散曲、戏曲选集。编选者为正德年间人，姓名不详，其身份当为梨园中人。全书共12卷，依宫调编排。今存本计九宫曲9卷，收套数279章；南曲1卷，套数46章；万花集2卷，套数12章，小令508阕。总计套数337章，小令508阕。这与编者在《盛世新声引》中所说的收套曲“四百余章，小令五百余阕”有出入。

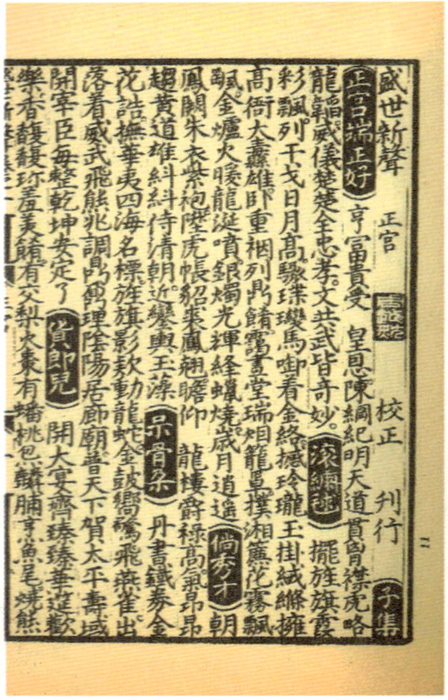

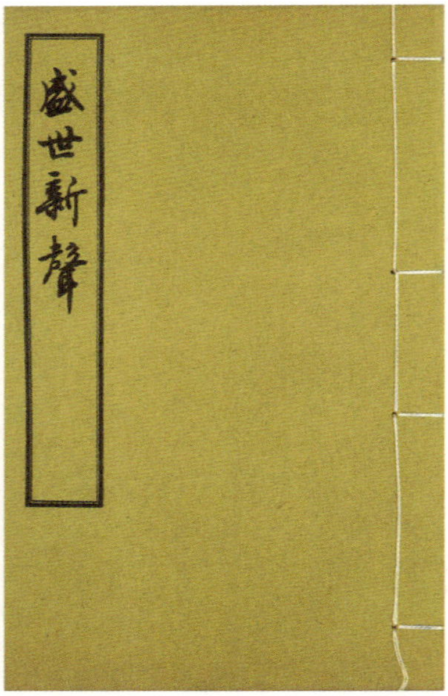

在明人曲选中，《盛世新声》是选曲富、流传广、刊印最早的一部。所收皆元代及明初已刊或未刊作品，大都是当时脍炙人口而流传盛行的。但此书只录曲文，不注作者姓氏及曲文出处，并有不少舛误。

《盛世新声》正德十二年刻本是该书第一个刻本，后来，明人张禄对此书增删，改为《词林摘艳》付刻。郑振铎对这两部具有因缘关系的珍贵曲选倾注了大量的心血，梳理了它们在明清两代的著录情形，发现《百川书志》、《千顷堂书目》将《盛世新声》著录为十一卷，惟《也是园书目》著录为十二卷，《词林摘艳》著录为十卷。他还从涵芬楼刊印的《奢摩他室曲丛》全本过录了十一卷本的《盛世新声》和十卷本的《词林摘艳》。后因战火，涵芬楼及其所藏“胥化为灰烬”，他过录的这两部曲选竟成为不可多得的秘籍珍本。郑振铎曾获睹福州龚氏大通楼所藏留存《万花集》二卷的《盛世新声》残本，遂不惜整日之力誊录，使《盛世新声》终成全帙。

郑振铎还将传世的《盛世新声》、《词林摘艳》的各种版本依次作了精心校勘，使将《词林摘艳》数卷混入《盛世新声》与名为《盛世新声》实乃《词林摘艳》的错乱迷惑得到澄清更正，并指出张禄托名增删却有擅自篡改原文的行为。这两部曲选所收虽不尽为杂剧，但郑振铎的抄录、整理却捋顺了它们的来龙去脉，恢复了它们的本来面目。

2008年2月，孔网拍卖此书，成交价为800元。

《全国基本建设工程中出土文物展览图录》

全国基本建设工程中出土文物展览会工作委员会编《全国基本建设工程中出土文物展览图录》，线装二册。中国古典艺术出版社1956年出版。

新中国成立后在全国基本建设工程中发掘出来了大批文物，据估计，仅1949—1954年间出土的文物就有14万件以上。1954年5月在北京举办了全国基本建设工程中出土文物展览会，展出文物3660件。本图录是从展品中精选了256件珍贵文物编印而成，所选文物主要是生产工具和日用器具，出土地区包括北京、河北、山西，辽宁、吉林、黑龙江、热河、陕西、甘肃、山东、江苏、安徽、浙江、福建、河南、湖南、广东、四川等全国十八省市，时代则从远古的旧石器时代一直到17世纪的明代。这些文物对研究我国古代社会的生产发展和人民的生活情况，有重大意义。

在郑振铎的倡议下，从1954年5月至11月，为期半年的“全国基本建设工程中出土文物展览会”在北京故宫博物院午门大殿开幕，展出出土文物3760件，观众达17万人，毛泽东主席曾两次参观了此次展览。《全国基本建设工程中出土文物展览图录》也同时出版，这是新中国第一本全国性的出土文物图集，在国内外产生了良好影响，郑振铎为此书作万言序言。黑白图片为珂罗版精印，彩图部分都是单独珂罗版印刷，然后再贴在书页上。共两次印刷，总印量为1700册。

2008年10月，孔网此书拍卖成交价为4000元；2008年12月，在上海国拍和泰和嘉成秋拍中，此书估价均为4500元，未成交。

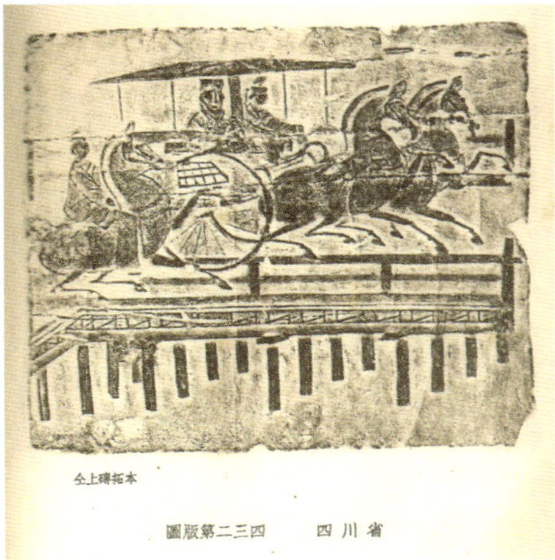

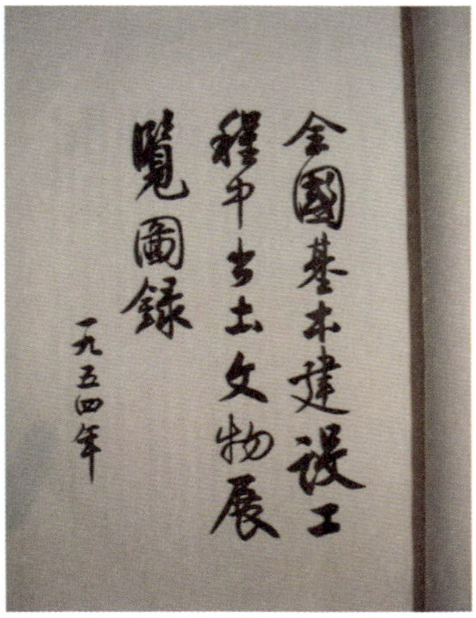

"因发愿搜罗陶俑，阻止其外流"：《中国古明器陶俑图录》

在长沙觅得郑振铎编《中国古明器陶俑图录》线装一函三册。印数为200册。上海古籍出版社1986年影印暨铅印本。

在青年时代，郑振铎就对文物考古就产生了浓厚的兴趣。早在1882年，他在英国伦敦时，就曾编著了迄今所知的他的第一部考古专著《近百年古城古墓发掘史》（商务印书馆1930年出版）一书，介绍了世界考古的重要发现。当时，我国田野考古工作尚在萌芽阶段，大批文物被盗掘而流落海外，或遭到严重破坏。为了从事文学研究，在数十年的时间里，他几乎把有限的全部财力，用来搜集古书。到了抗战时期，他又和一些朋友，竭尽全力为国家抢救了大批珍贵古籍文献，而对于其他文物，却始终无力顾及。抗战胜利后，他眼看市场上流散着大量从古墓中出土的各类陶俑，且价格不高，而当时国人却很少有人问津。为了防止这些文物流散到国外去，他又拿出了抢救古籍文献的那股劲头，竭尽全部财力大量收购出土陶俑。从1947年春到1948年冬近两年时间，共集得从汉魏到隋唐的陶俑近500件。他的那间书斋里，架上、架下，乃至地上，都摆满了千姿百态的陶人、陶马、陶屋、陶兽。还请来摄影师，为这些陶俑都拍了照。

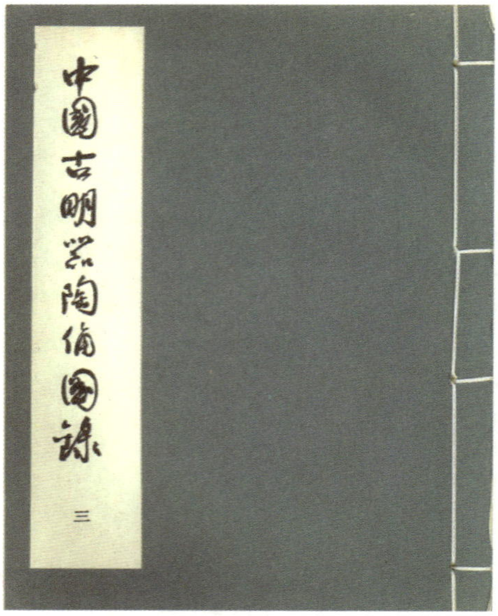

这500来件陶俑，在新中国建立之初，便全部捐献给了国家。在捐献之前的1952年6月16日，他给周恩来总理写了一封信："我在1947年时，编印了《域外所藏中国古画集》一书，深切地感到，我国古画流落国外者日多，涓涓不息，将成江海。故发奋陈编，辑为是书，以提高人民的警惕心。同时，又觉得雕塑艺术，其重要不下于绘画，而汉唐之石雕和陶俑，流出国外者尤夥。云冈、龙门和天龙山之雕刻，佳者已尽在各国博物院和私人手中。汉魏六朝隋唐各代古墓出土之陶俑，尤为国外公私收藏家收购的目标。帝国主义者和盗墓匪、古董贩子们互相勾结，物一离土，便作出国的打算。而国内收藏者，注意及此者极少。他们每以‘俑’为不祥之物，听任流散。我以为：汉唐古画，今已绝不可得，而与古画有同等重要性的雕塑，则尚不难得到，且为值亦尚低廉。因发愿搜罗陶俑，阻止其外流。计自一九四七年春天到一九四八年冬天两年之间，在上海购得汉魏六朝隋唐俑凡四五百件。架上地上，莫非是‘俑’。有人说，这屋子大有泥土气。有的说，‘如入墟墓’。其中有绝精者，足为我国雕塑艺术的最好的代表作。但我很穷，是举乃大类愚公移山。时时有举鼎绝膑之虞。负债累累，至今未能偿清。然亦从帝国主义者夺回不少好东西。因于1948年秋天，编印《陶俑图录》二册（因‘说明’未写好，迄未出版）。其中除一小部分取材于外文书籍及向国内各公私收藏家摄影者外，都为我自己的收藏。近见首都各博物院，内容极为空虚，雕塑尤少。市上所见，非伪品，即‘移花接木’的东西（以此俑的头部拼接于他俑之身上，等等）。我个人收藏这些陶俑，无甚用处。而各博物院，特别是故宫博物院，则极为需要。因拟将个人收藏的全部陶俑，（其中有一部分为唐三彩盘）贡献给中央人民政府，俾能放在各博物院里陈列；一方面补充其‘不足’，一方面也提供了研究古代社会生活及衣冠制度的最真实可靠的材料。陈列出来，对于普及历史知识是很有用处的。盼望中央人民政府能够接受我这个微薄的捐献。我这些陶俑都还保存在上海寓所中。如果政府肯接收我的捐献的话，希望能够装箱运京。陶俑的包装是很麻烦的事，需要专门的技术。包装不好，中途一定会破碎损坏的。这笔费用，相当的大。我个人是负担不起的。还有几件很美的俑，因为当初借款之故，还押在他处，此次亦拟赎回，一并运京捐献。很盼望政府能够给我若干奖金，俾能清偿债务。在总理国务百端待理之时，我把这件事来麻烦，心里甚为不安！尚乞于百忙之中，赐以指示。”（载国家文物局编《郑振铎文博文集》，文物出版社1998年版）

1952年9月14日，郑振铎所藏文物依照其本人意愿，正式由故宫博物馆接收。故宫博物院“1952年局拨郑局长捐献文物”目录单，共计59页，最后一页有“以上59页共655号计655件于1952年9月14日提取讫”。此后，郑振铎又向故宫博物院捐献了两件南宋时期的泥塑罗汉像，故其捐献文物总数为657件。

《中国古明器陶俑图录》一书是他在建国前所编，由于种种原因，直到他去世28年后的1986年，才由上海古籍出版社整理出版，印量仅200套。2007年4月，孔网在线拍卖《中国古明器陶俑图录》，800元起拍，以1900元成交。

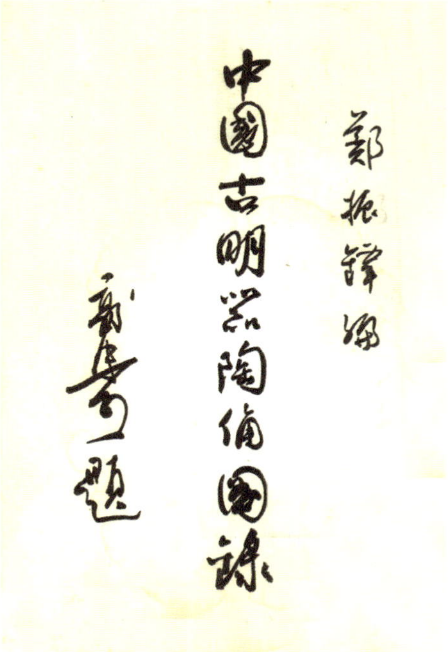

单页、袋装、初版的《伟大的艺术传统图录》

郑振铎编《伟大的艺术传统图录》，12辑172张，由上海出版公司于1951年至1953年出版，12袋单页。共印100套。前面有编者在1951年4月18日写的《伟大的艺术传统序》和1952年7月10日写的《伟大的艺术传统图录序》。后于1956年10月由中国古典艺术出版社重印，精装上下两册，8开深蓝绸面，牛皮纸护封。国外发行者为国际书店。25幅彩色图版是印好后剪贴上去的。

翕居所藏这部1951年版图录为申记珂罗版印刷所印刷。图录介绍了我国新石器时代至清代重要的绘画、雕刻、陶瓷、刺绣及其他传统艺术作品，收录的文物图片是郑振铎从浩如烟海的历代艺术精品中选出的，这208幅图版按年代先后分成12辑。其中有新石器时代的彩陶、商周的青铜器、西汉三国的石刻、隋唐的绘画和明清的瓷器等。作者有展子虔、阎立本、郭熙、宋徽宗、元四家、四僧、四王等。第一辑为古代，34图；第二辑为两汉三国，30图；第三辑为两晋南北朝，22图；第四辑、第五辑为隋唐五代，24图；第六辑、第七辑为宋辽金，23图；第八辑为元代，12图；第九辑、第十辑为明代，35图；第十一辑、第十二辑为清代，28图。每辑前都有文字说明。本书所收大部分艺术品为帝国主义劫走，现藏于国外博物馆。

在新中国成立前后10多年间，郑振铎编辑出版的画集丛刊、图谱、图录近10种，但他最满意的当推《伟大的艺术传统图录》。计划此书每部12辑，每部黑白图版11页，原色版1页，拟把晚周帛画、辽阳汉墓壁画、（隋）展子虔的《游春图》、（唐）孙位的《高逸图》、（唐）韩晃的《文苑图》和（宋）王诜的《渔村小雪图》一一介绍，从而改变国外认为新中国对文物不重视、不加保护的看法。图录所收各图都是鲜见的精品，少数铜器、雕刻、绘画的原件流失国外，只得采用复印件。各国家机关、民间收藏家听说郑先生欲编印这部巨著，都将最好的藏品提供。如大收藏家张伯驹收藏的展子虔的《游春图》、惠孝同藏的王诜绘《渔村小雪图》都是稀世珍品，他们无条件地将原件出借提供拍照；上海魏姓收藏家所藏山水

画珍品（元）王蒙的《青卞隐居图》，过去秘不示人，因为郑先生借用，竟冒大雨送去摄影。还有如黄仲明藏（元）黄公望的《九峰雪霁图》也是稀罕珍品，都分别收入。如此盛况，如果不是西谛先生的苦心孤诣，可能是不可想象的。

翕居所藏此种1951年上海出版公司散页版图录近五六年未在拍场遇见。1956年10月中国古典艺术出版社精装两册版，在2008年6月上海国拍的拍卖会中，以7150元成交。

“第一部真正意义上的世界文学史”：《文学大纲》

郑尔康在《我的父亲郑振铎》一书中说，《文学大纲》是郑振铎的“第一部传世巨著”。翕居所藏此大著四册，为上海商务印书馆民国16年4月初版，布面精装本，第一册是封皮是古铜色，另三册为浅蓝灰色。

《文学大纲》共46章，附彩色及黑白插图800多幅，有编者序及跋。第1册介绍希腊、罗马、印度、中国等古典文学；第2册介绍中世纪欧洲及中、日、印、波斯等东方国家的文学；第3册介绍文艺复兴时期欧洲及中国文学；第4册介绍19世纪欧洲文学及中、日、美国文学。每册均附有年表。

在近年重印《文学大纲》的序里说，“这是第一部真正意义上的世界文学史”。从更广泛的意义上说，此书也是20世纪20年代最杰出的中国文学史和比较文学史巨著，堪称我国在世界文学史课题方面的开山之作。全书不仅涉及文学，包括诗歌、散文、小说、戏曲、文学理论等，还兼及史学、古籍、文字、绘画等诸多领域。所述上起人类开化史之初叶的公元前4000年，下迄1926年中国新文学运动风起云涌之时，涉及古今中外诸多作家诗人和名篇名作。书中所配黑白或彩色图片极为精美，有作家肖像、作家故居，以及作家的作品图等。此书曾在《小说月报》连载。

《文学大纲》是郑振铎在28岁的时候写完的，总共花了四年时间。此书的出版，得到了两个人的协力，一是《文学周刊》编辑徐调孚受郑振铎的委托，将《文学大纲》未定稿经修订后编辑成书，再配以精美插图，装帧印刷十分精致，深得郑振铎的赞许；二是谢六逸，《文学大纲》的日本文学部分多为谢氏手笔。

80万言的《文学大纲》，将中外文学史及其名著合在一部书中叙述，完全纳入了现代的时间纪年方式，把中国文学发展放到世界文学史的坐标上进行阐述，针对中国旧文学分类的杂乱，编目的遗漏等众多问题，郑振铎采用西方的文艺理论，以及西方成熟的文学分类，进行了重新整理，梳理出混杂在经史子类著作中的文学作品，并且发现了许多被正统文学所忽视的民间文学。他应算得上是最早一位把中国文学放到世界文学背景下研究的学者。

此书出版后，梁实秋在《时事新报·清光副刊》上以“徐丹甫”为笔名发表文章，指出郑振铎编辑的《文学大纲》第3册存在硬伤，而且言之凿凿，铁证如山，让人无法反驳。梁实秋晚年写过《旧笺拾零》一文，引用了郑振铎给他的信：“实秋先生：十一月五日的来信，已经拜读了。我非常感谢你的这种忠实的态度。我的朋友虽多，但大都是很粗心的，很少有时间去校读我的稿子的，只有你常常赐教，这是我永不能忘记你的好意的。我愿意以你为平生第一个益友！……我向你认罪。……实秋，我是如何的感谢你啊！”

郑振铎比梁实秋大两岁，但在对待自己的错误上，他很能拉得下面子。后来，《文学大纲》出单行本，郑振铎还请梁实秋校阅了部分稿子。

孔网2007年12月拍卖此书初版本四册，831人次浏览，以2000元成交。

小人國　　F. M. B. Blaikie 作

史惠夫特的葛里弗遊記爲不朽的諷刺作品之一，成人受其深刻的諷刺所感動，兒童則爲其幻誕迷人之故事所怡悅。小人國乃“遊記”中之一部分，尤爲有名。

“《民主》是永远封禁不了的”

郑振铎主编《民主》周刊，上海民主周刊社1945年至1946年发行，生活书店出版，发行人为王丰年。

《民主》周刊的创办人徐伯昕（1905—1984），原名徐亮，笔名徐吟秋、徐味冰、赵锡庆，江苏武进人。1926年协助邹韬奋承办《生活》周刊，1932年，和邹韬奋一起创办生活书店，历任经理、总经理。抗日战争胜利后，大后方的文化人云集上海，开展了反内战、争民主、求团结的斗争。徐伯昕邀请郑振铎等人筹办一个进步的刊物。为了继承韬奋的《生活》周刊的传统，刊物的刊头采用韬奋的手迹，同时为了便于向国民党政府登记，不再用《生活》周刊的名称，而改用《民主》为刊名。《民主》周刊由郑振铎任主编，马叙伦、周建人、许广平、董秋

斯、罗稷南为编委。主要编辑人员先后由蒋天佐、郑森禹、艾寒松等担任，负责出版工作的先为张锡荣，后由方学武等参与其事。

王丰年当时是利华保险公司的总经理，这个身份不大引起国民党反动派的注意。所以，王丰年就当了《民主》的发行人。1945年9月，由郑振铎出面，在鲁迅生前常去的一家酒店里，邀请了上海文化界的知名人士，正式宣布《民主》周刊即将出版的消息，并请到会者提供稿件。据王丰年回忆："当时会场气氛非常热烈，大家一致支持《民主》周刊的出版。沈钧儒、沙千里、史良、闵刚侯四位名律师热忱同意担任常年法律顾问。经过紧张的筹备，《民主》周刊终于在一九四五年十月十三日创刊了。"（王丰年：《徐伯昕同志与〈民主〉周刊》，1984年4月）

《民主》周刊出版后，很快就成为开展民主斗争的一个重要阵地，主要撰稿人有郑振铎、马叙伦、周建人、郭沫若、吴晗、沈钧儒等。该刊发表了大量揭露国民党政府压制民主的文章，报道了诸如"李公朴、闻一多被杀"等许多揭露国民党阴谋的重大事件。国民党当局经常在报摊上没收《民主》，还把印好的整车刊物扣留在警察局不准发行。1945年12月8日出版的第9期上刊登了郑振铎写的《我们的抗议》一文，抗议国民党当局没收《民主》、《周报》等进步刊物。同年12月29日出版的第12期，刊登了郑振铎、马叙伦等61人签名的《给美国人民的公开信》，呼吁美国人民支持中国人民反对蒋介石发动内战，为此遭到国民党政府的仇视。最后被国民党当局查禁，勒令停刊。1946年10月31日，《民主》周刊出版休刊号（第53期、第54期合刊），郑振铎、吴晗、柳亚子等撰文，对查禁《民主》表示抗议。该刊休刊启事指出："《民主》是永远封禁不了的，本刊终有再和读者见面之一日！"

叶圣陶在休刊号上发表《又来挽"民主"》一文，虽短短几百字，却表达了诚笃而又沉痛的心情，好在全文不长，抄录如下："刚挽过《周报》，现在又来挽《民主》，悲愤极了。在《周报》被迫停刊的时候，我们知道，他们必然也容不得《民主》。我们知道，隔不多久，《民主》也将使用那刺人眼睛的三个字——'休刊号'。准备着挨的一刀，刺过来觉得更痛。何况我们已经屡次被刺过了一刀。当然，多刺一刀，我们痛得更利害。可是，多刺一刀，也使我们恨得更深切。墨索里尼被枪毙过后，尸首倒挂在米兰市上。有个妇人朝他打了五枪。为什么要五枪？不是一枪也不用打了吗？那个妇人有她的道理。她的每一枪为她的一个儿子报仇，她有五个儿子死在墨索里

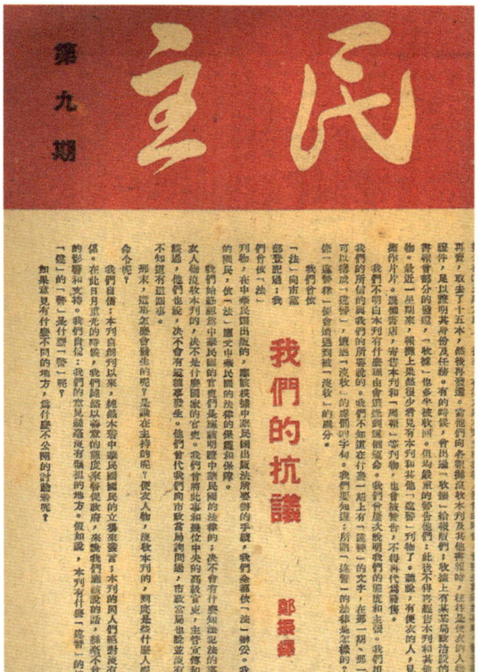
民主

第九期

我們的抗議

鄭振鐸

尼的疯狂政策之下。第一枪为了第一个殉难的，第二枪为了第二个。直到第五枪，每一枪都由于更深切的仇恨。我们挽《民主》，我们恨。我们决不肯说‘予欲无言’，我们要呼喊‘记住这个恨’！”

《民主》从创刊到被禁停刊，一年多时间，共出版了54期。《民主》周刊第1至50期拍卖，5000元底价，最后以1万元成交。

“贵重的文章”：《蛰居散记》

《蛰居散记》是郑振铎在抗日战争胜利后写的回忆战时上海生活的散文集。1951年5月上海出版公司“文艺复兴丛书第一辑”，初版4000册。抗战胜利后，柯灵在上海创办了《周报》，从第一期起开始便连载了这部《蛰居散记》。这些散文，描述了上海沦陷时期人民痛苦生活世相。主要有《记刘张二先生的被刺》、《记几个遭难的朋友们》、《记复社》、《最后一课》和《烧书记》等。如果说郑振铎前期作品尚多流丽的话，到《蛰居散记》则洗尽铅华，更显得自如和质朴。

该书在20世纪50年代初就被日本岩波书店据《周报》上原载的文章翻译出版，到90年代初又再版。译者称这些散文是“贵重的文章”，“具有亲切感人的魅力”，认为《最后一课》“表现了殉道者的最后的晚餐般的肃然悲壮”，《烧书记》则“可以看出幻影般屹立着的民族的不屈精神”。从50年代初作者为此书写的新序看，此书出版时曾经过柯灵之手整理。

当时删去了《记陈三才》、《惜周作人》、《一个女间谍》、《吴佩孚的生与死》和《记平祖仁与英茵》等5篇。1982年福建人民出版社重印此书和1983年人民文学出版社《郑振铎文集》第三卷中，补收了《记陈三才》等4篇，但唯独《吴佩孚的生与死》没有收入。直到1998年出的《郑振铎全集》，才补收此文。因此，《蛰居散记》的原刊、初版、重印版、全集版在文章篇目上是不同的。

郑振铎曾说，他创作《蛰居散记》，是有感于这一时代的朋友“以热血写了不朽的可泣可歌的故事”。其中的《最后一课》被收入中学语文教材：“这一天的清晨，天色还不曾大亮，我在睡梦里被电话的铃声惊醒……日本兵依照着预定的计划，开始从虹口或郊外开进租界。被认为孤岛的最后一块弹丸地，终于也沦陷于敌手。我匆匆地跑到了康脑脱路的暨大。校长和许多重要的负责者们都已经到了。立刻举行了一次会议，简短而悲壮的，立刻议决了：'看到一个日本兵或一面日本旗经过校门时，立刻停课，将这大学关闭结束。……但是我这一门课还要照常地讲下去，一分一秒钟也不停顿，直到看见了一个日本兵或一面日本旗为止。……这样的，光荣的国立暨南大学在上海暂时结束了她的生命，默默地在忙着迁校的工作。"

这些耳熟能详的句子，今天读来，依然感觉悲壮而压抑。

2007年9月，孔网此书初版拍价为120元，120人次浏览。

"接吻罢，不要思想了"：《灰色马》

郑振铎最早在20世纪20年代开始翻译俄国小说。据不完全统计，从1920年到1923年间，郑振铎所推荐、翻译的以托尔斯泰、屠格涅夫、果戈里、契可夫、高尔基等为代表的俄国著名作家作品、论文及"序文"、论著等，共二十多篇（部）。由他翻译的路卜洵所著《灰色马》，由商务印书馆于民国13年6月出版，民国22年2月国难后又出一版，为"文学研究会丛书"。此书出版前曾在《小说月报》连载。

书后是俞平伯作于1923年7月的一篇"跋《灰色马》译本"。俞平伯写到书中主人公佐治："我看他实在把一切的药饵都给吃了，但结果还不免自杀"，"他抱着爱尔娜，又吻着依黎娜"，"他是俄罗斯恐怖党底执行委员，杀人如杀一个衫上的虫子"。他"读了《灰色马》之后不觉废然而返，深信佐治所谓'一切都是假的，一切都是空的'这句口号底十分痛快"，"在我们应当走的时候，我们定要快快的走。……我们底眼光很短，它匆匆地跑过去，所以很像一匹《灰色马》"。

俞平伯看完《灰色马》译本后的读后感是："如你们初次在路上，你们该唱愚底恋歌；如你们彷徨于中道，你们该唱死底恋歌。"

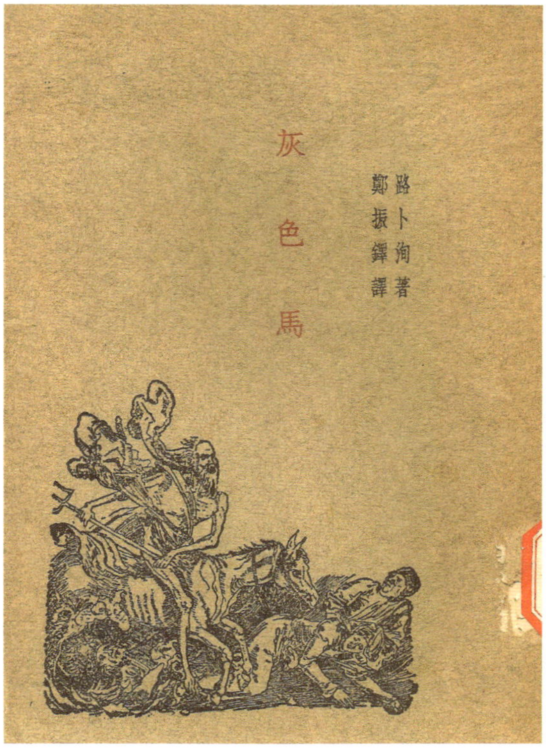

郑振铎的这部《灰色马》译著，还曾经在两个作家身上有过故事。一是赵树理，那是1927年蒋介石发动“四·一二”反革命政变，阎锡山也高举屠刀，“宁可错杀一千，决不放过一个”。赵树理被押送到山西国民党清共委员会，过了两次堂。审讯的内容都是从他宿舍搜来的罪证：一本《灰色马》。虽然这是公开出版的书籍，但有“红色”之嫌。二是聂绀弩与妻子周颖的“灰马之恋”。聂和周恋爱期间，一位女同学给周颖介绍了一位姓赵的男友。聂绀弩就买了一本《灰色马》送给赵某。因为书的主人公佐治爱上了一个女人，常拉好友作伴去会她，结果女友却爱上了追求者的同伴。赵看此书后从此不再追周颖，聂和周的结合被人称为“灰马之恋”。

2005年7月，孔网此书拍卖价为120元，59人次浏览。2008年6月，此书孔网售价为270元。

“文学一、二周年纪念特辑”：《我与文学》、《文学百题》

《文学》月刊是20世纪30年代影响较大的文学刊物，1933年7月在上海创刊，由文学社创办，上海生活书店出版。郑振铎、茅盾是《文学》的主要发起人。郑振铎、傅东华、王统照先后任主编。编辑委员会成员为郁达夫、茅盾、胡愈之、洪深、陈望道、徐调孚、傅东华、叶绍钧、郑振铎。创刊之初，鲁迅曾是编辑委员会成员之一。

《文学》的办刊宗旨“在于集中全国作家的力量，期以内容充实而代表最新倾向的读物，供给一般文学读者的需求”。刊物内容丰富，栏目众多，且时有变动，较为固定的大致有小说、散文随笔、诗歌、剧作、文学论坛、书评、作家论、文学画报、翻译、世界文坛展望等。其中以刊登名家的文学创作、文学理论、作家作品研究为主。

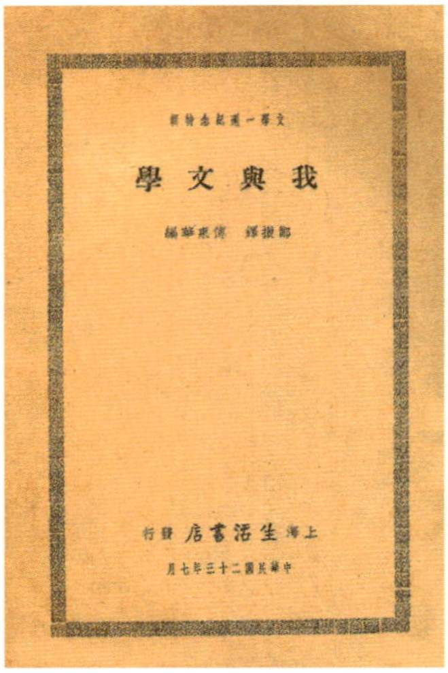

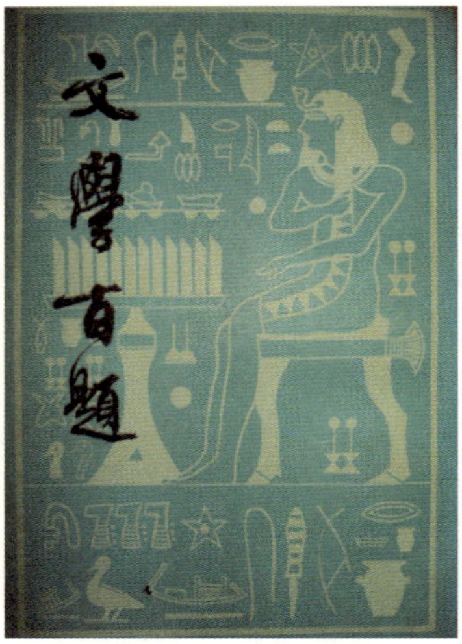

上海书店1981年影印本

1937年11月出至第九卷第4期停刊，共出52期。在现代文艺报刊中，它是发表作家专论最多的刊物。

1934年7月，《文学》月刊出版了“文学一周年纪念特辑”——《我与文学》，由郑振铎、傅东华编辑。有茅盾、巴金、郑伯奇、胡风、叶紫、艾芜、沈从文、卞之琳等59人撰稿，写下了他们各自同文学的关系和“亲切体验”，“成为文学史的珍贵资料”（《我与文学·引言》）。

1935年7月，又出了“文学二周年纪念特辑”——《文学百题》，此书也为郑振铎、傅东华所编。有蔡元培、鲁迅、茅盾、叶绍钧、朱自清、郁达夫、洪深、阿英、胡风、丰子恺等60人撰稿，从多种角度简要介绍了有关文学特性、古今中外的各种文学体裁、文学流派、创作方法、文学思想、文学风格等多方面的文学知识。涉及欧洲文艺复兴与方言文学的关系、基督教文学、骑士风度与中世纪文学、杂曲、散曲、杂剧、传奇、弹词、鼓词、公安派、林纾翻译小说等诸多内容。

上海书店于1981年复印了上述两个特辑。

1936年11月、12月《文学》还曾编刊“鲁迅先生纪念特辑”（一）、（二），茅盾、郑振铎、王统照、傅东华、郁达夫、力群等撰文作画，悼念鲁迅的逝世，开展学习和研究鲁迅的活动。

2008年5月，孔网此两书售价为700元。

“只是写来寄给君箴一个人看的”：《欧行日记》

《欧行日记》是郑振铎的第3本散文集，是1927年5月他去欧洲游学时在海上与初到法国时，从5月21日到8月31日112天的日记，上海良友图书印刷公司以“良友文学丛书第十四种”于1934年10月出版，布面精装，初版印刷3000册。

作者在1934年9月8日的《自记》里说，“这部日记，其实只是半部之半，还有四分之三的原稿，因为几次的搬家，不知散失到什么地方去，再也不能找到”，本来就“只是写来寄给君箴一个人看的”，“杂着些具有真挚的情感的话”，但骨子里还是一部欧洲问学记，读起来反倒不感枯燥。

《欧行日记》记于1927年，出版是在7年之后。这部日记是从当年5月到8月，而郑振铎在欧洲年余，所佚者当是8月以后的部分。郑振铎“不愿意，且也简直没想到，拿去发表”，所以要印行，一是怕再经一次的浩劫，“便也将和那四分之三的原稿一样，同埋灰堆火肠之中”。其二也是为了换点买书的钱：“一半自然是为了穷，有不得不卖稿之势”。郑振铎当时见古籍散落，大量佳本名椠为外国人运往异乡，乃四处搜寻善本，欲以一己之力保存国粹，这就自然显得“钱紧”了。

郑振铎在7月24日写道：“巴黎的四个星期，不过是如此草草的过去，时间不嫌得太浪费了么？！”“一点成绩也没有，愧甚！”“再不学，将奈何？”从书中可知，这四个星期他曾13次去国立图书馆，攻读了22个半天，郑振铎常常是因为被书所迷，而错过了午餐时间。从日记所记借书目录来看，郑振铎所阅几乎都是明清两朝的各种小说刻本，这也是他当时研究和收藏所好。

《欧行日记》中记载着他对国内亲友的情和爱，甚至萦诸梦寐。如7月29日，他写到梦见瞿秋白，深为其健康状况担忧；8月23日，又梦见玄珠（茅盾），“我是天天为他担心着”，“祝他是平平安安的在这个大时代中过着呀”！笔墨不多，却流露出质朴的感情。

《欧行日记》描绘了巴黎的历史文化、名胜古迹等，且记述很仔细，并不是浮光掠影。香港王俊东在其《书话录》中评论说：“他却是以一个学者的生活过程为主，而以朴素亲切的笔致来叙述他的研究和印象，我们可以看到一个孜孜不倦的学人的生活史，又可以得着文坛上的一些人物介绍和学术资料的提供，所以他的游记，对于我们年轻人是最有启示作用的。”

2007年9月，孔网拍卖此书1936年4月再版本，软精装一册，716人次浏览，以1500元成交。

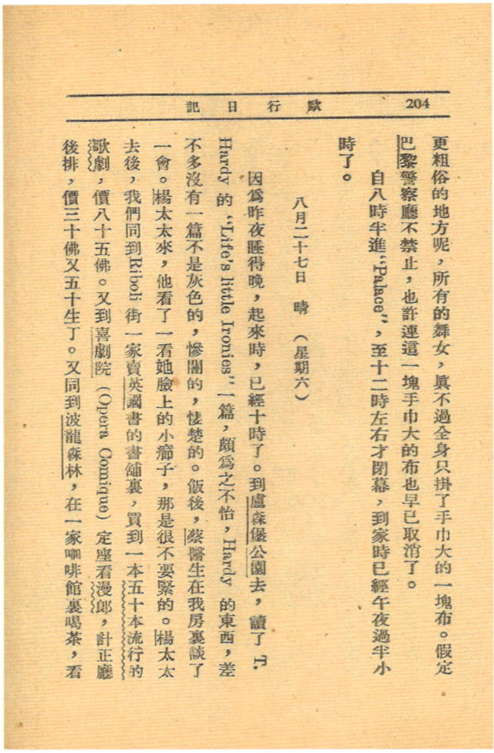

204 歐行日記

更粗俗的地方呢，所有的舞女，眞不過全身只掛了手巾大的一塊布。假定巴黎警察廳不禁止，也許連這一塊手巾大的布也早已取消了。

自八時半進“Palace”，至十二時左右才閉幕，到家時已經午夜過半小時了。

八月二十七日　晴　（星期六）

因爲昨夜睡得晚，起來時，已經十時了。到盧森堡公園去，讀了T. Hardy的“Life's little Ironies”一篇，頗爲之不怡，Hardy的東西，差不多沒有一篇不是灰色的，慘闇的，悽楚的。飯後，蔡醫生在我房裏談了一會。楊太太來，他看了一看她臉上的小瘡子，那是很不要緊的。楊太太去後，我們同到Riboli街一家賣英國書的書舖裏，買到一本五十本流行的歌劇，價八十五佛。又到喜劇院（Opera Comique）定座看漫郎，計正廳後排，價三十佛又五十生丁。又同到波龍森林，在一家咖啡館裏喝茶，看

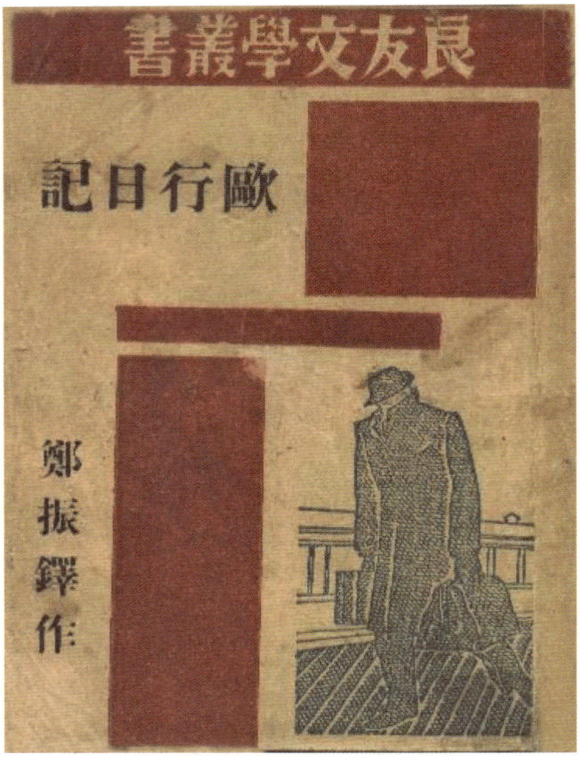

《中国新文学大系》之《文学论争集》

《中国新文学大系》为鲁迅、茅盾等编选的中国新文学运动第一个十年（1917—1927）的文学理论和文学作品的选集，赵家璧主编，上海良友图书公司于1935年至1936年间出版。全书分为十卷，由蔡元培作总序，编选人作导言。第一集是胡适编的《建设理论集》，第二集就是郑振铎所编的《文学论争集》。

翕居所藏该书为32开精装本，印制十分精良，扉页是一幅版画插图，图案是两个形象相同的农民在土地上播种。扉页背后印有良友总公司及北平、南京、厦门、汉口、重庆、广州、梧州、纽约等良友公司的字样。

该书开篇是郑振铎撰写的导言，阐述了选编《文学论争集》的目的与意义。该书共分上、下两卷：

上卷共分五编，第一编是初期的响应与争辩，第二编是从王敬轩到林琴南，第三编是学术派的反攻，第四编是文学研究会与创造社的活动，第五编是甲寅派的反动。

下卷共分三编，第六编是白话诗运动及其反应，第七编是旧小说的丧钟，第八编是中国戏的总结帐。另有附录两篇。

该书共计462页，共载录中国新文学各大家钱玄同、刘半农、胡适、傅斯年、陈独秀、严复、蔡元培、郑振铎、周作人、沈雁冰、成仿吾、郭沫若、章士钊、徐志摩等人的文学论文110篇。

2009年1月，孔网拍卖此书，成交价为200元。

“中国这方面第一本专著”：《俄国文学史略》

郑振铎编《俄国文学史略》，189页，32开，道林纸印刷，有插图51幅。上海商务印书馆“文学研究会丛书”。民国13年3月初版，民国17年8月再版。全书正文约6.6万字，出书前曾在《小说月报》上连载。本书主要是按时代评介俄国作家的生平和创作，共14章。书前是郑振铎所作一篇短“序”，书后有“俄国文学年表”、“关于俄国文学研究的重要书籍介绍”两个“附录”、索引和一个5行字的小“跋”。

俄國文學史略　五十

托爾斯泰

托爾斯泰(Leo Tolstoy, 1828—1910)的作品，在藝術方面看來，高出杜思退益夫斯基遠甚，在內容方面看來，其感人之深，含意之遠，與人道的，愛的精神之真摯，則與杜思退益夫斯基差不多。

Leo Tolstoo (1828—1910)

托爾斯泰的家庭與屠格涅夫一樣，是傳統的貴族之家。他的母親死得很早，他的父親在他九歲時也死了。他和他的兄姊都是由一個遠親撫養成人的。他在大學裏很不規則的讀了幾年書，便離了學堂，跑到社會的旋渦裏去。他的哥哥尼古拉叫他加入高加索軍隊裏，他的生活進了一個新時期。在這個山水明秀的地方，他開始他的著作。最初做的是幼年一書，後來又寫了靑年與少年這二書，都是他的自敍傳。一八五三年，離了高加索，參預克里米(Crimea)的戰爭。莎巴斯托堡故事

郑振铎在“跋”中讲到：“本书的第十四章为瞿秋白君所作，全书写成后，又曾经他的校阅。……瞿秋白君近亦编好了一部《俄罗斯文学》，将在商务印书馆出版（为百科小丛书之一），其编制与本书不同，读者很可以拿来参看。本书的许多插图，都是为了本书而特制的，有许多是外间向来没有见过的。”

郑振铎在该书序文中谈到编撰此书的缘由时称，国内至今没有一部国人写的外国国别文学史，“如果要供给中国读者社会以较完备的文学知识，这一类文学史的书籍的出版，实是刻不容缓的”。从郑振铎编纂的前十三章的内容看，《俄国文学史略》完整系统地勾勒了俄国文学发展史的基本线索，被学术界认为是“中国这方面第一本专著”。书中列专章介绍评述了别林斯基、车尔尼雪夫斯基、杜勃罗留波夫等人的文学理论，评价了高尔基的创作及其文学思想，这在当时尤为难得。

郑振铎在“跋”中提到瞿秋白的《俄罗斯文学》，是和蒋光慈合作编写的，1927年由创造社出版部出版，泰东图书局1929年重版时改名为《俄国文学概论》。这书和郑振铎的《俄国文学史略》，是建国前中国学者最重要的两部俄国文学史著作。

《俄国文学史略》第十四章“劳农俄国的新作家”，由瞿秋白撰写，文中关于马雅可夫斯基的一些论述十分重要。瞿秋白写到：“马霞考夫斯基是革命后五年中未来主义的健将……他的诗才，真足以在俄国革命后的文学史上占一很重要的地位。”瞿秋白虽然不是中国最早介绍马雅可夫斯基的人，但他在旅俄期间却第一个见到并采访了这位作家。因此，他写下的这段文字，在中国早期介绍马雅可夫斯基的文章中就显得更有力度，也更加珍贵。

2008年4月，孔网此书拍价为200元，129人次浏览。

“一本叫人心里很不舒服的书”：《沙宁》

《沙宁》为（苏联）阿志巴绥夫所著，郑振铎依英文本译出，耿济之据俄文原版进行校核。商务印书馆民国19年初版，民国21年国难后第一版，大32开，道林纸印刷。版权页钤“振铎”椭圆版权印。

《沙宁》作为一部有影响的外国文学名著，而且与中国现代思想界文学界有很大的关涉，一度曾引起我国文学界的极大兴趣。1942年至1943年，上海沦陷时期，王元化在储能中学教书时，给他的初一学生通信

时曾专门讲到《沙宁》：“《沙宁》我曾读过……沙宁是一个变态心理的人物，可以说是精神上的残废者。……据我推想，你读了《沙宁》不会怎么满意的。书中有股虚无气息，这个人物也太颓废了，充满着世纪末的悲哀。我虽然不是强者，但我也不喜欢这种精神太不健康的作品。”

鲁迅早先对阿志巴绥夫也是十分激赏的，对于《沙宁》，他早在1920年就曾提到“使他更出名而得种种攻难的小说是《沙宁》（*Sanin*）”（《鲁迅全集》第十卷《译文序跋集·〈幸福〉译者附记》）。鲁迅认为，沙宁这一形象描写了“时代的肖像”。但鲁迅后期对于《沙宁》的认识逐渐有了不小的变化，在1928年4月7日致韦素园信中写道：“今年大约要改嚷恋爱文学了，恐怕要发生若干小Sanin罢，但自然仍挂革命家的招牌。”这里所说的“沙宁”已完全是贬义了。在1930年5月所作的《“艺术论”译本序》中，更是把《沙宁》看作了“淫荡文学盛行”期的标本。到了1935年8月，鲁迅在《“中国新文学大系”小说二集序》中，则更直接地称那些“以一无所信为名，无所不为为实”者为“沙宁之徒”。在此之前，1933年12月20日致徐懋庸的信中还曾说：“沙宁？其实俄国确曾有，即在中国也何尝没有，不过他不叫沙宁。”至此，鲁迅不仅鞭辟入里地揭示了“沙宁”式人物“无所不为”的言行，而且告诫人们在中国也有不叫沙宁的沙宁式蠹虫与狂徒，提醒人们警惕与小心识别。

从1921年到1924年，《沙宁》曾在《小说月报》长篇连载。像《沙宁》这类作品受到《小说月报》的青睐，也许是出人意料的。而郑振铎则从另一方面表达了为何选择这部作品的缘由：“沙宁的重要在于：它是表白出人生的永恒不息的，且将永久继续的一种情欲的，是代表了永久而且永将占据于人类的心里的强烈的个人思想的。”

1930年，《沙宁》在中国几乎同时出版了三种译本：伍光建译的华通书局版《山宁》，潘训译的光华书局版《沙宁》和郑振铎译的商务印书馆版《沙宁》。这三种译本都是依据康纳安（G·Cannan）的英译本转译的，但郑译本出版最晚，且由耿济之用俄文原本校改过。该书英译者康纳安的原《序》中讲，《沙宁》“是一本叫人心里很不舒服的书”，但却认为“这本小说却有可贵的地方，虽乏爱情，却满纸都是爱生爱活。有许多人连圣经都说是一本秽书，他们所求的一种快乐，这本小说却不能给他们。这本书说兽性太多，不合他们的口味。凡是引诱卑劣情欲的书都是最有害的书，这本小说却不是的。”

2007年8月，孔网此书售价为200元。

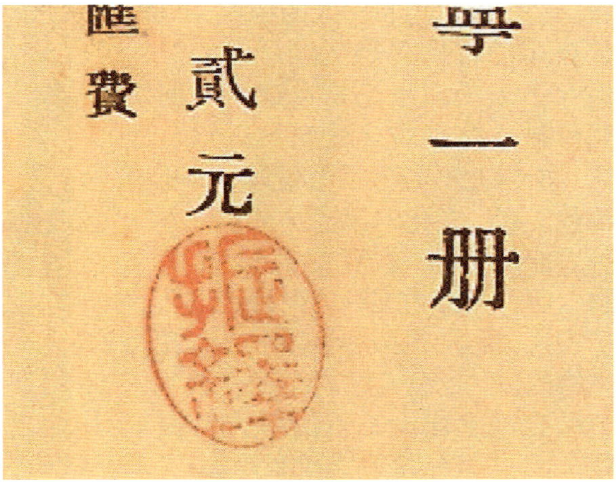

根据讲演速记稿整理的《基本建设与古文物保护工作》

《基本建设与古文物保护工作》虽然署名郑振铎，却不是他的著作，而是根据他的演讲整理出来的速记稿。此书为北京中华全国科学技术普及协会1954年1月出版的“基本建设科学知识”丛书之七，是根据郑振铎在中央科学讲座讲演速记稿整理而成的一部小书，全书仅33页，有插图若干，印数为24000册。

此书封面为出土于陕西的唐三彩马彩塑和出土于成渝铁路线上的汉墓画像砖，这两种代表中国封建统治时期最顶峰时代文化的精美文物，显示出此书的意义与价值，以及它对读者所能起到的第一直观印象的吸引。

这本书出版的前后，其实正是当时社会上对于中国传统文化进行大肆破坏和弃置、毁灭的时候，作为国家文物局的领导，郑振铎一方面在不断努力抢救各种文物文献，一方面也在积极宣传和深入的挖掘，以保证更多的古代文物文献可以好好的保存下来。而也正是在这个时期，北京城的许多古代建筑被拆毁、破坏，所以此书的出版也起到一种积极抢救文物、文化的深层含义。

全书从“丰富的我国古代文物”、“对待古文物的两种态度”、“古代文物的范围和性质”、“古代文物的保护、保存与科学的发掘”、“结合基本建设工程的考古发掘工作”、“怎样鉴别古文物”和“未来的展望”等几方面谈到古文物的认识与保护问题，字里行间，每句话、每段文字都发自一位深爱祖国文化的传统文人的真心真意。郑振铎对于中国文化的热爱与保护之功，是值得每个对中国文化有感情的人所敬仰和学习的。

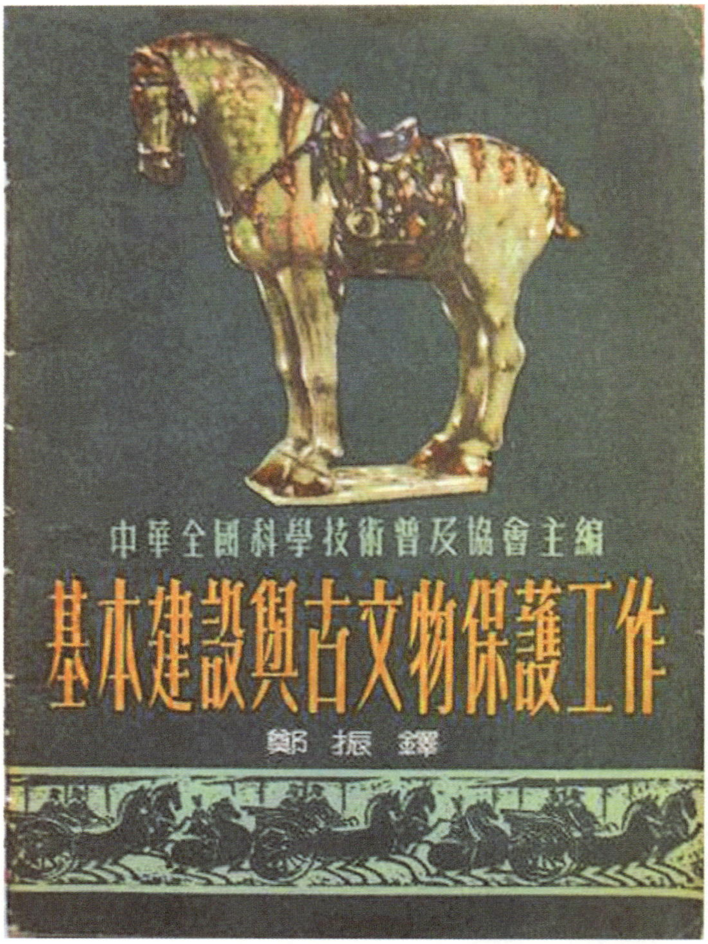

仅出一册的《中国文学史》“中世卷第三篇（上）”

乍看书名，总以为郑振铎的《中国文学史》“中世卷第三篇上”是一部套书，最起码感觉应该还有第一篇、第二篇，第三篇也至少还应有个“下”册。其实不然，此书仅出一册。1930年9月上海商务印书馆出版，收《词的起源》、《五代文学》，《敦煌的俗文学》、《北宋词人》和《南宋词人》5篇，插图21幅。

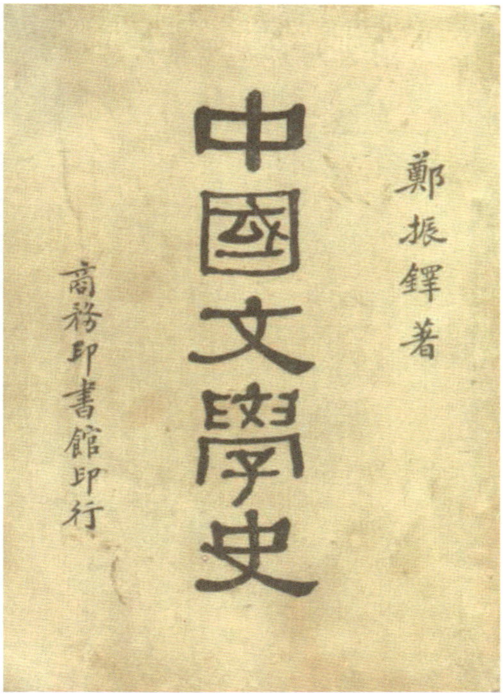

郑振铎撰写《中国文学史》，欲做两方面的批判：一方面要批判洋人的“中国文学观”，洋人所讲为“欧洲中心论”；一方面要批判中国人自己的“中国文学观”，中国人所讲亦为“欧洲中心论”或“西方中心论”。他视“中国文学史”为一部“使一般人能够了解我们往哲的伟大精神与崇高的创作成就的重要书册”。

郑振铎的《中国文学史（中世卷）》，就是要突破日人上古、中古、近古、近代四期的陈例，而“就文学史上的自然的进展的趋势”，把“中国文学史”分为古代、中世、近代三期：古代文学“纯然为未受有外来的影响的本土文学”，“纯然为诗和散文的时代”；中世文学开始于东晋，是佛教文学开始大量输入时期，“是印度文学和中国文学结婚的时代”；近代文学开始于明代嘉靖时期，“即开始于昆剧的产生及长篇小说的发展之时”。

2008年11月，孔网此书拍价为500元，31人次浏览。

两种小书：《近代俄国小说集》与《痀偻集》

《近代俄国小说集》，由高尔基、梭罗古勃等作，东方杂志社编，上海商务印书馆民国12年出版，共计五册。是《东方杂志》20周年纪念刊物，“东方文库”第77种。全书共分5集，收入普希金的《一个庄主的女儿》、胡愈之译《丧事承办人》、屠格涅夫的《唔唔》、陀思妥耶夫斯基的《圣诞树前的贫孩子》等。这部书的第4册里有郑振铎先生翻译的两篇，是梭罗古勃的《芳名》和《飞翼》。

《痀偻集》是郑振铎的文学论文集，是上海生活书店“创作文库”之一，1934年12月出版，分上下二卷，二册，软精装。收论文12篇，短文21篇。

2008年2月，孔网《近代俄国小说集》售价为150元；2008年9月，孔网《痀偻集》售价为1200元。

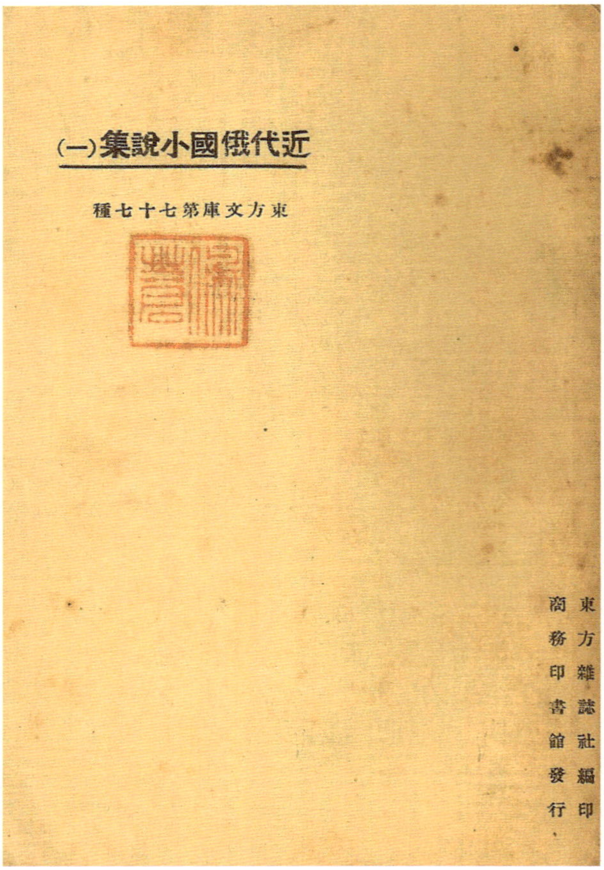

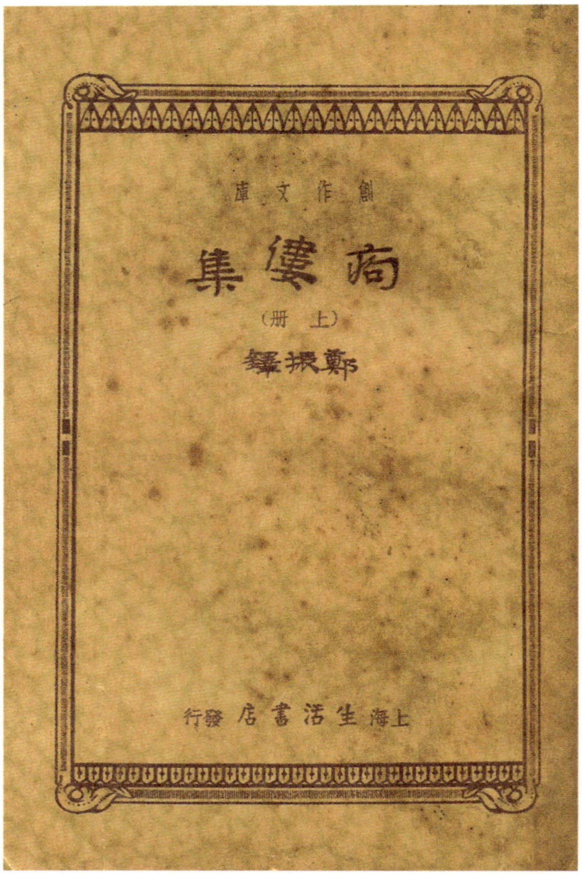

《民俗学浅说》

此书写于1927年“四·一二”政变后，郑振铎在欧洲避难和游学期间。在英法两国的国家图书馆里，郑振铎大量研读中国古小说、戏曲、变文等，同时也研究希腊罗马文学和神话，接触了外国的民俗学理论，翻译了英国民俗学家柯克士的《民俗学浅说》。此书由上海商务印书馆1934年出版。

郑振铎到法国巴黎后，在巴黎国家图书馆里看了很多中国小说与戏曲书籍，曾写下《巴黎国家图书馆中的中国小说与戏曲》等专论。同时，还创作了短篇小说集《家庭的故事》中的大部分作品。1927年秋，去英国伦敦，在大英博物馆看了很多“变文”。1928年夏秋之际，又去意大利。在英国期间，他翻译了英国柯克士的这部《民俗学浅说》。此间，他还曾编译了一部《民俗学概论》，因打算加以补充修订，不急于出版，不料后来书稿毁于日军炮火。

2008年12月，孔网此书售价为120元。

讴歌正义，鞭挞丑恶：《桂公塘》

1934年，郑振铎写出历史题材小说《桂公塘》、《黄公俊之最后》、《毁灭》，1936年结集为《桂公塘》出版，一时间毁誉参半。

集子里的这三部作品，均取材于历史故事，但不为史实拘囿，融合历史与现实，隐射社会与时代，颂扬忠义之臣，鞭挞不义之徒。

《桂公塘》叙述民族英雄文天祥为国家利益出使敌营，夜宿桂公塘土围中，经历了九死一生方逃亡到真州，本想与两淮将士重整旗鼓，收复河山，可忠诚之心竟被人误为叛国之意，未死敌手却险遭国人陷害，故事在文天祥等遇兵一节中结束。

《毁灭》一反其意，故事在阮大铖大肆抓捕的恐怖气氛开始，刻画了史册上"毁国保家"的民族败类阮大铖、马士英为了一己之私不惜卖国乞荣，"覆巢无完卵"，结果国亡家破，他们身败名裂。

《黄公俊之最后》取材于太平天国野史，夹杂了作者的想象，将史无其人的黄公俊塑造成一位民族义士。黄自幼受家庭熏陶，具有强烈的民族独立意识，甘愿放弃优游的生活投身太平天国的反清运动，革命危难时，他两赴敌营陈述利弊，最终慷慨就义。

《桂公塘》、《黄公俊之最后》和《毁灭》三个故事分别发生在宋末、明末、清末，这正是王朝更迭、社会动荡的乱世，同时又都有外族入侵的历史背景，阶级矛盾加上民族矛盾使得政局极端复杂，忠义之臣与不义之徒的较量更加尖锐。三篇小说既有"富贵不能淫，贫贱不能移，威武不能屈"的忠义之臣文天祥、杜浒、黄公俊、史可法，又有奴颜媚骨、卖国求荣的不义之徒贾元庆、阮大铖、马士英。忠与奸、正与邪、美与丑、公与私、爱与恨、悲与喜形成强烈的对比。但主题只有一个：讴歌正义，鞭挞丑恶。

1934年1月，郑振铎主编的《文学》杂志遭当局禁止，他与茅盾紧急磋商后决定用连出四期专号的办法应对。小说《桂公塘》就是为第一期专号赶写的。

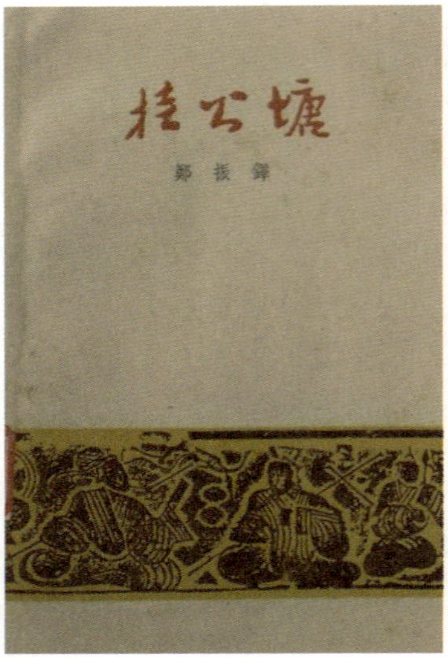

1959年版

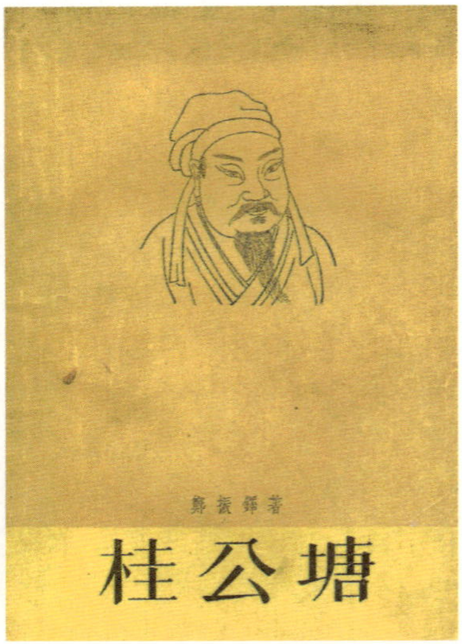

1957年版

清理"蛮性的遗留"：《汤祷篇》

郑振铎著《汤祷篇》，原载《东方杂志》1933年第30期，1957年古典文学出版社初版。此书旨在对中国的"蛮性的遗留"作一番清理，并由此指出，原始生活的古老的"精灵"常常会不经意地侵入到现代人的生活之中，为神话研究另辟蹊径。

《汤祷篇》收录了作者早年用西方人类学、民俗学知识研究中国古史的5篇文章。扉页"内容提要"介绍说："《汤祷篇》阐明君、师的关系和人祭的习俗，《玄鸟篇》阐明食物与伟人诞生关系的迷信，《黄鸟篇》说明农业社会里赘婿的地位，《释讳篇》解释人们隐讳名称的由来，《伐檀篇》揭示了周初农奴被剥削、被压迫的惨苦生活。”

书前有周予同先生序。序的最后一段写到：“在今天，中国史学研究的一条更近真理的路，一扇应该开辟的门户，已经不需要再争辩了，那便是历史唯物主义！不过在中国史学研究的领域内，如何贯彻历史唯物主义，却不仅仅是观点立场的问题，也不是哓哓不休的空疏史论所能解决，资料的大量收集，方法的严密应用，也都是应该注意的。那么，像佛累才（Frazer，今译弗雷泽）《金枝》一类的原著不值得批判地吸取吗？像振铎兄在这本集子里所提出的问题不值得再加研究吗？理由已很显明，在提倡‘百家争鸣’的今天，《汤祷篇》的出版决不是多余的事！”

序言中曾提到弗雷泽著《金枝》一书，郑振铎读到这部《金枝》后被迷住了，并在《汤祷篇》中有整整一节专门介绍《金枝》。他还曾计划为“扩大中国学术的部门，想着手翻译这部民俗学大著，设法接洽承印的书店；后来因为时间不够，书店也不易接受，又想改译节本，但没有实现”。但

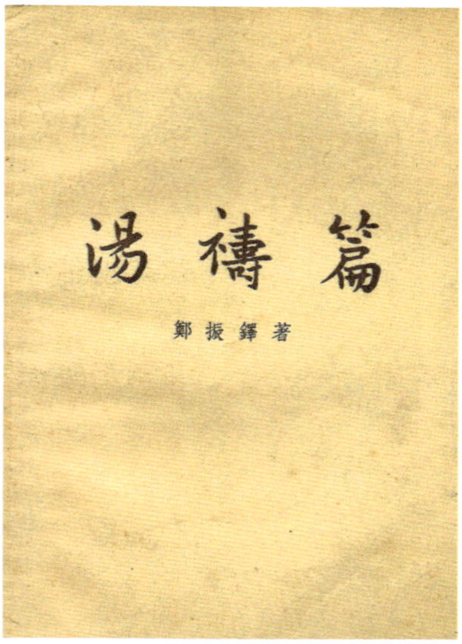

《汤祷篇》却是他运用《金枝》等西方神话学、民俗学、人类学的方法，为中国古史学另辟一门户，使中国古史学更接近于真理之路的一次尝试。

在完成《汤祷篇》之后，郑振铎又于1946年写了另一篇与《汤祷篇》一脉相承的长文——《玄鸟篇》。

此书孔网售价为50～70元不等。

说“当时当地的事”：《取火者的逮捕》

郑振铎写的小说并不多，但其成就，却是不容忽视的。就目前所知，共36篇，除《取火者的逮捕》是长篇外，其他均为短篇。20世纪30年代中后期，他先后创作了以希腊神话为题材的长篇《取火者的逮捕》

“那铁与铁的相击的弘壮的音乐，有绝大的力量，引诱他向前去”。《取火者的逮捕》取材于希腊神话，但却是对革命的一种隐喻，体现了现实性与战斗性，表现了压迫与反压迫的斗争，歌颂的是光明和正义。该书初版为上海生活书店“创作文库”版，出版于1934年9月。收短篇4篇，都以希腊神话做素材，写柏洛米修士（普罗米修斯）的偷火和宙斯被

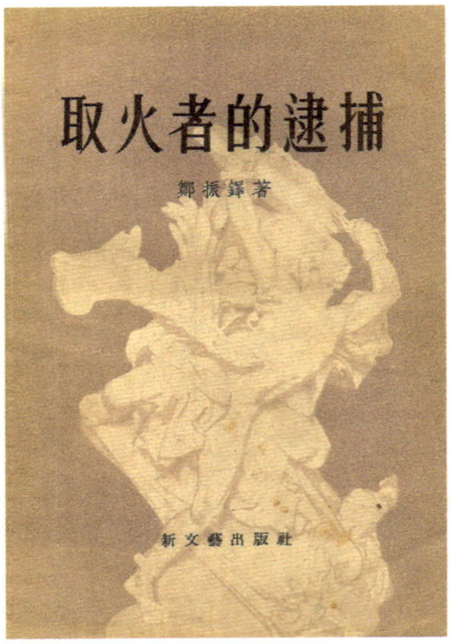

从天上的宝座里被推翻的故事。作者在1934年3月26日的“自序”里说明，这4个故事是“颂扬人的胜利，正义的胜利”。由于它是在巧妙地抨击蒋介石的黑暗统治，所以用了“郭源新”的笔名。1956年6月，上海新文艺出版社重印此书，书前收作者1956年3月新序一篇，1934年序仍然附于书前。

在20世纪30年代恐怖统治下，有不少作家通过神话和历史题材曲折地抨击黑暗势力，歌颂正义和光明。郑振铎在这一时期用“郭源新”笔名写下了《取火者的逮捕》、《亚凯诺的诱惑》、《埃娥》和《神的灭亡》等多篇小说，借助于希腊神话来说“当时当地的事”。作者塑造了偷天火给人类的普罗米修斯的形象，歌颂了他的不为威武和诱惑所动摇的反抗精神。同时，以“满腔的悲愤”抨击了人与神的主宰庙斯的横暴统治，揭发了他的卑劣和荒淫。这在当时是有现实意义的。稍后，作者又写了以文天祥、阮大铖、黄公俊的事迹为题材的《桂公塘》、《毁灭》和《黄公俊之最后》三个短篇历史小说。这几篇都以中国历史上有民族气节的人物为中心，写他们为了理想，宁可牺牲自己而绝不向黑暗低头的精神力量。

《取火者的逮捕》创作于1933年。作者借普罗米修斯之口谴责宙斯道：“自从你们兄弟们建立了新朝以后，你们的凶暴更甚于前，”指出宙斯是“暴中之暴，专制者中之专制者”！他自己说这样来影射、攻击蒋介石，是“借古人的酒杯，浇自己的块垒”，“是有大不得已的苦衷”。普罗米修斯盗火给人间的精神，鼓舞着鲁迅把外国文学引进中国来，由此鲁迅曾自称为“盗火者”。

巴金于1934年12月在日本横滨创作的《神》中曾写到：“从空虚里出来的神还是把它送回到空虚里去罢。这时候是岛上的冬夜，寒风正吹着屋后的树林飒飒地响。那几树山茶花在一夜里会给吹落多少罢。我忽然想到写了《神的灭亡》三部曲的郭源新君。郭源新：郑振铎的笔名。《神的灭亡》是他的小说集《取火者的逮捕》中的一篇。不觉起了感激的怀念。”

2008年10月，孔网拍卖此书民国23年生活书店初版精装本，136人次浏览，以410元成交。民国23年9月生活书店初版平装本，2007年7月孔网在售价格为500元。

无插图、无序言、无跋语的《中国俗文学史》

郑振铎著《中国俗文学史》，1938年8月由迁至湖南长沙的商务印书馆出版，“中国文化史丛书”之一种，分上、下两册，精装本全书约37万字，共14章。1954年2月作家出版社再版时，作者作了一些修订。

《中国俗文学史》对中国民间文学的产生、发展和演变，作了较系统的叙述，并提供了丰富的史料。这是继鲁迅《中国小说史略》之后，学术界早期研究俗文学的成果之一。郑振铎认为：“俗文学就是通俗的文学，就是民间的文学，也就是大众的文学。换一句话，所谓俗文学就是不登大雅之堂，不为学士大夫所重视，而流行于民间，成为大众所嗜好，所喜悦的东西。”郑振铎所撰第一篇冠以“俗文学”之名的文章是《敦煌的俗文学》，1929年3月发表于《小说月报》第二十卷第三期。

《中国俗文学史》起自先秦，下迄清末，材料丰富，引证广博，所包甚广。该书十四章分别为：何谓“俗文学”、古代的歌谣、汉代的俗文学、六朝的歌谣、唐代的民间歌赋、变文、宋金的“杂剧”词、鼓子词与诸宫调、元代的散曲、明代的民歌、宝卷、弹词、鼓词与子弟书、清代的民歌。客观地讲，这是一部非常扎实、非常有价值的中国俗文学史，迄今为止，还没有一本同类的著作可以取代它。

全书中论述的大部分都属于曲艺这一文学范畴。对各种曲艺形式的产生、发展、演变，作了系统的研究，并提供了丰富的史料，从变文、鼓子词、诸宫调、转踏、唱赚，到宝卷、鼓词、子弟书、莲花落、马头调、岔曲、八角鼓、道情等，均作了全面的论述。作者对一种曲艺形式的嬗变、曲目的分析，均有立论，故此书也一直是曲艺研究者的参考之作。

郑振铎的大部分著作都是有插图的，而这部《中国俗文学史》却没有插图。这是一本生不逢时的书：它问世时中国半壁江山战火弥漫，书不是在上海而是在内地长沙出的。既无前言，又无后跋，也未附有插图。这在他的著作里是很罕见的。初版时正值兵荒马乱之际，当时各种关于该书的评论也不多。直到1954年，才由作家出版社根据原纸型再版，仅修订了个别错字。而4年后，此书便遭到了批判。台湾商务印书馆、台南平平出版社、香港古文书店等时有翻印。直到20世纪80年代以后，此书才在上海书店、东方出版社、商务印书馆等影印或重排。

2006年5月，上海人民出版社出版了《中

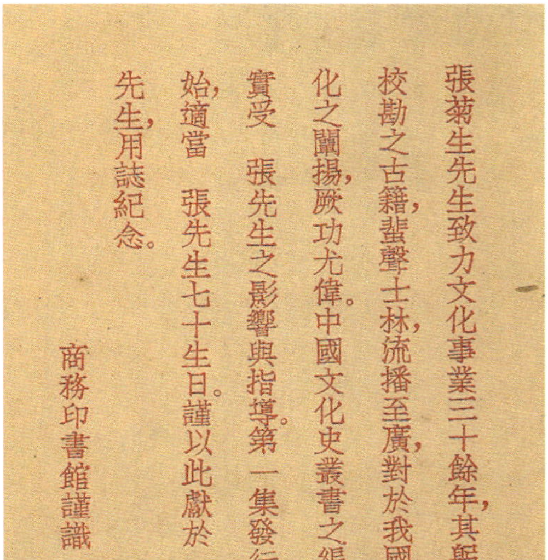
張菊生先生致力文化事業三十餘年，其躬自校勘之古籍，蜚聲士林，流播至廣，對於我國文化之闡揚，厥功尤偉。中國文化史叢書之編印，實受　張先生之影響與指導。第一集發行之始，適當　張先生七十生日，謹以此獻於　張先生，用誌紀念。

商務印書館謹識

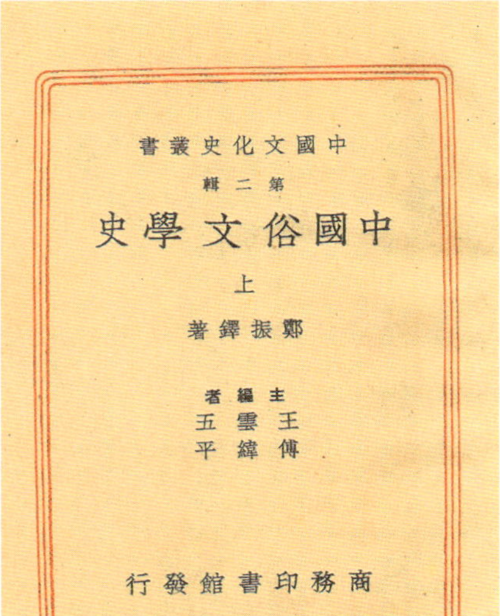
中國文化史叢書

第二輯

中國俗文學史

上

鄭振鐸著

主編者　王雲五　傅緯平

商務印書館發行

国俗文学史》（插图本），所配插图来源广泛，有敦煌莫高窟壁画、明万历刻本汪氏辑《诗余画谱》、山西太原出土壁画等。

2007年9月，孔网拍卖此书民国27年初版精装本上、下册，2970人次浏览，66人次出价，以1400元成交。

在伦敦编写的考古专著：《近百年古城古墓发掘史》

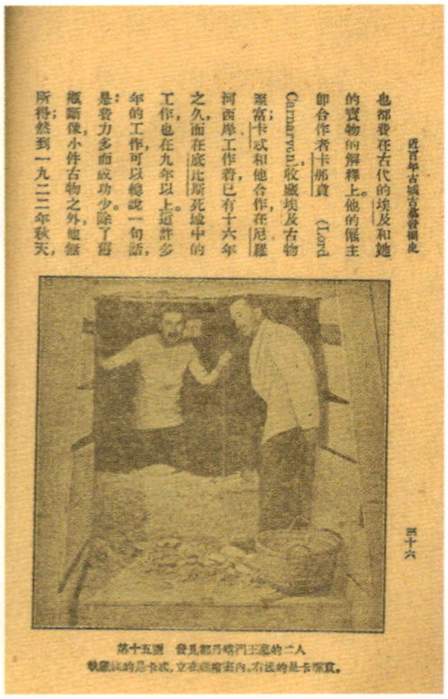

郑振铎著《近百年古城古墓发掘史》，上海商务印书馆“百科小丛书”版，民国20年8月初版。全书共11章，前为作者作于民国十七年的“序”，书后为“参考书目”附录，有插图55幅。

1927年4月12日，蒋介石在上海发动反革命政变，大肆屠杀共产党人和革命群众。4月15日，郑振铎与胡愈之等7人写抗议信：“自北伐军攻克江浙，上海市民方自庆幸得从奉鲁土匪军队下解放，不图昨日闸北，竟演空前之屠杀惨剧。受三民主义洗礼之军队，竟向徒手群众开枪轰击，伤毙至百余人……目睹此率兽食人之惨剧，则万难苟安缄默。”此信公开发表在当天的《商报》上，为此几遭逮捕。5月21日，被迫出国游历，他主要在法国巴黎和英国伦敦等地参观了凡尔赛宫、卢浮宫博物馆、巴黎圣母院、卢森堡博物院、洛夫博物院、罗丹博物院以及卢梭、雨果、左拉、拿破仑等文化名人和政治家的墓地遗址。也曾到意大利的罗马、那不勒斯、威尼斯、佛罗伦萨等历史名城参观文化古迹。在巴黎国家图书馆和大英博物馆逗留最久，经常连着几天在馆里，对两馆所藏中国古籍和文献进行检阅，凡有所获，都作了笔记。从这时起，他开始对考古学发生浓厚兴趣。在伦敦期间，他编写了这部《近百年古城古墓发掘史》。

在书的序言里，郑振铎声明：本书并非一部完全的发掘史，本书所叙述者不过发掘史上几次重要的故事而已。但毫无疑问，这是最早向中国学术界全面介绍史前埃及、巴比伦、亚述和特洛伊、迈锡尼、克里特等地田野考古发掘的著述。

郑振铎在写这部著作的时候，深感中国历史悠久，文化遗产丰富，但缺乏科学发掘，以至许多文物遗弃于地，无人过问。他迫切地盼望有计划地从事这方面的工作，但在当时的旧中国，这个愿望却很难实现。

2008年4月，孔网此书售价为150元。

郑振铎的第一本散文集：《山中杂记》

《山中杂记》是记叙莫干山之旅的，是郑振铎的第一本散文集，上海开明书店1927年初版，48开小本，封面印莫干山照片一张，篆书“山中杂记”四字，据唐弢在《晦庵书话》中讲，“大概出自叶圣陶手笔”。此书再版时改作铅字排印，封面改为浅蓝色，画的是杨柳月。该书“前记”写于1926年7月24日。采取叙事、写景和抒情紧密结合的表现方法，书中有观察细致，文笔恣肆，充满热烈的情感。

《山中杂记》薄薄的一册，收“避暑会”、“月夜之话”、“山中的历日”、“苦鸦子”、“山市”等9篇游记散文，是郑振铎1926年夏天在莫干山住了一个月后写的。

莫干山是民国时四大避暑胜地，山中有不少洋人的别墅。“避暑会”一篇中写到：“到处张挂着避暑会的通告，在莫干山的岭下岭脊”。避暑会是山中洋人的组织，“几天又过了，我渐渐明白了避暑会的事业：他们设了一个游泳池，一个很大的网球场……还有一个大会堂，为公共的会议厅，为公共的礼拜堂，会堂之旁，另辟了一个图书馆，还有一个幼稚园。每一个星期，大约是在星期五，总有一次音乐合奏会在那里举行”。

对于这次旅程，“前记”里写到：“二十四日，很早的起来，几乎近二三年来没有起得那末早过，匆匆的赶到车站。……由上海到莫干山，一路上真是方便。铁路局特别为游山者设了种种的便利的运输方法，到了艮山门（杭州的近郊），早有一列小火车在等着我们到拱宸桥了；到了拱宸桥，又早有一艘汽船在等着我们到莫干山前的三桥埠了；到了三桥埠，又早有许多轿夫挑夫在等着我们了。上了轿，行李无论多少，都不用自己费心，花了挑力，他们自然会把这些东西送上来，一件也不会少。比我们苏州扬州的旅行，还要利便得多。一点麻烦也没有，车轿夫包围之祸也没有。如果旅行是如此的利便，我们真要不以旅行为苦而以为乐了；如果天目，雁荡，峨嵋，泰山诸名胜，也有那末样的利便，我想中国一定可以有不少人会诱起旅行的兴趣的。”

冰心也有一部散文集名《山中杂记》。郭沫若1924年在日本的叙事抒情散文，出版时也名《山中杂记》。与周作人、废名合办《骆驼草》周刊的徐祖正也有一部散文游记叫《山中杂记》。郑振铎的《山中杂记》没有徐祖正那种景慕自然的理性思考，更无孤寂出世之想，所记的山中游览、生活，也反映一些社会侧面，他提倡人生的文学，即使是山中杂记，也充满着对人生的热情与朝气。

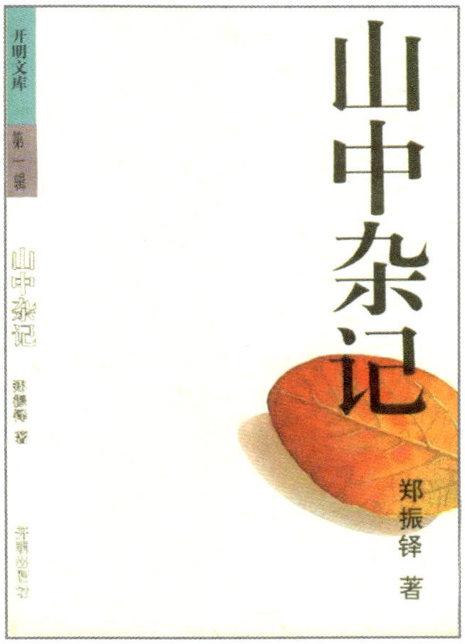

《小说月报》第十五卷号外：《法国文学研究》

《小说月报》1910年7月创刊于上海，由商务印书馆主办印行，“五四运动”前为“鸳鸯蝴蝶派”刊物，1921年自第十二卷第一号起由沈雁冰主编。两年后，沈雁冰辞去主编职务，由郑振铎接任主编。1927年5月至1928年10月郑振铎旅欧期间，叶圣陶代为主编。1930年底叶圣陶、郑振铎相继脱离商务印书馆后，由徐调孚任编辑，直至1932年1月，未及发行的第二十三卷新年号毁于战火而停刊。

在第十二卷第一期里，有郑振铎翻译的高尔基的“大筏之上”一文。1923年1月10日，从《小说月报》十四卷一号起由他主编。在郑振铎主编期间，先后出了《太戈尔》、《拜伦》、《法国文学研究》、《非战文学》、《安徒生》、《罗曼罗兰》和《中国文学研究》等号外或专号。

民国13年4月，《小说月报》第十五卷出版《法国文学研究》“号外”，内有多页彩色和黑白插图。刊登由沈雁冰、郑振铎、耿济之、刘延陵等人撰写的论文16篇，介绍法国浪漫主义、自然主义和写实主义戏剧及近代法国文学；译载了法国作家巴尔扎克、乔治桑、莫泊桑、菲利普、法朗士、包尔都等人的作品。此期有郑振铎与沈雁冰合撰的《法国文学对于欧洲文学的影响》。

翕居所藏这册“号外”，钤中英文“宝龙藏书”方印，编号为00953。扉页题写“稚吾于上海泰东书局，1926、4、3”，钤“由凤龙”印。由稚吾是姚安人，为著名翻译家，曾就读于南京中央大学外语系，英语的笔译、口译功力都很强。出版有《活用英文会话》（世界书局民国23年），曾翻译法国勒白仓著《青鸟》，美国作家赛珍珠曾获得诺贝尔文学奖的小说《大地》（上海启明书局1936年6月初版）。由稚吾翻译的《大

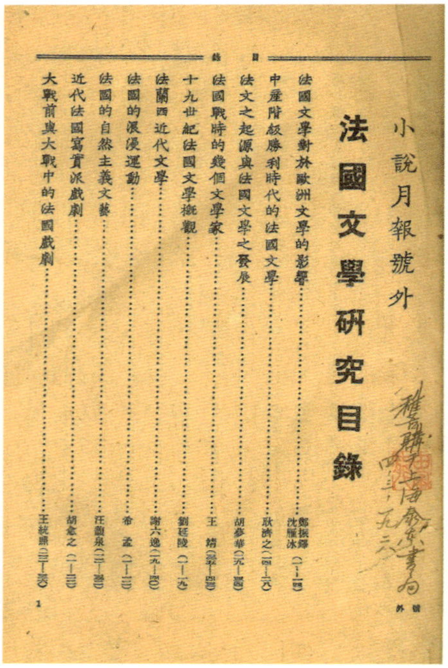
小說月報號外

法國文學研究目錄

法國文學對於歐洲文學的影響……鄭振鐸 沈雁冰（一—一四）
中產階級勝利時代的法國文學……耿濟之（一四—一八）
法文之起源與法國文學之發展……胡夢華（一九—二四）
法國戰時的幾個文學家……王靖（二五—四四）
十九世紀法國文學概觀……劉延陵（一—一九）
法蘭西近代文學……謝六逸（一九—四〇）
法國的浪漫運動……希孟（一—三）
法國的自然主義文藝……汪馥泉（三—四四）
近代法國寫實派戲劇……胡愈之（一—三三）
大戰前與大戰中的法國戲劇……王統照（三三—三六）

1

地》，被列入《影响中国近代社会的一百种译作》（邹振环著，中国对外翻译出版公司1996年1月版）。

说起由稚吾的翻译，还有一段故事。早期，昆明有两家电影院：“大中华逸乐”和“南屏电影院”。1940年4月，南屏电影院常务董事刘淑清，重金礼聘时为西南联合大学注册处职员的由稚吾担任专职英文翻译。由稚吾翻译速度很快，两三天就可以译出一部影片。他的译文，内容贴切，忠实于原意，辞藻优美简洁，给人诗一样的感受，有着很强的感染力。试映新片时，他把内容和对话译出，编成字幕，用幻灯打到银幕两侧。电影院又把影片内容逐期印成“本事”，任观众取阅，让观众对剧情先有一个大概的了解，既便于观众欣赏，又保留影片本色，观众可以在观看电影的同时听外语、学外语，很受知识分子的欢迎和赞赏。

2008年10月，孔网在售此书初版，价格为200～430元不等。

向文坛上的恶势力开战：《短剑集》

《短剑集》是郑振铎的文论集子，上海文化出版社民国25年1月初版，3月再版。分上下两辑，收学者与文人、向翻印“古书”者提议、儿童读物问题、中国文学的遗产问题、元明之际的文坛的概观等论文和短文12篇。收入巴金主编的《文学丛刊》第一集。

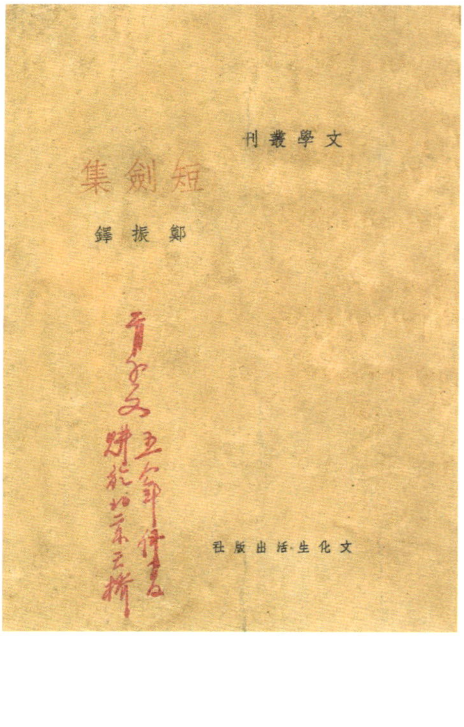

关于这个小册子的由来，郑振铎在“序”中有所说明。当时，郑振铎认为文坛上存在两种恶势力：一是“关紧了大门，一切不闻不问”的“腐化的倾向”；二是迎合“读者们的低级趣味，写作着无所不写的黑幕小说以及鸳鸯蝴蝶派的东西”。因此，他写了不少攻击的短论小评，在上海《文学周报》上陆陆续续刊登了七八年，后来整理为一册打算付印出版。很可惜，在1932年“一·二八”事变时，“这册杂感竟随了东方图书馆化为灰烬”。此后的三年，郑振铎认为“文坛上的那些恶势力还不曾消灭”，“忍不住，又说了不少话”，汇成了这册《短剑集》。

从1935年底至1949年初，《文学丛刊》陆续出版10集，每集16种，以编选出版30年代以来青年作家的作品为主，其中不少是他们的处女作或成名作。包括小说、散文、诗歌、戏剧和评论等。巴金任文化生活出版社总编辑后，即着手编辑出版《文学丛刊》，出版了一系列包括鲁迅的《故事新编》、巴金的《神鬼人》、沈从文的《八骏图》、曹禺的《雷雨》、何其芳的《画梦录》、艾芜的《南行记》等创作，鲁迅译《死魂灵》、丽尼译《贵族之家》、陆蠡译《罗亭》和巴金译《父与子》等译作在内的优秀作品。

《短剑集》另有布面精装本，翕居无藏。

2007年12月，孔网拍卖此书，成交价为125元，139人次浏览。

“狂胪文献耗中年”：《劫中得书记》

抗日战争时期，郑振铎蛰居沪上。为保存民族文献，在“孤岛”上海秘密组织起“文献保存同志会”，竭尽全力收购古籍善本，每得一佳本，随作题记，叙述得书经过和对该书的评论，于抗战胜利前一年写毕而成《劫中得书记》。该书收录题记89则，《劫中得书续记》收录60则。1956年10月，上海古典文学出版社初版，2006年7月，上海古籍出版社曾据此版影印。

郑振铎在此书“新序”中讲，《劫中得书记》和《劫中得书续记》曾先后刊于开明书店的期刊《文学集林》里，开明书店也确实曾排印成书，但不知何故，并没有出版。后来，郑振铎到上海后，在旧寓的书堆里面，见到了开明书店所排这部书的纸型。就校改了一些错字错句，把它交给上海古典文学出版社出版。

郑振铎讲：“我不是一个藏书家。我从来没有想到为藏书而藏书。我之所以收藏一些古书，完全是为了自己的研究方便和手头应用所需的。”的确，郑振铎不惜典衣节食，经常“求之冷肆，假之故家”。为了得到散佚流落的史料，可谓“狂胪文献耗中年”。

该书共涉及3025余种存目书，其中《佳日楼集》、《太平三书》、《程氏墨苑》、《莆风清籁集》、《帝京景物略》都是罕见难得而有价值之书，得之则如获至宝，欣喜异常。

在“新序”中，郑振铎还写到：“有的人玩邮票，有的人收碎瓷片，有的人爱打球，有的人好听戏，好拉拉小提琴或者胡琴。有的人就不该逛逛书摊么？夕阳将下，微飔吹衣，访得久觅方得之书，挟之而归，是人生一乐也！”

郑振铎收书，尤重小说、戏曲和有精美版画的稀见书籍。《劫中得书记》首列即为《离骚图》，详细记述了其搜访此书前后凡

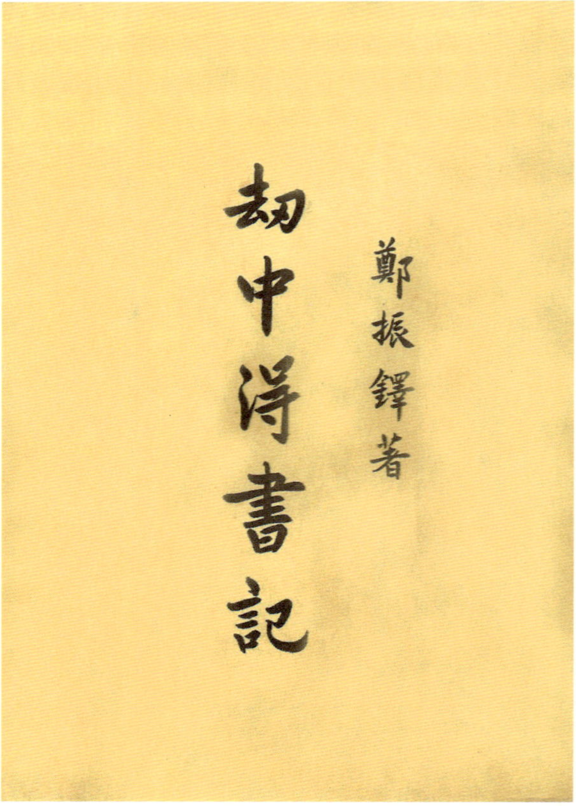

十五年的坎坎坷坷。对于（清）萧云从所绘《太平山水图画》，郑振铎听说一位他不认识的张尧伦先生收得一部，此书他在十多年前就曾在旧书店见过，可惜当时已被日本人买走，于是便托人向张先生求借。借来后，见木刻“图凡四十三幅，无一幅不具深远之趣。或萧疏如云林，或谨严如小李将军；如繁花怒放，大道骋骑；或浪卷云舒，烟霭渺渺；或田园历历如毡纹，山峰耸叠似岛屿；或作危岩惊险之势，或写乡野恬静之态。大抵诸家山水画作风，无不毕于斯，可谓集大成之作矣”！他拍案惊奇，赞叹不已，又力恳张尧伦允许他摄照翻印。张尧伦有感于他这般“痴情”，慨然同意用他收藏的几部太平天国方面的书作为交换。他大喜过望，在《劫中得书记》中写道：“于是此‘版画’绝作，遂归于余。十载相思，得遂初愿，喜慰何已！而尧伦割爱相贻之情，亦‘衷心藏之无日忘之’也！”

郑振铎的藏书，初在“一·二八”事变中被毁数十箱，继而在1937年“八·一三”战事中，其存于上海市区东部的藏书又悉数付之一炬。郑振铎在《劫中得书记》叙述其时情景：“于时，日听隆隆炮声，地震山崩，心肺为裂。机枪啪啪，若燃爆竹万万串于空瓮中，无瞬息停。午夜伫立小庭，辄睹光鞭掠空而过，炸裂声随即轰发，震耳欲聋。昼时，天空营营如巨蝇者，盘旋顶上，此去彼来。每一弹下掷，窗户簌簌摇撼，移时方已，对语声为所喑哑不相闻。东北角终日夜火光熊熊。烬余焦纸，遍天空飞舞如墨蝶。数十百片随风坠庭前，拾之，犹微温，隐隐有字迹。此皆先民之文献也。余所藏竟亦同此蝶化矣。然处此凄厉之修罗场，直不知人间何世，亦未省何时更将有何变故突生……通衢之间，残书布地，不择价而售。亦有以双篮盛书，肩挑而趋，沿街叫卖者……战事西移，日月失光，公私藏本被劫者渐出于市。”其情景之惨烈，可想而知。

郑振铎称：“夫保存国家征献，民族文化，其苦辛固未足埒攻坚陷阵，舍生卫国之男儿，然以余之孤军与诸贾竞，得此千百种书，诚亦艰苦备尝矣。”藏书极难而散书极易，所谓“书籍之厄”，兵火居其首。读郑氏的《劫中得书记》前后两篇序言，可见此中的辛酸苦辣。

2008年8月，孔网此书网售和拍卖成交价均为300元，689人次浏览。

拾叁　游记与日记

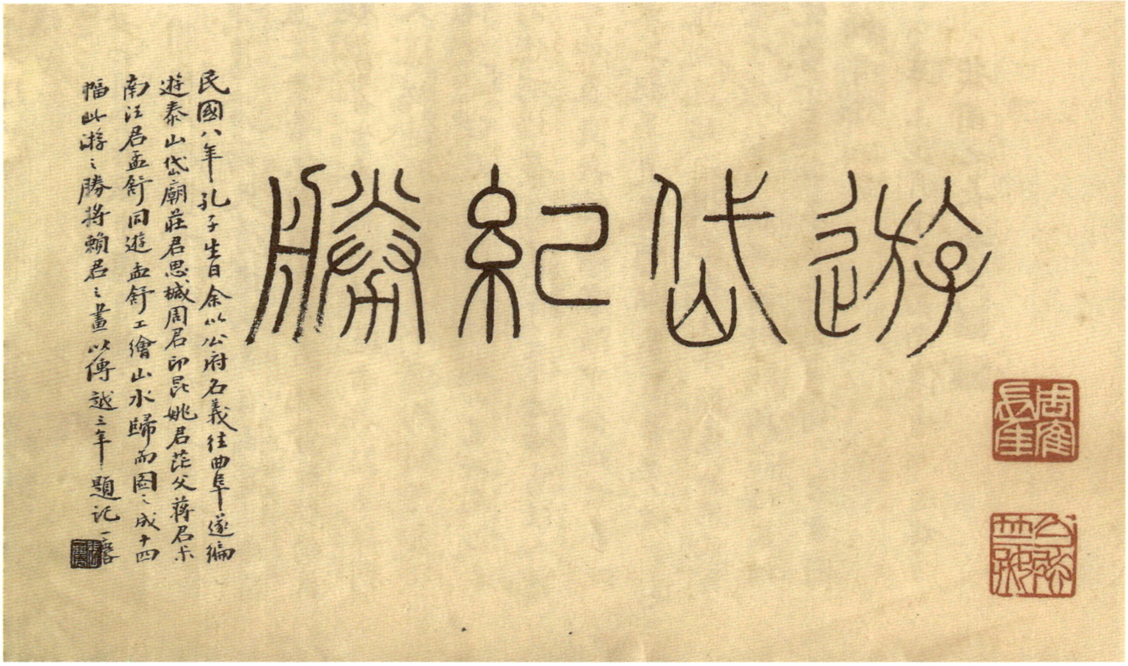

游记类文献资料丰富，历来受读者和藏家喜爱。《四库全书总目》在史部地理类列有古迹之属、杂记之属、游记之属和外记之属。《中国丛书综录》在史部地理类列有“游记之属”。

《徐霞客游记》是大家耳熟能详的一部游记名著，是徐霞客根据自己的亲身经历，用日记体裁撰写的一部写实著作，世界上最早一部记载石灰岩地貌的著作，为历史地理学的研究提供了极其珍贵的重要资料，具有很高的科学价值。

《老残游记》被鲁迅称为“清末四大谴责小说”之一。历来小说多有揭露赃官之恶的，而《老残游记》把游记体引进了小说，专门揭露“清官”之恶。民国25年，上海启明书局出版了钱公侠、施瑛编辑的《日记与游记》，收鲁迅、郭沫若、胡适、俞平伯、朱自清、郁达夫、田汉、徐志摩、孙伏园、钟敬文、沈从文、赵景深、邹韬奋等人的日记、游记共35篇。

这一部分主要是游记著作，也比照启明书局版《日记与游记》的体例，收入了一些日记、风物记类文献。

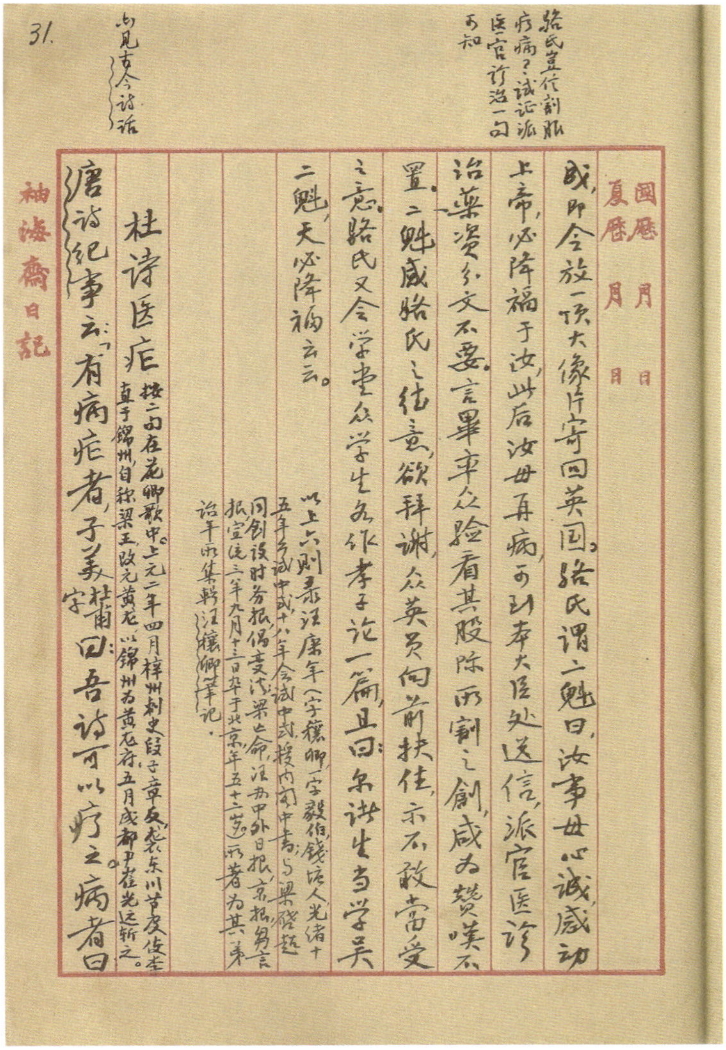
31.

路氏岂能劊脈疗病？试证派医官诊治一句可知

国历　月　日
夏历　月　日

成，即令放一顶大像片寄回英国。路氏谓二魁曰，汝事母心诚，感动上帝，必降福于汝，此后汝母再病，可到本大臣处送信，派官医诊治，药资分文不要。言毕率众验看其股际所割之創，咸为赞叹不置。二魁感路氏之德意，欲拜谢，众英员向前扶住，亦不敢当受之意。路氏又令学堂众学生各作孝子论一篇，且曰：务读生当学吴二魁，天必降福云云。

以上六则系汪康年（字穰卿，一字毅伯，钱塘人，光绪十五年乡试中式，十八年会试中式，授内阁中书，与梁启超同创设时务报，倡变法，梁亡命，汪办中外日报、京报、刍言报，宣统三年九月十三日卒于北京，年五十二岁）所著，为其弟诒年所集《穰卿笔记》。

杜诗医疟　按二句在花卿歌中。上元二年四月梓州刺史段子璋反，袭东川节度使李奂于绵州，自称梁王，改元黄龙，以绵州为黄龙府。五月成都尹崔光远斩之。

可见古今诗话

唐诗纪事云：“有病疟者，子美（字杜甫）曰：吾诗可以疗之。病者曰

袖海斋日记

“此记皆从实录写”：《燕京岁时记》

（清）富察敦崇撰《燕京岁时记》一册，北平文德斋光绪三十二年（1906）刻本。

《燕京岁时记》是一部关于老北京掌故的书，按月记载每一个主要节日及风俗等。富察敦崇在跋中讲：“岁时而记游览，似属于例不合。然各处游览多有定期，亦与岁时相表里。其游览而无定期者概不编录，以示区别。光绪二十六年岁次庚子三月十六日敦崇自记。”再：“此记皆从实录写，事多琐碎，难免有冗杂芜秽之讥。而究其大旨，无非风俗、游览、物产、技艺四门而已。亦《旧闻考》之大略也（又记）。”

北京古籍出版社近年曾整理《燕京岁时记》，出版时与《帝京岁时纪胜》印在了一起。这两书所记内容有许多相似之处，但《燕京岁时记》时代晚于后者，加上民风民俗的变化，某些方面内容更加详细，可作为后者的对照和补充，两相对比可以见到清朝中期与后期民间习俗的变迁，国情的兴衰（从两个标题的对比就可以看出来，后来的已经放下了“帝京”的架子，在语言上也更加通俗易懂）。二书之间最主要的不同之处在于：《帝京岁时纪胜》仅忠实记录当时景况，单从文字看，全篇几乎均属“原创”；而《燕京岁时记》则在记述当时习俗的同时，大量引用古书中的内容，与当时风俗做对比，好在是逐一标明出处，考证的味道浓了许多。在《燕京岁时记》中被引用的有名有姓的书籍已近30本，主要有《荆楚岁时记》、《玉烛宝典》、《东方朔占书》、《帝京景物略》、《礼部则例》、《涌幢小品》、《日下旧闻考》、《宸垣识略》、《北京岁华记》、《居易录》、《余氏辨林》、《月令广义》、《析津志》、《岁时百问》、《续齐谐》、《后汉礼仪志》、《风俗通》、《宋陛佃埤雅》、《释氏要览》、《寄园寄所寄》、《宛署杂记》、《戒庵漫笔》、《汉书》、《演繁露》、《倚晴阁杂抄》、《事物原会》、《燕都游览志》和《广群芳谱》等，可惜这里面很多书不见记载于《燕都古籍考》。

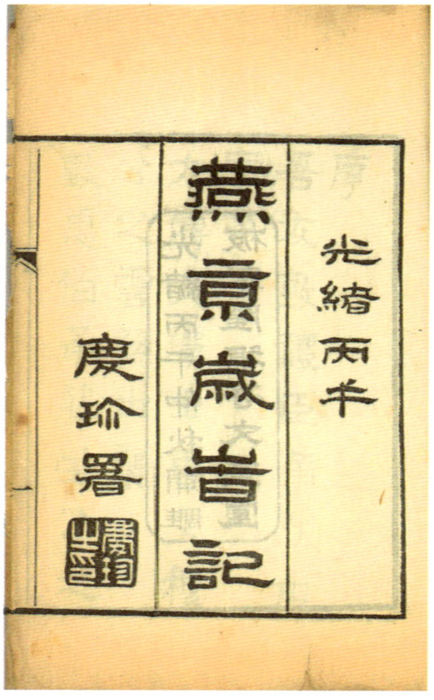

另外，由于《燕京岁时记》所写时代已有外洋侵入，书中就物论事地发了些忧国忧民的感慨，这是值得肯定的一面。但书中也有一些迂腐的认识，例如：作者认为评书中英雄豪杰的某些“犯上”行为会让听到的人效法，并因此希望禁评书。奇怪的是，《燕京岁时记》中，对《帝京岁时纪胜》只字未提，但书中有些叙述又很相似，不知其中有什么渊源。

在中安太平2007年迎春拍卖会上，此书光绪刊本以2200元成交。

“故心终不移”：《北行日札》

（清）王弘撰著《北行日札》一卷一册，康熙刻本，9行20字，白口，左右双边。国家图书馆著录为善本。

王弘撰（1622—1702），字文修，一字无异，号太华山史，陕西华阴人。监生，博学工书，对书画金石精鉴别。博雅能文，尤深于易。隐居华山下，筑“读易庐”而居。康熙十七年（1678），王弘撰被荐为博学鸿词科人选，他以衰病为由推脱，但还是被拖到了北京，可他意志坚决，一到北京，便借居昊天寺卧床数月不出，最后还是放他回了原籍。王弘撰工古文，简洁有法，《清史列传》称其“得史迁遗意”。著有《砥斋集》、《周易筮述》八卷、《易象图述》、《山志》六卷、《正学偶见述》一卷、《西归日札》等，并传于世。

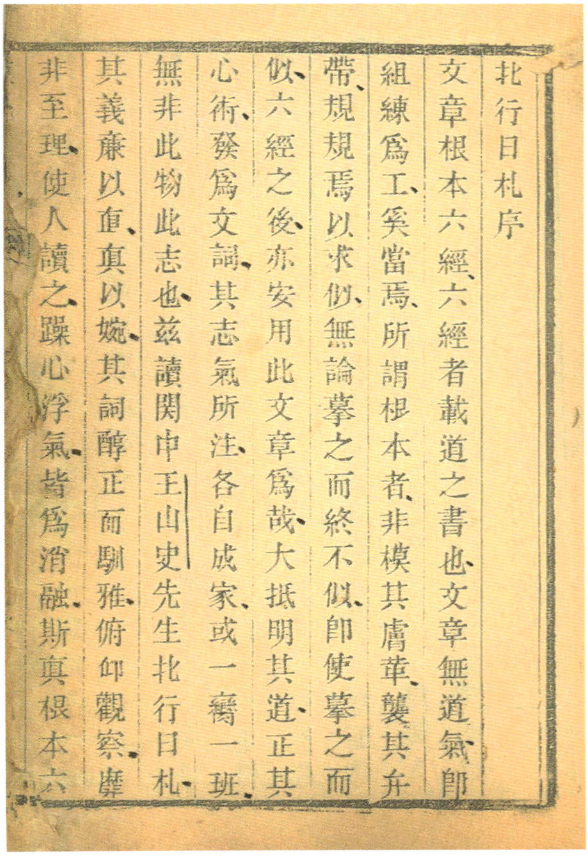

北行日札序

文章根本六經、六經者載道之書也、文章無道氣、卽組練爲工、奚當焉、所謂根本者、非模其膚革、襲其弁帶、規規焉以求似、無論摹之而終不似、卽使摹之而似、六經之後、亦安用此文章爲哉、大抵明其道、正其心術、發爲文詞、其志氣所注、各自成家、或一臠一班、無非此物此志也、玆讀關中王山史先生北行日札、其義廉以直、眞以婉、其詞醇正而馴雅、俯仰觀察、靡非至理、使人讀之、躁心浮氣、皆爲消融、斯眞根本六

王弘撰对亡明怀有感情，不仕清。与顾炎武关系极为密切，两人曾一同居住，读经论史，一道北游边塞，哭吊明陵。顾炎武曾说，“好学不倦，笃于朋友，吾不如王山史”，称王弘撰为“关中声气之领袖”。康熙中期，有一些无聊文人为了巴结当权者，邀他为当朝相国写寿文。王弘撰写下一封《与赵韫退大参书》：“乞上告相国：倘邀惠于相国，得归老华山，为击壤之民，以遂其畎亩作息之愿，午夜一灯，晓窗万字，其不能忘相国之德，将以传之纪载而形之歌咏者，必有在矣。”委婉而坚决地拒绝了这一请求，并处处结合其归老田园的心愿，表现

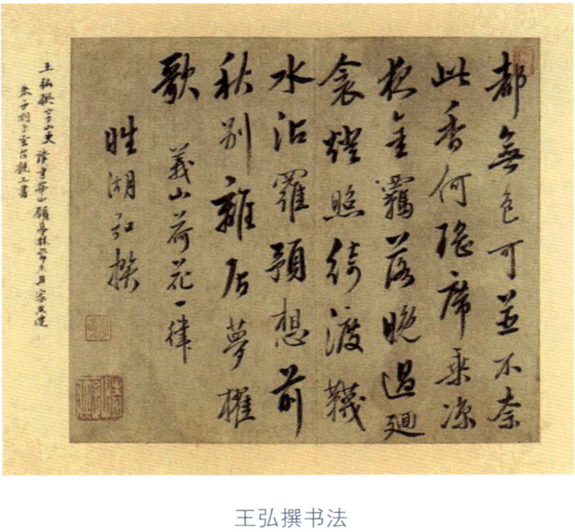

王弘撰书法

了其清高不阿的节操。

王弘撰晚年遍游吴赵，长期居住于南京，南京、扬州、苏州一带儒硕遗逸皆与王弘撰相往还，颇推重之。康熙二十五年，孔尚任随工部侍郎孙在丰到江苏淮扬一带疏浚黄河河口，其间曾到南京、扬州游历。在南京时，第一个拜访的遗老是70岁高龄的画家龚贤，他们曾在扬州会过面，并以诗画结为好友。孔尚任第二个拜见的，就是遗老王弘撰。王弘撰曾作诗“故心终不移，明誓鉴黄泉”，以示他的坚定信念。王弘撰的强烈怀明意识也深深影响了孔尚任。孔尚任在南京会见的第三个人物是张怡，在孔尚任的《桃花扇》里面的“闲话”、“归山”和“入道”中的主角张瑶星指的就是张怡。

位于河洛阳铁门镇的“千唐志斋”是我国惟一的墓志铭博物馆，这里有王弘撰所书苏东坡诗刻石。诗云：“竹篱茅屋趁溪斜，春入山村处处花。无象太平还有象，孤烟起处是人家。”尾署“山翁王弘撰”。其字体为行草，笔力舒畅，柔丽秀美，其飘逸洒脱之态，宛如行云流水，韵色清丽无比。

“评桂山之奇，宜为天下第一”：《桂海虞衡志》

（宋）范成大撰《桂海虞衡志》一卷，后附“诗品卷上中下”。清道光二十六年（1846）刻本，“秘书廿八种”之第11种。

《桂海虞衡志》乃宋朝著名文学家范成大的一本笔记。范成大（1126—1193），字致能，号石湖居士，吴郡（今江苏苏州）人。素有文名，尤工诗。曾于南宋孝宗乾道八年（1172）至淳熙二年（1175）知广南西路静江府（今广西桂林），淳熙二年正月转任四川制置使兼知成都府。该书是他由广西入蜀途中追忆而作，将所到之处方志未载的风物及边远地区的一些传闻加以合编而成。正文前有作者淳熙二年长至（夏至）日所作短序。

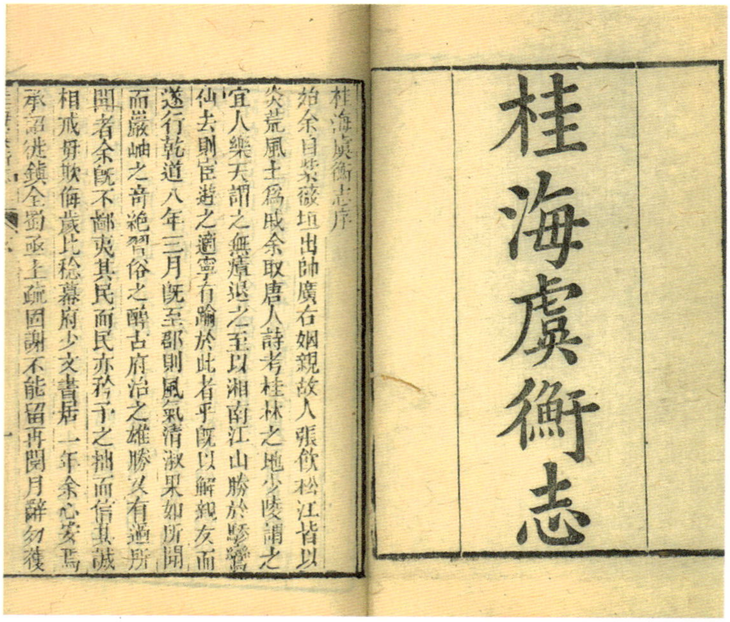

《桂海虞衡志》的内容分为岩洞、金石、香、酒、器、禽、兽、虫鱼、花、果、草木、杂志、蛮13门。每门各有小序。对当时桂林山水多有描绘，“评桂山之奇，宜为天下第一”。对广南的动植物和矿产，第一个作了较系统的分门别类的记载，对它们的产地、形态、特征、用途等均有叙述。李时珍的《本草纲目》曾多处引用此书，并用以订正别书讹误或用以另立新的条目。此书对宋代广南瑶、僚、黎以及西南少数民族的社会组织、生产情况、生活习俗，均有较详细的记述，反映了各民族间的贸易往来及中央王朝与少数民族的关系。对安南（今越南）的社会状况及其与中国的关系亦有记载。此书是研究南方民族史、民族学、民俗学的重要著作，对地方史志、历史地理、地理经济的研究也有参考价值。原书三卷，后经明人所删，仅存一卷。今通行本有元《说郛》、明《古今逸史》、清《知不足斋丛书》、文学古籍刊行社铅印本等。佚文散见《文献通考》、《粤西文载》等。《四库全书总目》充分肯定了此书“叙述简雅，无夸饰土风、附会古事之习”等优长。

鲁迅曾抄录《桂海虞衡志》于“辛亥十月”，并且有初步的校勘。后来，鲁迅又看到明抄本《说郛》，发现其中即有《桂海虞衡志》，据此对自己的手抄本作了校勘，用红笔径加修改，并有说明道：明弘治间所抄原本《说郛》中有此书，因取校一过，颇有佳胜者。这一回校勘的时间在1922年9月12日。此稿现已收入《鲁迅辑校古籍手稿》。在抄录《桂海虞衡志》的先后，鲁迅还抄录过另外一本记叙地方风物的同类著作《北户录》，周作人在《关于鲁迅》一文中曾提及此书：是书当在广州时作，载岭南风土，颇为赅备，而于物产为尤详，其征引亦极博洽。可惜鲁迅的抄本今已亡佚。

此书明刻本一卷一册，在北京保利2007年秋拍和2008年秋拍中，成交价分别为5600元和4480元。

“万人如海一身藏”：《人海记》

（清）查慎行撰《人海记》二卷二册，牌记题“光绪七年（1881）仲冬重刊”。湖北崇文书局“正觉楼丛刻”本之一。白纸巾箱小本，精整秀雅。

《人海记》记载了查慎行在京城三十年的所见所闻，是一部记载地方史和宫廷史的笔记，包括明清史事掌故、北京风土物产、南明政权轶闻以及作者在内廷侍从和塞外随驾游猎避暑时的所见所闻。“人海”暗指北京，典出苏东坡“惟有王城最堪隐，万人如海一身藏”。

查慎行（1651—1728），是香港武侠小说作家金庸（查良镛）的先祖。字悔余，原名嗣琏，字夏重，因酷爱苏东坡“僧卧一庵初白头”之句，自号白庵主人，一号查田，又号他山，浙江海宁人。清顺治八年（1651）生，康熙三十二年（1693）举人，康熙四十二年进士。清雍正六年（1628）病逝，享年77岁。著有《敬业堂诗集》、《补注苏东坡编年诗》、《周易玩辞集解》等。查慎行的诗主要学习宋朝人，特别是苏轼和陆游。他的律诗、绝诗纯为议论，格调老成。赵翼在《瓯北诗话》中写到：“要真功力之深，则香山、放翁后一人而已。”那“一人”指的便是查慎行。

《人海记》里面记载了许多有价值的史料。譬如记卢沟桥上有石狮368只。还记载了明末崇祯皇帝的宠妃田贵妃利用宦官与宫女淫戏之事，以挑拨崇祯帝与周皇后的关系。某一日，田贵妃故意让宫女抬轿去见崇祯皇帝。崇祯见是宫女抬轿，而不是如往常一样由宦官抬轿，感到非常奇怪。田贵妃趁机解

人海記卷上

海昌查慎行悔餘編輯

同邑張士寬柔之校刊

蘇子贍詩云惟有王城最堪隱萬人如海一身藏與東方曼倩陸沈金馬之意略同余自甲子夏北游太學又九年舉京兆秋試又十年唱第南宫其役供奉　內庭者七年從事書局者三年迨癸巳夏移疾乞歸年已六十有四矣通計三十年來客居

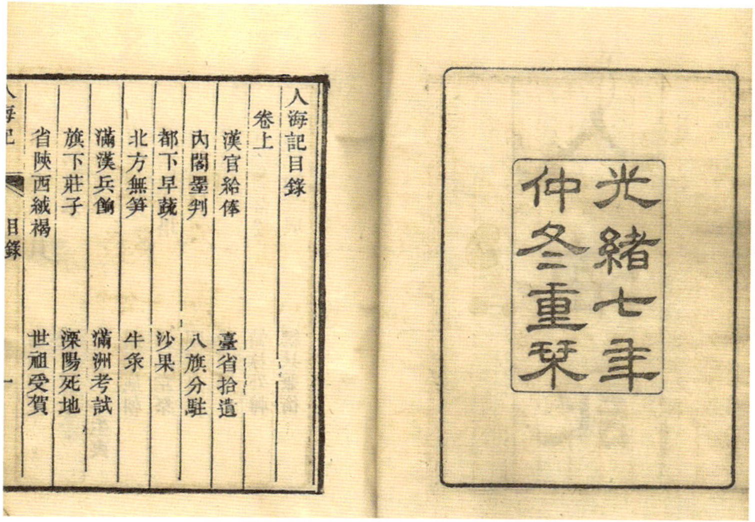

着数百架烟火，燃放时自远至近依次燃烧，“如蛰雷奋地，飞电掣空”。这场皇家烟火，从黄昏一直放到二更时分。清代皇家吸取教训，为避免火灾，将燃放烟花的场所移至西郊园林。这应是北京禁限燃放烟花的滥觞。

关于此书的版本，来新夏在《清人随笔叙录》（中华书局出版）中有论述：咸丰年间，张士宽得到查慎行的稿本，但“断烂丛杂”，张士宽为之校刊，认真精细。据张士宽说：“此书向未刊行。”但来新夏查找到道光《昭代丛书》壬集补编及沈氏世楷堂刊本等数种书籍，均在张士宽之前所刊，可见张氏之说不确。

释说：“宦官们恣肆无状，尤其是周皇后宫中的小太监狎宫婢，故远之耳。”崇祯本是生性多疑之人，立即下令搜查周皇后居住的坤宁宫，果然查获了宦官使用的多种狎具，周皇后气得当场吐血。

《人海记》还记载了京城城内明令燃放烟火，必须移至郊外的故事。康熙四十二年，查慎行曾奉旨去康熙御苑畅春园观看烟火。他在《人海记》中回忆说，正月十四日傍晚，他进园看见方圆五六里的空地上，搭

《正觉楼丛刻》计二十八种三十六册，系光绪年间崇文书局所刻，由湖广总督李瀚章倡议搜集古书所刊。由于书局设于正觉寺，寺内有楼名正觉，故这套书命名为“正觉楼丛刻”。

此书2006年3月孔网在线拍价为680元，639人次浏览。

获乾隆“赏缎二匹”的《龙井见闻录》

在孔网购得一套（清）汪孟鋗撰《龙井见闻录》十卷，乃《武林掌故丛编》之第26集，为丁丙辑清光绪十年（1884）钱塘丁氏嘉惠堂刻本，牌记题“甲申秋中钱唐张预署检嘉惠堂丁氏雕”。

2004年2月，浙江杭州市民丁云川在龙井喝茶，无意中发现了一块断碑和另一块完整的古碑，一时无法确定是何时所刻，后查《西湖游览志》及《龙井见闻录》才有了结论：断碑为北宋词人秦观所撰写的“游龙井记”，整碑为明代文学家屠隆所写的“龙井茶歌”。

《龙井见闻录》“碑之重刻者三”中有记载：宋神宗元丰二年（1079）中秋后一日，秦观自吴兴到会稽省亲，路经杭州时，特意到龙井寿圣寺谒辨才法师。事后，秦观写了“游龙井记”一文，后由米芾所书，并刻在石上，后此碑不存，由明代书法家董其

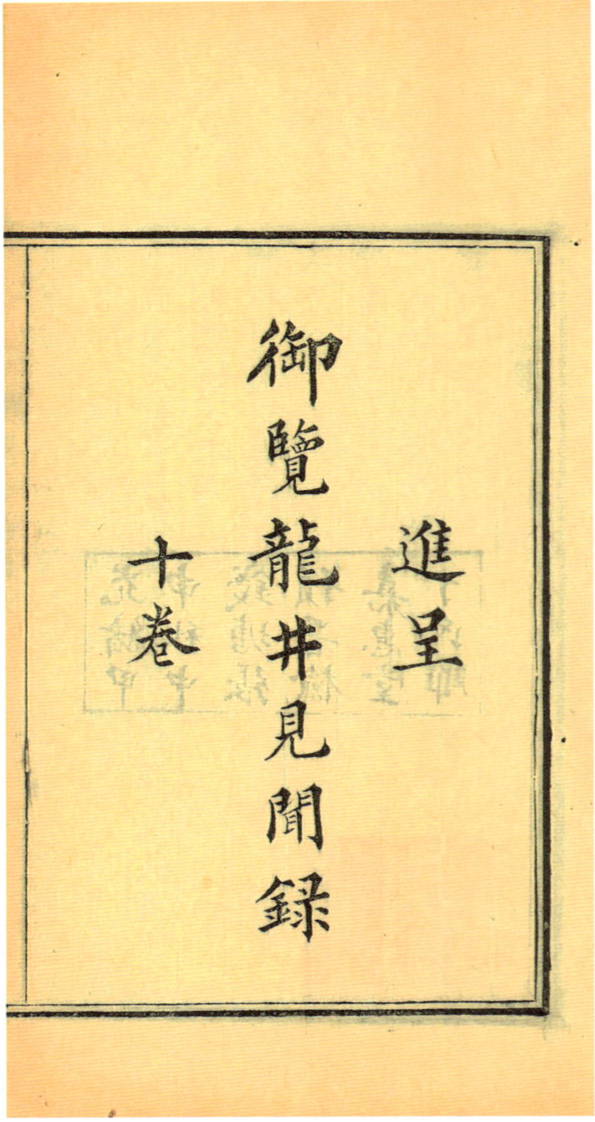
進呈
御覽龍井見聞錄
十卷

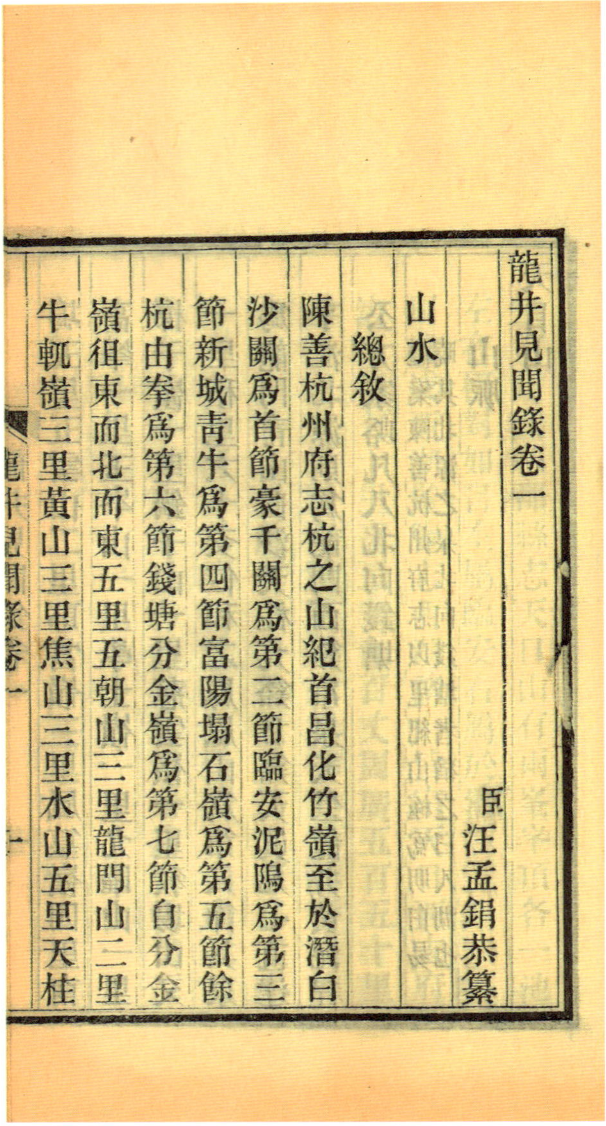
龍井見聞錄卷一
臣汪孟鋗恭纂
山水
總敘
陳善杭州府志杭之山紀首昌化竹嶺至於潛白沙關爲首節豪千關爲第二節臨安泥鴟爲第三節新城青牛爲第四節富陽塌石嶺爲第五節餘杭由拳爲第六節錢塘分金嶺爲第七節自分金嶺徂東而北而東五里五朝山三里龍門山二里牛軛嶺三里黃山三里焦山三里水山五里天柱

昌重书“游龙井记”。《龙井见闻录》中录下了“游龙井记”的全文：“龙井，旧名龙泓，距钱塘十里。吴赤乌中，方士葛洪尝炼丹于此，事见图记……”而断碑右上角的第一句就是“方士葛洪尝炼丹于此”。

清康熙、乾隆、嘉庆皇帝多次下江南、到杭州，也曾御览龙井茶的采制，品味龙井茶之美妙，还兴致勃勃即兴赋写下龙井茶御诗。而龙井茶由于皇帝的御览和多篇咏茶御诗，加上宋代苏轼、赵抃和辩才的故事，元明两代对龙井茶制作改进后的渲染，名声更盛。在清代，杭州西湖龙井茶冠群芳，一跃成为闻名世界的名茶。清代的《杭州府志》足有二百卷之多，前有首卷“宸章”，“宸”代表帝王，“宸章”就是记载皇帝的篇章。“宸章”中记载了清高宗乾隆帝六次下江南临幸杭州的实录。由于有了康熙和雍正的两朝治理，国泰民安，乾隆下江南有宽松的环境和宽裕的时间。除了对官吏、海防、农桑、府学非常关心外，对杭州美不胜收的风景，千年传承的名胜，每次来都要浏览题词，还多次遍访龙井寺八景，观看龙井茶的采摘、炒制，写下令今天茶人兴奋不已的咏茶诗作。位于九五之尊的皇帝，如此青睐一个景点、一个茶区，也使地方官员惶恐不安，昼夜思考，于是延揽名家博采群书写就了十卷《御览龙井见闻录》，这在所有的茶叶中，可谓绝无仅有。清学者汪孟鋗撰写

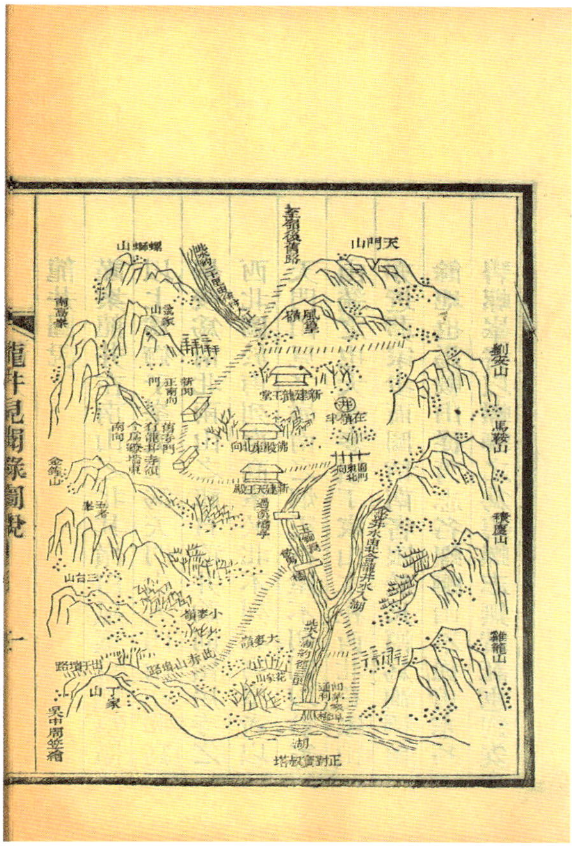

的《御览龙井见闻录》，征引的古代书目，从晋、唐至明、清共153部，许多古籍现今已不复存在。《龙井见闻录》无疑是研究杭州地方史和龙井茶史非常宝贵的历史资料。

《龙井见闻录》首为御制诗两首。第一首是乾隆皇帝于乾隆十六年（1751）首次南巡幸天竺，览乡民采茶制焙之法，欣然命笔写下的《观采茶作歌》。时隔6年之后，乾隆皇帝二度南巡驾临杭州幸云栖，又写下《观采茶作歌》。11年后，乾隆第三次下江南，临幸杭州，去龙井又作《再游龙井即景·杂咏六首》和《坐龙井上烹茶偶成》。14年后，乾隆皇帝第四次下江南，驻跸西湖行宫20天，写就两首咏龙井茶诗。乾隆六次下江南，四次临幸龙井茶区，观茶作诗，赐封御茶，且都在清明之后谷雨之前，因为这个季节可以品尝到"雨前龙井茶"。

据《熙朝新语》记载：乾隆二十七年，乾隆第三次南巡时，举人汪孟鋗进献了这部《龙井见闻录》，获乾隆"赏缎二匹"御赐。

在中国嘉德2002年秋拍中，此书光绪年间四册竹纸本，估价4000～8000元，未成交。

老北京城生活指南：《新增都门纪略》

翕居藏有两种版本的《新增都门纪略》，一为"同治上元甲戌（1864）年季夏中浣"本，一为光绪丁未（1907）孟春本。二者均为京都琉璃厂荣禄堂刻本，但行格版式不同，册数、内容也不尽一样。同治本为元、亨、利、贞四册，包括初集杂记、二集会馆、三集杂咏、四集路程四个部分，8行16字，小字双行同，白口，四周双边，单鱼尾。光绪本为七卷八册，增入了皇城图说、国朝鼎甲录、各衙门地址、菊部群英等，10行23字，小字双行同，白口，四周双边，单鱼尾。

《都门纪略》最早刊行于道光年间，是一部北京城市生活指南手册性的书籍，主要是针对外省暂居京城的行旅客商的需要而编纂的。此书刊行后，深受社会欢迎，一再增订改编改版，传世版本种类繁多，到清宣统二年（1910）还有一版，此书一直延续使用到清朝末年。

对于《都门纪略》的研究，一直没有停

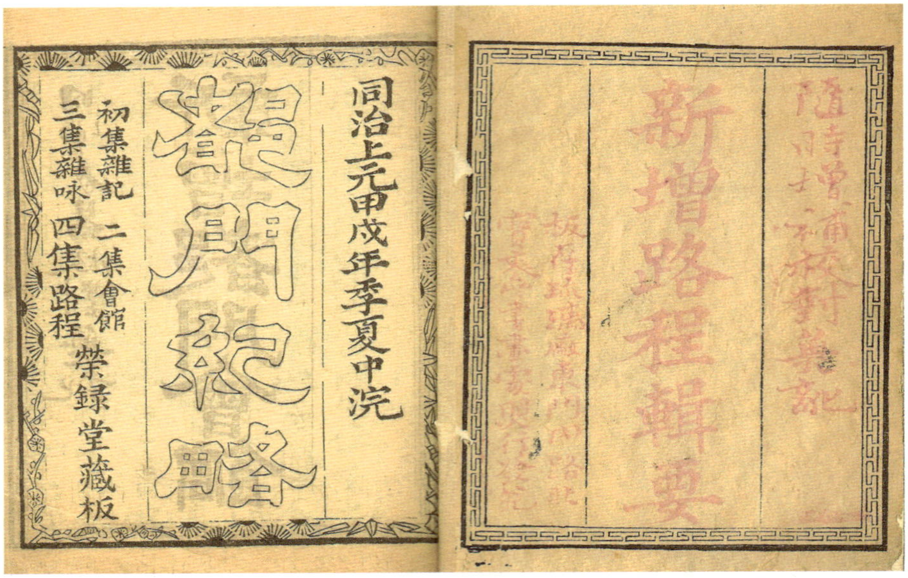

止。早在20世纪30年代，就有周明泰撰写文章，专门揭示其戏曲史料价值；谢国桢在其《明清笔记谈丛》，有“都门杂记”一文；么书仪在《文史知识》2004年第1期上，撰写过“道光至光绪间的京师旅行指南”一文；2004年第4期《中国典籍与中国文化》，刊载了辛德勇的“关于《都门纪略》早期版本的一些问题”，比以往更为全面地介绍了本书的撰作缘起、版本流变和基本内容，为人们认识此书，提供了很大帮助。辛德勇认为，“同治上元甲戌年季夏中浣”的本子，“比道光二十五年原刻本《都门纪略》，更为罕见难得”。

《都门纪略》最初为杨静亭辑，随着不同年代的不断增补，涉及作者、编者很多。仅“路程辑要”一部分，就有孙梅溪和赖盛远两人先后撰写、增补；“菊部群英”为小游仙客编，“增补菊部群英”为麋月楼主撰；“簪缨盛事录”为万斯同辑；“国朝鼎甲录”为陈钟辑；“新增大内楹联”为连步青编。

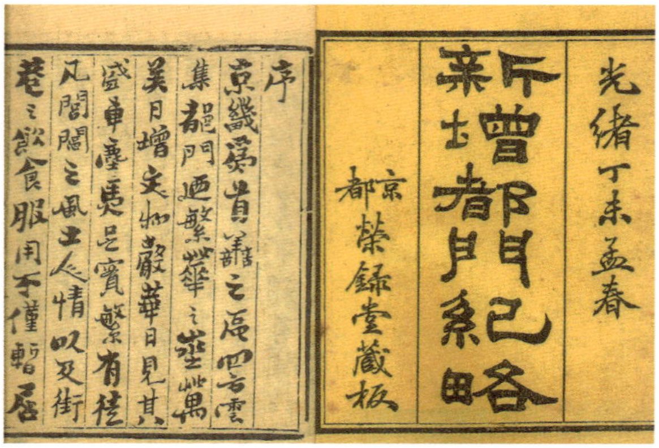

杨静亭，名士安，通州人（今属北京），大约生活于清朝嘉道年间。曾供职于陕西榆林官署，因水土不服东归。由于一直找不到合适的工作，长期潦倒京华，终日徜徉于都城大街小巷之间，所以他熟知北京市井风物、人情世故、名胜古迹以及梨园掌故、名班优伶，等等。清道光二十五年（1845），他以自己的所见所闻，编纂成此书。这部书有图、志、传、掌故等，取舍得当，颇有参考价值，是研究晚清北京地方社会市井动态的重要参考书。

《都门纪略》的可贵处是所记真实，出发点完全是为了当年初到北京都门的士子商贾提供参考，使他们不至于上当受骗，所以有很高的实用性。“都门汇纂”之“风俗”栏有一段话说：“乡会士子来京，不可听人撞骗，说有道路可谋，如怀挟传递诸弊，以谋捷径。现值功令森严，场中弊窦早已剔除尽绝，如果受其播弄，犯事时他即逃走，而身罹法网，悔之何及。”这一条是提醒来京参加顺天乡试和会试的士子不要上当企图走捷径，免得走上犯法的道路，真可谓语重心长，是十分有益的忠告。书中还有购物的指南，告诉人们什么地方能买到货真价实的物品，哪家饭馆供应什么特色菜肴，等等。

《都门纪略》对北京可供游览之处说得十分仔细，对某些古寺庙的历史沿革、地势环境，甚至有几个门口可供出入，都加以介绍。如“古迹”栏记法源寺说：“旧名悯忠寺，殿宇宽宏，地势幽雅，春间丁香花开之茂盛，在宣武门外南横街西，走后门方便。”该书对当年北京的民间医生和杂要也多有记载，“技艺”栏有一条“摘牙”说：“老年齿动不落，饮食艰难，敷离骨散两三次，立脱，并不疼痛，大是快事。按日各庙出摊，亦可延至来家。”这一条记的是当年庙会上摆摊的拔牙的土医生，其中有“并不疼痛，大是快事”之句，很像是杨静亭自己尝试过的感受。“技艺”栏的“演贯跤”这一条说：“汉语名扑虎，清语名布库，其人胖而多煢，裸体各穿褡裢，搏曳互相角胜。每逢三、六、九日在大佛寺操演，分头、二、三等，以食钱粮，并不禁止人看，上阅之各有优赏。”从这一条的记载看，可见汉族人的扑虎、满族人的布库、蒙古人的摔跤以及日本人的相扑，其实都是同出一源，大同小异的。书中的“菊部群英”，叙述了中国戏剧的发展史，其中有些观点，至今仍为戏剧史研究者所引用。

富彼国际2008年秋拍此书道光年间刻本三册，估价3000元，未成交。

冯雄景岫楼旧藏《黄山纪游诗》

在孔网购得曹来复撰《黄山纪游诗》上、下两卷全，清嘉庆四年（1799）刻本。

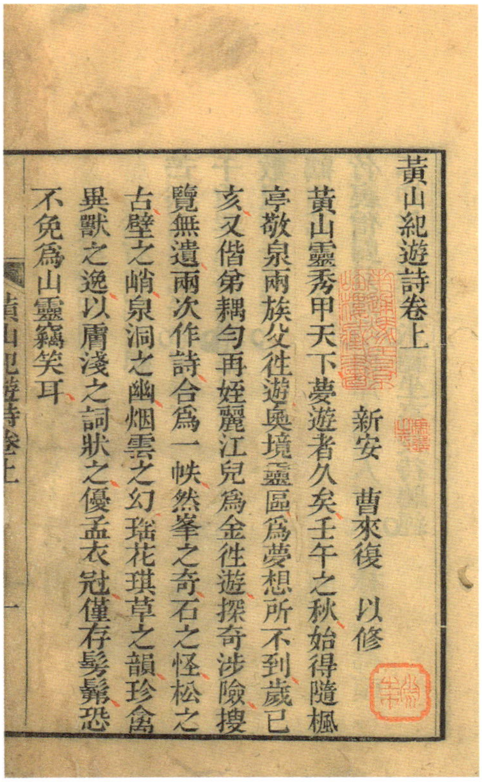
黃山紀遊詩卷上
新安　曹來復　以修
黃山靈秀甲天下夢遊者久矣壬午之秋始得隨楓亭敬泉兩族父往遊奥境靈區爲夢想所不到歲己亥又偕弟耦匀再姪麗江兒爲金往遊探奇涉險搜覽無遺兩次作詩合爲一帙然峯之奇石之怪松之古壁之峭泉洞之幽烟雲之幻瑶花琪草之韻珍禽異獸之逸以膚淺之詞狀之優孟衣冠僅存髣髴恐不免爲山靈竊笑耳
黃山紀遊詩卷上　一

此书为江苏南通藏书家冯雄的旧藏，书中有五方藏书印。其一长方形朱文铁线篆印文为“南通冯氏景岫楼藏书”，方印有“冯雄之印”、“苏锡昌印”等。

黄山的一个个景点，都留下了曹来复的足迹和题咏。在黄山苦竹溪至云谷守道中，有一块30多米高的大石岩，上面裂痕很多，隐隐约约似有字迹，如榜文一般，故名“仙人榜”，上刻汪松岩所题“来者有缘”四字行书。相传，人们游过此地，其姓名便自然留在榜上，将来均可上升到佛国仙域。曹来复写下了“擘窠宇飞动，扪读不分明。仙人在天上，岂亦重科名”的诗句。今人黄宾虹亦有诗咏道：“到此浮荣万虑蠲，那知毛毛自年年。何因蕊榜丹崖陋，世上科名望若仙。”经过黄山金沙岭时，道右山谷中，有两根石柱，并列耸立，酷似一对蜡烛，顶上烛泪斑斑，好像刚刚点过蜡烛。曹来复写下：“露滴蜡泪流，云起篆烟浮。寂寂空山里，仙人好夜游。”在云谷寺到皮蓬路口，有一怪石屹立峰巅，其状似身着道袍的仙人，一手举起，似为游客指引进入皮蓬之路，故名“仙人指路”，又名“仙人指路峰”。曹来复在此写下了“世事多乖错，投足皆模糊。请君（仙人指路石）出山去，到处指迷途”的诗句。

关于《黄山纪游诗》的版本，除曹来复嘉庆四年刻本外，尚知另有三种：徽州知府曹鼎望之子、清初著名诗人曹宾及，曾随父客居新安，因迷恋黄山胜景，诗画徜徉，有《黄山纪游诗》传世；清康熙年间曹贞吉、袁启旭各撰有《黄山纪游诗》一卷；清乾隆年间曹文埴撰有《黄山纪游诗》。

收藏此书的冯雄（1900—1968），毕业于河北唐山交通大学，曾在上海商务印书馆任职十余年。精版本、金石之学，藏书万卷。撰有《景岫楼读书志》、《蜀中金石志》等书。其藏书全部捐献给上海合众图书馆。翕居尚收有《河南省第四水利局图书目录》，亦为南通冯雄藏书，钤“疆斋”、“冯雄之印”和“南通冯氏景岫楼藏书”三章。

收藏此书的另一人苏锡昌，乃安徽苏雪林家族后人，曾在上海中国公学大学部担任教授。

2006年6月，孔网在线拍价为850元。

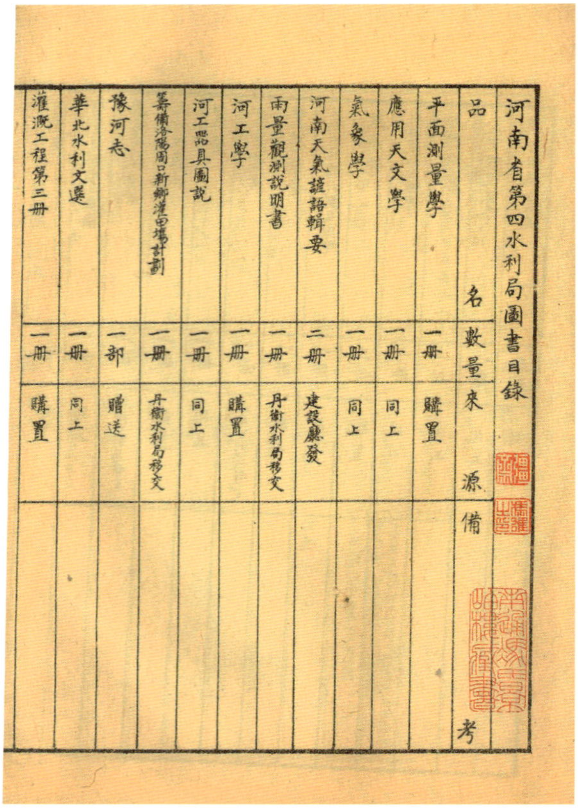
河南省第四水利局圖書目錄

品名	數量	來源	備考
平面測量學	一冊	購置	
應用天文學	一冊	同上	
氣象學	一冊	同上	
河南天氣諺語輯要	二冊	建設廳發	
雨量觀測説明書	一冊	丹衛水利局移交	
河工學	一冊	購置	
河工器具圖説	一冊	同上	
籌備洛陽周口新鄉灌田溝計劃	一冊	丹衛水利局移交	
豫河志	一部	贈送	
華北水利文選	一冊	同上	
灌溉工程第三冊	一冊	購置	

《河南省第四水利局图书目录》

民国间一个甘肃学生的暑假日记

在邃雅斋书店收到一册日记，题名为《日记附读书录》，钤“王建勋”藏印。出自一个名叫王守儒的中学生，记载自六月初五起，至七月十七日止，共一个半月。从日记内容推测，应为民国15年之后的事情。因日记中有“龙关河”、“西秦”等地名，由此可知此学生为甘肃肃南或榆中人氏。所记内容为暑假生活，有些八股之气，但涉及村居的风土人情、人伦孝悌、读书心得，更有对时政的褒贬论评。遂作整理如下。

六月初五日：仰见天色苍暗，乌云奔驰，则阴雨数日矣。我校昨日考事方毕，今有放假之举，然降雨淋漓不得行，及午膳，天空稍亮，雨少停止。移步旷野，遥望树木隐见，雾云齐飞，东方见虹霓出。

初六日：下午割草伺畜，晚餐后灯下阅《中国近百年史》。道光即旻宁太子，嘉庆崩于避暑山庄，旻奉遗诏即帝位，时年三十九，为宣宗。遂实施《新疆开垦》、《行票监法》、《奖励开矿》，此三条皆其善政也，时内外名臣，有阮元、陶澍、松筠、林则徐等，亦衷心辅弼，惟墨守旧法，食古不化，其自尊自大无比，无怪乎鸦片之战，开中国未有之耻辱也。

初七日：荷锄耘豆，路见一小穴，上有圆盖，周系丝罗，乃地下蛛也。余以手开盖，蛛则勇敢直前，把住穴口，以螯足对锋迎敌，勇也。以柴截其归路，则蛛无势矣。阅《回疆之变》，“回回”乃西北一部落之名耳，后乃据以名教，教名实为伊斯兰，创始于摩哈默德（mohammed），其教至中国，

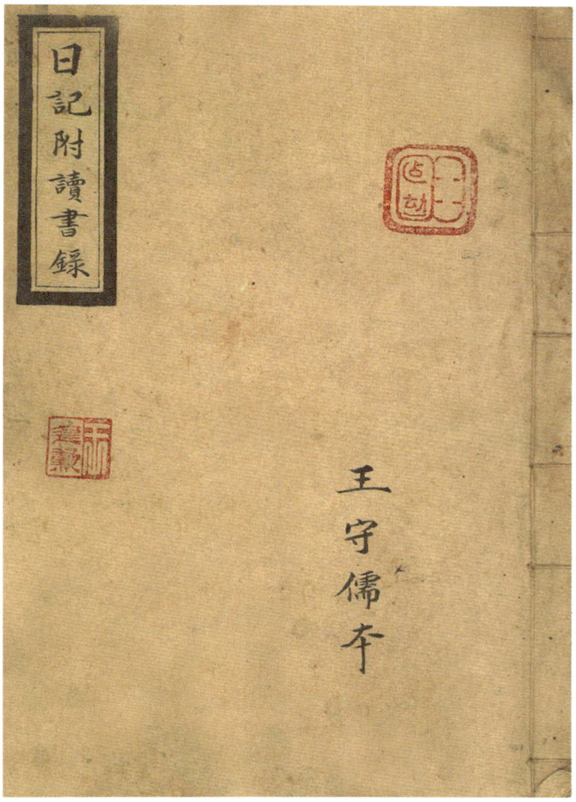

实自波斯，其经行线，可别为水陆两路，故“回回”之名独著。回部自宋以后，始信伊教，故回非教名，乃其部落固有之名也。

初八日：黎明即起，燃烛坐书案。近日久雨新晴，地尽荒芜，秋田未锄，忙碌愈加甚矣。于万难之中，求以善处之法：惟鸡鸣而起，观书片时，昏定而寝，执笔记日。为之以恒心，持之以毅力，一日不懈，若此则腹中有本，笔下生辉，其他习字读文，暂行停止。晚时，与母亲弟妹乘凉于院，讲故事、听虫声，亦乐甚矣。阅《回乱之源》，回疆自乾隆二十年戡定后，各城设办事领队大臣，岁征钱粮、土贡，数十分取一，搜刮金钱，甚至广渔回女，奴使兽畜，而回民乃怨。

初九日：余往省外祖母，花犬摇尾来迎，入门安毕，与舅父、表兄谈及时事，言革新以来，本省干戈频仍，陈树藩（曾为陕西督军，1921年8月，第十一师师长冯玉祥接任陕西督军。陈树藩逃往四川。）逃遁以后，刘振华（1926年，军阀刘振华攻打陕西）转弱为强，贪心无厌，冯子明逐之出关，几有性命之忧，吴新田赂行各处，始都西安。即位后，摧残教育，搜刮民财，未及三月，众兴师问罪，新田私逃远矣。今不知谁握权柄，若数子者，率匪兵几何，虐待人民，今日讨草，明日要粮，民实无一夕之安也。不特此也，各处贼盗蜂起，土匪猖獗，明目张胆，屡害良民。万不若前清之时，一统之朝，民岂受此涂炭哉，于清世而活一生者，虽死无憾矣。余忧民间之困苦愈甚，先朝之思念尤重，忧哉。

初十日：父命余赴高庙行礼，东行数里，抵龙关河。河中植芦华茂，参天夹道，两岸皆居客民，树木绿荫遮蔽，旁有水流沧沧之声，清雅之气，令人可爱。又行见北岸凿有大龛数处，其中神像驳卜，不可辨认，遥望烟雾之中，有一大城，前行愈见分明，及至城南有石洞。登而入之，沁凉心脾，自觉徐风习习，未几登城颠，四方远眺，田畴万顷，河势若龙，全景皆在目中也。

十一日：起时明星尚存，乃荷锄往耘田草。父训余曰，“勤俭”二字，皆有密切之关系。独勤不俭，则金钱不盈；孤俭不勤，则金钱不生。故人欲创基立业者，勤俭必须兼得也。又曰今之总统都军等位极高者也，一旦有错失职，或其老归故里，其特地以度生活者甚多。故人之幼时，先习以稼穑为基本之业，至晚录之，以防遗忘也。

十二日：旷野散步，遥瞩火云四起，奇峰无数，有挺立如竿者，有壁立如屏者，有奔腾若兽者，有飞翔如鸟者，有突出千丈直下而孤立者，有弥漫万里绵延而丝连者，观止矣。晚于郊外割草，远望西山含日，鸟雀归巢，秋虫啾啾，不绝其鸣。忽一道紫霞，遮天之半，反映于地，则成紫红宇宙，亦初晚之奇观也。

十三日：晨起牵牛耕地，视日出于扶

桑，光辉万丈，众星沦没。自思日出东落西，光阴荏苒，人生几何，金银乃天下之宝，经书是世上之珍，此古人之语也。余生于民国之世，科学发明愈演愈烈，余决然弃古而徒新也。图民之国幸福，望其自由，岂料外侮内患迭至，甲午之役、庚子之战，割地赔款。国内直奉之战、南北之争，一战则血流漂杵，积骨成山。孤人之子，寡人之妻，独人之父母，殃民甚矣。当此之时，男儿无用武之地耶，亦当洗涤内患，振拔国威，生有益于时，死有闻于后可也。

麦怕胡基，荞怕柴，一年不成二麦”。此数语关系农业，凡为农者均须知也。

是日观文库之《今日社会之缺点》，自民国成立，政体革新，提倡自治者，踵趾相接。言今日社会之内容论，则精神上缺点有六：

一为自助力薄弱。我国人之习性，类以依赖为生活，一朝失恃，遂以流离，古今有同慨焉。

二为互助力缺乏。社会为个人之集合体，则个人应有社会之观念。我国人之习

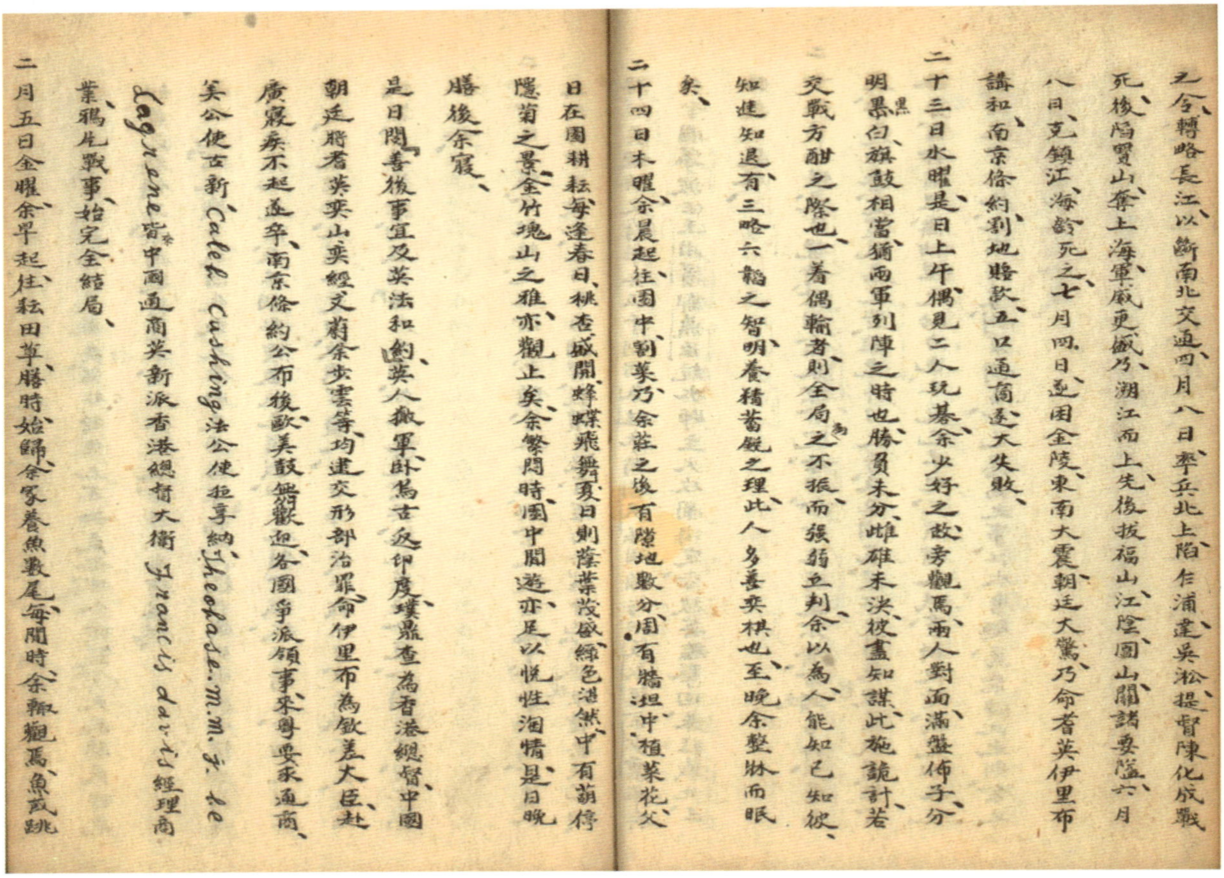
之今轉略長江以斷南北交通四月八日率兵北上陷乍浦逮吳淞提督陳化成戰
死後陷寶山奪上海軍廠更敗乃溯江而上先後拔福山江陰圌山關諸要隘六月
八日克鎮江海齡死之七月四日進困金陵東南大震朝廷大驚乃命耆英伊里布
講和南京條約割地賠款五口通商遂大失敗
二十三日水曜是日上午偶見二人玩碁余少好之故旁觀焉兩人對面滿盤佈子分
明黑白旗鼓相當猶兩軍列陣之時也勝負未分雌雄未決彼盡知謀此施詭計若
交戰方酣之際也一着偶輸者則全局之不振而强弱立判余以為人能知己知彼
知進知退有三略六韜之智明養精蓄銳之理此人多善奕棋也至晚余整牀而眠
矣
二十四日木曜余晨起往園中刈菜乃余莊之後有隙地數分周有牆垣中植菜花父
日在園耕耘每逢春日桃杏盛開蜂蝶飛舞夏日則蔭葉茂盛綠色湛然中有葡傍
隱菊之景金竹塊山之雅亦觀止矣余繁悶時園中閒遊亦足以悅性淘情是日晚
膳後余寢
是日閱善後事宜及英法和約英人撤軍以為古及印度璞鼎查為香港總督中國
朝廷將耆英奕山奕經文蔚余步雲等均逮交形部治罪命伊里布為欽差大臣赴
廣寢疾不起並卒南京條約公布後歐美鼓舞歡迎各國爭派領事來粵要求通商
美公使古新 Caleb Cushing 法公使拉萼納 Theolase. M. M. J. de
Lagrene 皆來中國通商英新派香港總督大衛 Francis davis 經理商
業鴉片戰事始完全結局
二月五日金曜余早起往耘田草膳時始歸余家養魚數尾每閒時余輒觀焉魚或跳

十四日：始起仰见明星煌煌、轻云矫矫，远闻鸡鸣犬吠之声，颇有生发之气象。犁地于郊外。父示余曰：家无几人休务农，雇工实不可恃耳。凡使雇之人，心到人到而倍为之则可也。余对曰：昔陶渊明为彭泽令，为子佣仆而遗书曰“此亦人子也，宜善代之”。父点头曰：“此言深有义。”父又引老农颜曰：“泾锄糜子，干锄花，露水地里锄芝麻”，又云“谷锄一寸，强如上粪，

性，只知有己，不知有人。故今日之社会，虽有展发之动机，仍无进行之成绩也。

三为公德心堕落。社会之秩序，端赖群众维持。我国人自便心胜，遇公物往往任意摧残，施其破坏手段，以遂其私为得计，故今日社会之事业，有忽起忽仆之怪状。

四为公益心幼稚。社会上之事业非个人任也，独力则难成合，力则易举。我国人性喜独善，若劝为公益，无不百般推诿，热心

者鲜。故今日社会之建设，仍未见有若何之进步也。

五为嫉妒心过重。社会之振兴，全社会之幸福也。我国人好逞己私，遇有功不由己必徒。故今日之图兴社会者，往往受无端之毁谤，而事业因以中落焉。

六为欺诈心太深。同处一社，犹手足也，出入相友，疾病相扶。我国人善占便宜，得利而不顾他人。故今日社会之共事者，同心戮力则罕闻，尔诈我虞则常见。

十五日：游于大庙，周墙坦倾砖残，苍苔没径，神像雄威。出城门东行，人在崖巅，下临绝沟，未几至天桥，闻下有书音。草间露水，风摇日映，玉珠银庄，千态万姿。是日阅“鸦片输入之沿革”，鸦片入中国，始于唐贞元中。至明中世，葡萄牙人输之，鸦片即罂粟或谓阿芙蓉者，实阿剌伯语ahon之译音。明季民间渐有吸者，清雍正七年下令禁止。至乾隆四十六年，英人输入日增，吸者也愈广。嘉庆元年，加刑严查，然英人贿行官吏，阳禁阴许，奸商私卖。道光十四年至十八年，岁漏银至三千余万两，国内经济愈加困难。

十六日：晨起锄薏谷草，晚乘凉于院，蟋蟀呼寒于阶下，络纬催织于草间，明星皎洁，玉兔升空，银汉已成斜之势，秋将至矣。一岁四季，既过二矣。

十七日：晨起偕雇工同赴田耕草。年年防旱，日日防客，夜夜防贼，时时防火，凡管家者，此第一要务也。有酒有肉待远亲，贼偷火烧喊四邻。在家过日子要俭用，待客要丰盛，此人之所必须者。

十八日：晨起牵牛犁地，自思余之学业，甚为忧心，读书七载，论腹中空空，然于社会有何益也。今日之因，即他日之果，有因而无果者，良可耻也，亦前途辽远实未可知耳。暑假在家温课，校中课程繁复，条分缕析，在所难全。勤于此、必荒彼，精于彼、必怠于此。

十九日：大雨倾盆，天空黑暗苍苍，破屋之下，人几不可留。本村吴翰林豫省为军，冒雨归家，余往探三兄之信，翰林详以告。

二十日：阴雨频仍，晚坐灯前，灯能照吾作事、读书，夜之黑暗，灯可明之，社会之黑暗，何人能明之？苟吾人有能牺牲精神，尽力于新文化运动，何患社会之不放光明？若能有自助互助之精神，公德公益之心，此新文化运动，当效灯之功用也。

二十一日：晨起磨面，酷暑既去，严寒未来，当寒暑适中，秋夜初长之际，正宜燃烛几案，观古今之事实，寻滋味于篇中。蟋蟀啾啾，络纬唧唧，皆佐余读书者也。骚人悲秋，每以秋夜为萧条岑寂者，非吾辈事耳。

二十二日：同母乘凉于院。母曰：其一生时运不济，命途多舛，居山东，壮远西秦，受尽风尘之苦，难免井臼之劳。及至咱家，仅守薄田数亩，破屋数间，惟余孤身自奔前程，无妯娌之助力也。五更已早起，三点犹未眠，昼耕夜织，为儿女之吃穿，汝父常在外，久不归家，铡草饲畜，皆已应为之事，扛水磨面，焉能受此之则，余之一生，何其苦也。

二十三日：是日观棋，两人对面，分明黑白，犹两军列阵，胜负未分，雌雄未决。一着偶输者，则全局为之不振，而强弱立判。余以为：人能知己知彼、知进知退，有三略六韬之智，明养精蓄锐之理，此人多善奕棋也。

二十四日：晨起往园中割菜，余庄之后有隙地数分，周有墙垣，中植菜花。每逢春日，桃杏盛开，蜂蝶飞舞，夏日则荫叶茂盛，绿色湛然，中有葫停菊隐之景，金竹块山之雅，亦观止矣。

二十五日：家养鱼数尾，甚自得，此非鱼乐也。然偶有不慎，中钓饵网苦之计，渔人捕之，售之于市，而后知悔然已晚矣。然非特鱼之不知危，人亦然。今之国民亦危如鱼之吞饵，奈何歌舞升平，而不知自救，此与鱼有何异哉。

二十六日：舅父外来，与父谈，言农人之所食者五谷也。近日天雨稠密，谷价日贱，然赋税、银两无钱完纳，但催要日繁，困之无奈何哉。

二十七日：晨起往贤镇迎小姊，闻雷老师有疾，颇忧心。不久，长姊亦至。母曰：汝弟兄姊妹今日团聚，三子出外两载，犹未归家。余自思同胞团炉谈话之时，正乃送忧迎喜之际，孰忆三兄之未在。母独思子，可知念子情殷，此所谓儿行千里母担忧也。

二十八日：一村人殁，余书对联：鹤驾逍遥岂忍严亲乘鹤去，云容飘渺空教拙子望云远。余村人共百零四口，男占全数之五十三，女占全数之五十一，适宜读书儿童占五十二分之三，男婴孩占十三分之一，女婴孩占五十二分之七，男女老者占二十六分之一，男壮者占十三分之三，村中人口如此。

二十九日：晨起往地作工，路遇村中先生，言有一题命余算也：隔墙听见人分银，不知数来不知人；七两分之多四两，九两分之缺半斤。4两+8两=12两，9－7=2，12/2=6为人数；7两×6+4=46两为银数。此算法余诚未知，此题亦未见，理也莫知，故录之以借后问。

七月初一日：往贤镇送小姊，路途峻滑实难移步。树木烟雾之中闪出黄壤之壁，见街卫狭隘，泥泞滑达，市井之恶气，空气之污浊，诚亚于乡园之清景。近日久雨，瓜价日下，家人食瓜无算。

初二日：往田中搬烟芽，自思天下之至亲者，其惟兄弟乎？余兄弟有五，当其少也，出入嬉游与共，何其爱之深；及长也，汝东我西，数岁未逢。长兄守位，天性纯厚，幼习邹鲁，长理农桑；二兄守平，不幸夭亡，修短故天，人岂不伤；三兄守仁，心胸英烈，好于疆场，与战争雄。独余与弟，论强，无缚鸡之力；论文，则独记姓名。饱食暖衣，终日恃于书案，良可耻也。

初三日：在家习字，自思朋友者五伦之一也，同乎患难，同乎富贵者，此君子之友也。终日游玩，饮酒作乐，此小人之友也。交君子则劝善亏过，学问日增；亲小人则诱恶作非，学业荒废，故交友不可不慎。

初四日：天晓牵牛犁地，群鸦翱翔空中，得意自由。日出片时稍息，旁有关帝庙，入见苔藓没曲径，柏枝遮空中，蟋蟀鸣草下，初日照高林。壁有对联：“鼎定三分，扶汉室削吴吞魏，未了生平事业；心存一统，佐熙朝享祀叨礼，只完当日精忠。

初五日：黎明起耕田，弟送长姊归家。午后大雨渐来，对日望之，千珠万点，坠落不绝，东方出虹霓两条。

初六日：晨起往园中浇菜。父常云，凡铡草浇水均宜小心。余思当今之世，人心不古，习风日下，亲爱之德，诚乃罕见。余调查本村，美德及缺点略述如下：

一是有互助之精神：凡邻居有丧及喜事者，同堡助之。每春有羊头会，皆互助之精神也。

二是有合作之能力：堡中立会甚多，若月光会、炊神会、城隍会、清明节等。期则村人咸集，饮酒作乐，因之感情而团结矣。

此上为美德，缺点如下：

一为赌博盛行：赌博常设，引诱良善子弟陷溺其中难离，倾家破产有之，为盗贼者亦有之；

二为吸烟人多：清时吸烟，乃是习气。今日经济困难，精神衰弱，方知鸦片为患之烈，知其害而甘心吸之者，余村人比比。

初七日：晨起盥面毕，整行李走亲戚，下午归。忽一妇仓忙走入，谓余母曰：汝侄秀峰，同余侄养田，偕某赴省。某于路稍息，二人先行，相距半里之遥。乃至石川河，忽亲见河水大涨，远望二人不见，访问终日无信，方疑二人有失。未几妇辞去，母欲去外祖家省之，恨天晚也。本晚因天阴过重，村人无乞巧之举。

初八日：是日余姨家表兄完娶，姨幸甚。奈之秋雨连绵，弗其喜心。早饭后，舅来余家，曰：秀峰、养田、立业同赴省垣，初三日起身，抵石川河，因水涨而返。

初九日：父曰，水火无情，谚云“熟处怕火生处怕水”。熟处有鬼，乃心理也。

初十日：暑假满矣。晨起，气候清凉，神机灵敏，阅书片时。午后酷日炎烈，令人昏闷，作功一上午。饭后或长梦而或卧、或散步于小园。晚餐后乘凉于院，父母常致训词，兄弟时进箴言。余亦知，对父兄，竭心孝敬，友弟妹。抚摩教诲，诚乃天伦之乐。

十一日：开学之日。收拾书籍，揖别父母，弟送我来校。新雨方晴，金风拂衣，眺山岳若洗秋田之勃，履下无尘之染，耳旁有鸟鸣之乐。未几到校，诸位老师贵体清吉。暑假告终，思之宛若一长梦。

肃政史吴敬修的《丁巳日记》

《丁巳日记》“贞”部一册，用“懿文斋”四周双边九行红格笺毛笔行楷写就，线装黄绫子包角。封面题“丁巳年十一月二十八日至除夕日记”。

首页题“丁巳十一月大，丁巳年十一月大建壬子，接上本十一月廿七日丙辰”，“十一月二十八日丁巳星期四，即一月十号”。

从日记内容来看，涉及溥侗、宝熙、齐燮元、齐耀琳、沈曾桐、钱能训、江汉珊、傅增湘、缪荃孙、芝庵、黄厚卿、李符曾、李石曾、刘蘧六、吴稼生、孟玉双、徐尚之、麦秩严、姚柳屏、周慕廷、陈剑秋、张镇芳、袁理生、邓孝先、张远伯、诚玉如、吴笈孙、王式通、冒鹤亭、徐敬宜、乌泽声、李荀若、许云卿、梅兰芳、程砚秋、吴铁庵等大量清末民国政要、文化名人、戏剧名家。

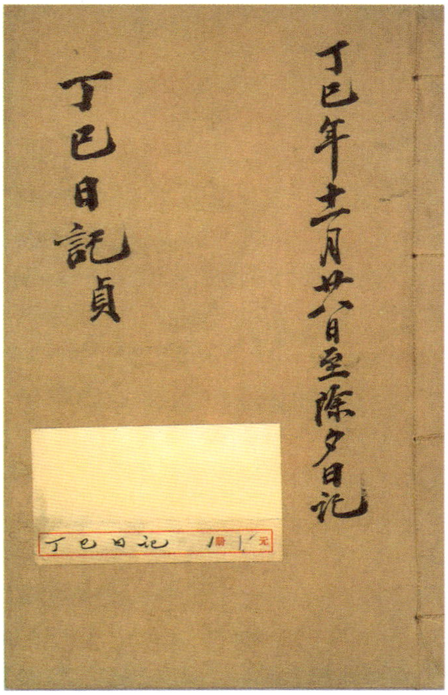

从日记中出现的人物来看，“丁巳”可以断定为民国6年。日记作者姓吴，籍贯河南固始，其二弟吴世缃为徐世昌总统府秘书长、印铸局局长（曾于1942年为财政部财务人员训练所盐务人员训练班讲述《文书处理》，讲义包括概论、公文之处理、公文示例等部分），四弟吴凌霄为江苏沭阳县县长，其外甥黄厚卿为和记洋行副买办、书画名家，其五弟为吴鹤巢。

日记中涉及政坛时闻、政要交往、宗教法事、戏院观剧、酒肆玩牌、名医诊病、人事更迭、宴客花销、年节习俗、地方政情、天气气温，等等。简要列出部分内容如下。

十一月二十八日记载：“盥漱茶毕阅报，午饭后已三钟半，黄厚卿甥妇来寓”，“四钟半坐马车赴遂安伯胡同回看符曾不在家，晤石曾谈，过东安市场，一行吃核桃壶芦一串，回寓六钟后矣。晚饭后荀若来说电话，立谈时局片时，拟为凌霄四弟写信”。

二十九日记载：“固始张明甫之子张立人名赞枢来见，住临清宫葛德之宅中”，“蘧六老人来电话，询问三少奶停寄何寺，蔗茗来谈”，“电请（詹）选青阅上海新闻报”，“阅政治官报中新定褒扬条例”。

十二月初一记载：“吴甘侯来东厅畅谈，午饭后芙卿八叔、世缃三弟、蔗农四弟、凤樵二姪、小恩姪、小松姪孙先后来南厅。”

十二月初二记载：“午刻吉时为三少奶发引，全家均送至大门外，三多孙送至北池子南口外”，“写致天津吴稼生信，托篆书，一为‘祥和’二字，一为‘绥福’二字”，“接鹤巢五弟德清来信，并由兴业银行兑寄现洋一百元”。

十二月初三记载：“买明信片十张，写致沈子丰明信片交邮。初五局改初九告知。世细三弟在印铸局来电话略谈，云裁缺肃政史，无事者约四五人有开单，请总理设法聘为顾问之望，嘱余一访幹臣同年”，“荫儿放学后赴丹桂园伊同学观剧之约”。

十二月初四记载：“十点钟坐马车出宣武门至校场五巷，访钱幹臣同年，谈云裁缺

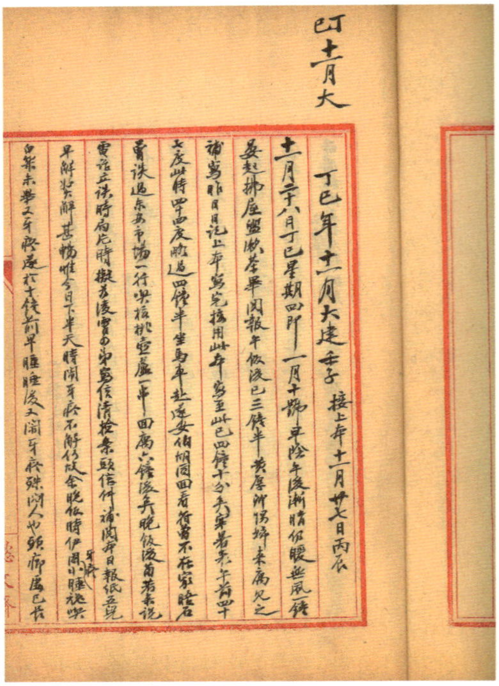

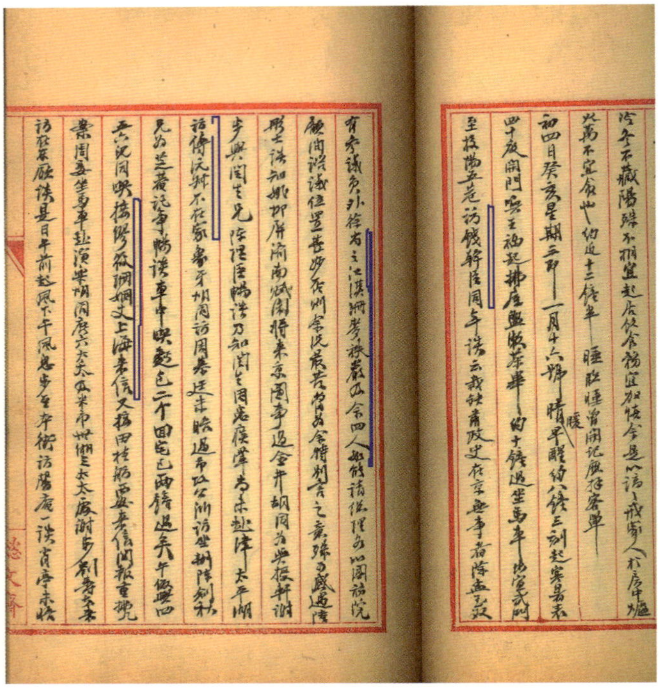

肃政史，在京无事者除孟玉双有参议员外，徐尚之、江汉珊、麦秩严及余四人。如能请总理各以国务院咨议位置甚妙，否则余况最苦，当为余特别言之，意殊可感。遇陆彤士谈知，姚柳屏济南赋闲，将来京图事，过金井胡同，为吴授轩谢步，与闽生兄、陈理臣畅谈，乃知闽生因痰晕尚未赴津。太平湖访傅沅叔不在家，象牙胡同访周慕廷未晤，过市政公所访坐办陈剑秋兄，为芝庵托事畅谈”，“接缪筱珊婀丈上海来信，又接田桂舫西安来信，阅报，重拂几案”，“步至本街访馨庵一谈，肖亭未晤”，“买国民快览民国七年一本，铜子廿八枚，买宣（白）纸八行四十张。”

十二月初五记载：“仲纲今日赠李文石遗著四本，余嘱仲纲代向李小石所索者也。”

十二月初六记载：“赴刘寿光致美斋之约，端仲纲、聂献廷、詹选青、张华堂同局。”

十二月初七记载：“往曹黄二处道谢，晚在黄厚卿处饭。”

十二月初八记载：“坐洋车赴白米斜街张宅谢步，荫儿为荀若等约赴东安市场打球，是日宝瑞臣来电话，因尚惠臣尚未来京，沈五亦未病愈，电广和居沈子封问病，虽愈尚未能出门，遂将初九之局改十二，随电庆元春知之。晚又电告瑞臣知惠臣十三六十整寿，改十二庆祝，遂又将十二之局改十一午刻，并托瑞臣代约惠臣到京。”

十二月初九记载：“赴宝晋斋买彩锦边珊瑚笺七尺大对一付，刻十三字一行，回头六字，共十九言格”，“请李小东、李荀若、张者兰、曹禹九、黄厚卿、鹿挹甫晚饭。”

十二月十一日记载：“送尚惠臣寿礼：南绣寿星湖绉寿幛、锦装珊瑚金笺寿联。联语为：‘陆宣公有志活人，进则望重名臣，退亦功伟良相；老来子得天独厚，耄耋依然

戏舞，肥豚所以承欢。’”

十二月十二日记载：“写致北京大学法科教务处函，为荫儿告病假四日”，“晤张仲郊及瑞臣之二世兄、六世兄，顺赴学院胡同访刘蘧六”，“是日南皮张先人设祭”。

十二月十三日记载：“下午电话问盐政署，知凤樵姪赴天津尚未回。”

十二月十四日记载：“阅报知冯代总统有本月出京之信，时局又有变更。”

十二月十七日记载：“接桂舫来信，并寄现洋廿元，砥才并赠隋苏孝慈碑及隋李富娘碑帖片二件。”

十二月十八日记载：“捡阅甲寅、乙卯、丙辰各日记。”

十二月二十一日记载：“崇孝寺妙慈方丈送素菜点心。开箱查取先公日记本查事，并觅天津旧纸件查事，清理家谱竟日至五钟半始完，计先公本房一支谱系四大页，伯父本房一支四纸，叔父本房一支一大纸，又四叔仲清公一支一大纸。均为修正，另有蔗农弟旧存秉义堂本支谱草底一册，均交蔗农四弟明日带回固始。此事久搁未办，甚为疚心，至是乃了一件要事，胸次为之一爽”，“赴第一春沈子封前辈之约，宝鼎臣、宝瑞臣、袁理生、刘隆伯同局，饭后赴对门协心院茶游，沈子封认花宝宝、袁理生认舜琴，皆南人。又至陕西巷北林房访子封旧人陈筱香，散已近十二钟”。

十二月二十二日记载：“入吉祥园，凤卿、连仲总放，始上兰芳天女散花，尚未唱，觅诚玉如不得，遂买《经世报》一张。”

十二月二十三日记载：“夜雪，房地已铺白，不厚。时雪已止，无风不冷，即此小雪尚在未打春之前，亦相宜也。是日亥正三刻五分立春正月节”，“过琉璃厂直隶书局，为四、五儿买《三字经》各一本，共六枚”，“阅报，阅《吴絅斋年谱》。”

十二月二十四日记载：“五儿叫猴戏二门看视”，“接凌霄四弟苏州来信，又接藕农五兄黑龙江来信”，“过丹桂园入观，程砚秋正唱《彩楼降香》，程莲春《雅观楼》、《白牡丹》、《红雪春》均属可观，吴铁庵《四郎探母》不佳”，“入宝鼎臣醒春居消寒之局，尚会臣、尚影丞、溥厚斋侗、沈子封、刘隆伯及瑞臣同局，惟理生未到，闻系伊自己生辰也。侗厚斋闻将至山中度岁，新正初五后回。会臣则廿六七赴津，廿八九仍回京度岁。闻绍叙五病黄症甚剧，会臣今日往诊，据云为凉剂所误，应服热

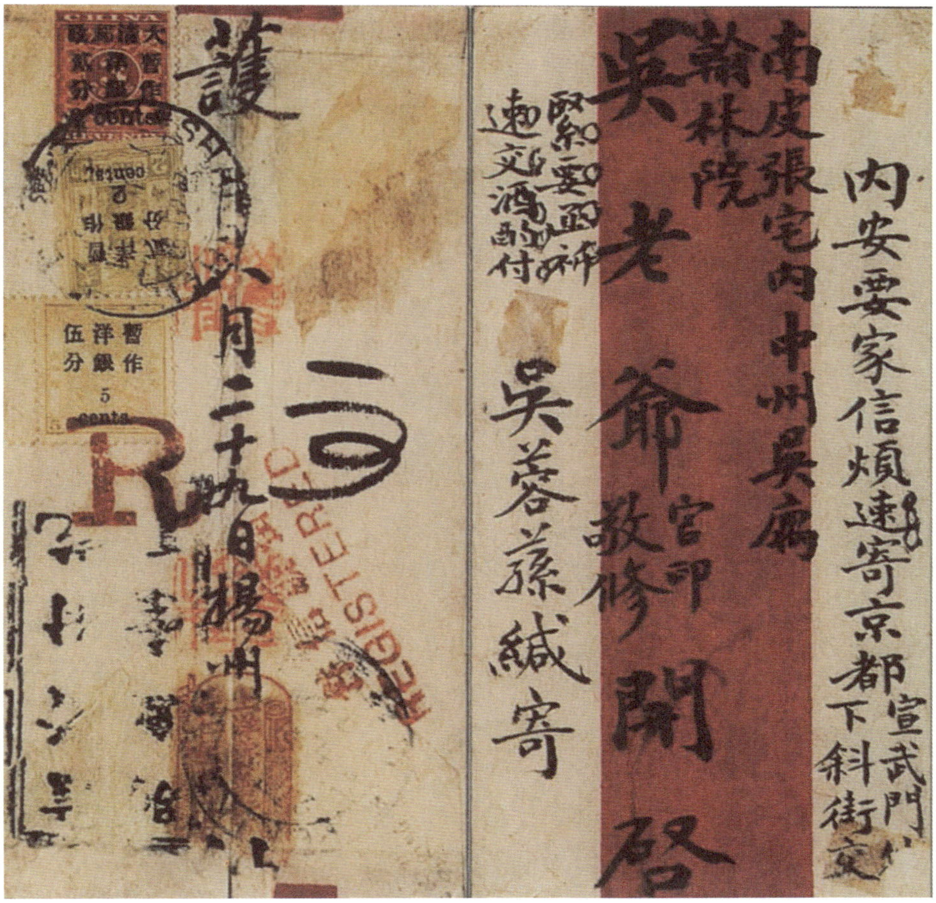

1897年扬州吴蓉荪寄吴敬修的信

药。瑞臣云其子志光于税务处，现又得一汇业银行之事”，“阅《李文石遗稿》”。

十二月二十五日记载：“看儿辈念书，张虚斋先生明早解馆回里，言明正十六日回馆。”

十二月二十六日记载：“儿随其慈母赴赵医就诊，天阴坐皮车甚冷，令其披余白狐斗篷以制寒”，“坐马车至西四牌楼兵马司拜齐照岩”，“赴本街三条胡同回拜夏仲膺寿康”，“糖食宜少吃，宜自戒生气，吃饭食时尤不宜生气，不可不戒也。”

十二月二十七日记载：“买月台票至（前门）东车站为齐照岩送行，晤齐迪生同年，知照岩在站内候车室，遂同至候车室见之略谈，托以凌霄四弟委署长局事，嘱其过南京见振岩言之。伊云在津度岁后，新正初三四赴南。后同送上所挂华车，看其于四钟四十五分开行。晤王书衡、冒鹤亭、徐敬宜、乌泽声、李荀若、黄厚卿甥并浙江知事宜兴人许云卿等。”

十二月二十八日记载：“河南各会馆长班叩年，统共赏钱二吊。接赵周人省长来函，为河南丁槽折征银元事公函一件，财政厅蒋意见书一册。宝晋斋来人，上节以清帐，八月节后共欠现洋十九元四角，付其现洋十九元矣”，“三儿今早仍赴学校上课，午后因教习告假，可以不去，自明日星期放假外，春节放假七天”，“致信蔗弟回京时可在固始照婶母、姑母四寸照片带来。”

十二月二十九日记载：“晤邓孝先”，“戊午新正元旦时开笔书吉语于红纸，晚宴时张远伯送年礼四色：蜜橘、苹果、元宵及酒二瓶。随答以莼菜二瓶、罐果二瓶、包子一盘、黄糕一盘”，“除夕彻夜花爆声，不绝于耳，自改革以后，似为前数年所无也，颇有新年气象，亦复旧之一端耳。”

翕居多日来一直查找日记作者未果，蒙窦水勇先生多方查找线索，后经布衣网友alin见示，方知应为“吴敬修。”

附录：

1897年扬州至北京的实寄封

这里展示的是一枚1897年扬州至北京的实寄封。此封为中式红条信封，信封正面右边书写“内安要家信烦速寄京都宣武门外下斜街交南皮张宅内吴寓”，中间为“翰林院吴老爷官印敬修开启”，左边落款是“吴蓉荪缄寄”。信封背面中缝封条写着“护八月二十九日扬州”字样，说明这封信是从扬州寄发的。

不过，这封信寄发时大清邮政扬州邮政局还未成立，所以信封上见不到扬州邮戳。然而我们从信封正面左上角的“紧要函件速交酒酌付”字样可以得知，这封信的寄递是交民信局办理的。民信局将此信从扬州带到上海，又从上海邮政局挂号寄往北京。信封背面盖有红色“R”字戳和“挂号信件R1C15TRED”中英文条形戳。按照当时的邮资标准，埠际信件邮资洋银2分，挂号另加资费4分，合计6分。信封背面左上角贴红印花加盖小字“暂作洋银贰分”邮票1枚，倒贴万寿2分银改“暂作洋银贰分”大字短距邮票1枚，而右上角有一处贴票后脱落的痕迹，估计那里原来也是贴的1枚“暂作洋银贰分”邮票。两枚邮票上共销一枚蓝色英汉大圆戳，戳的双圈内上方为英文“SHANGHAI”，下方为中文“上海邮政局”，中间横线上方为英文阳历日期“26 SEP 97”，即1897年9月26日，横线下方为中文阴历日期“（光绪）廿三年九月初一日”。背面左上方和下方也有英汉大圆戳的印迹。民信局于阴历八月廿九日即阳历9月25日在扬州收受信件，第二天就能赶到上海寄发，说明工作效率也是相当高的。

此信的到达地北京邮政局没有盖邮政日戳，却在信封背面倒盖了一个长方形的蓝色中文戳记：“信资付讫　别无索取”，表示信资已付足；收信人不必再给邮差付邮资。大清邮政初期，北京邮政局经常在各地寄往北京的信件上加盖此类宣传戳记，以示国家邮政与民信局的区别。

此信的收信人吴敬修应是河南籍人氏（中州是河南省的别称），他的家人吴蓉荪可能是客居扬州，因家有要事而寄发了这封信。信封背面下方还盖有一个红色印章：“上洋宝善街东义仁盛第二家”。因扬州没有叫“上洋”的地方，因而不是吴蓉荪的住址。经笔者查阅资料，发现在上海寄发的民信局封上常盖有“上洋某某信局”印记的，因而可以判定，这个印章上的12个字就是收受该信件的民信局在上海机构的地址。（编者按：上洋即上海）

（载《中国邮史》2004年第5期，作者曹东辉）

记载不少鲜为人知资料的《北平旅行指南》

马芷庠编辑、张恨水审定、马家声发行《北平旅行指南》一册，北平经济新闻社民国24年8月初版，民国25年1月再版、4月3版，民国26年4月20日4版。初版时平装西洋报纸洋宣纸印全书一册，定价6角。4版时洋装布面烫金字洋宣纸铜版纸印全书一册，定价1元。吴佩孚题写书名。

著者以30年客居旧都之经历，广采博取，精心编著了这本饶有趣味的旅行指南名著。全书分九卷，详细记述了20世纪30年代的旧都沿革。卷一为名胜古迹之部，分城区和郊区，介绍北京的名胜古迹达230余处。以下各卷依次为食住游览、旅行交通、工商物产、文化艺术、军政机关、公共团体、社会公益及气候风俗等方面丰富的史料，并刊有珍贵的古迹名胜照片188幅。广告图片比重也很大，对于了解当时的商业、商品甚至是经济情况、市井风俗都是很有价值的史料。月坛、蓟门烟树碑亭残迹等许多珍贵照片都是很难一见的。

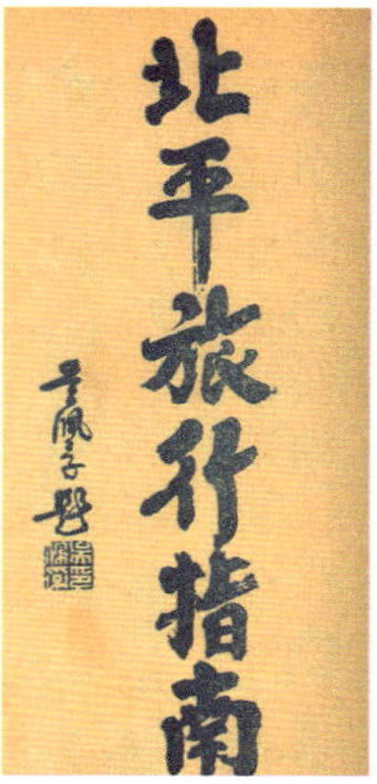

《北平旅行指南》记载了一些不为人知的东西。如旧北京有西安市场，但今天已被人们忘却了。据了解，近年再版的民国27年成书的《北京市志稿》及前些年出版的《北京通史》、《北京史》，等等，对西安市场几乎没有只字记载。据老人们回忆，西安市场在民国初年兴建，大约在20世纪40年代就停办了。东城的东安市场是在原八旗练兵场的空地上所建，西安市场也是建在空地上。当时那里是鹌

鹑市，清朝垮台之后，喜欢斗鹌鹑、食鹌鹑蛋的王公大臣、太监们相继退出历史舞台，鹌鹑市就失去了存在的意义，这里成了一块空地，人们在这里办起了市场。因为此地离西安门较近，又与东安市场对应，故而被称为西安市场。西安市场在规模上与东安市场无法相比，但是在历史上西四地区是一个传统的商业区，史称“西市”。“西市”最繁荣的时代是明朝。这里与西安门、西四牌楼近在咫尺，一度十分繁华。根据古代“刑人于市，与众弃之”之说，明代在这里曾设刑场。刑场的具体地址就在今天的大拐棒胡同南口，离西安市场的今址西安大院只有几米的距离。《北平旅行指南》一书记载：“明之刑场，在西安市场之东，大拐棒胡同南口内，三百余年前在此丧生者，不下万余人。试掘该地土犹带殷红色，染有数尺，盖即刑后沥血入土之故也。”今天读起来，仍然让人不寒而栗。

《北平旅行指南》对菜市口也有详细记载：每逢秋后朝审，在京处决犯人众多之时，由东向西排列，刽子手执刀由东向西顺序斩决。所用鬼头刀五柄、凌迟分尸刀十柄，现存于历史博物馆。旧时，犯人被押出宣武门（顺承门），过断头（魂）桥，经迷市，送往菜市口法场，就不可能有生还的希望了。犯人被杀后，尸体被人运走，血迹即被黄土垫盖上。后来，便有人在这里卖菜，菜市生意兴隆，故菜市口由此而得名。

1997年7月，北京燕山出版社据《北平旅行指南》重排出版，改名为《老北京旅行指南》。北京旧书市1937年第4版《北平旅行指南》，标价1500元。中国书店拍卖会上曾有两次出现。

“越州古城的迷离梦影”：《龙山梦痕》

王世颖、徐蔚南著《龙山梦痕》，上海开明书店1926年初版，“文学周报社丛书”之一。收徐蔚南的《莲花桥头送别》、《兰亭春色》、《山阴道上》、《快阁底紫藤花》等10篇散文；王世颖的《大善寺底塔》、《上海与越州》、《水灾底前后》、《还我红豆来》等10篇散文。

龙山是浙江绍兴城中的一座名山，《龙山梦痕》是一册有关绍兴的散文集。王世颖在自序中说：“一九二四年春天，我和蔚南同客绍兴。我们俩底卧室紧贴着，每夜必抱膝长谈，每谈必至深夜，直到灯昏人倦，然后各自寻梦去。长日工作，也没有时间可以给自己用，他偶然有兴，便写几篇抒情述景的小品，题上‘龙山梦痕’字样，同客他乡，他有梦，我何尝没有呢。于是我也拿了我的梦痕，收入这《龙山梦痕》里了。”

徐蔚南、王世颖在民国新文学中并非什么大家，写《龙山梦痕》时也不过二十出头，文字却清新自然。据文中所述，两人当时在一家豆乳公司工作，徐蔚南干的是财务的活。徐蔚南（1899—1953）是江苏吴县（今苏州）人，曾留学日本，做过世界书局编辑，著述颇多。散文以外，尚有小说、译著及学术著作。主要有短篇小说集《奔波》、《都市的男女》，散文集《春之花》、《龙山梦痕》（与王世颖合著）、《乍浦游简》，论著《艺术哲学》，译著《苏联短篇小说选集》、《莫泊桑小说集》等。王世颖是福建闽侯人，复旦大学毕业，做过浙江大学秘书长，曾和陈果夫发起组织“中国合作学社”。相同的是他们俩都做过

浙江大学的教授。

刘大白在“龙山梦痕序”中写道：“在我的朋友徐蔚南、王新甫两先生的梦境中，留下了许多美妙的痕迹，并且他俩更用美妙之笔，把这些美妙的梦痕描绘下来，成为这二十篇《龙山梦痕》的美妙的小品。”

《中国现代散文史》记载：徐蔚南和王世颖的《龙山梦痕》，纪游的名作，是山阴道上、越州古城的迷离梦影。刘大杰、陈望道、柳亚子为之作序题词。徐蔚南强调“注意暗示的写法”，“注意细小的地方”。

张泽贤的《民国书影过眼录续集》中介绍有《龙山梦痕》一书。其《民国版本知见录》中，有“夫妻为《龙山梦痕》作插图”一文。1925年，丰子恺在上海《文学周报》上发表以“子恺漫画”为题头的漫画作品，并结集出版了《子恺漫画》，中国才正式统一使用“漫画”这一名称。而这年张同光先生为《龙山梦痕》画了社会讽刺内容的漫画《恶尚的印象》，在社会上造成了很大的影响，随后，漫画才渐渐在社会上流行。

2008年2月，孔网此书在线拍价为260元。

蕴含人文精神的考察记：《马来群岛游记》

（英）窝雷斯（A.R.Wallace）著、吕金录译《马来群岛游记》四册，长沙商务印书馆1939年第2版。此书第1版为上、下两册，上海商务印书馆于民国22年出版。记述作者1854年至1862年期间在马来群岛的科学探险考察活动。卷首有节译自《大英百科全书》的《窝雷斯传略》，卷末附录两种马来群岛言语发音表。

此书最早由麦克米兰书店于1869年初版，书名为《马来群岛》，分装上下两卷，定价一镑四先令，在当年算是相当贵的书，但初版1500册，很快销售一空，又加印了750册，仍然供不应求。由于出版商加上吸引眼球的“红毛猩猩与天堂鸟的故乡”的副标题，并附有许多精美插图，使得该书特别吸引人，持续畅销，每隔三四年就会换个新包装重新上市，成为研究东印度群岛的权威著作。此书是作者“八年来，我在世上最广大和最蓊郁茂密的岛屿群流浪的记游”，作者描述印度尼西亚的自然景观、动植物和民族的多样及迷人风采，是一部蕴含人文精神的科学考察记。出版至今100多年，并未随风而逝，仍具有不少参考价值。由于此书卷帙浩繁，要全文翻译并不容易。

抗日战争前，吕金录先生据1890年第10版翻译的译本，书名称为《马来群岛科学考察记》，他将作者华莱士译作“窝雷斯”，全书六册，民国24年上海商务印书馆出版，并收入“万有文库”第二集的丛书中。据新加坡国立大学图书馆编《馆藏南洋研究中文资料目录》所载，该馆藏有1939年长沙商务印书馆第2版的印本（仅藏有二、四两册）；另有1959年香港南华出版社的印本，则改订为上、下两册。这两种印本书名均作《马来群岛游记》。而1980年北京商务印书馆所编《商务印书馆1897—1949总目录》，所登录

此书之名仍作“游记”而不作“科学考察记”。但1966年台湾商务印书馆重印“汉译世界名著甲编六百种”，亦将此书收入，计平装六册，精装合订一册，书名又改为《马来群岛科学考察记》，似是据万有文库二集本所影印。商务何以一书两名？则不得而知。

此书分马来群岛的地文地理、西里伯岛的游记、摩鹿加群岛游记、马来群岛的人种等七编。第一编概述马来群岛地文地理和第七编的群岛人种是概论性质，不分章节。除此之外，华莱士将整个马来群岛分成5组：印度马来群岛（包括新加坡、马来西亚、婆罗洲、爪哇、苏门答腊）、的摩尔群岛（即帝汶）、西里伯、摩鹿加群岛、巴布亚群岛。每组各一编，分占二至六编；编下分章，5组共38章。这些分组，是按各岛上的动物和居民的特点而划分的，兼用地理学、动物学兼人种学之排列法，由一岛叙述至他岛，大致按其考察行程分岛叙述。

此书译笔虽是六七十多年前的白话译文，现在看起来也并不吃力。书前“译者例言”有“此书依照原文逐句迻译，只求信达，不尚雅饰”，应为全译本。书中动植物译名均参考辞书，有所根据，可见译者态度之谨慎。

2004年12月，孔网此书初版二册拍价为186元。

萨空了“押车”《由香港到新疆》

萨空了著《由香港到新疆》，香港新民主出版社1946年出版（根据该书“前记”的写作时间）。

萨空了（1907—1988），别名了了，蒙古族，四川成都人。擅长艺术理论，1925年参加“阿波罗画会”。1929年任《世界日报》画刊编辑、天津《大公报》艺术半月刊主编。1931年被聘为国立北平大学艺术学院

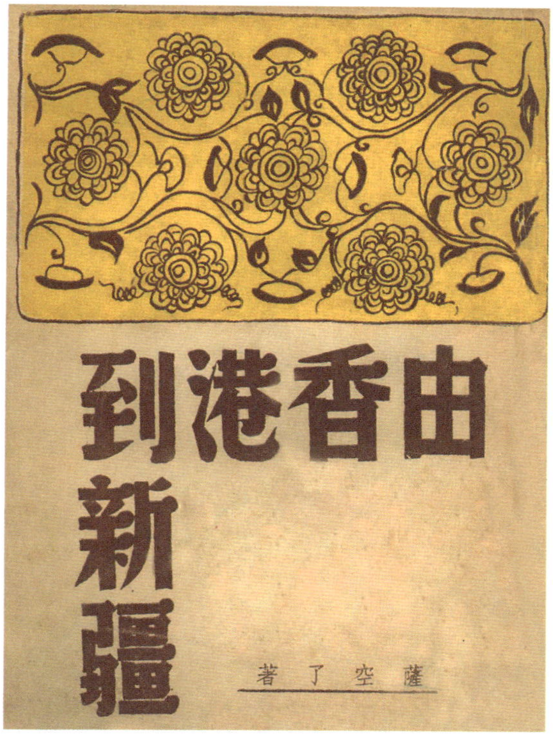

讲师，教艺术理论课。新中国成立后，历任人民美术出版社社长，新闻总署、出版总署副署长。

作者为从事抗日工作，在香港组建了一支满载敏感物资的车队，自1939年3月10日，押车从香港出发，绕道越南，穿越烽火连天的中国抗日战场，经重庆、成都、皋兰、酒泉等地到达新疆。一路上备尝艰辛，还为西北建设招兵买马，为友人挈妇将雏，到新疆即办起日报。本书记述的就是1939年3月10日至9月13日，作者这次旅行的经历、见闻和感受。

1943年 5 月，萨空了在桂林被国民党特务绑架入狱。在狱中的两年，写出长篇小说《懦夫》和纪实《由香港到新疆》等大量作品。作者在作于1946年6月15日的“前记”中讲道：“这本书也是1943年在桂林被捕后写成的，当时的心情认为由香港到新疆这一次横贯中国腹地的旅行，对于我是毕生难忘的旅行。狱中的无聊日子用记述一段最值得回忆的生活来排遣，应该是最好的方法，于是就写了。写成无法发表，交给朋友代为保存，直到最近才重回到我手中来。复读一次，八年前的旧事都又回到眼前。最敬爱的朋友杜重远仿佛还在身边，可是他已永离了这个世界。”

萨空了在这个“前记”里还几次提到杜重远的被杀和怀念。抗日战争初期，因新疆省主席盛世才在新疆打着亲苏、联共的旗号，实行“六大政策”的新政，杜重远认为新疆必将是抗日的后方基地，加之与盛世才是同乡，又是留日的同学，他打算协助盛世才建设新疆，把新疆建设成巩固的抗日后方基地。1937年10月，杜重远第一次到新疆考察，受到盛世才的热烈欢迎和款待。杜重远也因此受到感动，对于盛世才个人和新疆新政，予以赞扬。返回湖北汉口后，杜重远在《抗战》三日刊上连续发表了《到新疆去》的通讯，对新疆的情况，作了饶有趣味的介绍，引起了内地广大读者的兴趣。杜重远对新疆的兴趣极浓，他从新疆回去几个月，又应盛世才的代表张元夫邀请，于1938年6月第二次到新疆考察。“八·一三”事变上海沦陷后，杜重远的家从上海迁到香港九龙，《立报》经理萨空了也随报馆到了香港。《立报》的另一个经理是个反动分子，他在《立报》上发表了诬蔑八路军和新四军的文章。萨空了因此和他发生了口角，两人闹得不可开交，不便共事。在此情况下，杜重远劝萨空了一同到新疆去。萨空了再三考虑，接受了杜重远的建议。

1938年10月4日，杜重远和萨空了从武汉乘飞机启程，6日抵迪化（乌鲁木齐）。杜重远和萨空了在新疆访问期间，盛世才要求他们两人留在新疆工作。杜和萨表示同意，但是，先得回关内办理移交工作，搬迁眷属。盛世才不放心，怕他们回去不来，硬让他们先行任职，再回关内办事。盛

萨空了著作

世才让杜重远任教育厅或民政厅厅长，杜重远不愿担任政府官员，表示愿培养抗日建国人才，要求任新疆学院院长职务。于是便在1938年10月31日就任新疆学院院长和新疆边防督办公署高等顾问；萨空了还担任了新疆日报社副社长。这样，才让他们返回关内。1939年1月，杜重远抱着“为祖国奠定最后抗战基地”的愿望，与自己的家属、高韬、鲁少飞和萨空了的家属一道，乘飞机到了新疆。

2009年2月，孔网此书售价为150元。

76篇日记：《苏联纪行》

郭沫若著《苏联纪行》一册，32开，163页，邯郸裕民印刷厂1946年11月印刷、发行。国家图书馆著录为“新善本”。

该书封面为红、蓝双色印刷，书前有作者的一篇《前记》，接着是按日排印的76篇日记。记录了1945年6月，郭沫若应苏联科学院邀请赴苏访问，参加苏联科学院建院二百二十周年纪念活动，在苏联参观访问50天的历程。从日记里看，他到斯大林格勒（今俄罗斯伏尔加格勒市）游览了伏尔加河，到过乌兹别克首都塔什干和旧都撒马罕等地。在这期间，参观过苏联革命博物馆、东方文化博物馆、历史博物馆、军事博物馆、克里姆林宫博物馆；参观了作家奥斯特洛夫斯基博物馆和诗人莱蒙托夫博物馆；参观了列宁图书馆、画馆、天象台，等等。作者还以20页的篇幅，记述了他参观托尔斯泰博物馆的详细情况。

在苏联期间，郭沫若应邀作了多场学术报告。7月5日在苏联历史研究所，作了《战时中国的历史研究》的报告；7月26日在苏联东方语文大学，作了《中国文学的两条路线》的报告；7月27日在苏联对外文化协会，作了《战时中国的文艺活动》的报告，等等。这些报告受到各方的好评和欢迎。

在这50天里，郭沫若充分感受到了苏联人民的深厚友谊，结交了许多新的朋友。他还会见了许多老朋友，看望了老战友李立三。

《苏联纪行》是一份重要的史料。该书还有1946年中苏文化协会研究委员会编辑的北平印刷版，是该协会“研究丛书第三种”，由上海中外出版社1946年3月初版，该书为32开竖排平装铅印，计222页。封面无图，由郭沫若自题书名，下钤“郭沫若”篆书白文印章。

2004年4月，中外出版社1946年初版，孔网拍价为500元。

1946年11月河北邯郸版

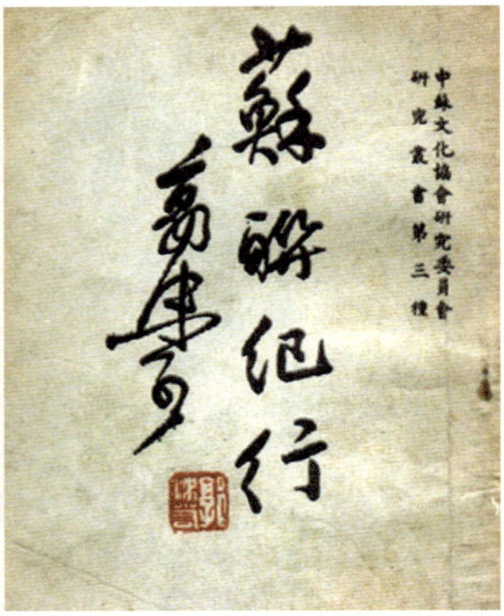

1946年3月上海版

“中国考古界的拓荒之作”：《徐旭生西游日记》

徐旭生著《徐旭生西游日记》，全三册，西北科学考查团北平1930年出版。“西北科学考查团丛刊之一”。

民国16年，中国历史学术团体协会组织清华大学、北京大学、北洋大学等学校的学者，与瑞典著名探险家斯文·赫定等人组建了“中瑞中国西北科学考查团”，由徐炳昶和斯文·赫定分任中瑞两方团长。考察团于1927年5月9日从北平出发，开始中国西北科学考察探险。《徐旭生西游日记》便记载了1927年5月到1928年1月上旬，到大西北考察的历程和见闻。1930年出版前，又补入三个附录。一路走来，徐旭生坚持实地调查，掌握第一手资料，对当时艰苦的考察过程，当地民俗风情，作了真实、生动的记述。不仅把行程见闻记得要言不烦，而且对当年中国的一些重大事件，如蒋冯阎之战，勒科克劫掠新疆文物，张作霖遇害皇姑屯，马仲英袭扰新疆，苏联和日本势力对新疆渗透以及主政新疆多年的杨增新人格、政绩和遇刺经过，都有记载和分析。重温此书，仍能体认当年西北的状况及学者的爱国情怀。

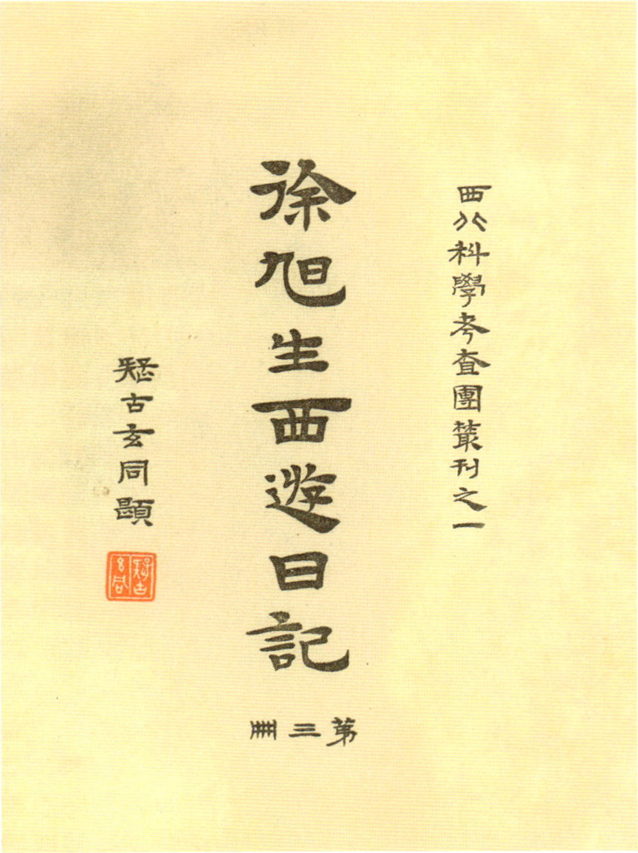

这部书在20世纪30年代初出版后，使国内外学者、专家更加重视和向往中国西北的考古研究，他们赞誉此书为“中国考古界的拓荒之作”。

1929年10月，西北科学考察团的第二批团员——由不同国家的考古学家、地质学家、人种学家、古生物学家组成的戈壁组，是从内蒙古呼和浩特出发，一路向西，开始古丝绸之路考察探索的。

徐旭生（1888—1976），河南唐河人，曾任北京大学教务长。徐旭生潜心研究学术，严谨治学，在哲学、史学、教育学等学科成果颇丰，为著名的史学家、考古学家。

孔网在线销售此书，价格为2000～3800元不等。

苏联作家和记者的《战后世界各地游记》

凌燕编《战后世界各地游记》，大连大众书店民国38年2月初版。

此书内收大多为苏联著名作家和记者，关于各国风俗人情和社会状况的通讯报道。有“乌瞰莫斯科”、“罗马尼亚”、“斗争中的缅甸”、“印度印象记”、“在波兰”、“希腊印象记”、“从埃及归来”、“今日之德国”、“美国人在柏林”、“法兰西的痊愈”、“墨西哥旅行记”、“在库页岛上”、“南、北朝鲜游记”、“斗争中的缅甸”和“荷帝统治下的印尼”等29篇文章。

该书原文选自《新时代周报》、《文学报》、《红星报》、《火花》、《真理报》等报纸杂志，译者有白莽、刘辽逸、付克、楚格、林山、邝胜、吴楚、翔平、苏英、梅林、仲麟、青山、纪坚博、沈丙杰和梁香等人。巴拉金的“在伦敦”是刘宾雁翻译的。

编者在“前言”里讲道：“日寇统治东北期间，曾伪造了许多各国历史和世界地理，来欺骗和蒙蔽东北人民。解放以后，翻身的东欧人民需要了解正确的世界大势。”这里收集的除了一两篇之外，其余全是苏联名作家和名记者的通讯报道。这些报道立论正确、描写深刻，从这些游记中，我们不但可以了解各地的风俗人情，还可以了解各种社会情形。并且，通过这些作者的政治眼光，同时还可以提高我们对一些事件和问题的看法。

关于美国和日本的通讯已有专集出版，因此这本书没有再收入。有些地方也没有反映到，“这是因为没有找到这些地方的游记，或者是因为有些已经过时而没有采用”。

编者充满激情地说：“人民是飞跃地在前进，各地情况也迅速地在变动，黑暗地区日益缩小，光明地区日益扩大，新的游记是会不断发表的。”

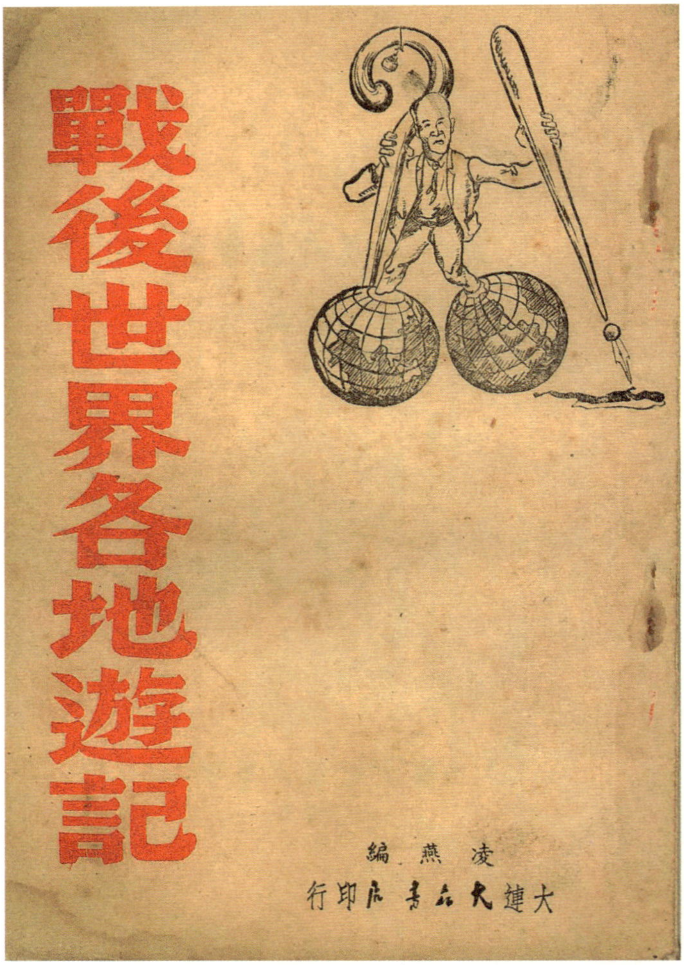

七页六处刊误的《东游杂咏》

谢祖元撰《东游杂咏》一卷一册，民国间铅印本。薄薄七页的小册子竟然有六处错字错句更改。

谢祖元，一名抗白，江苏武进人。日伪时期在伪青岛特别市任市政委员、总务局长、胶海关监督，大汉奸。

第二次世界大战期间，日本帝国主义为推行其侵略扩张，宣扬所谓的大东亚共荣圈，于1939年11月6日在日本东京召开了由北京、天津、京都、平壤等39城市参加的“东亚大都市联盟会议”。10月29日，日本统治下的伪青岛特别市组成了以谢祖元为团长，吕振文、韩鹏九为副团长的访日代表团一行16人参加这次联盟会议，并进行了为期一个月的访问。《东游杂咏》就是这次“开会”所作。

这次由日本人组织的东亚大都市会议，纯粹是一个为日本侵略战争歌功颂德的会议。会议通过了关于市政都市情报交换、关于共同防疫等8项提案。之后，还在东京召开“新东亚建设恳谈会”，宣扬“大东亚共荣”，用以掩饰其侵略的本质。

抗战胜利后，国民党青岛当局依照汉奸惩治条例，成立了战争罪犯调查委员会，对汉奸进行检举、调查。经过周密布置，1946年1月13日晚10点30分，开始大规模的逮捕汉奸行动，两天时间共逮捕汉奸60余名。此次行动谢祖元等汉奸被逮捕，汉奸住宅被监视查封，财产被冻结。

常州档案馆藏有武进地方法院“函复调查汉奸谢祖元并查财产等情由”档案。

亦诗亦文的《听园西疆杂述诗》

（清）萧雄撰、宋联奎辑《听园西疆杂述诗》四卷，“关中丛书”第三集第22至24册。陕西通志馆民国23年至民国24年白纸铅印本，书名页题“西疆杂述诗”，邵力子署签。

萧雄是清代边塞诗人，字皋谟，号听园山人，湖南益阳人。平生豁达豪放，胸怀爱国大志，早年应试不中，时逢英俄帝国主义的走狗阿古柏侵略新疆，萧雄毅然投笔从戎，于1863年至1878年随左宗棠西征军三度进疆，先后在都统金顺、提督张曜幕府当参军，对平定阿古柏侵略做出了贡献。萧雄行程1万余公里，历时10余年，曾出入新疆三次，足迹遍及天山南北，接触各族群众，深察民情，对西域风物了如指掌。新疆特异的风俗、古朴的民情、神奇的传说，给他留下了深刻而美好的印象。回到湖南家乡后，他写成《听园西疆杂述诗》四卷，作诗150余首，夹叙夹议，别具一格。作者尽情描绘了新疆的壮丽河山和自然风光。内容丰富多彩，涉及西域的历史地理、气候时节、风俗人情、草木鸟兽、艺术文化、名胜古迹等方方面面，对城镇、山川、耕种、牧养、纺织、蚕桑、服饰和土特产等的记述，娓娓道来，颇为详细。不仅是生动的诗篇和行记，而且还是珍贵的历史史料和经济史料。

《听园西疆杂述诗》亦诗亦文，相得益彰。作者写云杉时与柳树作了对比：“千尺乔松万里山，连云攒簇乱峰间。应同笛里边亭柳，齐唱春风度玉关。”这完全改动了前人“春风不度玉门关”的意境。值得注意的是诗后的注释，为我们提供了许多有关天山云杉的植物学知识。如“其叶如针，其皮如鳞，无殊南产。惟干有不同，直上干宵，毫无微曲”。又说：“曾游博格达山至峰顶，见稠密处，单骑不能入，枯倒腐积甚多，不知几朝代矣。”

萧雄还是第一个给喀什“香妃墓”命名的人。关于新疆周围地区的气候特征，肖雄在该书卷四“气候”中写道：“新疆气候不齐，哈密犹属东陲。而冬之寒、夏之热皆倍于内地。即如夏日，晴则酷热难禁，若天阴风起，忽如冬令，即值暑天晴日，昼中大热，早晚仍需棉服，即当炎日卓午，城中挥汗不止，出城北行三十里，至黑帐房地方，又寒气逼人，气候大约如此。盖因地高土燥，蒸之以炎日，故热不可挡。……巴里坤在大谷中，为新疆极寒处，冬不待言，即夏日晴明，犹宜春服，若阴霾辄至，飞雪著裘者有之。吐鲁番之热，不但迥异各城，并倍于南省。……伊犁虽在北路之西，而地当岭外，气候较北路和平多矣。常下雨，每当三月，大有春景，至九月犹不甚寒，南八城捷至伊犁，犹近温线，故温和而有雨。哈密捷至乌鲁木齐及塔尔巴哈台，地与温线较远，与冷线较近，故雨泽甚稀，常数年不一见。边地多风，常三五日一发，昼夜不止，尘沙入室，出户不能睁眼。戈壁广野中，尤猛烈难行，石子小者能飞，大者能走，沙石怒号，击肉欲破，行人车马遇之，须即停止，苟且遮避，若稍移动，即迷失不复得路矣。”

这一记载非常形象、生动，准确、具体地记述了新疆的气候特征，这在其他著作中是很少见到的。其他如动物的地理分布、植被、冰川、沙漠等方面，书中也都有详细的记录。这也说明，清代几百年对西北地区的经营、开发，使当时人们对新疆等地区的水文、气候等自然地理以及民族、城市等人文地理现象已有了较全面、系统的认识。

2007年6月，此书三册孔网拍价为450元。

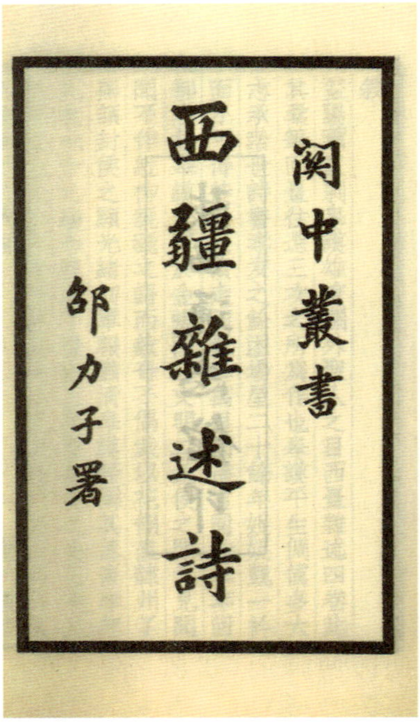
閬中叢書

西疆雜述詩

邹力子署

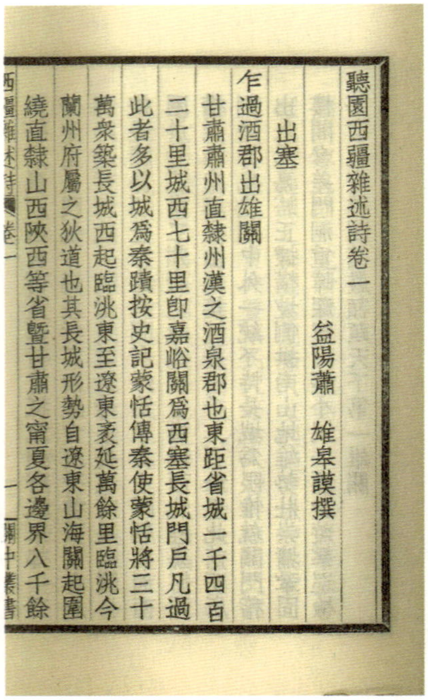
聽園西疆雜述詩卷一　益陽蕭　雄皋謨撰

出塞

乍過酒郡出雄關

甘肅肅州直隸州漢之酒泉郡也東距省城一千四百二十里城西七十里即嘉峪關為西塞長城門戶凡過此者多以城為秦蹟按史記蒙恬傳秦使蒙恬將三十萬衆築長城西起臨洮東至遼東袤延萬餘里臨洮今蘭州府屬之狄道也其長城形勢自遼東山海關起圍繞直隸山西陝西等省暨甘肅之甯夏各邊界八千餘

西疆雜述詩　卷一　一　閬中叢書

以山水寄情怀的《昌平山水记》

（清）顾炎武撰《昌平山水记》，民国6年12月京绥铁路管理局印刷所印刷，京绥铁路各车站发行。书内夹带中华书局出版的《新中华》杂志复刊第二卷第五期钱海岳的《出塞纪行：明十三陵》一文。

顾炎武（1613—1682）是明清之际的思想家、学者，人称亭林先生。少时参加过复社，清兵南下时曾参加抗清起义，失败后曾十谒明陵，遍游华北。著有《日知录》、《音学五书》和《亭林诗文集》等。

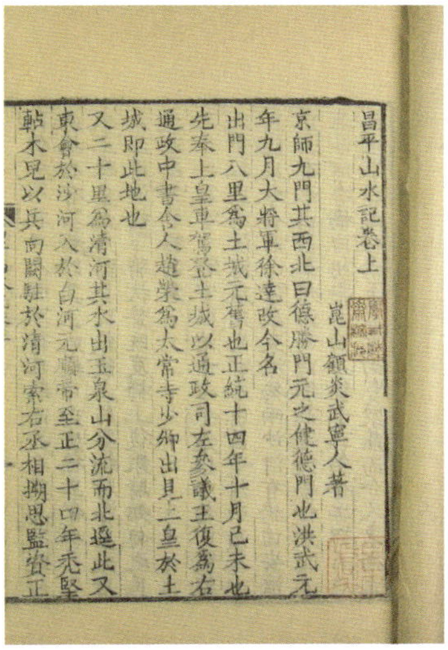

昌平山水記卷上
崑山顧炎武寧人著
京師九門其西北曰德勝門元之健德門也洪武元
年九月大將軍徐達改今名
出門八里爲土城元舊也正統十四年十月己未也
先奉上皇車駕登土城以通政司左參議王復爲右
通政中書舍人趙榮爲太常寺少卿出見二皇於土
城即此地也
又二十里爲清河其水出玉泉山分流而北逕此又
東會於沙河入於白河元順帝至正二十四年禿堅
帖木兒以兵向闕駐於清河索右丞相搠思監資正

《昌平山水记》是一篇游记文章，记述了作者从南口出发，游历居庸关、弹琴峡、青龙桥、八达岭、岔道等名胜。具有特色的是，作者在行文时没有停留在长城景观的描绘上，如写到居庸关“自古称为险绝”之后，笔锋一转而论曰：“然辽之亡也，天祚以劲兵守居庸，及金兵临关，石自崩，戍卒压死，不战而溃”，（金兵攻关而辽亡）“金之亡也，冶铁锢重门，布鹿角蒺藜百余里，守以精锐”，而元太祖“令札八儿轻骑前导，自暮入谷，黎明诸军已在平地，疾趋南口。金鼓之声，若自天下，金人遂溃”。（元兵攻关而金亡）及至明末，“李自成之犯阙也，下宣府，历怀来，入居庸，薄都下，曾无藩篱之恨”。（李自成过关进京而明亡）哪一个能凭险关而保不亡耶？故而作者感慨陈辞道：“地非不险，城非不高，兵非不多，粮非不足，国法不行，而人心去也。”这里，作者将对长城的记述与对历史的议论融为一体、有叙有议，寓历史的见解于游历山水的记叙之中。

公元1644年，清兵入关，明朝灭亡。顾炎武以遗民之身，开始了颠沛流离的游历生涯。他曾十下南京拜谒明孝陵，北上山东、河北，特别对河北的形胜之地做了广泛的实际调查，重点关注了山海关、居庸关、昌

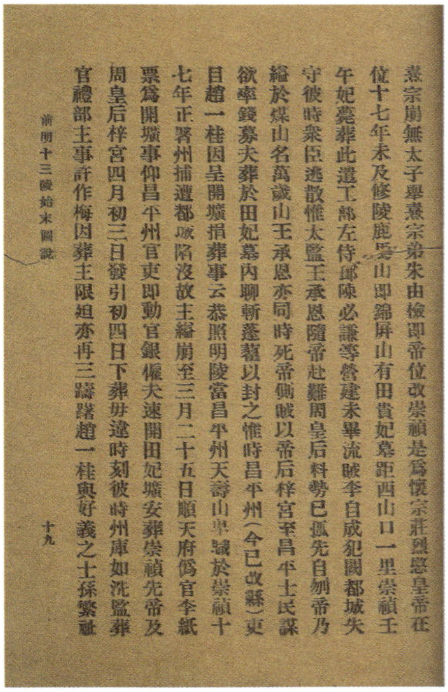

熹宗崩無太子舉熹宗弟朱由檢即帝位改崇禎是爲懷宗莊烈愍皇帝在
位十七年未及修陵鹿馬山即錦屏山有田貴妃墓距西山口一里崇禎壬
午妃薨葬此遺工部左侍郎陳必謙等營建未畢流賊李自成犯闕都城失
守彼時衆臣逃散惟太監王承恩隨帝赴難周皇后料勢已孤先自刎帝乃
縊於煤山名萬歲山王承恩亦同時死帝偏賊以帝后梓宮至昌平士民謀
欲率錢募夫葬於田妃墓內聊斬蓬藋以封之惟時昌平州(今已改縣)吏
目趙一桂因呈開壙捐葬事云恭照明陵當昌平州天壽山皇城於崇禎十
七年正署州捕遺都城陷沒故主縊崩至三月二十五日順天府僞官李紙
票爲開壙事仰昌平州官吏即動官銀僱夫速開田妃壙安葬崇禎先帝及
周皇后梓宮四月初三日發引初四日下葬毋違時刻彼時州庫如洗監葬
官禮部主事許作梅因葬主限迫亦再三躊躇趙一桂與好義之士孫繁祉
前明十三陵始末圖說
十九

《前明十三陵始末图说》

平、古北口等地，并多次哭吊位于昌平的明十三陵。经过多年的努力，山东、河北的地理形势，都一一装到他的胸中了。《营平二州地名记》、《昌平山水记》等许多军事地理名著，就是在这段时间里面写出来的。

除《昌平山水记》外，顾炎武著有很多有影响的地理著作，如《天下郡国利病书》、《肇域志》、《历史帝王宅亲记》等，这些著作虽为考察山水，但其创作意图却是为了寻找合适的“根据地”“反清复明”，所以在他的字里行间就会透露这种思想，因此这些书在清朝一度被禁止。

顾炎武与黄宗羲、王夫之一起被称为“清初三大儒”。

和《昌平山水记》一同收得《前明十三陵始末图说》一册，46页，刘仁甫编，1915年编者自刊，封面题“前明十三陵始末记”，有石印陵图一幅。主要记述明十三陵修陵的经过、陵主人与陪葬人，书后为各陵中的诗文、题词、楹联等。

2006年6月，京绥铁路版此书孔网拍价为300元。

“史传笔法，颇有材料”：《当代名人小传》

沃丘仲子著《当代名人小传》二册，上海中原书局1919年出版。此书与《近代名人小传》为上、下编。本编分上、下两册，内收孙中山、袁世凯、唐绍仪、熊希龄等100余人小传。分元首、官僚、满蒙王公、武人、文人、政客、实业家、教育家、慈善家等类。所收均为民国初年人物。

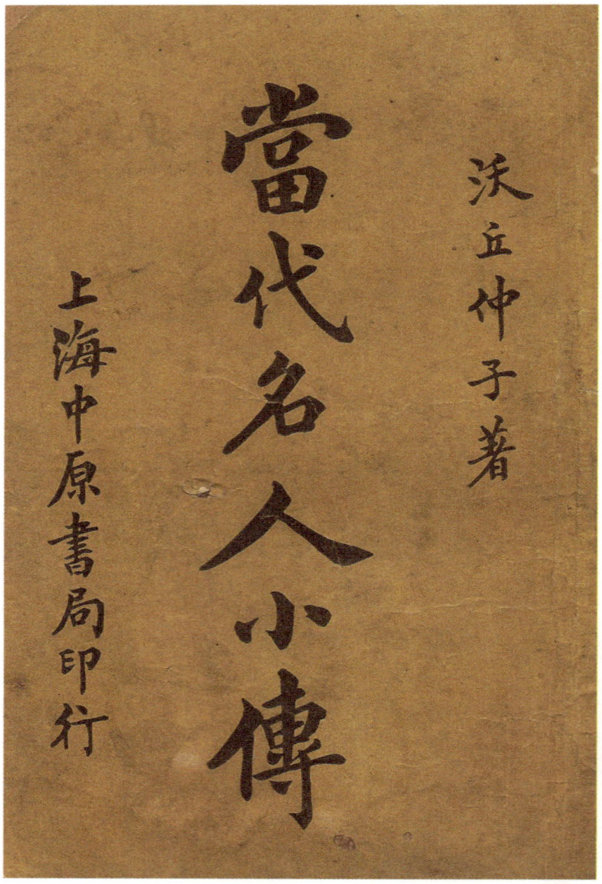

沃丘仲子即费行简，江苏武进人，清末民初知名人物。学术界称其作于20世纪20年代初的《近代名人小传》和《当代名人小传》有“史传笔法，颇有材料”。

近年商务印书馆和北京图书馆出版社曾原版影印《近代名人小传》、《当代名人小传》，合集为《近现代名人小传》上下二册。此书集中了清末民初政、商、学、教各界名人800多人的简短传略，亦有少数现代人物入传。该书提纲挈领，对当时名人的生平事迹有简省而精确的考证论述，评论往往一语中的，文字简当，人物评价无所偏私，是研究清末民初乃至现代人物不可或缺的开创性著作。此书亦可做学术史资料或近代人物检索工具。

2008年1月，此书孔网拍价为130元。

“排比前书，网罗近事”：《淑园文存》与《燕都丛考》

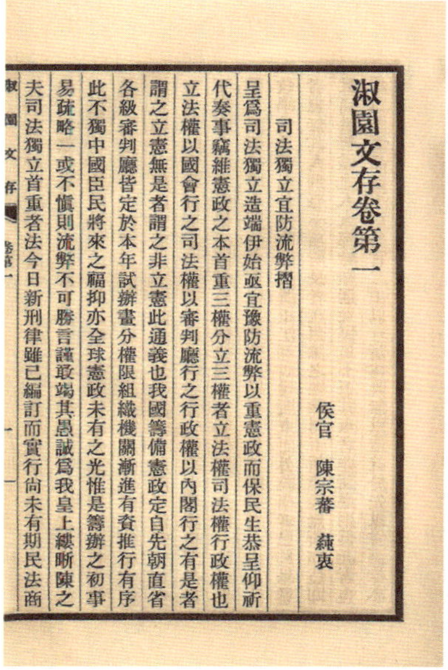
淑園文存卷第一

侯官 陳宗蕃 蒓衷

司法獨立宜防流弊摺

呈爲司法獨立造端伊始亟宜豫防流弊以重憲政而保民生恭呈仰祈
代奏事竊維憲政之本首重三權分立三權者立法權司法權行政權也
立法權以國會行之司法權以審判廳行之行政權以內閣行之有是者
謂之立憲無是者謂之非立憲此通義也我國籌備憲政定自先朝直省
各級審判廳皆定於本年試辦畫分權限組織機關漸進有資推行有序
此不獨中國臣民將來之福抑亦全球憲政未有之光惟是籌辦之初事
易疏略一或不慎則流弊不可勝言謹敢竭其愚誠爲我皇上縷晰陳之
夫司法獨立首重者法今日新刑律雖已編訂而實行尚未有期民法商

淑園文存 卷第一 一

陈宗蕃撰《淑园文存》二卷一册，民国26年线装铅字排印本。

陈宗蕃（1879—1954），字莼衷，福建闽侯人。自幼好学，15岁时失去双亲，在贫困中发愤攻读，学业优异。清光绪二十八年（1902）考中举人。光绪三十年中进士，任刑部额外主事。后官费留学日本。建国后，任中央文史馆馆员。75岁病逝。主要著述有《燕都丛考》、《淑园文存》及《新北京赋》等。

《淑园文存》由瞿宣颖、方兆鳌序、瞿祖辉作序。卷一收政论、序跋等33篇。卷二收传、墓志铭、祭文、寿言等30篇。序跋碑记有《燕都丛考序》、《望嵒堂奏稿序》、《燕京访古录叙》、《泡影集序》、《星三会题名册序》、《宋遗民类集序例跋》、《香雪巢杂著跋》、《林鼙云师诗集序》、《读黄子寿先生日记书后》、《福州余府巷刘氏支谱序》、《金陵先墓记》、《淑园记》、《北平市警察公墓碑记》（代）、《三子命名说》和《天坛考》等。

陈宗蕃著《燕都丛考》，一至三编三册，编者自刊，民国19年北平后门内米粮库一号陈宅发行。

《燕都丛考》分三编18章，全面系统记述了清末到民国前期北京城区宫殿苑囿、坛庙衙署的沿革，重点是记述近4000条胡同街巷的变迁，包括它们的名称和位置，其中的重要衙署、王府、名人故居、祠庙、会馆、古迹，以及有关的逸闻掌故、诗文、碑刻，等等。“排比前书，网罗近事”，引用各类文献资料200多种，辅以实地调查，并附有地图。此书是全面系统记述古代至民国前期北京城区变迁最详尽的著作，对研究古都北京的历史名胜和城市发展，都具有重要参考价值。

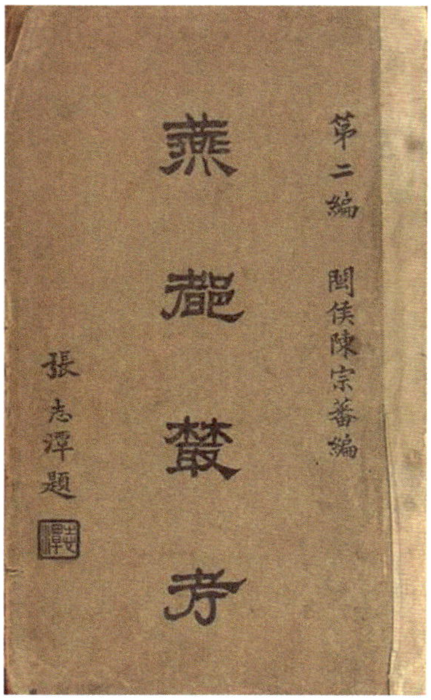

2009年1月，此书孔网拍价为720元。

"一路走，一路看，一路记"：《缅边日记》

曾昭抡著《缅边日记》，巴金主编"文化生活丛刊"第28种，上海文化生活出版社民国30年10月初版，发行人为吴文林。

这本七万字的小书，是作者在1939年滇缅公路新筑成后，由昆明到滇区边境畹町实地考察的记录。虽然只有15天旅途，但也正如他在游记中提到的，是"一路走，一路看，一路记，差不多每几公里都有笔记记下来"，因此，真实地记录了边陲民族的风土人情、珍贵稀有的植物和美丽壮观的自然景色。书中文字优美流畅，至今读来还能使人有身临其境的感觉。

《缅边日记》本是游记，可是处处透露出作者的"体国经野之心"。在"中缅交通"一文比较中缅两条路工程经济问题之后，附带一句"不过这条新路所走过的地方，据说大部分是气候最坏的区域；将来兴建的时候，工人问题倒是值得注意的"。这多少体现了作者以人为本的情怀。在"楚雄"一篇有"楚雄是这路上唯一的站，现在还可以拿国币一元以下的代价，把两三个人吃得酒醉饭饱"的记载。并说"她们不单是扫除自己门前的灰尘，还把家门附近的一段街，也扫干净"，"这种习惯，似乎很值得提倡"。"惠通桥"一文中提到，"惠通桥也是一座刚落成不久的新式钢索吊桥……桥的两端，是各用十八根钢索（一边九根）吊起。据说这桥的修筑费，是国币七万元"。"大理剪影"一文记载了当时公务员的工资水平，"县教育局长的薪俸，现在一月不过国币二十元，真是清苦"，"幸亏教育局有点产业，教育经费，还能维持"。

作者还写了一行人去洗澡的经历，由于他们的汽车停在路上堵了路，一群摆夷姑娘无法通过。等他们回来发现，想向人家道歉却又苦于言语不通。这几个书生居然想到向人家唱歌，以表示歉意。"当我们唱歌的时候，摆夷姑娘们，一声不响地，全把眼睛盯在我们身上。她们似乎被我们的歌声所感动，正如我们被她们的歌声所感动一样。我们唯一的憾事，是不会说一句摆夷话。"

一个化学家偶尔走进大自然，志不在游山玩水，自然科学的训练使他的眼光超越

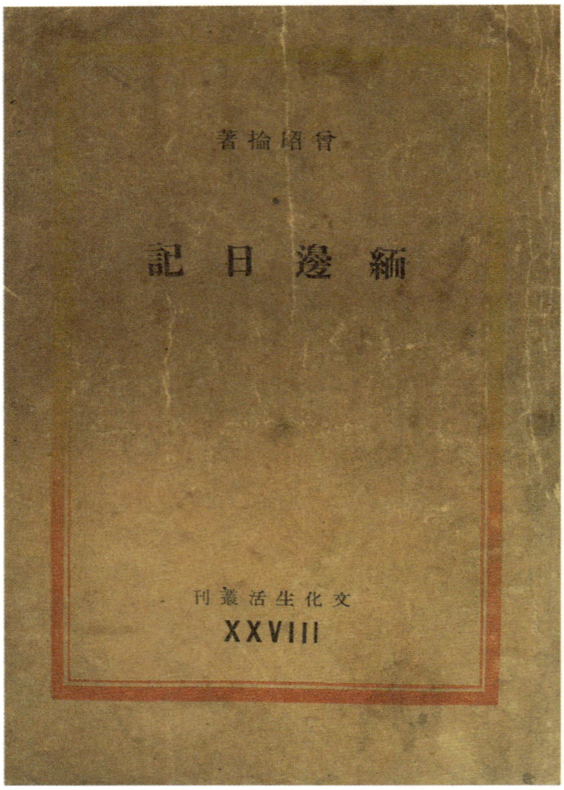

了文学抒情，他看到的不只是边陲民族独有的风土人情，他更留意的是自然与文明的和谐，特别记载了一些珍稀的植物。当然，他也记载了烧山这一破坏自然的丑陋一面，也记载了边陲的“烟祸”，使美丽得罂粟花在他眼中变得恐惧。

曾昭抡（1899—1967），字叔伟，湖南湘乡人。我国化学科学研究工作开拓者之一。1920年在清华学校高等科毕业后赴美国学习，1926年获美国麻省理工学院科学博士学位，同年回国任中央大学化工系教授兼系主任。1931年应北京大学理学院院长刘树杞之邀，任北京大学化学系教授、系主任。建国后，曾任北京大学教务长、教育部副部长兼高教司司长、高教部副部长，同时兼任中华全国自然科学专门学会联合会主席、中国科学院化学研究所所长。

2007年10月，孔网此书拍价为260元。

“他们的笔是枪”：《目击记》

（苏联）潘菲洛夫著《目击记》，晋察冀新华书店1945年4月印行，64页。“翻译丛书”之一，收入“石洛夫少校”等7篇文章。

卷首的“编者的话”写道：“《目击记》是描写苏联红军英勇抵抗德国侵略者的报告文学。作者潘菲洛夫，在中国读者中，已不算生疏，他的长篇小说《布罗斯基》，早已译成中文。苏德战争爆发后，苏联全国人民在斯大林的号召下，立即动员起来了，不论前方后方，男女老幼，一切力量都为了‘驱逐德寇，保卫祖国’！全苏联人民就是一个包裹的、坚如钢铁的军队。苏联作家也没有放弃他们的责任，他们的笔是枪，他们所写的每一个字都是射击敌人的子弹。希特勒匪军算是在苏联找到了葬身的‘空园’，他的最后崩溃就在眼前了。”

该书国家图书馆著录为“新善本”的有两种：一种是延安新华书店1945年1月出版的，64页；第二种是佳木斯东北书店1946年12月出版的，61页。翕居所藏的晋察冀新华书店1945年4月印行64页本，如果国家图书馆有藏的话，毫无疑问应属新善本之列。

2006年10月，此书延安版孔网售价为500元。

1945年1月延安版《目击记》

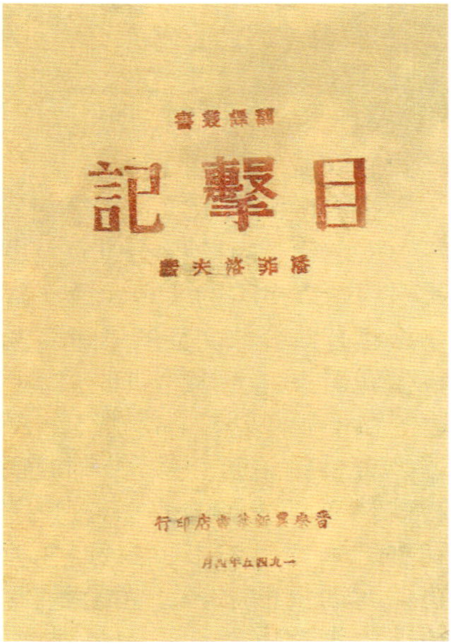

1945年4月晋察冀版《目击记》

“感情变得粗起来了”：《还乡日记》

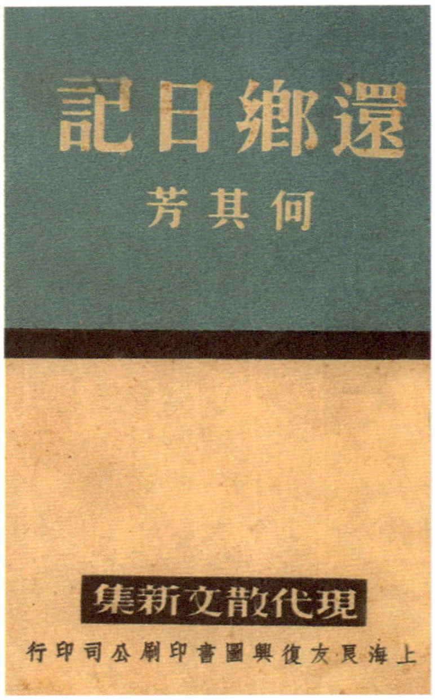

何其芳著《还乡日记》一册，上海良友复兴图书印刷公司1939年7月第1版第1次印刷。靳以编辑的“现代散文新集”之一种。钤“晋察冀画报社”中英文蓝色藏书印。书前是写于“六月六日深夜莱阳”的“我和散文（代序）”，除此之外，还收入“呜咽扬子江”、“街”、“县城风光”、“乡下”和“我们的城堡”等5篇文章。

据《上海出版志·大事记（1929年至1946年）》记载：1937年4月，良友图书印刷公司开始出版靳以主编的《现代散文新集》。国家图书馆收有该套散文集的《短简》（巴金著）、《黄花苔》（芦焚著）、《风尘集》（方敬著）和《乱莠集》（臧克家著）等4种。

董桥曾说过一段关于封面设计的话：他喜欢朴实、清淡的读书人和书的味道。台湾和香港书商出的书，封面艳得出奇，彩色很花，封面上的书名，无论是排字或者题字，往往太没有书卷气了。最讨厌就是，好好一幅封面，竟印上某某出版社出版等一堆字，什么美感都给毁了。他认为何其芳《还乡日记》一书的封面“现代散文新集”和出版公司那两行字，就有点煞风景，真应了何其芳说的“说是喜欢又是像哀愁”。（董桥：《人间书——静观的固执》，湖北人民出版社1997年版）

而姜德明则觉得，靳以编的这套散文丛书，“每本不超过十万字，封面装帧统一，色调单纯夺目，不失雅致的风格”。但“这套略具规模的丛书”问世后，适逢抗日战争爆发，“终于半途而废”。（姜德明：《书摊梦寻》，燕山出版社1996年版）

《还乡日记》出版一年后，曾于1940年4月在上海再版。姜德明还提到，很多读者未必注意到《还乡日记》的初版、再版本，是个书名有误、内容残缺的版本。因为那时上海已经沦陷，何其芳远在延安，交通阻隔，出版家与作者已无法联系，结果出了不小的差错。一是书名《还乡记》误为《还乡日记》；二是遗漏了“私塾师”、“老人”、“树荫下的默想”等3篇散文；三是“我们的城堡”仅余开头，缺漏的文字比较多。1943年，诗人方敬在桂林办工作社，在何其芳弟妹们的帮助下，重新做了抄写和补遗的工作，包括把“街”中的“姑母”改为“姨母”，等等，印出了一个土纸本。后来，作者从延安到了重庆，他才有机会自行编定《还乡记》，并把书稿寄给了在上海的巴金，由巴金编入文化生活出版社的“文学丛刊”。1948年7月，巴金付印和校正此书时，何其芳又从重庆回到了解放区，交通再次阻隔。所以巴金在“后记”中声明，他未经作者同意，又把书名改为《还乡杂记》。理由很简单，因为文化生活出版社同时已经印行了沙汀的长篇小说《还乡记》，不能重复这个书名。1949年1月，《还乡杂记》终以定本面世。

姜德明认为：“这本散文集对于何其芳的创作来说是重要的，因为他已经摆脱了《画梦录》的虚幻，感情变得粗起来了，是他转形期的一个标志。”

2008年3月，孔网此良友1939年初版拍卖成交价为1000元。

《汪梅村先生遗诗》与《五岳游记》

（清）邓之诚辑、汪士铎撰《汪梅村先生遗诗》一卷一册，民国15年据邓氏丰宝堂手抄本影印。汪士铎（1814—1889），字梅村，江苏江宁（今南京市）人。清末历史地理学家，一生以游幕和授徒为业。主要著述有《汪梅村先生集》、《乙丙日记》、《梅翁笔记》、《南北史补记》和《水经注图》等。留存下来的只有前三种，其中《乙丙日记》是一部谈人口问题的主要著作。学术界曾经有人把清代乾嘉之际的人口思想家洪亮吉比作中国的马尔萨斯。中国经济思想史学家赵靖先生认为：“洪亮吉并不能算作中国的马尔萨斯，这个头衔应该归于半个多世纪以后的汪士铎。”

张肇崧撰《五岳游记》一卷、附“中州古迹杂著”一卷，共一册。书末署“男国元、日元谨校，民国十年七月北京商务印字（书）馆承印再版”。书前附有五岳图片7张，所收岱岳、嵩岳、恒岳、华岳、衡岳五篇游记，书后附有“答五岳问”一篇。在“嵩岳”篇中附录“中州古迹杂著”一篇，内包括“游洛阳龙门汴京记”、“游铜雀台记并诗四首”、“游卫辉古迹记并诗五首”。另有张肇崧撰《鲁邹圣迹记（附登泰山诗）》一册，1916北京共和印刷局印行。又民国3年《燕京纪游》铅印本一册。

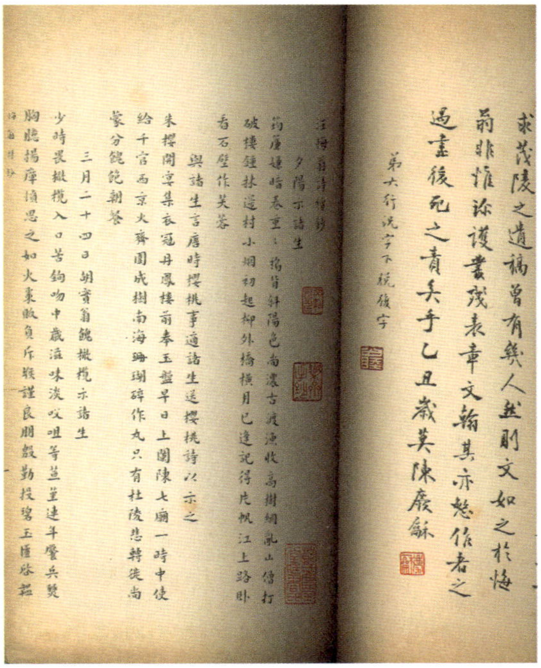

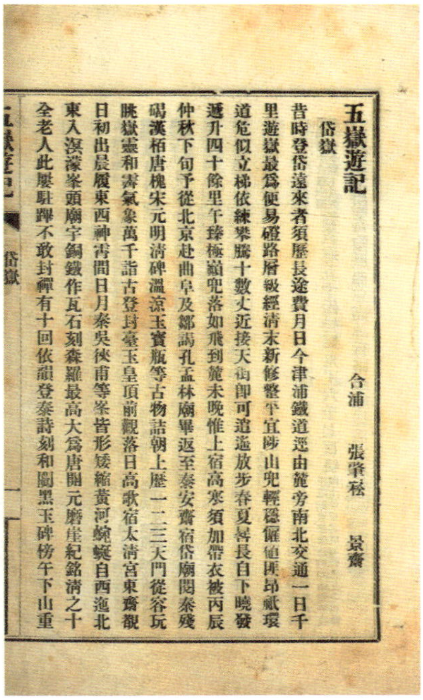

五嶽遊記

岱嶽　　合浦　張肇崧　景齋

昔時登岱遠來者須歷長途費月日今津浦鐵道逕由麓旁南北交通一日千里遊嶽最爲便易磴路層級經清末新修整平宜陟山兜輕穩僱值匪昂貳環道危似立梯依練攀騰十數丈近接天街即可逍遙放步春夏晷長自下曉發遲升四十餘里午臻極巔兜落如飛到麓未晚惟上宿高寒須加帶衣被丙辰仲秋下旬予從北京赴曲阜及鄒謁孔孟林廟畢返至泰安齋宿岱廟閱秦殘碣漢栢唐槐宋元明清碑溫涼玉寶瓶等古物詰朝上歷一二三天門從容玩眺嶽靈和壽氣象萬千詣古登封臺玉皇頂前觀落日高歌宿太清宮東齋覩日初出晨履東西神霄間日月秦吳徠甫等峯皆形矮縮黃河蜿蜒自西迤北東入溟濛峯頭廟宇錮鐵作瓦石刻森羅最高大爲唐開元磨崖紀銘清之十全老人此屢駐蹕不敢封禪有十回依韻登泰詩刻和闐黑玉碑傍午下山重

“杭州的出名，一大半是为了西湖”：《西湖游览指南》

徐珂编、丁竹孙参校，增订16版《西湖游览指南（附观潮指南）》，上海商务印书馆发行，158页。封面题：“西湖游览指南，附观潮指南，民国十四年增订。”书前有徐珂在民国13年7月作于涵芬楼的一篇序言。

书内有长56厘米、宽9.5厘米的一幅“西湖全景图”和33幅插图。重点介绍杭县之沿革、疆界及山水、西湖概说、孤山路、北山路、南山路、江干路、城中路、西溪路、北墅路、东皋路的详细情况，另有西湖十景、游客须知、游客行程、旅馆、餐馆、铁路列车时刻表等。所附“观潮指南”，介绍了浙江潮的概括和神话传说、钱塘观潮、海宁观潮、观潮图、观潮故事和观潮题咏等。

值得一提的是，这本书的书前书后，有商务印书馆的两则颇具史料价值的广告。

扉页一则是关于商务旅游书籍：“经商游客，到处人地生疏，每苦无人指导，本馆有感于斯，特编辑下列各书，以便行旅之用。”后面列出《中国旅行指南》、《实

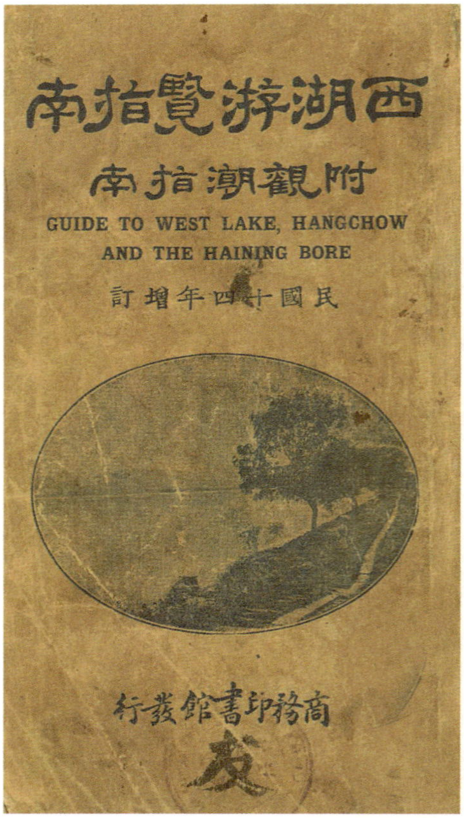

用北京指南》、《上海指南》、《留美指南》、《西湖游览指南》、《庐山指南》、《莫干山指南》、《鸡公山指南》、《北戴河指南》和《泰山指南》等10种“旅行者必备”书籍。

书后一则是关于商务印书馆所出杂志：“光阴可贵，君如利用公余或茶余酒后的时间阅读杂志，可以增进学识不少，也是最节省时间和经济的一法”。随后附列出杂志名称、内容摘述、刊期和定价。杂志共计十种，有《东方杂志》、《教育杂志》、《学生杂志》、《少年杂志》、《小说月报》、《小说世界》、《儿童世界》、《妇女杂志》、《英文杂志》和《英语周刊》。

郁达夫有“杭州”一文，曾讲到关于在杭州的旅居：“杭州的出名，一大半是为了西湖。……关于杭州一般的兴废沿革，有《浙江通志》、《杭州府志》、《仁钱县志》诸大部的书在；关于杭州的掌故，湖山的史迹等等，也早有了光绪年间钱塘丁申、丁丙两氏编刻的《武林掌故丛编》、《西湖集览》与新旧《西湖志》、《湖山便览》以及诸大书局大文豪的西湖游记或西湖游览指南诸书，……关于杭州的饮食起居的话，我不是做西湖旅行指南的人，在此地只好不说了。”

从郁达夫的这些文字里，不难感受一个文人对于西湖、对于西湖游览的看重。

此书初版孔网售价在500～800元之间。

“活的文字”：《游美指南》

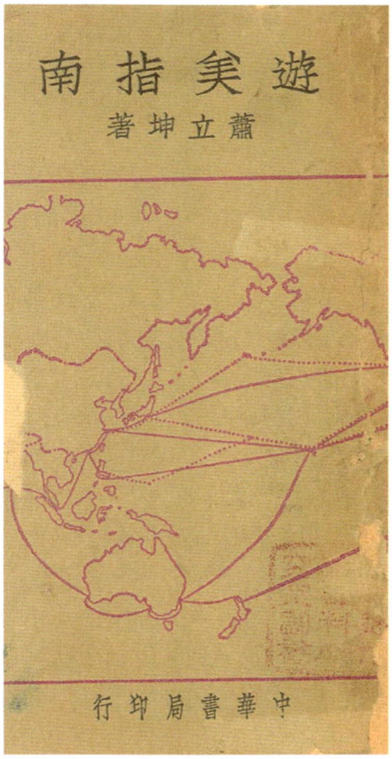

萧立坤著《游美指南》一册，中华书局民国36年9月增订三版。钤“新华通讯社资料研究室图书”方印。书内有首途赴美、美国地理、美国制度、美国人、衣食住行、留学指导、生活杂记等部分。

作者认为“现在美国人日常讲的英语，与中国英文教科书上印的大不相同，即如我们日常说的国语，与《三国演义》上的对白不同相仿。实用美式英语很简单容易，很少受文法的拘束，俚语使用极广。许多不合文法的语句反成为大众的语言，合乎文法的反而难得听到”。因此，作者在书末附录了“活的文字”，和“常用字句”。

书的封面和封底是一幅连起来的“中美航空、航海路线图”，扉页是一幅名为“民主精神”的漫画，画面是两个持枪的人和在小岛上的一只母鸭和三只雏鸭。借母鸭之口讽刺美国式民主：儿子们，不要怕，法律是站在我们一边的，我们不飞起，他们不敢开

枪的。

书前有萧立坤在1946年11月1日作于“南京交通部”的“三版自序”，概括了写作此书的背景：1943年冬，作者甫自美归，不善应变，闲居寡欢，回忆美洲之游，感慨系之矣！乃草《游美指南》，盖以“祭”往而开来也。承中华书局不弃，刻而问世，适逢政府派遣大批员生赴美实习，销路因之不弱，计次年4月初版，12月再版。1945年春，作者执教陕南，课余曾取原书增订一次，准备三版之用。忽而抗战胜利，公私顿忙，原稿束之高阁，又复一年。近查赴美人士，与日俱增，或此小册，尚有需要，因复抽暇校正，供作三版。书中有关战时记述，并未完全删去，以保真切。尚希读者有以教之。

书的最后是“两句俗语”，是作者刚刚到达美国时，有几位美国军官去车站接他，有一位微笑着告诉他，你刚来美国，相信有两句俗语一定对你很有帮助：“Keep you chin up”和“Take it easy”。作者回去查阅字典，也未解其意，以后慢慢感觉、慢慢地悟出了其中的道理，那就是：不要灰心，不要认真。接下来的在美国生活，作者对于这两句话又有了更深一层的理会：遇事不妨试一试，万一不成功，也就算了，不必勉强，成功也应适可而止。就像有人让你唱一首歌，虽然你嗓子不好，也不妨唱一曲，这叫“Keep you chin up”，若还真有人愿意听，也不能当“麦霸”老是一个人唱下去，而应适可而止，这是“Take it easy”。当你踌躇满志、春风得意之时，你就应“Take it easy”，当你灰心丧气、畏难不前时，就应“Keep you chin up”。

在美国朋友为他回国的送行宴会上，有人问作者：“你身上为什么没有传说中的消极和保守？”萧立坤说出了这两句话。在场的美国人觉得，这两句话最能透彻地概括“美国精神”。

萧立坤为上海交通大学1937级毕业生，交大北加州长青会会员，1982年曾出版一本《志生物学》。书中提出，君子有“三难、五老、十戒”：“三难”就是“遇美人而不动心乎、见大恶而不举乎、习真理而不扬乎”；“五老”就是“老伴真心爱，红颜出墙走；老友共患难，新交钱过手；兴嗜须实用，闭门可自有；老本买茶饭，无本难糊口；最要老躯健，百十五岁守”；“十戒”是“多信天，少拜神；多思前，少念旧；多小心，少大胆；多敬业，少涉猎；多读书，少说话；多家居，少旅游；多穿衣，少吃饭；多吃素，少吃药；多睡眠，少娱乐；多劳动，少运动”。这些观点于今也很是受用。

萧立坤还曾翻译了《科学的动机》（休斯德著）、《科学的精神》（萨立凡著）和《科学与经验》（丁格尔著）。

此书民国36年版，孔网售价在350元左右。

“中国是一个充满无限可能的国家”：《燕游诗草》

这册布面精装的英文版《燕游诗草》（*Peking and Other Poems*），1923年由上海

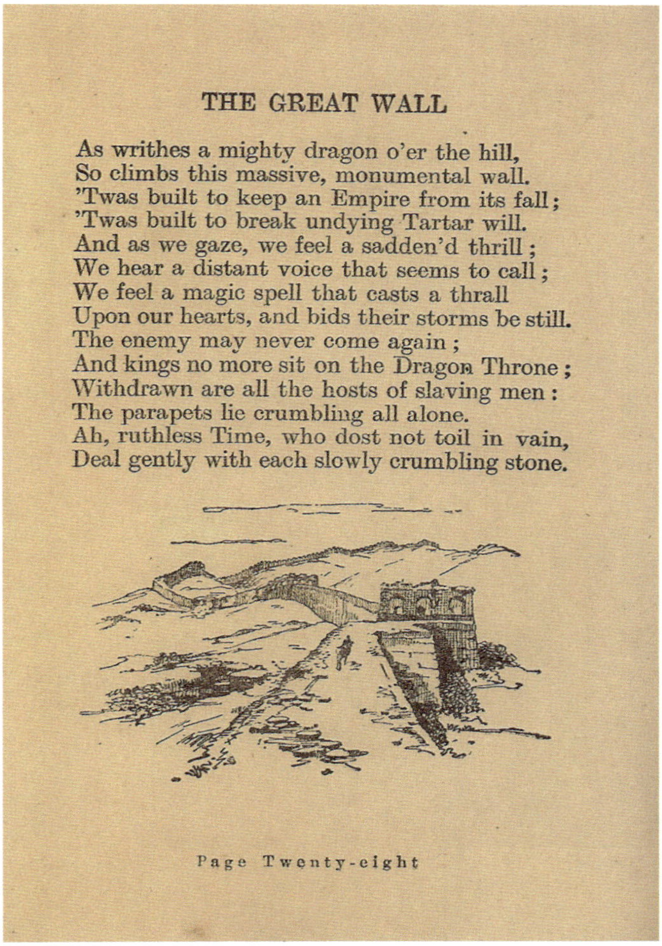
THE GREAT WALL

As writhes a mighty dragon o'er the hill,
So climbs this massive, monumental wall.
'Twas built to keep an Empire from its fall;
'Twas built to break undying Tartar will.
And as we gaze, we feel a sadden'd thrill;
We hear a distant voice that seems to call;
We feel a magic spell that casts a thrall
Upon our hearts, and bids their storms be still.
The enemy may never come again;
And kings no more sit on the Dragon Throne;
Withdrawn are all the hosts of slaving men:
The parapets lie crumbling all alone.
Ah, ruthless Time, who dost not toil in vain,
Deal gently with each slowly crumbling stone.

Page Twenty-eight

商务印书馆初版印行。作者是查尔斯·普鲁登·巴克曼（Charles Pruden Barkman），全书118页，配有插图54幅，涉及玉带桥、牌坊、故宫角楼、长城、山海关、石画舫、园林等风景名胜以及耕牛、斗笠翁、鲤鱼跃龙门、灯笼、人力车、马车、挑夫、扇面、钱币、对联等风俗风物和风土人情。封面有中文题名“燕游诗草”。

《燕游诗草》共收录47首英文诗歌，关于人力车夫、长江、悲伤、天坛、长城、苦力、学生运动、城门、年轻的儿子、中国新年、农夫、灶神、竹子、房山和龙等与北京的历史和当时以及周边城市有关的内容。

作者在书的前言中充满激情地评价了中国：“在过去的几十年，历史舞台的演变从大西洋到太平洋。1921年末在华盛顿召开的太平洋会议，标志着中国的诞生。中国的历史可以追溯到四千多年前，诸如长城、山河、湖海、平原。中国是一个充满无限可能的国家，她巨大的资源目前为止还是一个未知数，她勤劳的性格及对和平的热爱超越其他所有人。西方国家也目睹了中国的这些特点，以及长远悠久的历史传统，就好像用一个望远镜从远处观望。让我们拭目以待吧！”

19世纪到20世纪上半叶，作为半殖民地中国的京城，随着外国势力的日趋进入，以及北京历史文化的逐渐被介绍传播到国外，北京逐渐发展为世界性城市。一些外国人研究介绍北京的文学书籍陆续出版，包括歌谣、诗集、小说等。这册《燕游诗草》就是其中非常重要的一种。

此书孔网2006年6月售价为400元。

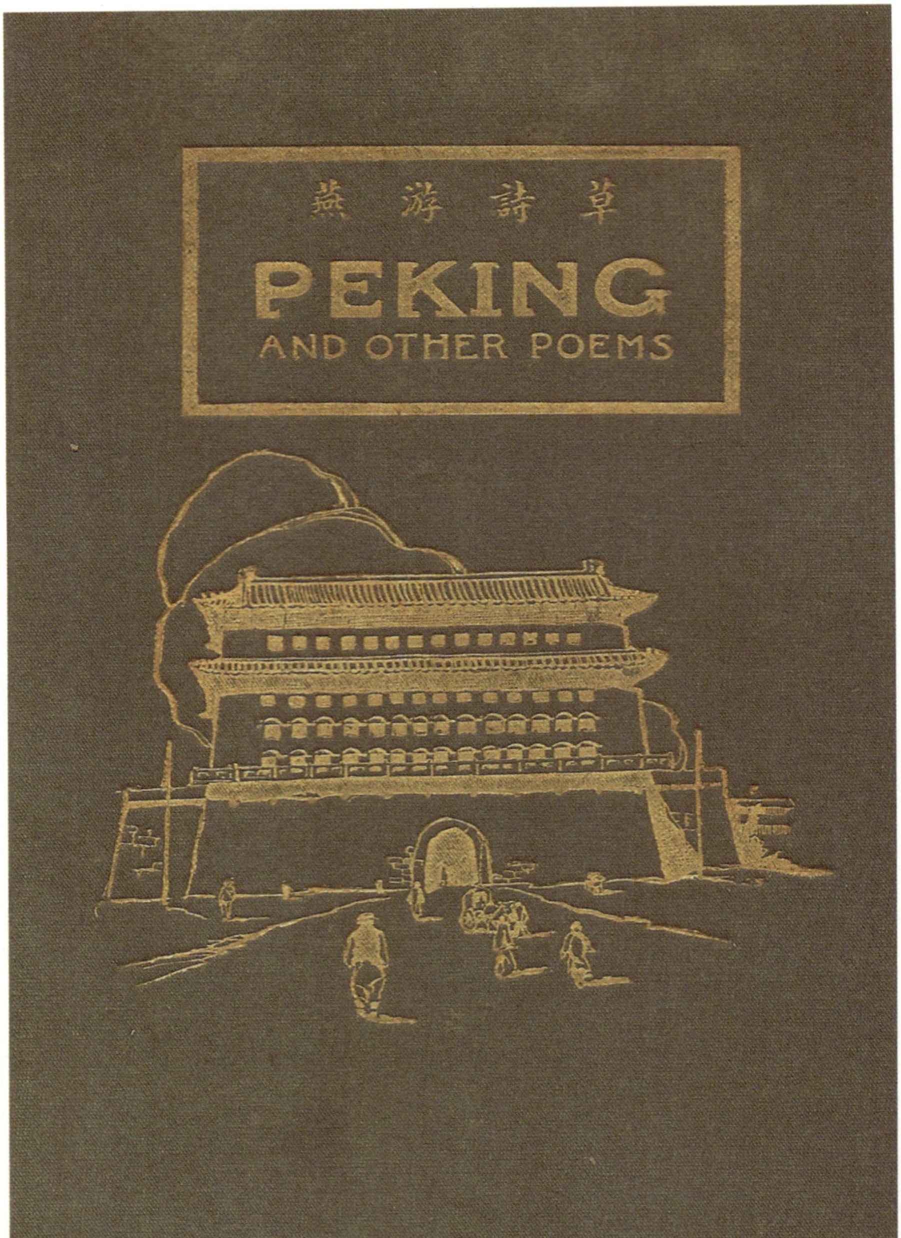
燕游詩草
PEKING
AND OTHER POEMS

“作了一个有志竟成的英雄”：《库若索探险记》

民国12年新译，（英）梅益盛、（中）金豹庐同译《库若索探险记》，上海广学会出版。书前是民国12年1月“金南隐题于上海广学会吟雪楼”的序言和浦江少年所作的“库若索探险记的读法”。

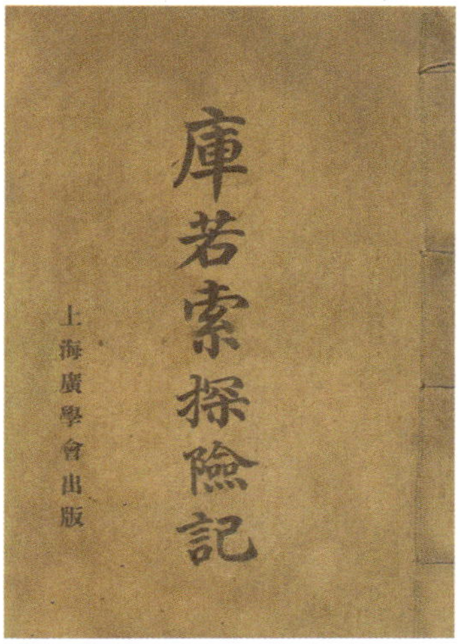

金南隐在序言中讲：“《库若索探险记》这一部书，是欧洲小说名家写真的一本杰作，读了一遍，可以振起个人自立自治的思想，冒险进取的精神。所以这一部书的价值，销行欧美各国，翻成十余国文字，真有那文化畅行、纸贵洛阳的气概，无论中国人或是外国人，都应当手执一册，以资研究的。……近观中国在十几年以来，乘风破浪，游学外洋的人才也不少，观看他们的科学，也是各有所长的，研究好了，以应世界潮流的趋势，只是只身万里，远游荒岛，以一个两袖清风，空空妙手的少年，像库若索这样的人，游历海外，三十多年的光景，饱尝辛苦，竟致作了一个有志竟成的英雄，实在是历史上所罕见的事。”

全书共计17章：离乡航海、被盗掳掠、流落荒岛、我的住处、沙岸脚迹、洞里窥探、救活野人、俘虏白人、俘虏得救、得着产业、野兽吃人、重游荒岛、再见荒岛、又遇祸患、经过中国、过俄属地、回国养老。

库若索1632年出生在英国约克，他是家里的第三个孩子，他父亲的意思是让库若索学法律，但他立志要成为一个航海家。但他的亲友都劝他不要去，他父亲更是坚决不同意。有一天，把库若索叫到书房里，眼泪汪汪地给库若索谈了一次，说航海的事情大致有两种：一种是穷困至极为了谋生，一种是家庭富足为了探险，但咱们这个家庭比上不足，比下有余，何苦去冒险呢！开始几周，库若索认真思考了他父亲的劝告，但没过几周，就下定决心离家上了海船，那年库若索刚刚满19岁。

库若索在航海中曾经由日本东京到达中国，在南京买了一些丝绸锦缎，在杭州买了茶叶、棉布、豆蔻、丁香等，总共装了骆驼、马匹26头。他们的船上共有马三四百匹，120个人，各人都有防身的军器。库若索认为，“照着我们游历的国度看来，我看中国的人数很多，他们所做的工艺也很好，做得有许多奇奇怪怪的样子，叫我们看见很喜悦，又诧异得很，他们做得磁器，有茶碗、饭碗、磁屏、盘子、调羹，各样应用的器皿东西，又有磁器的古董花瓶，很是好看”。他们在中国时，还参观了一个财主的磁（瓷）房子，是由石灰筑成的，面上铺有白磁的瓦砖，描着蓝花，房子里面的墙也是用磁面铺成，上面绘有精美的人物、花卉，地面和天花板也是磁面的，这个房子能够住下三十个人。

库若索一行还曾到中国的大墙——万里长城。他认为：“这个大墙是很大的工程，世界上的建筑没有可比得上的。……这样的大墙，在古时代抵挡鞑靼人或是可以，若用砲火他就抵挡不住了。”库若索他们还曾出城墙并与鞑靼人交了火，后来他们放枪，才把鞑靼人吓跑。

库若索在中国待了半年多，后来经蒙古到达俄罗斯。库若索最后一次航海游历，到1715年回到伦敦，那时他已72岁。库若索感慨道：“我生平所经过的事，述说不尽，沧海桑田，改变的也很不少，现在年近古稀，心意满足，我甚喜悦安逸，希望末了的时期，心神泰然，福了平康，离开这繁华幻景的世界，得到耶稣基督的国里就罢了。”

“由军机入相”的戴鸿慈撰《出使九国日记》

（清）戴鸿慈撰《出使九国日记》十二卷一册，有人物和各国风景名胜照片插图84幅。清光绪三十二年（1906）北京第一书局铅印本。

戴鸿慈（1853—1910），清末广东南海人。号称清朝二百年来广东“由军机入相”的第一人。清同治十二年（1873）考举人列第一。光绪二年进士，选翰林院庶吉士。光绪二十年，翰林大考，名列一等。光绪三十一年清政府派镇国公戴泽、户部右侍郎戴鸿慈、湖南巡抚端方、山东布政使尚享和顺天府丞李盛铎五大臣出洋考察政治，游历15国。归国后，戴鸿慈综合五人考察所得，写出《出使九国日记》十二卷，编成《列国政要》三卷及《欧美政治要义》十八章进呈。清宣统元年（1909）赏给一等第三宝星章，充报聘俄国专使大臣。是年8月，以尚书积在军机处行走，11月，升协办大学士。次年正月去世。赏加太子少保，谥文诚。戴鸿慈对诗和书法都很有研究。

戴鸿慈出使归来所作《出使九国日记》、《欧美政治要义》等书详述各国政制，比较中外国情，为后人研究20世纪初的欧美留下了宝贵资料。

清政府派戴鸿慈等出洋考察，是要求他们“考求一切政治，以期择善而从”，而他们考察回来的结论是中国必须实行君主立宪，而且越快越好，这就有点背离政府派他们出去的本意了。所以遭到一些人的攻击：“当时明降谕旨考察政治，并未专指立宪而言。乃该大臣回国覆奏，竟以立宪为请。细绎立宪各节，并无裕国便民之计，似有削夺君主之权。”

戴鸿慈和端方主要考察美、俄、德、意、奥五国，途中增加了丹、瑞（典）、挪、荷四国，又顺访了日、英、法、比、瑞（士）等国。对这些国家的政治社会情状，日记里都或详或略地涉及，并加以评论。有些议论是很大胆的，而能够公开发表这些议论（戴氏1905年冬出洋，1906年夏回国，秋天本书即印行），也说明了当时政治社会情势的开放程度。

戴鸿慈在日记中较多地介绍了各国议会的情况，对各国经济、金融、工业、农业、教育、司法、军事、消防、交通、报馆等各项事业和华人在各国的情况也在日记中有所反映，不失为珍贵的史料。

值得一提的是，戴鸿慈这次考察安排得非常紧，从日记上看，几乎每天参观项目都排得满满的，有时候晚上也有活动。戴氏对考察非常认真，碰到什么不懂的或感兴趣的必定加以询问，然后详细记录。各国对戴鸿慈等人的考察很重视，皇帝、国王、总统等头面人物悉数出场，不少地方的欢迎仪式也很隆重。

当然，戴鸿慈日记的文笔朴实，详略得当，间有议论，不入陈腐。譬如写在萨克森游易北河："并河而南，两岸绿阴浓浸，白屋参差，杂花生树，灿若华锦。山半楼台高矗，仿佛入画。"如写比利时："往游大树林，茂荫参天，万绿如洗，小山盘亘，浅水潆环。车行山间，时见流水，忘路之远近，洵胜地也。"这里没有八股气味，娓娓可诵。

从日记看来，戴鸿慈是个沉稳持重，然而也不惮接受新知的官员。日记成书时大概也经过手下那些通洋务的随员的增饰，因此

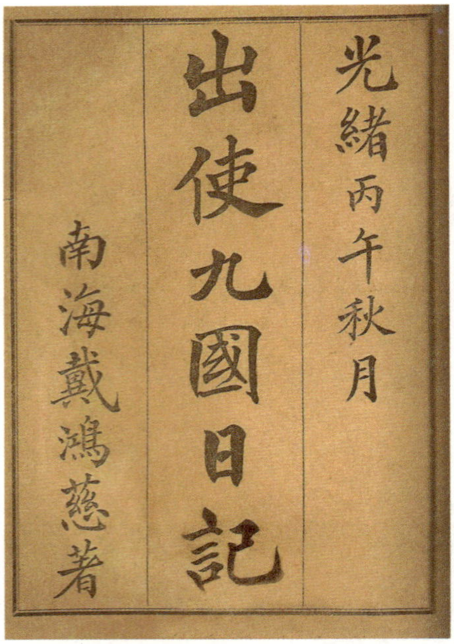

日记对各国的观感可以说是代表了当时一般知识阶层的态度。

戴鸿慈对国家前途极为关注，是一个保守稳健而又知新从变的朝官，其在任期间做了改良监狱制度、派学生出国留学、筹办京师图书馆等不少大事。他提出的要广开言路、节用恤民、改革捐税等在当时不失为"先进"的言论。

此书光绪第一书局本，孔网2004年4月拍价为520元，2008年11月出售标价为2600元。

近代中国官员的首次出国考察

清同治戊辰年（1868）文宝堂刊本，《海国胜游草》一册、《天外归帆草》一册，斌椿撰。斌椿，字友松，满洲旗人，官郎中。

1866年3月至11月，清政府总理衙门副总办斌椿携同文馆学生游历欧洲11国。斌椿回国后写了旅行日记《乘槎笔记》和诗稿《海国胜游草》、《天外归帆草》，随员德明撰写了《航海述奇》，从不同角度记述了各国的历史地理、风俗民情、经济技术、政治制度等方面的见闻。这次考察是政治意义上中国走向世界的第一步，算得上近代中国官员

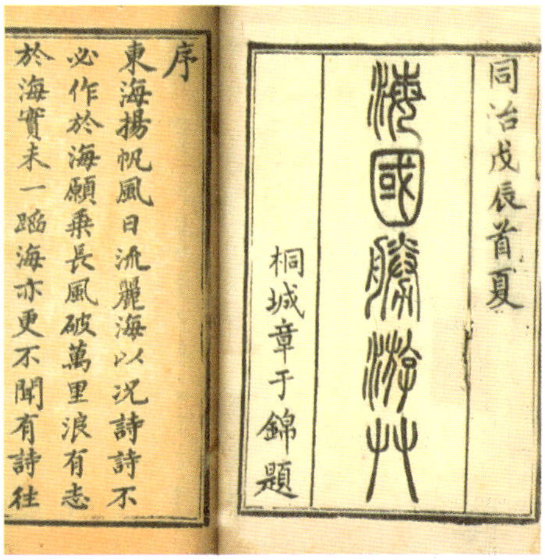
序

東海揚帆風日流麗海以況詩詩不必作於海顧乘長風破萬里浪有志於海實未一蹈海亦更不聞有詩往

同治戊辰首夏

海國勝游艸

桐城章于錦題

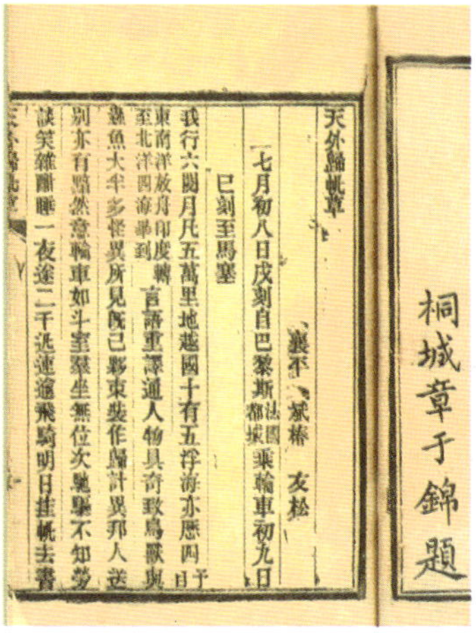
天外歸帆草

桐城章于錦題

的首次出国考察。

清朝考察西洋，开始于同治五年（1866）。这年的春天，总税务司赫德要回国结婚，向奕訢请6个月假，顺便建议清廷派人到西方去考察。这正合奕訢的心意，于是上奏请派员出国考察并获准，从而有了清政府派斌椿等人走出国门的破天荒事件。当时官员们对出国考察都不愿去，也不敢去，而63岁的斌椿报名应征。亲朋故旧以“云风险涛”相劝止，甚至有人以苏武被扣匈奴相告诫，但他决心亲自一试。斌椿是既受政府派遣、又为政府官员中赴西欧考察的“东土西来第一人”。

同治五年正月二十一日，斌椿率三名同文馆的学生及自己的儿子广英（为照顾其父同行），离京从上海乘轮船出洋，经过一个月零八天的航程，到达法国马赛。他在欧洲游历110多天，访问了法国、英国、荷兰、丹麦、瑞典、芬兰、俄国、普鲁士、挪威、比利时等国，于当年九月十八日回到北京。斌椿写出《乘槎笔记》，第一次记录下亲眼所见诸如火车、轮船、电报、电梯、机器印刷、蒸汽机、摄影、起重机、抽水机、显微镜、幻灯机、纺织厂、兵工厂等。还第一次参观并记述了欧洲博览会、芭蕾舞、大英博物馆、国家议院、近代报社、高等学院，以及法国的凡尔赛宫、凯旋门等。

斌椿的记录为当时的中国人打开了一扇了解西方世界的窗子，但他并非一名使节，所以还写下了《海国胜游草》和《天外归帆草》两部诗稿。随斌椿游历欧洲的同文馆学生张德彝，后又多次随大使出使欧洲，写下了《航海述奇》、《再述奇》直到《十述奇》。

翕居所藏无《乘槎笔记》，实为一憾。孔网拍卖《海国胜游草》和《天外归帆草》，单册价已至千元。

“他的日记里常有好意的苦言”：《观光纪游》

在冷摊以10元之价购得《观光纪游》十卷三册，（日）冈千仞撰，日本明治16年（1883）东京铅字排印本，皮纸线装。钤叶广良藏印。叶广良曾任林语堂创办的《宇宙风》杂志主编。

明治维新使得日本实行了长达200年左右的锁国制度就此终止，因而在1868年后以不同背景来华的日本人甚多，其中有颇多汉学造诣深厚的汉学家留下了内容丰富的汉文日记体访华游记。《观光纪游》便是冈千仞在

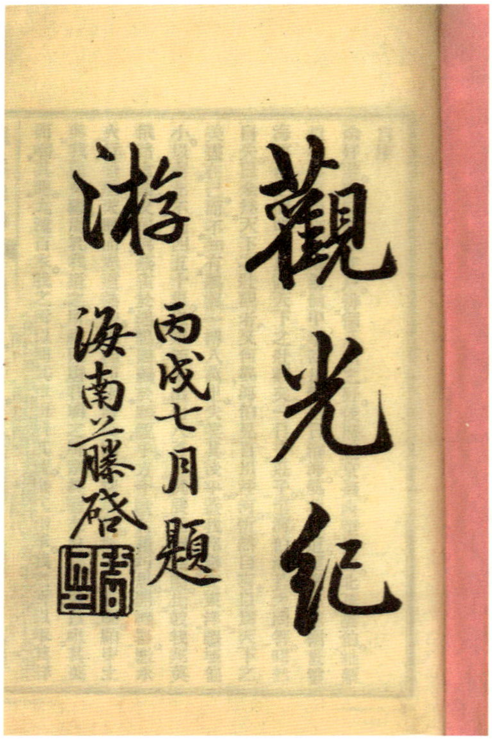

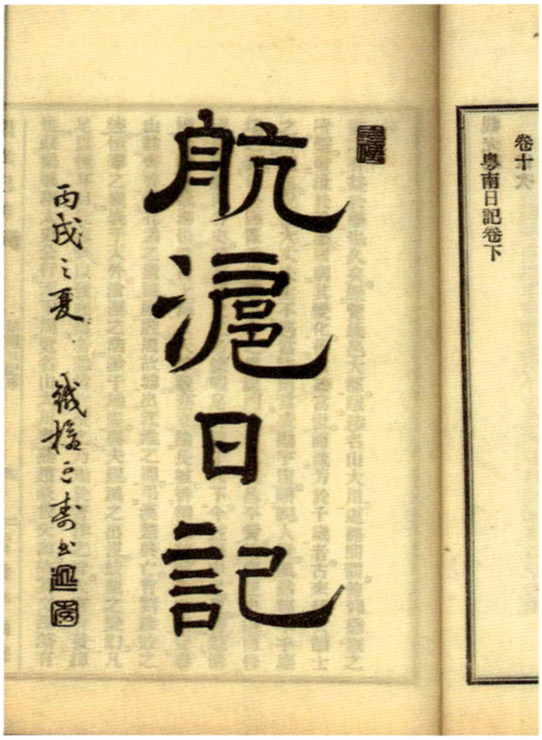

1884年至1885年访问中国时的日记。日本研究者关于这批访华游记有如下评述：“明治年间，我邦汉学界之耆宿，而游中国留下有名之游记者有三人：一是《栈云峡雨日记》之作者竹添井井，二是《观光纪游》之作者冈鹿门，三是《燕山楚水纪游》之作者山本梅厓。”

关于冈千仞的《观光纪游》，鲁迅在其《三闲集》“皇汉医学”中有一段记述：“小朋友梵儿在日本东京，花了四角钱在地摊上买到一部冈千仞作的《观光纪游》，是明治十七年来游中国的日记。他看过之后，在书头卷尾写了几句牢骚话，寄给我了。……冈氏距明治维新后不久，还有改革的英气，所以他的日记里常有好意的苦言。”这里提到的“梵儿”，即李秉中（？—1940），四川彭山人。原是北京大学学生，后入黄埔军校，继去苏联、日本学习陆军，为国民党军官。早期与鲁迅通信较多。《鲁迅日记》1929年7月22日记载：“收李秉中自日本所寄赠《观光纪游》一部三本。”

辜鸿铭在其《中国人的精神》中的“自大”一篇中也曾提到这本书：光绪十年（1884），日本名士冈千仞振衣氏来游中国，曾撰《观光纪游》一书，内载其友人樱泉氏论中国弊风一则，谓樱泉氏游学中土，其论弊风极为的切。辜鸿铭在这篇文章里还转引了《观光纪游》中近500字的原文。

清末著名维新思想者、讲求“著书专为世界苦人立言”的宋恕（1862—1910），是中国历史上第一个提出人口思想的学者，也是近代中国最早开始从文化接触的角度研究日本的学者。他从中国文明的现代转型与近代日本的崛起两个方面结合起来考察，主张维新从更官制、设议院、改试令着手。那么宋恕是何时并且怎样从文化意义上发现日本的呢？1900年，宋恕曾自述其研究日本的历程：“年二十见庐陵《日本刀歌》，始知海外有先王大道尚存之日本国”，“二十六，游学申浦，始见彼土书三种，则冈鹿门（千仞）氏之《尊攘纪事》、《观光纪游》，冈本子博（监辅）之《万国史记》是也”。根据宋恕日记，他在1892年3月始见《观光纪游》。1896年曾给冈千仞写过一信，其中说到“吴人张经甫与恕善，每论东士，必及先生”。这表明，宋恕的维新思想，在很大程度上受到了冈千仞的影响。

冈千仞（1832—1914）出身于日本仙台藩的大藩士之家，青年入江户幕府官学昌平黉。幕末他不但作为一名后起的汉学者活跃于日本文坛，而且也是一名参与维新运动的倒幕志士。明治时期作为一名著名的汉学家，他一度在政府修史局任职，并出任东京书籍馆馆长，但在西南战争后政府精简人员的背景下，他于1880年前后脱离公职，开始了以著述及私授学生为生的晚年生涯。冈千仞于1884年5月来华游历，在近一年的时间里，他的行迹遍南方以苏、沪、杭为中心的长江三角洲地区，以北方京、津、保定之间的华北大地，以及华南的广州、香港等地。游历中，冈千仞与上海生活在华洋界中的民间文人、新闻业的从业者、年轻士子，与苏、浙两省的学者、乡绅，与京津两地的官员士夫都有深入的交流。在《观光纪游》中留下名姓的中国文人达一百数十人，其中有李鸿章、盛宣怀、俞樾、李鸿章、文廷式、李慈铭、王韬、张焕纶、李平书等中国近代政界、文化界的名人。关于冈千仞此次访华史料，除了集中于《观光纪游》一书外，其他还散见在冈千仞个人的档案资料、盛宣怀档案资料以及《申报》等之中。

《观光纪游》的原藏者叶广良（1911—1988），笔名黄良，原籍广东东莞。幼年家贫，17岁始当记者、编辑。抗战时期，在香港参加了乔冠华主持的“香港新闻学院”和“青年记者学会”的工作，后随巴金到桂林做抗日文化宣传和出版工作，主编林语堂创办的《宇宙风》杂志。建国后，任广东省文史研究馆馆员，享有“广东活字典”之誉。1996年7月，其亲属将其藏书线装518册、平装840册全部捐赠给广东东莞图书馆。

“结绳新创”：《仓圣鸟迹书碑》

翕居藏有民国年间《仓圣鸟迹书碑》整拓一张，拓文朴茂，充满异趣。

在陕西省白水县东北30公里处，有座雄伟壮丽的古建筑，这就是作为陕西省重点文物保护单位之一的仓颉庙，至今已有2000多年的历史了。由于历代都重视修葺和保护，仓颉庙基本上得以完好的保存下来。新中国成立以后，又经过多次维修。

仓颉（约公元前4200年左右），原姓侯冈，名颉，号史皇氏，白水县阳武村人。为轩辕黄帝左史官。卒时享年110岁。我国原始象形文字的创造者，我国官吏制度及姓氏的草创人之一。传说仓颉长相奇特，《论衡·骨头相》中说“仓颉四目”，所以他有超乎常人的洞察力和心机。仓颉看见鸟兽蹄爪的印痕，便悟出世间文理的相别异，于是灵感涌动，创造了这种叫“鸟迹书”的文字，堪称人文始祖。黄帝感他功绩过人，乃赐以“仓”（倉）姓，意为君上一人，人下一君。《淮南子·本经训》中说：“昔者仓颉作书，而天雨粟（降粮食），鬼夜哭。”人们用这种想象的情景，表达自己对仓颉巨大功绩的称颂、感激与崇拜。

仓颉去世后葬于今白水县史官镇外，当地百姓在其墓葬处修庙建祠祭祀，并将这里的村庄取名为“史官村”。史载，仓颉庙从东汉延熹五年（162）已具相当规模，以后各个朝代不断增修，绵延不绝。庙内殿阁参差，苍松翠柏，荫天蔽日，殿柱上的石刻和石碑，殿堂里的壁画，都渗透着中华民族深邃的文化内涵，给人以古老悠远的幽思遐想。

仓颉庙内原有碑石多块，今存碑16通，尤以《仓圣鸟迹书碑》最为珍贵。该碑立于

清乾隆十九年（1754）十月，碑面所镌28字由白水知县梁善长摹写。这28字相传为仓颉当年所造象形文字之本形。字形若图若画，不易辨认。上海书店1984年翻印的（宋）王著《淳化阁帖》已经破译为“戊己甲乙，居首共友，所止列世，式气光名，左互□家，受赤水尊，戈矛釜芾”。

鲁迅曾在《门外文谈》对仓颉造字这一史实，作过精辟论述：“……在社会里，仓颉也不是一个，有的在刀柄上刻一点图，有的在门户上画一些画，心心相印，口口相传，文字就多起来了，史官一采集，就可以敷衍记事了。中国文字的来由，恐怕逃不出这例子。”郭沫若在《古代文字之辩证的发展》中写到：“任何民族的文字都和语言一样，是劳动人民在生活中从无到有，从少到多，从多头尝试到约定俗成，所逐步孕育，选练发展出来的。它决不是一人一时的产物。”鲁迅和郭沫若所说为一理：意即文字非一人独创，而是群众集体智慧的结晶。但以仓颉为杰出代表的汉文字创造者，终于终结了“结绳记事”的历史，开创了华夏文明的新纪元，后世誉之为“文字初祖”，中国古代“四大创造之一”，实乃当之无愧。

仓颉庙的两副楹联，记载了仓颉造字的伟绩：“画卦始开文字祖，结绳新创鸟虫书”，“明四目而制六书，万世文字之祖；连一心以赞两仪，千古世儒之师”。

“纯正不曲”与“书如其人”

五丈原是陕西宝鸡岐山县境内的一座独塬，因诸葛亮曾于此屯兵而光照千秋。原高150余米，南北长7里，东西宽约二三里，这里东通褒斜谷、大散关，可直达汉中，西通凉陇，居高而鸟瞰渭滨，千里古战场尽收眼底。这里的武侯祠耸峙塬头，坐南朝北，整个寺庙建筑，古朴典雅，凛然大度，殿宇高琢，青砖砌墙，形成错落有致的建筑群落。

山门正中悬挂着“汉室孤忠”的牌匾，西为“西蜀宰相”，东为“南阳纯儒”，显示出庄严肃穆之气。祠内献殿、上殿及诸葛

亮衣冠冢皆一字轴线排开，钟楼、鼓楼、八卦亭前后呼应。殿堂中央塑造着诸葛亮坐像，诸葛亮正襟危坐，羽扇纶巾，关兴、张苞二将左右护定。献殿是抗金名将岳飞书写的诸葛亮前后《出师表》，共40余块碑石。这些碑石是清光绪年间重新刻制的，岳飞一气呵成，书法如大江东去一泻千里，矫健雄

厚、飘逸洒脱，流畅处如凤舞蛇奔、鸿惊兽骇，把行草书法运用到了至高的境界。

这是岳飞于公元1138年避雨南阳武侯祠，应道士之邀而书成。这也正是岳飞从河南退兵，宏图难展，创作出流传千古的《满江红》之时。面对着诸葛亮的《出师表》，岳飞何尝没有英雄所见略同的感觉，岳飞直捣黄龙府与诸葛亮六次北伐，两者忠肝义胆都是壮志难酬，不禁使人一唱三叹，产生悲怆之感。明太祖朱元璋观看了岳飞题写的碑石，御笔写下了“纯正不曲，书如其人”的赞叹之语，这是对诸葛亮出师未捷与岳飞壮志难酬无限遗恨的最好肯定。

书文并茂、碑文拓片被后人称为两绝，争相传颂与收藏，这是中华民族崇拜忠臣良将、崇尚忠义精神的最好体现。

翕居藏有此拓片多张，每次展观，总能在心里添上一份撼憾。

鲁迅两次购买的《唐土名胜图会》

（日）木世肃撰、冈田玉山等编绘《唐土名胜图会》初集六卷六册，日本文化2年（清嘉庆七年，1802年）刊，日本皮纸印刷。为庆弟自东京携回。此书为清代京师、直隶名胜古迹图录，用图画形式反映了19世纪初京津冀地区的文化和社会生活风貌。第一卷历代帝都，第二卷皇城，第三卷内城，第四卷外城和苑囿郊区，第五卷顺天府，第六卷天津府。

书前有皆川愿书与播州奥田元继的两篇序文、汉文引用书目、日文凡例，书后附书浅文贯的跋文。全书共收名胜古迹图200多幅，并用日文注明每处名胜古迹的来历和历史沿革，日文中的汉字旁用平假名标音。

此书原拟从京师、直隶开始，陆续出版介绍我国各地府县，并名为“初集”，但也只是出版了一集六册，有京师、顺天府、天津府三部分，所以本书实际上是描绘北京、

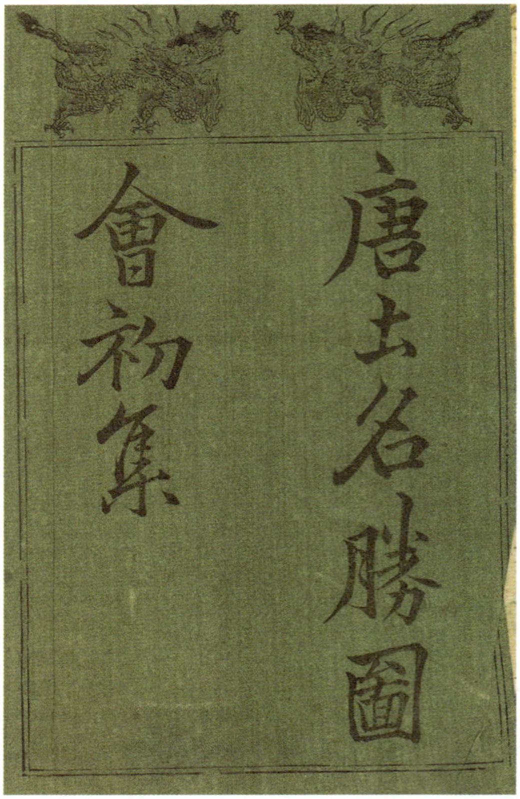

河北省和天津的版画集。

日本人冈田玉山名冈田尚友，字子德，号玉山，是大阪著名的画工，也是木刻的能手。“唐土”是日本对中国的称呼。作者记述中国名胜，目的是为旅游者作准备。但书中除山川名胜、苑囿寺观外，对典章制度、人物故事、器物风俗，等等，也都采集图绘，加上文人的诗词，日本人的书法，图文并茂地展现了19世纪初叶中国京津冀地区的文化和社会生活风貌。

《唐土名胜图会》也称《唐土名胜图绘》。1985年7月，北京古籍出版社曾影印整理出版这部书。

鲁迅曾两次购买《唐土名胜图会》。据《鲁迅日记》记载，一次是1923年2月14日：“午后往琉璃厂买《元珽墓志》并盖二枚，二元；《唐土名胜图会》六册，五元；《长安志》五册，二元五角。”另一次是1927年8月13日：“下午同广平往共和书局商量移交书籍。在登云阁买《益雅堂丛书》一部廿本，《唐土名胜图会》一部六本，甚蛀，共泉七元。”事隔两年，鲁迅买的这部《唐土名胜图会》涨了二元钱，并且后买本还虫蛀厉害，品相不佳。

在中国书店海王村2003年7月拍卖中，估价5000～6000元，成交价为1万元。

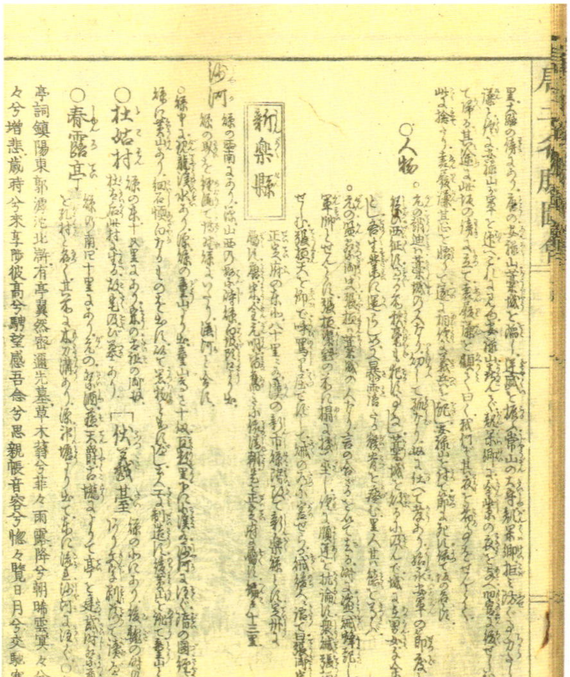

“更从全国访遗编”：《北游搜访滇南文献日记》

在北京德胜门内大街一家旧书店购书时，获赠一套方树梅撰《北游搜访滇南文献日记》五卷、卷首一卷，油印线装蓝墨印本，共三册。方氏此书没有单行出版过，国家图书馆所藏也是此油印本，著录为普通古籍，20世纪70年代出版。

方树梅为什么要北游专门搜访滇南文献？这与云南文献在历史上的几次外流和散佚有关。云南文献外流，有三次重大事件：

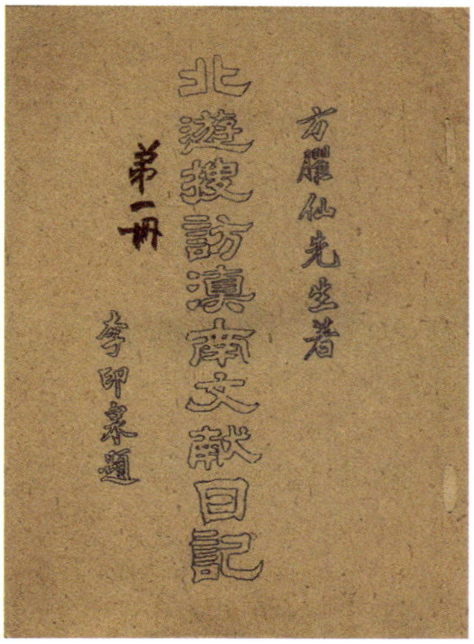

一是清乾隆年间纂修《四库全书》时，清政府下令各省督抚搜访地文献进呈，当时云南巡抚江西南昌人李湖（字又川），在访得多种云南文献后爱不释手，便以“蛮荒边远，无文献可言”为由，不予上交“四库馆”，于乾隆四十年（1775），因“隐忍缄默不先劾奏”被夺官，卸任时全部带回，像云南最早的诗歌总集明初刻本《沧海遗珠》就流至江西。

二是清同治年间进士杜瑞联任云南巡抚，杜氏素有书画癖，遇有他所赏识的图书字画，无不欲网罗至自家架上，虽出重价，亦在所不惜，其每年养廉费一万二千两白银之大半多用于购买文献图籍书画。像云南皮藏的《异牟寻手诏》、《赛典赤手谕》等均被其购走。

三是民国年间，浙江人童振藻在昆明市政公所供职，协助张维翰纂修《昆明市志》，利用搜集资料的名义，也将云南地方文献百余种带至杭州。

鉴于云南文献的多次大量外流，晋宁藏书家方树梅乃产生了北游万里访书的想法，并付之行动，也因此留下了这部《北游搜访滇南文献日记》。

方树梅（1881—1968），字臞仙，号石禅，别号“梅居士”，因其生平酷爱乡邦文献，又自称“滇癖”。云南晋宁县方村人。世代书香门第，堪称家学渊源。方树梅自幼聪颖过人，博闻强记，为日后整理地方文献打下基础。方氏寓居昆明时，经常出入古旧书铺，着力搜访古籍文献及乡人著述，不数年而收得记载滇事之书及滇人著述之书数万卷，加之祖上遗留下来的，一并建楼度藏，并请藏书家傅增湘题“学山楼”匾额。云南耆宿陈荣昌慕名往观后曾说，“吾友臞仙，好学嗜古，尤留意乡邦先贤遗集，若著作及文学、若书、若画，购置人藏，充韧邺架”。这充分说明“学山楼”的藏书，不仅数量甚丰，而且以云南地文献见长，成为昆明地区有名的藏书楼。

民国23年，云南通志馆派他出游南北各省，搜求滇南文献。临行时，陈荣昌、秦光玉、由云龙、赵式铭、何秉智、郭元桢、缪尔纾、宋嘉俊、周钟岳、王用予、方树功等近20人写诗文赠别。秦光玉的赠诗云：“辑

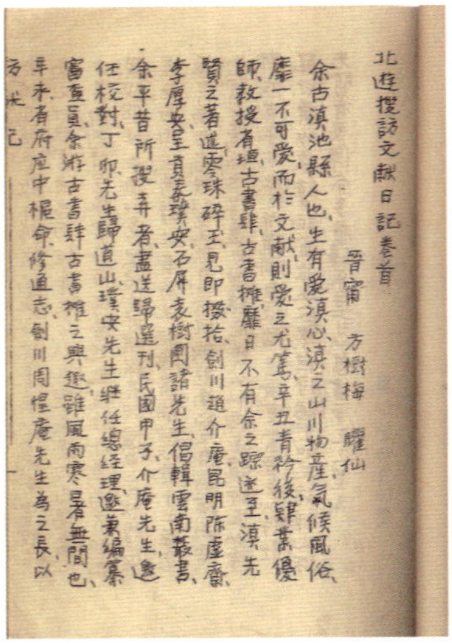

北遊搜訪文献日記卷首

晋甯 方樹梅 臞仙

余古滇池縣人也，生有愛滇心，滇之山川物産氣候風俗，靡一不可愛，而於文献則愛之尤篤。辛丑青衿後，肄業優師，教授有暇，古書肆、古書攤靡日不有余之蹤迹。至滇先賢之著述，零珠碎玉，見即搜拾。劍川趙介庵、昆明陳虚齋、李厚安、呈貢秦璞安、石屏袁樹圃諸先生倡輯雲南叢書，余平昔所搜弆者，盡送歸選刊。民國甲子，介庵先生邀任校對，丁卯先生歸道山，璞安先生繼任總經理，邀兼編纂審查員。余游古書肆、古書攤之興趣，雖風雨寒暑無間也。辛未，省府[illegible]命修通志，劍川周惺庵先生爲之長，以方[illegible]已

刻《丛书》已廿年，更从全国访遗编。网罗文献千秋事，鞅掌风尘万里天。”

这次访书历时半年，历尽艰辛，足迹遍及京、津、粤、桂、沪、苏、宁、鲁、陕、皖、赣等省市。每到一地，逛古书铺、谒藏书家、访藏书楼、观图书馆，并通过拜访故旧，结识新友，多方访求滇云文献。经过努力，在北京访求到（明）杨一清的《阁谕录》、《密谕录》、《吏部献纳稿》及《邃庵集》，（清）赵文哲的《娵隅集》，（清）曹树翘的《滇南杂志》等。在天津，通过拜谒任振采，从任氏“天香楼”访到（明）李元阳纂修的明万历《云南通志》原刻原印本，并征得任氏同意，晒兰一部带回，后交由通志馆排印行世，使此国内仅存孤本得以广为传世。在安徽望江，访得清代学者师范编纂的嘉庆刻本《滇系》及《二余堂诗钞》。在上海访得（清）严廷中的《岩泉山人诗四选存稿》和（清）范仕义的《廉泉诗钞》。在江西访得（明）沐昂的《沧海遗珠》，抄回云南庋藏。特别是（明）兰茂所撰《韵略易通》，原本在滇中早已失传，致使在编辑《云南丛书》时，赵藩、袁嘉谷便将释本悟的同名著作张冠李戴，当成兰氏著作刻入该丛书。这次方树梅在山东访到万历二十七年（1599）吴允中校刻本，这才真相大白，拨正了《云南丛书》所收讹误。这次北游访书，历时一年多，行程万余里，购回图书三万多卷，在游途中方树梅还逐天写日记，最后成《北游搜访滇南文献日记》四卷，并附有《纪游诗》百余首。归来到达昆明后，曾赋诗云：“南北遨游愿不违，半肩文献尽珠玑。生平第一快心事，多少先贤伴我归。”经他访求购回的文献图书，“择之甚严，取之极精”，受到云南学人的好评。

方树梅交游甚广，除滇云耆宿外，还和一些书商有颇多往来，如“琴砚斋”的华世尧，“五华山房”的窦少怀等，这些书商只要一有好书，都及时和他联系，尽先出售给他，如（清）毕沅的《秋枫尚书奏稿》抄本等就是书店提供给他的。有的书铺有时资金周转不灵，处于窘迫，他主动资助，为其排忧解难，正因如此，昆明经营书画的同行，都亲切称他为“方古董”。

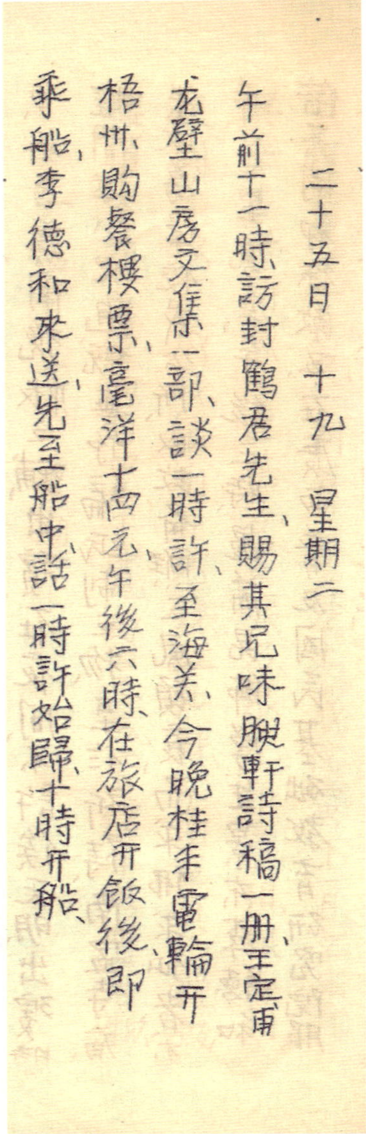

二十五日 十九 星期二

午前十一時訪封鶴君先生、賜其兄味腴軒詩稿一册、王定甫龙壁山房文集一部、談一時許、至海关、今晚桂平電輪开梧州、購餐樓票、毫洋十四元、午後六時在旅店开飯後、即乘船、李德和來送、先至船中、話一時許、始歸、十時开船、

方树梅在搜访云南流散文献的同时，还乐抱陈编，补缀缺佚，传抄编订，整理潜研，曾本着“以诗存人”的原则，编辑了《历代滇游诗抄》、《滇南近代诗抄》、《晋宁诗文征》等。建国后，《北游搜访云南文献日记》增补完成。1951年，方树梅被云南大学聘为终身教授。腾冲李根源曾赠诗于他：“五华同学百余辈，著述如今有几人？收拾天南文献尽，故应松长老龙麟。”这准确概括了这位藏书家的一生。

方树梅这部日记虽然没有出版过单行本，但线装书局2003年出版的《古籍珍本游记丛刊》和学苑出版社2006年出版的《历代日记丛钞》中，据此油印本排版收录了全文。

拾肆 访书小记

买椟得珠五例

（一）买残书得全拓

在坊肆遇到《读史论略》残书一册，大字写刻，开本阔朗，清嘉庆年间南汇吴省兰听彝堂刻本，一时喜欢，就买下了。回家翻阅，原来此书是用来贴拓片的衬本，附贴的是《京兆府府学新移石经记》，皮纸亮墨，完整无缺。看来店里把这个东西当作书籍卖，不是卖这个拓片。价签上写的是“《读史论略》，一册”。依我看来，这也算是淘书一趣。

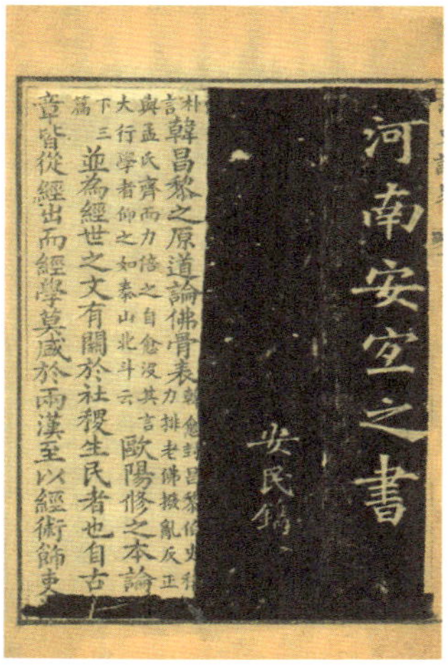

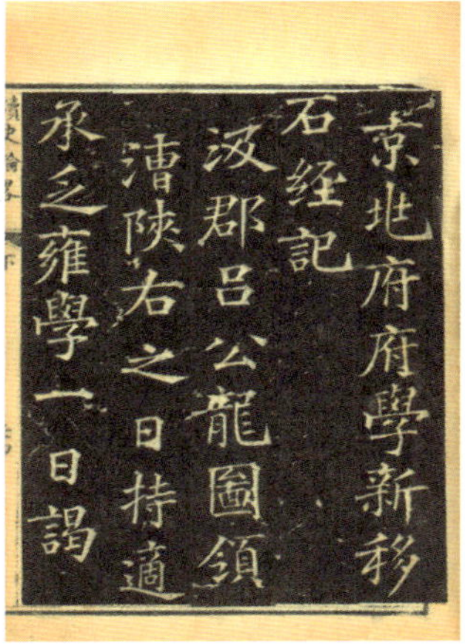

《京兆府府学新移石经记》，由（唐）黎持所撰，安宜之书，安民镌字，该碑现存陕西西安碑林，这个拓本是值得看重的。里面也有一些故事存在。

西安碑林是北宋京兆府学旧址，最初原是为保存唐代的《石台孝经》和《开成石经》所建立的。黎持时任京兆府学官。《石台孝经》和《开成石经》原来都竖立在长安城内务本坊的国子监内。唐末韩建缩建长安城时务本坊被隔在城外。为了使这些重要的文物不致失散，先将《石台孝经》移置于皇城内尚书省的西隅。此后四五年，后梁时镇守大安府的刘鄩根据幕吏尹玉羽的建议，又将《开成石经》迁到这里。当时在唐国子监旧址建立文庙。由于保存碑石的场所“地杂居民，其处洼下，霖潦街注，随立辄仆，埋没腐壤，岁久折缺”，同时也由于城内留存的汉唐名人碑刻损失严重，不断引起时人的关注。为了抢救这些珍贵的碑刻，北宋元祐二年（1087）秋，在陕西漕运使吕大忠等人的倡议下，由京兆府学官黎持主持，又将全部石经移至京兆府学北面，即今碑林所在。同时迁来的还有褚、欧、颜、柳等书法名碑和宋僧梦英的《篆书偏旁字源》等碑石。这次移置，由于准备工作做得好，所选地势比较高燥，地基坚固，同时又修建了房舍、亭廊等覆盖设施，安排了陈列次序，为今西安碑林奠定了最好的基础。《京兆府学新移石经

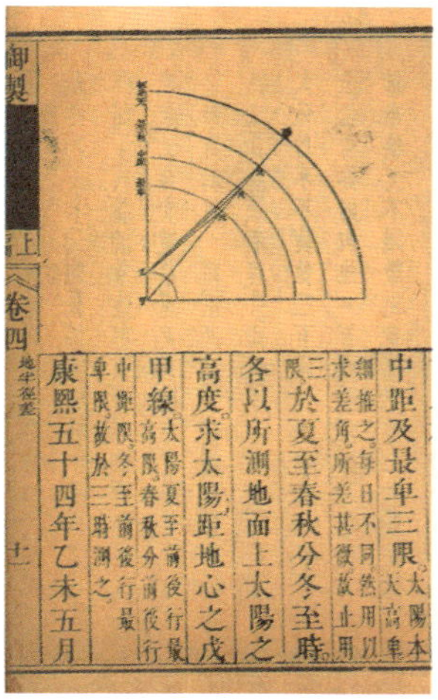

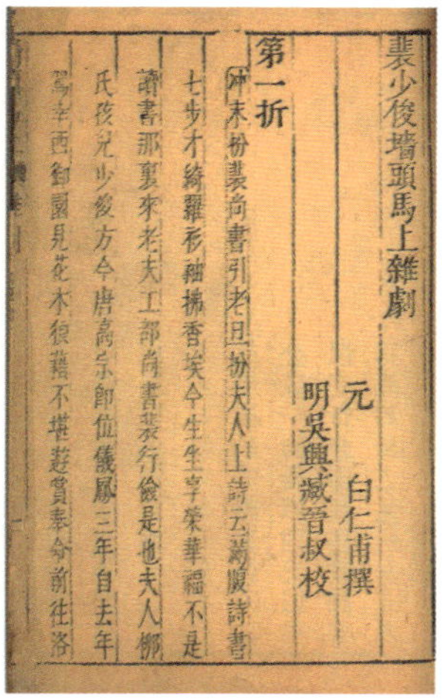

记碑》里面记载了这些事。

安宜之是长安人，工楷书，所刻怀素法帖，今藏陕西省博物馆。安民也是长安人，有名的石匠，当时的大多名碑，皆出其手。其品格高尚、不畏权贵，时颁蔡京所书《元佑党籍碑》于各州县，安民刻碑毕才知蔡京乃当朝奸臣，遂拒刻“安民刻石”四字，拒收百两酬金，为人称颂。（宋）邵伯温在他的《邵氏闻见录》里记载：“长安百姓常安民，以镌字为业，多收隋、唐铭志墨本，亦能篆。教其子以儒学。崇宁初，蔡京、蔡卞为元祐（佑）奸党籍，上皇亲书，刻石立于文德殿门。又立于天下州治厅事。长安当立，召安民刻字，民辞曰：‘民愚人，不知朝廷立碑之意。但元祐（佑）大臣如司马相公者，天下称其正直，今谓之奸邪，民不忍镌也。’府官怒，欲罪之。民曰：‘被役不敢辞，乞不刻安民镌字于碑，恐后世并以为罪也。’呜呼！安民者，一工匠耳，尚知邪正，畏过恶，贤于士大夫远矣。故余以表出之。”

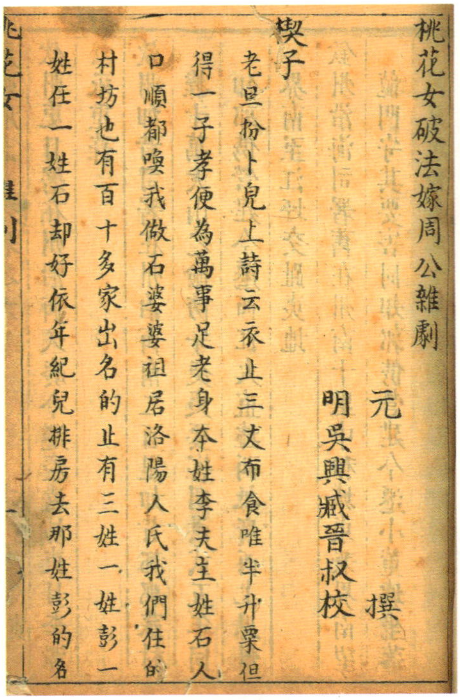
桃花女破法嫁周公雜劇
元 撰
明吳興臧晉叔校
楔子
老旦扮卜兒上詩云衣止三丈布食唯半升粟但得一子孝便為萬事足老身本姓李夫主姓石人口順都喚我做石婆婆祖居洛陽人氏我們住的村坊也有百十多家出名的止有三姓一姓彭一姓任一姓石却好依年紀兒排房去那姓彭的名

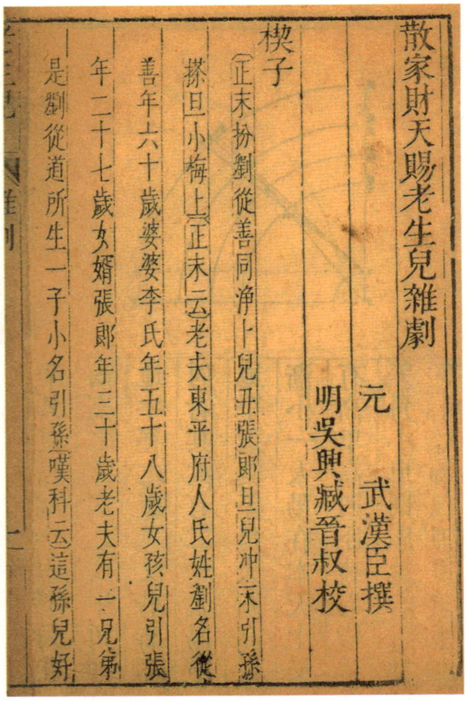
散家財天賜老生兒雜劇
元 武漢臣撰
明吳興臧晉叔校
楔子
（正末扮劉從善同淨卜兒丑張郎旦兒冲末引孫搽旦小梅上）（正末云）老夫東平府人氏姓劉名從善年六十歲婆婆李氏年五十八歲女孩兒引張年二十七歲女婿張郎年三十歲老夫有一兒弟是劉從道所生一子小名引孫嘆科（云）這孫兒好

（清）黄宗羲的《宋元学案》里面有《谏议常先生安民》一篇。文中写道：时二蔡为《元佑党籍》刻石，召石工安民，至则乞不刻“安民镌字”于碑，恐后世并以为罪。安民长安人，《邵氏闻见录》误以为常安民。倪文正跋《党籍碑》云：“石工安民乞免书名，今披诸贤位中，赫然有安民在。”

后人为感怀安民的品格，有诗一首：

身以石工为职业，苍茫山水亦陶然。
挽留胜迹堪弹指，将染奸邪岂与镌。
二字安民免于末，一心求白若临渊。
扬长甘弃酬金去，我有浮名未可传。

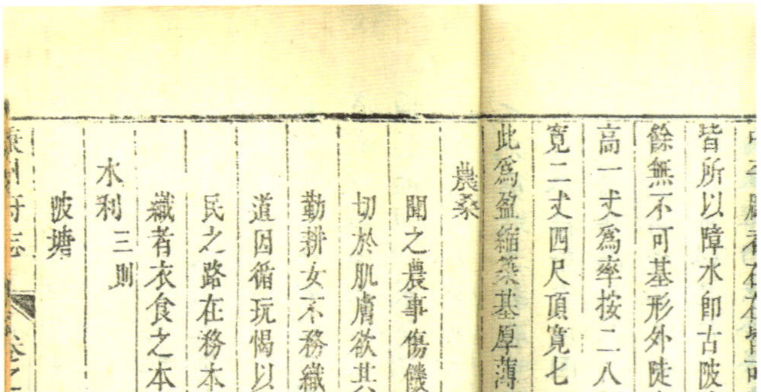
皆所以障水即古陂塘法惟土性夾沙石者不相宜餘無不可基形外陡直而裏坦坡今擬以長五十丈高一丈為率按二八扠分如頂寬六尺者坦坡便當寬二丈四尺頂寬七尺者坦坡當寬二丈八尺餘按此為盈縮基基厚薄視基之長短高矮而加減之

農桑
聞之農事傷饑之漸也女紅害寒之原也饑寒切於肌膚欲其亡為姦邪不可得也廉民男不勤耕女不務織非有以傷害之也不詣耕織之道因循玩愒以自甘愁苦可慨也夫漢詔曰道民之路在務本書曰惟土物愛厥心臧然則耕織者衣食之本廉民之急務也今列各條于左
水利三則
陂塘
廉州府志 卷之九 農桑 一 梅菪書屋

梅苍书屋版《廉州府志》

（二）买元曲得殿版

从朋友处购得吴兴臧晋叔明万历间刻印的元曲选，有《裴少俊墙头马上杂剧》、《散家财天赐老生儿杂剧》和《桃花女破法嫁周公杂剧》三册。前两种是原刻初印，后一册是白棉纸抄本。

按说，这三种东西都可理直气壮地归入善本之列，是地地道道的珠子。仔细翻阅，又发现明珠一颗。前两种是用清雍正二年（1724）清圣祖玄烨撰内府刻本《御制历象考成》做的衬纸，后一种是用清乾隆二十一年（1756）梅苍书屋刻周硕勋修白纸本《廉州府志》做的衬纸。用做衬纸的这两种书在国家图书馆均列为善本。

（三）买石印拓本得衙门税则

在店里看到一册石印的澄清堂帖卷四，剪贴在一册白纸印本上。《澄清堂帖》是王羲之草书法帖的代表作，该帖石早佚，拓本流传极少，此帖宋元以前未见记载，历代文献著录也未见全帙，后注录者多只见五卷。明万历十三年（1585），大书法家邢侗（字子愿，号知吾）从文征明的停云馆购得此帖，后辞官归隐山东临邑，筑来禽馆，请刻石名家长洲吴应祈父子抚勒上石，成就邢本《澄清堂帖》。此帖是邢侗从传世王羲之法帖中博采众名家之言去伪存真之选刻本，一经问世，即被誉为“密本”、“世间无第二本”、“天下第一帖”。数百年来，《澄清堂帖》历尽沧桑，曾被罗振玉卖与日本。日本人内藤虎在其收藏的《澄清堂帖》跋语中说：“余亦见吴应祈父子抚勒邢子愿本，乃与叔未（张廷济）所见同。”流落日本的正是邢本《澄清堂帖》。此册为石印，灯下细览，是贴在一册1909年《崇文门商税衙门增改税则》全本上。

崇文门一带自古就是商业繁荣之地，元朝时建大都城，于今崇文门稍北处建文明门。取《周易》“文明以健”，“其德刚健而文明”之意。明永乐十七年（1419）迁建城门，但名称仍旧，明正统四年（1439）又改称崇文门。（清）甘韩辑录的《皇朝经世文新编续编》卷十二“税则”记载：朝定制自京师崇文门设务征税外，边疆海口及内地冲要皆设关榷税，各省通计不过数十处。由于崇文门是当时车船来往的枢纽，明清时将京师税务衙门设于此地，征收商税，其税收额居全国之首。该税务衙门民国19年撤销。（参见620页《光绪年间的〈崇文门商税衙门增改税则〉》一文）

（四）《植兰日记》里的故宫信函

在一堆外文旧书里，发现了一本始记于民国27年1月1日的蓝布面装帧的《植兰日记》，用的是国立北平研究院的宣纸公函笺，毛笔细楷，很是精雅。扉页上的“植兰自序”里写道：“余幼时曾记日记，然每日并无事可记，或谓不会记”，这次打算“竭力持久”。可惜这本日记仅有15页，只记了本子的三分之一，就戛然而止了。

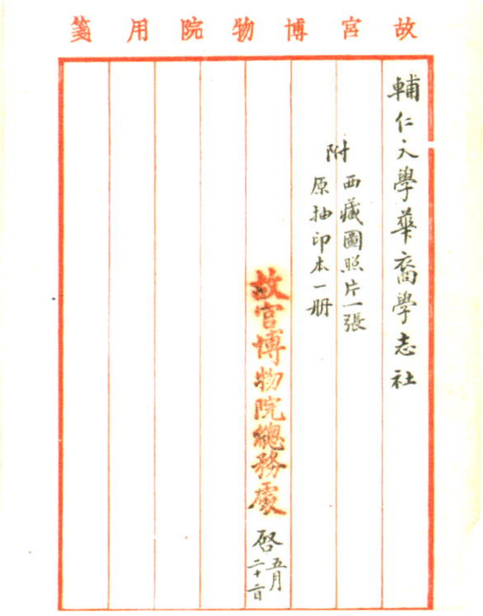
故宫博物院用笺

輔仁大學華裔學志社

附 西藏圖照片一張
原抽印本一冊

故宮博物院總務處 啟
五月二十三日

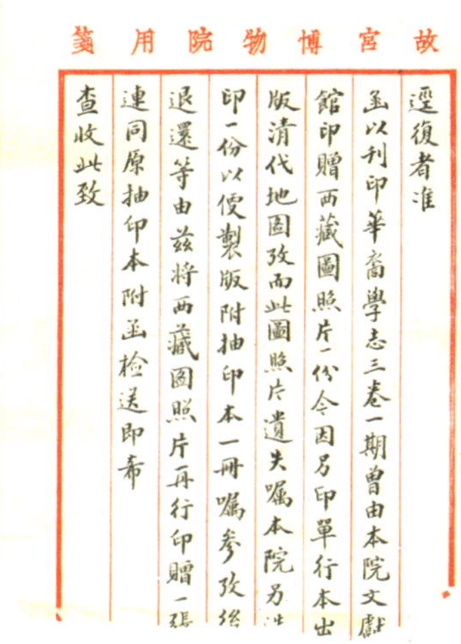
故宮博物院用笺

逕復者准

函以利印華裔學志三卷一期曾由本院文獻

館印贈西藏圖照片一份令因另印單行本出

版清代地圖孜而此圖照片遺失囑本院另洗

印一份以便製版附抽印本一冊囑參孜総

退還等由茲將西藏圖照片再行印贈一張

連同原抽印本附函檢送即希

查收此致

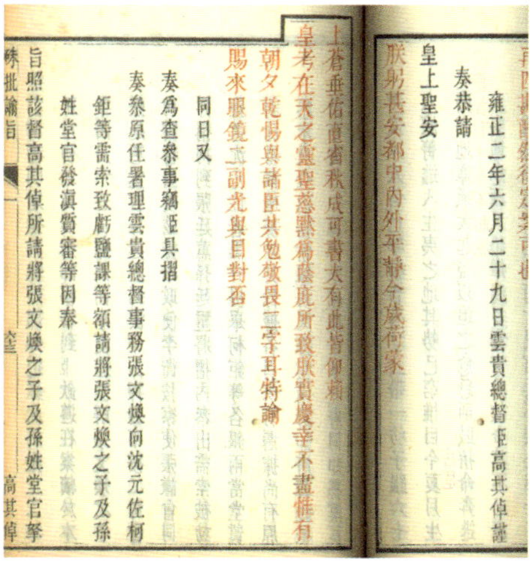
雍正二年六月二十九日雲貴總督臣高其倬謹

奏恭請

皇上聖安

朕躬甚安都中內外平靜今歲荷蒙

上蒼垂佑直省秋成可書大有此皆仰賴

皇考在天之靈聖慈默爲蔭庇所致朕實慶幸不盡惟有

朝夕乾惕與諸臣共勉敬畏二字耳特諭

賜來眼鏡二副光與目對否

同日又

奏爲查參事竊臣具摺

奏參原任署理雲貴總督事務張文煥向沈元佐柯

鉅等需索致虧鹽課等額請將張文煥之子及孫

姓堂官發滇質審等因奉

旨照該督高其倬所請將張文煥之子及孫姓堂官拏

硃批諭旨

《植兰日记》中的故宫信函

这个本子里的日记半途而废了，但里面夹的两张纸却让人回味。这两张纸是故宫博物院给辅仁大学的一封公函，信函里写到：“迳复者准，函以刊印华裔学志三卷一期，曾由本院文献馆印赠西藏图照片一份。今因另印单行本出版清代地图考，而此图照片遗失，嘱本院另造印一份以便制版，附抽印本一册，嘱参考后退还等由。兹将西藏图照片再行印赠一张，连同原抽印本附函检送。即希查收，此致：辅仁大学华裔学志社，附西藏图照片一张，原抽印本一册。故宫博物院总务处启，五月二十二日。”随信还有泛黄的西藏地图照片一张。

拿着这封信，看着这张照片，不觉对老牌研究机构和知名大学之间这种学术往来的认真、细致、有章法而叹服。应该说，这本日记、公函和照片，都很珍贵，应该算是珠联璧合吧。

（五）买殿版搭衬殿版

从北京一个老户得到了一些书，其中有

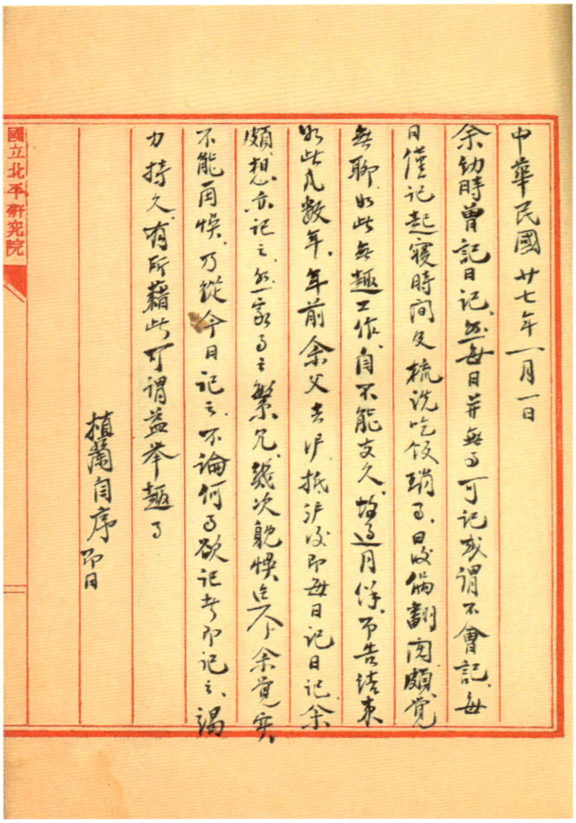
中華民國廿七年一月一日
余幼時曾記日記，然每日并無可記，或謂不會記。每
日僅記起寢時間及梳洗吃飯瑣事，最為刻板，頗覺
無聊，如此無趣工作，自不能支久，故過月餘即告結束，
如此凡數年。年前余又去滬，抵滬後即每日記日記，余
頗想竟記之，然[illegible]繁冗，繼次就懈，[illegible]余覺安
不能再懈，乃從今日記之，不論何事欲記者即記之，竭
力持久，有所藉此可謂益莘趣了
植蘭自序 印
國立北平研究院

《植兰日记》

几册开化纸本《硃批谕旨》。《硃批谕旨》是雍正皇朝政务活动的重要记录，雍正帝继位后，日日勤慎，以朝乾夕惕自励、自诩，经常是白天亲政、议政，夜晚批览奏章，所作批语恒用朱笔，少则数字，多达百字，都是一挥而就，文思敏捷。他要求臣僚及时向他反映全国各地各方面的问题，自己则“自朝至夕凝坐殿堂，披览各处章奏，目不停视，手不停批，训谕诸臣，日不下数千百言”，形成了雍正《硃批谕旨》。

《硃批谕旨》全书三百六十卷，是清康熙六十一年十二月（1723年1月）至雍正十三年（1735）八月间，雍正帝对近300名臣属奏折御批的总集。收录奏折7千余件，具折人达223人，其中多者以一人分数册，少者以数人合一册。奏折为墨色，批语为硃色。奏折的作者大部分是地方官，也有少量是清王朝中央政府临时派到全国各地担任赈济、审案、清查吏治积弊，或办理军需事务的钦差大臣。这些人从不同角度，将政治、经济、军事、文化、外交、宗教等情况汇集到雍正帝那里，雍正依次作出批示，少则数字，多则千言，和那些奏折一起，组成了一幅雍正年间清代社会生活的各种画面。《硃批谕旨》是了解清代雍正年间社会问题的宝贵材料。

《硃批谕旨》为武英殿刻朱墨套印本，卷首有雍正帝御制序，卷末有乾隆皇帝为此书作的后序。雍正批阅的奏折共有2.2万多件，《硃批谕旨》所录只是十之二三。《硃批谕旨》由内府刊刻，并收入《四库全书》。翁居收得的这五本为初印本，有胡瀛、李元英、赵弘本、蒋泂、高其倬、乔世臣、焦祈年、孔毓璞等八人的奏折，纸墨、写刻、刷印及装帧均独具特色，堪称精品。

这五册书有三册曾经重装，衬纸用的是康熙六十年（1721）武英殿原刻《钦定春秋传说汇纂》，墨色晶莹，写刻精美。《钦定春秋传说汇纂》是清代王掞、张廷玉等于康熙三十八年奉敕编撰，全书三十八卷、卷首二卷，共二十四册。这套书是有名的殿版精品，中国嘉德2005年秋拍这套书，拍卖价格高达7.7万元。

买殿版得到另一种殿版，应该算是“买珠得珠”吧。

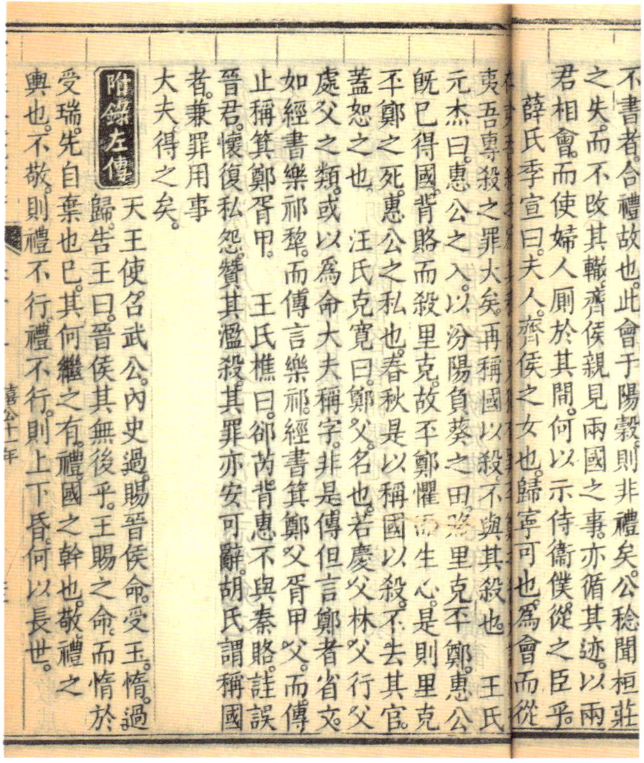

不書者合禮故也此會于陽穀則非禮矣公稔聞桓莊之失而不改其轍齊侯親見兩國之事亦循其迹以兩君相會而使婦人厠於其間何以示侍衞僕從之臣乎

薛氏季宣曰夫人齊侯之女也歸寧可也爲會而從

衷吾專殺之罪大矣再稱國以殺不與其殺也 王氏元杰曰惠公之入以汾陽負葵之田賂里克丕鄭惠公既已得國背賂而殺里克故丕鄭懼而生心是則里克丕鄭之死惠公之私也春秋是以稱國以殺不去其官蓋恕之也 汪氏克寬曰鄭父名也若慶父林父行父處父之類或以爲命大夫稱字非是傳但言鄭者省文如經書樂祁犂而傳言樂祁經書箕鄭父胥甲父而傳止稱箕鄭胥甲 王氏樵曰郤芮背惠不與秦賂誑誤晉君懷復私怨贊其濫殺其罪亦安可辭胡氏謂稱國者兼罪用事大夫得之矣

附錄左傳 天王使召武公內史過賜晉侯命受玉惰過歸告王曰晉侯其無後乎王賜之命而惰於受瑞先自棄也已其何繼之有禮國之幹也敬禮之輿也不敬則禮不行禮不行則上下昏何以長世

僖公十一年

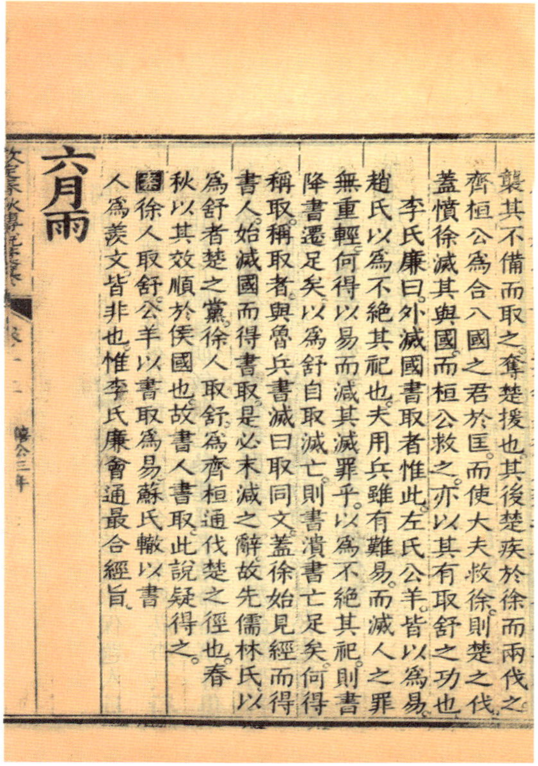

襄其不備而取之奪楚援也其後楚疾於徐而兩伐之齊桓公爲合八國之君於匡而使大夫救徐則楚之伐蓋憤徐滅其與國而桓公救之亦以其有取舒之功也

李氏廉曰外滅國書取者惟此左氏公羊皆以爲易趙氏以爲不絶其祀也夫用兵雖有難易而滅人之罪無重輕何得以易而減其滅罪乎以爲不絶其祀則書降書遷足矣以爲舒自取滅亡則書潰書亡足矣何得稱取稱取者與魯兵書滅曰取同文蓋徐始見經而得書人始滅國而得書取是必未滅之辭故先儒林氏以爲舒者楚之黨徐人取舒爲齊桓通伐楚之徑也春秋以其效順於侯國也故書人書取此說疑得之

案徐人取舒公羊以書取爲易蘇氏轍以書人爲羨文皆非也惟李氏廉會通最合經旨

武英殿刻《钦定春秋传说汇纂》

港九访书小记

2004年7月4日中午，乘港龙航空公司KA907航班，经过3个多小时的空中飞行后，抵达港岛西北30公里的赤腊角岛国际机场。这一机场于1998年7月启用，至今整整6周年，有些报纸在整版刊登一些致贺广告。由于机位远，出关时还乘坐了十几分钟的电瓶车，到达位于港岛金钟区太古广场的香格里拉大酒店，又耗去了近一个小时，这间可以极目维多利亚湾的海景房，让人感觉到一丝舒适惬意。晚饭选在九龙新世界酒店的一楼，隔海可以透过五彩斑斓的霓虹灯看到海岸对面的中银大厦、紫荆花广场、驻港部队总部等一系列经典“港景”，不少摩天大楼还在喷放烟花。就餐的这个法式西餐厅，天花板镶嵌有618把饭勺，因此，这个餐厅的名字就叫“spoon”（勺子）。这也算是别具一格的地方吧。

这次来港，能够有半天自主安排。在孔网“夫子书话”上曾经看到过一篇转引自《青年参考》的文章：“香港十大外文艺术类书店地图”，书话版二当家Wing（梁家荣）先生在6月25日发帖道：“此文已曾有书友转引，但标题有些误导，故径改之，请书友谅解。”

说实话，我对香港的书店也就是通过这篇文章才有了一点认识。虽然年初来港也去转了铜锣湾的PageOne和太古广场2层的KELLY & WAISH LTD，但由于大都是新书和西书，没有多大兴趣，又没能安排出时间去逛一些所谓的“二楼书店”和旧书店，所以总体上对香港的书业没有什么感受。好在五味子先生联系上了Wing兄，Wing兄发来极具诱惑的信息，说要带我逛港九的旧书店和三联书店与商务印书馆，我十分感激能够找到这样一位懂书的“向导”，找对了“引路人”，觅书之旅就会充满乐趣，也肯定能够有所收获。

7月6日上午，Wing兄一路倒车，风尘仆仆地赶到我住的酒店，虽然不曾与先生谋面，但通过在孔网阅读他撰著的帖子，很是感受到一些书卷气和深厚的国学根底。这次见面，自然感觉人如其文。我们聊起书和旧书、聊起香港的旧书店、聊起那个关于香港书店的帖子，也聊了北京的潘家园、报国寺、琉璃厂以及中国嘉德、北京翰海的古籍善本拍卖，话题始终是一个“书”字。我们一边谈书，一边踏上了港九寻书之旅。

第一站：港岛中环神州旧书店

这家书店的全称是“神州图书文玩有限公司旧书古玩海报怀旧物品专门店”，位于港岛中环士丹利街32号，靠近陆羽茶室，一、二两层，颇具规模，在香港旧书业应该算是比较大的了。据Wing兄介绍，经理欧阳文利先生比较懂书。该店一层经营古董旧货和少量西文旧书、拍卖图录等，二楼分大小两间书室，六排顶天立地的书架。主要经营文史类旧书，并且以大陆各出版社20世纪80年代后的书为主，也有不少港台版的文学著作。图书的分类比较细，方便于读者选书。该店还有一个特色就是有不少翻印的大陆20世纪五六十年代的一些著作，书的价签上打的是“重印书”，实际上是直接拿大陆的老本子影印的，说白了就是“盗版”。在这个店没有什么所获，只是给鲁博书屋的肖先生选了几种关于鲁迅的旧书。

1.《文集中鲁迅资料》，是“鲁迅研究资料选编（甲种）”，神州图书公司影印的20世纪60年代初的本子，母本是哪个，看不出来，也没有版权页，只是书的封底有“神州图书公司（香港威灵顿街69号地下），电话5·23540”，书脊上有“纪念鲁迅逝世39周年编委会编”。收有钱杏邨、郭沫若、聂绀弩、孙起孟、李广田、王瑶、巴人、李希凡等人的20篇文章，繁体。

中环神州旧书店橱窗

2.《鲁迅研究资料汇

编第一辑》，中国现代文学社编，收有《文艺月报（鲁迅纪念专刊）》、《文艺报（鲁迅纪念专号）》和《图书馆（有关鲁迅文章八篇）》三种期刊。

3.姚文元著《鲁迅——中国文化革命的巨人》，以上海文艺出版社1959年头版为底本影印。

4.《鲁迅言论选辑（1—4）》，人民文学出版社1976—1977年出版。

5.1974年出版的有关鲁迅的《活页文选》4期。

从神州书店出来时，经理欧阳递给我几张名片，他欢迎北京的朋友到香港时能够到他的店里转转，如果需要什么港台书籍，可以给他电话或传真。

第二站：三联书店（香港）总店

北京的三联书店是我常去之地，早先一直凭门市部的九折卡购书，自打和邮购部的小秦兄弟熟识后，就径去他那儿以八折拿本版书，外社的还是在门市找。香港三联书店的书在书市上买过一点，在北京现代书店港台书门市上也买到过一些打折的。但我对香港三联书店的印象是品高、价高，这次在店堂转下来也确是这样的感觉。三联书店中环店是其17家店里规模最大的，一楼儿童读物，二楼外文，三楼文史哲艺医等。三楼的读者比起一、二楼来要少些，这里主要经营本版、港台和大陆图书，尤其是大陆的许多新书在这里几乎都能找到，可是价格却比大陆要贵出65%以上（文后附录有两地书价比较表）。不过还是买了三本。

一是章诒和的《最后的贵族》，牛津大学出版社2004年第1版。此书没有国内版的序言，但有作者一篇自序。序的最后写到："将人民文学出版社出版的《往事并不如烟》更名为《最后的贵族》，交由牛津大学出版社出版，起因有二：一、它是中文繁体字版在海外发行；二、它更加完整，没有删节，并经过补充和修改。特此说明。2004年2月16日于香港中文大学。"此书插图用纸有普通白色铜版纸和与正文用纸一样的纸两种。我买的是前者。

二是《书香故宫——中国宫廷善本》，台湾实学社2004年初版，是"历史新天地"之一种，向斯著。我在北京买过一本与此类似的书，好像也是同一作者。该书是介绍的是故宫收藏的善本书，数十万种，其缮写、印制、装帧、保存、鉴赏、辨伪的全过程。附录有120余张彩图，多为首次公开，还有不对外开放的寿安宫、文渊阁、文华殿、英华殿的照片。新台币260元，港币86元。

三是香港天地图书公司1999年出版的《围城》，55港元。香港天地的钱著还有《人·兽·鬼》、《写在人生边上》、《七缀集》、《宋诗选注》几种，这后几种在铜锣湾的几个书店陆续找到。

三联书店与中华书局联合搞了一个1+1=21的活动，17家三联店与4家中华书局店结盟，两店优惠卡和购书券互相通用。

第三站：九龙新亚图书中心

新亚图书中心在九龙旺角洗衣街81号3楼，门脸小的若不留意就几乎看不到，楼梯窄仄，两人并行偏挤，若有上下楼的人相遇，需侧身方能通行。但上到三楼就是另外一片天地：有近60平方米的书店兼书库，地

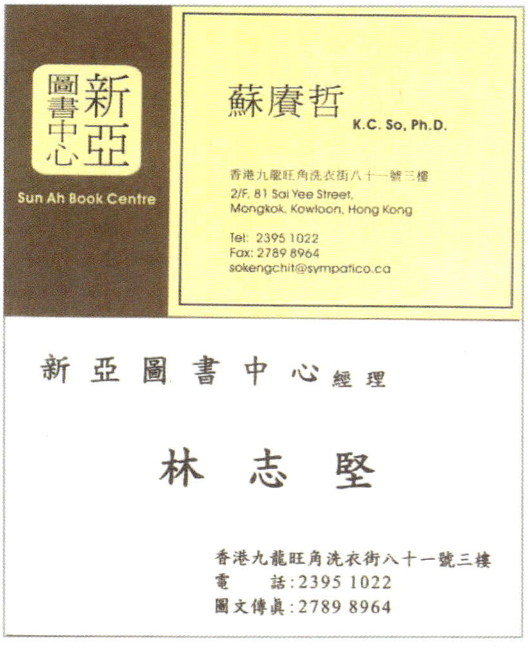

板上、书架上摆满了书，没有做什么分类，也没有按规矩有序摆放。但在这样一种杂乱的环境里淘书倒是另有一凡意趣，里面充满着意外的惊喜和觅到宝贝时的刺激。该店经理林志坚，是一个文质彬彬的老人。老板是一位近70岁的老太太，但她给我的名片是她的儿子苏赓哲的，名片两面分别是香港新亚和加拿大怀乡书房两个店的通信地址。

这家书店的定价还能接受，也可以商量打折，结款时还抹掉零头。有许多书是在原来价格的基础上调低了，并且调整的幅度很大，但还不离谱。

在新亚买了几种一般的书。

1.《中国杂技艺术》，上海文艺出版社1959年9月第1版第1次印刷，3000册。收有178幅彩色和黑白史料图片及舞台表演剧照。详细介绍了30种中国传统杂技节目（除马术、驯兽外）的艺术特点，算得上是一部大全式著作，25港元。

2.《古诗今画》，少年儿童出版社1984年12月第1版第1次印刷，布面带彩色封套精装本，印刷2000册，定价为17元。当时刚参加工作的大学生月工资也不过是40多元，相当于这个工资水平的三分之一。售价为40港元。我刚刚挑出来放在前台，就有另外一个读者欲以60港元买下，因为我还比较喜欢这本书，就不能见利割爱。此书几乎囊括了中国顶尖的大师级画家，这里不妨列出这个阵容（按出场顺序）：刘旦宅、方济众、吴作人、陈佩秋、张文俊、徐熙、陈大羽、钱松喦、戴敦邦、李可染、张步、林曦明、程十发、陆一飞、李苦禅、刘海粟、高马得、范曾、李行简、刘继卣、陈秋草、潘絜兹、黄幻吾、彭培泉、崔子范、应野平、方增先、张岳健、华三川、谢稚柳、康世尧、亚明、魏紫熙、王个簃、宋文治、黎雄才、吴山明、吴青霞、俞继高、陆俨少、董淑缤、朱屺瞻、童中焘、颜梅花、周思聪、张星阶、舒传熹、于希宁、吴冠中、关山月、石呈虎、贺友直、唐云、朱脩立。可以说，如此众多的大名头共画一书，恐再无后例。

3.《郎士宁画集》上、下册，香港艺文出版社1971年10月初版，印量300部，定价为240港元。该书前言中说：“共收有郎士宁作品60余幅，均为清宫旧藏，见石渠宝笈初编、续编、三编著录，其中有四十幅照原画彩印，据台湾故宫博物院民国21年10月出版的《郎士宁画》载：‘郎氏作品，大都藏于内府——其在外流传者绝少，诸家画目也鲜著录。’郎氏的精品，可谓尽萃于这一部画集。本集内所收现藏台北故宫博物院的郎画，都经一一注出。艾启蒙画马五幅，因与郎画的五幅合称“十骏图”，所以也一并印入。”

新亚书店里高悬的“魏晋遗风”

两地同类图书售价比较

书名	香港书价（港元）	北京书价（人民币元）
回家真好	117	26
设计私生活	127	28
外交十记	108 、128（精装）	48
我们仨	68	18.8
洗澡	83	16
带一本书去巴黎	93	35
老照片	14	8.5
干校六记	78	
行者无疆	117	22
千年一叹	100	35
付雷家书	66	29.8
说昆曲	117	58
姹紫嫣红牡丹亭	216	58
围城（英文版）	104	65
爱看书的广告	38	24
自行车的日子	61	38
性史图鉴	499、699（精装）	58

台湾漫画家几米图书大陆和港版价格比较

书名	香港书价（港元）	北京书价（人民币元）
向左走向右走	57～137	16、29.8
我的心中每天开出一朵花	83	24
123木头人	90	24
布瓜的世界	90	25
微笑的鱼	90	24
你们我们他们	123	25
开始	100	
照相本子	121.8	24
森林里的秘密	66	25、18
又寂寞又美好	123	45
地下铁	117	32
幸运儿	120	36
听几米唱歌	85	25、15
月亮忘记了	57、85、137	15.8/28
森林唱游	57	25、15
我只能为你画一张小卡片	83	23
几米履历表	90	

第四站：铜锣湾时代广场的PageOne书店

7月6日晚饭后去铜锣湾时代广场逛PageOne书店，此书店很大，以西文和港台书为主，且艺术类书刊很有规模和特色，分类也细致。在这里遇到一册美国出版的《纪念中国共产党成立50周年宣传画》，我2004年在卢森堡大公府门前的书店买了一套，29.9欧元，这里定价为314港元，价格基本相当。中文书在这里有一大间书室，粗略估计也许占整个营业面积的十分之一。

左为新亚书店林经理，中立女士为老板（名不详）

从以上两个表格的比较来看，大陆出版的图书在香港销售价格平均比大陆要高出65%以上，同类图书的港版比大陆版高出300%～500%。

在这家书店购书三本。

1.《书的迷恋》，该书的勒口上有陆游《示儿》诗中的两句：人生百病有已时，独有书癖不可医。封底是：在阅读的森林里摸索前行，需要热情在摸索中不致迷失方向，需要主张。台湾2004年4月第1版第1次印刷，是“Netand Books网路与书”之十，该套书的顾问有大陆的出版人陈原、沈昌文等。出版者为英属盖曼群岛商网路与书股份有限公司台湾分公司，台币280元，港币75元。这本书很有趣，讨论的是为什么人们对书的实体那么执著？比起获取书里的知识，他们更看重拥有书籍本身。中西古书在形态和市场价值上差别如此大，我们不能不沉思其背后的许多因素。本书讨论了书籍形态的发展、书痴的狂行与精神面貌，分享他们搜书、藏书和护书的经验，以及如何展现自己的收藏。这套书已经出版11种：试刊号《阅读法国》、01《阅读的风貌》、09《阅读的狩猎》等，在铜锣湾乐文书店以特价和八折购买了这三种。

2.《蠹鱼头的旧书店地图》，台湾一个“脉望”级书人撰写的以台北旧书店为主的“旧书迷必读”。书中有大量的旧书影、书店照片，难得的是有专门作者将书中提到的书店以线描手绘其内部结构、书架摆放、地理环境，等等，实在是前所未见。全书分为：旧书之梦、旧书地图、旧书家族、旧书哀了四篇。最后一篇谈及冲绳、北京、斯坦福三地的旧书事。93港元。

3. 鲁迅著、赵延年木刻插图、香港三联版《野草》，28港元，北京版此书人民币8元。

第五站：铜锣湾骆支道书店街

据Wing兄介绍，这里是日本人聚居区，铜锣湾一带书店比较集中，是九龙旺角之外的另一条书店街。

1. 商务总店图书中心，该店有四层，购书环境不错。

2. 铜锣湾书店。该店在铜锣湾路骆克道529号二楼，SOGO百货公司后身，铜锣湾地铁站D1出口，电话：28344448。在这里购了一册孙立川（天地图书资深编辑）的《南耕录》，这是一本“为书而写的书”。包括版本目录学、古典小说版本考证、善本古籍逸话及作者的编书余谈，其中对明清说部的版本考证尤值得古典小说研究者参考，诚为香港近年稀见的另类书籍。

3. 乐文书店。乐文书店是我感觉最值

得一逛的地方，全场新书七、八折，打折后满一百返购书代金券十元。想想在其他书店一路买来，除三联书店和商务印书馆使用Wing兄的会员卡，享受八折以外，其他店的新书都是全价买得，到乐文才知道不仅有折扣可打，还有礼券相送。在此提醒来港欲购新书的书友，来乐文还很划算。这里商业密集，也是观光购物必来之地，在时代广场、SOGO、SaSa等店铺可以购物，累了可以转身到一些小书店搜书歇脚，这些二楼书店没有大店的嘈杂，购书环境很是受用，能让你的心松松静静地在柔柔的乐声中平淡下来。如果你买书够多，可先挑选好，满100元获得返券后再购买，这样即可把礼券用起来。这些书店营业时间一般是上午11：00至晚上11：00，特别有助于内地游客作出合理的时间安排。

此店在铜锣湾骆克道506号二楼，崇光百货公司后面，在九龙旺角西洋菜街62号楼也有一间分店，下面是其照片。

第六站：港岛太古广场

KELLY & WAISH LTD KELLY & WAISH LTD在太古广场二层西侧，主要经营英文书，铺面不小，在这样一个高档商务区开这样一间店，成本自不会小。中文书有四五个台架，几乎都是大路货，以反映政治和政治人物题材的居多。离这家不远，有一间销售杂志和文具的专门店，你可以尽情在这里翻阅一些港台中文杂志，当作一个阅览室也未尝不可。出售文具的柜台可以买一枝钢笔，他们负责刻上你需要的名字，用来赠送朋友也是一个不错的选择。近年来大陆来港人住这一区的人不少，在公务之余，可以从酒店直接乘电梯到达这里购物、选书，说不定还能觅到一册你真正需要的好书。

感谢五味子先生介绍我与Wing兄相识，感谢Wing兄冒酷暑阴雨携我同游港九书肆以及给予我的许许多多关于书的知识和在港期间的关照，还有那顿丰盛的午餐、美味的鱼头。这篇访书小记中定有错讹漏偏之处，还望Wing兄不吝指教。

对于书的迷恋，使我们走到一起。书永远读不完，买不尽，搜书觅奇也是一条不归之路。关于书的故事，有的像长篇小说，有的如精短小令，有的是形散而神不散的散文，但不管以怎样的文体出现，都是那样让人手不释卷，口齿留香。正可谓：君子以书贵，书卷使人清。

其他未曾进入的书店有：汉荣书局（九龙）、开益书店、田园书屋、学津书店等。

与斯塔万格的老修书匠威尔·安德森的偶遇

2008年10月27日，经过约两个小时的飞行，当地时间15：30，我们一行六人从英伦三岛抵达了世界著名的“北海油都”——挪威第四大城市斯塔万格。它位于挪威西海岸博肯峡湾中，因面临大西洋，海上交通便利，是挪威有名的商港和渔港。它也是挪威古城之一，始建于8世纪，文物古迹保存得非常好，是欧洲拥有最多木制建筑的城市，其中最有名的是建于1150年的Urnes木教堂。

20世纪70年代后，由于北海油田的开发，斯塔万格成为油气田设施和船只维修及后勤保障的基地。今天的斯塔万格已经成为一个国际化城市，不仅是挪威国家石油公司和挪威石油董事会总部的所在地，而且有10家外国石油公司的挪威总部也设在这里。

已是深秋时节，一出海关就感到了阵阵的凉意。坐上宽敞舒适的小巴，十五分钟便到达了入住的宾馆（Radisson SAS Atlantic Hotel）。宾馆处在市中心，交通非常便利，南面不远处就是火车站，向北步行不到10分钟就可以到达港口。东面正前方有一个人工湖，湖中心的喷泉在射灯的衬托下就像一只振翅欲飞的白天鹅。

简单考察周边地形后，我们几个人稍事休整，便走出宾馆朝着海边的方向走去。这里的马路并不宽，但车辆都非常遵守交通规则，只要行人站在斑马线旁，所有路过的车辆都会很有礼貌的停下来让行。虽然刚下过雨，路面有些湿滑，但是非常干净。没走多久就闻到海的味道，海边停靠着大大小小的私人游艇和大型货船。继续前行到市中心的步行街，虽然刚刚下午4点，但两边大部分的商铺已经打烊。不过，干净透亮的橱窗里，所有射灯都开着，向路人展示琳琅满目的商品。

“这是书店吧？”不知谁的一句话，大家顺着方向看去，路的南侧，一个小店里透出有些偏暗的黄色的光，很普通的橱窗里摆放着不少旧书。“有可能是家旧书店！？”

不知谁说了一句。我们推门进去，小木屋里有一位身穿白色制服的老人，花白的头发，戴着一副老花镜，正在对一本旧书做着什么工作。几个书架上除了几本看似字典之类的新书外，全是一摞摞纸面已经发旧泛黄的老书、旧书，屋中央和各个角落里摆放着很大的操作台和各式各样的工具、原材料。“应

塔万格市中心的这间木屋中扎下了根。如今在这个作坊的墙壁上还挂着当年斯塔万格市颁发给他祖父的修书资格证书。

在老威尔六十多年的修书生涯中，主要客户是当地的图书馆及个人图书收藏家。斯塔万格只有这一家手工修书作坊，甚至挪威全国范围内，类似的手工作坊

该是家古书修复作坊！”同行的翻译白雪试着用英语同老人交流，幸运的是，虽然是地道的挪威人，老人却能说一口还算流利的英语。老人名叫威尔·安德森，他的工作是对损坏、破旧的书籍进行修复和翻新，也就是我们俗称的“修书匠”。修书是对古书籍再整理、再装帧的过程，作为一名当代的“修书匠”，不但要设法去除传统修书技术中的糟粕，还要在不影响古书籍本身的前提下，利用新技术更好地修复、保护这些文化遗产，达到修旧如旧的境界。

正所谓“他乡遇知音”，我们与老威尔聊得非常投缘，而老威尔也显得很兴奋，给我们讲了很多关于他和这间作坊的事情。

安德森家族的修书手艺可以追溯到19世纪20年代，1825年威尔的祖父开办了一个修书的小作坊。当时的挪威还是在瑞典的统治下，但同时也受当时的瑞典—挪威联盟的保护，稳定的政治、社会因素使安德生家族的小作坊在无形中受到了保护，得以维持和不断发展。年轻时候的威尔服过兵役，曾经在自行车及推车制造厂当一名普通工人。1947年，22岁的威尔在祖父及父亲的影响下，开始从事修书工作，这一干就是整整61个年头，也从此在斯

也不是很多，他估计只在奥斯陆和卑尔根会有一两家。也正因为如此，安德森家族跨世纪的修书手艺在这个行业中小有名气，还在挪威大黄页上做过广告。给挪威国王修复过书籍是让老威尔引以为自豪的一件事情。

因为中国人的到来，老威尔非常高兴，一一给我们介绍作坊里摆放着的装订机、切纸机、裱糊书衬里机等修复、装帧书籍用的工具，及各种规格的铅字、手工轧花模具、装帧封皮用的牛皮、羊皮、革等各种原材料，还现场给我们展示了几种修书机器的操作方法。因为已经83岁高龄，在交流介绍的时候，老威尔的双手一直在不停地抖动着，但操作机器时，这双手却停止了颤抖，而且显得异常稳健有力。

由于修书的工作比较单调枯燥，而且收入较低，老威尔惟一的儿子（今年已经49

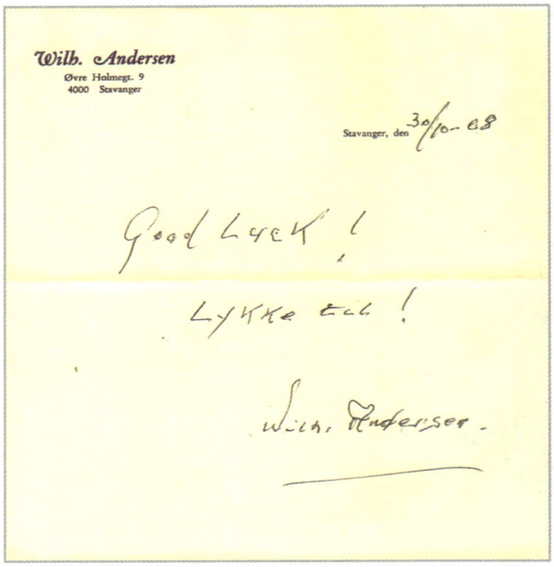
Wilh. Andersen
Øvre Holmegt. 9
4000 Stavanger

Stavanger, den 30/10-08

Good Luck!

Lykke til!

Wilh. Andersen

政府发给安德森祖上的修书执照

岁）并没有和他一起从事这项工作，也没有继承这个作坊的想法，只有76岁的弟弟会抽空过来帮忙。现在修复一本书大致需要一周左右的时间。

热爱修书工作的老威尔也非常热爱生活、享受生活，业余时间，他会和朋友们一起喝咖啡聊天，适合出海时，还会和弟弟结伴出海捕鱼。值得一提的是，他很自豪地告诉我们，他弟弟曾经到过中国的上海和北京。

分手道别的时间到了，老威尔用英、挪两种文字为我们送上了“好运”的祝福，用颤抖的手签上了自己的名字，并和我们合影留念。

走出安德森的手工作坊，我们感慨，这是此次欧洲之行的一个意外收获。不知道再来斯塔万格，会是在什么时候，也许那时老威尔已经不在，甚至连他的作坊和作坊里的工具也都将不复存在，安德森家族跨世纪的修书手艺也许都会湮没在现代的文明中。

（此文得到邵江华、白雪、李小平帮助）

书虫向往的香格里拉——海伊

海伊镇地处英国英格兰与南威尔士交界处，建于中世纪。1962年，一位名叫理查·布斯（Richard Booth）的年轻人，突发奇想，率先在小镇上开了许多家不同主题的旧书店，经过多年的经营，最后将小镇发展成为世界第一的书镇（Book Town），因而为全球的爱书人增添了一个观光胜地。海伊镇人口不足1500人，却拥有近50家旧书或叫二手书店（公开发表的数量有35、39、42、52家不等）。10英里长的书架、100万册图书和50万人次的年访问率，使这个小镇被誉为“世界旧书之都”。

知道海伊，大概是在1999年，当时的三联书店出版了台湾女书人钟芳玲的《书店风景》，对于书中描述的“地标书店”、“主题书店”感觉很新鲜，特别是关于美国、德国、英国等6家“古书店”和“二手书店”的描绘，很有意思，让人对这部稍嫌冷僻的小

从古堡书店看小镇

书刮目相看，也由此初步了解了海外的古书交易，特别是那个在遥远的英国威尔士的海伊。

后来，在2004年6月4日的《人民日报》上，又看到这样一篇文章《海伊镇：旧书之都》。文中写到："海伊镇上的书，越老越旧越值钱。每一位觅书者到这里都不会失望。因为这里的书商首先是图书鉴赏家，其次才是商人。世界上各个国家、政府和社区图书馆及私人藏书都是他们涉猎的对象。这里出售的虽然多是旧书，但也有等级之分。类似英国作家狄更斯的作品的初版或绝版被锁在考究的柜子里，每本售价约在1万英镑左右，且卖一本登记一本，其余的一律开架出售。"这里描述的开架出售旧书、狄更斯的绝版是那样令人神往。

2004年11月，在网上看到的《神游第一书镇——海伊》，较之于《人民日报》的那篇千字文，则更有趣味、更能勾起人对海伊的向往。文中记叙到："平时光顾海伊镇或赶'文化集'的大都是英国的中产阶级，且几乎全是正宗的英国白人。相对富裕、喜爱读书是他们的共性。因为小镇名气越来越大，近年来海伊也开始吸引不少域外读书人。到目前为止，海伊镇最高贵的客人莫过于美国前总统克林顿了。"除了旧书外，还介绍自1989年来一年一度、为期10天的英国《卫报》文学节，也是在海伊举办，届时有8万多来宾云集海伊，每次的文学节都举办上百场活动，有论坛、诗歌欣赏、作家见面会、名人后代讲名人、名著讲评、音乐会，等等。

此文还特别记叙了海伊"图书王国""国王"理查德·布斯的趣事。1977年7月1日，因为不满大企业和政府无视英国乡镇发展，意气风发的布斯宣布海伊脱离英国、

海伊的地标——钟塔

成立自己的“内阁”、印刷自己的货币和邮票，并自封为理查王。据他的“臣民”讲，布思“称帝”以来，每年定期举行各种仪式，任命和罢免官员、下诏书、封爵位和庆祝传统节日。他还在镇中心广场上设立绞首架，对玩忽职守的官员和罪犯斩首示众，当然是用模型。他的爱马曾被任命为“首相”，酒吧侍者被任命为“荷兰驻海伊大使”。这位怪诞老人创造的图书镇神话是那样令人神往，此文在布衣书局网站转载后，更是引起书迷浓厚的兴趣。

在钟芳玲笔下，海伊是一个“僻壤小镇”。她在1994年秋天曾有英伦之行，因为“书镇是个在一般地图上都找不到的小地方，去那里得换几种交通工具，要想当天往返几乎是不可能”。因此她与海伊失之交臂。1995年春天，钟芳玲的书镇之旅，经过几番倒车和“长途跋涉”才算成行。她首先由伦敦郊区搭地铁到市内的帕丁顿车站，接着再搭火车经3个多小时到达最靠近书镇的小城贺洛福特。本来再转乘近1小时的公共汽车，就可到达目的地，但又错过了公车时间。只得“忍痛花27英镑包辆出租车直奔书镇”，的确是费尽了周折。

与钟芳玲比起来，我们2008年10月的海伊之旅要算幸运得多。虽然车行至高速公路半途中，因前方发生交通事故堵车，而改走了乡村公路，比原定两个小时的路程多走了2个小时，但是有宋丽娟女士的妥帖安排，我们毕竟是直达海伊。能有这样一个机会，作威尔士乡村之旅，也是很难得、很惬意的。一路上风景秀丽，油绿的山坡上不时出现成群绵羊、奶牛和牧人的小屋，仿佛在观赏一幅清新自然的乡村风景画。

司机老吉姆更是充满激情，不断给我们介绍附近的风土民情。老吉姆已61岁年纪，绅士风度十足，是一家车公司老板，有着35年的从业经历。本来他早已不出山驾车，但为朋友出马，他还是很乐意地应承下来。难得的是，许多司机并不熟悉去海伊的路，老吉姆不但来过这里三次，而且对这一带的历史文化了如指掌。查尔斯王子的一个行宫就在海伊附近，他曾拉着朋友到这里参加查尔斯举行的派对。可别小瞧老吉姆，他曾为文莱王子、马来西亚的部长等要客多次安排在英国的出行。2001年，他还为当时在牛津大学攻读硕士学位的克林顿的女儿切尔西出过车。至今，文莱王子、马来西亚的部长还邀请他出国旅游。你说这位老先生的业绩，是不是很“显赫”。

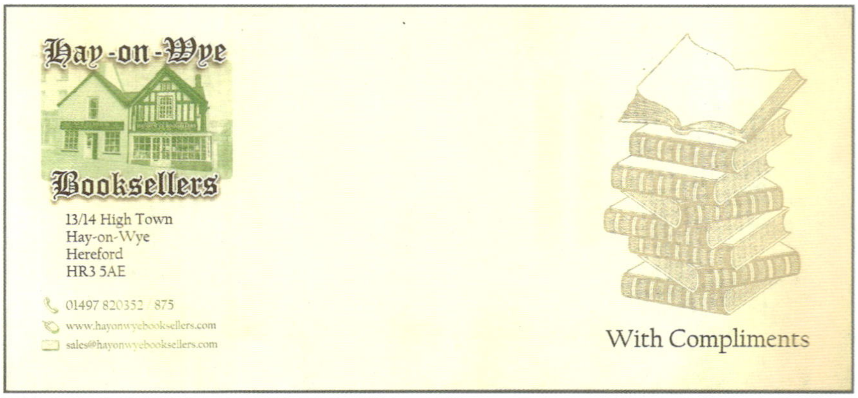

中午时分，一条蜿蜒的小河出现在我们眼前，通往海伊的蓝色路标也能够看到了。老

海伊风景

吉姆告诉我们，这就是“Wye河”。车行不久，河畔的海伊镇渐渐进入了我们的视线。海伊小镇的英文全名是Hay-on-Wye，钟芳玲译为“黑—昂—歪”，她说这是“歪河畔的黑镇”。这个小镇，是一个建于中世纪的小镇，实际上，望文生义的海伊，就是瓦伊河上的围墙，从如此直接的命名，我们就知道这是一个富有乡土气息的地方。海伊镇不仅提供旧书出售，还时常举办古董名书拍卖和绝版书籍的拍卖，是世界上最大的绝版书交易中心。令人很难想象，如此偏僻的地方会成为世界闻名的书城，一个“书”字就涵盖了它的全部，这就是海伊的奇特之处。

进入海伊镇，我们的目光就被又斜又长的小巷和两旁砖木相嵌、古色古香的建筑物所吸引，信步走在狭窄的街道上，时有诺曼底和詹姆斯士时代的遗址进入眼帘，宛如回到了中世纪，当然最有特色的还是街道旁一家紧邻一家的旧书店。

刚刚到达，人生地不熟。我们就随便走进一家门脸不大的书店，里面别有洞天，地上有三层，地下还有一层。店主人是一对老夫妇，可能是因为书店从来没有这么多东方人光顾，我们一进店就引起了这对老夫妇的关注，过来热情地向我们介绍并询问客来何方，得知我们来自中国时，老夫妇非常兴奋，一边说一边连连伸出大拇指。随行的翻译白雪告诉我们，这对老人说北京举办的2008年奥运会非常成功，尤其是开幕式的精彩表演，简直太美妙了。

热心的老人告诉我们，现在所处的街道叫狮子街，对面的书店（Richard Booths

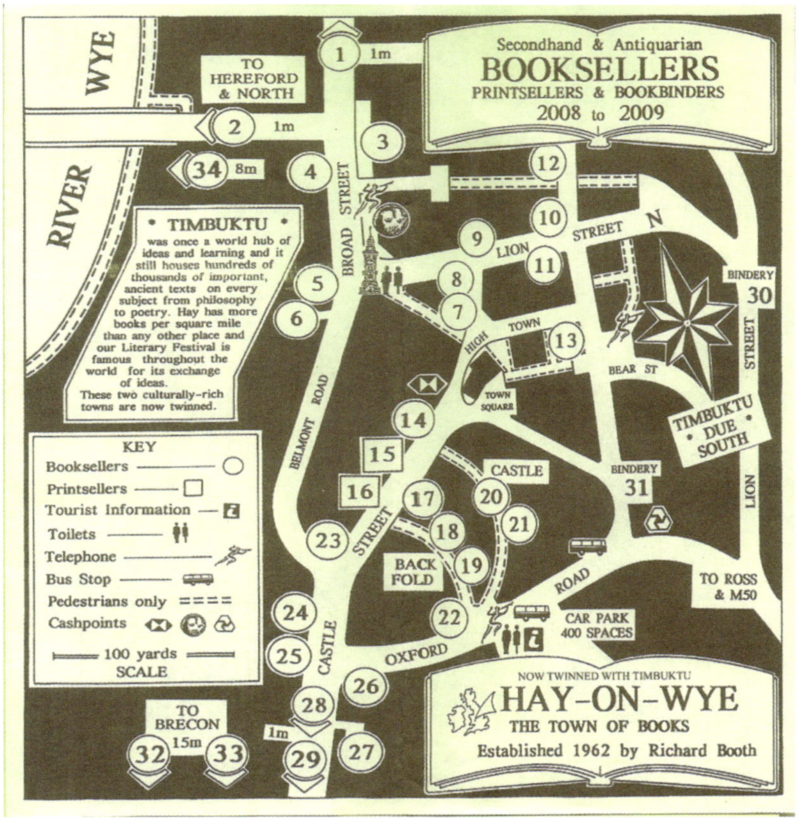

书镇导游图

在海伊的第一份收获：80年前印度一个小镇的导游图

Bookshop）是书镇创始人理查·布斯经营的书店之一，街道尽头的钟塔则是小镇的地标。因为他们店铺里与中国相关的书籍不多，建议我们去小镇最有名的古堡书店（Hay Castle Bookshop）和海伊影院书店（Hay Cinema Bookshop）看看，而且送给我们每人一张小镇的书店分布地图。还特意告诉我们古堡书店也是布斯先生所开办和拥有的。

我们被店主的热情好客所打动，没有马上走出店门，还在书架上耐心地搜寻着。一个蓝布函套进入视线，打开发现是一张薄薄的丝布托衬的印度Calcutta & Howrah的彩色导游地图，印刷于1926年，还附有一册地名解释。虽然时间已经久远，但是制作非常精致，保存的也非常完好。有意思的是在适当讨价还价后，就成为在海伊入账的第一份老物件。店主夫妇说我们眼力不错，并愉快地和我们合影留念。

根据行程安排，本来要在晚饭前返回伦敦观看歌剧《音乐之声》，由于来时路上的耽搁，我们干脆推掉晚上的安排，继续在小镇的书海中徜徉。

去古堡书店的途中，经过了一家专门经营旧版图画、地图的书店。每一张图片都用硬纸板衬着、透明纸包裹，保存的非常仔细，标价几镑到几百镑不等。值得一提的是，在这里还看到了一张19世纪早期的中国地图，当时的中国版图就如同一只健硕的大象，但晚清政府的腐败无能多次战败割地赔款，使中国的版图变成了现在的雄鸡模样。

古堡书店是我们的主攻目标之一，它处于小镇的中心，是当年布斯买下一座废弃的古堡而开办的，围墙外有一座第一次世界大战的纪念碑。走进书店狭小的院门，紧靠围墙摆着一圈书架，摆满了各式各样的旧书，价格非常低廉，每本竟然只有30到50便士。古堡书店专营收藏、电影、摄影和建筑等类的艺术书籍。我们当然是冲着有关中国的古文化和艺术类古旧书籍来的，店主很快就把我们领到东方艺术类书架。在这家书店收获还好，淘到了一些20世纪五六十年代出版的不同版本、不同文字的《中国艺术》（*Chinese Art*），还有《中国成就》（*China Magnificent*）、《昨日和今日中国》（*Yesterday and Today in China*）、《960—1067年中国宋早期行政事务》（*Civil*

古堡书店

古堡书店收银员

Service in Early Sung China 960—1067）、《中国汉朝的玉和丝绸》（*Jade and Silk of Han China*）、《重要的中国陶器收藏》（*An Important Collection of Chinese Ceramics*）、《中国古代陶瓷玉器和青铜器的艺术品目录》（*Catalogue of Important Chinese Ceramics Srchaic Bronzes Jades and Works of Art*）、《亚洲装饰艺术》（*Asian Decorative Arts*）、《中国连环画》（*Chinese Comics*）、《中国出土文物》（*Historical Relies Unearthed in New China*）以及20世纪70年代英国索斯比（也有译为苏富比）关于中国玉器、青铜器、瓷器、早期出口欧洲的书画和艺术品拍卖图录。

版画、地图书店里的货品

有趣的是，索斯比拍卖行最早的拍卖品也是古籍书。1744年3月11日，英国大书商塞缪尔·贝克（Samuel Baker）在伦敦考文特花园的一家酒店主持了第一场拍卖会，拍品是约翰·斯坦利爵士的一批藏书。拍卖会十分成功，十

影院书店外景

影院书店内部

露天陈列了众多的书柜，摆满了廉价的打折书，每本50便士，任人挑选，吸引了众多买书客和只为到此一游的观光客。

影院书店分两层，钢制的书架上整齐有序地摆满了经过整理的各类旧书。这家书店的图书分类和摆放很细致清晰，在一楼、二楼均有关于中国和日本的图书专柜，只不过二楼的是有年头的古书和珍本书，一楼的是一些旧书。置身在狭长的书架间，被扑面而来的书香包围，对爱书人来说，在这里无疑是享受一次品味古籍旧本的饕餮大餐，对于观光客来说也是一次重新了解书、认识书的文化熏陶。

天内共售出457本书，拍卖金额为876英镑。贝克死后，将全部财产留给侄儿约翰·索斯比（John Sotheby）。约翰便以自己的姓氏作为拍卖行的名称，享誉全球的“索斯比拍卖行”就此诞生，早期的索斯比主要以经营古旧书籍为主。

转眼已是下午4点多，宋女士提醒我们，因为是周六，海伊大部分店铺的打烊时间可能会提前。我们赶紧从古堡书店出来，赶往海伊镇最著名的海伊影院书店。

影院书店，从店名看上去像是专卖电影相关书籍的主题书店，其实不然，书店的所在地原本是小镇的电影院，经过改造装修后成为一间综合性旧书店，店内挤满了逾25万册的待售藏书。同古堡书店一样，书店对面

二楼墙上有一幅清末的关于中国古代用刑方法的手绘彩色图，镶在镜框里，标价350镑，这个价格自然消费不起。但中日专柜里面，大多是清末民初的老版本，大多有不少的彩色和黑白插图，大多数品相都很好，还是很值得一看的。经过一番爬梳挑选，林林

影院书店的文学类旧书

标价350镑的手绘中国19世纪用刑图

这套书并不全，标价850镑

总总大概二三十种老书纳入囊中。譬如：为纪念雪铁龙穿越亚洲到中国考察的领导人乔治斯·马瑞·哈德而写的《东方探险游记》，描写杭州、北京、南京、开封的《中国的18个首府》，描写西藏圣山的《前进的风》，关于敦煌千佛洞的《审视绿洲》，关于早期基督教传播的大部头四卷本西班牙文《基督教在中国》，讲述基督教在中国传播的英文版《那里的村庄》，进行中英两国比较的《面对中国》以及《中国古代风景画研究》、《关于中国妇女及同时代人的描述》、《简单游记：东京和北京》、《中国历史和文化》、《新中国和30年个人回忆》、《慈禧》、《中国的精彩——五千年的中国艺术品》等等。这些近百年或超过百年的老书，基本都是布面精装，许多都是毛边本。

有收获也有遗憾。这家店里有一套日本昭和时期出版印刷的《第一次满蒙学术调查研究团报告》，可惜的是缺少了几本，不是完整的一套，850镑的价格实在不菲。斟酌再三，还是放弃。这个店和古堡书店虽同是布斯所有，但古堡给了一个价格折扣，这里则很教条，你买多少都是没有优惠的。正在结账的时候，勇昌在一楼又发现了一个中国旧书专柜，但天色不早，只能收手留下遗憾了。

宋女士、白雪、勇昌、江华、作庆、晓龙我们一行走出影院书店时，天已经全黑了。正如钟芳玲所说，“书镇之旅也因此必须告一段落”。我们带着小镇的书香，告别灯火阑珊处的Hay-on-Wye，离开海伊，踏上了归程。

钟芳玲在《书店风景》里曾写到：“多年前的心愿总算实现，在公车上望着渐行渐远的黑—昂—歪，我忽然有一种恍如隔世的

影院书店二楼内景

欧洲老书人

感觉。”是啊，淘书之路充满艰辛，满布旧书店传奇的海伊是那样让人魂牵梦绕。但我相信，虽然我们可能不会再来充满诱惑的海伊，但对于海伊的牵挂，会充斥在日后的访书旅程中。也许有一天，我们还会再来到这里，继续延续关于书的故事。

听行里人说，书王布斯还是经常拄着拐杖，在助手的伴随下，到世界各地大批购书，运回海伊。在布斯的推动下，在欧洲和美国各有30个城镇采用了布斯的点子和营销方式。有些还得到了老布斯的亲临指导，老布斯以国际书镇之王的身份为他们加持。布斯曾自称是“一个乡下小孩”，我们期待着神秘的布斯和乡下的海伊有更多的故事出现。

布斯曾说：“我是一个充满混乱的人（I am confused man）。”但是，古旧书籍会让每一个爱书人充满理智，充满激情，进而得到修为。回国后，在三联书店买到一册上海人民出版社刚刚出版的《坐拥书城》，该书讲述的是爱书人如何聚书护书和与书相处的故事。在这部书所附“善本书商、书店”里介绍到：“威尔士的海伊镇有二十四多家书店，都非常好、各有特色，书店太多，恕不一一列举。最大的两家是”——拥有书籍逾四十万册的布斯古堡书店和影剧院书店。

附：在威尔士海伊小镇所淘书

（此文翻译得到刘伟光、王晓龙帮助）

一、《简单游记——东京和北京》（*A Superficial Journey Through Tokyo and Peking*）

该书作者是彼得·昆尼尔，由法伯尔和法伯尔有限公司1932年出版，书口上部刷黄绿色，古铜色布面精装毛边本。

从书名就可以明白，这本书写的是在东京和北京旅游的事情。关于东京的部分，彼得·昆尼尔写了地震、旅馆、雨中的房子、街道风景、现代城市、欢乐一角、教授和野

布斯自传封面

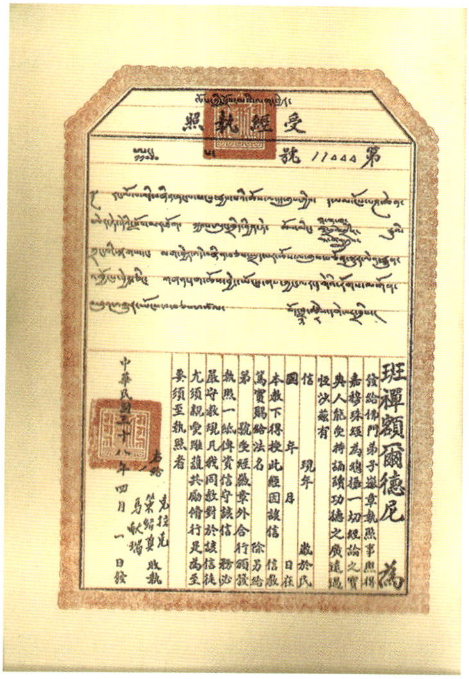

餐、大学、危险思想和现代文学、舞台和演员等一些章节。作者认为："这不是一部'关于日本'的书，虽然我在那里呆了一年，可是我并不了解这个国家，我的观点都是比较粗浅的。这本书应该被视作一种旅游电影来看。"

关于北京，彼得·昆尼尔写了6部分：河流、宫殿、舍利子塔、晚宴、在这个国家、在剧中。

该书收入了北京故宫、天坛、典型的日本房屋等照片多幅。

二、《那里的村庄》（*And the Villages Thereof*）

该书作者为毛德·伊丽莎白·博兹，由英格兰教会传教士协会出版，出版商是位于伦敦主祷文大楼的摩根和斯科特有限公司。英国印刷，灰色布面精装本，无出版年月。

该书主要是讲述基督教在中国的传播，介绍了不少中国文化、乡村景物、风土人情。内容包括：前进的传播者、在荆棘中、在路边、牢骚、中庸、珍珠及其抛光、新年带来财富、雨后晴朗、穿过山路、菊花和教堂、紧急的日子，等等。

书中所收照片有：中国的希望、享受自然的佛教和尚、路边捡树枝的男孩、教

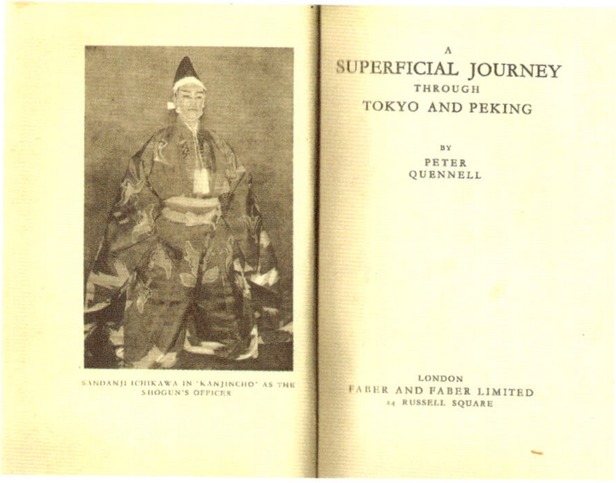
SANDANJI ICHIKAWA IN 'KANJINCHO' AS THE SHOGUN'S OFFICER

A
SUPERFICIAL JOURNEY
THROUGH
TOKYO AND PEKING
BY
PETER
QUENNELL

LONDON
FABER AND FABER LIMITED
24 RUSSELL SQUARE

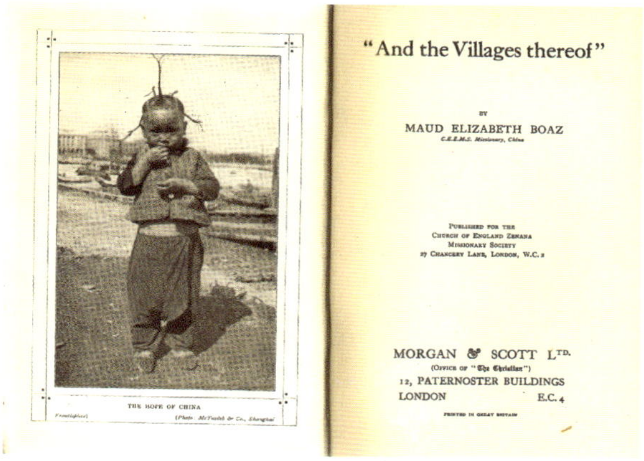
THE HOPE OF CHINA

"And the Villages thereof"

BY
MAUD ELIZABETH BOAZ
C.E.Z.M.S. Missionary, China

PUBLISHED FOR THE
CHURCH OF ENGLAND ZENANA
MISSIONARY SOCIETY
27 CHANCERY LANE, LONDON, W.C. 2

MORGAN & SCOTT LTD.
(OFFICE OF "The Christian")
12, PATERNOSTER BUILDINGS
LONDON E.C. 4

32 "And the Villages thereof"

The mountains look as if they have decked themselves for a festival just now: red, brown, and gold-coloured shrubs are dotted about; great, shaggy, brick-colour wild lilies, which the Chinese call "Beggars' Heads," not scattered in units or single file, but massed together in close formation in certain places. Along the wayside the banks are covered with Michaelmas daisies, which have absorbed into themselves so much of the glorious blue above them that they have forgotten their original colour. But I miss the wild gentians here; either they are over for the season, or else they do not like this rugged mountain district.

I had almost forgotten; this is to be a chapter of grumbles! Well, to begin with, we had a very disturbed night, partly due to the caravan-loft with its thin wooden walls, and the broken planks, which allowed too much of the noisy outside world to enter; and then, though one seldom complains of too much moonlight, we certainly had more than enough last night. It was at the full, and shone straight in on us in all its silvery beauty. The midnight silence was broken, first of all by the cats, who seemed to be giving either the first or the last concert of the season, and were bent on advertising it well—while in the opposite house an angry infant demanded its meed of attention with such insistence, that at last its poor tired mother roused herself to supply the need. It takes some noise to arouse a sleeping Chinese. I was once told a story of a thief who broke into a house at night; he softly approached the bed where a woman lay sleeping, and gently took an ear-ring out of the ear uppermost; then turned her head round, and took the one from the other side, without disturbing her.

CHURCH-MOTHER TWICE-BORN

A COURTYARD IN THE FORBIDDEN CITY, PEKING

母、佛教寺庙和僧侣、松江市的一座牌坊、江西独轮车、在路边抽烟的老年赶路者、贩药人的骆驼、希望、中国水牛等。

三、《中国人，他们的历史和文化》（*The Chinese Their History and Culture*）

该书作者是耶鲁大学教会和东方历史教授肯尼斯·斯科特·拉托蒂以及威利斯·詹姆斯。由位于伦敦马丁街的出版商迈克米兰有限公司1934年出版，蓝色布面精装本，二册。

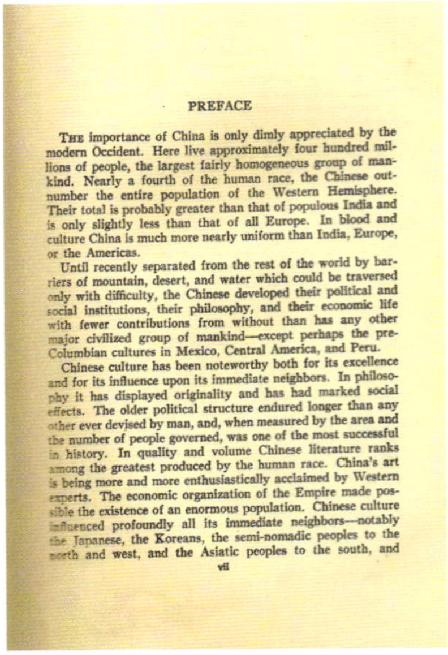

PREFACE

The importance of China is only dimly appreciated by the modern Occident. Here live approximately four hundred millions of people, the largest fairly homogeneous group of mankind. Nearly a fourth of the human race, the Chinese outnumber the entire population of the Western Hemisphere. Their total is probably greater than that of populous India and is only slightly less than that of all Europe. In blood and culture China is much more nearly uniform than India, Europe, or the Americas.

Until recently separated from the rest of the world by barriers of mountain, desert, and water which could be traversed only with difficulty, the Chinese developed their political and social institutions, their philosophy, and their economic life with fewer contributions from without than has any other major civilized group of mankind—except perhaps the pre-Columbian cultures in Mexico, Central America, and Peru.

Chinese culture has been noteworthy both for its excellence and for its influence upon its immediate neighbors. In philosophy it has displayed originality and has had marked social effects. The older political structure endured longer than any other ever devised by man, and, when measured by the area and the number of people governed, was one of the most successful in history. In quality and volume Chinese literature ranks among the greatest produced by the human race. China's art is being more and more enthusiastically acclaimed by Western experts. The economic organization of the Empire made possible the existence of an enormous population. Chinese culture influenced profoundly all its immediate neighbors—notably the Japanese, the Koreans, the semi-nomadic peoples to the north and west, and the Asiatic peoples to the south, and

vii

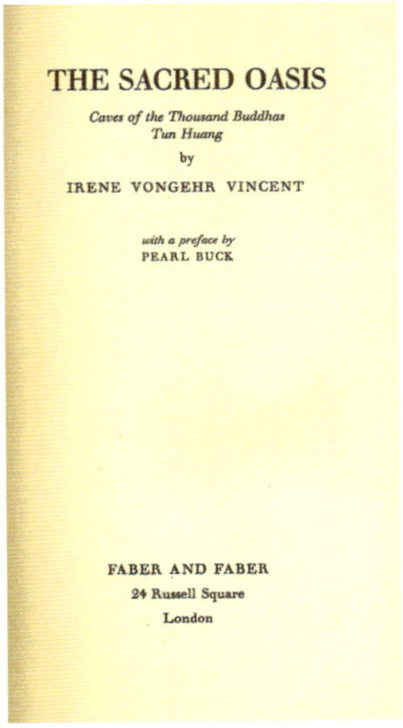

THE SACRED OASIS

Caves of the Thousand Buddhas
Tun Huang

by

IRENE VONGEHR VINCENT

with a preface by
PEARL BUCK

FABER AND FABER
24 Russell Square
London

作者认为，现代西方对中国的重要性仅仅是一些皮毛性的了解。但这里有4亿人口，几乎比整个欧洲都多。中国的血统和文化比印度、欧洲和美国更为全面和统一。特别是近年来，中国在致力发展政治和社会、哲学和经济生活。中国的文化要特别值得关注，因为它本身很优秀，同时对邻国很有影响。在质量和数量上，中国文学创作在人类中是最重要的。中国的艺术越来越有激情，中国的文化深深影响了邻国，如日本、朝鲜、北部和西部的半游牧民族，以及中亚文明程度稍差的国家。

这部书讲述了地理及其对中国的影响，中国文明起源（公元前221年），帝国的形成——秦朝和汉朝，分立和外侵——从汉末到隋初，重新统一——隋唐，政治虚弱而文化璀璨——五代和宋朝，在蒙古族统治下的中国，汉族重新统治中国——明朝，清朝（满洲）——兴盛和衰败，受西方影响而进行的改制——帝国在与西方欧洲列强的战争中受创、签署不平等条约以及内乱、部分内部秩序的逐步恢复、西方贸易和观念的缓慢渗入，对于中国文化结构的瓦解和新文化的预兆。

四、《神圣的绿洲》（*The Scaned Oasis*）

这是一部讲述敦煌千佛洞的书。作者艾琳·文森特，由位于伦敦拉塞尔广场24号的法伯尔和法伯尔有限公司出版。黄色布面精装本，无出版时间。

珀尔·巴克在他撰写的前言中讲到：本书是一次特别朝圣的记录。一位年轻的美国妇女多年前许下心愿，如果生命允许，她想亲眼去看看敦煌神圣的佛教寺院。她出生在中国，在美国读大学时受一些记忆的影像而学习了中国古代文化。1948年，她到北京居住，在家人的支持下，她不远万里踏上朝圣之旅，道路崎岖不平，交通工具是拥挤的卡车，吃的是中国西北的馍。一路跋涉，她终于到达了敦煌，这里是印度、中亚和中国文化的聚集地。这位女士在敦煌呆了很长时间，她太痴迷于这里的壁画了。她照了很多照片后回到北京。当第二年她全家返回美国后，女士以前的教授听说她带回了"有价值的新信息"，鼓励她应该把照片发表。在丈

Wei period sculpture: Cave 259 (P111), North wall. *See page* 91
Seated Buddha in niche, extreme right of three such figures

夫和孩子们的鼓励下，她终于完成了这本书。这本书新鲜、信息性强、描写准确，照片选的很好。

书里写了佛教向中国东进的道路；进入口岸——敦煌绿洲、千佛洞、寻找机械化装备的骆驼；公路的终点——沙子之城、在四层楼高的悬崖上画画；二维的天堂——壁画、回到现在。

该书收入大量照片，主要有：魏代的壁画、卡车坏了、到千佛洞的路、过北门后第一眼看千佛洞、悬崖峭壁、洞的中间部分、一个关闭的被破坏的小岩洞、隋代壁画、唐代壁画和宋代壁画等。

五、《中国艺术简史》（*A Short History of Chinese Art*）

这部书的作者路德维格·贝奇霍弗尔教授是芝加哥大学艺术系教授，是远东艺术权威。在这本书中，他全面描述了中国艺术的发展。书中列出了作者在过去13年中广泛研究和调查处理的很多特殊问题。由位于美国纽约华盛顿广场41号的伟人祠图书公司1944年出版，蓝色布面精装本。

贝奇霍弗尔教授在书中提出了很多与众不同的观点。他追踪和展示从新石器时代开始到18世纪陶器、青铜制品、雕刻和绘画的变化形式，对进化过程进行了有逻辑、有序、有机的演绎。本书对于那些对东方艺术感兴趣的老师、学生和其他任何人来说都是必不可少的。

书中的主要内容是：新石器时代——

1. Wei period: Cave 272 (P188/J), West Wall. *See page* 66
Central Buddha sculpture in alcove, head, chest and arms restored. Circular alcove, comparatively rare at Ch'ien Fo Tung, contains paintings of attendant bodhisattvas interspersed with flowers. Haloes and aureole unretouched

中国彩陶（甘肃、河南）；商代青铜器——白陶器，与新石器时代的联系，有图形装饰的青铜器，塑料装饰的青铜器，铜镜；雕刻——商朝到汉朝，从汉到魏的坟墓外形，佛教雕刻（5、6、7—9、9—11、12—17世纪）；绘画——商到汉前期（1—5、5—7、7—9、10、11、12、13、14、15、16—18世纪）。

书中的照片主要有：两耳细颈酒罐、锅、缶、鼎、盆、花瓶、铜镜、龙、马、小孩儿等造型的铜器；佛、和尚、马等大理石或石灰石雕刻品；山脉、冬天、风景绘画。

六、《东方探险记——哈德和奥杜因的第三次远征考察》（*An Eastern Odyssey ——the Third Expedition of Haardt and Audiuin-Dubreuil*）

本书是为纪念雪铁龙穿越亚洲考察的领导人乔治斯·马瑞·哈德而写。作者为乔治斯·勒·费沃，伦敦维克多格朗兹有限公司1935年出版。黄绿色布面精装本。

Ph. M. G. Williams, copyright N.G.S.
ON THE 15TH JUNE THE SEVEN TRACK-CARS CROSS THE WALLS OF SUCHOW

1921年1月，雪铁龙公司生产了专门用于跨国旅行的汽车。乔治斯·马瑞·哈德是雪铁龙公司的董事长。从1922年1月20日开始，10年中，乔治斯带领队伍对非洲和亚洲进行了3次考察。考察从穿越撒哈拉大沙漠开始，1932年3月16日，乔治斯在香港去世。书中有大量关于在中国考察时的见闻和叙述，涉及长城、戈壁、苏州、乌鲁木齐、西藏等。

书里的主要内容有：到巴格达之路、穿越波斯高地、阿富汗的圣土、英国人的欢迎、在黑龙的吸引下、戈壁、苏州谈判、新疆、在喜马拉雅、世界屋脊、第一次会议、在乌鲁木齐、戈壁上的城市遗址、亚洲冰冻的心脏地区、在草原之国、旅途结束。

该书附有许多照片，主要有：乔治斯·马瑞·哈德、在巴格达、阿富汗的大佛、中国长城、戈壁、6月15日7辆考察车穿过苏州城门、夏天的乌鲁木齐、在喜马拉雅山攀登峭壁、在阿斯特河上惊险铺路、9月12日我们醒来发现营地被白雪覆盖、黄河，等等。

七、《中国艺术》（*Chinese Art*）

该书作者为利·阿什顿和巴兹尔·格雷，由位于英国伦敦拉塞尔广场24号的法伯尔和法伯尔有限公司出版，白色布面精装本，无出版年月。

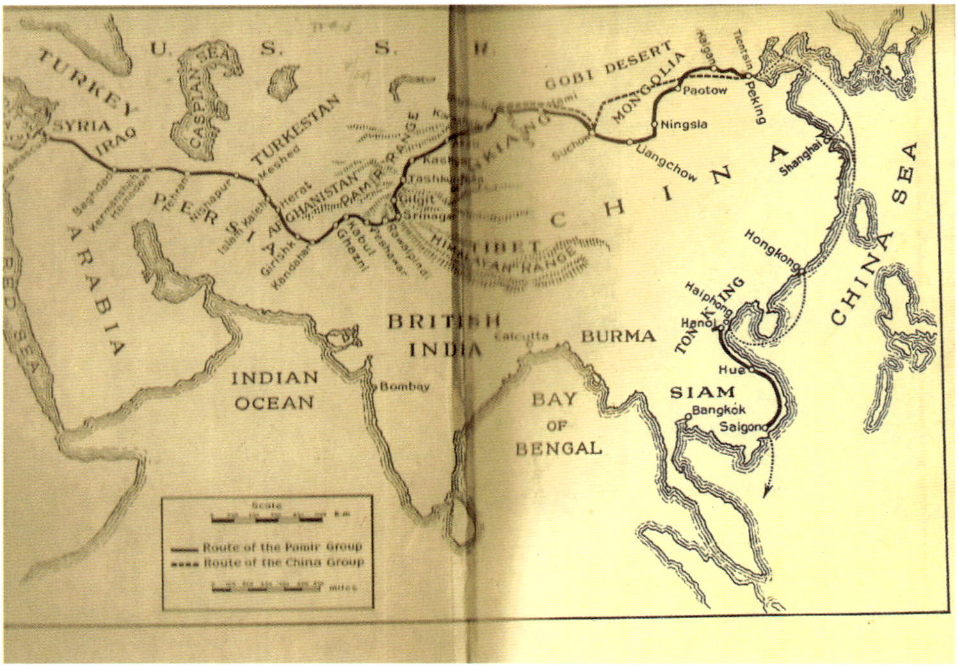

该书前言写到：本书旨在简要地介绍中国艺术的历史，以及在每个历史阶段的一些艺术品图片。中国艺术分支演变发展的历史漫长而复杂，所以我们选择的140件艺术品，仅仅提供了有关中国文明的最简短和表面的浏览。本书是按照中国历史上的时间顺序，对各朝代的艺术品进行

说明。

该书介绍了前汉时期（公元前3000年至公元前206年）、汉代、魏和六朝、唐朝、宋朝、元朝、明朝、清朝的中国艺术。附有中国地图、艺术品名单、中国长城、中国朝代和时期表等。

书中所收艺术品图片有：新石器时代的涂彩罐、新石器时代的罐、商殷的铜器、周朝的玉片、商殷的玉把手、周朝的铜器、战国时期的铜器、石鼓、铜盘、墓中发掘的石浮雕、凤凰浮雕、丝绸纺织、陶花瓶、陶制人物、铜镜、玉马头、石佛像、石狮、银碗、银杯、金盘、陶盘、瓷花瓶、瓷器人物、玻璃碗、花鸟画、蓝白瓶、蓝白热水盘、羊毛地毯。

八、《中国古代青铜器》（*Ancient Chinese Bronzes*）

该书作者是威廉·沃森，由位于伦敦拉塞尔广场24号的法伯尔和法伯尔有限公司1962年出版。咖啡色布面精装本。

书中介绍了大量中国古代的青铜器，早到汉代，特别是中国早期艺术最重要的代表——祭祀用青铜器。讨论了青铜器的发展，简单记录了中国1950年以来在这方面进行的学术研究和发现。书中有150多幅青铜器图片，其中一部分青铜器是近期发掘出来的，但大多数资料来自英国的私人和公共收藏。

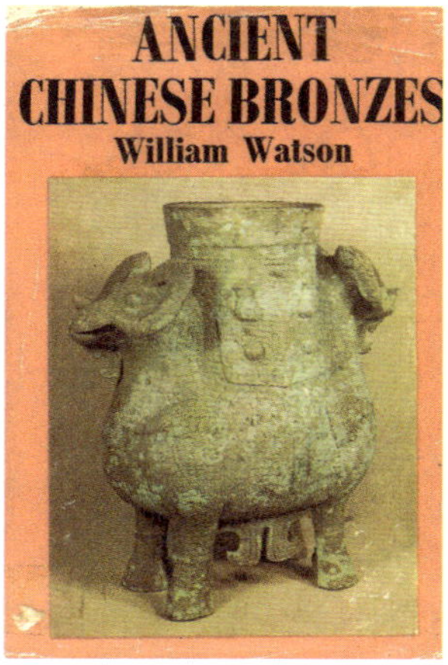

书中所收照片主要有：双梁尊、腰带钩、矛头、从公元前15世纪到公元2至3世纪晚期的各种鼎、尊、碗、壶、铃、砚台、虎造型以及刻有龙或其他动物图案的镜子等。

九、《中国艺术概述》（*Outlines of Chinese Art*）

该书作者为约翰·弗格森，由美国伊利诺斯州芝加哥大学出版社1918年出版。书中主要内容为引言、铜器和玉器、石器陶器、书法和绘画等。附录图片清单和中国朝代表。蓝色布面精装本。

书中所收照片主要有：北京政府博物馆入口，河图——绘画的神秘起源，洛书——汉字的神秘起源，意象的龙，意象的鹿，装饰有凤凰的铜器，铁塔，方塔，放酒器的铜桌，周朝铜匕首，商朝牛轭

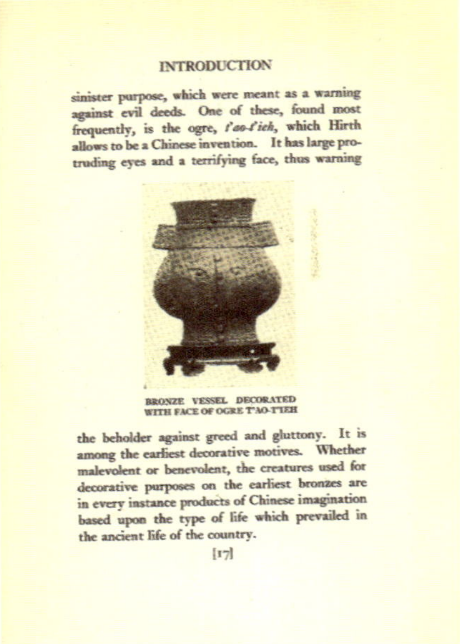

INTRODUCTION

sinister purpose, which were meant as a warning against evil deeds. One of these, found most frequently, is the ogre, *t'ao-t'ieh*, which Hirth allows to be a Chinese invention. It has large protruding eyes and a terrifying face, thus warning

BRONZE VESSEL DECORATED WITH FACE OF OGRE T'AO-T'IEH

the beholder against greed and gluttony. It is among the earliest decorative motives. Whether malevolent or benevolent, the creatures used for decorative purposes on the earliest bronzes are in every instance products of Chinese imagination based upon the type of life which prevailed in the ancient life of the country.

[17]

A TARTAR HORSEMAN, BY YANG PANG-CHI, CHIN DYNASTY

旧中国的新美丽、危险时代、在颐和园、年轻女士的学院、工厂和花园、东方和西方、金苹果。

书中所收照片主要有：颐和园长廊、真实的中国——长江船上一位善良的老农夫、夜晚的上海南京路、一位宁波妇女和她的两个侄子、当代的一位年轻妻子、姐姐和妹妹在杭州现代家门口、南京的两名士兵、古时大臣的石雕像、北京的马车交通、春天风景中的妇女、哲学教授、一群满洲公子和公主、北京颐和园、水车、化缘的和尚、母亲和小女儿、长城等。

状对铃，汉朝铜器，周朝铜器，汉朝马身独角兽铜像，汉朝、周朝、宋朝的玉器，龙门石窟，龙门石窟的魏朝人物像，将军泥像，御用瓷花瓶，楷书、行书、草书举例。绘画作品图片有陶渊明的田园、十骏图、虎和云中的山等。

十、《关于中国妇女及同时代人的描述》（*Portrait of a Chinese Lady and Certain of Her Contemporaries*）

该书由作《两位中国先生》的作者霍西女士所著，伦敦霍德尔和斯托格顿有限公司1929年出版。橘红色布面精装本，书脊有烫金华表，封面和扉页有“谢福芸”三字。

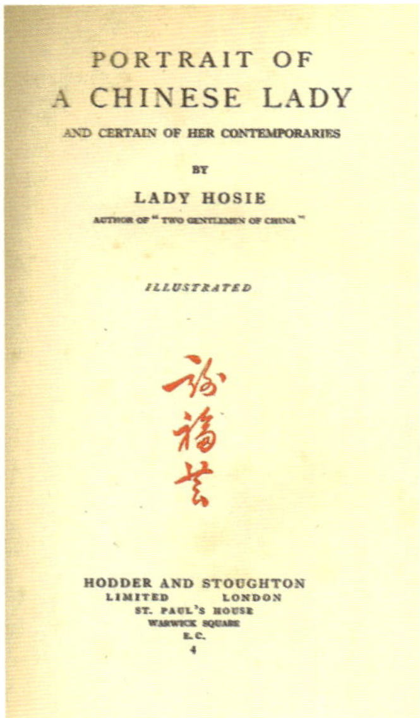

PORTRAIT OF
A CHINESE LADY
AND CERTAIN OF HER CONTEMPORARIES
BY
LADY HOSIE
AUTHOR OF "TWO GENTLEMEN OF CHINA"

ILLUSTRATED

谢福芸

HODDER AND STOUGHTON
LIMITED LONDON
ST. PAUL'S HOUSE
WARWICK SQUARE
E.C.
4

该书主要内容是：中国母亲、蒸汽机、上海来的年轻小伙、家庭契约、一妻还是多妻、一位英国先生看中国、一个美国人是怎样为中国服务的、南京的吴女士、在上海外出吃晚饭、上海的街道、大佛、铁路、两位女士的道路、公主可能有观点、

48 PORTRAIT OF A CHINESE LADY

That is all very well: but she has forgotten another factor in human nature. Once the standard of a single-wife has been lowered, wife-acquiring is apt to become a habit. Why stop at two? Moreover, the larger your household, the greater your money requirements. Money you must obviously have: it is your just due from Heaven. So you become, with each wife, a little less scrupulous as to how you obtain that money. Once you have the money, then it is also obvious that another wife lends éclat to your entourage. Yet the more old-fashioned Chinese halted at four or five. This number was permitted by established traditions: after that, plurality without restraint was the hall-mark of the *nouveau riche*. With four or five, you can still implicitly refer to the need of an established lineage, of ancestral obligations. But after that, it is either decadence, or undiscerning vulgarity, and practised by such people as ill-bred militarists swollen with ill-gotten gains. So thought Mrs. Sung.

Though they lack the bed-rock Puritanism of my Uncle Kung's ethical monogamous code, there may be real dignity and kindness amongst some of the polygamous Elders towards their several wives. Mrs. Sung's father was a case in point. He required a certain amount of wit and integrity in his wives as well as more physical charms. Were they not to be the mothers of his children? He had the sense as well as the means to house them in different mansions, often in different cities. He was affection itself to all his children, daughters as well as sons, and could and did give them impartially the best education within his power. He loved to see his girls polished after the likeness of palaces. This is plurality at its best. It is also rare.

"They say that one of the Shantung generals has sixty wives," said Mrs. Sung to me. "I suppose foreigners, knowing it, and even compelled to meet some of them, will think all Chinese are like that or approve such licentiousness. It makes one sick with disgust. That sort of thing is increasing too as those without traditional learning obtain power and money. Unversed in either Confucian ethics or Western learning, they love display, such as stars on their breasts, glass-windowed motor-cars—and wives covered with jewels."

Young China is not without charm

Photo by Lady Hosie

Mother and Small Daughter

十一、《杯子及其风俗》（*Cups and Their Customs*）

硬纸面精装毛边本，出版年月不详。该书介绍的是一系列饮料的调制方法。比如蜂蜜酒、祝酒时用的酒、混合甜饮料（威士

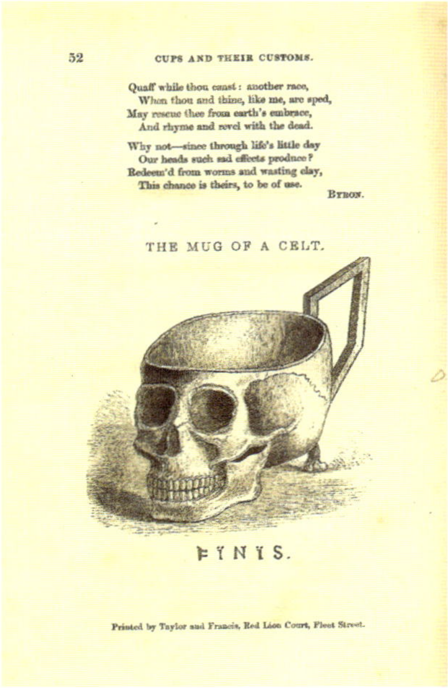
52 CUPS AND THEIR CUSTOMS.

Quaff while thou canst: another race,
When thou and thine, like me, are sped,
May rescue thee from earth's embrace,
And rhyme and revel with the dead.

Why not—since through life's little day
Our heads such sad effects produce?
Redeem'd from worms and wasting clay,
This chance is theirs, to be of use.

BYRON.

THE MUG OF A CELT.

FINIS.

Printed by Taylor and Francis, Red Lion Court, Fleet Street.

忌的、牛奶的，等等）、樱桃白兰地、姜丝白兰地等。还介绍了盛装这些饮料的杯子的材质和特点。所有调制方法都严格遵循烹调规则，这些方法的价值已经被重复的实验所验证。这样我们可以摒弃那些陈规老套的饮料。为人们的健康提供有益的参考。

十二、《东方古董的色彩》（*Oriental Antiques in Color*）

该书作者为迈克尔·瑞德雷，由英国布兰德福特有限公司1977年出版，塞克维尔公司彩印，橘红色布面精装本。

该书前言写到：当今，收藏古玩成了一种国际性的爱好，东方和西方人收藏各种各样的来自很多国家、不同年代的东西。古玩商店全世界到处都是，在伦敦、巴黎、日内瓦、东京、纽约等地还有国际商店。很多年来，欧洲的古玩一直占据重要地位和市场，而近年来东方古玩越来越占据更多的地位。现在全世界都对东方古玩感兴趣，很多收藏在欧洲和美洲的古玩被东方交易者买下运回自己的国家。这样，东方的古玩显得更加稀有和珍贵，成为很好的投资方向，同时也成为符合现代家庭审美的家具或装饰品。

东方古玩的范围极为广大，从艺术到工艺品，跨越很大领域。中国、日本、印度、尼泊尔等都有世界上最伟大的古玩财富。本书是为那些对这些艺术品财富感兴趣的人，以及乐于获得这些财富的收藏家而写的。书中有成百上千艺术家和关于技术和艺术的实证。作者还对如何收藏古玩给出了很好的建议。

该书主要内容是：中国陶器和瓷器、日本陶器和瓷器、中国漆器、日本漆器、印度青铜器、尼泊尔和西藏的神圣艺术、中国的青铜器、日本的金属制品、中国卷轴画、东方的印刷品、中国和日本地图、中国家具、中国玉器、中国皂石。

十三、《活着的孔子思想》（*The Living Thoughts Confucius*）

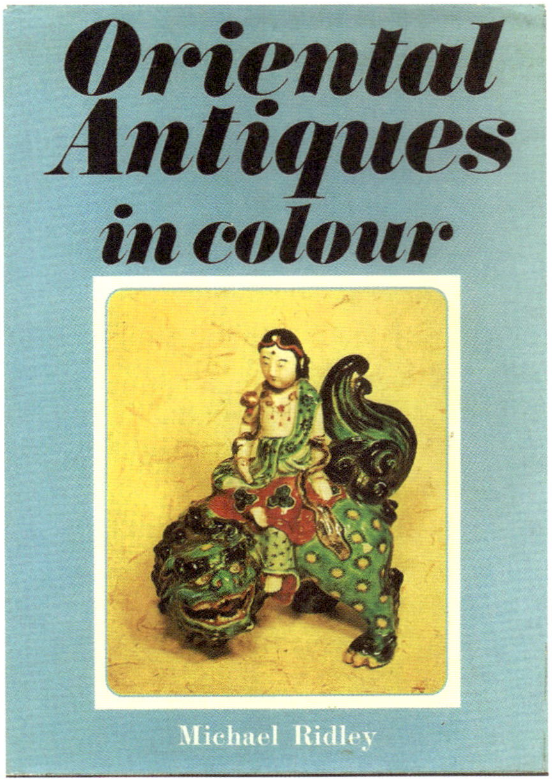

该书作者是阿尔弗雷德·杜伯林，伦敦卡塞尔有限公司1942年出版。红色布面精装本。

书中讲述了孔子的生平、性格。介绍了

孔子教学生什么，阐述了孔子在很多方面的思想：如怎样达到完美、关于财富和荣誉、人是好的、关于国家和当政者、关于音乐、关于日常生活和教育。书中引用了大量的孔子原话。

十四、《皇家海军场地训练手册》（*Royal Naval Handbook of Field Training*）

该书编者为英国海军部权威官员，由英国皇家文具办公室1935年出版。

该书主要内容有：班教练——班的组成、立正、稍息、报数、转体、受敬礼、其他敬礼、脱帽和戴帽、脱帽稍息。齐步走——步幅长度、时间、行进中的命令、位置、快步走、慢步走、立定、行进中换步、向前和向后、行进中的转身。单排班训练——班的组成、形成单排、班齐步走、变换方向。双排班训练——双排班的组队、报数、变换方向、解散。步枪和手枪装备——枪支装备详细情况、钢盔、枪支组装。陆上步枪训练——总原则、命令、稍息、立正、装卸刺刀、检察武器。还有武装敬礼、开火训练、手枪训练、剑训练、拼刺刀、仪仗队训练、排教练、标兵训练、地面运动训练，等等。

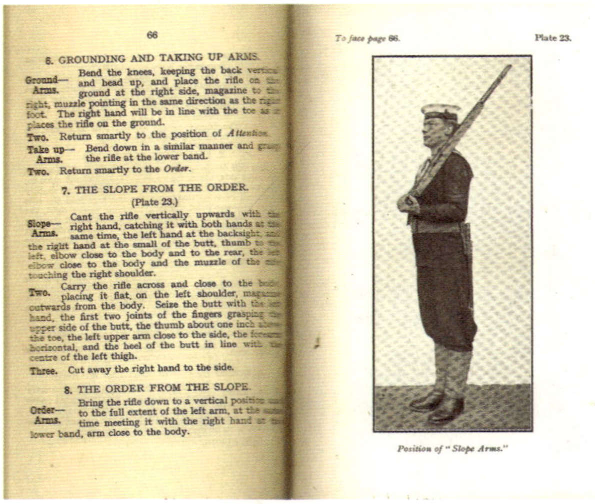
66

6. GROUNDING AND TAKING UP ARMS.

Ground—Arms. Bend the knees, keeping the back vertical and head up, and place the rifle on the ground at the right side, magazine to the right, muzzle pointing in the same direction as the right foot. The right hand will be in line with the toe as it places the rifle on the ground.

Two. Return smartly to the position of *Attention*.

Take up—Arms. Bend down in a similar manner and grasp the rifle at the lower band.

Two. Return smartly to the *Order*.

7. THE SLOPE FROM THE ORDER.

(Plate 23.)

Slope—Arms. Cant the rifle vertically upwards with the right hand, catching it with both hands at the same time, the left hand at the backsight, and the right hand at the small of the butt, thumb to the left, elbow close to the body and to the rear, the left elbow close to the body and the muzzle of the rifle touching the right shoulder.

Two. Carry the rifle across and close to the body, placing it flat, on the left shoulder, magazine outwards from the body. Seize the butt with the left hand, the first two joints of the fingers grasping the upper side of the butt, the thumb about one inch above the toe, the left upper arm close to the side, the forearm horizontal, and the heel of the butt in line with the centre of the left thigh.

Three. Cut away the right hand to the side.

8. THE ORDER FROM THE SLOPE.

Order—Arms. Bring the rifle down to a vertical position and to the full extent of the left arm, at the same time meeting it with the right hand at the lower band, arm close to the body.

To face page 66. Plate 23.

Position of "Slope Arms."

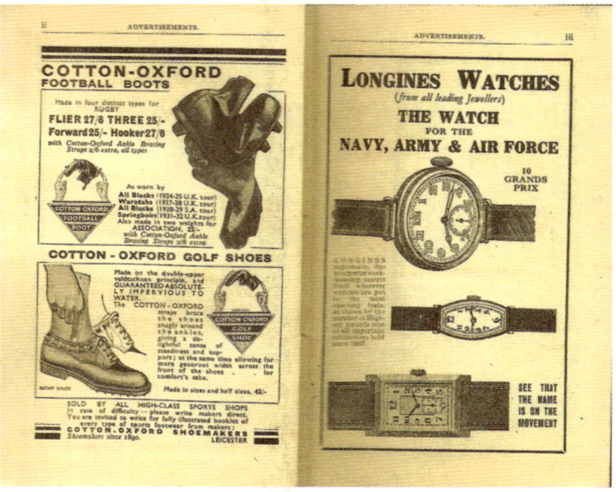

十五、《瑞典国王Gustaf Vi Adolf收藏的中国艺术品》（*Chinese Art From the Collection of H.M King Gustaf Vi Adolf of Sweden*）

这是瑞典国王Gustaf Vi Adolf 收藏的中国艺术品在大英博物馆的一次展览图录，时间是1972年1月21日—3月5日。

瑞典国王Gustaf Vi Adolf收藏艺术品不光是出于个人品味和爱好，他是为了收藏那些能最好的代表变化的文化每个生命阶段的艺术品。作为一位学者和历史学家，他用了60多年来收藏中国艺术品，这些艺术品代表了中国持续的、变化丰富的个性。国王的长时间连续的进行学术研究和远东古物博物馆建设，使斯德哥尔摩在几十年中成为欧洲研究中国的中心。他许可大英博物馆展出他2600多件收藏品中的200件。这200件都是精挑细选的，展示了从公元前1000年左右到公元后18世纪中国艺术品的发展，其中包括陶器、青铜器、瓷器、玉器、漆器、象牙制品、银器、竹器等。有鼎、花瓶、镜子、腰带钩、杯子、碗、罐、盘子等艺术品。

十六、《中国的精彩——五千年的中国艺术品》（*China Magnificent*）

该书作者为戴格尼·卡特，由纽约瑞耐尔和黑弛考克公司1935年出版，咖啡色布面精装本。序言中讲到：本书的目的不是详细记录中国艺术品的不同分支，因为许多不同领域的专家已经在其著作中做了这些工作。本书目的是展示中国艺术品与思想之间逐渐的发展、有机结合和紧密关系。因为没有别的国家比中国的国民更直接的把他们的灵魂和思想在艺术品中表达出来。每一次文化、政治和宗教运动都会很快在艺术品中表现出来。

书的内容主要有以下几部分。

魔力和祭神时代（约公元前300年至公元100年）。包括石器时代雕刻和史前遗址，中国封建社会的玉器和祭神青铜器，游牧民族入侵时的欧亚动物类型的艺术品，帝国建造时期秦、汉的青铜器以及周朝的青铜器和早期的镜子，帝国扩张时期的丝绸交易，青铜器和早期的建筑，汉朝的雕刻。

信仰和光辉时代（约公元100—1200年）。包括佛教到来时期的敦煌石窟等艺术，黑色绘画艺术品，北魏石窟佛教雕刻，唐朝的辉煌（帝国的复兴和扩张），唐朝艺术纪元（金属制品和陶器，印刷和绘画），艺术的实现（宋朝绘画和陶器）。

手艺人和贸易者的时代（约公元1200—1910年）。被征服的中国（政治分裂、宗教明朗化和艺术停滞的原因，在蒙古族统治下的中国艺术品），明朝的建筑和绘画，欧洲的扩张和中国（瓷器贸易，中国对欧洲工业艺术的影响），满洲（绘画、瓷器、漆器、装饰品和建筑）。

十七、《与中国面对面》（*Face to Face with China*）

该书由伦敦乔治哈普有限公司1945年出版，作者哈罗德，他还是《理解中国》和

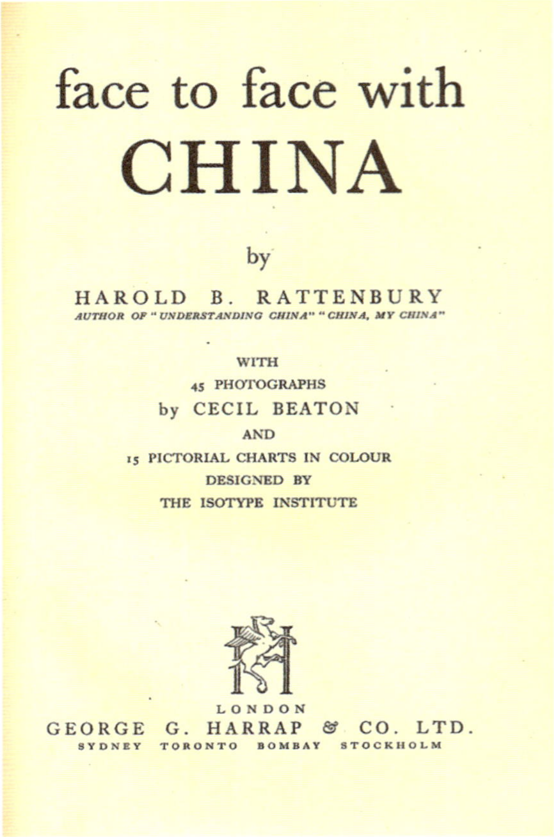
face to face with
CHINA
by
HAROLD B. RATTENBURY
AUTHOR OF "UNDERSTANDING CHINA" "CHINA, MY CHINA"
WITH
45 PHOTOGRAPHS
by CECIL BEATON
AND
15 PICTORIAL CHARTS IN COLOUR
DESIGNED BY
THE ISOTYPE INSTITUTE
LONDON
GEORGE G. HARRAP & CO. LTD.
SYDNEY TORONTO BOMBAY STOCKHOLM

《中国，我的中国》的作者。

本书作者使用的是中英比较研究和对比分析的方式，论述中西城市化的不同、英国和中国的气候、英国和中国的假日、西方和东方的宗教，等等，从书里的内容来看，作者对四川、重庆、福建、云南、浙江、江西、湖南等地关注较多。作者在书中表达了这样一种理念：没有东方和西方之分，中国和英国，东方和西方应该成为朋友，一同成为新的、更人性化的世界的建设者。中国是一个比大多数西方人认识到的更伟大的民族。

书中所收图片主要有：中国和欧洲在世界的位置、西方的城市化、中国的城市化、丝绸和纸的制造、中国的外贸、舒适的郊外房子、1936年的人口、英国的气候、中国的气候、中国植被的剖面示意、一些城市的面积和人口、北京、入侵和扩张、远东和英国的大城市、西方和东方的宗教联系、英国的假日、中国的假日、中国的战前政府机制、伸向远方的路、福建静静的山谷、昆明山谷小溪边洗衣服的妇女、福建新修的道路方便了人们出行、浙江稻田、至少80%的中国人是农民（一个农民的儿子，他们几代人在这里耕作）、典型的种水稻场景、中国的乡村和城镇生活、江西的茶馆、长沙的米店、一对农民夫妇在等渡船、中国的老工业和新工业、福建的老式抽丝机、四川重庆棉厂中的新式机器、粉丝、街上丝绸贸易店、汇聚新老陶器和瓷器的商店、中国现代的学术和未来、重庆维克多护士学校的女学生、四川大学的教授在上课、在长沙的红十字医院工作、运动是中国妇女发现的一种新自由、学生士兵（当中国不得不打仗时，好多人员成为士兵）、重庆消防站的团队精神。

China's womanhood adapts itself to modern ideas. In the dispensary of the Victory Nursing School in Chengtu

College girls [illegible] to Chengtu

Working in a Red Cross Hospital at Changsha

十八、《新中国和旧中国——30年的个人回忆》（*New China and Old Personal Recollections of Thirty Years*）

该书作者是曾在宁波、杭州、上海和中国中部传道的传教士温·阿瑟·摩尔，1891年伦敦西雷有限公司出版。蓝色布面精装毛边本。

摩尔作为英国教堂派到中国的传教士，叙述了他在中国传道30年中对中国的感性认识。他认为，中国这个大帝国还没有像邻国日本那

样充分觉醒，但马上就要完全醒来。中国对西方列强的态度正发生着变化，大臣们的思想和雄心也在发展——譬如重建海军，主张大力发展铁路，等等。

作者在书中描述了个人对几个主题的回忆和关注，比如政治、城市和乡村生活、官方和个人住所、哲学、文学、教育和宗教，等等。

全书由中华帝国及其统一的原因、一个内陆城市——杭州、一个开放的港口——上海、乡村生活、佛教和道教及其对中国的影响、对祖先的崇拜、迷信、语言和文学、中国的基督教会等九部分构成。

摩尔认为，中国在1861年是老旧的，紧守着已经建立的政权和古老的传统，尽管被西方战争和国内战乱所震荡。但1891年的中国几乎像一片刚被发现的土地，虽然创新的进程还是慢的，并且不断被旧思想所干扰。

书中照片主要有：宁波西湖、明代墓群、六和塔、遛鸟的中国人、轿子、杭州附近的钱塘江、放风筝、水牛耕地、杭州附近的佛教寺院、北京孔子庙、宁波、运河和寺庙、一家房子的内部、杭州西湖上的亭子、练习射箭等。

十九、《中国的今天和昨天》（*Yesterday and Today in China*）

该书作者为中国邮政服务局的后期传教士J.P.多诺万，由位于伦敦法灵顿街的缀

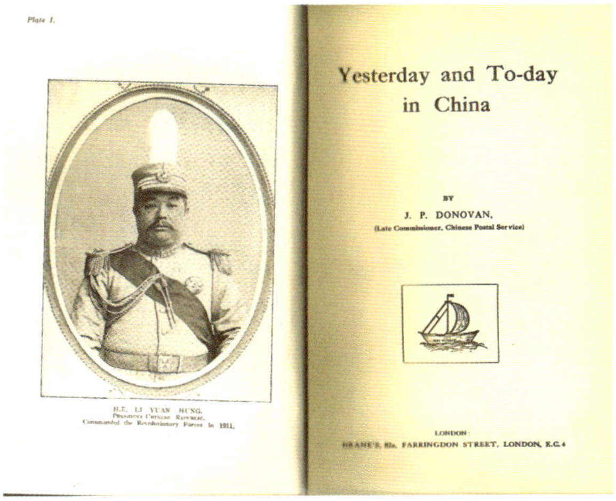

恩出版公司1923年出版。扉页有伦敦大学图书馆藏书票以及Lindsay赠送给GENERAL LIBRARY的赠书票。蓝色布面精装本。

书中的内容包括作者1915年从官场上退休以后，在英国不同时间和地点、在不同杂志上发表过的作品，以及所做的讲座内容。里面的一些事实不太新了，尤其是涉及商业、工业、教育、铁路、邮局、电话等方面所取得的进步。

多诺万在序言中讲到：了解中国的人都认识到，当今的中国是商业扩张最大的未开发的地域。一旦北方和南方统一并且军事统治者被废除，过去半个世纪中取得的商业、

工业、教育方面的进展会进一步发展。从目前众议院和媒体方面看，好像可以推断中国处于商业和财政崩溃的关键点上，但尽管中国境内某些地方存在骚乱和不太平，外贸却前所未有的那么繁荣。今年上半年的收入是200万美元，合22.5万英镑，高于去年同期，比以往更高出许多。年轻中国的一位很有能力、很知名的领导说："认识中国，深入的认识中国，是迈向更好的理解国际的第一步。"本书致力于帮助读者更好的、更熟悉的了解中国，以及属于"地球上最善良、和平、满足和勤劳"的中国人。

该书主要内容包括中国和中国人的生活，中国的教育——古代和现代的进步，中国的妇女——教育、影响和力量，中国的新闻媒体，宗教，基督教在中国，中国邮政局——起源、发展和影响，中国的医学——历史、方法和发展，诗歌和小说，饥荒——原因和消除，商业——中日竞争和大战后的工业。

书中的照片主要有：晚期中国，1842年后开放的5个条约港口之一福州的抛锚塔，一万年的石桥，南京鼓楼，南京工业展览会入口，南京明代墓道、狮子、象等，作者坐在官轿里，山东济南外景，长江上的杭州，汛期的杭州，北京—汉口铁路桥，孔庙入口，济南附近五里口黄河铁路桥在铺地基。

二十、《慈禧（以戏剧的形式展现慈禧太后的一生）》（*The Motherly and Auspicious/Maurice Collis*）

该书作者是毛里斯·克里斯，伦敦法伯尔和法伯尔有限公司出版，无出版年月，铃泰晤士图书俱乐部藏书印，黄布面精装本。

书中写到：大清帝国的女皇慈禧太后（慈禧的意思是慈母般的、吉祥繁荣），生于1835年，死于1908年。1861年，当她26岁的时候，她已经是中国最有权力的人了。在以后的47年里，她统治着大清帝国，权力稳步上升。作为一个女性，她是如何获取的权利，怎样做到掌权那么长时间，这是一个令人感到惊奇的故事。

慈禧是一个怎样的女人？一般的观点是她是一个敢于冒大险的女人。1853年，作为一个满族官员的女儿，她和其他女孩一起被选到内宫作仕女，一年之内，她就成为咸丰皇帝最宠爱的人。作为独裁统治者最宠幸的人，能赐予他人官职、干预政策、管制继任者就满足了。但慈禧作为大冒险家，她并不满足于这些。作为咸丰宠爱的嫔妃，1854年，她就开始管制宫廷，但她仍不满足。她知道作为被宠幸的人的权力为时不会长的，她清醒地认识到能力的重要性，她不仅能靠魅力管理男人，也能靠决断能力来征服男人。从一开始，她的眼光就是向上的。在她的一生中，她总是尽善尽美的本着现实主义制定她的计划。她理解可能性的边界，她清楚地知道给她的交易以合法色彩的重要性。

该书分三幕：第一幕——上升到获得权利，第二幕——联合统制，第三幕——至高无上的权利。书中附录家谱和历史年代表。

所收图片有：年纪轻但外貌较显早熟苍老的咸丰皇帝，威严的道光皇帝，形容枯槁、一缕细胡须的恭亲王奕䜣，诡计多端、冷酷、强硬、蛮横、傲慢的李莲英，一个受

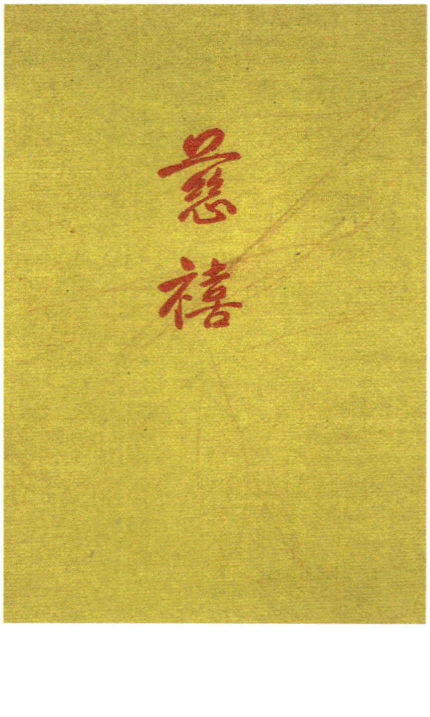

EMPRESS DOWAGER TZU HSI
(. . . a gentle, kind old lady)

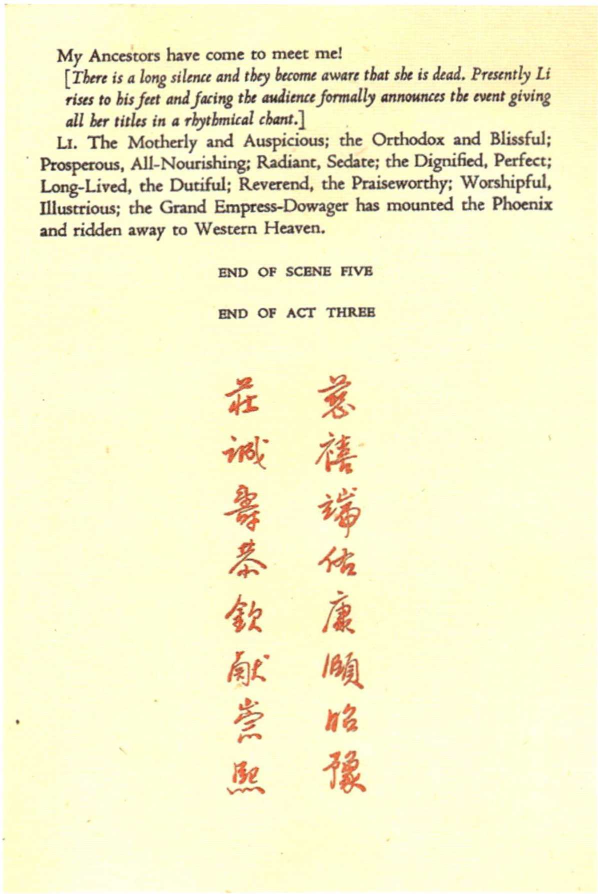

My Ancestors have come to meet me!

[*There is a long silence and they become aware that she is dead. Presently Li rises to his feet and facing the audience formally announces the event giving all her titles in a rhythmical chant.*]

Li. The Motherly and Auspicious; the Orthodox and Blissful; Prosperous, All-Nourishing; Radiant, Sedate; the Dignified, Perfect; Long-Lived, the Dutiful; Reverend, the Praiseworthy; Worshipful, Illustrious; the Grand Empress-Dowager has mounted the Phoenix and ridden away to Western Heaven.

END OF SCENE FIVE

END OF ACT THREE

慈禧端佑康頤昭豫

莊誠壽恭欽獻崇熙

到良好训练的女人——隆裕太后，悲惨环境下的光绪皇帝，庆亲王奕劻，年老、长着一张和蔼可亲但愚蠢的脸的帝国氏族的头儿，一位温柔善良的老年妇女——慈禧太后。

二十一、《艾比》（*Abbey*）

该书作者阿尔波特·哈伯德，1902年在美国纽约洛伊柯罗夫特店编辑成书。此书为限量珍藏版，手工水印纸，毛边精装本，正文首字母花体并附装饰，书前、书尾、文后均有繁复雅致的纹饰图案。

德温·艾比1852年生于美国费城。家境一般，父母期望他成为有学问的专家人士，希望他成为一名律师。但艾比从小酷爱画画。后来到英国生活和工作，因为艺术家的工作就是生活，哪里能工作得最好哪里就是他们的家。艺术家不知道国家的概念，他的家是世界。艾比认为莎士比亚的国家有一种古老的风俗习惯，适合他的艺术感情和思想。他留在了英国，成为美裔英籍著名的插图画家，其创作兴旺时期是在英国。

艾比没有过度的野心，作者认为他把自己所有的工作都做得很好，在这方面他是完美的，在艺术发展史上留下了一页。到1902年，他身体健康，与妻子恩爱。作者认为他成功的经验就是踏踏实实、全力以赴的做好

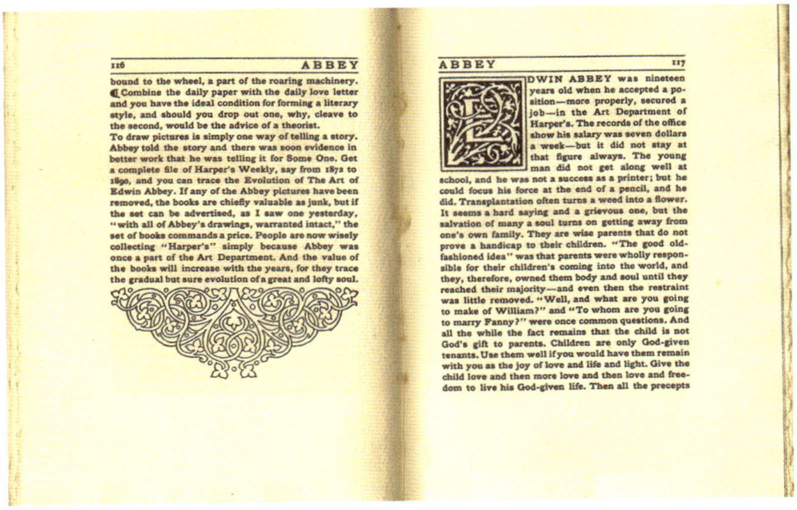

116 ABBEY

bound to the wheel, a part of the roaring machinery. ¶ Combine the daily paper with the daily love letter and you have the ideal condition for forming a literary style, and should you drop out one, why, cleave to the second, would be the advice of a theorist.

To draw pictures is simply one way of telling a story. Abbey told the story and there was soon evidence in better work that he was telling it for Some One. Get a complete file of Harper's Weekly, say from 1872 to 1890, and you can trace the Evolution of The Art of Edwin Abbey. If any of the Abbey pictures have been removed, the books are chiefly valuable as junk, but if the set can be advertised, as I saw one yesterday, "with all of Abbey's drawings, warranted intact," the set of books commands a price. People are now wisely collecting "Harper's" simply because Abbey was once a part of the Art Department. And the value of the books will increase with the years, for they trace the gradual but sure evolution of a great and lofty soul.

ABBEY 117

EDWIN ABBEY was nineteen years old when he accepted a position—more properly, secured a job—in the Art Department of Harper's. The records of the office show his salary was seven dollars a week—but it did not stay at that figure always. The young man did not get along well at school, and he was not a success as a printer; but he could focus his force at the end of a pencil, and he did. Transplantation often turns a weed into a flower. It seems a hard saying and a grievous one, but the salvation of many a soul turns on getting away from one's own family. They are wise parents that do not prove a handicap to their children. "The good old-fashioned idea" was that parents were wholly responsible for their children's coming into the world, and they, therefore, owned them body and soul until they reached their majority—and even then the restraint was little removed. "Well, and what are you going to make of William?" and "To whom are you going to marry Fanny?" were once common questions. And all the while the fact remains that the child is not God's gift to parents. Children are only God-given tenants. Use them well if you would have them remain with you as the joy of love and life and light. Give the child love and then more love and then love and freedom to live his God-given life. Then all the precepts

LITTLE JOURNEYS To the Homes of EMINENT ARTISTS Abbey

Written by Elbert Hubbard and done into a Book by the Roycrofters at their Shop, which is in East Aurora, New York, A.D. 1902.

今天的每一件事，为明天做好准备。

二十二、《18世纪中国出口艺术品》（*Chinese Export Art in the Eighteenth Century*）

该书作者为玛格里特·哲丹和叟米·詹尼斯，由伦敦乡村生活有限公司1950年出版第1版，春天书社1967年出版本版。黄色布面精装本。

中国的精美艺术品于18世纪在欧洲市场出售。当时时兴的一种怪想法是富人家的豪宅里应该拥有中国艺术品室，或者至少也应该收藏中国瓷器、漆器、象牙制品、丝绸、屏风、墙纸等。

本书详细记载了与中国的贸易，与其他所有欧洲国家相比，英国及其东印度公司的商人与中国的贸易大大超过其他国家。本书作者既是古玩也是陶器方面的权威专家，讨论了中国商品对欧洲品味的改变，介绍了中国商品是怎样专门为欧洲市场生产的，以及对设计和装饰的深远影响，尤其是对英国和法国。

本书的大部分内容是原始研究的成果，作者们研究了很多商人和旅行家的日记、信件、票据、出口订单等。黑白图示展示的是

中国精美艺术品的例子，这些艺术品保存在英国的很多私人收藏家手中，以及大英博物馆还有维多利亚和阿尔伯特博物馆里，这些藏品堪称无价之宝。

书中图片主要有：1835年的广东新中国街，1840年欧洲在广东的工厂，1797年的澳门湾，一家商店的内部，一张出口的中国油画，瓷器店，画有射猎场景的屏风，四折、六折、十二折屏风，边框涂漆的镜子，黑底涂金色漆的橱柜，梳妆台，墙上装饰有中国壁纸的卧室，画有猎鹿、花鸟等场景的墙纸，坐轿子的官员，水彩画，玻璃上的人物画，盘子，杯子，碗，花瓶，象牙制品，龟背盒，中国刺绣，等等。

二十三、《中国艺术品和建筑》（*The Art and Architecture of China*）

该书作者劳伦斯·希克曼和亚历山大·索珀尔，美国马里兰州巴尔迪摩企鹅书店1956年出版，英国第1版第1次印刷。洋红色布面精装本。

本书介绍了从公元前2000年到清朝末期，中国绘画、雕刻和建筑的进化，这个过

程中，传统主义在中国艺术演进上扮演了重要角色。作者还讲述了宗教和孔子、道家的哲学思想对中国艺术和建筑的长期影响。

该书的主要内容有：商殷到周代早期的雕刻，周代中后期的雕刻，早期绘画的遗迹，汉朝雕刻和绘画，佛教雕刻的开始——云冈，魏朝的雕刻，16世纪后期和隋朝的雕刻，三国和六朝时期的绘画，唐朝雕刻和绘画，10到14世纪的雕刻，风景画和人物画大师，花鸟动物画，杭州的学院，超自然和道教主题，元朝绘画，竹子和梅花画，明朝绘画介绍，清朝的风景画家，从史前到周朝的建筑，从秦朝到六朝时的建筑，隋唐时期的建筑（唐朝的塔河木结构建筑），五代和宋朝的建筑（塔和木结构建筑），辽、金、元朝建筑（塔、木制宫殿），明清建筑。

书中照片有：商朝的青铜器，周代后期的青铜器，北魏云冈石窟，商代大宫殿的平面规划图，河南安阳，商代的白大理石猫头鹰、坐着的人、水牛，商殷到周代早期的青铜器，周朝的水牛、虎形、龙形、对马、青铜器，公元2世纪的石狮，汉代后期的乐师和表演者壁画，17世纪中期和18世纪早期的大雁塔，17世纪中期的开封铁塔，10世纪后期的杭州灵隐寺塔，15世纪的北京太庙等。

二十四、《对中国的探索》（*The Quest for Cathay*）

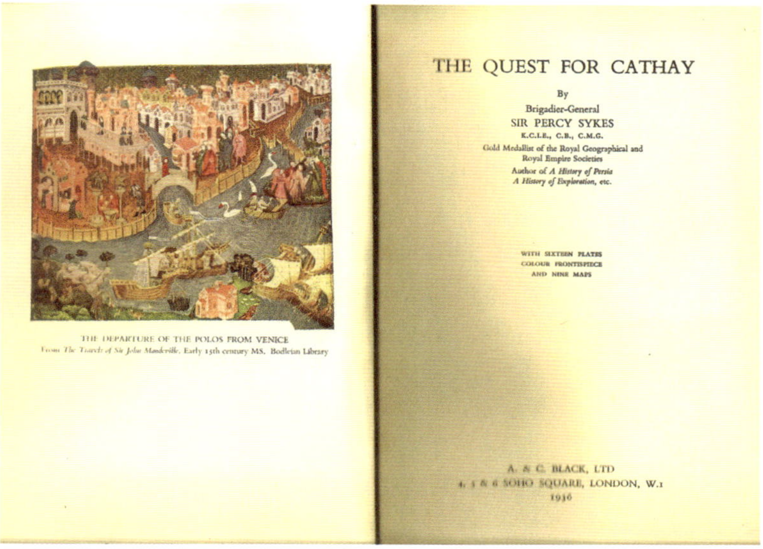

该书作者珀西·斯科斯先生，乃皇家地理和皇家帝国学会金牌获得者。由伦敦A.C.布莱克有限公司1936年出版。色布面精装本。橘红色布面精装本。

书的简介写到：本书讲述的可能是中世纪最伟大的事件——对中国的探索，因为当时中国被称为远东的大帝国，拥有古代文明、巨大财富，城市人口数以百万计。一开始，马可·波罗和探险者们并不能使别人相信他们对中国的报告，虽然他们带回威尼斯的珠宝具有毫无疑问的价值。但逐渐的，欧洲人认识到了马可·波罗探索和发现的意义和重要性。

感谢马可·波罗，让欧洲得到了

THE GREAT WALL NEAR THE NAN K'OU PASS
From Oswald Siren's *History of Early Chinese Art*. Ernest Benn, Ltd.

A NOMAD OF THE TIME OF CHENGIZ KHAN
From the Chinese encyclopædia *T'u shuchi ch'êng*, 1726

关于他所探访过的亚洲每一部分的相对准确的信息，以及许多有用的关于相邻国家的说法。可能哥伦布发现新世界的历程中，学习了马可·波罗著作中的许多经验。

马可·波罗到中国之旅的一个世纪以后，中国的路上和水上大门依然是开放的。但后来黑暗到来了，部分原因是明朝建立的隔断，那时，对欧洲来说，中国仅仅是一个浪漫的故事。再后来，形势有了变化：达伽马在1498年发现了通往印度的海上路线；16世纪的第二个十年，葡萄牙人进入了中国。

珀西·斯科斯在书中并未详细介绍探险家各次航海旅行的具体细节，而是尽量介绍每次旅行的重要性。作者认识到，根据季节的变化，路线是不同的，虽然大家都想得到非常细致入微的准确路线，但实际是不可能的。

该书主要内容包括：欧洲人最早在亚洲进行的探索、第一位中国探索者、罗马与东方建立了直接联系、中世纪时在亚洲进行的探索、蒙古入侵欧洲、马可·波罗到达亚洲波斯湾、马可·波罗穿过帕米尔到达中国、马可·波罗旅行到云南和缅甸、马可·波罗船队回到欧洲、马可·波罗的后继者、跨越北冰洋的对中国的探索、葡萄牙发现了到达中国的海上路线、探索的结束。

书中插图有马可·波罗船队从威尼斯启程、唐朝的陶马、玄奘带着手写经书回到中国、南口附近的长城、北平附近的马可·波罗桥。书中还收录大量地图，有亚洲地图、穿越亚洲的贸易路线、罗马帝国时期的东方贸易路线、加宾尼、马可·波罗的旅行路线，等等。

二十五、《中国总论》（*The Middle Kingdom*）

此书介绍的是中国及其国民的地理、政

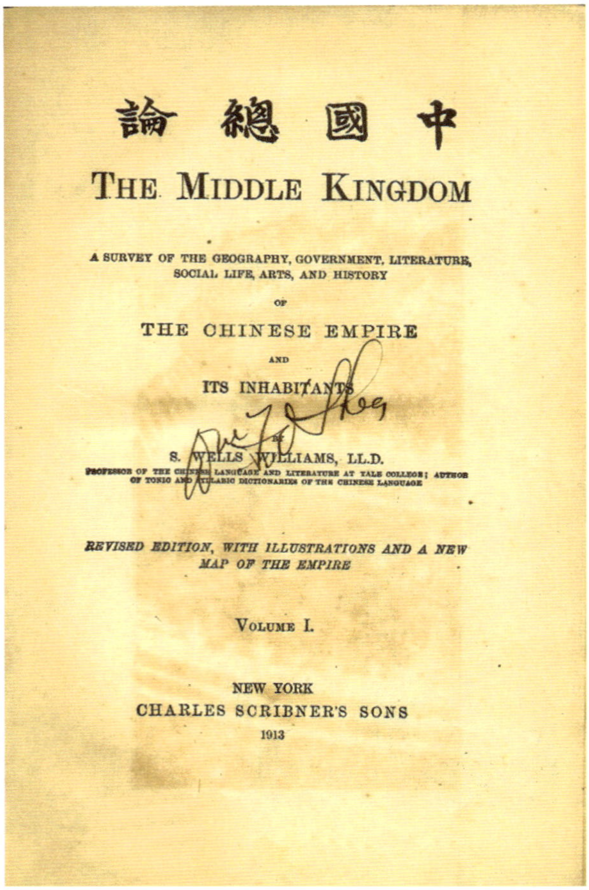

中國總論

THE MIDDLE KINGDOM

A SURVEY OF THE GEOGRAPHY, GOVERNMENT, LITERATURE, SOCIAL LIFE, ARTS, AND HISTORY

OF

THE CHINESE EMPIRE

AND

ITS INHABITANTS

BY

S. WELLS WILLIAMS, LL.D.

PROFESSOR OF THE CHINESE LANGUAGE AND LITERATURE AT YALE COLLEGE; AUTHOR OF TONIC AND SYLLABIC DICTIONARIES OF THE CHINESE LANGUAGE

REVISED EDITION, WITH ILLUSTRATIONS AND A NEW MAP OF THE EMPIRE

VOLUME I.

NEW YORK
CHARLES SCRIBNER'S SONS
1913

府、文学、社会生活、艺术和历史，修订版，附插图和中国的新地图。作者是耶鲁学院中国语言文学教授威尔斯·威廉姆斯，中文译名卫三畏。由纽约查理斯·斯科里伯纳尔的儿子们公司1913年出版修订版。蓝色布面精装本。

IMPERIAL WORSHIP OF SHANGTI ON THE ALTAR OF HEAVEN AT PEKING.

此书是美国汉学的开山之作，内有大量铜版画插图，后附折叠地图一帧。卫三畏是最早来华的美国传教士之一，乃美国汉学之父，也是美国早期汉学研究的先驱者，是美国第一位汉学教授。他在中国生活了40年，编辑过报纸《中国丛报》，当过《中美天津条约》谈判的翻译，还曾任美国驻华公使代办，对中国的情况十分了解，掌握大量的一手资料，是美国第一位重要的研究中国问题的专家。其名著《中国总论》，把中国研究作为一种纯粹的文化来进行研究，是标志美国汉学开端的里程碑。该书与他所编《汉英拼音字典》，过去一直是研究中国的必读之书，是19世纪一部关于中国的全面研究的著作。

该书第一版是1878年所出，在修订版出版前这35年中，中国在政治、知识、文化方面的发展可能比以往快得多。这一修订版记载了这个现代国家的很多变革。在新的政权下，中央政府提高了其在各省官员中的权威，帝国在较好理解的基础上建立了对外关系，外贸、旅行家将大大影响中国大众。

该书主要内容有：帝国的划分和特点，东部各省的地理描述，西部各省的地理描述，满洲里、蒙古、伊犁和西藏的地理描述，人口和统计，中国的自然史，中国的法律以及政府部门的设置，法律管理、教育和文化考试，中国语言的结构，中国人的古典文学，中国人的优雅文学，中国人的建筑、穿着和饮食，中国人的社会生活。

MONUMENT, OR TOPE, OF A LAMA. HWANG SZ', PEKING.

书中插图主要有：在北京天坛拜天、在高原上开路、北京安定门、北京平面图、北京孔庙、北京黄寺的喇嘛圆顶塔、中国的猪、抬猪的办法、麒麟和凤凰、各种官帽、用轿子抬高官的方式、法庭上宣判犯人、鞭打游街的贼、北京科举考试院内、中国文字的六种类型、中国屋顶建筑图、旅行用的独轮推车、北京万寿山公园里的桥、裹脚后骨头的形状、中国妇女的脚、中国妇女鞋的形状、中国象棋盘，等等。

二十六、《前进的风》（*The Marching Wind*）

A group of Mongol yurts in the Tsaidam Swamp area, showing prayer flags flying from the masts

Mongols of the Khoshoit tribe in native costume, settled in the extensive salt-lake region south-west of Koko Nor, the "Blue Sea"

阿尼玛卿是一座神山，位于青海果洛藏族自治州北部，东昆仑山支尾段。和西藏的冈仁波齐、云南的梅里雪山和玉树的尕朵觉沃并称为藏传佛教四大神山。该山呈西东南走向，地处黄河源，为黄河源头最高山峰，黄河在这来了个180度大拐弯后向东南流去，主峰玛卿岗日正在大拐弯中央。共有18座海拔5000米以上的雪峰突兀在莽莽高原，山上冰雪连绵，终年不化。阿尼玛卿主峰“玛卿冈日”由三个海拔6000米以上的峰尖组成，最高峰海拔6282米。三座雪峰银光烁烁，远远望去，犹如浮在云天之上的水晶雕塑，令人不得不产生敬畏之心和某种宗教幻想，这就是阿尼玛卿的神圣和神奇。阿尼玛卿大藏文书中意为活佛座前的最高侍者，“阿尼”是安多藏语的译音，意为先祖老翁，也含有美丽、幸福或博大无畏等意；“玛卿”的意思是黄河源头最大的山，也有雄伟壮观之意。

这部《前进的风》，描写的就是对于阿尼玛卿的探险。该书作者莱昂纳多·克拉克，由伦敦哈特金森有限公司1955年在英国出版。灰色布面精装本。

作者认为，不是每个人都同意他对阿尼玛卿山峰高度的估计。1949年10月，《生活》杂志中的一片文章还对此进行了批评。通过本书，作者对他亲身到阿尼玛卿山探险的过程进行了全面的描述。作者不能说本书能否为世界上已经对西藏了解的大量知识再增加什么，但书中提到的材料都是实地的。作者认为，此书不是为学者写的，是为普通公众特别是那些想亲自去阿尼玛卿山探险的年轻人而作。

书中主要内容有：阿尼玛卿山峰的测量、马步芳、活着的神、天空中的镜子、黑海基地的建立、阿尼玛卿——世界的神、穿越黄河、黄河的源头、柴达木沼泽、青海、亚洲——远征考察的地方。

书中附有到阿尼玛卿山的路线图和西宁的老城墙、青海西部的蒙古人坟墓、柴达木沼泽地区的蒙古人帐篷、青海湖西南部地区穿民族服装的蒙古人、唱歌跳舞的藏族姑娘、一个富有的藏族商人、士兵们在休息、检查武器和剥野驴皮等。

二十七、《中国的18个首府》（*Eighteen Capitals of China*）

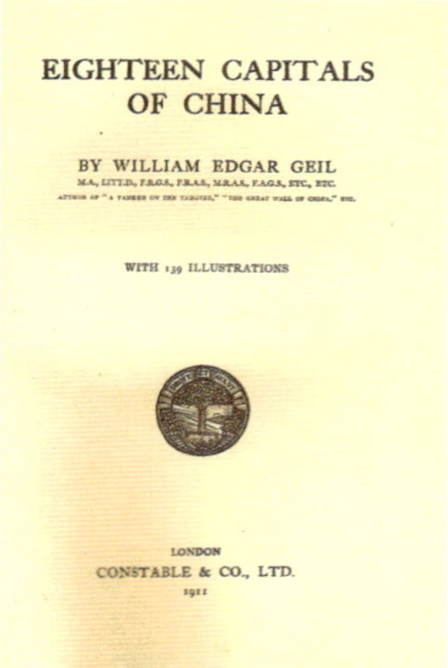

EIGHTEEN CAPITALS OF CHINA

BY WILLIAM EDGAR GEIL

M.A., LITT.D., F.R.G.S., F.R.A.S., M.R.A.S., F.A.G.S., ETC., ETC.

WITH 139 ILLUSTRATIONS

LONDON

CONSTABLE & CO., LTD.

1911

该书作者为威廉姆·埃德加·吉尔，由伦敦总管有限公司1911年出版，美国费城里宾考特公司印刷。蓝色布面精装本。该作者还曾著有《中国长城》一书。该书作者曾经穿过长江源头，到达了缅甸，也曾从长城的一端到另一端，这种旅行的经历是别人很少有的，别人可能只熟悉中国的一个或两三个省。

作者尝试把自己的对当前中国的印象描画出来，使本书对记录一个固定时期的中国

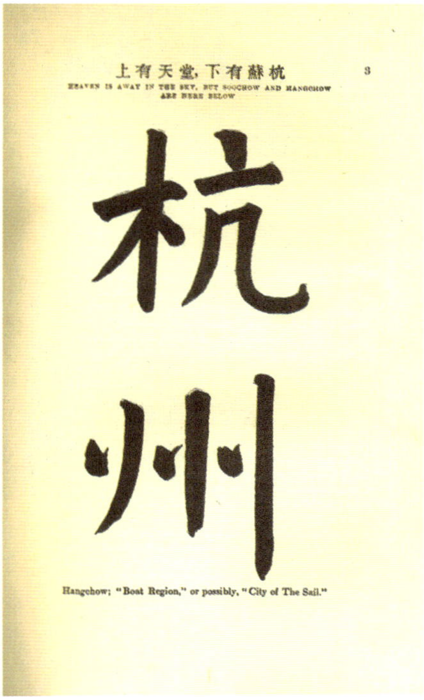

情况有永久的价值。除了记录旅程的内容以外，作者在书中对政治和文学两个方面给予了特别注意。他认为，中国很多年来曾一直研究和平的艺术，鄙视单纯的武夫。但近来已经开始接受西方的观点，新的教育系统中包含很多军事学院，学习西点军校等，不管学院开办的有多快，马上就会有很多士兵进去学习。弓箭没有了，取而代之的是系统的欧洲军训和欧洲武器。加农炮等武器在中国的各大首府城市都在制造，整个中国好像正在被武装起来，武装所需的资源是其他任何一个欧洲国家也无法比拟的。

作者用很大篇幅谈论中国文学。中国有两千多年的古典文化，留下了大量的小说和有魅力书籍，也拥有广泛的读者。但在一段时期中，由于官方的破坏，有些书已经几乎找不到了。在一些翰林学者、图书馆员和书商的努力下，收集到了很大一部分古书，并翻译了其中的一部分，让人们看到它们原来的风格。

该书主要分三大部分：南部首府——杭州、福州、广州、桂林、贵阳、云南府；长江地区首府——苏州、南京、安庆、南昌、武昌、长沙、成都；黄河流域首府——兰州、西安、开封、太原府、济南、北京。

书中插图主要有：古时贵阳美丽的大南桥、“中华”——中国的名字、武汉地图、杭州——行船的城市、杭州大街上美丽的招牌、杭州的灯笼、福州的白塔和太平桥、广州的意思是广大的区域、桂林的现代监狱学校、贵阳著名的法国天主教堂、云南府地图、苏州放生池鱼塘、南京、江宁、江西花瓶、安庆东门著名的药石、长沙——湖南的首府、洞庭湖上、成都可能可以译为“很好的首府”、古时的西安有美丽的私人花园、开封地图、济南的新公共图书馆、北京——中国的首都（官方称京师）、从北京东城墙看水利工程。

二十八、《从上校到少尉》（*From Colonel to Subaltern*）

这是一部印制十分精美、装帧典雅考究的真正十足的古董书。封面封底用全幅白色小牛皮手工装订，书口上部烫金，下部和右部毛边，所用纸张为手工制作的暗纹水印纸。限量制作150部，此册编号为第61号。书前有作者签名。

该书作者麦克塔嘎特，由位于科温特花园塔维斯特克街20号的伦敦乡村生活有限公司1928年出版。

本书严格限制在150本，其中50本是为国外预留的，即第26至30本，和第106至150本。翕居所收这部是在国内销售或赠送用的第61号。

作者在前言里面写到：最近出版了几本精彩的关于骑马和训练的书，但我为公众提供这几封信来阅读，是希望这些信能真正有助于为数众多的骑马人，不仅是士兵和年轻人，这些人需要这种从马夫那里得不到的建议。有大量可以向所有国家学习的东西，学习他们的方法，把适合我们气候、习惯和需要的东西用在我们的实践中，是会有益处的。

我曾旅行到过很多地方，经常记下对我们的骑马训练有用的骑马术的一点一滴，在本书收录的信中，读者会发现这些情况。希望这些使所有有马的人都感兴趣，都有用处。

有一点我不能太过于的强调：最成功的训马人既不用鞭子也不用马刺，尽管有很多用鞭子和马刺也能成功训马的人。但这使我的强调显得更重要，因为虽然靠严厉或没有同情心也能取得很好的效果，但我想毫无疑问，如果在马术训练中都有耐心、同情心和决心，而不采用其他资源，那也是能在最短的时间内达到更高高度的。

我给出版商提出一个特别建议——找一位合适的艺术家为我的这些信配上合适的图，没想到这些图的幽默程度超出我的预期。关于骑马的书太严肃就没什么意思了。我的出版商，或者那位画画的艺术家，给我的书配上了最成功的画。直到现在我也不知道这位画家是谁，我一直在努力寻找他。希望读者也像我一样享受这些精美彩色画的乐趣。

书中收录的信件十分有趣，主要有：关于买马，更多关于买马的事，稳定的管理，骑马，骑术训练，使马咬嚼子的训练，点对点，表演跳，什么是好的骑马坐姿，接近，踢马刺，圈嚼子，向前的骑马坐姿，与害怕合作，智力，马喜欢猎狐狸吗，马的眼罩，尾巴，对比，马颌韁，马鞍，关于打猎的提示，等等。

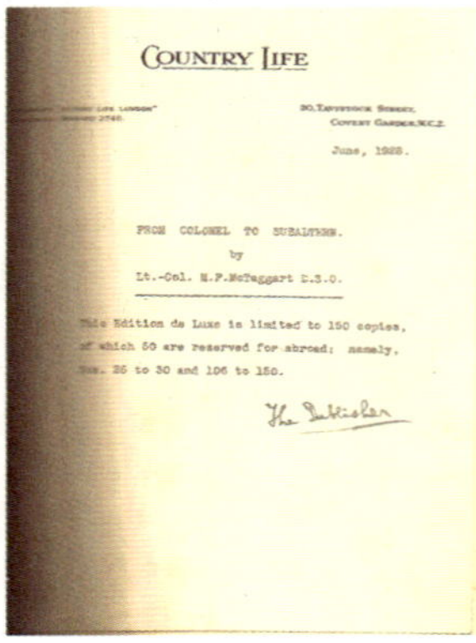

COUNTRY LIFE

June, 1928.

FROM COLONEL TO SUBALTERN.

by

Lt.-Col. M.F.McTaggart D.S.O.

This Edition de Luxe is limited to 150 copies, of which 50 are reserved for abroad; namely, Nos. 26 to 30 and 106 to 150.

The Publisher

在海伊所收其他非英文版书籍

一、《中国、印度和日本的艺术品》(*Die Kunst Indiens,Chinas and Japans*)

德国柏林1928年出版。

二、*LES CHINOIS CHEI EAX*

法语，布面精装本，巴黎1887年出版。三面书口烫金。扉页为“莫伯里”三字。内容涉及莫里循等传教士在华情况。有中国园林、山川、京剧表演、传教士在华着中国官服等大量照片。

三、*LE MOUVEAU TESTAMENT*

法语版，红色布面皮脊精装本，三面书口烫金。封面、封底装帧精美，烫金压花纹饰，正文底花、插图、纹饰、首字花体极尽工致华丽，巴黎1865年出版。

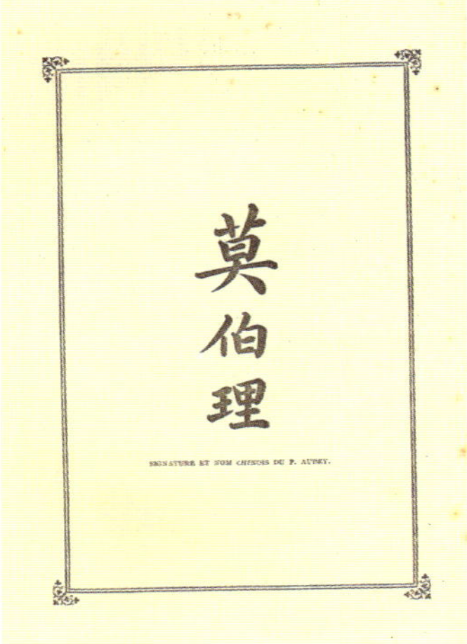

四、《中国风景绘画》(*Chinesische Landschafts Malerei*)

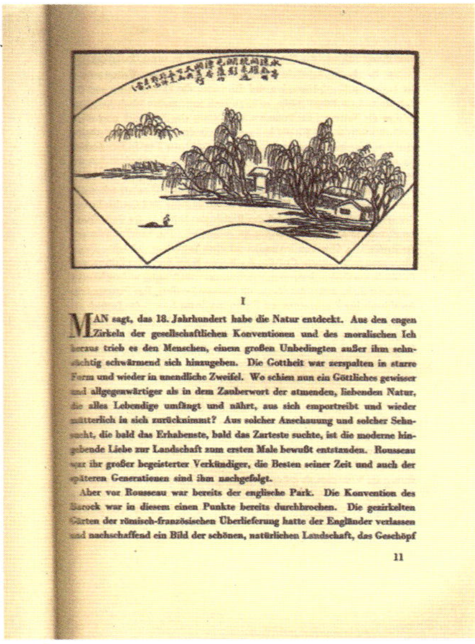

I

MAN sagt, das 18. Jahrhundert habe die Natur entdeckt. Aus den engen Zirkeln der gesellschaftlichen Konventionen und des moralischen Ich heraus trieb es den Menschen, einem großen Unbedingten außer ihm sehnsüchtig schwärmend sich hinzugeben. Die Gottheit war zerspalten in starre Form und wieder in unendliche Zweifel. Wo schien nun ein Göttliches gewisser und allgegenwärtiger als in dem Zauberwort der atmenden, liebenden Natur, die alles Lebendige umfängt und nährt, aus sich emportreibt und wieder mütterlich in sich zurücknimmt? Aus solcher Anschauung und solcher Sehnsucht, die bald das Erhabenste, bald das Zarteste suchte, ist die moderne hingebende Liebe zur Landschaft zum ersten Male bewußt entstanden. Rousseau war ihr großer begeisterter Verkündiger, die Besten seiner Zeit und auch der späteren Generationen sind ihm nachgefolgt.

Aber vor Rousseau war bereits der englische Park. Die Konvention des Barock war in diesem einen Punkte bereits durchbrochen. Die gezirkelten Gärten der römisch-französischen Überlieferung hatte der Engländer verlassen und nachschaffend ein Bild der schönen, natürlichen Landschaft, das Geschöpf

11

德语版，贴有威斯敏斯特公共图书馆藏书票，德国慕尼黑1923年出版。收入马援、夏圭、王维、米芾、唐寅等绘画作品63幅插图。

五、《基督教在中国》（*LE CHRISTIANISME EN CHINE*）

巴黎1857年出版，西班牙文，布面精装本四册，书角和书脊为皮制。

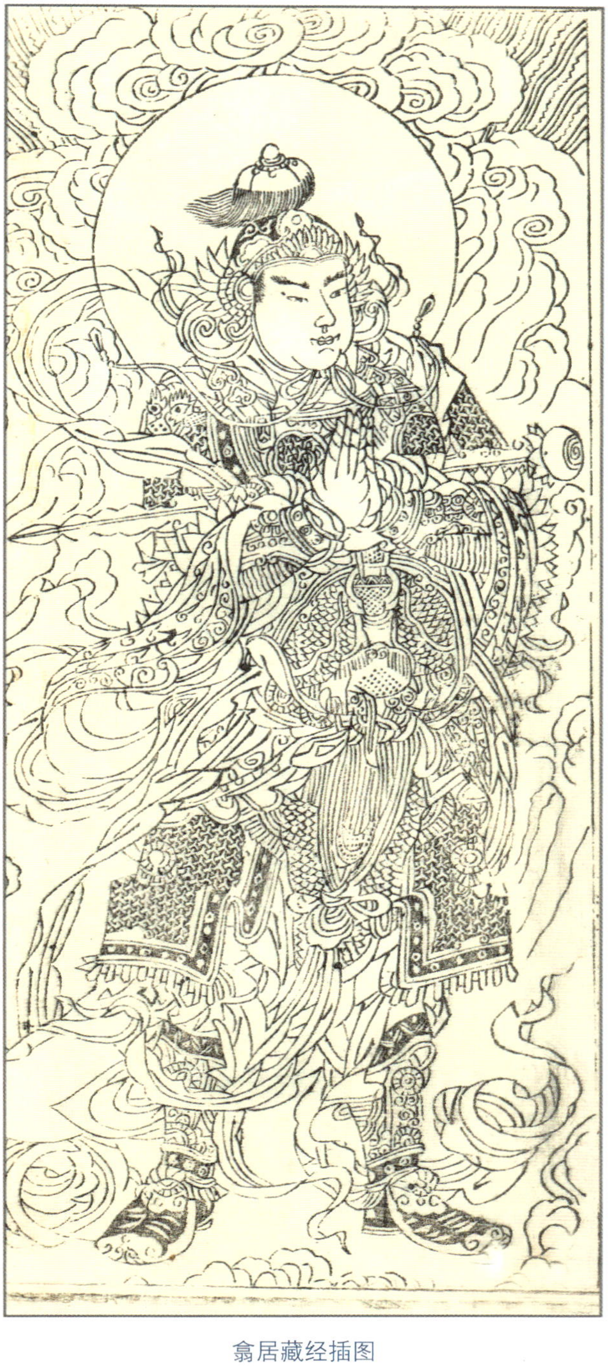

翕居藏经插图

翕居讀書錄

一

李弘林題

白撞雨 著

石油工業出版社

图书在版编目（CIP）数据

翕居读书录/白撞雨著.
北京：石油工业出版社，2009.11
ISBN 978－7－5021－7105－6

Ⅰ. 翕…
Ⅱ. 白…
Ⅲ. 古籍－图书目录－中国
Ⅳ. Z838

中国版本图书馆CIP数据核字（2009）第056107号

翕居读书录
Xiju Dushu Lu

封面题签：季羡林
封底扇拓：张志鱼
题　　辞：史树青　贾平凹　阮次山
责任编辑：金平阳　马　纪
责任校对：黄京萍
封面设计：飞亚景设计
出版发行：石油工业出版社
(北京安定门外安华里2区1号 100011)
网　址：www. petropub. com. cn
编辑部：（010）64523736　发行部：（010）64523603　64523620
经　　销：全国新华书店
印　　刷：北京盛通印刷股份有限公司

2009年11月第1版　2009年11月第1次印刷
880×1230 毫米　开本：1/16　印张：63
字数：1720千字　印数：1—1000

定　　价：660.00元（全三册）
(如出现印装质量问题，我社发行部负责调换)

翕居讀書錄

序言

读书，因目的不同而收获各异

譬如，古人为谋求功名而读书，四书、五经、八股时文，头悬梁、锥刺骨。十年寒窗苦读，金榜题名者寥寥，这种读书应无乐趣可言。所以，陶渊明的“好读书，不求甚解”而能千古流传，其恬淡、潇洒，优哉、游哉的读书与生活状态，成为读书人的一个梦。但是，庸常百姓谋生存为五斗米忙忙碌碌，能有余暇，有此雅好，实属不易。

我与翕居主人的相识，是因着彼此都喜欢古书的缘故。虽说相识时间不算太久，但一见如故，可谓“白发如新，倾盖如旧”。每每与翕居主人相谈，话题自然是老书旧册，以及书里书外的故事。往往在不经意之间，总能听到他一些异于陈说、有着自己独立视角的见解，关于书、作者、版本，以及许许多多彼此相关联的事情。在彼此交流探讨之余，常常折服于其读书之广博，腹笥之渊厚，也就自然而然地因了书，而缘深缘契。

翕居主人曾说，看着那一部部透着沧桑幽光的泛黄简册，总是由不得慨叹唏嘘，百多年、几百年了，它们躲过战乱兵燹，躲过虫啮鼠咬，躲过朝廷毁禁，得以侥幸存在于今世，这本身就是很不容易的事情，这一册一册的古本旧籍，都是一个一个有血有肉的生命，它们身上都有一段这样那样的故事。当你在一遍一遍摩挲读阅中悟到了书里的故事，这本书就会变得越来越大、越来越厚重、越来越迷人，就会让你一次又一次体味到书籍与其他藏品所不同的独特魅力，悠悠然而沉醉其中，不忍放弃，并渐渐地成为你的一种生存状态。我相信，如果只是为了聚书而藏，是得不出这样一种感悟的。

翕居主人认为，文化与文明的传承，离不开历朝历代有着人文良心的士人或布衣的思考和著述，更多依赖的是古人秉笔而书、倾心而作的文字。因此，翕居所藏虽无“百宋一廛，千元十驾”的珍本秘籍，但这些“有点说道”和“应该注意”的东西，丝毫不影响翕居藏品的特色和分量。翕居主人不是藏书家，他也从来不以聚书为业，他之所以乐此不疲地在古本旧籍中出出入入、钩沉爬梳，是因为他脑子里有许许多多的题目，因为他骨子里对沧桑旧事的那份迷好，他思考着一件又一件关于过去的老事情。在一次聊天时他曾说，外面世界的现代化来势凶猛，速成的电视、书籍、媒体和各种各样的“节目”，已经让人很难愿意回头看看过去；滚滚而来的尘嚣，不仅掩覆了蓝天的颜色，也淹没了传统的味道，而只有把自己放到属于过去的学问和陈年旧事里，才感觉踏实和舒缓。

《翕居读书录》所收600余篇文章，都是围绕翕居所藏而作。从收入的篇目，不难看出翕居主人所做的功课，书中审慎地对于版本传承、学术源流、作者背景进行钩核。因为是拿着实物，逐篇翻着、逐页看着、逐行读着来做学问，自然所得出的结论、说出的观点不会胡来，你在品思中会感到实在、可征、可靠。这远比靠引用二手文献、间接资料来得直接、可信。有时会用更宽视角，跳出书本，不经意间讲出一些有意思的索证，足可见其用力之勤，这决非肤浅点水、泛泛而览所能得来。这里面虽说没有什么参天大树，但琼花瑶草漫拾皆是，移步换景，灿然可观。

以版本求证而言，关于墨印不套朱本《六朝文絜》、明版《六臣注文选》、贯华堂本《第六才子书》、吴汝纶批校本《深州风土记》、绿荫巽《金批第一才子书》、泽古山房版《施注苏诗》、满汉文本《金瓶梅》、中国地方方言和少数民族语言《圣经》、杨元桢《巢经巢诗钞笺注》、龚道耕的《孝经郑氏注》、明末刻本《赵清献公集》等多篇，不仅本子值得一说，其创新的点滴思考和见解，值得学术研究界重视。诸如潘祖荫、鲍子年所藏并亲自手拓的珍异古泉谱、清末的《宫门钞》、1949年10月份的《参考消息》等许多有趣味的东西，看似寻常之物，但也不是轻易能够经手、经眼的，也自然有一点不同寻常的况味。

书是收不尽、读不完的，书里形形色色的故事也是绵延永续的。翕居所作此读书录，非为“稻粱谋”，也不为博得什么名望，只是朴素地记下一些读书的笔记和心得。这种没有负担、没有功利的文字，在茶余饭后，还是值得一读的，你也会在闲览翻读中沉静下来。其实，每一个人都有自己的“书时光”和“书生活”，生命有尽书无尽，书里印载的可以为人称道的正气和良知，伴随时间深处的孤灯和绵绵点点的香火，永远不会泯灭，无论何时何地，它都会在我们每一个人的心底涌动。

窦水勇

二〇〇八年十二月三十日

弁言

清代版本学家孙从添在其《藏书纪要》中说：“购求书籍是最难事，亦是最美事、最韵事、最乐事。”几十年来，奔走南北，于舟尘车迹之间，阅肆逛摊，钩沉爬梳，有遇到罕见秘籍的喜悦，也有两手空空、徒劳无获的无奈。那一部部透着沧桑幽光的泛黄简册，总是那样让人难以割舍，也是那样让人一次次回味。正如郑振铎所讲，“一书之得，其中甘苦，如鱼饮水，冷暖自知”。

当今，民间收藏一片活跃和繁荣。瓷器、书画、家具纷纷登上拍场，但只有古籍善本的收藏，被冠上了“藏书家”的名头。因为这些或整或零的古本里面，承载着文化与传统、装满着学问与知识、蕴涵着故事与传说、充溢着神秘和灵异。藏书不仅仅是个人爱好和收藏行为，有时候，它会为理清文化脉络而延续香火。如果当初没有孔子后人冒着杀头重罪进行的“鲁壁藏书”，就没有后来汉代古文经学的兴起，中华文化也就缺失了重要的一页；如果没有范钦的宁波天一阁，多少明清古籍就会流失、消没。文化与文明的传承与延续，一代代藏书家功不可没。

真正的藏书家，看重的是宋元善本、毛抄黄跋和珍稀孤本，其他通行杂本难以入其法眼。大藏家的收藏专、精、博、厚，又多辟有专门藏书楼庋藏。这是我等更多的普通爱书人难以企及的。年长日久，只是凭借自己绵薄之力，出于对于书籍的那份迷爱，兴之所至，徘徊浸泡于书摊店肆之中，不断地延续着搜书觅籍的兴头，积攒下或专或杂的一堆堆各式书籍，或为灯下细读，或为研究佐证，或纯粹就是为了攒书这样一个爱好，让自己的整个身心在一摞摞旧籍新册里满足、陶醉着。

有时看着书架上或躺或立的一册册老书，总是由不得慨叹唏嘘，百多年、几百年了，它们躲过了战乱兵燹，躲过了虫啮鼠咬，躲过了朝廷毁禁，得以侥幸存在于今世，这本身就是很不容易的事情，也算得上是一个个奇迹。人之百年，早已化为土尘而不复存在，是谓“书比人长寿”。这一册一册的古本旧籍，都是一个一个有血有肉的生命，它们身上都有一段这样或那样的故事。这些故事有长有短，或多或少，或凄婉壮烈，或沉稳睿哲，有的像长篇小说，有的如精短小令，有的是形散而神不散的散文，但不管以怎样的文体出现，都是那样让人手不释卷，口齿留香。当你在一遍遍摩裟读阅中悟到了书里的故事，这本书就会变得越来越大、越来越厚重、越来越迷人，就会让你一次又一次体味到书籍与其他藏品所不同的独特魅力，悠悠然而沉醉其中，不忍放弃，并渐渐地成为你的一种生存状态。

大部分的爱书人在日积月累的攒书过程中，对于书的挚爱也越来越浓，涉猎的范围也可能越来越广，所收藏品也会越来越精。虽然这里面没有什么版本意义上的珍本、善本，但其中的淘书故事，可能几天几夜都说不完，一旦谈起，自然敝帚自珍，津津乐道。明代散文家张岱说过："人无癖不可与交，以其无深情也。"这句话说得真正让一个个执著的爱书人受用。爱书之人有相同之处，由中意一本书，到最终拥至案头，其间的欢愉与沮丧、希望与失落也唯有真正的爱书人能够体会。藏书如做人，"以书作文，以文修心"，"读书之乐何处寻，数点梅花天地心"。李白曾写诗说："观书散遗帙，探古穷至妙。片言苟会心，掩卷忽而笑。"足可见在读书与藏书之间，会有多少让人心驰神往的感受。

清初名画家禹之鼎为藏书大家王士禛画过一幅《载书图》，刻在王渔洋的《池北书库记》一书的扉页。画面上一行衰柳，数车古籍，在斜阳古道上，缓缓而去，这里面的诗意是那样牵人心怀，本书的封面便使用了这幅图。曾国藩说："人之气质，由于天生，本难改变，惟读书可以改变人。"你会在读书、藏书，藏书、读书这个循环往复的过程中获得智慧、勇气和力量，体会到心灵富足和充实的感觉。

20世纪50年代，郑振铎在致刘哲民的一封信中写道："书多为累。好书大是一癖。此癖非痛下工夫扫除不可。过去算是雅癖，其实亦是一大恶癖。"的确，多年来由着性子和兴致收书，以至"酗书如命、不舍其中"，以至"百药难治书史之淫"。正如陆游的《示儿》诗里所讲："人生百病已有时，独有书癖不可医。"

终于，在几年前一个秋天的午后，我开始陆陆续续拿起笔，拿出一些自己的藏书，没有章法地写下关于这些书的文字。在浩如烟海的古籍之林里，翕居所藏的这些旧本只不过是微眇的一粟。拙笔所记，可以说是不主宗派，未守成法，完全是兴之所至，率而操觚，工拙不计。"编长纂杂，诚不能无舛谬。"这里面记下的支离破碎的点点滴滴，免不了"有伤带病"，因为以下里巴人的心态和定位而为此事，自然没有多少做学问和高深的版本探究，因为我也没有更多的功力来驾驭如此深入、深奥的话题，敬希方家谅之。付梓之际，看着一篇篇目录，诚惶诚恐、忐忑不安的感觉时时袭来，但愿能够不再出入书肆，不再蠢蠢欲动地写东涂西，但愿这种状态不再到来。

看着旧书店价签前面加数、后面添零的一次次变换，看着善本拍场一路飙升的落槌高价，这让我们这些普普通通有书瘾的百姓，一次次怯下阵来，连拿起来随便翻翻的勇气也渐渐失去。加上有点年纪的老书越来越稀罕，积攒旧本这条路注定是越走越窄了，从中能够品味到的"思古之幽情"也一天比一天减少，更多感受到的是"购求书籍是最难事"的况味，直到有一天，那点古书情结也会渐渐淡化而隐去。停下手来吧，坐到清风吹拂、明月洒照的竹林里，数着天上一颗颗眨着眼睛的小星星，把古籍旧本里那些形形色色的故事，放到梦里去，让它们伴着鼾声悄悄地睡去。

大易不言有无。承蒙一代国学大师季羡林先生对晚后小辈的抬爱，2008年暑期，经杨锐女士安排，在北京301医院西院的病房里，96岁高龄的季羡林先生花去了近三个小时的宝贵时间，听读了全书六百余篇文章的目录、部分书稿和这篇《弁言》的前面部分。先生说："这是一个做学问的年轻人，他藏的这些古籍，不是为了待价而沽。写出了书里的内涵，听起来有深度，这些都很有用。既藏又读，还要钻研，这是一条正道，很难得呀！”先生这些年婉拒了许多这样那样的签名、题词，在听读之后，拿起笔来，写下了两幅“翕居读书录”这一书名，并签名、钤印。我心里很清楚，先生赐题书名，是希望人们多读书、多藏书，多为传承国学尽力量。以先生崇高的威望，这是对我这样一个无名小辈的激励和厚爱，让我们切身感受到了一个世纪老人所给予的温暖。对于季老，我始终怀着望孔门之墙、高山仰止的崇敬。先生的思想本身就是一部厚厚的百科全书，从一个个文字里，我们能够感受到前辈学人的人文情怀和大德大智隐于无形的品格，体味到文化所给予社会的润泽。2009年7月11日，在回老家的路上，接连收到范宁、刘晖和耿玉锋的短信：“季老不幸今晨去世”、“季老走了”、“又一位大师离去了，季老九十八岁”。听此噩耗，感到震惊而又悲痛，本来一直和出版社商量，要赶在8月6日季老寿辰时出来样书并约白泽生社长一起给老人送去，可惜就在此书问世之前，季老溘然长逝，给我们留下了无尽的遗憾。这天夜里，酷暑的京城云雾弥漫，下着瓢泼大雨。也许上苍也在为先生逝去而哭泣？我想起了范仲淹在《严先生祠堂记》中的一句话：“云山苍苍，江水泱泱，先生之风，山高水长。”

2004年7月21日，曾和荣宏君兄一起到史树青先生家里，给他送去了陈垣先生一部旧著和刊有先生照片的《世纪学人百年影像》，当时我刚刚开始此书的写作，先生为我欣然写下“书为缘来——为翕居主人题”。2007年11月7日，传来史老逝世的噩耗，在悲痛中追忆老人的教诲，只可惜未能实现先生提出的“一起去一趟白洋淀”的愿望。“凄风摧大树，苦雨泣青泥”（欧阳中石挽先生联语），史老丰富、深厚的文化底蕴和学术功底，将激励着后辈前行。

最后我要说的，是对窦水勇、李际宁、野溪、五味子、耿玉锋、国槐、ele、马征、胡同、赵明、白文俊等师友给予我大力支持的由衷感谢。知名佛经研究专家李际宁先生多次为我的藏品指点门径，科举研究学者五味子先生还为我藏的一部手摹镜谱写下有功力的文字，鲁迅著作版本收藏家野溪先生几次惠赐藏品予我。蒙书界资深学人窦水勇先生不弃，为此书写下序言，他的著作透出了琉璃厂的文蕴，他的书话文章惜墨如金，又是那样耐咀堪品。他们以学识加持我，他们用帮助感动我，让这本书里的一个个文字，刻印下我的感谢，我会用心善待这份因书而结下的缘分和友谊。

古人有言：“读书所以开心、明目、利于行耳。”翕居虽常以读书开心，但所读无多，故开心也是有限的。在港出差时，曾给梁家荣先生写过“君子以书贵，书卷使人清”。在这里，借用谢刚主先生一句话，来结束我的弁言：“我所以书此者，以志余得书之难而知书尤不易也。”

2008年立秋日初稿于翕居“金生玉露”窗下

2009年大暑前一日改定于翕居“雨泽书房”

例言

这本册子里所涉及的逾600种古本旧册和断简残编，均为翕居所藏。书中内容是翻读这些藏品时所作的一些杂记，这些文字体例不一，有的简单只论书，有的繁些兼及作者或其他一些相关的东西，也有一些涉及版本情况。往大点说，算是零零碎碎的读书杂记吧。要说明的是，这些东西不是书话，所涉及书册也难入藏家的法眼，所以就谈不上用经、史、子、集、丛等正统的分类方法。大致疏理归为梨枣丹黄味、思贤沐手泽、觅书寻门径、霓裳羽衣曲、金石蕴文思、教化引修为、致知在格物、政善而治顺、线装铅石印、老刊录烟云、厚古不薄今、长乐郑振铎、游记与日记及访书小记等十四部分。

翁居讀書錄

目録

【壹】梨枣丹黄味 1

壹 梨枣丹黄味

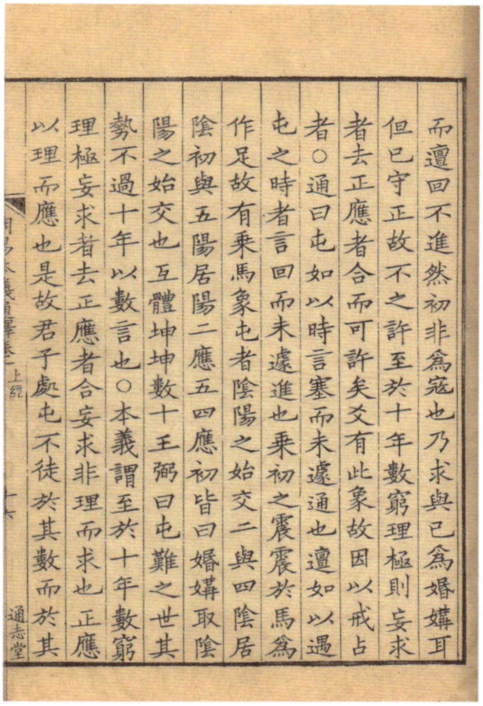
而還回不進然初非爲寇也乃求與己爲婚媾耳但已守正故不之許至於十年數窮理極則妄求者去正應者合而可許矣爻有此象故因以戒占者○通曰屯如以時言塞而未遽通也邅如以遇屯之時者言回而未遽進也乘初之震震於馬爲作足故有乘馬象屯者陰陽之始交二與四陰居陰初與五陽居陽二應五四應初皆曰婚媾取陰陽之始交也互體坤坤數十王弼曰屯難之世其勢不過十年以數言也○本義謂至於十年數窮理極妄求者去正應者合妄求非理而求也正應以理而應也是故君子處屯不徒於其數而於其

周易本義通釋卷一 上經

通志堂

这部分里面收入的文字，主要是谈雕版印刷书籍，另有少量木活字和铜活字摆印本。以清刻本居多，明代和民国刻本为次。

雕版印刷有各种各样的叫法，最为常见的有“镂版”、“刻版”、“刊版”、“墨版”、“椠版”和“梓版”等。其中“椠”是沿用了古代片牍的名称；而“梓”则是因为梓木是雕版印刷中的重要材料而得名。雕版印刷有时也称“付椠”、“付梓”、“梓行”或“刊行”等。在“版”字方面，在古代的出版、印刷的文献中，往往是“版”、“板”通用，而较多的则是运用“板”字。到了清代，在出版、印刷的著作中，才普遍使用“版”字。

雕版印刷是最早在我国出现的印刷形式。1966年在韩国发现雕版《无垢净光大陀罗尼经》，刻印于704—751年之间，为目前所知最早的雕版印刷品。现存最早的标有年代的雕版印刷品是唐咸通九年（868）的《金刚经》（现存大英图书馆）。专家认为，雕版印刷可能在大约2000年以前就已经出现了。

雕版印刷即将文字、图像雕刻在平整的木板上，再在版面上刷上墨汁，然后在其上覆上纸张，用干净的刷子轻轻地刷过，印版上的图文便清晰地转印到纸张上。由于这种印刷是木板和含水的墨汁接触，容易出现木板开裂、变形、断板等情况，往往刷印不了多少就会因板子损坏需要不断修、补和更换，限制了大量印刷的可能性。

雕版所用的材料主要是选用纹理较细的木材，如枣木、梨木、梓木、黄杨木等。至于选用哪一种木材做雕版，一般是要根据印刷品的精细程度，再选用硬度不同的木材。所以古代把刊行书籍称为“付诸梨枣”。雕版所印书籍又根据不同情况分成原刻本、翻刻本、写刻本、套色刻本等不同的版本系列。

这些百年以上的雕版古籍躲过兵火水虫之灾，承载着知识和文化，蹒跚走到今天，是多么的不易。这些书册已不仅仅是书本了，同时也是文物和珍贵艺术品，除阅览与研究功能外，还具有重要收藏价值和增值潜质。古籍版本的魅力，内容自不待言，从形式上看更是妙趣无穷。一些法书名家写刻的本子无疑是精美的书法艺术品。雕版古籍追求印刷工整，加上纸墨精良，是字字分明、页页生辉。倘是原刻原版初印，展卷更觉心旷神怡。一些古籍善本雕刻精致细腻，设色沉穆古雅，散发出浓郁艺术气息。

据国务院古籍小组的规定，以辛亥革命（1911）为断限，凡辛亥革命以前记录古代文献之书籍，通称为古籍。据《中国丛书综录》、《中国地方志综录》、《贩书偶记》以及佛藏、道藏、通俗小说、讲唱文学、金石碑录等不完全统计，我国现存古籍总体上以雕版印刷形式为主，大约10万多种。2006年5月20日，雕版印刷技艺经国务院批准列入第一批国家级非物质文化遗产名录。

名士名媛的哀惋：《影梅庵忆语》

（清）冒襄撰《影梅庵忆语》一卷、《悼亡题咏》一卷，“拜鸳楼校刻四种”五册第一至二册，光绪二十六年（1900）番禺沈宗畸拜鸳楼刻本，9行20字，黑口，四周双边，单鱼尾。吴恩裕藏书，钤“长白吴氏”、“鱼生”白文藏印。

冒襄（1611—1693），字辟疆。明末清初学者、诗人。书斋名“影梅庵”，《影梅庵忆语》没有收录进冒襄的诗文集中。《影梅庵忆语》的主要内容是追忆他和其妾秦淮名姝董小宛的爱情故事，书中感情真挚，文笔优美，语意悱恻，缠绵极致，在清代颇为文人重视，反响极大。冒襄写道：“爱生于昵，昵则无所不饰。缘饰著爱，天下鲜有真可爱者矣。”看来冒襄与董小宛是彼此“真爱”的。董小宛是“秦淮八艳”之一，冒辟疆乃“金陵四公子”之一，两个性情之人，名士名媛，才情俱至，字里行间，哀感惋艳，虽琐碎记来，却情真语挚，不难领略到封建礼教下透露出的一缕春光。《影梅庵忆语》与沈复的《浮生六记》齐名。20世纪30年代，王书奴所著的《中国娼妓史》曾叙及明末许多可歌可泣的故事，其中就有冒襄与董小宛的传奇。

在《影梅庵忆语》的开篇，冒辟疆记录了他和董小宛的初次相见。“己卯初夏，应制白门。晤密之云：‘秦淮佳丽，近有双成，年甚绮，才色为一时之冠。’余访之，则以厌薄纷华，挈家去金阊矣。嗣下第，浪游吴门，屡访之半塘，时逗遛洞庭不返。名与姬颉颃者，有沙九畹、杨漪炤。予日游两生间，独咫尺不见姬。将归棹，重往冀一见。姬母秀且贤。劳余曰：‘君数来矣，予女幸在舍。薄醉未醒。’然稍停，复他出，从兔径扶姬于曲栏，与余晤。面晕浅春，缬眼流视，香姿玉色，神韵天然。懒慢不交一语，余惊爱之。惜其倦，遂别归。此良晤之始也。时姬年十六。”

身处欢场中的董小宛，素衣淡妆，眉清目爽，竟如一杯清醇的山泉，全无瑕疵，像块纯纯的水晶，冰清透明。彼此从见到对方的第一眼开始，就仿佛认识了几千年般投机。满腹才华的冒辟疆被她深深吸引。可冒辟疆为了自己的抱负，忍痛离开董小宛上京应试。这一去，竟成了两人分离的前奏。待他归来，董小宛早已被带入宫中。一道宫墙，使茫茫尘世中的两人生生地隔开。

再次相见，仿佛隔世。大红轿子，把小宛抬进了冒家的门。从此，冒郎写书，小宛立在一旁磨墨；冒郎累了，小宛轻弹一曲古筝。偶尔抬起头看进对方的眼睛，看见自己的影子，相视一笑。动荡的局势，艰难的生

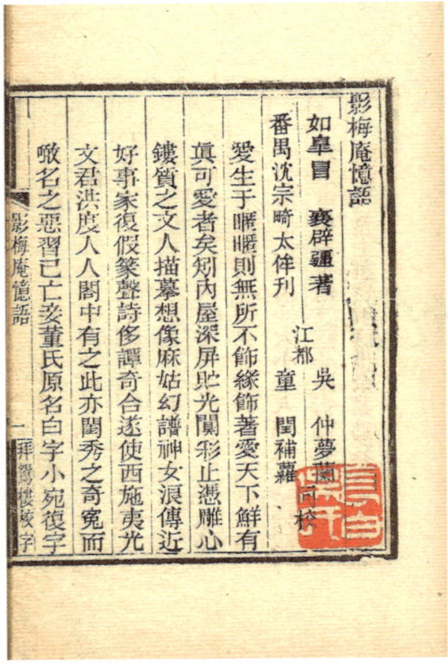

影梅庵憶語

如皋冒 襄辟疆 著

番禺沈宗畸太侔刊 江都 吳 仲夢園同校 童 閬補蘿

愛生于暱暱則無所不飾緣飾著愛天下鮮有眞可愛者矣矧內屋深屏貯光閟彩止憑雕心鏤質之文人描摹想像麻姑幻譜神女浪傳近好事家復假篆聲詩侈譚奇合遂使西施夷光文君洪度人人閣中有之此亦閨秀之奇冤而啖名之惡習已亡姬董氏原名白字小宛復字

影梅庵憶語 一 拜鴛樓校字

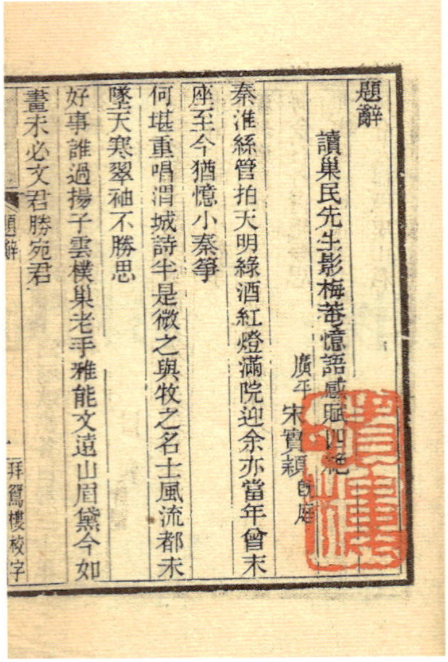

題辭

讀巢民先生影梅菴憶語感賦四絕

廣平 宋寶穎 自庵

秦淮絲管拍天明綠酒紅燈滿院迎余亦當年曾末座至今猶憶小秦箏

何堪重唱渭城詩斗是微之與牧之名士風流都未墜天寒翠袖不勝思

好事誰過揚子雲樓巢老手雅能文道山閒黛今如畫未必文君勝宛君

題辭 一 拜鴛樓校字

活，使得冒辟疆大病一场。冒辟疆病好后，董小宛却倒下了，并且再没有闯过来。董小宛死后，冒辟疆悲痛欲绝，为她专门写下了这本《影梅庵忆语》。

一宿梦尽红颜逝，真真痴痴争年韶。一本薄薄的《影梅庵忆语》，承载了多少柔情，多少思念。佳人已香销玉殒，却带不走冒郎刻骨铭心的爱恋。芳魂已随烟云，空留世间无尽传说。“十年生死两茫茫，不思量，自难忘。千里孤坟，无处话凄凉……”

“拜鸳楼校刻小品”之《海鸥小谱》

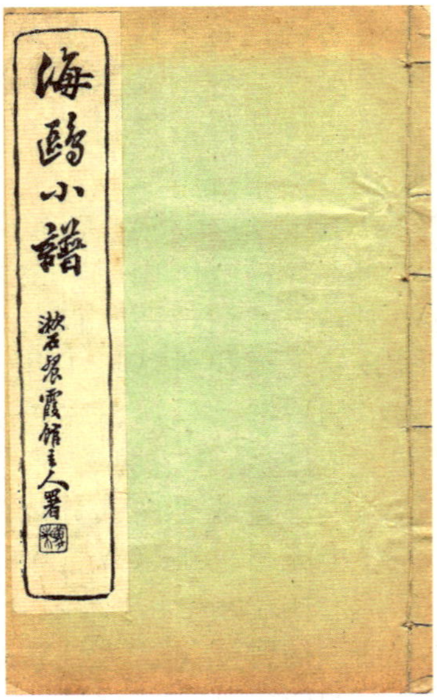

（清）赵执信撰《海鸥小谱》一卷一册，番禺沈宗畸拜鸳楼清光绪二十六年（1900）刻本。

赵执信（1662—1744），字伸符，号秋谷，晚号饴山老人，山东益都人。清代著名诗人、诗论家、书法家。14岁中秀才，17岁中举人，18岁中进士，后任右春坊右赞善兼翰林院检讨。28岁因观演《长生殿》案而被削职。此后50年间，漫游南北，写下了许多反映社会现实的诗作。遗著有《饴山诗集》、《饴山文集》、《谈龙录》、《声调谱》等。

赵执信在清康熙四十年（1701）至康熙四十三年间，曾两次北游天津。在天津时，赵执信经常到好友张鲁庵的篆水楼与友人谈古论今，聊天吟诗，宴饮作乐。《海鸥小谱》就是在这期间创作的，多数为艳情诗。但后来都被赵执信从诗集中删掉了，只是在他的《诗余》里，还保留了某些痕迹。也许，在赵执信的游程中，这一段是后来他自己不满意的一段。

杨复吉在跋文中，详细说明了《海鸥小谱》的创作来历和刊刻情况：“《海鸥小谱》，秋谷先生于康熙甲申岁寓津门所作。风流放旷，尽态极妍。所系诗词，旖旎缠绵。出入《香奁》、《疑雨》二集，洵艺林艳品也。先生杂著，如《谈龙录》、《声调谱》，德州卢氏皆已梓行，独此帙尚少流传。壬寅孟冬，武林鲍丈以文过访，谈次及之，则云箧中久藏写本。丙戌春间，莱阳赵荷村太守，借刻于杭，束板寄睦，荷村捐馆，此书亦不可问闻矣，为惋惜者久之。余因忆吴兴同年闵太史裕仲，曾云家有其书，许为录赠，邮书索之。仲冬上浣，太史专函寄示，余得之狂喜，亟倩友人钞入丛书续编，而录其副以诒以文。廿年剑化，一旦珠还，遥稔知不足斋主人，应不禁掀髯一粲也。此帙为笠泽书院山长闵敦甫先生手校本，后附题辞二绝句，今并录后。”

赵执信出身显赫，他的曾祖父是明天启进士，曾官居监察御史。叔祖赵进美，是明崇祯进士，入清后官福建按察使。他自己是大学士兼吏部尚书孙廷铨的孙女女婿，又是王渔洋的外甥女婿。

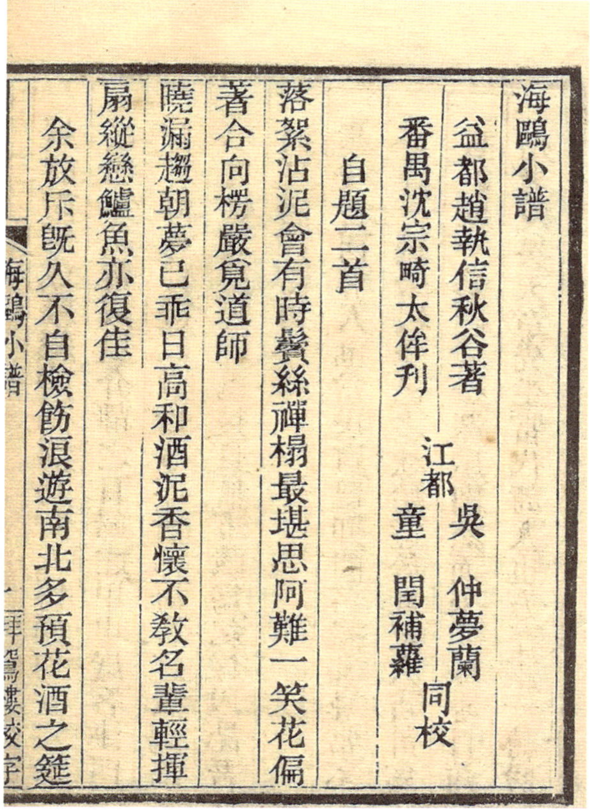
海鷗小譜
益都趙執信秋谷著
番禺沈宗畸太侔刊　江都吳仲夢蘭　童閏補蘿　同校
自題二首
落絮沾泥會有時鬢絲禪榻最堪思阿難一笑花偏著合向楞嚴覓道師
曉漏趨朝夢已乖日高和酒泥香懷不教名輩輕揮扇縱慈鱸魚亦復佳
余放斥既久不自檢飭浪遊南北多預花酒之筵
海鷗小譜　拜鴛樓校字

《海鸥小谱》为“拜鸳楼校刻小品四种”之一。拜鸳楼主为沈宗畸，字太侔，原名宗畤，字孝耕。祖籍浙江，世侨居广东番禺。因有妾名“拜鸳”，故名其室为“拜鸳楼”。其所辑刊“拜鸳楼校刻小品四种”亦与此有关。其中《欠愁集》跋云：“姬人拜鸳喜弄笔墨，余旧藏《西青散记》乃史梧冈先生未经删订，瓜渚草堂原刻本，拜鸳每于绣余之暇，手录记中所以传双卿各条，借作日课，积久成帙，以双卿词有‘旧愁还欠’句，遂署名《欠愁集》云……”

“拜鸳楼校刻小品四种”五卷，多记冶游之事以寄托亡国之恨。为清光绪至宣统间刊，内含余怀的《板桥杂记》、冒襄的《影梅庵忆语》及《影梅庵悼亡题咏集》、赵执信的《海鸥小谱》、无名氏的《欠愁集》。

《海鸥小谱》还被收入张廷华（虫天子）所辑《香艳丛书》，是其第二集中的一种。《香艳丛书》共二十集八十卷，收书335种。该书搜罗了从隋代至晚清女性作者著作和有关女性的文言小说、诗词曲赋、野史笔记等。此书打破了作品形式的限制，而是以题材为主，收录了不少清人著作未见它书著录者。

“沧海丛书”之《袁督师遗集》

（明）袁崇焕撰《袁督师遗集》三卷、附录一卷，共二册，民国21年北平琉璃厂文楷斋刻本。张伯桢辑“沧海丛书”第一辑。

张伯桢（1877—1946），字子干，号沧海，又号篁溪，广东东莞篁村人。19岁在广州府学读书，21岁时成为康有为的“万木草堂”弟子，曾助康有为纂辑《孔子改制考》、《新学伪经考》，25岁始卒业。清光绪三十年（1904）和光绪三十三年，两度赴日本留学，东京法政大学法律专科毕业。光绪三十四年回国，应聘为两广方言学堂教授。清宣统二年（1910），廷试中政法科举人，分派任刑部主事。民国后，改任司法部佥事，后应聘兼任清史馆名誉协修。民国17年，因政府南迁而解职，以著述鬻文为业。

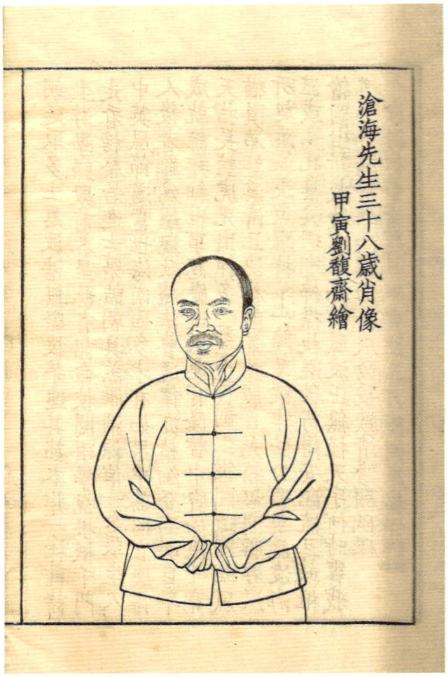

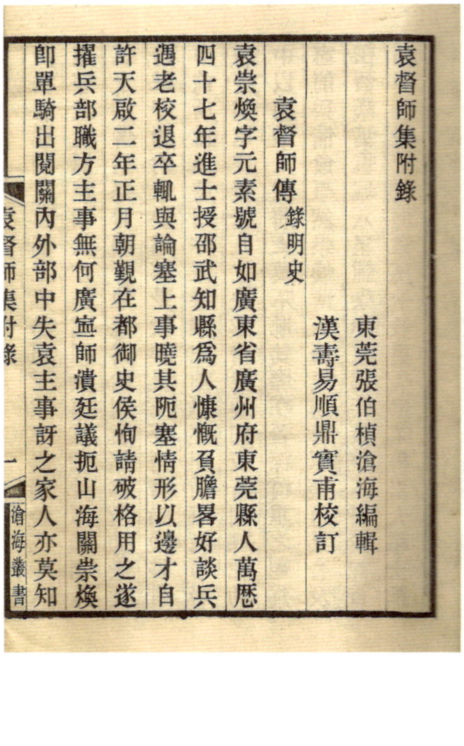

袁督師集附錄

東莞張伯楨滄海編輯

漢壽易順鼎實甫校訂

袁督師傳 錄明史

袁崇煥字元素號自如廣東省廣州府東莞縣人萬歷四十七年進士授邵武知縣爲人慷慨負膽畧好談兵遇老校退卒輒與論塞上事曉其阨塞情形以邊才自許天啟二年正月朝覲在都御史侯恂請破格用之遂擢兵部職方主事無何廣寧師潰廷議扼山海關崇煥即單騎出閱關內外部中失袁主事訝之家人亦莫知

袁督師集附錄 一 滄海叢書

著有《张篁溪遗稿》、《南海先生全书》、《南海康先生传》、《焚余草》、《篁溪笔记》等书。刊刻“沧海丛书”五辑。

张伯桢先后捐资在北京左安门广东新义园建造袁督师（袁崇焕）庙，在北京广渠门内广东旧义园重修袁督师墓。1919年，又在袁督师庙南一里许修建袁督师故居，自建房屋于旁，时人称为“张园”。建国后，由其子张次溪捐献给北京市龙潭湖植物园。张伯桢一生致力于文史资料的搜集、研究和编著。广收袁崇焕、张家玉等人的文学史料。他晚年信奉佛教密宗。1946年在北京病逝。临终前，把珍藏康有为、梁启超的书牍墨迹以及有关袁督师的文物、齐白石等名人字画共1300余件，捐赠给北平历史博物馆。

“超妙自然，清新秀美”：《白沙子全集》

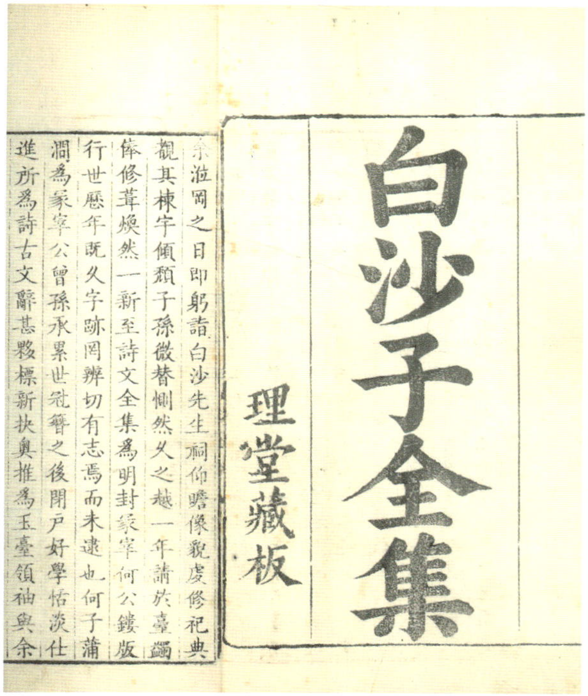
余涖岡之日即躬詣白沙先生祠仰瞻像貌虔修祀典
覩其棟宇傾頹子孫微替惻然久之越一年請於臺蠲
俸修葺煥然一新至詩文全集爲明封綦享何公鐫版
行世歷年既久字跡罔辨切有志焉而未逮也何子蒲
淵爲綦享公曾孫承累世冠簪之後閉戶好學恬淡仕
進所爲詩古文辭甚夥標新抉奧推爲玉臺領袖與余

白沙子全集

理堂藏板

（明）陈献章撰、（清）何九畴重编《白沙子全集》六卷、卷首一卷，共六册，清康熙年间刻本。翕居所藏为白纸本，存世稀少，入选第二批《国家珍贵古籍名录》，名录号05881。

陈献章（1428—1500），字公甫，号石斋，晚号石翁，明代著名思想家、教育家、书法家、诗人。陈献章原是广东新会城北圭峰山下都会村人。少年时随祖父迁居于白沙乡（今属广东江门市蓬江区）小庐山下，世称“白沙先生”。他精通书法和绘画，喜欢茅龙笔（茅草为笔）作书法，一度享誉朝野。

明成化十八年（1482）应诏入京参加吏部考试，但他无心仕途，上书请准终养老母天年，得到皇帝批准，授予翰林院检讨之职以归。白沙先生精于诗教，逝后留存各种体裁的诗作1977首。他的诗格调颇高，张翊评论他的诗“超妙自然，清新秀美”、“功专而入神品，有古人所不到者”。诗词文赋由他的门人辑成《白沙子全集》出版面世。

先是明弘治十六年，亦即陈白沙死后三年，以进士授新会知县的罗惟升，素仰陈白沙的德才，认为陈白沙从道数十年，不但一改岭南的土风，而且泽垂后世，应郑重把他的诗文汇辑成集。于是利用政务之暇，搜罗陈白沙遗作，并派人到番禺请容贯任编辑（容贯是陈白沙的得意门生）。弘治十八年编就刻成，诗、文各十卷，名曰《白沙先生全集》。此书由张诩作序，刚刚刻成，罗惟升即擢升别处，致令该书篇简失序，字义讹误，读者颇有微词。迄明正德三年（1508），张诩重加订正，并由福建莆田林齐补刻，卷帙依原刻本不变。这是《白沙先生全集》的最早版本。

以后，刻印陈白沙诗文集的版本很多。先后有：明嘉靖十二年（1533）卞崃刻印《白沙子》八卷，嘉靖三十年萧世延刻《白沙先生全集》诗文各十卷补遗一卷，明万历二十九年（1601）林裕阳刻本《白沙先生全集》，万历四十年何熊祥尚书刻《白沙先生全集》九卷，明天启元年（1621）巡按淮阳监察御史王安舜刻《白沙先生全集》九卷，顺治十二年（1655）安徽太湖人黄之正刻《白沙先生全集》，康熙四十九年（1710）何九畴刻《白沙先生全集》六卷、卷首一卷等。清乾隆三十六年（1771），陈氏宗祠“碧玉楼”重刊《白沙子全集》，此书资料最为丰富，以后人

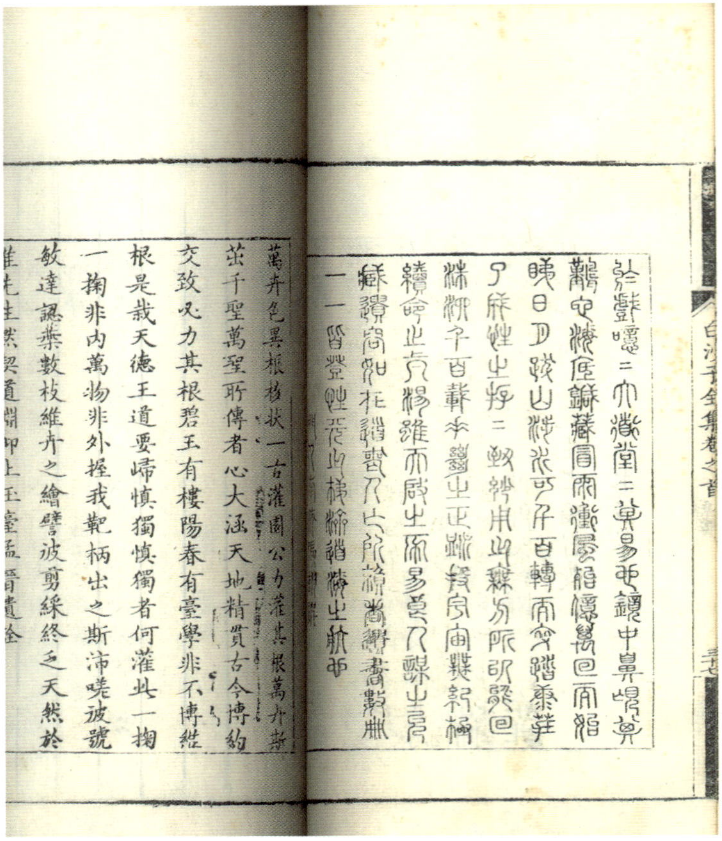

们皆以“碧玉楼本”为善本。

陈献章年轻时，研究程朱派理学。后来困学知变，“尽穷天下古今典籍，旁及释老稗官小说”，又“筑阳春台，静坐其中，数年无户外迹”。在39岁后进京，明朝的大学祭酒刑让很赏识他，“扬言于朝，以为真儒复出，由是名震京师”。陈献章的入学法门是“以静为主”，“端坐澄心，于静中养出端倪”。陈献章其学洒然独得，论者谓有鸢飞鱼跃之乐，而兰溪姜麟至以之为“活孟子”。这位“活孟子”，是程朱派理学中“心学”的大将，他在程朱派的理学主流下，独挽狂澜，上承陆九渊，下启王守仁，使程朱理学的清一色，在明朝独树一帜。不过，在他长于教人独立思想的同时，其学说也有禅味过重之嫌，显得有些玄了一点。

2008年，在上海国际商品拍卖有限公司（以下简称上海国拍）、北京泰和嘉成拍卖有限公司（以下简称泰和嘉成）、中国嘉德国际拍卖有限公司（以下简称中国嘉德）举行的三场拍卖中，均有乾隆版《白沙子全集》上拍，估价为9000～12000元，未成交。

“冲冠一怒为红颜”：《吴梅村词》

（清）吴伟业撰《吴梅村词》一册，湖北官书处道光十六年（1890）刻本，白纸。

吴伟业（1609—1672），字骏公，号梅村，明末清初诗人。先世居昆山，祖父始迁太仓（今皆属江苏）。少时“笃好《史》、《汉》，为文不趋俗”（《镇洋县志》），受张溥赏识，收为学生。明崇祯四年（1631）中进士，授翰林编修，后任东宫讲读官、南京国子监司业等职。南明时任少詹事，仅两个月便辞官归里。清顺治十年（1653），被迫赴京出仕。三年后奔母丧南归，从此隐居故里直至去世。吴伟业生活在明清易代之际，仇视农民起义军，对清朝统治者也无好感。他屈节仕清，一直认为是

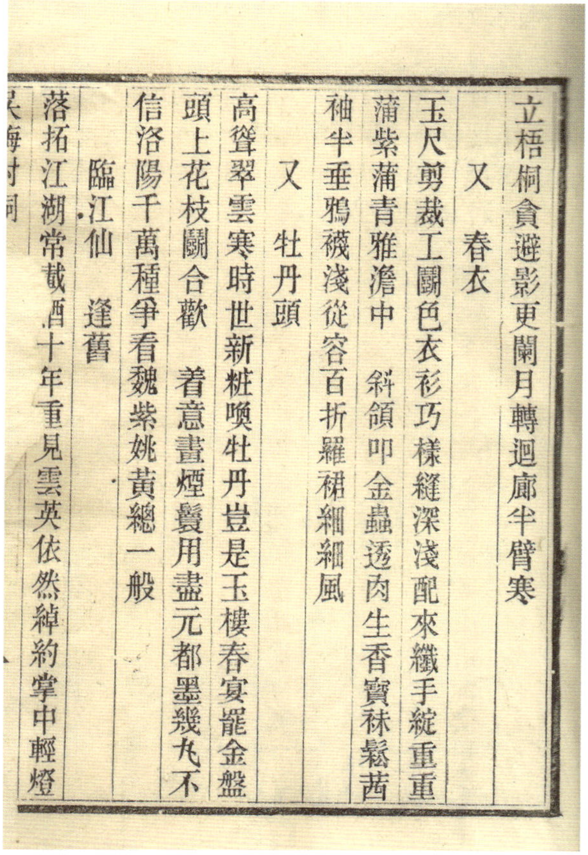

立梧桐貪避影更闌月轉迴廊半臂寒
又　春衣
玉尺剪裁工鬭色衣衫巧樣縫深淺配來纖手綻重重
蒲紫蒲青雅澹中　斜領叩金蟲透肉生香寶袜鬆茜
袖半垂鴉襪淺從容百折羅裙細細風
又　牡丹頭
高聳翠雲寒時世新粧喚牡丹豈是玉樓春宴罷金盤
頭上花枝鬭合歡　着意畫煙鬟用盡元都墨幾丸不
信洛陽千萬種爭看魏紫姚黃總一般
臨江仙　逢舊
落拓江湖常載酒十年重見雲英依然綽約掌中輕燈
吴梅村詞

“误尽平生”的憾事，在其诗文中多有表露。吴伟业著作有《梅村家藏稿》，《梅村诗馀》，传奇《秣陵春》，杂剧《通天台》、《临春阁》，史乘《绥寇纪略》等。

吴伟业与钱谦益、龚鼎孳并称“江左三大家”。他的词作不多，但传诵颇广。陈廷焯在《白雨斋词话》中评论说：“吴梅村词，虽非专长，然其高处，有令人不可捉摸者，此亦身世之感使然。”又说：“梅村高者，有与老坡神似处。”吴伟业的词多清丽哀婉、声情悲壮，又有自怨自艾和悲感万端的叹怀。

吴伟业长于七言歌行，初学“长庆体”，后自成新吟，后人称之为“梅村体”。他的诗多为哀时伤事之作，今存有1000多首，“冲冠一怒为红颜”之句至今犹脍炙人口。《四库全书总目提要》评论说：“其少作大抵才华艳发，吐纳风流，有藻思绮合、清丽芊眠之致。及乎遭逢丧乱，阅历兴亡，激楚苍凉，风骨弥为遒上。”颇能概括其特色及前后变化。他的诗词多有讽刺之作，最著名的有《圆圆曲》，“鼎湖当日弃人间，破敌收京下玉关。痛哭六军俱缟素，冲冠一怒为红颜……”讽刺吴三桂为陈圆圆而降清，传诵一时。事实上，吴三桂引清兵入关并非纯粹为了“红颜”，而是一种政治投机。据称当时有人自称奉平西王之命，贿吴伟业以重金，求自毁《圆圆曲》诗稿，被吴伟业一口回绝。除此之外，还有《临江参军行》颂扬抗清将领，《松山哀》讽刺洪承畴降清，内容颇为深婉。

有人认为，吴伟业降清而仕，成为贰臣，失去了学人的名节。事实上，吴梅村虽然降清而出仕，并未能取得康熙的重用，康熙下令编纂《贰臣传》时，吴梅村仍列名其中。

据说，“补白大王”郑逸梅年幼时购买的第一本书便是《吴梅村词》，扫叶山房的石印本。他进私塾启蒙时，原本不了解吴梅村，听都没听到过，但是他看到书名中有一“梅”字，马上断定是本好书，当即买下。并“认为这是古人的好文章，现在我不懂，日后我是会懂的”（《郑逸梅自传》）。

关于吴梅村，近来又被“红学家”扯进了《红楼梦》里。百年来，关于曹雪芹是否是《红楼梦》作者的争论从未停止，即使到了近代，专家们陆续肯定了曹雪芹就是《红楼梦》的作者，但又有研究者注意到《红楼梦》中所表现出的士大夫生活细节与曹雪芹的坎坷生平相对照有不符之处。

《辽沈晚报》报道，辽宁抚顺市社会科学院院长、研究员傅波和抚顺市地方史研究会常务理事钟长山历经六年研究，抛出了一个惊人的观点：吴梅村是《红楼梦》全书一百二十回的真正作者，曹雪芹“只是《红楼梦》前八十回的重要增删、编修者”。对于作者为什么是吴梅村，傅波和钟长山认为，在《红楼梦》中，“悼红轩”、“怡红院”、“红楼梦”等一些名词不是凭空而来，只有清初的明朝遗老才能写得出来，事实上明朝遗老在清初也写过大量“反清复明”的诗词文章。曹雪芹身处文网森严的雍乾王朝，不会有如此气魄。傅波和钟长山发现，较早版本的《红楼梦》中记载：“吴玉峰题曰《红楼梦》；东鲁孔梅溪则题曰《风月宝鉴》”，“《风月宝鉴》一书，乃其弟棠村序也”。这些话也引起了不少红学界的争论，怀疑者认为，有可能吴玉峰或者孔梅溪或者棠村就是《红楼梦》的作者，但是当傅波和钟长山把上述几个人名进行了一番组合，结果出现了“吴梅村”三个字。傅波和钟长山认为《红楼梦》中许多人物、场景的生活原型都能在吴梅村诗中找到。并且，吴梅村的政治观点同《红楼梦》的创作主题相合。更为重要的是，相对于曹雪芹难以维持生活的窘境来看，曾经隐居十年的吴梅村具有写作这样一部鸿篇巨制的时间。这么重大的话题，“是二是一，佛祖无言”，还是留给专家们去研究吧。

“此编以藏石楼获免”：《梅花梦》

（清）张道撰《梅花梦》二卷三十四出，二册，钱塘张预光绪二十年（1894）长沙刻本。《梅花梦》的剧情是：小青嫁冯云将为妾，不为大妇所容，终遭惨死。小青历尽劫波之后，仍归天上。作者自云，小青事迹无多，故半以幻笔，相杂成文。

《梅花梦》是一部历经磨难与战火洗礼后的烬余之书。张道在自序中写道：“古学不讲久矣，诗人词客寥寥如琴上星，剑金元乐府哉。顾贱贫不及交海内士，往欲就海盐韵珊黄先生为我正谱，其女夫宗君子城又余友也，而数访不得，耗去。冬避难出走，老屋被焚，所积书与余他著大半烬焉。此编以藏石楼获免。染浮沉泥污中者凡二百余日，而后复归于余。而知音如黄先生，则已闻矢节萧山城矣（预曰：‘韵珊先生宦游湖湘，间竝未殉节，先君子所闻盖乱中所传之耗也。’）。嗟乎，身不自保，何有于身后名传不传，亦听之浩劫而已。壬戌五月既望劫海逸叟书于冠山之麓（预曰：‘壬戌为同治元年二月间，在诸暨遇乱，返徙萧山，依王氏戚以居，先君子旋于是年闰八月弃养，去书此序时仅四阅月也，悲夫。’）。”

从张道这篇序言中，可以看到这部于乱离兵火中劫余之书所遭不幸，能存于今殊多不易。张道所避这场兵难，应为太平天国将领李秀成采用“围魏救赵”战略围歼江南大营之役。1860年初，李秀成奉命率精兵从南京浦口出发奇袭杭州。他对部下说：“官军精锐，悉萃金陵，其饷源在苏、杭。今金陵城外长壕已成，官军内围外御……攻之难得志，不如轻兵从间道疾捣杭州，杭州危，苏州亦必震动，金陵大营惧我绝其饷源，必分师奔命以救之。我瞷大营虚弱，还军急击，踏破大营，则苏、杭皆我有也。”李秀成在进军杭州，攻占安吉、长兴后，突然兵临杭州城下，杭州官绅惊慌失措，守城无策。三月十九日，李秀成攻占杭州。江南大营统帅和春果然中计，忙派总兵张玉良统兵

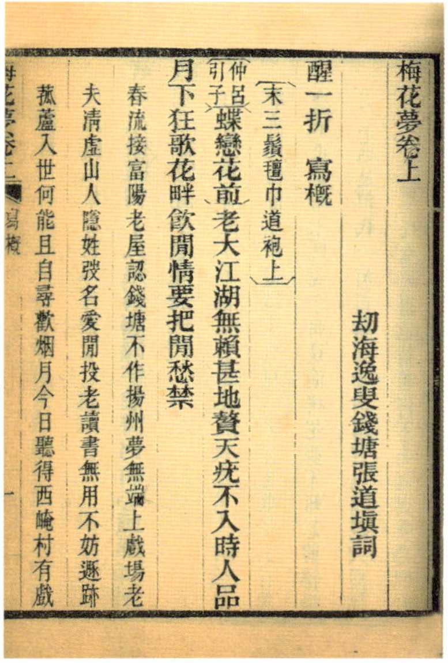

梅花夢卷上

劫海逸叟錢塘張道填詞

醒一折　寫概

（末三鬚氈巾道袍上）

（仲呂引子）蝶戀花前老大江湖無賴甚地贅天疣不入時人品月下狂歌花畔飲閒情要把閒愁禁

春流接富陽老屋認錢塘不作揚州夢無端上戲場老

夫清虛山人隱姓弢名愛閒投老讀書無用不妨遯跡

菰蘆入世何能且自尋歡烟月今日聽得西畯村有戲

梅花夢卷上　寫概　一

一万三千余人援救杭州。清军于三月二十三日赶到杭州城下。第二天，太平军迅速回师，各路大军分进合击江南大营。天京（今南京）城内太平军也分头出击，连抛火罐，敌营“火药轰处，人声鼎沸，登时大乱”。在太平军内外夹击下，连破清营五十余座，数万清兵全部溃散。和春等清营大员“不及衣履，仓皇奔镇江”，“京围立解”。

对于这段史实，梁启超所作《李鸿章传》也有记载：“江浙两省，中国财赋之中坚也，无江浙则是无天下。故争兵要则莫如武汉，争饷源则莫如苏杭，稍明兵略者所能知也。洪秀全因近来各地官军，声势颇振，非复如前日之所可蔑视，且安庆新克复（咸丰十一年辛酉八月曾国荃克复），金陵之势益孤，乃遣其将李秀成、李世贤等分路扰江浙，以牵制官军之兵力。秀成军锋极锐，萧山、绍兴、宁波、诸暨、杭州皆连陷，浙抚王有龄死之，江苏城邑，扰陷殆遍，避乱者群集于上海。”

张道为此书作序之年为清同治元年（1862），也就是李秀成攻打萧山后的第三年，故言辞之中，尚多有恨惧兵乱之思之忧。序中所提“冠山”，位于杭州萧山长河镇。“预曰”之“预”乃光绪二十年刊刻此书的张预。

序中所言为此书“正谱”的黄韵珊，名燮清（1805—1864），原名宪清，字韵甫，号韵珊，又号吟香诗舫主人，浙江海盐人。著有《倚晴楼诗集》十二卷、《倚晴楼诗续集》四卷、《倚晴楼诗馀》四卷、《国朝词综续编》二十四卷和《倚晴楼七种曲》等。香港著名粤剧编剧家唐涤生于1957年6月创作的著名粤剧《帝女花》，即根据黄韵珊的倚晴楼戏曲之《帝女花传奇》改编而来，上演后轰动一时，历来评价很高。

张道，原名炳杰，字伯箴，号少南，别号劫海逸叟，浙江钱塘（今杭州）人。以诸生而久不遇，遭乱悒郁而死，著有《渔浦草堂诗集》。工骈体古文以及词曲书画。自言专学东坡，雄奇瑰丽，平淡天真，无所不有。尤其熟悉杭州掌故，多有纂述。

“此即古之所谓小说也”：《说铃续集》

在广州古籍书店，遇到《说铃续集》一部四册，清康熙年原刻，写刻本。“说铃之义盖取诸法言，其书则与世说、语林略相类。”《鲁迅日记》记载：“一九一三年六月二十八日晴，上午同三弟往大街闲步，又往第五中学校访旧同事。出过故书肆，取《说铃》前集一部十册，以清旧款。”

《说铃》为清人吴震方编辑，分前、

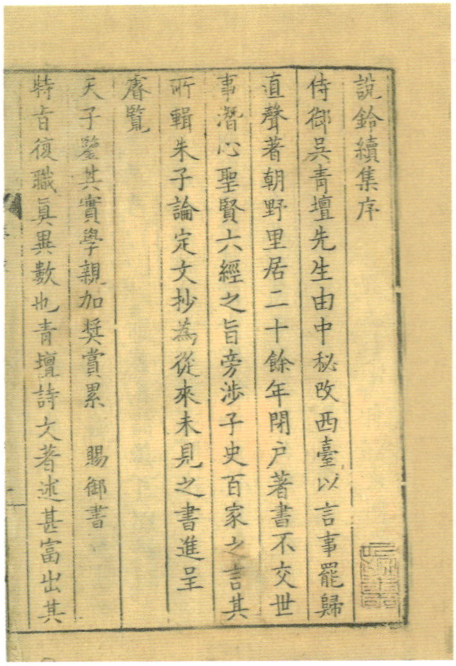
說鈴續集序
侍御吳青壇先生由中秘改西臺以言事罷歸
直聲著朝野里居二十餘年閉户著書不交世
事潛心聖賢六經之旨旁涉子史百家之言其
所輯朱子論定文抄爲從來未見之書進呈
睿覽
天子鑒其實學親加奬賞累　賜御書
特旨復職眞異數也青壇詩文著述甚富出其

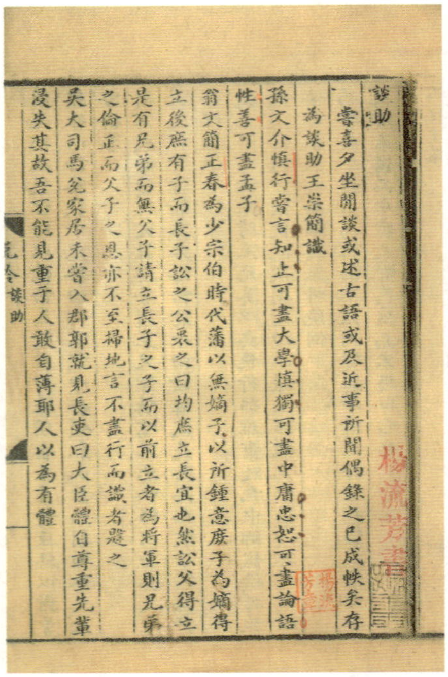
談助
嘗喜夕坐閒談或述古語或及近事所聞偶錄之已成帙矣存
爲談助王崇簡識
孫文介慎行嘗言知止可盡大學愼獨可盡中庸忠恕可盡論語
性善可盡孟子
翁文簡正春爲少宗伯時代藩以無嫡子以所鍾意庶子爲嫡得
立後庶有子而長子訟之公衆之曰均庶立長宜也衆訟父得立
是有兄弟而無父子請立長子之子而以前立者爲將軍則兄弟
之倫正而父子之恩亦不至歸地言不盡行而識者韙之
吳大司馬兑家居未嘗入郡郭就見長吏曰大臣體自尊重先輩
浸失其故吾不能見重于人敢自薄耶人以爲有體

后、续三集，刊于康熙年间，收有清初笔记六十种，包括王士禛的《分甘余话》，宋荦的《筠廊偶笔》、高士奇的《金鳌退食记》、董含的《莼乡赘笔》和吴震方的《岭南杂记》等。所谓“说铃”，是小说而不合大雅之意，语出扬雄《法言•吾子》：“好说而不要诸仲尼，说铃也。”《说铃》版本主要有清康熙四十四年（1705）至康熙五十一年刊本，鲁迅所藏即为此本，另有清道光五年（1825）聚秀堂刊本。

《说铃》前集收（清）王崇简《冬夜笺记》、（清）王士禛《陇蜀余闻》、（清）李仙根《安南杂记》、（清）张鹏翮《奉使倭罗斯日记》、（清）宋荦《筠廊偶笔》、（清）高士奇《金鳌退食笔记》、（清）方象瑛《封长白山记》、（清）张学礼《使琉球记》等三十八种；后集收（清）黄鹏扬《读史吟评》、（清）陆次云《湖孀杂记》、（清）花村看行侍者《谈往》、（清）余怀《板桥杂记》、（清）陈尚古《簪云楼杂说》、（清）杨式傅《果报闻见录》等十七种。所收各书广涉典故异闻及殊乡风俗，辨证古今，洞彻幽明，多有裨益于世道，并非随意杂绘。

康熙年间的刘廷玑在其《在园杂志》卷二有云：“壬辰（康熙五十一年，1712年）冬，大雪，友人数辈围炉小酌，客有惠以《说铃》丛书者。予曰：此即古之所谓小说也。小说至今日滥觞极矣，几与六经史函相埒，但鄙秽不堪寓目者居多。……降而至于四大奇书，则专事稗官，取一人一事为主宰，旁及支引，累百卷或数十卷者。”

清代文学家钮琇有《觚剩》，共十二卷。分为正、续二编。孔子在《论语》中有这样一句话：“觚不觚，觚哉！觚哉！”暗指政事，故后人又称“觚”为史事，“觚剩”就是余史。因此，钮琇把这篇专门记录遗闻轶事并兼及其他的一部笔记小说称《觚剩》。但凡笔记小说，其内容往往上下古今，无所不包。一书之中，兼有小说、故事、历史、文学、杂记、琐闻。考据典故、品评诗文也夹杂其中，因而形成有闻则录、不拘一格、记言叙事、长短随宜的特点，颇能补正史和全集所疏漏之处。《觚剩》就是这些特点的典型代表作之一。

《觚剩》分为正、续二编，都是钮琇在广东任高明知县时作。清政府禁书时加给《觚剩》的罪名是“文多违悖”。为了逃避禁令，此书又曾化名为《说铃》刊刻发行，但只是部分内容。

吴震方，生卒年不祥，字青坛，浙江石门人。康熙十八年进士，官至监察御史。所著有《读书正音》、《晚树楼诗稿》、《岭南杂记》等。

北京翰海拍卖有限公司（以下简称北京翰海）2004年春拍《吴氏说铃揽胜》三十一卷八册，乾隆马氏大酉山房刊本，以4400元成交。

“此刻物稀为贵”：墨印不套朱本《六朝文絜》

（清）许梿评选《六朝文絜》四卷二册，道光五年（1825）墨印不套朱本。大题次行题“海昌许梿评选、朱钧参校”。9行18字，上下黑口，左右双边。前有扉叶，题“享金宝石斋藏版”。有朱文大方印“享金宝石斋校本”。扉叶后有牌记：“道光五年乙酉七月讫功。”

此书为六朝骈文选集，“文絜”取自刘勰“析词尚絜”之说。骈体文以句式严正，多用排比对偶，辞藻华丽著称。全书选入上起晋宋，下讫陈隋骈文72篇，合为赋、诏、敕、令、书等18类。作者35人，名为“六朝”，实则晋代仅选陆机一人一篇，其余都是南北朝作家。以全篇构思精练和修辞简洁为选文标准，所选文章多篇幅短小，文笔优美，写景抒情的骈文，此集基本上能体现各家特点和六朝骈文发展的面貌。许梿的评语颇能穷原竟委，抉发精华。骈体文选以（南朝梁）萧统的《文选》和（清）李兆洛的《骈体文钞》最著名，而《六朝文絜》则以短小精悍得行于世。

六朝在文人心目中是烟波浩渺而又华丽奢靡、余香缭绕的时代。“江山三秋后，风月六朝余”，风月的六朝一直生活在诗人的梦中。直至近代诗僧曼殊，仍在延续这样的梦：“谁知词客蓬山里，烟雨楼台梦六朝。”

实际上，六朝可谓“乱世”，朝荣夕败，命不在我，生亦何艰。正是在这样的环境下，使文人开始更加关注自己的内心，关注文字本身给自己带来的审美享受，文学开始走上自觉，出现了中国文学“缘情而绮靡”的代表——骈体文的高峰时期。“黯然销魂者”，不仅仅是离别，还有在《六朝文絜》中寻绎遥远的、活色生香的六朝。

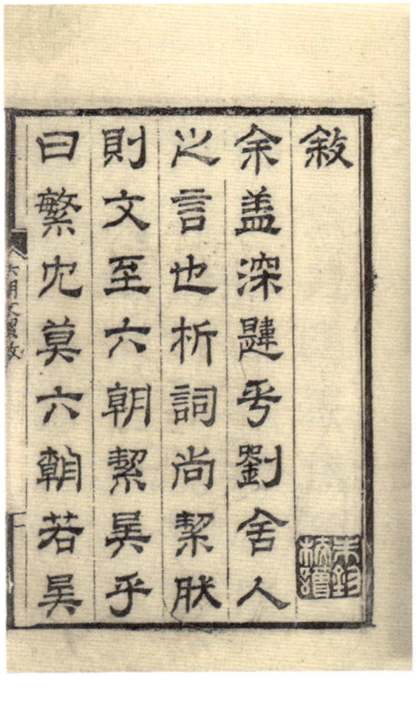

敘

余蓋深韙乎劉舍人

之言也析詞尚絜朕

則文至六朝絜矣乎

曰繁尤莫六朝若矣

道光五年

酉七月訖功

许梿（1787—1862）生活于清嘉庆、道光、咸丰年间，一生做过大大小小一些官，但主要精力都在研究金石学、文学和校书刻书上，为清代著名藏书家。许梿刻书多用欧体小楷精写上板，多为藏书家所重。著名的有《六朝文絜》、《笠泽丛书》等。在众多的私刻本中，许梿刻本编校仔细，印刷精美，装订用纸考究，有的书不用笺条，书名直接印在封面纸上，初印本序跋多钤自用名印，各不相同。许梿嗜好金石书法，刻了不少这类书，如用双钩法所刻《赵书天冠山诗帖》，细如毫发，工整绝伦。因此在当时的私刻本中，许刻属于收藏价值相对较高的一种艺术品。可惜他晚年所刻书多成于道咸之际，太平天国战争中书板毁佚于兵火，流传绝少，许多书已极难见到。

《六朝文絜》乃清代著名精写刻本，毛春翔亦将之列为“知名精写刻本”。叶德辉曾云：“海昌古韵阁许所校各书，书写刊印，用纸用墨，都非常瑰丽，至今为世人所称道。传本中《六朝文絜》……均为藏书家所重视。”

此书的朱墨套印本常见，但墨印本极罕见。黄裳在《清代版刻一隅》“清刻之美（代跋）”中提到：“我曾得到一部墨印未套朱本，非常少见。”在《来燕榭书札》一书中，更是写专文讲述《六朝文絜》墨印未套朱本：“六朝文絜，坊间所见多朱墨套印本，余辄弃去，不欲收也。……今夜饮于许家（姬传），得见许刻数种，皆精妙，而亦未有此不套朱本。闻尚有不套朱之蓝印本，亦无序文，盖当时初印样本，类如是也。”许姬传为许梿后人。

王国维也收藏有一套《六朝文絜》墨印不套朱本。秦曼卿为其作跋语写道，《六朝文絜》“书仿欧阳，方整坚卓，在有清一代刻本中，实不多觏。印以佳楮，朱墨烂然。故百余年来为藏家所贵，非偶然也。光绪中冯竹儒官上海道时，翻刻一本，亦甚可观。惟纸墨逊原本远甚。……最初印者，序作楷书，仅一叶。后乃易为隶书。楷书序大都钤以许氏印章，隶书者则其印或许或朱，稍后则无之矣。静安此本，竹纸而不套朱，为余生平所仅见。物希为贵，以视朱墨本弥觉可珍”。

傅增湘早于秦跋一年也曾为此不套朱本写下跋语：“此许氏刻成最初印本，行间尚未以朱色圈点加入，颇为难得。余前岁曾于文友书肆获一帙，私自珍异。今来申江，于静安案头，乃见此册，始知箧中之物，固不能独擅其奇矣。按文字标点，起于南宋坊估，于古法已相违戾。至明季闵凌二氏，乃创为新式，取圆围角点，以五彩套印，灿然行间。其意要为便坊塾诵读而作。近世士夫，转争相赏玩，高价购取，置诸精本之

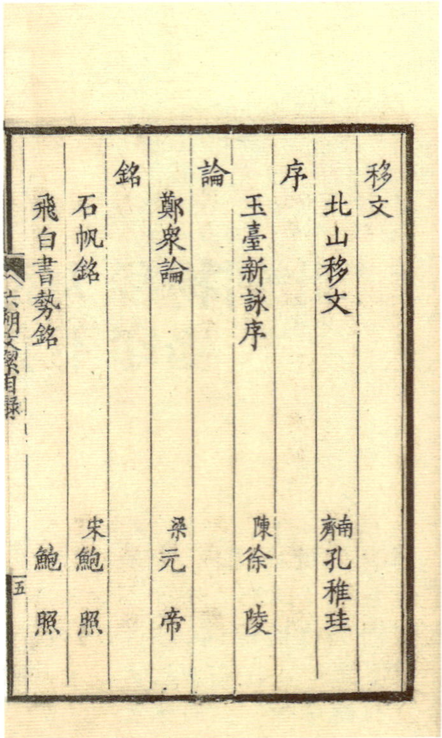
移文
北山移文　齊孔稚珪
序
玉臺新詠序　陳徐陵
論
鄭衆論　梁元帝
銘
石帆銘　宋鮑照
飛白書勢銘　鮑照
六朝文絜目錄　五

列，侈为美观。此其所见与儿童何异。如许氏此编，缮刻既精，楮墨尤雅。清斋展卷，焚香细读，自足怡目悦情。必欲效越人之文身，强西子以黔面，而用以为美，宁非无目者耶？余深慨晚近以来，风雅沦丧，俗论自喜，而真赏无人，聊假此一发狂言，静庵解人，或能共喻此旨也。”

黄裳可谓对此书厚爱有加，在其《书趣》一文中第三次提到此墨印本：“案头有一册小书，许梿刻的《六朝文絜》。这是道光中刻本，距今不过百来年，算不上什么古本。它又是流传极广的书，更说不上是稀见本。但别致的是，它不是套朱加圈点评注的本子，而是白文本，因此受到藏书者的珍视。”

秦跋讲清了《六朝文絜》初版翻刻的历史，又详记了初印本的种种不同。傅跋对雕版中采用圆围角点、五彩套印的方法大加讥评，理由只是违犯了古法。两则小跋文也显示了藏书家欣赏趣味的个个不同。

民国年间，《六朝文絜》卖价即高达三四十个大洋，有时甚至还要贵。此书多见于近年各大拍卖会，但此书墨印未套朱全本未曾见于拍卖，2006年南京盘龙拍卖股份有限公司春拍曾上过一零册墨印本，开拍前又撤拍。

《叠雅》附录之《双名录》

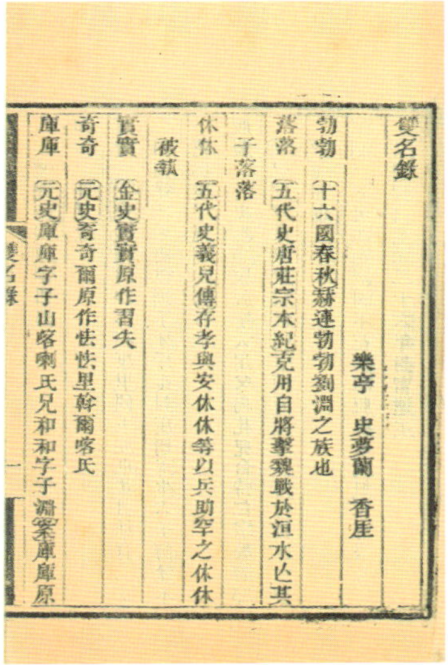
雙名錄
欒亭 史夢蘭 香崖
勃勃 十六國春秋赫連勃勃劉淵之族也
落落 五代史唐莊宗本紀克用自將擊魏戰於洹水亾其
子落落
休休 五代史義兒傳存孝與安休休等以兵助罕之休休
被執
寶寶 金史寶寶原作習失
奇奇 元史奇奇爾原作怯怯里斡爾喀氏
庫庫 元史庫庫字子山喀喇氏兄和和字子淵案庫庫原
雙名錄 一

（清）史梦兰撰《双名录》一册，清末刻本，《叠雅》之四。

史梦兰所作《叠雅》为训诂书，全书十三卷，序作于清同治三年（1864）。作者把古代经史子集和诸家注疏中所用的叠字汇集在一起，按照《尔雅·释训》的体例，类聚意义相同的为一条，并加训释。所收的叠字有不见于《尔雅》、《小尔雅》、《广雅》、《骈雅》、《埤雅》的。搜罗较富，而且每条之后都自为疏证，引书极广，包括经史子集、类书、字书、韵书、训诂书、石鼓文以及《一切经音义》、《太平广记》等书。所引都根据原书。经书、子书都注明出自哪一篇，史书注明出于哪一个人的传，诗文必注出题目和作者的时代，毫无含混之处，这是很可贵的。

《叠雅》书末所附即《双名录》一卷，辑录了古代以双字为名的人。因为也是叠字，所以附录于此书之后。

“独于幼科庸医而恨之”：《幼科铁镜》

（清）夏禹铸撰《幼科铁镜》六卷二册，“芗林草堂”刊于1695年。

夏禹铸（1635—1715）系清康熙年间世代中医儿科专家，《幼科铁镜》为其著名儿科著作。卷一主要论述小儿科医生应注意的事项和推拿疗法的具体应用，卷二论面部望诊及初生儿疾病，卷三为惊痫诸症，卷四麻疹、伤寒、疟、痢诸病，卷五为儿科其他杂症，卷六为儿科药性赋及主要药方。本书对儿科的推拿疗法颇为重视，并阐述了作者本人的经验与见解；对于指纹望诊和惊病的各种名目等也提出了不同的看法。现存多种清刻本和石印本，1949年后有排印本。

夏禹铸说：“余生平来，凡嫉我、欺

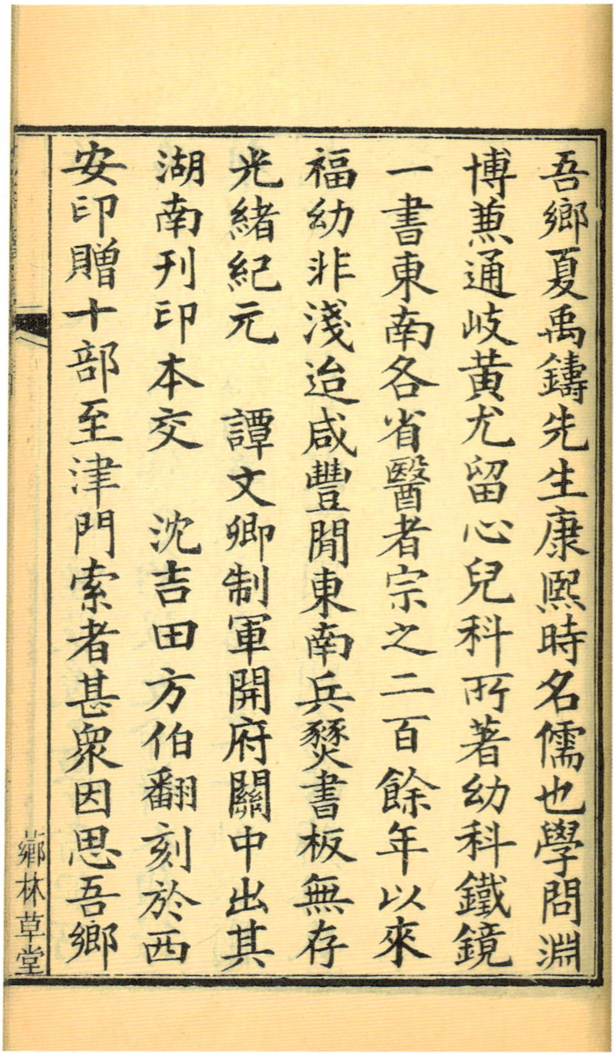
吾鄉夏禹鑄先生康熙時名儒也學問淵博兼通岐黄尤留心兒科所著幼科鐵鏡一書東南各省醫者宗之二百餘年以來福幼非淺迨咸豐間東南兵燹書板無存光緒紀元　譚文卿制軍開府關中出其湖南刊印本交　沈吉田方伯翻刻於西安印贈十部至津門索者甚衆因思吾鄉

鄉林草堂

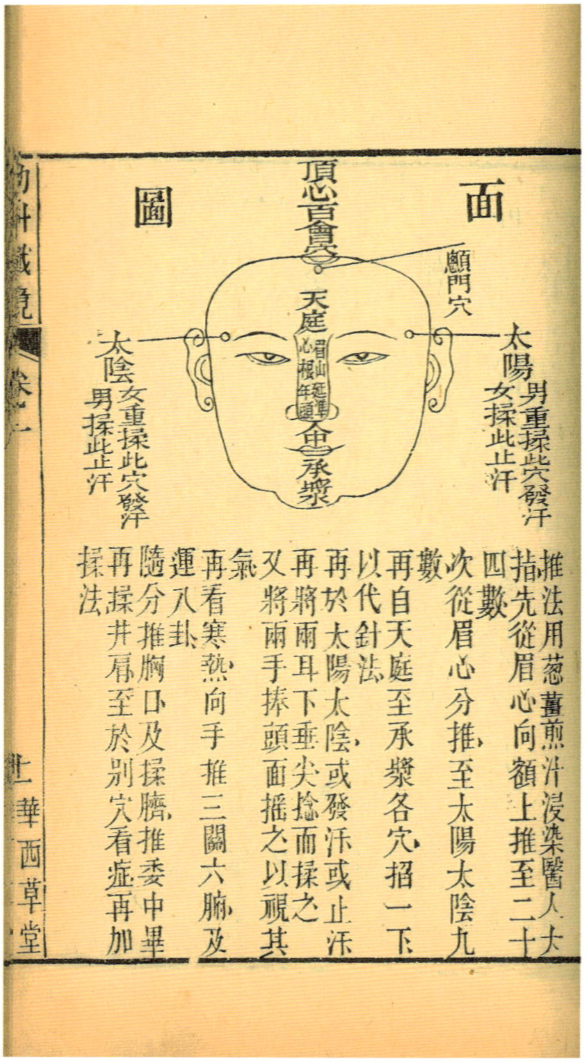
面圖

推法用葱薑煎汁浸染醫人大指先從眉心向額上推至二十四數

次從眉心分推至太陽太陰九數

再自天庭至承漿各穴掐一下以代針法

再於太陽太陰或發汗或止汗

再將兩耳下垂尖捻而揉之

又將兩手捧頭面搖之以覤其氣

再看寒熱向手推三關六腑及運八卦

隨分推胸口及揉臍推委中畢

再揉井肩至於別穴看症再加揉法

華西草堂

我、负我、饵我，以及无故加我者，辄过而忘，独于幼科庸医而恨之。且恨之有九，何也？常见艰于嗣息者，一旦举子，庆也如何，及病付医，轻者重之，生者死之，其饮恨也又何如。余抱公愤人也，遂引人恨为己恨。然恨之正所以觉之也，觉之则睡汉惊来转脚，便步百尺竿头，悟到医家三昧，方见卓溪叟以九恨作醒人擘头之一棒也。”

夏禹铸把“九恨”归纳为：一恨挑筋割肉；二恨病儿见面，寒热虚实，茫然不知；三恨见儿烧热，并不知烧从何感，热自何生，乱推乱拿；四恨不知症候，药与病反；五恨活症，屡药不效，名医一药成功，不曰自己不知，且曰他合时机；六恨以丸散为欺人之具，其实不值一文；七恨动用牛黄、竹沥、贝母，为除痰要药；八恨必用柴胡退烧；九恨用汤头有内减外加之说。

除此“九恨”之外，夏禹铸尚有“十三不可学”：残忍之人必不恻怛，不可学；驰骛之人必无静气，不可学；愚下之人必无慧思，不可学；鲁莽之人必不思索，不可学；犹豫之人必无定见，不可学；固执之人必不融通，不可学；轻浮之人必多忽略，不可学；急遽之人必期速效，不可学；怠缓之人必多逡巡，不可学；宿怨之人借此报复，不可学；自是之人必以非为是，不可学；悭吝之人必以此居奇，不可学；贪婪之人必以此网利，不可学。

这“九恨”分明说得是“医德”，“十三不可学”就明明白白讲的是做人的道理。

2007年1月，在中安太平国际拍卖有限公司（以下简称中安太平）2007年迎春艺术品拍卖会上，刘世珩刊《幼科铁镜》成交价为3300元。

“凡事若能如是，有何不可挽回者”：林则徐著作三种

清光绪二年（1876）福州三山林氏家刻本《畿辅水利议》二册，含“国史本传”，封面题签殷兆镛，扉页题“畿辅水利经杂稿”；《林文忠公外集》一册，“板藏宣南寓宅”，含有：光绪丁丑（1877）春刻《滇轺纪程》；光绪三年“刊于宣武城南”的《荷戈纪程》。《滇轺纪程》与《荷戈纪程》合为一册。

林则徐（1785—1850），字元抚，又字少穆，晚号竢村老人，谥文忠，福建侯官（今福州市）人。林则徐博学多才，办事干练有远见，1820年起历任浙江杭嘉湖道、江苏按察使、布政使、直至巡抚、总督，历官十四省。是中国近代进步思想家和爱国主义者。林则徐一生著作颇多，已出版的有《林文忠公政书》、《畿辅水利议》、《滇昭纪程》、《信及录》、《荷戈纪程》、《云左山房文钞》和《云左山房诗钞》等。清道光十五年（1835），林则徐在江苏巡抚任内，由其门生冯桂芬等人襄助，编成《北直水利书》，即《畿辅水利议》。

林则徐不论在何处为官，都十分重视水利。在他1837年就任湖广总督之前，湖北境内的长江、汉水，由于河身淤塞，连年泛滥成灾。两岸良田，常成泽国，沿岸居民破家荡产，历年都有。林乃于当年冬天，对两岸险工分出最险、次险，发动官绅出资，群众出力，加倍培修，“务令层土层硪，如式坚筑”，“尺寸俱属认真，硪工无不套打”。到了汛期又亲自上堤，督防大汛，终于在1838年水热盛涨之时，“江汉数千

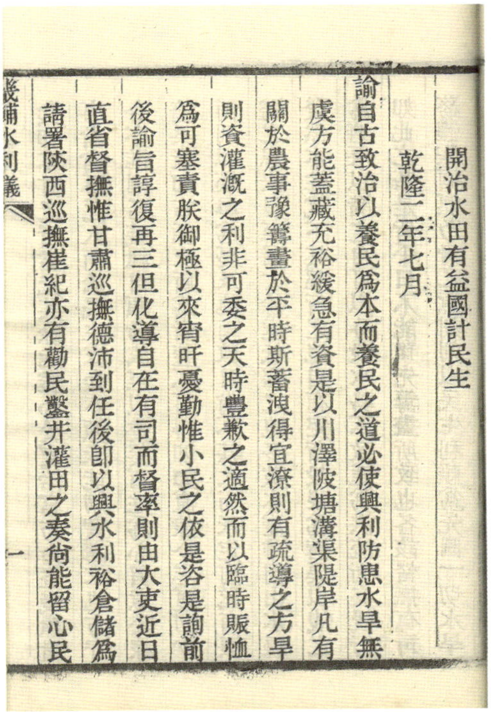
開治水田有益國計民生
乾隆二年七月
諭自古致治以養民爲本而養民之道必使興利防患水旱無
虞方能蓋藏充裕緩急有資是以川澤陂塘溝渠隄岸凡有
關於農事豫籌畫於平時斯蓄洩得宜潦則有疏導之方旱
則資灌溉之利非可委之天時豐歉之適然而以臨時賑恤
爲可塞責朕御極以來宵旰憂勤惟小民之依是咨是詢前
後諭旨諄復再三但化導自在有司而督率則由大吏近日
直省督撫惟甘肅巡撫德沛到任後即以興水利裕倉儲爲
請署陝西巡撫崔紀亦有勸民鑿井灌田之奏尚能留心民
畿輔水利議 一

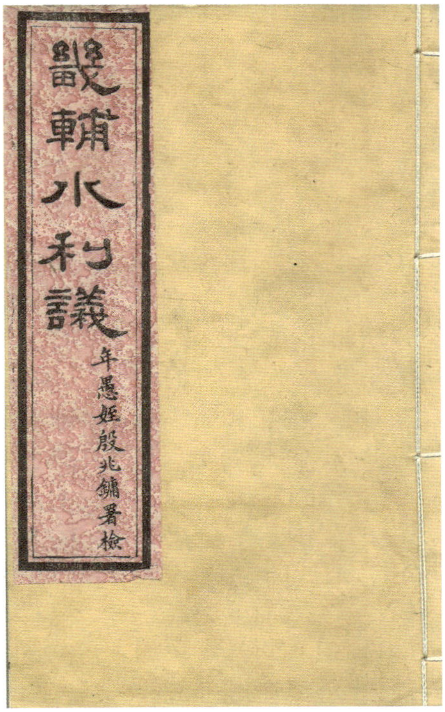

里长堤，安澜普庆，并支河里堤，亦无一处漫口，实为数十年来未有之幸”。道光帝览奏，高兴非常，当即朱批：“凡事若能如是，有何不可挽回者！朕意在言外，卿其善体朕心，决意勉为之。”

林则徐在大修水利的同时，对发展农业生产也很重视。最可贵的是，为了在江苏推广双季稻，他在苏州“官廨前后赁民田数亩，咸与老农谋所以试之”。为了发展北方生产，使直隶（今河北）改种水稻，从根本上解决南粮北运，他潜心研究北直水利数十年，写成了这部《畿辅水利议》，这也是林则徐唯一的一部农业水利专著。

《荷戈纪程》是林则徐流放赴戍新疆的真实记录。鸦片战争失败后，林则徐被革职，并于道光二十二年充军新疆伊犁。本书记叙了是年农历七月初六从西安出发，于十一月初到达伊犁的经过及崎岖险恶行程中的所见所闻。1845年十二月，林则徐在哈密奉旨释放。翌年一月，离疆进关，结束了三年的谪戍生活。1850年病故。1845年，新疆发生了反清起事，同治年间更是大乱，直到光绪初年平息，战乱竟长达30余年。

《滇轺纪程》记载的是奉旨充云南正考官的经过。清嘉庆二十四年（1819），林则徐奉旨充云南正考官，六月初从京城出发，八月初始到达昆明。本书以日计程，着重叙述了历经云贵两省的见闻。

《荷戈纪程》和《滇轺纪程》对于了解西部一些省区的历史沿革、山川地貌、风土人物、物产资源以及重大历史事件，大有裨益。正如林氏所言：“中国九州纪之典故者既确且详，而伊吾以西，不常见于简册。”特别是清乾隆初，新疆准噶尔部平定后，作者以“居其地最久，考究最详”，而使得此书具有较高的史料价值。

由于林则徐在鸦片战争中的重要地位，因而他的主张和活动在近代中国史上留下深刻的影响。他在禁烟运动和反鸦片战争中所建立的光辉业绩几乎尽人皆知，在抗英斗争中能不囿于成见，放眼于世界，也深得后人的钦赞。

“够惨的书”：《蜀龟鉴》

（清）刘景伯撰《蜀龟鉴》七卷、卷首一卷，共四册。咸丰八年（1858）刻本。《四库未收书辑刊》第三辑第十五册收录。

“湖广填四川”几乎是尽人皆知的话题。从清康熙朝开始，四川一些文人陆续撰写了一系列书籍，如《蜀碧》、《蜀警录》、《蜀龟鉴》、《蜀破镜》、《荒书》等，试图解释造成“湖广填四川”的起因。这些书大多认为是“张献忠剿四川”造成的。

鲁迅多次称赞《蜀碧》、《蜀龟鉴》、《安龙逸史》、《扬州十日记》和《嘉定屠城记》等野史，因为它们能正视血淋淋的社会现实，是“够惨的书”。鲁迅在谈到这些野史时说，“我们中国的作者里面，也曾经有过很有些骨气的人”（《且介亭杂文·病后杂谈之余》）。鲁迅还多次讲到野史中所记载的张献忠、黄巢的杀人，多次提及《蜀碧》、《蜀龟鉴》之类的野史，十分重视这些野史，认为“不但四川人，而是凡有中国人都该翻一下”（《且介亭杂文·病后杂谈》）。鲁迅重视的是这些野史较为真实的记载，但他也超越这些野史的观点，这些野史是把张献忠杀人说成是其野蛮本性，仿佛“杀人而杀人”似的。而鲁迅只采用野史的

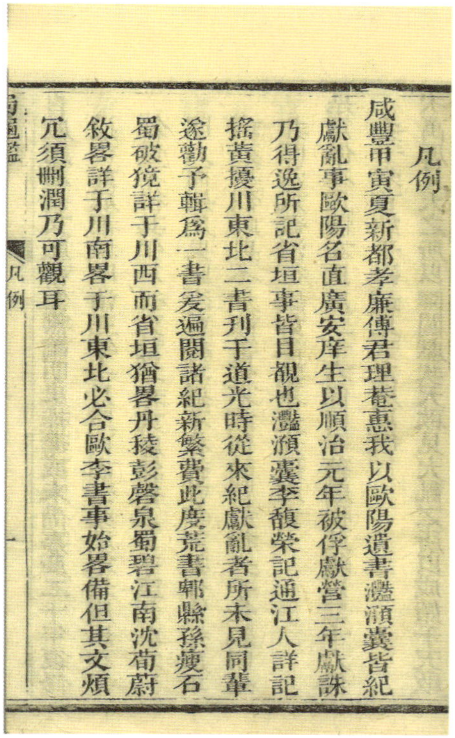
凡例

咸豐甲寅夏新都孝廉傅君理菴惠我以歐陽遺書灩澦囊皆紀獻亂事歐陽名直廣安庠生以順治元年被俘獻營三年獻誅乃得逸所記省垣事皆目覩也灩澦囊李馥榮記通江人詳記搖黃擾川東北二書刋于道光時從來紀獻亂者所未見同輩遂勸予輯爲一書爰遍閱諸紀新繁費此度荒書郫縣孫蘡石蜀破鏡詳于川西而省垣猶畧丹稜彭磬泉蜀碧江南沈荀蔚敘畧詳于川南畧于川東北必合歐李書事始畧備但其文煩冗須刪潤乃可觀耳

蜀龜鑑 凡例 一

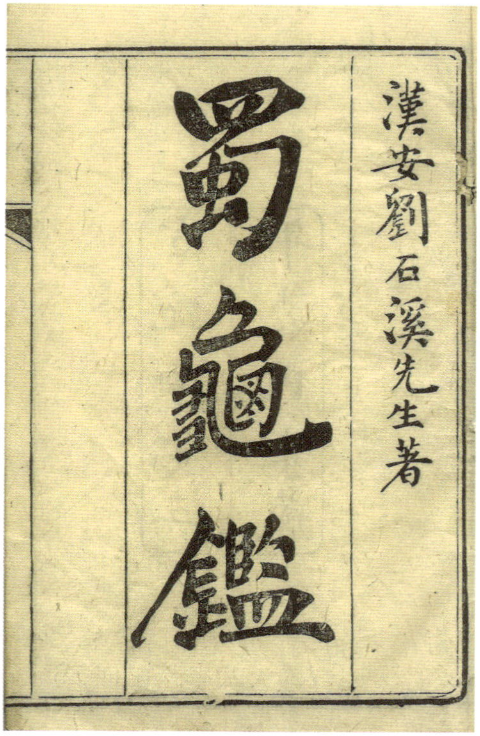

客观记载，并不采取其观点，他认为张献忠之所以杀人，是其“威福、子女、玉帛”的最高理想导致他如此。

《蜀龟鉴》记载了1634年二月，张献忠和他的军队第一次犯蜀：此次犯蜀，出入四川三月，围成都二十日不下。陷州县三十六所。所过之处，腥风血雨，伏尸千里，天地为昏。“有逼父淫女而杀者，有缚夫淫妻而杀者，有预少孕妇男女剖验以为戏者，有掷孺子于油锅观其跳跃啼号为乐者，有刳生人腹实以米豆牵群马而饲之者。获逃者必人人加刃而后磔之”。到1642年夏天，“达州城壕水尽变为血，城中井鸣；又剑州民家，有滴血污其门，城中数万户皆同”。

《蜀龟鉴》对于蜀乱做了个粗略的总结，谓：“痛乎，明季屠川之惨也。川南死于献者十三四，死于瘟、虎者十二三，而遗民百不存一矣。川北死于献者十三死，死于摇黄（十三家）者十四五，死于瘟、虎者十一二，而遗民千不存一矣。川东死于献者十二三，死于摇黄者十四五，死于瘟、虎十二三，而遗民数万不存一矣。川西死于献者十七八，死于瘟、虎者十一二，而遗民十万不存一矣。”由此可知，四川在明末清初遭受历史上罕见的兵乱以后，还出现了虎患，而且严重的程度令人咋舌。

《蜀龟鉴》关于虎患的记载说，当时四川地区的老虎很多，因为疯狂进食人肉，所以长得“形如魑魅”。这些可怕的庞然大物练就了一身特殊的本领，能够穿破屋顶，跳过城楼，攫人而食。川西北残存的居民为了防止虎患，数十家同聚高楼，而且楼的四周还搭建了坚固的木栅栏。老虎因为无法跃过栅栏，有一次竟然从楼顶上俯冲下来。

《蜀龟鉴》还记载了张献忠剥人皮惨绝人寰的画面：“从头至尻，一缕裂之，张于前，如鸟展翅，卒逾日始绝。”《蜀龟鉴》还记载，他常常把小孩子掷在空中，任凭落下触在枪尖上，看着那流着鲜血狂叫乱动的情况以为快乐。可见他把杀人真正是当作了游嬉。据说张献忠以杀人为戏的方法很多，有一回，他已积起了一大堆的妇女的小脚，带着他的爱妾去观赏。看了一阵，觉得那山一般的小脚堆上还缺少两只出色的小脚做顶尖，就把他爱妾的脚割下来放上去了。每到一处，他杀人以后，还要把头、手和脚分别堆积起来，点清数目以后，记一笔账，还要刻在碑上。

《蜀龟鉴》所记，的确是骇人听闻，真正算得上一部“够惨的书”。

“訾传诙谐之气”：《残唐五代史演义传》

（明）罗贯中撰、李贽评《残唐五代史演义传》十二卷六十回，四册，刻本，有图多幅。版心题“残唐五代传”，序题“点校残唐五代史传”。

据《通俗小说总目提要》记载，《残唐五代史演义传》明刊本为八卷六十回，题“贯中罗本编辑”、“李卓吾批点”。卷首有长洲（今江苏苏州）周之标君建序，有图，半页9行，行20字。藏日本天理图书馆。天津人民图书馆亦藏有“李卓吾批点残唐五代史演义传”，八卷六十回，题“明罗本编辑、李贽批评”，首亦有周之标序。北京师

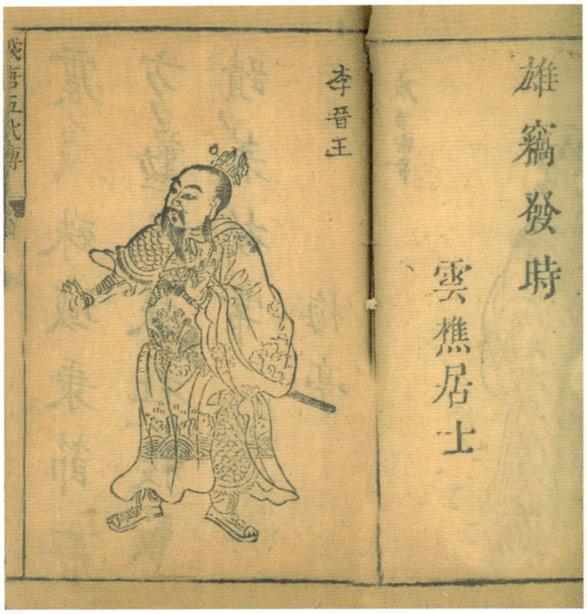

范大学图书馆藏《李卓吾批点残唐五代史演义传》，八卷六十回，题署及序作者与天津人民图书馆所藏的本子殆同。南开大学藏一本，馆签谓明刊，列入善本书中，亦八卷六十回，冠图60幅，亦题李贽评。上述四种本子，似同出一源。坊刊本，六卷六十回，题“玉茗堂批点”，每回附评，仍作卓吾云云，有图，正文半页11行，行25字（《中国通俗小说书目》）。与这种刊本相类的有三让堂刊本，二卷六十回，题“玉茗堂批点残唐五代史演义”，署“明罗本编，汤显祖评”。同治以后坊刻本甚多，简称为《五代残唐》。

上海古籍出版社1992年出版的《古本小说集成》收入《残唐五代史演义传》八卷六十回本，图12幅，据复旦大学图书馆所藏明末刊本影印。卷首有长洲周之标的序文。正文题“贯中罗本编辑，卓吾李贽批评”。书起隋公杨坚，至唐僖宗乾符五年（877）止。周之标，字君健，为明末热心于小说戏曲编辑刊刻的文人。上海古籍出版社在书中也引用丽泉静轩诗和宋甫评，提出：所谓“李贽批评”实系伪托，此书当成于李贽身后。此书虽署“贯中罗本编辑”，但显然已非罗氏原本，因书中模拟承袭《三国演义》和《水浒》之处颇多。

在台北天一出版社于1985年所出的《明清善本小说丛刊》中，收入的是《残唐五代史演义传》十二卷六十回本。卷首无序、无图。正文卷端题“镌玉茗批点残唐五代史演义传”，署“罗贯中本编辑，若士汤显祖批评”。版心题“残唐五代传”。美国国会图书馆影前北平图书馆善本缩微胶卷的《残唐五代史演义传》为八卷明刊本。李卓吾评点，卷前有长洲周之标君建甫题词。有总目，插图32幅。

综上所述，学术界有观点认为“《残唐

五代史演义传》非罗贯中所作的理由不能成立，应该尊重版本的题识，承认罗贯中的著作权”。并提出，孙甫（998—1059）是宋代著名史家，所著《唐史记》七十五卷，论议宏赡，此书称孙甫为“待诏”，开首即引其《史记》世系以演说之，则其时不应太晚。小说所叙李存孝打虎、李存孝之叛等，亦为成书较早的内证。《残唐五代史演义传》的创作起点与《三国演义》不同，走的是抛开较有史传意味的《五代史平话》，有意识强化“瞽传诙谐之气”的路子，从而创造了另一种历史演义的文体模式，其中包含着可贵的探索精神。

2008年3月，在中国嘉德四季拍卖中，《玉茗堂批点残唐五代史演义传》估价2000～3000元，成交价为4480元。

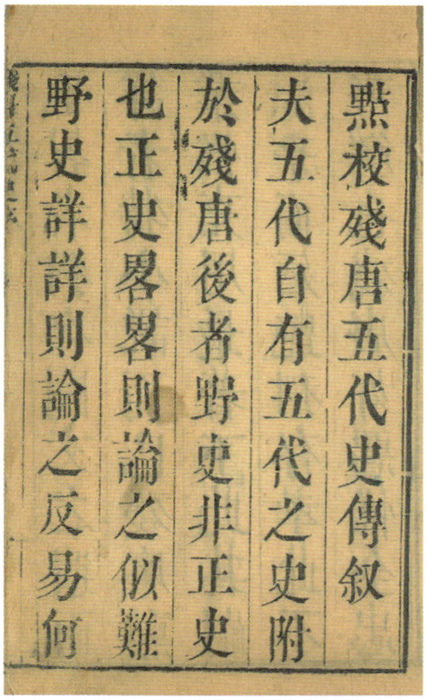
點校殘唐五代史傳叙
夫五代自有五代之史附
於殘唐後者野史非正史
也正史畧畧則論之似難
野史詳詳則論之反易何

“荟萃古人书，以己意名之”：《左氏百川学海》

翕居藏有一套1960年中华书局用民国16年江苏武进陶氏涉园影宋木刻版重刷的《左氏百川学海》，三十册。12行20字，小字双行同，黑口，左右双边，双鱼尾。牌记题“岁在丁卯武进陶氏涉园开版”。书名页题“影宋本百川学海”，书签题“左氏百川学海”。这套书刻印精良，书品上佳，仅刷印了60套。

2005年11月6日，在中国书店海王村秋季大拍中，一套民国16年武进陶氏据宋咸淳本左氏百川学海影刊初印、红印本，四函三十二册，估价范围为6万～7万元，落槌价是7.2万元。2003年8月31日，红印本百川学海甲集一函四册，拍出4000元。被评价为“民国时期精刊印本”。

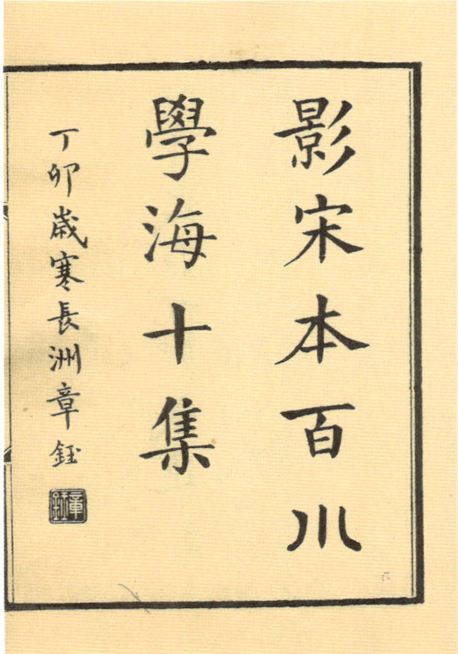
影宋本百川
學海十集
丁卯歲寒長洲章鈺

南宋末年编纂的《左氏百川学海》和另一部《儒学警悟》，是现今公认的丛书

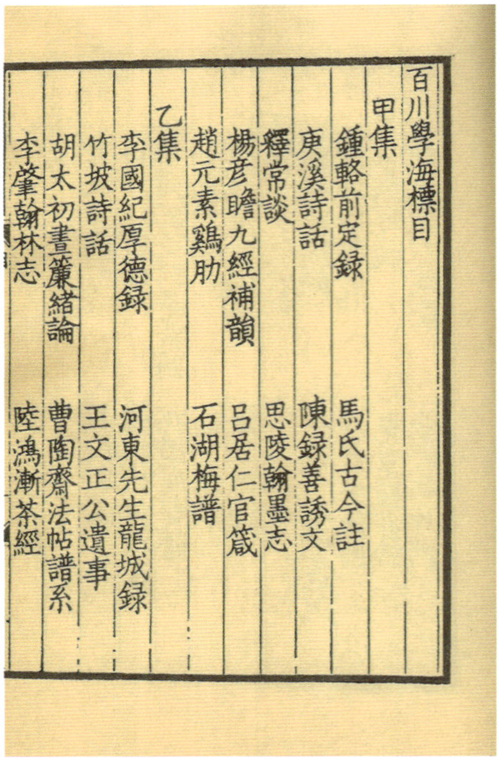
百川學海標目
甲集
鍾輅前定録　馬氏古今註
庚溪詩話　陳録善誘文
釋常談　思陵翰墨志
楊彦瞻九經補韻　吕居仁官箴
趙元素鷄肋　石湖梅譜
乙集
李國紀厚德録　河東先生龍城録
竹坡詩話　王文正公遺事
胡太初晝簾緒論　曹陶齋法帖譜系
李肇翰林志　陸鴻漸茶經

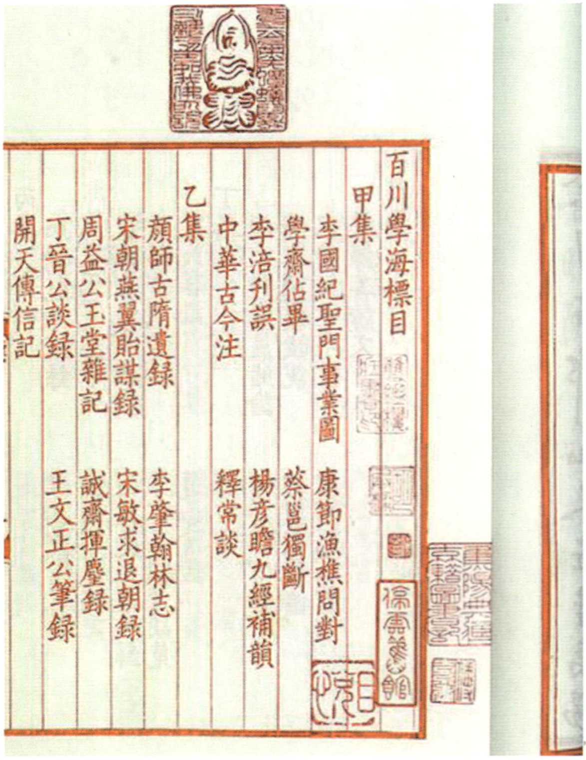
百川學海標目
甲集
李國紀聖門事業圖　康節漁樵問對
學齋佔畢　蔡邕獨斷
李涪刊誤　楊彦瞻九經補韻
中華古今注　釋常談
乙集
顔師古隋遺録　李肇翰林志
宋朝燕翼貽謀録　宋敏求退朝録
周益公玉堂雜記　誠齋揮麈録
丁晉公談録　王文正公筆録
開天傳信記

始祖。所谓“丛书”就是将原属单行流传的书籍，依照一定的原则、体例汇编为一部大书，再题以概括的总名，以便成套保存下来。此后，类编群籍，总括篇章，似乎已成为丛书编纂的基本体例。明人踵武前贤，丛书有很大的发展，出现了多种形态、不同内容的汇刻书籍。直至清代，我国丛书的编刊始迈入全盛的时期，由于文化事业受到普遍的重视，从朝廷官修巨帙的《四库全书》，到民间个人编撰的丛刊汇编，无论在质与量方面，都是超越以往的。

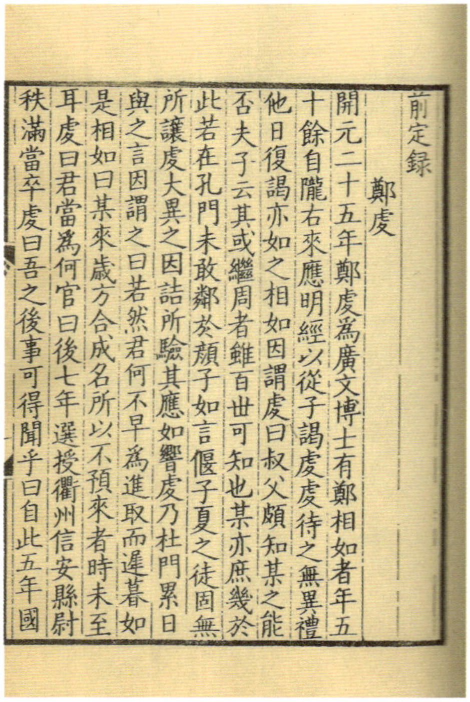
前定録
鄭虔
開元二十五年鄭虔為廣文博士有鄭相如者年五十餘自隴右來應明經以從子謁虔虔待之無異禮他日復謁亦如之相如因謂虔曰叔父頗知某之能否夫子云其或繼周者雖百世可知也某亦庶幾於此若在孔門未敢鄰於顔子如言偃子夏之徒固無所讓虔大異之因詰所驗其應如響虔乃杜門累日與之言因謂之曰若然君何不早為進取而遅暮如是相如曰某來歲方合成名所以不預來者時未至耳虔曰君當為何官曰後七年選授衢州信安縣尉秩滿當卒虔曰吾之後事可得聞乎曰自此五年國

《左氏百川学海》，又名《百川学海》，所收多唐、宋人野史杂说。流传较广，当时即经雕版，是中国最早刻印的一部丛书。书成于南宋咸淳九年（1273）。书名取自汉扬雄法言行篇“百川学海，而至于海”文句，意为由众说之学派，而溯学海之渊源。它是我国最早刻印的丛书，全书以天干编次，分甲至癸十集，宋刻本每集收书十种，明刻及其后的重辑本，每集则收书不等。所收多为唐宋人野史杂说，掌故琐记、朝廷故事、轶闻杂事、典章制度等，也有部分两晋南北朝著作，尤以宋人谱录、诗话和书法专著为多，可说是研究古代农学、园艺、诗歌、工艺、书法等重要参考书籍。钱大昕《潜研堂文集》卷三十《跋百川学海》说：“荟萃古人书，并为一部，而以己意名之，始于左禹锡《百川学海》。”《百川学海》有咸淳刻本、明刻本、民国16年陶湘影咸淳刻本。

1927年，陶湘据咸淳本影印时，所缺部分据明弘治无锡华氏刊仿宋本进行摹补。1930年，依照宋本目次编印，分为甲、乙、丙、丁、戊、己、庚、辛、壬、癸十集，每集十种，分装五函，共三十册。

陶湘（1871—1939），字兰泉，号涉园，江苏武进人，祖籍浙江慈溪。陶湘是银行家和实业家，但他却把藏书、刻书为己任，与缪荃孙、董康、张元济、傅增湘等人都是近现代著名文献家。1915年，在北京创立修绠堂书店，聘孙锡龄、孙诚俭先后任经理，经营古旧书业40余年。晚年迁居上海。陶湘30岁前后开始收书，着重搜集明本及清初刻本。凡毛氏汲古阁刊本，闵氏、凌氏套印，武英殿刊本及丛书部均在其列，共三十万卷。凡开花纸印本一概入藏，此类书多用纸洁如玉的“开花纸”，故陶湘一时有“陶开花”之称，共得明版1000余部，成为上海近代藏书家之一。他很讲究书籍装帧，遇残损者，加以装修，遇珍本则以红木匣收藏。自1922年起的10年间，刻有《儒学警语》、《百川学海》、《营造法式》等250余种，以精校精刻闻名，是民国年间的著名大刻书家。

“极学海之大观，为艺林之宝笈”：《全上古三代秦汉三国六朝文》

（清）严可均辑《全上古三代秦汉三国六朝文》七百四十六卷一百册，黄冈王毓藻光绪二十年（1894）广州广雅书局刻本。

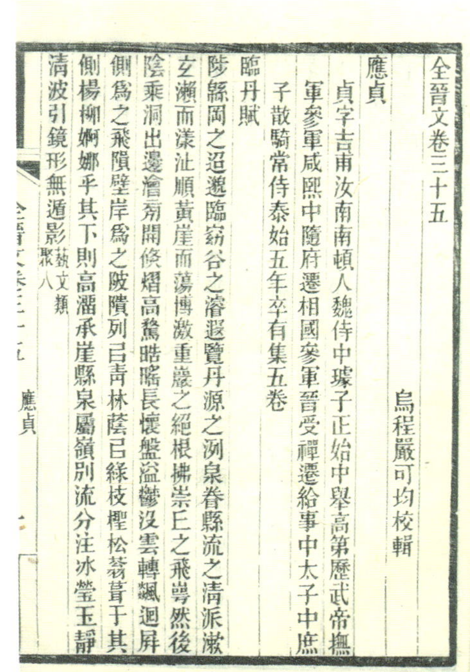
全晉文卷三十五　烏程嚴可均校輯
應貞
貞字吉甫汝南南頓人魏侍中璩子正始中舉高第歷武帝撫
軍參軍咸熙中隨府遷相國參軍晉受禪遷給事中太子中庶
子散騎常侍泰始五年卒有集五卷
臨丹賦
陟縣岡之迢遞臨窈谷之濬遐覽丹源之洌泉眷縣流之清派澂
玄瀨而漾沚順黃崖而蕩博激重巖之絕根拂崇巨之飛嵈然後
陰乘洞出邊澮旁開倏熠高鶩晧臨長懷盤谿鬱沒雲轉飆迴屏
側爲之飛隕壁岸爲之陂隤列已青林蔭已綠枝樫松蓊茸于其
側楊柳婀娜乎其下則高灘承崖縣泉屬嶺別流分注冰瑩玉靜
清波引鏡形無遁影藝文類聚八

此书是迄今为止收录唐代以前文章最全的一部总集，同时也是中国古代文献中涵盖时间最长的一部文学总集，对唐代以前历史、文学、宗教、语言等研究，具有极其重要的学术价值。收录上古至隋代作者3497人的文章，按时代先后为序，共分十五集，每集作者又分帝、后、宗室诸王、群雄、诸臣、宦官、列女、阙名、外国、释氏、仙道、鬼神等，绝大多数作者附有小传。

此书取材（明）梅鼎祚的《文纪》及（明）张溥的《汉魏六朝百三家集》，历时27年编成。原稿一百五十六册，计七百四十一卷，3497位作者中，三国、魏晋、南北朝时期占2417人，共五百六十五卷，较之《汉魏六朝百三家集》更为丰富完善。清代蒋壑编有本书篇名目录，并抄录每篇出处，还编有作者索引。

由于该书编者只求量大，所收有重复和遗漏之处。原编于清嘉庆、道光年间，当时未刻印。此书原稿本，现存上海图书馆，有许多校签，可见作者用力之深。可惜严氏生前未能刊行，直到他死后36年，才由他的同县蒋壑父子为其刻目录一百零三卷，又过了8年，王毓藻出资第二次刻印，集合28人，经过8年8次校雠，至光绪十八年全书告成，由王毓藻主持的广雅书局刻印。

王毓藻在序言中说，是书“极学海之大观，为艺林之宝笈”。其收录之丰富、考订之详密、体例之严谨，为世人所称道。不过因为此书卷帙过大，书中遗留的问题不少。书成不久，俞正燮的《癸巳存稿》卷十二《〈全上古至隋文〉目录不全本识语》就已增补严氏缺漏数事。后来平步青、杨守敬都曾著文为其拾遗正误。近人章炳麟、余嘉锡、陈垣、刘盼遂、钱锺书也曾为此书补遗订讹。

严可均（1762—1843），字景文，号铁桥，浙江乌程（今湖州）人。嘉庆五年（1800）举人，官严州建德县教谕。好藏书，精于考据。著有《说文校议》、《说文声类》、《铁桥漫稿》等书。

嘉庆年间开全唐文馆，当时有名的文人大多都被邀请参加。严氏因为自己没有被邀请，心有不甘，于是独自一人，花了27年的心力，“广搜三分书，与夫收藏家秘籍金石文字，远而九译，旁及释道鬼神。起上古迄隋，鸿裁巨制，片语单辞，罔弗综录，省并复叠，联类畸零”（《全上古三代秦汉三国六朝文·总叙》），编成此书，作为《全唐文》的前接部分。

1958年，中华书局据王毓藻刻本影印，当时没有进行校勘补遗，也未复核刻本和原稿本，只是在遇到明显的错字时，才于核对原引书后在书端注上简略的校记。1965年再版重印也只新编了目录和作者姓名索引，未作进一步的整理。

20世纪末，学界出版了三部全面整理该书的著作：一是由王利器任主编、海南国际新闻出版中心1996年出版的《传世藏书》本；二是由陈延嘉等校点主编、河北教育出版社1997年新版横排本；三是由许振生审订、商务印书馆1999年本。

此书近年未在各拍卖公司出现，2004年11月上海国拍有《全上古三代秦汉三国六朝文作者韵编》零本五卷，民国20年孙氏刻白纸本二册，以1100元成交。

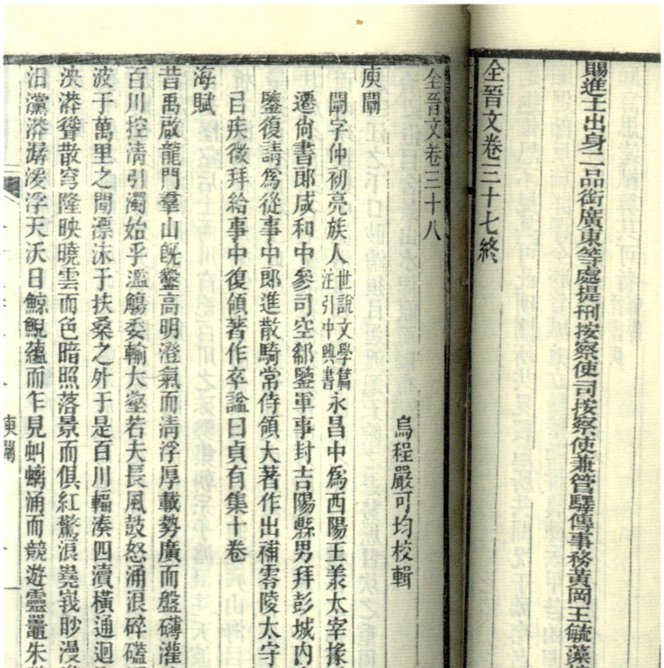
賜進士出身二品銜廣東等處提刑按察使司按察使兼管驛傳事務黃岡王毓藻校刊
全晉文卷三十七終

全晉文卷三十八
烏程嚴可均校輯
庾闡
闡字仲初亮族人世說文學篇注引中興書永昌中爲西陽王羕太宰掾累遷尚書郎咸和中參司空郗鑒軍事封吉陽縣男拜彭城內史後鑒復請爲從事中郎進散騎常侍領大著作出補零陵太守後以疾徵拜給事中復領著作卒謚曰貞有集十卷
海賦
昔禹啟龍門鑿山既鑿高明澄氣而清浮厚載勢廣而盤礴灌注百川控清引濁始乎濫觴委輸大壑若夫長風鼓怒涌浪碎磕飈波于萬里之間漂沫于扶桑之外于是百川輻湊四瀆橫通迴飈泱漭聳散穹隆映曉雲而色晤照落景而俱紅驚浪奰寢盼漫瀰沺瀇漭濊淺浮天沃日鯨鯢蘊而乍見蚪螭涌而競遊靈鼉朱鼈

“集同学诸公，举《灵枢》诠释之”：《灵枢经》

张志聪集注，余国锡、任允谦合纂，王弘义校正《灵枢经》，版本和刊刻年代不详。似为清康熙初年所刻。

《灵枢经》是中医学的奠基著作之一，其早期流传经历了战国至秦汉一个很长的时期，隋唐以前主要是以师徒相授、传抄等形式流传，大概在宋代始有版刻行世，金元以后刊刻渐多。今存《灵枢经》版本数十种，其中明嘉靖年间赵康王朱厚煜居敬堂刻本（简称赵府居敬堂本）较为著名，其刊刻精良，保存完整。清代藏书家王韬得此刻本，于卷八末空白处有墨笔题记云：“此书得于日本友人寺田弧处，谓为宋本，每半页八行，每行十七字，字结体颇大，而点书严密，宋本无疑，是可宝也。”此虽为王韬的一种误认，但明刻居敬堂刻本的刊刻精良从中可见一斑。此本与元胡氏古林堂刻本，明熊宗立种德堂本相校，均有独到之处。

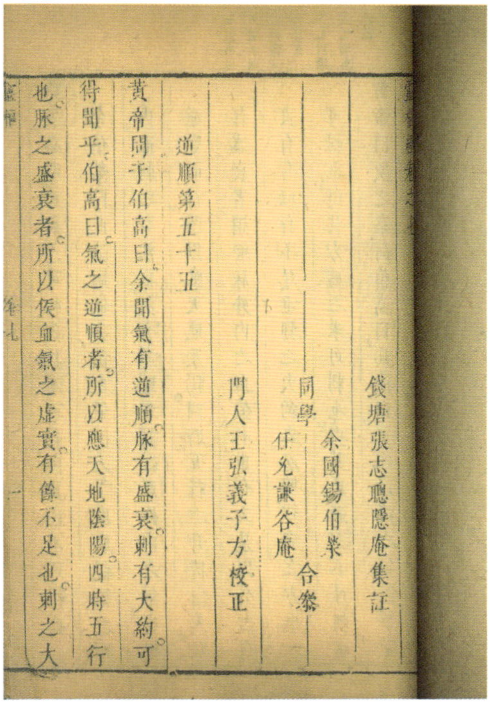
钱塘張志聰隱庵集註
同學 余國錫伯榮 任允謙谷庵 合參
門人王弘義子方校正
逆順第五十五
黃帝問于伯高曰余聞氣有逆順脈有盛衰刺有大約可得聞乎伯高曰氣之逆順者所以應天地陰陽四時五行也脈之盛衰者所以候血氣之虛實有餘不足也刺之大

《灵枢》与《素问》二者共成一部《黄帝内经》。《灵枢》最早的注本，宋元之前不可考，直到明朝末年，才出现了真正意义上的第一个注本，即马莳的《黄帝内经灵枢注证发微》，从而开《灵枢》注本之先河。《黄帝内经灵枢集注》是继马莳后又一个注本，此本在吸收马注的基础上，“集同学诸公，举《灵枢》诠释之”，是集体智慧的结晶，此本为康熙初年钱塘张志聪等集体创作，故谓之“集注”。

张志聪（约1630—1674），字隐庵，浙江钱塘（今杭州）人，清代著名医学家。少年丧父，遂弃儒习医，师事名医张卿子，穷研医理，于《内经》、《伤寒论》颇有心得。构侣山堂于杭州香山，招同道、弟子数十人，讲论医学，为中医医学教育民间授徒形式之一大发展。著《素问集注》、《灵枢集注》、《伤寒论宗印》、《金匮要略注》、《侣山堂类辨》、《本草崇原》等行于世，《针灸秘传》今佚。晚年又著《伤寒论纲目》九卷（1673）、复集《伤寒论》各家注而为《伤寒论集注》，书未成而卒，由门人续纂为六卷。

《灵枢经》为我国现存最早的医学典籍，共十二卷，八十一篇，大约成书于战国至西汉时期，它集中反映了我国古代的医学成就，创立了医学的理论体系，奠定了中医学发展的基础，始终指导着中医学的发展，所论内容十分丰富，直到今天仍具有重要的研究价值。该书以整体观念为指导，以阴阳五行学说为依据，较为详尽地论述了人体生理、病理、诊断、治疗和养生的有关问题，全面阐述了五脏六腑、精神气血津液、人体气质类型等内容，成为中医基本理论的渊薮。特别是对经络腧穴理论和针刺方法的记载更为翔实，例如对针法的论述，不仅强调了守神、候气的重要性，而且提出了数十种针刺方法，还详细介绍了针具使用、针刺部位、针刺深浅、针刺禁忌、针刺与四时的关系等内容，为后世针灸学的发展奠定了坚实基础。

“既博且精”：《十种古逸书》

（清）茆泮林辑《十种古逸书》十种六册，高邮茆氏梅瑞轩道光二十二年（1842）精刻白纸本。共收录《世本》、《楚汉春秋》、《古孝子经》、《伏侯古今注》、《淮南万毕术》、《计然万物录》、《赵岐三辅决录》、《司马彪庄子注》、《晋元中记》、《唐月令注》等十种古逸书。

这十种古逸书，多为汉唐人著述而久佚不存者。之前仅散见于群书之中，并没有专册。茆泮林积数十年之力，使古本面目得以重现，并成为清代辑佚类丛书中的代表作，深得学者好评。阮元为此书作序，称茆氏“博览万卷，手写千篇，裒集之中，加以审择，编次之时，随以考据，可谓既博且精，得未曾有，即如《楚汉春秋》内证《史通》之言，《世本》内齐陈氏兄弟七人，杜元凯取昭子庄充八人之数，《索隐》驳元凯强相证会，与元齐侯罍跋庄非八子，元凯因左传内兄弟四乘如公强证为八，真杜撰也”。阮元对此书的推崇，可谓备至。

鲁迅在《朝花夕拾》之《二十四孝图》曾经提到：“何况现在早长大了，看过几部古书，买过几本新书，什么《太平御览》咧，《古孝子传》咧，《人口问题》咧，《节制生育》咧，《二十世纪是儿童的世界》咧。”鲁迅提到的《古孝子传》，乃清代茆泮林从“类书”中辑录刘向、萧广济、王歆、王韶之、周景式、师觉授、宋躬、虞

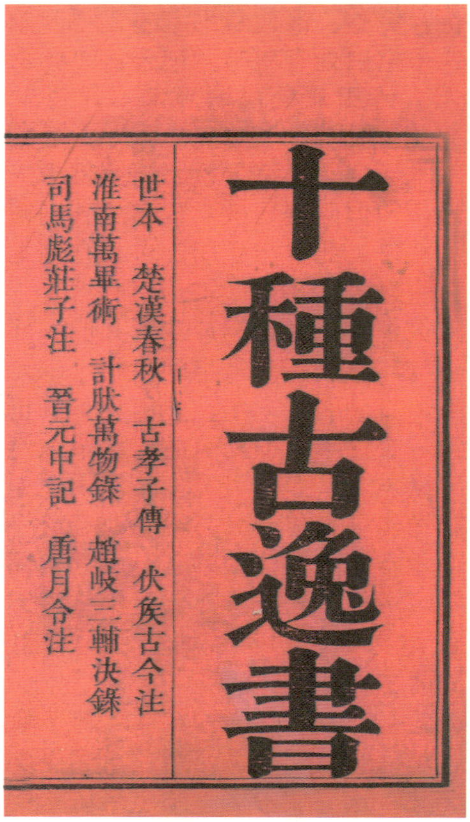

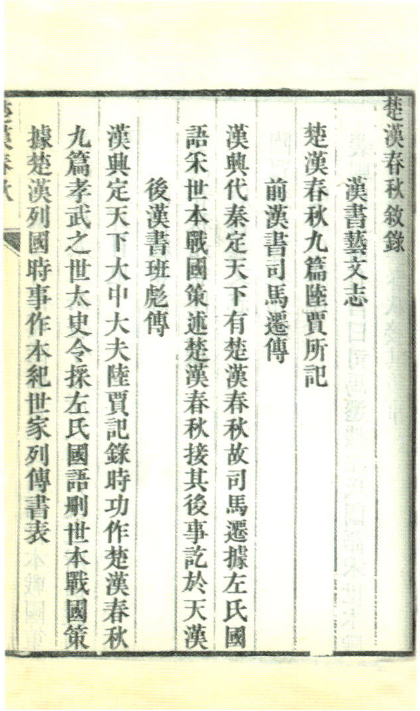
楚漢春秋敘錄
漢書藝文志
楚漢春秋九篇陸賈所記
前漢書司馬遷傳
漢興代秦定天下有楚漢春秋故司馬遷據左氏國
語采世本戰國策述楚漢春秋接其後事訖於天漢
後漢書班彪傳
漢興定天下大中大夫陸賈記錄時功作楚漢春秋
九篇孝武之世太史令採左氏國語刪世本戰國策
據楚漢列國時事作本紀世家列傳書表

盘佑、郑缉等已散佚的《孝子传》成书，收入《梅瑞轩十种古逸书》中。

茆泮林（？—1845），字雩水，道光诸生，江苏高邮人。好藏书，室名梅瑞轩。著有《毛诗注疏校勘记校字补》、《周礼注疏校勘记校字补》、《老子河上公注》、《唐月令注续补遗》、《宋孙莘老年谱》，辑有《楚汉春秋》、《司马彪庄子注》、《淮南万毕术》、《计然万物录》、《伏侯古今注》等，尚有《梅瑞轩求是偶钞·蠡说漫录》稿本。

2005年12月上海嘉泰拍卖有限公司（以下简称上海嘉泰）秋季艺术品拍卖会古籍善本专场，茆泮林辑录《十种古逸书》估价4500～5500元，未成交。同月上海敬华艺术品拍卖有限公司（以下简称上海敬华）所拍估价4000～6000元，成交价为5500元。这两次拍卖同为道光十四年茆氏梅瑞轩刻本。

"京东第一人"史梦兰的《全史宫辞》

（清）史梦兰撰《全史宫辞》二十卷八册，直隶（今河北）乐亭史氏咸丰六年（1856）刻本。序言写于咸丰乙卯年（1855）。

《全史宫辞》以宫词的形式再现了上至三皇五帝，下至明末的多彩历史。涉及诗、史，典故很多，作者在征引史料时往往任意删节，有些人名、书名、篇名也有错误。

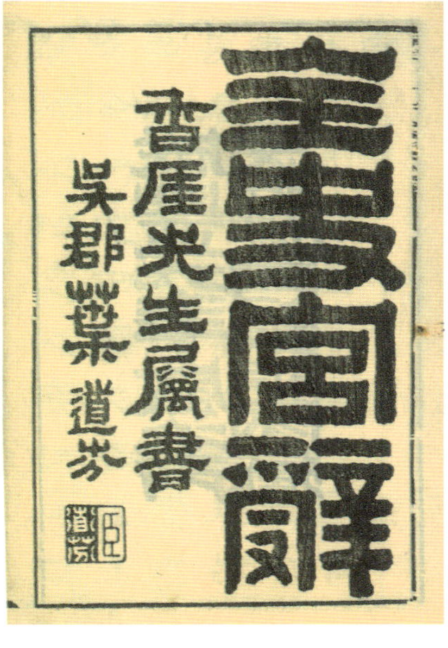
全史宮辭
香崖先生屬書
吳郡葉道芬

该书作者史梦兰（1813—1898），字香崖。祖籍江苏江阴，明万历年间迁于乐亭西南乡大港，为名门望族。史梦兰半岁时丧父，在母亲教养下成长，性情孝顺，自幼好学，无书不通。清道光二十年（1840）中举人，派任山东朝城县令，以母亲年迈为由，没去赴任。清咸丰十年，英法联军进犯大沽口、通州，直逼北京，咸丰皇帝出逃承德。京畿危急，史梦兰招募乡勇团练，保卫家乡。事平之后，朝廷奖五品衔。清同治八年（1869），直隶总督曾国藩开礼贤馆，礼聘史梦兰创修《畿辅通志》、校刊《畿辅丛书》，均以母亲年迈力辞不就。史梦兰于碣石山修建别墅一座，取名“止园”，奉母教子，以著述自娱。史梦兰的学识与为人受海内知名人士推崇，很多名人与其交往，如桐城吴汝纶和方宗诚、新化游智开、贵筑黄子寿、天津梅小村等。曾与定州王灏参纂《畿辅艺文考》。一生著作甚多，除为光绪《乐亭县志》、《永平府志》总纂编外，其著作还有《全史宫辞》、《永平诗存》、《止园诗话》、《叠雅》、《异号类编》、《图书便览》、《舆地韵编》（二百卷）、《史肪》、《氏族考异》、《古今风谣拾遗》等十六种三百四十余卷，广泛流传于世。

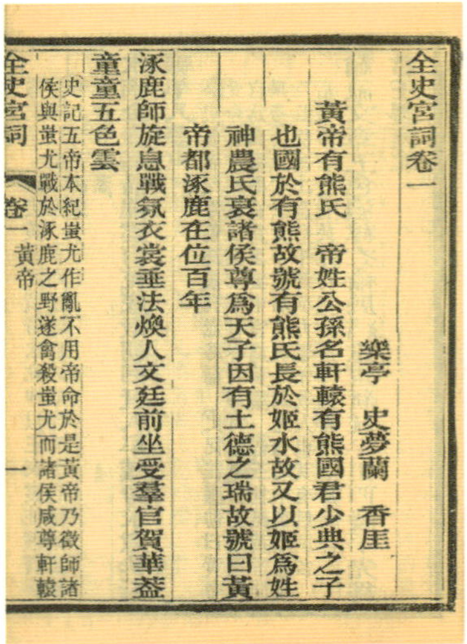
全史宮詞卷一
欒亭　史夢蘭　香厓
黃帝有熊氏　帝姓公孫名軒轅有熊國君少典之子也國於有熊故號有熊氏長於姬水故又以姬爲姓神農氏衰諸侯尊爲天子因有土德之瑞故號曰黃帝都涿鹿在位百年
涿鹿師旋息戰氛衣裳垂法煥人文廷前坐受羣官賀華蓋童童五色雲
史記五帝本紀蚩尤作亂不用帝命於是黃帝乃徵師諸侯與蚩尤戰於涿鹿之野遂禽殺蚩尤而諸侯咸尊軒轅
全史宮詞　卷一　黃帝　一

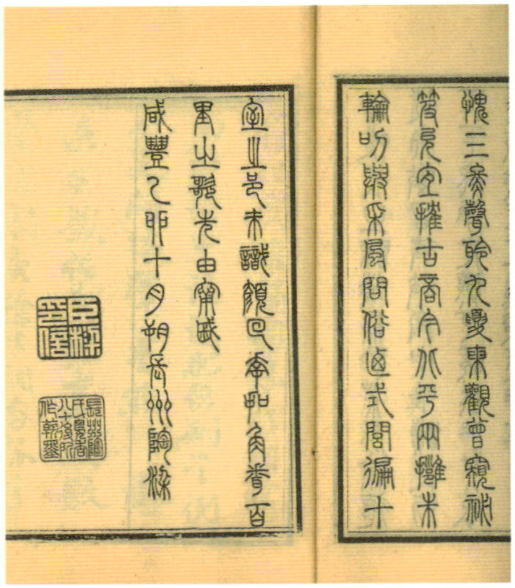

史梦兰的著作寓意均关世道人心，功于实用，深受世人推崇，慈禧太后称他为“京东第一人”。

1995年暨南大学出版社出版了长沙水利师范学院教授丘良任所著《历代宫词纪事》，该书即以史梦兰的《全史宫辞》为纲，按朝代顺序选录各家宫词，保留原有的小注，再施以注释和解题。解题广引有关史籍，与诗的内容相参证，收以诗证史，以史证诗之效。而前言乃是一篇宫词通论，将宫词分为帝后之词、诗人之词、史家之词三类，各举若干种加以叙论，对宫词作者的身份、宫词的内容、体制及各家宫词的特点一一作了评述，这也许是目前仅有的对宫词的总体观照。

2006年7月，孔夫子旧书网（以下简称孔网）在线拍卖咸丰六年二十卷四册本《全史宫辞》，成交价为1200元。

“海峤蟠郁，代生伟人”：《二思堂丛书》

（清）梁章钜撰《二思堂丛书》，福州梁氏藏版，光绪元年（1875）校刊，六种五十一卷，共十六册。包括《退庵自订年谱》一卷、《退庵随笔》二十二卷、《南省公余录》八卷、《古格言》十二卷、《闽川闺秀诗话》四卷和《农候杂占（月令附）》四卷。牌记题“校对无讹，勿许翻刻，精刊于浙江书局”。

梁章钜（1775—1849），字闳中、茞林、退庵，福建福州人。清嘉庆七年（1802）进士，诰授资政大夫兵部侍郎，兼都察院右副都御史，历任江苏、山东、甘肃、直隶（今河北）按察使、布政使，道光后期任广西巡抚，后署两广总督，五任江苏巡抚。在广西任时，整饬吏治、乡试、币制，禁止鸦片，提倡风雅。工诗文，精经术。辑广西历代各家诗为《三管英灵集》传于世。著有《二思堂丛书》、《三管诗话》等著作。

《退庵随笔》所记内容或为仕途阅历所经，或为读书所得，时有揭示时弊，抒发见解，征文考献之说。如卷七《政事》二引陈鳣之论嘉道时社会崇洋风尚称：“房宇舟兴，无不用玻璃；衣服帷幕，无不用呢羽；甚至食物器具，曰洋铜、曰洋瓷、曰洋漆、曰洋锦、曰洋布、曰洋青、曰洋红、曰洋貂、曰洋獭、曰洋纸、曰洋画、曰洋扇，遽数之不能终其物……其始达官贵人尚之，浸假而至于仆隶兴儓，浸假而至于倡优婢嫔。”此类资料，随笔中多处可见。此书同治本有其子梁恭辰补刻跋云：“先大夫著述最多，其已刻行世者已逾五十种，其待刻者尚有二十余种，以叠经兵焚，家业凋零，一官甫复需次之余，无力及之耳。即如已刻而毁失者，有《退庵随笔》一种，则世所共称而欲家置一册者也，凡二十二卷……书初刻于陕西，再刻于粤西，自更寇乱，两板均散失。今将现存板片补其残缺，合而为一，以复旧观。”

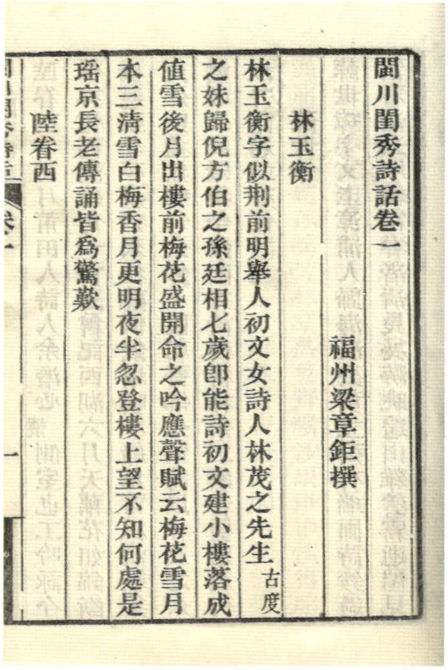
閩川閨秀詩話卷一
福州梁章鉅撰
林玉衡
林玉衡字似荆前明舉人初文女詩人林茂之先生古度之妹歸倪方伯之孫廷相七歲即能詩初文建小樓落成值雪後月出樓前梅花盛開命之吟應聲賦云梅花雪月本三清雪白梅香月更明夜半忽登樓上望不知何處是瑶京長老傳誦皆爲驚歎
陸眷西

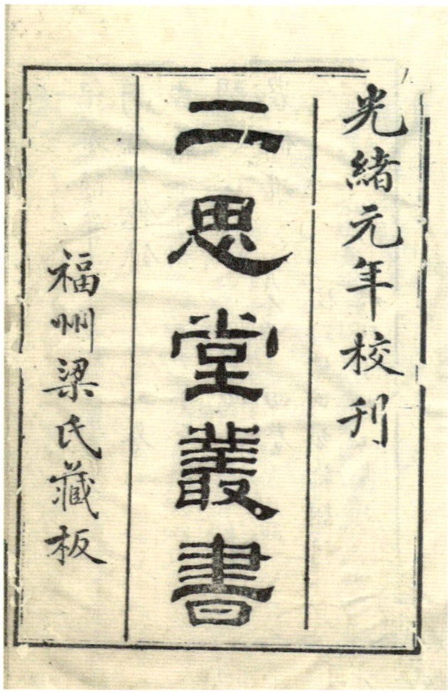
光緒元年校刊
二思堂叢書
福州梁氏藏板

《南省公余录》为梁章钜于嘉庆十年任礼部仪制司主事时所辑，初为四卷，嗣复拓为八卷付梓。《自订年谱》载有其事。所记多为有关礼部职掌、典制及轶闻等，内容丰富，可资研讨礼部官制之用。

在《闽川闺秀诗话》里，可以发现梁章钜有系统地借着书写《闽川闺秀诗话》来形成福建地区的女性诗学史与家族文学史。梁氏亦以自己的价值观来选录福建女性诗作，让《闽川闺秀诗话》成为男性价值观下的女性诗话。

《农候杂占》则是根据南方农事活动情况，自正月至十二月，从天文、地理、人事、时令乃至草、木、虫、鱼等，凡涉及预测天气，解释天气现象或反映气候变化者，均旁证引述，分部备列。

陈继昌在《楹联丛话》序中讲到：“茝邻先生，八闽硕儒，吐纳经范，无书不读，有美必彰。曩者提刑山左，手辑唐五代以前名论，先之以圣贤遗训之在诸经外者，为《古格言》十二卷。”

“二思堂”为梁章钜的藏书楼。在梁章钜七十寿辰时，挚友王叔兰寄赠楹联祝贺。上联是“二十举乡，三十登第，四十还朝，五十出守，六十开府，七十归田，须知此后逍遥，一代福人多暇日”；下联为“简如‘格言’，详如‘随笔’，博如‘旁证’，精如‘选’学，巧如‘联话’，富如‘诗集’，略数平生著述，千秋大业擅名山”。这算是对梁章钜一生经历和著述比较中肯的概括。梁章钜收到后欣喜地把此联录入《归田琐记·楹联剩话》中，并将上联的前24字刻成一枚藏书章珍藏着。

林则徐对梁章钜精彩的一生评价很高，他在《制义丛话后序》等文中称赞梁为“卓然当代伟人”、“海峤蟠郁，代生伟人”。

《二思堂丛书》全本近年未在拍场发现。2006年6月，上海敬华曾上拍道光版《退庵随笔》和《南省公余录》两种，前者成交价为3520元，后者估价1200～2000元，未成交。在中国书店2008年春拍中，一部钤“温陵陈伯达印”的道光版《闽川闺秀诗话》四卷二册，估价4000～6000元，成交价为1.1万元。

"居敬穷理"：《三鱼堂文集》

（清）陆陇其撰《三鱼堂文集》十二卷、外集六卷，共七册。泾阳柏经正堂光绪间刻本，书名页题《陆清献公三鱼堂文集》，附"陆清献公年谱"。有康熙辛巳年（1701）原刻牌记，题"琴川书屋藏版。"

关于"三鱼堂"，有这样一个传说：陆陇其的曾祖父陆溥公为江西丰城县丞时，经常督船运，夜过太湖采石矶。一次忽然船漏，整船钱粮连同运工面临沉没。溥公跪下说："舟中一钱非法，愿葬鱼腹。"船忽然不漏了，天亮时发现，原来有三条鱼裹着水草堵住了漏洞，人们都称这是盛德之佑。于是溥公的儿子东迁到"泖"（今上海泖湖一带）后，筑堂名为"三鱼堂"，陆陇其的文集也称为《三鱼堂文集》。

《清史稿》、《清野史大观》上还有这样一则"陆清献殁后放江南学"的故事：康熙三十三年（1694），推选直隶（今河北）和江南的学政，当时廷臣都商量拟由翰林院和詹事府的大臣担任，康熙皆不允，特旨直隶由李光地任，江南由陆陇其任。大学士王熙奏称陆陇其已在康熙三十一年身故。康熙问为何不启奏。王熙答曰："七品官在籍身故无启奏例。"康熙嗟叹曰："本朝如这样人不可多得了。"陆陇其贞廉忠鲠，死后还一直受着康熙的惦记，这也实在是"不可多得"的。

陆陇其，字稼书，浙江平湖人。清朝学者，教育家。康熙进士。历任灵寿、嘉定知县，御史。崇实政，颇有政绩和教绩。在灵寿，定讲学条例，编有《松阳讲义》。主张尊崇理学，认为做学问只有一条路，就是追随朱子，说"宗朱子为正学，不宗朱子即非正学"（《国朝学案小识》卷一），不尊朱子，即不许仕进。力斥王阳明心学，说它实际是禅学，托身儒学，为害甚大。学术上致力于"居敬穷理"，认为穷理而不居敬，会玩物丧志；居敬而不穷理，则会堕入佛老或心学。重视少年儿童行为规矩之训练。论及教育之宽严，则主张须因人之才质而异，因时而宜。认为读书以精熟为贵，当循序渐进，身体力行。

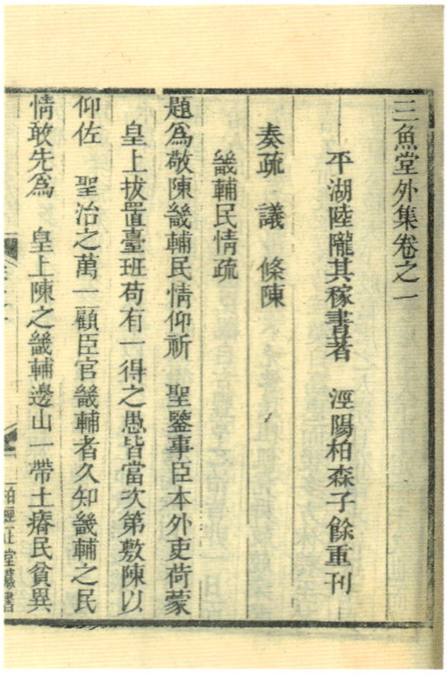
三魚堂外集卷之一
平湖陸隴其稼書著　涇陽柏森子餘重刊
奏疏　議　條陳
畿輔民情疏
題爲敬陳畿輔民情仰祈　聖鑒事臣本外吏荷蒙
皇上拔置臺班苟有一得之愚皆當次第敷陳以
仰佐　聖治之萬一顧臣官畿輔者久知畿輔之民
情敢先爲　皇上陳之畿輔邊山一帶土瘠民貧異

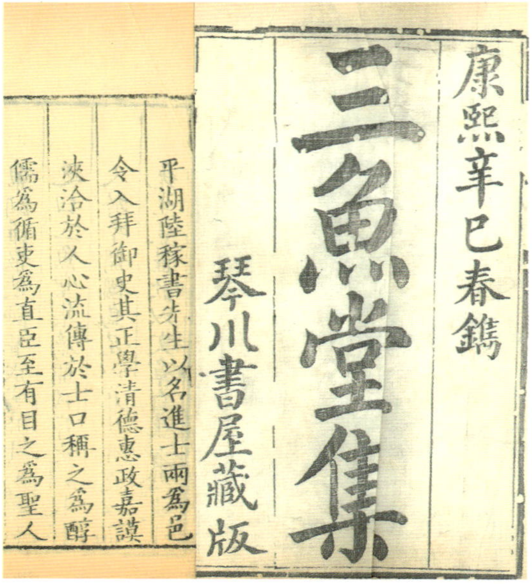
康熙辛巳春鐫
三魚堂集
琴川書屋藏版
平湖陸稼書先生以名進士兩爲邑
令入拜御史其正學清德惠政嘉謨
淡洽於人心流傳於士口稱之爲醇
儒爲循吏爲直臣至有目之爲聖人

陆陇其在康熙年间被誉为“天下第一清廉”的父母官。当时的江宁巡抚慕天颜贪婪无度，一次借生日为名，大肆搜刮民财，陆陇其前往祝寿，只从袖中拿出一匹布、两双鞋作为贺礼，并说：“此非取诸民者，为公寿。”由于陆陇其不与贪官污吏合流，故而屡遭人扶私迫害，几次被罢官。然而他却泰然处之，待恢复官职，仍一心为百姓。陆陇其离任时，只有图书几卷及妻子的织机一部。遇到官司，陆陇其不用差役去逮人，属于宗族内部争讼的，便以其族长去治办，属于乡里争讼的，便靠里老去治办。有时也让原告、被告双方都到县衙来进行调解，称为“自追”。为了征收赋税，陆陇其建立了“挂比法”，写上百姓的姓名以进行对照比较，至于交纳数额由每人自报。同时又建立“甘限法”，命令将今日限定交纳中所欠的数额日后增加一倍交纳。陆陇其还实行乡约，视察保甲，多发文告，反复教育百姓，务必去掉好争斗和轻生的习俗。

清雍正二年（1724），世宗亲临学宫，讨论增加随从在孔庙祭祀的儒者，陆陇其在其中。陆陇其做县官时崇尚实政，嘉定县百姓歌颂陆陇其，直至清末也没有停止。灵寿（今属河北石家庄）的邻县阜平县为他修了坟墓，县民陆氏世世代代守在那里，自称为陆陇其的子孙。陆著作有《困勉录》、《松阳讲义》等，与当时学者陆世仪并称“二陆”。陆陇其在《三鱼堂文集》外集卷四中提出了“官多则民扰”的著名观点，在《三鱼堂文集》中，针对人追求荣华富贵的贪欲，提出“天下之人恣睢横肆，不复自安于规矩绳墨之内”。清末曾国藩、李鸿章曾编著《绝妙判牍》，总共分三部分，除了曾、李二人的判牍外，就是《陆稼书判牍》。

翕居另藏有康熙辛巳年（1701）苏州席启寓“洞庭席氏”琴川书屋藏版《三鱼堂集》十二卷。席氏辑刻之《唐诗百名家全集》亦颇为知名。

2008年1月，在北京万隆拍卖有限公司（以下简称北京万隆）2008迎春艺术精品拍卖会上，康熙四十年琴川书屋版《三鱼堂文集》一函八册，成交价为13200元。2008年3月，在中国嘉德四季第13期拍卖会上，《三鱼堂外集》六卷、附录一卷，共二册，成交价为3584元。

“乐家老铺”：《达仁堂药目》

达仁堂编《达仁堂药目》一册，北京达仁堂民国2年刻本，白纸。有“民国二年本堂刊印”牌记。有药品总目16页，大题“京都达仁堂乐家老药铺丸散膏丹主治各症列后”。

书前有乐达仁手书上板序言9页，详说铺号由来，祖上经营流变，治药理念等。从此可知，北京同仁堂创建于清康熙八年（1669），创始人乐显扬。同仁堂创建近300年来，一直是祖遗共有，世代相传，故又称为“乐家老铺”。据记载，乐氏祖籍浙江宁波，自明朝永乐年间迁至北京，以串铃走方医为业。其后世第四代乐显扬（号尊育）当了太医院吏目，并创办同仁堂药室。其子乐凤鸣（号梧岗）接续祖业，并在宫廷秘

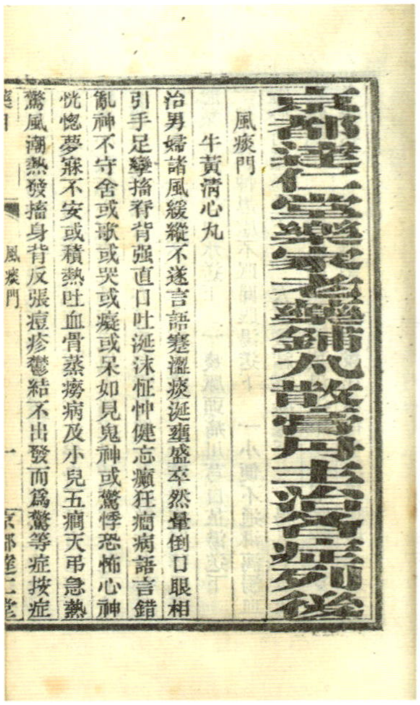

京都達仁堂樂家老藥鋪丸散膏丹主治各症類錄

風痰門

牛黃清心丸

治男婦諸風緩縱不遂言語蹇澀痰涎壅盛卒然暈倒口眼相引手足攣搐脊背強直口吐涎沫怔忡健忘癲狂癇病語言錯亂神不守舍或歌或哭或癡或呆如見鬼神或驚悸恐怖心神恍惚夢寐不安或積熱吐血骨蒸癆病及小兒五癇天吊急熱驚風潮熱發搐身背反張瘟疹鬱結不出發而為驚等症接症

藥目　風痰門　一　京都達仁堂

方、民间验方及祖传配方的基础上，总结前人的制药经验，完成了《乐氏世代祖传丸散膏丹下料配方》一书，明确提出了“炮制虽繁必不敢省人工，品味虽贵必不敢省物力”的训条，后成为历代同仁堂人恪守的信条。1723年，清雍正帝钦定同仁堂供奉清宫御药房。在其后的188年里，同仁堂独办官药，历经八代皇帝。

达仁堂是有着300年历史的“乐家老铺”的正宗后裔。“乐家老铺”以其用药地道、炮制如法深得民间信崇。1913年，乐氏十二世乐达仁立志用他在英、德等西方国家学到的管理方法改造前店后厂的中药企业——京都达仁堂乐家老药铺。与其弟乐达义、乐达明、乐达德四人筹集白银4万两，于1914年在天津创办了天津达仁堂。从1917年起，先后在北京、青岛、武汉、长沙、福州、西安、长春、大连、郑州、开封、香港等开设了分店。在乐达仁之前，乐家已经有十一代人历时三四百年经营中成药。乐达仁的四世祖乐显扬，五世祖乐凤鸣，十世祖乐平泉（号印川），都对中药研究有很高造诣。乐家制售的中成药，不仅依据古方和民间验方，而且还依据十几代人独创的家传秘方。在为清廷供奉御药的180多年中，乐家还收集整理了一些珍贵的宫廷秘方。

乐达仁于民国2年刊印的《达仁堂药目》一书，开列的药品包罗了风痰、伤寒、瘟疫、暑热、补益、妇科、小儿、脾胃、眼目等15个门类，涉及丸、散、膏、丹、胶、露、药酒等各种剂型，总数达546种。

达仁堂有一种家传秘制的药，用于热病，治疗高热烦躁、尿赤便秘、惊风抽搐、神昏谵语，叫做紫雪散。紫雪散与达仁堂的局方至宝丹和安宫牛黄丸，均被病家誉为有起死回生之效的神药。紫雪散的处方也很独特，它需要黄金百两、滑石三斤、石膏二斤、磁石三斤，加清水一斛，煮至四斗，去渣加沉香、升麻、元参等再煎，煮至一斗五升，去渣再加元明粉等用微火煎，用新鲜柳木棍搅拌，至水变黑，最后加入犀角、羚羊角、牛黄等细料，才算制成。黄金入药，柳枝搅拌，这并非是作秀，也不是故弄玄虚，这里边有其科学道理。《本草纲目》记载：“食金，镇精神，坚骨髓，通利五脏邪气。”新鲜柳枝，则有解热镇痛之效。1800年，科学家从柳树皮中提炼出了有解热镇痛作用的水杨酸。1899年，又进而合成了乙酰水杨酸，这就是最常用的西药——阿斯匹林。达仁堂的处方立意之高深，由此可见一斑。

庚子之乱，乐家损失不小，乐达仁祖母许氏主持铺务事，要做紫雪散，为凑得百两黄金，乐氏各房连女眷的金饰品都贡献出来。百两黄金当药煎的故事，在业内至今传为美谈。

此册药目店肆常见，孔网也有近十家店待售，品相优者价七八百元。

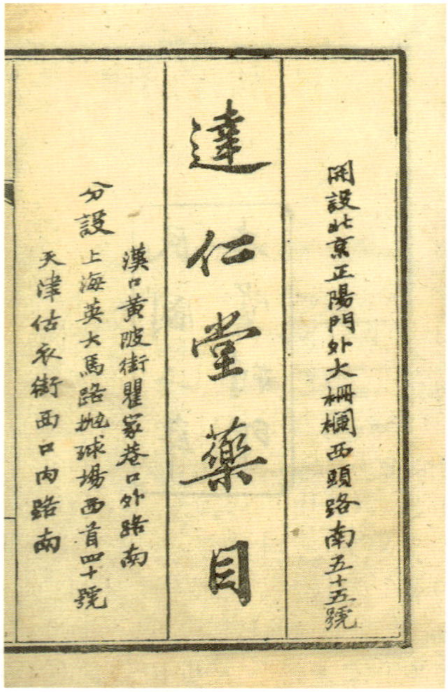

開設北京正陽門外大柵欄西頭路南五十五號

達仁堂藥目

分設
漢口黃陂街瞿家巷口外路南
上海英大馬路拋球場西首四十號
天津估衣街西口內路南

“梨枣不啻数十易”：《世说新语补》

（宋）刘义庆撰、（南朝梁）刘孝标注、（宋）刘应登评、（明）何良俊增、（明）王世贞删定、（明）王世懋评、（明）张文柱注、黄汝琳补订《世说新语补》二十卷、附释名一卷，共八册，江夏黄汝琳茂清书屋清乾隆二十七年（1762）补订重刊本。版心上题“世说补”，下题“茂清书屋”。前有黄汝琳手书上板的序言，作于乾隆二十七年壬午上元日，尾题“崇明黄汝琳砥崖氏书于金阊津西之七桂楼”。另有刘应登作于明嘉靖乙未年（1535）的“世说新语旧序二首”和陈文烛作于明万历丙戌年（1586）的“世说新语补旧序一首”。

《世说新语补》问世以后，便大受欢迎，明季便多有刊刻，明清几百年间，“梨枣不啻数十易”，可见其流行的程度。明代《世说新语补》的版本，有万历年间张文柱校刊、王世懋批点《世说新语补》二十卷，此本为刘义庆《世说新语》与王世贞删并《世说新语补》二书合刊；万历十三年（1585）张文柱校刻《世说新语补》二十卷；万历十四年太仓王氏刻李卓吾批点《世说新语补》；凌蒙初改订本《世说新语》三卷、《世说新语补》四卷；万历年间刻《世说新语》八卷、《世说新语补》四卷；明刊刘辰翁、李贽等评点本《世说新语补》二十卷；书林余圮孺刻李卓吾批点《世说新语补》。

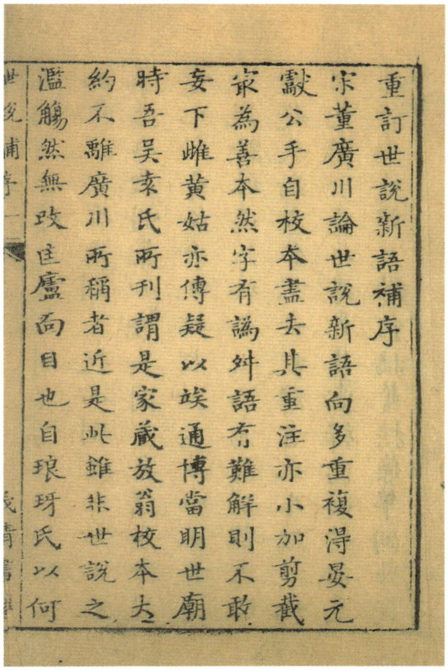
重訂世説新語補序
宋董廣川論世説新語向多重複淂晏元
獻公手自校本盡去其重注亦小加剪截
家為善本然字有譌舛語有難解則不敢
妄下雌黄姑亦傳疑以竢通博當明世廟
時吾吴袁氏所刊謂是家藏放翁校本大
約不離廣川所稱者近是此雖非世説之
濫觴然無改巨廬面目也自琅琊氏以何

清代刊行的《世说新语》基本上沿袭明代三系，既无宋代那样的整理，也无明代那样的增补，也未出现新的批点本。只不过作了一些校勘工作，订正了宋明刻本中的讹误。《世说新语补》的版本系统，有清康熙十五年（1676）承德堂刊《世说新语》三卷，《世说新语补》四卷；乾隆二十七年江夏黄汝林刊海宁陈氏慎刊堂藏本《世说新语补》二十卷；乾隆二十七年重刊茂清书屋藏版《世说新语补》二十卷；光绪年间葛元煦啸园刻印本《世说新语补》二十卷；清刊仿乾隆江夏黄氏刊巾箱本《世说新语补》二十卷等。

《世说新语补·言语篇》记载有黄庭坚的一句名言：“士大夫三日不读书，则义理不交于胸中，对镜觉面目可憎，向人亦语言无味。”这段话至今尚多为人引用。

在2007年9月中国嘉德四季第11期拍卖会上，此“茂清书屋”本估价0.85万～1.2万元，未成交。在上海国拍2007秋季拍卖会中明万历年初刊本白棉纸二十册，成交价为15.4万元。

“笠翁秘书第一种”：《闲情偶记》

（清）李渔著《闲情偶寄》，书前有“康熙辛亥（1671）立秋日建邺弟余怀无怀”为此书所作序。

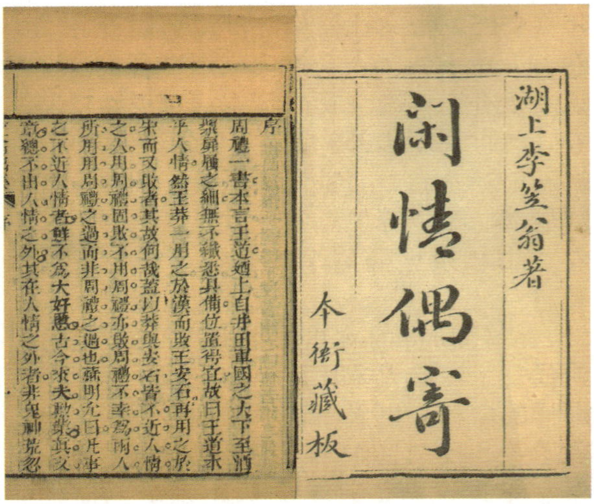

李渔（1611—1680），原名仙侣，字谪凡，号天徒。中年改名为李渔，字笠鸿，号笠翁，别署觉世稗官、笠道人、随庵主人、新亭樵客、湖上笠翁等，原籍兰谿（今属浙江），生于雉皋（今江苏如皋）。李渔既是明末清初著名的剧作家和戏剧理论家，又是一个杰出的小说家和美学家。李渔自幼聪颖，少壮学识渊博，才华横溢，擅长古文词，旁及杂艺，尤以小说、戏曲并擅。一生著述丰富，戏曲有《笠翁十种曲》，诗文杂著合编为《笠翁一家言》，其中《闲情偶寄》的《词曲》、《演习》等部是其重要的戏曲论著。小说方面，有白话短篇小说《无声戏》和《十二楼》，还有长篇小说《合锦回文传》、《肉蒲团》等。他还批阅《三国志》，改定《金瓶梅》，倡编《芥子园画谱》，为中国文化史上不可多得的艺术天才。

康熙十年（1671），《笠翁秘书第一种》即《闲情偶寄》（又叫《笠翁偶集》）问世，这是李渔一生艺术、生活经验的结晶。《闲情偶寄》是中国第一部倡导休闲文化的专著。分为词曲、演习、声容、居室、器玩、饮馔、种植、颐养八部，共有234个小题，堪称生活艺术大全、休闲百科全书，

《闲情偶寄》的后六部主要谈娱乐养生之道和生活情趣，内容丰富，切合实用，同

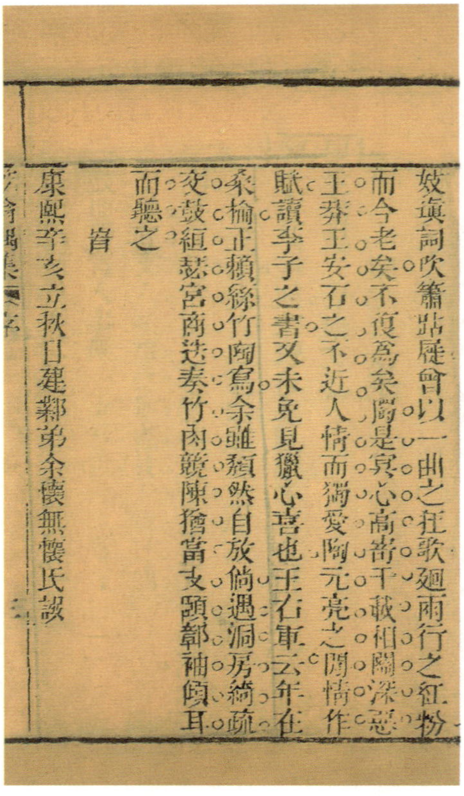
妓塡詞吹簫跕屣曾以一曲之狂歌迴兩行之紅粉
而今老矣不復爲矣問是寘心高寄千載相關深慰
王莽王安石之不近人情而獨愛陶元亮之閑情作
賦讀李子之書又未免見獵心喜也王右軍云年在
桑榆正賴絲竹陶寫余雖頹然自放倘遇洞房綺疏
交鼓絙瑟宮商迭奏竹肉競陳猶當支頤郄袖傾耳
而聽之
康熙辛亥立秋日建鄴弟余懷無懷氏譔

时也全景式地描述了17世纪中国人民的日常生活和世俗风情：从亭台楼阁、池沼门窗的布局，界壁的分隔，到花草虫鱼，鼎铛玉石的摆设；从妇女的妆阁、修容、首饰、脂粉点染到穷人与富人的颐养之方，等等，无不涉猎，表现了作者广泛的艺术领悟力和无限的生活情趣。这六部的写法，和一般生活知识读物不同，往往结合抒情和说理。他希望人们读了他的书对生活有新的认识，能让生活更加丰富多彩。他还希望通过草木虫鱼、摄生养性知识的论述，有助于规正风俗，警惕人心。

据说此书新出，一位友人借去看，此人对戏剧理论不感兴趣，翻了十来页都是这些东西，便觉乏味，把书退回。李渔得知写了一首诗回赠：“读书不得法，开卷意先阑。此物同甘蔗，如何不倒餐？”甘蔗根部最甜，《闲情偶寄》对一般读者来说，也是最后面这六部更能引起一般读者的兴趣。这位友人如果跳过前两部去阅读，就不会感到乏味了。

笠翁在世时最为自诩的就是这部《闲情偶记》。书还没出，他的朋友余怀就为此书作序：“吾知此书出，将不胫而走。”果然，这部《闲情偶记》（初刊于1671年）无论在他生前还是身后都在士林中广泛流传。余怀为清初文学家，字澹心，一字无怀，号曼翁，又号曼持老人。福建莆田人，侨居南京。晚年退隐吴门，漫游支硎、灵岩之间，征歌选曲。他与杜浚、白梦鼎齐名，时称“余、杜、白”。

2004年5月，康熙翼圣堂刻《闲情偶寄》十六卷四册，在中国嘉德2004春拍中以2200元成交。

“惟此心在天壤间”：《王船山先生年谱》

（清）刘毓崧编《王船山先生年谱》二卷一册，光绪十五年（1889）江南书局刊版，黄纸本。钤“刘仙洲”朱文藏印。

王船山（1619—1692），本名夫之，字而农，号薑斋，学者称船山先生，湖南衡阳人。王船山祖籍江苏高邮，祖先系中下级军官，至高祖才以文墨教子弟，曾祖王雍“名著楚南”，“颇为豪盛”，至祖父王惟

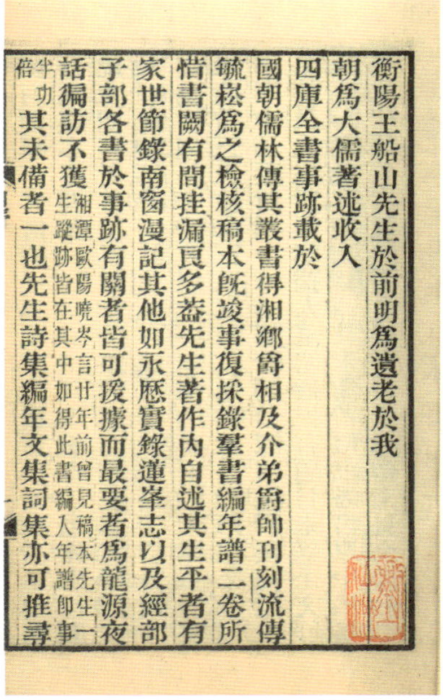

衡陽王船山先生於前明爲遺老於我
朝爲大儒著述收入
四庫全書事跡載於
國朝儒林傳其叢書得湘鄉爵相及介弟爵帥刊刻流傳
毓崧爲之檢核稿本旣竣事復採錄羣書編年譜二卷所
惜書闕有間挂漏良多蓋先生著作內自述其生平者有
家世節錄南窗漫記其他如永歷實錄蓮峯志以及經部
子部各書於事跡有關者皆可援據而最要者爲龍源夜
話徧訪不獲湘潭歐陽曉岑言廿年前曾見稿本先生一生蹤跡皆在其中如得此書編入年譜卽事半功倍
其未備者一也先生詩集編年文集詞集亦可推尋

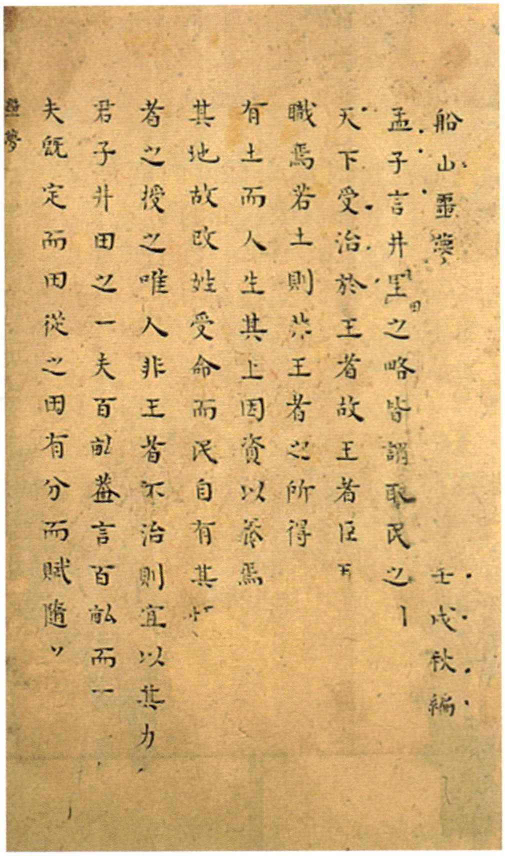

船山噩夢 壬戌秋編

孟子言井田之略皆謂取民之

天下受治於王者故王者臣天

職焉若土則非王者之所得

有土而人生其上因資以養焉

其地故改姓受命而民自有其

者之授之唯人非王者不治則宜以其力

君子井田之一夫百畝蓋言百畝而一

夫既定而田從之田有分而賦隨之

噩夢

湖南省博物馆藏《船山噩梦》原稿

敬时“徒四壁立”，父亲王朝聘“薄田但供𫗴粥”。王船山在三兄弟中排末，4岁伴大哥王介之读书，7岁读完十三经，14岁中秀才，20岁就读岳麓书院。先后结“行社”、“匡社”，以博学多识著称，后中举人。因农民起义阻断了他的仕途之路，农民军领袖张献忠过湘时邀其参加，他自伤面容以拒。清顺治五年（1648）八月，王船山怀着一腔忠愤，毅然举起“抗清复明”的战旗，与好友管嗣裘、夏汝弼等人在衡山组织起义。起义失败后，他投奔广东肇庆，继续追随南明朝廷抗清。因弹劾大臣王化澄等人弄权乱国，残害忠良，身陷大狱，险至死地。获救后，他又投奔桂林瞿式耜继续抗清，不久桂林又陷。南明桂王亡命他乡，又遭吴三桂追杀，南明灭亡。王船山为避清廷缉害，避身湘西，清廷大局已定，采取怀柔政策，王船山才带着家小隐居湖南衡阳县曲兰镇湘西村，始筑败叶庐，继筑观生居，最后于57岁那年，在石船山下竹花园构筑湘西草堂，潜心著述，直至1692年去世。

王船山隐居著述40余年，以为后世提供经世致用之学为出发点，以“六经责我开生面”为宗旨，对他之前的传统文化经典进行了详尽的研读、评注和创新，写下《黄书》、《宋论》、《读通鉴论》、《噩梦》等多达四百余卷、800万言的皇皇巨著。船山思想就体现在这些著作之中。

最早刊印船山遗著是船山次子在康熙晚期湘西草堂所刻《船山遗书》，收入遗著10余种。清道光二十二年（1842），湘潭王氏遗经书屋刊印《船山遗书》，计18种150卷。道光二十八年，衡阳学署重刻《船山遗书》5种58卷。清同治四年（1865），曾国藩、曾国荃兄弟在南京刊行《船山遗书》金陵刻本，计57种258卷，内容包括经、史、子、集，王氏重要著作基本纳入此书，曾国藩作序。民国22年，上海太平洋书店重铅印《船山遗书》70种358卷。因他晚年著书时“纸笔多假之故人门生，书成因以授之”，著作散佚不少，逝后遗书散佚更多。据邓潭洲所著《王船山传论》介绍，王船山的20多种遗著均已失传。

此书原藏者刘仙洲（1890—1975），原名鹤，又名振华，字仙舟。机械学家和机械工程教育家，中国机械史研究的开拓者。1890年1月27日生于河北省完县一个农民家庭。与刘少奇、李富春、李维汉同在留法预备班。1924年，年仅34岁的刘仙洲就担任了中国最早开办在天津的工科大学北洋大学校长。建国后，刘仙洲任清华大学副校长。毛泽东曾特邀他参加最高国务会议。

湖南省博物馆藏有《船山噩梦》原稿，清康熙二十一年（1682）所作，书稿封面题有“王船山先生手写噩梦原稿，后学梁寒操拜题”，并盖有“梁寒操印”，手稿用正楷书写，每页9行，每行17字，字体庄严稳重，一丝不苟。王船山手稿流传极少，而《噩梦》原稿是其中最完善和最长的。

作为明朝遗臣，王船山在《船山噩梦》一文中总结明朝在军政、财政、官制、税制、金融、学制等方面的利弊得失，阐明他的主张，有不少独到的见解，但他已深感无法实现，故在自序中说：“呜呼！吾老矣，惟此心在天壤间，谁为授此者？故曰《噩梦》。”

“马三代”的《左传事纬》

（清）马骕撰《左传事纬》十二卷，一函十册。牌记题“光绪戊寅（1878）冬日敏德堂潘校刊”。吴县潘霨敏德堂刻本。

马骕（1621—1673），字宛斯，一字骢御，山东省邹平县人。清代前期享有盛名的古史学家。马氏一生，博涉群籍，精研经史，自称于《春秋左传》“笃嗜成癖”。他穷思精研，融会贯通，将《左传》的编年体裁改编为纪事本末体，成《左传事纬》十二卷。另有附录八卷，包括杜预、孔颖达序论及马骕所作《左丘明小传》一卷，《辨例》三卷，《图表》、《览左随笔》、《名氏谱》、《左传字释》各一卷。

《左传事纬》是马骕从《左传》流水账式的历史记载中选取108个篇目，以时间先后为序，按事类立目，重新剪裁排比，每事首尾完具，如“郑叔段之乱”、“齐桓霸业”、“宋襄图霸”、“晋文建霸”、“晋楚鄢陵之战”、“郑子产相国”，等等，使人们对春秋时期众多历史事件的来龙去脉有一个清晰的了解，并且每篇都有他的精辟见解和详赡的史料依据。此书是继南宋袁枢《通鉴纪事本末》之后的纯粹的纪事本末体史书，由于该书分类得当，条理清晰，图表亦考证精详，

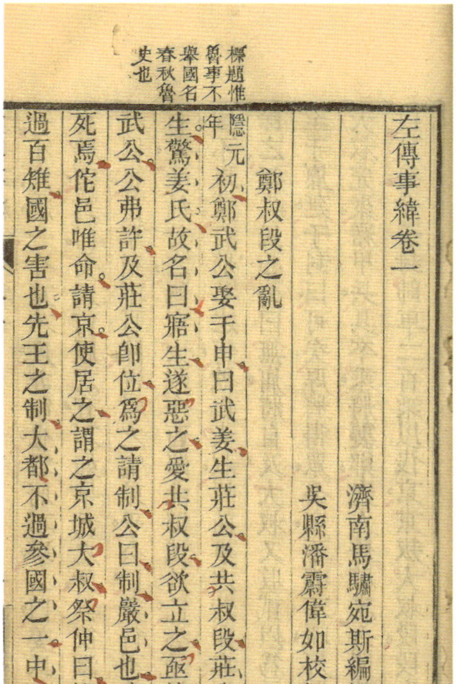
左傳事緯卷一
濟南馬驌宛斯編論
吳縣潘霨偉如校訂
鄭叔段之亂
標題惟魯事不年擧國名春秋魯史也
隱元 初鄭武公娶于申曰武姜生莊公及共叔段莊公寤生驚姜氏故名曰寤生遂惡之愛共叔段欲立之亟請於武公公弗許及莊公卽位爲之請制公曰制巖邑也虢叔死焉佗邑唯命請京使居之謂之京城大叔祭仲曰都城過百雉國之害也先王之制大都不過參國之一中五之

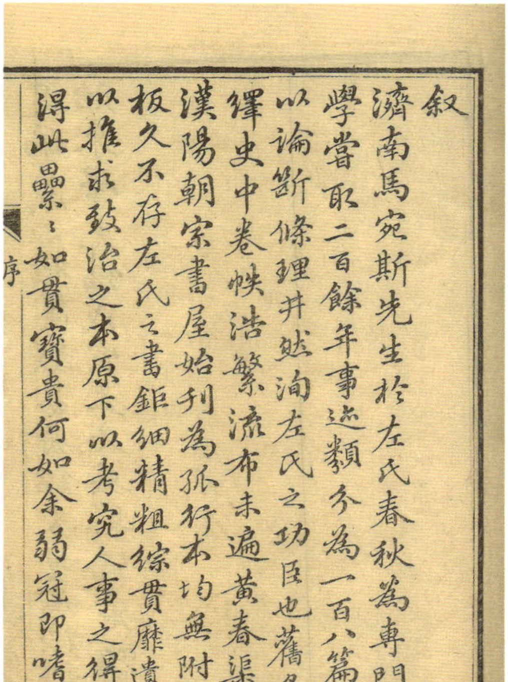
叙
濟南馬宛斯先生於左氏春秋爲專門之學嘗取二百餘年事迹類分爲一百八篇繫以論斷條理井然洵左氏之功臣也舊彙繹史中卷帙浩繁流布未遍黄春渠及漢陽朝宗書屋始刊爲孤行本均無附録板久不存左氏之書鉅細精粗綜貫靡遺上以推求致治之本原下以考究人事之得失淂此纍纍如貫寶貴何如余弱冠即嗜讀
序

故在当时就得到同道“欣赏”。今人朱东润编写《左传选》时，“在选材的时候，基本上依靠马骕的《左传事纬》，这是一部在研究《左传》时，不可不读的著作”。

马骕在编撰《左传事纬》的基础上，又用十年时间，“推而广之，取三代以来诸书，汇集周、秦以上事，撰为《绎史》”。和《左传事纬》相比，《绎史》显然扩大了取材范围和记事范围，特别是创造了集记人、记事、图表、书表于一书的综合史书体裁，这在以往的史书中属前所未有。此外，马骕还辑成了一套卷帙宏富的丛书《十三代瑰书》，该丛书收集了自周秦以下十三朝的经、史、子、集各类著作数百部，现仅存目次。

《四库全书总目》在著录该书时称其为“专门之学”，“是书取《左传》事类分为百有八篇，篇加论断”，认为“三传之中，《左氏》亲观国史，事迹为真，而褒贬则多参俗议”，“骕于左氏实能融会贯通，故所论具有条理，其图表亦皆考证精详”。著名思想家顾炎武也称此书为“必传之作”。《清史稿》称“骕于左氏融会贯通，著左传事纬十二卷，附录八卷，所论有条理，图表亦考证精详”。清末陈康祺所撰《郎潜纪闻初笔》中有“马三代”一文，称“邹平马宛斯，知灵壁县，有异迹。著《绎史》百六十卷，自开辟讫秦亡，事迹略备。后又著有《左传事纬》十二卷。亭林先生见二书，亟称之，时人号为‘马三代’”。《左传事纬》的编纂，显示了马骕在史学研究方面的卓越功力与才华，为当时学者所推服。总体上看，马骕在学术上的造诣和地位远远超过了他的政治声望。

孔网此书售价为2200元。

“买得青山号小仓”：《小仓山房文集》

（清）袁枚撰“随园三十种”之《小仓山房文集》三十五卷十二册，清嘉庆元年（1796）刊，竹纸本。

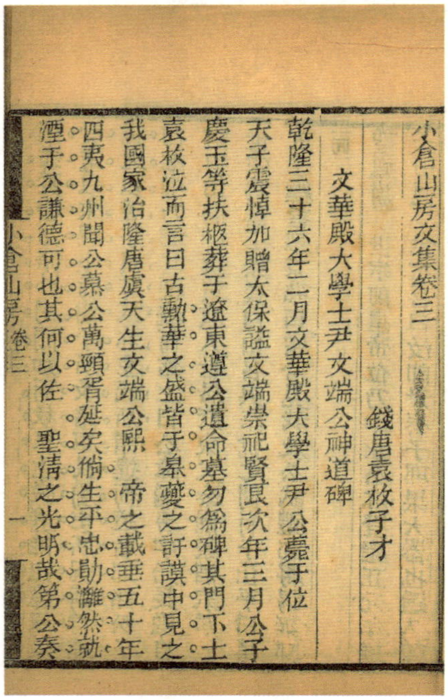
小倉山房文集卷三
錢唐袁枚子才
文華殿大學士尹文端公神道碑
乾隆三十六年二月文華殿大學士尹公薨于位
天子震悼加贈太保謚文端崇祀賢良次年三月公子
慶玉等扶柩葬于遼東遵公遺命墓勿爲碑其門下士
袁枚泣而言曰古勲華之盛皆于臯夔之訏謨中見之
我國家治隆唐虞天生文端公熙　帝之載垂五十年
四夷九州聞公薨公萬頸胥延矣倘生平忠勛灕然孰
湮于公謙德可也其何以佐　聖清之光明哉第公奏
小倉山房　卷三　一

袁枚（1716—1797），字子才，号简斋、随园主人，钱塘（今浙江杭州）人。诗人、诗论家。乾隆时考中进士，曾任江宁（今江苏江宁）等地知县。辞官后居住在南京小仓山，筑随园，生活奢华。他的诗风格清新灵巧，大都描写日常生活。著有《小仓山房文集》、《随园诗话》、《子不语》等。

当年袁枚谪居的小仓山即今南京师范大学随园校区内的“西山”。《小仓山房文集》的刊行，使得小仓山随园声名远播。其实袁枚本是浙江杭州人，乾隆四年（1739）的进士，曾入翰林院，后因满文不佳改发江南四地县令。乾隆十四年辞官，居于南京的小仓山随园，那年他只有33岁。此后50余年袁枚品茗论诗，对烹饪也极有研究。他曾有“以食窥人”之说，大意食肉者品行端正，食动物肝脏者多附会谄媚之流云云。

袁枚在购得小仓山随园之后曾作诗赋之，曰：“买得青山号小仓，一丘一壑自平章。梅花绕屋香成海，修竹排云绿过墙。嵌壁玻璃添世界，张灯星斗落池塘。上公误听园林好，来画庐鸿旧草堂。”然而在袁枚流传后世事关随园的文字中，却以声称“《红楼梦》中大观园即余之随园”而广为人知。

袁枚在《小仓山房文集》中曾提到，随园本名隋园，其主人隋赫德为当时的江宁织造，而在隋赫德之前的一任江宁织造正是曹雪芹的父亲。他在《随园诗话》中更直书：“康熙间，曹练亭为江宁织造……其子雪芹撰《红楼梦》一书，备记风月繁华之盛。中有所谓大观园者，即余之随园也。”后在胡适《考证：红楼梦》中除指摘袁枚几点史误外，大抵赞同《红楼梦》中大观园的现实原型即随园，认为曹家在江南的家产败落后曹雪芹流落北京，后著《红楼梦》。

2008年6月，在上海嘉泰2008春季艺术品拍卖会上，此“随园三十种”之《小仓山房文集》以3360元成交。

“梅妻鹤子”《林和靖诗集》

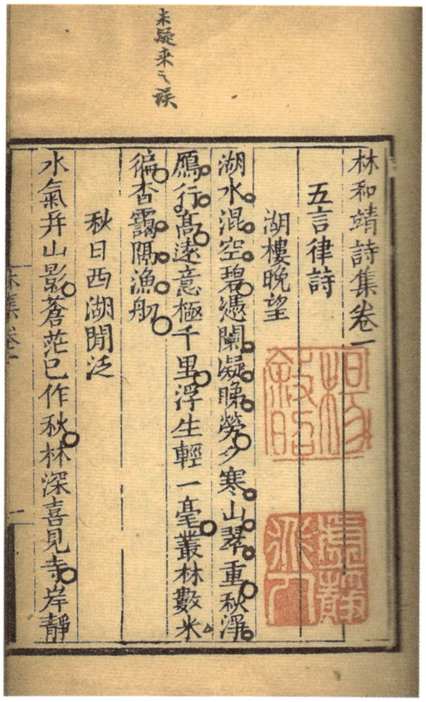
林和靖詩集卷一
五言律詩
湖樓晚望
湖水混空碧憑闌凝睇勞夕寒山翠重秋浄
鳫行高遠意極千里浮生輕一毫叢林數米
徧杳靄隔漁舠
秋日西湖閑泛
水氣幷山影蒼茫已作秋林深喜見寺岸靜

（宋）林逋撰《林和靖诗集》四卷、《拾遗》一卷、附录一卷，共二册。长洲朱氏依抱经堂清同治十二年（1873）写刻本，书名页题“林和靖集”。

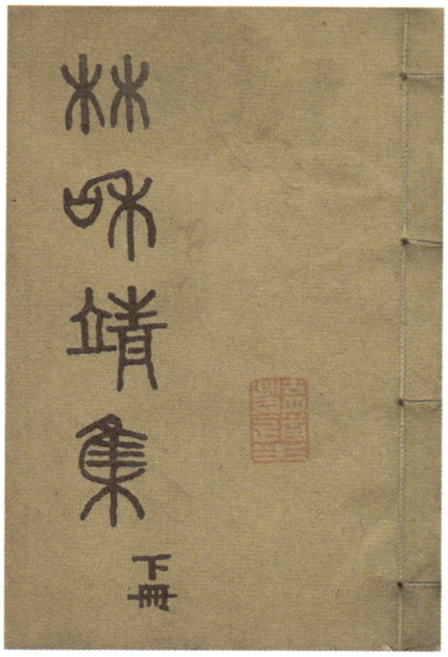

1961年11月6日，防空部队设伏在辽东半岛地区的口径为85毫米的高射炮群击落美制蒋军P—2V型飞机一架。毛泽东得知捷报，立即指示主持军委日常工作的贺龙和罗瑞卿：“打得好么！给部队发贺电！给战士们庆功！”

这一天，毛泽东显得格外高兴，三次致信田家英。先是请田家英找一找宋人林逋的诗集《林和靖诗集》；随后又请田家英查找

林逋
孤山之樵隱妻梅而子鶴
林
逋

一首七言律诗的全诗；再后来又写了一张条子给田家英，请他问一问文史馆的老先生，《咏梅》诗是否为清人高士奇所作？傍晚，毛泽东手书了高启的《梅花》诗九首中的一首（邸延生著《历史的真知——“文革”前夜的毛泽东》，新华出版社2006年版）。

林和靖（967—1028），名逋，字君复，钱塘（今浙江杭州）人。北宋诗人。一生不仕，也未婚娶。隐居西湖孤山，以种梅养鹤为趣，人谓“梅妻鹤子”。林和靖的节操和学识很得宋真宗的赏识，曾赐号“和靖处士”。卒后，宋仁宗赵祯“赐谥和靖先生，赙粟帛”。林和靖善行书，工于诗，诗风高雅淡远，清新自然，尤多奇句。大都反映他的隐逸生活和闲适心情，尤以梅花诗著称。其中备受传诵的诗为其七律《山园小梅》：

众芳摇落独暄妍，占尽风情向小园。
疏影横斜水清浅，暗香浮动月黄昏。
霜禽欲下先偷眼，粉蝶如知合断魂。
幸有微吟可相狎，不须檀板共金樽。

范仲淹称赞林和靖的诗为“风格固若厚，文章到老醇”，欧阳修、黄庭坚都很欣赏他那清新奇特的作品。但他不想以诗传世，故随写随丢，诗作大多散佚，传下来不多。经后人搜集，仅得诗词三百余篇，题名《林和靖诗集》。据称仅为其所作“十之一二而已”。

此书原藏家杨潜厂，又名杨昭，湖南湘潭人。平生嗜金石书画，与清道人、曾熙、萧俊贤、陈师曾、齐白石友善。白石老人开始去京师时即同杨潜厂住一起。杨氏工书，善篆隶，楷书学六朝造像。

此依抱经堂本在上海敬华2006年秋拍中以3080元成交。

“橅宋椠而重刊”：《剡川姚氏本战国策》

（汉）高诱注、（宋）姚宏校正、（清）黄丕烈札记《战国策》三十三卷、札记三卷，共五册。湖北崇文书局同治己巳年（1869）刻本，目录题“新雕重校战国策”，书名页题“剡川姚氏本战国策”。钤“义泽斋书画鉴藏印”、“王涌萼印”、“华玲王氏”等。有“嘉庆癸亥冬吴门黄氏读未见书斋开雕”牌记，系此书清嘉庆八年（1803）原刻时书牌。

所附札记卷首有黄丕烈《重刻剡川姚氏本战国策并札记序》：“曩者顾千里为予言，曾见宋椠剡川姚氏本《战国策》，予心识之。厥后遂得诸鲍绿饮所，楮墨精好，盖所谓梁溪高氏本也。千里为予挟卢氏雅雨堂刻本一过，取而细读，始知卢本虽据陆敕先抄校姚氏本历刻，而实失其真，往往反从鲍彪所改及加字并抹除者，未知卢、陆谁为之也？夫鲍之率意窜改，其谬妄固不待言，乃更援而入诸姚氏本之中，是为厚诬古人矣！金华吴正传氏重校此书，其自序有曰：‘事莫大于存古，学莫大于阙疑。’知言也哉！后之君子，未能用此为药石，可一慨已！今年命工，纤悉影橅宋椠而重刊焉。并用家藏至正乙巳吴氏本互勘，为之《札记》，凡三卷，详列异同，推原卢本致误之由，订其失，兼存吴氏重校语之涉于字句者，亦下己意，以益姚氏之未备。大旨专主师法乎阙疑、存古，不欲敬取文从字顺；愿贻诸好学深思之士。吴氏校每云‘一本’，谓其所见浙建括苍本也。今皆不可复得，故悉裁之。宋椠更有所谓梁溪安氏本，今未见，见其影钞者，在千里之从兄抱冲家。其云‘经前辈勘对疑误，采正传《补注》，标举行间’。惜乎不并存也。非一刻小小有异。然皆较高

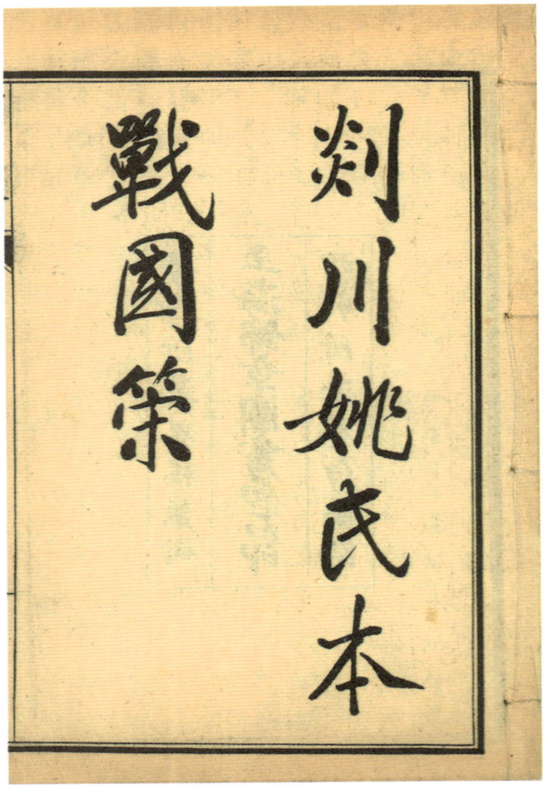

氏本为逊，故不复论。嘉庆八年八月八日吴县黄丕烈撰。”

《战国策》，又名《国策》、《国事》、《短长》、《事语》、《长书》、《修书》。《战国策》之名，始于刘向《战国策书录》。《战国策》总共三十三卷，按国别记述，计有东周、西周、秦、齐、楚、赵、魏、韩、燕、宋、卫、中山十二国史事。记事年代大致上接《春秋》，下迄秦统一（公元前400年—公元前220年）。

《战国策》一书，乃是经过（西汉）刘向重新编定而成，有东汉高诱注，但已经残缺。《战国策》在宋代已经残佚，后由曾巩补订而成。宋代姚宏、鲍彪又续为校注。元代吴师道又再加校注，成《战国策校注》，清代黄丕烈有《重刻剡川姚氏本战国策札记》。在建国后的考古发掘中，《战国策》也有较大收获。1973年长沙马王堆出土有《战国纵横家书》二十七章，称为帛书《战国策》。其中十章见于《战国策》，有八章见于《史记》，剩下的即为古佚书。

关于该书作者，历来都有较大争论。晁公武《郡斋读书志》讲：“其纪事不皆实录，难尽信，盖出于学纵横者所著。”于是将其改入子部。纪昀认为作者既不是一人，于是将其又改入史部。（清）牟庭相认为该书是蒯通所作。该书乃是战国纵横家言行的史料集，最初作者可能是各国策士。战国中期以后，纵横家十分活跃，其门徒多将其老师的成功经验、失败教训、机智谋略、精辟言论、动人事迹记录下来，供后人学习揣摩。后来有人将这些单篇文章加工汇集成书，因编者不同，所以书名也不同。

《战国策》主要记载战国时期谋臣策士纵横捭阖的斗争及其有关的谋议或辞说，保存了不少纵横家的著作和言论。《战国策》因与正统思想相抵触，因而长期以来被排斥，故研究的人不多。曾巩以之为反面教材，认为是“邪说”，鲍彪言“学者不习”，清代陆陇其有《战国策去毒》，认为该书“坏人心术”。由于《战国策》突破了旧的思想观念的束缚，又不完全拘泥于历史的真实，所以就显得比以前的历史著作更加活泼而富有生气。

近代以来，该书逐渐受到重视。一则因其史料价值，刘知几《史通》说：“逮孔子云没，经传不作，于时文籍，唯有《战国策》及《史记》而已。”司马迁说：“战国之权变亦颇有可采者。”（《史记·六国年表序》）。一则因其铺张扬厉、善用譬喻和寓言等文学价值。《战国策》语言明快流畅，纵恣多变，委曲尽情，富于文采。无论叙事还是说理，《战国策》都常常使用铺排和夸张的手法，绚丽多姿的辞藻，呈现酣畅淋漓的气势。《战国策》所记的策士说辞，常常引用生动的寓言故事，这些寓言，形象鲜明，寓意深刻，又浅显易懂。如“鹬蚌相争，渔翁得利”、“画蛇添足”、“狐假虎威”、“亡羊补牢”、“南辕北辙”等，历来家喻户晓。《战国策》在文学史上更具有承上启下的作用。秦汉的政论散文、汉代的辞赋，都受到《战国策》辞采华丽、铺排夸张的风格的影响；司马迁的《史记》描绘人物形象，也是在《战国策》的基础上而向前发展。

在中安太平2007年迎春艺术品拍卖会上，嘉庆刊本《重刻剡川姚氏本战国策札记》一函三册，黄氏士礼居丛书本，估价1.2万～1.8万元，未成交。

“可谓峭矣”：《聊斋词》

（清）蒲松龄撰《聊斋词》一卷一册，光绪二十七年（1901）耿士伟刻本。

蒲松龄以《聊斋志异》闻名于世，早在清乾隆三十一年（1766），《聊斋志异》就有刻本问世。蒲松龄一生著述颇多，有大量的诗集、文集和俚曲，这些著述却不像《聊斋志异》那样幸运，很长时间只靠稿本和抄本流传，直至清末蒲氏文集才有印刷本问世。晚清著名学者俞樾（1821—1907）在《春在堂随笔》中曾说：“留仙有文集，世罕知之。朱兰坡前辈《国朝古文汇钞》，曾录其文四篇。其用意、其造句，均以纤巧胜，犹之乎《志异》也。”

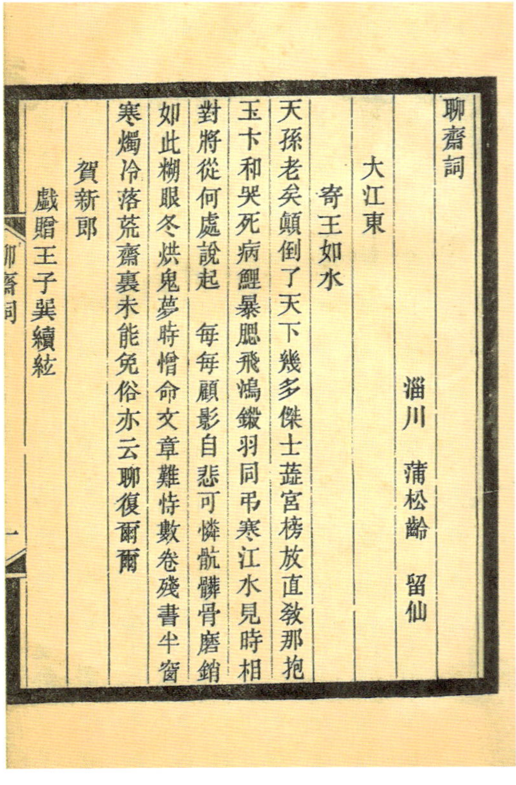

聊齋詞

淄川 蒲松齡 留仙

大江東

寄王如水

天孫老矣顛倒了天下幾多傑士葢宮榜放直教那抱玉卞和哭死病鯉暴腮飛鳩鎩羽同弔寒江水見時相對將從何處說起 每每顧影自悲可憐骯髒骨磨銷如此糊眼冬烘鬼夢時偕命文章難恃數卷殘書半窗寒燭冷落荒齋裏未能免俗亦云聊復爾爾

賀新郎

戲贈王子巽續絃

聊齋詞 一

清代文学家，蒲松龄的淄川同乡唐梦赉（1628—1698）评论《聊斋词》说：“词家有二病：一则粉黛病，柔腻殆若无骨，李清照为之则是，秦淮海为之则非矣。此当世所谓上乘，我见亦怜，然为之则不愿也。一则关西大汉病，黄还虬须，喑哑叱咤，四平弋阳之板，遏云裂石者也。此当时所共非之，然须眉如戟有丈夫气者，于此殆不能免。免此二病，其惟峭与雅子！峭如雪后晴山，岞崿皆出，一草一石，皆带灵气；雅如商彝汉尊，斑痕陆离，设之几案间，令人神游三代之上。聊斋词都无二病，可谓峭矣。”关于《聊斋词》，蒲松龄的墓碑、行述中均无记载，仅在蒲立德致王洪谋书中提及有“词集一册”。

翕居所藏《聊斋词》刻本无牌记，收词71首。最后一首词是《送毕韦仲东旋》，紧接这首词不空行是耿士伟的一篇跋文，说明了此书的版本及来历，照录如下：“聊斋先生抱才不遇，其胸中蓄蕴及侘傺郁勃之气，皆寄意于《志异》一书，久为海内宗仰，其余著作鲜有流传，望丰采者每深天际真人之想。前于星垣同年处获有存本，排作石印，用公同好。独于诗稿初遗于汉黄道署，再遗于顺天孙府尹所，尚未补辑。去年夏，京津构乱，归寓杜门。得晤李席珍兄，言有先生词稿原底，为李忠节公索去，亟觅副本读之，其善言儿女情处，犹是《志异》寄托，其本色则语多感愤。另录一通以存吉光片羽噫。举目纷纷，时切瞻乌之痛，名山金匮散弃焚佚者，不知凡几，而有于此寥落数十阕也。书竣敬制缘起，并缄席珍当必有同慨云。光绪二十七年辛丑正月上九，鹤峰耿士伟识。”

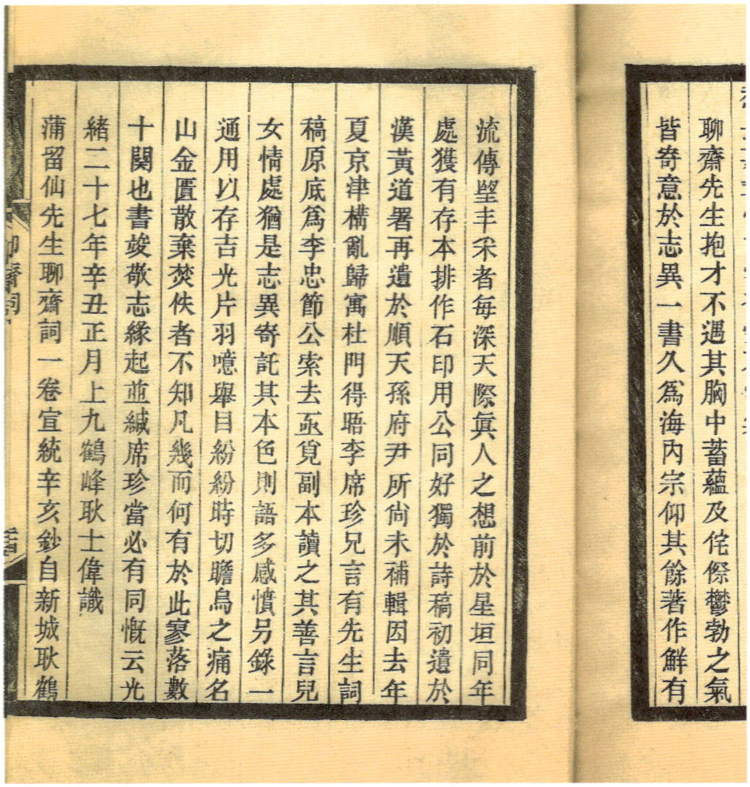
聊齋先生抱才不遇其胸中蓄蘊及侘傺鬱勃之氣
皆寄意於志異一書久爲海内宗仰其餘著作鮮有
流傳璧丰采者每深天際眞人之想前於星垣同年
處獲有存本排作石印用公同好獨於詩稿初遺於
漢黃道署再遺於順天孫府尹所尚未補輯因去年
夏京津構亂歸寓杜門得晤李席珍兄言有先生詞
稿原底爲李忠節公索去亟覓副本讀之其善言兒
女情處猶是志異寄託其本色則語多感憤另錄一
通用以存吉光片羽噫舉目紛紛時切瞻烏之痛名
山金匱散棄焚佚者不知凡幾而何有於此寥落數
十闋也書竣敬志緣起並緘席珍當必有同慨云光
緒二十七年辛丑正月上九鶴峰耿士偉識
蒲留仙先生聊齋詞一卷宣統辛亥鈔自新城耿鶴

紧接着耿士伟跋文的是山东海丰吴重憙和直隶（今河北）易县李葆恂的两篇题记。吴重憙的题记是："蒲留仙先生《聊斋词》一卷，宣统辛亥钞自新城耿鹤峰观察士伟处，或有病其有过猗缛处，按宋徐度却埽编载。柳耆卿以歌词显，名于仁宗朝。其词虽极工致，然多杂以鄙语。刘季高侍郎，宣和间尝馆于相国寺智海院，因谈歌词，力诋柳氏，旁若无人者。有老宦者闻之默然而起，徐取纸笔，跪于季高之前，请曰：'子以柳词为不佳者，盍自为一篇，以示我乎？'刘默然无以应。可见名人之作未可以轻为置议。昔人谓'有井水处皆能歌柳词'，今先生《志异》亦可谓'有井水处皆知'矣。先生之词又可不传耶，抑亦渔洋所谓耆卿为次者耶。海丰吴重憙识。"

最后是李葆恂的题记："往读《聊斋志异》一书，喜其选材如酿蜜，下笔如刺蜚人，巧极天工，错精妙，无以加矣，不谓倚声亦复精巧乃尔。因是想见，所为制艺亦必远过流俗。盖具此才华，即病谗梦呓亦是珠玑，不待具眼始能辨识。乃毕生困于一衿，施愚山先生外更无一人知己者，所谓闱中人并鼻亦旨信矣。从石莲庵假读因题，义州李葆恂。"

耿士伟（1839—1922），字鹤峰，山东新城县（今桓台县，部分划归张店区）人。清同治三年（1864）中山东甲子科乡试经魁，授内阁中书，曾任方略馆校对。光绪七年以知县分发四川，历任奉节、成都、雅安等县知县，迭署天全、威远、彭县、合州、巴县等州县县保。升直隶州同知，以军功特用知府。后因公被议，奉调新疆。以知府甫用，委办通省禁烟，提调哈密统税总办，拟补焉耆府知府，恰逢民国改元，即请假回籍。编订有《聊斋先生遗集》。

耿士伟的跋文提到这个刻本是"得晤李席珍兄，言有先生词稿原底"，便将"此寥落数十阙"，"另录一通"并刻板刷印。中国历史博物馆藏有《柳泉居士词稿手迹》，是1956年在西安发现，为高智怡所藏，全册共32页，词目81阕，最后一阕《沁园春》有目无文，中间一阕《浣溪沙》重出，实有词79阕。词稿附有李秉衡于光绪十二年的题词，文曰："柳泉居士词稿手迹，世好李子席珍所贻，李家淄川，与居士裔孙等故文字交，是即有于某者。"由此可知词稿是蒲氏后裔赠与李席珍的。至于何时流入西安，却不得而知。

盛伟先生在为赵蔚芝著《聊斋词集笺注》（黄河出版社1999年出版）所作"前言"中，对这部手稿的流传有比较详细的描述："这部残稿，原藏于蒲氏裔孙某，再藏于淄川李希（席）珍家，三藏于光绪山东巡抚李秉衡家，四藏于武安高智怡家。（见高智怡《蒲松龄词稿手迹题记》）它系副本而非原稿，共42纸，收词86阕，其中末阕《沁园春·留别钟圣舆》，只存词调与标题，实存词85阕。"

耿士伟还提到"前于星垣同年处获有存本，排作石印"。这里提到的石印本是光绪十九年丛芸阁石印本《聊斋先生遗集》，由耿士伟编选，耿秉枢（耿士伟之子）、宓文德、王沧佩同校。分上、下两册，共收文章46篇，是蒲松龄文集的第一个印本，也是蒲氏文集中流传最广的一种。另外，清宣统元年（1909），国学扶轮社据丛芸阁石印本出过排印本，题为《聊斋先生文集》；1920年，中华图书馆又据国学扶轮社排印本石印，改题为《聊斋文集》。

耿士伟所讲“独于诗稿初遗于汉黄道署，再遗于顺天孙府尹所，尚未补辑”。虽短短两句话，但这里有一个曲折的故事。光绪十一年，耿士伟之父耿曰恂（1815—1885）卒，耿士伟回籍守制，因家难，徙居淄川。在淄川他聘请他的同年孙星垣的弟弟孙星阶为教席，教授其子侄读书。他从孙星阶那里得知孙星垣藏有蒲松龄诗文集的抄本后，就借来抄录整理，将文集分八卷，钉为四册，将古体诗、近体诗分为两卷。光绪十三年夏，耿士伟携此抄本去广东，途经汉阳遇到道员武峙东，武峙东就将抄本留下，要替他刊刻出版。不料，耿士伟自广东返回，武峙东已经去官，那部抄本就留在了湖北。此后，耿士伟多次索要，都没能要回。直到光绪十八年春，耿士伟的同年孔斐轩巡莅汉黄，耿士伟托他讨索，经孔斐轩大力讨索，才将抄本要回。可惜的是，孔斐轩代耿士伟讨回的抄本已非全帙，其中的诗稿已全部迷失，文章也有毁损。耿士伟担心时间久了蒲氏的文章可能还会遭到损坏，于是就对讨回的抄本略加诠次，于次年编定于四川巴县并以《聊斋先生遗集》的书名石印出版。并在书后写了跋文，记录了该书从抄录到出版的曲折经历。幸运的是，耿士伟的原抄本至今仍存于北京图书馆，该本是现今“蒲学”界公认的蒲松龄文集的重要抄本之一。

此光绪刻本《聊斋词》在各拍场和网店均未见。

“千古隐逸之宗”陶渊明的《靖节先生集》

陶渊明著、陶澍注《靖节先生集》十卷，卷首例言、诸本序录一卷，卷末《靖节先生年谱考异》一卷，全四册。牌记题“光绪癸未江苏书局开雕”。有海盐张燕昌据明人历代名贤像钩摹“靖节先生象”和方薰摹宋代何秘监画“陶靖节先生小像”两幅，“陶渊明墓山”图两幅。

陶渊明（365—427），又名潜，字元亮，浔阳柴桑（今江西九江西南）人。世称靖节先生，自称五柳先生，长于诗文辞赋，是晋宋之际的伟大诗人，被称为“百世田园之主，千古隐逸之宗”。他的诗风平淡自然，富有理趣，“质而实绮，癯而实腴”。他的诗文充满了田园气息，他的名士风范和对生活俭朴的热爱，影响了一代又一代的中国文人，乃至整个中国文化都深受其影响。可以说，陶渊明在中国几乎是一个家喻户晓的名字。

陶渊明的诗文集，历代刻印过多种。陶渊明死后100多年，（南朝梁）萧统搜集他的遗文，区分编目，编定了《陶渊明集》八卷，并亲自写序、作传。后来，北齐阳休之又

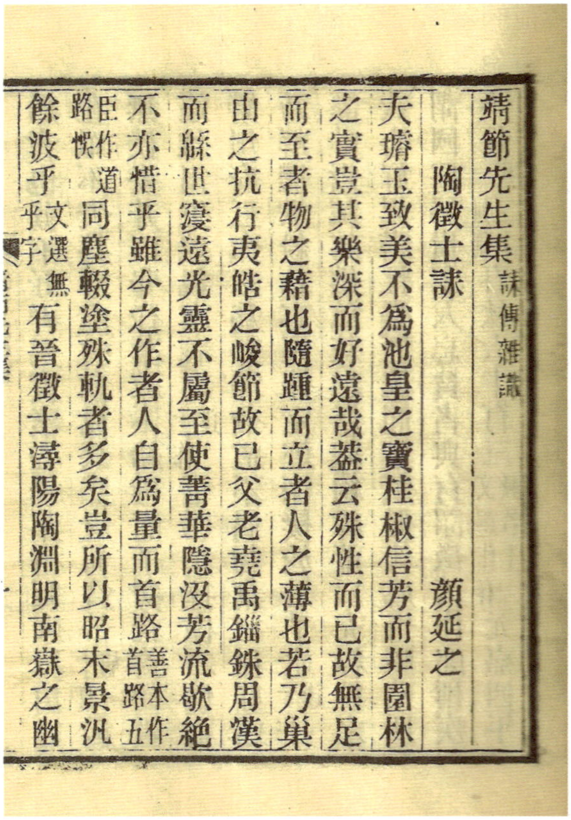

靖節先生集 誄傳雜識
陶徵士誄 顏延之
夫璿玉致美不爲池隍之寶桂椒信芳而非園林
之實豈其樂深而好遠哉蓋云殊性而已故無足
而至者物之藉也隨踵而立者人之薄也若乃巢
由之抗行夷皓之峻節故已父老堯禹錙銖周漢
而緜世寖遠光靈不屬至使菁華隱沒芳流歇絕
不亦惜乎雖今之作者人自爲量而首路善本作首路五
臣作道路慨同塵輟塗殊軌者多矣豈所以昭末景汎
餘波乎文選無乎字有晉徵士潯陽陶淵明南嶽之幽

在萧本基础上，增加了别本的《五孝传》和《四八目》，合序目为十卷本《陶潜集》。阳本在隋末失去序目，为九卷本。此后，别本纷出，争欲凑成十卷，北宋时宋庠又重新刊定十卷本《陶潜集》，为陶诗最早刊本。但是，以上各本都没有传下来。今天能看到的最早版本是几种南宋至元初本。在国家图书馆善本库中，有两种特别引人注目的藏品：南宋刻递修本《陶渊明集》和（宋）汤汉注南宋刻本《陶靖节先生诗》。两书在现存各自的版本系统中，都是最早、最好的版本，具有极高的版本价值和资料价值，所以藏书家历来珍视两书的聚合。对于藏书史上这两种著名的宋刻陶集，人们津津乐道于藏书家周春购买汤注陶诗的曲折经历，以及黄丕烈“陶陶室”的典故。

最早为陶诗作注的是南宋汤汉。元以后的注本、评本日增，元初刊本有李公焕辑《笺注陶渊明集》十卷，清代有陶澍注《靖节先生集》十卷，有家刊本及文学古籍刊行社排印本。近人有古直的《陶靖节诗笺》、逯钦立注的《陶渊明集》。陶澍注本是公认的比较好的注本。

陶澍（1779—1839），字子霖，号云汀，湖南安化人。从小勤奋好学，清嘉庆七年（1802）中进士，任翰林院编修后升御史。曾先后调任山西、四川、福建、安徽等省布政使和巡抚，后官至两江总督加太子少保，道光皇帝曾亲书“印心石屋”匾赐之。为官期间，在除恶安民，抗灾救灾，兴修水利，整顿财政，治理漕运，倡办海运，革新盐政，整治治安，兴办教育，培养人才上作出了较大贡献。且著文赋诗，造诣不浅，书画兼长，为后代留下了不少佳作，著有《印心石屋诗抄》、《靖节先生集》、《陶文毅公全集》传世，被后世誉为近代湖湘人才群的领军人物。

此光绪江苏书局本《靖节先生集》，在中安太平2007秋拍中，估价1.3万～1.8万元，未成交。

“千虑之失，未为一生之累”：《程一夔文乙集续编》

程先甲撰《程一夔文乙集》四卷，民国12年江宁程先甲千一斋木活字排印本。书名页用篆文题字“程一夔文乙集续编”，牌记题“千一斋排印，民国十二年二月，振翼署”。卷前有劳乃宣、缪荃孙序。

程先甲（1871—1932），字一夔，又字鼎丞，笔名百花仙子，江苏睢宁人。曾任南京国学专修馆教席。清末文字改革运动的积极推行者，擅长文赋诗词，在地方教育、学术研究、文艺创作等方面都做出了贡献。他20岁中举人，21岁时用一个月时间创作出长达3723字的《金陵赋》，这是自西晋左思《三都赋》中《吴都赋》以后的又一部全面描述、颂扬金陵的鸿篇巨制，至今仍是研究南京民俗的重要文献资料。

1923年，程先甲由甘肃返乡途中遭抢劫，盗匪见其行李中并无钱财，愤而将其累累书稿扔到河中。程先甲多年心血，尽付洪流。后来虽凭记忆默写，也只得十之六七。先后刻印出版的著作约占其全部著作半数，其中许多著作、手稿现藏于国家图书馆、南京图书馆和美国哥伦比亚大学图书馆。程先甲的儿子程德谟建国后在南京图书馆工作，一直干到80岁才退休，退休后又遍查史书，将记载其父生平和著作的书籍全部记录下来，2003年完成，共辑录了32部。

程先甲生前结集刊刻的著作有语言文字、文学、教育等类四十余种，合称为《千一斋全书》。书斋名为“千一斋”，取自“愚者千虑，必有一得”，他在所著《选雅》一书自序中有“千虑之失，未为一生之累”之句，可见其治学的严谨与谦虚。

程先甲的著作主要有《游陇集》、《程一夔诗甲乙集》、《程一夔诗集》、《程一夔文甲集》、《程一夔文甲集三编》、《程一夔文乙集》、《金陵赋》、《千一斋外集》、《千一斋小品》和《千一斋全书》等。程先甲的木活字刊本《广续方言》是其语言文字研究的扛鼎之作。

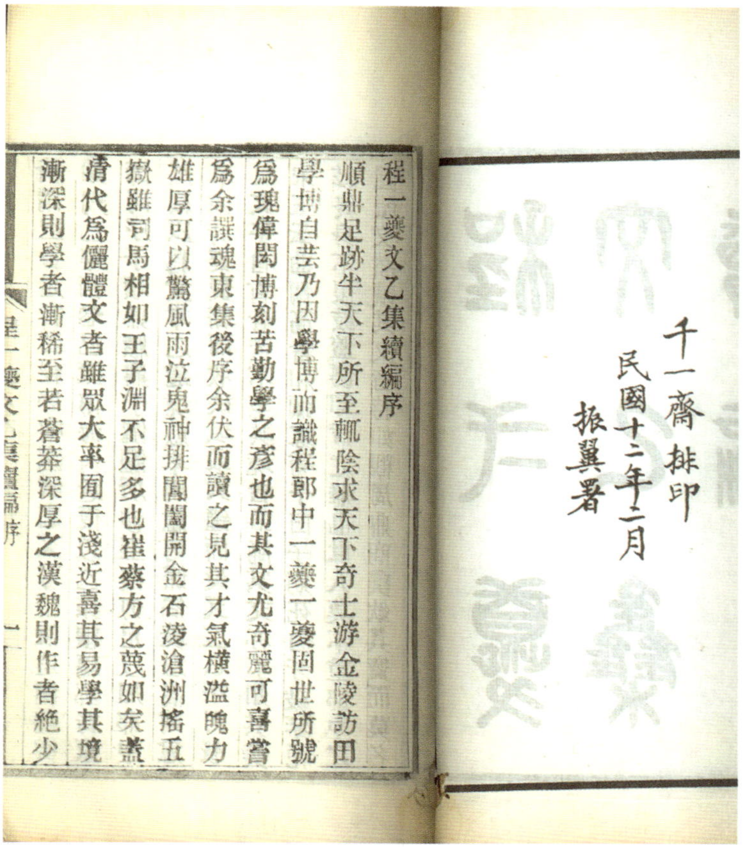

千一齋排印
民國十二年二月
振翼署

程一夔文乙集續編序

順鼎足跡半天下所至輒陰求天下奇士游金陵訪田
學博自芸乃因學博而識程郎中一夔一夔固世所號
爲瑰偉閎博刻苦勤學之彥也而其文尤奇麗可喜嘗
爲余譔魂東集後序余伏而讀之見其才氣橫溢魄力
雄厚可以驚風雨泣鬼神排閶闔開金石淩滄洲搖五
嶽雖司馬相如王子淵不足多也崔蔡方之蔑如矣蓋
清代爲儷體文者雖衆大率囿于淺近啇其易學其境
漸深則學者漸稀至若蒼莽深厚之漢魏則作者絕少

程一夔文乙集續編序　一

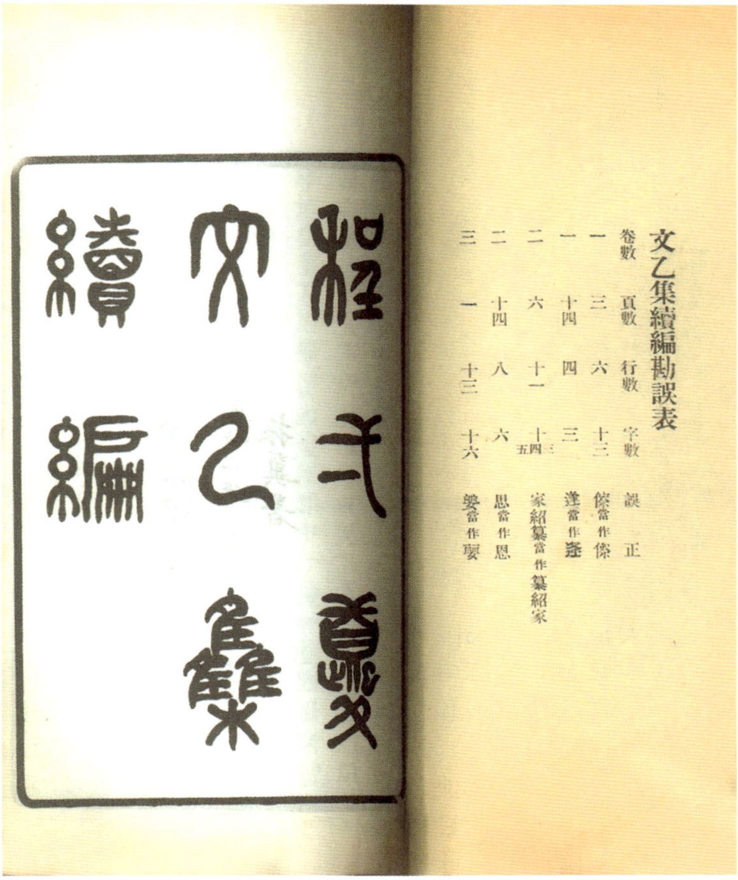

程一夔文乙集續編

文乙集續編勘誤表

卷數	頁數	行數	字數	誤正
一	三	六	十三	傺當作傺
一	十四	四	三	逢當作逄
二	六	十一	十三 十四 十五	家紹纂當作纂紹家
二	十四	八	六	思當作恩
三	一	十三	十六	嬰當作[illegible]

"考求西文之由来"：《中西文字异同考》

李天根辑《中西文字异同考》，李氏念劬堂1926年刻本，国家图书馆无藏。10行21字，左右双边，黑口，单鱼尾。卷首题有"双流李天根澄波辑"。

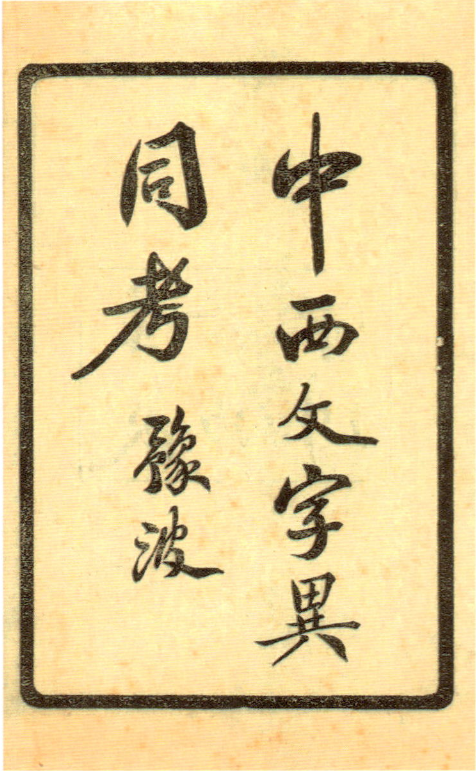

李天根在作于民国15年10月的序言中详细讲述了此书的写作由来："近数年来，研究文字学者，勃然兴起，诚我国前途之兴事也。虽然，一切科学，均当求新，惟文字一端，则宜考古。此无他，不究本原，不知文字之所由造也。惟近日因人种有西来之说，遂谓文字亦由西来，此不可不辨者也。丙寅（民国15年）夏，余欲考求西文之由来，以证中国文字，门人濮君永叔、濮君冠云，一长于英文，一长于法文，两生尽力助我。而中西文字之异同，昭然若揭，秋间复商之友人刘君藜仙，假我以参诸书，复语我其中意旨。刘君学有根底，英文颇有研究，所云动中肯綮，余为此编，所谓集腋成裘者也。博雅君子，再有以匡正之，则幸甚。"

李天根在《中西文字异同考》中，运用大量的象形图案进行对比，详细论述了埃及文字、巴比伦古楔形文字、腓尼基人文字、西文文字等文字的由来，对中西文字的源流、声音、异同、象形、假借等进行了比较。他认为，中西文字从根本上看，有同有不同，点画勾连大同小异，在命意取象上有不谋而合之处。西方文字最初也是象形，后来审音而制成了符号，久而久之把符号变成了文字。

李天根认为，中国的文字，一是来自仓颉所造的字，一是来自孔子所作六书。并且，西方最初也是以六书为文字，后来舍弃了。中国文字初学似难，但通晓了六书和说文解字，就可以四通八达，治一切学问都不在话下。并且，他认为，中国文字有统一全球的可能，因为欧洲全部加起来，也才相当于中国十二个省加内外蒙和西藏的大小。他希望有人起来，兴文字统一之事。

李澄波（1872—1961），字天根，生于新津，祖籍湖北麻城。他家境贫苦，自幼读书勤奋，14岁赴双流县考试，几次名列前茅，所得奖赏分文不用，奉敬双亲。17岁即被双流知县濮丹吾聘为家庭教师，他且教且读，28岁中秀才。1912年，任《大汉国民公报》主笔，常与当时四川省省长张澜诗词唱和。杨森督川后曾对他进行笼络，他力辞不去，警察厅软禁他七日，他也不怕威胁，决心以教书谋生。李澄波先后在四川大学、四川农学院等校任教。他精通历史和考古学，特别喜欢收藏文物并为此耗尽钱财。李澄波在收藏文物图书外，还潜心于学术研究和书画。在学术方面著有《文字学贯解》、《周易贯解》、《说文解字反切表》《作文方法浅说》等。1953年，被聘为四川省文史馆馆员。1957年，将自己收藏的典籍古书共48箱，约万余册，无偿捐献给四川省图书馆。有人问李澄波："为何不给自己的后代留些家产？"他坦然地说："我儿子李维扬等都在农村，躬耕垄亩足以自养，我留给他们的只有乐于耕读的清白家风。"李澄波辞世已近半个世纪，他的文风和人品在当地仍有口皆碑。

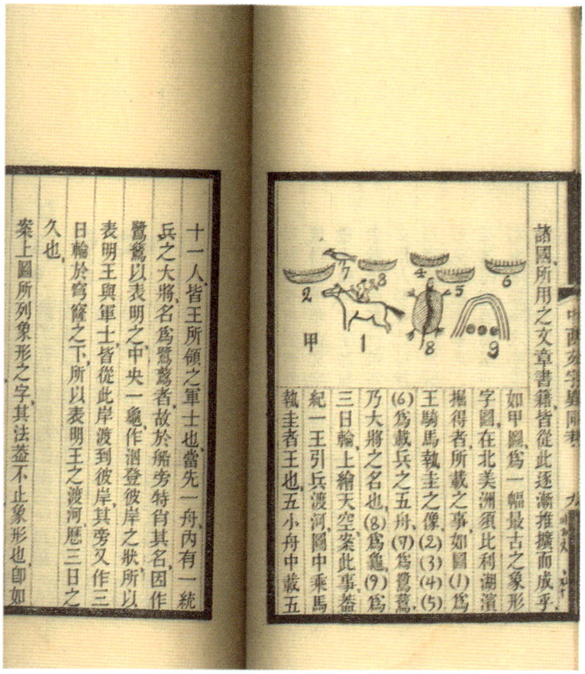
諸國所用之文章書籍皆從此逐漸推擴而成乎
如甲圖爲一幅最古之象形字圖在北美洲須比利湖濱掘得者所載之事如圖(1)爲王騎馬執圭之像(2)(3)(4)(5)(6)爲載兵之五舟(7)爲鷺鷥乃大將之名也(8)爲龜(9)爲三日輪上繪天空案此事蓋紀一王引兵渡河圖中乘馬執圭者王也五小舟中載五十一人皆王所領之軍士也當先一舟內有一統兵之大將名爲鷺鷥者故於艕旁特肖其名因作鷺鷥以表明之中央一龜作泅登彼岸之狀所以表明王與軍士皆從此岸渡到彼岸其旁又作三日輪於穹窿之下所以表明王之渡河歷三日之久也
案上圖所列象形之字其法蓋不止象形也即如

"情韵兼至"：《听香室遗稿》

（清）潘诚贵撰《听香室遗稿》，包括《听香室诗钞诗集》、《篛红词词集》和《听香室赋钞文集》，光绪五年（1879）刻本，全三册。

潘诚贵，字时轩，江苏吴县（今苏州）人。咸丰辛亥举人。徐世昌编选的《晚晴簃诗汇》收入潘诚贵的《晚泊京口》和《新秋水芝池上》两首诗。

《晚泊京口》："流水寒烟送六朝，西津渡口一停桡。白鸥渚冷蕢花老，黄鹄山空槲叶彫。残笛秋生江馆月，落帆风急海门潮。今宵且醉兰陵酒，赖有明镫慰寂寥。"

《新秋水芝池上》："池馆清秋里，房栊尽日阴。露香寒瀹茗，雨气润支琴。久病添诗债，澄观养道心。晚凉眠易熟，过客莫来寻。霜叶纷红锦，秋花媚绿萝。石坳穿稚竹，水槛卧残荷。笛引邻家近，香留隔宿多。新寒上屏背，雁已渡银河。"

清人杜文澜《憩园词话》有《潘时轩孝廉词》一篇："近见秦次游之同年潘时轩孝廉诚贵一词，调寄摸鱼子，初秋病中作云：'枕窗阴，芭蕉深处，秋来风雨无冷。湘波帘垂地，吹醒一镫凉晕。眠未稳，听瘦了蝉声，又是蛩声紧。黄昏渐近。拌数遍宵钲，捱残晓漏，扰梦五更尽。罢云薄，天半星河隐隐。银屏香幺盈寸。已凉天气都无赖，况又诗怀病损。愁暗忖。便不是悲秋，也抵伤心困。流光去迅。料疏柳阑干，残荷池馆，初雁已成阵。'此词情韵兼至，织不伤雅，各去上声格律谐协，传作也，特为录存。”

钟瑞注云：“时轩，余弟也。补之叔父次子，椒坡之胞弟，惜早卒。而著篛红词，曾镂版，兵乱失之。今其子志颖列贤书，乃掇其诗赋试帖并前词刻之为《听香室遗稿》，恨不及吴政于杜老矣。”

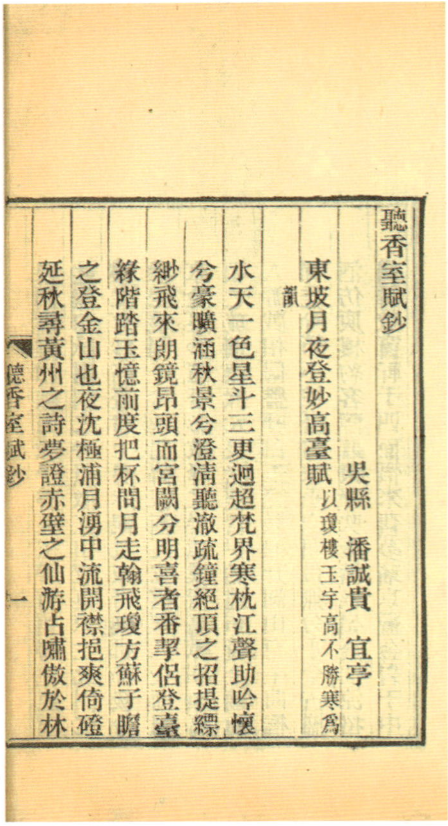

聽香室賦鈔

吳縣 潘誠貴 宜亭

東坡月夜登妙高臺賦 以瓊樓玉宇高不勝寒爲韻

水天一色星斗三更迥超梵界寒枕江聲助吟懷兮豪曠涵秋景兮澄清聽撤疏鐘絕頂之招提縹緲飛來朗鏡昂頭而宮闕分明喜耆番挈侶登臺緣階踏玉憶前度把杯問月走翰飛瓊方蘇子瞻之登金山也夜泛極浦月湧中流開襟挹爽倚磴延秋尋黃州之詩夢證赤壁之仙游占嘯傲於林

聽香室賦鈔 一

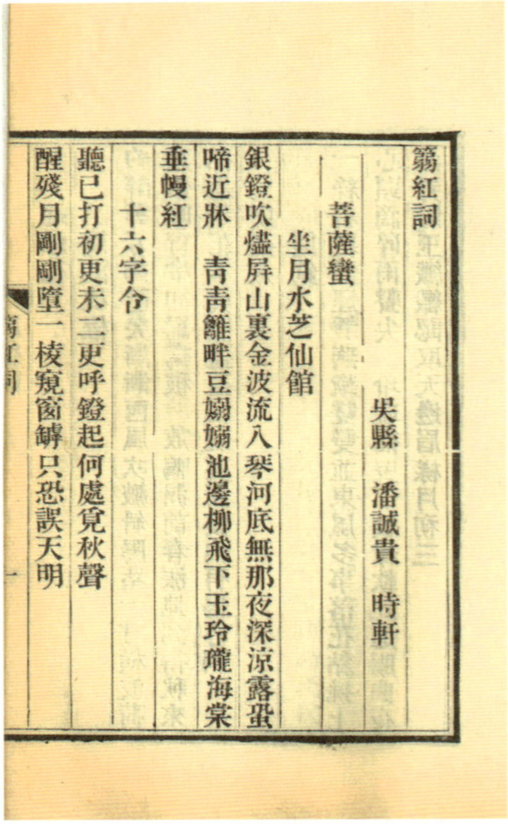

篛紅詞

吳縣 潘誠貴 時軒

菩薩蠻

坐月水芝仙館

銀鐙吹燼屏山裏金波流入琴河底無那夜深涼露蛩啼近牀 青青籬畔豆嫋嫋池邊柳飛下玉玲瓏海棠垂幔紅

十六字令

聽已打初更未二更呼鐙起何處覓秋聲 醒殘月剛剛墮一棱窺窗罅只恐誤天明

篛紅詞 一

“人事为本，天道为末”：《仲长子昌言》

（汉）仲长统撰《仲长子昌言》二卷，（清）马国翰辑《玉函山房辑佚书五百九十四种》第六十六册，长沙嫏嬛馆光绪九年（1883）刻本。

“仲长”是一个不多见的姓氏，该姓宗祠里有这样一幅四言对联：“昌言摅愤；隐士独游。”上联指的就是东汉末政论家、文学家，《仲长子昌言》的作者仲长统。仲长统（180—220），字公理，山阳高平（今山东金乡）人。早年游学于青、徐、并、冀各州，后官尚书郎，参与丞相曹操的军事谋划。每论及古今时事，常发愤叹息，著述文词锐利明快，富有批判色彩。下联指的是唐代洛阳人仲长子光，字不曜，独身隐居北渚，非其力所获而不食。当地新任官员都要去看他，他却以失语症辞谢。有人向他请教道行，他就用剑刻画出“老、易”二字给人看。

此书名“昌言”，“昌”即“当”，“昌言”也就是“当言”之意。据《后汉书·仲长统传》记载，此书“凡三十四篇，十余万言”。《隋书·经籍志》著录为十二卷，《录》一卷，列子部儒家类。《新唐书·艺文志》著录为十卷，仍列儒家类。《宋史·艺文志》在儒家类中著录为二卷，可知此书大部分内容佚失在两宋时期。今存本书内容仅是原来的十之二三。

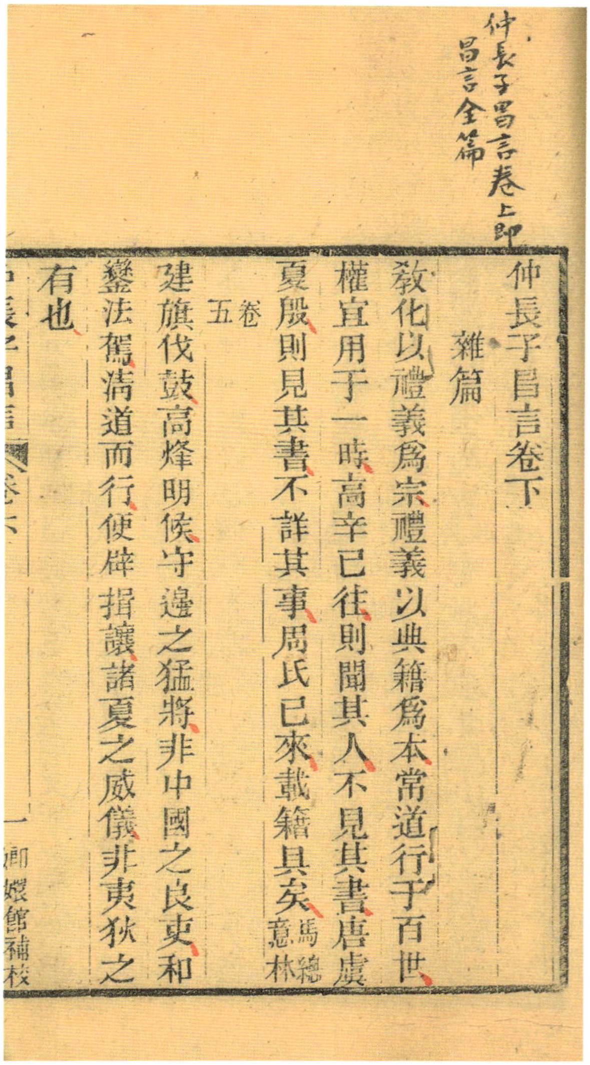
仲長子昌言卷上即
昌言全篇
仲長子昌言卷下
雜篇
教化以禮義爲宗禮義以典籍爲本常道行于百世
權宜用于一時高辛已往則聞其人不見其書唐虞
夏殷則見其書不詳其事周氏已來載籍具矣馬總意林
卷五
建旗伐鼓高烽明候守邊之猛將非中國之良吏和
鑾法駕清道而行便辟揖讓諸夏之威儀非夷狄之
有也
仲長子昌言 卷下 一 瑯嬛館補校

在书中，仲长统对当时风行的谶纬迷信及天人感应等权威观念，进行了批判。他明确提出了“人事为本，天道为末”的观点，指出所谓天道无非是星辰运行，四时代序的规律，至于所谓吉凶妖祥，实在毫不足取。“所贵乎用天之道者，则指星辰以授民事，顺四时而兴功业，其大略吉凶之祥，又何取焉？”对中国封建社会为什么不能“长治久安”，而要“一治一乱”，仲长统通过对秦汉以来的历史经验的总结，作出了前无古人的深刻见解，他把一个封建王朝的发展过程分作“伪假天威，天下已定”，“贵有常家，尊在一人”，“昏君信任奸邪，终致亡国”的三个阶段。在政治思想上，仲长统认为在德教与刑罚方面，应实行“中和之政”，应以德教为本，刑罚为辅。他批判和揭露了两汉外戚、宦官的专政，暴露了当时社会的黑暗现实。在人生哲学上，仲长统既对现实严重不满，又寻不到出路，故在书中，他阐述了自己对《庄子》思想的向往，幻想“乐志”，以求超脱，提出“道遥一世之上，永保性命之期”及“六合之内，忽心所欲”的人生主张。

此书虽为残帙，但仍不失为研究作者思想的重要资料。仲长统的出现，特别是所撰此书的行世，标志着东汉“清议”的结束，魏晋“清谈”的开始，两汉儒学至此遂告一段落。《昌言》中之《理乱》、《损益》、《法诫》三篇残文，存于《后汉书·仲长统传》中。唐朝魏征的《群书治要》节引《昌言》九段，分属于《道教》、《寿考》、《君臣》诸篇。后魏贾思勰的《齐民要术》亦有几处引文。明清时期，始有辑本，明朝叶绍泰辑一卷本，入《增订汉魏六朝别解》中。（清）马国翰辑二卷本，入《玉函山房辑佚书》中。严可均辑二卷本，入《全上古三代秦汉三国六朝文》“后汉文”卷八十八、卷八十九中。《丛书集成初编》所收系明胡维新辑一卷本，书名题《仲长统论》。

《玉函山房辑佚书》共七百零八卷，又续补十四卷，是清末济南学者马国翰编辑。该书辑佚书594种，为辑书史上的空前巨著。但因马国翰去世未能刊行。1870年，在丁宝桢协助下，泺源书院从马国翰亲属处借出《玉函山房辑佚书》的书板，整理后分订一百册印刷行世。2000年5月，山东章丘市埠村镇西鹅庄村民李应顺，在自家旧宅的夹墙中发现了马国翰《玉函山房辑佚书》的大量木刻雕版，刻于清咸丰年间，共计5966块，并将其捐献给了章丘市博物馆。这批雕版的捐献者李应顺，是马国翰的第五世外孙。

“润芝”的由来：《胡文忠公遗集》

胡林翼撰《胡文忠公遗集》十卷八册，牌记为“同治三年（1864）仲夏武昌节署开雕”。每卷末分署“弟子”或“受业”，“江宁汪士铎、泾县朱荣实、江都郭奎勋同校”。

此书卷一为奏疏，卷二、卷三为守黔书牍，卷四至卷七为抚鄂书牍，卷八至卷十为抚鄂批牍。卷首收有本传、曾国藩奏折及年谱。从卷首所收的三篇文章中，反映出胡林翼一生“不以官俸自益”，“综核之才，冠绝一时”。曾国藩称其“荐才满天下”，曾多次推荐给左宗棠、李鸿章、阎敬铭等，为时人所称道。与曾国藩、左宗棠被史学家并称为“中兴三名臣”。曾国藩在给皇帝的奏折中称：“林翼才胜臣百倍，近年遇事咨询，尤服其进德之猛。”从曾国藩的文章中，还可以看出，胡林翼还是一位才智过人，且善于团结人、善于用人的将领。曾国藩说：“近世将才，湖北最多，如塔齐布、罗泽南、李续宾、都兴阿、多隆阿、李续宜、杨载福、彭玉麟、鲍超等，林翼均以国士相待，或分资财惠其家室，或寄珍馐慰其父母……捷报皆不具奏，奏则盛称诸将功，而己不与，其心兢兢，以扶持忠良为务。”

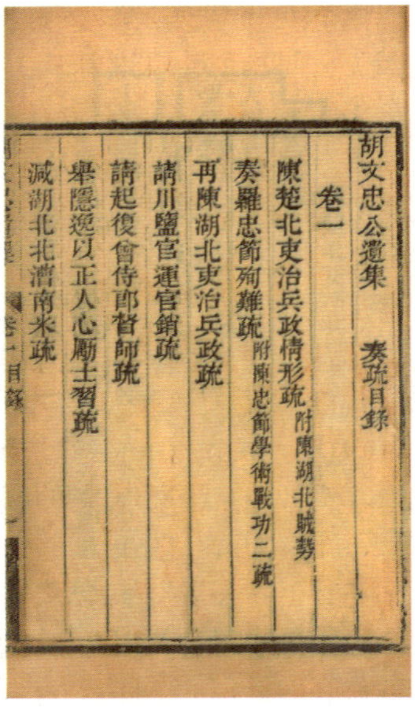
胡文忠公遺集　奏疏目録
卷一
陳楚北吏治兵政情形疏附陳湖北賊勢
奏羅忠節殉難疏附陳忠節學術戰功二疏
再陳湖北吏治兵政疏
請川鹽官運官銷疏
請起復曾侍郎督師疏
舉隱逸以正人心勵士習疏
減湖北北漕南米疏

胡林翼（1812—1861），字贶生，号润之（一作润芝），湖南益阳人。晚清大臣，湘军重要首领。文武双全，且能诗能文，为官清廉，重视教育，生前倾其所有，在益阳石笋瑶华山，修建了箴言书院“以公邑人”，培育人才，造福桑梓。蒋介石特别崇拜胡林翼的军事才能，把曾国藩、胡林翼的治军用兵之道编成《曾胡兵法》，作为黄埔军校学生的必读教材，并签名题词赠给学生。青年时代的毛泽东阅读了《胡文忠公遗集》，也十分钦佩胡林翼的文韬武略和做人为官之道，遂把他当成学习的楷模，把自己的字也改为“润芝”或“润之”。

胡林翼去世后，谥“文忠”，赐其子为举人。作为湖北巡抚、并死于任上的胡林翼，在其死后，湖北人立即出版他的作品，也是情理之中的事。在这部《胡文忠公遗集》出版之后，胡的文章，被多种丛书收入。1911年，蔡锷编辑出版了《曾胡用兵语录》，收曾国藩和胡林翼关于治兵的言论。1924年，重版《曾胡用兵录》时，蒋介石还为其作序。1936年，大东书局出版了《胡林翼全集》，共一百三十一卷。可见胡林翼虽然戎马一生，但却笔耕不辍，留下了大量有价值的作品。从版本上说，此本可能是胡林翼作品集的唯一刻本。胡林翼曾绘制《大清一统舆图》，为我国早期较完整的全国地图。

近年拍场上有此书八十六卷本和十卷本两种上拍。在中国嘉德四季第13期拍卖会上，一套八十六卷本，以7280元成交；2007年12月，在朵云轩艺术品拍卖有限公司（以下简称朵云轩）15周年庆典拍卖会上，一套十卷四册同治五年本，估价4000～5000元，未成交。

《三字经》作者王应麟的《汉艺文志考证》

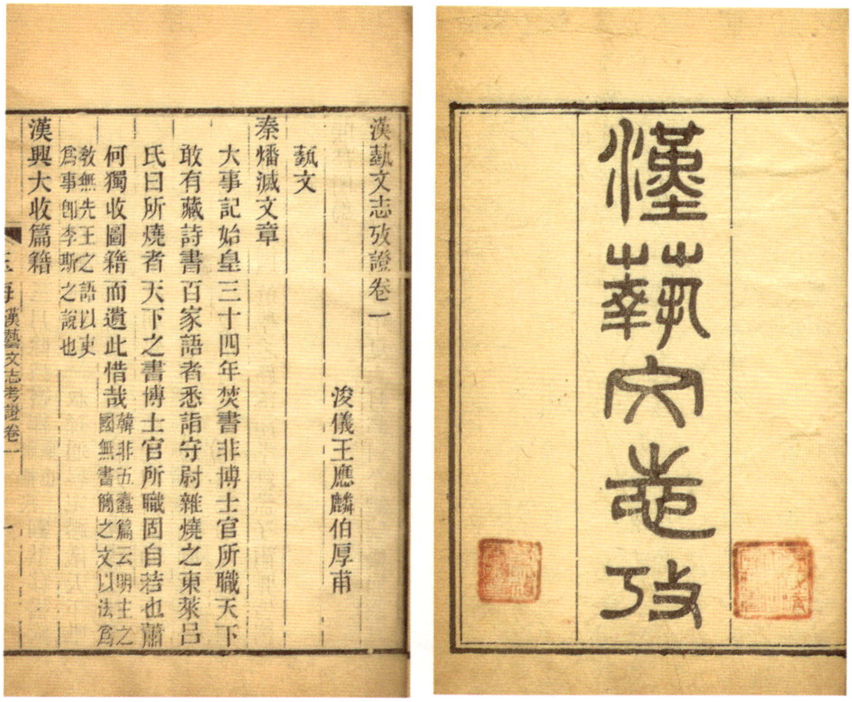
漢藝文志攷證卷一
浚儀王應麟伯厚甫
藝文
秦燔滅文章
大事記始皇三十四年焚書非博士官所職天下
敢有藏詩書百家語者悉詣守尉雜燒之東萊呂
氏曰所燒者天下之書博士官所職固自若也蕭
何獨收圖籍而遺此惜哉韓非五蠹篇云明主之國無書簡之文以法爲教無先王之語以吏爲事倒李斯之說也
漢興大收篇籍
玉海　漢藝文志攷證卷一

漢藝文志攷

（宋）王应麟撰《汉艺文志考证》十卷二册，浙江书局光绪间外聚珍本。钤“马氏晴雪山房藏书”、“马志祖阅读印”。书名页题“汉艺文志考”，题名“汉书艺文志考证”、“汉艺文志考证”。

《四库总目提要》载：《汉书·艺文志》因刘歆《七略》而修。凡句下之注，不题姓氏者皆班固原文。其标某某曰者，则颜师古所集诸家之说。然师古注班固全书，《艺文》特其八志之一，故仅略疏姓名时代。所考证者，如《汉著记》即《起居注》，《家语》非今《家语》，邓析非子产所杀，庄葱奇、严助之驳文，逢门即逢蒙之类，不过三五条而止。应麟始捃摭旧文，各为补注。不载《汉志》全文，惟以有所辩论者摘录为纲，略如《经典释文》之例。其传记有此书名而《汉志》不载者，亦以类附入。

王应麟（1223—1296），字伯厚，号深宁居士，祖籍浚仪（今河南开封），后迁居庆元（今浙江宁波）。南宋著名的学者、教育家、政治家。历事南宋理宗、度宗、恭帝三朝，位至吏部尚书。王应麟博学多才，对经史子集、天文地理都有研究。南宋灭亡以后，他隐居乡里，闭门谢客，著书立说。明代著名诗人、王应麟同乡黄润玉在《先贤赞》中称颂王应麟：“春秋绝笔，瑞应在麟。宋祚讫录，瑞应在人，尼父泣麟，先生自泣。出匪其时，呼嗟何及。”

王应麟隐居二十载，所有著作，只写甲子不写年号，以示不向元朝称臣。他一生著作甚丰，有《困学纪闻》、《玉海》、《诗考》、《诗地理考》、《汉艺文志考证》、《玉堂类稿》、《深宁集》等六百多卷。

其著作中知名度最高的是《三字经》，这可能是他做梦也想不到的事。王应麟晚年为教育本族子弟读书，编写了一本融会中国文化精粹的《三字歌诀》。他是通古博今的大儒，举重若轻的大家手笔写出这部《三字歌诀》，当然是非同凡响。

“神与道融”：明万历《琴谱大全》

（明）杨表正撰《琴谱大全》十卷，书名页题“杨西峰山人著，琴谱大全，重修正文对音历代名贤真传，翼圣堂藏板”，版心题“西峰重修琴谱”，卷端题“重修正文对音捷要真传琴谱大全”。每页10行，文字部分行24字，曲谱音调部分为12字，四周双边，单黑鱼尾。书前有“万历乙酉（1585）岁孟秋月吉旦江右南庚后学慎吾刘御”所作序言。

纪昀等撰《四库全书总目提要》一百一十四卷子部二十四记载：“《琴谱大全》十卷，通行本，明杨表正撰。表正号西峰，延平人。是书汇录琴谱诸调，考正音文，注明指法。搜采视他本颇广，初刊于万历元年。此本又其后增以新曲，校正重刊者也。”

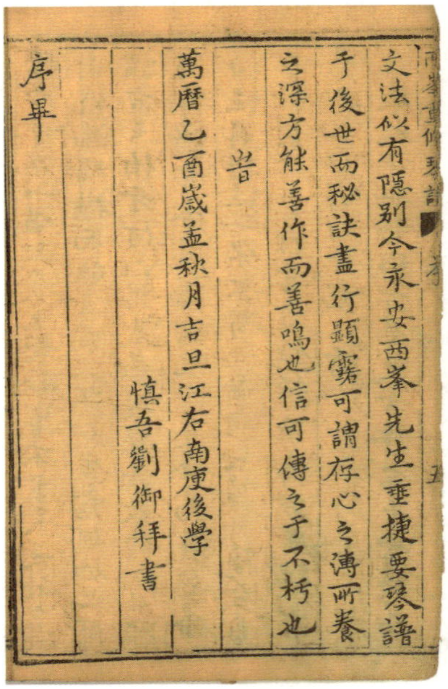
文法似有隱別今永安西峯先生垂捷要琴譜
于後世而秘訣盡行顯露可謂存心之溥所養
之深方能善作而善鳴也信可傳之于不朽也
皆
萬曆乙酉歲孟秋月吉旦江右南庚後學
慎吾劉御拜書
序畢

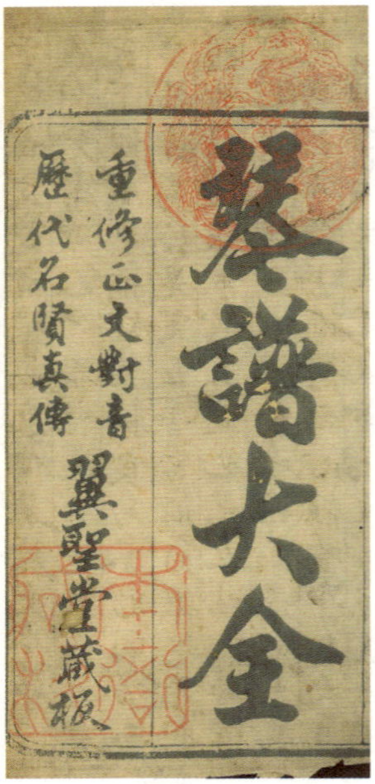
重修正文對音
歷代名賢真傳
琴譜大全
翼聖堂藏板

杨表正（1520—1590），字本直，号西峰山人，又号巫峡主人，福建永安贡川人。民间传说，武夷山九曲溪的第四曲的百丈崖壁上有个金鸡洞（又名飞仙洞），杨表正少年时，到武夷山旅游爬上金鸡洞得遇三间掌教。掌教见杨表正聪明灵敏，十分喜欢，决定传授一项特技给他。他问杨表正要学道还是学琴，杨表正表示要学琴。于是，三间掌教倾心相授琴术于杨表正。结果，杨表正后来写了本《琴谱大全》成为誉满全国的大音乐家。

当然，这仅仅是民间传说。杨表正一生淡泊名利，对古琴的历史、曲谱、歌词、琴学理论的造诣很深，强调“艺”与“道”的统一。他在《琴谱大全》中主张：“凡鼓琴……坐定，心不外驰……务要轻、重、疾、徐、卷舒自如、体态尊重，方能与道妙会，神与道融。”他认为古琴的艺术是一项高雅的艺术，特别强调艺术家自身的艺术修为，提出有“十四宜弹”，既“遇知音、逢可人、对道士、处高堂、升楼阁、在宫观、坐石上、登山埠、憩空谷、游水湄、居舟中、息林下、值二气清郎、当清风明月”；“十四不宜弹”，既“风雷阴雨、日月交融、在法司中、在市尘、对夷狄、对俗子、对商贾、对娼妓、酒醉后、夜事后、毁形异服、腋气臊臭、不盥手漱口、鼓动喧嚷”。

万历元年（1573），杨表正将自己30多年实践和研究成果——汇录诸调、考正音

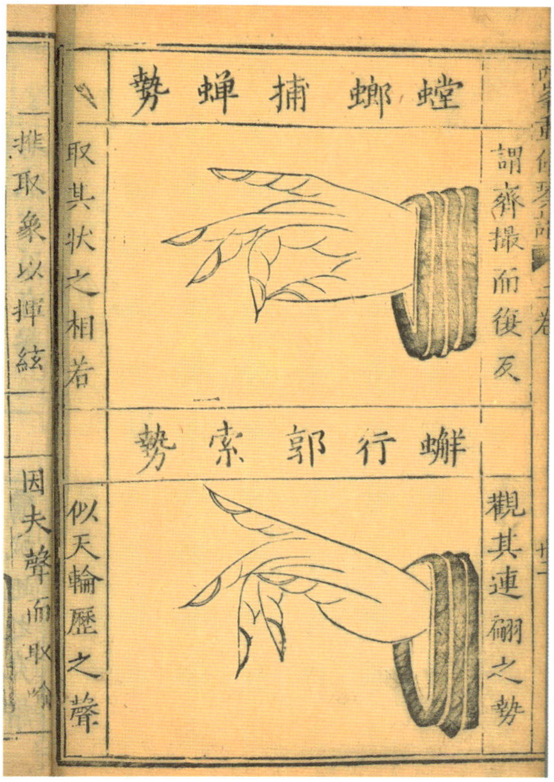

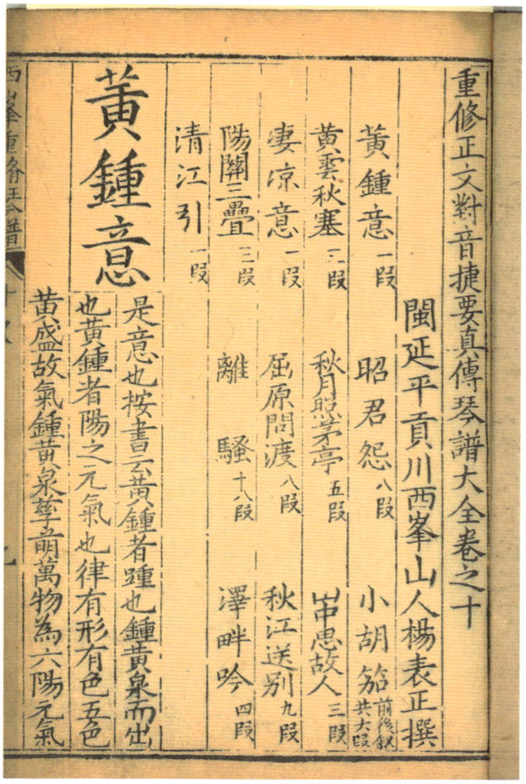
重修正文對音捷要真傳琴譜大全卷之十
閩延平貢川西峯山人楊表正撰
黃鍾意一段　昭君怨八段　小胡笳前後叙共十八段
黃雲秋塞三段　秋月照茅亭五段　宮思故人三段
淒涼意一段　屈原問渡八段　秋江送別九段
陽關三疊三段　離騷十八段　澤畔吟四段
清江引一段
黃鍾意
是意也按書云黃鍾者踵也鍾黃泉而出也黃鍾者陽之元氣也律有形有色五色黃盛故氣鍾黃泉孳萌萬物為六陽元氣

文、注明指法，撰写成书，初名《正文对音捷要声谱真传》，共六卷，在金陵（今南京）初刻印行；又于万历十三年修订此书，增为十卷，改名为《重修正文对音捷要真传琴谱大全》，仍在金陵刻印发行。该书前半部记述从黄帝起，包括孔子、诸葛亮、李白、唐明皇、朱熹等130多人历代圣贤名人琴学的成就、音乐论述及他们的音乐典故；记述“琴学须知”、“辨琴杂说”、“十二律吕论”、“乐器流源论”、“琴有九德论”、“琴有七要论”、“弹琴启蒙”、“十三微论”等琴学、琴法理论。后半部是《琴操》的曲谱，收入包括屈原的《离骚》、诸葛亮的前后《出师表》、蔡文姬的《胡笳》、陶渊明的《归去来辞》、王勃的《滕王阁序》、唐明皇的《广寒游》、苏东坡的《赤壁赋》等102首历史名曲名词。每一首都有曲和词并行间隔配对。该书的出版备受音乐界的赞赏，认为“其文之粹，如金之精，如玉之润”，赞誉杨表正“与古之伯乐无异也”（见《福建通志》）。此后的操琴者都按《琴谱大全》所指，遵循其精义练习。

《中国音乐史略》记载：“杨表正一生几乎过着隐居泉石，名利不关的生活。他的创作，除《金陵吊古》在艺术上有一定成就外，还有唐柳宗元作词的《渔歌调》尚不失为一首优美的抒情小品。”新中国成立后，有关部门对杨表正的研究成果也极为重视，文化部文学艺术研究会音乐研究所和北京古琴研究会合编《琴曲集成》（由陈毅元帅题写书名），全文影印杨表正著的《重修正文对音捷要真传琴谱大全》（明刻本）。并在《剧本提要》中介绍说：“杨表正在万历初年强调正文对音，与浙派‘去文以存勾踢’对峙，并为大量琴曲补文，而且能大胆创作，有维江派于不坠之功。”

“翼圣堂”为明嘉靖、万历间金陵书坊，除此本外还刻印过《楚词笺注》十七卷、《禅真逸史》等。杜信孚、杜同书编《全明分省分县刻书考·江苏省书林卷》（线装书局2002年出版）著录此书：“《琴谱大全》十卷，明杨表正撰，明万历十三年江苏省金陵书林翼圣堂刊本。”

金陵三山街富春堂刊万历乙酉刻《琴谱大全》十卷十册，在中国嘉德1995年秋拍和1996年春拍中，分别以2.86万元和2.75万元成交。上海国拍2004年春拍万历积秀堂本估价1.5万～2万元，成交价为2.1万元。

“诗至唐而诸体皆备”：《古唐诗合解》

（清）王尧衢注，（清）李模、李桓校《古唐诗合解》十二卷又古诗四卷，共四册，竹纸刻本和皮纸写刻本各一种。雍正十年（1732）王尧衢序一篇，凡例一篇。

《古唐诗合解》是成书于清雍正年间的一部诗歌总集。全书凡十六卷，其中古诗四卷、唐诗十二卷，作者为长洲（今江苏苏州）人王尧衢。此书是明清以来诸多选本中流布较广的一种。

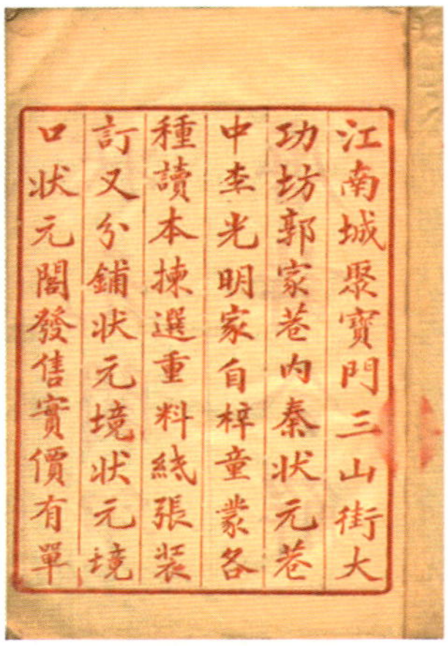
江南城聚寶門三山街大
功坊郭家巷内秦狀元巷
中李光明家自梓童蒙各
種讀本揀選重料紙張裝
訂又分鋪狀元境狀元境
口狀元閣發售實價有單

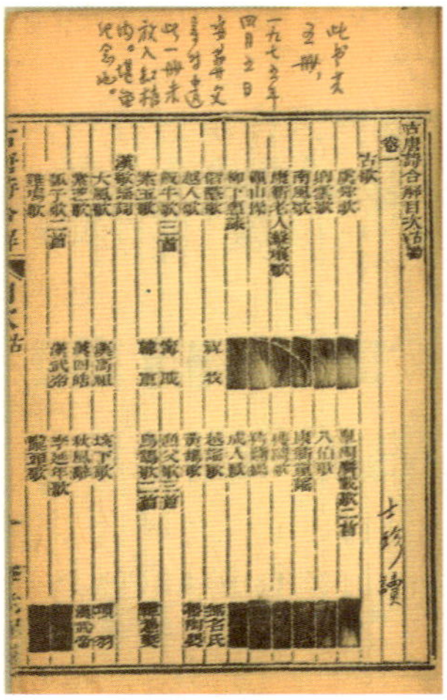

清初至康熙年间诗论家诸家，与王尧衢诗学观关系密切的有三个人，即叶燮、沈德潜和王士禛。其中，王尧衢与叶燮的诗学思想渊源至深，承继关系最为密切。王尧衢在《古唐诗合解·凡例》中说：“诗至唐而诸体皆备，唐以后至今，皆本唐诗以为指归。”王氏将古诗与唐诗合为一编，这本身说明他对“格调平稳，词意悠长”之作格外青睐，沈德潜的《古诗源》成书于清康熙五十八年（1719），比《古唐诗合解》早

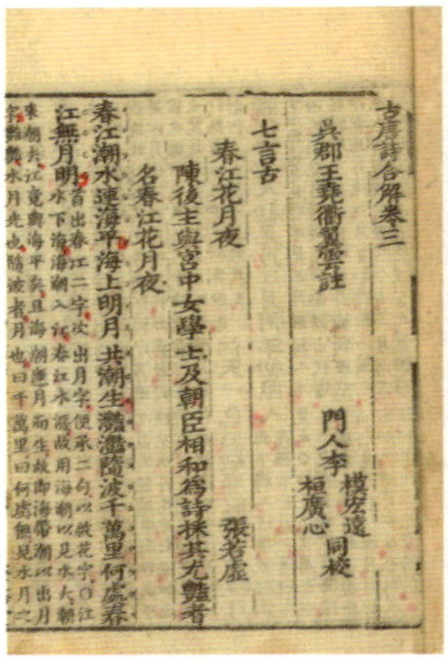
古唐詩合解卷三
吳郡王堯衢翼雲註　門人李模宏遠 桓廣心 同校
七言古
春江花月夜
陳後主與宮中女學士及朝臣相和為詩採其尤艷者
名春江花月夜　張若虛
春江潮水連海平海上明月共潮生灩灩隨波千萬里何處春
江無月明

皮纸本

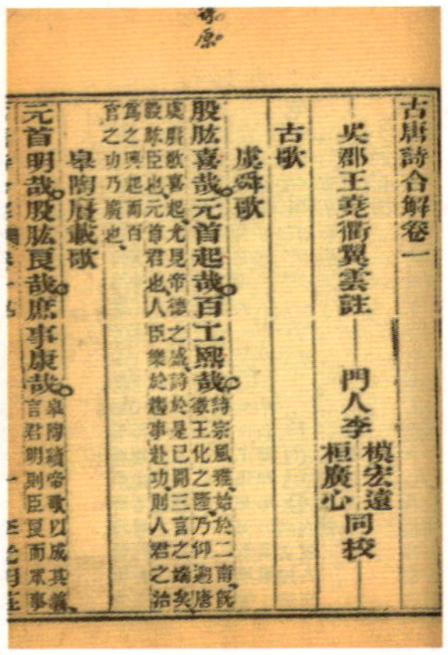
古唐詩合解卷一
吳郡王堯衢翼雲註　門人李模宏遠 桓廣心 同校
古歌
虞舜歌
股肱喜哉元首起哉百工熙哉
皋陶賡載歌
元首明哉股肱良哉庶事康哉

竹纸本

约10年。

（清）王士禛论诗推崇冲和淡远之境界，其《唐贤三昧集》只收王维以下42人，对王维、韦应物的山水田园诗情有独钟。他的神韵说在当时影响最大。神韵说讲究自然天成，韵味悠远，“不著一字，尽得风流”。而王尧衢论诗则重“自然”、“神化”，这与王士禛有相似之处。王尧衢在《古唐诗合解》序言中说：作诗须“由心而动”，“出于自然”，其玄机在于“潜契默悟，能神游于法之外者，即巧生于法之中”。

从《古唐诗合解》所选之诗也可看出，王尧衢所追求的这一境界与王士禛有许多相似之处，书中共选王维诗42首，韦应物诗13首，均为重点选录之人。不过，他们二人之间的差异也是明显的，王士禛不喜杜诗，王尧衢却收录最多。

在上海嘉泰2008春季艺术品拍卖会上，此本估价3500～4000元，未成交；在北京万隆2008年春拍中，此本成交价为2200元。

“识见之高，实为罕见”：《推十书》

在四川成都收得刘咸炘著《推十书》二十种三十七册，民国17年至民国20年作者家塾尚友书塾自刻、自印本，白纸。

刘咸炘（1896—1932），字鉴泉，号宥斋，室名推十斋，四川双流人。蜀中名宿刘止唐孙、刘桂文子，可谓世代书香。刘咸炘主尚友书塾讲席十余年，又历任敬业学院哲学系主任，成都大学、四川大学教授。是近代著名历史学家、目录学家，也是近代学术史上英年早逝的天才学者，虽年仅36岁，而著书235部，475卷，总名为《推十书》，为古今少有（萧萐父在为成都古籍书店影印《推十书》所作序言中记载为231种）。刘咸炘笃学精思，明统知类，举凡哲学、诸子学、史学、校雠学、方志学、文学以及道教研究，均有重要创获。发前人所未发，卓然自成一家。广大圆通，胜义纷披。张尔田、陈寅恪、梁漱溟、蒙文通、吴芳吉、卢前、唐君毅均对其学术成就推崇备至。

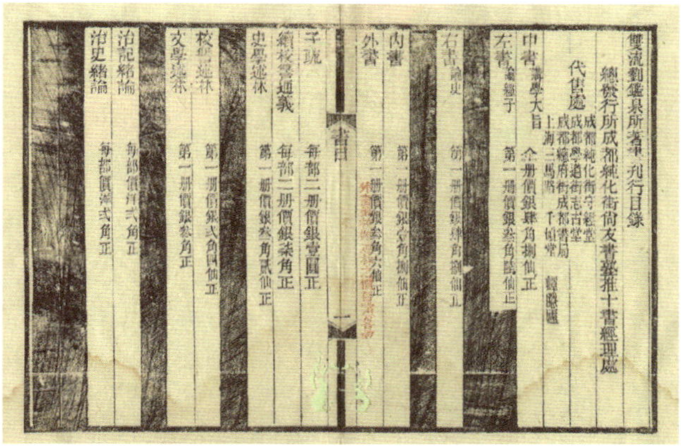
雙流劉鑑泉所著書刊行目錄
總發行所成都純化街尚友書塾推十書經理處
代售處 成都純化街守經堂 成都學道街志古堂 成都總府街成都書局 上海三馬路千頃堂書局
中書 講學大旨 全册價銀肆角捌仙正
左書 [illegible]輯子 第一册價銀叁角陸仙正
右書 論史 第一册價銀肆角捌仙正
內書 第一册價銀[illegible]角捌仙正
外書 第一册價銀叁角六仙正
子疏 每部二册價銀壹圓正
續校讐通義 每部二册價銀柒角正
史學述林 第一册價銀叁角貳仙正
校讐述林 第一册價銀式角四仙正
文學述林 第一册價銀叁角正
治記緒論 每部價銀式角正
治史緒論 每部價銀[illegible]式角正

刘咸炘与其兄刘咸荥、刘咸焌并称为“双流三刘”。刘咸荥（1858—1949），字豫波，室名静娱（豫）楼。清光绪二十三年（1897）拔贡，曾任内阁中书。精诗文，书法遒劲飘逸，学黄庭坚，为成都“五老七贤”之一。今成都武侯祠、杜甫草堂及峨眉山风景名胜，存有刘咸荥墨迹。浙江张孟劬读到《推十书》一些内容后，赞叹其“目光四射，如珠走盘，自成一家之学者也”。陈寅恪入蜀讲学期间，尽力搜求刘氏著作，称其“识见之高，实为罕见”。蒙文通评之为“为一代之雄数百年来一人而已”。梁漱溟曾对人说：“余至成都，唯欲至诸葛武侯祠及鉴泉先生读书处。”对其钦佩之情，由此可见。

《推十书》堪称文化巨著，内容涉猎面广且深，学术价值高。包括经、史、子、集，旁及西学。刘咸炘20岁开始著述，到36岁归道山的16年内，其著作已雕版印刷及石印、排印计36种。按其自订类目分别编为：

甲、纲旨；乙、知言（子学）；丙、论世（史学）；丁、校雠；戊、文学；己、授徒书；庚、祝史学；辛、杂作；壬、杂记杂抄。共九类。

《推十书》于中国古代文学、历史、哲学、校雠、版本、目录、民俗、宗教、方志

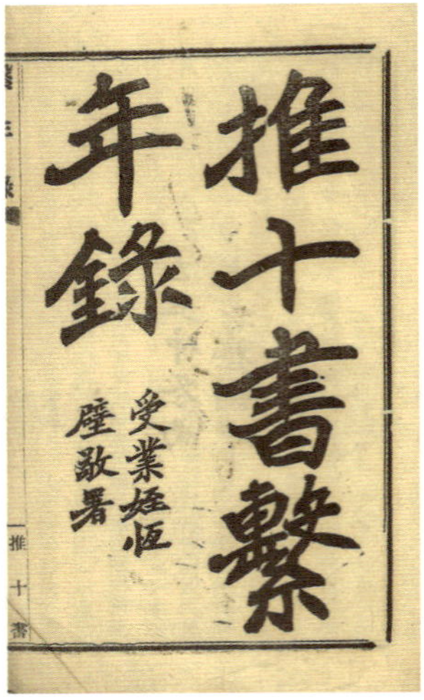

学、文字学、语言学、佛学、道学的研究均极有建树。尤精于史学、校雠学。上海图书馆编入《中国丛书综录》内《推十书》的子目仅12种，国家图书馆收藏也不过20种。翕居所藏《双流刘鉴泉先生挽辞》一书中有“推十书目录”，著录为134种（1935年重庆更新印刷纸号代印。此书极为稀见，成都古籍书店1996年影印版《推十书》附录，收入了《推十书系年录、续录》、《暂编书目》等3种，但记载有“推十书目录”的这部“挽辞”没有收入）。

所谓“推十”是刘咸炘先生书斋的名称，大约取《说文》中释“士”字乃“推十合一”之说。《推十书》主要部分分述于下：

总絜纲旨的有《两纪》、《中书》。辨天人之微，析中西之异的有《内书》、《外书》。《左书》知言，如《孟子章类》、《子疏》、《学变图赞》、《诵老私记》、《庄子释滞》、《吕氏春秋发微》都属此类，这是先生研究诸子学的著作；《右书》论世，如《太史公书知意》、《后汉书知意》、《三国志知意》、《史学述林》、《学史散篇》、《翻史记》、《蜀诵》、《先河录》都属此类，这是先生的史学著作。

关于校雠目录之学，则有《续校雠通义》、《目录学》、《校雠述林》、《校雠丛录》、《内楼检书记》、《旧书录》、《旧书别录》等。

关于文学的著作，则有《文心雕龙阐说》、《诵文选记》、《文学述林》、《文式》、《文说林》、《言学三举》、《子篇撰要》、《古文要删》，《文篇约品》、《简摩集》、《理文百一录》、《诗评综》、《诗本教》、《诗人表》、《一饱集》、《从吾集》、《风骨集》、《风骨续集》、《三秀集》、《三真集》、《长短言读》、《词学肄言》、《读曲录》等。

刘咸炘的书法长于篆隶，兼工行草，撰写了书法理论著作《弄翰余沛》，《益州书画录》称其行草“近包世臣”。

论说治学门径的著作有《学略》、《浅书》、《书原》、《论学韵语》、《治记绪论》、《治史绪论》等。以上所列书籍，尤其是文学选集，多为排印、油印本，大多没有刻入《推十书》中。

刘咸炘五六岁时，先后从兄咸荥和父亲学习。9岁时，更加笃学好问，每天读书达数十册。1914年，他18岁，其父卒。乃就从兄刘咸焌受业，开始研究古文的格调并详细研究班固的《汉书》，随后又研读章实斋的《文史通义》，于是更知道著述体例综合的原则。22岁时，写成《汉书知意》四卷。是书于昔人讥评班固之语，纠辨甚详，发明《汉书》的义例甚有创见，这是他史学评论的开始。后来，《太史公书知意》、《后汉书知意》、《三国志知意》三部书，都是照此书体例写成的。1916年后，任尚友书塾塾师。尚友书塾是刘咸焌创办的，成立于1918年，前身为明德书塾，地址在纯化街延庆寺内，是建国前成都最有名的书塾。当时，刘咸焌任塾长。教学课程和书塾章程则完全由刘咸炘制定，分幼学、少学两个班，学生数百人。又设有研究班，从少学中考取成绩优异者肄业。从开办到1932年先生逝世，此15年为蓬勃发展时期，有《尚友书塾学报》刊行，造就了不少国学人才。

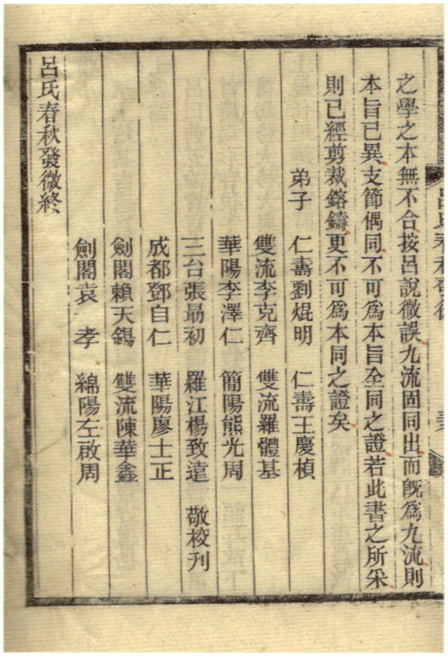
之學之本無不合按呂說微誤九流固同出而旣爲九流則
本旨已異支節偶同不可爲本旨全同之證若此書之所采
則已經剪裁鎔鑄更不可爲本同之證矣
弟子 仁壽劉焜明 仁壽王慶楨
雙流李克齊 雙流羅體基
華陽李澤仁 簡陽熊光周
三台張昜初 羅江楊致遠 敬校刊
成都鄧自仁 華陽廖士正
劍閣賴天錫 雙流陳華鑫
劍閣袁 孝 綿陽左啟周
呂氏春秋發微終

“双鱼罍斋”第一种：《万卷读余》

（清）康基渊纂辑《万卷读余》，“双鱼罍斋”第一种。清光绪二年（1876）永绥张世準复刊，聚好斋藏板。

蒙学用的工具书主要有三类：一是一般字典，如《字汇》等；二是专书字典，如《养蒙针度》；三是名物图典，如《小学绀珠》和《家塾蒙求》等是两种流行很广的工具书。

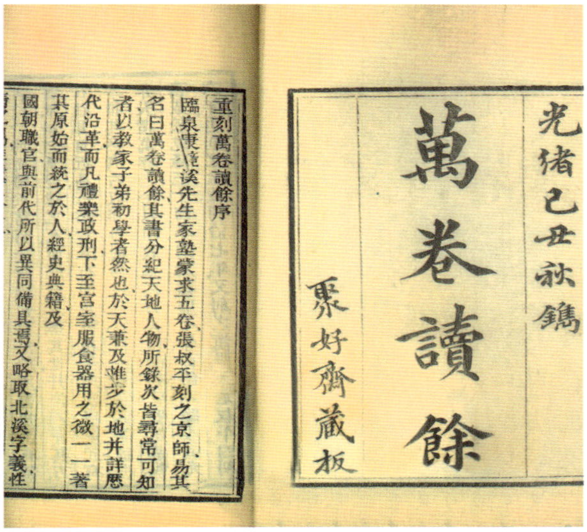
光緒己丑秋鐫
萬卷讀餘
聚好齋藏板

重刻萬卷讀餘序
臨泉康鏡溪先生家塾蒙求五卷張叔平刻之京師易其名曰萬卷讀餘其書分紀天地人物所錄次皆尋常可知者以教家子弟初學者然也於天兼及維步於地并詳歷代沿革而凡禮樂政刑下至宮室服食器用之微一一著其原始而統之於人經史典籍及
國朝職官與前代所以異同備具焉又略取北溪字義性

王应麟在《小学绀珠》自序里说：“君子耻一物不知，讥五谷不分，七穆之对，以为洽闻，束帛之误，谓之寡学。其可不素习乎！乃采掇载籍拟锦带中，始于三才，终于万物，经以历代，纬以庶事，分别部居，用训童幼。”这几句话很可以概括说明这本书的编法，简言之，就是把见于古书的许多名物，分类编集，每一类之中，又以数目为线索排列，每条注明包含的内容，有的略加解说，注明出处。很像一个小百科辞典，无论

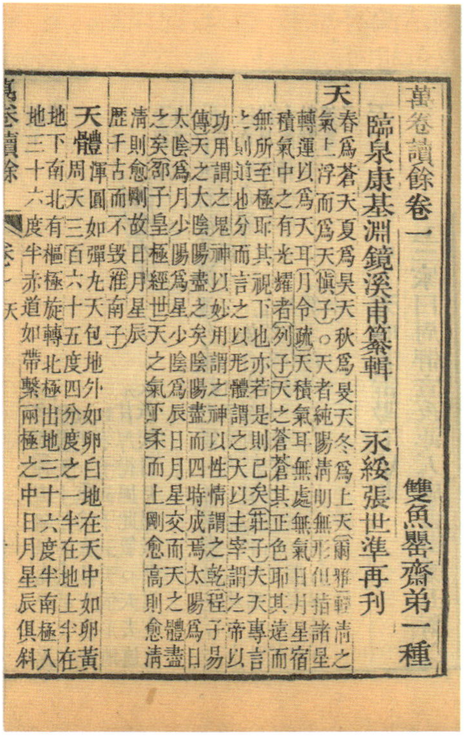
萬卷讀餘卷一　雙魚罍齋弟一種
臨泉康基淵鏡溪甫纂輯　永綏張世準再刊
天
春爲蒼天夏爲昊天秋爲旻天冬爲上天（爾雅）輕清之氣上浮而爲天（愼子）○天者純陽清明無形但指諸星之轉運以爲天耳（月令疏）天積氣耳無處無氣日月星宿積氣中之有光耀者（列子）天之蒼蒼其正色耶其遠而無所至極耶其視下也亦若是則已矣（莊子）夫天專言之則道也分而言之以形體謂之天以主宰謂之帝以功用謂之鬼神以妙用謂之神以性情謂之乾（程子易傳）天之大陰陽盡矣陰陽盡而四時成焉太陽爲日太陰爲月少陽爲星少陰爲辰日月星辰交而天之體盡之矣（邵子皇極經世）天之氣下柔而上剛愈高則愈清清則愈剛故日月星辰歷千古而不毀（淮南子）
天體
渾圓如彈丸天包地外如卵白地在天中如卵黃周天三百六十五度四分度之一半在地上半在地下南北有樞極旋轉北極出地三十六度半南極入地三十六度半赤道如帶繫兩極之中日月星辰俱斜
萬卷讀餘　卷一　天

编者原来的意图怎样，实际上当然只能备查考，而不能作为课本来念。

《家塾蒙求》乃清人康基渊撰。康基渊，字镜溪，安徽临泉人，著有《霞堂文稿》。《家塾蒙求》分天、地、人、物四部，每部举出有关的名物，加以简要的解释。也像一个分类的百科小辞典，“人部”中间的一部分，实在就是一个历代名人辞典。这本书比《小学绀珠》通俗简要，所收的名物大都是比较常见的，所以流行相当广泛。书成于清乾隆三十四年（1769），初刻于清嘉庆七年（1802），以后有过几次复刊本，至光绪二年，张世準又复刊一次，改称

《万卷读余》。从书的流传情况，可以看出它在群众中受欢迎的程度。

“双鱼罂斋”为张世準的书房。在北京琉璃厂东街的路北，有一条双鱼胡同。原先，这条胡同并不叫双鱼胡同，《光绪顺天府志》一书称它为“门牙胡同”。清代同治、光绪年间，永绥的张叔平中翰曾住在此巷，他有书斋名叫“双鱼罂斋”。近代武清人郭家声在《后厂甸诗》中写到这条胡同时说：“萧斋雅构号双鱼，小刻丛编有短书。检到琅環十二种，熏香摘艳要资渠。”在这里曾刻印《琅環十二种》小丛书，所以诗中“小刻丛编有短书”。自此以后，这条小巷改称双鱼胡同。

《白石老人自传（四）》之“幽居乡里”记载：“我们湖南，有一位先辈的画家张叔平，名準，也会刻印章，是永绥厅人，道光己酉科的举人。我在黎薇荪家里，见到他的真迹不少，曾经临摹过一遍。丙辰九月，在茹家冲邻居那里，见着他家藏画四幅，画得笔法很苍健，却只有题字，没有题款，盖的印章，也是闲章，不是名印。我借来临了一遍，仔细查看，见其笔法、题字和印章，断定是张叔平的手迹，就在我临摹的画幅上面，题了几句。薇荪的儿子戬斋，是我的好朋友，常来我家，见了心爱，向我索取。我素知叔平和黎文肃公是乡榜同年，戬斋是文肃公后裔，就把我临摹的画，送给了他。”

齐白石对张叔平还是比较推崇的，在其《题巨石图》中讲道：“凡作画，欲不似前人，难事也，余画山水恐似雪个，画花鸟恐似丽堂，画石恐似少白，若似周少白，必亚张叔平。余无少白之浑厚，亦无叔平之放纵。”

《四明丛书》之《容膝轩诗文集》

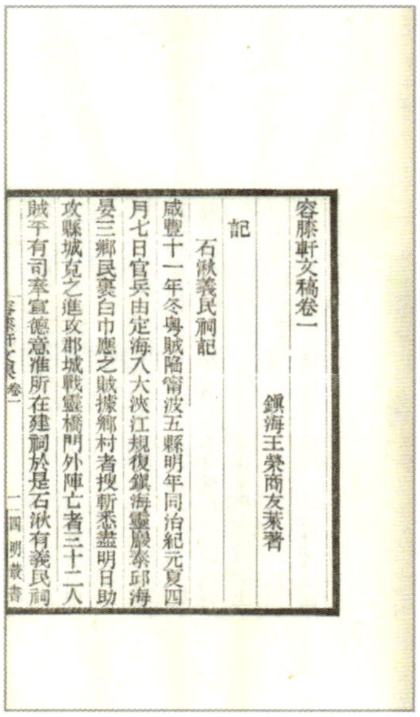
容膝軒文稿卷一　鎭海王榮商友萊著

記

石湫義民祠記

咸豐十一年冬粵賊陷甯波五縣明年同治紀元夏四月七日官兵由定海入大浹江規復鎭海靈巖泰邱海晏三鄉民裹白巾應之賊據鄉村者搜斬悉盡明日助攻縣城克之進攻郡城戰靈橋門外陣亡者三十二人賊平有司奉宣德意淮所在建祠於是石湫有義民祠

容膝軒文集卷一　一　四明叢書

张寿镛辑、王荣商撰《容膝轩诗文集》八卷二册，为《四明丛书》的第八集。四明张寿镛约园民国37年刻本。

《四明丛书》是一部编集浙江宁波乡邦文献的郡邑类丛书。宁波为浙东望郡，因境内有四明山，故泛称四明。宁波哲儒辈起，遗著不下数千百种，然而佚者过半，未刊者甚多，虽刊而稀见传本者亦不少。因此，选刊乡贤著作，便是一项抢救性保存地方文献，弘扬民族优秀文化，推动学术文化发展的具有深远历史意义的要事。于是，张寿镛毅然以编刊《四明丛书》为己任。

张寿镛是我国现代著名教育家、藏书家和出版家，字咏霓，号伯颂，别署约园，浙江鄞县人。清光绪二年（1876）生，光绪二十九年举人。民国初，任上海货物税所所长，后任浙江、湖北、江苏、山东财政厅长。民国14年任沪海道尹，民国15年11月，管理财政部总务厅。民国16年9月，任财政部次长，民国20年12月辞职。此后即致力于办好光华大学和编刊《四明丛书》。民国34年7

月15日因病去世，享年70岁。张寿镛自民国初年开始搜集四明文献，并陆续对乡贤遗著的存佚情况作了详细调查，所以，编刊《四明丛书》能做到博采约收。选录时，先品其人，后评其书，有学术价值而又流传未广者方为付刻。

《四明丛书》规模大，刻印时间也较长。全书八集，178种，1177卷，始编于民国19年，至民国21年冬，第一集告成。民国23年秋，第二集书成。民国24年夏，第三集书成。民国25年春，第四集书成。民国26年秋，第五集书成。正当此集校印之时，抗日战争爆发。此后，张寿镛身处忧危，在狼烟烽火中，克服种种困难，仍校刻不辍。曾将已刻书版，分藏杭州弥陀寺，南浔嘉业堂，幸无损失。民国28年冬，第六集告成，民国29年秋，第七集书成。民国34年7月，第八集刻未及半，而去世。后由其子星联、悦联、芝联等在民国37年12月续成。并请冯贞群补写了第八集总序和后序。

《四明丛书》入编之书，除原著外，兼收后人对作者及作品的研究成果，包括年谱、校勘记、著作考等。第八集末，《容膝轩诗文集序》写于民国34年5月11日，可知张寿镛在去世前两个月的病中仍著述不辍。《四明丛书》用传统雕版印刷方法刊印，字体版式仿鲍氏《知不足斋丛书》，刻印精良，版藏南浔嘉业堂。

王荣商，字友莱，生于清咸丰二年（1852），生性奇特，与众不同。他曾说：“国家昌盛，官具德才，国士之出，首在考场。任人唯贤与任人唯亲，涉及主考官秉公与否。惧势爱财者难胜任也。”这显示出他不阿权势、不贪钱财的高风亮节，堪为后人楷模。

光绪王荣商家刻本《容膝轩文稿》白纸、线装三册，在上海敬华2005年秋拍中，以4400元成交。

“所得罕见之书颇多”：《振绮堂丛书》

（清）汪康年辑《振绮堂丛书》二集十二种八册，汪康年振绮堂光绪二十年（1894）刻本，书名据书名页及版心题，牌记题“光绪廿年泉唐汪氏振绮堂刊”、“渐学庐藏版”。

“振绮堂”是清代杭州著名的藏书楼，由汪宪创建于乾隆年间。汪宪（1721—1771），字千陂，号渔亭，浙江钱塘（今杭州）人。乾隆十年（1745）进士。官刑部主事，迁陕西员外郎。平时好藏书，遇有人售书，往往不惜高价买来，其藏书之所称“振绮堂”。汪宪与当时杭州的鲍廷博、朱文藻及湖州的严可均等学者藏书家往来相互借书

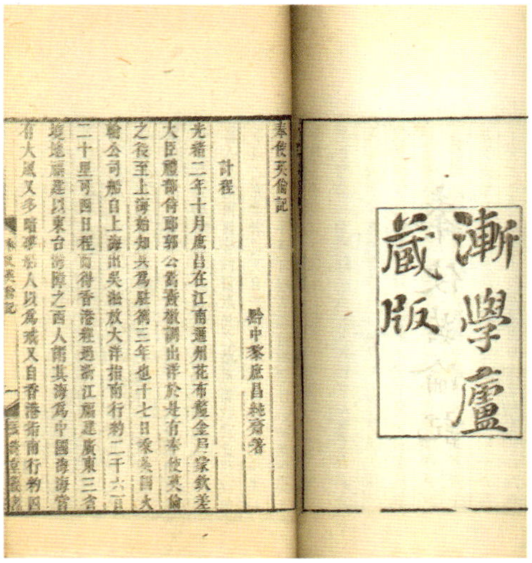

抄录，共同讨论经史问题。汪宪还著有《说文系传考异》四卷，旁征博引有功于文字学，另著有《列女传》等书。

汪宪逝世后，其后代继续藏书，一直延续了四世。长子汪汝溧，字坤伯，号涤庵，乾隆修《四库全书》时诏求各地藏书，他进呈振绮堂所藏秘籍219种，被《四库全书》著录33种，存目123种，因进呈之书较多，受到朝廷赏赐初印的《佩文韵府》一部。乾隆皇帝还在发还的两部书《曲洧旧闻》和《书苑菁华》中亲笔题词。汪宪次子汪璐，字仲连，号春园，乾隆五十一年举人，曾选家藏各书题记编成《振绮堂藏书题记》四卷（未刊）。

振绮堂的第三代主人是汪璐的儿子汪諴，字孔皆，号十村。乾隆五十九年举人，官刑部主事。念及家藏浩瀚，却没有一本完整的目录，乃按经史子集分类编成《振绮堂书目》五卷，共著录藏书3300多种、65000卷，并详考作者及版本。

汪諴的儿子汪远孙，字久也，自号借闲漫士，为振绮堂的第四代主人。清嘉庆二十一年（1816）举人，官修补内阁中书，喜读家藏书，同时又勤于著述，著作主要有《诗考补异》、《国语考异发正》、《古注汉文地理志校勘记》、《借闲生词》等。

经汪氏四代人的努力，振绮堂藏书的名声已“甲于浙右”。大约在清咸丰十年（1860）后开始散落。龚自珍有诗：“振绮堂中万卷书，乾隆九野有谁知？季方玉碎元方死，握手城车间蠹鱼”。到了近代，汪氏后裔汪康年在清光绪、宣统年间辑刊《振绮堂丛书》两集，共收二十四种十三册。

徐珂《清稗类钞》有《汪穰卿刻丛书》一文，文中记载：“钱塘汪穰卿舍人康年壮游南北，数于书肆搜觅秘书，且假录于朋好，故所得罕见之书颇多，屡欲刊刻行世，以绌于财力而止。晚年乃议用活字版，次第排印，以六册为一集，曰《振绮堂丛书》。宣统辛亥十二月，初集甫竣，而已逝于天津矣。”

“唐诗中脍炙人口之作”：《唐诗三百首补注》

陈伯英著《唐诗三百首补注》八卷四册，书名页题“陈伯英女史补注唐诗三百首”，牌记题“光绪辛卯秋九月文美斋精校重刊”。光绪辛卯为1891年。

《唐诗三百首》是清人蘅塘退士和他的继室徐兰英合编的唐诗选本。蘅塘退士（1711—1778），本名孙洙，字临西，江苏无锡人。清乾隆十六年（1751）进士，曾任过知县。他因不满于当时广为流传的《千家诗》选诗不精，且仅五绝、七绝两体，遂“专就唐诗中脍炙人口之作，择其尤要者”，模仿《诗经》的规模，选编了《唐诗三百首》。初时只是想为学童提供“家塾课本”，而不想成为“藏之名山、传之后人”的著作，

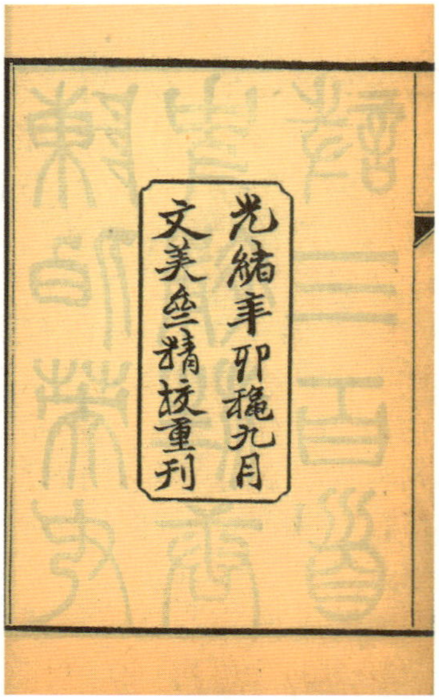

所以连自己的姓名也不署，只署“蘅塘退士”。后因所选大多是唐诗传世佳作，并且选诗数量适中，故得以广泛流行，甚至达到“风行海内，几至家置一编”的程度。

该书选诗309首，刊行面世后，为之作注、增评者甚多，著名的有上元女学者陈婉俊，她为《唐诗三百首》作了补注，写了凡例，有清道光餐花阁刻本、光绪四藤吟社本和文美斋重刻本行世。道光二十四年（1844），当时的著名学者姚莹为陈婉俊的《唐诗三百首补注》写序，但还是看不起《唐诗三百首》这部书，他的序里根本不提蘅塘退士，甚至不提《唐诗三百首》，只说“见其案头有补注唐诗”。清光绪元年（1875）张之洞编的《书目答问》称此书“为告生童而设，非是著述”。因此，在他的书目里没有列入。直到1920年，大东书局刊印张萼荪评注《唐诗三百首》，还称蘅塘退士，但不知他的姓名。到1956年，文学古籍刊行社据四藤吟社本断句排印陈婉俊补注的《唐诗三百首》，才在“点校说明”里指出编者是孙洙。到1980年出版金性尧的《唐诗三百首新注》时，才从《梁溪诗抄》和《名儒言行录》里，辑录到孙洙的简况。这样一位长期不为人所知的编者，编了这部他自己也并不看重而长期被人看不起的《唐诗三百首》，却把从唐朝到清朝所有大家或名家的唐诗选本包括清朝康熙皇帝的《御选唐诗》都抛在后面，而成为最风行的唐诗选本。

陈婉俊之弟陈晋蕃为此书所作“跋”语里，详细讲述了成书过程和对此书的评价：“忆晋蕃初识之无，姊伯英即教以《唐诗三百首》。逮稍长，姊方事补注，间为指陈典实，始知作诗不可一字无来历，读诗不可一字不考核也。岁壬子，姊归桐城，晋蕃寻避地寄濑邑，春朝秋夜，感事兴怀，偶事咏吟，以不睹补注唐诗为惜。乙卯冬，镜缘姊丈偕姊来濑，欢叙之余，悉《唐诗三百首补注》未遭兵燹，且有增帙焉，急索而读之。博引旁征，字梳句栉。罄胸藏之积轴，更益新裁；溯口授于曩年，如逢故我。觉郝天挺注《唐诗鼓吹》，尚嫌简陋，高士奇注《三体唐诗》，无此清整。吾家信有秀才，何必效关氏之夸进士也。爰事雠校，请付枣梨，虽莫当考古之资，庶足为发蒙之助云。”

光绪十一年，四藤吟社主人为此书作序，除评价补注作品外，重点谈了版本的情况：“《唐诗三百首》为蘅塘退士定本，风行海内，几至家置一编。惜笺注太疏，读者病之。上元陈伯英女史，手辑辅注八卷，字梳句栉，考核精严，能令读者不假祭獭而坐获食，蹠津逮初学，功匪浅鲜。第其书版藏李氏餐花阁中，坊间罕有其本，所以沾丐士林者恐未能遍也。爰取其书，重加厘订，付之手民，以广其传。书中体例，悉仍其旧。惟少陵《咏怀古迹》诗本五首，蘅塘止录其二，不免漏。今刻仍为补入，俾读者得窥全豹。注则悉依《杜诗镜诠》，未敢窜易一字焉。刻成，悉心检校，尚无淮雨别风之谬，较餐花阁本似更精致云。”

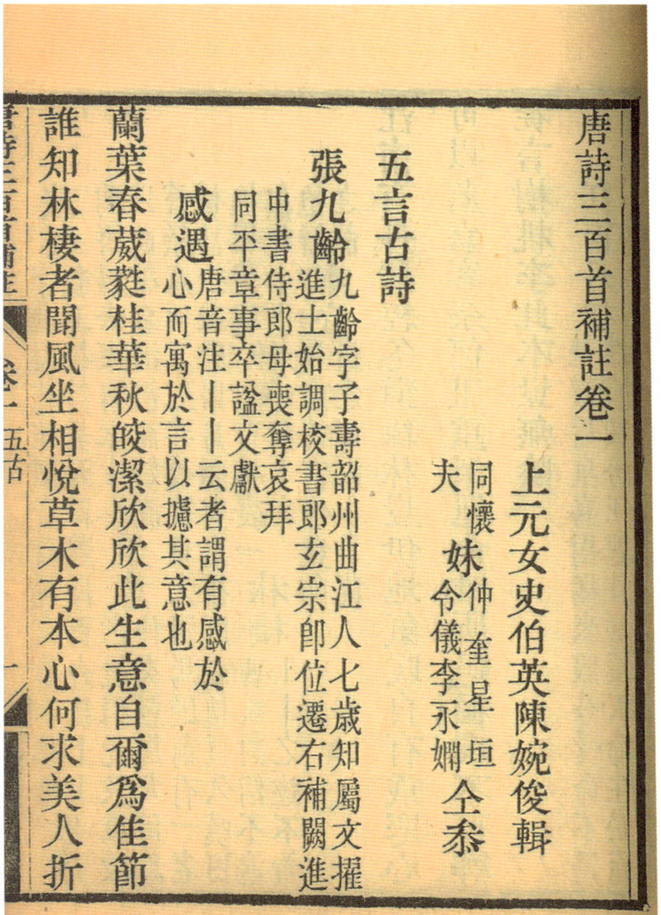
唐詩三百首補註卷一
上元女史伯英陳婉俊輯
同懷妹仲奎星垣
夫令儀李永嫺 仝參
五言古詩
張九齡九齡字子壽韶州曲江人七歲知屬文擢進士始調校書郎玄宗即位遷右補闕進中書侍郎母喪奪哀拜同平章事卒謚文獻
感遇唐音注——云者謂有感於心而寓於言以攄其意也
蘭葉春葳蕤桂華秋皎潔欣欣此生意自爾爲佳節
誰知林棲者聞風坐相悅草木有本心何求美人折
唐詩三百首補註 卷一 五古 一

“婉约可歌”的《柯家山馆词》

（清）严元照撰《柯家山馆词》三卷一册，湖城义塾嘉庆甲戌年刻本。钤“苾厂藏书”印。书前有嘉庆戊辰年（1808）严元照自序，嘉庆丁丑年（1817）徐球序。跋中讲：“悔庵居士于壬申（1812）仲秋遘疾，久而弗瘳。去年曾从史刊其乐府二卷，今兹见其新作襞积，又得如干解，乃录其副续，付诸梓。甲戌（1814）春二月徐球记。”

严元照（1773—1817），字修能，一字久能，号悔庵，浙江归安（今湖州）人。生而识字，4岁能写大字。8岁作书，求者已盈门。10岁能作四体书，有奇童之誉。住石家村，建芳等堂，聚书数万卷。后移居德清，读书治经，尤熟于《尔雅》、《说文》小学之类。阮元、朱法深赏之。嘉庆四年（1799）阮元巡抚浙江，延之入估经精舍。其词身后见赏于朱祖谋，为题《望江南》词云：“廿载柯家山下客，宝斋画扇亦前因，成就苦吟身。”《晚晴簃诗汇》称其诗“和雅清婉，得风人之旨”。著有《柯家山馆词》、《尔雅匡名》、《娱亲雅言》等。严元照身体不好，病归僦居柯家山，中年早逝。《清史稿》、《清史列传》、《国朝鲁献类征》、《三文学合传》有传。龙榆生选编《近三百年名家词选》收入其《念奴娇》、《定风波》词二首，录自《柯家山馆词》。

清人谭献撰《复堂词话》评价曰：“严修能柯家山馆词，婉约可歌。”在其《补录》中又评，“借得归安严元照修能《柯家山馆词》一册，读之。能为雅音，高处望见北宋。乃晚年复染指玉田，何与？修能负奇慧，文名籍藉甚，深于禅学”。对严氏晚年学南宋张炎表示了不满。

黄裳的《清代版刻一隅》收入嘉庆年间十九种书，其中就有《柯家山馆词》。《清代版刻一隅》所收各本不仅其本质珍罕佳胜，而且大都伴有不平凡的身世，为其敷采生色，诱人遐想，耐人寻味。黄裳所藏嘉庆刻《柯家山馆词》为作者严元照本人自藏之本，有其姬人张秋月小印，不免使人想象前辈学人优游书史、校勘图籍之乐，书后且附补遗数页，更无人知。黄裳叹其“书缘之美”，“此本足当白眉”。

嘉庆刻《柯家山馆词》国家图书馆无藏，近年各大拍场也不曾出现。

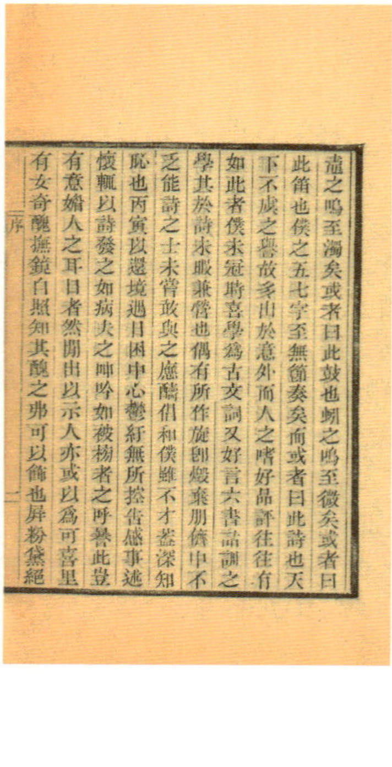
遠之鳴至濁矣或者曰此鼓也蚓之鳴至微矣或者曰
此笛也僕之五七字至無節奏矣而或者曰此詩也天
下不虞之譽故多出於意外而人之嗜好品評往往有
如此者僕未冠時喜學為古文詞及好言六書詁訓之
學其於詩未暇兼營也偶有所作旋即燬棄朋儕中不
乏能詩之士未嘗敢與之應酬倡和僕雖不才蓋深知
恥也丙寅以還境遇日困中心鬱紆無所控告感事述
懷輒以詩發之如病夫之呻吟如被榜者之呼謈此豈
有意媚人之耳目者然間出以示人亦或以為可喜是
有女奇醜撫鏡自照知其醜之弗可以飾也屏粉黛絕
序 一

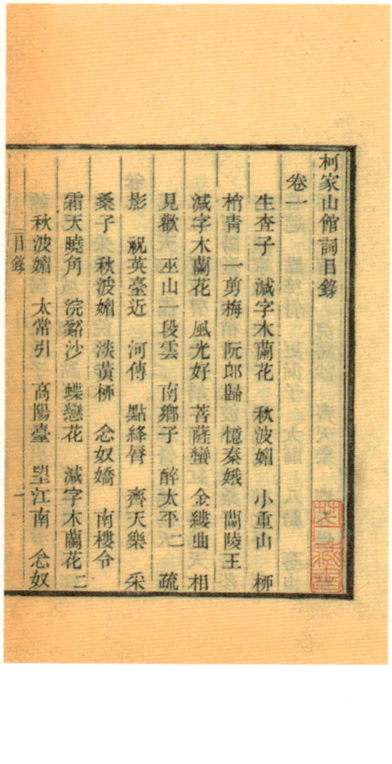
柯家山館詞目錄
卷一
生查子 減字木蘭花 秋波媚 小重山 柳
梢青 一剪梅 阮郎歸 憶秦娥 蘭陵王
減字木蘭花 風光好 菩薩蠻 金縷曲 相
見歡 巫山一段雲 南鄉子 醉太平二 疏
影 祝英臺近 河傳 點絳脣 齊天樂 采
桑子 秋波媚 淡黃柳 念奴嬌 南樓令
霜天曉角 浣谿沙 蝶戀花 減字木蘭花二
秋波媚 太常引 高陽臺 望江南 念奴
目錄 一

“文极朴茂”的《尸子》

（战国）尸佼撰、（清）孙星衍辑《尸子》二卷一册，牌记题“光绪甲申（1884）小春月白堤八字桥孙溪槐庐家塾”刻本。

孔子著名的“过于盗泉，渴矣而不饮，恶其名也”，便出自《尸子》卷下。此书《汉书·艺文志》著录为杂家，其后各家著录，或在杂家，或在法家。尸子其人，《史记·孟子荀卿列传》称其为楚人，《汉书·艺文志》称其为鲁人，刘向《别录》称其为晋人。班固在《汉书·艺文志》的“自注”里对“尸子”有简介：“名佼，鲁人，秦相商君师之。鞅死，佼逃入蜀。”刘向在《别录》中认为尸子是秦相卫鞅的幕僚，商鞅变法被刑，尸子乃逃亡入蜀。自此作《尸子》二十篇，凡六万余言。

《尸子》原书自宋以后就佚失了，清代辑录《尸子》的有许多家，《心斋十种》本为惠栋辑，任兆麟补辑；《平津馆丛书》本乃章宗源辑，孙星衍补辑。《湖海楼丛书》本为汪继培辑。《尸子》的思想兼宗儒、墨、名、法、阴阳，的确算是杂家。但该书自清及近代以来，学者多视其为伪书。然吕思勉先生在《经子解题》中称，“据今所辑存者，十之七八皆儒家言……此书盖亦如《吕览》，兼总各家而偏于儒……实足以通儒、道、名、法四家之邮”。又称“其文极朴茂……今虽阙佚已甚，然单词碎义，足以取证经子者，实属指不胜屈……此外典制故实，足资考证者尚多”。此中是非论断，难于辨析。

在富彼国际拍卖（北京）有限公司2008年秋拍中，道光黄氏辑刊的《尸子》二册，以3584元成交。

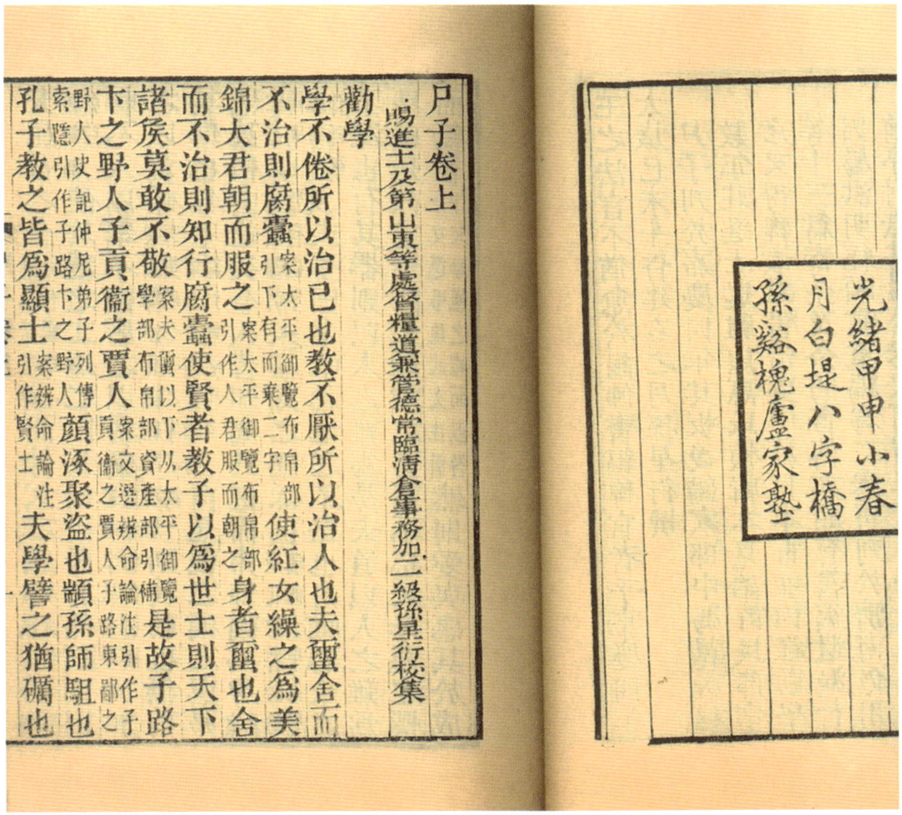
光緒甲申小春月白堤八字橋孫谿槐廬家塾

尸子卷上

賜進士及第山東等處督糧道兼管德常臨清倉事務加二級孫星衍校集

勸學

學不倦所以治己也教不厭所以治人也夫繭舍而不治則腐蠹……使紅女繰之為美錦大君朝而服之……身者繭也舍而不治則知行腐蠹使賢者教之以為世士則天下諸侯莫敢不敬……是故子路卞之野人子貢衛之賈人顏涿聚盜也顓孫師駔也孔子教之皆為顯士……夫學譬之猶礪也

“文章辞令，盛为邺下所称”：《庾子山集》

（北周）庾信撰、（清）倪璠注《庾子山集》十六卷、总释一卷，共十一册。康熙年间刻本，避“玄”不避“弘”。书名页题《庾开府全集》。前有明末清初张缚序言。正文十六卷，诗、赋、碑、志铭各二卷，辞、表、连珠、赞、铭各一卷，表、启合一卷，数、文、序、传合一卷，前有年谱、本传、目录合一卷，最后附总释一卷。

《庾子山集》成书于庾信生前的北周大象元年（579），为二十卷，由宇文逌编辑、作序。《隋书·经籍志》著录为二十一卷。今存的《庾子山集》已非宇文逌和《隋书》所著录的本子，而是后人搜辑遗文重编。《增订四库简明目录标注》讲到明代有汪刊本，共十二卷；还有朱曰藩刊本，仅六卷，有诗无文。此外还有明代张溥所刻《汉魏六朝百三家集》本，称《庾开府集》。庾信集较早的注释本是清代吴兆宜所注十卷本。稍后有倪璠注本十六卷，翕居所藏即为此版本。

《北史》、《唐书》、《郡斋读书志》、《直斋书录解题》、《宋史》均有二十卷本的记载。《隋书》及明代焦竑《国史经籍志》则有二十一卷的记载，其中可能有一卷是目录，但原本已佚。

庾信（513—581），字子山，南北朝文学家，梁代诗人庾肩吾之子。祖籍南阳新野（今属河南），出身于江南望族。15岁为太子萧纲（梁简文帝）讲读，博通子史，尤工诗赋。所作绮艳的诗歌，被称为“徐庾体”。他还曾出使东魏，“文章辞令，盛为邺下所称”。梁武帝末，侯景叛乱，庾信时为建康令，率兵防守战败。建康失陷后，他被迫逃亡江陵，投奔梁元帝萧绎。元帝承圣三年（554）他奉命出使西魏，抵达长安不久，西魏攻克江陵，杀萧绎。他因此被留在长安，历仕西魏、北周，官至骠骑大将军开府仪同三司，故又称“庾开府”。

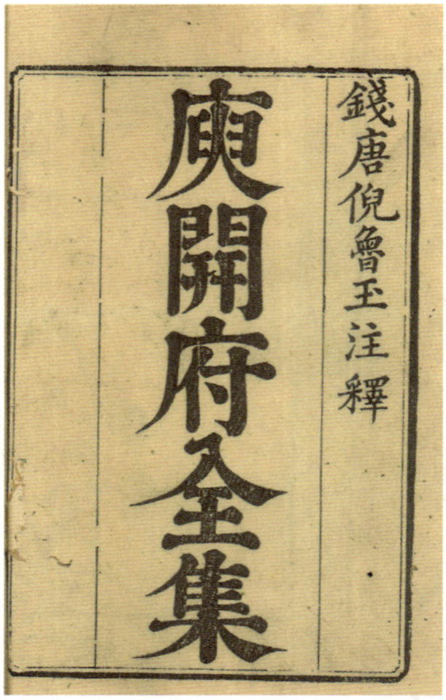
錢唐倪魯玉注釋
庾開府全集

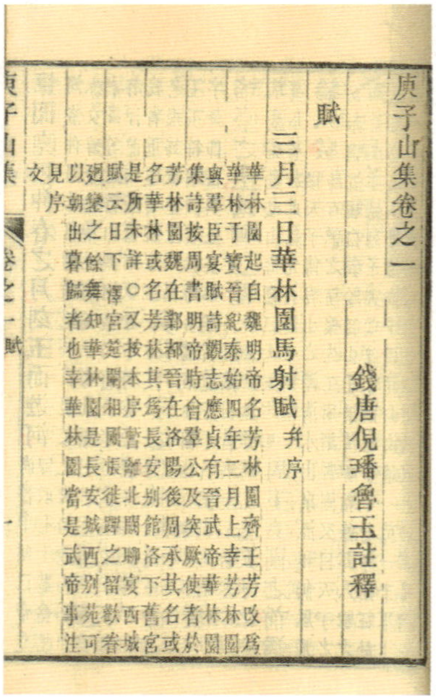
庾子山集卷之一
錢唐倪璠魯玉註釋
賦
三月三日華林園馬射賦 并序

研究者认为，流传至今的《庾子山集》，有明清以后学者编刻的三种版本体系、十四种版本，倪璠注的该书十六卷本为通行本。倪璠，字鲁玉，浙江钱塘（今杭州）人。康熙乙酉(1705)举人，官内阁中书舍人。《四库总目提要》记载：是编以吴兆宜所笺《庾开府集》合众手以成之，颇伤漏略。乃详考诸史，作年谱冠于集首。又旁采博搜，重为注释。……辨证亦颇精审，不以稍伤芜冗为嫌也。

线装书局版《中国古籍善本总目》著录《庾子山集》为善本。中国书店版《中国大书典》评价《庾子山集》的刻本以倪璠注解本为最佳注本。

在上海敬华2006年秋拍中，《庾开府全集》笺注十六卷、附年谱一卷，共十册，康熙崇岫堂刊本，估价1万～1.5万元，未成交。

“文章满家，鸾凤其仪”：《玉池老人自叙》

（清）郭嵩焘撰《玉池老人自叙》一册，清光绪十九年（1893）养知书屋刻本。记叙的是作者生平事迹。

郭嵩焘（1818—1891），字伯琛，号筠仙，晚又号玉池老人，湖南湘阴人。清末外交官，洋务运动的积极倡导者，近代最早主张向西方学习的人物之一。1847年中进士，1853年随曾国藩组建“湘勇”，1856年任南书房行走。在官场倾轧中，秉性耿直的郭嵩焘得不到清廷重用，于1860年辞官还乡。在赋闲两年后，郭嵩焘入幕淮军，不久应李鸿章之邀，于1882年春再度出山，任两淮盐运使。由于曾国藩、李鸿章的全力支持，1863年秋升任广东巡抚，诏赏三品顶戴。但在任职期间，他又因耿直招怨，与前后两任同驻广州的两广总督矛盾重重。在错综复杂的种种矛盾之中，郭嵩焘在1866年6月解任，再次开始归乡闲居，而这次长达8年之久。郭嵩焘于1876年12月在上海乘船赴欧，任驻英法大使，成为中国第一位驻外外交官。由于在驻英期间，参观各地的工厂学校和政府机构，使他的观念产生根本变化，发出“西洋政教、制造，无不出于学”的惊呼。郭嵩焘抵达英国伦敦不久，于1877年10月16日，应英国工厂主的邀请，访问了在伦敦附近的电力厂。在参观过程中，英国工厂主特意请郭嵩焘参观刚刚发明不久的电话。这是他首次也是中国人第一次接触到电话。电话安装在相隔数十丈的上下楼内，郭嵩焘让随从张德彝到楼下去接听，自己在楼上与其通话。郭问：“听闻乎？”张答道：“听闻。”郭又问“你知觉乎？”张应曰“知觉。”郭又说：“请数数目字。”张依言而数曰：“一、二、三、四、五、六、七。”郭嵩焘在日记中写道：“其语言多者亦多不能明，惟此数者分明。”

由此可见，这次通话的效果并不尽如人意。郭嵩焘还向清政府大力介绍外国先进的管理概念和政治措施，导致保守派人士的仇视，在官场倾轧和污蔑中，被召回。郭嵩焘把使英途中见闻写成《使西纪程》，称赞西洋政教制度，对中国内政提出效仿的建议。但他把

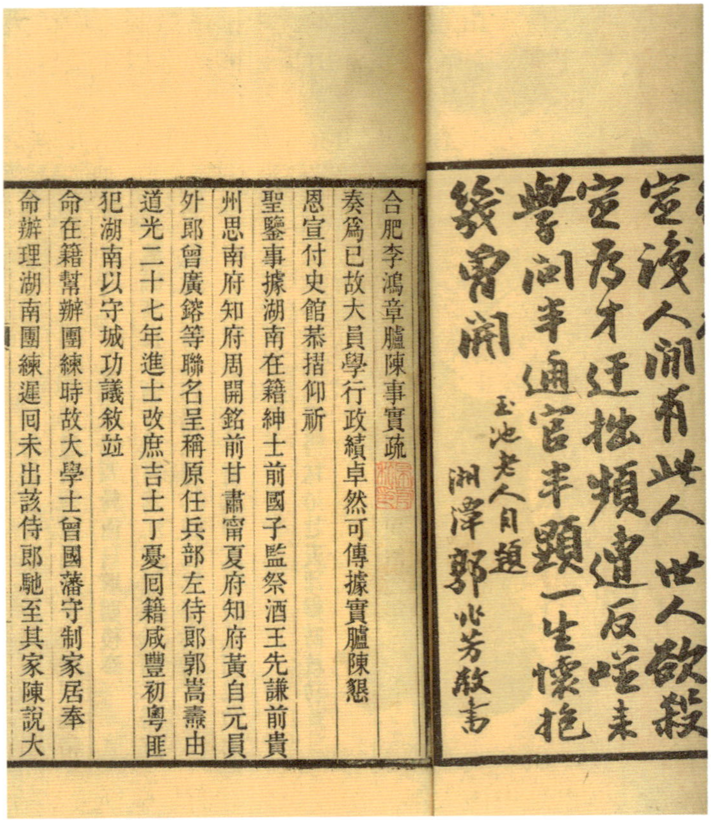
定識人間有此人世人欲殺
定爲才迂拙頻遭反噬來
學問半通官半顯一生懷抱
幾曾開
玉池老人自題
湘潭郭兆芳敬書

合肥李鴻章臚陳事實疏
奏爲已故大員學行政績卓然可傳據實臚陳懇
恩宣付史館恭摺仰祈
聖鑒事據湖南在籍紳士前國子監祭酒王先謙前貴
州思南府知府周開銘前甘肅甯夏府知府黃自元員
外郎曾廣鎔等聯名呈稱原任兵部左侍郎郭嵩燾由
道光二十七年進士改庶吉士丁憂回籍咸豐初粵匪
犯湖南以守城功議敘並
命在籍幫辦團練時故大學士曾國藩守制家居奉
命辦理湖南團練遲回未出該侍郎馳至其家陳說大

书寄回中国后，希望总理衙门刊印，却被满朝士大夫误解，要求将其撤职查办。翰林院编修何金寿参劾他“有二心于英国，想对英国称臣”等语，郭嵩焘被清廷申斥，书稿毁版。而后又遭到其副手刘锡鸿的诬陷，于是郭嵩焘因病请辞，清政府同意其辞职后派曾纪泽接任。郭嵩焘于1879年5月5日乘船抵达长沙。由于湘阴发生守旧排外风潮，他被诬蔑为“勾通洋人”，遭到不明事理的百姓和乡绅贴大字报的侮辱。他赋闲期间曾在湖南开设禁烟会，宣传禁烟。曾筹备成立船厂，但未能实现。

郭嵩焘病逝后，李鸿章为其上奏学行政绩，援例清史馆为其立传，礼部为其赐谥，可得到的却是冷冰冰的答复：“郭嵩焘出使西洋，所著书颇滋物议。所请着不准行。”其实郭嵩焘若多活3年，中日甲午海战北洋舰队灰飞烟灭便完全印证了他早先的预见：“舍政教之本逐船炮之末不能使国家强大。”但奇怪的是，直到辛丑年间（1901），朝廷中依旧有义愤填膺的御史，将八国联军入京的账算在墓木已拱的郭嵩焘头上，坚请朝廷下令掘郭嵩焘之墓而鞭其尸。不过湘籍大学问家王先谦为郭嵩焘撰写的墓志铭却对其作了如此的盖棺论定：“利在国家，岂图其私！……文章满家，鸾凤其仪。谤与身灭，积久弥辉！”

郭嵩焘，究竟是怎样的一个人，让同处一个时代的人们对他毁誉不一呢？郭嵩焘17岁入岳麓书院就读，18岁与曾国藩、刘蓉义结金兰，19岁中举人，30岁中进士，点翰林，与李鸿章、沈葆桢是会试同年。他有两个弟弟，都是湘军大体系中极有才干的能人，合在一起号称“湘阴三郭”。对他们三兄弟，曾国藩有一个堪称公允的评价：“论学一二三，论才三二一。”意思是，在三兄弟中，大哥郭嵩焘的学问最好，小弟的才干最高。

郭嵩焘一生最得意之处，并非三年使西，更不是三年抚粤，而是他凭三寸不烂之舌说动了居丧的曾国藩墨绖从戎，说动了左宗棠欣然出山，说动了负气而走的李鸿章重返曾氏幕府。他在《玉池老人自叙》中曾颇为得意地说：“其出任将相，一由嵩焘为之枢纽，亦一奇也。”

同林则徐一样，郭嵩焘在反对贩卖和吸食鸦片一事上，态度非常坚决。在出使期间，他与英国朝野人士积极联络推动英国禁止贩卖鸦片；与此同时，他于1877年3月和7月两次奏请朝廷设法严禁鸦片。他晚年回到家乡，深知已无法指望政府在禁烟问题上有所作为，便联络友人组成禁烟公社，要求各人从推动乡党宗族做起，积极清除毒患。并留下遗言，不准子孙后代吸食鸦片。《玉池老人自叙》记载：“有犯此者，先请改姓，勿为吾子孙可也。”在第二次鸦片战争中，虽然他对朝廷及前线统帅的部署颇有微词，但在津沽一带襄助僧格林沁办理防务尽心尽力。1859年，在大沽口之战中，“炮石如雨之中，无肯来营者，又独渠一人驰至”。僧王深受感动，誉之为“见利不趋，见难不避”的君子。

南社社员黎泽泰为《玉池老人自叙》著有校勘记。

“西泠八家”丁敬之《砚林诗集》

（清）丁敬撰《砚林诗集》四卷一册，嘉庆十一年（1806）杭州爱日轩刻本。

丁敬（1695—1765），字敬身，号砚林，还有钝丁、玩茶叟等十数个别号，浙江钱塘（今杭州）人。清代篆刻家，“西泠八家”之一。他个性耿介，乾隆初年不应博学鸿词科举荐，卖酒街市。一生未仕，以布衣终。

丁敬学识渊博，酷嗜金石文字，工诗善书，精于鉴赏，尤其在篆刻艺术上造诣深厚，擅长切刀法，以清刚朴茂、苍劲钝拙的独特风格，一洗当时印坛浮滑纤巧的习气，为印学“浙派”开山鼻祖，同时还被后人奉为“西泠八家”之首。因此，印风隶属“浙派”的杭州西泠印社在开社之初，便将丁敬作为其印学上的“鼻祖”而予以尊奉。

丁敬不作泥古不化的守旧者，他借古开今，一洗矫揉妩媚之习，成功地把汉印古雅的美学风范纳入自己的审美意识，灌注到印章的艺术创作之中。创造性地运用刀法不仅是丁敬篆刻风格的灵魂所在，也是“浙派”篆刻艺术的重要艺术特征。丁敬以其独特的篆刻风格与杰出的印学思想打破了几乎由“徽派”一统印坛的局面。著有《武林金石录》、《砚林印谱》等。

除了在印坛上有突出名声外，丁敬又是一位有相当成就的诗人。同时代著名诗人杭世骏在《隐君丁敬传》中就说“诗学其所专长”，并称其诗歌“铺陈终始，豪放不可羁绁”。陈澧为丁敬的《龙泓馆诗集》所作序言引厉鹗的诗云：“城南丁隐君，嗜古有神契。山心本清虚，诗骨不柔脆。”并说：“此定评也。”事实上，丁敬一直隶属于清代中叶狭义“浙派”的主流诗人群体之中，不仅与“浙派”大诗人厉鹗、杭世骏等人交游密切，同时其诗风也带有浓厚的“浙派”气息。著有诗集《砚林诗集》、《砚林集

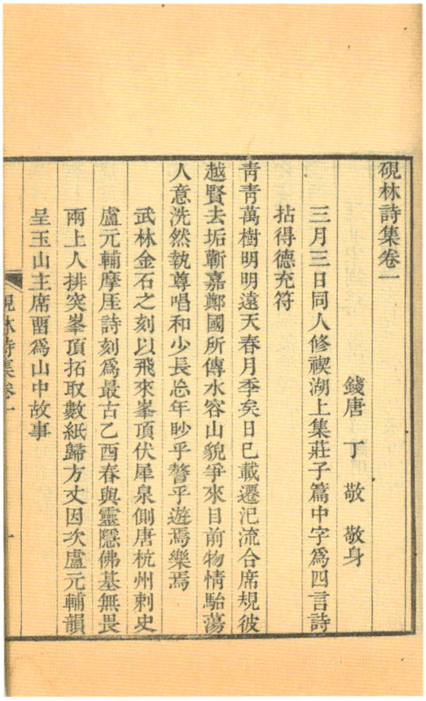
硯林詩集卷一

三月三日同人修禊湖上集莊子篇中字爲四言詩　錢唐　丁敬　敬身

拈得德充符

青青萬樹明明遠天春月季矣日巳載遷汎流合席規彼越賢去垢斬嘉鄭國所傳水容山貌爭來目前物情駘蕩人意洗然孰尊唱和少長忘年眇乎瞽乎遊焉樂焉

武林金石之刻以飛來峯頂伏犀泉側唐杭州刺史盧元輔摩厓詩刻爲最古乙酉春與靈隱佛基無畏兩上人排突峯頂拓取數紙歸方丈因次盧元輔韻呈玉山主席晋爲山中故事

硯林詩集卷一

爱日轩刻本

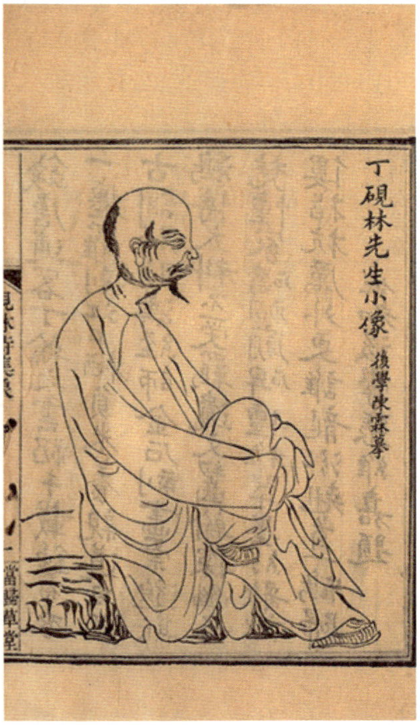

当归草堂刻本

拾遗》、《砚林集续拾遗》、《龙泓馆诗集》、《砚林诗墨》等五种。

关于丁敬的原始文献资料，目前可见的不多，只能从丁敬的几种个人著作和其友人如厉鹗、杭世骏等的诗文集中，钩辑出一些有关丁敬的生平逸事。与丁敬同时代或稍后之人的笔记或其他作品中，也录有一些相关资料。

八千卷楼主人丁丙曾将丁敬的《砚林诗集》、金农的《金冬心先生集》、吴款芳的《临江乡人诗》、魏之琇的《柳州遗稿》以及奚冈的《冬花庵烬余稿》等五部著作，辑录为《西泠五布衣丛书》刊行。

梁同书为《砚林诗集》作序。嗜印有奇癖、谑号“印奴”的魏锡曾为此书校刊。清同治十三年（1874），魏锡曾将丁敬印跋文字成《砚林印款》一卷。在《砚林印款·书后》有“乙丑秋，识松生……为松生校刊《砚林诗集》”之语。

2005年12月，上海嘉泰拍卖丁敬撰、当归草堂刊《砚林诗集》、《砚林集拾遗》、《砚林印款》等三种，估价1000～5000元，成交价为6050元。

“相对有良友，如何不抚琴”：《大梅山馆集》

（清）姚燮撰《大梅山馆集》五十五卷十六册，其中《复庄诗问》三十四卷十册（1—10），为道光二十六年（1846）所刻；《复庄骈俪文榷》八卷二册（11—12），为咸丰四年（1854）所刻；《复庄骈俪文榷二编》八卷三册（13—15），为咸丰六年所刻。附《观物外篇》上、下合一册。

据《镇海县志》和《李氏萱荫楼书目》记载：姚燮（1805—1864），字梅伯，号复生，又号大梅山氏，浙江镇海人。出身书香门第，道光十四年举人。中举后五次上京考进士均落第，便绝意仕途，坐馆教学，发奋著述。一生著述甚丰，藏书甚富，学生甚多，名垂一方，世称“浙东名士”。道光二十一年，英军攻入镇海，姚燮一家逃入鄞县四明山，生活穷困，处境悲惨，藏书多流失。起初流入蔡鸿鉴墨海楼甚多，后转流入李庆城“萱荫楼”，有明椠本88种、抄本36种、清椠本336种。此间，其所作诗词不少反映鸦片战争，谴责投降派，情词悲愤激昂。其著作有《复庄诗问》、《复庄骈俪文榷》、《疏影楼词》、《今乐考证》、《今乐府选》、《读〈红楼梦〉纲领》等。建国后，部分遗作和藏书为古物陈列所收藏，后归浙江宁波市图书馆古籍部。

姚燮不仅工诗文，精填词，还善写墨梅及白描人物，写意花卉，无不奇特。晚年卖画所得，挥霍殆尽。北京故宫博物院藏有任熊的《大梅山馆诗意图》一册，这个册子展现的就是姚燮《复庄诗问》的诗意。画中折射出了道光年间的各种历史现象和社会风气，是道光年间以姚燮为代表的读书人对历史变革、市井风俗、社会见闻以及人际交往的认识与记述。任熊说：“余爱复庄诗，与复庄之爱余画，若水乳之交融也。暇时，复庄自摘其句，属余为之图。灯下构稿，晨起赋色，阅二月余，得百有二十叶。其工拙且不必计，而一时品辞论艺之乐若万金莫能易也。”遂创作诞生了《大梅山馆诗意图》，此绘画有120开，每开录制姚燮诗一句，长短不一，均出自《复庄诗问》。张际亮评论其诗：“梅伯诗气骨雄健，思力沉着，每出一语，皆惨淡经营，能使难状之景如在目前。”

《复庄诗问》收录道光十三年以前诗464章，约占总数的十分之一，其余为道光十四年至道光二十六年所作，此时正是第一次鸦片战争前后，道光朝正处在中国封建社会大变革的时期，吏治败坏，军备废弛，贫富悬殊。姚燮的许多诗篇与时代、社会息息相关，或纪事、或写人，翔实而具体，姚燮以“天魔种子夜叉相”来比喻英国侵略者强盗的行径和狰狞的面目。姚燮纳歌妓李素儿为妾，并写下了“素儿家住文溪城，鹦鹉关山署艳名”的诗句。《复庄诗问》中有许多诗篇都涉及宴乐，“花颜逗烛人逗酒”、“我醉其间清泪洒”等句都是与此相联系的。

《复庄诗问》中也有许多关于青楼女子的诗篇，或详或略。姚燮虽然钱财匮乏，但其才情却使不少歌妓倾心，和有的“红粉佳人”甚至交往很深。据其友人厉志、杨韫华所记，苏州浮香阁的歌妓时湘文就很倾慕姚燮，姚燮却无钱为她赎身，姚燮在既同情又惋惜的感慨中写了一个《梅心雪》的传奇剧本，又请人为时湘文画了肖像图卷，将她的寓处称为“倚梅阁”，画卷称为“倚梅图卷”。姚燮自号“梅伯”、“大梅山民”，“倚梅”自然喻指对时湘文的含情脉脉。画成之后，不少文人墨客在卷后作诗题咏，姚燮将这些诗咏编集成《浮香阁本事》。可见文人狎妓在当时被视作盛极一时的风流韵事，为人们津津乐道。姚燮选入的119首诗中有关妓院、妓女或涉及歌妓舞蹈、弹唱的内容比重最大，有14首之多。姚燮狎妓，除了社会风气使然，还有其自身的一些因素。他喜好声律，长于填词度曲，欣赏歌舞颇为在行。自己可以弹琴吹箫，曾谓“相对有良友，如何不抚琴”，琴对于他来说胜过了衣食。

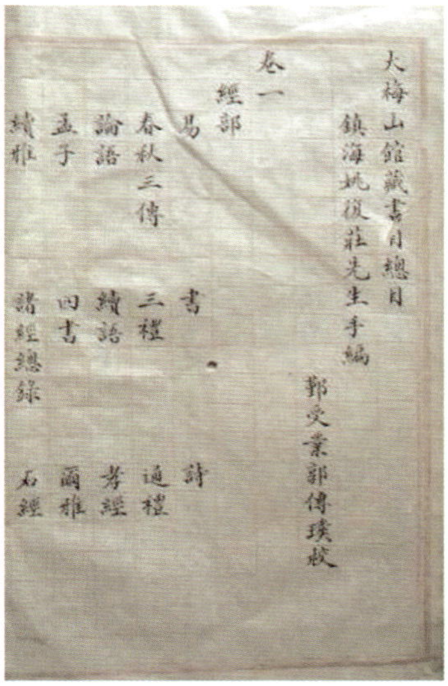

郭传璞编《大梅山馆藏书总目》

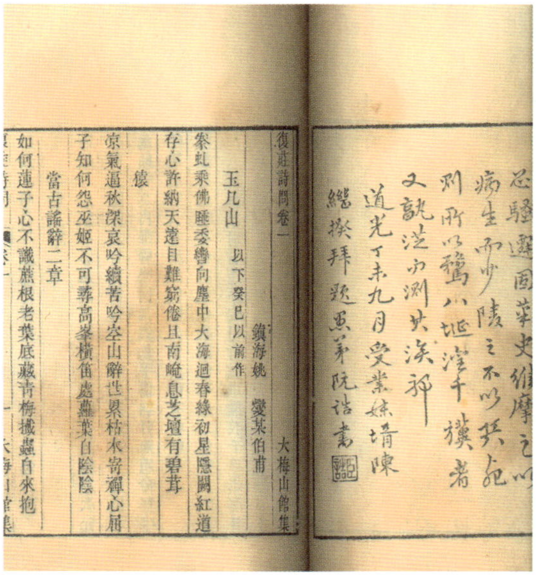

清代文人狎妓，除了相袭历史上的陋习，也与文人心态的变化有关。进一步深究，则与科举制度有关。许多文人苦读一生却名落孙山，精神无所寄托，遂出入青楼，混迹其间。姚燮五次应试不第，于是流连于青楼，试图在依红偎翠中解脱仕途不顺的烦恼。实际上，狎妓并不能彻底摆脱其心中的郁闷，所以即使在记述妓女的诗歌中也仍掩藏不住对世态炎凉、对人情冷暖的惆怅慨叹。道光二十一年，他在宁波编写《十洲春语》，记述了当地的妓女，内容大多庸俗无聊。无独有偶，成书于道光年间的小说《品花宝鉴》，其作者陈森也是屡试不中，“无以自消，日排遣于歌舞楼肆间”，得以搜集见闻写就而成。

道光朝是清王朝走向衰落的重要转折点，姚燮作为道光年间的重要诗人，随着家道的中落，由幸福的童年、意气风发的青年直到屡试不中、生活窘困的失意中年，虽藉诗歌抒发性情，但却无法摆脱现实生活的烙印。在许多诗篇中生动传神地记述了所见所闻，于字里行间渗透出了时代的气息，折射出了当时的历史背景、社会风俗，记录了第一次鸦片战争的惨痛，反映了一介书生对社会现实的认识和思索。《大梅山馆集》特别是《复庄诗问》的历史价值值得认真估量。

“香与酒犹之声色”：《香销酒醒词》

（清）赵庆熺撰《香销酒醒词》一卷、附曲一卷，共一册，仁和许善长碧声吟馆清光绪十一年（1885）刻本。“碧声吟馆丛书”之一。

郑振铎对于清代散曲曾评价说：“清人之于散曲，最不注意。初期，仅朱彝尊，中叶，仅厉鹗，道光间仅赵庆熺、许光治等数人，比较得可称得是散曲作家耳。”

赵庆熺（1792—1847），字秋舲，浙江仁和（今杭州）人，清代散曲作家。道光二年（1822）中进士后等待任命，居家授徒约20年，才授陕西延川知县，又中途病发不能前往。道光末，改官浙江金华府教授，未到任便卒。赵庆熺中进士后未登馆阁，以教授终其身。怀才不遇，专意于辞章之学，而尤工于词曲，能诗文。所著有《香销酒醒曲》、《香销酒醒词》、《蘅香馆诗稿》、《楚游草》等。

《香销酒醒词》，初刻于道光年间，书版刊竣后，旋即毁于太平天国时期的战乱，刊本世所罕传。后清同治戊辰（1868）西泠王氏再精写刻此本词一卷、曲一卷，白纸线装二册，开本阔大。赵庆熺的词曲等书，均赖此同治刻本得以广传。上海敬华2005年12月拍卖此书，估价1500～2000元，成交价为4180元。

赵庆熺的曲除对花、赏月、伤秋、题画等传统题材外，也不乏内容较为深刻的作品。如《谢文节公遗琴》散套中写道：“痛江山奈何，恋生涯怎么，泪珠儿齐向冰窨堕。可怜他，一声声应是，应是采薇歌。”从对南宋末义士谢枋得的缅怀和赞颂中，以“胜语”抒愤慨，冷峭清越，颇有深意。由于他才华出众，技巧精熟，常能状难写之景，抒难言之情，如《对月有感》中四句：“我初三瞧你眉儿斗，十三窥你妆儿就，廿三觑你身儿瘦，都在今宵前后”，写态传神，奇特新颖。此外，《杂感》、《葬花》、《写愁》、《泖湖访旧图》等，也都自然本色，情味隽永。

项名达为《香销酒醒词》作序，他依

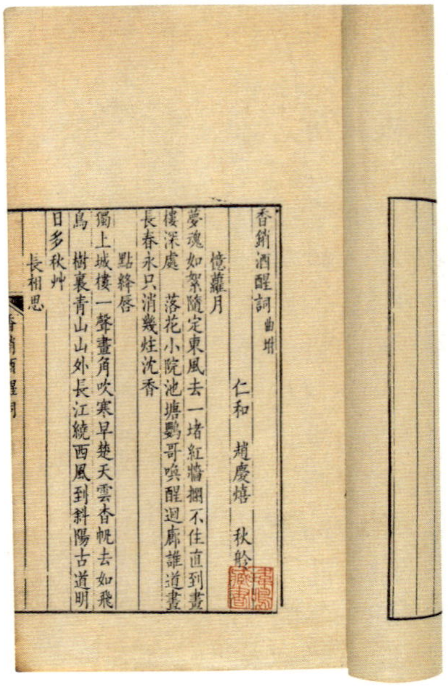
香銷酒醒詞曲卌
仁和　趙慶熺　秋舲
憶蘿月
夢魂如絮隨定東風去一堵紅牆攔不住直到晝
樓深處　落花小院池塘鸚哥喚醒迴廊誰道晝
長春永只消幾炷沈香
點絳唇
獨上城樓一聲畫角吹寒早楚天雲杳帆去如飛
鳥　樹裏青山山外長江繞西風到斜陽古道明
日多秋艸
長相思

大乘之义现身说法：“香与酒犹之声色，苟融情于香酒，自有不待消而消，不待醒而醒者。故知声即无声，得微妙声；色即无色，得善常色；情即无情，得普遍情……由文字入，总持门出，生功德无量。则是词也，小乘戒之曰绮语，大乘宝之则曰绮道种。”

“雅学”名作：《尔雅古义》

（清）胡承珙撰《尔雅古义》二卷四册，泾县胡氏求是堂道光十七年（1837）刻本。

《尔雅》为十三经之一，“尔”是“近”的意思，“雅”是“正”的意思。“尔雅”就是“近乎正统的语言”。在历史上，《尔雅》备受推崇，这是由于《尔雅》汇总、解释了先秦古籍中的许多古词古义，成为儒生们读经、通经的重要工具书。在汉代，《尔雅》就被视为儒家经典，到宋代被列为十三经之一。事实上，《尔雅》并不是经，也不是某一部经书的附庸，它是一本独立的词典。《尔雅》首创的按意义分类编排的体例和多种释词方法，对后代词书、类书的发展产生了很大的影响。后人模仿《尔雅》，写作了一系列以“雅”为书名的词书，而研究雅书又成为一门学问，被称为“雅学”。在传统学术长河中，《尔雅》素有通经之“阶路”、学问之“梯航”的盛誉，在语言文字学史上被奉为训诂学的鼻祖，在词典学史上拥有中国乃至世界“第一部词典”的桂冠。

从汉唐到清代，为《尔雅》作注的人很多。现存的最早最完整的注本是晋代郭璞的《尔雅注》。清人研究《尔雅》的著作不下二十种，其中最著名的是邵晋涵的《尔雅正义》、郝懿行的《尔雅义疏》和胡承珙的《尔雅古义》。

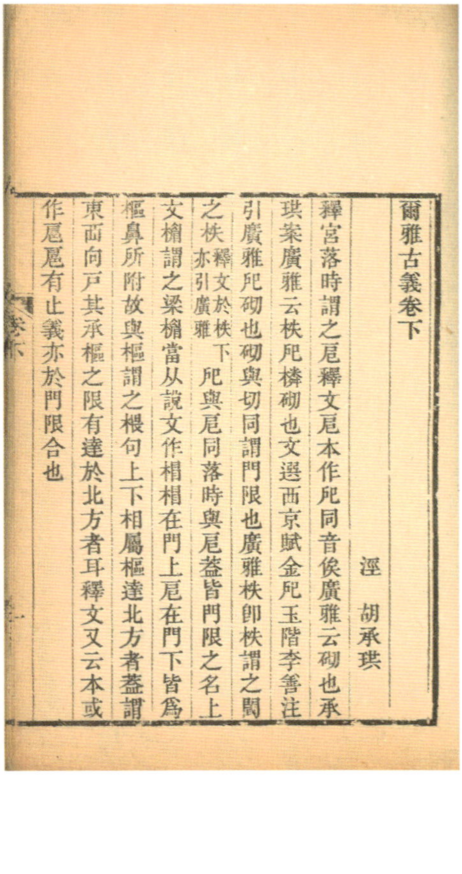
爾雅古義卷下
涇　胡承珙
釋宮落時謂之戹釋文戹本作戺同音俟廣雅云砌也承珙案廣雅云柣戺橉砌也文選西京賦金戺玉階李善注引廣雅戺砌也砌與切同謂門限也廣雅柣即柣謂之閾之柣釋文於柣下亦引廣雅 戺與戹同落時與戹葢皆門限之名上文楄謂之梁楄當从說文作楣楣在門上戹在門下皆爲樞鼻所附故與樞謂之椳句上下相屬樞達北方者葢謂東西向戶其承樞之限有達於北方者耳釋文又云本或作戹戹有止義亦於門限合也

胡承珙（1776—1832），字景孟，号墨庄，安徽泾县人。清嘉庆乙丑（1805）进士，曾任翰林院编修、御史等。为官数年里，上奏很多，并且大多是针对亏空弊端，都能切中时弊，为皇帝所重视、采纳。嘉庆己卯（1819），授福建分巡延、建、邵道，由于为官清廉能干，升任台湾兵备道。在台湾任上三年多，大力施行清庄弭盗之法，民风安肃。但因他事无巨细都亲自上手，后积劳成疾，告假归里，卒年57岁。

胡承珙自幼颖悟，工辞章，遇有讲求实学者，都殷勤造访求教，对求他指点的他人著作，一一细加考核，明确指出其是非，从不搞虚以应付。做学问寒暑不辍，往往至深夜，也不苟同前人观点。胡承珙主要著作有《毛诗后笺》、《仪礼古今文疏义》、《尔雅古义》、《小尔雅义证》、《求是堂诗集》等。

“以琴传声”：《琴镜补》

杨宗稷撰辑《续刻琴学丛书四种》之《琴镜补》三卷、《琴镜新谱》一卷，宁远杨宗稷舞胎仙馆，民国12年刻本。牌记题“板存北京丞相胡同八十三号九疑杨寓”。

杨宗稷所编《琴学丛书》是一部重要的古琴研究著作。自1911年到1931年陆续成书。全书包括《琴粹》、《琴话》、《琴余漫录》、《琴学随笔》、《琴学问答》、和《琴镜》等共四十三卷，约70万言。书中收录琴曲32首。将古曲译成通行简谱，对指法要求作了详解，使后来学古琴者有章可循。

《琴镜补》三卷，卷一为指法、上弦法、调弦法，卷二为填词古谱一曲，卷三为填词古谱一曲、自制填词新谱。在《琴学丛书》中列卷二十五至卷二十七。

杨宗稷提出“以琴传声，如镜临物然”，并分析这种反映“不外象形、谐声、会意三端”。他承认民间曲调对琴曲起到丰富发展的作用，认为一意追摹古调则“难为听者”。所收32曲均附有工尺谱。对《幽兰》、《广陵散》等久已绝响的传统名曲也作了点拍的尝试。

杨宗稷，字时百，号九疑山人，著名古琴学家，曾任北京大学古琴教授。其人不但琴艺精湛，而且对古琴深有研究，著作颇丰。人称为“民国古琴第一人”。对于古琴产于何时？一直都是传说，没有史籍记载。周朝时已为盛行，则是事实，并改五弦为七弦，故古琴又称“七弦琴”。汉唐为古琴鼎盛之时，“家弦户诵”，“君子无故不撤琴”。但宋代以降，古琴逐渐衰落。专家认为此乃古琴太难操作，同时又受域外乐器之冲击使然。直到民国初年，才有杨宗稷“为之整理，发扬而光大之”。杨宗稷少年时即好琴学，并为之痴迷。后拜当时琴师董勉之为师。由于刻苦钻研琴技，艺业大进。数年后其师叹曰“吾不如也”。后应阎锡山之聘，到太原教授古琴。桃李芬芳，声名也因之鹊起，一时慕名来学者众。

1920年，杨宗稷发起成立“北京琴会”，为民国以来北京有琴会之始。琴会不但交流古琴技艺，而且开展了对古琴的考证、学术、论说和琴谱诸多方面的研究，推动了古琴艺术发展。中国书店曾木板刷印出版《琴学丛书》，线装本，两函十四册。

博古斋2007年首场大型艺术品拍卖会上，一套民国间杨氏家刻本《琴学丛书》，计十种三十二卷十二册，成交价为2.2万元。

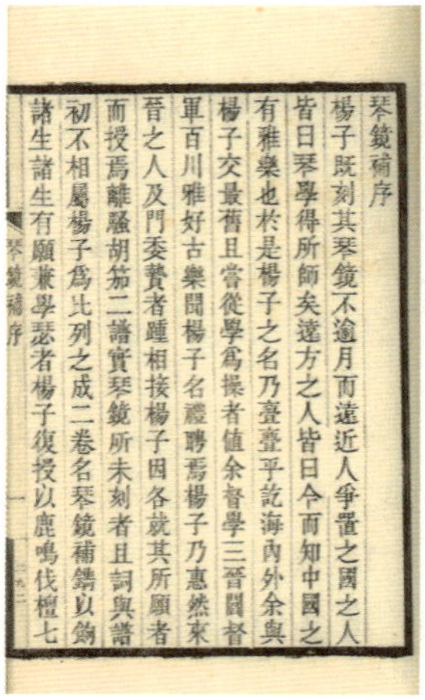

琴鏡補序

楊子既刻其琴鏡不逾月而遠近人爭置之國之人皆曰琴學得所師矣遠方之人皆曰今而知中國之有雅樂也於是楊子之名乃亹亹乎訖海內外余與楊子交最舊且嘗從學為操者值余督學三晉閻督軍百川雅好古樂聞楊子名禮聘焉楊子乃惠然來晉之人及門委贄者踵相接楊子因各歲其所願者而授焉離騷胡笳二譜實琴鏡所未刻者且詞與譜初不相屬楊子為比列之成二卷名琴鏡補鐫以餉諸生諸生有願兼學瑟者楊子復授以鹿鳴伐檀七

琴鏡補序

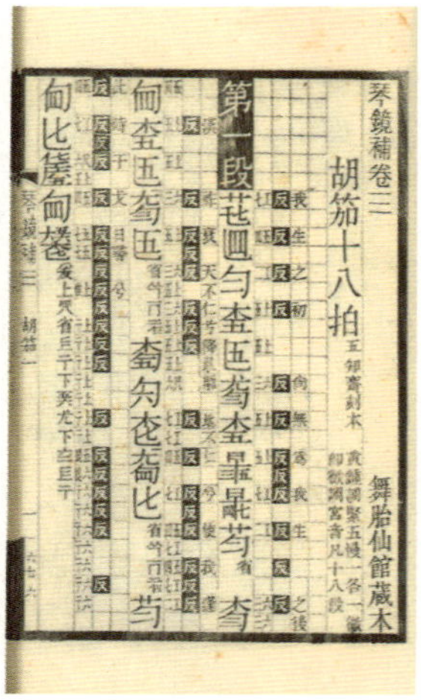

琴鏡補卷三

胡笳十八拍

舞胎仙館藏本

第一段

《艺海珠尘》之《刻烛集》

（清）吴省兰编、曹仁虎纂《刻烛集》一卷一册，《艺海珠尘乙集》之一。清嘉庆间南汇吴省兰听彝堂原刻，金山钱氏漱石轩道光三十年（1850）重印本。

在《太平天国幼天王、干王等未刊供词》中记载，洪秀全有88个妻妾，其第二房为洪天贵福的生母。洪秀全不准其儿子天贵福看古书，“把那古书都叫妖书”，只叫他“读天主教的书”。洪天贵福说，他偷看过30多本古书。计有“《艺海珠尘》书四五本、《续宏简录》卷四十二卷四十三共二本，《史记》二本，《帝王庙谥年讳谱》一本，《定香亭笔谈》一本，又洋人之《博物新编》一本，还有十余本书。自我登基之后，写票要有四箱古书，放在楼上。老子总不准宫内人看古书，且叫古书为妖书”。

从这段话看，洪天贵福被允许读的“天主教的书”，即为太平天国自己编印的书，这些虽有历史价值，但缺乏知识内容。他自己取得的《艺海珠尘》，是一部内容庞杂的杂纂类书，《续宏简录》是一部杂史，《定香亭笔谈》是阮元谈诗文的笔记，《博物新编》是当时来华英国教士合信所著，以谈自然哲学为主，出版于1855年，算是一种新书。

《艺海珠尘》原版以金、石、丝、竹、匏、土、革、木为名，分成八集，163种，为吴氏听彝堂自刻本。后于道光三十年，其婿钱熙辅漱石轩续辑壬、癸二集42种，并把原先金、石、丝、竹等改为甲、乙、丙、丁等天干名。此书内容包括经学、小学、舆地、掌故、笔记、小说、天文、历算、诗文等，甚至还包括不少外国人的著作，如利玛窦的《经天该》、汤若望的《远镜说》、阳玛诺的《天问略》等。此书流传不广，现已罕见。在中国嘉德四季2008年第13期拍卖中，一册《天问略》即拍出3360元。

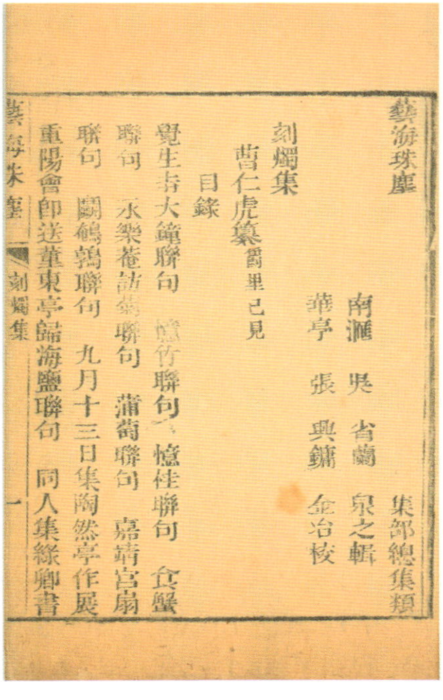
藝海珠塵　集部總集類
南滙　吳　省蘭　泉之輯
華亭　張　興鏞　金冶校
刻燭集
曹仁虎纂　爵里已見
目錄
覺生寺大鐘聯句　憶竹聯句一　憶桂聯句　食蟹聯句　永樂菴訪菊聯句　蒲萄聯句　嘉靖宮扇聯句　鬪鵪鶉聯句　九月十三日集陶然亭作展重陽會卽送董東亭歸海鹽聯句　同人集綠卿書
藝海珠塵　刻燭集　一

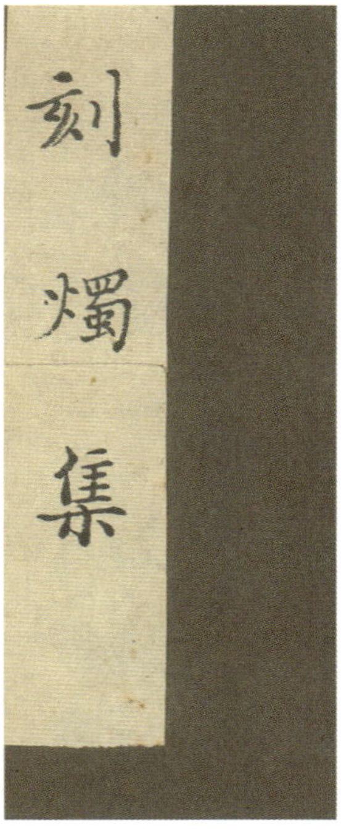

吴省兰为清乾隆年间湖南学政，辑有《艺海珠尘》十集约三百九十三卷，著有《十国宫词》、《恭庆皇上七旬万寿千字文》、《文字辨讹》、《韩诗外传校注》，任《河源纪略》纂修官之一。吴省兰乃和珅的老师。

乾隆六十年（1795）九月，嘉庆被立为皇太子。和珅预知立太子事后，先跪进玉如意，意以拥戴为己功。嘉庆深知其为人，甚恶之。次年正月初一乾隆禅位，嘉庆执掌大权，和珅专权贪纵依旧。嘉庆碍于父面，强为容忍，竭力周旋，以礼相待，呼相国而不呼名，左右有非之者，每为之开脱，曰：“朕方依相国理四海，何可轻也。”和珅仍不放心，遂荐其师吴省兰为嘉庆录诗章，探听动静。嘉庆知其意，泰然处之，不露声色，和珅始安。嘉庆四年（1799）正月初三，乾隆寿终正寝。吏科给事中王念孙等官员上疏，弹劾和珅不法之事。嘉庆于正月十一日宣读遗诏之时，传旨逮捕和珅治罪，命王公大臣会审，查明罪行属实，下诏宣布了和珅二十二条罪状。内外大臣对和珅非常痛恨，见已宣布他二十二大罪状，均说应当斩首。嘉庆说：“念和珅尝任首辅，不忍令肆市，着即赐自尽。”和珅于正月十八日黄昏，即乾隆去世半个月后，在狱中悬梁自尽。

在上海敬华2005年秋拍中，嘉庆年间吴氏家刻《艺海珠尘》八函四十八册，以1.32万元成交。

万花谷中的芳兰：《樊榭山房续集》

（清）厉鹗撰《樊榭山房续集》十卷六册，乾隆年间杭州刻本。钤“袁金铠印”。

在清人词作中，厉鹗以“幽隽”著称，在豪健雄劲、婉委绵密、醇雅秀洁等风格外，别具一种审美情趣。《白雨斋词话》评其为“幽香冷艳，如万花谷中，杂以芳兰”。最能体现其幽隽之美的词是厉鹗以景写情、吟哦水光山色的作品。厉鹗中年以前的词，词境虽幽冷清寒，但词心并不死寂，细加辨析，其心绪深处的勃郁之情时有泄露。也正是如此，厉鹗的抒情词才能让人感到“清而不枯”的韵味。

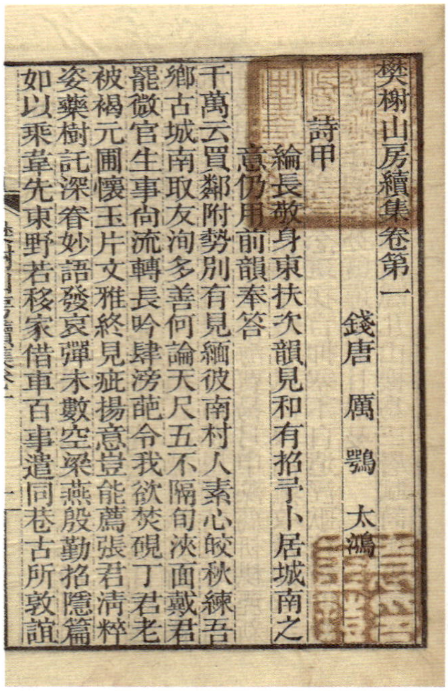
樊榭山房續集卷第一
錢唐 厲鶚 太鴻
詩甲
綸長敬身東扶次韻見和有招予卜居城南之
意仍用前韻奉答
千萬云買鄰附勢別有見緬彼南村人素心皎秋練吾
鄉古城南取友洵多善何論天尺五不隔旬浹面戴君
罷徵官生事向流轉長吟肆滂葩令我欲焚硯丁君老
被褐元圃懷玉片文雅終見疵揚意豈能薦張君清粹
姿藥樹託深眷妙語發哀彈未數空梁燕殷勤招隱篇
如以乘韋先東野若移家借車百事遣同巷古所敦誼

《樊榭山房续集》所收大多为厉鹗晚年之作，已明显透出幽冷、颓唐之意味，如《台城路·当湖喜晤张今涪，别去以词见寄依韵奉酬》、《前调·留宿张龙威艺舫同话丁卯旧游有感用前韵》、《疏影·小玲珑馆赋絮影》等，“风掩闲门，冰澌老砚”，“一饱无求掩竹扃。吾侪事，向山空岁晚，稍理遗经”，“笑雨余，一种沾泥，会与老禅为伴”，这些已成为他词中的口头禅。幽而失其隽，清而渐渐枯，已远不如他前期词中具有的那种摇曳风神的清冷之美。

厉鹗（1692—1752），字太鸿，号樊榭，又自号花隐，浙江钱塘（今杭州）人，原籍慈溪。厉鹗幼孤家贫，依赖其兄贩烟草为生。其兄一度打算让厉鹗于寺庙出家，他坚拒而发愤读书。厉鹗性情孤寒，对世事颇不晓谙，“卞急不能随人曲折，率意而行”，以至闱中应试“违试”。厉鹗是清康熙五十九年（1720）

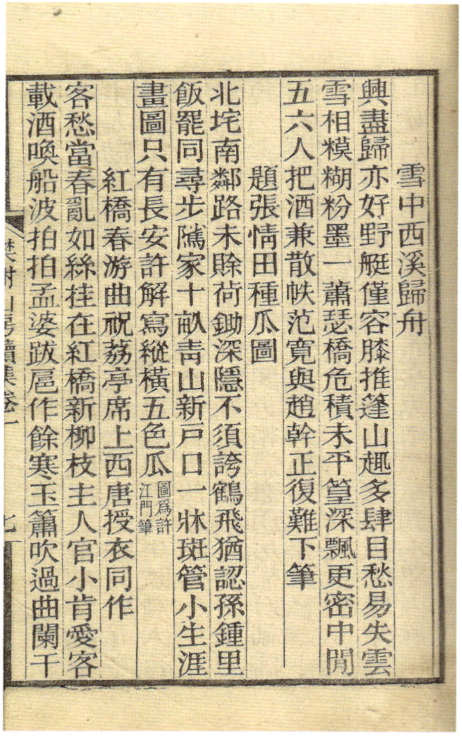

雪中西溪歸舟

興盡歸亦好野艇僅容膝推篷山趣多肆目愁易失雲雪相模糊粉墨一蕭瑟橋危積未平篁深飄更密中閒五六人把酒兼散帙范寬與趙幹正復難下筆

題張情田種瓜圖

北垞南鄰路未賒荷鋤深隱不須誇鶴飛猶認孫鍾里飯罷同尋步隲家十畝青山新戶口一牀斑管小生涯畫圖只有長安許解寫縱橫五色瓜 圖爲許江門筆

紅橋春游曲祝禊亭席上西唐授衣同作

客愁當春亂如絲挂在紅橋新柳枝主人官小肯愛客載酒喚船波拍拍孟婆跋扈作餘寒玉簫吹過曲闌干

樊榭山房續集卷一 七

举人，此后十年间二赴京闱不中，乾隆元年（1736）被荐“博学鸿词”，又落选。其挚友闵崋对具“有才无命剧堪嗟”的挽诗，可谓是对他一生落魄的概评。

厉鹗毕生以设馆授徒为业，主要坐馆处为江苏扬州马曰琯、马曰璐兄弟的“小玲珑山馆”。马氏为大盐商，又雅好诗文歌酒，延厉鹗为宾客，刻烛投壶，结吟社酬唱多年。厉鹗博学多才，著作等身。《四库全书》著录有《辽史拾遗》、《东城杂记》、《诗纪事》、《南宋院画录》、《南宋杂事诗》、《绝妙好词笺》、《樊榭山房集》等七种。厉鹗是清代最有成就的“宋诗派”诗人之一，而词的成就在其一生中为最高，《樊榭山房集》中有词两卷。

此书藏者袁金铠（1870—1947），字洁珊，晚号甲庐，辽宁辽阳人。曾任奉天省财政司司长、奉天督军署秘书长、清史馆编修等，后任国民政府监察委员、奉天省图书馆馆长。“九·一八”事变后，任伪满奉天省省长、伪满尚书会大臣。1944年患痿症辞职，1947年病死于辽阳。著有《中庸集解》、《连湾杂著》、《文存》、《诗存》和《傭庐日记》等，皆刊行于世。

在朵云轩成立15周年暨2007年春季艺术品拍卖会上，《樊榭山房集》十卷、《樊榭山房续集》十卷，共四册一函，成交价为3360元。

“有劲气”的《伏敌堂诗续录》

（清）江湜撰《伏敌堂诗续录》四卷四册，同治年间刻本，有批校。

钱穆在《师友杂记》中记载：“一日，苏州女子师范请胡适之来演讲。翌晨，转来苏中演讲。余早在前排坐定。典存（即汪懋祖，时任苏州中学校长）偕适之进会场，见余即招至台上三人同坐。适之袖出天一（陈天一，时任教于苏州东吴大学）一柬示余，柬云：‘君来苏州不可忘两事：一当购长洲江湜弢叔《伏敌堂集》一书。盖适之提倡白话诗，江堤乃咸同间人，遭洪杨之乱。工诗，造语遣辞颇近昌黎，多写实，可作为白话诗取镜。此集惟苏州有售。其二，则莫忘一见苏州中学钱某。’适之与余本不相识，盖以询典存，故典存招余上台同坐也。”查《胡适日记》，胡适到苏州中学讲演时间为民国17年5月25日，讲题为《我们的生路》。

江湜，字持正，一字弢叔，别署龙湫院

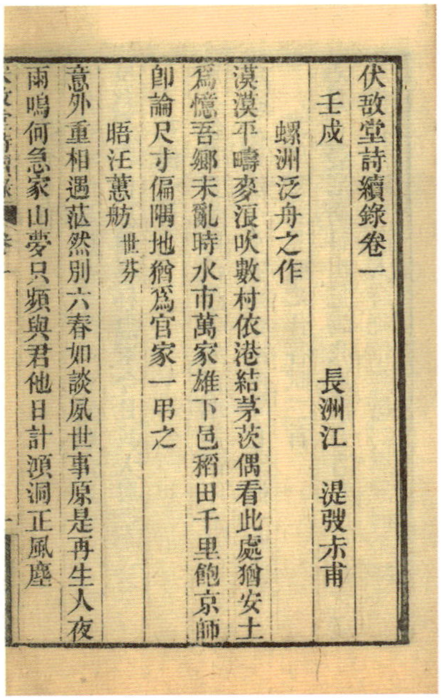

伏敔堂詩續錄卷一

壬戌　長洲江　湜弢叔甫

螺洲泛舟之作

漠漠平疇麥浪吹數村依港結茅茨偶看此處猶安土爲憶吾鄉未亂時水市萬家雄下邑稻田千里飽京師卽論尺寸偏隅地猶爲官家一弔之

晤汪蕙舫世芬

意外重相遇茲然別六春如談夙世事原是再生人夜雨鳴何急家山夢只頻與君他日計須洞正風塵

行者，江苏长洲（今苏州）人。近代诗人。入县学后，屡试不第，曾为幕僚。曾官浙江候补县丞，一生郁郁不得志，倾其全力作诗，病逝于杭州。遗命自拟碑碣：“清故诗人江弢叔之墓。”

江湜的诗不用典故，以白描取胜。大半是描写景物和自道身世之作，境多抑塞凄苦。自云：“平生参遍名家作，似为今时写此哀。写出浑疑哀已尽，明朝又上笔端来。”也有少数诗作，如《流民》等，述及民间疾苦。其诗工力深厚，造意遣词，力脱常径，自言其诗“脱略前人”，“意匠已成新架屋，心花那傍旧枝开”（《近年》），很为时人推重。近代陈衍称他是“咸、同间一诗雄”，“寻常命笔，每首必有一二语可味者”（《近代诗钞》）。金天翮说他“以清刚矫浓嫭，曲折洞达，写难状之隐，如听话言”（《答苏戡先生书》）。李慈铭也说他的诗“有劲气”。诗以外，江湜还兼长书法，善画山水花草。

赵之谦（字撝叔）是清末著名的书画篆刻艺术大师，《章安杂说》是其最重要的著作之一。这部著作，就是赵之谦于清咸丰十一年（1861）应朋友之邀客居温州时，与江湜长谈数日，论艺说文时所作札记。此事见《沈黄室论印绝句》：“江弢叔其诗取径韩、孟、黄、杨，同光体诗人所激赏者。撝叔初识弢叔于章安夜月舟中，剧谈数日，为平生一大快意事。撝叔《章安杂说》，即彼时之谈艺录也。”

2008年6月，在南京正大拍卖有限公司首届古籍善本拍卖会上，同治刻本《伏敔堂诗录》一函五册，起拍价为3800元，以4180元成交。

“以得接言论风采为幸”：《意园文略》

（清）盛昱撰、杨钟羲编《意园文略》二卷一册，清宣统二年（1910）刻本。

“意园”是北京一座清代小型私家宅园，历史悠久，格局紧凑，在狭小的空间中营造出小巧精致的亭榭、形态独特的假山、蜿蜒曲折的水池，与古树花草相映衬，形成和谐而丰富的景致效果。意园位于北京市东城区麻线胡同3号，后门临西裱褙胡同，邻近于谦祠，是一座历经清代、民国的名园，清末民初的文人笔记多见载录。

意园最初的主人为清代宗室敬徵。敬徵为肃武亲王豪格之后，隶镶白旗，与其孙盛昱在《清史稿》中各自有传。敬徵本人是肃亲王永锡之子，清嘉庆十年（1805）封辅国公，清咸丰三年（1853）去世，谥文庄。敬徵身后宅园传其子左都副御史恒恩，再传其孙盛昱。

盛昱（1850—1899），字伯羲、伯熙，斋号郁华阁，清宗室。盛昱以早慧而著称，清光绪二年（1876）中进士，光绪十年担任

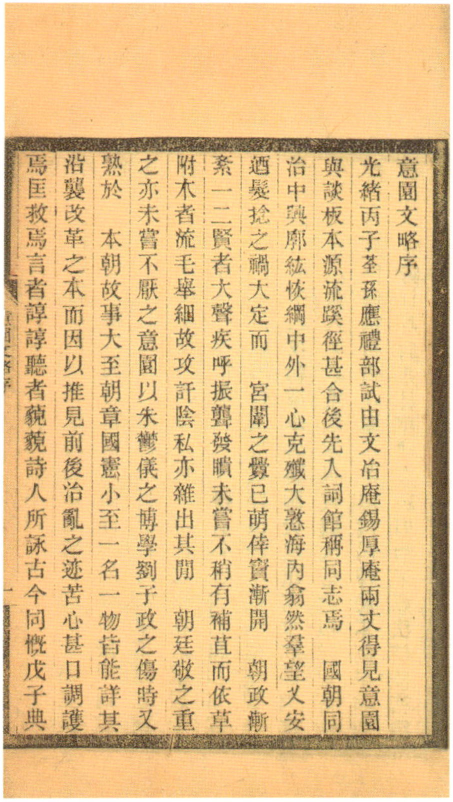
意園文略序
光緒丙子荃孫應禮部試由文治庵錫厚庵兩丈得見意園
與談板本源流蹊徑甚合後先入詞館稱同志焉 國朝同
治中興廓鉉恢綱中外一心克殲大憝海內翕然羣望乂安
迺髮捻之禍大定而 宮闈之釁已萌倖竇漸開 朝政漸
紊一二賢者大聲疾呼振聾發聵未嘗不稍有補苴而依草
附木者流毛舉細故攻訐陰私亦雜出其間 朝廷敬之重
之亦未嘗不厭之意園以朱鬱儀之博學劉子政之傷時又
熟於 本朝故事大至朝章國憲小至一名一物皆能詳其
沿襲改革之本而因以推見前後治亂之迹苦心甚口調護
焉匡救焉言者諄諄聽者藐藐詩人所詠古今同慨戊子典

国子监祭酒。盛昱颇负声望，精诗文，工八法，潜心金石学，为当时最大之金文收藏家，所藏以《宋本礼记》、《寒食帖》、《刁光胤牡丹图》最精，称为“三友”。同时以学会友，遍交名流，与沈乙庵、缪荃孙同被称为“谈故三友”。实业家张謇、“戊戌政变”六君子之一的杨锐等人，都为其门生。意园由此成为士林聚会之所。《清史稿》称盛昱“家居有清誉，承学之士以得接言论风采为幸”。盛昱也是清末著名的收藏家，意园中曾经藏有不少古籍书画，其门生杨钟义所辑《意园事略》载：“盛祭酒所居意园……有亭林之胜，庋金石书画之室曰郁华阁。”

高拜石的《古春风楼琐记》内有专文推赞盛昱：盛伯羲于清季得享大名，盖因于甲申年间上书弹劾恭邸奕訢，未料此疏颇中慈禧心眼。造成以恭亲王为首的全班军机罢免，由醇亲王重组内阁。此为清末“甲申易枢”的重大朝局变更，对此后清廷政局走势形成深远影响。盛伯羲为满籍宗室，书香世第，学才清通，本可稳中“宗室状元”，惜殿试误字，改置于二甲。《越缦堂日记》中言及“宗室中之杰出，当不愧完颜涛与赵與旹也”，推重若此。

光绪十四年，盛昱出任山东正考官。因看到自己报国无门，第二年即以病请归。在以后长达十年的时间里，他把精力投入到诗文、考据上，著成诗集《郁华阁遗集》、文集《意园文略》、史书《蒙古世系谱》，编成《八旗文经》，辑成《郁华阁金文》、《成均课士录》、《雪屐寻碑录》、《康熙几暇格物编》等，成绩斐然。盛昱还特别以“意园”为自己的别号，此本《意园文略》和其《郁华阁遗集》书名均来源于此园。

盛昱去世后，其家败落，宅园曾经一度售与日本的中山商会，所有藏品也被其后人变卖一空。1902年，盛氏养子善宝携带家藏《寒食帖》给张之洞观看，张氏叹赏以为所见苏书第一。同时在场者有端方、梁鼎芬及罗振玉等。此事见载于罗振玉的题跋。1912年，此帖以大洋12000元归完颜景贤皮藏。完颜景贤与善宝的买卖契约见载于《骨董续记》。

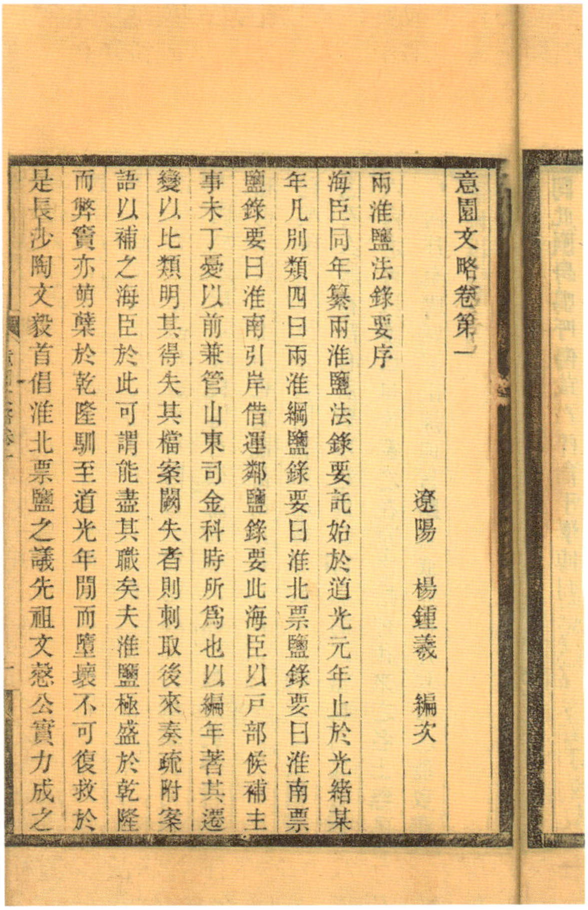
意園文略卷第一
兩淮鹽法錄要序　遼陽　楊鍾羲　編次
海臣同年纂兩淮鹽法錄要訖始於道光元年止於光緒某
年凡別類四曰兩淮綱鹽錄要曰淮北票鹽錄要曰淮南票
鹽錄要曰淮南引岸借運鄰鹽錄要此海臣以戶部候補主
事未丁憂以前兼管山東司金科時所爲也以編年著其遷
變以比類明其得失其檔案闕失者則剌取後來奏疏附案
語以補之海臣於此可謂能盡其職矣夫淮鹽極盛於乾隆
而弊竇亦萌蘖於乾隆馴至道光年間而墮壞不可復救於
是長沙陶文毅首倡淮北票鹽之議先祖文慤公實力成之

毕树棠收藏的《霓裳续谱》

《霓裳续谱》是一部记录了清代中期俗曲的总集，清三和堂曲师颜自德采集，王廷绍点订，乾隆六十年（1795）集贤堂刊刻。全书共八卷四册。书首有王延绍撰于乾隆六十年的序言，书后有葛兰坡所作跋文。该书是天津“三和堂”老曲师颜自德传曲，并请人记录底本成书。关于颜自德的生平没有留下任何可考资料，只知他在书成时就已经七十多岁了。该书虽称为《霓裳续谱》，却没有工尺谱或其他宫谱记录，只是一本俗曲唱词记录，书中还记录了演员所扮角色、演唱时使用什么乐器等。

此书点订者王廷绍，字善述，号楷堂。据赵景深先生考证，王廷绍是乾隆五十七年壬子举人，清嘉庆四年（1799）己未进士，纪晓岚曾做过他的座师。王廷绍的早年生活很不好，家宅的大门外是大道，宅旁隔壁就是马棚。他自撰的门心对联是：“马骨崚嶒，吃豆、吃面兼吃草；车声历碌，拉人、拉马不拉钱。”从这一幅对联中可以看出王廷绍思想，是了解他喜爱俗文学的见证，他是个不以俗句为嫌而极有风趣的文人。《霓裳续谱》中的卷首自序写明“秣陵王楷堂订”。秣陵指的是金陵（今南京），可他并不是南京人，而是直隶大兴（今属北京市）人。关于为什么叫秣陵，有可能是从宅旁隔壁的马棚想起来的，秣陵又意味着秣马厉兵，即喂饱战马磨快兵器准备参战。此书是他在中举人三年以后，中进士四年以前编订的，这是他生活最困难时期。王廷绍中进士之后由庶常改刑部主事，历任十数余年后升任员外郎，五十八岁时在任上病故。鲍桂兴总结他的一生说：“贫而负气，傲睨一切！”可见王廷绍崚嶒傲骨的一生。

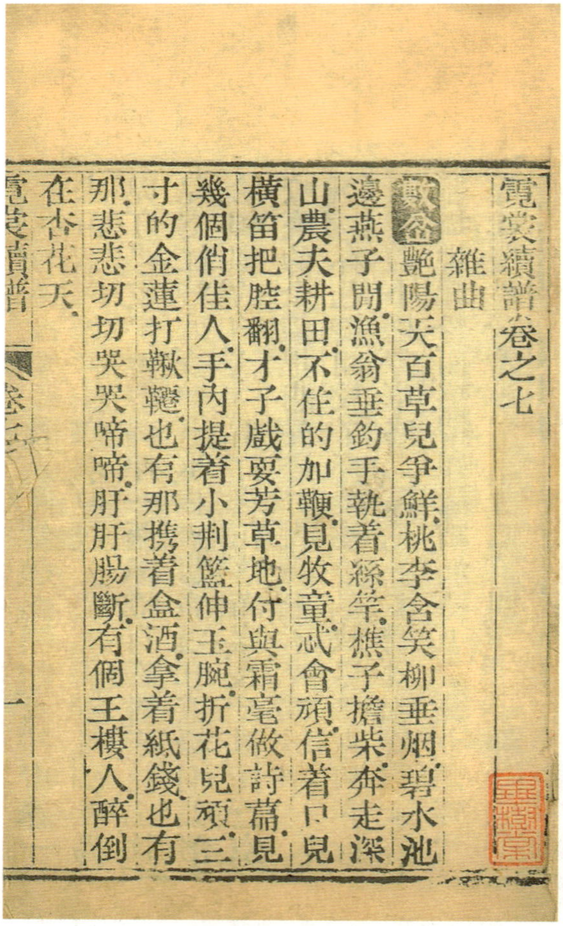
霓裳續譜卷之七

雜曲

數岔 艷陽天百草兒爭鮮桃李含笑柳垂烟碧水池邊燕子閒漁翁垂釣手執着絲竿樵子擔柴奔走深山農夫耕田不住的加鞭見牧童忒會頑信着口兒橫笛把腔翻才子戲耍芳草地付與霜毫做詩篇見幾個俏佳人手內提着小判籃伸玉腕折花兒頭三寸的金蓮打鞦韆也有那携着盒酒拿着紙錢也有那悲悲切切哭哭啼啼肝肝腸斷有個王樓人醉倒在杏花天

霓裳續譜 卷七 一

钤毕树棠藏印内页

《霓裳续谱》全书共收录当时流行于北京、天津、河北等地的时调小曲619支，30种曲调。该书共分为八卷，前三卷西调（从山西、陕西传到北京的小曲）共计214支，是有文字记载以来最多的。后五卷则是各种曲调唱词。该书另有附录《万寿庆典》一卷，是当时宫廷里的承应之品，共收录曲牌连缀体唱词21段，曲词后还仔细的写出了演员所穿戴的行头和场面上用的各种乐器。《霓裳续谱》这部俗曲集，对于研究北京、天津古代的鼓曲艺术，从各地传入北京的俗曲变化情况，相姑优童演唱时调小曲和子弟票友演唱八角鼓的情况，以及研究清朝中叶的京津两地民俗方面，有着重要的参考价值。此书于1935年由章衣萍标点排印本，1959年由中华书局上海编辑所编辑出版并被列入《明清民歌时调丛书》。

该书藏者毕树棠，山东文登人，民盟成员。1920年毕业于山东第一师范学校。1921年到清华大学图书馆工作，1953年应梁思成教授之请到建筑系图书资料室工作直至1973年退休。撰写了许多中外书刊介绍，发表了散文集，翻译了国外许多名著，还应朱自清先生之邀给中文系学生讲课。他曾任意大利驻华使馆翻译，北京中国大学讲师，天津《民国日报》主笔。20世纪20年代开始发表作品，1952年加入中国作家协会。著有杂文集《昼梦集》，小说集《贼及其他》、《君子之风》，翻译小说《一夜之爱》、《不测》、《密西西比河上》、《建筑十年》等。2005年5月，毕树棠子女将其书信、手稿、翻译稿等44件遗物和各个时期的32张照片捐赠给了清华大学。

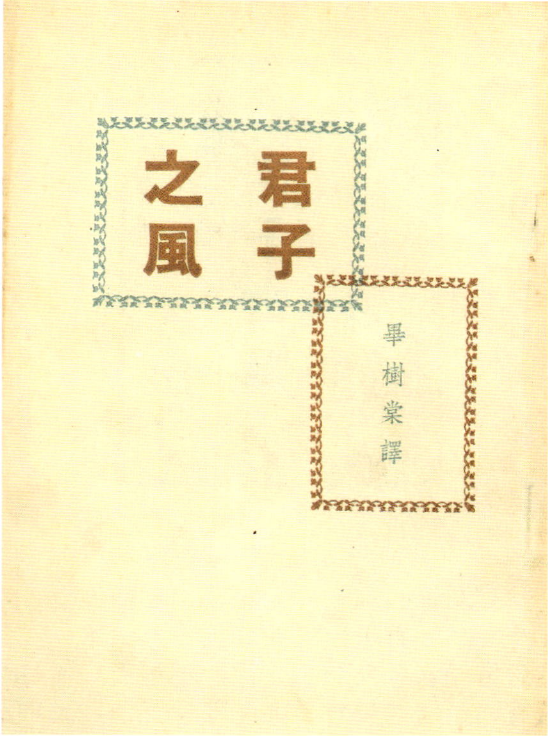

翕居藏毕树棠译《君子之风》

孔网有此书乾隆六十年刊本，竹纸六册，售价为3000元。

“直至郑子尹出始有诗”：《巢经巢诗钞后集》

（清）郑珍撰《巢经巢诗钞后集》四卷二册，贵筑高氏资州官廨清光绪二十年（1894）刻本。

郑珍（1806—1864），字子尹，晚号柴翁，贵州遵义人。清代经学家、古文家、诗人。清道光五年（1825）拔贡，道光十七年举人，官荔波县训导。曾游湖南、云南，但一生主要活动于贵州省境。清咸丰年间，苗民起义军攻荔波，曾率兵守拒，苗军退后告归。郑珍家原住鸭溪，此地社会环境恶劣，游手好闲之徒众多，或酗酒斗殴，或聚赌以牟利。郑的父母恐祸及子孙，举家迁居到沙滩。郑珍在《巢经巢诗钞后集》卷六里有《哀里》诗，对此有记载：“乐安唐旧县，

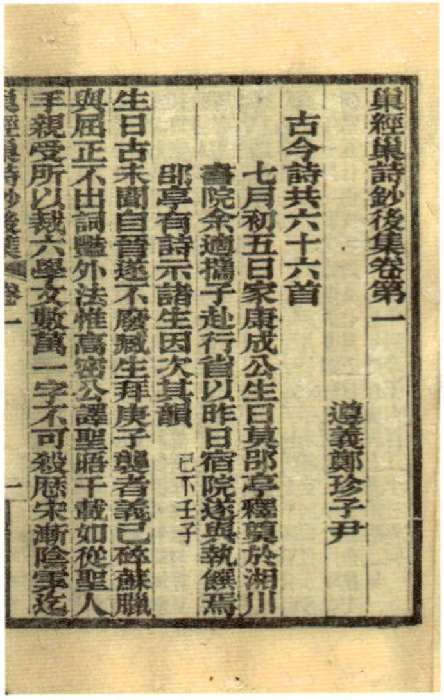

巢經巢詩鈔後集卷第一　　遵義鄭珍子尹

古今詩共六十六首

七月初五日家庸成公生日莫郘亭稷奠於湘川書院余適攜子赴行省以昨日宿院遂與執饌焉郘亭有詩示諸生因次其韻 已下壬子

生日古未聞自晉遂不廢臧生拜庚子襲者義已碎蘇臘與屈正不出詞豔外法惟高密公譔聖踣千載如從聖人手親受所以栽六學支散萬一字不可殺歷宋漸陰零迄

巢經巢詩鈔後集 卷一 一

极障界东绿。高处一俯望，山如微波蹙。双江绕春林，百里何秀曲。岂惟好山水，尤喜美风俗。农勤女纺织，商贩不运鬻。僻社萃廉秀，星居藩果竹。书无邓思贤，藏备四库录。叟或不识城，儿不识蹴鞠。”

郑珍的著作较多，其主要刻印本有：《巢经巢经说》一卷，无刊刻年月，约刊于咸丰年间；《巢经巢诗钞》九卷、《后集》四卷，光绪二十三年遵义黎氏刻本；《巢经巢遗文》五卷、附《凫氏为钟图说》一卷，光绪十九年至光绪二十年贵筑高氏刊本；《巢经巢遗稿》四卷（收作者壬子至甲子之作），光绪三十年云南矿务署刊；《说文新附考》六卷，光绪十五年刊，益雅堂丛书本。除以上几种刻印本外，据孙殿起《贩书偶记》载，郑氏还著有《说文逸字》、《汗简笺正》、《仪礼私笺》、《郑学录》、《遵义府志》和《樗茧谱》等。

对于郑珍诗歌成就，近现代许多学者对他有很高的评价。陈夔龙认为郑珍“所为诗奥衍渊懿，黝然深秀，屹然为道咸间一大宗。近人为诗多祧唐而祢宋，号为步武黄陈，实则《巢经》一集，乃枕中鸿宝也”。夏敬观《不匮室诗钞题词》讲：“清代二百数十年承明之弊，谈诗者为竹垞渔洋所误，不出堆砌典实、搔首弄姿两途，其号称学杜韩者又皆赝鼎，直至郑子尹出始有诗。”

胡先骕《读郑珍〈巢经巢诗〉》：“郑珍卓然大家，为有清一代冠冕。纵观历代诗人，除李杜苏黄外，鲜有能远驾其上者。”

汪辟疆在《读常见书斋小记》中说：“清学以亭林为极通，高邮为极核，文则汪容甫，诗则郑巢经，书法只有海日楼耳。”钱仲联在《梦苕盦诗话》中认为：“郑子尹诗，清代第一。不独清代，即遗山、道园亦让出一头地。世有知音，非余一人私言。”

对于郑珍著作的收集，叶德辉曾说：“吾尝欲遍购……近如遵义郑珍所著遗书。求之二十余年，至今尚有缺者。郑书板在贵州。光绪间托同年友杜翘生主考贵州之便，求之不得。后常熟庞劬庵中丞鸿书由湘移抚贵州，托其访求，亦不可得。两君儒雅好文，又深知吾有书癖者，面求之难如此……可知藏书一道，纵财力雄富，非一聚可以成功。”叶氏这段话，说的是得到郑氏刻本的艰难。

在《巢经巢诗钞后集》中，有郑珍的表侄黎汝谦所作的序：“先生四十年以前之诗八卷，咸丰壬子已自刻于子午山。壬子以后迄先生殁十三年中，共为诗二册，依月编年，未分卷目，皆先生所手录者。……谨按先生所历年岁，重为编订，厘为四卷。钞录未就，而家叔父莼斋观察，书适至云资州牧高君怡楼，方刻先生文集，乐并诗之未刻者刻之。”从这段文字看，高培谷贵筑资州官廨刻《巢经巢诗钞后集》，应该算是郑氏著作的精刻本。

在2007年中国嘉德四季第11期拍卖会上，1914年花近楼刻遵义郑征君遗书本《巢经巢诗钞》九卷、《巢经巢诗钞后集》四卷，共四册，估价6000～8000元，未成交。

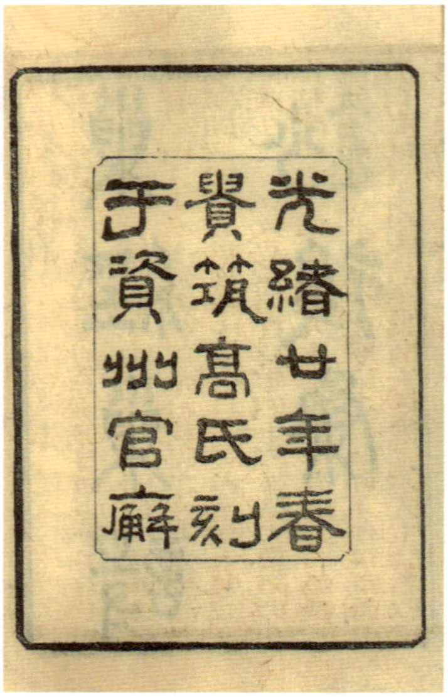

光緒廿年春
貴筑高氏刻
于資州官廨

“志廉以远”的《澹堪诗草》

成多禄撰《澹堪诗草》二卷一册，清宣统元年（1909）成氏家刻初印本，每一页下端书口均有刻工名姓。

成多禄（1864—1928），原名恩令，字竹山，号澹堪。祖居山西，清初由京师迁乌拉，后北迁吉林其塔木屯，隶汉军正黄旗。先生自幼颖慧，5岁始识字，8岁能吟咏，16岁应童子试，列为案首。22岁遴取为光绪乙酉（1885）科拔贡。因家境不顺，直至31岁始进京参加顺天乡试，但因患病晕场，从此绝意功名。36岁出山，先后入奉天将军依克唐阿、黑龙江将军程德全文幕。以候选同知擢升首任绥化知府。三年挂冠，遍游江南，以文会友。后游幕奉天（今辽宁沈阳）、江苏。辛亥革命后归乡，被选为吉林省参议员，民国参议院议员，中东铁路理事会董事。张作霖在京组织安国军政府时，被任为教育部审核处处长兼图书馆（今北京图书馆）副馆长。晚年寓居北京，与宋小濂、徐鼐霖结社吟诗。后病逝于吉林寓所。

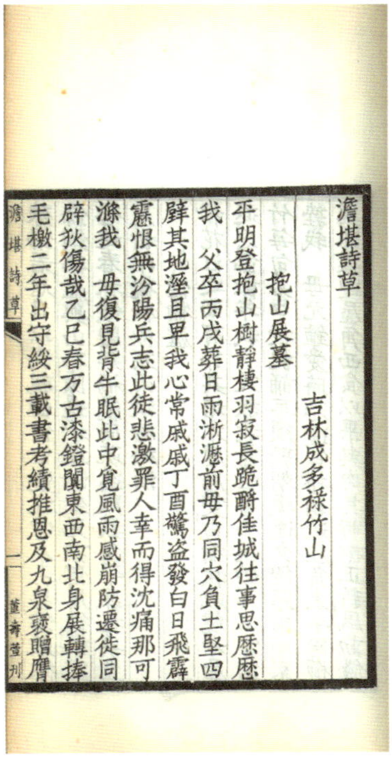
澹堪詩草
抱山展墓　吉林成多祿竹山
平明登抱山樹靜棲羽寂長跪酹佳城往事思歷歷
我父卒丙戌葬日雨淅瀝前母乃同穴負土堅四
辟其地溼且卑我心常戚戚丁酉罹盜發白日飛霹
靂恨無汾陽兵志此徒悲激羿人幸而得沈痛那可
滌我母復見背牛眠此中覓風雨感崩防遷徙同
辟狄傷哉乙巳春万古漆鐙闐東西南北身展轉捧
毛檄二年出守綏三載書考績推恩及九泉褒贈曆
澹堪詩草　一　董壽萱刊

成多禄不仅诗、词、文俱佳，又工于书法。自幼始，在攻读经史之余，成多禄遍览古今法帖，对欧、柳、颜、苏、黄等各家笔法都有心得。曾在吉林北山关帝庙西廊房练字，仅“福、禄、寿”3个字就练3个月。每练完10张就放到一起，然后用刀刻，观其字形笔画是否一样，用以检验手笔功力。练字用纸可车载有余，逐渐形成自家独特风格。时人评价他的书法是“满壁龙蛇争座帖”，“铁骑何如腕力遒”，被誉为“东北四大书圣”之一。留下来的墨迹著名的有为于荫霖著《悚斋诗存》写印本一卷、吉林北山《代省长王公维宙德政碑》书丹等。其匾额、楹联，在京、吉、沈、哈等地颇受推重。

成多禄一生诗作不下千首，今人翟立伟、成其昌等编注《成多禄集》收辑成诗860首。因成多禄自幼生长在其塔木故里，使他的诗具有浓厚的乡土气息，“东望古原平，孤村夕照明……西山读书处，南浦钓鱼人。榆柳载全老，桑麻俗语自醇”。在吉林定居后，他发起组织“雪蕉诗社”。经常与同学诗友共同切磋诗节。“几载联吟共雪蕉，故人门巷草萧萧”，正是当时情景的写照相馆。1895年刊出《澹堪诗草》，收诗98首。诗人、书法家张朝墉在为《澹堪诗草》所作序中，这样评价成多禄的诗作：“澹堪之诗，其音和以舒，其志廉以远。其天趣神韵，自然澹逸，与予所蕲向者不甚相远，故澹堪乐与予论诗。……相与鞭秦笞汉，矩宋规唐，迄至灯灺酒阑，尚余味津津而不忍言去。”

民国徐世昌编《晚晴簃诗汇》收入成多禄的《移家》、《晓行》、《宿望梅店》、《寄怀于次棠师》、《横塘夜泊》等11首诗。

1911年，成多禄辞职，旅居黑龙江省齐齐哈尔，手订《澹堪居士年谱稿》一卷。1912年返回吉林后相继出版《澹堪诗草》（卷一收甲寅年前诗150首）和《思旧集》上下二卷。还有《乌拉古台歌》、《乌拉怀古二首》及《忆榆庐》等诗篇。

清末民初之际在关东为官之人中，以宋小濂、徐鼐霖、成多禄三人最为著名，世称“吉林三杰”。“三杰”之中论官位，宋小濂最大，徐鼐霖次之，成多禄最小。但“三杰”之中成多禄以其诗、书俱佳而闻名关东、享誉京城，又被称为“三杰”翘楚。

2005年12月，孔网在线拍卖，一册民国4年刻印的《澹堪诗草》，以1100元成交。

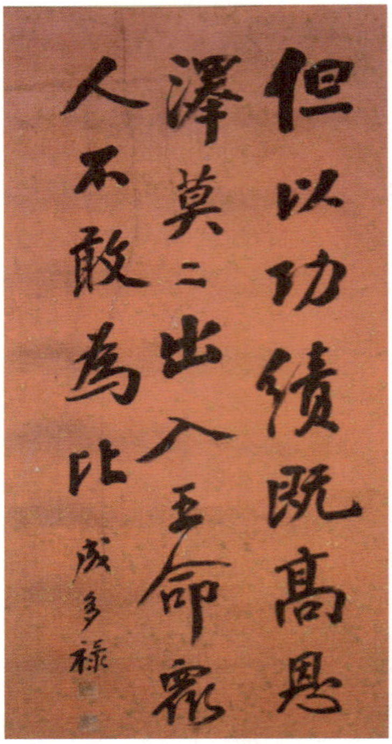

成多禄书画作品

《恕谷后集》·《颜李遗书》·《畿辅丛书》

（清）李塨撰、冯辰校《恕谷后集》十三卷四册，清光绪五年（1879）刻本，是王灏编《畿辅丛书》之《颜李遗书》一种。

李塨（1659—1733），字刚主，号恕谷，直隶蠡县（今河北蠡县）人。清初思想家、易学家。21岁时拜颜元为师。清康熙二十九年（1690）中举人。60岁时被选授通州学政，但未及3个月便因母老辞官返乡，讲学著述终老。

李塨致力弘扬颜学，但又不死守师说。曾向多位闻人学过数学、操琴、骑射、兵法、书法和考据之学，可谓文武全才。李塨从遍注群经转入考据，使颜李学派的学说更为精致，影响延及江南。对此，钱穆认为：“颜元之学，得李塨而大，亦至李塨而变。”

由于兼收并蓄，李塨一生著述丰富，撰书共四十八种，学术成就大大超过颜元。颜元从不轻易结交朋友，而且特别讨厌当时的一些权贵。而李塨则常常来往京师，广交当时的名人学士，使得颜元之学广为流布。颜元和李塨的学派在当时被称为“颜李学派”。“颜李学派”由颜元创始，因李塨彰显。李塨虽在颜元门下，但两者观点也很为不同。颜元平时对待别人和对待自己一样严格；而李塨觉得交朋友就应该对别人亲切一点，这样才能收罗人才。颜元对读书是绝对的排斥，而李塨则懂得礼乐射御书数等，他认为有许多地方非考证讲究不可，所以书本上的学问也不是都没有用的，这都是他对于师门补偏救弊的地方。

“颜李学派”以反对宋明理学空谈性命，讲求经世致用，改良封建制度为宗旨。主张“理在气中”的唯物论认识论，批判程朱派唯心主义理气观，注重实际知识，认为“纸上阅历多，则世事之阅历少；笔墨之精神多，则经济之精神少”。反对训诂考证，但又有复古、禁欲与经验主义的倾向。

《畿辅丛书》则是由光绪前期直隶定州西关人王灏出资刊刻，王树楠董其事，计出书一百七十种，多收历史上直隶人或关于直隶人的著作。王灏（1820—1880），字文泉。清咸丰年间中举，授中宪大夫。主要著作有《畿辅丛书》、《括斋文集》、《畿辅文微》和《畿辅地名考辑刊》等。王灏身材高大，性格豪爽，才思敏捷，治学严谨，天性孝亲爱友，热心办教育，曾重修定武书院。王灏嗜藏书，收集自秦汉至清末两千多年畿辅文人之佳作，其中有一部分是流传很少的稀见之本。

王灏30岁中举之后，专心致力于编撰《畿辅丛书》达30年之久，汇刻了清代颜习斋、李恕谷、孙奇逢等人的全集，魏裔介、王源、舒位等人的文集。在丛书编辑同时，开工用仿宋体雕刻书板。书板用枣木制成，约长30厘米、宽20厘米、厚2厘米。在王灏去世时，丛书已编罄，但有部分书板未刻完，由王灏之子、清末进士王延纶继父业，

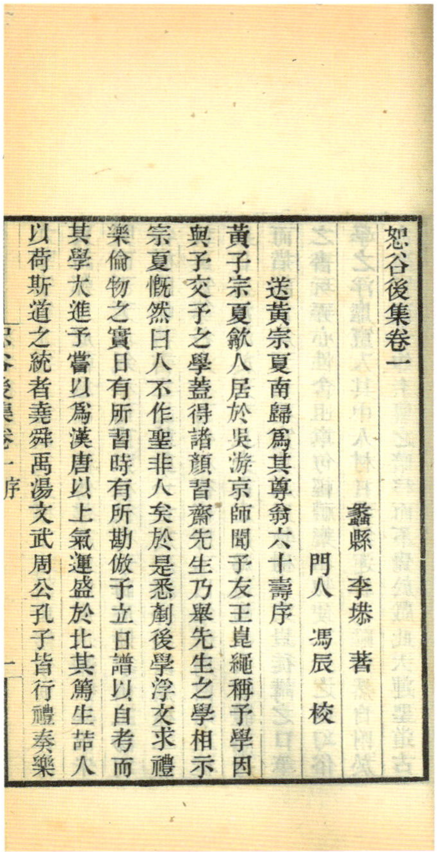
恕谷後集卷一

蠡縣 李塨 著

門人 馮辰 校

送黃宗夏南歸爲其尊翁六十壽序

黃子宗夏歙人居於吳游京師聞予友王崑繩稱予學因與予交予之學蓋得諸顏習齋先生乃舉先生之學相示宗夏慨然曰人不作聖非人矣於是悉剷後學浮文求禮樂倫物之實日有所習時有所勘倣予立日譜以自考而其學大進予嘗以爲漢唐以上氣運盛於北其篤生喆人以荷斯道之統者堯舜禹湯文武周公孔子皆行禮奏樂

恕谷後集卷一 序 一

于1886年全部雕竣。这套书板耗去了王家两代人30多年时间。全书订成400本，全套木刻板共3.8万余块，专置于后花园十间瓦房内保存。

《畿辅丛书》书板经八国联军、抗日战争等战乱，依然完整无缺。1947年定州解放后进行“土地改革”时，收藏有书板的十间瓦房和全套刻板未做任何处理，仍保存原处。由于定州当时还受国民党军队进犯的威胁，为使这套丛书刻板不受战火破坏，当时任晋察冀军区司令员的聂荣臻将军明确指示，要妥善保管好这一宝贵文化遗产，于1948年将全套书板解运到老根据地河北阜平县。后又经多次辗转，只是在“文革”期间丢失了1000余块书板。在“文革”后期将3.7万余块木刻板转到定州市博物馆内收藏至今。

王灏汇刻的《畿辅丛书》是宝贵的文化遗产。1985年，经河北省文物局同意，拨专款40万元，由河北人民出版社首次出版《畿辅丛书》，并委托香港三联书店向国内外发行。

《汉魏丛书》本《元经薛氏传》

（隋）王通撰、（唐）薛收传、（宋）阮逸注《元经薛氏传》，明万历年间程荣校刻《汉魏丛书》本，国家图书馆著录为善本。书中所记为在短短272年中，五易王朝的南北朝之事，始于东晋元帝司马睿大兴元年（318），终于陈亡（589），全书体例如《春秋》的经传体。翕居所藏此本得自广州古籍书店。

《汉魏丛书》共计三十八种二百五十一卷，收入《京氏易传》等经部十一种、《元经薛氏传》等史部四种、《论衡》等子部二十三种。由安徽歙县程荣于万历二十年（1592）开始刻印，是一部以汉魏人著作为主，间有晋、梁、陈、隋人著作，专收古经逸史、稗官野乘之类的大型丛书。这部丛书以编校审、篇目全、刻印精，而成为古代大型出版丛书之祖及著名的精善本。

因《元经薛氏传》一书唐志未著录，到宋代才出自于阮逸之家，所以人们怀疑是阮逸伪作。何薳的《春渚纪闻》有“古书托名”一节，讲到：“尝见东坡先生言，世传《王氏元经》、《薛氏传》、《关子明易传》、《李卫公对问》，皆阮逸著撰。逸尝以草示奉常公也。”

薛收（约591—624），蒲州汾阴（今山西万荣县西南）人。他自幼过继给本家薛孺。薛孺工文史，生性正直，仕于隋，为官清廉。薛收从小受家庭的熏陶和教育，孝于父母，刻苦治学，12岁已能诗文。薛收的生父因奏对不称旨意，被隋炀帝赐死，天下称冤，薛收也因此不仕于隋。隋末李渊从太原起兵后，薛收投奔李渊，并受到李渊部属房玄龄赏识，而把他推荐给李渊次子秦王李世民。李世民召见薛收，询问时政，薛收陈说天下大势，很合李世民的心意，于是授他为秦王府主簿。当时群雄相争，李世民经常南征北伐，有关军事民政的檄文布告，大多出自薛收的手笔。薛收为文敏速，似有成竹在胸，马上写来，并无改动之处。李世民一度经常游猎，薛收上书谏止，被李世民视为知己，并赐黄金400斤。薛收病后，李世民遣使问候，还命人用轿把他抬来，亲自为他披衣，与他叙谈往事。对此，薛收感动地流泪。不久，薛收病逝，年仅33岁。

李世民即位后，对房玄龄说：“收若在，朕当以中书令处之。”唐贞观七年（633）追赠他为定州刺史。唐高宗即位后，又追赠他为太常卿，陪葬昭陵。

薛收在序言中说，“《元经》，天下之书也，以无定国而帝位不明乎，徵天命以正帝位，以明神气之有归”。从此也可看出薛收经国济世的思想。

2008年12月，在北京万隆秋季拍卖会上，有和翕居所藏同版本《元经薛氏传》上拍，估价3800元，未成交。

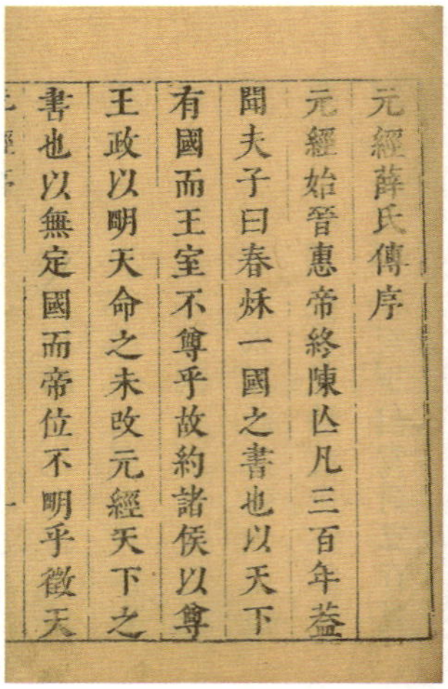

元經薛氏傳序
元經始晉惠帝終陳亾凡三百年蓋
聞夫子曰春秋一國之書也以天下
有國而王室不尊乎故約諸侯以尊
王政以明天命之未改元經天下之
書也以無定國而帝位不明乎徵天

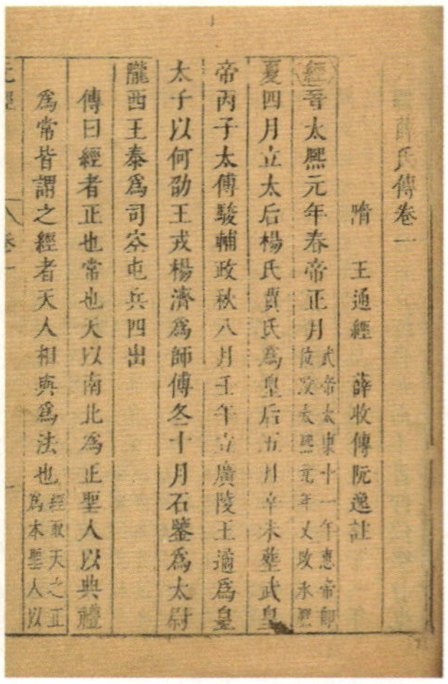

薛氏傳卷一
隋　王通經　薛收傳阮逸註
經晉太熙元年春帝正月
夏四月立太后楊氏賈氏爲皇后五月辛未葬武皇
帝丙子太傅駿輔政秋八月壬午立廣陵王遹爲皇
太子以何劭王戎楊濟爲師傅冬十月石鑒爲太尉
隴西王泰爲司空屯兵四出
傳曰經者正也常也天以南北爲正聖人以典禮
爲常皆謂之經者天人相與爲法也

半亩园刊本《悔余庵诗稿》

（清）何栻著《悔余庵诗稿》七卷二册，半亩园刊本。

何栻（1816—1872），字廉癙、莲舫，号悔庵、悔余，晚号悔余老人，江苏江阴人。清代诗人、楹联家。曾国藩得意门生。生性豪爽，好结交，故得到曾国藩、李鸿章等人赏识。一生仕途颇为坎坷，人缘极好。诗才绝艳，书法亦佳，工于楹对。清咸丰五年（1855）官任吉安府（今江西吉安市）知府时，因外出省城公干，太平军乘机进攻吉安，城池陷落，妻薛氏及3个女儿殉难，小女被婢女抱出城游玩幸免未死，以至退无所归。随即以失守城池之罪被罢官，永不叙用。当走投无路之际，曾国藩慷慨解囊相助，到扬州做了盐商，游走于江西、浙江、安徽、江苏等地。著有《悔余庵文稿》、《悔余庵集》、《悔余庵文稿九卷诗稿》、《江风集》、《寒灰集》、《焦桐集》、《剑光集》、《真气集》、《文波集》、《鲂赪集》、《闻和见晓斋初稿》（稿本）、

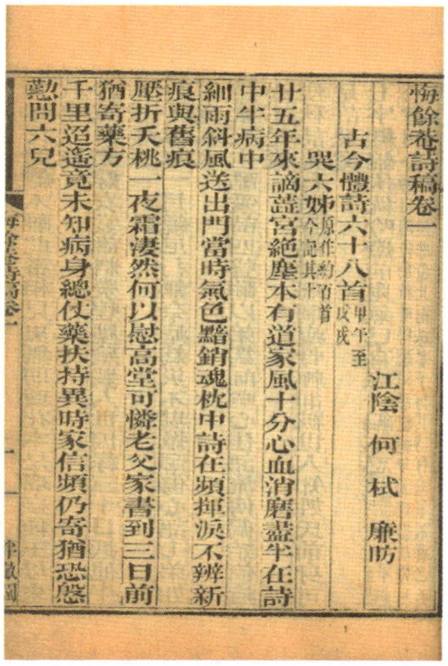
悔餘菴詩稿卷一
江陰 何栻 廉昉
古今體詩六十八首 甲午至戊戌
哭六姊 原作約百首今記其十
廿五年來謫蕊宮絕塵本有道家風十分心血消磨盡半在詩中半病中
細雨斜風送出門當時氣色黯銷魂枕中詩在頻揮淚不辨新痕與舊痕
壓折夭桃一夜霜淒然何以慰高堂可憐老父家書到三日前猶寄藥方
千里迢遙竟未知病身總仗藥扶持異時家信頻仍寄猶恐慇懃問六兒

《游青原山记》、《赐邮论言一卷》等。

据晚清蔡云万《蛰存斋笔记》书中说，何莲舫罢官不是因为城池失守，而是由于"扬州同乡"的排挤。"扬州某中丞，与君本系同乡，因事积不相能，遂借端劾参君，奉旨革职，永不叙用，君不得已郁郁归来。"不料，那位同乡后来也被革职回扬，恰恰又住在东圈门，与何家为邻。不久，此人复被朝廷启用，就在门上悬挂一匾，上书"孤忠格天"四字。何莲舫闻之，也在门上悬挂一匾，上书"一败涂地"四字，与之对峙，成为轰动一时的新闻。

半亩园在北京美术馆后街的黄米胡同，是清朝遗留至今的著名私家园林，由李渔客幕贾胶候中丞府时设计、整修。明末时，李渔曾想科举入仕，但两次乡试落第后便投入滚滚红尘，历尽声色犬马。清兵入浙后，家道衰落，遂移居杭州，又迁南京。从事著述，赋诗作文编撰剧本，并开"芥子园"书铺，刻售图书。又组织以姬妾为主要演员的家庭剧团，北抵燕秦，南行浙闽，在达官贵人府邸演出自编自导的戏曲。主要著作有剧本《笠翁十种曲》，另有《偷甲记》、《四元记》、《双锤记》、《鱼篮记》、《万全记》、《十醋记》、《补天记》和《双瑞记》八种是否出自他的手笔，尚未有定论；小说《无声戏》（又名《连城璧》）、《十二楼》、《肉蒲团》等；杂著《闲情偶寄》和诗文集《笠翁一家言》等。这些都是当时的畅销书。

在博古斋2007年首场大型艺术品拍卖会上，同治乙丑年（1865）刻《悔余庵诗稿》八卷、《悔余庵文稿》六卷、《乐府》四卷，共三册，以3850元成交。

布店老板写就的：《金史详校》

（清）施国祁撰《金史详校》十卷、卷首一卷，卷末为史论五答一卷，共十二册。清光绪六年（1880）会稽章氏刻本。牌记题“会稽章氏刻庚辰五月”。2007年6月8日中国书店北京海淀门市部开业时购得。

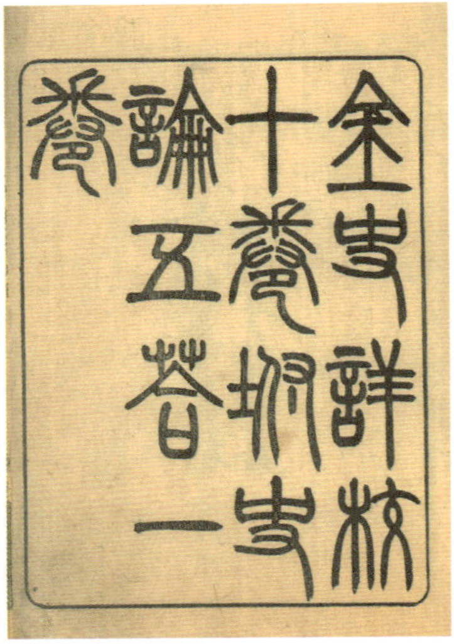
金史詳校十卷附史論五荅一卷

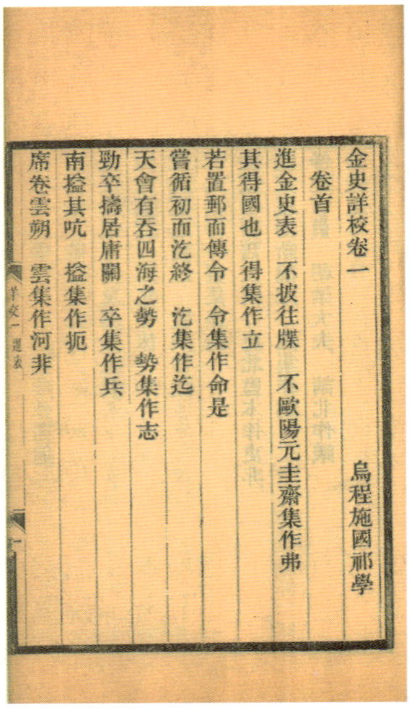
金史詳校卷一　烏程施國祁學

卷首

進金史表　不拔往牒　不歐陽元圭齋集作弗

其得國也　得集作立

若置郵而傳令　令集作命是

嘗衢初而迄終　迄集作迄

天會有吞四海之勢　勢集作志

勁卒擣居庸關　卒集作兵

南捡其吭　捡集作扼

席卷雲朔　雲集作河非

由元朝脱脱等撰的《金史》为纪传体，共一百三十五卷，包括本纪十九卷、志三十九卷、表四卷、列传七十三卷，记述了从女真族的兴起到金朝建立和灭亡。后附《金国语解》一卷。该书纂修始于元世祖忽必烈时期，以中书右丞相脱脱为都总裁官，翰林学士欧阳玄等六人为总裁官，主持修纂。所依据的资料主要有金代实录等。金末的事迹则多取材于元好问的《王辰杂编》和刘祁的《归潜志》、王鹗的《汝南遗事》、杨奂的《天兴近鉴》等。

由于《金史》依据比较完整的《实录》，经元好问、王鹗等补充，元初以来又经几次修撰，实际上是经营已久，与宋辽二史仓促成书不同，故在三史之中号称最善。传记中有关诸人参与的同一事件，则在首要人物的传中详见事实本末，其他传中则旁参侧见，避免重述。

尽管《金史》的优点比较突出，但也存在不少缺点，如记事互相矛盾、重叠，史实错误、疏略，年次颠倒、脱舛，人地名混乱和记述战事则扬胜讳败的现象。后代史学家虽然没有像《宋史》那样，有这么多人主张重修，但考订、校补之作还是不少的，其中最著名的是施国祁，他本是布店老板，花了20多年时间，细读《金史》十余遍，并与其他版本的《金史》和其他有关文献互相参校，写成《金史详校》十卷，订正了不少版本、史实错误，是读《金史》时所必备的参考书。

《金史》完成之后，元至正五年（1345）九月即在江浙等处刻印了100部，明代有南北两监本，清代有武英殿本，民国也有刻本。1935年，商务印书馆出版的百衲本《金史》，是以至正刊一百三十五卷本（其中八十卷是初刻，五十五卷是后来的复刻本）影印的。1975年，中华书局出版了《金史》标点校勘本，以百衲本为底本，并与监本、殿本参考，又参考有关史料进行校勘，吸取了前人的考订成果，是目前较好的版本。

成都书局摹殿本刊“前四史”

“前四史”即《三国志》、《史记》、《汉书》、《后汉书》，清同治十年（1871）成都书局摹殿本刻本，白口，单鱼尾，左右双边，半页10行21字。双注单行字数同。牌记题“同治十一年恭摹殿本刊于成都书局”。国家图书馆将这个本子著录列为“五史、五种”。

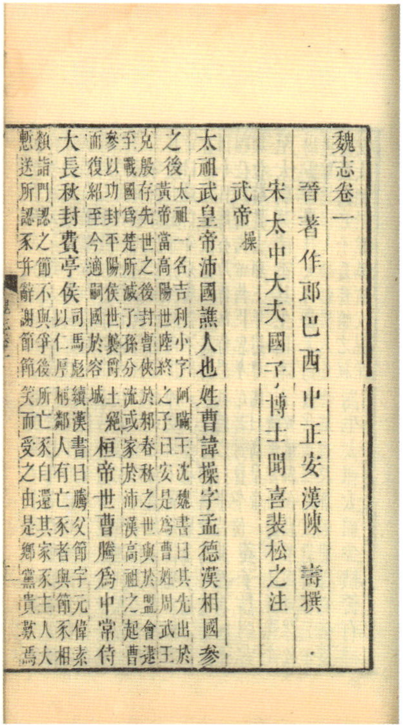

在太平天国革命期间，洪秀全曾下诏，认定孔孟及诸子百家为妖书，并予以严禁，有买卖者一律处斩。由于有此禁令，太平天国革命军所到之处，这类书籍即被焚毁。太平天国革命失败后，在曾国藩等要员的倡议下，经清政府同意，为振儒学、正人心，而设立书局，刊刻经史。曾国藩为刻《船山遗书》，与其弟曾国荃一起，于同治二年捐银3000两，组织文人及刻工，在江西安庆刻书。湘军攻下南京后，其刻书处亦迁往南京，并于同治四年，将其定名为“金陵书局”。于是，部分省相继成立书局。成都书局也于此时成立。

成都书局成立后，首先翻刻了殿本前四史。其版式阔大，白棉纸，纸墨俱佳。同治十年刻《三国志》，同治十一年刻《史记》、《汉书》、《后汉书》。在每部书的牌记上均标明，某年“恭摹殿本刊于成都书局”。

近年来，成都书局同治十年翻刻殿本前四史很难见到，偶尔在旧书市场能见到一些土纸本残册，但不是成都书局原刻。因为土纸质量差，易损，所以这些残册的书品也很差。这种再翻本是国立四川大学刊印。民国年间，成都书局四万余张书板拨归四川大学。民国27年冬，时任四川大学校长的程天放，在四川大学组织翻印，于1942年印成，共印出25种。程天放为了重印这批书，还请示了当时国民党政府最高统治者蒋介石和陈立夫、孔祥熙二位大员，居然得到首肯并予拨款。由于费用紧张，难以把那4万余张书板整理好并印成书，只挑出板片完好的二十五种书，用廉价的土纸，每种印数也不多。

成亲王永瑆《诒晋斋后集》

（清）成亲王撰《诒晋斋后集》一卷一册，道光间刻本。有作者后代钤章："成亲王之三世孙、成郡王之第五子"敬送。此为道光间刻五册本《诒晋斋集》八卷、《诒晋斋后集》一卷、《诒晋斋随笔》一卷之一。

成亲王爱新觉罗·永瑆（1752—1823），号少厂，镜泉，诒晋斋主人。为清高宗弘历（乾隆皇帝）第十一子。乾隆间封成亲王，嘉庆间在军机处行走。谥哲。精于书法，曾书《裕陵圣德神功碑》。嘉庆九年（1804）上谕称"朕兄成亲王，自幼精专书法，深得古人用笔之意，博涉诸家，兼工各体，数十年临池无间，近日朝臣文字之工书者，罕见其右"。当时颇享盛誉，与翁方纲、刘墉、铁保并称"翁刘成铁"。家藏书画极富，刻有《诒晋斋法帖》。著有《诒晋斋诗文集》、《诒晋斋随笔》、《全龙集》等。永瑆自幼酷爱书法艺术，几十年的刻苦临池，加上他得天独厚的条件，得窥内府所藏，而自藏又甚富，书名重一时，传世书迹甚多。

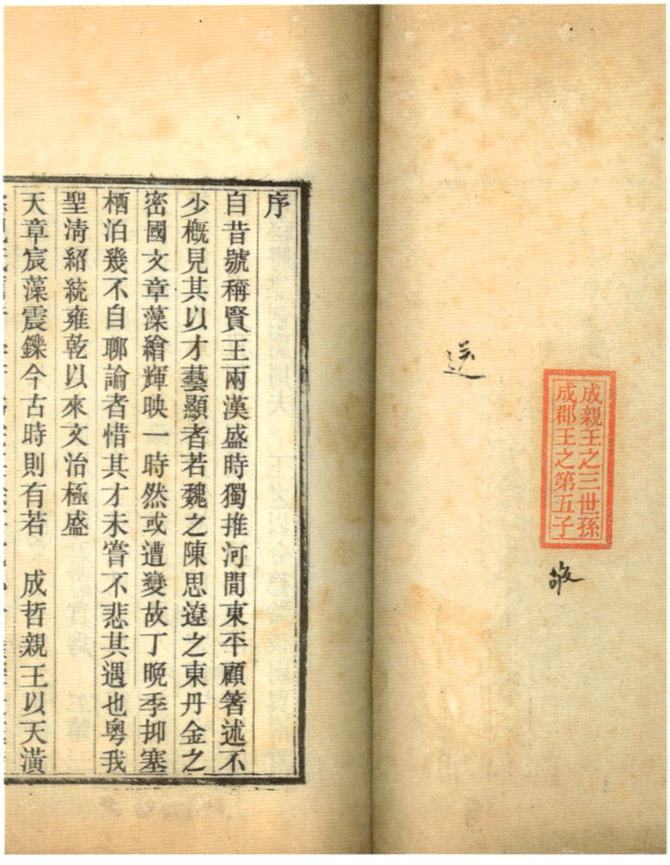
序
自昔號稱賢王兩漢盛時獨推河間東平顧著述不
少概見其以才藝顯者若魏之陳思遼之東丹金之
密國文章藻繪輝映一時然或遭變故丁晚季抑塞
栖泊幾不自聊論者惜其才未嘗不悲其遇也粤我
聖清紹統雍乾以來文治極盛
天章宸藻震鑠今古時則有若　成哲親王以天潢

崇文书局《天圣明道本国语》

（春秋）左丘明撰、（吴）韦昭注、（清）黄丕烈札记、（清）汪远孙考异《国语》二十一卷、《国语札记》一卷、《考异》四卷，湖北崇文书局清同治八年（1869）刊，白纸本，书名页题“天圣明道本国语”。

《天圣明道本国语》由钱大昕、段玉裁作序。札记为黄丕烈撰，在札记前有黄丕烈于清嘉庆四年（1799）撰写的序文一篇。首卷末和札记末有“嘉庆庚申吴门黄氏读未见书斋开雕同邑李福书”牌记，系此书嘉庆五年原刻时书牌。此书刻印较精，天头敞阔，文字饱满圆融，笔画舒展，神形兼具，尚可

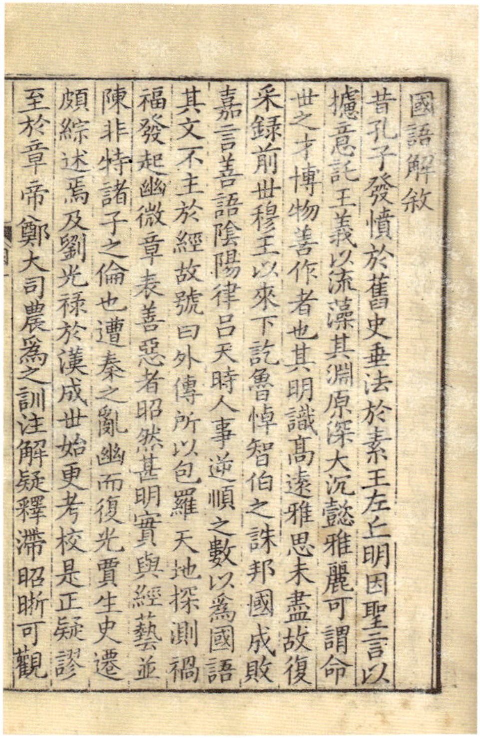

國語解敘
昔孔子發憤於舊史垂法於素王左丘明因聖言以攄意託王義以流藻其淵原深大沉懿雅麗可謂命世之才博物善作者也其明識高遠雅思未盡故復采錄前世穆王以來下訖魯悼智伯之誅邦國成敗嘉言善語陰陽律呂天時人事逆順之數以爲國語其文不主於經故號曰外傳所以包羅天地探測禍福發起幽微章表善惡者昭然甚明實與經藝並陳非特諸子之倫也遭秦之亂幽而復光賈生史遷頗綜述焉及劉光祿於漢成世始更考校是正疑謬至於章帝鄭大司農爲之訓注解疑釋滯昭晰可觀

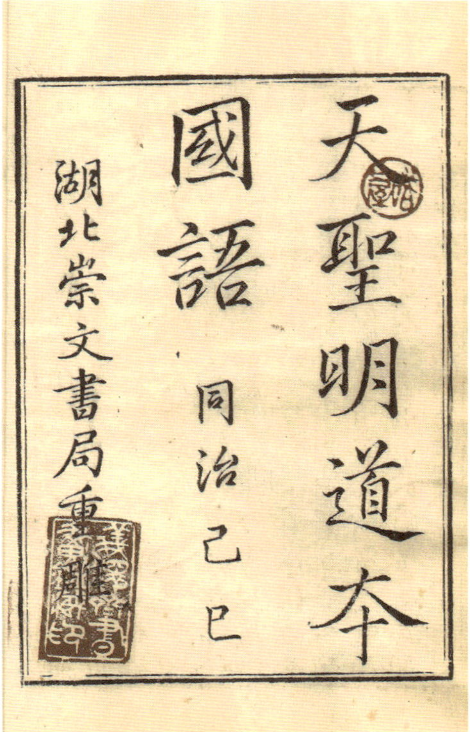

天聖明道本國語
同治己巳
湖北崇文書局重雕

略睹宋本遗意。

钱大昕在序言中写道：“国语之存于今者，以宋明道二年椠本为最古，钱遵王读书敏求记，举周语昔我先王世后稷及皆免……”宋明道二年，即公元1033年。段玉裁在重刊明道二年国语序中重点介绍了此书版本的刊刻过程及考证。除正文外，还有校刊明道本韦氏解国语札记，韦氏就是三国时的吴人韦昭。该札记嘉庆四年十月廿七日由吴县黄丕烈手书上版，札记按卷别对有关典故、人名、事件等进行了较详细的注解。

近代学者研究证实，春秋时有称为瞽蒙的盲史官，专门记诵、讲述古今历史。左丘

明即是略早于孔子的著名瞽蒙。瞽蒙进述的史事被后人笔录成书，称为《语》。按国别区分，即为《周语》、《鲁语》等，总称为《国语》。《国语》旧传为春秋左丘明撰，现一般认为是先秦史家编纂各国史料而成。全书共二十一卷，分《周语》、《鲁语》、《齐语》、《晋语》、《郑语》、《楚语》、《吴语》、《越语》八个部分，其中《晋语》卷数最多。全书起自周穆王，终于鲁悼公，以记述西周末年至春秋时期各国贵族言论为主，因其内容可与《左传》相参证，所以有《春秋外传》之称。

《国语》的思想比较驳杂。它重在纪实，所以表现出来的思想也随所记之人、所记之言不同而各异。如《鲁语》记孔子语则含有儒家思想；《齐语》记管仲语则谈霸术；《越语》写范蠡尚阴柔，功成身退，带有道家色彩。《国语》与《左传》、《史记》不同，作者不加“君子曰”或“太史公曰”一类评语。所以作者的主张并不明显，比较客观。

就文学价值来说，《国语》虽不及《左传》，但比《尚书》、《春秋》等历史散文还有所发展和提高，作者比较善于选择历史人物的一些精彩言论，来反映和说明某些社会问题。如《周语》中，通过召公之口，阐明了“防民之口，甚于防川”的著名论题。

《天圣明道本国语》尚有同治己巳（1869）广州时务书局重雕本，和此崇文书局本同为据清嘉庆五年本翻刻。

在泰和嘉诚2008年秋季艺术品拍卖会上，此本估价1万元，未成交。

出洋钦使薛福成的《庸庵全集》

（清）薛福成撰、薛莹中辑《庸庵全集》十种，无锡薛氏清光绪十年（1884）至光绪二十四年刻本，四十八册。这十种是：《庸庵文编》四卷，光绪十三年刻；《庸庵文续编》二卷，光绪十五年刻；《庸庵文外编》四卷，光绪十九年刻；《庸庵海外文编》四卷，光绪二十一年刻；《筹洋刍议》一卷，光绪十年刻；《浙东筹防录》四卷，光绪十三年刻；《出使奏疏》二卷，光绪二十年刻；《出使公牍》十卷，光绪二十四年刻；《出使英法义比四国日记》六卷，光绪十七年刻；《出使日记续刻》十卷，光绪二十四年刻。

因此套书刊刻时间持续了14年，全套者极为稀见。拍场也多为单种出现。

薛福成（1838—1894），字叔耘，号庸庵，江苏无锡人。清末改良主义者。早年入曾国藩幕府，后随李鸿章办理外交。1879年作《筹洋刍议》，提出变法主张。1884年中法战争期间，任浙江宁绍台道，在镇海参与击退法舰之战。1888年任湖南按察使。次年任出使英、法、比、意四国大臣。称赞西方的君主立宪制度“无君主、民主偏重之弊，最为斟酌得中”。认为资本主义国家“以工商立国”，“工实居商之先”，又称西人持

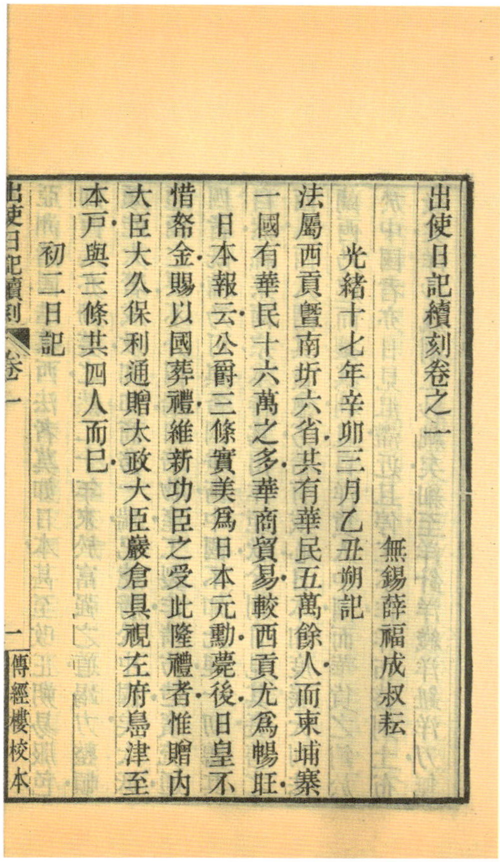

出使日記續刻卷之一

無錫薛福成叔耘

光緒十七年辛卯三月乙丑朔記

法屬西貢暨南圻六省，共有華民五萬餘人，而柬埔寨一國有華民十六萬之多，華商貿易較西貢尤爲暢旺。日本報云，公爵三條實美爲日本元勳，薨後，日皇不惜帑金，賜以國葬禮，維新功臣之受此隆禮者，惟贈內大臣大久保利通、贈太政大臣巖倉具視、左府島津至本戸與三條共四人而已。

初二日記

出使日記續刻 卷一 一 傳經樓校本

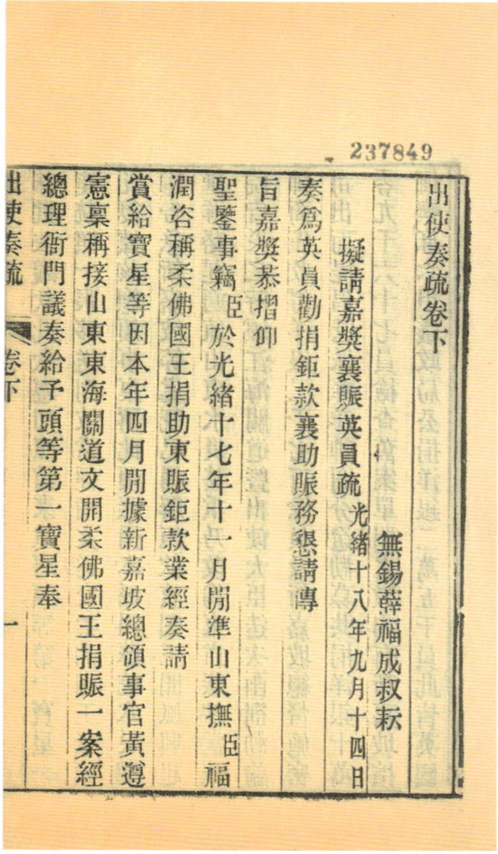

237849

出使奏疏卷下

無錫薛福成叔耘

擬請嘉獎襄賑英員疏 光緒十八年九月十四日

奏爲英員勸捐鉅款襄助賑務，懇請傳旨嘉獎，恭摺仰聖鑒事。竊臣於光緒十七年十一月，閱準山東撫臣福潤咨稱，柔佛國王捐助東賑鉅款，業經奏請賞給寶星等因。本年四月間，據新嘉坡總領事官黃遵憲稟稱，接山東東海關道文開，柔佛國王捐賑一案，經總理衙門議奏，給予頭等第一寶星，奉

出使奏疏 卷下 一

商为命脉，商“握四民之纲”。认为人口迅速增加是人民贫困的原因，欧洲人口密度虽高，因“能浚其生财之源”，虽人满亦富，因而主张用机器“殖财养民”，强调“工商之业不振，则中国终不可以富，不可以强”。又认为“天道数百年小变，数千年大变”，“惟圣人能法圣人，亦惟圣人能变圣人之法”，希望清统治者变法改良，发展资本主义。《庸庵全集》中，尤以《筹洋刍议》、《出使四国日记》和《庸庵笔记》最有影响。薛福成曾提出中国由北洋、南洋、闽粤三支舰队拱卫东南沿海的治海构思，著名学者唐德刚在《晚清七十年》中认为，“此一三分制，至今未改”。

光绪十四年，薛福成离任宁绍台道，花大洋1万余元在无锡购地18亩，并筹集启动款6万多元，准备建造新宅。光绪十六年薛福成从上海赴法国使馆上任，指派其子薛南溟督造这所“钦使第”，于1894年落成。按清朝规定，二品以上官员的住宅厅堂，面阔不得超过五间，进深不得超过九架。薛福成的官衔为正三品、特赏二品顶戴，可“钦使第”的厅堂面阔均为九间，已超定制。为免遭祸患，他采用对剖双排柱的做法，将九间厅相对分成三个三间厅，既不违制，又有气派。工程进行了五年，为风水之故，宅院呈“凸”字形，暗合《庄子·逍遥游》所谓鹏飞奋翼之状。四间主体建筑随地坪逐渐提高，暗寓“步步高升”。南京博物院藏有一册《入觐总登》，乃薛福成按例进京陛见时向在京大佬送礼和购物的清册，仅此行就花费了他一万多两白银。这次入觐，薛福成被委以重任，赏二品顶戴，以三品京堂候补，出任英、法、意、比四国公使，真可谓是“步步高升”了。

有趣的是，《庸庵全集》里有《查抄和珅家产清单》一文，不妨登录如下：

房屋3000间，田地8000顷，银铺42处，当铺75处，赤金60000两；纯金大元宝100个，1000两一个，10万两；小银元宝56600个，100两一个，566万两；银锭900万个；洋钱58000元；制钱150万文；吉林人参600余斤；玉如意1200余柄；珍珠手串230串；桂圆大珍珠10粒；大红宝石10块；大蓝宝石40块；银碗

40桌；三尺有余珊瑚树11支。还有纱缎绸罗14300匹；毛呢哔叽20000板；狐皮550张；貂皮850张；各种粗细皮56000张；铜器和锡器361000件；名贵瓷器10万件；镂金八宝炕床24座；西洋钟460座；四季好衣服7000件；家人606名；妇女600名。

查抄时曾把和珅家产共编了109号，其中26个号估价2.64亿两白银，还有83个号没估价，大体8亿多两白银，也就是说和珅的家产一共有11亿两白银。清朝每年的国库收入7000万两白银，11亿两白银相当于15年清朝的国库收入。和珅当政不到25年，弄了清朝国库15年的收入，管钱的户部尚书是和珅，监察部长也是他，他利用了乾隆皇帝对他的过度信任，敛得巨财。

《庸庵全集》十种的各种，近年均在各大拍场未见。孔网在线销售光绪二十三年白纸本《庸庵文编》二册，标价3000元。

薛福成无锡“钦使第”

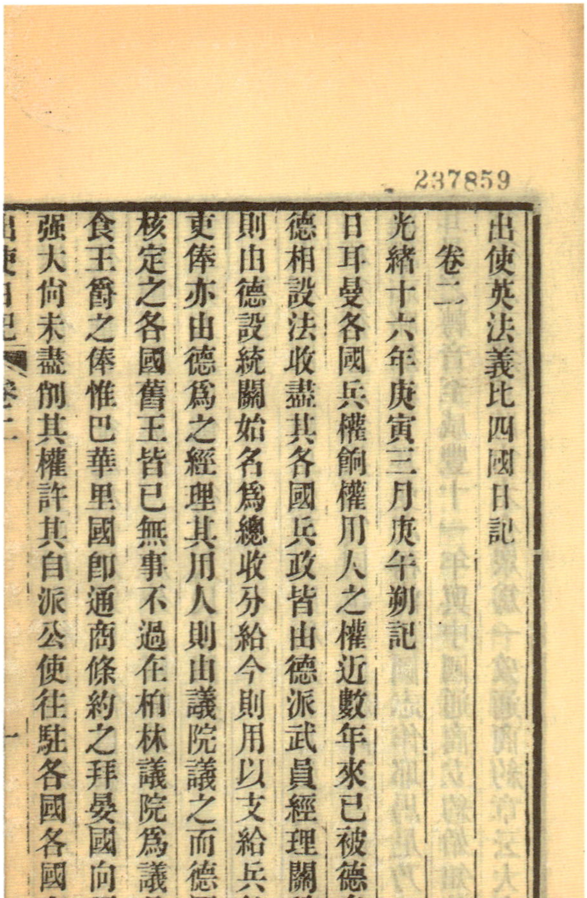

237859

出使英法義比四國日記

卷二

光緒十六年庚寅三月庚午朔記

日耳曼各國兵權餉權用人之權近數年來已被德皇德相設法收盡其各國兵政皆由德派武員經理關稅則由德設統關始名爲總收分給今則用以支給兵餉吏俸亦由德爲之經理其用人則由議院議之而德國核定之各國舊王皆已無事不過在柏林議院爲議員食王爵之俸惟巴華里國卽通商條約之拜晏國向稱强大尙未盡削其權許其自派公使往駐各國各國亦

出使日記 卷二 一

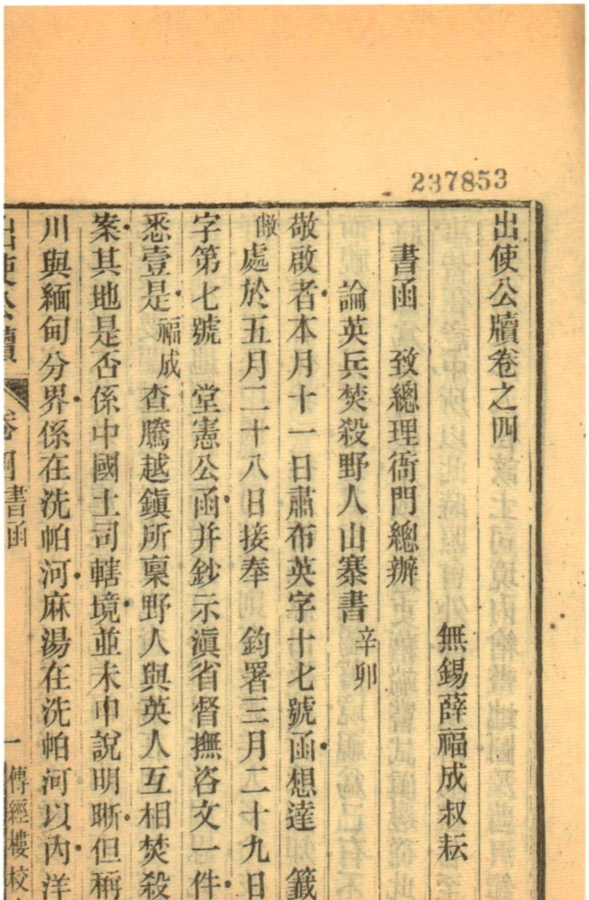

237853

出使公牘卷之四

無錫薛福成叔耘

書函 致總理衙門總辦

論英兵焚殺野人山寨書 辛卯

敬啟者本月十一日肅布英字十七號函想達 籤記敝處於五月二十八日接奉 鈞署三月二十九日吉字第七號 堂憲公函并鈔示滇省督撫咨文一件謹悉壹是 福成查騰越鎮所稟野人與英人互相焚殺一案其地是否係中國土司轄境並未申說明晰但稱隴川與緬甸分界係在洗帕河麻湯在洗帕河以內洋人

出使公牘 卷四 書函 一 傳經樓校本

道光《繁峙县志》

繁峙，春秋属晋，为霍人邑，战国属赵，称藿人。隋开皇十八年（598）设繁峙县。金贞祐三年（1215）改设坚州。元因之。明洪武二年（1369）废州，改称繁峙县。抗战时期属晋察冀边区专署。1958年11月代县与繁峙合并，属晋北专署。1961年二县重分，繁峙属山西忻县（今忻州市）地区。繁峙县位于忻州地区东北隅，东南角与河北省为邻，繁峙北临雁同，西近雁门，东部泰戏山把南北两山连成一体，形成繁峙的东部屏障，平型关就在其中，自古为兵家用武之地。

《繁峙县志》的最早版本是明万历十五年（1587）所修，但“仅存数版，良可慨也”。因此，繁峙知县吴其均上任伊始，即以万历志为蓝本重修繁峙县志，于道光十六年（1836）冬天刊行。吴其均纂修的道光《繁峙县志》六卷六册，书前有“县境全图”、“城池全图”、“学宫全图”、“县署图”、“参署图”，最为难得的是刻有“繁峙十景”版画：滹沱落石、笔峰拱秀、圭峰古柏、岩山叠翠、峪口晴岚、台背冰岩、三泉涌冽、卤城现影、孤山晚照和峨岭秋红。这些画署名“画工朱向清”，其他县志中有版画的很多，但署有画工名的并不多见。

万历十五年所修《繁峙县志》已经失传。20世纪90年代有零星发现。翕居所存为道光刊《繁峙县志》，此书仅国家图书馆和山西省图书馆有藏。光绪七年（1881），何

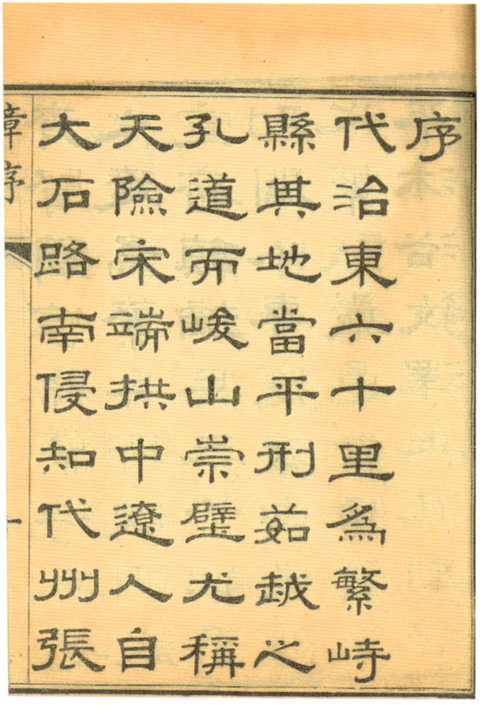

序

代治東六十里爲繁峙縣其地當平刑茹越之孔道而峻山崇壁尤稱天險宋端拱中遼人自大石路南侵知代州張

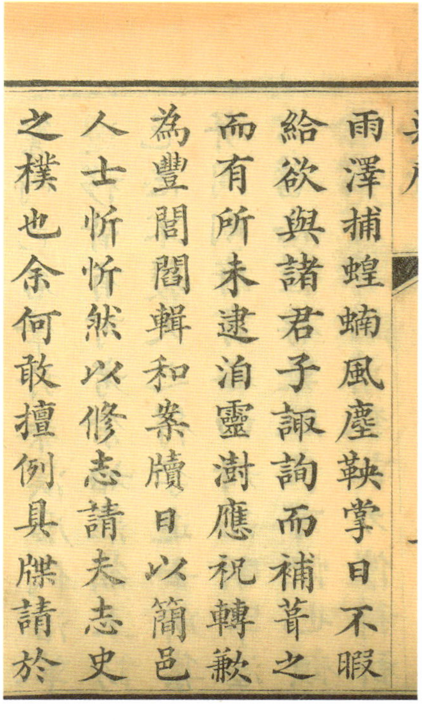

雨澤捕蝗蝻風塵鞅掌日不暇給欲與諸君子諏詢而補葺之而有所未逮洎靈澍應祝輙歉爲豐閭閻輯和案牘日以簡邑人士忻忻然以修志請夫志史之樸也余何敢擅例具牒請於

層山疊翠

才价修、杨笃纂《繁峙县志》四卷、卷首一卷，共四册。1995年，今日中国出版社出版了《繁峙县志》，主编为李斌。美国国会图书馆收藏我国的地方志数量十分惊人，到目前共收藏2939种，其中，包括清代版本的《繁峙县志》，但不知是道光本还是光绪本。

值得一提的是，光绪本《繁峙县志》的编纂者杨笃，被称为我国纂修志书最多的人。杨笃是山西乡宁县清同治甲子科举人，一生共编修了《屯留县志》、《天镇县志》、《代州志》、《西宁新志》、《长子县志》、《长治县志》、《壶关县续志》、《蔚州志》、《潞城县志》、《繁峙县志》等10部方志，还参与了光绪年间《山西通志》的编纂，并成为该志后期的主纂。

东路厅署雕《竹书纪年校正》

（梁）沈约注，（清）郝懿行校正《竹书纪年校正》十四卷、通考一卷，共二册，清光绪五年（1879）东路厅署刻本，属《郝氏遗书》一种。牌记题“光绪五年岁在己卯东路厅署开雕”。

《竹书纪年》是我国地下出土的第一部史书，又称《汲冢书》，是西晋初年（公元265年前后）在汲郡（今河南汲县西南）战国时期（公元前475年—公元前221年）的魏国墓穴中发现的竹书。西晋咸宁五年（279），一作西晋太康元年（280）或太康二年，汲郡人偷盗魏襄王的陵墓，得到竹书数十车，全是蝌蚪文书写，称“汲冢古文”。经过整理，共有12篇。此书原来没有书名，后来人们从它编年体的体例来命名为《纪年》，因为原书本是竹简，又是编年体的体例，所以称为《竹书纪年》。

《竹书纪年》叙述夏、商、西周、春秋时晋国和战国时魏国史事，有不少地方与传统记载不同，比较接近史实真相。此外，有的还与甲骨文、金文的记载吻合，可校正《史记》所载战国史事之失。原简早已不

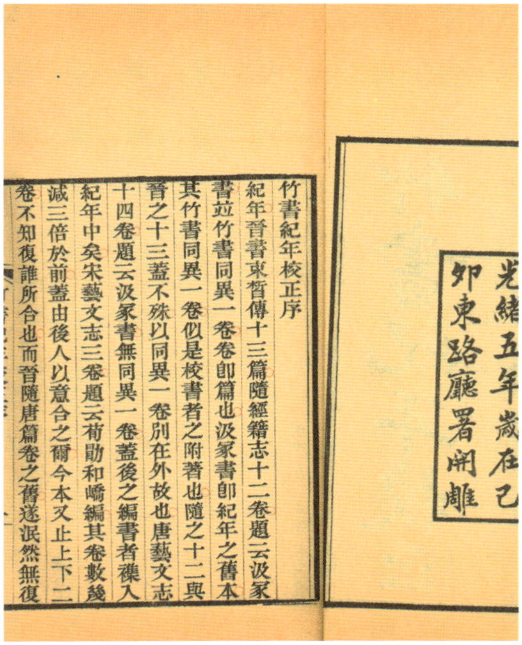
竹書紀年校正序
紀年晉書束晳傳十三篇隨經籍志十二卷題云汲冢書竝竹書同異一卷卷卽篇也汲冢書卽紀年之舊本其竹書同異一卷似是校書者之附著也隨之十二與晉之十三蓋不殊以同異一卷別在外故也唐藝文志十四卷題云汲冢書無同異一卷蓋後之編書者襍入紀年中矣宋藝文志三卷題云荀勖和嶠編其卷數幾減三倍於前蓋由後人以意合之爾今本又止上下二卷不知復誰所合也而晉隨唐篇卷之舊遂泯然無復

光緒五年歲在己卯東路廳署開雕

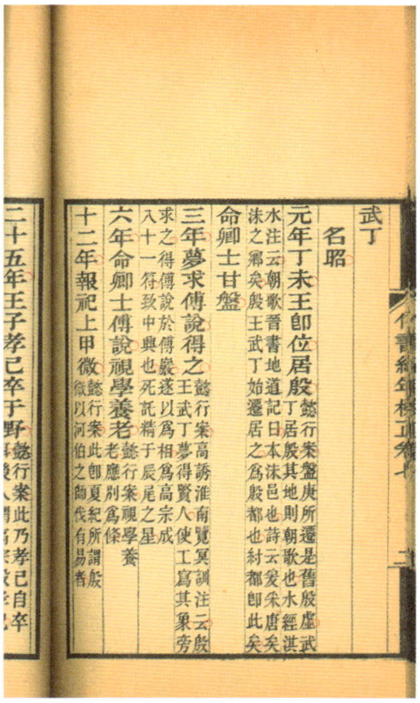
二十五年王子孝己卒于野 懿行案此乃孝己自卒

武丁

名昭

元年丁未王卽位居殷 懿行案盤庚所遷是舊殷虛武丁居殷其地則朝歌也水經淇水注云朝歌晉書地道記曰本沫邑也詩云爰采唐矣沫之鄉矣殷王武丁始遷居之爲殷都也紂都卽此矣

命卿士甘盤

三年夢求傅說得之 懿行案高誘淮南覽冥訓注云殷王武丁夢得賢人使工寫其象旁求之得傅說於傅巖遂以爲相爲高宗成入十一符致中興也死託精于辰尾之星

六年命卿士傅說視學養老 懿行案視學養老應別爲條

十二年報祀上甲微 懿行案此卽夏紀所謂殷微以河伯之師伐有易者

传，古本《竹书纪年》至宋代即佚失。自清代以来，许多学者以这部书为线索，在古史研究领域取得了很多突破性的进展。郝懿行的《竹书纪年校正》、王国维的《古本竹书纪年辑校》和《今本竹书纪年疏证》等书均有很大影响。

王国维在撰著《今本竹书纪年疏证》时，曾参考引用郝懿行的东路厅署刻本《竹书纪年校正》。并在其自序中对《竹书纪年》真伪有过简要阐述："余治《竹书纪年》，既成《古本辑校》一卷，复怪今本《纪年》为后人搜辑，其迹甚著，乃近三百年学者疑之者固多，信之者亦且过半。乃复用惠、孙二家法，一一求其所出，始知今本所载殆无一不袭他书。其不见他书者，不过百分之一，又率空洞无事实，所增加者年月而已。且其所出，本非一源，古今杂陈，矛盾斯起。既有违异，乃生调停，纠纷之因，皆可剖析。夫事实既具他书，则此书为无用；年月又多杜撰，则其说为无征。无用无征，则废此书可，又此《疏证》亦不作可也。然余惧后世复有陈逢衡辈为是纷纷也，故写而刊之，俾与《古本辑校》并行焉。"

郝懿行是清代著名经学家、训诂学家，长于名物训诂考据学，撰有《尔雅义流》、《竹书纪年校正》等书。清代东路厅署原址在通县民众教育馆，光绪庚子毁于火，民国5年知事汤铭鼐以其地改建潞河公园。

"捣麝成尘，芳馨之性不改"：《麝尘莲寸集》

晚清杰出词人汪渊集句，其妻程淑校注，夫妇合作的《麝尘莲寸集》，全集正集四卷、补遗一卷，分订两册，共收词156调284首。此书成于清光绪十一年（1885），刻成于光绪十七年。汪渊以前的集词作品，有集诗句为词的，有诗词夹杂的，还有掺杂己句的，且多只集小令，少集长调。《麝尘莲寸集》完全以词集词，词中无一字无来处，却又按照严谨的格律，将之组成一首首新词，而且是煌煌巨制，说它"前无古人"也不为过。

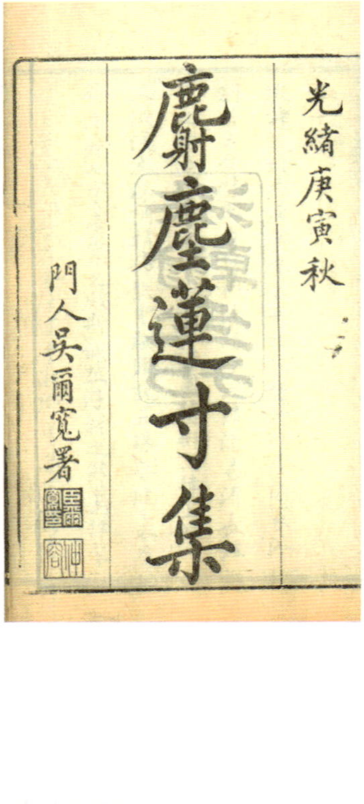

《麝尘莲寸集》是一部典范的以词集句的词集，集晚唐至元人词的成句而成。书名《麝尘莲寸集》，取"捣麝成尘，芳馨之性不改；拗莲作寸，高洁之致长留"的意思，既标明了这部词集的独特性质，也暗寓了作者的艺术理想。

《麝尘莲寸集》的作者在创作过程中，除像填词那样严格遵守格律外，还有其"集"的特点：以词集词，同调不集，一人一句，原句完整。所谓"以词集词"，就是从前人词作中抽出句子，再按照词律的要求，组配成新的词。既不能夹杂诗或曲的成句，也不能掺人自己的句子。所谓"同调不集"，是说用某一词牌集词时，不从同一条词牌的词中集句。所谓"一人一句"，即集一阕词不从一位作者的词中取两句。所谓"原句完整"，是指集句时采用原句，采用完整的句子，不增字，不减字，不换字，不改变句型。

汪渊，字时甫，一字诗圃，安徽绩溪人。生卒年均不详，约清同治前后在世，生平未详。工词，著有《藕丝词》。

程文淑（1858—1899），又名程淑，字秀乔，安徽休宁人。王渊继妻。著有《绣桥诗存》附词，另有其校注的《麝尘莲寸集》四卷。据《安徽人物大辞典》记载，程文淑“字秀乔，号绣桥。9岁通四声，喜吟咏。其父金鉴，邑庠生。赏识绩溪寓居休宁贡生汪渊人品、文章，以女许为继室。汪渊贫寒仅能糊口，淑安之若素，于井臼、针线之暇，学习赋词，互相酬唱。汪渊集词《麝尘莲寸集》，淑为校句，详注出处，又尽卖钗环首饰和衣物刊印。自著有《绣桥诗词存》传世。”

麝塵蓮寸集卷一
績谿汪淵時甫集詞
休甯程淑繡橋校注
蒼梧謠
瞞折得梅花獨自看無人覺翠袖怯天寒
瞞陸游妻唐氏釵頭鳳 折潘牥南鄉子 無范成大秦樓月 翠楊无咎生查子
赤棗子
風淅瀝月朦朧秋千人散小庭空麝指暗思花下約假山西畔
藥欄東
風曾紆金門 月李珣漁泉子 秋陳克黃葉 麝孫光憲浣溪沙 假司空圖酒泉子
拋毬樂
卷之一

程文淑生于书香门第，幼年受家庭熏陶，爱好吟咏，所作集句《苏幕遮》（附后），妙语天成，时人谓为堪与易安居士相媲美。由于她记诵词句之博，运句之巧合，所集各词，不集同调，一词不用两句，一语不作两用，不分割原句，也不搀入己句，气格浑然一体，声律极为严谨，讲究对仗工整，流畅自然，宛如己出，为古今集词之大成，也是中国词学史上独放异彩的镶嵌艺术精品。这本书在审校时，她倾注了不少心血，逐一详注出处。于光绪十六年（1890）由染翰斋刊印问世。

丈夫汪渊青年中秀才，被举为贡生，后无意仕途，设馆授徒，夫妇晨昏酬唱，颇多吟咏，被称为“伉俪词人”。

程文淑《苏幕遮》：

柳阴凉，兰棹举，南北东西，南北东西路。恰是去年今日去，芳草连天，芳草连天暮。似说相思，似说相思苦。梦断采云无觅处，门掩黄昏，门掩黄昏雨。

汪渊《苏幕遮》：

柳供愁，花解语，总是销魂，总是销魂处。人自怜春春未去，芳草斜阳路。卧红茵，觞绿醑。几度相思，几度相思苦。明日重来须记取，梅子黄时，梅子黄时雨。

“集唐人之句为香奁诗”：《香屑集》

（清）黄之隽辑句《香屑集》十八卷、卷首一卷、卷末一卷，共六册，同治辛未年（1871）刊本。

《香屑集》皆集唐八句，为集句之集大成之作。陈廷焯《白雨斋词话》谓其构思精巧，文辞清丽，前无古人，后无来者。《四库全书总目提要》评价《香屑集》：“皆集唐人之句为香奁诗，凡古今体九百三十余首。前有《自序》，亦集唐人文句为之，凡二千六百余言。集句为诗，始于晋，今载于《艺文类聚》者皆

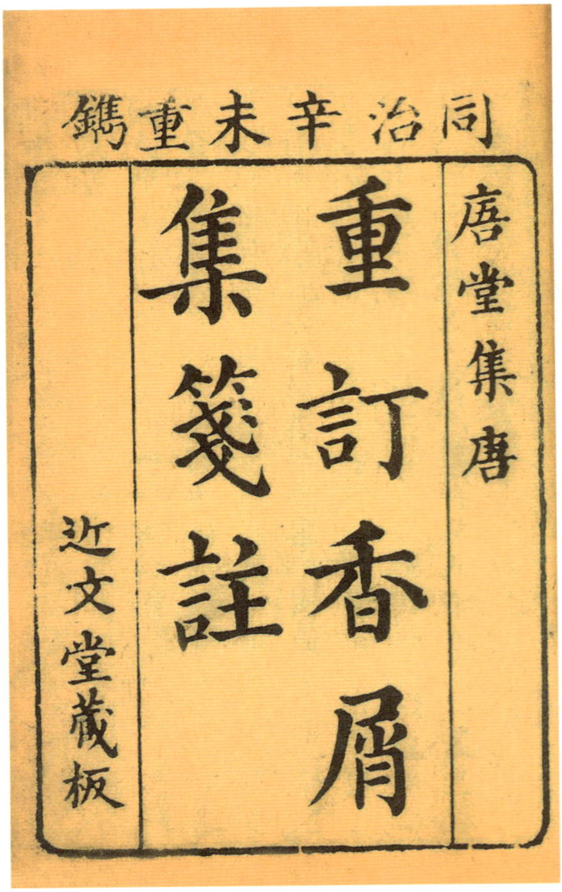
同治辛未重鐫

唐堂集唐

重訂香屑集箋註

近文堂藏板

寥寥数句。黄之隽是编，虽取诸家成句，而对偶工整，意义通贯，排比联络，浑若天成。余虽洒洒钜篇，亦每人惟取一句，不相重复。且有叠韵不已，至余倒押前韵，而一一如自己出。可谓前无古人，后无来者。虽其词皆艳冶，千变万化，不出于绮罗脂粉之间，于风骚正轨未能有合。而就诗论诗，其记诵之博，运用之巧，亦不可无一之才矣。”

黄之隽（1668—1748），字石牧，号瘖堂，初名兆森，字若木，清初安徽休宁人，徙居华亭（今上海松江）。清康熙六十年（1721）进士，官编修。初罢官归，囊无余资，惟嗜蓄书，仅编入目录者就有两万余卷，另有杂书八百余册。乾隆初，荐试“博学鸿词科”，因年迈未能终卷。时《江南通志》馆设于金陵，赞助裁断，出力颇多。著有《瘖堂集》五十卷，又《补遗》二卷、《续集》八卷，《香屑集》十八卷。

黄之隽堪称为古今集句之圣手，在《香屑集·自序》中写一女子：“丽容嫣然，颜如桃李，筭息咈然，香浓兰桂。”让人感觉到了女子的嗅觉和味觉之美。

许飞琼在《巧对录》中评价说：“我朝黄之隽《香屑集》则集唐句为《香奁诗》至十八卷，对偶浑成，排比工整，诚不可无一之才，而不知吾闽侯官之陈长源玔在前朝已有《宫闺组韵》之作，亦集唐律为之，分《宫词》、《闺词》为上下卷。徐兴公以为句皆天成，对皆巧合。则《香屑集》不得专其美于后矣。今黄书已著录《四库》，而陈书鲜有知者。”

徐锡龄、钱泳著《熙朝新语》记载：“华亭黄之隽，康熙辛丑进士，在翰林日，聚同巷八人为八仙会，以杜少陵饮中姓氏为上八仙，人取其一以自署。又以世俗所传钟离洞宾辈分署之，为下八仙。彼以上八仙呼，此以下八仙应，故为参错，不得呼姓字称谓。错者罚饮，时号酒仙。”这也算是文人间的一时盛事、趣事。

此书的康熙遂初园刻本八册，在上海敬华2006年秋拍中，以4400元成交。

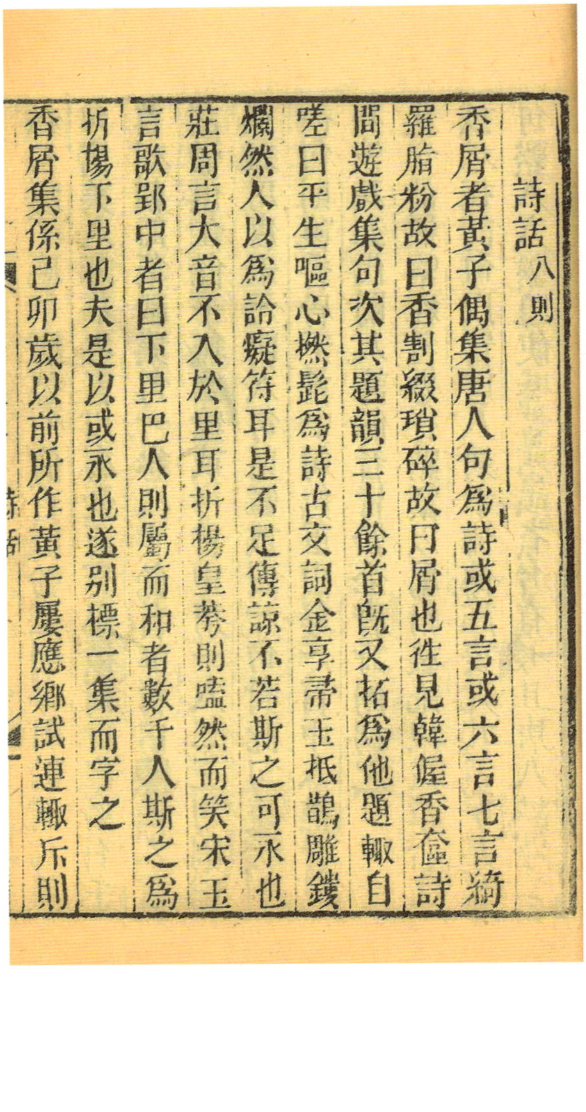
詩話八則

香屑者黄子偶集唐人句爲詩或五言或六言七言綺羅脂粉故曰香剬綴瑣碎故曰屑也往見韓偓香奩詩閒遊戲集句次其題韻三十餘首既又拓爲他題輙自嗟曰平生嘔心撚髭爲詩古文詞金亭帚玉抵鵲雕鎪爛然人以爲詒癡符耳是不足傳諒不若斯之可永也莊周言大音不入於里耳折楊皇荂則嗑然而笑宋玉言歌郢中者曰下里巴人則屬而和者數千人斯之爲折楊下里也夫是以或永也遂别標一集而字之

香屑集係己卯歲以前所作黄子屢應鄉試連輙斥則

“但开风气不为师”：《定庵文集》《续集》

（清）龚自珍撰《定庵文集》三卷、续集四卷，共六册，同治七年（1868）吴煦刻本，白纸，国家图书馆著录为“善本”。

龚自珍（1792—1841），字尔玉，更名易简，字伯定，又更名巩祚，号定庵，浙江仁和（今杭州）人。曾官内阁中书、礼部祠祭司行走、宗人府主事等。龚自珍是中国近代杰出的思想家、文学家。自幼天资颖慧，才华横溢，有敏锐的观察力。其诗今存600多首，绝大部分是他中年以后的作品。龚自珍的文章在当时比诗有名，他的词也很著名。

龚自珍一生著述丰富，1828年编刻《定庵文集》，1839年编刻《己亥杂诗》，这两种本子今或不存或不易觅得。龚自珍逝后，

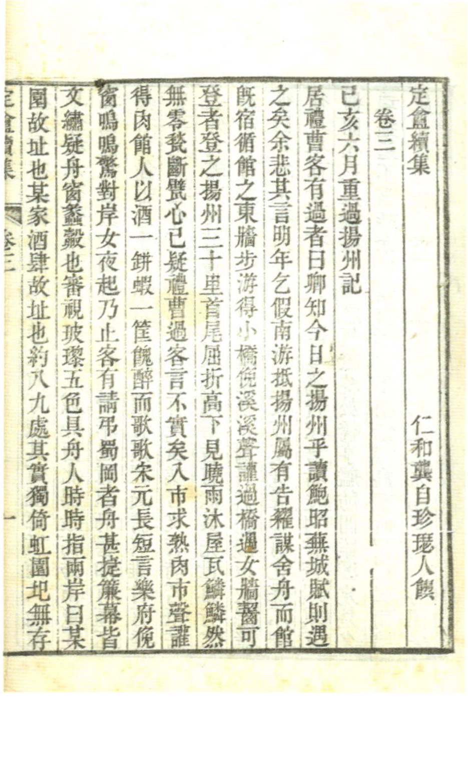

定盦續集

卷三　仁和龔自珍瑟人譔

己亥六月重過揚州記

居禮曹客有過者曰卿知今日之揚州乎讀鮑昭蕪城賦則遇之矣余悲其言明年乞假南游抵揚州屬有告糴謀舍舟而館既宿循館之東牆步游得小橋俯溪溪聲讙過橋遇女牆齧可登者登之揚州三十里首尾屈折高下見曉雨沐屋瓦鱗鱗然無零甃斷甓心已疑禮曹過客言不實矣入市求熟肉市聲讙得肉館人以酒一缾蝦一筐餽醉而歌歌宋元長短言樂府俛窗鳴鳴驚對岸女夜起乃止客有請弔蜀岡者舟甚捷簾幕皆文繡疑舟窗蠡觳也審視玻瓈五色具舟人時時指兩岸曰某園故址也某家酒肆故址也約八九處其實獨倚虹園圮無存

定盦續集　卷三　一

魏源根据其子龚橙的存稿，选编《定庵文录》十三卷，并为之序，但未刊刻。龚自珍

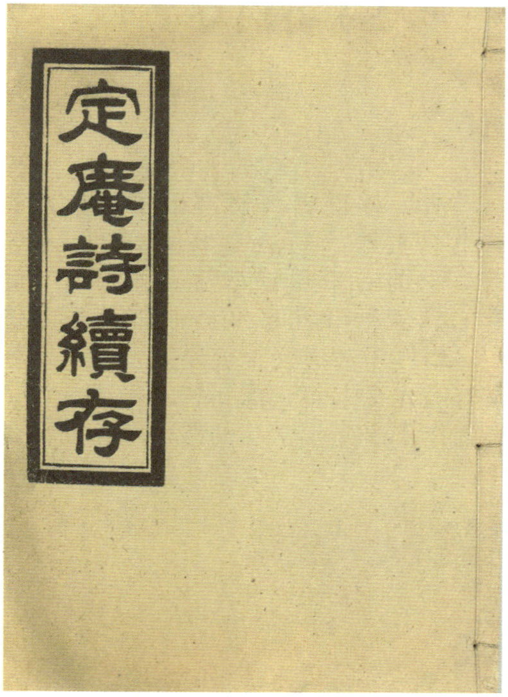

的另一好友曹籀也获得龚氏遗文抄本，请吴煦出资，于1868年刊刻《定庵文集》上中下三卷和《续集》四卷，翕居所藏即为此本。1886年，汤伯述从龚橙处得到一批残稿，编成《定庵文集补编》四卷，请朱之榛出资刊刻。吴煦和朱之榛的两种刻本收录了龚自珍大部分学术著作、政论、散文、诗、词，流传广远。此后各种刊本，大都是以这两种刻本为根据增补而成。1959年中华书局出版《龚自珍全集》上下卷，是根据以往各种刻本、稿本、抄本、各书引载和公私诸家旧藏

佚文等整理编辑而成，是一个比较完备的本子。从近些年各大拍场来看，无论是龚自珍的文集、续集、还是补编，均未见上拍记录。

龚自珍生活在清嘉庆、道光年间，他的诗文在当时就很有名气。他曾在一首小诗中颇有几分自诩地写道：“一事平生无齮龁，但开风气不为师。”（《己亥杂诗》）他的确在思想文化领域中开创了一代新风。而在他死后刊刻的《定庵文集》、《定庵文集续编》和《定庵文集补编》使他的诗文得以广泛流传，对于近代思想、学术、文学和发展产生了重要影响。《定庵文集》、《续集》被列为“影响中国的100本书”，排第19位。

关于清代学校“敬事”的《黌宫敬事录》

（清）桂良辑《黌宫敬事录》六卷四册，书名页题“同治壬申秋增刊，本学藏板”。书前有中州督学使赵光书于节署冰玉堂的《叙》和桂良《新制祭器乐器图式序》，均作于清道光十五年（1835）。另有钱仪吉道光十七年《豫州黌宫敬事录序》和邹鸣鹤作于道光十六年的跋。河南布政使刘齐衔“增刊《黌宫敬事录》叙”作于清同治十年（1871），此书刊刻年代大致与此同。

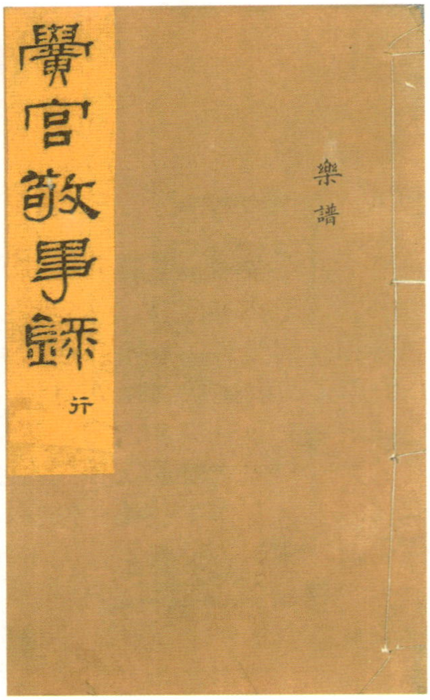

是书9行20字，小字双行同，白纸。布函题签为伊立勋，钤“伊立勋印”、“峻斋”，书内钤“宋济公佛院藏书”、“伊远昭藏”两枚长条朱印。“济公佛院”在浙江天台山。（伊立勋、伊远昭介绍参见439页《伊立勋收藏的〈千甓亭砖录〉》一文）

此书六卷分别为《释奠考》、《文庙乐谱》、《文庙舞谱》、《礼器乐器全图》、《武庙礼乐舞谱》和《文昌礼乐舞谱》。从此书六卷的卷名即可看出，书内配有大量乐器、礼器、仪式、舞姿、摆设插图，这是关于清代学校“敬事”研究的珍贵资料，应该引起研究者重视。

国家图书馆藏有一套，版本为桂良辑，李光壁、魏嘉淦校，清光绪九年（1883）刻四卷本。此本书衣题“梓工人德润芳”，牌记题“大清光绪九年暮春之吉刊竣”。晚于同治增刊本12年。这样一来，大体可以梳理出此书的版本情况：道光十七年原刻，清同治十年增刊，光绪九年又刊。

黌（hóng）同黉，古代的学校。《后汉书·仇览传》有“农事既毕，乃令弟子群居，还就黉学”的记载。黉学、黉序、黉门、黉宫、黉校在古代均指学校。2006年4月19日，台湾的连战在接受厦门大学授予的法学名誉博士学位证书后，为厦门大学题写了“泱泱大学止至善，巍巍黉宫立东南”。

桂良（1785—1862），字燕山，清朝大臣。满洲正红旗人，瓜尔佳氏，恭亲王的岳丈。道光十四年升河南巡抚。1839年擢湖广总督，旋调闽浙总督，继任云贵总督。1845年回京，署兵部尚书兼正白旗汉军都统。1848年将其女嫁与皇六子恭亲王为妻。清咸丰元年（1851）署吏部尚书，寻授福州将军。次年授兵部尚书。1858年英法联军攻陷大沽炮台、直逼天津，奉派与花沙纳为钦差大臣赶往天津谈判议和，先后与俄、美、英、法等国代表签订《天津条约》。继又南下上海，会同两江总督何桂清与英、法、美等国议定通商税则，签署《通商章程善后条约》。1860年10月签订中俄、中英、中法《北京条约》。同治元年七月病死，谥号文端。

此书辑录、刊刻均应在桂良河南巡抚任上。此书除国家图书馆仅藏一套光绪九年后刊本外，其他各处均无著录，也未见拍卖会出现。另有《黌宫敬事录续刊》四卷，刊于光绪九年，书名页题“大清光绪九年暮春之吉刊竣”。

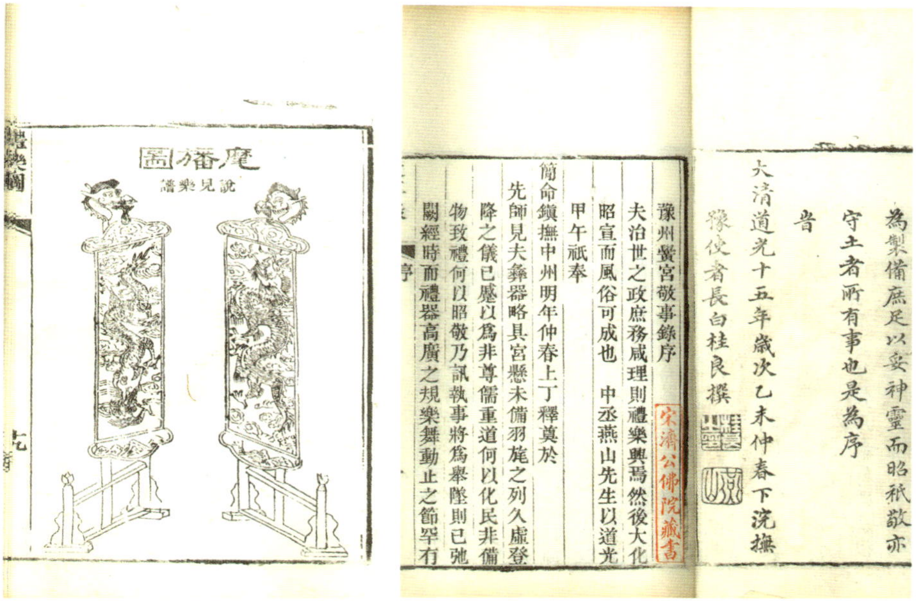

光聪谐自刻本《有不为斋随笔》

（清）光聪谐撰《有不为斋随笔》十卷二册，是《稼墨轩集》三种之一，牌记题“光绪十有四年九秋校刊于苏州藩署”。

光聪谐（1781—1850），字律元，一字栗原，一作律园，安徽桐城人。光聪谐师从桐城派集大成者姚鼐，精熟古文法，亦精天算。在其所著《稼墨轩外集·贵州乡试录序》中，有“道光二年壬午，乡试届期，礼臣以贵州考官……（臣）由嘉庆十四年二甲进士，改庶吉士。十六年散馆二等，改授主事，籤分刑部，于道光元年补实，充顺天乡试同考官，旋以京察一等升本部员外郎”的记载。

光聪谐的《有不为斋随笔》，于经史百家证于见闻所得，博综详考，订正其误。光聪谐还撰有《稼墨轩集》，凡诗九卷、文一卷、外集二卷，清道光七年（1827）自刻于荆宜施道属。后由直藩归里，增文二十五篇，诗近八百首，清光绪二年（1876）由其孙补刻。光聪谐未刻著作有《栗园诗稿》稿本一卷、《稼墨轩诗集》稿本一卷，均藏安徽省图书馆。光聪谐辑同乡前辈著作一百余种，编成《龙眠丛书》，锓板将成，但毁于兵火，今之所存仅二十二种，且亦残缺不全。

《孟子·离娄下》有“人有不为也，而后可以有为”之句。人有坚决不去做的事，然后才能做出自己想做的事并成功。因此，古人为寄托心志，把“有不为”作为书斋或丛书名。鲁迅在1935年5月20日《太白》半月刊第二卷第五期“掂斤簸两”栏曾撰写“有不为斋”一文：“孔子曰：‘不得中行而与之，必也狂狷乎，狂者进取，狷者有所不为也。’于是很有一些人便争以‘有不为’名斋，以孔子之徒自居，以‘狷者’自命。但敢问：‘有所不为’的，是卑鄙龌龊的事乎，抑非卑鄙龌龊的事乎？‘狂者’的界说没有‘狷者’的含糊，所以以‘进取’斋者，至今还没有。”

清代傅九渊、李翰华、光律元等都曾用“有不为”作自己的书斋名。1932年至1934年间，林语堂在《论语》和《人间世》上以《有不为斋随笔》为总题发表过不少文章，后结集为《有不为斋随笔》。20世纪以收中土珍本闻名的日本大阪府名藏书家小汀利得的藏书印记即为“有不为斋”，并著《有不为斋文库善本入札目录》行世。

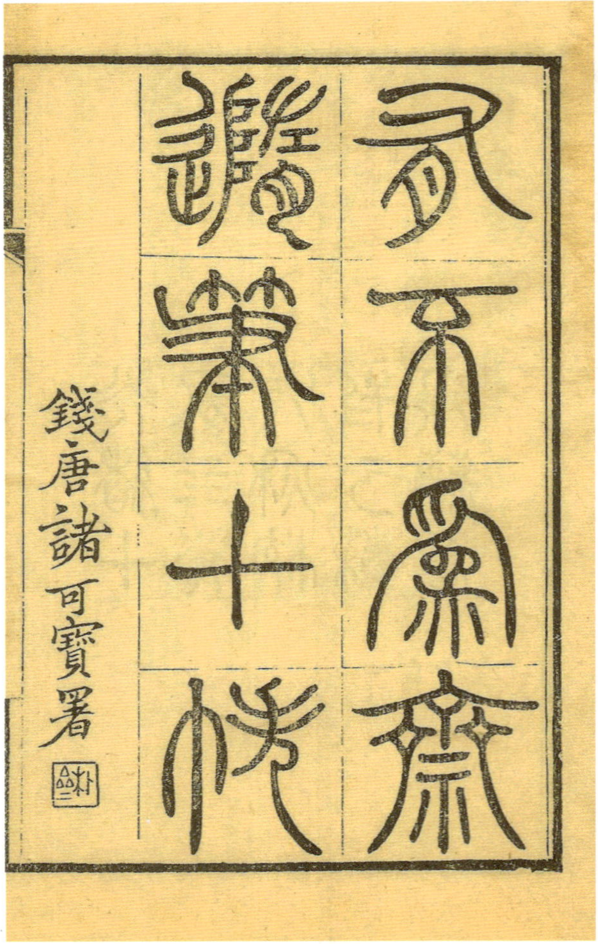
有不爲齋隨筆十卷

錢唐諸可寶署

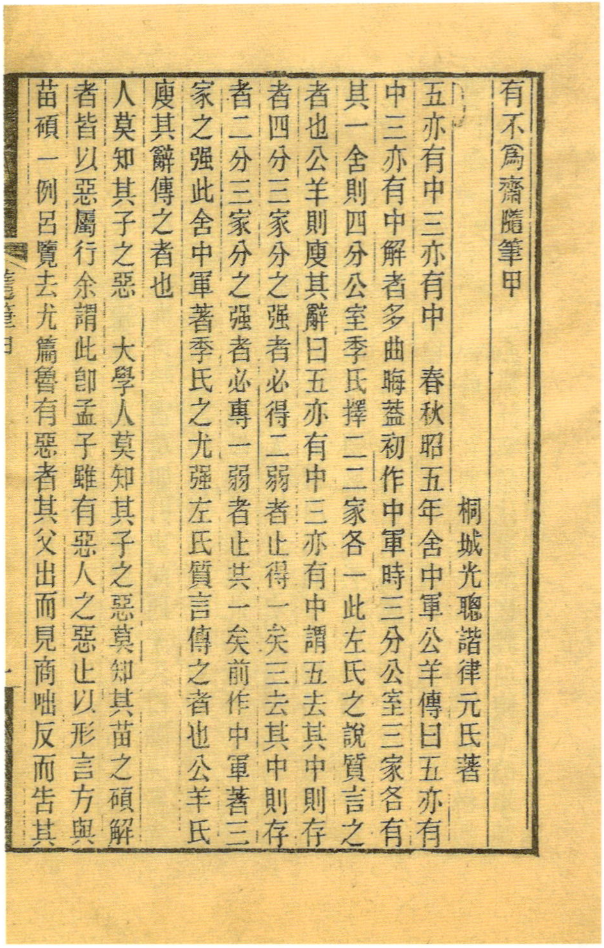
有不爲齋隨筆甲

桐城光聰諧律元氏著

五亦有中三亦有中　春秋昭五年舍中軍公羊傳曰五亦有中三亦有中解者多曲晦蓋初作中軍時三分公室三家各有其一舍則四分公室季氏擇二二家各一此左氏之說質言之者也公羊則廋其辭曰五亦有中三亦有中謂五去其中則存者四分三家分之强者必得二弱者止得一矣三去其中則存者二分三家分之强者必專一弱者止其一矣前作中軍著三家之强此舍中軍著季氏之尤强左氏質言傳之者也公羊氏廋其辭傳之者也

人莫知其子之惡　大學人莫知其子之惡莫知其苗之碩解者皆以惡屬行余謂此卽孟子雖有惡人之惡止以形言方與苗碩一例呂覽去尤篇魯有惡者其父出而見商咄反而告其

“事出于沉思，义归于翰藻”：胡克家影宋本《文选》

（梁）萧统编《文选》六十卷，附（清）胡克家撰《文选考异》十卷二十四册。牌记题“宋淳熙本重雕，鄱阳胡氏藏版”，清嘉庆十年至嘉庆十四年（1805—1809）胡克家据宋淳熙本重刻。目录页后题“江宁刘文奎、弟文楷、文模镌”。全书雕版极精，初刻初印，为有清一代雕版精品。刘氏兄弟为金陵刻书名家。全书有朱、墨笔批校、点校。

《文选》，又称《昭明文选》，是中国现存最早的一部诗文总集，由南朝梁武帝的长子萧统组织文人共同编选。萧统死后谥“昭明”，所以他主编的这部文选称作《昭明文选》。书中选录先秦至梁的诗文辞赋，不选经、子，史书中也只略选“综辑辞采”、“错比文华”的论赞，可以看出编者已初步注意到文学与其他类型著作的区分，认为只有“事出于沉思，义归于翰藻”者方可入为文学作品，在艺术形式上，尤注重骈俪、华藻。全书共六十卷，分为赋、诗、骚等37类。所选多大家之作，时代愈近入选愈多。其中以楚辞、汉赋和六朝骈文占有相当比重，诗歌则多选对偶严谨的颜延之、谢灵运等人作品，陶渊明等人平易自然之作则入选较少。作品划分的类别，则能反映汉魏以来文学发展、文体增多的历史现象。

“选学”在唐朝与《五经》并驾齐驱，盛极一时，士子必须精通《文选》。时至北宋年间，民间尚传谣曰：文选烂、秀才半，宋代有“文章祖宗”之说。延至元、明、清，有关《文选》的研究亦一直未尝中辍。历代对《文选》作注释的人很多，其中以唐高宗显庆年间的李善注被认为最好。唐玄宗开元年间，吕延济、刘良、张铣、吕向和李周翰五位文臣又作五臣注。和李善注相比，五臣注更简单通俗，但不为学术正统所采纳。南宋孝宗淳熙年间，尤袤所刻李善之注本（尤袤刻本）对后来很有影响。

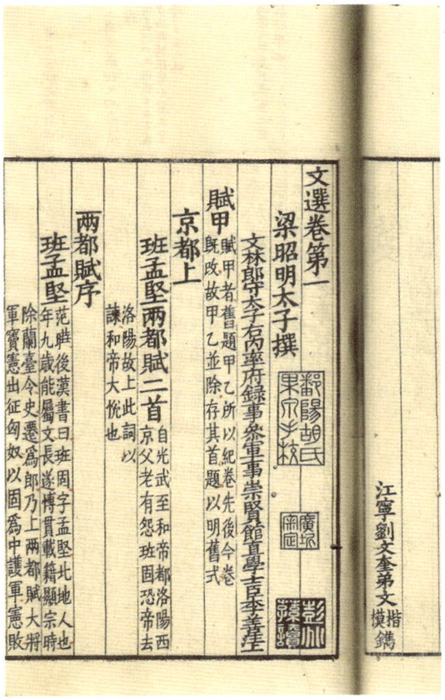
江寧劉文奎弟文楷 文模鐫

文選卷第一

梁昭明太子撰

文林郎守太子右内率府録事參軍事崇賢館直學士李善注

賦甲 賦甲者舊題甲乙所以紀卷先後今卷既改故甲乙並除存其首題以明舊式

京都上

班孟堅兩都賦二首 自光武至和帝都洛陽西京父老有怨班固恐帝去洛陽故上此詞以諫和帝大悅也

兩都賦序

班孟堅 范曄後漢書曰班固字孟堅北地人也年九歲能屬文長遂博貫載籍顯宗時除蘭臺令史遷爲郎乃上兩都賦大將軍竇憲出征匈奴以固爲中護軍憲敗

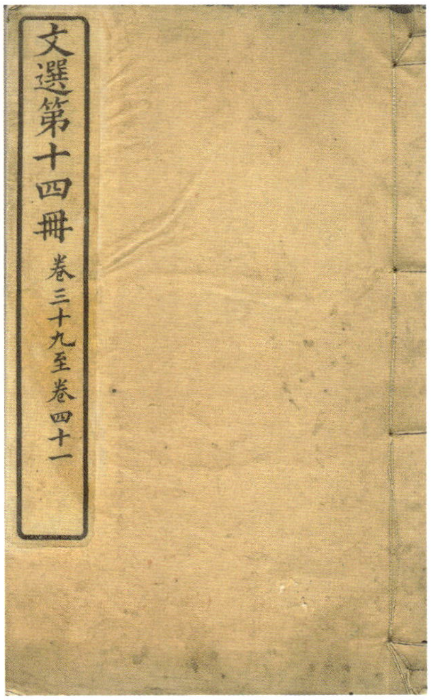

清嘉庆年间，胡克家据尤袤刻本，又据宋代吴郡袁氏、茶陵陈氏所刻六

重刻宋淳熙本文選序

賜進士出身通奉 大夫江南蘇松常鎮太等處承宣布政使司布政使胡克家撰

文選於孟蜀時毋昭裔已爲鏤板載五代史補然其所刻何本不可考也宋代大都盛行五臣又并善爲六臣而善注反微矣淳熙中尤延之在貴池倉使取善注讎校鋟木厥後單行之本咸從之出經數百年轉展之手譌舛日滋將不可讀恭逢

國家文運昭回

聖學高深苞函藝府受書之士均思熟精選理以潤色鴻業而佳本罕覯誦習爲難寧非鈌事歟往歲顧千里彭甘

臣注本以校刊异同，写成《文选考异》十卷。文选世无善本，以胡刻最佳，胡刻本改正尤本讹误甚多，以后的传本多以胡本为底本。

胡克家，字果泉，乾隆年间进士，曾官安徽和江苏巡抚。嘉庆二十二年因疏浚吴淞口积劳成疾，殁于任上。他是封建时代少见的关心民瘼的封疆大吏，难能可贵的他还是治学谨严、致力文献校刊的知名学者。他倡导和主持刊刻的《昭明文选》和《资治通鉴》，至今在学术界仍有着巨大影响。

胡克家所著《文选考异》十卷，实际上是对萧统《昭明文选》及其注疏的考证，对文选版本流传过程中造成的异文，以及李善与五臣注的混淆作了一次全面的清理，使后人得以窥见李善注的原貌。《文选考异》注重以考因、内证、训释的方法去进行校勘，在清代对《文选》的校勘考订上，胡克家的《考异》和梁章钜的《文选旁证》是比较出色的。但有学者认为，《文选考异》实出自顾千里之手。

胡克家重刻的这部宋淳熙本《文选》六十卷，是由顾千里协助校刊。在胡克家作于嘉庆十四年二月的《重刻宋淳熙本文选序》中讲道："往岁顾千里、彭甘亭见语，以吴下有得尤椠者，因即属两君遴手影摹校刊行世，逾年工成，雕造精致，勘对严审，虽尤氏真本，殆不是过焉。从此读者开卷快然，非敢云是举即崇贤功臣，抑亦学海文林之一助已。"

在中国嘉德2008年春拍中，此胡克家翻宋本《文选》以2.24万元成交。

明版《六臣注文选六十卷》考疏

翕居藏有明版《六臣注文选六十卷》一套，大体有五种版本之多，因此称之为"百衲本"。书中有"吴郡襄臣"藏印和300余字的朱跋，多卷钤"竹印"、"长洲王时新月轩氏藏"、"韩氏家藏图书"、"双节堂谢氏图书"等收藏印记。行格均为9行18字，白棉纸精印，开本阔朗，品相完好。经后人藏青纸封面、绫子包角装池，个别卷册为金镶玉。正如"襄臣"氏朱跋所言："佳什精椠传世既久，然无残佚，复经多年兵燹所毁，几如星凤之稀，此数册虽仅吉光片羽之拾要，亦足资珍视矣。"

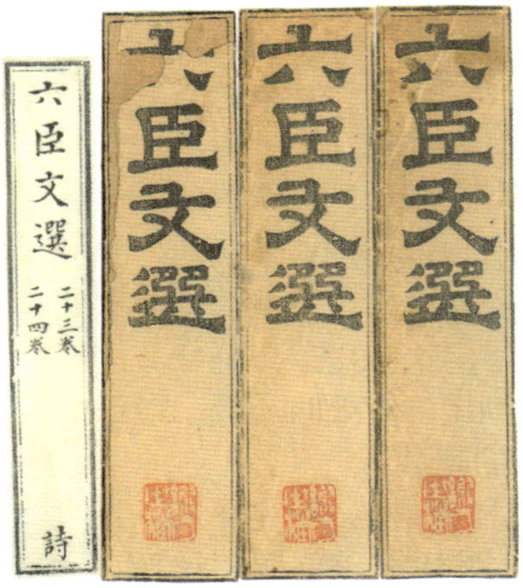

这套"百衲本"明版《六臣注文选》，字体刊刻十分精整，点划清绝，笔锋明晰锐利，刻印水平颇高。此本印在质量上乘的白绵纸之上，览卷之下，感觉清新爽利，可谓明中期刻本中的上乘之作。

关于"文选"版本研究，几成专学，中外学者探究颇深，并有多部著作行世。知名者有日本斯波六郎的《文选诸本研究》，苏州大学文学院范志新的《文选版本论稿》、《文选版本撷英》等。线装书局的《中国古籍善本总目》、杜信孚的《全明分省分县刻书考》也有多处关于"文选"版本的著录。

结合上述专著的记载，又经多方搜查

资料，大体知道《六臣注文选》的版本达十六种之多，主要有：明州本、广都本、袁褧嘉趣堂本、赣州本、丛刊本、茶陵本、新都本、明潘惟时潘惟德兄弟本、吴勉学本、明万历崔孔昕本及崔刻徐成位重修本、宽文本、奎章阁本（六十册）、奎章阁本（三十册）、秀州州学本、台湾故宫旧朝鲜本、台湾中央图书馆朝鲜本。对照这些版本的行格记载，逐本查核比对翕居藏本，基本得出如下两个结论：

一是该套“文选”均为明版，行款皆为每半页9行，行大字18个，小字双行，亦行18字，白口，版心皆刻书名。虽有四周双边和左右双边之异，但出自一套版本系统无疑。

二是该套“文选”共有五个版本，分别是：明嘉靖三十年（1551）安徽新安县岩镇潘惟时、潘惟德刻本；嘉靖三十年安徽歙县丰南著名的书商吴勉学刻本，香港大学冯平山图书馆有藏，国家图书馆无藏（莫友芝《郘亭知见传本书目》著录）；明万历二年（1574）崔孔昕刻本；万历二年崔孔昕刻、万历六年徐成位重修本。另有一种版本尚未查明。

下面分别叙述四种本子的特征，并附上书影：

1.潘惟时、潘惟德兄弟刻本。此本左右双边，版心书名作“文选几”，版心有刻工，无字数。半框：19.7厘米×15.5厘米。刊刻时间杜信孚《明代版刻综录》谓在嘉靖，李国庆《明代刻工姓名索引》谓在嘉靖三十年。刻工有黄瑄、黄琏、黄珦诸人，按李书所附《徽州歙邑仇村黄氏世系表》，知此三人均为黄氏24世“仕”字辈，版刻时省去“仕”字。

2.吴勉学家刻本。此本左右双边，版心书名作“文选几”，版心有刻工，无字数。半框：19.5厘米×15.5厘米。版心所列刻工有瑄、琏、珦、珂、瑜、玙诸人，皆仇村黄氏24世“仕”字辈，目录第四行有“明新安吴勉学重校”字。

3.崔孔昕刻本。此本四周双边，版心书名作“文选几卷”，版心有刻工、有字数。半框：20.5厘米×15.5厘米。此本刻工也出仇村，有黄钺、黄錬、黄钜等人，系黄氏25世子孙。

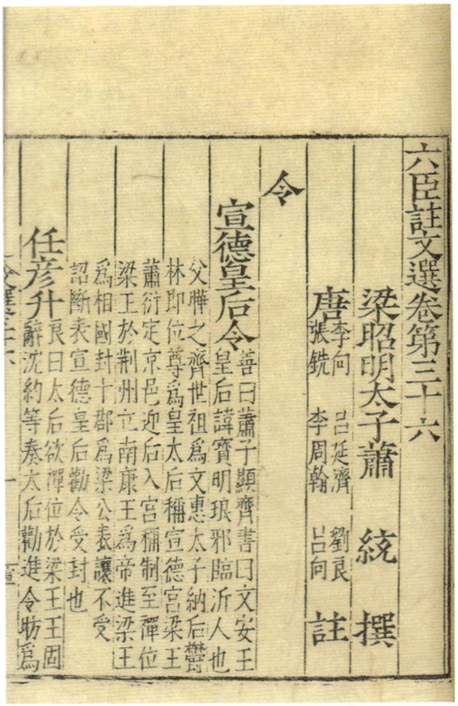
六臣註文選卷第三十六
梁昭明太子蕭統撰
唐李向 呂延濟 劉良 張銑 李周翰 呂向 註
令
宣德皇后令 善曰蕭子顯齊書曰文安王皇后諱寶明琅邪臨沂人也父懺之齊世祖為文惠太子納后贊林即位尊為皇太后稱宣德宮梁王蕭衍定京邑迎后入宮稱制至禪位梁王於制州立南康王為帝進梁王為相國封十郡為梁公表讓不受詔斷表宣德皇后勸令受封也
任彥升 良曰太后欲禪位於梁王王固辭沈約等奏太后勸進令昉為

4.崔孔昕刻、徐成位重修本。此本四周双边，版心书名作“文选几卷”，版心无刻工、无字数。半框：20.2厘米×15.2厘米。目录末、卷末题“见龙精舍重校”、“冰玉堂重校”。

关于《六臣注文选六十卷》的有关情况：

1.北京琉璃厂售卖之物（据窦水勇先生编《北京琉璃厂旧书店古书价格目录》记载）。

（1）北平富晋书社：《六臣注文选六十卷》万历二年新都汪道昆仿宋刻，半页9行，行18字，白棉纸，最初印，60本10套，洋220元。另一种《六臣注文选六十卷》嘉靖二十八年洪楩仿宋茶陵本，半页10行，行18字，注行23字，前有诸儒议论一卷，棉纸初印，60本10套，洋250元。

（2）直隶书局：《六臣文选》，万历本，棉纸六十册，洋120元。

（3）遂雅斋：《六臣注文选六十卷》，明茶陵陈仁子刊，白棉纸二十四册，抄序半页，配卷二十至卷二十二，冰玉堂本，64元。另一种：《六臣注文选六十卷》，明刊，有柯逢时墨笔批到尾，竹纸四十册，35元。

2.知名书目的记载。

（1）《铁琴铜剑楼藏书目录》：《六臣文选六十卷》明刊本，首题“梁昭明太子撰”，次行“唐五臣注”，次二行“崇贤馆直学士李善注”。前有表、序。明嘉靖间吴中袁氏褧仿崇宁刻本重雕。序尾有识云：“此集精加校正，绝无舛误，见在光都北门裴宅印卖”云云。竹垞朱氏谓宋时蜀牋如是。惟宋刻有镂版毕工年月，翻本无之，书估恒以楮印精好者伪充宋本眩人，藉以别真伪云。宋棉纸，六十册，400元。另一同样版本，只是有圈点和配本，价格为120元。

（2）《海源阁目录》：《六臣注文选六十卷》万历二年崔孔昕刻，万历六年徐成位重修本，二十册，四函，20.7厘米×15.3厘米，9行18字，小字双行同，白口，四周双边，单白鱼尾。

3.《中国古籍善本总目》记载《六家文选六十卷》五种、《六臣文选六十卷》十二种，择要记录如下。

（1）《六家文选六十卷》，主要是两种本子：

一是嘉靖十三年至嘉靖二十八年，袁褧嘉趣堂刻本。11行18字，小字双行26字，白口，左右双边。

二是明丁观刻本。10行18字，小字双行26字，白口，四周单边有刻工。

（2）《六臣注文选六十卷》主要是三种本子：

一是嘉靖二十八年洪楩刻本。半页10行，行18字，小字双行23字，前有诸儒议论一卷，细黑口，四周单边。同一系统有两种：①嘉靖廿八年洪楩刻万卷堂重修本。边框同上。②明嘉靖刻本。半页10行，行22字，小字双行同，白口，四周单边。

二是（明）潘惟时、潘惟德刻本。9行18字，小字双行同，白口，左右双边。或同一系统的潘惟时、潘惟德刻吴勉学重修本和吴勉学、蒋先庚递修本。

三是万历二年崔孔昕刻本。9行18字，小字双行同，白口，四周双边。或同一系统的万历二年崔孔昕刻，万历六年徐成位重修本。

4.《全明分省分县刻书考》的记载。

（1）万历二年上海陈所蕴（字子有）冰玉堂刊本《六臣注文选六十卷》。

（2）万历二年山东滨州崔孔昕刊本《六臣注文选六十卷》，半页9行，行18字，白口，四周双边。

（3）万历江苏句容蒋先庚刊本《六臣注文选六十卷》。

（4）嘉靖安徽新安县岩镇潘惟时、潘惟德刊本《六臣注文选六十卷》。

（5）嘉靖二年浙江省钱塘县洪楩清平堂刊本《六臣注文选六十卷》。

（6）万历六年湖北天门徐成位刊本《六家文选注六十卷》。

（7）嘉靖二十八年江苏吴县袁褧嘉趣堂刊本《六家文选六十卷》，半页11行，行18字，白口，上下单边，左右双边。初印本逐卷后均有牌记，后印本已被铲去。袁褧跋云：“余家藏书百年，此本堪称精善，因命工翻雕，匡廓字体，未少改易，计十载而完，用费浩繁，梓人艰集。余模榻传播海内，览兹册者，毋徒曰开卷快然也。”

5.国家图书馆藏版本情况。

（1）《六臣注文选六十卷》，万历二年崔孔昕刻本六十册，列入善本。

（2）《六臣注文选六十卷》，（元）陈仁子辑，嘉靖二十八年洪楩刻本，三十册，存“诸儒议论”一卷。列入善本。

（3）《六家文选六十卷》，袁褧嘉趣堂

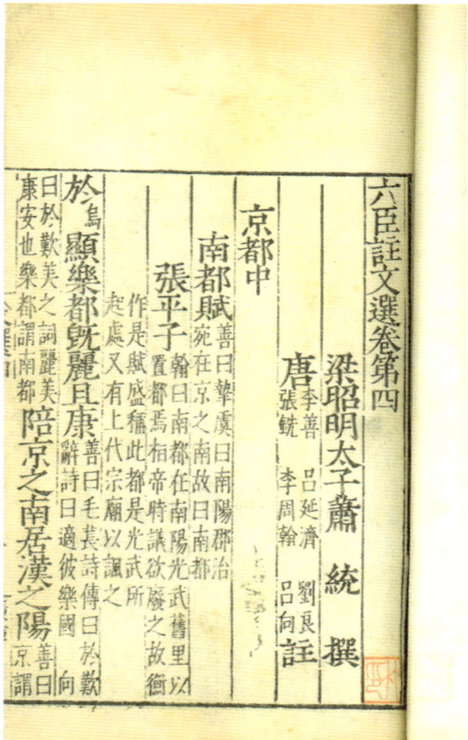
六臣註文選卷第四
梁昭明太子蕭統撰
唐 李善 呂延濟 劉良 張銑 李周翰 呂向 註
京都中
南都賦 善曰摯虞曰南陽郡治宛在京之南故曰南都 翰曰南都在南陽光武舊里以置都焉桓帝時議欲廢之故衜作是賦盛稱此都是光武所起處又有上代宗廟以諷之
張平子
於顯樂都既麗且康 善曰毛萇詩傳曰於歎辭詩曰適彼樂國 向曰於歎美之詞麗美康安也樂都謂南都
陪京之南居漢之陽 善曰京謂

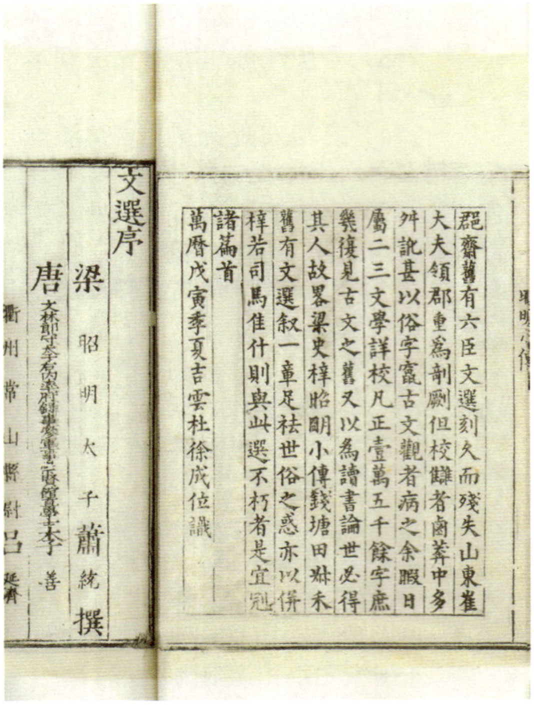
昭明舊有六臣文選刻久而殘失山東崔
大夫領郡重爲剞劂但校讎者鹵莽中多
舛訛甚以俗字竄古文覩者病之余暇日
屬二三文學詳校凡正壹萬五千餘字庶
幾復見古文之舊又以爲讀書論世必得
其人故畧梁史梓昭明小傳錢塘田汝禾
舊有文選叙一章足祛世俗之惑亦以併
梓若司馬隹什則與此選不朽者是宜冠
諸篇首
萬曆戊寅季夏吉雲杜徐成位識

文選序
梁　昭明太子蕭統撰
唐　文林郎守太子右内率府錄事參軍事崇賢館直學士李善
衢州常山縣尉呂延濟

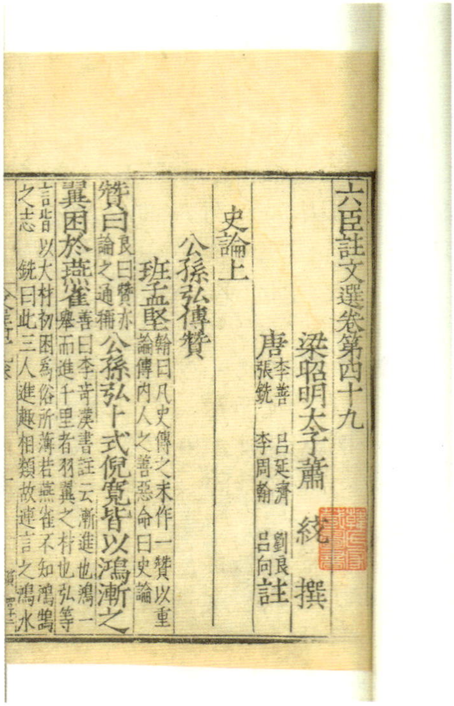
六臣註文選卷第四十九
梁昭明太子蕭統撰
唐　李善　呂延濟　劉良　張銑　李周翰　呂向　註
史論上
公孫弘傳贊
班孟堅　翰曰凡史傳之末作一贊以重論傳内人之善惡命曰史論
贊曰　良曰贊亦論之通稱　公孫弘卜式倪寬皆以鴻漸之
翼困於燕雀

刊本，嘉靖二十八年刻本，三十一册。列入普通古籍。

（4）《六臣注文选六十卷》，明刻本，三十二册，列入普通古籍。无具体年代。

北京德宝国际拍卖有限公司（以下简称北京德宝）2007年4月25日拍卖《六臣注文选》六十卷，万历二年崔孔昕刻，万历六年徐成位重修本六函四十册（与中国书店2006年11月25日所拍，成交价为13万元的版本相同），以起拍价16万元成交。

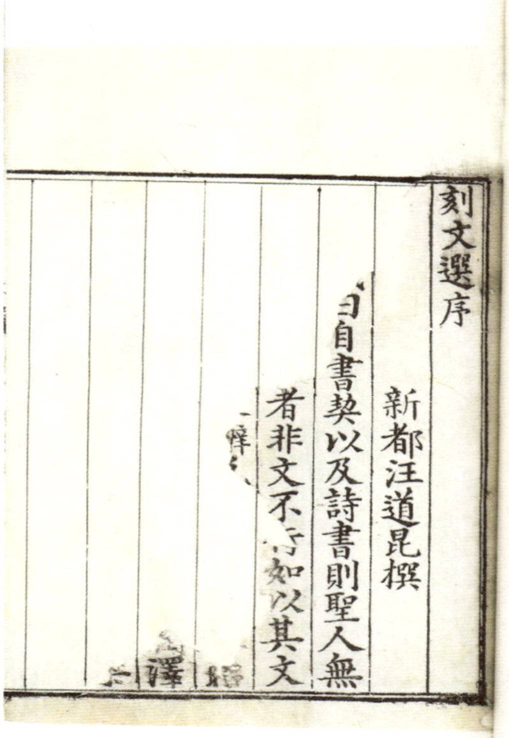
刻文選序
新都汪道昆撰
自書契以及詩書則聖人無
者非文不守如以其文

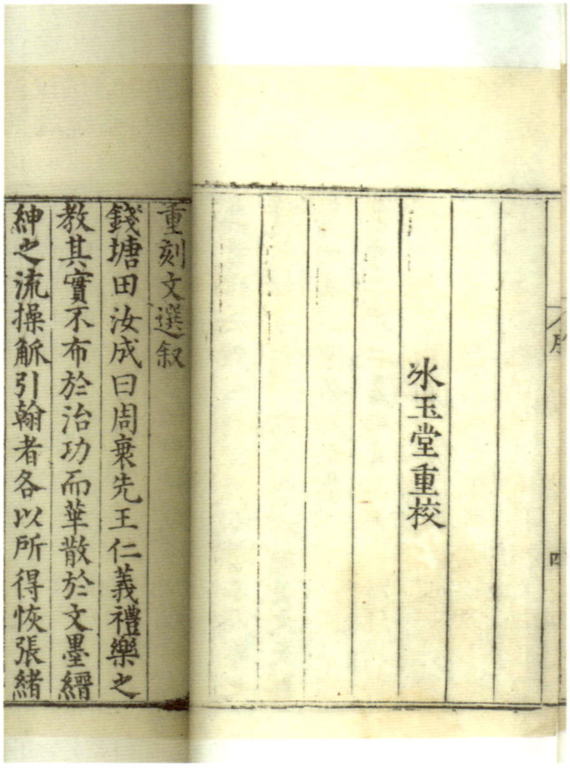
重刻文選叙
錢塘田汝成曰周衰先王仁義禮樂之
教其實不布於治功而華散於文墨縉
紳之流操觚引翰者各以所得恢張緒

氷玉堂重校

嘉业堂刊《说文校议议》

（清）严章福撰、蒋维培商订《说文校议议》三十卷四册，刘承干辑《吴兴丛书》六十六种之一，为第43至46册。吴兴刘氏嘉业堂刻本，牌记题“吴兴刘氏嘉业堂刊”。正文首页书名下题“吴兴丛书”，版心下题“嘉业堂校刊”，其他页无。沈家本为此书所作序言为“宣统辛亥初秋”。1992年2月，文物出版社曾用木板刷印此书。

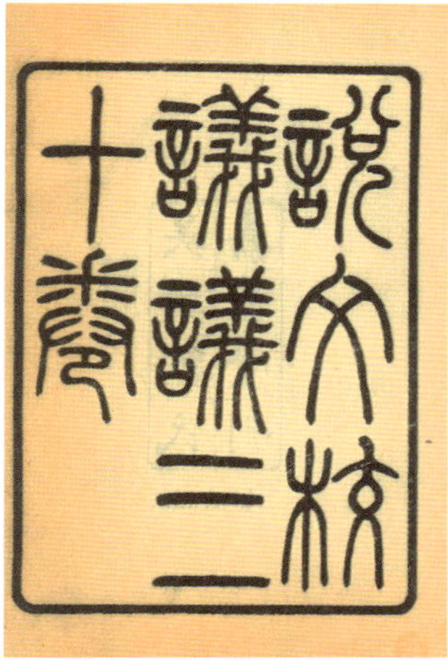
說文校議議三十卷

《说文解字》是我国语言学史上第一部分析字形、说解字义、辨识声读的字典，简称《说文》。是（东汉）许慎历时21年所作，写完后在病中遣其子许冲将此书献给皇帝。此书旧称“字书”，成书不久，很快就引起当时学者的重视，在注释经典时常常引证。历代研究者也一直不断，到清代进入高峰时期，研究该书的学者不下200人。清代研究《说文解字》，可分为四类：其一，是校勘和考证工作，如严可均的《说文校议》；其二，对《说文解字》进行匡正，如孔广居的《说文疑疑》；其三，对《说文解字》作全面研究，如段玉裁的《说文解字注》；其四，订补前人或同时代学者关于《说文》研究著作，如严章福的《说文校议议》等。严可均的《说文校议》、段玉裁的《说文解字注》、桂馥的《说文解字义证》、王筠的《说文释例》、孙星衍订《说文解字》、顾广圻的《说文辨疑》都是一时名著。

孙星衍认为汲古阁所刻《说文》有舛误，曾请严可均校改一本，同时也请顾广圻校改一本。严可均的意见全依持所著《说文校议》，当时顾氏虽未有说文专著，并没有被严氏的威望吓倒，他从细处着眼，言必有据，入室操戈，所论每每中严氏之疏弊。有意思的是，最终孙氏校改本全采用了顾氏的意见，而严氏校本被废黜不传。

譬如“萱”字，《说文》中解：“艸乱也从草宣声，杜林说艸箏萱皃。”严氏校改从元应《一切经音义》廿一引《说文》，

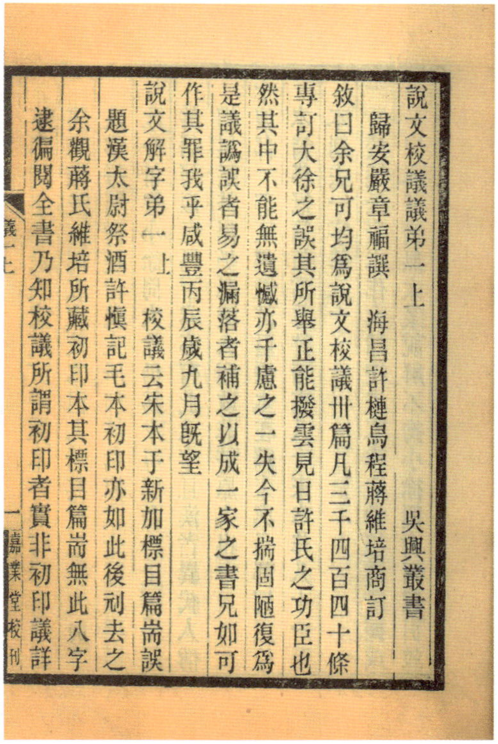
說文校議議弟一上　吳興叢書
歸安嚴章福譔　海昌許槤烏程蔣維培商訂
敘曰余兄可均爲說文校議卅篇凡三千四百四十條專訂大徐之誤其所舉正能撥雲見日許氏之功臣也然其中不能無遺憾亦千慮之一失今不揣固陋復爲是議諷誤者易之漏落者補之以成一家之書兄如可作其罪我乎咸豐丙辰歲九月既望
說文解字弟一上　校議云宋本于新加標目篇耑誤題漢太尉祭酒許愼記毛本初印亦如此後刓去之余觀蔣氏維培所藏初印本其標目篇耑無此八字逮徧閱全書乃知校議所謂初印者實非初印議詳
議一上　一　嘉業堂校刊

认为当改作“杜林说艸筝萱如发乱也”。乍一读，你会称允严氏的结论，而且所用的朴学方法也很到位。但顾氏就是在这样容易盲从的地方做文章，他没有轻易相信严氏的结论，自己查考《一切经音义》，结果发现，元应的原文是这样的：“鬃萱，《说文》作筝萱，同仕行反，下女庚反，发乱也。”顾氏指出，这里，元应只引用了两个字，即“《说文》作筝萱”，而后面的只是注音和元应自己的解释，不应当看成是许氏原文，其说颇中严氏之盲。顾氏进一步指出了元应注疏的这种体例，并佐以例证。经顾氏一驳，严氏之误不辨而倒。孙星衍自然最终从顾议。顾广圻卓然成为清代校勘名家，其特立之处或许就在于这种貌似平处见不平，必以亲见亲考方得允洽在心。

开古药材图谱先河的《图注本草原始》

（明）李中立纂辑《图注本草原始》十二卷八册，光绪年间善成堂刻本。有大量药材插图。又名《本草原始合雷公炮制》。

此书旨在讲述药物本原，即药材的正确来源、形状、炮制法等。将药物分为草、木、谷、菜、果、石、兽、禽、虫、人，共十部，收集药物约近五百种。首载《神农本草经》原文，次引《名医别录》，又次综述各家之说。每种先以小字记述产地、形态、气味，次以大字记其主治。所绘药图，多为作者根据实物绘制，形象逼真，并附有说明，开创了古代药材图谱的先河，其后多种本草书都纷纷仿效。

李中立的《图注本草原始》最早刊于明万历四十年（1612），突出生药形态，全书有药图420幅，其中360余幅是他据实物亲临写生所绘。书中资料主要取自《证类本草》、《本草蒙荃》和《本草纲目》。药品分类采用《本草集要》的十部分类法。论药体例沿用《本草纲目》而加以简化，重在药图与图注，突出药材的形态特征。《本草原始》之前的本草著作所附图大多为基原图，《本草原始》则以药材图为主，突出描绘药用部分，更适用于药业。黄精、地黄、白芨、人参等药用根，只画根形，使君子、补骨脂、蒺藜子等用果实，只绘果形，对树脂类，如龙脑香、阿魏等，则绘出基原植物以示来源。李中立深入药材集市写生并据实地考察写出图注，在区分药物混淆，辨别真伪，揭露掺假等方面提出许多有价值的辨别方法。如沙参与桔梗，常使药商彼此代充，李中立指出，“沙参形如桔梗，无桔梗肉实，亦无桔梗金井玉栏之状”，他不仅绘出正品，还常绘出伪品以作对照。为减少药名混乱，李中立对当时一些药材的俗名、习用名等，用《证类本草》、《本草纲目》的正名注明，如绩砂蜜即砂仁，鳢肠即旱莲草等。同时以别名、商

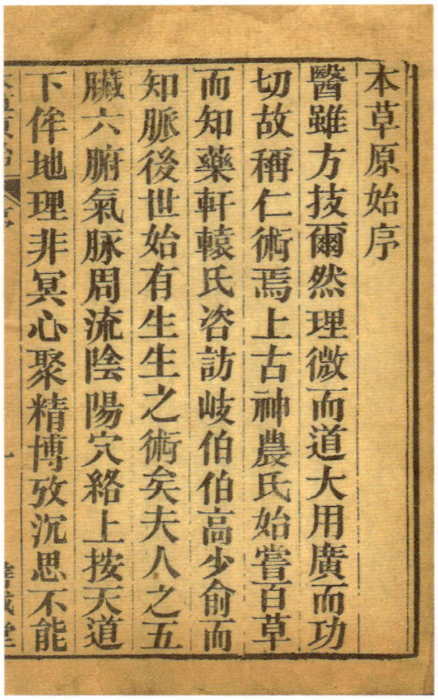
本草原始序
醫雖方技爾然理微而道大用廣而功
切故稱仁術焉上古神農氏始嘗百草
而知藥軒轅氏咨訪岐伯伯高少俞而
知脈後世始有生生之術矣夫人之五
臟六腑氣脉周流陰陽穴絡上按天道
下侔地理非冥心聚精博攷沉思不能

品名注正名，如高良姜俗呼良姜，茜草根俗呼茜根等。

《图注本草原始》对前代著作有载，但无形态描述者，多详加论述，以补前人的不足，对古人记载有误的，通过直接叙述予以纠正。李中立对药物的质量、规格、产地等也有深入研究，提出了一些新的见解，对通过药物形态鉴别药物产地也提供了不少例证。《图注本草原始》可谓另辟路径，总结辨识药材的经验，是在中药鉴定、炮制等方面做出贡献的一部药材学著作。

朵云轩2005年秋拍，一套乾隆十九年存诚堂刊《本草原始》十二卷六册，估价1200～1800元，未成交。

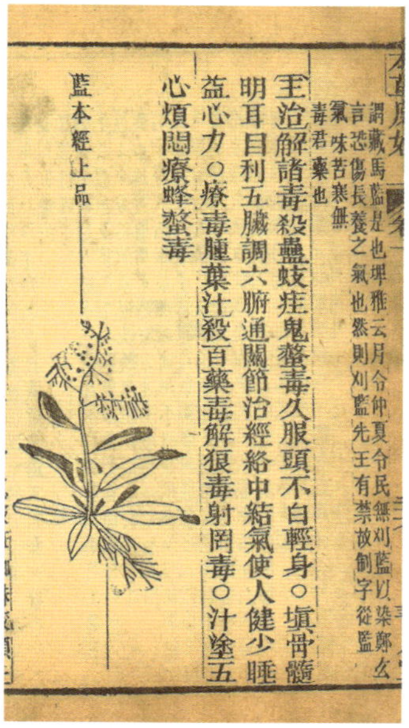
謂藏馬藍是也埤雅云月令仲夏令民無刈藍以染鄭玄言恐傷長養之氣也然則刈藍先王有禁故制字從監
氣味苦寒無毒君藥也
主治解諸毒殺蠱蚑疰鬼螫毒久服頭不白輕身○填骨髓明耳目利五臟調六腑通關節治經絡中結氣使人健少睡益心力○療毒腫葉汁殺百藥毒解狼毒射罔毒○汁塗五心煩悶療蜂螫毒
藍本經上品

英德堂刊张云中校订本《本草纲目》

（明）李时珍撰、（清）张云中重订、张青万参《本草纲目》五十二卷、图三卷，共四十七册，清道光六年（1886）英德堂刻本。书名页题“本草纲目”，与“本草万方针线”合刻。9行19至20字，和清顺治十二年（1655）刻本同行格。图三卷缺失。

近年各大拍卖公司上拍《本草纲目》五十二卷全较少，多为图三卷（六册），成交价在4000元以上。中国嘉德1996年4月春拍顺治十二年四十八册本成交价为2.2万元。

《本草纲目》是我国医药学宝库中极为珍贵的科学遗产，它以精深的学术和丰富的内涵，赢得国内外医

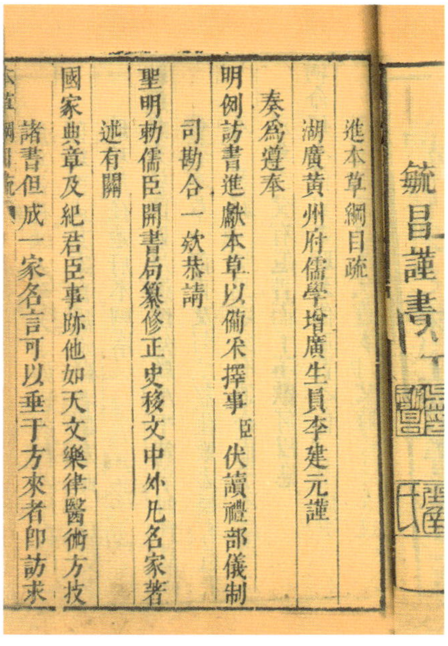
進本草綱目疏
湖廣黃州府儒學增廣生員李建元謹
奏為遵奉
明例訪書進獻本草以備采擇事臣伏覩禮部儀制
司勘合一欵恭請
聖明勅儒臣開書局纂修正史移文中外凡名家著
述有關
國家典章及紀君臣事跡他如天文樂律醫術方技
諸書但成一家名言可以垂于方來者即訪求

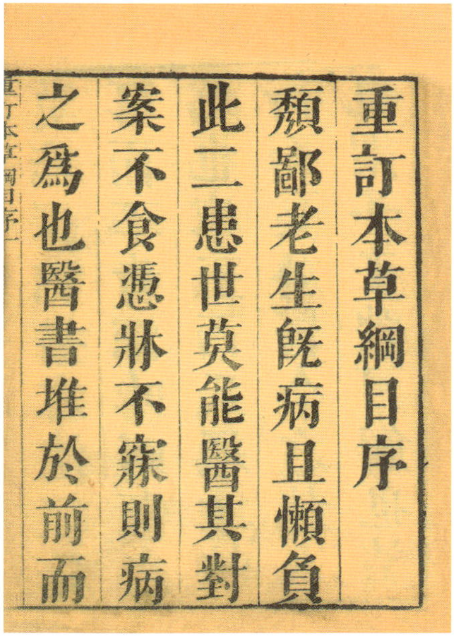
重訂本草綱目序
頹鄙老生既病且懶負此二患世莫能醫其對案不食憑牀不寐則病之為也醫書堆於前而

学界和其他学术界的珍视，被誉为“中国古代的百科全书”。此书刻本甚多，还被翻译为日、法、英、俄、德等多种文字。国内最早版本是南京胡承龙出钱刻印本。据张慧剑著《李时珍》记载：“书大约是在1590年左右开始刊刻的，刻成时已是李时珍逝世之年了（1593）。这种‘金陵版’的《本草纲目》，现在还有留存。……那时普通的书坊发行量有限，习惯上都是以印五十部书为一帖，一种书印到十帖，差不多就算是到顶了，而且流传的范围也不广。”

到10年后的1603年，才由江西按察司刻了一种本子出来，世称“江西本”，此本刻印精良，也改正了“金陵本”中的一些错误，但同时也出现了一些新错。1606年，杨道会、董其昌照江西本翻刻出了“湖北本”。1640年，六有堂刊出了“钱蔚起本”，是在对“江西本”校勘后刻成的。此本第一次对《本草纲目》附图进行全面改绘，并请当时最有名望的画工、刻工完成，但有的药图失真。其后，又有文会堂、英德堂、书业堂、本立堂、大文堂、务本堂以及芥子园等多家书坊刊刻，其中文会堂本还将附图加以彩绘，为其增色。但是，这批坊本由于刻印粗疏，又似乎不加复核，新出现的错字极多，有的版本纸张印制都很低劣。直到1885年合肥张绍棠味古斋刻出重校刊本，直接吸收了前刻各种本子的校勘成果，订正了很多错误，此本刻印最为精良。但它在大量增改中所发生的错误也很突出，并抽换了几百幅图，又造成很多混乱。尽管它有严重缺点，却又有明显优点，因而以后各种石印、排印本，以至1957年人民卫生出版社的影印本，大多是以它为底本了。总的说来，历代由于抄写、刻版、校订所发生的错误，数以万计，严重地影响了本书的质量。

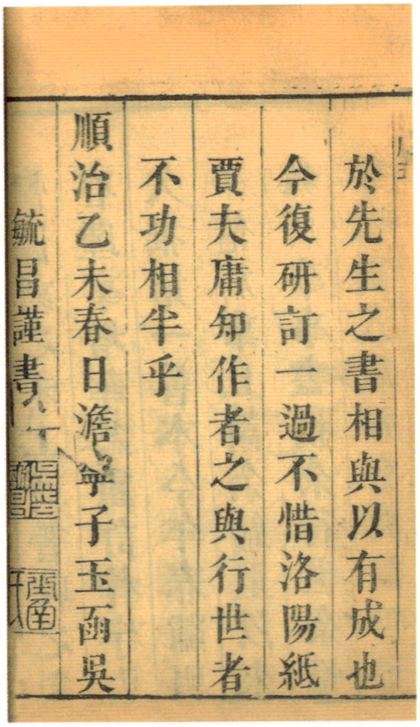
於先生之書相與以有成也
今復研討一過不惜洛陽紙
賈夫庸知作者之與行世者
不功相半乎
順治乙未春日滄[illegible]子玉函吳
毓昌謹書

自《本草纲目》问世以来，已有80多个版本，即平均6到7年便出现一个新本。如此长盛不衰，充分表明了它的实用价值和对社会的深远影响。在《本草纲目》众多版本中，尤以首刻“金陵本”珍稀，国内仅存两部，流传于国外有5部，分别藏在日本、美国和德国，读者无缘相见。对许多人来说，金陵本也仍是“不识庐山真面目”。

康熙内府精刻《钦定篆文六经四书》

清康熙末年，圣祖玄烨命李光地等儒臣用篆文刻印儒家经典，书内文字全部为小篆书写。奉御旨编纂的康熙内府刊本《钦定篆文六经四书》六十三卷（六函二十八册）便诞生了。

这套《钦定篆文六经四书》书手、雕版多为名家，内文书写功力深厚，工整漂亮，开本舒阔，达27.5厘米×18.5厘米，半框尺寸为22.5厘米×15.5厘米，是一套印制精良、书

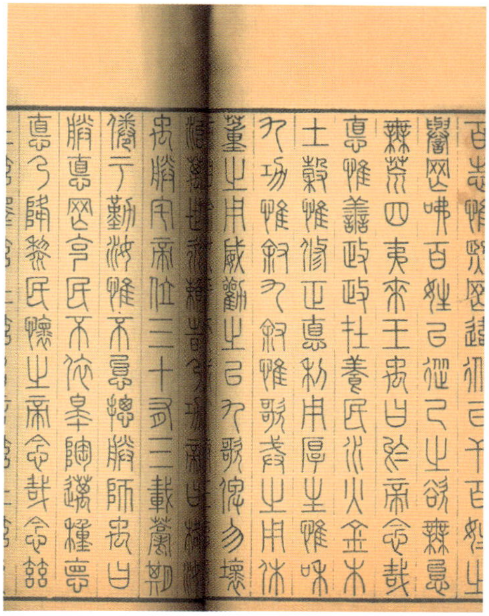

法艺术与雕刻艺术融为一体的精善之作，也是极其少有的全书用篆文刻板的殿版，具有较高的艺术价值。

《钦定篆文六经四书》在《清代内府刻书目录解题》中有著录。共收书十种，“四书”有《大学》、《中庸》、《论语》二卷、《孟子》三卷；“六经”有《周易》、《尚书》、《毛诗》、《春秋》、《周礼》六卷、《仪礼》十七卷。国家图书馆全套康熙版无藏，只藏有单行本《篆文四书》八册。全套者近十多年来国内大拍出现过三次：1994年11月，中国嘉德秋拍《篆文四书六经》六函二十八册，开花纸，估价5万～6万元，以6.6万元落槌；2004年11月，中国书店海王村拍卖《钦定篆文六经四书》六十三卷，四函二十四册，白纸本，估价2.5万～3万元，未成交；2004年11月中国嘉德秋拍《清康熙篆文四书五经》六函二十八册，开花纸，估价8万～9万元，成交价为8.8万元。

清光绪九年（1883），上海同文书局据康熙间刻本石印《钦定篆文六经四书》十种十册；民国4年上海千倾堂书局石印《篆文六经四书》十册；民国时期碧梧山庄石印《篆文四书》一函六册。1987年，中国书店影印了《钦定篆文四书》。

翕居所藏的这部书上，有“攻学十年、执教十载、从政已八龄，始终不忘勤能补拙，俭以养廉”的朱文藏印和“刘氏贞汉所藏”章。这个既从教又从政又勤俭的官人到底是谁呢？有待明白人指教。

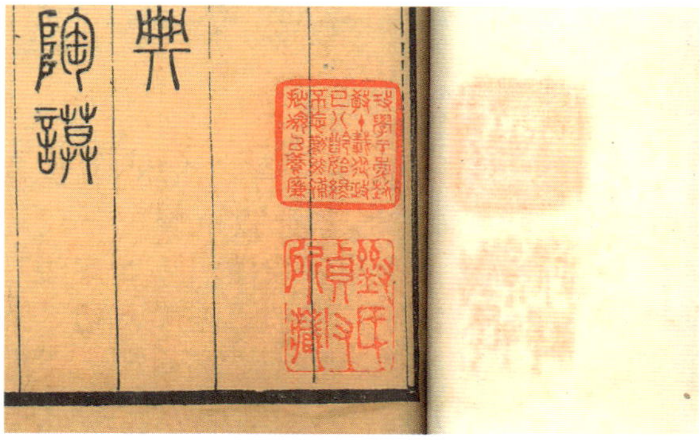

康熙年原刻本《通志堂经解》

清康熙年原刻本《通志堂经解》九种：计有《周易象上传》、《周易义海撮要》十二卷五册（18—22）、《周易系辞上传》、《周易参义（周易上经、下经）》十二卷四册、《周易本义通释》十二卷四册（108—111）。该本为11行20字或13行23字，白口，左右双边，单鱼尾。封面题“新刊经解”，书名页题著者、书名和“通志堂藏板”，版心上计字数、中记卷名页码、下题“通志堂”和刻工姓名。半框19.7厘米×14.7厘米，每卷后署“后学成德校订”。钤“约斋珍赏”和“陈氏芸阁”藏印。

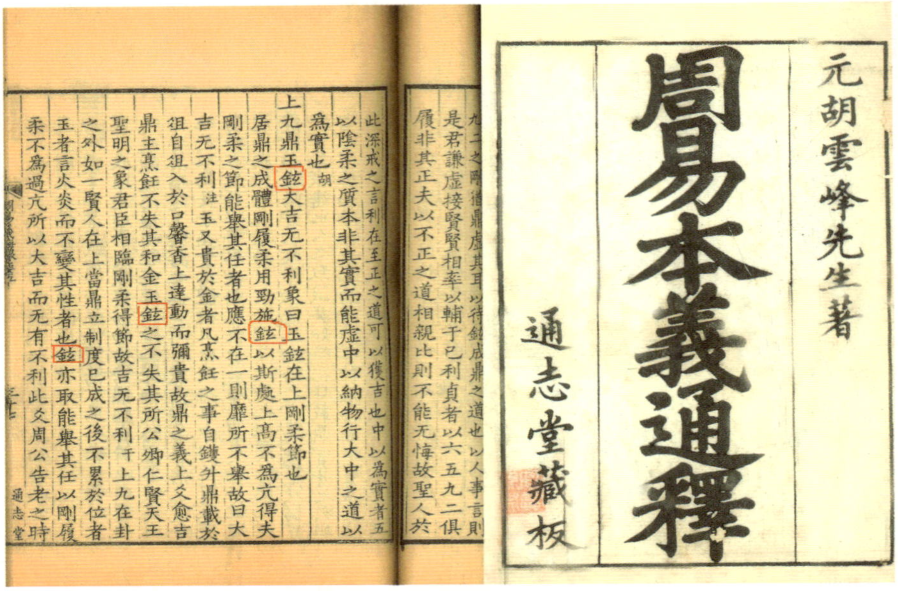
此深戒之言利在至正之道可以獲吉也中以爲實者五
以陰柔之質本非其實而能虛中以納物行大中之道以
爲實也 胡
上九鼎玉鉉大吉无不利象曰玉鉉在上剛柔節也
居鼎之成體剛履柔用勁施鉉以斯處上高不爲亢得夫
剛柔之節能舉其任者也應不在一則靡所不舉故曰大
吉无不利 注 玉又貴於金者凡烹飪之事自鑊外鼎載於
俎自俎入於口馨香上達動而彌貴故鼎之義上爻愈吉
鼎主烹飪不失其和金玉鉉之不失其所公卿仁賢天王
聖明之象君臣相臨剛柔得節故吉无不利 干 上九在卦
之外如一賢人在上當鼎立制度已成之後不累於位者
玉者言火炎而不變其性者也鉉亦取能舉其任以剛履
柔不爲過亢所以大吉而无有不利此爻周公告老之時
通志堂

元胡雲峰先生著
周易本義通釋
通志堂藏板

近年来，各大拍卖公司所拍均为《通志堂经解》零种。北京海王村拍卖有限责任公司（以下简称中国书店海王村）2002年1月拍卖一函四册两种，竹纸，2000元成交。2007年1月《大学集编》一卷和《论语集编》三卷一函二册，3000元成交。中国嘉德2005年11月上拍四种，估价1.2万～1.8万元，未成交。康熙本2007年中国书店拍价是平均每册1500元。

孔网2007年3月曾上拍通志堂原刻本《赵氏春秋集传》八册全，时间自6日至9日三天，1436次浏览，44人次出价，以1000元底价起拍，5300元成交。这套通志堂刻《赵氏春秋集传》十五卷为康熙刻本，竹纸线装八册。半框15厘米×19.8厘米。此书避“玄”、“弦”，卷六“有司玄端奉送至于南郊”、卷五“楚人灭弦，弦子奔黄”，“玄”、“弦”均缺末笔。“弘”、“泓”均是直书，卷十五有“冬，郑驷弘帅师救曹”（第十页），卷六：“冬十有一月己巳塑，宋公及楚人战于泓”（第六页），“弘”、“泓”皆不缺笔。此外，“宁”字也直书。此书曾用白纸衬订，第八册最后几页有修补。八册共372页，744面。拍卖时网友评论34条。

为了较为系统了解《通志堂经解》的刊刻和版本情况，录叶德辉《书林清话》卷九“纳兰成德刻通志堂经解之一至之三”供参阅。

翁居另有清乾隆五十年（1785）据康熙十九年（1680）通志堂版重修《学庸启蒙》二种，包括大学集说启蒙、中庸集说启蒙各一卷。13行23字，白口，左右双边，双鱼尾，版心上计字数、中记卷名页码、下题“通志堂”和刻工姓名。半框19.7厘米×14.7厘米，每卷后署“后学成德校订”。

“芸阁”为藏书处别称。在官府即为“秘书省”。出自周行己《哭吕与叔》诗之二：“芸阁校雠非苟禄，每回高论助经纶。”

至于“约斋珍赏”藏印，可能是当代著名翻译家傅东华（1893—1971）。傅东华原名傅则黄，浙江金华人。作家、翻译家，笔名“约斋”。

据资料介绍，《通志堂经解》有康熙原刻本、乾隆补刻本和广州粤东书局清同治十二年（1873）钟谦钧翻刻本。康熙原刻本有皮纸本、开花纸本和竹纸本。

《通志堂经解》有“通志堂”三字未被铲去的武英殿递修本。据说当年就是有人将康熙本作伪，呈给乾隆冒充宋本，乾隆还高兴得在上面盖了自己的天子宝之类的图章。

纳兰成德刻通志堂经解之一：国初人刻书，亦有高下。纳兰成德之《通志堂经解》表章宋元人遗书，其功诚不可没。然主裁者无卓识，而门户之见过深。凡诸家经解，非程朱一派，则削而不录。又其所刻本有宋元旧本可据，而全不取以校勘。观何义门焯批阅《目录》注文，则当时之草草可知矣。若曹寅所刻《小学五种》、《楝亭十二种》，又为内府刻《全唐诗》，则固胜于纳兰成德远甚。然不如张士俊《泽存堂五种》，摹仿宋刻，极肖极精。自明至国朝，刻工如此之精研者，盖亦鲜矣。

纳兰成德刻通志堂经解之二：《通志堂经解》本为徐乾学所刻。何焯所校《通志堂经解目录》屡称东海，是当时并不属之纳兰成德也。乾隆五十年二月二十九日奉上谕：“四库全书馆进呈补刊《通志堂经解》一书。朕阅成德所作序文系康熙十二年，计其时成德年方幼稚，何以即能淹通经术。向即闻徐乾学有代成德刻《通志经解》之事。兹令军机大臣详查成德出身本末，乃知成德于康熙十一年壬子科中式举人，十二年癸丑科中式进士，年甫十六岁。徐乾学系壬子科顺天乡试副考官，成德由其取中。夫明珠在康熙年间柄用有年，势焰薰灼，招致一时名流如徐乾学等互相交结，植党营私。是以伊子成德年未弱冠，夤缘得取科名，自由关节。乃刻《通志堂经解》，以见其学问渊博。古称皓首穷经，虽在通儒，非义理精熟毕生讲贯者，尚不能单心阐扬，发明先儒之精蕴。而成德以幼年薄植，即能广搜博采，集经学之大成，有是理乎？更可证为徐乾学所裒辑，令成德出名刊刻，俾藉此市名邀誉，为逢迎权要之具耳。夫徐乾学、成德二人，品行本无足取，而是书荟萃诸家，典赡赅博，实足以表章六经。朕不以人废言，故命馆臣将版片之漫漶断烂阙者补刊齐全，订正讹谬，以臻完善，嘉惠儒林。但徐乾学之阿附权门，成德之滥窃文誉，则不可不抉其隐微，剖悉原委，俾定论昭然，以示天下后世。著将此旨录载书首。”盖纳兰即明珠之子，当时徐乾学、高士奇与之结纳。故徐为作序，盛推其校刻之功。其言虽不免过于夸侈，然纳兰成德究为贵介中有才德者。世传所著《饮水词》、《侧帽词》，饶有宋人风格。平生与无锡词人顾梁汾贞观交契。吴汉槎兆骞以科

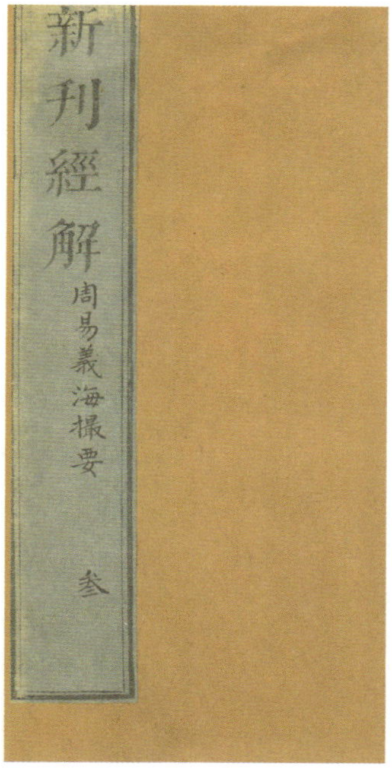

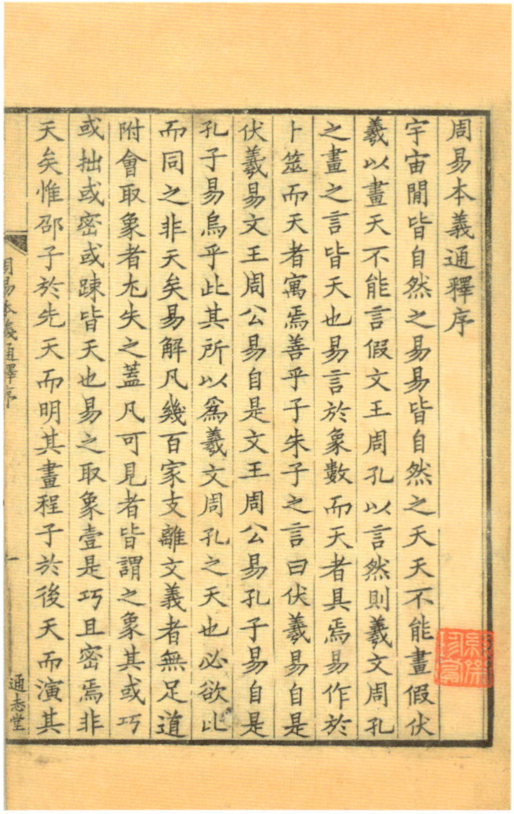
周易本義通釋序

宇宙間皆自然之易易皆自然之天天不能畫假伏羲以畫天不能言假文王周孔以言然則羲文周孔之畫之言皆天也易言於象數而天者具焉易作於卜筮而天者寓焉善乎朱子之言曰伏羲易自是伏羲易文王周公易自是文王周公易孔子易自是孔子易烏乎此其所以為羲文周孔之天也必欲比而同之非天矣易解凡幾百家支離文義者無足道附會取象者尤失之蓋凡可見者皆謂之象其或巧或拙或密或疎皆天也易之取象壹是巧且密焉非天矣惟邵子於先天而明其畫程子於後天而演其

周易本義通釋序 一 通志堂

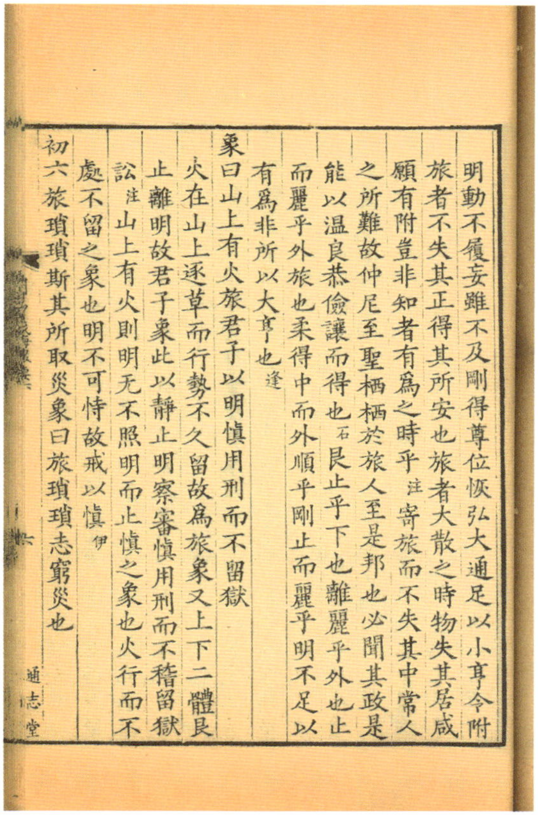
明動不褻妄雖不及剛得尊位恢弘大通足以小亨令附旅者不失其正得其所安也旅者大散之時物失其居咸願有附豈非知者有為之時乎注寄旅而不失其中常人之所難故仲尼至聖栖栖於旅人至是邦也必聞其政是能以温良恭儉讓而得也石艮止乎下也離麗乎外也止而麗乎外旅也柔得中而外順乎剛止而麗乎明不足以有為非所以大亨也逢

象曰山上有火旅君子以明慎用刑而不留獄

火在山上逐草而行勢不久留故為旅象又上下二體艮止離明故君子象此以靜止明察審慎用刑而不稽留獄訟注山上有火則明无不照明而止慎之象也火行而不處不留之象也明不可恃故戒以慎伊

初六旅瑣瑣斯其所取災象曰旅瑣瑣志窮災也

通志堂

明動不履妄雖不及剛得尊位恢弘大通足以小亨令附旅者不失其正得其所安也旅者大散之時物失其居咸願有附豈非知者有爲之時乎 注 寄旅而不失其中常人之所難故仲尼至聖棲棲於旅人至是邦也必聞其政是能以温良恭儉讓而得也 石 艮止乎下也離麗乎外也止而麗乎外旅也柔得中而外順乎剛止而麗乎明不足以有爲非所以大亨也 逢

象曰山上有火旅君子以明愼用刑而不留獄

火在山上逐草而行勢不久留故爲旅象又上下二體艮止離明故君子象此以靜止明察審愼用刑而不稽留獄訟 注 山上有火則明无不照明而止愼之象也火行而不處不留之象也明不可恃故戒以愼 伊

初六旅瑣瑣斯其所取災象曰旅瑣瑣志窮災也

场案牵连，谪戍宁古塔。顾寄吴《金缕曲词》，为纳兰见之，读之泣下。白于明珠，以展转道地赦归。其人其事，皆艺林美谈。然则《通志堂经解》一书，或不必尽为徐所代刻。百年公论，后世自有知者。今小说有《红楼梦》一书，其中宝玉，或云即纳兰。是书为曹寅之子雪芹孝廉作，曹亦内府旗人。以同时人纪同时事，殆非架空之作。今《通志堂全书》初印者，全部绝少。乾嘉间如孙星衍《孙祠书目》、倪模《江上云林阁书目》所载，缺种极多。吾藏初印全本两部，可以睥睨诸君矣。

纳兰成德刻通志堂经解之三：姚元之《竹叶亭杂记》云："《通志堂经解》，纳兰成德容若校刊，实则昆山徐健庵家刻本也。高宗有'成德借名、徐乾学逢迎权贵'之旨。成德为明珠之子，徐以其家所藏经解之书，荟而付梓，镌成德名，携板赠之，序中绝不一语及徐氏也。书中有宋孙莘老《春秋经解》十五卷，而目录中无之。山东朱鸢湖在武英殿提调时，得是本。以外间无此书，用活字板印之。盖以《通志堂》未曾付刻也。其时校是本者，为秦编修敦甫恩复。秦家有通志堂刻本，持以告朱。朱愕然，不知当日目中何以缺此也。秦云，据其所见，为目中所无者，尚不止此。岂是书有续刻欤？"吾按：是书随刻随印，亦随时排目，故其目录有多寡之不同。据《邵注四库书目》，亦云林栗《周易经传集解》三十六卷，当时已经刊成，因栗曾劾朱子，遂毁其板。然则目录与刻书之不合，信有之矣。

钟谦钧翻"通志堂"本《止斋先生春秋后传》

（宋）陈傅良撰《止斋先生春秋后传》十二卷三册，版心题"陈氏春秋后传"。宋嘉定元年（1208）周勉序言，明万历三十六年（1608）清常道人跋。有刻工，署"巴陵钟谦钧刊"。广州粤东书局于清同治十二年（1873）翻刻《通志堂经解》之第300至302册，白纸本。

纳兰性德辑编的《通志堂经解》是在

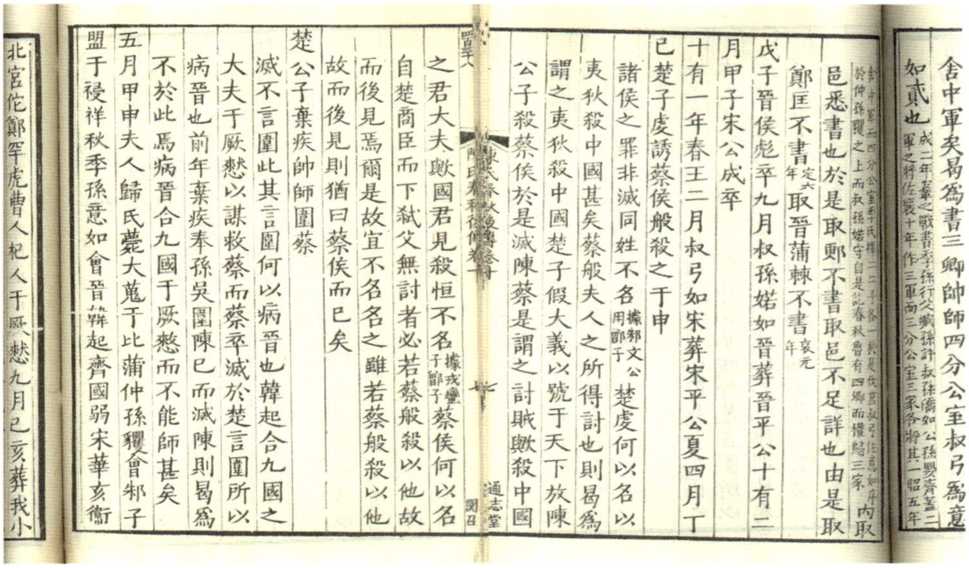
舍中軍矣曷爲書三卿帥師四分公室叔弓爲意
如貳也
邑悉書也於是取鄆不書取邑不足詳也由是取
鄆臣不書取晉蒲輶不書
戊子晉侯彪卒九月叔孫婼如晉葬晉平公十有二
月甲子宋公成卒
十有一年春王二月叔弓如宋葬宋平公夏四月丁
巳楚子虔誘蔡侯般殺之于申
諸侯之罪非滅同姓不名楚虔何以名以
夷狄殺中國甚矣蔡般夫人之所得討也則曷爲
謂之夷狄殺中國楚子假大義以號于天下放陳
公子殺蔡侯於是滅陳蔡是謂之討賊歟殺中國
之君大夫歟國君見殺恒不名蔡侯何以名
自楚商臣而下弒父無討者必若蔡般殺以他故
而後見焉爾是故宜不名名之雖若蔡般殺以他
故而後見則猶曰蔡侯而已矣
楚公子棄疾帥師圍蔡
滅不言圍此其言圍何以病晉也韓起合九國之
大夫于厥慭以謀救蔡而蔡卒滅於楚言圍所以
病晉也前年棄疾奉孫吳圍陳已而滅陳則曷爲
不於此焉病晉合九國于厥慭而不能師甚矣
五月甲申夫人歸氏薨大蒐于比蒲仲孫貜會邾子
盟于祲祥秋季孫意如會晉韓起齊國弱宋華亥衛
北宮佗鄭罕虎曹人杞人于厥慭九月己亥葬我小

他去世后才全部刊刻出来。徐乾学《经解序》称《经解》始于清康熙十二年（1673）辑刻，逾二年讫工，即康熙十四年完成。但性德的《经解序》署时多在丙辰、丁巳，可见在康熙十六年还未完工。朱彝尊序《合订大易集义粹言》云："昆山徐氏嘉其志，许锓版，乍发雕，而容若溘焉逝矣。"则到性德去世犹未刊成。《熙朝雅颂》卷四说，《经解》书成于性德逝后。金农的《随笔》则称其在容若去世"十三年而后成"。据此，《经解》完工至少在康熙二十五年。据考，通志堂除刊印丛书《经解》外，还刊刻了一些单本书。如清代藏书家莫友芝《宋元旧本书经眼录》附录卷一著录："纳兰容若通志堂刊有仿宋淳熙四年本《礼记释文》，在《经解》之外。"又如《增订四库简明目录标注》载："《读史方舆纪要》附录，有通志堂本，似未完，而刻甚精，仅见陕西一省。"此书为清顾祖禹著，现藏武汉大学图书馆。据武汉大学图书馆工作人员考订，此书刊刻于康熙二十五年，亦在纳兰性德殁后。

《通志堂经解》刊刻后多次再版，影印，已不罕见。而通志堂刊刻的单本书，不见有人再印，物以稀为贵。有"巴陵钟谦钧重刊"字样的，虽"玄"字缺末笔避康熙帝讳，实为同治本。

《通志堂经解》，点画精雅，为清代用方劲欧体字写刻之典范（《清代版本图录》注录）。叶德辉在《书林清话》曰："通志堂经解初印之者全部绝少。"后来有人使用宋代罗纹纸翻刻，并冒充宋版。

钟谦钧，字云卿，湖南巴陵（今岳阳）人。清朝二品顶戴按察使兼两广盐运使。

广东书局于同治七年由两广盐运使方濬颐在盐运项下拨款创立于广州，延请著名学者陈澧主持编校事务。广东书局所刻的第一部书为《钦定四库全书总目》，刻于同治七年，板藏学海堂文澜阁。同年又刻有《钦定四库全书简明目录》。广东书局成立伊始，方濬颐即移任扬州，所以刻书不多。同治八年，巴陵钟谦钧继方氏任两广盐运使，任内广东书局刻书达到高潮。钟氏捐俸金数万，重刻或辑刻了以下几种大部头书籍：覆刊武英殿本《十三经注疏》13种346卷；重刊《通志堂经解》144种1792卷；辑刻《古经解汇函》附《小学汇函》37种283卷等。以上诸书，皆题"菊坡精舍藏板"。广东书局所刻3种均为经部书，刊刻速度快，三大编凡194种2421卷，在短短二三年内告竣。由于陈澧治学谨严，校勘精审，分校者如陈良玉、廖廷相、谭宗浚、陶福祥等均属积学之士，每卷由陈氏门弟子初校及复校，故广东书局所刻各书质量较高，为时人所重。

同治十二年，钟谦钧以病辞官归，从此广东书局无形解体，不复存在。它是在同治年间各省官书局相继成立、大规模刊刻古籍这个背景下产生的，存在时间不长，又无固定局址，在刻书数量、种类以及书局的规模、名声、影响等方面均逊于后来的广雅书局。但它毕竟是广东第一个官书局，而且也刊刻了一些重要的、有一定分量及影响的书籍，在近代广东文化史上，自有其一定的贡献。

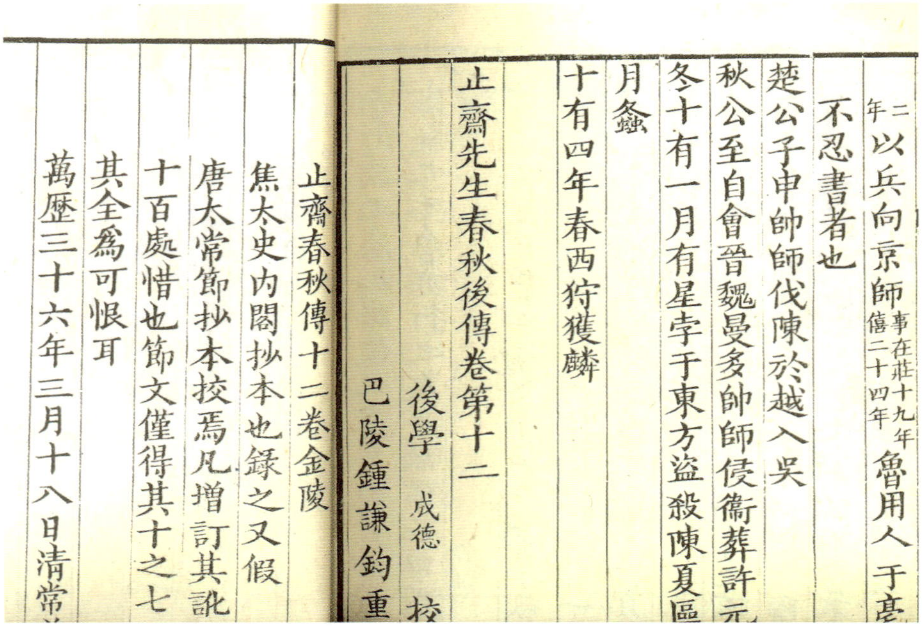
以兵向京師 事在莊十九年 僖二十四年 魯用人于
不忍書者也
楚公子申帥師伐陳於越入吳
秋公至自會晉魏曼多帥師侵衛葬許
冬十有一月有星孛于東方盜殺陳夏
月螽
十有四年春西狩獲麟
止齋先生春秋後傳卷第十二
後學 成德 校
巴陵鍾謙鈞重
止齋春秋傳十二卷金陵
焦太史内閣抄本也錄之又假
唐太常節抄本校焉凡增訂其訛
十百處惜也節文僅得其十之七
其全爲可恨耳
萬歷三十六年三月十八日清常

李大翀藏《古香斋鉴赏袖珍初学记》

（唐）徐坚等撰《古香斋鉴赏袖珍初学记》三十卷十二册，南海孔氏清光绪八年（1882）至光绪九年刻本，9行18字，小字双行同，白口，四周双边，单鱼尾，有朱笔圈点。封面李大翀题签“《初学记》，古香斋袖珍本，都十二册，石孙宝藏”，钤“李大翀印”。

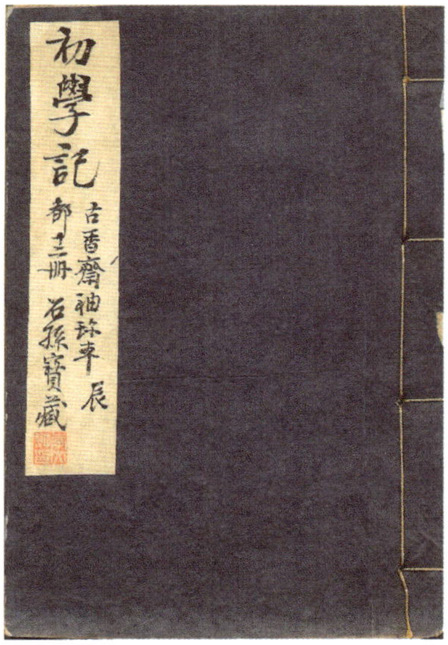

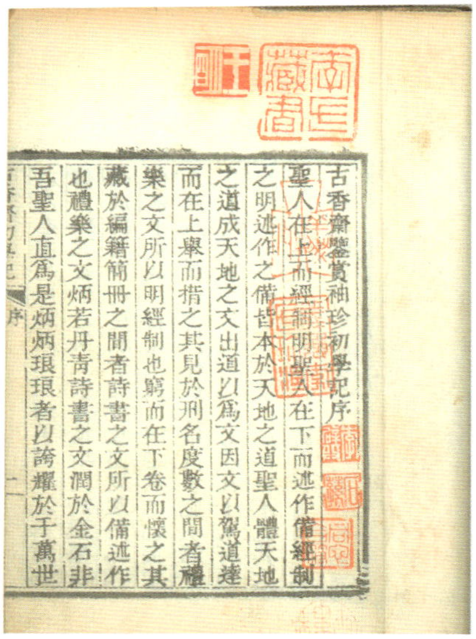

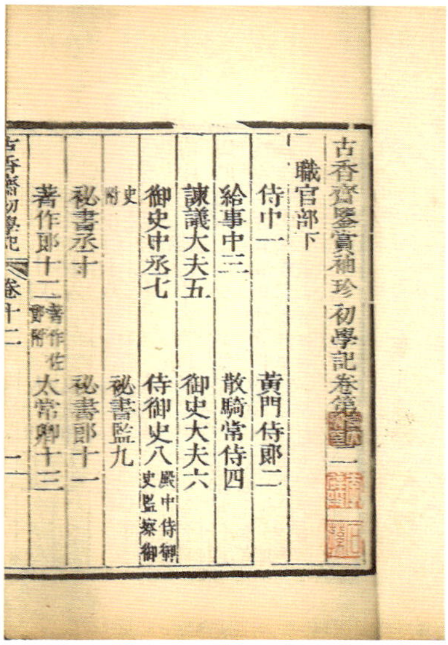

书内各册钤印不同，主要有：李大翀印、石荪、李辟印、义州李氏珍藏、李氏藏书、义州李大翀石孙鉴藏、王明、水楼、同心合壁等30多方印记。

此书乃唐玄宗时官修的类书。原为唐玄宗诸子作文时检查事类之用，故名《初学记》。古香斋刊本的来历被藏界津津乐道：清代内府刻书，集中在武英殿进行，历年雕印《十三经》、《二十一史》等经、史书籍所用板片极多，其中有不少裁截下来的小块木料或板片，“高宗以校镌经、史卷帙浩繁，梨枣解材，不令遗弃，仿古人巾箱之式，刻袖珍版书”。“袖珍本”原为画卷之名，后世将当时遵高宗旨意，于清乾隆三十年（1765）用零材短板刻成的小版框小开本的《古香斋十种》，也称为袖珍本。直到今天，对小开本书仍常以袖珍名之。在那样的环境里，在一个封建帝王的倡导下，从节俭的角度刻印书籍，真是难能可贵，堪称节俭之典范。“古香斋袖珍十种”武英殿刊本，有皇帝准制的来头，有赏玩性的袖珍本，堪称清内府刊印巾箱本代表之作。在中国书店海王村2007年春季大拍中，光绪九年刊《古香斋鉴赏袖珍春明梦余录》四函二十四册，以5500元成交；乾隆十三年（1748）《古香斋鉴赏袖珍初学记》二函十二册，以4.4万元成交；另一部乾隆《古香斋鉴赏袖珍史记集解》六函三十六册，成交价为10.12万元。

《钦定古香斋袖珍十种》共九百零五卷，计收《五经》八卷、《四书》十九卷、《史记》一百三十卷、《资治通鉴纲目三编》二十卷、《御纂朱子全书》六十六卷、《春明梦余录》七十卷、《初学记》三十卷、《渊鉴类涵》四百五十卷、《御选古文渊鉴》六十四卷、《施注苏诗》四十二卷《目录》二卷附《王注正讹》、《续补遗》二卷、《年谱》。

此书后世翻刻甚多，翕居所藏为南海孔广陶刻本。孔广陶（1832—1890），字少唐。官郎中、编修。以盐业起家，富收藏，喜刻名籍，为广东近代著名藏书家和刻书家。藏书处曰“三十三万卷楼”，其楼名为“岳雪楼”，所藏之书，皆为精品。所刻书代表作有《古香斋鉴赏袖珍初学记》三十卷、《北堂书抄》一百六十卷、《岳雪楼书画录》五卷。

收藏此书的李大翀是清末诗书大家李葆恂（1859—1915）之孙。李大翀喜欢斗蟋蟀，尤喜欢京戏，和京剧名伶很是熟悉。但他依仗自己深厚的文化素养也玩出了名堂来，还著有《燕都名伶传》、《蟋蟀谱》、《清代梨园书画史》和《清代青楼书画史》等。

“找一部校改后的印本反倒很难”：《宋词三百首》

上疆村民编《宋词三百首》二卷，全二册，牌记题“甲申春薛崇礼堂校刊”。钤“成城校□江学会图记”藏印。

词是诗歌的另一种形式，作为一种运用广泛的文体，词形成于唐代，盛行于宋代。因句子长短不一，故也称长短句，又称乐府。在文学史上，有宋一代，是词创作的鼎盛期，名家名作比比皆是。苏轼、辛弃疾、欧阳修、王安石、秦观、范仲淹、晏殊、李清照等人的词作，许多已成为千古绝唱，历来受到人们的喜爱。由于宋词的作者群体庞大，作品极为丰富，现在可以考知的宋代词人达1400余家，作品有20300余首。对于宋词的辑录、编选以及品评、研究等工作，两宋时期就已开始，以毛晋、王鹏运、吴昌绶、江标等人的成绩最为显著。在各种各样的宋词选本中，上疆村民于1924年仿照《诗经》、《唐诗三百首》的体例选定的《宋词三百首》，共收宋代词人88家，词300首。所

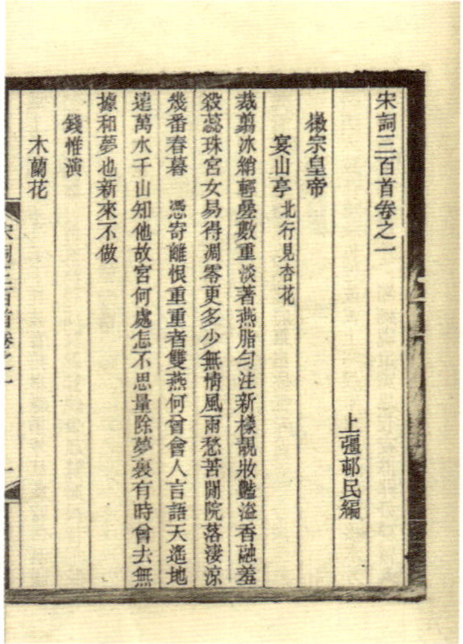
宋詞三百首卷之一
上彊邨民編
徽宗皇帝
宴山亭 北行見杏花
裁翦冰綃輕疊數重淡著燕脂勻注新樣靚妝豔溢香融羞
殺蕊珠宮女易得凋零更多少無情風雨愁苦閑院落淒涼
幾番春暮 憑寄離恨重重者雙燕何曾會人言語天遙地
遠萬水千山知他故宮何處怎不思量除夢裏有時曾去無
據和夢也新來不做
錢惟演
木蘭花

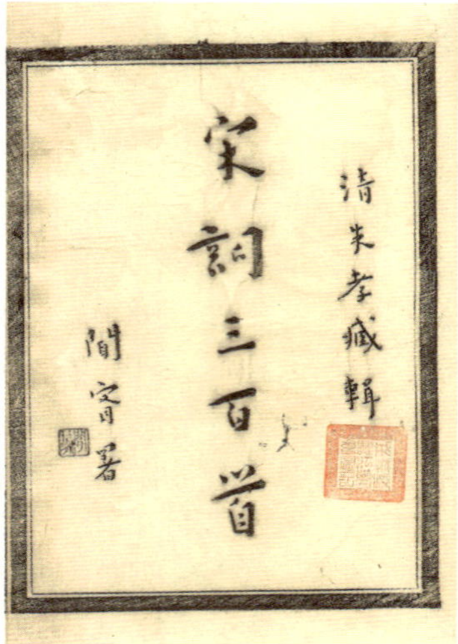

选皆为具有代表性的名家名词，以浑成典雅为宗旨，兼收各派名篇，摒弃一些浮艳的辞章，不持门户之见，颇有见地。但《宋词三百首》的编纂本意原是为子侄觅句诵习所用。

在浩瀚的中华典籍中，若论泽被天下，深入人心者，莫过于《唐诗三百首》和《宋词三百首》了。唐诗美轮美奂，宋词精美绝伦，在中国文学史上，宋词和唐诗并尊行世，长期影响着中国人的思想和生活。可以说，中国人的每一种心志和情感，似乎都被唐诗宋词吟咏过了。上疆村民选注的《宋词三百首》，不仅分量适中，还注重韵律美，是目前同类作品中具有代表性、比较精到的选本。问世以来，多少伟人英雄读之以言志，达官巨贾诵之以怡情，家家户户持之以教儿童。可以说，凡有中国文化影响的地方，都有《宋词三百首》的诵读声，是一部世代传诵、天下流传和大家公认的一部重要的宋词入门书。

上疆村民（1857—1931），本名朱孝臧，字古微，后改名祖谋，号沤尹，又号疆村，归安（今浙江湖州）人。清光绪九年（1883）进士，改庶吉士。历任国史馆协修，会典馆总纂总校、侍讲学士，擢为礼部侍郎等。光绪三十年出为广东学政。后因故辞官，归隐于苏州。工诗词，通格律，著有《疆村语业》等书。又曾编刻《疆村丛书》二百六十卷，汇集唐、五代、宋、金、元人词总集五种，宋词别集一百一十五种，其余为唐及金、元词别集。

《宋词三百首》中，收入十首以上的词人有：晏殊、欧阳修、柳永、晏几道、苏轼、辛弃疾、姜夔等七人，二十首以上的有周邦彦（23首）和吴文英（24首）两人。但王安石、黄庭坚、范成大等人的词收入较少。这或多或少体现了朱祖谋的词学观念和倾向。

况周颐为此书所作序的落款是“中元甲子”，也就是1924年，这一年初印本问世。让人不大容易想到的是，这个初印本有不少异文讹字，后印本一一作了校改。如，秦观的《满庭芳》起句初印作“山抹微雨”，后印“雨”作“云”；周邦彦的《兰陵王》，初印作“飘绵弄行色”，后印改“弄”作“送”；刘过的《唐多令》，初印作“故人曾不到”，后印改“不到”作“到不”；李清照的《凤凰台上忆吹箫》，初印作“月上帘钩”，后印“月上”作“日上”。

以朱祖谋在词坛的地位和他一贯对词集校勘的精审，想不到初印本会出现这么多离奇的错字。更令人不解的是，一般古籍都是初印本珍稀少见，但这个有错字的初印本子今天并不少见，但找一部校改后的印本反倒很难。近年中国书店影印此书时，选用的就是初印本。

此民国甲申（1944）版《宋词三百首》，在上海国拍2004年秋拍中，成交价为1100元。

绿荫巽金批第一才子书

（明）罗贯中撰《四大奇书第一种》，十九卷，一百二十回，卷首一卷，共二十册。（清）金人瑞批、毛宗岗评，书名页题“圣叹外书”、“绿荫巽金批第一才子书”、“本堂藏板”、“毛声山先生评点”，版心题“第一才子书”。序言有“顺治岁次甲申（1644）嘉平朔日金人瑞圣叹氏题”。

此绿荫巽刻本，《香港所藏古籍书目》

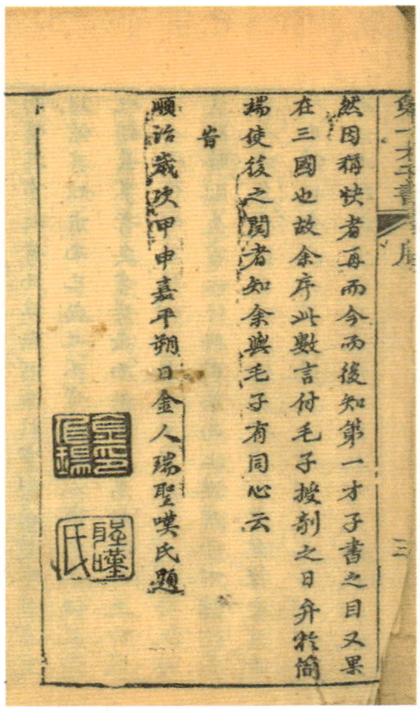
然因稱快者再而今而後知第一才子書之目又果在三國也故余序此數言付毛子授剞之日弁於簡端使後之閱者知余與毛子有同心云

皆

順治歲次甲申嘉平朔日金人瑞聖嘆氏題

（贾晋华主编，上海古籍出版社2003年12月版）著录为：“《绿荫巽金批第一才子书19卷首1卷20册》，清金人瑞评并序，明毛纶、清毛宗岗评点。清顺治元年（1644）长洲刻本，又题圣叹外书，藏于香港中山图书馆。”

罗贯中撰《四大奇书第一种》为善本。冠以“四大奇书第一种”名目刊刻的是至今现存的最早毛批本《三国演义》。

鲁迅1930年写的《中国小说史略》第二十七篇说：“明季以来，世目《三国》、《水浒》、《西游》、《金瓶梅》为‘四大奇书’，居说部上首，比清乾隆中，《红楼梦》盛行，遂夺《三国》之席，而尤见称于文人。”由此可见，民国中期尚无“四大名著”之说。当是建国以后封杀《金瓶梅》之后，以《红楼梦》配其余三部而改“四大奇书”为“四大名著”的。

绿荫巽本《四大奇书第一种》，半页12行，行26字，半框高18.8厘米，宽14厘米，绵纸，白口，单鱼尾，版心上题“第一才子书”，下署页号。每卷首题“四大奇书第一种卷之几，圣叹外书，茂苑毛宗岗序始氏评”。卷一为目录、毛宗岗《读三国志法》及40幅绣像，卷一首题“四大奇书第一种卷之一，茂苑毛宗岗序始氏评，吴门杭永年资能氏定”。正文从卷二起始。卷十九为第114回至120回。

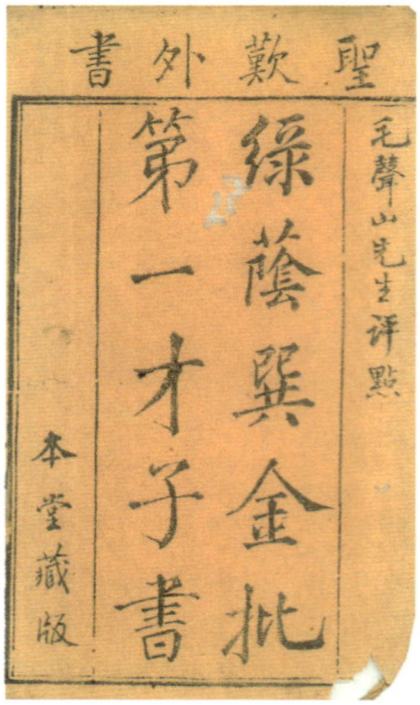

和绿荫巽本相近的是乾隆聚锦堂刻本，半页12行，行26字，半框高22.4厘米，宽14.8厘米，竹纸，白口，单鱼尾，版心上题“第一才子书”，下署“聚锦”。每卷首题“四大奇书第一种卷之几，圣叹外书，茂苑毛宗岗序始氏评”。聚锦堂本没有“吴门杭永年资能氏定”的署名。

和绿荫巽本相近的另一种是康熙醉耕堂本，封面题“声山别集（横刻），古本三国志，四大奇书第一种”，卷一首题“四大奇书第一种卷之一，茂苑毛宗岗序始氏评，吴门杭永年资能氏定”。卷一首题和绿荫巽本极为一致，因翕居所藏失去封面，不知和醉耕堂本封面是否相同。

从以上所列可以看出这三个本子的“血缘关系”：顺治绿荫巽本、康熙醉耕堂本、乾隆聚锦堂本（1756）是一个版本系统。绿荫巽本和聚锦堂本除板框、版画图像不同外，其他各处还是一致的，绿荫巽本和醉耕堂本的卷一首题是一致的。可以肯定，绿荫巽本是毛评本里面最早的版本，并且有可能是醉耕堂本和聚锦堂本的母本。因此，宁稼雨先生在《明清小说研究》2006年第4期“尘故庵藏《三国演义》版本述略”中提出的“毛本的最早刊本康熙醉耕堂本”观点是不确的。

翕居所藏这个版本的另外一个特征就是40幅绣像图。这些图像有两个特点，一是图像的排列是严格按照以刘蜀为正统的观念进行的。刘备等蜀国诸人在前，尊称刘备为“昭烈帝”，关羽、张飞及曹操、孙权等则直呼其名。顺序是刘蜀、曹魏、孙吴排列。图的上方是五言和七言人物颂诗，这些图像为该版本系统增色不少。这和正面为人物绘像，背面为与此人相关器物的聚锦堂本是不同的。

在《三国演义》的各种版本中，人们关注的重点是毛批本之前的“通俗演义”和“志传”本。对于毛批本则多半不屑提及。故而有关毛本各系统的版本行款资料就比较缺少。日本学者上田望的《毛纶、毛宗岗批评〈四大奇书三国志演义〉版本目录（稿）》对毛本《三国演义》的各种版本做了全面梳理。按照上田望先生的记录，毛批本大约有六种类型：第一是“四大奇书第一种六十卷”，第二是“官板大字绣像批评三国志二十四卷”，第三是“四大奇书第一种十九卷首一卷”，第四是“汉宋奇书（水浒、三国合刻）”，第五是“四大奇书第一种五十一卷”，第六是“其他”。由此来看，绿荫巽本与第三种类型的特征是吻合的，是十九卷毛评本。据王清原、牟仁隆、韩锡铎编著的《小说书坊录》所收录的《三国演义》十九卷毛评本有筠翠山房本（顺治元年）、文英堂本（嘉庆前），未见聚锦堂本，也不知其有无绿荫巽本。

在北京保利2008年春拍中，和此绿荫巽同版本系统的道光年间刊本，成交价为6720元。

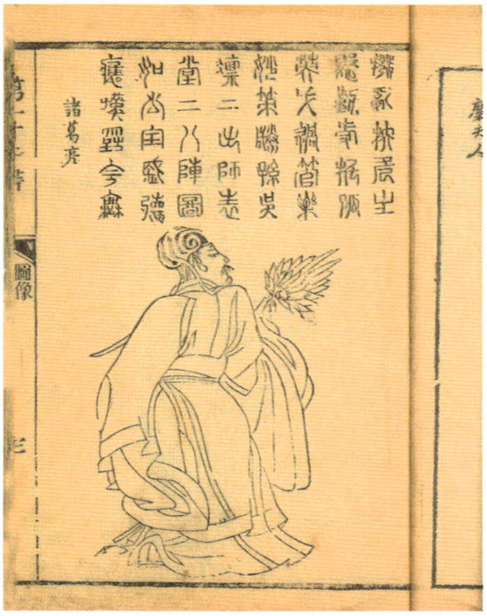

毛装本《折霁山稿》

（清）折遇兰著《折霁山稿》，乾隆二十九年（1764）看云山房刻本，毛装，国家图书馆无藏。

折遇兰，生卒年不详。字佩湘，号霁山，山西阳曲县（今山西太原市）人。乾隆二十四年己卯、乾隆二十五年庚辰联捷进士。历任正宁、会宁、浏阳、普宁、揭阳等县知县，所为官处均著政声。诗文书法各自成家，书法于颜真卿书风吸收较多，尤喜隶书，其古诗开奥少陵，七律得李白余响，著有《看云山房诗钞》[山西省图书馆藏，清嘉庆十七年（1812）刊本]，《折霁山稿》（山西省图书馆藏乾隆二十九年看云山房刻本），乾隆二十八年纂修《正宁县志》。曾和诗人袁枚交好，互相酬唱有诗，载入《随园诗话》。

折遇兰中年早逝，纪晓岚听说后悲叹：我己卯年的门生，善于政事的只有荆道乾、折遇兰和徐敬儒三人，后两人中年而逝，“生此才而不尽其用，何如不生。吁乎，其可悲也已”。

纪晓岚在《如是我闻》中有一篇《柿园败将》，这样写道：太原学生折遇兰讲述，他家乡有个扶乩的，乩仙降坛后龙飞凤舞地写下一首诗：“一代英雄付逝波，壮怀空握鲁阳戈。庙堂有策军书急，天地无情战骨多。故垒春滋新草木，游魂夜览旧山河。陈涛十郡良家子，杜老酸吟意若何。”署名是“柿园败将”。人们都很惊讶，知道是孙白谷先生降坛。柿园之战，失败的主要原因是朝廷催促作战，过错不在孙公。诗中以房琯车战失败自比，把失败的原因归于自己。正人君子的心思，与王化贞那样战败误国，还要百般抵赖，把过错推给别人的人相比，真是日月星辰与地下黄泉相提并论了。

徐世昌编选的《晚晴簃诗汇》卷八十九，收有折遇兰的《春日杂兴柬刘谦斋》：金井楼高俯逝波，浮云东望足狂歌。一春心事花边尽，十载清明客里过。佳句渐如良友少，离愁翻比乱山多。西坡结屋吾将老，好待双旌访涧阿。

（清）魏起泰辑、乾隆五十一年纬文堂刻印《古文集宜》有折遇兰于乾隆四十九年所作序，牌记题“冯潜斋、折霁山两夫子鉴定”。

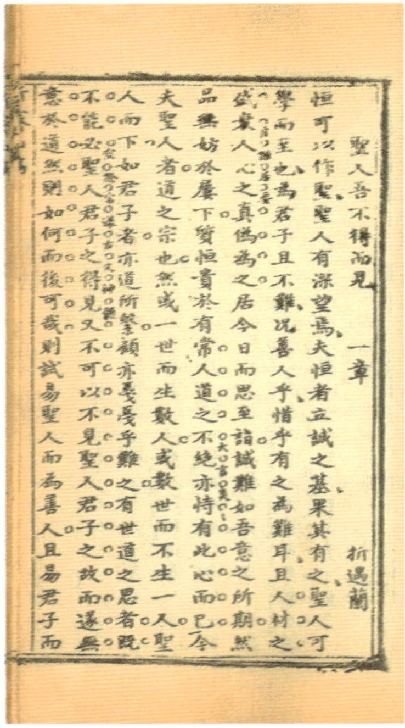
聖人吾不得而見一章　折遇蘭
恒可以作聖聖人有深望焉夫恒者立誠之基果其有之聖人可
學而至也為君子且不難況善人乎惜乎有之為難耳且人材之
盛衰人心之真僞為之居今日而思至誠難如吾意之所期然
品無妨於屢下質恒貴於有常人道之不絕亦恃有此心而已今
夫聖人者道之宗也然或一世而生數人或數世而不生一人聖
人而下如君子者亦道所繫顧亦戔戔乎難之有世道之思者既
不能必聖人君子之得見又不可以不見聖人君子之故而遂無
意於道然則如何而後可哉則試易聖人而為善人且易君子而

“花神偕月姊齐来”：《西泠闺咏》

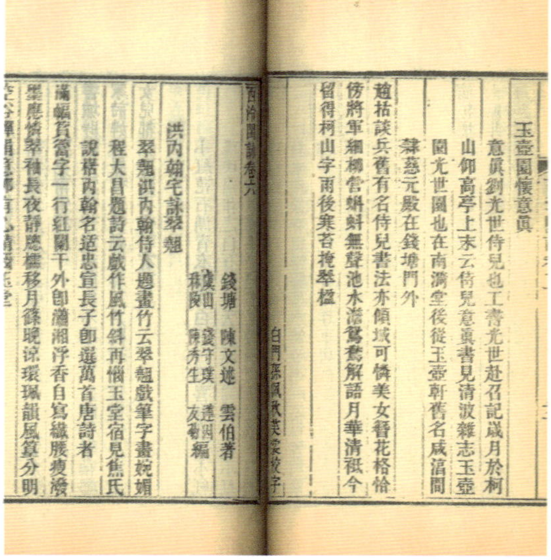
玉壺園懷意眞
意眞劉光世侍兒也工書光世赴召記歲月於柯
山卿高亭上末云侍兒意眞書見清波雜志玉壺
園光世園也在南漪堂後從玉壺軒舊名咸淯間
肆慈元殿在錢塘門外
趙括談兵舊有名侍兒書法亦傾城可憐美女簪花格恰
傍將軍細柳營蝌蚪無聲池水澹鴛鴦解語月華清祇今
留得柯山字雨後寒苔掩翠楹
白門蔡鳳武英宋校字

西泠閨詠卷十六
錢塘　陳文述　雲伯著
虞山　龔守㦤　達園
秣陵　陳秀生　友蘭　編
洪內翰宅詠翠翹
翠翹洪內翰侍人趙畫竹云翠翹戲筆字畫婉媚
程大昌題詩云戲作風竹斜再惱玉堂宿見焦氏
說楛內翰名适忠宣長子卽選萬首唐詩者
滿幅宮簪字一行紅闌干外卽瀟湘浮香自寫纖腰瘦潑
墨應憐翠袖長夜靜應標移月簌曉涼環珮韻風篁分明

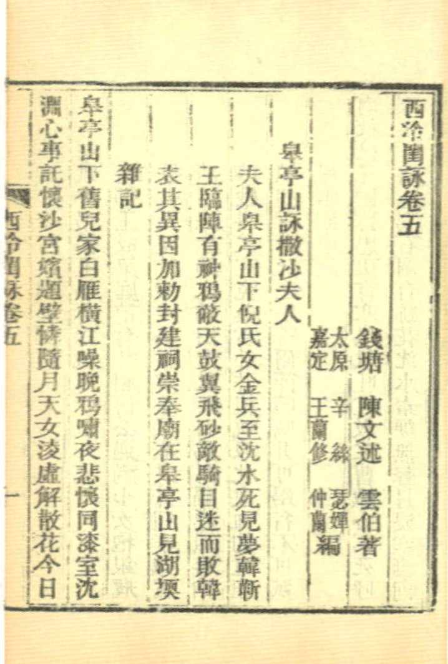
西泠閨詠卷五
錢塘　陳文述　雲伯著
太原　辛絲　瑟嬋
嘉定　王蘭修　仲蘭　編
皋亭山詠撒沙夫人
夫人皋亭山下倪氏女金兵至沈水死見夢韓蘄
王臨陣有神鴉蔽天鼓翼飛砂敵騎目迷而敗韓
表其異因加勅封建祠崇奉廟在皋亭山見湖壖
雜記
皋亭山下舊兒家白雁橫江噪晚鴉嘯夜悲懷同漆室沈
淵心事託懷沙宮燒題壁情隨月天女淩虛解散花今日
西泠閨詠卷五

（清）陈文述著、龚玉晨编《西泠闺咏》十六卷四册，光绪十三年（1887）西泠翠螺阁刻本。牌记题“道光丁亥皋青鸾阁原镌，光绪丁亥西泠翠螺阁重梓”。

陈文述（1771—1843），字退庵，浙江钱塘（今杭州）人。据陈文述为《颐道堂诗选》所写的“自序”所说，他从小读书并不算多么聪明，直到他26岁那年，阮元视学浙江，命诸生同赋“团扇诗”，他才以那篇最受提学使大人赏识的题咏之作出了诗名，一时在杭州竟获得了“陈团扇”的称号。

这一次成功的面试对陈文述此后的诗文生涯意义颇为重大：他率先受到了阮元的提拔，不久便在阮元手下做起了事，随其两度进京，为他此后的诗文交往打开了门路。但这一切并没有给他在科场上带来机会，他

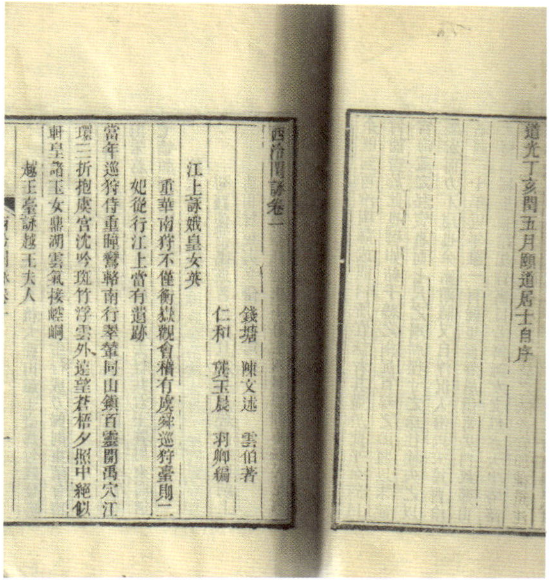
道光丁亥閏五月頤道居士自序

西泠閨詠卷一
錢塘 陳文述 雲伯著
仁和 龔玉晨 羽卿編
江上詠娥皇女英
重華南狩不偟衡嶽觀會稽有虞舜巡狩臺則二
妃從行江上當有遺跡
當年巡狩侍重瞳鸞輅南行翠輦同山鎮百靈開禹穴江
環三折抱虞宮沈吟斑竹浮雲外遠望蒼梧夕照中絕似
軒皇諸玉女鼎湖雲氣接崆峒
越王臺詠越王夫人

考到30岁那年才中了举人，此后就再没有考出什么结果。为了尽快踏入仕途，他于36岁断然放弃了科场上的竞争，开始在江南一带做官，在此后长达14年的岁月内，连续在常熟、苏州、崇明等地任代理知县之职，一直干到了个清道光元年（1821）他50岁的时候，方才正式被授予江都知县的官位。与此同时，他的独子陈裴之也同他一样蹇滞科场，也是中了举以后就再也攀不上去，结果只得步其父的后尘，另找渠道谋了个很小的官职。

陈文述53岁那年父亲病逝，他回到杭州服丧。三年后，他的独子裴之死于赴任途中，从此他永怀“西河之戚”，再也没有出仕。此后，他把题咏的重点集中到西湖周围的名胜与人物，陆续写出了《西泠闺咏》、《西泠仙咏》、《西泠禅咏》、《西泠怀古集》和《西泠怀旧》五集。

这一部《西泠闺咏》可算得上“泛杭州妇女人物志”的集子，十六卷诗文按照编年顺序排列，起自远古的娥皇女英，终于当时的杭州闺秀以及陈文述自己的女眷。不只是所咏的内容，连全书的编排也体现了闺意和妇功，前十四卷每卷的首尾都署有负责编校的闺秀姓名，末两卷为陈文述的儿媳汪端和两女萼仙、苕仙负责编校。陈文述自己则宛然神仙，为众闺媛所拥围。难怪张仲雅以他最得意的骈俪句子序该书曰：“群仙高会，花神偕月姊齐来；古佛传经，龙女与天魔并侍。人不尽西泠，而属西泠之佳什，则地以诗传；诗不尽闺咏，而藉闺咏以彰名，则诗因人重。以五百篇之笔歌墨舞，写二千年之玉怨珠啼。”

陈文述写作上有一个习惯，就是冗笔较多，他把西泠的范围弄的有点大了，杂凑了一些听来的东西，使得这部旨在征史的题咏有多处和史实不符。有些人物夹杂了作者本人主观嗜好的表述，譬如司马迁游江南所带的妾、白居易杭州诗作中所有歌妓的名字等等，都有杜撰之嫌疑。作者用文字表述的西湖堆满了女性的身影、足迹、气息、遗物，最后把西湖搞得近乎香艳化。陈文述的侧室管筠曾有“西湖原是美人湖”之句，遂自号“美人湖长”。

陈文述在江南一带做官近20年，他出名的政绩之一就是大修历代著名人物的祠墓。据龚凝祚所叙，由他提议促成或他亲自主持的工程计有建西湖李杜祠堂，修扬州甘泉山柳永墓，为隋宫人袁宝儿墓立碣，修复常熟柳如是和吴绡墓，建金陵张丽华祠墓，等等。

陈文述的侧室管筠，字湘玉，在陈文述的众姬妾中，她最有才情和持家能力，也最得陈的喜爱。她似乎以元代才女赵孟頫之妻管道升为楷模，题其所居曰“小鸥波馆”，著有《小鸥波馆诗文钞》数卷。管筠曾与陈的次妾文静玉合编了《碧城仙馆精华录》和《碧城仙馆摘句图》两书。陈文述的儿媳汪端也是满腹文才，曾编订《明三十家诗选》，显示出以往闺秀少有的大家气度。

在2008年中国嘉德四季第13期拍卖会上，此翠螺阁本成交价为3920元。

明末精刻本《赵清献公集》

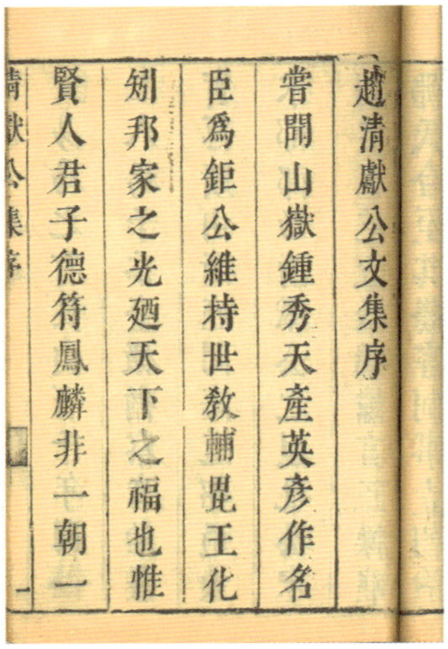

（宋）赵抃撰《赵清献公集》十卷、目录二卷，有宋景定元年（1260）陈仁玉序，宋至治首元（1320）蒙古晋人僧家奴钧元卿跋，明成化七年（1471）顺天府尹马嵬阎铎重编序，嘉靖元年（1522）秋莆田林有年序，嘉靖壬戌（1562）宜兴安吾杨准书重刻序。卷首“赵清献公集序”讲道：“岁戊子九月余从川闱彻棘归，成都守詹君牧甫得检前守赵清献公集刻之，兹且问序余……”从这个序言可知：此书为成都太守詹牧甫于明戊子年——亦即万历十六年（1588）所刻，只是不知此序为何人所作。

查中国国家图书馆藏书目录，著录为“《赵清献公集》十卷、目录二卷，明（1368—1644）刻本，四册”未能确定具体刊刻年份。查《山东省图书馆藏海源阁书目》，著录为“《赵清献公集》十卷，明末刻本，六册（一函），20.7厘米×14.7厘米，9行20字，白口，四周单边，单白鱼尾”。查《中国古籍善本总目》，著录为“《赵清献公集》十卷、目录二卷，明万历十六年成都知府詹思谦刻本，九行二十字，白口，四周单边”。

从以上著录情况，可以大体确定此书为明万历年刻本，但台湾“国家图书馆”网上查询系统的记录更为详细：《赵清献公文集》十卷，六册，框21.4厘米×14.8厘米，9行20字，单栏，版心花口，单白鱼尾，明翻刻嘉靖间衢州刊本。最重要的是详细列出了书前“原序”和“重刻、重编”序言的情况，序言、行格、版心等情况与翕居所藏完全吻合。

因此，综合以上各方面情况，可以更进一步确定这套《赵清献公集》的版本状态，即万历十六年（1588）成都知府詹思谦翻刻嘉靖间衢州刊本。

赵抃（1008—1084），字阅道，号知非子，衢州西安（今浙江衢州）人。宋仁宗景祐元年（1034）进士。元丰二年（1079），

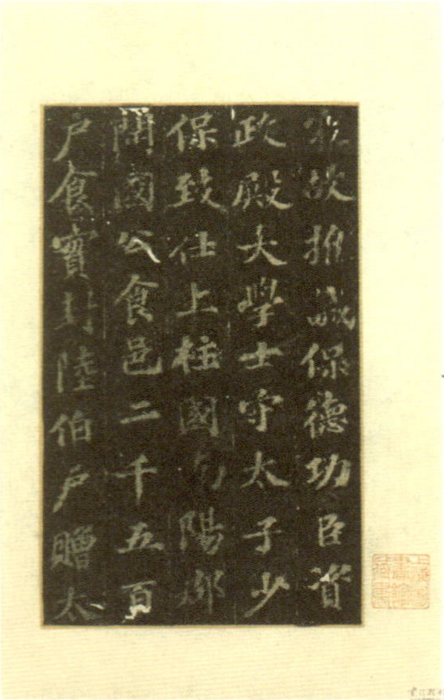

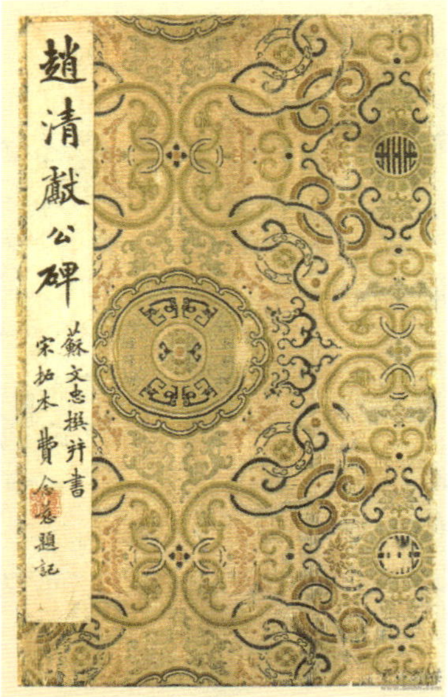

以太子少保致仕，元丰七年卒，年七十七。谥清献。他为官清廉，刚正不阿，不避权贵，人称“铁面御史”。元祐四年（1089），苏轼撰并正书《赵清献公爱直之碑》并刻石，今石已佚。上海图书馆藏有明拓仅存孤本，曾为（清）丁丙、魏稼孙收藏，后归费念慈。有（清）翁同龢、赵之谦跋。

关于《赵清献公集》的版本情况，景定元年陈仁玉刻元明递修十六卷本（其中诗七卷），简称陈本，书藏国家图书馆；成化七年阎铎刊本，简称阎本，藏上海图书馆；明嘉靖四十一年（1562）杨准序汪旦刊本，简称杨本，藏华东师大图书馆。对于万历十六年成都知府詹思谦刻本，我们不妨称之为“詹本”，中国国家图书馆和台湾省“国家图书馆”有藏。

在博古斋2008年春拍中，《赵清献公集》十卷白纸本，以3200元成交。

明万历福建铜活字本《太平御览》

翕居藏有《太平御览》明万历年间铜活字印本一册，存卷607、卷608、卷609三卷。

《太平御览》是我国宋代一部著名类书，为北宋李昉、李穆、徐铉等学者奉敕编纂，始于太平兴国二年（977），成书于太平兴国八年，全书以天、地、人、事、物为序，分55部550门一千卷。“备天地万物之理，政教法度之原，理乱废兴之由，道德性命之奥”，可谓包罗古今万象。据书前“图书纲目”所载，引用图书1690种，连同杂书、诗、赋、铭、箴等，实际引用书2579种（据近人马念祖考订，参见《水经注等八种古籍引用书目汇编》）。引用的这些古书保存了大量宋以前的文献资料，而其中十之七八已经散佚，其中汉人传记百种，旧地方志二百种，更是十分难得的资料，这就使本书显得尤为珍贵，被称为辑佚工作的宝山。该书初名为《太平类编》，宋敏求《春明退朝录》记载，“书成之后，太宗日览三卷，一岁而读周，故赐是名也”。

《太平御览》的体例是每条引证都先写书名，次录原文，按时间先后排列，不加己见。所采多为经史百家之言，小说和杂书引得很少。由于《太平御览》卷帙庞大，历代刊刻不易，传世版本不多，南宋闽、蜀两种版本今存于日本，国内存世最早的版本有两种，一是（明）倪炳校刻本，二是铜活字

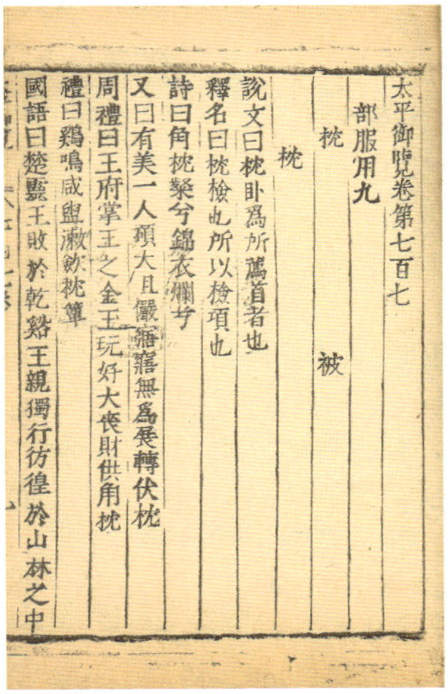

太平御覽卷第七百七
部服用九
枕 被
枕
說文曰枕卧爲所薦首者也
釋名曰枕檢也所以檢項也
詩曰角枕粲兮錦衾爛兮
又曰有美一人碩大且儼寤寐無爲展轉伏枕
周禮曰王府掌王之金玉玩好大喪則供角枕
禮曰鷄鳴咸盥漱斂枕簟
國語曰楚靈王敗於乾谿王親獨行彷徨於山林之中

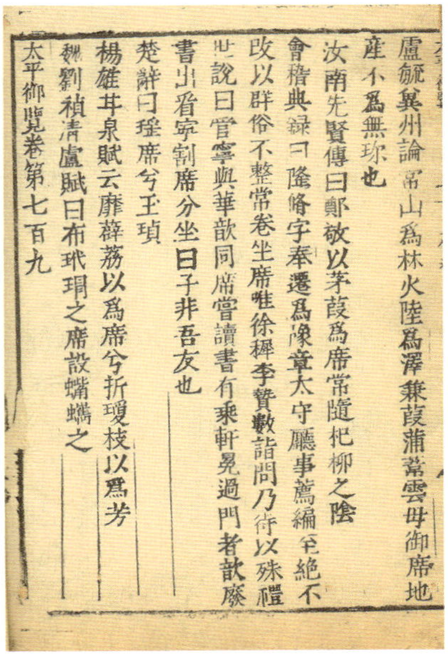

盧毓冀州論常山爲林火陸爲澤兼葭蒲薹雲母御席地
産不爲無珍也
汝南先賢傳曰鄭敬以茅葭爲席常隨杷柳之陰
會稽典録曰陸脩字奉遷爲豫章太守廳事薦編至絕不
改以群俗不整常卷坐席唯徐穉李贊數詣問乃待以殊禮
世說曰管寧與華歆同席嘗讀書有乘軒冕過門者歆廢
書出看寧割席分坐曰子非吾友也
楚辭曰瑤席兮玉瑱
楊雄甘泉賦云靡薜荔以爲席兮折瓊枝以爲芳
魏劉楨清慮賦曰布玳瑁之席設蠵蠵之
太平御覽卷第七百九

本，均刊印于万历年间。

张秀民先生在《明代的铜活字》（载于《图书馆》1961年第4期）一文中对《太平御览》铜活字本曾有详细的论证。他认为，《太平御览》是万历二年甲戌（1574）印本，板心下方往往有“宋板校正、闽游氏仝板活字印一百余部”字样，所谓“仝板”，即铜板之简写，清朝人也有写作“同板”的。《太平御览》目录卷五有“宋板校正、福建游氏梓制活板、排印一百余部”大字两行。板心有时或作“饶氏仝板”，或作“宋板校正、饶氏仝板活字印行壹百余部”。所谓饶氏，就是福建书商饶世仁。这一副铜字可能先为游榕所创制，后来则为游、饶两人合伙所共有，故在同一书内或称“游氏铜板”，或称“饶氏铜板”，其实就是同一副活字。《太平御览》又有“闽中饶世仁游廷桂整摆，锡山赵秉义、刘冠印行”刊语两行（在周堂序文末）。这是一部福建排字工与无锡印刷工双方合作的出品。活字所有人之一饶世仁与游榕的族属亲自动手排字，这样明白标明排工与印工名字的，在我国活字印本中是不多见的。这部书虽然一再标明“宋板校正”，而校对不精，脱误错字不少，字体歪斜，排版技术也不高明。一部一千卷一百十八册的大书，要求正确无误，自然也是不容易的。

《太平御览》与《太平广记》、《文苑英华》以及《册府元龟》合称为官修“四大书”。此万历铜活字本《太平御览》，近年在拍场多有出现，单册成交价大多在万元上下。

乾隆“亲指授诸臣”翻译的《御制翻译四书》

翕居藏有《御制翻译四书》白绵纸、竹纸各一部，每部六册。上下左双边，右单边，单黑鱼尾，每页满文汉文各7行。满汉文对照，并加注释。《全国满文图书资料联合目录》（北京：书目文献出版社，1991年）著录。

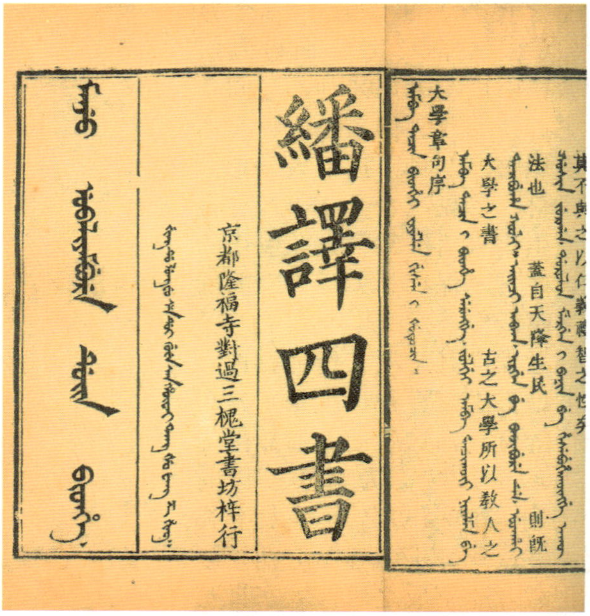

《大学》、《中庸》为一册，前有“大学章句序”、“中庸章句序”，《中庸》末页朱笔题“光绪癸卯（1903），翻译四书”；《论语》为上下两册，有“论语序说”，其后是朱笔所题“嘉庆年制”；《孟子》为上中下三册，有“孟子序说”。书中有朱笔点校批注。

竹纸本满汉书名、牌记合为一页，题有“翻译四书”书名，“京都隆福寺对过三槐堂书坊梓行”，无“御制翻译四书序”。行格、版式等其他特征均与白绵纸本相同。间

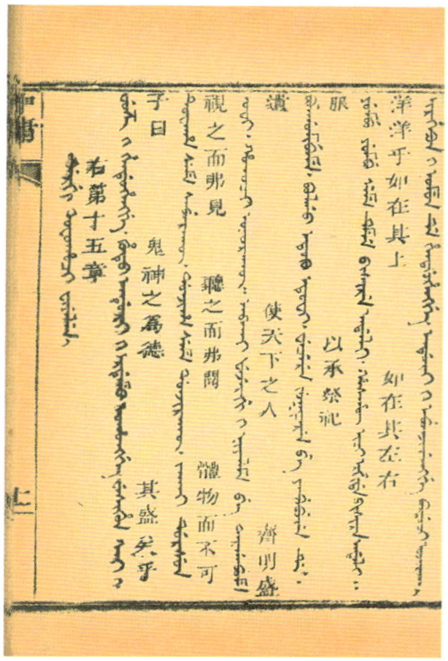
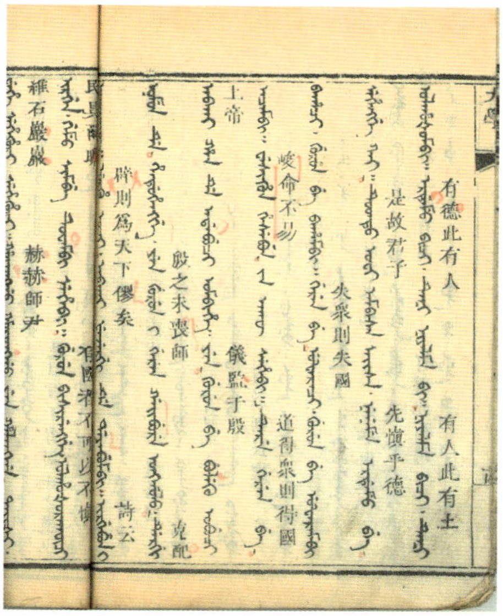
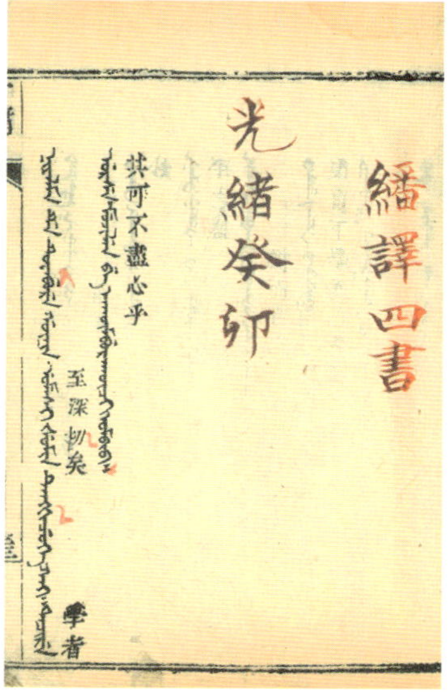

有墨笔批注。

白绵纸本书前为清乾隆皇帝的《御制翻译四书序》，考虑这个“御制”序对于满文翻译类古籍研究的参考价值，在此全文录下：“国朝肇立文书，六经史籍次第翻译，四子之书首先刊布传习。朕于御极之初，命大学士鄂尔泰，重加厘定文义之异同，意旨之浅深，语气之轻重，稍有未协者，皆令更正之。然抑扬虚实之间，其别甚微，苟不能按节揣称，求合于毫芒，而尽祛其疑似。于人心终有未慊然者，几暇玩索，覆检旧编，则文义、意旨、语气之未能吻合者，仍不免焉。乃亲指授翻译诸臣，参考寻绎单词只字，昭晰周到，无毫发遗憾而后已。夫意蕴渊深，名理无尽，文字为人所共知共见，而一一归于至当，尚必待功力专勤，至再至三而始得之。可以知学问之道，功愈加则业愈进，况夫体备于躬行，发挥于事业，苟非俯焉，日有孳孳，精益求精，而欲底于有成难矣，学者慎勿以浅尝自足，而惮于有为也哉。是为序。乾隆二十年十二月十四日。”

在这一序言里，我们可以明显感受到统治者对于“六经史籍”翻译的重视。实际上，满族入主中原、建立全国政权后，为了政治上的原因，用满文翻译了数量可观的汉文典籍，以深入了解汉文化。从顺治年间开始，满族人就开始全面地翻译汉族历史上的经典著作，内容涉猎广泛，包括政治、经济、历史、文学、宗教、军事、医学、自然科学等各个方面。政治类书有《刑部会典》、《四书》、《五经》；历史类书有《三国志》、《辽史》、《金史》、《宋史》、《元史》等；宗教类书有《大乘经》；文学类书有《诗经》、《西厢记》、《三国演义》、《水浒传》、《西游记》等长篇小说百余种。

但满语翻译最繁盛的还要数满语文学的翻译作品，不仅数量多、内容丰富、而且翻译的文学水平也高。早在入关前，达海等人就翻译了几十种汉文典籍。据《满文老档》所记：“达海用满文译汉籍有《万全宝书》、《刑部会典》、《素书》、《三略》。始译而未竣者有《通鉴》、《六韬》、《孟子》、《三国志》、《大乘经》。”另据清人昭梿所著《啸亭杂录》中说：“崇德初，文皇帝患国人不识汉字，罔知治体，乃命达文成公海翻译《国语》、《四书》及《三国志》各一部，颁赐耆旧，以为临政规范。”

1673年，康熙皇帝巡视国内外，颁布圣喻十六条。定盛京八旗子弟通汉文者，得与民童一体考试生员。开辟了八旗子弟与汉民子弟一并入试读书的先河，以至于满蒙学童学习汉文经典不断增加。由于康熙皇帝支持满汉文化融合的政策，带来了满族文化的进步。在他的朝代里，满学、汉学、西学、中华文化与西方文化交相辉映，使清王朝成为18世纪最强盛的封建帝国。乾隆皇帝精通满、汉、蒙三种语文，并懂藏文和维吾尔语，对翻译工作经常有御旨。满文翻译之所以如此繁荣，主要还是因为统治者的重视。例如，为了一部《三国演义》翻译告成，竟然赏赐诸臣47人次，白银1600余两。由于皇帝的重视，甚至连汉族人也很难看懂的《诗经》也被翻译成了满文，乾隆皇帝还为译著写下了《御制翻译诗经序》。

2008年3月，在中国嘉德四季第13期拍卖中，清光绪十四年（1888）刊《御制翻译四书》成交价为5600元。

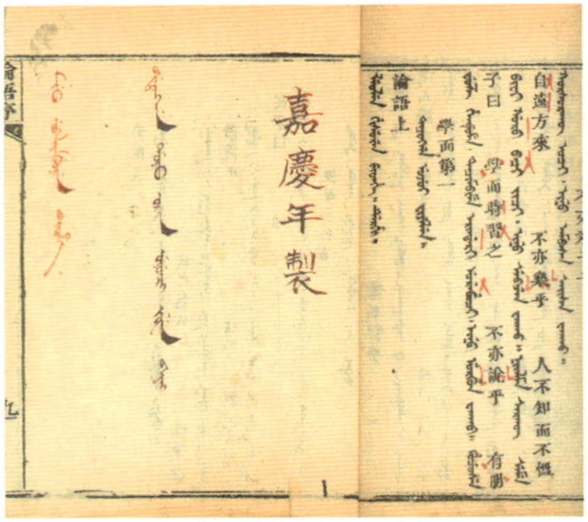

乾隆年间精写刻本《铁厓乐府注》三种

（元）杨维桢撰、（清）楼卜瀍撰《铁厓咏史注》八卷二册、《铁厓乐府注》十卷二册、《铁厓逸编注》八卷二册。三种书均有牌记，书名页题“乾隆甲午（1774）年镌，同邑楼西滨辑录，联桂堂藏板”。精美写刻，竹纸印刷。

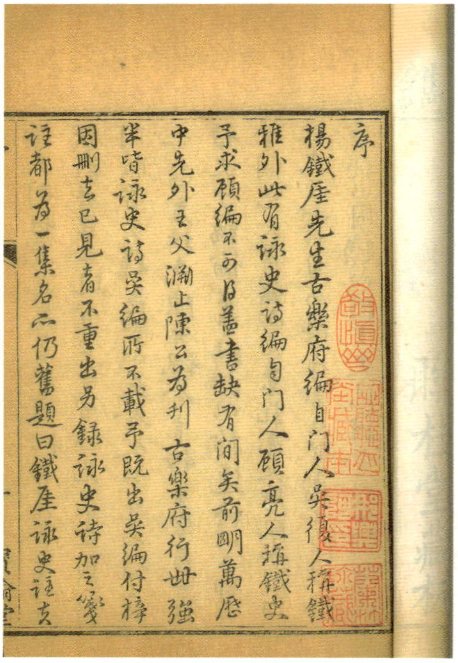

序
楊鐵厓先生古樂府編自門人吳復人稱鐵
雅外此有詠史詩編自門人顧亮人稱鐵史
予求顧編不可得蓋書缺有間矣前明萬歷
中先外王父瀚上陳公為刊古樂府行世强
半皆詠史詩吳編所不載予既出吳編付梓
因刪去已見者不重出另録詠史詩加之箋
註都為一集名亦仍舊題曰鐵厓詠史註云

《铁厓乐府注》有“原序”二：一是“至正丙戌（1346）冬又十月方外张天雨谨题“铁厓先生古乐府序”；二是“至正六季丙戌春三月初吉门生富春吴复谨拜手书“辑录铁厓先生古乐府叙”。另有“乾隆甲午正月望日同邑后学楼卜瀍书”一“序”，此序言版心题有“宝翰堂”。

《铁厓咏史注》“乾隆甲午正月望日同邑后学楼卜瀍书”，手书上版一“序”，此序言版心题有“宝翰堂”。《铁厓逸编注》版心无“宝翰堂”三字。

从以上序言情况来看，此“乾隆甲午年”刊“联桂堂”版乃翻刻元至正六年（1346）版。此书尚有明“汲古阁”版，台湾“国家图书馆”藏有（元）杨维祯撰、（元）吴复等编《铁崖先生古乐府》和《乐府补》六卷，《复古诗集》六卷，《丽则遗音》四卷、附录一卷，明末虞山毛氏汲古阁刊本，正文卷端题“门人富春吴复类编”。有“至正丙戌冬又十月方外张天雨谨题”一序，有“至正六年丙戌春三月初吉门生富春吴复谨拜手书”一序。

“汲古阁”版和“乾隆甲午年”版均刻入了至正六年张天雨、吴复两篇原序。至于“乾隆甲午年”版牌记之“联桂堂藏板”与“宝翰堂”关系，或可推测为此书或由“宝翰堂”委托“联桂堂”所刻，故有“联桂堂藏板”之说。

此书曾经多家递藏，钤印有“长沙龙氏义昭藏书记”、“胡听心堂藏本”、“湘潭胡心堂翰珍藏书画之章”、“龙德潜印”、“龚德潜”、“敬慎斋”、“敬慎斋珍藏书画金石之印”、“小字笠顿”、“义昭藏书”、“义昭心赏”、“蛛隐之印”、“允东手识”、“灵翰”、“都兴阿印”和“兰汀珍藏”等。

藏印中所及都兴阿是清工部尚书苏楞额之孙。北京大学校园有过好几处清代皇家园林，目前仅存治贝子园，此园是工部尚书苏楞额在嘉庆二十二年（1817）建造的，时称“苏大人园”或“苏园”。清代著名诗人龚自珍与苏楞额之孙兰汀（那兴阿）郎中交往甚密，曾游览并寓居园中，著有《题兰汀郎中园居三十五韵》及《寓苏园五日诗二首》。他在诗中曾写到苏园位置，并盛称苏园之美。他说：“园在西淀圆明园南四里，淀人称曰苏园”，“园有五百笏，有木三百步。清池足荷芰，怪石出林樾。禁中花月生，天半朱霞曙”。足见苏园当时的美丽和规模。同光年间，道光皇帝长孙载治封贝勒，得苏园，遂改称治贝子园。后来，此园传给载治长子溥伦。

那兴阿是内务府正白旗人，字兰汀，是苏塞山之子。那兴阿与龚定庵既是世交，又是好友，那兴阿兄弟二人都好客，在圆明园散值归来，便即延宾开宴。宾客中亦有上中下之分，龚自珍属于上客，所受的待遇不同，最使得龚自珍难忘的，是那兴阿祖传的收藏。苏楞额久任工部尚书，其子苏塞山是内务府正白旗的包衣，官至刑部郎中。

国家图书馆藏有曾为清朝末期主修《永平府志》的著名学者，被称为“京东才子”、“直隶一人”的止园主人史梦兰珍藏的《三希堂法帖》清内府初拓本。乌金拓，

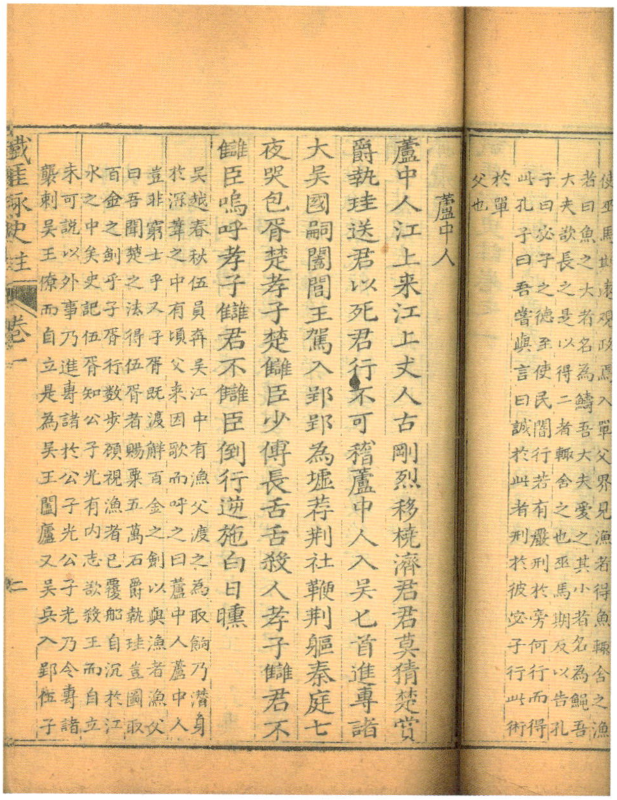
蘆中人
蘆中人江上丈人古剛烈移橈濟君君莫猜楚賞
爵執珪送君以死君行不可稽蘆中人入吳匕首進專諸
大吳國嗣闔閭王駕入郢郢為墟荐判社鞭荆軀秦庭七
夜哭包胥楚荐子楚讎臣少傅長舌舌殺人荐子讎君不
讎臣嗚呼荐子讎君不讎臣倒行逆施白日曛
吳越春秋伍員奔吳江中有漁父渡之為取餉乃潛身
於深葦之中有頃父來因歌而呼之曰蘆中人蘆中人
豈非窮士乎又子胥既渡解百金之劍以與漁者漁父
曰吾聞楚之法得伍胥者賜粟五萬石爵執珪豈圖取
百金之劍乎子胥行數步顧視漁者已覆船自沉於江
水之中矣史記伍胥知公子光有內志欲殺王而自立
未可說以外事乃進專諸於公子光公子光乃令專諸
襲刺吳王僚而自立是為吳王闔廬又吳兵入郢伍子
鐵厓詠史注 卷一 二

经折装。1958年购于庆云堂。此帖钤有“赐本”、“臣和恭藏”、“那兴阿印”、“兰汀珍藏”等印。

“蛛隐”为经学家龚道耕（1876—1941），字向农、君迪，别署蛛隐。（参见192页《“疑未卒刊”的龚道耕〈孝经郑氏注〉稿本》一文）

“敬慎斋”为紫禁城佛堂，在建福宫花园区。1923年6月26日晚，紫禁城发生大火，大火由静怡轩一直烧到延寿阁。这次大火，共烧毁房屋三四百间，敬慎斋所藏的明景泰年间刻制的大藏经版数千块全部焚毁。

“灵翰”指神鸟羽翼的美称。皮日休《追和虎丘寺清远道士诗》有“风日采幽什，墨客学灵翰”之句。

中华书局在民国9年曾铅印出版《铁厓古乐府注》六册。由上海古籍出版社出版的《续修四库全书》，收有《铁厓乐府注》十卷、《铁厓崖咏史注》八卷、《铁厓逸编注》八卷，即为“影印清乾隆三十九年（1774）联桂堂刻本”。

在上海敬华2006年秋拍中，此三种光绪戊子补刻本十册，成交价为1.32万元。

树起“诗教”的旗帜：《养一斋诗话》

（清）潘德舆撰《养一斋诗话》十卷四册，道光十六年（1836）刻本。附“养一斋李杜诗话”。钤“臣名扬”藏印。

潘德舆（1785—1839），字彦辅，号四农，江苏山阳县（今淮安市楚州区）人。清代书法家、经学大师。精于学术文章，认为挽回世运莫切于文章，文章之根本在忠孝，源在经术。他认为“天下之大病不外一吏字，尤不外一利字，而实则不外一利字”，又说“近世于一二魁儒负勋挤大略，非杂纵横即陷功利，未有能破吏字利字之蹋而成百年休养之治者”。所与交游的人，都是一时的俊彦之才。他的诗文精深博奥，有《养一斋集》十六卷、《养一斋诗话》十卷，还著有传奇小说和关于《红梦楼》的诗文。

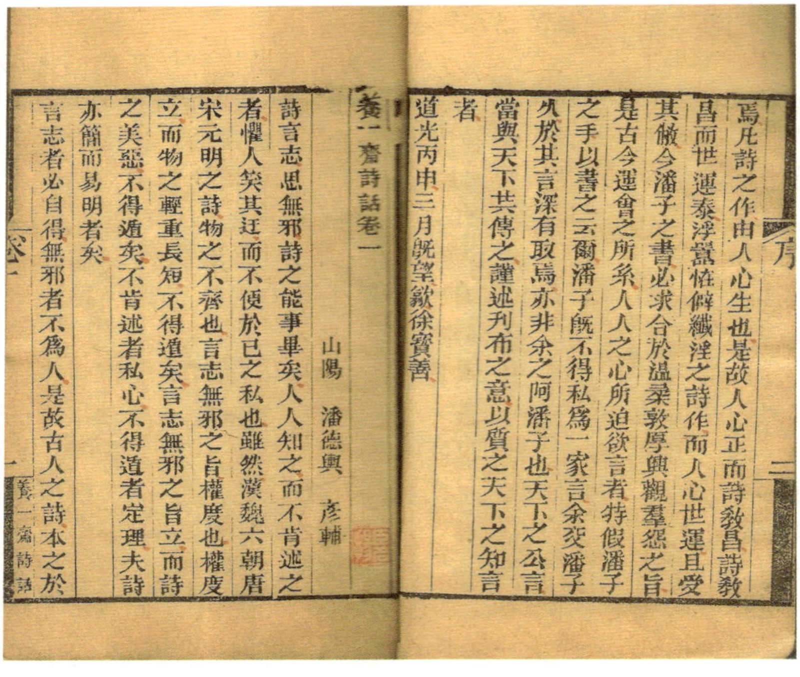
序　二

焉凡詩之作由人心生也是故人心正而詩教昌詩教昌而世運泰浮囂恌僻纖淫之詩作而人心世運且受其儆今潘子之書必求合於溫柔敦厚興觀羣怨之旨是古今運會之所系人人之心所迫欲言者特假潘子之手以書之云爾潘子旣不得私爲一家言余交潘子久於其言深有取焉亦非余之阿潘子也天下之公言當與天下共傳之謹述刊布之意以質之天下之知言者

道光丙申三月旣望歙徐寶善

養一齋詩話卷一

山陽　潘德輿　彥輔

詩言志思無邪詩之能事畢矣人人知之而不肯述之者懼人笑其迂而不便於已之私也雖然漢魏六朝唐宋元明之詩物之不齊也言志無邪之旨權度也權度立而物之輕重長短不得遁矣言志無邪之旨立而詩之美惡不得遁矣不肯述者私心不得遁者定理夫詩亦簡而易明者矣

言志者必自得無邪者不爲人是故古人之詩本之於

卷一　一　養一齋詩話

《养一斋诗话》是清诗话的一部重要著作。初刊于道光十六年，共十卷三百余则。最初只是作者学诗过程中读诗析艺的札记，随着思想的发展，才不断渗入变革诗风的意向，态度也日趋严肃。明确树起“诗教”的旗帜，想以传统的儒家诗论扭转浮华诗风，提出“诗教”不能出于“圣教”之外，论诗首重诗人节操（卷一），对讥讽诗要求合于“诗人敦厚之教”（卷四），提出“柔惠且直”的“性情”说，以杜甫的“临危莫爱身”为“直”，“穷年忧黎元”为“柔惠”，讲求“不畏强御，不侮鳏寡”（卷十）的精神。

《养一斋诗话》评论了从《诗经》以来至明末清初诗人约百余家，并涉及从钟嵘以来前人的重要论诗见解及论诗著作。评论的作家以唐人为最多，包括了历代的大家、名家，唯独没有提及屈原。评论内容包括品第高下，追溯源流，探究风格，赏析佳构，指摘疵病，也偶尔涉及考订。在诗作方面，潘德舆推尊《诗经》为最高典范，两汉以下最推崇曹植、陶渊明、李白、杜甫，称为“诗圣”（卷三）。在诗论方面，最推崇严羽的《沧浪诗话》、张戒的《岁寒堂诗话》、姜夔的《白石道人诗说》，最不满意袁枚的《随园诗话》，斥之为“佻纤”。

《养一斋诗话》“推原风雅，痛斥门户声气之习”（丁晏《潘君传》），对于宋以来诗歌宗派问题，诸如宗唐与宗宋、格调与神韵、性情与学问等，都主张折中是非，取长补短，综其双美。

潘德舆辑李杜诗三卷四十则，附刻于《养一斋诗话》书后，名为《养一斋李杜诗话》。统而观之，《李杜诗话》不失为一部研究李杜立身处世及诗歌创作的诗评著作，这还是不同于一般诗话的。

孔网在售此书，十卷四册白纸本，标价为2000元。

世德堂写刻本《贯华堂第六才子书》

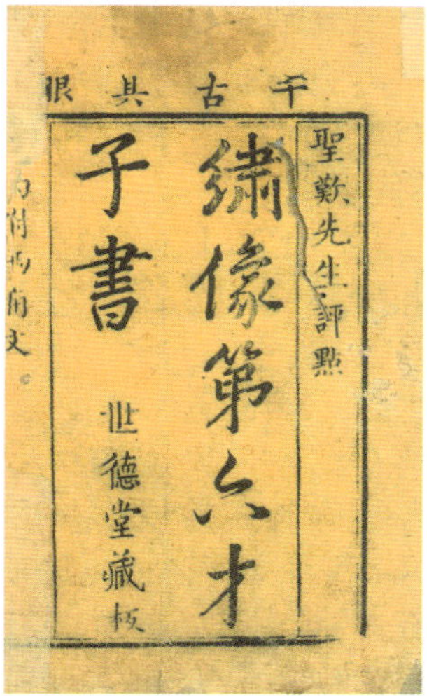

翕居所藏此套《贯华堂第六才子书》，全书文字写刻，书法流畅，刻印精美。首附版画16幅，人物刻绘生动，为清代版画代表之作。《中国古籍善本总目》戏曲类第1878页著录。

金圣叹评点的《第六才子书西厢记》版本较多，但康熙年间的世德堂刻本八卷《贯华堂第六才子书》并不多见。这一版本有三个珍贵之处：一是写刻，二是附有《才子西厢醉心篇》21篇而不是通行的24篇，三是卷首有精美版画16幅。2003年7月，这一版本曾出现于上海国拍，估价1.8万～2万元。

2002年第3期《扬州大学学报（人文社会科学版）》上载有一篇王颖的《“〈西厢〉制艺”考》（以下简称“王文”）。在这篇文章里，作者专题对有各种版本的《西厢记》卷末附录文字进行研究。作者写道：金圣叹《贯华堂第六才子书西厢记》卷末附有24篇《才子西厢醉心篇》。从起承转合的结构、代人立言的体式、两两相对的句式等方面可以看出，此24篇文章皆为八股文，即所谓《西厢》制艺。这些文章摘取《西厢记》中句子为题目，代《西厢记》剧中人物立言，篇中和结尾处又有他人所作的一些评点文字。作者认为，《西厢》制艺本身就是一种特殊的戏曲评点形式，但长期以来没能引起人们足够的重视，许多今刊本金批《西厢》甚至不知道《醉心篇》是八股文，更没留意除《才子西厢醉心篇》外尚有其他《西厢》制艺。作者依据新发现的材料加以考述，以期引起研究者对“《西厢》制艺”这种特殊

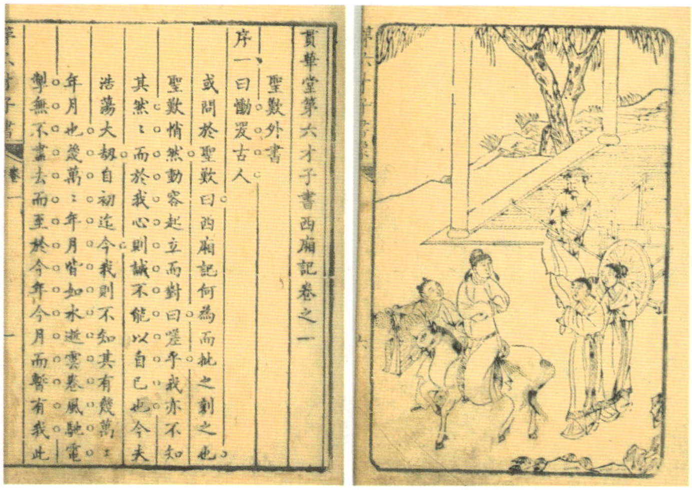

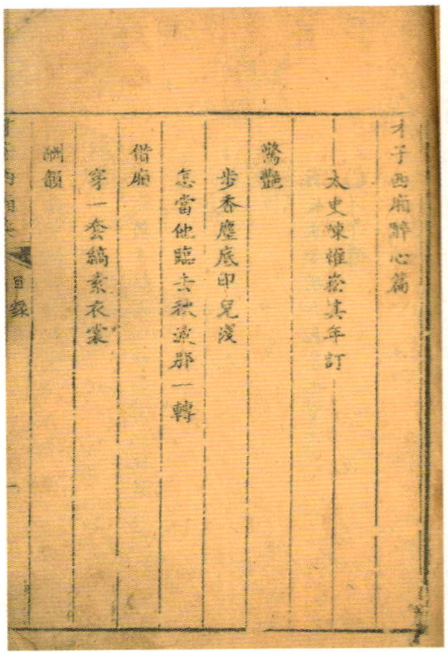
才子西廂醉心篇
太史陳維崧其年訂
驚艷
步香塵底印兒淺
怎當他臨去秋波那一轉
借廂
穿一套縞素衣裳
酬韻
目錄

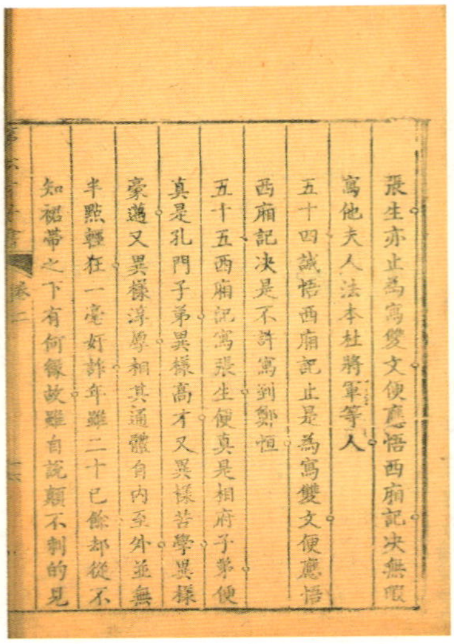
張生亦止為寫雙文便應悟西廂記決無暇
寫他夫人法本杜將軍等人
五十四識悟西廂記止是為寫雙文便應悟
西廂記決是不許寫到鄭恒
五十五西廂記寫張生便真是相府子弟便
真是孔門子弟異樣高才又異樣苦學異樣
豪邁又異樣淳學相其通體自內至外並無
半點輕在一毫奸詐年雖二十已餘却從不
知裙帶之下有何緣故雖自說顛不剌的見

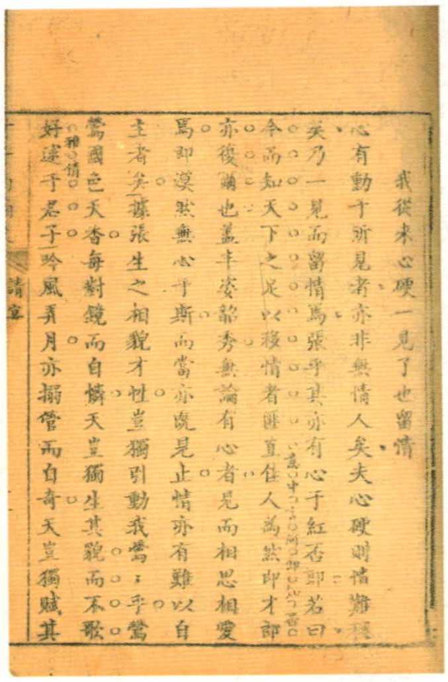

批评文体和批评形式的重视。

“王文”认为，大多数人所见到的《西厢》制艺即《才子西厢醉心篇》中收入的24篇。实际上，《西厢》制艺的情况并非如此简单。首先，并非所有《西厢记》版本中都有《西厢》制艺。现今所见元明两代《西厢记》中均未发现类似文章。清代版本中，只有金圣叹的评本《第六才子书西厢记》中才发现有《西厢》制艺。另外，通过对金批《西厢》版本的初步查阅，发现除此24篇之外，又有题为《六才子西厢文》的制艺20篇，题为《唐六如先生文韵》的制艺16篇。清代人钱西山有《雅趣藏书》本《西厢》制艺20篇。另有清代黄周星称《秋波六艺》的《西厢》制艺6篇等。《秋波六艺》存于黄氏《夏为堂全集》（清康熙刻本）中，余者大多数附在不同版本的《第六才子书西厢记》中。最早出现《西厢》制艺的金批《西厢》版本应是清乾隆年间宝淳堂刻本《贯华堂第六才子书》。又由于《六才子西厢文》的出现晚于《才子西厢醉心篇》，因此清代金谷园刻本和乾隆五十六年（1791）金阊书业堂刻本都在宝淳堂刻本之后。也就是说，尚未发现乾隆以前存在任何附有《西厢》制艺的《西厢记》版本。傅惜华先生在《元代杂剧全目》一书中指出，清代最早的《贯华堂第六才子书》是清顺治年间贯华堂原刻本，其中无任何附录。较早的清康熙年间四美堂刻本和世德堂刻本也无附录。看来，《西厢》制艺在出现之后，也并不是伴随《第六才子书》始终的。因此可知，《西厢》制艺并非《贯华堂第六才子书》的固有附属部分。

“王文”的研究可谓深入，但作者认为“较早的清康熙年间四美堂刻本和世德堂刻本也无附录”的观点值得商榷。从翕居藏本来看，世德堂刻本《贯华堂第六才子书》在书的牌记上就刻印有“内附西厢文”，书中附录的是21篇《才子西厢醉心篇》，这和其他通行版本24篇也是不同的。

世德堂刻本《贯华堂第六才子书》卷末所附21篇《才子西厢醉心篇》，署“太史陈维崧其年订”。陈维崧（1625—1682），字其年，号迦陵，宜兴（今属江苏）人。清代词人、骈文作家。清初诸生，康熙十八年（1679）举博学鸿词，授翰林院检讨，并参与修纂《明史》。1682年卒于任所。清初词坛，陈维崧与朱彝尊并列，陈维崧为“阳羡派”词领袖。陈维崧出生于讲究气节的文学世家，祖父陈于廷是明末东林党的中坚人物，父亲陈贞慧是当时著名的“四公子”之一，反对“阉党”，曾受迫害。陈维崧少时作文敏捷，词采瑰玮，吴伟业曾誉之为“江左凤凰”。明亡时，陈维崧才20岁。入清后虽补为诸生，但长期未曾得到官职，身世飘零，游食四方，接触社会面较广。又因早有文名，一时名流如吴伟业、冒襄、龚鼎孳、姜宸英、王士禛、邵长蘅、彭孙遹等，都与他交往，其中与朱彝尊尤其接近，两人在京师时切磋词学，并合刊过《朱陈村词》。

在北京保利2007年春季拍卖会古籍善本专场拍卖中，全书写刻本《贯华堂第六才子书》十二册，估价2万～3万元，成交价为2.2万元。

收有“钢琴图”的《变徵定位考》

冯水撰《变徵定位考》二卷一册全，桐乡冯氏民国13年刻本。罗振玉题书名，万绳栻序。牌记为“甲子冬月桐乡冯氏刊于京师”。有“钢琴图”等3幅。

浙江桐乡冯水，约清末民初之人。查当地史料未见记载，不知道是否是冯景夏的后代。

《贩书偶记》记载：《变徵定位考》二卷，桐乡冯水撰，旧抄本。冯水的著作还有《琴均调弦》一卷、《白石道人琴曲古怨释》（冯释）、《钟攠钟隧考》、《冯氏乐书四种》、《麻疹兼喉症说》附“郁谢麻科合璧”、《广陵散谱》（据明嘉靖徽藩本风宣玄品卷五辑出，附《广陵散辨误》一卷，民国16年刻本）等。

万绳栻是张勋的参谋长，是策划丁巳复辟的骨干分子。在康有为变法时期，万绳栻在朝为官，曾几次帮康有为逃脱险境，且忠于清朝，忠于溥仪。曾和商衍瀛、罗福葆、许宝衡、林廷琛一起出任伪满洲国执政府秘书处秘书。

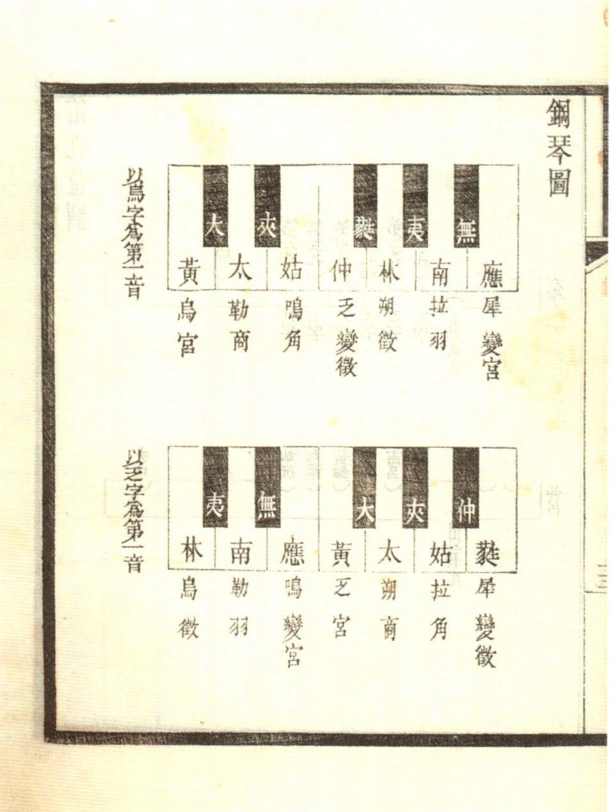

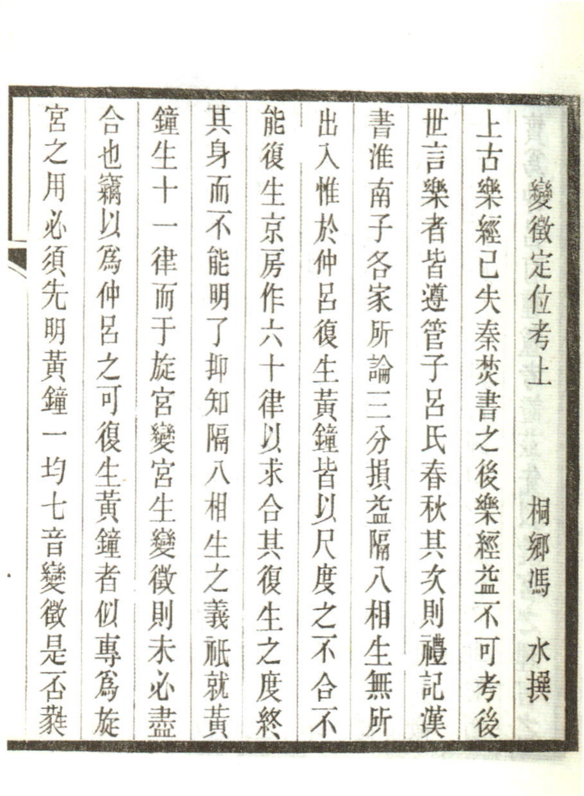
變徵定位考上　桐鄉馮　水撰

上古樂經已失秦焚書之後樂經益不可考後世言樂者皆遵管子呂氏春秋其文則禮記漢書淮南子各家所論三分損益隔八相生無所出入惟於仲呂復生黃鐘皆以尺度之不合不能復生京房作六十律以求合其復生之度終其身而不能明了抑知隔八相生之義祇就黃鐘生十一律而于旋宮變宮生變徵則未必盡合也竊以爲仲呂之可復生黃鐘者似專爲旋宮之用必須先明黃鐘一均七音變徵是否蕤

舒白香因《白香词谱笺》而为人所知

（清）舒梦兰辑、谢朝徵笺《白香词谱笺》四卷二册，牌记题“光绪乙酉秋仲刻成”，《半庵丛书》所收书之一。

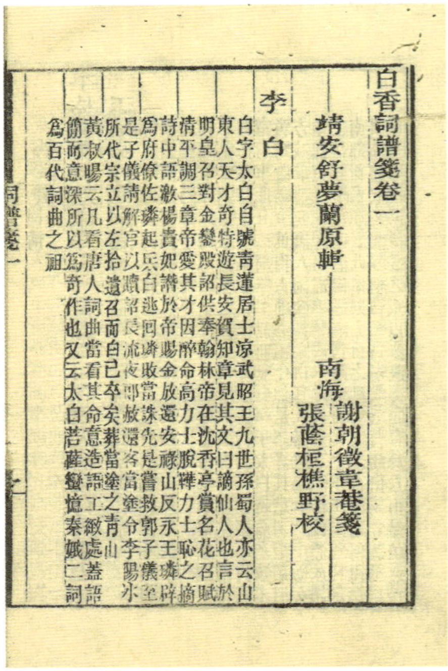
白香詞譜箋卷一
靖安舒夢蘭原輯
南海謝朝徵章巷箋
張蔭桓樵野校
李白
白字太白自號青蓮居士涼武昭王九世孫蜀人亦云山
東人天才奇特遊長安賀知章見其文曰謫仙人也言於
明皇召對金鑾殿詔供奉翰林帝在沈香亭賞名花召賦
清平調三章帝愛其才因醉命高力士脫靴力士恥之摘
詩中語激楊貴妃譖於帝賜金放還安祿山反永王璘辟
爲府僚佐璘起兵白逃回璘敗當誅先是嘗救郭子儀至
是子儀請解官以贖詔長流夜郎赦還客當塗令李陽冰
所代宗立以左拾遺召而白已卒矣葬當塗之青山
黃叔暘云凡看唐人詞曲當看其命意造語工緻處蓋語
簡而意深所以爲奇作也又云太白菩薩蠻憶秦娥二詞
爲百代詞曲之祖
詞譜箋卷一

《白香词谱》是舒梦兰（字白香）所编纂的一部简明词谱，选录了由唐朝李白到清初的黄之隽，共59人词一百首，凡一百调。所选各调都较通行，而且所选之词也差不多都是各调的代表作，且每首词都做了分别平仄的声谱，可以给填词者提供示范。《白香词谱笺》同时又是一本简明词选。所选的词都是比较著名的或者艺术性较高的，好些是历久传诵不衰的名作。它兼收并蓄，不主一家，既收婉约，也收豪放，是一本不可多得的好选本，也是一本较佳的词学入门读物。初学者在对填词不是很熟悉的前提下，读此书能够将问题简单化，便于很快上手填制。

《白香词谱》最早刊行于清乾隆三十一年（1766），先后有5个校注评定的版本：分别是清光绪十一年（1885）刊本南海谢朝徵的《白香词谱笺》；1957年古籍刊行社出版顾学颉校订《白香词谱笺》；1981年广东人民出版社出版柳淇校订本《白香词谱笺》；1981年上海古籍出版社出版陈栩、陈小蝶《考正白香词谱》影印本和2001年该社出版的今人丁如明评订本《白香词谱》。

《白香词谱》是通行于清代的一部词谱，同治、光绪年间，谢朝徵作《白香词谱笺》，将其改造成了一部词的选本，于光绪11年刊行，谭献收入《半庵丛书初编》。此前，谭献应谢朝徵的友人张荫桓之请，为之审校。谭献对此书评价不高，但仍认真从事，此事在《复堂词话》中有记载：“廉访（张荫桓）亡友谢韦庵（谢朝徵）有《白香词谱笺》稿本，网罗亦富，所托未尊，不能追厉笺《绝妙好词》也，属予校正付刻。”此事在谭献《复堂日记·补录》卷二，光绪十年九月十九日日记中有详细记载：“校正谢韦庵（朝徵）《白香词谱笺》四卷，先改写定讹字，尚须陈书一一雠定。是书为张樵野（荫桓）奉常权皖臬时属为正定付刻。本非可传之业，以谢君身后，奉常将寄其哀逝之心也。”

怡亲王弘晓（1722—1778）于清嘉庆戊午（1798）年秋，为舒梦兰的《白香词谱笺》作序，称“吾友舒白香，颇留意声律之学。曾选佳词一百篇，篇各异调。于其旁逐字订谱，宜平宜仄，及可平可仄之辨，一望犁然。上去入虽皆仄声，亦各有章节所宜。证以佳词，举堪意会。于初学不无小补。白香囊赠予一编，舆中马上，偶谱新声，检阅良便。惜其版乃南土所锓，远莫能致。爰命梓人仍旧式重镌，合《小轩词韵》为二卷”，“用以持赠知音”。

怡亲王“命梓人仍旧式重镌”的《白香词谱》刊行后，舒梦兰曾讲：“怡恭亲王昔重刻《白香词谱》时，问所订有遗憾否。余笑对言：有两事惜难补作，似有憾，一欲代朱夫子补作一词，一欲代姜鄱阳补捐一监。闻者绝倒。”

周作人在《古南馀话》中曾专门论述舒白香的著作。他认为，“从前我只有他的一部《游山日记》，记在庐山天池避暑时事，共十二卷，文章写得很有风趣，思想也颇明达，是游记中难得之作”，“自从《白香词谱笺》刻入《半庵丛书》，流通世间，舒白香的名字遂为一般人所知，只看坊间多翻印《词谱》可以知道，虽然也有人把他和白香山混作一个的。但是，白香的著作除《词谱》外平常却不很多见”。（知堂：“说闲情”，载1935年11月《宇宙风》第4期）。

周作人曾在上海买到一部书，没有总名，共七册，内有书十一种二十九卷，其中十种都是舒白香所著，后来他查阅罗振玉的《续汇刻书目》而知是《舒白香杂著》，有《骖鸾集》、《联璧诗钞》、《缑山集》、《秋心集》、《花仙小志》、《南征集》、《婺舲馀稿》、《和陶诗》、《香词百选》、《游山日记》、《古南馀话》、《湘舟漫录》等，他认为“别有清新之趣，而不入于浮薄，故为难得”。

谭献（1832—1901）为清代文学家、藏书家，生平好聚书、刻书，藏书数万卷，亦精于鉴别校勘，光绪十三年编刊《半庵丛书初编》。1916年，谭献后人将《半庵丛书》板片10种、743块，捐赠浙江图书馆。

在朵云轩2006年秋季拍卖会上，连史纸印《白香词谱笺》四册，成交价为3520元。

一昼夜写就的游戏之作：《支机石传奇》

（清）蔡荣莲撰、尹恭保正拍《支机石传奇》一卷一册，清光绪十七年（1891）新建蔡希邠刊刻，书名页题“支机石”，金炬甫作序。钤“罗氏藏书”印。此本后收入吴晓铃拟编的《古本戏曲丛刊》第八集。

蔡希邠在此书跋文中写道：“此先大夫二十三岁在西昌书院时长夏无事，传一昼夜脱稿而成者也，先大夫素不娴音律，偶阅史至汉武帝元狩元年夏五月，遣博望侯张骞使西域，客适有谈其泛天河者，并新得舒白香词谱，兼取诸家院本，填制成曲，杂以科诨，实属一时游戏之笔。顾稿尚存，因刻诗草，特寄尹彦孙太守为正而附刊之。光绪辛卯孟秋，男希邠并跋。”从此跋中可以了解到：蔡希邠为蔡荣莲之子。

《汉书》中的一个传说，激发了“不娴音律”的蔡荣莲的创作灵感，“一昼夜”呵成了《支机石传奇》。这个传说是这样的：张骞奉汉武帝之命，出使大夏等国，并探索黄河源头。他从黄河乘槎（坐船）逆水上行一月多，到了一个地方，只见城郭繁华如内地州府，见一女子在室内织布，又见一丈夫牵牛在河边饮水。张骞在河边拾了两块石头，回来拿给东方朔（公元前154—前93，字曼倩，今山东惠民人，西汉辞赋家）辨认，东方朔一看，大吃一惊说，此乃天上

支機石傳奇

新建蔡榮蓮金炬填詞
丹徒尹恭保彥孫正拍

臨機　小旦仙妝扮織女上

【風雲會四朝元】（旦）鏡鸞空舞盤鴉不喜梳看長河遠隔仙郎如故一年纔一度把佳期暗數把佳期暗數祇望鵲駕藍橋好會兒夫漫說神仙都無夫婦七夕曾相晤嗏俺這裏自尋思行雨行雲怎比得朝朝暮暮咳世人有幾多死別與生離不過似春花與秋露

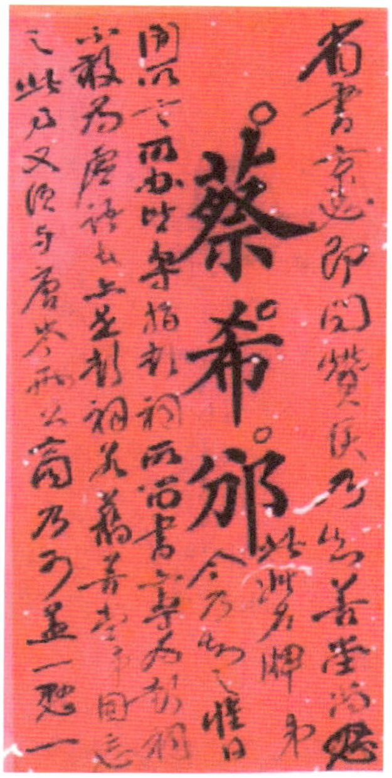

织女支机石也！张骞才知道他到过的地方是天上，见过的人就是牛郎和织女。陕西城固县张骞墓前有两只石翼兽，传说就是织女的支机石。唐朝大诗人宋之问写有《明河篇》、杜甫写过《天池》来歌咏此事。

蔡希邠，字稼堂，一字仲岐，江西新建人。光绪六年任广西龙州同知。1889年，清朝设太平归顺兵备道统辖全边，蔡为首任道员，综理边军粮饷军火，筑龙州城，倡建同风书院，与法使会勘广西西段边界，设立义仓。在边16年，无役不从。1896年升任广西按察使，支持康有为来桂林成立圣学会，拨万元开办广仁学堂。1898年被岑春煊等参劾纳贿揽权、引用同乡，被革职永不叙用。著有《寓真轩诗钞》。

尹恭保，字仰衡，江苏镇江人。清同治九年（1870）举人。应会试不第，由内阁中书分发广东为地方官。光绪十年，法国侵略越南，两广总督张之洞命他带百名壮士，到前线督战。他短衣跨马，往来于各军之间，议论军务，洞察形势，将领们都很佩服。特别是提督冯子材，更倚重他出谋划策。第二年，清军在谅山大败法军。接着清廷与法国议和，划分中越边界，他与邓承修据理力争，保全了不少国土。但他仍以没有能尽复旧疆为遗憾，作《钦州与越南分界辨》，提出历史证据，以示后人。此后，他在广东署理过雷州、韶州两任知府，后来升任广西道员，会办营务处，在一次行军中染病而殁。他的诗词，多感事忧时之作，对于军事上的失算，人民生活的苦难，尤多陈述。著作有《抱膝山房全集》、《周官琐记》、《援越纪实》、《江东词稿》等。除此之外，《贩书偶记》记载有“丹徒尹恭保撰《周官译义无卷数》底稿本，首有光绪辛丑年自序。内分天地春夏秋冬凡六官”。

万历刻本《铜人明堂之图》

《铜人明堂之图》创作于明万历年间，有正面图、背面图、正侧面图和背侧面图4幅。翕居所藏为“万历辛丑（1601）桂月吉旦校正重刊”、有刻板牌记之《铜人明堂之图》。此图万历原刻本很少见。

明太医院铜人图只有正、背面图2幅，在此基础上，靳贤增补了正侧面图和背侧面图，由赵文炳刊刻而成。明万历赵文炳铜人图曾藏于山西平阳府官库，清乾隆二年（1737）后下落不明。

清康熙四年（1665）林起龙、乾隆九年田重等人曾先后重刊赵文炳铜人图。现存所见“赵文炳铜人明堂图”都是清代以后的重刊图，其中年代最早、质量最佳者为田重于乾隆九年的重刊铜人图，该图无论是图中铜人的外形姿势、还是腧穴位置，都承袭了明成化史素铜人图和明弘治丘濬铜人图的特点。从整体上看，因色彩单一，线条复杂，给人以缺少章法之感，使它的学术价值打了一些折扣。

赵文炳刻行《铜人明堂之图》的同年（1601），又刊刻了杨继洲撰的《针灸大成》十卷。作为明朝地方大员、山西监察御史的赵文炳为什么对“针灸”这样热衷呢？

万历年间，赵文炳患痿痹之疾，多方延医诊治，“日试丸剂，莫能奏效，乃于都门延名针杨继洲者，至则三针而愈”。之后杨继洲出其家传《卫生针灸玄机秘要》，赵氏观后，拟付梓人。杨继洲又以诸家未备，复广求群书，参考明以前三十余种医著，节录部分针灸资料，予以编辑及注解，融贯自己的经验和医案，考绘“铜人明堂图”，并附以自己的治疗病案，编撰成《针灸大成》，晋阳人靳贤受赵文炳之托，为其选集校正。

杨继洲（1522—1620），名济时，以字行，西安县（今浙江衢州市区）人，明代针灸学家。继洲出生医学世家，历任楚王府良医、太医院御医。其《针灸大成》是中国医学史上著名的针灸著作，其内容之丰富，刊刻次数之多，流传之广，影响之大，是其他针灸著作远不能相比的。其编撰与刊行与赵文炳为报答“救命之恩”是有直接关系的。

赵文炳确实是知恩之人，万历二十六年（1598），刊刻了其师尊吕坤的《吕公实政录》七卷，此时赵文炳在巡按湖广之任上。

明文学家沈德符（1578—1642）的《万历野获编》载：“辛丑年，御史赵文炳以升副使郁死。”

在上海国拍2004春拍和中国嘉德2002秋拍中，康熙四年刻《铜人明堂之图》（四张）成交价分别为2.3万元和2.2万元。

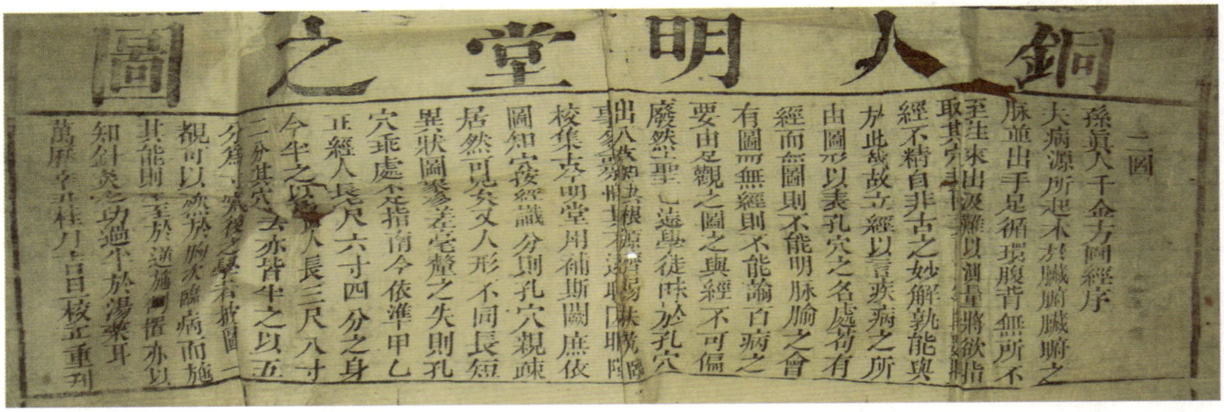
銅人明堂之圖

孫真人千金方圖經序

夫病源所起本於臟腑臟腑之脉並出手足循環腹背無所不至生來出沒難以測量將欲指取其穴[illegible]經不精自非古之妙解孰能與於此哉故立經以言疾病之所由圖形以表孔穴之名處若有經而無圖則不能明脉腧之會有圖而無經則不能論百病之要由是觀之圖之與經不可偏廢[illegible]

娓娓道来的《洄溪医案》

（清）徐大椿（字灵胎）撰、王士雄按语《洄溪医案》两卷，附《慎疾刍言》，云南皮纸印行。牌记题“光绪癸巳萩山荫彤轩氏刊于古滇”。书名页小题“板存滇省南城内东院街庆文堂刻字铺，有发心印送者，板不取分文，工料银捌分”。王士雄在一则按语中讲：余编《洄溪医案》，吾乡蒋寅昉大理欲以付梓，嘱友人缮清。

这是一部医案著作。初未刻印，1855年由王士雄根据抄本编辑并加按语刊行。所收医案以内科杂证为主，治法灵活多变，随证而施，并有不少独到的临床见解，案例对读者颇多启发。

“咸丰五年岁次乙卯十月海昌后学王士

雄”为此书作序：“袁简斋太史作《灵胎先生传》云：‘欲采其奇方异术，以垂医鉴，而活苍生。’因仓卒不可得，仅载迮耕石汪令闻数条，而语焉未详，余甚惜之。今夏吕君慎庵以《洄溪医案》钞本一卷寄赠，云得之徐氏及门金君复村者。余读之如获鸿宝，虽秘本而方药不甚详，然其穿穴膏肓，神施鬼设之伎，足以垂予鉴而活苍生。爰为编次，窃附高窥，用俟高明，梓以传世，余殷望焉。”

徐大椿在一篇谈“痱”的文章中讲道：“新郭沈又高，续娶少艾，未免不节，忽患气喘厥逆，语涩神昏，手足不举。医者以中风法治之，病益甚。余诊之曰：‘此《内经》所谓痱证也。’少阴虚而精气不续，与大概偏中风、中风、痰厥、风厥之病绝不相类。刘河间所立地黄饮子，正为此而设，何医者反忌之耶？一剂而喘逆定，神气清，声音出，四肢展动。三剂而病除八九，调以养精益气之品而愈。”

王士雄为此则写的按语是：“古云真中属实，类中多虚，其实不然。若其人素禀阳盛，过啖肥甘，积热酿痰，壅塞隧络，多患类中。治宜化痰清热，流利机关，自始至终，忌投补滞。徐氏谓宜于温补者不多见，洵阅历之言也。”

徐大椿的案例篇篇精彩可当故事来读，王士雄的按语议论风生，颇有见地，两者真可谓相得益彰，实乃医著中耐咀嚼者。

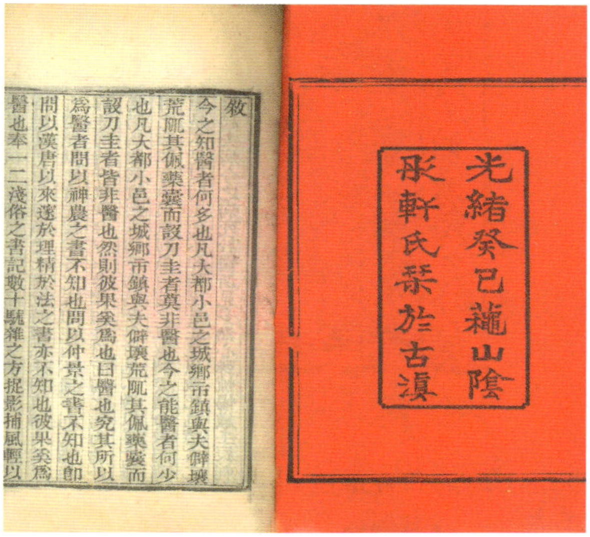

敘
今之知醫者何多也凡大都小邑之城鄉市鎮輿夫僻壤
荒陬其佩藥囊而設刀圭者莫非醫也今之能醫者何少
也凡大都小邑之城鄉市鎮輿夫僻壤荒陬其佩藥囊而
設刀圭者皆非醫也然則彼果奚為也曰醫也究其所以
為醫者問以神農之書不知也問以仲景之書不知也卽
問以漢唐以來邃於理精於法之書亦不知也彼果奚為
醫也奉一二淺俗之書記數十駁雜之方捉影捕風輕以

“昔人谓兰曰香祖”：《香祖笔记》

（清）王士禛撰《香祖笔记》十二卷四册，康熙四十四年（1705）刻本。

《香祖笔记》是清代著名诗人、文学家王士禛所辑录的一部笔记小说。书中或议论史事得失，或阐述名物源流，或记载遗闻轶事、风俗掌故，皆精简而不浮。

王士禛（1634—1711），字子真，又字贻上，号阮亭，别号渔洋山人，新城（今山东桓台）人。清顺治十五年（1658）进士，出任扬州推官，后升礼部主事，官至刑部尚书。康熙四十三年罢官归里。

王士禛论诗，讲求笔调清幽淡雅，富有

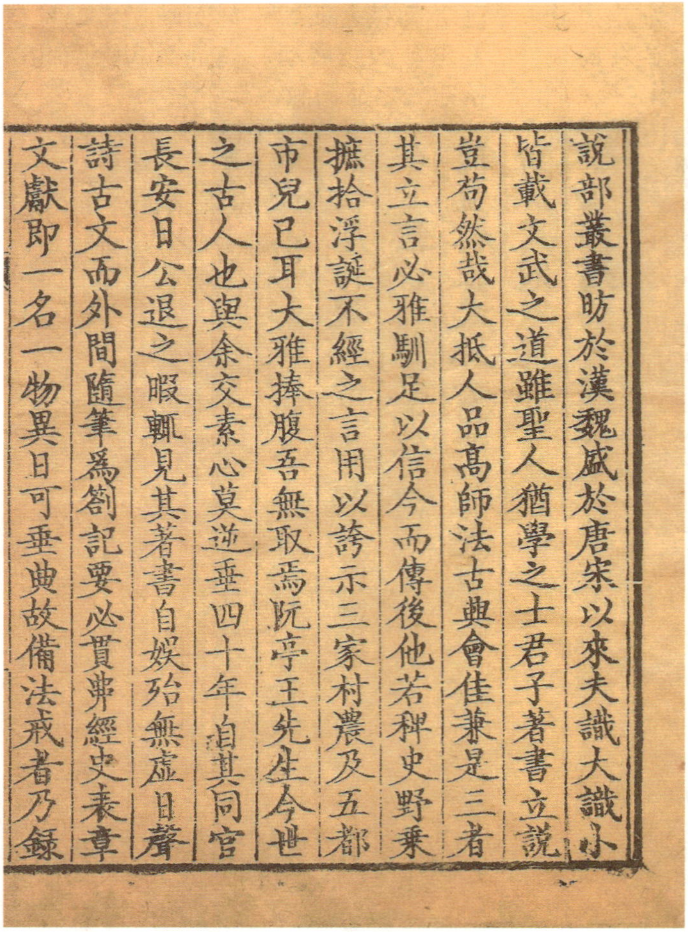

說部叢書昉於漢魏盛於唐宋以來夫識大識小
皆載文武之道雖聖人猶學之士君子著書立說
豈苟然哉大抵人品高師法古與會佳兼是三者
其立言必雅馴足以信今而傳後他若稗史野乘
摭拾浮誕不經之言用以誇示三家村農及五都
市兒已耳大雅捧腹吾無取焉阮亭王先生今世
之古人也與余交素心莫逆垂四十年自其同官
長安日公退之暇輒見其著書自娛殆無虛日聲
詩古文而外間隨筆爲劄記要必貫串經史表章
文獻即一名一物異日可垂典故備法戒者乃錄

情趣、风韵和含蓄性。主张“远人无目，远水无波，远山无皴”的所谓“诗家三昧”。王士禛的五、七言近体诗最能代表他的风格特色。他并不在意文学对现实的反映，大部分诗是描写山水风光和抒发个人情怀的，偏于对艺术技巧和意境的追求，是其创作理论的具体体现。王士禛有词集《衍波词》，以小令为佳，但其成就逊于诗。著作有《带经堂集》，诗选有《渔洋精华录》，诗话有《渔洋诗话》，笔记有《池北偶谈》、《香祖笔记》等。王士禛独创诗论“神韵”说，被誉为“一代诗宗”、“文坛领袖”，在清初诗坛上影响极大。

王士禛在此书自序中讲：“愚旧有《池北偶谈》二十六卷，刻于闽，《居易录》三十四卷，刻于粤，皆有成书。壬午后尽急还京师，偶有见闻，笔之简策。适所居邸西轩有兰数本，花时香甚幽淡，昔人谓兰曰香祖，因以名之，凡十二卷。”这里说出了渔洋山人为何以“香祖”为书名的缘由。

《香祖笔记》里有一段关于鬼神托梦的记载，很是有趣：邯郸人侯二，不孝父母，一次因其母以米施乞丐，发怒打骂驱逐，妻子哭劝无效。不久，侯二全身生毒疮，溃烂而死。死后其子梦父来告：我因忤逆，罚到京城宣武门西车子营张二家投猪胎，你快去救我。其子依梦寻访，找到张二家，果见其家新生一猪崽，面如其父，但张二不许他买回。这事出在康熙三十九年。

毛泽东一生都喜欢古典诗词，也爱读古代诗话论著。在毛泽东故居藏书中，便有许多诗话著作。留有他圈画笔记较多的有《随园诗话》、《历代诗话》和《香祖笔记》等。

此书康熙四十四年写刻本近年各大拍卖公司均有上拍，中国嘉德2006年11月秋拍估价0.8万～1.2万元，成交价为2.09万元；上海敬华2006年6月拍卖，估价0.6万～1万元，以2.42万元成交；北京保利2007年6月春拍估价2万～2.5万元，流拍。

咸丰年间的合婚文书

笔者到江西出差时，在一个瓷器店，贱值收得清代咸丰朝合婚文书一札。

在婚俗文书里，有合婚文书、请婚帖、允婚帖、行聘礼帖、课书、请全福人帖、礼簿等。

婚书有官私之分，官婚书指政府在受理结婚登记时发给当事人保管的法律认可凭证。据《周礼》记载，这种制度在周代时存在过，但以后未闻实行。私婚书指民间通行的婚姻缔结凭证，因为有中介即媒人与双方家长共同签署，所以同样得到官府承认，具有法律效力。这种凭证，俗称“帖子”，故交换婚书也称“换帖子”、“过帖儿”。

据《梦粱录·嫁娶》介绍，北宋时用于订婚的帖子中，“序男家三代官品、职位、名讳，议亲第几位男，及官职年甲月日吉时生，父母或在堂，或不在堂，或书主婚何位尊长，或入赘。明开将带金银，田土、财产、宅舍、房廊、山园俱列帖子内。女家回定帖，亦如前开写”。其后历代的婚帖，基本照此样式而略有损益。如清代和民国的婚帖，系用大红纸印着龙凤呈祥图案的金花大帖，宽约七寸，长约一尺二寸，折叠着，外面还有一个封套，在纸庄专卖，名叫“龙凤帖”。封面上写着“全福”二字，内里下首写着各自家长的姓名。在帖里另有一条金签，上面写着换帖的年月日。表示在某年、某月、某日定了亲，互相换了帖，认为亲戚了。

所谓“合婚”，主要是指结婚之前把两个男女的八字放到一起让预测师看看他们的婚姻质量如何，占卜一下男女八字是否相合，互相有无妨害，能否白头到老。合婚是传统八字预测学的重要内容之一，而且影响极广。

古人的合婚之法大体有以下几种：

一是神煞法，就是根据八字命局存有的所谓的神煞合。男命八字中有某某神煞是克妻的命，女的不能嫁他；女的八字中有某某煞克夫，男的不能娶她。这样的合婚方法现在除了极少数农村地区外已经基本绝迹了。

二是属相法，就是用男女年支之间的关系来定。据说男女间的年支相害婚姻就不可行。

三是年柱法，就是用年柱两个字的关系来看某男女婚姻吉不吉。年柱天合地合婚姻吉，相生吉，天克地冲凶，相克凶。

四是用神法。就是男女八字命局的用神互帮婚姻为吉，相克为凶。

合婚，决不是某人的婚姻不吉叫预测师给合一下就变吉了。天下没有一个预测师有这么大的本事。合是预测，而不是“制造”。想改变命运，或许从根本上是做不到的。

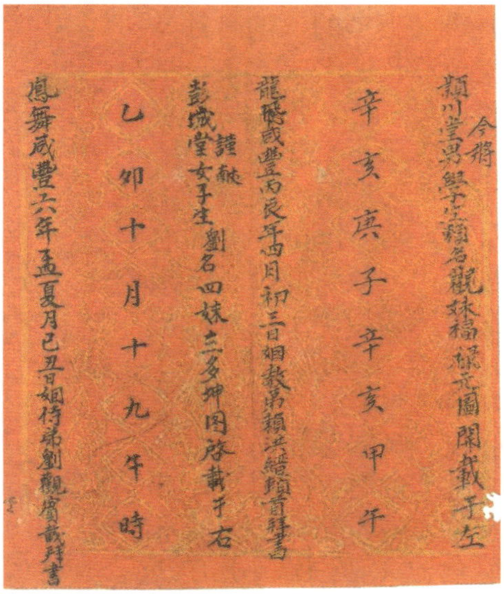

乡邦文脉的传承：《常州先哲遗书》

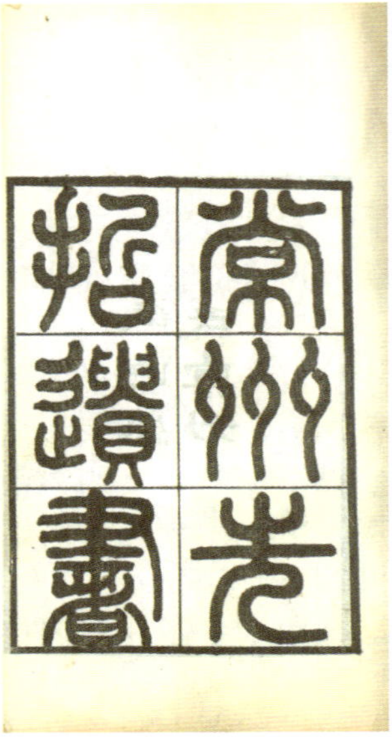

2006年10月12日的《常州晚报》上登载了这样一条消息：“常州市政府正式立项，市财政和文化部门将共同出资数百万元，重版并续修《常州先哲遗书》。”这部丛刊的重版，无疑是件文化盛事，绝不仅仅是让一座城市的历史精华重现，更在于它将会让常州数千年人文精神得以延续、传承。这部丛刊收集的是常州一（郡）府（当年的八邑名都）自隋代至清代的名人文集，按照“经、史、子、集”的传统体例，共收录了常州隋朝至清初之间各个时期最经典的著作76种743卷。隋朝，正是常州府第一次作为一级行政管理机构出现在中国的版图上，从此的1400多年，“江东大郡”人才辈出、俊采星驰，延续了一条枝繁叶茂、硕果累累的文脉，这根文脉上的每一处辉煌，都被录入了《常州先哲遗书》。

说起这套丛书，还有一段佳话，大学者钱锺书的名字就是因《常州先哲遗书》而得名。钱先生出生当日，恰有人送《常州先哲遗书》于其府，故名曰“仰先”。1岁抓周，钱先生抓的就是书，于是正式起名为“锺书”。锺书锺书，钟情于书，正好写照了钱先生的一生。在钱锺书的叔父钱基厚编的《孙庵年谱》中记载：“宣统二年十月二十申时（1910年11月21日），侄锺书生。适有人遗父以《常州先哲遗书》，故命名为锺书，小字阿先。”钱锺书的妻子杨绛后来在她的文章《记钱锺书和〈围城〉》中，也对这事作了详细叙述。

钱家是常州府所辖无锡的一个文人辈

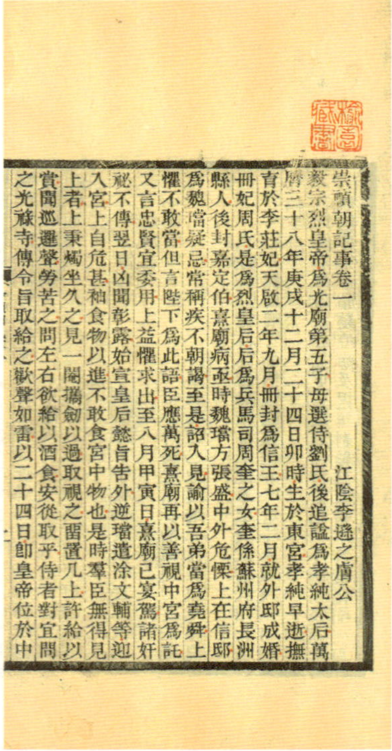
崇禎朝記事卷一　江陰李遜之膚公
毅宗烈皇帝爲光廟第五子母選侍劉氏後追謚爲孝純太后萬
曆三十八年庚戌十二月二十四日卯時生於東宮孝純早逝撫
育於李莊妃天啟二年九月冊封爲信王七年二月就外邸成婚
冊妃周氏是爲烈皇后后爲兵馬司周奎之女奎係蘇州府長洲
縣人後封嘉定伯熹廟病亟時魏璫方張盛中外危慄上在信邸
爲魏璫疑忌常稱疾不朝謁至是詔入見諭以吾弟當爲堯舜上
懼不敢當但言陛下爲此語臣應萬死熹廟再以善視中宮爲託
又言忠賢宜委用上益懼求出至八月甲寅日熹廟已宴駕諸奸
秘不傳翌日凶聞彰露始宣皇后懿旨告外逆璫遣涂文輔等迎
入宮上自危甚袖食物以進不敢食宮中物也是時羣臣無得見
上者上秉燭坐久之見一閹攜劍以過取視之留置几上許給以
賞閹巡邏聲勞苦之問左右欲給以酒食安從取乎侍者對宜問
之光祿寺傳令旨取給之歡聲如雷以二十四日即皇帝位於中

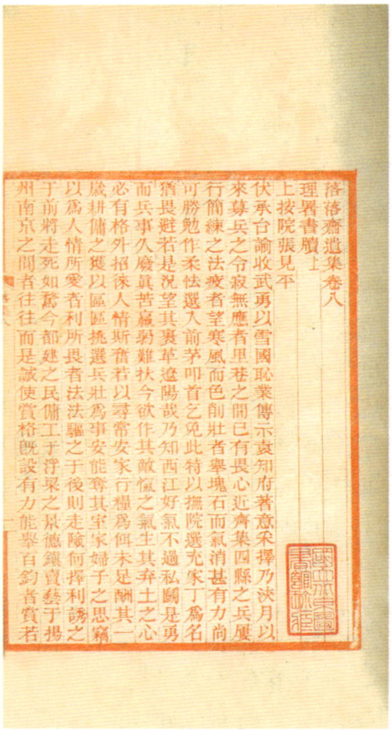
落落齋遺集卷八
理署書牘上
上按院張見平
伏承台諭收武勇以雪國恥業傳示袁知府著意采擇乃浹月以
來募兵之令寂無應者里巷之間已有畏心近齊集四縣之兵屢
行簡練之法疲者望寒風而色煎壯者舉塊石而氣消甚有力尚
可勝勉作柔怯選入前茅叩首乞免此特以撫院選充家丁爲名
猶畏避若是況望其裹革遼陽哉乃知西江好氣不過私鬭是勇
而兵事久廢眞苦羸弱難狀今欲作其敵愾之氣生其弃土之心
必有格外招徠人情斯奮若以尋常安家行糧爲餌未足酬其一
歲耕傭之獲以區區挑選兵壯爲事安能奪其室家婦子之思竊
以爲人情所愛者利所畏者法法驅之于後則走險何擇利誘之
于前將走死如鶩今都建之民傭工于滸墅之暴德鎮賣藝于揚
州南京之間者往往而是誠使賞格既設有力能舉百鈞者賞若

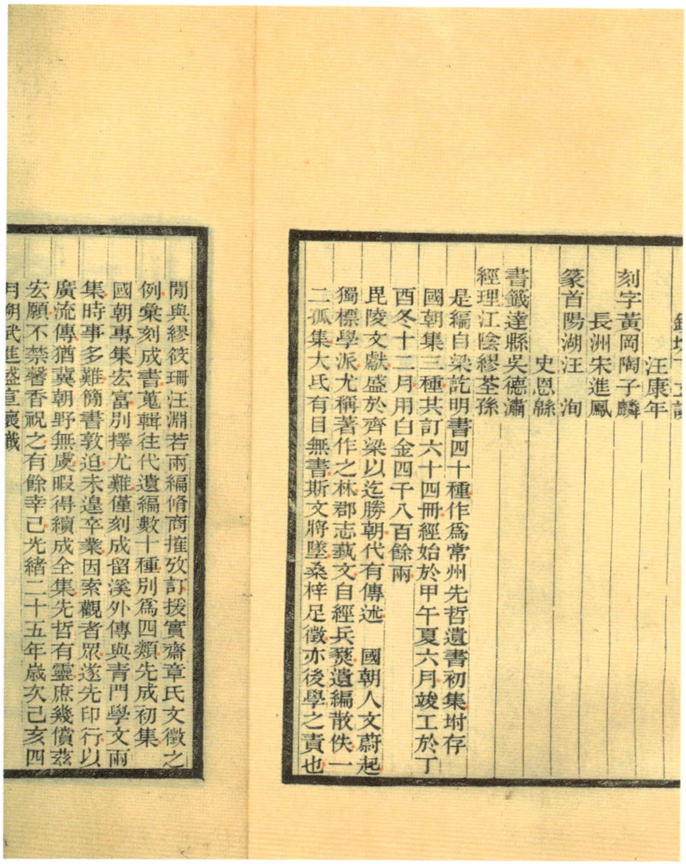

刻字黃岡陶子麟
長洲宋進鳳
篆首陽湖汪洵
史恩綿
書籤達縣吳德瀟
經理江陰繆荃孫
是編自梁訖明書四十種作爲常州先哲遺書初集坿存
國朝集三種共訂六十四冊經始於甲午夏六月竣工於丁
酉冬十二月用白金四千八百餘兩
毘陵文獻盛於齊梁以迄勝朝代有傳述　國朝人文蔚起
獨標學派尤稱著作之林郡志藝文自經兵燹遺編散佚一
二孤集大氐有目無書斯文將墜桑梓足徵亦後學之責也

閒與繆筱珊汪淵若兩編脩商搉攷訂援實齋章氏文徵之
例彙刻成書蒐輯往代遺編數十種別爲四類先成初集
國朝專集宏富別擇尤難僅刻成留溪外傳與青門學文兩
集時事多難篇書敦迫未遑卒業因索觀者眾遂先印行以
廣流傳猶冀朝野無虞假得續成全集先哲有靈庶幾償茲
宏願不禁馨香祝之有餘幸已光緒二十五年歲次己亥四
月武進盛宣懷識

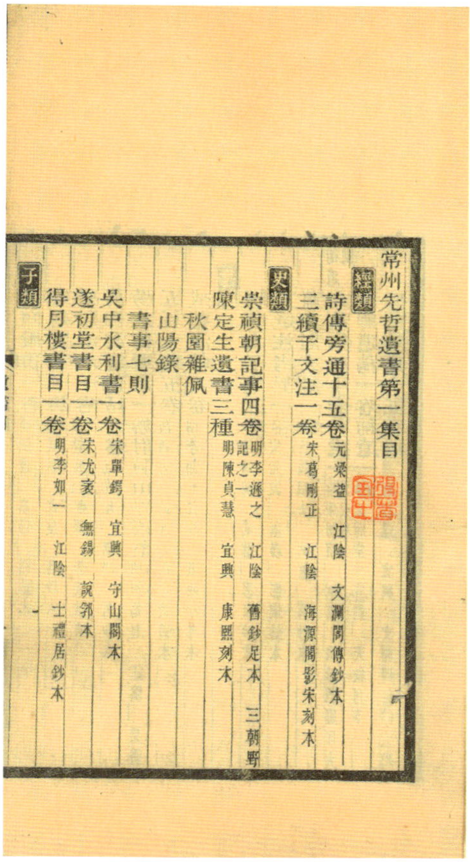

常州先哲遺書第一集目
經類
詩傳旁通十五卷 元梁益 江陰 文瀾閣傳鈔本
三續千文注一卷 宋葛剛正 江陰 海源閣影宋刻本
史類
崇禎朝記事四卷 明李遜之 江陰 舊鈔足本 三朝野記之一
陳定生遺書三種 明陳貞慧 宜興 康熙刻本
秋園雜佩
山陽錄
書事七則
吳中水利書一卷 宋單鍔 宜興 守山閣本
遂初堂書目一卷 宋尤袤 無錫 說郛本
子類
得月樓書目一卷 明李如一 江陰 士禮居鈔本

出的大家族，从明清到近现代涌现出许多学有专长的文人才子。钱锺书的生父钱基博是近代著名的国学家，“经史子集靡不贯通，著作颇多，以《现代中国文学史》而蜚声国内”，南通张謇曾称他为“江南才子”。在这个儒风蔚然的家庭中，能因为得到一部书而惊喜，更将这部书作为对孩子一生的期盼并寄于名字之中，足见《常州先哲遗书》在这个世家中的神圣地位。

然而，一个世纪的沧桑与动荡后，这部晚清版本的《常州先哲遗书》早已经逐渐淡出了人们的记忆，除了极少数大图书馆，国内大多数图书馆已经找不到《常州先哲遗书》的全本，常州市图书馆也仅有半套《常州先哲遗书》，而通过网络的搜索引擎，能找到的关于这部书的文字记载也是少得可怜，难怪常州籍语言学大师赵元任在晚年时也念念不忘这部书。这个大部头现在留存下来的，实在不多，翕居能够藏有一套原刻的《常州先哲遗书》，钤“榆园藏书”等印，并且有些卷册尚为红印，应该说是一件幸事。

说到《常州先哲遗书》的刊刻，首先要提到盛宣怀。盛宣怀是洋务运动中影响当时经济命脉的举足轻重的人物，在官场，他只不过是隐藏在清末名臣李鸿章身后的幕僚，最高的官职也不过是个邮传大臣，而且是在辛亥革命前一年，这个官只当了短短几个月。但是，盛宣怀在清朝晚期的影响力绝不亚于李鸿章。盛宣怀办洋务30余年，创办了中国最早的邮政业、轮船运输业，经营矿业、铺设铁路，开办第一家新式银行——中国通商银行，他一人总揽了关系中国经济命脉的众多洋务企业，号称“天下第一官商”，富可敌国。这位中国的“实业之父”，在内心中仍然秉承着“中学为体，西学为用”的“主流意识形态”，盛宣怀在大办实体的同时，也成为国学建设的积极推动者。他不仅家有10万册藏书，还创办了中国第一所大学北洋大学（今天津大学）以及南方的第一所大学堂南洋公学（上海交通大学前身），而面对“江山代有才人出”、“东南无与常匹俦”的家乡常州，盛宣怀深深感到，要将常州众多先贤们充满思想精华的著作收集起来，并让它代代传承，让常州的子子孙孙了解常州曾经涌现的众多伟人以及他们的思想。

盛宣怀的这一构想，与另一位常州籍的大师不谋而合。此人名叫缪荃孙（江苏江阴人，当时江阴隶属常州府），被后人誉为“中国图书馆之父”。一个是忠于国学的巨富，一个是满腹经纶的大师，不知在何时、在何地共同谈到了同一个话题，惺惺相惜间一拍即合：编纂《常州先哲遗书》。缪荃孙任主编，而盛宣怀一出手就是800万两白银。800万两白银，那时的一两约合现在的36克，现在的银价是3690元/公斤，相当于37元/克，那么这笔钱就相当于现在的人民币就近11亿元，这是何等的代价？

盛宣怀编修《常州先哲遗书》的地点在上海，时间是从光绪二十二年（1896）开始。缪荃孙的编纂水平在当时中国无人能出其右，而缪荃孙为了编纂家乡先哲的经典著作，几乎到了呕心沥血的地步。他为整个编纂工作定了几条近乎苛刻的原则：必须是在各个时代代表常州最高学术水平的著作；必须是在当时具有较强社会影响力或者对后世产生深远影响的著作；必须是面临失传急需保护的著作；每位常州先哲只选最能反映其思想精华的著作。这些苛刻条件，使搜集全书90多篇经史子集，竟花了缪荃孙近十年的时间。

值得一提的是《常州先哲遗书》的刻工工艺。领衔的刻工名叫陶子麟，湖北黄冈人氏，号称清末民初四大名刻工之一。在今天，陶子麟所刻书亦然被人宝爱。陶子麟手下的一帮刻工，大部分是盛宣怀和缪荃孙的常州老乡。常州自古以来便是印刷业的重地，历史学家范文澜在其所著的《中国通史》中考证，活字印刷术的发明人毕昇就是常州人。到了明代，常州的刻工与苏州并肩全国之首。在清代，南京、杭州、徽州等地印刷业崛起，但聚集于常州的优秀刻工仍达数百人。正是这些常州匠人，用最完美的工艺，为常州先贤们留下了完美的文字。这些刻板在印刷之后，留存在了常州的天宁寺，随着天宁寺在“文革”时期被毁，这些刻板至今已荡然无存。

当这部刻成的《常州先哲遗书》流传到当时著名目录学家叶德辉手中时，这位苛刻的老人竟爱不释手。他在被誉为“中国版本目录学里程碑的作品”——《书林清话》中，专门有《刻乡先哲之书》一条：“会萃乡邦郡邑之书，都为丛刻，自明人《梓吴》一书始，樊维城《盐邑志林》继之。国朝嘉庆间，有赵绍祖刻《泾川丛书》，宋世荦刻《台州丛书》，祝昌泰刻《浦城遗书》，邵廷烈刻《娄东杂箸》。道光时朝有伍元薇刻《岭南遗书》。同治朝有胡凤丹刻《金华丛书》，孙衣言刻《永嘉丛书》。光绪朝此风尤盛，如孙福清刻《槜李遗书》，丁丙刻《武林掌故丛编》，又刻《武林先哲遗书》，陆心源刻《湖州先哲遗书》，赵尚辅刻《湖北丛书》，王文灏刻《畿辅丛书》，盛宣怀刻《常州先哲遗书》。力大者举一省，力小者举一郡一邑。然必其乡先辈富于著述，而后可增文献之光。如《梓吴》、《盐邑志林》，虽有开必先，而卷帙零奇，殊嫌琐细。《泾川》亦多无用之书，不必为世传诵。惟《台州》渐有巨册，《浦城》采集益宏。《娄东》全属小书，乃以八音分集。《金华》颇多专集，校刻又嫌不精。《武林》卷帙浩繁，滥收山水寺观志书，未免不知鉴别。惟《常州》出自缪艺风老人手定，抉择严谨，刻手亦工。后有作者，当取以为师资矣。”叶德辉批评了许多滥刻书籍后，但对《常州先哲遗书》盛赞有加。

《常州先哲遗书》中收录了萧吉、萧统、尤袤、倪瓒等60多位常州先哲的著作精华。但《常州先哲遗书》所收文献仅到清朝初年，而清初至民国初年，常州地区文运昌盛，常州学派、阳湖文派、常州词派、常州画派、孟河医派等文化流派，以及赵翼、黄仲则、洪亮吉、孙星衍等文化大家层出不穷。而这些流派的主要著作，建国后出版不多，很多研究者连原著都没读过。重新出版的《常州先哲遗书》，将收录常州五派及重要文化人物的主要著作，作为续编。据悉，《常州先哲遗书》于2007年正式出版部分著作，在“十一五”期间全部出齐。这部蕴含着60多位常州先哲思想精华，传承着常州历史文化脉络及人文精神的巨作，必将在当今学术界、出版界引起巨大反响。

相人之术：《新刊校正增释合并麻衣先生人相编》

（明）陆位崇编《新刊校正增释合并麻衣先生人相编》五卷二册，金陵锦池唐鲤耀明万历间刻本。版心题“麻衣相”。

麻衣先生，姓李名和，道号初阳，河南内乡人。隐于石堂山，生而神奇，绀发美姿。稍长，厌世浊腐，入终南静养，遇尹文始，传以道要并相法，命往南阳湍水旁灵堂山修炼。洞居19年，冬夏恒着麻衣，故号为“麻衣子”，世人称为“麻衣先生”。

道祖立教，一教分三：一为道人，岩栖观宇，清净之士也；二为道士，有妻室儿女之欢，阴阳之象也；三为张天师，势而有力，护法之象也。三者离，则俗士三人；三者合，则金丹大道。大道渊源于黄帝，而整合于老子。一传尹文始（即关尹子），尹传麻衣。麻衣传陈希夷，希夷传火龙真人（贾得升），是为文始一派。一传王少阳，王传锺离权，锺传吕纯阳，吕祖首传王重阳（北宗始祖），重阳传丘处机等北七真，开北宗一脉，号曰“全真派”。吕祖嗣又传刘海蟾，海蟾传张紫阳，开南宗一脉，是为紫阳派。

麻衣先生精于相人之术，世传麻衣相法。陈抟（字希夷）师事麻衣学相。麻衣道人于华山石室不以语言而面授希夷，后作《神异赋》、《金锁赋》和《银匙歌》。《神异赋》云：“相中诀法，寿夭最难，不独人中，惟神是定。”陈希夷的麻衣师传，亦精相法。

相人之术是中医的一大重要内容。《黄帝内经》将人分为阴阳五态：太阴之人、少阴之人、太阳之人、少阳之人、阴阳平和之人。又“先立五形金木水火土，别其五色，异其五形之人。而二十五人具矣”。

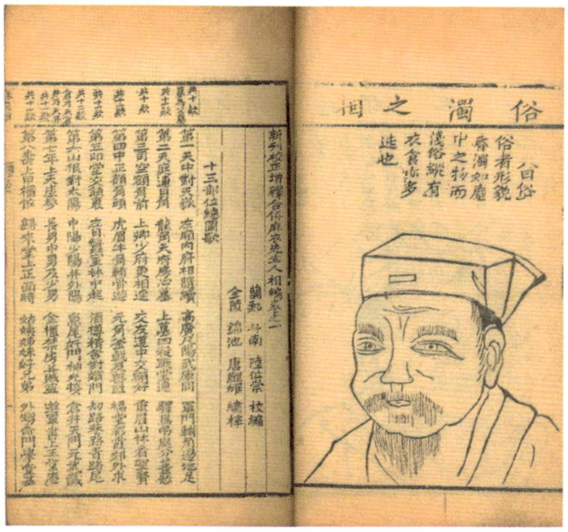

如木形之人，“其为人苍色，小头、长面、大肩背、直身、小手足，有才、好劳心、少力、多忧劳于事”等。以手相言之，一般看手相者，多注意掌纹，再多者则观手形。看手相之法，增加了许多内容，不仅从手腕至指尖，手掌至手背处处看到，且从外到内，纹、皮、肉、骨、髓五层一一论列。

命理上的相人之术与此同出一源，而于人各部位区分和研究更为详细，其功用则在于预测人事，即人之一生的大致或流年发展变化趋势。传统面相学将人的面部中线分为十三部位，又将整个面部划分为十二富。特别对五官做专门研究，名之为“四学堂八学堂”：面纹、面痣、眉、眼、耳、鼻、口、唇、舌、齿、人中、发、形、色、骨、肉、声、气、神，各门都详加论列，无不备细。

中国嘉德2003春拍《新刊校正增释合并麻衣先生人相编》清嘉庆八年（1803）刻本，估价2000～5000元，以2200元成交。

新刻全图《续小五义》

《续小五义》是《三侠五义》（《大五义》）和《小五义》的续书。其首创者为清

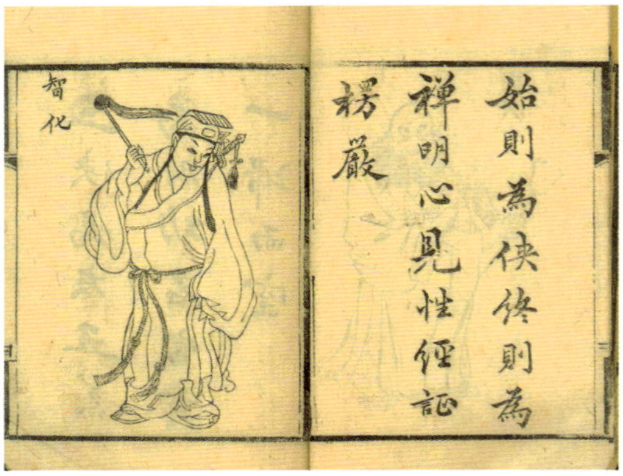

人石玉昆，后历经众手始成。翕居藏有《续小五义》二十四卷，一百二十四回，二十二册。清光绪十八年（1892）善成堂刻本，书名页题“新刻全图续小五义”，书前有版画人物插图25幅，工致印精。

书前无序言，但在第一回里有一段类似“序”的话，读来饶有趣味：“因上部《小五义》未破铜网阵，看书之人纷纷议论，陆续到本铺购买下部者，不下数百人。上部自白玉堂、颜按院起首，为是先安放破铜网根基。前部篇首业已叙过，必须将摆阵源流，八八六十四卦、三百八十四爻相生相克，细细叙出，先埋伏下破铜网阵之根，不然铜网焉能破哉！有买上部者，全要贪看破铜网之故，乃是书中一大节目，又是英雄聚会之处，四杰出世之期，何等的热闹，何等的忠烈，当另有一种笔墨。若草草叙过，有何意味？因上部《小五义》，原原本本，已将铜网阵详细叙明。今三续开篇，即由破铜网阵单刀直入，不必另生枝叶，以免节目絮繁，且以快阅者之心。近有无耻之徒，街市粘单，胆敢凭空添破铜网、增补全图之说，至问及铜网如何破法，全图如何增添，彼竟茫然不知，是乃惑乱人心之意也。故此，本坊急续刊刻，以快人心，闲言少叙。”

《续小五义》最早可见光绪十七年北京文光楼刻本和此部光绪十八年善成堂刻本，均不题撰人。从情节内容看，此书前文所叙各个英雄人物与反面人物才有结局，故《续小五义》与《大五义》、《小五义》连成一体，构成了一个完整的故事。

民国初年以来，北京说书名家王致廉、王杰魁、刘杰谦、傅阔增、马连登等都擅长说此部书，均在《小五义》后接说。从北宋时众侠义英雄攻破谋反的襄阳王所设铜网阵开书，先叙智化与沈仲元私探冲霄楼，智化被月牙形铡刀机关卡住，艾虎借来欧阳春宝刀削毁铡刀救出智化，盗得叛贼名单。展昭、徐良、蒋平等几经周折，终破铜网阵，反王赵珏由暗道逃至宁夏国。其后大内更衣殿天子冠袍带履被盗，开封府尹包拯奉旨带展昭、蒋平往勘，查明乃采花贼“白菊花”晏飞所为。包拯使属下邢如龙、邢如虎行诈，探知所盗御物已献贼首东方亮。晏飞觉察，将二邢剜目断手而去。展昭打跑晏飞。晏飞于逃窜中又作恶多起，被徐良击败，四处逃命。展昭、蒋平及五小义士等密藏于南阳团城子东方亮府附近“三千户”一地，伺机破藏珍楼。徐良等数探藏珍楼，险遭不测；后寻得楼图，智化乃率小五义破藏珍楼，得天子冠袍带履，并得鱼肠剑。众英雄借东方亮设擂比武之机，设伏生擒东方亮，

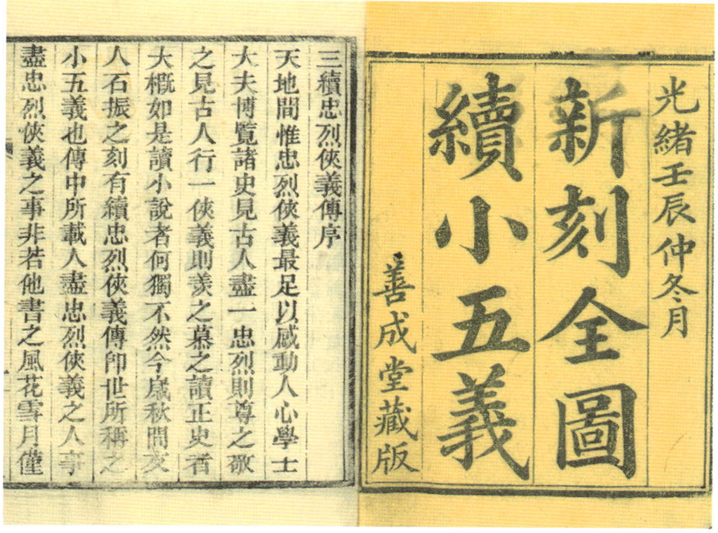
光緒壬辰仲冬月
新刻全圖
續小五義
善成堂藏版

三續忠烈俠義傳序
天地間惟忠烈俠義最足以感動人心學士大夫博覽諸史見古人盡一忠烈則尊之敬之見古人行一俠義則羨之慕之讀正史者大概如是讀小說者何獨不然今歲秋間友人石振之刻有續忠烈俠義傳即世所稱之小五義也傳中所載人盡忠烈俠義之人寺盡忠烈俠義之事非若他書之風花雪月僅

使其党瓦解。东方亮之妹东方玉仙为兄报仇，夜闯开封府，刺包拯未逞，盗相印而去。徐良等奉命至朝天岭寻印，招亲于阎府。襄阳王赵珏于宁夏国兴兵，委朝天岭寨主王纪先为帅，进攻潼关。徐庆、徐良等率乡民大破反贼。蒋平走水路探朝天岭，杀王纪先。东方玉仙于亡命中为侠女阎英云、郑素花所杀。众英雄夺回相印，火焚朝天岭。闻报晏飞率贼众攻破陷空岛，守岛的老义士卢方负重伤，群雄回救陷空岛，杀晏飞。赵珏又攻潼关，群雄与其决战，大破之。赵珏被擒，气极而亡。宁夏国遂打来降表归顺朝廷。包拯上朝复旨，天子降旨，所有平叛有功人员，皆封赏有加。至此，《三侠五义》及其续书（全书又名《忠烈侠义传》）方告终结。

善成堂是晚清规模较大、刻书较多的书肆之一。总号设在重庆，在成都、南昌、汉口、山东东昌、济南、北京等地设有分号。所刻书也多经史小说之类，行销南北各地。善成堂除自己印书以外，还贩卖其他各家出版书籍。

“音”亦可“观”：《碧声吟馆倡酬录》

（清）许善长辑《碧声吟馆倡酬录》一册、《碧声吟馆倡酬续录》一册，仁和许氏光绪三年（1877）刻本，“碧声吟馆谈麈”之一。

许善长（1823—1889），字季仁，一字元甫，号玉泉樵子，别署栩园、西湖长，室名“碧声吟馆”，浙江仁和（今杭州）人。同治年间曾在江西河口镇牙厘局、湖口牙厘局任职。光绪年间升任江西建昌知县、广信府知府。乃晚清著名戏曲家、文学家，著有杂剧、传奇、诗文多种，将《瘗云岩》、《风云会》、《灵娲石》、《神山引》、《胭脂狱》、《茯苓仙》合刻为《碧声吟馆丛书》。另有《碧声吟馆谈尘》凡四卷，

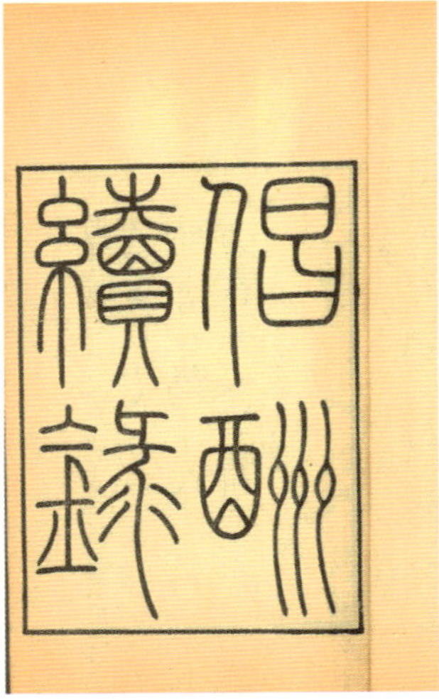

六十六则，为许善长之笔记文学集。此书内容广泛，但凡文史、舆地、名物、名人佚事、医术药方无所不包。

光绪十一年许氏自刻本《碧声吟馆丛书》选剧六种，收入吴晓铃辑《古本戏曲丛刊》第八集。黄裳所编《清代版刻一隅》有“碧声吟馆谈尘”一文。1935年《鲁迅日记》2月2日“书帐”记载：“《碧声吟馆谈尘》二本，一.二〇元。”

钱锺书所著的“通感”（《旧文四篇》，上海古籍出版社1979年9月第1版）一文，开篇第一句话是“中国诗文有一种描写手法，古代批评家和修辞学家似乎都没有拈出。”这种描写手法就是“通感”。钱锺书以荷马“象知了坐在森林中一棵树上，倾泻下百合花也似的声音”一诗为例，说明“通感在西洋诗文里很早出现”。“同样，我们的道家和佛家追求神秘经验，也要把各种感觉打成一片，混作一团”。在证明这个论点时，钱锺书就引用了许善长《碧声吟馆谈尘》卷二中的一句话：“‘音’亦可‘观’，方信聪明无二用。”

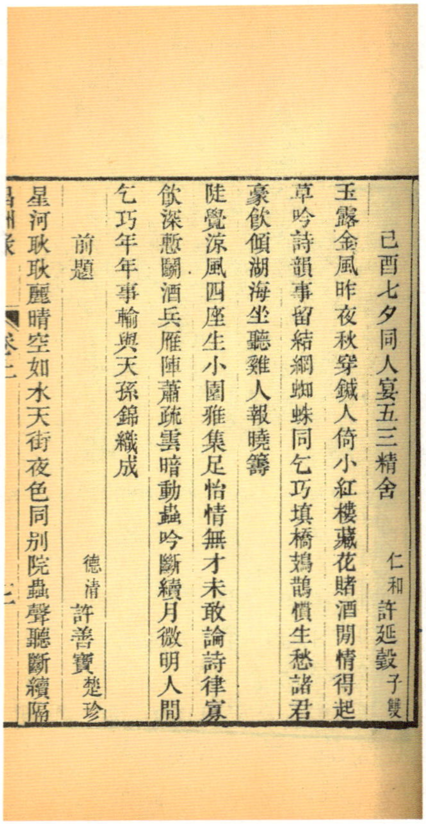

己酉七夕同人宴五三精舍　仁和許延穀子雙

玉露金風昨夜秋穿鍼人倚小紅樓藏花賭酒閒情得起

草吟詩韻事留結網蜘蛛同乞巧填橋鵲鵲慣生愁諸君

豪飲傾湖海坐聽雞人報曉籌

陡覺涼風四座生小園雅集足怡情無才未敢論詩律豪

飲深慙鬬酒兵雁陣蕭疏雲暗動蟲吟斷續月微明人間

乞巧年年事輸與天孫錦織成

前題　德清許善寶楚珍

星河耿耿麗晴空如水天街夜色同別院蟲聲聽斷續隔

在中国嘉德四季2008年第13期拍卖会上，此本一卷以1120元成交。

以道德品行为要：《三续疑年录》

“皕宋楼”主人陆心源编《三续疑年录》十卷三册，书名为清同治己卯年（1868）吴云题写，光绪五年（1879）陆心源自序。卷端下方题“存斋杂纂之四”，此本无补遗。另有《潜园总集》八种刻本，有补遗一卷。

陆心源（1834—1894），字刚甫，别号存斋，晚号潜园老人，祖籍浙江临安，世居吴兴，浙江归安（今湖州）人。陆心源自小资禀奇颖，30岁时，已能通“九经”。清咸丰九年（1859），中举进入政界。同治十三年（1874）被人参劾，削去原职。陆心源家道殷实，回吴兴月河街故第以后，“循陔之暇，娱意林泉”，在城东莲花庄北辟建小园，以“潜园”为名，盖取“潜”字隐藏、止息之意。光绪十九年，陆心源受李鸿章保举，官复原职，并得到光绪帝召见。次年卒于湖州故里，终年61岁。陆心源“自修有方，止谤乏术”，以至于仕途几经起伏，幸而他“薄于富贵而厚于书”，在藏书、校勘、补史、修志等方面都有建树。

陆心源将宋元旧版藏于“皕宋楼”。“皕”即二百，以此为名，足见陆心源欲驾临“百宋一廛”之胆识。另有“十万卷楼”，专藏明代以后的秘刻及精抄本、精校本。为了把珍本与一般书籍区分贮藏，他又在潜园建“守先阁”藏书楼，按《四库全书》书目编序，收藏明代以后刊本及寻常抄帙，附以优秀的近人著述，并对外开放。后人把它与山东聊城杨绍和的“海源阁”、江苏常熟瞿镛的“铁琴铜剑楼”、杭州丁丙的“八千卷楼”合称为晚清四大藏书楼。

陆心源收藏之富，撰述之多，为晚清所罕见。陆氏精于校勘，对其所藏古本撰写了大量题跋。值得一提的是，这些题跋中还经常贯穿陆心源为人处世的道德标准。譬如他认为同治《乌程县志》一书，于寓贤传中增加南宋秦九韶传的做法不可取。因为秦九韶虽然在数学上颇有贡献，但其人贪暴，品德极差。他引用了《刘后村集》中有关内容，证明秦九韶为人不孝不义不仁不廉，“通国皆谓其人暴如虎狼，毒如蛇蝎，奋爪牙以搏噬，鼓唇吻以中伤，非复人类”。对于叛逆于他而出逃的亲生儿子，他也千方百计搜寻，找到后竟将其小腿折断。从中可见陆氏将道德品行放在多么重要的地位上！

嘉定钱大昕长于治史，先后撰《洪文惠公年谱》、《洪文敏公年谱》、《深宁先生年谱》、《陆放翁年谱》、《王弇州年谱》等著作。在主讲娄东书院期间，他又将所作各谱之意加以推广著成《疑年录》四卷。此书按先后次序登录了东汉郑玄至清朝戴震约300多位学者的生卒年代。钱大昕作《疑年录》之后，又有吴修的《续疑年录》、钱椒的《补疑年录》、陆心源的《三续疑年录》、张鸣珂的《疑年赓录》、闵尔昌的《五续疑年录》和姜亮夫的《六续疑年录》。

《三续疑年录》从惠及儒林、文苑及书画之士考虑，增加了名臣、大儒、气节、文章之士。

此书于2005年在孔网拍价为730元。

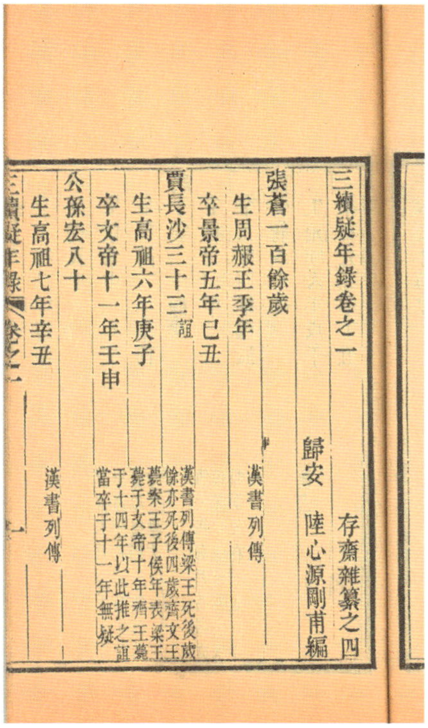
三續疑年錄卷之一　存齋雜纂之四
歸安　陸心源剛甫編
張蒼一百餘歲
生周赧王季年
卒景帝五年己丑　漢書列傳
賈長沙三十三誼
生高祖六年庚子
卒文帝十一年壬申　漢書列傳梁王死後歲餘亦死後四歲齊文王薨案王子侯年表梁王薨于文帝十年齊王薨于十四年以此推之誼當卒于十一年無疑
公孫宏八十
生高祖七年辛丑　漢書列傳

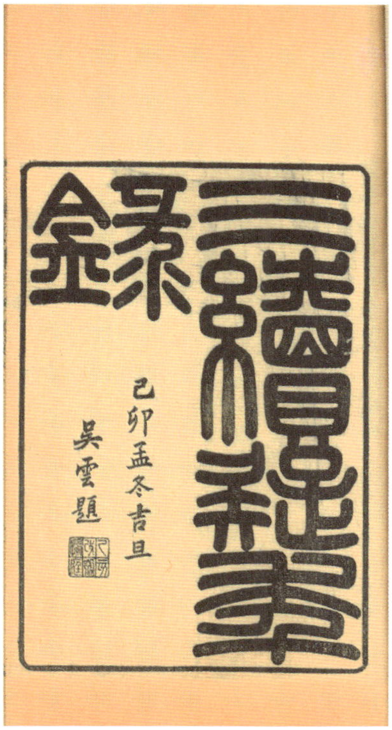
三續疑年錄
己卯孟冬吉旦　吳雲題

抑制满族汉化政策终结的标志：《钦定熙朝雅颂集》

从朋友手中买到一套《钦定熙朝雅颂集》，首集三十六卷，本集一百六卷，余集二卷，凡例一卷，目录一卷，共二十四册全。此书刊于清嘉庆年间，首卷、二十六卷有敦敏诚关于（清）曹雪芹的诗，本集卷九有曹寅的诗。在“红学家”眼里，这也算是一部与“红学”沾边的著作。“钦定”二字就确定了它的最高的身份和地位，此书由清内府刊印，黄缎子封面，绵白纸作衬，刊刻精美，墨色鲜亮，看起来赏心悦目，虽然它多的是富贵气，少的是文墨气，但赐名、题笺、作序全由嘉庆皇帝一人包办，并由著名学者纪昀、朱珪、彭元瑞校阅。

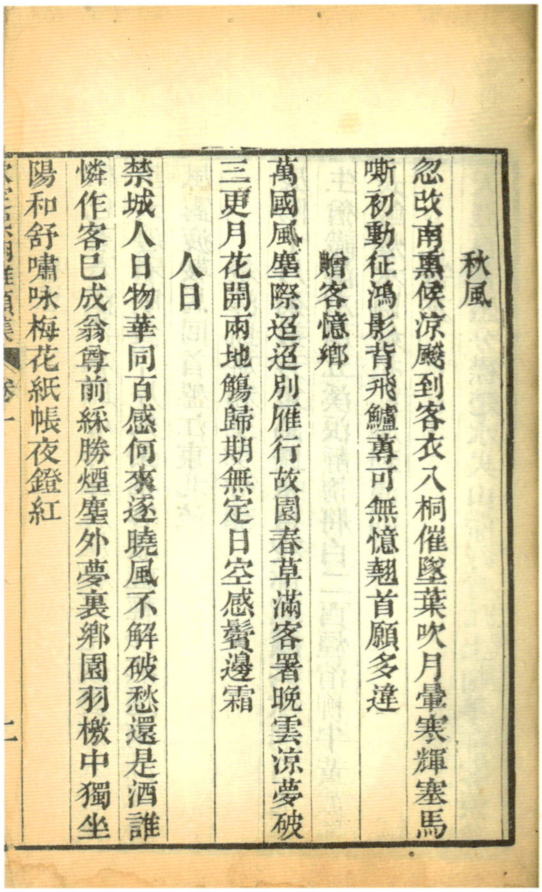
秋風
忽改南熏候凉飈到客衣入桐催墜葉吹月暈寒輝塞馬嘶初動征鴻影背飛鱸蓴可無憶翹首願多違
贈客憶鄉
萬國風塵際迢迢別雁行故園春草滿客署晚雲凉夢破三更月花開兩地觴歸期無定日空感鬢邊霜
人日
禁城人日物華同百感何爽逐曉風不解破愁還是酒誰憐作客已戍翁尊前綵勝煙塵外夢裏鄉園羽檄中獨坐陽和舒嘯咏梅花紙帳夜鐙紅

《钦定熙朝雅颂集》是嘉庆初年山东巡抚铁保编定的一部旗人诗歌总集。全书共138卷，收入旗人诗作者600余人。这部书不仅在“包装”上很“时髦”，而且在编纂过程中也颇具“现代精神”。铁保作为负责一省军政的大员当然只是挂名的主编，实际的操作者乃是当时北方诗坛的盟主、蒙古诗人法式善。法式善，字开文，号时帆，学者称梧门先生。清乾隆四十五年（1780）进士，结交文人士大夫遍天下。《批本随园诗话》中讲到法式善时云：“其人诗学甚佳，而人品却不佳，铁冶亭（即铁保）辑八旗人诗为《熙朝雅颂集》，使时帆董其事。其前半部全是《白山诗选》，后半部则竟当作买卖做。凡我旗中人有势力者，其子孙为其祖父要求，或为改作，或为代作，皆得入选。竟有目不识丁，以及小儿女子，莫不滥厕其间。”这些话听起来是有些怨气。所以，《钦定熙朝雅颂集》的来头虽大，卷帙虽繁，装帧虽美，却很少受到文学史家们的重视。

《钦定熙朝雅颂集》可以说是专收旗人诗歌作品的第一个总集，当然在此之前不是没有旗人诗总集的编纂。如乾隆初年宗室诗人文昭曾编《宸萼集》，此集只收皇室近支28家的诗歌作品，共367首，首载雍正皇帝诗，但未敢刊刻，更未流传。后又有伊福纳的《白山诗钞》，卓图奇的《白山诗存》，但二者皆未编成，也未刊刻。坊间曾有《白山诗钞诗人小传》的抄本。至于铁保在进呈《钦定熙朝雅颂集》之前曾刻过《白山诗介》，它只是前者的雏形，两者不能视为二书。那么这个事实便引出一个问题，从清初到《钦定熙朝雅颂集》编成已经近200年了，在这个时期内清诗各种总集（如以流派、地域、时代划分的各种总集）刊印了有数十种之多，旗人能诗者成百上千，康熙、雍正、乾隆三朝皇帝又都爱诗、能诗，为什么到嘉庆间才有旗人总集的刊行呢？

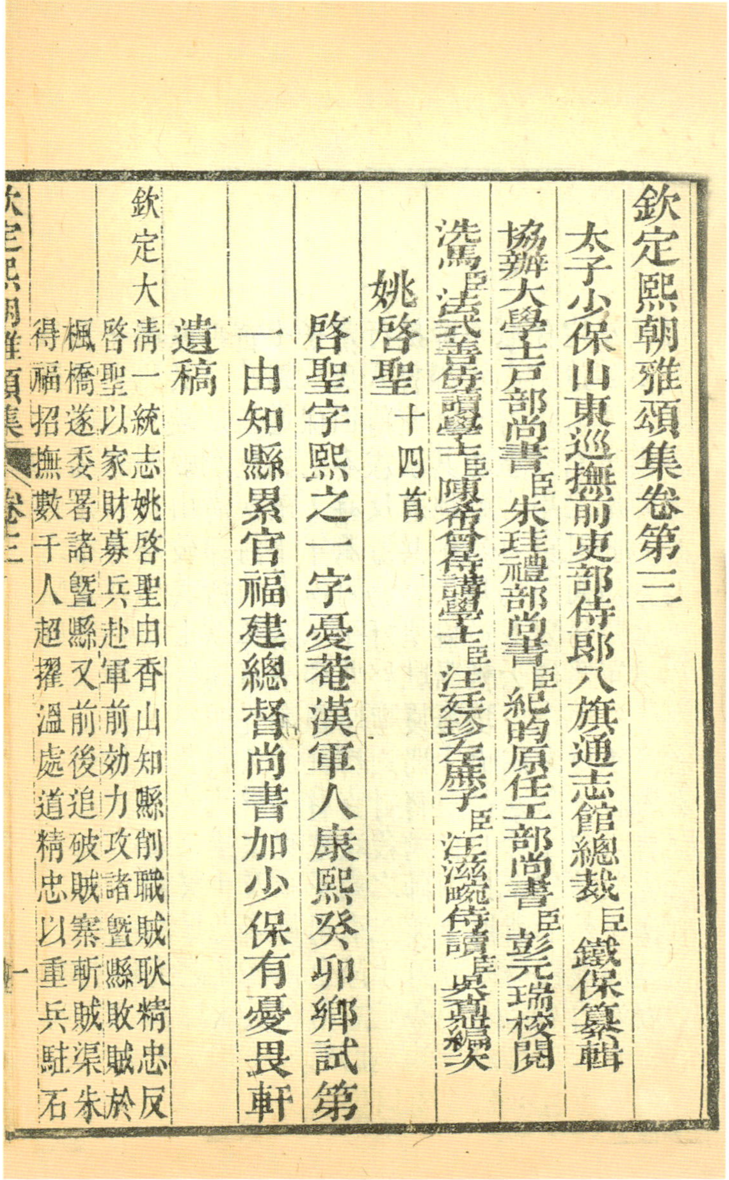

欽定熙朝雅頌集卷第三

太子少保山東巡撫前吏部侍郎八旗通志館總裁臣鐵保纂輯

協辦大學士戶部尚書臣朱珪禮部尚書臣紀昀原任工部尚書臣彭元瑞校閱

洗馬臣法式善侍讀學士臣陳希曾侍講學士臣汪廷珍左庶子臣汪滋畹侍讀臣吳鼒編次

姚啓聖 十四首

啓聖字熙之一字憂菴漢軍人康熙癸卯鄉試第一由知縣累官福建總督尚書加少保有憂畏軒遺稿

欽定大清一統志姚啓聖由香山知縣削職賊耿精忠反啓聖以家財募兵赴軍前效力攻諸暨縣敗賊於楓橋遂委署諸暨縣又前後追破賊寨斬賊渠朱得福招撫數千人超擢溫處道精忠以重兵駐石

欽定熙朝雅頌集 卷三 一

《钦定熙朝雅颂集》刊于嘉庆九年（1804），距乾隆逝世仅五年。可以设想，如果老皇帝在世，它不可能刊刻，更不可能如此大作张扬。因为《钦定熙朝雅颂集》中不仅收录了一些为乾隆皇帝所厌恶作者的诗章，而且它亦与雍正、乾隆以来的文化政策不相合。书中所选录的犯忌作者中较有名望的有赛尔赫（清太祖努尔哈赤之弟穆尔哈齐的曾孙），而赛氏曾被乾隆点名。另外还有鄂尔泰，他是乾隆初掌大权的辅政大学士，后也因赞许胡中藻而为乾隆皇帝所切齿。由此可见，入选之人有不少是有违禁例的。从这点来看，如果乾隆健在时刊刻此书，最轻也会受到如沈德潜选辑《国朝诗别裁集》一样的处分：毁版、修订重刊。

但更为严重的问题，更能引起乾隆皇帝不快的还不在这里。编纂旗人诗歌总集等于提倡旗人写诗，为旗人作诗提供范本和发表诗作的阵地，这与雍正以来对待旗人的文化政策是互相悖谬的。八旗是清朝统治的支柱，清朝历代皇帝对旗人都十分重视。物质上，旗人从上到下每个男人都能按照等级得到一份钱粮（所谓铁杆庄稼），因此所有旗人都是清朝皇帝的天然雇员，从而对他们思想意识和行为就有所要求和规范，不许他们等同汉人更不能写诗唱和。所以说，《钦定熙朝雅颂集》的出版是雍正、乾隆时期抑制满族汉化政策的结束。《钦定熙朝雅颂集》的编辑和由皇帝批准出版，说明了清朝统治者推行了一百余年的有节制、有限度的汉化政策的破产。《钦定熙朝雅颂集》虽然编纂过程中有点“腐败”的嫌疑，例如收取“刊登费”，或编者为出资者捉刀代笔而作等，但此书大体上还是能反映清初至乾隆间旗人诗的面貌的，八旗诗人作品也是有一定特色的。只是这样一部满人诗歌总集，似乎未见更多人论及，也未在拍卖会出现，应该算是比较稀罕的事。

有清三代帝师祁寯藻刻《顾阎年谱二种》

（清）张穆编，祁寯藻馒觎亭刻《顾亭林先生年谱》一册、《阎潜丘先生年谱》一册，前者为清道光二十四年（1844）刻，后者为道光二十七年刻，合称为《顾阎年谱二种》。

顾亭林（1613—1682），字忠清，号宁人，自称圭年。初名继绅，后更名绛，明朝亡后，改名炎武，学者称他为“亭林先生”。昆山（今属江苏）人。明末清初思想家、文学家。明清之际学术思想界，治学严谨，忠贞耿介，励节高蹈，堪为示范者，首推顾亭林先生。举凡经史、典制、郡邑、掌故、金石、天文、舆地、仪象、兵农等，无所不通，故有“清代经学之开山祖”的美称。

阎若璩（1636—1704），字百诗，号潜丘，经学家。山西太原人，迁居江苏淮安，曾与胡渭等帮助徐乾学修《大清一统志》。长于考据，撰《古文尚书疏证》，确证东晋梅颐所献《古文尚书》为伪。又撰《四书释地》，校正前人关于古地名附会的错误。其他撰著有《潜邱札记》等。在清初的学术史上，阎若璩上承顾炎武、黄宗羲，下启惠栋、戴震。作为清代汉学（或考据学）的直接先驱，阎若璩在清代学术史上的贡献不可磨灭。

清儒多把顾、阎并称，梁启超在著作中把“顾阎”同列一章，章学诚论考据之学，有“宁人百诗之风”。“宁人”、“百诗”分别为顾阎二人的号、字。

年谱编者张穆（1805—1849），初名瀛暹，字硕洲，后改字诵风。山西平定人。清代地理学家、史学家。代表作为《蒙古游牧记》、《顾亭林阎若璩年谱》等。

年谱的刻印者祁寯藻（1793—1866），字颖叔、淳浦，号观斋、息翁。山西寿阳县平舒村人。清嘉庆进士，官至体仁阁大学士、礼部尚书、首席军机大臣，卒谥文端。世称“三代帝师（道光、咸丰、同治）”、“寿阳相国”。他一生忠清亮直，勤政爱民，举贤荐能，政绩卓著，对朝政有影响。其书法由小篆入真行，师承二王，出颜柳，参以山谷，深厚遒健，自成一格，为清代中晚期著名书法家，有“一时之最，人共宝之”和“楷书称首”的赞誉。

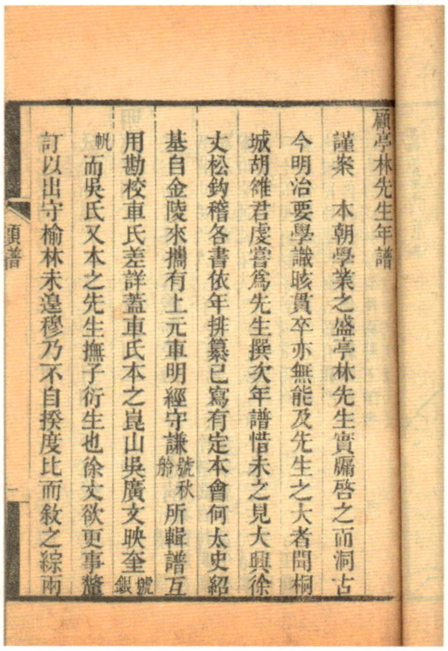
顧亭林先生年譜

謹案 本朝學業之盛亭林先生實牖啓之而洞古今明治要學識賅貫卒亦無能及先生之大者閻桐城胡雒君虔嘗爲先生撰次年譜惜未之見大興徐丈松鈞稽各書依年排纂已寫有定本會何太史紹基自金陵來攜有上元車明經守謙號秋舲所輯譜互用勘校車氏差詳蓋車氏本之崑山吳廣文映奎號銀帆而吳氏又本之先生撫子衍生也徐丈欲更事釐訂以出守榆林未遑穆乃不自揆度比而敘之綜兩

顧譜 一

玉勾草堂巾箱本《杜工部集》

（唐）杜甫撰《杜工部集》二十卷、卷首一卷，存卷一至卷十。清乾隆乙巳年（1785）郑澐玉勾草堂精刻竹纸巾箱本。宋体雕镌甚精，初印明丽，天地宽大，全白文，无注解，虽是袖珍小本，但字大墨匀，读之方便。每页版心下刻“玉勾草堂”四字。书前有郑澐在乾隆四十九年（1784）书于有美堂序一篇。《四部备要》乃据此本排印，1957年中华书局用《四部备要》纸型又有重印。

叶灵凤曾写过一篇《读〈杜工部集〉》，他藏有一套同治重刊的玉勾草堂本《杜工部集》，他认为：“同治重刊本在杜集之中不能算是好的版本，但也有几种长处。第一是开本不大，是袖珍版，同今日的32开书差不多大；其次是字大，字体好（写刻），墨色也好，读起来清楚悦目；再其次就是全是白文，没有注解。当然，五百家笺释音注的杜诗，自有它的好处，但是我认为读诗读词有时是不必过于‘求甚解’的，注释太多，读起来反而会妨碍了对于诗的本身的欣赏。读诗就是读诗，不是研究诗，有时对于某些注解是可以放过的。”因此他觉得玉勾草堂本就有这种好处，读起来方便，不致被太多的注解分了心。

读杜集、品杜诗，仅是诗题，就可使我们长不少见识。有些诗题只有一字：雷、火或雨，而有些诗题又长达几十字，如“假日小园散病将种秋菜督勒耕牛兼书触目”。有很多就是平平常常的寄人、咏物、纪事，诗中尽是生活的东西。在杜甫眼中，什么都可入诗，他也随时都在做诗，称其人为“诗圣”，其诗为“诗史”是理所应当的。

唐代诗人禅月大师贯休有《读〈杜工部

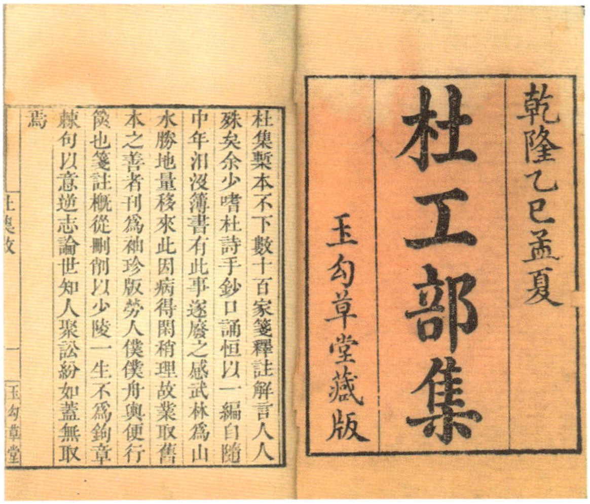

乾隆乙巳孟夏

杜工部集

玉勾草堂藏版

杜集槧本不下數十百家箋釋註解言人人殊矣余少嗜杜詩手鈔口誦恒以一編自隨中年汨沒簿書有此事遂廢之感武林爲山水勝地量移來此因病得閑稍理故業取舊本之善者刊爲袖珍版勞人僕僕舟輿便行篋也箋註概從刪削以少陵一生不爲鉤章棘句以意逆志論世知人聚訟紛如蓋無取焉

杜集敘　一　玉勾草堂

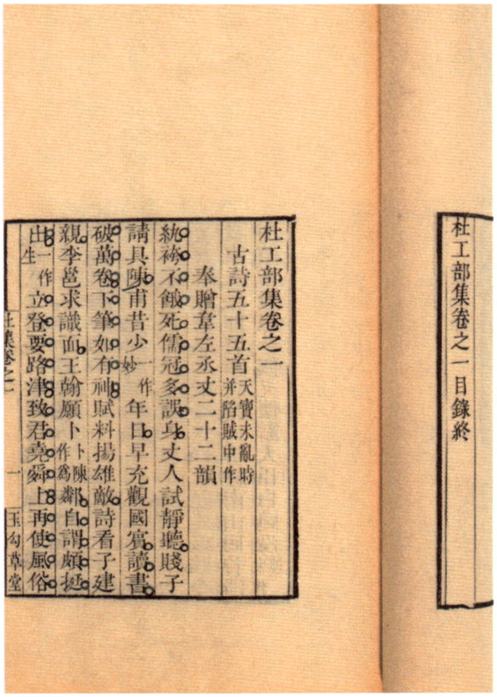

杜工部集卷之一目錄終

杜工部集卷之一

古詩五十五首 天寶未亂時并陷賊中作

奉贈韋左丞丈二十二韻

紈袴不餓死儒冠多誤身丈人試靜聽賤子請具陳甫昔少妙一作年日早充觀國賓讀書破萬卷下筆如有神賦料揚雄敵詩看子建親李邕求識面王翰願卜卜陳作爲鄰自謂頗挺出生一作立登要路津致君堯舜上再使風俗

杜集卷之一　一　玉勾草堂

集〉二首》，应是对杜诗的最好评价：

造化拾无遗，唯应杜甫诗。
岂非玄域橐，夺得古人旗。
日月精华薄，山川气概卑。
古今吟不尽，惆怅不同时。
甫也道亦丧，孤身出蜀城。
彩毫终不撅，白雪更能轻。
命薄相如命，名齐李白名。
不知耒阳令，何以葬先生。

上海敬华在2005年12月曾拍卖一部玉勾草堂《杜工部集》，估价1万～1.2万元，成交价为1.1万元。

元刻明南京国子监递修本《晋书》

2003年7月，中国书店海王村春拍有《晋书》残本二卷，著明为“棉纸，元刊元明递修本，半框：19.2×13.5”。查《中国书店所收善本书目补编》记载为：元刊，细黑口本，半页10行20字，麻纸。沈津的《中国珍稀古籍善本书录》记载：《晋书》一百三十卷，《音义》三卷，唐房乔等撰。元刻明南京国子监递修本。半页10行20字，四十八册。并讲，美国普林斯顿大学葛思德东方图书馆藏有全帙，原著录为宋刻元明递修本。

这样一来，关于此种《晋书》版本有三种说法：宋刻元明递修本，元刊元明递修本，元刻明南京国子监递修本。笔者从后一说法，翕居所藏几册残卷亦与此同。

沈津认为此书元刻本有201页，明正德十年（1515）补刻143页，明嘉靖二年（1523）补11页，其中补刻最多者属嘉靖三十七年，为1473页，最少者是明万历二年（1574），仅2页。

李心傅的《建炎以来朝野杂记》云：“监本书籍，绍兴末年所刻，国家艰难以来，固未暇及。（万历）九年九月，张彦宝待制为尚书郎，始请下诸道学取旧监本书籍镂板颁行，从之。然所取者多有残缺，故谓监刊六经无《礼记》，正史无《汉书》。（万历）二十一年五月，辅臣复以为言，上谓秦益公曰，监中其他阙书，亦令次第镂板，虽重有费不惜也，由是经籍复全。盖守自淳化以后，朝皆刻书版存

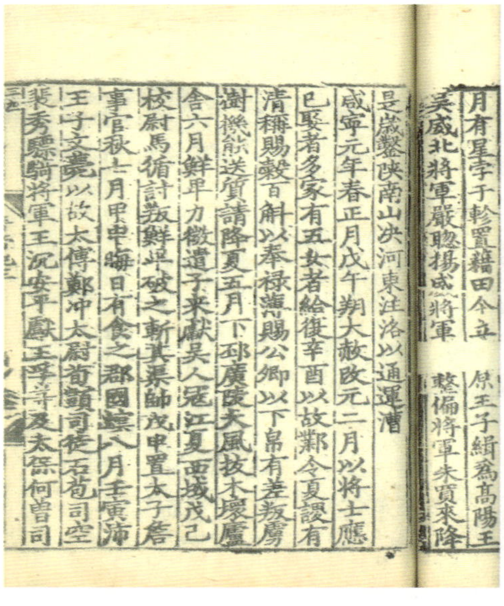

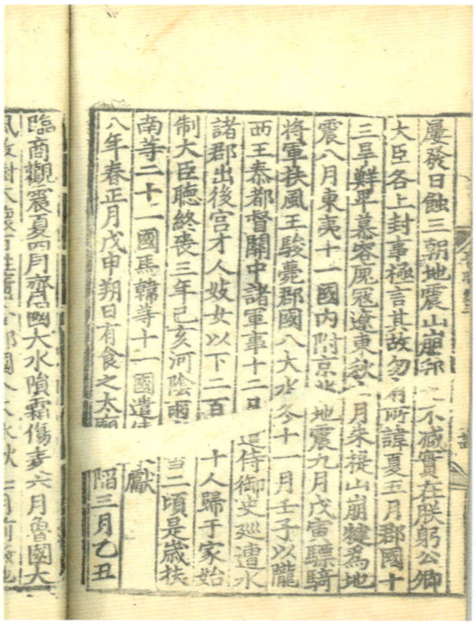

国子监。明代南监诸史，乃合宋监及元各路儒学板凑合而成，年久漫漶，且某些监生草率不堪，谬误甚多。明承宋制，令天下择诸生学行优者，送国子监就学，以育英才，或举人会试不第亦听入监。”

据《明史·选举志》：“学校有二，曰国学、曰府州县学，诸生入国学者乃可得官，不入者不能得也。入国学者，通谓之监生。”叶德辉认为，“其书虽至今流传，亦等于书帕坊行，不足贵重矣。”是书参与补版之监生甚多，达113人，万历年间参与镂板的刻工达60人。

2003年11月，中国书店海王村秋拍上过《晋书》两残卷，汪士钟影宋抄本，为清代著名藏书家汪士钟旧藏之物，估价2万～3万元，未成交。

汪之昌、汪孟舒收藏的《周易姚氏学》

收到一部《周易姚氏学》一函六册，十六卷、首一卷，（清）姚配中撰，清光绪三年（1877）湖北崇文书局白纸刻本。此书由汪之昌、汪孟舒原藏，钤“汪之昌印”、“青学斋”和“汪孟舒”三枚收藏印章。此书专述郑玄之易学，间采其他汉人学说为补充，在清代治汉易的系列著作中，可谓别树一帜。

关于《周易姚氏学》的版本情况，清张之洞撰、民国范希曾补正的《书目答问笺疏》记载：周易姚氏学八卷，周易通论月令二卷。姚配中、汪守成刻本。范补：武昌局刻周易姚氏学十六卷，续经解本亦十六卷，张氏花雨楼丛书刻姚配中易学阐玄一卷。

姚配中《周易姚氏学》这样解释“易”：“易之在物，自始及终，穷则变，变则化，此终而彼始，此死而彼生，阴阳消息各有舍也。郑康成曰，精气谓七八也，游魂谓九六也。案阴阳之数正于七八，故精气为物，卦画也。九六者，阴阳之老，七八之变，故游魂为变，爻也。”

此书编者姚配中（1792—1844），字仲虞，安徽旌德人。道光时廪生。自幼聪明睿智，善思勤学。20岁时已博览经史，兼通诸子百家。因其博闻强记，故凡诗礼之学及天文、算法、音韵等，过目后皆能言其旨意。对清代经学家张惠言所著《周易虞氏义》倾心研读，并取字“仲虞”，以激励自己日后步虞氏后尘，悉心治《易》。姚配中客居广陵（今江苏扬州一带）5年，撰《周易参象》十四卷，又作论10篇述其通义，附于编后。回旌德后，重新点校《周易参象》，删改通义，并将通义移列编首，题名《周易姚氏学》，由其亲翁包世荣为之作序。书共十六卷，微妙精深，很受学者推重。包世荣评道：“仲虞书行于今世，自不及张（惠言）先生之盛，百年后当独为学《易》者宗矣！”

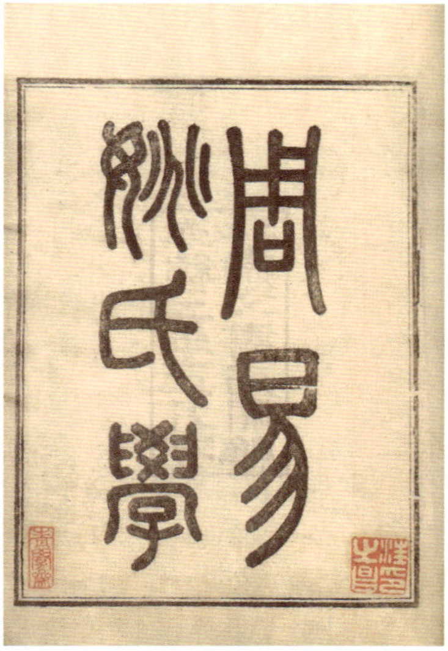

姚配中嗜好琴学。当时东南琴学有金陵（今南京）、常熟、武林（今杭州）三派，

旌德读书于栖真山时，对琴学潜心默悟，明辨真伪，去芜存菁，订正世所流行曲十数首，又自制七曲，并将音律、弦数、指法、五音等研究所得著成《琴学》二卷和《琴操题解》一卷。

此书收藏者之一汪孟舒是近代古琴大师，擅书画，画名为琴艺所掩，富收藏，藏有“春雷”琴。从汪孟舒嗜琴、嗜书的专长来看，和姚配中是相投的。这也就理解了汪孟舒收藏姚配中《周易姚氏学》此书的原委。张伯驹夫人潘素，1936年始，拜汪孟舒为师学习书画；王世襄的夫人袁荃猷，14岁师从汪孟舒先生学琴，获极高造诣。

孔网此书售价为1300元。

泽古山房购存的《施注苏诗》

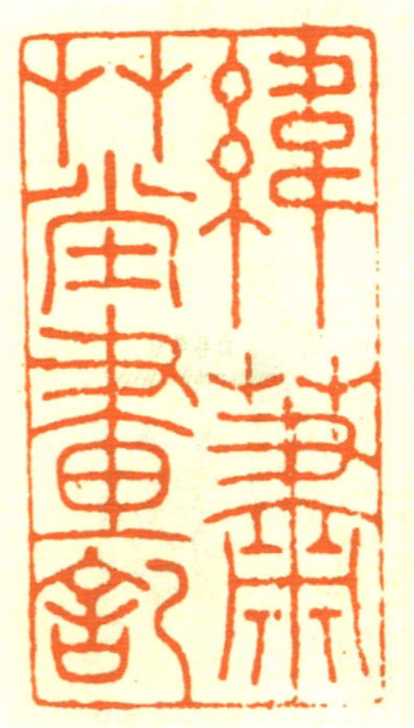

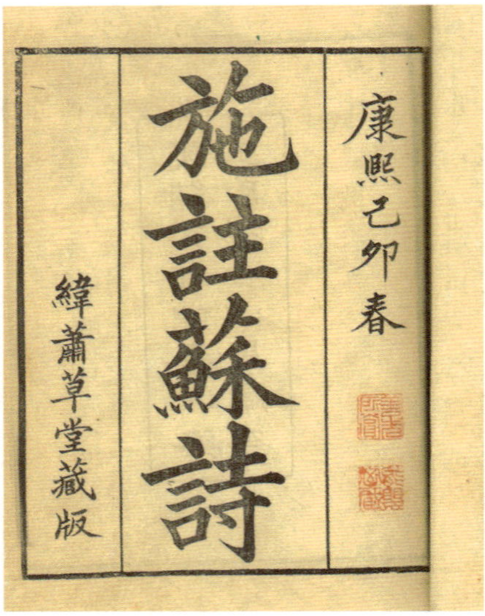

翕居藏有《施注苏诗》四十二卷、总目二卷，共十册。（宋）苏轼撰，施元之、顾禧注;（清）邵长蘅、顾嗣立、宋至补。扉页题“康熙己卯春，纬萧草堂藏版”，牌记题“光绪癸卯仲春大梁王氏泽古山房购存”。此书另收《王注正伪》一卷，《东坡先生年谱》一卷及《宋史本传》、《东坡先生墓志铭》等。刊有《东坡先生笠履图》1幅。

牌记说的比较明白：这个（清）光绪癸卯（1903）的本子，是“大梁王氏泽古山房购存”的清康熙己卯（1699）“纬萧草堂藏版”。宋施元之的“施注苏诗”，在宋代就已经称为善本，流传不广。康熙年间，河南商丘宋荦得到一部分残帙，嘱邵长蘅等人补写成四十二卷，于康熙三十八年（1699）手书上版，精写刻刊行。《中国古籍善本总目》集部第1257页著录。在上海嘉泰2007年春拍中，此版本估价0.8万～1万元，成交价为2.016万元。

宋荦（1634—1713），字牧仲，号漫堂，又号西陂、绵津山人，河南商丘人。清前期著名诗人，诗文与王士禛齐名。清顺治四年（1647）应诏侍卫禁廷，逾年考试，名列第一。曾任江西、江苏巡抚，吏部尚书等职。宋荦博学嗜古，工诗词古文，精鉴赏收藏，古董商举物以宋尚书鉴定为荣耀。所著有《西陂类稿》五十卷、《筠廊偶笔》二卷等传世。

华东师范大学图书馆独家收藏有《宋氏全集》九十二卷，康熙五十年商丘宋氏刊本。收《西陂类稿》五十卷、《绵津山人诗集》三十二卷、《枫香词》一卷、《怪石赞》一卷、《漫堂墨品》一卷、《筠廊偶笔》两卷、《漫堂说诗》一卷，附《雪堂墨品》一卷、《纬萧草堂诗》三卷。

《纬萧草堂诗》为宋荦次子宋至的诗作，共收古今体诗466首。《四库全书总目提要》记载：“宋至，字山言，初刻有《纬萧堂诗》一卷，附荦集后。”

此版本《施注苏诗》有宋荦、张榕端、邵长蘅三篇序文。邵长蘅在《题旧本施注苏诗》序中说：“施氏注东坡诗，四十二卷，镂版于宋嘉泰间，世之学者往往知有其书而流传绝少。商丘公购之数年，从江南藏书家得此本又残阙，仅存三十卷。是书卷端题吴兴施氏，吴郡顾氏，而不著名，而序文目录又阙，故览者莫得其详也。……商丘公幸是书之存而惜其残阙也。进门下士邵长蘅属以订补，为之缀阙，正伪芟芜省复，而为四十二卷。……施氏父子萃数十年心力成是编，其用功不为不深，而垂四百余年。”

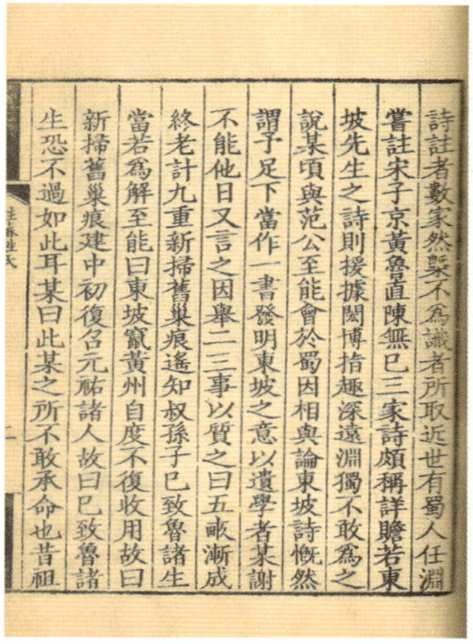
詩註者數家然槩不爲識者所取近世有蜀人任淵
嘗註宋子京黄魯直陳無已三家詩頗稱詳贍若東
坡先生之詩則援據閎博指趣深遠淵獨不敢爲之
說某頃與范公至能會於蜀因相與論東坡詩慨然
謂予足下當作一書發明東坡之意以遺學者某謝
不能他日又言之因舉二三事以質之曰五畝漸成
終老計九重新掃舊巢痕遙知叔孫子已致魯諸生
當若爲解至能曰東坡竄黄州自度不復收用故曰
新掃舊巢痕建中初復召元祐諸人故曰已致魯諸
生恐不過如此耳某曰此某之所不敢承命也昔祖

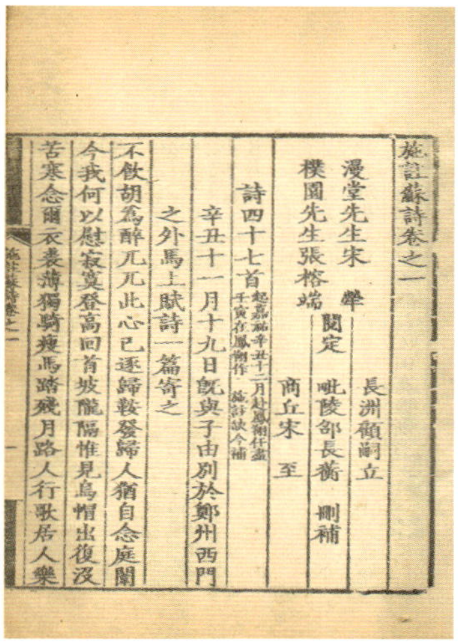
施註蘇詩卷之一
長洲顧嗣立
漫堂先生宋犖
閱定
毗陵邵長蘅 删補
樸園先生張榕端
商丘宋至
詩四十七首 起嘉祐辛丑十二月赴鳳翔任盡壬寅在鳳翔作 施詩缺今補
辛丑十一月十九日既與子由別於鄭州西門
之外馬上賦詩一篇寄之
不飲胡爲醉兀兀此心已逐歸鞍發歸人猶自念庭闈
今我何以慰寂寞登高回首坡隴隔惟見烏帽出復沒
苦寒念爾衣裘薄獨騎瘦馬踏殘月路人行歌居人樂

翕居所藏光绪版《施注苏诗》，国家图书馆没有著录，应为康熙“纬萧草堂”原版，由“大梁王氏泽古山房购存”后，于“光绪癸卯”刷印无疑。开封古称大梁，民国5年，王曾俊等修《大梁王氏世系编》一卷，由湖北武昌新亚新地学社石印。王曾俊为祥符（今河南开封县）人，光绪年间曾任山东夏津知县。开封距商丘仅百多公里，商丘“纬萧草堂”所藏康熙原版，极有可能是王曾俊从夏津卸任回开封后购得，并于光绪癸卯刷印。当然，这只是一种推测。

近年，有贵州书友得到莫友芝收藏、批校的康熙初版《施注苏诗》。此书是莫友芝于清道光十一年（1831），也就是他21岁时得到，于道光十三年读毕。书页间有莫友芝逐字圈点，眉批、行批及手记100余处，在哪天几时开读，在什么地方读，天气怎样，读到哪里止，是什么时候等都有记载。46处钤有莫友芝的7种印章，另有其他人的印50余处。莫友芝在末页最后有题记：“共十册，凡千百二十页，紫泉莫友芝珍藏初印本。辛卯五月记。”

曾藏“詹宅”的《中论》

遇到《中论》二卷一册，钤有“北池子五十四号，詹宅”的藏印。布衣网上的Aller书友曾淘到一册Klotz编的《拉丁语大辞典》下卷，这书的扉页上也有“北池子詹宅”的字样，据说是出自“詹天佑”家，但他表示存疑。

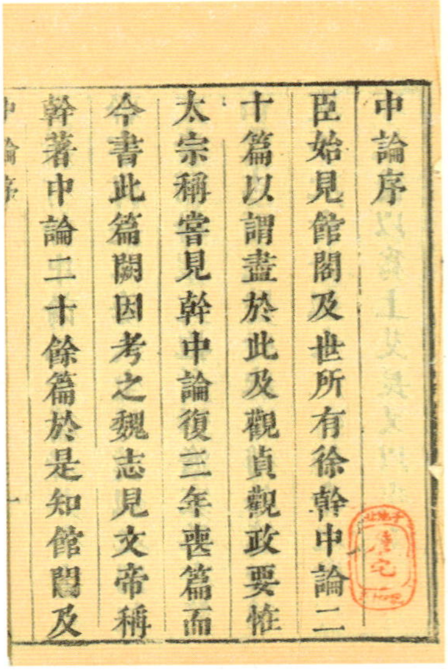
中論序
臣始見館閣及世所有徐幹中論二
十篇以謂盡於此及觀貞觀政要恠
太宗稱嘗見幹中論復三年喪篇而
今書此篇闕因考之魏志見文帝稱
幹著中論二十餘篇於是知館閣及

《中论》是产生于东汉末年的一部子书，由徐干撰写。该书是一部政论性著作，其意旨“大都阐发义理，原本经训，而归之于圣贤之道”。所以，历代史书除《宋史》将其列入杂家类而外，其余者均将其列入儒家类。

徐干出身于庶族，“其先业以清亮臧否为家世”。他少有才气，好学成癖，能苦读，善沉思，年纪极轻时就已经博览群书，对儒家典籍非常熟悉，并且出口成诵，下笔成章，具有不同凡俗的文学才华，为“建安七子”之一。时人赞评他：“含元休清明之气，持造化英哲之性。放口而言，则乐诵九德之文；通耳而识，则教不再告。未志乎学，盖已诵文数十万言矣。年十四，始读五经，发愤忘食，下帷专思，以夜继日。父恐其得疾，常禁止之。故能未至弱冠，学五经悉载于口，博览传记，言则成章，操翰成文矣。”

徐干是一个性格恬淡的人。东汉末年，“国典堕废，冠族子弟，结党权门，交援求名，竞相尚爵号”，而徐干则“闭户自守，不与之群，以六籍娱心而已”。后虽然被曹操征用，有过五六年的从戎征行经历，但终因不堪俗务之劳而托病请去。去官归隐之后，徐干更是“潜身穷巷，颐志保真，淡泊无为”，“养浩然之气，系羡门之术”，并且开始了《中论》一书的撰写。由于徐干一生轻官忽禄，不耽世荣，唯以读书著文自娱，因此“擅名于青土”，在士林中颇有影响。徐干死后次年，曹丕在《与吴质书》中对他的为人和才学作了如此评价：“观古今文人，类不护细行，鲜能以名节自立。而伟长独怀文抱质，恬淡寡欲，有箕山之志，可谓彬彬君子矣；著《中论》二十余篇，成一家之言，辞义典雅，足传于后，此子为不朽矣。”

徐干将其著作称为《中论》，体现了他对儒家“中”的思想价值观念的强调。关于“中”之意义，《中论》中多有阐发之处，如《贵言》篇曰：“言有序，不失事，中之谓也。”又《赏罚》篇曰：“故先王明恕以听之（按：此处之“恕”字，疑为“哲”字之误），思中以平之，而不失其节也。”指出“中”即是“有序”、“不失事”、“不失其节”。

在2003年上海国拍春季拍卖会上，一册钤“紫庵”藏印的《中论》以1500元成交。

这才叫“谱大”：《滕县生氏族谱》

家谱类书籍，翕居收有一些版本，但像这样“谱大”的，还十分稀见。这就是民国25年，山东滕县生氏生克昭撰修、翰林高熙喆纂、法源寺刊刻的《滕县生氏族谱》，共

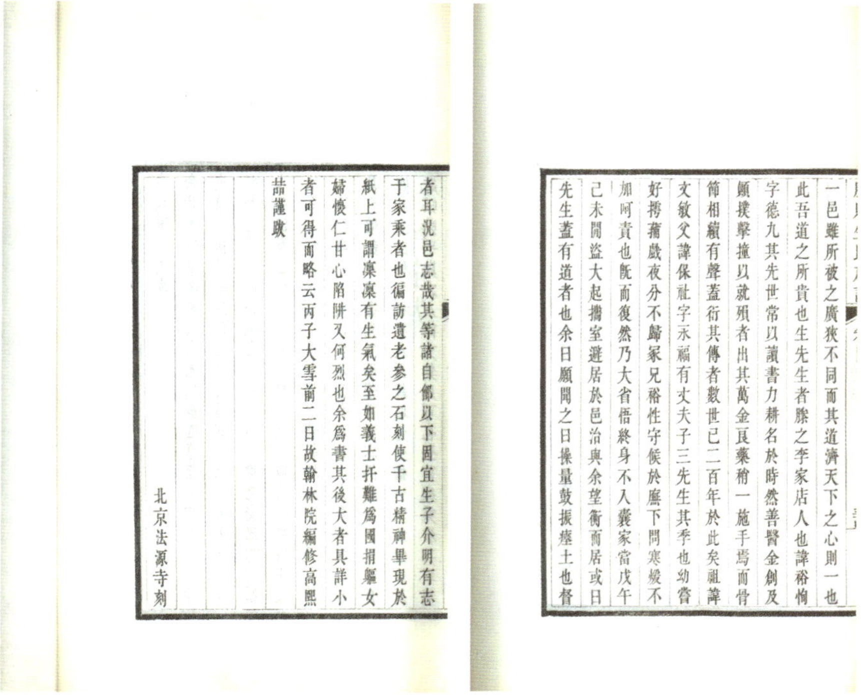

一邑雖所被之廣狹不同而其道濟天下之心則一也
此吾道之所貴也生先生者滕之李家店人也諱裕恂
字德九其先世常以讀書力耕名於時然善醫金創及
顚撲擊撞以就殞者出其萬金良藥稍一施手焉而骨
節相續有聲蓋衍其傳者數世已二百年於此矣祖諱
文敏父諱保祉字永福有丈夫子三先生其季也幼嘗
好搏蒱戲夜分不歸冢兄裕性守候於廡下問寒煖不
加呵責也旣而復然乃大省悟終身不入囊家嘗戊午
己未間盜大起擕室避居於邑治與余望衡而居或日
先生蓋有道者也余日願聞之日操量鼓振壅土也督

者耳況邑志哉其等諸自鄶以下固宜生子介明有志
于家乘者也徧訪遺老參之石刻使千古精神畢現於
紙上可謂凜凜有生氣矣至如義士抒難爲國捐軀女
婦懷仁甘心陷阱又何烈也余爲書其後大者具詳小
者可得而略云丙子大雪前二日故翰林院編修高熙
喆謹跋

北京法源寺刻

四卷、卷首一卷，共四册，牌记题“丙子季冬十七世孙克昭棨藏”。生克昭生于清道光二十年（1840），卒于民国元年。

这套族谱开本硕大，天宽地阔，舒朗大气；纸白墨莹，字面洁雅，框正行直；装帧工致用心，线色纸颜，相得益彰。开本长33厘米，宽22厘米，半框：14.5厘米×20.5厘米。值得一提的是，此书还有另外一种版式，开本28厘米×19厘米，连史纸印刷，半框尺寸与前者同。

为此书作序的华世奎（1863—1942），字璧臣，天津人。据荆涛先生《津门华世奎及其书法》介绍，华世奎自幼聪颖好学，16岁得秀才，19岁中举，由内阁中书入军机处，荐升领班章京。内阁改制后，出任阁丞。“百日维新”后弃官返津，自此一别宦海。自署“北海逸民”，以卖字为生。华世奎先功“钟、王”，20岁后致力于颜体，60岁后书法到炉火纯青之境，楷书成就尤大，形成一种结体敦方、用笔圆转的独特风格，世称“华体”。当时天津的招牌匾额多出于华氏之手，有南唐（唐沱）北华”之说。

华世奎不仅为此家谱作序，还手书了《生允之墓表》。生氏家族是以熬制正骨膏药起家致富、显赫一方的。生克中，字允之，行一；生克昭，字介明，行三。姜屯镇前李店村人。生氏祖传熬制正骨膏药，及接骨术而闻名。生氏兄弟承祖业，成为一方富士。因县志数十年未修，决心修志。因战乱《续滕县志》几经周折，终成初稿。生克中因修志而卒，时年61岁。因滕县县志局请高熙喆、生克中任总纂、分纂之责，二人交谊甚厚。允之死后高为其撰墓表。生允之生前结识了华世奎，华世奎被生氏兄弟和高翰林的修志事迹感动。生克昭深知华氏人品的高洁，便请华世奎为其兄书墓表一通。尔后又嘱书《孝经》一通，北京镌石名匠张世俊为其雕镌。《生允之墓表》为华世奎书法不可多得的精品。此碑原发现于荆河桥施工现场，后移入滕县博物馆。

《滕县志·生克昭传》中写道：“克昭博文好古，看到续志无金石一门，决心补齐。他南至江浙、北走京师，往来数年，搜集到出土的周金文、汉印、汉晋唐宋画像碑

华世奎书《生允之墓表》碑石

碣拓本等珍贵文物，详加考证后，编为《续滕县志》的卷五”，“抗日战争时期，无人顾及修志，生克昭决定自费刻印，先取‘田五十亩，鬻钱今币五千二百元，以充剞劂之用……不幸世乱日滋，物力逾绌，曩者鬻田之资用犹不足，昭复废斥祖产，裒集十万余元（《续滕县志》），于1942年秋聘请百余人，在北平法源寺刻印续志，他亲自刻印金石。未完，又转北京西南园，请一人协助，于1944年秋全部刻完，由中华书局的詈瑞亨印刷出版”。这两段文字，记载了生克昭为修志书四处奔走、置倾家荡产于不顾的事迹。

据说法源寺刻书实际就是北平文楷斋的刻书，文楷斋曾给董康、徐世昌等人刻书，摊子铺得大，租了法源寺的地方。雕版刻书到民国后期已是强弩之末了，虽然还很不错，但已不能和康乾盛世比，也不能和文楷斋在民国头十年比了。

此谱小开本一种，孔网在2008年售出一套，价为2500元。

周谷城先祖的《汾湖草堂诗草》

翕居自益阳得（清）周开锡著《汾湖草堂诗草》上下二卷，共一册。沈葆桢题签，清光绪元年（1875）湖南刻本，封面题“益阳县志著录提要”、“刘竞泉藏”。

周开锡（1826—1871），字寿珊，湖南益阳人。首任船政提调，清咸丰三年（1853）入曾国藩幕，是曾幕中4位著名布衣幕僚之一（曾幕中还有一位有名的布衣留美学生容闳），咸丰五年离开曾营入鄂抚胡林翼幕。胡林翼亦是湖南益阳人，周开锡与文希范同为胡幕中重要人物。自咸丰十年清军三河大败，官文奏请令曾国藩统兵图皖。咸丰十一年初周开锡随李续宜赴安徽抚任。曾国藩力排众议，采用周开锡意见，从石门湖起至集贤关，挖长壕、筑堡垒围攻安庆，阻止陈玉成自湖北救援。陈玉成经过4次援战，因李秀成按兵不动，陈军兵力不足，安庆最终失守。曾国藩用人不以布衣为嫌，皆能量才录用，因材器使。周开锡借此步入仕途。

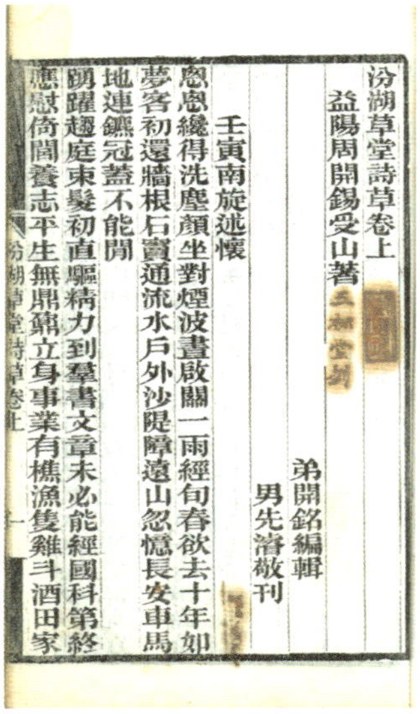
汾湖草堂詩草卷上
益陽周開錫受山著
弟開銘編輯
男先濬敬刊
壬寅南旋述懷
悤悤纔得洗塵顏坐對煙波晝啟關一雨經旬春欲去十年如夢客初還牆根石竇通流水戶外沙隄障遠山忽憶長安車馬地連鑣冠蓋不能閒
翩躍趨庭束髮初直驅精力到羣書文章未必能經國科第終應慰倚閭養志平生無鼎鼐立身事業有樵漁隻雞斗酒田家
汾湖草堂詩草卷上 一

咸丰十一年八月二十六日，胡林翼病死于武昌，清廷调李续宜署湖北巡抚。曾国藩遣周开锡及文希范护其灵柩回益阳，料理后事。周开锡出资五千金代胡氏购买族田，以济急需，并起草《胡林翼行状》稿。清同治元年（1862）四月，周开锡突然向曾国藩提出辞职，赴左宗棠营。曾国藩在四月十七日致李续宜信：“寿珊毅然径去，殊出意外。渠来辞行，面订留眷口在皖，后二日问之，则全

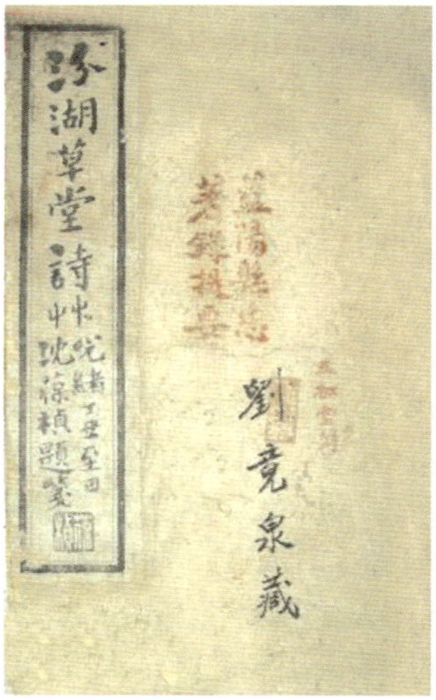

眷皆去，并带沈定钧及廖某同赴左营。大约吾二人怕太冷淡，人不乐从，以后当稍变暖热，使人易亲耳。”左宗棠曾是周开锡的老师。

周开锡曾协助沈葆桢建船政，充船政提调。同治六年十二月船厂第一号轮船开工，同治七年福州船厂基本建成，除衙廓、厂房、校舍等外，先后筹建铁厂、模子、水缸、合拢、轮机、拉铁、钟表、帆缆、火砖、舢板、打铁等13厂，工人达两三千人。建东、西考工所为工人宿舍，建成前、后学堂，绘事院及艺圃4座学校，在不到两年时间内已建成远东最大的造船联合企业。在建厂的过程中，船厂的技术力量主要由日本、意大利等洋员负责，管理及财务方面则由周开锡等负责。

周开锡在同治七年下半年辞职回乡。周开锡以办团练而入曾国藩幕，后又转入胡林翼、李续宜及左宗棠幕，参加攻打太平军战争。随左宗棠调入福建，先署福建布政使，入船政为首任提调，受继任闽浙总督吴棠诬陷、排挤、打击，终在沈葆桢及左宗棠等坚决抗争下得以解脱。周开锡在船政为时不及两年，但在船政前期建设中，在财务方面，以及采办京米、整顿闽省兵员裁员加饷方面都作出很重要的贡献，为船政的初创打下了基础。周开锡后又随左宗棠西征，转战6个月，攻克狄道州等一路，为河州战役清扫残敌立下战功。周开锡布衣出身，人称曾氏兼容并蓄，各类身份人物均有机会入幕，各效所长。周开锡以出色的表现，被沈葆桢称之为船政员绅领袖。他善理财务，诗词俱佳，能文能武，为船政史中有重要贡献和影响的人物。周家宗祠于清道光六年（1826）建于汾湖洲西岸周家垸，周开锡为志亮公二十一世孙，周谷城为志亮公下定繁房二十四世孙。

此书原收藏者刘竞泉为湖南益阳书法家。

周作人“尚未得见”的《今雨堂诗墨注》

（清）金甡撰、洪钟注《增订今雨堂诗墨注》四卷四册，乾隆三十四年（1769）今雨堂刻本。

金甡（1702—1782），字雨叔，号海住，浙江仁和（今杭州）人。初以举人授国子监学正。乾隆七年，礼部会试、殿试连中两元，授翰林院修撰。乾隆九年，出任广东乡试主考官。乾隆十二年，出任顺天乡试同考官后曾任江西、山西等乡试主考官。乾隆十九年，任会试同考官，后破格晋升侍讲学士。乾隆二十二年，值上书房，擢詹事，再迁礼部侍郎。史谓：“直谅诚敬，所陈说必正义法言，诸皇子皇孙皆爱重之。”《清史稿》中有其传记。著有《静廉斋诗集》二十四卷。

有意思的是，金甡的外孙汪如洋（1755—1794），字润民，号云壑，与其外祖父金甡一样，会试、殿试均为第一名，乾隆四十五年状元。授职翰林院修撰，掌修国史，入值上书房。乾隆五十一年，出任山东乡试主考官，提督云南学政。

杭州清波门内旧有状元弄，即是以金甡夺大魁得名。弄内有吴姓小康人家，一个安徽人寓住在吴家，一日讲道：“近观杭城阳宅，一时无过君家者。若能移灶座于书房，六十年内必出两状元。”吴家从其言，但他家只有一个儿子，请了一位老儒课读。并请邻居金家的孩子伴读，这个小孩就是金甡，后来吴家把女儿嫁给了他。再后来金甡中了状元，其外孙也中了状元，一时传“徽人之言至是方验云”。有清一代，浙江有20人中状元，杭州就有沈晦、茅瓒、金德瑛、金甡、吴鸿、钟骏声等10多人。

此书注者洪钟，湖南郴州桂东县人。清嘉庆二十二年（1817）刻本《桂东县志·艺文志》收录其《太平路记》。

周作人曾有一段时间想研究八股文，但又考虑资料太多、太难，就写了一篇《关于试帖》，民国25年9月20日作于北平苦茶庵。“试帖”是八股文前身，在此文中提到金雨叔所撰《今雨堂诗墨》，但苦于“《诗墨》惜尚未得见”。

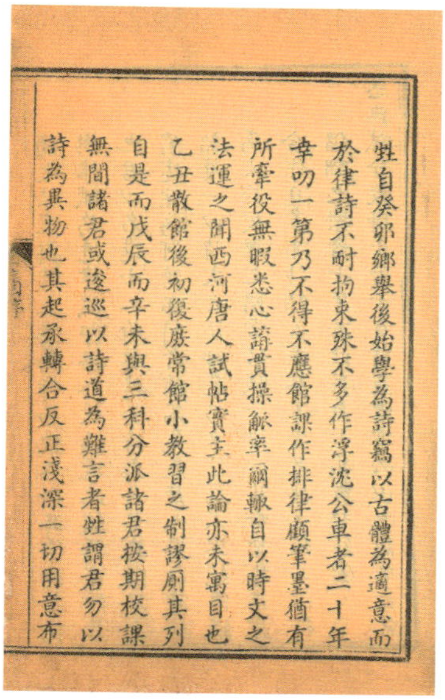
甡自癸卯鄉舉後始學為詩竊以古體為適意而於律詩不耐拘束殊不多作淳沈公車者二十年幸叨一第乃不得不應館課作排律顧筆墨猶有所牽役無暇悉心講貫操觚率爾輒自以時文之法運之聞西河唐人試帖實主此論亦未寓目也乙丑散館後初復廢常館小教習之制謬厠其列自是而戊辰而辛未與三科分派諸君按期校課無間諸君或逡巡以詩道為難言者甡謂君勿以詩為異物也其起承轉合反正淺深一切用意布

“推阐骈文思潮，具有特识”：《四六丛话》

（清）孙梅辑《四六丛话》三十三卷十册，吴下清光绪七年（1881）刻本。钤“云轮阁”，“荃孙”两枚藏印。

“骈文”也称“骈体文”、“骈俪文”或“骈偶文”。因其常用四字、六字句，故也称“四六文”或“骈四俪六”。全篇以双句（俪句、偶句）为主，讲究对仗的工整和声律的铿锵。中国的散文从汉代到六朝，出现了“文”、“笔”的对立。所谓“文”，就是专尚辞藻华丽，受字句和声律约束的骈文。所谓“笔”，就是专以达意明快为主，不受字句和声律约束的散文。文笔分裂后，骈文就成为和散文相对举的一种文体。骈文盛行于六朝，代表作家有徐陵、庾信。中唐古文运动以后，稍告衰落。在元明两代成为绝响。至清初，作者接踵而起，清代成为骈文史上的繁荣期，而且骈文理论与批评著作开始出现。《四六丛话》就是这样一部关于骈文批评的理论著作。

钱基博认为：“谈骈文者，莫备于乌程孙梅松友《四六丛话》，而惜其辞涉曼衍，又限于四六一体”（钱基博：《骈文通义》，上海大华书局1934年版）。第一次揭示《四六丛话》理论价值的是刘麟生，他认为：“一曰发凡起例，纲举目张。前二十八卷，叙文体，后五卷，论历代作家。其论文体也，每章之前，均有叙论，而以参考资料附于后。叙论之穷源溯委，精审赅备，得未曾有；至所辑参考资料，固称丰赡，亦难免支蔓之讥。二曰推阐骈文思潮，具有特识。卷首专论《诗骚》，以明系统，总论调和骈散，以示旨归。”（刘麟生：《中国骈文史》，东方出版社1996年版）

对于《四六丛话》的研究很少，莫道才的《论“四六丛话”的学术价值和骈文思想》则是对《四六丛话》研究的第一篇也

四六叢話卷一

烏程　孫梅　輯

選一

文之爲言合天人以炳耀選之爲道從精義以入神選而不文非他山之瑜瑾文而非選豈麗製之淵林若乃懸衡百代揚搉羣言進退師於一心總持及乎千載吾於昭明氏見之矣夫一言以知覈蔑知人難矣未若知言之難也後世必有子雲知言難矣未若知文之尤難也更二難以課最包載籍以爲程著述以來僅有斯作夫陶冶墳素者本

是唯一一篇论文。该文对孙梅的骈文思想、重视骈文的骚选源流、各体骈文发展历史和追寻骈文创作方法及评价标准等都有独到的评价。在莫道才的专著《骈文通论》中，则将《四六丛话》融入全书论述中，特别在第八章“骈文的体类”中，广泛征引孙梅对骈赋、骈序、骈书、公牍骈体等的推源溯流的论述，实际上也是对其理论的认同和接受。

孙梅的弟子阮元对骈文很有研究，他本人的骈体文写作也有很高成就。在他为《四六丛话》一书所写序言中，给予了《四六丛话》很高的评价。

奏折的“写作指南”：《奏折谱》

一册清光绪十三年（1887）的刻本，饶旬宣纂的《奏折谱》，在2004年1月中国书店拍卖中，无底价起拍，以4000元落槌。

中国自明代以后朱元璋废止宰相制度，代以内阁制度，设大学士，到清朝设议政王会议、内阁、军机处等机构，几乎国家全部的政治、经济、军事、文化、外交权力集中在皇帝一人手中，奏折便成了最高上行文件。

在明朝，最高的上行文件包括奏本、题本及揭帖三大类，奏本的特点是无官印；而题本及揭帖就是上报给皇帝的普通公文和紧急公文，后两者必须有官印。通常有固定格式，如每幅12行，每行20字，平行18字，其中两个字的位置专门留给皇上批字用。明代奏本、题本及揭帖在民间尚未发现一件。

清初期，各地及京城给皇帝的报告最初用的是木签。直到顺治二年（1645）才开始仿明制缮写题本、奏本。到了康熙年间，国家经常发生紧急军情，按格式写报告非常耽误时间，通常的上行到皇帝的文件逐渐演变成了奏折，内容上就是奏疏加揭帖和题本，而形式上基本就是以前的揭帖，它不必用官印，不拘格式，详陈直达，皇上可以手批，此后它一直沿用到清末宣统年。因此，奏折制度是清代高级官员向皇帝奏事进言的文书制度。

奏折之称最早见于顺治十三年，因是孤证，而且实物至今尚未发现，故史学界对此有所怀疑。比较确切的是始于康熙朝。因康熙帝常令其亲信官员及部分督抚大员密奏见闻，以便互相监视和探听民情，遂有密折文书的出现。密折就是奏折的一种，故史学界大都认为奏折制度起源于康熙朝。目前所见世存最早的奏折是康熙二十八年（1689）二月二十七日大学士伊桑阿的“奏谢温谕赐问平安折”。

康熙四十年以后，奏折的使用就比较广泛。至康熙五十年前后，内而王公大臣，外而督抚提镇均可使用奏折。雍正帝继位以后，更进一步扩大奏折的使用范围，规定内外诸臣，对凡属宜守机密或应速递上闻的国家庶政，都可以用密折先行奏闻，然后再用题本正式奏请批示遵行。于是，奏折作为机密文书遂被普遍使用，成为定制。乾隆十三年（1784），清廷又谕令停止奏本的使用，从而使奏折与题本并重。但实际上许多机密要务都是用奏折先行上达，而题本则成了例行公事。因此到光绪二十七年终于取消题本而专用奏折。

清初文书制度原来基本因袭明代，公事用题本，私事用奏本，而题奏本章都不能直达皇帝，须先送内阁阅览票拟后再进呈皇帝裁夺，既费时又易泄密，不利于皇权的加强。奏折则一扫此弊，具奏人可派遣专人或通过驿站直接送入内宫，由皇帝亲自拆阅并用朱笔批示，然后再交来人或通过驿站发回原奏人遵行，中间不必经过任何机构或个人转手。既速且密，有利于皇帝个人的专制独裁，故得到普遍推广使用。奏折按其内容可分为奏事折、奏安折、谢恩折及贺折四类，其公文程式各有不同。最初主要用作请安致贺，以后逐渐用作奏事、谢恩，尤以奏事折为最多。它在康熙时及雍正初年，原无一定规则与程式，也未列入国家的正式官文书之内。京内外官员，不论官职大小，只要得到皇帝的宠信和特许，即使是微末之员，甚至寺庙的主持和尚，也可以上折奏事和谢恩。但到雍正后期，尤其是在乾隆时期，因奏折成了国家的正式官文书，就逐渐形成一套严格的制度。首先是只有高级官员，如文官的京官三四品京堂以上或翰詹科道官员；地方官按察使以上或负有特殊使命的钦差官员；武官须总兵以上等始有资格用奏折奏事。其次在公文程式、运转关系以及缮写的字体等方面，也都有繁琐的规定，违者就会受到处分。这样一来，《奏折谱》作为奏折的写作“指南”就成了官员们不能离手的教材，也才有了这本书的重要价值。

奏折送达皇宫，由皇帝用朱笔批示的称“朱批奏折”。雍正朝以后，奏折经朱批后，在发还具奏人遵行之前，照例要由军机处抄录一份，以供有关衙门传抄执行和存案备查，称为“录副奏折”，简称“录副”。也有少数奏折（如言官风闻奏事之折）皇帝不加批示，即以原折交军机处存档，不再录副传抄。还有个别事关机密之件，或因具奏人的请求，或皇帝认为不宜公开，即留在宫中，不发交军机处抄录，称作“留中”。

奏折是清代雍正以后最重要的官文书，其涉及的内容十分广泛，几乎概括了当时的政治、经济、军事、文化等各方面，是研究清代历史最重要的原始资料，已成为收藏界青睐的好藏品。2006年春天，曾在北京琉璃厂遇到一个顺治十年户部尚书车克的题本，纸本，计三折，高24厘米，宽12厘米，满汉合璧。当时因定价较高，而没舍得买下来，现在看来，这样一个清早期的东西，实为不可多得的珍品。

奏摺譜自敘
古今名盛世稱聖君者必曰唐堯虞舜稱賢臣者必曰稷
契臯夔而其治天下之大經大法則盡在於典謨訓誥夫
二典即今之
諭旨也謨誥即今之章奏也是章奏可不敬謹其事而立一不
易之法則哉況學文有啟蒙各集學律有讀法諸書他如
度支有經尺牘有程推而至於書畫琴棊亦莫不有譜獨
此章奏之事曾未見有體裁之華結搆之規繕寫之式著
有成書以昭體制豈無畫一之定章耶抑由見聞之未廣
耶雖各省之情形不同各署之規模有異而其大概終不
懸殊焉予幼承庭訓年未弱冠蒙邑侯曹峻岩夫子謬以
書法冠場英才見許忝列冠軍雖一衿倖博而棘闈屢絓
兩度迨至咸豐乙卯歲髮逆竄陷郡城予遂藉遊閩省留

“是亦有用之书矣”：《春明退朝录》

（宋）宋敏求著《春明退朝录》三卷一册，仪征张丙炎、张允顗父子在广东所辑《榕园丛书》之一种。书后有清同治甲戌（1874）四月番禺李光廷所作跋，称此书“诸家引述者多，是亦有用之书矣。此编钞自《百川学海》中，三卷原缺六页，今从

《学津讨源》本补之成足本焉”。

《春明退朝录》是宋敏求撰写的一部史料性较强的见闻笔记，内容涉及宋代官诰礼仪、仕宦进拟、差除制度等。宋代史学极盛，史家众多，但是能够父子前后相继修国史及实录的，在北宋只有常山宋绶、宋敏求父子。宋绶的父亲宋皋，娶的是宋初名儒杨徽之的独生女，杨家藏书甚富，全部赠给了宋绶。宋绶天资颖异而又好学，官至参知政事，赐第京都春明坊，累年增加藏书不少。到宋敏求时已是三代经营，藏书达3万余卷。宋敏求不以门第骄于人，而好贤下士，为欧阳修所称道。曾编修《唐大诏令集》、《唐书》、《仁宗实录》、《皇朝百官公卿表》和《两朝国史》等，因参与修书的业绩，获得朝廷给予的银绢赏赐。宋敏求在《三川下官录》、《入蕃录》及《春明退朝录》中，记述了其平生为官时的所见所闻。

《四库全书总目提要》记载：“是书《文献通考》凡两出其名，一入于故事，一入于杂家，今观所记，虽多述宋代典制，而杂说、杂事亦错出其间，则究为杂家类也。”《春明退朝录》序中有“神宗熙宁三年十一月晦，述所闻见以补史遗，以先卢在春明里名之曰《春明退朝录》”。然而该书的下卷有一个注，说的是“熙宁七年六月十三日”，两处的时间有矛盾。《四库全书总目提要》对此也有记述：“岂先为序而后成书，如程伊川《春秋传》之类欤。”

关于《春明退朝录》的纂作，宋敏求在此书开篇有一个说明：“予以谏议大夫奉

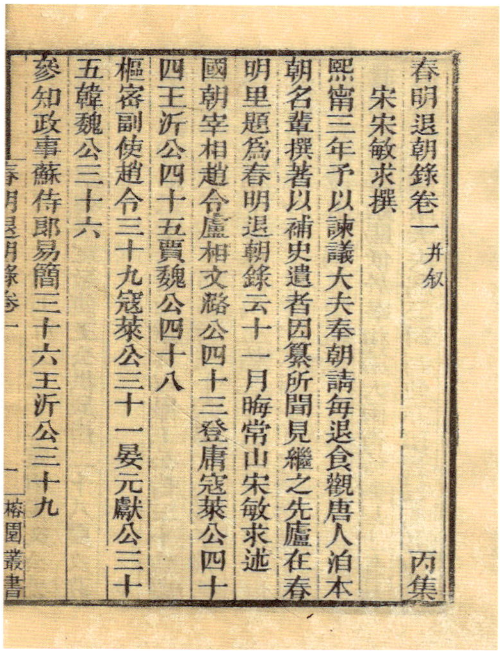
春明退朝錄卷一 并叙 丙集
宋宋敏求撰
熙甯三年予以諫議大夫奉朝請每退食觀唐人洎本
朝名輩撰著以補史遺者因纂所聞見繼之先廬在春
明里題爲春明退朝錄云十一月晦常山宋敏求述
國朝宰相趙令盧相文潞公四十三登庸寇萊公四十
四王沂公四十五賈魏公四十八
樞密副使趙令三十九寇萊公三十一晏元獻公三十
五韓魏公三十六
參知政事蘇侍郎易簡三十六王沂公三十九
春明退朝錄卷一 二 榕園叢書

朝请，每退食，观唐人洎本朝名辈撰著以补史遗者，因纂所闻见继之。”这里说的是他在任谏议大夫期间，每天退朝之后，便博览唐宋史杂著，同时纂辑自己的见闻以补缀，最后积累成这部专述唐宋典例的《春明退朝录》。对此，诗人秦观在《诗次韵宋履中近谒大庆退食馆中》也有描述：

翠华初到殿中间，三馆诸儒共一班。
迎谒晓廷清跸近，退穿春仗彩旃闲。
病来怕饮东西玉，老去惭陪大小山。
知续春明退朝录，借观当奉一鸱还。

此书明弘治年间无锡刊《百川学海》零本，中国嘉德曾有几次上拍，均未成交。

满汉文本《金瓶梅》经眼记

在广州古籍书店，遇到一函八册零本满汉《金瓶梅》，开本较大，用纸考究，金镶玉装池，索价1.5万元。当时的直觉是本子稀见，品相很好，但价格较高，且是零本，就没有下决心。后遇到广州一位书友，他说几年前这书曾送中国嘉德拍卖，但未成交，目

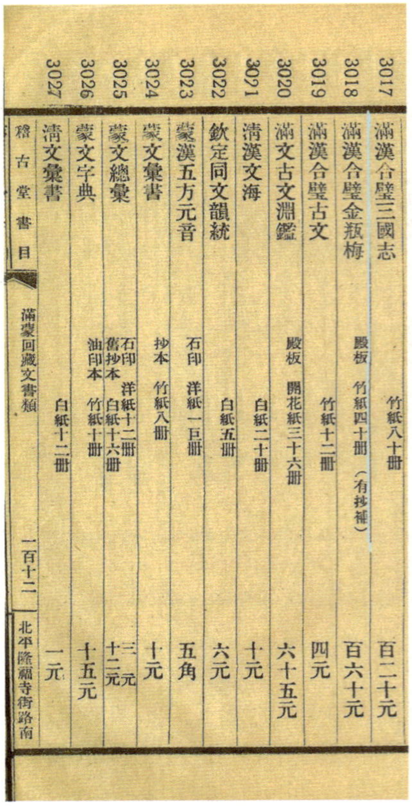

稽古堂書目　滿蒙回藏文書類　一百十二　北平隆福寺街路南

3017	滿漢合璧三國志		竹紙八十冊	百二十元
3018	滿漢合璧金瓶梅	殿板	竹紙四十冊（有抄補）	百六十元
3019	滿漢合璧古文		竹紙十二冊	四元
3020	滿文古文淵鑑	殿板	開花紙三十六冊	六十五元
3021	清漢文海		白紙二十冊	十元
3022	欽定同文韻統		白紙五冊	六元
3023	蒙漢五方元音	石印	洋紙一巨冊	五角
3024	蒙文彙書	抄本	竹紙八冊	十元
3025	蒙文總彙	石印	洋紙十二冊	三元
		舊抄本	白紙十六冊	十二元
3026	蒙文字典	油印本	竹紙十冊	十五元
3027	清文彙書		白紙十二冊	一元

前这个价格还算可以，值得考虑。回来后翻阅中国嘉德2000年11月5日秋拍图录，第769号拍品《清·满汉对照文金瓶梅》，估价0.8万～1万元，内府刻本，竹纸八册，未成交。正是广州古籍书店柜台里的这套。

据笔者掌握的资料，美国哈佛大学哈佛燕京图书馆的满文藏书中，满文和满汉文对照的小说颇为引人注目，且大多为满汉文抄本和初刻本。该馆收藏的《满汉合璧金瓶梅》，便著录为“清初刻本，存二册”。这两册是第十七至十九回和第六十三至六十四回。除此之外，美国哥伦比亚大学东亚图书馆藏有与这个刻本相同的全帙，为一百回，四十册，左满文，右汉文。

有清一代，几乎所有的汉文名著小说都被译为满文。这些满文译本有一个共同的特点，就是把原书的前序后跋之类删掉，有的则加上自己的序言，然后进入故事，显得简洁明快。特别是清朝前期，比较注意吸取先进文化、文学，有些精通满汉语文的臣僚，翻译了不少汉文书籍，特别是小说。《故宫殿本书库现存目》卷下“清文书目”记载的99部书中，小说有《三国志演义》、《水浒传》、《西游记》、《西游后记》、《连城璧》和《平山冷燕》等10多部。

《啸亭续录》载：“有户曹郎中和素者，翻译绝精，其翻《西厢记》、《金瓶梅》诸书，疏解字句，咸中綮肯，人皆争诵焉。”据此可以看出，《金瓶梅》满文本译者为和素。和素，字存斋，满洲镶黄旗人，累官内阁侍读学士。《金瓶梅》满文译本的序刻，是满汉文化交融的一大壮举，是清前期满族统治者重视汲取汉族文化、确认通俗小说价值、实行汲取先进文化政策的结果，而决不是满族文人和素的“游戏”之作。清康熙二十六年（1687）有对下层禁“淫词小说”的圣训。在上层翻译刊刻《金瓶梅》这样一项重要文化工作，不可能不得到官方的批准与支持。

1911年《国粹学报》第七十五期转引钝宦《小三吾亭随笔》里的记载说：“往年于厂肆见有《金瓶梅》，全用满文，惟人名则旁注汉字。后为日本人以四十金购去。贾人谓是内府刻本……此或当时游戏出之，未必奉敕也。”查翕居所藏1936年《稽古堂书目》第一期“满蒙回藏文书类”记载，有《满汉合璧金瓶梅》一部，写的是“殿板，竹纸四十册，有抄补”，售价是160元。稽古堂店开在北京隆福寺。

康熙三十四年，张竹坡评点《金瓶梅》时，把《金瓶梅》定名为《第一奇书》，肯定《金瓶梅》的写实成就，给这部巨著以很高的历史地位。和素在张评本刊刻十二年后，以张竹坡评本为底本，删去评语，译成满文。他在满文《金瓶梅序》中，继承、吸收了前辈文人对《金瓶梅》的批评成果，称《三国演义》、《水浒》、《西游记》和《金瓶梅》为四大奇书，并认为《金瓶梅》写平常的人物，如市井之夫妻、商贾、妓女、优人、和尚、道士、

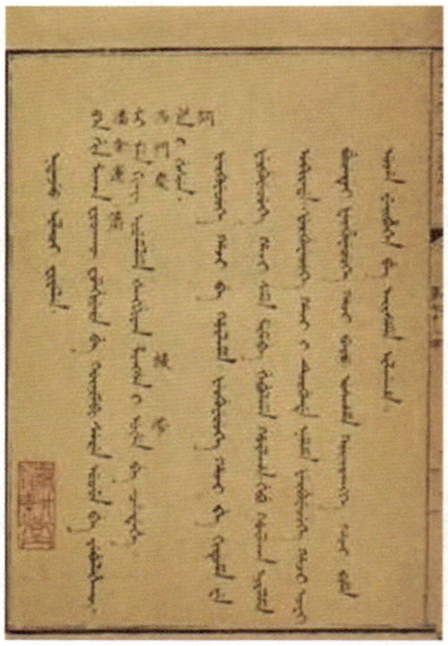

姑子、拉麻、命相士等，叙述详尽，栩栩如生，为四奇大书中之佼佼者。和素在翻译《金瓶梅》的同时，研阅了不少汉文古代小说，他对古代小说在内容上给了概括说明：“扬善惩恶，以结祸福；或娱心逞才，以著诗文；或明理言性，以喻他物；或褒正疾邪，以断忠奸。虽属稗官，然无不备善。”关于《金瓶梅》，他提出的“凡一百回为一百戒”的观点，是研阅全书后所得出的。

关于《金瓶梅》的作者，至今已有十几种说法。和素翻译的满文《金瓶梅》序中说：“此书乃明朝闲散儒生卢柟为斥严嵩严世蕃父子所著之说，不知确否。”和素提到的卢柟，字少楩，大名濬县人，生卒年不详，有《蠛蠓集》刊行。卢柟非常熟悉濬县、临清一带市井细民生活。《明史》称其“博闻强记，落笔数千言。为人跅驰，好使酒骂座”。

“使蒙稚之民咸知大义”：《童蒙必读书》

清光绪三年（1877）涂宗瀛广西署衙刻本《童蒙必读书》，四册。手书上板，字大墨莹，品相完美。全书包括蒙书十四种：绛州李子潜著《弟子规》，宁城吕近溪著《小儿语》、《续小儿语》，休宁程若庸撰《性理字训》以及《弟子职》、《程子四箴》、《范氏心箴》、《朱子敬斋箴》、《朱子小学题辞》、《陈氏夙兴夜寐箴》、《吴氏敬铭》、《陈氏忍字箴》、《林氏集训蒙诗》和《千字文》。

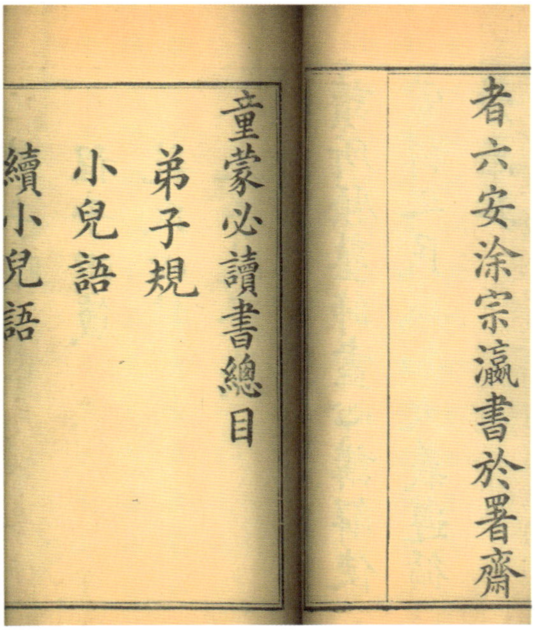

涂宗瀛在序言中说：“本此余家塾训蒙旧本也。童子知识初开，先入之言为主，一日用常行之理教之，便终身不忘。粤西僻远之乡，风俗椎鲁。现饬各州县，添设义学，俾贫民子弟就学其中。爰取旧本刊发给读，所愿塾师尽心讲解，使蒙稚之民咸知大义，遵循弗忘，其亦推广、教化之一助云。光绪三年暮春月抚粤使者六安涂宗瀛书于署斋。”

涂宗瀛（1812—1894），字阆仙，号朗轩，安徽六安人。清道光二十四年（1844）中举，同治元年（1862）大挑一等[清乾隆十七年（1752）的科举定制，对三科不中的举人，由吏部据其形貌应对挑选，一等以知县用，二等以教职用。六年一次，使举人有较宽的出路]，同治六年知江宁府，同治九年升任苏松太道员，同治十年升任湖南按察使，后改任布政使。光绪三年任广西巡抚，后改任河南巡抚，光绪七年调任湖南巡抚，后升湖广总督。发迹后建宅第于六安城内二道巷，晚年在此居住。著有《涂大司马年谱》、《涂朗轩尚书政书》、《重建江宁普育堂志》、《童蒙必读书》等书，同治、光绪年间以“求我斋”、“六安斋”为堂号，刻印书籍二十多种、二百多卷流传于世。

在近代笔记中，有“光绪初年三大奇案”：张汶祥刺马案、杨乃武与小白菜案、王树汶顶凶案。杨乃武与小白菜案，读者十分熟悉。陈可辛电影《投名状》，即源于张汶祥刺马案。

“王树汶顶凶案”则与涂宗瀛有关：河南南阳府镇平县有一个名叫胡体安的人，用别名当差役，暗地里做强盗。光绪六年，他抢劫了某富户，被告到官府。时任河南巡抚的涂宗瀛下令镇平县令马翥捉拿胡体安。胡体安与徒党密谋，让15岁的家仆王树汶冒名顶替，并骗王树汶说不会有死罪。马翥不疑有他，遂将王树汶押送省城。朝廷下令，将此巨盗就地正法。谁知上了法场，王树汶大呼：“我不是胡体安，不是答应让我不死的吗？”监斩官立即向涂宗瀛汇报，涂宗瀛下令停止执行死刑。不久，涂宗瀛改任湖南巡抚，新任河南巡抚是李鹤年。此案又起反复，道员任恺曾参与审理王树汶案，为躲避责任，他竭力劝说李鹤年维持原判。此案卷宗送至刑部，郎中赵舒翘发现其中疑点甚多，反复研审，最终发现王树汶为胡体安顶凶的真相。最后，王树汶被释放回家，胡体安斩首，马翥和任恺发配充军。

“砭骨之神针，苦口之良剂”：《呻吟语》

（明）吕坤著《呻吟语》六卷、附录一卷，共六册，清道光十七年（1837）雅雨堂刻本。钤王森然、养正斋、完颜伯子、如茰书屋等多枚藏印。

吕坤（1536—1618）是明代思想家，字叔简，号新吾，自称抱独居士。河南宁陵人，明万历二年（1574）进士。他一生经历了嘉靖、隆庆、万历三朝，分别在陕西、山西、山东及朝廷为官20余载，因不满朝政，遂称疾乞休。家居凡20年，以著述、讲学为业，为后世留下《去伪斋集》、《呻吟语》、《阴符经注》、《四礼疑》、《四礼翼》、《实政录》等带有鲜明个性标志的著述。他指斥言行不一，空谈天道性命之道学家为“伪”，为“腐”；提倡“于国家之存亡，万姓之生死，身心之邪正”的有用之实学。时人称其著述“多出新意”，自称“不儒不道不禅，亦儒亦道亦禅”。

《呻吟语》是吕坤积30年心血写成的著述，他在原序中称：“呻吟，病声也，呻吟语，病时疾痛语也”，“三十年来，所志《呻吟语》凡若干卷，携以自药”，“择其狂而未甚者存之”。全书于万历二十一年才完成。共六卷，前三卷为内篇，后三卷为外篇，分为性命、存心、伦理、谈道、修身、问学、应务、养生、天地、世运、圣贤、品藻、治道、人情、物理、广喻、词章等十七篇。本书是随得随录的随笔式

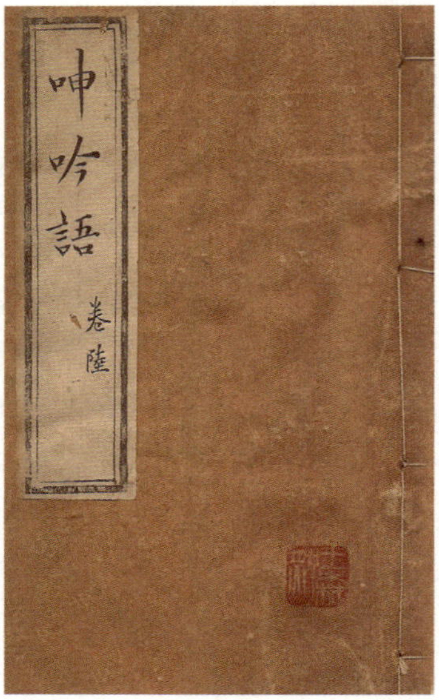

的语录体，行文灵活，文之长短，形随意移；儒为根底，兼采众慧，亦庄亦谐。作者针对明朝后期由盛转衰出现的各种社会弊病，提出了兴利除弊、励精图治的种种主张，并阐述了自己对修身养性、人情世故等方面的心得体会和见解，对当今世人颇有借鉴。

吕坤在《呻吟语》自序中述其刊刻本书的原因，说他的朋友见到此书力劝他公布于世："吾人之病大都相同，子既志之矣，盍以公人！盖三益焉：医病者见子呻吟，起将死病；同病者见子呻吟，医各有病；未病者见子呻吟，谨未然病。是子以一身示惩于天下，而所寿者众也。即子不愈，能以愈人，不既多乎？"

《呻吟语》充满了哲理性，对炼心悟道都有心得。譬如："君子之心常泰，小人之心常劳"，"士君子只求四真：真心、真口、真耳、真眼。真心无妄念，真口无杂语，真耳无邪闻，真眼无错识"，"吾辈终日念头离不了四个字，曰：得、失、毁、誉。其为善也，先动个得与誉底念头；其不敢为恶也，先动个失与毁底念头。总是欲心、伪心，与圣人天地悬隔。圣人发出善念，如饥者之必食，渴者之必饮。其必不为不善，如烈火之不入，深渊之不投，任其自然而已。贤人念头只认个可否，理所当为，则自强不息；所不可为，则坚忍不行"，"正直者必不忠厚，忠厚者必不正直。正直人植纲常，扶世道；忠厚人养和平，培根本。然而激天下之祸者，正直之人；养天下之祸者，忠厚之过也。此四字兼而有之，惟时中之圣"。今天看来，这些观点读之令人惊醒，动人性情，依然颇有教益。有人称其"推堪人情物理，研辨内外公私，痛切之至，令人当下猛省，奚啻砭骨之神针，苦口之良剂"。此说信然。

在朵云轩2005年秋拍中，清同治十三年（1874）木犀山房刊《呻吟语》一函六册，以4400元成交。在北京保利2007年秋拍中，道光刻白纸本六册，估价6000～8000元，未成交。

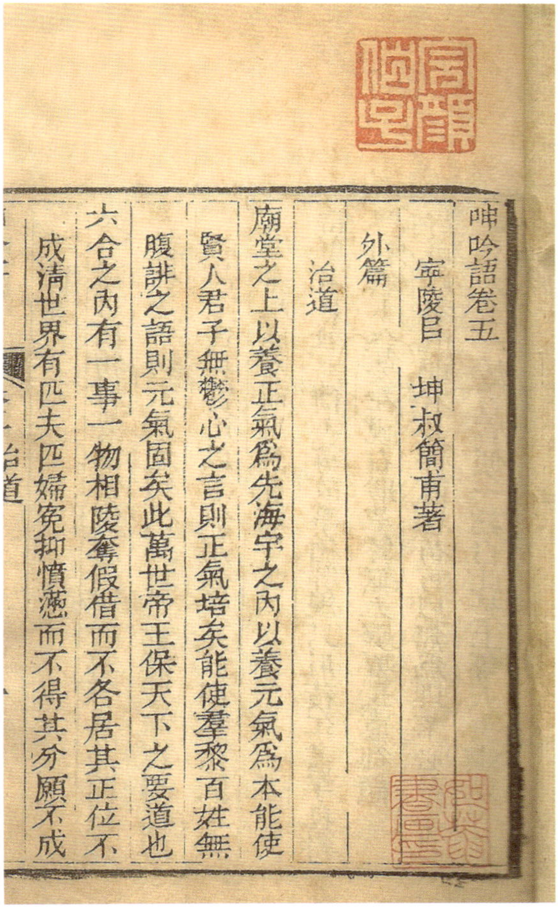
呻吟語卷五
寧陵呂　坤叔簡甫著
外篇
治道
廟堂之上以養正氣爲先海宇之內以養元氣爲本能使賢人君子無鬱心之言則正氣培矣能使群黎百姓無腹誹之語則元氣固矣此萬世帝王保天下之要道也
六合之內有一事一物相陵奪假借而不各居其正位不成清世界有匹夫匹婦冤抑憤懣而不得其分願不成

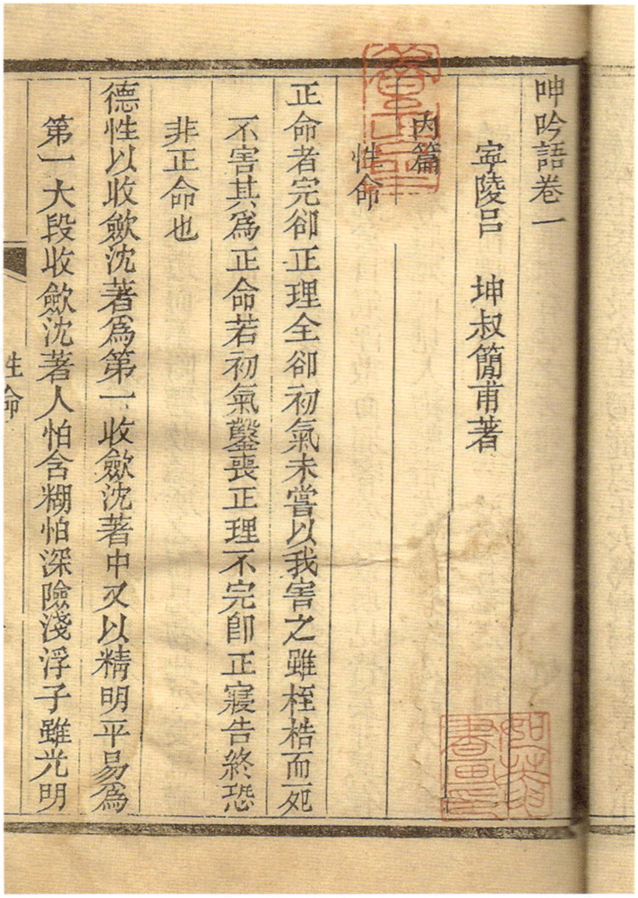
呻吟語卷一
寧陵呂　坤叔簡甫著
內篇
性命
正命者完卻正理全卻初氣未嘗以我害之雖桎梏而死不害其爲正命若初氣鑿喪正理不完即正寢告終恐非正命也
德性以收斂沈著爲第一收斂沈著中又以精明平易爲第一大段收斂沈著人怕含糊怕深險淺浮子雖光明

贰 思贤沐手泽

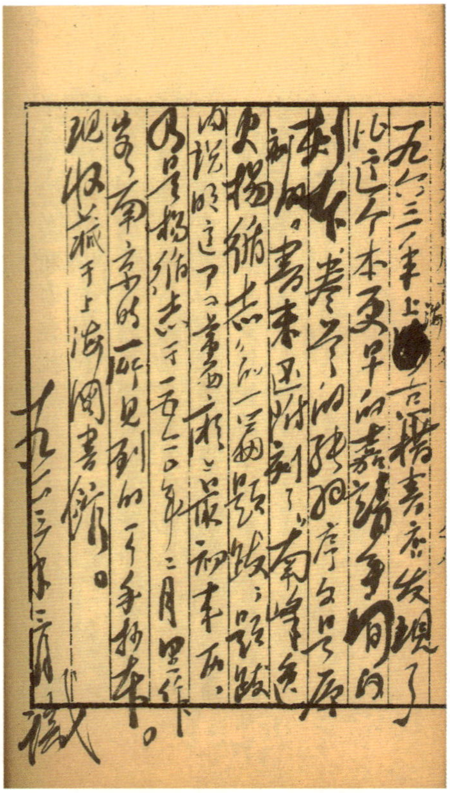

张博泉的题跋

这部分收入的是抄本、校本、稿本和有题跋、批校、批注的本子。

早期的图书，都依赖于抄写流传，雕版印刷术普及之后，仍有不少读书人以抄写古籍为课业，所以传世古籍中有相当数量是抄本。有些书没有刻印或者失传，现在只有抄本传世。在手写传抄的本子中，时间有早晚，书写有精劣，内容有正误之分，因而其价值也不等。抄写本的时代越早，越可能接近原稿，内容的真实程度越大，价值就高。一些内府图书，并无刻本，只以写本形式传世，像明代的《永乐大典》和清代的《四库全书》等。

一些抄本或刻本，讹漏舛误都会常常发生，难免鲁鱼亥豕之误。有不少学者为了避免贻误后学，致力于不同版本的校勘批注，也因而出现了不少精校批注的本子，这些经过认真批校纠谬，或有名家题跋识语的印本、抄本和稿本，就很为珍贵，并愈来愈为藏家看好。很多文人墨客，喜欢在看书时随时在书中记录或注释一些心得，这种批注本也有较高研究价值。

已经写定尚未刊印的书稿，称为稿本。其中，由作者亲笔书写的为手稿本，由书手抄写又经著者修改校定的为清稿本。稿本因其多未付梓，故受人重视，尤其是名家手稿及史料价值较高的稿本，一向为藏家珍爱。

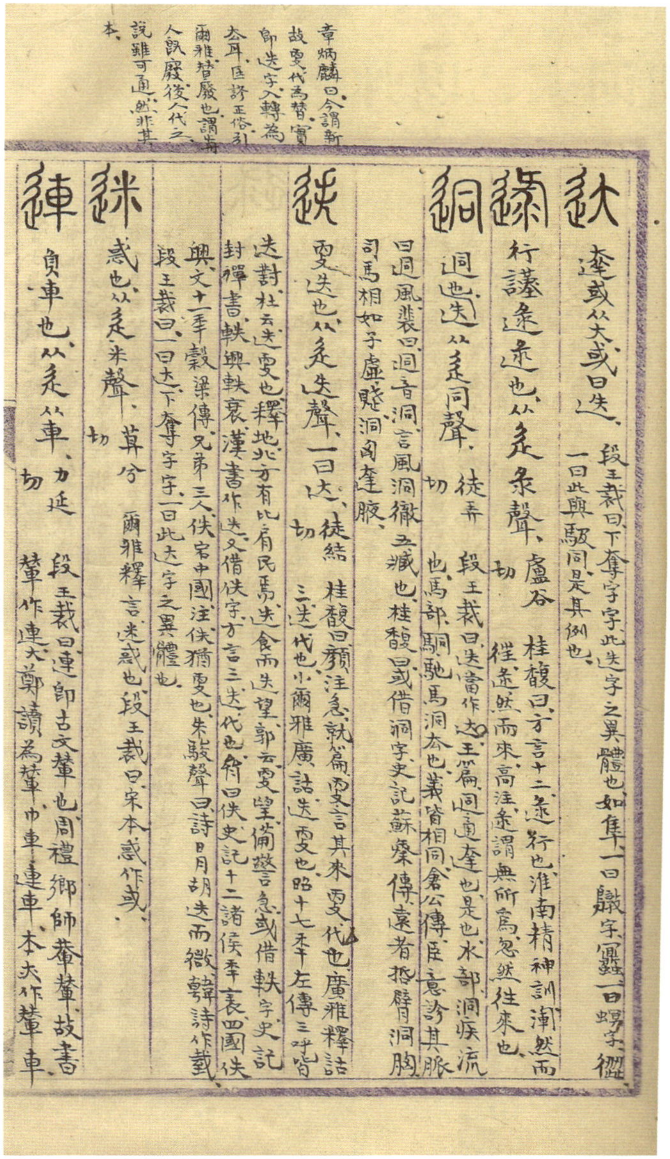
章炳麟曰：今謂新故更代爲替，實即迭字入轉爲替，許正俗引爾雅替廢也，謂前人既廢，後人代之。說雖可通，然非其本。

达 逹或从大，或曰迭。段玉裁曰：下奪字字，此迭字之異體也，如隼，一曰鶽字，蠡，一曰螺字。一曰此與駁同，是其例也。

逯 行謹逯逯也，从辵彔聲。盧谷切。桂馥曰：方言十二：逯，行也。淮南精神訓：渾然而往，逯然而來。高注：逯謂無所爲，忽然往來也。

迵 迵迭也，从辵同聲。徒弄切。段玉裁曰：迭當作达。玉篇：迵，通達也，是也。水部：洞，疾流也。馬部：駧，馳馬洞去也。義皆相同。倉公傳：臣意診其脈曰迵風。裴曰：迵音洞，言風洞徹五藏也。桂馥曰：或借洞字。史記蘇秦傳：遠者括臂洞胸。司馬相如子虛賦：洞胸達腋。

迭 更迭也，从辵失聲，一曰达。徒結切。桂馥曰：顔注急就篇：更，言其來更代也。廣雅釋詁三：迭，代也。小爾雅廣詁：迭，更也。昭十七年左傳：三呼皆迭。封，杜云：迭，更也。釋地：北方有比肩民焉，迭食而迭望。郭云：更望備驚急。或借軼字。史記封禪書：軼興軼衰。漢書作迭。又借佚字。方言三：迭，代也。郭曰：佚。史記十二諸侯年表：四國佚興。文十一年穀梁傳：兄弟三人佚宕中國。注：佚猶更也。朱駿聲曰：詩日月胡迭而微，韓詩作㦸。段玉裁曰：一曰达下奪字字，一曰此达字之異體也。

迷 惑也，从辵米聲。莫兮切。爾雅釋言：迷，惑也。段玉裁曰：宋本惑作或。

連 負車也，从辵从車。力延切。段玉裁曰：連即古文輦也。周禮鄉師輂輦，故書輦作連，大鄭讀爲輦。巾車連車，本亦作輦車。

徐仁甫手稿

“本朝词家，以弹指为最”：《弹指词》

（清）顾贞观撰、杜诏订《弹指词》三卷、补遗二卷，光绪四年（1878）枕经葄史斋刊本。

该书有著名学者、红学家吴恩裕（1909—1979）所写两段跋语。其一是：“一九三一年时，喜读纳兰成德词，因亦读梁汾长短句。此册盖君实所赠，亦当时爱好容若词之至友也。1972年10月19日。”其二是：“余于一九三二年前后，喜读纳兰词，每于北京及清华园道上持之讽诵。去年间，小女有一日与乔公谈及诗词，乔云彼之作诗系受余影响，且将其意与含之同志言之，云云。但余则早已忘却矣。1974年10月5日灯下记于沙滩寓舍。”

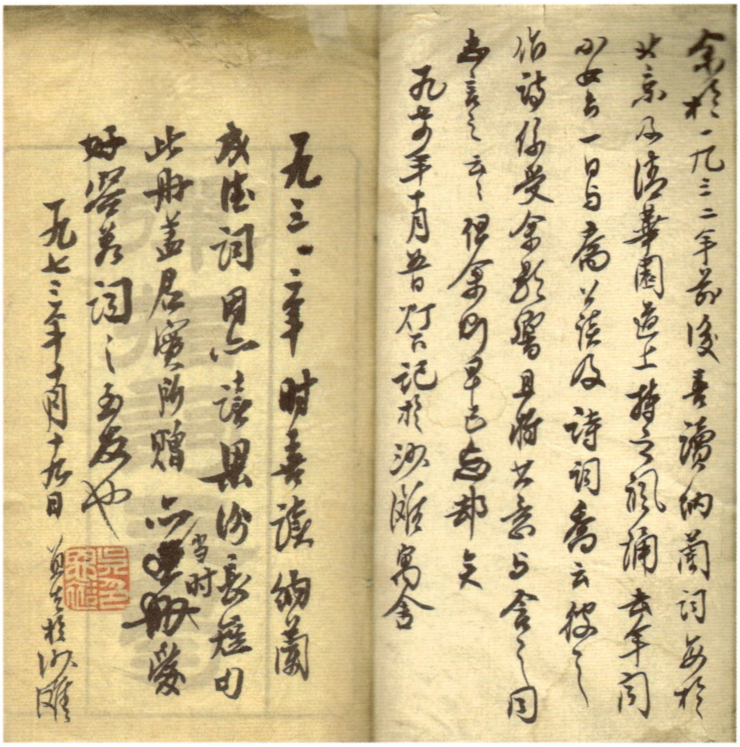
余于一九三二年前后喜读纳兰词每于北京及清华园道上持之讽诵去年间小女有一日与乔公谈及诗词乔云彼之作诗系受余影响且将其意与含之云云但余则早已忘却矣
七四年十月五日灯下记于沙滩寓舍

一九三一年时喜读纳兰成德词因亦读梁汾长短句此册盖君实所赠亦当时爱好容若词之至友也
一九七二年十月十九日

顾贞观（1637—1714），字华峰，号梁汾，江苏无锡人。清康熙五年（1666）举人，官内阁中书。能诗，尤工乐府，其人才调清丽，文兼众体，少年时与吴兆骞齐名。和纳兰性德、吴兆骞友善。20岁刚刚出头，到京城游玩，曾在寺壁题诗，被《世祖实录》总裁官、保和殿大学士加太子太保魏裔介发现，并到他住处过访，使得顾贞观声名鹊起。所作《弹指词》，声传海外，与陈维崧、朱彝尊并称“词家三绝”（据《清史列传·文苑传》）。

顾贞观与纳兰性德齐名，举凡清史、文学史、词史无不将二人相提并论，被视为风格近似、主张相同的词坛双璧。有人说，纳兰词乃天籁，顾词终是人籁。有人说，纳兰词贵气，贞观词清远。其实，二者并无天人之分，就好像一为紧那罗的舞，一为伽陵频迦的歌，相并而益彰，却无从分个高下，只能说个人口味不同而已。

秦赓彤在为此书所作序言中说：“先司寇题语有云：‘本朝词家，以弹指为最。’窃展卷诵之，惊为自古词家所未有，盖唐宋以来词格，凡几变矣，先生之词，穷其变而会其通，而极其至。神明变化，开前人未开之境，洵乎为一代之词宗，而叹先司寇公评骘之当也。”顾贞观曾云：吾词独不落宋人圈，可信必传。《弹指词》初刊于门人林诏之手，后屡有校刊，但板片皆毁失不存。关于《弹指词》的版本，据张秉成《弹指词笺注》（北京出版社2000年出版）介绍："今所能见者有（清）雍正二年（1724）刊本，乾隆十八年（1753）重刻本，光绪四年枕经葄重刻本等，皆为两卷本。而光绪四年秦赓彤重刻本则为三卷，补遗一卷，系枕经葄重刻版。"

翕居所藏本子乃顾贞观族孙顾缀珊据同邑龚葆贤藏本，付侯翔千、秦赓彤校正后的重刻本，此版本确切地说是由秦赓彤作序的顾缀珊刻本，而并非张秉成先生所言"秦赓彤重刻本"。

在上海敬华2006年春拍中，此书白纸本一册，以2200元成交。

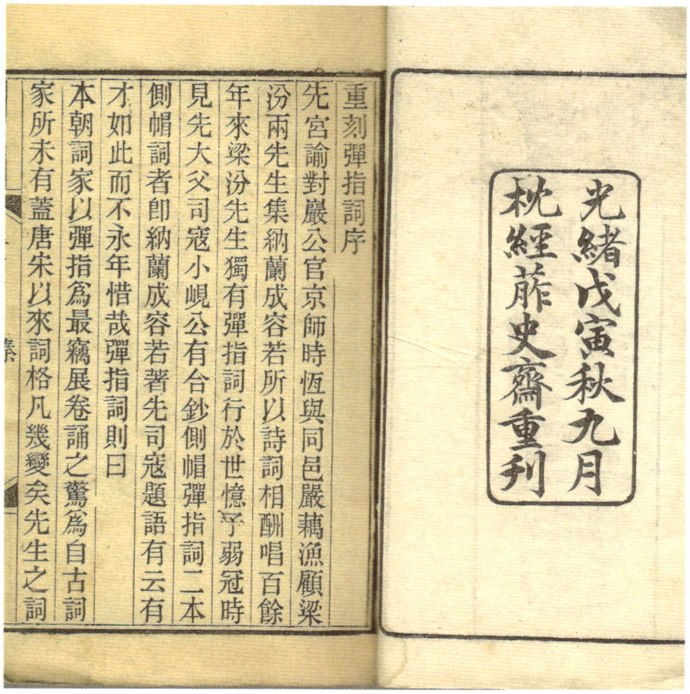
光緒戊寅秋九月
枕經葄史齋重刊

重刻彈指詞序
先宮諭對巖公官京師時恆與同邑嚴藕漁顧梁汾兩先生集納蘭成容若所以詩詞相酬唱百餘年來梁汾先生獨有彈指詞行於世憶予弱冠時見先大父司寇小峴公有合鈔側帽彈指詞二本側帽詞者即納蘭成容若著先司寇題語有云有才如此而不永年惜哉彈指詞則曰
本朝詞家以彈指為最竊展卷誦之驚為自古詞家所未有蓋唐宋以來詞格凡幾變矣先生之詞

"读有用书楼医书选刊第一种"：《温热类编》

（清）凌嘉六遗稿、秦伯未删订、裘吉生校刊《温热类编》四卷四册，民国15年杭州三三医社印行，"读有用书楼医书选刊第一种"。通篇朱墨满批满校，并于眉批中写有多个单方，从笔力、批语和方子内容来看，应为名医所为。

凌德为清代医学家，字嘉六，号蛰庵，归安（今浙江湖州）人。寓居上海，医术颇精，尤擅长于妇科。曾辑成《女科折衷纂要》（1892），又辑有古医典籍中有关咳嗽、麻疹等证治成《咳嗽经旨》四卷及《专治麻疹初编》六卷（1890），这三书被选入"读有用书楼医书选刊"前身"三三医书"之中。凌德还是颇有名气的书法家，曾一度卖字糊口，尤善擘窠书。武林、吴兴的许多胜迹匾额，多出其手。1851—1861年间到上海，与当地士人讨论金石书画，极一时之盛。

《温热类编》分温、热、暑、湿四大纲，采辑了自《内经》以来各名家凡论温热的观点理论。湿热症起病缓慢隐匿，病情缠绵，病程长，病位广，易阻气机，久而易伤阳气，与脾胃关系密切。疾病性质复杂多变，临床多见重浊的表现，湿热病证，四时均可发生。凌嘉六认为："湿热研究须三焦分理，其治法不外乎上宣肺气、中运脾阳、下通膀胱为主。"就今天医学临床所见，中医湿热病病种广、危害大，中医药行业标准《中医病证诊断疗效标准》颁布的210种病种中，有湿热证型者为129种。

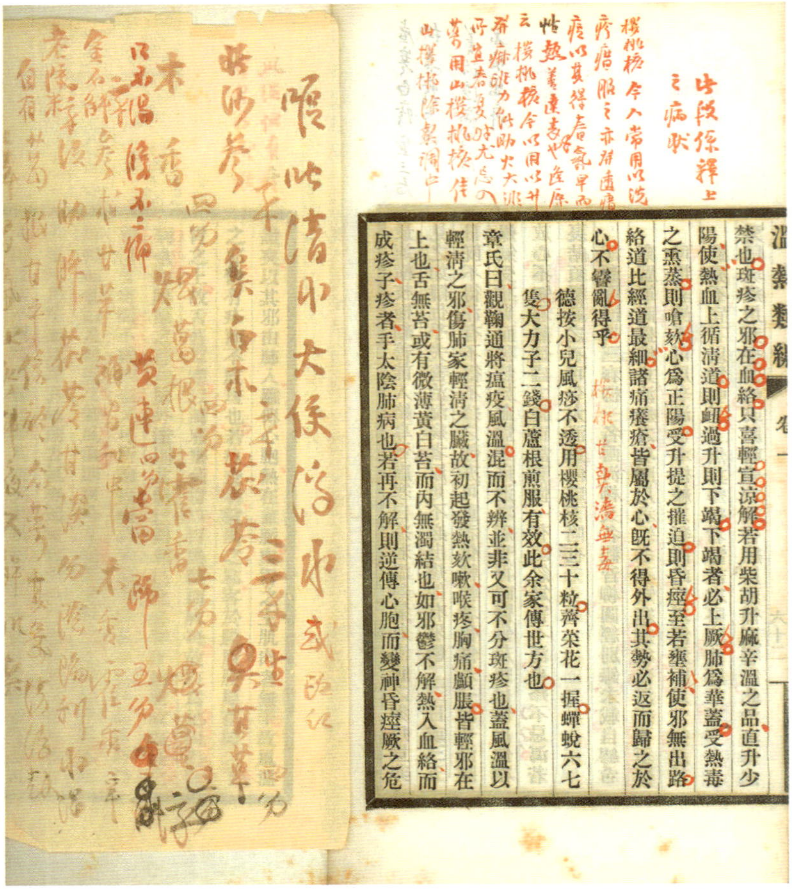

溫熱類編 卷一

禁也斑疹之邪在血絡只喜輕宣涼解若用柴胡升麻辛溫之品直升少陽使熱血上循清道則衄過升則下竭下竭者必上厥肺爲華蓋受熱毒之熏蒸則嗆欬心爲正陽受升提之摧迫則昏痙至若壅補使邪無出路絡道比經道最細諸痛癢瘡皆屬於心既不得外出其勢必返而歸之於心不譬亂得乎

德按小兒風痧不透用櫻桃核二三十粒薺菜花一握蟬蛻六七隻大力子二錢白蘆根煎服有效此余家傳世方也

章氏曰觀鞠通將瘟疫風溫混而不辨並非又可不分斑疹也蓋風溫以輕清之邪傷肺家輕清之臟故初起發熱欬嗽喉疼胸痛顱脹皆輕邪在上也舌無苔或有微薄黃白苔而內無濁結也如邪鬱不解熱入血絡而成疹子疹者手太陰肺病也若再不解則逆傳心胞而變神昏痙厥之危

于上海陈行乡。他一生致力于医学教育和中医理论研究，旁及诗词、书法、绘画、篆刻，人称“五绝”。1924年，他任江苏中医联合会编辑，开始整理校订医学古籍和著述，最著名的为《秦氏内经学》六卷，《内经类证》一卷和《读内经记》一卷，人称“秦内经”。1928年，与杭州王一仁、苏州王慎轩共同创办中国医学院于上海，任教席。先后受业弟子不下三千。1929年，医学界发生了一件震动全国的大事：有西医余岩等人向国民政府提出一项提案，谓中医“理论空洞玄虚，诊断无可靠依据，治法无一定标准”，“有碍保障人民健康”，建议取消中医。当局也拟采取措施，决议接受这一提案。上海中医界闻讯，大为震惊，立即通电全国，发表宣言，于3月17日在上海召开全国中医中药代表会议，群起抗争。秦伯未当时站在抗争

值得一提的是，这部书在正文开始前，是一篇《温热类编引用书目》，详列引用书25部，这是在其他医籍乃至旧籍中所不多见的。本书书前还有一篇“印行本书缘起”：说是自印行“三三医书”一、二、三集以来，医学界、藏书家责以书式洋装、纸用舶来，不能久藏，也不合刊行古书的惯例。所以从第四集起改为白连史纸磁青面和赛连史纸栗壳面两种，四开大版线装。重点选择未刻的先贤遗稿、不见流传的珍藏古籍印行。名称改为“读有用书楼医书选刊”，每种不限卷数、册数，三十三种为一集。这部《温热类编》就是第一集第一种。

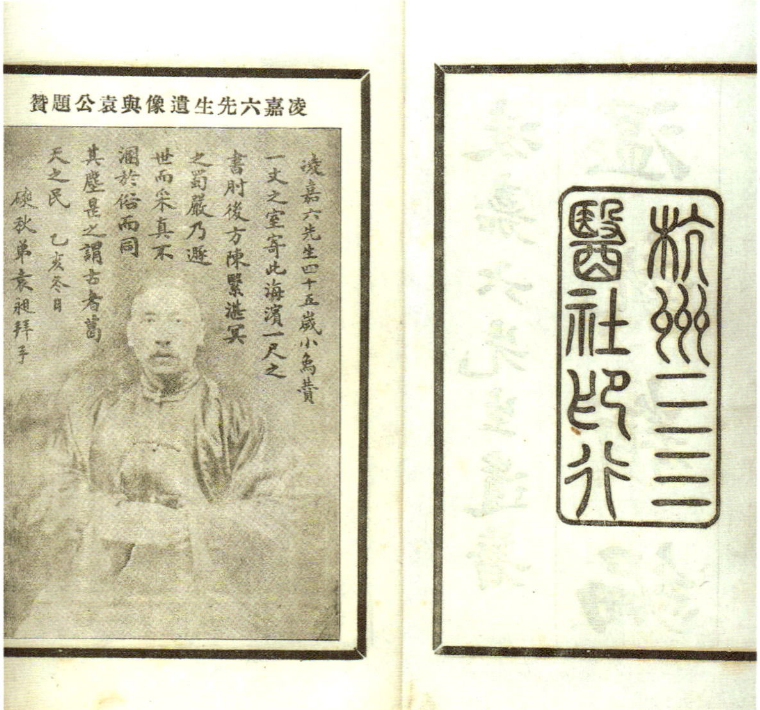

删订此书的秦伯未，名之济，字伯未，号谦斋，以字行。是宋代词人秦观的第27世孙，生

的最前列，大声疾呼“抢救祖国遗产”，并被推为赴（南）京请愿团的五人代表之一。国民政府见中医界群情激奋，只得收回成命，撤销决议。为纪念这一事件，后来中医界定3月17日为“国医节”。秦伯未治学严谨，医理独到，且善于总结，著作等身，达六十余种，被公认为医林之宝。他的“秦内经”三种，被医界誉为“铁锥”，意为可锥开中国医学宝库的大门。建国后任中央卫生部中医顾问，中华医学会副会长，北京中医学院教授等。

2009年2月，孔网此书四册售价为2800元。

提倡寒温统一论的《新伤寒证治庸言》

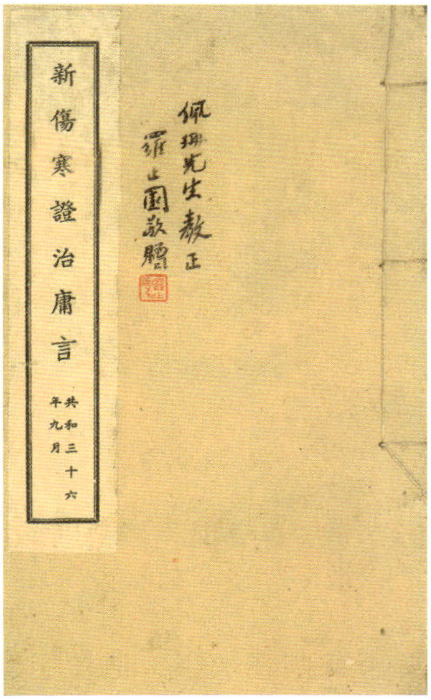

罗止园撰《新伤寒证治庸言》四卷一册，民国36年京城印书局铅印本。封面题“佩珊先生教正，罗止园敬赠”，钤印“罗止园”。

罗止园（1879—1953），名文杰，字亦才，号未若，晚号止园。医学家、画家。清光绪五年（1879），出生于山东省德州城内大营街（今德州德城区进步街）一家书香门第。他自幼学习刻苦，博览群书，尤于医学、绘画有特嗜，攻举业时，即喜读医籍，玩画临摹。光绪二十五年举秀才名列第一。清宣统元年（1909）考入山东省法官养成所，学习法律，三年毕业。民国初期在军、政界服务十余年。1926年以后，厌弃官场，定居北京，以行医、鬻画为生，潜心研究中医和绘画，获得较高的成就。学医初受业于中医邵敬甫，又从姜子全、丁福保学西医。1938年任华北国医学院教授。1949年后曾参与组织北京中医学会。

罗止园初重西轻中，后临证渐多，终悟中西医各有所长，乃倡“新中医论”，临证中西法并用。罗氏研究伤寒，认为中医伤寒非狭义之伤寒，乃是广义之伤寒，即伤寒包括外感寒邪等其他一切外感性疾病，治疗时当合治伤寒、温病于一炉，同时证以实例，济以新理。罗氏不拘旧说，每多新见，是近代较为典型的提倡寒温统一论者。研究伤寒有得，尝谓中医

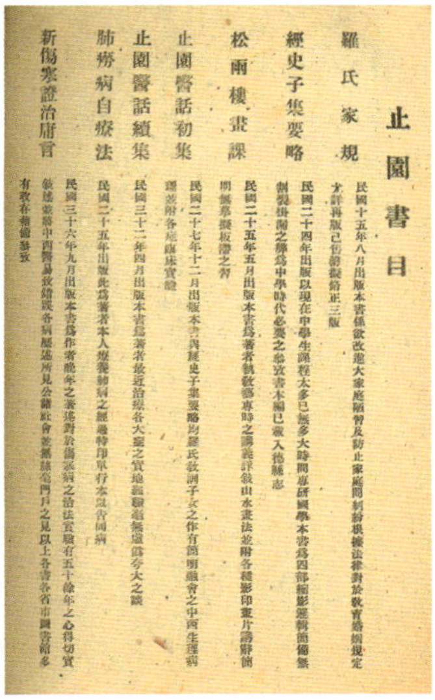
止園書目

羅氏家規　民國十五年八月出版本書係欲改進大家庭陋習及防止家庭間糾紛根據法律對於教育婚姻規定甚詳再版已售罄擬修正三版

經史子集要略　民國二十四年出版以現在中學生課程太多已無多大時間專研國學本書爲四部縮影選精節備繁删複提綱之節爲中學時代必要之參考書本編已載入德縣志

松雨樓畫課　民國二十五年五月出版本書爲著者執教藝專時之講義詳敘山水畫法並附各種影印畫片諸家畫明係摹擬版譜之習

止園醫話初集　民國二十七年十二月出版本書與經史子集要略均羅氏教訓子女之作有說明融會之中西生理病理並附各種臨床實驗

止園醫話續集　民國三十二年四月出版本書爲著者最近治療各大症之實地試驗毫無虛僞夸大之談

肺癆病自療法　民國二十五年出版此爲著者本人療養肺病之經過特印單行本以告同病

新傷寒證治庸言　民國三十六年九月出版本書爲作者晚年之著述對於傷寒病之治法實驗有五十餘年之心得切實敘述並將中西醫學致病原理各病經過所見公諸社會並無絲毫門戶之見以上各書各省市圖書館多有收存藉備參考

伤寒系广义之伤寒，当合治伤寒、温病于一炉，著有《止园医话》（1939）、《止园医话续集》（1943）、《新伤寒证治庸言》四卷（1946）。另著有《肺痨病自疗法》、《麻疹须知》、《恫瘝集》、《实验药物学》等，遗稿有《结核证治发凡》、《骨结核实验谈》。工绘画，1935年曾任北平美术学院国画系山水画教授，有《止园山水画集》等。

罗止园此书签赠的“佩珊先生”，不知为何人。

“扈斋”考释钟鼎彝器稿本

翕居藏有一册内容为考释钟鼎彝器的毛笔稿本，用四周双边灰格“扈斋”专用玉扣纸，每页9行，行14或15字，23.4厘米×15厘米。计有“十干为名”、“亞形”、“析木”、“帚女”、“Ⅱ说”、“酎说”、

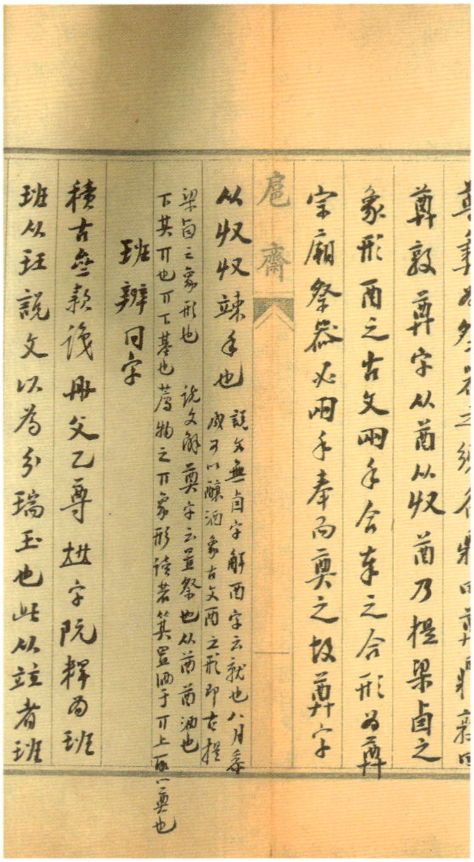
尊敦尊字从酋从収酋乃桯梁卣之
象形酉之古文两手合奉之合形为尊
宗庙祭器必两手奉而奠之故尊字
扈斋
从収収竦手也
班辨同字
积古斋款识丹父乙尊字阮释为班
班从玨说文以为分瑞玉也此从者班

吴湖帆画作

“荷贝形”、“尊彝说”、“班辨同字”、“旂”、“举字”、“鼎彝说”和“兕觥”等十三篇。

这些考证阐释文字，通篇字迹雅秀，考证爬梳严整，读来有趣有味，绝非俗手所为。未见其他金石类著作著录，也不见于公开发表的文章，似应为一部稿本。录其中两篇于后，供读者参研。

“十干为名”：商器往往有父甲父乙、祖甲祖乙之名。此乃子孙为父祖作器，而系以其名。商人无贵贱，皆同，不必定为君也。或曰：甲乙者，宗庙作器之次第。

“帚女”：薛氏款识有商帚女乙觚，释帚女为箕帚之妾。非是箕帚之妾，乃谦解非可以为号也，此帚字当是妇之省文。《礼》

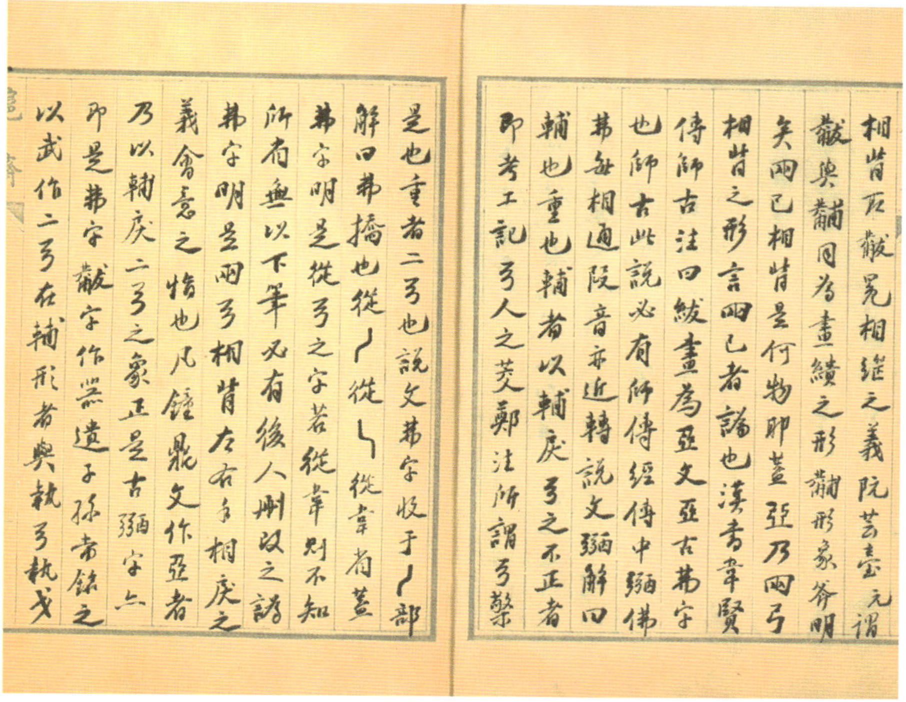

天子有世妇士之妃曰妇人，兹曰妇女，上下皆可通也。

查古今人物室名堂号，吴湖帆曾别署“匽斋”。吴湖帆为清代金石学家吴大澂之孙，吴大澂收藏各家彝器和铭文拓本宏富，其《愙斋集古录》二十六卷，著录金文拓本1144器，其中商周器1048、秦器19、汉器76、晋器1。但有的器、盖分列为二，又有重出和漏目者，实收器约为1026器。墨拓精良，甄选、考释确当。因吴大澂得病，全书未能完稿，后由其门人王同愈整理成书，于1917年影印出版。吴大澂考释金文的遗稿，1919年辑印为《愙斋集古录释文剩稿》，共收136器。

在中国嘉德四季拍卖会中曾拍吴湖帆写本《愙斋考释题跋记（上）》，竹纸一册。翕居所藏此稿本是否为吴湖帆所作，则有待方家辨证。

“青灯有味，白云自怡”

2007年暑期，笔者曾到青岛短暂休假。在老友赵东风先生家里，看到一副对联：“青灯有味，白云自怡”，上钤“赐龙堂”等四枚印章，规格为107厘米×36厘米，作者是彭瑞毓。为庆祝清咸丰登极，于咸丰二年（1852）特地增设一次恩科考试，“钦定第一甲第一名状元”为章鋆，榜眼杨泗孙，探花潘祖荫。这次恩科二甲第一名传胪就是彭瑞毓。

彭瑞毓，字子嘉，号芝泉，江夏（今湖北武昌）人。咸丰壬子（1852）进士，改庶吉士，授编修，咸丰八年任山西学政，后出任云南粮道、盐法道。喜诗文，并善绘画。有《赐龙堂诗稿》、《彭氏家训》。中国国家图书馆“缩微中心库”藏有《赐龙堂文抄》二种二卷和《彭氏家训》四卷，为缩微制品，1盘35毫米发行片，均为全国图书馆文献缩微复制中心2004年发行。

武汉地方志编纂委员会办公室编纂的《武汉市志·文化志·艺术》记载：“清

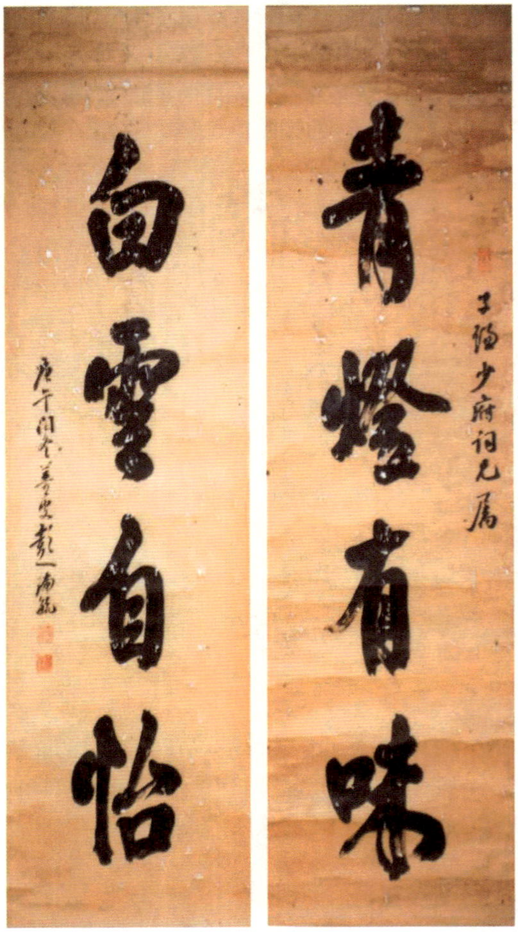

彭瑞毓书联

末，武汉绘画界空气沉闷，创作萧条。监利王柏心善画兰；江夏善书画的何令寿、善兰竹的彭瑞毓等人，多在他乡供职。长居本土从事绘画而有成就者，为数不多。”《益州书画录》记载：“清代著名画家陈沣，字兰森，四川南溪人。少贫，旅食宜宾。学画于钱塘陈森圃，布署有法，密而不繁。江夏彭瑞毓见而好之，招致门下，称誉于学使，入邑庠。复出其家藏名画，使沣纵观，技益进，名益高。”

近年来，山西中立拍卖公司、无锡文物拍卖有限公司、中国嘉德有彭瑞毓书画扇面、立轴和书札等上拍。徐世昌编选的《晚晴簃诗汇》收入彭瑞毓诗词《迎江寺题壁》、《巫峡雨望》和《书余甸甫诗册后》三首。

彭瑞毓先生的后人彭力为笔者的同事，彭力的父亲彭少逸是中国科学院的资深院士，中国科学院山西煤炭化学研究所的所长。山西省政府在为彭少逸先生撰写传记时，在互联网发现山东青州王朝画廊有这幅“青灯有味，白云自怡”，就将此信息转告了彭力。中国石油大学（华东）的赵东风教授为此专门跑到青州，请回了这幅墨宝。2007年11月9日，是彭少逸先生90大寿，范宁兄连夜找人托裱装入镜框，为老人献上这份寿礼。

大千世界，有许许多多让人心动、让人感怀的事情，而这一段段、一点点靠文化来传承的对于学问和知识的敬重，总是在人们的心底荡漾。特写此文，愿彼此的因缘与轮回的日夜一起流淌。

“说红老人”抄本《忏玉楼丛书提要》

翕居藏有民国间抄本《忏玉楼丛书提要》三卷，封面署“说红老人手抄并题”，正文署“《忏玉楼丛书提要》抄本三卷，吴克岐撰。吴克岐，字轩丞，江苏盱眙人，著有《犬窝谈红》和《读红小识》。书稿钤有“大泽赐福”印。国家图书馆藏有南京图书馆民国间抄本《忏玉楼丛书提要》三卷三册。

《忏玉楼丛书提要》是最早的一部《红

楼梦》书录提要，全书按书名、卷（回）数、著者、出版者（版本）、内容提要等栏目介绍了产生于民国时期的有关《红楼梦》著述六十余部，并按翻刻、批点、续作、研究评论、诗词歌、戏曲传奇等不同著作类别分为三卷，该书是了解红学发展史特别是民国时期红学研究成果的工具书。

此书成书后流传甚少，多年来《红楼梦》研究者及爱好者多方搜求而未果。2002年2月，北京图书馆出版社据国家图书馆所藏原南京图书馆工楷精抄本影印出版了《忏玉楼丛书提要》精装本。

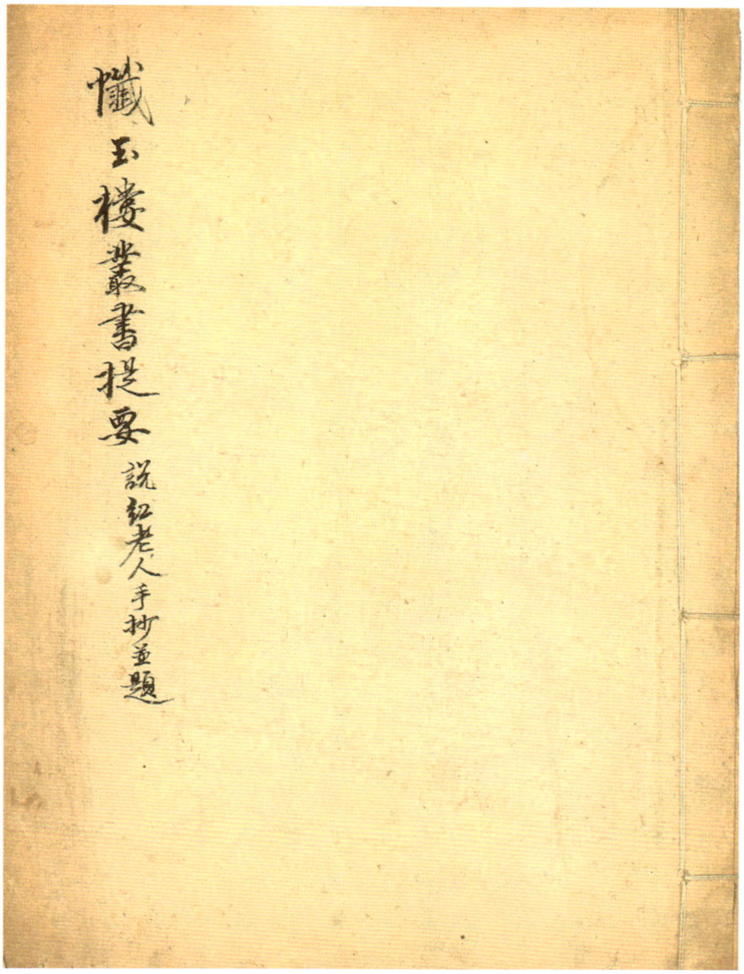

抄本封面

“提要”就是“叙录”或“解题”。“忏玉楼”应为作者吴克岐的藏书楼。自新红学昌盛以来，因《犬窝谈红》中列有吴先生所见“四象桥本”和“程本”的异文，一直受到许多红学家的重视。相比之下，这部《忏玉楼丛书提要》所受到的重视程度则要低多了。但从版本学角度看，其意义似要比《犬窝谈红》还要大，因为它是“首部红楼梦书录”。自《红楼梦》产生之日起就有着脂砚斋的评语伴随着，到清乾隆五十六年（1791），程伟元、高鹗本刊刻以后，各种体裁的评红文章纷涌而来，还出现了专门的评红书籍，正是在这样的大气候里，才出现了《忏玉楼丛书提要》这种专门介绍有关《红楼梦》版本、题咏、批评等情况的书录。

此书分为三卷，收录最早书籍资料为戚蓼生序，最迟为1923年俞平伯《红楼梦辨》。在所有六十二条条目中，有半数以上是文赋和题咏类。这种情况也如实地体现了在白话文运动以前中国传统的文艺批评形式。这当中的许多批评，本身就是一篇（部）文学作品，其中不乏精美之作。但是本书的体例既属提要，因而对于这些批评的作品并不能分门别类地加以节录，大多只是选录了其中的序文，要进一步了解还要借助其他工具书。

吴克岐还写过一本专谈谜格、源流以及评品谜作的《犬窝谜话》。此书原为抄本，后由江苏广陵古籍刻印社影印出版，得以面世。该书的第二卷专记以《红楼梦》故事为谜材的灯谜，简直是一辑“红楼谜话”。作者在自述中写到：“余既有嗜红之癖，尝取红楼为谜材，日积月累，所作不下数千条”，如用首回回目“贾雨村风尘怀闺秀”打词牌《念奴娇》（别解为怀念为奴婢的娇杏）、以书中情节“只听‘啪’的一声，王家脸上早着了”打京剧《三击掌》（别解为三姑娘探春掴人巴掌）等。此外，吴克岐尚有《忏玉楼谜稿》四卷，其耽谜之深，在“红学家”中不多见。

翕居收藏的“说红老人”抄本，大致在民国年间，至于以何为底本，“说红老人”又是谁，现在尚无考证，有待于“红学家”研究。

“一代风骚实盟主”：《水远山长集》

杨令茀著《水远山长集》，影印本，两册，内收黑白照片多幅。出版年月和印刷地不详。第一册包括“莪慕室吟草”和“武英殿吟草”；第二册题“复明后手写本”，包括“塞外吟草”和“美洲吟草”，后半部为20首英文诗，英文序言署1927年10月10日。扉页有杨令茀毛笔签名：“谨呈孤桐国师教正，杨令茀。”

杨令茀（1887—1978）为无锡名人杨味云之妹，兄妹皆雅擅艺文，与章孤桐友善。杨令茀精于绘事，早年在故宫临画多年，曾任哈尔滨美专校长。冒鹤亭有诗称之：“杨家小妹风华甚，能写丹青补畏庐。”旅美50年，独身未婚，以丹青终老。1973年，杨令茀已87岁，感到来日无多，写有两信，分别托章孤桐和基辛格转给中国领导人，希望把她珍藏的文物送回祖国。在杨令茀卒后4年（1982），其侄杨通谊从美国取回遗留文物130余件，这些文物当年曾在故宫展出。

楊令茀攝於內蒙古
Yang Ling-fu in Inner Mongolia

“孤桐”是章士钊（1881—1973）的号。章士钊与毛泽东有许多非同一般的交往。文革前夕，毛泽东要谈教育，特地把这个段祺瑞“执政”时的教育总长找来静聆纶音。“文革”期间，“知识越多越反动”，焚书坑儒，他的《柳文指要》却由毛泽东特别批准出版。1973年5月25日，一架专机把92岁的章孤桐及其亲属和特别配备的医生、护士、秘书、警卫送到香港，名为“探

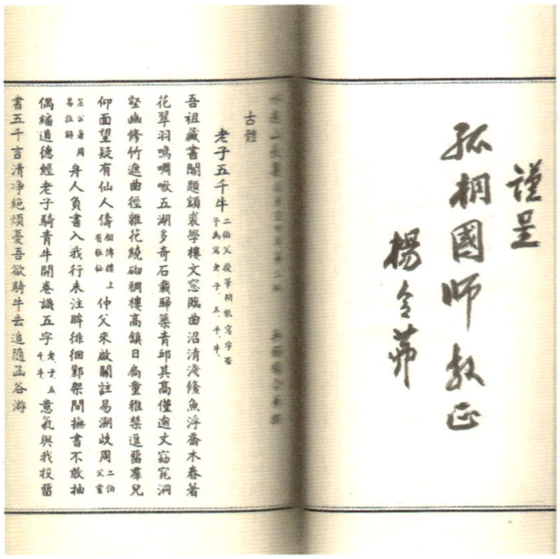

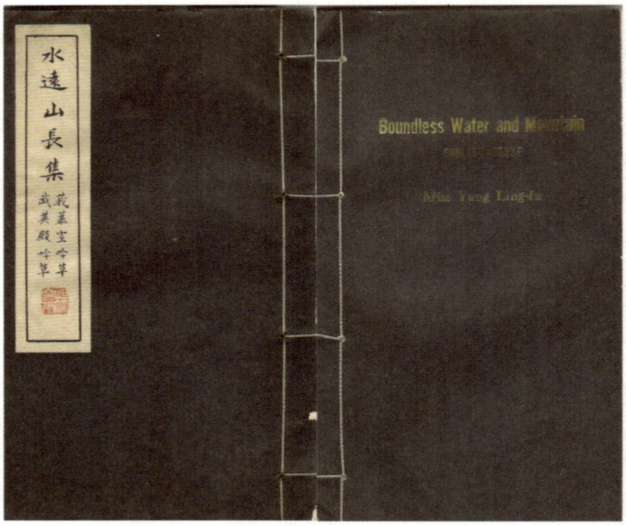

望夫人”，实则身负恢复与台湾联系的重任，成为震动海内外的重大新闻。毛泽东称章士钊为“国宝”，1983年出版的《毛泽东书信选集》，收有毛泽东1965年7月18日写给章士钊的一封信。

章士钊在20世纪60年代写诗四首赠杨令茀，有“一代风骚实盟主”、“闲持画笔定中华”、“谢傅门庭咏絮才”之句。末首为“宗邦振起世繁猜，北地佳人意未回。不怕所逢通一顾，任他小谢尽徘徊”。

沈云龙主编、台湾文海出版社1975年出版的《近代中国史料丛刊续编》第二十四辑收入此书。除文海排印版和此影印版外无其他版本行世。

“杨家小妹才气高”

翕居藏有“丁卯八月（1927）杨令茀摄于武英殿”黑白明信片一张，背面是杨令茀写给穆六田的一封信：“六田先生道席，久疏笺候，敬维，著述绥愉为颂，寄上袁洁珊先生题《莪慕室吟草》五古一首祈览。贵报比来画兴如何，茀画像毕，当勤通书札相与讨论也，敬颂著安，杨令茀上。改元十八年一月九日。”（袁洁珊介绍参见76页《万花谷中的芳兰：〈樊榭山房续集〉》一文）

据史料记载，1926年，在沈阳故宫设立“东三省博物馆”，并成立“东三省博物馆筹办处”。沈阳故宫博物院前身——“东三省博物馆”首任馆长金梁曾建议筹办博物馆，取名为“皇室博物馆”，但没得到当局批准，仍名为“东三省博物馆”。“东三省博物馆”筹备之初，展品匮乏。当时的沈阳故宫已面目全非，“东三省博物馆筹办处”成立后，立即裱糊各宫室，油饰、改建门窗、隔扇，作为陈列室。当时的藏品来源仅限于征集、馈赠、复制，且征集费用短缺，致使陈列品严重不足。当时请来归国女画家杨令茀女士，赴北京故宫博物院临摹历代帝王像，画成96幅，以济陈列之需。1928年5月5日，当时的“东三省博物馆”向社会开放，展出历代帝王像，为时6天，观众达10余万人次，在沈阳引起轰动。这是沈阳故宫建成300多年以来，首次撩开神秘的面纱，从皇宫深苑转变成为公共机构。

杨令茀故宫博物院作画明信片

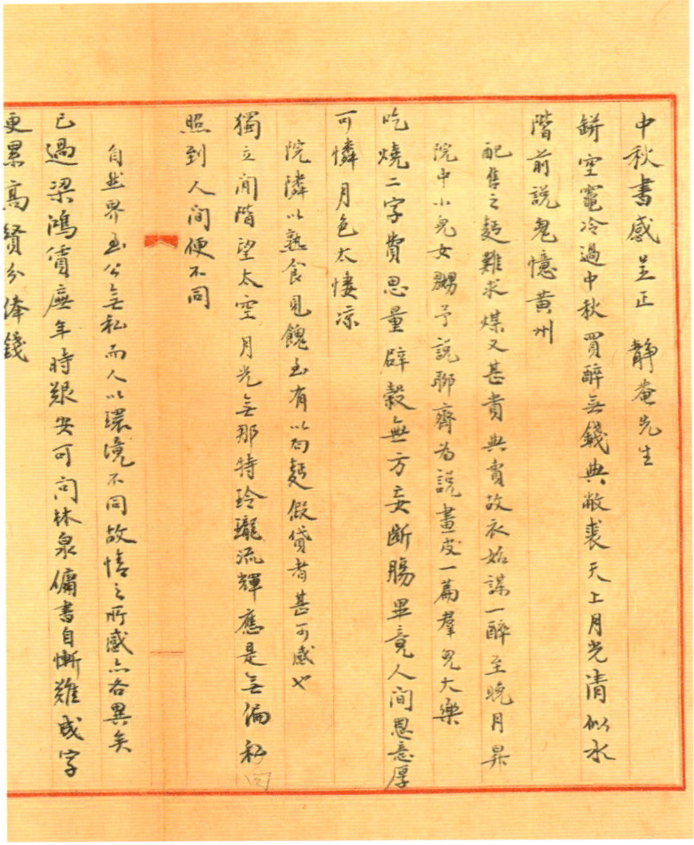

中秋書感 呈正 静庵先生

餅空竈冷過中秋 買醉無錢典敝裘 天上月光清似水

階前説鬼憶黄州

配隻之題難求 煤又甚貴 典賣故衣始謀一醉 至晚月昇

院中小兒女嬲予説聊齋 爲説畫皮一篇 羣兒大樂

吃燒二字費思量 辟穀無方妄斷腸 畢竟人間恩意厚

可憐月色太凄涼

院隣以熟食見餽 出有以爲題 假貸者甚可感也

獨立閒階望太空 月光無那特玲瓏 流輝應是無偏私

照到人間便不同

自然界無公無私 而人以環境不同 故情之所感亦各異矣

已過梁鴻賃廡年 時艱安可問林泉 傭書自斷難成字

更累高賢分俸錢

翕居藏穆六田致王国维诗稿

以此来看，杨令茀这幅黑白照片当是在北京故宫博物院临摹历代帝王像之时。

杨令茀为民国时具有传奇色彩的才女，诗书画皆擅盛誉。郑逸梅曾撰《杨令茀诗书画三绝》专文。杨令茀出生于清光绪十三年（1887），江苏无锡人，出身望族。自幼酷爱文学，勤习书画。5岁时作品参加画展。8岁从师江南著名画家吴观岱学画。后就读于上海务本女子中学，在校品学兼优，曾获上海市中学生联合运动会跳栏冠军及学校的奖学金。毕业后执教于江苏如皋小学和南京女子师范学校。清宣统三年（1911）随长兄杨味云（清末度支部丞参）去北京，得以拜文坛耄宿樊樊山为师，并结识陈师曾、林琴南、廉泉等人，得到他们的教诲和指点，画艺及诗文日益精进。她在北京举行过个人画展，并与齐白石一起办过画展。在齐白石全集里，收录了齐白石的《题杨令茀画幅》、《题杨令茀所临其师陈师曾画幅》、《题杨令茀画百合花兼石榴》三首。不久，杨令茀被推荐到北京故宫博物院古物陈列所当画师，得以观赏临摹历代名作。尤致力于临摹历代帝王和皇后的画像。她当时不仅画名大噪，诗亦享盛誉。一些诗作汇编为《水远山长集》二册（参见186页《“一代风骚实盟主”：〈水远山长集〉》一文），并有“杨家小妹才气高”的美誉。她还爱好建筑艺术，曾制作大观园模型和颐和园模型。前者曾运往上海和美国展览，获得好评。民国12年9月，日本关东发生大地震，她被推为艺术界代表东渡日本，向关东灾民捐赠一批书画。后去朝鲜举行个人画展。民国14年又去美国参观费城博览会，民国16年回国。她应邀至沈阳故宫博物馆工作，并将自己临摹的近百幅历代帝王画像在馆中展出。后又应聘兼任东北特区美术学校校长。

“九·一八”事变后，日本派女间谍对她进行拉拢，她慨然写下“关东轻弃千钟禄，义不降日气节坚”的诗句。民国23年，为摆脱日军纠缠，她通过驻哈尔滨的德国领事馆介绍，赴德举办画展。行前将在沈阳皇姑屯购置的600亩田产捐赠给当地基督教女青年会。以后一路旅行一路作画，并将所得收入寄赠上海救国会作为抗日活动经费。抵达柏林后，适逢希特勒主持的联合画展开幕，她被邀参加，不料一幅花鸟作品被希特勒看中，并要其在画上题款。她用中文写上“致战争贩子”几个字。事后希特勒看到译文时勃然大怒，下令将其驱逐出境。此时她早已离开德境回国。民国25年赴加拿大，参加在温哥华举办的加拿大全国画展。民国26年到美国，从此在美国侨居40年。先在加利福尼亚大学学习，后至斯坦福大学、蒙德莱国立军官学校太平洋大学、华盛顿大学教授绘画和中文。1965年退休后移居加利福尼亚州卡麦尔城，开设杨令茀画院。杨令茀终身未嫁。她珍藏着祖国一些极贵重的文物，其中有宋代玉瓶、明代翡翠镂空花鸟花瓶和水晶钵等。台湾方面曾派人与其联系，劝她到台湾度晚年。她写诗明志：“我在海外作隐伦，每见叶落思归根。小箕山下先茔在，归去长依父母灵。”1972年，她曾写信给周恩来总理，表白她思归并欲将珍藏文物和她在故宫博物院临摹的帝后画像献给祖国的心愿。时中美尚未建交，因而由我国驻加拿大大使李文洲转告，同意她回国定居。但当时国内正处于“文化大革命”时期，她迟迟没有成行。

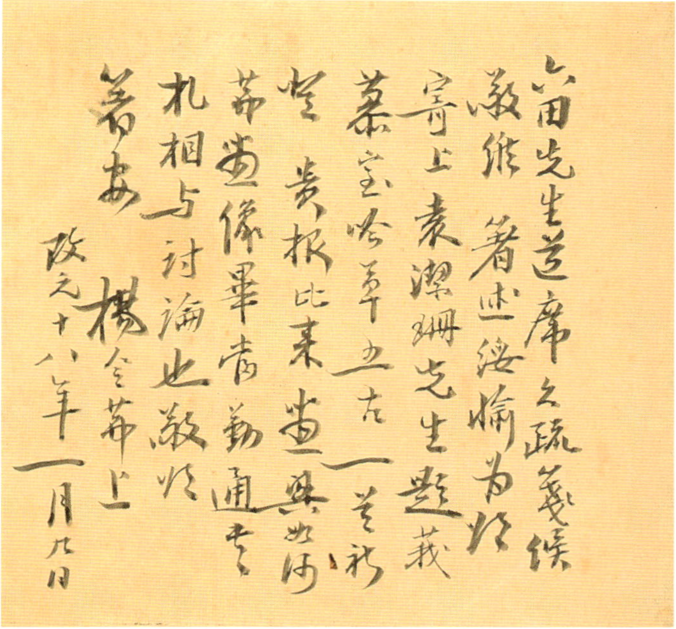
六田先生道席 久疏笺候
敬维 著述绥愉为颂
寄上 袁洁珊先生题
著安 杨令茀上

杨令茀致穆六田信

1978年9月5日，杨令茀病逝于美国卡麦尔城，终年91岁。她逝世后，其侄杨通谊遵照她生前遗嘱，将她珍藏的文物捐赠给北京故宫博物院；将她早年在故宫博物院临摹的15幅历代帝后像以及她的诗文书画，捐赠给江苏无锡市博物馆。1982年，她的遗骨安葬在无锡管社山下，墓碑刻有刘海粟书写的“旅美半生，爱国女倚，天风万里，遗范千秋”的碑文。1982年9月23日，国家文物管理局在故宫博物院漱芳斋举行杨令茀女士捐献文物古玩书画仪式，并举办杨令茀女士捐献文物展览。

翕居藏穆六田画作

“由其音韵，想其意义”：《楚辞音韵》

翕居藏有周干庭著《楚辞音韵》一册，民国20年油印本。封面题“秉初先生惠存，干庭赠阅”，钤椭圆朱文“周干庭章”。书名为张海清毛笔手写，钤“张”、“海清”两印，并有钢笔签名“海清，四六、六、廿四”。

书前为作者写于民国20年10月的《楚辞音韵叙言》。周干庭在这篇“叙言”里说明了写作此书的缘起：“无论谁的文学作品，有三要点：一是情绪、二是色彩、三是音韵。而最以音韵擅长而又最古的作品，除《三百篇》外，就是《楚辞》。读《楚辞》的人，不读音韵，辜负了《楚辞》。若拿今音去读它，而不拿古音去读它，也是辜负了《楚辞》。”所以，作者将《楚辞》中“专以古音读的，俱为列出，加以注解，正其读法，使凡读《楚辞》的人，由其音韵，想其意义，以略见当年楚国文化言语的特彩”。

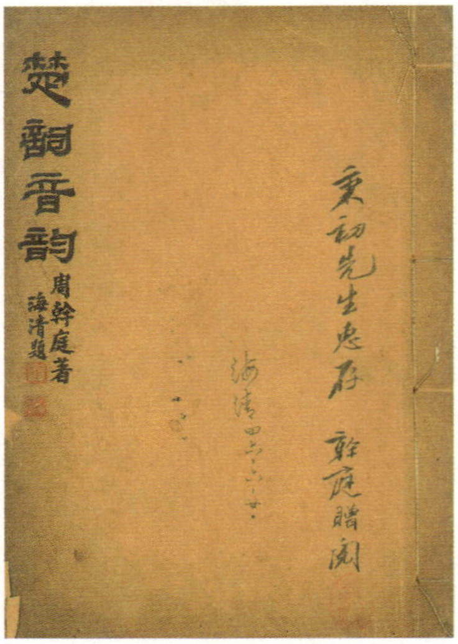

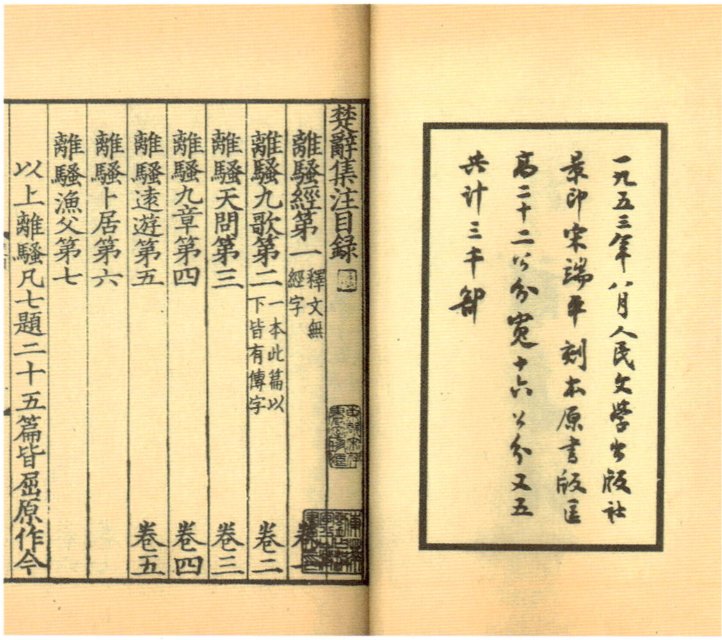

1953年影宋版《楚辞集注》

此书卷首钤有“陶山张海清印”白文藏章。全书用钢笔通篇校改，并用红笔圈点。书末有一篇题跋：“今按：朱熹之孙朱鉴于宋理宗端平乙未（1235）所刊本《楚辞集注》，这是今日我们所见楚辞最古、最完整的一个刻本。为山东聊城海源阁旧藏，后为东莱刘氏所得。去年由刘少山先生捐献给中央人民政府，现藏北京图书馆。谨按该书影印本校对一过，校竟志之。一九五七年三月廿七日夜海清记。一九五三年是屈原逝世的二千二百三十年，影印此书，是纪念他的。郑振铎先生对此书有详细题跋。”

查阅有关资料知，此书内容曾以论文形式刊登在《齐大月刊》

1930年一卷六期和1931年二卷一期上。周干庭留学日本，曾在齐鲁大学国学研究所任教。

周干庭还曾任山东省立女子师范学校校长，并且在此期间还发生过一起很是闻名的事件。曾是该校学生的隋灵璧，发表了“国家兴亡、女子有责——‘五·四’运动时期济南女师学生运动片断”一文，文中讲道：“女师校方规定，到女师当教员者，必须年满五十岁，蓄须，授课时，必须双目仰视，不准正视学生的面孔；学校不给学生订阅报纸；不设立图书馆和参考室；不准学生与外界接触，等等。我们这些经过“五·四”运动洗礼的女学生，对这种封建束缚极其反感。渐渐地，我们意识到校长周干庭是女师封建顽固势力的中心，于是，我们决定挤走周干庭。恰巧，这里有个未婚女同学生了孩子，被校方发现，周干庭给这位女同学的父亲写了信，并派人将她们母子送回家。那位受封建礼教毒害的父亲，竟残忍地逼女儿跳井自杀了。这桩血案，引起同学们极大愤慨，大家认识到，是吃人的封建道德夺去了她年青的生命，而周干庭则是这起血案的罪魁祸首。但是，事发后，周干庭不仅不悔悟，反而变本加厉地逼迫我们，更有甚者，竟然宣布要检查全体学生的贞操，非处女者，一律开除。同学们无法忍受这种人格污辱，坚决反抗这一暴行，我们把黑板上的布告擦掉，宣布拒绝检查。周干庭大怒，立即挂牌将他认为有嫌疑的八名同学开除学籍。此举激怒了大家，为迫使校方收回成命，全校同学实行总罢课，并向省长公署请愿，提出撤换周干庭的要求。周干庭见局面难于收拾，回家躲避去了。这样，学校无人管理，校门紧闭，陷于瘫痪状态。”当时，国会议员王乐平支持学生，并推荐了北京师范大学刚毕业、积极参加新文化运动的学生李兰斋来担任女师校长。

周干庭还曾任国民党山东省临时参议会第二届第一次、第二次大会第一审查委员会委员。

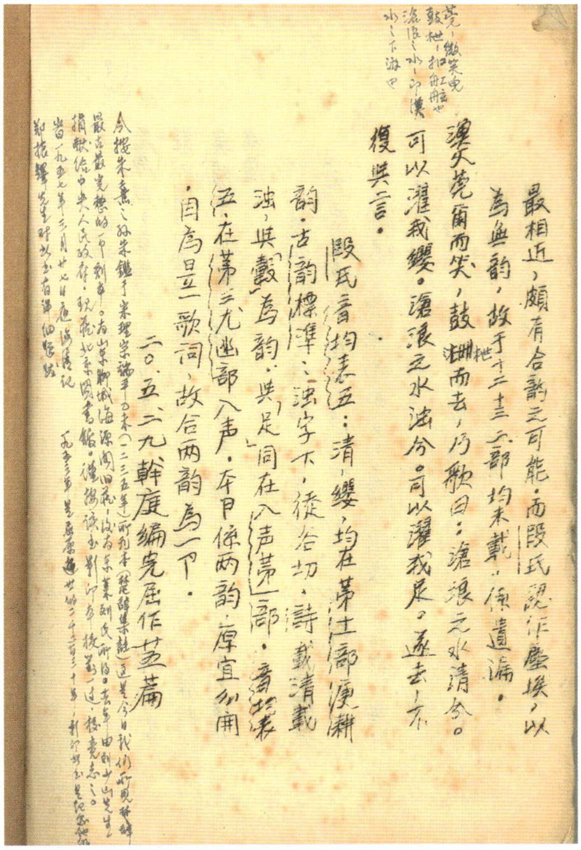

张海清批校

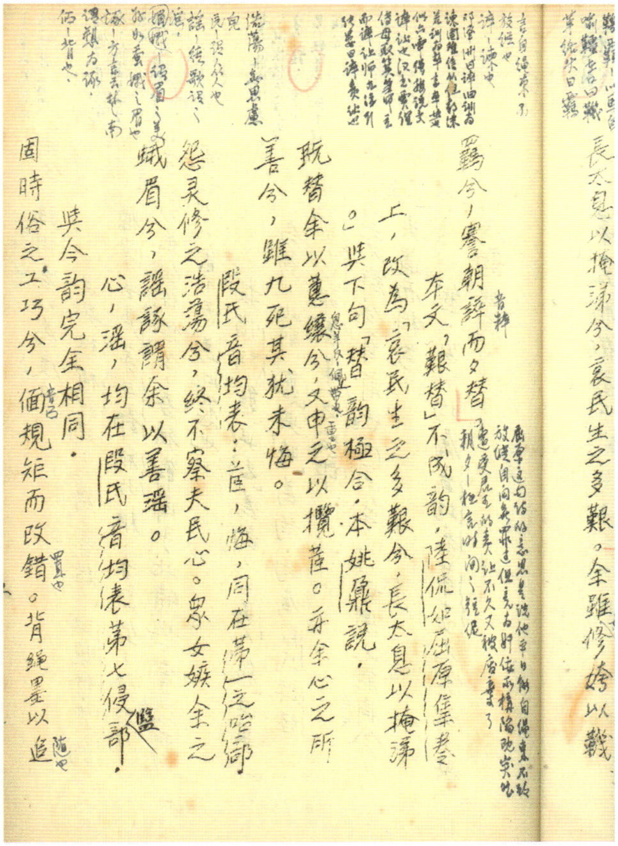

眉批、夹批甚多

“疑未卒刊”的龚道耕《孝经郑氏注》稿本

《孝经郑氏注》是（汉）郑玄所撰，（清）严可均辑，有成都大关唐鸿学民国11年“怡兰堂丛书”刻本。牌记题“光绪癸卯大关唐氏重刊”。翕居得自成都赵明处。

龚道耕（1876—1941），近代四川著名学者、经学家。龚道耕学识广博，雅意经史，著有《经学通论》、《中国文学史略论》等著作一百余种，在经学、史学、文献学等领域，都有极高造诣。由于地处西僻，

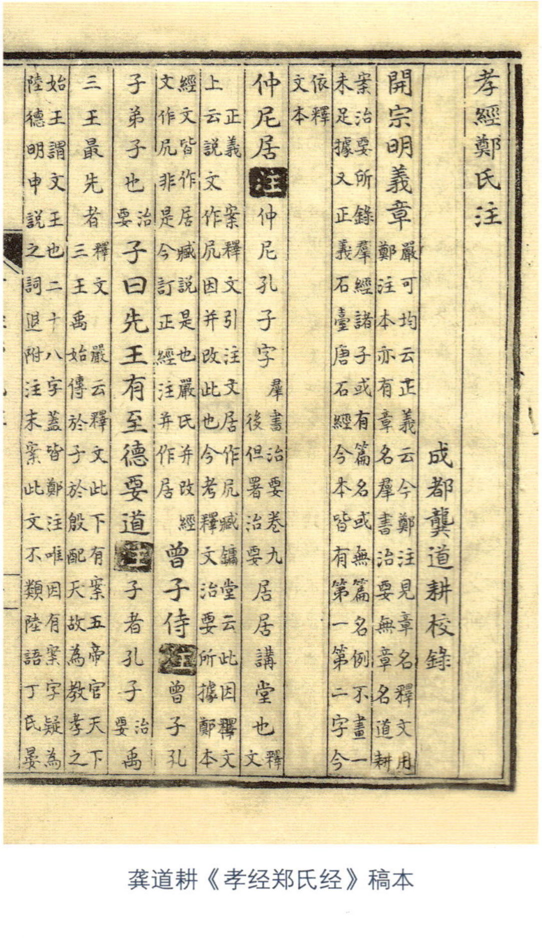
孝經鄭氏注
成都龔道耕校錄
開宗明義章 嚴可均云正義云今鄭注見章名釋文用鄭注本亦有章名羣書治要無章名道耕
案治要所錄羣經諸子或有篇名或無篇名例不畫一未足據又正義石臺唐石經今本皆有第一第二字今
依釋文本
仲尼居 注 仲尼孔子字 羣書治要卷九後但署治要 居居講堂也 釋文
正義案釋文引注文居作凥臧鏞堂云此因釋文上云說文作凥因并改此也今考釋文治要所據鄭本
經文皆作居臧說是也嚴氏并改經文作凥非是今訂正經注并作居 曾子侍 注 曾子孔
子弟子也 治要 子曰先王有至德要道 注 子者孔子 治要 禹
三王最先者 釋文 嚴云釋文此下有案五帝官天下三王禹始傳於子於殷配天故爲教孝之
始王謂文王也二十八字蓋皆鄭注唯因有案字疑爲陸德明申說之詞退附注末案此文不類陸語丁氏晏

龚道耕《孝经郑氏经》稿本

其书多未刊行，其所论著，往往已被他人所先，其学术成就亦未引起人们更多的注意。

四川大学教授、《儒藏》主编舒大刚先生曾写过一篇《一位不该被遗忘的经学家——略论龚道耕先生的生平与学术》，文中钩稽考索，综述考论了龚氏的学术经历、学术著述及其学术特色，是首次对龚道耕学术思想的全面研究。

龚道耕，字向农，一作相农，一字君迪，别署蛛隐，晚因重听，又号耳宰翁，生于四川成都，原籍浙江绍兴。3岁时即由祖母“口授唐贤绝句，辄一闻能默诵”。8岁能属对，声律克谐，能引用李白诗句，一鸣惊人，号称“神童”（或称“圣童”）。年14，已读完群经、诸子，兼及史部，因读江藩《汉学师承记》，喜其渊源明晰，遂衷情汉学，自谓平生治学皆根于此。龚道耕一生与教育结缘，平生精力，皆专注于教育事业，主讲四川官私中学、大学，垂四十年，弟子成学者，不下数千人。当时谈论蜀中教育的，没有不称数龚某其人的。龚道耕在清末作过成都选科师范校长。民国后，又历任省立第一师范、眉山县立中学、成都县立中学校长，民国15年起，先后代理国立成都高等师范学校校长、国立成都师范大学校长。1931年国立成都师范大学与公立四川大学、国立成都大学合并成立国立四川大学，龚道耕乃卸师大校长任，专任四川大学、华西大学两校教授，主讲经学。

龚道耕学识渊深，博闻强记，“过目不忘，所读书，至老成诵”，“每升堂为诸生讲授，口所疏举，淹洽通贯，繁简得中，诸生纪录，反手不及追”。又兼“诲人不倦，

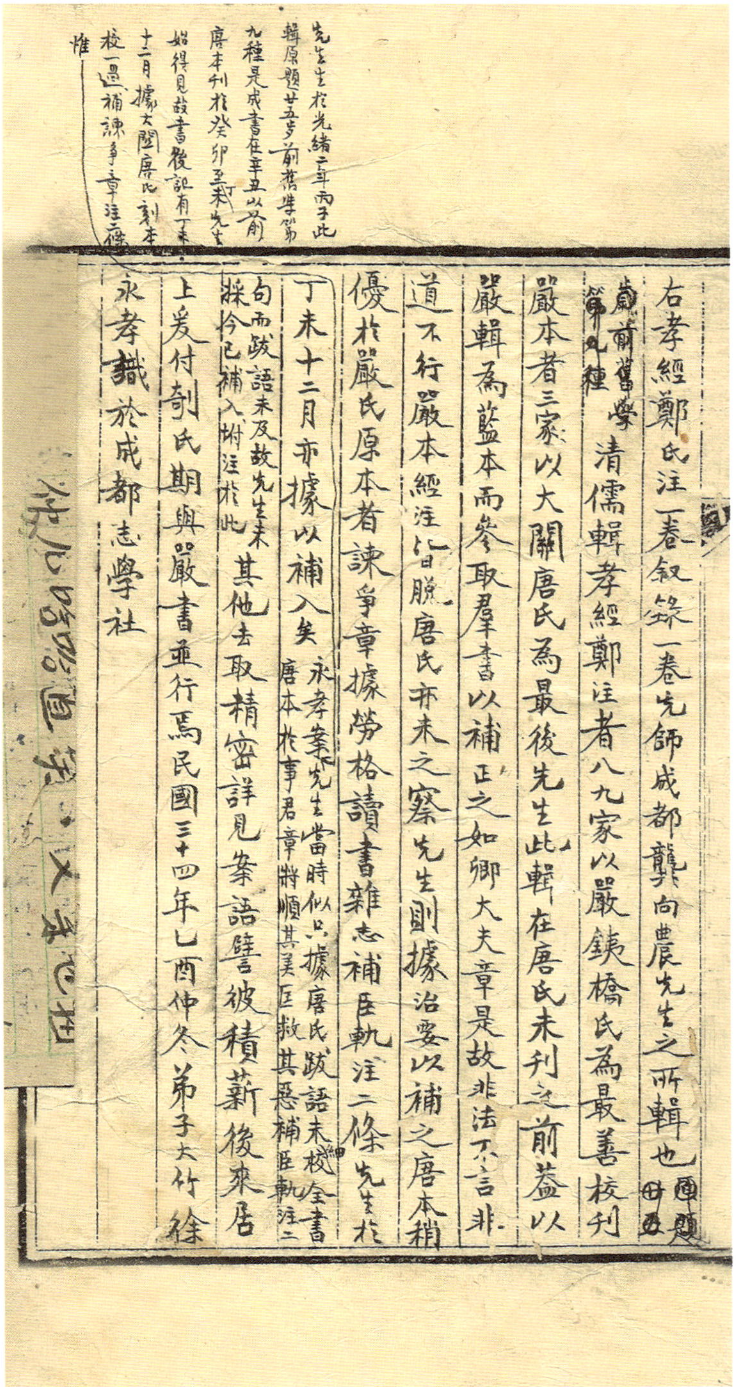

右孝經鄭氏注一卷叙錄一卷先師成都龔向農先生之所輯也
蜀前賢學第九種 清儒輯孝經鄭注者八九家以嚴鐵橋氏為最善校刊
嚴本者三家以大關唐氏為最後先生此輯在唐氏未刊之前蓋以
嚴輯為藍本而參取羣書以補正之如鄉大夫章是故非法不言非
道不行嚴本經注皆脫唐氏亦未之察先生則據治要以補之唐本稍
優於嚴氏原本者諫爭章據勞格讀書雜志補臣軌注二條先生於
丁未十二月亦據以補入矣 永孝案先生當時似只據唐氏跋語未校全書唐本於事君章將順其美匡救其惡補臣軌注二
句而跋語未及故先生未採今已補入附注於此 其他去取精密詳見案語譬彼積薪後來居
上爰付剞氏期與嚴書並行焉民國三十四年乙酉仲冬弟子大竹徐
永孝識於成都志學社

徐仁甫题跋

年，四川大学设立文科研究所，招收研究生，学校拟请龚道耕出山，“为诸生导师”，未及赴任而中风暴卒，享年66岁。

姜亮夫在《学兼汉宋的教育家龚向农》中说：“先生于学为大儒，于行为大师，则两肩道义，经师人师，为完人矣哉！”又说：“学识人品，俯仰不愧所业，门人弟子与时人皆奉为大儒、纯儒”，“民国以来，蜀中军人跋扈，唯先生与华阳林先生山腴，虽悍将骄卒不敢无礼，非大德不足以服暴也”。

徐仁甫则专门编有《龚向农先生著述目录》，发表于《志学月刊》1942年第6期。著录龚道耕著作，计有：经部十九种、史部二十一种、子部二十五种、集部四种，共有六十九种。实际上，龚氏著述无论是已成书、还是未定稿，都不止这些。其间的原因，一则可能因为龚氏著述“多未刊刻”，所以他到底有多少著作门人未必尽知。徐仁甫《龚向农先生著述目录》中讲道：“（先生）又性不喜表暴，平居恒覆其所有，虽在及门，莫得尽窥，且戒人有意著书，故于已作印行者甚少。”

徐仁甫在《目录略叙》中自谓：“今年一月，永孝与友人发行《志学月刊》，劝先生以兵燹烽火为虑，做便欣然出其绪余，以饷读者。（略）痛昊天之不遗，惧斯文之将丧，刊布遗著，实无旁贷。于是商于哲嗣仲舆世兄之同意，决将先生平生著述陆续发表。兹先出专号，以资纪念，爰立《目录》，俾观览焉。”当时龚氏及其子只是答应将遗著“陆续发表”，并未经系统整理，故徐氏所录当然就不可能全面。因此留下了龚氏著述目录不全不备的遗憾。

弟子多踵门受业”，“业成去者，终身服膺”。

龚道耕谈吐诙谐，风趣横溢。而且多才多艺，嗜饮善曲，偶一兴至，则引吭击节，自娱自乐。尝对人说：“不能饮酒度曲，非吾徒也。”民国30年，龚道耕退休，拟全身心投入学术研究，再造《礼记郑义疏》。当

历经近世以来各种风雨，龚氏遗稿早已不知去向，灰飞烟灭了，要考察其著述全貌更是难乎其难。舒大刚先生曾向龚氏哲嗣龚笃伦等先生征集龚氏遗献，他们虽然都很热

心，但所提供的线索，都无出于已刊各书之外。又可见龚氏遗著毁损之严重。

舒大刚在文中讲到，《孝经郑氏注》一卷、《叙录》一卷，辑本，未印。依据的是《志学月刊》第25期卷末的“本刊启事”：“本刊丛书，筹印伊始已出版者目如下：《孝经郑注》（龚向农辑，刊刻中）。《中国文学史略论》（龚向农撰）。所列龚氏二书，《中国文化史略论》今有传本，《孝经郑注》则无，疑未卒刊。”

值得一提的是，在2008年“5·12”四川汶川特大地震前，笔者曾有入蜀之行，有幸获藏龚道耕先生《孝经郑氏注》稿本，也是此书付梓前的底本。可贵的是和这个稿本一起的还有一册刻印本的成书，承赵明先生相赠，遂成双璧。

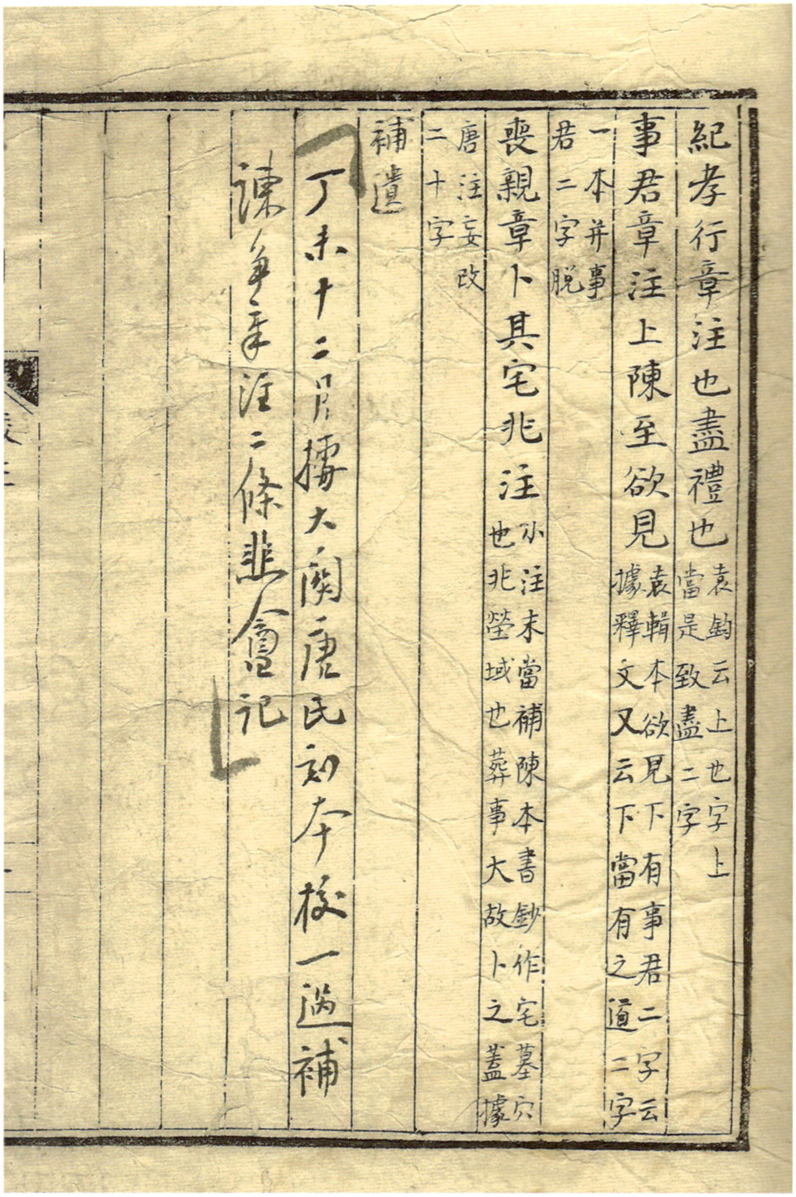
紀孝行章注也盡禮也袁鈞云上也字上當是致盡二字

事君章注上陳至欲見袁輯本欲見下有事君二字云據釋文又云下當有之道二字

一本并事君二字脫

喪親章卜其宅兆注小注末當補陳本書鈔作宅墓穴也兆塋域也葬事大故卜之蓋據

唐注妄改二十字

補遺

丁未十二月據大關唐氏刻本校一過補諫爭章注二條悲盦記

龚道耕校刊记

稿本的最后是徐仁甫的题识：“右《孝经郑氏注》一卷，《续录》一卷，先师成都龚向农先生之所辑也。清儒辑《孝经郑注》者八九家，以严铁桥氏为最善。校刊严本者三家，以大关唐氏为最后。先生此辑，在唐氏未刊之前，盖以严辑为蓝本，而参取群书以补正之。如‘卿大夫’章，‘是故非法不言，非道不行’，严本经注皆脱，唐氏亦未之察。先生则据‘治要’以补之。唐本稍优于严氏原本者，‘谏争章’据劳格《读书杂志（应为‘识’）》，补‘臣轨注’二条。先生于丁未十二月，亦据以补入矣。（永孝按：先生于光绪二年丙子此辑原题‘廿五岁前旧集第九种’，是成书在辛丑以前。唐本刊于癸卯至丁未，先生始得见。故书后记有“丁未十二月据大关唐氏刻本校一过，补‘谏争章’注二条。惟先生当时似只据唐氏跋语，未细校全书。唐本于‘事君章’，将‘顺其美，匡救其恶’补‘臣轨注’二句，而跋语未及。故先生未采，今已补入附注于此。）其他去取精密，详见案语。譬彼积薪，后来居上，爰付剞氏，期与严书并行焉。民国三十四年乙酉仲冬，弟子大竹徐永孝识于成都志学社。”

徐仁甫的题识写于民国34年，而他编写的《龚向农先生著述目录》，发表于1942年。因此，《志学月刊》“启事”中讲“《孝经郑注》，刊刻中”是不错的，但舒大刚先生所言“疑未卒刊”是不确的。

徐仁甫的诗词手稿

徐仁甫并不是很有名的学者，但自打2006年他的藏书散出后，逐渐引起了藏家和学术界的关注，有些藏家更是把徐先生的著作列为专藏，广罗收集。

2008年初笔者有入川之行，承友人相让，得到一些徐仁甫藏书，特别是其中有不少是徐先生批校的线装本，如《淮南子》、《四书质疑》、《宋词三百首》、《吴梅村词》、《古书释疑》、《推十书》、《女子慷慨集》和《四库未收书目提要》，等等。难得的是一册徐先生的诗词手稿，写在灰格9行“大竹徐氏钞本”专用稿笺上，收录徐仁甫1934至1942年所作诗词原稿近百首。其中有“亮夫自三台来书索诗即赠”、“寓彭诗集”、“丁丑小寒选注《女子慷慨集》竟自题四绝”、“寄萧静轩先生”等。经查阅有关资料，这些诗稿都未发表过。

徐仁甫（1902—1988），原名永孝，四川大竹人。古典文学研究家，教授。幼在私塾读四书、五经，打下了古文基础。1919年春考入大竹县立中学，从校长陈文甫授宋明理学。1923年秋考入成都高等师范学校，受到校长吴玉章的重视。毕业时撰《汉书艺文志补注补正》，载于该校国文学会会刊。1927年高等师范学校毕业后曾到北京、南京、上海等地考察教育。翌年春任教于成都宾萌公学，编写《中国文字声韵学表解》，受到好评，各校争聘。后编印《国风集说》、《毛诗例纂》、《毛诗重言下篇补录》等。抗日战争初期，选注《女子慷慨集》四卷及《伝行集释》一卷。后曾在大竹等地中学任教，创办《志学月刊》，撰《潾山杂著》、《训诂学概论》等书。1947年，任四川大学中文系教授兼文科研究所指导。建国后，任教于四川师范学院。生前为中国民主促进会会员，四川省社会科学院文学研究所特约研究员，四川省语言学会理事。已刊著述有

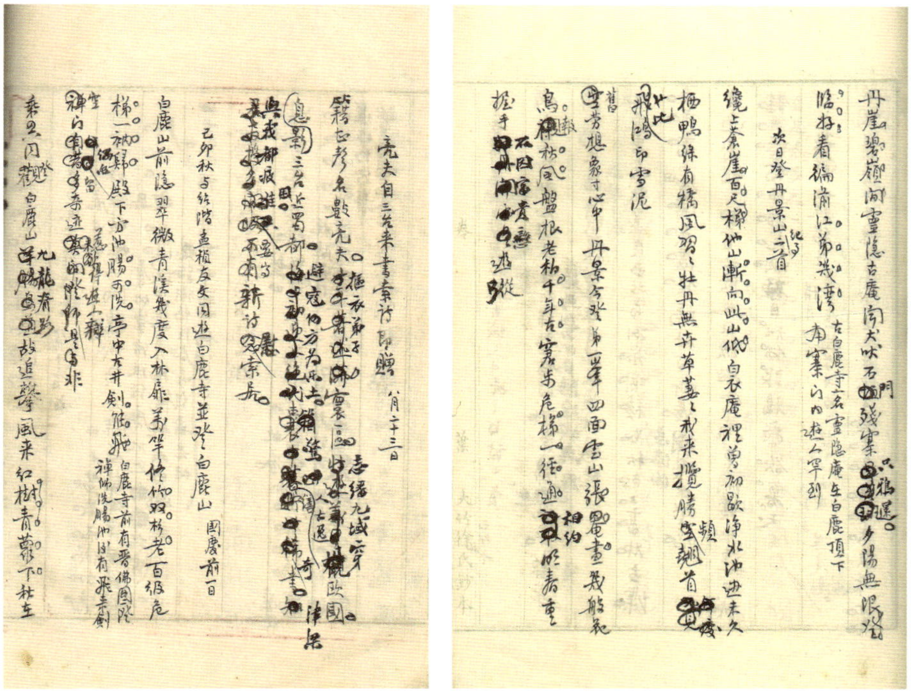

徐仁甫诗稿

《杜诗注解商榷》（1979年，中华书局）、《左传疏正》（十卷；1981年，四川人民出版社）、《广释词》（十卷；1981年，四川人民出版社）、《古诗别解》（1984年，上海古籍出版社）、《广古书疑义举例》（1990年，中华书局）、《史记注解辨正》（1993年，四川大学出版社）、《诸子辨正》（1993年，成都出版社）等。

在建国后的学者中，徐仁甫是"刘歆伪撰《左传》"说的代表，他用扎实的例证公然直指刘歆伪说而著《左传疏证》。且不说立论是否全然科学，单就勇气胆识和条分缕析的实证方法不得不让人佩服。《广释词》也是一部"前不曾有，后不可无"的训诂名著。综观徐氏治学，经史子集靡不有涉，博精合一，称其大家应该是名实相符的。

诗稿中提到"丁丑小寒选竟"的《女子慷慨集》，共有四卷，于民国27年由四川省立成都女子中学以排印本出版。徐仁甫编辑这册小书时逢抗战之际，选注一些古今女诗人慷慨、豪放的诗词，旨在鼓舞中华妇女自强不息，积极支持、投身到抗日战争中去。

徐仁甫工作照

徐仁甫的著作主要有《杜诗注解商榷》、《左传疏证》、《古诗别解》、《广释词》、《史记注解辨正》、《论刘歆作〈左传〉》、《中国文字声韵学表解》、《潾山杂著》、《训诂学概论》，编辑有《女子慷慨集》四卷，等等。

《春秋配》等八出京剧唱词抄本

翕居藏有黄绵纸十行朱丝栏精抄旧本，内有八出著名京剧唱词，有多处眉批和点校。

这八部戏分别如下。

《红鬃烈马》：说的是丞相王允之女王宝钏与父决裂后，与叫花郎薛平贵困守寒窑。一日，薛平贵降服红鬃烈马，唐王大喜，封为俊军都府。自西凉作乱，王允保苏龙、魏虎为正副元帅，命薛平贵为先行官。薛平贵回寒窑与王宝钏告别。在西凉国，薛平贵被魏虎陷害，西凉王爱才，许以代战公主，后薛平贵继位为王。十八年后，薛平贵返回长安，于武家坡前巧遇王宝钏，薛平贵试探宝钏的真情，宝钏对他一往情深，夫妻相认团圆。唐王晏驾，王允篡位，欲杀薛平贵，薛平贵得到代战公主帮助，攻破长安，自立为帝。金殿之上，薛平贵封苏龙，斩魏虎，赦王允，封宝钏、代战，迎请王母，共庆团圆。

《武昭关》：女主角马昭仪怀抱太子在伍子胥的保护下仓皇逃命，暂避于荒山古庙，不料竟遭楚国兵将层层包围，情势危急之时，马昭仪毅然决定投井自尽，牺牲自我以保全太子。

《法门寺》：傅朋给孙玉娇玉镯，刘媒婆见后就向玉娇要来绣鞋，答应代为撮合。

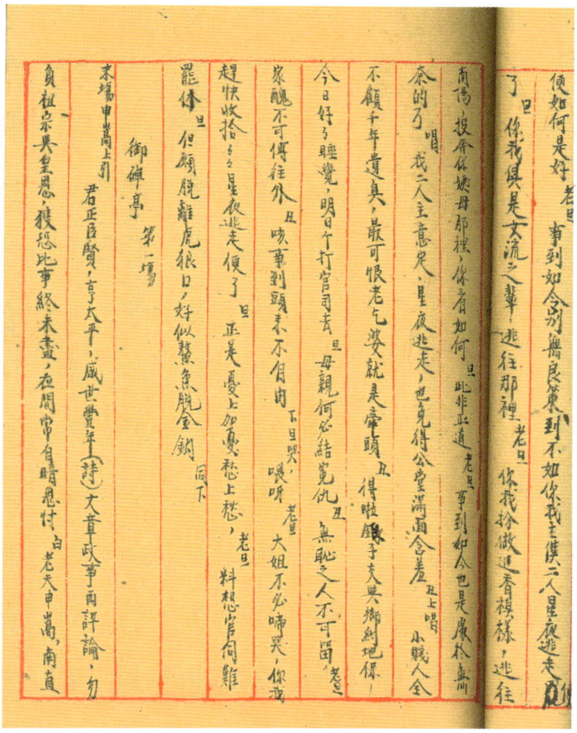

媒婆之子刘彪拿了鞋去讹诈傅朋，地保刘公道加以劝解。刘彪又夜至孙家庄，误将玉娇舅父母杀死，将一个人头投入刘公道家内。刘公道惧罪，打死长工宋兴灭口。县令赵廉将傅朋屈打成招。宋兴之父宋国士来控告，也被押入狱。宋女巧娇已与傅朋订婚。她用酒灌醉媒婆，得知事实原委，乘大太监刘瑾侍候皇太后到法门寺降香时，前往上告。刘瑾责令赵廉复查，真相大白。刘瑾复审后，斩刘彪、刘公道，并奉太后旨，以孙、宋二妓赐婚傅朋。此剧又名《朱砂井》，常与《拾玉镯》连演，总名《双娇奇缘》。

《卢花河》：唐高宗李治时期，叛将苏宝童（苏定方之子）盘踞西地，侵扰大唐。朝廷选定二路元帅薛丁山征西（前期一路元帅为其父薛仁贵），在寒江关与女英豪樊梨花喜结良缘，国军士气大振。因樊梨花武艺超群，被委任为元帅，薛丁山讨得先锋，还派有秦汉、窦一虎等良将奉旨征讨反叛势力。征西大军行至“卢花河”地境，敌兵挡住去路，国军安营扎寨，此剧之名由此而定。在高人指教下，武艺超群的梨花率征西大军破阵杀敌，平灭叛乱。

《战蒲关》：王霸守蒲关，连战不利，为贼将胡英所困，粮尽援绝，城内人民相食。王霸恐军中变乱，拟杀其爱妾徐艳贞，以人肉犒劳军民。乃自带剑掩入后院。不意徐艳贞正在园中焚香祷祝，愿大兵早到退贼，救出全城中百姓。王霸不忍下手而出。未几，忽报部下兵丁，因乏食将哗变。王霸筹思无计，焦急万分。不得已乃解佩剑付仆刘忠，令向二主母借饷。刘忠携剑入，徐艳贞见之，惊诘其故。刘忠已涕不可抑，惟云老爷要向二主母借粮。徐艳贞猛然省悟，遂夺剑自刎，刘忠亦随之死。王霸乃将二尸烹煮犒军，于是军心愈益感奋，忍饿死守，卒得援师解围。

《春秋配》：少女姜秋莲，因受继母虐待，与乳娘到郊外捡柴。书生李春发路过，见秋莲悲泣，问明情由，赠银给秋莲买柴回家。秋莲归告继母，母诬女不贞，欲鸣官，乳娘伴秋莲乘夜逃走。此剧最后以大团圆终，李春发与姜秋莲、张秋联结为一夫二妻，故名《春秋配》。改编自《春秋配》小说，此书在清代遭到焚毁，其原因当是由于书中所写男女情事与封建礼教不合，且对封建专制社会有所抨击。

《御碑亭》：书生王有道进京赶考，妻

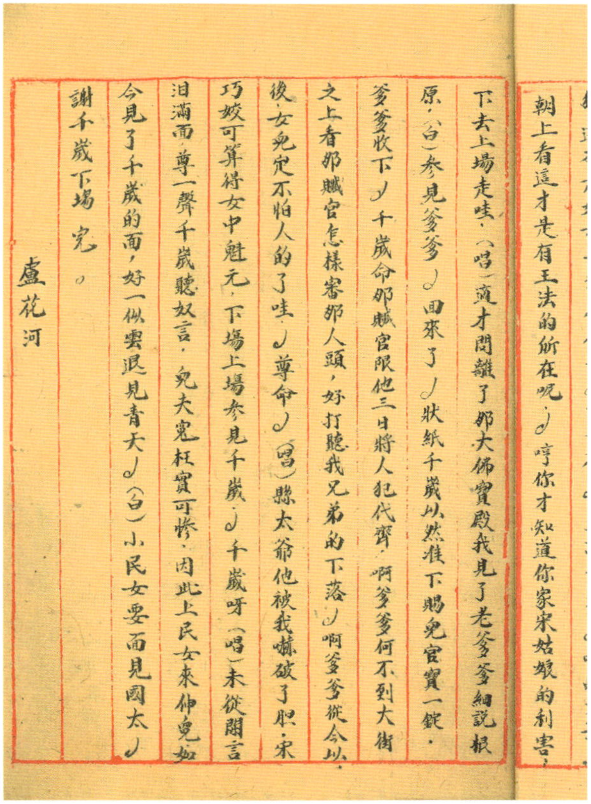

孟月华归宁，因家中只有妹淑英一人，匆忙回家途中遇雨，避于御碑亭。又来一秀才柳生春，立亭外，终宵未交一语，雨止各去。月华感柳守礼，归告淑英。王有道试毕回来，知此事，心生疑，因而休妻。中试后，去参谒房师时，闻柳说起御碑亭避雨事，有道始知真相，急去岳丈家向妻请罪。月华责骂有道后，言归于好。王又将妹淑英许婚柳生春。此剧一名《王有道休妻》，又名《金榜乐》。

《敌后武工队》封面设计稿及叶浅予插图

在旧书市场收到了出版社清理的一批资料，有一些是某出版社的封面设计和书内插图的原稿。其中有话剧剧本《敌后武工队》的封面设计彩色原稿、付印版式设计稿、印刷清样稿和正式印刷发排色样稿等五件，有扉页装饰画墨稿和书名题字稿两件，书内正文间插图和版式设计墨稿九件。另有“武工队长魏强”、“武工队员刘太生”、“日军司令松田”、“刘太生母”宣纸速写插图原稿四件。

通过检索，发现兰州一家网上书店有此书出售，遂以10元邮购而得。见到这册正式出版的成品书后，对其中的一些情况就有了详细了解。该书是陈庚、曹惠根据冯至原著改编的五幕八场话剧剧本，河北人民出版社天津1964年6月第1版第1次印刷。

这册书前有两组插图，一组是人物速写插图，除了上面翕居所收的四幅外，另有“指导员刘文彬”和“小秃”两幅，共计六幅，书内写的是“人物速写：叶浅予”；另一组是演出剧照，分别是第一幕一场、第二幕、第三幕、第四幕一场和第五幕，共计六幅。设计稿封底原有“封面设计邓汝燧”字样，正式出版时删去了这行字。比较大的变动是原有的七张内文间插图，正式出版时没有收入。

编剧陈庚在此书“后记”里写到：“大约在一九五九年上半年，我的老战友冯志同

叶浅予原稿（上）及书内插图（下）

志把他的长篇小说《敌后武工队》油印本寄给了我。收到以后，我迫不及待地几乎是一口气就把它读完了。书中鲜明的人物形象，惊险紧张的故事情节，立刻就紧紧地吸引了我；特别是那熟悉的战斗生活，家乡的风貌……掩卷之后，仍久久萦绕于怀。我是个戏剧工作者，自然而然就产生了一个强烈的愿望：想把那些人民英雄和为革命事业光荣牺牲的烈士们，通过另一种艺术形式——话剧再现出来。……这个戏我也参加了导演，排出来以后，主要是在天津上演的。那是一九六〇年八月，正值挥汗如雨的酷暑天……著名画家叶浅予同志热情地为这个剧中的主要人物画了速写，在此特致深深的谢意。现在，我以求教的心情，把它拿出出版，同读者和同行们见面，殷切地期待着大家的批评和指正。”

叶浅予所画的人物速写尺寸是17.5厘米×24厘米。

封面设计原稿

《新凤霞说戏》手稿

在宁夏西塔觅得新凤霞著《新凤霞说戏》一书的手稿和吴祖光所写的序言原稿。此书由宁夏人民出版社1987年11月出版，是从作者已发表和大部分未发表的文稿中，抽出说戏的部分编成的，介绍了这个民间艺人出身的演员在生活中的甘苦和多年艺术实践中的经验。

新凤霞（1927—1998），原名杨淑敏，小名杨小凤，天津市人。七岁学京剧，十三岁学评剧，十五六岁任主演。建国后，历任北京成京凤鸣评剧团团长，首都实验评剧团团长，中国人民解放军总政治部评剧团团长，中国评剧团和中国评剧院演员，中国戏剧家协会会员，中国作家协会会员等。经过长期的艺术实践，新凤霞逐渐形成独具特色的“新派唱腔”，尤以流利的花腔——“疙瘩腔”著称，新派形成了评剧流传最广的艺术流派，代表剧目有《刘巧儿》、《花为媒》、《杨三姐告状》、《金沙江畔》、《杜十娘》、《会计姑娘》、《祥林嫂》等，其中《刘巧儿》、《花为媒》等已拍摄成电影。

在“文化大革命”时，新凤霞因惨遭迫害而留下残疾以至无法再登上舞台，以教学和写作为主。新凤霞从患病后不久到1998年去世，出版了20多部著作，近400万字。其中有《新凤霞回忆录》、《以苦为乐》、《我当小演员的时候》、《少年时》、《新凤霞说戏》、《我和吴祖光》等，新凤霞写的《我与溥仪皇帝》一书更是弥足珍贵，书内记述了“文化大革命”期间她和溥仪一起劳动改造的事情，鲜为人知，尽管文中布满了酸楚，但也不乏令人捧腹的故事。新凤霞是齐白石的徒弟和义女，她笔下的寿桃、牡丹、菊花、梅花、白菜、南瓜等古拙厚朴，内涵雅趣，深得白石老人真传。在近年的拍卖场上，时有其作品上拍。

《新凤霞说戏》封面

《新凤霞说戏》封面题字黄苗子，封面设计胡晓丹，责任编辑陈兴起。吴祖光在为此书所写的序言说：“兴起是一个残疾者，他只有一支胳膊一只手，单他做的工作和作出的成绩比我这两只手的要多得多。”新凤霞在后记手稿里也提到：“宁夏人民出版社一位独臂著名编辑多次鼓励，约我出一本关于我几十年演戏的谈戏集，并说青年内行演员、戏剧圈外的戏剧爱好者也是需要的。我才努力写出这些不成熟的体会和演出、排练中的经验教训。”但正式出书时删掉了“一位独臂著名编辑”这句话。

《新凤霞说戏》一书共收入100篇文章，目录也是新凤霞手订，手稿中原有一篇《我当小演员的时候》，出版时删掉了，增加了一篇《多听、多看、多学》。

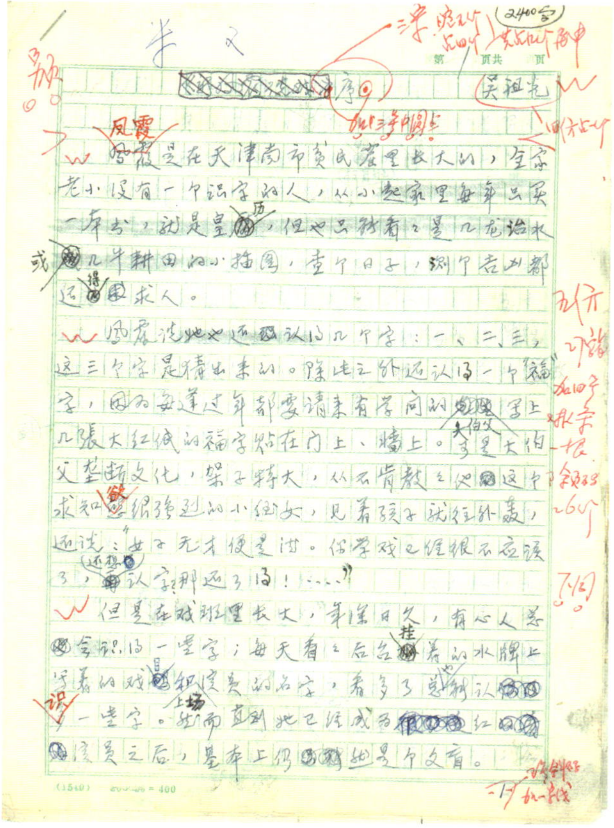

吴祖光“序”手稿

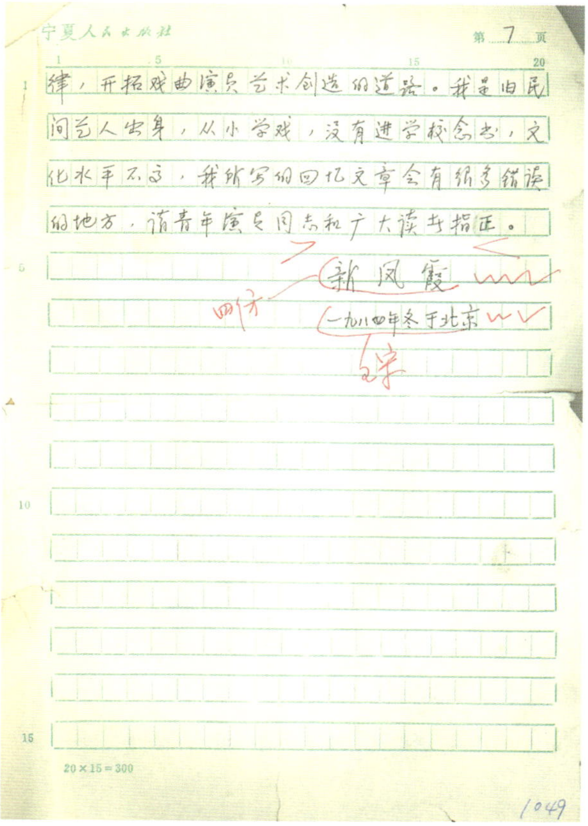
宁夏人民出版社 第7页

律，开拓戏曲演员艺术创造的道路。我是由民间艺人出身，从小学戏，没有进学校念书，文化水平不高，我所写的回忆文章会有很多错误的地方，请青年演员同志和广大读者指正。

新凤霞

一九八四年冬于北京

新凤霞“后记”手稿

吴祖光《牛女集》封面设计稿和手稿

在银川收到吴祖光著《牛女集》一书的封面设计稿和作者部分手稿，还有作者自题书名原稿。此书是一部戏曲剧本集，1982年6月由宁夏人民出版社出版。

吴祖光（1917—2003），江苏常州人，戏剧家。1935年扬名文坛，自幼有神童之称。20岁在戏剧界和文学界已负盛名。有戏剧、散文、政论和书法集50余部，主要代表作有《风雪夜归人》、《闯江湖》、《花为媒》、《三打陶三春》和《吴祖光选集》六卷本等。宁夏人民出版社本来是要把吴祖光写过的十五个戏曲本和歌剧本编印成一个集子。但实际收入这本书中的只有《牛郎织女》、《花为媒》、《荒山泪》、《武则天》、《三关宴》、《桃花洲》、《踏遍青山》和《蔡文姬》等八部剧本。

《牛郎织女》是吴祖光的第一个戏曲剧本，写于1951年，是应当时首都实验评剧团演员新凤霞的邀请而写的。写这个评剧大约用了十天左右时间，曾在天津《星报》副刊

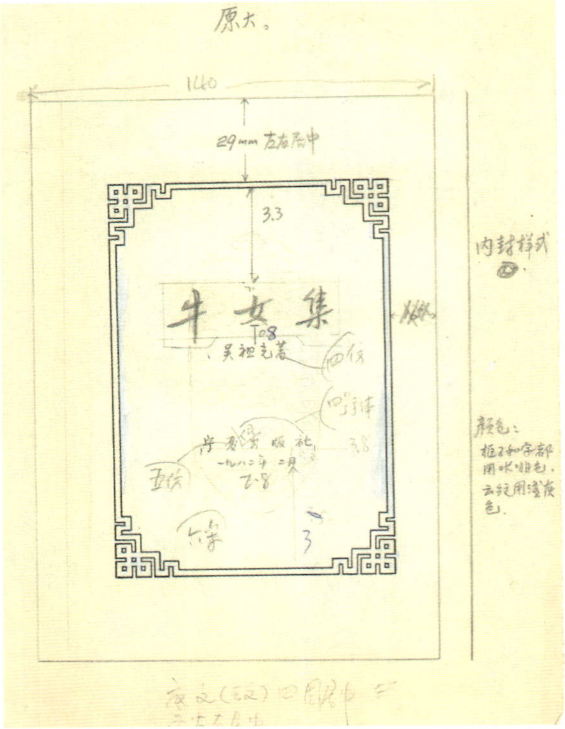

吴祖光《牛女集》封面设计原稿

别在1980年和1981年发表和出版了此剧。但这个剧本与拍成的影片并不尽一致。

1963年，北京电影制片厂一位导演给吴祖光送来两大本群众出版社的剪报册，要他从中选择一个以公安人员为中心人物的题材写成电影剧本。他从中选取了《湖北日报》的一篇报道文章《万水千山寻遗女》，描写的是作家马识途要求湖北省公安厅查找他的爱人、中共地下党员刘慧馨烈士在1942年被国民党反动派在鄂西山区枪杀后，遗下的被捕时降生又一同入狱的女儿的故事。但由于北京电影制片厂需要很急，就改拍了另一个以民警找寻离散亲人题材的剧本。一年后吴祖光到武汉和鄂西山区进行了实地采访，用这同一题材写了两个剧本——话剧本《咫尺天涯》和戏曲本《踏遍青山》，后者于1979年由群众出版社出过单行本。

1965年，吴祖光看到杂志上刊载的一篇名叫《风雨桃花洲》的苏州评话，写的是早期革命的老红军故事，决定据此题材写一个小

上连载。

《荒山泪》是1956年周恩来总理亲自为北京电影制片厂布置的拍摄任务，是反映程砚秋舞台艺术的片子，并指定由吴祖光担任剧本改编和导演。1967年在中国戏剧出版社出过单行本。

《武则天》是京剧剧本，改编自郭沫若的话剧。这个剧本中国京剧院二团曾演出过，但从来没有发表过，此书是第一次收入集中。

京剧剧本《三关宴》是作者1962年所作，由山西上党梆子《三关排宴》改编。京剧传统剧目《四郎探母》，写的是杨家将忠心报国的故事。作者在改编时对唱词做了大量改写，使之更为精炼。1981年曾在《剧本》月刊上发表。

评剧《花为媒》取材于《聊斋志异》中《王桂庵》的附篇《寄生》，原作者成兆才，是评剧著名的传统剧目。1963年长春电影制片厂和香港繁华影片公司联合拍摄此剧为舞台艺术片，导演方荧邀吴祖光改写成电影文学本。影片拍摄完成后，由于政治上的原因，14年以后才得在国内放映。长春电影制片厂的《电影文学》和河北人民出版社分

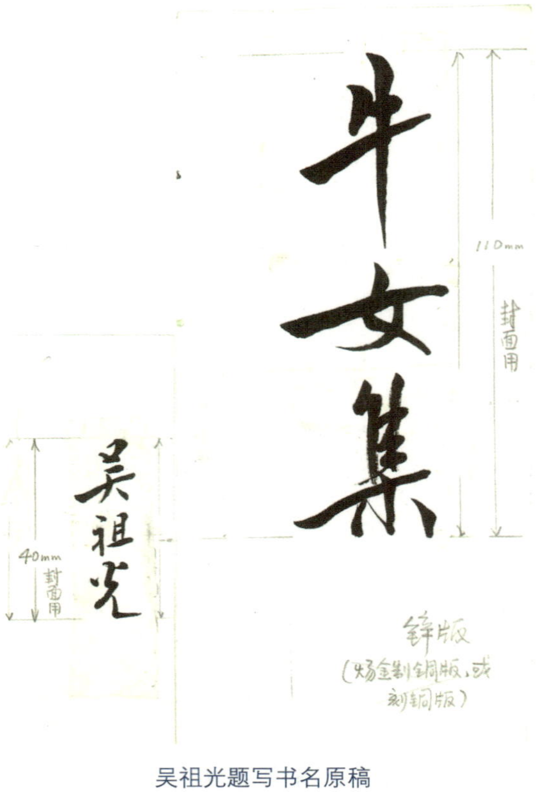

吴祖光题写书名原稿

武戏，并和剧团指定的导演一同去安徽搜集资料。戏写成后的第二年就来了“文革”，这个剧本就又成了一个至今没有上演过的戏。1979年曾在《戏曲艺术》上发表过。

歌剧《蔡文姬》是1978年作者应武汉一名演员邀请，改编自郭沫若的话剧。《蔡文姬》是郭沫若的得意之作，郭沫若曾以蔡文姬自况。所以在改编时剧情和人物安排上大致遵循原作未作改动。此剧后来因这位演员工作调动未能演出，也没有发表过。

吴祖光写过的戏曲剧本还有作于1962年前后的《凤求凰》与《三打陶三春》两个京剧本，1978年写的《红娘子》京剧本，1959年在北大荒写的小歌剧《除四害》等。由于这个集子所收的头一个戏曲剧本是《牛郎织女》，因此他命名此书为《牛女集》。

巴金：代他编辑这一本集子为我的光荣

“这一本集子”指的是卢剑波的短篇小说集——《心字》，此书收在巴金主编的《文学丛刊》第八集，民国35年11月上海文化生活出版社初版。

书后是巴金在1947年6月20日写的一篇后记，巴金写道：“和剑波分别有四年了。他常有短文在成都某报副刊上发表，有时也寄我几份剪样。我喜欢他那些含蕴着强烈生命力而不带丝毫说教意味的文章。有一次我对他说我要为他编印一个集子。他不怪我多事，却很爽快地把他近四五年来的短篇作品全交了给我。我挑选了二分之一出来编成这本小书……我和剑波在二十六年前第一次通信，二十四年前第一次见面。我那时还是一个不知天高地厚的孩子。他和我同年，但他比我更有勇气，而且跑过更多地方，做过不少惊人的事情。有人批评他‘锋芒太露’，又有人说他‘年少气盛’，也有人称他为‘才子’。他自己则愿意做一个为理想献身的革命家……正如他自己所说，一个人的生命有限，而‘人’的生命无限，时间无限。读着他的文章我仿佛听到了关于新世界到来的预言。虽然他至今还是一个没没无闻的中学教师，可是我喜欢我有这样一个朋友，我更以能够代他编辑这一本集子为我的光荣。”

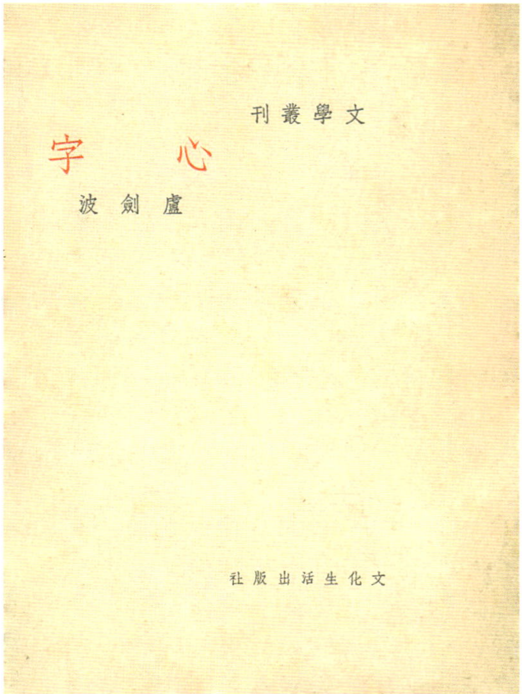

《心字》封面

卢剑波（1904—1991），原名卢廷杰，笔名剑波，四川合江人，祖籍湖北孝感。1928年上海国民大学毕业。曾在上海、四川教中学。编过《时与潮》、《民锋》等刊。1944年入四川大学任教，后为历史系教授，并任中华全国世界语协会理事等职。早年著有《世界女革命家》、《社会价值的变革》、《为世界语主义的世界语》及《伊索智慧》等。这册《心字》的扉页有卢剑波的题记：“送呈玉君先生教授赐正：新自渝返，此册亦同时带蓉，中有错落，未及一一更正，祈见恕也。剑波，九、廿。”

受书人罗玉君（1907—1987），原名正淑，是著名文学翻译家，四川岳池人。青年时代因抗婚只身逃往重庆读书，后至上海完成高等教育学业。1927年去法国留学，1933年获文学博士学位，成为中国历史上第一批女博士中的一员。归国后，曾在山东大学、成都华西大学和四川省立艺术专科学校任教。建国后，任华东师范大学中文系教授。罗玉君译著极丰，不少译本多次选入大学教材，尤其她译的司汤达的《红与黑》，从20世纪50年代出版以来，久印不衰，在中国读者中产生巨大反响。

这本小书应为卢剑波在四川大学任教授期间，赠送给罗玉君的。在近年出版的《老成都》中写道：抗日战争时期的成都华西坝，一时成了大后方高校集中地之一。成都成了文化都市。名人会集，灿若群星。陈寅恪、吴宓、钱穆、顾颉刚、吴芳吉、魏时珍、蒙文通、吕叔湘、缪钺、罗玉君等名教授纷纷来成都任教，汇成学术巨流，程门立雪，学术高张。

关于罗玉君，还有一个故事应该讲讲。1968年8月5日《文汇报》，有一篇名为《不会观测天体的“天文学家”》的文章，讲到一个留学法国8年的天文学博士，在一次进行观测天体时，因不会基本操作，乱摸一通，结果触了电。这个“高贵者”，原来是一个不会观测天体的“天文学家”。文中这个“天文学家”说的就是罗玉君的丈夫李珩。一位天文学泰斗，被讥为不学无术的洋奴才，这是“文革”中和“马尾巴的功能”一样，是对知识分子进行贬损至极、颠倒黑白的荒唐典型。

李珩，1898年生于四川成都，1989年去世。1918年，进入华西大学数学系，获得学士学位。1925年，李珩获得公费留学资格，赴法国巴黎求学。拿到巴黎大学理学学士学

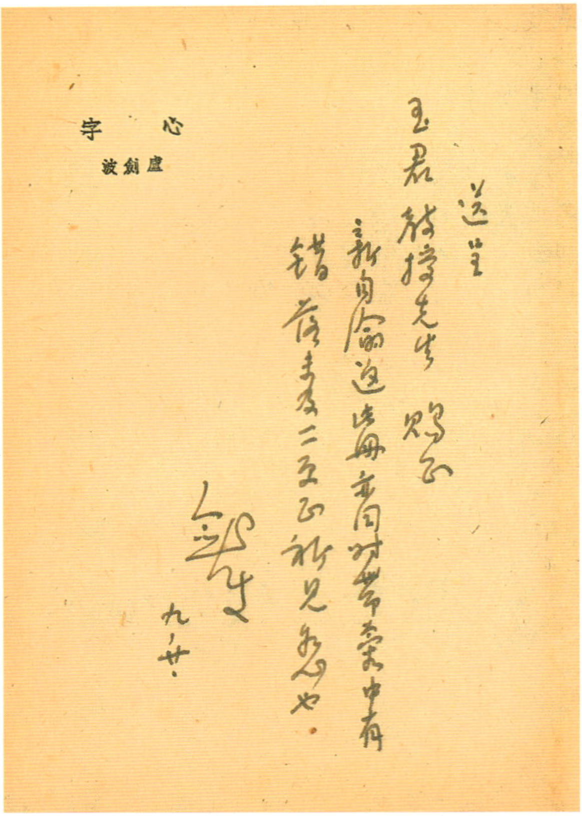

卢剑波题赠

位后，李珩在巴黎大学天文台及里昂天文台任实习研究员。1933年，他拿到理科博士学位并留在里昂天文台工作。而这一年，他和妻子罗玉君决定全家回国，都在山东大学教书，李珩同时还兼任青岛观象台的研究员。1948年，李珩以访问学者身份去美国普林斯顿大学进修天文学。当时正值解放战争节节胜利、国民党要员纷纷逃离大陆并策动知名学者赴台湾之际，有美国大学已重金聘请了李珩，他全家迁美的手续也在办理之中。就在美国大学决定重金聘请李珩之际，他回到了中国。新中国成立后，政府从法国天主教会手中接管了上海徐家汇观象台和佘山观象台，划属中国科学院。中国科学院院长郭沫若向李珩发出邀请，因为天文台需要既懂天文、又懂法语的人来工作。1951年初，李珩全家迁沪，夫人罗玉君到华东师范大学中文系教授外国文学，李珩则出任南京紫金山天文台研究员，并任佘山观象台负责人。1962年，李珩被任命为上海市天文台第一任台长。李珩是我国天文学界著作最多的作者之一，一生著译约1000万字。

“这不是一件轻而易举的事”：《巢经巢诗钞笺注》稿本

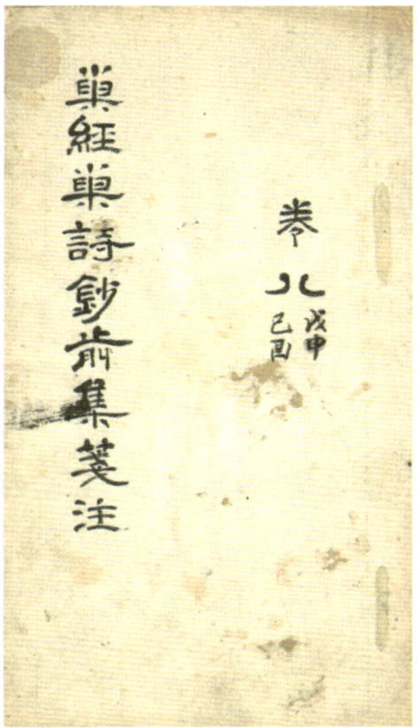

郑珍（1806—1864），字子尹，晚号柴翁，别号子午山孩、五尺道人、且同亭长，生于贵州遵义西乡天旺里农家。自幼勤奋好学，记忆力过人，寓目辄能背诵。其舅父黎恂，曾任浙江桐乡县令，藏书甚多，郑珍常走读于舅父家。他的舅父每次都满满地装上一箱书给他，郑珍从早到晚肘不离案，衣不解带，一天要读数万言。后又专心致志地攻读宋朝周敦颐、程颢、程颐、张载和朱熹的著作，仔细研究程朱理学。如此数年，他在学业上有了十分显著的长进。

1825年，侍郎程恩泽督办贵州学政，择优选拔他为贡生，并指导他说：“为学不先识字，何以读三代两汉之书。”于是，他又进一步钻研文字的形、声、义的源流和先秦的各种制度。当时学者十分注重考据，他继承了这一传统，实事求是地做学问，既不随便标新立异，也不轻易附和苟同。以后，他同遵义府学教授莫与俦一起进行教学工作，从中学到了许多儒家大师的观点和主张。他刻苦研究三十多年，终于在经学方面有了很深的造诣。他在经学和文字学方面的主要著作有《巢经巢经说》、《仪礼私笺》、《论语私笺》和《汉简笺正》等。

郑珍名重一时，有“学人而兼诗人”之称。《清史稿·列传二百六十九》立有郑珍传，《清代七百名人传》中称之为“西南巨儒”。其《巢经巢诗集》，被晚清“同光体”诗派推尊为“不祧宗祖”，也就是永远敬仰和学习的楷模。许多评论家推许郑诗为“清诗第一”，有“清诗三百年，王气在夜郎”的赞语。曾和郑珍合作修纂《遵义府志》的藏书家莫友芝（1811—1871）评价郑珍“经训第一，文笔第二，歌诗第三。而惟诗为易见才，恐他日流传，转压两端耳”。的确，莫氏预言颇有见地，百多年来，以《巢经巢诗钞》为代表的郑珍创作的诗歌，以其丰富的内容和精湛的艺术，在中国诗歌发展史上赢得了极其重要的地位，备受人们推崇。

郑珍手订《巢经巢诗钞》前后集至今已过150多年。近人章士钊的《访郑篇》诗在称赞郑珍“经巢尤笃实，纂述纷云烟”的同时，亦流露出“何况未笺稿，留与何人笺”的感叹。从中似可看出郑珍著述整理的艰辛。郑珍一生读书博大精深，一旦下笔为诗，诸子百家三教九流之书尽奔腕底，任其自如挥洒。以至于僻典、俚语、方言在诗中层出不穷，不乏生涩奥衍，在相当程度上增加了阅读和研究的困难。20世纪90年代以来，在短短十年的时间里，先后出版了三种各有特色的《巢经巢诗钞》的笺注本，分别是杨元桢的《郑珍巢经巢诗集校注》、白敦仁的《巢经巢诗钞笺注》和龙先绪的《巢经巢诗钞注释》。

翕居所藏杨元桢注释《郑珍巢经巢诗集校注》稿本六卷四册，题名《巢经巢诗钞前集笺注》卷五、卷六、卷八和卷九四卷，《巢经巢诗钞后集笺注》卷三、卷四两卷。纸捻线装，四周双边，单鱼尾，红格笺，毛笔手写，每页10行，每行21字，小字双行同，有大量眉注、圈点、贴改和加另纸补注。卷首有每卷之目录，每卷前题“巢经巢诗钞前集卷几，郑徵君子尹先生著，遵义后学杨元桢笺注”。卷末写“几卷终”。

杨干之（1885—1959），字元桢，以字行，贵州遵义团溪西平人。“辛亥革命”后曾任贵州省议会议员、贵州邛水（今三穗）县知事、贵州省民政厅厅长。1949年后任贵州省政协委员，遵义市政协副主席等职。

杨元桢的《巢经巢诗钞前集笺注》于1992年5月，由贵州人民出版社出版。该书为“贵州古籍集萃”丛书之一种，经贵州大学古典文学教研室校订，受贵州省1990年度出版基金资助。出版时书名为《郑珍巢经巢诗集校注》，精装，全书714页，54万字。

郑珍《巢经巢诗钞》，从《前集》到《后集》、《外集》和《逸诗》的辑集，经历了一个相当长的历史时期。《前集》九卷为郑珍40岁以前所作诗，最早的本子是清咸丰壬子年（1852）其46岁时的自刻本。咸丰四年（1854）望山堂家刻本为较通行本，被公认为《前集》最好的刻本。《后集》四卷由贵阳人、四川资州知府高培穀于清光绪二十年（1894）与《文集》合刻于资州任上，此时距郑珍殁已近30年。所收诗起于咸丰元年，止于同治三年甲子（1864，郑珍殁），共13年之诗262首。《后集》尚有六卷本，收入咸丰二年至同治三年（1852—1864）的13年间诗共387首，于民国17年由贵阳文通书局刻于贵阳。

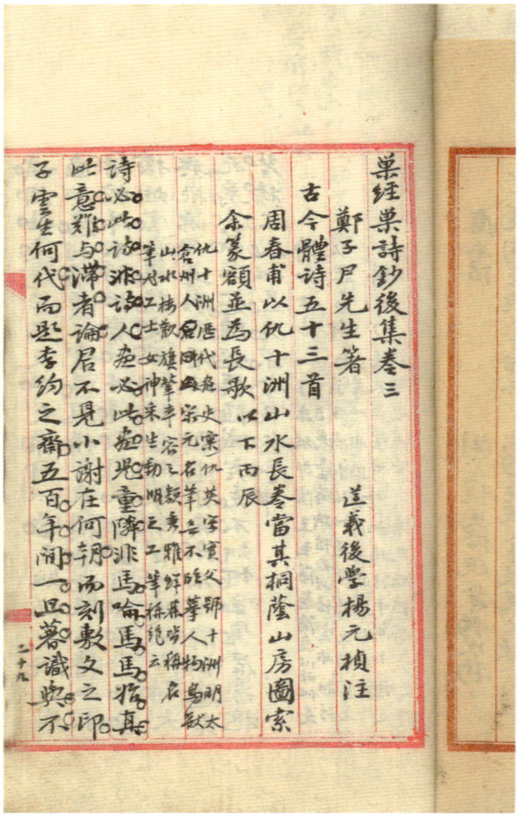
巢經巢詩鈔後集卷三
鄭子尹先生箸　遵義後學楊元楨注
古今體詩五十三首

20世纪30年代末，章士钊行经贵州时，写了《访郑篇》诗呈当时的省主席吴鼎昌，表达了“盍往子午山，石峁访遗篇”，这样一个重新整理印行郑珍遗著的愿望。民国29年，原贵州省政府编辑、贵州印刷所铅印加刻印《巢经巢全集》，有图和表，四十一册。由赵恺主编《前集》部分，以望山堂初印本为底本，《后集》部分，赵恺将民国17年戊辰铅印本重新厘正，析为六卷，除诗作篇数有所增损外，编排次第亦有所变动。并附《外集》一卷，《遗词》八首为一卷。

1940年冬，北京琉璃厂收到一捆曾橄署遵义、绥阳、桐梓三县，督办遵、绥、湄、瓮军务的于钟岳（字伯英）生前文稿，紫江朱桂辛从中发现郑珍写赠于氏的七首诗。朱氏即与装裱，题为《柴翁诗卷》。除朱氏自有跋语外，另有傅增湘写于1941年和邢勉之写于1942年的题识，以及章士钊作于1950年的一首七律。该手卷现藏国家图书馆善本特藏部。这七首诗已收入《后集》六卷之中。

贵州教育学院中文系易健贤教授在其《关于巢经巢诗钞笺注的三个版本》中说：“杨本稿本书名本为《巢经巢诗集校注》，编者整理出版时更名为《郑珍巢经巢诗集校注》，著者姓名和号名两相重复，既不符合书籍冠名称名不称号，称号不称名的传统惯例，在对原著者的尊重上亦似欠妥当。”

从翕居所藏杨元桢稿本来看，题名为《巢经巢诗钞前（后）集笺注》，而不是易健贤教授所说《巢经巢诗集校注》。至于出版时更名为《郑珍巢经巢诗集校注》，此时杨元桢已故去33年，可见是编校者所为。

贵州人民出版社1992年5月出版的《郑珍巢经巢诗集校注》，有周珍元1990年12月所作“前言”一篇，杨元桢写于民国27年的序言一篇，杨元桢的表侄黎汝谦“巢经巢诗钞后集引”一篇，外孙赵懿“巢经巢诗钞后集跋”一篇，唐炯“巢经巢遗稿序”一篇，莫友芝之侄莫棠“巢经巢遗诗跋”一篇。还收录有近人孟光宇《巢经巢诗集校注书后》一文，作者系杨元桢注释本的校订者之一，涉及郑珍诗的内容及其评价。

此书所收录杨元桢序言写道：“余未壮失学。近年得远烦俗，闭户补修。闲尝取叔外舅赵先生迺康编次征君诗读之。……余平时随读随记，条列若干，排比次第，半年而成初稿，不揣简陋，拟以供读者之一助。迩来相与搜讨考证，赵君承猷之力为多。”

杨元桢在遵义当地属藏书丰富之家，和郑珍及其婿赵廷璜家族有亲戚关系，和赵怡、赵恺等人过往密切，其笺注郑珍诗，亦是在赵恺等人的直接指导和参与下进行的。杨氏从政归田，居家十余年，虑及“不知本事，无以读其诗；不详典语，无以究其意”，因此，对于郑珍诗中凡“经史训诂，诸子杂记，两汉以下名集稗史，事物相比，援用引证，在宿学以为常谈，而不能尽人悉其出处”的内容，以及“乡邦僻事，身家细故，地方乘志不备录，私家文字不及载”的内容，尽管感到“今日就地采访，尚感艰难。年湮地远，或更梗概莫明”，仍不辞艰辛，倾尽晚年精力注释郑珍诗。杨氏广泛收集资料，深入考察，旁征博引，借助类书、“十三经”、“二十四史”等经史子集之书达386种之多，写了校语、注释2000余条，既注明了郑珍诗中许多语汇典故的出处，又对诗中有关的乡土风俗、人名地名、动物植物等，尽可能地作了注释说明。筚路蓝缕，其开创之功，不可磨灭。

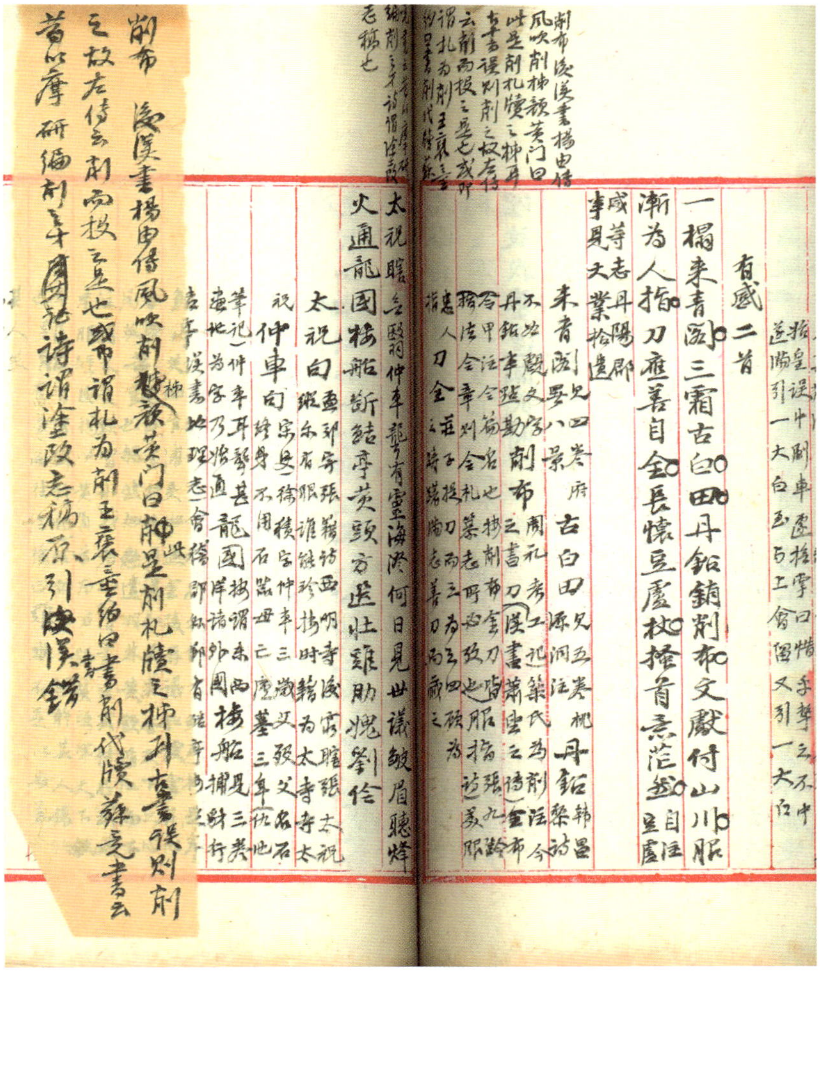

杨元桢注释郑珍诗，迄今已70余年。囿于当时当地的特殊情况和客观条件，其注释会有一些局限性。易健贤教授对杨元桢的注释作了详细中肯的评价，他认为“杨注”首先是没有一个贯穿全集的统一注释体例，所以每首诗的注释无规律可循，在方法上显得较为随意。其次，注释多照抄类书和经史子集各种文献，虽然在一定情况下说明了诗的本事，提供了书证和典故出处，但一是删节过多，资料不完整；二是引文无书名、篇名的情况常见；三是不能将书证和典故与诗意联系起来，画龙点睛地道出诗中寓意，深入浅出地帮助读者阅读和理解诗意；四是注释详略欠当。注者乃饱学之士，有的诗注释过细，显得累赘，有的又觉得普通平常，该注不注，或以一反切注音带过，使诗意不甚了了；五是虽对一些诗作了“题注”，本可以有助于对题旨的理解，但这些“题注”一般只是罗列物事的本事，并不说明作者借该物事做诗的用意，致使题注和诗意脱节。有的题注还以其他诗作的注释文字替代，既不贴切，又增加了读者的翻检之劳；注释中一些按语和批语，位置或在题目下，或在注前，或在注后，显得零乱无章。有的批注尚待进一步斟酌修改。

杨元桢“序”中写道：“郑珍《郑珍巢经巢诗全集》分为前、后两集和集外诗等三部分。其中，前集诗四百九十首，后集诗三百八十首，集外诗二十三首，共计九百零一首。另附词九首。”正如周珍元在该书的“前言”中所说：“杨元桢对郑珍的890余首诗全部作了校注，这不是一件轻而易举的事，确实难能可贵。”

郁达夫认为，郑珍虽是硕儒，诗作并非稽古，而是真情实性的抒发；虽多师前人，并非专一规矩模拟，而别是一家。不过，今天能知郑诗之人甚少，就是当代有权威的中国文学史，对郑珍的叙述，亦仅寥寥数语。究其原因，一是贵州自古以来，文化极其落后，被外省人视为蛮貊之地，难出诗人方家。加上贵州人对本土光辉灿烂的文化，因时空限制，缺乏广泛的宣传；二是郑珍乃学人，读书既博且精，记忆特强。下笔之时，诸子众流、经传苍雅奔注笔底；古字僻典、乡语土言涌跃纸端。杂然纷呈，炫人眼目，增加了阅读理解的难度。杨元桢等人的注释本虽注明了大部分用典出处，但对一般读者来说，仍是很难理解的。

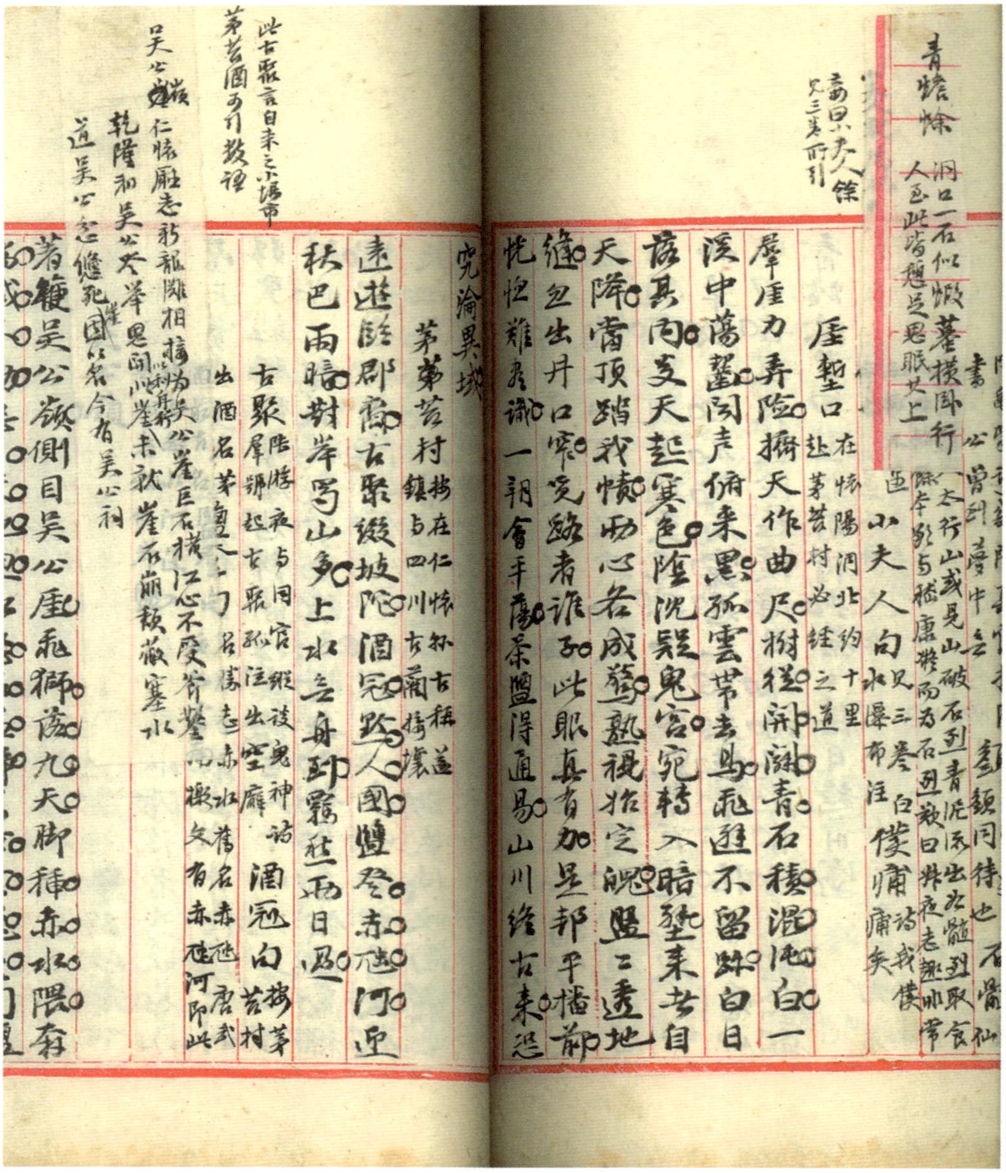

崔敬伯诗词手稿

著名学者、财政学家崔敬伯致周炳琳（字枚荪）《蝶恋花》词一首，毛笔信札一通。

《善导学潮·寄调蝶恋花》：

热血方新自腾沸，活水源头，荡涤人间路。污浊如斯谁之误，那堪再筑防川窟！

原野日荒城日蹙，老树枯垂，喜看新枝拂，养育扶疏资雨露，斧斤莫向原头树！

词后署“枚荪大兄郢政，天籁木□草”。

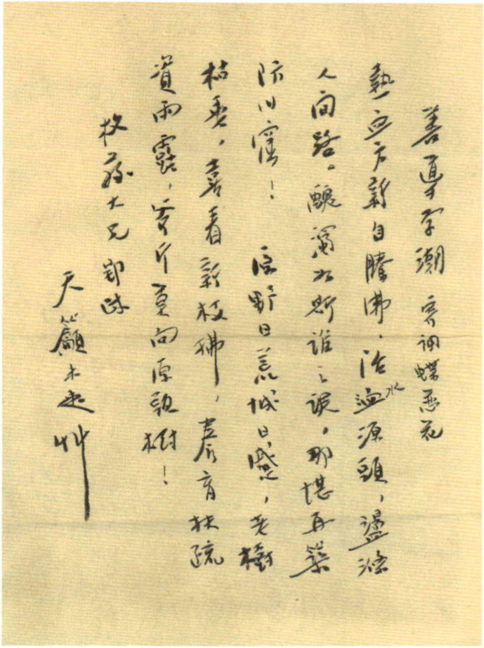

崔敬伯致枚荪诗稿

崔敬伯（1897—1988），原名翊昆，直隶宁河（今属天津）人。著名学者、财政学家。1925年毕业于河北法商学院商科，后留学日本东京大学、英国伦敦大学政治经济学院。1932年回国，曾任燕京大学、北京大学、中法大学、中国大学教授，北平研究院研究员，川康直接税局局长，直接税团副团长和国民党政府立法委员。建国后，历任财政部税务总局副局长，中央财政干部学校副校长，中央财政金融学院教授。著有《中国财政史》、《中国财政论丛》。1936年9月，国立北平研究院经济研究会曾印行《崔敬伯收集财政学类书》二册。

崔敬伯并不以诗人或词人自居，但他写了不少诗词，20世纪80年代曾手订出版了线装本《静泊诗词选》。1945年8月28日，毛泽东从延安飞重庆，同国民党进行了43天的谈判。其间柳亚子屡有诗赠毛泽东，10月7日，毛泽东书写了作于1936年2月的《沁园春·雪》作为回赠，随即发表在重庆《新华日报》上，轰动一时。当时国民党中宣部曾暗中通知各地各级党组织，要求会咏诗作词的国民党党员，每人写一首或数首《沁园春》，将毛泽东词比下去。据不完全统计，毛泽东的词刊发后不长时间里，国民党控制的《中央日报》、《和平日报》、《文化先锋》等报刊，刊出以唱和为名，以相骂、歪曲为实的《沁园春》近30首。

当时，任国民党财政部直接税署副署长的崔敬伯站了出来，在11月29日的《新民报》发表了一首“斥蒋”之作：

一夕风横，八年抗战，万里萍飘。恨敌蹄到处，惟余榛莽；衣冠重睹，仍是滔滔。米共珠疏，薪同桂贵，欲与蟾宫试比高。抬眼望，盼山河收复，忍见妖娆！

名城依旧多娇，引多少“接收”竞折腰。惜蒿里鹑衣，无情点缀；泥犁沟壑，未解兵骚。天予良时，稍纵即逝。苦恨颓梁不可雕。沧桑改，念今朝如此，还看明朝。

崔敬伯身为国民党高官，敢于在蒋管区与毛泽东的《沁园春·雪》诗词唱和，在国民党内部及社会上都引起轩然大波，抗战后主动请辞。崔敬伯无傲风却颇具文人的傲骨，这是何等气魄和胆识，深受国人敬重。

崔敬伯词中的“枚荪”是周炳琳（1892—1963），他曾协助李大钊编辑《少年中国月刊》，组织北京大学马克思学说研究会。作为蔡元培选拔的5名优等生之一，由上海民族资本家穆耦初资助出国留学，取得美国纽约哥伦比亚大学文学硕士学位。后入英国伦敦大学政治经济学院和法国巴黎大学深造。回国后任教于北京大学经济系。经李大钊介绍，加入国民党。叶挺出狱后，周恩来夫妇设宴邀周炳琳作陪。民国35年，回北京大学任经济系教授和法学院院长，拒绝参加“国大”。1949年春，周炳琳拒绝飞往南京。1950年，兼任抗美援朝总会宣传部副部长。1956年，出席在芬兰赫尔辛基召开的世界和平大会。1963年10月24日卒，终年72岁。

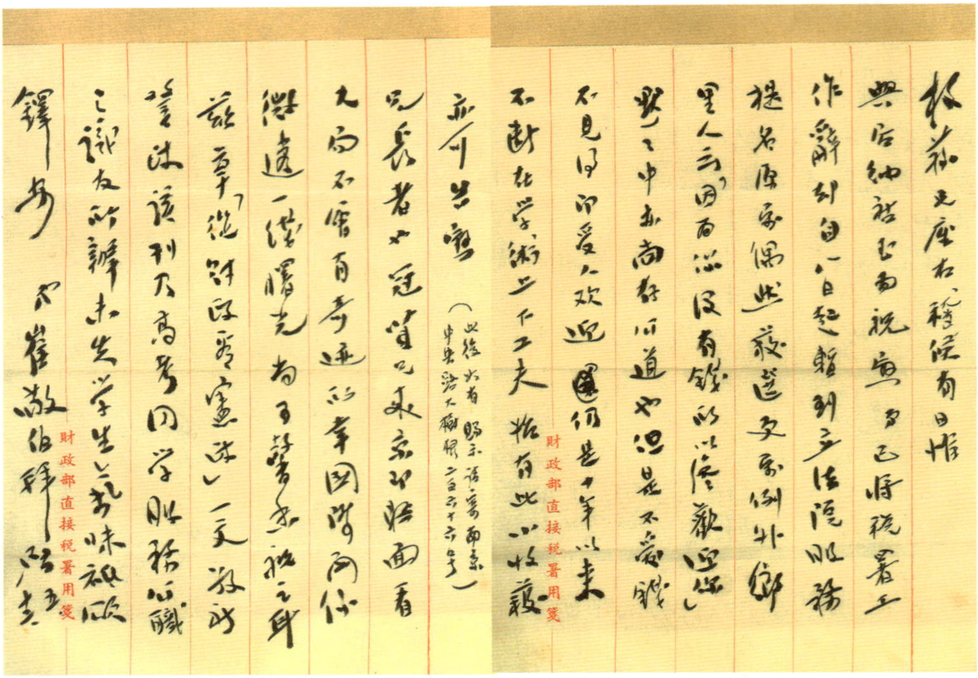
财政部直接税署用笺

财政部直接税署用笺

崔敬伯致枚荪函

红格抄本《诸子詹詹录》

红格抄本《诸子詹詹录》，扉页题“选钞诸子詹詹录，戊午四月钦州”，钤印“兰节”。用10行红格四面单线本抄写，行18字。封面题“选钞诸子詹詹录，袁香亭辑，归震川本。戊午四月从军钦州，从蒋鲁徵借刻本，抄其十之四。癸酉元月重订”。钤印“棠”。抄毕后有跋语一则：“钦江客次，从蒋君鲁徵借得袁香亭先生所辑《诸子詹詹录》刻本，选抄其十之四，以供獭祭。始戊午四月二十四日，讫二十八日。玉井兰楫志。”钤“□□棠印”、“笙歌墨羽”、“扫地林□”。

“戊午”应为1918年。

《诸子詹詹录》为袁枚辑《随园三十八种》之一。

庐江刘声木《苌楚斋续笔》记载：袁香亭太守树之《红豆村人诗集》、《词集》，已刊入全集中矣。太守又有《诸子詹詹录》二卷，系70岁时所辑。其自序谓因阅归震川先生《诸子汇函》，随笔摘录一二语，以成此书。其孙瀛仙明府刊以行世，传本甚少。元和江建霞学使标客山左时，得是书原本，光绪乙未，督学湖南，善化章藻勋寅谷经济堂重为刊行。不知当时何以未收入。其裔孙袁翔甫明府祖志刊印《随园全集》，自己之记载列入全集中，转遗是书，益见当时传本之少矣。

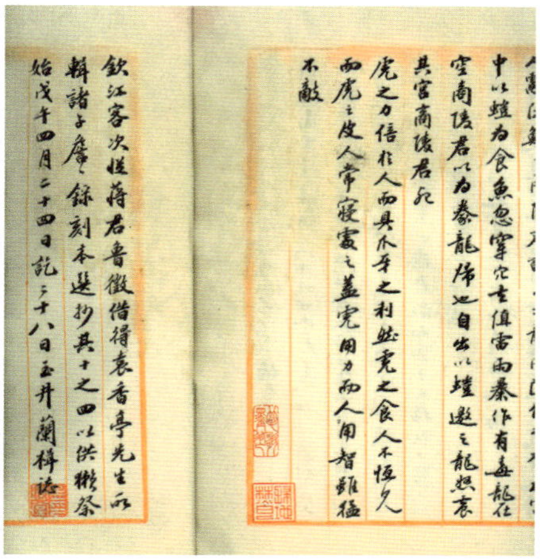

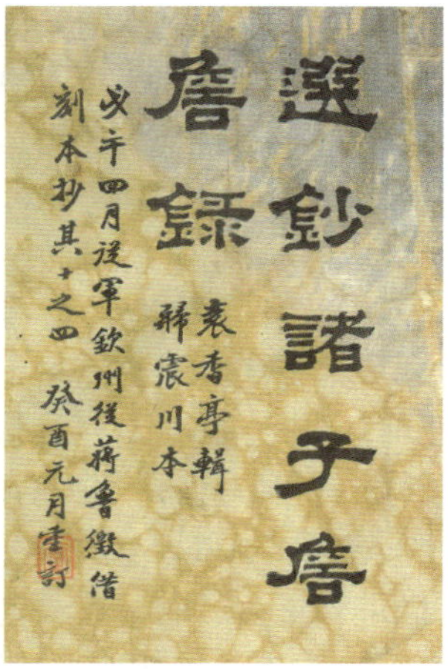

此书有清光绪九年（1883）济南卧雪堂刻本二卷二册；有光绪十八年勤裕堂藏著易堂活字本；光绪二十年善化经济堂刻本。另有钱唐袁福海光绪十一年铅印本二卷一册。

《诸子詹詹录》清末善化经济堂刊本二册，孔网在线售价为1200元。

胡先骕签赠张次溪的《蜻洲游草》

薄薄的一册《蜻洲游草》，1951年铅印线装本，作者胡先骕签赠给张次溪的。封面题有“次溪先生吟定，忏庵胡先骕”，钤“忏庵印”白文方章。此书不多见，国家图书馆无存。

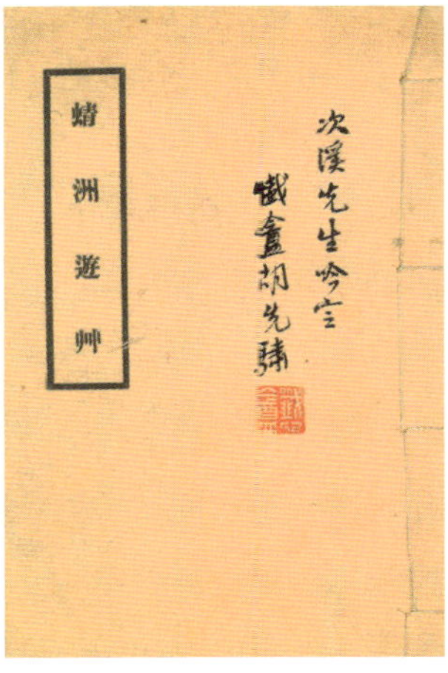

胡先骕（1894—1968），江西新建人。出身世家，自幼聪颖，读京师大学堂后两度留学美国，获加州伯克利大学学士、哈佛大学博士学位。归国后先后任教于南京高等师范学校、东南大学、北京大学、北京师范大学等高校，为国立中正大学首任校长、中央研究院院士、评议员，领导和参与创办中国第一个大学生物系、第一个生物研究所，推动静生生物调查所、庐山植物园、云南农林植物研究所等科研机构的创建和发展以及植物学教材、图谱、专著的编撰和出版。1948年与郑万钧联合发布“活化石”水杉新种，轰动国际。是中国植物分类学之父和中国植物学会第一任会长。毛泽东称之为“中国生物学界的老祖宗”。

在新文化思潮的激荡中，胡先骕坚守传统理念，作为《学衡》主将，与胡适展开论战。平生广结文友，能诗擅词，获高度评价。《忏庵诗稿》由钱锺书代为编订，《水杉歌》长韵得陈毅推荐发表。胡先骕率真执拗，放言无忌。1949年以后受到不公正待遇和批判，著作遭禁毁。中国科学院两次评选学部委员均被拒之门外。“文革”中复遭批斗、查抄，于1968年猝死。

张次溪，名江裁，初名仲锐，广东东莞人。父张篁溪是康有为的学生，曾与秋瑾等一起留学日本，学法政。约4岁时，他即随父亲到北京。曾在北京志成中学读书，毕业于孔教大学，先后主编北京《社会日报》、《民国日报》。曾从沈南野、齐白石等名师。除了一度去南京、安徽外，大都住在北京。经容庚介绍，曾在北平研究院工作。新中国成立后，曾任北京师范大学历史系资料员。以研究北京和北京民俗而著称，其著述涉及北京的政治、经济、文化等诸多方面。在他已发表的著作和遗稿中，有记社会名流的，有写京剧表演艺术家、戏园、戏校、班社等戏曲方面的，又及石玉昆、云里飞及曲艺史等曲艺方面的，有写商贩、庙会等商业方面的，有记街市名物方面的，有写方言、俗语、谚语、联语等语言方面的，有记饮食方面的，有写传说故事、童话、信仰、禁忌、岁时节令、技艺、工艺的等。他编辑了《清代燕都梨园史料》、《北平史迹丛书》、《燕都风土丛书》、《中国史迹风土丛书》等有关北京的书籍八十七种，为我们研究北京民俗文化提供了丰富的资料。周作人等为《京津风土丛书》写了序，顾颉刚为《北平史迹丛书》题签。

记载民国时成都掌故的《瓠厂联语》

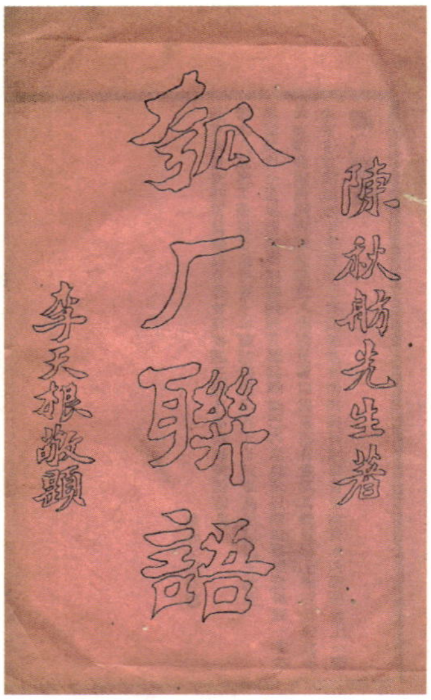

陈秋舫著《瓠厂联语》一册，民国19年成都美信书局代印，铅字排印本。作者自刊，送蒲孝荣本。蒲孝荣为四川省社会科学研究所教授、四川省地方志总编辑，书内有蒲孝荣题跋1篇及多处批校。此书另有成都天章石印社手书上版、白棉纸石印本。

关于此书的作者、出版、题词、内容等情况，蒲孝荣在题记中写得很清楚：“陈秋舫老师，是我读私立宾萌公学初中的国文老师。那时，我才12至15岁，对我的印象很深，个子不高，微胖，面部多疤，是一个旧学渊博的老教师。态度和蔼，有君子风，从教学中得知，颇有著述。对对联很爱好，创作不少，且对四川以及成都的历史掌故、社会民生很熟悉，在对联中均有反映。这与我的学识、志趣很相同，因而，引起我对陈老师多有接近。这是他送我的著作—《瓠厂联语》，自己刊布，有李天根题笺和写序，为清末省垣‘诗钟社’社友。还有我四川大学史学系老师李恩纯撰写的序言。可从中看出民国成都历史掌故。陈秋舫老师曾任成都通俗教育馆馆长、中山公园管理。”

李恩纯在序言中讲，联语起源于何时何地不清楚，但他讲了两件事，来证明对联的滥觞与蜀地相关。一是诸葛亮的“淡泊以明志，宁静以致远”应该算是最著名、最古老的。二是孟蜀时，蜀王宫中曾有联“新年纳余庆，佳节号长春”。他认为，《瓠厂联语》一卷，庄谐并出，精工妥帖，彰显了蜀人善联的才能。

陈秋舫为四川华阳人，他任职的成都通俗教育馆，是1924年杨森主理川政时，邀请著名实业家卢作孚到成都任教育厅长，由卢作孚在少城公园建立并任首任馆长，该馆后改名为民众教育馆。陈秋舫对四川地方戏多有研究，1934年曾出版《梨园感旧录》。蒲孝荣为四川地方志专家，著有《四川政区沿革与治地今释》、《中华人民共和国地名词典：四川省》、《四川州县建置沿革图说》、《四川各市、县名称的由来》等。

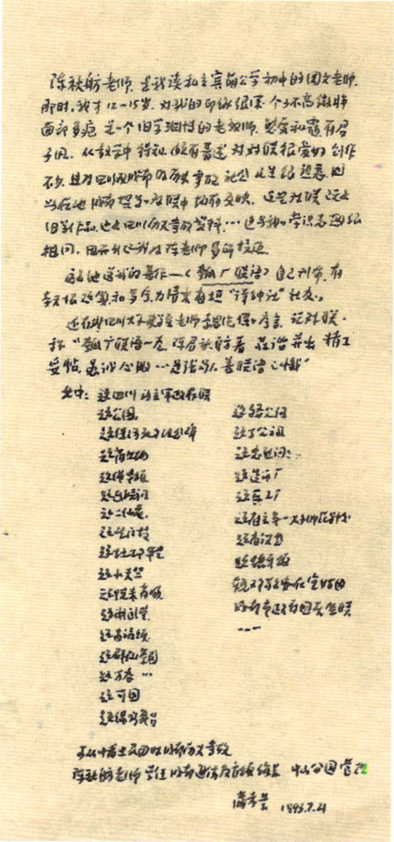
陈秋舫老师，是我读[illegible]初中的国文老师。那时，我才12—15岁。[illegible]

[illegible]

蒲孝荣 1995.7.21

浦孝荣的蝇头小跋

桂系要人黄旭初信札

黄旭初（1892—1975），广西容县东华村人。1912年入广西陆军学校，与李宗仁同学。1913年转入北京陆军大学，随后赴日本留学。1917年回广西，1922年任广西自治军第二路总司令李宗仁的参谋长，黄旭初为李宗仁主持戎幕，运筹帷幄，全军赖其辅导，上、下归心，对李忠心不二。1931年3月，因胡汉民被扣，两广弃嫌修好合作反蒋。5月，“中国国民党中央执监委员非常会议”又于广州设立军政府，6月被委任为广西省政府主席，从此新桂系形成李（宗仁）白（崇禧）黄（旭初）的新格局。抗日战争爆发后，桂军主力调出广西参加抗战，黄旭初则继续留在广西，受李、白之托经营桂系的总后方，掌管广西大局、主持广西省政长达十九年。1949年底，黄旭初由南宁经海口转赴香港寓居，挂名台湾“总统府国策顾问”，但他一直没有到职。1975年11月18日，黄旭初因心

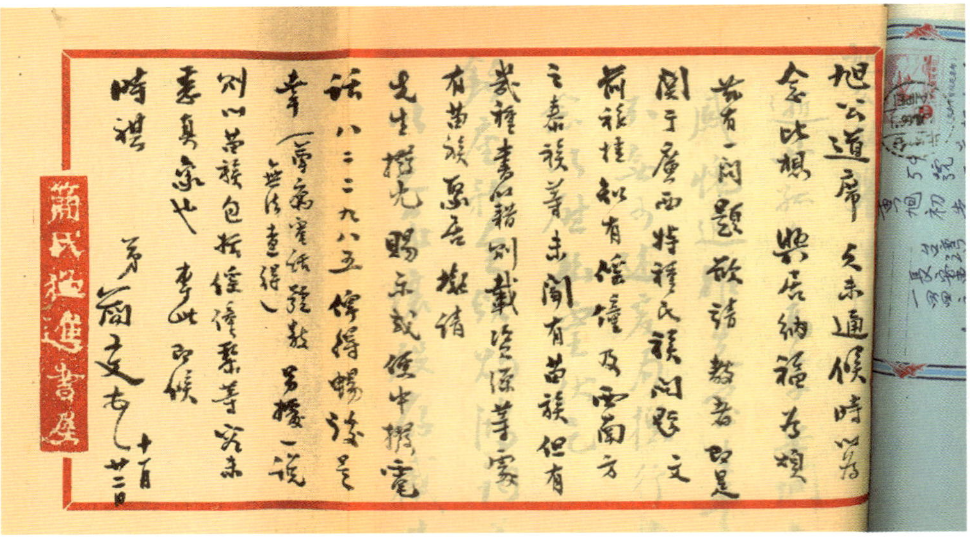

简又文致黄旭初函

脏病发作在香港九龙病故。

黄旭初寓港晚年，撰述出版了《广西怀乡记》、《我的母亲》、《辛亥革命广西援鄂北伐军》、《抗战前夕宁桂间的微妙关系》、《迁省史话》、《刘古香柳州独立》等史料。论述近代广西历史及其有关事项，其重要性自不待言。

黄旭初为人精明强干、沉毅敬谨，文质彬彬，恬淡自守，无论是政治操守还是道德文章在新桂系中都是非常出类拔萃的，不让黄绍竑、白崇禧。桂系人物称之为“大管家”。

黄旭初长着一张婆婆脸，面慈而心狠，作风泼辣。当时，广西官场中人不怕李宗仁，而独怕白崇禧，怕白是因为白跋扈，而惧怕黄旭初，则畏惧其精敏。桂系第七军是李黄白起家部队，但是，个别人统驭无方，以致军纪败坏。黄旭初亲自审问，和蔼可亲，态度极好，被审之人以为大罪得脱，于是供认不讳，哪知道，随后黄旭初一律批准枪决，以谢人民。一时官场震怖。黄旭初找人谈话，是仅次于盛世才的，他通常一语不发，仔细观察来人谈吐，等待其人离开，竟能决人生死荣辱，而且，居然错漏很少。所以，省府诸人对于黄旭初畏之如虎。初始，李宗仁引王公度主持广西党务，并且通过王公度和中国共产党接触。王公度为人狂傲，不把黄旭初放在眼中，报纸之上，王公度大名排列在黄旭初之前，而黄旭初隐忍不发，暗中指使邱昌渭等人向李宗仁、白崇禧告发王公度种种违法之事，终于到1937年9月，李宗仁下令枪决王公度。自此，桂系内部无人敢于挑战黄旭初。

李宗仁归来之后，曾去信请黄旭初回大陆，而黄旭初则言：“健公陷于台，德公陷于共，我近观毛泽东、周恩来举动，恐有大风暴，也未可知。”果然，不久“文革”爆发，时人均佩服黄旭初之先见。

翕居自香港九龙购回黄旭初信札三册，这批信札大致有以下几类：桂系名流的、台湾“政府官方”的、黄居留香港期间朋友的、黄在海外期间的通信。这批信保存完整，涉及名人众多，时间跨度有30年左右，大致是20世纪40到70年代，基本可以看出黄

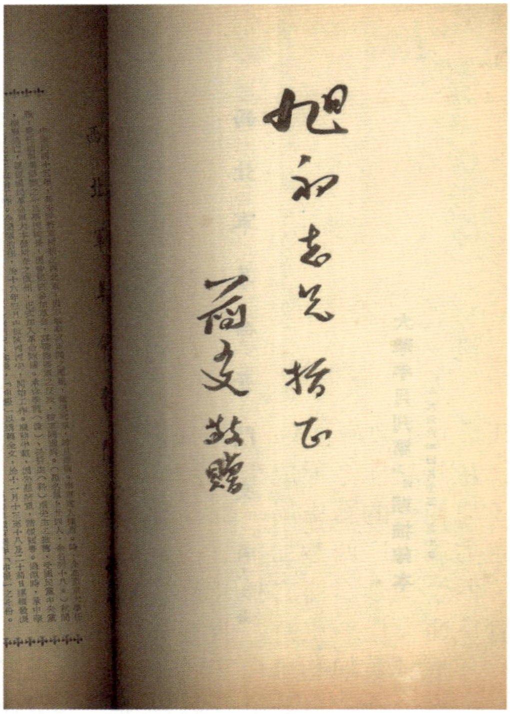

简又文签赠给黄旭初的诗稿

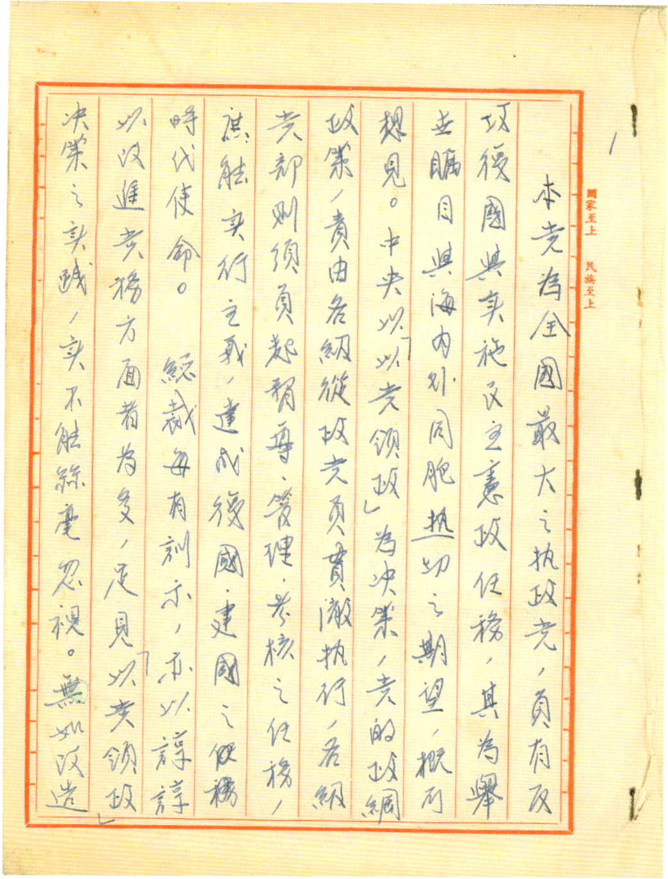
國家至上 民族至上
本党為全國最大之執政党，負有反攻復國與實施民主憲政任務，其為舉世矚目與海内外同胞熱切之期望，概可想見。中央以「以党領政」為決策，党的政綱政策，責由各級從政党員貫徹執行，各級党部則須負起督導、管理、考核之任務，庶能實行主義，達成復國、建國之任務時代使命。總裁每有訓示，亦以諄諄以改進党務方面者為多，足見以党領政決策之實踐，實不能絲毫忽視。無如改造

手写稿中国国民党章程

的活动脉络。譬如国民党中央和黄来往的，黄参与的一些重大社会活动的安排，等等，是研究黄旭初和桂系的重要文献史料，也是撰写黄的传记不可缺少的宝贵资料。

信札的主要作者有：

香港艺术学院院长、岭南派绘画大师李曼石；书法家王世昭；中国当代史学家、著名的太平天国史专家，《逸经》、《大风》主编简又文；广西大学校长盘珠祁；获第49届柏林电影节“最佳亚洲电影奖”影片《2H》主人公、1971年日本首相田中角荣访华时毛泽东、周恩来曾予褒嘉，推动了中日关系友好，有“名重天下的云南人”之称的马晋三；香港《天文台》周刊主编、战事预测权威，曾因预测战争形势准确，见解精辟独到，而受到美国总统罗斯福、英国首相丘吉尔写信高度评价的陈孝威；1920年“彭襄弃妻”事件主角、留法博士彭襄；参政员、董必武好友李荐廷；马来西亚《星洲日报》主笔黄荫文；香港《春秋》杂志社长姚立夫；开驻外记者先河的《大公报》驻日本记者高临渡；香港文化名人丁廷标；国民党著名将领、中将蔡文政；香港新法英文书院大道分校校长、书法家莫德光；桃园县选委会总干事陈安吉；陆军中将张天野；桂系军官黄敬修；广西大学香港校友会理事长冯圣广；知名教授黄昆山；台湾峨眉学校校长余兆光；南洋教育家陈寿民；台湾《中华艺文》杂志编委杨振青；教育家谢中天等22人。

除此之外，还有李新复、温静毅、何福荣、郑锡尔、黄丘同、郑重之、黎韶父、甘友南、陈泽水、宫村泰子、杨兆荣、曾述德、曾雨辰、曾祥珊、绍璟、叶志方、毓松、马崇上、裴道霖、吴立虎、何益之、张国熹、启明、徐华德、覃绍鼎、陈轾驭、林耀襄、潘幼芹、李为之、宋绿蕉、邓次彭、王鸿儒、斗堂、李友仙、覃恩彤、陈聘玉、叶为任、苏新民、苏礼定、李华卿等40位各界人士。

教育部对创办“鲁迅大学”的回信

在中国，有以外国人名字命名的长春白求恩医科大学、石家庄的白求恩医学院和郑州的白求恩医学专修学院，而以中国人名字命名的可能只有鲁迅了。1938年4月10日在延安成立的鲁迅艺术学院，后并入延安大学和中央戏剧学院。现仍使用鲁迅名字的有沈阳的“鲁迅美术学院”和中国作家协会的“鲁迅文学院”。

20多年前，曾有一个人给教育部写信，建议创办鲁迅大学。1982年11月8日，教育部办公厅给此人回了信。

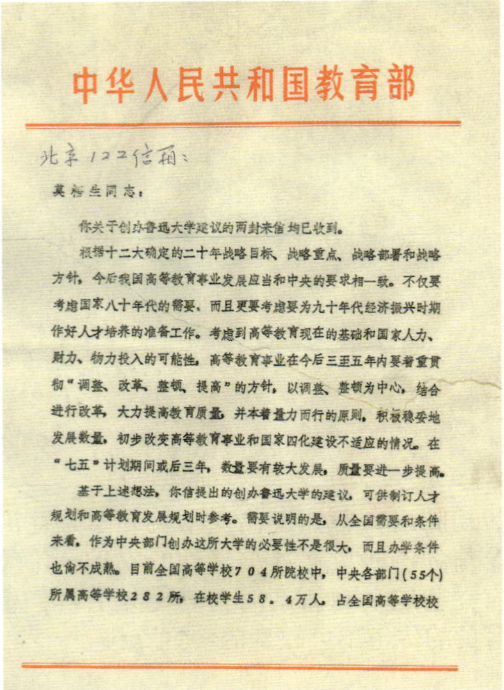

中华人民共和国教育部

北京122信箱：

莫裕生同志：

你关于创办鲁迅大学建议的两封来信均已收到。

根据十二大确定的二十年战略目标、战略重点、战略部署和战略方针，今后我国高等教育事业发展应当和中央的要求相一致。不仅要考虑国家八十年代的需要，而且更要考虑要为九十年代经济振兴时期作好人才培养的准备工作。考虑到高等教育现在的基础和国家人力、财力、物力投入的可能性，高等教育事业在今后三至五年内要着重贯彻“调整、改革、整顿、提高”的方针，以调整、整顿为中心，结合进行改革，大力提高教育质量，并本着量力而行的原则，积极稳妥地发展数量，初步改变高等教育事业和国家四化建设不适应的情况。在“七五”计划期间或后三年，数量要有较大发展，质量要进一步提高。

基于上述想法，你信提出的创办鲁迅大学的建议，可供制订人才规划和高等教育发展规划时参考。需要说明的是，从全国需要和条件来看，作为中央部门创办这所大学的必要性不是很大，而且办学条件也尚不成熟。目前全国高等学校704所院校中，中央各部门（55个）所属高等学校282所，在校学生58.4万人，占全国高等学校校

信中称：“你关于创办鲁迅大学建议的两封来信均已收到。根据十二大确定的二十年战略目标、战略重点、战略部署和战略方针，今后我国高等教育事业发展应当和中央的要求相一致。不仅要考虑国家八十年代的需要，而且更要考虑要为九十年代经济振兴时期作好人才培养的准备工作。考虑到高等教育现在的基础和国家人力、财力、物力投入的可能性，高等教育事业在今后三至五年内要着重贯彻‘调整、改革、整顿、提高’的方针，以调整、整顿为中心，结合进行改革，大力提高教育质量，并本着量力而行的原则，积极稳妥地发展数量，初步改变高等教育事业和国家四化建设不适应的情况。在‘七五’计划期间或后三年，数量要有较大发展，质量要进一步提高。基于上述想法，你信提出的创办鲁迅大学的建议，可供制订人才规划和高等教育发展规划时参考。需要说明的是，从全国需要和条件来看，作为中央部门创办这所大学的必要性不是很大，而且办学条件也皆不成熟。目前全国高等学校704所院校中，中央各部门（55个）所属高等学校282所，在校学生58.4万人，占全国高等学校校数和学生数分别为40%、45.6%，这个规模不算小了。由于长期以来积累的问题和欠账很多，现有这些院校的校舍和设备等问题一时还难以全部得到解决，还需要今后作五年时间或者更长时间的努力。因此，除少数部门可能还需要新建少量普通高等学校外，主要是加强领导，尽快充实办学条件，办好现有大学。

从浙江省高等教育事业发展看，创办为浙江省服务的鲁迅大学，是可以研究的。我们准备请浙江省在拟定本省人才规划和本省高等教育发展规划时通盘研究，予以考虑。”

2006年4月25日的《绍兴文理学院报》

刊登有《情系绍兴大学——绍兴捐资筹办大学纪事》一文，该文提到：国防科工委的莫梧生教授，早于1981年就倡议绍兴办大学，其万言书分别送到党中央、全国人大、国务院、全国政协和有关部委领导那里。当时的总书记胡耀邦曾将莫梧生的信批转给了国家教委。国家教委在批复中认为，如海外侨胞捐款工作进一步落实，可以再议。这个“可以再议”，给莫先生以极大地鼓舞。他再次奔走呼号，先后历时10多年，写出了30多封“万言书”，一直在催生绍兴的大学。

据《绍兴日报》报道，2006年 6 月1日下午，绍兴市委在绍兴文理学院召开常委扩大会议，专题研究绍兴高等教育和绍兴文理学院改革和发展工作，强调要“大力发展高等教育，加快建成名副其实的绍兴大学”。浙江省教育厅厅长侯靖方在讲话中说，“建成绍兴大学，绍兴人民已经进行了十年的艰辛努力。绍兴文理学院要立足于为绍兴经济社会发展服务，在扩大规模的同时，完善学科布局和专业设置，提高办学质量，办出特色和亮点，为创办绍兴大学打下坚实基础。”

看来，从绍兴文理学院到绍兴大学，再到鲁迅大学，是一条很漫长的路。

靳之林为《台湾孩子阿松》所绘封面画彩稿

在出版社清理的资料里，有吕德华著《台湾孩子阿松》一书的一袋资料。计有封面设计稿一件，设计人何景明，复核人孟寅，发稿日期是1963年10月14日。书内插图印刷色样稿五件，书名题字稿两件，扉页装饰画墨稿一件，封面印刷彩样两件。

值得一提的是，其中还有封面画原稿一幅，尺寸为18.8厘米×28.5厘米，作者是著名画家靳之林。画稿背面写着“请保护好原稿”，“封面稿件袋”上写着“《台湾孩子阿松》内文插图”，“请勿折坏，要保存”。在出版部经手人一栏，有吕德友签名，日期是1963年11月25日。

袋子里有“美术设计通知单”一张，写明“封底只要内容提要、统一书号、定价。要扉页，最好设计一个好看的，版权页搁在

勒之林油画《南泥湾》

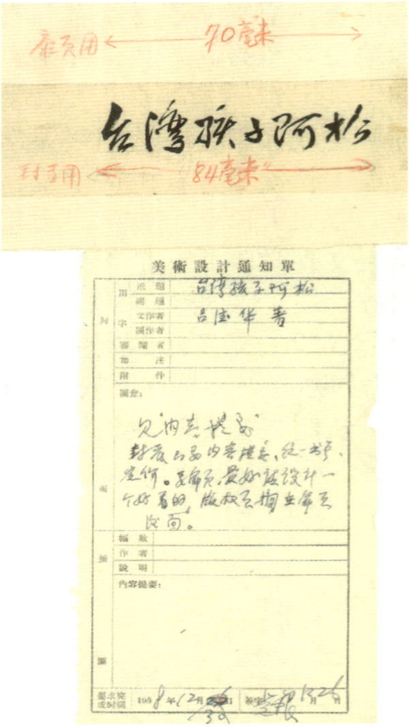

书名题字原稿及设计发稿单

扉页后面”。要求完成时间是1958年12月30日。还有一张“封面、插图绘制送审单”，有美术编辑的签字和社长齐新的签字。

在此书出版说明里写到，这是一部反映台湾人民反抗帝国主义压迫和反抗蒋介石反动统治集团的中篇小说。内容介绍阿松这个青年为了被害的爹娘报仇，投奔了拉车为生的舅父，当台湾从日本手中收复后，又被国民党劫收。阿松帮助舅舅掩护革命工作者，抢了美国人的手枪，帮助进步学生打击特务。后来，他逃出台湾，到祖国大陆参加了解放军，并成为解放军的战斗英雄，很适合青少年们阅读。并标明此书供应范围是全国，发行对象是青少年。

封面画的作者靳之林，1928年生，河北滦南人。擅长油画、中国画、民间美术。1947年毕业于北平市立师范，1951年毕业于中央美院油画系，留校任教。1973年到延安从事民间艺术研究，历任中国美术家协会陕西分会副主席，中央美术学院民间美术研究室主任、教授，获法国功勋与敬业最高颁奖委员会金十字勋章。师从吴镜汀、李智超学习中国山水画，山水画四条屏曾参加1947年北平市国画展，1947—1951年从师于冯法祀、吴作人、徐悲鸿、齐白石、李可染、王临乙、滑田友、孙昌煌。代表作品有油画《南泥湾》、《公社书记》、《打机井》等。

近年来，各大拍卖公司常有靳之林作品上拍，时间跨度从20世纪50年代初至2007年，拍卖价单幅均在10万～40万左右。其作于1976年的《延安儿女心向华主席》，在北京华辰拍卖有限公司2005年秋拍中，以165万元成交。在北京翰海2009年春拍中，历经近50年沉浮的宏篇巨制《南泥湾》以1344万元易主。

靳之林封面画印样

珂罗版画册里的“钝叟”手札

在旧书摊上得到一本珂罗版画册，封皮缺失，品相一般，因要价不高，就买了下来。之所以花钱买下这个并没有多大价值的东西，是因为里面粘贴的一封手札：“次璇再阮如晤：昨接手书并王荆公字照片，收悉。向所未见，今得见之，快甚。此公卞急，故字亦草草，似不经意，然颇得晋唐人笔法（乱头粗服中自有规矩准绳也），故宋人即有甚爱之者。大抵古来书家自无不知笔法，亦有知笔法而不为书家者，如荆公及宋时范文正、欧阳文忠皆是。若字极工而不知笔法、不为人所重者，则如唐人写经、本朝馆阁中书是也（张得天尚不为人所重），如看得碑帖名迹多，自然知之。来帖二本（今寄还）皆不佳。董字以小玉烟堂帖为最精，石毁于兵火。今道咸时拓本，裱好者四本，亦只十元上下耳……”

这个手札署名“钝叟”。名人中叫“钝叟”的有几个，那么写下这封手札的“钝叟”是哪一位呢？天涯网站“闲闲书话”有网友“茶叶绿了吗”的一个帖子《转移“惊逝水书屋”藏书一批》。这里列出了他的一批藏书，其中有姜汉三民国戊寅年（1938）亲笔隶书所题“片羽吉光”封面的完整民国旧拓《赠大将军邹君墓表》、《魏故南阳张府君墓志》、《唐颜真卿书多宝塔感应碑》等完整民国旧拓四种，姜汉三题记并钤“钝叟”印记的《白香词谱笺》二册，钤印“姜汉三号钝叟”印记的《李义山诗集笺注》一函四册全、《老子道德经》81章全稿本。在一册钝叟临史晨前后碑旧写本毛装本题记：“民国丁酉闰八月十四临第七遍竟钝叟。”钤印“钝叟”。姜汉三亲笔所书的一册红格精写旧稿本最为珍贵，这个稿本有三部分：一是写了汉三老先生年轻时的回忆，以及老伴去世后面对再娶时的矛盾和对子女的担忧；二是《劳逸庵笔记》，主要是先生的文字及诗歌的心得；三是《中国文字从起源进化到今天》，这些都未出版，内容极为难得。

从网友“茶叶绿了吗”藏书中的有些情况可以基本作出判断：这个手札的作者“钝叟”，应该是姜汉三。

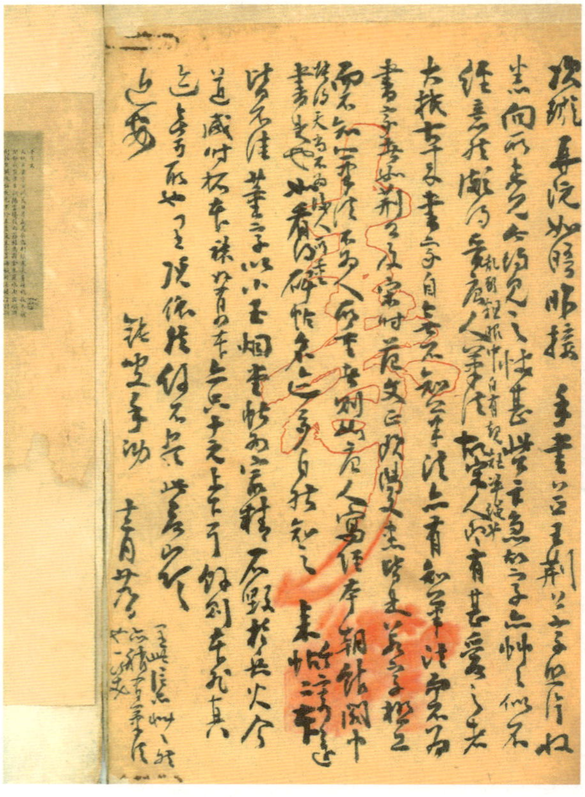

科士达著《李鸿章传》

科士达著 *Memoirs of the Viceroy Li Hung Chang*（《李鸿章传》），有题记精装本一册。1913年在伦敦出版。

科士达（Foster John Watson，1836—1917），美国印第安纳州人，律师出身。1873年至1875年历任美国驻墨西哥、西班牙、俄国公使。后曾充中国驻美公使馆法律顾问。1892年至1893年任美国国务卿，辞职后赋闲在家。

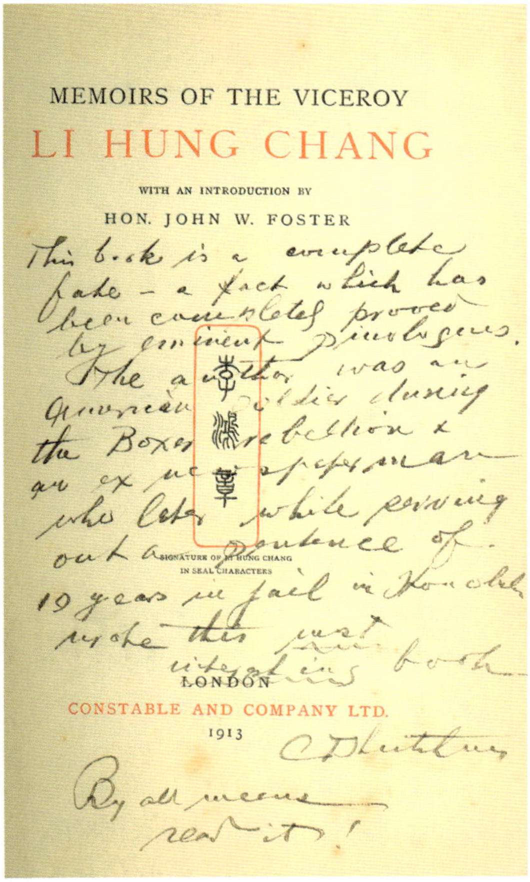

扉页题记

甲午战争议和之初，清政府派总理各国事务大臣、户部左侍郎张荫桓、署湖南巡抚邵友濂为全权大臣赴日议和。张荫桓在离京之前，以“倭人动援西例，侈言公法”，而“科士达人极公正，熟谙各国条例”，奏请聘请科士达为议和法律顾问。科士达于清光绪二十年（1894）十一月二十七日晨，接到总理衙门聘请他的密码电报后，不停地活动于本国政府及日本驻美使馆之间。前者意欲表明：完全是以私人资格作为中国和谈使节的顾问，不代表美国政府或替美国政府发言，以防止美国政府阻挠其充任顾问一事；后者更是要向日本政府表示：“对清国之境地将予以相当之忠告。并不得不尽力斡旋，以使日本政府满意而许诺媾和。”清政府花费重金礼聘的顾问却成了敌人的帮凶。科士达于十二月三日离开华盛顿，于十二月二十六日先期抵达日本横滨，转赴神户，以等待张、邵二使。翌年正月初五两方相会。日本方面以张、邵的级别不够而拒不接纳，却巧妙地通过科士达点出了要恭亲王奕訢或李鸿章来日和谈的意图。

日军攻占刘公岛、北洋舰队覆灭后，清政府决定派李鸿章赴日乞和。光绪二十一年二月十八日晨，李鸿章乘德国商船“公义”号驶离天津，开始其赴日和谈的艰辛历程。科士达作为其外交顾问，随员乘“礼裕”号同时驶离天津。在中日双方的第四轮谈判中，李鸿章接阅日方提出的和约底稿后，为之瞠目结舌，未料到议和条件如此苛刻。李鸿章与于科士达相商，科士达建议将日方约稿条款电告总理衙门，并“请总署密告英、俄、法三公使”，“至日本所拟通商新约详细节目，一时务乞勿庸告知各国，恐见其有利可沾，彼将协而谋我”。此后日本政府为缓和同西方列强的矛盾，对和约底稿稍有删改。在日本侵略者的威逼、强压下，《马关条约》于三月二十三日正式签订。第二天，李鸿章一行登轮回国。

科士达返回天津后，即致函总理衙门，称赞李鸿章马关谈判之功，“力辩强争，笔舌并用，少一分即得一分之益”。四月初，其受李鸿章委托，由天津来到北京，意在游说总理衙门尽快批准和约。四月初六，奕訢、翁同龢等在总理衙门会见科士达。科士达“先叙李相之忠，次言国政”，最后转入正题，“言约宜批准”。同时敦劝清政府采取练兵、改西法、造铁路、理赋税等策略以实现富强。四月底，科士达就台湾交割一事，劝李鸿章速下决心：“断不可游移，借故诿延，以致另起波澜，生出意外危险。”五月初七，科士达作为清廷委派的割台使李经方的随员，乘德商船“公义”号由上海起航，赴台与日方代表桦山资纪订立交割台湾的文据。

科士达被聘为赴日议和法律顾问，前后不到半年，却为此向清政府索取了15万两白银的报酬。作为清廷聘请的顾问，在《马关条约》议和期间、批准与交换约本问题以及割台问题上帮助日本侵略者，此点连日本政府的官员也供认不讳。此后，科氏还任过中国驻美使馆咨议，光绪三十三年曾代表中国参加第二届海牙会议。

科士达女婿兰辛（Lansing Robert）、外孙杜勒斯（Dulles John Foster）均任过美国国务卿。科士达著有《美国百年外交史（1776—1876）》（*A Century of American Diplomacy* 1776—1876）、《美国的东方外交》（*American Diplomacy in the Orient*）、《外交实践》（*The Practice of Diplomacy*）、《外交回忆录》（*Diplomacy Memoirs*）和《李鸿章传》等书。

书首插图

刘文侯“作于无极公廨”的篆书《连昌宫词》

刘文侯篆书《连昌宫词》一幅，题首写有“放园吾叔命书，乙未十二月彧作于毋极公廨”一语。“公廨”即衙门办公地。“毋极”即今日河北无极县。乙未可能是民国8年。

刘放园是冰心的表兄，冰心在其文章里多次提到刘放园：“我的‘老’表兄刘放园

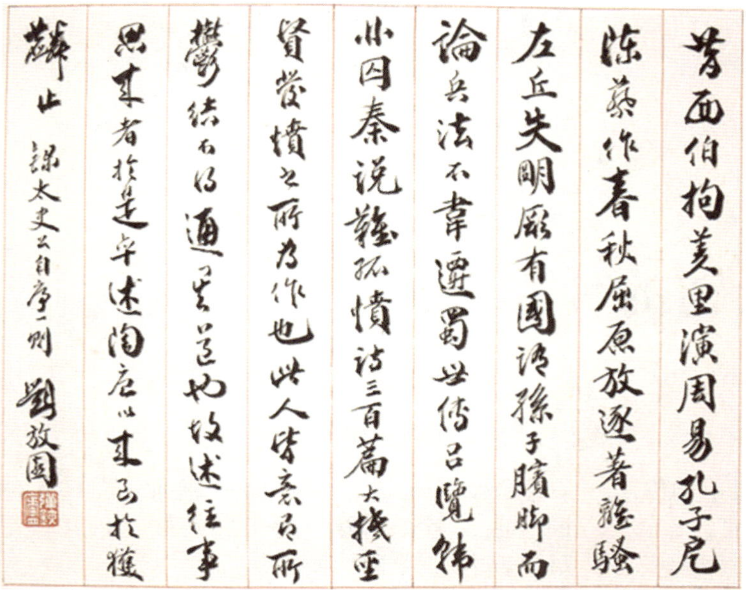

刘放园书法

先生，他们只比我大十七八岁，以博一笑。但是其中有一联句就觉得还朴素平稳，也合乎我当时的心境，于是在一九二四年从美国的沙穰疗养院寄回中国给刘放园表兄，请他写成一副对联，我好悬挂，那就是：世事沧桑心事定，胸中海岳梦中飞。不料他却请梁任公先生代笔！那时我还不认识梁先生。”

“1928年冬，文藻和我在上海我的父母家里举行了简单的订婚仪式，那仪式是我的表兄刘放园先生一手操办的。我记得在红帖上，女方的介绍人是张君劢先生（他的夫人王世瑛是我的好友），男方的介绍人却是胡适先生。我不知道文藻和胡先生是否相识，但刘放园表兄做过《晨钟报》的编辑，同这些名人都是熟悉的。我不记得那天张、胡两位是否在座，这张红帖也已经找不到了。”

在《开始写作》里，冰心写道：“我们开始用白话文写各种形式的反帝反封建的文章，在各种报刊上发表。那时我的一位表兄刘放园先生，是《北京晨报》的编辑者之一。他的年纪比我大得多，以前他到我们家来，我都以长辈之礼相待，不大敢同他讲话。这时为了找发表宣传文章的地方，我就求了他，他惊奇而又欣然地答应了。此后他不但在《晨报》上发表我们的宣传文字，还鼓励我们多看关于新思潮的文章，多写问题小说。这时新思潮空前高涨，新出的报刊杂志，像雨后春笋一般，几乎看不过来。我们都贪婪地争着买，争着借，彼此传阅，如《新青年》、《新潮》、《中国青年》，一直到后来的《语丝》。看了这些书报上大学生们写的东西，我写作的胆子又大了一些，觉得反正大家都是试笔，我又何妨把我自己所见所闻的一些小问题，也写出来求教呢？但是作为一个大学里的小学生，我还是有点胆怯，我用‘冰心’这个笔名投稿，一切稿子都由刘放园先生转交，我和报刊编辑者从来没有会过面。”

这幅字的作者刘文侯是刘放园侄子，可能是当时的无极知县。《连昌宫词》为唐诗人元稹作品。

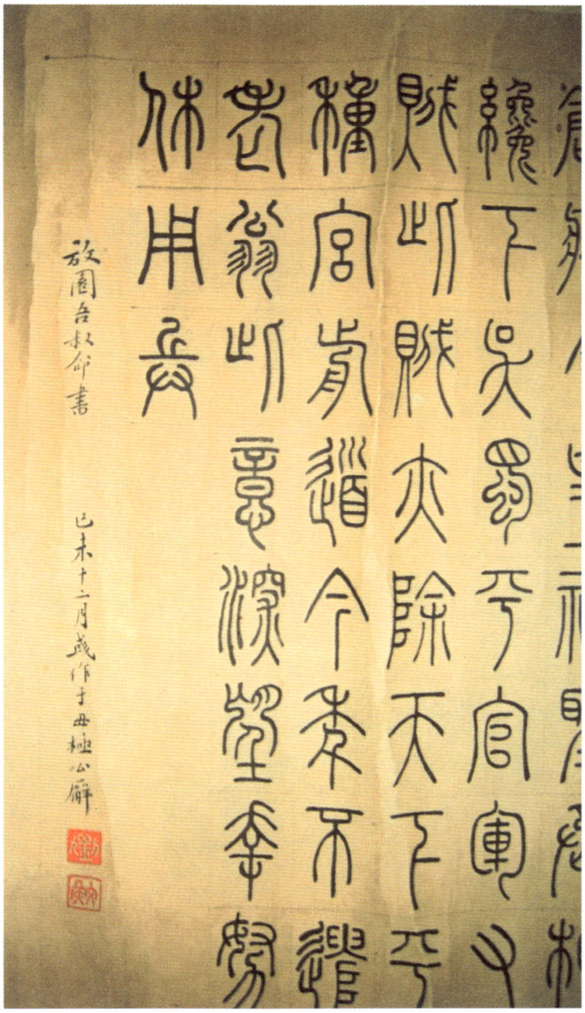

刘文侯书《连昌宫词》

龙榆生送章士钊的《忍寒词》

龙沐勋撰《忍寒词》二卷一册，民国37年铅印本。扉页题“敬呈行严仁丈诲政，晚学龙沐勋壬辰中秋寄自上海”，钤“榆生”朱文名印。近人词集搜集难度较大，龙沐勋还给他人刻过一些词集，都很稀罕，许多都没有正式刷印。

龙榆生（1902—1966），名沐勋，晚年以字行，号忍寒公，江西万载人。龙榆生的词学成就与夏承焘、唐圭璋并称，是20世纪最负盛名的词学大师之一。

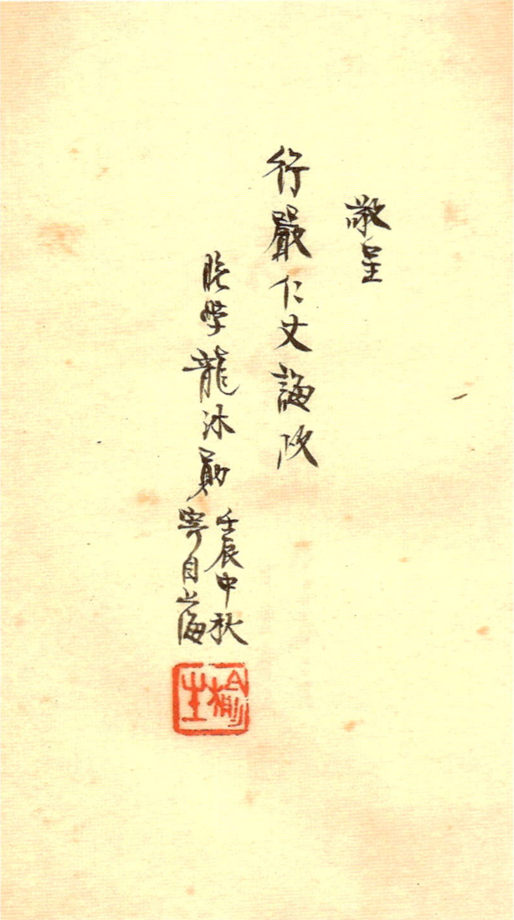

龙沐勋题赠

龙榆生师从黄季刚、陈衍（号石遗）学诗，从朱祖谋修音韵学和诗词。先后在暨南大学、广州中山大学、南京中央大学及上海音乐学院等校任教授。自1929年开始撰写词学论文，其词学论文一变以往词界评点论词的形式，对词的起源、词的发展、词的创作、词的艺术风格及作家作品进行了全面的探讨，重点着眼于唐宋词，推进了当时词学研究的学科建设。1933年至1936年，在叶恭绰等人的赞助下，在沪创办了《词学季刊》，前后共出版十一期，后因抗战爆发而停刊。这是第一份词学专门刊物，也是当时唯一的一份，内容分为论述、专著、遗著、辑佚、词录、图画、佥载、通讯、杂缀等九项，受到了词学界的广泛支持。

20世纪40年代，龙榆生在南京创办《同声月刊》，编辑体例类同于《词学季刊》，但内容不限于词。由于社会政治环境大异，稿件来源及水准已远不如前。但在龙榆生苦心经营之下，仍有名家如冒广生、俞陛云、夏敬观、张孟劬等坚持为之撰稿。不仅如此，《同声月刊》仍注意联系同仁，开展学术讨论，如组织张孟劬、吴眉孙、夏承焘、施则敬等讨论四声问题，都是至今仍有价值的名篇佳构。《同声月刊》在当时特殊环境里，最大限度地联系了诗词学界。今天，我们要了解20世纪40年代前期的诗词界学术状况，基本上要借助于它。

龙榆生一生收有大量词学文献，包括极为稀见的明代琴谱和民间艺人诗词集。20世纪30年代，龙榆生已藏书数十箱，可惜在抗日战争中辗转散失颇多。建国初及1964年，龙榆生先后将藏书中的善本分别捐赠给上海图书馆、上海音乐学院、浙江省图书馆、广西图书馆、南宁市图书馆及杭州大学图书馆，其中包括王鹏运、朱祖谋、沈曾植、俞陛云、曹元忠、吴梅、赵尊岳等人的手稿和批注点校的词学文献，以及与诸人往来论学的信札。

龙榆生在清词方面造诣尤其深厚。1956年，由于陈毅的赏识和推介，曾受遇毛泽东招宴的荣宠，当筵献词，有“喜得傍太阳，身心全暖”之句。但不知什么缘故，两年后他在上海竟被打成“右派”，不但降级减薪，而且“丧失原有社会地位，朋辈往还遂稀”。他牢骚满腹，写了下面两句诗：“不合时宜空恳款，细思臣罪信分明。”

龙榆生著有《词曲概论》、《词学十进》、《唐宋词格律》、《中国韵文史》、《唐宋诗学概论》、《东坡乐府笺》、《风雨龙吟室丛稿》、《忍寒词》和《龙榆生词学论文集》等书行世，所编选本《唐宋名家词选》及《近三百年名家词选》风行一时，深受词学者所爱。《唐宋名家词选》，自1934年开明书店初版后，一版再版，至今在广大读者中影响深远。《唐宋名家词选》、《近三百年名家词选》二书历年销售已达数百万册。

建国后，《唐宋名家词选》发行新版时，选目经过调整，更侧重于反映词史全貌。初版时龙榆生作于1934年11月的“自序”也被抽掉。龙榆生一生不废吟咏，今存诗词达一千余首，堪称一代词作大家。

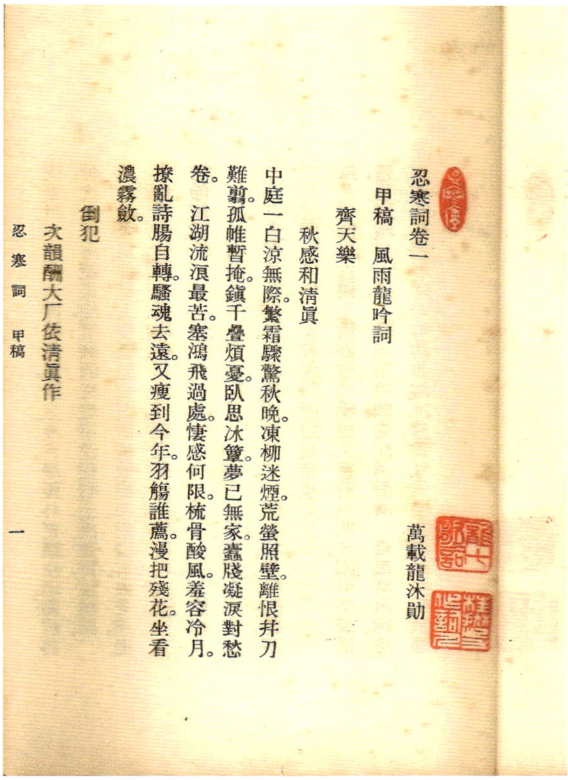
忍寒詞卷一

甲稿　風雨龍吟詞　　萬載龍沐勛

齊天樂

秋感和清真

中庭一白涼無際。繁霜驟驚秋晚。凍柳迷煙。荒螢照壁。離恨幷刀難翦。孤帷暫掩。鎮千疊煩憂。臥思冰簟。夢已無家。蠹牋凝淚對愁卷。　江湖流淚最苦。塞鴻飛過處。悽感何限。梳骨酸風。羞容冷月。撩亂詩腸自轉。騷魂去遠。又瘦到今年。羽觴誰薦。漫把殘花。坐看濃霧斂。

倒犯

文韻酬大厂依清眞作

忍寒詞　甲稿　一

辅仁社主讲郭家声的《忍冬书屋诗集》

郭家声撰《忍冬书屋诗集》六卷一册，民国5年北京琉璃厂宣元阁铅印本。有题赠：“子立先生惠正，弟郭则诚拜赠。”

郭家声（1869—？），字琴石，诗人。前清进士，武清（今天津武清区）人。曾在北平市第三中学任教员。1925年在北京公教大学附属辅仁社，讲授《汉魏六朝文》、《各体散文习作》等。著作有《忍冬书屋诗集》。

1925年2月，美国司铎奥图尔来中国筹备北京公教大学建校工作，租李广桥西街10号原涛贝勒府作为校址。同年10月10日正式开

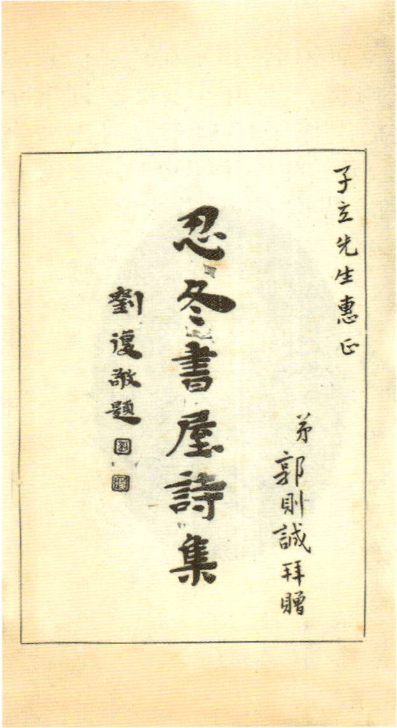

子立先生惠正

忍冬書屋詩集

劉復敬題

弟 郭則誠 拜贈

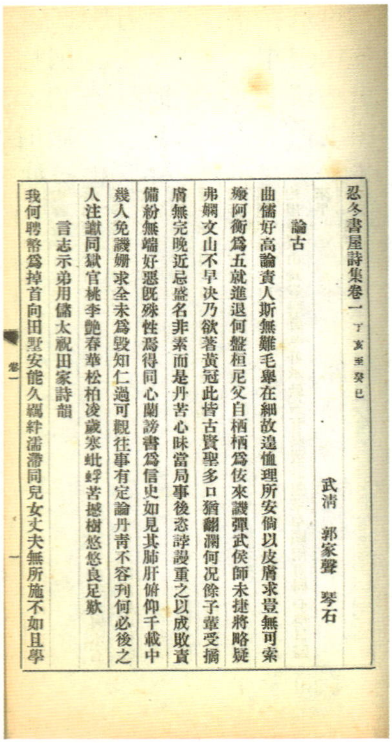

忍冬書屋詩集卷一 丁亥至癸巳

武清 郭家聲 琴石

論古

曲儒好高論責人斯無難毛舉在細故逞臆理所安倘以皮膚求豈無可索瘢阿衡爲五就進退何盤桓尼父自栖栖爲佞來譏彈武侯師未捷將略疑弗嫻文山不早決乃欲著黃冠此皆古賢聖多口猶翻瀾何况餘子輩受摘膚無完晚近忌盛名非素而是丹苦心昧當局事後恣詆謾重之以成敗責備紛無端好惡既殊性爲得同心蘭謗書爲信史如見其肺肝俯仰千載中幾人免譏姍求全未爲毀知仁過可觀往事有定論丹青不容刊何必後之人注讞同獄官桃李艷春華松柏凌歲寒蚍蜉苦撼樹悠悠良足歎

言志示弟用儲太祝田家詩韻

我何聘幣爲掉首向田墅安能久覊絆濡滯同兒女丈夫無所施不如且學

卷一

学，讲授中国文学、历史、哲学、英文、数学等课，作为升入大学的预科，取名为“北京公教大学附属辅仁社”，委派英敛之任社长。聘请四位著名学者陈垣（历史学家）、张蔚西（地理学家）、郭家声（前清进士）和李泰棻（史学家）担任主讲。

《启功杂忆》记载，陈垣先生任辅仁大学校长后，曾延聘多位学者到校任教。历史系请张星任主任，教授有刘复、郭家声、朱师辙、于省吾、唐兰等先生，可谓人才济济，使得后起的辅仁大学顿时与避寇西南的西南联合大学南北齐名。启功在辅仁大学期间，结识了于省吾、容庚、唐兰、郭家声等一些老先生。启功认为，“他们用功之勤、学问之博、治学之严谨、人品之高尚，都是学习的榜样。”

题赠的“子立先生”即“水子立”。现代著名的回族学者、教育和社会活动家，一生的贡献主要表现在创办河南南阳回族教育，著医圣祠墓志、名贤事略，组织南阳回教抗日救国协会进行抗日、爱国爱民活动等方面。

民初名士陈大镫《出师颂》题跋

（西晋）索靖书《出师颂》一册，上海商务印书馆民国2年石印本。

《出师颂》是为当时大将军邓骘率军征伐叛乱所作。因其用词清铄、韵散兼备，颇具文学价值，曾被南朝（梁）昭明太子萧统编入《文选》中。自唐朝以来，一直流传有序，唐朝由太平公主收藏，宋朝绍兴年间入宫廷收藏，明代由著名收藏家王世懋收藏，乾隆皇帝曾将其收入《三希堂法帖》。1922年，逊位清帝溥仪以赏赐溥杰的名义，将该卷携出宫外，1945年后失散民间。2003年7月，《出师颂》前半段突然在中国嘉德2003年春季拍卖会上亮相，引起业界轩然大波。

根据著录书及鉴藏印记，中国嘉德所拍此《出师颂》称为“绍兴本”，据米友仁跋，多定为隋贤书，也有认为是索靖或（南朝梁）萧子云写，乃至唐人作。流传情况大致是：唐代经太平公主、李约、王涯先后鉴藏，南宋绍兴年间入内府，明归王世懋，清初由安岐收藏，后入乾隆内府。民国11年十一月初九，溥仪以赏赐溥杰的名义携出宫外，1945年后散落匿于民间不彰60余年。2003年非典期间，由中国嘉德拍卖公司征得，故宫博物院以2200万元天价购回，创下中国古籍单项拍卖价新高。

据说此拍品的卖主是一位持有秘鲁护照和中国身份证的上海人，此人以5500元从天津一古玩商手里买到此前半段《出师颂》。故宫博物院方面表示有意找寻失落民间的《出师颂》手卷后半段。也有媒体报道此卷后半段，目前仍在那个上海人手中。

《出师颂》作为流传有绪的章草墨迹曾留存有两本，一为“绍兴本”，一为“宣和本”。后者曾入北宋内府，有宋徽宗所题“征西司马索靖书”及“宣和”瓢印，一般定为索靖书，也有认为是萧子云书。经北宋《宣和书谱》、明代文嘉《钤山堂书画记》、清人卞永誉《式古堂书画汇考》等书著录。其流传情况大致是：北宋入宣和内府，明代似从严嵩家辗转入文彭手，后售于项元汴，入清后不存。“宣和本”曾刻入董其昌《戏鸿堂帖》，王肯堂《泼墨斋帖》亦曾摹刻，今仅存法帖拓本。

翕居所藏即为“宣和本”之石印本，此册帖后有陈大镫题跋两则：

一为“原释空白四字予取‘文选’补之，所以便成颂也，陈大镫识”。接下来是陈大镫抄录的《出师颂》：

茫茫上天　降祚为汉　作基开业　人神攸赞　五曜宵映　素灵夜叹　皇运来授　万宝增焕　历纪十二　天命中易　西戎不顺　东夷构逆　乃命上将　授以雄戟　桓桓上将　实天所启　允文允武　明诗阅礼　宪章百揆　为世作楷　昔在孟津　惟师尚父　素旄一麾　浑一区寓　苍生更始　移风变楚　荡伐猃狁　至于太原　诗人歌之　犹叹其艰　**况我将军**　穷域极边　鼓无停响　旗不蹔褰　**泽沾**遐荒　功铭鼎铉　我出我师　于彼西疆　天子饯我　辂车乘黄　言念**内舅**　恩深渭阳　介珪既削　裂壤酬勋　今我将军　启土上郡　传子传孙　显显令闻

后署“东藻释”，钤朱文方印“大镫居士”。文中黑体四字为陈大镫据《文选》所补。

另一则题跋是：“家居时，曾与子建书，时时临之。然墨池堂刻如第一幅，安得墨迹如三桥之心醉。陶斋多情，肯付石印，丹斧多情，肯从海上携归于予。福花眼镜购得之后，时时读之，增益智慧不浅，何必原本。而后临池会心，不远行。且竭予腕力，抚写百本，灯下且识。此列入课程云。改国后二年癸丑九月大灯居士陈止。”钤“优婆塞陈大镫”朱文长方印。

题跋中的“丹斧”为张延礼（1870—

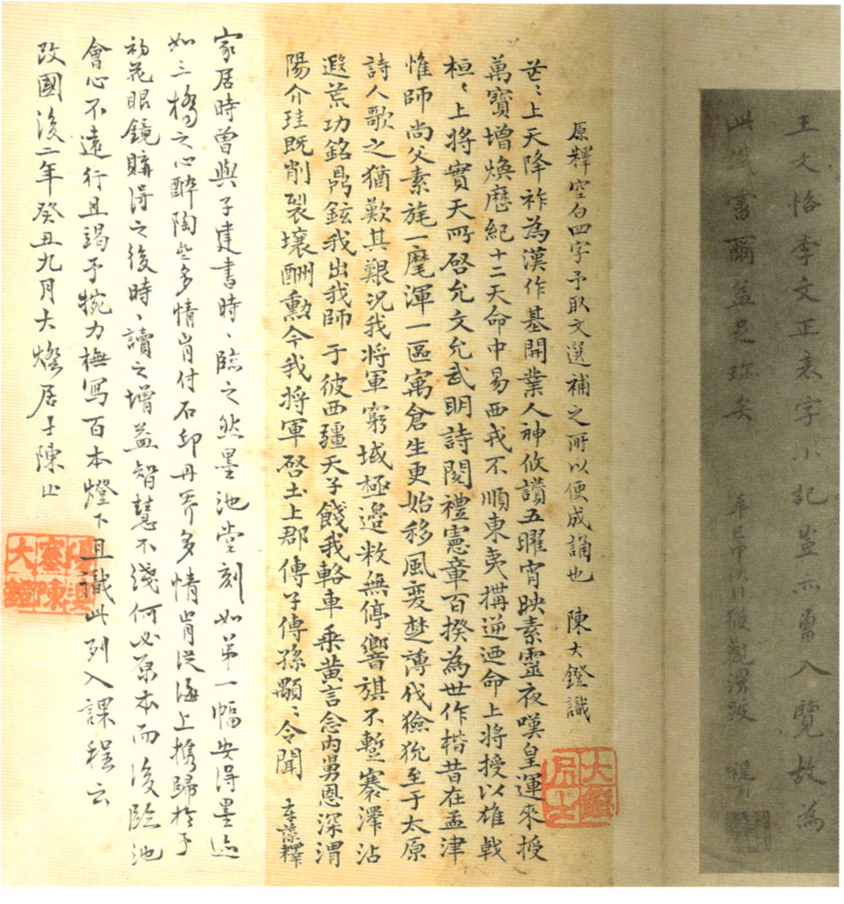

陈大镫的题跋

1937），南社社员。好金石古物，善治印，精书法。“陶斋”为清末大臣、金石学家端方（1861—1911）。

陈大镫为民初名士，撰有《洞庭诗稿》六卷。1912年，与陈家麟据英译本合译长篇小说《婀娜小史》（《安娜·卡列尼娜》），由中华书局出版。1918年1月，中华书局出版了由陈家麟、陈大镫翻译的安徒生童话集，中译名为《十之九》。此为安徒生童话的第一个中译本，全书用文言翻译，收入《大小克劳势》、《国王之新服》等6篇童话。但在跋内将“著作者”错写成“英国安得森”。周作人读后，马上在《新青年》发表《随感录二十四》一一列举译者以教训儿童的目的对原作进行的篡改，批评其“全是用古文来讲大道理”。

陈大镫在古版画史研究方面颇有建树，主要成果有《歙中绣刻图画名手姓氏录》。1931年8月，赵万里来上海访书，郑振铎便同他一道去宁波访问回乡度假的马廉。一天，马廉拿出了一个抄本《歙中绣刻图画名手姓氏录》，所记乃是明代徽派木刻家的姓氏、谱系。并说“此录创自陈大镫”，北平通县王孝慈得之，作了增补，马廉从王孝慈处抄来，又作了增补。西谛一看，高兴得几乎跳起来。因为他虽然注意于版画的刻工，但因缺乏史料，不曾作系统的研究。而且，他发现马廉以前到他家看书时所见的几个刻工姓氏，均已补入其中了。他为马廉的勤奋与细心而佩服。他和赵万里便连夜各自抄录了一份。后来他又作了若干增补。

在《中国古代木刻画选集序》中，郑振铎还念念不忘陈大镫的《歙中绣刻图画名手姓氏录》，并说：“这当是中国木刻画史的‘椎轮’，我当时曾传抄一部，也补充了若干则，便是这部《史略》的初步基础。我应该在这里向他们表示敬意和谢意，他们一生酷嗜古代的木刻画，搜集了不少资料，虽不曾留下什么著作，其创始之功是应该加以记录的。”

聂鲁达签名送郭沫若的《聂鲁达诗集》

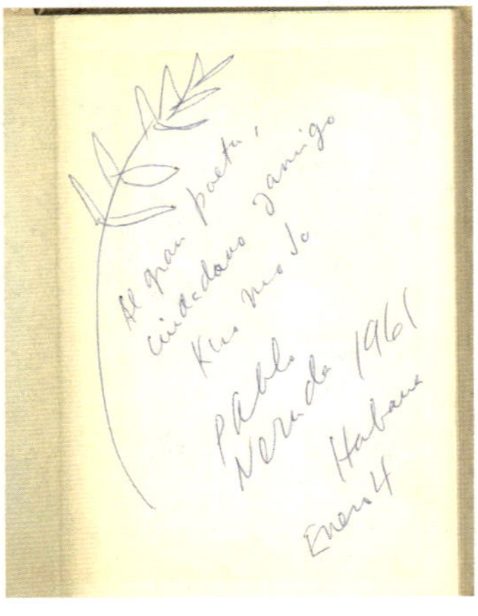

聂鲁达题词及签名

在旧书市的外文书堆里，翻到了一本西班牙文的《聂鲁达诗集》，1960年在古巴出版，1961年聂鲁达签名送郭沫若。

聂鲁达（1904—1973）是智利当代著名诗人，主要作品有《二十首情诗和一支绝望的歌》（1924年）和《诗歌总集》（1950年）。1971年获诺贝尔文学奖。聂鲁达算得上我国读者最熟悉的拉丁美洲诗人，他10岁开始写诗，13岁的时候就在报纸上发表文章。真正使他在文坛上成名的作品，是1924年出版的《20首情诗和一支绝望的歌》。1940年至1943年间，聂鲁达先后写了《献给玻利瓦尔的一支歌》、《献给斯大林格勒的情歌》等很多优秀诗篇，还出版了《葡萄园和风》、《在匈牙利进餐》、《沙漠之家》等诗集。聂鲁达最著名的诗集是《漫歌集》（又译《诗歌总集》或《大众之歌》）。1973年9月23日，聂鲁达因心脏病发作与世长辞。

聂鲁达曾于1951年和1957年两次来华。第一次是为了给宋庆龄颁发列宁国际和平奖金，第二次是应邀与巴西著名作家亚马多一起来进行参观访问。在来华访问与国际交往中，聂鲁达与我国诗人艾青、萧三结下了深厚的友谊。但第二次来华却给他留下了终生的遗憾：由于众所周知的原因，诗人艾青在他离开中国之前就突然“消失”了（被错划为“右派分子”）。据说，后来聂鲁达曾面对大海，呼唤艾青的名字。“文革”过后艾青复出时，聂鲁达已离开人世，两位诗坛巨匠竟再也无缘畅叙“阔别”之情，只为我们留下了苦涩的记忆与思考。

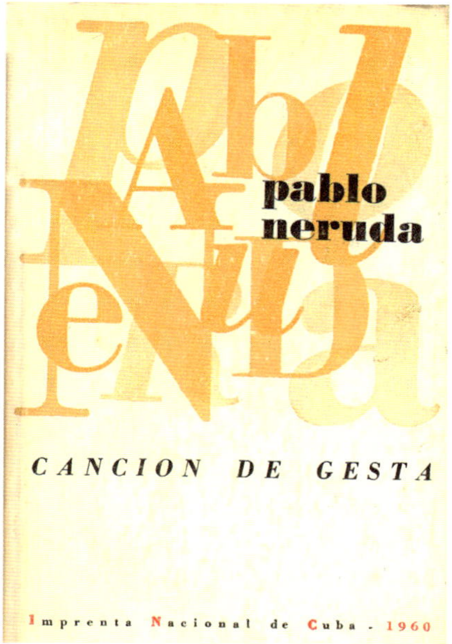

封面书影

聂鲁达作品

不用说，在那革命运动风起云涌、解放战争如火如荼的岁月，聂鲁达的政治诗篇无疑是号角、是旗帜，是惩恶扬善的战斗檄文。当年中国读者最熟悉的也就是他的这部分诗作。诗人袁水拍早在1950年就翻译出版了他的《伐木者，醒来吧！》，在中国诗歌界引起了

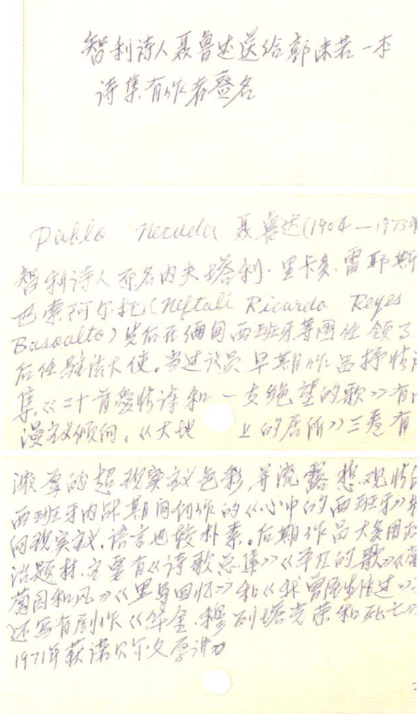

智利诗人聂鲁达送给郭沫若一本
诗集有作者签名

Pablo Neruda 聂鲁达(1904—1973年
智利诗人 原名内夫塔利·里卡多·雷耶斯
巴索阿尔托(Neftali Ricardo Reyes
Basoalto)先后在缅甸西班牙等国任领事
后任驻法大使。当过议员。早期作品抒情
集《二十首爱情诗和一支绝望的歌》有
漫主义倾向，《大地上的居所》三卷有

浓厚的超现实主义色彩，并流露悲观情
西班牙内战期间创作的《心中的西班牙》
向现实主义，语言也较朴素。后期作品大多用
治题材，主要有《诗歌总集》《狂欢的歌》《葡
萄园和风》《黑岛回忆》和《我曾历尽沧桑》
还写有剧作《华金·穆列塔的光荣和死亡
1971年获诺贝尔文学奖

书中所夹卡片

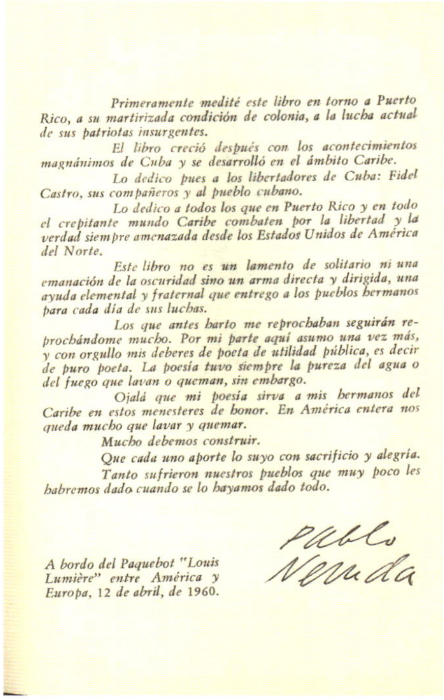

Primeramente medité este libro en torno a Puerto Rico, a su martirizada condición de colonia, a la lucha actual de sus patriotas insurgentes.

El libro creció después con los acontecimientos magnánimos de Cuba y se desarrolló en el ámbito Caribe.

Lo dedico pues a los libertadores de Cuba: Fidel Castro, sus compañeros y al pueblo cubano.

Lo dedico a todos los que en Puerto Rico y en todo el crepitante mundo Caribe combaten por la libertad y la verdad siempre amenazada desde los Estados Unidos de América del Norte.

Este libro no es un lamento de solitario ni una emanación de la oscuridad sino un arma directa y dirigida, una ayuda elemental y fraternal que entrego a los pueblos hermanos para cada día de sus luchas.

Los que antes harto me reprochaban seguirán reprochándome mucho. Por mi parte aquí asumo una vez más, y con orgullo mis deberes de poeta de utilidad pública, es decir de puro poeta. La poesía tuvo siempre la pureza del agua o del fuego que lavan o queman, sin embargo.

Ojalá que mi poesía sirva a mis hermanos del Caribe en estos menesteres de honor. En América entera nos queda mucho que lavar y quemar.

Mucho debemos construir.

Que cada uno aporte lo suyo con sacrificio y alegría.

Tanto sufrieron nuestros pueblos que muy poco les habremos dado cuando se lo hayamos dado todo.

A bordo del Paquebot "Louis Lumière" entre América y Europa, 12 de abril, de 1960.

Pablo Neruda

聂鲁达印刷体签名

广泛的反响。但正如聂鲁达本人所说：“我们不能只写谈政治的诗，不能只用一种颜色来画画……还有一个长远的责任，是诗人所不能忘记的。首先诗人应该写爱情诗。否则，这是一个很奇怪的诗人。”应当说，20世纪50年代，在介绍聂鲁达的作品时，由于形势或认识上的原因，他的爱情诗是被忽略了。其实，岂止是爱情诗，后来由于中苏关系的恶化乃至破裂，就连聂鲁达的政治诗也被打入了“另册”而受到不应有的冷落。“文革”以后，四川人民出版社于1983年出版了邹绛、蔡其矫等翻译的《聂鲁达诗选》，1985年湖南人民出版社又在诗苑译林中收入了陈实翻译的《聂鲁达诗选》，后来又有王央乐等几位先生的译本问世。最近又看到了河北教育出版社出的黄灿然译的《聂鲁达诗选》，其实后者似乎应叫《聂鲁达爱情诗选》，因为译者只译了《二十首情诗和一支绝望的歌》与《爱情十四行诗一百首》。

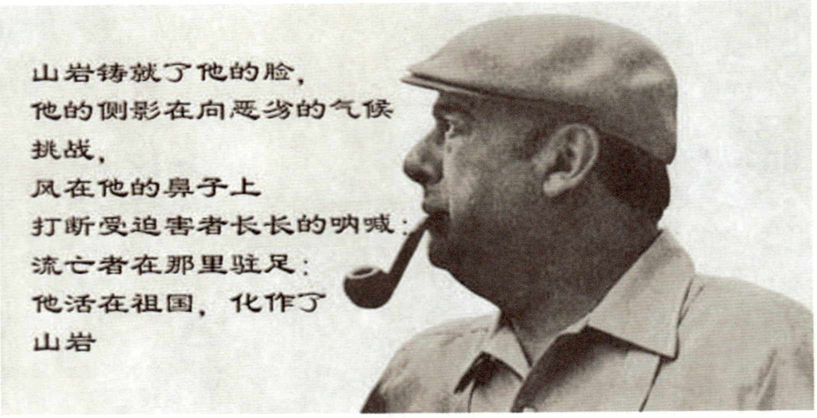

聂鲁达照片

曾经十二次采访过聂鲁达的智利著名记者路·阿·曼西利亚说过，聂鲁达是个凡人，他既有许多高尚的品德，也不乏明显的缺点，不必把他变成神话式的人物，否则他自己也会感到可怕。

钱锺书批校、吴可读签名本《西洋小说发达史略》

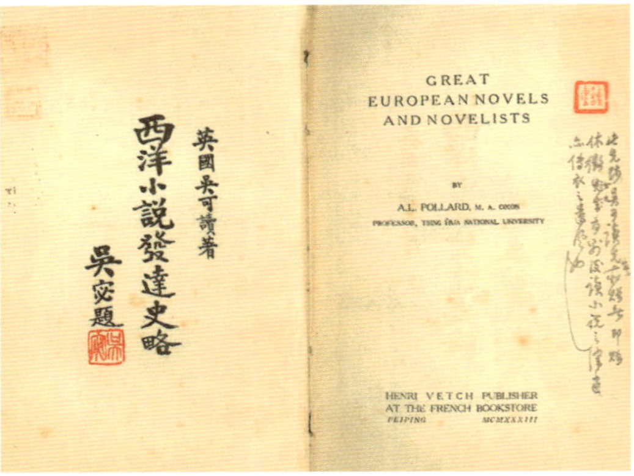

吴宓题签和钱锺书题记

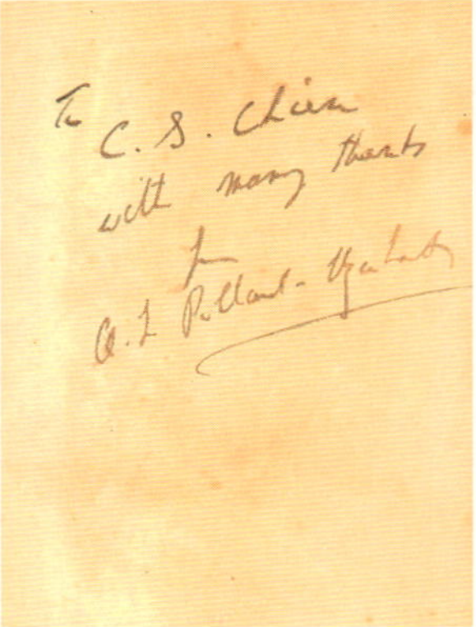

作者题赠

（英）吴可读著《西洋小说发达史略》，吴宓题写书名，漆布面精装本，1933年3月北平第1版第1次印刷。

扉页有一段钱锺书的钢笔题记：“此先陈吴可读先生求赠者，即赠休徵先生（女士），为今后读小说之津逮，亦传衣之遗风也。”钤“锺书”朱文方章。通篇

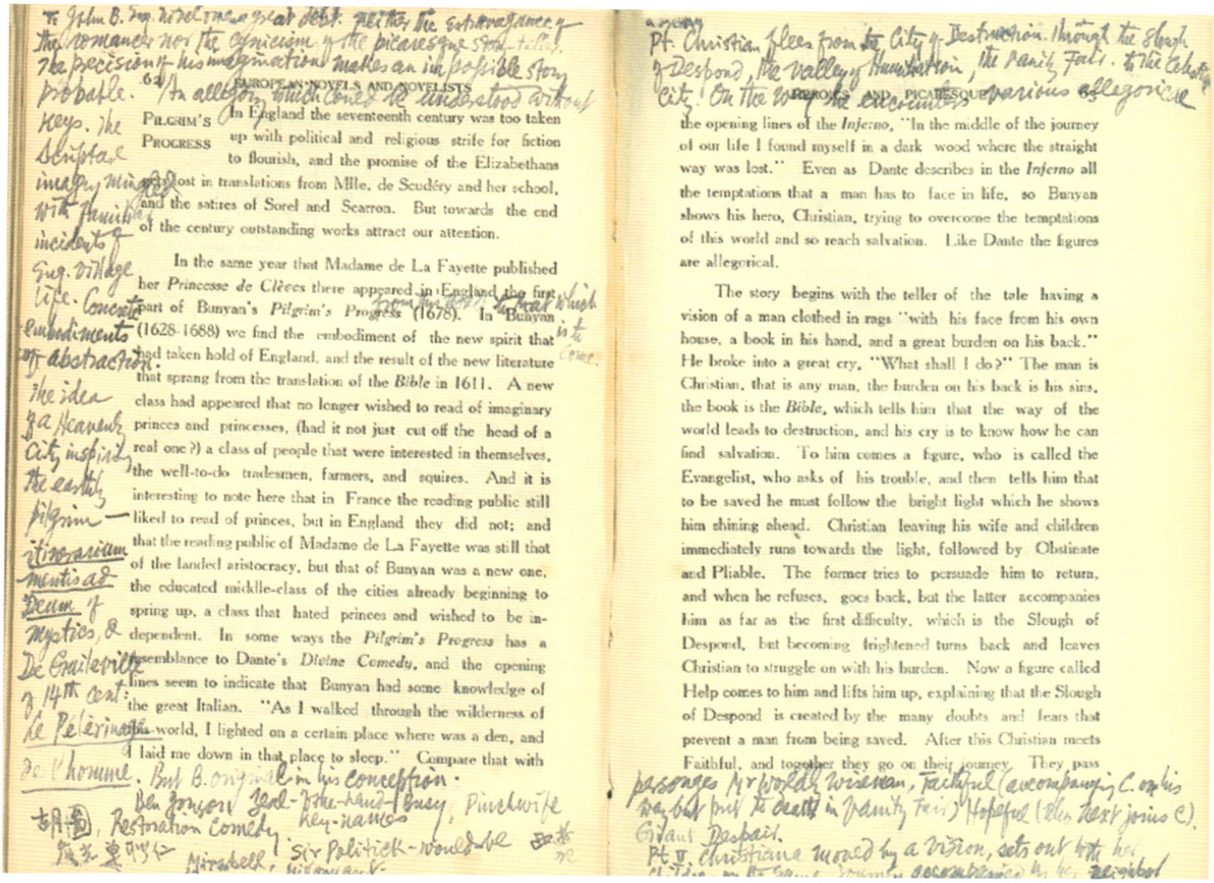
62 EUROPEAN NOVELS AND NOVELISTS

PILGRIM'S PROGRESS

In England the seventeenth century was too taken up with political and religious strife for fiction to flourish, and the promise of the Elizabethans was lost in translations from Mlle. de Scudéry and her school, and the satires of Sorel and Scarron. But towards the end of the century outstanding works attract our attention.

In the same year that Madame de La Fayette published her *Princesse de Clèves* there appeared in England the first part of Bunyan's *Pilgrim's Progress* (1678). In Bunyan (1628-1688) we find the embodiment of the new spirit that had taken hold of England, and the result of the new literature that sprang from the translation of the *Bible* in 1611. A new class had appeared that no longer wished to read of imaginary princes and princesses, (had it not just cut off the head of a real one?) a class of people that were interested in themselves, the well-to-do tradesmen, farmers, and squires. And it is interesting to note here that in France the reading public still liked to read of princes, but in England they did not; and that the reading public of Madame de La Fayette was still that of the landed aristocracy, but that of Bunyan was a new one, the educated middle-class of the cities already beginning to spring up, a class that hated princes and wished to be independent. In some ways the *Pilgrim's Progress* has a resemblance to Dante's *Divine Comedy*, and the opening lines seem to indicate that Bunyan had some knowledge of the great Italian. "As I walked through the wilderness of this world, I lighted on a certain place where was a den, and I laid me down in that place to sleep." Compare that with the opening lines of the *Inferno*, "In the middle of the journey of our life I found myself in a dark wood where the straight way was lost." Even as Dante describes in the *Inferno* all the temptations that a man has to face in life, so Bunyan shows his hero, Christian, trying to overcome the temptations of this world and to reach salvation. Like Dante the figures are allegorical.

The story begins with the teller of the tale having a vision of a man clothed in rags "with his face from his own house, a book in his hand, and a great burden on his back." He broke into a great cry, "What shall I do?" The man is Christian, that is any man, the burden on his back is his sins, the book is the *Bible*, which tells him that the way of the world leads to destruction, and his cry is to know how he can find salvation. To him comes a figure, who is called the Evangelist, who asks of his trouble, and then tells him that to be saved he must follow the bright light which he shows him shining ahead. Christian leaving his wife and children immediately runs towards the light, followed by Obstinate and Pliable. The former tries to persuade him to return, and when he refuses, goes back, but the latter accompanies him as far as the first difficulty, which is the Slough of Despond, but becoming frightened turns back and leaves Christian to struggle on with his burden. Now a figure called Help comes to him and lifts him up, explaining that the Slough of Despond is created by the many doubts and fears that prevent a man from being saved. After this Christian meets Faithful, and together they go on their journey. They pass

钱锺书批校

用钢笔或铅笔写满了密密麻麻、重重叠叠的英文批注，间有个别中文字。

A.L.Pollard译为“吴可读”，当时为清华大学教授，曾参与创办云南省立英语专科学校。

扉页中的M.A.Oxon（苏慧廉），曾于1910前后任山西太原府的山西大学堂西斋总教习，也曾出任牛津大学中国语言文学教授。1937年，牛津大学出版社的“世界经典丛书”收录了他翻译的《论语》。

钱锺书（1910—1998）一生用于读书的时间远多于写作，且写下了大量阅读中国古代文献和外文书刊的读书笔记。钱锺书的外文笔记量最大，包括英、法、德、意、西班牙、拉丁文。杨绛在《钱锺书怎样做笔记的》（载2005年12月14日《文汇读书周报》）一文写道：“除了极小部分是在打字机上打的，其余全是手抄。笔记上还记有书目和重要的版本以及原文的页数。他的笔记，常前后互相引证参考，所以这些笔记本很难编排。而且我又不懂德文、意大利文和拉丁文。恰逢翻译《围城》的德国汉学家莫宜佳博士（Dr Monika Motsch）来北京，我就请她帮我编排。她看到目录和片断内容，“馋”得下一个暑假借机会又到北京来，帮我编排了全部外文笔记。笔记本共一百七十八册，还有打字稿若干页，全部外文笔记共三万四千多页。”

2003年7月，商务印书馆影印出版了《钱锺书手稿集》（《容安馆札记》卷一至卷三）。2003年1月24日的《文汇读书周报》曾披露，《钱锺书手稿集》统共排成四十册，2003年全部出完，很遗憾，至今只发行了这三册。不知后三十七册是否还能出版，也不知这里面是否会有关《西洋小说发达史略》的笔记。

2005年以来，京沪各大拍卖公司所拍钱锺书信札中，一通一页毛笔书价格在1.2万～3.7万元不等。

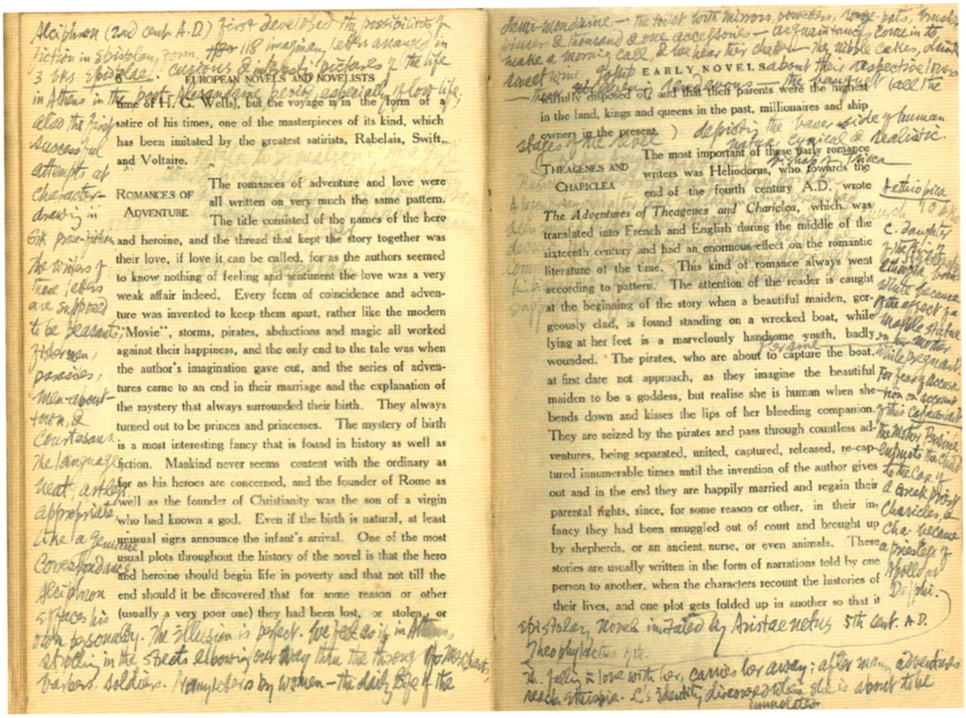

6 EUROPEAN NOVELS AND NOVELISTS

time of H. G. Wells), but the voyage is in the form of a satire of his times, one of the masterpieces of its kind, which has been imitated by the greatest satirists, Rabelais, Swift, and Voltaire.

ROMANCES OF ADVENTURE

The romances of adventure and love were all written on very much the same pattern. The title consisted of the names of the hero and heroine, and the thread that kept the story together was their love, if love it can be called, for as the authors seemed to know nothing of feeling and sentiment the love was a very weak affair indeed. Every form of coincidence and adventure was invented to keep them apart, rather like the modern "Movie", storms, pirates, abductions and magic all worked against their happiness, and the only end to the tale was when the author's imagination gave out, and the series of adventures came to an end in their marriage and the explanation of the mystery that always surrounded their birth. They always turned out to be princes and princesses. The mystery of birth is a most interesting fancy that is found in history as well as fiction. Mankind never seems content with the ordinary as far as his heroes are concerned, and the founder of Rome as well as the founder of Christianity was the son of a virgin who had known a god. Even if the birth is natural, at least unusual signs announce the infant's arrival. One of the most usual plots throughout the history of the novel is that the hero and heroine should begin life in poverty and that not till the end should it be discovered that for some reason or other (usually a very poor one) they had been lost, or stolen, or

EARLY NOVELS

[illegible] disposed of, and that their parents were the highest in the land, kings and queens in the past, millionaires and ship owners in the present.

THEAGENES AND CHARICLEA

The most important of these early romance writers was Heliodorus, who towards the end of the fourth century A.D. wrote *The Adventures of Theagenes and Chariclea*, which was translated into French and English during the middle of the sixteenth century and had an enormous effect on the romantic literature of the time. This kind of romance always went according to pattern. The attention of the reader is caught at the beginning of the story when a beautiful maiden, gorgeously clad, is found standing on a wrecked boat, while lying at her feet is a marvelously handsome youth, badly wounded. The pirates, who are about to capture the boat, at first dare not approach, as they imagine the beautiful maiden to be a goddess, but realise she is human when she bends down and kisses the lips of her bleeding companion. They are seized by the pirates and pass through countless adventures, being separated, united, captured, released, re-captured innumerable times until the invention of the author gives out and in the end they are happily married and regain their parental rights, since, for some reason or other, in their infancy they had been smuggled out of court and brought up by shepherds, or an ancient nurse, or even animals. These stories are usually written in the form of narrations told by one person to another, when the characters recount the histories of their lives, and one plot gets folded up in another so that it

满批满校

清内府手绘地图

清内府手绘浙江全图、杭州府全图、台州府图、严州府图、金华府图、湖州府图、温州府图、处州府图、福州府图、台湾府图、龙岩直隶州图、玉环厅图、外藩蒙古统部图等。用51厘米×58厘米朱丝栏木板边框宣纸，半框尺寸为15厘米×22厘米。

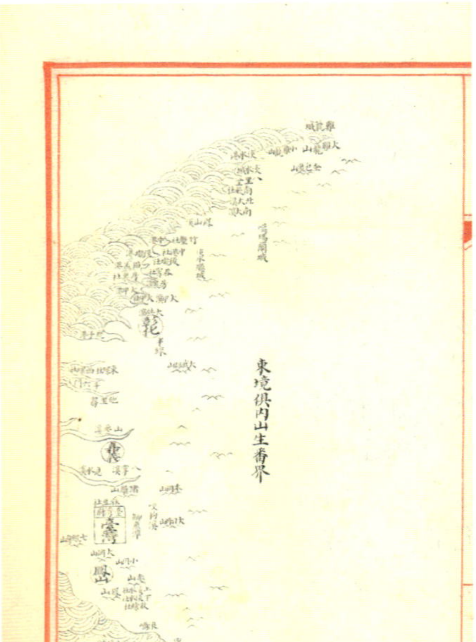

清朝沿袭明代的分省建制，以省为地方上的最大行政区域，下设府、厅、州、县。省以下有道的设置，为监察区性质，不算正式行政区。在府之外，同时还有直隶厅、州和一般厅、州。凡统治地方人多并直隶于布政使司的为直隶厅、州，地位与府大致相同。清朝在全国设有直隶厅41个，直隶州73个。其外的厅、州，称为散厅、州，地位略

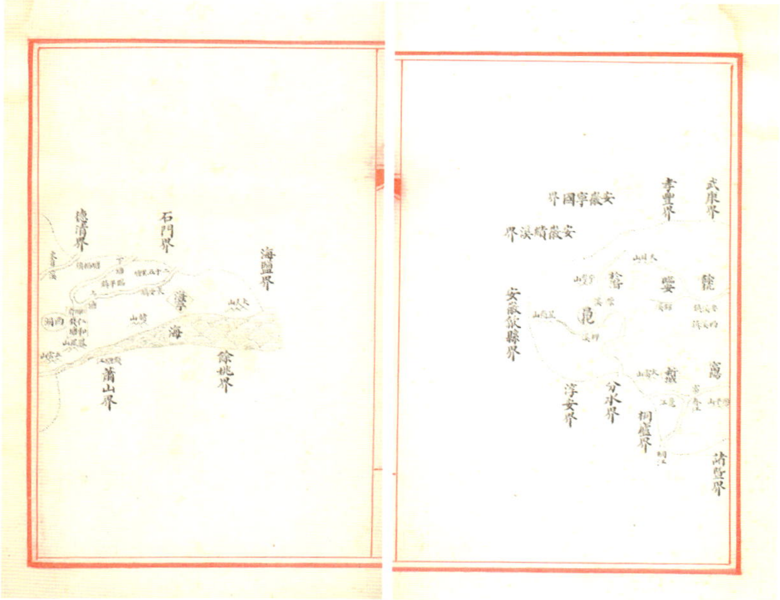

同于县。至清末，全国已设散厅78个，散州145个。散厅、州设官与直隶厅、州相同，而品级差一等。散厅、州属府管辖，个别的隶于将军或道员。县是地方基层政权机构，清末全国设1358个县。

玉环厅于清雍正六年（1728）始建，隶属温州府。龙岩县直隶州为雍正十二年设置，辖漳平、宁洋二县。处州府为今丽水市。嘉庆《大清一统志》记载的“蒙古统部”，包括内扎萨克察哈尔至喀尔喀、青海、西藏诸境和外藩各部，雍正初修本《大清一统志》记载蒙古各外藩部属国57个，朝贡诸国有31个。

近些年，古旧地图收藏不断发展壮大，市场价格逐年上涨，几与古籍善本比肩而立。2006年3月，在中国嘉德春季拍卖会古籍善本专场中，清乾隆初年官绘、全长74米的手卷本《金沙江全图》，经过数轮竞价最终以308万元成交，创造了中国古代地图的拍卖最高价。这一天价的出现无疑提高了整个地图收藏市场的价格体系，

手绘地图因其艺术形式和综合内涵的独特性，特别受到藏家和文博机构的青睐和关注。在海外的拍卖市场上，手绘地图也非常受欢迎，20世纪80年代，在伦敦苏富比的一场拍卖会上，一幅17世纪传教士手绘的世界地图，以2.9万英镑价格拍出。

手绘地图不仅仅是一种史料记载，而且绘制精美的地图本身就是一幅难得的书画作品，具有双重的收藏价值。2002年，在中国嘉德拍卖会上，（清）许荣勋绘《手绘西湖全图》以2.2万元成交、《手绘通惠河图》以4.95万元成交、《手绘边防图》以0.99万元成交、《浙江沿海手绘图卷》1轴以2.86万元成交。也是在中国嘉德拍卖会上，2003年《清代手绘地图一册》以3.19万元成交；2004年，《朝鲜八道手绘地图》以0.55万元成交；2005年《清代各县手绘呈上皇帝之县境图》共8件以0.825万元成交。2005年，在中国书店拍卖会上，民国初绘本《北京及附近城郊地图》14张以5.2万元成交，《北京东郊地图》以3000元成交。

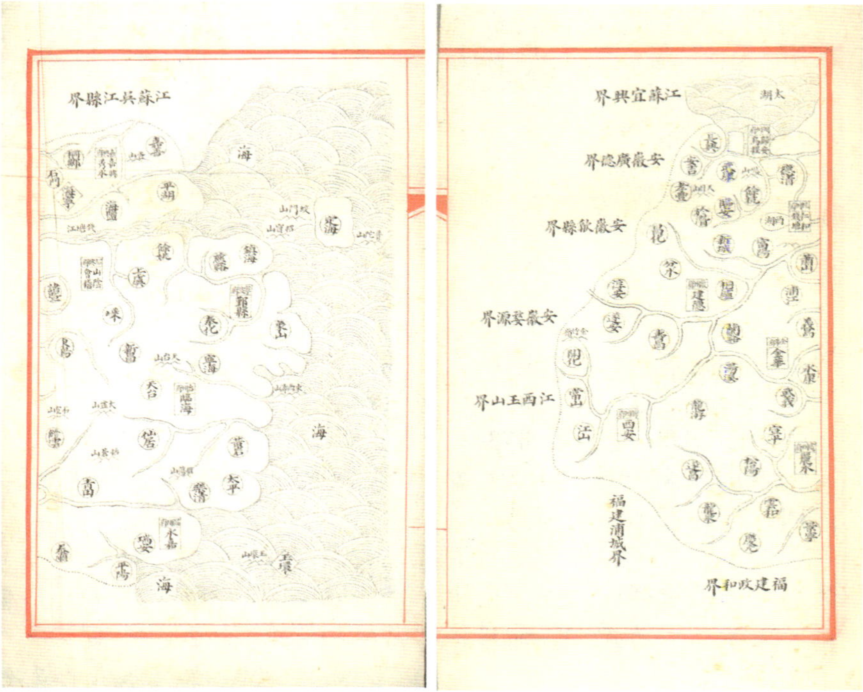

散曲《郑王词》抄本

《郑王词》为明王朝朱元璋九世孙、郑藩王第六代世子朱载堉（1536—1611）著，又名《醒世词》、《痴僧录》。这本400多年前的词曲歌谣集，收录有朱载堉诗词152首约3.5万字，内容包括述怀、劝勉、禁戒、策励、感慨、戏谑、超逸等10个类目，如劝士人、劝农夫、劝做买卖、戒赌歌、莫放刁、

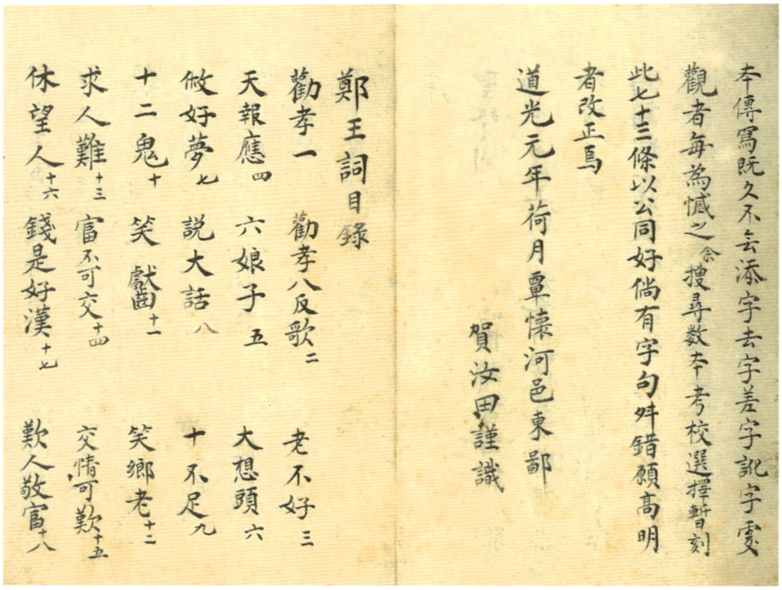

本傳寫既久不免添字去字差字訛字處
觀者每為憾之余搜尋數本考校選擇暫刻
此七十三條以公同好倘有字句舛錯願高明
者改正焉
道光元年荷月覃懷河邑東鄙
賀汝田謹識

鄭王詞目錄
勸孝一 勸孝八反歌二 老不好三
天報應四 六娘子五 大想頭六
做好夢七 説大話八 十不足九
十二鬼十 笑獃十一 笑鄉老十二
求人難十三 富不可交十四 交情可歎十五
休望人十六 錢是好漢十七 歎人敬富十八

警少年词，等等，在民间广为传抄，直到清朝道光年间，才被河南的一位名叫贺汝田的儒生出资刻印，总共录曲73首。

翕居所藏抄本序言中说：“此书流布人间，俱为抄本，传写既久，不免添字、去字、差字、讹字，处观者每为憾之。余搜寻数本，考校选择，暂刻此七十三条，以公同好。”署为“道光元年荷月怀河邑东鄙贺汝田谨识”。

朱载堉的《郑王词》散曲是用当时民歌形式创作，说的都是大白话，十分浅显易懂。他的诗多是宣扬正直、披露人情险恶，也不乏幽默风趣，读来十分痛快淋漓，以今人眼光来看，也有一定裨益。不妨抄录几首如下。

如有一首“高不过人心”，暗含一个叫狗娃的小叫花子发迹，从吹笛、当鼓手到进宫当乐师，后被权臣刘瑾启用，当官、谋反、被判死刑的故事。全曲写到：“逐日奔忙只为饥，才得饱饭又思衣。绫罗绸缎身上穿，抬头又觉房屋低。盖下高楼并大厦，床前缺少美貌妻。娇妻美妾藏帷帐，出门还嫌没马骑。高头大马置齐备，前呼后拥少跟随。家郎院丁雇几个，有钱没势受人气。幸运七品知县当，小官还被大官欺。天朝荣升阁老位，明朝还想登登基。当朝皇上把位让，请来神仙下盘棋。洞宾下凡把棋下，问问哪有上天梯。若非阎王鬼牌到，上到天上还嫌低。”

这首歌谣至今仍在乡里传唱，确把世人中的见利忘义、骄奢淫逸的一面揭示的淋漓尽致，因而也就产生了了警世作用。

《山坡羊·钱是好汉》：

世间人睁眼观看，论英雄钱是好汉。有了钱诸般称意，没了他寸步也难。拐子有钱，走歪步合款，哑巴有钱，打手势好看。如今人敬的是有钱，蒯文通无钱也说不过潼

关。实言，人为铜钱，游遍世间，实言，求人一文，跟后擦前。

此曲以犀利的笔调讽刺了一切向钱看的丑恶社会，在这里，钱成了英雄好汉，有了钱，本来不美好的东西也变得美好了——拐子有了钱，走路也合乎标准；哑巴有了钱，打的手势都是好看的。没有钱，有能力也施展不开——就算是你蒯通再有名的辩士，没有钱拿出来，你也甭想过潼关！人们为了金钱，不惜出卖一切，包括自己的尊严和灵魂，金钱对人的异化，是多么的厉害啊。想不到时隔四百余年，这支曲子描述的还是没有变啊。

《黄莺儿·求人难》：

自己跌倒自己爬，指望人扶都是假。至亲人说的是隔山话，虚情儿哄咱，假意儿待咱，还将冷眼观。时下休夸，十年富贵，再看在谁家？跨海难，虽难犹易；求人难，难到至处。亲骨肉深藏远躲，厚朋友绝交断义。相见时项扭头低，问着他面变言迟。俺这里未曾开口，他那里百般回避。锦上花争先添补，雪里炭谁肯送去。听知！自己跌倒自己起，指望人扶耽搁了自己。

这是一首自述诗。朱载堉十五岁的时候，他的父亲恭王朱厚烷遭诬陷下狱，他离开王府，另筑土屋独居十九年，一心钻研乐、律、数学和历学。十八年后他父亲才被赦免，在这期间，他一定是尝遍了人情冷暖，看惯了世态炎凉。“锦上花争先添补，雪里炭谁肯送去”，道尽了人间的势利眼。“自己跌倒自己爬，指望人扶都是假”，强调了做人应该有骨气。“时下休夸，十年富贵，再看在谁家”，告诫了那些势利眼们，莫欺少年穷！

《山坡羊·说大话》：

我平生好说实话，我养个鸡儿，赛过人家马价；我家老鼠，大似人家细狗；避鼠猫儿，比狗还大。头戴一个珍珠，大似一个西瓜；贯头簪儿，长似一根象牙。我昨日在岳阳楼上饮酒，昭君娘娘与我弹了一曲琵琶。我家下还养了麒麟，十二个麒麟下了二十四匹战马。实话！手拿凤凰与孔雀厮打；实话！喜欢我慌了，蹄一蹄，蹄到天上，摸了摸轰雷，几乎把我吓杀！

此曲用幽默的语言深刻讽刺了说大话的人，妙趣横生，读来不禁令人莞尔，明明是吹牛皮，还口口声声装作一本正经地说“我平生好说实话”，这样的人只有一个字：强！

2007年3月，河南省政府公布了第一批非物质文化遗产名录，共有14种148项民间文艺入选。沁阳市的《郑王词曲》（包括《郑王词》和《郑王曲》，《郑王曲》即《工尺谱》）等四项民间文艺榜上有名。郑王词曲对研究我国文学史、音乐史与明代社会风俗民情有着很高的学术价值。

送黎锦熙指正的稿本：《东风字典》

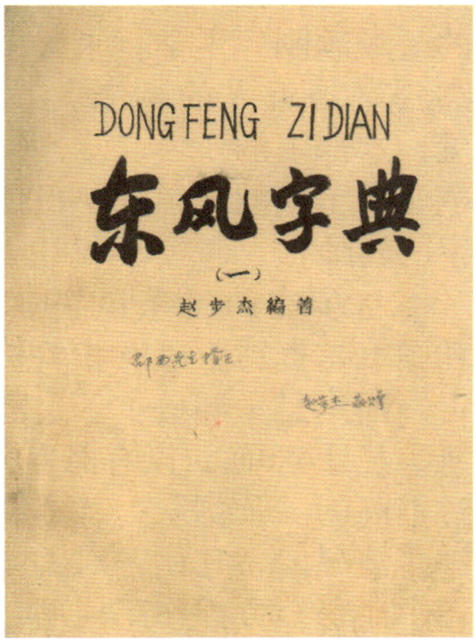

在坊间觅得一套一函四册的手稿本，宣纸毛笔小楷写成，书名是《东风字典》，作者赵步杰。封面有“送邵西先生指正，赵步杰敬赠”字样，扉页有作者钤印，没有落款日期，估计是编写于20世纪70年代。

在一篇

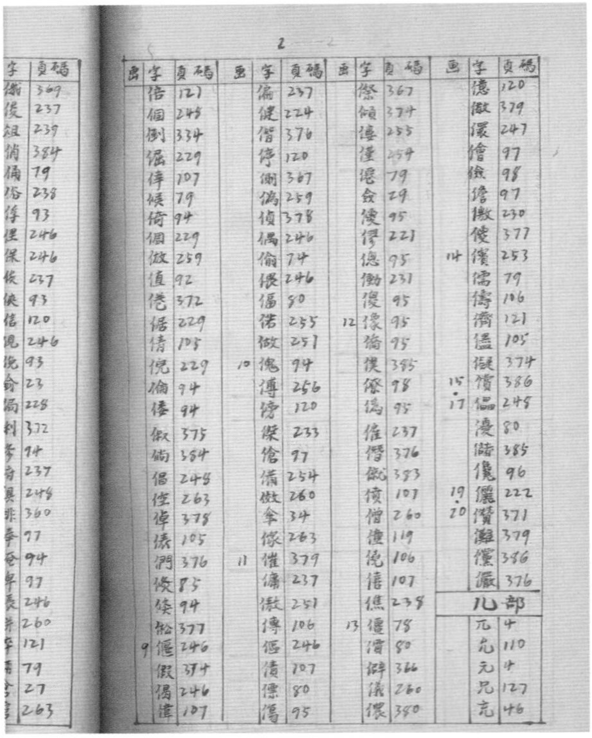

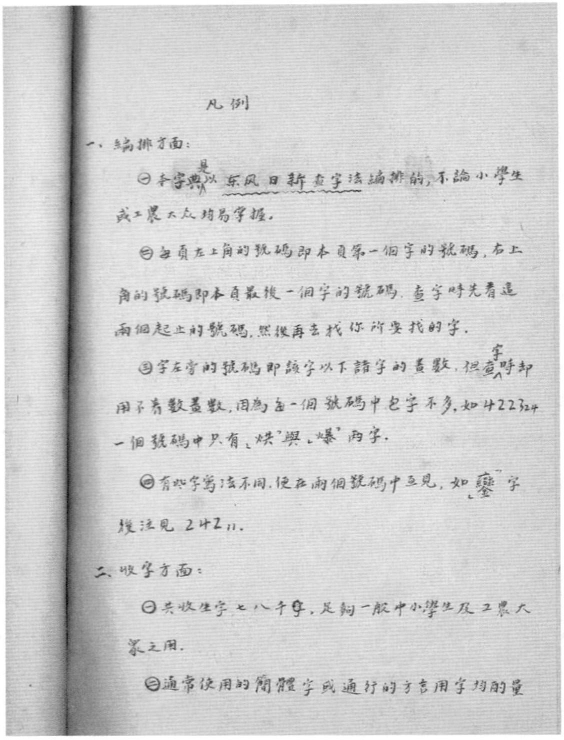
凡例

一、编排方面：

㊀本字典是以东风日新查字法編排的，不論小學生或工農大众均易掌握。

㊁每頁左上角的號碼即本頁第一個字的號碼，右上角的號碼即本頁最後一個字的號碼。查字時先看這兩個起止的號碼，然後再去找你所要找的字。

㊂字左旁的號碼即該字以下諸字的畫數，但查字時却用不着數畫數，因為每一個號碼中包字不多，如4223_{24}一個號碼中只有“烘”與“爆”兩字。

㊃有些字寫法不同，便在兩個號碼中互見，如“鑾”字幾注見242_{11}。

二、收字方面：

㊀共收生字七八千字，足夠一般中小學生及工農大衆之用。

㊁通常使用的簡體字或通行的方言用字均酌量

《渭南师范学院中文系教师出版著作教材一览表》中，列有赵步杰1991年3月由陕西人民出版社出版的《古汉语言语入门》教材一种，这本书曾于1979年由延安大学中文系出版过。《快速识别多音字》作者于振报在该书后记中写到：完稿后，曾经得到陕西渭南教育学院赵步杰副教授的指导。《湘潭文史第五辑——忆黎锦熙专辑》中，有赵步杰《纪念“国语四千年来变化潮流图”在费城世界博览会展出五十周年》一文，同期还有顾颉刚、许嘉璐、袁晓园、齐佛来等追怀黎锦熙先生的文章。中华书局2006年出版的《顾颉刚先生学行录》中收录有赵步杰《平易近人的顾老》一文。由此可见，这部书的作者赵步杰是陕西渭南师范学院（或教育学院）一位研究语言文字的教师。

赵步杰的《东风字典》，在网上和图书馆资料中没有相关资料和介绍，可以断定是一部稿本。这部稿子共有四册，共计480面，没有前言和后记，但通过书前的“凡例”，基本能看出此书的一些情况。“凡例”对编排、收字、注音、注释等方面作了说明：这本字典是以“东风日新”查字法编排的，不论小学生或工农大众均易掌握；本字典共收字七八千

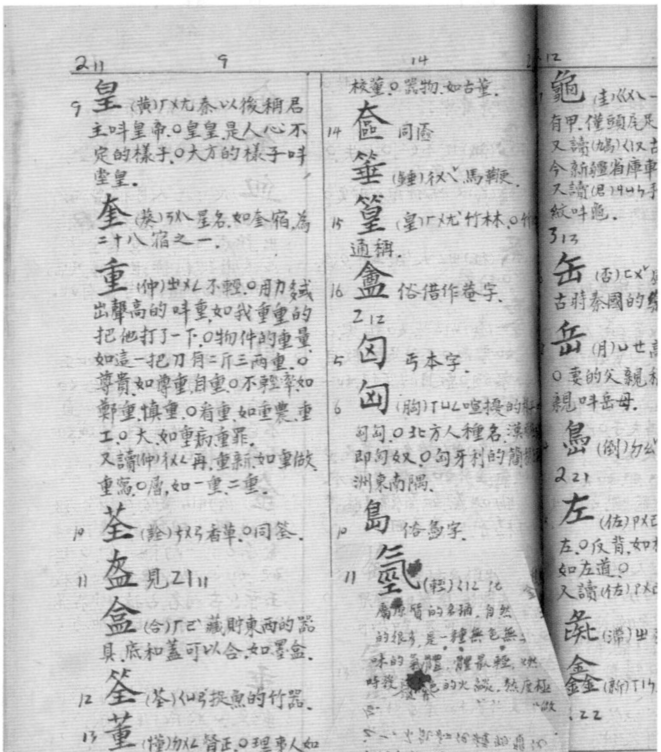

个，足够一般中小学生及工农大众之用；通常使用的简体字或通行的方言用字均酌量编入；在注音上，先注同声调的汉字，后再以国音注音字母注音；在注释方面，力求简单明了，一律用语体文注解，并举例句，使读者易于体会；在字形方面，为了便于检查，一律以通行的印刷铅字为准；后附部首索引，以帮助初学“东风日新法”的人使用。书中还夹有一张说明：因纸质关系，不能用钢笔书写，故未注拼音字母拼音，俟后补注。

从国家图书馆、首都图书馆等馆藏资料中检索，也没有《东风字典》的记载，可以断定这是作者送给“邵西先生”审定的。

“邵西先生”就是黎锦熙，主要贡献集中在推广普通话和汉字改革、汉语语法研究及辞典编纂方面，被称为“语言文字大师”。黎锦熙的另一种特殊身份，就是他是毛泽东的老师。新中国成立初期，毛泽东多次派车去接黎锦熙来中南海丰泽园家中叙谈。1954年国庆节，黎锦熙应邀参加了天安门城楼观礼。“文化大革命”期间，黎锦熙的全部图书资料被查封，研究工作一度被迫中断，毛泽东得知后立即指示启封，并对他的工作加以保护。当得知黎锦熙工作和生活条件不太好时，毛泽东又亲自将朝阳门北小街46号的一所四合院批给他居住。（参见625页《“为学之道在是矣”：〈群学肄言〉》一文）

岁寒堂藏《古诗笺》、《国朝书人辑略》

清乾隆三十一年（1766）芷兰堂刊《古诗笺》三十二卷十二册，王阮亭选，闻人倓笺，金文达刻，松江文萃堂藏版。石雪居士题签，岁寒堂藏。钤“石雪藏书”朱印一枚，“万竹庵藏”朱印一枚。

《古诗笺》是（清）闻人倓据王士禛《古诗选》笺注的一部五言、七言古诗读本。《古诗选》分五言古诗和七言古诗两大部分，入选的作家作品大都在文学史上有一定代表性，大体反映了五言、七言古诗的发展脉络及其重要流派的面貌。

《朱自清说诗·论诗学门径》讲到：“读唐诗可用沈德潜《唐诗别裁集》、五代韦縠《才调集》以晚唐为宗，徐增《而庵说唐诗》咀嚼文字，启人心思。宋诗选

徐宗浩题签的函套

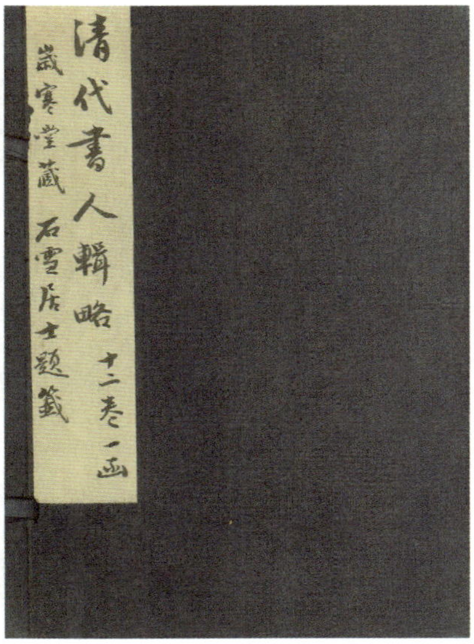

徐宗浩题签

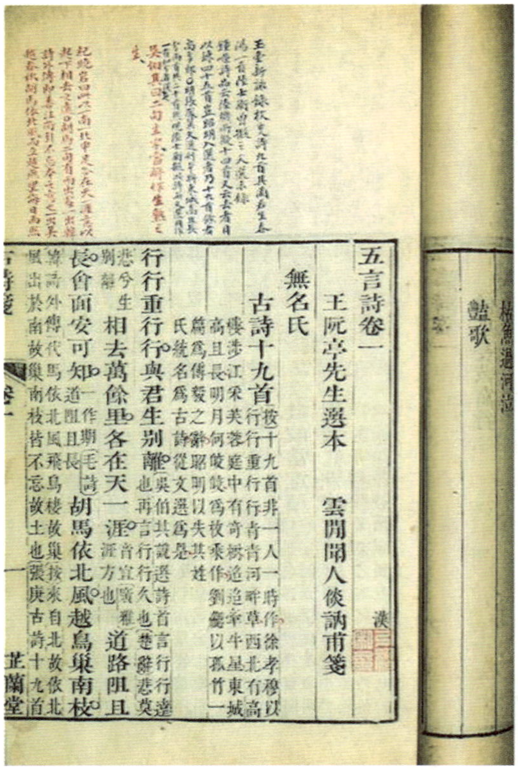

本，七古可看《古诗笺》（闻人倓，王士禛原选），七律可看赵彦博《宋今体诗钞注略》。尤以纪昀《瀛奎律髓刊误》最著名，《历代诗评注读本》简明可看。今人学诗，汉以前的要读《诗》、《骚》。”看来，闻人倓，王士禛原选本《古诗笺》还是很受学人器重的。

2004年11月，在中国书店海王村秋拍中，有朱兰笔批校的芷兰堂刊竹纸本《古诗笺》三十二卷一函十二册，估价8000～9000元，成交价为12000元。

原藏此书的乃徐宗浩（1880—1957），字养吾，号石雪，斋名为“岁寒堂”，江苏武进人（今常州）。久居北京，与白石老人友善。精山水，松竹石，犹擅画竹，并著有竹谱，亦精书法印石装潢，其书法临赵孟頫几能乱真。曾任中国画学研究会副会长。近年来，国内各大艺术品拍卖会，屡有徐宗浩作品露面。

翁居另藏有一套（清）震钧辑《国朝书人辑略》十一卷八册，清光绪白纸刊本。钤“岁寒堂藏”章，有“石雪居士”题签。

震钧的《天迟偶闻》是有大名头的著作，《国朝书人辑略》仅此光绪三十四年（1908）一刻，收录清代书家资料，有益于研究清代书史。

震钧（1857—1918），姓瓜尔佳氏，满洲人。光绪八年举人，后任江苏江都知事、江宁八旗学堂总办，曾随慈禧西行。博学多闻，擅画花卉。著有《国朝书人辑略》、《庚子西行纪事》、《渤海国志》、《两汉三国学案》和《天咫偶闻》等。性喜绘事，尤善画墨梅及兰竹，所作笔墨清丽，饶有文人书卷韵致，惜囿于气局，无风流倜傥、独具一格之底蕴。

外交家吴锜的题跋

在翁居所藏的王右军法帖拓本上，有这样一段题跋：“自壬寅岁滞留海外与鸐裘伍，不得近笔墨，亦无随带古人碑籍，而平生积习殊未能忘。阳月初归，急搜旧本，掌未散失，对此如久别故人，一旦重逢，喜可志也。乙巳年腊月二十日观于闇修别舍，剑秋吴锜。”

吴锜（1869—？），字剑秋，江西宜黄

人。清光绪十四年（1888）中举，光绪十六年考中进士。初任工部主事，光绪二十七年调任总理衙门章京（司员），次年出任驻俄参赞，期满归国，留外务部工作。

按此，吴锜题跋“乙巳年腊月二十日”当为光绪乙巳年（1902）。题跋中的“阳月”为农历十月的别称，也就是说，吴锜是1902年农历十月从俄参赞任上回国的。

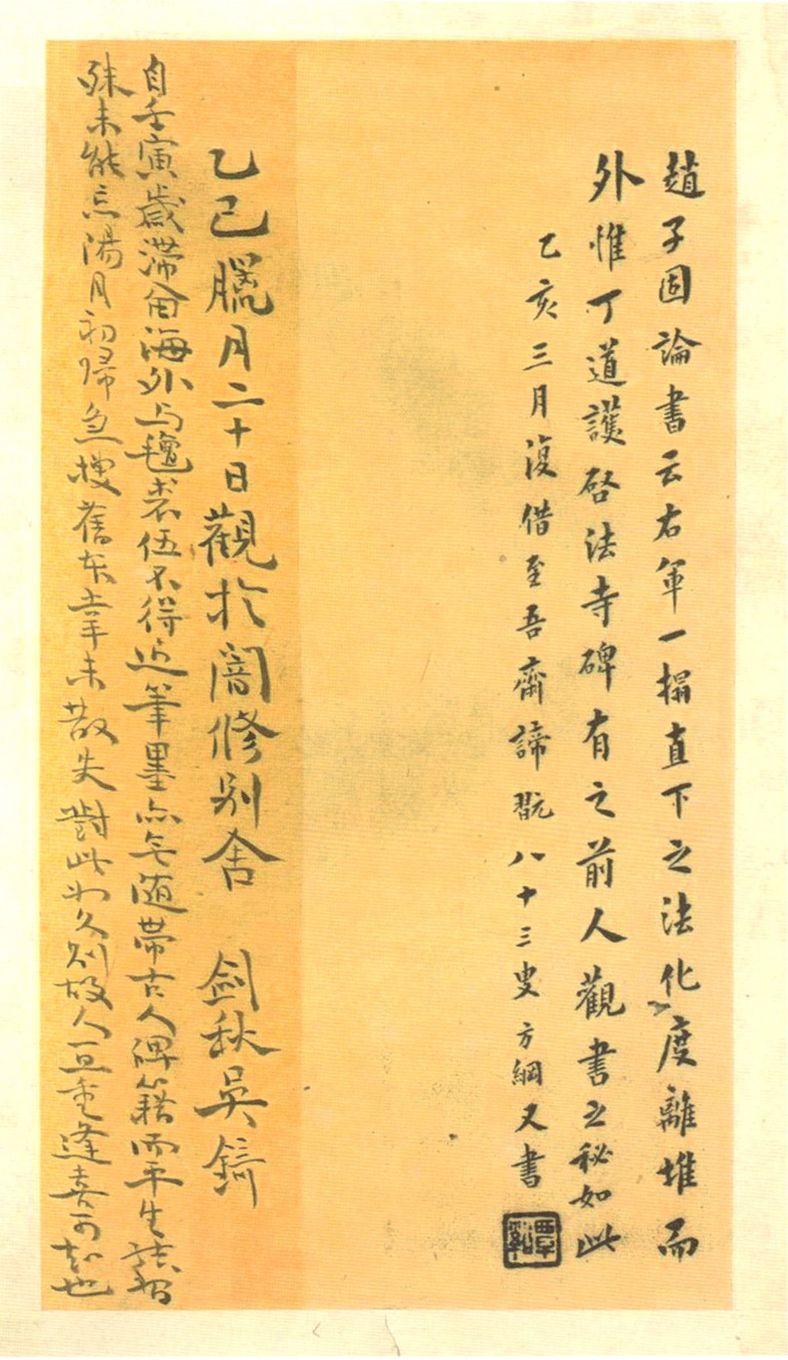

吴锜从事外交事务多年，观察敏锐，洞悉外交形势，处事谙练，上司重其才，升他为郎中，外交部事务悉交其办理。他于公余手录各国国情及国际公法条例，集成巨册，同事皆惊服其勤勉精细和竭尽职守。当云南发生涉外仇杀案时，总督屈从外国人的无理要求，决定将闹事民众无论首从一律处死，吴锜据理力争，结果以判处首犯死刑结案。光绪三十二年三月，江西民众和教会诉讼酿成巨案，英国领事提出无理要挟，当地官员不能决断，上报外务部。吴锜根据外交条约行文英国使馆，指出英国领事荒谬无理，致使英方撤换了该领事。吴锜因此名重一时，简选为福建交涉使。

中日甲午（1894）战争之后，清政府将台湾及附属各岛屿和澎湖列岛割让日本。从此，日本大批不法之徒经台湾来到福建厦门一带，与当地无赖串通一气，寻衅恣事，欺压乡民，纠纷一起，便有日本官吏插手，使中方官员无法处理。吴锜到任后，他根据先前在外务部制订和颁行各省的国籍条例驳斥对方，并给予警告，使那些不法分子稍有敛息。日本浪民和官吏也不敢蛮行跋扈，对他始终产生敬畏。

吴锜与李瑞清、曾熙交最笃，游处最久。其书专仿褚遂良、李邕，而于李邕习之尤勤。晚年所诣，遂高出梁巘、李邕之上。有《霎岳楼笔谈》、《书林藻鉴》行世。辛亥革命后，以清室遗民闲居而终。

吴锜的胞兄吴钫，为光绪年间刑部主事、民政部内城预审厅长、奉天提法司，民国时任浙江省财政厅长。

吴汝纶朱批题记本《深州风土记》

翕居收有一套《深州风土记》，有记二十二卷，表五卷，共十六册，清光绪二十六年（1900）深州文瑞书院初刻、初印本。有著者吴汝纶的批校和朱笔题记："昔鲁通甫撰邳州志、清河志，皆自圈识其文章要害、精美处而刻之。识者颇病其自喜，然眉目明了，要于读者为便。今因校勘印本，遂援鲁公往例，少与点定，贻州人之读此志者。汝纶记。"从这个题记来看，此本是吴汝纶用于校勘新印之书所用的底本，全书均有作者的朱笔"圈识"，是不折不扣的一套善本。

《深州风土记》内容分疆域、河渠、赋役、学校、兵事、官制、职官、名宦、艺文、古迹、金石、人谱、荐绅、名臣、文学、武节、物产等。内容庞杂，是一部翔实、严谨的地方志著作，具有较高的史料价值。

吴汝纶（1840—1903），字挚甫，安徽桐城人。清同治进士，官冀州知州。后充京师大学堂总教习，赴日本考察学制，回国后创办桐城中学堂。曾入曾国藩幕府，"曾门四弟子"之一。与李鸿章关系密切，曾国藩、李鸿章奏议，多出其手。吴汝纶早年潜心研究桐城派文章义法，为清末散文家。后来在曾国藩和李鸿章的影响下，逐渐对西方文明发生兴趣，并精心阅读西方著作。李鸿章延其主讲莲池书院，其"为教一主乎文，以为文者，天地之至精至粹。吾国所独优。语其实用，则欧美新学尚焉，博物格致机械之用，必取资予彼，得其长，乃能共竞。旧法完且好，吾犹将革新之，况其顾败不可复用？其勤勤导诱后生，常以是为说。尝乐与西士游，而日本之慕文章者亦来请业"（徐世昌《清儒学案》）。他热心于教育，锐意兴学。在冀州，他为一些学校收回一直被当地富豪强占的校产；在

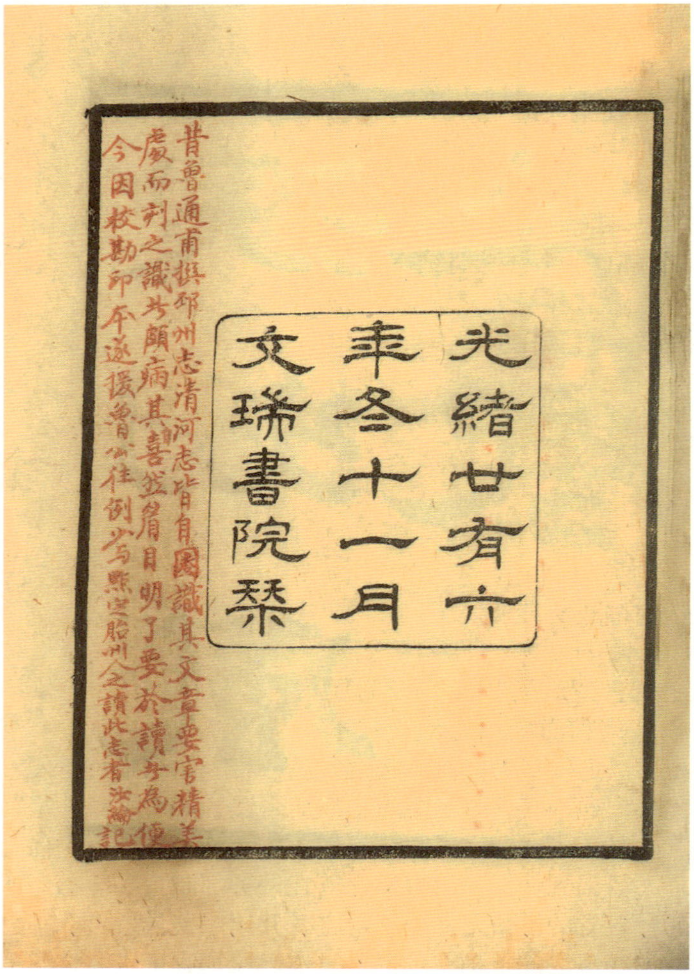

吴汝纶朱笔题记

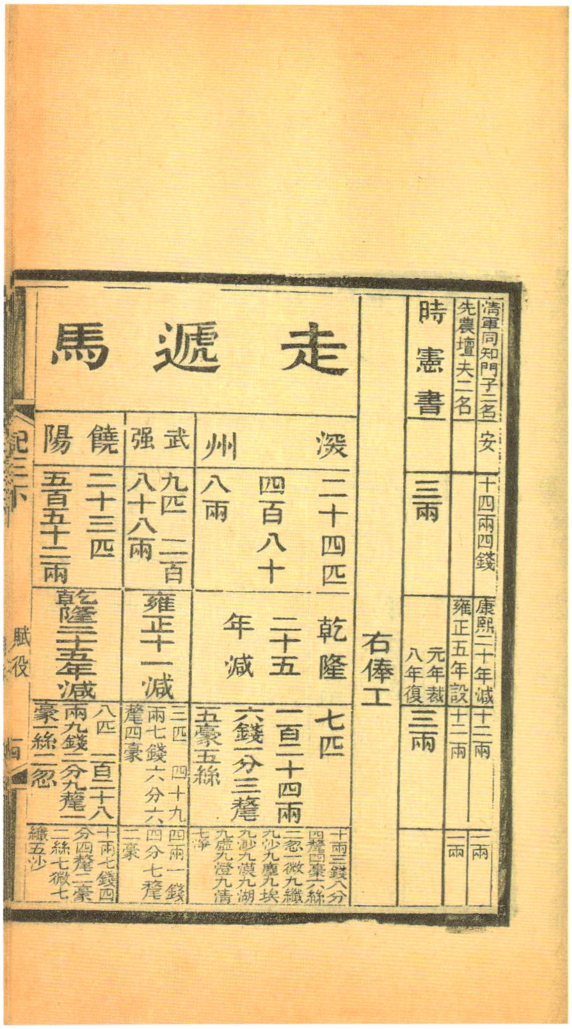

清軍同知門子二名　安　十四兩四錢　康熙二十年減十二兩　一兩
先農壇夫二名　雍正五年設十二兩　一兩
時憲書　三兩　元年裁　八年復　三兩
右俸工

走遞馬

深州　二十四匹　四百八十八兩　乾隆二十五年減　七匹　一百二十四兩六錢一分三釐五毫五絲　十兩三錢八分四釐四毫六絲二忽一微九纖九沙九塵九埃九渺九漠九湖九虛九澄九清七淨
武强　九匹　二百八十八兩　雍正十一減　三匹　四十九兩七錢六分六釐四毫　四兩一錢四分七釐二毫
饒陽　二十三匹　五百五十二兩　乾隆三十五年減　八匹　一百二十八兩九錢二分九釐二毫一絲二忽　十兩七錢四分四釐二毫二絲七微七纖五沙

記三下　賦役　四

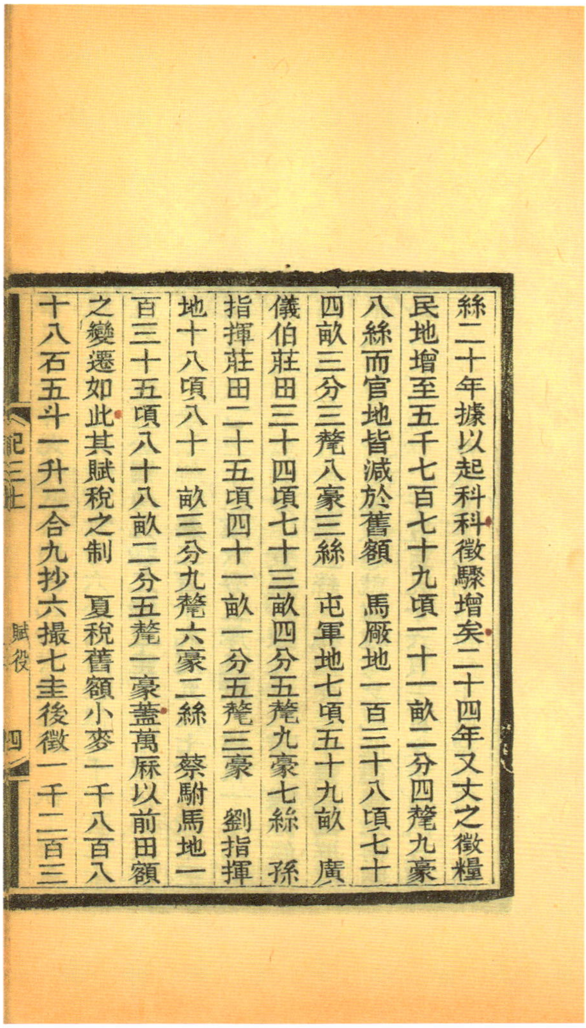

絲二十年據以起科科徵驟增矣二十四年又丈之徵糧民地增至五千七百七十九頃一十一畝二分四釐九毫八絲而官地皆減於舊額　馬廠地一百三十八頃七十四畝三分三釐八毫三絲　屯軍地七頃五十九畝　廣儀伯莊田三十四頃七十三畝四分五釐九毫七絲　孫指揮莊田二十五頃四十一畝一分五釐三毫　劉指揮地十八頃八十一畝三分九釐六毫二絲　蔡駙馬地一百三十五頃八十八畝二分五釐一毫盖萬厤以前田額之變遷如此其賦稅之制　夏稅舊額小麥一千八百八十八石五斗一升二合九抄六撮七圭後徵一千二百三

記三上　賦役　四

保定，他创办几所外语学校，并延聘日本和英国教师来校任教。

《深州风土记》自清同治十年（1871）开始编纂，至光绪二十六年文瑞书院梓行，历时29年之久。当中虽断断续续，但他利用宦暇终于整理编撰完成。可知吴汝纶倾半生心血，以“字字有本，篇篇成文”为原则编纂，可见对此书是极为精心用意和自重的。《深州风土记》与旧志体例有所不同。该志“人谱”、“金石”等篇中的史学研究方法，在今天仍有借鉴意义，且“人谱”为吴汝纶首创。《深州风土记》为清末名志，这一事实批驳了章学诚“文人不可与修志”的偏见，它对直隶及后来河北的不少名志起到了示范作用，其影响是很大的。方志学家瞿宣颖对此书十分推崇，梁启超更是大加赞赏，均认为是近代方志不可多得的佳本。

《深州风土记》生动再现了百年衡水深（深州市）、武（武强县）、饶（饶阳县）、安（安平县）四县市的风土人情。该书二十二卷，附表五卷。卷九为艺文志，卷十一为金石志。吴氏在编撰过程中突破前人窠臼，拟定采访志书十六则，即采书目、采境名贤著述、采传状碑志、采金石碑刻、采旧志、采邻境志书、考州庄道里、采河道迁徙、采民间习俗、采物产货殖、采族姓迁流所自、考核舆图、采方言、采人物、采旧事和采古迹。吴汝纶这种以志“人谱”、“金石”等崭新的史学研究方法修志，使这部志书一洗旧志书陈陈相因的弊习，字字得体，篇篇成文。这种实地采访的严谨态度直到今天，对修纂新方志仍有借鉴作用。

“万能教授”张圣奘藏《古文范》

（清）吴闿生纂《古文范》上、下两编，四卷，四册。民国16年文学社精刻本。收录周秦至清代之文，上编61篇，以《庄子》、《韩非子》、《战国策》为主，其他附于后；下编42篇，以韩愈、柳宗元为主，其他附于后，合计103篇。此本初刻初印，白绵纸，开本宽大。

吴闿生，号北江、辟疆，学者称北江先生，吴汝纶之子，安徽桐城人。曾留学日本，清末任度支部财政处总办，北洋政府时期任教育部次长、国务院参议。1928年后，任奉天萃升书院教授、北京古学院文学研究员。著有《周易大义》、《尚书大义》、《诗义会通》、《古文范》、《吉金文录》等。书法学颜真卿、苏轼，浑厚含蓄，冲和自然。当时日本学者把他的古文、高步瀛的考据与广东黄节的诗学，并称为“中国三绝”。

吴闿生的门人，碑帖、古籍鉴藏家，书法家吴兆璜（1903—1962）为此书作序。知堂在1935年2月的《人间世》21期上，曾发表《厂甸之二》一文，讲到读韩愈的文章：“虽然曾经将《韩昌黎文集》拿出来搁在案头，但是因为一则仍旧缺少时间，二则全读或恐注意反而分散，所以改变方针来从选本下手。知堂所用的是两个态度很不相同的选本，一是金圣叹的《天下才子必读书》，另一个就是吴闿生编纂的这部《古文范》。《天下才子必读书》的第10和11卷都是选的韩文，共30篇；《古文范》下编之一中所选韩文有18篇。知堂认为“二家批选的手眼各不相同，但我读了这三十和十八篇文章都不觉得好，至多是那送董邵南或李愿序还可一读，却总是看旧戏似的印象”。

值得一提的是，此书曾为张圣奘的旧藏。书名页有张氏工笔小楷题“修史阁九百梅花馆藏江陵张圣奘行箧书”，钤“修史阁张圣奘藏书记”朱文印一枚。张圣奘有“万能教授”之称，是毛泽东的好友，周恩来的同窗。张氏精通9国语言，获得英国牛津大学、德国莱比锡大学、美国哈佛大学等名校的文学、医学、法学等5个博士学位。他会教28门课程，曾为孙中山誊抄《建国方略》，为蒋介石讲授《易经》。1951年，受邓小平

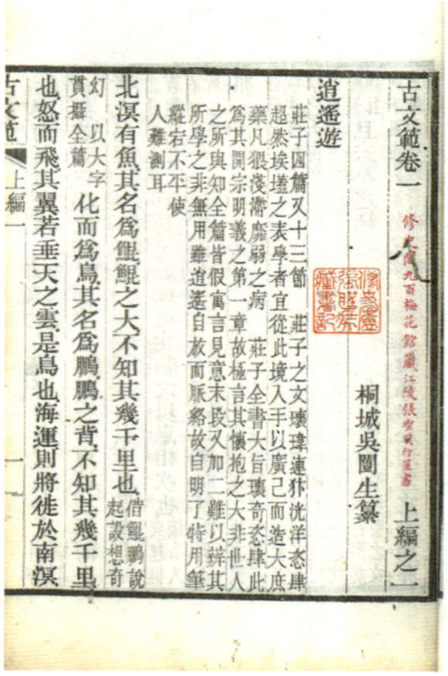
古文範卷一　上編之一
修史閣九百梅花館藏江陵張聖奘行篋書
桐城吳闓生纂
逍遙遊
莊子四篇及十三節　莊子之文瓌瑋連犿洸洋恣肆超然埃壒之表學者宜從此境入手以廣己而造大庶藥凡猥淺濡靡弱之病　莊子全書大旨瓌奇恣肆此為其開宗明義之第一章故極言其懷抱之大非世人之所與知全篇皆假寓言見意末段又加二難以辨其所學之非無用雖逍遙自放而脈絡故自明了特用筆縱宕不平使人難測耳
北溟有魚其名為鯤鯤之大不知其幾千里也借鯤鵬說起設想奇幻以大字貫攝全篇化而為鳥其名為鵬鵬之背不知其幾千里也怒而飛其翼若垂天之雲是鳥也海運則將徙於南溟
古文範　上編　一

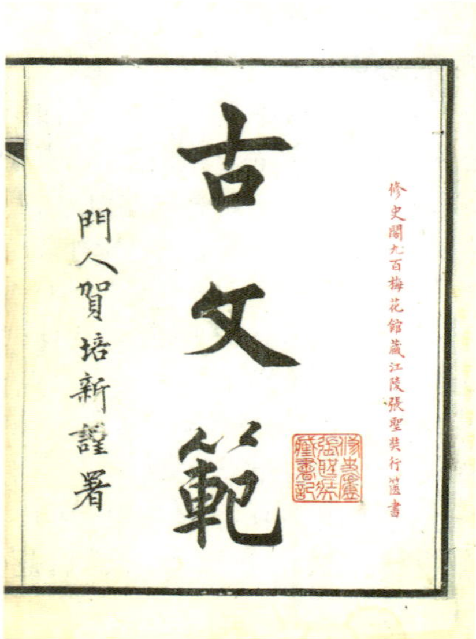
古文範
門人賀培新謹署
修史閣九百梅花館藏江陵張聖奘行篋書

之托，任成渝铁路沿线文物考古征集小组组长，发现了距今3.5万年的“资阳人”头骨化石而名震天下。民国34年，徐悲鸿与蒋碧微就是在张圣奘家签署的离婚协议。

张圣奘曾考中南北方官费留学生的两个状元，孙中山得知其考了两个第一，获得双份官费留学后，便在上海莫利爱路（今香山路）29号私宅和张圣奘用英语交谈了3个小时，当时在座的还有于右任、居正和戴传贤。孙中山问张圣奘：“你的中文如何？”田桓代为回答：“新（张圣奘名新）侄的文史哲经、诗词歌赋造诣也是较深的。”孙中山又问：“书法呢？”田桓说：“表侄的书法更是百里挑一，尤以正楷最佳。”孙中山当场让张圣奘一试，获得满堂喝彩。孙中山遂拿出正在写的《建国方略》，让张圣奘誊抄。于右任和居正看后，赞叹不已。

张圣奘在四川生活了半个多世纪，于20世纪30至40年代任重庆大学教授，晚年被聘担任四川省文史研究馆员。1992年元月在成都逝世，享年90岁。

在中安太平2006年秋拍中，此书民国文学社刊红印本四册，成交价为9020元；同样版本的红印四册本，上海国拍2000年春拍成交价为1980元，上海国拍2003年秋拍成交价为1650元。

一部《电影理论入门》稿本

这部《电影理论入门》稿本，是日本电影艺术评论家今村太平所著。稿子的前言里写着：“1951年9月11日，著者于房州千仓。”

这部《电影理论入门》用中文写成，但没有在中国出版过。日本社会思想社1955年出版的现代教养文库，有今村太平著的《映画理论入门》，作者有《今村太平映像评论》、《漫画映画论》、《映画の眼文字から映像の文化》、《映画理论入门映画の世界》等著作。1991年今村太平去世。

这本稿本也可能是中文翻译的稿本。

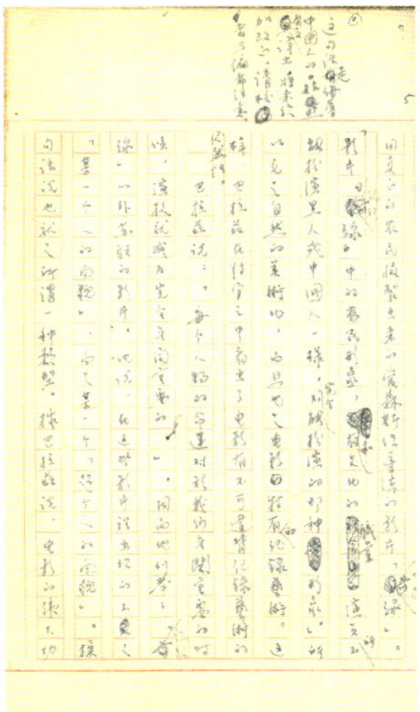

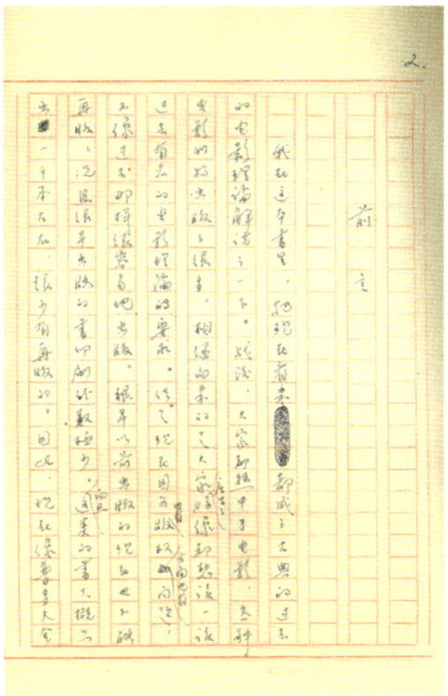

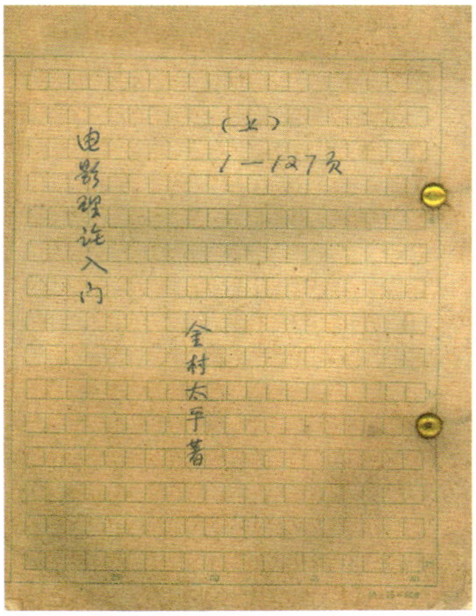

一批《番汉合时掌中珠》研究稿本

《番汉合时掌中珠》，西夏党项人骨勒茂才著于西夏乾祐二十一年（1190）。1909年在黑水城遗址（今内蒙古自治区额济纳旗境内）出土。木刻本，蝴蝶装，共37页。序言有西夏文和汉文两种，内容相同。其中记有：“不学番言，则岂和番人之众；不会汉语，则岂入汉人之数。”这表明编纂目的是为了便于番（党项）汉相互学习语言。书中每一词语都并列四项，中间两项分别是西夏文和汉文，右边靠西夏文的汉字为西夏文注音，左边靠汉文的西夏文为汉字注音。词语共800余条，以事门分为天体上（天空等8条）、天相中（日月星辰等158条）、天变下（天体变化等28条）、地体上（大地等5条）、地相中（山川河海等10条）、地用下（矿物、植物、动物等156条）、人体上（君子、小人等8条）、人相中（人体各部等40条）、人事下（人事活动及用品等410余条）等九类。最后一类约占全书一半，包括亲属称谓、佛事活动、房屋建筑、日用器皿、衣物首饰、农事耕具、政府机构、诉讼程序、弹奏乐器、食馔、马具、婚姻等。（参见678页《罗振玉所见极初十页本：〈番

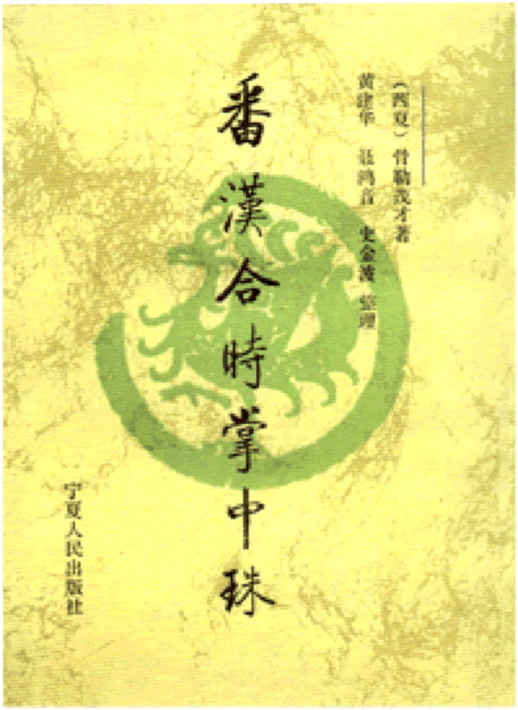

近印“掌中珠”封面

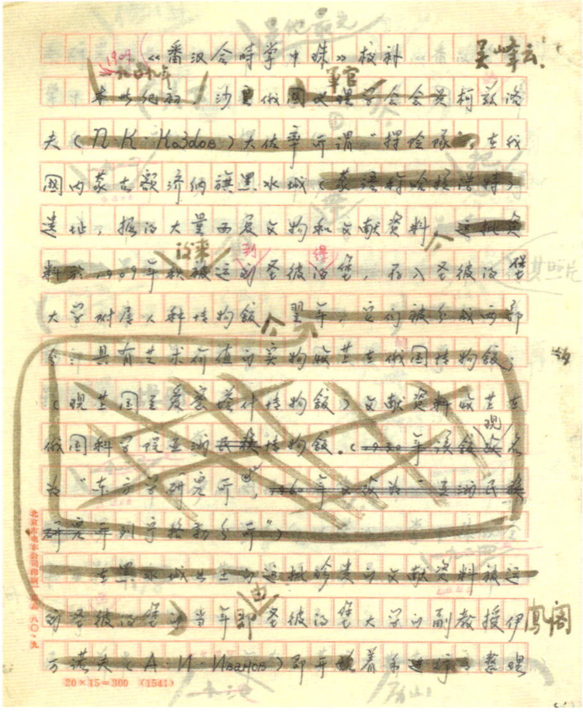

吴峰云校补手稿

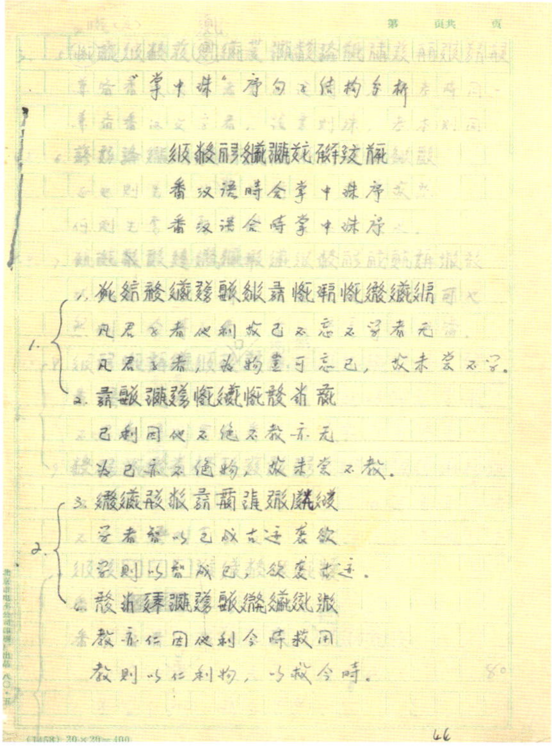
《番汉合时掌中珠》序句之结构分析

汉合时掌中珠残卷〉》一文）

据《番汉合时掌中珠》（整理者黄建华、聂鸿音、史金波，1989年宁夏人民出版社出版）一书前言所讲，西夏学已有近百年的历史，发展到现在，已进入了逐渐成熟的阶段，中外学者发表的有关论著几已盈千。在西夏语文学研究方面，几部重要的西夏文字典都有研究者整理出版，如《文海》、《音同》、《五音切韵》，等等，这便为学者直接利用西夏文史资料来全面探讨西夏学奠定了基础。可以说，如果没有《番汉合时掌中珠》这把入门钥匙，要取得现在的成就是完全不可能的。

1924年罗振玉抄本《番汉合时掌中珠》首次刊布以后，最先据此研究西夏语文者首推罗福苌和伊凤阁。他们初步探讨了西夏文字的构成、近似读音和西夏语的基本语序，罗刊本书后附有《正误表》，是为校勘《番汉合时掌中珠》之始。1930年，王静如撰《番汉合时掌中珠补》。1983年，吴峰云撰《番汉全时掌中珠校补》，均对原文有所校正。1964年，日本西田龙雄在《西夏语研究》中全文校录了《番汉合时掌中珠》，因未见原件，所据底本仍是罗刊本。

翕居藏有一批研究《番汉合时掌中珠》的稿本：

一是“《番汉合时掌中珠》索引”两种：按笔画索引111页，附释文，近5万字，按四角号码索引169页，收入西夏文字近2500字。

二是作于1981年11月的“《番汉合时掌中珠》校补”和“《番汉合时掌中珠》校刊表”原稿54页，1万余字，另有此书“序言”原稿两种14页，“校补根据”21页。作者为吴峰云，是中国社会科学出版社1984年出版的“中国民族古文字研究·敦煌资料”之《〈番汉合时掌中珠〉校补》一书的原稿。

三是“《番汉合时掌中珠》序句子结构分析”原稿4页及“《番汉合时掌中珠》西夏文序语法研究”原稿10页，作者不详。

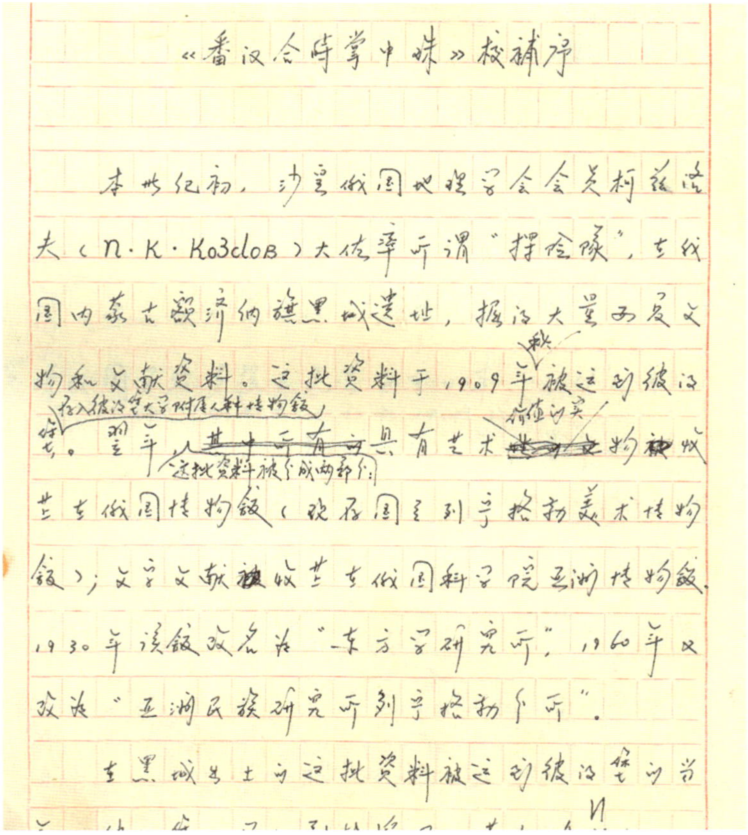
《番汉合时掌中珠》校補序

易忠录批校本《古泉丛话》

（清）戴熙辑《古泉丛话》四册，民国13年5月上海中华书局珂罗版印本，全四册定价大洋24元。扉页题“介仁购于锦城”，钤“杨介仁章”。

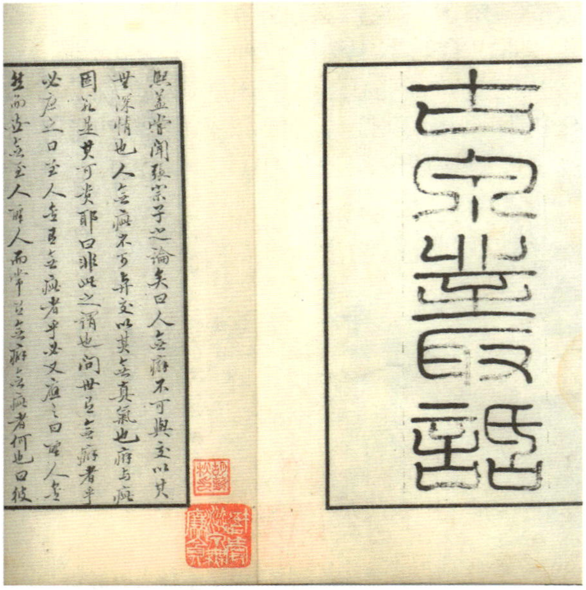
熙蓋嘗聞張宗子之論矣曰人無癖不可與交以其無深情也人無疵不可與交以其無真氣也癖與疵固亦是其可貴耶曰非此之謂也問世且無癖者乎必疵之曰至人無且無疵者乎然又疵之曰聖人無然而無至人聖人而常且無癖無疵者何也曰彼

古泉叢話

戴熙（1801—1860），字醇士，号榆庵、井东居士等，后人称他文节公，浙江钱塘（今杭州）人。清道光壬辰（1832）翰林，曾官至内阁学士、兵部右侍郎。引疾归里后，主讲崇文书院。其所画山水师法王翚，也做一些竹石小品及花卉，与汤贻芬并称“汤戴”，有《习苦斋诗文集》、《习苦斋画絜》等流传。戴熙既是一位书画家，还是一位著名的古泉收藏家，自小癖古泉，自言是个泉痴，在古钱学方面很有造诣，37岁著《古泉丛话》四卷，清同治十一年（1872）滂喜斋刊行。

《古泉丛话》书前有戴熙的原序，并引张宗子“人无癖不可与交，以其无深情也，无疵不可与交，以其无真气也”，大概是从“癖”与“疵”中，才可以看出一个人的真正面目。全书约二万字，列举古泉三百余品，在各卷谈泉论币中写下个人研钱心得，并记述各家所藏及泉界中趣闻轶事。书中刘师陆、张叔未加按语，内容丰富，可圈可点之处甚多。不过，戴熙的最终结局却有些可悲，在1860年太平军攻克杭州时，他在赋了一首绝命词后投池自杀了，后“葬于西湖三台山祖坟之次”（见清末杭州藏书家、“八千卷楼”楼主丁丙所辑《武林巷志》）。

《古泉丛话》中有不少有趣的故事，不妨录两则如下。

一是说唐天宝年间，安禄山、史思明起兵反唐，在这动荡的时期，乾元二年（759），史思明在范阳称“大燕皇帝”，上元元年（760）六月，开始铸“得壹元宝”。一个典当者将一枚“得壹元宝”典当给一个山西人，山西人爱不释手，给典当者“钱三万”。山西人说，这是自己故意抬高了它的身价，给了三万，这样典当者就别想再来赎回它；典当者却说，自己是故意贬低它的价值，只当了三万，正是为了以后能赎回它。可见此钱的稀罕程度。

二是两晋十六国时期，有个叫石勒的人，于襄国（今河北省邢台）称王，建立后赵。石勒是个穷苦人出身，他自称赵王后，希望给广大的老百姓以富裕，便铸造并颁行了名为“丰货”的新货币，有篆书、隶书两种。古人以为，藏有丰货钱会使人家财丰

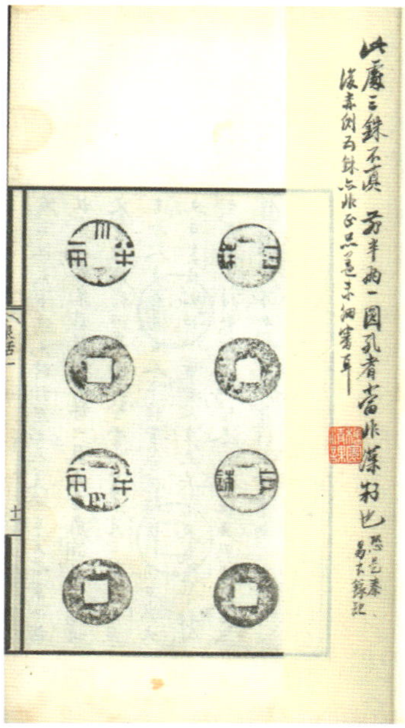

易忠录批语

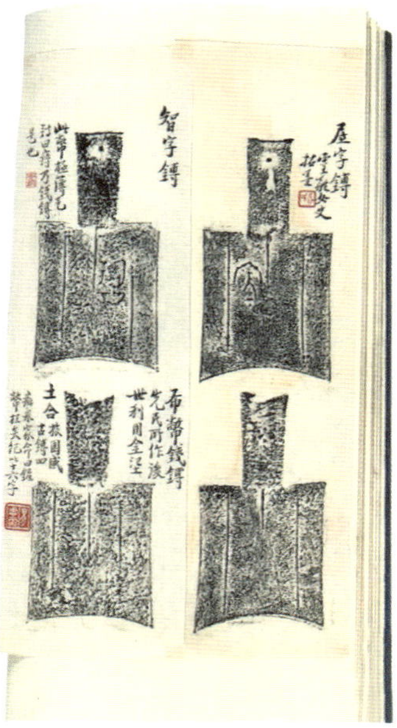

易忠录藏泉及批点

富。《古泉丛话》中讲：张叔未来阅金石，戴熙送他一块封泥，第二天张以一枚丰货钱作为答礼，并写了感谢信，说“封演撰的钱谱认为富钱，得了此钱会致富，我将来家资巨万，都是先生所赐的，真是感激不尽”。

此书的原藏者为清末书画家易忠录。易氏本名忠，字均室，号橧园外史、灵蕤，斋号静偶轩，湖北潜江人，居武昌。与黄宾虹友善，善书画，工篆书及行书，亦精金石之学，曾书集石鼓字七言联。1931年黄宾虹为其作山水图，易忠录自题行书跋文。易忠录是中国画会会员，著有《柏风草堂题跋》、《静偶轩题画稿》和《艺甄初集》等。早年加入同盟会，辛亥革命时期，曾在潜江响应独立，后参加讨袁护国军。曾担任过湖北图书馆馆长。

书中有易忠录多处有观点、有见识的批校，且为写在另附的宣纸上。如在讲“三铢钱”处写到：“此处三铢不真，前‘半两’一圆孔者当非汉制也。恐是秦后，赤侧为铢，亦非正品，盖未细审耳。易忠录记。”钤“榴园清课”白文方印。

在讲“顺天元宝”处写到：“顺天平泉，近已明其为交趾铸，常有之。”在讲“开泰元宝”处写的是：“此开泰亦交趾铸，易忠录静偶轩藏泉拓本非辽泉。辽泉无对读者。”这两处批语后也都钤有“榴园清课”印。

孙犁认为，戴熙的这部《古泉丛话》，“在谈古钱的著作中，名重一时，是权威之作”（《曲终集》，百花文艺出版社1995年版）。此书同治滂喜斋刊本近年未见上拍，民国13年中华书局珂罗版初版，在2007年1月中国书店海王村拍卖中，以2000元成交；在2007年5月中国嘉德春拍中，估价1000～2000元，成交价5040元。

赠给高岗的《中华最新形势图》

上海世界舆地学社民国18年4月出版的一册《中华最新形势图》，屠思聪制，彩色印刷图32幅，附图135幅，各图均有图说，另附帝国主义者侵华条约等表。扉页题有“高岗弟惠纳：殷冀，重整金瓯，再建华夏，申伯纯（民国）二十五年孟春病目于渭南”。看来，这册地图曾经是高岗所藏，也可能是赠与者写完后未能送出。不管怎样，这里面涉

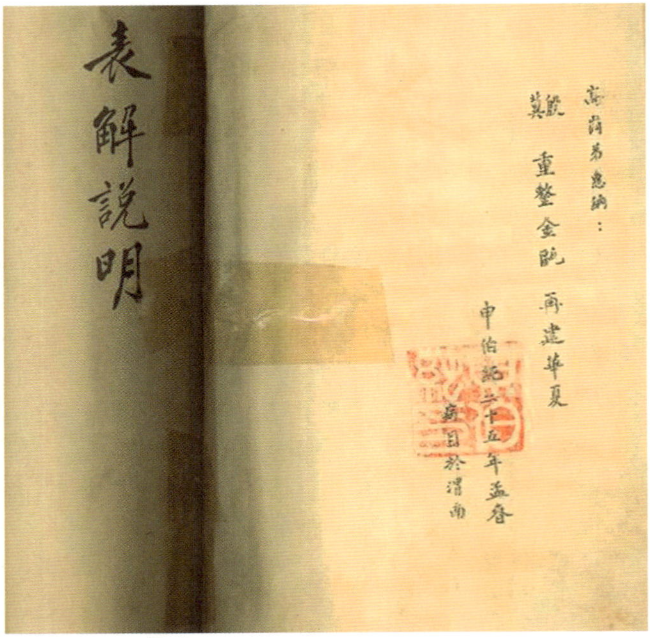

及的两个人物值得一提。

赠书人申伯纯是河北宛平人，北京大学经济系毕业。历任潮州黄埔第四军分校政治教官、陕西民政厅长、西安绥靖公署交际处长等职。申伯纯在学生时代，因受“五四”运动影响，即参加革命运动。大革命失败后，曾留西北军中。“九·一八”事变起，申伯纯奉杨虎城将军命令，赴北平作援助“长城抗战”活动。既而何应钦签订了卖国的《何梅协定》，出卖了长城抗战。先生见事无可为，遂赴日本考察，于一年之中，深深了解了鬼子侵略中国的全部阴谋，确知不几年鬼子必然要向中国进攻，非力求中国内部之团结，不足以长期抵抗这生死仇敌。

1935年，共产党虽早已提出团结救亡大道，但内战还未停止，申伯纯此时任西安绥靖公署交际处长，对团结抗战运动，努力甚大。全面抗战后第二年，申伯纯随鹿钟麟赴河北。其后因劝鹿停止摩擦无效，遂来八路军，任总司令部高级参议兼秘书长。晋冀鲁豫边区临参会成立，申伯纯为抗日军参议员，后又因年高望重，深受军民拥戴，当选为议长。

至于受书人，大家十分熟悉不过。高岗（1905—1954），原名高崇德，字硕卿，陕西横山人。在民主革命时期，曾任中国工农红军二十六军政委、第十五军团政治部主任、中共中央西北局书记、中国共产党第七届中央委员会委员及中央政治局委员等。抗日战争胜利后，历任东北人民解放军副司令员兼政委、东北军区司令员兼政委、中共中央燕北局书记、东北人民政府主席等。他于1949年10月1日站在毛泽东、朱德旁参加了开国大典（当时著名画家董希文绘下了这一庄严隆重的场景，可惜没几年不得不将这幅名画剜了个空白，那就是站在毛身旁的高岗）。

新中国成立后，高岗历任东北行政委员会主席，中华人民共和国中央人民政府副主席，人民革命军事委员会委员、副主席。在东北工作期间，他拉拢私党，组织反党宗派集团，搞独立王国，对抗中共中央的领导。1953年调中央工作以后，与中共中央组织部部长饶漱石结成反党联盟，妄图分裂以

毛泽东为首的党中央，用阴谋方法夺取党和国家的最高权力。同年12月中共中央召开政治局会议，揭露他的问题，并提出关于增强党团结的建议。1954年2月在中共七届四中全会上，被揭露和批判了他和饶漱石的阴谋活动，通过《关于增强党的团结的决议》。但他在会议之后仍坚持错误立场，企图以自杀对抗对他的帮助。农历八月十五日高岗自尽。1955年3月中共中央召开全国代表会议，通过决议，将开除其党籍和撤销其党内外一切职务。其墓无碑。

申伯纯是民国25年给高岗赠书的，当时高岗任中共陕北省委书记暨内蒙古三路骑兵总指挥、内蒙古工作委员会主任。

章巽批校本《西夏书事》

道光乙酉年鐫
西夏書事
小峴山房藏板

（清）吴广成撰《西夏书事》四十二卷八册，北平文奎堂民国24年影印本。牌记题“中华民国二十有四年三月北平隆福寺文奎堂影印，据清道光五年（1825）小岘山房刻本影印”。著名学者章巽批校本，钤“章巽”朱文印。

《西夏书事》是清代乾嘉时期学者吴广成编撰的一部西夏历史著作，博引唐、宋、辽、金诸史，以取材丰富，纪事翔赡，考订谨严，议论鲜明而著称，开拓了西夏史的研究。

吴广成撰《西夏书事》，继承了前代史家的修史传统，把记叙史事、考订异同和议论褒贬融于一体，突破了传统纲目体裁的束缚，创造出一种综合纪事体裁。吴广成在《西夏书事》里除使用大量的按语以外，还以“论曰”的形式发表了不少论赞，表明他对历史事件和历史人物的评价。自《西夏书事》刊行到现在的180年中，不断有人对吴广成的议论褒贬提出责难。吴广成在书中还采用“附”例和小字夹注的方法补充事实，考辨异同，在《西夏书事》里占有很大分量，不但保存了大量珍贵和翔实的史料，而且表

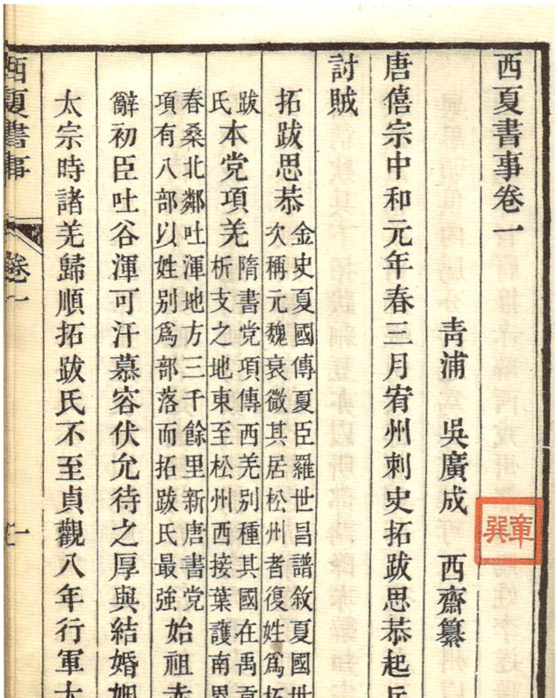
西夏書事卷一
青浦　吳廣成　西齋纂
唐僖宗中和元年春三月宥州刺史拓跋思恭起兵討賊
拓跋思恭金史夏國傳夏臣羅世昌譜敘夏國世次稱元魏衰微其居松州者復姓爲拓跋氏本党項羌隋書党項傳西羌別種其國在禹貢析支之地東至松州西接葉護南界春桑北鄰吐渾地方三千餘里新唐書党項有八部以姓別爲部落而拓跋氏最強始祖赤辭初臣吐谷渾可汗慕容伏允待之厚與結婚姻太宗時諸羌歸順拓跋氏不至貞觀八年行軍大
西夏書事　卷一　一

明吴广成治史的征实态度和求真意识。正因为他对史料作了精心的选择和细致的考订，所以对西夏历史的议论褒贬能够建立在正确的事实根据之上，没有陷入主观笔削史料和驰骋议论史实的误区，为编撰和研究西夏历史作出了巨大贡献。

章巽（1914—1994），字丹枫，浙江金华人。民国19年考入浙江大学文理学院，半年后转赴南京中央大学历史系就读。民国23年大学毕业后，历任天津、上海、香港、桂林各版《大公报》的编辑和编辑主任以及中华书局编辑、《新中华》杂志主编等。民国33年赴美国留学，就读于哥伦比亚大学、约翰霍布金斯大学和纽约大学的研究院。民国36年获纽约大学文学硕士。回国后，在南京中央大学历史系任教授。20世纪50年代起，任复旦大学历史系教授。是中亚史、中西交通史、海上交通史及民族史和历史沿革地理等方面专家。在复旦大学长期讲授中西交通史。

章巽的主要著述有《中国历史地图集》、《我国古代的海上交通》、《古航海图考释》等。若干主要学术论文辑成《章巽文集》，1986年由海洋出版社出版。

2008年2月，此书孔网在线售价为1500元。

周叔弢藏《周慤慎公文集》

周学熙家刻本《周慤慎公文集》四十二卷六册，钤“周暹”两字白文小印和南开大学图书馆藏印，连史纸印。本文集分卷首、奏稿五卷、电稿一卷、公牍二卷、文集二卷、诗集四卷、易理汇参十二卷、治水述要十卷、河防杂著一卷、负暄闲语二卷、年谱二卷，为研究近代史有价值资料。

周慤慎公乃周叔弢祖父周馥（1837—1921），安徽建德人。初任李鸿章文牍，后协办洋务达30余年，参与筹建北洋海军，开办海军学校，设立开平煤矿、天津机器局、电报局、唐胥铁路建造。李鸿章死后，署理直隶总督兼北洋通商大臣，1907年以老退居，张勋复辟时，任协办大学士。

周叔弢（1891—1984），原名暹，后改名暹，字叔弢，晚年自号弢翁。著名实业家、藏书家。1914年迁至天津，1919年开始经营实业。建国后曾任天津市副市长、第一至第六届全国人大代表、全国政协副主席、全国工商联副主席等职。身后将715种珍善本古籍赠给国家图书馆。周叔弢对善本古籍的收藏悬格极高，选书严格，“其藏书不侈闳富之名，而特以精严自励”。他曾给刻本善本总结了五好的标准：版刻字体好，这好比一个人先天体格强健；纸墨印刷好，好比后天营养好；题识好，如同此人富有才华，有学问；收藏印章好，宛如美人薄施脂粉；装潢好，像一个人的衣冠整齐。周先生一直以此作为收书的标准，有的书即使卷帙完好，纸墨精良，如有俗笔涂污，钤以恶印，或割裂牌记之处，也宁舍不取。

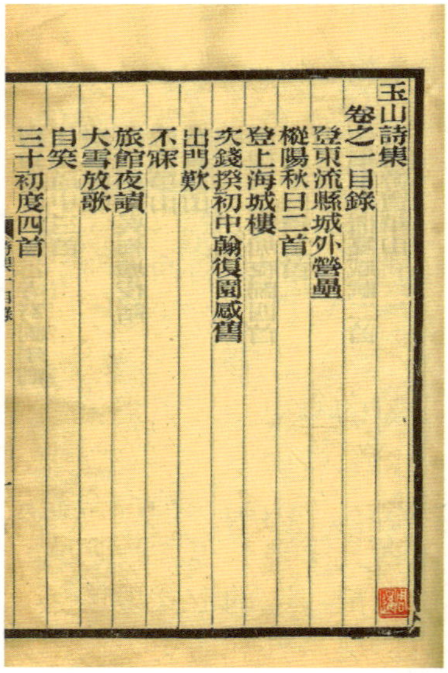
玉山詩集
卷之一目錄
登東流縣城外營壘
樅陽秋日二首
登上海城樓
次錢揆初中翰復園感舊
出門歎
不寐
旅館夜讀
大雪放歌
自笑
三十初度四首

出于对书的珍爱，周先生用印十分慎

重。他早年用过一枚长方阳文的“曾在周叔弢处”的图章，后来在善本书上就只用一枚方形“周暹”两字白文小印，而且都盖在书的空白处。此印是童大年刻的，选用这方印并不是因为它特别好，而是因为它小，如果后来的藏书人不喜欢，可以挖掉，不致损书过甚。他用印泥也十分审慎，唯恐把印钤在书上渗油或变色而损害书籍。几十年来，他在善本书上钤印用的是他二十几岁时在西泠印社买的印泥，经过半个多世纪试验，它不渗油也不变色。后来他又买过多种高价印泥，因未经试验，始终不敢用在好书上。

1942年，周叔弢开始计划将所藏古籍善本捐赠国立图书馆，他在手定的书目上写下：“生计日艰，书价益贵，著录善本或止于斯矣。此编固不足与海内藏家相抗衡，然数十年精力所聚，实天下公物，不欲吾子孙私守之。四海澄清，宇内无事，应举赠国立图书馆，公之世人，是为善继吾志。倘困于衣食，不得不用以易米，则取平值也可。勿售之私家，至作云烟之散，庶不负此书耳。”1951年8月20日，周叔弢向国家图书馆捐赠其珍藏的《永乐大典》时写道：“珠还合浦，化私为公，此亦中国人民应尽之责也。”1952年，在将藏书捐给北京图书馆（今国家图书馆）移交前，周叔弢一一摩挲，亲自装箱，爱书爱国感情交融。当时的文化部副部长郑振铎看了赠书目录，连说：“琳琅满目，美不胜收。”后来在北京见面，又对他说：“您把最心爱的‘两陶’集都献了出来，真是毫无保留，难得！难得！。”

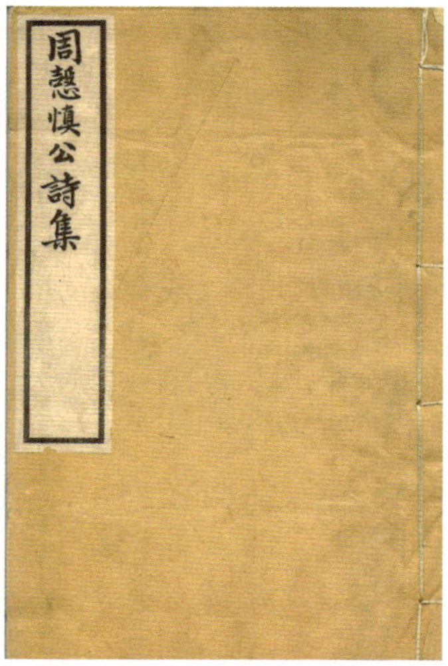

周叔弢先生选择北京图书馆作为捐书的所在，是经过审慎考虑的，他对次子周珏良说：“捐书如嫁女儿，要找个好婆家，北京图书馆善本书部由赵万里先生主持，他是真懂书爱书的，手下又有他培养出来的如冀淑英同志等，书捐到那里可谓得所，我是放心的。”

民国11年周氏校刊《周慤慎公全集》十种红印本，曾在拍卖会上以3万～4万元估价亮相，但未成交。2008年11月，该全集红印本又在中国书店秋拍中出现，估价12万～13万元，也未成交。

朱笔满批校的《集古求真》

欧阳辅纂辑《集古求真》十三卷、卷首一卷、卷末一卷，共八册，民国12年江西开智书局石印本。钤“泽声藏书”等印。

《集古求真》是研究碑帖的专著，对于古代碑拓的鉴别、收藏、整理多有考据，专门考查字迹损坏情况，鉴定碑刻拓本时代。录刻石目五种，包括郑文公上下二碑、观海诗、论经书诗、东堪石室铭，详细介绍各刻地点、书撰人、行数、行字数，并论述了刻石的书法艺术及在书史上的地位。收集楷书、行书、草书、隶书及篆书碑帖近千种，并一一加以评点。另有《集古求真补正》四卷、《集古求真续编》十卷。

欧阳辅在《集古求真》“绪言”中，从

书体发展的交融嬗递角度，指出了书体在各个时代的互存现象，指出：“汉人隶书，多杂篆体；六朝真书，多参隶势，盖由递相变更，未能尽改。故隋以前真书，甚有似楷似隶，莫可区别者。”在本书卷一中又指出：“真书之始……大约萌芽于汉末，孳生于魏晋之间，至六朝而极盛。”在《集古求真续编》的“余论”中又指出：“近日有人拾缪、杨之唾余，竟欲推倒《兰亭》，指为伪作，匪夷所思矣……《兰亭》经梁隋唐宋人考证，何啻千家……未有敢言逸少无此书者，乃欲翻千数百年之铁案，多见其不知量。”他又在《集古求真补正》的“绪言”里说：“缪筱珊谓真书始于齐梁……沿其波者，遂并《兰亭》而攻之，以为伪作。不顾南朝隋人迭有称述，又妄指为唐太宗所作，尤为无理。夫太宗为开国英主，武功既成，雅好文事，心喜王书而收集之尔。岂屑如后世之下士、黠估，作伪以欺人乎？真拟于不伦矣。又有以《阁帖》为全属伪作者，亦武断也。”接着又指出：“缘近来盲从真书始于齐梁者，漫欲摧毁《兰亭》与《阁》，以伸其横议……若晋代果无真书，则右军书名冠古今，何以为后人所称述？传习者仅有真、行、草，而篆隶竟无一字留存天地间？后人亦无一人传习其篆隶与称述其篆隶者？”

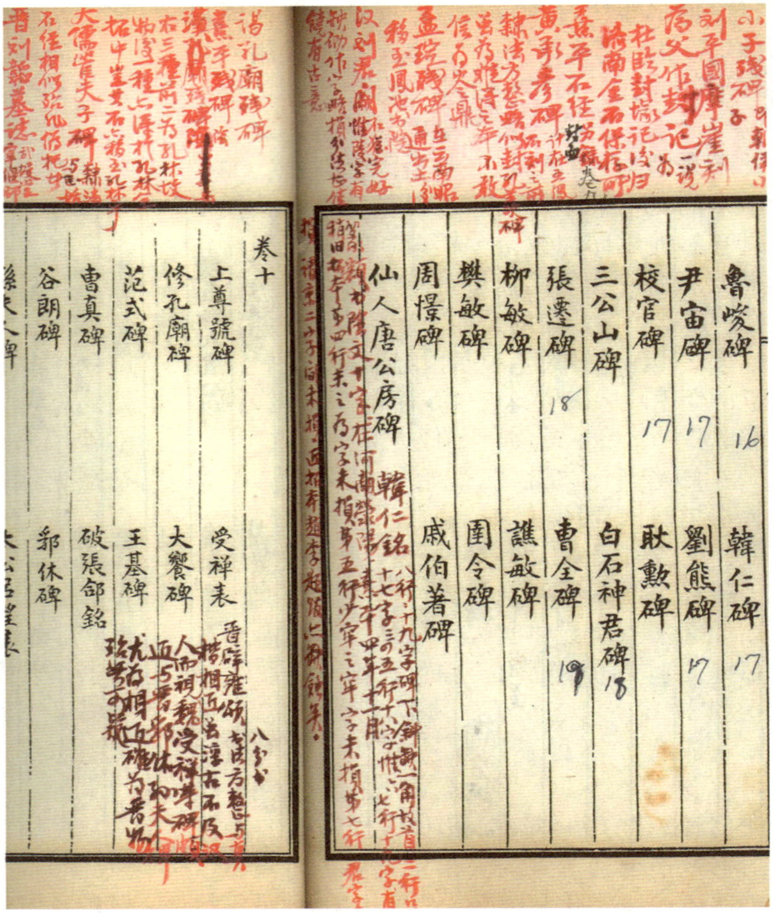
卷十
魯峻碑 韓仁碑
尹宙碑 劉熊碑
校官碑 耿勳碑
三公山碑 白石神君碑
張遷碑 曹全碑
柳敏碑 譙敏碑
樊敏碑 圉令碑
周憬碑 戚伯著碑
仙人唐公房碑 韓仁銘
上尊號碑 受禅表
修孔廟碑 大饗碑
范式碑 王基碑
曹真碑 破張郃銘
谷朗碑 郛休碑

在以上这些文字里，欧阳辅积极捍卫了《兰亭序》帖为晋人所作的观点。

在中国嘉德2007年四季第11期拍卖会上，此书1923年江西开智书局石印本白纸四册，成交价为3360元。

遵化秦仲文藏并题签的《庚子销夏记》

清乾隆二十六年（1761）孙承泽撰、鲍廷博写刻白纸初印本《庚子销夏记》八卷、附闲者轩贴考一卷，共四册。蓝布函套函面有小楷题写“筱村珍藏”，并钤印章。函

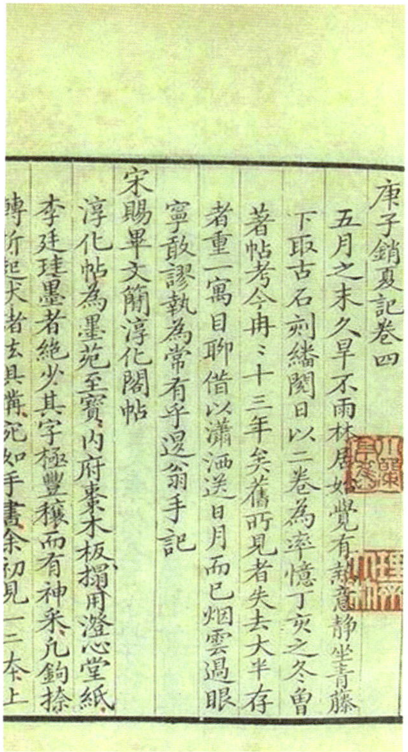

庚子銷夏記卷四
五月之末久旱不雨林居如覺有熱意静坐青藤
下取古石刻牖閲日以二卷為率憶丁亥之冬曾
著帖考今冉冉十三年矣舊所見者失去大半存
者重一寓目聊借以瀟洒送日月而已烟雲過眼
寧敢謬執為常有乎退翁手記
宋賜畢文簡淳化閣帖
淳化帖為墨苑至寶内府棗木板搨用澄心堂紙
李廷珪墨者絶少其字極豐穰而有神采凡鈎捺
轉折起伏者去具備宛如手書余初見一二本上

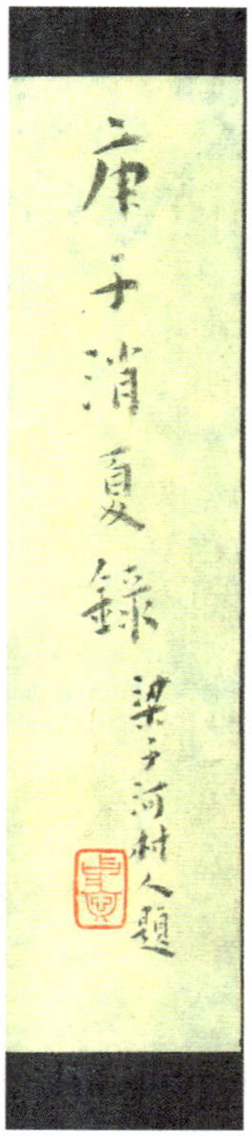

套脊部题有《庚子销夏录》，署名梁子河村人，钤“中文”圆章。

孙承泽（1592—1676），字耳伯，号退谷，山东益都人，精鉴赏。明崇祯四年（1631）进士，官至刑科都给事中。入清后，历任兵、吏两部侍郎。年六十因病致仕。著有《经翼》、《春明梦余录》等。孙承泽经历人世沧桑之后，杜门谢客，终日以书画自娱，撰写此书始自清顺治十六年（1659）四月，讫于六月，所以有《庚子销夏记》这样一个书名。第一至三卷论皆所藏晋唐至明书画真迹；第四至七卷为古石刻；第八卷为寓目记，记他人所藏，而曾为孙氏所见者。此书原无刻本，鲍廷博从吴门借来誊抄，稿本中鱼鲁亥豕，不一而足，鲍氏精心校勘，正其讹谬，并得到慈水郑弗人捐资，才得以刊行。是藏界公认的清三代精写刻本之一。

鲍廷博（1728—1814），字以文，号渌饮，明清著名藏书家。祖籍安徽歙县长塘，故称长塘鲍氏。鲍廷博生于乾隆盛世，却“生而笃好书籍，于人世一切富贵利达之足以艳人者，举无所概于中，而惟文史是耽”。他的藏书来源，一是搜购，二是抄录。“偶闻他处有奇文秘册，或不能得，则勤勤假钞厥副，数十年无懈倦”。他与江浙一带著名藏书家频繁交往，互相借抄，并广录先人后哲所遗手稿，80余岁仍往来于杭、湖、嘉、苏数郡之间，所抄书籍不计其数，仅流传至今有名可稽者即有140余种。其知不足斋，藏书可观，将孤本、善本辑成《知不足斋丛书》计30集。清乾隆年间诏修《四库全书》，征采天下遗书，时浙江进呈为全国之冠，其中仅鲍氏知不足斋所献即达626种，为浙江私家藏书之首。不幸的是，鲍廷博垂暮之年贫病交加，一代书痴丧失了聚书、抄书的能力，无异于失去生命的源泉，1814年告别了这个世界。

鲍廷博藏书特别值得称赞之处是他的“以散为聚”的收藏思想，所谓“以散为聚”主要表现为以刻书的方法把书存之于世。所以他在中国出版史上亦有一定地位，曾主持刊刻《知不足斋丛书》。鲍廷博刻书还有一件不为人所注意、但在中国小说史上具有重要意义的事，即他曾刊刻蒲松龄的《聊斋志异》。此书即世称现存最早的《聊斋志异》刻本，也即乾隆三十年的杭州青柯亭本。清道光、咸丰年间，鲍氏藏书全部散出，多入杭州劳氏丹铅精舍和湖州皕宋楼。

函脊题签者秦仲文（1896—1974），名裕，别署梁子河村人，当代书画大家。河北省遵化县人，久居北京。1915年左右正在北京大学法律系学习的秦仲文，加入画法研究会并得

莜村所题封套

金城点拨，此后以书画为业。20世纪20年代入中国画学研究会为研究员，30至40年代在北平艺专等校任教。这一阶段侧重于师古人，打下深厚的传统笔墨基础，为北方坚持笔墨为宗的传统派代表画家之一。50年代后任北京画院画师，在新的生活鼓舞下，开始了创作上的师造化阶段。50年代中期，又著文与王逊进行中国画问题的论争，极力维护传统画法与特点。60余岁壮游川黔云桂，画风平添新意，更重大自然之美与主观意象的契合，以抒发内心情感。秦氏性豪爽，能直言，1947年，因对艺专中国画教学主张与徐悲鸿不同而发生激烈争论，当年暑期后被解聘。“文革”期间受迫害，郁郁而死。

秦仲文擅山水、墨竹，尤以水墨山水著称，长于美术史研究，著有《中国绘画学史》，是20世纪前半叶重要的美术史著之一。秦氏书画作品多署“梁子河村人”，钤印多为“秦裕”、“中文”。

另一个收藏此书的“筱村”，据清人李斗《扬州画舫录》记载：郭均，字直民，号筱村，乾隆丁未年（1787）进士。

国家图书馆善本特藏部林世田、张志清曾在2005年1月曾到大英博物馆考察，在Sam Fogg文物商店，店员告诉他们有刚到的几件文献，并拿来让他们过目，其中一件是《金刚经》，卷首现代锦装，封题“真迹金刚经八十四行，乙酉年十月市得。梁干河村人珍藏并（以下残）同月补写松风赏古图”，卷尾钤有“关内侯印”。卷首有容庚所书“盛唐墨宝”，经文有乌丝栏，行17字，文后有近代用乾隆年仿金粟山藏经纸所画图卷，后有张伯驹尾题（见《文献》2005年第3期）。笔者认为“梁干河村人珍藏”是把“子”误为“干”，应为“梁子河村人珍藏”，也就是说，这件《金刚经》也曾得到秦仲文珍藏。

在2007年中国嘉德四季第1期拍卖会上，《庚子销夏记》八卷估价3000～4000元，成交价为3.08万元；上海敬华2006年6月春拍估价0.8万～1.5万元，成交价也为3.08万元。

“因病脚气著书自娱”：《脚气集》

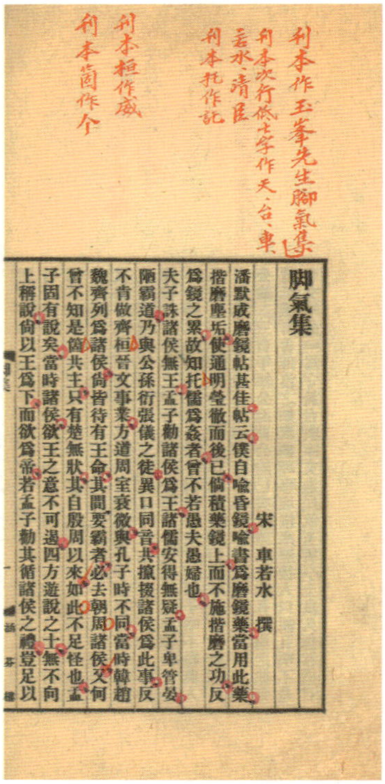
刊本作玉峯先生脚氣集
刊本次行低七字作天、台、車、若水、清臣
刊本托作託
刊本桓作威
刊本箇作个

脚氣集

宋　車若水　撰

潘默成磨鏡帖甚佳帖云僕自喻昏鏡喻書爲磨鏡藥當用此藥揩磨塵垢使通明瑩徹而後已倘積藥鏡上而不施揩磨之功反爲鏡之累故知托儒爲姦者曾不若愚夫愚婦也

夫子誅諸侯無王孟子勸諸侯爲王諸儒安得無疑孟子卑管晏陋霸道乃與公孫衍張儀之徒異口同音共攛掇諸侯爲此事反不肯做齊桓晉文事業方道周室衰微與孔子時不同當時韓趙魏齊列爲諸侯倘皆待有王命其間要霸者必去朝周諸侯又何曾不知是箇共主只有楚無狀其自殷周以來如此不足怪也孟子固有說矣當時諸侯欲王之意不可遏四方遊說之士無不向上稱說倘以王爲下而欲爲帝若孟子勸其循諸侯之禮豈足以

车若水著《脚气集》一册，上海商务印书馆民国9年铅印本，为“宋元人说部书”。通篇有朱笔与刻本对校，指点有无、多少、得失。

车若水虽然不是什么大文人，似乎诗也写得不多，但脚气病却犯得很重，对他的文人生涯影响也很大。在他患脚气病休养时，作文自娱，遂将他的随笔题为《脚气集》。

在这本集子里，他记叙了一个故事：有一天，犯了一冬脚气的车若水脚痛稍稍好转，便出门散步。他“偶步瓜园，见有恶蜂，捕一络纬（蟋蟀），上用口咬，下用毒钉，不堪其苦。天地如何得知，如何赴诉？为之情怀不佳者数日”。车若水是南宋末年人，他记事中的那种感怀伤世，恐怕也是一个长期被脚气病折磨的文人的基本情调吧。

车若水，字清臣，浙江黄岩人。少师从陈耆卿，学为古文，晚乃弃去，改师陈文蔚。《脚气集》中有其二儿子车惟的一个跋，称此书成于宋咸淳十年（1274），因病脚气、著书自娱，故名之曰“脚气集”。这本书的体例，类似于语录，其论《诗》，攻驳《小序》；论《春秋》，主“夏正”；论《礼记》，抨击汉儒。颇为坚持门户之见，似为此书中欠妥之处。其他有关经学的论述，则颇具价值，堪称一家之言。如论《周礼》“载师”是园尘之制，而非为田赋之制，驳正了苏洵之误。论《春秋》“蔑之盟”，主程颐“子盟誓结信，先王不禁”之说。全书广征博引，文笔也极为雅致。宋末同类著作罕有出其右者，虽非专门经学著作，但对于研究经学的各个领域，却具有很高的参证价值。

《脚气集》传本较多，主要有光绪年间陈氏《宝韵堂秘笈》本、《续说郛》本，《四库全书》所收为两江总督采进本。翕居所藏为民国间商务印书馆刊“涵芬楼秘笈”本。

作者校改本《日本侵略下之满蒙》

1931年9月18日，日本帝国主义在侵占中国台湾省后，又打响了对东北地区全面占领的第一枪。日本发动“九·一八”事变，是其侵略扩张的又一场赌博。占领东北三省后，使日本获得了巨大的财富、资源、劳动力、商品市场，帮助日本摆脱了20世纪30年代世界性经济危机，政治、经济、军事上完成了向军国主义道路的转变，支持了日本以后进行的侵略战争。关于侵略东北三省与侵略全中国的关系，《田中奏折》里说得很清楚：“欲征服中国，必先征服满蒙。”不夺取东北三省的资源，日本就没有能力发动全面侵华战争。假如日本从华东方向侵略中国，那么日本就无法夺取足够的铁、煤炭等战争物资。

常理先生所著的这部《日本侵略下之满蒙》，由北平和记印书馆1932年印行，是日本占领中国东北后，最早“撰述日本侵略满蒙之经过与现状”的一部大书，其目的就是要“唤起国人之注意”。作者在民国21年6月22日所写的“自叙”中讲到：“余既生长食息于斯土，且目睹强邻之谋我甚至，小之为

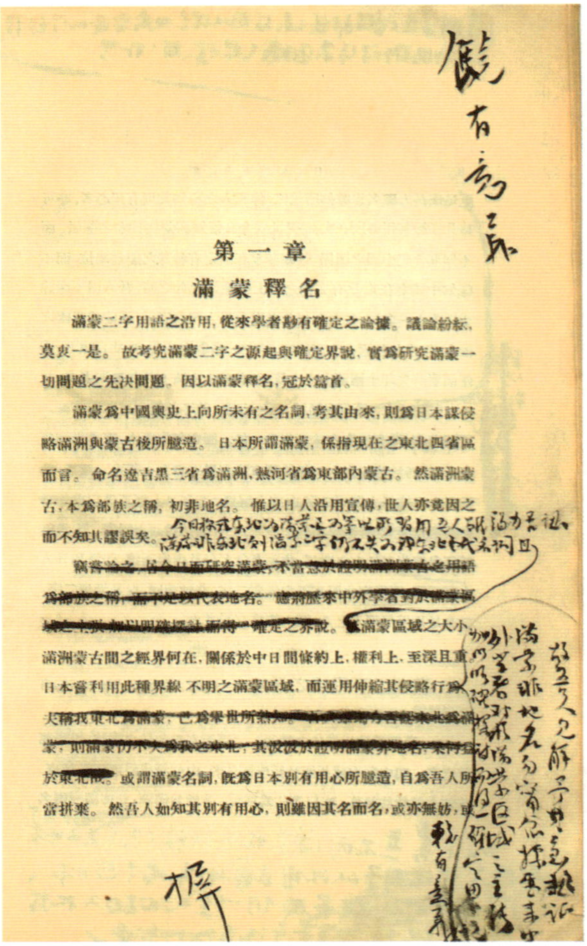

第一章

滿蒙釋名

滿蒙二字用語之沿用，從來學者尠有確定之論據。議論紛紜，莫衷一是。故考究滿蒙二字之源起與確定界說，實爲研究滿蒙一切問題之先決問題。因以滿蒙釋名，冠於篇首。

滿蒙爲中國輿史上向所未有之名詞，考其由來，則爲日本謀侵略滿洲與蒙古後所臆造。日本所謂滿蒙，係指現在之東北四省區而言。命名遼吉黑三省爲滿洲，熱河省爲東部內蒙古。然滿洲蒙古，本爲部族之稱，初非地名。惟以日人沿用宣傳，世人亦竟因之而不知其謬誤矣。

[illegible] 滿蒙區域之大小，滿洲蒙古間之經界何在，關係於中日間條約上，權利上，至深且重。日本嘗利用此種界線不明之滿蒙區域，而運用伸縮其侵略行爲 [illegible] 或謂滿蒙名詞，既爲日本別有用心所臆造，自爲吾人所當拼棄。然吾人如知其別有用心，則雖因其名而名，或亦無妨，或

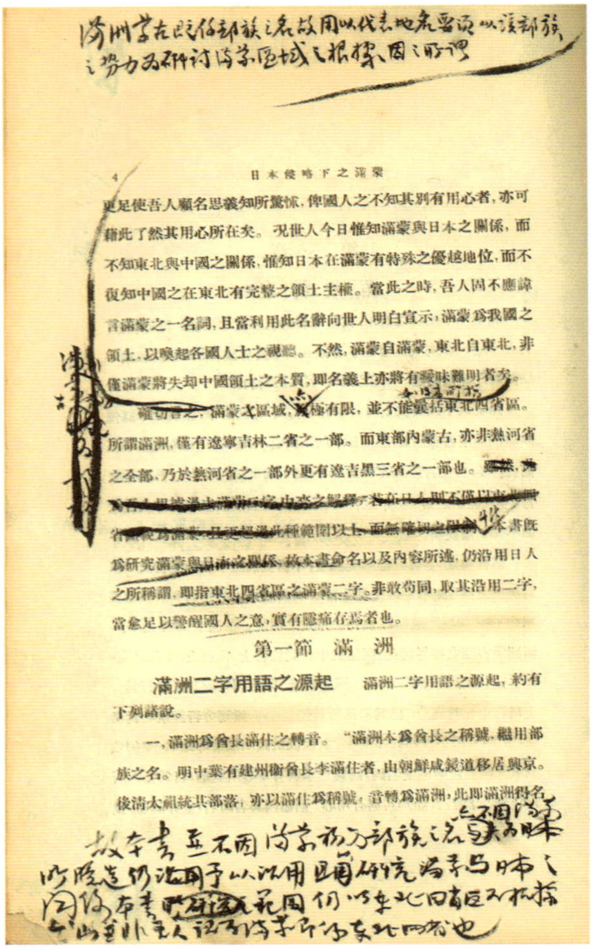

4　日本侵略下之滿蒙

更足使吾人顧名思義知所警惕，俾國人之不知其別有用心者，亦可藉此了然其用心所在矣。況世人今日惟知滿蒙與日本之關係，而不知東北與中國之關係，惟知日本在滿蒙有特殊之優越地位，而不復知中國之在東北有完整之領土主權。當此之時，吾人固不應諱言滿蒙之一名詞，且當利用此名辭向世人明白宣示，滿蒙爲我國之領土，以喚起各國人士之視聽。不然，滿蒙自滿蒙，東北自東北，非僅滿蒙將失却中國領土之本質，即名義上亦將有曖昧難明者矣。

[illegible] 滿蒙之區域，極有限，並不能囊括東北四省區。所謂滿洲，僅有遼寧吉林二省之一部。而東部內蒙古，亦非熱河省之全部，乃於熱河省之一部外更有遼吉黑三省之一部也。[illegible] 本書既爲研究滿蒙與日本之關係，故本書命名以及內容所述，仍沿用日人之所稱謂，即指東北四省區之滿蒙二字。非敢苟同，取其沿用二字，當愈足以警醒國人之意，實有隱痛存焉者也。

第一節　滿　洲

滿洲二字用語之源起　滿洲二字用語之源起，約有下列諸說。

一、滿洲爲酋長滿住之轉音。“滿洲本爲酋長之稱號，繼用部族之名。明中葉有建州衛酋長李滿住者，由朝鮮咸鏡道移居興京。後清太祖統其部落，亦以滿住爲稱號，音轉爲滿洲，此即滿洲得名

身家之安全计，大为民族之存在，为世界之和平计，均应有谋所以应付之方策。”

作者决心写作此书，是在其多次经由南满铁路出行，见到路边架设着密密麻麻的电线杆，并且不断向外占地延伸，“深惊日人侵我国土，何竟急进若此”。遂多方考察究竟明文规定南满铁路到底用了多少土地？到底有没有界限？但遗憾的是，根本没有一点记载，可见，日本侵略的迹象已经昭然若揭。“对此一事之印象，终未忘怀，余努力于研究日本侵略满蒙事实之动机，实伏于此。”

常理先生为著述这部书，耗费了四年时间，参考各类书报资料不下200余种。特别是“尤以近于满铁会社奉天图书馆之便，获阅日人著述较多。并因种种特别关系，得携出馆外，以作详读”，而这些资料大多是一般读者不易阅到的书报，主要有《南满铁道株式会社第一次十年史》、《南满铁道株式会社第二次十年史》、《南满铁道株式会社第二十年史略》、《满铁地方行政史》、《满铁地方经营统计年报》、《关东厅施政二十年史》、《满洲工商概览》、《南满铁道株式会社关系条约集》、《奉天十年史》、《满洲二十年史》和《满蒙全书》等。除此之外，作者还多次实地考察，东至吉林老爷岭，北至内蒙未开发的荒原，南到大连，西至榆关，对北宁铁路三大干线、南满三大港口、抚顺鞍山的煤矿铁矿以及沈阳、吉林、长春、哈尔滨等通商大埠都进行了比较深入了解，获得了一手资料，使得此书更为言之有据。

此书封面写有“样本”两字，作者在正文中用墨笔作了多处较大的校改、增删。比如，作者将原书“本书既为研究满蒙与日本之关系，故本书命名以及内容所述，仍沿用日人之所称谓”改为“故本书并不因满蒙视为部族之名，亦不因满蒙为日本所臆造。仍予以沿用，且以研究满蒙与日本之关系。本书范围仍以东北四省区为根据，并非人之视为满蒙即为东北四省也”。

“持赠玄同先生”：《经籍旧音辨证》

吴承仕著《经籍旧音辨证》二册，1924年出版。封面有作者签名：“敬赠玄同先生，甲子孟夏。”

《经籍旧音辨证》是一部音义互证的训诂专著，也是一部经学研究的工具书，凝结了吴承仕在文字、音韵、训诂方面的重要成果，总结了先哲的研究成果，提出了自己的新见。该书将汉至唐间近百家音切分别辑录整理出来，然后参较典籍原文进行辨证，最后成书二十五卷，序录一卷，后缩简为七卷出版。书中的成果充分反映了作者在音韵、训诂研究方面承上启下、承先启后的作用。章太炎为之作序，钱玄同为之题签，黄侃通读之并为之作《笺识》。大家都对此书极为赞誉。

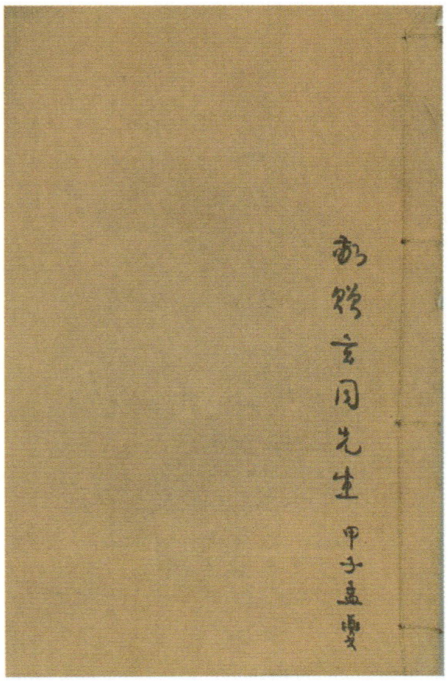

吴承仕题赠

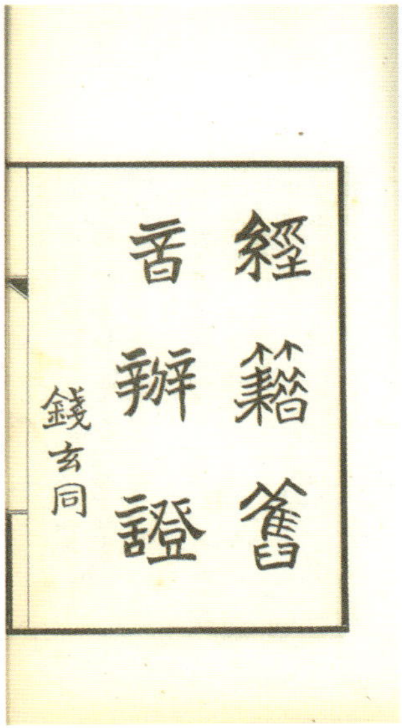

钱玄同所题书名

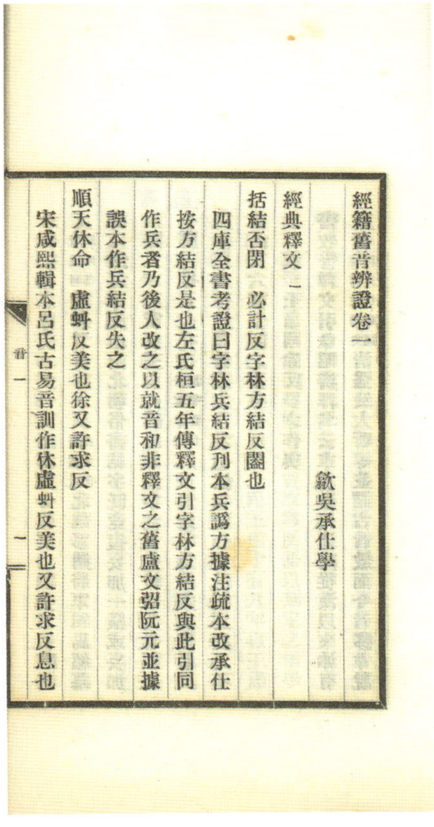
經籍舊音辨證卷一

歙吳承仕學

經典釋文一

括結否閉　必計反字林方結反闔也

四庫全書考證曰字林兵結反刊本兵譌方據注疏本改承仕按方結反是也左氏桓五年傳釋文引字林方結反與此引同作兵者乃後人改之以就音和非釋文之舊盧文弨阮元並據誤本作兵結反失之

順天休命　虛虯反美也徐又許求反

宋咸熙輯本呂氏古易音訓作休虛虯反美也又許求反息也

吴承仕（1884—1939），字检斋，安徽歙县人。经学家、古文字学家、教育家。中举人后，点大理院主事。曾受业于章太炎门下，研究文字、音韵、训诂之学及经学。与黄侃、钱玄同并称章门三大弟子，与南京大学教授黄侃有“北吴南黄”两大经学大师之称。曾任北京师范大学中文系主任、中国大学国学系主任，兼任北京大学、东北大学和民国大学教授，创办《文史》、《盍旦》、《时代文化》等刊物。

2004年5月，中国嘉德拍卖《经籍旧音

残稿》五册及残页，著录为吴承仕“著述原稿”，估价7000～9000元，以13200元成交。这五册《经籍旧音》原稿和部分残稿，即为吴承仕经学研究的最大一部书稿，完稿之后直到其去世一直未能出版。而此部《经籍旧音辨证》则为校证《经籍旧音》所作。

王步青《四书朱子本义汇参》精抄本

该手抄本毛装三厚册，共536页，收入孙果（孙灌亭）题稿100多篇，前有王步青序文两页半和周硕勋序文4页半，多篇文后有跋语，十分难得。

王步青（1672—1751），字罕皆，号已山，江苏金坛人。性冲澹，以文名。清雍正元年（1723）进士，改翰林院庶吉士。授检讨，以告归。著有《莺鸠草》、《已山文集》十卷、别集四卷，《四书朱子本义汇参》四十五卷，并传于世。

周硕勋，湖南宁乡人。清乾隆二十一年（1756）由廉州知府调任中宪大夫署惠潮嘉道、潮州知府。在任期间，以整治三利溪、引西湖水抗旱和纂修《潮州府志》等政绩而为潮人所赞颂。乾隆年间，周硕勋念兹堂曾刻明人周堪赓撰《治河奏疏》二卷。

2007年5月15日，《大洋网》转引《广州日报》报道：“由清代学者王步青编撰的《四书朱子本义汇参》日前在山西被发现。据专家考证，这是中国目前已知的存世最早的课本，对研究中国古今教科书史有着十分重要的作用。”《四书朱子本义汇参》，成书于乾隆十年，全书分《朱子章句大学》三卷、《中庸》六卷、《朱子集注论语》二十卷、《孟子》十四卷，每册页码不等。此次发现的为《朱子章句大学》三卷，为整套书

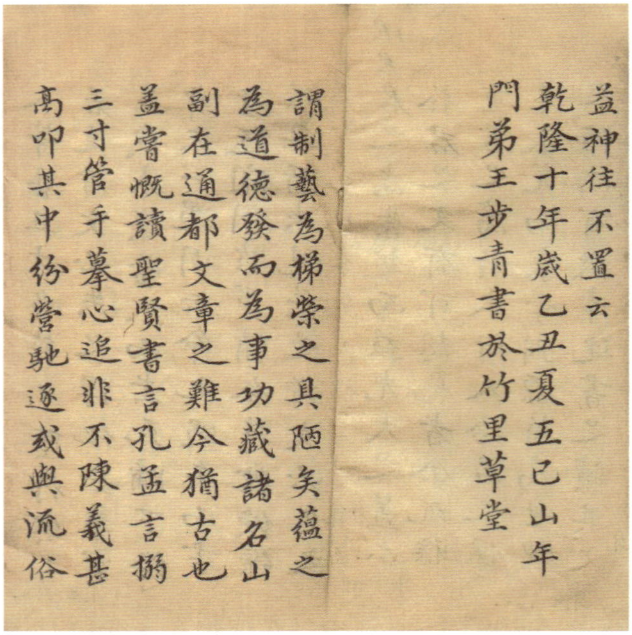
益神往不置云
乾隆十年歲乙丑夏五已山年
門弟王步青書於竹里草堂
謂制藝為梯榮之具陋矣蘊之
為道德發而為事功藏諸名山
副在通都文章之難今猶古也
蓋嘗慨讀聖賢書言孔孟言擬
三寸管手摹心追非不陳義甚
高叩其中紛營馳逐或與流俗

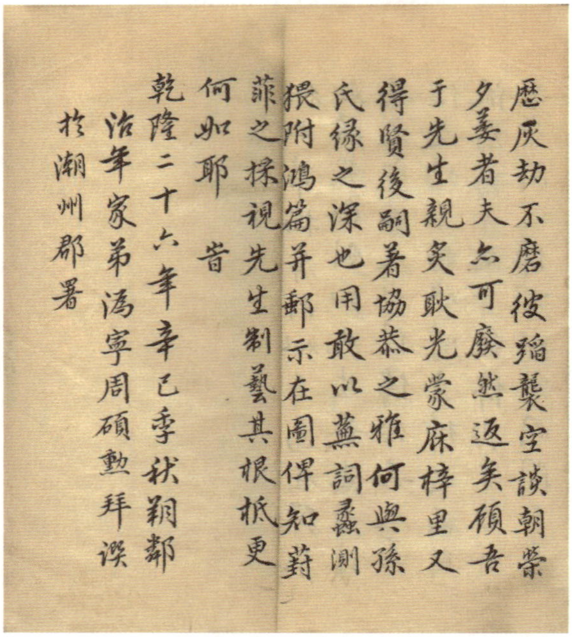
歷厄劫不磨彼蹈襲空談朝榮
夕萎者夫亦可廢然返矣碩吾
于先生親炙耿光蒙麻梓里又
得賢後嗣著協恭之雅何與孫
氏緣之深也用敢以蕪詞蠡測
猥附鴻篇并郵示在闈俾知葑
菲之採視先生制藝其根柢更
何如耶 昔
乾隆二十六年辛巳季秋朔鄰
治年家弟溈寧周碩勳拜撰
於潮州郡署

的首函。卷一刻有“金坛后学王步青辑、子士鳌编、孙维甸尚余乃畇尔畯校”，每页版心均镌有“敦复堂”三字，背面版心下边均镌有“课本”二字，文前有辑者王步青撰的序。

据《旧书交流信息报》1999年2月8日刊登的《古旧课本成藏品》一文讲：“据专家学者考证，课本在中国的发展只有百年历史，它始于清朝光绪年间，然而真正注有‘课本’二字的，则出现在民国时期。”文章又称：“清代课本是藏家的首选目标，虽说清代课本无‘课本’二字，但一般都在内页印有某学堂某学府的字样，这些课本如今已是凤毛麟角。”

另据该报1999年9月13日刊登的《我国最早的课本始见于清乾隆时期》可知，真正的课本刊印在乾隆时期已有，而这本《四书朱子本义汇参》的发现，恰恰证实了这一点。有学者考证：“《四书朱子本义汇参》因其仅在王步青所设的家塾中，由其学生取裁使用，所以当时印量甚少，目前存世者极其罕见，当为我国课本藏品中的大珍之品。”

王步青是清初著名儒学大家，他年轻时曾教过私塾，后被赐为进士，官至翰林院检讨，晚年因故辞官，归故里金坛后，在其家开设授书馆，从其学习的儒学门生甚多。此书就是他在74岁那年，为教学所需编印的课本。

由此可见，这三册抄本，为孙果的课业，抄写的是王步青的《四书朱子本义汇参》教材。至于“孙果”和为其抄本作批跋之语的则不知为何人。

2006年9月，孔网曾拍卖王步青编《四书朱子本义汇参》，存三十六册，乾隆十年“敦复堂”刻本，竹纸。其中《大学章句本义》三册四卷，缺一册卷二；《中庸章句本义》四册七卷，缺一册卷三；《论语集注本义》十五册二十卷全；《孟子集注本义》十六册十四卷全。不知是否成交。

《有正味斋诗集》引出的收藏故事

（清）吴锡麒撰《有正味斋诗集》十六卷、续集八卷，嘉庆年间刻本。有“榕村”道光己丑年（1829）至道光庚寅年（1830）通篇批校。有“道光己丑年十月二十九日榕村读于熙春首斋之行馆。菱船谨识”、“道光庚寅又四月六日，评点于凤田社之寓馆。菱船谨识”等题记。书首钤有“名山堂”和“李大翀读书记”两枚朱文方印。

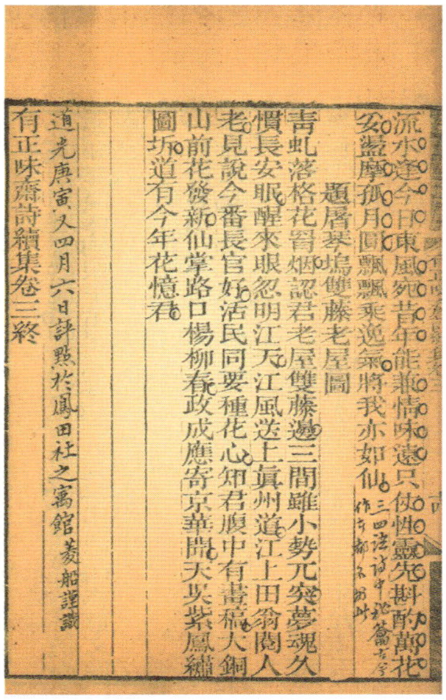
流水逢今日東風宛昔年能兼情味遠只做性靈先斟酌蔚花
安盡摩孤月圓飄飄乘逸氣將我亦如仙
題居琴塢雙藤老屋圖
青虬落格花罥烟認君老屋雙藤邊三間雖小勢兀突夢魂久
慣長安眠醒來眼忽明江天江風送上眞州道江上田翁閱人
老見說今番長官好活民同要種花心知君腹中有書稿大銅
山前花發新仙掌路口楊柳春政成應寄京華開天奖紫鳳繡
圖圻道有今年花憶君
道光庚寅又四月六日評點於鳳田社之寓館菱船謹識
有正味齋詩續集卷三終

吴锡麒（1746—1818），字圣征，号谷人，钱塘（今浙江杭州）人。清乾隆四十年（1775）进士，选为翰林院庶吉士，授编修。后两度充会试同考官，擢右赞善，入直上书房，转侍讲侍读，升国子监祭酒。他生性耿直，不趋权贵，但名著公卿间。在上书房时，与皇曾孙相处甚洽，成为莫逆之交，凡得一帖一画，必一起题跋，深受礼遇。晚年乞归后，主讲扬州安定、爰山、云间等书院，

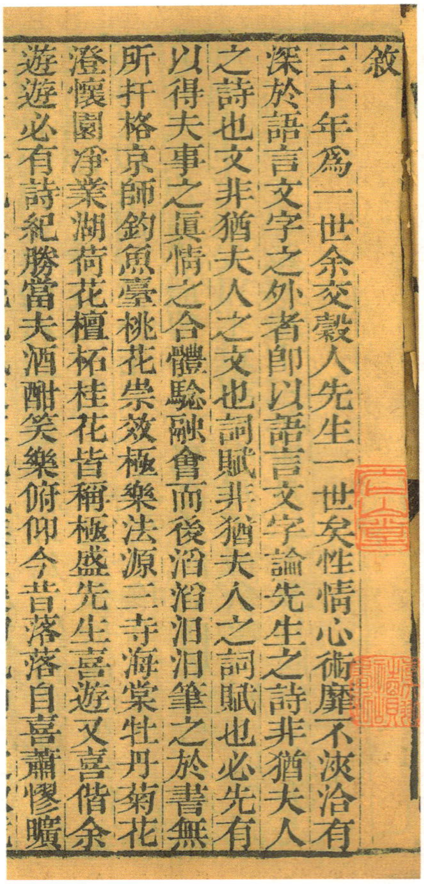

敘
三十年為一世余交觳人先生一世矣性情心術靡不浹洽有
深於語言文字之外者即以語言文字論先生之詩非猶夫人
之詩也文非猶夫人之文也詞賦非猶夫人之詞賦也必先有
以得夫事之眞情之合體驗融會而後滔滔汩汩筆之於書無
所扞格京師釣魚臺桃花崇效極樂法源三寺海棠牡丹菊花
澄懷園淨業湖荷花檀柘桂花皆稱極盛先生喜遊又喜偕余
遊遊必有詩紀勝當夫酒酣笑樂俯仰今昔落落自喜蕭慘曠

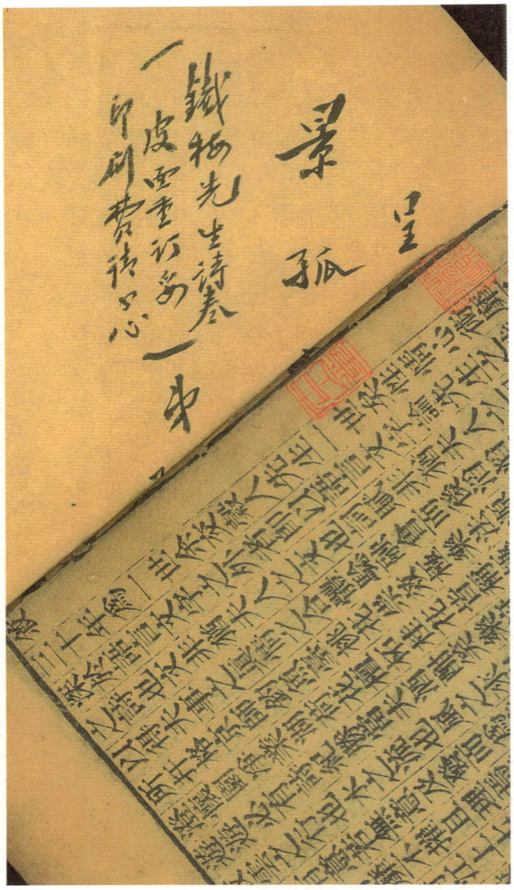

并时时注意提拔有才之士。他天姿超迈，吟咏至老不倦，能诗，尤工倚声，骈体文清华明秀，与邵齐焘、洪亮吉、刘星炜、袁枚、孙星衍、孔广森、曾燠并称骈文八家。晚年登门求诗者，络绎不绝。兼工书法，尤其擅长行书、楷书。著有《有正味斋集》七十三卷，另有《有正味斋文续集》、《有正味斋尺牍》、《有正味斋曲》、《有正味斋南北曲》、《有正味斋诗》、《有正味斋诗集》、《有正味斋赋稿》以及传奇《渔家傲》等。

此书有两册封皮为牛皮纸重装，毛笔写有“呈景孤血先生，铁梅先生诗卷，皮面重订妥，印刷费请上心”。“景孤血”为民国时期著名京剧剧作家、京剧剧评人，建国后为中国京剧院编剧。“铁梅先生”为宋小濂（1864—1926）的字。宋小濂为吉林永吉人，工诗善书，书斋名“古欢室”。官至黑龙江巡抚，辛亥革命后改任都督，参政院参政。在抗击沙俄，捍卫国家领土完整方面做出了贡献。宋小濂在近代东北史上是一位杰出人物，他与其同乡成多禄、徐鼐霖被誉为“吉林三杰”。他在黑龙江二十余年，熟悉边情，多次与俄交涉，屡挫其锋，俄虑小濂，得逞其谋，乃藉齐齐哈尔巡警检查俄籍朝鲜人之故，对北洋政府施以威胁，因此宋小濂于民国2年被调入京城。民国15年病逝，终年62岁。其友王树楠的悼诗中称“公之伟烈彰于国防，履虎之尾，而不敢伤，不兵而武，返我侵土”。张锡銮说他是“作硬诗、写硬功夫字、行硬事”的“三硬先生”。宋小濂善于作诗，书法也颇具特色。著作有《北徼纪游》、《边声》、《北道集》、《晚学斋诗草》。

2003年8月，上海敬华拍卖公司曾拍卖林纾为宋小濂所绘《溪林归隐》立轴一幅，题首有林纾写“铁梅先生雅属”，钤印“畏庐”。藏印有“铁梅真赏”等。

此书批校者“榕村”、“菱船”则查而未果。（此书原藏者李大聃介绍参见121页《李大聃藏〈古香斋鉴赏袖珍初学记〉》一文）

上海敬华2006年春拍《有正味斋集》清嘉庆戊辰（1808）竹纸刊本，成交价为4180元。

钤有赖少其在狱中所刻印的《上饶集中营》

在旧书店觅得一册《上饶集中营》，是作者秋若的签名本。题有“请高梁同志指正，林琼（秋若）赠”。并钤“秋若”白文印章一枚。旁边写道：“这是木刻家赖少其同志在狱中替我刻的，石头也是在狱中捡后自己磨成的。”

1941年1月“皖南事变”之后，闽浙赣皖苏一带的地下党员被国民党抓入上饶集中营，林秋若就是“皖南事变”后在浙江金华被捕，当时任《浙江妇女》主编。林秋若又名林琼，当时的公开身份是浙江省主席黄绍竑夫人蔡凤珍的秘书，实为保育会地下党支部书记，1942年10月下旬在黄绍竑赴重庆开会途经建阳时将其保释出狱。

赖少其1936年毕业于广州美术专科学校西洋画系，1939年参加新四军，1941年“皖南事变”中被捕，有“新四军画家”之称。据《二百年湖南印学简表》记载：1941年，赖少其“皖南事变”中被俘，在狱中用修脚刀为难友刻“壬之”朱文印。

1941年1月，蒋介石一手炮制了震撼世界的“皖南事变”，赖少其拿起枪同国民党顽军搏斗。为了保卫军部，他参加东流山之役，血战五天五夜，直到弹尽粮绝被捕。他和新四军许多干部被捕后，被国民党反动派关押在“上饶集中营”。他在狱中坚贞不屈，和难友冯雪峰等坚持斗争，被称为“不屈的囚徒”。

冯雪峰是1941年2月，在神坛村被国民党金华宪兵连逮捕，囚于江西上饶集中营。在狱中坚贞不屈，组织难友进行各种形式的斗争。就是冯雪峰帮助赖少其等五人在一次外出演出时成功越狱，为此遭到更大的迫害。1942年经宦乡等人作保，冯雪峰被地下党营救出狱。

上饶集中营由七峰岩、周田村、茅家岭、李村和石塘等5处集中营组成，因都在上饶城附近，所以统称为“上饶集中营”。上饶集中营共囚禁1000余人，其中主要是新四军将士和东南各省被捕的爱国民主人士以及国民党党政人员中的所谓思想犯，较著名的有叶挺、冯雪峰、林植夫、黄诚、李子芳等。被捕入集中营者，一般先押于七峰岩，然后周田村，最后进入茅家岭。现在的上饶集中营革命烈士纪念馆馆名即赖少其所写。

这册薄薄的《上饶集中营》，因为作者的题记，又让我们重温了那一段难忘的历史岁月。

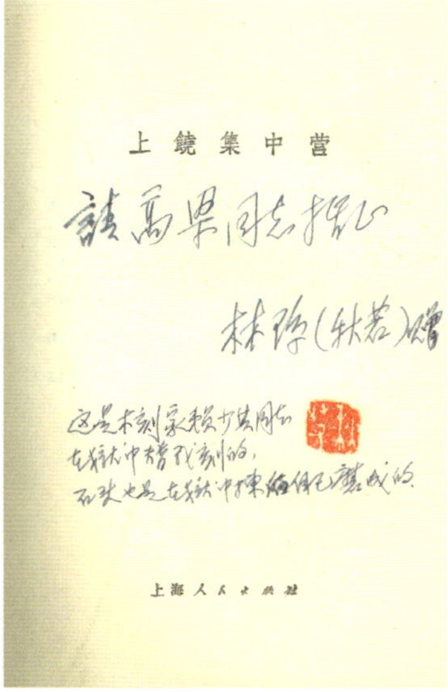

作者签名的《大浪淘沙》母本

30多年前，一部反映第一次国内革命战争时期青年知识分子命运的电影《大浪淘沙》在社会公映。此片的大意是，知识青年靳恭绶、顾达明、杨如宽不满黑暗现实，离家寻求出路，在途中救起逃婚的余宏奎，四人结为兄弟。他们逃到济南后考入山东第一师范学校，后辗转到了当时的革命中心武汉。在经历了“马日事变”，大革命失败后，四人由于出身和志向不同走向了各自不同的道路：勒恭绶、顾达明走向了革命，跟随毛委员上了井冈山；杨如宽理想破灭，脱离革命逃回山东老家；余宏奎则叛变了革命，被靳恭绶、顾达明击毙。影片在社会公映后，引起了很大的社会反响，激励了一代青年。但很少有人知道：这部电影就是根据原115师运河支队政委朱道南所撰写的革命回忆录《在大革命的洪流中》所改编，剧中的主人公之一顾达明的原型就是朱道南本人。

在西城一家书店，遇到了一本精装的《在大革命的洪流中》，上海文艺出版社1961年8月第1版，扉页有作者的签名、题记：“子荣同志：此书请你有空翻翻，予以指教外并望转给诸小侄们看看，借以鼓励他们发愤图强，成为毛主席的好孩子。道南，六二年元月廿九日。”钤“朱道南”白文印。

很多观众看到《大浪淘沙》，是在20世纪70年代末中国政治形势发生根本变化之后。殊不知，这部影片的拍摄完成时间，却比上映时间要早出10多年。《大浪淘沙》于1963年中开拍，1966年5月“文革”运动前夕结束，前后历时三年多时间。但在影片拍摄中，所遭受到的各方面干扰，却是

大浪淘沙
（暂 名）
影片改后情节提要、全部台词及修改方法
珠江电影制片厂“大浪”摄制组印
1965.7.25.

用文字难以形容的。先是因为与苏联关系恶化后电影胶片短缺，摄制组只好暂时解散。接着，因要远赴十几个外景地，周期增长。更主要的是受到政治风潮的严重影响，多处已经拍成的样片，被勒令修改、重拍甚至剪掉。其中有许多场戏，演员本已发挥得很理想，但是，却难以抗拒政治压力的无情冲击而被迫修改，譬如剧中人赵锦章在被暗杀临死时，对着靳、顾俩人所说的那一大段冗长的台词，明显是为了当时政治运动的需要加上去的，给人以非常生硬之感；而另一场戏为了表现老四杨如宽对自己的恋人刘芬，充满憧憬和单纯的幻想，朗诵了匈牙利著名诗人裴多菲的那首诗："生命诚可贵，爱情价更高。若为自由故，两者皆可抛"，却被指责为"小资情调"，在完成后，硬是通过对嘴形，改补上另外一句直露的、充满革命意味的话："若我战死在沙场，切莫为我而悲伤，今朝慨歌洒鲜血，他日红花遍地香。"该片还在开头处煞费苦心地硬加上一段毛泽东的话，也就是"文革"开始后流行一时的"毛主席语录"："革命的或不革命的或反革命的知识分子，看是否走与工农相结合的道路。毛泽东。"这样反复地折腾，创下了当时拍摄影片中周期最长、修改次数最多、审查次数最多的多个之最。

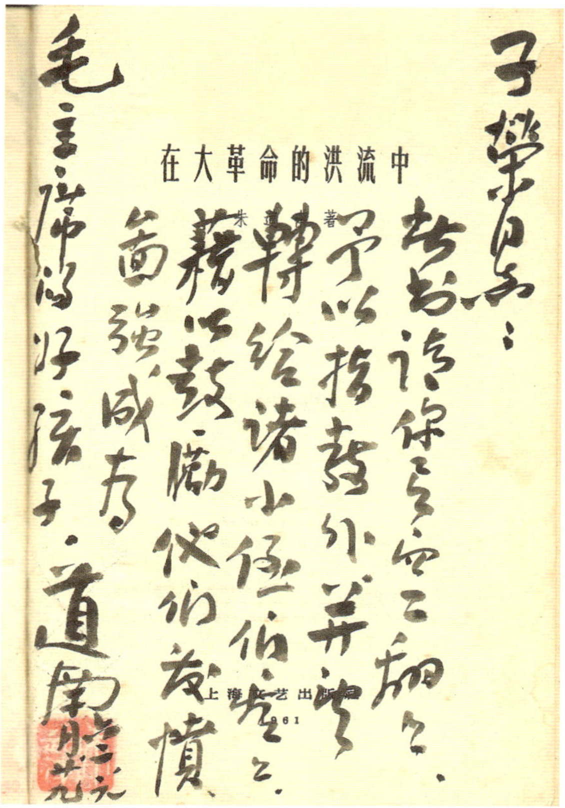

1964年，影片部分完成片送领导机关审查，中南局第一书记陶铸专门邀请陈毅、贺龙、叶剑英、徐向前等领导同志来到珠影厂观看，并请他们审查。可是随着"文革"运动陶铸被打倒，一部普通的电影成为政治运动中的大案要案，有人把剧中人"金公寿"的名字，非要说成是陶铸的隐喻，因为在此前的剧本创作当中，作者曾把男主人公的名字叫做"公金寿"，电影界前辈夏衍看了剧本之后，善意地提出意见说："中国的百家姓里没有姓'公'的，再说在南方，'老公'是女方对自己丈夫的爱称，作为剧中的女性叫起来自然是极不合适，即便是男性这样叫，听起来也很不顺耳，何不干脆把前后两个字给颠倒一下。"作者欣然采纳了夏衍的意见，于是，"公金寿"就变成了"金公寿"，后又改为"靳恭绶"。但想不到这个毫无政治色彩的剧中人的名字，却在此时意外地惹出了麻烦。当权者围绕此名大做文章，离奇地编造出"靳"即"金"，"恭"即"公"，"绶"与"寿"如出一辙，"金"和"寿"字放在一起即为"铸"意，再把这两个字一颠倒，即是"铸公"也。所以，男主角的原型就是暗指"陶铸"。这一荒唐、可笑的生拉硬扯、牵强附会，却在"文革"中演变成一场人世间的浩劫。《大浪淘沙》被定调为"严重歪曲革命史实"的"反革命"影片和"十大毒草"影片之一，被迅速查封，不准公开放映。

影片的摄影之一是资深摄影师姚士泉，他的黑白对比用光摄影堪称一绝，但在"文革"风暴中被打成"三四十年代的黑线人物"，还要清查他的所谓历史问题。姚士泉终因忍受不了人身污辱，在厂外的甘蔗地里割腕自杀。

一部《大浪淘沙》，反映了一段中国电影在残酷年代中的曲折历史。今天淘到作者签名题记的电影母本，回想电影的坎坷，让人不胜唏嘘，是真值得"有空翻翻"并"发愤图强"呀。

叁 觅书寻门径

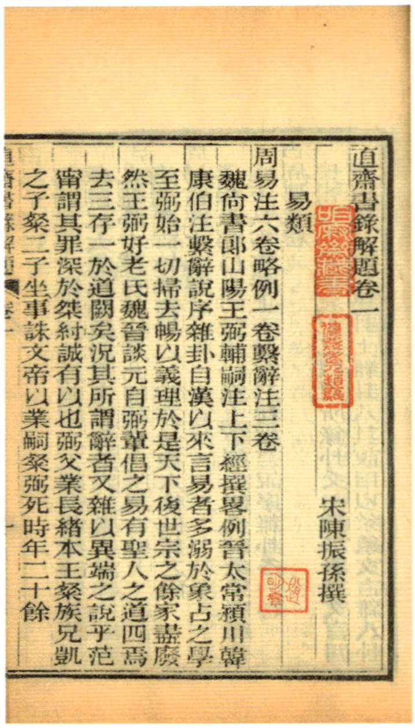
直齋書錄解題卷一　　宋陳振孫撰
易類
周易注六卷略例一卷繫辭注三卷
魏尚書郎山陽王弼輔嗣注上下經撰畧例晉太常潁川韓
康伯注繫辭說序雜卦自漢以來言易者多溺於象占之學
至弼始一切掃去暢以義理於是天下後世宗之餘家盡廢
然王弼好老氏魏晉談元自弼輩倡之易有聖人之道四焉
去三存一於道闕矣況其所謂辭者又雜以異端之說乎范
甯謂其罪深於桀紂誠有以也弼父業長緒本王粲族兄凱
之子粲二子坐事誅文帝以業嗣粲弼死時年二十餘
直齋書錄解題　卷一

中国古代图书分类，始于（晋）荀勗。经，指儒家经典；史，指各种体裁的史学著作；子，指先秦诸子百家的著作及政治、哲学、医学等著作；集，泛指诗词文赋专集等著作。古人对书目的作用评价甚高，清代学者王鸣盛在《十七史商榷》中曾说："目录之学，学中第一紧要事，必从此问途，方能得其门而入"，"凡读书最切要者，目录之学。目录明，方可读书，不明终是乱读"。

书目的历史相当悠久，其编制的历史甚至可以追溯到上古时期。《隋书·经籍志序》说："古者史官既司典籍，盖有目录以为纲纪。"到了西汉末年，刘向、刘歆父子受诏领校国家藏书，对汉朝皇室"积如丘山"的图书，进行了全面的著录和整理工作，广罗异本，条别篇章，校勘文字，提要钩玄，分别部居，编成了中国历史上最早的提要性目录和分类目录——《别录》和《七略》。这两部书目著作所开创的图书分类体系，创立的揭示文献的方法，特别是将目录编纂与学术源流考辨、学术著作评价、学科范围划分等学术问题结合起来，大大提高了书目著作的学术价值，受到各代学者的重视。

自西汉以降的历代封建王朝，大凡政治稳定，干戈稍息，均祖述刘向故事，以国家之力，组织专门机构和人员，从事于文献的校雠整理和编目工作。于是乎，官修史书中的各种艺文志、经籍志及专门性书目如《崇文总目》等，一路赓续下来，相沿为传统。到清代，目录学发展进入较快时期，书目类型日益增多、体例更加完善，目录学作为读书门径和治学工具受到整个学术界重视。形成了以考辨真伪，厘正文字为主要内容的校雠学派；以鉴别旧刊、别择真赝为主的版本目录学派；以“辞章学术”，“考镜源流”为宗旨，重在探讨书回义例的目录学派等等。《四库全书总目提要》和《四库全书简明目录》乃为集大成之作，是反映我国古代著述的规模最大、最全的书目。

风气所开，历朝私家书目著作也绵延不绝，著名者如晁公武的《郡斋读书志》、陈振孙的《直斋书录解题》、郑樵的《通志·艺文志》、马端临的《文献通考·经籍考》、朱彝尊的《经义考》等。这些公私书目，或著录图书的名称、著者、版本，或介绍其体例、内容、成书经过、特点得失等，保存提供了古代书籍的最基本内容。通过对各种图书类别学术思想源流的系统介绍，对学术文化兴衰分合的整体评述，为历朝文人学者“辨章学术、考镜源流”，提供了读书门径和治学圭臬。

到晚清，中国社会遭遇“三千余年一大变局”，传统的学术文化受到了西学的巨大冲击，但书目类著作依然薪火相传。1875年，张之洞在提督四川学政的任期内，为答成都尊经书院学子“应读何书，书以何本为善”之疑而作《书目答问》，并提出了“读书不知要领，劳而无功；知某书宜读而不得精校精注本，事倍功半”的著名观点。《书目答问》著录历史上流传至今的重要古籍2200余种，所收书籍能够驭繁就简，慎择约取，并重视清代学术成就，成为对后世读者、藏家影响巨大的一部入门著作。“翻刻重雕，不下十余次，承学之士，视为津筏，几乎家置一篇”，在士林中产生了很大影响。20世纪20年代，胡适、梁启超等人为留洋学生开具的国学书目，同样在当时引起了很大的舆论反响。

与此同时，随着图书馆和图书馆学的引进，西方的目录学思想和书目方法也很快传入国门。各公私图书馆为方便借阅流通所编撰的馆藏书目，各大小书局为推广宣传所编撰的书业书目，各藏书或研究机构为一书或群书所编撰的各种索引引得等，这些新型的书目类型与传统的各种举要性国学书目一起，构建了近代以来书目著作品种类型多姿多彩的特点，满足着人们读书治学中多种多样的需要。20世纪二三十年代风起云涌的新图书馆运动和索引运动，直接推动了书目著作的一时繁荣，目录之学的显学地位得以确立，并在一些大学讲坛上，占据了重要的一席之地。

吴永贵先生在《中华读书报》（2007年3月2日）上发表的《书目著作的历史沿革与当前应变》一文，对书目的历代发展、流变有系统论述。

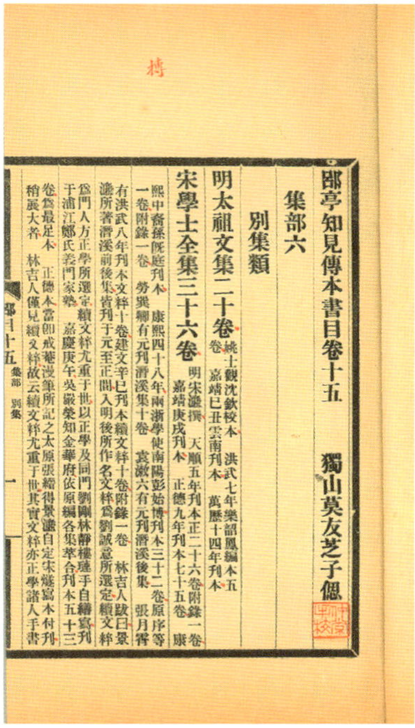
郘亭知見傳本書目卷十五　獨山莫友芝子偲

集部六

別集類

明太祖文集二十卷　姚士觀沈鈇校本　洪武七年樂韶鳳編本五卷　嘉靖己丑雲南刊本　萬曆十四年刊本

宋學士全集三十六卷　明宋濂撰　天順五年刊本正二十六卷附錄一卷　嘉靖庚戌刊本　正德九年刊本七十五卷　康熙中斋孫旣庭刊本　康熙四十八年兩浙學使南陽彭始博刊本三十二卷原序等一卷附錄一卷　勞巽卿有元刊潛溪集十卷　袁潄六有元刊潛溪後集　張月霄有洪武八年刊本文粹十卷建文辛巳刊本續文粹十卷附錄一卷　林吉人跋曰景濂所著潛溪前後集皆刊于元至正間入明後所作名文粹爲劉誠意所選定續文粹爲門人方正學所選定續文粹尤重于世以正學及同門劉剛林靜樓璉手自繕寫刊于浦江鄭氏義門家塾　嘉慶庚午嚴榮知金華府依原編各集萃合刊本五十三卷爲最足本　正德本當卽戒菴漫筆所記之太原張縉得景濂自定宋燧寫本付刊稍長大者　林吉人僅見續文粹故云續文粹尤重于世其實文粹亦正學諸人手書

郘目十五　集部　別集　一

“本目录供内部参考”：中国书店的书目

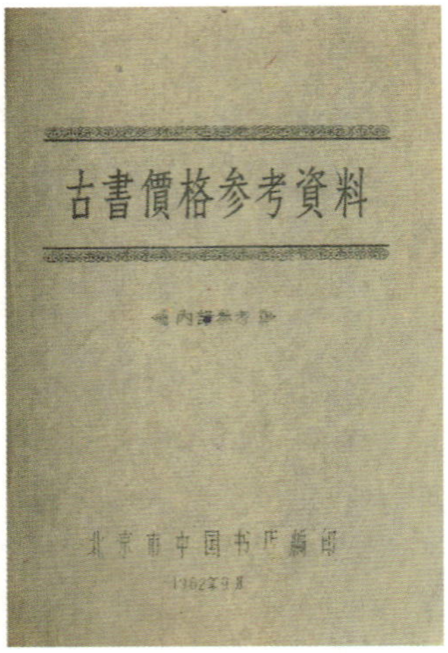

《旧书价格参考资料（内部参考）》：北京市中国书店1962年10月编印，油印本，32开，253页。所收书分社会科学类、考古美术类、文学艺术类、科技医药类四个大类5000余种。旧书排列顺序按四角号码先后为次，书的定价参考版本、纸张、装帧等项，均为书品完整之定价。所收每书均列出书名、作者、出版时间、出版社、册数和价格。

《古书价格参考资料（内部参考）》：北京市中国书店1962年9月编印，油印本，32开，295页。此目录收书3800余种，按经、史、子、集分类，四角号码检索。列出书名、册数、用纸、价格。书后附有1963年5月21日制定的《铅石印套书价格参考表》，收入套书37种。

《古书价格参考目录》：1979年3月编印，油印本，100页，横式32开。从书前“编目说明”可知，此目录是根据新华书店总店1979年召开的古旧书收售业务座谈会精神，由北京、上海等地部分书店共同讨论制定的。目录中所定价格是供各地古旧书店参考执行，在具体定价时各地书店可以有差价，但上下浮动不能超过目录所定价格的20%。这个目录中所列出的品种仅是古旧书中具有代表性的一部分，其余没有列入的可参考这一标准自行定价。此目录收书992种，学海堂原刻白纸本《皇清经解》三百六十册，500元；罗振玉印白纸本《三代吉金文存》二十册，900元；殿版开花纸本《硃批谕旨》一百一十二册，320元；清康熙、雍正、乾隆三朝殿版竹纸本《大清会典》，分别为六十册、一百册、一百二十册，价格分别是1000元、800元、600元；白纸本《中国版画史图录》二十册，1000元；红印白纸本《文美斋诗笺谱》二册，10元；拓本《三希堂法帖》带书箱三十二册，300元；影印白纸本《碛砂藏经》五百九十三册，2000元；珂罗版印《域外所藏中国古画集》二十四套，800元；内聚珍本竹纸《农书》十六册，150元；殿版开花纸本《词谱》二十

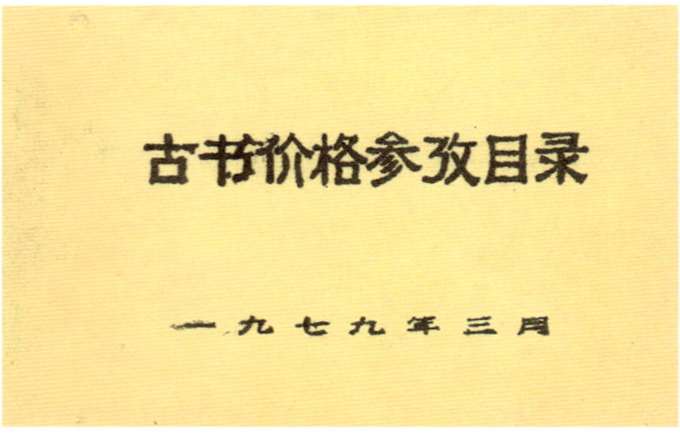

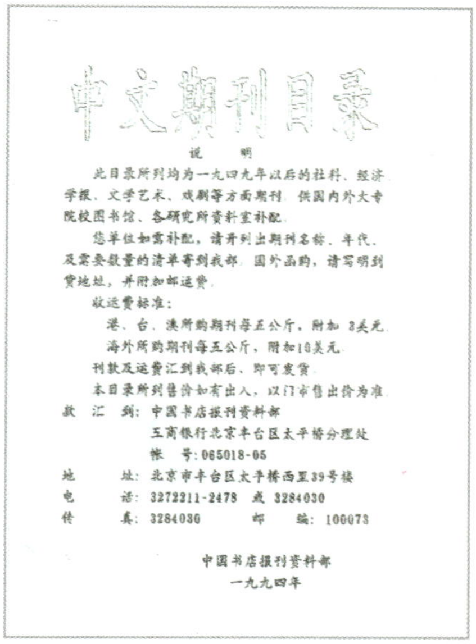

中文期刊目录

说　明

此目录所列均为一九四九年以后的社科、经济学报、文学艺术、戏剧等方面期刊，供国内外大专院校图书馆、各研究所资料室补配。

您单位如需补配，请开列出期刊名称、年代、及需要数量的清单寄到我部。国外函购，请写明到货地址，并附加邮运费。

收运费标准：

港、台、澳所购期刊每五公斤，附加3美元。

海外所购期刊每五公斤，附加10美元。

刊款及运费汇到我部后，即可发货。

本目录所列售价如有出入，以门市售出价为准。

款　汇　到：中国书店报刊资料部

工商银行北京丰台区太平桥分理处

帐　号：065018-05

地　　址：北京市丰台区太平桥西里39号楼

电　　话：3272211-2478　或　3284030

传　　真：3284030　　邮　编：100073

中国书店报刊资料部

一九九四年

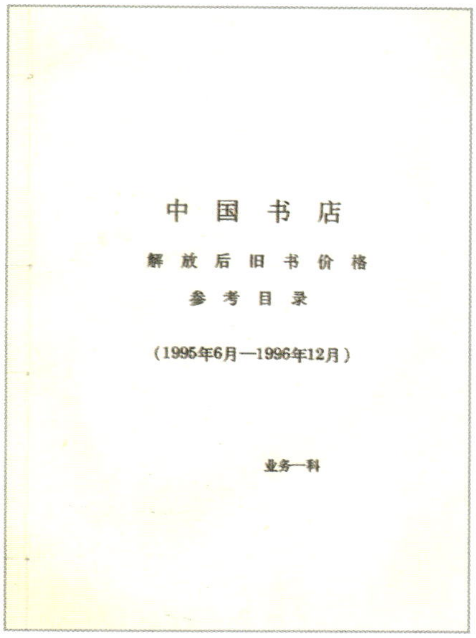

中国书店

解放后旧书价格

参考目录

（1995年6月—1996年12月）

业务一科

册，500元；秀野草堂刊竹纸本《元诗选初、二、三附揆集》七十二册，240元；清光绪王氏刊白纸本《全上古三代秦汉三国六朝文》一百册，240元；日本精装本《世界美术全集》正三十六册、续十八册，价格均为400元；日本《支那文化史迹》十二盒，3000元。

《中文期刊目录》：中国书店报刊资料部1994年编印，油印本，16开，46页。收入1949年以前社科、经济、学报、文学艺术、戏剧方面的期刊690种。封面印有"说明"："供国内外大专院校图书馆、各研究所资料室补配。"其中价格超过万元的期刊有：商务印书馆原版、1936—1948年全套《东方杂志》，价格为2万元；北平中国戏曲音乐学院研究所编《剧学月刊》，民国21年至民国25年6月，价格为1.08万元；《369画报》1928—1943年6月，价格为1.5万元；《立言画刊》1938—1942年，价格为1.5万元；《旅行杂志》1927—1954年

7月，价格为1.5万元；线装本有光纸《国粹学报》1905—1911年，价格为1.5万元；复印本《圣教杂志月刊》中华民国元年至民国27年8月，价格为5万元；梁启超主编的变法刊物《时务报》（附《昌言报》）光绪二十二年（1896）至光绪二十四年六月，价格为3万元；《中国营造学社汇刊》1930年7月—1945年10月，价格为3万元。

《中国书店解放后旧书价格参考目录》：1995年6月—1996年12月使用，中国书店业务一科1997年3月编印，油印线装本，16开，57页。按文学艺术、社科及其他、外国文学分三类，按四角号码检索。此目录价格采样于各销售部门，仅供参考。该目录列出书名、出版社、作者、原价、现价、折扣。书内附有一张《通知》（店业务一科2号）：请各部门经理及收购人员，对所列旧书价格（本部门或外部门）进行细致的研究，如何确定我们的收购价格，以更能体现全店在收购解放（后）旧书价格上的整体性为指导原则，提出你们的意见或建议。为了把我店旧书收售价格进一步统一规范。业务一科计划在近期召开由各部门经理参加的旧书收售价格研讨会。参考研究会上大家提出的意见或建议，业务一科将制定有关条文，规范各部门在收售旧书业务的操作程序和指导思想。望大家准备。

《中国书店旧书收购价格参考目录》：中国书店业务一科1996年3月编印，油印本，横16开，107页。书前是"几点说明"：这个目录所涉及的图书原定价格基本上是未调价的，只列出收购价，增长倍数是个约数。销售价一般品种可在收购价上增加一倍左右。目录所列收购价格仅供各部门参考，可依据本部门实际情况进行调整。该目录列出了书籍编号、书名、册数、版别、作者、原定价、收购价、增长倍数和现折扣价。

《旧书价格参考目录》：中国书店业务一科1996年出版，胶印，32开，119页。收书

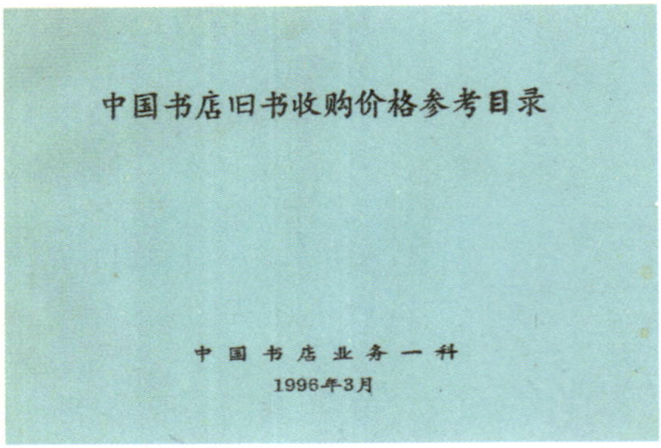
中国书店旧书收购价格参考目录

中国书店业务一科
1996年3月

2000余种，中英文几乎各占一半，按四角号码检索。目录按中文、日文分类，中文类分社会科学、文学艺术和考古美术三类，日文类在上述三种基础上又多出科技医药一类。书前的“几点说明”讲到：这个目录所列书刊的价格为销售指导价，各部门可依据本部门本地区的实际情况，参考执行。在收购时，可视存货及销售情况确定收购价。最后特别说明：“本目录供内部参考，一律不准外传。”

《内部拍卖目录》：目录前有一个通知，记载了曾经在中国书店内部进行的内部拍卖的方式，具有史料价值。不妨原文照录。

总店所属各部门：

继97年在店内以拍卖的形式对各部进行了一次古书商品的分配后，我们认为用这种方法进行古书商品的分配是好的。其一：可以在分配过程中增强透明度；其二：通过竞价可以使旧存古书有一个比较好的销售；其三：对其中的个别品种用价值规律，正确引导物流；其四：可促进全店的古书销售的经济效益。

98年业务一科将准备800多种30万元底价的古旧书商品，以拍卖形式分配古书的业务活动将请本店拍卖部主槌，业务一科将以落槌价向拍卖部支付10%的佣金，买方就不再支付佣金了。

目录所标为底价，凡低于底价的恕不出售，高于底价以最后竞价高者确定买家。

本次拍品的预展地点在业务一科三楼三角库。

预展时间1998年2月10日至2月13日

上午：9：00—11：00　下午1：30—4：00

拍卖时间定于1998年2月17日上午9:00

拍卖地点总店三楼多功能厅

拍卖结束后五日之内由业务一科把货准备好，买方即可提货，在提货时由业务一科开据店内调拨单，买方签字。

本次拍卖只接待总店所属各部门参加，自营的小型网点恕不接待。

在预展时请各部门认真核对目录和实物。请不要把商品的编号条取下来，看完后把书放回原处。

敬请光临，谢谢合作。

业务一科

九八年二月

长沙王氏刊本：《钦定天禄琳琅书目》

这套《钦定天禄琳琅书目》开本阔朗、纸白墨精，于敏中、王际华、梁国治等奉敕编，共有十卷十册，清光绪十年（1884）长沙王氏本。钤“惕庵行箧珍藏”、“北京师范大学图书馆”、“王树翰印”、“维宙”四枚藏章。此书以经史子集为纲，以宋元明清刊本朝代为序，每书皆详记时代、作者、版本刊刻、流传庋藏、附录题跋等，是研究版本目录学的重要参考资料。拍卖会得见以竹纸居多。

《四库全书总目提要》记载：“《钦定天禄琳琅书目》，清乾隆四十年（1775）奉

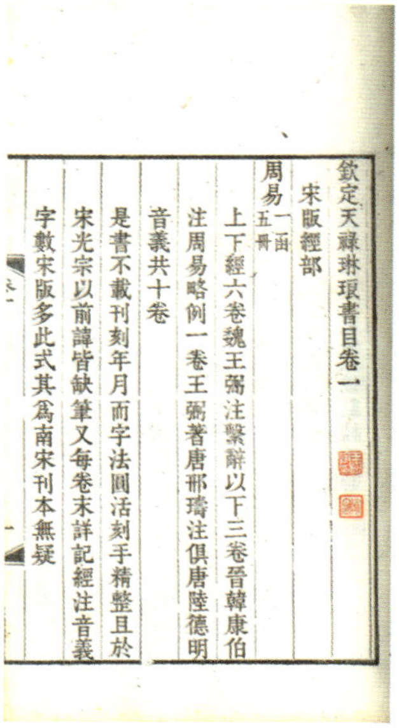

欽定天祿琳琅書目卷一

宋版經部

周易一函五冊

上下經六卷魏王弼注繫辭以下三卷晉韓康伯

注周易略例一卷王弼著唐邢璹注俱唐陸德明

音義共十卷

是書不載刊刻年月而字法圓活刻手精整且於

宋光宗以前諱皆缺筆又每卷末詳記經注音義

字數宋版多此式其爲南宋刊本無疑

敕撰。初，乾隆九年，命内直诸臣检阅秘府藏书，择其善本，进呈御览。于昭仁殿列架庋置，赐名曰‘天禄琳琅’。迄今三十余年，秘籍珍函，搜罗益富。又以诏求遗籍，充四库之藏。宛委丛编，娜嬛坠简，咸出应昌期。因掇其菁华，重加整比。并命编为目录，以垂示方来。冠以丁卯御题昭仁殿诗，及乙未重华宫茶宴用‘天禄琳琅’联句诗。其书亦以经、史、子、集为类，而每类之中，宋、金、元、明刊板及影写宋本各以时代为次。或一书而两刻皆工致，则两本并存，尤袤《遂初堂书目》例也；一板而两印皆精好，亦两本并存，犹汉秘书有副例也。《汉书·叙传》每书各有解题，详其锓梓年月及收藏家题识印记，并一一考其时代爵里，着授受之源流。按张彦远《历代名画记》有论十六篇。其十一记鉴识收藏阅玩，十二记自古跋尾押署，十三记自古公私印记。自后赏鉴诸家，递相祖述。至《铁网珊瑚》所载书画，始于是事特详。然藏书著录，则未有辨订及此者。即钱曾于《也是园书目》之外别出《读书敏求记》，述所藏旧刻、旧钞，亦粗具梗概，不能如是之条析也。至于每书之首，多有御制诗文题识，并恭录于旧跋之前，奎藻光华，增辉简册，旁稽旧典。自古帝王惟唐太宗有《赋尚书》一篇，《咏司马彪续汉志》一篇，宋徽宗有《题南唐旧本金楼子》一篇而已。未有乙览之博、宸章之富、鉴别之详明、品题之精确如是者。臣等缮录之下，益颂圣学高深，超轶乎三古也。”

字、号为“惕庵”的有多人，其中有陈玉树（1853—1906），字惕庵，肄业于南菁书院，受教于清季著名学者王先谦，并在其指点下完成《毛诗异文笺》十卷。陈玉树是盐城的名孝廉，曾任尚志书院的院长。陈玉树的老师王先谦（1842—1917）乃清末学者，湖南长沙人，字益吾，号葵园。曾任国子监祭酒、江苏学政，湖南岳麓、城南书院院长。这部《钦定天禄琳琅书目》即为王先谦所刊刻。考虑陈玉树和王先谦的渊源，此枚“惕庵行箧珍藏”藏印，似为陈玉树所有。

另一个收藏此书的王树翰，字维宙，1880年生于沈阳郊区一个贫苦农家。早年入衙署，历任军械制造厂厂长、度支局科长、奉天南路观察使等职。1916年，张作霖掌管奉天军政大权后，为财政厅长。1928年6月4日“皇姑屯事件”，张作霖被炸死。寓居奉天商埠地的王树翰，闻变后与刘尚清等人设计导演了一场“病榻乔装”的假戏，瞒过日本人耳目，使日本关东军不敢轻举妄动。张学良主政东北后，任命王树翰为东三省保安司令部秘书长，甚为倚重。王树翰是东北易帜谈判中东北方面的代表之一，极受张学良信任。西安事变后，张学良被囚。1937年，王树翰赴溪口探望张学良，这是王树翰同张学良的最后一面。东北沦亡期间，王树翰不为日人利诱，始终未在伪满政府任职。1955年2月8日，王树翰病逝于天津寓所，终年75岁。

此光绪十年长沙王氏刊白纸本，在中国嘉德2008年四季第13期拍卖会中，估价1.2万～1.5万元，未成交。

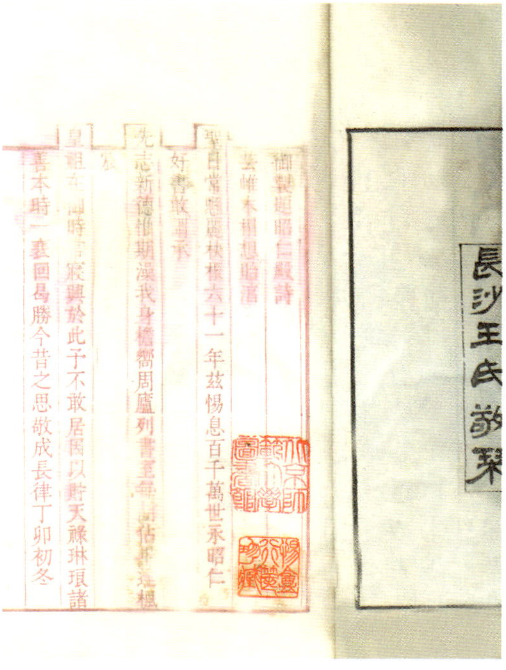

“雕龙丛钞”之《陶集版本源流考》

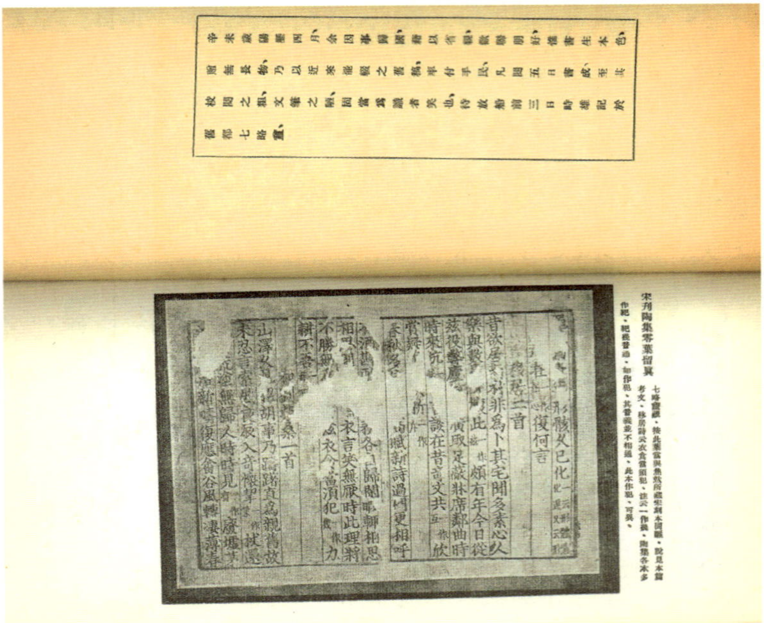

（日）桥川时雄撰《陶集版本源流考》一册，民国20年文字同盟社铅印本，“雕龙丛钞”之一。

此为研究陶渊明诗文集各种版本的专书。朱自清在其《文艺观日记》记载：“1933年9月11日，星期一，晴。今日得桥川氏《陶集版本源流考》，阅竟，甚有用。”（延敬理、徐行选编《朱自清散文·下》，中国广播电视出版社1994年8月版）

全书包括六部分：论陶集自定本之有无、论齐梁隋唐各本之编次、论北宋刊本纪要、传宋刊及元刊各本纪要、明清刊各本纪要。另附“考余”三篇。

桥川时雄在书中讲到：“凡所谓‘陶集’者，将即陶公之吟咏与文篇，编成所谓别集之体裁，有时加以诠评点勘，有时附以评论年谱暨诸种文篇，有时辑以嫁名赝伪之作篇，或写钞或刊印，或以单行本，或以丛书合编本，行于世者之谓也。”

书前有桥川时雄所藏“宋刊陶集零页留真”和海源阁藏“宋汤汉本陶集书影”各一张。有桥川时雄所作短序一篇：“辛未（1931）岁阳历四月，余因事归国，藉以省亲，欢联朋好，惟书生本色，赠无长物。乃以近来罢辍之旧稿，率付手民。凡阅五日书成，至其校阅之粗、文笔之陋，固当为识者笑也。待放船前三日，时雄记于旧都七略庵。”

陶渊明诗中描绘的超逸简淡的田园生活、任真自得的隐逸形象，为历代文士所倾慕，对于陶渊明诗文集的刊刻、传抄一直没有停止。南朝梁代以前有八卷本和六卷本，梁昭明太子萧统编有《陶渊明集》，但均已佚失。但萧统所编《文选》收有陶渊明诗文九篇，《文选》在南北朝、唐、宋影响很大，且一再被传抄、刊刻，对陶渊明的诗文及为人的传播都起到了重要作用。到了宋代，“陶集”的抄本和刻本广泛流行，已知的北宋本有：晁文元家本、宋庠本、思悦本、东林寺本、陈述古本、张相国本、宣和王氏刊本。南宋本有：绍兴本、江州本、曾集本、蜀本、汲古阁藏十卷本、韩子仓本、费元甫注本、汤汉注本。据桥川时雄《陶集版本源流考》和郭绍虞《陶集考辨》，现存宋元重要的陶渊明集有：汲古阁藏《陶渊明集》十卷，绍兴本《陶渊明集》十卷，曾集所编《陶渊明文集》二册，汤汉《陶靖节先生诗注》四卷、《补注》一卷，李公焕《笺注陶渊明集》十卷。（袁行霈：《陶渊明研究》，北京大学出版社1997年7月版）。

桥川时雄（1894—1982），日本福井县人，汉学家。1918年由神户乘船往中国，入《顺天时报》社任翻译记者。1920年8月从北京出发，探访陶渊明遗迹。途经苏州，访叶德辉，冬天在上海访康有为。12月底返回东京，着手作《陶渊明评传》，翌年12月出版。1922年又回到北京，造访胡适，表示欲翻译《五十年来的中国文学》，并从胡适处得其原稿。1931年4月撰写《陶集版本源流考》之《识语》。

“奉令南迁”又“由沪运回”的古籍清册

北京图书馆编《国立北京图书馆由沪运回中文书籍金石拓本舆图分类清册》一册，铅印本。

民国32年傅增湘为此书作序。序言中讲到：“适23年，部议有筹设江南分馆之计，馆书遂奉令南迁”，“31年，馆政改组，周公启明以教育当局，兼摄馆事，忽传里斯本电讯，言南迁之书大半离沪他往。公以职掌所关深系于怀，乃属秘书王钟麟莅沪检寻，始知所余之书卷帙尚富，恐其久而缺失，乃设法运回。于是残存沪地者，凡中文书一百三十六箱，西文书一百四十二箱，均得捆载北还。时方残腊，炉火不温，十指如椎，未遑启示”。

这批书“由沪运回”后，北京图书馆“入库上架，按次归档”，编出了书目清册，计中文书2485部31324册，西文书335部9530册，敦煌写经十四卷，古今舆图、金石拓本各数百种。

按傅增湘序言的说法，北京图书馆书籍南迁，是因民国23年“部议有筹设江南分馆”的原因，但具体是哪年南迁的，傅序并未讲明。事实上，1931年，日本帝国主义占领东北后，接着向华北发动了新的侵略。北平沦陷以后，1935年5月，日寇向国民党政府提出了对华北统治权的无理要求，并以武力相要挟。国民党政府对日寇完全屈服，与日签订了丧权辱国的《何梅协定》，使中国在河北、察哈尔的主权大部丧失。因日寇入侵致使华北时局日趋动荡，1935年年底，北京图书馆奉命将馆藏贵重书籍开始南迁，运入上海租界暂避战火。这批适逢国难奉命南迁的贵重书籍，和因“筹设江南分馆”，而“奉令南迁”的古籍，时间上大体差不多。但到底北京图书馆古籍南迁了几批呢？这“由沪运回”的又是哪一批的？或者这两批就是“一批”呢？这些有待于知情者指教。

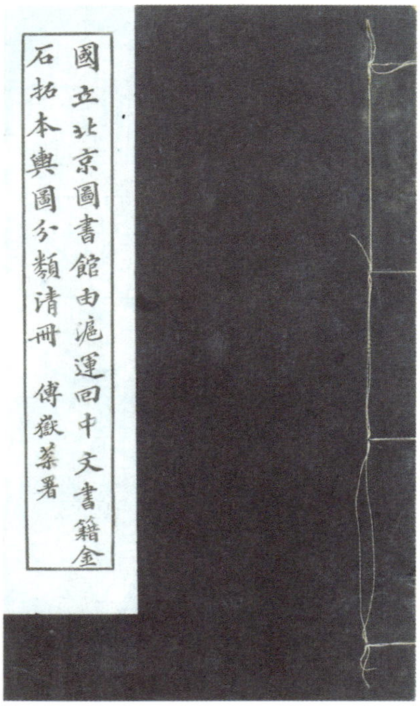

“附有闰集的刊本比较少见”：《浙江采集遗书总录》

（清）沈初等编《浙江采集遗书总录》总录十卷、闰集一卷，共十七册，乾隆三十九年（1774）刻本。黑口，四周单边，单黑鱼尾，10行20字。

乾隆年间，为纂修《四库全书》，朝廷令各省采进书籍，缴进书籍均有书目，曾辑为《各省进呈书目》刊行。浙江采集进呈的书目，由浙江布政使王亶望委派沈初为总编辑，成《浙江采集遗书总录》。以天干分为十集，分类大体依经、史、子、集四部为纲，各分小类。有提要述其内容、版本、卷帙残缺等情况。

民国10年，有涵秋阁本《进呈书目》四册出版。1960年，商务印书馆出版了吴慰祖校定本《四库采进书目》，此书以武英殿第一、二次书目为补遗，附录《江苏采集遗书目录简录》、《浙江采集遗书总录简目》，共记有书2万部以上，书末还附人名书名索引。这个《四库采进书目》，补进了涵秋阁书目原缺的《武英殿书目》约九百种，是从北平图书馆藏本中抄出的，作为补遗。把黄烈等编、仅有抄本流传的《江苏采集遗书目录》和沈初等编《浙江采集遗书总录》作为附录。因为这两书所记载都与《采进书目》

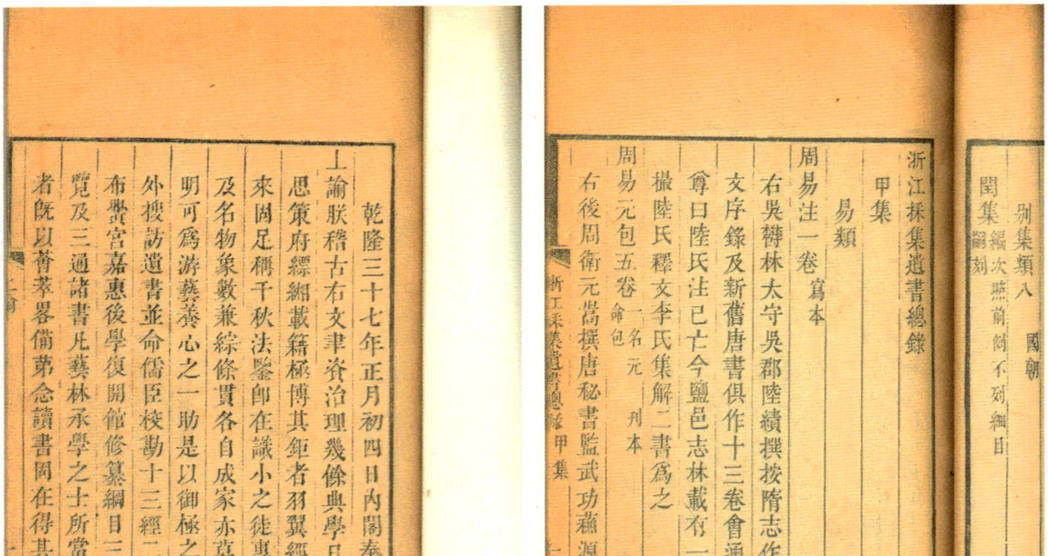

乾隆三十七年正月初四日內閣奉
上諭朕稽古右文聿資治理幾餘典學日有孜孜因
思策府縹緗載籍極博其鉅者羽翼經訓垂範方
來固足稱千秋法鑒即在識小之徒專門撰述細
及名物象數兼綜條貫各自成家亦莫不有所發
明可為游藝養心之一助是以御極之初即詔中
外搜訪遺書並命儒臣校勘十三經二十一史徧
布黌宮嘉惠後學復開館修纂綱目三編通鑑輯
覽及三通諸書凡藝林承學之士所當戶誦家絃
者既以薈萃畧備第念讀書固在得其要領而多

浙江採集遺書總錄
甲集
易類
周易注一卷 寫本
右吳鬱林太守吳郡陸績撰按隋志作十五卷釋
文序錄及新舊唐書俱作十三卷會通一卷朱彝
尊曰陸氏注已亡今鹽邑志林載有一卷乃係抄
撮陸氏釋文李氏集解二書為之
周易元包五卷 一名元包命包 刊本
右後周衛元嵩撰唐秘書監武功蘇源明傳國子

浙江采集遺書總錄 甲集 一

別集類八 國朝
閏集 編次照前 刻不列細目
閏集 闕刻

中江苏、两江、两淮及浙江几部分进呈的书，出入很大，“就特辑录为简目作为两种附录，殿于书后”。编者认为，《浙江采集遗书总录》“有原刊本，但附有闰集的刊本比较少见”。

值得一提的是，清康熙年间，姚际恒的《好古堂书目》分有经、史、子、集、总五部，这个“总部”就是“丛书部”，与经、史、子、集同为一级类。后来，乾隆三十九年刊行的这部《浙江采集遗书总录》，在子部下列“丛书类”为二级类，成为当今目录学编排分类的滥觞。

“群玉斋自用”的《故宫殿本书库现存目》

（清）陶湘撰《故宫殿本书库现存目》三卷，三册，故宫博物院民国22年铅印本。海王村旧书铺张氏“群玉斋自用书”。

1925年，国立故宫博物院成立。对宫内文物图书进行全面清点并编目注册。1933年，故宫博物院将《四库全书荟要》书目及函册数量，公布在所出版的《故宫殿本书库现存目》上册里，此为《四库全书荟要》成书200年来，首次对外公布的项目。

群玉斋主人为张俊杰，原名书琴，字士达，河北武邑县人。通目录学，并善装订古书。此店在海王村公园内，于民国20年开设。

在上海国拍2007年秋拍中，此书目三册另有《故宫所藏殿版书目》一册合拍，成交价为4620元。

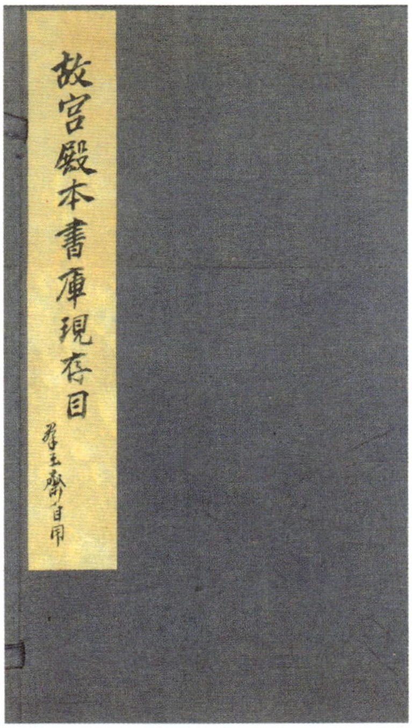

“藤香小榭”：《江苏会馆收藏目录》

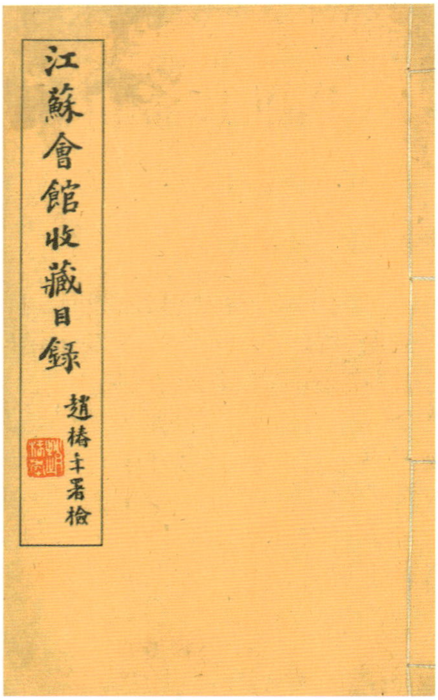

夏清贻编《江苏会馆收藏目录》一册，财政部印刷局民国24年铅印本。为江苏会馆“藤香小榭”所藏书画目。

卷首有夏清贻的一个小识：省馆藤香小榭旧藏图籍拓本书画21箱，封鐍未启者有年矣。清贻与吴县汪孟舒君希董，被推任保管之责，亟思加以检点。会汪君南旋，乃偕东海汤瑟如君子排日勘对，民国19年，汤君亲手所封识宛然在也。淮阴田桂舫君步蟾执行监察之职务，自4月14日始至22日而毕。每册每帧均加钤“藤香小榭”收藏章，乃重为编列，以资方来之征验。民国24年4月嘉定夏清贻识于北平。

夏清贻（1876—1940），字颂莱，号公奴，嘉定（今属上海）人。善书画。早年留学日本。历任北京政府国务院秘书，印铸局参事及东北边防军司长官署秘书厅机要处主任等职。近年拍场时有其字画出现。

“幸免于难”的《涵芬楼烬余书录》

商务印书馆藏并编《涵芬楼烬余书录》五册，出版地不详，上海商务印书馆1951年白纸铅印本，印数为400册。

涵芬楼是商务印书馆编译所藏书室。1907年建于上海，1909年定名涵芳楼，1910年底改称涵芬楼。1924年藏书移入商务印书馆所建的东方图书馆，古籍善本室仍称涵芬楼。

涵芬楼藏书以古籍善本和地方志著称。

先后收有熔经铸史斋、秦汉十印斋、持静斋、意园、艺风堂、密韵楼以及天一阁等藏书楼散出的藏书多种。到1931年底，经鉴定、整理的善本共有3745种、35083册。加上当时新得而尚未整理的扬州何家藏书中的善本，总数接近5万册。其中收藏的《永乐大典》二册和宋绍兴刻本《春秋左传正义》、宋建安黄善夫家塾刻本《史记集解索隐正义》（残）、宋刻元递修本《资治通鉴》（残）、宋绍兴刻元明递修本《六臣注文选》等都是海内稀有的善本精品。到1931年，所收地方志共2641种，2.56万余册。20世纪20年代前后，商务印书馆以涵芬楼和国内外公私收藏的善本为母本，影印出版《涵芬楼秘笈》、《续古逸丛书》、《四部丛刊》，百衲本《二十四史》等丛书，在古籍整理、出版、传播等方面作出了贡献。

1932年“一·二八”事变，商务印书馆总馆及东方图书馆毁于日军炮火。涵芬楼藏书除移藏在银行保险库中的574种、5000余册善本精品得以幸免外，其余均与东方图书馆的一般藏书一齐全部化为灰烬，总计约46万余册。后来，张元济先生根据幸存的涵芬楼藏书，编印了这本《涵芬楼烬余书录》，附录已毁善本1700种。涵芬楼先后编有古籍藏书目录四编三册，但不含上述幸存的善本精品。

1951年，商务印书馆将涵芬楼收藏的574种善本精品转让，其中《永乐大典》二十五册献给国家，均由国家图书馆收藏。这些钤有“涵芬楼”朱文藏书章的珍贵善本已妥善收藏于北京图书馆。

2004年7月，中国书店海王村拍卖此书1951年初版本，底价为200元，成交价为1000元。

“其人实无可取，然精于目录之学”：《观古堂所著书》

叶德辉撰、辑《观古堂所著书》第一集、第二集，十六种，共十六册。牌记题“光绪壬寅（1902）八月湘潭叶氏刊行”，所收各书单题书名、单刻牌记，牌记多题为“壬寅某月长沙叶氏刊行”。

书前有叶德辉“丁未（1907）冬月重编”的第一、第二两集的“编目”。这个“编目”不仅写明了两集所收书的种类，还

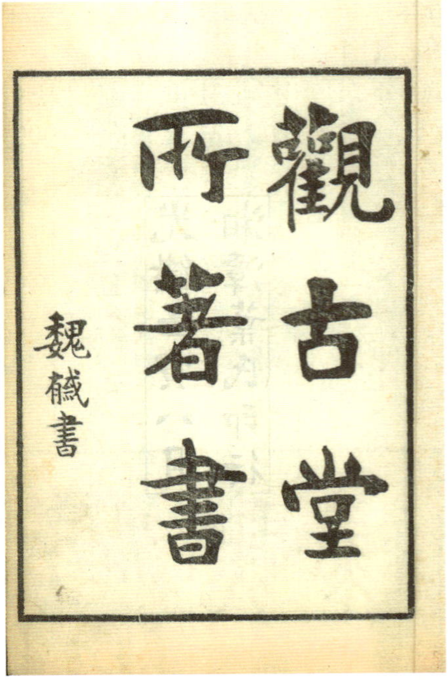

详细标注了每种的页码和册数。

第一集有：《天文本论语校勘记》一卷28页、《辑孟子刘熙注》16页，合一册；《辑蔡邕月令章句》四卷53页一册；《古今夏时表》一卷50页、附易纬通卦验校文，一册；《释人疏证》48页一册；《山公启事》一卷《山公佚事》一卷54页一册；《宋秘书省续编到四库阙书目考证》二卷220页二册；《辑孙之瑞应图记》38页一册。

第二集有：《辑鬻子》二卷12页、《辑郭氏玄中记》二卷，合一册；《辑许慎淮南鸿烈闲诂》二卷48页一册；《辑淮南万毕术》二卷23页一册；《辑傅子三卷订误一卷》70页一册；《辑晋司隶校尉傅玄集三卷》79页一册；《古泉杂咏》四卷114页一册；《消夏百一诗》二卷76页一册。

叶德辉（1864—1927），字奂彬，号直山，一号郎园。清末民初湖南乃至全国赫赫有名的大藏书家、出版家和版本目录学家。其藏书之富甲三湘，出版古籍之多雄视全国，研究版本目录功力之深于同时代罕有能及。

1916年，叶氏将其藏书目录编成《观古堂藏书目》。此书为叶氏一生精力所注，同时又著《郎园读书志》十六卷，两者均具有较高的学术价值。叶氏除了藏书之外，还从事刻书活动，从1889年起，几乎每年都有新刻。这些书或者以丛书的形式编刻，或者以单行本刊印。据杜迈之、张承守所著《叶德辉评传》中附录的叶德辉刻书详细清单记载，叶氏所刻书多达160多种。

叶氏编刻的书主要有《观古堂所著书》，收入的基本上是叶氏自己作的辑佚，专著诗文；《观古堂汇刻书》，收录有《三家诗补遗》、《尔雅补注》等21种；《观古堂书目丛刻》，收录前人所撰书目共15种，价值较高，有助于版本目录学的研究；《双梅景闇丛书》，包括《素女经》、《素女方》、《玉房秘决》、《玉房指要》、《洞冥子》、《天地阴阳交欢大乐赋》等17种；《丽娄丛书》，收录以游艺图书为主，有《南岳总胜集》、《七国象棋局》等9种，其中有的仿宋元善本影刻，有的仿明本影刻。丽娄即离娄，相传为黄帝时人，明目能察针末于百步之外。叶氏自称丽娄主人，并用来作书名。《双梅景闇丛书》由于内容涉及性学、娼妓、戏曲、优伶，历来为人们所诟病，被认为是诲淫之书。谭延铠为此丛书题签，印销很多，获得颇丰。

叶氏所校刊的单行之书很多，其中以《石林燕语》、《元朝秘史》、《避暑录话》、《宋赵忠定奏议》、《通历》等书最为出名。建国后，《元朝秘史》一版再版，叶氏刻本的价值及其为学术界所重视的程度由此可见一斑。由于叶氏刻书经验丰富，1918年商务印书馆初拟刊印《四部丛刊》时，张元济、缪荃孙等人曾向其征询意见。叶氏提出“取世不经见之宋元精本缩至小

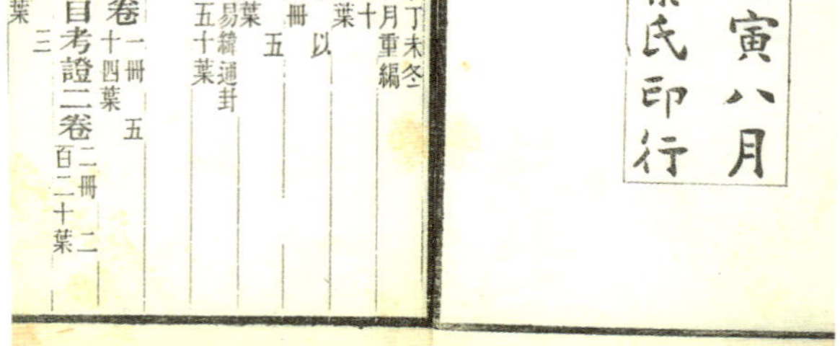

册，而以原书大小尺寸载明书首”的主张，得到张元济的同意并得以施行。

叶德辉长于经学、文字学，是一位学者型的藏书家，其藏书达4000余部，逾10万卷。他的藏书目的绝非附庸风雅，而主要是用以治学。连和其相龃的梁启超也称叶德辉学问甚好，是一位声名显赫的版本目录学家。其著作影响最大的当推《书林清话》，这是叶氏根据自己观古堂所藏而写就的一部有系统的、关于古代雕版书籍各项专门知识的专著，奠定了其在近代版本学研究中的极高学术地位和水平。

史学家谢国桢在《丛书刊刻源流考》中这样评价叶德辉：“叶氏为湖南土豪，出入公门，鱼肉乡里……论其人实无可取，然精于目录之学，能于正经正史之外，别具独裁，旁取史料，开后人治学之门径。”这算得上是对叶德辉其人其学的一个评价。

“俞樾平生第一书”：《古书疑义举例》

俞樾《古书疑义举例》七卷、刘师培《古书疑义举例补》一卷，共四册。牌记题“板藏双江李氏双劬堂”，由成都湖广馆街大同印刷局印。徐仁甫批校本。

《古书疑义举例》在中国训诂学史上占有极为重要的地位，它既总结了传统训诂学，又开了近、现代训诂学的先声。有学者认为，俞樾平生第一书当推《古书疑义举例》。该书为阅读先秦典籍的重要参考书，刘师培称此书“发古今未有之奇”。书中总结、概括了先秦典籍中语法、修辞、训诂、校勘等方面的规律88例。语法方面如“蒙上文而省略例”、“实字活用例”；修辞方面如“错综成文例”、“变文协韵例”等；训诂方面如“也邪通用例”、“虽唯通用例”等；校勘方面如“涉注文而衍例”、“不识古字而误解例”，等等。这些实例都很精当，有不少是发前人所未发，信而有征。后来，刘师培、杨树达、马叙伦、姚维锐等人皆仿其体例，相继续补有四种（中华书局于1956年曾出版《古书疑义举例五种》）。梁启超民国12年出版的《国学入门书要目及其读法》一书中，在“小学书及文法类书”中，列举了王引之的《经传释词》、马建忠的《文通》和俞樾的《古书疑义举例》，并认为，“读此三书，可知古人语法文法”。

然亦有人认为举出的例子中，不少前人已经举出过；也有人认为《古书疑义举例》一书的大纲细目，是全袭江藩《经解入门》而成，书中又无片言只语提及江氏，是独擅其美。其实俞樾这本书，正是前清学者朴学成就的大总结。如果没有戴东原、段玉裁、二王、汪中等先辈的筚路蓝缕之功，俞樾这本书根本就写不出来。诚然，俞樾引用了不少前人的发明，例如他所举的古书数字虚指之例、古语有曲折（委婉）、形容（夸张）之例，江都汪中在其《述学·释三九》中已经举出了。但是俞樾有裁断，不蹈袭，所使用的材料也不尽同于汪氏，应算是一家之言。应该说，俞樾独力归纳出的例子还是不少的，特别是系统地总结了不少规律性的东西，为后世治学开启了门径。

俞樾的文章简易从容，细细品味，别有一番滋味。用李慈铭的话来说，学者博览群书，文章自然有经籍之光，“此读书人语也”。俞樾还认为小说有补益世道之用，他润饰过《七侠五义》，在《茶香室丛抄》和《小浮梅闲话》中多考证稗官野史。章太炎对此不满，以为他的老师失之琐屑。其实，俞樾的小说考证颇为精密，20世纪以来小说史研究学者不少借鉴过他的成果。

此书由李天根校字，并写有一跋：“丁卯秋，余购《古书疑义举例丛刊》，读既，竟而叹曲园先生之作，探颐索引，前有功于古人；挈领提纲，大有益于来学。加以仪征刘氏、长沙杨氏、杭县马氏，触类引申，后光辉映，读古书者何幸得此觉路之金绳，迷津之宝筏。惟吾蜀地处西，偏途常梗阻。此书颇不易得，拟依次刻之，以供同好。因友人之促，以为刊版需时不如排印较速，从其言付之手民，惟将刘君《古书疑义举例补》中缝误排为‘卷八’，此则将来刊刻时，所当校正者也。”

2007年9月，在中国嘉德四季第11期拍卖会，“来自波士顿美术馆中文古籍拍卖专场”拍卖中，此书和《古今伪书考》、《经典释文序录疏证》三种六册合拍价为1120元。

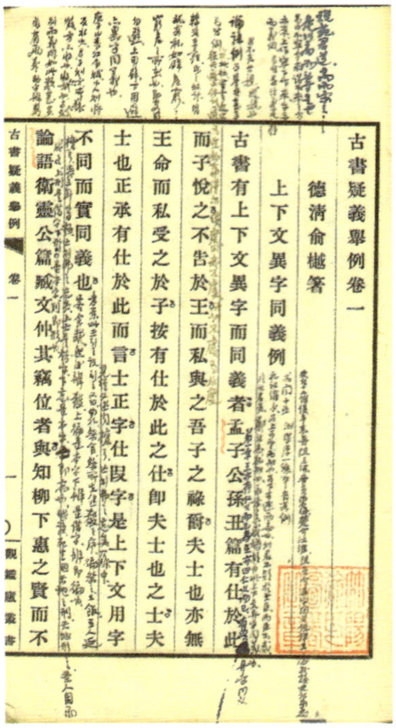

古書疑義舉例卷一

德清俞樾著

上下文異字同義例

古書有上下文異字而同義者孟子公孫丑篇有仕於此而子悅之不告於王而私與之吾子之祿爵夫士也亦無王命而私受之於子按有仕於此之仕即夫士也之士夫士也正承有仕於此而言士正字仕叚字是上下文用字不同而實同義也

論語衛靈公篇臧文仲其竊位者與知柳下惠之賢而不

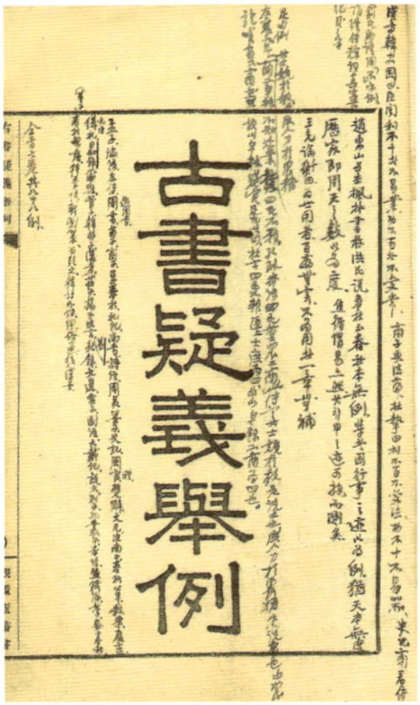

留下古本珍书的真面目：《宋元书影》

缪荃孙辑《宋元书影》，分经史子集四本一函。据刻本影刻，江阴缪荃孙民国间印行。

中国古书，以宋元版本最为珍贵，有“一页宋版十两黄金”之说。随着纸的发明和雕刻业的发展，宋元时期图画书写艺术、刻印技巧已臻成熟。这一时期出版了大量书写讲究、刻印精美的图书，形成了独特的宋元书式风貌。宋版书式特点是手写楷体、笔画严紧。给人“以神气肃穆而不析滞”的印象。元版书式犹是宋代遗风，版式疏朗醒目。由于年代久远，现存传世的宋元古本极为罕见，就是残片散页也是视为珍品，一般读者很难窥其原貌。该书又称《宋元书式》，民国间上海有正书局影印。分经、史、子、集四部，共四册，是了解宋元版本图书的最直接的资料，是鉴别宋元版本的好教材。

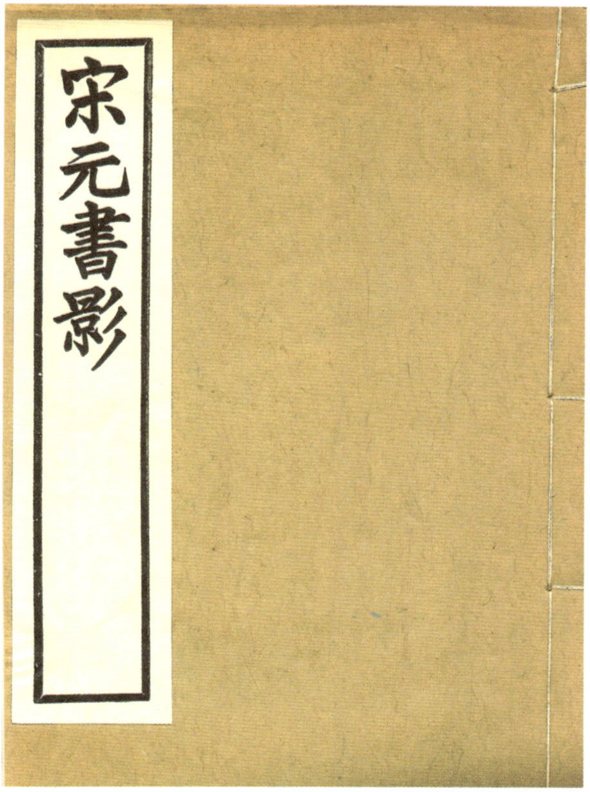

中国最早的书影图录应该是清末民初杨守敬所编辑的《留真谱》。杨守敬是清廷派驻日本的外交官，驻日期间，致力于搜集国内已散佚的古籍。其时，日本正值维新之际，讲求新学，唾弃旧学，杨守敬因此寻得不少善本。他在日本藏书家森立之那儿，见到其所摹古书数册，精美绝伦，于是进行仿制，选择所访宋元秘本请高匠刻成《留真谱》三册。回国后，在1901年，续成八册，计收书357种。此后，随着石印技术的广泛应用，书影图录大量出现，有名的如这部缪荃孙辑的《宋元书影》、陶湘辑的《涉园所见宋版书影》、袁克文辑的《寒云书影》、瞿启甲辑的《铁琴铜剑楼宋金元本书影》、潘景郑和顾廷龙所辑《明代版本图录》。近年出版的有黄裳的《清代版刻一隅》、《清代版刻图录》等。收罗最丰、印制最精的书影是北京图书馆编、文物出版社1960年出版的《中国版刻图录》（参见342页《最具权威的中国古籍版本图录：〈中国版刻图录〉》一文）。“书影”类书籍为直观了解珍罕古书的样式风貌，提供了最直接参考。

缪荃孙（1844—1919），字炎之，一字筱珊，晚号艺风，江苏江阴人。清光绪二年（1876）中进士，曾任翰林院编修、清史馆总纂，历主江阴南菁书院、济南泺源书院、江宁钟山书院讲席，先后担任江南图书馆和京师图书馆监督，为南北两大图书馆的创建者之一。在近代版本目录学中，缪荃孙无疑是最有影响者之一，甚至有人认为，广为人知的《书目答问》，实际上出自缪荃孙之手，虽然后来陈垣先生力排此说，但张之洞此书很大程度上得力于缪荃孙当是无疑。至缪荃孙晚年，其学术成就更是远在张之洞之上。

缪荃孙早年从广东藏书家李文田习版本目录之学，从此开始了他的藏书生涯，以后南来北往，遇书辄购。在京师任职时，缪荃孙常去海王村书肆搜访异本，当时他经济上并不太宽裕，常常不得已而鬻衣买书。缪荃孙又与许多藏书家往来，互相抄校考订，学问亦随之日益博通，至庚子年（1900），缪氏艺风堂藏书已达十余万卷。八国联军入侵北京，举国震惊。当时，缪荃孙主讲于钟山书院，鉴于历史上人亡书散的教训，乃根据藏书编《艺风堂藏书记》八卷。《艺风堂藏书记》仿《孙氏祠堂书目》之例分为十类，著录图书627种、10962卷。

缪氏在《藏书纪缘起》中自认不敢与瞿绍基、杨以增、丁丙、陆心源四大藏书家相比，但足与吴骞的拜经楼和孙星衍的平津馆相伯仲。庚子之后，缪荃孙东游日本，得暇即搜罗旧书。在国内，又观书于四明天一阁，并曾先后担任江南图书馆和京师图书馆监督之职。及寓居上海，又托日本人将原先藏书400箧转运上海，所得之书与庚子相埒。1912年，缪氏依前书体例，在上海聊珠楼成

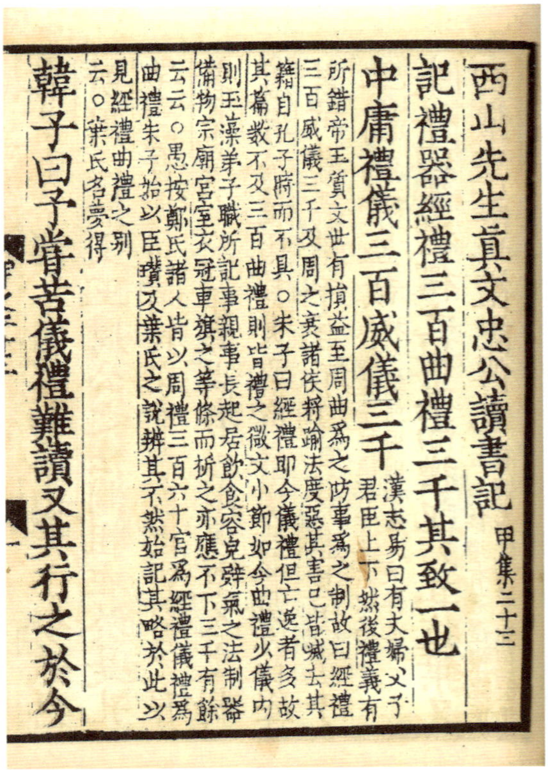

西山先生真文忠公讀書記　甲集二十三

記禮器經禮三百曲禮三千其致一也

漢志易曰有夫婦父子君臣上下然後禮義有

中庸禮儀三百威儀三千

所錯帝王質文世有損益至周曲爲之防事爲之制故曰經禮三百威儀三千及周之衰諸侯將踰法度惡其害己皆滅去其籍自孔子時而不具○朱子曰經禮即今儀禮但亡逸者多故其篇數不及三百曲禮則皆禮之微文小節如今曲禮少儀内則玉藻弟子職所記事親事長起居飲食容皃辭氣之法制器備物宗廟宮室衣冠車旗之等條而析之亦應不下三千有餘云云○愚按鄭氏諸人皆以周禮三百六十官爲經禮儀禮爲曲禮朱子始以臣瓚及葉氏之說辨其不然始記其略於此以見經禮曲禮之別云○葉氏名夢得

韓子曰予嘗苦儀禮難讀又其行之於今

《艺风堂藏书续纪》八卷。晚年又成《艺风堂藏书再续记》二卷。

缪荃孙又以收藏金石碑拓而名，他的云自在龛藏碑帖近一万二千种。光绪二十二年，江南藏碑大家沈树镛旧藏散出，当时，叶昌炽亦以收藏金石名，然而是时叶氏甫告丧子，绝嗣之痛正深，无暇问津；缪荃孙不惜卖田买碑，一下子购进三千余通。收藏金石之最，遂属缪荃孙。事后，叶昌炽十分懊丧，然已悔之莫及矣。

缪荃孙学问渊博，著述宏富，仅以目录学而言，除上述《艺风堂藏书三记》外，较著名的还有《艺风堂金石目录》十八卷、《艺风堂读书记》四卷，又曾辑有《荛圃藏书题识》十卷，还曾为盛宣怀编有《盛氏愚斋图书馆藏书目录》，主持编撰《京师图书馆善本书目》等。缪荃孙又喜刻书，除了为他人校刻过各种书籍外，自刻有《云自在龛丛书》、《对雨楼丛书》、《藕香零拾》、《烟画堂小品》等。

“既暂为我有，则可入之书目”：《艺风藏书再续记》

缪荃孙刊印《艺风藏书记》12年后，续藏之书倍于原收藏，遂依前书体例，编定第二部目录《艺风藏书续记》八卷（刻本，三册），在上海刊印。缪荃孙的晚年，由于时局动荡，政治上失意，收入微薄，只能以书易米。但嗜书之癖依旧，遇到好书仍倾力购下，但数量并不多。这一时期所收书，缪荃孙编成《艺风堂新收书目》，出版时改为《艺风藏书再续记》，由北平燕京大学图书馆校印，于民国29年铅印出版，当时每部定价大洋2元。翁居所藏即为此册。

《艺风藏书再续记》分为宋刻本、元刻本、明刻本、旧抄本、校本、影写本、传抄本七类，著录所藏旧本百余种。缪荃孙在书前的自序中讲，“予自国变蠖居海隅，佳椠旧钞往往易米。经此大难，无心收拾，然遇心喜之书，相当之值，遂损衣食之费而置之。虽旋收旋散，有若抟沙。

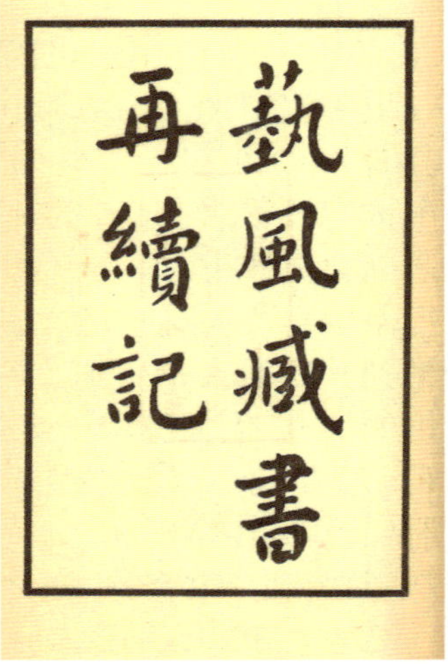

藝風藏書再續記

既暂为我有，则可入之书目。犹胜道咸以来之收藏家一字不泄于外者”。缪荃孙对于从他手中离去的书籍，虽恋恋不舍，但仍自鸣旷达，以“书去目存”自慰。

田洪都、薛祈龄二人为《艺风藏书再续记》作跋。田洪都认为，缪荃孙“一生与刻书为缘，孤稿秘籍，多赖流布，广人见闻，裨益文化之功，可谓至巨”。缪荃孙卒后，其子缪禄保把大部分藏书卖给了上海古书流通处，另有些珍本，随缪禄保移往北京，后多为北京大学图书馆所得。

《艺风藏书记》收书627种，10962卷。详载每种书的卷数、行款、序跋、书牌等，并详加校勘。《艺风藏书续记》和《艺风藏书再续记》，共载书861种，15000余卷。2007年6月，上海古籍出版社将“三记”标点整理出版，并加上了所收书索引。

正如薛祈龄在此书跋语中所言：“有此三记长存天壤间，俾其毕生所藏之书，展卷俱在，若指诸掌，即谓之书存可也。”

在朵云轩2003年秋拍中，民国2年刻本《艺风藏书记》八卷、《艺风藏书再续记》八卷，一函五册，成交价为2750元。

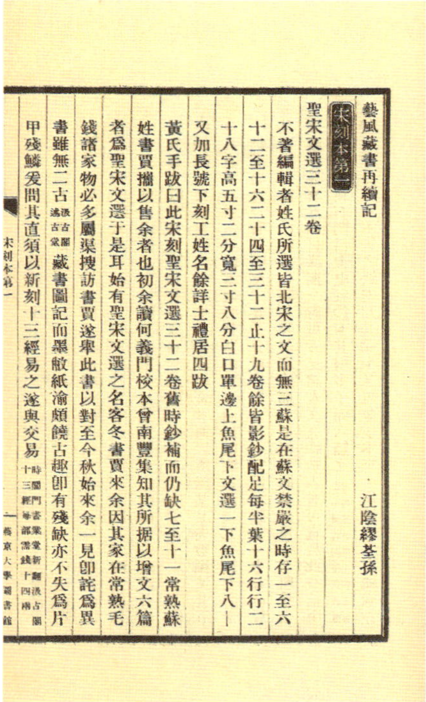
藝風藏書再續記　江陰繆荃孫

宋刻本第一

聖宋文選三十二卷

不著編輯者姓氏所選皆北宋之文而無三蘇是在蘇文禁嚴之時存一至六十二至十六二十四至三十二止十九卷餘皆影鈔配足每半葉十六行行二十八字高五寸二分寬三寸八分白口單邊上魚尾下文選一下魚尾下八一又加長號下刻工姓名餘詳士禮居四跋

黃氏手跋曰此宋刻聖宋文選三十二卷舊時鈔補而仍缺七至十一常熟蘇姓書賈攜以售余者也初余讀何義門校本曾南豐集知其所据以增文六篇者爲聖宋文選于是耳始有聖宋文選之名客冬書賈來余因其家在常熟毛錢諸家物必多屬渠搜訪書賈遂舉此書以對至今秋始來余一見卽詫爲異書雖無二古（汲古閣 述古堂）藏書圖記而墨散紙渝頗饒古趣卽有殘缺亦不失爲片甲殘鱗爰問其直須以新刻十三經易之遂與交易（時閶門書業堂新翻汲古閣十三經每部需錢十四兩）

宋刻本第一　一　燕京大學圖書館

《北京大学图书馆藏李氏书目》

《北京大学图书馆藏李氏书目》上中下三册，平装，赵万里编，北京大学图书馆1956年出版。

李氏为李盛铎（1859—1934），字嶬樵，一字椒微，号木斋，别号师庵旧主人、师庵居士等。江西德化县人，近代大藏书家。清光绪十五年（1889）己丑科殿试一甲第二名（榜眼）举进士。曾历任翰林院编修、国史馆协修、江南道监察御史、京师大学堂总办、出使日本国大臣、内阁侍读学士、顺天府丞、太常寺卿、出使比国大使、出使各国政治考察大臣（抵英国后，剑桥、牛津两大学颁予名誉博士学位）、山西提法使、山西布政使、山西巡抚等职。民国后，又曾任山西民政长、总统府顾问、参政院参政、农商总长、参议院议长、国政商榷会会长等职。

李盛铎5岁起读经作诗文，11岁读《说文》和《经典释文》，并将《四库全书总目提要》翻阅数遍，他自谓“日后酷爱目录校雠之学始基于此”。12岁开始购书，17岁就在江西文坛小有名气。20岁时与人合编刊成《俪青阁金石文字》。此时与日人岸田吟香相识，开始购海外金石图籍。岸田氏原在上海开药店，日本明治维新以后，古籍不为日人所重，岸田即回国搜罗古书捆载舶沪售卖。李盛铎这时即购入许多日本古刻本、活字本及旧抄本书。

李盛铎藏书有着渊源的家世，“木犀轩”是李氏藏书的总堂号，除此之外，李盛铎又根据书的性质分别储藏，这些储藏室也均有名号。李盛铎出使日本期间，他结识日本目录学家岛田翰，在岛田氏帮助下购买了许多书，其中有大量日本和朝鲜的古刻本、活字本和旧抄本书；还有不少流传到日本的宋元刊本和抄本。

李盛铎晚年寓居天津，经常往来京津书肆，当时有许多私家藏书散入厂肆如曲阜孔氏、商丘宋氏、意园盛氏藏书中之精华，多转归他收藏。李盛铎一生藏书有9000多种，58000多册。其中宋元古本约300余种，明刊本2000余种，抄本及稿本2000余种，这些善本书约占木犀轩所藏之半。李盛铎去世后，木犀轩全部藏书由北京大学收藏。

北京大学图书馆馆长向达教授于1956年在《北京大学图书馆藏李氏书目引言》中说：“李盛铎是一个近代最负重望的藏书家。他是江西德化人，从小喜欢藏书，既尽收湘人袁漱六（芳瑛）藏书，又因光绪间出使日本得识彼邦目录学家岛田翰，因岛田翰之助，得尽收国内不常见或久佚之古书以归……他又欢喜校勘书籍，丹黄不去手，数十年如一日；一书一校再校至于三四校，牢守苏州藏书家死校之法，不轻下断语。每书多有自写题跋，述得书经过，版本源流和书林遗事甚详，有黄荛圃、顾千里遗风。在近代藏书家中，方面既广，质量又高，自当首推李氏矣。”

李氏书中属于纯版本性古书甚多，在雕

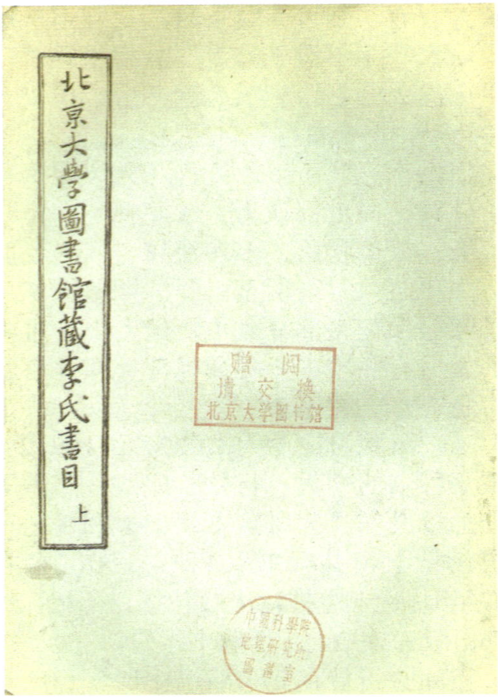

版史和书史中有特殊地位的也不少。李盛铎自编有《木犀轩书目》、《木犀轩藏宋本书目》、《木犀轩收藏旧本书目》、《德化李氏行笈书目》，还写有书录1400余条，木犀轩藏书中有很多都经他亲手校勘。

《北京大学图书馆藏李氏书目》三册，计收录木犀轩旧藏9087种、58385册，分版本书和敦煌卷子，其中多有名贵罕见宋本、日本古活字本、古刻本、古抄本、朝鲜古刻本、明清抄本等。凡经李氏校跋之书一一注明，这些题跋，由北京大学出版社1985年出版《木犀轩藏书题记及书录》收入。此书孔网在线拍卖，2006年底成交价为550元。

《国学用书类述》与国学书目

支伟成编《国学用书类述》线装影印二册，大洋2.5元，上海泰东图书局民国16年铅印本。

《国学用书类述》是一部书籍分类编目

著作，分为：经学类、小学类、诸子学类、义理学类、考证学类等共15个大类，列举书籍3200种。每类再析为若干门，钩元提要，有述要一篇载卷首，使学者易得要领。

在20世纪20年代，国学书目出版成为一种时尚，并在1925年达到高潮。起因是1920年，胡适开列出了《中学国故丛书》，列举出了包括《诗经》、《战国策》、《马致远作品集》等在内的31种古籍供中学生阅读。1923年，他应清华学校学生之请，开出了《一个最低限度的国学书目》，收录图书共190种。这个书目列有《九命奇冤》、《三侠五义》等通俗小说。对此梁启超马上作出反应，他对胡适说：我便没有读过这两部书。梁直言不讳地指责胡的书目“挂漏太多”、“博而寡要”。后来胡适将它修订精简成了《实在的最低限度的书目》。值得一提的是，其上就有他自己的《中国哲学史大纲》、《章实斋年谱》，以及梁启超的《清代学术概论》。

为了弥补胡适的不足，梁启超于1923年应《清华周刊》记者之请，用三天时间开出了含有160种图书的《国学入门书要目及其读法》。后来他又为“校课既繁，所治专门”的青年学生精简成了《最低限度之必读书目》，共包括国学图书20余种。梁启超的书目很快招致了才子梁遇春的讥诮：“梁启超先生开个书单，就说没有念过他所开的书的人不是中国人，那种办法完全是青天白日当街杀人刽子手的行为。”

1924年，国学大师章太炎在《华国月刊》上刊出《中学国文书目》，列出书名39种。书单上有一些图书明显地相对偏僻。如（南宋）王应麟的《困学纪闻》、（隋）王通之的《文中子》、《清服制图》等。

1925年，历史学家顾颉刚开出了《有志研究中国史的青年可备闲览书目》。值得注意的是，研究历史地理与民俗的顾颉刚似乎特别推重游记的“闲览”之用，在这份书目的14种图书中有《大唐西域记》、《元秘史》、《洛阳伽蓝记》、《马可·波罗游记》、《徐霞客游记》、《西秦旅行记》和《南洋旅行记》等。

再越一年，目录学家汪辟疆列举出了国学基本书目135种。在其中，他特意设立“纲领之部”，列出《汉书·艺文志》、《史通》等书30种作为了解群籍的纲领。在此前后，著名的书目还有林语堂的《国学书十种》、吴虞的《中国文学选读书目》、汪辟疆的《读书举要》、李笠的《国学用书撰要》、支伟成的《国学用书类述》、曹功济的《国学用书举要》、陈钟凡的《治国学书目》、杨济伧的《治国学门径书》、上海国学书局的《国学书目提要》等。1919年至1937年，国学书目达41种之多。

1925年1月，《京报副刊》征求“青年必

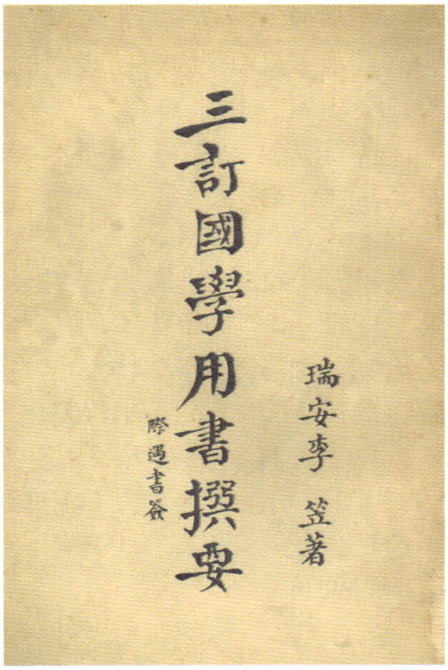

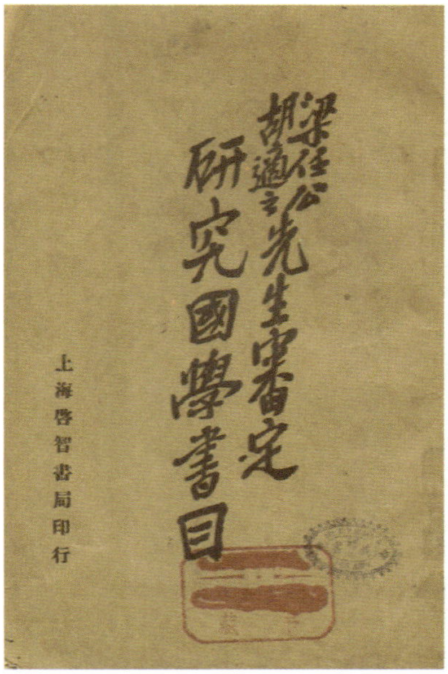

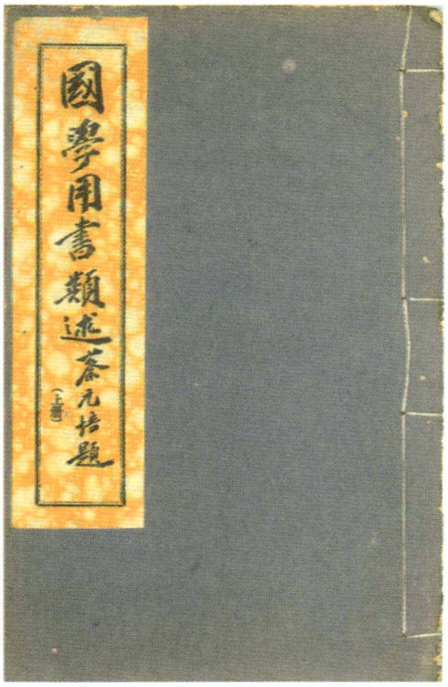

读书”，鲁迅就“青年必读书十部”问卷交上一份“白卷”，并在附注里写下了那句著名的表白：“我以为要少——或者竟不——看中国书，多看外国书”，引发了一场巨大的“文化地震”，“青年必读书”成为影响最大的书目事件。

支伟成，本名懋祺，生于江苏江都，20岁的时候，因为考虑到人生莫不有成，但是普通技艺即使做得很好，也说不上伟大。只有做到立德、立功、立言的“三不朽”事业中的任何一种，才称得上是“成之伟者”。因此改名“伟成”。

《瀛外访古劫余录敦煌卷子目次叙录》

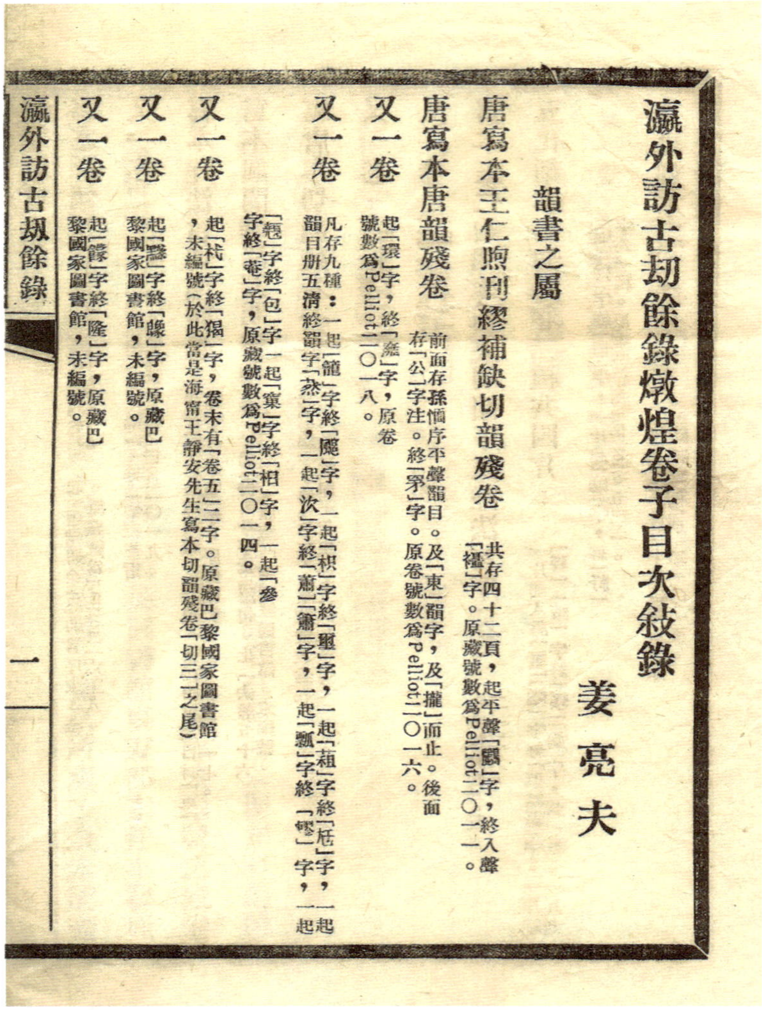
瀛外訪古刧餘錄燉煌卷子目次敍錄　姜亮夫

韻書之屬

唐寫本王仁煦刊謬補缺切韻殘卷　共存四十二頁，起平聲「䕺」字，終入聲「䨱」字。原藏號數爲Pelliot二〇一一。

唐寫本唐韻殘卷　前面存孫愐序平聲韻目。及「東」韻字，及「攏」而止。後面存「公」字注。終「冢」字。原卷號數爲Pelliot二〇一六。

又一卷　起「環」字，終「𤨺」字，原卷號數爲Pelliot二〇一八。

又一卷　凡存九種：一起「籠」字終「颾」字，一起「枳」字終「璽」字，一起「葅」字終「𧉮」字，一起韻目册五清終韻字「烝」字，一起「次」字終「蕭」「簫」字，一起「瓢」字終「𨲏」字，一起「毹」字終「包」字一起「稟」字終「相」字，一起「參」字終「菴」字，原藏號數爲Pelliot二〇一四。

又一卷　起「杙」字終「猲」字，卷末有「卷五」二字。原藏巴黎國家圖書館，未編號（於此當是海甯王靜安先生寫本切韻殘卷「切三」之尾）

又一卷　起「豔」字終「𤣩」字，原藏巴黎國家圖書館，未編號。

又一卷　起「𩚮」字終「隆」字，原藏巴黎國家圖書館，未編號。

瀛外訪古刼餘錄　一

姜亮夫著《瀛外访古劫余录敦煌卷子目次叙录》一部，毛装本。收入敦煌卷子32种170多卷，除一种藏大英博物馆外，其余都为巴黎国家图书馆所藏。

此书所收虽仅区区32种残卷，但史料价值巨大。如敦煌十三乡户籍劝大蓄与唐息兵书等，是为旧史所不载的；而唐代职官表，则可以补正史的贻误；一些文学零简，大多与文学演变有关。其他是一些当时的社会史料，也很难得。

姜亮夫（1902—1995），原名寅清，字亮夫，以字行。1921年考入成都高等师范学校国文部。1926年，考入清华大学国学研究院，师从王国维、梁启超、陈寅恪等。1928年先后执教于大夏大学、济南大学、复旦大学，其间师从章太炎。1933年任河南大学教授。1935年赴法国巴黎进修，1937年经莫斯科回国。

姜亮夫回国后不久，就接到朋友的来信，告诉他存在上海耗十年精力所成的书稿文稿，用十年财力积聚的书籍等，悉遭战火浩劫，荡然无存。姜亮夫认为，值此国难当头，这些本不足惜，还可等待“寇退而修我墙屋，抱守残缺，以待我国家之复兴”。好在他仓促离开上海时，带走了一箧在巴黎校写敦煌卷子的抄本、印片和校记，他感觉这些世不多见的文献，“不能替废于我之手”，于是着手整理，编出了这个劫余仅存的《瀛外访古劫余录敦煌卷子目次叙录》，主要是巴黎国家图书馆所藏。因他在伦敦、柏林两处摄制、抄录的资料，几乎全部被毁，仅仅剩下了六七片，考虑到资料的珍贵，也收入书中。

整理完毕后，姜亮夫于民国“二十七年一二八纪念前一夕在愁思中”写下了一段跋文，详细说明了他在“瀛外访古”的一些情况：忆游欧时，往往以暇日走各大博物院、图书馆，所见故国器物品，皆展转商于司理主持之人，一一为之摄影、摹绘或记录，其中史前陶器数十件，皆有详图。殷周铜器有影片拓墨，秦砖汉镜唐石宋瓷，以及名画精刻断碑零石之属，皆有详记，自品质大小，至于款式真伪，约三千余件，成《瀛外访古录》十卷，分“陶器”、“铜器”、“玉器”、“石器”、“骨角器”、“瓷器”、“书画”、“敦煌卷子”、“杂艺术”、“杂器用”等，欲于归国后，一一整理，不意甫及国门，而南北事相继起，此数册乱稿，亦鞠于灰烬，独此区区一部未遭浩劫，岂亦有幸与不幸欤。故急纂录之如左云。

1900年发现“敦煌遗书”后，敦煌学研究的序幕从此揭开。到20世纪三四十年代，敦煌学研究在多方面获得发展，正是在这一时期，中国敦煌学正式确立。其重要成就体现在敦煌文献整理编目、敦煌文学研究和敦煌艺术研究上。标志是陈垣1931年刊行《敦煌劫余录》，这是中国学者编撰的首部系统、大型的目录著作，代表当时中国乃至整个国际敦煌学史上的最高成就。陈寅恪在为本书所作序中首次提出“敦煌学”的概念。此后，有两个人的两部著作，丰富和推进了“敦煌学”的研究。一是向达1939年发表的《伦敦所藏敦煌卷子经眼目录》，记录于伦敦所见敦煌卷子四百六十六卷的编号、名称、行数。二是姜亮夫1940年所作的这部《瀛外访古劫余录敦煌卷子目次叙录》，书中叙录了作者亲见的一百七十多卷敦煌卷子。

姜亮夫写出此文后，以“瀛外访古劫余录”为名，发表于1940年出版、卫聚贤主编的《说文月刊》第二卷。翕居所藏此单行本，得自于四川大学教授徐仁甫家散出的藏书。在翕居收得的徐仁甫作于1934年至1942年的一部诗词手稿中，有“亮夫自三台来书索诗即赠”一诗，为1939年8月23日所作。诗中写到：“籍正声名数亮夫，抠衣弟子满寰区。志翻九域穿欧国，影息三台近蜀都。避寇何方为乐土？惊人古逸缮奇书。津梁与我都疲困，要写新诗慰索居。”可见，徐仁甫与姜亮夫是有不少笔墨交往的，也许此书系姜亮夫赠与徐仁甫的。

《中法大学图书馆中文书目》

中法大学图书馆编《中法大学图书馆中文书目·旧籍分类之部》，北平中法大学图书馆1933年出版。分经、史、子、集、类书、丛书6类，本书目系汇合中法大学图书馆馆藏中文书籍而成，180页，18开。《中法大学图书馆中文书目·汇编分类之部》，按杜

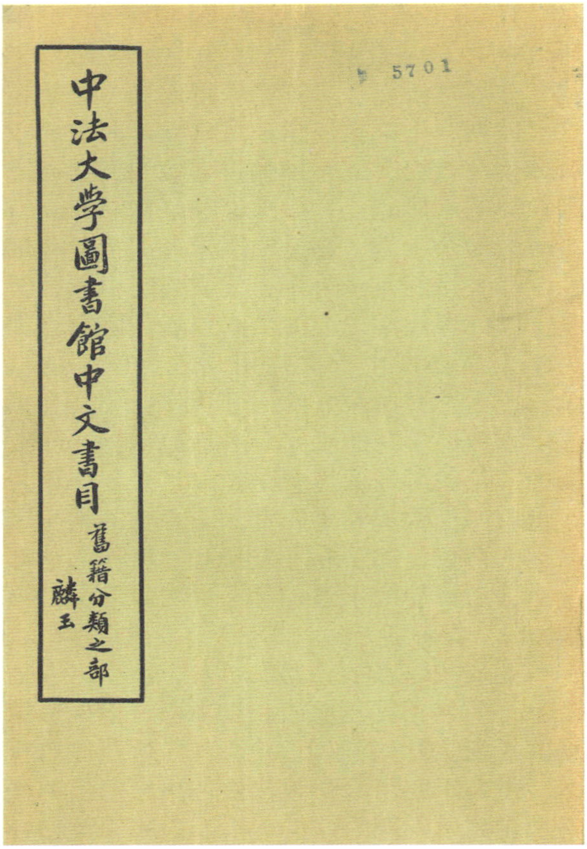

威“十进分类法”编排，514页，16开。

中法大学成立于1920年，是在民国初年蔡元培发起组织的留法俭学会、法文预备学校和孔德学校的基础上组建的。最初是将设在北京西山碧云寺的法文预备学校扩充为文理两科，改称中法大学西山学院，即为该大学创建之始。1924年孔德学校在北京阜成门外成立。1925年将文科移至北京东黄城根北街，改称中法大学服尔德学院，理科改称居礼学院，生物研究所改称陆莫克学院。1929年成立中法大学药学专修科。1931年，成立中法大学镭学研究所。同年把服尔德学院改称中法大学文学院，居礼学院改称中法大学理学院，陆莫克学院改称中法大学社会科学院。1934年，将阜成门外的社会科学院合并入东黄城根北街的文学院。东黄城根北街同时也是中法大学校部所在地。1950年9月，中法大学校本部及数理化等院系并入北京工业学院（1988年更名为北京理工大学）。

值得一提的是，在法国有一所“里昂中法大学”。在1919年至1920年间，先后有20批1700多人到法国留学，形成了勤工俭学的高潮。1919年巴黎和会期间，李石曾就法国退还部分庚子赔款进行活动，要求法国退还赔款用于海外大学建设。里昂大学医学院院长雷宾建议中方不要等法国退还赔款再筹建海外大学，不如先得一校舍，由中方分担小款，办一个雏形，可促成赔款的退还。在法方建议和安排下，校址就选在了里昂，因为里昂有丝绸工业，与中国有商业往来。里昂中法大学筹建之初，考虑到在法国建立高等学校手续极其严谨，中法双方商定拟建的大学不具普通高校特性，而是依照法国1901年协会法的规定，以“协会”形式为法律基础，于1921年7月正式注册成立“中法大学协会”。1921年7月8日，“协会”举行首次会议，宣布成立里昂中法大学。

原北平中法大学教学楼

里昂中法大学

初名《学思录》的《东塾读书记》

晚清学者陈澧撰《东塾读书记》十五卷，六册。清光绪二十七年（1901）邵州劝学书舍刻本。书名页印有“原目廿五卷，未成十卷，刊行十五卷”。

陈澧（1810—1882），字兰甫，一字兰浦，自号江南倦客，广东番禺（今属广州）人。因少时读书于东厢书塾，晚年自题著作为《东塾读书记》，故学者尊称“东塾先生”。陈澧幼聪慧，7岁始入塾从徐达夫读书，六年间读了“四书五经”和唐诗。9岁能为诗文，10岁父亲去世，始读家藏《通鉴》，“日课一卷，一年而毕”。清道光三年（1823），应童子试。道光六年考取县学生员。第二年恩科第一，与顺德县卢同伯、南海县桂文耀、同邑杨荣绪有“四俊”之称。道光十二年中举人，此后自道光十三年至咸丰二年（1852）先后六应会试，均名落孙山。

陈澧泛览群籍，对于小学、音韵、天文、地理、乐律、算术、古文、骈体文、填词及篆、隶、真、行书，等等，无不研究。道光十四年，陈澧入著名学者阮元督粤时创设的“学海堂”为专课生。时开设十三经、四史、文选、杜诗、韩文、朱子书等专书课程，每人专攻一书，进行句读、抄录、评校、著述等研究工作。“学海堂”同时设学长多人，负责指导学生研究，并选录师生优秀文章，刊印《学海堂集》。1840年11月，陈澧被聘为“学海堂”学长，达27年之久，培养出不少高才，当时学者称为“东塾学派”。

陈澧平时读书，句句字字详细思绎，心有所得记于书上，心有所疑亦记于书上。陈澧读书数十年所得，荟萃于《东塾读书记》。自群经、小学、诸子、郑学、朱子类各自为卷，只是对于论历代史事的内容，仅有三国、西汉两卷，其余有目无书，原拟撰二十五卷，实得十五卷。以涉及群经者为最为详细，所论都是各部书的宏纲大旨、要义精言，融会贯通，有本有末，凝聚了他的哲学、政治、历史等多方面的独到见解，对研究陈澧思想有重要参考价值。

《东塾读书记》，初名《学思录》，咸丰八年着手撰写，清同治十二年（1873）改名为《东塾读书记》。

在广东古今拍卖公司2006年春拍中，此书广东林记书庄印行本，竹纸五册，估价1000元，未成交。

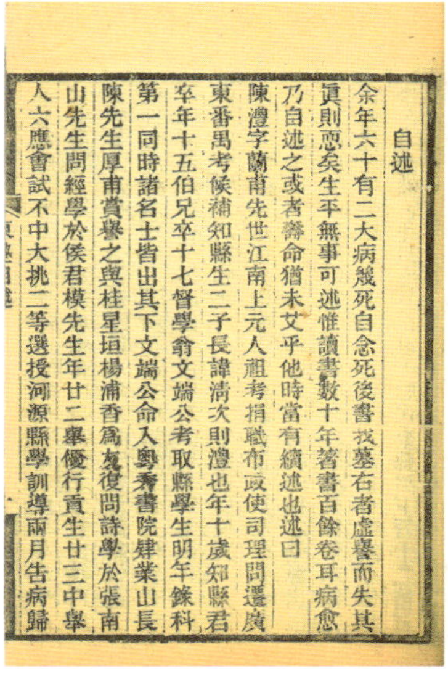

自述

余年六十有二大病幾死自念死後書我墓石者虛譽而失其眞則惡矣生平無事可述惟讀書數十年著書百餘卷耳病愈乃自述之或者壽命猶未艾乎他時當有續述也述曰

陳澧字蘭甫先世江南上元人祖考捐職布政使司理問遷廣東番禺考候補知縣生二子長諱清次則澧也年十歲知縣君卒年十五伯兄卒十七督學翁文端公考取縣學生明年錄科第一同時諸名士皆出其下文端公命入粵秀書院肄業山長陳先生厚甫賞譽之與桂星垣楊浦香爲友復問詩學於張南山先生問經學於侯君模先生年廿二舉優行貢生廿三中舉人六應會試不中大挑二等選授河源縣學訓導兩月告病歸

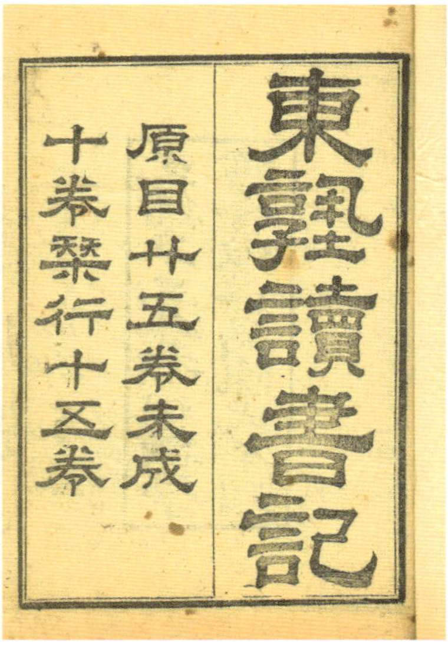

東塾讀書記

原目廿五卷未成十卷槧行十五卷

多及云南之事的《景邃堂题跋》

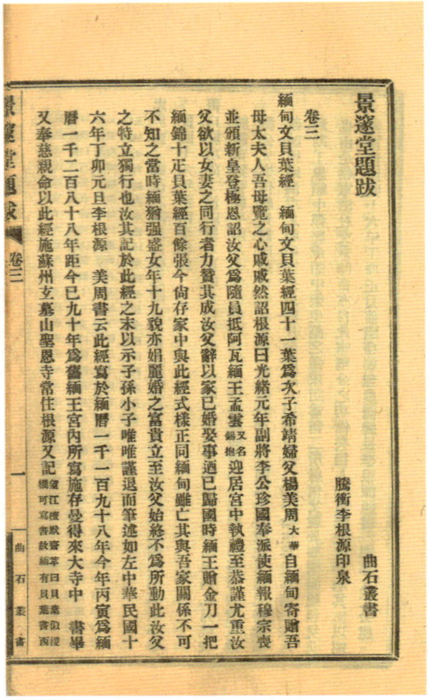
景邃堂題跋　曲石叢書
騰衝李根源印泉
卷三
緬甸文貝葉經　緬甸文貝葉經四十一葉爲次子希靖婦父楊美周大華自緬甸寄贈吾母太夫人吾母覽之心戚戚然詔根源曰光緒元年副將李公珍國奉派使緬報穆宗喪並頒新皇登極恩詔汝父爲隨員抵阿瓦緬王孟雲又名錫袍迎居宮中執禮至恭謹尤重汝父欲以女妻之同行者力贊其成汝父辭以家已婚娶事迺已歸國時緬王贈金刀一把緬錦十疋貝葉經百餘張今尚存家中與此經式樣正同緬甸雖亡其與吾家關係不可不知之當時緬猶强盛女年十九貌亦娟麗婚之富貴立至汝父始終不爲所動此汝父之特立獨行也汝其記於此經之末以示子孫小子唯唯謹退而筆述如左中華民國十六年丁卯元旦李根源　美周書云此經寫於緬曆一千一百九十八年今年丙寅爲緬曆一千二百八十八年距今已九十年爲舊緬王宮內所寫施存曼得來大寺中　書畢又奉慈親命以此經施蘇州玄墓山聖恩寺常住根源又記
景邃堂題跋　卷三　一　曲石叢書

李根源撰《景邃堂题跋》三卷一册，铅印本，“曲石丛书”之一。牌记题“民国二十一年壬申十二日苏州封门曲石精庐印版”。跋文署“中华民国二十二年癸酉闰五月朔李根源”。

全书共收录题跋348则，按题跋撰写年代为序，起自清光绪二十五年（1899），止于民国癸酉年（1933）。书中关于碑刻、摩崖、木榜的题跋全文收录，对于金石、拓片、字画、书籍则只记年月。书中涉及云南之事有136则，对研究滇省历史、文化、人物、山川地理、物产、军事、边务等均有重要参考价值。

李根源（1879—1965），字印泉，云南腾冲人。民国元老。早年留学日本，光绪三十一年加入同盟会，曾出任北洋政府农商总长、代总理等职。早年担任云南讲武堂监督和总办时，与朱德有师生之谊。1920年奉母移家苏州，卜宅葑门十全街。寓苏期间，收集乡邦文献、金石碑文，从事文物古迹的考察和保护。李根源视苏州为第二故乡，将家藏文物图书全部捐献给苏州市文物保管委员会。著有《雪生年录》、《曲石文录》、《景邃堂题跋》、《吴郡西山访古记》、《虎阜金石经眼录》等30余种。

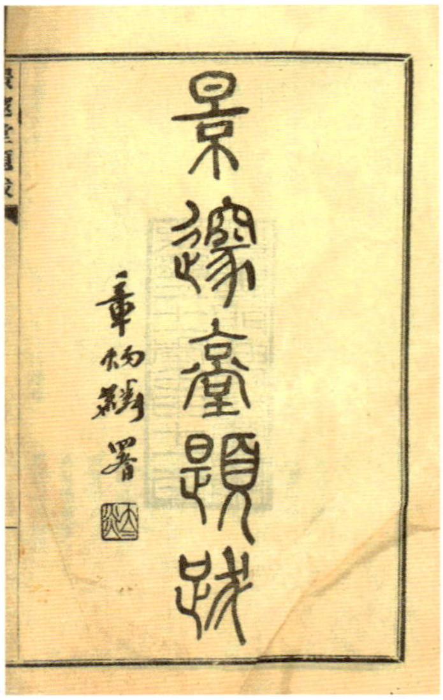
景邃臺題跋
章炳麟署

1920年至1930年间，李根源潜心著述，广征博采，辑成《曲石丛书》。此书收入自撰之作及他人著作如《虎阜金石经眼录》、《洞庭山金石》、《文氏族谱续集》、《吴郡西山访古记》、《滇西兵要界务图注》、《罗生山馆文稿》、《雪生年录》、《景邃堂题跋》、《曲石文录》、《曲石文续录》、《曲石诗录》、《叠园集刻》、《叠翁行踪录》、《檠阿摩岩集》、《凤翅园石刻录》、《永昌府文征》、《雪生还乡吟》等19种。篇幅浩繁，内容丰富，于滇省历史研究有重要价值。

《古今算学书录》

（清）刘铎编《古今算学书录》七卷、附录一卷，共四册。光绪二十四年（1898）算学书局石印本，书名页题“若水斋古今算学书钞”，书名据版心题。

关于中国古代数学书目的整理和编辑工作，最早见于《汉书·艺文志》，其中记载了两种书目。后来在《隋书》、《旧唐书》、《新唐书》、《宋史》、《明史》和《清史稿》中都包括有数学书目，其他的古书目著作中也常收录数学书目。《算法统宗》末尾有“算经源流”，载宋代刊刻的数学书和明万历年间以前刊刻的数学书目录51种。

专门的数学书目到清末才出现，计有冯澂《算学考初编》二十卷、刘铎《若水斋古今算学书录》八卷和梁兆铿《天文算学考》十六册。20世纪初，中国数学书目的编辑工作颇引人注意，先后有裘冲曼、李俨、钱宝琮、严敦杰等学者的研究成果，使中算书目渐成规模。其中李俨的“近代中算著述记”和邓衍林的《北平各图书馆所藏中国算学书联合目录》最有代表性。1957年有丁福保、周云青的《四部总录算法编》出版。所谓“四部总录”是指丁福保的《算学书目提要》、刘铎的《若水斋古今算学书录》、冯澄的《算学考初编》和李俨的《中算书录》的数学部分。

文物出版社于1984年6月出版丁福保、周云青编《四部总录算法编》一函两册，系用1957年商务印书馆纸型重印。正文前有周云青1956年5月15日序，李俨1956年6月22日序。全书分三部分：第一部分是四部总录算法编，原来所收之基本算学书约有一百种的提要考证。第二部分是这次新加的补遗，约有二百余种的提要说明；其中包括上述书目，从梅文鼎的“勿庵历算书目”起，都尽量抄录在内。还有中国见存算学丛书总目，以及李先生（李俨）旧著中的算书录。第三部分是古今算学书录，算学考初编合注，这是把刘铎、冯澂二氏之书合抄在一起，加以补注而成的。二书所没有收及的书，编者就所知见的书目，另列“拾补”附在后面供读者参考。

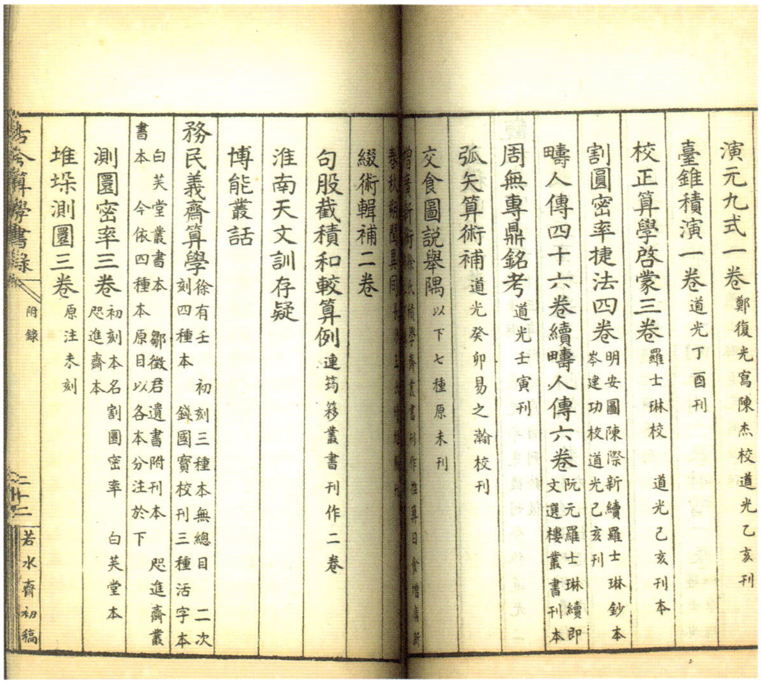
演元九式一卷 鄭復光寫陳杰校道光乙亥刊
臺錐積演一卷 道光丁酉刊
校正算學啓蒙三卷 羅士琳校 道光乙亥刊本
割圓密率捷法四卷 明安圖 陳際新續 岑建功校道光乙亥刊 羅士琳鈔本
疇人傳四十六卷續疇人傳六卷 阮元羅士琳續即文選樓叢書刊本
周無專鼎銘考 道光壬寅刊
弧矢算術補 道光癸卯易之瀚校刊
交食圖說舉隅 以下七種原未刊
綴術輯補二卷
句股截積和較算例 連筠簃叢書刊作二卷
淮南天文訓存疑
博能叢話
務民義齋算學 徐有壬
測圓密率三卷 初刻本名割圓密率 咫進齋本 白芙堂本
堆垛測圓三卷 原注未刻
古今算學書錄 附錄
若水齋初稿

几种大学和研究机构的书目

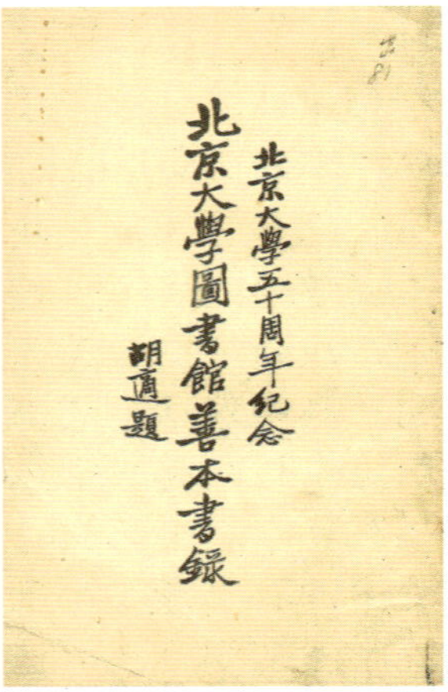

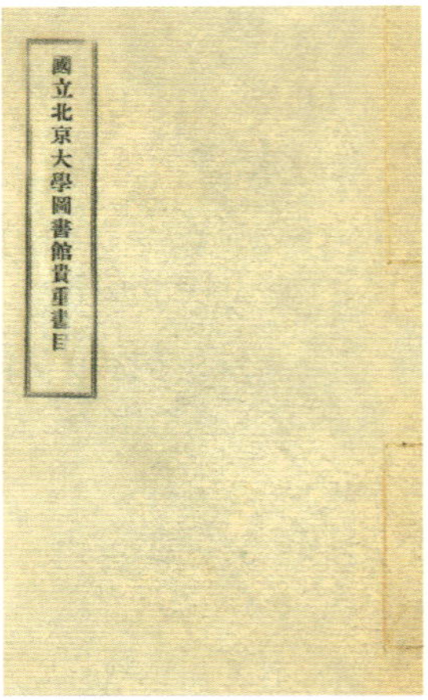

北京大学图书馆编《北京大学图书馆善本书录》一册，北京大学图书馆民国37年出版。胡适题签。收北京大学50周年纪念会展览的善本书目。分宋刻本、元刻本、明刻本、清刻本、抄本、小说戏曲、朝鲜刻本、日本刻本等8类。附录《水经注版本展览目录》（胡适）和《图书馆概要》。毛準在该书所作序言里讲到：这本目录里所载的善本书，以在北京大学50周年纪念会里所展览的为限。馆中有许多尽够得上善本资格的书，但因地位的限制，不得展览，这本目录里也就不列入了。即便这样，比起民国21年张庾楼先生为本馆所录的善本书，差不多已多出一倍了。这次所展览的书，大部分都是由赵斐云和王有三两位先生拣选的。从李氏木犀轩归入馆库的，由赵先生选取；其中日本的版本，则由宿白先生选取。其余的馆藏，悉由王先生选取，虽然他们选取的标准不能讲若划一，但都极谨严。想览者自能体会诸先生的旨趣。现在馆中由王有三先生主持编一范围更扩大的善本书录。希望他不久可以和读者相见。本目录后边，附印胡校长适之先生的水经注版本展览目录。这个目录，非特给予研究水经注的学者以最重要的指南针，并且告诉普通读者以怎样收集材料和利用材料的方法。

黄文弼编《国立北京大学图书馆贵重书目》一册，北京大学图书馆民国11年铅印本。附“北京大学图书馆书目抄本一览表”。黄文弼（1893—1966），字仲良，湖北汉川县人，现代考古学家。1918年毕业于北京大学哲学系，1919年到北京大学研究所国学门任教，并于1927年至1930年参加中瑞西北科学考察团的内蒙古、新疆考察活动。1934年至1937年任西北科学考察团专任研究员，1935年又以中央古物保管委员会委员身份派驻西安任办事处主任，进行整理碑林等工作。抗日战争期间任西北联合大学和四川大学教授。建国后，任中国科学院考古研究所研究员。

（日）冈西为人编《满洲医科大学藏续中国医学书目》，精装本，奉天市（今辽宁沈阳）满洲医科大学东亚医学研究所昭和16

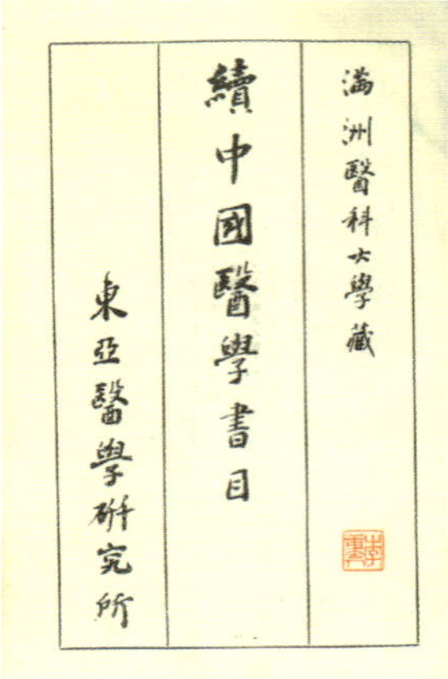

年（1941）6月出版，奉天印刷所印，非卖品。钤“李重人”朱文藏书方印。台北文海出版社在1971年曾再版此书。本书是查找中医古籍源流、查阅现存古医籍的重要书目。孔网秋鸿书斋在售此书价格为1200元。李重人（1909—1969），四川奉节人，蜀中名医。自幼习医，19岁行医，后移居万县，开“尊生药室”。建国后，历任中央卫生部中医司教育科科长、北京中医学院副教务长兼副主任。曾负责北京、成都、广州、上海四所中医院校的创办工作。

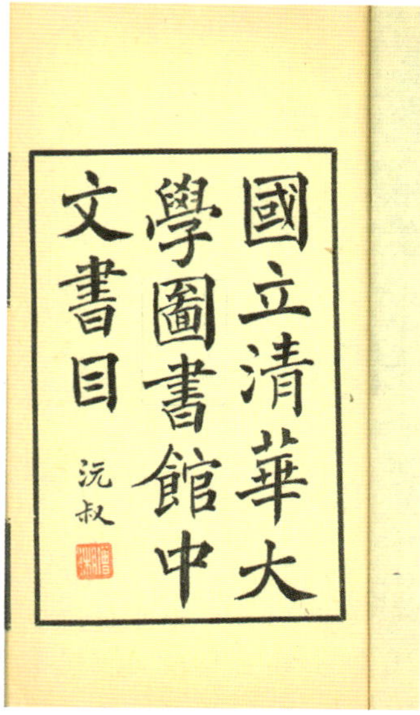

何士骥、刘厚滋编纂《南北响堂寺及其附近石刻目录》一册，铅印本，国立北平研究院史学研究会考古组民国25年刊行。响堂寺为北朝晚期至明代佛教石窟寺，位于河北省邯郸市鼓山南端和中段西麓，分别称南响堂山、北响堂山石窟，两窟相距7.5公里。始凿于北朝晚期，隋、唐、明各代相继修造。现存石窟17座，摩崖造像450余龛，大小造像4300余尊。窟龛早有损坏，许多造像头部损失，有的流落于国外。1935年北平研究院考古组和1936年中国营造学社刘敦桢及日本京都帝国大学水野清一、长广敏雄曾先后进行调查，分别发表《南北响堂寺及其附近石刻目录》、《河北古建筑调查日记》和《响堂山石窟》。响堂山石窟与北齐皇室关系密切，是北朝晚期造像最为集中也最具代表性的石窟。

岭南大学图书馆编《岭南大学图书馆藏善本书目》，1951年9月印行。横8开，手工蜡纸版，油印。封面钤“私立广州岭南大学图书馆敬赠”蓝条印。封二一角有贴片：岭南大学图书馆惠赠（最后两字为印刷）。

陆华深序，正文43页，依四部法列书名、卷数、作者、版本、钤印、编号等等，有的有考证。岭南大学是1888年由美国友好人士在广州创办的一所私立大学，1927年收归中国人自办。1953年，在全国院系调整中，岭南大学有关科系分别并入中山大学和其他高等院校。

施廷镛等编《国立清华大学图书馆中文书目》一册，铅印本，国立清华大学图书馆民国20年出版。施廷镛，字凤笙，1893年出生于安徽休宁。一生致力于图书馆事业，曾先后在东南大学图书馆、清室善后委员会（故宫博物院前身）、清华大学、北京大学、南京大学等图书馆任职。在清华大学工作期间，主创编排的《图书分类法》、《著者号码表》，与当时的刘国钧分类法，并称为“施法”和“刘法”。

容媛辑《金石书录目》十卷、附录二卷，共一册，国立中央研究院民国19年铅印本。书名页题“国立中央研究院历史语言研究所单刊乙种之二”，附朝代人名通检一卷、书名通检一卷，并附录一方志、中金石志目、附录二金石丛书目。全书分总类、金类、钱币类、玺印类、石类、玉类、甲骨类、陶类、竹木类、地志类等十类。据该书统计，现存金石学著作中，北宋至乾隆以前700年间仅有67种，其中宋人著作22种，而清乾隆以后约200年间却有906种之多，可见有清一代金石研究之盛。

几种故宫书目

故宫博物院图书馆编《故宫方志目》，国立北平故宫博物院民国20年铅印本，一册。民国时期，方志目录学创立，这一期间的方志目录，首先是从编辑公私藏书目录开始的。1913年，缪荃孙利用清点清皇宫内阁大库移交给京师图书馆的地方志之机，编辑了《清学部图书馆方志目》，著录清各省、府、州、县方志及册数、卷数、纂修人和版本，这是现存最早的方志目录。1931年，何澄一等编《故宫方志目》，收录明正德至民国初各地方志1400余种。1937年又出版了《故宫方志目录续编》。

故宫博物院图书馆编《摛藻堂四库荟要目录》，铅印本，故宫博物院图书馆1933年印行。摛藻堂《钦定四库全书荟要》与《四库全书》同时抄刻，世间仅存一部，专供清乾隆皇帝御览。体例一如《四库全书》，分经、史、子、集四部，收书463种，其中经部73种，史部70种，子部81种，集部139种，原书总计20288卷11178册。乾隆三十七年（1772），乾隆下诏开设四库全书馆，委派纪昀等著名学者160余人，开始编纂《四库全书》。从乾隆三十七年开馆征书至乾隆四十三年，历时7年，共征集图书12237种。乾隆下诏征书时，他已是63岁高龄的老人，这项浩大的工程能否在他有生之年完成，他自己也没有把握。用他自己的话说："朕临御已三十余年，亦望望岁矣，斯事体大物博，时略嫌迟。"于是乾隆帝便有了依照全书体例，另编一套卷帙较少的丛书的想法。

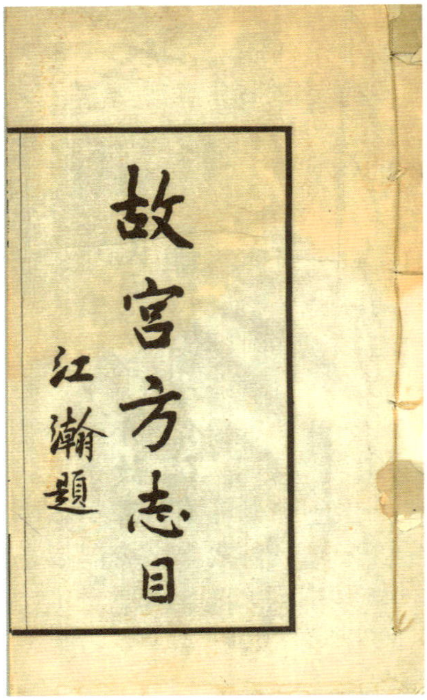

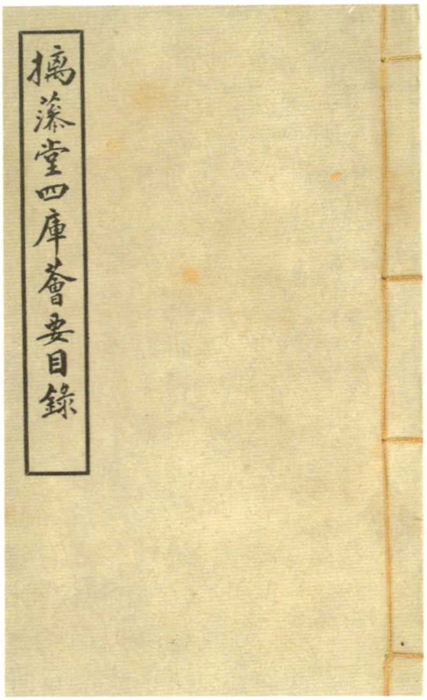

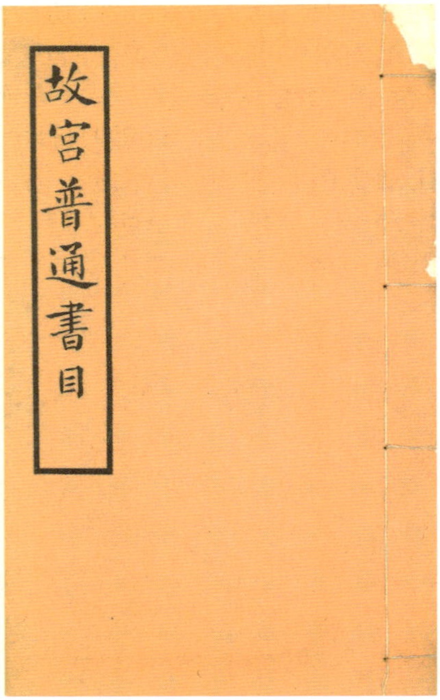

同年五月初一，乾隆帝颁下谕旨，以全书卷帙浩如烟海，不易检索为由，命在《四库全书》中“撷其菁华，缮为荟要，其篇式一如全书之例”。随后，便另外设立了《钦定四库全书荟要》修书处。至乾隆四十三年，《钦定四库全书荟要》第一部缮写完毕，保存在坤宁宫后御花园内的摛藻堂。两年以后又缮出第二部，存于长春园味腴书屋。

清咸丰十年（1860），英法联军攻陷北京，焚圆明园，味腴书屋所藏《钦定四库全书荟要》被焚毁，藏于摛藻堂的则成为世间孤本。庚子事变，八国联军进北京，京城再遭劫掠，《钦定四库全书荟要》或存或亡竟至毫无消息。

1924年，北洋政府组织清室善后委员会，负责接收清点清廷文物图书，清点过程中，在故宫内发现了与其他字画杂物放置在一起的《钦定四库全书荟要》，所幸该书不仅完整无缺，而且触手如新。在战乱频仍的年代，这部世间孤本竟得以保存下来，可谓中国文化史上的一大幸事。抗日战争爆发以后，国民党政府把《钦定四库全书荟要》连同故宫文物运至西南。新中国成立前夕，该书被运至台湾。

摛藻堂位于故宫御花园内堆秀山东侧，依墙面南，面阔5间，黄琉璃瓦硬山式顶，堂西墙辟有一小门，可通西耳房。堂前出廊，明间开门，次梢间为槛窗。室内放置书架，为宫中藏书之所。

故宫博物院图书馆编《故宫普通书目》六卷三册，北平故宫博物院图书馆民国23年铅印本。

2004年11月，线装书局出版了煮雨山房等编的《故宫藏书目录汇编》（全三册）。书中收录的故宫藏书目录，从民国18年6月开始，到民国37年1月结束，时间跨度为20年，所收种类为十三种。主要有《故宫所藏殿板书目》、《故宫殿本书库现存目》、《故宫善本书目》、《故宫善本书影初编》、《故宫普通书目》、《内阁大库档旧目补》、《重整内阁大库残本书影》、《故宫所藏观海堂书目》、《故宫已佚书籍书画目录四种》、《清内务府造办处舆图房图目初编》、《故宫方志目》、《故宫方志目续编》和《国立北平图书馆、故宫博物院图书馆满文书籍联合目录》等。

几种普通书目

商务印书馆编《旧学书目》一册，上海商务印书馆铅印本。书内首页介绍：“《旧学书目》，民国十四年三月第二次辑，商务印书馆精印。本目专录古人今人著述有关旧学者凡七百余部，分类次第详见总目；凡据善本精校或影印者，不论钞刻，目中均详细注明；凡用活字摆印者，目中均注明号数；印刷均用本国纸，间有用洋纸者，亦选用上等质料；目中载某开本者，依纸张裁法记书式大小。”

（清）江标辑、刘肇隅编《宋元本行格表》四册，民国3年上海文瑞楼影印本。书名页题“宋元本书目行格表”，据清光绪二十三年（1897）元和江标长沙刻本影印。叶德辉《书林清话》记载：“吾友江建霞标，著有《宋元行格表》二卷，余为校补，刻于长沙，言版片者当奉为枕中鸿宝也已。”

（清）黄丕烈撰、缪荃孙等辑《荛圃

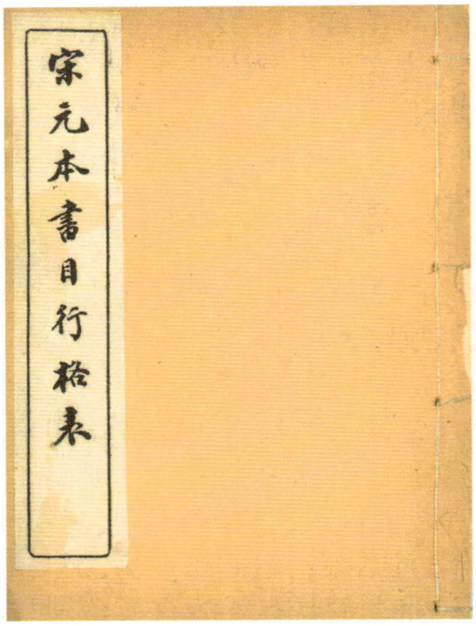

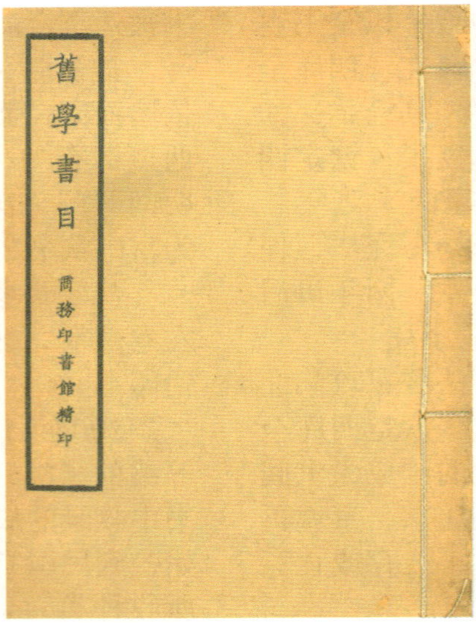

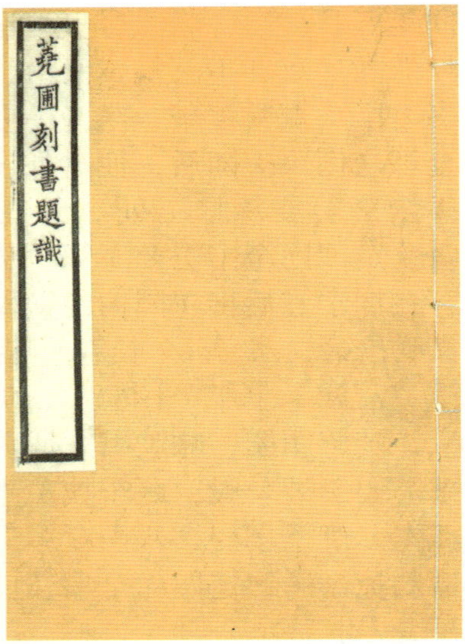

藏书题识》十卷、《补遗》一卷、《刻书题识》一卷，共十册，江阴缪荃孙金陵书局民国8年刻本。附补遗，各卷末镌江阴缪荃孙、长洲章钰仁和吴昌绶同校辑，卷首有己未缪荃孙序。黄丕烈（1763—1825），号荛圃，著名藏书家。凡经过他收藏的善本古书，多撰有题记，录于书前或书后，叙述得书来源或版本源流等，后人非常重视，收集成《荛圃藏书题识》一书，为清代重要的私人藏书记录。近人王大隆辑有《荛圃藏书题识续录》四卷、附《杂著》一卷，有1933年王氏学礼斋刻本。

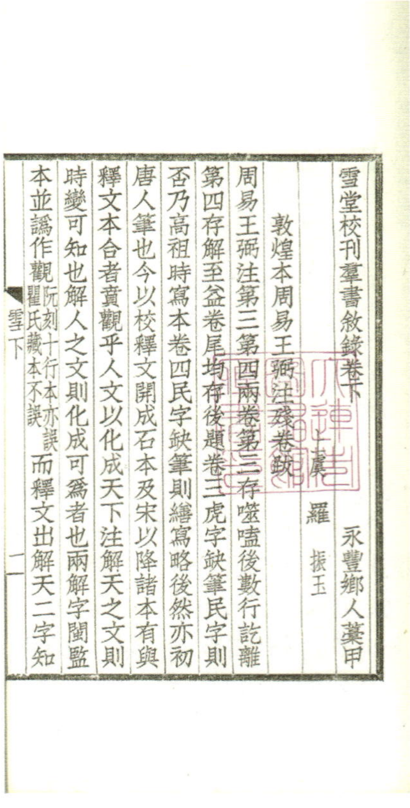
雪堂校刊羣書敘錄卷下　　永豐鄉人稾甲

上虞　羅　振玉

敦煌本周易王弼注殘卷跋

周易王弼注第三第四兩卷第三存噬嗑後數行訖離第四存解至益卷尾均存後題卷三虎字缺筆民字則否乃高祖時寫本卷四民字缺筆則繕寫略後然亦初唐人筆也今以校釋文開成石本及宋以降諸本有與釋文本合者賁觀乎人文以化成天下注解天之文則時變可知也解人之文則化成可爲者也兩解字閩監本並譌作觀阮刻十行本亦誤瞿氏藏本不誤而釋文出解天二字知

雪下　　一

罗振玉撰《雪堂校刊群书叙录》二卷二册，上虞罗振玉民国7年铅印本，王国维序。罗振玉著作多为家刻本，随著随刊，且精益求精，叠经增订，版本繁赜。《雪堂校刊群书叙录》即屡有增补。罗振玉为保存和流传敦煌遗书，用力较多。敦煌莫高窟石室所藏古代文书于光绪二十六年发现后，被英国人斯坦因、法国人伯希和等外国学者大量盗买外流。罗振玉于清宣统元年（1909）来到北京的伯希和处，见到伯希和盗买的敦煌写卷，唐人写本等，当即拍照10余种，又就其部分内容编写《鸣沙山石室秘录》、《敦煌石室遗书》等。得知藏经洞仍有数千卷文书，乃力促学部电令甘督查封石室，将所余遗书悉数解送京师。将敦煌石室残存的文书八千卷购下保存。使这批宝藏于宣统二年秋，运抵北京，最后入藏于京师图书馆。对于流散的敦煌文献也留心求购，所得文献书及海外藏卷伯希和提供的遗书照片影印出版《鸣沙石室佚书》（1913年，收书13种）、《鸣沙石室遗书续编》（1917年，收书4种）、《鸣沙石室古籍丛残》（1930年，收书30种）等书中。与王国维将斯坦因在敦煌、罗布泊等地发现的汉晋木简照片汇为《流沙坠简》。其详细校订的题跋文字，大都见于《雪堂校刊群书叙录》二卷卷下。

刘世瑗编《征访明季遗书目》一册，清宣统二年铅印本。原载《国粹学报》七卷第8期。书前后分别有作者作的序和跋，但行文枯涩，用词冷晦。跋中提及：右书仅295种，自惭浅薄谫漏良多，若夫智井复壁之藏，以及故老遗民之奏疏、文集、私乘、家牒，其存佚与否，下到札记小说涉及逸闻者尤非所知。若蒙海内君子，愍及区区，或出其邺架孙楼之异帙，或写其边笥桓囊之积稿，是其所祈祷而仰望于眉睫者也。嗟，文献之难征讵啻，空所可合蚊弱、山高、马瘃、道远，汗青无日，头白可期，言念及此不禁潸然。宣统庚戌孟冬蘧六又识。最后一页钤“赐教请寄北京东安门外西堂子胡同刘宅收”阳文楷书长条方章。

中央音乐学院中国音乐研究所编《中国古代音乐书目（初稿）》，音乐出版社1961年7月出版。在历代音乐文献资料的目录中，“艺文志”、“经籍志”较容易查找，但宋代以后的私家目录查找起来比较困难。近代以来，在“中国古代音乐目录学”这一领域中有《中国音乐书举要》、《中国古代音乐书目》、《中国音乐书谱志》、《中国丛书书综录》中的“经部·乐类”、“子部·艺术类”等，成为音乐研究中非常有价值的参考工具书。

陈乃乾编《四库全书总目索引》四卷三册，上海大东书局民国15年石印本。《四库全书总目》为我国古代最巨大的官修图书目录，共二百卷，是在编纂《四库全书》的基础上完成的，著录书籍10254种，172860卷。又称《四库全书总目提要》，或简称《四库提要》。由清代永溶、纪昀等编纂。《四库全书总目索引》乃检索《四库全书》的工具书。

（清）周广业撰《四部寓眼录》二卷一册，上虞罗振常蟫隐庐民国22年铅印本。内收作者所见古籍善本提要，分经史子集排列。周广业另有《四部寓眼录补》一卷一册，上海蟫隐庐民国25年石印本，“邈园丛书”之一。同年还出版有《四部寓眼录补遗》一卷一册，影印本。“知不足斋丛书提要”之一。

（民国）邵瑞彭等编《书目长编（上、下）》二卷、补遗一卷、补校一卷，一函二册。北京资研社民国17年铅印本。邵瑞彭（1887—1937），浙江淳安人。对齐诗、《淮南子》及古历算学颇有研究。民国后北上，自1913年起出任国会众议院议员，素以

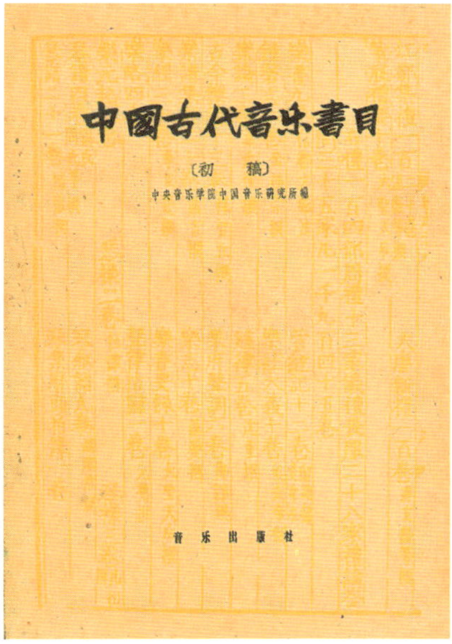

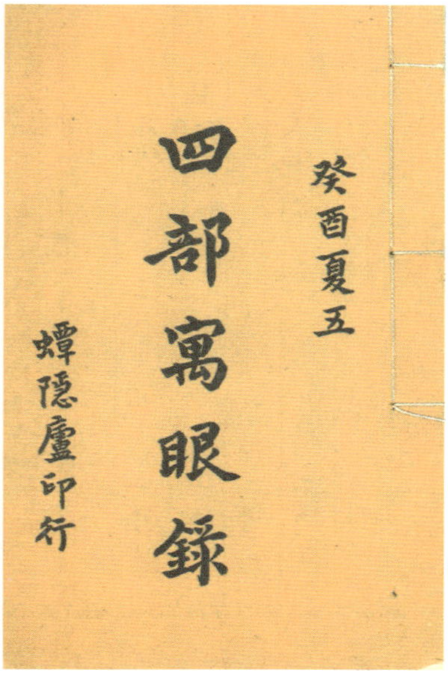

仗义秉公、耿直敢言著闻。曹锟贿选总统，是中国现代史上的一幕臭名昭著的丑剧。当年就是邵瑞彭，不畏北洋武夫枪刺，不屑满沾肮脏的五千银元，率先挺身而出，揭露和反对曹锟贿选的。曾任北京师范大学、河南大学教授。晚年寓居开封，穷愁潦倒。

《全国解放后出版的古籍目录（草稿）》（1949—1958年4月），1958年5月20日编印，油印本。编者、出版地不详。所收书有总类26种、学术思想57种、历史地理93种、文学321种、科学技术231种（包括农书26种、医药书196种、其他9种）、语言文字学36种，以上共计764种。统计种数是以书籍的发售单位计算，如“诸子集成”、“四部备要”、“六十种曲”、“古本戏曲丛刊”等都各算一种。

《鲜庐书画碑帖目录》一册，石印本。未见著录。分“鲜庐碑帖目录”和“鲜庐书画目录”两部分。“鲜庐碑帖目录”收录周、汉、三国、晋宋、梁、北魏、北齐、隋、唐时期碑石拓本119种、丛拓9种、帖32种。详录题签、题记、跋语、册、轴、张数和藏印内容。“鲜庐书画目录”共收录书画358种，其中手卷253种、对联45种、册页

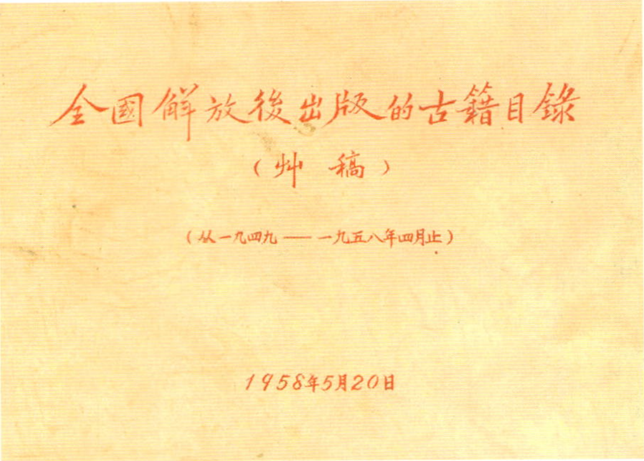
全國解放後出版的古籍目錄

（艸稿）

（从一九四九——一九五八年四月止）

1958年5月20日

（附尺牍）27种、扇面33种。详录纸本、绢本、绫本、笺本情况和册、轴、开数。

上海市合众图书馆编《上海市合众图书馆石刻拓本目录》，上下两册，油印本，1957年出版。书签题《上海市历史文献图书馆石刻拓本分类目录》。上海市历史文献图书馆是上海图书馆的前身。此书包括《上海市合众图书馆石刻拓本目录》、《上海市历史文献图书馆石刻拓本分类目录》、《石刻拓本目录》。该石刻分类目录，潘景郑首创将石刻分为16类，既合理又明晰，这是在其他书目中所未见的。

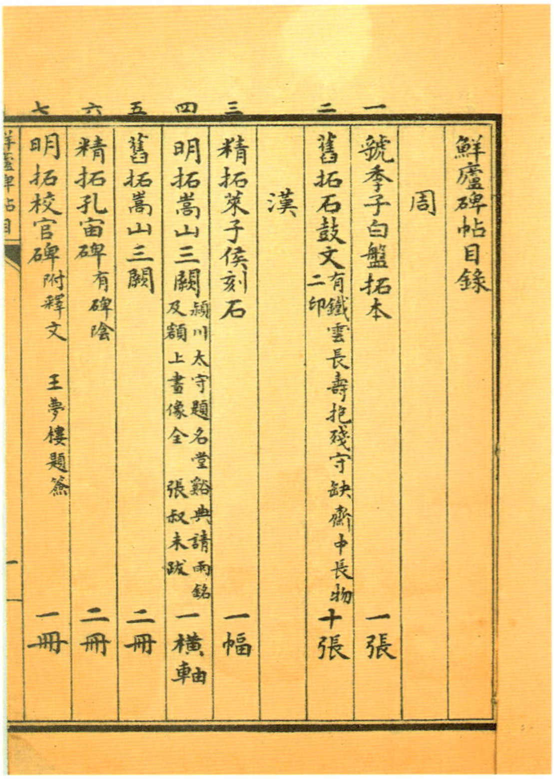
鮮廬碑帖目錄

周

一 虢季子白盤拓本 一張

二 舊拓石鼓文 有鐵雲長壽抱殘守缺齋中長物二印 十張

漢

三 精拓萊子侯刻石 一幅

四 明拓嵩山三闕 潁川太守題名 堂谿典請雨銘 及額上畫像全 張叔未跋 一橫軸

五 舊拓嵩山三闕 二冊

六 精拓孔宙碑 有碑陰 二冊

七 明拓校官碑 附釋文 王夢樓題簽 一冊

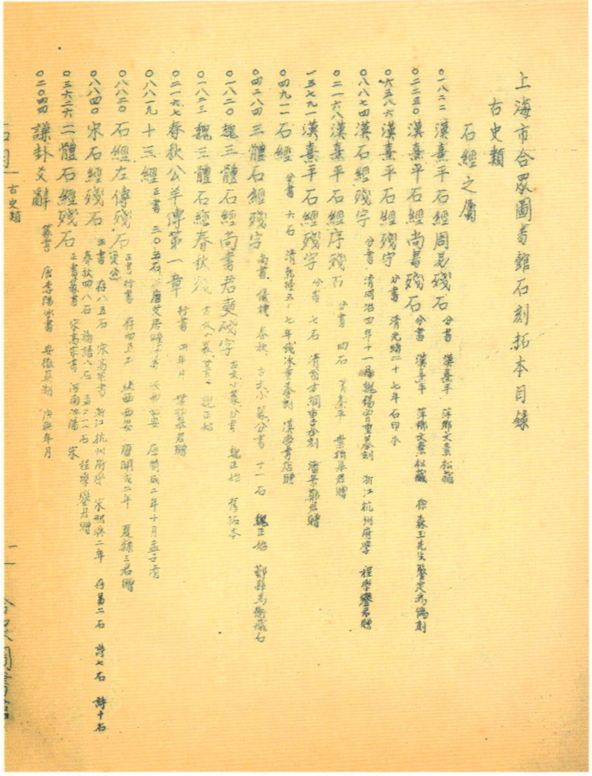
上海市合眾圖書館石刻拓本目錄

古史類

石經之屬

〇一八二二 漢熹平石經周易殘石 分書 漢熹平 萍鄉文素松藏

〇二二五〇 漢熹平石經尚書殘石 分書 漢熹平 萍鄉文素松藏

〇六五八六 漢熹平石經殘字 分書 清光緒二十七年石印本

〇八八七四 漢石經殘字 分書

〇二一六八 漢熹平石經序殘石 分書 四石

一五七九一 漢熹平石經殘字 分書 七石

〇四九一一 石經 分書 六石

〇四二八四 三體石經殘字

〇一八二〇 魏三體石經尚書君奭殘字

〇一八二三 魏三體石經春秋殘

〇二一六七 春秋公羊傳第一章

〇八八一九 十三經

〇八八二〇 石經左傳殘石

〇八八四〇 宋石經殘石

〇三六二六 二體石經殘石

〇二〇四四 謙卦文辭

古史類 一一

几种日本出版的古书书目

（日）吉泽义则博士著《日本古刊书目》，日本东京帝都出版社1933年出版。吉泽义则是京都帝大教授、文学博士。全书按奈良时代、平安时代、镰仓时代和室町时代，著录书名、刊刻年代和收藏场所。书后有“日本古刊书目年表”和“日本古刊书目索引”。版权页钤“帝都出版社”椭圆阳文

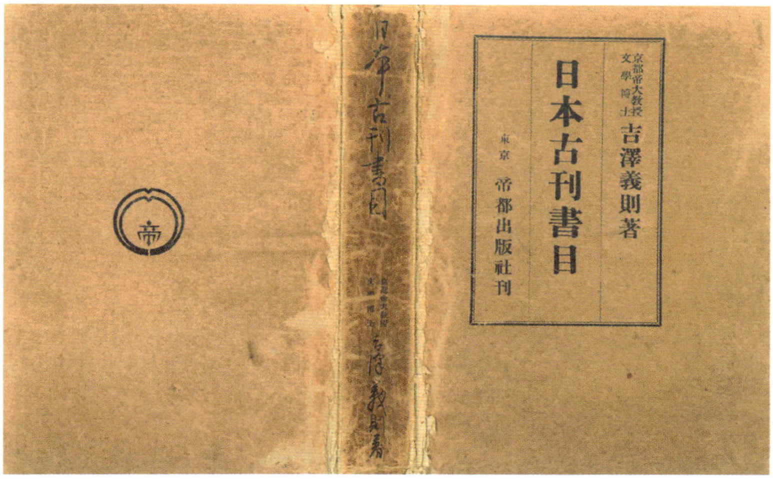

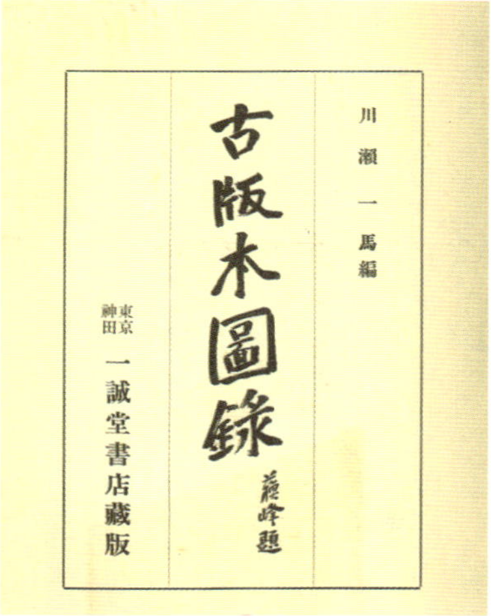

印章，书前钤“半巢书屋”白文藏印。“半巢书屋”主人为李绍白。此书为中国文献学史和中日文化交流史留下了许多宝贵材料。日本刊刻的书籍，习称之为“东洋本”或“日本本”，“和刻本”是指日本翻刻的中国书籍和日人编撰刊刻的书籍的统称。古代日本刻印的书籍，多用日本皮纸，常间用平假名和片假名，较易识别。

（日）静嘉堂文库诸桥辙次编纂《静嘉堂文库汉籍分类目录》，日本国昭和5年（1930）12月15日印刷、20日发行，2500页，非卖品。分经、史、子、集、丛部著录书名、刊刻年代、册数、函数和古籍所在的书架。书后附“书名索引”和一篇写于日本国大正13年（1923）5月的《静嘉堂文库略史》。日本收藏中国典籍（汉籍）的数量和质量，排前三的是静嘉堂文库、足利学校文库、金泽文库。但论日本民间收藏汉籍宋元善本最多的，当属静嘉堂文库。静嘉堂文库历史很短，大概在19世纪末由岩崎弥之助创立的，隶属于三菱财团。归安陆氏“皕宋楼”是我国晚清四大藏书楼之一，藏书质量极高。凭借三菱财团雄厚的资金，静嘉堂文库几乎收购了陆心源的皕宋楼、十万卷楼、守先阁的所有藏书。这使得静嘉堂短时间内跃居日本汉籍收藏第一。《静嘉堂汉籍分类目录》没有将皕宋楼的藏书全部收录。三年后的昭和8年11月，又出版了一部《静嘉堂宋本书影》，也为诸桥辙次编纂，所收均为皕宋楼藏书

中的宋版部分，此书和《图书寮宋本书影》（1936年出版，日本书志学会编纂，影印本），均有助于了解我国古籍流散于日本的情况，其宋本书影资料对于研究我国古籍版本有参考价值。

（日）川懒一马编《古版本图录》，日本昭和8年11月18日印刷，22日发行。东京神田一诚堂书店藏版，印有“一诚堂创业卅周年纪念”红方印。书前有凡例和一篇写于昭和8年11月7日的“古版本の话”，正文是“古版本图录”部分，记录起自奈良时代称德天皇神护景云四年（770年，唐代宗大历五年）至文化九年（1812）的古版本书籍140种，详记卷、轴、册数、公私藏家、出版年代等。“图版”部分是上述140种书的珂罗版书影。

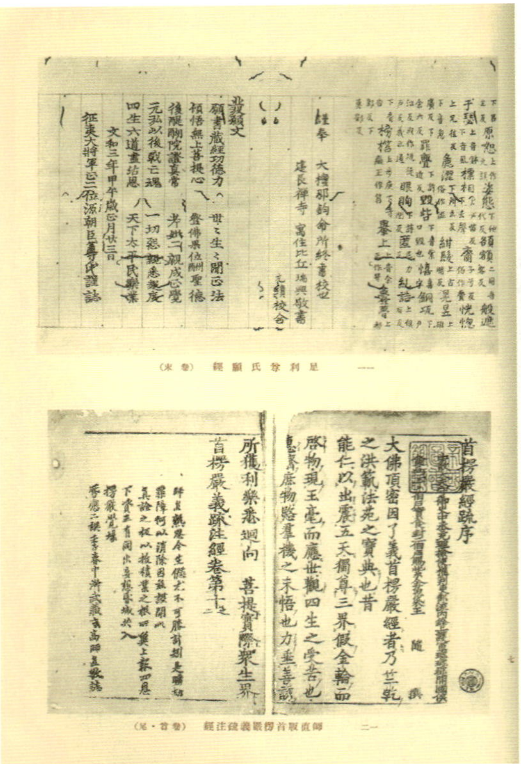

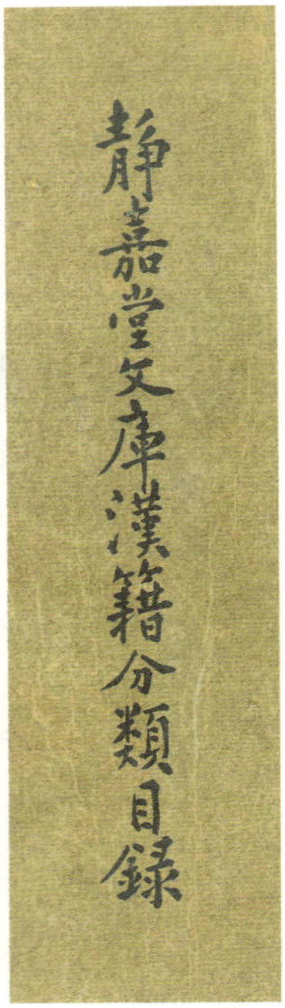

几种图书馆书目

赵录绰编《国立北平图书馆善本书目乙编》一册，国立北平图书馆民国24年铅印本。《国立北平图书馆善本书目乙编续目》四卷一册，国立北平图书馆民国26年铅印本。1911年9月，京师图书馆尚未正式开馆，其前身学部图书馆监督缪荃孙就以当时所藏善本图书为据，编制了《学部图书馆善本书目》，这是记录现代中国国家图书馆原始资源的第一部善本书目。当时的学部图书馆库藏分甲、乙两库。20年后，学部图书馆已发展为北平图书馆，并正式启用文津街新馆，甲库专藏宋、元、明早期善本，其中宋元旧刊、明版精刻以及传世孤本比比皆是，凡

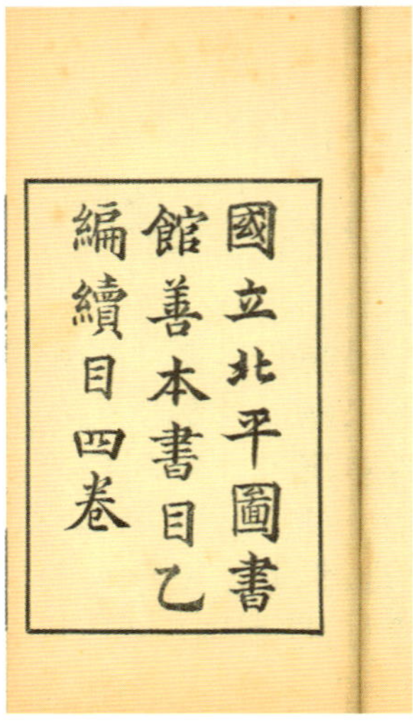

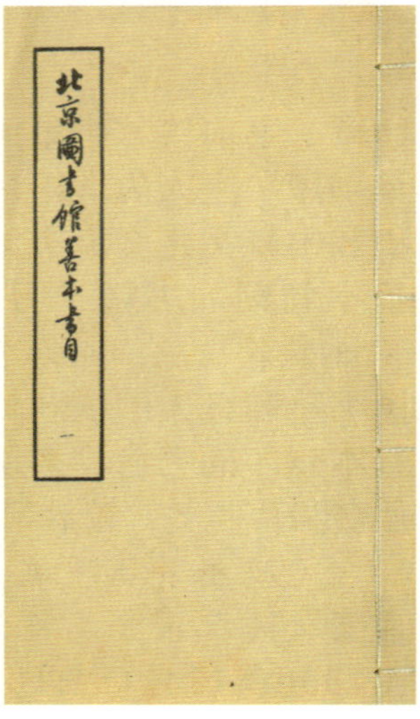

3796种，78199卷。1933年，赵万里先生编撰的《北平图书馆善本书目》中记录了当时甲库全部收藏。乙库则包括清代刻本、抄本2796种，30486卷。1935年，赵录绰编成善本乙库书目四卷，名为《北平图书馆善本书目乙编》。稍后，善本乙库又陆续入藏善本书1357种，20906卷。1937年，赵录绰编成《国立北平图书馆善本书目乙编续目》四卷出版。

（清）胡宗武等编《江苏第一图书馆覆校善本书目》四册，出版地和出版者不详，民国7年铅印本。此书另有民国齐耀琳等撰民国7年刻本四册一函。

《山西省立新民教育馆方志目录》一册，牌记题“民国三十二年秋九月印行”。封面毛笔写有“三十三年度更正”，并在书名前加上了“修正”二字。也就是说，这册“目录”是出版一年后用于修订、改正的底本。书的扉页有一个“修正方志目录符号说明”：△表示（第一次出版时）正误表上有的，以墨笔修正。○表示奉××令交换的，以蓝笔修正。×表示以后增加暨发现错误的，以红笔修正。从书前该馆馆长张范撰写的序言得知，山西省立图书馆成立于民国八年，嗣后更名为民众教育馆，共收方志24000余卷，计12220册。经过交换、增减，一年

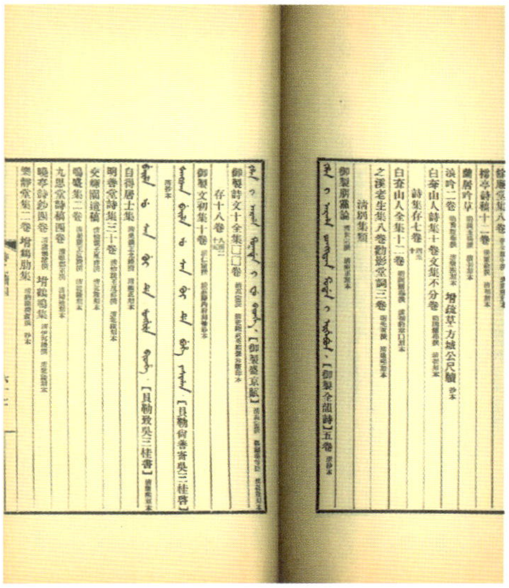

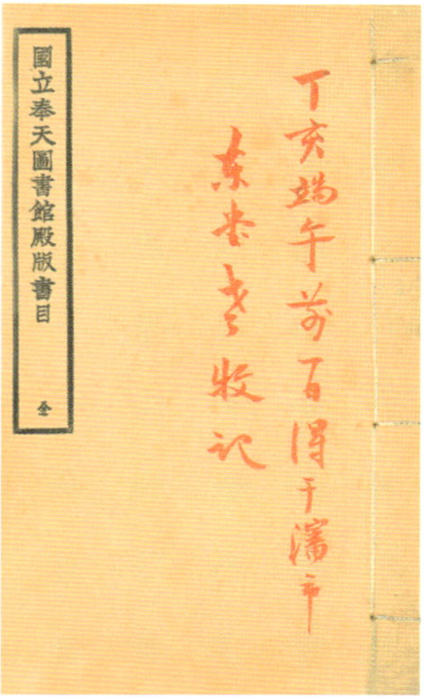

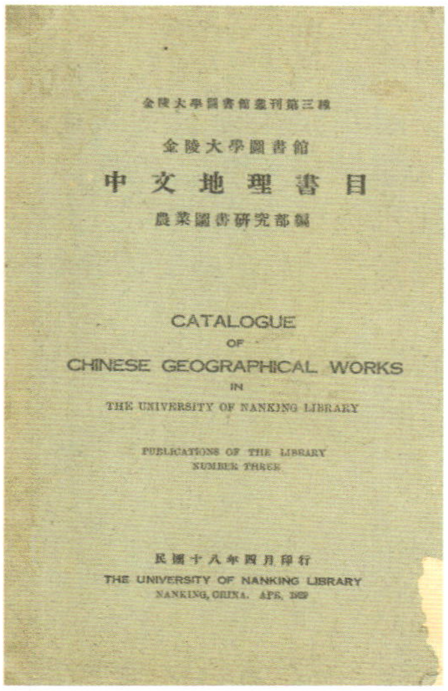

北京图书馆善本部编《北京图书馆善本书目》八卷八册，中华书局1959年9月铅印本。这是新中国成立后编印的第一批版本目录，由赵万里先生主持编辑。

奉天图书馆编《国立奉天图书馆殿版书目》，铅印本，一册。出版地和出版者不详，民国间出版。经赵尔巽将军批准，奉天省图书馆在清光绪三十四年（1908）四月建成，名为“奉天图书馆”。内分藏书楼及阅览室、发售室、陈列室等，有官私刻本暨东西洋科学图书，包括法治、文史、数理、农工商等内容。图书馆设总理庶务、会计、管理、书记、司书、司事等员，以及公役若干名。

萧璋编《国立北平图书馆书目·目录类》，铅印本，上下两册。国立北平图书馆民国23年出版。

后实有13911册，书中每一处变更、修正、改字、正误的地方，都加盖了馆长张范的印章。书后附有一张“民国三十四年一月一日造”的“方志目录数目统计表”，详细列出了各省方志的册数，以及中国、亚洲、欧洲、非洲、美洲、世界、山志、水志等。

金陵大学图书馆农业图书研究部编《金陵大学图书馆中文地理书目》，1929年出版，为“金陵大学图书馆丛刊”之三。分地理学通论、中国地理、世界地理、地图、附录、分类法摘要、方志地名索引六部分。全书共收2900余条。

张政烺编《国立中央研究院历史语言研究所图书室方志目》，1937年出版，收方志1900余种，并附录乡土志目和乡镇志目。民国私家藏志书目录以王绶珊自编的《九峰旧

庐方志目》、冯贞群编的《天一阁方志目》和任凤苞编的《天春园方志目》较为著名。民国时期方志目录学的最大成绩是朱士嘉编制的《中国地方志综录》。这是第一次以公私藏书为对象的全国地方志联合目录。该书于1935年由商务印书馆出版，共三册。是编征录和采访的方志，源自国内外50家收藏单位，包括国立北平图书馆、国立北京大学图书馆、上海东方图书馆、故宫博物院图书馆等大图书馆和浙江天一阁、嘉业堂、天津天春园等著名私家藏书楼的藏书，域外一些收藏中国方志较多的图书馆，如美国国会图书馆、哈佛大学图书馆亦在征访之列。总计著录宋、元、明、清、民国所纂方志5832种。

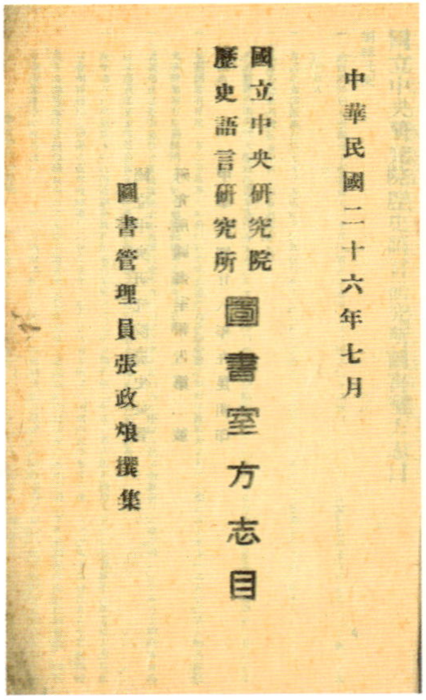

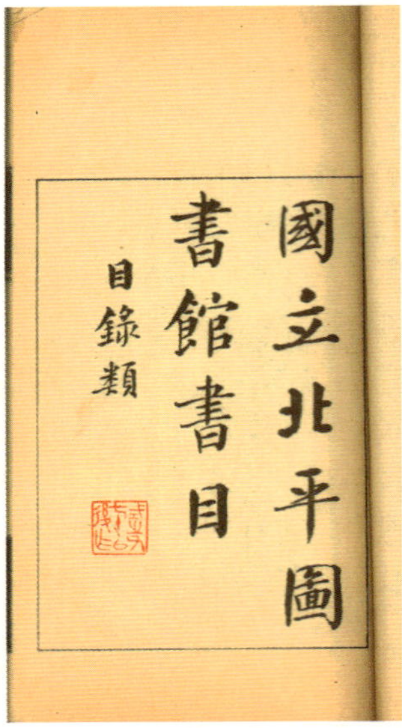

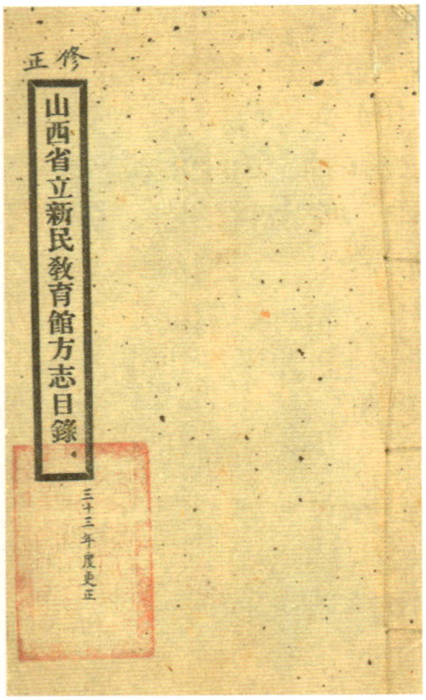

记录“赏溥杰书画”的《故宫已佚书籍书画目录四种》

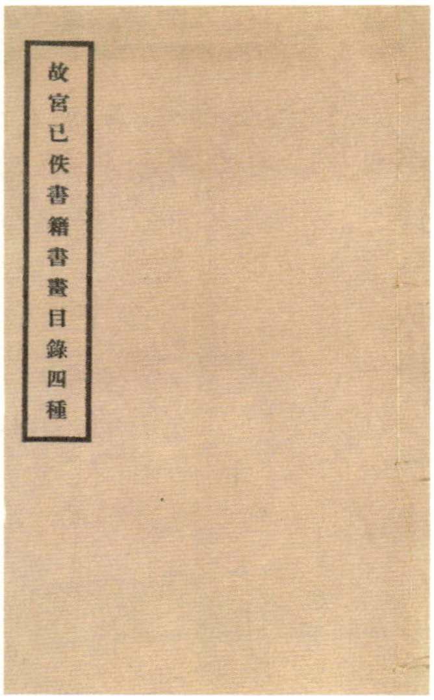

国立北平故宫博物院编《故宫已佚书籍书画目录四种》一册，国立北平故宫博物院民国23年铅印本。含有《赏溥杰书画目》一卷、《收到书画目录》一卷、《诸位大人借去书籍字画玩物等糙账》一卷和《外借字画浮记簿》一卷。

1924年10月，冯玉祥发动“北京政变”，派警备总司令鹿钟麟和警察总监张璧率领20名短枪手于11月5日闯入紫禁城，在一个小时内，将溥仪驱逐出宫。同时，“优待条件”被取消，溥仪成为“民国的公民”，清宫收藏的珍宝古物为民国政府所有。为了顺利接收清宫，组织成立了“清室善后委员会”，聘请汪兆铭（易培基代）、蔡元培（蒋梦麟代）、陈垣、沈兼士等社会人士和知名

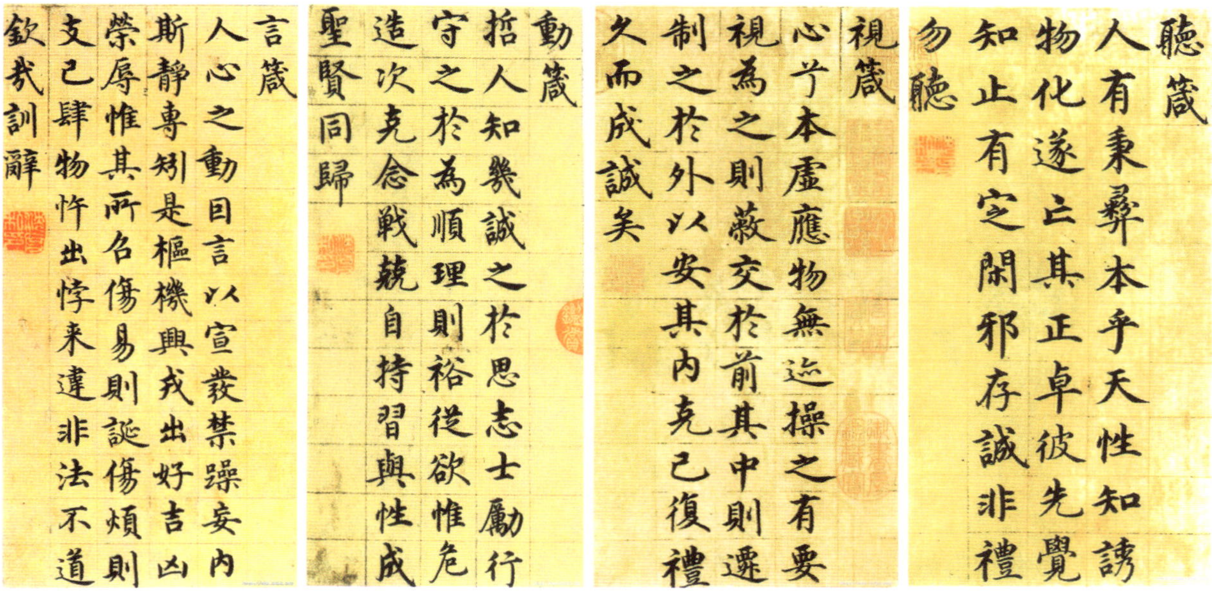

故宫博物院藏沈度书“四箴”，曾被溥仪“赏溥杰”

学者担任委员，由其对宫中宝藏进行清理和点查，点查为全国所关注，因而制定了严格的点查原则。

在清理毓庆宫时，委员会成员发现了溥仪“赏赐”溥杰的清单和收到单。遵循“公开一切”的点查原则，他们根据此单，编写了《故宫已佚书籍书画目录四种》，简称《佚目》，并于当时印刷出版，公开发售。清宫所留的书画及宝物在1937年抗日战争爆发前夕，由民国政府将其南迁至南京，后辗转于贵州、四川一带，抗战胜利后，又回到南京，南京解放前夕，又在文物中优中选优，先后分三批运往台湾。

故宫博物院藏沈度（1357—1434）《楷书四箴页》，作品以乌丝界栏，楷法紧结遒丽，具唐人法度，又不过分甜润，是沈度“台阁体”书法的代表作。“四箴”是宋代理学大师程颐根据孔子《论语·颜渊第十二》中“非礼勿视，非礼勿听，非礼勿言，非礼勿动”发展而成的道德戒律。朱熹《近思录》卷五《克治》载：“伊川先生曰颜渊问克己复礼之目。夫子曰非礼勿视，非礼勿听，非礼勿言，非礼勿动，四者身之用也，由乎中而应乎外，制于外所以养其中也。颜渊请事斯语，所以进于圣人。后之学圣人者，宜服膺而勿失也。因箴以自警。”此帖曾经清代乾隆、嘉庆、宣统御府鉴藏。1922年，末代皇帝溥仪将其“赏溥杰”，遂被携出皇宫。此册《故宫已佚书籍书画目录四种》对此事有所记载。此帖1965年由故宫博物院出资购回。

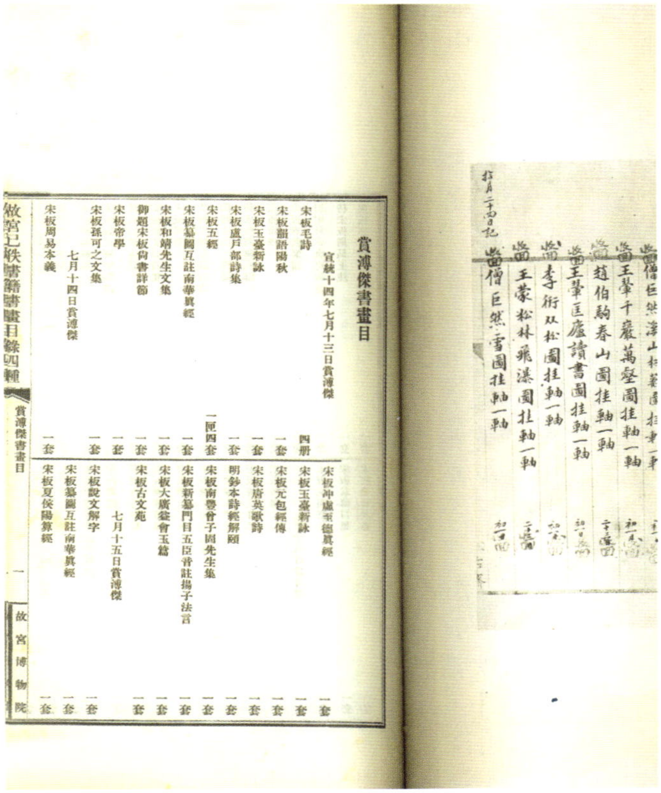
賞溥傑書畫目

宣統十四年七月十三日賞溥傑

宋板毛詩 四冊
宋板韻語陽秋 一套
宋板玉臺新詠 一套
宋板盧戶部詩集 一套
宋板五經 一匣四套
宋板纂圖互註南華眞經 一套
宋板和靖先生文集 一套
御題宋板尚書詳節 一套
宋板帝學 一套
宋板孫可之文集 一套

七月十四日賞溥傑

宋板周易本義 一套
宋板沖虛至德眞經 一套
宋板玉臺新詠 一套
宋板元包經傳 一套
宋板唐英歌詩 一套
明鈔本詩經解頤 一套
宋板南豐曾子固先生集 一套
宋板新纂門目五臣音註揚子法言 一套
宋板大廣益會玉篇 一套
宋板古文苑 一套

七月十五日賞溥傑

宋板說文解字 一套
宋板纂圖互註南華眞經 一套
宋板夏侯陽算經 一套

故宮已佚書籍書畫目錄四種　賞溥傑書畫目　一　故宮博物院

王翬千巖萬壑圖挂軸一軸
趙伯駒春山圖挂軸一軸
王翬匡廬讀書圖挂軸一軸
李衎双松圖挂軸一軸
王蒙松林飛瀑圖挂軸一軸
僧巨然雪圖挂軸一軸

记录八旗著作最为详尽的《八旗艺文编目》

恩华辑《八旗艺文编目》（以下简称《编目》）四编，附编目补、编目订，共二册，民国30年铅印本。钤“吴希贤章”、“吴希贤”朱文方印。宝熙题写书名并作序言。

该书为清末民初人恩华所纂辑。恩华，蒙古旗人，巴噜特氏，字咏春，又字韵村。从该《编目》的“跋”中可知，恩华本人于丙子年（1936）八月“七帙初度”，据以估算，他的出生时间，当在1867年前后。其卒年待考。

恩华一生，始终热衷于搜集与珍藏八旗人士的著作。宝熙在为《八旗艺文编目》所撰写的“序”中描述道：“（恩华）凡见一书，必多方购致。积年以来，几近千种。然每艰于物力，往往致憾。又拟于未刊稿本刊刻流传，尤为力所不任。爰于壬癸之间，避地辽东，课读之余，发愤撮拾八旗人著述目录。无论已收、未收，概皆入编，并为考其略历，列于目后。”恩华在跋中讲到，此编目“草于癸酉，削稿于乙亥，丙子录竟”。由此可知，此书成稿于1935年，而于1936年誊毕等待付梓。

《编目》采用传统的经、史、子、集分类方式，共著录有清代八旗满洲、八旗蒙古、八旗汉军总计1034位作者的1775部作品（或作品集），其中有52位女性作者的著作。对每一位作者，都注明了旗籍、姓氏、字、号、经历与门第。

能够反映清代满族作家文学创作全貌的古旧书目中，有铁保编纂的《熙朝雅颂集》和《白山诗介》、盛昱和杨钟羲编纂的《八旗文经》、杨钟羲编纂的《白山词介》和《雪桥诗话》以及徐世昌编纂的《晚晴簃诗汇》等，但这些书所提及的八旗作者和作品，都远不如《编目》多。可以说，《八旗艺文编目》是记录八旗著作和作者的最为丰富和详尽的书目。但把《编目》当成清代旗籍文人著作编目大全也是不妥当的，满族文学研究专家于植元教授认为，《编目》中没有列入内务府正白旗诗人奎照的数十首作品。书中尚有146人到底是属于八旗满洲、八旗蒙古还是八旗汉军，因恩华了解不详，故未标明。

恩华在编此书前，搜集了奉天（今沈

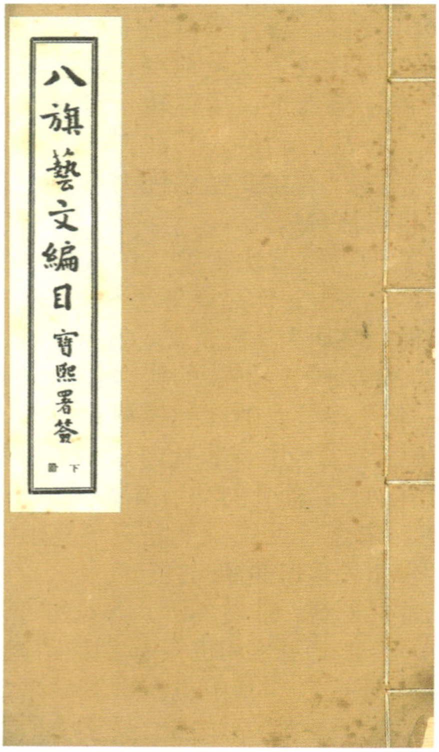

阳）、杭州、荆州、京口、乌鲁木齐、黑龙江等驻防旗人的著作情况，并将其录入《编目》，但有些地方可能没有涉及。对此，作者在跋语中写到："密云、察哈尔、太原、绥远、成都、西安、凉州、青州等处，均有驻防。欲载一目，以实此编，亦不可得。华之读书鲜，见闻隘，于此可见。"清代八旗驻防遍布各地，各旗中都会产生一些作者，保存一些著作，这是可以想见的。所以，在利用《编目》的时候，也应记取编纂者的上述提醒。

记载三大名藏书楼收藏的《江刻书目三种》

（清）江标辑《江刻书目三种》四册，每页10行20字，小字双行同，白口，左右双边，单鱼尾，题名页刊"常熟瞿氏、丰顺丁氏、聊城杨氏《江刻书目三种》，半园旧主唐驼署"，牌记刊"上海朝记书庄印行"。

《江刻书目三种》包括《铁琴铜剑楼藏宋元本书目》、《丰顺丁氏持静斋书目》和《海源阁藏书目》。常熟瞿氏"铁琴铜剑楼"与山东聊城杨氏"海源阁"、归安陆氏"皕宋楼"、钱塘丁氏"八千卷楼"为清代四大私家藏书楼。该书目收入其中之二。

（清）瞿镛编《常熟瞿氏铁琴铜剑楼藏宋元本书目（景宋元刻本附）》四卷，二册，为《江刻书目三种》第一、二册。清光绪二十三年（1897）刻，牌记题"光绪丁酉元和江氏辑刻，长沙王运长录写"。

铁琴铜剑楼系清乾隆嘉庆年间瞿绍基及其子孙五代藏书处，位于常熟市区以东古里镇西街，建于清乾隆年间。瞿绍基（1772—1836），字厚培，号荫棠，江苏常熟人。自奉俭约而喜蓄书，凡宋元善本，不惜重金购买，题书斋名为"恬裕斋"。他的儿子瞿镛继续广采勤征，藏书日富，重建藏书楼。瞿氏家藏有铁琴铜剑各一，又以"铁琴铜剑"为楼名。瞿镛的儿子秉渊、秉清及孙辈启甲都能谨守家学，珍书如璧。延请名流精心校雠，编有《铁琴铜剑楼书目》，并仿留真谱例，印成《铁琴铜剑楼书影》、《铁琴铜剑楼丛书》，又影印宋元古籍于《四部丛刊》、《古逸丛书》中。

瞿氏藏书多宋元珍本、孤本及罕见之本，《铁琴铜剑楼藏书目录》收录善本书1228种，著录大多宋元本和手稿孤本。《常熟瞿氏铁琴铜剑楼藏宋元本书目（景宋元刻本附）》收宋元珍本400多种，每书之后，撰有提要，说明编撰者姓名、版卷存佚、后人序跋以及书刊流行、藏书来历。在著录的书下，用小字注明版本，在提要最后，用小字注明藏书家及其印记。

1950年1月7日，瞿济苍将其家藏宋元明善本书52种1776册，通过文化部文物局捐赠给北京图书馆。瞿旭初将上海铁琴铜剑藏书楼藏书捐献给上海市文物管理委员会。3月7日，常熟铁琴铜剑藏书楼又向北京图书馆捐赠宋元明善本书籍20种。

（清）丁日昌编《丰顺丁氏持静斋宋元校钞各本书目》一册，为《江刻书目三种》第三册，光绪二十一年刻。

晚清洋务巨擘丁日昌因参与洋务和平定太平军而得大名，反掩其藏书大家之名。丁日昌（1823—1882），字禹生，号持静，广东丰顺人，先世居福建长乐。13岁丧父，靠母亲黄氏砍柴、织布为生。性聪颖，勤读经史，被誉为"神童"。丁日昌经历清道光、咸丰、同治、光绪四朝。公务之余，丁日昌治学不辍，其著述已刊行者有《抚吴公牍》、《牧令书辑要》、《保甲书辑要》、《百将图传》和《百兰山馆诗》等。丁氏嗜书如命，平生致力典籍搜求。丁日昌藏书之所，初名“实事求是斋”，后改名“持静斋”、“百兰山馆”、“读五千卷书室”。丁氏归故里后，延请著名版本目录学家莫友芝协助整理著录，编有《持静斋书目》行世。后江标以此书目杂糅，因而重编，分宋版、元刻、抄本、校本四类，名为《持静斋藏书纪要》，凡二卷。据姚锷辑、饶宗颐订的《潮州艺文志》载，此书目收录宋刊本55种、元刊本46种、校本12种、抄本406种、旧刊本12种。

丁氏持静斋的藏书目录有三：《持静斋藏书纪要》、《持静斋书目》、《丰顺丁氏持静斋书目》。这些纪要、书目，全面系统地介绍了持静斋十万卷、数千部藏书的大貌。《持静斋书目》等目录是清代私家藏书中颇具特色的著作，运用附注的形式、解题的形式，尽可能详尽地介绍图书各方面的情况，有时还加以考证、辨误，从而大大地提高其学术价值。

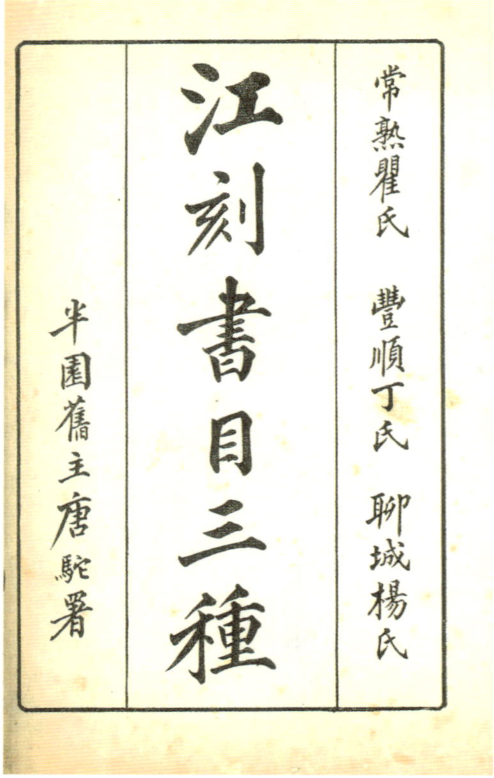

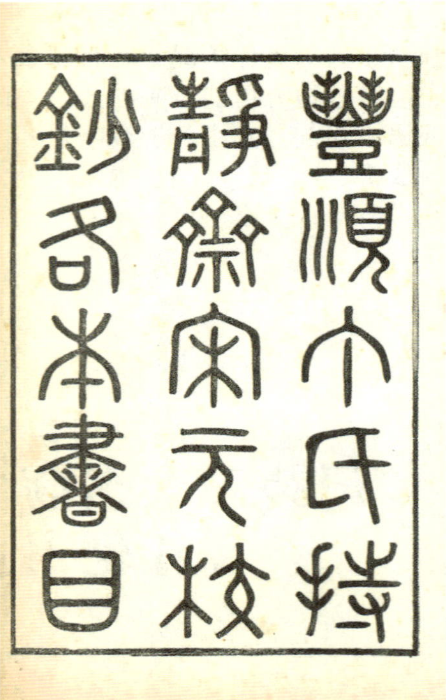

丁氏所蓄的十万卷藏书，在他辞世后大部分转归上海涵芬楼，一些为日本商人购去，流入异国，还有部分书籍归广东藏书家李文田、莫伯骥所有。

（清）杨绍和编《海源阁藏书目》一册，牌记题“光绪戊子（1888）夏六月元和江氏师鄦室刊”，为《江刻书目三种》第4册。

海源阁藏书楼位于山东聊城，创始人杨以增，其规模和影响居北方私家藏书之首。杨以增（1787—1856），字益之，号至堂，卒谥端勤。道光二年（1822）中进士，历任两淮盐运使、甘肃按察使、陕西布政使、陕甘总督等。杨氏一生为官清廉，其人品深得林则徐推崇，称其“乃圣贤门中人也，守身如金城汤池，粟丝不可攻坚”，著有《退思庐文存》、《杨端勤公奏疏》等。

黄丕烈晚年家事多艰加病魔缠身，不得不卖书解窘，所收藏的图籍尽归汪士钟的“艺芸书舍”。咸丰初年，艺芸书舍的书也散出，分别归于瞿氏铁琴铜剑楼和杨氏海源阁，又以海源阁所收最多，仅黄丕烈手校过的书籍就有80多种。以此奠定了“南瞿北杨”的地位。杨以增不仅致力于收集图书，还对藏书进行校勘整理，记述该书购置经过，详述版本优劣，并遴选珍本加以刊刻流布，有《海源阁丛书》数十种之多。陈康祺在《郎潜纪闻三笔》中说，杨以增得一书必阅一书。杨以增之子杨绍和秉承父志，编撰了《海源阁书目》和阁本善本藏书记《楹书隅录》初编、续编。

国家图书馆藏有《海源阁藏书目》的孙传凤抄本，系《江刻书目三种》本的底本，上有江标及文禄堂主人王文进的批注。

金佳石好楼《译书经眼录》

顾燮光撰《译书经眼录》八卷二册，杭州金佳石好楼民国23年石印本，版心题“非儒非侠斋著书”。

顾燮光（1875—1949），字鼎梅，浙江绍兴人。近代目录学家、金石学家。顾燮光博雅好古，擅书法，汉隶饶有古趣，画则以白阳、新罗为宗，为上乘之文人画。少壮时，曾至河南搜罗金石，在卫辉居八年，访得古人未著录的自汉迄元碑刻700余种。所藏碑拓以墓志为最富，其中尤以在延津学舍访得的北宋后久已湮没的汉刘熊碑最为珍贵。1904年编有《译书经眼录》，收书500余种，多为科技书籍，另编有《江南制造局译书提要》目录。亦喜藏书，储于“非儒非侠斋”，著有《非儒非侠斋诗文集》。

顾燮光尤精碑板金石目录等学，潜心研究金石碑刻，并以“金佳石好楼”命其斋名。著有《梦碧簃石言》六卷，《河朔新碑目》三卷，《刘熊碑考》、《两浙金石别录》、《袁州石刻记》各一卷，《古志汇目》八卷，《比干庙碑录》三卷，《伊阙造像目》一卷，尤以《石刻萃珍》三辑，系选自所藏汉、唐碑刻精品30种，最为艺林珍赏。

《译书经眼录》是收录出版于辛亥革命期间各种译书的重要书目。顾燮光在《译书经眼录·自序》中写到：“清光绪中叶，海内明达惩于甲午之衅，发愤图强，竞言新学，而译籍始渐萌芽。新会梁氏著《西学书目表》及《读西书法》，学者方有门径。老友徐君以惩病其略焉，乃仿提要例而有《东西学书录》之作，蔡孑民先生叙之。是时燮光醉心新学，日以读译书是务，为补其阙，由徐君合印以行，而孑民先生复识之。匆匆三十余年矣，嗣后燮光遨游南北，迄光绪三十年止，又读译籍约千余种，乃踵徐书前例，著为《译书经眼录》一书，弃诸行箧有年。”

光绪二十八年（1902），曾有徐维则辑、顾燮光补辑的《增版东西学书录》石印本印行，顾燮光的《译书经眼录》是受《增版东西学书录》启发而作的，对于了解近代以来的中西方文化交流提供重要资料，是研究中西文化交流史的重要工具书。

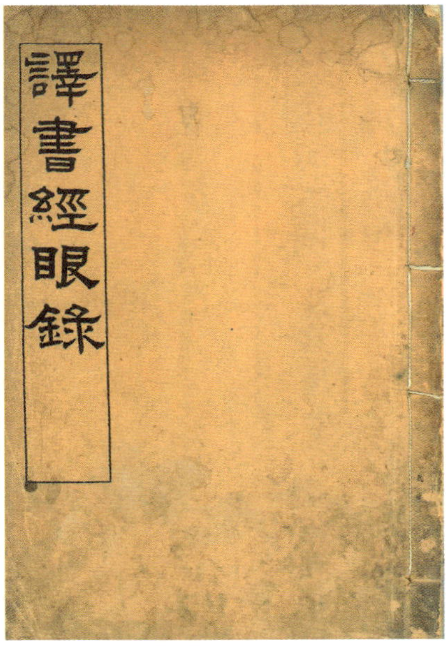

《太平天国史料》第一集

程演生辑《太平天国史料》第一集，十种，三册。铅印暨影印本，北京大学出版部民国15年出版。铅印行款，12行31字，黑口，四周双边，单鱼尾；影印行款，10行24字，白口，左右双边，单鱼尾。

本书是北京大学教授程演生在巴黎法兰西国立东方语言学校所属东方图书馆1925年摄录到的，内收有关太平天国的史料十种，其中有《太平天国颁行诏书》、《天父下凡诏书》、《天命诏旨书》、《颁行诏书》、《天朝田亩制度》、《建天京于金陵论》、《贬妖穴为罪隶论》、《原道救世歌》、《原道醒世训》和《原道觉世训》。

关于这本书的价值，在序言中写得十分详细，应该说其中的部分诏书对于研究太平天国的历史很有帮助。通过上述条目，可以部分重现当时太平天国内部的政治、军事、文教事业的一些状况。

据王崇武、黎世清编译《太平天国史料译丛》记载：英国教士艾约瑟曾访问苏州的太平军，庚申十年（清咸丰十年，1860）五月，有几个从天京奉命到苏州的高级官员对他说，那时候太平天国出版的书籍已有50多部。

可惜的是，这些书籍，在太平天国兵败

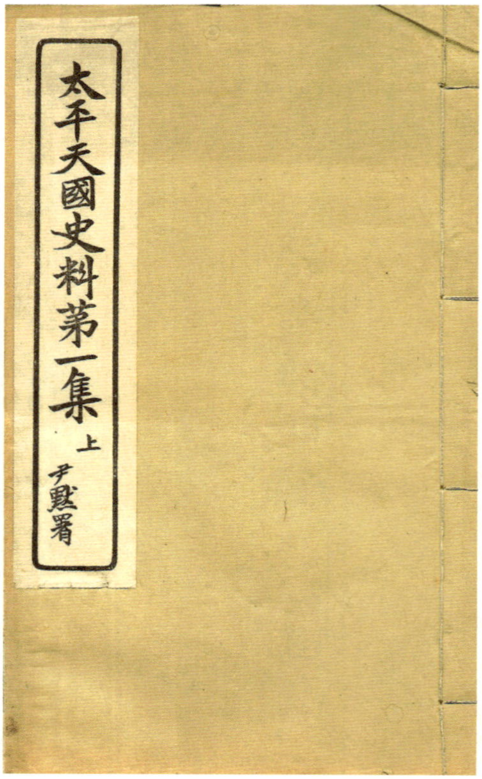

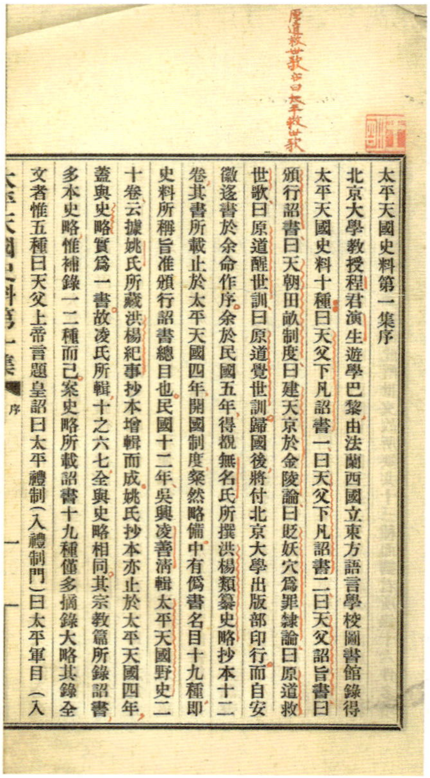

太平天國史料第一集序

北京大學教授程君演生遊學巴黎由法蘭西國立東方語言學校圖書館錄得太平天國史料十種曰天父下凡詔書一曰天父下凡詔書二曰天父詔旨書曰頒行詔書曰天朝田畝制度曰建天京於金陵論曰貶妖穴爲罪隸論曰原道救世歌曰原道醒世訓曰原道覺世訓歸國後將付北京大學出版部印行而自安徽遂書於余命作序余於民國五年得覩無名氏所撰洪楊類纂史略抄本十二卷其書所載止於太平天國四年開國制度粲然略備中有僞書名目十九種即史料所稱旨准頒行詔書總目也民國十二年吳興凌善清輯太平天國野史二十卷云據姚氏所藏洪楊紀事抄本增輯而成姚氏抄本亦止於太平天國四年蓋與史略實爲一書故凌氏所輯十之六七全與史略相同其宗教篇所錄詔書多本史略惟補錄一二種而已案史略所載詔書十九種僅多摘錄大略其錄全文者惟五種曰天父上帝言題皇詔曰太平禮制(入禮制門)曰太平軍目(入

太平天國史料第一集　序　一

后，除了密藏的以外，都被清朝统治者烧光了。但当时流传到海外去的，却还保存在外国的图书馆、博物院。辛亥革命后，海外太平天国文献的庋藏，始渐为国人注意。1919年8月，梁启超在荷兰来丁大学藏书楼发现藏有壬子二年刻本《颁行诏书》一册，据壬子二年刻本抄写的《天条书》、《太平礼制》、《太平条规》、《太平诏书》各一册。嘱当时的驻荷兰公使命人抄录回国，以供研究太平天国史用，现藏于湖北省图书馆。

大约与程演生在法国巴黎摄照太平天国印书的同时，俞大维在德国普鲁士国立图书馆又摄照九种，即太平诏书、天条书、太平礼制、幼学诗、太平条规、天父下凡诏书第一部、颁行诏书、天命诏旨书和三字经，张元济增补入《太平天国诗文钞》改编本内。

1934年，萧一山把英国伦敦不列颠博物院所藏太平天国钦定颁行的书籍22部，加上在扬州发现的《钦定英杰归真》一部，共23部，编为《太平天国丛书》第一集。

1936年，王重民就英国剑桥大学图书馆所藏太平天国颁行书籍与柏林、巴黎、伦敦所藏查对，多十一部。其中除《英杰归真》一部已在国内发现外，计得10部，即《天理要论》、《太平天国甲寅四年新历》、《太平天国戊午八年新历》、《太平礼制》、《天父天兄天王太平天国己未九年会试题》、《开朝精忠军师干王洪宝制》、《资政新篇》、《钦定军次实录》、《诛妖檄文》、《太平天日》，编为《太平天国官书》十种。

在国内，当时密藏起来而幸存的太平天国书籍，建国前极少发现。据柴萼梵的《天庐丛录》说，其友殷萼亭在南京夫子庙前冷摊购得太平天国实录一册，殷死后八年去借阅，已不知给何人取去。罗尔纲的《太平天国史》记载，国内发现的只有《钦定英杰归真》一部，是1934年收售古籍的旧书店在扬州收得。同一年，罗尔纲在北京头发胡同旧书摊上访得太平军人手写本天条书一种，封面写有“沿途拖得贼经书一本”九个字。“拖”字是“拾”字的误写。罗尔纲认为，太平天国建都天京后，掌握有大量的印刷力量，不需要手抄。这一册手写本，应该是在广西战争时期，或者是从广西进军两湖时期抄的。据校勘结果，与德国普鲁士国立图书馆藏的初刻本相同，而与伦敦不列颠博物院藏的太平天国癸好三年（1853）重刻本不同。此本已送中国革命博物馆保藏。

建国后，旧遗诏圣书、幼学诗、太平救世歌、钦定士阶条例、太平军目、钦定敬避字样、资政新篇、建天京于金陵论、钦定军次实录等陆续发现。1959年，太平天国历史博物馆就根据前人所辑，和国内发现的太平天国书籍，编为《太平天国印书》（参见309页《〈太平天国印书〉》一文），列为太平天国文献第一集，于1961年影印出版。

受蒋介石资助欧行的成果：《太平天国丛书》第一集

萧一山辑《太平天国丛书》第一集，十册，南京国立编译馆民国25年铅印本。

萧一山（1902—1978），江苏铜山人。著名历史学家，被誉称“清史研究第一人”。是与章太炎、梁启超、孟森、胡适、陈垣、钱穆、陈寅恪等人齐名的近现代著名学者。1925年起，萧一山先后执教清华大学、北京大学、北京师范大学等，期间出版

《中国通史大纲》和《清代通史》。

《清代通史》出版后，时在南京的蒋介石颇感兴趣，读过上、中两卷后，对萧氏很赏识。1932年，萧一山时任南京中央大学教授，因朱家骅的推介，和蒋介石见了面。“当时蒋公有意邀请萧氏从政，经萧氏婉谢，因他无施政经验，恐有负蒋公的知遇之恩。如蒋公能资助他出国考察研究，他倒乐于遵命”（王康采访记：《清史权威萧一山》）。于是就有1932年至1933年蒋氏资助萧一山的欧洲之行，此行结果成就了萧一山在太平天国研究史上的突出地位。萧一山在英国工作了七个月，在大英博物馆东方部将所阅太平天国官书和文件全部摄录，其收获之丰与所录文献价值之高，时人以之与殷墟甲骨和敦煌经卷的发现相比拟。1936年，他将这些文献编为《太平天国丛书》第一集十册出版，共影印太平天国印书21部，其中虽有部分文献与程演生等传回者相同，但其中又有版本和内容上的差别。他还将从英国搜集的部分太平天国文书编为《太平天国诏谕》和《太平天国书翰》两种，各有文书15件，分别于1935年、1937年由国立北平研究院影印出版。这些遗落域外的珍贵史料的整理出版，为后来的太平天国史研究奠定了重要基础。

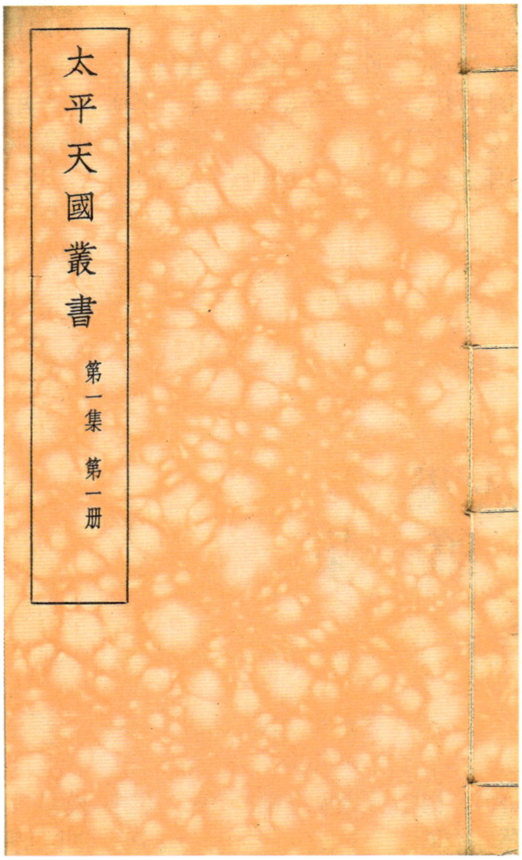

萧一山在《太平天国丛书》第一集序中说，太平天国文献多被毁灭，“幸有一时同教异域之士为之摭拾零编，保存彼都，赖以弗坠”。日本人内藤湖南于1925年发表选自大英博物馆所藏太平天国史料，对国人刺激很大。对太平天国域外史料的开发，实际上梁启超要早于内藤。1919年8月初，梁启超偕中国驻荷兰公使唐在复等人参观莱登大学图书馆，就发现该馆藏有太平天国印书，因命人缮录五册，但未经印行，所以长期不为人知（皮明庥、孔宪凯：《梁启超欧游时所辑太平天国资料》，载1982年第2期《社会科学战线》）。后北京大学教授刘半农将其在大英博物馆所录太平天国有关文件16种编为一册，于1926年由北新书局出版。同年，北京大学教授程演生又将其于1924年在巴黎东方图书馆摄影抄录的太平天国印书编为《太平天国史料》第一集，交北京大学出版部出版。大约与程演生同时，留学德国的俞大维也从普鲁士图书馆搜集到太平天国印书9种，当时并未影印问世，后主持商务印书馆的张元济据俞大维所摄照片著录，编入《太平天国诗文钞》，于1934年由商务印书馆出版。对这些情况，萧一山于1942年在《近代史书史料及其批评》中也有比较详细的叙述。

然而，在太平天国域外史料的早期开发中，成就最为卓著的为萧一山。朱希祖在为萧一山编《太平天国丛书》第一集所撰序文中赞道：“此书一出，吾知本国研究太平天国史者必咸嘉萧君之功，盖其成绩比程、刘二君更弘大也。”

值得一提的是，《太平天国丛书》第一集所收各种印书虽然均名为影印，但内有数种实系仿刻或抄排，导致失真并造成若干错误。此外，萧氏在伦敦还获见《旧遗诏圣书》、《新遗诏圣书》等印书，但因误以为它们只是汉译《圣经》的翻刻本，仅拍摄了其封面和样页，很是遗憾。

萧一山另编有《太平天国丛书》第二集，内收太平天国诏旨、兵册等重要史料，可惜恰逢“八·一三”淞沪抗战爆发，商务印书馆业已制成的版片悉数毁于战火。

《太平天国印书》

南京太平天国历史博物馆编《太平天国印书》四十二种，上下两函，二十册。江苏人民出版社1961年影印暨铅印，有宣纸本和白报纸本两种，定价分别是98元、70元，印数分别为300套、700套。

此书为太平天国文献第一集，汇集了目前所能得到的太平天国的印书共四十二种，其中《天条书》和《太平诏书》有初刻和重刻两种（其他印书的重刻本因内容和初刻本相同而只有字句的改正，没有收入本集，只在跋文内作了说明）。所收各书大部是据原刻本或原刻本的照片影印，也有少数是据传抄本影印或近人编辑的排印本印制的。各书之后都附有编者所写的跋文，对版本和主要内容作了说明。选录了其中《原道醒世训》、《时时遵守十款天条》、《奉天讨胡檄布四方谕》和《资政新篇》等。

《太平天国印书》为太平天国出版书籍

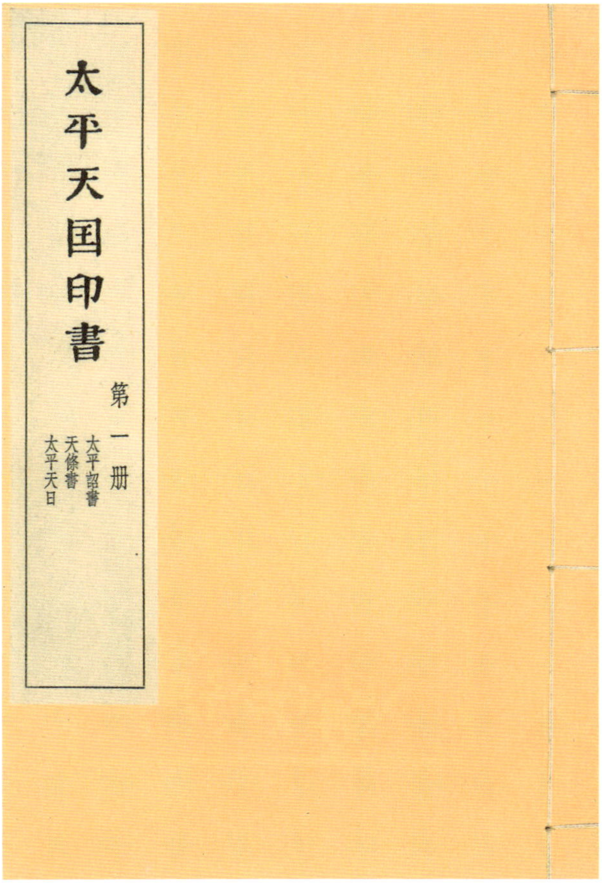

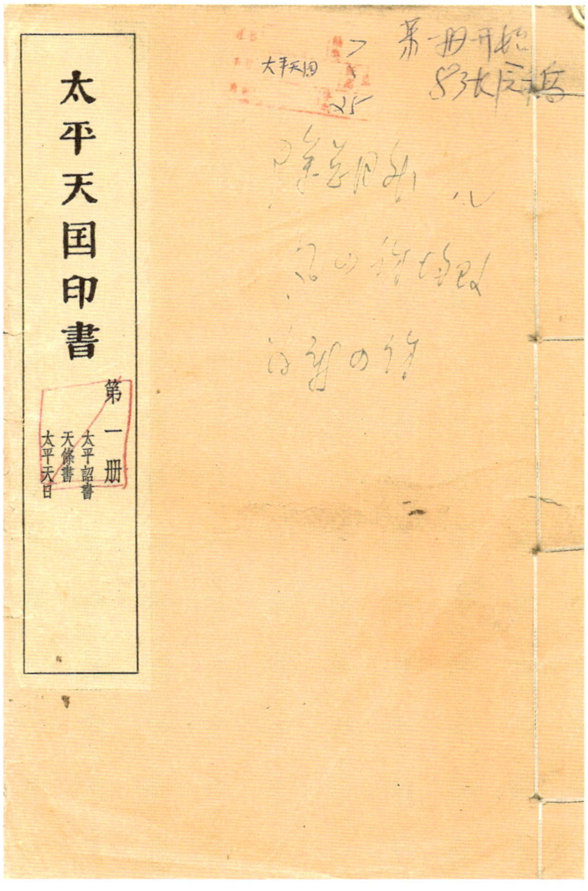

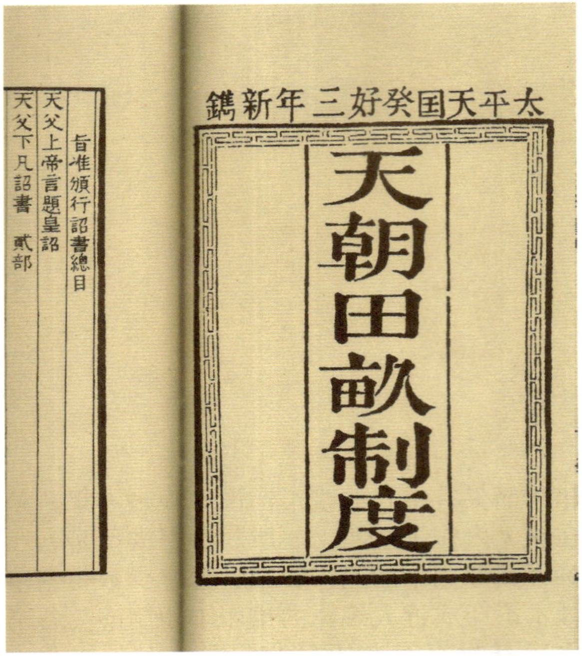

的统称，时称诏书。后代学者称太平天国官书，或太平天国印书。清咸丰三年（1853）太平天国建都天京（今江苏南京）后，建立“旨准颁行诏书总目”制度，即将各部印书编为目录，列于每部印书卷首。到1860年，列入“旨准颁行诏书总目”的共有29部，即《天父上帝言题皇诏》、《天父下凡诏书》（二部）、《天命诏旨书》、《旧遗诏圣书》、《前遗诏圣书》、《天条书》、《太平诏书》、《太平礼制》、《太平军目》、《太平条规》、《颁行诏书》、《颁行历书》、《三字经》、《幼学诗》、《太平救世歌》、《建天京于金陵论》、《贬妖穴为罪隶论》、《诏书盖玺颁行论》、《天朝田亩制度》、《天理要论》、《天情道理书》、《御制千字诏》、《行军总要》、《天父诗》、《钦定制度则例集编》、《武略书》、《醒世文》和《王兄亲目亲耳共证福音书》。其中《天父诗》在有的总目中作《天父圣旨》，但近年在英国发现《天父圣旨》、《天兄圣旨》各一部，表明《天父诗》与《天父圣旨》为不同的两部书。

太平天国印书后期也有不列入“旨准颁行诏书总目”的，但必须经天王旨准颁行。据现在所见，尚有下列各部：《太平天日》、《钦定士阶条例》、《钦定敬避字样》、《幼主诏书》、《资政新篇》、《钦定英杰归真》、《诛妖檄文》、《钦定军次实录》、《天父天兄天王太平天国已未九年会试题》、《开朝精忠军师干王宝制》。此外，还有多部原书未见留存而见诸文献或时人著录的佚书。太平天国印书的封面，一般均刊初版年份，以后虽经修订再版或重印，仍刊之不变。

太平天国特别重视编印宣传品，为了扩大影响，除了在天京设立镌刻营、刷书衙之外，每克复一个地方，就在该地建立印刷机构，出版了大量的书籍。即便是在永安城外有数万清军围困，在进军途中也不忘宣传，他们不仅把书籍分送给广大群众，甚至还用小船装满书籍，从江上漂送到清军的小艇队中去散发。

太平天国出版的诏书上必须盖有天王印，以及上刊“旨准”二字才准颁行，故又称“旨准颁行诏书”。这其中就有人们熟知的《天朝田亩制度》、《资政新篇》等，它们都是当时的纲领性文件，影响非常大。由于提倡“切实明透，使人一目了然”的文体主张，这些书籍都很通俗易懂，其印刷和装订，也都是采用民间喜闻乐见的式样，以此来以迎合劳动人民的爱好。

太平天国印书的内容，从拜上帝教义、

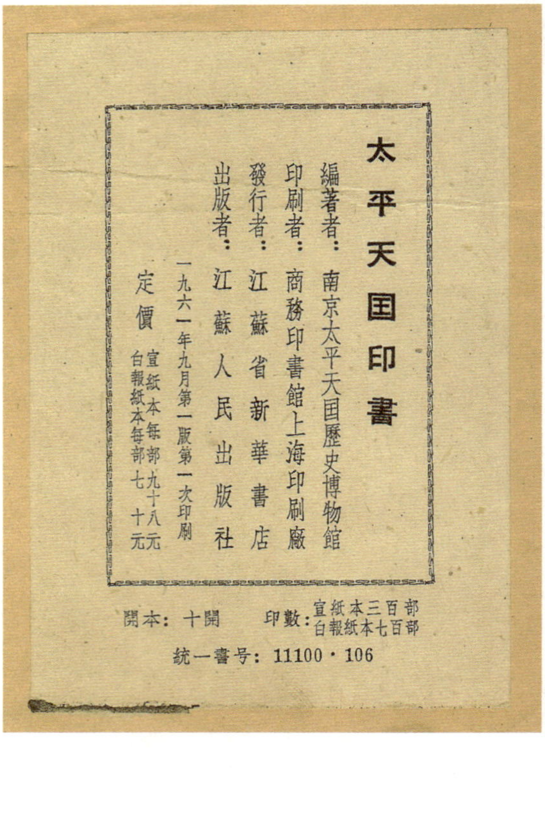
太平天国印書
編著者：南京太平天国歷史博物館
印刷者：商務印書館上海印刷廠
發行者：江蘇省新華書店
出版者：江蘇人民出版社
一九六一年九月第一版第一次印刷
定價 宣紙本每部九十八元 白報紙本每部七十元
開本：十開　印數：宣紙本三百部 白報紙本七百部
統一書号：11100·106

规章制度、诏旨、会议记录、历书、论文、个人专集以至刻印经过删改或选录的古书等，种类很多，因此，当时各种印刷品自然也就“汗牛充栋，人人习见”了。太平天国印书印刷数量的惊人，内容的广泛，在中国农民起义史上都是空前的。这些书籍，都是太平天国革命最宝贵的文献，也成为研究农民起义顶峰阶段最珍贵的资料宝库。

1979年5月，江苏人民出版社曾再版此书，仍为线装本，全二十册，定价98元。2008年春笔者有入蜀之行，曾和侯斌先生一起淘书，意外收到了一套江苏人民出版社1979年出版此书时编辑校改的底本，真是让人慨叹书缘中的天意。

考古学家沈仲常批校本：《郘亭知见传本书目》

（清）莫友芝编《郘亭知见传本书目》十六卷八册，江安傅增湘民国2年铅印本。此书为已故著名考古学家沈仲常先生通篇批校本，钤“仲常手校”朱印。卷末题有“辛未六月夏至沈仲常校记”。“辛未六月”应为民国20年6月。

此书为莫友芝对《四库简明目录》所作的版本笺注，是其在版本目录学方面最高成就的代表，也是清代版本目录学上的重要工作。此书无牌记，前有莫友芝第二子莫绳孙序，落款时间为“癸酉年长夏”。据资料记录，莫友芝在清同治十年（1871）去世，

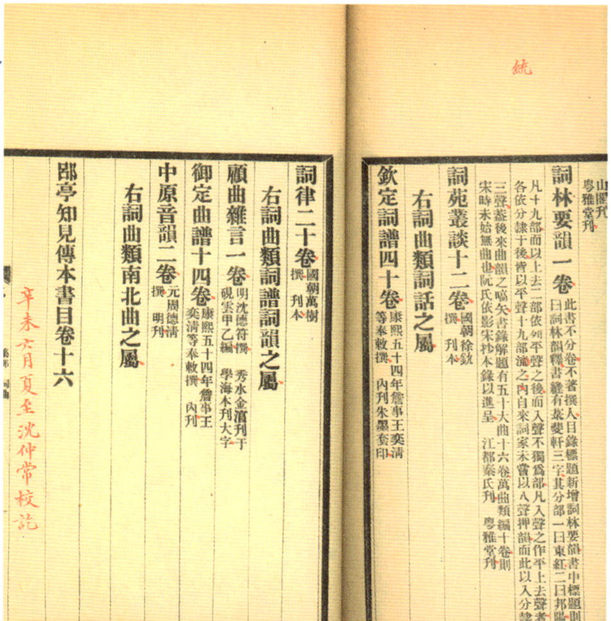
詞律二十卷
右詞曲類詞譜詞韻之屬
顧曲雜言一卷
御定曲譜十四卷
中原音韻二卷
右詞曲類南北曲之屬
郘亭知見傳本書目卷十六
辛未六月夏至沈仲常校記
詞林要韻一卷
詞苑叢談十二卷
右詞曲類詞話之屬
欽定詞譜四十卷

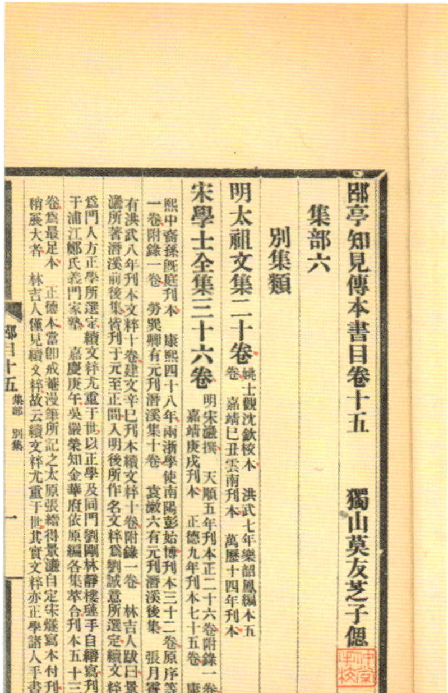
郘亭知見傳本書目卷十五　獨山莫友芝子偲
集部六
別集類
明太祖文集二十卷
宋學士全集三十六卷

其子莫绳孙整理遗稿，并由黎庶昌审定，于1873年刻板刊行。这个民国排印本是由日本田中氏在京城铅印。莫绳孙序中“癸酉年长夏”为同治十二年，这是木刻本的大致时间。此书民国期间的铅印本有十余种之多，且大都保留了这个序。

此书批校者沈仲常，是四川省博物馆的著名考古学家、文博大家，建国前就从事三星堆考古。国家图书馆藏善本（明）康海纂修明正德十四年（1519）刻本《正德武功县志》有沈仲常的跋文。

三星堆出土的青铜立人像是三星堆出土文物的一件重器。这件青铜立人像的双手大得出奇，与身体显然不成比例。当时人们为什么要过分地夸大铜人的双手？而手中所执的原是什么东西？沈仲常先生经多次观察、研究后认为，这件青铜立人像手中所执物应是琮。琮内圆外方，外壁以减地法突出四块长方形凸面。这件青铜立人像的手握式，正可以看出一个长方形凸面的一半。这件青铜立人正身直立，神情庄严肃穆，双手执琮，琮的孔中或可能还插有“通天地”的木柱。在2号坑出土的大量遗物中，铜人像仅此一件，它象征的应是这里主持祭祀的巫师。沈仲常推论：这件青铜立人像象征当时蜀人中的群巫之长，也可能就是某一代蜀王的形象。

在上海嘉泰2007年春季艺术品拍卖会上，此书清宣统元年（1909）刊本，一函十册，成交价为4400元。

北京琉璃厂的《来薰阁书目》

陈杭编《来薰阁书目》1—6期，七册。北平来薰阁书店民国18年至民国32年铅印本。

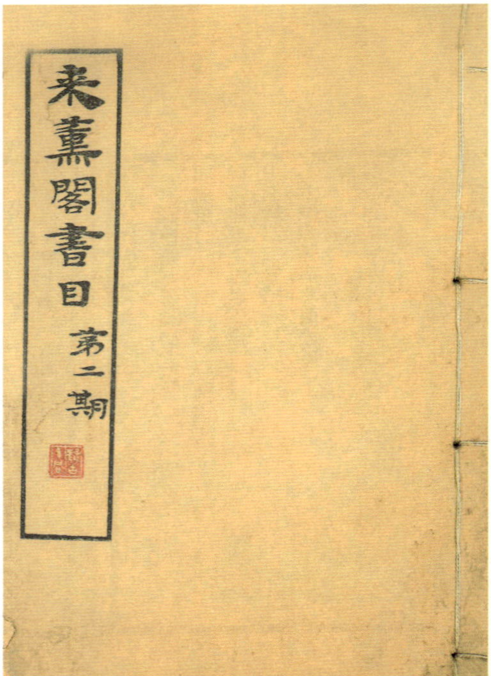

来薰阁书店坐落在北京琉璃厂西街，创立于清咸丰年间，为北京琉璃厂当时最大的一家古旧书店，不仅卖古书、收古书，还兼出书。来薰阁印刷的书籍主要是刻版线装书，选上好梨木做刻制木板的材料，使用的松烟墨汁也是自己制作，曾出版过许多经、史、子、集等古书。1940年10月，又在上海开设来薰阁分店。

近百年来，来薰阁结交了众多的文人墨客，其中不乏闻名全国的专家、教授、学者。鲁迅、朱自清、郑振铎、刘半农、胡厚宣等名家都是来薰阁书店的常客。据史料记载：抗战时期，文化名人郑振铎为了躲避敌人的搜捕，有一个时期就住在上海来薰阁分店，他的一部分书画和账册也藏在来薰阁书店分店里。

那时，来薰阁书店为了多做买卖，在店堂内设有几把坐椅，为客人坐着看书选书之用，而且还有热茶供客人饮用。店中学徒和伙计都必须热情为客人服务，这是来薰阁书店的店规。违反这个店规，轻者批评教育，重者辞退。

1958年，来薰阁书店归属中国书店。20世纪80年代初，随着北京琉璃厂文化街一期工程的翻建改造，中国书店遵照政府有关规划，将下属来薰阁书店向东迁移约50米（今北京琉璃厂西街18号），并于1984年9月25日重张开业，李一氓、舒同题写了匾额。

马念祖签名自印本《伪书举例》

马念祖撰《伪书举例》四卷一册，北平蟫吟社民国22年铅印本，“马氏丛著”之一。马念祖自印本，有签名，题“常先生哂存，马念祖谨赠”。

马念祖为著名学者，周易学专家。编著有《水经注引书考四卷》、《水经注等八种古籍引用书目汇编》，均为蟫吟社民国间铅印本。马念祖撰、董逸萍辑的《伤心诗稿》一册也为民国间铅印本。

伪书者，假书也，系指一书的公认著者及时代并非这书的真正著者及时代的书，或简言之“著者不真实的书”。《史记·货殖列传》有“吏士舞文弄法，刻章伪书”的记载。伪书一般认为有四种：一是伪造的文书、信件、契证；二是僭伪政权的史书；三是内容虚妄无稽的；四是托名伪造的书籍。现在出版界所常说的伪书，基本上是指第四种。《辞海》的解释为：“作者隐匿本名而托名前人的作品。中国古籍中，有原作者已无考而托名于前人的，如《六韬》之托名于吕望；有成书较晚而相传为前代著作的，如《周礼》之传为周初著作；也有原书已佚而后人有意作伪的，如伪孔安国《古文尚书传》。”

伪书的产生历史悠久，古籍中的伪书也为数甚多，考订伪书的作者或著作时代，称为“辨伪”，始于宋而盛于清，如姚际恒的《古今伪书考》等。对伪书的研究，近几十年专著出版甚少，只有一些散见于报刊的论文。1998年7月，黄山书社出版了邓瑞全、王冠英主编的《中国伪书综考》，考辨之

书多达1200种，是目前为止考辨伪书数量最大、内容最为丰富的辨伪专著，可谓伪书研究的集大成著作。

在中国书店海王村2005年5月春季拍卖中，1962年马念祖手抄的《人境庐集外诗》线装本一册，钤“马念祖阅读印”、“念祖”印，底价为1500～2500元，成交价为5800元。此抄本是清代黄公度先生所著艳体诗词，马念祖先生抄写并为此诗作序和跋语，并经俞平伯先生点校。

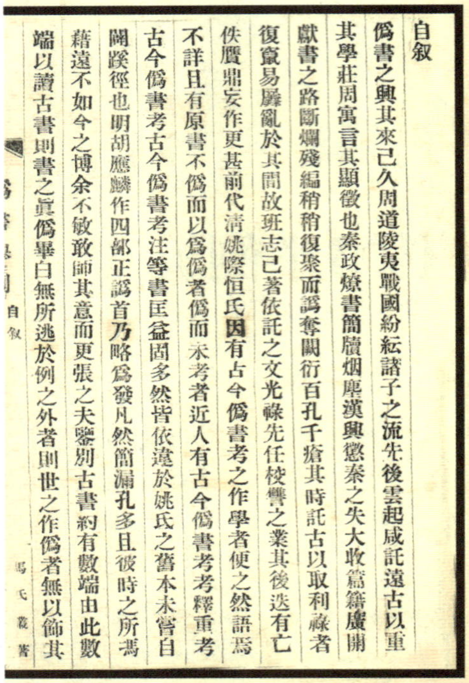
自敘
僞書之興其來已久周道陵夷戰國紛紜諸子之流先後雲起咸託遠古以重
其學莊周寓言其顯徵也秦政燎書簡牘烟塵漢興懲秦之失大收篇籍廣開
獻書之路斷爛殘編稍稍復聚而譌奪闕衍百孔千瘡其時託古以取利祿者
復竄易羼亂於其間故班志已著依託之文光祿先任校讐之業其後迭有亡
佚贋鼎妄作更甚前代清姚際恒氏因有古今僞書考之作學者便之然語焉
不詳且有原書不僞而以爲僞者僞而未考者近人有古今僞書考考釋重考
古今僞書考古今僞書考注等書匡益固多然皆依違於姚氏之舊本未嘗自
闢蹊徑也明胡應麟作四部正譌首乃略爲發凡然簡漏孔多且彼時之所馮
藉遠不如今之博余不敏敢師其意而更張之夫鑒別古書約有數端由此數
端以讀古書則書之眞僞畢白無所逃於例之外者則世之作僞者無以飾其
自敘
馬氏叢書

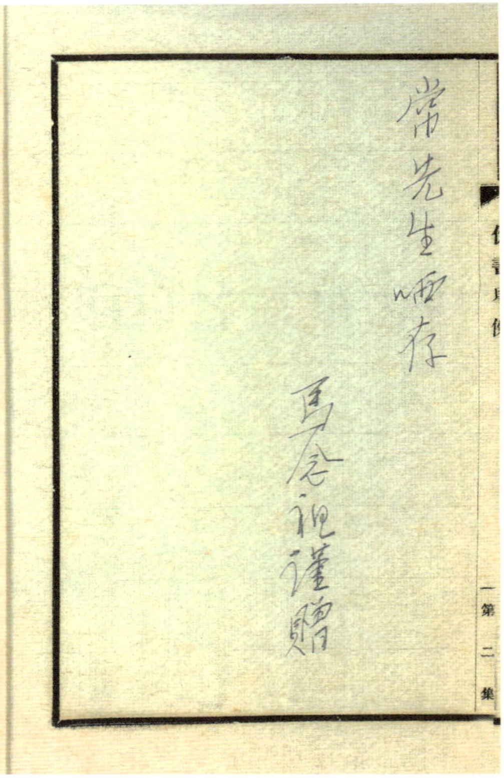

钱塘丁丙家刻本《善本书室藏书志》

（清）丁丙藏并编《善本书室藏书志》四十卷、附录一卷，共十六册。光绪辛丑（1901）钱塘丁丙家刻本。此书历三年始成，仿《四库全书总目提要》部类序列，每书详著书名卷数、作者时代、雕版时间及刊刻地域、行格、藏印等，并撰有简解。

《善本书室藏书志》编辑条例中，列举“旧刻、精本、旧抄、旧校”四者作为“善本”的选择标准：一曰旧刻，宋元遗刊，日远日鲜，幸传至今，固宜球图视之。二曰精本，朱氏一朝，自万历后，剞劂固属草草。然追溯嘉靖以前，刻书多翻宋椠，正统、成化刻印尤精，足本、孤本，所在皆是。三为旧抄，指昔人手写，笔墨精良者。四是旧

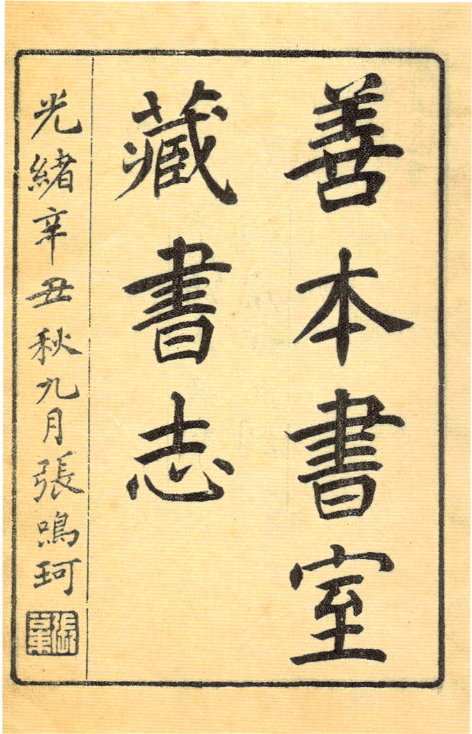

校，指校刊精审者。

丁丙（1832—1899），晚清藏书家，字嘉鱼，别字松生，晚号松存。浙江钱塘（今杭州）人。家世经营布业，富于资财。其藏书室称“八千卷楼”（沿用其祖上旧名），另辟“后八千卷楼”、“善本书室”等，总称“嘉惠堂”。清咸丰十年（1860），杭州文澜阁《四库全书》散佚，他多方收集、补抄。著有《庚辛泣杭录》，辑刻有《武林掌故丛编》，又著录所藏善本书为《善本书室藏书志》。

丁丙藏书逾万种，其中宋元刻本、明清刻本、旧抄本、手稿本达2000余种，在八千卷楼另辟“善本书室”庋藏。

孔网在线拍卖光绪《善本书室藏书志》十六册，自2007年3月23日20:23开始，至3月26日22:10止，有59人跟帖留言，3309人次浏览，191人次出价，从500元起拍，到3150元成交。并且此书“前三册风化虫蛀较为厉害，需要重装，后十三册较为好些。第一册线断了书页散了”，中拍者还得“另付20元邮挂”。可见此书之受追捧。

善本，最早是指校勘严密，刻印精美完善的古籍，后含义渐广，包括刻印较早、流传较少的各类古籍。由于历代藏书家著录方式不同，确定善本的标准也不统一。

随着时间推移，善本年代界限也日益后移。20世纪中期以后，清乾隆以前（含乾隆年间）刻本全算作善本，甚至无论残缺如何，有无错讹，均以年代划界。现在已有较明确的提法，即凡是在历史文物性、学术资料性、艺术代表性三方面或其中某一方面具有特殊价值的书就是善本。具体可以概括为如下几点。

其一，元朝及元朝以前刻印、抄写的图书。无论质量、品相如何，残全如何，一概划入。

其二，明刻本、抄本。但刻印模糊，流传广泛者除外，并非所有明刻本都能跻身善本之列。

其三，乾隆及以前流传较少的刻本、抄本，这需要认真查核。

其四，太平天国及历代农民政权刻印的图书。

其五，辛亥革命（1911）前在学术研究上有独到见解且有学派特点，或集众说而较有系统的稿本，以及流传很少的刻本、抄本。

其六，辛亥革命前反映某一时期，某一领域事件资料方面的稿本，流传很少的刻

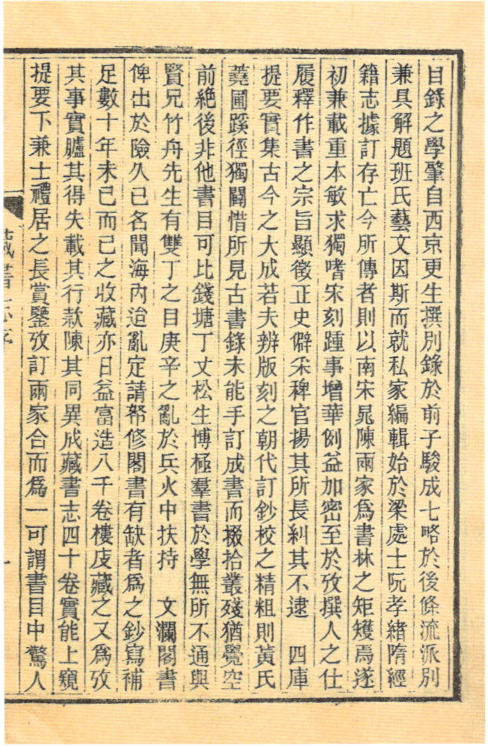
目錄之學肇自西京更生撰別錄於前子駿成七略於後條流派別
兼具解題班氏藝文因斯而就私家編輯始於梁處士阮孝緒隋經
籍志據訂存亡今所傳者則以南宋晁陳兩家爲書林之矩矱爲遂
初兼載重本敏求獨嗜宋刻踵事增華例益加密至於孜撰人之仕
履釋作書之宗旨顯徵正史僻采稗官揚其所長糾其不逮　四庫
提要實集古今之大成若夫辨版刻之朝代訂鈔校之精粗則黃氏
蕘圃蹊徑獨闢惜所見古書錄未能手訂成書而掇拾叢殘猶覺空
前絕後非他書目可比錢塘丁文松生博極羣書於學無所不通與
賢兄竹舟先生有雙丁之目庚辛之亂於兵火中扶持　文瀾閣書
俾出於險久已名聞海內迨亂定請帑修閣書有缺者爲之鈔寫補
足數十年未已而已之收藏亦日益富造八千卷樓庋藏之又爲孜
其事實臚其得失載其行款陳其同異成藏書志四十卷實能上窺
提要下兼士禮居之長賞鑒孜訂兩家合而爲一可謂書目中驚人

本、抄本。

其七，有名人学者亲笔批校、题跋、评论的刻本、抄本。

其八，代表印刷较高水平的活字本、套印本、版画。

其九，有特色、有亲笔题记或名人序跋的明、清集古印谱、名家印谱等。

在上海国拍2005年春拍中，此书光绪三十四年（1908）家刻，黄纸十六册本，以4950元成交。

收录七个书局所刻书的《广西存书目录》

《广西存书目录》一册，桂垣书局清光绪十六年（1890）刻本。封面题“广西各种书目”。

该书目收入广东广雅书局、广州书局、湖北武昌书局、桂林书局、湖南书局、金陵江宁书局和江苏书局等七个书局所刻书820种，其中：广东刊本223种、1678卷、444册、37函；广州刊本228种、2580卷、810册、74函；湖北刊本179种、2932卷、993册、103函；桂林刊本10种、94卷、56册、6函；湖南刊本16种、860卷、251册、28函；金陵刊本55种、2127卷、423册、74函；江苏刊本109种、3439卷、996册、122函。以上各地所刊书每种十部，分存桂林府、梧州府、浔州府、柳州府、南宁府、太平府、泗城府、百色直隶厅、欝林直隶州、归顺直隶州十局各一部。

桂垣书局是广西最早的官办书局。光绪十五年，广西巡抚马丕瑶向朝廷奏请在省城开书局获准。翌年春，马丕瑶择址桂林秀峰书院西斋（今广西师范大学内），创办了桂垣书局，又名桂林书局。书局布局为五间三进，一进为刻书处，二进为读书堂，三进为藏书楼。开设后即向江苏、浙江、广东等省书局征集图书，并选择经、史、子、集善本，分类分批缮刻印刷，向广西各府、厅、州发售。这个书目就是向各省书局征集来又

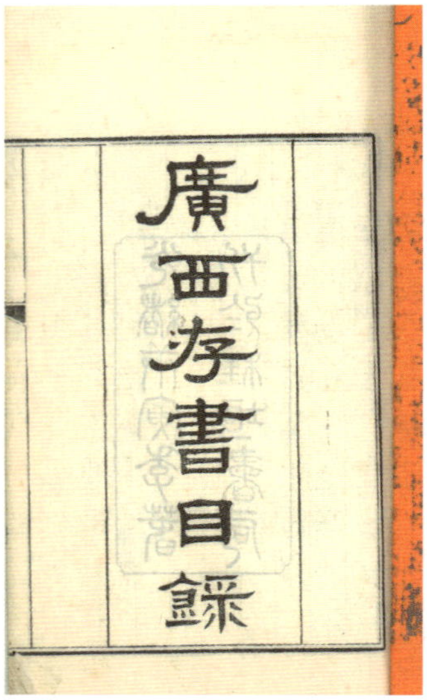

翻刻后向各府、厅、州发售的总目。到1906年，书局雕版刻印的书有30种，现存有20余种。书局藏书不仅有自刻的书，还有外省咨送书籍数百种，计经类129部，史类347部，子类285部，集类323部，丛书23部，共16754册，从单本到巨帙，蔚为壮观。

桂垣书局集图书刊印，发行，藏书，阅览为一体，并且藏书楼对外开放阅览，设专人负责图书保管、借阅，已初具近代图书馆雏形。1906年，机器印刷传入桂林后，书局的雕版印书逐渐被取代。1913年，书局藏书由广西图书馆接收。

收录杨守敬部分藏书的《故宫所藏观海堂书目》

杨守敬藏、何澄一编《故宫所藏观海堂书目》四卷，北平故宫博物院图书馆民国21年铅印本，线装一函一册。

杨守敬（1839—1915），字惺吾，号邻苏，湖北宜都人。清末民初著名历史地理学家、金石学家、目录版本学家、书法家和近代大藏书家。精金石，家中碑刻收藏甚富。1880年至1884年充驻日钦使随员，将中国书坛尚碑的风气传到日本，对日本近代书坛影响巨大，给日本幕府末期颓靡的书坛造成了极大的冲击波，在当时的日本书道界括起了一股“崇杨风”，其影响至今犹存。被誉为“日本书道现代化之父”。书宗欧阳询，行书略带纵笔。晚年移居上海，卖字为生，求者以日本人为多。生平著述达83种，主要有《寰宇贞石图》、《日本访书志》、《评碑记》、《楷法溯源》、《学书迩言》等。

杨氏在《年谱》中自称：“余藏书数十万卷，海内孤本亦逾万卷。”这些藏书中，有的是唐、宋、元古抄本，有的是宋、元旧版医书，有的是从日本购回的珍本。搜集这些典籍，除了对祖国文化宝藏的热爱和坚韧不拔的毅力，还要一大笔钱。作为一介寒儒，杨氏采用三种办法：一是节衣缩食以购；二是用个人收藏的字帖和古钱币交换；三是以卖字之金买书。

1882年，杨守敬在日本东京游于市上，看到书店中的书多所未见者，虽不能购，而心识之。幸所携汉魏六朝碑版，亦多日本人未见，又古钱、古印，为日本人所羡。以有易无，遂盈筐箧。杨氏在《日本访书志缘起》中谈到：“余之初来也，书肆于旧板尚不甚珍重，及余购求不已，其国之好事者，遂亦往出重值而争之。于是旧本日稀，书估得一嘉靖年，亦视为秘笈，而余力竭矣。然以一人好尚之笃，使彼国已弃之肉，复登于俎，自今以往，谅不至拉杂而摧烧之矣。则彼之视为奇货。固余所厚望也。”

杨氏在日本四年间，除了四处讲学外，就是广泛搜集流失到日本的中国典籍，包括六朝及唐抄本、世所罕见的宋、元版古籍，其中不少为国内已散佚和残缺本。杨氏搜集的这批典籍，以经部为最，经部之中，又以《易》、《论语》为多，大多是国内不存的珍本。这个时期，在黎纯斋支持下，杨氏将在日本搜集到、国内已绝迹的28种逸书残本，刊刻成《古逸丛书》。这套丛书“除庄子注疏、蔡刻杜诗外，皆吾国久佚之本”。黎纯斋以此丛书“赠当时显者，皆惊为精绝”。与杨守敬同时代的另一位藏书大家、学者叶昌炽对《古逸丛书》赞不绝口，他说，是书“募勒精审，毫发不爽，初印皆用日本皮纸，洁白如玉，墨如点漆，醉心悦目。书成旋即至沪，即以其板付江苏官书局贮之，流通古籍，嘉惠后学”。被誉为“书之伯乐”的藏书大家伦明，在《辛亥以来藏书纪事诗》中也有诗赞扬杨守敬藏书事云：“渡海三年访秘文，精雕古本胜留真。积来辛苦天宁负，险煞杨云要美新。”

杨守敬一生爱书如命，书随人走。他在宜都曾筑“飞清阁”藏书楼。1903年，杨氏在武昌菊湾新建"观海堂"书楼，将黄州邻苏园藏书悉数迁入。辛亥武昌战争爆发后，杨守敬避居沪上。经杨氏日本弟子寺西秀敦请，黎元洪以湖北军政府大都督的名义加封条于杨宅，并发出告示称："杨绅守敬藏古书数十万卷，凡我同胞，均应竭力保护，如敢有意图损毁及盗窃者，一经查觉，立即拿问治罪"，"同胞咸当爱敬，共尽保护之责，以存古籍，而重乡贤"。由于黎的保护，杨宅价值连城的典籍终能幸免于乱。

1912年，这批典籍运至上海，1914年转运北京，藏北海"观海堂"。杨氏1915年病逝后，其藏书一部分转入梁启超倡建的"松坡图书馆"（1949年并入北平图书馆），一部分由当时的国务院以3万元收购，庋藏于故宫博物院。还有一部分留存鄂垣的藏书，被杨守敬之子杨勉之于1939年7月28日出售给湖北省图书馆。晚年的杨守敬在谈到其一生藏书的甘苦时，感慨地说："吁！世之藏书者，大抵席丰履厚，以不甚爱惜之钱财，或值故家零落，以贱值捆载而入。守敬则自少壮入都，日游市上，节衣啬食而得。其在日本，则以所携古碑、古钱、古印之属交易之，无一幸获者。归国后，复以卖字增其缺，故有一册竭数日之力始能入橱者。天鉴艰难，当不使同绛云一炬，若长此不靖，典籍散失，则非独吾之不幸，亦天下后世之不幸也。涕零书此，知我者，其勿以不达笑我。"

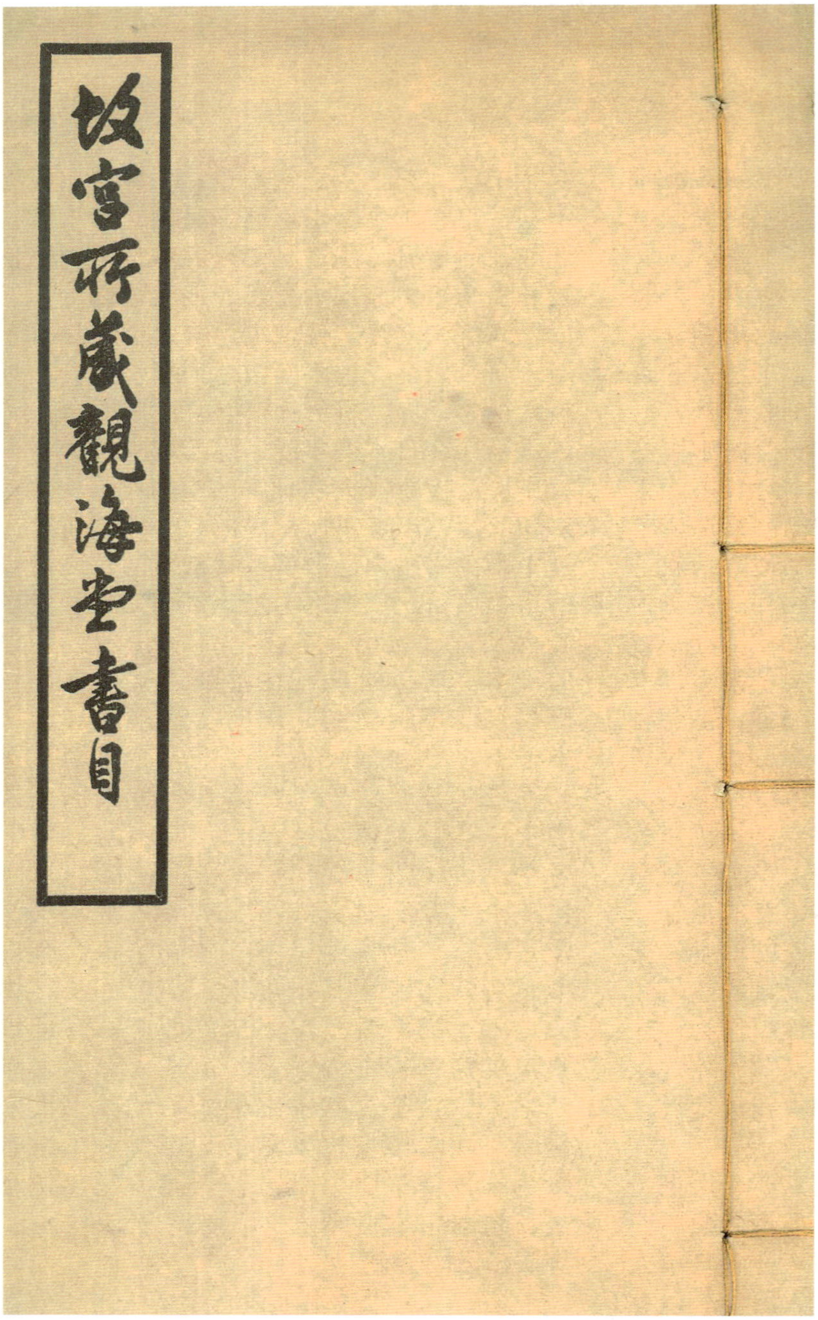

故宫博物院所收杨氏藏书有3000余种，由何澄一编《故宫所藏观海堂书目》登记著录。这批图书现大多藏于台湾故宫博物院。台湾"国立故宫博物院——故宫清代档案数位典藏子计画"称："本院所藏善本古籍，由宋迄清约20万册。主要是承继自清宫旧藏图书，此外为民国初年购自晚清藏书家杨守敬之观海堂藏书，以及民国74年教育部拨交本院保管之原北平图书馆藏书。"

双流黄氏济忠堂刊《四库未收书目提要》

（清）阮元撰《四库未收书目提要》五卷三册，牌记题“辛未孟夏双流黄氏济忠堂用研经室本再校重刊”。

《四库未收书目提要》有清道光二年（1822）仪征阮氏研经室刻本，民国20年双流黄氏将研经室本重加校订，刊行于世，是目前较常见的一个版本。

关于此书缘起，阮元之子阮福在书前于道光二年所作序言中所言较详。嘉庆年间，阮元任浙江巡抚，驻节杭州。公事之暇，留心于旧典秘帙之搜访。凡遇《四库全书》没有收入的古书，皆按照《四库全书总目提要》的格式，纂写提要一篇，将书及提要一并进呈内府，以供嘉庆帝御览。这就表明，阮元购书及撰提要的初衷，主要是为了取悦于皇帝，也正惟其如此，每得一书，必详查书籍来源经过，然后又请当时像鲍廷博、何元锡等硕学之士参与审订，草成提要的初稿。最终由阮元亲加改定，纂写而进呈。这项工作历时十数年，进呈御览之书也有170余种。而这些书的提要手稿，散藏于阮元扬州故宅及其长子在京的寓所。阮福其时正与其弟阮祜等校刻《研经室集》，于是请父亲将这些提要亦收入集内。但阮元认为，这些提要多半并不出于己笔，而且一篇之中的创改也有大半，但“文不必存而书应存”，于是阮福遵父命，将此书收入了《研经室外集》。

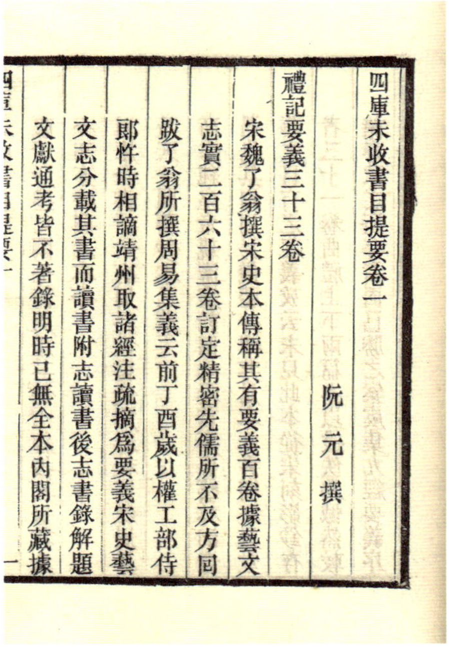
四庫未收書目提要卷一

阮元 撰

禮記要義三十三卷

宋魏了翁撰宋史本傳稱其有要義百卷據藝文志實二百六十三卷訂定精密先儒所不及方回跋了翁所撰周易集義云前丁酉歲以權工部侍郎忤時相謫靖州取諸經注疏摘爲要義宋史藝文志分載其書而讀書附志讀書後志書錄解題文獻通考皆不著錄明時已無全本內閣所藏據

《四库未收书目提要》共五卷，每卷之内，并非以传统的经、史、子、集排列前后次序，可能是以得书先后而列。全书共收提要175篇。此书最大的特点是著录了许多当时已比较罕见的本子。如卷一（宋）杨仲良的《皇宋通鉴长编纪事本末》一百五十卷，《四库未收书目提要》中称：“其书不见于《宋史·艺文志》，而赵希弁、陈振孙、马端临诸家亦皆不著录。”此书虽为一旧抄本，然据提要所言，今流传颇广的李焘《续资治通鉴长编》，于北宋徽、钦二朝史实皆

已缺失，藉杨氏此书，可以考见其时崖略，所以其价值尤为可贵。又如卷二《群书治要》五十卷、《文馆词林》四卷、《臣轨》二卷、《乐书要录》三卷，皆为唐时旧集，其中大多至宋时已失传于中国。清嘉庆年间，阮元购得舶自日本的活字本，编成提要，遂使这些久已佚之帙得重光于世，其功不可谓不大。

另外，此书对《四库全书总目提要》所未及之处作了一定的补正，近代学者胡玉缙又对此书做过若干补正。综而论之，阮氏所主持编纂的这部提要，虽成于清嘉道年间，其目的也主要为了进御之用，然而因为主持者阮元及其他参与者，皆邃于学而勤于事，其中虽不免小疵，然瑕不掩瑜，在中国目录学史上，无疑是一部颇具学术价值的著作。

松崎鹤雄写本《故宫博物院书目》

（日）松崎鹤雄1933年《故宫博物院书目》写本，用每页10行红方格“冈田原稿用纸”抄写，共176页。贴有中国医科大学图书馆方签、钤“国立沈阳医学院图书馆藏书”白文篆章。扉页题“故宫博物院书目，据大连图书馆所藏印本，昭和八年五月二十三日写了”。第二页题“北京故宫博物院所藏此书系杨守敬氏旧藏，此中珍籍多所获于东京者。昭和三年十二月，松崎鹤雄附记。杉村勇造氏寄赠”。

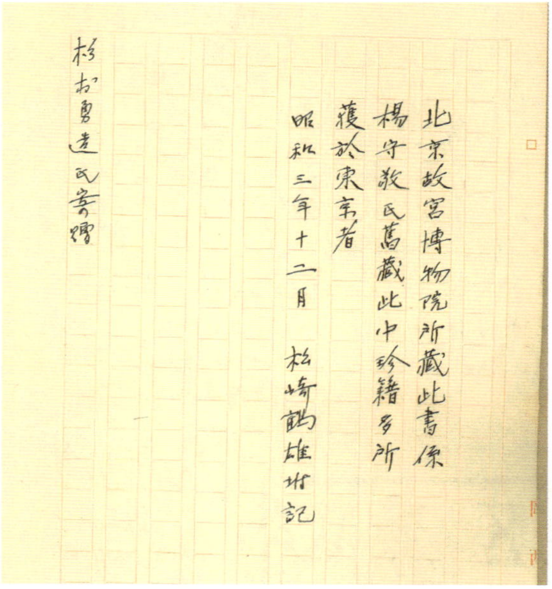
北京故宫博物院所藏此書係楊守敬氏舊藏此中珍籍多所獲於東京者
昭和三年十二月 松崎鶴雄附記
杉村勇造氏寄贈

此书编录书名、著作人、卷数、册数、版本等情况，共计收书1724种。

松崎鹤雄（1867—1949）字柔甫，一号懒云山樵，日本熊本县人。清末游华，为日本汉学家。1920年起任职于满铁大连图书馆。1910年曾往长沙拜叶德辉为师，叶德辉1927年4月在长沙被杀，松崎鹤雄当即撰写《叶德辉传略》，发表在《辽东诗坛》第二十三号（1927年5月）上。

从《文献》杂志2002年第4期和2003年第1期、第2期所刊载刘承干等人的通信来看，松崎鹤雄曾是嘉业堂藏书的觊觎者，但是有着各种各样的传说。综合王若《嘉业堂未毁之谜》（《文汇读书周报》2003年12月8日）、张廷银《藏书研究应注意图书聚散中的文化展示》（《光明日报》2003年5月3日书评版）、许寅《“傻公子”做出的“傻贡献”》（《学林漫步》1983年第八集）等文章的记载，可以勾画此事的大致脉络：嘉业堂主人刘承干，辛亥革命前就开始收集图书，不惜花高价购买，几年下来用掉白银30万两，先后收购了十多家藏书楼。书一天天多了起来，自然需要一个陈列的地方。1920年，他耗费12万两白银，拓地20亩，足足用4年时间在南浔建造藏书楼，末代皇帝溥仪赐予九龙金匾“钦若嘉业”，这就是嘉业堂的来历。嘉业堂内珍藏宋、元、明善本和珍贵孤本，多达13000种，约60万卷，犹如一座大型图书馆。其中的宋刊《史记》、《汉书》、《后汉书》、《三国志》，号称镇库之宝。《永乐大典》就是他在1910年到1924年间，先后从各地花高价搜集来的。

1937年年底，侵华日军占领南京，在进行惨绝人寰的大屠杀后，又调集专家进行疯狂洗劫，抢走图书文献达88万册，史称“南京文化大屠杀”。在此期间，浙江的天一阁、皕宋楼，江苏的铁琴铜剑楼以及山东的海源楼等知名藏书楼，或被迫转移他乡，或被洗劫一空。1937年11月17日，侵华日军进入南浔。第二天，古镇付之一炬，藏书楼却依旧巍然屹立，没有丝毫损伤，令人惊奇。原来，这得益于一条水渠，水渠环绕周围，隔断了藏书楼与外界的联系。可是，驻南浔的日军没有意识到嘉业堂内藏着古籍“宝贝”，日本人的“疏忽”为刘承干转移藏书提供了时间，他陆陆续续将6000多册图书运往上海。但刘承干运走的只是藏书的九牛一毛，大批只能够仍留在原地。刘承干采用了一种内行的规矩：从嘉业堂内一大部分重要的且带不走的成卷书籍中，每卷中都抽出一册，另藏它处，使得成卷的书都变得不完整了。建国后，浙江图书馆管理人员接收嘉业堂时，发现每套书里边都缺第一本，就问刘承干。刘承干解释了缘由，几十万卷书很快完璧归赵。

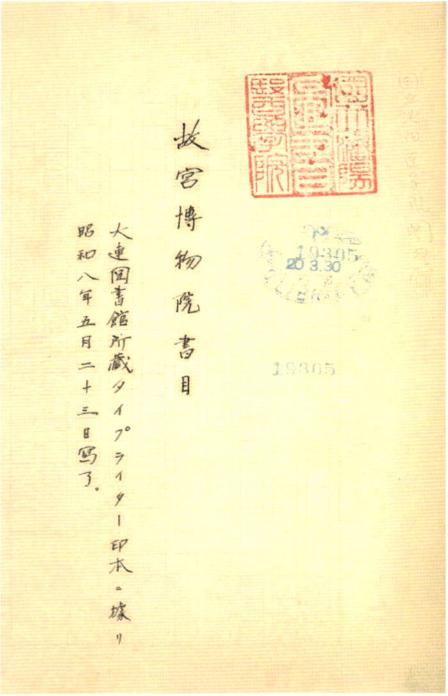

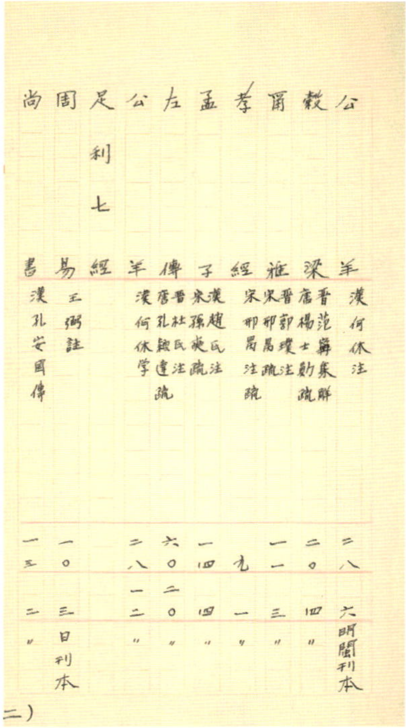

就在刘承干秘密往外转藏书籍时，一个日本人也在惦记着嘉业堂，一个更大的阴谋正通过侵华日军秘密实施。这个日本人叫松崎鹤雄，系刘承干的朋友。他曾把许多书送给松崎鹤雄。日本侵略中国时，松崎鹤雄专门写信给时任杭嘉湖司令的义弟牧次郎，让他到南浔的时候，一定要看守好藏书楼，不得有丝毫疏忽。刘承干认为，是自己与松崎鹤雄的朋友之交，保护了藏书楼。心存感激的刘承干并不知道，松崎鹤雄对嘉业堂觊觎已久。原来，松崎鹤雄被派遣到中国，身负特殊使命，即以中国汉学入手，了解中国内幕。1927年，日本发动侵华战争时，他就任日本主要侵华情报机构满铁大连图书馆的顾问。

松崎鹤雄给牧次郎打电报，请他将嘉业堂控制在手中，并找机会调集出来。牧次郎心有灵犀，当即命令南浔驻地士兵严加防范，防止散兵游勇趁乱打劫，以便完好地将藏书楼内的秘籍运往满铁大连图书馆。这些情况在原满铁大连图书馆馆员大谷武男的《回忆录》中得到证实。大谷武男说：“1940年大连图书馆（满铁干部的企图，不是图书馆企图的）浙江南浔嘉业堂藏书楼接收的计划，因华东政府反对就中止了。”在这句话中，括号里的满铁干部，指的就是松崎鹤雄，而“华东政府”就是1940年3月在日本人扶持下成立的汪精卫伪中央政府。

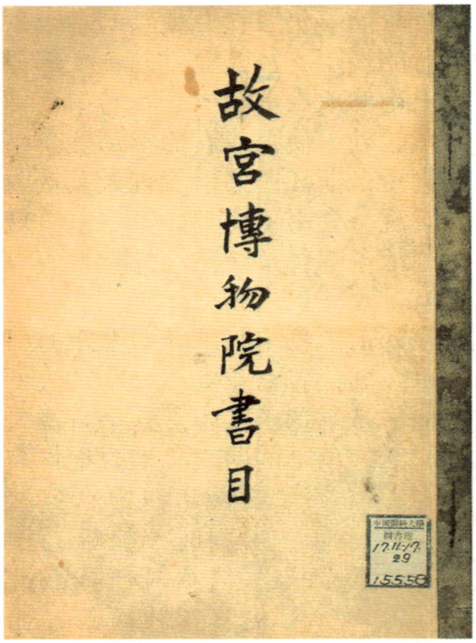

汪伪政权中的清朝遗老遗少当年的复辟行为多次得到刘承干资助，与刘承干关系密切，加上溥仪对嘉业堂的追捧，于是纷纷要求汪精卫就嘉业堂之事与日本人交涉。汪伪政权为了粉饰太平，也需要留下嘉业堂装门面。各种势力暗中一度较力。面对越来越复杂的局面，松崎鹤雄只好暂时按下了掠夺嘉业堂藏书楼的计划。1951年，新中国成立不久，刘承干将嘉业堂及所有藏书捐献给浙江图书馆。

吉林大学历史系教授罗继祖在《上海高校图书情报学刊（季刊）》1991年第4期发表《内阁满文档案与松崎鹤雄》一文，曾提到寄赠松崎鹤雄此书的“杉村勇造氏”：“柔翁（松崎鹤雄），予屡见，且曾通书问，卒以言语不通，未尝面叙情愫。然恂恂君子人也。其东床杉村勇造，来华先充桥川时雄（日本汉学家）助手，伪满时任满日文化协会主事，与雪堂公周旋甚久，余亦素稔其人。柔翁返回后卒，杉村则七十年代尚健在，今亦成古人矣。”

松崎鹤雄与邓之诚、傅沅叔均有过交谊。1946年4月，松崎鹤雄将回日本，邓之诚曾写下诗《送松崎柔甫归日本》为赠：“卅年中土思依依，青鬓来游白首归。从此花开肠应断，落花风里送征银。定知猿鹤喜君还，万树樱花照玉颜。唯有交情抛不得，移情终古是三山。万里波涛一苇航，诗囊安稳压归装。他年尚有重来约，日月休伤似酒浆。”

“今之言目录者，未有如君者也”：《丛书目录拾遗》

孙殿起编《丛书目录拾遗》十二卷四册，民国23年铅印本。

《丛书目录拾遗》共收录丛书477种，按经、史、子、集四部分类，详记卷数、撰者、刊刻年代和版本特点。该书著录的所有书籍，皆为孙殿起所经眼经手的，“非目见者不录”。

孙殿起在书前的“略例”中，讲明了此书的编辑大意：较近一个时期刊行的《沈氏丛书书目汇编》、《刘氏续补汇刻书目》、《杜氏丛书书目续编》关于丛书的记载最为详备，并收录了以前刊行的《朱氏汇刻书目》、《杨氏丛书举要》等书内容，因此对于以上三种书目里面已经有的书籍，一概不再重复收录；偶有与以上三书所收同名的，只收录与三书所收版本、内容相

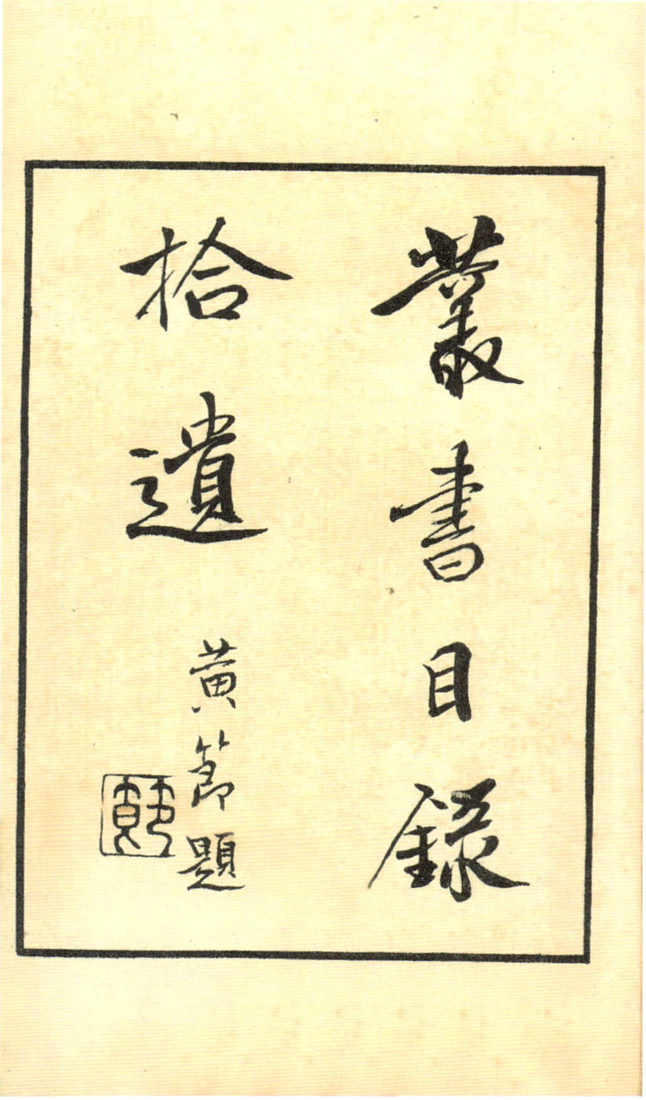

异的，并将不同之处详细注明；对于没有刊刻过的旧抄本，如《国朝典故》、《明季甲申野史汇钞》、《明实录》、《抑快轩集》、《徐饴庵遗书》、《王扦郑著书》、《确庵遗书》之类，也收入书中，等待有心人来刊行它们。

孙殿起（1894—1958），字耀卿，河北冀县（今冀州市）人，著名版本目录学家。10岁始入私塾读书，14岁时辍学到北京学商，先后在北京琉璃厂宏京堂、鸿宝阁、会文斋书铺当学徒、店伙、司账共11年。25岁起，和书友伦明合资开设“通学斋”古书铺，招徒20余人，刻书30多种，在书业中很有影响。孙殿起在其50多年的经营中，对目睹经手的几万种古籍的名称、刻印年月、作者姓名、籍贯、原书目录、版本卷数等一一详细记载，先后于1934年和1936年整理编成了《丛书目录拾遗》十二卷，《贩书偶记》二十卷。这两部书在我国的目录学著作中，具有一定的影响。有学者认为，《贩书偶记》如同《汉书·艺文志》相当于汉代的一部图书总目一样，它基本上是一部清代的图书总目，收集了清代著作单行本以及宋、元、明代的罕见本共1.7万多种，是对《四库全书总目》的一个重要补充。

北京大学教授伦明曾在给孙殿起所著《丛书目录拾遗》序言中写道：“吾友孙殿起，商而士者也。余来京师游海王村遇肆中人，见其语言举止异乎他人商肆，且异乎他地之书肆，意更讶之……君博览而强记，其博览也，能详人所略。君于版本外尤留意近代汉宋学之渊源，诗古诗辞之流别，了晰于胸。随得一书，即能别其优劣。其强记也，举一事证之：君尝窥我架上书，凡某类缺某种，某种缺某卷，某卷缺某页。默记之，久之又久，一一为我弥补，按之无爽，即此可知。君最勤析疑辨异，恒至午夜，饥忘食，倦忘息……君心又最细，每校书一点一画，不肯忽视。……平生所寓目，皆有记录，积稿厚逾尺。余阅其书，叹其包举巨细，依类排比之中自有胆，今之言目录者，未有如君者也。”

1958年1月，孙殿起病重渐至昏迷，屡出呓语。一晚，老人的手臂不时伸出被外，手指捻捻不息，守候在床前的家人连忙问老人有什么事，老人平静地答道：“我在写稿。”一句话让陪在床边的家人欷歔不已。又一日夜间，老人的病症似乎更加严重了，言语困难。家人随便从书架上取了古书一册，展开封面，凑到老人眼前，问道：“还知道这是什么书吗？”老人含笑而答：“《明夷待访录》。”虽其舌根发僵，但字音尚清。家人又问此书为何人所著，答曰：“清初余姚人黄宗羲。”

这样一个浸爱古籍的“通人”，的确让人肃然起敬，感慨的是如今已很难再遇到了。

治学严缜的《读书丛录》

洪颐煊像

（清）洪颐煊撰《读书丛录》二十四卷六册，道光二年（1822）富文斋刻本，国家图书馆列为“善本”。钤印“筱园居士珍藏”、“王明”。

《读书丛录》是洪氏随笔性质的学术著作，颇为时人所推许。洪颐煊（1765—？），字旌贤，号筠轩，晚号倦舫老人，浙江临海人。少年苦志力学，与兄洪坤煊、弟洪震煊同读僧寮，每夜借佛灯围坐，谈经不辍，时有“三洪”之称。因洪颐煊才学过人，得到浙江学使阮元的赏识，阮元亲自书写“鄂不馆”匾额赠给颐煊、震煊兄弟，后来又召洪氏兄弟到杭州诂经精舍学习。洪颐煊通经博古，收藏甚富，在临海有藏书楼，名为“小停云山馆”。

小停云山馆占地十多亩，建有兰雪轩、浣香亭等，又“有花木泉石之胜”。书楼西边原有池塘，池塘边的石碑上刻有“愚有源头活水”。清朝陈均、陈务滋分别作有《小停云山馆图》，有宋翔凤、姜安等题咏，嘉兴冯登府撰有《小停云山馆记》、张南山有“小停云山馆”诗。据晚清学者、临海藏书家黄瑞统计，洪颐煊在这里积藏了2836部32675卷典籍、2000余件碑版和大量的钟彝书画等。新中国成立以后，洪颐煊的后裔把他的金石书画遗存部分捐献给了浙江台州文管会。

《读书丛录》虽属随笔文字，但创见很多。这里举清李慈铭《越缦堂读书记》中的一段话以见一斑：“予于戊午日记，曾疑东汉《袁闳传》言（袁宏）字夏甫，而《黄宪传》又称其字奉高，谓古人有二家，始见于此。今阅洪氏《读书丛录》，言奉高是袁闳字……予各史自谓于范氏书（即范晔《后汉书》）最留意，乃亦未检出，看书卤莽，深

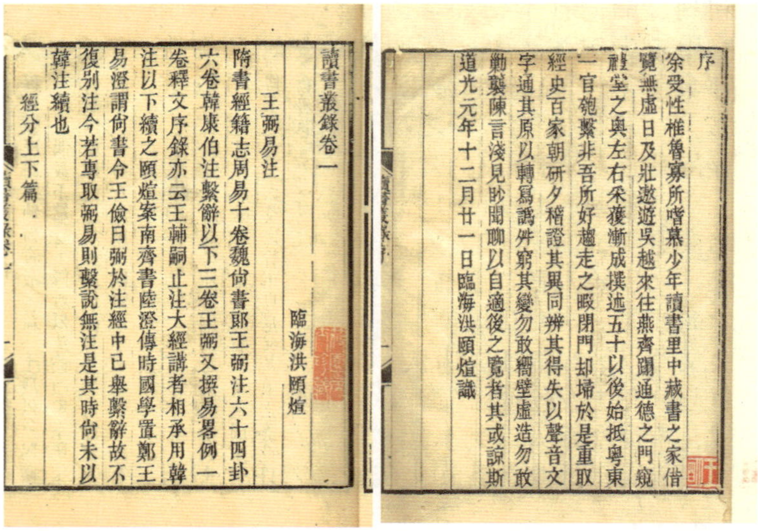

序

余受性椎魯寡所嗜慕少年讀書里中藏書之家借覽無虛日及壯遨遊吳越來往燕齊蹋通德之門窺禮堂之奥左右采獲漸成撰述五十以後始抵粵東一官匏繫非吾所好趨走之暇閉門却埽於是重取經史百家朝研夕稽證其異同辨其得失以聲音文字通其原以轉寫譌舛窮其變勿敢嚮壁虛造勿敢勦襲陳言淺見眇聞聊以自適後之覽者其或諒斯

道光元年十二月廿一日臨海洪頤煊識

讀書叢錄卷一

臨海洪頤煊

王弼易注

隋書經籍志周易十卷魏尚書郎王弼注六十四卦六卷韓康伯注繫辭以下三卷王弼又撰易畧例一卷釋文序錄亦云王輔嗣止注大經講者相承用韓注以下續之頤煊案南齊書陸澄傳時國學置鄭王易澄謂尚書令王儉曰弼於注經中已舉繫辭故不復別注今若專取弼易則繫說無注是其時尚未以韓注續也

經分上下篇

可愧汗。自来读史者亦无人纠及，诗文家遂相承用，以奉高为袁闳。……顾非经洪氏指出，世无觉者，甚矣读书之难也！”从中可见洪氏读书之认真及治学态度之严肃。郭沫若校《管子》、《盐铁论》，张舜徽著《清人笔记条辨》，都大量引用洪颐煊《读书丛录》里面的成果。洪颐煊缺少吏才，却潜心著述，终日不倦，成书数十种，共有数百卷，在文史、碑版、地理、乡邦文献方面无不涉猎，成为一代著名学者。

洪颐煊的著述多行于世，其中多有影响深远的著作，“海内争重其名”。保存至今的有《尚书洪范五行传论辑本》五卷、《礼经宫室答刚》二卷、《汉志水道疏证》五卷、《汉志水道考证》、《校正竹书纪年》二卷、《校正穆天子传》七卷、《台州札记》十二卷、《读书丛录》二十四卷、《读书丛录节钞》、《经典集林》三十二卷、《孔子三朝记注》八卷、《郑康成年谱》一卷、《国朝名人词翰》二卷和《倦舫书画金石目录》三卷等。洪颐煊自己的诗文专著有《筠轩文抄》八卷、《筠轩诗抄》四卷和《倦舫丛书》十二册等。失传的著述有《古文叙录》、《孝经郑注补正》和《工史》等。

棠花馆主人藏《增订二三场群书备考》

（明）袁黄撰，袁俨注，沈昌世增，徐行敏订，洪吉臣、龚五龊阅《增订二三场群书备考》四卷八册，明崇祯壬午年（1642）刻本，内收“九边总图”、“苏州图考”、“宣府图考”、“宁夏图考”、“沿海防倭图”、“甘肃图考”、“辽东地图”、“大同图考”、“榆林图考”、“固原图考”、“天文图”、“浑天仪图”、“黄河图”、“漕河图”、“海运图”、“地理图”等16幅图。有墨笔眉批批校，朱墨笔圈点。9行21字，小字，双行同，白口，四周单边，单鱼尾（黑白相间）。该书竹纸刷印，字迹清晰，为明原刻印本。此书原刻印时已墨笔标点，今全书经藏书家朱笔标点、墨笔眉批。封面题“棠花馆主人藏书”。此书于清乾隆四十二年（1777）奏准禁毁，《中国善本书提要》著录。

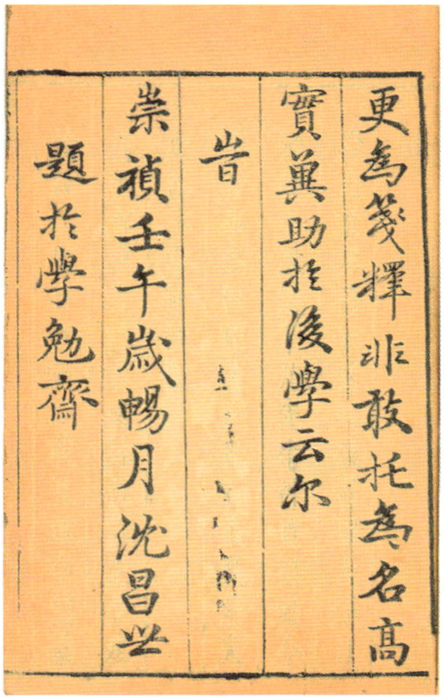
更為箋釋非敢托為名高
實冀助於後學云尔
旨
崇禎壬午歲暢月沈昌世
題於學勉齋

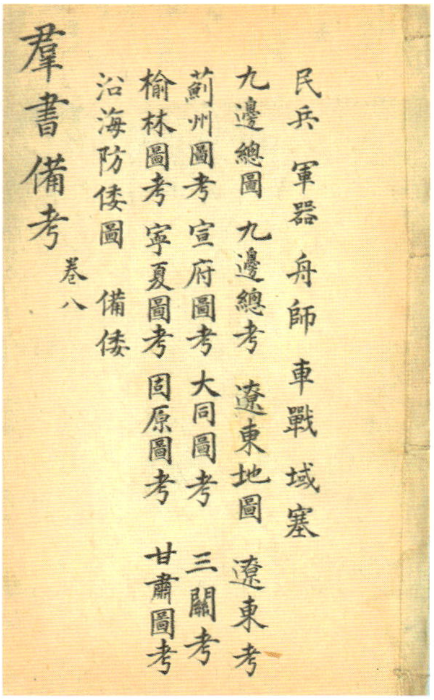
民兵 軍器 舟師 車戰 域塞
九邊總圖 九邊總考 遼東地圖 遼東考
薊州圖考 宣府圖考 大同圖考 三關考
榆林圖考 寧夏圖考 固原圖考 甘肅圖考
沿海防倭圖 備倭
羣書備考 卷八

书前有“崇祯壬午岁畅月沈昌世题于

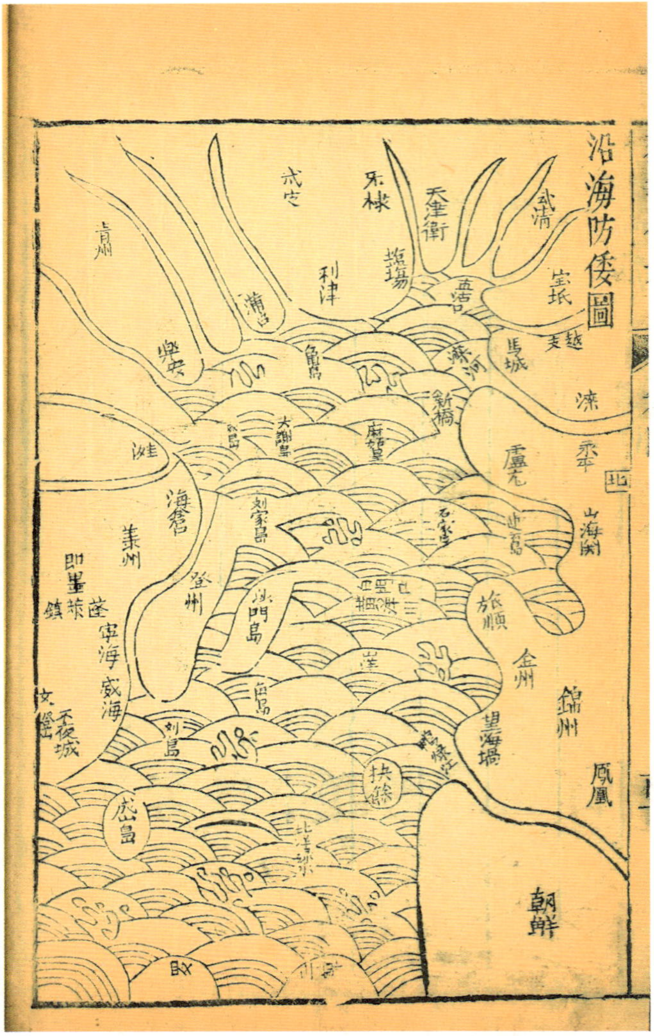

学勉斋”序言一篇。目录首行刊“增订全场群书备考”。正文页大题“增订二三场群书备考”，次行上刊“古吴袁黄坤仪甫著、袁俨若思甫注”，三至四行上刊“西湖洪吉臣载之甫、龚五䜣华茂阅”，“沈昌世伯文甫增、徐行敏幼鲁甫订”。书口上刊“群书备考”，中记卷数，下记页码。

是书第四卷“九边”文中，多有记载边事及各民族与明朝关系变化之事，言词激烈。如《蓟州考》载“弘治中，守臣因烧荒，掩杀无辜，边衅遂起。又如《榆林考》载“国初筑东胜等城……家散而小户不能耕，河套遂失”，等等，是故被军机处奏准入全毁书目。

《禁毁书目·补遗一》载：查《群书备考》原本题明袁黄撰。皆短仃剿袭之语，盖坊间所托名，第四卷内语极狂悖，应请销毁。今查第四卷中，凡涉及的虏、狄、胡、夷等字句均未作任何改动，亦无缺字。

王重民先生在其《中国善本书提要》中言及美国国会图书馆藏有此书两种。两种本子的序言均为沈昌世于崇祯十五年（1642）所作，只是王所言原题：“沈世昌伯文甫增”，其“沈世昌”的“世昌”应是“昌世”，系王文之误。

明崇祯《增订二三场群书备考》四卷拍卖情况：上海国拍2004年11月，估价1500～2000元，成交价3850元；中国嘉德1998年5月，估价1.2万～1.5万元，成交价为1.32万元；中国书店海王村2005年11月，估价6000～8000元，未成交。

袁黄（生卒年不详），初名表，字坤仪，号了凡，浙江嘉善魏塘镇人。青少年时聪颖敏悟，卓有异才，曾受教于云谷禅师，对天文、术数、水利、军政、医药等无不研究，补诸生。明嘉靖四十四年（1565），知县辟书院。明万历五年（1577）会试，初拟取第一，因策论违逆主试官而落第。后更名黄。万历十四年中进士，为万历初年嘉兴府三名家之一。任河北宝坻知县，上条陈请减免旧赋，疏浚河道，植树挖沙，筑堤开渠，垦荒种植，成绩斐然。

万历二十年，袁黄调任兵部职方主事，适日本侵略朝鲜，朝廷大举东征，袁黄浮海渡鸭绿江。平壤战役，提督李如松以诱兵迎战日军获胜，袁黄禁止李部下诸将割首级报功，李深为恼恨而引兵东去，派袁黄守平壤，不增拨一兵一卒。后突遇日军攻城，袁黄率领部下及3000名朝鲜兵击退之。不久，李如松兵败碧蹄馆，兵部尚书石星主张拨款议和，袁黄上书提出将士有骄意应罢兵。李如松诬袁黄以十大罪状，袁黄遂罢归家居，闭户著书，卒年74岁。明天启元年（1621），吏部尚书赵南星追叙袁黄东征功勋，赠尚宝司少卿。乾隆二年入祀魏塘书院六贤祠，浙江巡抚纳兰常安撰《祠堂记》，赞袁黄“挥击阉竖，九死不悔”。

袁黄著述有《祈嗣真诠》、《皇都水利考》、《评注八代文宗》和《春秋义例》等。

晚清官书局的佼佼者：《广东广雅书局书目》

《广东广雅书局书目》，清宣统元年（1909）刻本，该书目标有各书清末定价，资料甚为难得。首页印有“本局定章，现银售书，实价不折，装订另计。”

时任两广总督张之洞于清光绪十三年（1887）六月创办广雅书院之后，还在十月奏准创立广雅书局。奏折说：自道光年间两广总督阮元校刊《皇清经解》，汇集本朝儒林经学经解一千四百余卷，至今六十年间，海内通经致用之士接踵奋兴，著述日出不穷，亟应续辑刊行；此外，史部、子部、集部诸书，可以考鉴古今，裨益经济，维护人心风俗，亦应一并搜罗刊稿。

广雅书局原设于菊坡精舍，后就省城旧机器局厂屋修葺应用，延请顺德李文田学士为总纂，南海廖廷相太史、番禺梁鼎芬太史、陶福祥孝廉为总校，均为博学鸿才，海内知名之士。开局以后，雕刻成书者千余种，包括经、史、子、集、杂著、丛书等，雕片逾十万。时人描述书局的盛况说：“局中前后东西校书堂，屦迹常满，日事铅椠，互相考订。文襄公于政务余暇，时莅其间。公既振兴文教，凡四方珍异孤本，莫不麇聚纷来，复经诸通人辨别，故所刊无俗本，无劣工。其选择之精，校雠之善，当世久有定论。”广雅书局所刻的各种经籍图书，均赠藏广雅书院藏书楼（名“冠冕楼”），供院中诸生随意借阅研习。

张之洞（1837—1909），直隶（今河北）南皮人。他是继李鸿章之后晚期洋务派的首脑之一。在两广任上，他先后开办广东水陆师学堂、广雅书院等各种近代学堂。在学术上主张“中学为体，西学为用”，重视文化教育和人才培养，视刻书作为推行文化教育的重要手段。早在光绪初年，他在四川学政任上撰写《书目答问》时，即专门附录一节“劝刻书说”，认为“且刻书有传先哲之精蕴、启后学之困蒙，亦利济之先务、积善之雅谈也”。广雅书局在晚清各官书局中

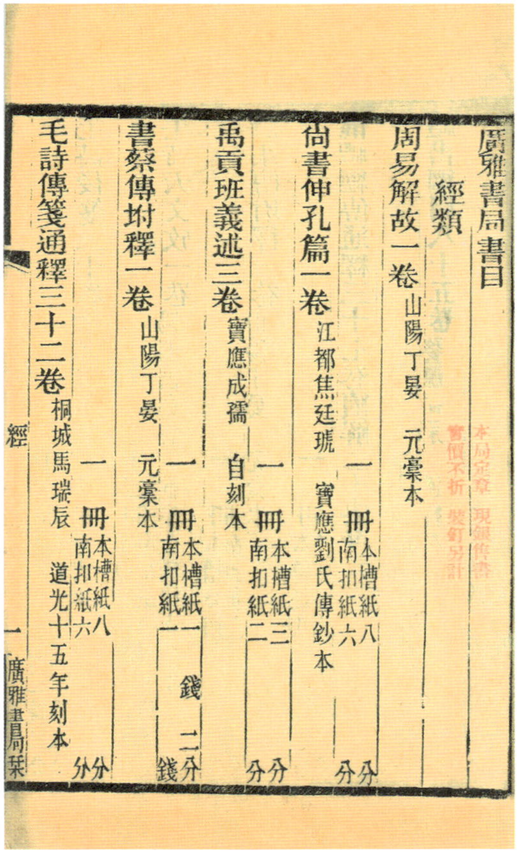
廣雅書局書目

本局定章 現銀售書 實價不折 裝訂另計

經類

周易解故一卷 山陽丁晏 元槀本 一冊 本槽紙八分 南扣紙六分

尚書伸孔篇一卷 江都焦廷琥 寶應劉氏傳鈔本 一冊 本槽紙三分 南扣紙二分

禹貢班義述三卷 寶應成孺 自刻本 一冊 本槽紙一錢二分 南扣紙一錢

書蔡傳坿釋一卷 山陽丁晏 元槀本 一冊 本槽紙八分 南扣紙六分

毛詩傳箋通釋三十二卷 桐城馬瑞辰 道光十五年刻本

經 一 廣雅書局栞

属于较为晚出者，但它能脱颖而出，迅速跻身于著名书局之列，这也与张之洞有很大的关系。

广雅书局又名广州书局、广东官书局。广雅书局的创办，不但保存、传播了大量珍贵典籍，更有力地促进了广东文化的发展。广雅书局刻书始于光绪十三年，历时近二十年。据不完全统计，广雅书局在此期间共刻书215种，其中包括《钦定全唐文》一千卷、翻刻《武英殿聚珍版丛书》148种等巨著，规模极为宏大。此后于宣统二年又出版了铅印的《小学各科教授法》。

广雅书局的刻书秉承张之洞经世致用的理念，涵盖了经、史、子、集四部，但以经、史两部为主，子、集两部数量甚少。这也是晚清官书局刻书的共同特点。史部则是广雅书局刻书中数量最多，也是质量最高、最有广雅特色的一类。收入《广雅丛书》的史部著作达九十多种。丛书中的史部著作，以清人著述为主，基本反映了清代史学的考证、注疏、校勘、补遗、辑佚等方面的研究成果，为后人保存了大量的珍贵历史资料。

除了中国传统的四部书籍之外，有关洋务的书籍也是广雅书局刻印的对象。张之洞对洋务有浓厚的兴趣，在粤时即开始着手兴办洋务产业。因此，译印有关西学的书籍自然列入广雅书局的刻印计划当中。但可惜他很快就调离广东，无法亲自督促付之实行。在已知广雅书局的刻书中，有关洋务的书籍仅有《佐治刍言》和《泰西新史览要》等数种。

广雅书局刻书版式统一，有明显的版本特征：四周单边，上下小黑口，单鱼尾，中刻书名、卷次和页码，下象鼻右侧刻“广雅书局刊”五字。版框左上有书耳，记本版字数，大小字分列。绝大多数为半页11行，每行24字，大小字数相同。总体来说，《广雅丛书》的版式古雅大方，行格疏朗，字体端庄，开本阔大，是晚清官书局刻书中的佼佼者。

王森然杏岩书屋藏《钦定四库全书考证》

（清）王太岳、曹锡宝、王燕绪、朱钤、仓圣脉、何思钧等编《钦定四库全书考证》一百卷，道光二十七年（1847）闽刻外聚珍本。函套由王森然题写“钦定四库全书考证”书名和“武英殿聚珍版，杏岩书屋藏，王森然题签”。钤“宜子孙”等印。

清政府组织人力纂修四库全书时，王太岳和以上诸编者均为四库馆臣，直接参加了《四库全书》的纂修或校定工作。王太岳充任黄签考证纂修官，王燕绪任缮书处总校官，此书是他们在修订《四库全书》时接触大量资料的基础上编辑而成。全书分为经、史、子、集四类，对《四库全书》中1100余

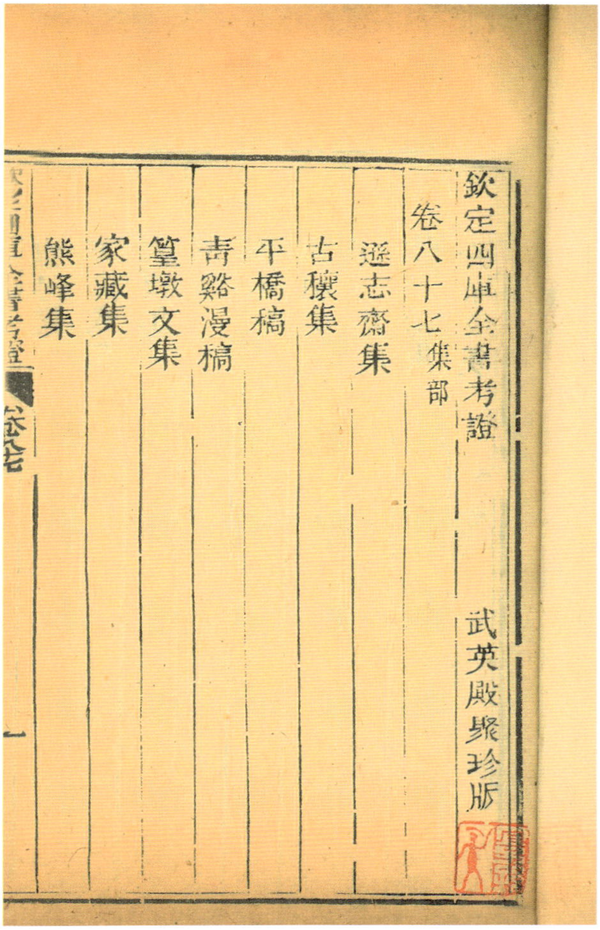

种书（约占全书的三分之一）进行了考证，并吸收当时研究成果，利用各种版本和资料，对这些书的字意、内容等辨误订正，较为系统。考证的范围大致分为三个方面：一是文字校勘；二是指出原刊本之谬误；三是对所收书作某些说明。

王太岳（1721—1785）），字基平，号芥子，直隶（今河北）定兴人。清乾隆四十二年（1777）在《四库全书》馆任总纂官。著有《清虚山房集》、《芥子先生集》、《泾渠志》等。

王森然（1895—1984），原名王樾，字森然，号杏岩，曾用哑公、子燕、杏楠、黑衣、菊子、涤楼、养吾等70多个笔名。河北定县（今定州市）人。著名教育家、文学家、史学家、美术家，在国内外享有很高声誉。一生从事文化教育事业，著作等身，领域广泛，其成就之高、影响之广，为现代中国文化史上所罕见。1900年，八国联军侵扰华北，国难家仇使这个12岁的农家儿萌生了雪耻报国的宏愿，曾在自家大门上贴出自撰对联："振衣帕米尔，濯足太平洋。"

1939年，王森然任北京师范大学历史教授，兼任北京女子师范大学教授。抗战胜利后，任中国大学教授，同时兼任天津河北省立女子师范学院教授。1948年4月，受地下党的邀请，在北平东交民巷使馆区，秘密讲授马克思主义哲学。全国解放前夕，应陶铸邀请，被聘为中国人民解放军武汉军和会顾问及中南区临时政府文教接管部副主任，参加了当时的文教组织工作。新中国成立后，到北京中央美术学院任教。王森然1927年撰写的《中学国文教学概要》，提出了比较系统的教育学思想和教学法理论，填补了我国教育学研究的一项空白。王森然对戏剧也有深入研究。他完成了数百万字的《春妃秋郎阁剧目》，考据精详。

1944年5月，齐白石在北京中山公园水榭为王森然举办了首次画展。1946年和1979年8月，王森然又举办了两次个人画展。并且在86岁高龄时，为人民大会堂创作了《松鹤朝阳》和《群鹰图》两幅各宽5.6米、高2.4米的巨幅国画。他的作品还常作为国家礼品赠送给外国首脑、外交使节和其他国际友人。

翕居另藏有一册《桐城先生点勘子书》，钤"定县王森然保存图书之章"椭圆蓝印收藏章，可助于了解王森然先生藏书印记的一些情况。

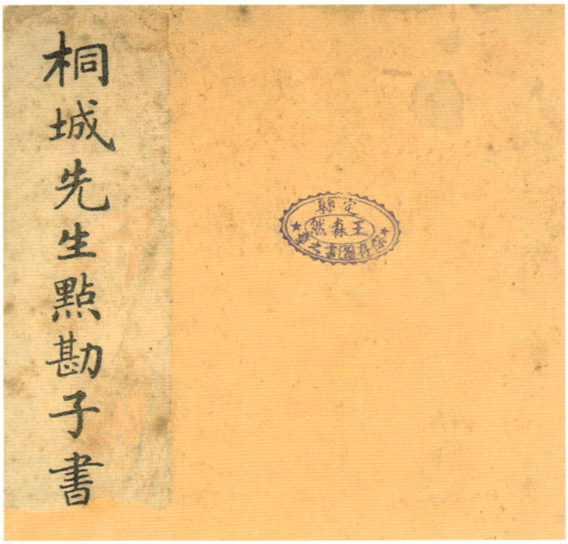

校勘汲古阁刻本的《毛刻宋六十家词勘误》

朱居易撰《毛刻宋六十家词勘误》一册，上海中华书局民国25年铅印本。

毛晋所编《宋六十名家词》传刻颇多，但校订不严。朱居易校辑《毛刻宋六十家词勘误》一书，用毛晋校本、影宋本及其他精刊、精抄本来校勘汲古阁刻本。

叶恭绰《毛刻宋六十家词勘误·序》云："余维校勘之学莫盛于清，虽厘剔爬疏有时或嫌破碎，然有功古籍则为事实。第所治率以经史子为多，集部浩瀚难以遍及，若夫词则又益未遑焉。自古微老人校勘宋元诸词，网罗各本，字栉而句梳之，斯道始大光。"

明崇祯年间《宋六十名家词》有功词苑甚巨，在校勘方面却颇为粗疏，素为人所诟病。唐圭璋指其"卷数之改动，首数之增删，字句之讹脱，至大失原本面目，亦不能无讥焉"。故后人多有为其补苴罅漏者，如其子毛扆等曾就原刻加以校勘，近人朱居易据毛扆所校及其他诸家所刻，撰成《毛刻宋六十家词勘误》。

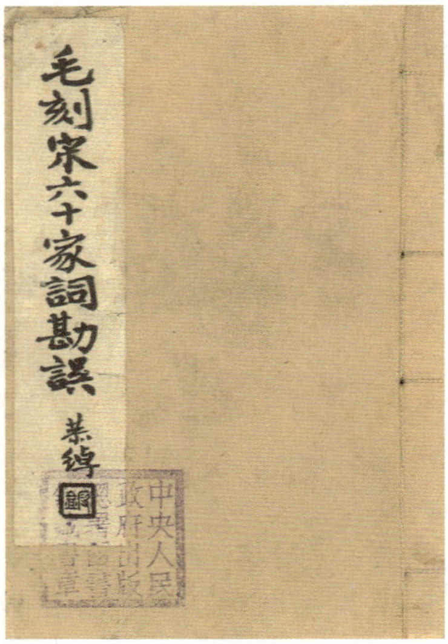

徐绍桢的"不悔少作"：《四书质疑》

徐绍桢撰《四书质疑》十九卷三册，牌记题"光绪癸未九月刊于梧州"，书末有"梧州三信堂刻刷"。徐仁甫批校，书后有"民国三十一年岁在壬午暮春三月三日，仁甫阅于涌泉一厂"题记。

"四书"，也称"四子"，包括《大学》、《中庸》、《论语》和《孟子》，是儒家重要的经典和国人的必读书，"四书"之于中国，如同《可兰经》之于阿拉伯，《新约》、《旧约》之于西方。宋代张载

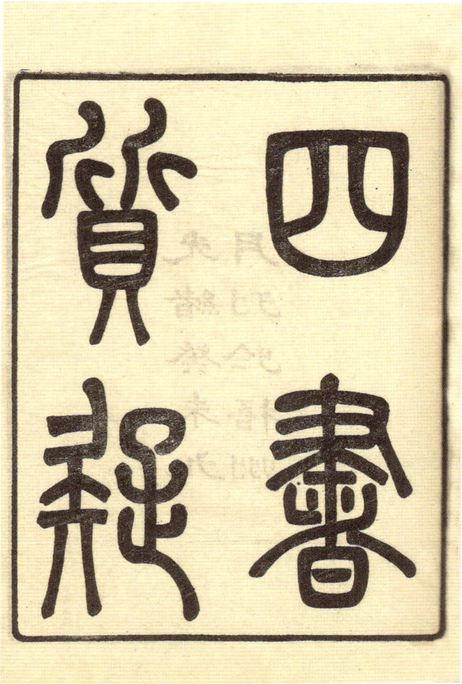
四書質疑

说：“为天地立心，为生民立命，为往圣继绝学，为万世开太平。”这是中国古代知识分子的文化理想，也是他对儒学精义的概括。按梁启超的说法，《论语》、《孟子》等是两千年国人思想的总源泉，支配着中国人的内外生活，其中有益身心的圣哲格言，一部分久已在我们全社会形成共同意识。台湾心理学家杨国枢认为，以儒家文化为基底的中国文化其实是形塑中国人的心理和行为的非常重要的精神资源。台湾作家龙应台说，她的人生观是在13岁开始上中学后的几年间，通过必修的《中国文化基本教材》（内容即是“四书”），接受了“己欲立而立人，己欲达而达人”，“己所不欲，勿施于人”，“老吾老，以及人之老；幼吾幼，以及人之幼”，“士穷不失义，达不离道……穷则独善其身，达则兼善天下”等基本价值理念之后就奠定下来的。其实，在如今的社会生活中，儒家思想已经潜移默化，不经意地起着作用，乃至变成平凡百姓安身立命的精神支柱，做人做事的准则。

宋淳熙年间朱熹的《四书集注》，是注疏、诠释“四子”的集大成者。徐绍桢在“自序”中讲到，“朱子《四书集注》悬诸日月而不刊者也”，“绍桢束发就传，即从事四书，今盖有年，卒以末学谫陋，无所窥见，而于其间训诂章句，有所质疑，辄以笔而记之”。徐绍桢认为，“经传之义理，由训诂而明；训诂之旨，以声音而著。古人传经多以同声之字通用假借，学者治经不先明夫此，犹欲之楚，而北其辕也”。因此，徐绍桢取《说文解字》里面的九千余字，依声编次，撰著了《说文谐声考》一书，“以证明所谓同声通借之义”，由于“今其书犹未成，而四书中有假借字，皆因声求之不惮，易其字而通其训，以发古人传经之通例”，就先行刊刻了这部《四书质疑》。当时，徐绍桢年未满三十岁，但他并没有“自悔少作”，而是拿出此书，“质之当世有道君子，指其谬误，吾必将悔而改之”。书的体例“依朱子原次，其说各书一简，不相连缀”。

徐绍桢（1861—1936），清末及民国将领，广东番禺（今属广州）人。清末曾任统领、总兵、江北提督等职。1911年响应武昌起义，被推为江浙联军总司令。民国成立后，历任南京卫戍总督、参政院参政、广州卫戍总司令、孙中山总统府秘书长、大本营参谋长、广东省省长、临时参政院参政等职。后移居上海，1936年9月13日在上海逝世。著有《学寿堂丛书》、《学寿堂题跋》、《学寿堂日记》、《道德经述议》等。

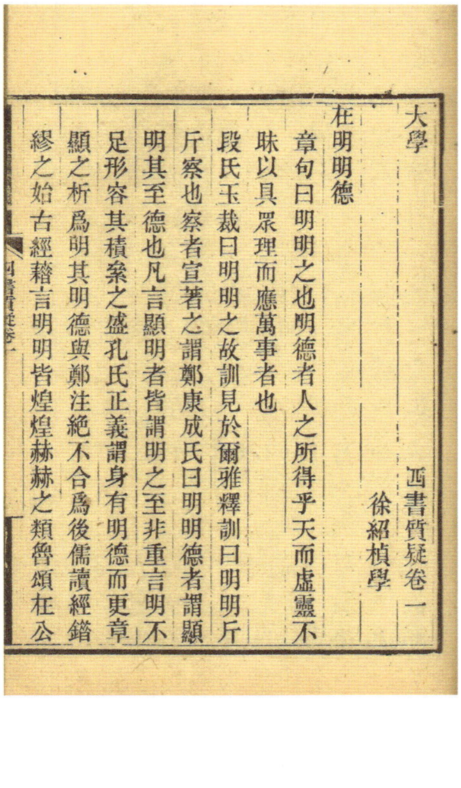
大學　　　　四書質疑卷一

徐紹楨學

在明明德

章句曰明明德者人之所得乎天而虛靈不昧以具衆理而應萬事者也

段氏玉裁曰明明之故訓見於爾雅釋訓曰明明斤斤察也察者宣著之謂鄭康成氏曰明明德者謂顯明其至德也凡言顯明者皆謂明之至非重言明不足形容其積纍之盛孔氏正義謂身有明德而更章顯之析爲明其明德與鄭注絕不合爲後儒讀經錯繆之始古經藉言明明皆煌煌赫赫之類魯頌在公

“于考正古籍有大功”：《札迻》

（清）孙诒让著《札迻》十二卷，全四册，牌记题“光绪廿年（1894）刊成籀膏”。该书版面宏阔，字体刊刻精整，笔画清晰，为初印之品。

《札迻》是孙诒让在其16岁至46岁间研读古书心得的集录，由作者于光绪十九年手定付刊，全书校勘、订正了自周、秦、汉、魏讫至齐、梁的77种古籍中的讹误衍脱千余条。内容所及，既有古文献中的经典及其传注，也有不为一般人所了解的谶纬、术数等著作，对于古籍的阅读与整理很有参考价值，是享有盛名的校雠学名著。俞樾作序。

孙诒让（1848—1908），又名德涵，字仲容，号籀庼居士，别署荀漾，出生于浙江瑞安潘岱砚下，清同治元年（1862）迁居瑞安县城。是我国晚清经学大师、乾嘉学派的领军人物，学术修养极高。

几千年来，语言的变化，方言的混淆，重重误解的堆积，使得古籍中的真义扑朔迷离、混淆不清。孙诒让在光绪十九年十一月所作《札迻》序文中谈到古书文字易出讹误的原因：“竹帛梨枣，钞刊屡易，则有三代文字之通假，有秦汉篆隶之变迁，有魏晋正草之混淆，有六朝唐人俗书之流失，有宋元明校椠之羼改。逵径而出，多歧亡羊。”因此，孙诒让秉承乾嘉学人的治学风格，旁征博引，对前人的训释不盲信，多方考证，“是者从之，缺略者补之”，这在《札迻》中俯拾即是。

近代学术界俞曲园、章太炎、张謇、朱芳圃、徐世昌、梁启超、鲁迅、顾颉刚、郭沫若、胡适等对孙诒让都有中肯的评价。章太炎认为：“以戴学为权度，而辨其等差，

吾生所见，凡有五第：研精故训而不文，博考事实而不乱，文理密察，发前修所未见。每下一义，泰山不移，若德清俞先生，定海黄以周，瑞安孙治让，此其上也。”（许寿裳：《章太炎》，重庆出版社1987年版）。顾颉刚在1974年初也有一段对孙诒让的评价：“迄于近世，孙诒让复集各古本校为《札迻》一书，上绍王念孙、卢文弨之遗风，此皆于考正古籍有大功，与后学者以精确之凭藉。”

孙诒让在《札迻》一书考释精审，与诸家见解互相参证。“每下一义，泰山不移”，这也正是孙诒让一生的治学风格，不仅《札迻》十二卷，他的《墨子闲诂》、《周礼正义》等名著亦无不如此。正因为这样，才奠定了孙诒让在晚清学术史上的地位。《清史稿》四百八十二卷为其立传，温州六县人士，为缅怀其学术之功，乃购地辟

籀园建籀公祠和籀园图书馆以示敬仰。其瑞安故居的藏书楼玉海楼，列为全国重点文物保护单位。籀园里的籀公祠和坐落瓯海区慈湖南村的墓地，也都作为温州市的历史文物加以保护。

61岁那年，孙诒让病卒于家中。从孙诒让13岁开始撰著，到卒前犹撰就《尚书骈枝》一书来看，其学术生涯，长达48年。孙诒让每著一书，必多创见。他的主要著作有《周礼正义》、《墨子间诂》、《札迻》、《古籀拾遗》、《契文举例》、《名原》、《温州经籍志》、《籀庼述林》等二十余种，草创未就者尚有《经迻》、《四部别录》、《汉石记》和《古文大小篆沿革表》等多种。

孔网有此书两套在售，价格分别为1800元和4800元。

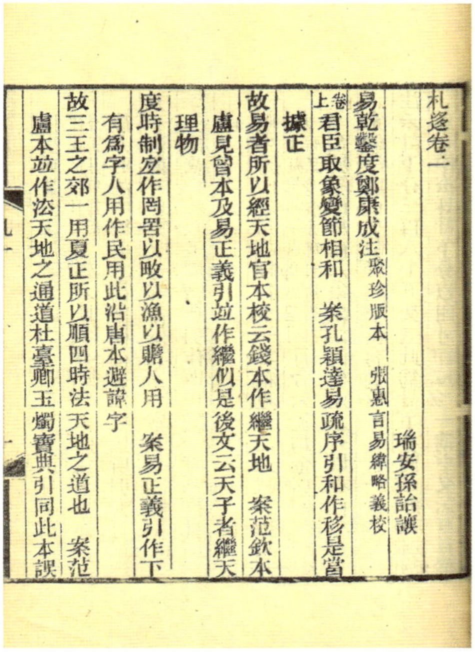
札迻卷一　瑞安孫詒讓
易乾鑿度鄭康成注聚珍版本　張惠言易緯略義校
卷上 君臣取象變節相和　案孔穎達易疏序引和作移是當
據正
故易者所以經天地官本校云錢本作緯天地　案范欽本
盧見曾本及易正義引竝作緯似是後文云天子者繼天
理物
度時制宜作罔罟以畋以漁以贍人用　案易正義引作下
有爲字人用作民用此沿唐本避諱字
故三王之郊一用夏正所以順四時法天地之道也　案范
盧本竝作法天地之道道杜臺卿玉燭寶典引同此本誤

研治目录学之规范：《直斋书录解题》

（南宋）陈振孙撰《直斋书录解题》二十二卷六册，清光绪九年（1883）江苏书局刻本。牌记题“江苏书局刊版，光绪九年开雕”。

陈振孙（约1183—约1262），字伯玉，号直斋，浙江湖州人。平生好藏书，每至一地都要访书、求书，累积5万余卷，历20年撰成《直斋书录解题》五十六卷。明初《永乐大典》曾采录此书，清代纂修《四库全书》时从《永乐大典》中辑出二十二卷，并详加校定，即今通行的武英殿活字本。共著录图书3096种，51180卷，大致依经、史、子、集顺序编排。书中没有总序和大序，在所分53类中，有七类有小序，这七篇小序，是陈振孙认为有必要而写的。

该书是第一部以“解题”为书名的目录，其主要价值在于“解题”。“解题”就是提要，就是在书名下记载篇帙、作者、版本等情况，并品题得失，考辨讹谬，对于辨别学术源流有指导门径的作用。解题目录发端于汉代，到宋代已经趋于成熟。宋代是一个图书目录繁荣发达的时代，目录学已经具有相当的水平。陈振孙的《直斋书录解题》以及晁公武的《郡斋读书志》，是当时目录学发展水平的最优秀、最典型的代表。宋代的大部分目录，包括官修的《崇文总目》、《中兴馆阁书目》、《中兴馆阁续书目》等都已佚失（至今只有后人辑佚本），流传至今的只有《郡斋读书志》、《直斋书录解题》以及《遂初堂书目》。尤其值得珍视的，是《直斋书录解题》所著录的书籍后来大部分散佚，但是解题还在，这就为古籍的

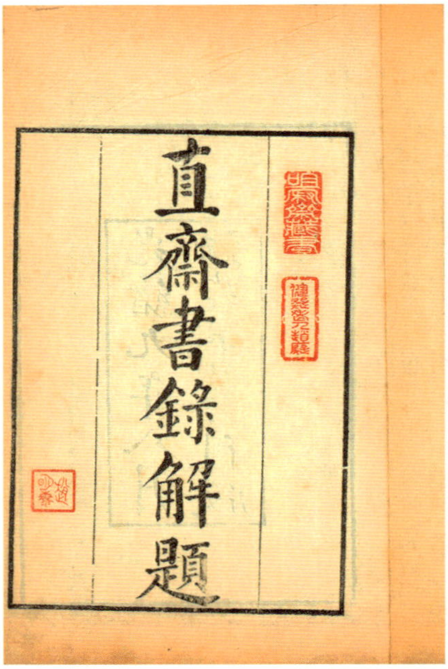

直齋書錄解題

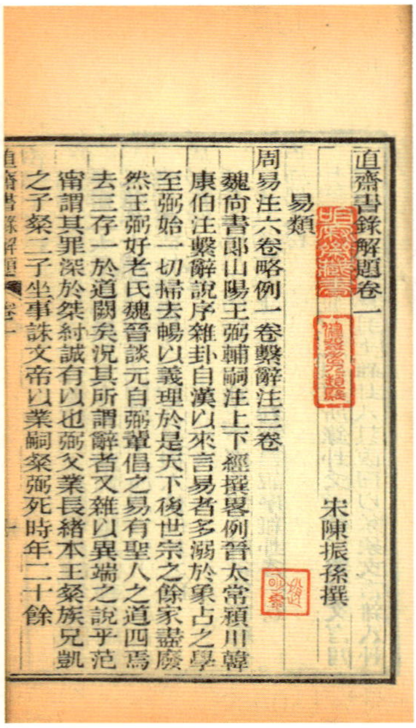

直齋書錄解題卷一　　宋陳振孫撰

易類

周易注六卷略例一卷繫辭注三卷

魏尚書郎山陽王弼輔嗣注上下經撰畧例晉太常潁川韓康伯注繫辭說序雜卦自漢以來言易者多溺於象占之學至弼始一切掃去暢以義理於是天下後世宗之餘家盡廢然王弼好老氏魏晉談元自弼輩倡之易有聖人之道四焉去三存一於道闕矣況其所謂辭者又雜以異端之說乎范甯謂其罪深於桀紂誠有以也弼父業長緒本王粲族兄凱之子粲二子坐事誅文帝以業嗣粲弼死時年二十餘

考证提供了极其宝贵的资料。

但五十六卷本的《直斋书录解题》后来也佚失了。流传至今的二十二卷本是乾隆年间修《四库全书》时从《永乐大典》中辑录而成的。陈振孙在政治观点及学术观点上，推崇朱熹，尊奉二程，对王安石则极力诋毁、排斥。这种褒贬、爱憎的态度，在《直斋书录解题》中是很分明的。

《直斋书录解题》在追溯图书源流、考证古籍存佚、辨识古籍真伪和校勘古籍异同等方面，见解独到，有继往开来之功，在我国目录学史上具有很高的价值，为后世所重视。私人藏书目录在数量、质量方面同时超越官修目录，该书是其转折点。从此，官修目录改记藏书为只记本朝著述，随之兴起补各朝著述的热潮。《直斋书录解题》原本五十六卷，相传明代毛晋有半部南宋刻本。北京大学图书馆有李盛铎旧藏传抄宋兰挥旧藏本，存二十卷。国家图书馆藏有元抄本，仅存卷47至卷50四卷。1987年，上海古籍出版社出版了以“聚珍版”为底本校点本，并附录有关该书的评论及作者的事迹，为目前最为实用的一个本子。

中国书版展览会纪念刊：《中国版本略说》

中国科学社中国书版展览会纪念刊《中国版本略说》一册，中国科学社民国20年元旦铅印本，书名为蔡元培题写。

书前有书影两张：

其一是北宋《华严经》残本书影，为丁福保藏品。丁氏题记为：“右北宋本华严经残本，在宋版书中刻工第一、书法第一，纸质坚厚，其簾纹每条之距离，有英尺一寸润。此为真藏经笺，当为吾国纸中第一。”

其二是明陈老莲绘黄子立镌博古叶子书影，乃黄宾虹藏品。题记到：“歙之虬村黄氏，世以梓版为业，距吾祖居之潭村仅一牛鸣地，至今犹有传者，名手甚多，此册为歙汪司马所选，黄子立所镌，其即虬村之族可知也。”

除了这两幅书影外，就是《中国版本略说》这篇十页的长文。该文从书契、甲骨、石刻、竹帛等说到刻书之始，论说宋、元、明刻书版本、字体，活字版的种类、特点，刻书用纸、用墨和装帧情况等等，算得上是一篇简明扼要的版本小史。但这篇文章不知出自何人之手。

书后附录此次“书版展览会应征者”单位、姓名和送展古籍名称，计有30家公私送展者。其中有国立中央研究院、商务印书馆、江苏国学图书馆、中华书局、中国科学公司、有正书局、国立北平图书馆、浙江图书馆等8家机构，有黄宾虹、丁福保、顾鼎梅、王云五、吴湖帆、张菊生、叶恭绰等22人。所送展品有群碧楼、铁琴铜剑楼、嘉业楼、涵芬楼、滂喜斋等著名藏书楼的藏品，有甲骨、隋唐写经和宋椠精本，有明清精刻和版画精品，国外的有和刻本、高丽本和欧洲古代抄本、雕刻版本，内府的有四库全书写本，还有一些近代印刷品。

周叔弢出资影印的《寒云手写所藏宋本提要二十九种》

袁克文撰《寒云手写所藏宋本提要二十九种》一册，民国20年影印本。钤有周叔弢“建德周氏藏书”白文方印。

白化文在为《国家图书馆藏古籍题跋丛刊》序言中写到：“《寒云手写所藏宋本提要二十九种》，1931年影印手稿本，兼具学术与书法两种价值，近年来早已是拍卖会中珍品。”

周叔弢先生作为著名的藏书家，不仅以收藏宏富、精严著称于世，而且还影印刊刻了不少善本古籍。为使罕见的善本古籍得以广泛流传，泽被后人，周叔弢先生不惜出资影印或覆刻出来，使其化身千万，长留人间。这部《寒云手写所藏宋本提要二十九种》即为周叔弢先生影印，封面书名为江都方无隅先生题写，全书收录袁寒云庋藏的宋椠佳刻29种，每一种都详录行款、刊刻牌记，收藏印章、题跋观款以及纸墨状况、装潢形式等等，且由袁寒云亲自手书上版，字体隽秀流动，确为别具特色的宋本书目。

袁克文（1890—1931），字豹岑，一字抱存，号寒云，河南项城人。袁世凯次子。自幼聪慧异常，六岁学识字，七岁读经史，十岁习为文章，十五能诗赋，少有神童之称。年十八以荫生授法部员外郎，这是他一生中惟一任过的官职。以其早熟，富有才华，在1906年至1908年随父居津沽时，便从老辈罗瘿公、吴彦复、方地山诸名士游。复以家教熏染，自少时就与古器物、词翰结下不了缘。及至宣统即帝位，袁世凯被罢官归河南乡居，袁寒云随之弃官回洹上。其后，袁寒云弃绝仕途，以贵公子蹉跎放荡著称，以诗文酒会终其后半生。袁寒云勤于著述，受方地山的影响，在收藏古籍、钱币等方面也积累了深厚的知识和经验。1931年，袁克文死后不久，藏书家周叔弢斥资出版影印的这部《寒云手写所藏宋本提要二十九种》，集中体现了袁克文对古籍（尤其是宋版本）研究的成就。周叔弢在影印出版袁克文的这

羣經音辨 卷第三之第四 宋刊宋印 一册

宋賈昌朝撰

朝奉郎尚書司封員外郎直集賢院兼天章閣侍

講輕車都尉賜緋魚袋臣賈昌朝撰 上題銜名分兩行首行至緋字賈朝下名空二字

每半葉八行大字約十四字一行小字兩行約二十三字大小字皆

無全行者左右雙闌線口版心有三一或三有四

刻工姓名 戩 黄七刀 黄七 黄戩 七刀 黄七刋 七

缺諱 敬 殷 朗 恒 弦 驚 慇 玄 鉉 高宗以下諱皆不避

藏印 天祿繼鑑 乾隆御覽之寶 毛晋私印 汲古閣 聖清宗

一遗著时，请方地山题签，并在卷末题跋，公诸出版的始末。

方尔谦（1871—1936），字地山，又字无隅，号大方，江苏扬州人。清末举人出身。早年为袁世凯看重，做过一任海关监署，后来一直在天津做寓公。方地山性情豪爽，乐于交友，善于对联，能出口成句，有“联圣”之称。后人评价：“书法挺峭，有山林气。”袁克文为方地山入室高徒，对其师敬事惟谨，深得心传，以风流文采著声于时，有民初四公子（之一）之称，亦长于古泉学。方、袁有师生之谊，既是吟咏声党，又为孔方兄同道，过从益以深。寒云长子家嘏（伯崇），娶方地山之女方根（初观）为妻。当初双方定婚，毫无仪式及世俗礼物之赠，两亲家只是各出一枚珍贵古泉交换，算是完成了订亲之仪。乃至结婚之日，仅在旅邸中一交拜而已，方地山即兴制一联记其事：“两小无猜，一个古泉先下定；万方多难，三杯淡酒便成婚。”如此自记破俗故事，为前所未闻。郑逸梅也是寒云故交，所著《袁寒云的一生》一文有这一佳话梗概。

方尔谦像

朱笔满批校《扬州吴氏测海楼藏书目录》

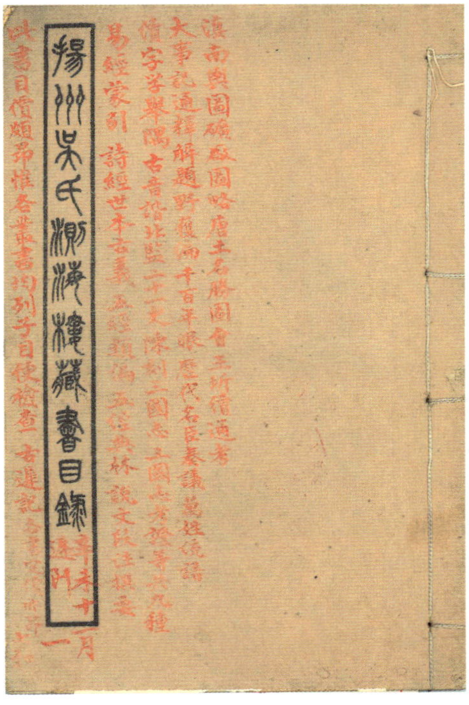

（清）吴引孙藏并编《扬州吴氏测海楼藏书目录》七卷四册，北平富晋书社民国20年铅印本。有“古迟”朱笔满批校。

封面题记写到：“滇南舆图、矿厂图略、唐土名胜图会、王圻续通考、大事记通释解题、野获编、千百年眼、历代名臣奏议、万姓统语、续字学举隅、古音谐、北监二十一史、陈刻三国志考证等共九种，易经蒙引、诗经世本古义、五经类编、五经典林、说文段注撰要辛未十一月递到。此书目价颇昂，惟各丛书均列子目，便检查。古迟记，各书定价亦昂，七扣。”

扬州吴道台宅第暨吴氏测海楼名扬海内外。主人为吴引孙、吴筠孙兄弟，吴引孙曾担任浙江省宁绍台道道台，吴筠孙曾担任过湖北省荆宜道道台。吴道台宅第现存建筑面积2650平方米，坐北朝南，在清光绪三十年（1904）建成。吴引孙在浙江任道台积蓄了

"真州吴氏有福读书堂"的藏书印。

吴氏后人也不负众望，一门出了四位院士，被传为佳话。可惜的是，和所有藏书楼一样，测海楼藏书最后没有保存下来，抗日战争爆发后日本人豪取强夺，吴氏后人最后决定拍卖掉整楼的藏书，让它们不至全部落入日本人之手，所以测海楼的藏书已散落在世界各地。

富晋书社编印《扬州吴氏测海楼藏书目录》还有一段故事：吴引孙的祖父吴次山，喜爱读书，书斋名为"有福读书堂"，自署"有福读书堂主人"，清咸丰癸丑（1853），吴家遭兵灾，书籍"荡然无存"，以至等吴引孙"稍解涉猎"、渴望读书时，家中竟已无书可读，又"无力购书，即辗转借观，亦不易。因思寒酸之士，有志读书，恒苦于无书可读"。鉴于此，为官之后，吴引孙决定节省俸禄，广购书籍。当时，"宋元以前奇编异帙为稀世宝，悬价购求，所遇辄鲜，即明以后精刊旧椠，暨国朝殿版各书，亦复昂值居奇，艰于购致"。因此，吴引孙制定了不同于一般藏书家的收书目标："余惟视力量所及，耳目所周，不拘一格，凡元明刊本，旧家善本，寻常坊本，殿刻局刊各本，随时购觅，意在取其完备，不必精益求精，自宦游浙粤十余年来，节省廉俸，广购储藏，得八千零二十种，计二十四万七千七百五十九卷"，蔚为壮观。

40万两纹银后在扬州营造家宅及藏书楼。为了建好自己的宅第，吴引孙特地请了浙江的设计施工人员，仿造宁绍台道的衙署，结合扬州当地的建筑风格建筑而成。它既具有浙江宁波的建筑特色，又融合了扬州传统的建筑风格，成为扬州的一组与众不同、别具一格的古典建筑群。

扬州吴氏藏书楼取名"测海楼"，取意"瓠瓢可以测海，管中可以窥豹"，其义为：学深似海，登斯楼读书，无异于以蠡测海，含有"学无止境"之意。"测海"二字出自《汉书·东方朔传》。当年测海楼的藏书量要远远超过浙江宁波的天一阁。天一阁藏书五千余部七万余卷已经被世人称为"南国书城"，而测海楼的藏书已达8020部247759卷之多，其总卷数是天一阁的三倍。吴引孙每购置一部书就作一记录，记下所购书的卷数、函数、购买的钱数，精心地盖上

光绪十九年，吴引孙编定了自己的第一份藏书目录，题为《有福读书堂书目》，分成经、史、子、集、艺、丛、医、试、说、教、阙共11类。吴引孙对后7类分别作了简短的说明，值得注意的是把小说归为"说类"而没有置于传统的"子部"，原因是"中多鄙俚之作，不登大雅，未便阑入子部"。吴引孙可能觉得自己在藏书目录中收录通俗小说，有悖于藏书界传统，所以在书目的"序例"中，他强调说"以上十一类，仅凭臆见，酌量分门，便于翻检，识者幸勿以有乖四库体例而见诮焉"，言下之意，此份目录仅供吴家后人读书查阅，并非严格意义上的藏书目录，事实上，吴引孙也从未将《有福读书堂书目》刊印出版过。

11年之后的光绪三十年，吴引孙编定了自己的第二份藏书目录，名为《测海楼书目》。他在书目的体例方面作了两个颇为引人注目的改动，其一，放弃原来的11部分类法，代之以传统的经史子集四部分类法，复仿照《粤东广雅书院书目》之例，增加“御制敕撰”、“杂著”、“丛书”3部，合为7部；其二，“所藏各籍，间有稍涉鄙屑者，删之弗录”，很显然，原来著录在“说部”的通俗小说悉被摒弃无遗了。经过这样的改动，吴引孙似乎稍感放心，清宣统庚戌（1910），他将十二卷的《测海楼书目》付刊问世。

1921年，吴引孙谢世，测海楼的大宗藏书由其子吴少茨掌管。由于种种原因，图书的保管发生困难，为了防止失散，以不负父辈苦心收集之意，约在1925年左右，吴家放出转让的风声。1929年冬，北平富晋书社主人王富晋（字浩廷）往上海购书，闻听此讯，急请书贾朱荣昌为中介，与吴家洽谈，最后以3万元的价格买下测海楼的全部藏书589箱，双方在1930年1月27日签订了合同，王浩廷支付了定金3000元，准备择日起运。然好事多磨，当时另外有个书商王锡，也曾有意购买测海楼藏书，竞争失败后，出于嫉妒，写信给江都教育局，谎称测海楼藏书中有许多善本孤本，吴少茨欲将其转售他处，甚至出口日本，请求政府从保护地方文献的角度，予以干涉禁止。江都教育局立即将此事呈报县长及江苏省教育厅，结果地方政府在真相未明的情况下，命令禁止将测海楼藏书外运。王富晋无奈于当年4月赶赴上海，求助于著名的古籍目录学家陈乃乾，陈乃乾复请蔡元培、董康等人从中周旋，最后由蔡元培致信江苏教育厅厅长，作出“富晋书社实未有转售于国外之事实，而测海楼书目中亦并无旧刊名钞”的担保，江都县始撤销了禁运令。

1930年8月18日，测海楼藏书终于运抵富晋书社的上海分社。同年12月，陈乃乾收录其中旧本的行格序跋，编成《测海楼旧本书目》两册。1931年11月，富晋书社编就《扬州吴氏测海楼藏书目录》四册出版，封二有王富晋的识语，称“本社专收宋元明清旧书，历二十余年，收罗颇称宏富，已刊有书目印行。客春辗转托求，几经波折，始将扬州吴氏测海楼藏书归为敝社所得。今特印行测海楼藏书目录，以公同好而资流通。如蒙惠顾，无任欢迎”，“此目录专载扬州吴氏测海楼之藏书，计分经、史、子、集，装订四册”云云。吴氏测海楼藏书数量繁多，且本本皆为吴引孙宦游浙粤之际费心收罗所致，每得一书，“必钤藏印于首叶，并手识曰几函几册几元几角，函以板，悬以签，无折角，无缺叶，完好整洁，无虫鼠之蚀”，这在清代藏书家中是颇为罕见的。

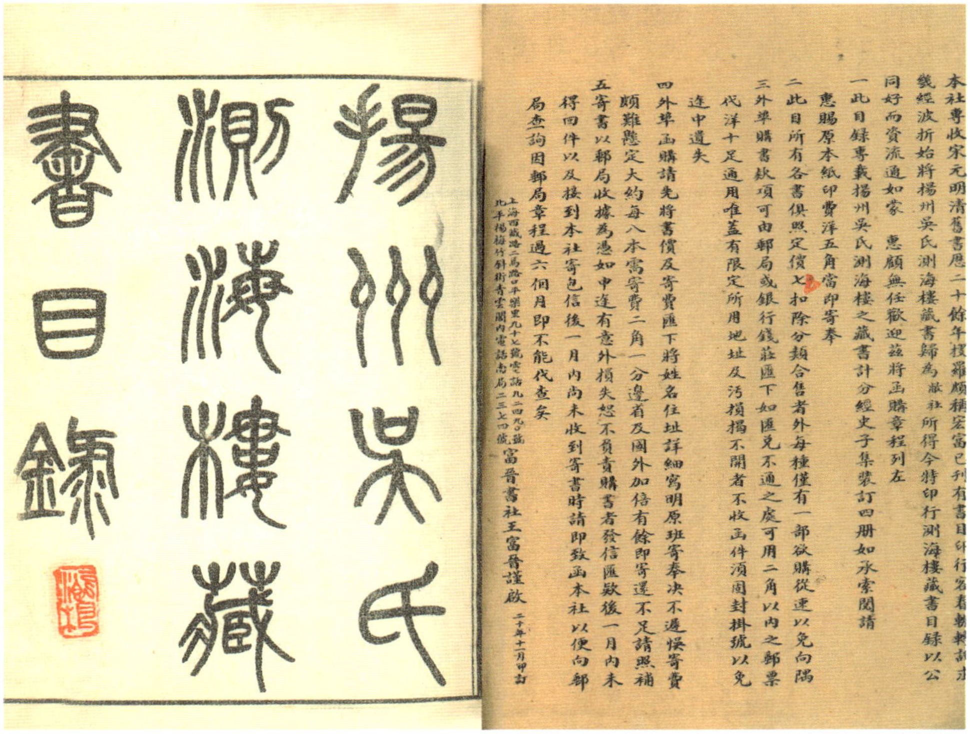

“足以津逮后学”：《卷庵胜稿》

叶揆初著《卷庵胜稿》，铅印本，一册，出版时间和出版地不详。封面有给章士钊的毛笔签名：“章行老收览”。封面题签叶景莘，扉页题签叶启钤。有徐森玉和陈叔通序言两篇，分别作于1962年5月和1961年1月。

徐森玉在序言中讲，叶揆初“与张菊生、陈陶遗、李拔可、陈叔通诸先生创办合众图书馆，征访江浙私家藏书，谋所以保存之策，引为同调。先生喜收前贤手稿手校之本，相与赏析，亲主馆务甚勤。”叶揆初曾邀请徐森玉担任合众图书馆的董事，但不久叶揆初就去世了，“叔通入京参柄国务，菊生病废”，只有徐森玉始终维持，并最后将合众捐献给政府。这部《卷庵胜稿》，是叶揆初去世后由陈叔通出版的。徐森玉在序言中讲：“叔通笃念旧谊，知先生胜稿待刊，募资刊布。”

陈叔通在所作序中讲，叶揆初“手不释卷，积书悉以捐入所创立合众图书馆”。并称，这部《卷庵胜稿》杂记，“皆在合众图书馆成立以后，留意旧籍，随笔记录。生平无意于作诗，而诗亦工，联语是其所长。顾君起潜搜集作为《诗存》、《联存》，总名为《卷庵胜稿》”。因为叶揆初的夫人朱氏对叶揆初“助君为多”，叶揆初的弟弟叶景莱“行世卓卓可传”，陈叔通特为这两人作传，一并刊入此书。

由此看来，这本《卷庵胜稿》，是由顾起潜参与编辑整理，由陈叔通出资印行，

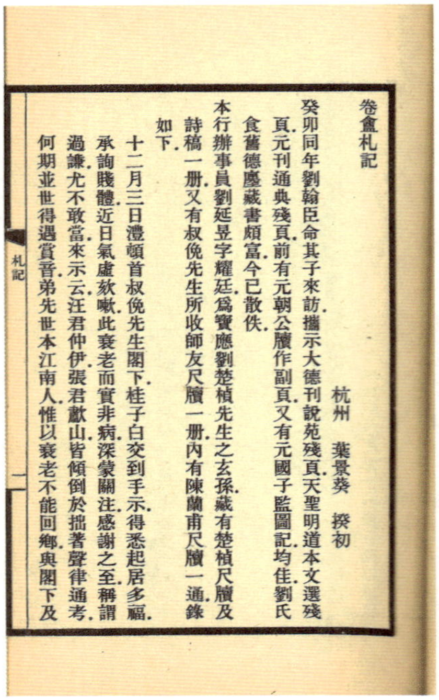
卷盦札記　　杭州　葉景葵　揆初

癸卯同年劉翰臣命其子來訪.攜示大德刊說苑殘頁.天聖明道本文選殘頁.元刊通典殘頁.前有元朝公牘作副頁.又有元國子監圖記.均佳.劉氏食舊德廔藏書頗富.今已散佚.

本行辦事員劉延昱字耀廷.爲寶應劉楚楨先生之玄孫.藏有楚楨尺牘及詩稿一册.又有叔俛先生所收師友尺牘一册.內有陳蘭甫尺牘一通.錄如下.

十二月三日灃頓首叔俛先生閣下.桂子白交到手示.得悉起居多福.承詢賤體.近日氣虛欬嗽.此衰老而實非病.深蒙關注.感謝之至.稱謂過謙.尤不敢當.來示云.汪君仲伊.張君歗山.皆傾倒於拙著聲律通考.何期並世得遇賞音.弟先世本江南人.惟以衰老不能回鄉.與閣下及

札記　一

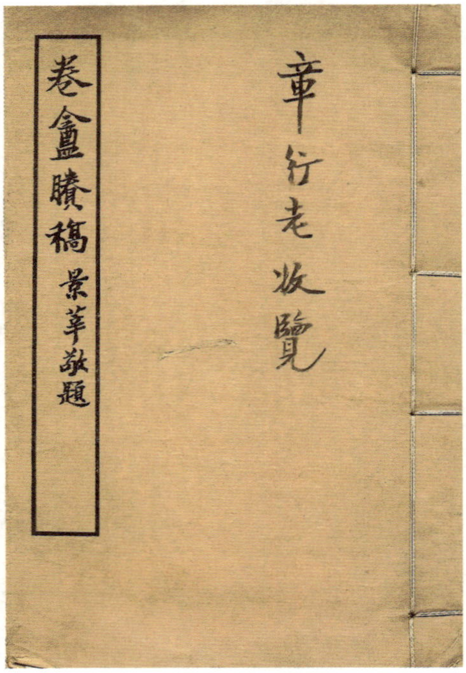

出版地可能在上海，出版时间大体在1962年或1963年。封面上给章士钊的“章行老收览”，可能是陈叔通所写。

这本《卷庵胜稿》是叶氏主持合众图书馆时期的读书记。叶揆初是浙江杭州人，名景葵，生于清同治十三年（1874），卒于1949年4月，年76岁。早年曾入赵尔巽的幕府，参与新政建设，也是有心世务的人。但“终以未获大用，晚年匿居沪滨，从事商业”（见该书陈叔通所作序言），为兴业银行及中兴煤矿公司董事长。顾起潜在“行状”中说：叶氏“鉴别人墨迹最精审，每见异本，手自校勘，工饬不苟，展览所及，辄加题识，或提撷英华，或评议体例，或考订版本，或叙述往事，皆足以津逮后学。”叶揆初病逝后，张元济赋悼诗云：“万卷书将卷，豪情亦罕闻。君能城众志，天未丧斯文。差比曹仓富，还防秦火焚。敢忘后死责，努力赴艰辛。”这里写的，便是叶氏这一段收集文献的经过。

《卷庵胜稿》收入的，一部分是叶氏读校日记，一部分是他的文稿。曹聚仁说：“看了叶老的札记，使我们这些爬格子的朋友，十分愧惭。……我读了他的札记，想不到他的掌故之学，这么精审，更想不到他的文艺修养，造诣极高。”（《曹聚仁书话》，北京出版社1998年版）。邵力子也曾说，“这部札记，对我有点用处”。

朱笔校改本《四库目略》

杨立诚编《四库目略》四册，浙江杭州大方伯省立图书馆民国18年铅印本。前为民国18年1月10日蔡元培序、民国18年1月28日江西南城欧阳祖经序和杨立诚自序。史部封面有朱笔题记：“据四库简明目录标注，北京图书馆善本书目，增补校订本。辛丑仲冬。”书眉行间有蝇头小楷朱、绿、墨笔增订、校改。

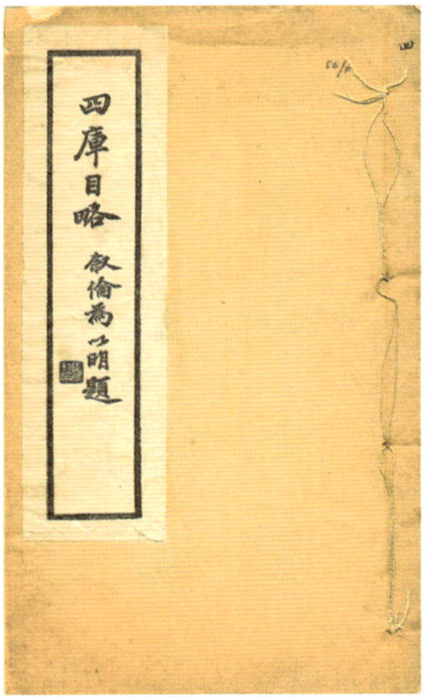

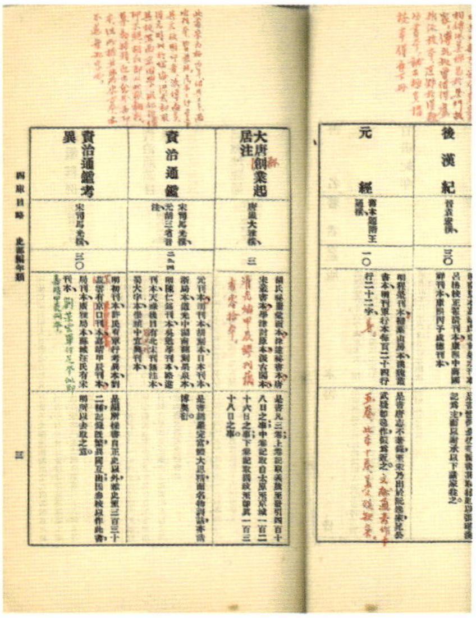

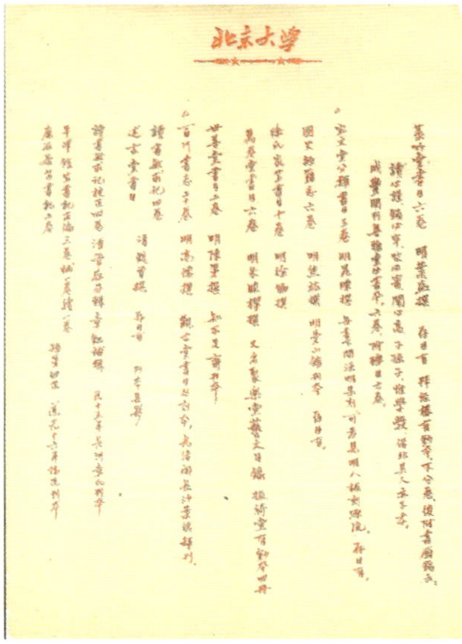

1927年1月的《浙江图书馆学刊》曾刊登杨立诚的“四库目略引言”。《四库目略》是杨立诚将《四库全书简明目录》、《四库全书简明目录标注》和《郘亭知见传本书目》三本书改编而成的。全书按经、史、子、集四部编排，每书著录包括书名、著者、卷数、版本、内容提要等。可与《四库简明目录标注》、《郘亭知见传本书目》互参使用。

杨立诚（1888—1931），字以明，江西丰城人。目录学家、图书馆学家。民国16年至民国20年夏任浙江省立图书馆长。1929年与金步瀛合撰藏书家传记著作——《中国藏书家考略》，收秦汉以迄清末有藏书事迹者700余人，论及著述及藏书之概略。后经常熟俞鸿寿补订134人，订正200余条，1985年由上海古籍出版社出版。另著有《文澜阁书目索引》等。

在上海国拍2006年秋季艺术品拍卖会上，此《四库目略》估价3500～5000元，未成交。

最具权威的中国古籍版本图录：《中国版刻图录》

北京图书馆编《中国版刻图录》八册，文物出版社1960年珂罗版套印暨铅印本。全书收刻版410种，活字版10种，版画50种。翕居所藏为文物出版社1961年3月增订本，全书收刻版460种，活字版40种，版画50种。

该书第1册为前言和目录（即图版说明），第2至8册为图版。该图录选录中国唐、五代、北宋、南宋、金、元、明、清各代版刻书籍。所收书籍版画大部分选自北京图书馆，其余选自上海图书馆、南京图书馆、辽宁省图书馆、北京大学图书馆、上海博物馆、四川省博物馆和宁波天一阁。图版说明首记书名、编撰者姓名、刻版年代、刻版地点、图版序号；次述版框尺寸、每页行数和字数、装帧形式；再载原书卷数、现存状况、收藏地点和流传情况；后具字体、刻工、避讳等，说明它们的风格流派、瑕疵优劣和历史价值。图版依时代先后编排，同时代者依刻印地区编排。所选书籍的刻版年代和刻印地点可靠，镌刻技法、版面风格和装帧艺术多具代表性，能系统地反映中国各历史时期版刻印刷的面貌，为古籍的鉴定工作提供了可靠的标尺，也为研究汉字书写艺术提供了丰富的实物资料。

《中国版刻图录》是一部系统反映中国雕版印刷成就的大型书影图谱。赵万里主编。该书选辑中国雕版印刷术发明后，历代雕版印刷的书籍中有代表性作品的样页，按刻版时代和刻版地区编排，展示了各个时代刻版印刷技术的发展。从中可看到同一时代在不同地区刻印的书在字体风格上的差异，以及同一地区不同时代版刻风格的延续性。该书在刻版书籍之后，还增加了活字印本与版画部分，各成系统。

该书由文物出版社以珂罗版影印出版，

1960年初印，选书500种，有图版662幅，用宣纸印刷300部。1961年增订再版，选书550种，有图版724幅，用道林纸印制500部。1990年，又按1961年增订版进行第3次印刷。书中所收版画和彩色画面诸幅，以珂罗版彩色套印，在中国近代珂罗版印书中可称创举。目前，最有权威性的中国古籍版本图录，学术界公认是20世纪60年代出版的这部《中国版刻图录》。这部集大成的大型古籍版本图录，基本概括了我国自发明雕版印刷以来，留存至今的具有代表性的印刷品，是我国版本学研究方面的里程碑式作品。但这部图录偏重于宋元刻本，对于明代以来，尤其是清代的版刻，介绍的不是很充分。黄裳在《清代版刻一隅（增订本）》后记里说：“《中国版刻图录》总算留给清刻一点地位，但寥寥数通，不成系统。”除此之外，因为该书是以“版刻”为对象，未能包括古籍中为数较多的稿、抄、校本。

上海书店《中国古籍稿钞校本图录》的出版应该算是补充了这一缺憾。该书按稿、抄、校本分装三册，共收录从魏晋至清末具有代表性的古籍稿、抄、校本凡三百余种，每种入收的图书均附有一帧专门摄制的彩色图版，并撰有详细的书志提要。为了便于使用者查检，还编有分类、书名、作者、字号等四个索引。

戴南海先生在《版本学概论》说：攻治版本学的阶梯，当先览《书林清话》以了解其梗概，再目验《中国版刻图录》、《四部丛刊》、《古逸丛书》等书影，以见其版式字体，然后阅《增订四库简明目录标注》和《郘亭知见传本书目》，以窥某一书刊刻的源流，再借觅古椠以印证诸家题识，以达兼览之博，于是刊藏源流，则了然于胸了。这可谓版本研学的经验之谈，值得思索、借鉴。

“文献学”提法的由来之始：《中国文献学概要》

郑鹤声、郑鹤春编纂《中国文献学概要》一册，上海商务印书馆民国19年1月初版，民国22年3月国难后第一版。分导言、结集、审订、讲集、翻译、编纂、刻印7章。这是一部中国文献学的开山之作，也是在中西文化冲撞之下，对中国文献学的世界价值、地位重新审视的创新之作。

作者在例言中指出：“结集翻译编纂诸端谓之文，审订讲习印刻诸端谓之献，叙而述之，故曰文献学。”该书中的“结集”指文献的著录、分类及历代的目录工作，相当于古典目录学，作者认为这是文献学中最重要的事，“故首及之”；“审定”一章以孔子删订六经，刘向、刘歆校理图书和清乾隆间编《四库全书》为例，讨论校雠考订工作；“讲集”一章，论述历代教育和学术流派及其学术思想；第五章“翻译”分别叙述中国对隋唐以前的印度佛教和明清之际对西方科学文化的吸收；第六章“编纂”主要指类书与丛书的编集；最后一章“刻印”，介绍版本学的一些常识。该书原来还有“私家藏书”一章，讨论各地文献发展盛衰之事，后因篇幅太大，以《中国地方藏书小史》为名另行成编。

这部书是中国文献学的一部早期著作，写在国难之秋，具有一定的世界性眼光，在中西文化交汇的背景下，对中国古典文献的价值和文献学研究的意义及此后的走向，都作了深刻思考。在中国现代，“文献学”这一提法由来之始，就是郑鹤声、郑鹤春兄弟在本书中提出的。

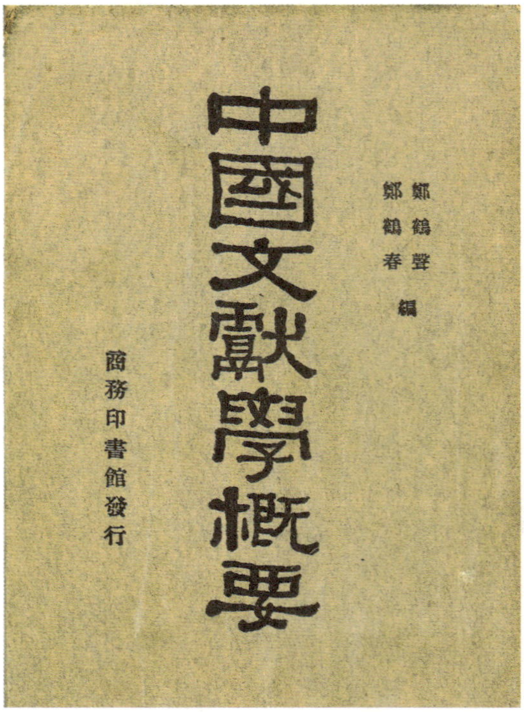

民国初年，中国思想界最为关心的乃是中学与西学异同及其相互关系的问题。在新文化运动之前，大抵还是“中学为体，西学为用”，新文化运动之后，昔日被奉若神明的儒教彻底被打翻在地。毫无疑问，写就于1928年的本书也刻上了这样的时代烙印，要首倡文献学，则首先要在“中西文化冲撞”的大背景下对这门学问作出相应的价值判断。作者非常自信地肯定了中国文献在世界文明中的重要地位，号召国人“不宜妄自菲薄者矣”，应努力研究国学，则对世界的贡献“可以极伟大”。读自序与导言，自有一股豪情见于字里行间。与此同时，作者也很直率地指出了外来文化对中国文献的巨大影响，主要体现在佛教和西方科技流入中国，单列“翻译”为一章，为其他文献学著作所少见。

1925年，郑鹤声应云南省政府之聘，赴云南高等师范任教，并兼课于东陆大学（云南大学前身）。为使学生明白中国史的内容和治史方法，进一步激发学生研究中国史的兴趣，他撰写了二十六册之巨的《正史研究》一书。接着，他为中国史学大家写年谱，由商务印书馆陆续出版了《司马迁年谱》、《班固年谱》、《袁枢年谱》等。1928年起，上海商务印书馆把他的著作以“郑氏史学丛书”出版，这在当时史学界并不多见。1929年，他受国民政府大学院之聘，在教育部编审处任编审兼教育部水陆图审查委员会专门委员，并兼职于中央大学、中央政治学校。期间，着手编写《中国史部目录学》，与其兄郑鹤春合写了这部《中国文献学概要》。

《中国文献学概要》出版的初衷，以期改变当时“号为学人，而叩以本国文献之要略，瞠目而不知所对者”的情况。此书出版后，受到广泛欢迎，一些大学的相关专业将其列为教材，并多次重印。直到现在，复旦大学和上海书店仍将此书与《史学概论》予以再版。

值得一提的是，此书是商务印书馆“国难后第一版”。这次“国难”指的是1932年1月28日，侵华日军在上海闸北寻衅向中国军队发起进攻，中国军队奋起抵抗。日军未得逞，遂于次日出动20多架飞机狂轰滥炸闸北一带，商务印书馆多处中弹后着火，印刷机械全部烧毁，纸灰飞达数十里之外。这部书的版权页，有商务印书馆的一则启事，记载了这一劫难："民国二十一年一月二十九日，弊公司突遭国难。总务处印刷所、编译所、书栈房，均被炸毁。附设之涵芬楼、东方图书馆、尚公小学亦遭殃及，尽付焚如，三十五载之经营隳于一旦。迭蒙各界慰问督望，速图恢复，词意恳挚，衔感何穷。弊馆虽处境艰困，不敢不勉为其难。因将需用较切各书，先行覆印，其他各书亦将次第出版惟是。图版装制不能尽如原式，事势所限，想荷鉴原，谨布下忱，统祈垂察。"

商务印书馆把《中国文献学概要》作为"需用较切"之书，于"国难后"迅速出版，也说明了此书的影响。

"北京旧书业冀州帮聚书流通"：《琉璃厂小志》

北京琉璃厂的名气不用多说，这条古老的街道和"文化"二字紧紧相连，在历史变迁中演绎着一个又一个收藏的故事，不少人曾为它写下动情的文字。在众多的关于琉璃厂的著作中，孙殿起所辑《琉璃厂小志》，应该算是资料翔实，影响很大的一种历史资料书。

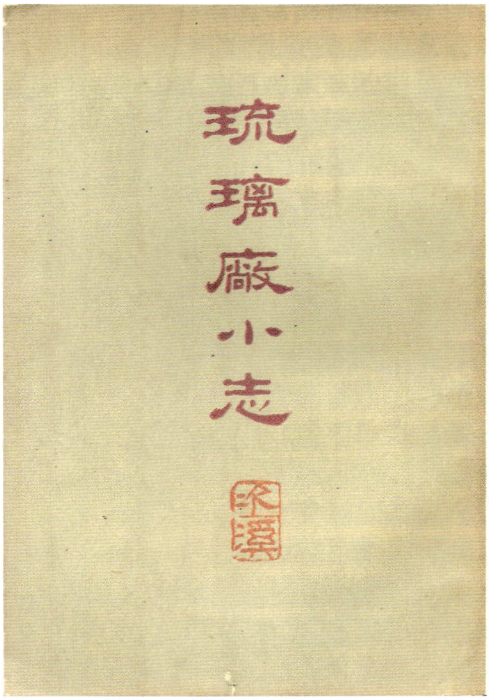

《琉璃厂小志》中的资料，记载了不少具有意义的事件。但最重要的应当是清乾隆时李文藻的《琉璃厂书肆记》、民国2年缪荃孙的《琉璃厂书肆后记》、孙殿起的《琉璃厂书肆三记》、张涵锐的《琉璃厂沿革考》、雷梦水的《琉璃厂书肆四记》等。这些文章记叙的时间从乾隆三十四年（1769）起一直到1956年书店公私合营为止，它从商店概况、经营特点、街道风貌、铺主特点等方面记叙了这条街将近200年来的变迁。

孙殿起的门人、外甥雷梦水在《记目录学家孙耀卿》（见雷梦水：《书林琐记》，人民日报出版社1988年1月版）一文中说："解放后，先师受到党的关怀和鼓励，满怀信心地致力于学术研究工作，编写了《琉璃厂小志》、《清代禁书知见录》、《贩书偶记续编》、《慈仁寺志》、《北京风土杂咏》、《庚午南游记》等。"但孙殿起在世时，《琉璃厂小志》并未刊行，后由雷梦水、张次溪、陈怀谷、赵羡渔等人协助整理，于1960年脱稿。此时，正逢邓拓倡议恢复琉璃厂文化街，王冶秋将该书推荐给邓拓，在征求有关意见后，于1962年12月由北京出版社出版，发行4000册。“文革”中，《琉璃厂小志》被认为是“为资本家树碑立传”，而遭停售销毁，雷梦水也被打为“三家村”黑线人物。1982年，经雷梦水修订以后，此书才重见天日。

《琉璃厂小志》开篇第一文是张涵锐《琉璃厂沿革考》，文中说：“琉璃厂书业，乾嘉以来，多系江西人经营；相传最初有某姓者，来京汇试未中，在此设肆，自撰八股文试帖诗镌刻印刷出售，恃以生活。后来者以同乡关系，颇有仿此而行者，遂成一集团；直至清末科举废后，此种集团无形取消，代江西帮而继起者，多河北南宫冀州等处人，彼此引荐子侄，由乡间入城谋生。”据《河北省出版志》中《京津书业中的冀人店》一文载：河北人在北京开设书店的有237家，其中冀州人创办的有104家。傅振伦在《冀县志》序中说：“北京旧书业冀州帮聚书流通，更是为祖国文化学术做出了极大贡献。”《冀县志》记载了孙耀卿、雷梦水等在北京从事古旧书业的人的功绩。

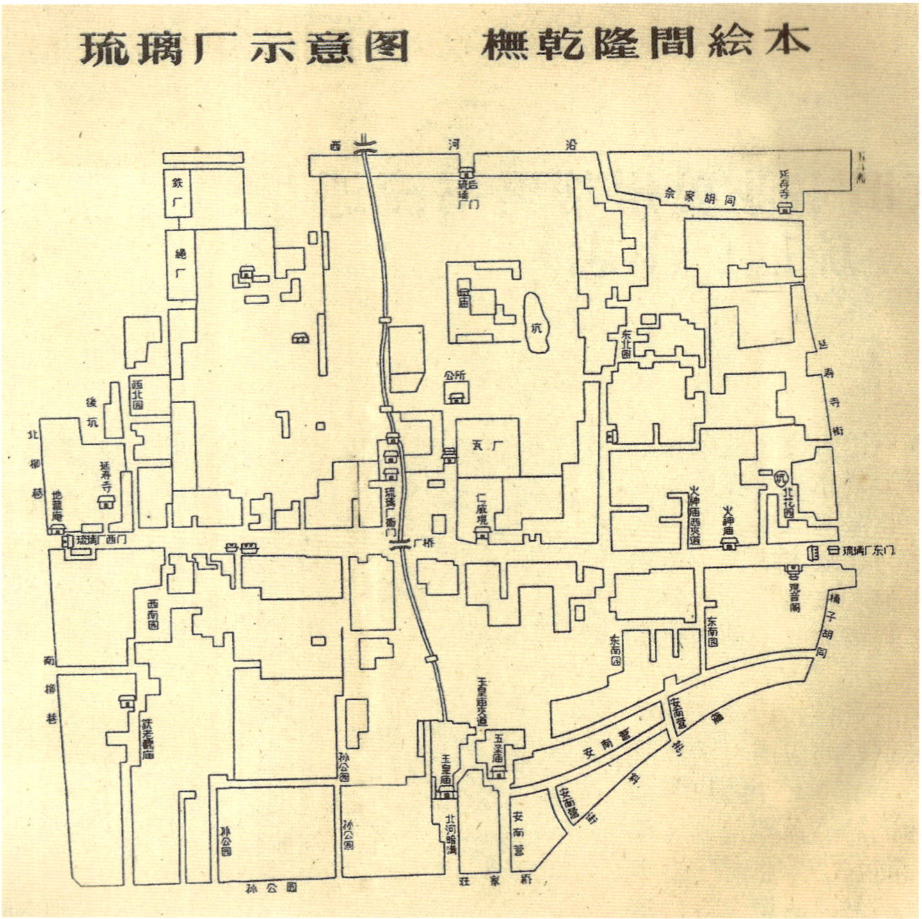

翕居所藏为张次溪钤印本，1962年初版。书中所收“一九一六年春节厂甸集市”照片原照即为张次溪所藏。《琉璃厂小志》除了关于古书和书店的记载外，还有很多北京风物方面的资料。遗憾的是，书中记载的那些充满味道的东西，随着时代的变迁，今天已经很难找到了。

翕居讀書錄

二

季羨林題

白撞雨 著

石油工業出版社

图书在版编目（CIP）数据

翕居读书录/白撞雨著.
北京：石油工业出版社，2009.11
ISBN 978-7-5021-7105-6

Ⅰ. 翕…
Ⅱ. 白…
Ⅲ. 古籍-图书目录-中国
Ⅳ. Z838

中国版本图书馆CIP数据核字（2009）第056107号

翕居读书录
Xiju Dushu Lu

封面题签：季羡林
封底扇拓：张志鱼
题　　辞：史树青　贾平凹　阮次山
责任编辑：金平阳　马　纪
责任校对：黄京萍
封面设计：飞亚景设计
出版发行：石油工业出版社
(北京安定门外安华里2区1号　100011)
网　址：www. petropub. com. cn
编辑部：（010）64523736　发行部：（010）64523603　64523620
经　　销：全国新华书店
印　　刷：北京盛通印刷股份有限公司

2009年11月第1版　2009年11月第1次印刷
880×1230 毫米　开本：1/16　印张：63
字数：1720千字　印数：1—1000

定　　价：660.00元（全三册）
(如出现印装质量问题，我社发行部负责调换)

目録

【肆】霓裳羽衣曲 347

【伍】金石蕴文思 384

【柒】致知在格物 548

【捌】政善而治顺 595

肆 霓裳羽衣曲

近年来，附带有刻绘精细、人物生动的版画、图画的传奇、杂剧等戏曲类和小说类古籍，深受藏家喜爱和追捧，单套四、六本的拍卖成交价大都过万元。2004年5月，在中国嘉德春季拍卖会中，明万历金陵广庆堂刻《霞笺记》二卷二册，书内有合页连式插图，拍到了24.2万元。在翌年的中国嘉德秋季拍卖会上，京剧大师程砚秋秘藏的一套千余册的《玉霜簃藏戏曲钞本》，其中有许多秘不示人的演出剧本和很多工尺谱、身段谱，被北京大学图书馆以550万元买走。

著名学者吴梅、马廉、齐如山、周明泰、周越然、傅惜华、阿英、吴晓铃等，都为戏曲文献的抢救、保护和整理，作出过重要贡献。但其中当属郑振铎成就最大，他对于戏曲、弹词、小说之类的俗文学有特殊的爱好。“予之集书也，往往独辟蹊径，不与众同。予集小说、戏曲于举世不为之日。予集弹词、鼓词、宝卷、俗曲，亦在世人知之之先。予集词集、散曲集、书目，亦以于词、于曲、于书目有偏嗜故。”他在竭力收集戏曲古籍同时，还潜心整理编辑戏曲文献，他编纂的《清人杂剧初集、二集》、《古本戏曲丛刊》1至4集，里面搜集了大量戏曲珍本。这些书中，他写有序言或题记、跋语，考索古代戏曲作家生平，阐发古代戏曲发展源流。翕居所藏民国17年再版的郑振铎著《中国文学研究》中，收有他所发现的元代重要戏曲作品集《脉望馆古今杂剧》，这六十四册书中包含有240种杂剧，其中近一半是湮没了几百年的孤本，由当时的教育部以9000大洋买下。后来，郑振铎对这部书作了深入研究，定名为《脉望馆抄校古今杂剧》，还撰写了一篇长达3万余字的跋。关于这部书的价值，诗人徐迟后来用十分生动的语句评价：“你能想象吗？这是多么惊人的发现！仅仅发现了莎士比亚的一个签名，全欧洲为之骚动。如果发现的是莎士比亚的一个从未见过的剧本，你想，又将如何？试想文艺复兴距今不过三四百年。我们的元代，至今却有六七百年之久”，这不是一部普通的戏曲集，其重要程度“仅次于敦煌石窟经卷和西陲汉简的发现”。

这部分收录的是包括杂剧、传奇、散曲的戏曲类古籍及有关弹词、鼓词、宝卷的唱词类书目。

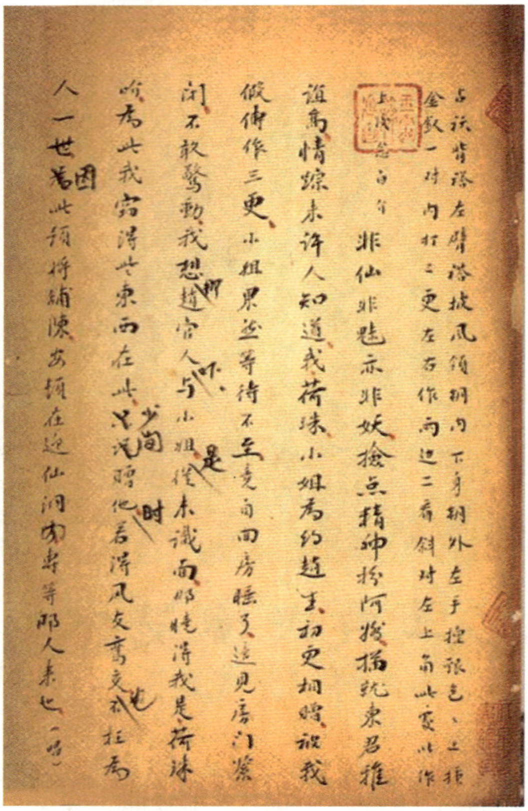

程砚秋藏《玉霜簃戏曲抄本》

“红颜谁说不封侯”：《芝龛记传奇》

“鉴湖女侠”秋瑾1875年生于福建闽侯一个官宦家庭，在辛亥革命中被清军围捕，她坚不吐供，仅书“秋风秋雨愁煞人”以对。年仅32岁从容就义于绍兴轩亭口，成为我国近代史上一位著名的巾帼英雄。

秋瑾在念家塾时，根本不爱读《三字经》、《百家姓》、《神童诗》之类，她爱读的是诗词、小说和传奇。在翻阅“闲书”中，看到了（清）董榕所写的《芝龛记》，这是以明末秦良玉、沈云英二女将抗击外敌、立功受奖的故事为主线，穿插明野史而成的杂剧。看完这部书后，秋瑾一口气写下了八首《题芝龛记》诗。其中有“今古争传女状头，红颜谁说不封侯”、“莫重男儿薄女儿……始信英雄亦有雌”等诗句。据徐双韵《记秋瑾》言，秋瑾少年时期“特别爱读《芝龛记》等小说，对秦良玉、沈云英极推崇”。

《芝龛记》是清乾隆时期九江知府董榕于乾隆十六年（1751）所撰，《中国善本书目》著录为乾隆十六年刻本。今所见多属清道光二年（1822）董榕之孙象垚修补本，封面几经易刻，各不相同，计十六册。象垚有跋曰：“先观察公《芝龛乐府》板存家乡数十年。清嘉庆己卯（1819），丰亭伯兄托友人载来鄂省，仲兄复初检收板片，逐细点查，无大遗失。惟历年既久，间有朽蠹及字画漫灭者，垚敬照初刷缮写，倩工补刊，以成善本。”翕居所藏为清光绪十五年（1889）刻本，共有六卷六十出，五册。

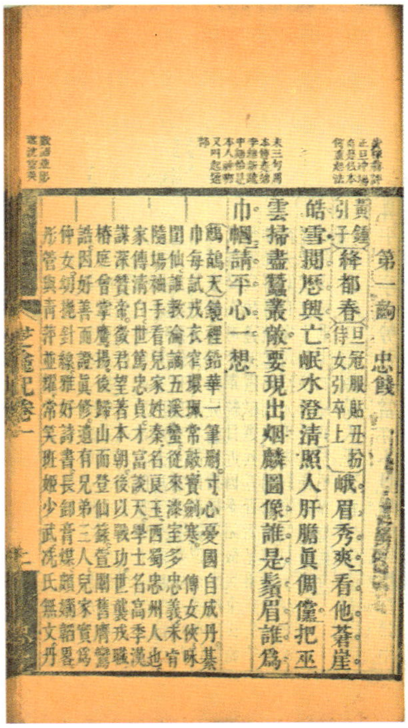

郭沫若在其《甲申三百年祭》中也曾引用了《芝龛记》关于李岩父亲“逆案”的内容。

董榕，字念青，号恒岩，直隶（今河北）丰润人。历官金华、南昌、九江知府，皆有政声。工书法，善诗文，所著有《浭阳集》。

2003年11月，在中国嘉德秋拍中，乾隆十六年本《芝龛记》六卷四册，估价4000～6000元，未成交。

“千古知音第一难”：《瓶笙馆修箫谱》

（清）舒位撰《瓶笙馆修箫谱》一册，钱塘汪氏振绮堂道光十三年（1833）刻本，白纸有图，精美可珍。

舒位（1765—1816），字立人，号铁云，祖籍直隶大兴（今属北京市），生长于吴县（今属江苏苏州）。清代诗人。14岁随父任居广西永福县，官舍后有铁云山，因而自号铁云山人。乾隆戊申（1788）恩科举人，会试落第。一生坎坷，家境贫寒，曾以馆幕为生，事母至孝。嘉庆乙亥（1815）十月，母殁，悲痛过度成疾，同年除夕去世。

舒位读书广博，又奔走四方，接触社会生活较为广阔。其诗多羁旅、行役、赠答及咏史之作；也有些篇章讽刺时政或抨击现实，如《叩头虫》、《杭州关纪事》等。他的诗以七古、七律为最胜，如《张公石》、《朱野云断墙老树图为石敦夫题》、《破被篇》，为同时代人所称誉（法式善《瓶水斋诗集序》）。咏明妃、诸葛亮、陶渊明、项籍等人的七言律诗，也很新警。法式善曾以舒位与王昙、孙原湘为“三君”，作《三君咏》。龚自珍则将他与彭兆荪并举，称赞他的诗歌风格“郁怒横逸”（《己亥杂诗》自注）。舒位著有《瓶水斋诗集》十七卷、《瓶水斋诗别集》二卷、《乾嘉诗坛点将录》等。

舒位通晓音律，能吹笛鼓琴，每填词曲，脱稿可歌，不需正拍。作有杂剧《圆圆曲》、《琵琶赚》、《列子御风》、《桃花人面》，今皆佚。只剩《卓女当炉》、《樊姬拥髻》、《酉阳修月》、《博望访星》四种合刻为《瓶笙馆修箫谱》行世。

《瓶水斋诗集》卷十四有《论曲绝句》

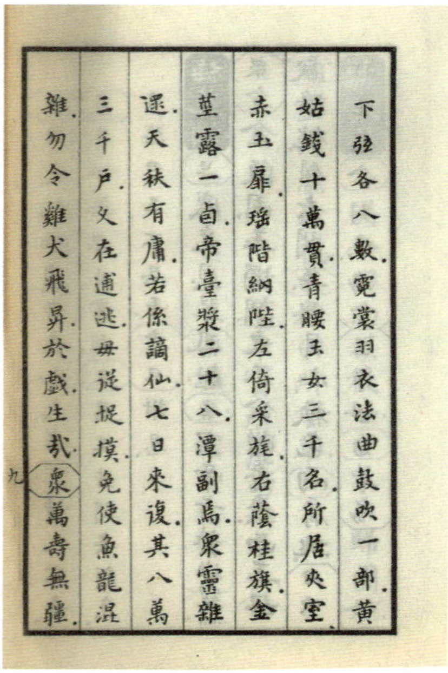
下弦各八數霓裳羽衣法曲鼓吹一部黃
姑錢十萬貫青腰玉女三千名所居央室
赤玉扉瑶階納陛左倚采旄右蔭桂旗金
莖露一卣帝臺漿二十八潭副焉衆靈雜
遝天秩有庸若係謫仙七日來複其八萬
三千戶又在逋逃毋從捉摸免使魚龍混
雜勿令雞犬飛昇於戲生哉衆萬壽無疆
九

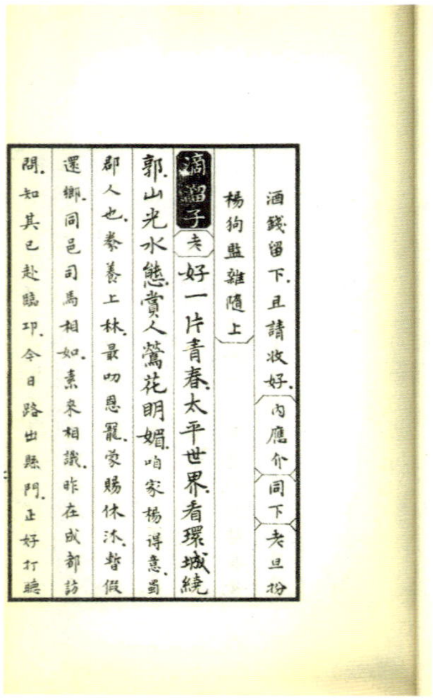
酒錢留下且請收好內應介同下老旦扮
楊狗監雜隨上
滴溜子老好一片青春太平世界看環城繞
郭山光水態賞人鶯花明媚咱家楊得意蜀
郡人也恭養上林最叨恩寵蒙賜休沐暫假
還鄉同邑司馬相如素來相識昨在成都訪
問知其已赴臨邛今日路出縣門正好打聽

14首。在这十四首诗中，舒位提出通过戏曲演唱的观听，逐步了解声音之道，并臻于熟练的境界。如第1首：“千古知音第一难，笛椽琴爨几吹弹。相公曲子无消息，且向伶官传里看。”第14首：“中年丝竹少年场，直得相逢万宝常。他日移情何处是，海天空阔一山苍。”并且阐述其对度曲的了解，认为曲的特色就是有确当的曲律及伴奏。如第2首：“若将词令当诗馀，有句无声总不如。一部说文都注偏，无人歌曲换中书。”第5首：“笛色旋宫忽变声，京房才死马融生。要知人籁还天籁，归北归南一串莺。”第10首：“玉茗花开别样情，功臣表在纳书楹。”等等。

此振绮堂本在上海国拍2004年秋拍中以2750元成交。

“十部传奇九相思”：《笠翁十种曲》

（清）湖上笠翁撰《笠翁十种曲》，康熙间刻本，十种二十册，有插图。

李渔作剧十种，总题《笠翁十种曲》，即《奈何天》、《比目鱼》、《蜃中楼》、《怜香伴》、《风筝误》、《慎鸾交》、《巧团圆》、《凰求凤》、《意中缘》和《玉搔头》。这十种传奇几乎全是婚恋故事，真可谓“十部传奇九相思”。这十种传奇自然也反映出晚明以来尚情的思想，赞成爱情、婚姻自主，反对父母包办儿女婚

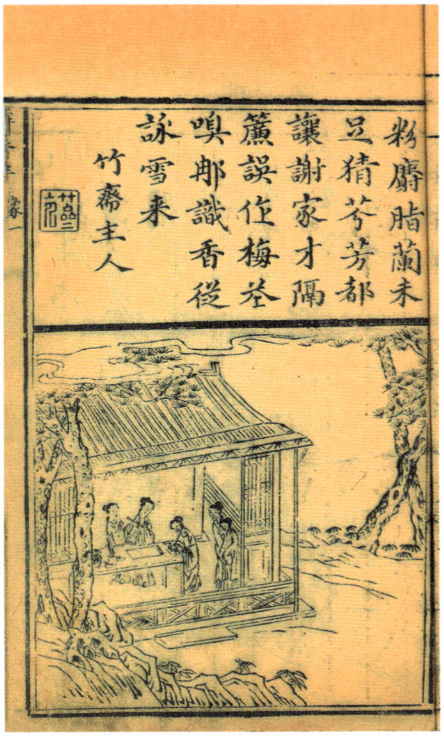

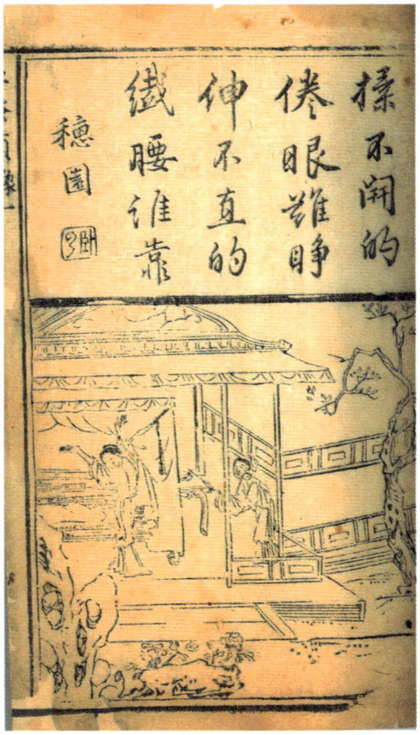

事，特别欣赏对情的执著。如其中的《比目鱼》，男女主人公为情而双双投水，化为比目鱼，情节与比喻都极动人、极优美。但是，李渔的娱乐主义却渗入了其中，抹去了应有的悲剧意蕴。《玉搔头》写皇帝与妓女的爱情，明武宗正德皇帝认为男女相交是在真情，而不在地位，因此冒雪私访，声称“万一有了差池，我也拼一死将他殉”，这固然颇有点“不爱江山爱美人”的反传统的意思，而李渔也只是作为有奇趣的故事，剧中又有许多轻佻、庸俗、甚至秽亵的细节和曲白，成为一部格调不高的风情闹剧，只有俗趣，而无情韵。

李渔的戏曲创作数量虽多，但大都为滑稽剧和风情剧，且多情趣低下，甚至流于猥亵之病。不少人认为，就思想内容言，《十种曲》中只有《比目鱼》和《蜃中楼》较为可取。前者写谭楚玉和刘藐姑的爱情故事，刻画出他们对爱情的忠贞；后者把柳毅传书和张羽煮海两个故事糅合在一起，歌颂了男女主角为了维护爱情的反抗精神和行为。但自清代以来，通常认为《风筝误》是李渔的代表作，此剧写韩世勋与詹淑娟婚姻故事，剧中以放风筝为缘机，引发了才子与佳人、

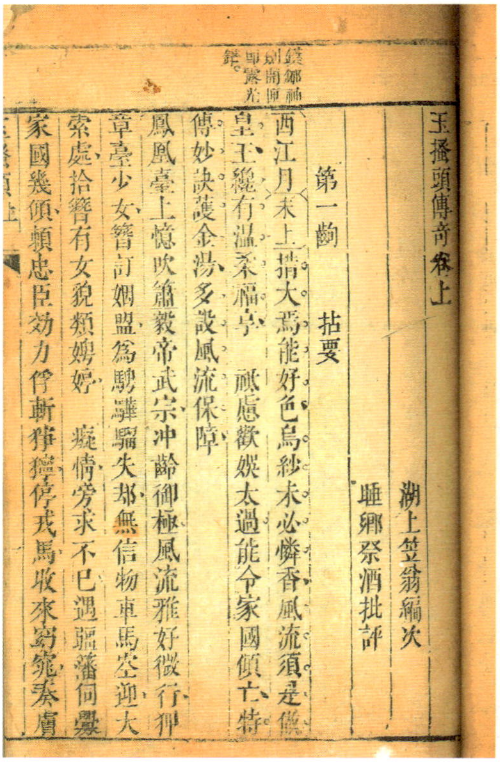
玉搔頭傳奇卷上
湖上笠翁編次
睡鄉祭酒批評
第一齣 括要
西江月 末上 措大焉能好色，烏紗未必憐香。風流須是做皇王，纔有溫柔福享。 祇慮歡娛太過，能令家國傾亡。特傳妙訣護金湯，多設風流保障。
鳳凰臺上憶吹簫 叙帝武宗，冲齡御極，風流雅好微行。狎章臺少女，簪訂姻盟。為駛驊騮失却，無信物、車馬空迎。大索處，拾簪有女，貌類娉婷。 癡情，旁求不已，遇强藩伺釁，家國幾傾。賴忠臣効力，斬將搴旗，戎馬收來窈窕，奏膚

拙人与丑女相互错位而又终于各得其配的婚恋故事。全剧由迭出的阴错阳差的情节构成，整体上具有喜剧色彩，极富生活的滑稽风趣，所以在当时便成为广泛演唱的流行剧目，许多地方翻刻该剧本。论者认为它关目布置很工，宾白言谈得当，曲词本色平易，但也批评它有堕入恶趣的严重缺点。

李渔的小说虽大都取材于当时社会生活，但亦多格调低下、思想陈腐之病。所写内容以男女婚姻为主，情节比较曲折。除《笠翁十种曲》外，另有《无声戏》（又名《连城璧》）、《十二楼》、《肉蒲团》等小说，杂著《闲情偶寄》和诗文集《笠翁一家言》等。至于《偷甲记》、《四元记》、《双锤记》、《鱼篮记》、《万全记》、《十醋记》、《补天记》、《双瑞记》这八种，有人认为是李渔的作品，但到底是否真正出自他的手笔，学界尚没有定论。

李渔自负才情，沾染了晚明士人放诞自适的遗风，不讳言享乐和饮食男女，但在清初的历史环境中又缺乏前辈人非儒薄经的勇气，不敢触怒社会，有意避开政治和社会深层问题，便以“道学风流合二为一”的达人自居，用自己的才艺，别出心裁地周旋于社会名流中，博得达官贵人的施与，而又不失体面。他作戏曲小说，也是用来娱乐人心的。他在《风筝误》中曾说：“唯我填词不卖愁，一夫不笑是我忧。”李渔在当时很有声名，但毁誉不一。

李渔（1611—1680），在明末应乡试不中，明清易代，家道中落，不再应科举。清顺治八年（1651）移家省城杭州，过着“卖赋以餬其口，吮毫挥洒怡如”（黄鹤山农《玉搔头序》）的生涯。他的戏曲、小说大部分是寓居杭州10年间写成的，刊行后颇为畅销，以此受到了一些达官名流的垂青、资助。顺治十七年又移家南京，经营芥子园书坊，刻售图书。同时交结名流，时常带着以姬妾为主的自家戏班周游各地，北抵燕秦，南行浙闽，在达官贵人府邸演出自编自导的戏曲。后因担任主演的乔、王二姬相继病亡，他本人也已年老，境况较前困窘，遂再度迁居杭州，终老死去。（李渔介绍参见34页《“笠翁秘书第一种”：〈闲情偶记〉》一文）

2001年11月，北京万隆秋季拍卖《笠翁十种曲》，康熙年间刻本十种二十册，估价5万～7万元，未成交；北京翰海2002年6月拍卖此书，估价3.5万～4万元，也未成交。

“吐属清婉，自是诗人本色”：《清容外集》

（清）蒋士铨撰《清容外集》九种十二册，红雪楼藏版，乾隆辛丑年（1781）刻本。此为乾隆时代最负盛名的戏曲家蒋士铨的剧作，因乾隆以后清代历朝多次重刊，题名各异，又名《红雪楼九种曲》、《藏园九种曲》、《蒋铅山九种曲》、《香祖楼九种曲》、《红雪楼九种填词》、《蒋氏九种曲》，等等，但每种刻本所收的九种剧目都一样，只是排列顺序稍有差异。

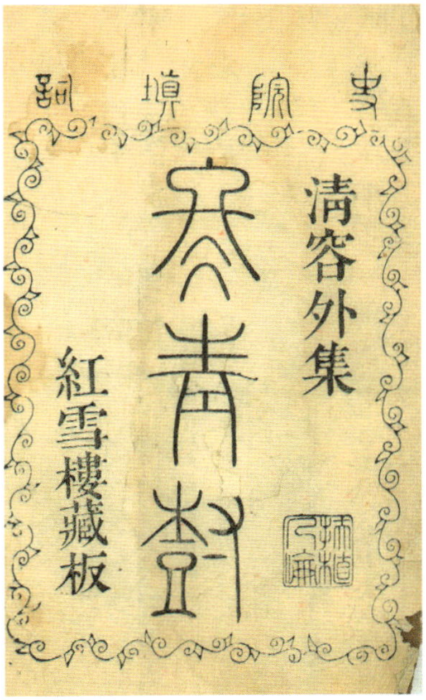

《清容外集》包括《空谷香》、《香祖楼》、《冬青树》、《临川梦》、《一片石》、《桂林霜》、《第二碑》、《雪中人》和《四弦秋》九种。其中，《一片石》、《第二碑》、《四弦秋》三种为杂剧，其余六种为传奇。又除《空谷香》、《香祖楼》两剧为现实题材外，其他七种均为历史题材。九种曲中，以《桂林霜》、《冬青树》、《临川梦》三种最为受人重视。

蒋士铨创作的戏曲剧本，多以有关世道人心的见闻来警醒世人。大都以表彰节烈、扶植人伦为主旨，涂染着浓厚的道德色彩，突出宣扬忠义等道德伦理。有时也借他人故事来寄托自己壮志难酬的遭遇与愤懑，以及怀才不遇的感叹。

《空谷香》一剧写成于济宁至镇江舟次。正是诗人两次落第返乡途中，一股牢骚无由吐散之气、有腔抱玉献而不售之才，鼓荡于胸中，无由发泄，恰好遇到了这个题目，于是情思涌出，遂成妙文。

《冬青树》一剧写南宋灭亡的历史故事。全剧以文天祥、谢叠山以身殉国的壮烈事迹为主线，穿插唐珏等忠义志士报国义举，抨击了留梦炎之流卖国求荣的行径。

《临川梦》写戏曲家汤显祖的故事。焦循的《剧说》载汤显祖《牡丹亭》刻本传世后，有娄江女子俞二娘，酷嗜其曲，用蝇头小楷在上面细细批阅，不到二十岁竟怨恨而终。有人持其夹批给汤显祖看，汤感慨万端，作两首五言绝句为悼。又载内江一女子，读《还魂》而悦之，径造西湖访焉，愿为才子妇。汤以年老辞，女子投水而死。蒋士铨本此诸事，而作此剧。

《一片石》和《第二碑》皆演娄妃故事。娄妃为理学家娄谅之女，嫁宁王宸濠为妃，宁王谋逆，她屡次劝谏，不听，又作

《题樵人图》诗云：“妇语夫兮夫转听，采樵须是担头轻。昨宵雨过苍苔滑，莫向苍苔险处行。”终不听。后宸濠叛乱被擒，妃投江而死。邦人钦慕其贤且烈，厚葬之。

《雪中人》演铁丐吴六奇将军事。吴六奇为广东潮州人，早失父兄，性好饮博，遂至落拓江湖，流浪街市，行乞为生。常手不曳杖，口若衔枚，敝衣枵腹，而无寒饿之色，人皆称铁丐。后寄身邮卒，于关河形势，无不谙熟。因其时天下初定，清军由浙江入广东，地形多不熟，六奇请见主帅，备陈粤中形势，且言有义结兄弟三十人，拥众据土，粤中传檄可定。帅依其言行之，粤地悉平。由是征闽讨蜀，屡立奇功，位至通省水陆提督。蒋士铨本此作《雪中人》传奇。

《四弦秋》据白居易的《琵琶行》诗而作。白居易作此诗，不过自写其沦落之意。元代马致远据以作《青衫泪》，以为香水素狎此伎，于江州送别时再次相逢，践成前约。后有顾道行作《青衫记》，情节一本马剧。蒋士铨以为“命意敷词，庸劣可鄙”，乃本《琵琶行》及香山本传、宪宗时事，别填《四弦秋》院本，七日而成。时人交口称赞，以为出前剧万倍。

蒋士铨的剧作“吐属清婉，自是诗人本色”。人物刻画细致，语言娴雅蕴藉，以诗歌的才情写作曲辞，典丽流畅，清雅自然，富有意境和文采，有汤显祖的遗风。

蒋士铨（1725—1784），字心馀，一字苕生，号清容居士、藏园，晚号定甫、离垢居士，江西铅山人。蒋士铨是清代中期著名的文学家，他以诗名称雄于当时，与袁枚、赵翼，并称“乾隆三大家”，为乾、嘉时期一个有影响的诗人，而且以戏曲成就高步一时，被（日）青木正儿评为“中国戏曲史上的殿军”。当时，乾隆皇帝就曾写诗称他和南昌彭元瑞为“江右两名士”。高丽使臣曾以重金求他的乐府诗，梁启超说他是“中国词曲界之最豪者”，钱仲联认为“蒋士铨以诗曲成就双双得到同时著名评论家的充分认识和最高评价，这在整个清文学史上恐怕不得不指为绝无仅有的一家”。

蒋士铨的戏曲创作，最早见于蒋氏家刻本《蒋氏四种》丛书中，署“红雪楼板”，后曾抽印为单行本，题为《红雪楼九种曲》，另外，有书坊渔古堂别为翻刻，称《藏园九种曲》。蒋士铨的诗歌作品，清嘉庆三年（1798）扬州刻为《忠雅堂诗集》，

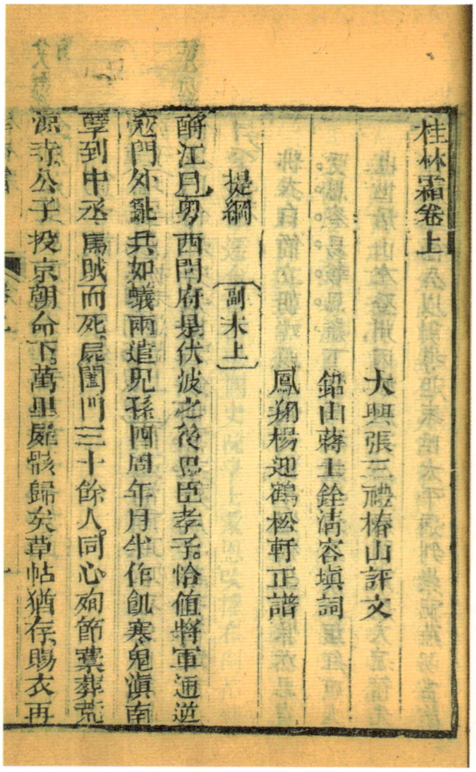
桂林霜卷上
大興張三禮椿山評文
鉛山蔣士銓清容填詞
鳳翔楊迎鶴松軒正譜
提綱 副末上
酹江月 西門府暴伏波老後思臣孝子恰值將軍通逆
冦門外亂兵如蟻兩追兒孫四周年月半作飢寒鬼滇南
孽到中丞罵賊而死屍闐門三十餘人同心殉節藁葬荒
源讓公子投京朝命下萬里屍骸歸矣草帖猶存賜衣再

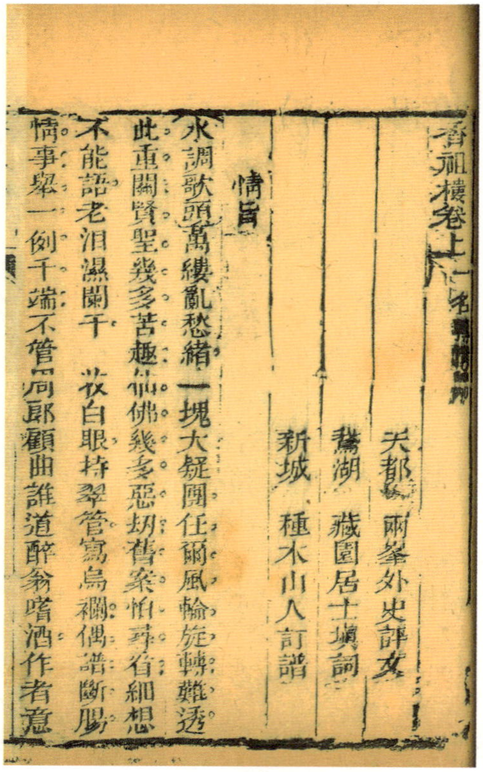
香祖樓卷上
天都兩峯外史評文
鵞湖藏園居士填詞
新城穜木山人訂譜
情旨
水調歌頭 萬縷亂愁緒一塊大疑團任爾風輪旋轉難透
此重關賢聖幾多苦趣仙佛幾多惡刼舊案怕尋省細想
不能語老淚濕闌干 我白眼持翠管寫烏襴偶譜斷腸
情事舉一例千端不管周郎顧曲誰道醉翁嗜酒作者意

收诗2569首。此外，蒋士铨还创作有《采石矶》、《采樵图》、《庐山会》等，与前九种曲一起汇编为《红雪楼十二种填词》。

《清容外集》五种六册，在朵云轩2005年春拍中，以3850元成交。乾隆十五年版红雪楼刻《清容外集》，在1998年中国嘉德秋拍中，成交价为9900元，只注明为十册，未提包括多少种。

"玉茗堂开春翠屏"：《玉茗堂四梦》

《玉茗堂四梦》是汤显祖的四部最著名的传奇戏剧作品——《牡丹亭》、《紫钗记》、《邯郸记》、《南柯记》的合称。因汤显祖的书斋叫"玉茗堂"，玉茗就是玉兰花，且这四部传奇都有描写梦境的情节，所以称作《玉茗堂四梦》，也称《玉茗堂四传奇》，又因汤显祖是江西临川人，故又名《临川四梦》。这"四梦"中尤以《牡丹亭》的成就最高。《玉茗堂四梦》标志着汤显祖在创作上从爱情题材扩大到更广泛的题材。

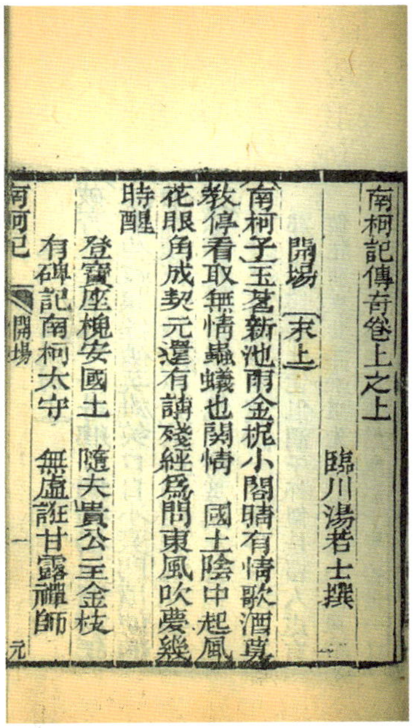
南柯記傳奇卷上之上　臨川湯若士撰
開場【末上】
南柯子玉茗新池雨金柅小閣晴有情歌酒莫教停看取無情蟲蟻也關情　國土陰中起風花眼角成契元還有講殘經爲問東風吹夢幾時醒
登寶座槐安國土　隨夫貴公主金枝
有碑記南柯太守　無虛誑甘露禪師
南柯記〖開場　一　元

汤显祖（1550—1616），字义仍，号海若、若士，别署清远道人，晚号茧翁，临川（今属江西）人。其人多情放任，学富才高，乃明朝最伟大的戏曲作家。

《紫钗记》写的是唐代诗人李益与女子霍小玉的故事，本于《霍小玉传》而改失恋之悲剧为大团圆之喜剧。《牡丹亭》又名《还魂记》，述少女杜丽娘因情而死，以情还魂，终与青年柳梦梅成就佳偶。情节奇幻超绝，痴情感人，辞藻典丽细致，为四梦中篇幅最长、最享盛誉者。其中《游园》、《惊梦》二出，今仍于舞台演出。以上二剧均系为儿女恋情之作。

《南柯记》与《邯郸记》则专演梦中事，借梦告喻世人功名利禄之虚浮，而终之以悟道，归之于佛仙，不落一般传奇才子佳人悲欢离合，终则团圆之窠臼，寓意也为深远。《南柯记》亦名《南柯梦记》，写书生淳于棼梦中入蝼蚁国之事。《邯郸记》又名《邯郸梦记》，据唐人小说《枕中记》而作，述仙翁吕洞宾于邯郸道上收度少年卢生之事，描摹世俗百态极尽兴，点缀极热闹而寓意足醒世，文字古朴浑成，为四梦中篇幅最短、完成最迟者。

翕居所藏为原装原函，分上下两函，计十二册。函套除竖题"玉茗堂四梦"书名外，上函题"计四种曲：还魂记、邯郸梦，上"。下函题"计四种曲：南柯记、紫钗记，下"。扉页题"还魂记、邯郸梦、南柯记、紫钗记"、"玉茗堂四种"、"带耕书屋藏板"。四书序言除《紫钗记》外均为汤显祖手书上板。

《还魂记》的序为"牡丹亭题辞"，署"万历戊子（1588）秋清远道人汤显祖题"。版心题"还魂记"、页码和"元、亨、

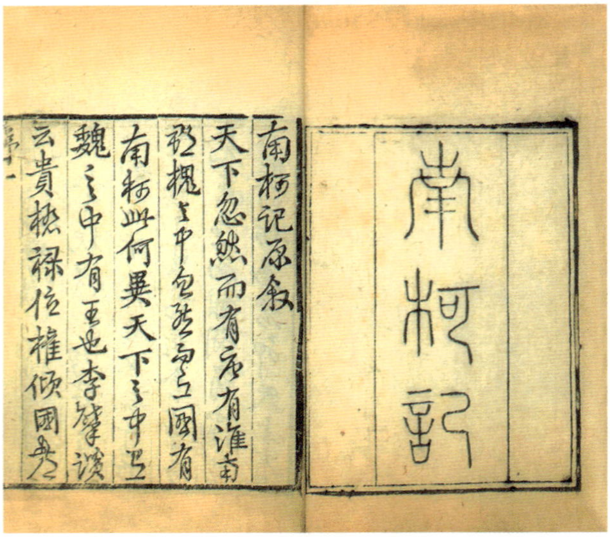

利、贞”，卷首题“牡丹亭还魂记（元、亨、利、贞）集（一、二、三、四）”、“临川汤显祖编”。共有五十五出、四集、四册。

《邯郸梦》的序为“邯郸梦记题辞”，“清远道人汤显祖题”，未著年月。版心题“邯郸梦”，元、亨合一册，利、贞为一册。卷首“元”集题“邯郸梦传奇卷上之上”，“亨”集题“邯郸梦传奇卷上之下”，“利”集题“邯郸梦传奇卷下之上”，“贞”集题“邯郸梦传奇卷下之下”。“临川汤若士撰”。共有三十出、四集、二册。《南柯记》的序为“南柯记原叙”，“清远道人汤显祖题”，未著年月。版心题“南柯记”，元、亨合一册，利、贞为一册。卷首“元”集题“南柯记传奇卷上之上”，“亨”集题“南柯记传奇卷上之下”，“利”集题“南柯记传奇卷下之上”，“贞”集题“南柯记传奇卷下之下”。“临川汤若士撰”。共有三十五出、四集、二册。《紫钗记》的序为“紫钗记题词”，“清远道人汤显祖题”，宋体字，未著年月。版心题“紫钗记”，页码和“元、亨、利、贞”，卷首题“紫钗记（元、亨、利、贞）集（一、二、三、四）”、“汤义仍先生编”。共有五十一出（未标明“第几出”，只列戏名）、四集、四册。

《玉茗堂四梦》除《紫钗记》外，都作于明万历二十五年（1597），汤显祖辞官之后。约在28岁时，汤显祖始作《紫箫记》，因被时人议为影射“秉国首揆”而辍笔。但他志向未泯，十年后又改为《紫钗记》。由是一发而不可止，1598年作《牡丹亭》，1600年夏作《南柯记》，1601年秋作《邯郸记》。

曹雪芹在《红楼梦》里，多次提到了汤显祖的《牡丹亭》、《南柯记》和《邯郸记》。他用《牡丹亭》之“游园惊梦”唤醒林黛玉的青春觉醒，又用《邯郸记》中的“仙缘”预示了贾府由盛转衰，子孙没落，“富贵一场空”，“白茫茫大地真干净”。应该说，《玉茗堂四梦》中的梦境构思和描写，以及剧作所极力讴歌的“情至”观，都给予《红楼梦》一定程度的借鉴与启迪。汤显祖当年曾感叹无人真正领会其代表作《牡丹亭》的“意、趣、神、色”，而写下了“玉茗堂开春翠屏，新词传唱《牡丹亭》；气伤心拍无人会，自掐檀痕教小伶。”二百多年后，曹雪芹为《红楼梦》也题一绝：“满纸荒唐言，一把辛酸泪。都云作者痴，谁解其中味？”两者何其相似乃尔。

在中安太平2007年迎春艺术品拍卖会上，清乾隆二十六年（1761）金陵书业堂刊本《玉茗堂四梦》，书内多版画，刊刻细腻，八册，估价4万～8万元，以8.91万元成交。

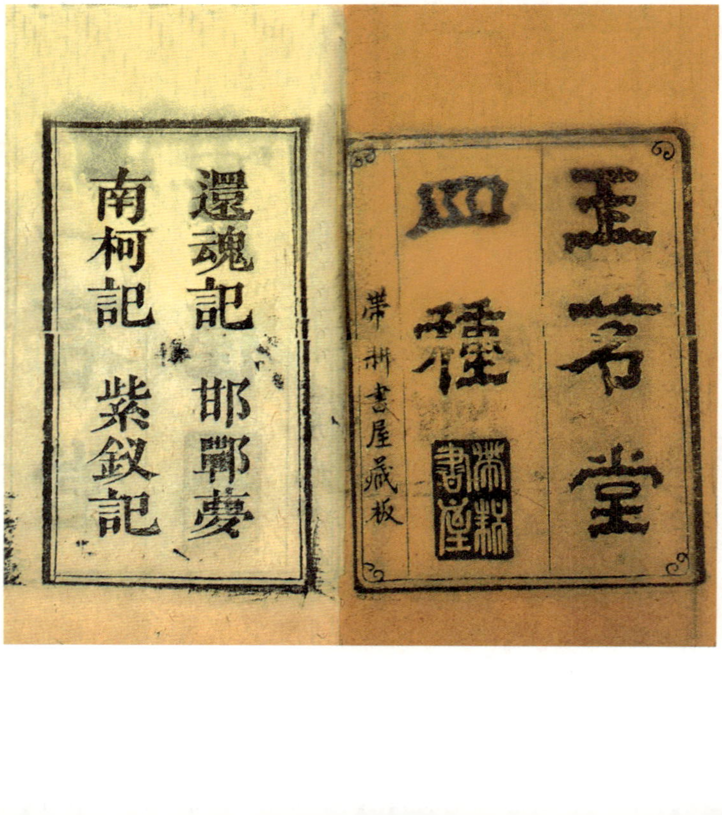

猿鸣泪沾裳：《四声猿》

杂剧《四声猿》是徐渭（字文长）30多岁时所写，得到了同代戏剧大师汤显祖的赞赏。徐渭一生总共创作了两种杂剧：《四声猿》和《歌代啸》。关于后书和作者徐渭另有《“愤世之书”〈歌代啸〉》一文述及。《四声猿》包括《狂鼓史渔阳三弄》、《玉禅师翠乡一梦》、《雌木兰替父从军》和《女状元辞凰得凤》。

《狂鼓史渔阳三弄》是有感于严嵩杀害沈鍊之事而写的，表现出狂傲的反抗精神。后两个戏都是写女扮男装建功立业的故事，反映了徐文长对妇女的看法，有一定的反封建意义。这些作品都打破了杂剧固定的格式，为戏剧形式上的多样化开拓了门径。在戏剧理论方面，他主张“本色”，即戏剧语言应当符合人物的身份，应当使用口语和俗语，以保证人物的真实性，而反对典雅的骈语，过度的修饰，这些看法都是很有见地的。此外，他还作有《南词叙录》，这是我国第一部关于南戏的理论专著，在戏剧史上具有重要意义。

《四声猿》的命名，大有深意，透露出徐渭内心难言的苦涩。《宜都山水记》云：“巴东三峡猿声悲，猿鸣三声泪沾衣。”《荆州记》渔歌说：“巴东三峡巫峡长，猿鸣三声泪沾裳。”古人以为猿鸣三声就足以催人泪下，何况“四声”乎？澂道人的《四声猿题辞》引用其伯姊知和氏作的《沁园春·读四声猿》说：“才子祢衡，《鹦鹉》雄词，锦绣心肠。恨老瞒开宴，视同鼓史，掺挝骂座，声变渔阳。豪杰名高，奸雄胆裂，地府重翻姓字香。玉禅老，叹失身歌妓，何足联芳？木兰代父沙场，更崇嘏名登天子堂。真武堪陷阵，雌英雄将；文堪华国，女状元郎。豹贼成擒，鹴裘新赋，谁识闺中窈窕娘？鬓眉汉，就石榴裙底，俯伏何妨？”此词出于女词人之手，热情赞扬了《四声猿》反传统的悖逆意识。

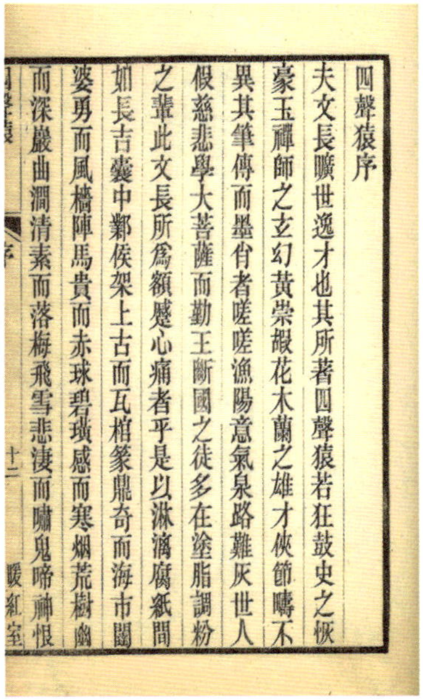
四聲猿序
夫文長曠世逸才也其所著四聲猿若狂鼓史之俠
豪玉禪師之玄幻黃崇嘏花木蘭之雄才俠節疇不
異其筆傳而墨脊者嗟嗟漁陽意氣梟路難灰世人
假慈悲學大菩薩而勸王斷國之徒多在塗脂調粉
之輩此文長所爲額蹙心痛者乎是以淋漓腐紙間
如長吉囊中鄴侯架上古而瓦棺篆鼎奇而海市闤
婆勇而風檣陣馬貴而赤球碧璜感而寒烟荒樹幽
而深巖曲澗清素而落梅飛雪悲淒而嘯鬼啼神恨
四聲猿 序 十二 暖紅室

徐文长曾说：“吾书第一，诗二，文三，画四。”这大概是文人惯用的诡计，即把自己最受人重视的艺术放在最末的位置，以抬高其他。其实，他是大写意画的宗师，影响及于八大山人、石涛、扬州八怪直至吴昌硕、齐白石，在美术史上有着很高的地位。他最擅长花卉画，用笔放纵，水墨淋漓，气格刚健而风韵妩媚，具有诗一般的抒情性和韵律感，极为人们所珍视。其书法则长于行草，徐文长虽自列为第一，但成就似乎逊于绘画。

晚年乡居的日子里，徐文长越发厌恶富贵者与礼法之士，所交游的大都是过去的朋友和追随他的门生。据说有人来访，徐文长不愿见，便手推柴门大呼：“徐渭不在！”他一生不置产业，钱财随手散尽，此时只得靠卖字画度日。但手头稍为宽裕，便不肯再作。倒是一

班门生和晚辈的朋友，或骗或抢，常常得到他的杰作。徐文长似乎特别嗜蟹，许多题画诗记载了朋友们用活蟹来换他画蟹的经过。最后几年，徐文长身患多种疾病，大约画也不能常作，生活更为贫苦。《徐文长文集》中有《卖貂》、《卖磬》、《卖画》、《卖书》诸诗，显示出这位大家凄凉的晚境。1593年，徐文长去世，享年73岁。

翕居所藏《四声猿》为民国年间贵池刘氏暖红室刻本。明末刻本此书二册，第二册有抄配本，在博古斋2007年首场大型艺术品拍卖会上成交价为3300元。

《梨园集成》之“新著因果报”

（清）李世忠辑《新著因果报全部》一册，光绪六年（1880）怀邑王贺成竹友斋刻本，目录题“因果报”，版心题“因果报全部”。系《梨园集成》之一种。

《梨园集成》是清末戏曲演出台本汇集。李世忠编刊，安徽竹友斋刊刻。卷首有光绪四年李世忠所写序文两篇。内收剧本47种。除两种昆曲剧本外，其他45种皆为皮簧戏剧本。在李“序”中说，“南北各操土音……非关音律之不谐，实由简编之无据”，“所虑者南北之韵不同，未克按腔合拍”，可见这些剧本，是流传于当时南北各地皮簧腔系剧种中的。另据李序“迩来频约善才，删除赝本”语，证明这些剧本是和当时的戏曲演员核对过的演出本。剧本编次，基本按照剧中故事发生的朝代先后顺序。剧本中的唱词，除所唱为曲牌者标明曲牌名目外，在七字、十字句格的唱段前，有的标出“倒板”字眼，个别的还标有“西皮”字样。这为研究当时皮簧剧种剧本的体制与唱腔，提供了确切的资料。

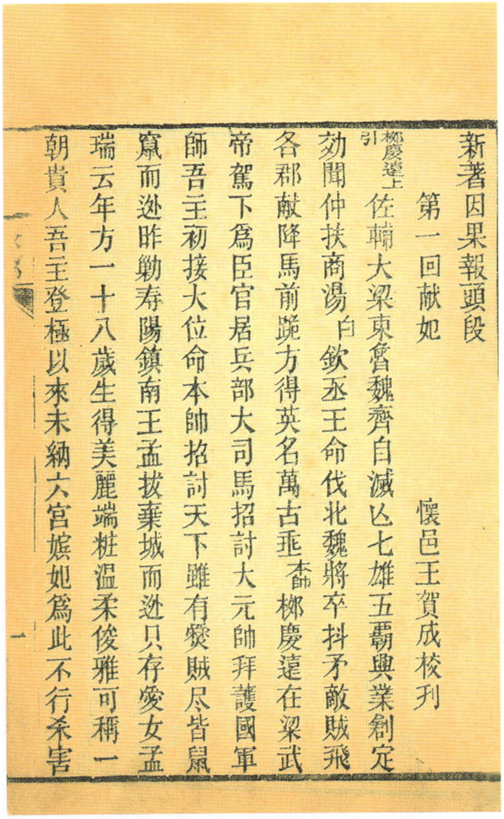
新著因果報頭段
第一回獻妃　懷邑王賀成校刋
梆慶遠上引 佐輔大梁東會魏齊自滅亾七雄五覇興業創定
劾聞仲扶商湯 白 欽丞王命伐北魏將卒抖矛敵賊飛
各郡獻降馬前跪方得英名萬古垂 杰 梆慶遠在梁武
帝駕下爲臣官居兵部大司馬招討大元帥拜護國軍
師吾主初接大位命本帥招討天下雖有變賊尽皆鼠
竄而逃昨勦寿陽鎮南王孟拔棄城而逃只存愛女孟
瑞云年方一十八歲生得美麗端粧溫柔俊雅可稱一
朝貴人吾主登極以來未納六宮嬪妃爲此不行杀害

《梨园集成》所收剧本，大部分仍流传于现代的京剧、汉剧等皮簧腔系诸剧种的舞台上，如《骂曹》、《斩黄袍》、《四郎探母》等剧，其情节场次与唱白文字，都与现代演出本基本相同。有些剧本也流传于现代梆子腔系诸剧种中，如《麟骨床》、《捡柴》等。一部分剧本则与现代演出本存在着差异，如《全本祭风台》，在情节与唱白上，就与京剧今本《群英会》、《借东风》不完全相同，从中可以看出这种剧目在流传过程中的演变情形。也有些剧目，已经在舞台上被淘汰，成为历史的陈迹，如《百子图》、《大香山》（又名《观音得道》）等。《梨园集成》是现存刊行年代较早、汇编剧本较多的皮簧剧本选集。它对了解清代咸丰、同治年间戏曲舞台上的演出剧目状况，具有重要的史料价值。

河南坠子乔派的佼佼者——乔清秀，在20世纪二三十年代的重要演出剧目就有《独占花魁》、《因果报》等，并由胜利唱片公司灌制唱片传世。

民国初年潘镜芙、陈墨香著历史小说《梨园外史》，记载了道咸以来优伶先达和梨园的故事。其第十九回为“延树楠畅谈《因果报》，李香萍情赋《采菱篇》”，专门谈及《因果报》。一个伶人讲，《因果报》的事迹，好像是出自《虞初新志》的《鬼母传》。但被延四爷讥笑道：“那整

本的《因果报》，你慢说没见过，只怕并且没听人向你讲过。你想偷我，也恐怕偷不着。”

此《梨园集成》本“因果报”即为“全部”和“整本”。

汲古阁《六十种曲》

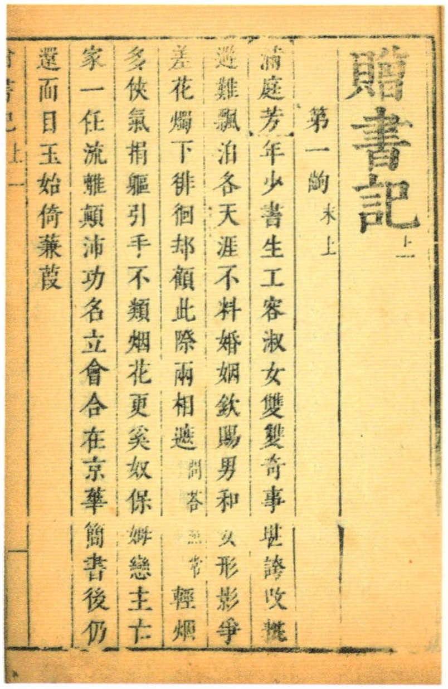

贈書記 上

第一齣 末上

滿庭芳 年少書生工容淑女雙雙奇事堪誇 攸攏

遭難飄泊各天涯不料婚姻欽賜男和女形影爭

丟花燭下徘徊邦頷此際兩相遮

多俠氣稍軀引手不顛烟花更奚奴保姆戀主

家一任流離顛沛功名立會合在京華簡書後仍

還面目玉始倚蒹葭

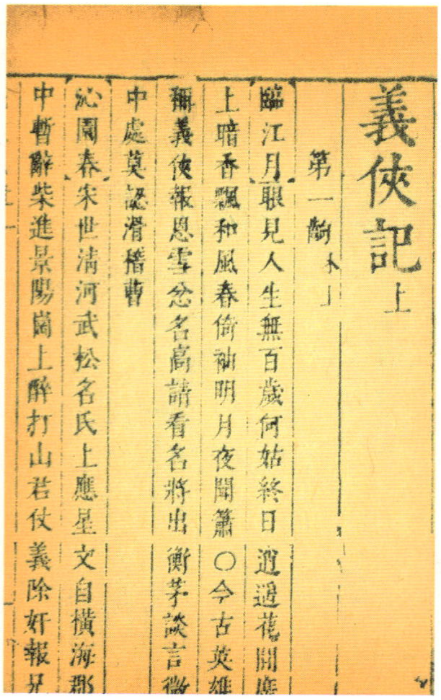

義俠記 上

第一齣 末上

臨江月 眼見人生無百歲何妨終日逍遙花開處

上噴香飄和風春倚袖明月夜聞簫 ○今古英雄

稱義俠報恩雪忿名高請看名將出衡茅談言微

中處莫認滑稽曹

沁園春 宋世清河武松名氏上應星文自横海郡

中暫辭柴進景陽崗上醉打山君仗義除奸報兄

（明）毛晋辑《六十种曲》六十种八十册，虞山毛晋汲古阁刻本。存《琵琶记》、《荆钗记》、《香囊记》、《浣纱记》、《千金记》、《鸣凤记》、《玉簪记》、《红拂记》、《还魂记》、《紫钗记》、《邯郸记》、《南柯记》、《彩毫记》、《鸾鎞记》、《红梨记》、《投梭记》、《赠书记》、《玉玦记》、《双烈记》、《白兔记》、《昙花记》、《牡丹亭记》和《义侠记》等二十三种。

毛晋（1599—1659），

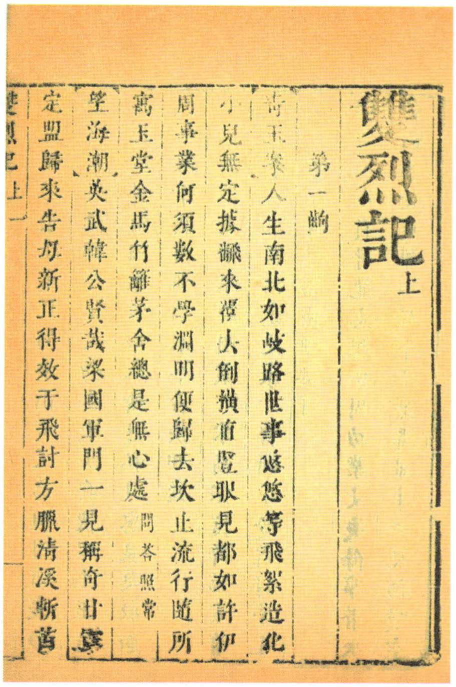
雙烈記 上
第一齣
奇玉条人 生南北如岐路世事悠悠等飛絮造化小兒無定據飜來覆去倒橫直豎眼見都如許伊周事業何須數不學淵明便歸去坎止流行隨所寓玉堂金馬竹籬茅舍總是無心處 問答照常
望海潮 英武韓公賢哉梁國軍門一見稱奇甘定盟歸來告母新正得效于飛討方臘清溪斬首
雙烈記上 一

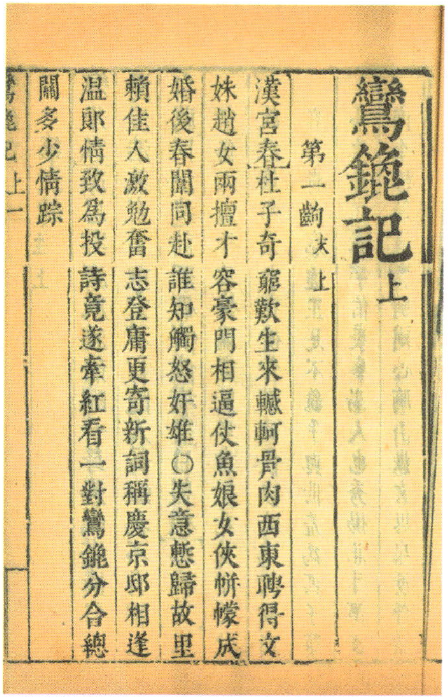
鸞鎞記 上
第一齣 末上
漢宮春 杜子奇窮歎生來轗軻骨肉西東聘得文姝趙女兩擅才容豪門相逼仗魚娘女俠帡幪成婚後春闈同赴誰知觸怒奸雄○失意懸歸故里賴佳人激勉奮志登庸更奇新詞稱慶京邸相逢溫郎情致為投詩竟遂牽紅看一對鸞鎞分合總關多少情踪
鸞鎞記上 一

字子晋，江苏常熟人。著名藏书家，藏书八万四千多册，大部分是明刻本，也有很多宋、元本，并建造了汲古阁、目耕楼来贮藏图书。又以汲古阁的名义刻了许多书，所刻的书以底本精善、校勘审慎而受到重视。《六十种曲》同样具有这一特点。而且，其中有大约二十种左右的戏曲剧本，是现存剧本的最早或最好的版本。

《六十种曲》编于明崇祯年间，分6帙，历时3年陆续出齐。初印本没有总名称，而是在每帙第一种的扉页上题“绣刻演剧十本”，每一种又题“绣刻某某记定本”，所以有人称这部书为《绣刻演剧十本》或《绣刻演剧》。康熙年间重印时，6套同时出齐，才有了《六十种曲》这一总标题。书中收集《琵琶记》等传奇作品五十九种、杂剧《西厢记》一种，共六十种。这五十九种之中，既收了汤显祖的《还魂记》，又收入硕园改本《牡丹亭记》。

这部书是中国戏曲史上最早的传奇总集，

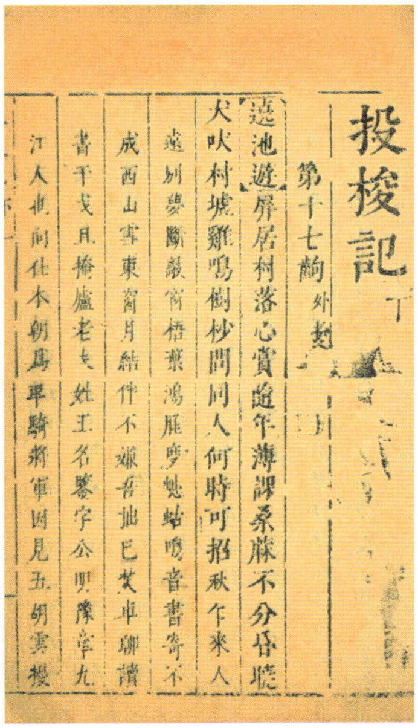
投梭記 下
第十七齣 外扮
遶池遊 屏居村落心賞隨年薄謝桑麻不分昏曉犬吠村墟雞鳴樹杪問伺人何時可招秋乍來人遠別夢斷蕭窗梧葉鴻雁蛩螿喑書寄不成西山雪東窗月結伴不嫌吾拙已炙車聊讀書干戈且捲廬老矣 姓王名鑒字公則豫章九江人也向仕本朝為車騎將軍因見五胡雲擾

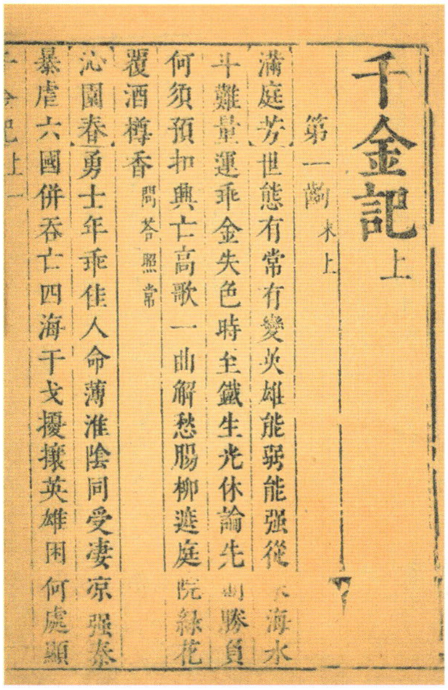
千金記 上
第一齣 末上
滿庭芳 世態有常有變炎雄能弱能強從來海水斗難量運乖金失色時至鐵生光休論先輸勝負何須預抑興亡高歌一曲解愁腸柳遮庭院綠花覆酒樽香 問答照常
沁園春 勇士年乖佳人命薄淮陰同受淒涼強秦暴虐六國併吞亡四海干戈擾攘英雄困何處顯
千金記上 一

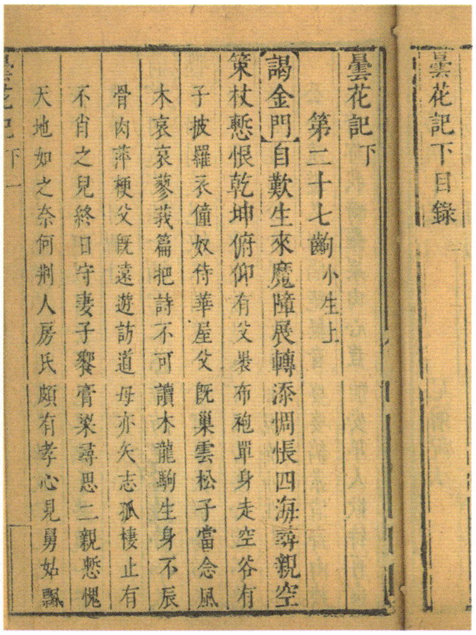
曇花記下目錄
曇花記 下
第二十七齣 小生上
謁金門 自歎生來魔障展轉添惆悵四海尋親空策杖懸恨乾坤俯仰有父裘布袍單身走空谷有子披羅衣僮奴侍華屋父既巢雲松子當念風木哀哀蓼莪篇把詩不可讀木龍驅生身不辰骨肉萍梗父既遠遊訪道母亦矢志孤棲止有不肖之兒終日守妻子饔飧寡尋思二親懸愧天地如之奈何荆人房氏頗有孝心見舅姑飄
曇花記下 一

也是规模最大的戏曲总集。它集中了元明两代一些著名的作家作品，选录了如《琵琶记》、《荆钗记》、《幽闺记》、《精忠记》、《鸣凤记》、《玉簪记》和汤显祖“四梦”等思想上、艺术上有较高成就的剧本，反映了编选者思想、艺术上的鉴别力。

因为《六十种曲》收了这么多南戏、传奇，而且元、明两代在这方面的最著名的作品——如南戏中的《琵琶记》、《荆钗记》《白兔记》、《幽闺记》和《杀狗记》，传奇中的《玉簪记》、《牡丹亭》、《紫钗记》、《邯郸记》和《南柯记》等都已包括在内，所以，如要了解元、明两代南戏、传奇的概貌，这是一部简明扼要的基础书。而且，从版本的角度看，它也很有特色。

《六十种曲》原刻初印本不多见，除去复本公私庋藏现存约四十二种，流失国外者约三十种。清初有重印本、重刻本。道光年间的补刻本，错乱较多。1935年上海开明书店排印本，部分作品按初印本作了校正。1955年文学古籍刊行社印本，调整了剧目顺序，恢复了原刻初印本的面目。1958年、1982年中华书局有重印本。

近年各大拍卖会时有《六十种曲》零种出现，多为清刻本，大体每种在3000元左右。上海朵云轩1999年6月曾拍卖一套民国24年开明书店排印本，六函六十册，以3080元成交。

兰雪堂重校刊《桃花扇传奇》

兰雪堂重校刊《桃花扇传奇》四卷、卷首一卷，共五册。此书为合肥李氏兰雪堂以原刻本参校嘉庆本所刊，刻工精审。

卷首将序、跋、题识诸篇集中编为第一册，编次是：序、小引、小识、本末、凡例、考据、纲领、目录、砌末、题辞（原有跋语合并在内，又增加了嘉定候铨的诗）、后序。开卷列有总目，后附兰雪堂主人的题识，内称：“《桃花扇》四卷，前人推许至矣。顾坊间递相翻印，伪谬几不堪寓目。今年夏，有以是书求沽者，虽散佚过半，实为云亭自刻原椠，友人见而悦之，怂恿重刊……光绪乙未重阳日，兰雪堂主人漫识。”正文重新分为四卷，卷一上本自“试一出”起至第九出止，卷二上本自第十出起至“闰二十出”止；卷三下本自“加二十一出”起至第二十九出止，卷四下本自第三十出起至“续四十出止”。

清光绪三十三年（1907），李氏将初刊本校改后又出了重刊本。这第二次印本主要是恢复了《考据》中被初刊本删掉的董阆石《蓴乡赘笔》至王世德《崇祯遗录》等七种史料名目，恢复了“侯朝宗《壮悔堂集》十五篇”。扉页题为“光绪乙未锓板，丁未覆校修改”，背面盖有“合肥李国松健父所刻书”的白文朱印，可知李国松就是兰雪堂主人。

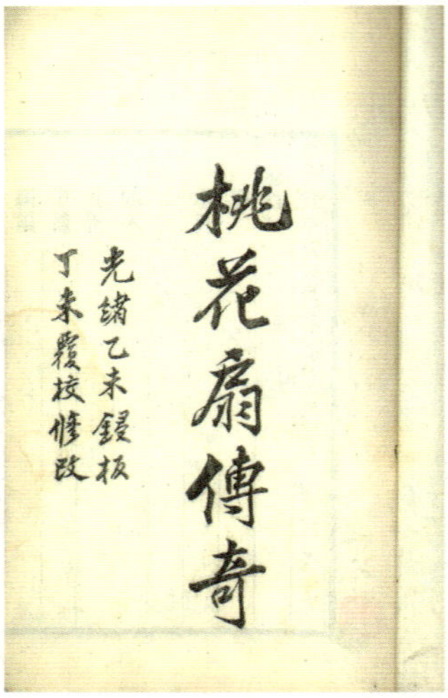

孔尚任在清康熙三十八年（1699）六月完成《桃花扇》剧作以后，先在友朋之间传抄，到了康熙四十七年才开始刻印，嗣后又

有兰雪堂本、西园本、暖红室本等各种刻本流传。近代戏曲理论家和教育家吴梅（1884—1939）以为兰雪堂本较佳，但又认为民国初年刘世珩暖红室刻本“据诸本釐订校勘，至为精审，已驾各本而上之”。齐鲁书社所用底本为兰雪堂本，1979年广陵古籍刻印社曾以暖红室刊本为底本刻印。

兰雪堂主人李国松，字健父，号木公，别号栚斋，安徽合肥人。1928年前后在世，李鸿章侄子李经羲的长子。1907年襄办皖省学务，充咨议局议长。辛亥革命后寓居上海。

中国嘉德2001年11月秋拍《桃花扇传奇》，估价6000～8000元，以6600元成交；2004年5月春拍估价1.5万～1.8万元，1.65万元成交。在北京保利2007年6月艺术品拍卖会上，兰雪堂本《桃花扇传奇》四卷，估价1.2万～2万元，以1.32万元成交。

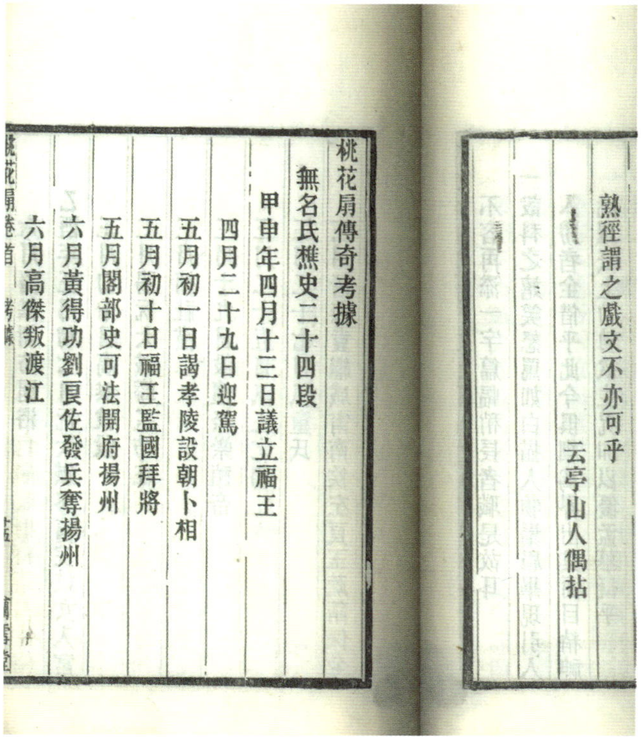
熟徑謂之戲文不亦可乎
云亭山人偶拈
桃花扇傳奇考據
無名氏樵史二十四段
甲申年四月十三日議立福王
四月二十九日迎駕
五月初一日謁孝陵設朝卜相
五月初十日福王監國拜將
五月閣部史可法開府揚州
六月黃得功劉良佐發兵奪揚州
六月高傑叛渡江

两义堂小本《安邦后传——凤凰山》

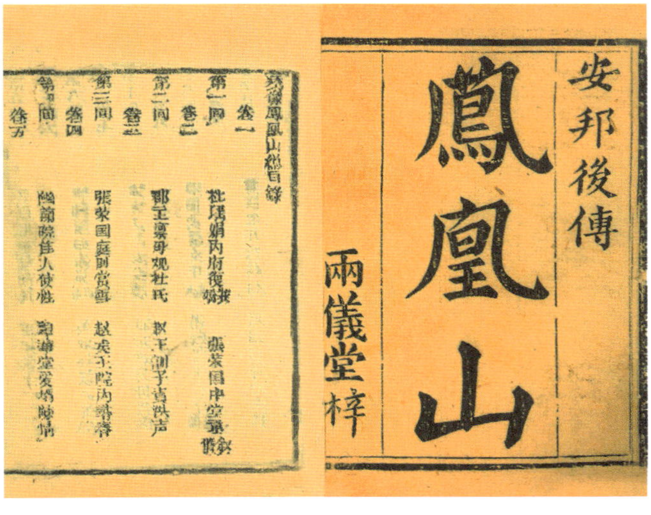
安邦後傳
鳳凰山
兩儀堂梓

两义堂刊鼓词《安邦后传——凤凰山》七十二卷、七十二回，二十四册，清同治十二年（1873）刻本，有版画32幅，书名页题“绣像凤凰山传”。

说唱文学在我国有着悠久的历史，唐代的变文、宋代的陶真、涯词、鼓子词、诸宫调和元代的词话，是说唱文学在各个时代的不同名称。它们都在自己的历史发展中丰富了说唱文学的思想内容和艺术技巧。明清两代说唱文学有了进一步的发展，出现了以弹词和鼓词为主的说唱艺术。弹词中最具影响的是杨慎的《二十一史弹词》，将中国历史统统演绎了一遍。

《西汉遗文》、《东汉遗文》、《北史遗文》则是断代史弹词作品。而《安邦志》、《定国志》、《凤凰山》这几出则是仅仅围绕赵匡胤一家，演义其在唐末五代的兴衰经历。

弹词和鼓词是流行于不同地区的说唱相兼的曲艺形式。弹词流行于南方，用三弦儿、琵琶伴奏，主要说唱才子佳人爱情故事。鼓词流行于北方，用鼓和三弦儿等乐器伴奏，主要说唱铁马金戈的战争故事。同种说唱艺术有不同的流派，艺人们互相竞争、互相揣摩，使这两种说唱艺术都达到了很高的艺术成就。弹词是由宋代的陶真和元代的词话发展起来的，它由说（说白）、噱（穿插）、弹（伴奏）、唱（唱词）几部组成。唱词部分基本上是七言韵文，有时加上三言的衬句。弹词作品大多数是长篇的，一部作品往往要说上几个月。

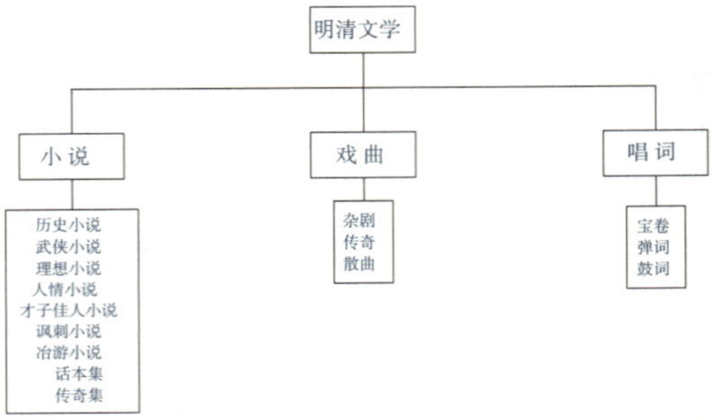

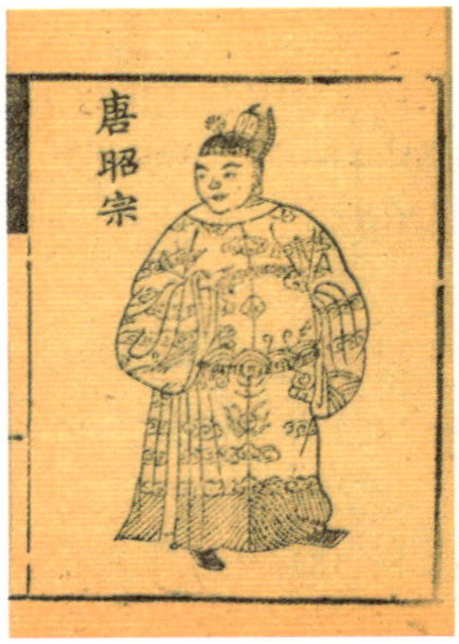

夏纶世光堂家刻本：《惺斋五种曲》

（清）夏纶撰《惺斋五种》十一卷十册，乾隆十五年（1750）夏氏世光堂家刻本。《惺斋五种曲》是夏纶所作五个传奇剧本的合称，包括《无瑕璧》、《杏花村》、《瑞筠图》、《广寒梯》、《南阳乐》。

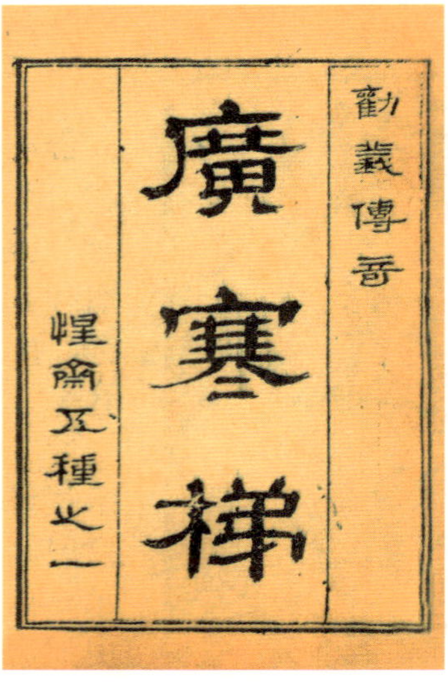

夏纶（1680—1753），字言丝，号惺斋，晚年别署癯叟，浙江钱塘（今杭州）人。清戏曲作家。13岁时，应清康熙三十二年（1693）乡试，连举八次不及第，可算得上终生困于科场。清乾隆元年（1736）打算入京应博学鸿词科，被人劝阻而未成行，在家以著述自娱其残年。夏纶60岁后，开始创作戏曲，先作五种，合编刊行，起名为《惺斋五种》，共有十一卷，于乾隆十五年夏氏世光堂自刻刊行。乾隆十八年，又创作一种《花萼吟》，连上以前的五种一并刊刻，总名叫《惺斋新曲六种》，有十三卷，也是夏氏世光堂自刻，在当时颇为流行。在朵云轩2005年秋拍中，有此乾隆十八年本“新曲六种”上拍，估价8000～9000元，未成交。

传奇作为中国古代诗文合一的文体样式，创作主体主要是文人。清代传奇在乾隆时期发展到顶峰，夏纶的作品对清代戏曲发展影响很大。夏纶是坚持道德内容审美化的剧作家，他的作品无论是选材、构思、还是安排情节、塑造人物，一切都成为伦理思想和教化观念的图解，有人认为他的传奇有“迂腐的‘头巾气’流布于字里行间”（姚美云：《清代昆曲作品创作概况》）。夏纶的传奇多有别名，如《无瑕璧》又名《褒忠传奇》，《杏花村》又名《阐孝传奇》。题名与内容相吻合，多为宣扬道德伦理，具有劝惩的味道。如《无暇璧》讲的是明代忠臣钱铉的故事，书首卷还附有《明史·钱铉本传》。

在明清传奇中，历史剧创作具有十分重要的地位。《惺斋五种曲》中的《南阳乐》就是一本四十出的历史剧。环山樵的《红楼补梦》第四十七回“椿龄女剧演红香圃，薛宝钗梦登芙蓉城”中有一段关于《南阳乐》的记载：李纨道：“听见今儿外头唱的是《南阳乐》的整本。这本戏虽没听过，却看见过这本传奇，是新曲六种里头的一种。这算是补天之石，演的是诸葛孔明灭魏平吴，也给这《遂人愿》的戏是一样的意思。”湘云道：“那是从孔明有病禳星起，天遣华陀赐药，北地王问病，兴师灭魏平吴，功成归卧南阳的故事。这本戏名为《补恨传奇》，《遂人愿》也是补恨。这么说起来，今儿里外唱的戏虽不同，意思倒是一样了呢。”宝钗道：“每每续书补恨的，其才远逊前书，以致支离妄诞，便成画虎类犬，自取续貂之诮。这两本戏虽不能登峰造极，还算刻鹄类鹜的呢。”

在北京德宝2006年11月秋拍中有《无瑕璧》一部，起拍价为2500元，参考价为3000～3800元，未成交。

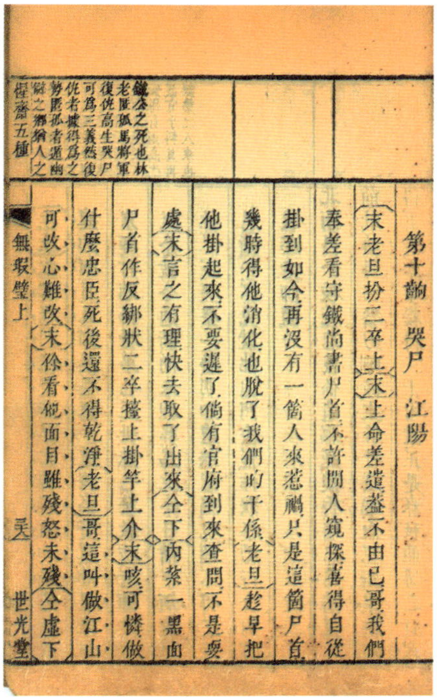
鐵公之死也林老匿孤馬將軍復俛高生哭尸可爲三義然後俛者攜得爲之勢匿孤者還幽獄之鄉綸人之
惺齋五種

第十齣 哭尸 江陽

末老旦扮二卒上末上命差遣蓋不由己哥我們奉差看守鐵尚書尸首不許閒人窺探喜得自從掛到如今再沒有一箇人來惹禍只是這箇尸首幾時得他消化也脫了我們的干係老旦趁早把他掛起來不要遲了倘有官府到來查問不是耍處末言之有理快去取了出來仝下內紮一黑面尸首作反綁狀二卒擡上掛竿上介末咳可憐做什麼忠臣死後還不得乾淨老旦哥這叫做江山可改心難改末徐看俛面目雖殘怒未殘仝虛下

無瑕璧上 世光堂

彰显元代杂剧的光辉：《元曲选》

（明）臧懋循编《元曲选》，吴兴臧氏万历四十四年（1616）刻本，半页9行22字，白口，左右双边。

《元曲选》又名《元人百种曲》。是明代著名戏曲家臧晋叔选编的元杂剧选集。其中收录元代杂剧94种，明代杂剧6种，总计100种，故又称《元人百种曲》。常见为明末重修重印本。

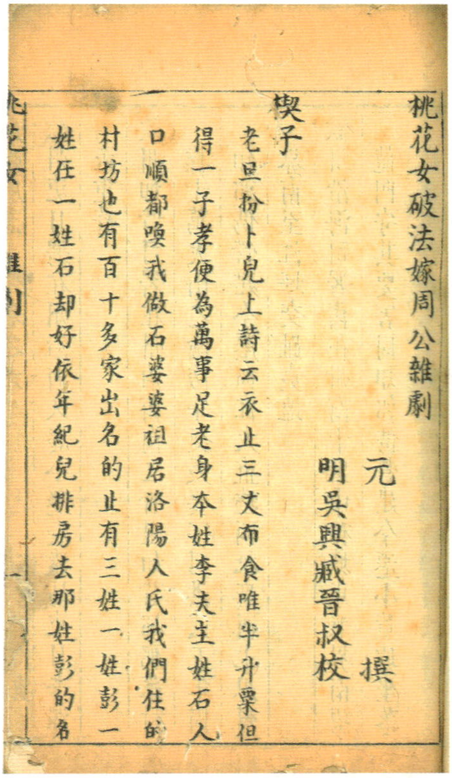
桃花女破法嫁周公雜劇

元　撰

明吳興臧晉叔校

楔子

老旦扮卜兒上詩云衣止三丈布食唯半升粟但得一子孝便為萬事足老身本姓李夫主姓石人口順都喚我做石婆婆祖居洛陽人氏我們住的村坊也有百十多家出名的止有三姓一姓彭一姓任一姓石却好依年紀兒排房去那姓彭的名

《元曲选》为臧氏罢官闲居时编印，全书一百卷，分十集，每集十卷，每卷一本杂剧。全书分成两批刊印：第一批甲、乙、丙、丁、戊集，刊于万历四十三年；第二批己、庚、辛、癸、酉集，刊于万历四十四年。这些杂剧是他从自家所藏秘本及麻城刘承禧所藏的内府本中遴选出来，刊刻时略作增删，但改动不多，仍是比较忠实原著的。

现存元人杂剧总数不足200种，而《元曲选》中所收元代作品，即占现存总数的一半以上。而且集中收录了关汉卿的《感天动地窦娥冤》、《赵盼儿风月救风尘》，白朴的《唐明皇秋夜梧桐雨》、《裴少俊墙头马上》，马致远的《破幽梦孤雁汉宫秋》，秦简夫的《东堂老劝破家子弟》，李文蔚的《同乐院燕青博鱼》等众多作家的名剧，所以影响很大，它对元代杂剧的传播起了重要作用。后世研究元代杂剧，一般多以本书为据。

臧懋循（1550—1620），字晋叔，浙江长兴人。万历八年进士，曾官荆州府学教授，南京国子监博士。由于他不屑恪守封建礼法，遂为世俗所不容，以至后来被劾罢官。臧氏精于音律，为明代著名曲家，自著有《负苞堂集》等。

明代万历年间，版画艺术得到飞速发展，尤其是戏曲书籍，更喜配插图以示优雅。《元曲选》自不例外，每剧附图两幅，个别的是四幅，总计224幅图。其插图临摹古代名画家的不同画法，生动、逼真地将各剧的情节特点表现出来，其图画线条细腻、流畅，极尽婉丽之美，在中国版画史上具有重要地位。原书插图多附于每剧正文之后，但中国国家图书馆藏郑振铎先生旧藏之本，却将插图单独装订一册，其版印清晰娱目，当系初印本。2007年7月，上海嘉泰拍卖《元曲选》原刻初印本十二册，八册有图16幅，估价8万～10万元，14.3万元成交。

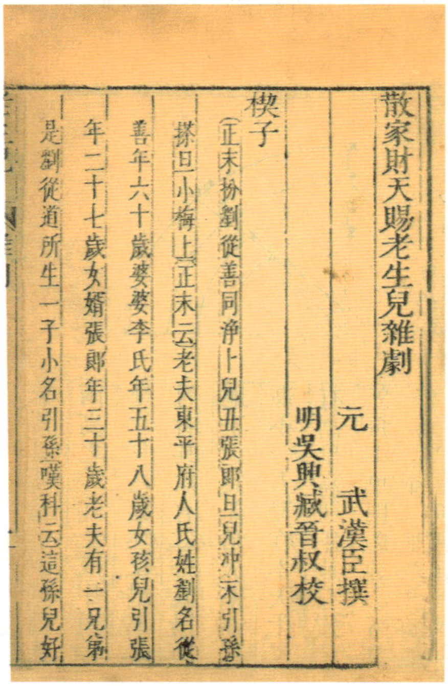
散家財天賜老生兒雜劇

元　武漢臣撰

明吳興臧晉叔校

楔子

（正末扮劉從善同淨卜兒丑張郎旦兒冲末引孫搽旦小梅上正末云老夫東平府人氏姓劉名從善年六十歲婆婆李氏年五十八歲女孩兒引張年二十七歲女婿張郎年三十歲老夫有一兒喚是劉從道所生一子小名引孫嘆科云這孫兒好

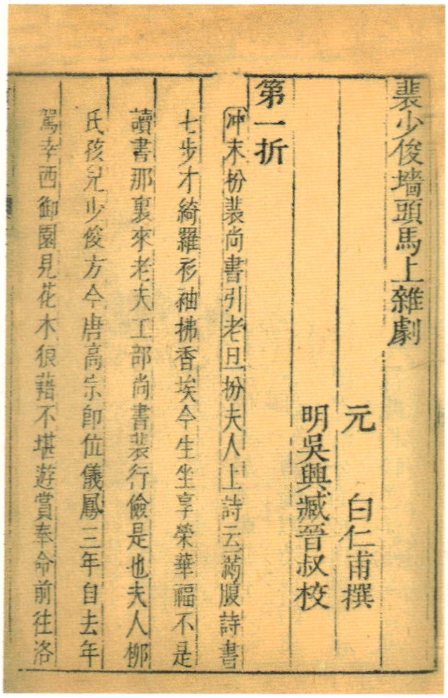
裴少俊墻頭馬上雜劇

元　白仁甫撰

明吳興臧晉叔校

第一折

（冲末扮裴尚書引老旦扮夫人上詩云滿腹詩書七步才綺羅衫袖拂香埃今生坐享榮華福不是讀書那裏來老夫工部尚書裴行儉是也夫人柳氏孩兒少俊方今唐高宗即位儀鳳三年自去年駕幸西御園見花木很藉不堪遊賞奉命前往洛

翕居存有白朴撰《裴少俊墙头马上杂剧》、武汉臣撰《散家财天赐老生儿杂剧》两种刻本，王晔撰《桃花女破法嫁周公》抄本一种。

据黑水城出土原件印刷的《刘知远诸宫调》

宋、金年间无名氏作《刘知远诸宫调》，又作《刘知远传》，一册，文物出版社据黑水城出土原件，于1958年珂罗版印刷。

此书为1907至1908年，沙俄柯智洛夫探险队发掘中国张掖、黑水古城时所得，存残本一册共43页，约为全书篇幅的三分之一，是现存诸宫调刻本中最早的一部。原存苏联列宁格勒图书馆，1958年由苏联归还中国，现存国家图书馆。《刘知远诸宫调》全书应有12则，今残存《知远走慕家庄沙陀村入舍第一》、《知远别三娘太原投事第二》、《知远充军三娘剪发生少主第三》、《知远探三娘与洪义厮打第十一》、《君臣弟兄母子夫妇团圆第十二》5则，前4则并有残页，但首尾完整。

此书框高10.3厘米，宽7.8厘米，小字密行，半页12行，行20字，白口，左右双边，蝴蝶装。

诸宫调为宋、金、元三朝民间说唱文学，艺人边说边唱，颇受群众欢迎。此书叙刘知远投军发迹，其妻李三娘磨房产子种种苦难经历，以后南戏《白兔记》即演同一故事。《刘知远诸宫调》刻本的发现，可见前期诸宫调这一曲艺门类的乐曲结构形式，对研究诸宫调的形式和发展以及李三娘、刘知远故事系列的发展轨迹，都提供了珍贵的史料。诸宫调今存尚有《董解元西厢记》一种，与此本为传世诸宫调中两种最古脚本。

《刘知远诸宫调》是现存三部诸宫调作

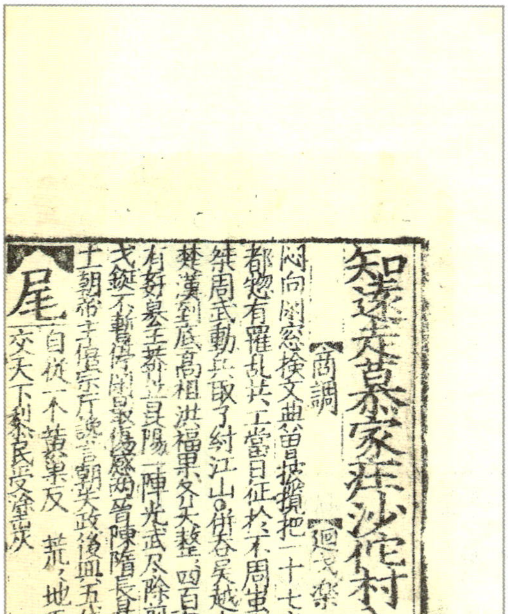
知遠走慕家莊沙陀村入舍第一

商調 迴戈樂 引子

悶向閑窓披文典曾披攬把一十七代看自古及今都惣有羅乱共干戈當日征於不周蚩尤播塵霧漾伐桀周武動兵取了紂江山併吞吳越七雄交戰印灑黃楚漢劉底高祖洪福果各分天整四百年間社稷中腰有奸邪王莽篡漢昆陽一陣光武尽除剪。末後三分爭戈鋋不暫停南北分割兩晉陳隋長是有狼煙大唐二十朝帝主僖宗斤晚至朝失政後興五代飢饉黎民難

尾 自從一个黃巢反 荒荒地五十余年交天下黎民受塗炭

品中年代最早的一部。目前学术界基本认同郑振铎的说法，认为它为民间文人或艺人所作，是12世纪的产物，和《董解元西厢记》出于同一时代，但要早一些。“12世纪的产物”说的比较宽泛，这一世纪的百年，上可追溯到北宋哲宗元符三年（1100），下可推延到南宋宁宗庆元五年（1199），即金章宗承安四年。

《刘知远诸宫调》是在黑水城发现的。黑水城当时属西夏管辖，故郑振铎认为它“或竟是金版流入西夏的罢”（郑振铎：《中国俗文学史》下册第112页，作家出版社1954年出版）。这一推断应该是不错的，因为西夏与金长期并峙，都是为蒙古所灭，前后不过数年时间。西夏虽有自己的文字，但汉文书籍也广为流传，金刻本《刘知远诸宫调》传播到西夏自然是很平常的事。

但有的学者认为《刘知远诸宫调》为宋代作品。谢桃坊在《中国市民文学史》（四川人民出版社1997年版）中说：“今存《西厢记诸宫调》与残本《刘知远诸宫调》，它们虽流行于金代北方，但完全可以肯定是北宋艺人的传统唱本。”按谢桃坊的说法，《刘知远诸宫调》于北宋时就在瓦肆中演唱，一直流传到金代。果真如此，那么就有这样一种可能，即北宋人创作，金代人改编。也有学者通过《刘知远诸宫调》所描写的文化背景和事物名称多与北宋有关，认定此书是由北宋流入金代的作品。

“游罗浮所制”：《逍遥巾杂剧》

（清）扫云道人填词《逍遥巾杂剧》一册，南京襄社民国25年影印本。

“扫云道人”在《金缕曲》序言中，谈到了《逍遥巾杂剧》的成书经过：“蔚州尉徐子容，与余相而未识。余为罗浮道士，黄冠相访，以诗代刺。子容一见留饮，欢极生平。会爨奴灵邱人私识余，密白子容。次日，邀余城东酒肆，相视大笑。复与遍游古寺，狂醉竟日。余以游罗浮所制逍遥巾为别，因作《逍遥巾杂剧》，书此自题。”

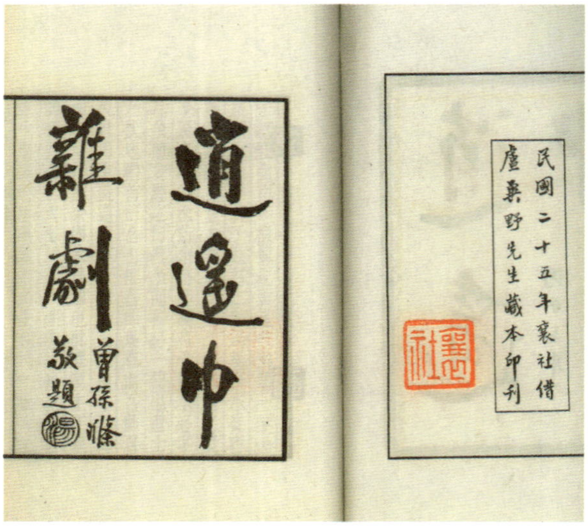

“扫云道人”汤贻汾（1778—1853），字若仪，号雨生，晚号粥翁。曾官浙江温州副总兵，后寓居南京。太平天国攻破金陵时，投池而死。其人多才多艺，于百家之学均有所造诣，工诗文书画，精于山水，亦能花卉松柏。其山水受董邦达影响，承继了“娄东派”衣钵。后来，发展了淡墨干笔皴擦法，枯中见润，自创一格，境界平实。在当时与方薰、奚冈、戴熙齐名，有“方奚汤戴”之称，其妻董婉贞与诸子女亦善画。

《憩园词话》卷三有“汤雨生都督词”一篇，记载“扫云道人”生平和著事颇详：“汤雨生都督贻汾，江苏武进人。祖及父均殉台湾之难，荫云骑尉，官至乐清协镇。

解组归，卜居秣陵，筑琴隐园。后又构别墅，曰‘狮子窟’，饶有幽泉峭石之致，啸咏其间。书画诗文名满天下。粤寇陷白下，时年逾七旬，赋绝命诗，从容投荷池以殉。事闻，赐谥贞愍，国史馆立传。忠义大节，照耀千秋。其诗词稿，为李子禄名磋参军从间道携出。旧友吴平斋，其戚曹恺堂诸君，重为刊刻。诗三十六卷，所附画梅楼倚声四卷，皆能抒情合度，绝无叫嚣靡曼之音，得词之正轨。今录四阕。于明月生南浦调，知其澹于荣利，为政风流。于虞美人、好事近二调，见其天性多情，聪明绝世。”

影印此书的“襄社”，是20世纪30年代南京国学图书馆成立的偏重于词、曲创作研究的社团。此剧后收入吴晓铃拟《古本戏曲丛刊》第七集。

戏学全书：《新编戏学汇考》

凌善清、许志豪编《新编戏学汇考》，精装本，上下两册。上海大东书局1929年出版。内分“卷首”、“戏学编”和“戏曲编”三部分。

“卷首”包括题字、序录、名伶小影、名伶墨迹、脸谱等。有梅兰芳、言菊朋、程砚秋、高庆奎等10人题字；有舒舍予、欧阳予倩、冯小隐及编者凌善清、许志豪等13人的序言；有谭鑫培、余叔岩、马连良、孟小冬、杨小楼等49人的“名伶小影”插图40页；有尚小云、钱化佛等5人的墨迹；有关公、包拯、张飞、窦尔墩、薛刚等20副脸谱插图20页。另有《刘豁公先生歌场识小录》。

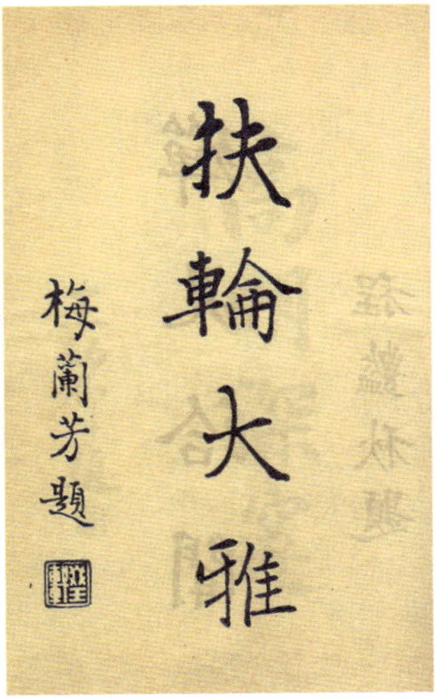

“戏学编”为一、二两卷，包括戏剧总论、生角部、旦角部、净角部、丑角部、武行部、场面及后台的组织、皮簧工尺谱、戏装服式等。介绍了化装、表情、身段、台步、唱功、武技等各方面的艺术。

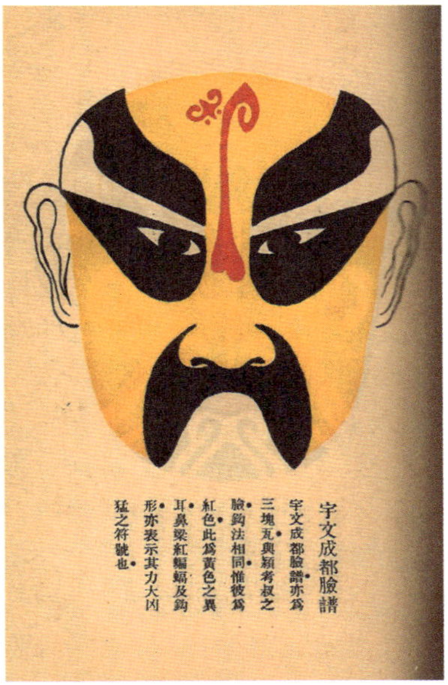

“戏曲编”为卷三至卷十共七卷，选收名伶曲本百数十出，分生、旦、净、丑等依次罗列。每剧前均列有一表，注明本剧的角色、服装、用具、名伶、情节等。

民国时期的戏剧理论家对戏剧史的考证非常重视，20世纪二三十年代出版了几种这方面专刊，如《戏剧》、《戏考》、《戏学汇考》以及标明是名伶搜藏秘本的《京戏考》等，都是十分珍贵的戏剧史料。

1993年2月，上海书店据上海大东书局1926年版影印，改书名为《戏学全书》，将十册合订成精装一册，印数为2000册。

“愤世之书”：《歌代啸》

（明）徐渭撰《歌代啸》一册，南京国学图书馆盋山精舍民国20年影印本。

《歌代啸》是中国戏曲史上一部荒诞绝伦、空前绝后、独树一帜的奇诡之作。它的思想价值、审美价值都远非一般的滑稽谐谑之作可比拟，但历来没有得到应有的重视。在著录明代杂剧的专书《远山堂剧品》以及《也是园藏书古今杂剧目录》和《重订曲海总目》中难觅其踪迹，学术界对它的评价不高，甚至认为它“写得浅薄显露，失于剪裁提炼，趣味也不免庸俗”，所以对它的研究就很少。

作者声称，该剧是受到民间俗语的启发，敷衍而成为四个小戏的。这四句俗语为：“没处泄愤的，是冬瓜走去，拿瓠子出气；有心嫁祸的，是丈母牙疼，灸女婿脚跟；眼迷曲直的，是张秃帽子，叫李秃去戴；胸横人我的，是州官放火，禁百姓点灯。”剧中述写了三清观张和尚的冬瓜被李和尚偷走，自己却相信李和尚编造的冬瓜成精的谎言，拿瓠子出气。李和尚与王辑迪的老婆吴氏约会，被吴氏的母亲撞见，便冒充牙医开了个丈母娘牙痛灸女婿的脚后跟的奇方给她治病。王辑迪以帽子为证，控告李和尚，却使得张和尚入狱。州官奶奶在后堂放火，百姓前来救火，州官不但不赏，反而下令不准百姓点灯的故事。该剧描绘的是一个丑恶的世界，几乎就没有善的存在，全剧没有一个是正面人物。剧作家用荒诞的艺术手法揭露了种种黑白颠倒、是非不辨的社会现象，寓歌于哭，以歌代啸，同时也表现了作者对社会和人性的不满和绝望。《歌代啸》与西方的“荒诞派戏剧”都有诸多相似之处。

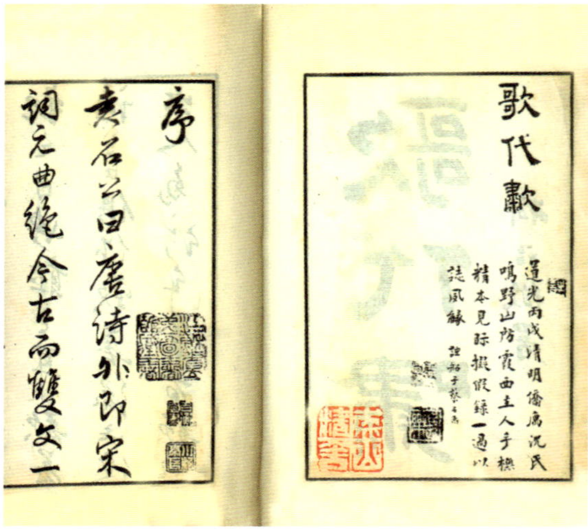

较多的研究者认为《歌代啸》系徐渭所作，也有人疑为伪托。明人袁宏道在《歌代啸》序中说：“歌代啸不知谁作”，只是“说者谓出自文长”。而清抄本则署名为徐文长撰。有研究者认为《歌代啸》的思想倾向和文词与徐其他作品不相似。而辑录523种明杂剧的《明代杂剧全目》中，便将这部作品列在徐渭名下。也有人从徐渭的生平、创作主张、《四声猿》与《歌代啸》相似之处分析，确认《歌代啸》为徐渭作品。但至今为止说《歌代啸》是徐渭所作还是非徐渭所作，都没有足够证据。

徐渭（1521—1593），字文长，又号青藤山人、天池生、田水月等，山阴（今浙江绍兴）人。明代剧作家、文学家。在诗文、戏剧、书画等各方面都能独树一帜，给当世及后代留下了深远影响。他的诗，袁宏道（字中郎）尊之为明代第一；他的戏剧，受到汤显祖的极力推崇；至于绘画，他更是我国艺术史上成就最为特殊的人物之一。郑板桥曾以五百金换徐渭画石榴一枝，并刻一印，自称“青藤门下走狗”。近代艺术大师齐白石，也对他深为倾慕，自称“恨不生三百年前，为青藤磨墨理纸”。

然而，徐文长的一生却很不幸。他早年功名心很强，转易多师，学习制艺，希望走科举之路。从他的《自著畸谱》来看，他20岁中秀才后，从23岁始参加科举，直到41岁，连考八次，却屡屡败北。44岁时还想参加考试，因故未能成行，此后即废考。总督东南军务的胡宗宪非常器重徐渭才名。胡宗宪因严嵩奸党失势受牵连，二度入狱，最后死于狱中。徐渭亦怕受胡宗宪牵连，竟“引巨锥刺耳，深数寸；又以椎碎肾囊，皆不死”。徐渭自杀达九次之多，以至发疯，竟误杀其妻，并因此入狱。在狱中，这位疯狂了的天才后经同乡张元忭竭力保救才得幸免一死，出狱时已53岁。出狱后靠卖字画甚至卖书卖衣度日，终于潦倒而死。有人称徐渭是文学史上为数不多的最不幸的男性作家。老百姓倒是十分喜爱他，至今在浙江还流传着许多关于徐文长的故事。

《歌代啸》被称为“愤世之书”，在开场的“临江仙”中，作者写道：“世界原称缺陷，人情自古刁钻。”此书制造了许多笑料，是一部活泼的闹剧。徐渭曾在《头陀趺坐》跋语中说：“人世难逢开口笑，此不懂得笑中趣味耳。天下事那一件不可笑者。譬如到极没摆布处，只以一笑付之，就是天地也奈何我不得了。”徐渭用“笑”代替“啸”，隐含着他对世事无可奈何的难以言说。他认为“啸歌本是舒孤抱，文字翻为触祸机”，这是对他《歌代啸》杂剧的最好注解。

记载了唐代失传舞乐的《舞乐图》

（日）高岛千春绘画《舞乐图》二册，日本明治38年（1905）吉川弘文馆彩色套印本，“故实丛书第3辑之第18回”。收录流传东瀛的唐舞与唐剧演变后的内容，是了解中国唐舞珍贵的形象材料，中国学者多见征引。

唐代的舞乐是很兴盛的，但唐代舞乐面具在我国已经失传。日本曾多次派遣唐使来学习，流传到日本的唐舞乐，受到了异常的珍护。虽然历时一千多年，至今尚有一部分能够演出。早在12世纪左右，日本便描绘了一部分唐代舞蹈的装束和舞姿。这些古舞图是研究唐舞的宝贵资料，也是绘画珍品。高岛千春所画的《舞乐图》，是集中了许多古舞乐图重绘着色的，依据的珍本包括《信西古乐图》（又名《唐舞绘》，原本为12世纪左右所画）、《光信朝臣图》、《光成大夫图》、《元陈法眼图》、《御屏风图》等。

《舞乐图》全书二册，一册左舞，一册右舞。左舞部分共收38图，主要为唐朝舞与天空舞；右舞部分共收30幅图，主要为新罗乐，后面并附面具25幅图。面具图中有唐代歌舞戏的假面《拔头》、《兰陵王》等。舞图中有《秦王破阵乐》、《甘州》、《兰陵王》、《迦陵频伽》、《苏合香》、《太平乐队》、《打球乐》、《还城乐》、《三台盐》等。这些舞图和面具在画法上用的是线描和平涂着色的中国传统技法。面具的形象有老少娇娥，表情有喜怒哀乐，形式多样，富于装饰性。这些面具是悠久文化的历史产物，也有画家的再创造。在舞图方面，画家善于抓住人物的瞬间动态，概括人物的个性和思想。选出一个最足以表现人物性格的姿态，对于画家来说，是最耗费心思的，这同时也就越显出一个画家的素养和功力。

《舞乐图》中所附的面具图也是很精彩的。面具分为“大面”、“中面”和“小面”三种。我国古代对面具也称为“大面”、“代面”或“假面”，还有一种“假头”，如现在的大头娃娃。日本的大面、中面、小面不知是以大小，还是以人物或画法来区分。在我国戏曲脸谱中，俗有“大花”、“二花”、“三花”脸之称，大花在勾法上为整脸，即全面一个色，或三块瓦（一般为三块色组成），眉眼勾得宽大、端正，多为正面人物。日本的“大面”和“中

胡蝶

四人舞

面”可能与此类似。戏曲的“三花脸”一般为丑角，或普通劳动人民，日本的“小面”可能类似这一种角色。

我国反映唐代舞蹈的绘画，在古卷轴画中，在敦煌壁画、唐墓壁画以及陶俑中都有不少形象资料，但指明是唐代哪一个名舞的却不多。因此，日本所传这部分唐舞图和戏面不仅对研究日本绘画，而且对我们研究唐代舞蹈和服饰、面具的装饰艺术也都是很有价值的。

金史专家张博泉批校本：《古本董解元西厢记》

（金）董解元撰《古本董解元西厢记》八卷二册，古典文学出版社上海1957年影印本。金史研究专家、吉林大学历史系教授张博泉批校、对勘本。

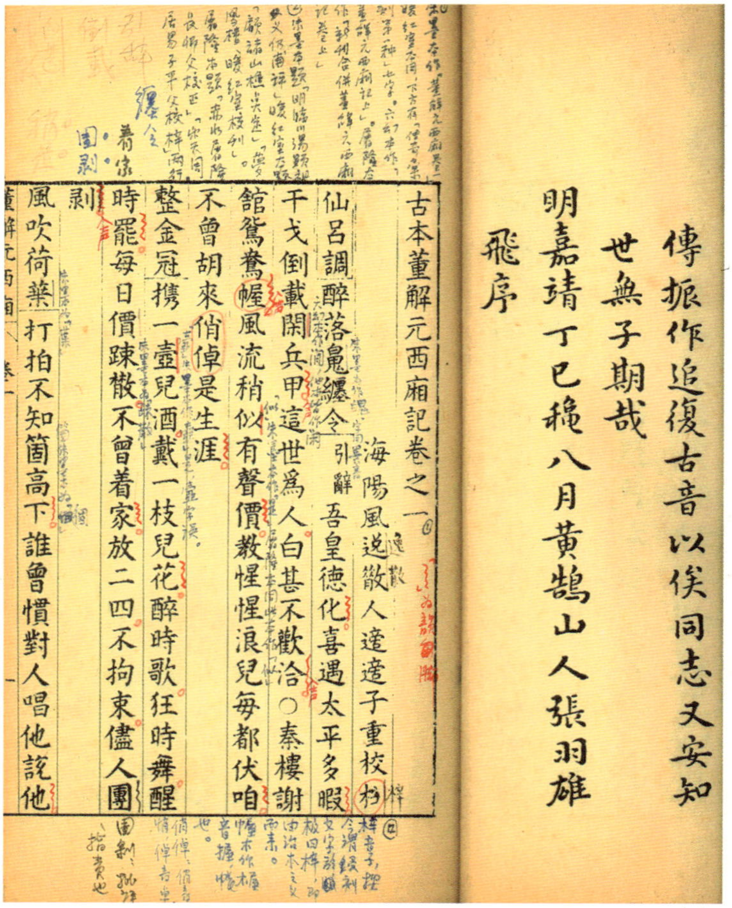
傳振作追復古音以俟同志又安知世無子期哉
明嘉靖丁巳穐八月黃鵠山人張羽雄飛序

古本董解元西廂記卷之一
海陽風逸散人適適子重校梓
仙呂調 醉落魄纏令 引辭 吾皇德化喜遇太平多暇干戈倒載閑兵甲這世爲人白甚不歡洽○秦樓謝館鴛鴦幄風流稍似有聲價教惺惺浪兒每都伏咱不曾胡來俏倬是生涯
整金冠攜一壺兒酒戴一枝兒花醉時歌狂時舞醒時罷每日價疎散不曾着家放二四不拘束儘人團剝
風吹荷葉 打拍不知箇高下誰曾慣對人唱他說他

明嘉靖本书影

《董解元西厢记》是《西厢记诸宫调》的一种通称。诸宫调是一种大型说唱形式，说唱相间，以唱为主，歌唱部分用多种宫调的若干不同曲调组成，以表演情节复杂的长篇故事。今天能够见到的诸宫调，仅有三部：董解元的《西厢记诸宫调》、无名氏的《刘知远诸宫调》和王伯成的《天宝遗事诸宫调》（参见367页《据黑水城出土原件印刷的〈刘知远诸宫调〉》一文）。董解元的《西厢记诸宫调》是现存诸宫调作品中仅有的一部完整的作品，也是思想价值和艺术价值最高的作品。从作品首卷的几支带有自叙性质的曲词看来，董解元应该是一个接近下层社会的放浪形骸的文人，通过作品也反映出他敢于蔑视封建制度和封建礼法的先进思想。

董解元的生平事迹无考，金、元时期，读书人都可被称为解元，至明、清两代，“解元”才成为乡试第一名的专称。元代钟嗣成《录鬼簿》把他列于“前辈已死名公，有乐府行于世者”之首，并在注中说他是“金章宗时人，以其创始，故列诸首”。《太和正音谱》说他“仕于金”。唐元稹《莺莺传》问世后，崔、张故事广泛流行，诗词及其他民间文学样式多有取之为题材的。董解元的《西厢记诸宫调》一方面对小说原作进行了最彻底的改造，另一方面也最大限度地利用了原作关于情景、人物、语言表达等诸多要素。王实甫的《西厢记》恰是在董解元《西厢记诸宫调》基础上进行的再创造，其情节发展的走向与人物形象的表现，对《董西厢》的依赖比较大。

董解元的《西厢记诸宫调》是元人王实甫杂剧《西厢记》的直接蓝本，对《西厢记诸宫调》的瑕疵之处也做了必要的改善。但是，两者文学体裁不同，董解元的创作，有思想内容和艺术上的独到之处，仍不能为王实甫的杂剧所替代。《董西厢》中的张生，虽说某些行为细节上稍显不妥，但毕竟展现了有主见、有气概的男儿特性。《董西厢》的语言也颇多妙处，如“莫道男儿心如铁，君不见满川红叶，尽是离人眼中血”，让人动容。

现存《西厢记诸宫调》的早期版本，有1963年发现的明嘉靖本《董解元西厢记》，和1957年赵万里在绩溪发现的《古本董解元西厢记》，这两书均曾分别影印出版。杨万里为后者撰写了跋文。另外，明万历以来的著名版本有黄嘉惠校本、屠隆校本、汤显祖评本、闵齐伋刻本、闵遇五刊《西厢六幻》本、暖红室刻本。1955年文学古籍刊行社曾影印过《西厢六幻》本，题名《西厢记诸宫调》。通行的校注本有凌景埏校注的《董解元西厢记》，注释深入浅出，简明易读，1962年出版。

此书原收藏者、批校对勘者为吉林大学教授、金史研究专家张博泉。张博泉主要用屠隆校本、六幻本和闵氏朱墨套印本和此本进行了通篇校勘，并写下了大量有观点的创造性文字。在书后的空白页用毛笔写了一篇颇有毛泽东书法味道的题跋，叙述了一些版本情况。照录如下：

“一九六三年，上海古籍书店发现了比这个本更早的嘉靖年间的刻本。卷首的张羽序文是原刻的。书末还附刻了‘南峰逸史杨循志’的一篇题跋。题跋内说明这部《董西厢》最初来历，乃是杨循志于一五二〇年二月里作客南京时所见到的一个手抄本。现收藏于上海图书馆。一九六三年三月识。”

作为金史研究家，张博泉自然重视这部金代作者著作的研究。书里面反映出的文化、风俗、社会等方面的史料也会增益其史学研究。张博泉著有《金史简编》（辽宁人民出版社，1984年），是第一部全面系统叙述金代的断代史专著。其《金代经济史略》（辽宁人民出版社，1981年）是金代经济研究的第一部专著，对金史研究具有开拓性。此书全面论述了金代农业、工矿业、商业、土地制度、赋役制度、金制与辽宋元制的关系以及金代经济在中国历史发展中的地位诸问题。作者在许多重要问题上提出了看法，特别是纠正了以往论著多偏重女真族对中原北方经济的破坏作用而忽视金代经济恢复与发展的一面，因而有利于全面评价、认识金

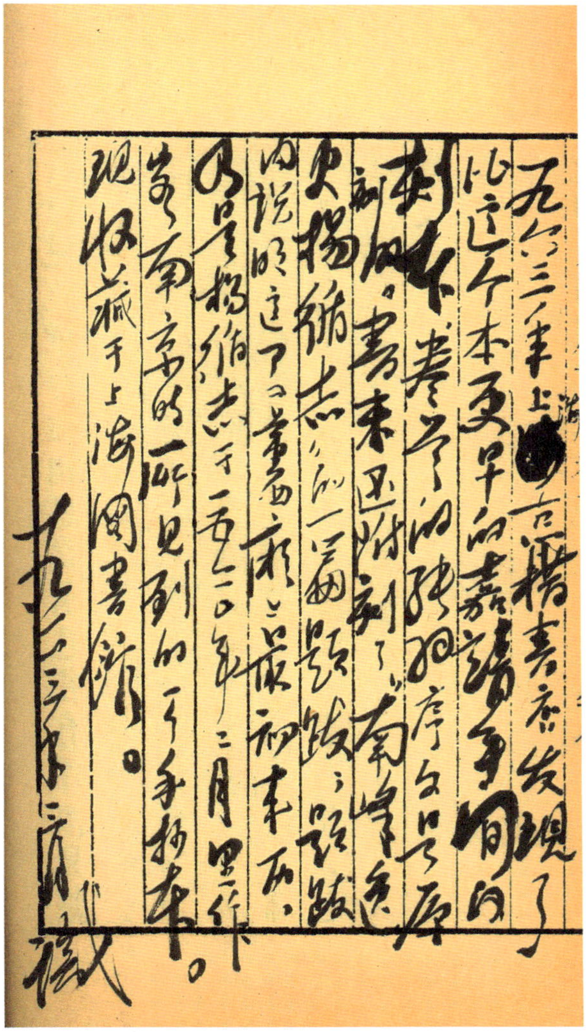

张博泉的题跋

朝的历史地位。

张博泉在他的《论金代文化发展的特点》（《社会科学战线》1986年第1期）、《论金代文化的发展及其历史地位》（《社会科学战线》1987年第1期）两文中指出，金代文化发展的主要特点是：中原文化北移，儒道释三教合一。并认为金代文化的发展起着“上掩辽而下轶元”的作用。

抄本《钓金龟》曲谱

翕居藏此抄本用红格10行笺抄写，行19字，书精，有大量批校。

《钓金龟》是传统京剧剧目，又名《孟津河》、《张义得宝》。说的是河南孟津康氏生子张仁、张义。张仁进京赴试，几年仍无音信。张义每日至孟津河钓鱼养母。一日，钓得金龟，又得知其兄已任祥符县令，回家喜告老母。康氏派张义去祥符县寻兄。张仁之妻王氏为人刁恶，因图谋金龟，将张义毒死。康氏盼望张义不归，乃亲往祥符，得知义儿身死，扶灵痛哭。

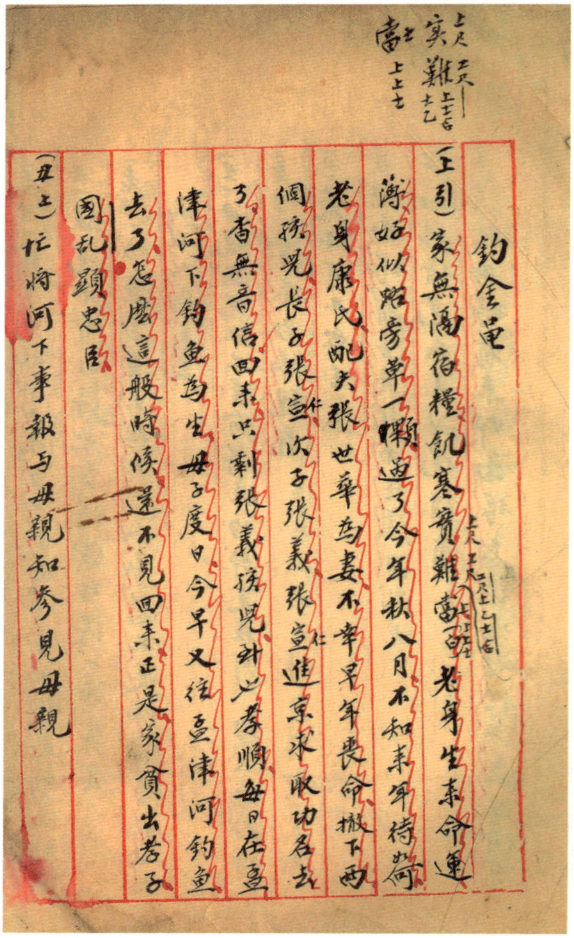
钓金龟
（正引）家無隔宿糧飢寒貧難當 老身生來命運
薄好似那房簷下一瓣 過了今年秋八月不知來年待何
老身康氏配夫張世華為妻不幸早年喪命撇下兩
個孩兒長子張宣次子張義張宣進京求取功名去
了杳無音信回來只剩張義孩兒卻也孝順每日在孟
津河下釣魚為生母子度日今早又往孟津河釣魚
去了怎麼這般時候還不見回來正是家貧出孝子
國亂顯忠臣
（丑上）在將河下事報與母親知 參見母親

《钓金龟》是一出老旦与丑角合作的老旦戏。自20世纪40年代以来，以李多奎先生的演出最受好评。建国后，一批后起之秀，相继演出，演唱技艺，各具所长。

此《钓金龟》抄本包括张义得宝（即钓金龟）、行路训子、哭灵一直到开封府审案结束。但现在的京剧剧本大都没有后面的审案一折，抄录一段附后：

（二黄原板）

叫张义我的儿啊，
听娘教训，
待为娘对姣儿我细说分明。
儿的父他遭不幸丧了性命，
抛下了母子们苦度光阴。
是为娘守贞洁我不听他论，
皆因是我的儿年小，
娘在中年，
我怕的是百年之后我身入九泉，
难见儿那去世的先人，我的儿啊！

（二黄原板）

有几个贤孝子听娘来论，
一桩桩一件件娘记在心。

大舜耕田为的都是孝顺，

丁蓝刻木、莱子斑衣、那孟宗哭竹、杨香打虎，

这都是那贤孝的儿孙！

我那不孝的儿啊！

（二黄原板）

这几辈贤孝子休得来论，

还有那不孝人说与儿听：

清风亭张继保他双亲不认，

韩信将不孝母留下了骂名。

为娘言语儿不相信，

怕的是那乡邻们把那忤逆不孝加在儿的身。

我的儿行孝道将娘奉敬，

也不枉为娘我就抚养儿成人。

传统京剧《乌龙院》曲谱

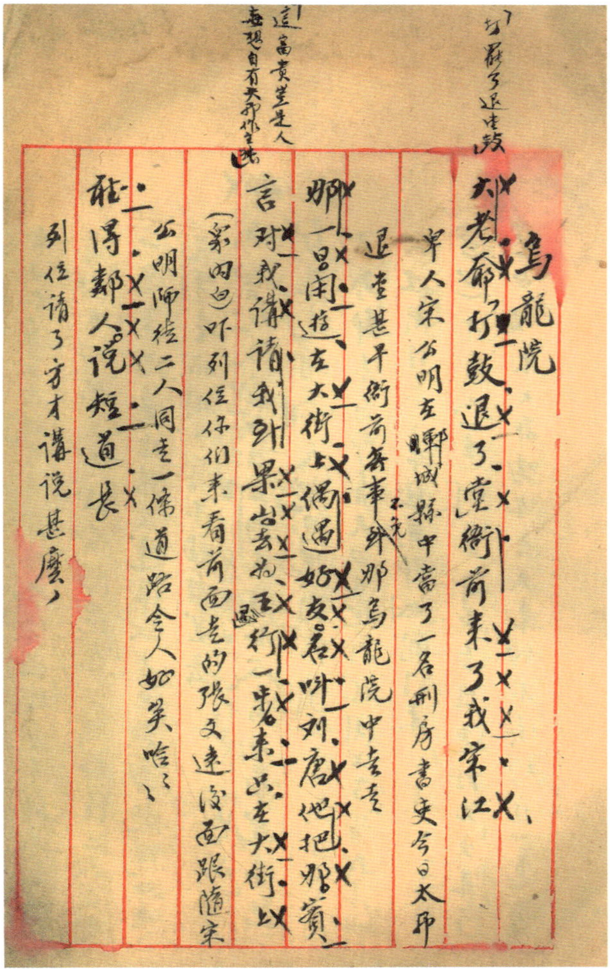

京剧《乌龙院》又名《坐楼杀惜》、《宋江闹院》。取材于四大名著《水浒传》第十九回及（明）许自昌的《水浒记传奇》，是一出生旦并重的戏，该剧剧情连贯紧凑，唱念做打无不丝丝入扣，是以久演不衰，堪称京剧表演艺术的范本。

此剧剧情是：山东郓城县押司宋江，曾援助掠夺“生辰纲”的晁盖、吴用和刘唐等人。晁盖等投奔梁山后，思念拯救之恩，派刘唐捎书一封，携黄金百两，去郓城县探望宋江。先是，宋江曾慷慨解囊，代阎婆埋葬了亡夫。阎婆为了感激他，把女儿阎惜姣许给宋江作为外室。宋江特地为阎惜姣造下了乌龙院。不料阎惜姣又暗地爱上宋江的学生张文远。这天，宋江公毕来院，恰巧张文远先一步来到，阎惜姣把张文远隐藏起来，用冷淡的态度，企图激走宋江。宋江对阎惜姣的行为，亦略有风闻，因此两人发生了冲突。宋江愤怒而去，发誓不再来乌龙院。

阎惜姣为了与张文远做长久夫妻，二人商量等待时机，陷害宋江。及至宋江偶遇前来下书的刘唐，便拉他到一僻静酒楼叙谈。宋江匆匆收下一锭黄金，将金子和来信放入招文袋，并催促刘唐速返梁山。归途中，宋江遇见正在寻他的阎婆，被逼来到乌龙院。

次日拂晓，宋江仓促取衣，挟袋出门，在开门时，不慎将招文袋遗落地上。阎惜姣醒来，拾到招文袋，并发现了宋江的秘密——梁山书信。宋江回来寻找招文袋，阎惜姣坦然承认是她拾得，并乘机要挟宋江立刻写下休书，任凭改嫁张文远。宋江为了要回梁山书信，只得应允，不料阎惜姣拿到休书后，声言要在郓城县大堂上，才能交出梁山书信。宋江被迫无奈，将阎惜姣杀死。阎惜姣死后，仍不忘情于张文远，其鬼乃往县署显形，与张文远当面磋商，欲实行与子同穴之举。张文远婉辞再三，卒不听从。至鸡声三唱，而张文远之魂，已被阎惜姣勾摄而去。

奚啸伯、周信芳、刘鸿声均演出此剧。1995年周信芳先生诞辰百年之际，国家邮政局曾发行了《周信芳京剧艺术》特种邮资明信片一套4枚，均以周信芳先生塑造的角色照片为图，第一枚即《乌龙院》中饰宋江剧照。

周信芳京剧艺术特种邮资片

“有智妇人赛过男子”：弹词抄本《金鱼缘》

（清）精抄本《金鱼缘》弹词，方册，版心题“金鱼缘卷几”，每页11行，每行20字，皮纸。

有清一代，女性一直是弹词创作的主力军。乾隆以后，更出现了女性写作弹词的热潮，涌现出陈端生、邱心如、侯芝、程惠英和孙德英等杰出的弹词女作家。在现存五百多种清代弹词中，文人的案头之作约有五十余部，其中出自女性之手的就有四十多部，占文人弹词的百分之八十多。弹词女作家及她们笔下的女性形象构成了一道靓丽的风景线，其中女扮男装似乎又是一个标志性情节。

在“女子无才便是德”的束缚下，即使是才华横溢的女子也不会受到人们的重视和赞赏。于是，在女性意识初醒的明清知识女性再也不满足于被规定的“雌伏”状态，她们渴望与男人一样施展才华，建功立业，传名千秋。于是出现了一系列像《再生缘》、《金鱼缘》、《子虚记》、《榴花梦》等女性弹词。弹词中的女主人公改扮男装，易名换姓，中状元，建奇功，成为国家栋梁。完成了才女海市蜃楼一般的梦幻故事，建构了具有时代特色的女性特有的文学世界。

《金鱼缘》作者自署“凌云仙子孙德英”，有清同治十年（1871）卧云女史吴小娥叙及钮如媛（孙德英之嫂）叙，其中钮如媛叙对孙德英的介绍十分详细。根据钮如媛叙，孙氏乃“籍趾东浙，归安（今浙江吴兴）世族”，由于父亲游幕之故，寓于浔关（今江西九江）三十年。钮如媛序回忆德英幼年即“不肆嬉游，而好书好静”，而且天生会说故事，“终始靡遗，听者皆无倦色”。德英性情与人异，早年不愿适字之意，在诗作中即屡屡流露，后来母亲中风，便坚持奉亲不婚，并开始创作《金鱼缘》。未几，“粤人犯境”，其母惊惧而死，德英大恸，自此“幽居斗室，屏绝人事”，修佛著书，“非定省严亲，登堂庆贺，从未离静室半步”。《金鱼缘》一书写作，自同治二年至同治七年，共历六年而成。

作者在小说一开场就说：“儿女由来总一般，应无憎爱两心肠奇则奇世间多少愁生女，怪则怪人意惟想独养男须知道此系愚蒙之想念，岂不闻天伦恩义未堪伤况且是古来闺阁裙钗辈，也多有磊落襟怀胜过男干一番惊天动地奇人事，作一个出类超群巾帼郎岂谓须眉男子辈，人人都可胜红妆，奉劝贤夫贤妇等，从此后生儿勿喜女休伤但能慈爱均加一，为儿者孝顺之心自异常。”小说结束时又说：“凡蹈溺爱偏憎之习者，堪以此书为鉴，更能留心细玩，自可壁迁顿悟也。从今视女如男，则千秋之下，无有抱恨之裙钗矣。”作者在此直接批评社会上父母对儿女的差别待遇，这是其他女性弹词小说未曾明言过的。

《金鱼缘》作者孙德英，自幼“天资明敏，迥与人异，清净潇洒，颇有林下之风”。这样一位清丽女子，却有“不愿适字之意，每为论及婚嫁，惟怏怏不乐”。尊长“不得已，允遂其志”（钮如媛：《金鱼缘》序）。孙德英的人生经历，影响到了她笔下人物的归宿。在《金鱼缘》中，女扮男装的主人公钱淑容化名竺云屏，中状元，为太子师，终身不复女装，而以男装与妻子李玉娥终老于西湖。她不愿恢复本身的原因，足可以代表作者的心声：世间最苦无如女，诸事依人难自专。命好者，夫唱妇随情好合，生男育女乐欣然。也无非，操劳白首因人累，再不能，一刻心闲与意闲。命薄者，凤寡鸾孤悲只影，只落得，花荫月夕珠泪涟。悟彻尘缘皆若此，儿因此，了无情爱系心牵。在这部作品中，小说对女主人公的塑造，结合绵密的作者自叙，为我们提供了一个窥探女性私欲与私情的窗口。

为了证明“有智妇人赛过男子”，作者偏偏要塑造一个“假丈夫”，不仅在智慧、才能上胜过书中所有的男子，而且为官做宰，娶妻生子（领养），也如男子一样养老送终、支撑门户。钱淑蓉的归宿，透露了作者对女性现实处境与未来命运的看法。在作者看来，女人要避免个人悲剧，最现实的途径就是逃避婚姻角色；而女人要实现自己的人生价值，则必须承担起男人的社会角色与责任。

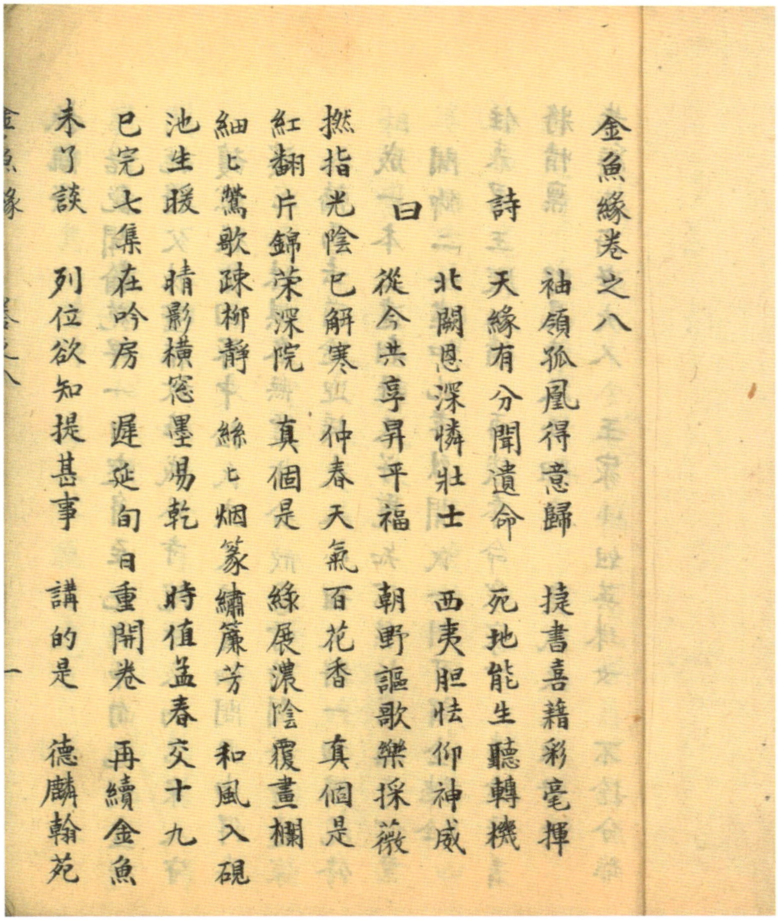
金魚緣卷之八
詩　袖領孤凰得意歸　捷書喜藉彩毫揮
天緣有分聞遺命　死地能生聽轉機
北闕恩深憐壯士　西夷胆怯仰神威
曰　從今共享昇平福　朝野謳歌樂採薇
撚指光陰已解寒　仲春天氣百花香　真個是
紅翻片錦荣深院　真個是綠展濃陰覆畫欄
細細鶯歌踈柳靜　絲絲烟篆繡簾芳　和風入硯
池生煖　精影横窗墨易乾　時值孟春交十九
已完七集在吟房　遲延旬日重開卷　再續金魚
未了談　列位欲知提甚事　講的是　德麟翰苑
金魚緣　卷之八　一

梅兰芳与齐如山结缘的《汾河湾》

《汾河湾》又名《打雁进窑》，是一出传统的生旦“对儿戏”。剧情是：唐代，薛仁贵投军多年未归，妻柳迎春生子丁山，长大后打雁奉养母亲。薛仁贵立功受爵，回乡探亲，行至汾河湾遇丁山打雁，见其好箭法，正在惊讶，忽遇猛虎，薛仁贵急发袖箭，不料误伤丁山，仓皇逃回家中，夫妻相会时，薛仁贵见床下有男鞋，疑妻另嫁，柳迎春告系子丁山所穿，薛仁贵欲见子，始知是在汾河湾射死的孩子，夫妻悲伤不已。此戏剧情比较细微、曲折而生动，柳迎春的情感

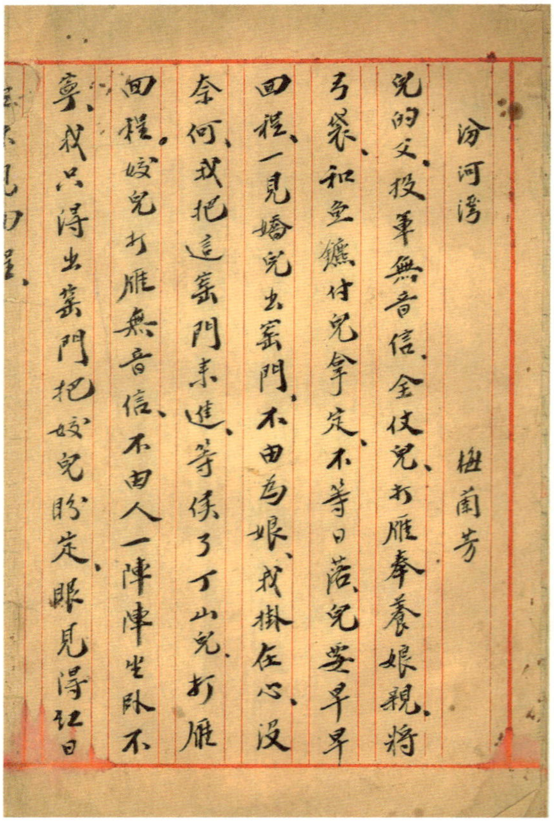

汾河湾　梅蘭芳

兒的父投軍無音信，全仗兒打雁奉養娘親，將弓箭和魚鏢付兒拿定，不等日落兒要早早回程。一見嬌兒出窯門，不由為娘我掛在心，没奈何我把這窯門來進，等候了丁山兒打雁回程。嬌兒打雁無音信，不由人一陣陣坐臥不寧。我只得出窯門把嬌兒盼定，眼見得紅日

汾河湾老唱片

前后至少有十二个变化：盼→疑→喜→怨→急→气→惬→诧→狎→惊→怒→哀。所以，演员要有较高的演技并配合默契才能演好。

梅兰芳在1913年即与著名老生王凤卿合作演出此剧。梅兰芳饰柳迎春，王凤卿饰薛仁贵。不久梅兰芳又陪伶界大王谭鑫培演出几次，谭时近晚年，梅是后生，有幸同台，梅兰芳受益颇多。戏剧家齐如山第一次观看梅兰芳演出《汾河湾》后，对柳迎春的表演提出了一些改进意见，写了一封长约三千字的信给梅兰芳，梅认真接受并进行改进。此后多年齐如山协助梅兰芳，使之创立了“梅派”艺术。有意思的是，1930年梅兰芳在美国演出《汾河湾》时，美方将剧目译为《一只鞋的问题》；1935年在苏联演出此剧，剧目又被译为《睡鞋的秘密》。但都受到了当地观众和戏剧界的热烈欢迎。

《汾河湾》这个戏，梅兰芳、尚小云、程砚秋和荀慧生都演，而且都有全剧录音留世，这是不多见的。川剧、湘剧、滇剧都有《打雁进窑》，武安落子有《薛礼还家》，徽剧、汉剧、秦腔、河北梆子、豫剧、江淮剧、晋剧均有此剧目。

清朝昇平署朱墨抄本曲谱

翕居藏有清朝昇平署用东昌皮纸朱墨抄本曲谱七种，十册。计有《天香庆节》三册、《连环套》二册，回龙阁、乾坤带、恶虎庄、恶虎村、艳阳楼各一册。半页5行，行17至22字，无框栏。墨笔楷书，朱色句读。《中国古籍善本书目》、《清代杂剧全目》、《昇平署月令承应戏》等书著录。

清初，宫中管理奏乐和演戏的机构沿用明代的教坊司，康熙朝除教坊司外，开始设立了一个不同于教坊司的演剧机构——南府。南府不属于礼部，而隶属于内务府。南府是清代掌管宫廷演剧事务的机构。地址在北京市南长街南口，相对位于西华门的内务府而言，称此处为南府。南府收罗了大批优秀的民间艺人，培养训练年轻的太监和艺人自己的子弟承应宫中的演出活动，这个机构由于不断扩大，最终取代了教坊司。

至乾隆朝，宫廷演剧机构已发展得空前庞大，南府的演剧艺人分“内三学”、“外二学”等，景山也有“三学”。南府的“内三学”都是习艺太监，南府的“外二学”及景山的“三学”都是民籍学生。其总数，据《清昇平署志略》一书中的估计，有一千四五百人，比明朝万历年间宫廷戏曲的极盛时期，人数还要高出一至二倍。

清道光七年（1827），在大批裁减内外学的人数后，“南府”更名为“昇平署”。清代的宫廷戏曲根据不同的礼仪需要，逢朔望节令、喜庆大典，都要上演不同类型的剧目，这些逢时按节令演出的戏剧称“承应戏”，又叫“节令戏”、“应节戏”，如立春、上元、燕九、寒食、端阳、七夕、中秋、重阳、腊日、冬至、祀灶、除夕等节庆都要唱“承应戏”。一年之中，“承应戏”的戏本大约有两百多种，每个节令都有相应的剧本，可以因时轮换上演。从演出的内容来看，承应戏分为演人和演神仙两类戏。“承应戏”大都由昇平署演员承担，演员既有宫内太监，也有民间职业演员，统归昇平署总管。逾十多年，因署中人数无法承应例行的戏差，便又选调一批民籍学生入昇平

供排演人员使用的总本

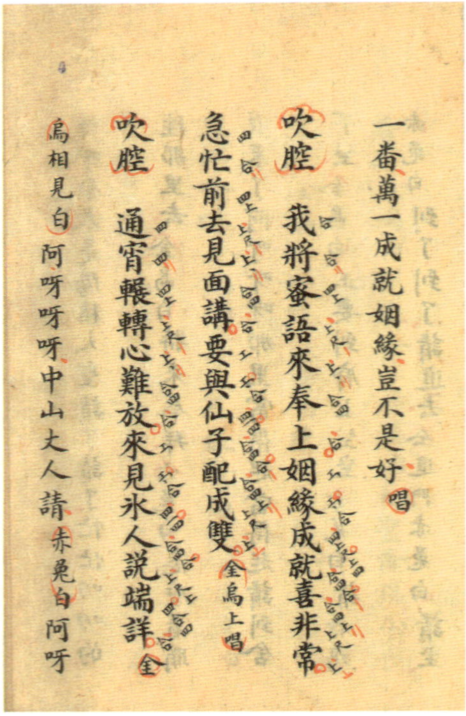

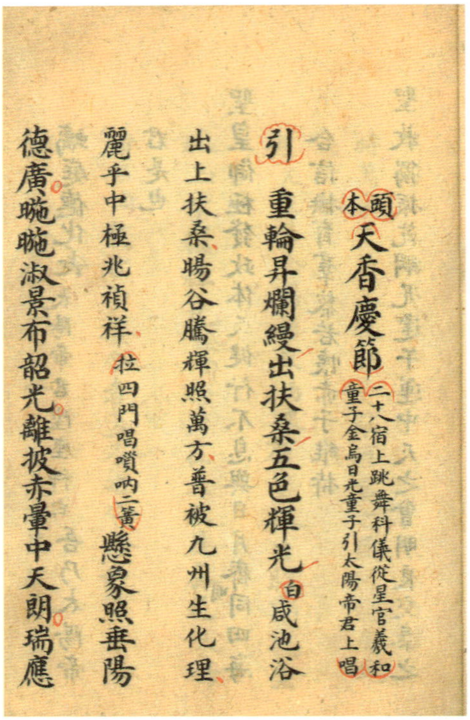

署，外学恢复。

清咸丰年间，宫中演戏活动增多，再次挑选民籍学生入昇平署。当时，四大徽班的名演员，多半兼充昇平署教习或学生。1860年，英法联军攻占北京，咸丰皇帝逃到承德避暑山庄避难。其间，嗜戏成癖的咸丰帝曾三次分批调昇平署内外学演员214名，到避暑山庄戏楼为其演戏。清朝皇帝们不仅爱看戏，重视戏剧，有的皇帝还学戏、导戏或是亲自上台演戏，促进了戏曲的发展。

清宫承应戏数量庞大，品种繁多，早在南府时就有流失，当昇平署迁至景山时，散佚更多。辛亥革命之后，随着《清昇平署档案》的散失，昇平署戏曲抄本有些流落民间，遂为分立机构和私家所收藏。今主要集中收藏于故宫博物院、中国国家图书馆、中国艺术研究院图书馆（原为傅惜华旧藏）、上海图书馆（原为周明泰旧藏）、首都图书馆（吴晓铃旧藏）等处。这些藏品有的未加整理，有的仍尘封在书库里，究竟存有多少，还搞不清楚。1936年，故宫博物院文献馆将16种承应戏编为《昇平署月令承应戏》，由故宫博物院排印出版，因谱板排印不便，只得从略。就是这种非复旧观的本子现在也成了难得一见的

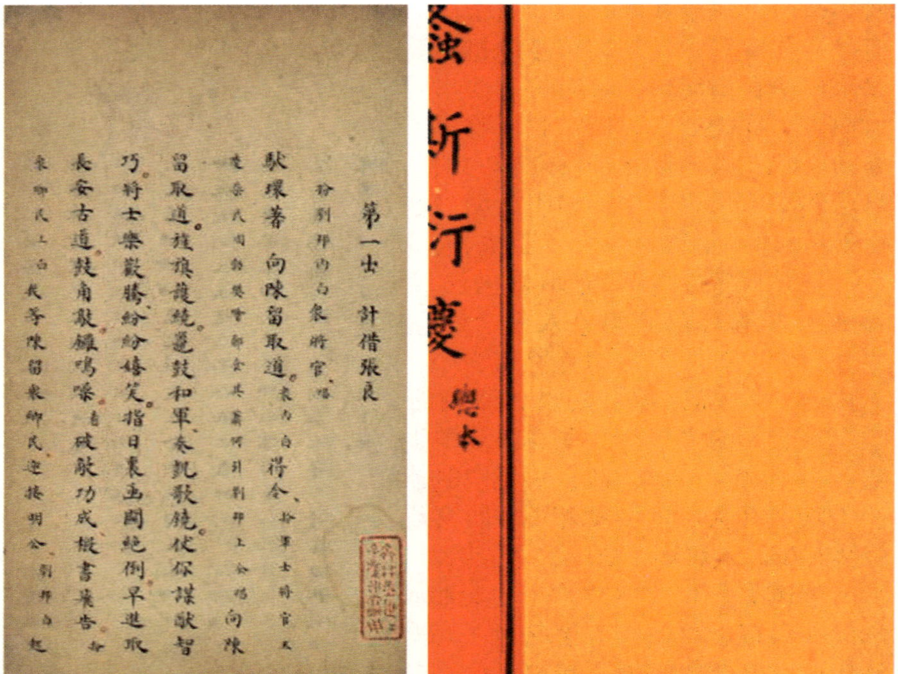

中国嘉德所拍齐如山藏昇平署抄本

“孤本”，如今专门从事晚清戏曲，特别是宫廷戏研究的学者都很难以看到，一般读者当然也很难问津。

故宫博物院所藏清代内府戏本主要包括元明清杂剧、明清传奇和清代乐部据小说名著改编的连台本戏，以及乐部所编“月令承应戏”、“节令承应戏”、“承应宴戏”、“承应开场戏”、“承应寿戏”、“承应大戏”、“承应灯戏”等。每出戏有六种用途的本子：恭楷精写、专供帝后阅看的“安殿本”，专供排演人员使用的“总本”，记录戏中某角色单词的“单头本”，记录戏中角色歌唱、唱词、音符和节奏等的“曲谱”，记录戏中人物身段、武打等表演提示和舞台调度等的“排场”、“串头”，记录演出角色出场顺序等的“提纲”。这些戏本反映了清代300年间民间和宫中戏曲舞台上陆续演过的戏目，是一份比较全面系统的清代戏曲演出史料。

中国嘉德曾拍卖齐如山所藏昇平署旧抄本曲谱八册，估价3万～4万元，成交价为3.3万元。

伍 金石蕴文思

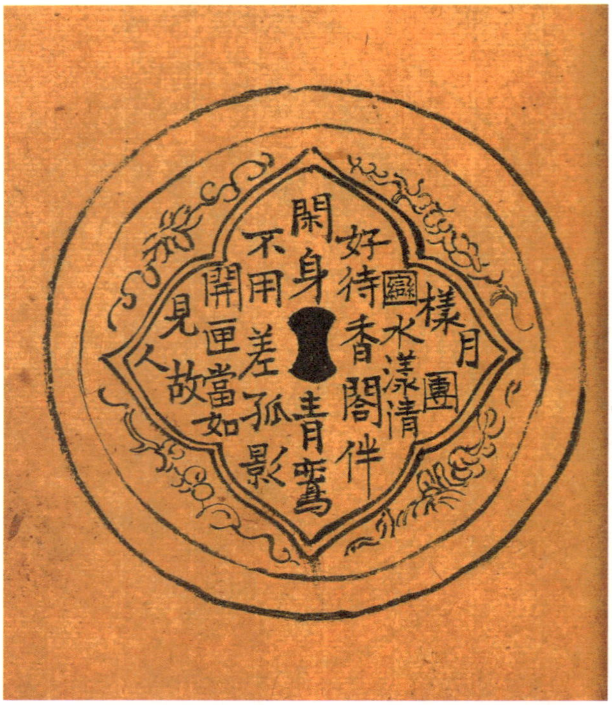

金石书画，历朝历代都受到藏家的追捧。关于金石书画碑帖研究辩证、著录传承、鉴赏分析的书籍，也十分受人钟爱。在中华民族数千年的文化传承中，金石铭刻和书画作品一直起着巨大的作用。

“金”一般是指青铜器，主要是指先秦时期用青铜铸造的器物。我国古代的青铜文化艺术，以夏、商、周三代的铜器为代表，其品类之丰富，造型之雄伟，文饰之精丽，铸造之精良，创意之高深，在人类青铜时代独具特色。它的光辉成就，对推动世界文明的演变和进步，有着划时代的功绩和贡献。青铜器历来是中外收藏家注意搜藏的珍品和重器。由于青铜礼器的造型最为多样，也最能体现青铜器的艺术特色，所以千百年来收藏家都重视鼎、彝、钟、簋、尊、爵、卣等礼器方面的传统收藏，尤其是带铭文的礼器，更是追逐搜寻的热点。世界各地博物馆和美术馆，无不把中国青铜器作为馆藏重器，历代收藏家更是把收藏青铜器作为镇宅之宝，世代相传。中国青铜器所达到的艺术境界，堪称空前绝后。青铜器历来价格昂贵，尤其是珍稀精品，只有王公贵族和巨富商贾才玩得起。晚清时期，工部尚书潘祖荫酷爱青铜器，在他的藏品中，以西周的大克鼎和大盂鼎最引人注目。这两件青铜器一直被中外官僚和富豪所觊觎，一位美国人曾想以600两黄金或一幢洋房相交换，均被潘氏家人拒绝。1952年，潘氏后人将大克鼎献藏于上海博物馆，大盂鼎献藏于中国历史博物馆。

“石”一般指历朝历代的碑石、墓志、塔铭、造像等，通过捶拓艺术，使其中有重要历史、文物和书法价值的文字和内容得以保存而流传后世。碑石拓本自宋朝兴起，千百年来已成为极其珍贵的收藏品。汉碑、北魏造像、唐碑志等拓本都有着极其重要的考古和书法研究价值，在收藏界被形象地称为“黑老虎”。原因一则其“价值不菲”，再则“真赝难辨”，一不小心便会被“老虎”咬一口。碑和帖是关于刻石文字的两个概念。碑是竖石，帖是横石（也有木刻的），帖一般是将古代名人墨迹摹勒上石。古代书碑有两种方法，即“书丹”和“摹勒上石”。“书丹”即书者直接在石头上写字，以备铣刻。曹魏时期的《王基残碑》初出土时，未刻部分还保留着朱书，高昌砖上也时有未及镌刻的朱文留下来。“摹勒上石”是将碑文写在纸上，再在纸背以银朱依样勾勒字的轮廓（称双钩），然后覆于备刻之石，以纸数层叠放于摹纸上，以石均匀研磨，使双钩银朱粘于石面上，据此雕刻。书法有高低，摹勒有粗细，这就出现了种种不同面貌和风格。这样通过刊刻的书迹有两种情况：一种是注重石面上的效果，例如方棱笔画，若采用毛笔是难以写出的，除非有意描画，如《龙门造像》都属这一类；另一种尽量忠实于书家笔迹，这一类往往被人称为“下真迹一等”，前类则与墨迹差别很大。由于历史上许多金石由于天灾人祸而流失亡佚，对初拓的收藏一直受到学术界和收藏界的重视。

“书画”就是书法和绘画，这是中国传统民族文化中最具品位的艺术之一。书画鉴赏与收藏，古人称之为鉴藏。包括鉴定、欣赏、收藏、流传、著录等方面，是一个十分广泛而又具有相当研究价值的课题。所谓鉴赏，实际上包括鉴定与欣赏两个方面。鉴定主要指判定与欣赏两个方面。鉴定主要指判定作品的真伪，应属鉴定学的范畴；欣赏，主要指品评作品的优劣，属艺术批评学的范畴。鉴定是建立在欣赏的基础之上的，只有懂得欣赏才能判断作品的真伪；欣赏又是鉴定的演进，高明的鉴定家必定具有较高的艺术修养。然而，判断真伪与优劣有时又是两回事。艺术水准好的书画作品并不一定是真迹，如有些代笔的作品；而有些艺术水准较差的作品，也不一定是伪作，如一些不善书画艺术的名人墨迹。历代著名藏家，其眼力、收藏与著录总是连在一起的，像宋代的米芾、明代的项子京、清代的安岐等，经他们之手所评定的作品真伪，绝大多数是可靠的，这对后代的收藏与考证留下了丰富的文化遗产。目前的书画艺术品市场“鱼目混珠”，赝品的数量和质量都在不断地增加和提高，已成为书画市场的“毒瘤”。因此，关于书画鉴赏、著录的书籍成为人们收藏的“钥匙”，而日渐受到重视。

从三代器物铭文探《文源》

近人林义光撰《文源》十二卷、附录二卷，共三册，民国9年石印本。

林义光，福建闽县人，生卒年不详。在古代文学、古汉语、古文字学方面都有较深造诣，以擅长文字训诂之学名于世。他对于晚近出土的三代器物铭文多有留意，曾采钟鼎遗文，审察六书，以定文字的本形本义，运用清儒音声通假法，著《文源》一书。

林义光还将对于古器物铭文研究的成果运用到《诗经》研究之中。他所著的《诗经通解》，有许多地方是从金文取证，形成了不少在学术界颇有影响的说法，也为后来闻一多、于省吾利用古文字材料，探究《诗经》训诂的先声。

《文源》对一些字的解释颇有新见，从中我们可以感受到一种阅读的趣味。林义光解释“坐”字为“像二人对坐土形”。他还认为，“稻”也不一定是“到”的谐音，也可能是“捣”的谐音，因为稻谷成熟后，要放到臼里面捣，才能变成米，也才能吃。稻的字形，便是捣米之状。再就是关于“皇”字，吴大澂的《说文古籀补》中说其是“日出土则光大”，而林义光则认为是“象光芒出地形”。关于“床”，《说文解字》中解释为“床，安身之坐者”，林义光则解释为“考爿并有床象，实即床之古文”。关于“且”，《说文解字》的解释“且，荐也”，而林义光则认为“即俎之古文”。

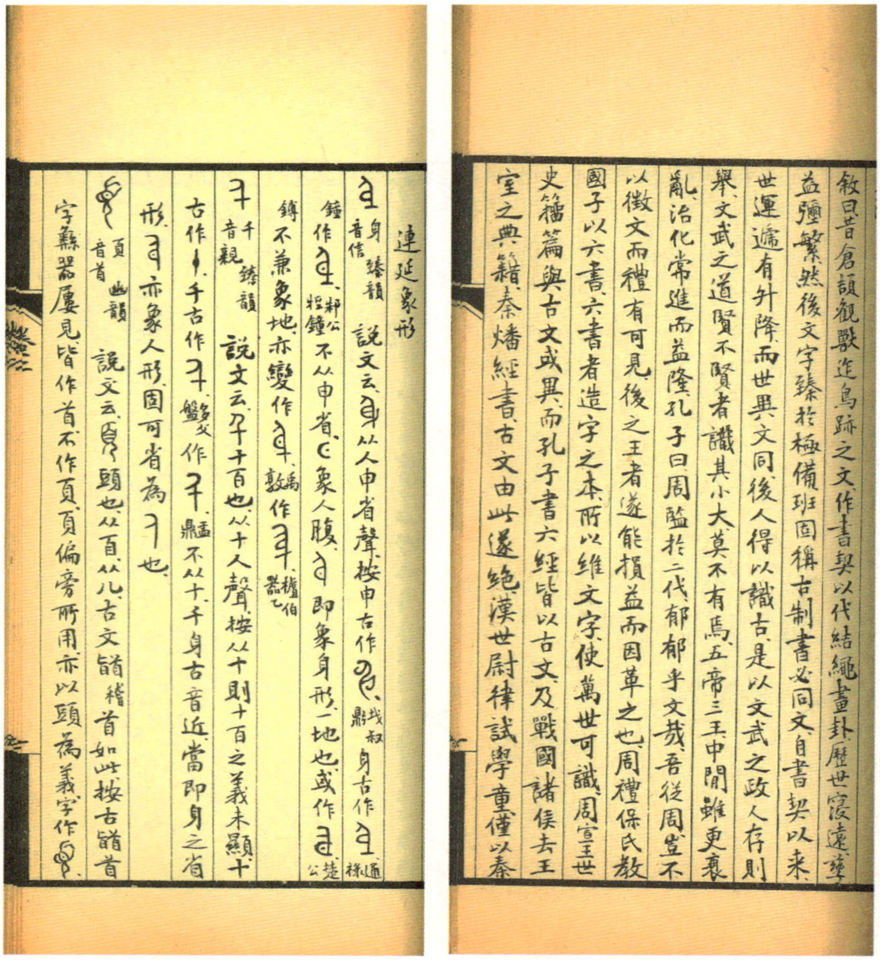
敘曰昔倉頡觀獸迒鳥跡之文作書契以代結繩畫卦歷世寖遠孳
益彌繁然後文字臻於極備班固稱古制書必同文自書契以來
世運遞有升降而世異文同後人得以識古是以文武之政人存則
舉文武之道賢不賢者識其小大莫不有焉五帝三王中間雖更衰
亂治化常進而益隆孔子曰周監於二代郁郁乎文哉吾從周豈不
以徵文而禮有可見後之王者遂能損益而因革之也周禮保氏教
國子以六書六書者造字之本所以維文字使萬世可識周宣王世
史籀篇與古文或異而孔子書六經皆以古文及戰國諸侯去王
室之典籍秦燔經書古文由此遂絕漢世尉律試學童僅以秦

“书法与拳意相合”的《书通》

高道天，陕西汉中人。曾任冯玉祥的书法教师，其人品学识颇得冯氏赞誉。高道天能使其书法与拳意相合，其隶书及魏碑均名高一时。著有《书通》一书，翕居藏有两册，均为红印本。

民国18年《江苏省国术馆年刊》载孙禄堂《拳术述闻》：曩居北平，有高道天君者，汉中人，工书法，于大小篆及汉魏源流殆无所不通，从余习拳年余。伊云：“吾兹习此，为日不久，而心领神会，乃知拳术之与书法及身体，故有莫大之关系者。运用虽不同，其理则一也。”余诘之。伊云：“拳术有五纲之起点，书法有五锋之起笔。”余复询二五之理。曰：“拳术之五纲，为劈、崩、趱（攒）、炮、横，即五行中金、木、水、火、土也。至十二形之奥妙，亦不外五拳中和之起点、进退、起落、变化之要道。”

孙禄堂写此文时，任江苏省国术馆教务长。此文记述了他在拳术方面的见解，都是亲身经历。此文第一部分主要叙述书法与拳术的关系。记述了书法家高道天的关于书法与拳术关系的论述。高道天认为拳术有“五纲”，书法有“五锋”，它们都是古代哲学的“五行”学说的体现。“五行合一，致其中和。”“中”乃中国古代哲学范畴，意即“中道”。“中”是天下最大的根本，“和”是天下普遍通行的法则。达到了中和，天地万物就各安其位，协调相处，万物也就发育生长。所以孙禄堂把他的自练拳“三十六手太极拳”称之为中正拳，处处要求做到平直圆，中正安舒。这样就能达到修身养性，延年益寿，防身克敌的目的。孙禄堂拳术造诣精深，书法亦臻上乘。他既是武术家，又是书法家。他本人就把武术与书法，融会贯通起来，体现“万殊合归一本”的哲理。

清朝末科状元刘春霖和高道天同为孙禄堂门生。刘春霖得孙禄堂内修之传，养气功深，于养气造诣上多有心得。高道天则能使其书法与拳意相合，致其隶书及魏碑均颇具特色，名高一时。这些文人弟子大多承孙禄堂拳与道合的思想，着重于由拳达道的追求，体悟拳术的内涵道理，玩味拳术中体万物而不遗之功用，故其气质多清雅高格，豁然不同于凡俗。

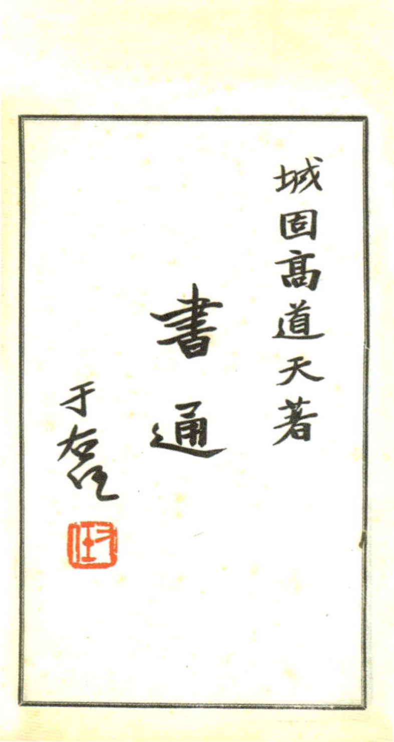

“以备后人删节”的《福建金石志》

李厚基等修，沈瑜庆、陈衍纂《福建金石志》三十卷十二册，民国11年福州刻本，系《福建通志》三百一十卷之第十三至二十四册。

陈衍（1856—1937），字叔伊，号石遗，晚署石遗老人，福建省侯官（今福州市）人。出生时其父陈用宾年已50岁，故为之取名“衍”。4岁诵《千家诗》，5岁读《四书》、《毛诗》、《左传》。陈衍是清末民初学者，晚清“三大诗人”之一，以精深的诗学、儒学、经学、史学造诣在文坛享有盛誉，终生未仕。

1916年4月，陈衍回到福州。次年，福建督军兼省长李厚基慕名聘请陈衍为《福建通志》总纂。陈衍开通志局于乌石山沈葆祯祠，立定编书体例。其编纂方法是：购置大量书籍，令各分纂评阅，凡遇闽人闽事，皆折角送阅。由陈衍摘其有用者，起讫中两小点，不论长短，派人抄录。然后统一整理，按照志目，将各资料汇为长编，前后衔接，再加润色。

1922年1月，新《福建通志》编就，全书六百卷，约1000万字，其中新列门类为前志所无者如《通纪》二十卷、《方言志》十二卷、《艺文志》七十六卷、《版本志》八十卷、《金石志》三十六卷、《山经》三十五卷和《河渠书》十卷等。其中，陈衍自撰的《艺文志提要》，最为精审，所列《石遗室书录》都是他平日累积的读书心得。陈衍仿照《四库全书提要》体例，举出每书优缺点。对于编志过程中遇到的各类资料，他主张宁繁毋简，并强调记载出处，指出“此史料也，以备后人删节可也。”

民国间编纂的省志有45种，其中沿袭历代省修通志之例编纂的通志稿有29种，以省为范围编纂的新志10余种。通志中篇幅最巨的就是成书于1938年的《福建通志》，有五十一总卷，六百一十一分卷。迄今仍是省志中最为完备的一部。

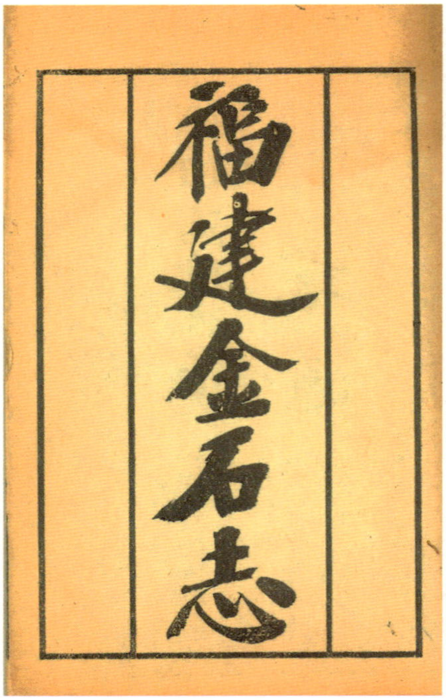

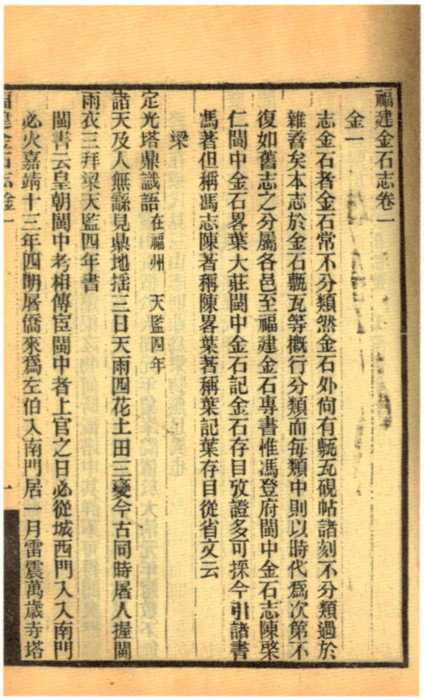
福建金石志卷一
金一
志金石者金石常不分類然金石外尚有甎瓦硯帖諸刻不分類過於
雜𥡴矣本志於金石甎瓦等概行分類而每類中則以時代爲次第不
復如舊志之分屬各邑至福建金石專書惟馮登府閩中金石志陳棨
仁閩中金石畧葉大莊閩中金石記金石存目攷證多可採今引諸書
馮著但稱馮志陳著稱陳畧葉著稱葉記葉存目從省文云
梁
定光塔鼎識語在福州　天監四年
諸天及人無𢇃見鼎地搖三日天雨四花土田三變今古同時居人握闔
雨衣三拜梁天監四年書
閩書云皇朝閩中考相傳宦閩中者上官之日必從城西門入入南門
必火嘉靖十三年四期屠僑來爲左伯入南門居一月雷震萬歲寺塔

“有心之士搜采残逸”：《骨董琐记》

邓之诚撰《骨董琐记》八卷四册，民国15年11月邓之诚交和济印刷局自费印行，铅印本，出版地不详，版心下题“明斋著书”。

邓之诚，字文如，号文如居士。江苏南京人，北京大学教授。其学富五车，著撰等身。《中华二千年史》、《清诗纪事初编》、《东京梦华录注》、《桑园读书记》、《骨董琐记》等皆出其名下。

在这些书中，《骨董琐记》是比较特殊的一种，自1926年首版至1996年北京出版社新版，历经悠悠70年，才得以成就最完备的《骨董琐记全编》。在此之前，仅以《骨董琐记》行世。邓之诚喜收藏，尤喜收集旧照片，所藏故都旧影约四千余帧。《骨董琐记》是他研究历史的副产品。

《骨董琐记》初版问世于1926年11月，由北京富文斋、佩文斋发行，有光纸铅字排印，单边白口，半页13行，行30字，饶富古意。书名为袁励准题，叶恭绰、杨庶堪、叶瀚撰写的序。邓之诚也写了三首诗放在书前：“过眼烟云历劫多，洞天清秘几摩挲。堂堂白日甘颓废，奈此饥虫跋扈何。”“长编底簿述渊源，体例难从众口尊。钞撮陈言文数万，杂家原异一家言。”“马郑精严自不同，说经家法异雕虫。平生颇好人讥弹，一笑难逃世网中。”又云：“琐记将刊成矣，书此以志吾过。文如居士戏题。”

《骨董续记》分八卷，每卷有小题百余，小巧富生趣，如“银价米价”、“藏书印”、“葫芦器”、“羊脑笺”、“日本刀”、“女子篆刻”、“江浙藏书家”等等。有人有物有事有史，增广见识，悦目消闲。邓之诚为编撰此书，查阅辑录之书不下200种。

《骨董琐记》出版之后第二年，邓之诚又将积稿整理成卷，名曰“续记”。《骨董续记》四卷，单边黑口，其余版式与琐记同，书名题签者为陈庆。1933年与再版之《骨董琐记》合为六册一函。琐记、续记之后，邓之诚又在1941年完成《骨董三记》六卷，脱稿付排，但因时局危艰，未能成书面世，一直拖延到1955年，才连同《骨董琐记》、《骨董续记》合编为《骨董琐记全编》，略加修改后交三联书店出版。五年后，邓之诚在北京病逝。三联书店版《骨董琐记全编》一册，平装，650余页，印5000册。此书仿古书版式，加标点断句，其新旧结合的完美形式，已成为旧书店的稀见书，再往后的印本均不及三联书店版有味道。

北京出版社的《骨董琐记全编》，除将以上三本书全部收入外，又将邓之诚先生遗著《松堪小记》收入，使之成为迄今为止最完备、最符合邓著原貌的版本。《松堪小记》曾于《文史》杂志16辑、17辑连载，由邓之诚之子邓珂整理。建国后各版的缺陷在于将前人的序连邓之诚本人的也一并删除，这不能不说是一个遗憾。

叶恭绰与邓之诚同系北洋旧人，交谊很深。他为《骨董琐记》写序时正着手编撰与《骨董琐记》同体例的《遐庵书画记》。因此他们的心意是相通的。即序中所谓“有心之士搜采残逸，考形象，述源流，存什一于千百，以供后之研索……”

1926年，邓之诚还未到燕京大学，而教授于北大史学系。他是反对新文化运动的，在北大期间并不得志。所以《骨董琐记》

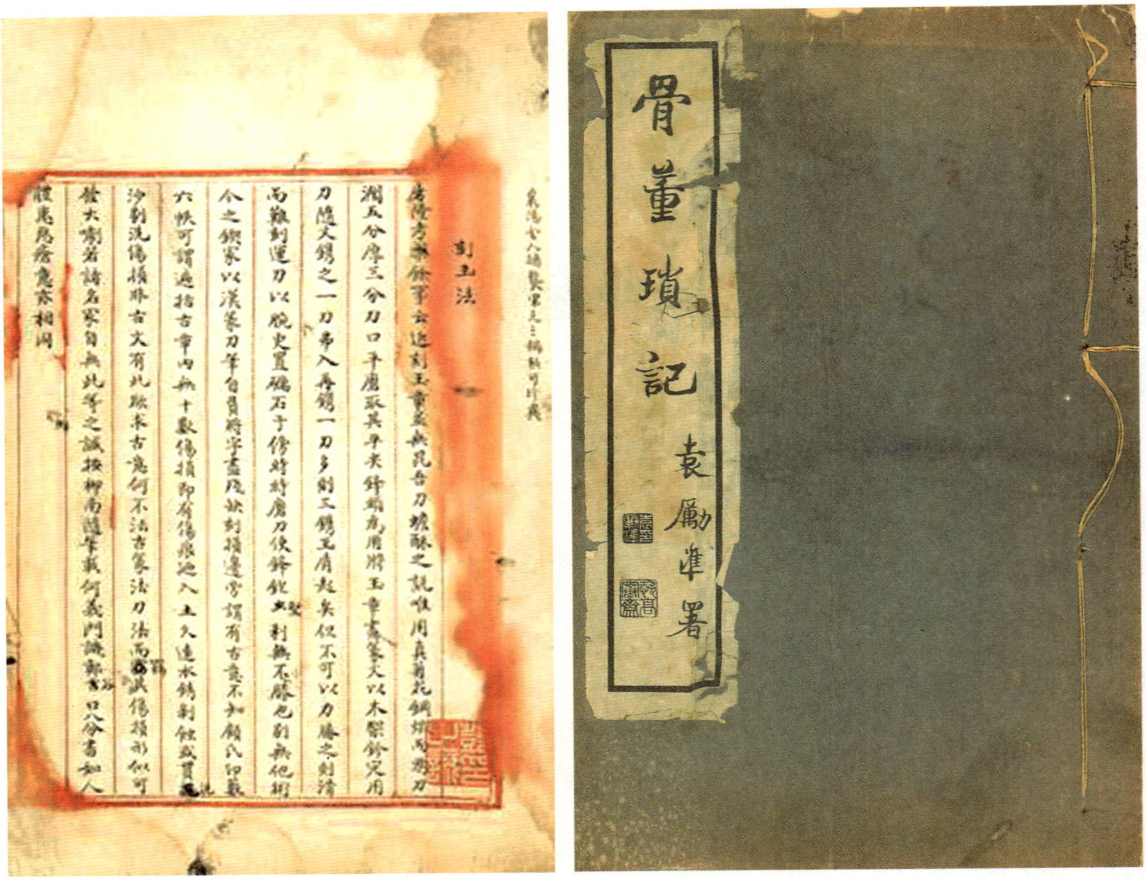

邓之诚《骨董琐记》及手稿

自序诗中有“堂堂白日甘颓废，奈此饥虫跛扈何”，“平生颇好人讥弹，一笑难逃世网中”这样意含郁闷的句子。

邓之诚一生勤于读书，《骨董琐记》实际就是他的读书札记。读琐记内容可以看出，邓之诚涉猎之广，几乎无所不窥。举凡明清两代的朝章典故、里巷杂谈乃至金石书画、衣着器物莫不述其渊源，详加考证。譬如“邸报”，“乾隆时米价”，“瓜皮帽”，“曹操冢”，“庚子所失法物图书”等。

清史学者、邓之诚的高足王钟翰曾考辨《钦定四库全书简明目录》，撰《辨纪晓岚手书四库简明目录》，获得当时学界的好评。当他拿给邓之诚指教时，邓说“文章写得太长了，何必举那么多例证，只要几条就足以致其于死命”。之所以他会这样说，是因为老辈学者治史，多守寓论断于叙事之中的古法。邓之诚告诉其学生，有两部书要反复读，一是《日知录》，一是《资治通鉴》。这两部书的特点，一是经世致用，二是治学态度严谨。譬如《日知录》，顾炎武印证史料，考辨实物，往往很长时间才落笔。而一旦写成，则泰山不移。《骨董琐记》也是这样。书中七百余条史实，虽然每条长不过数百字，短的只有一二十字，但考辨爬梳的辛苦，如邓之诚自云“计得七百余则，辑录之书不下二百余种”，其谨严可见。

在2008年12月泰和嘉诚2008年秋季艺术品拍卖会上，此排印本四册，估价2000～2500元，未成交。有趣的是，邓之诚的《骨董琐记》手稿本，存五、六、七卷，在上海国拍2004年秋季艺术品拍卖会上以3300元成交。在2005年的上海国拍秋拍中，《骨董琐记》抄稿本一册，估价6000～7000元，未成交；2006年6月，该稿本另附铅印本四册，在上海嘉泰2006春拍中估价4500～5000元，未成交；同样是该稿本，在2006年上海敬华秋拍中，估价4000～6000元，却拍出了1.54万元之价。

疑“假托宋本”的《宋淳熙敕编古玉图谱》

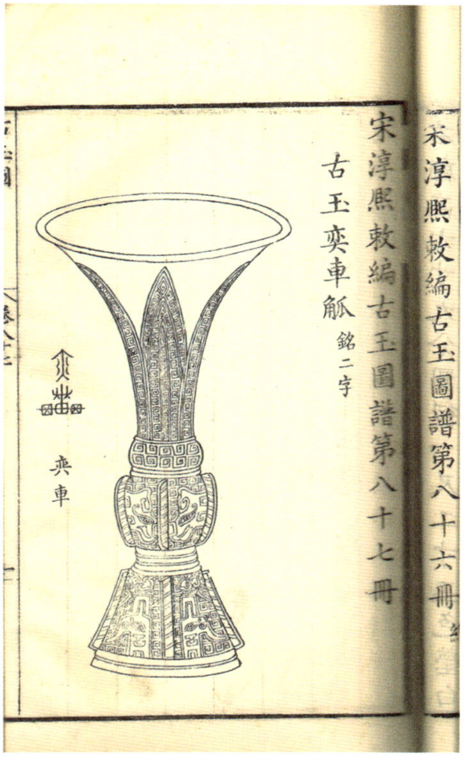

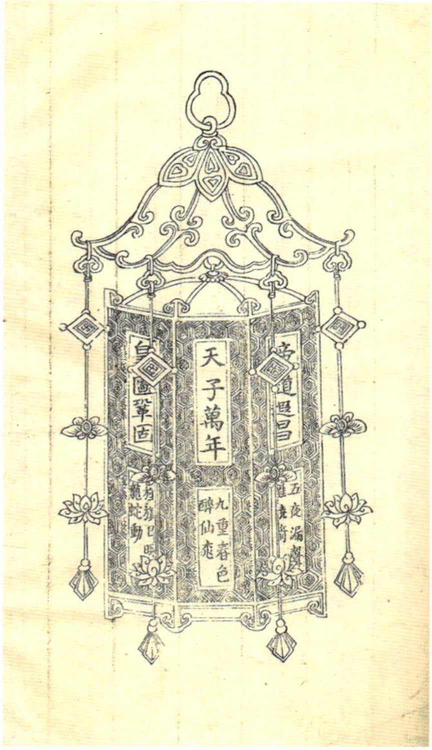

（宋）龙大渊等纂《宋淳熙敕编古玉图谱》一百卷十六册，歙县江春康山草堂清乾隆四十四年（1779）刻本，每页8行，每行17字，白口，四周单边。清人江春作序，此书《四库存目》著录，详考其书可疑之处凡十二，认为“此必后人假托宋时官本，又伪造衔名以证之”。

江春（1720—1789），字颖长，号码亭，安徽歙县人。诗人，其祖、父侨寓江苏扬州，承父业为盐商。清高宗南巡时，于康山草堂接驾，召对称旨，赐内务府奉高苑卿，加布政使衔。江都一地自马琅、马珊兄弟外，能读书好客者，当推江春。此人好古玉，工为诗。袁枚初轻其为贾人，及读其诗，颇称赏之，以为其佳篇“心胸笔力，通异寻常”（《随园诗话》）。

江春在扬州南河下街，建“随月读书楼”选刊时文，先后以康山草堂之名于乾隆二十一年补刊宋人姜夔撰《白石道人四种》十六卷，乾隆四十四年刻宋人龙大渊等纂《宋淳熙敕编古玉图》一百卷及清嘉庆九年（1804）其子江振鸿辑刻《新安二江先生集》六种十卷等，都是江春在扬州刊刻的名板。江春著有《随月读书楼诗集》、《黄海游录》。生平事迹见于阮元《歙县江鹤亭橙里二公传》、袁枚《布政使江公墓志铭》。

北京翰海2006年6月拍卖此书，与翕居所藏同为康山草堂乾隆四十四年版，估价15000～20000元，成交价为41800元。

记录岳丈藏品的《澄兰室古缘萃录》

一个很偶然的机会，得到一部清光绪三十年（1904）鸿文书局石印本《澄兰室古缘萃录》十八卷，六册。这是一部记录书画碑帖作品的目录性著述，撰者邵松年。

记录中国法书、名画作品的目录性著述这些年比较招人待见，各大拍卖公司在描述拍品时也把曾在某某著录作为作品真实性的标志。这类“画目”书籍除具备工具性以外，在藏书家眼中类似于书目类著作，成为一个单独的收藏专题。早期对书画的著录仅见于综合性的图书目录，起于《汉书·艺文志》。六朝时始有专类目录，如《齐高帝名书集》、《梁太清目》、《陈秘阁图书法书目录》，可惜这些书籍均已佚去。而初唐裴孝源《贞观公私画录》则是现存最早的专著。历宋元至明清，各类专著甚多，内容体例亦日渐完备。有的仅记著者晚近时代之作品，有的专记各代内府或一家之藏，有的兼录公私收藏之名作真迹，有的书画各为一书或书画谱帖传记共为一书者，有的只限著者寓目之作，有的采辑征引集录而成。所录内容初则仅为目录性，其后发展为述流传、记传记、分派别源流、辨真伪美恶，兼及鉴别。在古代作品大量散佚、真伪相杂的今日，这类“画目”书的存在对研究古代书画作品、书画流派、书画家艺术特点，以及鉴别作品真伪有不可或阙的重要参考价值。

（唐）张彦远撰《历代名画记》、（清）王原祁等撰《佩文斋书画谱》辟专门章节录历代书画作品，成为综录、书画史籍兼及著录者一体化书。宋代《宣和画谱》与《宣和书谱》，清代《秘殿珠林》、《石渠宝笈》，分别著录宋徽宗、清乾隆内府庋藏，前者并记作者小传，后者详录作品尺寸、款识、印记及题咏跋尾，稽核详明。宋代米芾的《书史》、《画史》，则记其目见法书、名画之藏家、印章、跋尾，鉴别真赝。明清出现的一些著录书籍则繁简不一，有的真伪未加审明。

邵松年的这部《澄兰室古缘萃录》有点意思，记录的是他的岳父杨庆麟的书画碑帖藏品。杨庆麟，字振甫。清道光三十年（1850）进士，官至广东布政使。能治印，克承家学。能画，山水师王原祁兼吴镇、沈周之法，亦善花卉，室名瓶麓斋。收藏书画甚富，专贮书画金石古玩，甲于吴下。后尽付其婿邵松年，邵松年将所受各物悉数编成《古缘萃录》一书。

邵松年（1848—1923），字伯英，号息庵，江苏常熟人。光绪九年进士，授编修。工小楷，能画，笔墨娴雅，为时人所好。生平庋藏颇富，兰雪斋藏神龙本兰亭，古鲸琴馆专藏古琴。著有《虞山画志补编》、《海虞文徵》、《琴庐谈苍》和《书画书录解题》，但最为著名的还是这套《澄兰室古缘萃录》。《贩书偶记》六之二记载：《古缘萃录》十八卷，古虞邵松年撰。光绪甲辰（1904）澄兰室石印本。

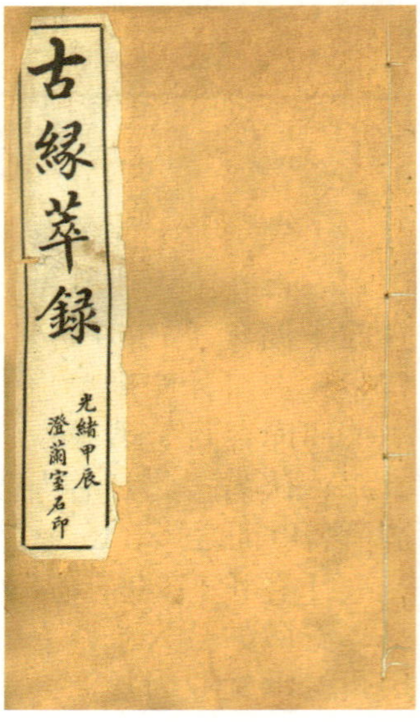

值得一说的是，《古缘萃录》乃邵松年手书上版所印。1996年上海古籍出版社曾将《澄兰室古缘萃录》影印出版。

在2007年中国嘉德四季第11期拍卖会上，此书光绪二十九年石印本白纸五册，成交价为13440元；在上海嘉泰2008年春拍中，光绪三十年鸿文书局石印本六册，成交价为6720元。

附录：主要书法、名画作品目录性著述

张照等奉敕撰的《石渠宝笈》四十四卷、《秘殿珠林》二十四卷，童翼驹撰《墨海人名录》十卷，震钧撰《国朝书人辑略》十一卷，周亮工撰《读画录》四卷，高士奇撰《江村消夏录》三卷，卞永誉撰《式古堂书画汇考》六十卷，孔广镛、孔广陶撰《岳雪楼书画录》五卷，李玉棻撰《瓯钵罗室书画过目考》四卷，张廷济撰《清仪阁题跋》四卷。

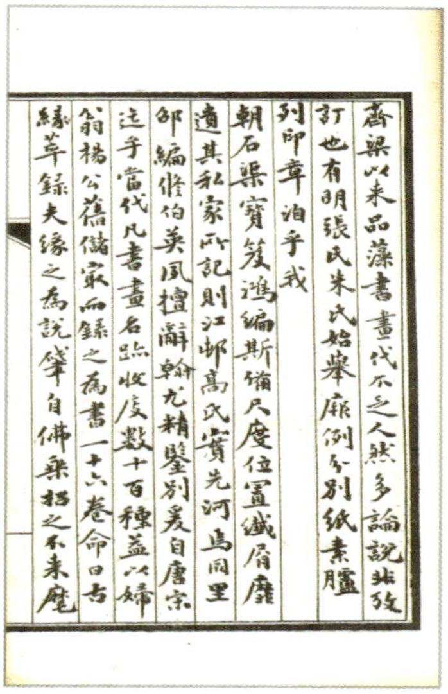
齊梁以來品藻書畫代不乏人然多論說并致
訂也有明張氏朱氏始舉廉例分別紙素臚
列印章迫乎我
朝石渠寶笈鴻編斯備尺度位置纖屑靡
遺其私家所記則江邨高氏實先河焉同里
邵編修伯英風擅辭翰尤精鑒別爰自唐宋
迄乎當代凡書畫名跡收度數十百種益以婦
翁楊公舊儲家而錄之為書一十六卷命曰古
緣萃錄夫緣之為說肇自佛乘楊之不來靡

叶恭绰著《矩园余墨》等五种

在京粤港三地陆续收得叶恭绰著作五种，有的原为红学家吴恩裕所藏，有批改校正，钤“吴恩裕印”白文藏章。

第一种是《遐庵谈艺录》，铅印本，一册。此书为康生题签，全书收文129篇，内容为遐庵自记其所知、所见、所得书画、金石文物、金石碑版、文房四宝、佛门史迹、骨董鉴藏、典籍丛谈、雪泥鸿爪等，大体反映了叶氏治学谈艺、考古论古的主要成就。

第二种是《矩园余墨·遐庵诗乙编》铅印本，一册。书签题“矩园余墨遐庵诗乙稿”，收入作者1945年至20世纪50年代末诗词稿。附编者整理的《遐翁词赘补》16首。

第三种是《矩园余墨·序跋第一辑》，影印暨铅印本，一册。影印部分为手书上版。

第四种是《矩园余墨·纪书画绝句（附印四种）》，一册，铅印本。附伦明撰《辛亥以来藏书纪事诗》、徐绍棨撰《广东藏书纪事诗》、徐绍棨撰《广州版片纪略》、黄慈博撰《广东宋元明经籍版本纪略》。

第五种是《遐庵清秘录》，二卷二册，香港太平书局1961年5月初版。叶恭绰手写影印。卷一收晋至明书法作品40件；卷二收北齐至清绘画作品79件，为叶氏的部分旧藏。书前有手迹自序，时间为1960年秋日。

叶恭绰一生收藏遍涉青铜、古画、法书、碑刻、藏书各类，20年间收集明代宣德炉即达300余器，著名的西周重器毛公鼎在他家逗留10余年。传世法书如《曹娥碑》、《鸭头丸帖》等均在其柜中多年。他居沪时还曾设法宝馆一处，陈放佛家遗物，数量之多，难以计数。其藏书、碑版一部分毁于广州沙面之火，一部分在抗战中捐入上海叶景葵先生主持的合众图书馆。佛家故物则捐入

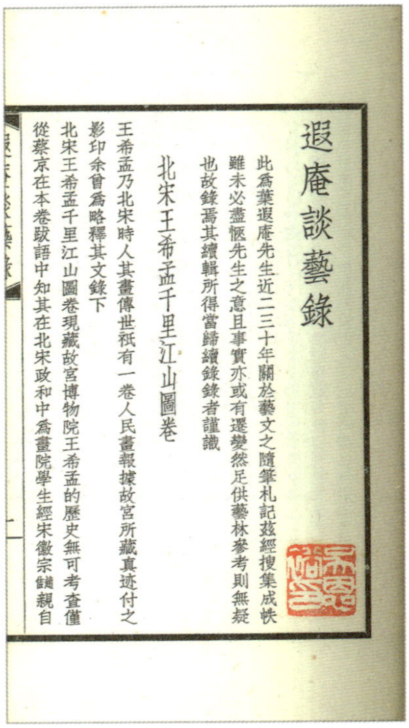

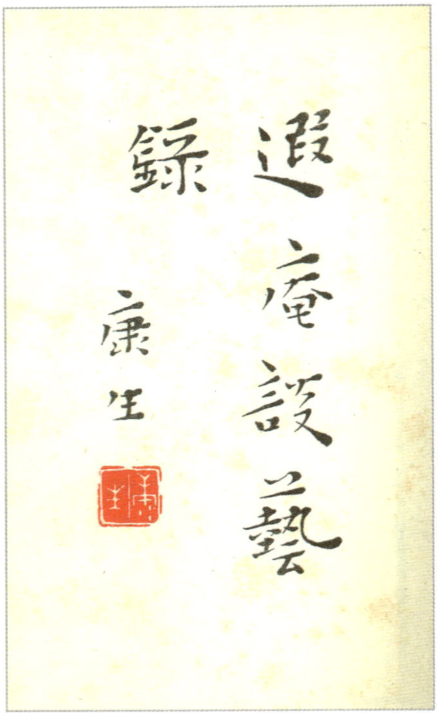

上海玉佛寺。编著有《遐庵谈艺录》、《矩园余墨》、《叶恭绰书画选集》、《叶恭绰画集》、《遐庵诗》、《遐庵词》、《历代藏经考略》、《五代十国文》、《全清词钞》等。

《矩园余墨》为其晚年所著，记掌故遗闻、书画序跋及自作画题识、纪书画绝句，大都作于抗日战争前后，收藏宏富，经眼亦广，考识精详，举世共推。叶氏所藏，虽未留下完整的目录，然其《矩园余墨》，多谈其藏品，关于书画类的收藏说明尤详，也可作其收藏著录来看待。

关于以上前四种书的出版时间，国家图书馆著录第一、二种为20世纪50年代出版，第三、四种为60年代出版，但没有确切的年份。姜德明有“也谈《遐庵谈艺录》”一文，涉及以上几书的出版情况，不妨照录以供参考：

“《文汇读书周报》载施蛰存建议重印叶恭绰著《遐庵谈艺录》一文，鄙人极表赞同。施先生说该书无出版年月及出版地点、部门，经查书中确无标志。据鄙人当年阅读香港报纸的记忆，此书似为六十年代初作者在香港自费印行，宣纸线装，精美异常。又一说为1961年由香港太平书局印成。‘文革’后期，鄙人于京城琉璃厂中国书店得《遐庵谈艺录》一册，同时又得作者的《矩园序跋第一辑》、《矩园余墨序跋第二辑》两册，亦宣纸线装，盖为同时所印也。从叶先生的两辑序跋集中，可见他收藏古物书画之丰，并热爱我民族文化之挚诚。至于书中涉及对古物书画之见解、考证、轶闻、掌故，堪称谈艺说文中之佳制，可读性较强，理应同时再版公诸于世。据闻叶先生又有《遐庵清秘录》一种，亦为六十年

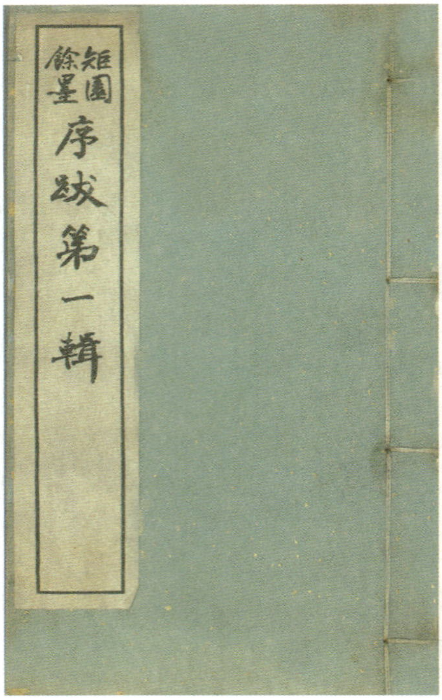

代初香港印，或与前三书同时付印，惜鄙人未见原书，不敢贸然道其究竟。叶先生在抗战胜利后曾印行《遐庵汇稿》两巨册，又有诗稿、词稿二集，毛边纸线装本，当然也是自费印行者，似与本题无关，今从略。”（载《梦书怀人录》，汉语大词典出版社1996年版）

董桥在“给自己的笔进补”一文中也讲到了《遐庵谈艺录》：“这几年来，我一直想读叶恭绰先生的《遐庵谈艺录》，寻遍坊间不可得，大为沮丧。”当他看到辽宁教育出版社出版的《新世纪万有文库》里有《矩园余墨》，“不禁急急翻读，虽然耽误了整个晚上的工作，还是值得：遐庵先生实在太渊博了”。

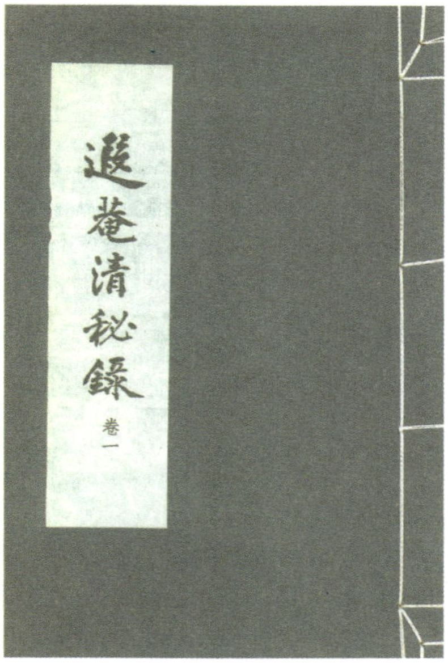

佐研汉代书法史的《汉石经残字》

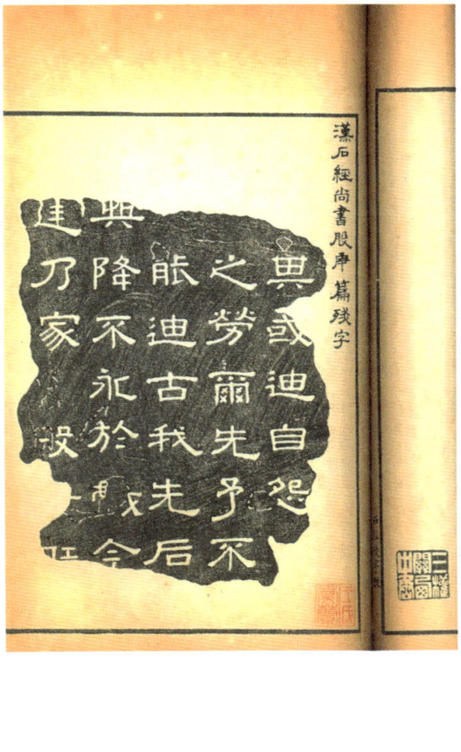

翕居存有民国石印和清后期木刻本《汉石经残字》各一种。有原藏者大段题跋：“考汉石经残字，黄小松小蓬莱阁所刻，时已转摹数次。今雪峰陈氏，又从黄氏本，用双勾摹出，刊刻此本，展转勾摹至七、八次之多。其原字之笔意神气，失之尽矣，尚有何珍赏之处。以余目见之双勾本，即有五、六种之多，其未见者，尚不知有几种，有何可取之处？非余言方寔不能看他人面皮，随其喜笑也，恐后之识者见此摹本，言其事非也。好古之士，广览博识，何在乎此石经残字当珍品。上古文字，堪珍者尚多，何必定要刻此伪讹失真之残字也。民国三十六年丁亥八月二十三日买得，八千元一册，陈之虎记，时在北平西城。”

“石经”即刻在石头上的经书。根据内容可分为儒经、佛经、道经三种；按形式分有经碑、经幢、经板、摩崖等几种。从时间上看，儒经刻石最早；从数量上看，佛经刻石最多。从文献的流传和完整性上，也是儒释二家经典刻石的价值最为突出。

儒家发源于先秦，到汉初董仲舒“罢黜百家，独尊儒术”，儒家学说遂成为两千多年来的正统观念和主流思想，儒家著作被奉为万世不易的经典。东汉经学兴盛，立五经博士十四家，各家所传经文皆辗转传抄，文字各不相同，导致论争纷起，甚至出现了通过行贿私改兰台漆书文字以合自家经文的事情。因此蔡邕等奏求正订六经文字，李巡等提议在太学门外立碑刻石，以为经籍之定本。“碑始立，其观视及笔写者车乘日千余辆，填塞街陌”，自是“后儒晚学咸取正焉”。“石经”确实达到了为人们提供标准的目的，既达到了正订经文的目的，又很好地保存了各家资料，是中国历史上第一部有版本意义的石头图书。这就是中国最早的儒家刻经——熹平石经。

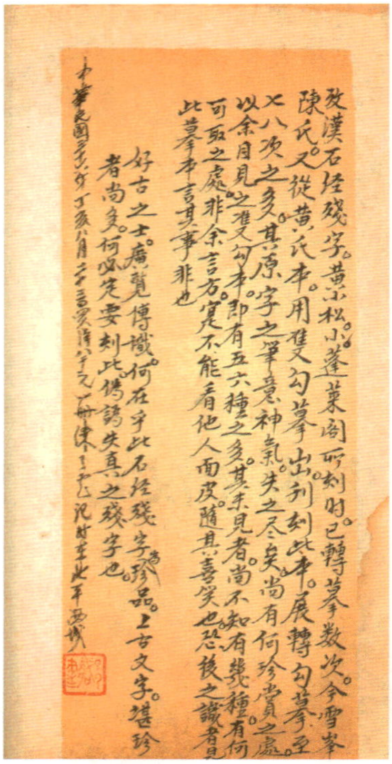

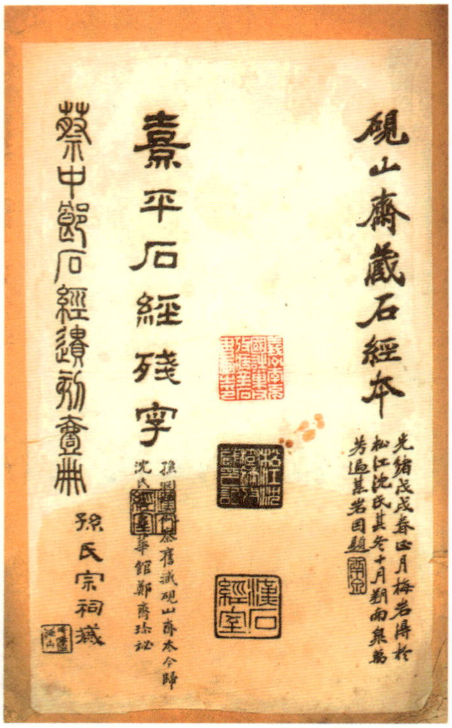

熹平石经又称“汉石经”，字体是当时通行的隶书，端庄典雅，落落大方，气势不凡，可见汉隶的典型风范。那精美的字体、严谨的结构是研究汉代书法史的重要资料，在中国文字史上占有重要地位。熹平石经始刻于汉灵帝熹平四年（175），功成于汉灵帝光和六年（183），历时9年。以汉代通行之隶书写刻《周易》、《尚书》、《诗》、《仪礼》、《春秋》、《公羊传》和《论语》七部经，因此又称“一体石经”。熹平石经竣工后，立于当时都城洛阳城南太学门外，即北魏洛阳劝学里，今洛阳城东南三十里洛水南岸的碑楼庄、朱家圪垱和大桥村之间。

汉献帝初平元年（190），董卓迁都长安，烧毁洛阳宫庙，倾巢之下，太学讲堂岂能卵全。魏文帝黄初元年（220）复立太学于洛阳，“乃复始扫除太学灰炭，补旧石碑之缺坏，备博士之员录”。可见当时熹平石经尚在，但已有缺损。为适应古文经盛行的形势，齐王正始二年（241）又刻立古文经《尚书》、《春秋》及曹丕《典论》于太学讲堂西侧，以补熹平石经仅刻今文之缺，但仅书刻古文又恐时人难识，即列小篆和隶书二体于古文之下，因此正始石经又称“三体石经”。至此，汉魏石经并立洛阳太学，而此后它们亦一样的命运多舛。

北魏之初，冯熙、常伯夫先后为洛州刺史，二人皆笃信佛教，废毁石经，用作寺庙，石经至此残毁不少。神龟元年（518）崔光曾经建议修补汉魏石经而未果，此时当尚存多半。至东魏武定四年（546），高澄通过水路搬迁石经至邺城，运至河阳，遇岸崩，没于水者近半。北周大象元年（579）由邺城迁回洛阳，隋开皇六年（586）又自洛阳运入长安，不久被隋营造司改为柱础。至唐贞观初，魏征收集汉石经时已“十不存一”了。经历如此辗转迁徙，石经踪迹不可穷究。宋代时，汉石经各经皆有残石出土，魏石经则未闻发现，洪适搜集石经拓本，《隶释》存汉石经2167字，《隶续》存洛阳苏望摹刻魏石经，计古文370字、篆书217字、隶书295字。直至1895年，魏石经残石在洛阳故城龙虎滩才有第一次出土。今天可见的汉魏石经残石，最大的一块不过数百字，小的只有几个字。近现代学者对汉魏石经作了大量的收集、复原和考证工作，复原了当时各碑的次序，推定各种残石在原碑的大致位置。但是关于汉魏石经的辗转流徙，仍然有一些问题无法解决：如北齐天保元年（550）“八月……往者文襄皇帝（高澄）所运蔡邕石经五十二枚，即宜移置学馆，依次修立”。此处仅云蔡邕石经，不云魏石经，而《洛阳记》载汉石经四十六碑，北魏郦道元《水经注》云，汉石经立于讲堂东侧，魏石经立于讲堂西侧。而高澄迁徙石经时魏石经当与汉石经并立于太学，是否高澄把汉魏石经全数运至邺城，才能即使小半失落于水，仍存五十二枚之多？一说《北齐书》记载有误，但是自20世纪80年代以来，汉魏洛阳故城南郊的太学遗址内陆续发现汉魏石经残石多起，且各经皆有，令人怀疑石经是否曾经遭遇水厄，或者当时仅仅把完整石经运至长安，而把大量残石丢弃原地。而且《隋书·经籍志》仅言高澄运石经，不言是一体、三体。这些问题，只能俟后发掘有新得时解决，也许会成为不解的悬案。

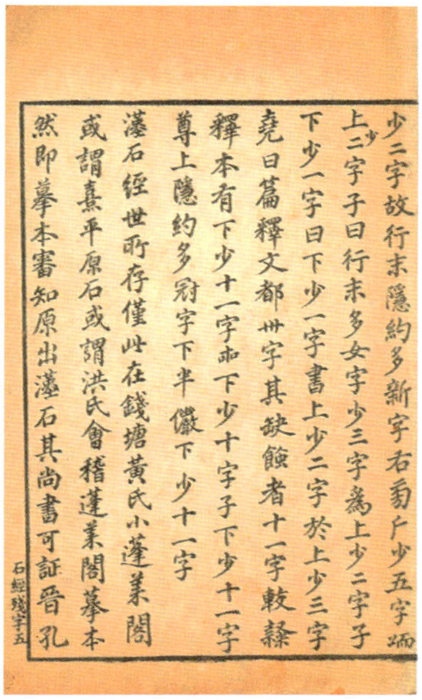
少二字故行末隱約多新字右旁尸少五字[illegible]
上二少字子曰行末多女字少三字為上少二字子
下少一字曰下少一字書上少二字於上少三字
堯曰篇釋文都卌字其缺餘者十一字較錄
釋本有下少十一字而下少十字子下少十一字
尊上隱約多冠字下半儼下少十一字
漢石經世所存僅此在錢塘黃氏小蓬萊閣
或謂熹平原石或謂洪氏會稽蓬萊閣摹本
然即摹本審知原出漢石其尚書可証晉孔
石經殘字五

在1998年8月北京翰海春拍中，民国初拓本汉熹平石经残字拓片，罗振玉题签并藏石，民国初拓本，成交价为1.32万元；2007年7月，孔网拍卖《汉石经残字考》清光绪刊本一册，成交价为800元。

“己卯水灾劫余仅存”的《汉武氏石阙铭》

翕居藏精裱有题跋《汉武氏石阙铭》拓片一轴，老裱旧拓，字像清晰，十分难得。题“先君帖山公所藏，己卯水灾劫余仅存，子孙万世宝之勿败坏”。

山东省嘉祥武翟山北麓的武梁祠（武氏祠），是武氏家族墓地前的石筑祠堂，自东汉桓帝建和元年起历经数十年间陆续建造。祠堂的四壁和顶上刻满了精美的画像，内容涉及历史人物、神仙故事、墓主人生前生活等多方面题材，旁边还有隶书题记。其中神仙故事是较为精彩的部分，刻画有当时人们所想象的仙人、奇珍异兽等艺术形象，如东王公、西王母、白虎、麒麟等，反映汉代人们对于驱鬼避邪以祈求平安的向往。画像主要采用凿纹减地平面线刻技法，亦有人称之为阳刻浮雕，即在画像外留有平行凿纹，使画面立体感强，并且轮廓线和细部线条流畅纤细，刻画得灵活娴熟。

在汉代石刻中，武梁祠石画像风格浑朴凝重，精丽传神，富于想象，是汉代石刻艺术的精华，也是研究汉以前社会历史的重要资料，国内外素来享有盛名。宋代洪适的著作《隶释》中就有描述，欧阳修的《集古录》、赵明诚的《金石录》等书中均有记载。后因水患淤漫，祠倾圮湮没于地下，而鲜为人知。

武梁祠的重新发现和保护，是清代研究古代铭刻的有名学者黄易（字大易，号小松，又号秋庵）的功劳。他毕生致力于碑刻考证之学，在游宦之暇，于穷乡僻壤之间，搜求古碑刻石。黄易早在他发现武梁祠之前的清乾隆四十年（1775），曾在扬州见到武梁祠画像石的“唐拓”，并加跋云：“右唐拓武梁祠堂画像凡十四，是左一石上半之二列。曾子一段，下段墨污，仅露笔画。今拓转胜于前，惟画像面目剥损耳。石自宋人拓后，久埋土中，历元、明至今始出土椎取，今拓即宋拓也。此本画像比今拓较完，是宋以前所拓无疑。边阑硬黄笺释文，书体古雅，乃宋元之迹。旧藏武进唐氏。册中只数印，无题识，册首有‘汉镌古帝王像’六楷字，不知谁书，疑明人笔。”

全拓书影

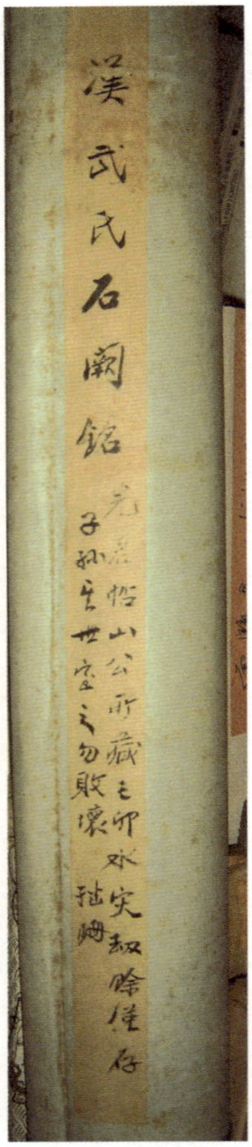

画轴题记

乾隆五十一年，黄易官至济宁运河同和时查阅县志，访得汉碑，考定“堂乃武梁，碑为武斑”。同年九月他亲赴其地出资发掘，在淤土填塞的石室内“次第剔出武梁祠堂画像三石，久碎而为五，八分书四百余字，‘孔子见老子’画像一石，八分书八字……掘深八九尺始见根脚，各露八分书‘武氏祠’三大字，三面俱人物画像，上层刻鸟兽，南阙有建和元年武氏石阙铭，八分书九十三字”。黄易认为祠有4座，即“武梁祠”和“前石室”、“后石室”、“左石室”。他的发现计有东汉建和元年武氏双阙（147年3月4日，武始公兄弟4人为其父所立）、建和元年武斑碑（147年立）、东汉永康元年武荣碑（169年立）及画像石45块，石柱及柱头各3个，还有一尊石狮。宋代学者记述的武梁碑和武开明碑，则已佚失不见。

当时这批石刻的重新问世，以其鲜有的“画像古朴，八分精妙”而震动学界，文人学者接踵而至，争相拓墨，广为著录、评述。黄易深感这批珍贵石刻的重要，他认为“今诸石纵横原野，牧子樵夫岂知爱护。不急收护，将不可问古物。因易而出，置之不顾，实负古人，是易之责也”。他除把《孔子见

1939年天津水灾街景

老子》一石运到济宁明伦堂与《武荣碑》一起保存外，还奔走筹资购地，“就其地创立祠堂，垒石为墙，第取坚固，不求华饰……隙地树以嘉木，责土人世守”。并题门额曰“武氏祠堂”。他又想到“地有古碑，官拓宜扰，宜定价资其利而杜其累”。可见黄易对保护古代碑刻画像的良苦用心。其后，亦有人不断对武梁祠加以保护，使这一组精美、珍贵的石刻艺术品得以流传至今。

此拓跋语所及“帖山公”无查。“己卯水灾劫余”可能为1939年天津最悲惨的大水灾。是年8月中旬，华北连降大雨多日，海河暴发洪水，淹没土地5000多万亩，800多万人受灾，冲毁铁路160公里。洪水包围了天津，全市被淹一个半月之久。水灾过后，霍乱、伤寒、痢疾等病一时流行。

在中国嘉德2005年春拍中，此阙铭旧拓本成交价为4400元。

“石台精舍”藏《积古斋钟鼎彝器款识》

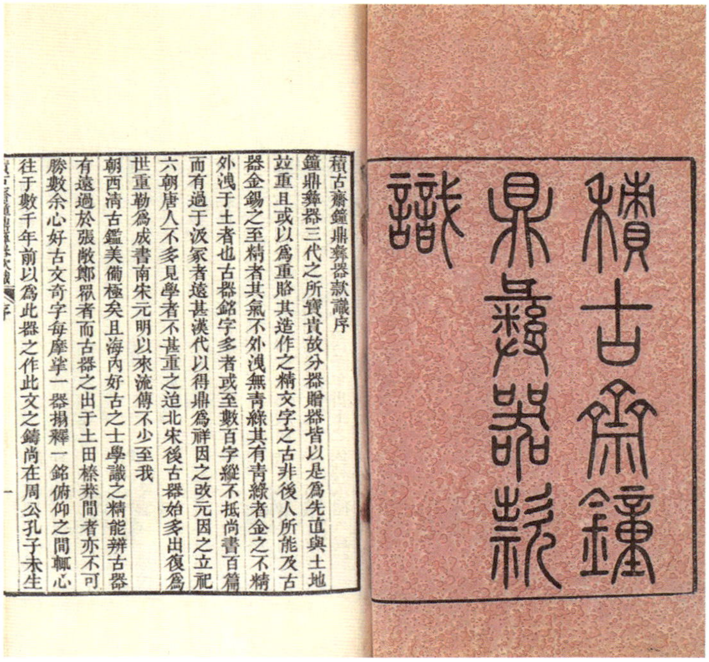
積古齋鐘鼎彝器款識

積古齋鐘鼎彝器款識序
鐘鼎彝器三代之所寶貴故分器賜器皆以是為先直與土地竝重且或以為重賂其造作之精文字之古非後人所能及古器金錫之至精者其氣不外洩無青綠其有青綠者金之不精外洩于土者也古器銘字多者或至數百字縱不抵尚書百篇而有過于汲冢者遠甚漢代以得鼎為祥因之改元因之立祀六朝唐人不多見學者不甚重之迨北宋後古器始多出復為世重勒為成書南宋元明以來流傳不少至我
朝西清古鑑美備極矣且海內好古之士學識之精能辨古器有遠過於張敞鄭衆者而古器之出于土田榛莽間者亦不可勝數余心好古文奇字每摩挲一器搨釋一銘俯仰之間輒心往于數千年前以為此器之作此文之鑄尚在周公孔子未生

（清）阮元编录《积古斋钟鼎彝器款识》十卷，西京吴氏家藏，钤“石台精舍”等多枚藏印。

《积古斋钟鼎彝器款识》为清代金石学著作，书成于嘉庆初年。在清代著录、考释传世铜器铭文的诸书中，是成书较早、内容较好的一部。书前有阮元自序和朱为弼后叙。朱氏曾充阮氏幕友，此书之编定审释实出朱手，经阮改订而成。

此书共十卷，所收铜器铭文，计有商器173件、周器273件、秦器5件、汉晋器99件，共550件（阮元自序谓560件）。铭文均据拓本或摹本刊刻，每段铭文附以释文，并结合经史进行考证。书前附《商周铜器说》两篇：上篇论古铜器铭文的历史价值，认为“其重与九经同之”；下篇论“三代时鼎钟为最重之器”，又列举两周时期有关铜器的记载和汉唐时期出土铜器的情况。后附《商周兵器说》一篇，论述商周兵器的发展趋势，等等。此书结合经史研究铜器铭文，但作者由于受当时金文研究水平的限制，对铭文的摹写并不十分正确，考释也有不少讹谬，铜器的断代和分类往往漫无标准，真伪之辨不够审慎。又或误分一器为二，误合二铭为一，等等。

传世的版本，以嘉庆九年（1804）阮氏自刻本为最佳。朱氏家藏原稿，旧题《吉金古文释》，清光绪三十二年（1906）石印时改题《积古斋钟鼎彝器款识稿本》（四卷）。另外，阮氏所刻《皇清经解》，曾将此书中关涉经、传部分辑为二卷收入。方浚益《缀遗斋彝器款识考释》，曾举正此书摹写不准的铭文若干条；孙诒让《古籀拾遗》，校正此书考释30条，均可供参考，但并不完全正确。

阮元（1764—1849），清乾隆进士，嘉庆、道光时曾任户、兵、工部侍郎、云贵总督、体仁阁大学士。他的收藏编入《积古斋藏器目》和《积古斋钟鼎彝器款识》两书，前者收录钟、鼎、卣、敦、彝等青铜器共74件。阮元收藏之富，民间罕有可比，其中齐侯（罍）大小两具，后归吴县吴云，吴云因此称其居“二轩（罍）”，历来被视为珍品。阮元告老隐退扬州后，专事整理和研究古书古物，其《商周铜器论》和《商周兵器说》两文，为后世研究彝器者视同工具书。

朱为弼（1770—1840），字右甫，号椒堂，又号颐斋，浙江嘉兴平湖人。幼丧父母，以孝敬祖母而名闻乡里。通经学，喜金石，尤嗜钟鼎文。嘉庆二年，阮元在杭州创办诂经精舍，朱为弼应聘辑修《经籍纂诂》，并为阮元所撰《积古斋钟鼎彝器款识》稿，审释、作序、编定。嘉庆十年中进士，授兵部主事，历员外郎。道光元年（1821），授河南道监察御史，旋转掌京畿道，适值畿辅遭受水灾，疏请救灾。旋升礼科给事中，奏请疏浚浏河、吴淞江、太湖一带水道，以解决江苏海口壅塞和浙境上游淤害。道光四年，授顺天府府丞、府尹，正遇蝗害，单骑视察灾情，遇铺张款待，辞谢不赴，对下属说：“我为除蝗害而来，怎好让我作蝗虫呢？”林则徐对其清操自守、刚正不阿的品格评价很高。道光十三年，累擢至兵部右侍郎，授总督仓场侍郎。翌年，升漕运总督，督理漕务。奏漕运章程10条，皆切中时弊。后以年老多病奏请免官回乡。殁后家无余资，乡人怀其勤慎清廉，入祀乡贤祠。著有《椒声馆诗文集》、《续纂积古斋彝器款识》、《吉金文释》、《鉏经堂集》和《古印证》等。

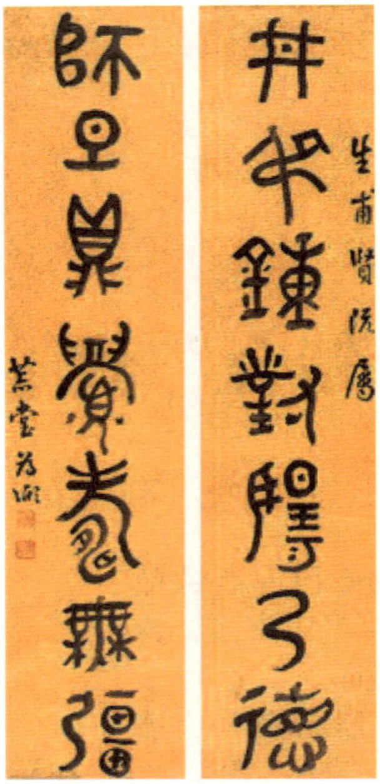
朱为弼书法

在上海国拍2006年春拍中，此书光绪五年刻六册白纸本，成交价为5500元。

金陵杨季华藏“衮雪”拓片

“衮雪”拓片一张。藏者杨季华写有一段题跋：“‘衮雪’二字，在陕西褒城，魏王书，按此‘衮雪’二字，浑劲简古，曹孟德曾封魏王，相传即其所书。大有浓酒临江横槊赋诗气。而‘衮’字末一捺，尤似横槊之形。公元一九五六年三月十二日杨季华于金陵。”

石门十三品中，有汉刻8种，曹魏和北魏石刻各1种，宋刻3种。记述或赞颂褒斜道修治通塞历史的汉魏摩崖有5种。《鄐君开通褒斜道摩崖》，镌刻于公元66年，是我国早期的摩崖石刻，其书体为篆书向隶书过渡的典型代表。《故司隶校尉犍为杨君颂》（又称《石门颂》）号称我国汉代摩崖“三颂”之首（另外两颂为《西狭颂》、《郙阁颂》），其汉隶被誉为“汉人极作”。《右扶风丞李君通阁道摩崖》、《杨淮、杨弼表

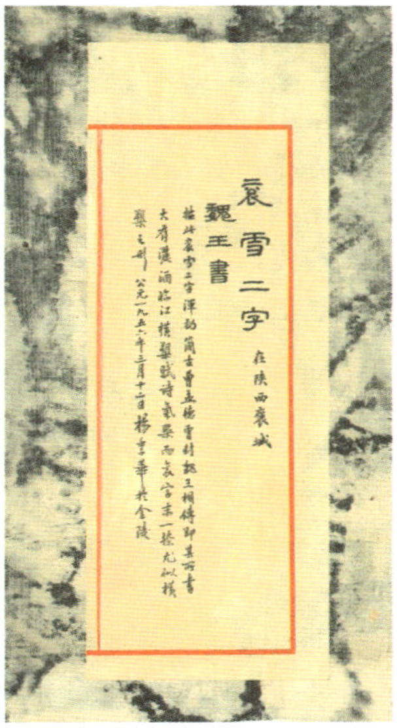

记摩崖》都是汉代摩崖的精品。曹魏《李苞通阁道摩崖》属少见的三国遗存，是研究三国蜀魏之战的实物资料。北魏《石门铭》在魏碑中地位极高，被誉为“不食人间烟火”之仙品。《石门》、《玉盆》、《石虎》、《衮雪》四种汉隶大字摩崖，都是状物抒怀之作。署名“魏王”的《衮雪》，则被认为出自曹操之笔。《鄐君开通褒斜道摩崖释文》、《释潘宗伯、韩仲元、李苞通阁道题名》追述汉魏往事，是宋代仿写汉隶的好作品。《山河堰落成记》，形巨体丰，是南宋绍熙年间官民整修山河堰竣工后的记事碑。

“衮雪”摩崖，原刻在石门南约半里褒河水中一巨石上。此处石多，水浪冲激，状如“衮雪”。高70厘米，宽150厘米，右行横刻隶书“衮雪”两大字，字径45厘米，右侧有竖刻隶书“魏王”两小字，传为三国曹操过此触景而书。曹操一生，曾两次来过汉中，一为建安二十年（215），征张鲁而来；一为建安二十四年，与刘备争夺汉中而来。

清代罗秀书在《褒谷古迹辑略》中对“衮雪”二字评论说：“昔人比魏武（曹操）为狮子，言其性之好动也。今见其书如此，如见其人矣！”后人又有诗赞之曰：“滚滚飞涛雪作窝，势如天上泻银河。浪花并作笔花舞，魏武精神万顷波。”

在汉中褒谷石门，对曹操写的“衮雪”二字中的“衮”字，流传着这样的传说。在建安二十年七月，曹操于阳平关（今陕西勉县）打败张鲁兄弟之后，曾在汉中停留五个多月，为洗尘赏景，游览了褒谷的大好风光。这一天，风和日丽，天高气爽，野花飘香。曹操带领文官武将，侍从三十多名，经花村（现河东店），沿峡谷，乘舟溯河而上，直奔石门。在这里，尽情观赏了如锦似画的山水。上游，滔滔褒水一泻而下，巨浪如一头凶恶的雄狮，向河中阻挡它前进的巨石撞来，顿时银花四溅，水星翻飞，雨雾空濛，云蒸霞蔚，气象万千，那溅入空中的水珠，又如雪花轻摇曼舞的飘然而落。魏王完全被这种大自然的神奇造化所吸引，不由得心旷神怡，豪情满怀，心想，难怪当年的张良、郑子真都在这里隐居，真乃天堂也。曹操触景生情，顿时诗兴大发。停立船头，激奋昂扬，气势磅礴，索来文房四宝，奋笔疾书“衮雪”二字。魏王题诗，文武争看。大家虽然早已看出了“衮”字少了三点水，各自内心思虑，面面相觑，默默无语。这时一侍从挤到前边，不知高低的问道：“丞相大人，字写的苍劲有力，别具一格，但‘衮’字缺三点水是不是？”曹操用手一指滚滚激流：“这不是水吗？”在场的文官武将，这才如梦初醒，恍然大悟，不由得哈哈大笑。从这起，后人就把这一故事编成顺口溜：“狂涛巨浪流石边，‘衮’字旁边不用点。”这“衮”字的写法从此一代传一代，直至今天。

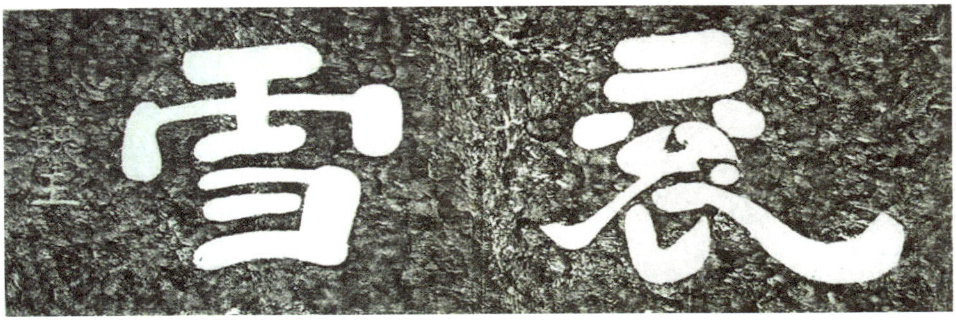

金陵杨季华藏『衮雪』拓片

“纪念木刻导师鲁迅”的《抗战八年木刻选集》

中华全国木刻学会编选《抗战八年木刻选集》一册，翕居藏有平装、精装各一种，精装为民国35年12月开明书店出版，平装为1949年再版。此书为“纪念木刻导师鲁迅先生逝世十周年”，收录木刻画100幅。

吴泰昌在1980年第4期《读书》杂志发表《漫话“抗战八年木刻选集”》，文中讲到有关《抗战八年木刻选集》出书的零星插曲。

1946年8月，中华全国木刻协会，为了检阅抗战以来的木刻创作成果，在上海举办了大型的木刻展览。这本书就是从数千件展品中精选出来的，包括75位活跃的木刻家的100幅作品。这一幅幅木刻真实地记录了中国人民所经历的英勇与苦难的岁月，内容丰富厚实，艺术技巧也好，是我国现代木刻发展史上一次丰硕的收获。中国木刻的新兴，是在鲁迅的直接关怀下发展起来的。这个展览在鲁迅逝世十周年前夕举办，这本书在1946年10月19日之前出版，正是表达了人们对鲁迅先生的深切怀念。书的扉页上同时用中英文写道：“谨以此书纪念木刻导师鲁迅逝世十周年。”10月19日，上海进步文艺界集会于辣斐大戏院，隆重纪念鲁迅先生逝世十周年。会前，在戏院门口，有一群男女青年，在高声叫卖开明书店刚刚出版的《抗战八年木刻选集》。他们之中有叶圣陶的两个儿子：叶至善、叶至诚，还有书店里的几个小伙计。

《抗战八年木刻选集》分精装、平装两种，均系大开本。卷首有叶圣陶的序，次为《中国新兴木刻的发生与成长》、《编后》，末附75位作者的“简叙”。叶圣陶所写的不到2000字的序，是一篇略论中国木刻发展的精彩文字，说得朴实、中肯。比如，谈到木刻的继承、借鉴与创新关系时，他说：“近似于传统而不承袭传统，受着外来的影响而不为影响所拘束，土生土长，趋于创造。”

开明书店是我国曾经有广泛影响的一个出版机构，它一贯办事认真的作风给读者留下良好印象。为了出版这部书，他们大胆设想，勇于尝试。他们过去印画册，就试验用白色道林纸，先印上一层浅底色，再在底色上印，这次印《抗战八年木该选集》，则用淡米黄色的道林纸，在这种底子上印黑色或套色的画，效果更好。为保持画面的完整和谐，没有在每页画上标明画题和作者姓名。但又要方便读者阅看，所以除书中所印目录外还加印了一张活页目录，夹在书里，供随时对照。为了扩大《抗战八年木该选集》的影响，准备流传到国外，书中序等都译为英文。值得一提的是，这位不留姓名的译者就是著名的语文学家吕叔湘。

编者想法再好，如果得不到印刷厂的支持，也无济于事。20世纪40年代，中国的印刷技术是落后的。这本书的制版者、承印者、装订者当时做了积极努力，克服了技术上不少困难。据有的当事人回忆说，他们能做到制锌版当天取货。《选集》中少量的套色画，是用小机器印，然后再一张一张地贴上去的。封面题签是集的鲁迅先生的字，但能做到凹印，这在当时就很不容易了。

正因为编者、制版者、承印者、装订者齐心协力，使《选集》出书很快，成为出版史上一件美谈。动议出版这部《选集》是在这一年春季。“开明”过去只印过丰子恺的画册，很少印这类书。编辑部同仁听说中华全国木刻协会将要举办展览，已经收集了大批作品，就与该会负责人李桦、陈烟桥等联系，请他们立即着手编选，书店同时张罗出版诸项杂事。叶圣陶的序当月写定，译文也同时完毕。确切地说，从编选到出书，仅一个多月。初版到再版，也只相距三个月。

2008年3月，在中国嘉德四季第13期拍卖会上，此书1946年开明书店版，成交价为2240元。

“先生见过玻璃板印之李毅士教授之《长恨歌画意》没有？”

李毅士绘油画《长恨歌画意》一册，上海中华书局1932年珂罗版印行。钤“李宝清”藏印，并有其长篇题跋：“此李祖鸿师旧作。余肆（肄）业北平美专时，只见过一、二页照片，心窃喜之。甲子在画报上又见数页。辛未除夕遇友人王桢君于途，讲中华书局新到一册《长恨哥画卷》，劝余往购。隔数日，往局中阅，始知乃祖鸿师所作者。大喜过望，乃购之归，并借雨农兄阅数日，咸赞叹不置。因为记以自勗。”

《长恨歌画意》根据唐代诗人白居易《长恨歌》诗配画而成，共30帧。第3帧为杨贵妃出浴图，第10帧描绘的是唐玄宗和杨贵妃在马嵬坡生离死别的一幕。此作画面或纵或横，布局严谨，场景气势恢宏。以黑白水粉的西画写实手法表现中国古典题材，在20世纪20年代的连环画界甚至整个画坛均称独特、新颖之作。原作30幅，由家属捐献中国美术馆收藏。李士毅深受西方绘画艺术的影响，是倡导中外绘画表现技法融合的先行者，《长恨歌画意》便由其率先将追求光影色调的西洋画技法用于连环画，于1929年参加民国第一次全国美展，也是李毅士唯一见于史册的代表之作。

李毅士（1886—1942），名祖鸿。江苏武进人。生于书香世家，其父李宝璋是清末画家，其叔父李宝嘉是清末文学名著《官场现形记》的作者。18岁赴英国勤工俭学，1912年和1916年先后毕业于英国格拉斯哥大学物理系，兼攻西画。是中国留学英国学习美术的最早一人。1916年学成归国，曾任上海美专教务长、教授，并致力写实派油画创作，为上海早期写实派油画较具影响的画家。同时与吴法鼎、王悦之等组织绘画团体“阿波罗学会”。1929年和1936年两次出任当时全国美展审查委员。还先后担任北京大学画法研究会导师，北京艺术专科学校教授，南京中央大学艺术科主任兼教授。抗日战争时期，赴重庆任中央大学建筑系教授，但因不满当局，辞去教职，鬻书为生。代表作有单色水彩画《长恨歌画意》、《粥少僧多》、《宫怨》、《岳母刺字》、《岳飞与牛皋》和《科学与艺术》等。

鲁迅在其日记中两次提到《长恨歌画意》。1933年1月4日的日记云：“雨。上午同广平携海婴往篠崎医院诊，付诊费二元，药泉一元二角。夜三弟来并为代买《长恨歌画意》一本，三元二角。得蔡孑民先生信。”可见，此书是鲁迅八折所购。1934年3月24日致姚克信中指出：“先生见过玻璃板印之李毅士教授之《长恨歌画意》没有？今似已三版，然其中之人物屋宇器屋，实乃广东饭馆与‘梅郎’之流耳，何怪西洋人画数千年前之中国人，就已有了辫子，而且身穿马蹄袖袍子乎。介绍古代人物画之事，可见也不可缓。”

在这后一篇日记里，鲁迅明显指明了《长恨歌画意》中的不妥，这缘于鲁迅对杨贵妃的研究。大约在写完历史小说《不周山》之后不久，鲁迅便酝酿写《杨贵妃》了，时间是1923年至1924年夏。关于唐玄宗与杨贵妃的爱情故事，在历代诗词歌曲中有诸多反映，其中白居易的《长恨歌》，是公认的脍炙人口的名篇。这首长诗，叙述了唐玄宗、杨贵妃在安史之乱中的爱情悲剧，他们的爱情被自己酿成的叛乱断送了。诗人着意渲染了马嵬坡杨贵妃之死，给唐玄宗带来的矛盾与痛苦的内心情感。唐玄宗奔蜀，是在死别之后。他在还都途中，旧地重经，又勾起了伤心的回忆。回宫后，白天睹物伤情，夜晚辗转难眠，于是寄托于梦：“七月七日长生殿，夜半无人私语时。”

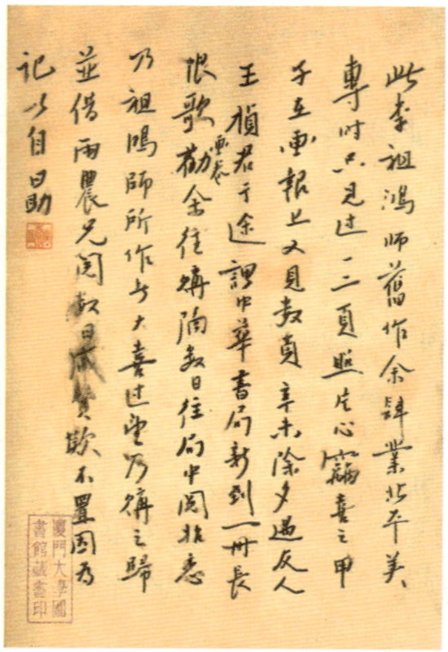

鲁迅对唐代文化有着深刻的认识与独到的见解，凭借其历史知识与文化思考，对唐玄宗与杨贵妃爱情悲剧的传统说法提出了质疑。鲁迅认为，以唐玄宗之明达，哪里会看不破安禄山与杨贵妃的关系？所以在“七月七日长生殿”上，唐玄宗只以来生为约，实际上他内心已经有点厌烦了，仿佛是在说：“我和你今生的爱情已经完了！”说到马嵬坡，鲁迅更是认为历代传说之虚妄了。军士们虽说要杀死杨贵妃，唐玄宗此时倘若对她还有情愫，凭他的权位，怎么不能保全她的性命呢？鲁迅甚至假设，也许是玄宗授意军士们去杀她的。鲁迅认为，玄宗到了晚年，回想起过去在宫内与杨贵妃淫逸行乐的情景，心里不免感伤与后悔。所以梧桐秋雨时，玄宗就生了一场大大的精神病。后来请来一位道士替他治病，道士用了催眠术，终于让玄宗与杨贵妃在虚无缥缈的仙山上相会（“临邛道士鸿都客，能以精诚致魂魄”）。鲁迅构思的《杨贵妃》至此结束。

郁达夫听完鲁迅的叙说后，颇为激动，觉得“这实在是妙不可言的设想，若做出来，我相信一定可以为我们的小说界辟一生面”。遗憾的是没有写出。鲁迅在向孙伏园讲述他的腹稿时，还特意提到“雨霖铃”的故事，说“长生殿是为救济唐玄宗与杨贵妃情爱逐渐稀淡而不得不有的一个场面”。不过，听完鲁迅的讲述后，孙伏园感到遗憾的是，鲁迅仅“从白纸黑字中所得的材

料，构成一个完美的第一印象”是不够的，他还必须到长安去实地“体味一下唐代古都的生活”。孙伏园认为，缺乏生活实感，恐怕是鲁迅久久没有动笔的原因。

上海人民美术出版社1986年版

鲁迅的《杨贵妃》虽然没有写出来，但他从历史文献及实物中对于唐玄宗与杨贵妃的爱情悲剧，对于盛唐的时代背景、人文、地理、宫室、礼仪、服饰、饮食、乐器等，都有所考证与研究，所以他指出李毅士的《长恨歌画意》内容错误也是有一定道理的。

此书初版本存世极为稀少，对于珂罗版印品而言，初版本尤为珍贵。泰和嘉成2008年秋拍会曾上过一册民国25年的第7版，估价2000～2500元。在中国书店海王村2003年9月举办的连环画专场拍卖会上，一些名家的、早期的作品，因印量少、绘制精美而受到欢迎，一本1948年第9版的《长恨歌画意》500元起价，以2000元成交。2007年6月24日在中国书店2007年连环画精品收藏拍卖会上，上海人民美术出版社1986年第1版第1次印刷的《长恨歌画意》一册，竟以底价600元成交。

“摹刻秘阁，赐宗室、大臣人一本”的《历代帝王法帖释文》

（清）徐朝弼集释《历代帝王法帖释文》十卷四册，嘉庆十七年（1812）刻本。内有“洪武四年任常性序”、嘉靖十四年韩岳撰“重刻淳化法帖释文序”。

宋淳化三年（992），宋太宗赵炅令出内府所藏历代墨迹，命翰林侍书王着编次摹勒上石于禁内，名《淳化阁帖》。此帖又名《淳化秘阁法帖》，简称《阁帖》，系汇帖，共十卷。第一卷为历代帝王书，第二、三、四卷为历代名臣书，第五卷是诸家古法帖，第六、七、八卷为王羲之书，第九、十卷为王献之书。（元）赵孟頫《松雪斋文集·阁帖跋》讲到：“宋太宗淳化中，诏翰林侍书王着，以所购书，由三代至唐，厘为十卷，摹刻秘阁。赐宗室、大臣人一本，遇大臣进二府辄墨本赐焉。后乃止不赐，故世尤贵之。”宋代记录此帖为木板刻，初拓用“澄心堂纸”、“李廷珪墨”。当然，很难见到此种拓本流传。

《淳化阁帖》是我国最早的一部丛帖，由于王着识鉴不精，至使法帖真伪杂糅，错乱失序。然“镌集尤为美富”，摹勒逼真，先人书法赖以流传。此帖有“法帖之祖”之誉，对后世影响深远。因帖石早佚，摹刻、翻刻甚繁，以顾从义本、潘允亮本、肃府本等较为著名。

从北宋开始直到清代，《淳化阁帖》的翻刻本不计其数。有的甚至是根据“孙子的孙子”翻刻的，故而原神尽失，谬误流传。明朝时期，仅有三个版本的《淳化阁帖》是根据宋拓本翻刻的，其中有两个出于上海。其一为豫园主人潘允端兄弟，另一个是顾绣的开创者顾家顾汝和刻本。顾家的刻本是借潘家所藏的南宋绍兴国子监本翻刻的。这两个翻刻本后来还被许多人再翻刻和翻印。另外一本是甘肃的肃府本，依据的是北宋《淳化阁帖》祖刻本。最好的当然是北宋祖刻初拓本，曾于清康熙时入藏宫中，乾隆时曾翻刻，但后来与圆明园一起被焚毁了。如今上海博物馆收藏的，据称是世上仅存的祖刻本《淳化阁帖》。

是书在《中国古籍善本书目》著录为《历代帝王法帖释文》，乃据卷一所题著录，其卷二至四题“历代名臣法帖释文”，卷五题“诸家古法帖释文”，卷六至十题“法帖释文”。原据版心所题著录为《淳化释文》。

翁居所藏此本为清末书法家、金石鉴赏家费久大所藏，封面有其题记。费久大（1881—1919），江苏常州人，江南大儒钱名山的岳父。清光绪二十年（1894）举人，善识周秦彝器，尤精于钟鼎奇文，书法古拙，卓然成家。著作不少但付梓者少，有《玉虹楼卮言》存世。

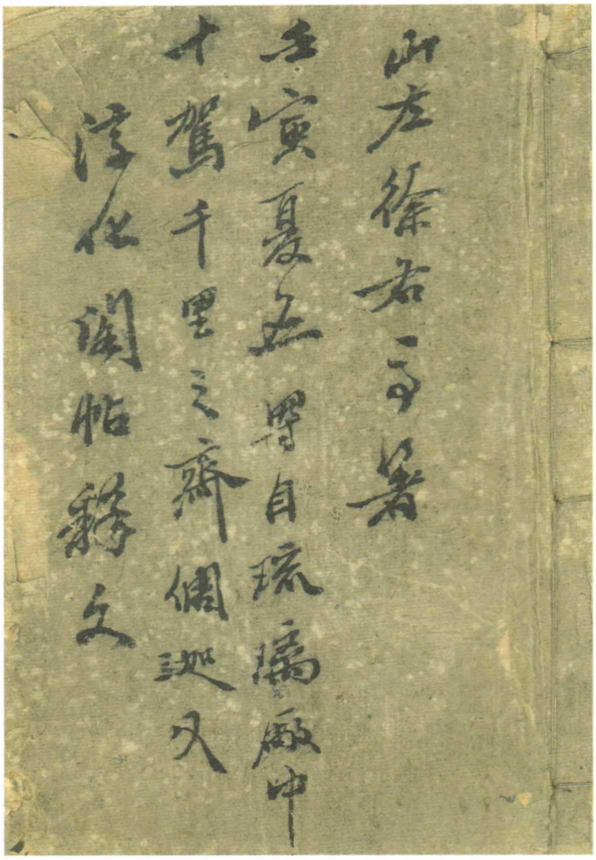

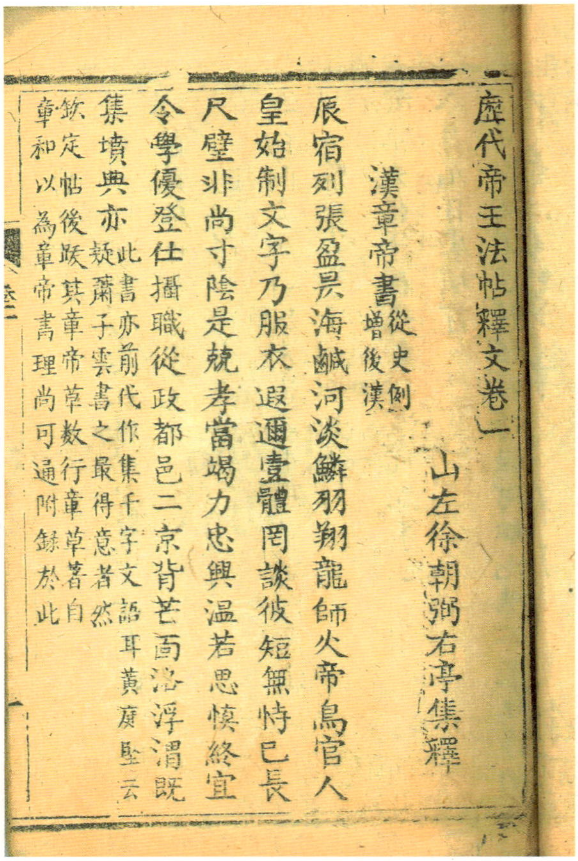
歷代帝王法帖釋文卷一

山左徐朝弼右淳集釋

漢章帝書

辰宿列張盈昃海鹹河淡鱗羽翔龍師火帝鳥官人

皇始制文字乃服衣裳遐邇壹體周談彼短無恃己長

尺璧非尚寸陰是競孝當竭力忠興温若思愼終宜

令學優登仕攝職從政都邑二京背芒面洛浮渭既

集墳典亦

“剖析毫芒，考证至精”：《两汉金石记》

（清）翁方纲撰《两汉金石记》二十二卷，白纸八本，乾隆五十四年（1789）翁方纲南昌使院原刻本。两汉刻石，存者甚少，书中所录以亲见为据。共录汉代碑刻286种，附魏、吴、晋碑刻10种，皆列全文，标明行数、款式，并逐条考证，宁详无略，极为完备。

在耿文光的《万卷精华楼读书记》卷六十中称：“书家之笔势，分隶之正变，悉具于此矣，不但考文字，证经史如金石家之旧说已也。顾氏之《隶辨》，牛氏之《金石图》皆称佳本，而是书之正其说者不少，盖著书之时证以旧本佳拓，故得以至精至当。”

翁方纲（1733—1818），字正三，号覃溪，晚号苏斋，直隶大兴（今属北京市）人。清代诗人、书法家。乾隆十七年进士，选翰林院庶吉士，累迁至内阁学士。擅长金石考证，家富收藏。清代金石家鉴赏一派，翁方纲实开其先。他一生著述甚多，而以碑版法帖的考证研究为主。他以书法著称于世，与刘墉、王文治、梁同书等齐名，时人求写墓碑铭文，常求之于他。他的书法初学颜真卿，继学欧阳询、虞世南，对欧阳询的《化度寺碑》尤其用功。他的书法创作及其审美标准，都属帖学一派，但同时又致力于古代碑版石刻的收集、研究，著有《两汉金石记》、《粤东金石略》等金石学名著，促进了清代碑学的兴盛，也使他成为当时最主要的金石学家。

在清代乾、嘉时期学者群体中，翁方纲是一个很有成就的人物，对诗歌、书画、谱录、金石学等都有很深的研究。他生平精心汲古，宏览多闻，既能诗文，又擅书法，更精鉴赏。他曾双钩摹勒旧帖数十本，书法创作追求无一笔无来历。六七十岁时犹目力不减，能于灯下作蝇头小楷，一时称绝。亦能作诗文，论诗创“肌理说”。翁方纲著作等身，仅流传下来的就有《两汉金石记》、《汉石经残字考》、《焦山鼎铭考》、《苏米斋兰亭考》、《复初斋文集》、《复初斋诗集》、《石洲诗话》、《经义考补正》、《礼经目次》、《苏诗补注》和《苏斋笔记》等数十种。

《清史稿》评价他“所著《两汉金石记》，剖析毫芒，参以《说文》、《正义》，考证至精”。

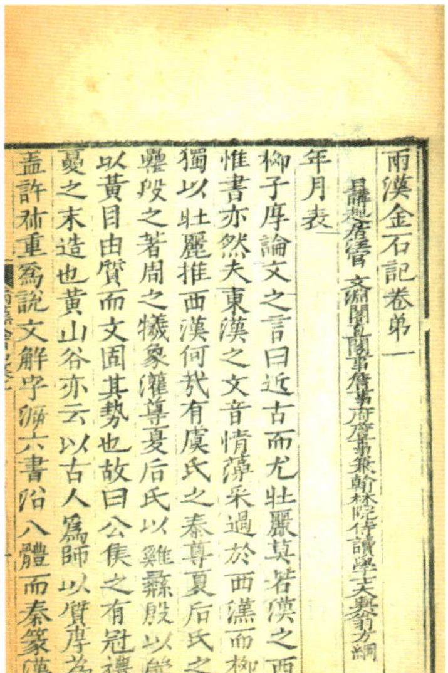
兩漢金石記卷第一
日講起居注官文淵閣直閣事詹事府詹事兼翰林院侍讀學士大興翁方綱
年月表
柳子厚論文之言曰近古而尤壯麗莫若漢之西京
惟書亦然夫東漢之文音情薄采過於西漢而柳子
獨以壯麗推西漢何哉有虞氏之泰尊夏后氏之山
罍殷之著周之犧象灌尊夏后氏以雞彝殷以斝周
以黃目由質而文固其勢也故曰公侯之有冠禮也
夏之末造也黃山谷亦云以古人爲師以質厚爲本
蓋許叔重爲說文解字推六書沿八體而秦篆漢篆

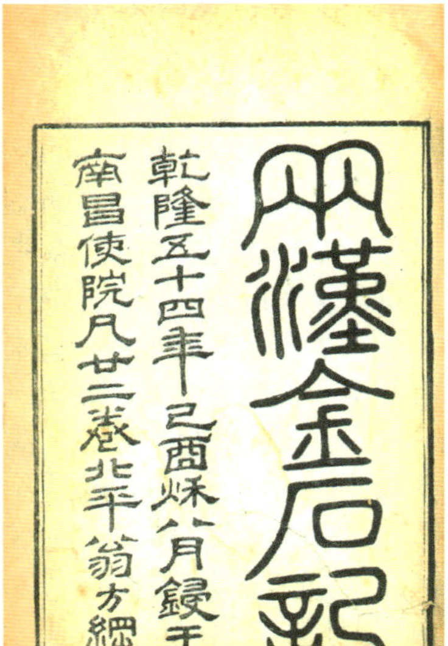
兩漢金石記
乾隆五十四年己酉秋八月鋟于
南昌使院凡廿二卷北平翁方綱

此版本在上海敬华2006年6月春拍中估价1.2万～1.8万元，未成交；在2007年中国嘉德四季第1期拍卖会上估价4000～5000元，以1.32万元成交；中国嘉德1998年10月秋拍有江标题跋的此本，估价0.8万～1.2万元，成交价为2.42万元。

陆和九藏并题记的《宋刻韩干画双马图》

翕居收有《宋刻韩干画双马图》一纸，陆和九原藏并题跋："此唐韩干二马图，旧藏松江一友士家，有未元章。各家题跋惜刻石为人剜去，莫可考已，沔阳陆和九识。韩干为曹霸弟子。"

苏轼曾作《次韵子由书李伯时所藏韩干马》一首：

潭潭古屋云幕垂，省中文书如乱丝。
忽见伯时画天马，朔风胡沙生落锥。
天马西来从西极，势与落日争分驰。
龙膺豹股头八尺，奋迅不受人间羁。
元狩虎脊聊可友，开元玉花何足奇。
伯时有道真吏隐，饮啄不羡山梁雌。
丹青弄笔聊尔耳，意在万里谁知之。
干惟画肉不画骨，而况失实空余皮。
烦君巧说腹中事，妙语欲遣黄泉知。
君不见韩生自言无所学，厩马万匹皆吾师。

陆和九（1883—1958），本名开钧，字和九，号墨厂，湖北沔阳人。曾任北平中国大学、辅仁大学国文系教授、中央文史馆馆员。陆和九一生著述颇丰，有《中国金石学讲义》、《汉武氏石室画像题字补考》、《石刻名汇》、《文字学》、《中国古器物学》、《金石文渊》、《汉以后金文录》、《珠璜碎稿》、《北周造像考》、《历代造像存徵录》、《孝堂山画像考》、《顺陵残碑考》和《宋辽金元碑目》等数十种传世。马国权的《近代印人传》专章介绍其篆刻成就。王朝宾的《民国书法》收入的湖北籍书家屈指可数，陆和九名载其中。

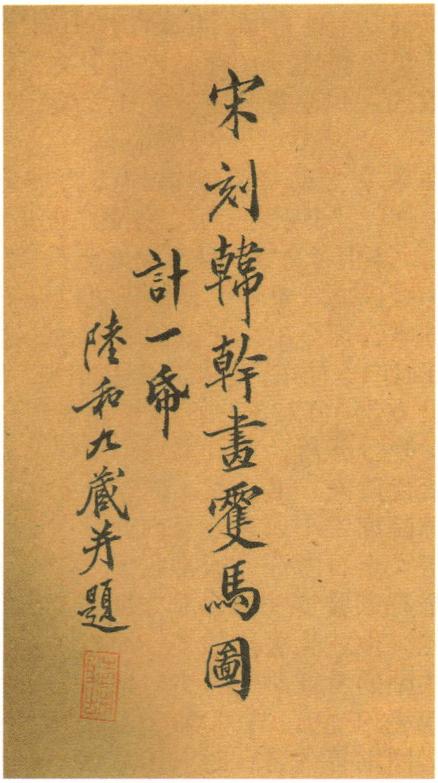

陆和九出身于书香门第，乃蒙古皇族后裔，其祖因元初宫廷之难，逃到湖北沔阳遂落籍为民。陆和九少时受祖辈熏染，尤爱书画篆刻，治印至陆和九已传七代。青年时陆和九就学于武昌讲武学堂、清吏部学治馆。其家学的醇厚加之个人的勤奋，最终让他受益。后历任湖北襄阳第三师范国文教员、武昌大学汉文科长自然顺理成章。

民国时期，甲骨文和一批青铜器的面世

震动学术界，陆和九此时任辅仁大学国学系讲师，讲授金石学、古器物学、文字学及书法篆刻等。从学术研究的需要出发，陆和九对金石碑版收罗更是不遗余力，在圈内得了个雅号，谓之“黑老虎大王”。大凡人们淘到好的拓片都要请陆和九鉴定，遇到好的精拓碑帖，陆和九常常欣然题签。

北京琉璃厂以刻铜墨盒而知名的艺人张樾臣，素喜邀请著名书画家为其设计图稿，陆和九淡雅的书画小品经张樾臣刻在墨盒上，一时成为当时文人墨客珍爱的文房雅品。庆云堂是北京琉璃厂最有名的碑帖店，为了有一个收集研究的直接通道，陆和九用大量时间参与了庆云堂的碑帖审定整理工作，所以他常以“庆云堂主”自居，涵泳其间，欣喜之情溢于言表。

这期间，善于金石考据的学者叶舟常和陆和九一道切磋印证。叶舟为西泠印社创始人之一，长陆和九16岁，他非常赏识陆和九在金石学方面的造诣，两人共同参与了很多重大题材的考释工作。现在故宫博物院和国家图书馆、北京大学图书馆的大量精拓碑帖都钤有“曾在陆和九处”、“沔阳州陆和九朱记”或“墨厂”等印记。2005年6月北京中国书店举办旧拓精品碑帖展销，称：清代陆和九题跋的《汉黎阳令残碑》、《魏曹望喜造像》、《汉刘平国摩崖》等，均系清拓，清精裱轴装，是十分难得的收藏精品。可见，把陆和九作为一块文化经营的金字招牌，在今天仍然商机无限。

一代篆刻宗师齐白石让自己的儿子齐良迟拜陆和九为师，在辅仁大学从陆和九研读秦汉玺印，齐良迟在学习父亲治印以“单侧入刀”为主时，较好吸收了陆和九“双侧入刀”之长。就学术而言，兼容并蓄，融百家之长方成大器，印人也不例外。陆和九一生致力于金石学研究，翕居另藏有其撰写的《中国金石学讲义》，为当代金石学研究奠基作之一。虽然被聘中央文史研究馆，陆和九古稀之年仍自食其力，于书画篆刻钻研不辍。若将其学养比作一隅静庭，那他的著述就是虬枝横逸的一树树梅花。陆和九曾刻一枚石章，印文是“一树梅花一放翁”，可谓其真实写照！

翕居多件藏品有陆和九收藏章，其中《艺苑真赏社集联拓本》上有“此校订武氏石室画像副本，共永存之，禾九记”题记，并钤“曾在陆和九处”、“陆和九藏”两印章。

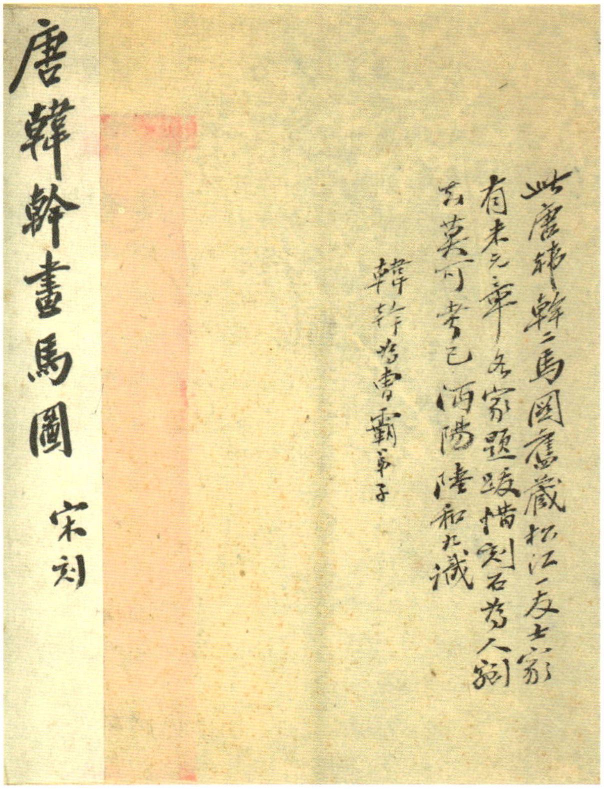

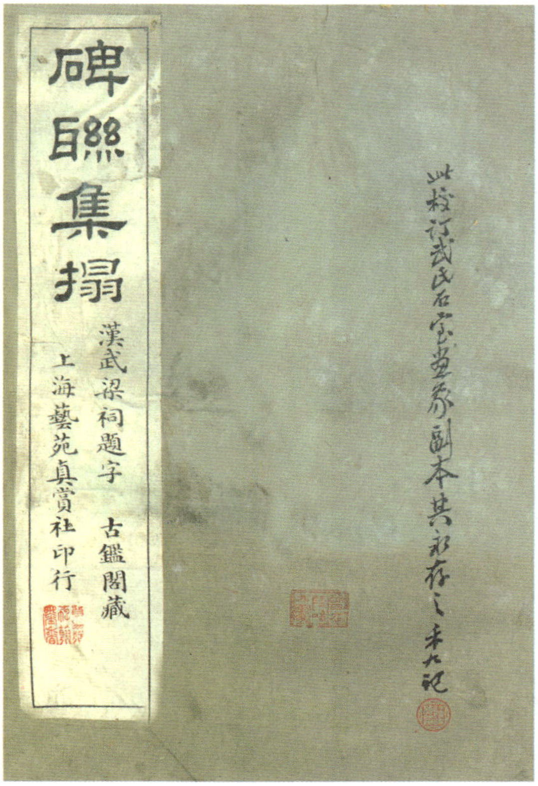

戏说《戏鱼堂帖》

在2004年上海崇源春拍上，一部题名宋拓的《戏鱼堂帖》十卷，虽年代应在清初上下，但因此帖的宋拓本久佚，结果其以50万元起拍，93.5万元成交。这部《戏鱼堂帖》是孙钦昂父子藏本，不仅有著名书法家张祖翼的题签，而且还钤有众多的收藏印，其中“丙辰翰林”和“丙戌翰林”两方印章尤其引人注目。据考证，这是清代著名的“父子双翰林”孙钦昂和孙宗源的印章。孙钦昂，清咸丰五年（1855）中举，次年（丙辰）中进士，钦点翰林院编修；其子孙宗源，也在光绪十二年丙戌（1886）中第二甲62名。父子两人，一个是丙辰翰林，一个是丙戌翰林，在这套《戏鱼堂帖》上留下了一段佳话。

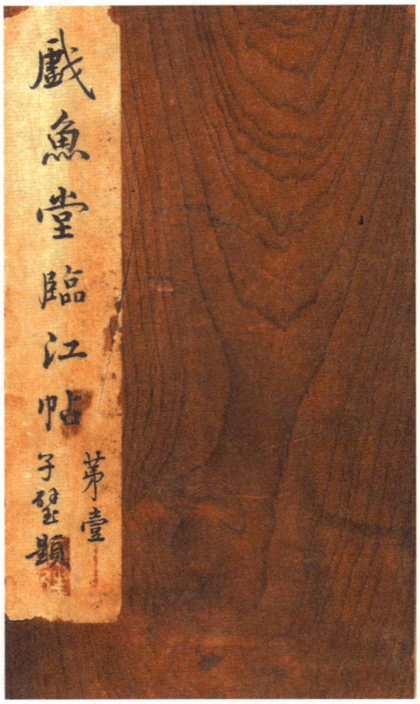

戏鱼堂帖是宋元祐七年（1092），长沙人刘次庄以家藏淳化阁帖十卷为底本，除去淳化年月和卷尾篆题，再在后部增加释文，摹刻在临江戏鱼堂壁上，称为“临江戏鱼堂帖”。也称为“临江帖”、“清江帖”、“戏鱼堂帖”。南宋庆元年间（1195—1200），四川总领权安节曾重刻此帖，称为《利州帖》，清代又有伪刻本。

刘次庄，字中叟，自幼爱好书法，曾经寓居江西新途，住所的窗牖墙壁都被题满了字墨，几乎没有空处。刘次庄习字时先模仿他人书法，以后兼采群书自成一家，擅长行书、草书，尤其以小楷最精妙。刘次庄善于临摹古帖，有临江帖传世。

《法帖谱系》记载：“《利州帖》者，庆元中四川总领权安节，以《戏鱼堂帖》并释文，重刻石于益昌官舍，权江州安德人，释文字画较临江帖为稍大。”益昌即利州的旧时郡名，而《舆地纪胜》利州路按刑司，恰有堂名为“澄清”。乃知明以来所称《澄清堂帖》，即宋人所称《利州帖》。三百余年疑案，一朝决破，为之快绝。

看来，宋人刘次庄辑刻的《戏鱼堂帖》，是增损《淳化阁帖》而成，

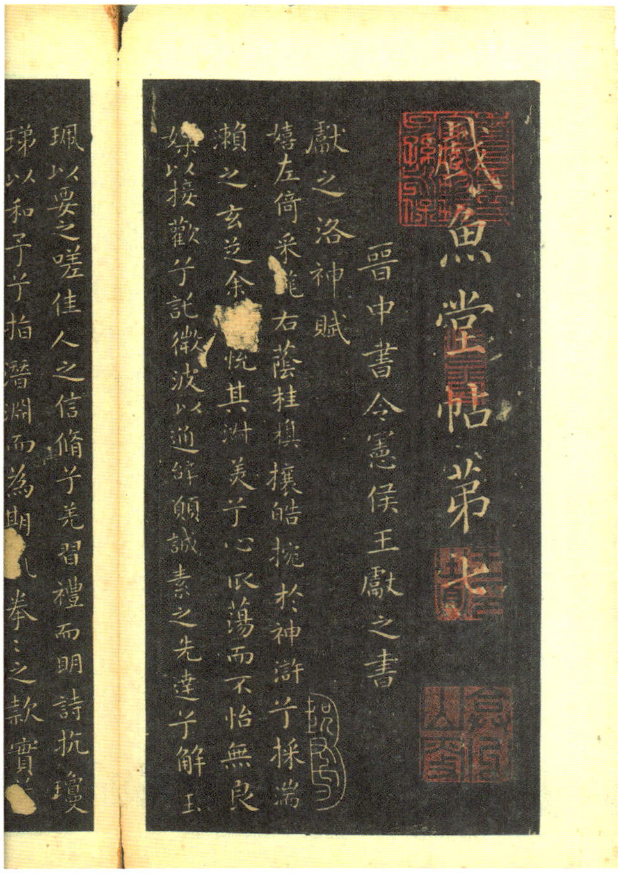

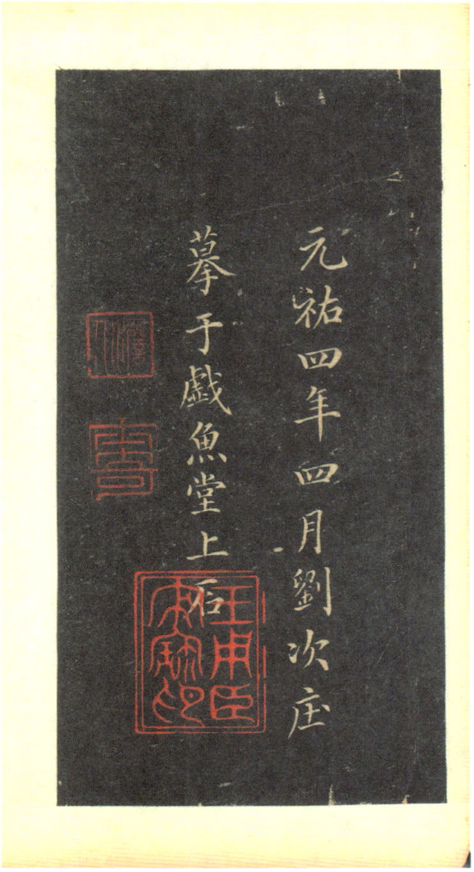

此帖之首所摹的《诅楚文泰山刻石》全文，是他处所不见的，所以特别可贵。

翕居所藏《戏鱼堂帖》，钤有“王世贞”、“汲古阁”、“王用臣”、“弇州山叟”、“士奇”、“南昌袁氏家藏珍玩子孙永保”等7枚印章。从印章情况来看，袁中澈、王世贞、王用臣、毛晋均为明代人氏。

从本帖7枚藏印来看，有4枚跨越明朝（1368—1644）早中晚期，分别为建文、嘉靖、天启、万历。特别是袁中澈的第一枚藏印，为明早期，似可断定此本为明代早期所拓。张彦清《善本碑帖录》载：“此帖未传可信原刻石拓本，即零散册亦无传”。依此看又似庆元间四川总领权安节重刻之《利州帖》，但肯定不是清代伪刻之本。我们不妨做如下“戏说”：如果所钤多枚藏印为真，那此帖就是历经明清以来著名藏家袁中澈、王世贞、王用臣、毛晋等人递藏，可谓流传有绪，实为难得一见之碑帖精品。当然，“黑老虎”本身极易“咬人”，这上面的藏印更难“靠谱”，所谓“流传有绪”，这也只是“戏说”而已。

王世贞（1526—1590），字元美，号凤洲，又号弇州山人，太仓（今属江苏）人。明嘉靖进士，刑部尚书，著名文学家、史学家。王世贞为官清正，不附权贵。东林党杨继盛被严嵩陷害下狱，他经常送汤药，又代杨妻草疏。杨被害后，他为杨殓葬；其父被严嵩陷害，他作长诗《袁江流钤山冈》和《太保歌》等，揭露严嵩父子的罪恶。并“辞官”十年，不与权奸同流合污。他精于吏治，乐奖后进，衣食寒士，得到时人推重。王世贞才学富瞻，文名满天下。与李攀龙、谢榛等合称为“后七子”。在前后七子中最为博学多才。李攀龙去世后，他独领文坛二十年。《明史》称他“才最高、地望最显、声华意气、笼盖海内”。主要著作有《艺苑卮言》、《弇州山人四部稿》、《续稿》、《弇山堂别集》和《皇明名臣琬琰录》等。

王用臣，字罗南，籍贯深泽（今属河北），明天启岁贡，工诗词，经史、星象、钟律、历数等，学识蕴藉宏深。曾受职浦江，后升任象山教谕。著有《忏庵》三集和《明志录》。

袁中澈（1376—1458），字公达，又字静思，鄞县（今属浙江宁波）人。明朝藏书家。幼传父术，通相卜之学。永乐初，召授鸿胪寺序班。迁尚书宝司少卿，朝廷待遇优厚。博学多闻，每退朝之暇，吟咏经史。家藏图书甚富，为江浙四明一带知名藏书家。其藏本印有“忠澈南昌袁氏家藏珍玩”、“子孙永保”、“袁氏儒印”、“尚宝少卿袁氏忠澈”等，家有藏书楼，名“瞻衮堂”，又名“静思斋”。著有《符号外集》、《凤池吟稿》、《人相大成》、《古今识鉴》等。

毛晋（1599—1659），明末藏书家。原名凤苞，字子晋，号潜斋。常熟（今属江苏）人。家藏图书八万四千余册，多为宋、元刻本，建汲古阁、目耕楼藏之。尤嗜好抄录罕见秘籍，缮写精良，后人称为“毛钞”。编著甚多，有《毛诗陆疏广要》、《苏米志林》、《海虞古今文苑》、《毛诗名物考》、《明诗纪事》、《隐湖题跋》等。

在上海国拍2006年春拍中，《戏鱼堂法帖》清拓本，存卷五、卷十，以6600元成交。

“石与拓本存者绝少”：《墨妙亭碑目考》

晚清浙江湖州人张鉴作《墨妙亭碑目考》二卷、附考一卷，共二册，光绪十年（1884）江苏书局刻本。

墨妙亭始建于北宋熙宁五年（1072）二月，为湖州知州孙觉所建。苏轼《墨妙亭记》载：“熙宁四年十一月，高邮孙莘老移守吴兴。其明年二月，作墨妙亭于府第之北、逍遥堂之东。取凡境内自汉以来古文遗刻以实之。”熙宁四年末，苏轼应孙觉所求作《孙莘老求墨妙亭诗》，苏对前人书法如王、颜、徐、李等进行了评论。同时对墨妙亭“僵仆断缺”之刻石来源作了交代：“吴兴太守真好古，购买断缺挥缣缯。”孙用织物调换民间的荒陂野草之间僵仆断缺之碑石，陆续汇集于墨妙亭。

宋人曾巩有《墨妙亭》诗：“好事今推雪溪守，故开新馆集琳琅。”宋王炎也有《墨妙亭》诗：“几载雨淋兼日炙，一朝云集又星罗。”

墨妙亭始建时，贮藏境内碑碣36通。其后，继续搜罗，增益不少。朱彝尊《曝书亭集》载：“墨妙亭之建，苏子瞻为作记，而蒋燦书之，一时诗人寄题踵之。”

张鉴在《墨妙亭碑目考》中记述了墨妙亭初建时所存碑碣36通，有《汉故梁相费府君碑》、《梁简文项王蔬食文》、《唐颜鲁公项王碑阴述》、《陈徐陵考义寺碑》、《唐太守御制圣教序》、《苏轼墨妙亭记》、《苏轼孙莘老求墨妙亭诗》碑等。苏轼的《墨

妙亭记》中的碑为墨妙亭的镇亭之物。可惜这些墨妙亭古碑在岁月磨砺和人为的破坏中消亡了。

民国时湖州人俞恒农有对联云：“当熙宁筑亭之初，搜罗荟萃，因欲长饷来人，奈曾几何时，只存一篇碑目考；自壬戌兵燹以后，叙次编排，率皆传自近代，幸各有独到，可沿三字旧题名。”俞恒农考证墨妙亭毁于“壬戌兵燹”，除兵燹外，长期的日晒雨淋、拓扑也使古碑消磨。

墨妙亭今景

明人徐献忠撰《吴兴掌故录》，谈到墨妙亭时称：“墨妙亭之刻近亦少行于外，其所存亡俱未可知，然其名不容以不存也。”

清初时，吴绮作荆州亭词序：“墨妙亭在郡治内。宋太守孙莘老聚古名人碑刻其中，苏轼赋长歌以记其事。余莅郡时尽为乌有。一老吏云：俱前人磨治为门内官道及池底之用。余悬重赏购索不得一字，并松雪所书墨妙亭额亦为前守易去。”朱彝尊在《曝书亭集》称：“今其遗石以府治卑湿，用填于泥。夫岘山之碑一沉江底，尚冀其深谷为陵，亭中诸碑未沦于水，使贤太守发而复树之何难，与莘老并传，又安见石柱之不可再观乎。”

到了清末，张鉴也只能作这样的感叹：“迄今仅七百岁而石与拓本存者绝少。”乃作墨妙亭碑目考，为世人留一份“文化财”。

2003年，在山西晋宝斋拍卖有限公司举办的艺术品拍卖会上，光绪十年江苏书局刻本《墨妙亭碑目考》以1200元成交。

用墨妙亭碑石所制砚

《家庭》杂志1983年第11期曾刊有王贵忱《记苏渊雷所藏黄道周断碑砚》一文，文中谈到这方断碑砚背残存十七字，马丕绪所作《砚林脞录》上的“古名砚”有记载，并称“系坡公题墨妙亭诗断碑一片”。王贵忱文称之为“墨妙亭断碑砚”。此文发表后，引起多位文人学者关注。施蛰存在《北山谈艺录》一书中指出此砚与文献记载的不合之处，认为是真品“墨妙亭断碑砚”的后人复制品。

在泰和嘉诚2008年秋拍中，此书光绪刊本二册，估价1500～1800元，未成交。

篆刻家李大千题跋的《攀古楼彝器款识》

吴县潘祖荫作《攀古楼彝器款识》不分卷，二册，清同治十一年（1872）“京师潘祖荫滂喜斋”原刻本。

翁居所藏此本有北平篆刻家李大千跋语：“攀古楼彝器款识二册，潘祖荫伯寅著，同治十一年滂喜斋自刻。福山王懿荣写本，民国二年西泠印社重刻本，又后印本补板多无直格。乙丑春北平购得，匆匆过眼，略记考证。李大千。”

李大千跋中提到的“王懿荣”，是19世纪中国著名金石专家，甲骨文的第一个发现者。甲骨文是公元前16世纪刻在龟甲兽骨上的汉文文字。在甲骨文发现以前，人们所见的最古老的文字只有铸或刻在古代铜器的文字，人们称它为金文。1899年，王懿荣首先发现甲骨文，并第一个将其考订为商代文字，他搜采甲骨1500片，辑成《天壤阁王氏甲骨拓片录》。王懿荣这一重大发现为中国文字和中国文明古代史的研究开拓了新领域，被誉为“甲骨文之父”。

潘祖荫（1830—1890），字伯寅，号郑盦，江苏吴县（今属苏州）人。幼好学，涉猎百家，尤喜搜罗善本古籍，金石碑版之属。滂喜斋所储，不以繁富相炫，多为精品。于经学，通《公羊春秋》、《尔雅》；于史学，通范氏《后汉书》。潘祖荫一生绝少著述，除所刊《滂喜斋丛书》外，自撰的只有《攀古楼彝器款识》和《秦輶日记》等零星小品而已。潘祖荫《攀古楼彝器款识》著录青铜器47件。

“滂喜斋”是潘祖荫的书斋名，《滂喜

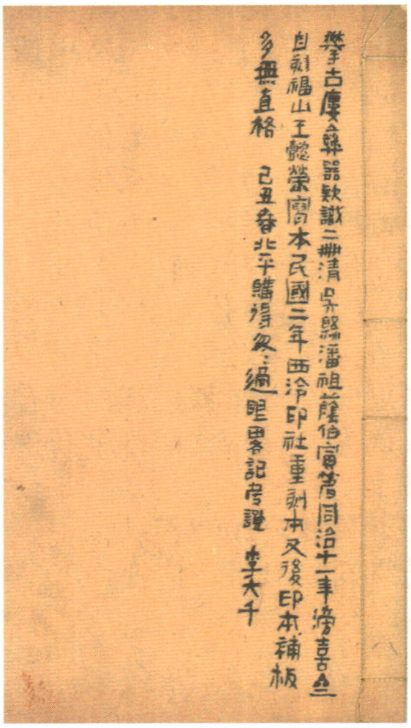

攀古廔彝器款識二冊清吳縣潘祖蔭伯寅著同治十一年滂喜齋
自刻福山王懿榮寫本民國二年西泠印社重刻本又後印本補板
多無直格　乙丑春北平購得匆匆過眼略記考證　李大千

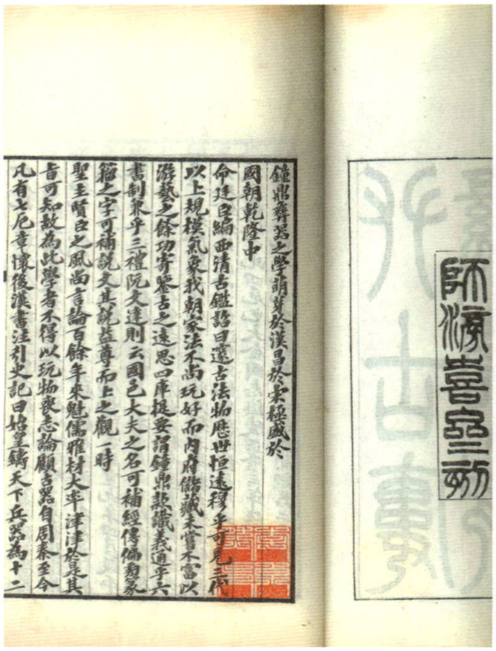

鐘鼎彝器之學萌芽於漢昌於宋極盛於
國朝乾隆中
命廷臣編西清古鑑語曰邃古法物歷世恒遠穆乎可見三代
以上規模氣象我朝家法不尚玩好而內府儲藏未嘗不富以
游藝之餘功寄鑒古之遠思四庫提要謂鐘鼎款識義通乎六
書制兼乎三禮阮文達則云國邑大夫之名可補經傳偏旁篆
籀之字可補說文其說益尊而上之觀一時
聖主賢臣之風尚言論百餘年來魁儒雅材大率津津於是其
旨可知故為此學者不得以玩物喪志論顧吉器自周秦至今
凡有七厄章懷後漢書注引史記曰始皇鑄天下兵器為十二

斋丛书》为潘氏55岁时以其旧所刻书汇辑而成的一部大型丛书，共50种。从《滂喜斋丛书》所收书的内容来看，有以下几个显著特点：其一，《滂喜斋丛书》保存了大量与潘祖荫并世通儒遗著；其二，《滂喜斋丛书》收有世所罕见而内容具真知灼见者；其三，此书中专收有《京畿金石考》二卷、《吴郡金石目》一卷、《宝铁斋金石跋尾》三卷、《日本金石年表》一卷等有关金石的著作；其四，在《滂喜斋丛书》中，潘祖荫为多种书写有序言，说明其刊刻此书的缘由及书的特点，为后人提供了重要的文献史料。

北京荣宝拍卖有限公司2006年春拍推出的齐白石画赠北平篆刻家李大千的《葡萄》，尺寸为30厘米×20厘米，成交价为12.1万元。近年来，中安太平、北京翰海、中国嘉德均有《攀古楼彝器款识》同治十一年原刻本上拍，成交价在1万~2万元之间。

“无款识者不录”：《两罍轩彝器图释》

（清）吴云撰《两罍轩彝器图释》十二卷四册，同治十一年（1872）白纸初刻本。

此书收取吴氏家藏古代铜器，上起商周，下至五代，共103件，无款识者不录。王泰基、张舆摹图，吴云作释文。吴云曾获得两个齐侯罍，因称所居为“两罍轩”。他对两罍的考证特别详细，所收每种铜器均绘其图形，以工部营造尺记其各部尺寸，铭文另摹，后列释文，并附考订。是编选择谨慎，除王国维《国朝金文著录》中所指十三器为伪作外，余皆精确可信。中国书店20世纪80年代据刻本重印为六册。

历代传世青铜器的著录，从宋代开始，到了清代著作最多，成就也最大。有名的著作有钱坫的《十六长乐堂古器款识考》四卷，阮元的《积古斋钟鼎彝器款识》收录商周青铜器达446件，其中齐侯罍大小两件，后来辗转被吴县吴云收藏，这两件东西后来一直被藏界视为珍品。此后又有吴式芬的《攟古录金文》三卷，著录商周铜器及其铭文1334件。吴大澂的《窸斋集古录》二十六册，著录商周青铜器1048件，潘祖荫的《攀古楼彝器款识》著录青铜器47件，曹载奎的《怀米山房吉金图》著录青铜器60件。

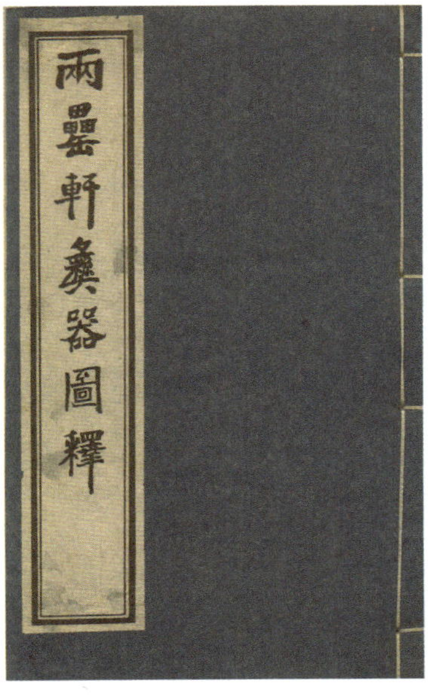

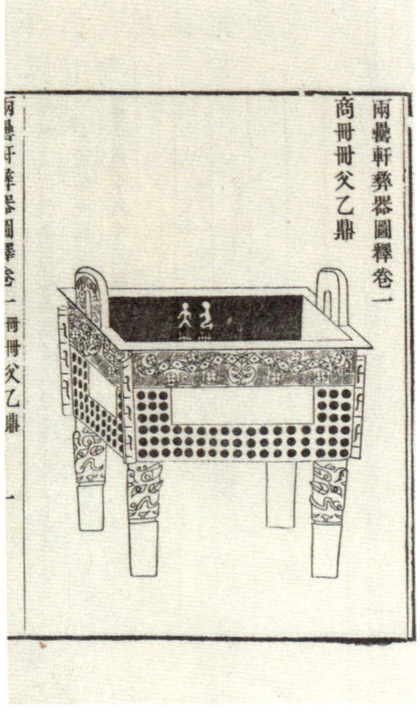

在2007年中国嘉德四季第1期拍卖会上，此同治十一年白纸本四册，以1.1万元成交。

孔子七十五代孙辑《曲阜碑碣考》

孔祥霖辑《曲阜碑碣考》一册，上海广智书局民国4年铅印本，书名据卷端等题。

曲阜是孔子的故乡，在漫长的封建社会里，儒学即国学，孔子乃圣人，帝王们为安邦治国、笼络人心，无不以祭拜孔子、勒石阙里为盛举。皇上倡导于前，臣子效尤于后，文武百官，骚人墨客，纷至沓来，皆以留名林庙为荣。年积代累，迄今曲阜境内星罗棋布的碑石已达六七千块，尤以孔林、孔庙最为集中，俨然一座天然碑石博物馆，一座蕴藏丰富的文化宝库。

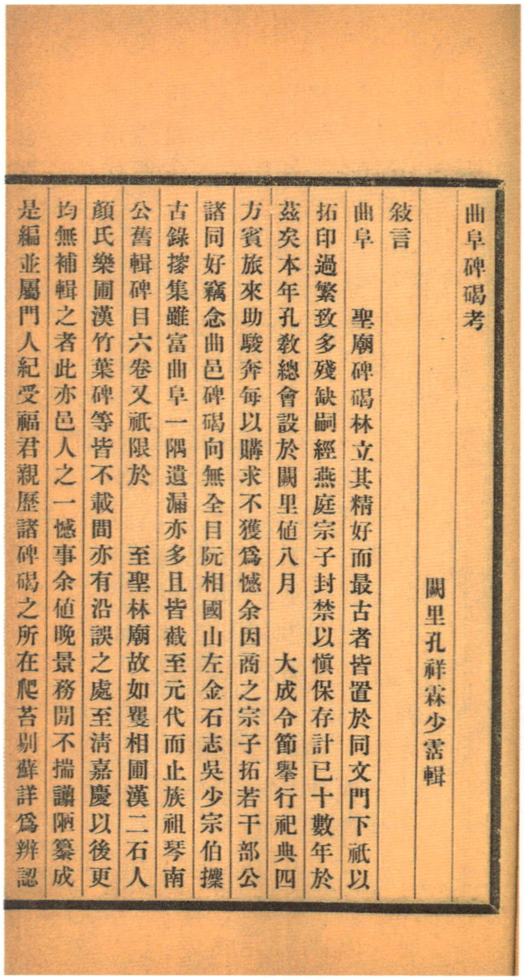
曲阜碑碣考

闕里孔祥霖少霑輯

敘言

曲阜　聖廟碑碣林立其精好而最古者皆置於同文門下祇以拓印過繁致多殘缺嗣經燕庭宗子封禁以愼保存計已十數年於茲矣本年孔教總會設於闕里値八月　大成令節舉行祀典四方賓旅來助駿奔每以購求不獲爲憾余因商之宗子拓若干部公諸同好竊念曲邑碑碣向無全目阮相國山左金石志吳少宗伯攈古錄捃集雖富曲阜一隅遺漏亦多且皆截至元代而止族祖琴南公舊輯碑目六卷又祇限於　至聖林廟故如矍相圃漢二石人顏氏樂圃漢竹葉碑等皆不載間亦有沿誤之處至淸嘉慶以後更均無補輯之者此亦邑人之一憾事余値晚景務閒不揣譾陋纂成是編並屬門人紀受禧君親歷諸碑碣之所在爬苔剔蘚詳爲辨認

鉴于碑石这一潜在的重大历史文化价值，早在清道光年间，孔昭薰就编有《至圣林庙碑目》一书。民国时期，孔祥霖又加增订，成《曲阜碑碣考》。然二书只录其目，不收原文，且多讹漏，识者病之。为此，曲阜师范大学骆承烈教授于20世纪50年代便开始着手这项工作，于2001年4月，由齐鲁书社出版《石头上的儒家文献：曲阜碑文录》。书凡上下两册，装帧考究，洋洋80万言，长碑短碣，悉入编中，洵为传世之作。

曲阜的碑石品类多、分布广，曲阜汉魏碑数量之多为全国之冠。其中，“鲁六年北陛石碣”系西汉景帝时所立，时间之早在汉碑中首屈一指。其他如乙瑛、礼器、史晨、张猛龙、孔子庙等，更是书法珍品，国之瑰宝，向为书界人士称道。

孔祥霖（1852—1917），字少霑，号悯民，孔子七十五代孙。清光绪进士，授

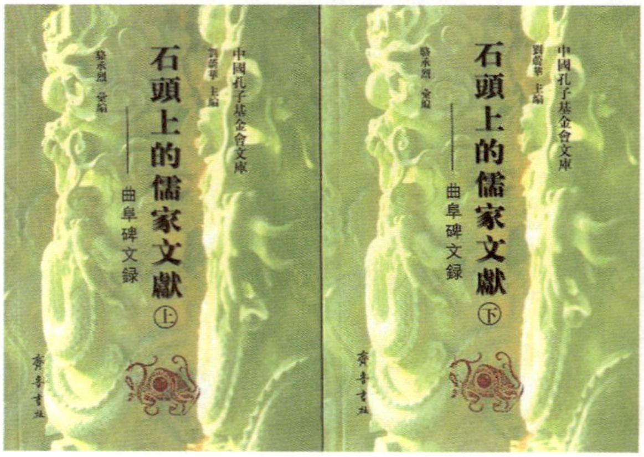

翰林院庶吉士，官历甘肃正考官、顺天府会试磨勘官、河南提学使。光绪二十八年（1902），孔祥霖调山东负责学务和实业，翌年与孔祥桐一起赴日本考察学务。回国后研究兴办新学，在省内外筹设师范和实业学堂。他倡导实业、教育救国，回故里后创办了曲阜算学馆、农桑局、工艺场，组织“尚实社”，办“尚实”小学，并任曲阜经学会会长。著有《曲阜清儒著述记》二卷、《曲阜碑碣考》四卷等。

日本古刀、古钱、版画书三种

《古刀上作铭鉴》一册，日本昭和16年（1941）出版。书名页题“长谷川忠右卫门家秘书，富田正二校订，立命馆出版部发行”。书前有昭和16年10月18日富田正二所作小序。共计收录268种日本古刀，每种刀都附有柄部、刃部两面三幅图谱及刀刃、柄上的铭文以及对古刀有关情况的详细标注。

秃氏佑祥编《京都社寺境内版画集》，日本京都便利堂1942年1月出版。收入82幅版画，珂罗版印刷。其中日本中央部11种、东部33种、北部18种、西部12种、南部8种。

《昭和新订古钱价格年鉴》，（日）

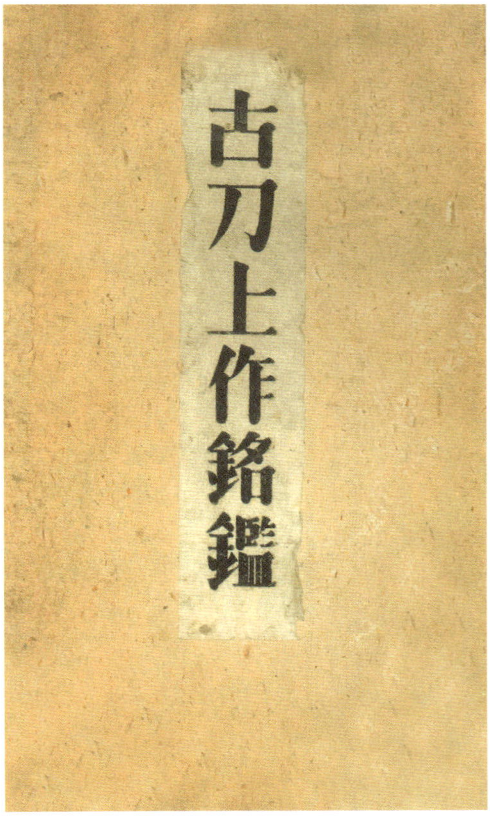

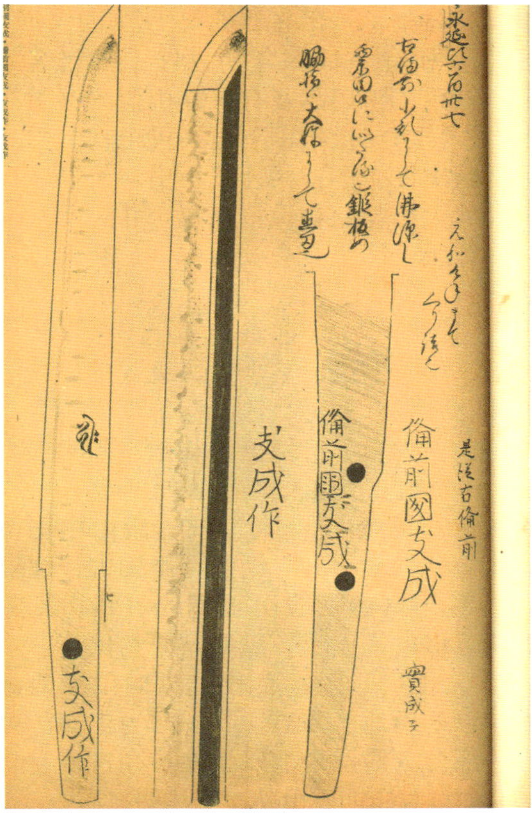

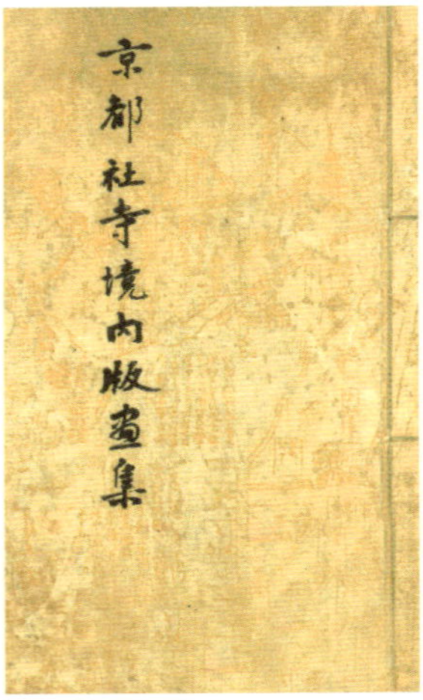

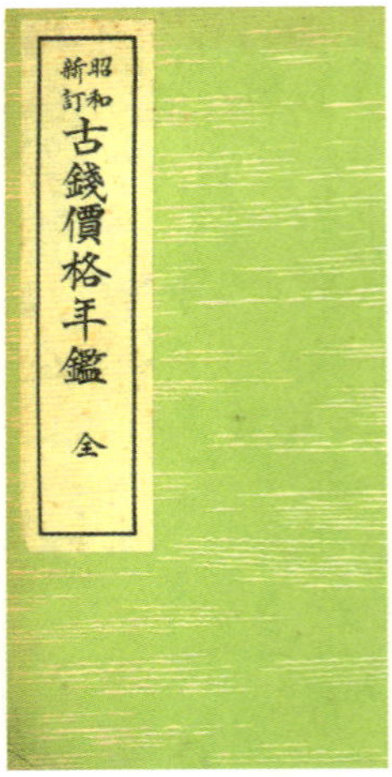

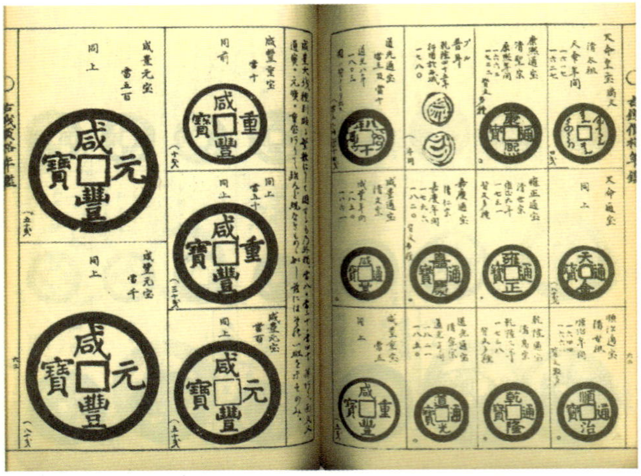

冈田弥太郎编辑兼发行，昭和7年6月25日初版，昭和10年石印发行。冈田“邮泉堂版”。附有古钱图谱、铭文、吉语、年代（包括日本年号、中国年号和西历对照）和价格。详细介绍中、日、朝鲜古钱、绘钱、压胜钱等，均附黑白插图及说明，另附日本古钱插图1页，合计100页。书内收集了大量的中国古代刀、布币，汉、唐、宋、元、明各朝铸币，并有当时的市场价格，是研究古钱币的重要工具书。孔网此书售价为2200元。

远方出版社于1998年8月出版《越南朝鲜日本古钱目录》（华光普编著），书中收录了越南、朝鲜、日本各朝古钱，凡属名珍、重要铸币、正用品及有考究价值的钱币图案507枚。上自8世纪，下至20世纪初（中国唐代至清末民初），共计按历史朝代顺序排列，尺寸大小与原物保持一致。并对所有钱品一一评级，评级方法按通用“十级制”评定法进行。即：一级，大珍（特珍）；二级，珍；三级，罕贵；四级，罕；五级，稀贵；六级，稀；七级，甚少；八级，少；九级，较多；十级，多泛。钱品标价以上品为准，以目前国内实际行情价为基础，同时参考海外交易及拍卖价以人民币为单位。

1997年，西南财经大学曾出版由中国历史博物馆馆长俞伟超主编的《中国古钱大系》，搜集了自春秋战国至清的古钱币拓样，共两万多枚，大小、风格与原物保持一致。同时，收录彩图近百枚，纵向以史为序，横向以造币地区为界，收罗颇为丰富。对相当一部分古钱币均加以批注。在古钱卷和花钱卷中，对非铜质币品，均注明材质。

20世纪90年代出版的“钱谱”还有马定祥批注的《历代古钱图说》和华光谱所著《古钱年鉴》。马老先生因为过手好钱太多，所以标明的古钱定价很廉，华书定价普遍高些。但现在来看，华谱上的许多东西依照书上的定价已是远远买不到了。

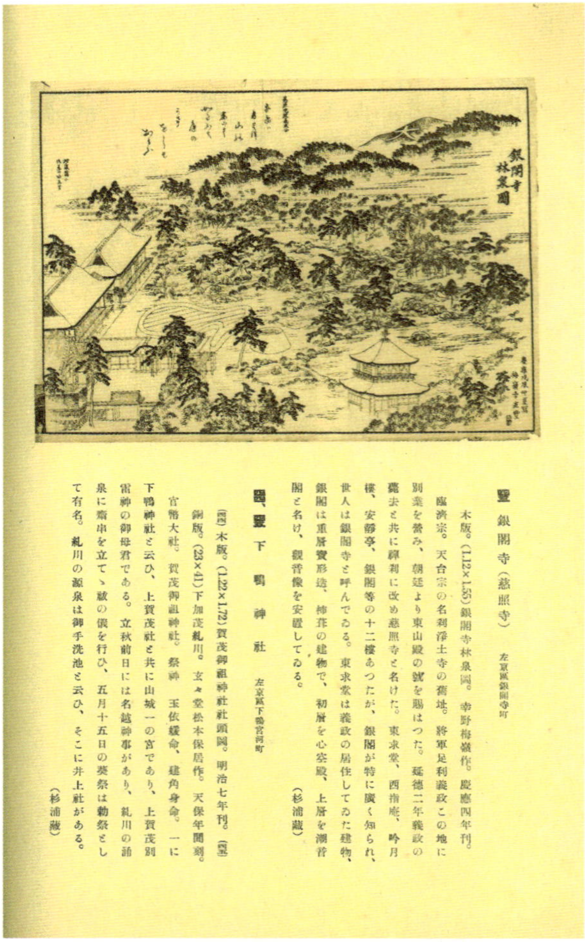

日本京都社寺境内版画集插图

亮墨精拓的《师友尺牍存真》

在一个即将搬迁的书店里，遇到了一册《师友尺牍存真》，许世英署签，价80元，1930年春刻。粗看以为是普通的民国石印本子，用墨跑油糊糊的那种，扉页夹着两张细楷毛笔写的薄薄宣纸小条，一张写着“价一元”，一张写着“某年售价四元后调至十二元”。看到这张“高价”小条，我感觉这个本子不简单，细翻乃是一部拓本，亮墨精拓，书韵幽雅，神采飘逸。这还看什么，赶紧交款收入囊中。

在网上搜索，没有任何关于此书的记载和拍卖的记录，国家图书馆仅有一套入藏普通古籍库，注明是“拓本，序及姓名录等为铅印，钱文选编辑，民国19年出版”。全书收录了宝熙、龚心湛、唐继尧、许世英、董康、端方、由云龙等37人致编选者的42封信札拓片。

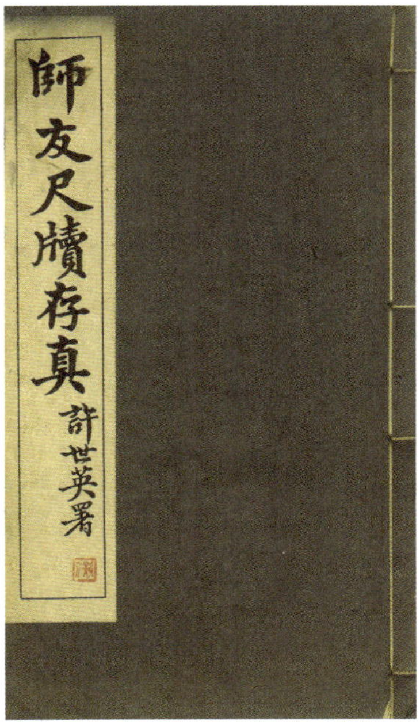

据中国国家图书馆《金石组提取拓本情况介绍》（载《文津流觞》2008年第1期）：“以上两种丛帖填补了本组空缺（指《师友尺牍存真》和《倦舫法帖》）。”可见国家图书馆金石组对此书的重视。

书前有一篇许世英撰《师友尺牍存真序》，念及此书流布稀少，不妨照录：“自昔爱人书法之工者，或陈牒而请判事，或致简而得报章。偶获零缣碎锦，必且什袭藏之，惟恐散失。又有慕人志行之美者，不论书法之工拙，翰墨所留，珍如拱璧。存则为千里怀思之券，没则为吉光片羽之遗，心赏手抚，籍资考证。此二者其保存师友函牍之意旨虽不同，而欲传诸久远则一也。余自清光绪癸卯，由本省抚院咨送北京大学堂肄业，蒙董绶金、端午桥、铁宝臣诸公，先后延聘，课其子弟，于是与当代名公臣卿相过从。北京为人文渊薮，书法亦最讲求，余虽不工书，然见书法佳者，辄爱之不忍心释。尔时所藏者，以孙寿州之楷书为多。因余时充皖学堂教习，寿州为该堂总理，又属比邻，屡有书札相往还也。迨庚戌，余奉命充驻英游学生监督，以远涉重洋，行縢携带不便，将夙昔收藏书翰分存友人处。辛亥之役，友人仓促南归，藏件因之散佚大半，嗣后赴美，旋又返国赴滇，无暇整理。民国己未奉调来浙，始将藏书等件携之南下，乘轮由津至沪，途遇飓风荡舟激，海水入舱，行李尽湿。书籍信件遭此巨浸，亦多霉烂，存者百不逮一。兹之所留，多系近年所积存者。窃恐不加检点，时日稍久，尽饱蠹鱼之腹。爰于暇日逐一检出，装订成册，并勒诸贞珉，以垂久远。回溯当年赠答诸公，其间有存者、有没者，展卷浏览，如同晤对，谓余爱其书法，加意保存，固可谓余景仰其人志行，因保存其手迹，亦无不可。庚午春日自识于西湖诵芬堂。”民国庚午是1930年，正是钱文选在浙江盐运使任上。

作为一个藏书家，有兵、虫、水、火四忌，从这个序言里看到，钱文选的收藏遇到“辛亥之役”，“藏件散佚大半”；又遭“海水巨浸”，致使“亦多霉烂，存者百不逮一”。好在他还想到不能把这些有限的残留“饱蠹鱼之腹”，才及时“勒诸贞珉”，可见一个爱书人的良苦用心。

“贞珉”，指贞石，是石刻碑铭的美称。那么刻着这些书札的碑石在哪里呢？从新华社2004年9月发出的一篇电稿，找到了碑石的下落。在杭州云居山5号一位名叫徐藕光的老人家院子里，发现了遗落民间的“士青书信碑”。徐藕光说，一共有三块碑，大约20多年前，杭州友好饭店进行改建，老人的儿子正好路过，看到这几块碑躺在一边没人理，就把它们搬回家，当花盆下垫的石头。这一搬就是20年，这几块刻着字的石碑一直是老人家中的花盆底座。老人的儿子从报纸上得知杭州发现了西泠印社创始人吴隐所刻的石碑，觉得家中的这几块碑与报纸照片上的非常像，于是就打电话到碑林，希望专家前来考证一下。这几块碑石长69厘米，高30.5厘米，厚8.5厘米，用湿抹布拭去碑上的尘埃，露出“士青兄……弟于宝轩顿首”

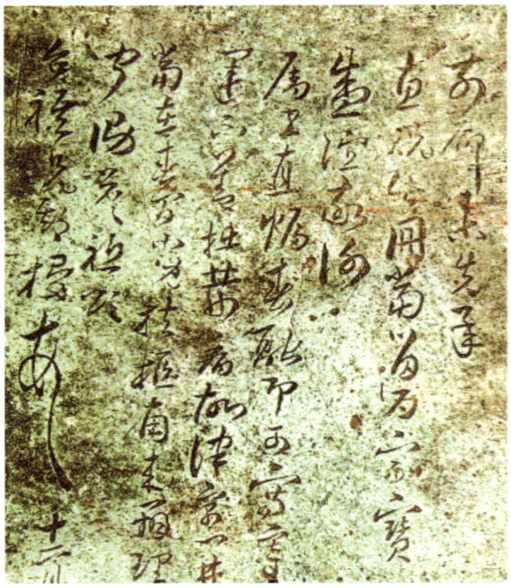

杭州发现的“士青书信碑”

的字样。杭州碑林文保所所长陈进看后认为：“这几块碑正是馆内找了20多年的士青书信碑。”杭州碑林的资料记载，《致士青书信》碑共22石，碑林已藏16石，缺6石，每石前后各有序号，在现藏的16石上，共刻有32人（全为37人）致士青的信。徐藕光老人家这几块碑与杭州碑林的馆藏一模一样。每块石碑上是两封书信，字体以草书和行书为主，碑刻相当精美。按照常规，碑文都是横竖很整齐的，但这几块碑的碑文并不规则，更显碑文飘逸动感，读上去一气呵成。

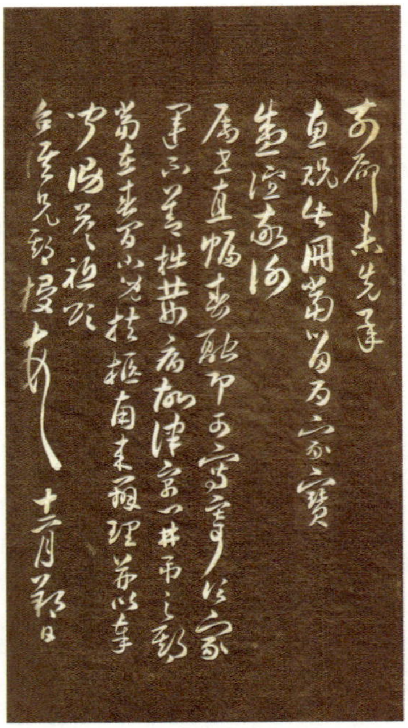

《师友尺牍存真》所收“士青书信”

这位“士青兄”就是钱文选，士青是他的字，乃钱肃王的三十二世孙，清同治十三年（1874）出生于安徽广德，前清举人，清光绪三十四年（1908）毕业于北京京师大学堂译学馆，有《吴越国五王世家》，《钱氏家谱》、《钱氏家乘》、《士青全集》、《诵芬堂文稿》、《游滇纪事》、《柳夫人事略》、《天目山名胜志》等著作行世。现立在杭州钱王祠的苏东坡《表忠观碑》后面，有钱文选的题记，上面写着“钱文选，字士青，民国甲子倡诡议重修王祠，并在临安捐祭田，修祠墓又辑刊钱氏家乘”。另外，西湖“三潭印月”有钱文选题的一幅非常有名的楹联：“空潭成对影，明月悟前身。”

北京崇文门外薛家湾胡同有钱氏宗祠，建于清朝中叶，供奉着钱氏家族名人的画像、牌位。苏东坡《表忠观碑》卷十七记载：“吴越地方千里，带甲十万，铸山煮海，象犀珠玉之富，甲于天下，然终不失臣节，贡献相望于道。”说的就是钱镠王朝带给浙江的繁华与昌盛。在唐末五代初复杂纷纭的战乱和政治斗争中，由于钱镠始终执行了“保境安民”和“善事中国”的统一思想和政策，加之他严格教子，从而上得天子欢心，中得邦邻青睐，下得百姓拥护，不但使百姓免遭战乱之苦，同时也使自己和自己的子孙们免遭杀戮。故钱氏后裔千余年来生生不息，子子孙孙遍及神州，以至海外。其中在朝为官者也几乎每朝每代都有。如北宋大臣钱惟演、清康熙内阁中书钱昶、清末举人民国时任旧金山领事的钱文选等，至于到了近代，钱氏后裔更是人才辈出，声名显赫，如文学家钱玄同、钱锺书；科学家钱三强、钱伟长、钱学森；外交家钱其琛以及中国工程院院士钱正英等都是钱氏的后裔。翕居另藏有民国14年出版钱文选编纂的《钱氏家乘》十二卷六册。

据说，现在《致士青书信》碑还有三块不知下落。

“是可称瀛洲之宝也”：《南画集》

（日）村山旬吾编《南画集》，一函，上中下三册，日本国华社明治43年（1910）出版，东京筑地活版制造所珂罗版印行。共收入108幅画，画集长48厘米，宽31.5厘米。版权页钤“国华社藏版”篆字朱文方印。扉页毛笔题“窑本静云堂”。

2002年，启功先生看到国华社这部《南画集》后，曾写下了一段跋语：“民族相邻、语言相接之邦，其文化发展，必有互为影响者。有清末叶，文人提倡拼音代汉音者，画家东渡留学遂有高剑甫、陈树人之岭南画派，此中土与东西交流之在人耳目者。其东西各邦之受中华影响者，史册所载已指不胜屈。其在有清后叶者，六法一艺，尤为显著。如池大雅、赖山阳，笔墨流传，号曰“南画”。其笔情墨韵，极似明人风格，此瀛海神州文化交融之极堪称道者。后来离合，岂可复言。今见此《南画集》三大册，实东中文化之菁英，子孙纪念之模楷，藏之名山，传之百世，不使大雅、山阳诸贤复有遗憾，是可称瀛洲之宝也。壬午年立冬启功获观因志册后，时年九十。”（载《中国书画》2003年第5期）

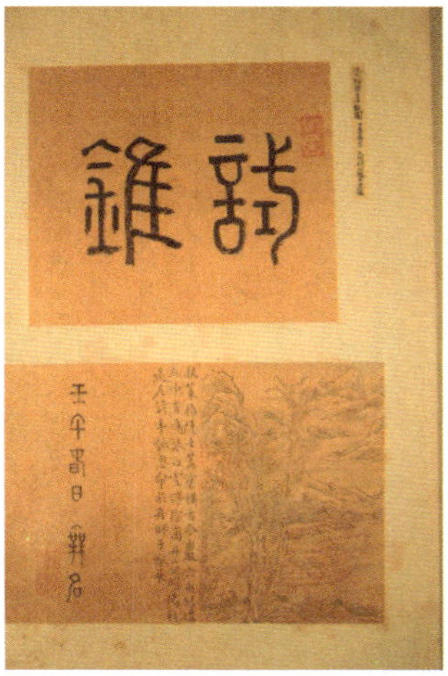

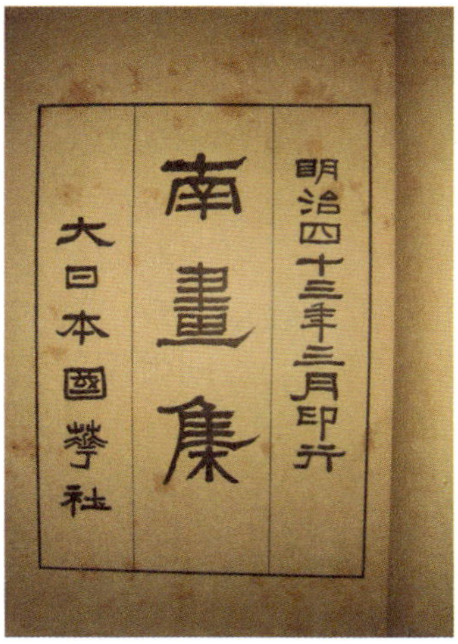

钱锺书先生在他的短篇小说《猫》中，也曾提到《南画集》。书中有李太太和李先生两个人物，李太太的父亲是一个前清遗老，“住在上海租界里，抱过去的思想，享受现代的生活，预用着未来的钱”。李先生的父亲也是一个前清遗老，“曾做出洋游历的随员，回国以后，把考察所得，归纳为四句传家格言：吃中国菜，住西洋房子，娶日本老婆，人生无遗憾矣”！结果李先生把老子的家训记颠倒了，“娶了西洋化的老婆，比西洋老婆更难对付”，所以只好“本来是他父亲的儿子，从今以后全副精神做他太太的丈夫”。

而另一主人公陈侠君，他的大伯父是一个有名的国画家，“不懂透视，不会写生；除掉‘外国坟山’和自来水，也没逛过名山秀水，只凭祖传的收藏和日本的珂罗版《南画集》，今天画幅山水‘仿大痴笔意’，明天画幅树石‘曾见云林有此’。生意忙得不可开交”。

日本国以木刻色刷复制中国书画兴于明治晚期，肇始者即为“国华社”，曾于明治38年出版《和汉名画百选》，内收国画30幅，其中12幅为木版色刷。而继其任并发扬光大者当推“审美书院”，明治40年出版《支那名画集》，一函二册，内有32幅为木版色刷，余为珂罗版。

在北京明珠双龙国际拍卖有限公司2008年春拍中，《南画集》一函三册，成交价为3850元。2008年12月，中国嘉德四季第15期及第16期拍卖会合拍，此画集估价有3000～5000元和6000～8000元两种，均未成交。

薛志泽崇礼堂刊《益州书画录》

薛志泽撰《益州书画录》一卷一册，牌记题“成都崇礼堂校镌”，民国34年刻本，张大千题写书名。《益州书画录补遗》一卷一册，牌记题“民国丙戌（1946）岁春正月成都薛志泽崇礼堂校镌”。书前有彭举、路朝銮二人所作序言。钤“东吴俞守己家藏记”、“敦复堂印”、“俞守己”、“俞氏珍藏”等多枚藏印。薛志泽另有《益州书画录续录》一卷、《益州书画录附录》一卷，翁居无藏。正录、续录收入画家737人，补遗收入300余人，四卷共计1224人。

《益州书画录》分蜀籍、游宦、流寓、方外、闺秀五类。所收画家起自清初，按年列传。该书主要取材于各种史书志乘笔记及蜀中文献有明确记载的画家。对于画家的遴选，有三不录：在世的人不收录、政治文学诸家与书画无关系者不收录、传闻无据的不录。书中也收录了非蜀籍而与蜀有关的画家，以游宦、流寓来区别。

薛志泽是民国间旧书商，成都九里堤人，在成都玉带桥街开设新民书局。薛志泽先在鼓楼北二街摆旧书摊，后入成都国学研究院攻读，毕业后当过《蜀报》记者。报社被查封后，仍归行经营旧书店。薛志泽善交际，与学者名流如苏凤钢、彭云生、熊子骏、谢无量等有较多交往。鉴定版本、字画

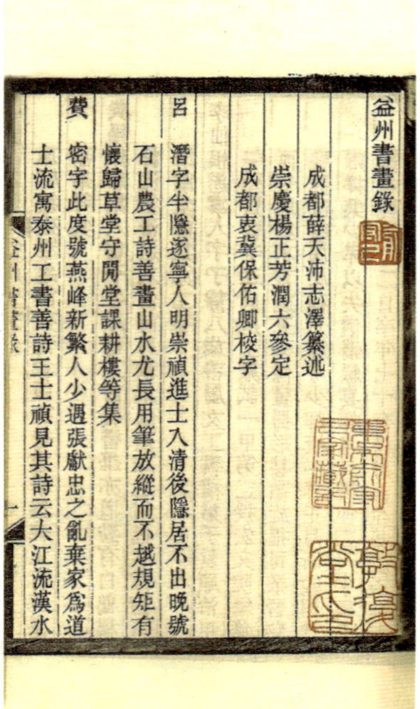
益州書畫錄
成都薛天沛志澤纂述
崇慶楊正芳潤六參定
成都袁龔保佑卿校字
呂
潛字半隱遂寧人明崇禎進士入清後隱居不出晚號
石山農工詩善畫山水尤長用筆放縱而不越規矩有
懷歸草堂守閒堂課耕樓等集
費
密字此度號燕峰新繁人少遇張獻忠之亂棄家爲道
士流寓泰州工書善詩王士禎見其詩云大江流漢水

的本领，在同业中数一数二。新民书局本钱大，存货多，善经营，抗战时期发展成为旧书业的首户，曾担任同业公会理事长。薛志泽用“薛崇礼堂”名义刻印了《章氏丛书续编》、《清季四家词》、《神州论画录》、《益州书画录》等八种书，其中只有《益州书画录》为薛志泽本人编写。

蜀人有编纂美术史志的历史传统，从北宋黄休复撰写《益州名画录》开创西蜀地方绘画史后，关于蜀地绘画史稿的编辑整理就连续不断，宋代范成大著《成都府古寺名笔记》，元代费著的《蜀名画记》，明代曹学佺著《蜀中广记·画苑记》，民国6年成都存古书局出版有四川国学院教授罗元黼编辑的《蜀画史稿》，民国34年有薛志泽的《益州书画录》，至1956年，江梵众、陈蓉峰撰写了《清代蜀中画家传略》。一千多年来的记述传承，有了一个清晰、系统的脉络。

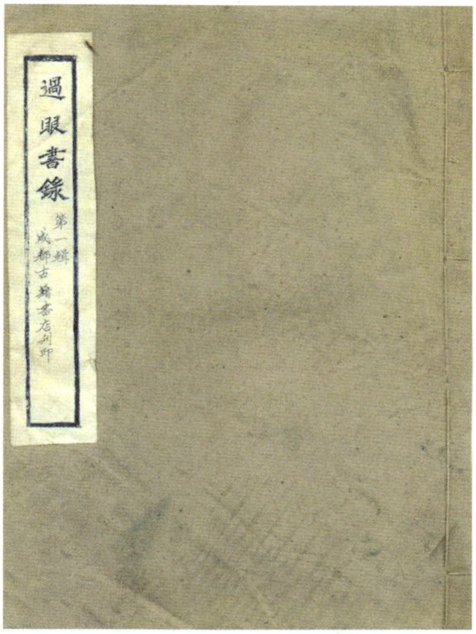

吴前先生所售之俞守己《过眼书录》

此书原藏家俞守己为成都旧书商，做过成都古籍书店的经理，斋名“恒河沙室”，见多识广，著有《过眼书录》一书，成都古籍书店刊印，线装红蓝套色油印。

“人生短，艺术长”：《国亮抒情画集》

马国亮作《国亮抒情画集》，精装本一册，定价大洋二元。上海良友图书公司民国21年11月初版，民国22年10月再版。全书分三部分，包括抒情画48幅、装饰画78幅、图案字97幅，书前是作者民国21年作的“前序”。抒情画部分具有浓厚的比亚兹莱绘画风格和模仿痕迹。

比亚兹莱（Beardsley）是英国插图画家、装帧艺术家。他仅仅受过2个月正规训练，但开启了西方现代书籍装帧的一代新风，对现代早期平面设计的影响巨大，无人能出其右。这个早逝的天才只活了26岁，他的作品很简洁，一般只有黑白两色，但同时又很繁复，多有精心的线条细碎的花纹。比亚兹莱的画较多表情诡异的男子和妖冶女子，里面布满了嘲讽和颓废，甚至色情和邪恶。鲁迅在《〈比亚兹莱画选〉小引》中讲到：“没有一个艺术家，作黑白画的艺术家，获得比他更为普遍的荣誉；也没有一个艺术家影响现代艺术如他这样广阔。”

比亚兹莱逝后，模仿者长期不绝，著名的有英国的里克茨、法国的格拉谢特、荷兰的托罗普以及有“美国比亚兹莱”之称的布莱德利等。首先将比亚兹莱介绍到中国的是郁达夫，接着是田汉、张闻天、鲁迅、郭沫若等。由于他们对比亚兹莱绘画的介绍，从

而在中国文艺界兴起一股崇尚唯美的热潮。主要追随者有张令涛、马国亮、万籁鸣、万古蟾、叶永蓁等。

马国亮出生于1908年，广东顺德人。1929年开始发表作品。历任上海良友图书公司编辑，《今代妇女》主编，香港《大地画报》总编，新大地出版社总编辑，上海《前线日报》副刊编辑，香港长城电影公司编导室主任，上海美术电影制片厂编剧等。

马国亮曾就读上海新华艺专，曾任《良友》画报第四任总编辑。他虽不是科班出身，却热衷于书籍装帧，跟白俄画家学过画，曾在《良友》画报、《妇女杂志》等刊物上发表许多类似于比亚兹莱的插图作品。《国亮抒情画集》第一部“抒情画”中所收，多半是他为自己的三部著作《昨夜之歌》、《给女人们》和《回忆》所作插图，风格糅合了比亚兹莱的作风与装饰艺术派的趣味，一定程度上体现出上海特有的都市气息。

马国亮在书的“前序”中讲，“绘画是一件并不舒服的事”，在疲倦时，竟至于憎恨和厌恶绘画，“真想把我的墨水瓶和钢笔丢了”。但之所以出版这个画集，是为了“纪念自己过去的一段绘画生涯”，除此之外，“并不存什么野心”。他在序言中还讲到：人生短，艺术长。这的确是很耐人寻味的。

据赵家壁回忆，一次鲁迅到门市部买了一册，还很欣赏他的线条画法。此事在1933年3月18日鲁迅日记中有记载：“午后往良友图书公司买《国亮抒情画集》一本，二元。”

1984年，马国亮作了在香港复刊后的《良友》顾问，每期写一篇“良友忆旧”，记录了从上海创刊到香港复刊期间的分合起落和时代风云。2002年1月，三联书店结集出版了《良友忆旧——一家画报与一个时代》，精选了近400幅画报中较具代表性的图片，其中披露了许多珍贵的历史文献和文化掌故。

2007年11月，孔网拍卖此书1933年再版本，成交价为490元。

逝矣，壯士一去兮不復還！

“搜尽奇峰打草稿”：《画谱》

（清）释道济撰、朱季海注释、吴铁声后记《画谱》一册，上海人民美术出版社1962年据清康熙四十九年（1710）全州释道济大涤堂精刻石涛手写本影印。本书即《苦瓜和尚画语录》，但与坊刻本内容文字颇有出入。

石涛（1642—1707），清代杰出画家。原姓朱，名若极，小字阿长，削发为僧后，更名元济、超济、原济、道济，自称苦瓜和尚。游南京时，得长竿一枝，因号枝下叟，别署阿长、钝根、山乘客、济山僧、石道人、一枝阁，别号还有清湘老人等，晚号瞎尊者、零丁老人等。广西全州（今全县）人，明靖江王朱赞仪十世孙，父亨嘉因自称监国，被唐王朱聿键处死于福州。时石涛年幼，由太监带走，后入佛门。凡山水、人物、花果、兰竹、梅花，无不精妙。且能熔铸千古，独出手眼。其构图之奇妙，笔墨之神化，题诗之超逸，都表现了他的风骨，一脱前人窠臼。他轻视泥古不化之风，是明末清初画坛革新派的代表人物。强调“画家要面向现实，投身到大自然中去”，“搜尽奇峰打草稿”，创造自己的艺术意境。要“借古以开今”，从实际生活中获得感受。其创造性，就表现在他个人心情与自然的交流，达到从古人入、从造化出的艺术境界。他的皴法是为山川“开生面”，用得很灵活。他分析画中的“点”说：“点有雨雪风晴，四时得宜；点有反正阴阳衬贴；点有夹水恶化墨，一气混杂；点有含苞藻丝，缨络连牵；点有空空洞洞，干燥没味；点有有墨无墨，飞白如烟；点有似焦似漆，邋遢透明；点更有两点，未肯向人道破；有没天没地，当头劈面点；有千岩万壑，明净无一点。”直到年老力衰病重时，仍作设色山水册书画各十二帧。作品有《松鹤图》、《十六阿罗应真图卷》、《疏竹幽兰图》、《枯墨赭色山水》、《云山图》、《兰竹图》、《乔松图》和《山水册》。

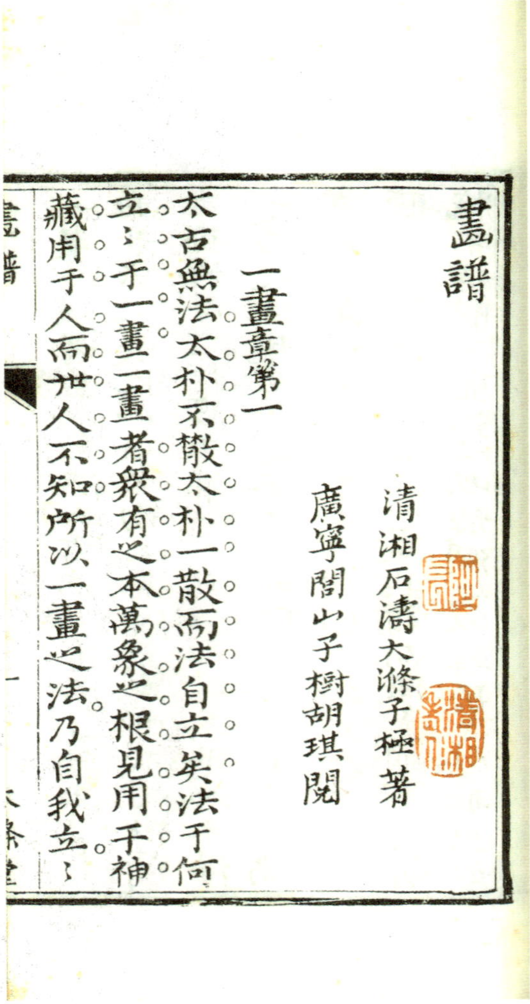
畫譜
清湘石濤大滌子極著
廣寧閻山子樹胡琪閱
一畫章第一
太古無法太朴不散太朴一散而法自立矣法于何
立立于一畫一畫者衆有之本萬象之根見用于神
藏用于人而世人不知所以一畫之法乃自我立立

“不以古物谋利”的《使华访古录》

（德）古斯塔夫·艾克（Gustav Ecke）撰《使华访古录》一册，民国28年影印暨铅印本，正文为福建印刷，图版为北平彩华印刷局印刷。本书以图片为主，文字说明为德文，图片名称有中文对照，（德）奥斯卡尔·特莱特曼搜集。书前为作者1939年1月写于福建大学的德文序言。文字解释部分为较厚的卡纸，图版为白宣纸。

书中收录青铜器10种20件，计有鼎8件、簋2件、觯2件，方彝、盘、壶、爵、瓿、卣、角、觚各1件。

古斯塔夫·艾克博士（1896—1971），出生于德国。1923年受刚创办的厦门大学聘请来华任教，1928年清华大学创办，又受聘赴北京任教，随后又担任辅仁大学西洋文学艺术史教授。艾克是“中国营造学社”的创始会员之一，并且是《华裔学志》的创办人之一（该刊于1948年停刊）。

艾克在中国居住了26年，在这些年里，艾克遍游中国，学习、研究和整理了大量有关中国艺术的知识和资料，以一个艺术史学者的敏锐眼光接触了大量的青铜器、中国古代建筑和古家具。1935年，艾克和瑞士学者戴密微（Paul Demieville）合著的*The Twin Pagodas of Zayton*（译为《泉州双塔》），由美国哈佛大学燕京社出版。这是他的第一部学术著作。此后，他与中国学者杨耀先生共同合作，与梁思成、刘敦桢教授共同研究磋磨，重点对中国明式家具进行研究，在欧美学术刊物上发表了一系列学术论文，并于1944年在北京出版了《中国花梨家具图考》一书。这或许是在他的诸多专著中最有名的一部，并且极大地影响了当时的现代艺术品味，成为中国家具欣赏与鉴定的权威书籍，并极大地激发了人们对中国家具的热情和关注。

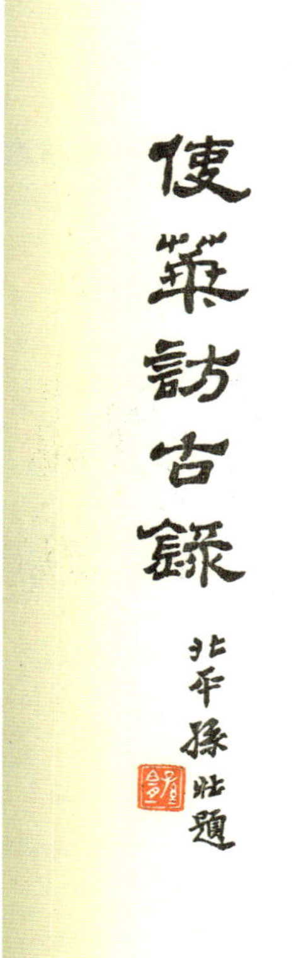

书中收录了明清家具实物122件，测绘图纸30张，这里面不仅仅只是艾克个人藏品，还收录了国外收藏家、在京外国使节以及欧洲学者们所收藏的中国家具，并将它们按照类型、时期和造型风格来分类。并附有精确尺度的制图，包括不同的组成构件和榫卯结构图，使它成为世界各地的木工和家具设计师完美的参考资料。1962年，此书由查理斯·塔图尔公司再版。但该书中译本直到1991年10月，才由地震出版社出版，薛吟女士翻译。

1945年，艾克与曾佑和在北京结婚。曾佑和1925年出生于北京，1942年毕业于北京辅仁大学美术系，曾受教于容庚、启功等名家，1949年随艾克迁居夏威夷，曾任美国夏威夷大学东方美术史教授。曾佑和是一位颇有才华的画家和艺术鉴赏家，热爱传统艺术，并在学术研究方面与丈夫紧密协作。

曾佑和在为《中国花梨家具图考》中文版所作序言中，介绍了艾克的学术生涯：艾克一向以学者身份修身，从不以古物谋利。他深明中国艺术造诣纯正，非一知半解可以倾识。东、西、古、今艺术各有千秋，审美没有国界和时间的限制，应以文化心性释解，不当以法制为度。

2006年12月15日，“简约·华美——明清家具精品展”在中国国家博物馆展出。展览中有一个特设区域，展出了曾佑和、艾克捐给恭王府的7件明式家具。这7件家具，是2006年9月20日上午，曾佑和捐赠给文化部恭王府管理中心的“成套成对、流传有序”的明代黄花梨家具。包括：黄花梨联二橱，黄花梨霸王枨条桌，黄花梨圈椅，黄花梨嵌大理石长方桌，黄花梨双人凳2件。其中有5件是《中国花梨家具图考》一书中收录的。这些明家具1948年运到美国夏威夷。2006年初，曾佑和定居北京，将其运回并捐献给国家（据《CANS艺术新闻》）。

在中国嘉德2008年四季第16期拍卖会上，此书估价3500～5000元，未成交。

曾佑和、艾克捐给恭王府的7件明代家具

书品宽大的善本：《宋王复斋钟鼎款识》

（宋）王复斋撰《宋王复斋钟鼎款识》不分卷，一册。此书为阮元于清嘉庆七年（1802）摹勒成册，叶志诜于清道光二十八年（1848）重刻，无鱼尾，半框22.4厘米×33厘米。版心上部刻书名，书口页码下刻隶书“积古斋藏宋拓摹刻”，尾刻入明清各家书跋、观款、印章，书品特宽大。书名页左侧题字用篆文：“钟鼎款识”，落款用篆文：“天籁阁记，项元汴玩赏”。书名页右侧有一段文字：“宋拓钟鼎款识，原册计三十叶，宋复斋王氏所集计五十九器，内有青笺者十五器，为毕良史所收。末页楚公夜雨雷钟重见，玩其题识，皆复斋之笔也。扬州阮氏积古斋所藏，嘉庆七年秋摹勒成册。道光二十八年冬十月汉阳叶氏重摹刻本。周良谨摹。”

书名页后有赵松雪题写书名，每字占一页。据李遇孙辑《金石学录》中的记载：“赵孟頫藏复斋所辑款识，用大雅印章。兼书薛尚功考证于《曾侯钟》后，册首钟鼎款识四篆字，亦其所书。”所收为三代青铜器铭文。有器形图，有尺寸说明，有释文，有考证文字，有拓片。每张拓片皆有收藏者印，后附题跋较多。

此重刻本之由来，道光二十八年十月叶志诜跋曰：“原册旧藏仪徵阮太傅家，曩携至都门，曾假观数月，不意癸卯春毁于火，并板片失之。戊申夏四月，志诜就养南行道，出扬州谒太傅话旧，以原刻初印本，嘱为重锓。秋七月抵羊城，选工伐木三月之久，悉心校刻，仍还旧观。”

清代查慎行题识曰：此册自南宋至今六易主，乃归衎斋马氏，展玩之余，觉古色古香，流矑触鼻，不无好古生晚之叹。有宋以来为此书作跋者甚众，清代《万卷精华楼藏书记》和《越缦堂读书记》等皆尽道其详，然于收藏者秦伯阳和此书初版本之关系上议论颇多。

林钧的《石庐金石书志》卷八中如是评价此书：“宋人著录金石，如《考古》、《博古》、《薛尚功款识》等书，皆属摹刻，独此为原器拓片。数百年来，屡经名人收藏题跋，尤为足矣。”此书《宋薛尚功历

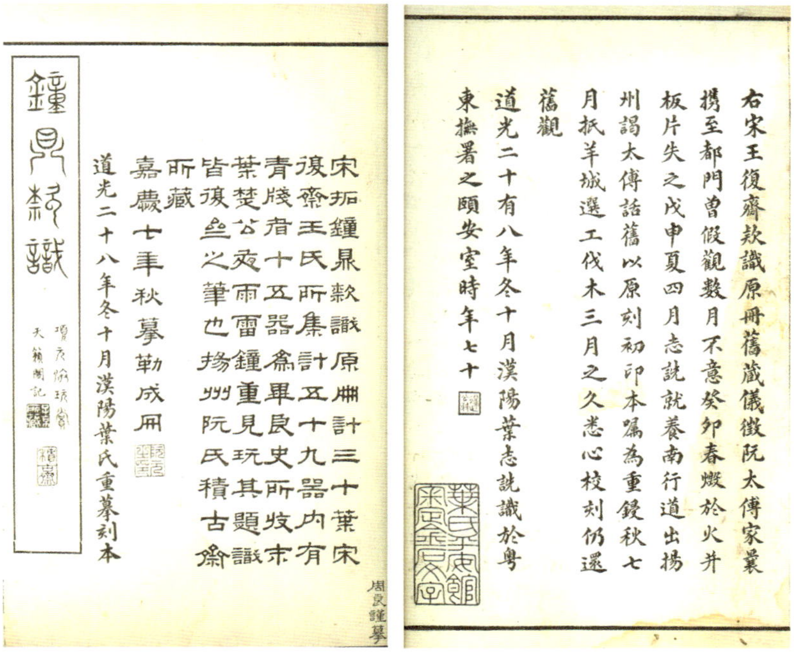

代钟鼎彝器款识法帖》二十卷、阮元《积古斋钟鼎彝器款识》十卷本有收录，另有影印阮刻本、后知不足斋丛书本、丛书集成初编本、四部丛刊续编本、百一庐金石丛刻本。

《阮元金石书法年表》记载：“嘉庆七年（壬戌），三十九岁。三月，《宋王复斋钟鼎款识》摹刻成。隶书考释、题跋。”

在朵云轩2005秋季艺术品拍卖会上，此册估价6000～7000元，成交价为6600元。在该公司2007年春季艺术品拍卖会古籍善本专场上此书连史纸衬订一册，拍卖成交价为15680元。

“巨眼”徐渭仁钩摹的《随轩金石文字》

（清）徐渭仁钩摹《随轩金石文字》四册，不分卷，附《建昭雁足镫考》二卷，清道光十七年（1837）刻本。收周石鼓文、汉雁足镫、汉沛相杨统碑、汉繁阳令杨馥碑、汉高阳令杨著碑、汉太尉杨震碑、汉围令赵君碑、汉巴郡太守樊敏碑、隋大业塔盘题字等。

徐渭仁（？—1853），字文台，号紫珊、子山、不寐居士，上海人。早年善书法，尤长汉隶，收藏碑帖甚丰，并精于鉴别，时人称之为“巨眼”。徐得隋开皇《董美人碑》，甚珍爱，遂自号随轩。后又得王昶旧藏之建昭雁足镫，在宅中辟“西汉金镫之室”。年三十八，忽又学画，兰竹山水，闭门研求，搜罗历代绘画，题识名画。他还重视地方文献，藏有孤本清嘉靖《上海县志》、明万历《上海县志》等。

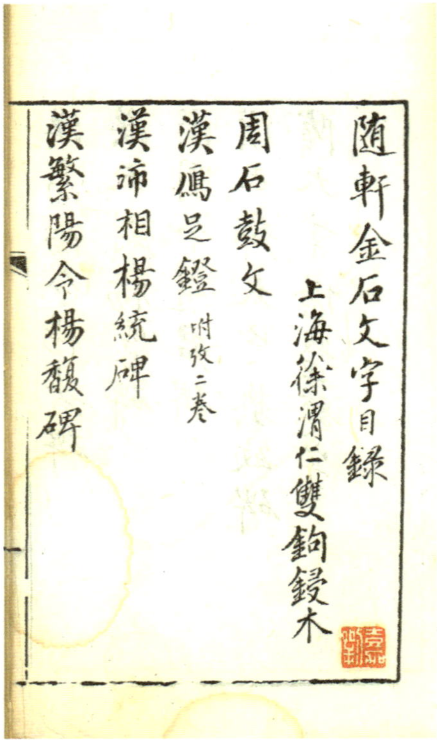
隨軒金石文字目錄
上海徐渭仁雙鉤鋟木
周石鼓文
漢鴈足鐙 附攷二卷
漢沛相楊統碑
漢繁陽令楊馥碑

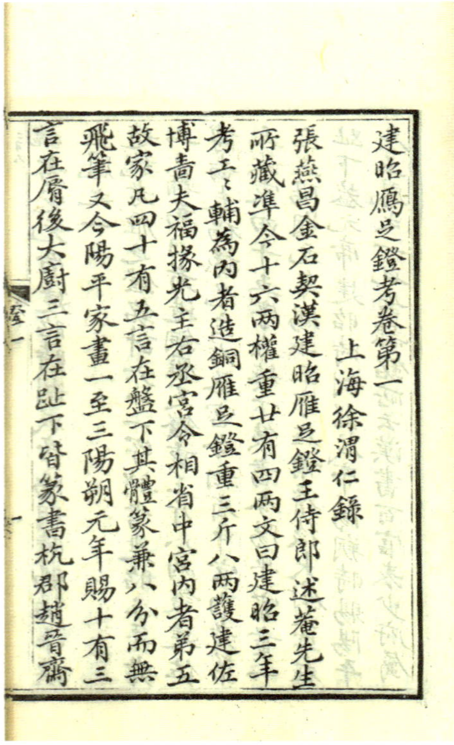
建昭鴈足鐙考卷第一
上海徐渭仁錄
張燕昌金石契漢建昭鴈足鐙王侍郎述菴先生所藏準今十六兩權重廿有四兩文曰建昭三年考工〻輔為內者造銅鴈足鐙重三斤八兩護建佐博嗇夫福掾光主右丞宮令相省中宮內者弟五故家凡四十有五言在盤下其體篆兼八分而無飛筆又今陽平家畫一至三陽朔元年賜十有三言在層後大廚三言在趾下皆篆書杭郡趙晉齋

清咸丰三年（1853），小刀会占上海县城，杀知县袁祖悳，城内富户士绅避入租界，而徐渭仁仍留城内，传有二说：一说他难舍大量文物古玩书画碑帖，遂资助小刀会得以保全；一说小刀会首领之一潘起亮，是徐家马夫，曾被上海县所捕，系徐渭仁保释，小刀会入城，保其财产，而禁于豫园万花楼，小刀会不少文告，均出其手。咸丰五年，清兵入城，徐渭仁自恃曾收殓被杀的知县，并经常写诗以明心迹。然官府仍加“从贼”之罪，对其勒索甚巨，终被下狱，死于狱中。

徐渭仁是道光、咸丰时著名的收藏家、鉴赏家，由于收藏品多，室名有“春晖堂”、“千声室”、“宝晋砚斋”、“实事求是斋”和“寒木春华馆”。他还在露香园遗址，重建万竹山房、秋水亭，藏张芝昌摹石鼓文等。道光二十二年，城内火药局爆炸，此处景物亦被毁。辑有《春晖堂丛书》、《随轩金石文字》、《法帖》等。

在上海博古斋2007年7月拍卖会上，《随轩金石文字》不分卷、附《建昭雁足镫考》二卷，估价2500～5000元，成交价为4950元。

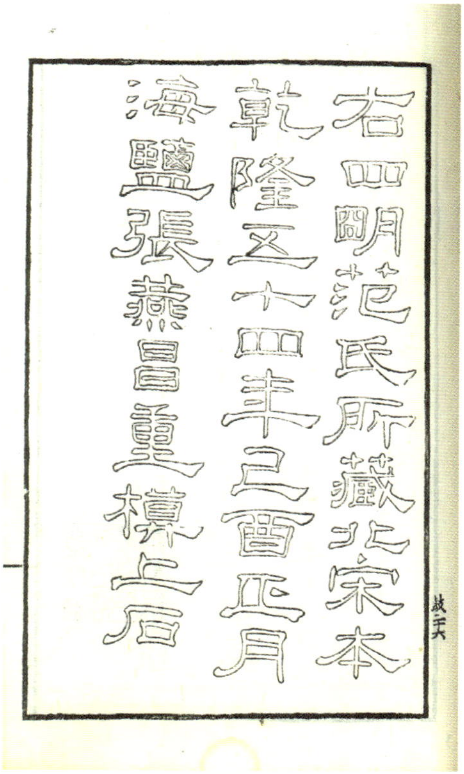
右四明范氏所藏北宋本
乾隆五十四年己酉正月
海鹽張燕昌重摹上石

“邓公泽如”藏《孙中山先生廿年来手札》

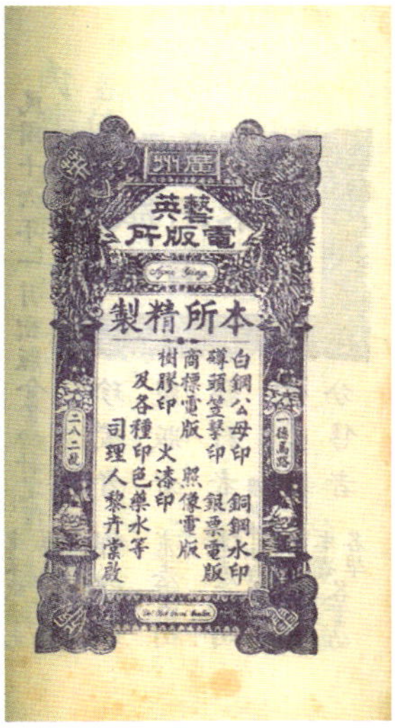

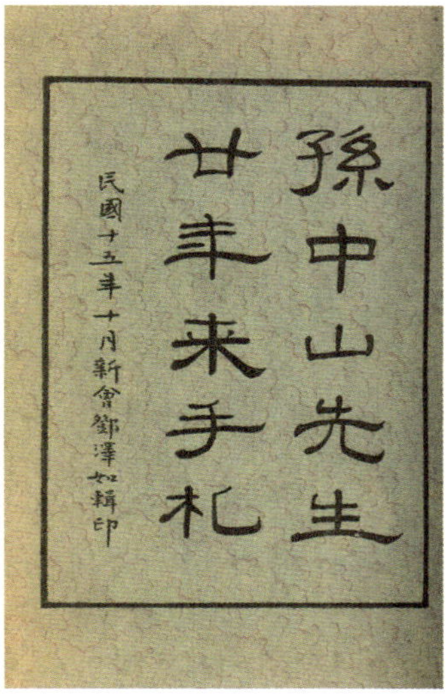
孫中山先生
廿年來手札
民國十五年十月新會鄧澤如輯印

《孙中山先生廿年来手札》，广州述志公司民国16年1月制版发行。附有紫印“广州艺英电版所”广告一页：“本所精制白钢公母印、铜钢水印、银票电版、商标电版、照相电版、树胶印、火漆印及各种印色药水等，司理人黎卉堂启。一德马路二八二号。”

该书所收信札皆为邓泽如藏。邓泽如（1869—1934）是南洋华侨，为经营锡矿兼橡胶业的大商人。1920年应孙中山号召回国，任广东护法军政府内务部矿务局局长兼广东矿务处处长、大元帅府大本营建设部部长、两广盐运使、国民党广东支部支部长。1934年，邓泽如不顾年事已高，冒雨参加中山大学揭幕，引发肺炎在广州去世，逝世后以国葬下葬。邓泽如曾长期捐款筹饷支援孙中山的民主革命，为支持革命党起义推翻封建王朝作出过贡献。该书序言中讲，孙中山给他的“手札盈尺……自民国纪元前六年以来，几于无月无书”，“数十万党人无存（孙）先生之书多于泽如者”。

邓泽如1923年被委任为国民党临时中央执行委员。同年11月与林直勉等上书弹劾共产党，反对国共合作。后又分别与张继、吴稚晖等对共产党提出弹劾案，为国民党右派的首要人物之一。尽管孙中山与他关系密切，但对其反共行为没有宽容，并亲笔撰文，指出国民党改组和联共的必要，告诫他们“切不可疑神疑鬼”。稍后，孙中山又发表了《致全体党员书》，详细解释联俄联共的必要性和重要意义，严肃批评那些散布谣言的人，不是出于敌人破坏的行为，就是属于毫无根据的疑虑。

孙中山写给邓泽如的信，用的都是“邓公泽如”的尊称。

实物与文献相结合的《陶斋古玉图》

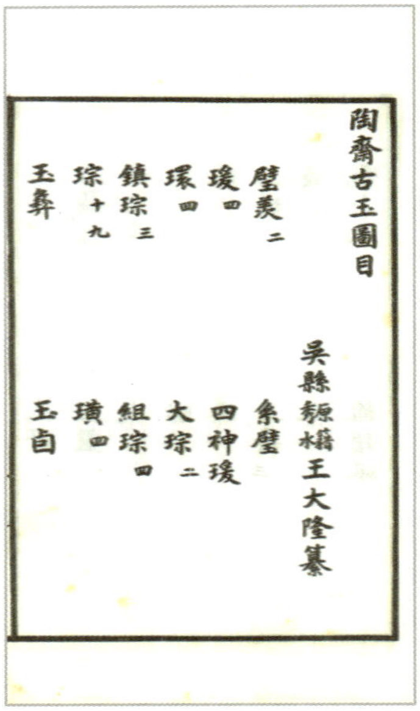
陶齋古玉圖目
吳縣[illegible]王大隆纂
璧羨二　系璧
瑗四　四神瑗
環四　大琮二
鎮琮三　組琮四
琮十九　璜四
玉彝　玉卣

（清）端方撰、王大隆纂《陶斋古玉图》二册，上海来青阁民国25年连史纸影印本。野溪先生所赠。

清末至民国时期，是中国玉器市场上一次空前繁荣的时期。1860年和1900年外国侵略军两次攻进北京，掠夺圆明园和清宫的玉器珍宝；1911年清朝末代皇帝溥仪逊位，将宫中的玉器携出皇宫，这些玉器成为这一阶段中国玉器市场的重要货源。因此，当时京城的古董市场玉器买卖火热，掀起了收藏玉器的热潮。

清末民初的北京玉器市场主要有廊房二条玉器街、北京琉璃厂古玩街、青山居和“鬼市”。廊房二条玉器街位于北京商业繁华区前门大街大栅栏，不但吸引了国内的达官贵人、富商大贾和珠宝同行，还引来了很多外国商人，外国人称廊房二条为“Jade Ware Street”，即“玉器街”，其中的店铺有主要做国内人生意的“中国庄”，还有主要做外国人生意的“洋庄”。琉璃厂古玩街兴始于清乾隆三十七年（1772）开馆纂修《四库全书》以后，清末民国时期是其黄金时代，不但中国的许多文人学者、达官贵人光顾琉璃厂，一些外国的巨商、富豪、学者、官员和平民百姓也到琉璃厂购买包括玉器在内的古玩文物，他们将琉璃厂称为“Antique Street”，即“古董街”，琉璃厂成为中国文物的集散地。青山居位于崇文门外、花市以东，主要是珠宝玉器行行内交易的市场。“鬼市”又叫“晓市”或“小市”，是清末至民国时期对一种出售古玩、旧货、杂品的地摊市场的称呼。由于“鬼市”经营者和经营条件的特殊性，那里出售的古玩玉器要比琉璃厂、廊房二条店铺的便宜得多，因此这里是玉器店铺的货源之一，许多收藏家和文人也到这里觅宝或搜集素材。一些热衷于玉器收藏的学者兼收藏家，还对所藏、所见或经手过的玉器进行研究，并著录成书。其中最为优秀的是清光绪十五年（1889）出版的吴大澂的《古玉图考》，采用实物与文献相结合的方法研究古玉，具有划时代的意义。此外，还有瞿中溶的《亦载堂古玉图录》、端方的《陶斋古玉图》、陈性的《玉纪》等。

民国时期玉器著述颇丰，学者从多种角度对玉器进行研究，如章鸿钊的《石雅》是从矿物学角度研究古玉，郭宝钧的《古玉新诠》是运用考古学方法研究古玉，王国维的《说珏朋》是从古文字学角度研究古玉。一些玉器收藏家将他们的玩玉经验辑录成书，如李凤雅的《玉雅》、李迺宣的《玉说》、刘大同的《古玉辩》、赵汝珍的《古玩指南》、邓之诚的《骨董琐记全编》等都属于此类。民国年间在北京专门收集古玉的古董商黄浚和卢芹斋也将他们经手的重要玉器著录成书，黄浚在《古玉图录初集》中收录玉器471件，在《衡斋藏见古玉图录》中收录200件；卢芹斋于1925年在伯希和的帮助下出版了法文版的《中国古玉》一书，收录其经手收售的玉器。

端方，字午桥，号陶斋，光绪尚书。金石、古玩、碑帖收藏家与鉴赏家。《陶斋古玉图》著成后未印行。1936年，江苏吴县（今属苏州）人杨寿祺在苏州旧书店得到手稿，与王大隆等编印成书，由上海来青阁书局出版。收录玉器150余件，均为陶斋本人的藏品。虽不及吴大澂著的《古玉图考》，但两书风格体例相近，均为后世考古工作者和古玉研究者重要的参考资料。

2009年2月，孔网在线拍卖此书，2000元起拍，未成交。

马犹龙为凌濛初绘制的《卫公献策》插图

在北京琉璃厂觅得一册影印的插图，店家写为《卫公献策》，共有图九幅。首图写有“马犹龙为初成词兄写”的题识。“初成”系明代著名文学家、戏曲家和刻书名家凌濛初。

凌濛初（1580—1644），字玄房，号初成，别号即空观主人，浙江乌程（今湖州）人。在出版史上，以凌濛初为代表的凌家是江南刻书名家，技艺精湛，有双色、多色套印，与湖州闵家齐名于世。刻书重于各种体裁的文学作品，有《琵琶记》、《红拂记》、《虬髯客传》、《东坡书传》等，多达20余种。凌氏著述甚丰，编小说集《初刻拍案惊奇》、《二刻拍案

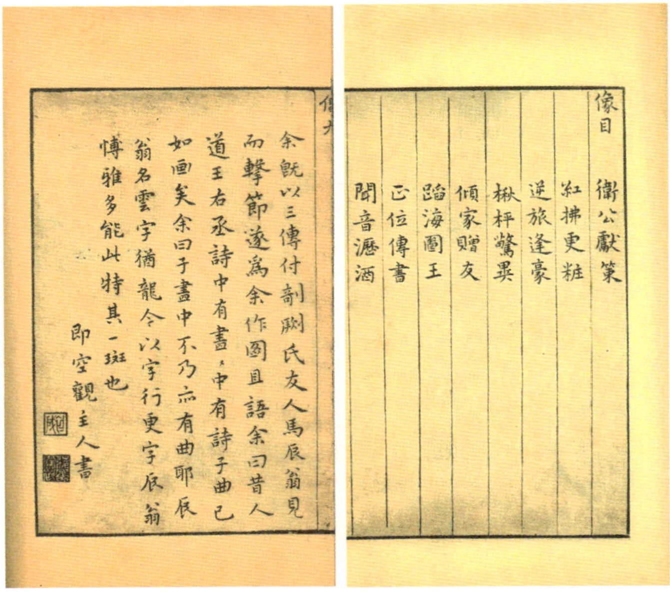
余既以三傳付剞劂氏友人馬辰翁見而擊節遂為余作圖且語余曰昔人道王右丞詩中有畫畫中有詩子曲已如畫矣余曰子畫中不乃亦有曲耶辰翁名雲字猶龍今以字行更字辰翁博雅多能此特其一斑也

即空觀主人書

像目

衛公獻策

紅拂更粧

逆旅逢豪

楸枰驚異

傾家贈友

蹈海圖王

正位傳書

聞音漉酒

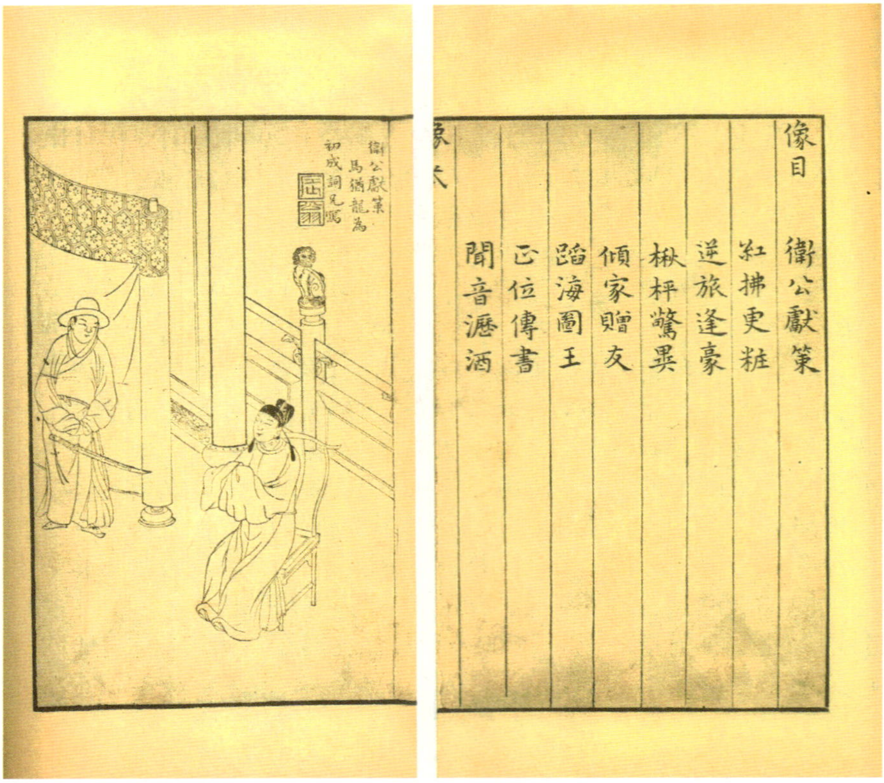

惊奇》，合称“二拍”，分别于明崇祯元年（1628）、崇祯五年刊成，共收入通俗小说80篇。戏曲有杂剧《北红拂》、《虬髯翁》、《颠倒姻缘》等。

凌氏在这册插图的最后，有一个题记：“余既以三传付剞劂，适友人马辰翁见而击节，遂为余作图。”且语曰：“昔人道王右丞‘诗中有画、画中有诗’，子曲已如画矣。余曰：‘子画中不乃亦有曲耶。’辰翁名云，字犹龙，今以字行更字。辰翁博雅致多能，此特其一斑也。即空观主人书。”这里说明，绘者马云，字犹龙，号辰翁。明史记载，马犹龙为明万历十一年（1583）进士，曾为刑部主事和江西提学佥事。这个题记最重要的一点是讲明了这些插图是为凌氏的“三传”而作。

唐末五代时著名道士杜光庭（850—933）曾撰有一部《虬髯客传》传奇小说，流传极广，至今不衰。《虬髯客传》是一篇著名的神仙小说，说的是隋朝末年，天下大乱，群雄逐鹿，李靖以布衣向隋朝权臣杨素献策。当李靖施展辩才时，立于前的杨府歌妓红拂女张氏，慧眼识英雄，见李靖才华出众，遂产生爱慕愿托终身之情，毅然于当夜五更，化成男装，窃出“尸居余气”的杨素府门，私奔李靖住处，相约逃往太原，于途中灵石旅舍，又遇到豪侠虬髯客，三人遂结义，红拂女、李靖称虬髯客为张三兄，虬髯客称红拂女为张一妹。虬髯客本想起兵夺取隋朝天下，后通过刘文静两次会晤李世民于太原，见他“神气扬扬，貌与常异”，“真天子也”。特别经道兄的指点：“此世界非公世界，他方可也。”才心死认输说：“今既有主，住亦何为。”于是慨然将全部家财，赠与李靖、张氏夫妇，让李靖辅佐李世民兴唐，而自己与妻从一奴，远适扶余国，杀其主，自立为王。由于故事情节曲折感人，文笔细腻生动，塑造的人物红拂女、李靖、虬髯客栩栩如生，所以为当时及后世人所喜爱，称他们为“风尘三侠”。

凌濛初根据杜氏的《虬髯客传》的故事，改编了一出名为《识英雄红拂莽择配》的杂剧，此剧又名《北红拂》。剧情与杜氏原著同，只是按戏剧惯例，在出场时增添了介绍自己身份的部分。作者又写了以李靖为主人公的杂剧，惜已失传。还写了《虬髯翁》（又名《扶余国》），因一事而作三传，故被称为《红拂三传》。当时的戏曲家祁彪佳在其所著《远山堂剧品》评《红拂三传》说：“凌初成既传红拂，再传卫公矣，兹复传虬髯翁，岂非才思郁勃，故一传再传，至三而始畅乎!”

这三传中，写卫公李靖的杂剧失传，而《北红拂》和《虬髯翁》还有不同版本流传。民国14年，武进董康诵芬室据刻本重印了《虬髯翁》，此书插图正好与此相合。

《西泠印社潜泉印泥发行所出品目录》

《西泠印社潜泉印泥发行所出品目录》一册，民国24年10月重印，地址上海广东路棋盘街东首239号。吴振平编辑。书名为谭泽闿所写。

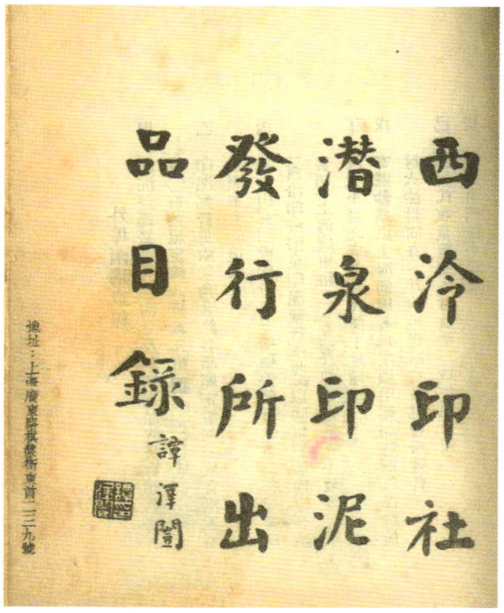

此目录首载《外埠函购章程》七条，第一页为“本社创业者潜泉印泥发明人吴公潜泉遗影，王竹人先生写照，吴待秋先生补景，吴昌硕先生题词”；另有注册商标图案一枚；第二页为潜泉印泥的特点介绍：浓厚、耐久、纯净、鲜艳、不变、清晰等；接下来是潜泉印泥使用方法和产品价格：超重八宝炼金芝红印泥每两洋念4元、特种八宝炼金美丽红印泥每两洋16元、甲种八宝美丽红印泥每两洋10元、乙种镜面硃沙印泥每两洋6元、丙种硃沙膘印泥每两洋4元、丁种硃膘印泥每两洋2元。

再录附售名家印谱、刻印参考书、刻印用品目录、普通材料和金属印章篆刻章程、印样本、价目表等，末录山阴吴振平印稿和书画、篆刻润格。

吴隐（1867—1922），原名金泉，后改石潜，号潜泉。斋称纂籀簃、松竹堂。浙江绍兴人。工书画，精篆刻。1904年与丁仁、叶铭、王禔创设西泠印社于杭州西湖孤山，又在上海福建路归仁里（后迁五马路，即今广东路）开设西泠印社，经营书画篆刻用品，编辑出版印谱；参加上海题襟馆的金石书画活动。一生除篆刻创作活动外，编印了大量的篆刻著作。1920年汇辑《遁庵印学》丛书二十五种，又辑有《印汇》一百五十二册。吴隐于印从浙派入手，曾得吴昌硕亲授以钝刀中锋之法，

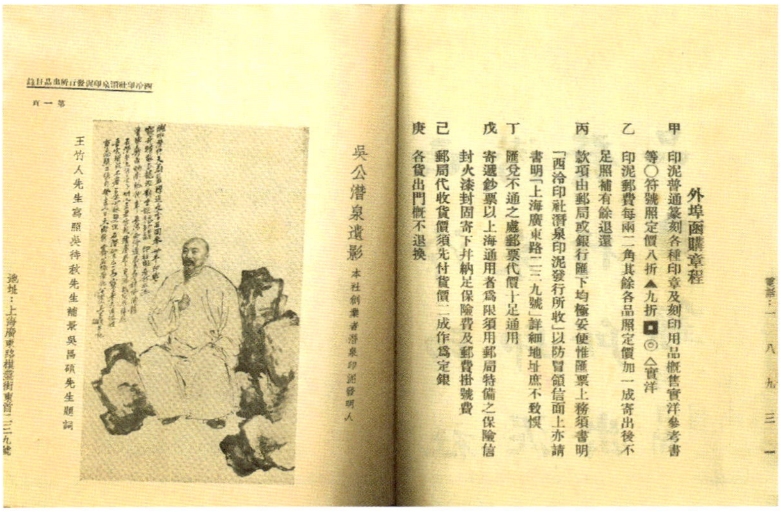
西泠印社潛泉印泥發行所出品目錄

第一頁

吳公潛泉遺影 本社創業者潛泉印泥發明人

王竹人先生寫照吳待秋先生補景吳昌碩先生題詞

總址：上海廣東路棋盤街東首二三九號

外埠函購章程

甲 印泥普通篆刻各種印章及刻印用品概售實洋參考書等〇符號照定價八折▲九折■◎△實洋

乙 印泥郵費每兩二角其餘各品照定價加一成寄出後不足照補有餘退還

丙 款項由郵局或銀行匯下均極妥便惟匯票上務須書明「西泠印社潛泉印泥發行所收」以防冒領信面上亦請書明「上海廣東路二三九號」詳細地址庶不致悞

丁 匯兌不通之處郵票代價十足通用

戊 寄還鈔票以上海通用者為限須用郵局特備之保險信封火漆封固寄下并納足保險費及郵費掛號費

己 郵局代收貨價須先付貨價二成作為定銀

庚 各貨出門概不退換

電話：一八九三一

印风为之一变。由于他精通金石碑版，兼及陶、玺、封泥、古泉，又富收藏，孕育变化，益加浑厚苍劲，古趣盎然。著有《遁盦印存》、《周秦古玺》（均1895年之作）。并于1897年辑自刻印成《吴石潜摹印集存》一册。丁仁《咏西泠印社同人诗》中有写吴氏一首："绝技刀藏埒数公，阿谁双眼辨真龙。风流更有吴公子，钿阁尤传铁笔工。"

吴隐之于西泠印社功不可没，他1915年建遁盦和潜泉，1918年建岁青岩，1919年还建还朴精庐和鉴亭，1920年建观乐楼，并前后四次捐资，金额为创始四英中之最。印社创建，他在孤山凿一小池，泉涌不息，遂命名"潜泉"，并以为号。

编著者吴振平（1907—1977），乃吴隐次子，单名吴珑，字振平，又字铢庵、儋山，号和庵。斋堂为儋山楼。自幼父教甚严，诗文国故、金石书画，亲予传授。生性聪敏，十几岁时即能协助其父查找史料、分类、编集印学方面的书籍。治印得自明清各家与西泠诸子的影响。与夫人丁卓英协力将父传之"潜泉印泥"改进配方和制作技术，并使之发扬光大。

此目录头版首载上海西泠印社分为书店与潜泉印泥发行所两机构之启事，次录《潜泉印泥概述》一文，书首为王福厂小篆题书。

"示学者以途径"：《校碑随笔》

方若撰《校碑随笔》六卷、续二卷，共六册，华璋书局民国12年石印本。

《校碑随笔》为碑刻考证论著。此书不分卷次，以朝代为序，搜校秦汉至五代碑志凡450品，中附龙门、云峰山等碑目108条，后列历代伪刻56则。北凉以前碑，由未见前代著录之品，辄刊以全文，考校以古碑缺字之多寡定拓石新旧，又从笔道认真伪，以纸墨别先后，虽一字角之浸漶，某点划之蚀泐皆详载靡遗，开卷被览即能示学者以径途，简切明了，颇便读者。近人王壮弘为之增补，1981年上海书画出版社出版，名曰《增补校碑随笔》。

中国泉坛素有"南张北方巴蜀罗"之誉称，南方的张叔驯、北方的方若、四川的罗伯昭被列为古钱界最负盛名的三大收藏家。方若，生于

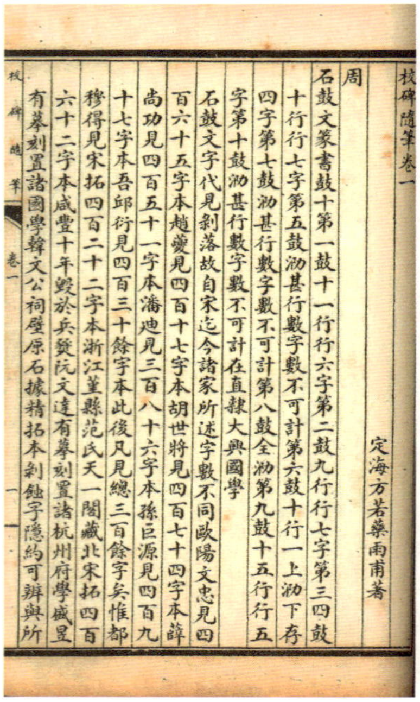
校碑隨筆卷一
定海方若藥雨甫著
周
石鼓文篆書鼓十第一鼓十一行行六字第二鼓九行行七字第三四鼓十行行七字第五鼓泐甚行數字數不可計第六鼓十行一上泐下存四字第七鼓泐甚行數字數不可計第八鼓全泐第九鼓十五行行五字第十鼓泐甚行數字數不可計在直隸大興國學
石鼓文字代見剝落故自宋迄今諸家所述字數不同歐陽文忠見四百六十五字本趙夔見四百十七字本胡世將見四百七十四字本薛尚功見四百五十一字本潘迪見三百八十六字本孫巨源見四百九十七字本吾邱衍見四百三十餘字本此後凡見總三百餘字矣惟都穆得見宋拓四百二十二字本浙江堇縣范氏天一閣藏北宋拓四百六十二字本咸豐十年毀於兵燹阮文達有摹刻置諸杭州府學戚昱有摹刻置諸國學韓文公祠壁原石據精拓本剝蝕字隱約可辨與所
校碑隨筆　卷一　一

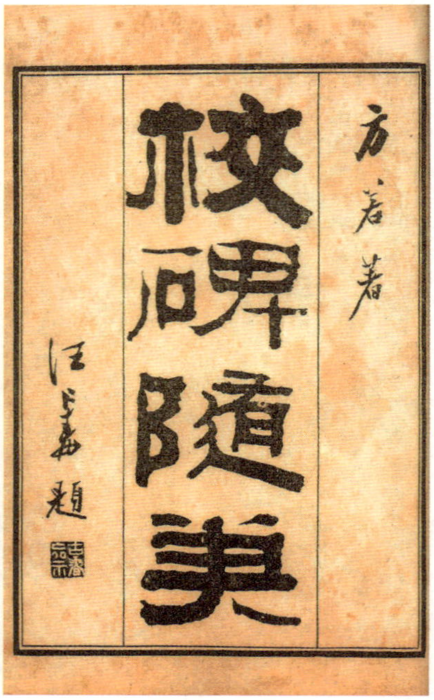

清同治八年（1869），字药雨。他平生好藏金石书画，尤迷古钱，在北方数十年间，大量收集传世名泉，遂成为古泉大家。方药雨于光绪三十三年（1907）所完成的《方家长物》是其早期作品，为原钱拓本，初印仅20册。后著有《言钱别录》、《言钱补录》二书。1925年又编《药雨古货杂咏》一书，内有自藏的101枚珍泉原拓，各附七绝一首，此书仅印40余册，分送同好欣赏。马定祥得赠一册，视如拱璧。1934年，方药雨因经济拮据等诸种原因，经人劝说后，将其所藏珍泉悉数转让给陈仁涛。方氏出售藏泉未久就后悔不已。这可从方氏在1954年所作的《听泉图》扇面中，感受这位垂暮之年的老人迷“泉”之深。

方氏卒于1955年，时人称之为“老方”，《校碑随笔》被海内外鉴赏家推崇为空前之作。

“龙门二十品”指选自龙门石窟中北魏时期的二十方造像题记，其中十九品在古阳洞，一品在慈香窟。二十品的称呼最早见于清代康有为所著的《广艺舟双楫》和方若所著的这部《校碑随笔》。“龙门二十品”的内容一般是表达造像者祈福消灾的美好愿望。它的书法艺术，是以汉隶和晋隶为基础，取其精华、去其糟粕，杂糅各家之长而自成一体。既有隶书古朴刚健的风格，又有楷书端庄大方的神韵。代表了北魏时期书法艺术的极高成就，是“魏碑”体中的精品。

在北京保利2008年秋拍中，此书天津中东石印书局民国石印本，估价5000～6000元，未成交。

“顾氏之印多半天壤瑰宝”：《学山堂印存》

顾湘集印《学山堂印存》四卷四册，影印光绪钤印本。季锡畴撰写序文。

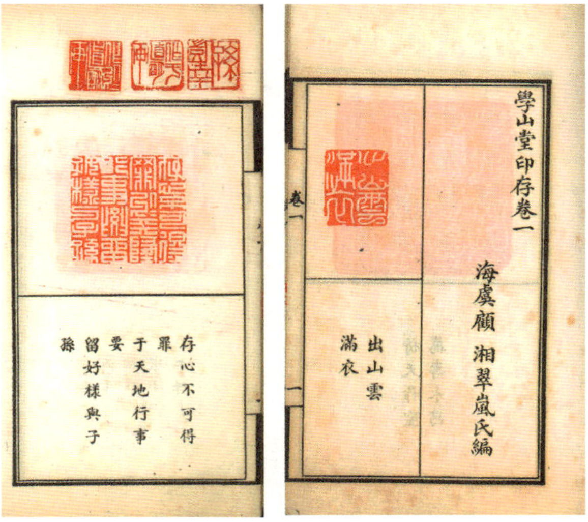

顾湘（1810—？），字翠岚，号兰江、兰生、石墩山人、东郭顽夫。斋堂为小石山房，江苏常熟人。喜治印，性嗜金石并好集印，曾得到旧藏学山堂名印数百方，与其弟顾浩集印成《小石山房印谱》。并曾辑选自唐以降，凡有资篆学的大家36位，为书30部，汇为一编，而成《篆学琐著》。存世有《名印传真》。

顾湘的老师季锡畴1850年为其所编《名印传真》作序：“顾子翠岚风雅缀古士也，性嗜金石。道光己酉岁有事过金阊，闻寒碧山庄刘氏旧藏学山堂名印数百方，将以善价求沽，亟出巨金购归，就其宅之石墩精舍旁筑小石山房三楹庋置之，暇则摩挲掇拾编辑《印苑》十二卷行世，一时海内外骚人墨客佥称，顾氏之印多半天壤瑰宝，是谱之传，上足配《啸堂集古录》，下足抗《赖古》、《飞鸿》，鼎足并峙。”道光己酉为1849

年，由此可知此印谱应是成于1850年。

顾湘、顾浩兄弟所辑《小石山房印苑》，计十二册。书首有邵松年题书签及楷书题端“小石山房印苑”，后页有书牌“光绪甲辰年仲春月海虞顾氏藏板”字样。书口有“印苑”及卷别字样。《云斋旧藏善本印谱回忆录》记载：“辑谱甫成，适太平军起，未及拓行，所流传者，俱同光间本也。此谱即是此时之重刊本。板格墨刷，每页前幅一印至四印，自元人朱伯盛，迄清道光程椿止，收印四百余方。注有释文及边款，并辑录各家小传。有邓传密、王学浩、潘遵祁、吴映奎等序。”

《小石山房印苑》后附《学山堂印存》四卷，所收皆为明末张灏旧藏，张氏曾拓《学山堂印谱》。乾隆年间，张灏《学山堂》藏印散出，大半为歙县汪启淑、苏州刘运龄及太仓毕泷所得，三家分别辑成汪氏《讱庵集古印存》、刘氏《传经堂收藏印谱》和毕氏《广堪斋印谱》，零星亦有昆山葛氏、常熟陆氏藏得部分。至道光年间，刘氏、毕氏和陆氏所藏又归常熟顾湘，顾氏即以此辑成此谱。顾氏有“过云楼”为藏书处。

在中国嘉德2005秋季拍卖会上，有《学山堂印存》四卷，估价1万～1.5万元，成交价为2.2万元。

清苑郭立志辑《教子图说》

清苑郭立志辑《教子图说》一卷一册，民国30年北京琉璃厂豹文斋南纸店石印本。与“潜园老人教子要言”合印，雍睦堂丛书之一。钤“王继功印”。

在故宫博物院历代法书展览中，曾陈列在最前面的（西晋）陆机写的《平复帖》，是一件在历史上和艺术上有极端重要价值的国宝。我国的书法墨迹，除了发掘出土的战国竹简、缯书和汉代的木简等以外、历代在世上流传的，而且是出于有名书家之手的，要以陆机的《平复帖》为最早。（明）董其昌曾说过，“右军（王羲之）以前，元常（钟繇）以后，唯存此数行为稀代宝”（《平复帖·跋》）。在传世的法书中，实在再也找不出比《平复帖》更早的了。民国31年，郭立志出资集印《雍睦堂法书》，启功先生有识云：“雍睦堂主人影印古名人法书，俾作学者楷模，属为审定，辞不获已，因各略书管风如右，快阉小椽，岱瞻行书，皆清苑郭氏之先泽，而河北名贤之遗迹也，尤愿得斯帖者共珍焉。”《雍睦堂法书》，后附启功先生释文。历来鉴赏家都认为《平复帖》“文字奇古，不可尽识”，张丑《真晋斋记》仅释读了十几个字，日本刊印的《书道全集》在卷末说明中，梅园方竹也只试释了6个字，而且还将第一行的“瘵”字误释作“虏”字。启功先生是第一个将《平复帖》全文释读出来的人。

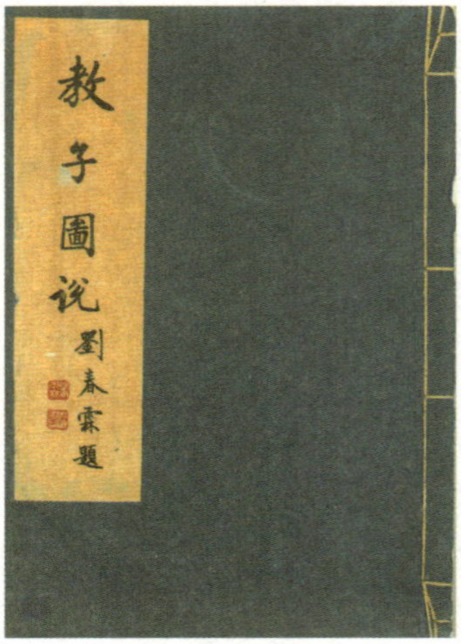

《教子图说》书名题签为刘春霖。刘春霖是光绪甲辰（1904）状元，之后二年，中国废除科举，刘春霖便成了第一人中的最后一人。刘春霖工于书法，尤擅小楷，有“大楷学颜、小楷学刘”之说。其字俊丽清秀，是馆阁体的巅峰之作。刘春霖晚年曾因拒绝出任伪北平市市长之职而受到迫害，身体多病且手颤不能提笔。但是观其题签，仍可想见刘春霖当时风采依旧。书前有当时文化名宿的书法题词，篆隶楷行草皆全，可谓字妍，辞绝，图美，印佳，的确悦人心目。

郭立志，字子心，河北保定市清苑人，20世纪20年代曾任青海省财政厅长。编有《桐城吴先生（汝纶）年谱》。

在上海国拍2004年春拍中，此书成交价为1000元。

伊立勋收藏的《千甓亭砖录》

陆心源辑《千甓亭砖录》六卷二册，清光绪七年（1881）刻本，牌记题吴兴陆氏十万卷楼藏版，是“潜园总集”八种之一。钤“伊印立勋”、“峻斋”、“伊远昭藏”等四枚印章。

千甓亭是清代著名学者陆心源宅院中的一座建筑，坐落在浙江湖州市东门月河街，因曾藏有汉、晋古砖近千块而得名。千甓亭建于光绪七年，亭建成后，著名学者杨岘隶书题额。陆氏收藏的古砖，大都出于吴兴、武康等县古墓，砖上花纹别致，字迹奇肆，特别是保留着许多古代纪元、地理、官制、姓氏等资料。陆氏将这些墓砖砖文、纹饰拓出，详加考证后辑成《千甓亭砖录》六卷，《续录》四卷，《千甓亭古砖图释》二十卷。由于古砖上的文字可以“阅古事，证异文”，所以引起许多清代学者的重视。著名书法家杨岘为陆氏《千甓亭砖续录》所写的序文指出了它对历史、书法、治印等方面的学术研究价值。序称：“古之砖者纪年代，

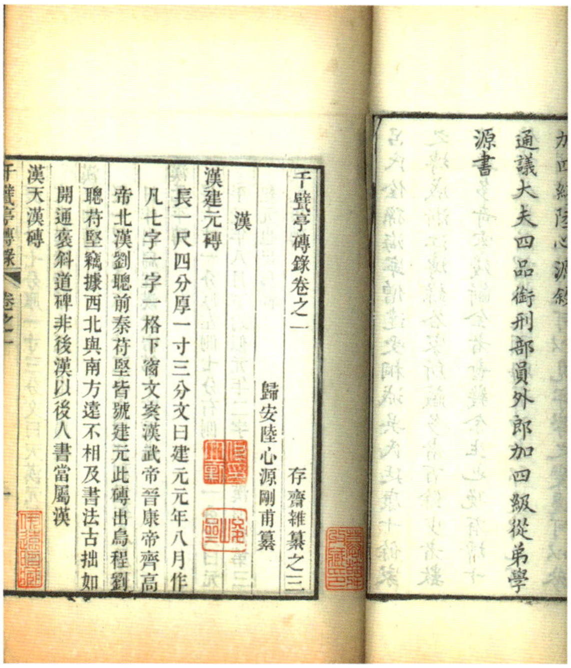

通議大夫四品銜刑部員外郎加四級從弟學源書

千甓亭磚錄卷之一
歸安陸心源剛甫纂 存齋雜纂之三
漢
漢建元磚
長一尺四分厚一寸三分文曰建元元年八月作凡七字一字一格下窗文案漢武帝晉康帝齊高帝北漢劉聰前秦苻堅皆號建元此磚出烏程劉聰苻堅竊據西北與南方遠不相及書法古拙如開通褒斜道碑非後漢以後人書當屬漢
漢天漢磚

著姓名，皆一时之实迹，若非史乘出于后代纂辑，容有传闻之异也。循是以证历代之史

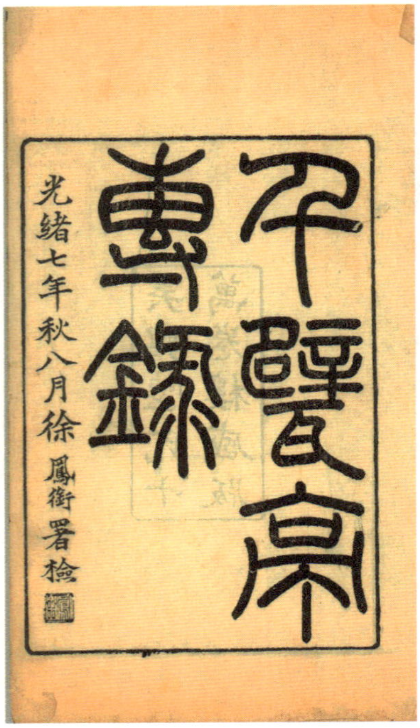

乘，往往因砖文而得其伪谬，岂非读书之助哉”，“点画奇肄，偏旁增损，足于见篆分（隶书称八分书，简称分书）之始。”

《千甓亭古砖图释》采用摄影缩本古印，版图逼真，考据精当，引用资料翔实，在同类著作中影响较大。陆氏收藏的墓砖先藏于“千闲堂”内，后筑千甓亭珍藏。抗战期间古砖散失很多。建国后，陆氏后裔将其所剩全部献给浙江省博物馆，湖州市博物馆保存着这些古砖的拓片四百页。

陆心源不仅以“皕宋楼”藏书闻名，而且“撰述如林，著作等身”。他撰辑的《潜园总集》总计有九百四十卷，内容涉及史学、文学、金石、考据和版本目录等各领域，如《唐文拾遗》、《宋诗纪事补遗》、《宋史翼》等著作，在学术界有很高声誉。（陆心源介绍参见152页《以道德品行为要：〈三续疑年录〉》一文）

伊立勋（1870—1940），字熙绩，号峻斋、石琴，室名石琴馆，福建宁化人。是乾隆间扬州太守伊秉绶玄孙，诸生。清光绪末无锡知县，后在上海卖字数十年，为民国时期著名书法家，真草篆隶无所不能，功力深厚，以汉隶见长。无论识与不识，无润不书，这是和一般书画家所不同的。亦善刻印，又通历算。著有《宝凤阁随笔》。（参见102页《关于清代学校“故事”的〈黉宫故事录〉》一文）

伊远昭，字近岑，伊立勋后裔，寓居上海。

集古钱币研究之大成的《古钱大辞典》

民国27年上海医学书局石印本《古钱大辞典》，丁福保辑，白纸，线装石印“古泉丛书”本，二编，十三册。

丁福保（1874—1952），字仲祜，一字梅轩，别号畴隐居士，又号济阳破衲。江苏无锡人。近代著名学者、收藏家、出版家，斋名诂林精舍，藏有书画、古钱、碑帖等。丁福保一生大部分钱财用于购书，自编《无锡丁氏藏书志》四十卷。1935年捐赠上海图书馆书籍一万五千卷；1938年捐赠上海震旦大学二万册古今刊本；1950年又将以重金购得的原铁琴铜剑楼宋元孤本、碑帖旧拓千余件捐给北京图书馆。

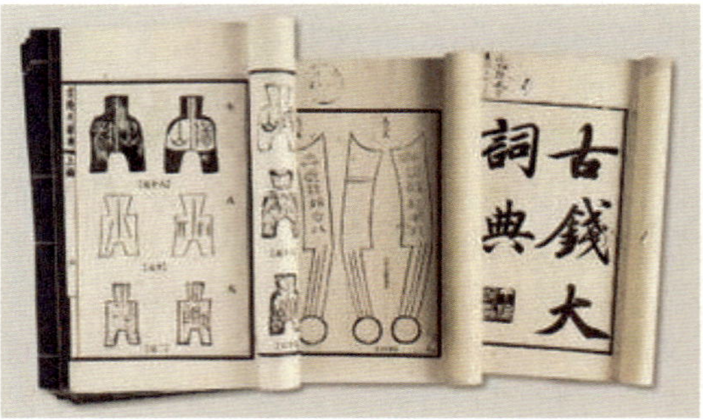

《古钱大辞典》始编于1936年，于1938年付梓刊行，是丁福保凭借自己丰厚的藏书藏品，领衔召集当时钱币学界的一流人才，集体完成的一部巨著。《古钱大辞典》集中国历代古钱币研究之大成，代表了民国时期钱币学的最高水平。在其后的半个多世纪中，

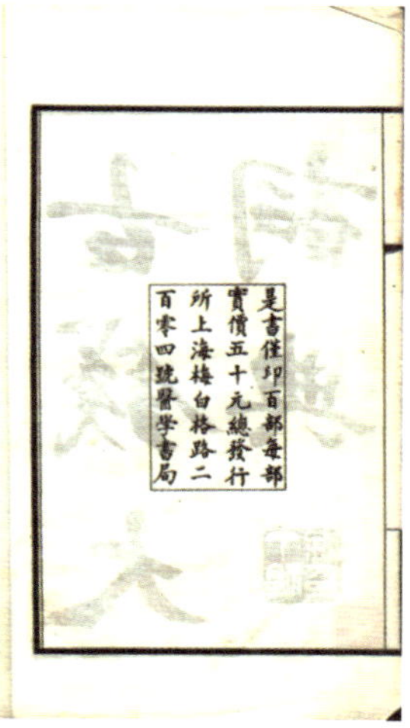

是書僅印百部每部實價五十元總發行所上海梅白格路二百零四號醫學書局

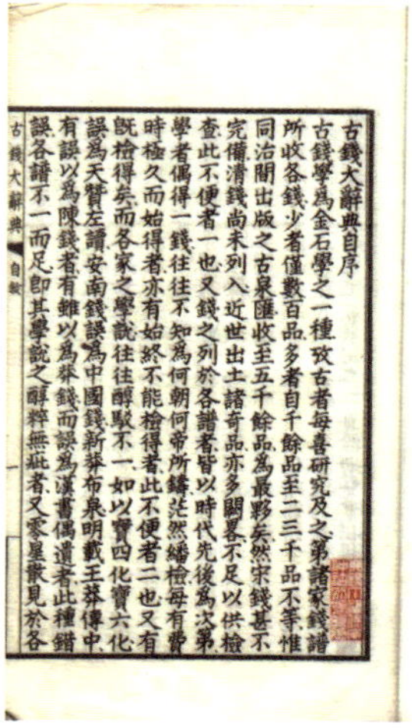

古錢大辭典自序

古錢學爲金石學之一種攷古者每喜研究及之第諸家錢譜所收各錢少者僅數百品多者自千餘品至二三千品不等惟同治間出版之古泉匯收至五千餘品爲最夥矣然宋錢甚不完備清錢尚未列入近世出土諸奇品亦多闕略不足以供檢查此不便者一也又錢之列於各譜者皆以時代先後爲次第學者偶得一錢往往不知爲何朝何帝所鑄茫然繙檢每有費時極久而始得者亦有始終不能檢得者此不便者二也又有既檢得矣而各家之學說往往醇駁不一如以寶四化寶六化誤爲天贊左讀安南錢誤爲中國錢新莽布泉明載王莽傳中有誤以爲陳錢者有雖以爲莽錢而誤爲漢書偶遺者此種錯誤各譜不一而足即其學說之醇粹無疵者又零星散見於各

古錢大辭典 自敍

科学的考古发掘和钱币研究工作对丁氏《古钱大辞典》有所发展和驳正，但《古钱大辞典》的研究成果一直是中国现代钱币学的重要基础，其许多观点历经时间的考验，仍属灼见。

《古钱大辞典》初版由上海医学书局1938年出版发行，十二册线装本，分总论、上编、下编三部分。另《古钱大辞典拾遗》一册，也为丁福保编著，上海医学书局出版发行，全书珂罗版印刷，印制比《古钱大辞典》精细，为《古钱大辞典》补充漏收的资料。此书有几大特色：备列我国及日本近代古钱家传略及谱录；订正刀布古篆讹谬；节译《东亚钱志》关于日本、朝鲜、琉球、安南等钱的详论及钱图，补我古今钱谱记载外国品不详之缺。

《古钱大辞典》及《古钱大辞典拾遗》书中拓片收集详尽，资料搜集齐全，将正史中有关钱币的词条以及各种钱币著录、钱币收藏家介绍分列于后，书中各家观点罗列，其是非得失，阅者可一目了然。丁福保晚年认为，他所编撰的书籍中，《说文解字诂林》和《古钱大辞典》两套书一定会流传后世。作为工具书，时至今日，它的内容仍然对泉学中人有着重要的参考价值。

《古钱大辞典》十二册初版印量仅为百部，当时定价50元。1939年出版的《古钱大辞典拾遗》一册，印数则更少，定价5元。按当时的购买力来说，55元的价格并不是很高。然而这套好书生不逢时，出版当时非但没有造成洛阳纸贵、竞相争买的局面，反而发行不久即打折销售。1941年1月出版的《泉币》杂志第四期中有古泉丛书目录的广告，其中《古钱大辞典》一书标示：定价50元，特价35元。

清朝乾隆、嘉庆年间和1940年前后，我国曾出现过两次收藏古钱的高潮。此书出版于1938年，本应躬逢其时，人人争购，但实际不然。1937年7月7日抗日战争爆发，倭寇气焰嚣张，四处进攻，1937年11月12日上海沦陷。当时日本并未与其他国家宣战，由于上海各国租界甚多，各地富商大贾纷纷躲入租界避难做寓公，造成上海的畸形繁荣。钱币界如罗伯昭、王荫嘉等前辈就是这时到了上海，从而发起中国泉币学社。然而当时中国其他各地则是兵火连天，流离失所，一般民众的温饱尚不易解决，更何遑论古钱。加之当时交通不便，通邮困难，消息阻断，更加影响了此书的销量。

翕居所藏1938年初版《古钱大辞典》，由韦寿记中西装订所装订。20世纪40年代初，丁福保为向国外推销《泉品宝鉴》，将剩余的《古钱大辞典》赠送给当时上海各个国家的领事馆各一部，并附《泉品宝鉴》图样一份，以便向他们国内博物馆推销《泉品宝鉴》（此事详见丁氏弟子陈仁存《银圆时代生活史》第217页，上海人民出版社2000年版）。如此，留在国内的《古钱大辞典》数量就很稀少。1939年初版《古钱大辞典拾遗》，形制如《古钱大辞典》，同为上海医学书局出版。印数不详，存世数量远少于《古钱大辞典》。

2008年10月，孔网拍卖此书民国27年版，无《古钱大辞典拾遗》，共十二册，估价8500元，未成交。

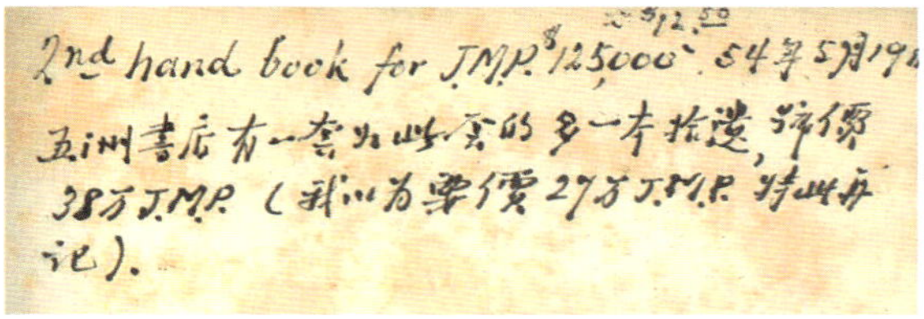

朱梦如绘红印《文美斋笺谱》

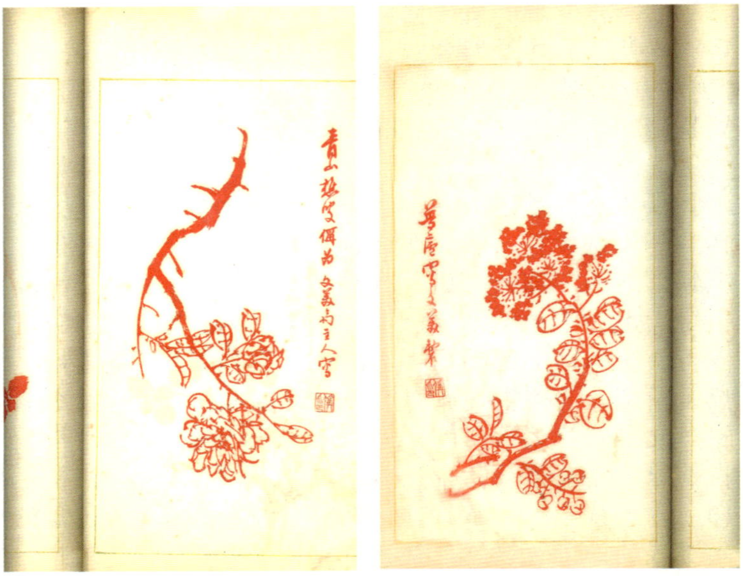

20世纪30年代初，鲁迅与郑振铎先生合作，刊印了《北平笺谱》和《十竹斋笺谱》，成为印刷史上一份珍贵的木刻水印精品。这事的起因，与清末天津文美斋不惜工本印制的《文美斋笺谱》有直接关系。正是由于鲁迅先生见到了《文美斋笺谱》，才由此引发他重印传统木刻水印笺纸的念头。

鲁迅在1933年2月5日给郑振铎的信中写道："去年冬季回北平，在琉璃厂得了一点笺纸，觉得画家与刻印之法，已比《文美斋笺谱》时代更佳，譬如陈师曾齐白石所作诸笺，其刻印法已在日本木刻专家之上，但此事恐不久也将销沈了。因思倘有人自备佳纸，向各纸铺择尤对于各派各印数十至一百幅，纸为书叶形，采色亦须更加浓厚，上加序目，订成一书，或先约同人，或成后售之好事，实不独为文房清玩，亦中国木刻史上之一大纪念耳。"

国家图书馆善本特藏部藏有三部清宣统三年（1911）天津文美斋彩色套印本《文美斋百华诗笺谱》，其中两部为郑振铎先生捐献。《文美斋笺谱》是文美斋主人焦书卿联合书画名家张兆祥的杰作，乃清末著名的笺谱之一，流传很广，深受大众的喜爱。近年来，《文美斋百花诗笺谱》多次在拍卖会上登场，彩色套印本每次拍价都在万元以上。在2006年11月中国书店海王村秋季大拍中，此书一函二册白纸金镶玉装朱印本以8000元成交。

翕居所藏的这套《文美斋笺谱》市场和拍场很稀见，是清末画家朱偁所绘，也称《文美斋画谱》。朱偁（1826—1900），字觉未，号梦庐，浙江嘉兴人。朱氏故居在望吴门碧漪里。工花卉翎毛，橐笔海上，声誉赫然。其画笔峻爽峭拔，脱出柔美蹊径，张扬个性，所作排宕爽利，劲峭苍秀。这套朱绘笺谱共收120张。

今西春秋的木板满文藏书票

（日）八杉贞利编《露和辞典》一部，岩波书店昭和10年（1935）初版，扉页有木板印满文藏书票两枚。布衣网友alin指出“此为日本学者今西春秋藏书”。第一枚：imanishi—今西，hunju—春秋，i—的，bithe—书。第二枚只一个字母“i”，是今西的第一个发音，取意或在此。另外第一枚开首实际写错了，不是“i”而是“e”，第二枚也可能有纠正的意思。

日本人今西春秋是著名满蒙史专家。20世纪20年代后期到30年代，今西春秋曾由日本上野育英会资助来中国留学，精通满文。今西春秋是近代日本中国学的奠基者内藤湖南的学生。内藤湖南（1866—1934）先后在《万朝报》、《朝日新闻》等报社当记者，他了解中国历史，关心中国时事，多次到中国考察、访问，以一个“中国通”的形象活跃在明治中、晚期的政界、文坛上，对中国近代社会变迁、政治风云、文化现象多有及时、敏锐的评说，是一个很有影响力的记者。后曾执教于京都大学文学部，任“东洋史第一讲座”教授，对近代日本中国学的形成、日本中国学研究中京都学派的建立，起了不可或缺的开创者的作用。

1912年，内藤湖南作为京都大学的东洋史教授，受京大委托赴清朝发祥、兴起之地的奉天访书，最重大收获是拍摄了故宫宫殿内珍藏的清朝史料。内藤湖南从3月23日到5月17日，整整八个星期，都埋首在崇谟阁内拍摄《满文老档》等重要文献，共拍摄下一万张以上的胶片。《满文老档》是清太祖努尔哈赤、太宗皇太极两朝历史的编年文

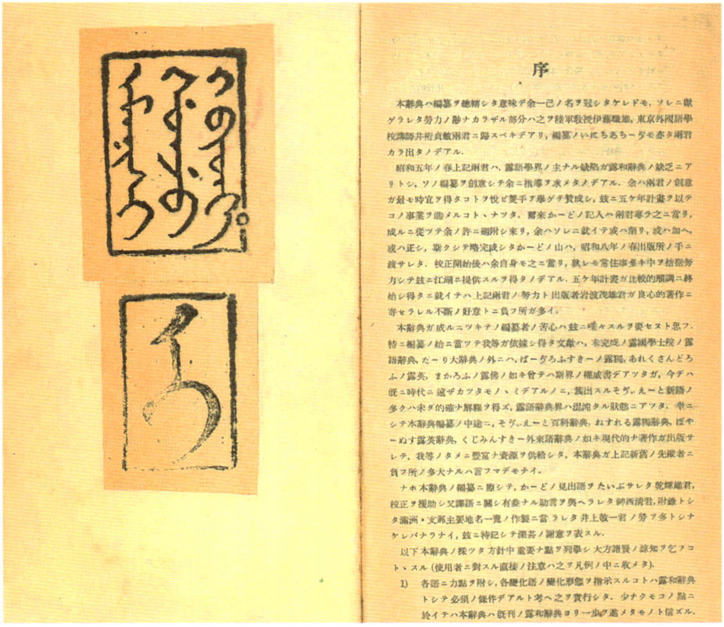

序

本辭典ハ編纂ヲ總轄シタ意味デ余一己ノ名ヲ冠シタケレドモ，ソレニ獻ゲラレタ勞力ノ尠ナカラザル部分ハ之ヲ陸軍教授伊藤職雄，東京外國語學校講師井桁貞敏兩君ニ歸スベキデアリ，編纂ノいにちあちーヴモ亦タ兩君カラ出タノデアル．

昭和五年ノ春上記兩君ハ，露語學界ノ主ナル缺陷ガ露和辭典ノ缺乏ニアリトシ，ソノ編纂ヲ創意シテ余ニ指導ヲ求メタノデアル．余ハ兩君ノ創意ガ最モ時宜ヲ得タコトヲ悦ビ雙手ヲ擧ゲテ贊成シ，玆ニ五ケ年計畫ヲ以テコノ事業ヲ進メルコトヽナツタ．爾來かーどノ記入ハ兩君專ラ之ニ當リ，成ルニ從ツテ余ノ許ニ廻附シ來リ，余ハソレニ就イテ或ハ削リ，或ハ加ヘ，或ハ正シ，斯クシテ略完成シタかーどノ山ハ，昭和八年ノ春出版所ノ手ニ渡サレタ．校正開始後ハ余自身モ之ニ當リ，孰レモ常住事多キ中ヲ拮据努力シテ玆ニ江湖ニ提供スルヲ得タノデアル．五ケ年計畫ガ比較的順調ニ終始シ得タニ就イテハ上記兩君ノ努力ト出版者岩波茂雄君ガ良心的著作ニ寄セラレル不斷ノ好意トニ負フ所ガ多イ．

本辭典ガ成ルニツキテノ編纂者ノ苦心ハ玆ニ喋々スルヲ要セヌト思フ．特ニ編纂ノ始ニ當ツテ我等ガ依據シ得タ文獻ハ，未完成ノ露國學士院ノ露語辭典，だーり大辭典ノ外ニハ，ぱーヴろふすきーノ露獨，あれくさんどろふノ露英，まかろふノ露佛ノ如キ曾テハ斯界ノ權威書デアツタガ，今デハ既ニ時代ニ遠ザカツタモノヽミデアルノニ，簇出スルそヴぃえーと新語ノ多クハ未ダ的確ナ解釋ヲ得ズ，露語辭典界ハ混沌タル狀態ニアツタ．幸ニシテ本辭典編纂ノ中途ニ，そヴぃえーと百科辭典，ねすれる露獨辭典，ぼやーぬす露英辭典，くじみんすきー外來語辭典ノ如キ現代的ナ著作ガ出版サレテ，我等ノタメニ豐富ナ資源ヲ供給シタ．本辭典ガ上記新舊ノ先蹤者ニ負フ所ノ多大ナルハ言フマデモナイ．

ナホ本辭典ノ編纂ニ際シテ，かーどノ見出語ヲたいぷサレタ乾輝雄君，校正ヲ援助シ文譯語ニ關シ有益ナル助言ヲ與ヘラレタ神西清君，附錄トシタ滿洲・支那主要地名一覽ノ作製ニ當ラレタ井上敬一君ノ勞ヲ多トシナケレバナラナイ，玆ニ特記シテ深甚ノ謝意ヲ表スル．

以下本辭典ノ採ツタ方針中重要ナ點ヲ列擧シ大方諸賢ノ諒知ヲ乞フコトヽスル（使用者ニ對スル直接ノ注意ハ之ヲ凡例ノ中ニ收メタ）．

1) 各語ニ力點ヲ附シ，各變化語ノ變化形態ヲ指示スルコトハ露和辭典トシテ必須ノ條件デアルト考ヘ之ヲ實行シタ．少ナクモコノ點ニ於イテハ本辭典ハ既刊ノ露和辭典ヨリ一步ヲ進メタモノト信ズル．

献，共一百八十册，记载1607年至1636年间清开国史事，有无圈点本、加圈点本两种文本，亦称新、老满文本，但内容基本相同。清乾隆四十年（1775）和乾隆四十三年分别对原本进行过整理、重抄，包括新、老满文本各一套。内藤湖南于崇谟阁见到的即是乾隆年间的誊抄本。内藤湖南说它纸质崭新，抄写认真。内藤湖南拍摄了乾隆四十三年重抄本的全部加圈点本，共4300张胶片。可以说，内藤湖南是最早注意到《满文老档》史料价值的学者之一。《满文老档》被拍摄带回日本后，收藏于京都大学文学部，另有副本藏于日本满铁调查部白山黑水文库。

在20世纪二三十年代，由内藤湖南的学生今西春秋、三田村泰助、鸳渊一、神田喜一郎等人利用和整理，其中今西春秋先独立致力于翻译，于1933年出版日文、满文对照本，题名《满洲实录》。第二次世界大战后，日本成立了《满文老档》研究会，由文部省出资，进行集体日译，从1955年到1963年，出齐全部七册。参加翻译的神田喜一郎、和田清、神田信夫等，都成为东洋史的著名学者或满学的专家。

无论今西春秋的藏书，还是他这枚木刻版、满文的藏书票，都是很珍贵的。

记载周氏兄弟恩怨的《俟堂专文杂集》

在北京琉璃厂曾买到一部鲁迅辑录的书——《俟堂专文杂集》，北京鲁迅博物馆藏，是文物出版社1960年出版的影印本，印数为500册。收入鲁迅积攒的汉、魏、六朝古砖拓本170件，隋2件，唐1件，分为五集。

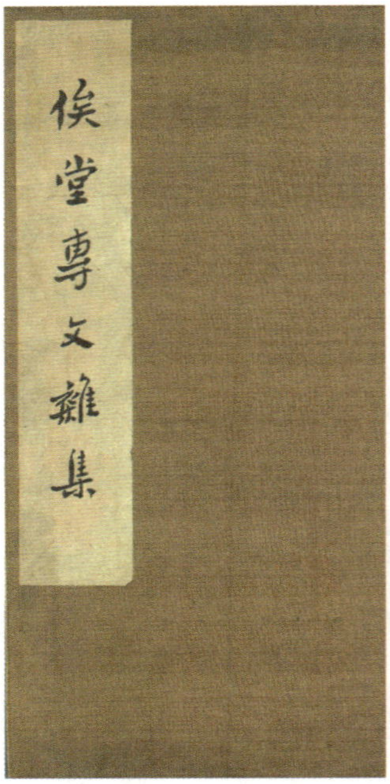

鲁迅用“俟堂”作书名，与陈师曾有关。陈师曾在日本留学时，与鲁迅同在弘文学院学习。后又同在教育部社会教育司任职。常一起在公余到琉璃厂搜集金石碑刻拓片。陈师曾先后为鲁迅刻过几方印章，一次陈师曾打算赠送一方石章给鲁迅，并问刻什么内容。鲁迅说，你叫“槐堂”，我就叫“俟堂”吧。1924年9月，鲁迅编辑这本关于碑刻、画像砖文的集子，就题名《俟堂专文杂集》。原来，当时教育部里有人想排挤鲁迅，“俟”即安静等待之意，表现了鲁迅对这批专门倾轧别人的官僚们的蔑视。

这本《俟堂专文杂集》里有一个很重要的《题记》：“曩尝欲著《越中专录》，颇锐意蒐集乡邦专甓及拓本，而资力薄劣，俱不易致，以十余年之勤，所得仅古专二十余及打本少许而已。迁徙以后，忽遭寇劫，孑身逭遁，止携大同十一年者一枚出，余悉委盗窟中。日月除矣，意兴亦尽，纂述之事，渺焉何期？聊集燹余，以为永念哉！甲子八月廿三日，宴之敖者手记。”这篇《题记》鲁迅生前没有发表过，“宴之敖者”作为鲁迅笔名，以后也从未再用。据许广平《欣慰的纪念》：“先生说：‘宴从宀（家），从日，从女；敖从出，从放；我是被家里的日本女人逐出的。’”

这个简简单单的题记，使用了一个并不

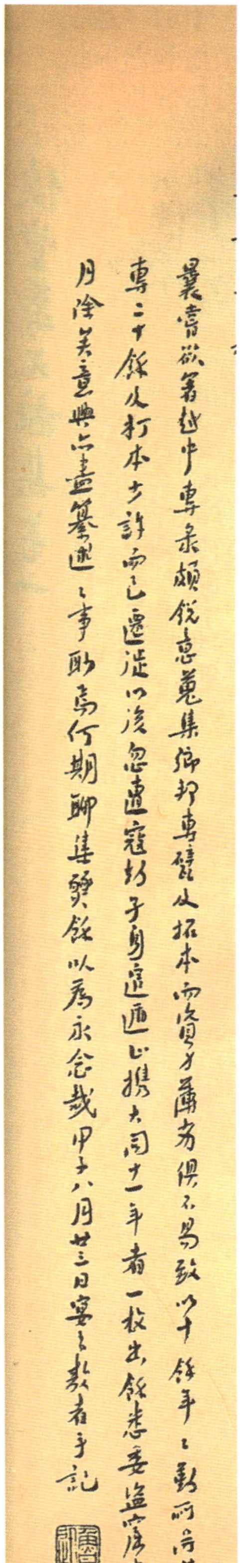

简单的笔名。这个并不简单的笔名，记载了周氏兄弟失和的一段往事，与鲁迅“被逐出”八道湾有关。周作人1923年7月18日曾写给鲁迅一封信：“鲁迅先生：我昨天才知道，——但过去的事不必再说了。我不是基督徒，却幸而尚能担受得起，也不想责难，——大家都是可怜的人，我以前的蔷薇的梦原来都是虚幻，现在所见的或者才是真的人生。我想订正我的思想，重新入新的生活。以后请不要再到后边院子里来，没有别的话。祝你安心，自重。七月十八日，作人。”

周作人的这封信，是他自己在7月19日上午拿到鲁迅房间的。鲁迅看了信后，“邀欲问之”，周作人没有理会。鲁迅也没有再去沟通。次日，他就托人为其找房，决定搬出八道湾。8月2日下午，鲁迅“携妇迁居砖塔胡同六十一号”，周作人得知，只在日记中记了一笔：“下午L夫妇移住砖塔胡同。”其后，鲁迅只去过八道湾一次，时间是1924年6月11日。这一次，他与周作人夫妇发生了激烈的冲突。据鲁迅日记记载：“下午往八道湾取书及什器，比进西厢，启孟及其妻突出骂詈殴打，又以电话招重久及张

凤举、徐耀辰来，其妻向之述我罪状，多秽语，凡捏造未圆处，则启孟救正之，然终取书、器出。”

事实上，在周作人和羽太信子的阻挠下，鲁迅当时并没有把他留在八道湾西厢房内的书籍和器物全部取出。所以，过了三个多月后，当他编成《俟堂专文杂集》后，他为此集写了这样一篇《题记》。《题记》里所说的“寇”和“盗”，指的就是周作人夫妇。而“宴之敖者”的自称，则隐含了“被家里的日本女人逐出”的寓意。后来，他还把“宴之敖者”写到小说《铸剑》中，作为替眉间尺复仇的那个“黑色人”的自称。可见，他对自己的“被逐”是何等的愤懑！

对于自己“被逐出”八道湾，鲁迅一直是耿耿于怀的。1925年6月29日，鲁迅写了一篇《颓败线的颤动》，表现一个靠卖身糊口养育女儿的妇人，到了晚年，反而受到女儿一家的鄙视，就连最小的孩子，也向她挥舞干芦叶如同钢刀，对她大声喊杀。这时，那垂老的女人口角正在痉挛，登时一怔，接着便都平静，不多时候，她冷静地，骨立的石像似的站起来了。她开开板门，迈步在深夜中走出，遗弃了背后一切的冷骂和毒笑。

鲁迅的这篇散文诗，虽然不是专为自己“被逐出”八道湾所作，但在其中，显然融入了他在离开八道湾时的感受和体验，寄予着他对反目为仇的兄弟手足的复杂感情。不过，按照周作人的解释，他当初写字条给

鲁迅，“原是只请他不再进我们的院子里就是了”，并没有要把鲁迅逐出八道湾的意思——事实上，纵使他真的有这个意思，他也没有这个权力。因为，八道湾房产是全家共同买下的（主要是鲁迅的积蓄，加上周作人的积蓄和卖掉绍兴新台门祖宅所得的1000余元），房契上户主栏写的还是鲁迅的名字。如果鲁迅自己不搬走，纵使周作人做得如何决绝，也是奈何不了他的。那么，鲁迅为什么在接到绝交信后一天内，就急着要找房子搬出去呢？是因为兄弟感情破裂，使得大家庭合居的形式失去了实质性内容，还是出于别的什么原因呢？对此，鲁迅没有直接作出解释。不过，他在写给一个求助者的一封信中曾经说过这么一段话：“其实我何尝坦白？我已经能够细嚼黄连而不皱眉了。我很憎恶我自己，因为有若干人，或则愿我有钱，有名，有势，或则愿我陨灭，死亡，而我偏偏无钱无名无势，又不灭不亡，对于各方面，都无以报答盛意，年纪已经如此，恐将遂以如此终。我也常常想到自杀，也常想杀人，然而都不实行，我大约不是一个勇士。现在仍然只好对于愿我得意的便拉几个钱来给他看，对于愿我灭亡的避开些，以免他再费机谋。我不大愿意使人失望，所以对于爱人和仇人，都愿意有以骗之，亦即所以慰之，然而仍然各处都弄不好。”

鲁迅这封信写于1924年9月24日，正是在他写作《俟堂砖文杂集》中的《题记》的后三天。信中表现出来的激愤和悲凉情绪与《题记》是相通的，他对自己的行为方式的解释，恐怕也与他在八道湾的生活经历有着很大的关系。在这场先期展开的家庭中日战争中，鲁迅落荒而逃，羽太信子大获全胜，周作人稀里糊涂不知不觉地早就做了汉奸。大哥晚年还在深情期望能有一天“度尽劫波兄弟在，相逢一笑泯恩仇”。这终于只是一厢情愿的单相思。鲁迅遗言：“一个都不饶恕。”这更多的只是一种姿态罢了。我们可以相信，这起码不会包括他天才而可怜的二弟在内。周氏兄弟临终前，分别在看对方的著述。这其中传透出的信息，是耐人寻味的。

这本《俟堂砖文杂集》收录的鲁迅收藏的诸朝砖拓实物现已下落不明。

这册在鲁迅编好后30多年才出版的书，至今已近50年了，无论拍场还是店肆，都是不多见的。

2007年12月，孔网此书售价为1600元。

俟堂

槐堂

阿庚画的纪念本：《死魂灵一百图》

（苏）阿庚（А.Агин）作画、培尔那尔特斯基（Бернардский）木刻、鲁迅编辑的苏联现代版画画册《死魂灵一百图》一册，上海出版公司1950年影印。全书由鲁迅1935年12月24日所作“小引”、尼古拉·里斯珂夫所作“原序”和“关于《死魂灵》的插画”、广告画1幅、阿庚画的103幅图、梭可罗夫画的12幅图组成。“一九五〇年十月印纪念本

一百三十五部，定价八十七元”。初版，20开，蓝布面精装，烫金。

《死魂灵》是俄国文坛巨匠果戈理的代表作。1842年出版后，先后有很多画家为其绘过插图，其中最受推崇的是俄国著名画家阿庚的《死魂灵一百图》。随着时间的变迁，这些插图即使在俄国也已属罕见之品。因此，当20世纪30年代这本画集现身上海时，文化界为之震动。鲁迅曾出资翻印1000册，以“三闲书屋”的名义出版。该书收入了阿庚所绘的全部105幅图，同时还收入了俄国另一位伟大艺术家梭可罗夫为《死魂灵》绘的12幅插图，共计117幅。

曹聚仁在《书的命运》中写道：“鲁迅翻译了果戈里的《死魂灵》，译笔、印刷与装订均精，相得益彰。”孟十还居然在上海的旧书店中看到了那部有名的《死魂灵一百图》。（据里斯珂夫说，《死魂灵》有名的插图共有三种，而最正确和完备的是阿庚的百图。）这插图，就算是在苏俄，也只能在图书馆中相遇，何况在中国。据鲁迅推测，这大约是苏联十月革命之际，俄国人带了逃出国外来的。“他该是一个爱好文艺的人，把守了16年，终于只好拿它来换衣食之资了。”

唐弢在《追怀雪峰》一文中，曾经提到上海出版公司出版的几种鲁迅作品。一是于1951年4月5日橡皮版影印《鲁迅日记》宣纸本1500部；二是由师陀负责编定、1950年出版的《鲁迅遗编》，收入《引玉集》、《小说士敏土之图》、《凯绥・珂勒惠支版画选集》、《死魂灵一百图》等四种外国版画木刻集。这四种木刻集普及本纸张较差，精装纪念本共印135部，印装颇精美，四册总价67.9元。

鲁迅热心介绍的版画，除以上四种外，还有《一个人的受难》、《近代木刻选集（一）、（二）》、《蕗谷虹儿画选》，《比亚兹莱画选》、《新俄画选》等，1981年上海美术出版社为纪念鲁迅百年诞辰曾重印，编号发行850册。尽管它们在版式上与当年的初版本完全一样，印数也不多，但毕竟不是原版了。

在1996年9月中国书店秋拍中，一册1936年文化生活出版社初版的阿庚画、培尔那特斯基刻《死魂灵一百图》，道林纸精装，估价3600～4000元，未成交。

柯昌泗签名本：《葆贞拙轩石刻法帖》

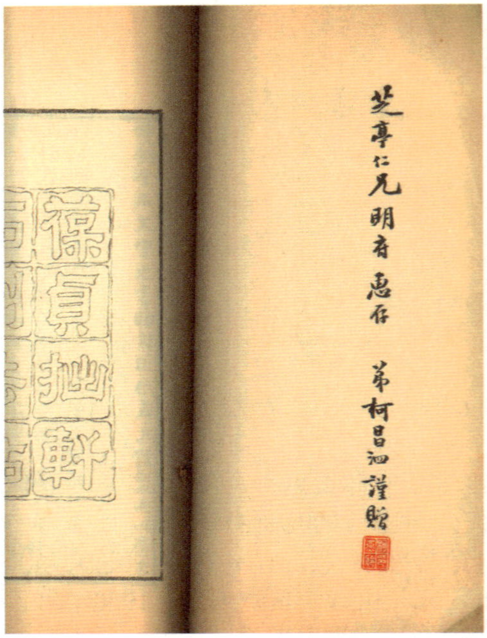

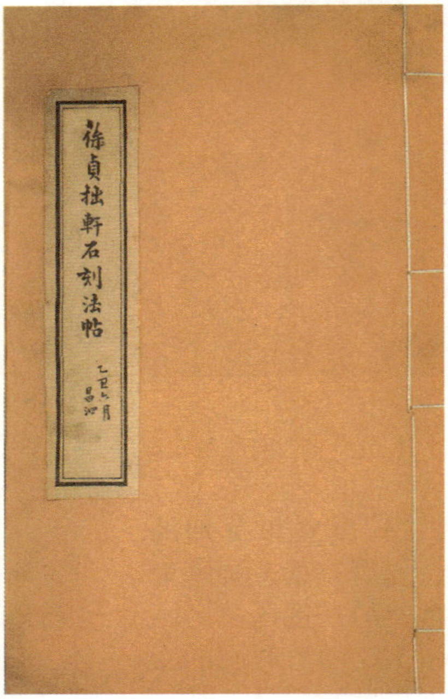

柯昌泗辑录，韩骧勾勒的双勾本《葆贞拙轩石刻法贴》第一编一册，民国14年东昌石印本。扉页书“芝亭仁兄明府惠存，弟柯昌泗谨赠”，钤“柯燕舲印”。

柯昌泗（1899—1952），字燕舲，号谥斋，山东胶县人。史学家柯劭忞之子。北京大学文科毕业。历任东北大学文学院教授，故宫博物院专员，北京大学、北平师范大学、辅仁大学、中国学院讲师等职。其间又曾任山东省东临道道尹、聊城县知事、察哈尔省政府委员兼教育厅厅长，抗战后任北京师范学院教授。精于史学及金石研究，著有《后汉书校注》、《三国志集释》、《山左访碑录校补》、《朔方刍议》、《瓦当文录》和《谥斋藏印》等。曾任北京印社社长。周一良在《毕竟是书生》中讲到柯氏曾教授历史地理学。邓云乡《水流云在书话》中有“史学家柯昌泗”一文，邓云乡慨叹柯氏身后文字太少。

柯昌泗对近世影响较大的作品是《语石异同评》。《语石》是清末著名金石学家、目录版本学家叶昌炽的代表作，它既是自宋以来一千多年的传统金石学的殿军之作，代表了旧学的最高水平，又开启了近现代石刻科学研究的先声，“为中国石刻学奠定了基础”（赵超：《中国古代石刻概论》），在石刻学史上具有十分重要的地位。1943年，柯昌泗作《语石异同评》，补充叶氏未见及遗漏，指出《语石》的不足和失误，中间时有发明，是《语石》问世后唯一的补充著作。

柯昌泗是罗振玉的学生，见闻颇广，是书的学术价值也很高，但一直未能付梓。20世纪90年代初，中国社会科学院考古研究所把他们所藏的柯昌泗的《语石异同评》手稿交由张明善整理誊清，并将各条分别系于《语石》对应各条之下，由陈公柔校点，中华书局于1994年4月排印出版。此书的出版，对有志于石刻学研究的人帮助甚大。

佛学家范古农藏《金石图说》

（清）牛运震集说，褚峻绘，刘世珩编补《金石图说》二卷四册，贵池刘世珩聚学轩光绪二十二年（1896）刻于扬州。翕居另藏有此书乾隆年间原刻本一套。该书开本宏阔，白纸精印，版面敞阔，字迹清晰，书中文字皆为手写上板，字形漂亮潇洒。钤“古农所藏图书”、“畊野藏书”两印。

该书内容为古碑帖的摹刻拓片及文字说明，收历朝各代名碑摹拓近百种，为便于再现原物的精神，作者采用了大开本的形制印制该书。其所收录的拓片有的只略大于手掌，但缩刻得惟妙惟肖，再加上那种笔笔不苟、端庄秀丽的说明文字，真可谓美轮美奂。《中国古籍善本书目》著录。

编撰者牛运震，字阶平，号空山，山东兖州人。他不惜重金翻刻了许多古籍，许多图书还被纪晓岚、张之洞等名家作为佳本收藏。《金石图说》的拓片制作者褚峻，字千峰，为刻碑摹图高手。据说他经常深入荒野深谷搜求金石文字，特别是前人未曾著录，或虽有著录但未亲睹的，他都广究深察，一一钩摹或缩写，绘出图样，直到与原物不差分毫为止。他的摹刻拓片经牛运震编辑解说，可谓是相得益彰，珠联璧合。

此书的收藏者范古农（1881—1951），原名运枢，字拱薇，后改名梦耕，字古农。后又易名寄东，字幻庵。浙江嘉兴人，光绪秀才。少年时，受到嘉兴名士陆仲襄的器重。清末废科举、兴学校，到杭州求是书院（今浙江大学前身）求学，成绩优秀。学成归里，于光绪二十九年创办了嘉兴坛弄小学，为嘉兴早期创办新式小学之一。由于不满清廷之祸国政策，光绪三十三年毅然东渡日本，留学于东京物理专科学校。留日期间，加入同盟会，与褚辅成、沈钧儒、龚宝铨等结交，并从章太炎游，初次接触佛学，清宣统二年（1910）回国。

民国25年，他和太虚、圆瑛等人发起，在上海佛教净业社内启建了规模盛大的丙子息灾法会，以挽回人心、潜消劫法为宗旨，由五位法师主持其事，法会讲经三座，修法五坛，每日参加的僧俗二众在千人以上，堪称是上海现代佛教史上盛况空前的一次大法会。同年11月，在全国民心激奋、纷纷要求一致抗日的形势下，他参与启建了上海护国息灾法会，号召全国佛教徒为抗日救国作出应有的贡献。范氏早年参加辛亥革命，后在地方兴办教育，主要精力用于佛学，为我国现代著名佛学家之一。一生著述宏富，著有《地藏大士圣迹》、《佛学略谈》、《释尊

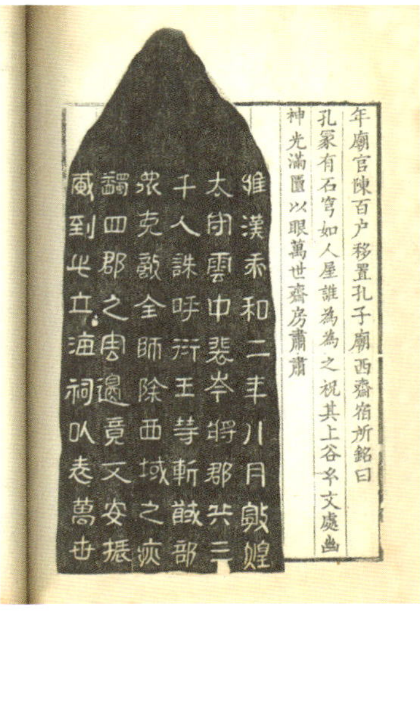

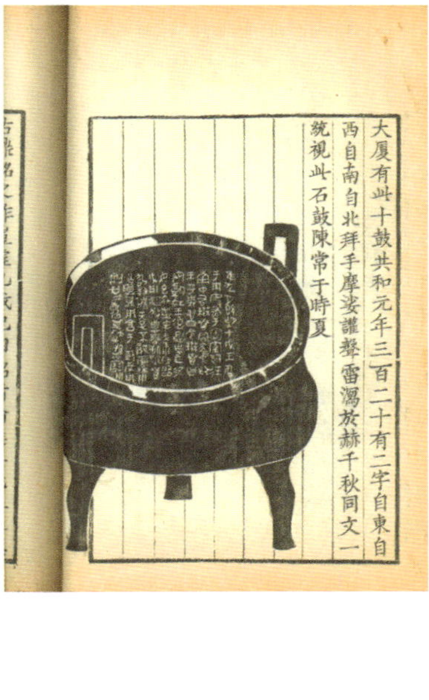

传》、《古农佛学答问》、《幻庵文集》、《大乘空义集要》、《八识规矩颂贯解》和《观所缘缘论释》等。范氏家藏佛教典籍《碛砂藏》、《续藏经》等甚富，身后归于嘉兴市图书馆庋藏。

另一藏者“畊野”为日本学者，著有《章太炎生平片断》。

此书乾隆本中安太平2007年秋拍成交价为8800元；光绪刘氏聚学轩本2008年底和2009年初泰和嘉诚和上海鸿海大拍中，估价分别为1.8万～2.5万元、1万～1.5万元，均未成交。

“不知尚有第一集否”：《清代学者象传》

番愚叶恭绰编印《清代学者象传》第一集四册，民国19年10月上海商务印书馆影印出版。甲种夹贡纸印华装本每部定价三十元，乙种彩图纸印和装本每部定价二十元。书前有“例言”六则，书后是冒广生所作跋文。共收入169人、171幅画像，每个传主都有一篇小传。

叶恭绰与毛泽东在年龄上刚好相差一轮，两人对传统文化均有自己的理解，只是表现于翰墨的心境不同。1949年以后的毛泽东成为中华人民共和国的开国领袖，做诗、写字，都打上了深刻的政治烙印。叶恭绰作为前朝遗老，在新政府担任着闲差，可谓“无官一身轻”，有的是时间自由自在地画画、写字，对平民来讲叫颐养天年，对叶恭绰这等人物来讲则叫老有所为。叶恭绰是前朝的“高干”，自然熟谙为政之道，遂将自己编辑出版的《清代学者象传》第二集寄给毛泽东，同时修书一封：“主席钧鉴：恭绰年来渥承光被，稍获新知，然结习未忘曩时所业，有可供参考者仍随宜掇拾，冀附轻尘之助，兹印成《清代学者象传》第二集一种方始出版。谨上呈一部，期承乙览之荣，并赐训诲。附致崇礼。叶恭绰敬上。八月五日。”叶恭绰的谦虚、谦卑谁都能理解，那个时候毛泽东的威望极高，但他看得起叶恭绰寄来的书，看得起清代学者的治学履历。接到叶恭绰的赠书，毛泽东很高兴，并立刻回函：“誉虎先生：承赠清代学者画像一册，业已收到，甚为感谢！不知尚有第一集否？如有，愿借一观。顺致敬意。毛泽东。一九五三年八月十六日。”（《毛泽东书信选集》第463页）。叶恭绰接到毛泽东的这封信后，于8月21日回涵：“主席钧鉴：奉子敬悉。《清代学者象传》第一集含间存书已悉毁于受乱，兹另觅一部，奉请存阅，不必交还矣。”可见此第一集存世之稀。

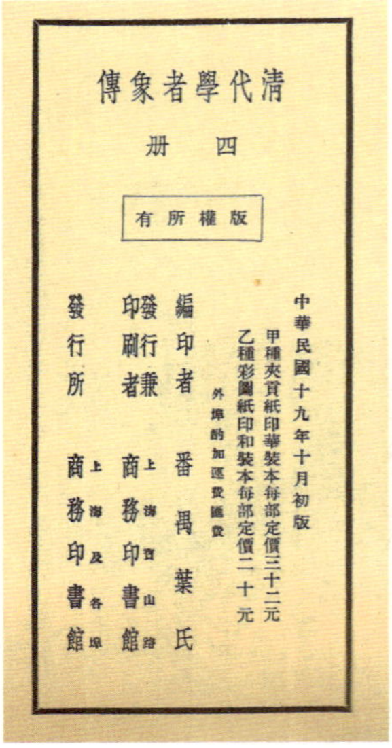
清代學者象傳

四冊

版權所有

中華民國十九年十月初版

甲種夾貢紙印華裝本每部定價三十元
乙種彩圖紙印和裝本每部定價二十元
外埠酌加運費匯費

編印者　番禺葉氏

發行兼印刷者　上海河南路 商務印書館

發行所　上海及各埠 商務印書館

虽然“例言”中讲，“是书本先人遗制，略加排比，依生卒年月先后为次

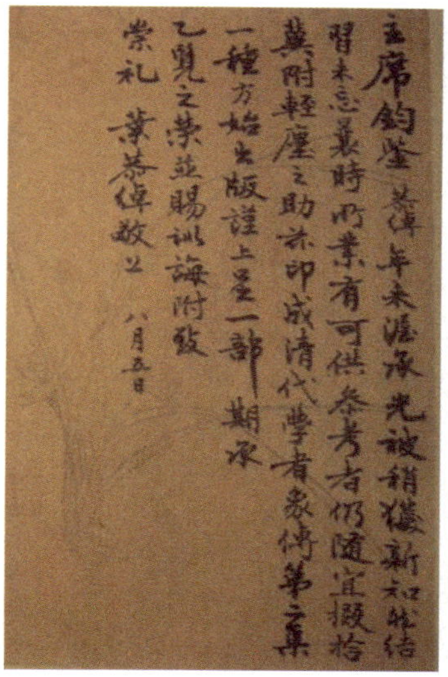
主席钧鉴 恭绰年来深承 光被稍获新知 然结习未忘最时所业有可供参考者仍随宜掇拾 兹附轻尘之助亦印成清代学者象传第二集 一种方始出版谨上呈一部 期承 乙览之荣并赐训诲 附致 崇礼 叶恭绰敬上 八月五日

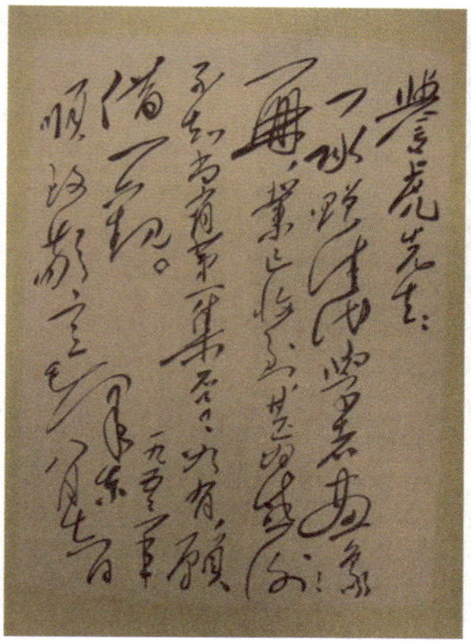
誉虎先生：一函并清代学者画册，业已收到，甚为感谢。另，第一集如有，愿借一观。顺致敬意！毛泽东

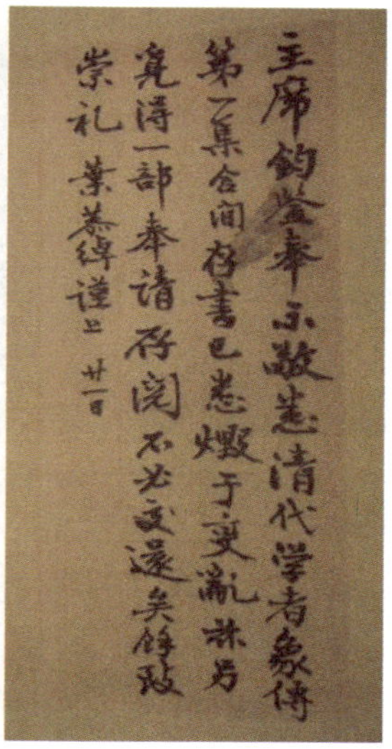
主席钧鉴 奉示敬悉 清代学者象传第一集合前存书已悉毁于变乱 兹另觅得一部奉请 存阅 不必发还矣 耑此 崇礼 叶恭绰谨上 廿日

第，先出第一集，嗣有所得，当陆续出为第二三集，以至无限”。实际上，《清代学者象传》只出到了两集。第二集由叶恭绰编、杨鹏秋摹绘，共收200人图像，1953年影印200部，与第一集出版相隔了30多年。这两集所收图像，基本反映了清代知名学者的全貌。其资料来源是“取诸家传神暨行乐图绘或遗集附刊及流传摄影，皆确然有据”，而且像传摹绘的人物图像，吸取了传统影像写真技巧，对人物面貌描绘极为精细生动，可与照相媲美。叶衍兰、叶恭绰祖孙历时前后约半个多世纪的努力，使我们在今天能够目睹和领略到清代那些声名赫赫、成就卓著的学者的风采。此书被学界赞誉为研究清代文化学术史的必读之作，后来许多关于清人的著作，大都从叶恭绰这两部书中采集图片，影印于书端。康有为、蔡元培、郭沫若等诸多学者纷纷为该书题签、作序。这两集《清代学者象传》自初刊至今已有半个多世纪，流传极其有限。2001年5月，上海书店出版社将二集合并重印，并为收入该书的所有人物编制了索引，以方便检索。

2003年1月，在中国书店海王村拍卖会上有此第一集上拍，2500元起拍，6000元成交。

收有胡墨林小画的《图案画存稿》

翕居曾收到一册墨笔画稿，内有四十余张图案小画，书名是《北京女子师范学校教员宝·图案画存稿》，本科二年级用。里面有叶圣陶夫人胡墨林画的“桃花之图样”。

胡墨林，字翰先，浙江杭州人。生于1893年，父母早亡，从小由二姑母胡铮子抚养长大，并送她到北京女子师范学校读书。1914年，胡墨林在北京女子师范毕业后，姑侄俩一起回到苏州，胡墨林先在苏州大同女校教书，后又应聘到南通女子师范当教员。

叶圣陶和胡墨林婚姻的红线，也是二姑母一手牵就的，被称为“词墨之姻”。事情缘自一张条幅。叶圣陶从中学时代起就十分爱好诗词，每逢同学或亲友结婚，他就作了诗词写成条幅，送去贺喜。1912年2月9日，同学王彦龙结婚，叶圣陶和顾颉刚都写

叶圣陶、胡墨林

了诗词，两幅立轴并排挂在新人的洞房里。胡铮子前来贺喜，见到这两幅字，赞叹不已。她听说叶圣陶还没有对象，于是就请王伯祥为胡墨林做媒，两人于1916年8月19日结婚。叶圣陶结婚后不久，胡墨林从南通转到了角直，和叶圣陶同在角直一所学校任教。从此，夫妻俩风风雨雨，相依相伴，共同生活了41年，从没有长时间地分开过。叶圣陶的日记中常有这样的话：“墨不在家，便觉异样”，“墨不在家，余则寂然无聊”。解放以后，胡墨林担任了人民文学出版社校对科长，这位有28年编龄的老编辑，为新中国的出版事业贡献了最后几年的精力。体弱多病的胡墨林，于1957年3月2日因癌症去世。叶圣陶悲痛万分。3月4日，他写下一首五律《墨亡》的哀诗：“同命四十载，此别乃无期。永劫君孤往，余年我独支。出门唯怅怅，入室故迟迟。历历良非梦，犹希梦醒时。”

叶圣陶历任出版总署副署长、人民教育出版社社长、教育部副部长等职。叶圣陶纪念馆位于苏州角直的保圣寺西园。

山阴周少白临潘君碑

翕居曾收得一册《山阴周少白临潘君碑》，系孙壮旧藏，钤“白衡”蓝方印、“孙伯恒考藏记”朱文方印和“瑯環小隐”白文长方印章（陈衡恪刻）。

周棠（1806—1876），字召伯，一字少白，号兰西，亦署兰西客，山阴（今浙江绍兴）人。官蜀知州，有功，擢光录寺署正。博学多能，写意花鸟酷似徐渭、陈淳。山水师从石溪谷、石涛。晚年专画石，具各种皴法，张之万称之为“清代画石第一”。能诗，兼工篆、隶，善刻印章。清咸丰八年（1858）著《竹石画范》。周少白是齐白石一生中最喜欢的画家之一（其他有徐文长、陈白阳、石涛、八大山人、黄疲、郑板桥、金农等）。有一次，齐白石一时兴起，画了一块巨石，画毕他换了一枝小楷，在峋嶙山石的右上角写了一段题记：凡作画欲不似前人难事也。余画山水恐似雪个，画花鸟恐似丽堂，画石恐似少白。若似周少白，必亚张叔平。余无少白之浑厚，亦无叔平之放纵。这题记，表白了他不以摹仿前人为满足。

“潘君碑”即《校官碑》，东汉光和四

年（181）刻，是汉隶中不可多见的艺术珍品。历代书法家在评论《校官碑》的艺术风格时，称其“厚重古朴，方正雄强”。康有为在其所著《广艺舟双楫》中，以“丰茂”二字概括。此碑为江南地区唯一的汉代石刻，极富南方特有的“隽秀飘逸，变化多姿”的艺术风格。碑石现藏于南京博物馆。

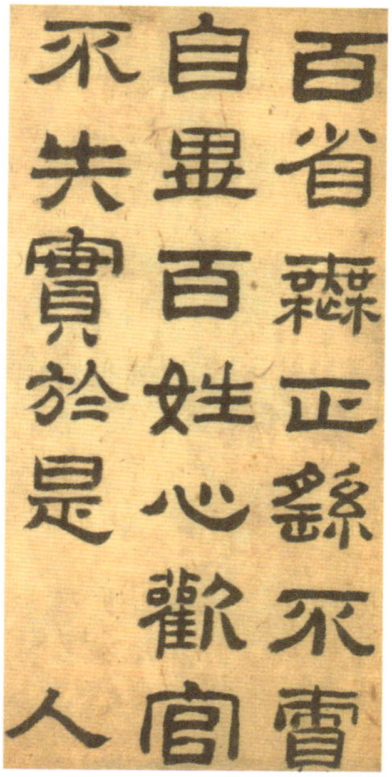

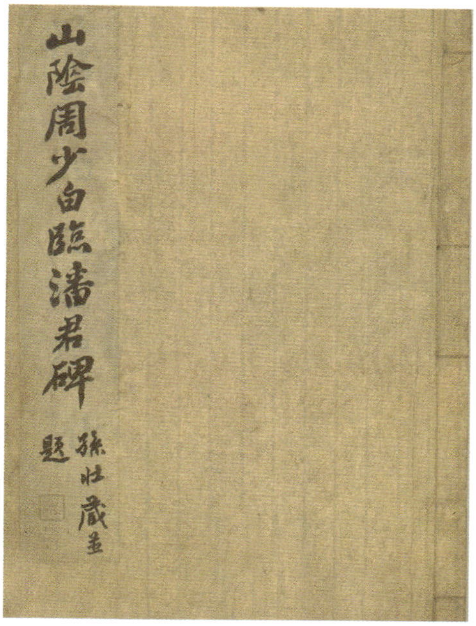

《校官碑》又称《固城校官碑》，此碑是为颂扬溧阳县令潘乾创办“固城校官”（学校）而刻立的。千余年来，这块古碑历经许多磨难坎坷，也有着许多奇事趣闻，被誉为“江南第一名碑”。《固城校官碑》高1.34米、宽0.77米、厚0.12米，圭形，上端有一圆孔，径0.12米。碑文为汉隶，470字，记叙东汉溧阳县令潘乾的品行和德政。潘乾，字元卓，长平（今河南西华）人，东汉光和年间任溧阳县令时，“履菰竹之廉，蹈公仪之洁”，“百姓心欢，官不失实”，又“构修学官，宗懿招德”，办学兴教，恩泽人民，故刻石永垂纪念。

校官碑立后不久，就不见于世间。直到南宋绍兴十三年（1143）江南大旱，固城湖水干涸，“溧水县尉喻仲远得于固城湖滨，置之官舍”（南宋洪迈《夷坚志》）。时隔25年后，厄运又来，乾道四年（1168）新任知县陈嘉善“顾此碑字多缺蚀，认为无用，且厌人来观，呼隶史曾彦，将沉之宅后废沼内。一寓客好古，闻其说往诘止之。”（《校官碑考》）。这样，才得以绝处逢生留存下来。多年后，此碑再次不见踪迹，直至解放初文物普查时在县学水塘边发现，政府极为重视，复立于溧水县中学大门内东墙边。1957年公布为省级文物，次年，将此碑运送苏州市江苏省博物馆保存，1963年移藏南京博物院至今。清嘉庆《溧阳县志·纪闻》还记载了一段趣闻：南宋时发现校官碑，江宁府（今南京）太守唐琢意欲在碑阴刻文以示纪念，命石匠凿刻时，火星直冒、烟雾腾起，石屑溅入匠人眼内不能施工，只得作罢，至今传为奇谈。

孙壮，字伯恒，北京人。北京考古学社社员，民国初年任商务印书馆北京印书局经理，曾著作《北京风土记》、《永乐大典考》、《“十钟山房印举”等与广东印人》。旧书网站曾出现一些孙壮的手迹和信札，多是就买卖古董字画事写给金梁的。（参见463页《潘祖荫、鲍子年藏古泉珍异品手拓本》一文）

近年来，周少白书画作品多见于各大拍卖会，2005年6月，在天津市文物公司拍卖会上，周少白的奇石四条屏成交价为3.96万元；2008年1月，四川天府艺源拍卖有限公司拍卖其竹石图立轴，以3.36万元成交。

“汪先生与众不同，人品正直”：《刃锋木刻集》

汪刃锋作《刃锋木刻集》一册，25开平装本。上海开明书店1947年9月再版本，初版是1947年4月。该书封面有收藏者题写的一段话：这是一本值得保（存）的艺术品，汪先生与众不同，人品正直，心地善良。

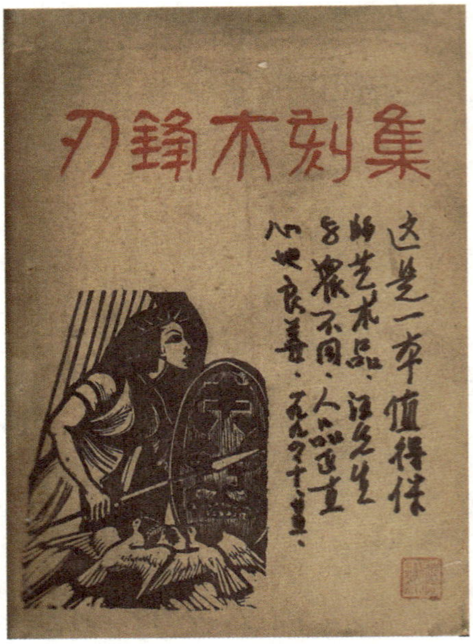

这本作品集共收入汪刃锋在1940年至1946年间的木刻作品《游击队的收获》、《农民印象》、《谁能够救救他们？》等30幅作品。其中“陪都剪影”是彩色印刷，其余均为单色黑版，单面印刷，前后环衬均以同一幅木刻作品绿色印刷。书后是作者后记，以及附录有茅盾写的《看了王刃锋的作品展》和叶圣陶作的《刃锋的木刻与绘画》两篇文章，他们在文中都给予汪刃锋木刻作品很高的评价。封面选木刻佳作为图，书名字体挺拔有力，红黑两色印刷，整个设计简洁大方。内文文字繁体横排，左翻，封底印有开明书店社标，该书同时另有精装本出版。

汪刃锋原名汪亦伦，是中国新兴木刻运动中卓有影响的著名木刻家。他的木刻作品，以严酷的真实、呐喊式的艺术语言，和激情似火的感染力，撞击着人们的心灵。他的作品积极地直接针对社会现实，映照出20世纪三、四十年代中国社会的黑暗、阶级压迫的残酷、民众在炼狱中绝望挣扎的生存状态，以及他们挣脱锁链走向反抗与觉醒的精神状貌。作品具有珍贵的历史价值和艺术价值。出版有《刃锋木刻集》、《木刻教程》、《南中国的画像》等。如今，汪刃锋的木刻作品和出版物已经成为收藏家们所追捧的精品。

国家图书馆藏有此书4种，其中有一册是第3版，有趣的是在备注栏里写明“本书系2002年8月从北京万隆举办的拍卖会上竞拍所得”。如此详细地注明来源，这在该图书馆其他藏品中不多见。

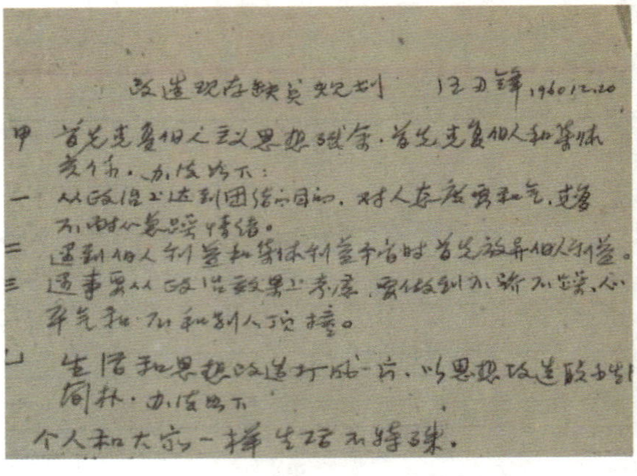
改造现存缺点规划　汪刃锋 1960.12.20

汪刃锋“改造现存缺点规划”手稿

钤“树印”的《仿李伯时山水画册页》

从旧市得到一册《仿李伯时山水画册页》，钤有“树印”章，共有18张山水画，9张彩色、9张墨笔。册页后半部装裱有《西园雅集图记》亮墨精拓8页。

“树印”是当代著名国画大师梁树年的书画常用印。《西园雅集图记》是邢侗手临米芾小楷，是邢侗晚笔，于明万历三十八年（1610）上石，吴门吴尚端摹上并镌。原石现藏山东省临邑县邢侗纪念馆。

李伯时（1040—1106），名公麟，字伯时，号龙眠居士，舒城（今安徽舒城县）人。北宋画家。元祐进士，元符年间拜御史大夫。博学好古，尤善画山水、佛像。晚年归佛受戒，能通禅法，而雅好净土。隐居龙眠山庄，时与高僧谈论，并结社念佛。遗墨传世颇多，画家奉为典则。

梁树年，号豆村，画室名安樗堂。生于1911年，北京人。18岁拜京派画家祁井西学习山水画。1936年成立豆村画社。1945年从师国画大师张大千，为大风堂入室弟子。自20世纪30年代起，梁树年开始从事美术教育工作，1962年进入北京艺术学院任教，1964年转入中央美术学院任教。1979年任中国画系研究生导师。生前为中央美术学院教授、北京中国山水画会副会长、中国美术家协会会员、中国书法家协会会员。梁树年的山水画脱胎于传统，融北宗之雄强、南宗之秀润，形成了浑朴苍健的画风。他尤擅画松，其笔下的苍松遒劲伟岸，世人有“树年松”之誉。曾先后为国务院办公厅、全国政协礼堂、毛主席纪念堂、北京图书馆、首都国际机场等场所创作巨幅山水画。

《西园雅集图》源于苏轼参加的一次聚会。元祐年间，京中文人学士围绕在苏轼周围，拥戴他为文坛盟主。驸马王晋卿是苏轼的好友。一天，王晋卿在西园宴集以苏轼为首的16位文人高士，一起作诗、绘画、谈禅、论道。他们是苏轼、王晋卿、蔡天启、李端叔、苏子由、黄鲁直、李伯时、晁无咎、张文潜、郑靖老、秦少游、陈碧虚、米元章、王仲至、圆通大师、刘巨济。当场由李伯时作画，米元章写文以记其盛会，史称“西园雅集”，后人认为这可与晋代的兰亭集会相比。当时，米芾写下《西园雅集图记》，记载了这一盛事。

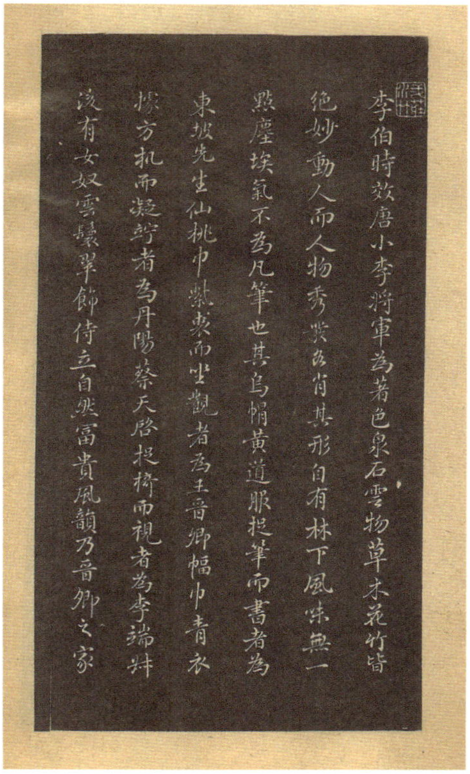
李伯時效唐小李將軍為著色泉石雲物草木花竹皆
絕妙動人而人物秀發各肖其形自有林下風味無一
點塵埃氣不為凡筆也其烏帽黃道服捉筆而書者為
東坡先生仙桃巾紫裘而坐觀者為王晉卿幅巾青衣
據方机而凝竚者為丹陽蔡天啓捉椅而視者為李端叔
後有女奴雲鬟翠飾侍立自然富貴風韻乃晉卿之家

清代最详尽的一部全国石刻目录：《寰宇访碑录》

（清）孙星衍、邢澍撰《寰宇访碑录》十二卷四册，光绪癸未年（1883）江苏书局开雕。

《寰宇访碑录》是清代最详尽的一部全国历代石刻目录，由孙星衍、邢澍合撰。孙星衍（1753—1818），字伯渊，号渊如，江苏阳湖（今常州）人。清代有名的经学家，曾任山东兖沂曹济道。据此书孙氏序言说：曾得邵晋涵集录海内石刻名目副本，又亲自拓录所见各地石刻，并与王昶、钱大昕、翁方纲、冯敏昌、阮元、黄易、武亿等金石家交流所得，最后由邢澍加以订补修改成书。书成于清嘉庆七年（1802）。书稿编写以邢澍之力为最多。

该书共十二卷，依照年代顺序收录了自周秦至元代的石刻8000余种，也包括一些瓦当铭文。每件石刻名称下面均注明立石年月、书体和撰、书人以及原石所在地。如原石已佚或不明所在地者，则注明引用拓本藏家。第一卷收录周秦至晋代石刻；第二卷收录南北朝及隋代石刻；第三、四卷收录唐代石刻；第五卷为五代十国石刻；第六至九卷为宋代石刻；第十卷收录辽、金及伪齐石刻；第十一、十二卷收录元及伪周石刻。其中存目的宋代、元代石刻多为其他金石著录中罕见者。

本书为迄今收录石刻种类最多的一种目录，对于了解历代石刻的存留情况及原石所在地具有重要参考价值。该书有平津馆自刻本、江苏书局刻本、行素草堂金石丛书本等。现常见本为商务印书馆铅印本，有精装、平装之分。

该书收录均为孙氏及当时金石家收藏品，作者本意为使之成为全国石刻总目，但限于条件，多有遗阙。因此后人多为之增补校勘。清同治年间，赵之谦撰《补寰宇访碑录》五卷。光绪年间罗振玉作《再续寰宇访碑录》二卷及《寰宇访碑录刊误》一卷。翁居还藏有1930年刘声木作《续补寰宇访碑录》二十五卷、《寰宇访碑录校勘记》十一卷、《补寰宇访碑录校勘记》二卷、《再续寰宇访碑录校勘记》一卷，以订正孙、赵、罗三家之误失。

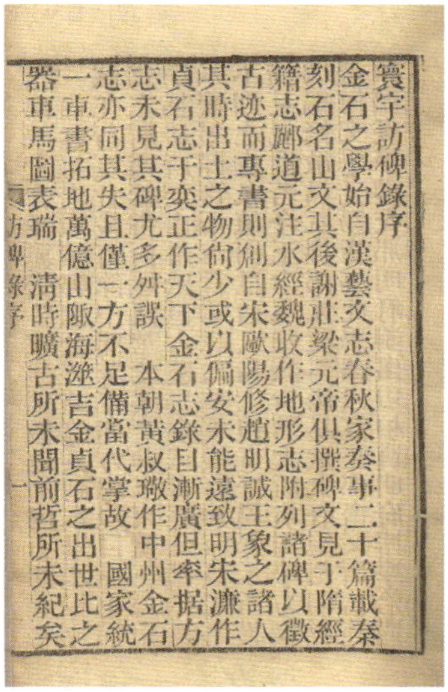
寰宇訪碑錄序
金石之學始自漢藝文志春秋家奏事二十篇載秦
刻石名山文其後謝莊梁元帝俱撰碑文見于隋經
籍志酈道元注水經魏收作地形志附列諸碑以徵
古迹而專書則創自宋歐陽修趙明誠王象之諸人
其時出土之物尚少或以偏安未能遠致明朱灊作
貞石志于奕正作天下金石志錄目漸廣但率据方
志未見其碑尤多舛誤 本朝黃叔璥作中州金石
志亦同其失且僅一方不足備當代掌故 國家統
一車書拓地萬億山陬海澨吉金貞石之出世比之
器車馬圖表瑞 清時曠古所未聞前哲所未紀矣
寰宇訪碑錄序 一

2006年6月，中国嘉德曾上拍一套嘉庆版《寰宇访碑录》十二卷、附刊谬一卷，估价2000～4000元，成交价为7700元。

鲁迅推崇的《晚笑堂画传》

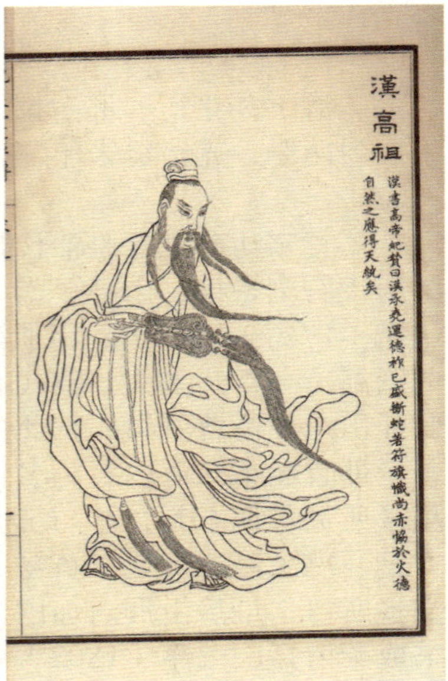

清代版画品种繁多、风格多样。近年来，在古籍拍卖市场上，有清一代的版画代表作品，大多先后面世，如《太平山水图》、《圆明园图》、《耕织图》和《晚笑堂画传》等。《晚笑堂画传》分上、下二卷，乾隆八年（1743）聘请广东名工雕版刊行。所收120位历史人物绣像，每幅绣像皆附有像赞文字。民国时期，新的先进的印刷技术如铅印、金属版印、石印、影印等已经大大普及。当时，陶湘用石印出版了上官周所绘《晚笑堂画传》，翕居所藏即陶氏民国19年石印本。

上官周（1665—？），字文佐，号竹庄，福建长汀人。清代画家。博学多才，一生不求闻达，不附权贵，终生布衣。工诗文、书画，擅山水、人物。山水善于用墨，长于烟岚弥漫之景。人物笔力苍劲老到，神情潇洒，主要有《樵归图》、《寿星图》、《苏武牧羊图》等。尤以晚年所绘《晚笑堂画传》最为著称。《晚笑堂画传》依据翔实史料和丰富艺术构思，精心刻画了自汉高祖刘邦至明朝骁骑舍人郭德成止，共120位历史人物图像，并作各人画赞。其画风继承我国传统人物画“以形写神”，注重“神似”的创作方法，用粗线条勾勒出人物的形象，人物神情刻画细腻形态各异，刻工精良，刀法工整流利，形成自己独特风格，为清代人物画谱之精品。《晚笑堂画传》对后来的人物画及版画颇有影响，《绣像英烈传》，就是从《晚笑堂画传》“明太祖功臣”中选取的；《芥字园画谱》中的人物，也是摹仿《晚笑堂画传》而成。日本《支那绘画史》一书中，专文论述了《晚笑堂画传》的艺术价值与影响，并将《晚笑堂画传》影印与书一同发行。

鲁迅和郑振铎是最早致力于中国古代版画的研究者，他们曾合作收集和出版了《北平笺谱》。在研究过程中，他们认为《晚笑堂画传》是古代版画不可多得的经典之作。鲁迅自1912年至1934年的书信、日记中，多次提到求购多种版本的《晚笑堂画传》，或自己临摹，或当作礼物送人。如1912年12月21日日记写道：“晨微雪即止……又觅得《晚笑堂画传》一部，甚恶，亦以七角银购致之，以供临习。”1934年1月9日记载：“微雪。上午寄烈文信并稿二篇。寄墨斯克跋木刻家亚历舍夫等信并书二包，内计木板顾恺之画《列女传》、《梅谱》、《晚笑堂画传》、石印《历代名人画谱》、《耕织图题咏》、《圆明园图咏》各一部，共十七本。”过了几天，他在写给郑振铎的信中又说：“前几天，寄了一些原版《晚笑堂画传》之类给俄木刻家，《笺谱》出后，也要寄一部。”可见，鲁迅对《晚笑堂画传》这一绣像版画遗产可谓关爱有加推崇备至，这在鲁迅短暂的一生中是很少见到的。

上官周为扬州八怪之一黄慎的老师，曾赞黄说：“吾门有黄生，犹右军之后有鲁公也。”

乾隆本《晚笑堂画传》，在中国嘉德1995年春拍中，成交价1.6万元。陶湘涉园民国影印本在富彼国际2008年秋拍中成交价为6720元。

金农《寿门墨拓梅花图》

翕居藏有《寿门墨拓梅花图》精拓精裱一册，8幅，书签题“心老平室藏”。“平室”可能是自谦词，如同“寒舍”、“敝斋”、“陋室”，“心老”无查。

金农（1687—1764），字寿门，号冬心、稽留山民等。浙江仁和（杭州）人，扬州八怪之一。清代画家、书法家。他的画，吸收汉画像之长，古朴稚拙，笔墨极不求形似，正是这样笨拙的美，使金农的画在似与不似之间，别成一家画风。

金农故乡杭州西溪，野梅花像棘草一样繁茂生长，溪边的农人常把野梅编成篱笆。梅花开时，自是风光无限。金农晚年做了不少梅花图，他所画黑白二色梅花，繁花如簇，古朴苍老。用笔十分单纯，并不考虑花的形态，树干和枝的表现很抽象，墨色和白色的花交相辉映。画面繁枝密萼，花光迷离，恍如月夜映在纸窗上的花影。作为诗人，金农是单纯的，“细看黑白分明甚，千万花须数不来”，似乎有点无奈。作为一位书法家，金农达到了独特的境界，他的书法融入了金石篆刻的韵味，画面与书法融为一体，题字和梅花画风之间又有着微妙的对应关系。金农将梅花的形式美与诗情美推向了极致。梅花冷落的外表，有着形外之音。金农的梅花，明月是前身，仿佛江路野桥二月，梅花弥漫在空气中。

金农喜画梅，即使“砚水生冰墨半干”，仍能“冒寒画得一枝梅”。其梅不疏不繁，瘦而不肥，愈老愈神。金农的画，从一侧面反映了清代文人画的审美情趣。

流传稀少的《程氏心法三种》

在北京东郊一个书贩家觅到一套《程式心法三种》，为明程宗猷撰，民国20年武进陶湘影印大开本，白纸，二册。

陶湘称得上是民国以来最重要的、最有成就的藏书家和刻书家。陶湘30岁左右开始收书，由于他锐意搜求，藏书事业进展神速，不数年，即得书30万卷。陶湘藏书，不同于一般传统的藏书家，而有着他自己鲜明的个人特色。首先，他藏书不专重宋元古本，而是另辟蹊径，以明本及清代精刻本为搜求目标，数十年间，共收得明本1000余部。早年傅增湘与陶湘曾经有约，如果陶湘能收得明嘉靖善本100部，傅增湘愿为之题“百嘉斋”匾额相赠。出人意料的是，经过多年的不懈努力，陶氏所收明嘉靖善本竟然超过了200部。“百嘉斋”应改题为“皕嘉斋”才是了。

陶湘藏书的另一个特点是富于收藏闵刻套印本，有《吴兴闵版书目》一书。陶湘之专意收藏闵版书，是因为受到缪荃孙的启发。起初，旧式传统的藏书家大都走佞宋尚元的路子。对于时代偏晚，为初学者指示门径的套印本不屑一顾。惟独陶湘慧眼独具，充分认识到闵版书的艺术价值。经多年搜求，到民国20年，他共收得闵、凌版套印书110部137种。其中最著名的有五色版《文心雕龙》，四色版《世说新语》、三色版《古诗归》、双色版《花间集》、《唐诗艳逸品》等。闵版书历来并无确数，一般来说，其总数约在130部左右，陶氏所得，可谓得之十之八九，堪称民国藏书第一人。

陶湘藏书的第三个特点是收藏开化纸本书。清代初年，浙江开化生产一种色白光滑、坚韧细密的佳纸，康、雍、乾三代内府多用其印殿版书。当时一些文人学士的家刻本，其最初印本，少量用以馈赠朋友等，也多采用开化纸。如康熙本《饮水诗词集》、《汗简》，雍正本《笠泽丛书》、《冬心先生集》，乾隆本《春雨楼集》、《西京职官印录》等。其实直至嘉道年间也还有人用开化纸印书，如秦氏石研斋的《隶韵》、许氏享金宝石斋的《六朝文絜》等。这些书真所谓是“纸洁如玉，墨凝如漆”，开卷即令人赏心悦目。只要是开化纸所印书，不论何类，陶湘有见必收。他因此赢得了“陶开花”的雅号。

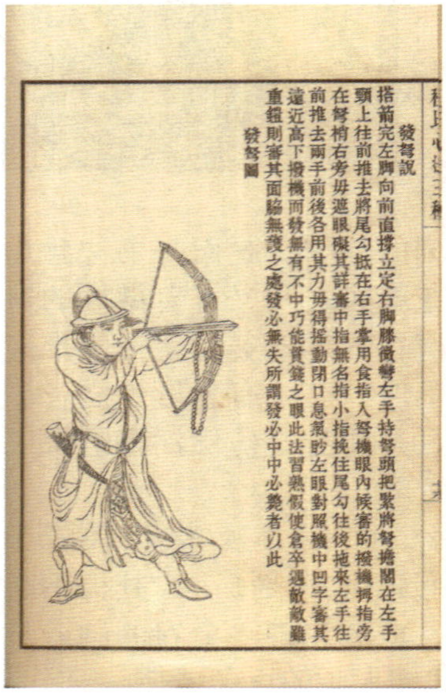

陶湘藏书，还以收藏毛氏汲古阁刻本而著称。明末清初的常熟毛氏汲古阁，藏书既富，刊书又多。毛氏为收书，不惜花费重金。以千金买马骨的精神，广召天下人为之送书。以至当时苏常一带有“三百六十行生意，不如鬻书于毛氏”的谚语。毛氏所刻书，往往依据旧本精校精刊，其中如《屈陶合刻》、《三家宫词》等都是脍炙人口的名书。陶湘搜罗毛氏刻书540多种，占毛氏全部刻书600种的十分之九。

陶湘收藏版画书及艺术类图书也是颇负盛名的。在他影印行世的《喜永轩丛书》中，可见大量的版画如《天工开物》、《授衣广训》、《牧牛图颂》、《离骚图》、《凌烟阁功臣图》、《无双谱》、《避暑山庄图咏》、《云台二十八将图》、《仙佛奇踪》，等等，这些书的影印底本都是他自己的藏品。

陶湘不但以藏书名噪一时，而且更以刻书闻名于世。陶湘涉园刻书与他的藏书一样，都是以“精”字著称。如今在陶湘身后半个多世纪，他所刻书早已被后世人们目为善本了。陶湘虽早在宣统年间就刻过书，但真正大举从事刻书，还是在民国11年以后的事。民国11年至民国20年这十年间，陶湘刻书印书的数量极为惊人，总计约为250种以上。其中主要有：民国11年刊“儒学警悟”6种、民国16年刊“百川学海”100种、“宋金元明本词”40种（此书前17种乃仁和吴氏双照楼刊于清宣统三年至民国6年，后23种自民国6年由陶湘接手续刊，至民国12年完成）、“喜永轩丛书”石印本39种、民国18年影印“涉园墨萃”12种、《拓跋廛丛刻》10种、民国15年北京琉璃厂文楷斋雕印《影刊唐开成石经》、《影汲古阁钞宋金词》7种、民国25年影印《涉园所见宋版书影》初二辑、铅印本《陶氏书目丛刊》15种。

《程式心法三种》是“百川书屋丛书”十六种之一。“百川书屋丛书”为民国19年至民国20年影印本。其中的《程式心法三种》、《唐褚河南阴符经墨迹》、《乾隆宝谱》、《清内府藏古玉印》、《金轮精舍藏古玉印》等都是颇具艺术价值的精品，且为其中流传最稀者，弥足珍贵。

开“海上画派”之祖：《任渭长先生画传四种》

（清）任熊绘、王龄辑《任渭长先生画传四种》四册，上海同文书局光绪十二年（1886）石印本。内收《剑侠传》、《于越先贤传》、《列仙酒牌》和《高士传》四种。钤“王明”藏印。

任熊（1823—1857），字渭长，一字湘浦，号不舍，浙江萧山人。清代画家。以画名世，为海上画派领袖人物。画作笔力雄厚，气味静穆，深得宋人精髓。尤擅长人物，堪与陈洪绶并驾。作画纵笔恣肆，设境之奇、运笔之妙，颇具厚重古朴、气韵生动之画风。

任熊为海上画派“三熊”（张熊、任熊、朱熊）、“四任”（任熊与弟任薰，儿子任预和侄辈的任伯年合称“四任”）的中心人物，以此形成海上画派的中坚，而任熊则是开派之祖。历史上，凡是开宗立派的画家，一般除了过人的技法以外，皆有独到思想。

任熊可称绘画全才，山水、人物等无一不能。其人物画，宗陈洪绶，线条如银勾铁画，风格清新活泼，笔法圆劲、形象夸张。

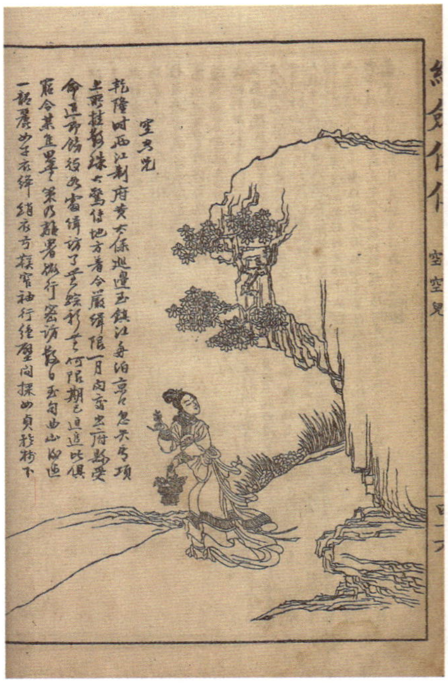

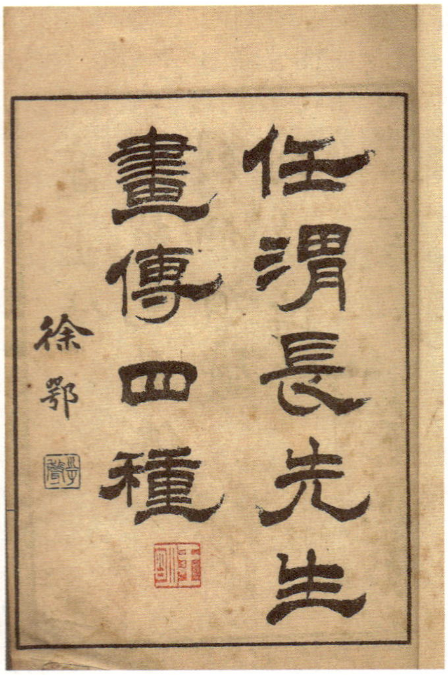

绘游侠图及唐宋近世传奇文附刊并补入《续剑侠传》，另加入《于越先贤传》、《高士传》、《列仙酒牌》组成《任渭长画传四种》。其人物造型，吸收陈洪绶的传统，而蔡照初的刻工则刀法精练。武林版画在中国美术史上享有很高声誉，由宋至清刻印诸多著名作品，代表作有明代顾炳摹辑、双桂堂刻的《历代名公画谱》，张梦徵绘、安徽歙县虬村黄一彬刻《清楼韵语插图》，以及陈洪绶在杭州创作的《张深之正北西厢》、《博古叶子》等绣像插图，均由名工木刻，为明清时期复制版画的精品。蔡照初雕《任渭长画传四种》，堪为晚清木刻的精品，流传广泛，对清代末期版画艺术发展，也起了重大作用。

任熊与传统文人不同的是，除了诗书画以外，在他身上显然还有一股豪侠气质。任熊生活在晚清鸦片战争、太平天国运动时期，生活在这样一个时代，不是以隐逸避世，而是以其画笔，用他特有的笔法，反映一种抗争精神。任熊的抗争，是在人物画中大力弘扬中国传统的侠气，他画了不少游侠图，还有《三十三剑客图》木刻画集，由萧山蔡照初刻成于清咸丰六年（1856）。后将任熊所

光绪十二年上海同文书局石印刊行的《任渭长画传四种》，是目前流传的版本，近年来不少出版社的影印本，大多以此版本为底本。翕居所藏即为同文石印本。

手绘《白描铁线人物无双谱卅幅全图》

在东北收得一部清末或民国间手绘摹本《白描铁线人物无双谱卅幅全图》，裱本一册，绘者不详。此本所绘人物线条精细流美，形象生动，一丝不苟，显示了画家的功力。较之版刻图谱中翻刻失真的情况，手绘本则显珠圆玉润，所附诗文亦为手书。钤“金石之章”印。

《无双谱》又名《南陵无双谱》，是清代著名版画图谱，刊刻于康熙三十三年（1694），作者从汉代至宋1400多年间，

挑选了40位众口流传的名人，绘成绣像并题诗文。其中有英雄豪杰如项羽、诸葛亮、张良、苏武，也有文人如李白、司马迁、班昭等，上自帝王将相，下至平民百姓均有收录，人物的一个共同点就是他们的事迹都是举世无双的，因此这套图册称为《无双谱》。

《无双谱》的撰绘者是浙江绍兴人金古良，原名金史，别号南陵，擅长人物画创作。金古良编撰此书的意图，从其《自叙》中可知一二："客居寡欢，辄引古人晤对饮酒。周秦以前纪传杂淆，余顾弗深，考自汉讫宋一千四百数十余年之中……得四十人，约其生平大端，拟为乐府歌辞以自娱。适然因事命题，寄之言词，未为众情悦畅，兼为绘图，以揣索其形似，名曰《无双谱》。无双，不再见也。"

《无双谱》是清初浙派版画的力作，其画风受陈老莲影响，造型生动传神，刻工精美，足征赏玩，每帧所配乐府诗亦朗朗可诵。毛奇龄在序中称："是谱名无双，而实具三绝，有书有画又有诗也。"《无双谱》刻成以来十分流行，一再被翻刻、印刷，而民间各种木雕、漆器和瓷器等工艺品中，只要有涉及这40位人物的图案，绝大多数都采用他们在《无双谱》中的造型。

《无双谱》还曾被鲁迅、郑振铎、周作人等反复提及。鲁迅曾在《兔和猫》、《皇汉医学》等文章中多次提到。郑振铎在《中国古代版画丛刊》中收录此谱，并在题跋中称："金古良《无双谱》予曾收得数本，皆不惬意，此本虽为儿童所涂污，尤是原刊初印者，纸墨绝为精良……天色墨黑，时已入夜，尤甚感兴奋。"其珍爱溢于言表。周作人《知堂书话》则有《无双谱》专文，详细介绍了该谱的情况。《中国古版画通史》、《版画》、《宋元明清的版画艺术》等专著，对《无双谱》的艺术、历史价值，均有较大篇幅的介绍。

2006年1月，上海崇源艺术品拍卖公司曾拍卖金古良手绘的《无双谱》版刻原稿，以200万元起拍，286万元成交。

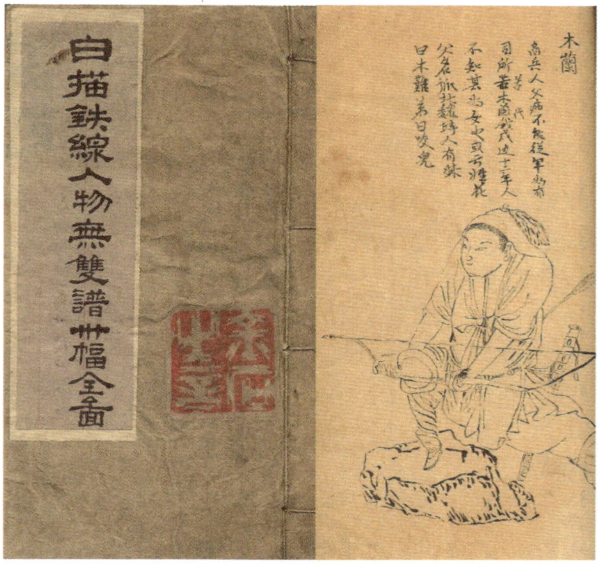

潘祖荫、鲍子年藏古泉珍异品手拓本

读雪斋藏清手拓古钱币拓本，二册。收汉魏六朝唐宋精奇罕见古泉二百二十品，系潘伯寅、鲍子年藏品自拓，有孙达等人多篇题跋。题签为"雪斋所藏古泉墨本"。

据浙江绍兴市地方志编纂委员会编《绍兴市志》（浙江人民出版社1996年10月版）

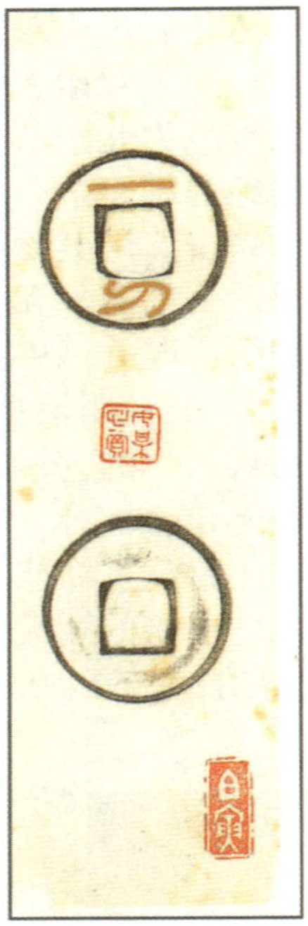

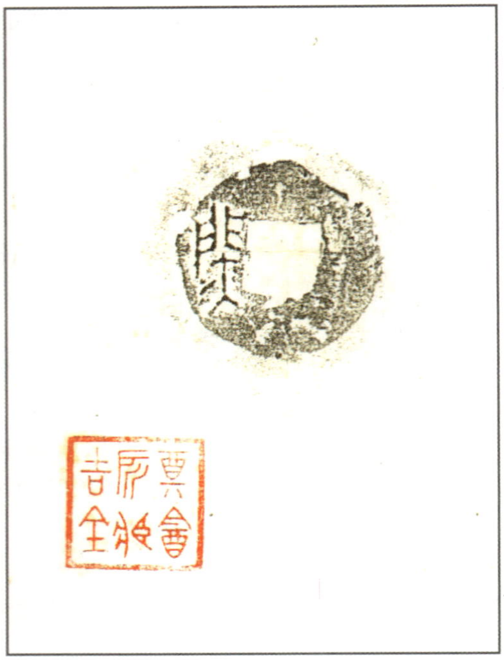

者必好胜，毋以己所有傲人之所无，因而巧偷豪夺，其甚者至交生隙，往往互相诋諆，泉币也何尝不然？然一人之力，断不能收天下之瑰奇。”他曾对潘祖荫说：“藏泉者有三弊应戒之，即矫、痴、诬”。鲍氏晚年，埋头刻书，他集泉累累，从不秘藏，多次将自己的珍藏品借给志趣相投者传拓，李竹朋巨著《古泉汇》中许多钱图都是鲍氏提供的。

藏品扉页有孙达的题记：“此册汉魏六朝唐宋各种古泉计二百廿品之多。皆精奇罕见之泉，均系潘伯寅、鲍子年两世丈藏泉所

“历代进士名录”记载：光绪六年（1880）黄忠永榜：孙汝梅，会稽人，寄籍顺天，兵部主事。有《读雪斋印遗》钤印本（孙汝梅篆刻、孙壮辑）；《读雪斋印谱》（孙汝梅篆刻）；《读雪斋诗集》十卷（孙壮辑）；《梨园聚议庙会碑》（孙汝梅撰）；《读雪斋金文目手稿》（孙汝梅撰、柯昌泗、辑）；《北平孙氏读雪斋藏器拓本》（孙汝梅藏）。

潘祖荫喜搜罗善本书及金石碑版，收藏甚丰。（潘祖荫介绍参见414页《篆刻家李大千题跋的〈攀古楼彝器款识〉》一文）

在中国文物史上占据显赫地位的两件西周著名青铜巨鼎——大盂鼎、大克鼎即为潘祖荫旧藏。此二鼎后留传给其侄孙媳潘达于，潘达于在1951年将二鼎捐赠给当时正筹建上海博物馆的上海市文物管理委员会，二鼎遂成为该馆的镇馆之宝。1959年，中国历史博物馆开馆，上海博物馆以大盂鼎等125件珍贵文物作支援，遂成南北二鼎各镇一方之势。（参见392页《记录岳丈藏品的〈澄兰室古缘萃录〉》一文）

鲍子年（1810—1881），名康，安徽歙县人。研究古泉60年，结交嘉庆、道光、咸丰、同治、光绪五朝名宿，以精研泉币负盛名，经验丰富，著述良多，向为泉坛所推重，有泉师和泉学祭酒之誉。鲍子年曾说：“好古

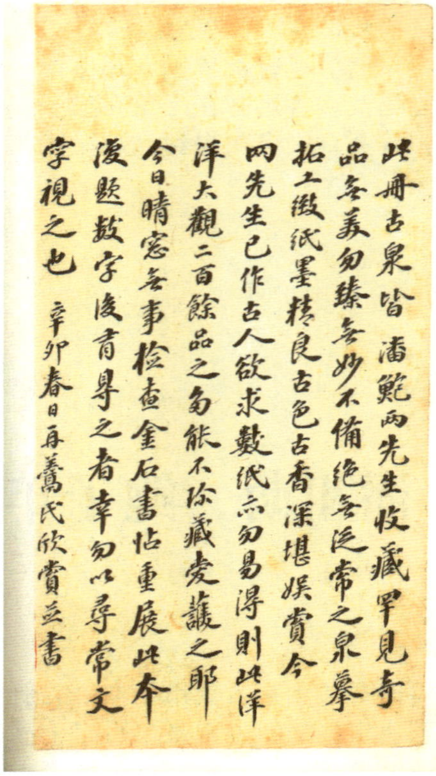

此冊古泉皆潘鮑兩先生收藏罕見奇品無美勿臻無妙不備絕無泛常之泉摹拓工緻紙墨精良古色古香深堪娛賞今兩先生已作古人欲求數紙亦勿易得則此洋洋大觀二百餘品之多能不珍藏愛護之耶今日晴窗無事檢查金石書帖重展此本復題數字後有得之者幸勿以尋常文字視之也

辛卯春日再養氏欣賞並書

此冊漢魏六朝唐宋各種古泉精拓本
計二百廿品之多皆精奇罕見之泉均係
潘伯寅鮑子年兩世丈藏泉所贈精拓也
先篤部淂之視若至寶走雖不才亦青此
癖粗窺家學昨自書篋檢出賞其奇
古精致恐有散落亟手裝成冊展玩敬
過率記數語以示珍重

庚寅初冬雪窗下
北平貓盦孫達藏

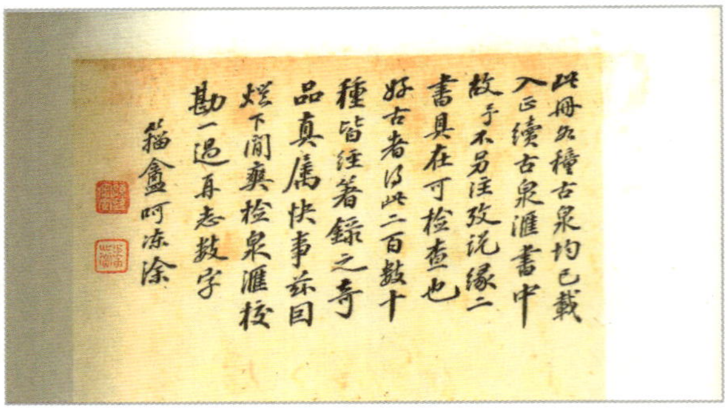
此册各种古泉均已载入正续古泉汇书中，故予不另注考说。缘二书具在，可检查也。好古者得此二百数十种皆经著录之奇品，真属快事。兹于灯下闲弈，检泉汇校勘一过，再志数字。籀盦呵冻涂

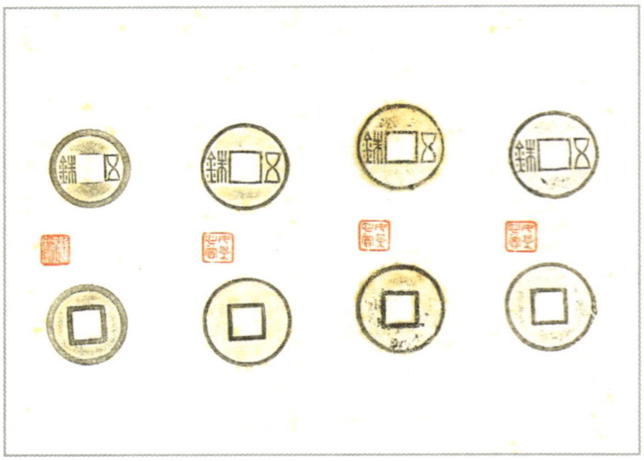

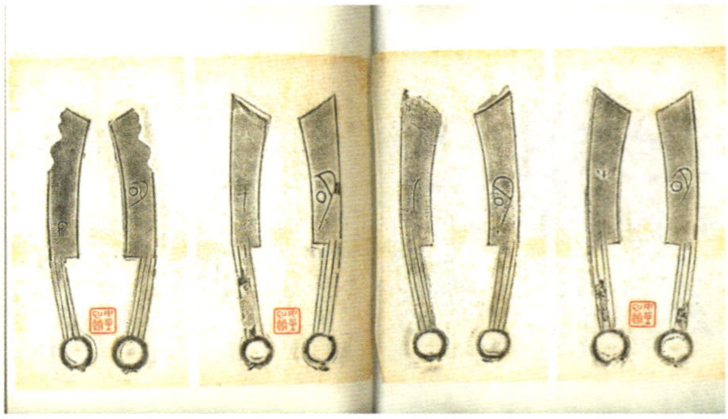

赠精拓也。先驾部得之，视若至宝，达虽不才，亦有此癖，粗窥家学。昨自书箧检出，赏其奇古精致，恐有散落，亟手装成册，展玩数过，率记数语，以示珍重。庚寅初冬雪融窗下。北平籀庵孙达藏。”钤“孙达”朱文、“少春所藏”白文两枚长方章。此题记中的“庚寅”应为光绪十六年。

第二页是孙达一年后写的另一篇题记：“此册古泉，皆潘、鲍两先生收藏，罕见奇品无美不臻、无妙不备，绝无泛常之泉，摹拓工致，纸墨精良，古色古香，深堪娱赏。今两先生已作古人，欲求数纸亦勿易得。则此洋洋大观，二百余品之多，能不珍藏爱护之也。今日晴窗无事，检查金石书帖，重展此本，复题数字，后有得之者，幸勿以寻常文字视之也。辛卯春日再羹氏欣赏并书。”

书末有孙达的一段跋记：“此册各种古泉均已载入正续古泉汇书中，故予不另注考说。缘二书具在，可检查也。好古者得此二百数十种皆经著录之奇品，真属快事。兹于灯下闲弈，检泉汇校勘一过，再志数字。籀庵呵冻涂。”钤“达审定”、“再羹过眼”、“孙达审定”、“少春心赏”四枚印章。

此册钱币拓片上有鉴赏、收藏章八方，分别是：“伯寅”、“郑盦所藏吉金”、“汝梅心赏”、“孙春山审定”、“再羹审定拓本”、“孙汝梅印”、“孙达审定”、“问羹”。

此册末页有一短小跋语：“此册共三十页，计泉二百种。庚寅冬装。”钤“少春心赏”、“孙达审定”、“再羹审定拓本”、“孙少春读书记”四枚藏章。

第二册扉页题“雪斋所藏古泉墨本”，全册共由四个板块组成。泉拓上钤有“汝梅心赏”、“春山手拓”、“梅”、“孙”、“春山”、“问羹”等多枚印章。第一部分题为“自藏泉币拓赠同好”，钤有“孙汝梅印”。所收钱币36品。第二部分题为：“自藏泉拓拟赠子年多雪”，钤“春山”章。所收钱币72品。第三部分题为“自藏古泉拓赠同好”，钤“春”象形文字印。所收钱币59品。第四部分题为“自藏小币拓赠同人”，钤“梅”单字朱印。所收钱币57品。

此册共三十页计泉二百廿种庚寅冬装

此拓本上出现的“孙少春”、“春山”等似为孙汝梅的别号或书画印章。“问羹”、“再羹”等似为孙达用印。孙达应该是孙汝梅的后人。编辑孙汝梅著作的孙壮，字伯恒，号雪圆，以“读雪斋”和“澂秋馆”作为斋名，曾任商务印书馆经

理。似也应为孙汝梅的后人。（参见452页《山阴周少白临潘君碑》一文）

几千年前的古泉珍品，一百多年的世纪珍藏，藏印累累，墨拓莹莹，承载者滂喜斋主人潘祖荫、一代泉师鲍子年的手泽，让我们经眼过手，每每展卷摸挲，自然生出对这些奇珍异品的宝爱，又怎能当等闲之物视之呢？

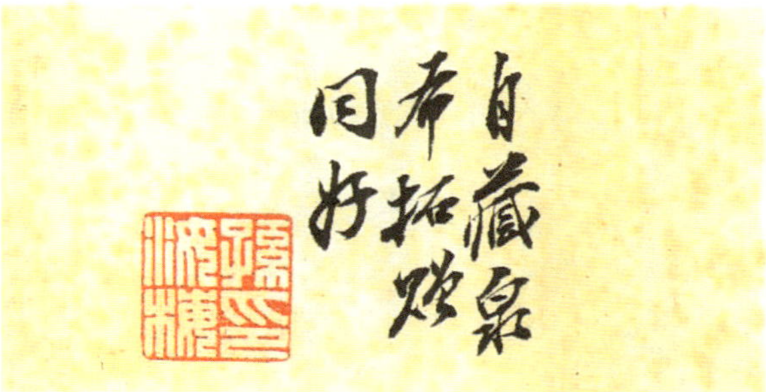

浮世绘大师喜多川歌磨的画集

（日）喜多川歌磨绘、日本浮世绘协会编《歌磨浮世绘集》一册，精装本。日本大正15年（1926）6月第1版、7月再版印刷，雄山阁发行。

浮世绘的根源可追溯到日本安土桃山时代（1573—1600），最初以妓画（称为“美人画”）和伎画（称为“艺人画”）为主要题材。到了日本江户时代（1603—1867），其题材扩大为表现市井生活与风俗习惯、游乐活动、风景名胜、歌舞伎艺、力士相扑、美人春画、花鸟虫鱼以及历史故事等，由起初的毛笔画也发展成木版画。开创木版浮士绘的是元禄时期的菱川师宣，17世纪后半期的木版画是墨色印刷。到了18世纪，铃木春信创造了多色印刷的木版画，浮士绘由此进入了黄金时代。

这种版画的构成，与我国古代版画的画印方法相同，由画师、雕师、拓师按顺序分工合作来完成。首先由画师作画，再由雕师刻版，最后由拓师按照画面不同的色彩分别拓印成画。这种在木板平面上刻出复杂而又精致的线条，再彩拓成画的高超技术，曾被西方画家视为一种不可思议的技艺。

随着浮世绘艺术的发展，日本涌现出许多著名画师，除创始人菱川师宣外，比较著名的还有揭开浮世绘黄金时代帷幕的铃木春信、美人绘大师喜多川歌磨、戏剧绘巨匠东洲斋写乐、写实派大师葛饰北斋，以及将风

喜多川歌麿《更衣美人》

景绘技巧推向顶峰的一立斋广重等名师，他们六人被称为“六大浮世绘师”。但最有代表性、最具传奇的大家则数喜多川歌麿（1754—1806），他绘作的美人画，峨嵋粉颈，体态婀娜，优艳华丽。

喜多川歌麿不知道父母、没有孩子、没有妻子，也没有人知道其结局，只有在浮世绘艺术上那么显赫的名声。他在江户时代的广阔天空里，像一朵云彩似的飘浮而去不知所向。一生中连续描绘女性的喜多川歌麿，给后人留下了难以企及的很多作品。其中主要有《妇人十相》、《歌撰恋之部》、《全套当时全盛似颜》、《更衣美人》、《台所美人》、《娘日时计一辰之时》和《虫选》，等等。特别以画半身美人为新创，使彩色美人画更富魅力，如《妇人相学拾体》等。此后有许多反映蚕桑或纺织生产的风俗画也用了这种浮世绘的风格，画中的女性穿的则是下层劳动妇女的和服。

浮世绘的发展与流行与江户时代的整个社会和当时人们审美发展是分不开的。所以，随着江户时代的没落，这种绘画也在明治维新拉开序幕前逐渐消退。浮世绘艺术占据日本画坛260余年，这颗跨越三个世纪的东洋艺术明珠，对于日本的艺术乃至整个大和民族审美的影响是不可忽视的，在世界美术史上也占有重要一页。

在上海国拍2008年秋季大拍中，1916年出版的喜多川歌麿的仕女画集《四季乃花》二册，成交价为3300元。

“午后往内山书店，得《日本裸体美术全集》”

（日）上村益郎、高见泽忠雄编纂《日本裸体美术全集》，日本纸，精装，六函六册六卷全。日本东京高见泽木版社昭和6年（1931）出版。书中收有日本各时期的雕塑与绘画作品500余幅，为这类书中内容最为完备者。每册扉页右下角都印有“预约限定版，非卖品”七字。

鲁迅对于版画十分看重并着意收罗，孙郁在《鲁迅与日本的绘画》（载《文景》杂志）一文中讲道：“晚年的时候，鲁迅对日本出版的美术品格外重视。他在内山书店购置的画册数量可观。其中《日本裸体美术大全》引起了他的兴趣。此为内山书店所得，六册。”

但据鲁博书屋的萧振鸣先生讲，这套书连同《世界美术全集》、《世界裸体美术全集》，都是鲁迅一本一本买齐的。查《鲁迅日记》1931年7月13日日记，有“午后往内山书店，得《日本裸体美术全集》（五）一本，十二元”的记载。由此看来，鲁迅买这套书的确不是一次购齐的。

此书收录画作均为木板套色或珂罗版印刷。第一卷为推古、天平、藤原篇，以佛像雕塑为主，作品主要来自正仓院、东大寺、法隆寺等藏品库，可见各时期塑像的特点；第二卷为镰仓至德川初期的绘画，其中的《士庶游乐图》、《琵琶湖游乐》、《风流绝畅图》很是有名；第三卷为德川中期作品，多以女性为主，能见到风俗人情的内蕴；第四卷为德川末期，第五卷为明治全期，第六卷为大正与昭和时期。这后几卷所收作品，除油画外，还有木炭画、铜版画、木版画、团扇绘、大锦画等。几乎囊括了各种类型的绘画方式。

日本学者对裸体艺术有相当的研究。知名作品有石井柏亭的《明治以降的裸体画问题》、野口米次郎的《裸体艺术论》，等等。日本的裸体画，有一些色情的东西在里面，有的也还是比较具有纯情美意的。画家描摹女子的浴场调情，有谣俗的价值，风情里的诗意也点染了出来。作品“裸妇人”、“裸美人”、“海女”、“浴后”等，多与水有关，人的表情千奇百怪，有的也很是动情。日本文人大胆地勾勒这些，似乎没有过于淫荡的冲动，好似安于对社会生活的再现，意在揭出人生的本真。没有过多的道学气，倒增加了放松感和某些坦然。

在博古斋2007年秋拍中，此1931年版《日本裸体美术全集》，仅存卷三、卷四，共三册，估价2000～3000元，未成交。

“后人指南之要法”：《天下有山堂画艺》

（清）汪之元撰《天下有山堂画艺》，日本刊本，折装，一函二册。书名页题“天下有山堂墨竹兰石谱”。此书先述作者绘画心得，为铅字排印，后据每图再详加点拨，图谱部分为木刻版。此书有樵石山房木刻套印本和四明樵石山房藏版、雍正二年

（1724）刻本，均为二卷二册。

汪之元倾三十年心血，于雍正二年写就《天下有山堂画艺》，被时人称为“后人指南之要法”。余绍宋在《书画书录解题》中称其“详论写竹之法颇为精到”，“足为初学兰竹模范之资”。杨仁凯在《中国书画》中将《芥子园画谱》与《天下有山堂画艺》同列为清初最有影响的美术著作。

此书分为《墨竹谱》与《墨兰谱》两部分，图文并茂。详述兰竹的画法及衬景的画法。主张画墨兰、墨竹，应该“写影传神”。认为墨竹、墨兰传神的最高标准是“自然”。“初以古人为师，后以造化为师”。《墨竹谱》前有墨竹指三十二则，详论写作之法，颇为精到。谱分写嫩竿、老手、重叶、布叶诸法以及风晴雨雪四式。《墨兰谱》前有墨兰指附蕙石苔草二十八则，论写兰之法，亦甚详明，谱首为写叶、写花法及两丛风兰、悬崖折枝诸法，次为蕙叶花箭交答、花蕊添插叶法及两丛帘竹、露根折叶诸式，又次为写石、点苔、写草法及山瀑、水口、灵芝诸式。此书是兰竹的技法入门书。

汪之元，字体斋。工翰墨，能诗，善画兰竹，又工刻印。汪之元的艺术活动约在康熙、雍正年间，为清初新安派杰出的美术教育家。早年鄙仕不举，前半生流寓游历，后以授艺著述为生，在皖、陕、豫、鄂、粤等地影响很大。一品内阁大学士图理琛在《兰竹谱》序中写道：“余奉天子命屏翰粤东，入境之初，即闻有天都汪子体斋者流寓于此，工翰墨，善诗歌，博闻卓识，名重远尔，时因宋子健行始得一识其面。”这位学名赫赫的封疆大吏，上任之初，未见汪本人，先闻其“才”声，以至于屈尊枉驾、求荐交善，可见汪之元的艺术实力在其时其地的影响之深。不仅如此，图理琛还认为，汪之元“非世俗所谓才人名士”，“诚不可以翰墨者目之”，“其抱经济博识之才，高亢直之不偶，而独为此闲情之翰墨，其志良苦”，为其胸怀大才却高亢不仕，潜心于艺术而终有建树感慨不已，以至于后来诚聘汪之元为其家塾师。

《休宁历史人物》称其“善画山水、花卉，皆入妙品。钟爱山水，名其居为‘天下有山堂’以寄情”，“画山川景物，自为题跋，书亦遒劲”。可惜汪之元的书画真迹国家馆藏和民间流传极少，甚至在拍卖场及相关的鉴定资料中也未露其面。然而，这部画谱问世两个多世纪以来，几乎没间断过用新技术印刷传播。从早期的木刻套印，到近代的石印铅印以及现代的缩印，在社会上产生了深远的影响。

在中国书店海王村2007年5月春拍中，日本刊本《天下有山堂画艺》，底价为3000～4000元，以7150元成交。

方雨楼藏《祝京兆书艳词真迹》

（明）祝允明书《祝京兆书艳词真迹》一册，民国间影印本。钤“古歙方雨楼过眼经籍金石书画印”。

祝允明（1460—1526），字希哲，因生而左手六指，故自号枝山，又号枝指生，世亦称“祝枝山”、“祝京兆”。长洲（今江苏吴县）人。明弘治五年（1492）中举，任广东惠州府兴宁知县，明嘉靖元年（1522）官至应天府（今南京）通判，嘉靖二年因病致仕归里。祝允明自幼就显现出多方面的艺术才华，“五岁能作径尺大字”，九岁能诗。祝允明专精书法，亦善诗文。其书隶、楷、行、草诸体均工，尤以草书成就为最；其诗取材颇富，造语颇妍；其文多奇气，潇洒自如。传世墨迹如小楷《出师表》、草书《自书诗》、《落花诗卷》、《洛神赋卷》、《前后赤壁赋卷》等均为其代表作。著有《怀星堂集》（三十卷）、《苏材小纂》、《祝子罪知录》、《读书笔记》、《前闻记》等，撰有《兴宁县志》。与唐寅、文征明、徐祯卿并称“吴中四才子”。在中国书法史上占有重要地位。

此书原藏家方雨楼为颇有造诣的古玩商，工书。他的行书儒雅恬静，有隶书笔意而并非章草，秀逸中揉合了极为自然的稚拙。其书法传统功基颇深，具有魏晋风度，但又不拘泥于古典法度。

提起方雨楼，在近代收藏界两宗大事与其有关。

一是在宋代黄庭坚《饮中八仙歌》手卷上动手脚做假。黄庭坚《饮中八仙歌》卷为绿绢本，无款，尾端有“枝山”一印、“绍兴”半印、“星衍”篆书两字，原载《书画鉴影》卷七。鉴赏家据孙星衍在尾纸上的两行题字，定为明代祝允明所书。方雨楼为了抬高它的身价，牟取暴利，将孙星衍的两行题字撤去，凑上了文征明的引首、董其昌书诗，定其为唐代怀素书，并且邀请人参观，大肆宣传。好在一些具有眼力的藏家根据这个书卷的字体和书法结构，肯定了它是黄庭坚老年时写的，才恢复了它的本来面目。

二是故宫博物院收藏的北宋拓、明库装本《九成宫醴泉铭》，曾经过方雨楼之手售卖。这册拓本于明清两代久存宫中，溥仪逊国后，宫里的图籍碑版散佚不少，这本即在其中。散失民间后，最初由京城的韩麟阁

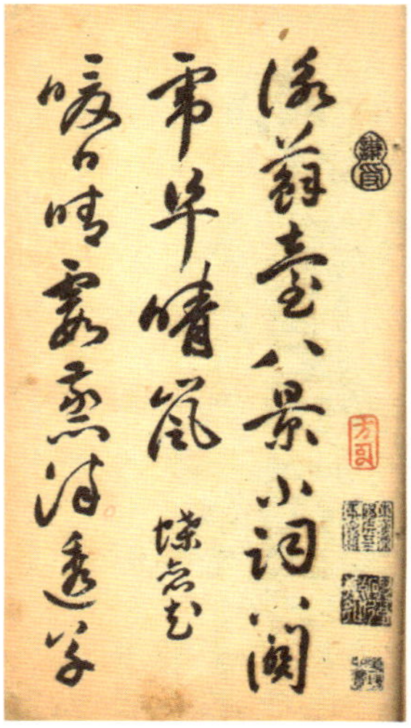

以五百金购到，后又为方雨楼所得并售与张彦生，经过二十年辗转，到了萧山人朱文钧的手里。据朱文钧《欧斋石墨题跋》记载：“岁壬申（1933）秋，是碑由韩氏再出，经津贾方雨楼复鬻于庆云堂张彦生。彦生持以示予，予三十年来颇蓄汉唐碑版，惟《醴泉》仅一明拓未凿本，求一宋拓稍佳者不可得。忽睹此本，洞心骇目，几疑梦寐。张以重价要予，磋商累日。时予贫甚，不得已乃斥卖藏画，并称贷以予之，乃克成交，此予得碑之始末也。”

著名诗人、东方艺术史和艺术考古学家常任侠在其《春城纪事》中记述，即使在辗转迁移的动荡岁月里，他也过着几乎无日不购书的生活，同时也记载了与方雨楼的一些文玩交往。

张志鱼刻竹扇拓

仅2007年春、秋两季拍卖，中国嘉德、北京翰海等拍卖公司就上拍张志鱼书画、篆刻作品9件，成交7件。其中一件书法成扇近2万元成交，一方青田石平头章成交也近7千元。虽然张志鱼书画作品翕居无藏，但在北京奥运会期间觅得一册张志鱼刻竹扇拓，共计有38副扇骨的76面拓片。有趣的是，拓片

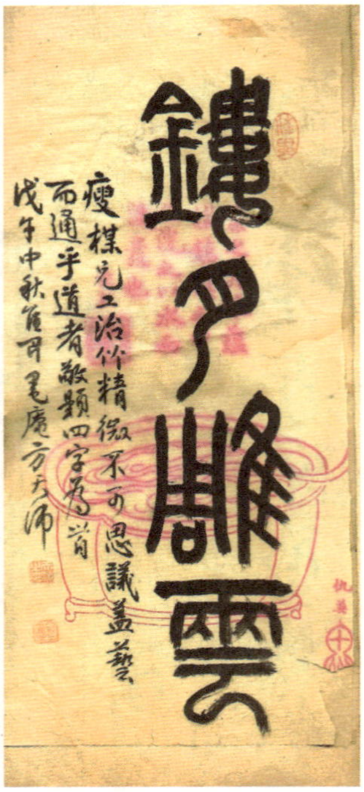

乃张志鱼妻子萧伴梅手拓，可谓双美齐并。

张志鱼（1891—1961），字瘦梅，亦署寿眉，又字通玄，号寄斯庵主、通玄老人，河北宛平（今北京市）人。北平师范大学毕业，曾任北平艺专竹刻、治印教授。工书、善画、能篆刻，虽无师承，而造诣之深，平实稳帖，令人惊服。篆宗邓石如，隶法伊秉绶，所绘蔬果松梅墨竹，亦别具风格。张志鱼最精于竹刻，所作扇骨，用双刀深刻皮雕，沙地留青枚法，将名人书画缩刻于竹刻扇骨上，不失原作精神，是与南方刻竹风格不同的。张志鱼曾刻扇骨八千余柄，造诣极深，是近代北京刻竹第一高手。曾设“寄斯庵美术社”于北平劝业杨三楼鬻刻，所作以花卉为多。晚年寄居上海，其妻萧伴梅、副室王娱梅，均工书画。

此册拓片是张志鱼赠给书法家方天沛的。封面有方天沛的一段题记：“戊午秋中，瘦梅兄赠萧伴梅嫂夫人手拓扇篚边文。甲戌中秋默庵装于涿郡玲珑石室。”钤印“天沛”。扉页有方天沛在仇英花笺上所书“镂月雕云”四个篆书大字，题有“瘦梅兄工治竹，精微不可思议，盖艺而通乎道者，敬题四字为首。戊午中秋墨庵方天沛”。钤印“天沛之印”、“墨庵”。

册中所收扇骨拓片大多有古董商、书画家方雨楼的“雨楼眼福”钤印。刻手除张志鱼外，尚有书画家吴沁泉，清代著名学者张廷济之侄、篆刻名家张受之，以及吴欣鱼、王深等。拓手还有方雨楼之侄、钱币收藏鉴赏名家方子才等。

扇骨所刻原书画作者有袁励准、姚茫父、凌文渊、金城、吴昌硕、张大千、陈师曾、宝熙、张廷济、王文治、陈宝琛等。拓片原藏者方天沛有书名，北京房山区沿村大庙的观音庵碑，即为其所撰行书并篆额。

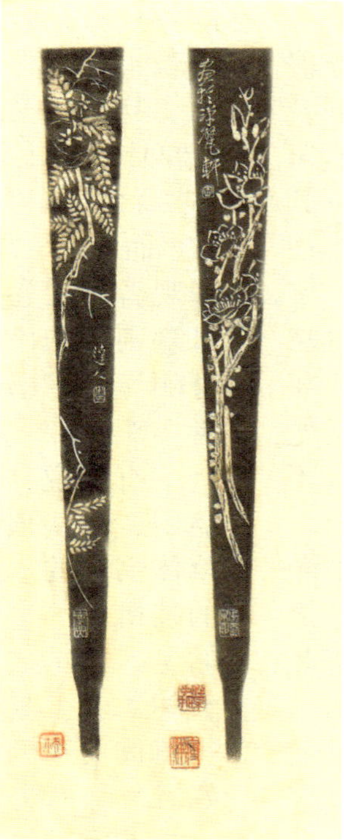

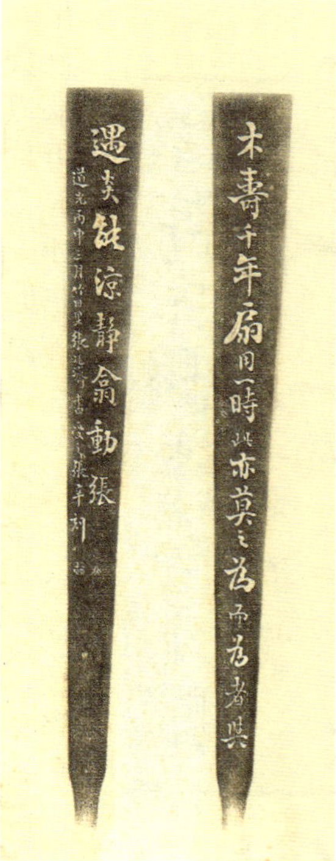

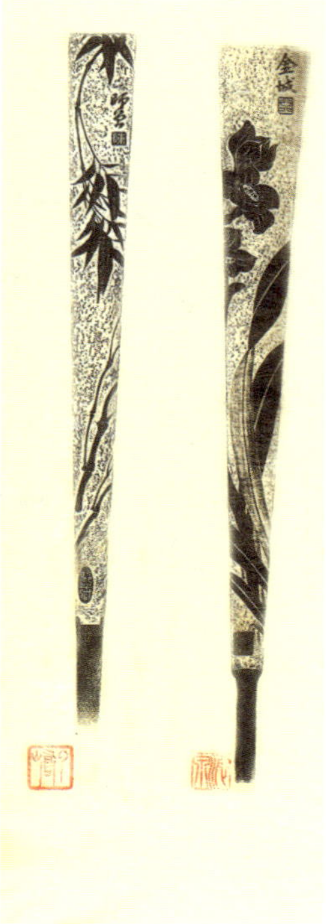

文永堂版《草字汇》

《草字汇》六册，日本明治13年（1880）刻，文永堂藏。

本书共列出汉晋至明的草圣共有77位。其中有帝王草圣10人，他们是汉章帝、晋宣帝、晋武帝、晋元帝、宋明帝、齐高帝、梁武帝、唐太宗、唐高宗和宋徽宗。名家草圣67人，他们是汉代的张芝（字伯英）、杜度、崔瑗（字子玉）等3人、晋代的王导、王羲之、王献之、王纂、谢安、谢万、嵇康、张翼、索靖等33人。南朝宋有宋琳、羊欣，梁有王筠、肖思话，陈有陈逵等，共8人；唐代有虞世南、褚遂良、欧阳询、孙过庭、颜真卿、柳公权、张旭、李邕、李白、怀素等13人。宋代有苏轼（东坡）、米芾、黄庭坚、蔡京、蔡襄、游酢、米友仁等7人。元代有赵子昂、鲜于枢、鲜于必仁等3人。明代有宋濂、宋克、祝允明（号枝山）、董其昌、张瑞图、朱学古、王铎等10人。这部《草字汇》法帖还具有权威性和可靠性。从“序”中可知，本书原成书于清乾隆五十二年（1787），直到清末仍有印本，可见其很受文人墨客的欢迎。

草字，作为古代传统书体之一，有其独特结体和章法。观前人草书法律森严。又变

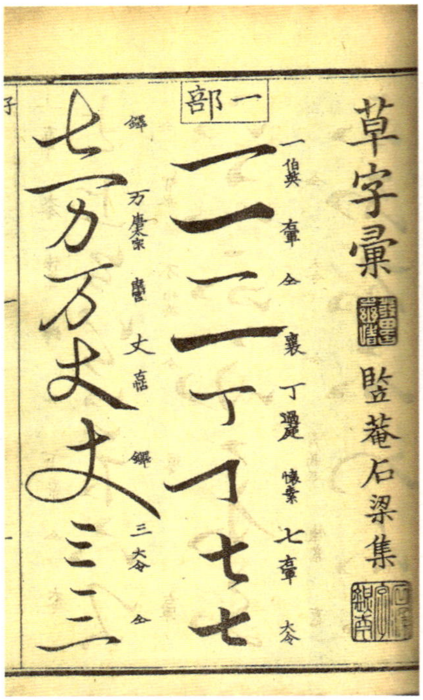

化多端，自魏晋羲献以下，历代书家各臻其妙。然往往同一字各家写法互不相袭，飞龙舞凤，不易辨识，令人难免有望洋之叹。清乾隆年间书家石梁编集历代名家碑版书帖草字为汇典，分为十二卷，每集依《字汇》偏旁类列各家书迹，且兼采一家数种写法，并于字旁标注书家名号。书字用古代双钩摹写法，保持了原字的风貌。一集之中诸体具备，蔚为大观。各集于正编之外又增补若干部，力求全备。书前有蒋光越、袁日森、赵思道撰写的三篇序文。分别为行草体或草体书写上板。有作者石梁自撰的后序。

蒋光越在序中赞扬该书“饷自狂旭颠素，而上溯汉晋、下迨胜国名家、采英撷奇……俾观者每展卷不啻若聚古人于一堂”。而袁日森则称颂该书“使汉魏以来圣君贤士所作奇丽诡怪字书，昭然如青天白日，前不失作者本来面目，后可以为万世法程”。

有人说，在我国遗存的历代名家书法作品中，一些顶尖级国宝作品大多是草体或行草体书写的。这话是有道理的，像人们熟知的陆机的《平复帖》、王羲之的《快雪时晴帖》、王献之的《鸭头丸帖》、怀素的《苦笋帖》和王纂的《伯远帖》等，都是草体或行草体书写的。草书已成为书法家和书法爱好者苦练书法艺术的重要书体之一。

此书乾隆五十三年敬义斋初刻本，经刘世珩之子刘之泗校注批跋，在朵云轩2008年春拍中成交价为26880元；在2007年中国嘉德四季第1期拍卖会上，乾隆白纸本四册，成交价为7700元。

刘喜海藏高颐阙全拓

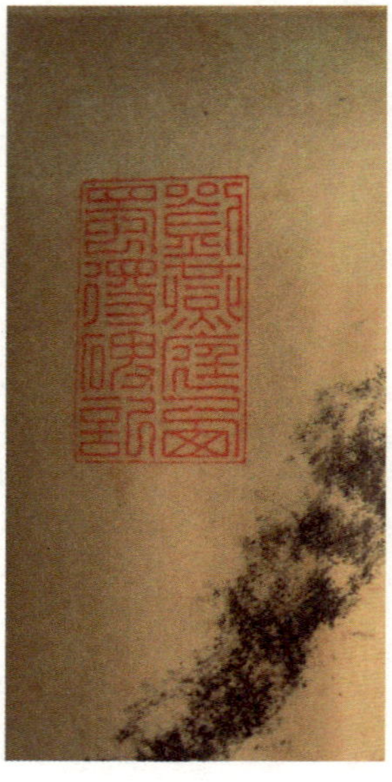

（清）高颐阙全拓一张，曾为刘喜海所藏，钤“刘燕庭西蜀得碑记”藏印。

高颐阙、墓及石刻是我国第一批重点文物保护单位，位于四川省雅安市城市建设新区，成都至雅安高速公路金鸡关出口处，是雅安汉阙博物馆所在地。

汉阙是我国古代特有的建筑设施，是汉代宫殿、祠庙和陵墓前一种表示尊严的装饰性建筑，每阙由主阙和子阙组成，一般有阙墓、阙身、阙顶三部分，既是一种古老的建筑艺术，又是一种特殊的石刻珍品，是研究当时历史文化、建筑、雕塑、美术的重要实物。汉时，官至年俸二千石以上者，墓前立阙，是身份和地位的象征。所以，汉阙文化是两汉文化的重要组成部分。历经千年沧桑，用木材制作的城阙、宫阙已荡然无存，只有宗庙祠堂、墓冢神道两侧的石阙，还部分得以保存，虽然十不存一，但留下的历史资料十分宝贵。

雅安高颐阙及石刻建造于东汉建安十四年（209），距今已有近1700多年历史，是汉代益州太守高颐的墓阙。现整体布局为墓、碑、道、阙及兽，集建筑、雕刻、书法、艺术于一体，是我国汉墓阙中保存最完整最精美的珍品。列为全国现存37处汉墓阙之首，具有颇高的历史、艺术、美学价值，历来受到不少知名人士、专家学者的青睐。如宋代的赵明诚、王象之，明代的杨升庵，清代的何绍基、黄云秸、康有为，民国时的鲁迅，著名建筑学家梁思成、历史学家范文澜、美学家王朝闻等，都从自己学术研究的角度在著述中对高颐阙有过高度的评价和肯定。

高颐字贯方，曾任益州太守等职，因政绩显著，卒后，汉皇敕建阙以表其功。高颐阙建于汉献帝建安十四年（209），主阙13层，高约6米，宽1.6米，厚0.9米；子阙7层，高3.39米，宽1.1米，厚0.5米。阙用红砂石英岩石叠砌，阙顶仿汉代木结构建筑，有角柱、枋斗；浮雕图像想象丰富，内涵深厚；阙身有三车导从，车前为伍伯、骑吹、骑吏等马车出行图。其上为五层，第一层南北两面各浮雕一饕、餮，转角大斗下均雕一角神；第二层浮雕内容有“张良椎秦皇”、“高祖斩蛇”、“师旷鼓琴”等历史故事，以及神话故事传说中的九尾狐、三足鸟等；第三层内为人兽相斗的图案；第四层向外倾斜，浮雕有“天马”、“龙”、“虎”等；第五层四面雕成枋头24个，并刻有隶书铭文“汉故益州太守阴平都尉武阳令北府丞举孝廉高君字贯□”，正中脊部刻一鲲鹏。

阙前两具石兽雌雄各一，称“天禄”、“辟邪”，似狮非狮，似虎非虎，肩生双翅，昂首、张口、吐舌，威猛雄健，为东汉石刻精品。

高颐阙是全国唯一碑、阙、墓、神道、石兽保存最为完整的汉代葬制实体，其阙身则是我国保存最为完好，雕刻最为精美，内容最为丰富的珍贵古迹。

刘喜海（1793—1852），字燕庭，山东诸城人。清代金石学家。刘氏曾在陕西、四川等地做官，获得关中所出的周代铜器、秦诏版、汉封泥、新莽十布、唐善业泥等物；在四川则收集到宋代的多种铜钱和保存于巴蜀的历代碑刻拓本，其中有些为前人所未见。他所得的古器物和拓本之多，在清代后期是不多见的。他曾打算利用自己藏品中的5000余种金石拓片来编集一部几百卷的“金石苑”，但因卷帙太多，未能编成，只将其中一小部分编为未分卷的《金石苑》。该书著录了保存于四川的汉至唐、宋的碑刻等物，书中的碑刻、器物，多绘出缩小的图形，刻文按原来的款式、书体摹写。这种著录古代石刻文字的方法，是比较科学的。

丰子恺的佚著：《学生新画宝》

丰子恺（1898—1975）是受人尊敬的漫画家、文学家。他的漫画作品风格独特，内涵深刻，耐人寻味，往往寥寥几笔，就勾画出一个意境，深受人们喜爱。

丰子恺于1921年春东渡日本留学，学习绘画、音乐和外语，同年冬回国。1922年到浙江上虞春晖中学教授美术和音乐。1924年，在文艺刊物《我们的七月》4月号上，首次发表了他的画作《人散后，一钩新月天如水》，几个茶杯，一卷帘栊，便让人过目难忘。其后，他的画在《文学周报》上陆续发表，并冠以“漫画”的题头，自此中国才开始有“漫画”这一名称。丰子恺的作品流传极广，失散也很多，就是结集出版的五十余种画册也大多绝迹于市，遗憾之极。

1942年，丰子恺任重庆国立艺术专科学校教授兼教务主任，这期间，他编绘了《学生新画宝》，1945年4月由新中出版社出版，陪都书店总经销。这册小书共收入《书签》、《瓶里盆里地里的花》、《小亭空》、《饭吃三碗》、《初用钢笔》、《二人三足》、《大头鬼》、《小树》、《杨柳儿青》、《美国来的船》、《照相机》、《汽车》、《狮子》、《取牛奶》、《姊姊真聪明》、《小猫伴小弟》、《水光》、《鸡吃饼了》、《不倒翁不倒婆》、《爸爸回来了》、《留声机》、《帆船》、《弟弟睡了》、《小母亲》、《猫也想吃》、《等一会放你》、《种痘不哭》、《树下好读书》、《母亲不吃》、《汽车毛病了》、《老虎想吃人》、《投宿》、《放学回家》、《大字和中字》、《吃不得》、《肚》、《你和我削瓜，我和你打扇》、《追得着给你花》、《雨晴了》、《东风急》、《鱼很聪明》、《植树节》、《猪不觉得》、《打回家》、《十岁能吹笛》、《花生米》、《挑荠菜》、《门前大树》、《绿荫》和《夕阳》等48幅作品。

丰子恺在序言中说：“我编绘此书，抱

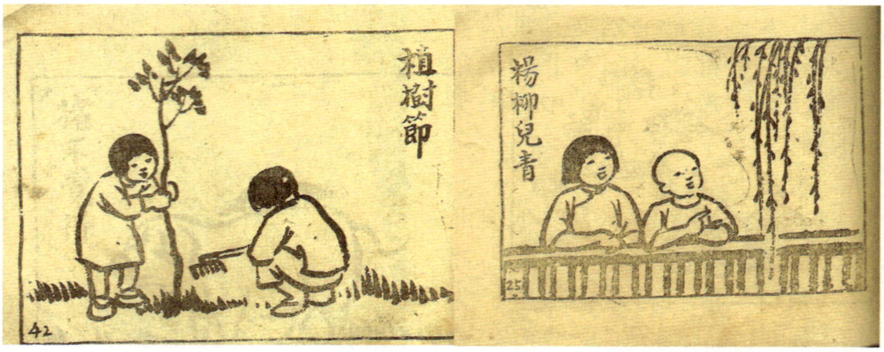

定一个宗旨，即注重艺术趣味。”丰子恺坚持此书有四不：一不设枯燥无味的基本练习课。即不教儿童描直线、曲线、三角、正方以及形象尺寸练习等，他认为基本练习对于年长的学生可以，但对儿童没有必要。因为儿童生活全靠兴趣，通过兴趣来引导才是最好的。二不用标本挂图形式，不把动植物形态和车船的机械构造列入画册，因为图画是艺术，注重的是美感和趣味。三不用字典的形式，不把绘画对象分为人物、动物、植物等，因为这样一来就会失去趣味。四不画军事用品，要追求人类的和平幸福，今后的儿童可以不识干戈。

可见，丰子恺在这本小书中完全是以儿童和爱心为出发点，强调的是趣味性。所以，书中描绘的人物多、儿童多，注重的是画里面的内容和意味，差不多一幅图就是一个故事。丰子恺认为，儿童的习画，全靠兴味引诱进步，绘画技术又会被趣味带进。

翕居所藏的这部丰子恺的《学生新画宝》，遍查各大图书馆，均不见著录。丰子恺的后人丰陈宝、丰一吟所编九卷本《丰子恺漫画全集》（京华出版社2001年4月第1版第1次印刷）也未刊载《学生新画宝》中所收的48幅作品。只是该全集中“大字与中字”、“爸爸回来了”、“小母亲”、“肚痛”等10几幅作品名称和《学生新画宝》中的内容名称相近或相同，但漫画的构图是完全不同或是有一定差别的。

据《丰子恺漫画全集》书前“丰子恺年表”记载：丰子恺是1942年11月从浙江大学（该校避日寇迁往遵义）副教授任上离开遵义，来到重庆沙坪坝，任国立艺专教授的，但翌年即辞去教职以写文卖画为生。1946年7月离开重庆回到上海。在1942年11月至1946年7月间，丰子恺的“画风已由黑白漫画转变为彩色人物风景画”，他多次在重庆、泸州、自贡、乐山、长寿、涪陵、丰都、隆昌、南充、阆中、内江、成都等地举行画展。“年表”只讲明1942年至1946年间曾在1945年作“狂欢之夜”画，没有其他丰子恺新作品集出版的记载。书前的另一篇“丰子恺传略”记载了丰子恺几乎所有作品集出版的书名、出版年代和有关评价，但在1942年至1946年的内容里，没有任何关于《学生新画宝》的记载。

浙江文艺出版社1990年9月出版的《丰子恺文集》七卷本（丰陈宝、丰一吟、丰元草合编），只收入了《漫画集〈人间相〉序言》、《〈画中有诗〉自序》和《〈子恺漫画选〉自序》等，也没有收入丰子恺为《学生新画宝》所写的“序言”。

因此，可以断定，丰子恺编绘的《学生新画宝》所载48幅漫画和书前的序言，是其佚作和佚文。

1935年出版的《云霓》所收
“你给我削瓜，我给你打扇”

翕居所藏《学生新画宝》中的
“你和我削瓜，我和你打扇”

“名下应无虚”：《人物画法简述》

谢瑞阶（1902—2000），又名宝树，晚号黄河老人。河南康店镇焦湾人。著名画家、书法家，中国美协和中国文联理事，河南省文联副主席，河南省美协和书协主席。1924年毕业于上海美术专门学校，留校任教。1949年后任开封艺术学校、河南师范专科学校、郑州师范专科学校、郑州艺术学院校长、院长。1955年后，他创作的《黄河在前进》陈列于北京钓鱼台国宾馆；创作的《大河上下浩浩长春》陈列于北京人民大会堂接待厅，被中外人士公认为是黄河画的杰作，是近代山水画发展的里程碑。此外，还著有《三门峡写生集》、《谢瑞阶画选》等。谢瑞阶的书法艺术造诣很深，尤擅长章草，作书古朴圆润，苍劲有力。

这册谢瑞阶1935年出版的《人物画法简述》，是一部借鉴西画的人体解剖学原理，改进国画的人物画法。

谢瑞阶坚持“名下应无虚”，婉拒了纷至沓来的一些挂名头衔。他除了尽力为公益事业无偿献画写字之外，个人从未卖过一幅作品。他对自己的一双儿女和5个孙儿甚感欣慰，“他们都没有不良习惯，没骂人的，没不上班的。5个孙儿都是老老实实考上大学的，一个也没拿长辈的名义去走门路”。

53岁就因肌肉萎缩症被苏联专家判定只能再活3年的谢瑞阶，在92岁的时候，笑对死亡宣称：“死来不怕不作死”，“我们要珍惜这‘晚晴’。每月照样给我们发工资养活着我们，这省我们多少心。有人养，我们就得好好生活……”不作死，即一要戒无度的贪，二要戒无谓的嗔，三要戒无知的疾。而且还有“三不”：一不昧已心，不光明不合法的坏事，自己无意识的尽量不干，自己有意识的坚决不干；二不拂人情，严以律己，宽以待人；三不竭物力，不挥霍财富，不暴殄天物。

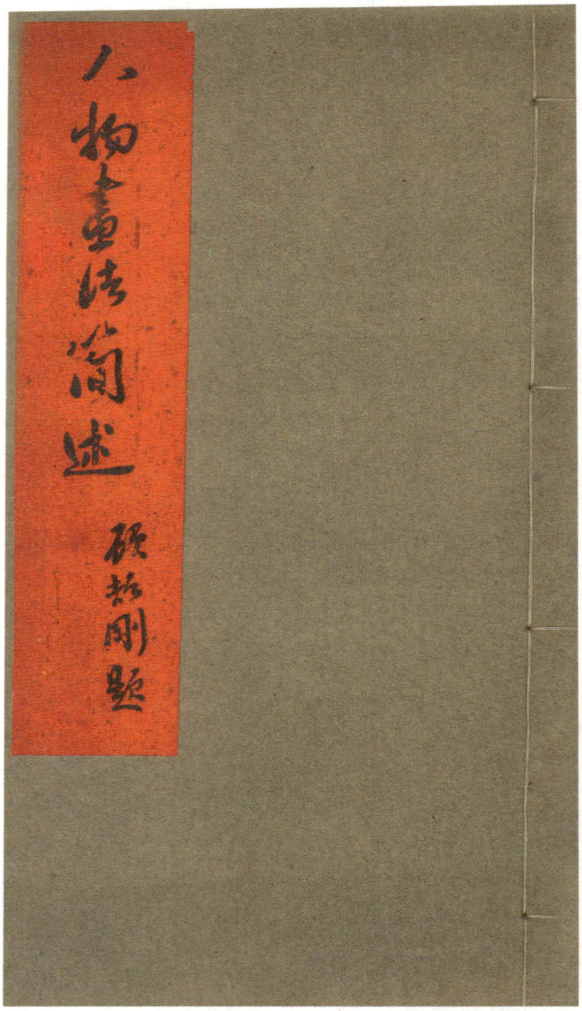

不为门派所囿缚的《习苦斋画絮》

（清）戴熙撰、惠年编辑《习苦斋画絮》十卷四册，光绪十九年（1893）“斋谷惠年”刻本。

《习苦斋画絮》又名《戴文节题画笔记类编》，为戴熙笔记加以整理而成，内分卷、册、大幅、横幅、立幅、纨扇、便面、杂件，共八类，为研究戴熙艺术思想提供了大量资料。戴熙在《习苦斋画絮》中提出了许多画事心得：“作画须得七候：一、精楮（纸）；二、笔与手称；三、色墨净；四、新游山水，或新见名迹；五、索画者工赏鉴；六、意兴；七、工夫当不生不熟之际。七候备而后佳构成。”

戴熙（1801—1860），字醇士（一作莼溪），号榆庵、松屏，别号鹿牀居士（一作櫆牀）、井东居士，浙江钱塘（今杭州）人。清道光十一年（1831）进士，道光十二年翰林，官至兵部侍郎，后因病归里，曾在崇文书院任主讲。清咸丰十年（1860）太平天国克杭州时死于兵乱，谥号文节。工诗书，善绘事。山水早年师法王翚，进而摹拟宋元诸大家，对于王蒙、吴镇两家笔意更有所得。晚年观摩巨然真迹，在用墨方面有深切的领会。道光时宫廷书画多出于其手。又能画花、人物，以及梅竹石，笔墨皆隽妙。秦祖永的评论是：“临古之作形神兼备，微嫌落墨稍板，无灵警浑脱之致，盖限于资也。所写竹石小品停匀妥帖，尚为蹊径所缚，未能另立门庭也。”他的山水画属“虞山”一派，因受奚冈的影响，所以他的画风也接近于娄东派，他的山水多用擦笔，山石以干墨作皴，然后以湿笔渲染，颇得物象的形象和精髓，世人谓之“蝉翼皴”。他晚年所画的《山水长卷》笔致醇朴。著有《习苦斋集》、《习苦斋画絮》等。

戴熙虽师法王翚，却不为门派所囿缚。他在《习苦斋画絮》曾大胆宣称：“士大夫耻言北宗，马（远）、夏（圭）诸公不振久矣。余尝欲振起北宗，惜力不逮尔。有志者不当以写意了事，刮垢磨光，存乎其人耳。”戴熙的这一观点，在当时的画坛可谓惊人之语。不过，戴熙的“让人惊不如让人喜，让人喜不如让人思”的绘画观，到是令人耳目一新。

周作人在1936年2月所作《买墨小记》

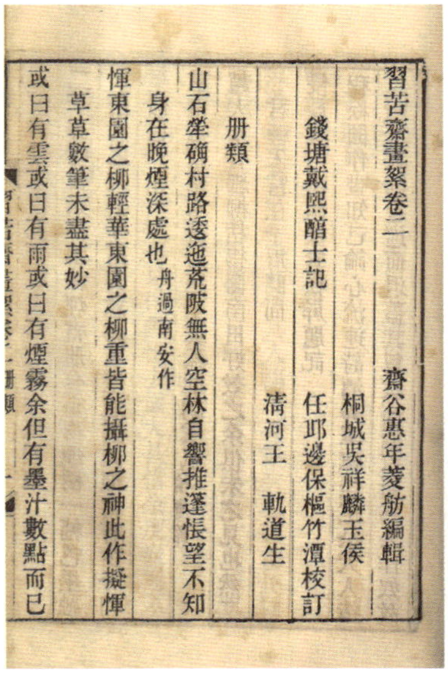
習苦齋畫絮卷二　齋谷惠年蓤舫編輯
錢塘戴熙醇士記　桐城吳祥麟玉侯　任邱邊保樞竹潭校訂　清河王　軏道生
冊類
山石犖确村路透迤荒陂無人空林自響推篷悵望不知身在晚煙深處也　舟過南安作
惲東園之柳輕華東園之柳重皆能攝柳之神此作擬惲草草斂筆未盡其妙
或曰有雲或曰有雨或曰有煙霧余但有墨汁數點而已

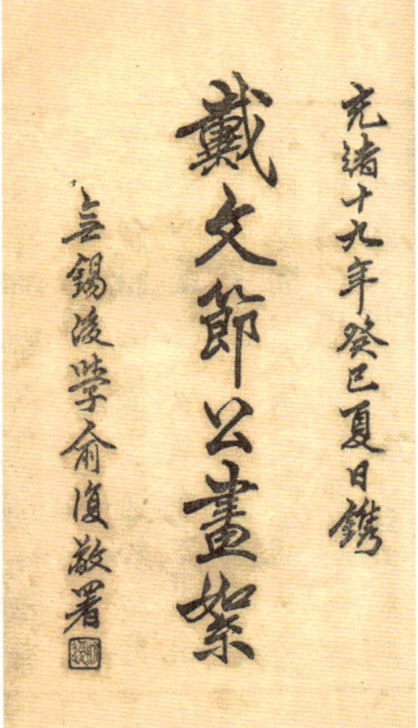
光緒十九年癸巳夏日鐫
戴文節公畫絮
無錫後學俞復敬署

（收入《风雨谈》）中曾讲述：“货布墨五枚，形与文均如之，背文二行曰，斋谷山人属胡开文仿古，边款云，光绪癸巳年春日。此墨甚寻常，只因是刻《习苦斋画絜》的惠年所造，故记之。”“斋谷山人”即惠年。

此光绪十九年版《习苦斋画絜》，在2008年中国嘉德四季第13期拍卖会上，估价2000～3000元，成交价为5600元。

上海文物商店编《海上名画》

上海文物商店编辑《海上名画》，八开彩印本。装帧设计徐昌酩，封面题字谢稚柳，上海市美术印刷厂印刷。无出版年月，有资料记载是20世纪80年代出版。这本画册收集了近两百年来或定居在上海，或曾流寓过上海的名家63人、共121件作品。

谢稚柳在该书“前言”中认为，《海上名画》的出版，“在上海来说，过去还未有这样的画册，可称是创举了。”近两百年来，人物、山水、花果、禽兽，各种流派的画家济济上海，艺术的纷华形成了艺术的上海。人们称上海的画坛为“海派”。海派是19世纪中叶以来中国重要画派之一，人们认为海派绘画商业化倾向较重。

册中收有执画坛牛耳的“四任”（任熊、任阜长、任伯年、任立凡）花鸟、仕女、猫、佛、走兽、人物等10幅；创“虚谷画派”的虚谷花鸟、走兽、桃实图等6幅；张子祥的山水、花鸟等3幅；吴昌硕的荔枝、荷花、花卉等6幅；吴秋农的仕女、山水等2幅；赵之谦的花卉屏2幅；王震的花鸟、群雀图2幅；张善孖的龙、虎2幅；张大千的山水3幅；钱瘦铁的山水梅石1幅；林风眠的山水、花鸟、花卉等3幅；贺天健山水1幅；吴湖帆山水1幅；谢之光山水1幅；冯超然的人物1幅；江寒汀的花鸟1幅；刘海粟的山水2幅；赵子云的花卉1幅；王个簃的花卉1幅；朱屺瞻的山水、花鸟2幅；关良的戏剧人物1幅；陆俨少山水4幅；唐云花鸟4幅；应野平的山水4幅；沈柔坚的花卉、葡萄、荔枝小鸡3幅；程十发的少数民族人物4幅；刘旦宅的人物、马、松林3幅等。

近些年来，有不少拍卖品以曾著录于上海文物商店编印版的这册《海上名画》，而受到藏家的热烈追捧，价格扶摇直上。在2002年6月举行的上海敬华春季艺术品拍卖会上，“海派书画艺术”专场成为热点，98件拍品无一流标。海派名家陆恢的精心之作《婴戏图》

陆恢《婴戏图》

由于著录于《海上名画》，结果以30.8万元拍出，创下陆恢作品的市场最高价纪录。开海派一代风气的大家任伯年所作的《钟馗图》，以48.4万元成交。贺天健的《江山揽胜》，采用宋元时期的大青绿手法，使用清乾隆名笔，康熙老墨等极珍贵的材料，发色浓郁、厚重，画面层峦叠嶂，峰回路转，是贺天健大青绿山水中的精品，以46.2万元成交。

铜鼓研究的开山之作：《古铜鼓图录》

《古铜鼓图录》，闻宥编著，1954年上海出版公司出版。该书共收入铜鼓34具，由照片、拓片或图版多幅，每幅图均有详细的说明。书的后半部分附有一些比较材料，可供研究参考。

20世纪30年代，我国一些学者开始了对铜鼓的研究工作。1936年11月，上海博物馆郑师许的《铜鼓考略》由中华书局出版，为上海市博物馆丛书丙类第二种。嗣后，徐松石、方国瑜等人也有著说。20世纪50年代，时任四川大学教授的闻宥在铜鼓研究上取得重大成果，指出中国西南部才是铜鼓的策源地和真正中心，并于1954年编著了《古铜鼓图录》专著。随着70年代云南考古工作的新发现，铜鼓研究工作日益深入，1980年3月，我国召开了第一次古代铜鼓学术讨论会，成立了中国古代铜鼓研究会。1982年4月，在北京民族文化宫举行了“中国古代铜鼓展览”，展出了我国南方各省、区近年出土的120面铜鼓，反映了铜鼓发展衍进的概貌。我国目前收藏古代铜鼓已达1360余面，尤以广西发掘和收藏为冠，达500多面，故在国际上被誉为“古铜鼓之乡”。

闻宥（1901—1985），字在宥，号野鹤，江苏娄县（今属上海市松江区）泗泾镇人。民国2年小学毕业后，因家庭困难到上海申报馆工作，同时，先后在中学、私立震旦大学进修。后转入商务印书馆编辑部工作，并兼任私立持志等大学教员。在此期间，曾加入南社为社员，为前期创造社社员。擅长

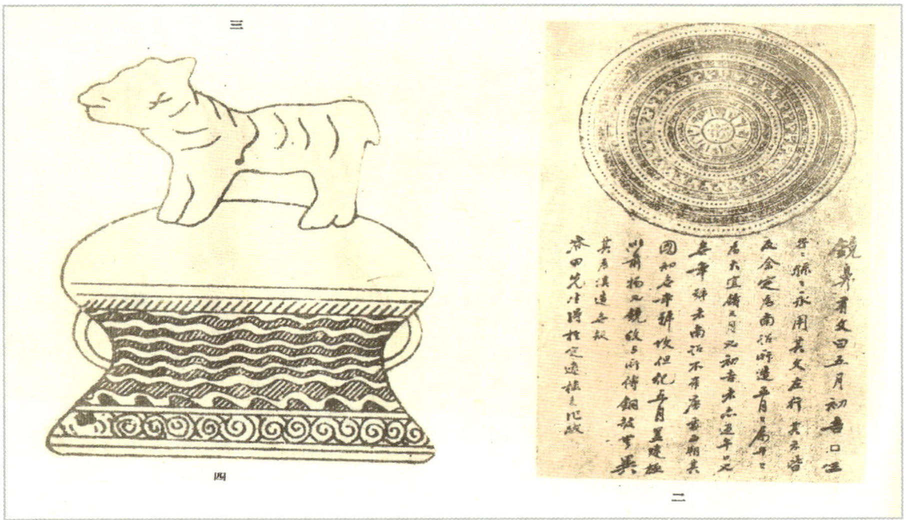

诗词、书法，部分作品曾结集出版。

民国18年起，历任广州国立中山大学文史科教授，国立青岛大学中文系教授，国立山东大学中文系教授，国立四川大学中文系教授，国立云南大学中文系教授、主任，私立华西协合大学中文系教授兼主任。1952年院系调整后，再任四川大学中文系教授，兼西南民族学院教授。1955年起调中央民族学院任教授，直到逝世。法国远东博古学院通讯院士，联邦德国德意志东方文学会会员，土耳其国际东方研究会会员。

闻宥是古铜鼓研究国内首创者之一。1953年《古铜鼓图录》初版，1955年再版。该书的出版，在国内掀起一股热潮，在国外也得到当时民主德国民族学博物馆及美国芝加哥费尔德博物馆等的高度重视。在此之前，1953年，他在成都还写过《四川大学历史博物馆所藏古铜鼓考》，仅印百部，没有对外发行。

罗福颐捐献西夏“内宿待命”牌拓片

西夏铜牌研究是西夏学的一个重要内容，西夏铜牌多为传世品，罕见出土者，有信牌、宿卫牌、守御牌三种形式。信牌中有“敕然马牌”，为圆形套盒式，盒盖上镌有正楷西夏文“敕然马焚”（汉字释为“火急驰马”）四字。圆形部分直径15厘米，圆盖

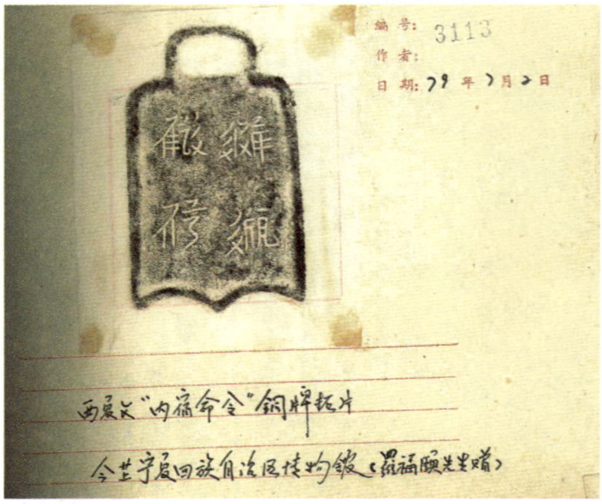

边有0.6厘米的半圆边圈，圆盖下边部分平展光滑，牌的另一面上半部分外圈也有一个宽0.6厘米的半圆圈，牌中刻有四连忍冬花卷草饰纹。据考证，西夏人著《文海》对“信牌”释为：“迅速紧急之燃马上用，故名信牌”。说明此牌为紧急军务即十万火急时传达军令的专用符牌，是西夏军队中官职级别较高者才使用的。

宿卫牌多为长方铲形，上有悬佩銎孔，正面文字多为“内宿待命”四字，中国国家博物馆所藏为“宫门后寝待命”六字，背面刻人名，宁夏回族自治区博物馆所藏为罗福颐先生捐献，是宫禁内院之卫戍人员所持。守御牌为圆形，上有悬佩銎孔，正面阴刻西夏文“防御待命”四字，背面为佩带者西夏文人名或番号，是执勤军人的名牌。

1985年6月，内蒙古自治区伊克昭盟（今鄂尔多斯市）文物工作站在乌审旗陶利苏木征集到一件“内宿待命”牌，一面有“定如”两字，是西夏人的族姓或姓氏。陈炳应先生曾在《西夏文物研究》撰文，称这种符牌“主要用于皇宫等重要机构内部的宿卫”。

翕居所藏为罗福颐（1905—1981）先生所捐献的“内宿待命”牌拓片。罗先生为古文字学家，字子期，笔名梓溪、紫溪，自号偻翁，浙江省上虞人，罗振玉之子。曾任职于奉天博物馆、北京大学文科研究所、文化部文物处、故宫博物院陈列部和研究室等部门。他对各种古文字资料都很熟悉，研究范围涉及青铜器、古玺印、战国至汉代竹木简、汉魏石经、墓志乃至尺度、量器、镜鉴、银锭等。在古玺印研究方面，他搜集、鉴别、研究了大量古玺印，著有《古玺汉印文字征》、《西夏官印汇考》、《古玺印纽制图录》等专著。在研究中他发现了传世的秦汉魏晋等历代官印大半是古人殉葬之物，而不是生前所佩用的。在古玺印的断代问题上，他主张结合官制沿革，以文字为权衡，以纽制为佐证，做出判断。他还对西夏文、八思巴字、契丹文、女真文等少数民族古文字做了大量收集和研究，参与了明清档案的整理。

西夏“首领”铜印拓片

翕居藏有西夏文“首领”铜印拓片五张：一是西夏雍宁六年（1119）和天盛九年（1157）西夏文“首领”铜印朱拓各一张，原印现藏故宫博物院。二是西夏仁庆（人庆）四年（1147）“首领”铜印正文朱拓和印背、印纽、印边墨拓各一张，背纽上方刻画西夏字“上”，右行刻西夏文“仁庆四年”四字，左行为西夏党项首领姓氏“多嵬功成”四字。此印为方形，边长5.4厘米×5.5厘米，今藏天津市文物管理处。三是“首领”铜印印文和印背及钮铭文墨拓各一张，原印现藏宁夏回族自治

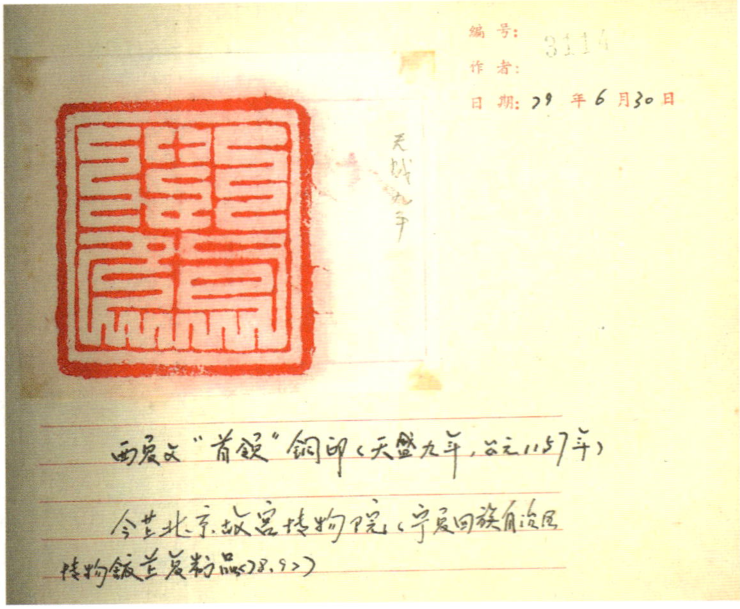

区博物馆，系内蒙古自治区包头市公安局政治处苏贵祥捐献。以上几枚铜印印文均为阴刻。

宋朝时，在我国西北地区曾经出现过一个由少数民族创建的国度，就是历史上著名的西夏王朝，他们自称为大夏国，国都是兴庆府（今宁夏银川）。西夏国前期与北宋、辽相抗衡，后期与南宋、金鼎立，有近两百年的兴衰史，创立了独具特色的西夏文化（1038—1227），国家的组成主要由党项（羌）族为主体，另外还包括汉、吐蕃、回鹘、契丹、蒙古等民族，鼎盛时期的疆域占有今宁夏、甘肃大部，陕西、内蒙古、青海、新疆的一部分。

大庆元年（1036），西夏开国皇帝李元昊命令大臣野利仁荣效仿中原的汉族文字，以汉字作为基础，主持创制并推广使用西夏文字。这次造字总共创造6000余字，编撰成书，分为了十二卷，并称之为国书。从此时起，西夏国上至佛经诏令，下到民间的来往书信，皆由西夏文书写。当时为了方便人们学习西夏文字，还印制了字典。在黑水河遗址出土文物中，就发现了有汉字和西夏文相对照的字典，名为"番汉合印掌中珠"，为我们在今天破解西夏文字提供了依据。在汉字书法中有真（楷）、草、隶、篆、行五种基本形体。而传世的西夏文字书法作品可见篆、真（楷）、行、草四种，未见有西夏隶书文书法面世。

从目前出土的西夏文物来看，比较著名的珍贵文物有西夏文碑石、最早的木活字印刷佛经《大方广佛华严经》和大约一百多枚官印。据史料记载，西夏官印的主要材质有金、银、铜以及铜料镀银四种，但目前所发现的大部分为铜印。据有关专家考证，这些官印大多是具有世袭身份和较高地位的族长领袖所使用，他们在西夏政府中或部族中担任领袖、武职或其他相应官职。

这几枚西夏文"首领"铜印拓片，用的是官印中常见的九叠篆文，传世的和出土的西夏文篆书官印以"首领"二字印最常见。从功能上来讲，西夏文印章同样是用来表示身份、地位、权力等级的象征。一般边长在5厘米左右，印章背面的柱钮上刻有表示方向的西夏文"上"字，印背两侧阴刻有年款和人名，印文的点画屈曲折叠、深厚凝重，有双边；整体布局参照汉印中的"满白法"布局，并且仿照唐宋印中通用的九叠篆法，富有变化。

2004年9月29日中央电视台鉴宝节目曾出现一枚西夏文"首领"印，据收藏者孟建民说是其十年前在一次出差途中，从一个藏民手里花了5千块钱买的。这方铜印直径5.7厘米，印背的右边有四个字，翻译为"正德辛亥"，左边有四个字"寂壁乡山"，钮上有一个字翻译为"上"。据中国社会科学院研究员、从事西夏学研究工作42年的著名专家白滨鉴定，这种印在清朝末年的著录里就有了，但当时不知道是什么印。到了20世纪初，西夏文字开始被解读，罗振玉父子根据这个背款的文字，确定它是西夏官印。20世纪70年代中期，一个叫黄振华的西夏学家，把这个印译释出来，是"首领"二字，从此就叫首领印。这个印的年代是正德辛亥，正德就是西夏第四代皇帝，正德辛亥就是公元1131年。因为西夏史料很少，西夏文字也是失传的，所以这些带有文字的西夏文物都具有十分重要的史料价值。专家估价3万元。

香港的两次展览与两部书

1940年春，中国文化协进会在香港举办了一次“广东文物”展览会。这个展览会筹办的宗旨，是“研究乡邦文化”与“发扬民族精神”，由叶恭绰为筹备委员。展出的广东文物种类之广、数量之多，可说是史无前例。展览会后几个月，于1941年初，出版了囊括此次展览总体情况的《广东文物》，由简又文为艺术研究委员编集出版。全集分上中下三册，上册为图录之部，收各种图片百余幅，分广东文物展览会出品目录、出品摄影、展会纪录、报章之记载、学生征文五部分。中册为研究之部，分史地交通，人物考证两部分，下册研究之部（续），分人文艺术、学术文艺、鉴藏考古三部分。

该书书名为集孙中山遗墨，由孙科、李汉魂、李应林三人作序，简又文撰写引言，叶恭绰撰写跋文。书的扉页有“谨献此书纪念广东历代保穜卫国的民族英雄”的题词。从动机来说，“广东文物”展览的筹备与编集的出版，可以说明了当时于国难之秋，国人如何藉文化艺术以展现民族之志。诚如该书的序言所讲：“存国粹于山河破碎之余，阐文化于兵火摧残之后”。从学术的角度而言，这次展览则反映出香港早期文化艺术与广东的密切关系，盖从历史沿革，地理位置，以至人材资源，香港都难与广东分割，而此种关系又决定了以后香港的中国美术史研究的一个方向；而《广东文物》中所载的部分文章，可说是香港研究广东文物艺术的肇始。此外，以展览形式配合图录及研究文集的出版，可视为香港的美术研究形式的滥觞，具有开创性的意义。

20世纪60年代以前，香港大学是香港唯一的一所大学，其冯平山博物馆于五十年代已占用冯平山图书馆的一间小室，进行文物艺术的收藏。当时的收藏重点为历代中国陶瓷，由新石器时代彩陶至较后期的石湾陶瓷，其中较为著名的为一件罕有的唐代青花小水盂。1953年，该馆举办了“中国陶俑”展览，并于1953年9月出版了《明器图录》一书。书内主要是饶宗颐撰写的中英文《中国明器略说》，包括明器名称、先秦明器、历代明器制度、汉六朝唐明器、明器文字、明器釉彩、明器文字、广东明器、明器的有关著述等十个部分，书内夹页是《中国明器略说补》。图版分四组，甲组为建筑物，有图15幅；乙组为用具，有图14幅；丙组为家畜图12幅；丁组为俑、马及骆驼，有图33幅。

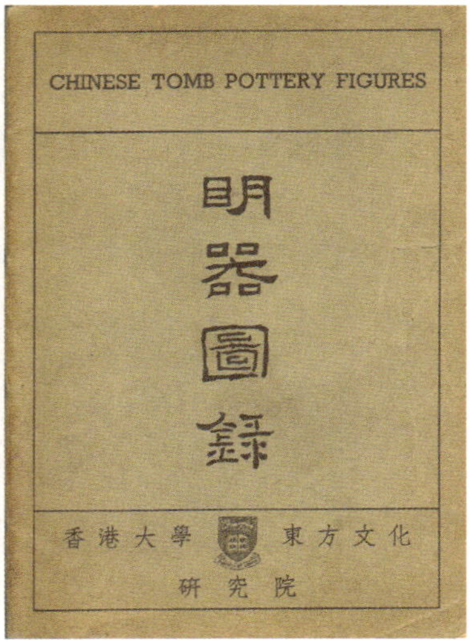

反映垦区自然和生活情景的《黑龙江版画选集》

《黑龙江版画选集》，麻面封套，9开、单面印。黑龙江美术出版社1963年9月第1版，印1000册。

这一版画集，主要反映的是黑龙江农垦地区的自然风光和生活情景，是黑龙江版画家在农业第一线长期生活、参加劳动锻炼的精神成果。收入在垦区参加过劳动锻炼的画家方元、晁楣、张作良、杜鸿年、张祯麒、张路等人的50幅作品。延泽民在所作序言里讲到：近几年来，黑龙江的版画发展得很快，取得了丰硕的成果。大部分作品都在北京和国内其他一些大城市展览过，并且受到观众的热烈赞赏，给予很高的评价。其中有一部分作品，还先后到许多国家参加过展览，也受到观众的热烈赞赏，给予很高的评价。为了满足更多读者的要求，黑龙江美术出版社在中国美术家协会黑龙江分会的协助下，特将几年来的作品选了一部分，单行出版，就是这一套《黑龙江版画选集》。

这个集子里面的作品，具有鲜明的时代特色，处处体现现实主义和浪漫主义相结合的痕迹。虽然就题材而言比较单一，没有把黑龙江各方面的建设风貌反映出来，但表现出了黑龙江那种雄壮、美丽的自然情景和性格。作品里洋溢着画家对自然景色、对劳动的热爱和感情，表现出了革命英雄主义和乐观主义精神。描绘的一景一物，一人一事，都能感受到自然、劳动、生活的美，作品充满艺术感染力。

版画是一种造型艺术，对于这种艺术表现形式来说，注意并善于选择适合于表现的场景，善于摄取生活中典型的瞬间现象，是十分重要的。这个集子里的画家对此掌握得非常巧妙，在取材、构图、麦现手法方面，都经过深思熟虑和苦心设计。因此，读者的感受就不仅仅是画面上有限的、静止的描

林海新城　(60×19公分)　方元

绘，而是从表面生活现象里，悟到了其中更丰富的内容。另外，选集中的大多数作品，虽然不是以刻画人物形象为主，但出现在作品中的人物形象还是鲜明的、生动的。

1960年末，晁楣在回顾自己在垦区的生活和创作经验时说过，他在那里“首先是普通劳动者，然后才是文艺工作者。到哪里，就尽量参加那里的劳动。近两年，我几乎跑遍整个垦区。广大转业军人的冲天干劲和生产建设一日千里的变化使我终生难忘。有时就想，作为一个创业历史的见证人和参加者，如果不把这些丰功伟绩记录并表现出来，简直是犯罪。”所以，晁楣把他的版画创作称为“英雄事业的召唤”。这个集子里收入晁楣的《第一道脚印》、《黑土草原的早晨》、《夏日》、《麦收序曲》、《一对天鹅》、《雪原逐鹿》等10幅作品。

另外一位作者刘洛生在《劳动生活的启示》一文中写道：“一九五八年下半年，因农垦建设需要和支援首都建设，我第一次随队进山伐木。在深山老林里，在严寒的条件下，和同志们一起冒着危险，紧张地劳动着。这一段生活是惊心动魄，丰富多彩的，值得表现。”这个集子里收入了他的《运木出山》。

《黑龙江版画选集》是建国后黑龙江最早的一部版画作品集，由于印量很少，又未再版，如今已很少见。

冰江上 (60×35公分) 张祯麒

“唯此灵构岿然独存”：《大唐开业寺李公之碑》

在京西一个民国35年毕业于辅仁大学附属中学的老先生手里，得到一册清拓全本《唐李裔碑》，字口锋锐，古朴蕴贴。念及此物为乡邦珍宝，每每翻阅展读，倍感亲切。封面有一则原藏者的题记：“唐苏文举所书李裔碑，碑共五十七页。此帖笔意雅近欧褚，其秀劲之字，尤耐人寻味不尽也。光绪辛卯予在武强学署购此帖，今忽忽二十二

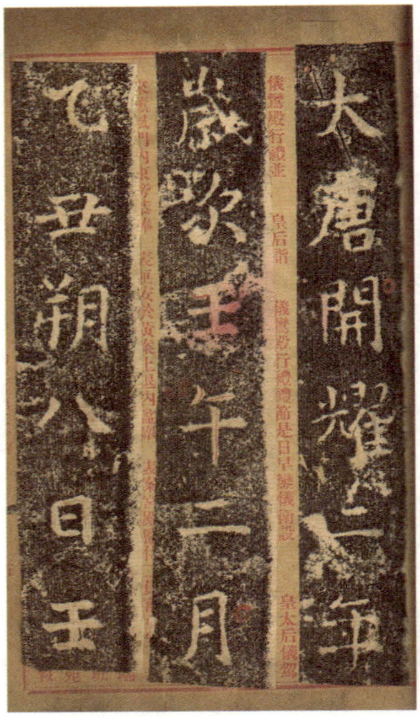

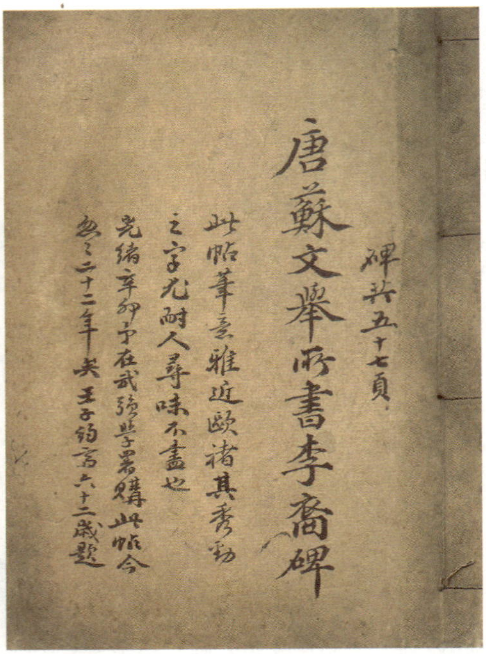

年矣。壬子约斋六十二岁题。”清光绪辛卯年为1891年，壬子年应为1912年。

帖的扉页还有一则题记：“此碑首叙李裔字徽伯，后魏人。次叙裔之嫡孙名祖元，并祖元之第二子维摩，唐武德年中为赵、定二州别驾，又祖元第五子为隋辅国将军。祖元之曾孙纬，并纬弟俊及俊之子崇悊。撰文者为祖元之从侄名尚一。此碑所书李公应指李裔而言，乃祖元述其祖德也。壬子（1912）秋七月约斋记。”

开业寺位于河北省元氏县城西10公里的吴村，为北魏赵郡元氏人李裔舍宅而建。历经多年风雨沧桑，寺院建筑早年已坍塌，遗址上仅存两件遗物——《大唐开业寺李公之碑》和一尊大型北朝石佛像。1965年，经有关部门批准，此碑移至河北正定隆兴寺内保存。

开业寺碑为唐开耀二年（682）立，全称《大唐开耀二年岁次壬午二月乙丑朔八日壬申李公碑并序》，额飞白题“大唐开业寺李公之碑”9字，碑阴两截刻，上截有画像六区，下截刻宋人题名五列。

开业寺李公碑现于隆兴寺后部毗卢殿东侧坐东面西而立。碑为青石质，身首一石，身稍抹角，龟趺座。碑阳正书碑文31行，行68字，李尚一撰，苏文举书，在书写格式上，碑首行标题中有年月日，且书撰者皆列其下，较为少见，为碑刻标题中明载年月之始。碑文主要记载赵郡元氏人李裔舍山第立寺之事。

此碑书者陕西武功苏文举不见记载，其书法精熟稳健，结体谨严，方圆相参，气息古雅，可窥知其受初唐名书家之影响。碑的行文之间时杂入行书笔法，如“走、定”等字，与录于《千唐志斋藏志》中的唐龙朔三年（663）田君彦墓志相较，许多字在结构与写法上极为相近。

赵郡李氏家族是我国历史上自秦至唐有名的豪门望族之一，世代为官，经济基础雄厚，特别是在北朝时期，与太原王氏、博陵崔氏、范阳卢氏、南阳郑氏等世家大族并称于世。李徽伯，名裔，《魏书》、《北史》均有传，其中《魏书》记载较详。其父秀林，官拜司徒司马，加冠军将军。孝昌中，

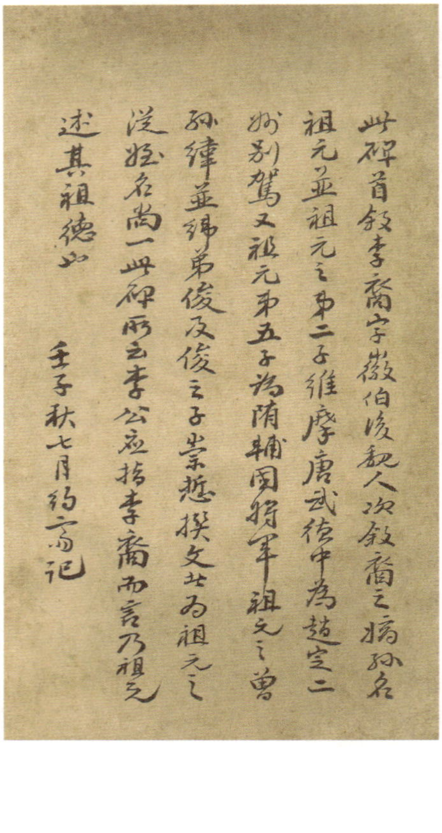

李徽伯为定州镇军长史，加辅国将军，带博陵太守，降服杜洛周封为定州王。撰文者李尚一为李裔后人，李公族之五世孙。

碑文中记述了我国佛教史上的两次禁佛事件，是研究佛教发展史的重要资料。

其一，碑文中“洎乎周季，道消芟夷，像教斯虐，主之称乱甚魔王之。未降。四韦八藏之文咸沦汲冢，飞锡乘杯之侣悉陷秦坑。遂使多宝湮覆，支提废毁，散给勋臣，以充园第”当系指历史上北周武帝宇文邕灭法之事。周武帝重儒术，信谶纬。天和二年（567），有还俗沙门卫元嵩上书北周武帝，认为寺院僧尼过多过滥，常常滋生是非，国库收入也因此骤减，提出治理国家并不在于佛教。北周武帝对卫元嵩的上书深表赞同，开始为禁佛做准备。他先后八次召集百官、沙门、道士，就儒、释、道三教进行辩论，并最后定下儒、道、佛的排列顺序。建德三年（574），由于佛道之争，武帝下令将佛、道二教一并废黜，责令沙门道士还俗，两教经典、造像悉行毁掉，财物散给臣下，寺观塔庙赐予王公。但时隔不久，又立通道观。建德六年，北周武帝讨伐北齐，攻占其都城邺（今河南安阳县境内），遂在北齐境内推行灭佛令，所有八州的寺庙4万余所全部改作宅第，僧徒近300万人全令还俗，焚毁佛像，财物没官。在北周武帝的高压之下，佛教在中国遭受了一场灭顶之灾。北周武帝在灭佛事件中将此寺院赐予李裔嫡孙祖元作宅第，而后祖元复舍宅为寺，并更名为开业寺。

其二，“俄而毁室云谢，波旬纵慝，寰中法侣尽婴涂地之灾，海内仁祠多溺滔天之浸，唯此灵构岿然独存”。此当指隋末对佛教进行限制一事。隋炀帝杨广登基后，于隋大业三年（607）下令沙门致敬王者，大业五年令无德的僧尼还俗，寺院按照僧尼的数量保留，其余概行拆毁，一时造成因僧废寺的现象。

值得一提的是，此碑碑侧纹饰用减地平鍜技法雕成，精美之极。梁思成在《宋营造法式注释》中将此碑侧雕饰作为唐代此种雕饰技法的代表作而予以收录。碑侧周边刻出边框，框内满雕纹饰，上下边刻锯齿纹为辅助纹饰，与主题纹饰间以带纹相隔。主题纹饰为云龙、云凤纹。底部正中为一正面龙首，扬眉瞋目，门齿排列整齐紧咬下唇，下排

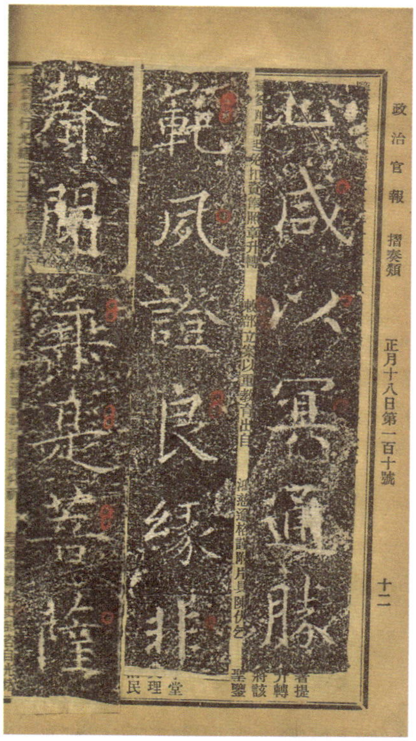

獠牙于门齿旁露出，下颌须作五绺状，两侧鬣毛上飘。左右下角处各雕一龙爪斜置于龙首腮下。龙首上方二角处刻有细密纹饰条带垂直上延，至顶部内斜相交，将整个碑侧纹饰竖向界为中间宽、两侧稍窄的三部分，中以正、侧面不同视角出现的龙、凤在云纹的陪衬下布置其间，龙、凤首之正面置于中间显要位置。顶部纹饰轮廓呈宝瓶状，口部为一莲实显露、花瓣下覆的莲花，其下饰二宝珠和云气纹，左右各饰一升龙。整幅画面构图精妙，布局对称，极富装饰性，并给人以神秘之感，加之刻工精湛，线条流畅，为现存古碑碑侧纹饰中所罕见。现碑右侧保存较好，左侧漫漶较重。

《大唐开业寺李公之碑》，（宋）欧阳修《集古录》、赵明诚《金石录》早已收录，（清）孙星衍、邢澍的《寰宇访碑录》卷二，王昶的《金石萃编》卷五十九和沈涛的《常山贞石志》也有著录。整通碑从书法、雕刻、图案、造型上都显示了初唐时高超的艺术水平，其碑文内容不仅是研究河北佛教史的重要资料，也可补充史书记载之不足。

国家图书馆藏此碑最佳拓本为清前期拓，长231厘米，宽110厘米，有顾千里朱书题跋，系顾广圻、瞿镛、丁福保等递藏本。

陆 教化引修为

2007年初，国家正式启动“中华古籍保护计划”，把宗教类古籍纳入其中，是非常重大的决策。

佛教传入中国后，中国文化逐渐形成以儒为主干、佛道为羽翼的局面，儒释道三家共同支撑起中华文化之鼎。与此相适应，古代儒释道三家的图书也分别庋藏、独立编目、自成体系。经史子集属儒家典籍，由儒家知识分子收集、整理、编目。由于社会上佛、道两家的存在，儒家的图书管理者不能无视，便在子部内设立“释家类”、“道家类”收纳两家典籍。但不收佛教的大藏经与道教的道藏，且著录的佛、道书籍，往往因采访者个人兴趣与当时的采访条件，有很大随意性。因此，历代《经籍志》、《艺文志》虽然收入若干佛、道典籍，实际并不能反映那个时代佛教、道教典籍的真实情况。

古代地方儒释道三家的图书也分别庋藏。儒家的学宫书院收藏四部书；释道的寺庙宫观收藏本教典籍。与四部书收有佛、道典籍相应，寺庙宫观往往收藏儒家典籍。敦煌遗书原是佛教寺院藏书，其中就有不少经史子集类著作。这充分说明儒释道三家既相互独立、又相互影响。

宋明理学兴起后，儒家知识分子一直占据着话语主导权，佛道两教日益式微。宋以后私人藏书兴起，藏书家大抵为儒家知识分子，藏书的著录体系均沿袭四部书。这样，儒家在意识形态领域的话语主导权、儒家知识分子在中国传统社会中的领导地位、公私藏书的四部书体系，在全社会形成了一个无形的文化范式。

就刻本而言，众所周知，现存最早的为唐代刻本，大多是佛教典籍。宋元（含辽金）刻本从来都被古籍版本界认为是翘楚白眉。现存的宋元（含辽金）汉文刻本，无论就世界范围而言，还是就国内收藏而言，佛教典籍的数量都要超过四部书。

就书籍装帧形式而言，中国以纸张为载体的书籍，早期曾出现过卷轴装、经折装、粘叶装、缝缋装、梵夹装。实物证明，除粘叶装（现存英国的盛唐写敦煌遗书《文心雕龙》）外，其他如卷轴装、经折装、缝缋装、梵夹装等，现存最早的样本，都是佛教典籍。

《永乐大典》、《赵城金藏》、《敦煌遗书》和《四库全书》，是国家图书馆的四大镇馆之宝，其中两件是宗教典籍。《赵城金藏》是金代刻佛教大藏经，乃传世孤本。《敦煌遗书》是现存古代写本的代表，年代跨度从东晋到北宋初年，其中90%以上是佛教、道教典籍。

《中国丛书综录》在子部列有佛教类、道教类和其他宗教类。“佛教类”包括经、律、论、秘密、经疏、论疏诸宗、总录等；“道教类”包括经文、神符、灵图、谱箓、戒律、威仪、方法、众术、表章赞颂、杂著等；“其他宗教类”包括回教、摩尼教、景教等。

目前国家启动的“中华古籍保护计划”，把佛教、道教、伊斯兰教、基督教、天主教等宗教古籍一并纳入。这是宗教古籍保护的大事，更是宗教界的大事。

本部分收入的，是翁居所藏有关佛教、道教、基督教、天主教以及教化人的“善书”等书籍。

“集古人嘉言善行，分类记录”：《人谱类记》

（明）刘宗周撰《人谱》正篇一卷、续篇一卷、三篇一卷，《人谱类记》增订六卷，共三册。湖北崇文书局清光绪三年（1877）刻本。

1937年2月24日胡适在日记中写道：“与子水同游厂甸，只到土地祠一处，买了一些杂书。《宋词钞》（山阳王宫寿选），初刻本江永注《近思录》、《诸子文萃》、《左文襄公家书》，杨守敬《晦明轩稿》，刘蕺山《人谱类记》、《千唐志斋藏石目》、《历代法宝记》（金九经印）、广百宋斋《封神演义》，吴晗购到过《碧血录》，周作人觅到清刻本《读诗一得》，书本上有钱玄同先人的题跋墨迹，便购下赠送钱氏。”

此书为刘宗周主持蕺山书院时所述，以授生课徒所用。刘宗周说，“自昔孔孟相传心法，一则曰‘慎独’，再则曰‘慎独’。夫人心有独体焉，即天命之性而率性之道所从出也。慎独而中和位育，天下之能事毕矣。然独体至微，安所容慎，惟有一独处之时，可为下手法”。这就是说，慎独是人们修身的唯一下手之处，不可不认真对待。

刘宗周强调“警蓄俊仆”，他认为“淫罪多端，男淫更下”，“养生家每言男淫损神，尤倍于女。况比顽童者，闺门必多丑声，最宜防戒”。

刘宗周（1578—1645），字起东，号念台，因讲学蕺山，学者称“蕺山先生”。山阴（今浙江绍兴）人。明末理学家、教育家。明万历进士，官至南京左都御史。居官

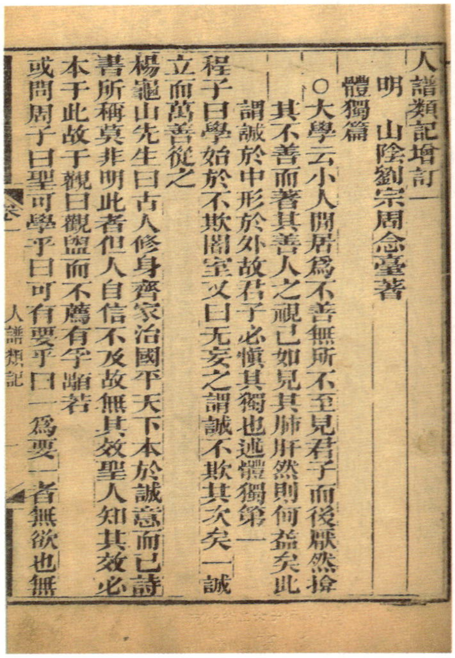
人譜類記增訂 卷一
明 山陰劉宗周念臺著
體獨篇
○大學云小人閒居爲不善無所不至見君子而後厭然揜其不善而著其善人之視己如見其肺肝然則何益矣此謂誠於中形於外故君子必愼其獨也遞體獨第一
程子曰學始於不欺闇室又曰无妄之謂誠不欺其次矣一誠立而萬善從之
楊龜山先生曰古人修身齊家治國平天下本於誠意而已詩書所稱莫非明此者但人自信不及故無其效聖人知其效必本于此故于覩曰觀盥而不薦有孚顒若
或問周子曰聖可學乎曰可有要乎曰有一爲要一者無欲也無
人譜類記 一

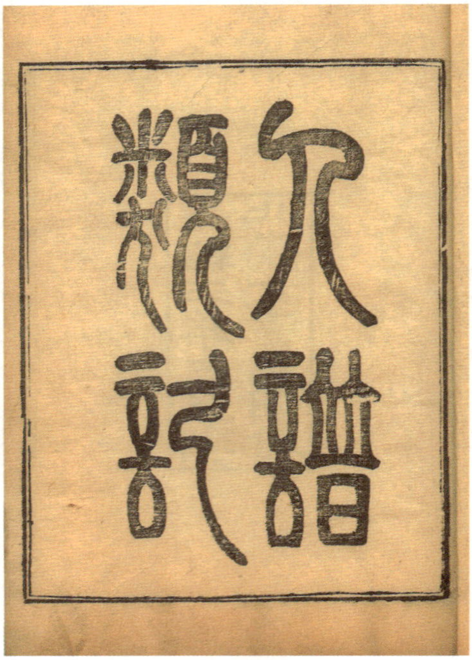

清正，仗义执言。明天启时，得罪魏忠贤，被削籍；崇祯时，指责思宗过失，两次被斥为民。清军入京，福王在南京建立政权，以原官任用。南明政权覆亡，绝食而卒。黄宗羲、陈确皆出其门。学术上，反对宋儒“理在气先”说，认为“盈天地间，一气而已矣”，“理即是气之理，断然不在气先，不在气外”。认为“性只是气质之性，而义理者气质之本然，乃所以为性也；性则是人心，而道者人之所当然，乃所以为心也。人心道心只是一心。气质义理，只是一性，说得心一性一，则工夫亦一”，“工夫与本体亦一”。提出证人、证心主要途径是“慎独”。“独”，亦称“独体”，即“天命之性，而率性之道所从出也”，是“天命之性所藏精处”，其特征，“只是个微字”。所谓“慎”，“无事，此慎独即是存养之要；有事，此慎独即是省察之功”。主张采用朱熹半日静坐，半日读书的读书法，“学者诚于静坐得力时，徐取古人之书读之，便觉古人真在目前，一切引翼，提撕，匡就皆能一一得于我，而其为读书之益有不可待言者矣”。其思想对黄宗羲有很大影响，著有《刘子全书》、《刘子全书遗编》。

在上海国拍2007年春拍中，此书清雍正丙午年（1726）洪氏教忠堂刊本四册，以4400元成交。

“可谓邃于三《礼》者矣”：《乡党图考》

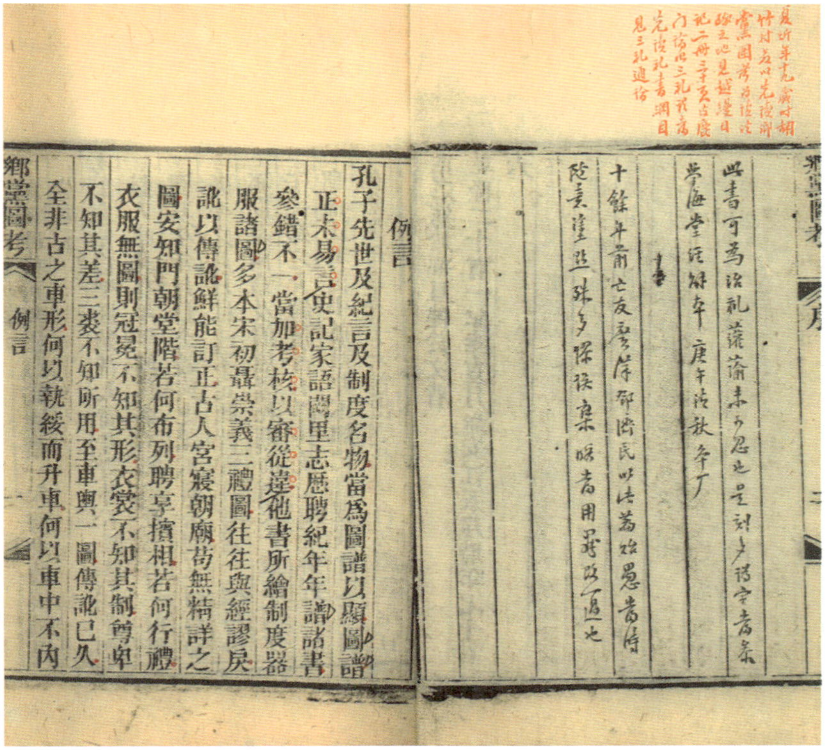

新安江永慎修辑，及门诸子编次《乡党图考》，十卷四册，光绪甲申岁（1884）乐道斋校梓，卷首有序，署“乾隆二十有一年（1756）季夏月新安江永序时年七十有六”。全书朱笔圈点，朱、墨笔批校，有多则题记。“此书可为治礼，灌薾未可忽也。是刻多伪字，当参学海堂经解本。庚午清秋华厂”。“十余年前，亡友广汉邓济民此荐贻愚，当时随意涂点，殊多深误，□□当用□改一过也”。书末有“庚午中秋讫，遗世□衣记”。钤“华阳罗氏图书之章”。

该书取经传中制度名

物，用考据的方法进行研究考证《论语·乡党篇》之义，并为之作图解，是研究古代礼仪较为全面的文献。分图谱、圣迹、朝聘、宫室、衣服、饮食、器用、容貌、杂典九类。卷一全是图谱，有车轮图、衣裳图、孔子先世图等29幅。其中关于深衣、车制及宫室制度的考证尤为翔实珍贵。纪昀在《四库全书总目提要》中称其“可谓邃于三《礼》者矣”。

江永（1681—1762），字慎修，江西婺源人。清代经学家。一生无意仕途，潜心著述与教学，致力于哲学、经学、历史、天文、算学、水利、地理及西方新学的研究，开皖派经学家探索科学和实学先河，为宋明理学向乾嘉朴学转化作出了重要贡献。一代通儒戴震和金榜皆为其入室弟子。名学者钱大昕誉之为“东汉郑玄之后第一人”，开创东南儒学一大宗派。江氏长于比勘，深究“三礼”，所撰《周礼疑义举要》，对先秦名物加以考释，其中《考工记》二卷，颇多创见；《礼书纲目》八十五卷，搜集散见于经传杂书中的古代礼乐制度，以补正朱熹《仪礼传通解》。又精于音理，注重审音，撰《古韵标准》，定古韵为十三部；《音学辩微》、《四声切韵表》，阐明等韵学及韵书中分韵的原理。所著还有《近思录集解》、《乡党图考》、《律吕阐微》四卷、《深衣考误》、《春秋地理考实》四卷、《群经补义》五卷、《江氏算学》九卷等。

清人杜炳撰有《四书图考》十三卷，为仿江永的《乡党图考》而作，先配以图画，后证以记载。分天文、舆地、宗庙、礼射、冠昏、音乐、井田、宫室等十三图考。

在上海朵云轩1999年春季艺术品拍卖会古籍版本专场上，此书以3300元成交。

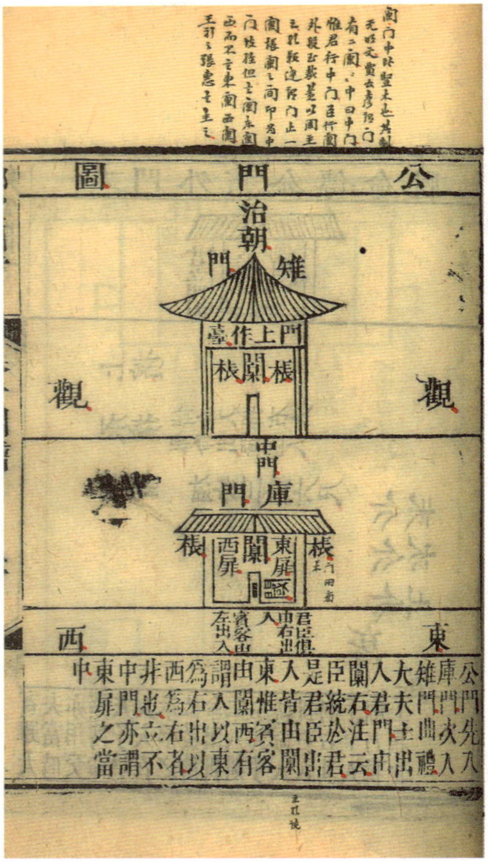

“赏善罚恶的故事”：《阴骘文图说》

清嘉庆二十一年（1816）镌《阴骘文图说》，山西汾州府介休县白世珍敬刊100部，有清乾隆丙午年（1786）序。国家图书馆藏有乾隆年间刻本，四册。

《阴骘文图说》为子部道家类书，其内容为劝人行善积德。全书共收版画192幅。附《御虚阶》、《欲海慈航》、《性天真境》各一卷。

鲁迅在《朝花夕拾》中的《二十四孝图》里回忆自己幼年的生活，说在书塾之外，能在大众面前，冠冕堂皇地阅看的，是《文昌帝君阴骘文图说》和《玉历钞传》，都画着冥冥之中赏善罚恶的故事，雷公电母站在云中，牛头马面布满地下，不但“跳到半天空”是触犯天条的，即使半语不合，一念偶差，也都得受相当的报应。所以赏善罚恶，成为儒家进行道德教化的主要凭借。

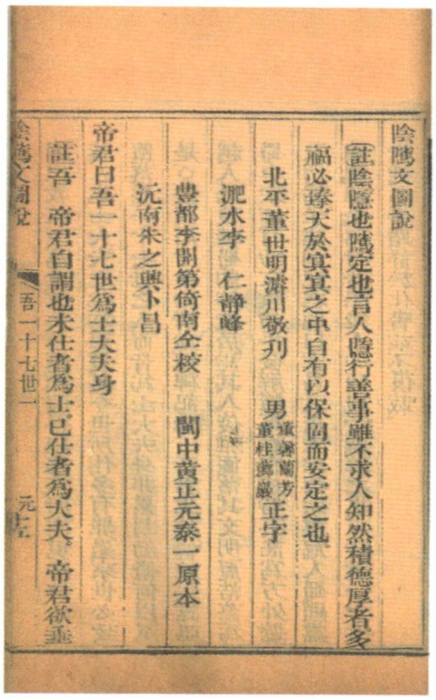

文昌即文曲星，是中国古代对斗魁中六星的总称，文昌信仰源远流长。它在东晋时起源于四川梓潼县，该县七曲山文昌宫可谓祖庭。南宋时，临安和蜀外州县建梓潼神庙，供四方士子祈祷。南宋景定五年（1264），宋理宗诏封梓潼神为“忠文英武学德仁圣王”。这是皇帝第一次在敕封中肯定了民间信仰中梓潼神主宰文运科举的职能。为顺应民间的信仰，元仁宗延祐二年（1315），梓潼神被朝廷加封为“辅元开化文昌司禄宏仁帝君”，文昌帝君崇拜遍及全国。从宋代开始各代都出现了许多有关文昌信仰的书籍，明《正统道藏》收录有《文昌大洞仙经》、《元始天尊说梓潼帝君本愿经》、《文昌帝君阴骘文》等。在晚明以后作为民间善书流通的主要有《阴骘文图说》、《文昌孝经》等十多种。

文昌信仰还传播到了朝鲜、日本和东南亚各国。朝鲜的《阴骘文图说》是由中国传入的重刻本，四册，刊记为“道光丁酉平重镌”，黄正元辑。日本藏有《阴骘文图说》（四卷），黄正元绘图解说。

在中国书店2001年4月春拍中，清道光三十年（1850）刊白纸本《阴骘文图说》金镶玉装一函四册，成交价为4000元。

《阴骘文图说》插图

《玉历钞传》插图

“熟读《楞严经》很有利益”

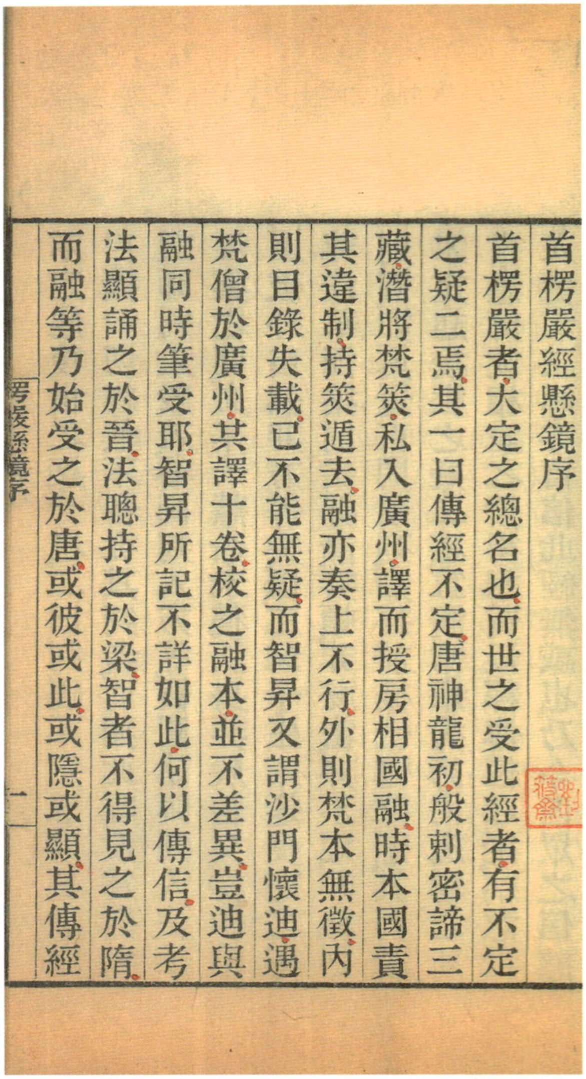
首楞嚴經懸鏡序
首楞嚴者大定之總名也而世之受此經者有不定之疑二焉其一曰傳經不定唐神龍初般剌密諦三藏潛將梵筴私入廣州譯而授房相國融時本國責其違制持筴遁去融亦奏上不行外則梵本無徵內則目錄失載已不能無疑而智昇又謂沙門懷迪遇梵僧於廣州共譯十卷校之融本並不差異豈迪與融同時筆受耶智昇所記不詳如此何以傳信及考法顯誦之於晉法聰持之於梁智者不得見之於隋而融等乃始受之於唐或彼或此或隱或顯其傳經

楞嚴懸鏡序　一

《大佛顶首楞严经通议》十卷、补遗一卷，共六册。清光绪二十年（1894）金陵刻经处刻本。附《悬镜》一卷、《略科》一卷。钤“刘筱斋”藏书印。

《大佛顶首楞严经》，自公元705年由印度般剌密谛尊者译来中国后，对中土佛教产生了至深且远的影响。天台智者大师曾于未译来时闻名遥礼数年，祈愿此经早日译来中国。译来后，历代受持学修者至今不断。此经之所以深受人们的重视，是因为其内容精要。憨山大师在其《首楞严经通议序》中说：“首楞严经者，诸佛如来大总持门秘密心印，统摄一大藏教五时、三乘、圣凡、真妄、迷悟、因果摄法无遗，修证邪正之阶差，轮回颠倒之情状，了然目前如观掌果。可谓彻一心之源，该万法之致，无尚此经之广大悉备者。”蕅益大师于其《大佛顶首楞严经玄义序》中说：“诚一代时教之精髓，成佛作祖之秘要，无上圆顿之旨归，三根普被之方便，超权小之殊胜法门，摧魔外之实相正印也！所以一念示人，灭业障如翻大地；依教行道，成菩提如观掌果。智者大师闻名遥礼，不惮其劳。般剌尊者，剖膊远传，不辞其苦。”

虚云和尚在其《方便开示录》中说：看藏经，三年可以看完全藏，就种下了善根佛种。这样看藏经，是走马观花的看，若要有真实受用，就要读到烂熟，读到过背。以我的愚见，最好能专读一部《楞严经》，只要熟读正文，不必看注解，读到能背，便能以前文解后文，以后文解前文。此经由凡夫直到成佛，由无情到有情，山河大地，四圣六凡，修证迷悟，因果事理戒律，都详详细细地说尽了，所以熟读《楞严经》很有利益！

刘筱斋为民国年间陕西进步知识分子。

“像白莲花一样的正确说教”：《大乘妙法莲花经》

在厂肆请到一部钤“红螺山禅堂供众”墨印的《大乘妙法莲花经》，开本阔大，白绵纸精刻精印，在寺庙藏经中实属少见。刻有“顺天信士、弟子陈连达发心敬谨印施《大乘妙法莲花经》100部，祈保国泰民安，风调雨顺，一切生灵得免灾难，获生安养，国中幽冥一切灵魂众等早得超生极乐邦”。并说明此经刻好后，供资福寺30部、圆广寺20部、通明寺50部。

《妙法莲花经》简称《法华经》，是后秦鸠摩罗什翻译的一部影响十分广泛的大乘佛教经典。该经经名的梵文音译为“萨达摩奔荼利迦素怛揽”，意思是“像白莲花一样的正确说教”，故经名被翻译为“妙法莲花经”。

圆广寺位于北京西城区阜成门外大街路南，该寺庙为明朝隆庆五年（1517）所建，清时重修。原寺规模较大，有殿宇上百间，现仅存五开间大殿一座。该殿造型独特，较少见。殿后有巨大古银杏树，生长状态良好，根深叶茂。

通明寺在北京东城区方砖厂胡同11号。

红螺寺位于北京怀柔县城北部的红螺山，距县城约10公里。该寺初建于东晋永和四年（348），距今已有1600多年历史。原名“大明寺”，明正统年间（1436—1449）改名“护国资福寺”。因该寺所在山下有一“珍珠泉”，相传泉水深处有两颗色彩殷红的大螺蛳，每到夕阳西下，螺蛳便吐出红色光焰，故山得名“红螺山”，寺院俗称“红螺寺”。寺院占地百余亩，主要建筑为山门、天王殿、大雄宝殿、禅堂，以及由东西四座配殿和诵经房组成的中院。院内翠竹成林，为北京地区竹林之最，清朝康熙皇帝曾亲临寺内赏竹。院内另有两株历经千年的银杏树，雌雄相伴，果实累累。尤为独特的是院内的紫藤寄松，每逢春末夏初时节，串串

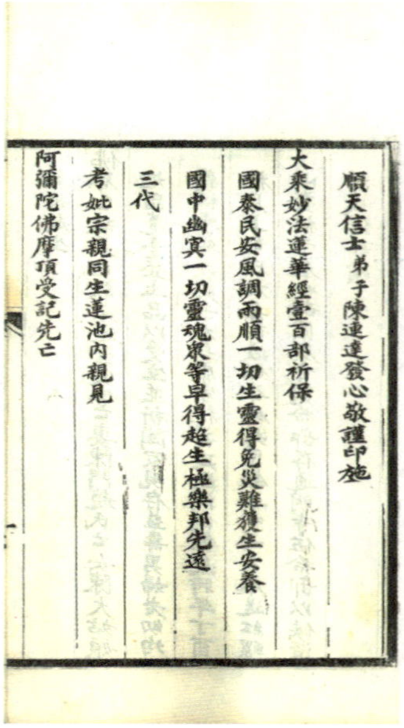
順天信士弟子陳連達發心敬謹印施
大乘妙法蓮華經壹百部祈保
國泰民安風調雨順一切生靈得免災難獲生安養
國中幽冥一切靈魂衆等早得超生極樂邦先遠
三代
考妣宗親同生蓮池内覲見
阿彌陀佛摩頂受記先亡

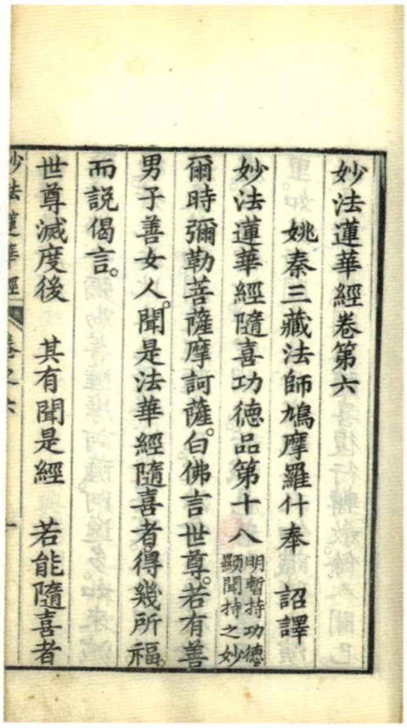
妙法蓮華經卷第六
姚秦三藏法師鳩摩羅什奉　詔譯
妙法蓮華經隨喜功德品第十八（明暫持功德 顯聞持之妙）
爾時彌勒菩薩摩訶薩。白佛言世尊。若有善男子善女人。聞是法華經隨喜者得幾所福而說偈言。
世尊滅度後　其有聞是經　若能隨喜者

藤花沿着形态奇异的千年古松攀缘而上，整个寺庙香气扑鼻，令游人流连忘返。该寺为历代佛教圣地，曾是为其他寺院培养方丈、住持的重地，自唐代以来香火一直极为旺盛，日本及东南亚地区的高僧常不远万里来此朝圣求经。据明代刘侗、于奕正的《帝京景物略》记载，红螺山原称“红螺崄”，旧名“幽岚山”，又叫“宝金山”。著名文人袁宏道曾有《初入行红螺崄》诗一首述之：“凿天出古空，意匠穷刻露。赎取长古魂，幻作鬼工赋。霜岩透斑锷，石骨竦清怒。历劫至于今，雕镂不曾住。”

红螺寺创于晋，起于唐，兴于明，盛于清，期间虽历民国、“文革”诸劫，依然能眠而复息，足证佛教生命力之强韧。今日红螺寺内外古树参天，泉流萦绕，环境清幽，既合于参禅拜佛，又宜于疗养避暑，入世出世各得其所。寺内铜钟、碑刻等文物遍布，附近还有清阁老范文正墓和清末皇姑墓等，实为京郊佛教文化风景胜地。红螺寺目前尚未归还佛教界，暂由怀柔文化文物局管理。

在博古斋2007年首场大型艺术品拍卖会上，此经明万历乙酉年（1585）刊白棉纸本，线装七册，成交价为8.25万元。

“彼甚得意，余亦甚喜”：《牧牛图颂》

陶湘辑《牧牛图颂》一卷、《牧牛十颂》一卷，共一册。江苏武进陶氏涉园民国16年至民国20年石印本，为“喜咏轩丛书”五编34种之第9种。书首有佛弟子永来的“识”文，清康熙戊子年纳信的“刊牧牛图颂序”，明万历己酉（1609）袾宏的“牧牛图颂原序”，清康熙四十四年（1705）武林南磵梦庵超格的“又序”。

陶湘民国16年石印《牧牛图颂》

正文开始为“牧牛十图”，每幅图占一面，后为三面的“颂”文。计有图十幅：未牧、初调、受制、回首、驯伏、无碍、任运、相忘、独照、双泯。书的后半部为“牧牛又十颂”，全书“颂”文均署“古杭南磵梦庵超格辑”。

郑振铎在《劫中得书续记》记载，他曾得到陈济川从杭州觅得的一册万历本，“虽索价甚昂，竟收之”，“彼甚得意，余亦甚喜”，“万历刊本《牧牛图颂》，余未之前见。康熙翻刻本，世已稀有。今所传本，皆是乾隆年间所刻者。陶兰泉氏石印本亦是乾隆本出”。

郑振铎所得万历己酉刊本为不分

卷一册，有图十幅，和翕居所藏陶湘石印本图相同。但郑藏本“图的下方各附普明禅师颂一篇。末另附十颂，自寻牛至入尘，惟无图。”这是和陶湘石印本每幅图后有10人所撰“颂”文是不同的。陶湘石印本书前除万历己酉原序外，另有康熙年间序文两篇，并无乾隆年间的后序，不知郑振铎所言“陶兰泉氏石印本亦是乾隆本出”有何依据？

翕居所藏陶湘石印本纸白墨莹，写刊俱精，开本阔朗。加之图文并茂，摸裟展读均有无穷意趣。无论十幅精图，还是所附颂文，均深隐禅机，让人久久回味，不忍释卷。郑振铎认为，所谓“牧牛”，象征的是“学道”的历程。

有趣的是，翕居另藏有一部《评定改唱冠注十部录》，为宝圆前住町元吞空师编辑，京都贝叶书院日本大正2年（1913）10月头版，大正14年10月再版。钤“吉林文雅堂鉴赏”、“文雅堂刘春廷鉴赏章”两枚藏印。此书收有《廓庵则和尚十牛图颂》，插图十幅：寻牛、见迹、见牛、得牛、牧牛、骑牛归家、忘牛存人、人牛俱忘、返本还源、入尘垂手。每幅图均配有序和颂。这恰恰和陶湘石印本“牧牛又十颂”相同，正好弥补了郑振铎所说“末另附十颂，自寻牛至入尘，惟无图”的缺憾。这部和刻的“十牛图颂”，印行早于陶湘的“喜咏轩丛书”石印本，可能郑振铎当时没有见到，否则，在他的“得书记”中，或能记上一笔。

“人牛不见杳无踪，明月光寒万象空。若问其中端的意，野花芳草自丛丛。”能够得到“十颂”和“又十颂”两套图，而且是汉和两种版本配在一起，可谓“双美齐并”，“得者能不宝之乎”？

日本大正2年印《评定改唱冠注十部录》

《龙藏》之《成唯识论》

有缘请得《成唯识论》二函十册，为《龙藏》之一种，经折装。牌记题“御制”、“雍正十三年（1735）开雕”。

《龙藏》，全称为《乾隆版大藏经》，又名《清藏》，是清代唯一的官刻汉文大藏经。清世宗雍正十一年在北京贤良寺设立藏经馆，雍正十三年正式开雕，至清高宗乾隆三年（1738）完成。全藏共收经1669部，7168卷，分作724函。千字文函号自“天”至“机”。

本藏为折装本，每版25行，每开为5个半页，每半页6行，行17字。前485函（从“天”到“漆”）乃覆刻《永乐北藏》；后293函（从“书”到“机”）内容较《永乐北藏》有增减。主持刊刻的有和硕庄亲王允禄、和硕和亲王弘昼及贤良寺主持超圣等。完工后曾刷印100部，分赐全国各大寺院。1935年又曾刷印过22部。此外还有少量刷印，但累计总印数不超过150部。经历200多年的沧桑，当年乾隆帝印制的《大藏经》大多散落流失，保存至今的不超过30部，且都残缺不全，故较稀珍。

《龙藏》的板片共刊刻了79036块，梨木雕成，重约480吨。雕版刊成次年，将经版收藏于宫内武英殿，后移至柏林寺，1982年又移藏于智化寺。该板片略有残损，基本完好，是我国历代木刻藏经中唯一尚存之板片。近年文物出版社、首都博物馆、北京经律论文化传播有限公司等单位主持重刷，用曹氏古宣手工印制，再版工作被佛教界人士誉为大功德，受到了五台山、普陀山、峨眉山、九华山等名寺宝刹高僧的广泛称颂。藏经秘宗金刚乘萨迦派大成就者——秋英多杰活佛，特将佛祖释迦牟尼本尊的21颗舍利子，赠予了北京经律论文化传播有限公司，祝愿其修经弘扬功德大圆满。

目前全世界只保存了两部汉文《大藏经》的经版，一部是藏于韩国海印寺的《高丽藏》；另一部就是我国的《乾隆版大藏经》。为了体现再版经书的原味，特意从美国征集回《龙藏》方印，并将其钤盖在再版的经书上。此次印制《龙藏》用的是安徽曹氏宣纸中的极品——檀皮宣纸。曹氏宣纸吸墨性强，有层次感，耐久性极好，变形率几乎为零，放置几百年乃至上千年基本能保持原貌，且抗虫性极强，不变质。现珍藏于故宫中的唐人韩滉所作的《五牛图》等，均用的是曹氏宣纸。因此，这种宣纸享有“千年寿纸”、“纸中之王”的美誉。

2008年12月，在北京保利秋拍中，《龙藏》存五种十四册，估价6.5万～7万元，未成交。

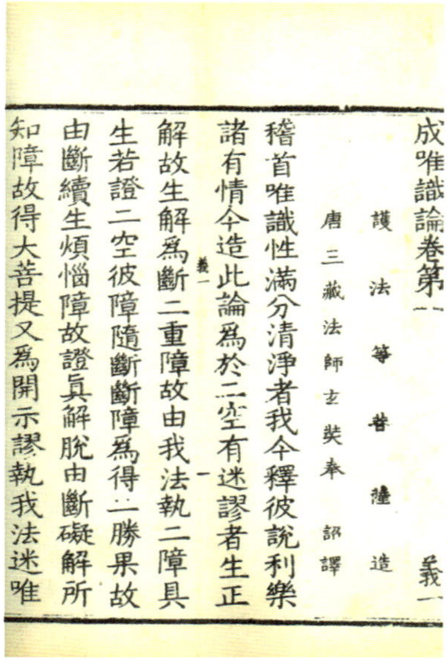
成唯識論卷第一　義一
護法等菩薩造
唐三藏法師玄奘奉　詔譯
稽首唯識性滿分清淨者我今釋彼說利樂
諸有情今造此論為於二空有迷謬者生正
解故生解為斷二重障故由我法執二障具
生若證二空彼障隨斷斷障為得二勝果故
由斷續生煩惱障故證真解脫由斷礙解所
知障故得大菩提又為開示謬執我法迷唯

从苦孩子到一代高僧：《八指头陀诗文集》

在老城根儿觅到民国8年北京法源寺刊刻的《八指头陀诗集》十卷、《八指头陀诗续集》八卷、《八指头陀文集》一卷。在上海国拍2004年5月春季拍卖中，一册法源寺本《八指头陀诗集》以1500元落槌，可见此书招人之处。

“八指头陀”本姓黄，别号读山。据考为清咸丰元年（1851）农历十二月初三生于湖南湘潭。民国元年农历十月初二圆寂于北京法源寺。他出身贫苦，7岁丧母，11岁丧父，16岁给人放牛，还当过学徒，备受饥寒及打骂虐待。在一次牧牛时，看到满树白桃花盛开，遂聚精会神地徘徊欣赏，忽然大风雨骤然而至，顷刻繁英摧谢，枝头无一幸存者。从此，他顿悟人世无常，内心感慨不已，于是投入湘阴法华寺出家，以东林和尚为师。出家后名敬安，字寄禅。自此，遍游江南，步入诗坛。因他曾在宁波阿育王寺“供洒扫，于佛舍利前剜臂肉如钱者数四，注于油中以代灯，又燃去左手两指，因自号八指头陀”。

清光绪三十四年（1908），宁波成立僧教育会，八指头陀被推为会长。1912年，中华佛教总会成立于上海，他被推举为第一任会长。时湖南等地发生寺产纠纷，他应众请入京请愿，到京未达目的，即卒于法源寺，时63岁。当时，北京各界人士逾千人，集会悼念，并敬颂这位诗僧：“吾爱头陀意，慈悲何太深！毫无私己处，惟有利人心。弘法宣禅偈，忧时作苦吟。那堪思往事，荆棘满丛林！”八指头陀殁后，由其湘潭乡人杨度为其整理遗稿，编为《八指头陀诗文集》，在法源寺刊刻。八指头陀生前诗名颇盛，有“我虽学佛未忘世”、“国仇未报老僧羞”等名句，被称为近代爱国诗僧。著有《嚼梅吟》一卷、文集二卷、语录四卷。

《八指头陀诗文集》收有诗作近两千首之多，但其中收入文章不多，除碑文、序跋外，多是他给别人的书信，八指头陀的诗篇，不论歌咏山川景物、抒发感叹，还是描述世俗人情、怀志幽思，都能以朴素无华的语言写出自己真挚的情感。可以清楚感觉到没有刻意的雕琢和涂饰，诗风自然、清新，豪放、深沉。他在清末民初诗作颇多，但随写随湮，被人旋望者不可数。

八指头陀从一个放牛的苦孩子到一代高僧，其诗作能得到众多学者赞赏而一再刊刻流传，这个事实本身就证明了他在晚清诗坛的地位。若按常理而论，皈依佛门者应看破红尘，可在八指头陀的诗文中，时时流露对国家命运的关切，对外国侵略者的揭露和对富国强兵、兴利除弊的向往。为什么一个遁入空门、参禅学法的和尚，却不能忘情于尘世的苦难和光明呢？和尚固然不同于世俗凡人，他们要的是灰身灭志、清修无欲，把尘世间的冗务和个人的荣辱，都看作虚幻的东西。可是参禅学法也好，清修无欲也好，谈玄说佛也好，四大皆空也好，“不食人间烟火”无疑是很难做到的。

八指头陀不是什么超凡入圣的菩萨，他是一个有血有肉、有思想、有希望的身披袈裟、口诵佛典的中国人。在他的一生里，中国社会正处在激烈的动荡和变革之中，大江南北的佛门圣地，也只有在国家富强、民族独立的条件下，才是“净土”。当亿万中国人被当作牛马、当作奴隶的时候，侵略者

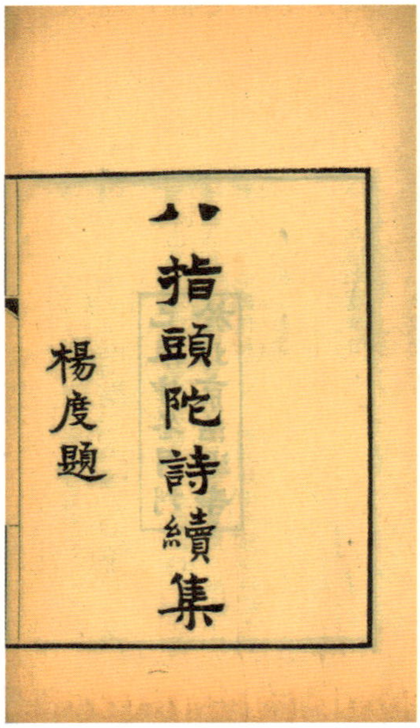
八指頭陀詩續集

楊度題

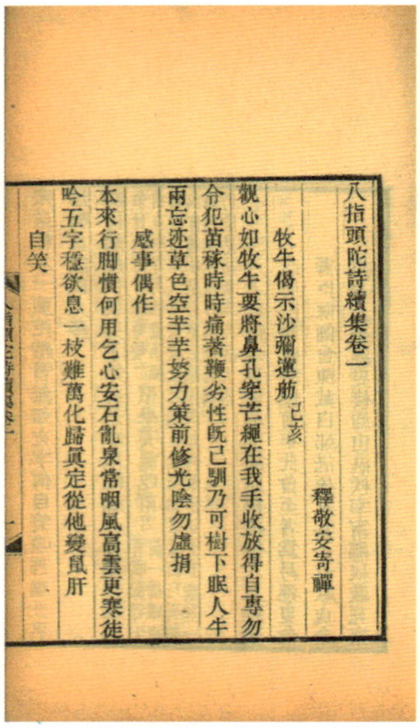
八指頭陀詩續集卷一

釋敬安寄禪

牧牛偈示沙彌邃舫 己亥

觀心如牧牛要將鼻孔穿芒繩在我手收放得自專勿令犯苗稼時時痛著鞭劣性既已馴乃可樹下眠人牛兩忘迹草色空芊芊努力策前修光陰勿虛捐

感事偶作

本來行脚慣何用乞心安石亂泉常咽風高雲更寒徒吟五字穩欲息一枝難萬化歸真定從他變鼠肝

自笑

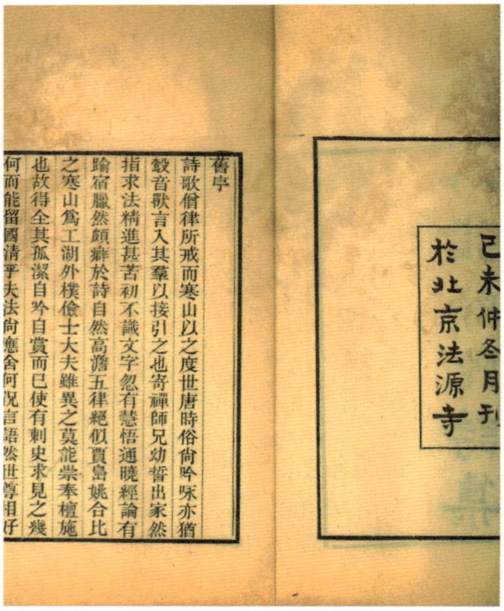
舊序

詩歌僧律所戒而寒山以之度世唐時俗尚吟咏亦猶瞉音猷言入其羣以接引之也寄禪師兄幼誓出家然指求法精進甚苦初不識文字忽有慧悟通曉經論有踰宿臘然頗癖於詩自然高澹五律絕似賈島姚合比之寒山爲工湖外樸儉士大夫雖異之莫能崇奉檀施也故得全其孤潔自吟自賞而已使有刺史求見之幾何而能留國清乎夫法尚應舍何況言語然世尊相好

己未仲冬月刊於北京法源寺

的刀锋霍然挥向那些颈项的时候，什么超凡入圣、普度众生，那倒真的成为“虚幻”了。八指头陀之所以“身在佛门，而心萦家国”，作诗著文，不忘世事，恐怕正是中国近代社会一个自然而然的现象吧！

敬安和尚真可称为一位奇人，《八指头陀诗文集》的确可叹为一部奇书。2004年，浙东名刹天童寺为纪念建寺1700周年、八指头陀释敬安诞生150周年，重印了《八指头陀诗文集》一书。

道藏《太上慈悲九幽拔罪忏》

《太上慈悲九幽拔罪忏》十卷，原不署撰人。有学者认为，从内容文字看似出于唐宋，曾收入：“道藏”洞玄部威仪类。贱值得自河北高碑店古家具店。

编首载元始天尊演说生死因缘，谓十方世界各有天堂净国，若有男女众人常礼十方应号天尊，即可现世获福，死后往生天堂乐土。其次各卷分别列举十方世界天堂乐国名称及其天尊、真人之名号，命众人依次归礼忏悔。又广说众生谤道毁经、不忠不孝、杀盗淫欲等种种罪恶报应，宣称众生之罪惟有忏悔，始可荡除。若为祖宗、父母或自身施舍资财，请师礼忏，则能去灾解冤，拔度先亡，利益见在。

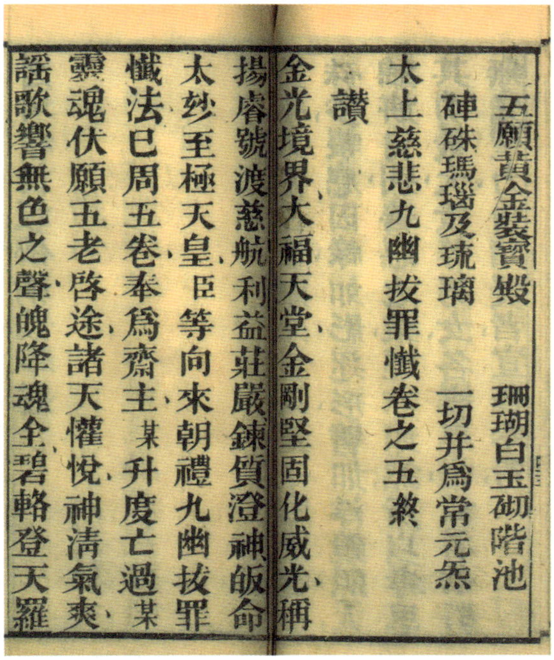
五願黄金裝寶殿　珊瑚白玉砌階池
硨磲瑪瑙及琉璃　一切并爲常元炁
太上慈悲九幽拔罪懺卷之五終
讃
金光境界大福天堂金剛堅固化威光稱
揚睿號渡慈航利益莊嚴錬質澄神皈命
太妙至極天皇臣等向來朝禮九幽拔罪
懺法已周五卷奉爲齋主某升度亡過某
靈魂伏願五老啓途諸天懽悅神清氣爽
謡歌響無色之聲魄降魂全碧輅登天羅

国家图书馆藏有明朝张宇初等编明正统十年（1445）《太上慈悲九幽拔罪忏》十卷刻本，列为善本。上海商务印书馆民国12年至民国15年曾影印正统道藏。

这套《太上慈悲九幽拔罪忏》，为经折装，黄绵纸印，墨匀纸柔，扉页贴有一张小画。

在上海国拍2005年秋季艺术品拍卖中十册经折装明刻前后有图本，以8800元成交。北京德宝2006年秋拍一函十册明弘治至正德年间白绵纸刻本，成交价为3.2万元。图录介绍为：“此本叙述元始天尊等修道成仙的经过。”

翕居引言：“道由圣传修在己，德要人积命在天。”

德勒克隆贵藏《太上感应篇图说》

（清）朱日丰辑《太上感应篇图说》八册，康熙五十三年（1714）刻本，绥远城将军德勒克隆贵藏。此书最早为顺治本，但全国仅仅一部，康熙本也不多见。

《太上感应篇》源自《抱朴子》，成书于北宋末年，主要谈去恶行善，强调内心的道德修养。《太上感应篇图说》是《太上感应篇》的注本之一，分为注、案、附、图四个部分。“注”文阐释篇中每句义蕴；“案”则举以事实佐证；“附”亦举事例为证；“图”则描绘“案”所述事实。此书大倡奉持《太上感应篇》的种种利益，甚至言称人能依经而行，则心之精诚发为英华，经文字字皆现“宝光”。

《太上感应篇图说》被列为“影响中国的100本书”。书中所言“慈者，万善之根本，人欲积功累德，不独爱人，兼当爱物，物命虽微，亦系生命”之语，至今仍广为人受用。

德勒克隆贵（?—1794），博尔济吉特氏。郡王璘沁长子。清乾隆十五年（1750）娶和宛公主。乾隆二十一年袭封巴林辅国公，在内廷行走，曾官绥远城将军。乾隆四十八年晋贝子，不久晋为理藩院额外侍郎。博尔济吉特氏是成吉思汗的后代，分布于内蒙古境内，历史名人有清朝孝庄文皇后博尔济吉特布木布泰，也就是“大玉儿”。

雍正年间，清王朝为巩固西北边防，在呼和浩特旧城东北2.5公里处筑新城1座，驻屯满洲八旗官兵。雍正十三年（1735）动工兴建，乾隆四年建成，命名为绥远城，设绥远将军统领，并管辖漠南蒙古王公及大同、宣化之驻军。将军衙署按一品封疆大吏衙署格式营造，乾隆二年设绥远城将军。

呼和浩特市新城鼓楼西侧有绥远城将军衙署，市郊区太平庄乡黑砂图村有“御赐绥远城将军德勒克多尔济墓碑”（见右图）。碑通高4.58米，宽1.13米，由基石、方形台座、龟座、碑身、碑首五部分组成。

碑身浮雕龙、蝠、流云、绣球等图案，正面碑铭蒙、满、汉三种文字，背面铭文阴刻，楷书，记述墓主人德勒克的生平简历。

在2001年北京万隆秋拍中，有康熙四十年种书堂本残卷，估价5000～7000元，未成交。拍卖提要中讲，“康熙本也很少见，此本虽不完整，但属首次参拍”。此书康熙本后未在拍场发现。

方册的《径山藏》

明天启至崇祯年间，安徽歙县刊《径山藏》之《大般涅槃经》，全书四十卷，八册。

《径山藏》是明末清初刻选的私版藏经，又名《嘉兴藏》。是众多名僧圣贤倡议和推动、由民间募资刊刻完成的方册本大藏经。

所谓大藏经，就是将印度、西域传译到中国的大小乘经、律、论和中国人的章疏及著述汇编印制的佛教丛书。自汉以来，历代都翻译刊印了多种版本的佛教经典，其中主要有唐朝时期的《开元释教录》、北宋的《开宝藏》、金代的《赵城金藏》、元代的《元官版藏经》、明代有《洪武南藏》和《永乐南藏、北藏》等6种版本，清代有《乾隆版大藏经》和《径山藏》。在所有大藏经版本中，唯有《径山藏》规模最为巨大，内容最为丰富，历来被认为是汉传佛教最完整的一部典籍。

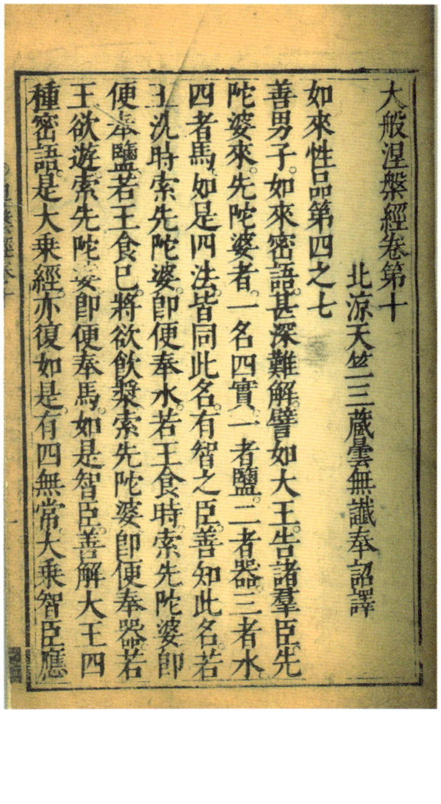
大般涅槃經卷第十　北涼天竺三藏曇無讖奉詔譯
如來性品第四之七
善男子如來密語甚深難解譬如大王告諸羣臣先
陀婆來先陀婆者一名四實一者鹽二者器三者水
四者馬如是四法皆同此名有智之臣善知此名若
王洗時索先陀婆即便奉水若王食時索先陀婆即
便奉鹽若王食已將欲飲漿索先陀婆即便奉器若
王欲遊索先陀婆即便奉馬如是智臣善解大王四
種密語是大乘經亦復如是有四無常大乘智臣應

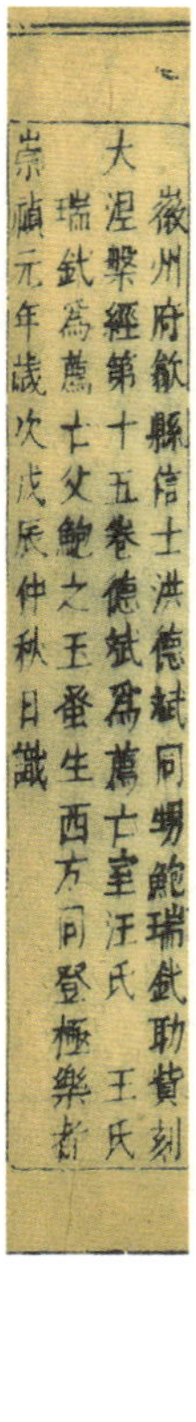
徽州府歙縣信士洪德斌同男鮑瑞武助貲刻
大涅槃經第十五卷德斌爲薦亡室汪氏王氏
瑞武爲薦亡父鮑之玉蚤生西方同登極樂者
崇禎元年歲次戊辰仲秋日識

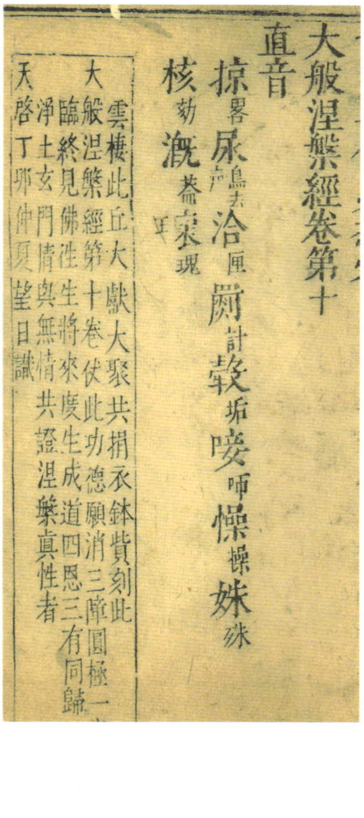
雲棲比丘大猷大聚共捐衣鉢貲刻此
大般涅槃經第十卷伏此功德願消三障圓極一
臨終見佛往生將來度生成道四恩三有同歸
淨土玄門情與無情共證涅槃真性者
天啓丁卯仲夏望日識
大般涅槃經卷第十
直音

明万历十七年（1589），《径山藏》在山西五台山开雕。因该地气候寒冷，万历二十年迁到浙江余杭县的径山继续刊刻。后又分散在嘉兴、吴江、金坛等地募刻，到清康熙十五年（1676）完工，由嘉兴楞严寺集中经版印刷流通。

《径山藏》全藏分正藏、续藏、又续藏三个部分。正藏二百一十函，完全按《永乐北藏》复刻。续藏九十五函，收入藏外典籍248种，约三千八百卷。又续藏四十七函，续收藏外典籍318种，约一千八百卷。康熙十六年以后，抽去续藏五函，又续藏四函，收入内容也略有变动。计正藏二百一十函，续藏九十函，又续藏四十三函，两千零九十部，一万两千六百余卷。

《径山藏》的正编，由于改梵夹装为方册装，成本减低，售价较廉。所以，在历史上起到了推广《北藏》的作用。在现存的中国古代的大藏经中，只有《径山藏》是线装的方册本，其版本价值独一无二。

《径山藏》续编的主要内容是明末清初的禅宗典籍，为数高达288部，可以说是明末清初禅宗史的一大汇集，是海内外学者公认的“第二部中国佛教史料宝库”（第一部为日本的《续正藏》），是明、清禅宗史研究的“敦煌发现”，是“研究中国佛教者最为珍视的宝库”。

《径山藏》刊刻所用资金是由僧人和居士捐助，在每卷之末都记录有捐资情况，其中包括：捐资数量、捐刻经名、卷数、刻录者姓名、校对者姓名等，捐资者分布在中国各地。充分体现了明末清初的佛教信徒为弘扬佛法，振兴佛教的虔诚之心。

《径山藏》零种近年在拍场出现较少。在海南泰达2008年欢乐节艺术品拍卖会上，10箱92集此藏经，未注明刊刻年代，估价20万～50万元，未成交。

据赵孟頫手书刻本：《大方广圆觉修多罗了义经》

翕居请得《大方广圆觉修多罗了义经》一卷，唐代罽宾沙门佛陀多罗译，明正德己巳年（1509）新春日后学沙门圆宁据赵孟頫手书刻本。经折装，每开4行，行13字。

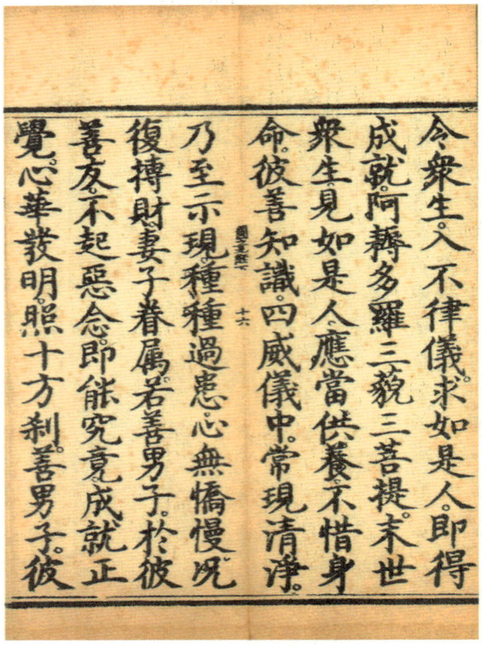
令衆生入不律儀求如是人即得
成就阿耨多羅三藐三菩提末世
衆生見如是人應當供養不惜身
命彼善知識四威儀中常現清淨
乃至示現種種過患心無憍慢況
復摶財妻子眷屬若善男子於彼
善友不起惡念即能究竟成就正
覺心華發明照十方刹善男子彼

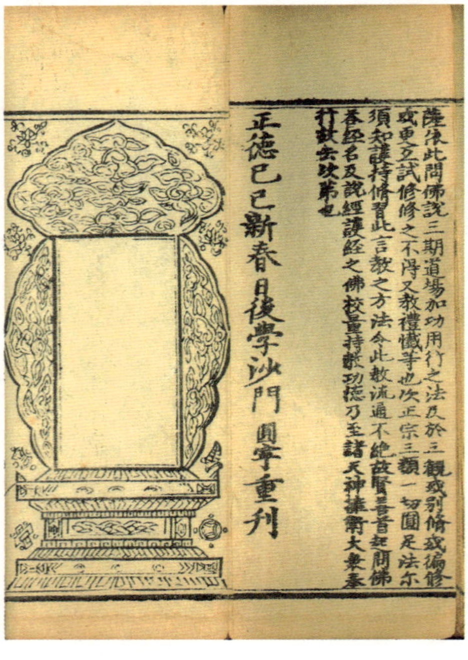
薩依此問佛說三期道場加功用行之法及於三觀或別修或徧修
或更互試修之不得又教禮懺等也次正宗三類一切圓足法尔
須知護持修習此言教之方法令此教流通不絶故賢善首起問佛
求經名及說經護經之佛校量持教功德乃至諸天神護衛大衆奉
行歡喜攸第也
正德己巳新春日後學沙門圓寧重刊

此经为赵孟頫于元延祐七年（1320）正月廿七日为其夫人管道升所写，此时其夫人已逝去一年，为超度荐福特写此经，并施于苏州海云寺。赵氏在经中跋语云：“三宝弟子赵孟頫谨手书《大方广圆觉修了义经》一部，奉本师中峰大和上（尚）尊者披阅，所愿闻此经者，见此经者，诵此经者，持此经者，悉圆三观，顿除二障，不堕邪见，得清静觉出，生殊胜功德：奉为妻魏国夫人管氏道升忏除业障，早证菩提，与法界有情，同成圆觉……”

在赵孟頫逝后30年，即元至正十二年（1352），海云寺住持大延多方化缘集资，择名工摹勒赵孟頫手书经卷上版雕镌。版雕既竣，尚无资刷印，于是信士顾德懋等，自愿捐资刷印100部以广流传。此经《秘殿珠林》卷十“名人书刻本”，《中国古籍善本书目》著录。此经内容见《大正藏》第17册。

中国嘉德2002年秋季拍卖明正统五年（1440）刻本，成交价4400元。

洛阳安乐窝藏版《皇极经世》

（宋）邵雍撰、（清）王宗峄辑《皇极经世》六十卷及附编、补编，共十二册。洛阳安乐窝藏版，清咸丰元年（1851）刻本。

《皇极经世》是北宋学者邵雍毕生研究周易而自创的经天纬地之预测学。根据河洛数理、周易阴阳、天地物理、人类进化的推衍，创立了“元、会、运、世”一套有规律的预测方法。129600年为一元，为人类的一个发展周期，在“大算数”里仅一天而已。每元12会，各10800年。每会30运，各360年。每运12世，各30年。元、会、运、世各有卦象表示，每年亦有卦象表示其天文、地理、人事发展变化。按《皇极经世》所讲，只要洞其玄机，用其生化之理，天地万物之生命运程，皆了然于心，人类历史、朝代兴亡、世界分合、自然变化皆可做到未卜先知。可见，这书里面有着至深至奥的学问。

不过，自邵雍始创这门学说（邵子学说）以来，后世很少有能够明其义理的人，所以，也没有能够在世人中普及并为人所用。黄宗羲在《明儒学案》中讲到“邵子之经世”时说：“元会运世之分，无所依据，先儒已有议其失者，今不赘论。天以日月星辰变而为暑寒昼夜，地以水火土石化而为雨风露雷。此其书之大指也。自今观之，暑寒昼夜皆主，于日月星辰何有焉？风为天所变，雷为火所变，雨露皆水所变，其理甚明，少思则得之矣。火为风，石为雷，土为露，岂不牵强之甚哉？且其取象，《乾》不为天而为日，《离》不为日而为星，《坤》反为水，《坎》反为土，与伏羲之《易》象大异。乃自谓其学出于伏羲之《先天图》，吾不知其说也。”

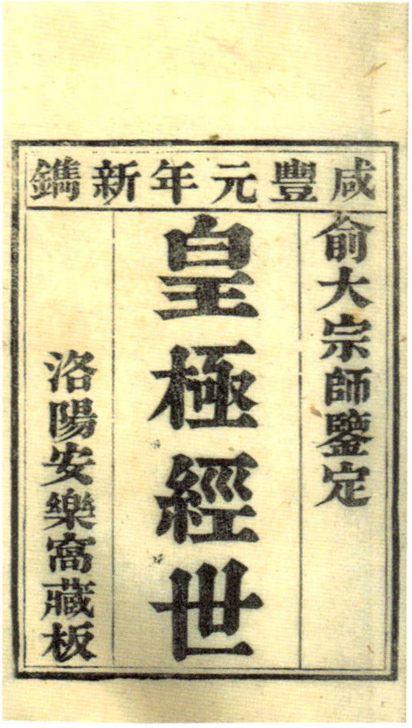

虽然邵子学说被人指摘，但《皇极经世》中也有不少“儒者之言”，这和一般意义上的谶纬术数家是不同的。如“天下之事始过于重，犹卒于轻；始过于厚，犹卒于

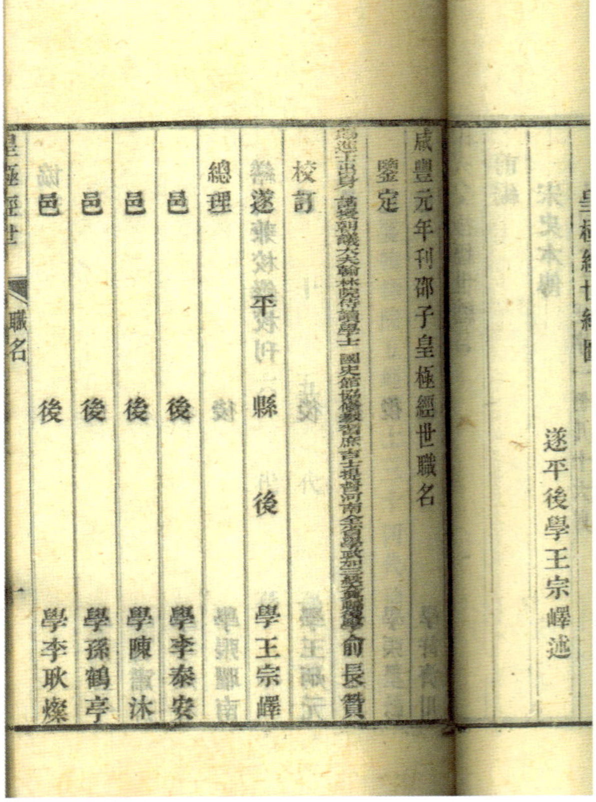

咸豐元年刊邵子皇極經世職名

鑒定

賜進士出身誥授朝議大夫翰林院侍讀學士國史館協修教習庶吉士提督河南全省學政加三級紀錄 俞長贊

校訂

遂平縣後學王宗嶧

總理

邑後學李泰安

邑後學陳沐

邑後學孫鶴亭

邑後學李耿燦

遂平後學王宗嶧述

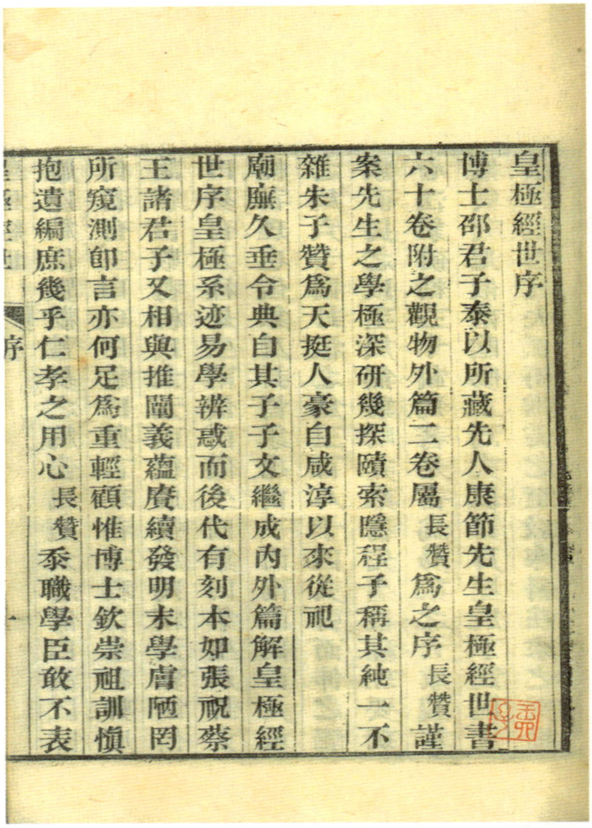

皇極經世序

博士邵君子泰以所藏先人康節先生皇極經世書六十卷附之觀物外篇二卷屬長贊爲之序長贊謹案先生之學極深研幾探賾索隱程子稱其純一不雜朱子贊爲天挺人豪自咸淳以來從祀廟廡久垂令典自其子子文繼成内外篇解皇極經世序皇極系述易學辨惑而後代有刻本如張觀蔡王諸君子又相與推闡義蘊賡續發明末學膚陋罔所窺測卽言亦何足爲重輕顧惟博士欽崇祖訓愼抱遺編庶幾乎仁孝之用心長贊忝職學臣敢不表

薄”，“学以人事为大”，“治生于乱，乱生于治。圣人贵未然之防”，“天下将治，则人必尚义也。天下将乱，则人必尚利也。尚义则谦让之风行焉；尚利则攘夺之风行焉”。像这类观点，都有很高的立义，充满哲理，至今仍很有教益。

“安乐窝”是邵雍的故居。其中有邵子祠，祠堂坐北朝南，正门额题“安乐窝”三字，祠内有皇极书阁、九贤祠等古建筑。因邵雍生前喜爱花草，故祠中广植花木，四季松柏常青，花草繁茂。

邵雍30岁时，到洛阳游学，被洛阳的秀美风光所吸引。次年，他就举家迁居洛阳。他初到洛阳时，没有住处，自己又是一介穷儒，没有多少积蓄。于是，他就在洛河南岸搭了一个草棚，作为栖身之所。这里“蓬荜环堵，不蔽风雨”，每逢下雨，满屋都是水。附近的人都讥笑他，但他却满不在乎，自称其住所为“安乐窝”，并赋诗一首：“家虽在城阙，萧瑟似荒郊。远去名利窟，自称安乐窝。”后来，司马光、富弼、吕公著等人共同集资，为他买下了洛河天津桥南的五代节度使安审琦的故宅。为了解决衣食问题，邵雍自己还在洛河边开辟了一些荒地，收获仅供温饱。虽然生活穷困，但他不以为苦，自号“安乐先生”，仍把自己的住所叫做“安乐窝”。由于邵雍以品德才学名满天下，朝廷多次请他出仕，但他一一回绝。北宋熙宁十年（1077），他患病去世，时年67岁。程颐为他写了墓志，称颂其“身怀内圣外王之学，其道纯一不染”。

有一个记者曾到“安乐窝”镇“安乐窝”村采访，问乡民：“你们邵家现在有当官的吗？”一位中年妇女高兴地回答：“有哇，我们孩子他叔，就是刚选上的村长。要不，我把他找来给你们介绍介绍。”这位记者觉得，邵雍的后人都是很容易满足的人，也都是很快乐的人。记者也很感慨地写道：著名心理学家奥瑞利欧斯说，“如果你对周围的任何事物都感到不舒服，那是你的感受所造成的，并非事物本身如此”。境由心造，乐由心生。只要你愿意快乐，那么无论住什么样的房子，你都能像邵雍一样找到快乐的理由。

此咸丰版安乐窝刊《皇极经世》，十分稀见，各大拍场从未见露面。

明代江苏刻经两种

明万历二十九年（1601）刊《慈悲道场忏法》十卷，存六卷，版心题“梁皇忏”。白棉纸经折装，书体秀丽大方，36.3厘米×12厘米，经文每面有5行，每行13字。首有刻经牌记“启运慈悲道场忏法，一心归命三世诸佛”，“板留苏州承天寺三会堂”。每卷前均有《忏法本身图》扉画一幅四面，又称《梁皇宝忏图》，画幅中有“信女徐氏助银五钱专祈福寿咸增”。卷前有莲花座佛像8幅，后有护法头陀图。版画刊刻细腻、人物众多，方寸之间呈现万千气象，表情生动，代表了当时版画雕刻的较高水平。尾有“万历辛丑岁弥陀诞日承天三会堂重刊”。卷一版心有“比丘广慎为报四恩三有助刊”、“通理报□考妣徐佑陆氏往生”，卷三版心有“湛远助刊”。

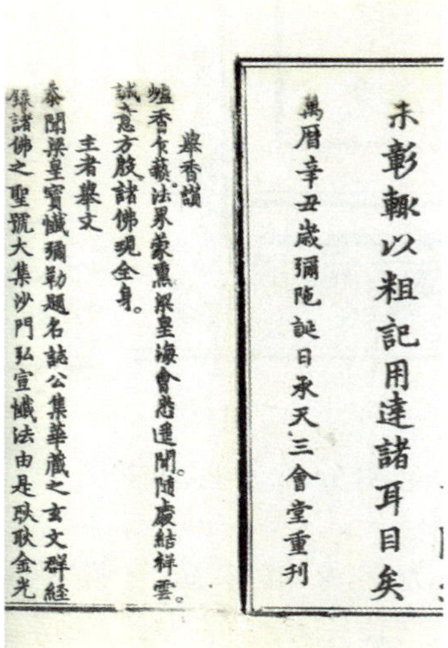
未彰輙以粗記用達諸耳目矣
萬曆辛丑歲彌陀誕日承天三會堂重刊
舉香讃
爐香乍爇。法界蒙熏。梁皇海會悉遥聞。隨處結祥雲。
誠意方殷。諸佛現全身。
主者舉文
恭聞梁皇寶懺彌勒題名誌公集華藏之玄文群經
錄諸佛之聖號大集沙門弘宣懺法由是玦玦金光

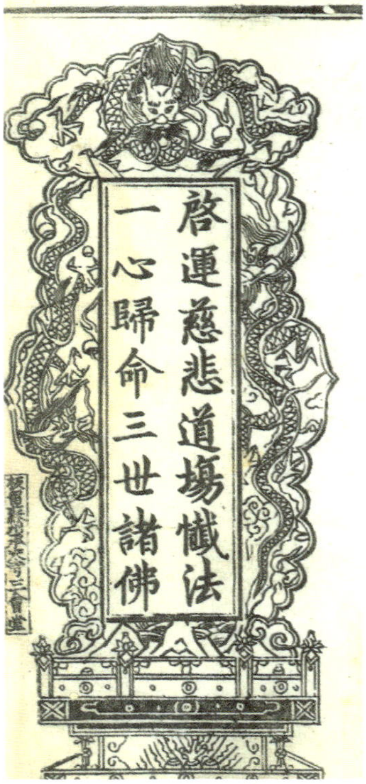

杜信孚、杜同书编《全明分省分县刻书考》（线装书局2002年版）载有三会堂刊本两种：一种是（唐）释宝义难陀译《大方广佛华严经》八十卷、（宋）释复庵撰《华严论贯》一卷、（唐）释般若译《大方广佛华严经如不思议解脱境界普行愿品》一卷，为万历十九年“苏州承天寺三会堂刊本”，收入《全明分省分县刻书考》“江苏官刻卷”；另一种是（晋）释跋陀罗等译《大方广佛华严经》八十卷和（唐）释般若撰《大方广佛华严经如不思议解脱境界普行愿品》一卷，为万历四十三年“姑苏承天寺三

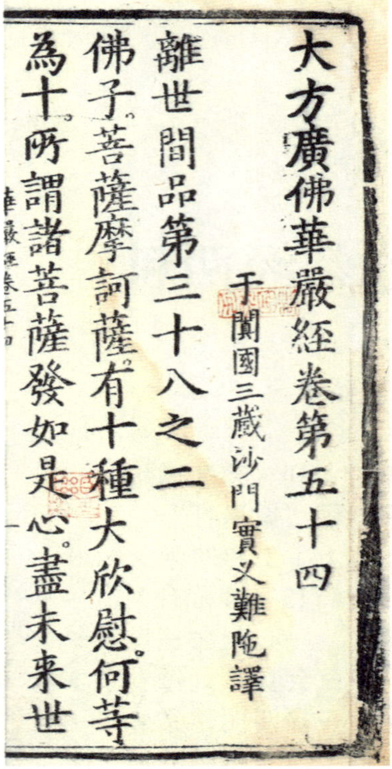
大方廣佛華嚴經卷第五十四
于闐國三藏沙門實叉難陀譯
離世間品第三十八之二
佛子。菩薩摩訶薩有十種大欣慰。何等
為十。所謂諸菩薩發如是心。盡未來世

会堂刊本”，收入《全明分省分县刻书考》“江苏省书林卷”。

《慈悲道场忏法》又被称做《梁皇忏》、《梁武忏》。相传梁武帝初为雍州刺史时，夫人郗氏性嫉妒，后病死。梁武帝即位后夜梦郗氏化为蟒。为了替郗氏忏悔罪孽，乃集录佛经语句，作成《忏法》十卷，后来成为佛家常用的超度忏法，广为流传。

扉画“梁皇宝忏图”，正是叙述郗氏由巨蟒化为天人的过程。图中郗氏从巨蟒口中脱形化云升天为人。整幅图画，天地人神，栩栩如生，具有很高的艺术欣赏价值。

在朵云轩2005年春拍中，明嘉靖年间白棉纸经折装二册（存卷六、卷七），首刻莲座佛像，成交价为3300元；在河北翰华2008年首届迎春拍卖会上，带说法图扉画白棉纸明刊本十册，估价3万～3.5万元，未成交。

另一部，南京刻《大方广佛华严经》，存六卷。白棉纸经折装，字体舒朗秀逸，34.5厘米×12.2厘米，经文每面有五行，每行15字。刻经牌记署“南京聚宝门外恩寺对门徐小因印造”，后有护法头陀图。经函为缂丝制力士神龙护法图样，每板首页钤“护国裕民”朱文长方印和“慈济”朱文方章各一枚。

《大方广佛华严经》，又称《八十华严》、《新华严》、《唐经》、《杂华经》，分八十卷三十九品。唐代实叉难陀（652—710）译，当时武则天因为《旧华严》不完备，听说于阗有梵本，于是派遣使者于证圣元年（695）迎请到洛阳，在东都大内大遍空寺翻译本经，武则天亲临译场，并挥毫首题品名。翌年十月完成八十卷的翻译工作。

《大方广佛华严经》是大乘佛法要典之一，我国的华严宗就是依据本经立法界缘起、事事无碍等妙义为宗旨。大，是包含的意思；方，是轨范的意思；广，是周遍的意思；佛，是证入大方广无尽法界者；华，是成就万德圆备果体的因行譬喻。因此开演因位的万行，以严饰佛果的深义，则称为佛华严。总之，“大方广佛华严”是所诠的义理，而“经”则为能诠的言教。

在富彼国际2008年秋拍中，明刊本白棉纸此经存八卷八册，成交价为4480元；北京保利2008年秋拍此经明永乐十七年（1419）白棉纸本，书首刻众僧礼佛图，卷未刻护法神像，存卷四十六至卷五十，五册，成交价为6.72万元。

“填平昔日沟凹，栽下后来良种”：《六事箴言》

（清）叶玉屏辑本《六事箴言》一卷，书前有嘉庆二十年（1815）王鼎手书上版序言。纸白墨浓字体精湛，有点校，初刻初印。味五不争斋藏版。

《六事箴言》是辑录前贤先儒言论的小册子，全书不足2万字，却收录了自秦汉到明清150多位人物的言论383条，分为持身、持家、居官、居乡、处事、处人六篇。在甄选的150多位先贤中，既有朱熹、王守仁等一代鸿儒，又有诸葛亮、范仲淹、司马光这样的名臣，还有一些名不见经传的小人物。辑录者以严谨公正的态度，广搜遗书史传语录，通过古贤对六事（实际上是人生的主要方面）充满积极向上精神的语录，达到教化世人的目的。可以说，《六事箴言》是一部精彩纷呈的劝世箴言录。

叶玉屏在《六事箴言》中有诸多闪光的充满哲理的真知灼见，丝毫不逊于有名的《菜根谭》。譬如里面讲到了如何排忧解难的方法：“接人要和中有介，处事要精中有果，认理要正中有通。”意思是，待人要平和而又正直，办事要精细而又果断，探求真理要抓住主题而又触类旁通。书中又说：“大其心，容天下之物；虚其心，受天下之善；定其心，应天下之变”、“身要严重，意要安定，色要温雅，气要和平，语要简切，心要慈祥，志要果毅，机要缜密”；面对外面“精彩”的世界，要看得破，忍得住，决不动心，做到坐怀不乱，守身如玉，其心如水，其行如山。还有“为善易，避为善之名难”、“克勤小物最难”、“富以能施为德，贫以无求为德；贵以下士为德，贱以忘势为德”、“称人之善，我有一善，又何妒焉？称人之恶，我有一恶，又何毁焉”？等等。文中还大量引用名人的精辟语句，如引陈继儒的“人生一日，或闻一善言，见一善行，行一善事，此日方不虚度”，熊勉庵的“力到处常行好事，力未到处常存好心”。

后人读此书后有诗云：“立得而今地头，站定方寸时空。填平昔日沟凹，栽下后来良种。”

1997年，湖北辞书出版社出版了《语录四种》，收录了王国维的《人间词话》、叶玉屏的《六事箴言》、朱熹的《朱子读书法》和蔡锷的《曾胡治兵语录》等四部语录体著作，对其涉及立身、心性、持家、教子、行事、交友、居官、治国、治兵等文字进行注释。2005年11月，中国书店海王村拍卖刘世安通篇批校本《六事箴言》二册，嘉庆友益堂刊本，竹纸金镶玉装，底价为2500～3500元，成交价为4200元。

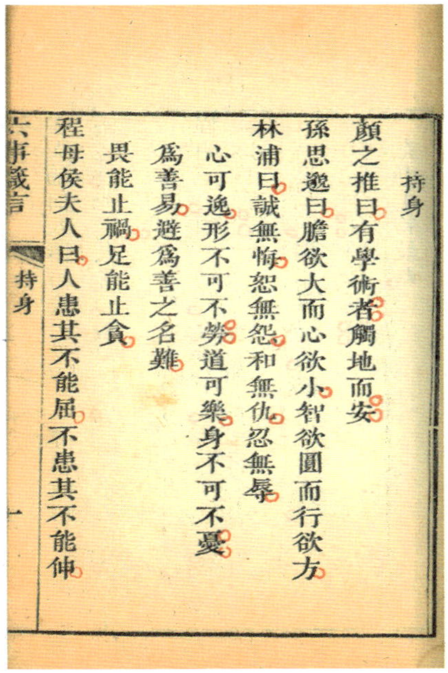
持身
顏之推曰有學術者觸地而安
孫思邈曰膽欲大而心欲小智欲圓而行欲方
林逋曰誠無悔恕無怨和無仇忍無辱
心可逸形不可不勞道可樂身不可不憂
為善易避為善之名難
畏能止禍足能止貪
程母侯夫人曰人患其不能屈不患其不能伸
六事箴言 持身 一

天池堂刊《慈悲道场九幽忏法》

《慈悲道场九幽忏法》九卷九册，经折装，28厘米×10厘米，每册约15页30面全。卷六中缝有“天池堂比丘僧如汰刊”，卷八之末署“东邑白云寺赵僧德景孙明相”，卷九之末署“僧如汰字星月募刊”。

《慈悲道场忏法》到唐代始又名“梁皇忏”，是目前仍常在道场中举行的一种忏法。南宋末年被收录于高丽大藏经中。因为“弥勒”（Maitreya）义译为“慈悲”，这便是“慈悲道场”一名的来由。有学者说，唐玄宗末年已出现的道教忏法“九幽忏”极有可能是道教方面模仿“梁皇忏”而作（中华佛学研究所徐立强：《“梁皇忏”初探》）。

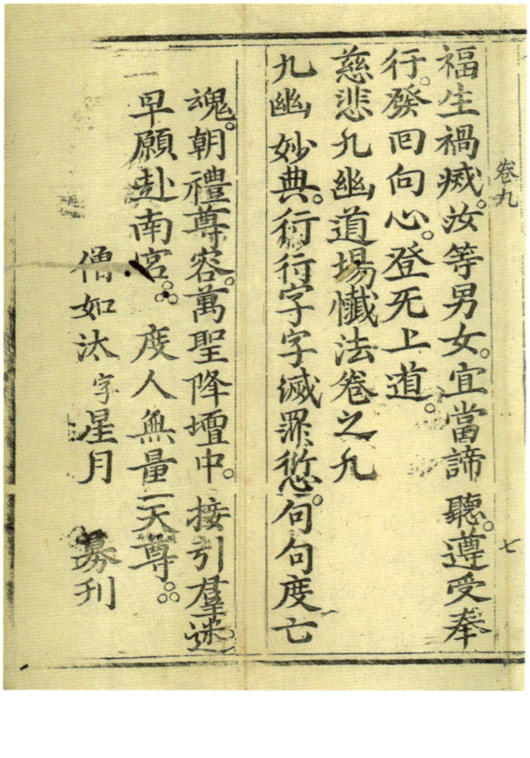
卷九 七
福生禍殃汝等男女宜當諦聽遵受奉
行發回向心登无上道
慈悲九幽道場懺法卷之九
九幽妙典行行字字滅罪愆句句度亡
魂朝禮尊容萬聖降壇中接引羣迷
早願赴南宮度人無量天尊
僧如汰字星月募刊

“九幽忏”是一种道教仪式。九幽即九幽地狱的九个方位：东方幽真、南方幽明、西方幽夜、北方幽酆、东北方幽都、东南方幽冶、西南方幽关、西北方幽府、中央幽狱。据宋吕元素《道门定制》卷六称：“九幽斋。燃灯破暗，解救亡魂。”《道藏》收有以“九幽”为名的科仪约六种，其中包括：《太上慈悲九幽拔罪忏》、《太上慈悲道场消灾九幽忏》、《太上说九幽拔罪心印妙经》、《九幽玉匮明真科》、《九幽长夜起尸度亡玄章》、《九幽醮无碍夜斋次第仪》等。

清光绪十五年（1889），金陵刻经处重刊《梁皇宝忏》（《慈悲道场忏法》），有《慈悲道场忏法传》一文，在此录出，便可明白佛教中此忏的来由：“此忏者，梁武帝为皇后郗氏所集也。郗氏崩后数月，帝常追悼之。昼则忽忽不乐，宵乃耿耿不寐。居寝殿，闻外有骚窣之声。视之，乃见一蟒，盘躄上殿睒睛呀口，以向于帝。帝大惊骇，无所逃遁。不得已，蹶然而起，谓蛇曰：‘朕宫殿严警，非尔蛇类所生之处。必其妖孽，欲祟朕耶？’蛇为人语，启帝曰：‘蟒则昔之郗氏也。妾以生存嫉妒六宫，其性惨毒。怒一发，则火炽矢射，损物害人。死以是罪，谪为蟒耳。无饮食可实口，无窟穴可庇身。饥窘困迫，力不自胜。又一鳞甲则有多虫，唼啮肌肉，痛苦甚剧，若加锥刀。为蟒非常蛇，亦复变化而至，不以皇居深重为阻耳。感帝平昔眷妾之厚，故托丑形骸陈露于帝，祈一功德，以见拯拔也！’帝闻之，呜呼感慨！既而求蟒，遂不复见。帝明日大集沙门于殿庭，宣其由，问善之最，以赎其苦。志公对曰：‘须礼佛忏涤悃款方可！’帝乃然其言。搜索佛经，录其名号。兼亲抒眷思，洒圣翰，撰悔文，共成十卷。皆采摭佛语，削去闲词，为其忏礼。又一日，闻宫室内，异香馥郁，良久转美，初不知所来。帝因仰视，乃见一天人，容仪端丽，谓帝曰：‘此则蟒后身也！蒙帝功德，已得生忉利天。今呈本身以为明验也。慇懃致谢。’言讫不见。自梁迄今已千余年，得此经本，虔敬礼忏。所为所祈者，皆有阴骘感应。犹恐厥事闇然未彰，辄以粗记，用达诸耳目云！”

国家图书馆所藏明《正统道藏》本《太上慈悲道场消灾九幽忏》为十卷，此天池堂刊本《慈悲道场九幽忏法》为九卷。

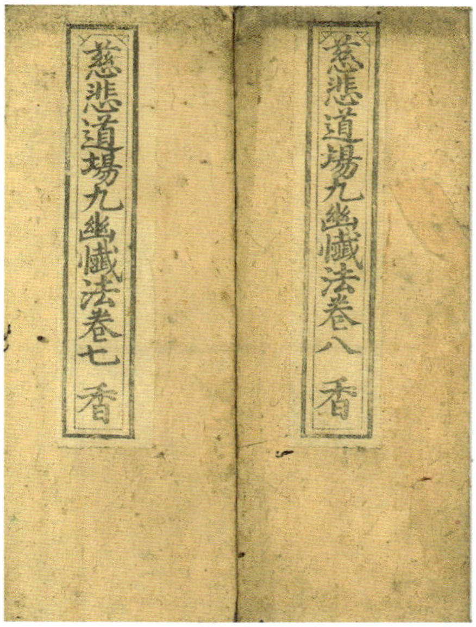

详于西教传华史料的《李刚己先生遗集》

李刚己撰《李刚己先生遗集》五卷，附著者传、墓志铭、行述等一卷，共四册，直隶南宫李氏民国6年都门刻本。该书写刻精美、书品阔大。

钱仲联的《梦苕庵诗话》中记载：“肯堂（范伯子）诗法，李刚己得其传，虽未出蓝，已能具体。刚己光绪甲午进士，官大同知县，初为莲池书院高材生，为吴挚甫及肯堂所激赏，其古诗辞气趋迈，雄怪惊人。”

李刚己此书包括诗一卷、文一卷、西教纪略三卷。特别是其中的《西教纪略》，尤详于西教传华史料，更附有清光绪二十六年（1900）中国天主教教士、教堂、教民表，为中外关系史上的重要著作，也是研究中国教会史不可或缺的中文著述。

李刚己另编有《教务纪略》四卷，大约出版于光绪三十一年，是受周叔弢祖父周馥委托编撰。周馥曾协助李鸿章办理洋务30多年，深受教案冲击，有感于各级官员“不通外情，不达教旨，以致引起中外争端的状况”，于是，委托李刚己编撰此书。此书收入《李刚己先生遗集》后，名称改为《西教纪略》，四卷变为三卷。1986年8月，上海书店曾据光绪三十一年版《教务纪略》影印出版，作为“清代历史资料丛刊”之一。

徐世昌编选的《晚晴簃诗汇》收入李刚己诗词《立秋呈范先生》、《上范先生兼简子城兄》、《辟疆以诗送别即次原韵答之》和《思归》四首。《思归》颇有韵味：“汾水秋风雁又归，故园东望梦魂飞。尘冠欲挂仍无日，庭树新增复几围。水远坐输鸥独往，竹荒不救凤长饥。愁来策马西郊路，一曲劳歌送落晖。”

这部书近年来在拍场屡屡出现：2006年12月，上海敬华拍卖民国6年精写刻本《李刚己遗集》五卷、附录一卷，估价4500～6000

元，未成交；中国书店海王村2005年5月春拍民国6年刊四册红、墨印本各一部，红印本估价3000～4000元，成交价为6500元，墨印本估价2000～3000元，成交价为3800元；北京德宝国际拍卖有限公司2007年春拍第39号拍品为民国红印本《李刚己先生遗集》，此书刻工精良、用纸洁白厚重，从8000元起拍，以4.62万元落槌。

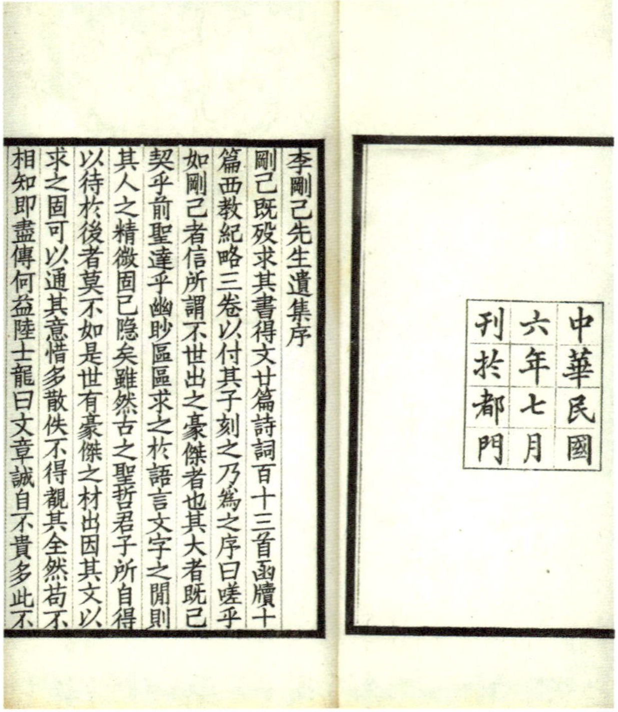
李剛己先生遺集序
剛己既歿求其書得文廿篇詩詞百十三首函牘十篇西教紀略三卷以付其子刻之乃為之序曰嗟乎如剛己者信所謂不世出之豪傑者也其大者既已契乎前聖達乎幽眇區區求之於語言文字之間則其人之精微固已隱矣雖然古之聖哲君子所自得以待於後者莫不如是世有豪傑之材出因其文以求之固可以通其意惜多散佚不得覩其全然茍不相知即盡傳何益陸士龍曰文章誠自不貴多此不

中華民國六年七月刊於都門

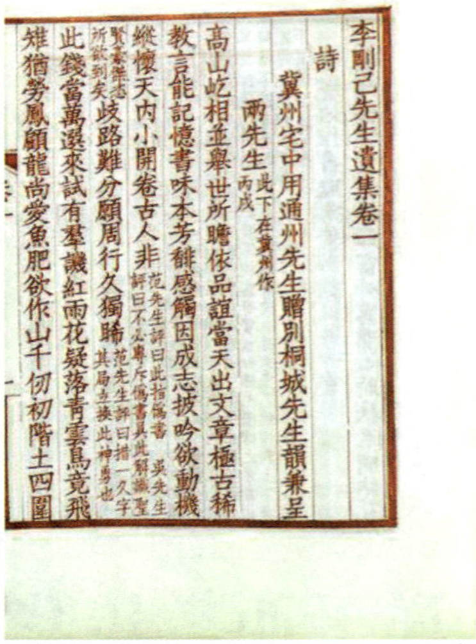
李剛己先生遺集卷一
詩
冀州宅中用通州先生贈別桐城先生韻兼呈兩先生
高山屹相望舉世所瞻依品誼當天出文章極古稀教言能記憶書味本芳馡感篤因成志披吟欲動機縱懷天内小開卷古人非……歧路難分願周行久獨睎……此錢當萬選來試有羣譏紅雨花疑落青雲鳥竟飛雄猶勞鳳願龍尚愛魚肥欲作山千仞初階土四圍

“第一个国产神甫”：《吴渔山先生年谱》

陈垣编《吴渔山先生年谱》二卷、附录一卷，共一册，北平辅仁大学民国26年刻本，牌记题“民国二十六年七月北平辅仁大学刊行”。

吴历（1632—1718），字渔山。“清初六大家”之一，是与西欧文化有接触的所有中国画家中最著名的一位。他活动于常熟的文人圈，1681年受洗成为天主教徒，同年赴澳门，准备从此取道去意大利罗马。因考虑到横渡重洋，航程久险而未能成行。1688年被晋升为司铎（即传教士），取名“阿空纳”（Acunna），后回常熟度过余生。吴历虽然深受西方文化熏染，然而吴历的作品并没有出现任何明显的西方影响。而有学者认为吴历于1676年送鲁日满神父的《湖天春色图》，构图受西洋水彩影响。吴历晚年的作品师法王蒙，而于干笔枯墨中透见深厚的传统功力。

學琴於陳岷.當在此數年.墨井詩鈔松壑鳴琴圖詩序云.憶予與季子天球.學琴於山民陳先生之門.不覺二十餘年矣.欲寫松壑鳴琴圖以寄意.常苦少暇.詩無年月.圖見吳越所見書畫錄六.款署甲寅年小春廿日.由甲寅上推二十餘年.故繫於此.山民名岷.先生邑人.見海虞畫苑略.惟先生葑溪會琴圖跋作石民.見虛齋名畫錄五.疑山民又名砥.號石民也.或作砥阮者.蓋因墨井道人傳誤字而誤.阮爲旣之譌.

原文屬下爲句也.

因为吴历是“第一个国产神甫”，而辅仁大学又系教会学校，于是陈垣（1880—1971）在1937年《辅仁学志》第五、六卷陆续发表了《吴渔山晋铎二百五十年纪念》和《吴渔山先生年谱》。

北京图书馆古籍珍本丛刊书名目录之四，收录有民国26年北平辅仁大学刻《吴渔山先生年谱》二卷。有一位成都书友曾淘到《明季滇黔佛教考》、《吴渔山先生年谱》、《吴渔山晋铎二百五十年纪念》三种陈垣任教辅仁大学期间的油印本，实为书缘不浅。

中国书店曾出木板刷印本《励耘书屋丛刻》，两集两函，收陈垣著作八种，其中收有《吴渔山先生年谱》二卷一册。

写出道家绝密的《性命法诀明指》

赵避尘（晚年号千峰老人）著《性命法诀》十六卷四册，有大量插图和照片，民国22年刻本，题名《性命法诀明指》。

赵避尘的师傅了空禅师讲道：“余，北平人也。因世界传伪道者众，外访弟子数年。后至廿一年三月十三日，在金山寺遇赵避尘，收为度外弟子。至民国九年，授与天命，传人用白话，以彼明白为目的。”

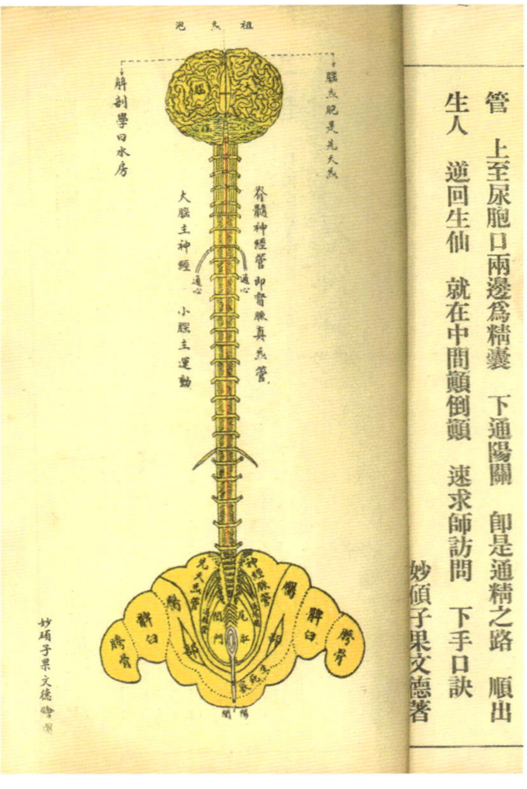

此书为赵避尘的门生果仲莲夫妇所刻印，果仲莲在《性命法诀明指》序中写到：“余自民国廿一年九月初七日幸遇千峰师尊，得授全诀全法。一言之下，余才明白炼精为下手，炼气为转手，炼神为了手，炼虚空为撒手。才明白千经万卷道书之旨趣。古云：‘得诀归来好看书’，信非虚语。师尊又将《性命法诀明指》草稿曲示，书内对于一切诀法，均以白话说明。由初步性功炼起，至二步命功合一，由此一步一步，往上修炼，至十六多为止，实将古之各种丹经奥旨发泄无遗。言浅理深，词简意赅，诚渡世之宝筏，修道之津梁也。因此，余出资将书刻成板，余妻余素霞出资刷印，以广流传，而资普渡。尤有言者，凡吾学道之人；自宜访求真道，莫学假道。学真道不成，尚能身体强壮，祛病延年。所谓‘刻鸽不成尚类鹜’。如学假道，非徒无益，反有害于身体，则‘画虎不成反似犬’矣。世之学道者，如得此书，实为三生有幸。熟读精思，而勤炼之，再加以三千功、八百行，作神仙有何难哉？民国廿二年正月，门生果仲莲序于众善堂静室内。”

传统丹道功讲很多功法，但不直接讲功决。明朝之后出的《伍柳仙宗》已经写得很详细，而赵避尘的《性命法决明指》则更系统、更详细，道家的绝秘诀法，历来不著于文字，唯独千峰老人所著的《性命法决明指》将此和盘托出。

赵避尘著作此书，以性命双修金丹为主，修真身为本，比其他道家门派的著书写的比较简单易懂。其实，修行是一辈子的事，关键在于修身、在于悟性、在于静心，正所谓炼气不如平心，一念虚静，百日之基，诸般法门，皆为对治。只可惜，红尘紫陌，熏染日久，向上一道，难、难、难。

2008年12月，中国书店第45期小拍，此书成交价为1430元。

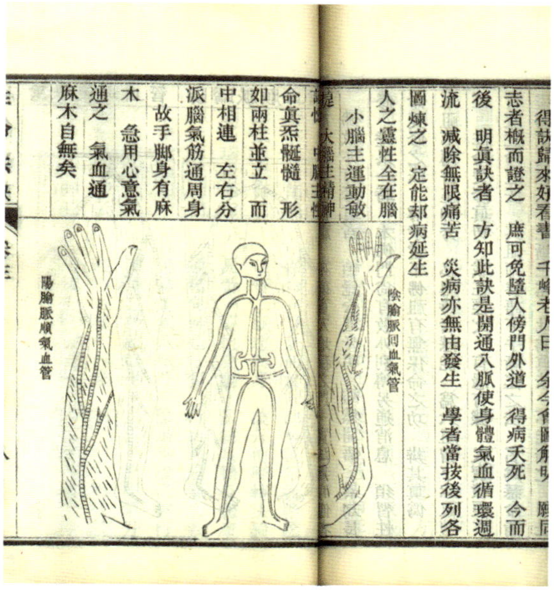

“定州新乐县民杨氏则一百三岁”：《人寿金鉴》

（清）程得龄辑《人寿金鉴》二十二卷六册，白纸本，嘉庆二十五年（1820）扬州柏华昇精刻本，字体刊刻精雅。12行24字，小字双行同，黑口，左右双边，单鱼尾。书前有程元吉、张颉云、顾广圻序，程得龄自叙，邓立诚后序。卷二十二末刊有“金陵柏华昇董刊，店开扬州青莲巷内”题识。

《人寿金鉴》以人的年龄为目，自一到百岁，每目下条列古代典籍中的典故，内容皆为处于该年龄段的著名人物的杰出事迹，所列者多为可信之事。程得龄希望借此以鼓励世人奋进，所以，此书刊刻后极为流行，翻刻本极多。此本为该书的最初版本，较初印。

《人寿金鉴》是从《年华录》脱胎而来，其内容及刊编过程，颇可反映此一时代之波澜与流俗。清中叶乾隆后期，出现了一部《年华录》异书，此书初问世时，署全祖望著，读者褒贬不一。及至乾嘉之际，江苏学者程得龄见到此书，不但“决为蹇浅者伪托”（程得龄在《人寿金鉴》自序中语），且斥“择焉不精，语焉不详”（《人寿金鉴》顾广圻序中语），然又以内容体例颇具市场价值，弃之可惜，乃大幅增修删订，改为二十二卷。一方面自称援原书，“于古人嘉言懿行，胜事美谭，凡属有年可稽者，经、

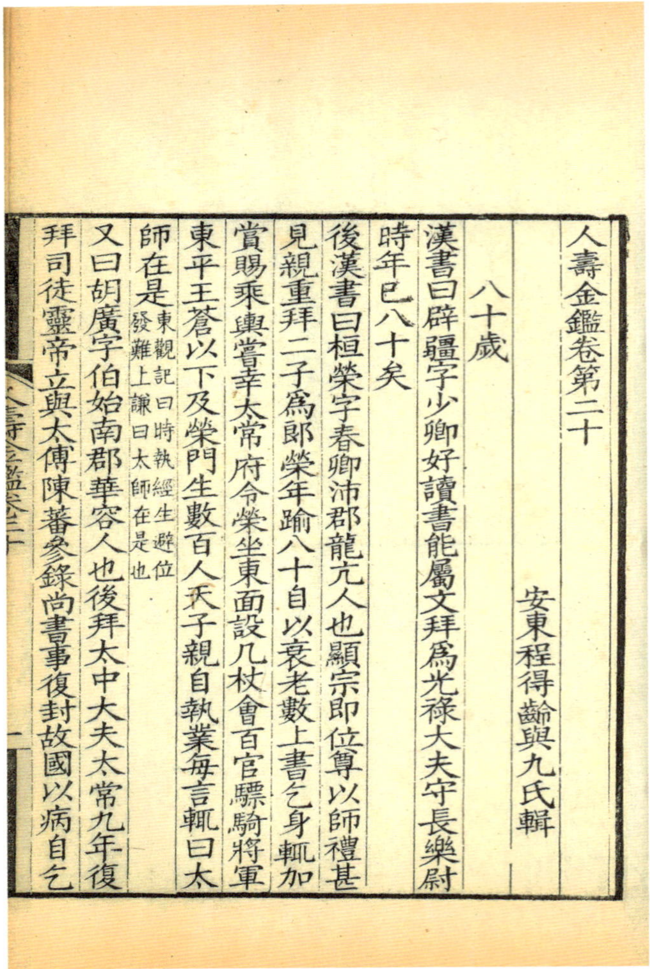
人壽金鑑卷第二十
安東程得齡與九氏輯
八十歲
漢書曰辟彊字少卿好讀書能屬文拜爲光祿大夫守長樂尉時年已八十矣
後漢書曰桓榮字春卿沛郡龍亢人也顯宗即位尊以師禮甚見親重拜二子爲郎榮年踰八十自以衰老數上書乞身輒加賞賜乘輿嘗幸太常府令榮坐東面設几杖會百官驃騎將軍東平王蒼以下及榮門生數百人天子親自執業每言輒曰太師在是（東觀記曰時執經生避位發難上謙曰太師在是也）
又曰胡廣字伯始南郡華容人也後拜太中大夫太常九年復拜司徒靈帝立與太傅陳蕃參錄尚書事復封故國以病自乞

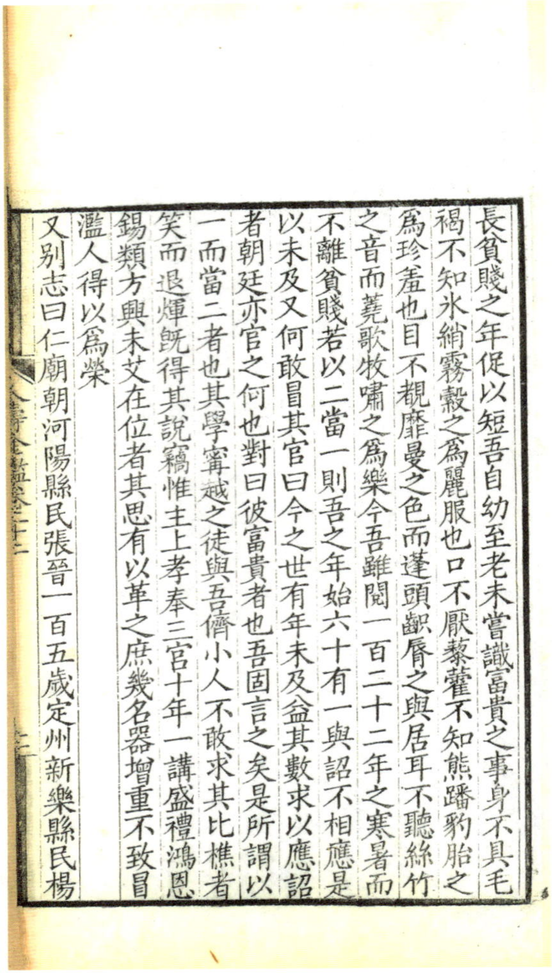
長貧賤之年促以短吾自幼至老未嘗識富貴之事身不具毛褐不知氷綃霧縠之爲麗服也口不厭藜藿不知熊蹯豹胎之爲珍羞也目不覩靡曼之色而蓬頭齞脣之與居耳不聽絲竹之音而蕘歌牧嘯之爲樂今吾雖閲一百二十二年之寒暑而不離貧賤若以二當一則吾之年始六十有一與詔不相應是以未及又何敢冒其官曰今之世有年未及益其數求以應詔者朝廷亦官之何也對曰彼富貴者也吾固言之矣是所謂以一而當二者也其學寗越之徒與吾儕小人不敢求其比樵者笑而退煇既得其說竊惟主上孝奉三宮十年一講盛禮鴻恩錫類方興未艾在位者其思有以革之庶幾名器增重不致冒濫人得以爲榮
又別志曰仁廟朝河陽縣民張晉一百五歲定州新樂縣民楊

史、子、集兼收并取，以每年为经，以各人为纬，而分系之”。卷首“初生”，末卷“一百岁至百千岁”，其余二至二十一卷以岁为序，一至九十九岁，井然成编。编纂刊刻历时四年，于嘉庆二十五年重新成书，易名《人寿金鉴》，刻版上市。

50多年后，安徽出身的地方官林之望，于清同治十三年（1874）阅及《人寿金鉴》一书，深感其教化意义重大，决定摘取部分另以蒙养形式刊布。晚年任湖北布政使时［同治十二年至清光绪元年（1875）］，复将原书卷二至卷十一，删缩为上、下两卷。上卷收1至10岁古人嘉德美事，下卷列11至20岁之贤良事迹，每岁一章，每人一节，以蒙养教育为主旨，专供授童之用，题称《养蒙金鉴》，光绪初年刊布传世。

金陵柏華昇董刊
店開揚州
青蓮巷内

此书尚有柳衣园嘉庆年间精刻本，版心下记字数。同治年间崇文书局曾翻刻此本，将牌记撤去，似充嘉庆原刊。（清）江都文元星衡夫著《种瑶草堂诗钞》上下卷，也为道光年间扬州砖街青莲巷柏华昇白纸写刻本。新疆大学图书馆所藏《人寿金鉴》为柏华昇所刻，但著录为“刻书年不详”，似为与翕居所藏相类。

《人寿金鉴》提出的“寡情欲、节声色”至今仍很使人受用。人要减少男女之爱欲，远离歌舞和女色，这一“减少情欲、节制声色”的论点亦不失为养生之道。

颇堪玩味的是，此书之末所记百岁人瑞有本乡之“定州新乐县民杨氏则一百三岁”。

2007年9月，在中国嘉德四季“波士顿”专场上，此书白纸二函八册本，成交价为3.136万元。

玉海堂影宋本：《五灯会元》

一套“玉海堂影宋丛书”之（宋）释普济《五灯会元》，五十七卷，二十册，清光绪三十二年（1906）据宋宝祐本影刻，贵池刘世珩刊于长沙，叶德辉光绪三十四年作序。此书白纸精印，陶子麟镌刻，始于光绪二十八年，至光绪三十二年方竣，历4年之久。有扉画5张。全书有大量似赵朴初体的批注。批者提到“前两年给田永庆说法时”，不知田永庆是何许人士。

《五灯会元》是中国佛教禅宗史书。“灯”为《禅宗灯录》，“会元”即合为一书。“五灯”系指五部禅宗灯录：北宋法眼宗道原的《景德传灯录》、北宋临济宗李遵勖的《天圣广灯录》、北宋云门宗惟白的《建中靖国续灯录》、南宋临济宗悟明的《联灯会要》、南宋云门宗正受的《嘉泰普灯录》。

《五灯会元》合“五灯”为一书，叙录简要，遂除叠合之弊。“五灯”虽以记叙禅宗世系源流为宗旨，但单篇的诸方广语、拈古、颂古、赞颂偈诗、铭记箴歌和其他杂著辑录甚多。《五灯会元》括摘枢要，芟夷枝蔓，使“灯录”更符合禅宗史书的性质。在体例上，“五灯”各部除《普灯录》有“叙佛祖”作为引子，从菩提达摩叙起以外，其余或从七佛或从释迦牟尼叙起，次及西天宗师、东土宗师，再次是惠能以下南岳怀让和青原行思两大系；或集一系中的不同宗派于一卷，或将两大系合于一卷。《五灯会元》则按禅宗五家七宗的派别分卷叙述，七宗源流本末，指掌了然。

《五灯会元》与“五灯”相比，篇幅减少一半以上，虽无拈古、颂古等内容，但对宋末之前著名的禅师“机缘”语录，均加综缀，删削不多。禅家之瞬目扬眉，擎拳举指；或行棒行喝，竖拂拈槌；或持叉张弓，辊球舞笏；或拽石搬土，打鼓吹毛；以及一问一答，一唱一提，一默一言，一吁一笑等等机用，莫不备载。所以元明以来，好禅士流多藏其书，“五灯”单部遂少流通。

有人说，仅看了《五灯会元》的开头和结尾，就觉着有一根拄杖子直戳心窝，太可怕了，他们早就看透了我的心，不敢再看了。其实，这部书不仅直指人的心灵，而且由于禅宗对中国社会的巨大影响，《五灯会元》一书对我国的语言词汇产生了相当深刻的影响。在与佛教有关的成语中，出自《五灯会元》的竟占

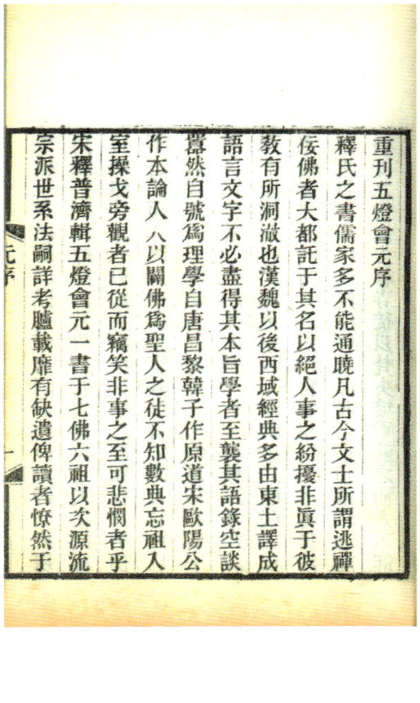
重刊五燈會元序
釋氏之書儒家多不能通曉凡古今文士所謂逃禪佞佛者大都託于其名以絕人事之紛擾非眞于彼教有所洞澈也漢魏以後西域經典多由東土譯成語言文字不必盡得其本旨學者至襲其語錄空談囂然自號爲理學自唐昌黎韓子作原道宋歐陽公作本論人人以闢佛爲聖人之徒不知數典忘祖入室操戈旁觀者已從而竊笑非事之至可悲憫者乎宋釋普濟輯五燈會元一書于七佛六祖以次源流宗派世系法嗣詳考臚載靡有缺遺俾讀者憭然于

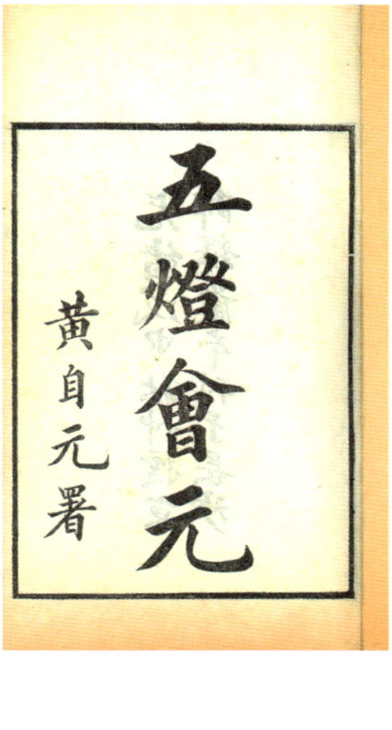

三分之一还多，几乎有近百条。

此书光绪二十八年刘氏玉海堂仿宋本12册，中安太平2007年秋拍估价4.5～6.5万元，以4.95万元成交。

附录：与《五灯会元》有关的成语

敲骨吸髓；叶落归根；冷暖自知；磨砖成镜；逢场作戏；六耳不同谋；君子一言，快马一鞭；雪上加霜；泥牛入海；一口吸尽西江水；安身立命；万古千秋；沉默寡言；摇头摆尾；家破人亡；门外汉；抛砖引玉；引玉之砖；龟毛兔角；电光石火；自由自在；弓折刀尽；七颠八倒；鉴貌辨色；瑚狲入布袋；杀人不眨眼；单刀直入；龙蛇混杂；好事不出门，恶事行千里；千差万别；张三李四；无风起浪；上天无路，入地无门；臭肉来蝇；女大十八变；拂袖而去；单枪匹马；手忙脚乱；白璧无瑕；因风吹火；自作自受；忍俊不禁；见兔放鹰；挑雪填井；驴前马后；圆孔方木；寻行数墨；上无片瓦，下无插针之地；披毛戴角；半斤八两；游山玩水；家丑不可外扬；做贼心虚；拖泥带水；火烧眉毛；看风使舵；随波逐流；将错就错；水泄不通；冤有头，债有主；不可言宣；只重衣衫不重人；依草附木；口碑载道；有口皆碑；千了百当；逍遥自在；人穷志短；七手八脚；韩卢逐块；水涨船高；泥多佛大；好肉剜疮；指东话西；叶落知秋；呵佛骂祖；等等。

浙江临安《崇福寺志》

（清）朱文藻撰《崇福寺志》四卷，章庭棫撰《崇福寺续志》一卷，二册全。牌记题“辛巳（1881）秋日钱唐丁氏竹书堂刊”，光绪初刻本。钤“云林堂印”、“谷氏云林堂藏”、“宋仁良”3枚藏印。卷首为“崇福寺图”两面和朱文藻撰于清嘉庆六年

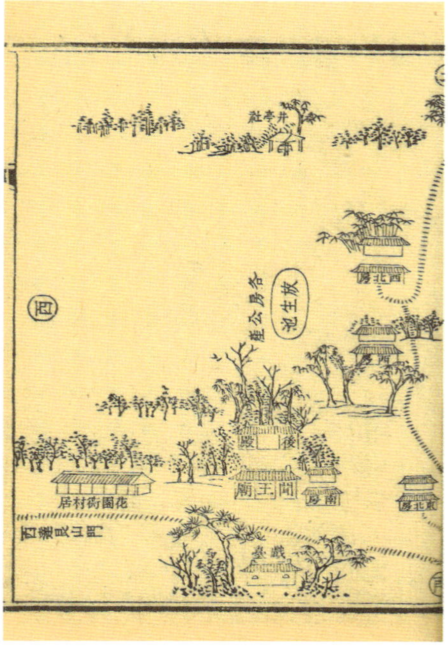

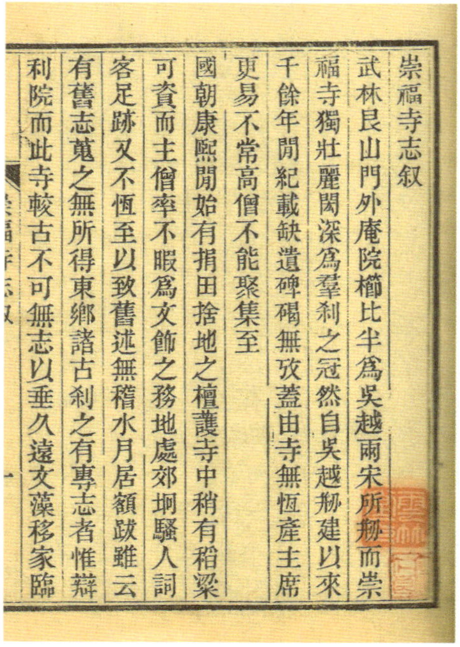

崇福寺志叙

武林艮山門外庵院櫛比半爲吳越兩宋所刱而崇福寺獨壯麗閎深爲羣刹之冠然自吳越刱建以來千餘年間紀載缺遺碑碣無攷蓋由寺無恒產主席更易不常高僧不能聚集至

國朝康熙間始有捐田捨地之檀護寺中稍有稻粱可資而主僧率不暇爲文飾之務地處郊坰騷人詞客足跡又不恆至以致舊迹無稽水月居額跋雖云有舊志蒐之無所得東鄉諸古刹之有專志者惟辯利院而此寺較古不可無志以垂久遠文藻移家臨

（1801）九月的“崇福寺志叙”。

国内有崇福寺多处：陕西长安、山西朔县、江西上高、浙江临安、福建福州、黑龙江绥远等。日本福冈和长崎还有两处。

此《崇福寺志》所述为浙江临安崇福寺。此寺乃五代后晋开运三年（946），明义智厚禅师于浙江临安开山，原称宝寿院。宋祥符元年（1008）改称“崇福禅寺”，大观年间毁，绍兴年间重建，元末再毁。明洪武十六年（1383）复建，洪武二十四年立为丛林。清雍正十二年（1734）整修，颇具规模，为禅宗济祖庭之一。

嘉庆六年，朱文藻与释真源创寺志，分沿革、寺宇、住持等三门。清光绪七年（1881），钱塘丁丙重刻，后附“重建崇福寺碑记”。后收入丁丙光绪九年丁氏嘉惠堂编《武林掌故丛编》。

主张“无为而治”的《淮南子》

（汉）刘安撰、高诱注《淮南子》二十一卷，牌记题“仿武进庄氏本，光绪二十三年新化三味书局校刊，西畲山馆珍藏”。卷首有高诱的叙目、目录和庄逵吉识语。全书通篇有徐仁甫朱、墨、蓝三色批校。

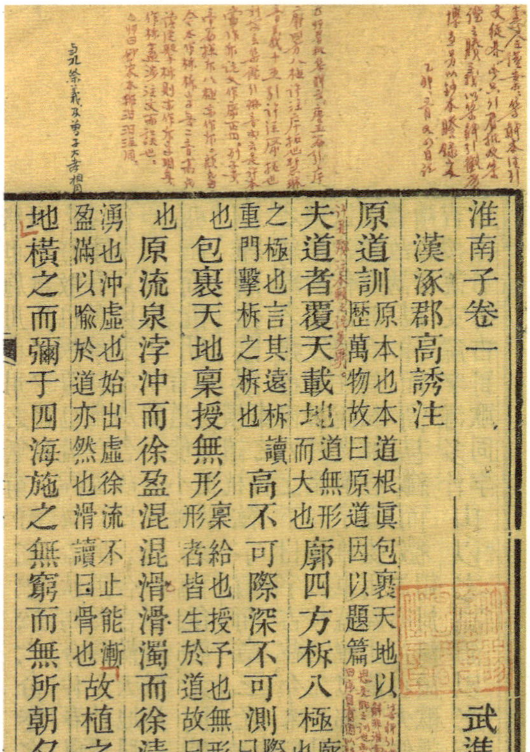

淮南子卷一　武進莊氏校本

漢涿郡高誘注

原道訓 原本也本道根眞包裹天地以歷萬物故曰原道因以題篇

夫道者覆天載地 道無形而大也 廓四方柝八極 廓張也柝開也八極八方之極也言其遠柝讀重門擊柝之柝也 高不可際深不可測 際至也度深曰測一日盡

包裹天地稟授無形 稟給也授予也無形萬物之末形者皆生於道故曰稟授無形也

原流泉浡沖而徐盈混混滑滑濁而徐清 原泉之所自出也浡湧也沖虛也始出虛徐流不止能漸盈滿以喻於道亦然也滑讀曰骨也

故植之而塞于天地橫之而彌于四海施之無窮而無所朝夕 植立也塞滿也彌猶

《淮南子》本名《鸿烈》，《隋书·经籍志》始称《淮南子》。此书通行本较多，以清代乾隆五十三年（1788）庄逵吉刊于其在陕西咸宁县令任上的校本最称精善。《淮南子》是西汉宗室淮南王刘安召集其门客李尚、苏飞、伍被等，仿秦吕不韦著《吕氏春秋》，于西汉初年集体撰写的一部著作。据《汉书·艺文志》记载：“淮南内二十一篇，外三十三篇。”颜师古注曰：“内篇论道，外篇杂说。”留传下来的只有《内书》21篇，也就是现在我们看到的《淮南子》。该书最后一篇名“要略”，是全书的序言。从“要略”看，全书写作有统一的计划和安排，但从内容看，并未完全统一。

据书中高诱的叙目，“鸿”是广大的意思，“烈”是光明的意思。作者认为此书包括了广大而光明的通理。全书内容庞杂，它将道、阴阳、墨、法和一部分儒家思想糅合起来，但主要的宗旨接近于道家。主张道家的

“无为自然”说，同时夹杂着先秦各家的学说，概略解说天文、地理等自然现象，以及政治、军事等人世间的各种事物。故《汉书·艺文志》将此书列为杂家类。范文澜认为，《淮南子》虽以道为归，但杂采众家，仍表现出一定的融合倾向。

《淮南子》认为，先秦道家的“无为而治”，不是无所作为，而是因势利导的主动行为。在“修务训”中曾对“消极无为”论进行批评：“无为者，寂然无声，漠然不动，引之不来，推之不往。”同时举出大量实例来证明历史上公认的“先圣”都是积极有为的，如神农氏教民“播种五谷”，发明医药；尧积极从事政治管理与社会教化；舜“辟地树谷，南征三苗，道死苍梧”；禹沐风栉雨，“决江疏河，凿龙门，辟伊阙”；汤夙兴夜寐，勤于政务。由此说明，老子的“无为”决不是无所作为，而是因势利导：“夫地势，水东流，人必事焉，然后水潦得谷行；禾稼春生，人必加工焉，故五谷得遂长。”

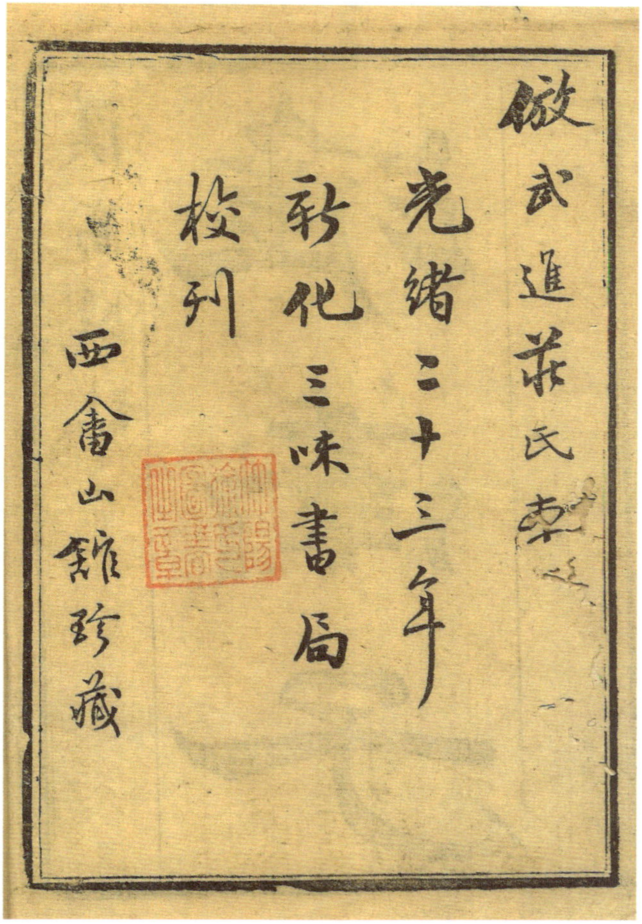

胡适认为“道家集古代思想的大成，而淮南书又集道家的大成”（胡适：《淮南王书》，上海新月书店1931年版）。1932年2月28日，胡适曾将一部《淮南子》送给蒋介石，也许是看中了此书宣扬的“无为”主旨。

《淮南子》所收各篇文章，内容富于变化，读来饶有趣味，在阐明哲理时，还旁涉奇物异类、鬼神灵怪，引用了许多传说、神话、寓言及机智幽默的民间言谈。像“女娲补天”、“后羿射日”、“共工怒触不周山”等古代神话，主要是靠本书记载才得以流传。因此，《淮南子》又是一部研究古代神话的宝典。

淮南王刘安是汉高祖刘邦的孙子，其父刘长因谋叛文帝（刘长之兄），事发被捕，流放四川，于途中绝食而死。刘安怀恨在心，企图谋叛，但是在武帝时，阴谋外泄，刘安遂在被捕之前自杀身亡。刘安是当时皇室贵族中学术修养较为深厚的人，他是汉武帝刘彻的叔父。当时的朝廷，逐渐有以儒学来统一天下思想的倾向，而刘安的僚属中以道学派居多。刘安得到这些学者的帮助，将诸家的学说统一，想借此掌握住自然秩序和人事百态的一贯原则，在这样一个动机下，《淮南子》编纂而成。从一定意义上说，该书也反映了汉代中央与地方政治的对立，亦即儒家与道家思想上的冲突。但这本书的思想价值并不被学术界看重，受到后人重视的是书中涉及的大量神话传说。

新化三味书局始创于陈玉成、陈石擎两位。“三味”出自陈氏家训“立身行己要有诗书味，和睦宗族要有家常味，处世接物要有人情味”。陈氏为新化世族，于清光绪年间自出私财，选用名工雕刻善本，敦请名宿负责校对，曾雇工200余人，其中刻工100余人，前后刻书数十种，均校勘精善，内容严谨，版刻精良。陈氏藏书处为“西畬书馆”，其刻书又有称“三味书室”、“西畬山馆”等。

2009年12月，在中国嘉德四季第15期及第16期拍卖会上，此书清嘉庆九年（1804）刊白纸本一函五册，估价1万～1.2万元，未成交。

“身可弃，地可崩，此书不可不读也”：《止园唯白论》

2008年1月，成都市档案局举行了四川辛亥革命元老尹昌衡著作捐赠仪式，尹昌衡长孙尹俊龙捐出了《止园丛书》和《止园唯白论》，共二部二十三册。看到这则报道，想起在海淀旧书店的医部书籍架上，翕居曾觅得一部《止园唯白论》，六卷六册，民国20年成都止园刻本，有插图多幅，书前有序言及其弟子萧绍鄘的“勾弦略评”各一篇。为日新斋藏书，有署名曜光的圈点、批校和题跋。

序言为尹昌衡弟子德阳彭筠、萧绍鄘和其侄尹全芝所作：“是书包罗五教，近证万物，尽收科学，偏释群经。纠世界古今哲学之谬，考宇宙天人性命之真，儒文佛理，皇道民彝，四海所未有，六合所新见，无大不举，无微不入。读遍四库不能知者，见此而明如观火，参尽万圣不能穷者，披此而晰如陈筹。从此鬼神如见，幽冥若彰，成佛如视掌，太平如转丸，圣贤满地，英雄如林。传万册西蜀宁，传十万册中国治，传百万五洲泰，传千万千秋康。万国五洲，必来取法，功高神禹，妙契牟尼。人手一册，胜得帝位，如不觐此，枉生人间。不忍私秘，用介一言，如或不信，试详阅之。必憬然曰：身可弃，地可崩，此书不可不读也。”

如果说这篇序言说的让你“不可不读”，那么萧绍鄘的23条“勾弦略评”则有点神乎其神了：此书纯以眼前现见之物，证出灵魂变化，故俗人一见即了；此书纯根据佛儒两教之真理，兼收道、回、耶三教之全，故立意至高无上；此书改注古文甚多，然非好奇者可比，详参其旨，确是古人之误；凡佛、儒、道、回、耶深密之经，不能解者，读过此书无不恍然大悟；此书纯据仓颉古文、周易阴符、道德南华及佛教上乘经典数十部，回教苛兰经天方性理，耶教新旧约，参以太西今古哲学，而解以科学。故观此书时，妙理无不通彻；此书尽纠西哲之谬，故于欧西各国尤为渡人之舟；此书论理，如几何代数之严，立规矩，不能改易一字；此书以唯物显唯心，尤为奇妙；读此书，则世界诸宗教哲学之书，过目即了；此书切劝近世伟人，使不迷于眼前之功利，自沉苦海，而民困因以大纾。

不管这种介绍如何，尹昌衡著作的价值

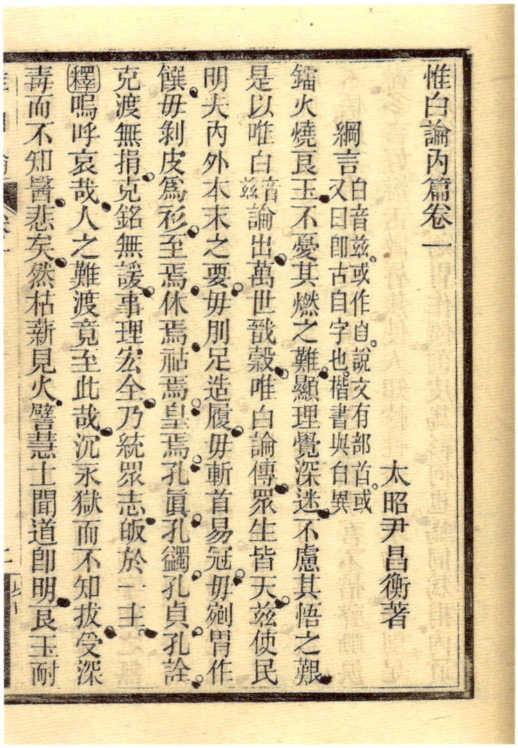

惟白論內篇卷一

太昭尹昌衡著

綱言（白音茲。或作自。說文有部首。或又曰即古自字也。楷書與白異）

鎔火燒良玉。不憂其燃之難。顯理覺深迷。不慮其悟之艱。是以唯白（音茲）論出。萬世戳鷇。唯白論傳。眾生皆天。茲使民明夫內外本末之要。毋刖足造履。毋斬首易冠。毋剜胃作餜。毋剝皮爲衫。至焉休焉。祜焉皇焉。孔眞孔鐲孔貞孔詮。克渡無捐。克銘無譲。事理宏全。乃統眾志。皈於一主。

〔釋〕嗚呼哀哉。人之難渡。竟至此哉。沉永獄而不知拔。受深毒而不知醫。悲矣。然枯薪見火。譬慧士聞道。即明。良玉耐

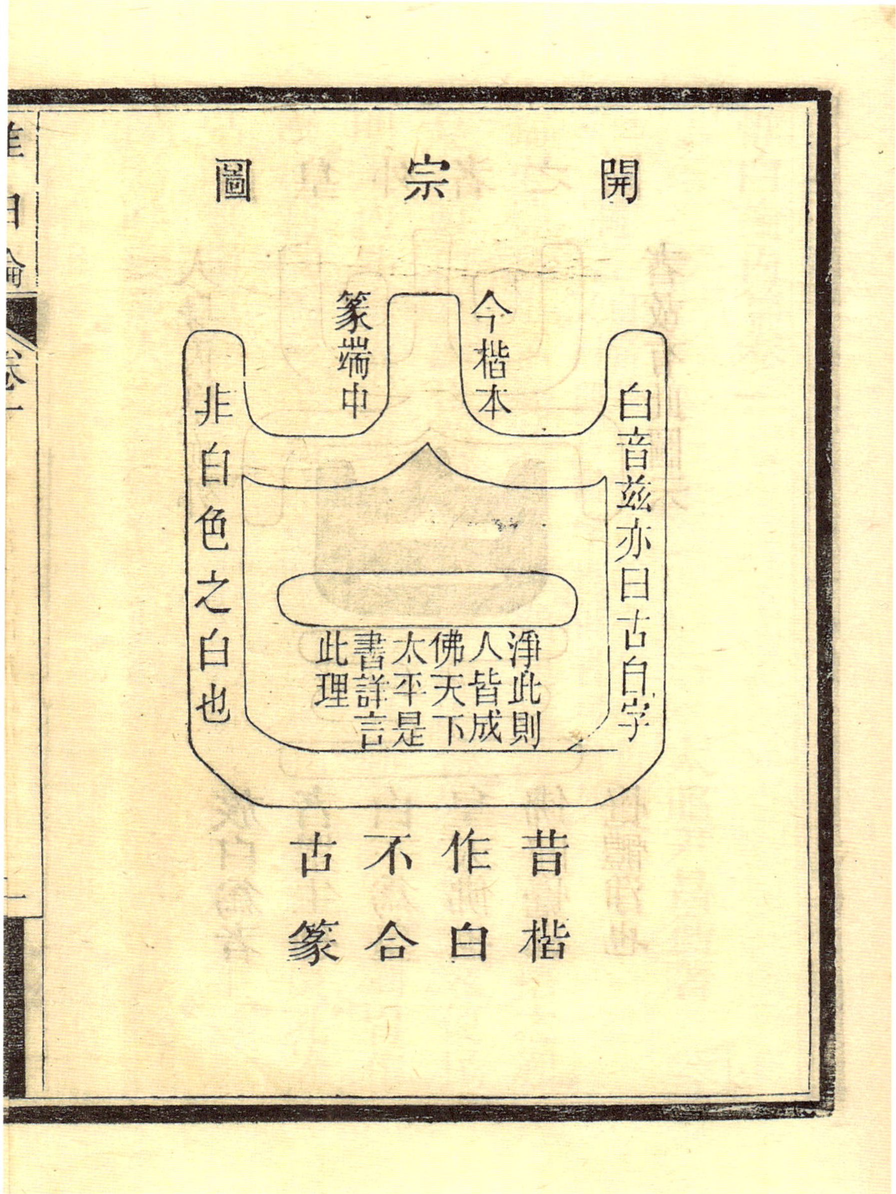
開宗圖

白音茲亦曰古白字

今楷本

篆端中

非白色之白也

淨此則人皆成佛天下太平書詳是此理言

昔楷作白不合古篆

是不言而喻的。尹昌衡（1884—1953），原名昌仪，字硕权，号太昭，别号止园，四川彭县（今彭州市）人。1902年入四川武备学堂，毕业后保送赴日本陆军士官学校留学，1909年学成回国。1911年12月平定成都兵变，被军政各界推为大汉四川军政府都督，并铲除原清朝川督赵尔丰，有力支持了辛亥革命。1912年成都、重庆两地军政府合并，成立四川都督府，尹昌衡任都督，有“传奇都督”之称。同年7月，领兵西征，3个月平定康藏叛乱，维护了祖国统一，并改任川边经略使。后被袁世凯骗至北京，以“亏空公款”罪处以9年徒刑，1916年袁世凯死后尹昌衡出狱。1920年，赴上海会见孙中山，受托赴重庆，筹备国会。1922年，孙中山召尹再次赴上海，共商筹组军校大计。次年，奉孙中山之命，回川发动北伐。当时，军阀醉心于内战，北伐之师难集。1924年，孙中山密召尹昌衡赴粤主持军校。行至重庆，遭军阀投毒，身体毁败，南下未成。1925年，孙中山病逝。尹昌衡自誓永不出山，参禅自遣。“行则霖雨济苍生，藏则著书教万世”，闭门著述，有《止园丛书》、《止园通书》、《止园文集》、《止园诗抄》、《止园寓言》、《止园唯白论》、《西征纪略》等著作传世。1953年，尹昌衡病故于重庆。

接引后辈免堕邪途的《悟性穷原》

（清）涵谷子撰《悟性穷原》一册，津门萧振三光绪二十一年（1895）刻本，板存北京琉璃厂龙云斋。另有《悟性穷原》旧抄本一册，方册。

在西晋时代，出现了两个道教杰出人物，一名希真子，一号涵谷子。涵谷子的代表作是《悟性穷原》，这部经典总结了前人的道教理论，统一了儒、释、道三教思想文化，确定了修炼标准、方法，提出了性命双修的原则，可谓指点红尘迷津的一代杰作。

涵谷子在书中说，我十七岁就已看透了红尘世事，名利只是虚浮之物，行善积德，才可以感动天地鬼神。世间的愚迷贪痴之人，不明白真性道理，却说做仙佛的缘分有定，不是凡人做得到的。正所谓道不远人，人自远道，自暴自弃，自甘堕落于苦海。也不想想人是秉阴阳五行而生的，是万物之首，可以行天地之全功，可以载天地之大道。人人可以是圣贤，人人可以成仙佛，只不过看你有无志气罢了。

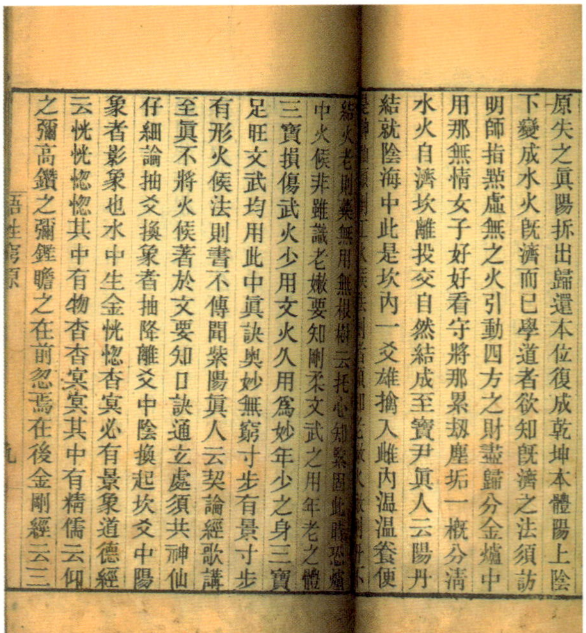
原失之眞陽拆出歸還本位復成乾坤本體陽上陰
下變成水火旣濟而已學道者欲知旣濟之法須訪
明師指點虛無之火引動四方之財盡歸分金爐中
用那無情女子好好看守將那累刼塵垢一概分淸
水火自濟坎離投交自然結成至寶尹眞人云陽丹
結就陰海中此是坎內一爻雄擒入雌內溫溫養便
[illegible]
[illegible]火老則藥無用無根樹云托心知緊固此時恐爐
中火候非雖識老嫩要知剛柔文武之用年老之體
三寶損傷武火少用文火久用爲妙年少之身三寶
足旺文武均用此中眞訣奧妙無窮寸步有景寸步
有形火候法則書不傳聞紫陽眞人云契論經歌講
至眞不將火候著於文要知口訣通玄處須共神仙
仔細論抽爻換象者抽降離爻中陰換起坎爻中陽
象者影象也水中生金恍惚杳冥必有景象道德經
云恍恍惚惚其中有物杳杳冥冥其中有精儒云仰
之彌高鑽之彌堅瞻之在前忽焉在後金剛經云三
悟性窮原　九

木刻本《悟性穷原》

有大志的人，不管是在家还是出家，都能修身。在家修行，妻为朋，子为伴，世事不能染，恩爱不动心，以性命为重，借住世的法门，修出世的大道。

自古至今，成道的人数万，拔宅飞升的有数百家，都是因为立下勇猛的志气，凭着坚持不懈的毅力与信心。学道而修道，历尽艰苦而成功，都是凡夫所做到的。如果不信，看一下历代道书经典，可资考证。

历代真人圣贤都有著书传世度人，篇篇藏道，字字隐义，道义传世，教人参悟，洗心涤虑，改恶从善，广积阴功，时时刻刻自我省察，忏悔过恶，往昔恶业自然冰消。观音大士云：苦海无边，回头是岸。孟子说：世间虽然有恶人，但只要斋戒沐浴，洁净身心，也可以祀奉上天。

涵谷子曾多次阅读《悟真篇》，见其说的都是火候，心想要穷原返本，一定有密功口诀。于是访求名师，来到湖北，遇到炳南道人，炳南道人向他讲述真性道理，果然有个中奥妙。于是涵谷子进前向其叩问人之生死和来去本源，以试探其虚实。得到的答复是：若问生来死去乡，阴阳相隔中间长。日月会合皈本位，吹起无孔唱洞章。

几个月后，涵谷子又遇到了普定老人，正式拜师立誓，接受三皈五戒，得到其教授指点玄关奥秘，并得采炼的口诀法则。

涵谷子得诀后叩谢师恩，归隐深山足足参悟了三年。因而看到各种道经丹书，篇篇说的都是有功德方能成正果的道理。

涵谷子在《太上感应篇图说》中看到，“想要求得天仙的人，应该做成一千三百之数的善行；想要求得地仙的人，应该做成三百之数的善行”。他看的《悟真篇》中说：“黄芽白雪的境界不难寻得，要达至这种境界全凭德行积累的高深。自古至今，能成大事的人，都有自修之德，能够克己从仁。从一开始就积功累行，成就无量功德。”

当参透了这些道理，涵谷子就立下普度众生的宏愿，辞别了恩师，云游四方，广结善缘，时刻常存度人成佛之心，但愿世间人人忠孝节义，能报答天地君亲，能修德固守本来的人身面目，不至于堕入异类的畜生道而沉沦。无奈世人都被名利酒色财气所迷惑得很深，至死不愿回心回头，圣人的好言好语经典也全不看、不思、不想、不悟，好意劝他，反遭讥讽，他自己不修，还要影响别人，说什么只见活人受罪，哪里看见死鬼戴枷。这样的人，都是善门已经封闭，天堂之路已绝，死后都要堕入拔舌地狱，接受无边的罪苦。所以吕祖叹息说：“苦劝人修不肯修，却将恩德反为仇。如今回首朝天去，不管人间得自由。”庄子说：“畜生好度人难度，愿度畜生不度人。”可见众生心性迷失之深厚，实在是可悲可叹。

涵谷子无可奈何，只得写下这《悟性穷原》一书，以接引后辈避免堕入邪途，明白觉悟玄关，脱离苦海。借此积点功德，也就不枉投生东林这一转了。

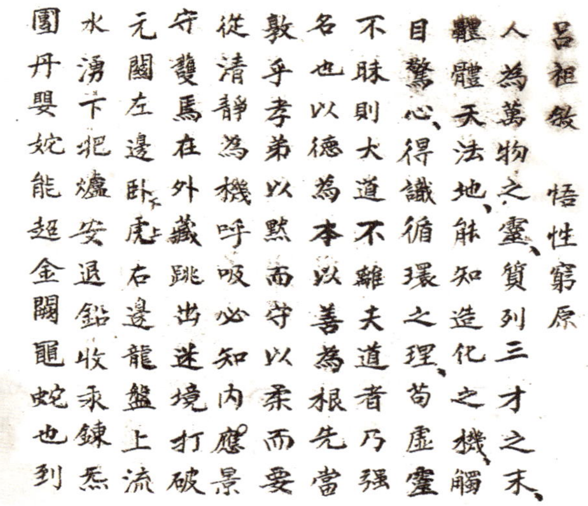
呂祖敘　悟性窮原
人為萬物之靈、質列三才之末、軆體天法地、能知造化之機、觸目驚心、得識循環之理、苟虛靈不昧則大道不離、夫道者乃強名也以德為本以善為根先當敦乎孝弟以默而守以柔而要從清靜為機呼吸必知內應景守護馬在外藏跳出迷境打破元關左邊卧虎右邊龍盤上流水湧下爬爐安退鉛收汞鍊烝圜丹嬰姹能超金闕鼉蛇也到

旧抄本《悟性穷原》

清苑郭立志作《循环图卷》

郭立志作、徐燕荪绘《循环图卷》一册，清苑郭立志民国27年影印本。书末附印诸家题识。

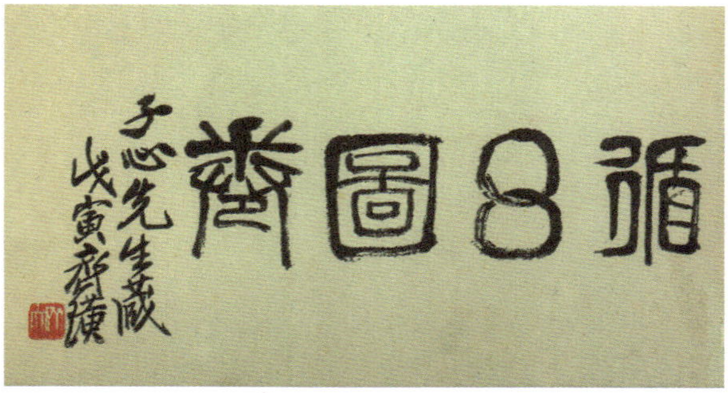

徐燕荪（1898—1961），又名徐操，原名存昭，号霜红楼主，生于北京，祖籍河北深县徐家湾。自其曾祖来京经营供御绸缎已历四世。徐燕荪两岁丧母，由祖母庆氏（满族）抚养，7岁至15岁在家馆中先后从3位塾

师读书，打下了深厚的旧学根底。15岁时，徐燕荪考入了北平求实中学，早年参加中国画学研究会学画。曾在北平京华美术学院任教，并在个人画室教授学生。1924年，徐燕荪画艺日进，已有作品参加两届“中日绘画联展”，成了中国画学研究会的评议，并开始鬻画。历任人民美术出版社创作员、中国美术家协会创作组中国画组长、北京中国画院副院长。著有《人物画范》等。

《循环图卷》提倡因果报应，劝人勤勉为善，善恶可往复，贫富可循环。当时的政要、名宿六七十人为之题词。主要有齐白石（题签又题跋）、张海若（题签又题跋）、徐操（插图多幅又题跋）、吴佩孚、苏体仁、祝书元、陈福荣、俞寿沧、吴承缇、郭家声、张允中、江绍杰、丛楼助、王绎和、孙松龄、邵章、张伯英、余晋龢、邓祖禹、盛幼盦、江亢虎、王揖唐、汪时璟、汤尔和、胡佩衡、陈云诰、樊荫荪、朱深、徐宗浩、罗复堪、王郁发、潘龄皋、孟锡祖、陈云诰、王渡公、齐燮元、樊光贤、杨昭儁、高凌蔚、濮良、张朝墉、董康、瞿宣颖、寿石工等人，还有一些未署名者。

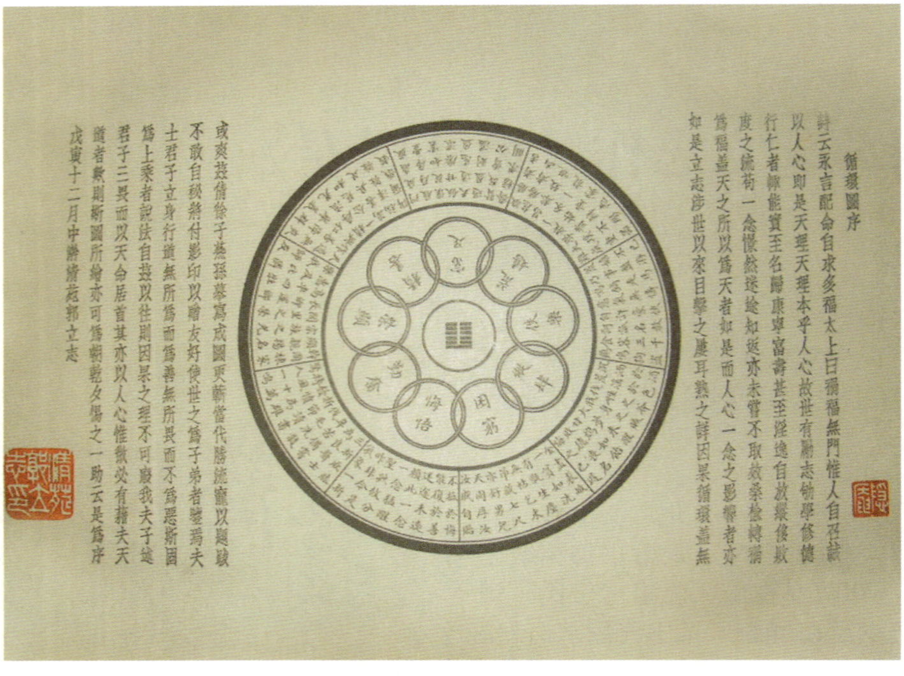

名家旧藏的清代罗汉册页

翕居藏有罗汉册页1付，采用中国传统人物画技法勾线填色，人物神态平和，典雅凝重，各不相同，各尽其妙。衣纹流畅，背景简率，树石随意勾染而含墨韵，大有脱俗之感。对于罗汉安忍不动、沉稳孤寂的神情刻画十分精妙，将出世的超脱与入世的悲悯有机地融合在一起，恰如其分地表现出罗汉处于佛陀与凡人之间的地位，处处体现于细微处见精神的神来之笔。

该册页无款，但钤有“培之清赏”、“秀水沈卫鉴藏金石书画印”、“屺怀藏

画”、“宝椿堂”等多枚藏印。可见，这件工细的人物册页，是名家旧藏之品。

“培之清赏”为清道光年间著名收藏家戴植的藏印。戴植，字培芝，一字芝农，号芝道人、听鹂馆主人、翰墨轩主人、倍万楼主人，江苏丹徒人。戴植书画收藏甚富，家藏文征明的《石湖清胜图卷》、汪士慎的《梅竹园册》、金农的《杂书册》等名家作品，现由上海博物馆收藏。

“秀水沈卫鉴藏金石书画印”为清代书法家沈卫藏印。沈卫（1862—1945），字友霍，号淇泉，晚号兼巢老人，浙江嘉兴人。光绪时进士，官翰林编修，善诗文、书法。

“屺怀藏画”为清代书画家费念慈藏印。费念慈（1855—1905），字屺怀，号西蠡，江苏武进人，光绪十五年（1889）进士，官编修。与文廷式、江标齐名。后因事被弹劾去官，寄居苏州。工书，精鉴赏，兼长山水画。

罗汉作为面目各异的群像，是历代画家最乐于表现的佛教形象之一，其中最著名的是五代贯休所绘《十六罗汉图》。从流传到日本的宋摹本来看，其笔下罗汉造型古怪夸张，富于幻想色彩。后世的罗汉画，大都沿袭此种风格，采用变形和大写意的手法。而汤禄名的《十六罗汉图》，则精摹细绘，设色富丽而凝重；人物神态个个不同，却不像贯

休所绘近乎鬼神，而是给人以庄严而亲切的感觉。

“罗汉”是“阿罗汉”的略称，“罗汉”是音译，“应真”是意译，“尊者”是尊称。（梁）萧统的《文选》中有“应真飞锡以蹑虚”之句，“尊者”在《无量寿经》、《行事钞》中都出现过。

现今人们都说“十八罗汉”，其实确切地说应该是“十六罗汉”。十六罗汉的名字见于玄奘翻译的《法住记》，后来有人把《法住记》的原作者也当成罗汉，又把第一个罗汉的另一种译名当成另外一个罗汉，这样就成了十八罗汉。尽管十八罗汉的提法更为大家熟悉，其实是错误的。

最早应用文化人类学田野调查的《现在华北秘密宗教》

20世纪40年代，中国民间宗教研究的开创者之一李世瑜在北京辅仁大学读硕士，师从世界著名方言学专家、比利时人贺登崧（Grootaers），以田野工作法考察研究中国的民间秘密宗教及结社。1947年，在贺登崧指导下，李世瑜撰写了40万字的硕士学位论文。此论文经删节后，编为《现在华北秘密宗教》一书。此书是我国学者最早应用文化人类学田野调查方法研究民间教门的一部开拓之作，至今仍是这一领域的权威性著作。日本在20世纪70年代初将其翻印，80年代台湾古亭书屋有再版。上海文艺出版社1990年7月影印再版，改名为《现代华北秘密宗教》。

这部书的出版还经历了一段传奇。李世瑜在辅仁大学宿舍门前有一位工友姓贾，以卖炸鸡蛋糊口，家里穷得一家人盖一床被子，学生们送他外号叫“穷贾”。穷贾是个好人，同时他是一贯道的一个普通信徒。李世瑜时常周济穷贾，而穷贾则向李世瑜介绍了很多一贯道的情况，李世瑜对穷贾还是很感谢的。为了周济穷贾的生活，李世瑜给穷贾出了个注意。李世瑜所住的那个宿舍四百多人中大部分是天津人，天津人最爱吃煎饼果子，而当时那里没有煎饼果子。如果在宿舍门口卖煎饼果子，即使每天只有几十个人吃，那也可以比卖炸鸡蛋多挣好多钱了。可是穷贾说，自己没有摊煎饼果子的手艺，也没有摊煎饼果子用的饼铛子呀。李世瑜说，手艺不会没关系，我教你。并且，李世瑜利用放假回天津的机会请人打了一个饼铛子，背回北京，送给穷贾。穷贾干起了摊煎饼的生意，逐渐生活有了起色，对李世瑜感激不尽。

1948年，李世瑜写出了中国民间宗教研究的第一部专著《现在华北秘密宗教》。当时著名学者、北京辅仁大学校长陈垣担心在北京出版此书会受到一贯道等道门的阻挠，于是将书放到成都，由华西协和大学中国文化研究所和国立四川大学史学系联合出版，但是当时成都的印刷水平有限，还得把部分印书任务放在北京。谁知，北京印刷厂的工友中有一贯道信徒。他们发现书稿中揭露了一贯道最秘密的“三宝”，认为此书有问题，便立即汇报到北京的堂口，北京堂口则立即汇报一贯道总佛堂。一贯道总佛堂也认为此事关系其重要秘密，是重大事件，立即下令要惩办李世瑜，而且当时北京市公安局局长就是一贯道信徒。李世瑜的处境非常危险。此时，作为一贯道忠实信徒的穷贾得到了一贯道要处治李世瑜的消息。尽管穷贾是一贯道信徒，但他是个善良的穷苦百姓，而且是个知恩图报的人。他得信后便立即赶赴辅仁大学向李世瑜报信。那时是晚上11点多，辅仁大学的宿舍已经上锁。穷贾让一个绰号叫“胖王”的工友叫起李世瑜，向他报了信。可是，宿舍的门钥匙已经被神甫拿走了，无法打开，李世瑜只好从大门的了望孔里钻出去，急忙从北海过道赶往前门，坐第一班车赶回天津，躲在天津法租界的一个仓库里。在那段时间，李世瑜还可以通过书信向辅仁大学的神甫们打听消息。开始，风声还紧。不久，平津战役打响了，北京、天津围城了。再不久，北京解放，原北京公安局局长也跑了，一贯道的头子们也跑了。李世瑜这才松了一口气。

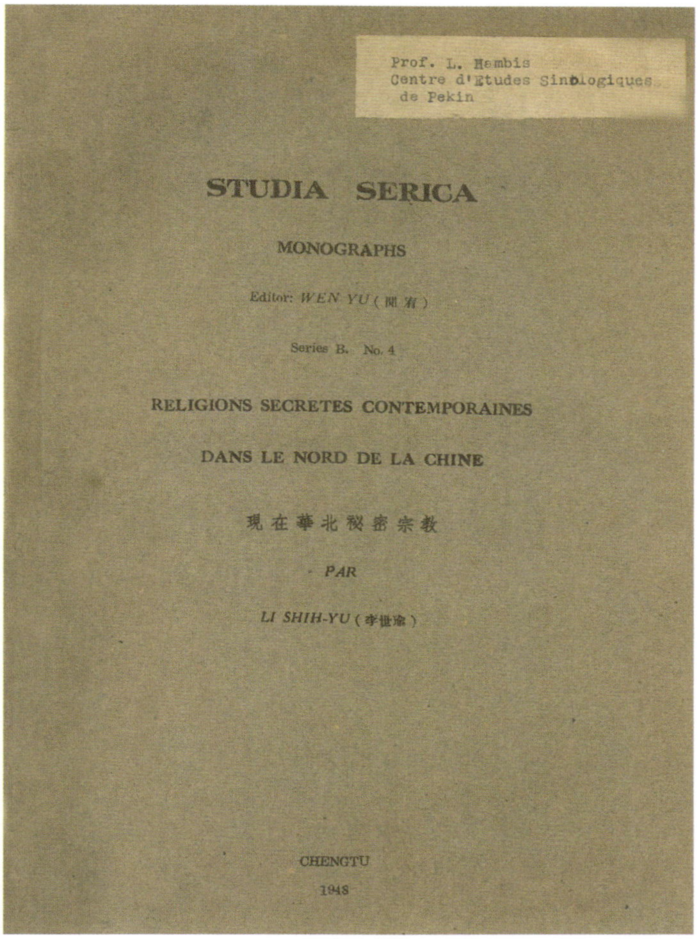

民间秘密宗教是由佛道等正信宗教衍化而来的世俗化新兴教门，杂糅儒释道思想而流布于下层社会，譬如元代的白莲教，清末及民国年间的一贯道等。对于民间宗教，传统的官方或士大夫常称之为“邪教”、“妖教”、“异端教”等。近代学者较常以“秘密宗教”或“民间秘密宗教”称之。民间宗教长期存在于中国社会中，在明、清至民国时期大为兴盛，其宗教势力经常凌驾于佛教、道教之上，对一般平民百姓影响极大。

李世瑜18岁时从汇文中学高中毕业，考入北京辅仁大学，但正赶上天津闹大水，难以赴京。一年后才进入辅仁大学，学习社会学、人类学。在辅仁大学期间，师从裴文中、李景汉、张星烺等著名学者。其中裴文中教授曾因发现北京猿人头盖骨而名震世界。李世瑜跟随裴文中学过两年考古，裴文中曾一再力邀李世瑜跟他专门研究考古。而李世瑜生性活泼好动，不喜欢那种在深山老林里一待几个月的枯燥生活，虽一度跟随裴文中先生，但终未答应他的要求。

1947年，受贺登崧指导，李世瑜在河北省万全县对社会民俗作实地调查，无意间发现了残存民间的秘密宗教“黄天道”。此后他又对其他几个“大盛于沦陷区的秘密宗教”加以考察，写成《现在华北秘密宗教》，对“黄天道”及“一贯道”、“归一道”、“一心天道龙华圣会”四个民间教门作了具有开拓性的研究。书末有云：“我吁请社会科学家们改变以往对秘密宗教的看法，把它当作正式的课题，尽量搜集前人未发的资料，将来我们要作成一部《中国秘密宗教史》!”然而，在中华人民共和国成立前后，由于一贯道等会道门组织积极反共，促使新政权开展了“取缔反动会道门”的政治斗争（1949—1953），以致各种民间反传统宗教组织消灭殆尽。于是民间秘密宗教成为牵涉政治的敏感问题，学者多不愿意涉及。李世瑜本人不甘完全中断这一研究，但也只能尽力作些文献资料收集工作，一度集中研究“宝卷”（明清民间宗教经典的主要形式）。他在1957年发表了论文《宝卷新研》，后来又完成一部工具书《宝卷综录》，由中华书局于1961年出版。

耳提面命受教化：《趋庭隅录》与《师尊特讲》

杨景煃、杨景熥、杨景焴辑《趋庭隅录》，附《杨味云先生创兴棉业记》，民国30年自印铅印本，杨寿枢题书名。此书为江苏无锡名士杨味云（1868—1948）后人所录杨氏生平逸事。1905年底，杨味云以参赞身份随五大臣出洋。次年回国后督率译员译编各国政论专著60余种。许国凤在序言中讲，“哲嗣景煃、景熥、景焴随侍亲闱，耳提面命，本其平日之所闻见者，随笔纂录，得若干条”。并称，杨味云“晚岁耽心文史，寄兴诗歌，与名流相唱酬，团扇屏风，争相传写，所著《云在山房类稿》流播艺林”，“哲嗣景煃、景熥、景焴通籍最高学府，工商法律学有专门，皆守羔羊素丝之风，绝无纤毫时下习气。识者谓得力于趋庭之教为多”。

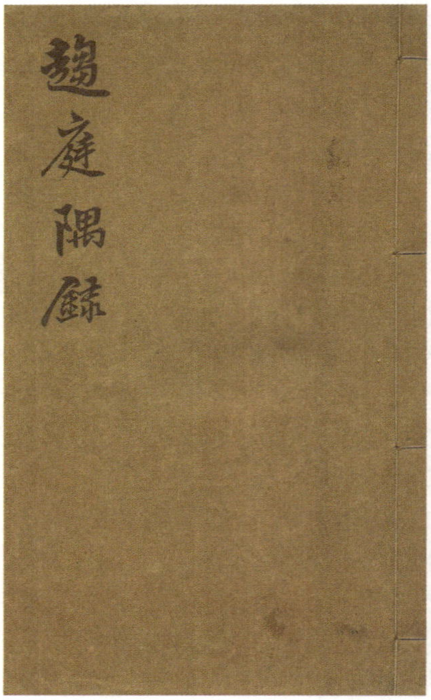

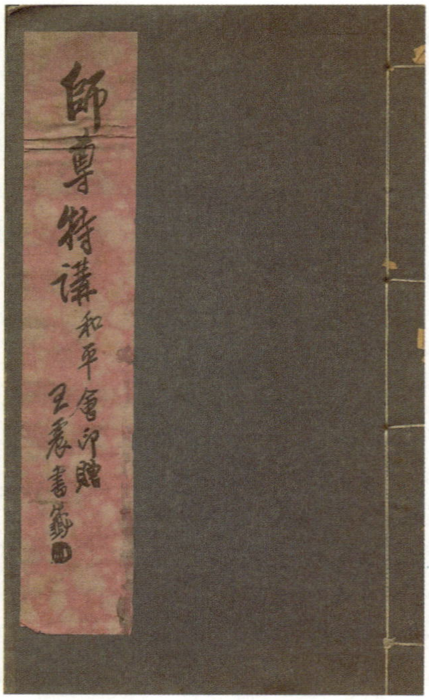

段正元著《师尊特讲》，书名为王震题签，封面印“和平会印赠”。“阐扬孔子大同真义祈祷世界和平大会”民国25年上海印行，铅印本。收入段正元五次演讲的讲稿。段正元（1864—1940），俗名德新，道号正元，取天元正午，道集大成之意。四川威远县人。十五岁入峨眉、青城闭门修道，得师“先天后天、内圣外王、修齐治平、体用合一”真传。1912年，段正元在成都兴办人伦道德研究会，讲《四书》、《五经》，编有《道德发凡》和《外王刍谈录》等。他希望实现“天下为家、各国平等、人人自由的真正世界大同”，受道弟子十七万余人。他的演讲后被各地编印成《道德学志》、《大同元音》、《师尊特讲》和《道德和平》等300余种书刊。段正元逝后，他的弟子们将其遗著汇编成六十册《师德全书》。收入《师尊特讲》的演讲主要有见财不贪、见名不受、见色不迷、修身无嗜好、齐家无劣迹、人格贵重为实际、实行人道主义、提倡师道尊严、端正男女婚姻和大道不外俗情等29篇。

“滇南一大手笔”之《洗心室思道记》

陈荣昌编《心法刍言》一册，同善总社民国年间铅印本，题“洗心室思道记”。

陈荣昌（1860—1935），字筱圃，号虚斋，晚号困叟、明夷子，云南昆明人。清光绪八年（1882）壬午科乡试解元（举人第一名）。翌年赴京参加会试，联捷进士，点翰林，被授予翰林院庶吉士、编修，后又加侍讲衔，曾任武英殿纂修、国史馆协修、贵州学政、贵州和山东提学使、云南学务处总参议、学务公所议长等职，辛亥革命后任云南国学专修馆馆长。

清末民初之际，陈荣昌对昆明教育贡献重大。精于书法，擅长诗文，有“滇南一大手笔”之誉。可惜人无完人，他晚期趋于保守，甘当大清遗民。陈荣昌虽然只精通国学，却深知要国强民富，非掌握现代科技不可。光绪二十八年云南首批派出了留学生赴日学习，正是他几经努力提出议案的产物。光绪三十年，陈荣昌任云南高等学堂总教习兼总参议，被派赴越南参观考察，由于他的敏锐，识破了一个潜在的阴谋。本来提督衙门（陆军部）并非他参观的重点，但是他早就怀疑法国人对云南有野心，所以这位有心人看得很认真。他看到一张描绘十分精致的云南地图，图上的山川、河流、地形、地貌详尽得令他触目惊心，可以说，这一图在手，便畅通云南。他又不动声色地查获了法国人每年练兵费用高达若干万元。自问越南并无战争，这意味着什么？回国后他立即上

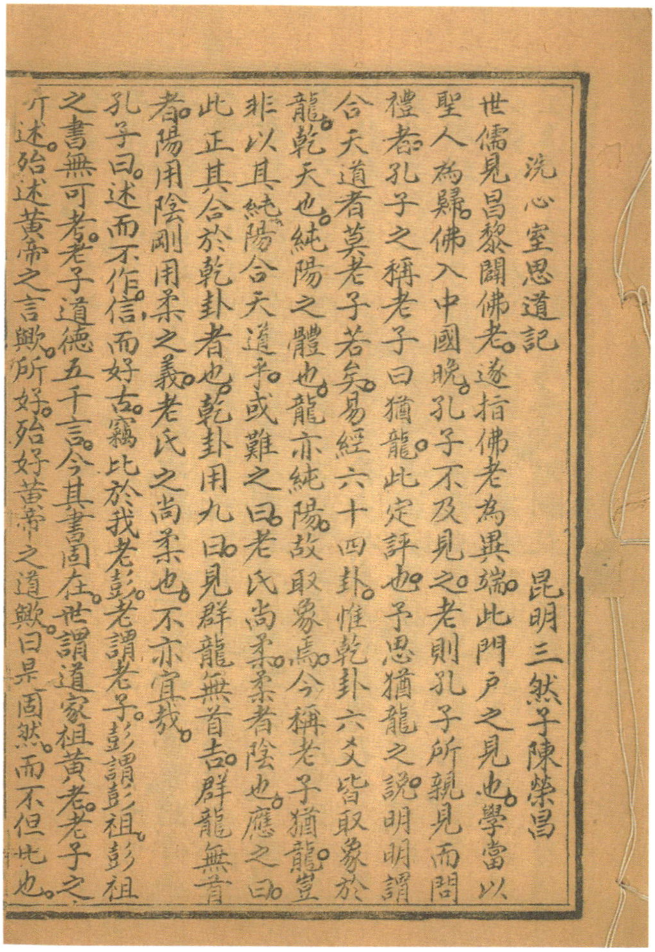
洗心室思道記　昆明三然子陳榮昌

世儒見昌黎闢佛老。遂指佛老為異端。此門戶之見也。學當以聖人為歸。佛入中國晚。孔子不及見之。老則孔子所親見而問禮者。孔子之稱老子曰猶龍。此定評也。予思猶龍之說明明謂合天道者莫老子若矣。易經六十四卦。惟乾卦六爻皆取象於龍。乾天也。純陽之體也。龍亦純陽。故取象焉。今稱老子猶龍。豈非以其純陽合天道乎。或難之曰。老氏尚柔。柔者陰也。應之曰。此正其合於乾卦者也。乾卦用九曰。見群龍無首吉。群龍無首者。陽用陰剛用柔之義。老氏之尚柔也。不亦宜哉。

孔子曰。述而不作。信而好古。竊比於我老彭。老謂老子。彭謂彭祖。彭祖之書無可考。老子道德五千言。今其書固在。世謂道家祖黃老。老子之所述。殆述黃帝之言歟。所好。殆好黃帝之道歟。曰是固然。而不但此也。

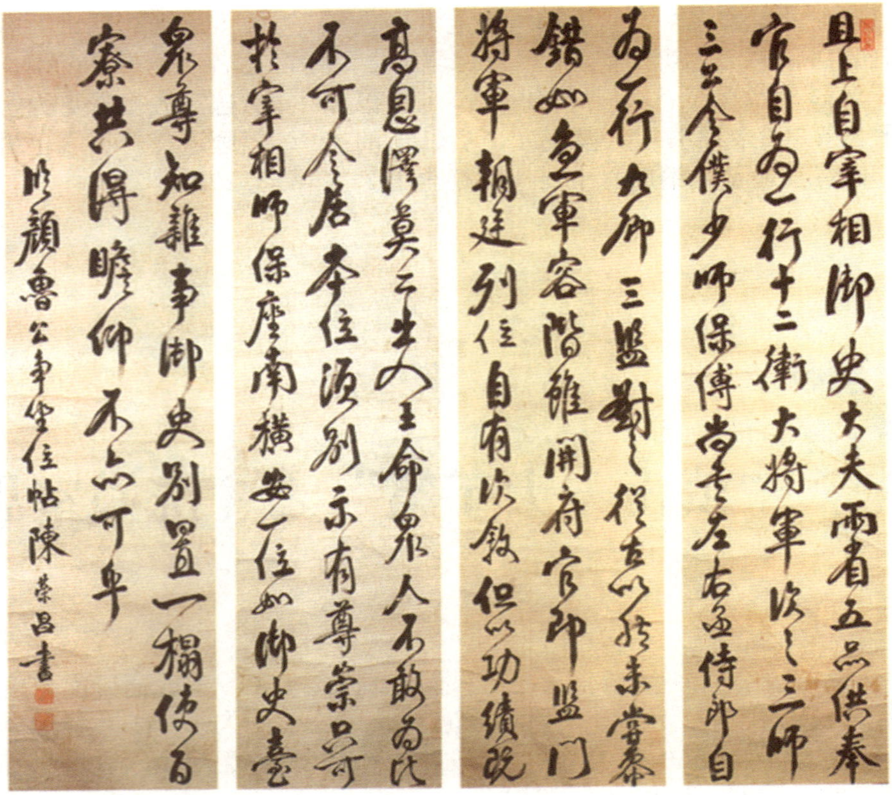

陈荣昌书颜真卿《争坐位贴》

书总督，指出法国人蓄谋入侵云南之心未死（1900年即因法国人私运军火入境酿成教案）。为防患于未然，他建议立即聘日本教习（教师）为云南练兵，同时派陆军学生出国学习军事。被他视作急事的建议却久久不见动静，原来是官员们惧怕聘了日本人会触怒法国人。陈荣昌看清了这些大员们谋私利时胆大包天，关乎国家安危时却畏首畏尾。他只好放弃了请教习的事，提出第一批留学生已出去两年，该派第二批出去了。为遮人耳目，同时还派出部分人习师范、政治等专业。经他提名学军事的顾品珍、唐继尧、谢汝翼、李根源等人后来都成了云南重九起义、护国起义等历史事件中的重要角色。

陈荣昌不仅具有伯乐的慧眼，而且举才荐贤无私无畏。梁启超和云南第一位也是最后一名状元袁嘉谷都受到过他的推荐，只是过去常把这两笔账记到了他人头上。光绪二十一年，梁启超参加乙未科会试，曾被认为是由考官李文田首先推荐的，其实是由当时任翰林院编修的陈荣昌首荐，他是分阅十八房考生的房官。陈荣昌首阅了梁启超的试卷后，即提笔向李文田建议录取该生。李文田看后也大加赞赏批道：“海内之通才也!”可惜主考官徐桐思想陈腐，认为该生离经叛道，反以“祖庇同乡”的罪名压制李文田。李文田无奈又把试卷批还给陈荣昌，上面写道：“还君明珠双泪垂。”如此矛盾的批语，令陈荣昌大惑不解，于是写信问道：“贵考官果爱才若命耶，不宜得明珠而抛还也；果弃才如遗耶，不宜为之垂泪也!”他又把梁启超的试卷呈报给李，只可惜徐主考没有同意，致使梁启超名落孙山。

陈荣昌擅长书法，昆明当年的护国门等匾额皆出自他的手笔。他在经正书院讲授书法后，求书者与日俱增，起先他几乎是有求必应，没有料到多次挑灯夜战，仍供不应求。他写到腰酸背痛时忍不住叹息道：“昔程子以善书为戒，善书者乃为人作役，吾固不善书而亦为人作役，奈何!”

光绪二十五年，一位叫陆耀庭的人办起一个慈善机构体仁堂，为知识界人士遗下的孤儿寡母募捐，他登门拜访陈荣昌，请求他卖字济贫。陈看了陆撰写的《义助儒嫠薪米启》后深为感动，说道：“兔死还能引起狐悲，何况我们还是人，而且同是读书人，岂能不同情他们衣食无着的妻室儿女。”当即就答应“竭力相助”。此后，凡求书者都由体仁堂出面登记，并收取润笔费充作捐款。这一办法实行了多年，受他救济的人为数不少。今日有些艺术家也是不给钱不动手，然而，一是为个人腰包，一是与人为善，其人品岂可同日而语。

影印日本古写本《悉昙三书》

罗振玉辑《涅般经悉谈章》一册，民国6年上虞罗氏石印本。书名页题“悉昙三书”。

“悉昙”（siddham）之义为“完成”，《悉昙三书》是关于梵文梵字阅读之书，分梵语四十九字母为“不藉他声之配合而自身即完成”的十四韵与“必配韵呼之”始能完成的三十五声。

清光绪六年（1880）至光绪十年间，杨守敬（1839—1915）作为驻日使馆随员出使日本。时值日本维新改革之际，大批汉文古籍被弃掷，杨氏多方搜讨，获得大量国内失传的珍本秘籍十万余卷，运回国内庋藏。在杨氏所得古籍中，就有中国早已失传的《悉昙字记》及《景佑天竺字源》。后来，杨守敬将《悉昙字记》刊刻，分送友人，当时罗振玉任职京师，亦得到了杨守敬的赠书。

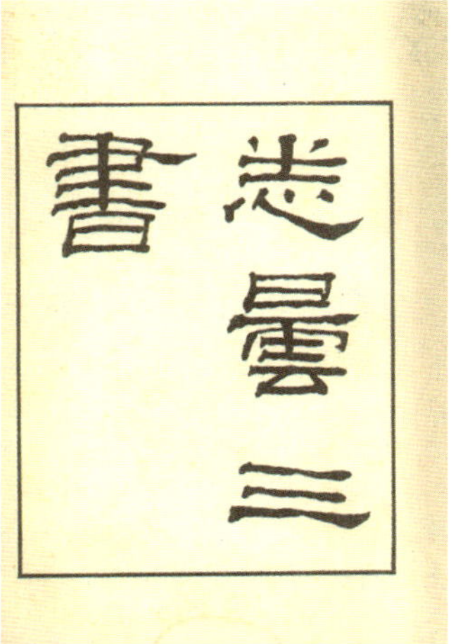

杨守敬在其《日本访书志》中对其所得《景佑天竺字源》作了记录：“《景佑天竺字源》七卷，有图，影宋本。宋沙门惟净撰，盖为翻译天竺文字而作，明南北两藏皆不载。有宋仁宗景佑二年（1035）御制序，末有御书译经等衔名。迩来西洋文字颇有精者，而印度梵夹，虽释子亦多略之。窃惟数十百年后，印度亦必多交涉之事，则此书又何可听其若存若无哉？”据罗振玉后来推测，杨守敬所藏《景佑天竺字源》或为略出本，其价值不是很高。

罗振玉、罗福苌父子对悉昙典籍的考订、刊印之功尤不可没。1911年，辛亥革命爆发后，罗振玉携家人避地日本京都，在整理研究所藏敦煌、甲骨文献的同时，又藉日本友人之力，搜求、影刻日本保存的汉文古籍，不少悉昙类典籍就是在这期间获得的。罗振玉对悉昙学典籍的访求与考订在很大程度上得益于其子罗福苌。

罗福苌（1896—1921），字君楚。罗振玉第三子，幼聪慧异常，十岁能诵罗振玉著作。年未弱冠，即精通法、德、日等语言，后又从日本梵语学者治梵文二年。凡日本所传中土古梵学书集，罗福苌大都作了叙录。其叙录奥博精审，受到王国维、沈增植等人的推许，谓“他日理董绝国方言，一如参事之理董国闻者，必君楚其人也”。1916年，罗氏父子根据所得善本，将《悉昙字记》、《景佑天竺字源》二书附以题跋之后影印流通。

罗振玉在为《悉昙字记》所作的跋语中，叙述了此书在日本的流传情况：“此书中土无传本，不知何时流入海东，日本入唐八家目录中均不载。坊肆传刻有宽文（康熙时）、文政（嘉庆时）二本。其旧椠在四百余年前者有粘叶本，此为宽治七年古钞（当宋元祐中），日本吉泽助教所藏，与通行本颇有异同。法隆寺有康治元年（当宋绍兴十二年，1142年）写本，则与此同，是此本之在海东亦为最古之善本矣。”

由此可知，罗振玉影印所据的本子是日本所传的古本，版本价值较高。罗福苌在他的跋语中肯定《悉昙字记》的独特价值，并对传承这种《悉昙章》的般若菩提的行迹作了考证："梵语诸书，佚于我土，而存于海东者有梁真谛之《翻梵语》、唐全真之《唐梵文字》、义净之《梵唐千字文》、龟兹沙门利言之《梵语杂名》。诸书所载皆梵汉对译杂语，而不论梵字母及其书体。此书首述悉昙源流，次述摩多、体文及体文坿摩多法十八章，颇有叙伦，寔为习梵文者之宝筏。"

1917年，罗振玉又将罗福苌于日本书肆所得《涅盘经悉谈章》影印，并与前二书合并成《悉昙三书》。翕居所藏即为此本。罗振玉在《悉昙三书》序言中认为《涅盘经悉昙章》为鸠摩罗什所作，并且提出中土典籍中言梵文者"莫先于是"。国家图书馆也将此书著录为鸠摩罗什所译。有学者认为，《涅盘经悉昙章》是一部托名之作，并非出自鸠摩罗什之手（王邦维：《鸠摩罗什〈通韵〉考疑暨敦煌写卷S.1344号相关问题》，载《中国文化》1992年第七期）。

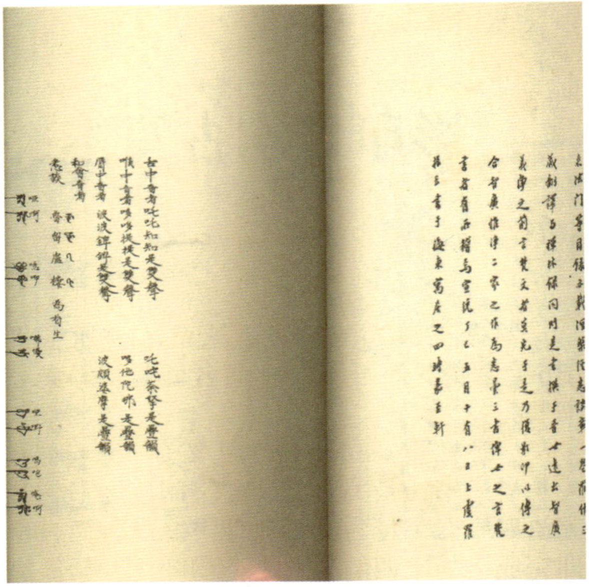

"能得此佛法乃因缘与福报"：《增补金刚般若波罗蜜经旁解》

（唐）释玄奘译、（清）汤摯召集解、（民国）增德编《增补金刚般若波罗蜜经旁解》一卷一册，附感应图说图版40幅。溧水张永熙等民国10年石印本。钤"公孙增德字仲修号梓田"印。有增德民国9年序，民国8年跋。

《金刚经》又称《金刚般若经》、《金刚般若波罗蜜经》。丁福保的《佛学大词典》讲此经共有六种译本，今皆存。第一译为姚秦鸠摩罗什所出，即今经是也；第二译为元魏菩提流支所出；第三译为陈真谛所出；第四译名《金刚能断般若波罗蜜经》，为隋达摩笈多所出；第五译收载于《大般若波罗蜜多经》第五百七十七卷，名《能断金刚分》，为唐玄奘所出；第六译名《能断金刚般若波罗蜜经》，为唐义净所出。

民国22年，当时广东省第一监狱的典狱长林伯君，因当时世道人欲横流、道德沦丧，而发愿翻印《金刚经》一万册送与有缘之人。蓝本为寿春本《金刚经批注》。

翕居所请此本《增补金刚般若波罗蜜经旁解》线装石印本，蓝色封皮、黄绫书名签，皮纸印刷，墨匀图清，开本舒朗。

南怀瑾先生的《金刚经说什么》中讲

江陵宋元宗女年十三夢僧告曰汝誦金剛經方免夭亡且云人能每日淨心誦此經不但延壽他日命終必昇天界即功果未圓亦獲福報女遂誦經不輟年二十四而卒冥曹判云此女有般若功德應還放囑云爾父好食鱠以此殺業應追錄矣女甦白父元宗遂誓長齋戒殺持經行善父女俱壽逾百歲

道："'学佛乃大丈夫之所为'，《金刚经》为即心自性之最妙法门，能得此佛法乃因缘与福报。"2007年初春，翕居女主人去海淀放生那天，从江西景德镇所请的《般若波罗蜜多心经》瓷板刚好装在家里，她回来后想看《阴陟文图说》和《感应图说》，于是，诵起这部《金刚般若经》，逐日加修，增持功德。

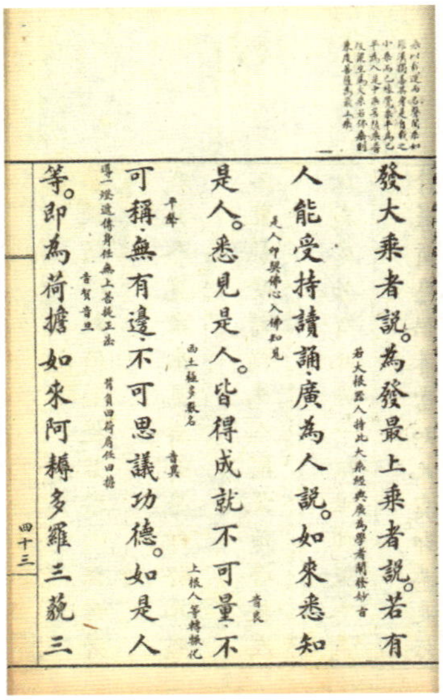

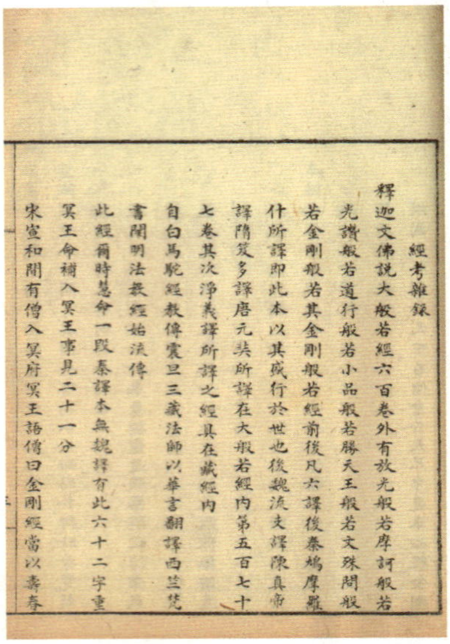

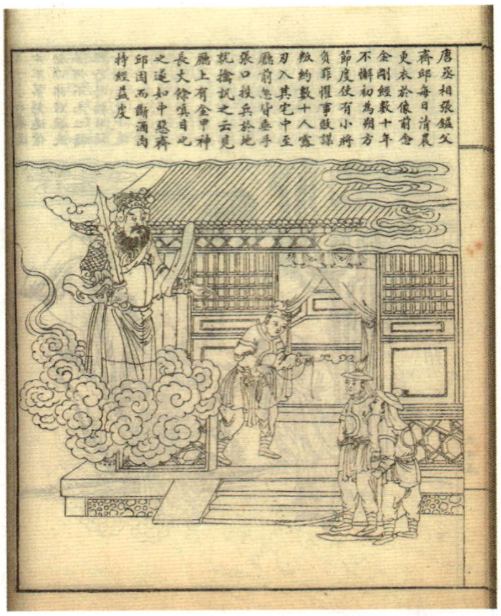

"母教为天下太平之本"：《闺范》

"责人时：要含蓄，忌太尽；要委婉，忌太直；要疑似，忌太真"，"深沉厚重是第一等资质，磊落豪雄是第二等资质，聪明才辩是第三等资质"。这些被时时引用的精辟好语是明代思想家吕坤的名言。

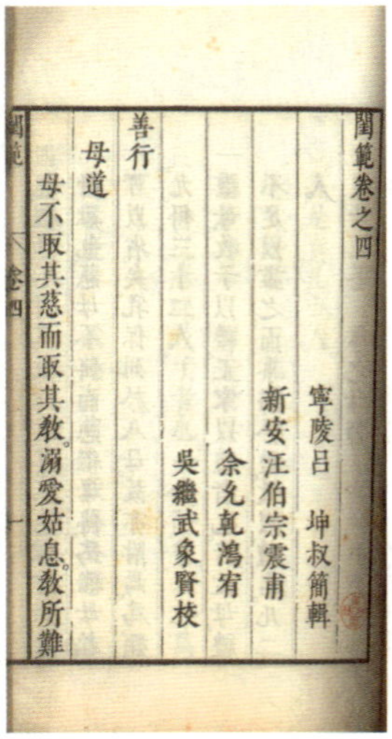

翕居藏有吕坤撰《闺范》一部，民国17年据明万历间刻本影印，四卷四册，内有精美版画160余幅。钤"叶子琴"收藏印。（吕坤介绍参见174页《"砭骨之神针，苦口之良剂"：〈呻吟语〉》一文）

民国16年，魏梅荪居士提倡印1000部，印光大师认印50部。民国17年8月，印光大师提倡流通《闺范》3000部。印光大师讲道："吕新吾先生，凡有著述，悉有功于世道人心，予录之以为世劝者屡矣。闺范一编，前列嘉言，后载善行，复绘之为图，系之以赞，无非欲儿女子见之，喜于观览，转相论说，因事垂训，实具苦心。当时士林，乐诵其书，摹印不下数万本，直至流布宫禁。其

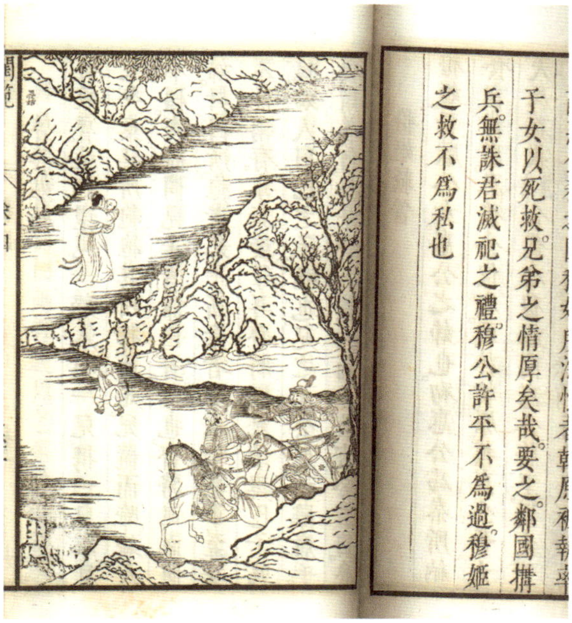

中由感生愧，由愧生奋，巾帼之内，相与劝于善，而远于不善者，盖不知凡几也。今限于卷帙，不复绘图，择其言之尤切，行之尤显者，录为一卷。虽于原编，仅十之三四，而子道、妇道、母道，胥备焉。所载懿行，可以动天地，泣鬼神，至今读之，凛凛犹有生气。诚哉！地维赖以立，天柱赖以尊，孰谓女德为无关轻重哉。”

付印时，印光大师为《闺范》封面题词：“闺阃为贤才所出之地，母教为天下太平之本。”并撰写“石印《闺范》缘起序”：“闺范四卷，乃明吕叔简先生，辑于万历十八年庚寅岁，由是风行海内，各处刻行。近已失传，人无知者。周业勤得之故书肆中，持之以示魏梅荪。梅荪见其卷一，节录四书五经，及诸传记训女之嘉言。二三四卷，备载贤女、贤妇、贤母之善行。而传前有图，传后有评。俾人触目兴感，群起景行。洵足以镇坤维而资治道，翼家教而辅母仪，不胜欣赏。李耆卿闻之，以其夫人在日，拟流通淑闺善书而未果，遂自任五百部，以成其志，祈余为序。余惟此书一出，必有具英烈天姿之淑媛，蔚然兴起，以期尽己分而完天职。上追二妃三太，于日用伦常中，调理赞襄，钧陶化育。俾丈夫儿女，皆成贤善，以臻至治。其为功德，何能名焉。因推原其致，而为之序。”

“提倡印一千部”的魏梅荪（1862—1933），名家骅，晚号贞士，江苏江宁（今南京江宁区）人。在南京地方志编纂委员会编写的《南京人物志》上，称其为“慈善家”。魏家骅分别于1898年、1903年两为进士，尤其是1903年为经济类进士，此后他一直官运亨通，任过翰林编修、山东东昌府知府。民国18年皈依。

“自任五百部”的李耆卿，曾任民国江苏财政厅厅长。

孔网此书在线拍卖成交价在1600～1900元之间。

南京九华山建三藏塔纪念册：《颂圣集》

中日文化协会编《颂圣集》一册，南京中日文化协会民国33年10月10日出版。为日伪出版物，由重建三藏法师顶骨塔委员会、中日文化协会、南京日本佛教协会编辑，日本木村印刷所印刷。

此书辑录了颂扬玄奘法师的碑文、塔铭、论文等，书前有丁福保所书“唐三藏法师玄奘传略”和“出土之玄奘三藏遗骨石

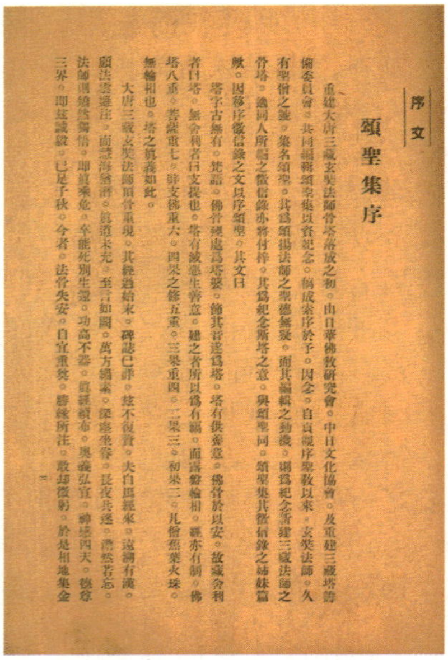

序文

頌聖集序

重建大唐三藏玄奘法師骨塔落成之初。由日華佛教研究會。中日文化協會。及重建三藏塔籌備委員會。共同編輯頌聖集以資紀念。稿成索序於予。因念。自貞觀序聖教以來。玄奘法師。久有聖僧之號。集名頌聖。其爲頌揚法師之聖德無疑。而其編輯之動機。則爲紀念新建三藏法師之骨塔。適同人所編之徵信錄亦將付梓。其爲紀念斯塔之意。與頌聖同。頌聖集其徵信錄之姊妹篇歟。因移序徵信錄之文以序頌聖。其文曰

塔字古無有。梵語。佛骨埋處爲塔婆。節其音遂爲塔。塔有供養意。佛骨於以安。故藏舍利者曰塔。無舍利者曰支提也。塔有被慈生善意。建之者所以爲有漏。而露盤輪相。經亦有制。佛塔八重。菩薩重七。辟支佛重六。四果之餘五重。三果重四。二果三。初果二。凡僧蕉葉火珠。無輪相也。塔之儀義如此。

大唐三藏玄奘法師頂骨重現。其經過始末。碑誌已詳。茲不復贅。夫自馬經來。遠溯有漢。顧法雲漫注。而慧海騰滑。眞道未光。至言如闕。萬方攜索。深塵坐昏。長夜共迷。澹然若忘。法師偶然獨悟。即眞乘危。卒能死別生還。功高不朽。眞經頒布。奧義弘宣。神感四天。德尊三界。即茲識骸。已足千秋。今者。法骨失安。自宜重奠。勝緣所注。敢却微躬。於是相地集金

玄奘法師繪像

播佛教的艰辛历程和促进东西方文化交流的历史功绩。

玄奘生于公元602年，圆寂于公元664年，本姓陈、名祎，今河南偃师人，通称三藏法师，俗称唐僧。他是唐代高僧、佛教学者和旅行家，唯识宗的创始人之一。圆寂后，唐高宗为他在终南山紫阁寺建骨塔。唐末，骨塔毁于战火。宋仁宗天圣五年（1027），金陵天禧寺和尚可政法师去紫阁寺，得到了玄奘法师顶骨，迎回金陵。他在天禧寺东岗建塔，归瘗顶骨。明代又在后山土堆建三藏塔。到清代，寺、塔均被毁。

1942年12月，当时驻扎在南京的侵华日军高森部队于中华门外建筑稻垣神社时，在报恩寺旧址内发掘出一个刻有玄奘三藏顶骨的石棺，并有天圣五年和明洪武十九年（1386）两葬志。经中日双方的专家调查，大体上确认为是唐代玄奘三藏的遗骨。遗骨和附葬品一起被返还给汪精卫政权，汪伪政府为笼络佛教徒，在九华山重建三藏塔。1944年10月10日，进行了玄奘遗骨的入骨式。同日，外交部长褚民谊赠送了一部分遗骨给日本的佛教徒，现供奉在日本琦玉县慈恩寺。

函”、“出土之保藏顶骨之鎚银匣”、“宋代天圣五年石刻文字”和“明代洪武十九年石刻文字”四幅照片。序文两篇，一为褚民谊所写《颂圣集序》，一为谷正之所写《玄奘法师纪念册序》。另外收有褚民谊撰、溥侗书写的《唐三藏大遍觉法师玄奘顶骨塔碑记》和江亢虎撰写的《唐三藏大遍觉玄奘法师顶骨纪念塔铭并序》，最后附有日本人谷田阅次的考证文章《三藏塔遗址之发掘》。

这本书是1944年在南京九华山建三藏塔的纪念册。此塔为五级四面方塔，仿长安兴教寺修建，塔下埋有唐代高僧玄奘法师的顶骨。塔前葬志记载了玄奘法师西天取经、传

充满故事的影印宋版《慈悲道场忏法》

民国20年，名僧释范成因影印宋刻碛砂藏经，偕工人赴关中制版，在西安开元寺佛龛后面的尘土堆中，发现了宋刊《慈悲道场忏法》。版面上部刻佛像，下印文字，周遭皆云纹花饰，形式与敦煌所出捺印本《千佛名经》相类。此外，本书所收录的《减三灾真言经》残卷、《金光明经》引首等，也都是宋刊佛教版画中的珍品。

释范成集资将此《慈悲道场忏法》影印200部，并记下了此事的经过：“民国二十年春季，因影印宋刻碛砂藏经，偕工人赴关中制版。见西安开元寺佛龛后尘土堆中，有残本《慈悲道场忏法》一巨册。观其楮质，乃北宋麻纸无疑。每开三行，行十字，刊工古朴，颇似龙门始平公造像，爱不忍释，寺主即以相赠。二十二年，在沪付装池，于书背发现有中统年凉州税票，弥可珍异。书共十卷，完好者仅三卷，余皆残破，计三百四十开，分装三册，较现行本分卷及文字均有异处。顷携来平，以示江安傅沅叔、吴兴徐森玉、溧阳张庚楼、至德周叔弢、海宁赵斐云诸君子共相欣赏，叹为得未曾有。因集资一千二百元，用迁安纸影印二百部行世，略记始末，以示来者。丙子仲秋如皋释范成识于柏林寺。”

释范成所讲“因影印宋刻碛砂藏经”之事的原委是：民国19年，中东铁路护路总司令兼地方长官朱子桥与释范成法师在西北赈灾，于西安城内卧龙寺及开元寺中，发现了宋代碛砂版的藏经。朱子桥无意中发现此宋代珍藏，欣喜不已，回到上海后，邀约佛门缁素释范成、叶恭绰、狄葆贤、丁福保、蒋维乔、李经纬、黄翊昌、李圆净等会商，与会者咸认为《碛砂藏》为佛教瑰宝，今幸发现，即应影印流通。于是乃成立“影印宋版藏经会”，推动影印工作。印经会委请范成法师赴西安检查藏经卷数，核对是否齐全。其中尚缺一百七十三卷，由资福本、普宁本、景定陆道源本、亦黑迷失本和永乐南藏本补足。民国21年，释范成法师带有正书局的摄影师赴西安拍照，将藏经制成玻璃版四十箱，运抵上海，于民国24年影印出版《碛砂藏》，计60函，593册，1532部，6362卷，总共影印了500部，由上海佛学书局预约发行。这成为近代佛教史上的一件大事。1936年，影印宋版藏经会赠送暹罗政府一部影印宋版《碛砂藏》，委托暹罗中华佛学社转交。暹罗政府决定存放在艺术厅图书馆，作为永久纪念。暹罗政府除来函致谢外，还回赠上海影印宋版藏经会一部巴利文三藏。

《碛砂藏》影印出版后，西安卧龙寺、开元寺所藏原板移至陕西省图书馆收藏。陕西省图书馆大事记里有这样一段记载：“康有为来西安讲学，参观卧龙寺时发现该寺存有宋版《碛砂藏》且保管不善，便提出归他本人代为整理保管的要求，引起社会舆论及各方面人士的反对。为妥善保藏起见，经各界人士商定，1924年11月，全部移交陕西图书馆珍藏。”

此件事情的原委是这样的：1923年，康有为受吴佩孚推荐、陕西督军刘镇华延请入陕讲学。其间去了一趟卧龙寺，卧龙寺的和尚见是康有为，便将珍藏于寺的海内孤本《碛砂藏》拿与他看。康有为见经卷生虫且破损，就与寺里住持签订合同，要把这些经卷带走“修补整理”并运到上海进行影印。当他马不停蹄将这些经卷运回当时他居住的中州会馆时，风声走漏，舆论大哗。李桐轩等陕西文化人联合各方力量，散布传单，通电全省，“盗经事件”遂轰动一时，“圣人盗经”成当时报章头条新闻，西安街谈巷议，不少学子还摩拳擦掌，聚集在康有为必经的东门外，准备以武力解决。以李仪祉为首的一批地方名流力主要讨回珍宝，告诉康有为卧龙寺藏的《碛砂藏》只有一部分，还有一部分藏于开元寺，若先生喜爱，不几日将全集装订一起了给先生送到府上过目。如此云云一番巧说，康有为哈哈大笑，交出了《碛砂藏》，还说了一句“我明白孔子为什么西行不到秦了”。另有一说是法院最后还把传票送到了中州会馆，康有为才交出了《碛砂藏》。

《碛砂藏》，又称《宋碛砂延圣寺刻本藏经》，是一部闻名中外的佛教诸藏汇编。初刻于南宋理宗绍定四年（1231），到元英宗至治二年（1322），由宏道、法尼二尼，僧人法忠、清圭等人先后主持，在平江碛砂（今江苏苏州）学圣禅院雕印，历经宋元两朝，历时长达91年。全书6362卷，装为591函，采用梵夹装，又称经折装。以《千字文》编册号，始“天”字，终“终”字。翕居藏有《碛砂藏》之《大般若波罗蜜多经》一卷，《千字文》编号为“金六”，刻工为陈大义。

令人痛心的是，在叶恭绰等影印《碛砂藏》的前几年，约1926年至1927年间，北京大悲寺收藏了几百年的一部抄配、配补的《碛砂藏》，被一个美国人吉礼士（Gillis）买去，并偷运到加拿大的麦吉尔大学，后又被美国的普林斯顿大学收藏。日本奈良西大寺收藏有六百卷宋刊原版《碛砂藏》，据此可知实际开刻时间在南宋嘉定九年（1216年）。日本大阪“杏雨书屋”存有《碛砂藏》4888卷。

“影印宋版藏经会”委请释范成法师赴西安检查藏经卷数并访缺失经书时，还促成了中国佛教史上又一重大事件——《赵城金藏》的发现。在影印《碛砂藏》时，因其有部分缺失，“影印宋版藏经会”委派释范成到各地去访求宋版《碛砂藏》的缺本。他身着衲衣，经战乱区，冒了很大的危险。一次，他从老头陀性空口里得知了山西赵城广胜寺存有古本藏经四橱后，便赴山西赵城。1933年上半年，释范成经过长途跋涉，预期到达了广胜上寺，冒着炎暑，将这四橱古代藏经逐一检查。据上寺住持明彻和尚介绍，这些古本藏金初藏广胜下寺，后因下寺无人看管，佛经流失严重，赵城绅士张奇玉等人与上寺僧人协商，才将经卷转至广胜上寺弥陀殿保存。民国17年，经卷连同存放经卷的柜子（藏经橱）一并转入上寺。在翻阅广胜寺经卷中，释范成出乎意料地发现，明代以前佛经缺逸，在赵城经卷中均可寻觅到来龙去脉。尤其发现著名高僧窥基所写的《惟识注疏》中大部解释条目，多数在这部经卷中可以找到。然而这套藏经久已被乡邻任意窃取而失去不少，于是释范成传喻各家将所取者送还，后更用银元收购，其中有些经书的纸页已被农民撕下来糊在窗格上作窗纸用，这时再湿浸后起出归还寺院。在检查四橱原有经卷再加上追回的300余卷之后，释范成发现这套金国民间所刻的藏经之中，竟存有其他国内外各种藏经中所无的经典46种共249卷之多，于是写信和发电报通知在上海的“影印宋版碛砂藏经会”和在北平的“三时学会”中人，三时学会的徐森玉（鸿宝）居士赶来，选定其他藏经所无的释典，再商得明彻和尚同意，将这些金国所刻藏经中独有的佛典借出，以便影印流通。于是选定的经卷运送上海、北平两地影印，民国23年书成，叶恭绰居士择名作《宋藏遗珍》。

1934年10月，南京“支那内学院”欧阳竟无先生指派高足蒋唯心前往广胜下寺校验，对《赵城金藏》的历史价值做了评估，撰写了“金藏雕印始末考”的文章，在南京《国风》第五卷十二号上发表，1935年1月该学院发行了单行本。蒋氏的考证，更加引起国内外学术界、文化界、知识界、佛教界等各方面人士的重视。接着，新闻界也争先披露这一特大新闻。津沪各报把此消息报道为：“向所未知，而近日始发现”，“中外

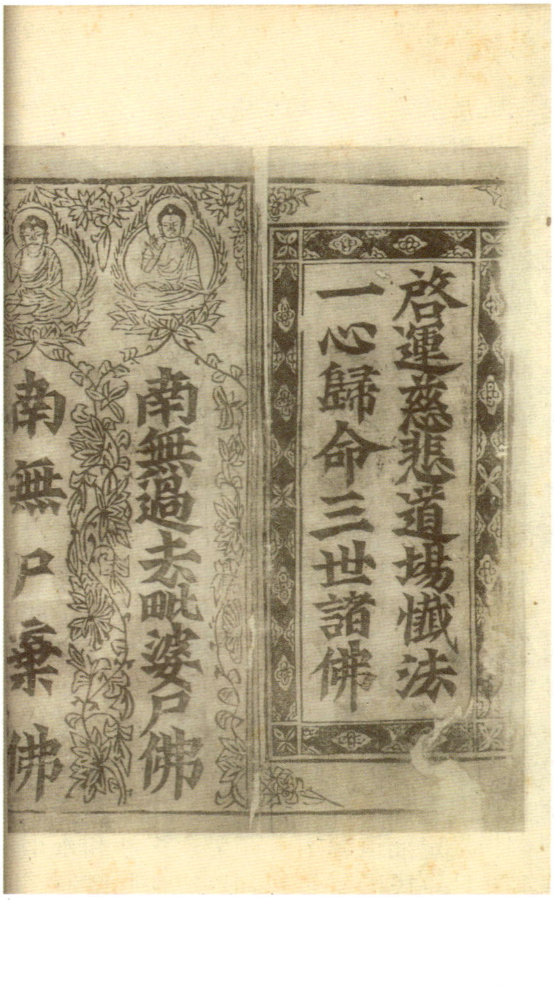

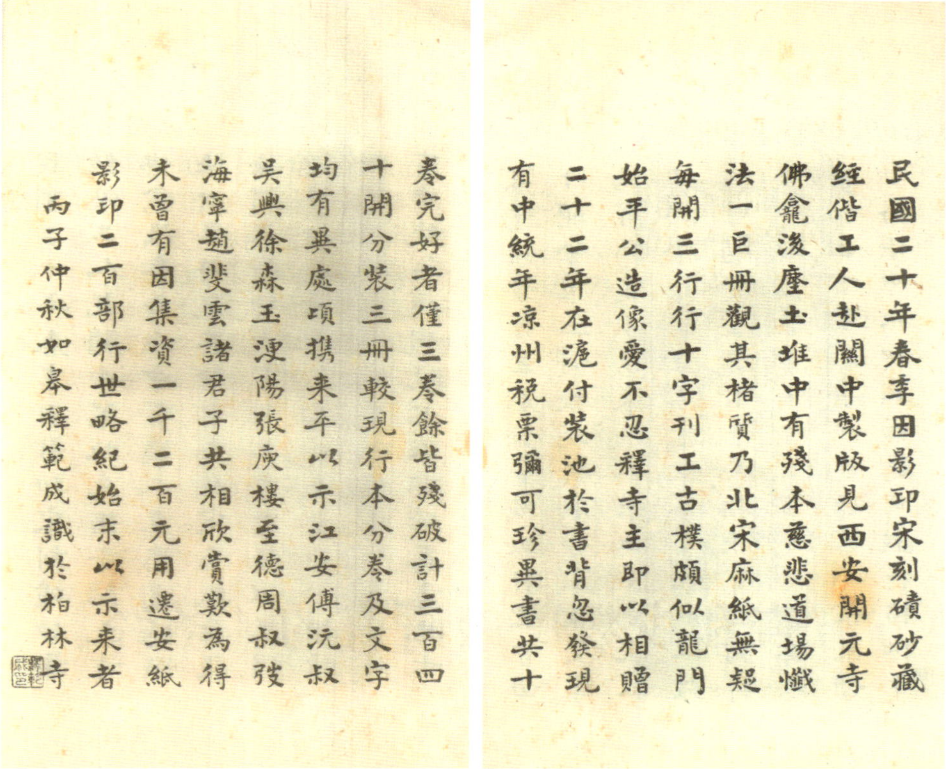
民國二十年春季因影印宋刻磧砂藏
經偕工人赴關中製版見西安開元寺
佛龕後塵土堆中有殘本慈悲道場懺
法一巨冊觀其楮質乃北宋麻紙無疑
每開三行行十字刊工古樸頗似龍門
始平公造像愛不忍釋寺主即以相贈
二十二年在滬付裝池於書背忽發現
有中統年涼州稅票彌可珍異書共十
卷完好者僅三卷餘皆殘破計三百四
十開分裝三冊較現行本分卷及文字
均有異處頃攜來平以示江安傅沅叔
吳興徐森玉溧陽張庚樓至德周叔弢
海寧趙斐雲諸君子共相欣賞歎為得
未曾有因集資一千二百元用還安紙
影印二百部行世略紀始末以示來者
丙子仲秋如皋釋範成識於柏林寺

人士连袂蹑履往赵城探讨者不绝”。据有关文章讲，蒋唯心当时考证的《赵城金藏》的著作，至今仍是这方面最具有权威的论述。1935年春，上海影印会与北平三时学会从《赵城金藏》中挑选部分经籍在北平展览。展出后，胡适评述说：“这是影印《碛砂藏》的一个副产品，其重要性可能不低于《碛砂藏》本身”。并将《赵城金藏》称之为“天壤间的孤本秘籍”。各国学术界引起大哗。日本办的东方文化研究所曾派人到赵城“考察”，欲出重金“购买”《赵城金藏》，遭到了广胜寺爱国僧人的拒绝。

至于影印的金国《赵城金藏》为何题为《宋藏遗珍》？大抵当时中日两国关系日趋紧张，在民族意识高涨的时代，故宁可命名曰“宋藏”，因为南宋与金国对峙之时，我们一向视赵宋为正统，是以用正统的朝代为之命名。这套金国藏经千年以来隐藏于赵城，故也称为“赵城藏”。

1938年2月，日本侵略军占领赵城。距广胜寺最近的日军据点仅2公里，为防日军掠夺，广胜寺力空法师将《赵城金藏》砖砌封存于广胜寺飞虹塔内。1942年4月，日本政府派遣“东方文化考察团”到赵城活动，并扬言要在5月2日上飞虹塔游览。为了《赵城金藏》的安全，广胜寺力空法师立即向八路军求助。在当时的太岳军区政委薄一波指示下，军分区、县游击大队和僧众配合，于4月27日夜紧急将《赵城金藏》运出。在接下来的5月反“扫荡”中，地委机关的同志背着经卷，在崇山峻岭中与敌人周旋。由于战斗频繁，行军携带不便，深恐散失，这些经卷被藏在山洞、废煤窑内，派人看管。1945年日寇投降后，此经交当时北方大学《今中国人民大学》保管，北方大学校长范文澜派专人守护，年年晾晒。1949年北平解放后，《赵城金藏》运至北平，移交当时的北平图书馆（今国家图书馆）收藏。

1949年4月30日，当4300多卷、9大包《赵城金藏》运抵北平时，人们难过地发现，由于多年保存条件恶劣，多数经卷潮烂断缺，粘连成块，十之五六已经不能打开。国家专门调来4位富有经验的装裱老师傅帮助修复，历时

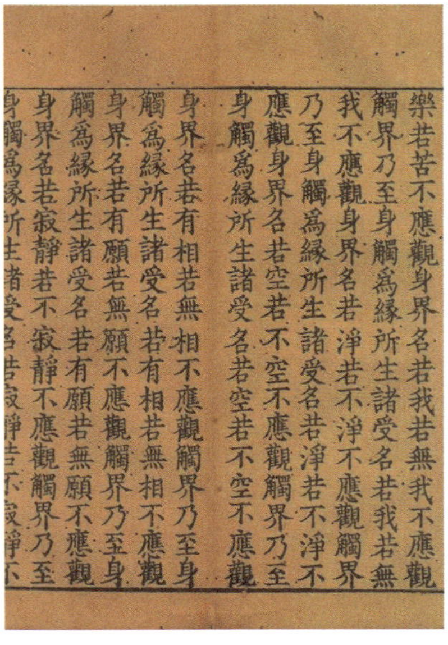
樂若苦不應觀身界名若我若無我不應觀
觸界乃至身觸為緣所生諸受名若我若無
我不應觀身界名若淨若不淨不應觀觸界
乃至身觸為緣所生諸受名若淨若不淨不
應觀身界名若空若不空不應觀觸界乃至
身觸為緣所生諸受名若空若不空不應觀
身界名若有相若無相不應觀觸界乃至身
觸為緣所生諸受名若有相若無相不應觀
身界名若有願若無願不應觀觸界乃至身
觸為緣所生諸受名若有願若無願不應觀
身界名若寂靜若不寂靜不應觀觸界乃至
身觸為緣所生諸受名若寂靜若不寂靜不

翕居藏《碛砂藏》

近17年，终于在1965年修复完毕。《赵城金藏》是新中国成立后第一个由国家拨款的大型古籍整修项目。

《赵城金藏》共有6980卷，6000多万字。今存4000余卷，全世界只此一部，因而被视为稀世瑰宝，与《永乐大典》、《四库全书》、敦煌遗书并称国家图书馆四大镇馆之宝。

《赵城金藏》的发现者——释范成和尚，俗名姓季，清光绪十年（1884）生。7岁时剃渡于江苏如皋崇善庵。21岁受具足戒于镇江焦山定慧寺，后即至江苏如东掘港西方寺常住。清宣统二年（1910）毕业于南京僧师范学校，1931年释范成至上海挂单于觉园。此时正为朱庆澜、叶恭绰等人在上海发起“影印宋碛砂藏经会”之时。

中国地方方言和少数民族语言的《圣经》

《圣经》在中国的翻译最早可推至唐朝。公元635年，东方基督教聂斯托利派传教士阿罗本从波斯抵达西安传教译经，时称景教。根据公元1625年在西安出土的“大秦景教流行中国碑”所记，其中有“真经”、“旧法”、“经留二十七部”和“翻经建寺”等语，证实在唐朝时已有翻译圣经之举，并有一部分译本出版与流传，但并非全译，译本亦已失传。

元朝时，西欧天主教方济各会派传教士到中国传教。据科维诺主教于1305年1月8日从北京寄给罗马教皇的信中提到：“现在我已将全部新约和诗篇译成中文，并请人用最优美书法抄写完毕。”但未见流传。

明朝末年至清朝初年，西欧天主教传教士重入中国传教期间，在长达130年传教之际，并未见有《圣经》中文译本出版，只是在他们的中文著作和供信徒诵读的问答中引用了一部分经文。18世纪初，法国天主教传教士巴设曾将《四福音书》、《使徒行传》和《保罗书信》译成中文。这批译稿现存于大英博物馆，但是否为巴设所译，尚待考证。

到19世纪初，基督教新教传教士才开始着手将《圣经》翻译成中文，最早的中文译本在1822年出现，译者为在印度传教的英国传教士马士曼，称作“马士曼译本”。

第一位前往中国传教的新教传教士是英国人马礼逊，他是在1807年抵达广州的。1814年出版了他单独翻译的《新约全书》，1823年，他和另一位新教传教士米怜合作下完成《旧约全书》之后出版中文《圣经》全译本，取名《神天圣书》，线装本，共二十一册，史称“马礼逊译本”。从此，基督教的全部经典得以完整地介绍给中国。

1804年，由马礼逊的儿子马儒翰、英国传教士麦都思、美国传教士裨治文和德国传教士郭实腊合作修订的《圣经》中文译本问世，史称“郭实腊译本”。

太平天国初期用的《新约全书》，为郭实腊译本，定名为《救主

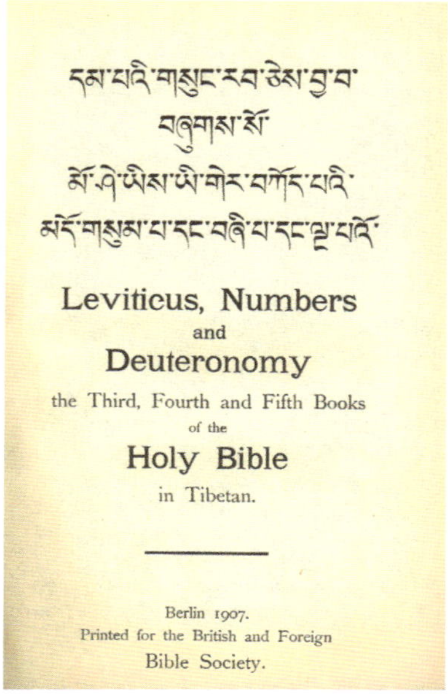

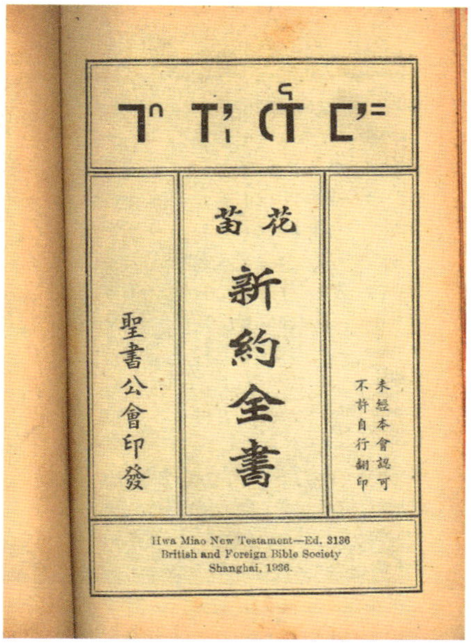

耶稣新遗诏书》。1853年太平天国定都南京后，又出版了该译本一部分旧约经书，在太平军辖区流传甚广。

1843年8月，在华新教传教士在香港举行代表会议时，通过一项决议，要求根据以前译本重译《圣经》。在重译的过程中，参与翻译的传教士内部发生了译名争执，其中意见最大的，是对宇宙主宰的中文译名究竟应该称“神”或称“上帝”无法取得一致。结果各不相让，分成两个翻译班子，各自为政，进行翻译。用称“上帝”的班子在1852年出版了《新约全书》，1854年出版了《旧约全书》，由大英圣书公会发行，史称“委办译本”。用称“神”的班子则在1863年出版了“神版”《圣经》全译本，史称“裨治文译本”。

到1868年，由浸信会传教士高德主持的译经工作完成并出版，史称“高德译本”。以上所有版本译文均用古文。但在“高德译本”出版之前的1857年，就已出现第一部中文官话《圣经》译本，这是由英国传教士麦都思主持的，请了一位南京人当助手，被称为“南京话版《圣经》”，但只有《新约全书》。另一部中文官话《圣经》译本是北方官话版本，在1868年出版，由美国传教士施约瑟主译，史称“施约瑟北方官话译本”。

1890年，在华新教传教士在上海举行全国会议，通过一项决议，由新教各宗派联合组成一个翻译班子，分成三组，分别负责文理、浅文理和白话文三种译本。经过28年的努力，在1919年出版，其中以白话文版的“国语和合本译本”最受欢迎，经过80多个春秋，这部译本在中国仍广为使用，但分称“上帝”和“神”两种版本。

上述译本出版后，外国在华差会曾公开表示：希望这是由外国传教士主持翻译的最后一个译本，盼望今后中国基督教学者能肩负起翻译《圣经》的重任，出版一部符合原文的、又能适合中国最多数读者的中文《圣经》。

60年之后，一部完全由中国基督教学者合作翻译的“现代中文译本”《圣经》终于在香港出版。这批中国译者是许牧世、骆维仁、周联华、王成章和焦明。但这个译本未能广泛流传。

《圣经》的中译是一项神圣的任务，译者首先必须是虔诚的基督徒。其次，他们必须接受严格的中文和外国语（古希伯来文、古希腊文、德文和英文等）的训练。再次，

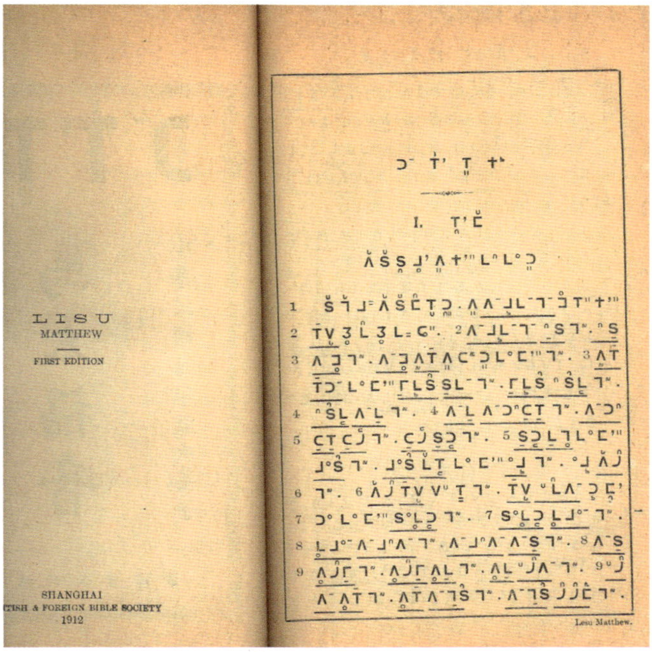

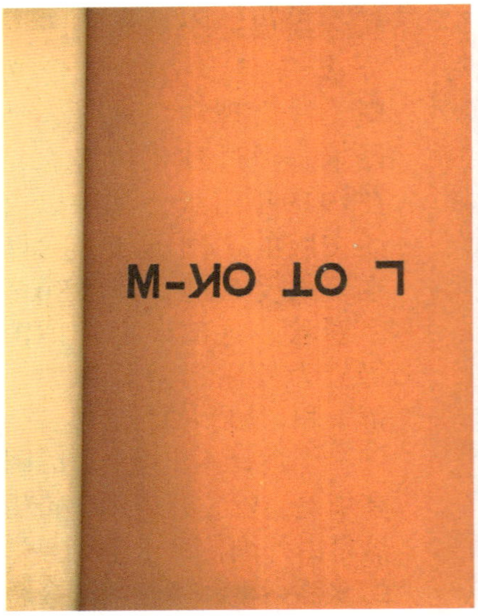
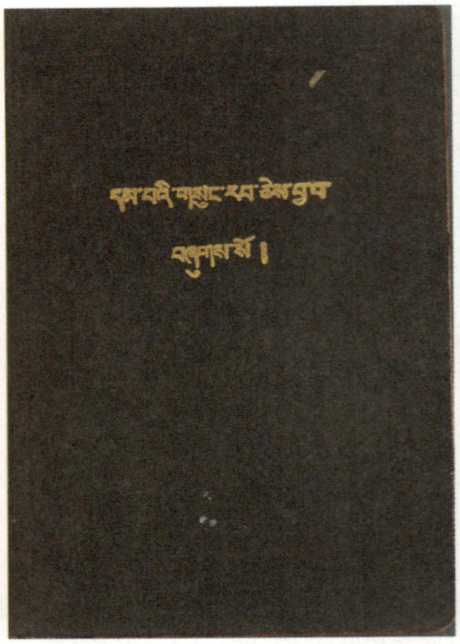

他们必须熟悉经文和教会史。最后，他们必须摆脱世俗意识形态和偏见的控制，用纯洁的中文进行合作，统一对宇宙主宰的称呼，不受宗派影响。分布在海内外的基督教界有识之士要捐弃成见，并集资成立中文《圣经》翻译基金会，物色青年基督徒献身于此项事业，经过若干年的训练，然后合作着手翻译，并以中国基督徒捐献的款项，进行印刷、出版和发行。

传教士还曾致力于使用中国方言翻译《圣经》的工作。上海方言译本有中文和拉丁字母拼音两种版本。最早出版的是由麦都思翻译的《约翰福音》上海土白中文译本，1847年在上海出版。

1853年在伦敦出版了拉丁字母拼音译本。1870年出版了《新约全书》上海土白中文译本。旧约译本早在1854年出版了创世记，直到1908年出版了《旧约全书》上海土白中文全译本。

宁波土白译本最早出现在1852年，出版了新约中的《四福音书》。1868年出版了《新约全书》，1901年出版了《旧约全书》，1923年出版了修订译本，有宁波土白中文译本和拉丁字母拼音译本两种版本。

苏州土白译本只有中文版。1879年初次出版福音书和使徒行传，1892年出版了《新约全书》，1908年出版《旧约全书》。

福州土白译本全部用拉丁字母拼音。第一部译本是《四福音书》，1880年出版。1881年出版了《新约全书》，1914年出版了《旧约全书》。

此外，还有温州土白、杭州土白和金华土白的《圣经》译本，有中文和拉丁字母拼音两种版本。

厦门土白译本最早出现于1852年，用拉丁字母拼音首先出版《约翰福音》，1873年出版了《新约全书》，1884年出版了《旧约全书》。

汕头土白译本《新约全书》在1898年出版，是用中文排版。用拉丁字母拼音排版的《新约全书》在1905年出版。1922年出版了汕头土白中文全译本《圣经》。

福州土白译本最早出现的是在1852年出版的《马太福音》，1856年出版了《新约全书》，1888年出版了《旧约全书》，1891年出版了全译本，1909年出版了修订本。福州土白有中文和拉丁字母拼音两种版本，1921至1925年间还出版以注音符号排版的福州土白《四福音书》。

广州土白译本最早出现的是在1862年出版的《四福音书》，1886年出版了《新约全书》，1894年出了《圣经》全译本，以上均用中文排版。拉丁字母拼音《圣经》广州土白全译本是在1905年出版的，1959年出版了广州土白中文《圣经》全译本。

客家土白的《圣经》译本，最早的有1860年出版的《四福音书》，1883年出版了《新约全书》，1916年出版了《圣经》全译本。

此外，尚有直隶（今河北）、天津、胶东、山东、海南、建宁、汀州、兴化等土白

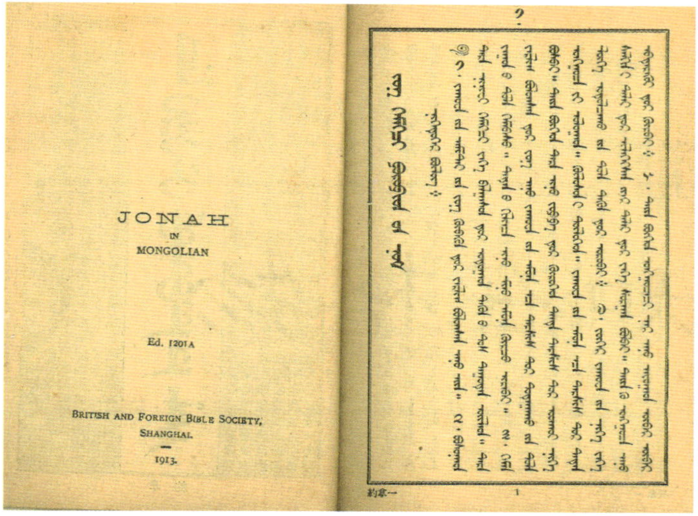

圣经译本陆续出版。

传教士还翻译出版多种中国少数民族语言的《圣经》译本。从19世纪60年代开始，到20世纪初，已经出版了满文、蒙古文、朝鲜文、俄文、藏缅文、藏汉文、傣文、花苗文、苗华文、黑苗文、僮族文、栗僳文等30余种少数民族语言《圣经》译本，大部分是用传教士们创造设计的拉丁字母拼音文字出版的。在原来没有文字的中国少数民族中，至今仍沿用传教士创造的文字从事文化学习和出版图书。

《圣经》在中国的翻译出版已有150多年的历史，可惜由于政治动荡，在国内已不能见到所有的版本，如今在美国纽约《圣经》会图书馆、大英博物馆和香港等地还有珍藏。翕居藏有一部分中国地方方言和少数民族语言译本，计有客家话、花苗语、台州语、兴化语、汕头话、仲家语、那西语、怒山语、那傈语、华利紫语、西藏语、蒙古语、国语罗马字等21种。

为便于读者了解这些译本的出版情况，按时间先后列出这个书单供参考：

1.“仲家语”《马太福音》，精装本，1904年上海出版。

2.“台州语”《旧约全书》，精装本，三面红口，1905年上海出版。

3.“国语罗马字”《马可福音》，精装本，1905年上海出版。

4.“国语罗马字”《马太福音》，精装本，1907年上海出版。

5.“西藏语”《利末记至申命记》，软精装本，三面红口，1907年柏林出版。

6.“兴化语”《新旧约全书》，精装本，三面红口，有地图，1912年兴化出版。

7.“力紫语”《马太福音》，精装本，1912年上海大英圣书公会出版。

8.“蒙古语”《约拿书》，精装本，1913年上海出版。

9.“汕头话”《新约全书》，软精装本，三面红口，1915年伦敦出版。

10.“力紫语”《路加福音》，精装本，1917年上海出版。

11.“蒙古语”《箴言》，精装本，1921年上海出版。

12.“客家话”《新约全书》，精装本，1924年上海出版。

13.“那傈语”《使徒行传》，精装本，1926年上海出版。

14.“西藏语”《列王记上下及历代志上下》，精装本，三面红口1930年伦敦出版。

15.“怒山语”《马可福音》，精装本，1931年伦敦出版。

16.“西藏语”《新约全书》，软精装本，三面红口，1933年上海出版。

17.“华利紫语”《马可福音》，精装本，1933年上海出版。

18.“那西语”《马可福音》，精装本，1934年上海出版。

19.“华利紫语”《马太福音》，精装本，1935年上海出版。

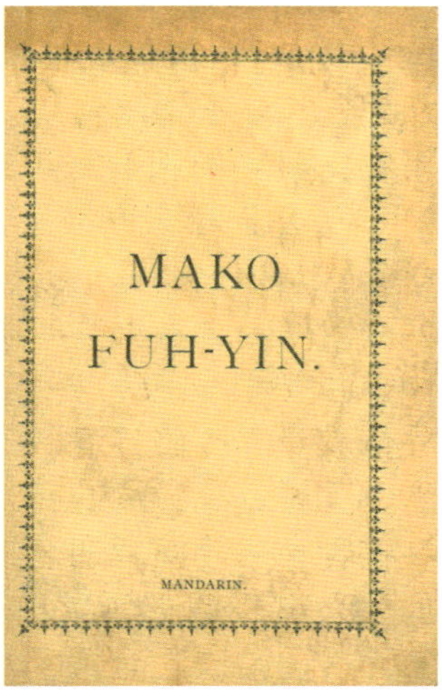

20.“花苗语”《新约全书》，软精装本，三面红口，1936年上海圣书工会印发。

21.“华利紫语”《路加福音》，精装本，1936年上海出版。

柒　致知在格物

“格物致知”这个成语家喻户晓，是中国古代认识论的重要命题，对古代科学发展从思想上有所影响，其基本意思是说：考察事物，获得知识。

这一词语最早见于先秦经典《礼记·大学》，是该书所提出的儒者求学八阶段的初始两个阶段：“古人欲明明德于天下者，先治其国；欲治其国者，先齐其家；欲齐其家者，先修其身；欲修其身者，先正其心；欲正其心者，先诚其意；欲诚其意者，先致其知。致知在格物。格物而后知至，知至而后意诚，意诚而后心正，心正而后身修，身修而后家齐，家齐而后国治，国治而后天下平。”

这一段话，是儒家学派为实现自己修身、齐家、治国、平天下的政治思想而提出的阶段性行为目标。这一程序性行为纲领的起始就是格物致知。由此可见格物致知在儒家学说中的确具有极为重要的地位。

随着明末清初科学技术的传入，中国人研究自然现象的热情也高涨起来。这时人们谈论格物致知，很多情况下都意味着研究自然以获取知识。古老的格物致知学说获得了新生，成了人们从事科学研究的理论根据。

晚清时期开洋务，曾国藩在上海建立江南制造局，翻译此类书籍，曾经一度使用“格致”或“格物”统称包括声、光、化、电在内的自然科学知识，清末翻译的西方科技书籍，有些径以“格致”名之。“格致”一词成了声光化电等自然科学部门的统称。有些教会出版物，更是将化学、天文、博物、地理等类直接冠以“格致”之名。

鲁迅在《呐喊自序》中写道：“在这学堂里，我才知道在这世上，还有所谓格致、算学、地理、历史、绘图和体操。”他所说的“格致”，就是指的这些自然科学。在中国传统科学与西方科学技术合流过程中，格物致知学说以独特方法参与并加速了这一过程，从而在科学技术史上取得了一席永久立足之地。

这部分收入的除传统意义上的“格致”（包括声、光、化、电在内的自然科学知识）书籍外，还将算学、天文、地理、农学、矿物类书籍一并列入。《中国丛书综录》在子部工艺类列有“格致之属”。地理类列史部，分方志、山水、中外杂记等；农家类列子部，分时序、耕作土壤、农具、灾害防治、作物、蚕桑、畜牧、水产、园艺、生物等；历算类列子部，分天文、算书等。

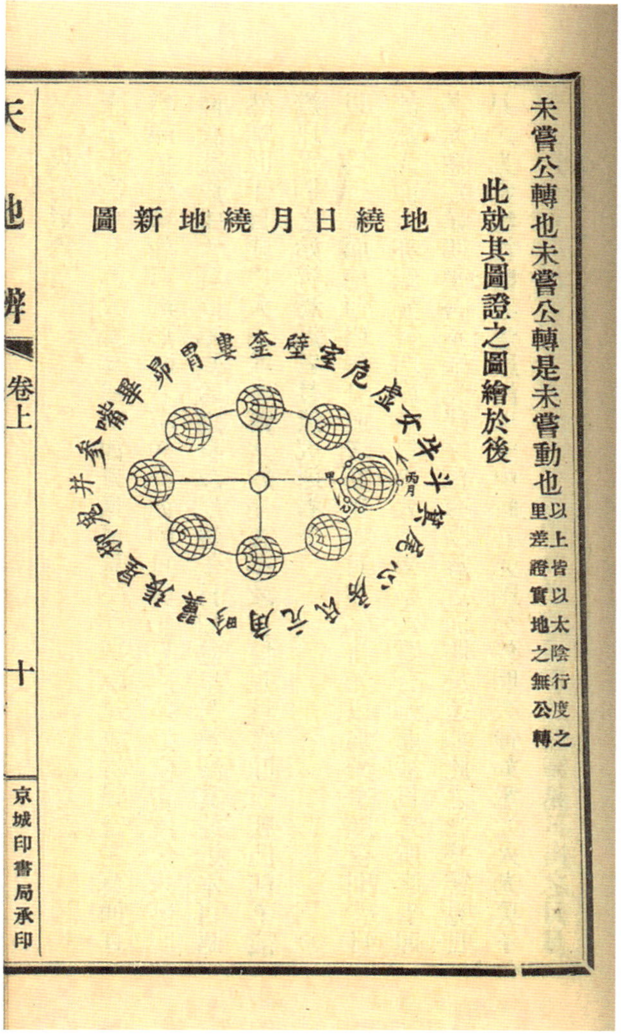
未嘗公轉也未嘗公轉是未嘗動也以上皆以太陰行度之里差證實地之無公轉
此就其圖證之圖繪於後
地繞日月繞地新圖
天地辨 卷上 十
京城印書局承印

拆出来的《对数表》

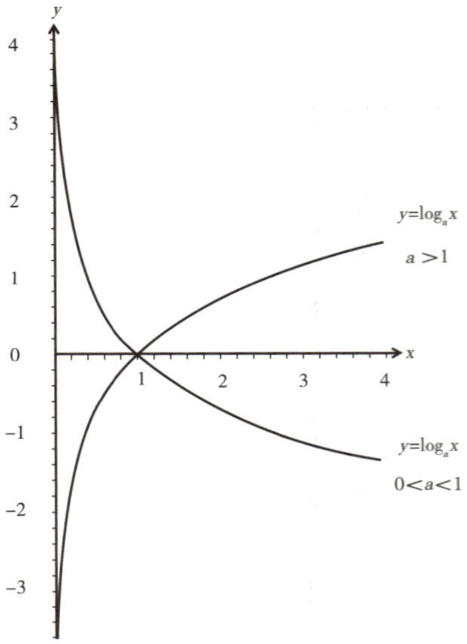

在整理一套六本的《鸣凤记》时，发现书页里面的衬纸有许多数字，拆开后发现，板心题有《算学六》，此书全称为《对数表算学六》，共有四卷、校算记一卷。是江南机器制造局所刻书之“附刻书”，贾步纬校述。

这算是意外之得，虽然《对数表算学六》并没有什么值得一说之处，但刻印此书的江南机器制造局应该一记。北京中华世纪坛前的青铜甬道上，有这样一个记载：“公元1865年乙丑，清穆宗同治四年。第一个大型近代企业江南机器制造总局（简称江南制造局，即今天的江南造船厂）在上海建立。”

江南制造局是整个晚清时期，清政府先后兴办的40多个兵工厂中最有影响的一个。江南制造局的全称为“江南机器制造总局”，同治四年五月，李鸿章在上海虹口购买美商旗记铁厂，又将上海和苏州两个洋炮厂并入，再加上曾国藩派容闳从美国买来的机器设备，建成江南制造局。同治六年自虹口迁往高昌庙，不断加以扩充，渐成为清政府规模最大的军事企业。其下属机构包括：机器厂、铸铜厂、铸铁厂、炼钢厂、轮船厂、枪炮厂、炮队营等。除了单纯的制造外，为培养技术力量和传播科技知识，江南制造局附设有广方言馆、翻译馆、工艺学堂。职工人数3000余人，房屋2000余间。中国第一台明轮蒸汽军舰“恬吉号”即由江南制造局于同治七年制造。江南制造局的建立，开创了中国近代军事工业完全采用机器生产的先河，为中国近代军事工业的发展作出了重要贡献，被誉为“中国第一厂”。

翻译馆是1868年由两江总督曾国藩奏请设立的，主要是翻译和印刷出版有关自然科学和机器工艺方面的书籍，这是近代中国第一个由政府创办的翻译西书机构。翻译馆由徐寿主持，译员可考者59人。其中外国学者有英、美、日籍学者傅兰雅、秀耀春、罗亨利、伟烈亚力、金楷理、林乐知、卫理、玛高温和藤田丰八等九人。中国学者有徐寿、华蘅芳等50人。

翻译馆设有刻书处和印书处，早期翻译的图书是雕版印刷的。傅兰雅《江南制造总局翻译西书事略》云：“局内刊版印书之处，原为小屋。然刊书之事渐大，其屋亦增广，内有三十余人，或刊版、或刷印、或装订，而一人董理，又一人董理售书之事，另有三四人抄写各书。”傅兰雅（1839—1928）为英国传教士，1863年被清政府聘为京师同文馆英文教习。1865年上海教会召请出任英华学堂校长。1868年受聘为上海江南制造总局编译，任期达

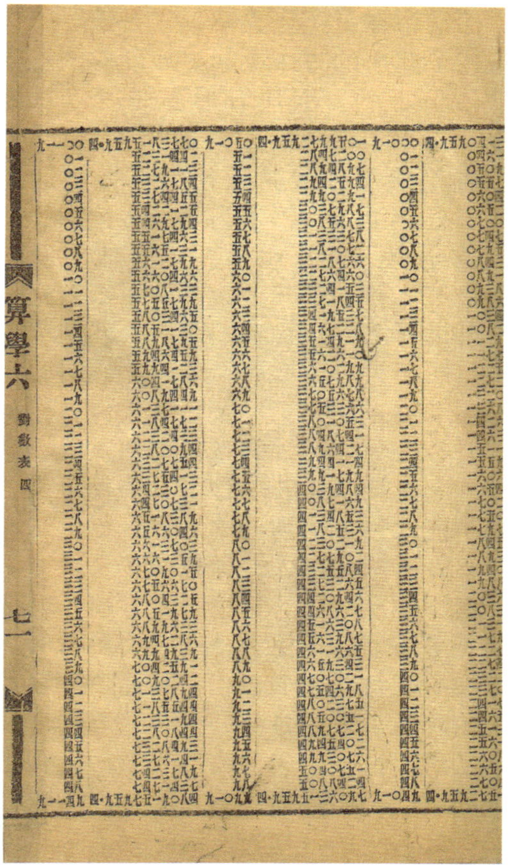
算學六 對數表四 七一

28年之久。计翻译英文书籍143种，是西方在华传教士中翻译西文书籍最多者。

翻译馆印书处尚有一副铅活字和一台印书架，系近代铅活字印刷设备。伟烈亚力所译《谈天》一书中的插图，是英国以钢版印成，地图与海道各图，系印书处用雕刻铜凹版所印。说明该局印书处曾采用多种工艺印刷图书。所印书籍计22类近200种。对引进西方先进的科学技术、促进中国包括近代印刷出版事业在内的工业技术的发展起了积极的推动作用。

关于江南制造局所译书，（1）《江南制造总局翻译西书事略》（1880）附录的书目表，计收入已刊译98部，已译成而未刊者45种，未译全者13种，共计156种；（2）《江南机器制造总局书目》，为该局刊行的售书目录，前有清光绪二十八年（1902）五月的识语，计收译书145种，另列该局翻刻书籍23种；（3）魏允恭编《江南制造书记》（1905年）卷二中的“图书目”，收译书154种，翻刻书18种，其他非译书3种；（4）陈洙等编《江南制造局译书提要》，该局1909年铅印，计收译书150种，翻刻书10种；（5）《上海制造局译印图书目录》，此目附于该局刊行的《西药大成药品中西名目表》重印本和《英国定准军药书》初刊本等之后，约于1911年编成，计收入译书168种，翻刻书29种。此目是该局译书较为完备的一个目录。

经过对江南制造局译书及有关文献的全面考察，王扬宗在《中国科技史料》1995年第2期发表了《江南制造局刊行翻译馆译书》，计183种，地图2种，译名表4种，连续出版物4种，共193种；他处所刊翻译馆译书8种；已译未刊译书40种。总计已刊未刊各种译著共241种。

“五阅寒暑”而成《瀛环志略》

（清）徐继畬编著《瀛环志略》十卷，同治丙寅（1866）刻本，壁星泉、刘玉坡鉴定，总理衙门藏版。

徐继畬受鸦片战争以后风气影响，有用世之志。清道光二十三年（1843）曾在厦门向美国传教士雅裨理借摹世界地图册，任福建巡抚后，乃广搜西方人著述，钩摹地图，编纂世界各国志，于1848年成书。以战国时

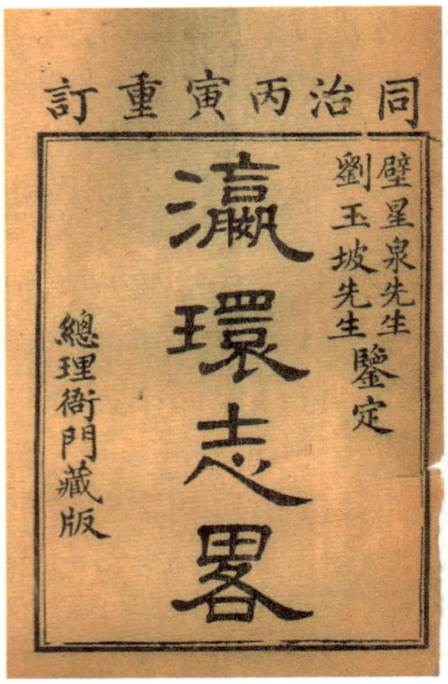

邹衍所论中国之外有大九州，有大瀛海环之，故取是名。各卷、篇首均附有地图，所引诸书未注出处，地名、人名皆标点钩出。书中扼要介绍了世界各国的地理沿革、政情民俗和经济状况。此书被视为《海国图志》的姊妹篇，为较早的世界史地著作，是近代先进人物向西方学习的启蒙读物。此书曾传入日本，产生影响较大。后人多有补正，著名者有何秋涛的《瀛环志略辨正》、薛福成的《续瀛环志略初编》、佚名的《瀛环志略续集》等。

《瀛环志略》也是近代中国人系统介绍世界史地知识的名著。其中对亚洲、欧洲和北美洲的介绍尤为详细，对中国人很少了解的南美洲、大洋洲和非洲也都有所记述。徐继畬还在书中对欧美民主政治制度作了比较系统的介绍，并给予称赞。他说："米利坚合众国以为国，幅员万里，不设王侯之号，不循世及（世袭）之规，公器（国家大事）付之公论，创古今未有之局，一何奇也。泰西古今人物，能不以华盛顿为称首哉！"这在当时是难得的进步思想。

徐继畬在《瀛环志略》"自识"中，详细记述了此书的写作缘起：地理非图不明，图非履览不悉。大块有形，非可以意为伸缩也。泰西人善于行远，帆樯周四海， 所至辄抽笔绘图，故其图独为可据。道光癸卯，因公驻厦门，晤米利坚人雅裨理，西国多闻之士也，能作闽语，携有地图册子，绘刻极细。苦不识其字，因钩摹十余幅，就雅裨理询译之，粗知各国之名，然匆卒不能详也。明年，再至厦门，郡司马霍君蓉生购得地图二册，一大二尺余，一尺许，较雅裨理册子，尤为详密，并觅得泰西人汉字杂书数种。余复搜求得若干种。其书俚不文，淹雅者不能入目。余则荟萃采择，得片纸亦存录勿弃。每晤泰西人，辄披册子考证之。于域外诸国地形时势，稍稍得其涯略。乃依图立说，采诸书之可信者，衍之为篇。久之，积成卷帙。每得一书，或有新闻，辄窜改增补，稿凡数十易。自癸卯至今，五阅寒暑，公事之余，惟以此为消遣，未尝一日辍也。陈慈圃方伯、鹿春如观察见之，以为可存，为之删订其舛误，分为十卷。同人索观者，多怂恿付梓。乃名之曰《瀛环志略》，而记其缘起如此。

在2007年中国嘉德四季第1期拍卖会上，此书道光二十八年六册竹纸本，成交价为6600元；在富彼国际2008年秋拍中，清同治癸酉（1873）刻本一函六册连史纸本，估价6000元，未成交。翕居所藏此同治年间总理衙门官刻版以往未见上拍。

当涂彭万程刊《读史方舆纪要》

翕居收有一套顾祖禹的《读史方舆纪要摘钞》十卷八册，清道光三十年（1850）当涂彭万程刊。有"历代州域形势"九卷，第十卷为"两京十三省总叙"。

此版本不同于通行《读史方舆纪要》一百三十卷刊本，应该说是较少见的。我们

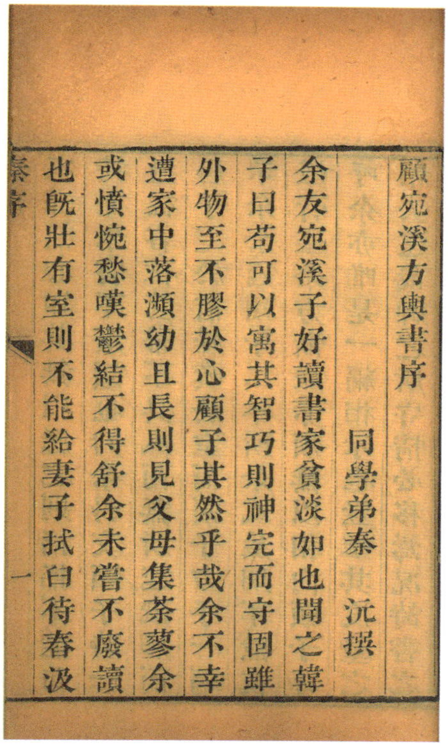
顧宛溪方輿書序
同學弟秦 沅撰
余友宛溪子好讀書家貧淡如也聞之韓
子曰苟可以寓其智巧則神完而守固雖
外物至不膠於心顧子其然乎哉余不幸
遭家中落瀕幼且長則見父母集荼蓼余
或憤惋愁嘆鬱結不得舒余未嘗不廢讀
也既壯有室則不能給妻子拭臼待舂汲
序 一

不妨把这些不足一百三十卷本称之为“简明版”，除了这种《读史方舆纪要摘钞》外，“简明版”还有其他几种，譬如三味书室的《读史方舆纪要图说》四卷；清咸丰八年（1858）红杏书屋《方舆纪要简览》三十四卷；清同治六年（1867）曼陀罗华馆《方舆纪要形势论略》二卷；商务印书馆1933年《顾氏读史方舆纪要京省序详注》一卷等。

顾祖禹，字瑞五，号景范，江苏无锡人，生于明崇祯四年（1631），卒于清康熙三十一年（1692）。由于久居无锡城东宛溪，被学者称为“宛溪先生”。他自幼聪颖过人，好学不倦，背诵经史如流水，且博览群书，尤好地理之学。清顺治元年（1644），清兵入关，顾祖禹随父避居常熟虞山，长期躬耕授业，过着“子号于前，妇叹于室”的清贫生活。虽如此，亦耻于追名逐利的仕途。秉承父亲遗命，立志著述《读史方舆纪要》。自顺治十六年始，他边教私塾，边开始《读史方舆纪要》的著述。经过30余年的笔耕，约在康熙三十一年前，也就是顾祖禹60岁左右时，终于完成了这部举世闻名的历史地理巨著《读史方舆纪要》，全书共一百三十卷，后附《舆地要览》四卷，约280万字。

顾祖禹的《读史方舆纪要》完稿后，康熙五年无锡华氏职思堂曾刻印其中历代州域形势说部分，定名《二十一史方舆纪要总说》，仅五卷，此为该书最早的刊本。此版本刊行后，顾氏曾经重修，这个重修的稿本现藏上海图书馆，曾为著名藏书家叶景葵所藏。

叶景葵（1874—1949），字揆初，浙江杭州人。浙江兴业银行董事长。他的卷庵藏书多抄校稿本，十分珍贵。1925年前后，他从杭州抱经堂书贾朱遂翔处收得一部前人稿本，首行题《读史方舆纪要》，不分卷，后人黏附纸条分别卷第，并注明“宛溪顾氏原本”。叶氏“灯下排目整理，剔除蠹鱼蛀虫不下数百”，接着请修书高手精心修补，耗时两年，费款200元，为书款的三倍，订成130余册，整修如新。

叶景葵所得这个稿本即康熙五年无锡华氏职思堂刻本付刊后重修的本子。因其改动过多，整理颇难，因此在清嘉庆十六年（1811），四川龙万育首次刊刻全书仍以原底本为准，后来道光、光绪年间包括新化邹代钧三味书室刻本在内的数种刊本都是前者的覆刻而已。而真正的“重修本则沉埋三百年，向饱蟫鱼之腹”，是叶景葵慧眼识遗珠，使一部濒于毁灭的重要书稿重见天日。

2008年2月，在中国书店第43期大众收藏拍卖会上，嘉庆敷文阁刻本《读史方舆纪要》直隶篇八卷八册竹纸本，成交价为3300元。

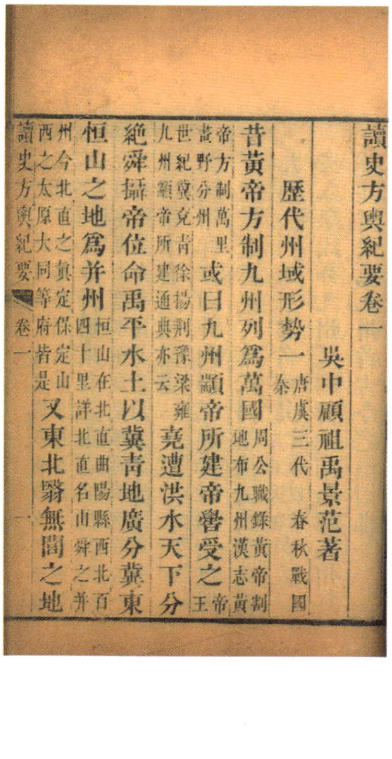
讀史方輿紀要卷一
吳中顧祖禹景范著
歷代州域形勢一 唐虞三代 春秋戰國 秦
昔黃帝方制九州列爲萬國周公職錄黃帝制地布九州漢志黃帝方制萬里畫野分州或曰九州顓帝所建帝嚳受之帝王世紀冀兗青徐揚荆豫梁雍九州顓帝所建通典亦云堯遭洪水天下分
絕舜攝帝位命禹平水土以冀青地廣分冀東
恒山之地爲并州恒山在北直曲陽縣西北百四十里詳北直名山舜之并州今北直之真定保定山西之太原大同等府皆是又東北醫無閭之地
讀史方輿紀要 卷一 一

分韵地名字典：《历代地理志韵编今释》

（清）李兆洛编《历代地理志韵编今释》二十卷七册，合肥李鸿章于清同治九年（1870）至同治十年刻本，本书为李氏五种合刊之抽印本，与“皇朝舆地韵编”合印。

《历代地理志韵编今释》是一部分韵编排的历代地名字典。作者李兆洛（1769—1841），字申耆，晚号养一老人，阳湖（今江苏常州）人。清嘉庆十年（1805）进士，选庶吉士，后官凤台知县。在7年任期内，他兴水利，设义学，推广教化。后因父忧离去，不再做官，主讲江阴书院20年之久。通晓经学、音韵、训诂、历算、地理，以“实学”为教授内容，培养了不少门生。著有《养一斋集》、《历代地理沿革图》、《皇朝舆地韵编》、《皇朝一统舆图》，编纂有《皇朝文典》、《凤台县志》、《骈体文钞》等。

李氏嗜好舆地之学，他感到：“历代地理建置沿革变化纷总，名实讹淆，或同地而异名，或同名而异地，南北相乖，东西易向，试图史书，方隅莫辨。”于是率同诸门人汇集历代郡县地名，“以韵编之，分别时代，条其异同，钩稽今代所在之处”，纂成《历代地理志韵编今释》一书。

按照字音编排的字典，早在魏晋时期已经出现。这类字典，首推韵书。李氏使用这

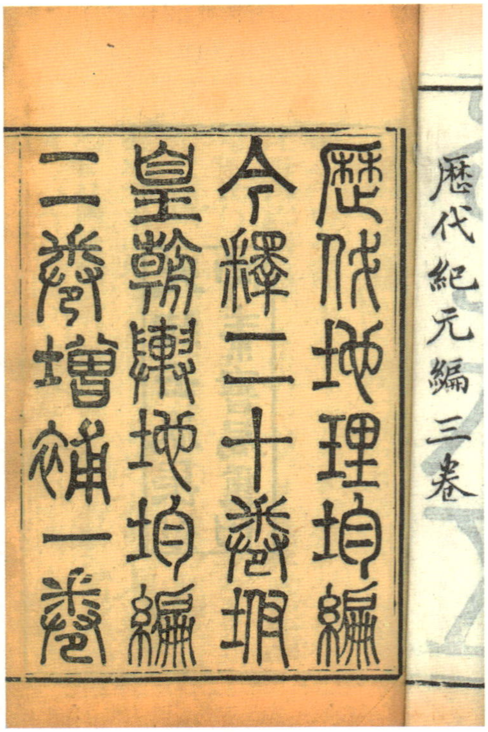
歷代地理志韻編今釋二十卷 皇朝輿地韻編二卷 增補一卷

歷代紀元編 三卷

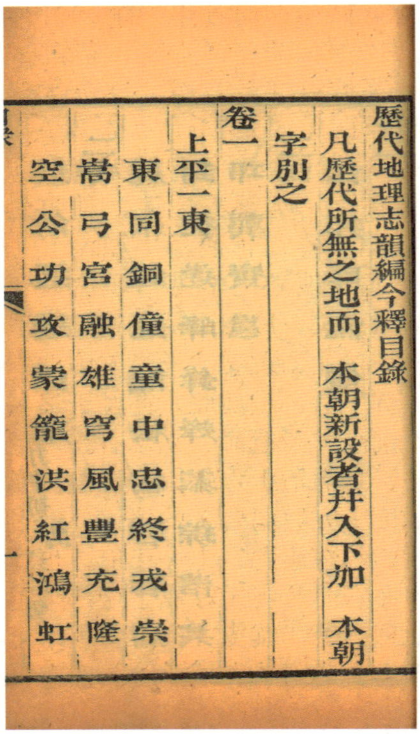
歷代地理志韻編今釋目錄

凡歷代所無之地而 本朝新設者幷入下加 本朝字別之

卷一

上平一東

東 同 銅 僮 童 中 忠 終 戎 崇

嵩 弓 宮 融 雄 穹 風 豐 充 隆

空 公 功 攻 蒙 籠 洪 紅 鴻 虹

种编目方法编排历代地名，以上平、下平、上声、去声、入声5部为纲，以《平水韵》106韵为目，这无疑是一种可贵的尝试。编入《历代地理志韵编今释》的地名采自《汉书·地理志》、《续汉书·郡国志》、《晋书·地理志》、《宋书·州郡志》、《南齐书·州郡志》、《魏书·地形志》、《隋书·地理志》、《新五代史·职方考》以及宋、辽、金、元、明五史《地理志》。除州、郡、府、县外，唐、宋、金、元、明《地理志》有“实地可据”者，皆“并列之”。南北朝侨置州郡虽无实地，但“侨置之处多有可考，故即其附注在所，约略注释”。

本书是假众人之手断断续续编纂而成的。自清道光二年（1822），“以上古《禹贡》三代、春秋、战国为经始，年余乃成。继检各史地志，别为录副而编以归韵，编写凡三四年乃既。继检《皇舆表》及《一统志表》，详其沿革，着之于图，皆得其实地，则又七八年。继会前代郡县注之每韵下，又三四年而后成”。先后达16年之久。14部《地理志》地名浩繁，编排时又无前例可供借鉴，工作难度很大，李氏颇有“成之甚难，散失甚易”，“写之颇难，校之尤难”的感叹。此书编成后，李氏曾打算将正史地名，因困难甚多，后来仅徐思锴成《晋书》一种，余皆未竟。正如李氏本人预料的那样，“编长纂杂，诚不能无舛谬漏舛”。同治年间，李鸿章应刊刻《李氏五种全集》者之请，为之作序，指出其存在问题多种。

在中国书店2008年春拍中，道光二十二年木活字印本《历代地理志韵编》二十卷、《皇朝舆地韵编》二卷，竹纸一函十册，成交价为7700元。

古代数学最高成就：《算经十书》

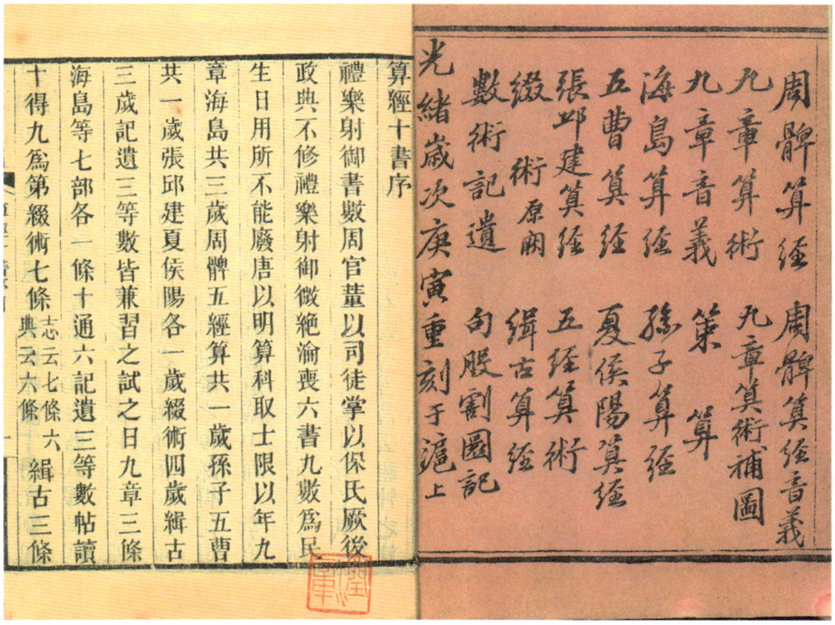
周髀算經　周髀算經音義
九章算術　九章算術補圖
九章音義　策算
海島算經　孫子算經
五曹算經　夏侯陽算經
張邱建算經　五經算術
綴術原闕　緝古算經
數術記遺　句股割圜記
光緒歲次庚寅重刻于滬上

算經十書序
禮樂射御書數周官董以司徒掌以保氏厥後政典不修禮樂射御微絶淪喪六書九數爲民生日用所不能廢唐以明算科取士限以年九章海島共三歲周髀五經算共一歲孫子五曹共一歲張邱建夏侯陽各一歲綴術四歲緝古三歲記遺三等數皆兼習之試之日九章三條海島等七部各一條十通六記遺三等數帖讀十得九爲第綴術七條志云七條六典云六條緝古三條

（清）孔继涵辑《算经十书》十种、附刻一种，共十二册，清光绪十六年（1890）上海刻本。钤“润章”藏书印。

《算经十书》是汉唐千余年间陆续出现的十部数学著作。北宋时期，曾将这十部算经刊刻发行，但此时其中的《缀述》已经失传，实际刊刻的只有九种。这是世界上最早的印刷本数学书，代表着中国古代数学的最高成就。

1773年，孔继涵以《四库全书》中戴震的校订本为主，将十部算经刻入“微波榭丛书”之中，题名为《算经十书》，这是《算经十书》名称的首次出现。《算经十书》的主要内容如下

《周髀算经》：作者不详，原名《周髀》，到唐代改名《周髀算经》。此书不仅是一部数学著作，而且是我国最古的天文学著作。主要阐明了盖天说和四分历法。在数学上，《周髀》已采用了相当复杂的分数乘除法，也运用到了勾股定理。

《九章算术》：一部现有传本、最古老的中国数学书。编写年代大约是公元100年左右。作者不详，共分为九章，所以称为《九章算术》。该书对我国数学发展影响巨大，16世纪前的中国数学书，原则上都遵《九章算术》的体例。正文包括“题、答、术”三部分。“术”就是解题思路和方法。

《海岛算经》：又名《重差》，作者是晋代刘徽。原是《九章算术注》的最后一卷。因为在此卷推算太阳高、远时，要用到两个差数，所以把这种测量方法称为“重差术”，这一卷也名为《重差》。到唐代，《九章算术》和《重差》就分开了。因为其中第一个题目是测望海岛山峰，计算其高远，所以又改为《海岛算经》。书中阐明了相似三角形的性质及其应用。

《孙子算经》：作者不详，估计成书于四五世纪。书中直接涉及乘除运算、求面积体积、处理分数以及开平方和立方。是世界上最早提出算法的，被誉为“孙子定理”或“中国剩余定理”。

《张邱建算经》：作者为张邱建，大约作于5世纪后期，里面有对最大公约数、最小公倍数的应用问题，最著名的是提出了不定方程组。

《夏侯阳算经》：学术界估计是北魏时期的作品。里面概括叙述了乘除速算法则、分数法则，另外推广了十进小数的应用，均与现在的表示法不同，计算结果有奇零时，借用分、厘、毫、丝等长度单位名称，表示文以下的十进小数。

《五曹算经》：一部为地方行政人员所写的应用算术书。全书分为田曹、兵曹、集曹、仓曹、金曹等五个项目，所以称为《五曹算经》。所讲问题的解法都浅显易懂，数

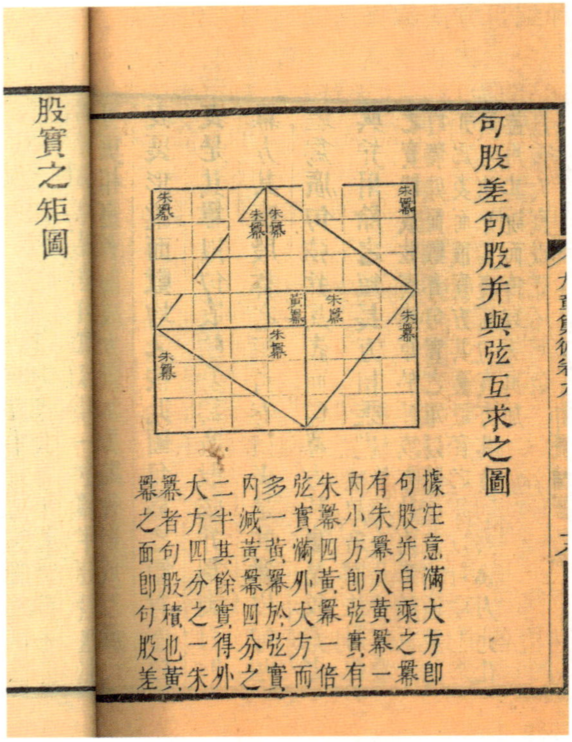

字计算都尽可能地避免分数。

《五经算术》：主要是应用数学知识或计算技巧，对我国古代经典著作《尚书》、《诗经》、《周易》、《论语》和《礼记》中的有关数字计算作注释。对保存古代数学遗产，功劳较大。

《数术记遗》：主要成就是大数进法，秦以前有万、亿、兆等都是十进位，即十万为亿，十亿为兆。汉以后改为万进，即万万为亿，万亿为兆等。另外叙述了筹算法、心算法等13种算法。

《缀术》：祖冲之和他儿子所著。现已失传。据其他著作的记述，里面的主要内容是求圆周率，是第一个把圆周率精确到六位小数的数学家，比西方早一千年，另外还有圆球体积计算公式。

《缉古算经》：开始称为《缉古》，公元656年立学官后，指定为算术用书，才称《缉古算经》。这部书最早提出了三次方程，利用三次方程求根方法，解决大规模土方工程计算问题。

在中国嘉德1997年秋拍中，清嘉庆年间四美斋刻《缉古算经》二册，估价8000～9000元，未成交；在上海嘉泰2007年秋拍中，故宫博物院影印汲古阁本成交价为2240元。

天文大成《管窥辑要》

（清）黄鼎撰《管窥辑要》八十卷，书名页题“天文大成辑要”。此书《四库全书简明目录》标注，《清史稿艺文志》题为《天文大成管窥辑要》，《中国古籍善本书目》、《贩书偶记》不载。

《管窥辑要》讲述了天文学历史上一些重要的事件，包括江南制造天文台、《天文大成管窥辑要》中的黄赤道差与白道交周算法、吐鲁番新出《高昌延寿七年历日》等事件。马南邨的《燕山夜话》有“下雨趣闻”讲到：“明代《管窥辑要》一书，引唐代天文学家李淳风的话说，‘回风卒起，而圜转扶摇，有如羊角，向上轮转……’《管窥辑要》中‘雨晴占备’讲，‘先雷后雨，其雨必小；先雨后雷，其雨必大’。”

翕居所藏《管窥辑要》为清顺治九年（1652）黄氏家刻本。本书第一卷卷端题名《管窥辑要》，书名页题《天文大成辑要》或《天文大成全志辑要》，但根据古籍著录规则，应以第一卷卷端题名为准。此书在顺治以后还刻过不止一版。

《四库全书总目提要》记载：“《天文大成管窥辑要》八十卷，浙江范懋柱家天一阁藏本。国朝黄鼎撰。”黄鼎，字玉耳，安徽六安人。明末以诸生从军，积功至总兵官，入国朝官至提督。是书乃其晚年所集。以古今天文占候分门编录，大学士范文程序之。大旨主灾祥而不主推步。繁称博引，多

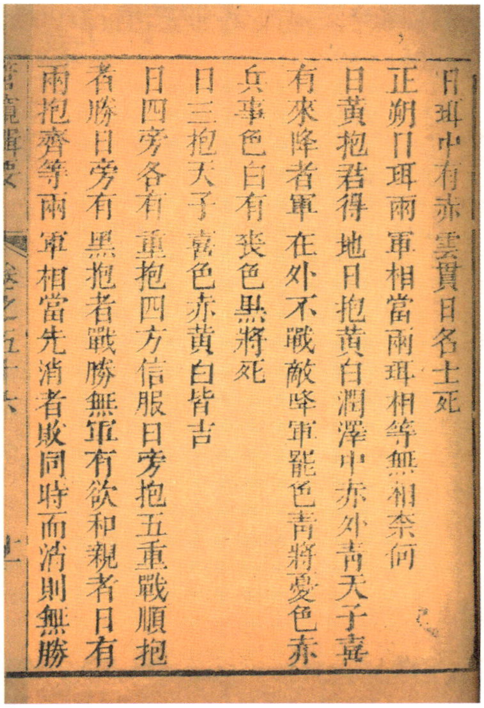
日珥中有赤雲貫日名士死
正朔日珥兩軍相當兩珥相等無相奈何
日黃抱君得地日抱黃白潤澤中赤外青天子喜
有來降者軍在外不戰敵降軍罷色青將憂色赤
兵事色白有喪色黑將死
日三抱天子喜色赤黃白皆吉
日四旁各有重抱四方信服日旁抱五重戰順抱
者勝日旁有黑抱者戰勝無軍有欲和親者日有
雨抱齊等兩軍相當先消者敗同時而消則無勝

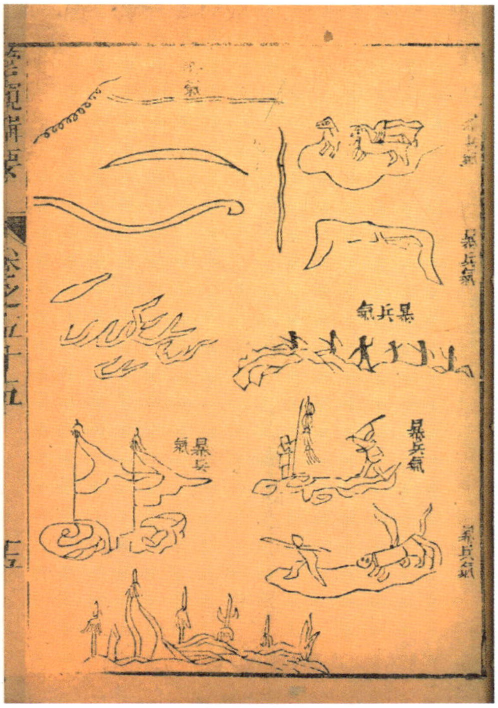

参以迂怪荒唐之说。

有趣的是，《管窥辑要》中有“桐城方兆及子诒仝阅”字样。清康熙帝曾在御批中说：“方登峄之父（方兆极）曾为吴逆（三桂）伪学士，吴三桂之叛，系伊从中怂恿；伪朱三太子一案，亦有其名……”由此来看，此书当属违碍一类。另外，书中还有犯忌的“胡人”字，“玄”字亦未避讳。

在北京翰海200年7月春拍中，顺治版《管窥辑要》八十卷以9900元成交。

树德堂刻《天文算学纂要》

（清）陈松撰《天文算学纂要》二十卷、卷首一卷，共二十册，永新陈松树德堂光绪十三年（1887）刻本，为子部天文算学类。本书又名《中西天文算学精蕴》，内容有“天文仪器图说”、“天学辑要”、“各省州县北极经纬度表”和“日月食步法”等。附《国朝万年书》二卷、《推测易知》四卷。

作为天文学计算的历史，中国上推可以千年。在元朝，蒙古人把中国文明几乎全盘接受过来，利用了原有的官僚士大夫机构，但是让一些“色目人”或外国人像马可·波罗那样，担任较高的职位。蒙古人在北京设立了一座天文台，在那里工作的有中国人，也有从西方来的穆斯林科学家。当时所制造的一些天文仪器，例如浑天仪和挂在墙上的象限仪现仍保存在中国。在巴黎，现在还藏有一本扉页上有汉字也有阿拉伯字的著作，是公元1362年由撒马尔罕的阿本·阿哈马（Abn Ahmad）所编制并进呈元朝皇帝的一份太阴表。

在中国书店海王村2004年5月春拍中，光绪十三年树德堂刊本《天文算学纂要》二十卷白纸本三函十八册，估价2500～3500元，成交价为6500元。

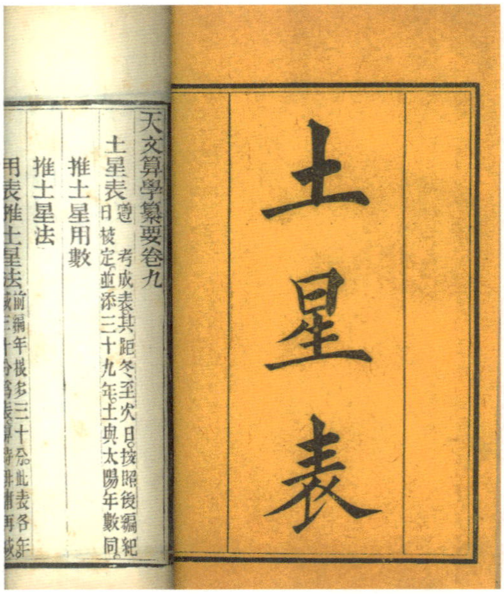

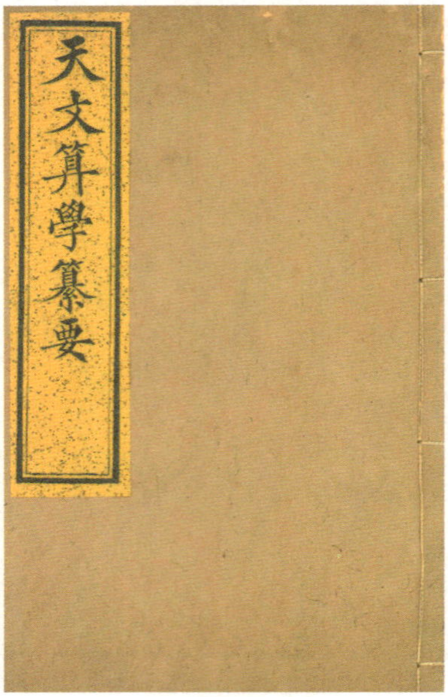

详尽标记台湾地图的《重订广舆记》

（明）陆应阳辑、清康熙二十五年（1686）湖南平江人蔡九霞增辑《重订广舆记》二十四卷，十册。

《增订广舆记》原为明人陆应旸编纂，经蔡方炳增补修订，内容较陆应阳的《广舆记》更加完备、准确，是一部以图记名之的古代中国地图集，同时也是研究明、清地图史的重要版本。在晚明至清末地图发展史中，处于承上启下的位置。

该书共收地图18幅，皆列于卷首第一册，称之为“广舆图”，第一幅为《大清一统全图》，其后为清初15省分图，依次是直隶、江南省、浙江省、江西省、福建省、湖广省、河南省、山东省、山西省、陕西省、陕西二、广东省、广西省、云南省、四川省和贵州省。

图后各卷是各省图记，内容大略分建制沿革、形胜、山川、土产、祠庙、名宦、人物、烈女和仙释等15项。《四库全书总目提要》对该书所述为：“国朝蔡方炳撰。方炳字九霞，号息关，昆山人。明山西巡抚懋德之子也。是编因明陆应旸《广舆记》而稍删补之。大抵钞撮《明一统志》，无所考正。自列其父于《人物》中，亦乖体例。懋德不愧于人物，宜待天下后世记之，不可出自方炳。方炳自作家传，亦无不可，特不可载于舆记也。”

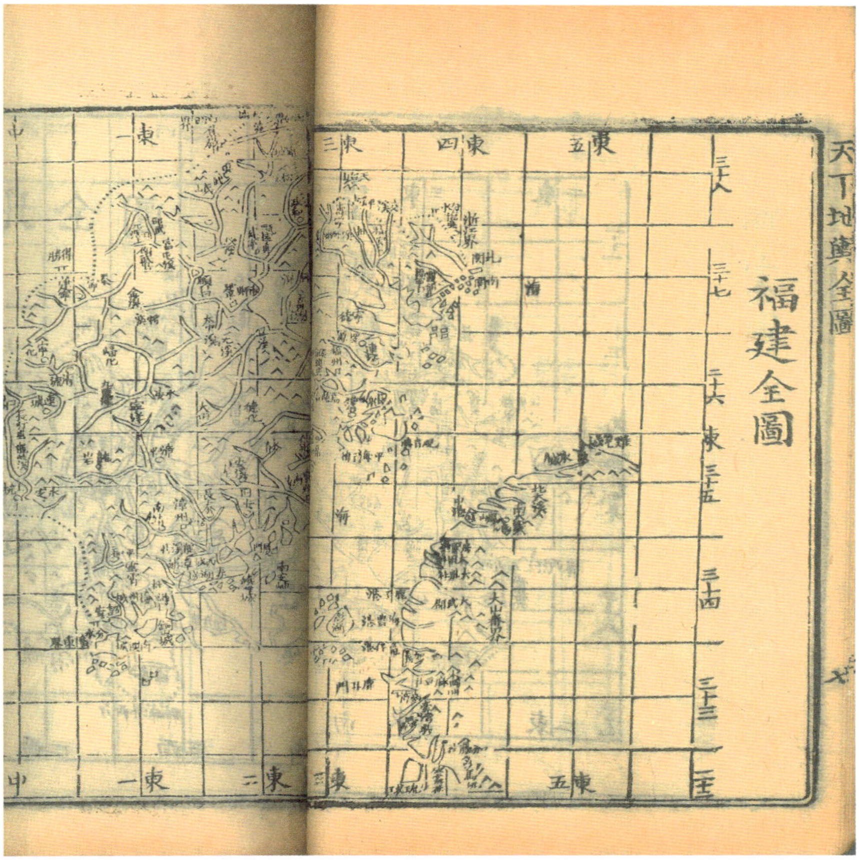

蔡方炳（1626—1709），别号息关学者，康熙十八年举博学鸿儒，托病不试。工诗文，兼善行草。著有《耻存斋集》、《广治平略》、《马政志》、《长洲县志》和《编纲鉴汇编》等。生平事迹见《清史列传·文苑

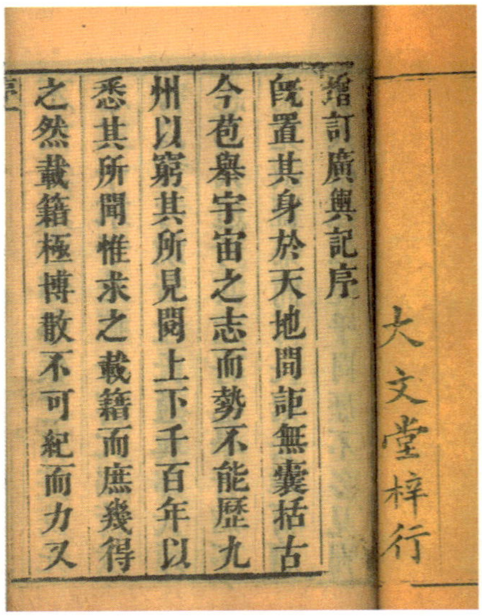
大文堂梓行
增訂廣輿記序
既置其身於天地間詎無囊括古
今苞舉宇宙之志而勢不能歷九
州以窮其所見閱上下千百年以
悉其所聞惟求之載籍而庶幾得
之然載籍極博散不可紀而力又

传》和《清诗记事》等。

“广舆”即广阔的疆域，就是全国之意。《广舆记》里的标记有几十种之多，有行政区划、地形地貌等，标注都十分清楚。如江南省（今安徽、江苏、上海）的新安江、婺河等小河流，在图中亦有非常明确的标记。难得的是，《广舆记》里面的“福建全图”中包括台湾的全部地图。其“北大溪、南大溪”即现在的“大溪”，其“鸡笼”、“鹿了港”就是现在的“基隆”和“鹿港”，而淡水、凤山、琉球则与现在同名。此外，台湾的其他山峰、河流、郡治如大山番界、凤山溪、大武郡等也标注得十分详尽、清楚。有专家认为，《广舆记》很可能是中国最早的、对台湾地图标记最详尽的木刻地图版本。它清楚地表明，在康熙年间，台湾早已在中国的版图以内。台湾自古以来就是中国的领土，这部书里的地图就是铁的证据。

《红楼梦》第五十一回“薛小妹新编怀古诗，胡庸医乱用虎狼药”中也提到了《广舆记》。讲的是：宝琴将素习所经过各省内的古迹为题，作了十首怀古绝句，内隐十物，皆说这自然新巧。众人看了，都称奇道妙。宝钗先说道：“前八首都是史鉴上有据的，后二首却无考，我们也不大懂得，不如另作两首为是。”黛玉忙拦道：“这宝姐姐也忒‘胶柱鼓瑟’，矫揉造作了。这两首虽于史鉴上无考，咱们虽不曾看这些外传，不知底里，难道咱们连两本戏也没有见过不成？那三岁孩子也知道，何况咱们？”探春便道：“这话正是了。”李纨又道：“况且他原是到过这个地方的，这两件事虽无考，古往今来，以讹传讹，好事者竟故意地弄出这古迹来以愚人。譬如那年上京的时节，单是关夫子的坟，倒见了三四处。关夫子一生事业，皆是有据的，如何又有许多的坟？自然是后来人敬爱他生前为人，只怕从这敬爱上穿凿出来，也是有的。及至看《广舆记》上，不止关夫子的坟多，自古来有些名望的人，坟就不少，无考的古迹更多。如今这两首虽无考，凡说书唱戏，甚至于求的签上皆有注批，老小男女，俗语口头，人人皆知皆说的。”

在上海国拍2006年秋拍中，康熙五十六年刻竹纸本二十四卷十六册，以8800元成交；北京保利2008年秋拍康熙年间此书刻本二十四卷、图一卷，共十五册，估价9000～12000元，未成交。

由筹算到珠算的标志：《原本直指算法统宗》

（明）程大位撰《原本直指算法统宗》十二卷六册，清初贵文堂刻本，题名“算法统宗”。有“师生问算”等插图多幅。

《原本直指算法统宗》（以下简称《算法

统宗》）是一部应用数学书，内容包括当时能收集到的各种实用数学问题和数学方法，并循《九章算术》的编撰方式，按方田、粟米、差分、少广、商功、均输、盈朒、方程、勾股等九项，叙述各种问题及解法，共计九章。包含整数、分数的加、减、除、乘、乘方、开方等基本知识，其中珠算开方法是历史上首次记载于书籍中。书里列举出各种计算方法，并比较出最便利的算法，例如他认为乘法以留头乘是最好的，而开方法以商除法为最佳。这些运用方便且计算准确的方法，沿用至今仍是人们常用的珠算法，如珠算除法的《九归歌》“二一添作五，逢二进一十”等。

《算法统宗》的精华部分详尽介绍了珠算的各种方法和归除口诀，对于推动珠算取代筹算贡献甚巨，这推动了算盘在社会生活中的应用，以致清朝时珠算已完全是计数的主要算法了。此外，书中以图形加以详细说明，书中列举595道计算题，且都附有详细注释、解法。在中国古代数学的整个发展过程中，《算法统宗》是一部十分重要的著作。从流传的长久、广泛和深入来讲，是任何其他数学著作都不能与它相比的。清康熙五十五年（1716），程家的后代子孙在《算法统宗》新刻本的序言中写道：自《算法统宗》一书于明万历壬辰（1592）问世以后，“风行宇内，迄今盖已百有数十余年。海内握算持筹之士，莫不家藏一编，若业制举者（考科举的人）之于四子书、五经义，翕然奉以为宗”。《算法统宗》的编成及其广泛流传，标志着数学由筹算到珠算这一转变的完成。

日本人毛利于明朝末年将《算法统宗》翻译成日文，开日本“和算”之先河。至今，在日本每年8月8日的“算盘节”人们都还是抬着大算盘和算神程大位的画像游行，表达对这位珠算高手的尊崇。

程大位（1533—1606），字汝思，号宾渠，安徽休宁（今黄山）人。生于商人家庭，自幼聪明好学。根据《程氏宗谱》记载，说他精于古篆，并善用算数。少年时随父经商，足迹踏遍吴楚。宋元时，中国仍以筹算计数，至明朝渐渐换以珠算代之，他在商务往来中，因感受到传统筹码计数法的不方便，所以计划编撰一部简明实用的数学书籍。行商之余，他遍访数学名家和珠算能手，不惜重金购求遗书，还大量搜集古代的数学难题和计算方法，并努力研读以增进自己对数学基础理论的认识。40岁时弃商专心著书。经过近20年的刻苦钻研，在其花甲之年，完成了影响深远的《算法统宗》，并自费刊印发行。后来，程大位又修订出版发行《算法统宗》的简明本《演算法纂要》共四卷，成为后世民间算家的基本读本。

在中国嘉德2002年秋拍中，万历二十年（1592）宾渠旅舍自刻本，荣观堂藏版竹纸八册，估价1万～1.5万元，未成交。

“同文馆集珍板”：《增订格物入门》

京师同文馆是由清廷举办，美国传教士丁韪良长期担任总教习的中国第一所官办洋学堂。它是中国民族危机加深，晚清“师夷之长技以制夷”思潮的产物，也是国门洞开后，中西文化交流的产物。它的创办，打破了传统腐朽的封建教育统治全国的旧格局，成为近代中国教育改革的肇端，对中国社会产生了深远的影响。

据《同文馆题名录》记载，同文馆历年翻译书籍有《万国公法》、《化学指南》、《英文举隅》、《富国策》、《各国史略》、《算学课艺》、《坤象究原》和《电理测微》等25种。以上教材中，影响最大的是丁韪良主持编译的《格物测算》。所谓“格物”，是清朝末年研习西学的人对物理、化学等理科学科的总称。此书先后以清同治七年（1868）同文馆刻本《格物测算》、清光绪十五年（1889）同文馆铅印本《增订格物入门》和光绪二十五年京师大学堂铅印本《重增格物入门》刊行，分为水、气、火、电、力等各卷，采用图文结合和问答讲解模式，西学知识结构完整而实用，因此在同文馆一直使用了30多年。翕居所藏为光绪十五年同文馆京师铅活字排印暨刻本，七册，插图多幅。牌记题“光绪己丑仲秋同文馆集珍板”。

据丁韪良在《重增格物入门》序言中称，最初编写这套书耗费了他整整两年的时间，而且一直使用了30年都没有被淘汰，甚至还曾经有幸得到光绪皇帝的御览。虽然同文馆开馆之初只是一所纯粹的语言学校，但它后来却逐渐发展壮大，成为一个多学科的综合性高等学府，为清廷培养了众多栋梁之材，其中包括光绪皇帝的两位英语教师——张德彝和沈铎，以及12位驻外全权大使。

正因为如此，在1889年同文馆出版《增

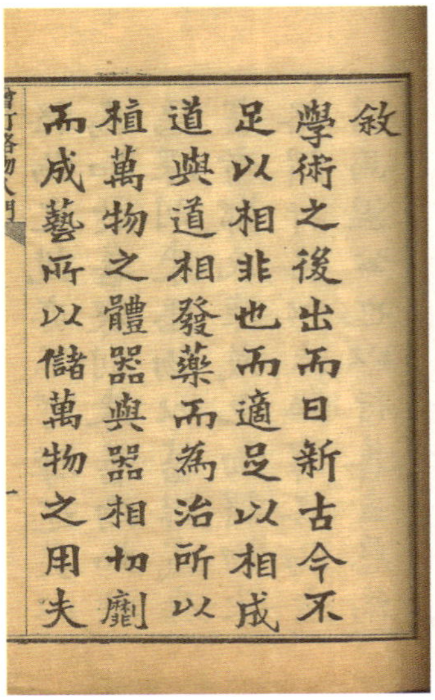
增訂格物入門
敘
學術之後出而日新古今不足以相非也而適足以相成道與道相發藥而為治所以植萬物之體器與器相切劘而成藝所以儲萬物之用夫

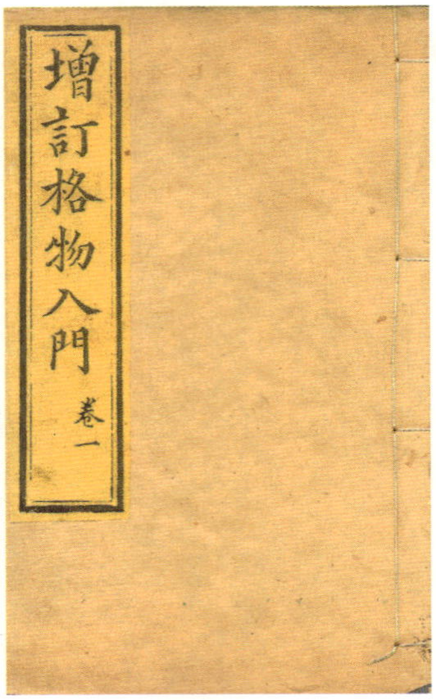

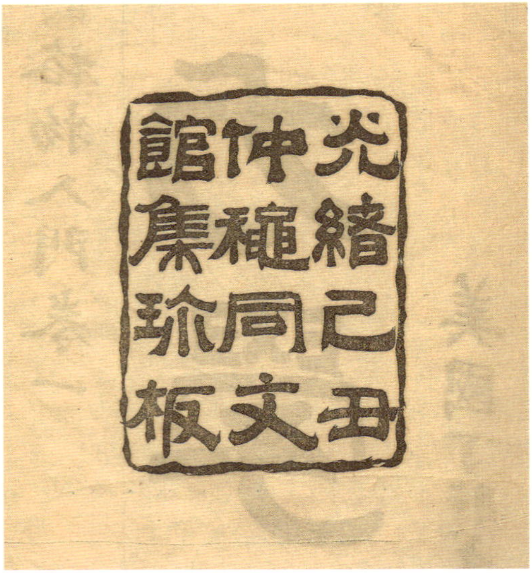

订格物入门》时，得到了清政府总理衙门的很高重视，许多清政府高级官员为此书撰写序言。李鸿章写的序放在最前面，他在序言中说道："西人毕生致力于象纬器数之微，志无旁骛。其论形上之理虽与汉宋诸儒不同，若谓其于形下之学，一无当于圣人格物之旨，固不可也。"对于该书的编著者丁韪良，李鸿章推崇备至："丁总教习冠西，远方之杰，掌教都门同文馆，能读经史百家之书。今治格物之学，以入门命其书，其犹界说之微旨欤。"

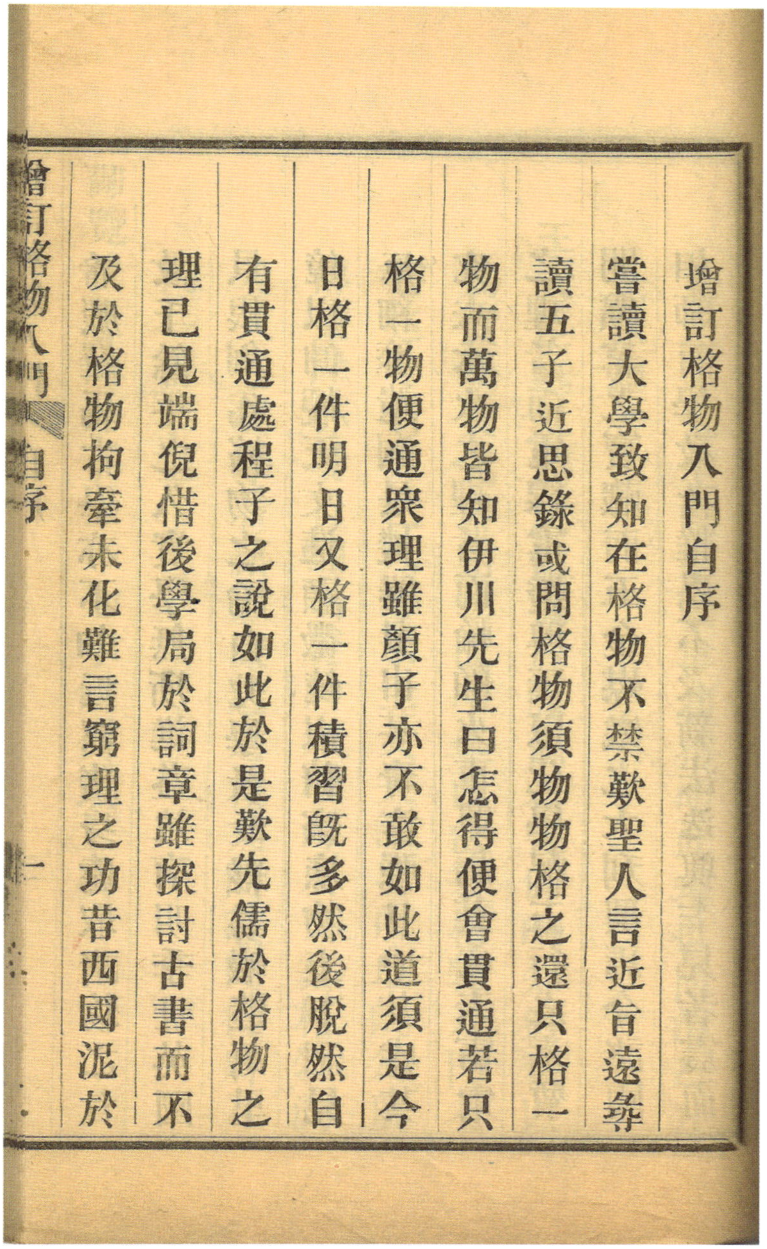
增訂格物入門自序
嘗讀大學致知在格物不禁歎聖人言近旨遠奚
讀五子近思錄或問格物須物物格之還只格一
物而萬物皆知伊川先生曰怎得便會貫通若只
格一物便通衆理雖顏子亦不敢如此道須是今
日格一件明日又格一件積習既多然後脫然自
有貫通處程子之說如此於是歎先儒於格物之
理已見端倪惜後學局於詞章雖探討古書而不
及於格物拘牽未化難言窮理之功昔西國泥於
增訂格物入門 自序 一

为此书写序的还有户部右侍郎、同文馆管理事务大臣徐用仪，桐城派著名的代表人董恂和徐继畬。他们大多受"洋务运动"的影响，对西学持开放的心态，对丁韪良的学识十分赞赏。徐继畬在序言中对丁韪良倡导"实学"表示赞赏："冠西学问渊博，无所不通，著有《格物入门》一书，属余为序，余受而读之，皆闻所未闻，且一一可见之实事，与他人之驰骛元虚其语，卒不可究诘者，盖盘然矣。董恂对丁韪良的学识这样评价道：冠西博闻强记，来中国久，能华言乃者，综所学西学之水学、气学、火学、电学、力学、化学、算学、历著之华文，里质其词构为问答说所未喻。豁之图承，口讲手画，洵明白而易晓学者。余此玩索，而有得焉。亡论示汉宋学何等，其要则内而析理，外而利用，非空言也，乡也。观于洴澼絖之事，盖其浅焉者已。"

《增订格物入门》是在《格物测算》基础上增订而成，增加了许多现实的例子来加以讲解。譬如"地月呼吸"、"潮为日所致"等。《增订格物入门》着重于普及相关科学常识，多述常识性的知识点。如卷三《气学》中有一个问题，就阐述了火车这种新式交通工具的发明史。书中讲解的重点，还包含"瓦德之汽机胜于前者，于何见之？"、"以水力积气开凿山道，其机各式若何？"，等等，这在当时都是非常新颖、实用的内容。1899年京师大学堂刊印的《重增格物入门》，在《增订格物入门》基础上又有不小的增加和改进。京师大学堂管学大臣许景澄为之作序，他说道："今更广所未备补正者，凡数百事……用力可谓勤矣。"

在中国嘉德2006年秋拍中，此本以6600元成交。

丙
乙
丁
甲

“研格致，营制造者，乘时而起”：《器象显真》

《清史稿》记载：“中叶后，海禁大开，泰西艺学诸书，灌输中国，议者以工业为强国根本，于是研格致，营制造者，乘时而起。”《器象显真》一书，就是在清季自强运动中引进西方机械制图技术的第1部译著，此书为英国白力盖辑，英国傅兰雅口译，无锡徐建寅删述，元和邱瑞麟校字，上海曹钟秀摹图。江南制造局清同治十年（1871）刊本，二册，另有《器象显真图》纯图80页一册，有图共计362幅。此书主要介绍西方的机械制图技术，曾对中国工程图学走向近代起到十分重要的作用。此书绘图者曹钟秀，主持江南机器制造总局制图工作达40年，是早期机械制图专家。

徐建寅（1845—1901），字仲虎，江苏无锡人。精于化学、物理学、军工和造船技术。徐建寅是中国近代化学先驱者徐寿的次子，从少年时起，就随父亲钻研科学书籍，17岁，随父入曾国藩幕府。18岁，又随父入安庆大营军械所，协助其父和华蘅芳等试制我国第一艘轮船“黄鹄”号，先后参加了“惠吉”、“操江”、“测海”、“澄庆”、“驭远”等轮船的建造工作。还参与制造枪炮、弹药、硫酸、硝酸、硝棉火药和雷汞等。1868年，徐建寅入江南机器制造总局附设之翻译馆，1873年任江南机器制造总局提调。1879—1881年，徐建寅任驻德使馆二等参赞，这期间著有《欧游杂录》。

徐建寅在江南机器制造总局的译作有20多种，其中《运规约指》、《化学分原》、《器象显真》、《汽机新制》、《汽机必以》、《声学》、《电学》、《艺器记珠》、《谈天》、《水师操练》、《轮船布阵》、《格林炮操法》、《德国议院章程》、《德国合盟纪事本末》和《测地捷法》等15种已出版发行。其余如《汽机尺寸》、《造船全法》、《摄铁器说》、《绘图船线》、《石板印法》、《造硫强水法》、《营城要说》、《炮与铁甲论》、《年代表》和《德国海军章程》等10种，据

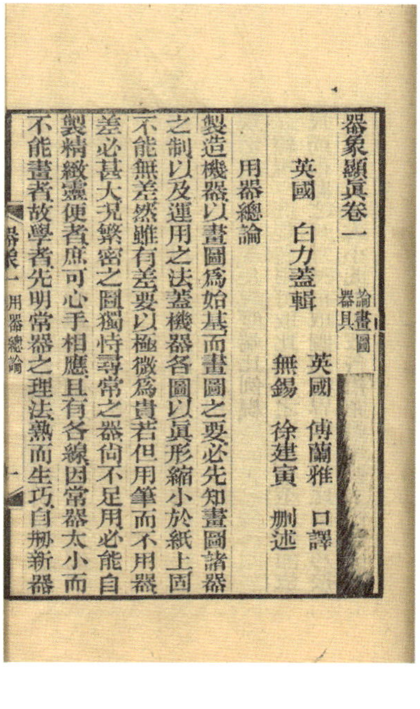

器象顯眞卷一 論畫圖器具

英國 白力蓋 輯

英國 傅蘭雅 口譯

無錫 徐建寅 删述

用器總論

製造機器以畫圖爲始基而畫圖之要必先知畫圖諸器之制以及運用之法蓋機器各圖以眞形縮小於紙上固不能無差然雖有差要以極微爲貴若但用筆而不用器差必甚大況繁密之圓獨恃尋常之器尚不足用必能自製精緻靈便者庶可心手相應且有各線因常器太小而不能畫者故學者先明常器之理法熟而生巧自刱新器

器象一 用器總論 一

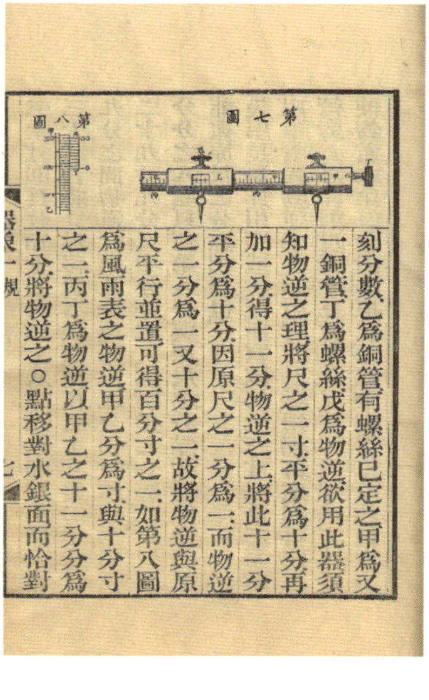

刻分數乙爲銅管有螺絲已定之甲爲叉一銅管丁爲螺絲戊爲物逆欲用此器須知物逆之理將尺之一寸平分爲十分再加一分得十一分物逆之上將此十一分平分爲十分因原尺之一分爲一而物逆之一分爲一又十分之一故將物逆與原尺平行並置可得百分寸之一如第八圖爲風雨表之物逆甲乙分爲寸與十分寸之一丙丁爲物逆以甲乙之十一分分爲十分將物逆之○點移對水銀面而恰對

器象一 規

文献记载已经译出，但未出版。他的著作有《兵法新书》和《水雷录要》等，还在《格致汇编》上发表有论文和译文。

徐建寅与傅兰雅合译的书籍，反映了当时西方先进的科学技术水平。他们所选译的大部分著作，是19世纪60年代欧美流行的科技名著。这些著作的汉译，对中国近代自然科学一些学科的建立和发展起到一定的作用。

在北京翰海2003年春拍中，此本估价4000～5000元，未成交。

齐如山用的课本：《算式集要》

（英）哈司韦原著，（英）傅兰雅（John Fryer）口译，江衡笔述，贾步纬校对《算式集要》四卷二册，附图142幅，1887年江南机器制造总局刻本。

江南机器制造总局在晚清自强运动中，翻译出版了一百几十种西方科学技术书籍，涉及史志、政治、交涉、兵制、船政、学务、工程、农学、矿学、工艺、商学、格致、兵学、算学、电学、化学、声学、光学、天学、地学、医学和图学等，另有补遗和附刻。这些书籍推动西学东渐，对我国近代科学思想和文化教育产生了重大影响。

《算式集要》是江南机器制造总局所刻数学类书中，影响较大的一种，主要介绍各种线面、体积、圆锥曲线算式及地面测算法等几何学方知识。翕居所藏的这部《算式集要》，系齐如山藏书，钤有“齐林玉世世子孙永宝用”藏印。

齐如山1875年生于书香世代的家庭。原籍河北省高阳县，他19岁进北京同文馆，学习德文和法文，前后约五年。毕业后游学西欧，辛亥革命后回国，担任京师大学堂和北京女子文理学院的教授。

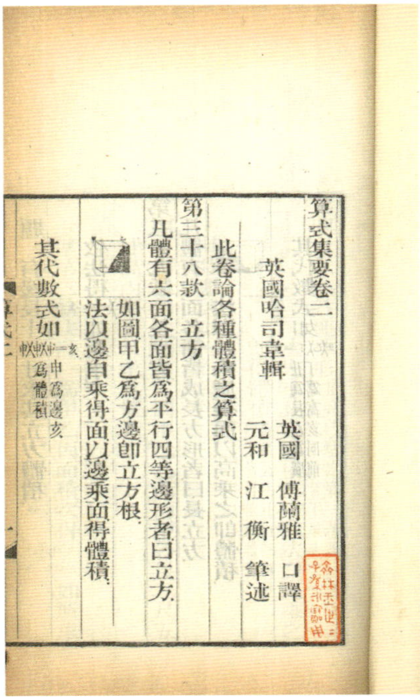

算式集要卷二

英國哈司韋輯　英國　傅蘭雅　口譯

元和　江　衡　筆述

此卷論各種體積之算式

第三十八款　立方

凡體有六面各面皆為平行四等邊形者曰立方

如圖甲乙為方邊即立方根

法以邊自乘得面以邊乘面得體積

其代數式如　中為邊亥為體積

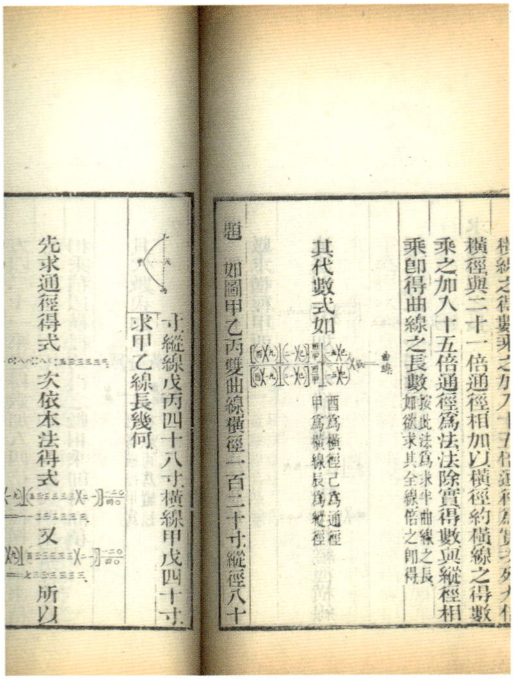

横徑與二十一倍通徑相加以横徑約横線之得數

乘之加入十五倍通徑為法法除實得數與縱徑相

乘即得曲線之長數按此法為求半曲線之長如欲求其全線倍之即得

其代數式如

酉為横徑己為通徑

甲為横線長為縱徑

題　如圖甲乙丙雙曲線横徑一百二十寸縱徑八十

寸縱線戊丙四十八寸横線甲戊四十寸

求甲乙線長幾何

先求通徑得式

次依本法得式

又

所以

齐如山的父亲齐令辰是翁同龢的学生，做过李鸿藻大学士的西席，也是李石曾的先生。齐如山的兄长齐竺山曾与蔡元培等留法勤工俭学，在法国开过中国豆腐公司。齐如山幼年受到良好的家庭教育，广读经史，对流行于家乡的昆山腔、弋阳腔、梆子等地方戏曲十分喜爱。他在同文馆读书时（1884），同学常约他去看戏，故而几乎每个星期天都泡在戏馆里。齐如山对戏剧和戏剧理论有深入的研究，1912年在北京经常为梅兰芳的表演及剧本提出修改意见。1916年至1917年间，与李世戡等为梅兰芳编排时装戏《一缕麻》，古装戏《黛玉葬花》、《嫦娥奔月》、《千金一笑》等剧。1931年与梅兰芳、余叔岩等人组成北平国剧学会，并建立国剧传习所，从事戏曲教育。编辑出版了《戏剧丛刊》、《国剧画报》，搜集了许多珍贵戏曲史料。著有《中国剧之组织》、《京剧之变迁》、《国剧身段谱》、《戏班》、《脸谱》、《梅兰芳艺术一斑》和《梅兰芳游美记》等书。1962年于台湾去世（参见380页《梅兰芳与齐如山结缘的〈汾河湾〉》一文）。

傅兰雅（1839—1928）为英国传教士，1863年被清政府聘为京师同文馆英文教习。傅兰雅翻译的《算式集要》1887年刊行，很可能是齐如山在同文馆读书时所用的教材。

齐如山常用印章有“高阳齐氏百舍斋存书之印”、“齐如山”、“齐林玉世世子孙永宝用”和“齐氏所藏戏曲小说印”等。

“以天算为绝学”：《则古昔斋算学》

张之洞在1875年编写的《书目答问》，卷后附有“清朝著述诸家姓名略”，并称“此编生存人不录”，但却破例在“算学家”条下列出了李善兰，还特别加注说明：“李善兰乃生存者，以天算为绝学，故录一人。”

李善兰（1811—1882），原名心兰，字壬叔，号秋纫，浙江海宁人。清代数学

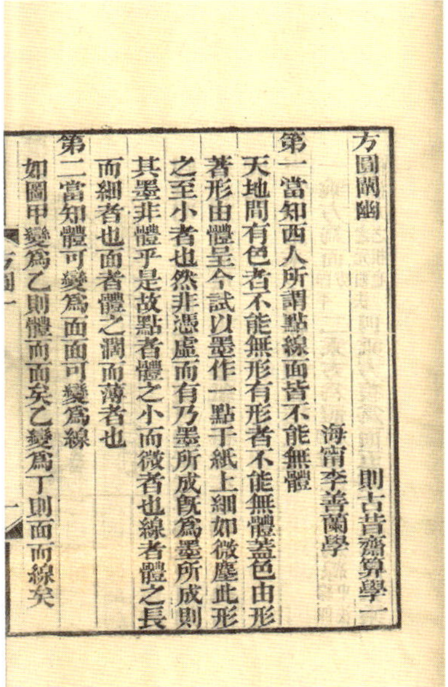
則古昔齋算學一
海甯李善蘭學
方圓闡幽
第一當知西人所謂點線面皆不能無體
天地間有色者不能無形有形者不能無體蓋色由形著形由體呈今試以墨作一點于紙上細如微塵此形之至小者也然非憑虛而有乃墨所成旣爲墨所成則其墨非體乎是故點者體之小而微者也線者體之長而細者也面者體之濶而薄者也
第二當知體可變爲面面可變爲線
如圖甲變爲乙則體而面矣乙變爲丁則面而線矣

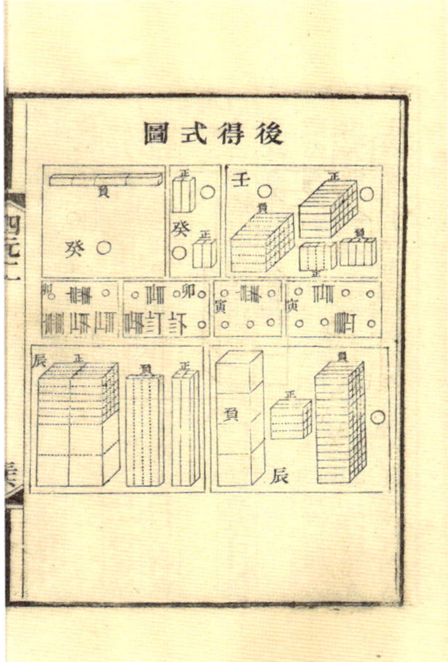

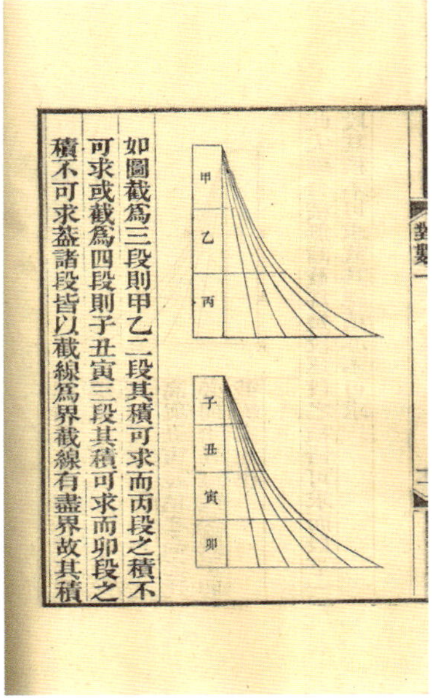
如圖截爲三段則甲乙二段其積可求而丙段之積不可求或截爲四段則子丑寅三段其積可求而卯段之積不可求蓋諸段皆以截線爲界截線有盡界故其積

家。自幼聪颖，但偏嗜数学。9岁通《九章算术》，14岁通欧几里得《几何原本》前六卷。到杭州参加科举考试时，得《测圆海镜》、《勾股割圆记》等书，潜心钻研，造诣日深。在中国传统数学垛积术和极限方法基础上，发明了“尖锥术”，并据此提出“对数论”。清咸丰二年（1852），到上海墨海书馆，结识英国学者伟烈亚力、艾约瑟、韦廉臣等，共同探讨数学。与伟烈亚力合作（伟口述，李笔录），翻译了《几何原本》后九卷。与此同时，翻译了《重学》、《谈天》、《植物学》，第一次向我国介绍西方近代物理学、天文学、植物学的最新成就。在历时8年的翻译过程中，尽心竭力，译文达七八十万字，其中大量科学名词无先例可参考，李善兰反复衡量，仔细斟酌，创译了一大批科学名词，如：代数、函数、指数、微分、积分、轴、坐标、切线、方位、自行、摄动、光行差、分力、合力、质点、细胞，等等，一直沿用至今。

咸丰十一年，李善兰应曾国藩之邀入安庆军械所，后又至南京主持金陵书局，从事与洋务新政有关的科技学术活动。清同治三年（1864）七月，向曾国藩提出刻印自己的译著和所有数学书籍的要求，得到允诺。次年由曾国藩亲自署签，《几何原本》在南京出版。第三年，又由曾国藩资助，将所有手稿尽数付印，出版《则古昔斋算学》。在安庆曾国藩军中，李善兰还得以安心写作《火器真诀》，这是我国第一部弹道学著作。同治七年，经广东巡抚郭嵩焘推荐，赴京任同文馆天文算学总教习，官至户部郎中、总理衙门章京。同治十年，发表了我国第一篇关于素数的论文《考根数法》，不仅证明了费尔马定理，而且指出了它的逆定理之不存在。在《垛积比类》中，为解决三角自乘垛的求和问题，提出了一个恒等式，后被国际命名为“李善兰恒等式”。华罗庚对此十分推崇，并在《数学归纳法》中加以引用。

太平天国之后，曾国藩、李鸿章等洋务派领袖倡导建立官办印刷出版机构——官书局。其实早在咸丰十一年，曾国藩奉旨镇压太平天国，于进兵安庆之时，派莫友芝遍访遗书，就在为建立官书局作准备。同治三年四月，曾国藩授意在安徽安庆创设了书局。同年六月，江宁收复后不久移局于铁作坊（太平天国慕王府），后又移至江宁府学飞霞阁，组建了金陵官书局。初期由曾国藩私人出资，旋即改由公款支付。其刊印图书以经史为主，诗文次之。对西方科技著作也颇为重视，刊印了李善兰的译著《几何原本》、《重学》、《圆曲线说》，著作《则古昔斋算学》等书籍。

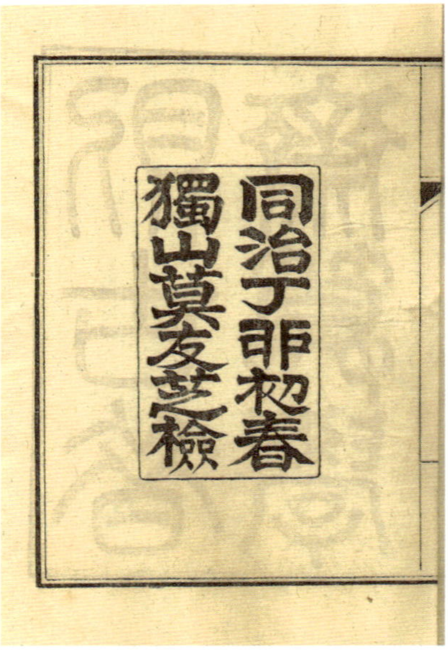

翕居所藏《则古昔斋算学》为近代藏书家赵诒琛峭帆搂旧物，钤“昆山赵诒琛号学南印”。赵诒琛之父赵元益（1840—1902），字静涵，同治初年任职上海江南制造局，与林乐知、傅兰雅翻译西书。时值太平天国战乱之后，江南故家藏书大半散于沪中，赵元益倾囊收罗，未数年藏书竟美富一时，成为近代上海著名藏书家之一，所藏善本辑入《高斋丛刊》。此为赵氏藏书之渊源。

赵诒琛幼秉庭训，视书如命，每遇奇书，辄晨夕手钞，从不厌倦，积三十年之辛苦，藏书益富。清末民初，他先将《东观集》、《红雨楼题跋》等付诸梨枣，以成先人未竟之业，又于沪南制造总局之西、龙华马路之侧，建楼七楹，环以深树，名曰“峭帆搂”，以为藏书之所。藏书大多为其父所遗，以清人稿本及抄本为大宗，以黄氏“士礼居”、汪氏“艺芸精舍”旧藏宋元刊本为镇库。刻有《峭帆楼丛书》18种，藏书家叶德辉为之序，并作《峭帆楼歌》以张之。又辑有《又满楼丛书》凡若干种及《峭帆楼善本书目》、《赵氏图书馆藏书目录》。1913年7月，上海讨袁军攻击沪南制造总局，激战向日不休。赵氏峭帆楼临近高昌庙，正当战线之冲，故只得携眷属出走，避至沪北，迨乱定归来，峭帆楼与图书、版片已俱成灰烬。叶德辉将此浩劫与陆氏皕宋楼、丁氏八千卷楼之厄相提并论，为之浩叹不已。赵氏晚年流寓苏州，性之所好，仍不离书。惜其身后萧条，家人售其藏书，以每册银一角，陆续散去，不久便荡然无存，应验了延绵千年以来私人藏书“终归流散”的规律。

《则古昔斋算学》牌记题“同治丁卯初春独山莫友芝检”，此书包括方圆阐幽、弧矢启秘、对数探源、垛积比类、四元解、麟德术解、椭圆正术解、椭圆新术、椭圆拾遗、火器真诀、对数尖锥变法释、级数回求和天算或问等13种，附刻艾约瑟口译、李善兰笔述的《圆锥曲线说》。

在上海国拍2005年春拍中，此本成交价为3300元。

“盖格物与算学互为表里”：《格物测算》

（美）丁韪良撰《格物测算》八卷八册，清光绪九年（1883）铅印本，钤“实事求是”藏印，有批校。

丁韪良（1827—1916）是清末时期来华的美国传教士，他在华期间编著了《格物入门》和《格物测算》两部中文物理书籍。这两部书籍都曾是京师同文馆的教材，对中国物理学的发展产生了一定影响。在同文馆存在的40年历史中，丁韪良在同文馆任总教习达25年。《格物测算》最早是清同治七年（1868）的同文馆刻本，《增订格物入门》为光绪十五年同文馆集珍铅印本，此书是在《格物测算》的基础上改编而成，从形式上看，它保留了上一个版本图文结合和问答的讲解模式。但在内容和结构上都有了较大改变。并且《增订格物入门》的知识结构更加完整和实用。（参见562页《“同文馆集珍板”：〈增订格物入门〉》一文）

翕居所藏《格物测算》为光绪九年铅印本，共八册。用丁韪良的话来说，这套书的编写方法是“既根本旧说又参考新法，于英美法三国名家各有心得，每遇欣赏恒录其术，集腋成裘而成百家通法”。在此书自序中，丁韪良强调了理科对人类的重要性：“尝思人生在世，初为倮虫，无以蔽体，无以护身，实不如鸟兽之有羽毛以御寒，有爪牙以自卫。然人秉性聪慧，能明物理。以此而为万物之灵。万物皆供其需也，土则给衣

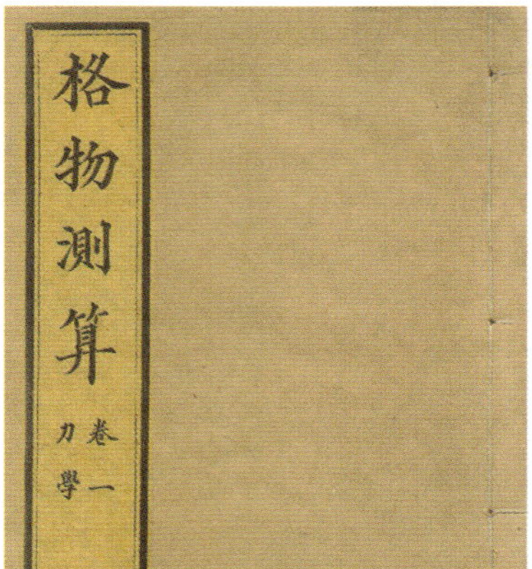

自序

嘗思人生在世初爲倮蟲無以蔽體無以護身實不如鳥獸之有羽毛以禦寒有爪牙以自衛然人秉性聰慧能明物理以此而爲萬物之靈萬物皆供其需也土則給衣食金則作器用水火風以駕舟車卽雷電亦召致而役使之是五行之力盡在掌握焉凡此莫不從格物而來蓋紡織炊爨亦格物也火器制敵亦格物也其意不外乎假物力以充人用故邦國之圖富強者鮮不以格物爲首要同治丙寅冬余曾著格物入門一書蒙總署王大臣披閱付梓行世將近二十載謬叨內地士

食，金则作器用，水火风以架舟车，即雷电亦招致而役使之。是，五行之力，尽在掌握焉。凡此莫不从格物而来。”丁韪良认为，中国的国民教育上千年来都被纯文学、伦理和政治的框框所限制，因而在自然科学上远远落后于西方。

《格物测算》是用一问一答的形式来提出问题并回答问题的。前三卷为《力学》，后五卷分别是《水学》、《气学》、《火学》、《光学》和《电学》。力学卷一有六章，包括“论物之动静”、“论重质相吸之力”和“论物之重心”等；卷二有六章，包括“论力之分合”、“论火器”和“论物之摆动”等；卷三有七章，包括“论杠杆”，“论斜面”和“论梁木之力”等。丁韪良认为：“是书自力学始，因所算多在物力，且力学之理通行万物，故不但以力学为先，亦力学较为祥备，是以演为三卷”；“是书之力学即重学也，盖重学无非力学之一端，而力学实重学之根源也”。

有趣的是，丁韪良将“格物”和“测算”结合，即将对西方自然科学知识理论的讲解和算术应用题的演练结合起来，是《格物测算》的一大特点。丁韪良在序言中论述：“盖格物与算学互为表里，独知算学而不及格物，则虚而无凭；习格物而不明算学则狭而不广，二者相辅而行方能钩深致远。……欲阅是书宜通晓算学，因书中皆用算学诸理以推物力，意在用算而不在讲算也。除几何、形学、勾股、代数常用外，其微分、积分亦恒有不得已而借用者。”由此可见，丁韪良是想通过算学来辅助阐述格物的知识。

《格物测算》中涉及了很多科学公式、计算和表达方法。难能可贵的是该书采取图文并茂方式，如电学卷中各种电路相连的示意图，力学卷中力的分解合成图、物体运动轨迹示意图，光学卷中展示透镜对光反射作用的示意图等。这些插图中的标记一致都以中文的“甲”“乙”“丙”“丁”等来替代。这样，中国学生理解起来也不会那么难了。

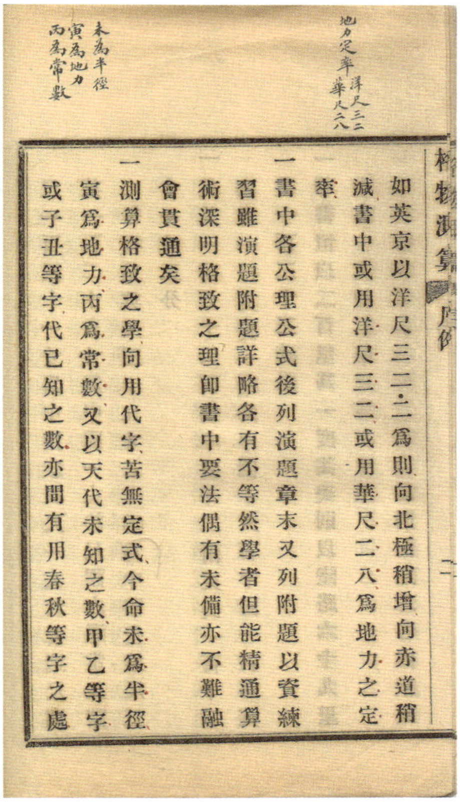

格物測算 序例

如英京以洋尺三二·二爲則向北極稍增向赤道稍減書中或用洋尺三二或用華尺二八爲地力之定率

一書中各公理公式後列演題章末又列附題以資練習雖演題附題詳略各有不等然學者但能精通算術深明格致之理即書中要法偶有未備亦不難融會貫通矣

一測算格致之學向用代字苦無定式今命未爲半徑寅爲地力丙爲常數又以天代未知之數甲乙等字或子丑等字代已知之數亦間有用春秋等字之處

弥补“学者因以不见全书为憾”：《几何原本》

几乎每一个读书人都知道古希腊数学名著欧几里得的《几何学》。罗素在自传中回忆：“11岁时，我开始学习欧几里得的书，并请我的哥哥当老师。这是我生活中的一件大事，犹如初恋般的迷人。”

最早把《几何原本》带到中国的是意大利传教士利玛窦。利玛窦利用他掌握的科学知识吸引明朝的知识精英，他本人也潜心学习儒家的典籍。徐光启在和利玛窦接触后，很快就意识到《几何原本》的重要性，决定着手翻译这部书。从明万历三十四年（1606）九月到翌年五月，徐每天下午都到利玛窦寓所翻译三四个小时。两人合作译完了全书16篇中的前6篇，也就是平面几何部分。后来的九篇由清代数学家李善兰和英国传教士伟烈亚力在200多年后合译。

翕居所藏《几何原本》十五卷为1865年金陵刊本，牌记题“同治四年夏月刻于金陵曾国藩署检”。也为近代藏书家赵诒琛峭帆楼旧物，钤“昆山赵诒琛号学南印”。这个本子将利玛窦口译、徐光启笔受的前六卷和伟烈亚力续译、善兰续笔的后九卷一并重刻刊行，收入了万历丁未年（1607）利玛窦的“原序”、清咸丰七年（1857）伟烈亚力作的“原序”以及清同治四年（1865）十月曾国藩作的“序”。

李善兰在14岁时接触到了《几何原本》前六卷。1860年，李善兰在江苏巡抚徐有壬幕下作幕宾，太平军占领苏州后，他留在那儿的行箧，包括各种著作手稿，散失殆尽。从此他绝意时事，避乱上海，埋头从事数学研究。1861年秋，曾国藩在安徽筹建安庆军械所，并邀著名化学家徐寿、数学家华蘅芳入幕。李善兰也于1862年被“聘入戎幄，兼主书局”。他一到安庆，就拿出“印行无几而板毁”于战火的《几何原本》等数学书籍，请求曾国藩重印刊行，并推荐张文虎、张斯桂等人入幕。1864年夏，曾国藩攻陷太平天国首都天京后，李善兰等也跟着到了南京，他再次向曾国藩提出刻印他所译、所著的数学书籍，得到曾国藩的支持和资助，于是有了这部1865年金陵刊本《几何原本》十五卷的问世。

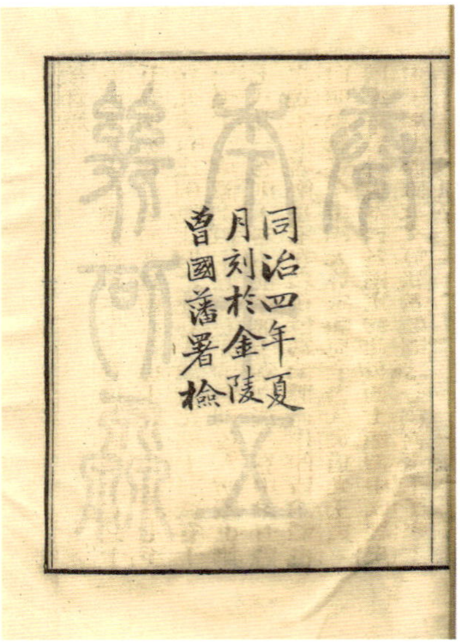
同治四年夏月刻於金陵
曾國藩署檢

1866年，在北京的京师同文馆内添设了天文算学馆，广东巡抚郭嵩焘上疏举荐李善兰为天文算学总教习，但李善兰忙于在南京

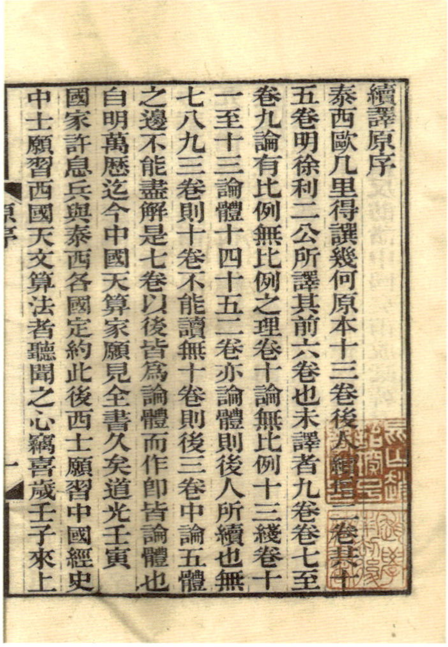
續譯原序
泰西歐几里得譔幾何原本十三卷後人續增二卷共十
五卷明徐利二公所譯其前六卷也未譯者九卷卷七至
卷九論有比例無比例之理卷十論無比例十三種卷十
一至十三論體十四十五二卷亦論體則後人所續也無
七八九三卷則十卷不能讀無十卷則後三卷中論五體
之邊不能盡解是七卷以後皆爲論體而作卽皆論體也
自明萬歷迄今中國天算家願見全書久矣道光壬寅
國家許息兵與泰西各國定約此後西士願習中國經史
中士願習西國天文算法者聽聞之心竊喜歲壬子來上
原序　一

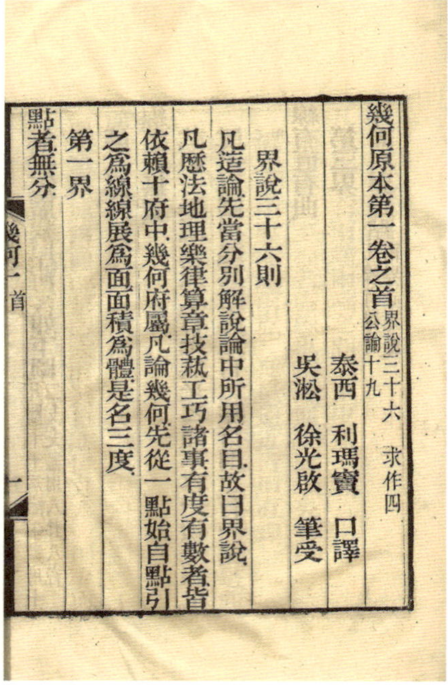
幾何原本第一卷之首 界說三十六 公論十九 求作四
泰西　利瑪竇　口譯
吳淞　徐光啟　筆受
界說三十六則
凡造論先當分別解說論中所用名目故曰界說
凡歷法地理樂律算章技藝工巧諸事有度有數者皆
依賴十府中幾何府屬凡論幾何先從一點始自點引
之爲線線展爲面面積爲體是名三度
第一界
點者無分
幾何一首　一

出算学书，到1868年才北上就任。从此他完全转向于数学教育和研究工作，直至1882年去世。其间所教授的学生“先后约百余人，口讲指画，十余年如一日。诸生以学有成效，或官外省，或使重洋”（崔敬昌：《李壬叔征君传》）。

曾国藩在这一全刻本的序言中写道：“《几何原本》前六卷，明徐文定公受之西洋利玛窦氏。同时，李凉庵汇入《天学初函》。而《圜谷较议》、《测量法议》诸书，其引《几何》颇有出六卷外者，学者因以不见全书为憾。咸丰间海宁李壬叔始与西士伟烈亚力续译其后九卷，复为之订其舛误，此书遂为完帙。松江韩绿卿尝刻之，印行无几，而板毁于寇。壬叔从余安庆军中，以是书视予曰：‘此算学家不可少之，书失，今不刻行，复绝矣。’会余移驻金陵，因属壬叔取后九卷重校付刊，继思无前六卷，则初学无由得其蹊径而乱后，书籍荡泯，《天学初函》世亦稀觏。近时广东海山仙馆刻本纰漏实多，不足贵重。因并取六卷者属校刊之。”

《几何原本》后九卷是李善兰与伟烈亚力翻译的第一部书，书稿译出后，经顾观光校订。曾国藩序言中所称“韩绿卿尝刻之”，为咸丰七年由松江人、藏书家韩应陛出资木刻印行，但尚未印毕，雕版即毁于兵燹。在译《几何原本》的同时，李善兰又与艾约瑟合译了《重学》二十卷。其后，还与伟烈亚力合译了《谈天》十八卷、《代数学》十三卷、《代微积拾级》十八卷，与韦廉臣合译了《植物学》八卷。此外，他还与伟烈亚力、傅兰雅合译过《奈端数理》（牛顿：《自然哲学的数学原理》），可惜没有译完，也未能刊行。

“深切著明，实为善本”：《重学》

李善兰与艾约瑟合译的《重学》，是系统地向中国介绍西方力学知识的代表作，是牛顿力学首次被引进中国，被学术界认为“深切著明，实为善本”。原书为英国胡威立所著，内容包括刚体力学、流体力学、动力和运动学等。《重学》为原书部分内容。

此书有多个中文译本流行于世，第一版是清咸丰九年（1859）钱熙辅刊刻的活字版十七卷本，但印行无几就毁于兵火。之后，李善兰于清同治五年（1866）在金陵重刊《重学》，并增补了三卷流体力学的内容。翌年，上海美华书馆印行木活字本《重学》十七卷、卷首一卷。此后，《重学》又被收入《中西算学大成》、《富强斋丛书》和《西学富强丛书》中，上海积山书局也重印了该书。其中，金陵刻本

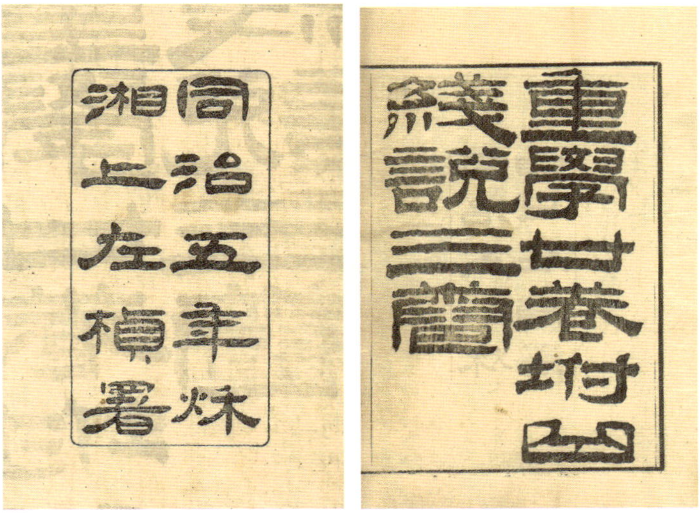

对后来的版本影响很大，成为后世翻印的模本。翁居所藏即为此本，牌记题“同治五年秋湘上左桢署”，卷前有同治五年九月李善兰序，卷末署“南江张文虎覆勘”。

李善兰在卷前序言中，详细谈及此书翻译和刊刻的由来：“岁壬子余游沪上，将继徐文定公之业，续译《几何原本》。西士艾君约瑟语余曰：‘君知《重学》乎？’余曰：‘何为《重学》？’曰：‘《几何》者，度量之学也；《重学》者，权衡之学也。昔我西国以权衡之学制器，以度量之学考天。今则制器、考天皆用《重学》矣，故《重学》不可不知也。我西国言《重学》者其书充栋，而以胡君威立所著者为最善约而赅也。先生亦有意译之乎？’余曰诺。于是朝译《几何》，暮译《重学》，阅二年同卒业。韩君绿卿既任刻《几何》，钱君鼎卿亦请以《重学》付手民，同时上板。皆印行无几同毁于兵。今湘乡相国为重刊《几何》而制军肃，毅伯亦为重刊《重学》，又同时得复行于世。”

李善兰在序言中对于《重学》的刊刻寄予厚望：“呜呼，今欧罗巴各国日益强盛，为中国边患。推原其故，制器精也；推原制器之精，算学明也。曾、李二公有见于此，亟以此付梓。上好之下必有甚焉者，异日人人习算，制器日精，以威海外各国，令震摄奉朝贡，则是书之刻，其功岂浅鲜哉。”

《重学》是中国近代科学史上第一部包括运动学和动力学、刚体力学和流体力学在内的力学译著，也是当时最重要、影响最大的物理学译著。其中关于牛顿运动三定律，用动量的概念讨论物体的碰撞、功能原理等，都是首次在中国得以介绍。

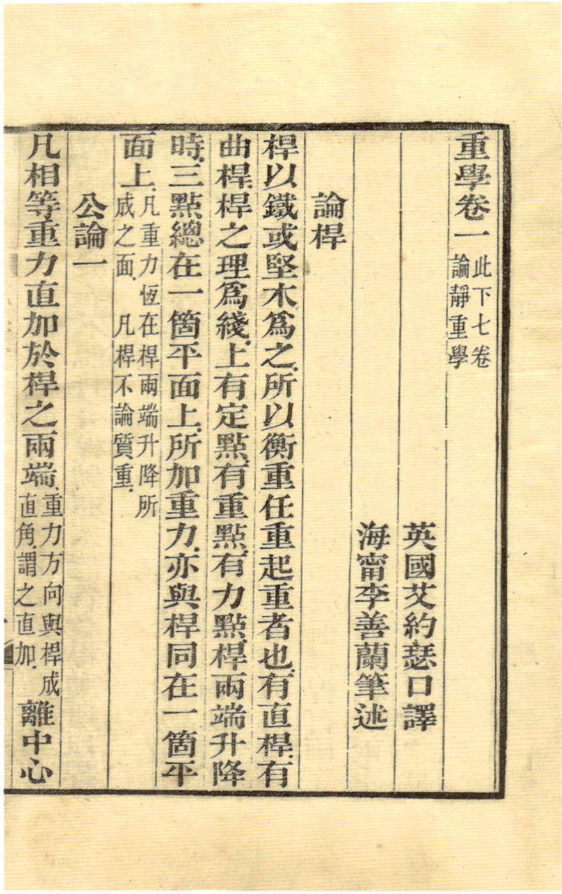
重學卷一 此下七卷論靜重學
英國艾約瑟口譯
海甯李善蘭筆述
論桿
桿以鐵或堅木爲之所以衡重任重起重者也有直桿有曲桿桿之理爲綫上有定點有重點有力點桿兩端升降時三點總在一箇平面上所加重力亦與桿同在一箇平面上凡重力恆在桿兩端升降所成之面凡桿不論質重
公論一
凡相等重力直加於桿之兩端重力方向與桿成直角謂之直加離中心

“编辑既精，译笔尤善”：《代数术》

“代数”这一名称在中国正式使用是1873年，这一年，由傅兰雅口译、华蘅芳笔述，合作翻译了英国数学家华里司所辑的《代数术》。在该书卷首“论代数之各种记号”第一款，有“代数之法，无论何数，皆可任以何记号代之”的记述，这说明了所谓“代数”，就是用符号来代表数字的一种方法。

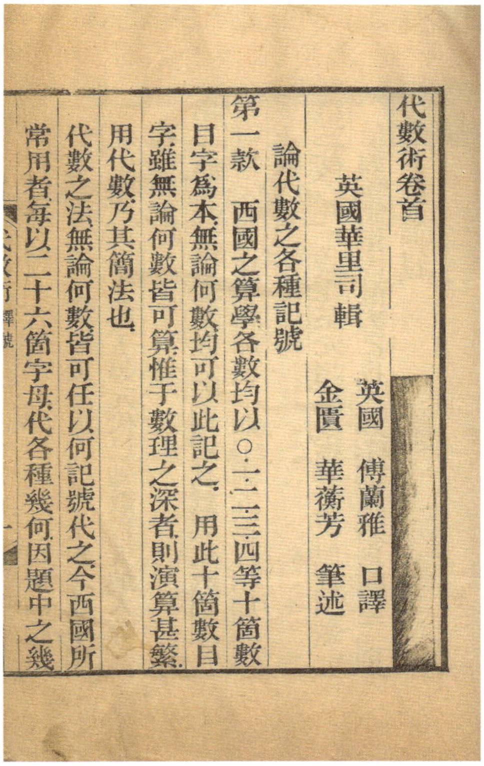

代數術卷首

英國華里司輯

英國傅蘭雅口譯

金匱華蘅芳筆述

論代數之各種記號

第一款　西國之算學各數均以○一二三四等十箇數目字為本無論何數均可以此記之用此十箇數目字雖無論何數皆可算惟于數理之深者則演算甚繁用代數乃其簡法也

代數之法無論何數皆可任以何記號代之今西國所常用者每以二十六箇字母代各種幾何因題中之幾

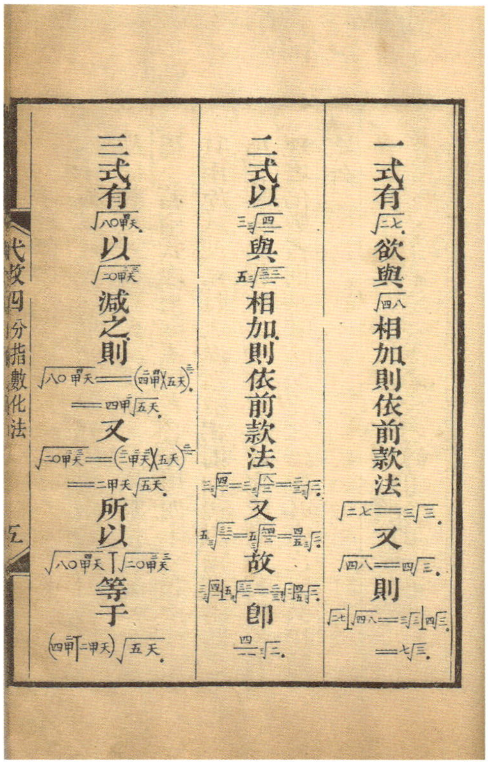

代數四　分指數化法

《代数术》为二十五卷、卷首一卷，内容介绍了西方的代数学、三角函数和微积分知识。江南机器制造总局清同治十三年（1874）刻本，六册。

华蘅芳（1833—1902），字若汀，江苏金匮（今属无锡）人，数学家。他与英国人傅兰雅等合译了《代数术》、《三角数理》、《微积溯源》、《决疑数学》和《合数术》等，其中《代数术》是第一本包括代数、几何等问题的综合性著作，《决疑数学》是我国第一部引介古典概率论的专著，《合数术》则论述对数表的制法。

《代数术》中译本1873年首版问世后，对代数在当时的传播产生了重大影响。梁启超1896年所撰的《西学书目表》、时务学堂1897年采用的数学教科书，以及蔡元培撰序的《东西学书录》（1899）中，都收入了该书。此外，1905年江苏督学唐景崇采辑《中学堂暂用课本之书目》中，也将《代数术》列为代数参考书。

丁福保在《算学书目提要》（1899）中给予《代数术》很高评价：“是书为代数之丛书，视《代数学》、《代数备旨》较详备。编辑既精，译笔尤善，为算家必读之书。”丁福保认为，《代数备旨》一书，“如在学堂中令学生依题演算，则是书甚佳。如年在弱冠以后，自习代数，既畏推演，又思捷获，必以是书为烦琐，故欲习演数者，宜以是书为主，欲得速效者，宜以《代数术》为主。……如欲求深，则进之以《代数术》，益之以《代数学》，极之以《代数难题解法》，则所学深矣！”

事实上，《代数术》的编排方式的确颇具“编序式学习”的特色：一个方法接一个方法，并尽可能以“算则”形式表达每一个方法；如有必要对某些定理加以“证明”，则多半先从几个具体实例入手，再归结为寥寥数语的“结论”。即使如此，丁福保还是认为《代数术》卷二至卷五关于多项式加减乘除法，以及无理根式的内容不适合初学者。所以他建议：“初学阅第一卷后，宜先阅第六、七、八、九卷四卷，否则至求等数、分指数诸法，必厌倦不能再阅。所以代数学之次第，等数指数皆居一次式之后也。阳湖方子可先生在粤博学馆教算，亦先教以一次二次式，而以等数指数居其后，初学不可不知。”在此，丁福保提醒初学代数者不妨先行略过的部分，正是比较具有结构特色的内容，对于想要立即领会代数之妙用者，这一部分无疑是一大累赘。可见，《代数术》在内容的编排上，应该对晚清算学家表现了更大的亲和力，于是，它的广泛流传似乎是势所必然了。

《代数术》由刘彝程校算，阳湖（今江

苏常州）赵宏绘图。刘彝程，字省庵，江苏兴化人。生活于1835年前后至20世纪初，约于1855年开始学习数学，1864年以后开始接触一些当时著名的数学家与先进的数学成果。1873年校算《代数术》，同年受聘任广方言馆算学教习，1876年兼任求志书院算学斋斋长，1898年以老病辞职。刘氏一生著述不多，其《简易庵算稿》包括了他一生主要的数学成果。

“西人富民之道，仍以农桑畜牧为本”：农书四种

“三农”问题可谓由来已久，《元史·食货志》有“国以民为本，民以食为本，衣食以农桑为本”的记载。梁启超在其1896年刊行的《西学书目表》一书中曾讲到：“西人富民之道，仍以农桑畜牧为本。论者每谓西人重商而贱农，非也。”1897年，梁启超在《农会报序》中提出了“兴农”倡议，他说：“西人推算中国今日之地，苟以西国农学新法经营之，每年增款可得六十九万一千二百万两。虽生齿增数倍，岂忧饥寒哉！”因此，欲“兴荒涨之垦利，扶种产之所宜，肄化学以粪土疆，置机器以代劳力”。简言之，要提高农业生产力，就必须向西方学习。罗振玉也认为：“农为邦本，古人不仕则农，于是有学稼之志。”可见，古今中外都是十分重视“农桑”之事的。

中日甲午战争之后，日、美、英、德等国有关农业原理、农业技术的综合性书籍和各种农作物种植技术的书籍，以及土壤、气候、肥料、农具、水利、蚕桑、畜牧、家禽、害虫、林业等专业书被介绍到中国，译刻刊布，有百余种之多。这些“农学新法”书籍的东渐，应该说起到了“开广风气，维新耳目”的作用。仅清光绪二十四年（1898）至宣统元年（1909）的12年间，江南机器制造总局就翻译、引进了十多种欧美农学著作，计有：《农学初级》一卷、《农业化学问答》二卷、《农务土质论》三卷、《农务化学简法》三卷、《农务全书》上中下三编共四十八卷、《农学津梁》一卷、《农学理说》二卷附表、《意大利蚕书》一卷、《农务要书简明目录》一卷和《种葡萄法》十二卷等。翕居藏有其中四种：《农务化学问答》、《农学初级》、《农学津梁》和《意大利蚕书》。

《农务化学问答》，（英）农学教习仲斯敦著，（英）秀耀春口译，上海范熙庸笔述，乌程王汝驹校字，光绪二十五年刊，二册，附图37幅。此书所用原文底本是《农业化学及地质学问答》。书中用问答的形式，深入浅出、图文并茂地介绍了农业化学的基本原理及其应用情况。该书的刊布，首次将西方农业化学新成果及其理论原理传入中

国，有助于以化学方法来实行科学耕种及饲养，有其积极作用与深远意义。

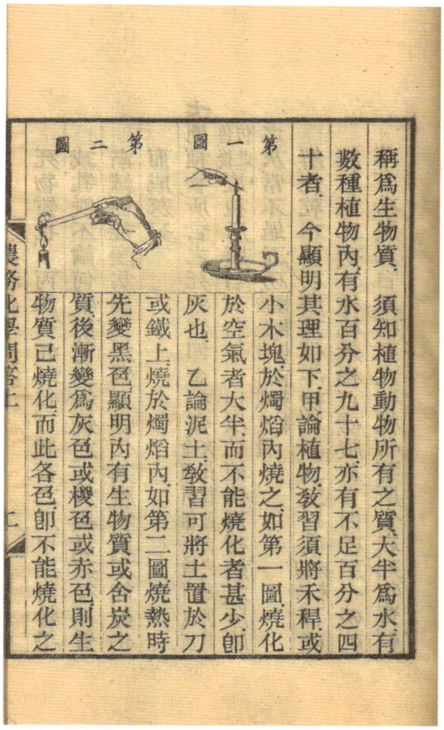
稱爲生物質須知植物動物所有之質大半爲水有
數種植物內有水百分之九十七亦有不足百分之四
十者今顯明其理如下甲論植物教習須將禾稈或
小木塊於燭焰內燒之如第一圖燒化
於空氣者大半而不能燒化者甚少卽
灰也乙論泥土教習可將土置於刀
或鐵上燒於燭焰內如第二圖燒熱時
先變黑色顯明內有生物質或含炭之
質後漸變爲灰色或棲色或赤色則生
物質已燒化而此各色卽不能燒化之

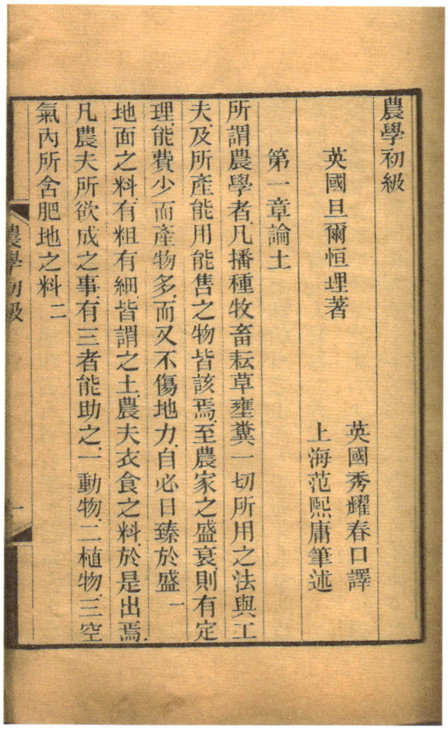
農學初級
英國旦爾恒理著
英國秀耀春口譯
上海范熙庸筆述
第一章論土
所謂農學者凡播種牧畜耘草壅糞一切所用之法與工
夫及所產能用能售之物皆該焉至農家之盛衰則有定
理能費少而產物多而又不傷地力自必日臻於盛一
地面之料有粗有細皆謂之土農夫衣食之料於是出焉
凡農夫所欲成之事有三者能助之一動物二植物三空
氣內所含肥地之料二

《农学初级》，（英）旦尔恒理原著，（英）秀耀春口译，上海范熙庸笔述，光绪二十四年刊，一册。牌记题“光绪戊戌年上海制造局刊”，洋纸。范熙庸在“弁言”中详细写到了此书翻译时所依原书版本情况：“西人之学，精益求精，新理日出。故其书每印一次，辄加增损，非日订讹，亦义取乎新也。《农学初级》，始于西历一千八百七十八年，迄今凡九印。熙庸与秀君初译是书，系照第七次印本，译至半，又购得一千八百九十七年所印本，即第九印也。秀君详加检阅，见第二章已改为‘论种子’，第六章以下改窜尤多。于是六章以下，悉以新印本译出，而补译‘论种子’一章，附于原译第二章之后。”

《农学津梁》，（英）恒理汤纳耳著，（美）卫理口译，六合汪振声笔述，光绪二十八年刊。书名页题“光绪壬寅年孟冬月刊，江南制造局藏板”。牌记和书末校书人处均为墨钉。汪振声为江苏六合人，自光绪十九年始，至民国元年止，在江南机器制造总局翻译馆译书12种。所译以兵书战策、格致化工与万国法典为要，以《公法总论》、《化学工艺》影响最大。所译《取滤火油法》一书，全面介绍当时各国开采、炼制和使用石油之情

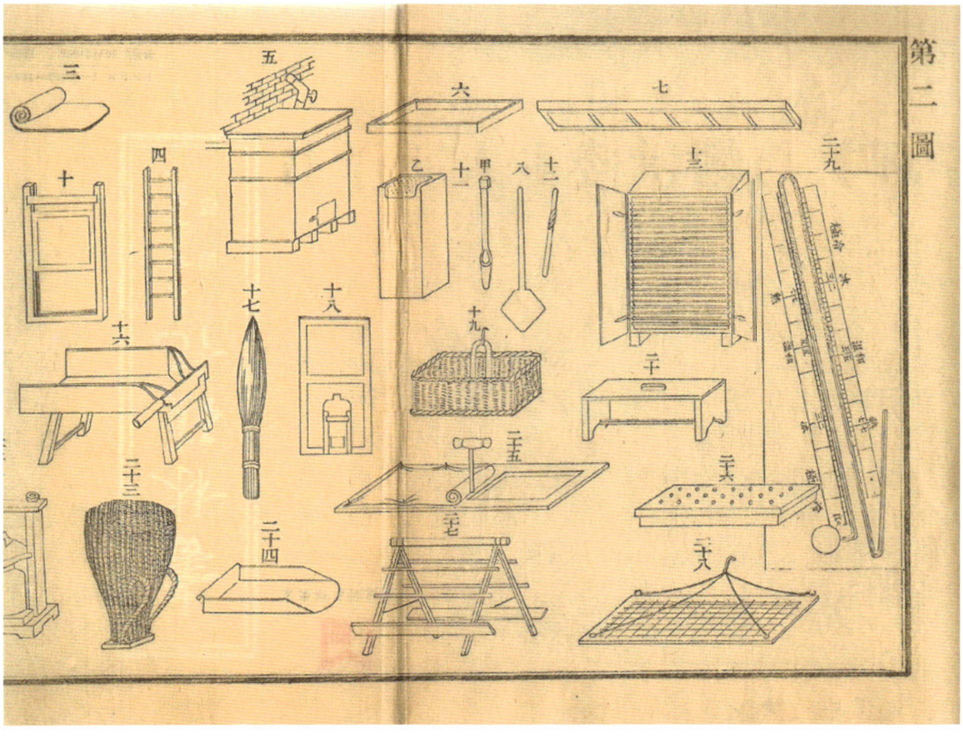

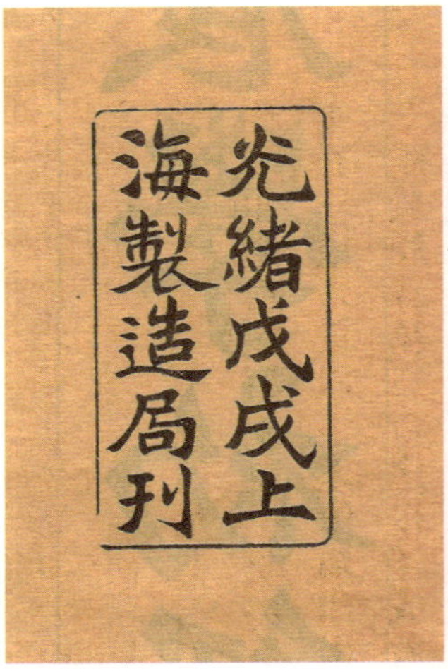
光緒戊戌上海製造局刊

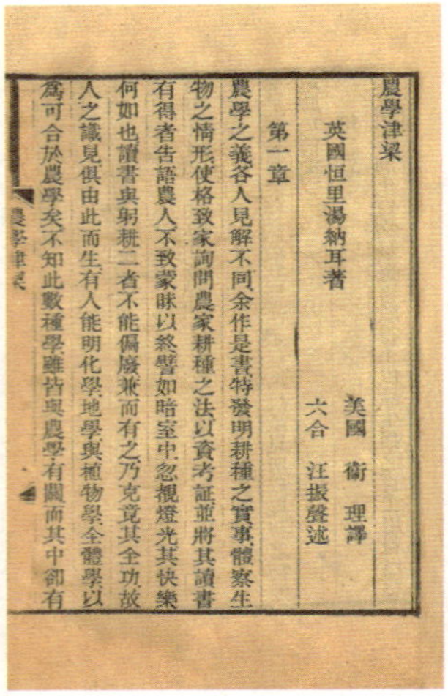
農學津梁
英國恒里湯納耳著
美國 衛 理譯
六合 汪振聲述
第一章
農學之義各人見解不同余作是書特發明耕種之實事體察生
物之情形使格致家詢問農家耕種之法以資考証並將其讀書
有得者告語農人不致蒙昧以終譬如暗室中忽覩燈光其快樂
何如也讀書與躬耕二者不能偏廢兼而有之乃克竟其全功故
人之識見俱由此而生有人能明化學地學與植物學全體學以
為可合於農學矣不知此數種學雖皆與農學有關而其中卻有

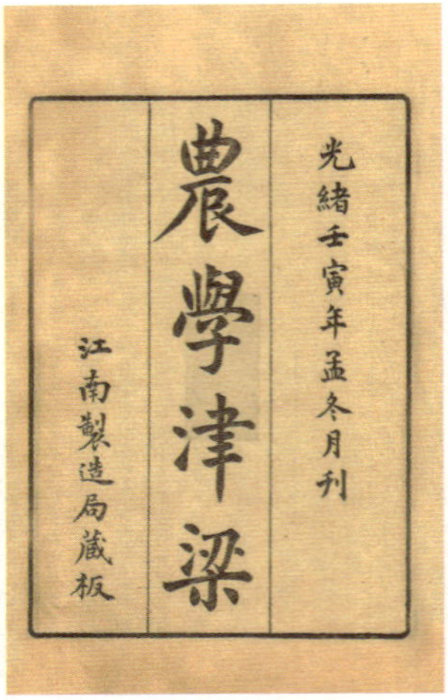
光緒壬寅年孟冬月刊
農學津梁
江南製造局藏板

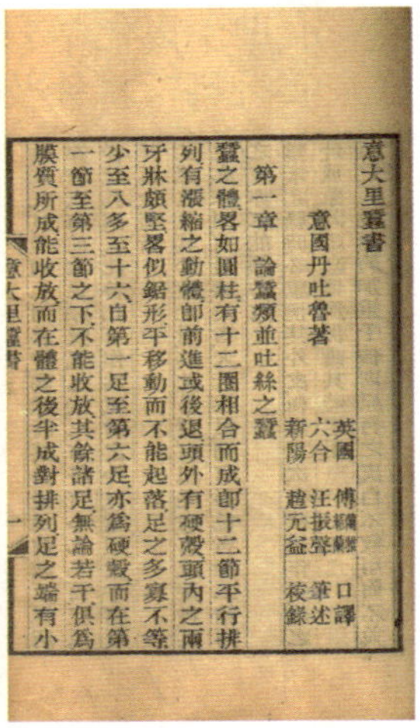
意大里蠶書
意國丹吐魯著
英國 傅蘭雅 口譯
六合 汪振聲 筆述
新陽 趙元益 校錄
第一章 論蠶類並吐絲之蠶
蠶之體畧如圓柱有十二圈相合而成即十二節平行排
列有漲縮之動機即前進或後退頭外有硬殼頭內之兩
牙牀頗堅畧似鋸形平移動而不能起落足之多寡不等
少至八多至十六自第一足至第六足亦為硬殼而在第
一節至第三節之下不能收放其餘諸足無論若干俱為
膜質所成能收放而在體之後半成對排列足之端有小

况，分述石油成分、形成演化、产油条件，可谓开石油地质学先声。

《意大利蚕书》，（意）丹吐鲁著，（英）傅兰雅、傅绍兰口译，六合汪振声笔述，新阳赵元益校录。江南机器制造总局光绪二十四年刊。牌记题“光绪二十四年江南制造局印”。中国最早的养蚕专著为秦观所著的《蚕书》，刊行于北宋绍兴三年（1096）。汪振声认为，养蚕有两件事为要：一是蚕不可有病，二是养蚕的桑叶必须足够用。养蚕少的时候往往得法，而多到数万、数十万的时候却往往不能获利。原因就是蚕多以后，蚕室内空气就会污浊，而蚕最忌讳浊气，只有保持合适的温度，通风良好，避免寒风冷气，蚕才会正常吐丝。有趣的是，此书不仅介绍了意大利养蚕的方法，还详细介绍了英国设立养蚕公司的情况：需要本金一百万镑，分作两万股，每股价值50镑，董事会内董事及办事者50余人，这些人都是“高品有名望者”。

《数学理》与峭帆楼主人所译书

《数学理》，（英）棣么甘原著，（英）傅兰雅口译，新阳赵元益笔述，元和江衡校算。江南机器制造总局清光绪五年（1879）刊本，四册。该书有九卷，分别是记数、加减、乘法、约法、分数、小数、小分数、开平方、比例、排列，另有附卷11款。钤“昆山赵经达字尊三印”。赵经达为此书译者赵元益之孙。

赵元益是华蘅芳的表弟，江苏新阳（今昆山）人。通晓中医，熟悉格致之学。1888年中举，随薛福成出使英法。回国后，1897年与董康在上海创办译书公会报，翻译出版时事、外国史地书籍多种。同年，王韬逝世后，主持上海格致书院。

赵元益在江南机器制造总局译书笔述16种，校对5种。译书有：《爆药记要》六卷，与舒高第合译，光绪五年刊；《水师保身法》一卷，伯克雷译，赵元益、程銮重译；《行军指要》六卷，与金楷理合译，光绪二十七年刊；《海塘辑要》十卷，与

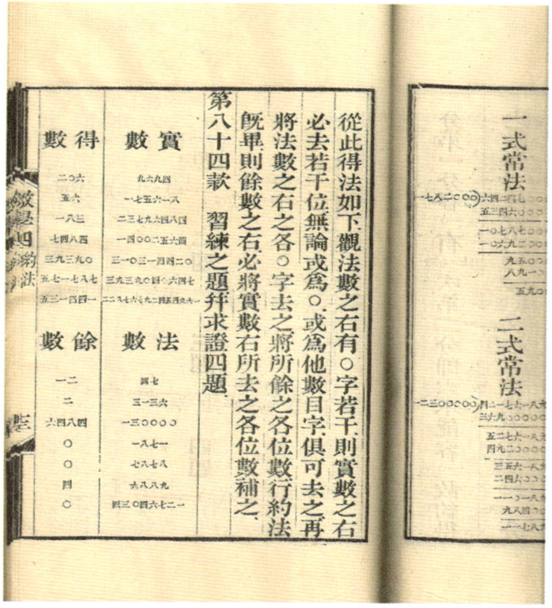
從此得法如下觀法數之右有○字若干則實數之右必去若干位無論或為○或為他數目字俱可去之再將法數之右之各○字去之將所餘之各位數行約法既畢則餘數之右必將實數右所去之各位數補之
第八十四款 習練之題并求證四題
實數 法數 得數 餘數
一式常法
二式常法

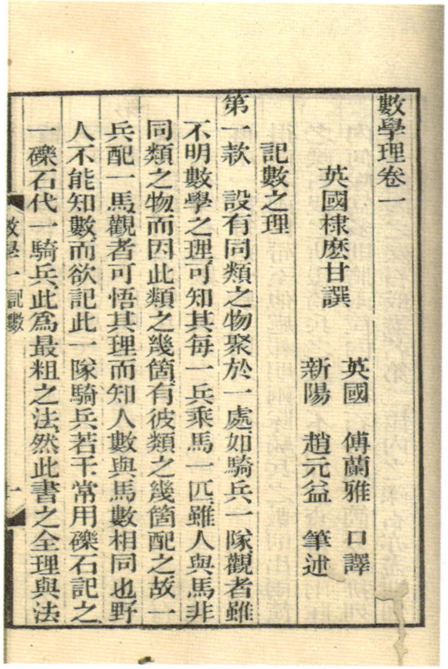
數學理卷一
英國棣麼甘譔 英國 傅蘭雅 口譯
新陽 趙元益 筆述
記數之理
第一款 設有同類之物聚於一處如騎兵一隊觀者雖不明數學之理可知其每一兵乘馬一匹雖人與馬非同類之物而因此類之幾箇有彼類之幾箇配之故一兵配一馬觀者可悟其理而知人數與馬數相同也野人不能知數而欲記此一隊騎兵若干常用礫石記之一礫石代一騎兵此為最粗之法然此書之全理與法

傅兰雅合译，同治十二年刊；《光学》二卷附一卷，与金楷理合译，光绪五年刊；《儒门医学》三卷附一卷，与傅兰雅合译，光绪二年刊；《西药大成》十卷首一卷，与傅兰雅合译，光绪十三年刊；《西药大成》补编六卷、首一卷，与傅兰雅合译，其子赵诒琛校；《内科理法》前编六卷、后编十六卷、附一卷，与舒高第合译，光绪十五年刊；《济急法》一卷，与秀耀春合译，赵诒琛校对，光绪三十一年刊；《保全生命论》一卷，与秀耀春合译，赵诒琛校对，光绪十二年刊；《测绘海图全法》八卷、附一卷，与傅兰雅合译，光绪二十六年刊；《行军测绘》十卷、首一卷，与傅兰雅合译，清同治十三年（1874）刊；《冶金录》三卷，与傅兰雅合译，同治十二年刊；《井矿工程》三卷，与傅兰雅合译，光绪五年刊；《数学理》九卷，与傅兰雅合译，光绪五年刊。

校对之书有《意大利蚕书》一卷，《化学鉴原》六卷，《农务要书简明目录》一卷，《汽机必以》十二卷、首一卷、附一卷和《物体遇热改易记》四卷。

“此物后必大行于世”：《梦溪笔谈》

北宋科学家沈括（1031—1095）所著《梦溪笔谈》，可以说是最为知名、最为各阶层耳熟能详的一部古籍。《梦溪笔谈》集前代科学成就之大成，是中国古代最重要的一部有关历史、文艺、科学的笔记体著作。英国著名科学史专家李约瑟称《梦溪笔谈》是“中国科学史上的座标”。此书收录了沈括一生的所见所闻和见解，因写于润州（今江苏镇江）梦溪园而得名。沈括在该书中首次提出并命名了“石油”一词且沿用至今，并称“此物后必大行于世”，因此，每一个石油人对于沈括和《梦溪笔谈》，是感觉很亲切、很有感情的。

《梦溪笔谈》在国外也很有影响，早在19世纪，就因为书中对于活字印刷术的记载而闻名于世。《中国通史》评论说：“北

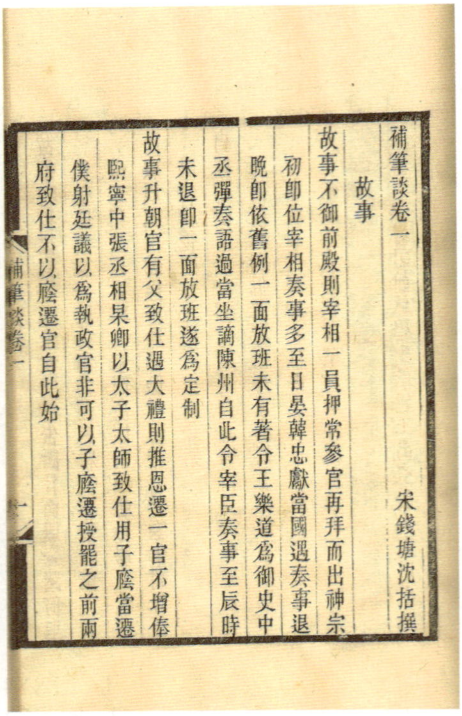
補筆談卷一　宋錢塘沈括撰
故事
故事不御前殿則宰相一員押常參官再拜而出神宗初即位宰相奏事多至日晏韓忠獻當國遇奏事退晚即依舊例一面放班未有著令王樂道爲御史中丞彈奏語過當坐謫陳州自此令宰臣奏事至辰時未退即一面放班遂爲定制
故事升朝官有父致仕遇大禮則推恩遷一官不增俸熙寧中張丞相杲卿以太子太師致仕用子廕當遷僕射廷議以爲執政官非可以子廕遷授罷之前兩府致仕不以廕遷官自此始

宋时，在军事和医药上都已利用石油。开采情况不详。《梦溪笔谈》最早记录了石油这一名称。”《梦溪笔谈》记载了沈括任延州（今陕西延安）知州时对石油的实地考察和认识：“鄜、延境内有石油，旧说‘高奴县出脂水’，即此也。生于水际，沙石与泉水相杂，惘惘而出，土人以雉尾甃之，乃采入缶中。颇似淳漆，燃之如麻，但烟甚浓，所沾幄幕皆黑。”

石油在当时除作燃料外，还有其他用途。沈括写到：“予疑其烟可用，试扫其煤以为墨，黑光如漆，松墨不及也，遂大为之，其识文为‘延川石液’者是也。”这里沈括还记载了石油燃烧后的煤烟可以做成墨。沈括首先提出了用石油烟做墨，但是却没被世人利用起来，真正的油烟墨是桐油和猪油做的。虽说沈括倡导的石油墨没有开发出来，但是他对石油的超前认识却是今人所不及的。他说：“此物后必大行于世，自余始为之。盖石油至多，生于地中无穷，不若松木有时而竭。今齐、鲁间松林尽矣，渐至太行、京西、江南，松山大半皆童矣。造煤人盖知石烟之利也。石炭烟亦大，墨人衣。余戏为《延州诗》云：‘二郎山下雪纷纷，旋卓穹庐学塞人。化尽素衣冬未老，石烟多似洛阳尘。’”

《梦溪笔谈》大约成书于1086—1093年，现存《梦溪笔谈》分为二十六卷，分故事、辩证、乐律、象数、人事、官政、权智、艺文、书画、技艺、器用、神奇、异事、谬误、讥谑、杂志、药议17个门类共609条。内容涉及天文学、数学、地理、地质、物理、生物、医学和药学、军事、文学、史学、考古及音乐等学科。

沈括，字存中，钱塘（今浙江杭州）人。北宋著名科学家、政治家。他出身于官宦之家，宋仁宗嘉祐年间中进士，任扬州司理参军。后又被推荐到京师昭文馆，负责编校书籍。神宗时，他积极参与王安石变法，多次被委以重任，曾提举司天监，任翰林学士、权三司使等，亦曾出使辽国，谈判边界划分问题。后知延州，因他人兵败受牵连，坐贬。晚年居润州，筑梦溪园闲居。这期间，据其科学实践与平生见闻，著成本书。

《梦溪笔谈》问世后，受到学界重视，不久即被刊刻印行。此书现知最早有南宋乾道二年（1166）本，今仅存元、明覆刻乾道本。通行的正、补、续三编本首出《稗海》。1956年，上海出版公司出版了胡道静的《梦溪笔谈校证》，考据精详。1957年，中华书局又出版了胡道静的《新校正梦溪笔谈》，翕居在1981年曾和胡道静先生就《梦溪笔谈校证》通信研究，并写有《胡道静先生和〈梦溪笔谈校证〉》一文，载《书屋》1996年第4期（附后）。21世纪以来，法、德、英、美、意等国都有人对《梦溪笔谈》进行系统而又深入的研究，并向社会公众加以介绍。日本早在19世纪中期，就用活字版排印了沈括的这部名著，是最早用活字版排印《梦溪笔谈》的国家。

翕居所藏《梦溪笔谈》为清光绪三十二

年（1906）番禺陶氏精刻本，二十六卷、补笔谈三卷、续笔谈一卷和校勘记，白纸四册。2007年上海国拍该本成交价1.1万元。

胡道静先生和《梦溪笔谈》校证

白撞雨

1981年的重阳节，我接到了胡道静先生从上海四平路寓所寄来的航空邮件和一封航空挂号信。一是问起我的《古诗文与现代科学》一书的写作情况，一是谈了他的《梦溪笔谈校证》专著的再版情况，并寄来了他刚刚出版的《沈括诗词辑存》。信中说：“您是我认识的从事科普工作并重视祖国古典科技成就的同志中年龄最年轻的一位，是我们寄托希望的第三梯队队伍中的优秀的一员，所以感到高兴。”

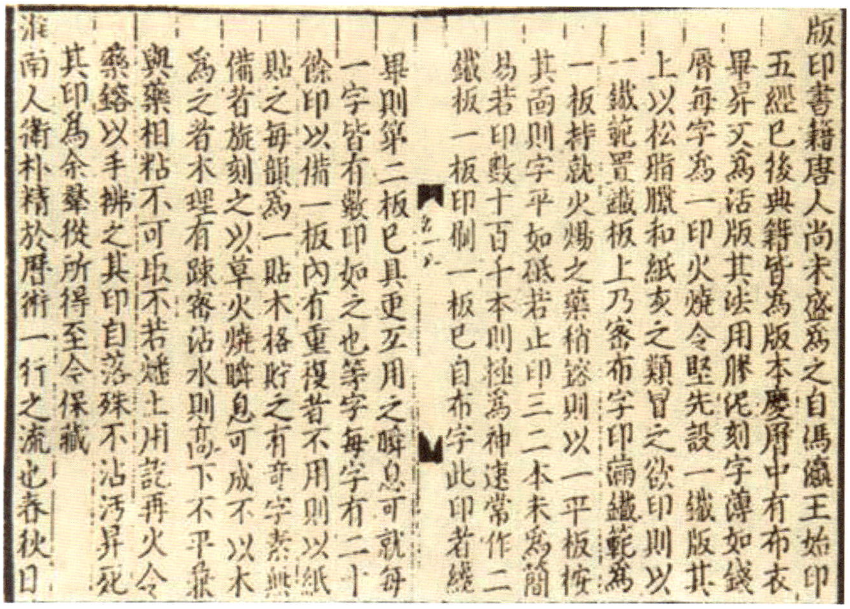
版印書籍唐人尚未盛為之自馮瀛王始印五經已後典籍皆為版本慶曆中有布衣畢昇又為活版其法用膠泥刻字薄如錢脣每字為一印火燒令堅先設一鐵版其上以松脂臘和紙灰之類冒之欲印則以一鐵範置鐵板上乃密布字印滿鐵範為一板持就火煬之藥稍鎔則以一平板按其面則字平如砥若止印三二本未為簡易若印數十百千本則極為神速常作二鐵板一板印刷一板已自布字此印者纔畢則第二板已具更互用之瞬息可就每一字皆有數印如之也等字每字有二十餘印以備一板內有重複者不用則以紙貼之每韻為一貼木格貯之有奇字素無備者旋刻之以草火燒瞬息可成不以木為之者木理有疎密沾水則高下不平兼與藥相粘不可取不若燔土用訖再火令藥鎔以手拂之其印自落殊不沾汚昇死其印為余羣從所得至今保藏

淮南人衛朴精於曆術一行之流也春秋日

元刊本《梦溪笔谈》

在胡先生的鼓励下，我写出了《水浒与蒙汗药》并于1987年公开发表，通过“大胆假设、小心求证”，结合《梦溪笔谈》的记载和《水浒传》的描述，对蒙汗药进行了分析和论证，并得出了一个令学术界比较满意的结论。1994年，胡先生倾心关注的《古诗文与现代科学》正式出版。

胡道静先生是蜚声中外的大学者。在1981年，法国巴黎召开的国际科学史研究院会议上推选胡先生为该院通讯院士。其缘由在于胡先生对《梦溪笔谈》这部受到世界重视的中国优秀的科学文化遗产研究所作出的重大贡献。

胡道静先生研究《梦溪笔谈》用了近50年的时间，早在他上中学的时候，从所学的英语教科书中得知，活字印刷术是德国一位印刷工人发明的。以后读了美国学者卡特写的《中国印刷术的发明及其西传》一书，才惊讶地知道，这一重大发明，发源于十一世纪的中国。强烈的民族自尊心和爱国热情汇成一股内心的热流，回荡在胡先生的胸中，久久不能平静。

卡特在他的著作中高度评价了《梦溪笔谈》这部书，可是在当时出版的《四部丛刊》和《四部备要》这两部丛书中，却找不到《梦溪笔谈》的影子，只是在《四部丛刊续编》中才将《梦溪笔谈》作为“笔记”收入。由此可见当时的民族文化虚无主义影响之深。从这时起，胡先生便立志一定要把中国的科技古籍整理出来，让世界震惊。

胡先生花了30年的时间，收集、整理研究了有关《梦溪笔谈》的资料。迹涉疑似，纵贯古今。最后，他选用清朝陶氏爱庐刻本为底本，并采用影刻宋乾道本，明弘治本，《稗海》本，《津逮秘书》本，《学津诗原》本，《四部丛刊续编》本，《汇秘笈》本，以及各家校证和宋元故书杂记所征引的文字校勘。一九五六年春天，他撰写和校注的《梦溪笔谈校证》出版了。胡道静先生的校勘在原则上不囿于一种版本，不主一家之说，取各家所长，成一家之言。所引书目逾数百种之多。

胡先生校注《梦溪笔谈》，不同于以往的“集注”文体，那些著作，在得到集注之前，各自都已有过不少的诠注本子，所以“集注”主要是汇集先前各家的注解而成。

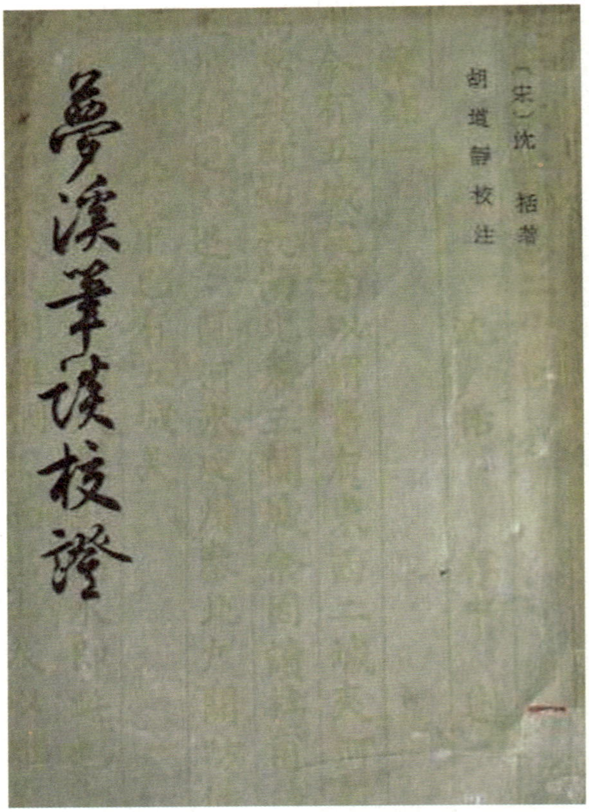

而胡先生校注《梦溪笔谈》，则先前无任何注本。因此，所有注释，都是从杂陈的典籍中东寻西觅而得，只有在博览勤读的过程中，缓缓地发现和积累起来，而“积腋成裘”的。可见其来之不易。

《梦溪笔谈校证》出版时，胡先生的老师——国学大师、历史学家顾颉刚先生已从上海到北京定居了。胡先生就把印本邮寄给老师以求诲正。不久得到老师的示教。这是一封长信，大约有两千字之多。其中有一部分是议论注体，就其内容翔实和超过原著篇幅几倍而言，顾先生多有奖掖。说这个注本“有似裴松之注《三国志》”。这是大出胡先生意料的。因为在整个校注的过程中，他根本没想过要学裴松之。可见，顾颉刚先生以其历史学家的特禀，从注体的比较之中，察觉到了这一现象，并不是从鼓励的角度而是较为客观地说下这句话的。

1957年，胡先生在《梦溪笔谈校证》的基础上，又出版了《新校证梦溪笔谈》一书。这两部书的出版，被学术界公认为建国十年中古籍整理的重大成就。国际学术界也予以普遍重视和高度评价。据胡道静先生1985年给我寄来的资料中记载，在海外的胡适博士读到《梦溪笔谈校证》后，曾对人说：“此书作者造诣甚深，算了不起。”

法国巴黎出版的《科学史评论》（1957年第10期）中的评论写道：“这两卷本的校证，对于这部世界上最古老、最重要的科学史著作来说，无疑是汇集了最丰富的文献。”曾把《梦溪笔谈》誉为“中国科学史上的坐标”的英国著名学者李约瑟博士说过：“胡道静是当代著名的科学史学者，他对沈括和《梦溪笔谈》的研究赢得了很大声誉。”（李约瑟：《传统的中国科学》第一讲）。在日本，由19位各学科专家组成的翻译小组（以内清博士为顾问，梅原郁教授为领译），费时15年才把《梦溪笔谈》全部议成日文。在日译本的“例言”中，强调说明译注是以《梦溪笔谈校证》和《新校证梦溪笔谈》为根据，并称赞“胡道静氏为当今中国研究《梦溪笔谈》的第一人者”。

《梦溪笔谈校证》和《新校证梦溪笔谈》在国际科技史学术领域里获得了重要地位，使国外学者都知道中国这一宝贵的历史文化遗产。这部著作告诉世人：在八百多年

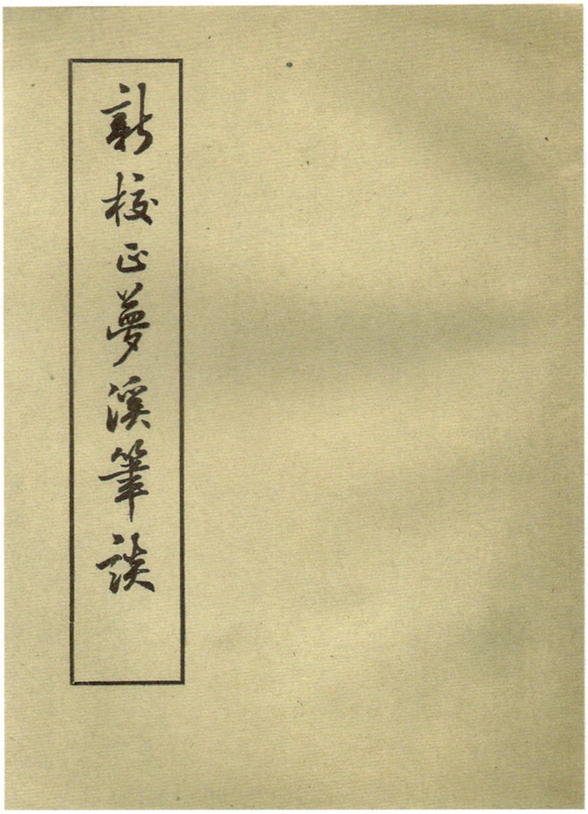

前，中国人民创造的科技文明是欧洲人所望尘莫及的。

据胡道静先生讲，《校证》一书至“文革”前共印了6版，他是“经营着路轨延伸的操作”。到1966年春，又写成了40万字的《梦溪笔谈补证》一稿，由当时的中国科学院副院长竺可桢先生题签。可惜这部重要的文稿在十年浩劫中被付之一炬，化为灰烬了。胡先生在1986年给我的一封来信中说：“‘文革’中，我遭‘四人帮’的严重迫害，人身坐牢九年，著作被禁发行，文稿被抄焚毁”，至今读来，倍感心酸和齿冷。

十一届三中全会以后，胡先生被任命为国务院古籍整理规划小组成员，为中国的古籍整理付出了很大的心血。最近从胡先生的公子胡小静同志的电话中得知，贵州人民出版社出版的《中国名著全译》中，胡先生又有新的成果面世。我们期待着胡先生有更多学术精品与读者见面，并遥祝胡先生健康长寿。（载《书屋》1996年第4期）

“酒后茶余”集成的《速算百问篇》

荣陶著《速算百问篇》稿本，共二编，一编107题、二编61题，并一编答案和二编题解。书前有作者自序一篇、“算术之定义”及释例一篇。皮纸一册全。

作者自序写道：“酒后茶余本为消遣之戏墨，集成是篇，曰‘速算百问篇’。此

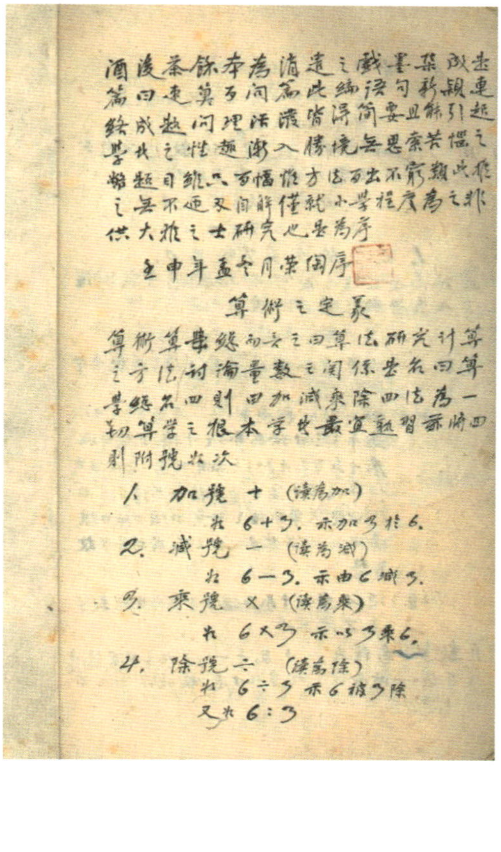
算術之定義
1. 加號 + (讀為加)
2. 減號 − (讀為減)
3. 乘號 × (讀為乘)
4. 除號 ÷ (讀為除)

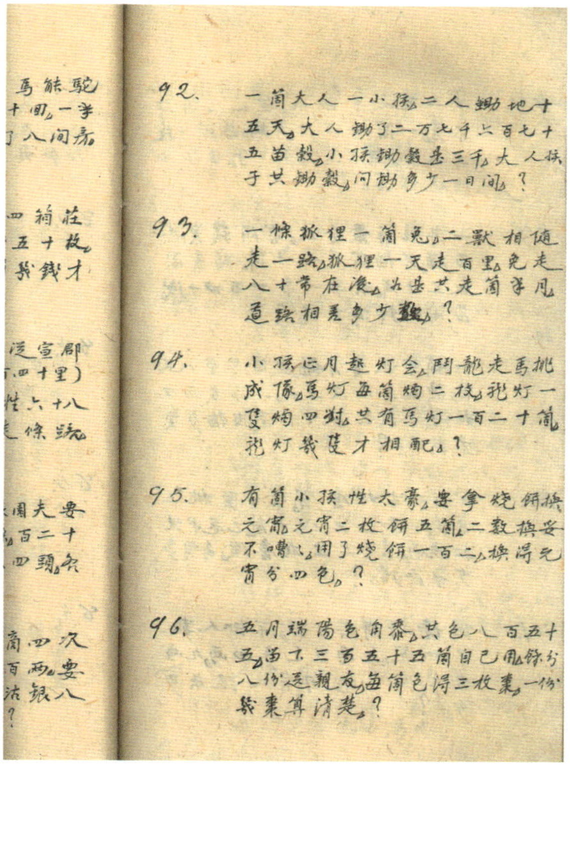

编语句新颖，连络成题。问理活泼，皆得简要，且能引起学者之性趣，渐入胜境，无思索苦恼之弊。题目虽只百幅，惟方法百出不穷，类此推之，无不迎刃自解。仅就小学为之，非供大雅之士研究也。是为序。壬申孟冬月，荣陶序。”钤著者朱文方章。壬申年似为民国21年。

在“算术之定义”中作者讲明了对算法的认识：算术、算学，总而言之曰“算法”。研究计算之方法，讨论量数之关系，是名曰“算学”总名。“四则”曰加减乘除四法，为一切算学之根本，学者最宜熟习。

《速算百问篇》选题注重实用、完备通俗、图文并茂。内容含整数、分数的加、减、乘、除算法，数学应用问题及其解法，还有一些杂题、难题。包括丈量土地、计算速度、衡量载重、推算面积，等等。最有意义的是，作者将全部题目都编成歌谣的形式，生动有趣，读来朗朗上口，易懂易记。

例如：一个小院九间房，每房均算九根樑；每樑本是一丈五，算算共有几尺长？答案是：9×9×1.5=121.5（丈）。

三百三十六斤酒，要折八斤是一斗；用了十斗请亲朋，余分十坛存自手。计算每坛有多少酒？答案是：（336÷8－10）÷10=3.2（斤）。

要从上海到伦敦，六万二百六十程，步行已走二百里，又从水路再起程，日行九百二十四，问行几日才相通？答案是：（60260－200）÷924=65（天）。

欲登三百五十字之广告于新闻纸，若以五号活字排印，则有二十行、每行二十二字之空隙。今欲弥其空隙，须插入二号活字若干枚，但知二号活字一枚之容积，当五号一枚之四倍，求二号活字须若干？答案是：此面积共能容五号字22×20=440个，因所登之字不足440－350=90字，故以二号与五号容积之差，除不足数，即得二号字之数为90÷（4－1）=30字。

《速算百问篇》虽不见流传，但其通俗易懂，加上歌谣式的语言，很容易为初学者接受，其用于幼儿教学的实用价值应该给予肯定。

明代数学家程大位60岁时（1592）曾撰写《原本直指算法统宗》，这是一部注重实用的算术全书，成为后世民间算家最基本的读物。书中595道演算题都编成歌谣的形式，内容含整数、分数的加、减、乘、除、乘方、开方算法，数学应用问题及其解法，最后是杂题、难题汇编。包括丈量土地，计算稻米、布帛，用勾、股、弦测量高、深、广、远等，有的至今仍然流传于民间。书中还详细地记述了算盘的定位方法和四则运算口诀，这些口诀至今仍继续使用。因此，人们把程大位称作“中国古代最杰出的珠算家”。因而，可以说程大位是诗体算题创始者。《算法统宗》能够成为我国古代数学史上印发数量最多、影响深远、流传最广泛的一部著作，与其运用歌谣的撰写方式不无关系。（参见560页《由筹算到珠算的标志：〈原本直指算法统宗〉》一文）

《珠江流域自然地理调查报告》手稿

在广州淘到一册《珠江流域自然地理调查报告》手稿，中山大学历史地理专家徐俊鸣教授总校阅，参加报告起草工作的有教师13人、学生8人。负责地貌的有李建贤、邓国锋、黄玉昆和伍子坚、周天泰、邹尚辉、叶亚洲和李焕山诸同学。负责气候的有陈世训

手稿后装硬壳面

和黄润本，负责水文的有沈燦，负责植被的有覃朝锋，负责土壤的有郎好善和麦荣基，负责综合区的有徐俊鸣、黄新华、潘树荣、易绍桢。

20世纪30年代，中山大学地理系汇集着一批英美学者，我国自然地理学一代宗师林超教授，1934年留学英国利物浦大学，是著名地理学者罗士培（P.C.Roxby）的研究生。林超教授回国后担任中山大学地理系主任，在综合自然地理方面很有成就。担任过系主任的王益崖、蔡源明、洪绂、吕逸卿、邹豹君教授等，大都是毕业于英美一些大学地理系，上述各位学者一起，将中山大学地理系办成一个容纳各种学说和流派的地理教育机关。

1952年，在中山大学地理系建立自然地理专业，这早于全国许多院校。20世纪50年代后期，中山大学地理系与北京大学地理系一样，最先引入苏联景观学。1957年至1958年，苏联专家A.Γ.伊萨钦科在中山大学地理系讲学，全国有关地理人员纷纷前来，广州成为“景观热”中心之地。

1958年5至6月，中山大学地理系自然地理进修班在A.Γ.伊萨钦科指导下，在高要鼎湖山开展景观详细调查和1：2000景观制图研究。翌年在《中山大学学报》发表这次调查和制图成果。1958年下半年，中山大学地理系受珠江流域规划办公室委托，对珠江流域进行自然与经济的全面调查，编写《珠江流域经济地理》以及专题报告和图件等。这批手稿和图册，就是这次调查的成果。

陈世训，中山大学大气科学系教授，第一届系主任。主要论著有《气象学》、《中国的气候》、《华南降水多年变化的某些特征》和《季风区热带环境的振动与季风辐合带》等。

黄润本，中山大学地理系教授。1955年发表《侵袭广东的台风》一文，首次揭示了侵袭广东台风的气候规律及其天气。

覃朝锋，中山大学环境科学系植物地理学与生态环境学教授，原中山大学地理学系副主任、生物土壤教研室主任。

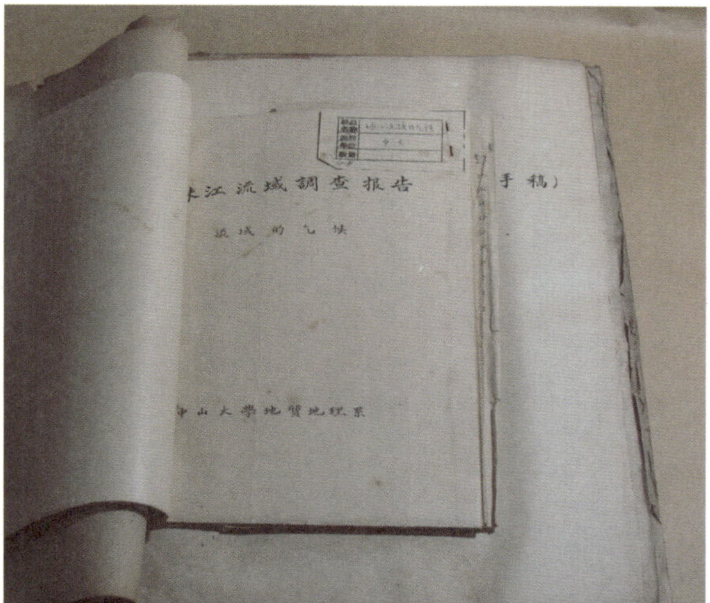

手稿有多部分组成

可当志书来读的《都江堰水利述要》

四川省水利局辑《都江堰水利述要》一函一册，民国27年四川印刷局印刷，铅印本，四川省水利局水利丛书第一种。书首有蓝印都江堰水利图一幅，另有灌县附近图（标识风景地点）、伏龙观平面图、二王庙平面图、县治图、都江堰图、青城洞天、灵岩胜景、老人胜地、白沙晚渡等插图20幅，有孙中山和刘湘像及其他图表几十幅。附都江堰民工歌和纪念歌词、曲各一首。此书为民国时期四川省水利局用当时西方堤坝修建知识对都江堰所做的分析报告，对于考证都江堰的工作原理提供了宝贵的数据资料。

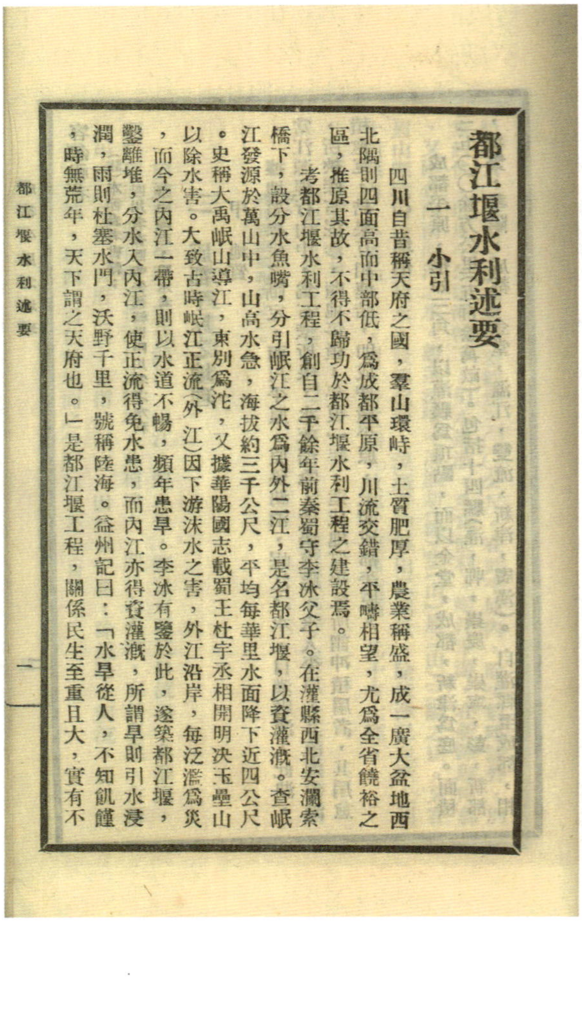

都江堰水利述要

一　小引

四川自昔稱天府之國，羣山環峙，土質肥厚，農業稱盛，成一廣大盆地西北隅則四面高而中部低，爲成都平原，川流交錯，平疇相望，尤爲全省饒裕之區，推原其故，不得不歸功於都江堰水利工程之建設焉。

考都江堰水利工程，創自二千餘年前秦蜀守李冰父子。在灌縣西北安瀾索橋下，設分水魚嘴，分引岷江之水爲內外二江，是名都江堰，以資灌溉。查岷江發源於萬山中，山高水急，海拔約三千公尺，平均每華里水面降下近四公尺。史稱大禹岷山導江，東別爲沱，又據華陽國志載蜀王杜宇丞相開明決玉壘山以除水害。大致古時岷江正流(外江)因下游沫水之害，外江沿岸，每泛濫爲災，而今之內江一帶，則以水道不暢，頻年患旱。李冰有鑒於此，遂築都江堰，鑿離堆，分水入內江，使正流得免水患，而內江亦得資灌溉，所謂旱則引水浸潤，雨則杜塞水門，沃野千里，號稱陸海。益州記曰：「水旱從人，不知飢饉，時無荒年，天下謂之天府也。」是都江堰工程，關係民生至重且大，實有不

都江堰水利述要　一

本书主要记述成都平原地理、土壤、农产、都江堰灌溉分布图等各地情况，包括灌溉面积、分水水量统计、水稻需水量与岷江流量的关系、水文统计资料、都江堰历朝历代工程沿革等六部分内容，附图附表说明详尽。书后所附人文、风土、民俗及工程费等等，颇具史料价值。

都江堰为我国知名的水利设施，建于两千多年前的秦朝，是中国古代建设并使用至今的大型水利工程，至今仍然发挥着巨大作用。从此书对都江堰工程的记载和描述来看，可以说这一工程是宏伟而又简易的。其建筑之简、效用之大，很适合于现代提倡的节约社会最经济的原则。这项工程一切所用之材，数千年来，全以本地所产的竹木及随流而来的卵石为主，完全做到了就地取材，物尽其用，用最少代价而得到了最大的利益。对于川西平原农田水利而论，实为全国之冠，《都江堰水利述要》记述受益于都江堰的田地“计有川西14县之广，约520余万亩”。

从历史文化上看，川西为蜀文化最先、最早发展繁殖的地区。而川中最早的蚕虫、鱼凫、杜宇等，都出自彭县和崇庆之间。远在周秦之世，就是沃野千里，成为天府之国，这一地区文化的发展，虽然不能和中原并驾齐驱，但也不在吴楚之下。从经济方面观察，秦灭蜀后而变得富庶起来，才可以拥有兼并六国的实力。三国时，蜀汉也是据此

才有六出祁山、九伐中原的。自唐汉以来，蜀地堪称富庶之地，有“扬一益二”的说法，实际上，蜀地的富庶是不亚于扬州的。历史上记载，自秦汉至南宋，四川赋税常为全国第一，这种上好的经济实力，在很大程度上是得自于都江堰的恩赐。

六有斋刻本《今水经》

黄宗羲撰《今水经》一卷、表一卷，共一册，清光绪二十年（1894）六有斋刻本，“黄梨洲遗书”十种之八。

黄宗羲（1610—1695），字太冲，号南雷，学者称梨州先生，浙江余姚人。明末清初思想家、文学家。黄宗羲在他75岁时完成学术巨著《明儒学案》，把中国哲学概括为“一本万殊”，这部著作对明朝300年间各个学派的学术思想作了系统的、完整的介绍和评述，为我国历史上第一部学术思想史的大作。在黄宗羲84岁那年，《明文海》问世，这是他一生中最大的一部著作，共482卷，参考明朝各家文集2000多种，费时26年。黄宗羲著作极为宏富，据统计，他一生的著作有60余种，1300余卷，数千万字。黄宗羲努力著述同时，还在宁波、绍兴、海昌等地讲学、培养学生，是浙东学派的创始人。清朝著名学者万斯同、万斯大、阎若璩等，都是他的学生。

黄宗羲一生长期坚持自然科学研究，撰写了20余种科技类著作，在天算、地理学等方面的研究，成果颇丰。黄宗羲在地理学方面的研究起步甚早，创修了《四明山志》，在清顺治十七年（1660）撰成《匡庐游录》，在清康熙三年（1664）写成《今水经》。他倡导走出书斋进行实地考察的科学研究方法，与顾炎武同开一代新学风。在黄宗羲的科技思想中，主张“推物理之自然”，从自然本身去寻找物理，反对祥异神化的瞽说，这些建筑在科学基础上的无神论思想，是中国思想史上的宝贵遗产。

《四库全书总目提要》对《今水经》的介绍是：“是书前列诸水之名，共为一表，皆以入海者为主，而来会者以次附之，如汴入河、须郑入汴、京入郑、索入京之类。自下流记其委也，后各自为说，分南北二条，皆以发源者为主，而所受之水以次附之。如卫河出辉县苏门山，迳卫辉府北，东流淇水来注之，又过浚县内黄界，漳水来注之类，自上流记其源也。其所说诸水，用今道不用故道，用今地名不用古地名，创例本皆有法。其书作于明末，西嘉峪，东山海，北喜峰，古北居庸，皆不能逾越一步。宗羲生于余姚，又未亲历北方，故河源尚剽《元史》之说，而滦河之类亦沿《明一统志》之旧。松花、黑龙、鸭录、混同诸江，尤传闻彷佛，不尽可据。我朝幅员广博，古所称绝域，皆入版图，得以验传闻之真妄。《钦定西域图志》、《河源纪略》诸书，勘验精详，昭示万代。儒生一隅之见，付之覆瓿可矣。”

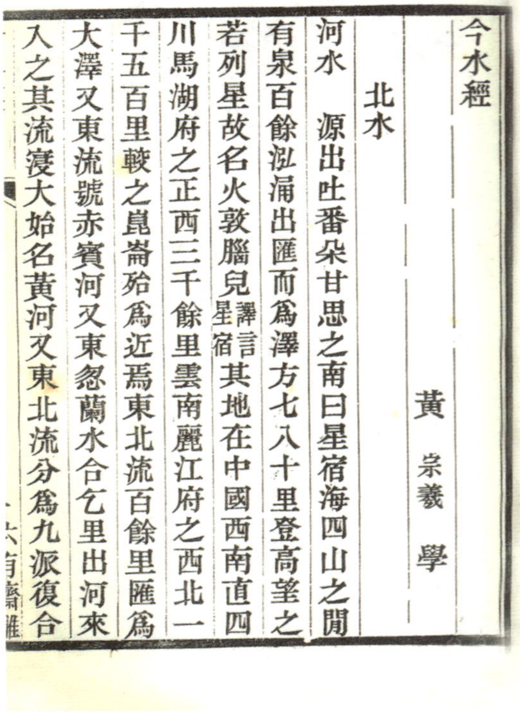

今水經

北水　　黃宗羲 學

河水　源出吐番朶甘思之南曰星宿海四山之間有泉百餘泓漏出匯而爲澤方七八十里登高望之若列星故名火敦腦兒譯言星宿其地在中國西南直四川馬湖府之正西三千餘里雲南麗江府之西北一千五百里較之崑崙殆爲近焉東北流百餘里匯爲大澤又東流號赤賓河又東忽蘭水合乞里出河來入之其流寖大始名黃河又東北流分爲九派復合

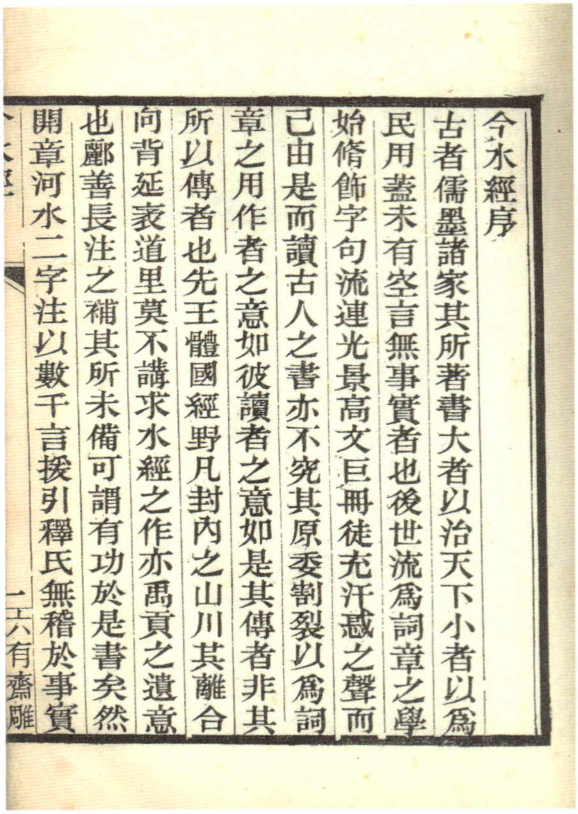

今水經序

古者儒墨諸家其所著書大者以治天下小者以爲民用蓋未有空言無事實者也後世流爲詞章之學始脩飾字句流連光景高文巨冊徒充汗藏之聲而已由是而讀古人之書亦不究其原委割裂以爲詞章之用作者之意如彼讀者之意如是其傳者非其所以傳者也先王體國經野凡封內之山川其離合向背延袤道里莫不講求水經之作亦禹貢之遺意也酈善長注之補其所未備可謂有功於是書矣然開章河水二字注以數千言援引釋氏無稽於事實

介绍河道水系和西域情况的抄本:《地理丛钞》

旧抄本《地理丛钞》上、下编，二册，此抄本共292页，纸本高21厘米，宽14.2厘米，半页9行，行22字左右。系用黄绵纸誊写，细棉线穿孔装订。毛笔小楷书写，字体

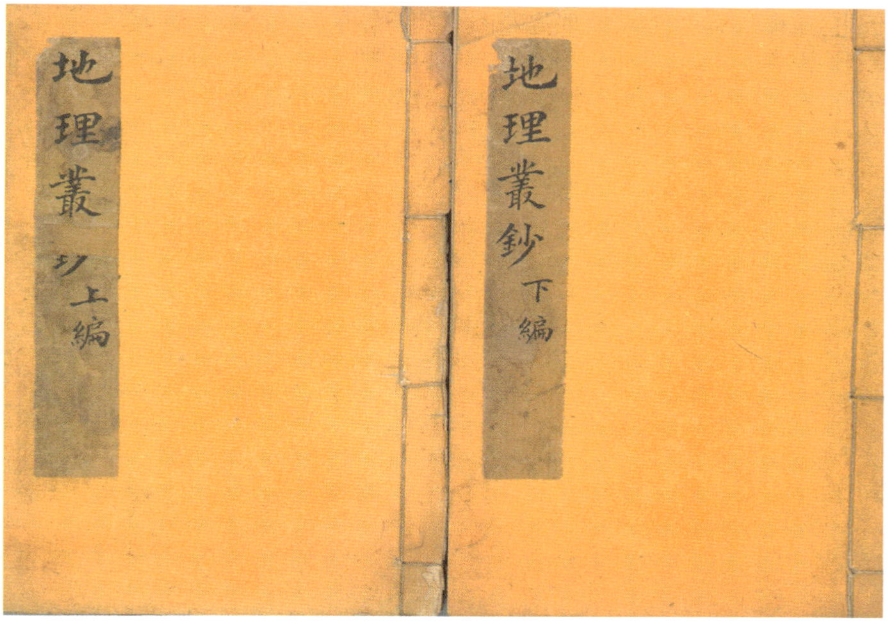

结构方正，用笔舒展，笔笔到位，工整稳重略显文气，正文间有红笔圈点，可见抄书者一丝不苟的态度。

上编抄有：节抄自《东洋史要》的亚洲五部、亚洲地势、中国地势、中国山脉；录自《中国史》的“地势”；录自《广西通志》的“粤西三江源流考”；录自《江西通志》的“江西水道考”；录自《官报》的“江防”、直隶水道、河南、山东地势；录自冯焌光《古汝水考》的“西行日记”；录自陈重威和范本礼《水道纪略》的“运河”、“运道”；录自戴祖启《陕甘资政》的“诸山总序”；录自松筠《伊犁事略》的“南北两路山水总叙”。其他为单行文章：中国近代早期维新派的主要代言人之一陈虬的《治河》上下、丁总教的《河济古道》、窦固班超定西域所历《系今何地说》、晏斯盛的《黔中水道记》、陆陇其的《畿辅八府地图说》、蔡新的《直隶河图说》、张机南的《云南三江水道考》。

下编抄有：录自丁总教的《西藏大势》的“中国通西藏”、“西藏路程”；录自《秦报》的“西北边防”、“阿尔太山”；陈伦炯的《天下沿海形势录》；魏源的《答人问西北边城书》、《北干考》、《丛岭三干考》；黄懋材的《五印度形势》、《西域形胜》、《西域图说》。另有王我师的《藏鑪总记》、顾炎武的《地脉》、瞿继昌的《亚洲西路山脉》、许克勤的《西域帕米尔舆地考》、姚子良的《滇属金沙江形势》、

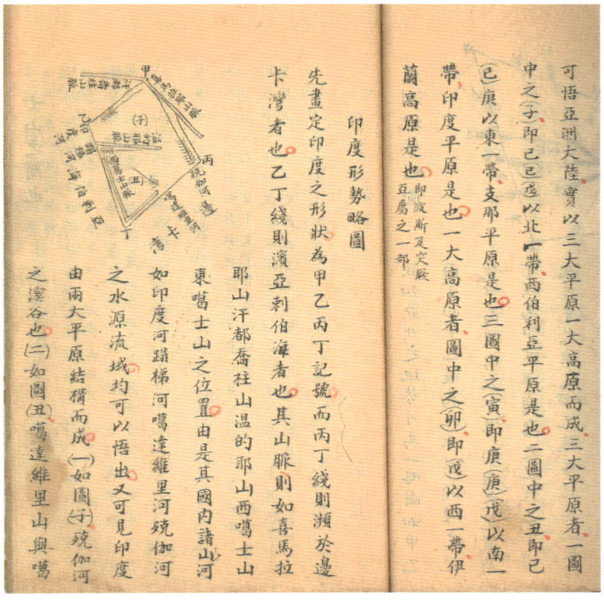

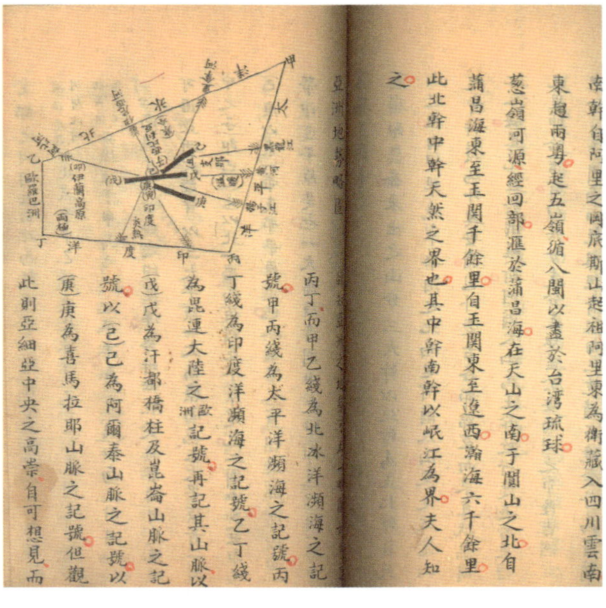

清朝两江总督陶澍的《与百制府论孙文定南游记书》、姚文栋的《日本地理兵要例言》、邹代钧的《日本地理》。尚有不具作者姓名的《游历印度记》节录、东三省边防、越南图纪略等。带有手绘插图的“亚洲地势略图”和“印度形势略图”两篇。

此抄本上编偏重河道水系，下编侧重西域。所抄内容除地理方面以外，还涉及沿革、经济、风俗习惯、民情民风、宗教信仰等各方面的情况，算得上一部难得的地理研究资料。

“对矿物学为极有用之书”：《金石识别》

（美）代那撰、（美）玛高温口译、（清）华蘅芳笔述《金石识别》十二卷六册，据清同治十一年（1872）江南机器制造总局编译之《江南制造局所刻书》原木种刻本石印。

《金石识别》的翻译蓝本是美国地质学家和矿物学家代那于1848年出版的《矿物学手册》（*Manual of Mineralogy*），这是代那为学生编写的教材。代那是美国耶鲁大学教授，这本教材编得很成功，为许多大学多年采用。是世界知名、使用已久的基础读物。该书由美传教医师玛高温口译，华蘅芳笔述，于1869年译出中文版，书中系统论述了矿物的晶体形态、物理性质、化学性质及矿物分类法等，首次把西方矿物晶体理论与测试手段介绍到中国，成为中国最具史料价值的一部矿物学译著。标志着地质学作为一门科学，在中国已确立了它的地位。在江南制造局用木刻版印行后，1896年又被收入《西学富强丛书》用石印出版，在中国知识界颇有影响。

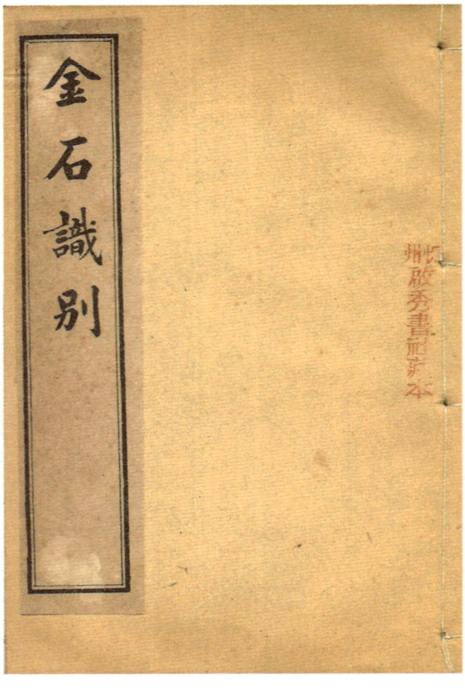

此后，华蘅芳又与玛高温合译英国人赖尔（C. Lyell）名著《地质学纲要》（出版时名为《地学浅释》）。该书按岩石地层和地质史顺序，讲述地壳的组成物质及其排列次序和相对位置，地层的生物化石等等，第一次完整系统地把西方近代地质学的基本知识介绍到国内，出版后曾作为教科书广泛流传，对中国地质学的发展，起了重要的启蒙作用。洋务运动时期还翻译出版了一些具有实用价值的地质知识书籍，如《矿石图说》、《开煤要法》、《求矿指南》等等，以介绍识别矿物、开采矿物的工程技术，满足矿产部门的实际需要，从而推动了中国近代矿业的发展。

梁启超在18岁时路过上海，在这里见到江南机器制造总局的译书，很喜欢。但他当时无力购买，后来读了不少，其他的译本也

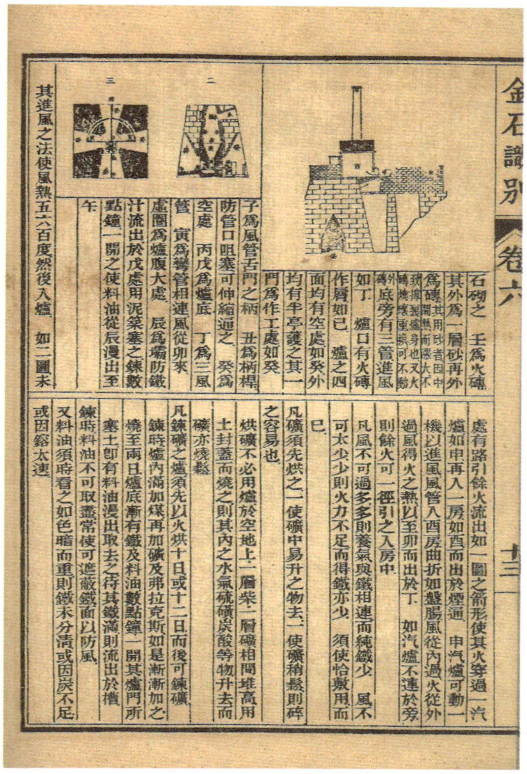
金石識別 卷六 十三

石砌之 壬為火磚其外為一層砂再外為磚其用砂者因中間熱而漲大不致撑裂爐身也又火磚燒壞便換可不動外磚底旁有三管進風如丁 爐口有火磚作層如已 爐之四面均有空處如癸外均有半亭護之其一門為作工處如癸

子為風管舌門之柄 丑為柄桿防管口阻塞可伸縮通之 癸為空處 丙戊為爐底 丁為三風管 寅為彎管相連風從卯來處圈為爐腹大處 辰為墉防鐵汁流出於戊處用泥築塞之鍊數點鐘一開之使料油從辰漫出至午

其進風之法使風熱五六百度然後入爐 如二圖未處有路引餘火流出如一圖之箭形使其火穿過一汽爐如申再入一房如酉而出於煙通 申汽爐可動一機以進風風管入酉房曲折如盤腸風從內過火從外過風得火之熱以至卯而出於丁 如汽爐不連於旁則餘火可一徑引之入房中

凡風不可過多多則養氣與鐵相連而純鐵少 風不可太少少則火力不足而得鐵亦少 須使恰敷用而已

凡礦須先烘之一使礦中易升之物去一使礦稍鬆則碎之容易也

烘礦不必用爐於空地上一層柴一層礦相間堆高用土封蓋而燒之則其內之水氣硫磺炭酸等物升去而礦亦燒鬆

凡鍊礦之爐須先以火烘十日或十二日而後可鍊礦鍊時爐內滿加煤再加礦及弗拉克斯如是漸漸加之燒至兩日爐底漸有鐵及料油數點鐘一開其爐門所塞土即有料油漫出取去之待其鐵滿則流出於槽

鍊時料油不可取盡常使可遮蔽鐵面以防風

又料油須時看之如色暗而重則鐵未分清或因炭不足或因鎔太速

读了许多，写出了《读西学书法》，对不少科技书作出评价，如称赞《金石识别》，是“对矿物学为极有用之书”，《地学浅释》“为学习科学必读之书”。

在《而已集·革命时代的文学》中，鲁迅曾明确地表示过：“我首先正经学习的是开矿，叫我讲掘煤，也许比讲文学要好一些。”足见他对自己所掌握的地质矿物学知识，一直都充满了自信。的确，鲁迅在南京江南陆师学堂附设的矿务铁路学堂学习时，非常刻苦认真，不仅手抄数学课本，《金石识别》就是他当时的教材。在书页的空白处，留下了他很多听课笔记、学习心得等等。他还曾花了很长时间把赖尔的《地学浅说》译文抄录、装订成两大本，连书中精密的地质构造图都描摹了下来。

浙江绍兴鲁迅纪念馆藏有这部鲁迅用过的《金石识别》，分山、之、见、荣、者、也六册，竹纸木刻印刷。此书每册封面卷首都有“会稽周树人”的署名。更可贵的是，全书从总论开始，鲁迅都用毛笔竖行眉批、校注、标点，达2万余处。笔锋清晰，字迹流利，写下了自己的学习心得，表现了他的聪颖和刻苦。

1865年，华蘅芳被派往上海参加江南机器制造总局的筹建工作。他得知自己仰慕已久的数学家李善兰正在上海，与伟烈亚力合作进行数学翻译工作，便登门拜见，虚心求教，两人从此开始了交往。华蘅芳感到，李善兰、伟烈亚力翻译的数学著作，对初学者来说是很难入门的。他决定自己以后也应加入到译介西方数学论著的行列中来。1868年，他便进了上海江南机器制造总局翻译馆，着手进行西方科学书籍的翻译工作。华蘅芳与外国人合译出版了12种171卷近代科技著作，内容涉及数学、地质学、矿物学、航海、气象、天文学等。比起他的数学研究工作，他译书的成就更大、影响更广。（华蘅芳介绍参见574页《“编辑既精，译笔尤善”：〈代数术〉》一文）

2006年12月，孔网此书售价为900元。

“政治地理学”：《天下郡国利病书》

顾炎武辑《天下郡国利病书》十八卷，八册，蒋锡礽节录本，绍文石印书局清光绪二十八年（1902）石印。

此书为记载中国明代各地区社会政治

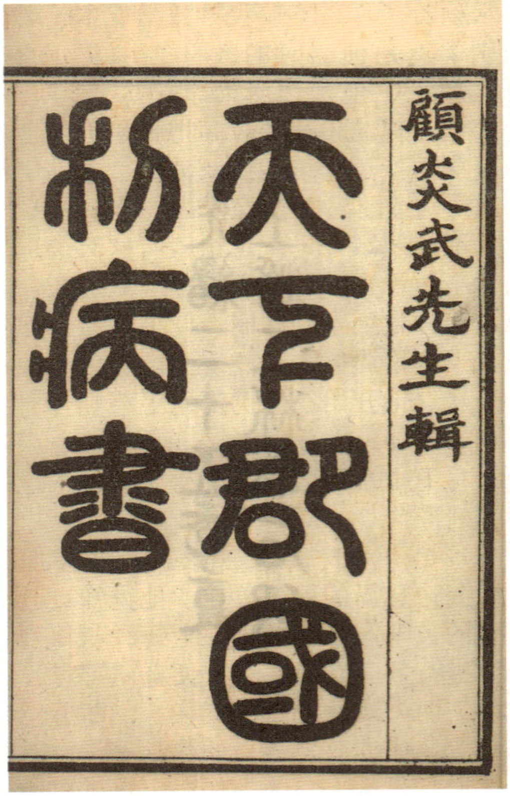

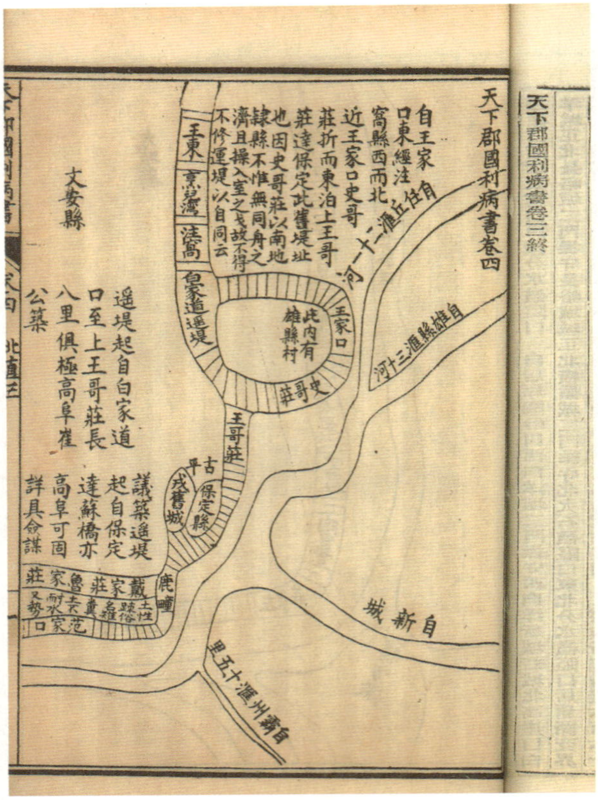

经济状况的历史地理著作。顾炎武自明崇祯十二年（1639）后，即开始搜集史籍、实录、方志及奏疏、文集中有关国计民生的资料，并对其中所载山川要塞、风土民情作实地考察，以正得失。约于清康熙初年编定成书，后又不断增改，终未定稿。原稿旧为清代藏书家黄丕烈收藏，分三十四册，其中佚失第十四册。该书先叙舆地山川总论，次叙南北直隶、十三布政使司。除记载舆地沿革外，所载赋役、屯垦、水利、漕运等资料相当丰富，是研究明代社会政治经济的重要史籍。

顾炎武生活的年代是明末乱世，目击时世艰难，又亲身经历倭寇之患、建州女真的内侵、风灾水害虫灾的交替侵袭，饥民的暴动和农民起义此起彼伏。崇祯十一年，清兵攻下畿辅城，第二年顾炎武参加科举考试再一次失败。此后，他不再参加科举考试，而是深深感到国家处于多事之秋，如果没有真才实学，就不能挽救国家和民族的危亡，于是发愤读书，着手进行《天下郡国利病书》的写作。为了写作此书，顾炎武通读二十一史和天下郡国地方志、名人文集、奏章文册之类数万卷。他还往来南北做实际调查，曲折行程两三万里。作者编订这些资料后，希望后人能在此基础上斟酌去舍，“续而传之”。在他晚年时，他又将此书一分为二：“一为舆地之记，一为利病之书。”前者即《肇域志》，后者为《天下郡国利病书》。《天下郡国利病书》对于边疆的形势和沿革叙述特别详细，则又可看到作者对于祖国边陲的深切关注及其中蕴含着的爱国深情。

（顾炎武介绍参见156页《有清三代帝师祁寯藻刻〈顾阎年谱二种〉》一文）

《天下郡国利病书》以讲究郡国利病贯穿全书，重点辑录了兵防、赋税、水利三方面内容。作者十分重视研究各地兵要地理，深感兵防之重要，所以书中对全国各地的形势、险要、卫所、城堡、关寨、岛礁、烽堠、民兵、巡司、马政、草场、兵力配备、粮草供应、屯田以及有关农民起义和其他社会动乱等方面资料，无不详细摘录。所以梁启超在《中国近三百年学术史》中，称此书为“政治地理学”。

此书光绪二十五年上海二朴石印本两函二十八册，孔网2007年在线销售成交价为2600元。

影响中国近代地理学的重要著作《地学指略》

《地学指略》上中下三卷，全二册，白纸。英国文教治口译，（清）李庆轩笔述，上海益智书会清光绪七年（1881）刻本。钤“中学堂藏书楼仪器馆之图记”。

《地学指略》被称为“影响中国近代地理学的重要著作”。地学（EarthScience，又称地球科学）以人类居住的地球为其研究对象，研究领域广泛、涵盖面广。因此在近代化的过程中不断产生出地理学、地质学、气象学等新的学科。学科的分化是近代地学的主要特点之一。由于中国的近代地学是由西方传入的，因此近代地学及其分支学科的名称首先出现在译著之中。明末清初随着传教士东来，出现了大量的科学译著，其中不乏对西方地学的介绍性著作。但近代地质学诞生于18世纪末至19世纪初期，近代地理学始于19世纪初期，而近代地学传入中国则是在19世纪中后期，所以具有近代意义的地学学科名称在中国的出现应始于19世纪的中后期。《地学指略》一书对于中国后来的地学

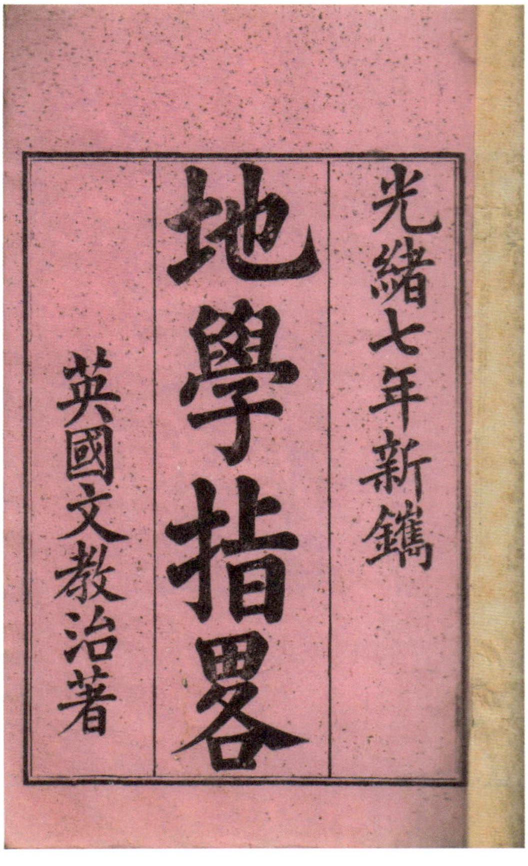

发展起到了重要启示作用。

美国传教士丁韪良于1872年在北京创办的《中西见闻录》(后改名《格致汇编》)，曾分期连载英国地质学家包尔腾所著的《地学指略》一书，对地质学知识作了较为全面的介绍。

《地学指略》对古人类遗存的讲述颇为精妙：“至于泥沙土中，所存人事之迹则有二：一为人工所造之器物，一为人身之骸骨。器物可分三类：一为石类之器物，如第八十六图，最在先如石斧、石锥、石箭头、石枪头是也，此等石器多用火石作成。有甚粗者，不过略具器物之形状。有稍细者，形状齐整，体质光滑，上有雕刻之花样。其粗者，疑为人工始作之器物。其细者，则时略在后，人渐得有技艺之能焉；二为铜类之器。虽曰铜类器物，却非纯铜，乃杂锡而作者，其名曰响铜；三为铁类之器物。凡此三类器物皆埋藏于新聚之泥沙土中，其石器亦有见于山洞中石床下者。”

该书又以在瑞士某湖口处的发掘为例，说明距地表不同深度的地方分别埋藏有罗马国的器物、铜器以及石器。并以罗马人初至瑞士地方的时间对比土层厚度，推算出土器物最深即“十九尺”处的距今年代大约是七八千年。“其他处存留人迹之地，皆可以此类推。故即新聚之泥沙土中所藏人之踪迹而论人之年世，约亦不过数千。然难确指”。这些都是十分有趣的。

“中学堂藏书楼仪器馆之图记”是北京二中前身的印章。

捌 政善而治顺

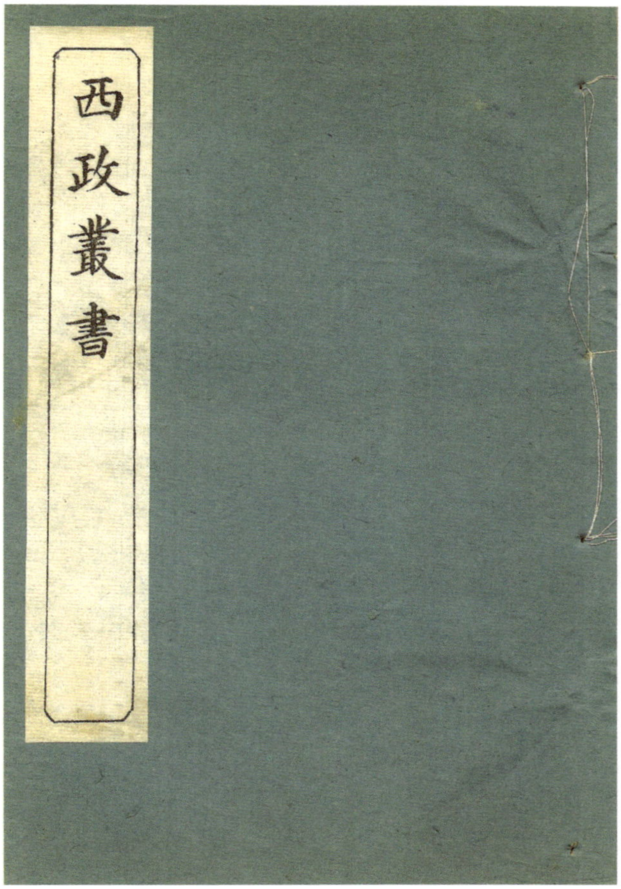

政书、政论是历代统治阶级从政、执政的重要文献，对于社会政治文明的推动作用巨大，以资今日借鉴。

《中国丛书综录》在史部列有“政书类”，包括通制、仪制、职官、邦计、邦交、军政、刑法、考工、掌故琐记、诏令、奏议、公牍等。

"储英馆丛刻"之《欧洲东方交涉记》

（英）麦高尔撰辑、（美）林乐知、（清）瞿昂来译《欧洲东方交涉记》十二卷二册，两湖张氏清光绪二十二年（1896）刻本。版心题"东方交涉记"，牌记题"光绪丙申长夏储英馆丛刻三"。

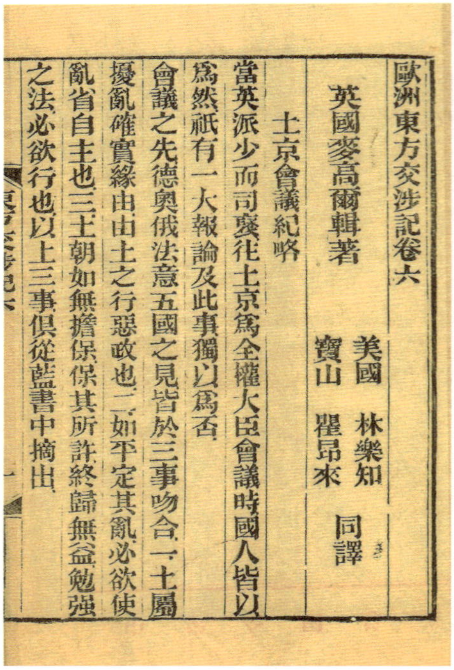

歐洲東方交涉記卷六

英國麥高爾輯著　美國 林樂知　寶山 瞿昂來　同譯

土京會議紀略

當英派少而司褒往土京爲全權大臣會議時國人皆以爲然祇有一大報論及此事獨以爲否

會議之先德奧俄法意五國之見皆於三事吻合一土屬擾亂確實緣由由土之行惡政也二如平定其亂必欲使亂省自主也三土朝如無擔保保其所許終歸無益勉强之法必欲行也以上三事俱從藍書中摘出

林乐知乃美国传教士。1859年12月，23岁的林乐知同夫人及他们还不到5个月的女儿登上了驶往中国的航船，经过210天的艰苦航行，于1860年6月来到上海，开始了他在中国长达40多年的生涯。

林乐知到中国后，起了个中国名字叫林约翰，后取中国名言"一物不知，儒者知耻"之意，更名林乐知，字荣章，有时常自称"美国进士"，显示出他对中国文化的浓厚兴趣。数年后，他的中文学习颇有进步，大致过了语言关。但这时美国由于爆发了南北战争，监理会无法顾及林乐知的生活，使他的经费无处筹集。林乐知自称："我们有四年之久，收不到差会一元钱，也接不到亲友的一封信。"不得已，林乐知为求生路，在冯桂芬的介绍下到上海广方言馆教书，还曾典卖教会财物，贩卖粮食、棉花和煤炭，当保险部门的经纪人。后受徐寿之请，到上海江南机器制造总局翻译馆译书。从《教会新报》的有关记述分析，林乐知译的书有《格致启蒙博物》、《格致启蒙化学》、《格致启蒙天文》、《格致启蒙地理》、《万国史》、《欧罗巴史》、《德国史》、《俄罗斯国史》、《印度国史》、《东方交涉记》、《列国岁计政要》、《列国陆军制》、《新闻纸》、《地学启蒙》等十余部。由于教书认真，译书勤奋，清廷赏他五品顶戴的官衔。

19世纪末，他和李提摩太（Timothy Richard）、丁韪良（William Alexander Parsons Martin）等人组织了广学会，出版图书，扩大教会在中国的影响。《欧洲东方交涉记》便在此期间出版。在1901年的广学会年会上，林乐知自鸣得意地宣称："从某种意义上说，中国已成为基督教国家的保护国，她已被置于我们的教导和开化的权力之下。"这时的林乐知也进一步受到美国监理会和美国政府的支持。1906年他回国时，美国总统西奥多·罗斯福（Theodore Roosevelt）亲自接见了他。返回中国后，70岁的林乐知仍踌躇满志，想进一步扩展他的事业，但命途多舛，不料在1907年5月30日突然在上海去世。

雍正“对臣工的谕旨”：《上谕内阁》

（清）允禄等编《上谕内阁》八十九卷，雍正年间内府刻本。书名据书签题，11行21字，白口，四周双边，单鱼尾。

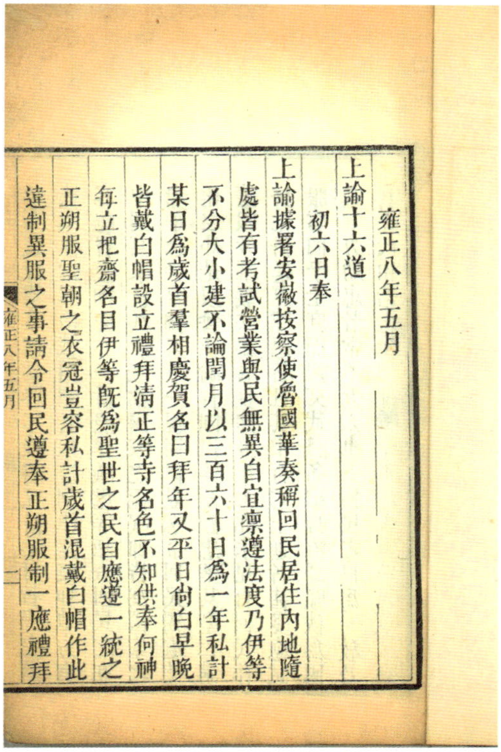

雍正八年五月

上諭十六道

初六日奉

上諭據署安徽按察使魯國華奏稱回民居住內地隨處皆有考試營業與民無異自宜稟遵法度乃伊等不分大小建不論閏月以三百六十日爲一年私計某日爲歲首羣相慶賀名曰拜年又平日尙白早晚皆戴白帽設立禮拜淸正等寺名色不知供奉何神每立把齋名目伊等既爲聖世之民自應遵一統之正朔服聖朝之衣冠豈容私計歲首混戴白帽作此違制異服之事請令回民遵奉正朔服制一應禮拜

雍正八年五月　一

清世宗胤禛（1678—1735）为清入关后的第三代皇帝，清圣祖玄烨第四子，康熙六十一年（1722）继位，年号雍正。清世宗即位时已44岁，加之此前的经历，使他比较了解世情，并具有丰富的统治经验。即位后，勤于政务，大力清除康熙统治后期的各种积弊，取得一定成效，对清代历史发展有巨大贡献。但他在政治上采取多种措施以巩固自己的皇位，以统治严酷、猜忌多疑、刻薄寡恩使后世颇有争议。雍正批阅过的奏折，选录辑为《朱批谕旨》，他对臣工的谕旨，由张廷玉等记录编成《上谕内阁》、《上谕八旗》。

《上谕内阁》自雍正七年（1729）由和硕庄亲王允禄缮录刊布，所记为雍正登基至雍正七年止，雍正九年书告成。雍正八年至雍正十三年的上谕，由和硕和亲王弘昼编次，校正续刻，补为全书，到清乾隆六年（1741）告成。原本皆为每月别为起讫，不标卷数，未题书名。和亲王重刻共一百五十九卷，题名为《上谕内阁》，以别于《上谕八旗》。《四库全书总目提要》载：“此一百五十九卷，名为臣工所缮录，实与御札手敕无以异。励精宵旰之怀，谨持魁柄之意，万世可伏读而见之也。我皇上御跋程颐《经筵札子》，力斥其天下安危系于宰相之说。诚所谓聪听彝训，垂裕后昆者矣。”

冯尔康是国内史学界倡导给雍正翻案的代表，曾誉雍正为“中国历史上为数不多的比较杰出的帝王之一”。但冯先生对雍正伪造历史的劣行也深有体会。中国素有标榜直笔的“史官文化”，虽然实际上历代帝王都干预修史，造成“实录”不实，但像雍正那样不仅伪造历史，而且涂改档案，伪造史料，则还是罕见的。在对照了雍正“加工”过的《朱批谕旨》、《上谕内阁》等档案与故宫博物院中幸存的原件后，冯先生也感叹曰：雍正“爱改史料，实是一个大毛病”。

在泰和嘉成2008年秋拍中，雍正九年殿版《上谕八旗》开花纸一函八册，估价8万～12万元，未成交。

"志十年来美恶贤否之真"：《三垣笔记》

（清）李清撰《三垣笔记》三卷、附识三卷、补遗一卷，共四册。民国16年刻本，牌记题"吴兴刘氏嘉业堂刊"。钤"苾厂藏书"、"惕庵行箧珍藏"印。

李清（1602—1683），字映碧，一字心水，南直隶兴化（今江苏属县）人。明崇祯辛未（1631）进士，仕崇祯、弘光两朝，历任刑、吏、工科给事中（时称刑垣、吏垣、工垣），大理寺丞等职。明亡后不仕，隐居在家乡枣园，以著述自遣。其主要著作有《南渡录》、《南北史合注》、《南唐书合订》、《澹宁斋史论》、《澹宁斋杂著》等。

《三垣笔记》是李清著作中比较重要的一种，涉及时事、朝章、典故和人物等。书中所记，都是李清任三科给事中时耳闻目睹有关朝章典故和当时朝廷重要官员的言论行事，故起名为《三垣笔记》。"三垣"指李清历官刑、吏、工三垣。李氏治学严谨，意在存历史之真，正如他在此书《自序》中写道："曰笔记者何也？盖自丁戊讫甲乙凡九年，举予所闻见，以笔之书，非予所闻见，不录也。所上诸疏，止录其留中者，其已报，则亦弗悉录也。盖内之记注邸钞，多遗多讳，外之传记志状，多谀多误。故欲借予所闻见，志十年来美恶贤否之真，则又予所不敢不录也。"为谨慎起见，李清将亲眼所见的事录入"笔记"，而将听说来的事列入"附识"，足见其用心之良苦。

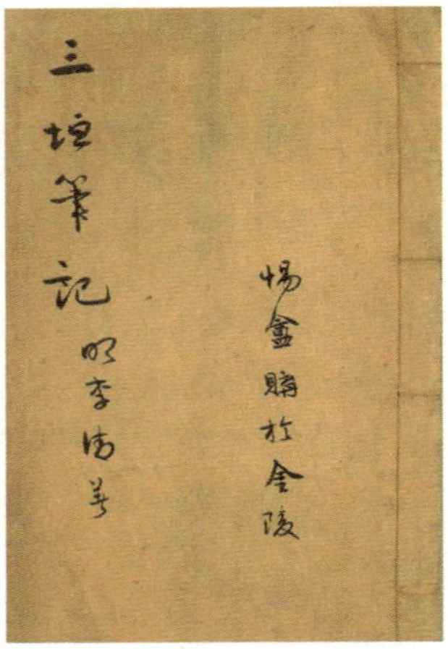

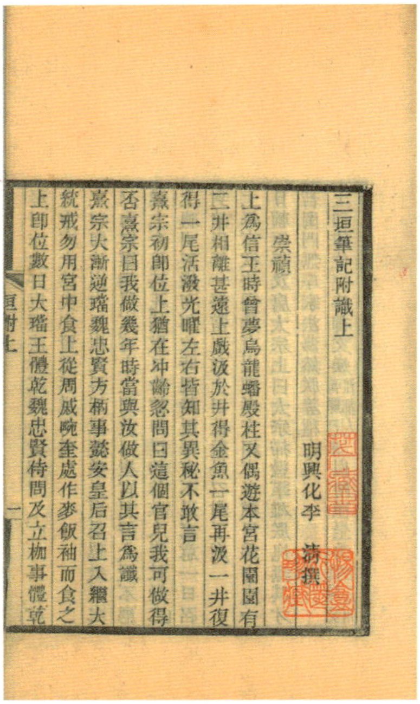

三垣筆記附識上

明興化李　清撰

崇禎

上爲信王時曾夢烏龍蟠殿柱又偶遊本宮花園園有二井相離甚遠上戲汲於井得金魚一尾再汲一井復得一尾活潑光曜左右皆知其異秘不敢言

熹宗初即位上猶在冲齡忽問曰這個官兒我可做得否熹宗曰我做幾年時當與汝做人以其言爲讖

熹宗大漸逆璫魏忠賢方柄事懿安皇后召上入繼大統戒勿用宮中食上從周戚晚奎處作麥飯袖而食之

上即位數日大璫王體乾魏忠賢侍問及立枷事體乾

三垣附上　一

李清身居朝廷要职，耳闻目睹的多是枢垣机密。所以《三垣笔记》提供了明末崇祯、弘光两朝各个方面的真实史料。这些史料或未见于它书记载，或它书记焉不详，而该书则所记甚多，有着极高的史料价值。

书中对于反映崇祯皇帝复杂性格的事着墨甚多，对厂卫的特务政治、考选官吏中的秽闻也多有记载。就真实性而言，《三垣笔记》基本上做到了客观持正，这一点已为熟悉明史的全祖望所首肯，并特别称赞了李清力排门户之见的著作原则。当然，《三垣笔记》中也有一些无稽之说。如把明朝的灭亡归于气运，并记载了种种灾异作为明亡的征兆。有一则讲秀才袁清遇到一僧，僧指天象告诉袁清，建文帝和他的臣子齐泰、黄子澄又至人间，不久会发生动乱。甲申之变发生，僧之言得以验证。但这类内容，书中所记不多。

《三垣笔记》中当然不会遗漏考选官吏中的秽闻："予入都后，见此番考选最为奔竞，时王侍御万象以齐人掌河南道，尤喜贿。故余同乡数人，转易如流，问其故，皆以贿之增减为升降耳，一时争高下者，遂至相殴。而江右理学之薮，亦以同籍兼至戚争高下相詈，詈殴之声哄于长安。予入垣后，有当路问予曰：'何以以江南风波乃尔，而江北独无？'予曰：'予江南两同籍皆以第一第二位置非词林即科，然必不肯舍词林而就科，两虎相斗，遂至俱败。予入都最晚。前三人位置已定，无计跨越，安分而已。彼居第二而不甘，予居最末而忘言，所以有今日之滥竽也。因此，悟功名退步处最为得力。'"

就真实性而言，《三垣笔记》基本上做到了客观持正，这一点已为熟悉明史的全祖望所首肯，并特别称赞了李清力排门户之见的著作原则。

《三垣笔记》因书中有"建州、建虏、北朝、可汗、属夷、异类、小酋"等所谓干碍字面的语言，为乾隆所不容，因此被明令禁止，列入禁毁书目之列。该书在清朝无刻本，只以抄本流传，且内容出入较大。直至1912年，《国学粹报社》铅字排印的《古学汇刊》本中才有了六卷足本的《三垣笔记》。

翕居所藏吴兴刘氏嘉业楼民国16年本，应为该书的最早刻本。

2005年11月，在中国嘉德秋拍中，王云五旧藏五册《三垣笔记》抄本，估价6000～8000元，以16500元成交。

"中学为本、西学为用"：《校邠庐抗议》

（清）冯桂芬撰《校邠庐抗议》不分卷、二册，清广仁堂刻本。版心下刻"广仁堂"3字。

书前为《曾文正公覆冯宫允书》，次为清咸丰十一年（1861）十月作者撰《校邠庐抗议自序》。此书是一部政论集，也是近代思想家冯桂芬的代表作。"校邠庐"是作者居住处，"抗议"二字语出《后汉书·赵壹传》，即位卑言高之意。作者针对咸丰朝以后的社会大变动，以及当时科技水平落后于西方国家的状况，向当权者提出了一系列改革方案。

冯桂芬在1861年写成此书，共收政论47篇，大部分作于亡命上海期间，少数为旧作。上册各议为：公黜陟、汰冗员、免回避、厚养廉、许自陈、复乡职、省则例、易吏胥、折南漕、利淮鹾、改土供、罢关征、节经费、筹国用、杜亏空、复陈诗、变科举、改会试、广取士、停武试、减兵额、严盗课、制洋器，共23篇。下册各议为：善驭夷、采西学、重专对、变捐例、绘地图、兴水利、均赋税、稽旱潦、改河道、重酒酤、收贫民、劝树桑、壹权量、稽户口、崇节俭、复宗法、重儒官、裁屯田、寓兵于工、通道大江运米运盐、垦荒、上海设立同文馆、用钱不废银、以工巧为币，共24篇。书中内容涉及政治、军事、文化、生产、经济等各领域，指出了向西方学习的方向，集中体现了作者的开放思想。其中采西学、制洋器、改科举等多项建议被洋务派所采纳，进而成为洋务政策。其处理中西学关系的原则“以中国之伦常名教为原本，辅以诸国富强之术”，被概括为“中学为本、西学为用”，成为变法图强的理论根据，对清末政治、经济演变的影响甚大。

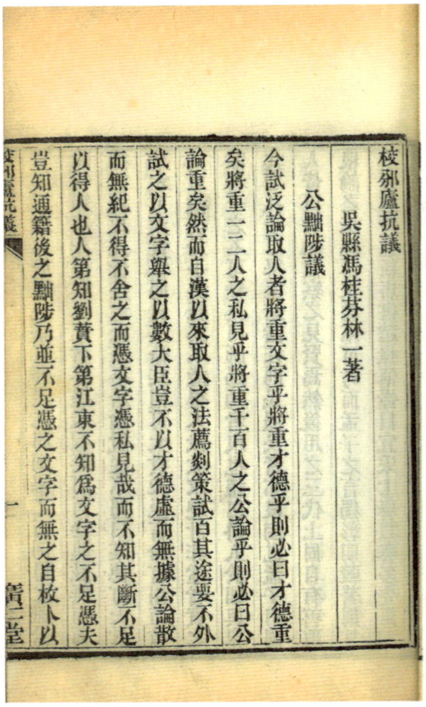
校邠廬抗議
吳縣馮桂芬林一著
公黜陟議
今試泛論取人者將重文字乎將重才德乎則必曰才德重矣將重一二人之私見乎將重千百人之公論乎則必曰公論重矣然而自漢以來取人之法薦辟策試百其途要不外試之以文字舉之以數大臣豈不以才德虛而無據公論散而無紀不得不舍之而憑文字憑私見哉而不知其斷不足以得人也人第知劉蕡下第江東不知爲文字之不足憑夫豈知通籍後之黜陟乃並不足憑之文字而無之自枚卜以

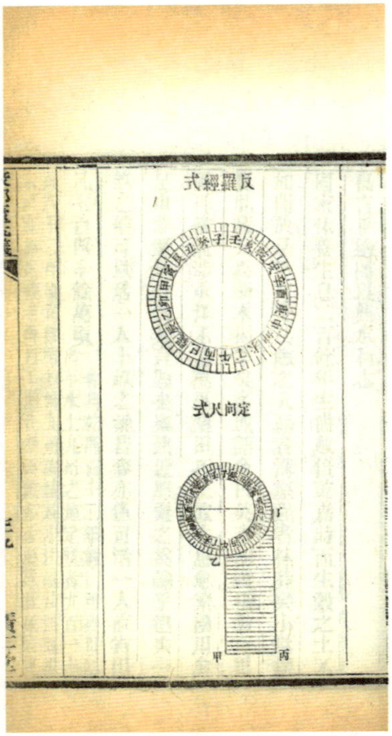

此书先由作者自刊，因洋务派势力尚未形成，反响不大。至清同治、光绪年间，才被奉为改良思想的先声而大加翻刻。特别是得到光绪帝激赏，颁旨印发，令群臣解读。当时政府要人李鸿章、宗人府府丞葛宝华等多位官员纷纷为此书作签注，反映了统治阶层对此书的重视。冯桂芬去世后，李鸿章亲自撰写墓志铭：“君于学无所不窥而期于实用。天下大计，无日不往来于胸中……”

此书光绪九年（1883）广仁堂本一册，在2007年3月中国嘉德四季第1期拍卖会上，以2200元成交。

“纂辑最劳，经济备见”：《国朝典汇》

（明）徐学聚撰《国朝典汇》二百卷，国家图书馆著录为“明天启间（1621—1627）刻本，善本”。

此书分类编载了自明太祖朱元璋开国至明穆宗隆庆年间（1567—1572）200余年朝廷内外典章故实（个别门类涉及万历年间之事）。前三十三卷称“朝端大政”，记载与时政攸关之事；第三十三卷以后按吏、户、礼、兵、刑、工六部，分类辑录事实。其中吏部五十三卷、户部十六卷、礼部三十四卷、兵部四十二卷、刑部七卷、工部十五卷。该书汇集了不少有关政治、经济、军政等方面的资料，是研究明史尤其是明代典章制度的一部重要史著。《千顷堂书目》将其收入“典故类”，《明史·艺文志》收入“故事类”，《四库存目丛书》收入“政书类”。

该书的作者徐学聚，字敬舆，号石楼，浙江兰溪人。明万历十一年（1583）进士，官至都察院右佥都御史、巡抚福建地方，为官25年，可以称为谙熟明制的晚明大吏。他

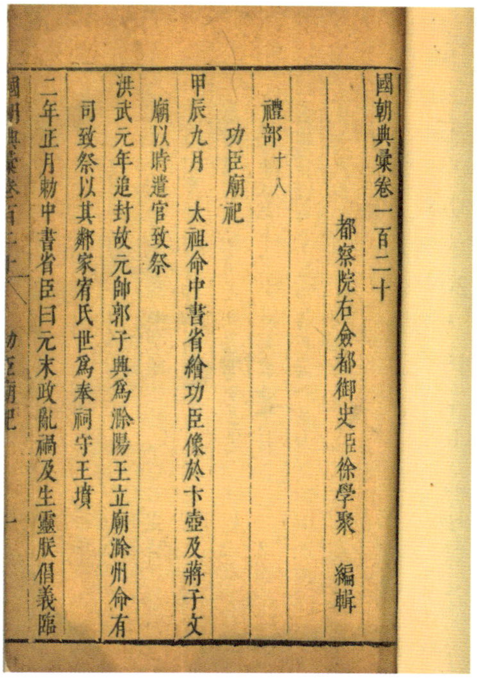
國朝典彙卷一百二十
都察院右僉都御史臣徐學聚　編輯
禮部十八
功臣廟祀
甲辰九月　太祖命中書省繪功臣像於卞壺及蔣子文
廟以時遣官致祭
洪武元年追封故元帥郭子興為滁陽王立廟滁州命有
司致祭以其鄉家甯氏世為奉祠守王墳
二年正月勅中書省臣曰元末政亂禍及生靈朕倡義臨
國朝典彙卷百二十　功臣廟祀　一

出身于书香门第、仕宦之家，“负良史才，有得之家学者远”（见冯琦为该书所作序）。又勤于著述，生平著述不下数十余种，除《国朝典汇》外，还有《历朝纲鉴》四卷、《监司守令宝鉴》二卷、《抚闽疏草》三卷、《公移》十卷、《嘉靖东南平倭通录》等。其中，以《国朝典汇》“纂辑最劳，经济备见”（见徐学聚之子徐与参为此书所作《凡例》），可谓徐学聚史著之代表作。

徐学聚在继承传统典制体史书基本框架的基础上，综合会典、会要二体，突出典制特征，兼采纪传、编年、纪事本末等多体之长，编成《国朝典汇》。而且，该书编纂特色鲜明，博采众史家之长，在文献学发展史上具有重要价值。因此，弄清其成稿时间对于确认其史料来源，进而正确认识其史料价值具有重要意义。确定一书成稿年代的方法有许多，其中，最直接、可靠的莫过于依据作者本人对此事的记述，但从徐学聚传世的著作中未见这样的记载。《国朝典汇》现通行北京大学图书馆1993年影印《明清史料丛编》本、书目文献出版社1996年影印单行本和齐鲁书社1996年影印《四库存目丛书》本等三个本子。其中，书目文献出版社影印本收载序文最多，共有五篇，另有《凡例》一篇，皆非徐学聚所作。五篇序文中，以冯琦所撰最早，成于万历二十九年四月，即徐学聚由山东参政升任福建右布政使之时，周应宾序和徐学聚之子徐与参所撰“凡例”皆作于天启四年。依据以上三文所载相关史实，可以断定徐学聚督学山东期间曾编辑《国朝典汇》一书，《千顷堂书目》也持同样看法。再据《凡例》、《明神宗实录》所载相关史实，徐学聚在山东督学任上编纂该书的具体时间应为万历二十六年至万历二十九年这四年间，此论已由姜纬堂揭出。

《国朝典汇》这样一部重要史著，《四库全书》仅把其列入“存目”，表面上以其“分隶不无错杂”、“于体例皆为未协”、“皆不著其出典”等为理由，而隐藏其后的真正原因可能是清统治者对女真史实的忌讳。此书在清代为禁书，近年未在拍场和店肆得见。

《华制存考》与《谕折汇存》

在邮传尚不发达的清代，为使朝廷及中央六部的指示迅速下传和各省报呈的文书及时上达，各省均派提塘官十六人常驻京师，隶属于兵部捷报处。提塘官掌管传递本省与中央各部院的往来文书，呈领递送朝廷颁给各省官员的敕书及州县印信。各省驻京的提塘官又设立报房，每日到掌管朝廷题本抄发的都察六科，抄录所颁发的皇帝圣谕和臣僚上奏本章折件，然后刊刻印刷发回本省。各种每日刊刷的报纸统称《邸报》，又称《邸钞》、《宫门钞》、《京报》。

清代所称的《京报》即《邸报》，清代以前由官府直接控制，清代则由报房的商人经营，是类似报纸的一种出版物，其作用在于传知朝政的文书抄本和政治情报。在传媒手段尚不发达的清代，《京报》是影响较大，能向全国提供较为准确的政治情报的重要传播手段。

1907年10月26日，《政治官报》正式出版，这是中国历史上第一份由中央政府直接出版发行的机关报，标志着清末官报活动达到高潮。官报的问世，其内容范围和权威都远远超过了《京报》，活动方式也不是《京报》可以比拟的。《政治官报》专载中枢发布的文牍，报房既无权威地位，就近抄发谕旨章奏的优势也丧失殆尽，作为民间消息源而存在的意义也随之消失。这就迫使报房采取变通以求生存。1907年6月，北京聚兴报房开始筹组《京话时报》，7月10日起改良《京报》，用新式机器铅印。即便如此，仍无法挽回颓势。10月26日，即《政治官报》正式出版的同一天，报房附出的《阁钞汇编》和《谕折汇存》奉令停刊，后更名为《华制存考》继续出版了一段时间。主要内容有谕旨、批折、宫门钞、电报、奏咨、奏折、咨、札、法制章程、条约、报告、外事等。虽有报房联名公呈求免，却未能获得允准。至于《京报》，则有宪政编查馆饬令不得铅印，只准“仍照旧制改用木板”，理由竟是“官报有独用铅印出版权，他人岂得滥用”。以后，报房基本变成售报处，靠代销各报勉力支撑，到20世纪20年代初正式消亡。

《谕折汇存》类似现在的月刊，定期出版。内容上均包括三部分：宫门钞、明发谕旨和奏折。《谕折汇存》、《华制存考》由1884年创建的撷华书局专印，该书局拥有较新式的印刷设备。

中国书店2007年1月拍卖《华制存考》和《谕折汇存》，各为一函六册，1200元落槌。

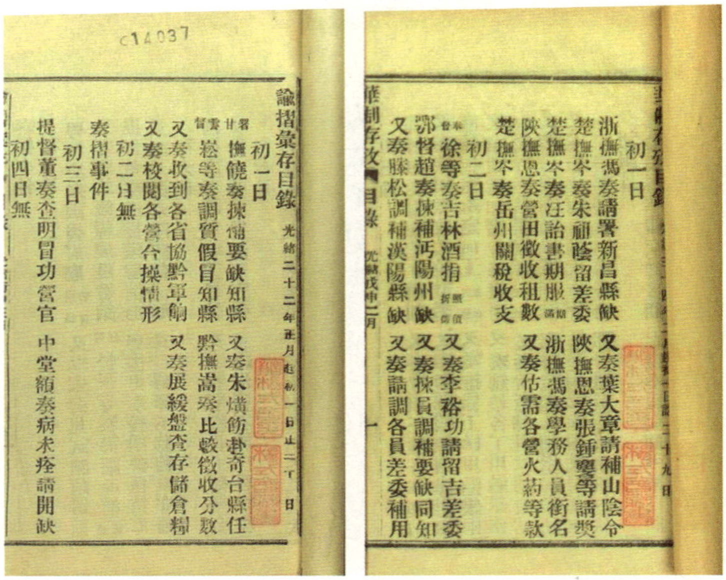
諭摺彙存目錄 光緒二十二年正月起初一日止二十日

初一日

撫饒奏揀補要缺知縣 又奏朱熾飭赴奇台縣任

崧等奏調質假冒知縣 黔撫嵩奏比較徵收分數

又奏收到各省協黔軍餉 又奏展緩盤查存儲倉糧

又奏校閱各營合操情形

初二日無

奏摺事件

初三日

提督董奏查明冒功營官 中堂額奏病未痊請開缺

初四日無

初一日

浙撫馮奏請署新昌縣缺 又奏葉大章請補山陰令

楚撫岑奏朱祖蔭留差委 陝撫恩奏張鍾夔等請獎

楚撫岑奏汪詒書期服 浙撫馮奏學務人員銜名

陝撫恩奏營田徵收租數 又奏估需各營火藥等款

楚撫岑奏岳州關稅收支

初二日

徐等奏吉林酒捐 又奏李豁功請留吉差委

鄂督趙奏揀補沔陽州缺 又奏揀員調補要缺同知

又奏滕松調補漢陽縣缺 又奏請調各員差委補用

華制存考 目錄 光緒戊申二月

“安不忘危、盛必虑衰”：《备豫录》

2007年5月，在中国书店海王村春拍中，一套清道光重刻白纸本《洴澼百金方》十四卷十册，估价8000～9000元，成交价为9900元。而在2006年11月该公司秋季拍卖中，该

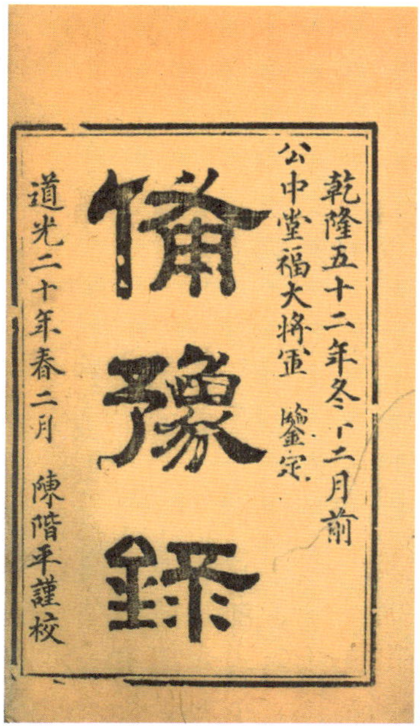

书道光二十年（1840）扫叶山房白纸刊本一函五册，估价5000～6000元，以7200元落槌。据拍卖图录介绍说：“是书在其流传过程中，多见抄本，而刊本稀少，更增加了此书的收藏价值。”

惠麓酒民编《洴澼百金方》是清代汇辑评论历代战略防御的兵书，为子部兵家类。全书十四卷，分为“预备”、“积贮”、“选练”、“制器”、“清野”、“险要”、“方略”、“号令”、“禁约”、“设防”、“拒御”、“营阵”、“水战”和“制胜”等十四个方面。绘有各种兵器、攻防器械、火炮战船等图175幅。“洴澼”取自《庄子·逍遥游》，以防手龟裂喻国家防御之策。约成书于清乾隆元年（1736），现存最早版本是乾隆五十三年刻本。道光年间重刻时，更名《备豫录》，清咸丰、光绪时又有重印。翕居所藏为道光二十年刊本。

陈介平在《洴澼百金方》道光刊本的序中称该书“实本于《金汤十二筹》”，也吸收了其他城守书的内容，事例多取材于《左传》、《周礼》和《二十一史》中有关备御之策，针对时弊，分类辑述历代的战略防御思想和作战原则、作战方法。所论战略防御的核心是防患于未然、以民为本。认为即使太平之世，也应做到“安不忘危、盛必虑衰”、“有备无患”。备战御敌应以“固结民心”为制胜的根本之策。

此书关于备战的内容和措施论述主要有四个方面：

一是在人力准备上，主张练兵和兵民结合。练兵要以“训兵六章”（忠爱、敢战、守法、勤习、敦睦、信义）为准则，以练心、练艺、练胆为主；主张建立乡兵，组织乡民，实行兵民联合防御。

二是在物力准备上，重粮储和兵器制造。认为“积贮为天下之大命”，金城汤池，带甲百万，无粟不可守，强调“公督私藏”、“藏富于民”；对各种兵器构造使用、火药配制方法详加记载，并指出，如果器械不利，势必要“以卒与敌”。

三是在战守上，提出“善守如环”、“以战为守”的原则，主张“天降”（下云梯出击）、“地出”（从地道出击）“近冲”、“远击”及正兵、奇兵等互相配合运用。

四是主张正确地利用地形，认为“扼险者胜，恃险者亡”。

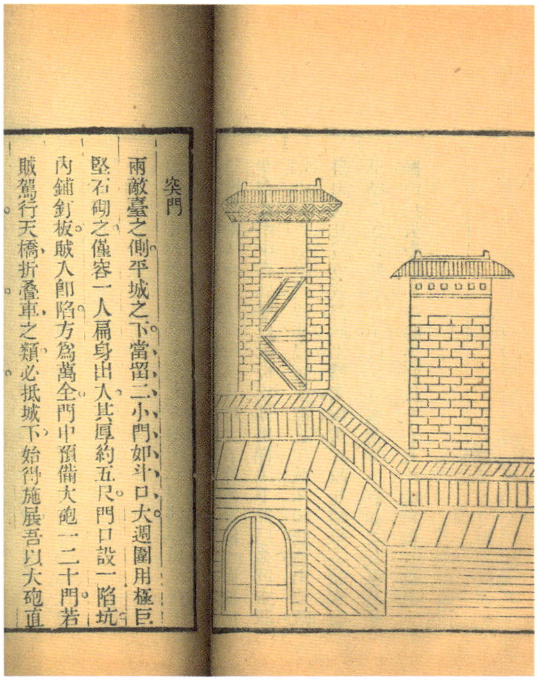

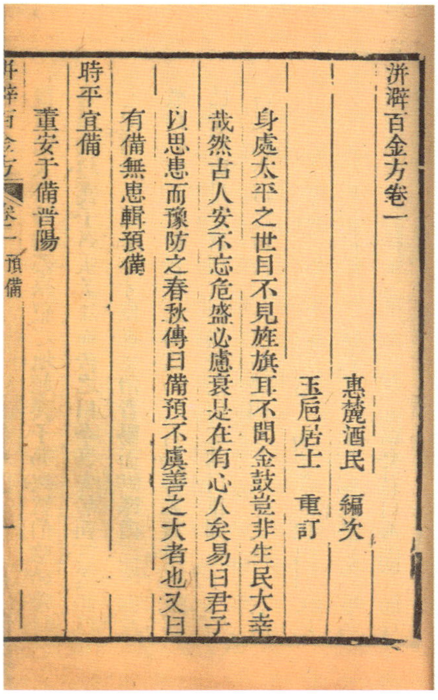
洴澼百金方卷一
惠麓酒民 編次
玉卮居士 重訂
身處太平之世目不見旌旗耳不聞金鼓豈非生民大幸哉然古人安不忘危盛必慮衰是在有心人矣易曰君子以思患而豫防之春秋傳曰備預不虞善之大者也又曰有備無患輯預備
時平宜備
董安于備晉陽
洴澼百金方 卷一 預備

"敏果斋七种"之《武备辑要续编》

（清）许乃钊编，（清）恩成、（清）长启参订《武备辑要续编》十卷二册。牌记题"道光十二年广州刻本"。书前题"敏果斋七种：乡守辑要、城守辑要、荒政辑要、安澜纪要、回澜纪要、批点纪效新书、批点练兵实纪"。书名页、书内正文和书口题"武备辑要续编"。

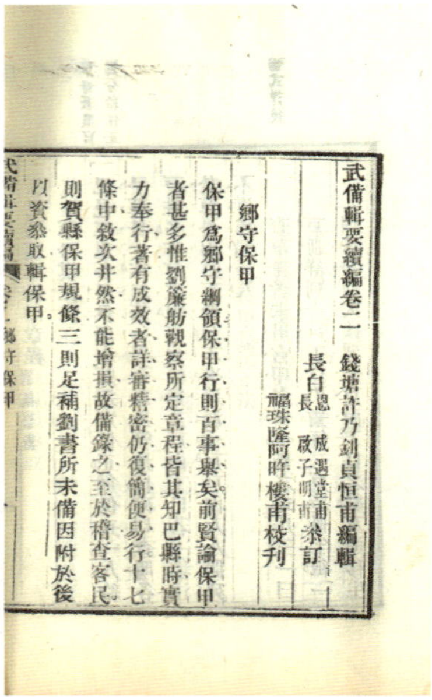

《武备辑要》于道光十二年（1832）刊行后，道光二十四年日本就出现了翻刻本，其他被翻刻的还有《圣武记》、《海国图志》和《乍浦集咏》等一批所谓"警世之书"。日本人认为这批书籍对加强海防，提高抵御外患意识有重要作用。其中《海国图志》仅在数年之间就在日本出版了20多种翻刻或翻译的选本。

许乃钊，字信臣，号贞恒，晚号邃翁，室名敏果斋、读书养性斋，浙江钱塘（今杭州）人。道光十五年进士，道光二十一年任河南学政时，逢黄河水决，治河总督文冲因招工被水阻未归，他毅然担负组织百姓奋起抗洪艰任，经过努力，终于堵住洪水，未成灾害。清咸丰三年（1853）任江苏巡抚，兼"江南大营"帮办，在苏松一带命令减轻税收，设立难民局，安置难民，并创设以捐代赋方法，增加国库收入，得到百姓的拥护。同年秋，上海小刀会起义，他调兵前往镇压，后因劳师无功被革职。咸丰七年，又以三品顶戴帮办江南军务。次年，补光禄寺卿。咸丰十年，太平军破"江南大营"，克常州、苏州，他再度被革职。著有《武备辑要》六卷、《续武备辑要》十卷、《荒政辑要》九卷、《安澜纪要》二卷和《回澜纪要》二卷等。

"敏果斋七种"中的第一种——《乡守辑要》，是关于基层乡村政权如何实行保甲团练、维护社会治安的法律措施的文献汇编。该书汇集了唐、宋、明、清历代人士有关建立团练组织、训练团练队伍、维护地方治安、保卫乡村秩序的理论主张，以及实践中形成的有关法律规条及具体措施。

此道光十二年广州刊本《武备辑要》六卷、续编十卷，在2008年3月中国嘉德四季第13期拍卖会上成交价为4480元。

“积感之民”发愤之作：《圣武记》

（清）魏源撰《圣武记》十四卷，道光二十六年（1846）重订本。书名页镌“新增校对无讹，古徽堂藏版”。

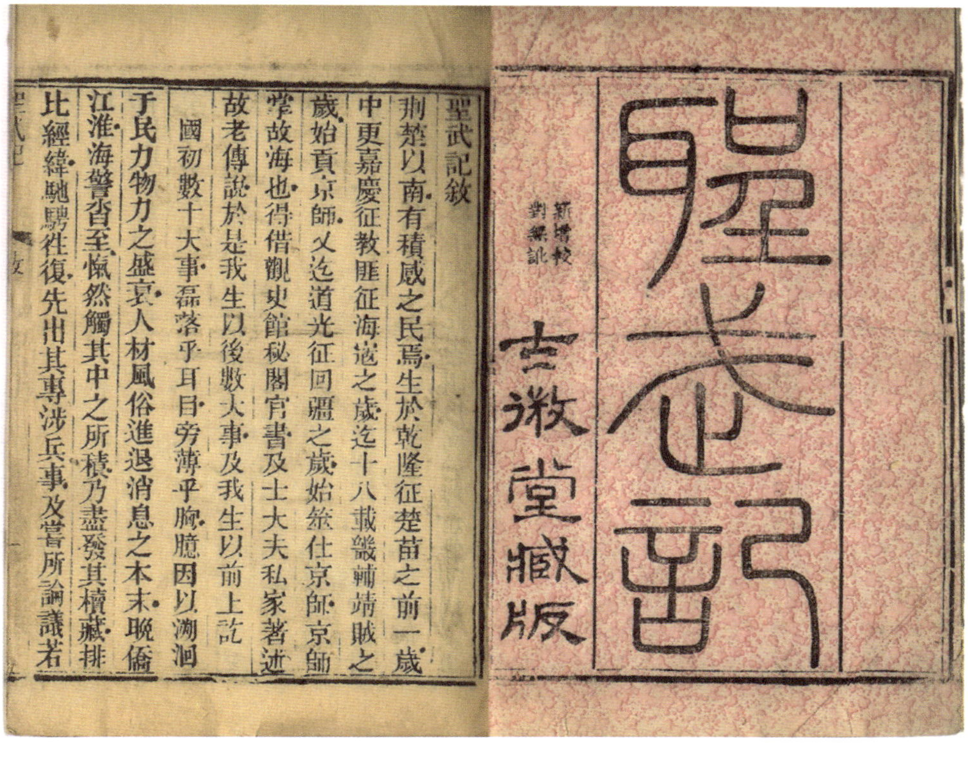

聖武記

新增校對無訛

古徽堂藏版

聖武記敘

荊楚以南有積感之民焉生於乾隆征楚苗之前一歲中更嘉慶征教匪征海寇之歲迄十八載畿輔靖賊之歲始貢京師又迄道光征回疆之歲始筮仕京師京師掌故海也得借觀史館秘閣官書及士大夫私家著述故老傳說於是我生以後數大事及我生以前上訖國初數十大事磊落乎耳目旁薄乎胸臆因以溯洄于民力物力之盛衰人材風俗進退消息之本末晚僑江淮海警沓至愾然觸其中之所積乃盡發其櫝藏排比經緯馳驟往復先出其專涉兵事及嘗所論議若

聖武記 敘 一

魏源（1794—1857）在《圣武记》“叙”中讲到：“荆楚以南，有积感之民焉，距生于乾隆征楚苗之前一岁，中更嘉庆征教匪，征海寇之岁，迄十八载。畿辅靖贼之岁始贡京师，又迄道光征回疆之岁，始筮仕京师。京师，掌故海也，得借观史馆秘阁官书及士大夫私家著述、故老传说，于是我生以后数大事及我生以前上讫国初数十大事，磊落乎耳目，旁薄乎胸臆。因以溯洄于民力物力之盛衰，人材风俗进退消息之本末。晚侨江、淮，海警飙忽，军问沓至，忾然触其中之所积，乃尽发其椟藏，排比经纬，驰骋往复，先取其涉兵事及所论议若干篇，为十有四卷，统四十余万言，告成于海夷就款江宁之月。”

魏源所讲《圣武记》“告成于海夷就款江宁之日”，即1842年8月清政府签订了割地赔款的中英《南京条约》之日。这件事触发了作者内心的“积感”，于是愤然而作《圣武记》，试图借宣扬清代的“武功”来激励人心，发愤图强，抵御外侮。道光九

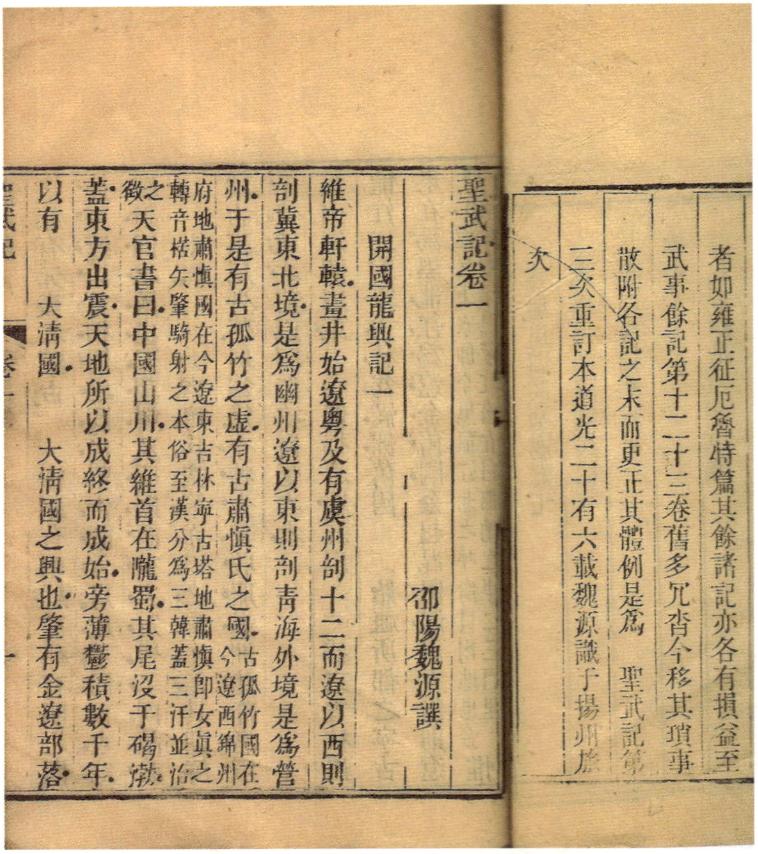
者如雍正征厄魯特篇其餘諸記亦各有損益至
武事餘記第十一十三卷舊多冗沓今移其瑣事
散附各記之末而更正其體例是爲　聖武記第
三次重訂本道光二十有六載魏源識于揚州
聖武記卷一
開國龍興記一　邵陽魏源譔
維帝軒轅畫井始遼粵及有虞州剖十二而遼以西則
剖冀東北境是爲幽州遼以東則剖青海外境是爲營
州于是有古孤竹之虛有古肅慎氏之國古孤竹國在今遼西錦州府地肅慎國在今遼東吉林寧古塔地肅慎即女眞之轉音楛矢肇騎射之本俗至漢分爲三韓蓋三汗並治之徵
天官書曰中國山川其維首在隴蜀其尾沒于碣䃥
蓋東方出震天地所以成終而成始旁薄鬱積數千年
以有　大清國　大清國之興也肇有金遼部落

结合现实问题的治学旨趣，与当时风靡于世的烦琐考据学风也是相对立的。

《圣武记》是纪事本末体，将清代大事总结为34个事件，按事立篇。其中像清代开国、平定三藩、白莲教起义等，都是一个大事件中包含许多史实，或同时发生，或交错进行，如果不善于组织，就会支离紊乱。《圣武记》避免了这种缺点。它发挥了这种体裁所具有的“不为常例所拘”、“起讫自如”（章学诚：《文史通义·书教》）的长处，把复杂的事件用恰当的方法组织起来。全书共十四卷，前十卷以纪事本末体记述清王朝建立至道光年间的军事历史；后四卷《武功余记》为作者对有关军事问题的论述。卷四中《乾隆戡定回疆记》、《乾隆绥服西属国记》、《乾隆新疆后事记》、《道光重定回疆记》和《道光回疆善后记》等篇，记载清军平定新疆大小和卓木之乱，绥服哈萨克、布鲁特、敖罕和巴达克山等地区，镇压乌什、昌吉人民起事，平定张格尔之乱，抗击浩罕安集延人入侵等一系列历史事件。卷七《国朝甘肃再征叛回记》，记述清政府镇压甘肃米喇印、丁国栋起义及苏四十三起义、石峰堡田五起义等历史事件。涉及新疆、甘肃等地伊斯兰教历史、教派及习俗等内容，具有一定史料价值。书中总结清代盛衰的经验教训，是与当时为抵抗侵略提供鉴戒密切联系的。近代史家梁启超等人都对此书有高度评价，如梁启超说：“魏默深有良史之才，《圣武记》……实罕见之名著也。”（梁启超：《国学入门书目及其读法》）

年，34岁的魏源在连续参加会试落第之后，捐资得了“内阁中书舍人候补”的职务，从而有机会阅读内阁所藏有关清朝开国以来主要史事的大量档案材料，并开始着手准备撰写《圣武记》。魏源生活的年代正是清朝统治由盛到衰的急剧转变时期。清乾隆六十年（1795），爆发了贵州苗民起义。次年，又爆发了规模更大的白莲教起义，斗争持续达九年之久，沉重地打击了封建统治。清嘉庆二十年（1815）魏源被选拔为贡生，由湖南到京，此年又正值天理教起义爆发，起义群众曾攻入紫禁城，虽遭失败，却使统治集团陷入一片慌乱。魏源对于清朝统治的危机、社会的动荡不安有敏锐的感受，因而自称“积感之民”。阅读内阁案卷，使他得以将这种深切感受与具体史实的记载结合印证思考。他立志要理出清代由开国兴盛至后来衰落的历史线索，这就是此书“叙”中所说：“溯洄于民力物力之盛衰，人材风俗进退消息之本末。”在清代史坛上，《圣武记》是探索清朝盛衰的第一部史书，魏源这种密切

此书于道光二十二年刻印，后因“索观者众，随作随刊”，于道光二十四年重订于苏州、二十六年复订于扬州。1984年2月，中华书局出版了韩锡铎、孙文良的点校本，全两册。

在富彼国际2008年秋拍上，此道光古徽堂本以4256元成交。

活字印本《吏治集事》

陈维周撰《吏治集事》一册，清光绪二十年（1894）木活字摆印。

此书收录光绪六年陈维周撰《重修验封司碑记》、光绪九年撰《重修文选司堂记》，以及其他官员的著作，如九江知府曹秉濬撰《重建九江府广济桥记》、安徽巡抚沈秉成撰《安徽江神庙碑》，贵州巡抚嵩昆撰《漱石斋记》和《重治拄笏轩记》，有新野知县方昌翰的上书，还有一些地方官员撰写的《重修大坝堰金刚堰记》、《山石放生池记》、《山石小记》和一些来往书札、上奏、诗文、对联，等等。

陈维周，清吏部验封司掌印员外郎。曾为古隆中石牌坊题“澹泊明志，宁静致远”、“三顾频烦天下计，两朝开济老臣心”、“伯仲之间见伊吕，指挥若定失萧曹”等集古诗句联语。

翕居所藏此本较为稀见，拍场店肆未见。

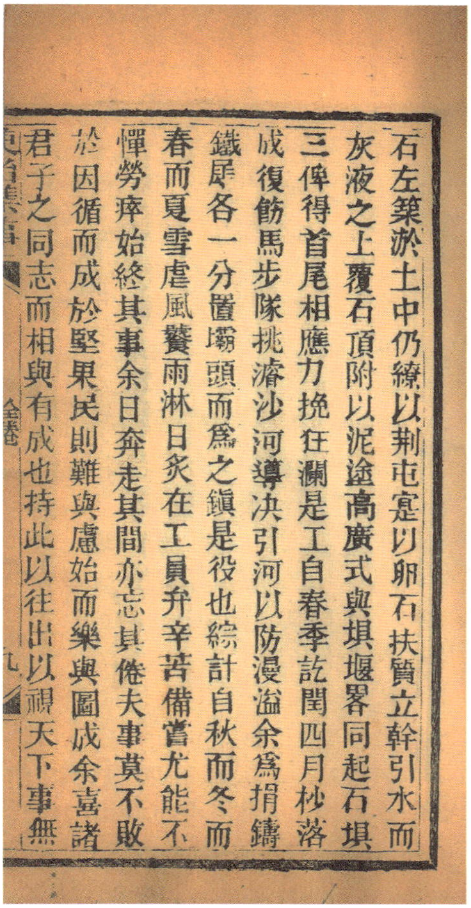
石左築淤土中仍續以荆屯窟以卵石扶賛立幹引水而
灰液之上覆石頂附以泥塗高廣式與埧堰畧同起石埧
三俾得首尾相應力挽狂瀾是工自春季訖閏四月杪落
成復飭馬步隊挑濬沙河導决引河以防漫溢余爲捐鑄
鐵犀各一分置壩頭而爲之鎮是役也綜計自秋而冬而
春而夏雪虐風饕雨淋日炙在工員弁辛苦備嘗尤能不
憚勞瘁始終其事余日奔走其間亦忘其倦夫事莫不敗
於因循而成於堅果民則難與慮始而樂與圖成余嘉諸
君子之同志而相與有成也持此以往出以視天下事無

吏治集事 全卷 九

吏治集事

慶珣謹署

记载东汉典章制度及其沿革的《东汉会要》

（宋）徐天麟撰《东汉会要》四十卷八册，清光绪十年（1884）刻，白纸本，牌记题“光绪甲申江苏书局开雕”。钤“都门编书局章”。

《东汉会要》成书于宋理宗宝庆二年（1226），主要取材于（南朝宋）范晔编撰的《后汉书》、（晋）司马彪撰的《续汉书》以及（晋）袁宏的《后汉纪》等书，记述东汉王朝的典章制度及其沿革。全书分15门、384事，包括帝系、礼、乐、舆服、文学、历数、封建、职官、选举、民政、食货、兵、刑法、方域、蕃夷等。此书分类精细，便于查考，是研究我国东汉时期典章制度的重要参考资料。本书与徐天麟的另一著作《西汉会要》合辑为《两汉会要》。

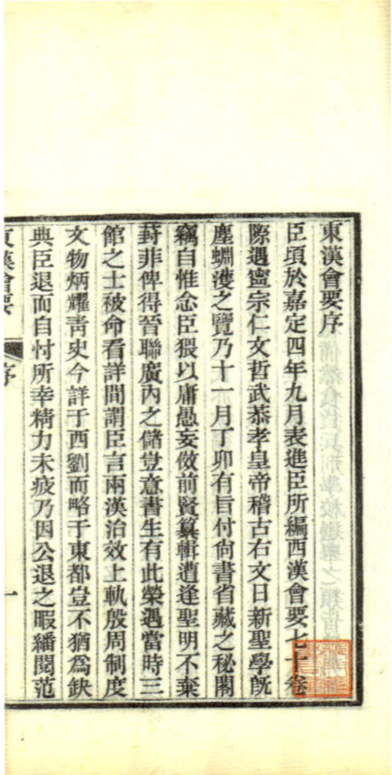
東漢會要序
臣頃於嘉定四年九月表進臣所編西漢會要七十卷
際遇寧宗仁文哲武恭孝皇帝稽古右文日新聖學既
塵蠅瀆之覽乃十一月丁卯有旨付尚書省藏之秘閣
竊自惟念臣猥以庸愚妄倣前賢纂輯遺逢聖明不棄
葑菲俾得晉聯廣內之儲豈意書生有此榮遇嘗時三
館之士被命看詳間謂臣言兩漢治效土軌殷周制度
文物炳耀青史今詳于西劉而略于東都豈不猶爲缺
典臣退而自忖所幸精力未疲乃因公退之暇紬閱范

徐天麟，字仲祥。南宋开禧元年（1205）进士，调江西抚州教授，历湖广总领所干办公事、临安府教授、浙西提举常平司干官、主管礼兵部架阁、宗学谕、武学博士等。“所至兴学明教，有惠政”。撰有《西汉会要》、《东汉会要》及《汉兵本末》、《西汉地理疏》等。

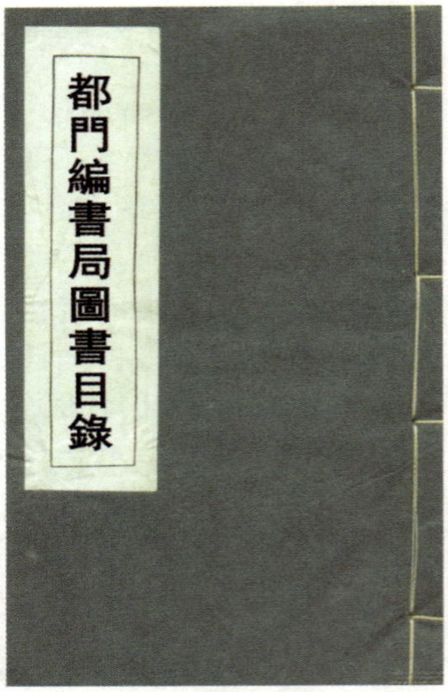

《东汉会要·诏令》谈及汉代秘书选拔，于今颇有借鉴。汉代中央集权的统一封建王朝已趋于巩固，选用秘书人员已着重于业务能力。当时，中央政府机构尚书台和御史府任用秘书，需经过严格的考试。《汉书·艺文志》和《说文解字》卷十五引《尉律》中均有记载。这些部门的秘书，年龄须在17岁以上，要能背诵书9000字以上，并考其大篆、小篆、刻符、虫书、摹印、署书、书、隶书等八种字体。每年年底，先在郡一级考试，合格者由郡守移送于京城，再经太史面试，取其中优秀者派至尚书台和御史府任尚书令史，掌写文书。尚书台中为朝廷起草公文的尚书侍郎，要求更高，除注重其文采外，还很重视实际工作的锻炼。初入台时只能任尚书郎中，为见习官员，满一年后升为尚书郎，协助侍郎办理文书事务，三年后才能任尚书传郎。

都门编书局大体存在于1912年至1948年间，是民国期间北京的一个出版机构。

在2007年中国嘉德四季第11期拍卖会“来自波士顿美术馆中文古籍拍卖专场”中，此江苏书局光绪十年本四十卷八册与《西汉会要》七十卷十册合拍，以16800元成交。

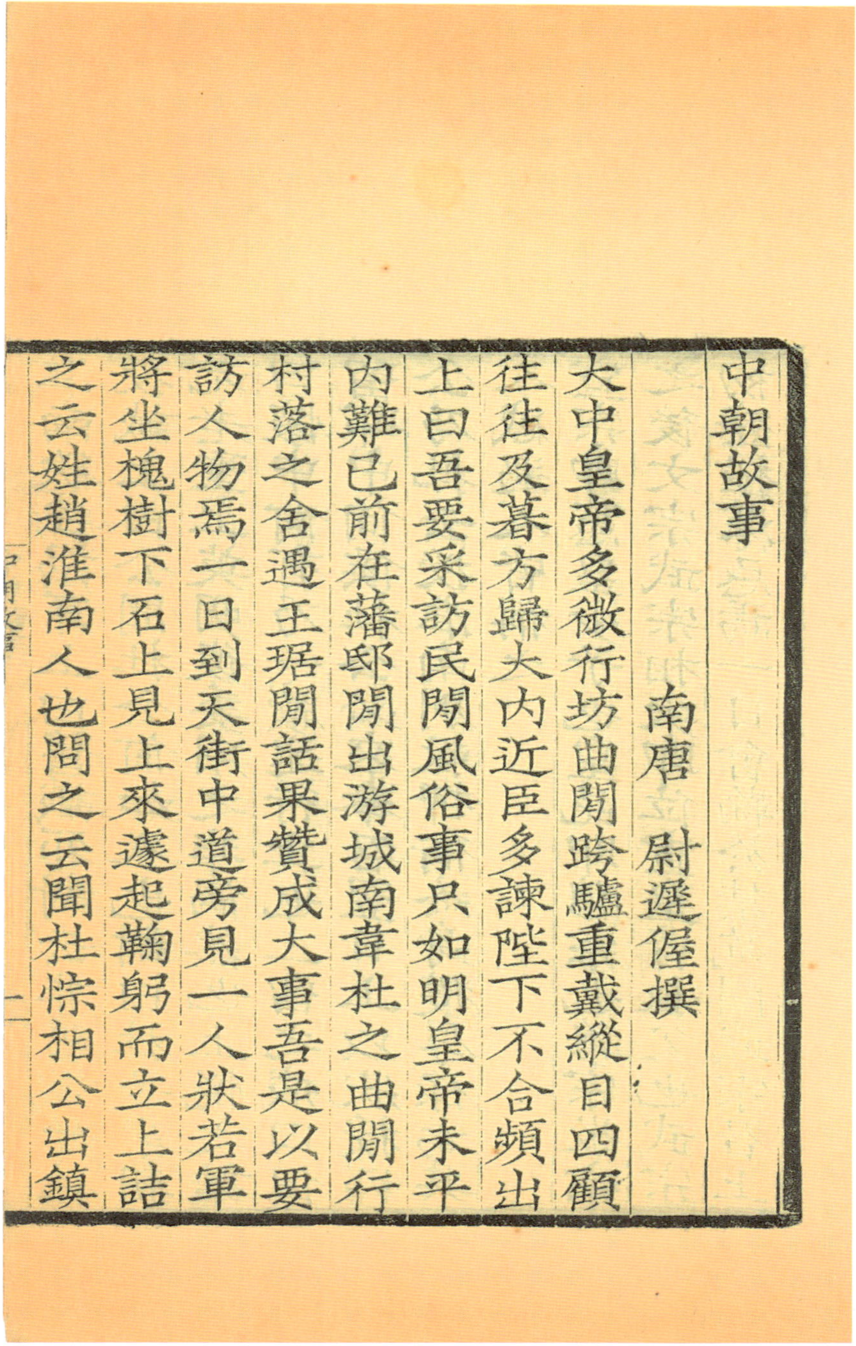
中朝故事

南唐 尉遲偓撰

大中皇帝多微行坊曲閒跨驢重戴縱目四顧往往及暮方歸大內近臣多諫陛下不合頻出上曰吾要采訪民閒風俗事只如明皇帝未平內難已前在藩邸閒出游城南韋杜之曲閒行村落之舍遇王琚閒話果贊成大事吾是以要訪人物焉一日到天街中道旁見一人狀若軍將坐槐樹下石上見上來遽起鞠躬而立上詰之云姓趙淮南人也問之云聞杜悰相公出鎮

《中朝故事》内页

记载唐末四朝的旧闻：《中朝故事》

五代时南唐尉迟偓撰《中朝故事》二卷一册，南陵徐乃昌光绪至民国间刻本，“南陵徐氏随庵丛书”之一，名工陶子麟影宋精写刻本，精楷精雕，笔法锋棱毕现。中国古典笔记小说。南宋初晁公武《郡斋读书志》和《宋史·艺文志》均著录。此书所记为唐末四朝的旧闻，多君臣事迹和朝廷制度。

尉迟偓为南唐史官，此书为承命所作。“中朝”为当时的长安。书中记载的是宣、懿、昭、哀唐末四朝的旧闻。上卷大多是君臣事迹和朝廷制度，下卷基本上是杂录的一些神异怪幻之事。书中有一些记载是错误或没有根据的，如唐宣宗为武宗所忌恨事，司马光在《通鉴考异》中认为其鄙妄无稽。记述的路岩欲害刘瞻，让幽州节度使张公素上疏申理一事也不确，当时镇守幽州的是张允伸，而不是张公素。记载的郑畋鬼胎一事，与唐人所作的《齐推女传》首尾完全相同，而只是变换了一下姓名，明显是抄袭。但《中朝故事》成书的五代离唐朝不远，书中大部分的记载记还是准确可以征信的。与正史互相参证，还是有助于去讹存是，足以资参证的。比如书中记载的“中书政事堂后有五房，堂候官共十五人”，就是正史不详载的，是研究唐代典制的重要参考。

李德裕是唐武宗时的宰相，善于鉴水别泉。《中朝故事》中记述了一则趣闻：李德裕居庙廊日，有亲知奉使说口（今江苏镇江）。李曰：“还日，金山下扬子江中急水，取置一壶来。”其人忘之，舟上石头城，方忆及，汲一瓶归京献之。李饮后，叹讶非常，曰：“江南水味，有异于顷岁，此颇似建业石头城下水。”这则故事和王安石让苏东坡取瞿塘中峡水，而苏东坡取来下峡水，被王安石识破的故事如出一辙。而尉迟偓《中朝故事》中的记载要早于苏东坡为王安石取水200多年。

2007年11月，孔网在线拍卖徐乃昌影宋此本，有902人阅览，59人次出价，起拍价100元，成交价为3000元。

清代掌故笔记：《熙朝新语》

（清）余金辑《熙朝新语》十六卷八册，道光丙戌年（1826）刊本。文光堂藏版，书名页题“道光丙戌镌”，卷首题“古歙余金、德水辑”。此本比国家图书馆藏本早六年，国家图书馆所藏无此本。

《熙朝新语》为清人徐锡龄、钱泳纂

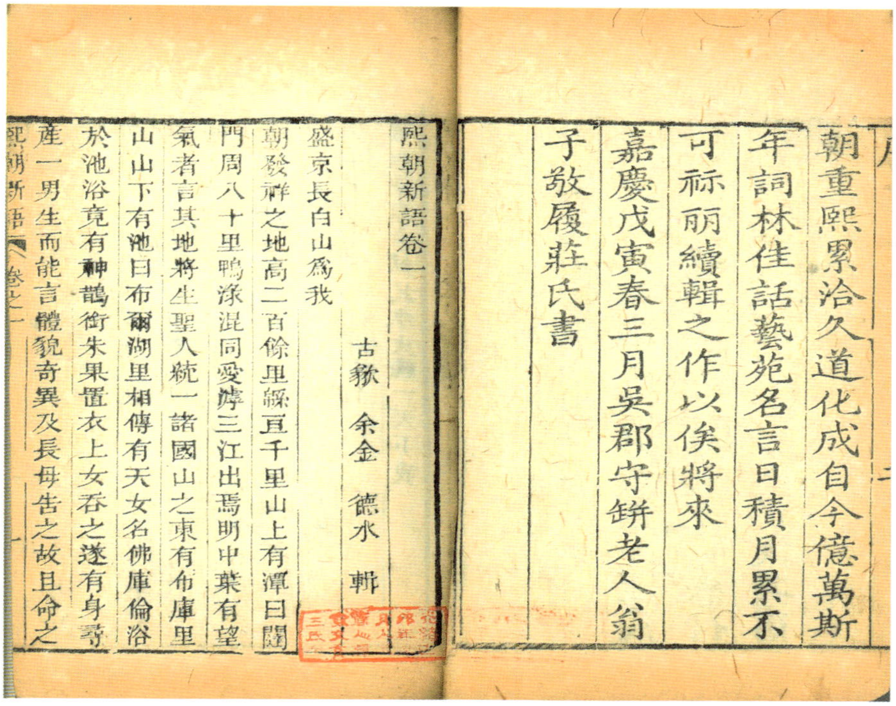
朝重熙累洽久道化成自今億萬斯
年詞林佳話藝苑名言日積月累不
可祘丽續輯之作以俟將來
嘉慶戊寅春三月吳郡守餅老人翁
子敬履莊氏書

熙朝新語卷一
古歙 余金 德水 輯
盛京長白山爲我
朝發祥之地高二百餘里綿亘千里山上有潭曰闥
門周八十里鴨淥混同愛滹三江出焉明中葉有望
氣者言其地將生聖人統一諸國山之東有布庫里
山山下有池曰布爾湖里相傳有天女名佛庫倫浴
於池浴竟有神鵲銜朱果置衣上女吞之遂有身尋
產一男生而能言體貌奇異及長母告之故且命之
熙朝新語 卷之一

辑，早期刊行时，曾取徐、钱两人姓氏偏旁，托名“余金”纂辑。此书是一部清朝中叶以前各朝代掌故的笔记，书中杂录清初至嘉庆各朝史事，广泛涉及当时的政治、经济、军事、文化以及水利、农艺、人物轶事等各方面。上海古籍书店1983年曾据道光四年（1824）刊本影印。该书有清嘉庆二十三年（1818）十二卷六册本、道光二年十六卷四册本、道光六年和道光十二年十六卷八册本等。

《周庄镇志》记载：云前辈传闻，谓是镇人徐锡龄所作，藏名为余金者，以当日法网綦严，故不敢直书其名也。书凡十六卷。嘉庆戊寅，翁子敬付之梓而序之，以为得之武昌市肆中，且称其多采前人著述，无一臆撰讹传之语，又旁搜轶事，发潜阐幽，凡登临耳目所经，巷议街谈所及，自国初至嘉庆二百年中，有关政事、文章、人心、风俗者，靡不具载。

钱泳（1759—1844），原名鹤，字立群，号梅溪居士，江苏无锡人。钱泳出身于名门望族却不事科举，这到底是因为家里有钱，不用稻粱谋，还是因为个性使然，已无史料可查。这在今天也有点不可思议。也许正因为如此，钱泳才会行万路里，读万卷书，不人云亦云，也才会年过八旬仍著述不辍，身后留名史册。

道光十八年，钱泳著《履园丛话》刻成，此时钱泳已八十岁。在这书序言中，公开讲明了“曩尝与友人徐厚卿明经同辑《熙朝新语》十六卷，已行于世”的情况。

2008年12月，在中国书店第45期拍卖会上，此书道光二年有金堂刊巾箱本四册，成交价为2750元。

“颇足考见当时情事”：《圣祖五幸江南全录》

《圣驾五幸江南恭录》一卷，“不著撰人名氏”。书名页题“圣祖五幸江南全录”，牌记题“宣统庚戌泉唐汪氏印于京师”，据“传钞本”铅印。（清）汪康年辑“振绮堂丛书”二十二种第一册。有红、蓝、绿三色批校。

《圣祖五幸江南全录》是清康熙四十四年（1705）清圣祖第五次南巡的起居日记，汪康年在书后的跋中记载了此书出版的由来：“右，《圣祖五幸江南全录》一卷，不著撰人名氏。余壬辰入京会试，适余戚馆陶靳蕴斋大令珏亦以事入都。余过其旅舍，于案头见是书，惊喜问所从来。曰，适借诸友人，至其来历，莫能明也。遂亟借归移写。是书虽记巡幸，然旁见侧出，颇足考见当时情事。而我仁庙之勤政爱民于此亦得窥见一斑，至著书之人，得按日记载，自是随扈之人，但书中屡有探闻字样，则亦非得日近天颜。疑是京僚之奔走王事者。细读全书，虽于叙事外不著一语，染颇有言外之意，盖亦有心者。惜姓名不可考矣。余置箧中久，今年始刻诸丛书中，因揭得书缘起，宣统二年庚戌十月汪康年跋。”

《圣祖五幸江南全录》对“红学”研究有一定价值。譬如“府署之争”，有学者认为“江宁织造府”和“江宁织造署”是两码事，是两个不同的地方。有的学者就据南京大学图书馆古籍部所藏《振绮堂丛书初集》中的《圣祖五幸江南全录》，记载曹寅接驾的地方恰恰称为“织造府行宫”，以此证明府署就是一码事，是同一个地方。

该书对于四月二十二日康熙皇帝到南京的记载是：“至午刻，由西华门进织造府行宫驻跸……织造曹进宴。”此处的“曹”，即曹雪芹的祖父曹寅。又记载四月二十六日“驾往太平门登城阅视城垣”以后的情况：“即回行宫，至碑亭巷，有一百零二岁张姓妇人一名，带八十岁、七十岁儿子二人接驾，上令侍卫查看，果系老年，即赏十两银子。皇帝行在碑亭巷，有天主堂，门首恭进西洋字册页、履历黄摺。钦奉皇恩停车，顾问良久；又御试西洋语文，天颜大悦。”这项史料不仅考实了“织造府”的称谓，而且还明确了“织造府行宫”的地界和环境；“皇帝行在碑亭巷”，表明“织造府行宫”在碑亭巷是有门进出的，曹寅就是在织造府西园行宫接驾进宴的。

此书还详细记载了地方官员给康熙的礼物，包括字画、古书、古董、食物等等。书中还记载了康熙四十四年三月二十八日的一次活动：上问提督张，你脸上比从前瘦了。回奏说：因病了几次，所以瘦了。皇上说：我有好药，你怎么不讨呢。回奏说：皇上没有赐，不敢擅讨……皇上说：你不比别人，要什么，只管讨。圣驾回行宫，令近侍传旨说，这金鸡纳，是皇上御制的，服了很好，这是十两，着赐提督。这里提到的金鸡纳，对治疗发热有奇效。1638年秘鲁总督的夫人患了十分严重的疟疾，当地人以金鸡纳治愈了她的病。1693年后，由于康熙皇帝的一场重病，使它在中国作为灵丹妙药而被传播。康熙极相信金鸡纳治疟的经验，除自己服用外，并推荐给朝中大臣。所以，才有了《圣祖五幸江南全录》中的记载。据说，曹寅患病后，康熙曾特遣苏州织造局李煦持金鸡纳赶去，但药未到而曹寅已经病逝。

聖祖五幸江南全錄

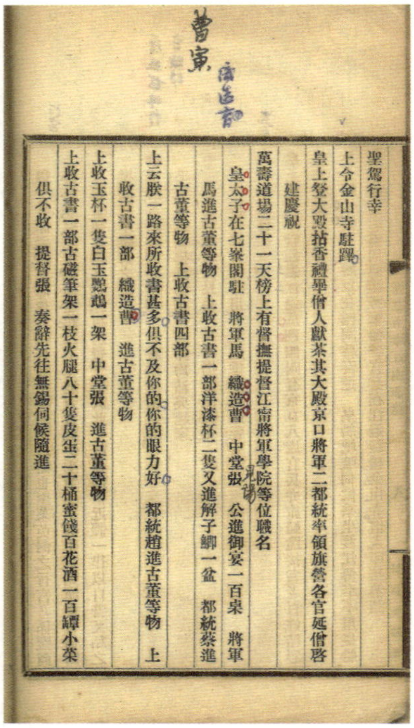
曹寅

聖駕行幸

上令金山寺駐蹕

皇上登大殿拈香禮畢僧人獻茶其大殿京口將軍二都統率領旗營各官延僧啓

建慶祝

萬壽道場二十一天榜上有督撫提督江甯將軍學院等位職名

皇太子在七峯閣駐　將軍馬　織造曹　中堂張　公進御宴一百桌　將軍

馬進古董等物　上收古書一部洋漆杯二隻又進解子鯽一盆　都統蔡進

古董等物　上收古書四部

上云朕一路來所收書甚多俱不及你的你的眼力好　都統趙進古董等物　上

收古書一部　織造曹　進古董等物

上收玉杯一隻白玉鸚鵡一架　中堂張　進古董等物

上收古書一部古磁筆架一枝火腿八十隻皮蛋二十桶蜜餞百花酒一百罈小菜

俱不收　提督張　奏辭先往無錫伺候隨進

四库禁毁书：《历朝纲鉴会纂》

（明）王世贞编《历朝纲鉴会纂》三十九卷、卷首一卷，题名纲鉴全编，晋祁书业德清乾隆五十六年（1791）刻本。附（清）张延玉等编《御撰资治通鉴纲目》三编二十卷。翕居所藏此书，系2006年以每册10元之值，得于太原早市。

王世贞的《历朝纲鉴会纂》自序云："窃有志于史学，于是综集历史，削繁就简……勒成一编，名曰《纲鉴会纂》。"（王世贞介绍参见410页《戏说〈戏鱼堂帖〉》一文）

我国的旧史书，有纪传和编年两种体裁。北宋司马光的《资治通鉴》是以编年体

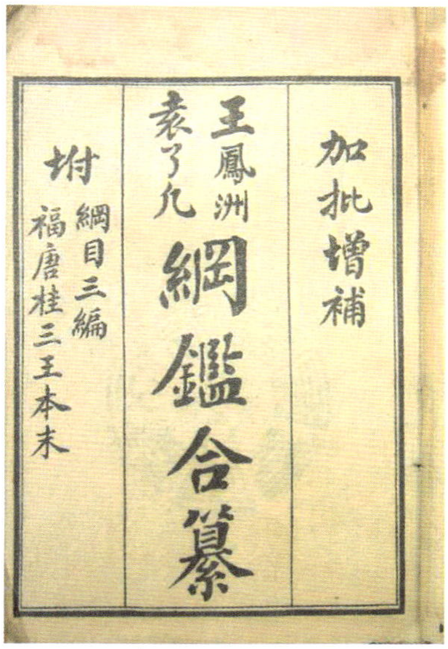

石印本

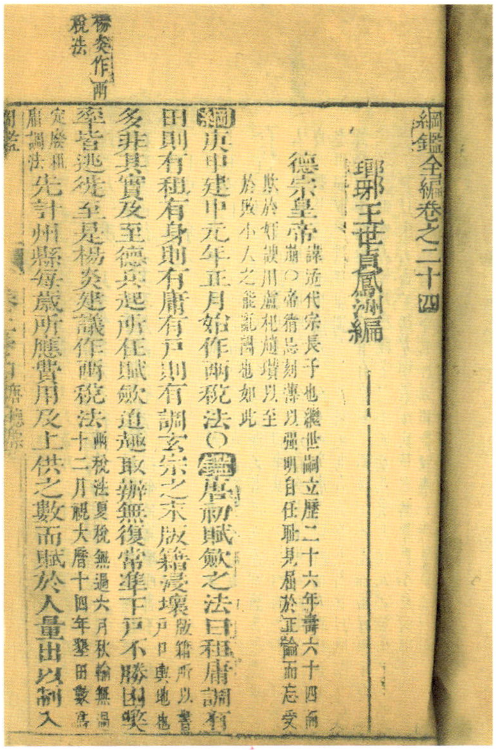
綱鑑全編卷之二十四
瑯琊王世貞鳳洲編
德宗皇帝
綱 庚申建中元年正月始作兩稅法
目 唐初賦斂之法曰租庸調有田則有租有身則有庸有戶則有調玄宗之末版籍浸壞多非其實及至德兵起所在賦斂迫趣取辦無復常準十戶不勝困弊率皆逃徙至是楊炎建議作兩稅法先計州縣每歲所應費用及上供之數而賦於人量出以制入

写成的一部最大的古代通史，从战国到五代，上下1326年，编成了二百九十四卷。司马光这部书太大了，南宋时的朱熹用提纲挈领的方法编成《资治通鉴纲目》，只有五十九卷，表明对某一事或人的看法之为纲，再用简略的叙事说明情节称为目，从此在旧史书编纂学方面出现了纲目体一种新的形式。明成化年间，由朝廷出面编成《续资治通鉴纲目》二十七卷，叙宋、元两朝事，以接续朱熹的《通鉴纲目》。清朝时又编出《通鉴纲目三编》，专记明代之事，又《御批通鉴辑览》，通记历朝之事，这些书都是官修的。明朝时私人用这种体裁著书者，最重要的就是王凤洲的《历朝纲鉴会纂》、袁了凡的《历史纲鉴补》和顾锡畴的《纲鉴正史约》等，尤以袁书流行最广。但由于王凤洲时代较早，名声又高，后人以袁氏之书为

主，并采用王氏与顾氏等书之内容，合成一书，称为《王凤洲袁了凡合编纲鉴》，仍为三十九卷，卷首一卷，成为清初以来流行最广的一种史书。

孔网2007年“五一”在线拍卖一套六函四十册完整无缺的《历朝纲鉴会纂》，以3200元成交。拍卖介绍说：“玄、弘”不避讳，为明末清初刻板，纸质红白，细腻，乾嘉印本。开本2.8厘米×15.8厘米，与翕居所藏开本相同。此书另有康熙大文堂版、致和堂版等。

在上海博古斋2008年夏季拍卖中，此书估价3800～4500元，未成交。

《征服墨西哥历史》纲要稿本

《征服墨西哥历史》纲要稿本，扉页题“征服墨西哥历史第一册之目录，民国九年七月，富译”。卷首题“征服墨西哥历史目录之纲要”，毛笔楷书，红格单边6行笺，每行16字，页尾部有“第四号稿”。存全书四卷及各卷章节目录一册。

全书四卷及各章如下。

第一卷为“绪言—爱史泰克文明之概略”，分六章。第一章为古代之墨西哥，包括气候及物产、原始居民、爱史泰克帝国；第二章为帝王之系统，包括爱史泰克之世家、刑制、法律与财政、军制；第三章为墨西哥神鬼学，包括庙宇、沙耳收耳夺托儿之命令、人类之牺牲或供奉；第四章为墨西哥之象形文字学，包括笔记学、算数学、历史学、天文学；第五章为爱史泰克农业，包括机械学术、商人、家族或国内之情形；第六章为特休堪氏，包括黄金之时期、君长之成功、君主政体之衰落。

第二卷为“墨西哥之发现”，分八章。第一章为雀儿史第五统政时之西班牙，包括发现之次第、殖民政策、古巴之征服、远征予克坦；第二章为海南多古特，包括其少年时代、游行新大陆、古巴之住宅、与佛拉斯克之不和、膺舰队之重任；第三章为佛拉斯克之嫉妒，包括海南多古特之登舰、舰队之器具、性情及其为人；第四章为赴哥苏美耳之航程，包括土人之变心、杰鲁尼谟特阿基耳拉、军队抵托拔斯哥与印第安人之大战、基督教之传入；第五章为沿海岸之航程，包括夺那马里那女士、墨西哥境中之西班牙地、爱史泰克之见面；第六章为茫特苏马之纪实，包括国内之各邦、奇异之预兆、使臣及馈礼、西班牙之暂住；第七章为营帐中之扰乱，包括某联邦之计划、海南多古特之调查、进军山姆迫尔拉、土人之处置、佛拉克鲁士之根基；第八章为爱史泰克之第二使臣，包括偶像之毁灭、公函之送往西班牙、营中之判党、舰队之沉没。

第三卷为“进军墨西哥”，分六章。第一章为于三帕尔拉之行动，包括西班牙人攀登台地、风景如画、统治土人、遣使赴特拉司卡拉；第二章为特拉司卡拉共和国，包括国中之制度、上古史、议员之讨论、悍战；第三章为战胜之结果，包括印第安人之会议、夜袭、与敌议和、特拉司卡拉之英雄；第四章为军队之不满意，包括特拉司卡拉之侦探、与共和国之议和、茫特苏马之使臣；第五章为西班牙人特拉司卡拉，包括都城之志载、变法之试行、爱史泰克之使臣、聘往却鲁拉；第六章为却鲁拉城，包括大庙、进军却鲁拉城、西班牙人之受欢迎、奸谋之察破；第七章为屠戮之凶残，包括恢复安谧、屠戮之回想、将来之行动、茫特苏马之星使；第八章为军队之再进，包括登大火山、墨西哥溪、西班牙人之感应、茫特苏马之行动、彼辈之入谷；第九章为墨西哥之近郊，包括见茫特苏马、入京之大道、欢迎之盛、觐见皇帝。

第四卷为“墨西哥之邸第”，分六章。第一章为泰史克悠堪湖，包括形容都城之情形、宫阙及陈列所、皇家、茫特苏马之生活方法；第二章为墨西哥之市场，包括大庙、内地之圣庙、西班牙人之营房；第三章为海南多古特之焦灼，包括茫特苏马之被逮、西班牙人之处置、侍官之正法、茫特苏马之被囚、发生之影响；第四章为茫特苏马之态度，包括在西班牙人营房中之生活、沉思作乱之方、泰史克悠科之爵生被擒、海南多古特更进之策划；第五章为茫特苏马誓愿尽忠西班牙，包括皇室之财宝、分派、耶教徒在泰阿卡尔里行顶礼；第六章为海南多古特部下谍者之劫数，包括卡史梯兰审判所之行动、佛拉斯克之预备、拿尔非史之墨西哥登岸、海南多古特政治上之行动、海南多古特之出京。

书后附《墨西哥地理志概要之目录》。

从此稿来看，《征服墨西哥历史》是翻译国外的著作，是一个叫“富”的译者翻译的。但此书未见各图书馆记载。此书不仅叙述了墨西哥的历史情况，重点是记载了科尔特斯征服墨西哥、俘虏茫特苏马（今译“蒙特苏马”）的过程。

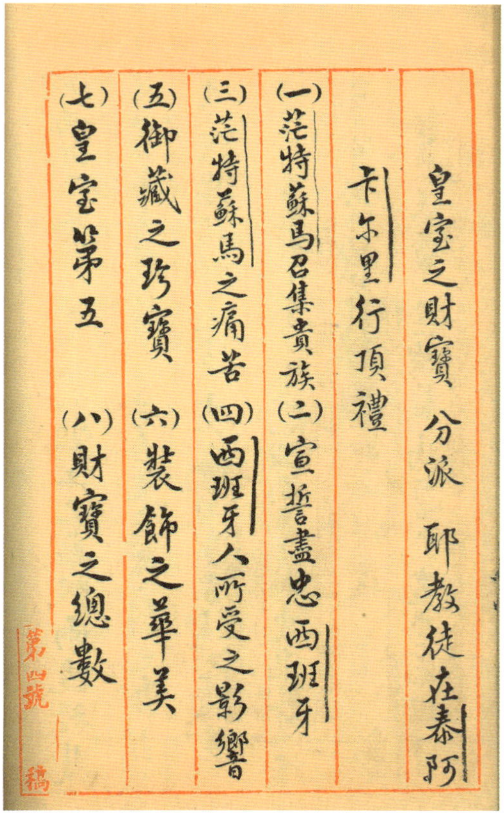
皇室之財寶 分派 耶教徒在泰阿
卡尔里行頂禮
(一)茫特蘇馬召集貴族 (二)宣誓盡忠西班牙
(三)茫特蘇馬之痛苦 (四)西班牙人所受之影響
(五)御藏之珍寶 (六)裝飾之華美
(七)皇室第五 (八)財寶之總數
第四號 稿

墨西哥征服者荷南多·科尔特斯于1485年出生在西班牙麦德林。他父亲是一个小贵族，他年轻时在萨拉曼卡大学攻读法律。到了十九岁他离开西班牙到新发现的西半球去碰运气。1504年，他到达希斯盘纽拉岛，在那里的几年时间里，他作为一个乡绅，不劳而获，放荡不羁，虚掷光阴。1511年，他参加了西班牙征服古巴的战斗，历经这场冒险之后，他与古巴总督迪戈·维拉斯凯的妻妹结为伉俪，并被任命为圣地亚哥市长。

1518年，维拉斯凯任命他为向墨西哥进军的远征队队长。这位总督由于担心科尔特斯有野心，很快便取缔了对他的任命。但为时已晚，没能控制住科尔特斯。科尔特斯于1519年2月带上由11条船只，110个水手，553个士兵（只有13个士兵有火枪，32个士兵有石弓），10门重炮，4门轻炮和16匹马组成探险队进行远征。探险队于耶稣受难日在现今的韦拉克鲁斯市登陆。科尔特斯在海岸附近停留了一段时间，收集有关墨西哥形势的情报。他获悉统治墨西哥的阿兹特克人在内陆有一大笔资金，有大量的贵重金属，而且被征服的其他印第安部落有许多人都对他们有切齿之恨。

科尔斯特一心要进行征服，即决定向内陆进军，侵占阿兹特克领土。科尔特斯于1519年4月在墨西哥登陆，他是一个典型的冒险家，他的一些士兵因寡众悬殊而感到心惊胆战。于是科尔特斯在进军前，就下令毁坏所有船只，以断绝士兵后退之心，大有破釜沉舟之势。使得他的手下将士要么就跟他夺取胜利，要么就被印第安人斩首杀头，别无他路可走。

1519年11月8日，科尔特斯的大军兵临阿兹特克人的都城特诺奇提兰特城下，国王蒙特祖马充满善意的开门迎接，但却被囚禁起来。蒙特祖马为了保全性命，下令阿兹特克人不得抵抗。不过，由于西班牙人滥杀无辜，激起了人们的愤怒。在一位祭司的领导下，阿兹特克人奋起反抗，把西班牙人围困在王宫中。懦弱的蒙特祖马奉科尔特斯之命出面调停，被人用乱石砸死，科尔特斯的军队也损失惨重。

1520年底，科尔特斯率800名西班牙士兵和2500名印第安士兵卷土重来，陆续抵达的还有6万多被科尔特斯游说而来的“印第安联军”。攻城战进行得异常惨烈，尽管阿兹特克人作出了英勇抵抗，但由于水源、粮源断绝，特诺奇提兰特城在坚守75天后，最终被攻破。这期间，阿兹特克人共战死、饿死、病死24万人之多，尸体遍布城市角落，竟无处下脚。科尔特斯征服墨西哥的速度，其实也就是西班牙人征服南美洲的速度，它和葡萄牙在东方商业扩张的速度不相上下。之后不久，皮萨罗击败了印加帝国，征服秘鲁；弗拉迪维亚征服了智利。到1550年时，西班牙人已经征服了除巴西外的整个南美洲。

《民国16年大赦令》

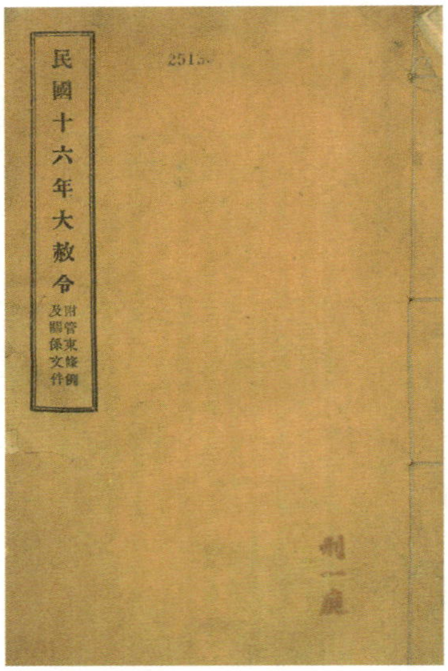

中华民国司法部撰《民国16年大赦令》一册，民国16年铅印本。附管束条例及关系文件。

1911年12月29日，孙中山当选为中国第一任临时大总统。1912年1月1日，中华民国成立，孙中山就任中华民国临时大总统。为了给新生的共和国建立一个制度框架，1912年2月7日，在孙中山主持下，参议院召开制定约法会议，由宋教仁主稿，经过两草，32天讨论，通过了《中华民国临时约法》，但当时并未公布。

1912年3月10日下午3时，袁世凯宣誓就职临时大总统。仪式在北京石大人胡同前清外务部公署举行。就职当天，袁世凯以“本大总统”名义颁布“大赦令”和“豁免钱粮令”，宣布凡民国元年3月10日以前“除真正人命及强盗外”，一切罪犯“无论轻罪重罪、已发觉未发觉、已结正未结正者，皆除免之”，“所有中华民国元年以前应完地丁、正杂钱粮、漕粮实欠在民者，皆予除

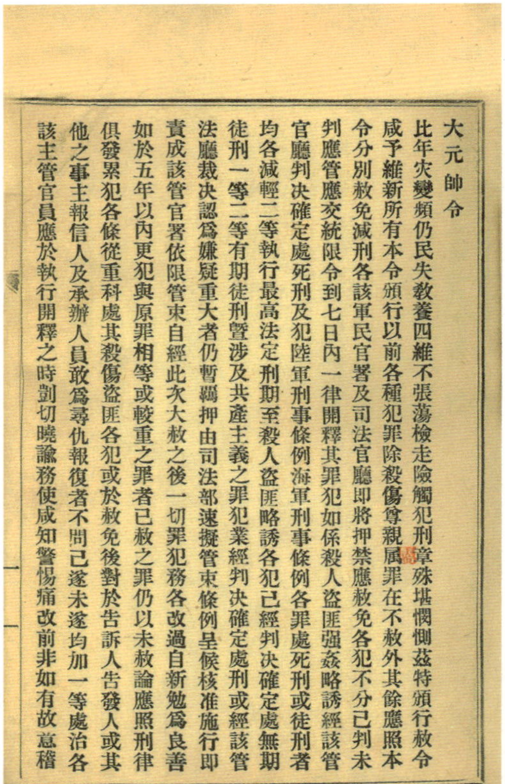

大元帥令

比年災變頻仍民失教養四維不張蕩檢走險觸犯刑章殊堪憫惻茲特頒行赦令咸予維新所有本令頒行以前各種犯罪除殺傷尊親屬罪在不赦外其餘應照本令分別赦免減刑各該軍民官署及司法官廳即將押禁應赦免各犯不分已判未判應管應交統限令到七日內一律開釋其罪犯如係殺人盜匪強姦略誘經該管官廳判决確定處死刑及犯陸軍刑事條例海軍刑事條例各罪處死刑或徒刑者均各減輕二等執行最高法定刑期至殺人盜匪略誘各犯已經判决確定處無期徒刑一等二等有期徒刑暨涉及共產主義之罪犯業經判决確定處刑或經該管法廳裁决認為嫌疑重大者仍暫羈押由司法部速擬管束條例呈候核准施行即責成該管官署依限管束自經此次大赦之後一切罪犯務各改過自新勉為良善如於五年以內更犯與原罪相等或較重之罪者已赦之罪仍以未赦論應照刑律俱發累犯各條從重科處其殺傷盜匪各犯或於赦免後對於告訴人告發人或其他之事主報信人及承辦人員敢為尋仇報復者不問已遂未遂均加一等處治各該主管官員應於執行開釋之時剴切曉諭務使咸知警惕痛改前非如有故意稽

免”。随后又发布补充令：豁免钱粮范围以宣统二年（1910）为限，辛亥年应完钱粮征收期限“不在免除之列”。为了限制袁世凯的权利，南京临时政府大总统孙中山于1912年3月11日颁布了《中华民国临时约法》。该临时约法公布后，南京参议院致电袁世凯，承认就职大总统，但强调：“本院代表国民，尤不得不拳拳敦勉者：临时约法7章56条，伦比宪法，其守之维谨！勿逆舆情，勿邻专断，勿狎非德，勿登非才！”

《中华民国临时约法》的7章56条，内容包括总纲，人民，参议员，临时大总统，副总统，国务员，法院和附则七个部分。约法规定，中华民国领土为二十二行省、内外蒙古、西藏、青海。国家机构实行三权分立原则。参议院是行使立法权的机关，它的职权包括：对临时大总统任命国务员，外交大使，公使，宣战媾和，缔结条约，宣告大赦有统一权和最后决定权。

《中华民国临时约法》发布的当月，孙中山咨请参议院追认3月10日袁世凯之“大赦令”，3月23日得到追认。

民国14年，川滇黔湘赣大灾荒，段祺瑞曾下大赦令，同时命废止将军府。

蒋介石逃到台湾后，在“第四任总统”任内实行了“大赦”，事由为“纪念开国六十年”，实施日期为1971年10月10日；严家淦继任“第五任总统”发布“大赦令”，事由为“追念总统蒋公”，实施日期在1975年7月14日；李登辉继任“第七任总统”后曾两次“大赦”，事由为“追念蒋故总统经国先生”，实施日期分别为1988年4月22日和1991年。

《九国间关于中国关税税则之条约》

汉英对照《九国间关于中国关税税则之条约》，民国间铅印本。此书记载了中国现代史上非常重要的一页。

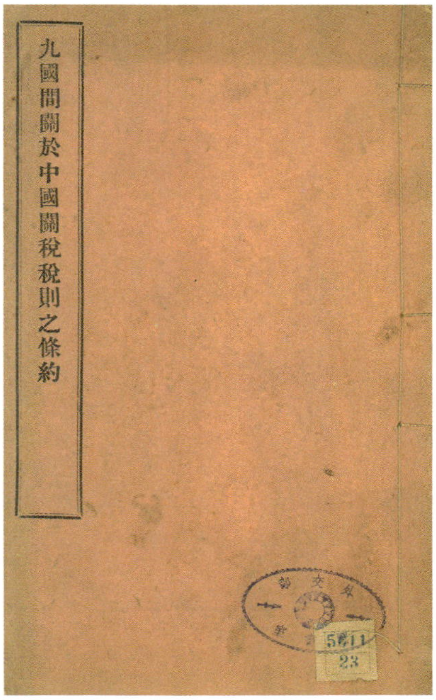

第一次世界大战后，美日争夺中国的斗争日益尖锐起来。大战结束时，美国向英、法、日三国提议组织四国借款团，由该团包揽对中国政治的和经济的借款。美国的目的是压制日本在华势力和由它来控制中国。经过一番斗争，新四国银行团于1920年10月在纽约正式成立，美国在银行团中占着优势。美国公使在致北京政府的备忘录中提出：新银行团“应得预问”中国财政收支和官吏任用，并有“查帐之权”。这就是说美国企图成为军阀政府的太上皇，中国人民强烈反对新四国银行团。上海和北京各界及学生团体等，纷纷发出函电，反对银行团对中国投资，反对北京政府向银行团借款。由于中国的反对，同时由于四国之间、尤其是美日之间存在着尖锐的矛盾，而当时北京政府中亲日派的势力比较大，使银行团无法进行工作，美国未能达到预期的侵略目的。但是，新四国银行团的成立，使日本独霸中国的局面，发生了变化。

1921年11月至1922年2月，在美国建议下，召开了讨论限制军备问题、太平洋问题和远东问题的华盛顿会议。参加会议的有美、英、日、法、意、中、荷、葡、比九国。美国倡议召开这次会议的目的，依然是企图压制日本和进一步控制中国。美国在华盛顿会议上拆散了英日同盟（英日同盟条约在1921年期满后没有续订），又联合英国强迫日本接受美、英、日海军吨位为五、五、三的比率，这些是对日本的打击。中国代表在会上提出处理中国和外国关系的“十项原则”。十项原则一方面要求各国尊重中国“领土之完整及政治与行政之独立”，一方面又声称完全赞同美国提出的“门户开放”、“机会均等”的原则。中国代表还提出取消二十一条的要求。美国因为二十一条侵害了它在中国的权益，因此逼迫日本让步。由于中国人民多年来的斗争和美国的压力，日本不得不表示可以放弃条约中的部分条款。

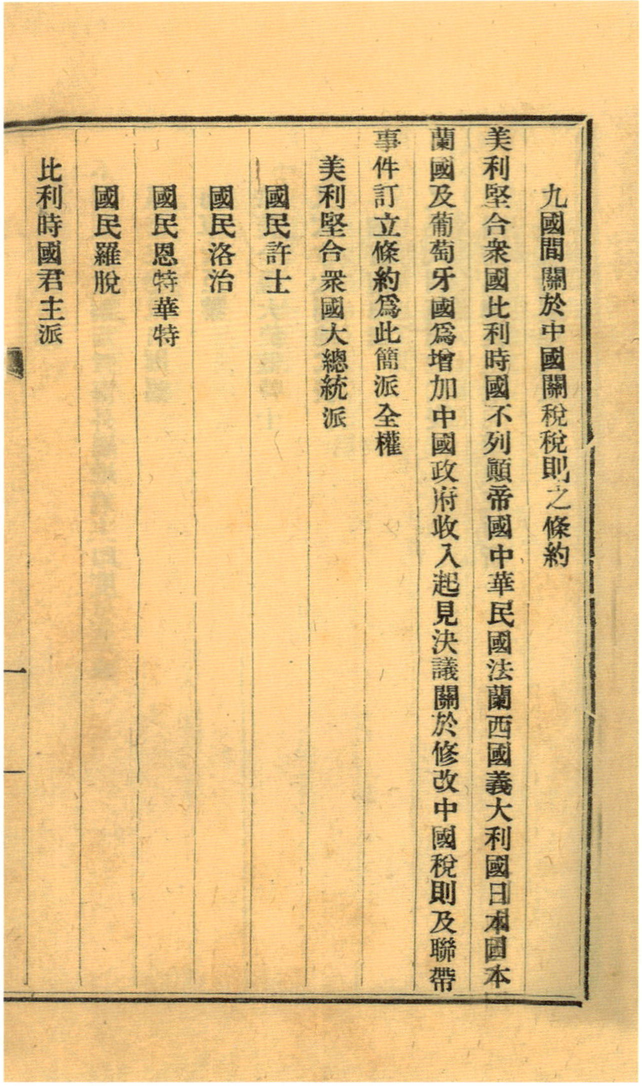
九國間關於中國關稅稅則之條約
美利堅合衆國比利時國不列顛帝國中華民國法蘭西國義大利國日本國荷
蘭國及葡萄牙國爲增加中國政府收入起見決議關於修改中國稅則及聯帶
事件訂立條約爲此簡派全權
美利堅合衆國大總統派
國民許士
國民洛治
國民恩特華特
國民羅脫
比利時國君主派

华盛顿会议期间通过的有关中国问题的条约有《中日解决山东悬案条约及附约》、《九国关于中国事件应适用各原则及政策之条约》（通称《九国公约》）、《九国间关于中国关税税则之条约》。解决山东悬案条约是由中日代表在会外“直接交涉”达成的。这个条约虽然规定日本将侵占的胶州德国旧租借地交还中国，但是又规定中国必须将该区域全部化为商埠，准许外人在这里自由居住并经营工商及其他职业。关于日本侵占的胶济铁路，条约规定应由中国用5340万金马克赎回。在路价未偿清以前，中国政府应任用一个日本人为车务长，一个日本人为会计长。在此条约的附约中，还规定了许多对日本人和外国侨民的特殊权利。因此，所谓交还胶州和胶济铁路，只是把胶州由日本独占的殖民地改变为各帝国主义共同侵略的商埠；而胶济铁路则仍然为日本控制。华盛顿会议并未使中国真正收回山东的主权。

《九国间关于中国关税税则之条约》规定：“中国进口货税率一律为值百抽五；废除厘金，代以值百抽二点五的附加税，奢侈品附加税额可稍加提高，但不得超过值百抽五。”这是继续侵害中国关税主权的条约。《九国公约》名义上“尊重中国之主权与独立，及领土与行政之完整”，但这只是一句空话。《九国公约》实际上是帝国主义共同侵略中国的协定。《九国公约》的签订，使美国扩张在华侵略势力的图谋得逞，由此打破了日本独占中国的局面，在中国出现了几个帝国主义共同侵略的局势。这是第一次世界大战以后中国形势的重大变化。此后一段时间内，中国人民的革命斗争和对外关系同这种形势是分不开的。

百年前的地方“经费决算报告”

《奉天省辽阳州收捐处宣统二年岁出入经费决算报告册》一册，宣纸，铅字排印本。全册分清宣统二年（1910）“岁入经费决算册说明书”、“岁出入经费四柱总册”、“岁入经费决算总数表”、“岁入决算经费各目明细书”、“岁出经费决算册说明书”、“岁出经费决算总数表”和“岁出决算经费各目明细书”七部分。

以上七部分内容中，记载了大量珍贵资料。宣统二年辽阳州收捐处共计收捐折合沈平银294085.36两，比上年增收68841.7726两；支出共计271424.535两，比上年增支68446.11两。

“岁入经费决算册说明书”中记载了辽阳土地数目：共有双绳地十六万二千三百六十日零六亩三分，单绳地十万零四千三百零二日零六分。

“岁入决算经费各目明细书”中详细列出了各捐名目：主要有亩捐、营业捐、杂捐和旧管收入。

亩捐包括土地捐、菜园捐。

营业捐包括项目较多，主要有十一项：商捐（城内商捐、关厢商捐、街床商捐、四区商捐）；斗捐（城内粮店、刘二堡、沙河）；屠兽捐，包括屠捐（屠牛、屠马、屠猪、屠羊）和毛血鬃（猪毛、猪血、猪鬃）；戏捐（演戏捐、戏楼捐）；妓女捐，包括妓女捐（一等妓女捐、二等妓女捐、三等妓女捐）和妓院捐（一等妓院捐、二等妓院捐）；人力车捐；杠头捐；停泊捐；妓管房捐；桥头捐；官医院捐（在院治疗、检验梅毒、药品售出、旧欠药费、冰费）。

杂捐包括：学务杂捐、房租、地租、报效、州尊捐廉、学费、婚书、罚款、教育会金、运动会金、小学堂补助费。此项还包括鲁绍武因赌博罚款二百元，用于修理桥栏。周鸿飞不遵成议兴

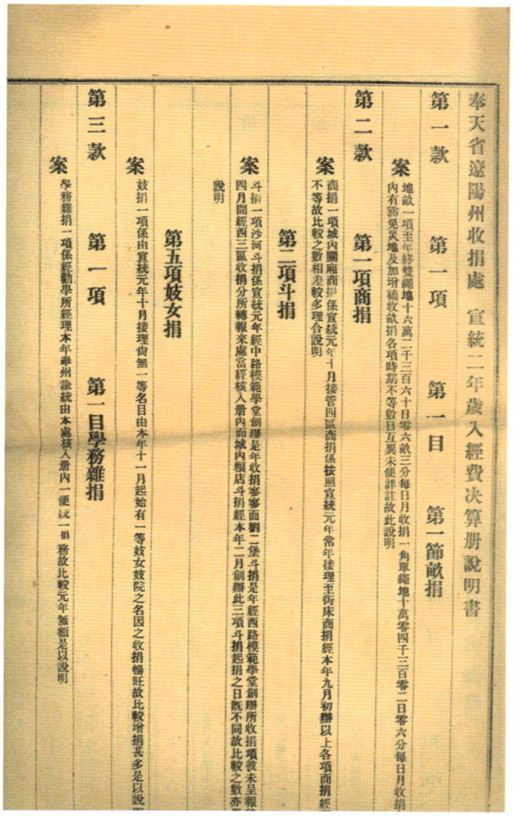

奉天省遼陽州收捐處　宣統二年歲入經費决算册說明書

第一款　第一項　第一目　第一節畝捐

案　地畝一項至年終雙繩地十六萬二千三百六十日零六畝三分每日月收捐一角單繩地十萬零四千三百零二日零六分每日月收捐內有鹼免災地及加增補收畝捐各項時期不等數目互異未便詳註故此說明

第二款　第一項商捐

案　商捐一項城內關廂商捐係宣統元年十月接管四區商捐係按照宣統元年常年接理至街床商捐經本年九月初辦以上各項商捐經……不等故比較之數相差較多理合說明

第二項斗捐

案　斗捐一項沙河斗捐係宣統元年經中路模範學堂創辦是年收捐寥寥而劉二堡斗捐是年經西路模範學堂創辦所收捐項彼未呈報……四月間經西三區收捐分所轉報來處當經核入册內而城內糧店斗捐經本年二月創辦此三項斗捐起捐之日既不同故比較之數亦……說明

第五項妓女捐

案　妓捐一項係由宣統元年十月接理尚無一等名目由本年十一月起始有一等妓女妓院之名因之收捐暢旺故比較增捐甚多是以說……

第三款　第一項　第一目學務雜捐

案　學務雜捐一項係經勸學所經理本年奉州諭統由本處核入册內一併統一捐務故比較元年無額是以說明

奉天省遼陽州收捐處宣統二年歲出入經費决算報告册

修戏楼常年罚款一百八十元。村长尚永文等侵蚀亩捐罚款二百余元。等等。

“岁出决算经费各目明细书”中记载的支出经常项主要有各局处支款、收捐事务支款、杂款支出。

各局处支款包括：警务支款（警务局、教练所、分遣所、司法巡警、四区警务、恤赏）；学务支款（劝学所、自治研究所、自治事务所、计统处、农业场、戒烟所）。

收捐事务支款包括：收捐处（薪工费、购置费、消耗费、杂费、修缮费）；收捐分所（薪工费、房租）；屠兽场（薪工费、购置费、消耗费）；官医院（薪工费、购置费、消耗费、杂费、修缮费）。

杂款支出包括：刘二堡修桥费二百元。

“岁入经费决算册说明书”中对“妓女捐”做了一个说明：“妓捐一项系由宣统元年十月接理，尚无一等名目，由本年十一月起始有一等妓女妓院之名。因之收捐畅旺，故比较增捐甚多，是以说明。”

此书是一本生活现状的活账本，从中可以粗略看出当时辽阳的经济社会情况：营业收入来源无非是卖米卖粮、宰猪杀羊、演戏、娼妓、赌博罚款等，妓院分二等，妓女分三等，这些货色多了，难怪治梅毒也要收捐。

光绪年间的《崇文门商税衙门增改税则》

此书是一册石印拓片先裁剪后粘贴所用底本，后经修书者拆下所粘碑拓，方显出庐山真容。此《崇文门商税衙门增改税则》在各大图书馆、一些书目和网络中均无片言记载。

书前有一序言：“崇文门为牌示事，本衙门税则自光绪辛丑年修改后，迄今又已八载。其间货物之价值，今昔贵贱不同，税额之多寡，难期尽归平允。自非考求精确不足，乘为定制。兹将已经核定应增减者，分别逐项开列，于后仰各行次传知，各商著于九月某日起遵照后开货物税数完纳，以示公允。而昭简易，其未经核定之货税随定随示，俾众周知。而商人等其各遵照，切切勿违，特示。”清光绪辛丑年（1901）后8年为清宣统元年（1909），可知此税则为宣统元年修订刊行。

此商税衙门税则共涉及货物252种，其中皮货37种，毛皮制品40种，中药材51种，不同牌子纸烟33种，外国烧酒、香槟、葡萄酒各一种，各种洋货14种，其他为日常生活用品。

皮货类征收超过一两的有：虎皮每张征收银二两、海龙皮每张征收银二两、元狐皮每张征收银一两、镫皮每张征收银一两。

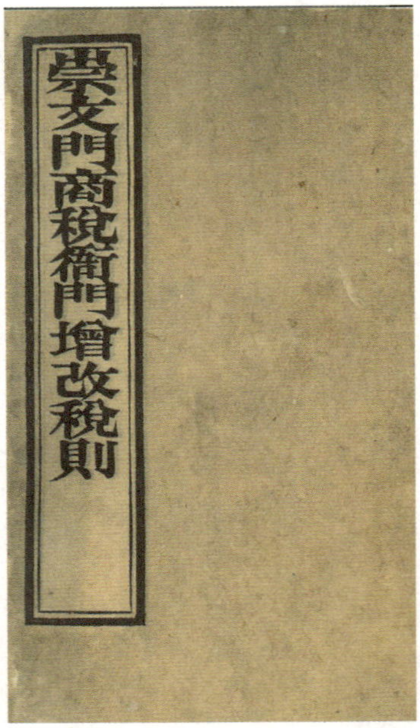

毛皮制品征收超过一两的有：貂皮褂每件征收银六两（代银针者加半）、倭刀皮袄褂每件征收银四两、猞猁皮袄褂每件征收银二两四钱、天马

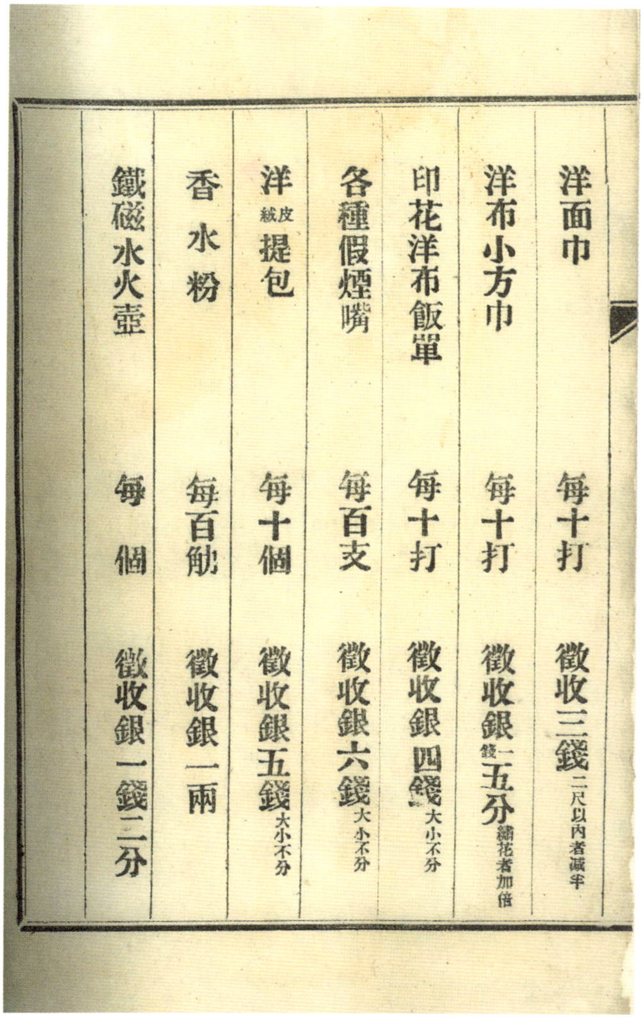

洋面巾	每十打	徵收三錢 二尺以內者減半
洋布小方巾	每十打	徵收銀一錢五分 繡花者加倍
印花洋布飯單	每十打	徵收銀四錢 大小不分
各種假煙嘴	每百支	徵收銀六錢 大小不分
洋皮絨提包	每十個	徵收銀五錢 大小不分
香水粉	每百觔	徵收銀一兩
鐵磁水火壺	每個	徵收銀一錢二分

皮袄褂每件征收银二两、狐皮袄褂每件征收银一两五钱、香鼠皮袄褂每件征收银一两四钱、水獭皮褂每件征收银一两二钱。

中药材类征收超过一两的有：西麝香每斤征收银九两六钱、倭硫黄每斤征收银四两八钱、龙涎香每斤征收银四两八钱、每斤征收银九两六钱、犀角每斤征收银二两四钱。

纸烟类征收按每箱估价计算，涉及牌号有：雀梅牌575元、三炮台牌440元、红帽牌400元、土耳其牌350元、人球牌170元、人刀牌155元、粉锡包牌155元、品海牌150元、寿星牌150元、烟丝牌144元、红三星牌140元、云龙牌135元、凤凰牌135元、鸭牌125元、鱼牌100元、彩三星牌100元、蓝三星牌100元、鹿牌80元、伦敦牌80元、鸡牌75元、爱国军牌73元、蓝海牌70元、双如意牌68元、飞马牌65元、花蝶牌61元、莺牌60元、星星牌27元、蝠牌24元、梨花牌24元、喇叭花牌21元；金三星牌每半箱估价140元、红帽牌小箱每箱估价213.75元。

酒类征收为：外国烧酒（皮酒、小瓶减半，现改例大小瓶不分）每打征收银九分、外国香冰酒（小瓶减半，现改例大小瓶不分）每打征收银二钱四分、外国葡萄酒（红酒、小瓶减半，白色而上加半，现改例大小瓶不分）每打征收银一钱五分。

各种洋货征收：洋袜子每百双征收银四钱二分、东洋绸被面每百床征收银四两二钱、东洋小褂每件征收银二分九厘四毫、西洋布绣花手巾每打征收银四分五厘、洋灰每百斤征收银三分、洋毛带每百斤双征收银二两二钱五分、洋雨衣每件征收银五钱、洋铁器每百斤征收银七钱二分、每百双征收银四钱二分、次洋烟嘴每百支征收银九钱、中洋呢每码征收银四分五厘、每百双征收银四钱二分、洋铁小方钟每个征收银四分八厘、洋面巾每十打征收银三钱、洋布小方巾每十打征收银一钱五分（绣花者加倍）、印花洋布饭单每十打征收银四钱（大小不分）。

日常生活用品征收：香水粉每百斛征收银一两、铜戒指每百个征收银六钱、草褥子每床征收银一钱八分、马蹄表每个征收银二分五厘、铁瓷水火壶每个征收银一钱二分、鱼尾天文木钟每个征收银一钱五分（东西洋不分）、二号转盘话匣每个征收银一两五钱（大号加倍、三号减半）。

水果蔬菜食品类征收：葱每百斤征收银四分五厘、山药豆每百斤征收银六钱、芋头每百斤征收银九分、桃每百斤征收银二钱四分、茉莉花棵每百斤征收银一钱二分、木果每百斤征收银六分、柿子每百斤征收银四分五厘、酸梨每百斤征收银四分五厘、水仙花头每百斤征收银八钱、鱼肝油每斤征收银四分五厘、牛奶每箱征收银二钱八分、巴拉提油片每百斤征收银六钱、牛油每百斤征收银二钱四分。

从此书的记载中可以看出清末宣统年间，北京市面流通货物的种类、税额，如烟的牌号、酒的种类和进口货物的品种，等等，不失为研究清末税制和贸易史的珍贵资料。

记载文字血泪的《清代文字狱档》

北平故宫博物院文献馆编《清代文字狱档》，铅字排印本。牌记题“民国二十年五月北平故宫博物院文献馆编，北平故宫博物院国立北平研究院出版”，钤“民国二十年六月国立北平研究院出版”、“国立北平研究院版权之印”。

《清代文字狱档》选辑了原文献馆所藏清代，特别是雍正、乾隆两朝有关记载文字狱问题的大量历史档案文件，诸如各种谕旨、硃批奏折、咨文、供状，等等，按照案件分辑出版。

文字狱是统治者借言论、著述等问题对人身进行残酷迫害所造成的冤狱。在我国漫长的阶级社会中，文字狱一直层出不穷。如果说秦始皇“焚书坑儒”是大兴文字狱的始作俑者，继起的汉、唐、宋、明各代也都有着各时期重大的文字狱案件。清朝大搞文字狱的直接目的是为了打击政治上的反对势力，企图消灭一切不利于自身统治的议论和记载。为此，当权者不惜歪曲和篡改历史记载，甚至禁绝大批图书的刊行，缴毁已经流传在社会上的许多书籍，列出许多所谓“禁书”、“逆书”，对这些书籍的作者进行了骇人听闻的迫害。

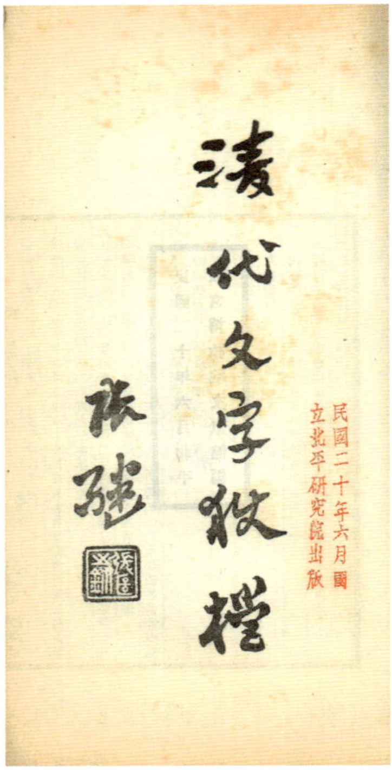

雍正七年（1729），因吕留良著作涉及雍正获取帝位的传闻，雍正不但将吕留良戮尸灭族，追毁吕留良全部著作，对其他人有引用吕留良言论的著作也一律搜毁，还编造大量谎言，亲自撰写《大义觉迷录》辩解，命令地方官向士子宣读，以弥天谎言配合血腥镇压，胁迫人民箝口搁笔，不敢再议论朝政。

乾隆文字狱的手法更为严苛，寻词摘字，断章取义，索隐发微，牵强附会，强词夺理，横加罪责。乾隆在胡中藻著《坚磨生诗钞》中发现有“一把心肠论浊清”的诗句，竟硬说作者故意将浊字放置在清朝国号之上，予以凌迟处死。石卓槐的《芥圃诗钞》中有“大道日以没，谁与相维持”句，竟被认为不满清朝统治，亦被处死。

受文字狱之害的，既有一般生员、塾师、举人等中下层知识分子，也有曾任总督、巡抚、大学士等达官贵宦。此外，还有盐商、僧侣、江湖术士诸色人等。

和文字狱相伴的是告密和诬陷。有些人就专门挑剔别人文章中的“悖逆”之语，作为自己晋身的阶梯。连乾隆也承认，经常有“狡黠之徒借以行其诬诈”。乾隆朝尚书梁诗正说：“笔墨招非，人心难测，凡在仕途者遇有一切字迹，必须时刻留心，免贻后患。”

《清代文字狱档》是一部记载了文字血泪的历史。

在中国书店海王村第44期拍卖会上，此书估价1200元，成交价为1320元。

“简当为贵”：《现行律令判牍成案汇览》

孙鑫源编《现行律令判牍成案汇览》四集二十册，民国4年上海进步书局石印本。进步书局在《“现行律令判牍成案汇览”预约样书》广告中，预约该书“民国四年九月二十日出版”。

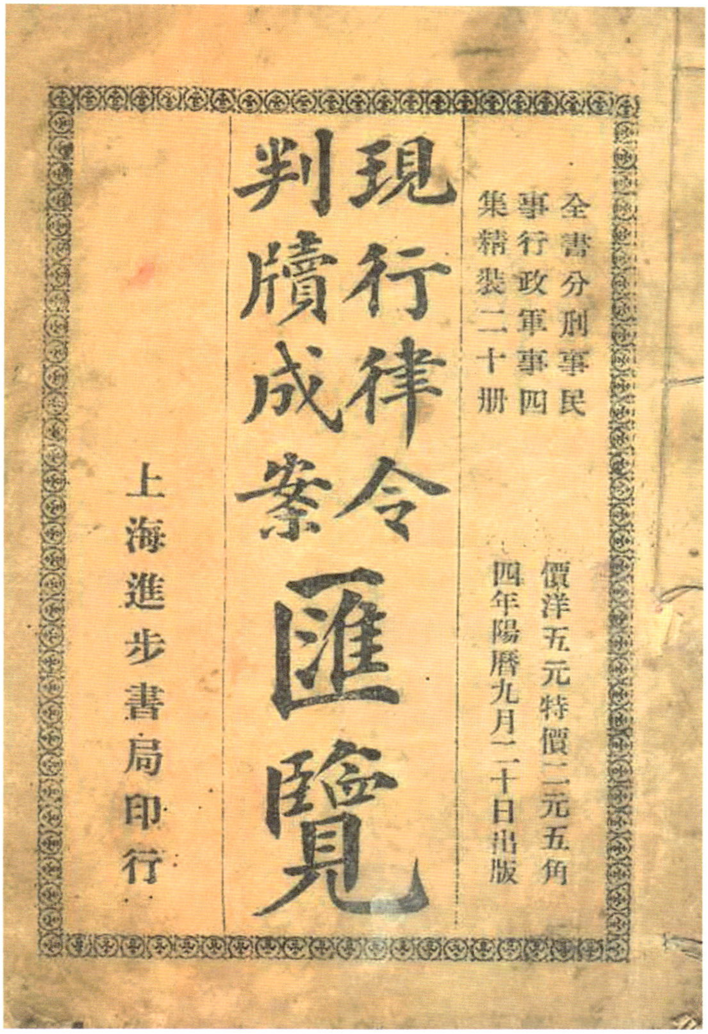

邢事裁判文书，我国古代称为判、判词或判牍，清末以来称为“判决书”。而“判”作为一种独立的文体，始于唐初，至于清代，历经千年发展，传世文书众多。如唐代的《龙筋凤髓判》、南宁的《名公书判清明集》、明代的《折狱新语》、清代的《吴中判牍》，等等。

中国迄今发现的一篇最早法律判牍，是于1975年12月在陕西岐山县董家村出土的一件西周青铜器朕匜，匜上有175字铭文，记录的是西周恭王时期（距今约三千多年前）一个叫“牧牛”的人诉讼其上司之后，一位受贿法官的判词。其中称，“今大赦汝，鞭汝五百，罚汝三百”。这段铸于“青铜法典”匜器上的判词铭文，可谓研究我国早期司法制度以及判牍等法律文本的珍贵文献。

唐代判牍采用骈体，文采绚烂，是中国古代法制史上判文中的一朵奇葩。大明律规定，“凡断罪恶，皆须具引律令”，违者要按罪恶行轻重给予不同处罚。但从明代一些州县的判牍及案例看，许多是没有具引律例来判罪的。明清是我国古代判词发展的鼎盛时期，当时的裁判原则是“简当为贵”，判词特点是以事实、案例为依据进行说理。其实，到后来定案依据也由单一的引用律令，发展到律令、判例、经书、典故、礼义、学者思想并用。

“用四万万人来做皇帝”：《全民政治》

（美）D. F. Wilcox著、廖仲恺译《全民政治》，上海民智印刷所民国15年初版。书前有邵元冲“1915年8月30日于上海”所作序文，正文前题“威确尔斯”著，国家图书馆著录为“新善本”。廖仲恺在其《〈全民政治论〉译序》一文中指出“此书别名为《创制权、复决权、罢官权于民政之作用》”。

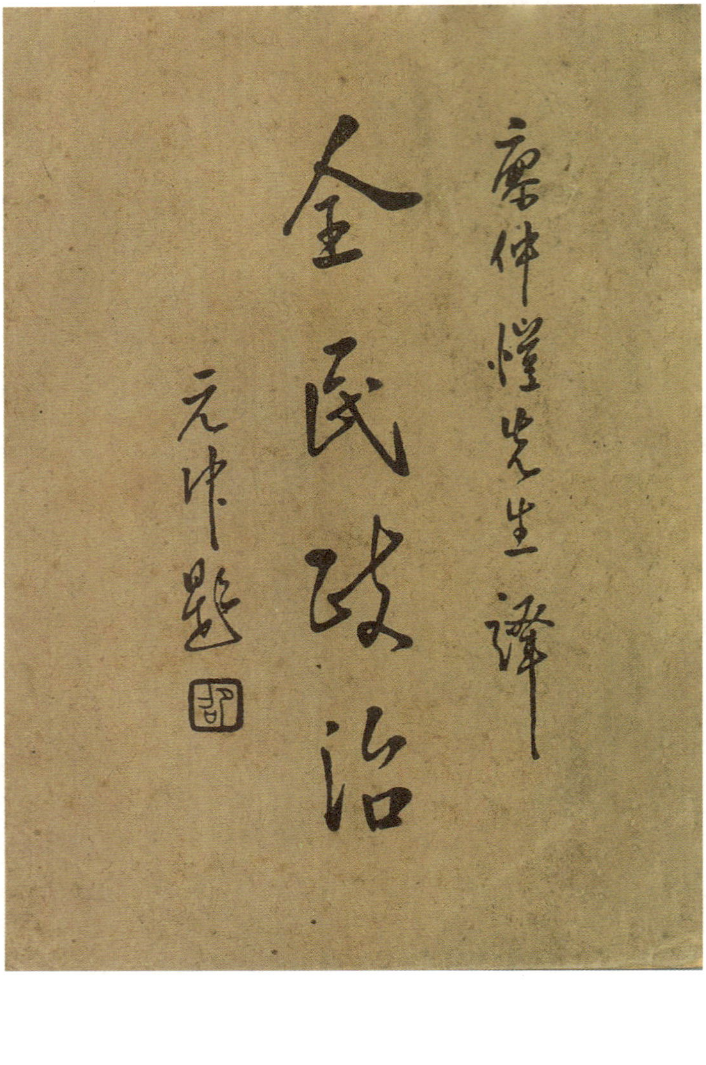

1918年，孙中山领导的护法运动，受到了西南军阀唐继尧、陆荣廷的掣肘，5月孙中山被迫辞去大元帅职。同年6月26日，廖仲恺陪同孙中山到了上海，开始对三民主义作重新思考与探求。他和朱执信等人奉孙中山之命，在上海创办《星期评论》、《建设》杂志，作为宣传革命理论的阵地。从1919年下半年至1920年，廖仲恺先后发表了“三大民权”等十多篇政论文章，对中国的政治与经济问题进行了认真探索。尤其是他翻译美国学者威尔确斯所著《全民政治》最有名。这些著译阐述资产阶级民主主义革命思想，特别是“主权在民”的思想，指出国民如果有创制、复决、罢免三大民权，“中国政治上的毛病，虽不敢说是完全救治好，也就差不多要好了八九分了”。

孙中山在《三民主义》演讲中说道：“至于民权之实情与民权之行使，当待选举权法、创制法和复决法规定之后，乃能悉其真相之底蕴。在讲演此民权主义之中，固不能尽述也。阅者欲知此中详细情形，可参考廖仲恺君所译之《全民政治》。”孙中山还讲到：“人民能够实行四个民权，才叫做全民政治。全民政治是什么意思呢？就是从前讲过了的，用四万万人来做皇帝。”

“为学之道在是矣”：《群学肄言》

（英）斯宾塞尔（1820—1903）撰、严复译《群学肄言》四册，上海文明编译书局清光绪二十九年（1903）铅印本。版权页上钤有白文“严复”版权印章。

在严复翻译的八大名著里，对青年毛泽东影响最大的，除《天演论》外，大概要数《群学肄言》了。八大名著以《天演论》、《原富》、《法意》、《名学》为最著名，《群学肄言》等其次。斯宾塞尔是一位自学成才的学者，对哲学、社会学、心理学和自然科学都有研究，著作甚多。在他的著作中，力图将自然科学和社会科学知识总结为一个综合哲学体系，并且要用来取代中世纪统治思想界的神学体系，强调用科学方法来研究社会现象。

这本被严复译为《群学肄言》的书，原来的书名是《社会学研究法》，这是在中国出版的第一部社会学著作。在“译余赘语”中，严复谈到他翻译此书的缘起：“窃以为其书实兼《大学》、《中庸》精义，而出之以翔实，以格致诚正为治平根本矣。每持一义，又必使之无过不及之差，于近世新旧两家学者，尤为对病之药。”严复在戊戌时期没有直接参加康梁的政治活动，维新变法失败之后，他虽然还在提倡西学，但其政治态度却日趋保守，对中国旧学日益推崇。这里指的“新”，即以孙中山为首的革命派，他想以斯宾塞尔的阶级调和论去抵制当时的革命运动。他译甄克思的《社会通诠》，也出自这种企图。当时就遭到章太炎的驳斥。

毛泽东读这本书，是由于黎锦熙的推荐。黎锦熙是他在湖南省第一师范学校求学时最敬重的教师之一。1915年9月黎锦熙到北京任职之后，毛泽东还同他有书信往来。1920年的信中说：“先生及死去了的怀中先生，都是弘通广大，最所佩服。”可见仰慕之深了。在现在保存下来的黎锦熙日记中，就记载了他介绍毛泽东研读《群学肄言》的事（1915年7月15日、20日）。

1915年9月6日毛泽东给萧子升的一封信中，谈到他读过这书之后的心情：“（黎君邵西）于是又介仆读《群学肄言》‘缮性’篇。仆因取其书观之，竟，乃抚卷叹曰：为学之道在是矣！盖是书名《群学肄言》，其实不限于群学，作百科之肄言观可也。”

严复在“译群学肄言序”开头即说：

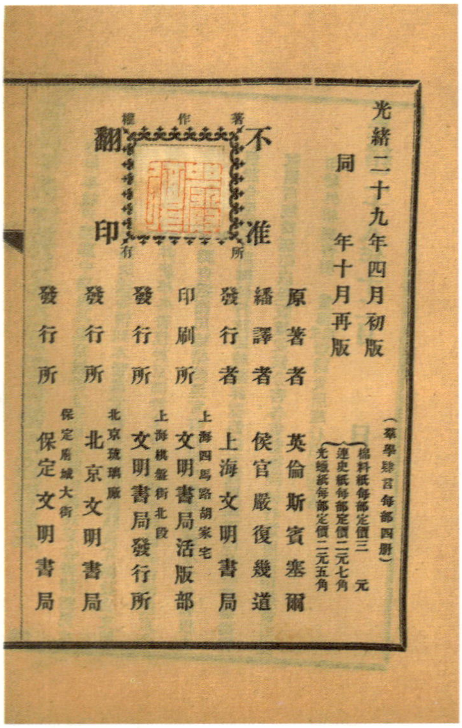

光緒二十九年四月初版
同　年十月再版
（羣學肄言每部四册）
綿料紙每部定價三元
連史紙每部定價二元七角
光蠟紙每部定價二元五角
不准翻印
著作權所有
原著者　英倫斯賓塞爾
繙譯者　侯官嚴復幾道
發行者　上海文明書局
印刷所　上海四馬路胡家宅　文明書局活版部
發行所　上海棋盤街北段　文明書局發行所
發行所　北京琉璃廠　北京文明書局
發行所　保定府城大街　保定文明書局

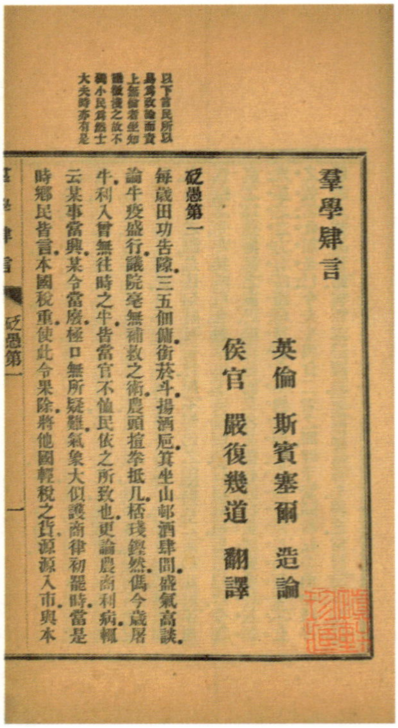

以下言民所以易爲政論而責上無督者坐知捨後後之故不獨小民爲然士大夫時亦有是

羣學肄言
英倫　斯賓塞爾　造論
侯官　嚴復幾道　翻譯

砭愚第一

每歲田功告隙，三五佃傭，銜菸斗，揚酒卮，箕坐山郵酒肆間，盛氣高談。論牛疫盛行，議院毫無補救之術，農頭揎拳抵几，栝㦰鏗然，偶今歲屠牛，利入曾無往時之半，皆當官不恤民依之所致也。更論農商利病，輒云某事當興，某令當廢，極口無所疑難，氣象大似護商律初罷時，當是時鄉民皆言本國稅重，使此令果除，將他國輕稅之貨，源源入市，與本

羣學肄言　砭愚第一　一

“群学何？用科学之律令，察民群之变端，以明既往，测未来也。肄言何？发专科之旨趣，究功用之所施，而示之以所以治之方也。”《群学肄言》全书共16篇，从第五篇至第十二篇，分述了研究社会学时，常常遇到的来自8个方面的困难或者偏颇。

第五篇“物蔽”，讲的是客观世界、客观事物（物）往往因一些因素的影响而不能正确认识（蔽）。第六篇“智”，讲的是智力受到的拘束。第七篇“情瞀”，讲的是因感情引起的愚暗。第八篇“学”，讲的是教育方面的偏颇。第九篇“国拘”，讲的是褊狭的爱国心。第十篇“流梏”，讲的是行业的偏见。第十一篇“政惑”，讲的是政治方面的偏向。第十二篇“教辟”，讲的是宗教的乖僻。在分别论述了以上八个方面的困难或者偏颇之后，斯宾塞尔作了一个概括或者总结，认为这些问题可以通过性灵的修缮，用现代语言来说，就是可以通过训练而求得解决。他于是写了第十三篇“缮性”，这可以说是提纲挈领的一篇。黎锦熙推荐毛泽东读的，就是这一篇。这一篇讲的是治学的方法，通过训练排除研究中困难的方法。严复解释说：“知为学之难，思诚之不易，而后有省察之功。虽然，徒言省察，尚非学也，则继此而论其所以缮性者。缮性非他，亦言其所以为学之方而已。”

毛泽东在给萧子升的这封信中，谈到了他读此书的心得：“其旨以谓为学之难三：其一在物，其一在心，其一心物相对。在物者曰物蔽，在心者曰情瞀、智，心物相对者曰学、国拘、流梏、政惑、教辟。是三难者，将欲祛之，则必缮性。缮性在学。学有三科，曰：玄、间、著。玄科者，名、数二学属之；间科者，物理学、化学属之；著科者，博物学属之。三科习，而后三难祛，心习，性灵缮，于是乃可言学。络之以心理生理，关于群学者大也。吾谓此岂惟学也，德即寓乎其中矣。于此有人焉，不蔽于物，瞀于情，于智，而又无学国拘流梏政惑教辟诸弊，其人之为君子，尚待言哉！近每与人言及为学，即介以此书，以其所言者切也。足下有暇，可览观焉。”

1918年7月24日，蔡和森复毛泽东的信中说：“兄之‘梦呓’，尤是弟之兴经，通我智，祛我情瞀。”用的也是《缮性》篇的词汇。看来，毛同蔡的交往中也讨论过此书。由此皆可见当年毛泽东对此书倾心的程度了。

严复译书，用的是上乘的典雅古文，这译笔使它在当时的士大夫中争取到了读者，却使今天的读者感到了困难。他翻译的《天演论》、《原富》、《孟德斯鸠法意》、《群己权界论》，都已经有了白话文的新译本，但《群学肄言》至今还没有白话文译本出现。尽管比起斯宾塞尔的其他著作来，这本书并不是怎样重要，但它曾经如此强烈地吸引过毛泽东，还是值得一读一藏的。

光绪二十九年，上海商务印书馆出版、严复翻译的英国人穆勒的《群己权界论》（今译名《论自由》）和《群学肄言》，分别为中国近代最早使用版权票和版权印的书。

“得是书而览之，亦可获资借鉴”：《川康边政资料辑要》

军事委员会委员长行营边政设计委员会编《川康边政资料辑要》，十六册，民国29年军事委员会委员长成都行营编印，成都祠堂街玉林长代印，军事委员会委员长行营补校，书首有行营主任贺国光序。

据书首贺国光序文可知此书的编辑主旨及主要内容：

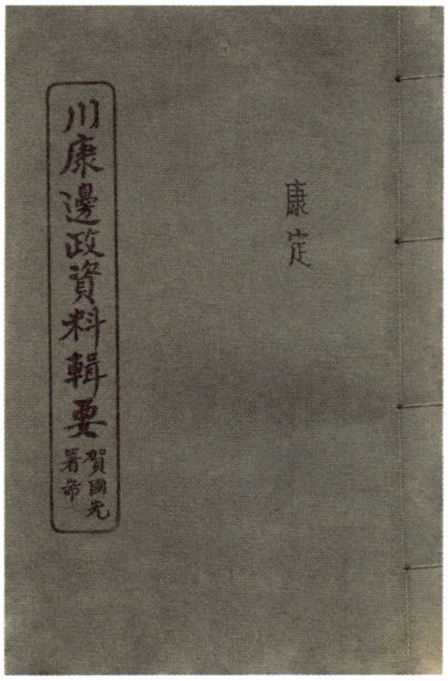

“《资料》一书，虽未足云详赡，然大体已具梗概，堪供请求边区政治教育及各地军政人员之探索寻译，续往彼方视察者，得是书而览之，亦可获资借鉴，循是以往，由研究进而实施，经营缔构，协力以赴，使边邑之发展，得与内地互相提携，道一风尚，民广物阜，完成建设新西南之使命，乘韦嚆矢之功，兹编有焉。因饬详加校勘，正其伪误，补其阙略，复间绘插图，命工排印，刊既成，书此以弁其端。是书原编于边政设计委员会，行营复加补校耳。”

该书收西昌、冕宁、越西、会理、宁南、昭觉、盐边、盐源、雷波、马边、屏山、峨边、松潘、理番、汉川、茂县、康定、泸定、九龙、丹巴、道孚、炉霍、甘孜、瞻化、德格、雅江、理化、巴安等29县的疆域、沿革、山脉、河流、气候、建置、建设、种族、户口、官制、交通、民政、司法、行政、教育、警团、军备、储蓄、垦务、产业、物产、礼俗、生活情形、语文、宗教、名胜、古物、古迹、人物、大事记等30多个门类。每县少的十余个门类，多的有二十多个门类不等，无者缺之。对于宁属的资料，由于以夷情荒地为主，所以对其种族、垦务、产业、山脉、河流、交通等方面的叙述较为详细。

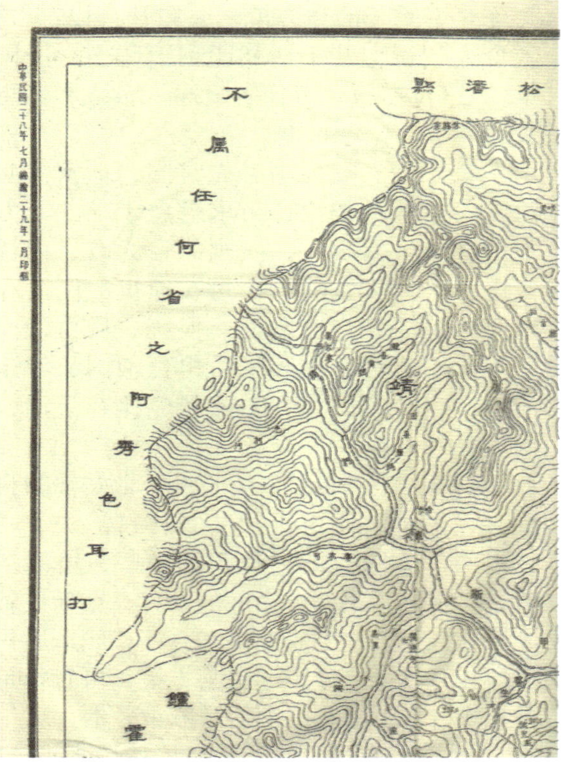

宁属地区是位于西康省西南界川滇两省的地域，行政区辖西昌、越西、冕宁、昭觉、宁南、会理、盐源及盐边等所谓“宁属八县”。该书先编成了宁属部分，所以书首有“宁属各县概况资料辑要例言”，虽仅限于一部分，后面所编各县的体例，都按照这个体例而行。书中插图是军事委员会委员长行营第一处编制，比例尺由三百万至四百万分之一不等。

《川康边政资料辑要》记载了大量珍贵的史料，比如关于凉山州栽桑养蚕的情况，资料记载：“民国二十九年，西昌、冕宁、德昌、会理、盐源、盐边、越西、普格等县尚有桑树41.38万株，产茧20.69万公斤。西昌城内和礼州有10家蚕桑丝厂。年产丝500驮（约3.75万公斤），经云南销往缅甸等国。以后逐渐衰退，年产茧量下降在5万公斤左右。1947年，西昌、德昌、冕宁、泸宁、盐边、普格和西昌农场、会理农场共产茧26238公斤，产丝41055公两。至1949年产茧量只有2.6万公斤。”公元四世纪，“南方丝绸之路”途径凉山，沿线人民受其影响，开始栽桑养蚕，所产的丝，称为“山丝”，汇入丝绸之路。

孔网此书2008年1月在线拍卖价格为3200元，未成交。

“富国必先治县”：《治县方策》

任光甲著《治县方策》，32开，122页，作者个人刊行，北平炳林印书馆印刷，民国21年12月1日初版。有作者自序、自跋和徐惠民跋等。

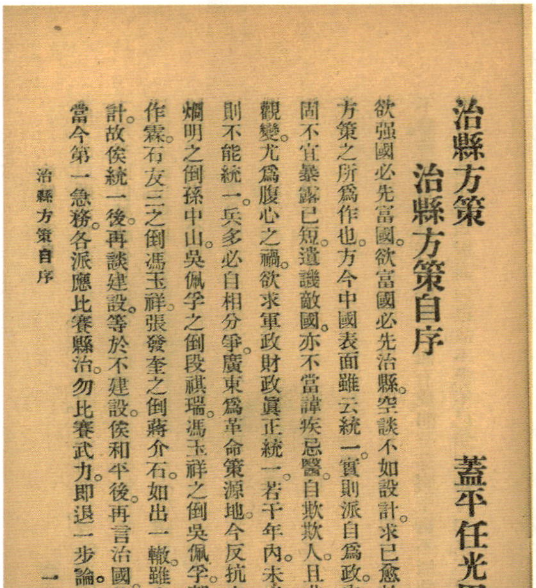
治縣方策　蓋平任光甲箸

治縣方策自序

欲强國必先富國。欲富國必先治縣。空談不如設計。求已愈於求人。此治縣方策之所爲作也。方今中國表面雖云統一。實則派自爲政。內憂潛伏。吾人固不宜暴露已短。遺譏敵國。亦不當諱疾忌醫。自欺欺人。且共黨潛藏。伺機觀變。尤爲腹心之禍。欲求軍政財政眞正統一。若干年內。未必有望。蓋兵少則不能統一。兵多必自相分爭。廣東爲革命策源地。今反抗中央反最力。陳烱明之倒孫中山。吳佩孚之倒段祺瑞。馮玉祥之倒吳佩孚。郭松齡之倒張作霖。石友三之倒馮玉祥。張發奎之倒蔣介石。如出一轍。雖有智者。亦難爲計。故俟統一後再談建設。等於不建設。俟和平後。再言治國。等於無治國。故當今第一急務。各派應比賽縣治。勿比賽武力。即退一步論。認爲必須比賽

治縣方策自序　一

作者认为，欲强国必先富国，欲富国必先治县，空谈不如设计，求己愈于求人。方今中国表面虽云统一，实则派自为政，内忧潜伏。吾人固不宜暴露己短，遗讥敌国。亦不当讳疾忌医，自欺欺人。俟统一后再谈建设，等于不建设，俟和平后再言治国，等于无治国，当今第一急务，各派应比赛县治，勿比赛武力。

作者在民国21年写于北平东北大学的自序中讲，民国15年曾出版《联村自治法》一书，里面的主张有的离现实远一些，所以加以增删，将书中最切合实际的部分，重新撰著为《治县方策》一书。原书30万字，删节后只剩下四五万字。这样，《治县方策》可看作是作者《联村自治法》一书的增删重著本。

《治县方策》提出了治县按除弊期、

小康期和大同期三步走的策略。“除弊期”一章里花费笔墨最多，达35节。提出要建立“集股式家庭”和“联村银行”，要济贫和惩治败家，学问为随身护符，金钱是第二生命，万恶穷居首，百行钱为先。要多开办私塾教育，要彻查枪支弹药，要限定官吏任期和恒产资格，要惩治荡子，要取缔父母主婚和迷信活动，实行火葬等等。这些观点就是今天看来也是先进的。作者在“小康期”里提出了15个建议，并称是治县最重要的方面，若能够逐条切实推行，则可以定国家百年之大计，措民生如磐石之安，可免政变纷争。其实，就其中的策略来看，还是言之过重了。在“大同期”里，作者提出统一以中文和英文为通行文字，原因是英美同用英文，占有世界最大的面积，而中国土地面积仅次于英美，人口占据世界的四分之一，全世界通识中英文的占多数。这条建议今天看来，也是有积极意义的。

书后是“恩人表”，列名答谢一些为此书出版尽力的朋友们。这个26人的名单里有章士钊、冯庸、刘风竹、周傅儒、汪兆璠等。

该书“前身”《联村自治法》又名《改良县政实施方案》，32开，54页，由重庆正中书局于1926年5月、1940年12月、1941年7月三次出版。内有方案共12条，有著者“改良县政实施方案紧要启事”和林森题字。另收“全案结论”、“改良县政实施方案与宪法”等7篇。后来，“紧要启事”改为“改良县政实施方案自序”。

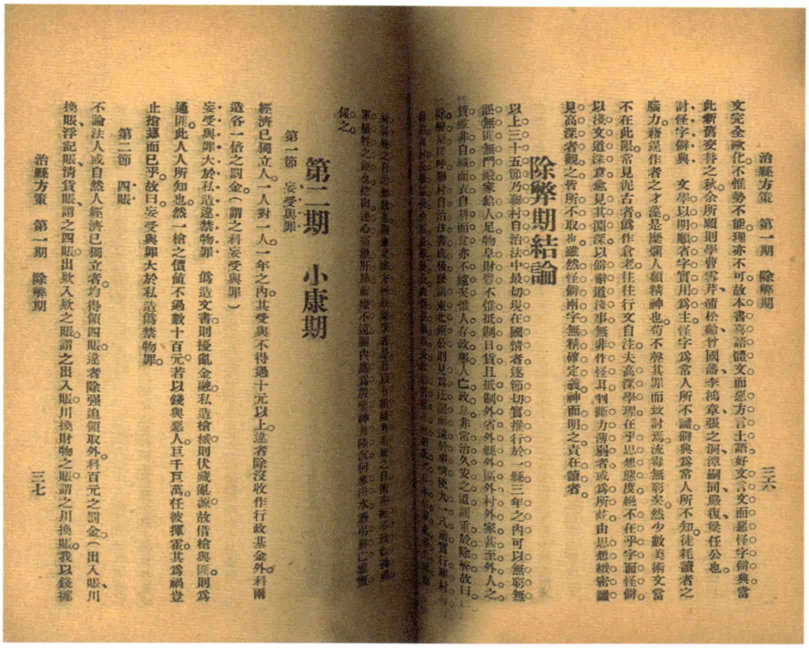
治縣方策　第一期　除弊期　三六

文完全歐化。不惟勢不能。理亦不可。故本書寧語體文而惡方言土語。好文言文而惡怪字僻典。當此新舊交替之秋。余所願則學曹雪芹、蒲松齡、曾國藩、李鴻章、張之洞、譚嗣同、嚴復、梁任公也。討、怪字僻典、文學以明順者字實用爲主。怪字爲常人所不識。僻典爲常人所不知。徒耗讀者之腦力。精選作者之才藻。是糜爛人類精神也。苟不辯其罪而致討焉。流毒無窮矣。然少數美術文當不在此限。常見泥古者。僞作倉老。往往行文自詡夫高深。學理在乎思想態度。絕不在乎字面怪僻。以淺文道深意。愈見其淵深。以僻辭道淺事。無非作怪耳。判斷力薄弱者。或爲所惑。由思想緻密。識見高深者觀之。皆所不取也。雖然怪僻兩字無精確定義。神而明之。責在讀者。

除弊期結論

以上三十五節。乃聯村自治法中最切現在國情者。逐節切實推行於一縣。三年之內可以無窮無誣。無匪無門。殿家給人足。物阜財豐。不惟抵制日貨。且抵制外省外縣外區外村外家。甚至外人之貨。雖非自織而衣自耕而食。亦不遠矣。惟人存政舉。人亡政息。非常治久安之道。須重於除弊。故曰。

第二期　小康期

第一節　妄受與罪

經濟已獨立人。一人對一人。一年之內。其受與不得過十元以上。違者除沒收作行政基金外。科兩造各一倍之罰金。（謂之科妄受與罪）

妄受與罪大於私造違禁物罪。僞造文書。則擾亂金融。私造槍械則伏藏亂源。故借槍與匪。則爲通匪。此人人所知也。然一槍之價值不過數十百元。若以錢與惡人。巨千巨萬。任彼揮霍。其爲禍豈止指揮而已乎。故曰妄受與罪大於私造僞禁物罪。

第二節　四賬

不論法人或自然人。經濟已獨立者。均得備四賬。違者除強迫備取外。科百元之罰金。（出入賬、川換賬、浮記賬、清貨賬。謂之四賬。出入款之賬。謂之出入賬。川換財物之賬。謂之川換賬。我以錢挪

治縣方策　第一期　除弊期　三七

“凡有涉于夷务而未载入实录者”均选：《筹办夷务始末》

清咸丰朝《筹办夷务始末》八十卷二十册，故宫博物院民国18年出版，拓有“故宫博物院印刷”、“故宫博物院版权”两枚原印。

《筹办夷务始末》是清政府官修的道光、咸丰、同治三朝对外关系档案资料。共辑档案9300余件，合计260卷，约670万字。《道光朝筹办夷务始末》，咸丰元年（1851）谕令纂辑，杜受田任监修总裁官。

次年，杜受田病死，文庆继任。收录道光朝有关第一次鸦片战争的上谕、奏折、书札、照会等2700余件，编80卷，咸丰六年成书。《咸丰朝筹办夷务始末》，同治元年（1862）贾桢、宝鋆奉谕纂辑，收录咸丰朝有关第二次鸦片战争期间《天津条约》、《北京条约》、《瑷珲条约》签订情况，西方各国要求增开口岸等外交事宜的上谕、廷寄、奏折、照会、书函等约3000余件，编八十卷，同治六年（1867）成书。光绪元年（1875），宝鋆主编《同治朝筹办夷务始末》，收录同治朝有关洋务运动、中外通商、关税、海防、割地、赔款、互派外交官、派遣留学生及向西方购置军火等情况的上谕、折片3600余件，编一百卷，光绪六年成书。这些外交档案在总理各国事务衙门集中保管，编纂时“采撷甚便”，大量选取，因而较之前两部内容丰富。

其选材总原则为：“凡有涉于夷务而未载入实录者”均选入，“期于无冗无遗”，谕旨和奏折互为补充、互相说明。但在编辑上缺欠颇多，如上谕、奏折日期均改为干支，顺序排列，干支又与正文连写；每份文件前无标题，后不空行；目录仅标每卷起讫年月，无每件细目；折片一律按到京日期排列，删去发文

时间，等等。查找不便，难以辨识。

此书编成后藏于深宫，不准刊印发布，编者不许泄露，高级官员亦极难看到。清亡后渐为人知，受到史学界重视。1929年，故宫博物院文献馆将《道光朝筹办夷务始末》手抄线装本缩小影印出版。1930年，后两编也相继影印出版。中华书局于1964年、1979年分别出版此书经过整理加工的前两编。在每个文件上加了标题，标点分段，注明公元月日，书后还增编了谕折索引以及事件等分类索引，使用便利。此外，近年台湾也出版了《道光咸丰两朝筹办夷务始末补遗》［道光二十二年（1842）至咸丰十一年］。

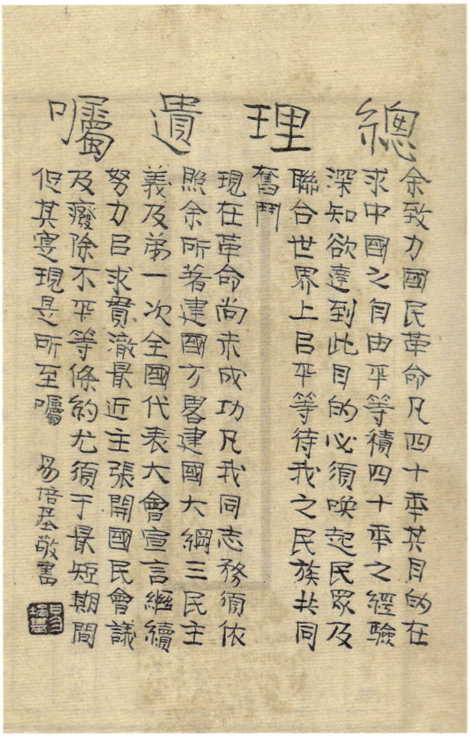
總理遺囑

余致力國民革命凡四十年其目的在求中國之自由平等積四十年之經驗深知欲達到此目的必須喚起民眾及聯合世界上以平等待我之民族共同奮鬥

現在革命尚未成功凡我同志務須依照余所著建國方略建國大綱三民主義及第一次全國代表大會宣言繼續努力以求貫徹最近主張開國民會議及廢除不平等條約尤須於最短期間促其實現是所至囑

易培基敬書

故宫博物院成立后，主要精力用于清点、整理清宫藏品，包括档案、图书，同时注重向社会公布。在档案史料方面，出版了《掌故汇编》（后改称《文献丛编》）58辑，编印《史料旬刊》40期，汇编了《筹办夷务始末》、《清代文字狱档》和《故宫俄文史料——清康熙间俄国来文原档》等史料。据不完全统计，新中国成立前，故宫博物院共编辑出版各类档案史料书刊达54种、358册，约1200万字，发表研究文章80余篇。

孔网此书在线售价为5000元。

梁启超所辑译书集：《西政丛书》

梁启超辑《西政丛书》三十一种三十二册，慎记书庄清光绪二十三年（1897）石印本。

此书为梁启超所辑译书集。在《西政丛书》叙中，梁启超提出了辑录此书的目的。他认为，政治没有中西的分别，世界上有众多国家并存，不能没有约束，于是产生了国际公法。土地人民需要有人来治理，于是产生了官制。人民若无恒产，则国家无法治理，于是产生了农政、矿政、工政、商政。闲居而不接受教育，就和禽兽没什么分别，于是产生了学校。官民相处，良莠不齐，于是产生了律例，这是古今中外都相同之处，是每个国家都必需的。中国自秦汉以来，在马上得取天下，制定的一切法律规则，都只是为称王者个人所考虑，根本没想到百姓之事。而君臣又无深谋远虑，想到改革前代的弊端，成就今朝的法规，只是承袭陋规简法，不思变革，因此中国的政治体制千疮百孔，一代比一代更厉害。两千年来的中国，可以说毫无政治可言。欧洲各国，无论是土地的肥沃，人民的积存，还是物产的丰富，都比不上中国，但他们百年以来，变革旧的政治，整顿荒废的事业，终于能够得以发展。百姓平民都有议政的权力。他们立国的根本，在于合乎公理，而不在于承袭三代旧制。大国懂得这个道理，就可以纵横世界称霸全球；小国懂得这个道理，也足以自立而不至于被他国所灭亡。西政的效用就在于此。

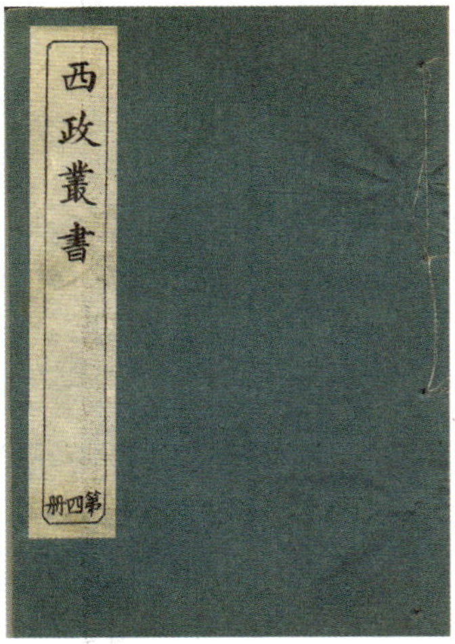

梁启超认为，从利玛窦开始，西学才传入中国，大都是天文算术一类的内容。从晚明到乾嘉年间，大学问家讲述这方面知识的人很少。现在，同文馆、制造局、船政所之类，全国很多。可是旧的习俗尚未涤清，新的看法还未被认可，人们都以为中国之所以比西方国家贫弱的原因，是由于不讲武备、船械不精良、制造业不发达，而对于西人立国的根本在于合乎大义则视而不见。所以，现在汉译西方著作虽然已有几百种，可是谈论政治的书却还是屈指可数。

梁启超说，他不懂西方文字，只能依赖于翻译之人，一有新的译政之书出版，唯恐来不及买。尽管如此，那些译出的书，未必都是西方谈政书中最好的；就算是好的，译者也未必能不失其意；就算二者都具备了，那些书也可能是国外十几年前的旧书了。他人所抛弃不再谈论的书，我们却还当它是瑰宝珍藏着。而这些书，也只不过在吴越一带有通行本，内地各省的学子，常常只能看到目录。中国少有人才出现，能怪谁呢？

梁启超择取了译本中最重要的一些，或者刻本少见的，或者没有单行本的，从中选取几十种聚为一编，希望能够广为流通。他编辑此书的用意十分明显，即希望能通过介绍西方政治之书来开启民智，这与其维新的思想与主张是完全一致的。戊戌政变后，慈禧太后不仅缉捕康有为、梁启超及维新派诸人，而且还下令禁毁了康梁的所有著作，认为他们的著作是“无非惑世诬民”，“离经叛道之言”。梁启超所辑的《西政丛书》自然也逃脱不了被禁毁的厄运。

2004年3月，孔网售《西政丛书》四函三十二册光绪石印本，以990元成交。

一百年前日本对晚清的调查：《清国事情》

（日）外务省通商局编印《清国事情》，精装本，明治40年（1907）8月出版。钤“旅大市图书馆藏书印”。

日本在1868年开始明治维新后，国门大开，了解世界、特别是了解近邻的中国，以促进商贸，成为朝野上下的迫切愿望。正是在这个基点上，明治末年展开了对晚清国情的大调查，这一时期，除了各种单独成册的调查报告外，大型的调查资料汇编如《支那经济全书》、《清国事情》等相继出版。

从明治14年起，日本外务省通商局就将各领事馆不同时间的调查报告汇编成册，分别冠以《通商汇编》、《通商报告》、《清国事情》等书名出版。这些调查报告从不同的角度记述了晚清的政治、经济、社会、文化等状况。

《清国事情》分作二辑，第一辑四卷，分别是“在天津帝国总领事馆管辖区域内的事情”、“在芝罘（烟台）帝国领事馆管辖区域内的事情”、“在上海帝国总领事馆管辖区域内的事情”、“在汉口帝国领事馆管辖区域内的事情”。第二辑十卷，分别是苏

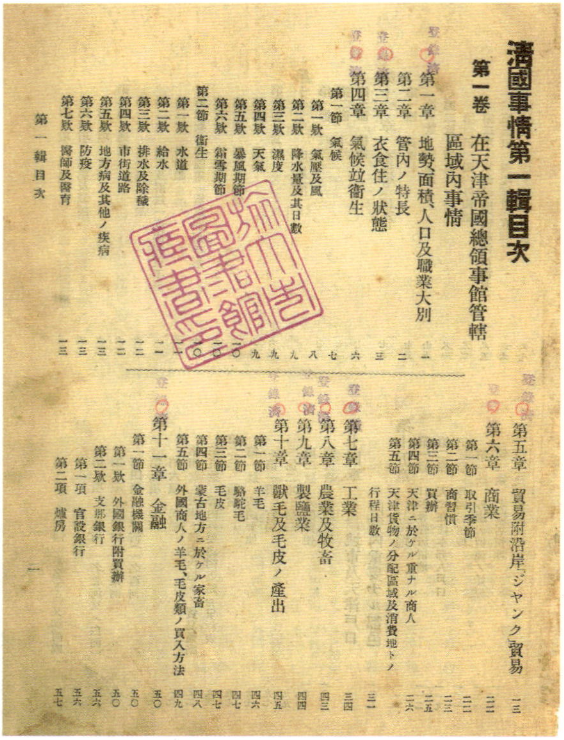

清國事情第一輯目次

第一卷　在天津帝國總領事館管轄區域內事情

第一輯目次　一

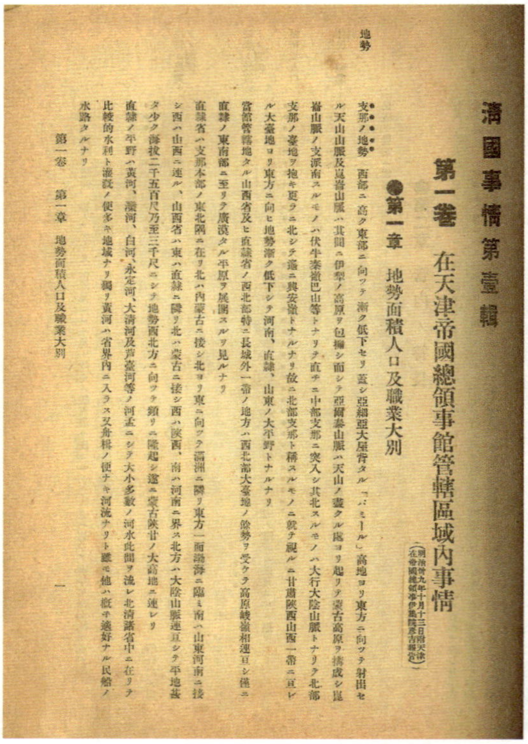

清國事情第壹輯

第一卷　在天津帝國總領事館管轄區域內事情

（明治卅九年十月十三日附天津在帝國總領事伊集院彥吉報告）

第一章　地勢面積人口及職業大別

地勢

支那ノ地勢　西部ニ高ク東部ニ向ツテ漸ク低下セリ蓋シ亞細亞大屋背タル「パミール」高地ヨリ東方ニ向ツテ射出セル天山山脈及崑崙山脈ハ其間ニ伊犁ノ高原ヲ包擁シ而シテ亞爾泰山脈ハ天山ノ盡クル處ヨリ起リテ蒙古高原ヲ構成シ崑崙山脈ノ支派南スルモノハ伏牛秦嶺巴山等トナリテ直チニ中部支那ニ突入シ其北スルモノハ大行大陰山脈トナリテ北部支那ノ臺地ヲ抱キ更ラニ北シテ遙ニ興安嶺トナルナリ故ニ北部支那ト稱スルモノニ就テ觀ルニ甘肅陝西山西一帶ニ亘レル大臺地ヨリ東方ニ向ヒ地勢漸ク低下シテ河南、直隸、山東ノ大平野トナルナリ

當館管轄地タル山西省及ヒ直隸省ノ西北部特ニ長城外一帶ノ地方ハ西北部大臺地ノ餘勢ヲ受ケテ高原峻嶺相連亘シ僅ニ直隸ノ東南部ニ至リテ廣漠タル平原ヲ展開スルヲ見ルナリ

直隸省ハ支那本部ノ東北隅ニ在リ北ハ內蒙古ニ接シ北ヨリ東ニ向ツテ滿洲ニ隣リ東方一面渤海ニ臨ミ南ハ山東河南ニ接シ西ハ山西ニ連ル、山西省ハ東ハ直隸ニ隣リ北ハ蒙古ニ接シ西ハ陝西、南ハ河南ニ界ス北方ハ大陰山脈連亘シテ平地甚タ少ク海拔二千五百尺乃至三千尺ニシテ地勢西北方ニ向ツテ頻リニ隆起シ遂ニ蒙古陝甘ノ大高地ニ連レリ

直隸ノ平野ハ黃河、灤河、白河、永定河、大清河及芦臺河等ノ河盂ニシテ大小多數ノ河水此間ヲ流レ北清諸省中ニ在リテ比較的水利ト灌漑ノ便多キ地域ナリ獨リ黃河ハ省界內ニ入ラス又舟楫ノ便ナキ河流ナリト雖モ他ハ概ネ適好ナル民船ノ水路タルナリ

第一卷　第一章　地勢面積人口及職業大別　一

州、杭州、南京、长沙、沙市、福州、厦门、汕头、广东、重庆领事馆管辖区域内的事情。每卷又分作若干章、节、款、项，十分细致。如第四卷“在汉口帝国领事馆管辖区域内的事情”长达400页，分作17章，分别为地势、面积、人口与职业、管辖区内的一般特征、衣食住状态、气候与卫生、商业机关与市场贸易、工业与矿业、重要农产物、林产物与畜牧、土地、金融与度量衡、铁路、航运、汽船业与仓库、租界、土地房产的买卖与租赁、劳动价格、物价、学校与公共团体。各章的调查和记述虽详略不一，但有关记载的详细程度的确值得注意，如对湖北厘金局卡设置、征收的记述，对九江贸易额的统计，对汉口各种棉布产地、名称、尺寸、价格的记述，对汉口外国银行、洋行、工场商店的统计，对汉口的食品价格、木材价格、杂货价格的统计等，都远远超出国内学者现有研究成果的表述。

日本明治末年对中国的调查资料还有《支那全书》（东亚同文会1907—1908年版）、《清国商业事情与习惯》（东亚同文书院1904年版）、《清国商业总览》（东亚同文会1906—1908年版）、《清国厘金税报告集——在清国帝国各领事馆调查》(日本外务省通商局1909年版)等。

中国书店某门市部有《朝鲜事情》出售，每套2400元。

《奉俄协定》

《中华民国东三省自治省政府与苏维亚社会联邦政府之协定》，朱丝栏，四周双边，宣纸油印本，每页9行，行21字，无出版年月。钤蓝色“河北师范学院图书之章”。

1919年至1923年，苏俄政府先后三次发表对华宣言，并希望与中国建立外交关系。经过长期多次的谈判与磋商，中俄双方最终于1924年5月30日签订了《中俄解决悬案大纲协定》，也叫《中苏协定》，包括正文及7个声明、1个照会，还有《暂行管理中东铁路协定》。

《中苏协定》的主要内容有：一、废除中俄间一切不平等条约；二、苏联放弃帝俄在中国的一切租界、租地；三、苏联放弃庚子赔款的俄国部分；四、苏联取消帝俄在中国的治外法权和领事裁判权；五、中东铁路同意由中国赎回；六、承认外蒙古是中国领土，中国在外蒙古有完全的主权。

由于苏俄领土与中国东北接壤，悬案中的焦点中东铁路、松黑航权等处于张作霖势力范围，张作霖在第一次直奉战争失败后曾宣布“独立”，公开宣称：“自1924年 5月 1 日起，一切北京订立关于东三省、蒙古、热河、察哈尔之条约，未得本总司令允许者，概不承认。”张作霖及东三省议会宣布不予承认《中苏协定》。

为了争取东北当局对有关中东铁路协定的支持，1924年9月20日，苏俄方面派出全权代表库兹聂佐夫，与张作霖东三省自治政府代表郑谦、吕荣寰、钟世铭，在奉天（今沈阳）签订《苏联政府和东三省自治政府的协定》（《奉俄协定》），就东省铁路、航权、疆界、商约及税关条约等问题达成协议。除重复《中俄协定》之内容外，苏方还作了进一步的让步，中东路无偿全部交给中国的期限从旧俄时代规定的80年缩短为60年，并在此期间内允许中国赎回。“本协定华、俄、英三国文字各两份，各签字盖印，遇有疑义应以英文为准。中华民国十三年九月二十日即西历一千九百二十四年九月二十日订于奉天。”

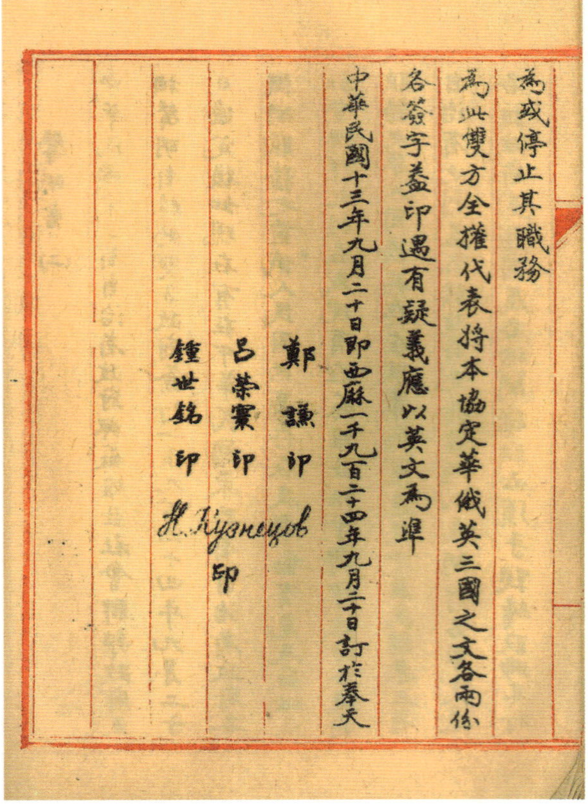

為成停止其職務
為此雙方全權代表將本協定華俄英三國之文各兩份
各簽字蓋印遇有疑義應以英文為準
中華民國十三年九月二十日即西歷一千九百二十四年九月二十日訂於奉天

鄭謙 印
呂榮寰 印
鍾世銘 印
Н. Кузнецов 印

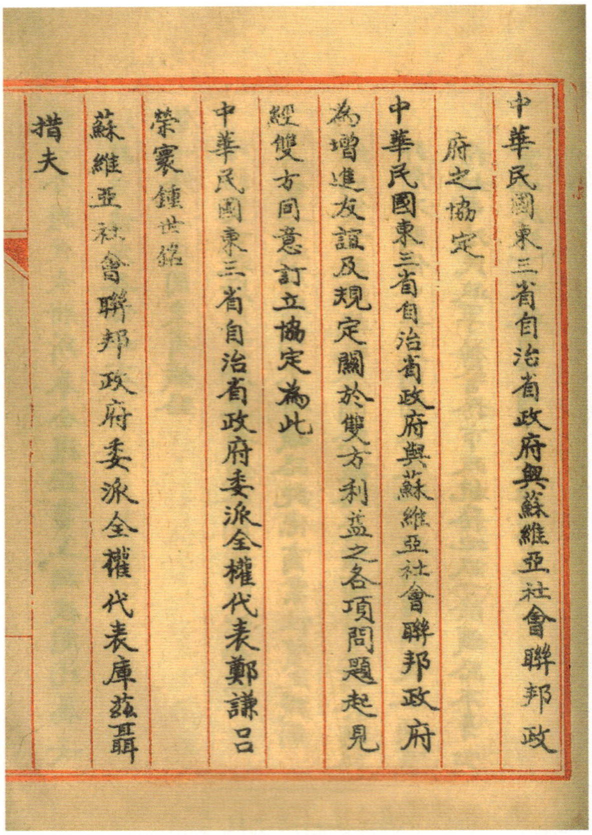

中華民國東三省自治省政府與蘇維亞社會聯邦政
府之協定
中華民國東三省自治省政府與蘇維亞社會聯邦政府
為增進友誼及規定關於雙方利益之各項問題起見
經雙方同意訂立協定為此
中華民國東三省自治省政府委派全權代表鄭謙呂
榮寰鍾世銘
蘇維亞社會聯邦政府委派全權代表庫茲聶
措夫

10月3日，根据《中俄协定》、《奉俄协定》，中东铁路实行中苏共管。中国方面任命鲍贵卿为理事长兼督办，苏联任命谢列布辽阔夫为铁路督办、伊万诺夫为管理局长。沙俄残余分子、原铁路局局长沃斯特劳乌莫夫被撤职。

“500家戏院同时演出”：《俄罗斯问题》

（苏）K.西蒙诺夫著、茅盾译《俄罗斯问题》，上海世界知识社民国36年9月初版，“中苏文化协会文学丛书”之一。

西蒙诺夫（1915—1979）是苏联小说家、诗人、剧作家。曾任《文学报》主编和苏联作家协会书记处书记等职。一战后期，随军经过东欧各国，直至柏林，写有特写和短篇故事集《从黑海到巴伦支海》。第一次世界大战后到过美国。剧本《俄罗斯问题》创作于1946年，曾获斯大林奖金。西蒙诺夫1949年10月曾访问中国，1950年出版描写中国人民进行的解放战争的《战斗的中国》一书。其诗作《蜡烛》被收入我国中学课本。

《俄罗斯问题》为三幕剧，揭露了美国

统治集团企图进攻苏联、奴役世界的阴谋，对美国人鼓吹的“美国生活方式”、“新闻自由”进行了抨击。指出华尔街战争贩子们假借美国人民名义所进行的一切阴谋活动，都是严重违背美国人民的利益的。正义最后必然要战胜敌人的邪恶。《俄罗斯问题》涉及的是重大政治题材，但剧本的故事比较轻松，富于人情味，并不感到枯燥。

1947年4月间，话剧《俄罗斯问题》在苏联全境约有500家戏院同时演出，这在苏联剧本演出史上是空前的。此剧还拍出了电影，长春电影制片厂于1949年曾译制发行该部影片，名为《俄国问题》。为配合该译制片公演，茅盾曾在《人民日报》（1950年1月22日）发表《关于“俄罗斯问题”》一文，对此剧内容、背景等作了详细介绍。建国前后，北京、上海、广州、哈尔滨等地曾排演《俄罗斯问题》话剧。

此书是根据英译本转译的。1946年12月5日，应苏联对外文化协会邀请，茅盾夫妇从上海动身赴苏访问，1947年4月25日回到上海，一共四个月二十天。这期间国内局势已十分严峻，蒋介石发动的全面内战在扩大，胡宗南奉蒋介石之命以23万兵力向延安进攻，4月19日占领延安。茅盾因刚刚访苏归来，就把主要精力放在宣传苏联上。据李广德的《一代文豪：茅盾的一生》（上海文艺出版社1988年10月第1版）介绍，1947年5月上旬的一天，《世界知识》主编金仲华（建国后曾任上海市副市长）来找茅盾，看到他带回了一本英文版的《俄罗斯问题》，又听他说在苏联时访问过西蒙诺夫，还观看了《俄罗斯问题》的演出，便约茅盾赶快翻译出来，交给他主编的《世界知识》周刊连载。

“谨守着我们先民的榜样”：《中华民族的人格》

张元济编著《中华民族的人格》，1943年商务印书馆渝5版，此书初版为1937年。

作者在1937年5月写作此书时，卢沟桥的枪声即将响起，上海也已在风雨飘摇之中，他为乌云密布的民族危机而忧心如焚、寝食不安。书生报国一支笔，他首先想到的就是给青少年编一本书，唤醒中华民族的人格，以决死之心抵御强暴，抗拒横逆。关于此书的写作起因，在作者1940年3月26日写给胡适的信中说得很清楚：“弟于三年前辑有《中华民族的人格》一书，选自《左传》、《国策》、《史记》，凡十余篇，译为白话，意在供中小学校学生之诵览。颇慨叹近来人格之堕落，思从少年身上加以挽救。不料近来堕落日甚。上海各报时借是书发言警众。是书出版已经三年，不知先生曾见及否？兹姑寄呈一册。”又说道：“《中华民族的人格》不过弟一时兴到之作，当时正校《史记》，感于诸人之举动足以振励末俗，故写成此书。”

张元济编写此书还有另外一个原因，他在1937年9月应《大公报》胡政之的约稿，写过《我国现在和将来教育的职责》一文（现已收入辽宁教育出版社2003年新版的《中华民族的人格》之“附录”部分）。他说：“近几十年来，设学堂，讲究新学，如今国内的大学有了几十处，造就许多新人才，做成了许多新事业，国家受了不少的益处，但是在社会上迷漫着一种骄奢、淫佚、贪污、诈伪、鄙贱、颓惰、寡廉鲜耻的风气，使我国家糟到这样的田地，不能不说也是它的结果。”

书前是张元济民国26年5月所写的“《〈中华民族的人格〉之编书本意》一文，从这篇文章里也可以了解张元济先生的人格精神。作者在此文中写道：“孔圣人说：‘志士仁人，无求生以害仁，有杀生以成仁。’孟夫子说：‘富贵不能淫，贫贱不能移，威武不能屈，此之谓大丈夫。’这几句话，都是造成我中华民族的人格的名言。我们良心上觉得应该做的，照着去做，这便是仁。为什么又会有求生害仁的人呢？为的是见了富贵，去营求它；处在贫贱，去避免它；遇着威武，去服从它；看得自己的身体越重，人们本来的良心，就不免渐渐地消亡，贪脏枉法，也不妨；犯上作乱，也不妨；甚至于通敌卖国，也可以掩住自己的良心做起来。只要抢得到富贵，免得掉贫贱，倘然再有些外来的威武，加在他身上，那更什么都可以不管了。有了这等人，传染开去，不知不觉受他的引诱，这

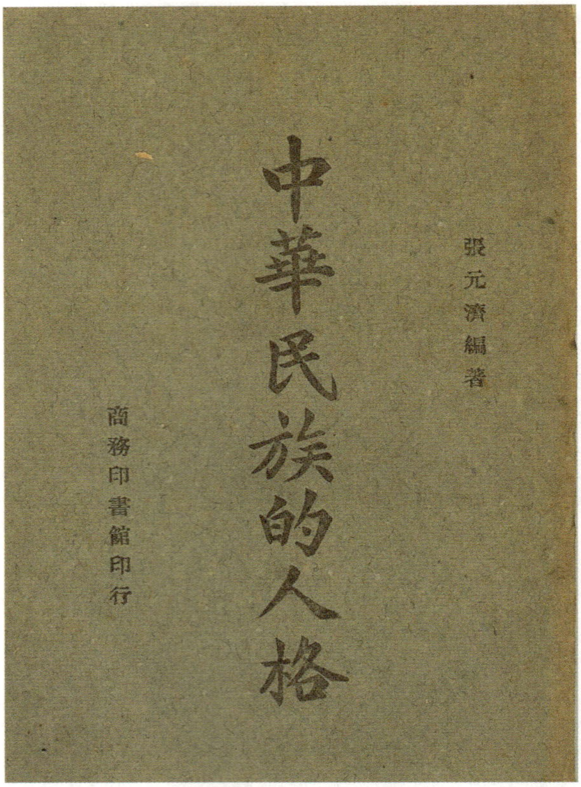

个民族，必定要堕落，在世界上是不容存在的啊！我们古来的圣贤，都有很好的格言，指导我们，在书本上，也有不少的豪杰，可以做我们的模范。”

张元济先生从《史记》、《左传》、《战国策》中撷取8篇故事，对原文作了适当的删节（没有改动），因为担心原文不利于普及，他又全部翻译成白话文，并在每篇后面加以评点。这8篇故事包括《公孙杵臼程婴》、《伍尚》、《子路》、《豫让》、《聂政》、《荆轲》、《田横》和《贯高》，所涉及的人物却不止上述9人，比如《荆轲》一篇就记录了田光、樊於期、荆轲、高渐离4人的慷慨就死。

这些仁人志士境遇不同、地位不同、举动也不同，但是都能够表现出一种至高无上的人格。有的是为尽职、有的是为知耻、有的是为报恩、有的是为复仇，但一个个都能做到杀身成仁、毫无愧色。

张元济先生呼吁：我中华民族本来的人格，是很高尚的。只要谨守着我们先民的榜样，保全着我们固有的精神，我中华民族，不怕没有复兴的一日！

“中国画报社”版《最近新编不平等条约》

《最近新编不平等条约》一册，中国画报社编辑、印刷、发行，民国16年4月第4版。钤“曾启洸”和“曾启洸印”两枚藏章。

该书按赔款、外债、关税主权、租借地、租界、领事裁判权、会审权、通商、航行、制造、筑路、开矿、经营农业、传教、办理学校、医院、文化事业等分述，前有“叙言”，后有“结论”。

清道光二十二年（1842），英国人为达到贩卖鸦片的目的，调集1.5万人的军队，三四十支军舰，攻打福建、浙江、江苏等地，强迫中国签订了中英《南京条约》，这是中国近代第一个不平等条约。清咸丰年间，英国为了打击中国人民仇英的心理，法国人借口中国有人杀害了法国传教士，英法联军攻陷广州，打进北京、天津，强迫中国又签订了《天津条约》（1858）。这以后，清政府日渐害怕外国势力。到了清光绪甲午年（1894），日本为了争夺朝鲜，于1895年强迫中国订下了《马关条约》。是后，德国强迫中国缔结租借胶州湾的条约，英国强迫中国缔结租威海卫九龙的条约，法国强迫中国缔结租借广州湾的条约，俄国强迫中国缔结租借大连旅顺的条约。到庚子年（1900），外国因为要扑灭中国义和团的排外空气，八国大举联军，驱逐清帝后，占据北京，又强迫中国订下了《辛丑条约》（1901）。欧战期间，日本趁欧美无力顾及中国，于1915年5月9日，又强迫中国订下了《中日条约》21条。1922年2月，英美等国要打破日本在中国的优势，召集华盛顿会议，会上，中国在英美控制下，又订下了所谓的《九国条约》。

这一个个丧权辱国的不平等条约，使得贫弱战乱的旧中国一步步走上了绝路。中国画报社编辑这本小册子的目的，“就是把80年来中国在帝国主义压迫下，所缔结的不平等条约，他们的性质与他们所发生的各种恶影响，简单而明晰的叙述出来”，使读者知道这些不平等条约的祸害，唤起人们为“取消不平等条约而作战”。

国家图书馆收有广州“响导周报社”1925年9月编辑出版的《不平等条约》，为“响导周报三周年纪念版”，“响导丛书”第一种。著录为“新善本”。此“中国画报社”版，不见著录。

“望读是书者，救时忠志”：《神庙留中奏疏汇要》

（明）董其昌辑《神庙留中奏疏汇要》四十卷、目录一卷，共十四册，北平燕京大学图书馆民国26年铅印本，牌记题“中华民国二十六年四月燕京大学图书馆据馆藏钞本印行”。

董其昌（1555—1636），字玄宰，号思白、香光居士，华亭（今上海松江）人。明代诗文作家、书画家。万历十七年（1589）进士，官至礼部尚书。卒后谥号文敏。

董其昌是著名的才子，刘之诚在此书序中说“世但知世昌文采风流，照映天下后世，而不知中所蕴蓄如此”。他擅长山水画，意境缥缈，楚楚有致，不但画得好，还有一整套作画的理论——《画禅室随笔》、《画旨》等，将自己作画、证画、鉴画的指导思想一一用畅达明智的语言剖析出来。他提出的“画旨”标准，对中国传统文化研究有很好的参考价值。他与邢侗、米万钟、张瑞图并称“明末四大书家”。当时许多碑文、题名皆出自他的手笔。

董其昌在事业上有很高的建树。明天启二年（1622）纂修神宗实录，正巧董其昌也在这一年被提拔为太常寺正聊兼侍读学士，正是春风得意之时，很想有点作为，报效朝廷。于是，在南京太常寺埋头于先朝的日历邸钞中，把奏疏和遗事广搜博采，精心编出了《万历事实纂要》三百卷。稍后，又把三百卷中国本、藩封、人才、风俗、河渠、食货、吏治、边防关第密切的留中之疏别出四十卷，名为《神庙留中奏疏汇要》，就是本文所谈的本子。

在《神庙留中奏疏汇要》中，董其昌模仿史赞文例，为每篇奏疏都题以笔断。在这些笔断中，他对朝廷命官的政绩一一加以评判，对他认为称职的臣子指出优点，不合格的则加以批评，评论也很慎重。

钱谦益评这部书“著作在廓庙，碑版照四裔”，对其史学价值推崇极高。薛瀛伯在跋语中认为这部书倘若在当时受到很好的重视，明朝也不会亡国。《神庙留中奏疏汇要》在明朝一直未曾刊行，到了清朝更是遭到了禁毁的命运。由于其中的很多地方称女真为“东夷”，犯了清朝的忌讳，并且兵部一类，“多痛言奴酋反侧”，讲的多是女真怎样凶残暴虏的，还详细分析了边防的情势，尤为清人所厌听，因此被禁毁。这样一部纪录明代历史的史书，很遗憾被蒙尘三百余年，而不得展其光芒。

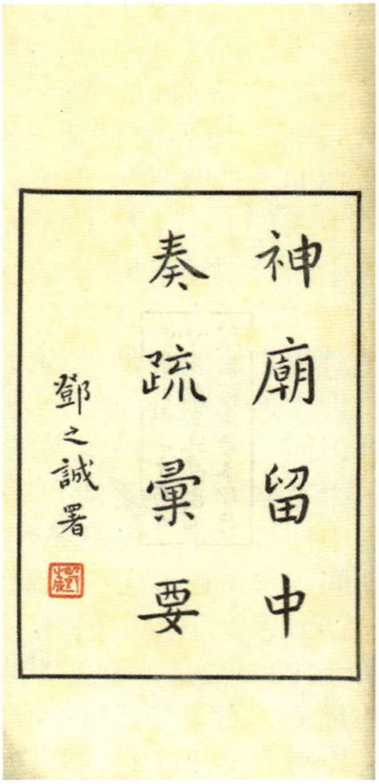

《神庙留中奏疏汇要》直至民国年间才得以面世。共计吏部八卷、户部八卷、礼部四卷、兵部十二卷、刑部四卷、工部四卷、目录一卷。薛瀛伯在民国26年刊行此书时，又列上了董其昌的《报命疏》、《进书表》二篇。他希望这部书能对当时的读者有促进作用，使其在国难当头之时，能够从中学习一些经验和方法，“望读是书者，当观其经国谟猷，救时忠志”。他自谦地说，虽然尽心竭力使这部书终于面世，但苦于没有善本，因此希望读者“曲为体会，不予瑕兹，庶有以得董氏纂辑之初心，而知本馆丞为刊传文微意也”。

《神庙留中奏疏汇要》四十卷、目录一卷，现国家图书馆藏有慕立甫抄本，北京大学图书馆藏有铅印本。

孔网此书在线售价为5800元，已售价格为3000元。

“兹编所采，往往及禁书”：《近世中国秘史》

1864年8月7日，太平天国后期的重要将领李秀成在天京（今江苏南京）沦陷后就义。就义前，他曾在曾国藩的囚笼里被迫写下了一篇长达5万言的《亲供》，即后人称为《李秀成自述》。对于这个《亲供》，史学界历来有不同的看法。一些学者出于对李秀成的崇敬，或痛惜“自述”内容玷污了英雄的历史，于是就产生了“自述”系曾国藩伪造的说法。而大部分学者则认为“自述”确是出于李秀成之手，曾国藩确实改过其中几处，如洪秀全之死及李秀成被擒等事。曾国藩在杀害李秀成后，把他的自述很快删改刊刻，即世所传的“九如堂本”。世传原稿存曾家，而曾国藩不肯交给清政府，其后人也不肯公开示人。

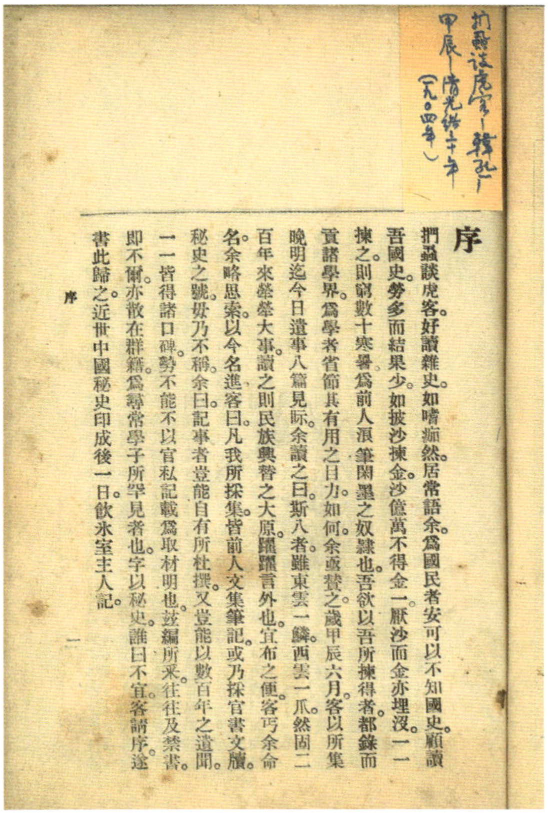
扪虱谈虎客—韩孔厂
甲辰—清光绪卅年
（一九〇四年）

序

捫蝨談虎客。好讀雜史。如嗜痂然。居常語余。爲國民者安可以不知國史。顧讀吾國史。勞多而結果少。如披沙揀金。沙億萬不得金一。厭沙而金亦埋沒。一一揀之。則窮數十寒暑爲前人涙筆閑墨之奴隸也。吾欲以吾所揀得者。都錄而貢諸學界。爲學者省節其有用之日力。如何。余亟贊之。歲甲辰六月。客以所集晚明迄今日遺事八篇見眎。余讀之曰。斯八者雖東雲一鱗。西雲一爪。然固二百年來犖犖大事。讀之則民族興替之大原。躍躍言外也。宜布之便。客丐余命名。余略思索。以今名進。客曰。凡我所採集。皆前人文集筆記。或乃採官書文牘。秘史之號。毋乃不稱。余曰。記事者豈能自有所杜撰。又豈能以數百年之遺聞。一一皆得諸口碑。勢不能不以官私記載爲取材明也。玆編所采。往往及禁書。即不爾。亦散在群籍。爲尋常學子所罕見者也。字以秘史。誰曰不宜。客請序。遂書此歸之。近世中國秘史印成後一日。飲冰室主人記。

序　一

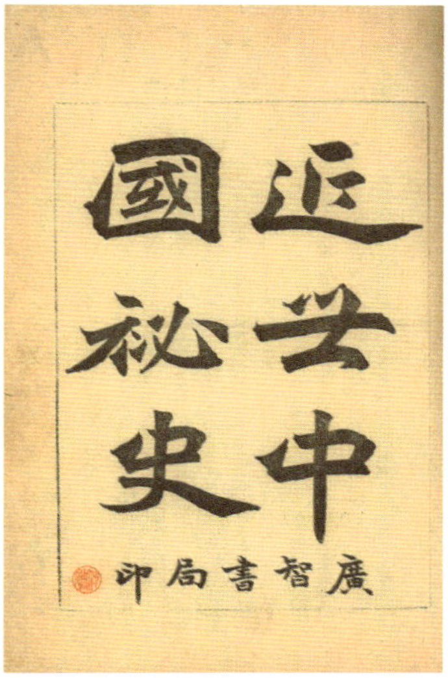

清光绪末年，有一个署名“扪虱谈虎客”的人，根据曾国藩的刻本再加删改，交由上海广智书局刊入《近世中国秘史》一书中，此书由梁启超作序。

序言中讲：“兹编所采，往往及禁书，即不尔，亦散在群籍，为寻常学子所罕见者也。”扪虱谈虎客，真名为韩孔厂。湖南时务学堂成立后，该学堂总理熊希龄聘梁启超、韩文举、唐才常等维新人士任教习。1905年，与梁启超关系密切的广智书局出版了梁启超的密友、少年同学扪虱谈虎客所编《近世中国秘史》。其搜遍史料，名为中小学堂教师提供辅助教材，实则乃是传播民族革命思想。其中的石达开大渡河被俘事，采自薛福成的《庸庵笔记》。虽然文句依旧，但编者所作眉批对石达开特别推崇：“彼洪杨韦三人皆不可取，所惜者石王耳。”此处褒石贬洪杨韦，是与梁启超《新民丛报》的假托诗合拍的。随着书院私塾的改制，这部辅助教材为扩散石达开的影响起到了很大作用。

梁启超、韩孔厂等改良派选择石达开制造舆论，其目的并不是为恢复他的名誉，可是无心插柳柳成荫，石达开的身世却引起了有革命意识的知识阶层的同情。

由于梁启超与韩孔厂的密切关系，以至于清末梁溪坐观老人著的《清代野记》中把《近世中国秘史》误为“新会梁任公辑”。

李敖在其著作中多次引用韩孔厂的词句。如在李敖语录中曾引用韩孔厂的“舌下无英雄，笔底无奇士”。在其《中国式好人》中，引用了韩孔厂的“举目揽八荒，谁为真男子”的诗句。

“毛氏在陕北窑洞内口述”：《毛主席的回忆》

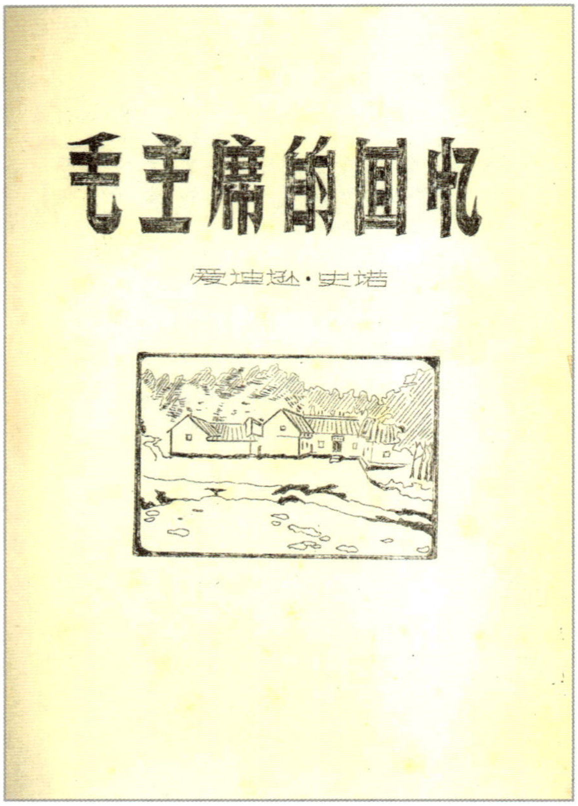

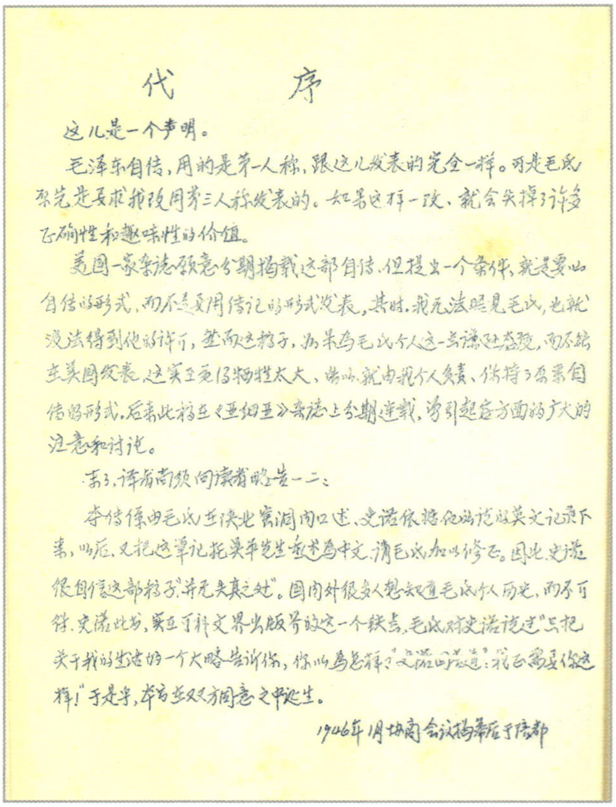

代　序

这儿是一个声明。

毛泽东自传，用的是第一人称，跟这儿发表的完全一样。可是毛氏原先是要求我改用第三人称发表的。如果这样一改，就会失掉了许多正确性和趣味性的价值。

美国一家杂志愿意分期摘载这部自传，但提出一个条件，就是要以自传的形式，而不是用传记的形式发表。其时，我无法照见毛氏，也就没法得到他的许可，然而这稿子，如果为毛氏个人这一点谦让态度，而不能在美国发表，这实在是牺牲太大，所以就由我个人负责，保持了原来自传的形式。后来此稿在《亚细亚》杂志上分期连载，曾引起各方面的广大的注意和讨论。

末了，译者尚须向读者略告一二：

本传系由毛氏在陕北窑洞内口述，史诺依据他的谈话以英文记录下来，以后，又把这笔记托吴半生先生翻述为中文，请毛氏加以修正。因此，史诺很自信这部稿子“并无失真之处”。国内外很多人想知道毛氏个人历史，而不可得，史诺此书，实在可补文界出版界的这一个缺点。毛氏对史诺说过“只把关于我的生活的一个大略告诉你，你以为怎样？”史诺回答：“我正需要你这样！”于是乎，本书在双方同意之中诞生。

1946年1月协商会议揭幕后于陪都

爱迪逊·史诺著《毛主席的回忆》，北京市美术装潢包装工业公司毛泽东思想大学校红色美术兵，1966年12月29日油印本。

目录页署“本文作者：美国作家爱德迦·史诺”与封面署名不一致。目录后是“1946年1月协商会议揭幕后于陪都”的《代序》。《代序》中前两段选自史诺原文，后面一段是《译者向读者略告一二》：“本传系由毛氏在陕北窑洞内口述，史诺依据他所说的用英文记录下来，以后，又把这笔记托吴平先生重述为中文请毛氏加以修正。因此，史诺很自信这部稿子‘并无失真之处’。国内外许多人想知道毛氏个人历史，而不可得，史诺此书，实在可补文界出版界的这一个缺点。毛氏对史诺说过‘只把关于我的生活的一个大略告诉你，你以为怎样？’史诺回答道‘我正需要你这样！’于是乎，本书在双方同意之中诞生。”

《代序》后印有1960年10月22日中共中央军委扩大会议《关于加强军队政治思想工作的决议》中对毛泽东和毛泽东思想的评价。正文内容共6章：少年时代、长沙时代、革命的前奏、国民革命时代、新政权运动、红军的成长。

这是根据1946年1月上海梅林书店出版的史诺著、方霖译《毛泽东自传》翻印的，这是方霖译《毛泽东自传》的最早版本。北京市美术装潢包装工业公司油印本《毛主席的回忆》，正文前的《代序》以及正文的6章内容都与上海梅林书店本相同。可见是翻印时更改了书名。

“文革”期间，全国各地广泛流传着由红卫兵组织大量翻印的《毛主席自传》、《毛主席的回忆》、《毛主席回忆录》和《毛主席传略》等毛泽东传记类出版物，版本有16开、32开，有油印本、铅印本。在那个年代，这些虽印刷粗糙但流传广泛的出版物，进一步加强了人们对毛泽东的个人崇拜。

这些翻印本的母本除了上海梅林书店出版的方霖译本外，还有一些是根据1948年冀中书店出版的史诺著、汪衡译《毛泽东自传》版本翻印的，正文内容四章：第一章，一颗红星的幼年；第二章，在动乱中成长起来；第三章，揭开红史的第一页；第四章，英勇忠诚和超人的忍耐力。翻印时删去了冀中书店原版中的《中国共产党年表》。

不同版本的“回忆”

详记胶州湾战事的《欧洲战纪》

欧洲战纪社编《欧洲战纪》第七编，中华书局代印，上海欧洲战纪社民国3年9月初版。这是报道第一次世界大战战况的出版物。每册包括插画、电讯、论说、人物事件介绍、译电、各种宣言、协约、大事记、小说及文艺作品等。钤“悦庭”藏印。

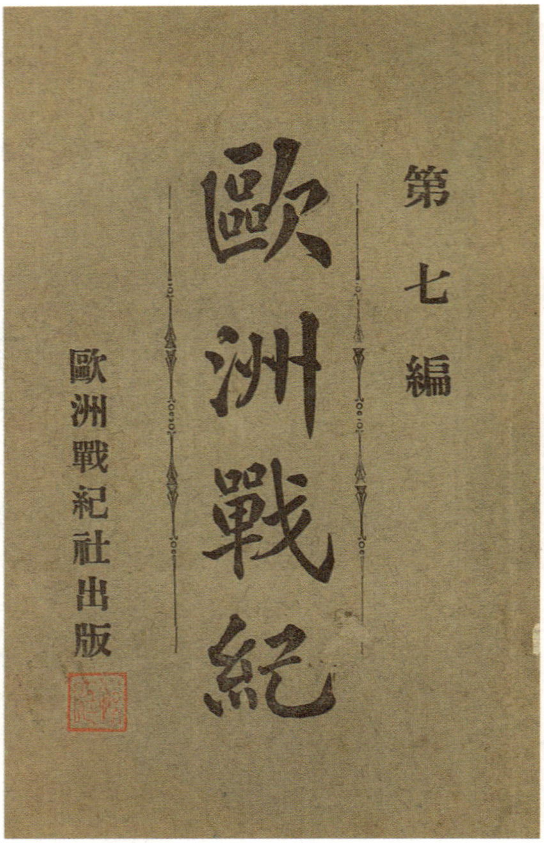

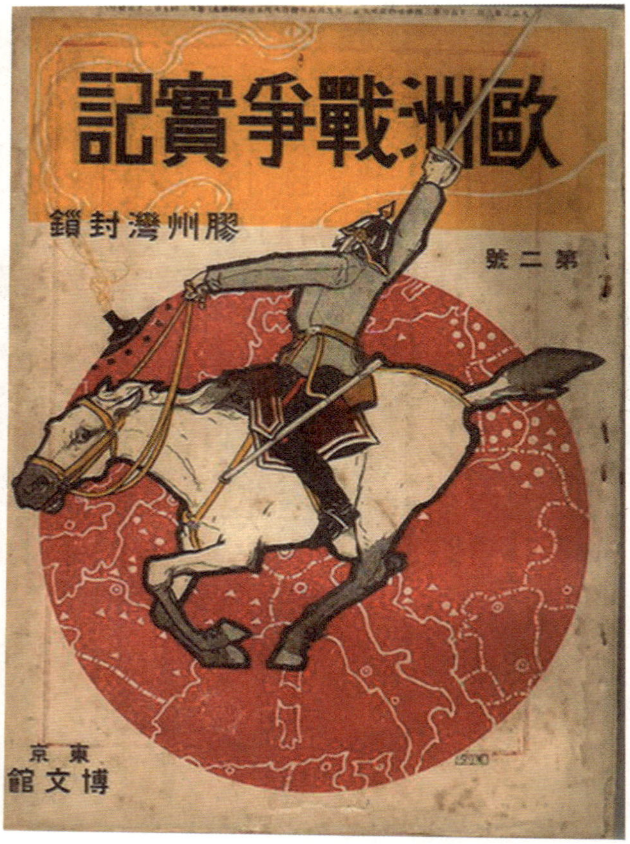

这第七编刊载了英国、奥地利、法兰西、德国皇帝和皇室照片，法国、德国的舰队和战机，德国骑兵，俄罗斯军队占领奥境加利西亚附近的炮台以及末斯河略图等9幅图件；收录日本封锁胶州湾、法国从巴黎迁都波尔多、英爱国大会议等5篇宣言书；刊登了小说连载《英法联盟始末记》和以《金风铁雨录》为总名的17篇花边新闻，篇篇都有点评。

涉及中国的内容有大事记《青岛之战声》、译件《青岛征人一纸书》和《青岛最初观战记》及《胶督华尔丹克海军大将之宣言书》等。

《华尔丹克的宣言书》里讲到，八月十五日，日本致哀的美敦书于德国，要求九月十五日之前，所有德巡洋舰队之战舰，完全立即退出青岛，为无条件之投降，此项无理之要求，形式、意义均为侮辱吾人。凡有吾战旗飘扬之地，即至小之区，吾人决不当让弃。十七年以来，吾人以青岛，彼等非前来攻取不可，吾人必磨历以须，故吾人愿以信心展望前途，准备应敌也。吾人牺牲国民感情及能力之时期已近，吾深信凡能执戈之公民，莫不愿为责任，须知坚毅之防卫多一日，即多一日之善果。……八月十九日，余以防卫向皇帝保证，余须坚毅尽吾责任。在《日本封锁胶州湾宣言》里面，详细列出了封锁山东胶州湾的经、纬度，并称“凡中国船舶及船上人等，对于各交战国应遵守其实力封锁之各口岸条规，不得运送战时禁制品，或递送军务函件”，“严守日本海军之宣言，勿得稍有违犯”。

上面这两个宣言，记录了一战中日本与德国争夺青岛的情况。1897年发生山东巨野教案，当时，德国传教士遍布山东各地，有些教士挟持官府、包揽词讼、敲诈勒索、强奸妇女、无恶不作，为国人痛恨至极。11月1日夜间，巨野县农民大刀会杀死了教堂的两个教士，这就是史称的“巨野教案”。巨野教案发生后，德帝国主义终于找到了侵占胶州湾的借口。德皇威廉二世在1897年11月7日给德外交部的信中说：“中国人终于把我们渴望已久的理由和‘意外事件’提供给我们了……成百的德国商人将要欢呼德意志帝国终于在亚洲获得巩固的立足点。”（《欧洲各国的政治》第十四卷）

1897年11月7日，德皇威廉二世正式电令在上海的巡洋舰队司令棣利司，“立即率全部舰队开赴胶州”（《德国外交文件有关中国交涉史料选译》第一卷），把青岛变成了德国的殖民地和军港。在1914年至1922年的8年里，日本在青岛建立殖民统治。1921年的华盛顿会议，否定了日本在中国青岛的特权和垄断地位，并将德国在山东青岛的大部分权利归还中国。1922年12月，中国政府正式收回青岛，结束了日本在青岛长达8年的殖民统治。1938年1月，日本侵略军再次侵占青岛，建立了日伪反动政权。1945年8月15日，日本无条件投降，国民党政府于9月17日接收青岛。

孔网此书单册每编售价在百元左右。

“不知先生有此本否”：《水浒图赞》

（清）刘晚荣辑《水浒图赞》一册，光绪八年（1882）据羊城广百宋斋藏本石印本，共有图54幅，每幅有水浒人物两个。

《水浒传》自问世以来，深受大众喜爱，各种各样有关《水浒传》的绘画作品层出不穷，尤以明代杜堇所绘《水浒全图》人物精彩纷呈，影响深远。作品以洗练传神的线条，生动地再现了原书人物风貌、故事情节，有较高的艺术欣赏和收藏价值。

杜堇是明代画家，生卒年不详。初姓陆，字惧男，号柽居、古狂、青霞亭长，丹徒（今属江苏）人，居于北京。明成化间（1465—1487）试进士不第。他勤学经史及诸子集录，据说连稗官小说也多有涉及。工诗文，通六书，善绘事，作画取法南宋院画体格，最工人物，笔法细劲畅利，当时推为

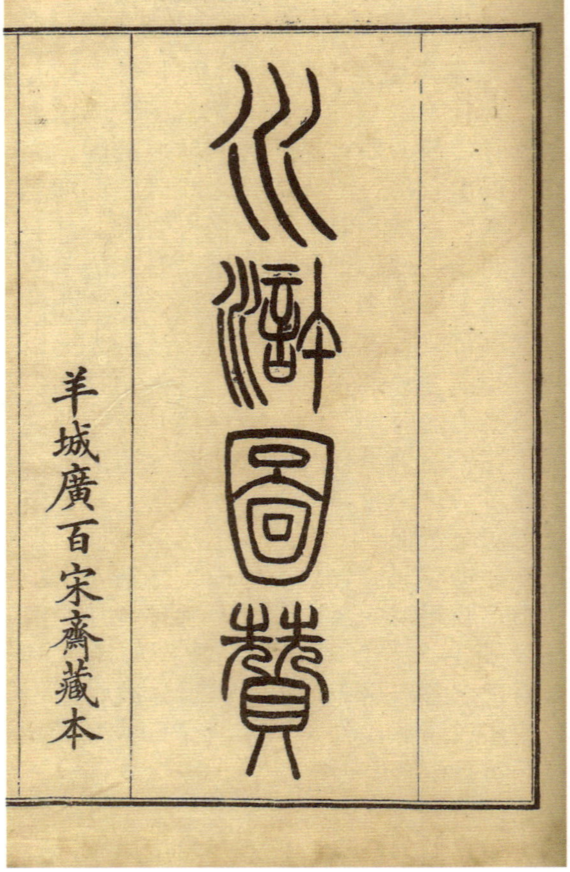

白描高手，为人所重。

但刘晚荣所辑《水浒图赞》，并非照杜堇原作简单翻印，而是以杜堇所绘《水浒全图》为蓝本，重新钩摹新图，付诸石印的。刘晚荣在书前的“序”中，讲到其家藏有杜堇原作，并且“藏之数年，爱不释手”，念“其技和飞卫之射，视虮子如车轮，神妙出罗传之外”，“因择名工钩摹付梓，一公同好。披览之下，觉英风义气奕奕如生，令人不可迫视。洵足与罗书并传矣”。刘晚荣“凡四历裘葛，始告成书”，以致“心力交瘁”，可见其用力之深。

这部《水浒图赞》左图右文，不仅绘图精巧传神，请时贤写下的54篇、每篇包括两人的人物赞语，以不同字体手书上版，也是幽默诙谐，妙趣横生，堪称“图文并茂”。

鲁迅对这一作品十分看重，在其日记中多次提及。1934年2月9日，鲁迅在给郑振铎的信中写到：“中国明人（忘其名）有《水浒传像》，今似惟日本尚存翻刻本，时被引用，且加赞叹，而觅购不能得，不知先生有此本否？”这封信里所指“明人”的“《水浒传像》”，即杜堇所绘《水浒全图》。

在鲁迅1916年7月23日的日记中，有“午后往留黎厂买石印杜堇《水浒图赞》一册，铜元廿”。这里所指，就是刘晚荣辑的《水浒图赞》了。

2007年1月，在中安太平迎春艺术品拍卖会上，民国石印《水浒图赞》一册，估价1500～1800元，未成交。